조특 신고서식 작성사례 반영

조세특례제한법
해석과 사례

공인회계사 **최문진** 저
기획재정부 세제실 **정정훈** 감수

이 책의 특징
- 신고실무 서식
- 조세특례제한법의 주요 이슈와 쟁점
- 실무 상담 사례 / 주요 개정세법 해설
- 개별 특례의 중요도 비교
- 찾아보기(index)
- 고용증대기업세액공제의 풍부한 실무 사례

전면개정 10판의 특징

2024년 조세특례한법에서 신설된 특례를 보자면, 세액공제로서 문화산업전문회사 출자 세액공제, 해외자원개발투자 세액공제, 지역특구세제로서 평화경제특구 창업기업등, 기회발전특구 창업기업등, 그리고 손금산입 특례로서 해외건설자회사 대여금 특례, 감염병 예방조치에 따른 소상공인 손실보상금 특례 등 예년에 비하여 많은 특례가 신설되었다.

종전 개정판의 부족함을 보완하기 위하여 2024년 제10판에서는 다음 사항을 반영하였다.

첫째, 통합고용세액공제에 대한 실무 사례를 상세히 기술하였다.

통합고용세액공제는 인원이 증가하기만 하면 적용 가능하므로 접근이 매우 용이하여 그 중요성이 매우 커지고 있다. 세무포털, 한국공인회계사회 등 온라인과 오프라인에서 실무자를 대상으로 상담한 내용 중, 반복적으로 질문되는 사항 또는 중요한 사항에 대하여 자세한 해설과 함께 유권해석, 실무 상담 사례, 다툼이 있는 주요 쟁점, 추징세액 및 사후관리 등 예제, 서식 작성 실무 등을 상세히 기술하여 실무 적용에 대해 처리 방안을 제시하였다. 또한, 국세청에서 발간한 「고용증대세액공제 Q&A」의 모든 사례를 빠짐 없이 추가하였으며, 계산 사례에 대한 별도 목차를 제시하였다.

둘째, 신고 실무를 추가하였다.

사용 빈도가 높으면서 복잡한 서식을 위주로 하여 신고 실무를 게재하였다. 제10판에서도 종전 사례를 개정 내용에 맞추어 보완하고 신설된 특례의 서식을 새로이 작성하였으며, 중요 특례에 대해서는 실무 사례를 추가하였다.

① 중소기업기준검토표   ② 연구인력개발비 세액공제
③ 근로소득 증대세제   ④ 고용증대기업 세액공제 ⑤ 통합고용세액공제
⑥ 중소기업고용증가인원에 대한 사회보험료 세액공제 ⑦ 가업승계 증여세 과세특례
⑧ 영농조합법인 세액감면 ⑨ 투자·상생협력촉진세제 ⑩ 최저한세 ⑪ 소득구분

셋째, 주요 이슈와 쟁점을 추가하였다.

조세특례제한법에서 최근 이슈가 되고 있는 사례에 대한 쟁점과 그 해석을 별도의 박스로 심도 있게 정리하였다. 과세관청, 재결청 및 법원 간의 해석이 다른 사안, 최근 다수의 유권해석이 생성되고 있는 사안, 유권해석이 변경된 사안, 유권해석의 변경이 필요하다고 판단되는 사안, 입법적 보완이 필요한 사안 등을 중심으로 약 40여개를 선정하였다.

머리말

2014년 초판을 낸 후, 올해 들어 출판사를 변경하여 7판을 내놓게 되어 머리말을 다소 변경해 보고자 한다.

머리말에서는 왜 이 책의 제목이 조세특례제한법 '해석과 사례'인가와 어떤 마인드를 가지고 이 책을 썼는가를 말하고자 한다. 7판에서 변경된 사항은 머리말보다 앞서 기재하였다.

책 제목을 조세특례제한법 '해석과 사례'로 한 이유는 이론서와 실무서가 한 권에 담아져 있다는 의미이다.

'해석'이란 법 조문의 입법 취지, 개정 연혁, 다른 조문 또는 다른 법률과의 관계에서의 체계적 해석, 법 이론 등을 살피어 해당 조항이 어떻게 해석되어야 하는 지를 밝히는 이론적 측면의 접근이다.

'사례'란 법 조문에 대한 해석 권한을 가지고 있는 과세관청, 재결청 및 법원 등의 예규·판례를 통해 해당 조항이 실제 사례에 적용되는 방식을 찾아보고자 하는 실무적 차원의 접근이다. 본서에서는 예규·판례를 본문 뒤에 나열하기보다는 본문에서 서술하는 방식을 채택하여 기존 예규·판례가 충돌하거나 변경되는 등 복잡한 사안에 대해서는 그 결론 및 실무상 적용방법에 대해 상세히 서술하였다. 또한 복잡한 사례의 이해를 돕기 위하여 예제와 신고실무를 통해 실제 숫자를 대입하여 실무에서도 적용하여 가능하도록 하였다.

다음으로 이 책을 쓰기 위한 저자의 마인드, 거창하게는 철학이 무엇인지를 밝히고자 한다. 한 문장으로 요약하자면 '세법책을 아이폰처럼 만들자'이다.

2009년 말 아이폰3GS를 처음 접했을 때의 충격은 너무나 컸다. 생산자가 만들기 쉬운 제품을 만드는 것이 아니라, 만든 이의 철학을 전자제품에 담아 소비자가 사용하기 편한 제품을 만든다는 컨셉은 여태껏 보지 못한 것이었다. 물론 애플의 소프트웨어 구현 능력과 디자인에 대한 스티브 잡스의 탁월한 안목이 더해졌기에 더욱 매력적이었다.

이러한 아이폰의 감동을 이 책에서 구현해 보기 위해 아래의 사항에 중점을 두었다.

머리말

<u>첫째, 직관적이어야 한다.</u>

조특법 전체 조문의 사용빈도와 난이도를 고려하여 작성한 '개별 특례의 중요도 비교'에서 영화 별점 방식을 도입한 것은 보다 직관적으로 보이기 위함이다.

많은 도표, 그림, 예제 등을 삽입하여 독자의 주의를 환기시키고 직관적인 이해를 돕고자 하였다. 예를 들어 일반연구개발비, 신성장동력사업연구개발비, 문화창작개발, 서비스 연구개발을 하나의 그림에서 그 관계를 표현하였다.

차례를 되도록이면 세분화한 것도 양이 많아 지루해지기 쉬운 세법서에서 눈에 띄기 위함이다. 한 문장에 하나의 뜻만 담기, 괄호 없애기 등을 통해 직독직해가 쉽도록 하였다.

<u>둘째, 사용자 중심(User friendly)이어야 한다. 친절해야 한다.</u>

2,000페이지에 달하는 세법서에서 중요한 점의 하나는 어떻게 본인이 찾고자 하는 지점에 빨리 도달하느냐이다.

이를 위해 본서의 마지막에, 종래 세법서에서는 제공되지 않았던 찾아보기(Index)를 제시하였다. 또한 각 특례별 차례를 의의, 요건, 효과, 절차(조세특례제한등)의 4단계로 통일시켰다. 제목에 조문 번호를 표시하고 머리말을 각 조문마다 달리 주어 쉽게 찾을 수 있도록 하였다. 통일된 차례와 찾아보기를 이용한다면, 처음 이 책을 접하는 독자도 짧은 시간 내에 본인이 원하는 내용을 찾을 수 있을 것이라 기대한다. 통일된 차례는 빠른 찾기 뿐 아니라 각 제도간의 비교를 용이하게 할 수 있다. 조세특례는 주체, 업종, 투자자산, 지역 등만을 달리 할뿐 기본적인 특례 요건 및 효과가 유사한 제도가 많기 때문이다.

그리고 예규·판례 등의 사례를 원칙적으로 본문 내용의 일부로 해석하였다. 과거와는 달리 본인의 사례와 관련 있는 예규를 찾는 것은 세법서 본문 뒤에서 찾는 것보다 조세 포털 사이트 등의 인터넷을 검색하여 더 빨리 찾을 수 있게 되었다. 인터넷 검색이 더 효율적인 상황 하에서 세법 기본서는 검색을 통해 얻어진 예규 등을 어떻게 해석하느냐, 더 나아가 본인의 사례에 어떻게 적용하느냐에 대한 논리와 지침을 제시하여 주어야 한다고 생각한다.

머리말

이에 본서에서는 2000년 이후의 거의 모든 예규·판례(약 1만개)를 대상으로 본문에서 각 사례를 다루면서 공통의 법리를 도출하여 일반화한 연후, 동 법리를 다시 유사한 타 제도에서 기술하여 기존 사례가 없는 조문에 대해서도 해석의 지침이 될 수 있도록 하였다. 다만 예외적 사례이거나 판례의 판결 이유 등 그 분량이 많은 경우에는 관련 예규·판례 항목으로 별도로 제시하였다. 관련 예규·판례에서도 단순한 예규·판례의 나열이 되지 않도록 실무상 적용 방법이나 시사점, 주의점 등을 언급하였다.

또한 조세특례제한법의 개별 조항을 이해하기 위하여 법인세법 등 개별세법의 내용과 기업회계기준의 내용, 당해 업종에 관련된 관계법령의 이해가 필요한 경우 이를 충실히 서술하였다. 조세특례를 실무상 활용하기 위하여 독자에게 다른 책을 다시 찾아야 하는 수고를 끼치지 않도록 하기 위함이다.

셋째, 세련되어야 한다.

책의 세련미는 어디서 오는가? 저자는 어투, 단어의 사용, 차례, 레이아웃(Layout)이 세련되어야 한다고 생각한다. 어투와 단어의 사용은 독자의 판단에 맡기기로 하고, 차례는 통일된 차례를 사용하였음을 전술하였다.

2,000페이지 이상 세법서에서 레이아웃은 매우 중요하다고 본다. 제목도 없이 계속 이어져 나가는 내용을 읽다 보면 내용이 어떻게 이어지는 가에 관한 입체적인 이해를 하기 어렵기 때문이다. 이에 본서에서는 문장은 2~3줄 이내, 문단은 2~3 문장 이내, 제목별 내용은 2~3 문단 이내로 서술하는 것을 원칙으로 하였다.

넷째, 충실한 컨텐츠가 있어야 한다.

본서를 집필함에 있어서 1만여개의 예규·판례, 200여개의 논문, 30여권의 단행본을 반영하여 작성하였다. 납세자의 입장 뿐 아니라 과세관청의 관점에서도 사안을 바라보아야 객관적이 접근이 가능하다고 판단되어 기획재정부 세제실의 정정훈 국장님이 전체 내용을 감수하였다.

세법 개정은 원칙적으로 최근 5년간의 개정 내용을 각 특례의 앞 부분에 표로 정리한 후 다시 본문에서 그 해석을 상술하였다.

머리말

    이러한 다짐을 바탕으로 책을 집필하였으나, 독자 분들이 만족하기에는 많이 부족함을 저자도 느끼고 있다. 부족한 부분은 개정판을 통하여 개선될 수 있도록 독자 분들이 본서의 내용과 관련되어 개선하여야 할 사항이나 의문점 등을 보내주신다면 저자에게 큰 도움이 될 것이다. 이에 'icedropchoi@gmail.com'로 문의하여 주시기를 부탁드려 본다.

    본서의 내용에 대해 감수를 해주신 기획재정부 세제실의 정정훈 국장님께 가장 큰 감사를 드린다. 입법취지와 배경은 물론 제반 사례에 대한 견해를 개진하고, 복잡한 사안에 대한 논의로 저자의 조세특례제한법에 대한 이해를 제고하여 본서가 나오는데 큰 기여를 하셨다.

    또한 본서의 저술 방향에 대해 많은 도움을 주신 삼정KPMG의 이관범 전무님에게 깊은 감사의 뜻을 전한다.

    마지막으로 책의 새로운 집필 방향에 대해 많은 논의를 해주신 이태동 부장님, 경정암 차장님에게 감사드린다.

2020년 10월

최문진

일러두기

- 조특법 : 조세특례제한법
  조특령 : 조세특례제한법 시행령
  조특칙 : 조세특례제한법 시행규칙
  조특통 : 조세특례제한법 기본통칙
  조특집행 : 조세특례제한법 집행기준

- 국기법 : 국세기본법
  국기령 : 국세기본법 시행령
  국징법 : 국세징수법
  국징령 : 국세징수법 시행령

- 법법 : 법인세법
  법령 : 법인세법 시행령
  법칙 : 법인세법 시행규칙
  법통 : 법인세법 기본통칙
  법법집행 : 법인세 집행기준

- 소법 : 소득세법
  소령 : 소득세법 시행령
  소칙 : 소득세법 시행규칙
  소통 : 소득세법 기본통칙
  소득집행 : 소득세 집행기준
  양도집행 : 양도소득세 집행기준

- 지법 : 지방세법
  지기법 : 지방세기본법
  지특법 : 지방세특례제한법

일러두기

- 부법 : 부가가치세법
  부령 : 부가가치세법 시행령
  부칙 : 부가가치세법 시행규칙
  부통 : 부가가치세법 기본통칙

- 상증법 : 상속세 및 증여세법
  상증령 : 상속세 및 증여세법 시행령

- 국조법 : 국제조세조정에 관한 법률
  국조령 : 국제조세조정에 관한 법률 시행령

- 농특법 : 농어촌특별세법
  농특령 : 농어촌특별세법 시행령

- 종부세법 : 종합부동산세법
  종부세령 : 종합부동산세법 시행령

- K-IFRS : 한국채택국제회계기준

- 일반기준 : 일반기업회계기준

- 중기법 : 중소기업기본법
  중기령 : 중소기업기본법 시행령

- 벤처기업법 : 벤처기업육성에 관한 특별조치법

- 외촉법 : 외국인투자촉진법

- 자본시장법 : 자본시장과 금융투자업에 관한 법률

차 례

- 조세특례제한법 주요 이슈와 쟁점 차례 / 18
- 본서의 최적 활용법 / 20
- 개별 특례의 중요도 비교 / 22
- 2023 주요 개정세법 해설 / 30

제1부 총 칙

제1절 목 적 ··· 47
제2절 조세특례제한법의 해석 ·· 69
제3절 용어의 정의 ··· 82
제4절 조세특례의 제한 ·· 89

제2부 중소기업에 대한 조세특례

제1절 중소기업 ·· 95
제2절 [제6조] 창업중소기업 등에 대한 세액감면 ······································ 145
제3절 [제7조] 중소기업에 대한 특별세액감면 ··· 223
제4절 [제7조의4] 상생결제 지급금액에 대한 세액공제 ······························ 240
제5절 [제8조의 3] 상생협력을 위한 기금 출연 등에 대한 세액공제 ········ 251

차례

제3부 연구 및 인력개발에 대한 조세특례

제1장 연구개발기업의 투자자 등에 대한 조세지원 — 266

제1절 연구인력개발비 … 266
제2절 [제10조] 연구인력개발비에 대한 세액공제 … 321
제3절 [제10조의 2] 연구개발 관련 출연금 등의 과세이연 … 406
제4절 [제12조] 기술이전 및 대여에 대한 세액감면 … 416
제5절 [제12조의 2] 연구개발특구에 입주하는 첨단기술기업 등에 대한 법인세 등의 감면 … 429

제2장 연구개발기업의 투자자 등에 대한 조세지원 — 444

제1절 서설 … 444
제2절 [제12조의 3] 기술혁신형 합병에 대한 세액공제 … 447
제3절 [제12조의 4] 기술혁신형 주식취득에 대한 세액공제 … 458
제4절 [제13조] 벤처투자회사 등의 주식양도차익 등에 대한 비과세 … 470
제5절 [제13조의 2] 내국법인의 벤처기업 등에의 출자에 대한 세액공제 … 482
제6절 [제13조의 3] 내국법인의 소재·부품·장비 전문기업 등에의 출자·인수에 대한 세액공제 … 488
제7절 [제13조의 4] 벤처투자회사등의 소재·부품·장비전문기업 주식양도차익등에 대한 비과세 … 498
제8절 [제14조] 창업기업 등에의 출자에 대한 양도소득세 비과세 등 … 501
제9절 [제15조] 벤처기업 출자자의 제2차 납세의무 면제 … 522
제10절 [제16조] 벤처투자조합 출자 등에 대한 소득공제 … 526

제3장 연구개발기업의 사용인 등에 대한 조세지원 — 547

제1절 서설 … 547
제2절 [제16조의 2] 벤처기업 주식매수선택권 행사이익 비과세 특례 … 548
제3절 [제16조의 3] 벤처기업 주식매수선택권 행사이익 분할납부특례 … 554
제4절 [제16조의 4] 벤처기업 주식매수선택권 행사이익에 대한 과세이연 … 559
제5절 [제18조] 외국인기술자에 대한 소득세의 감면 … 574

차 례

제6절 [제18조의 2] 외국인근로자에 대한 저율과세 특례 ·········· 583
제7절 [제18조의 3] 내국인 우수 인력의 국내복귀에 대한 소득세 감면 ·········· 594
제8절 [제19조] 성과공유 중소기업의 경영성과급에 대한 세액공제 등 ·········· 599

제4부 국제자본거래에 대한 조세특례

제1절 서설 ·········· 609
제2절 [제20조] 공공차관 도입에 따른 과세특례 ·········· 610
제3절 [제21조] 국제금융거래에 따른 이자소득 등에 대한 법인세 등의 면제 ·········· 613

제5부 투자촉진을 위한 조세특례

제1절 투자세액공제 일반론 ·········· 625
제2절 [제24조] 통합투자세액공제 ·········· 685
제3절 [제25조의 6] 영상콘텐츠 제작비용에 대한 세액공제 ·········· 771
제4절 [제25조의 7] 내국법인의 문화산업전문회사에의 출자에 대한 세액공제 ·········· 781
제5절 [제28조의 4] 에너지절약시설의 감가상각비 손금산입 특례 ·········· 784

제6부 고용지원을 위한 조세특례

제1절 서설 ·········· 793
제2절 [제29조의 4] 근로소득을 증대시킨 기업에 대한 세액공제 ·········· 796
제3절 [제29조의 6] 중소기업 청년근로자 및 핵심인력 성과보상기금 수령액에 대한
       소득세 감면 ·········· 817
제4절 [제29조의 7] 고용을 증대시킨 기업에 대한 세액공제 ·········· 822
제5절 [제29조의 8] 통합고용세액공제 ·········· 838
제6절 [제30조] 중소기업 취업자에 대한 소득세 감면 ·········· 884
제7절 [제30조의 3] 고용유지중소기업 등 (일자리 나누기)에 대한 세액공제 ·········· 898
제8절 [제30조의 4] 중소기업 사회보험료 세액공제 ·········· 909

차례

제7부 기업구조조정을 위한 조세특례

제1장 기업구조조정 지원세제 서론 ——— 929

제2장 증여관련 가업승계 조세지원 제도 ——— 933

제1절 서설 ——— 933
제2절 [제30조의 5] 창업자금에 대한 증여세 과세특례 ——— 936
제3절 [제30조의 6] 가업의 승계에 대한 증여세 과세특례 ——— 960
제4절 [제30조의 7] 가업승계 시 증여세의 납부유예 ——— 993

제3장 조직변경 시 이월과세제도 ——— 1003

제1절 서설 ——— 1047
제2절 [제31조] 중소기업 간의 통합에 대한 양도소득세의 이월과세 등 ——— 1013
제3절 [제32조] 법인전환에 대한 양도소득세의 이월과세 ——— 1026

제4장 조직변경에 대한 조세지원제도 ——— 1047

제1절 서설 ——— 1047
제2절 [제38조] 주식의 포괄적 교환이전에 대한 과세이연 등 ——— 1051
제3절 [제38조의 2] 주식의 현물출자 등에 의한 지주회사의 설립 등에 대한 과세이연 ——— 1071
제4절 [구 제47조의 4] 합병에 따른 중복자산의 양도에 대한 분할과세(일몰종료) ——— 1095

제5장 사업전환기업 조세지원제도 ——— 1100

제1절 서설 ——— 1100

차 례

제 6 장 기업교환에 대한 조세지원제도 — 1102

제1절 서설 ··· 1102
제2절 [제46조의 7] 전략적 제휴를 위한 비상장 주식교환등에 대한 과세이연 ········· 1104
제3절 [제46조의 8] 주식매각 후 벤처기업등 재투자에 대한 과세이연 ·················· 1111
제4절 [구 제46조] 기업 간 주식등의 교환에 대한 과세이연(일몰종료) ·················· 1120

제 7 장 기업교환에 대한 조세지원제도 — 1127

제1절 서설 ··· 1127
제2절 [제34조] 내국법인의 금융채무 상환을 위한 자산매각에 대한 분할과세 ········ 1129
제3절 [제39조] 채무의 인수·변제에 대한 분할과세 등 ······································ 1144
제4절 [제40조] 주주등의 자산양도에 관한 법인세 등 분할과세 등 ······················ 1153
제5절 [제44조] 재무구조개선계획 등에 따른 기업의 채무면제익에 대한 분할과세 등 ····· 1165
제6절 [제52조] 금융기관의 자산·부채 인수에 대한 법인세 손금산입특례 ············ 1174

제8부 지역 간의 균형발전을 위한 조세특례

제 1 장 지방 이전에 대한 조세지원 — 1181

제1절 서설 ··· 1181
제2절 [제60조] 공장의 대도시 밖 이전에 대한 법인세 분할과세 ·························· 1187
제3절 [제61조] 법인 본사를 수도권과밀억제권역 밖으로 이전하는 데 따른 양도차익에 대한
　　　 법인세 분할과세 ·· 1200
제4절 [제62조] 공공기관이 혁신도시 등으로 이전하는 경우 양도차익에 대한 분할과세 등 ····· 1209
제5절 [제63조] 수도권 밖으로 공장을 이전하는 기업에 대한 세액감면 등 ············ 1213
제6절 [제63조의 2] 수도권 밖으로 본사를 이전하는 법인에 대한 세액감면 등 ······ 1240
제7절 [제85조의 8] 중소기업의 공장이전에 대한 분할과세 ································· 1265

차 례

제 2 장 농어촌 지역 법인에 대한 조세지원 — 1276

제1절 서설 … 1276
제2절 [제64조] 농공단지 입주기업 등에 대한 세액감면 … 1279
제3절 [제66조] 영농조합법인 등에 대한 법인세의 면제 등 … 1290
제4절 [제67조] 영어조합법인 등에 대한 법인세의 면제 등 … 1317
제5절 [제68조] 농업회사법인에 대한 법인세의 면제 등 … 1327

제 3 장 영농사업용 토지에 대한 조세지원 — 1346

제1절 서설 … 1346
제2절 [제69조] 자경농지에 대한 양도소득세의 감면 … 1348
제3절 [제69조의 2] 축사용지에 대한 양도소득세의 감면 … 1370
제4절 [제69조의 3] 어업용 토지등에 대한 양도소득세의 감면 … 1378
제5절 [제69조의 4] 자경산지에 대한 양도소득세의 감면 … 1383
제6절 [제70조] 농지대토에 대한 양도소득세 감면 … 1389
제7절 [제70조의 2] 경영회생 지원을 위한 농지 매매 등에 대한 양도소득세 환급특례 … 1400
제8절 [제71조] 영농자녀등이 증여받는 농지 등에 대한 증여세의 감면 … 1406

제9부 공익사업지원을 위한 조세특례

제 1 장 공익사업 법인에 대한 조세지원 — 1427

제1절 서설 … 1427
제2절 [제72조] 조합법인 등에 대한 법인세 당기순이익과세 등 … 1430
제3절 [제74조] 고유목적사업준비금의 손금산입특례 … 1441
제4절 [제75조] 기부장려금 … 1457
제5절 [제76조] 정치자금의 손금산입특례 등 … 1464
제6절 [제85조의 6] 사회적기업 및 장애인 표준사업장에 대한 법인세 등의 감면 … 1468

차 례

제2장 공익사업용 토지에 대한 조세지원 — 1475

제1절 서설 ·········· 1475
제2절 [제77조] 공익사업용 토지 등에 대한 양도소득세의 감면 ·········· 1477
제3절 [제77조의 2] 대토보상에 대한 양도소득세 과세이연 등 ·········· 1496
제4절 [제77조의 3] 개발제한구역 지정에 따른 매수대상 토지등에 대한 양도소득세의 감면 ····· 1510

제3장 공익사업 시행지역에 대한 조세지원 — 1516

제1절 서설 ·········· 1516
제2절 [제85조의 7] 공익사업을 위한 수용 등에 따른 공장 이전에 대한 분할과세 ·········· 1518
제3절 [제85조의 9] 공익사업을 위한 수용 등에 따른 물류시설 이전에 대한 분할과세 ·········· 1526

제10부   저축 지원을 위한 조세특례

제1절 서설 ·········· 1535
제2절 [제88조의 4] 우리사주조합원 등에 대한 과세특례 ·········· 1539

제11부   기업구조조정을 위한 조세특례

제1절 서설 ·········· 1565
제2절 [제95조의 2] 월세액에 대한 세액공제 ·········· 1571
제3절 [제96조] 소형주택 임대사업자에 대한 세액감면 ·········· 1577
제4절 [제96조의 3] 상가임대료를 인하한 임대사업자에 대한 세액공제 ·········· 1590
제5절 [제99조의 6] 재기중소기업인의 체납액 등에 대한 강제징수 유예 등 ·········· 1598
제6절 [제99조의 8] 재기중소기업인에 대한 납부고지 유예 등의 특례 ·········· 1604
제7절 [제99조의 9] 위기지역 창업기업에 대한 법인세 등의 감면 ·········· 1607
제8절 [제99조의 10] 영세개인사업자의 체납액 징수특례 ·········· 1611

제12부 근로자를 위한 조세특례

제1절 근로장려세제 ·· 1621
제2절 자녀 장려를 위한 조세특례 ·· 1625
제3절 [제100조의 32] 투자상생협력 촉진을 위한 과세특례 ·· 1627

제13부 동업기업에 대한 조세특례

제1절 서설 ·· 1671
제2절 특례의 적용 및 포기 ·· 1675
제3절 동업기업 소득에 대한 과세 ·· 1683
제4절 동업자에 대한 과세 ·· 1703
제5절 신고·원천징수 등 ·· 1711

제14부 그 밖의 직접국세 특례

제1절 서설 ·· 1723
제2절 [제104조의 4] 다자간매매체결거래에 대한 소득세 등 과세특례 ································ 1727
제3절 [제104조의 7] 정비사업조합에 대한 과세특례 ·· 1729
제4절 [제104조의 8] 전자신고 등에 대한 세액공제 ·· 1738
제5절 [제104조의 10] 해운기업에 대한 법인세 과세표준 계산 특례 ···································· 1744
제6절 [제104조의 12] 신용회복목적회사의 손실보전준비금 특례 ·· 1765
제7절 [제104조의 13] 향교 및 종교단체에 대한 종합부동산세 과세특례 ···························· 1768
제8절 [제104조의 15] 해외자원개발투자에 대한 세액공제 ·· 1773
제9절 [제104조의 16] 대학 재정 건전화를 위한 분할과세 등 ·· 1779
제10절 [제104조의 19] 주택건설사업자가 취득한 토지에 대한 종합부동산세 비과세 ········ 1784
제11절 [제104조의 22] 기업의 운동경기부 등 설치·운영에 대한 세액공제 ························ 1789
제12절 [제104조의 24] 해외진출기업의 국내복귀에 대한 세액감면 ······································ 1795
제13절 [제104조의 25] 석유제품 전자상거래에 대한 세액공제 ·· 1808

차 례

제14절 [제104조의 26] 정비사업조합 설립인가등의 취소에 따른 채권의 손금산입 ·················· 1811
제15절 [제104조의 30] 우수 선화주기업 인증을 받은 화주 기업에 대한 세액공제 ················ 1816
제16절 [제104조의 31] 프로젝트금융투자회사에 대한 소득공제 ·· 1819
제17절 [제104조의 32] 용역제공자에 관한 과세자료의 제출에 대한 세액공제 ····················· 1828
제18절 [제104조의 33] 해외건설자회사에 지급한 대여금등에 대한 손금산입 ······················· 1832

제15부 간접국세

제1장 부가가치세 ——————————————————————— 1839

제2장 개별소비세 등 —————————————————————— 1846

제3장 인지세·증권거래세 ———————————————————— 1849

제1절 [제116조] 인지세의 면제 ··· 1849
제2절 [제117조] 증권거래세의 면제 ··· 1854

제16부 지방세

지방세 ··· 1877

제17부 외국인투자 등에 대한 조세특례

외국인투자 등에 대한 조세특례 ··· 1879

차례

제18부 지역특구 육성을 위한 조세특례

제1장 제주국제자유도시 육성을 위한 조세특례 —————— 1883

제1절 서설 ·· 1883
제2절 [제121조의 8] 제주첨단과학기술단지 입주기업에 대한 세액감면 ················ 1885
제3절 [제121조의 9] 제주투자진흥지구 또는 제주자유무역지역에 대한 세액감면 ·· 1895
제4절 [제121조의 13] 제주도여행객 면세점에 대한 간접세 등의 면제 ··················· 1906

제2장 그 밖의 지역특구에 대한 조세특례 —————— 1912

제1절 서설 ·· 1912
제2절 [제121조의 17] 기업도시 개발과 지역개발사업구역 등 지원을 위한 세액감면 ········ 1914
제3절 [제121조의 20] 아시아문화중심도시 투자진흥 지구 입주기업 등에 대한 법인세 등의 감면 등
··· 1928
제4절 [제121조의 21] 금융중심지 창업기업 등에 대한 법인세 등의 감면 등 ········· 1933
제5절 [제121조의 22] 첨단의료복합단지 및 국가식품 클러스터 입주기업에 대한 법인세 등의 감면
··· 1937
제6절 [제121조의 33] 기회발전특구의 창업기업 등에 대한 법인세 등의 감면 ······· 1941
제7절 [제121조의 34] 기회발전특구로 이전하는 기업에 대한 과세이연 특례 ········· 1946

제19부 과세표준 양성화를 위한 조세특례

제1절 서설 ·· 1953
제2절 [제122조의 3] 성실사업자에 대한 의료비 등 공제 ·· 1955
제3절 [제126조의 2] 신용카드 등 사용금액에 대한 소득공제 ································· 1963
제4절 [제126조의 3] 현금영수증사업자 및 현금영수증가맹점에 대한 과세특례 ····· 1985
제5절 [제126조의 5] 현금거래의 확인 등 ·· 1996
제6절 [제126조의 6] 성실신고 확인비용에 대한 세액공제 ······································ 2000

제20부 조세특례제한 등

제1절 [제127조] 중복지원의 배제 ··· 2007
제2절 [제128조] 추계과세 시 등의 배제 ·· 2027
제3절 [제129조] 양도소득세의 감면 배제 등 ·· 2036
제4절 [제132조] 최저한세액에 미달하는 세액에 대한 감면 등의 배제 ···· 2040
제5절 [제132조의 2] 소득세 소득공제의 종합한도 ····································· 2067
제6절 [제133조] 양도소득세 및 증여세 감면의 종합한도 ························ 2069
제7절 [제136조] 기업업무추진비의 손금불산입 특례 ································ 2075
제8절 [제138조] 임대보증금 등의 간주익금 ·· 2080
제9절 [제140조] 해저광물자원개발을 위한 과세특례 ································ 2088
제10절 [제141조] 부동산실권리자 명의등기에 대한 조세부과의 특례 ···· 2090
제11절 [제141조의 2] 비거주자등의 보세구역 물류시설의 재고자산 판매이익에 대한 과세특례
·· 2093

제21부 보 칙

제1절 [제143조] 구분경리 ·· 2097
제2절 [제144조] 세액공제액의 이월공제 ·· 2125
제3절 [제147조] 무액면주식의 가액 계산 ·· 2135

• 찾아보기 / 2137

조세특례제한법 주요 이슈와 쟁점 차례

1. 신설한 제2사업장의 감면기간이 새로이 개시되는지 여부 ················· 59
2. 당초 감면 신청을 취소하는 수정신고가 허용되는지 여부 ················· 79
3. 중소기업이 유예기업을 합병하는 경우와 유예기업이 중소기업을 합병하는 경우 유예기간이 허용되는지 여부 ················· 134
4. 중소기업기본법이 개정되는 경우 경과규정이 적용되는지 여부 ················· 136
5. 선원부 용선 대선업의 물류산업 해당 여부 ················· 167
6. 골프장 운영업의 감면업종 해당 여부 ················· 176
7. 법인 또는 개인이 업종을 추가하거나 변경한 경우 창업에 해당하는지 여부 ················· 186
8. 과밀억제권역 내에서 법인을 설립한 후 그 권역 외에서 실질적으로 창업한 경우 창업중소기업 세액감면이 적용되는지 여부 ················· 191
9. 지방소재 중소기업이 과밀억제권역 내에 지점을 설치한 경우 창업중소기업 세액감면의 종료 여부 ················· 214
10. 상생결제 지급금액 세액공제의 대상 금액에 부가가치세 매입세액이 포함되는지 여부 ················· 248
11. 시제품 연구개발비용에 대한 보상금을 지급받은 경우 연구인력개발비 세액공제 대상인지 여부 ················· 280
12. 국민연금 사용자부담분이 인건비에 포함되는지 여부 ················· 298
13. 분할신설법인의 R&D 세액공제 시 직전 4년 연평균발생액을 월할계산하는지 여부 · 390
14. 전환사채의 전환으로 취득한 보통주가 유상증자로 취득한 경우에 포함되는지 여부 485
15. 벤처기업등이 발행한 무상주를 기존 주식과 동일하게 보아 양도소득세를 비과세하는지 여부 ················· 506
16. 벤처기업 스톡옵션을 행사하는 경우 소득공제 대상인지 여부와 투자금액의 계산 ··· 535
17. 스톡옵션 행사이익의 과세이연 시 주식보상비용을 손금불산입하는 경우 통산 세금 효과 ················· 568
18. 사회보장협정에 따라 외국의 연금보험료를 내국법인이 부담한 경우, 외국인근로자 과세특례 적용 여부 ················· 589
19. BTO 방식의 투자세액공제 허용 여부 ················· 635
20. 과밀억제권역 투자세액공제 감면 배제 시 중소기업 판정 기준 시점 ················· 657
21. 과밀억제권역 밖에 소재한 사업용 고정자산의 고용창출투자세액공제 여부 ················· 661
22. 양산형 금형의 투자세액공제 대상 여부 ················· 695
23. 공제대상인 사업용자산 중 의류소매업 관련 직접 수입을 얻는 비품의 범위 ················· 698

조세특례제한법 주요 이슈와 쟁점 차례

24. 중소기업에서 벗어난 경우에도 계속 중소기업의 추가 공제기간을 적용하는지 여부 859
25. 통합고용세액공제에서 청년등 간주 규정이 공제기간 중단에도 적용되는지 여부 ····· 864
26. 물상보증채무액이 공제되는 부채에 포함되는지 여부 ································· 1033
27. 법인전환 후 임대용 건물을 철거하고 신축하여 임대하는 경우 추징 여부 ··········· 1038
28. 법인전환 시 공장 외부 종업원용 기숙사의 취득세 감면 여부 ························ 1042
29. 법인전환 후 토지를 신탁회사에 신탁한 경우 추징하는지 여부 ······················· 1045
30. 지주회사의 설립등에 대한 과세이연 후 신규 취득 자산의 양도소득 과세 시 적용 세율
 ··· 1065
31. 주식의 현물출자 등에 따른 장부가액 승계 시 이중과세의 문제 ······················ 1084
32. 공장시설을 철거·폐쇄하였으나 임차인이 새롭게 공장시설을 설치한 경우 공장이전 세액
 감면 적용 여부 ··· 1224
33. 이전 후 추가한 업종에서 발생한 소득이 본사 등 이전 시 감면 대상 소득인지 여부···
 ··· 1250
34. 조합원 외의 자로부터 구입한 농산물의 유통소득 등이 영농조합법인 감면대상 소득인지
 여부 ·· 1296
35. 농업경영체 등록확인서의 제출이 감면 요건에 해당하는지 여부 ······················ 1307
36. 일반 법인이 농업회사법인으로 전환한 경우 감면기간의 기산점 ······················ 1333
37. 축산물 유통·가공·판매 소득이 감면대상 소득인지 여부 ······························· 1336
38. 피담보채무와 함께 농지를 현물출자한 경우 감면소득 산정방법 ······················ 1340
39. 대토보상을 과세이연한 후 현금보상으로 전환되었을 때 감면이 가능한지 여부 ····· 1494
40. 복지카드 사용액이 신용카드 세액공제 대상인지 여부 ··································· 1968
41. 비감면사업의 투자에 대해 투자세액공제를 적용할 수 있는지 여부 ···················· 2017
42. 동일 사업장에서 제조업과 도매업을 겸업하는 법인이 각 업종별로 별도의 감면규정을
 적용할 수 있는지 여부 ·· 2023
43. 복식부기의무자가 추계과세하는 경우 감면배제되는지 여부 ···························· 2031
44. 기업 규모의 변화 또는 법령의 개정으로 최저한세 적용 여부가 달라지는 경우 최저한세의
 적용 방법 ·· 2056

본서의 최적 활용법

(1) 본인의 사례와 관련된 내용을 찾아가는 방법

다음의 2가지 방법을 통해 빠른 접근이 가능함.
- 사례와 관련된 법 조문 번호를 확인한 후 차례를 통해 접근하기
- 사례의 주제어를 책 뒤의 찾아보기(Index)에서 검색하여 접근하기

(2) 책 전체를 공부하기

조문별 중요도를 직관적으로 볼 수 있는 '개별 특례의 중요도 비교'에 따른 별점을 기준으로, 사용 빈도가 높고 난이도가 높은 특례 순서대로 조세특례제한법을 공부하기

(3) 올해 개정세법 보기

올해 조세특례제한법의 개정세법 내용을 조망하고 싶다면 책 머리의 '주요 개정세법 해설'을 참고하기 바람. 개정세법의 큰 줄기와 세무조정 시 유의사항 등 팁을 정리함.

(4) 조문의 중간 차례 활용

본서의 각 조문별 차례는 의의, 요건, 특례, 절차(조세특례제한등)의 4단계로 작성하였으므로, 책 앞머리의 차례에서는 각 조문 번호와 제목을 제시함. 사용 빈도가 높고 복잡한 조문에 한하여 해당 조문의 시작 부분에 중간 차례를 설정하여 세부 차례를 제시하였음. 복잡한 내용에 대한 전체적인 조망 또는 빠른 찾기에 참고하기를 바람.

(5) 일반론으로 공통의 이론을 파악

조세특례제한법의 특례는 주체, 업종, 투자대상, 지역 등만을 달리하고 나머지는 동일한 특례가 다수 존재함. 이에 투자세액공제와 관련하여 함께 논의할 수 있는 사안은 조문별로 다루지 않고 하나의 차례에서 논의함. 또한 특정 업종에 해당하는지 여부는 한국표준산업분류에 따라 결정되므로 다수의 특례와 연관된 업종 검토를 법 제6조 창업중소기업세액감면에서 같이 다루었음. 이외에도 중소기업 범위기준, 연구인력개발비, 공장 등에 대하여 여러 조문의 내용을 통합하여 다루었음.

본서의 최적 활용법

(6) 예규·판례의 긍정 및 부정

예규·판례를 별도의 박스로 제시하거나 본문 내에서 별도로 표시한 경우, 제목 줄의 긍정 또는 부정이라고 표시한 사안은 해당 제목에서 제시하고 있는 질문에 대하여 긍정적인 결론인지 또는 부정적인 결론인지를 표시함.

(7) 조문상 화살표의 의미

조문 표시 괄호 안의 화살표는 해당 조항이 다른 조문을 준용하고 있을 때의 관계를 나타냄.

(8) 본문상 폰트 크기를 작게 한 경우

본문상 폰트 크기를 9.5로 작게 한 경우는 첫째, 당해 연도 이전의 개정세법 내용, 둘째 유권해석 등 사례로 본문과는 별도로 제시할 필요성이 있을 때 사용함.

개별 특례와 중요도 비교

본서에서는 개별 특례의 중요도에 따라 조세특례제한법을 공부하고자 하는 독자를 위하여, 조문별 중요도를 직관적으로 볼 수 있도록 다음과 같이 별점으로 표시하였다.

중요도를 계량화하기 위한 지표로 2가지 기준을 사용하였다. 각 조문의 사용빈도를 나타내는 지표로는 기획재정부가 작성한 2024년도 조세지출예산서[1]상 2023년 조세지출(조세감면) 전망 금액을 사용하였고, 난이도를 나타내는 지표로는 각 조문의 예규·판례 개수를 사용하였다. 양 지표의 순위를 평균하여 10단계의 별점을 조문별로 부여하였다. 본서의 서술에 있어서도 아래의 중요도에 따라 호흡의 강약을 조절하였다. ★☆

(조세지출액의 단위 : 억원)

중요도	조 문	조세지출액	예규·판례
★★★★★	[제6조] 창업중소기업 등에 대한 세액감면	7,740	1,550
★★★★★	[제7조] 중소기업에 대한 특별세액감면	25,361	822
★★☆	[제7조의 4] 상생결제 지급금액에 대한 세액공제	39	6
★★☆	[제8조의 3] 상생협력을 위한 기금 출연 시 세액공제	409	8
★★★★★	[제10조] 연구·인력개발비에 대한 세액공제	46,434	718
★★☆	[제10조의 2] 연구개발 관련 출연금 등의 과세특례	3	15
★★☆	[제12조] 기술이전 및 기술취득 등에 대한 과세특례	6	56
★★☆	[제12조의 2] 연구개발특구에 입주하는 첨단기술기업 등에 대한 법인세 등의 감면	114	13
★☆	[제12조의 3] 기술혁신형 합병에 대한 세액공제	38	0
★★☆	[제12조의 4] 기술혁신형 주식취득에 대한 세액공제	38	14
★★★☆	[제13조] 중소기업창업투자회사 등의 주식양도차익 등에 대한 비과세	207	37
★★★☆	[제13조의 2] 내국법인의 벤처기업 등에의 출자에 대한 세액공제	648	9

---

[1] 조세지출예산서는 국회의안정보시스템(http://likms.assembly.go.kr/bill)에서 검색 가능하며, 각 연도별 예산안의 첨부서류이므로 '예산안'으로 검색하여야 한다.

개별 특례와 중요도 비교

중요도	조 문	조세지출액	예규·판례
★	[제13조의 3] 내국법인의 소재부품장비전문기업에의 출자인수에 대한 과세특례	0	2
☆	[제13조의 4] 중소기업창업투자회사 등의 소재·부품·장비전문기업 주식양도차익 등에 대한 비과세	0	0
★★★☆	[제14조] 창업자 등에의 출자에 대한 과세특례	30	123
☆	[제15조] 벤처기업 출자자의 제2차 납세의무 면제	0	1
★★★★	[제16조] 중소기업창업투자조합 출자 등에 대한 소득공제	1,921	57
★★☆	[제16조의 2] 벤처기업 주식매수선택권 행사이익 비과세 특례	67	8
★★	[제16조의 3] 벤처기업 주식매수선택권 행사이익 납부특례	4	7
★★☆	[제16조의 4] 벤처기업 주식매수선택권 행사이익에 대한 과세이연	4	22
★★★★	[제18조] 외국인기술자에 대한 소득세의 감면	40	152
★★★★☆	[제18조의 2] 외국인근로자에 대한 과세특례	1,082	102
★★	[제18조의 3] 내국인 우수인력의 국내복귀에 대한 소득세감면	16	4
★★☆	[제19조] 성과공유 중소기업 경영성과급 세액공제 등	181	4
☆	[제20조] 공공차관 도입에 따른 과세특례	0	0
★★★☆	[제21조] 국제금융거래에 따른 이자소득 등에 대한 법인세 등의 면제	26	121
★★★★★	[제24조] 통합투자세액공제	20,782	367
★★☆	[제25조의 6] 영상콘텐츠 제작비용에 대한 세액공제	325	5
☆	[제28조의 4] 에너지절약시설의 감가상각비 손금산입 특례	0	0
★★☆	[제29조의 4] 근로소득을 증대시킨 기업에 대한 세액공제	229	2

개별 특례와 중요도 비교

중요도	조문	조세지출액	예규·판례
★★	[제29조의 6] 중소기업 핵심인력 성과보상기금 수령액 소득세 감면	35	1
★★	[제29조의 7] 고용을 증대시킨 기업에 대한 세액공제	0	85
★★★★★	[제29조의 8] 통합고용세액공제	35,931	85
★★★★	[제30조] 중소기업 취업자에 대한 소득세 감면	9,615	44
★★	[제30조의 3] 고용유지중소기업 등에 대한 과세특례	10	4
★☆	[제30조의 4] 중소기업 고용증가 인원에 대한 사회보험료 세액공제	0	14
★★★☆	[제30조의 5] 창업자금에 대한 증여세 과세특례	64	87
★★★★☆	[제30조의 6] 가업의 승계에 대한 증여세 과세특례	1,198	291
☆	[제30조의 7] 가업승계 시 증여세의 납부유예	0	0
★★★★	[제31조] 중소기업 간의 통합에 대한 양도소득세의 이월과세 등	100	128
★★★★	[제32조] 법인전환에 대한 양도소득세의 이월과세	175	626
★☆	[제34조] 기업의 금융채무 상환을 위한 자산매각에 대한 과세특례	0	6
★★★☆	[제38조] 주식의 포괄적 교환이전에 대한 과세 특례	73	45
★★★★	[제38조의 2] 주식의 현물출자 등에 의한 지주회사의 설립 등에 대한 과세특례	456	102
☆	[제39조] 채무의 인수·변제에 대한 분할과세특례 등	0	0
★★☆	[제40조] 주주등의 자산양도에 관한 법인세 등 과세특례	2	80
★★	[제44조] 재무구조개선계획 등에 따른 기업의 채무면제익에 대한 과세특례	0	45
★★	[제46조의 7] 전략적 제휴를 위한 비상장 주식교환등에 대한 과세특례	2	5

개별 특례와 중요도 비교

중요도	조 문	조세지출액	예규·판례
★★	[제46조의 8] 기업매각 후 벤처기업등 재투자에 대한 과세특례	12	2
★	[제52조] 금융기관의 자산부채 인수에 대한 법인세 과세특례	0	3
★★★☆	[제60조] 공장의 대도시 밖 이전에 대한 법인세 과세특례	1	384
★★☆	[제61조] 법인 본사를 수도권과밀억제권역 밖으로 이전하는 데 따른 양도차익에 대한 법인세 과세특례	6	23
★☆	[제62조] 공공기관이 혁신도시 등로 이전하는 경우 법인세 등 감면	0	7
★★★★☆	[제63조] 수도권 밖으로 공장을 이전하는 기업에 대한 세액감면	1,273	241
★★★★☆	[제63조의 2] 수도권 밖으로 본사를 이전하는 법인에 대한 세액감면	727	376
★★★☆	[제64조] 농공단지 입주기업 등에 대한 세액감면	50	93
★★★★☆	[제66조] 영농조합법인 등에 대한 법인세의 면제 등	323	139
★★☆	[제67조] 영어조합법인 등에 대한 법인세의 면제 등	39	6
★★★★	[제68조] 농업회사법인에 대한 법인세의 면제 등	247	121
★★★★★	[제69조] 자경농지에 대한 양도소득세의 감면	12,453	5994
★★★☆	[제69조의 2] 축사용지에 대한 양도소득세의 감면	113	39
★★	[제69조의 3] 어업용 토지등에 대한 양도소득세의 감면	37	3
★☆	[제69조의 4] 자경산지에 대한 양도소득세의 감면	23	0
★★★★☆	[제70조] 농지대토에 대한 양도소득세 감면	258	1270
★★	[제70조의 2] 경영회생 지원을 위한 농지 매매 등에 대한 양도소득세 과세특례	0	21
★★★★☆	[제71조] 영농자녀가 증여받는 농지 등에 대한 증여세의 감면	918	324

개별 특례와 중요도 비교

중요도	조 문	조세지출액	예규·판례
★★★★☆	[제72조] 조합법인 등에 대한 법인세 과세특례	4,561	77
★★★☆	[제74조] 고유목적사업준비금의 손금산입특례	783	27
☆	[제75조] 기부장려금	0	0
★★★☆	[제76조] 정치자금의 손금산입특례 등	265	30
★★★★★	[제77조] 공익사업용 토지 등에 대한 양도소득세의 감면	3,330	798
★★★☆	[제77조의 2] 대토보상에 대한 양도소득세 과세특례	195	40
★★★☆	[제77조의 3] 개발제한구역 지정에 따른 매수대상 토지 등에 대한 양도소득세의 감면	208	27
★★☆	[제85조의 6] 사회적기업 및 장애인 표준사업장에 대한 법인세 등의 감면	130	18
★★☆	[제85조의 7] 공익사업을 위한 수용등에 따른 공장 이전에 대한 과세특례	0	24
★★	[제85조의 8] 중소기업의 공장이전에 대한 과세특례	1	19
★☆	[제85조의 9] 공익사업을 위한 수용 등에 따른 물류시설 이전에 대한 과세특례	0	3
★★★★	[제88조의 4] 우리사주조합원 등에 대한 과세특례	1,343	66
★★★☆	[제95조의 2] 월세액에 대한 세액공제	3,038	6
★★☆	[제96조] 소형주택 임대사업자에 대한 세액감면	235	11
★★★☆	[제96조의 3] 상가 임대료 인하한 임대사업자 세액공제	1,010	13
☆	[제99조의 6] 재기중소기업인의 체납액 등에 대한 과세특례	0	0
☆	[제99조의 8] 재기중소기업인에 대한 징수유예 특례	0	0
★★☆	[제99조의 9] 위기지역 창업기업 법인세 등의 감면	408	3
☆	[제99조의 10] 영세개인사업자의 체납액 징수 특례	0	1
★☆	[제100조의 16] 동업기업 및 동업자의 납세의무	0	38

개별 특례와 중요도 비교

중요도	조 문	조세지출액	예규·판례
★★☆	[제100조의 32] 투자상생협력촉진을 위한 조세특례	0	110
☆	[제104조의 4] 다자간매매체결거래에 대한 소득세 등 과세특례	0	0
★★	[제104조의 7] 정비사업조합에 대한 과세특례	0	74
★★★☆	[제104조의 8] 전자신고에 대한 세액공제	2010	15
★★	[제104조의 10] 해운기업에 대한 법인세 과세표준 계산 특례	0	69
★☆	[제104조의 12] 신용회복목적회사에 대한 과세특례	21	0
★☆	[제104조의 13] 향교 및 종교단체에 대한 종합부동산세 과세특례	1	5
★☆	[제104조의 16] 대학 재정 건전화를 위한 과세특례	0	5
★★	[제104조의 19] 주택건설사업자가 취득한 토지에 대한 과세특례	0	50
★☆	[제104조의 22] 기업의 운동경기부 설치·운영에 대한 과세특례	3	2
★★	[제104조의 24] 해외진출기업의 국내복귀에 대한 세액감면	12	4
★☆	[제104조의 25] 석유제품 전자상거래에 대한 세액공제	23	0
★☆	[제104조의 26] 정비사업조합 설립인가등의 취소에 따른 채권의 손금산입	1	3
★☆	[제104조의 30] 우수선화주기업 인증 화주기업 세액공제	20	0
★★☆	[제104조의 31] 프로젝트금융투자회사에 대한 소득공제	625	12
★	[제104조의 32] 용역제공자 과세자료 제출 세액공제	0	0
★★★☆	[제116조] 인지세의 면제	105	59
★★★★☆	[제117조] 증권거래세의 면제	1594	85

개별 특례와 중요도 비교

중요도	조 문	조세지출액	예규·판례
★★	[제121조의 8] 제주첨단과학기술단지 입주기업에 대한 법인세 등의 감면	1	15
★☆	[제121조의 9] 제주투자진흥지구 또는 제주자유무역지역 입주기업에 대한 법인세 등의 감면	0	15
★★☆	[제121조의 13] 제주도여행객 면세점에 대한 간접세 등의 특례	1974	0
★★☆	[제121조의 17] 기업도시개발구역 등의 창업기업 등에 대한 법인세 등의 감면	72	18
★	[제121조의 20] 아시아문화중심도시 투자진흥지구 입주기업 등에 대한 법인세 등의 감면 등	1	0
☆	[제121조의 21] 금융중심지 창업기업 등에 대한 법인세 등의 감면 등	0	0
★	[제121조의 22] 첨단의료복합단지 입주기업에 대한 법인세 등의 감면	7	0
★★☆	[제122조의 3] 성실사업자에 대한 의료비 등 공제	357	3
★★★★☆	[제126조의 2] 신용카드 등 사용금액에 대한 소득공제	39940	98
★★★★	[제126조의 3] 현금영수증사업자 및 현금영수증가맹점에 대한 과세특례	424	103
☆	[제126조의 5] 현금거래의 확인 등	0	2
★★★☆	[제126조의 6] 성실신고 확인비용에 대한 세액공제	2593	13
★★☆	[제127조] 중복지원의 배제		219
★★	[제128조] 추계과세 시 등의 감면배제		75
★★	[제129조] 양도소득세의 감면 배제 등		48
★★	[제130조] 수도권과밀억제권역의 투자에 대한 조세감면 배제		79
★★	[제132조] 최저한세액에 미달하는 세액에 대한 감면 등의 배제		90

개별 특례와 중요도 비교

중요도	조 문	조세지출액	예규·판례
☆	[제132조의 2] 소득세 소득공제 등의 종합한도		0
★★☆	[제133조] 양도소득세 및 증여세 감면의 종합한도		223
★★☆	[제136조] 접대비의 손금불산입 특례	3	21
★★	[제138조] 임대보증금 등의 간주익금		91
★★☆	[제140조] 해저광물자원개발을 위한 과세특례	313	8
☆	[제141조] 부동산실권리자 명의등기에 대한 조세부과의 특례		0
★	[제141조의 2] 비거주자등의 보세구역 물류시설의 재고자산 판매이익에 대한 과세특례	0	0
★★	[제143조] 구분경리		84
★★☆	[제144조] 세액공제액의 이월공제		100
★★☆	[제146조] 감면세액의 추징		106

2023 주요 개정세법 해설

1. 영 별표6 4대 사회보험 사용자 부담분 R&D 세액공제 포함★★★

종 전	개 정
▪R&D 세액공제 대상 인건비 ○ 퇴직소득, 퇴직급여충당금, 퇴직연금부담금 등 제외 대상만 규정 <신 설>	▪공제 대상 인건비 범위 합리화 ○ 4대 사회보험* 보험료의 사용자 부담분을 인건비 범위에 명시 * **국민연금, 건강보험, 고용보험, 산재보험**

종래 과세관청에서 국민연금, 건강보험, 고용보험의 사용자 부담분은 공제 대상으로 해석하였으나, 산재보험에 대해서는 공제대상에서 제외하도록 해석하였음(재조세-695, 2023.3.20.; 서면법인-4511, 2022.11.21.; 기준법령법인-89, 2017.5.29.). 여타의 건강보험료, 고용보험료, 국민연금 사용자 부담분을 공제대상으로 보는 것과 균형이 맞지 않는 해석임.

이에 2024년 4대 사회보험 보험료의 사용자 부담분을 인건비 범위에 명시하여 공제대상에 포함하여 통일함.

2023 주요 개정세법 해설

2. 법 12조의 4 기술혁신형 M&A에 대한 주식등 취득기간 확대 등*

종 전	개 정
■ 내국법인이 기술혁신형 중소기업의 주식등 인수 시 과세특례	■ 적용대상 확대
○ (지분율 요건) 주식등을 취득한 사업연도의 종료일 현재 피인수 법인 지분의 50%(경영권 인수시 지분 30%) 초과 취득	○ (좌 동)
○ (취득기간) 주식등 최초취득일부터 해당 사업연도 종료일까지	○ **최초취득일부터 해당 사업연도의 다음 사업연도 종료일*까지** * 최초 취득일이 속하는 사업연도 내 지분율요건 충족시 해당 사업연도 종료일까지
○ (과세특례) 취득한 주식등의 매입 가액 중 기술가치금액에 대해 10% 세액공제	○ (좌 동)
○ (기술가치금액*) Max(ⓐ, ⓑ) * 주식 취득의 경우 지분비율 반영 - ⓐ: 특허권 등 평가액 합계 - ⓑ: 양도가액 - (피합병·인수법인의 순자산시가 × 130%)	○ (좌 동) - (좌 동) - ⓑ: 양도가액 - (피합병·인수법인의 순자산시가 × **120%**)

  종래 주식등 최초취득일부터 해당 사업연도 종료일까지를 취득기간으로 하였으나, 최초 취득일부터 해당 사업연도의 다음 사업연도 종료일까지로 취득기간을 확대함.
  그리고, 기술혁신형 중소기업의 M&A를 지원하기 위하여 기술가치금액을 순자산시가의 1.3배에서 1.2배로 변경함.

2023 주요 개정세법 해설

3. **법 제13조 외** 민간벤처 모펀드를 통한 벤처기업 등 출자시 양도차익 비과세 등*

종 전	개 정
■ 벤처기업 등 출자시 양도차익 비과세 (법 13조) ○ (적용대상) <추 가>	■ 적용대상 확대 - 창투사, 신기술사업금융업자 및 민간재간접 벤처투자조합의 공동운용사인 자산운용사 및 증권사가 민간재간접벤처투자조합을 통하여 벤처기업 등에 출자하여 취득한 주식
■ 내국법인이 벤처기업 등에 대한 출자 시 법인세 세액공제(법 13조의 2) ○ (적용대상) <추 가> ○ (공제액) - 출자가액의 5% <신 설>	■ 민간재간접벤처투자조합을 통한 출자시 세액공제 신설 - 민간재간접벤처투자조합을 통한 간접출자 - (좌 동) - 민간벤처모펀드 출자 시 투자금액*의 **5%** + 주식등 취득가액의 직전 3년 평균 대비 증가분의 **3%** * Max(출자가액, 모펀드 투자액의 60%)
■ 벤처기업 등 주식 양도 시 양도소득세 과세특례(법 14조) ○ (적용대상) <추 가>	■ 적용대상 추가 - 민간재간접벤처투자조합이 벤처기업 등에게 직·간접 출자한 주식 등
■ 벤처투자조합 등에 대한 소득공제(법 16조) ○ (적용대상) <추 가>	■ 적용대상 추가 - 민간재간접벤처투자조합에 출자

2023 주요 개정세법 해설

민간의 벤처기업 등에 대한 투자를 유도하기 위하여 개인(법 §14)이나 민간재간접벤처투자조합의 업무집행조합원(법 §13)이 민간재간접벤처투자조합을 통하여 취득하는 벤처기업 주식 등의 양도차익을 비과세하도록 함.

그리고, 개인이 민간재간접벤처투자조합에 출자하는 경우 출자금액의 10%를 소득공제하며(법 §16), 법인이 민간재간접벤처투자조합을 통하여 간접출자하는 경우에는 투자금액의 5%와 증가분의 3%를 추가로 세액공제함(법 §13의 2).

법인이 민간재간접벤처투자조합을 통하여 취득한 주식의 양도차익 비과세 특례(법 §13)는 2024.1.1. 이후 과세표준을 신고하는 경우부터 (소급하여) 적용함(2023.12.31. 개정된 법률 부칙 §2). 법인이 민간재간접벤처투자조합을 통하여 벤처기업 등에 투자하는 경우 세액공제 특례(법 §13의 2)도 2024.1.1. 이후 세액공제신청을 하는 경우부터 (소급하여) 적용함(같은 법률 부칙 §3).

또한, 개인이 민간재간접벤처투자조합에 출자하는 경우의 소득공제 특례(법 §16)는 2023년 과세기간의 소득에 대하여 2024.1.1. 이후 과세표준을 신고하거나 소득세를 결정하거나 연말정산하는 경우부터 (소급하여) 적용함(같은 법률 부칙 §5).

2023 주요 개정세법 해설

4. 법 제25조의 6 영상콘텐츠 제작비용 세액공제 확대★★

종 전	개 정
■ 영상콘텐츠* 제작비용 세액공제 　* 드라마·애니메이션·다큐멘터리 등 TV프로그램, 영화, OTT콘텐츠 ○ 공제율 　- 대/중견/중소: 3/7/10% 　　　　＜신설＞	■ 세액공제 확대 ○ 공제율 상향 및 추가공제 신설 　- (기본공제율) 대/중견/중소: **5/10/15%** 　- (추가공제율) 대/중견/중소: **10/10/15%** ○ 추가공제 요건 (❶, ❷ 모두 충족) ❶ 전체 촬영제작 비용 중 국내지출 비중이 80% 이상 ❷ 다음 중 3개 이상 충족 　ⓐ 작가·스태프 인건비 중 내국인 지급비율 80% 이상 　ⓑ 배우 출연료 중 내국인 지급비율 80% 이상 　ⓒ 후반제작비용 중 국내지출 비중 80% 이상 　ⓓ 주요 IP* 중 3개 이상 보유 　　* 「저작권법」에 따른 방송권, 전송권, 공연권, 복제권, 배포권, 2차적저작물작성권 등 6개 저작재산권

　영상콘텐츠 제작비용에 대한 세액공제율을 중소기업의 경우 10%에서 15%로, 중견기업의 경우 7%에서 10%로, 그 밖의 경우 3%에서 5%로 각각 상향 조정함.
　그리고, 영상콘텐츠의 촬영제작 및 편집 등 후반제작에 든 비용 중 국내에서 지출한 비용과 작가 및 주요 스태프에게 지급한 인건비 중 내국인에게 지급한 인건비가 각각 80% 이상이고, 「저작권법」에 따른 권리 중 3개 이상의 권리를 제작자가 보유한 경우에는 제작비용 중 최대 15%에 상당하는 금액을 추가로 공제받을 수 있도록 함.

2023 주요 개정세법 해설

5. 법 제25조의 7 문화산업전문회사 출자에 대한 세액공제 신설★

구 분	내 용
적용 대상	중소·중견기업
공제 대상	■ 문화산업전문회사 출자액 중 영상콘텐츠 제작에 사용된 비용 - (대상 콘텐츠) 영화, TV프로그램, OTT콘텐츠 - (제외비용) 접대비, 광고·홍보비, 인건비 중 퇴직급여충당금 등
공제율	3%
공제시기	최초 상영·공개일과 문화산업전문회사 청산일 중 더 빠른 날이 속하는 사업연도

중소기업 또는 중견기업이 영상콘텐츠를 제작하는 문화산업전문회사에 출자하는 경우 출자금액에 영상콘텐츠 제작에 사용된 비율을 곱한 금액의 3%를 세액공제함.

양질의 영상콘텐츠 제작 기반 확대를 위해 민간 투자 유인책을 마련하여 투자재원을 확충하기 위한 목적임. 문화산업전문회사는 영상콘텐츠 중 특정 프로젝트 수행만을 목표로 자산을 운용하여 자금운영의 투명성을 확보할 수 있으므로, 문화산업전문회사에 대한 출자에 특례를 부여함.

2023 주요 개정세법 해설

6. 법 제66조~제68조 영농조합법인 등의 농어업경영체 등록 요건 규정★★

종 전	개 정
■ 영농·영어조합법인, 농업회사법인에 대한 법인세 면제 등 ○ (대상) 농어업경영체법에 따른 영농·영어조합법인, 농업회사법인	■ 농어업경영체 등록 요건 규정 ○ 농어업경영체법에 따라 **농어업경영정보를 등록**한 영농·영어조합법인, 농업회사법인

　농어업경영체법에 따라 농어업경영정보를 등록한 영농·영어조합법인 및 농업회사법인만을 특례의 대상으로 함. 참고로, 개정 이전 대법원 판례(대법원 2019두55972, 2023.3.30.)에 따르면 농업경영체 등록확인서의 제출이 감면 요건에 해당하지 않는다고 판시하였음.
　2023.12.31.이 속하는 과세연도의 소득(현물출자에 따른 소득은 2024.1.1. 전에 이루어진 현물출자에 따른 소득으로 한정함)에 대한 과세특례에 관하여는 개정규정에도 불구하고 종전의 규정에 따름(2023.12.31. 개정된 법률 부칙 §39).

7. 법 제99조의 13 감염병 예방조치에 따른 소상공인 손실보상금 특례 신설★

구 분	내 용
주 체	내국인
특례 대상	「소상공인 보호 및 지원에 관한 법률」에 따라 감염병 예방을 위한 집합 제한 및 금지 조치*로 인해 지급받은 손실보상금 　* 운영시간의 전부 또는 일부를 제한하는 조치, 이용자의 밀집도를 낮추기 위한 조치로서 손실보상 심의위원회가 심의·의결한 조치
특례	손실보상금의 익금불산입

　내국인이 감염병 예방을 위한 집합 제한 및 금지 조치로 인해 「소상공인 보호 및 지원에 관한 법률」에 따라 지급받은 손실보상금은 익금불산입함. 법 99조의 13 제1항의 개정규정은 2024.1.1. 이후 내국인이 손실보상금을 받는 경우부터 적용함(2023.12.31. 개정된 법률 부칙 §17).

2023 주요 개정세법 해설

8. 법 제104조의 15 해외자원개발투자 세액공제 도입★

구 분	내 용
주 체	해외자원개발사업자
특례 대상	① 광업권·조광권 취득 투자 ② 광업권·조광권 취득을 위한 외국법인에 대한 출자 ③ 내국인의 외국자회사에 대한 해외직접투자
공제율	투자 또는 출자액의 3%

자원안보를 강화하고 해외자원개발을 유도하기 위하여 2026.12.31.까지 해외자원개발을 위한 투자나 출자를 하는 경우 투자 또는 출자 금액의 3%를 법인세 또는 소득세에서 공제하도록 함.

2023 주요 개정세법 해설

9. **법 제104조의 24** 해외진출기업의 국내복귀(리쇼어링) 세제지원 강화★★

종 전	개 정
■ 해외진출기업 국내복귀시 소득·법인세 감면	■ 감면 폭·기간 확대 및 업종요건 완화
○ (감면대상) 2년 이상 경영한 국외사업장을 국내로 이전·복귀하는 기업	○ (좌 동)
○ (감면내용) ❶ 완전복귀 또는 수도권 밖으로 부분복귀하는 경우: 5년 100% + 2년 50% ※ (완전복귀) 국외사업장 양도·폐쇄 (부분복귀) 국외사업장 축소·유지 ❷ 수도권 안으로 부분복귀하는 경우: 3년 100% + 2년 50%	○ 감면 폭 및 기간 확대 ❶ **7년간 100% + 3년간 50%** ❷ (좌 동)
○ (업종요건) 국외사업장과 국내 이전·복귀 사업장 간 업종 - 한국표준산업분류에 따른 세분류 동일 〈신설〉	○ 업종요건 완화 - (법률로 상향 입법) - 한국표준산업분류에 따른 **동일 대분류 내**에서 국내복귀기업지원위원회의 업종 유사성 확인을 받는 경우도 허용

해외진출기업의 국내복귀를 촉진하기 위하여 해외진출기업이 국외사업장을 국내로 이전하거나 수도권 밖으로 부분 복귀하는 경우의 소득세 또는 법인세 감면기간을 7년에서 10년으로 확대함. 2024.1.1. 전에 국내에서 창업하거나 사업장을 신설 또는 증설한 경우의 세액감면 기간 및 업종요건에 관하여는 법 104조의 24 제2항의 개정규정에도 불구하고 종전의 규정에 따름(2023.12.31. 개정된 법률 부칙 §41).

그리고, 동일 대분류 내에서 국내복귀기업지원위원회의 업종 유사성 확인을 받는 경우에도 감면을 허용함.

2023 주요 개정세법 해설

10. [법 제104조의 33] 해외건설자회사 대여금에 대한 손금산입 특례 신설*

구 분	내 용
주 체	해외건설자회사를 둔 국내건설모회사
요 건	❶ 국내건설모회사가 해외건설자회사(지분율 90% 이상)에 지급한 대여금 (이자 포함) ❷ 회수기일 이후 5년 이상 경과 ❸ 해외건설자회사의 사업에 사용했을 것 ❹ 해외건설자회사의 완전자본잠식(순자산 < 0) 등 대여금 회수가 현저히 곤란하다고 인정되는 경우
손금한도	(요건을 충족하는 대여금의 기말채권잔액 − 해외건설자회사의 해당 차입금 외 순자산 장부가액*) × 손금산입 비율** * 자산총액 − 해당 차입금을 제외한 부채총액 ** 연도별 손금산입 비율 : 매년 10% 상향

연도	2024년	2025년	2026년	~	2033년 이후
비율	10%	20%	30%	~	100%

해외건설사업자인 내국법인이 해외건설자회사에 사업 용도로 지급한 대여금, 이자 등의 대손에 충당하기 위하여 대손충당금을 손비로 계상한 경우에 손금에 산입할 수 있는 특례임.

국내 건설 모회사의 채권 회수가 어려운 상황에서 비용으로도 인정받지 못하는 문제를 해소하여 해외건설사업의 수주를 지원하기 위한 목적임.

2023 주요 개정세법 해설

11. 법 제121조의 17 평화경제특구 창업기업 등 세액감면 신설★

종 전	개 정
■ 기업도시개발구역 등 창업기업 등에 대한 세액감면	■ 평화경제특구 창업기업 세액감면 신설
○ (감면내용) 특구 내 창업 또는 사업장 신설 기업 등에 대해 일정 기간 소득·법인세를 감면	○ (좌 동)
○ (감면적용 특구) ❶ 기업도시개발구역 ❷ 지역개발사업구역 등 ❸ 여수해양박람회특구 ❹ 새만금투자진흥지구	○ 적용지역 확대
<추 가>	- 평화경제특구
○ (감면율) 3년 100% + 2년 50% (사업시행자는 3년 50% + 2년 25%)	○ (좌 동)

 국가균형발전을 위해 평화경제특구 투자를 유인하기 위하여 평화경제특구 창업기업 및 개발사업시행자에 대한 세액감면을 신설함.

 평화경제특구란 남북 간의 경제적 교류와 상호 보완성을 증대하고 남북경제공동체를 실현함을 목적으로, 북한 인접지역에 지정하는 특구임.

2023 주요 개정세법 해설

12. 법 제121조의 33 기회발전특구 창업기업 등 세액감면 신설★

구 분	내 용
주 체	기회발전특구 내 창업(사업장 신설 포함)기업
업 종	제조업, 연구개발업, 기타 과학기술 서비스업 등
감면율	소득발생 과세연도부터 5년간 100% + 이후 2년간 50% 소득·법인세 감면
감면한도	투자누계액 50% + 상시근로자수 × 1,500만원(청년·서비스업 2,000만원)

국가균형발전을 위해 기회발전특구 활성화를 지원하기 위하여 세액감면을 신설함. 기회발전특구에서 인구감소지역 또는 접경지역인 아닌 수도권과밀억제권역 안의 기회발전특구는 제외함.

기회발전특구에서 창업하거나 사업장을 신설하면 소득세 또는 법인세를 감면받는 기업의 업종을 제조업, 정보통신업, 연구개발업 등으로 정하고, 소득세 또는 법인세를 감면받는 기간 동안 사업용 자산에 투자한 금액의 50%와 감면대상 사업장의 상시근로자 수에 최대 2천만원을 곱한 금액의 합계액을 감면한도로 정함.

13. 법 제121조의 34 기회발전특구 부동산 대체 취득 시 과세이연 특례 신설★

구 분	내 용
주 체	수도권에서 3년 이상(중소기업 2년) 사업 영위
요 건	수도권 내 사업용 부동산을 양도하고 특구 내 사업용 부동산을 대체취득
특 례	특구 내 사업용 부동산을 처분할 때까지 익금불산입하거나 양도소득세를 과세이연

수도권에서 사업을 한 내국인이 기회발전특구로 이전하기 위해 수도권에 있는 해당 기업의 본사, 공장 또는 기업부설연구소 등을 양도하는 경우 종전사업용부동산의 양도차익에 종전사업용부동산의 양도가액에서 기회발전특구에 있는 사업용부동산의 취득가액이 차지하는 비율만큼을 곱한 금액을 익금에 산입하지 않거나 양도소득세의 과세이연을 받을 수 있도록 함.

2023 주요 개정세법 해설

14. 법 제121조의 35 기회발전특구펀드에 대한 저율과세 특례 신설★

구 분	내 용
요 건	기회발전특구의 기반시설·입주기업등에 60% 이상 투자하는 펀드에 10년 이상 투자
업 종	제조업, 연구개발업, 기타 과학기술 서비스업 등
감면율	펀드에서 발생하는 이자·배당소득은 10년간 9% 세율로 분리과세
감면한도	투자금액 3억원

기회발전특구에 있는 부동산, 기회발전특구에서 시행하는 부동산개발사업, 기회발전특구 입주기업이 발행한 주식·채권 등에 집합투자재산의 60% 이상을 투자하는 부동산투자회사, 투융자집합투자기구 등에 투자하여 발생하는 이자소득 등에 대해 저율 과세특례를 적용하도록 함.

개정규정은 2024.1.1. 이후 지급받는 이자소득 또는 배당소득부터 적용함. 법 121조의 35의 개정규정 중 "제87조의 4에 따른 금융투자소득과세표준"의 개정부분은 2025.1.1.부터 시행함(2023.12.31. 개정된 법률 부칙 §29 및 §1 2호).

2023 주요 개정세법 해설

15. 법 제126조의 2 전통시장 사용분등 및 24년 사용증가분에 대한 추가공제*

종 전		개 정	
■ 신용카드등 사용금액 소득공제 ○ (공제대상) 총급여의 25% 초과 사용금액 ○ (공제율) 결제수단대상별 차등		■ 전통시장 및 문화비 사용분 공제율 상향 ○ (좌 동) ○ 전통시장 및 문화비 사용분 공제율 상향	
구 분	공제율	구 분	공제율
❶ 신용카드	15%	❶ 신용카드	15%
❷ 현금영수증·체크카드	30%	❷ 현금영수증·체크카드	30%
❸ 도서·공연·미술관·박물관 영화관람료 등	30%	❸ 도서·공연·미술관·박물관 영화관람료 등 ('23.4.1.~12.31. 사용분)	30% (40%)
❹ 전통시장	40%	❹ 전통시장 ('23.4.1.~12.31. 사용분)	40% (50%)
❺ 대중교통 ('23.1.1.~12.31. 사용분)	40% (80%)	❺ 대중교통 ('23.1.1.~12.31. 사용분)	40% (80%)
(신 설)		- 2024년 소비금액 중 2023년 대비 5%를 초과하여 증가한 금액: 10%	

   2024년에 신용카드 등으로 사용한 금액 중 2023년에 신용카드 등으로 사용한 금액의 105%를 초과한 금액에 대하여 10%의 공제율이 적용되는 한시적인 소득공제를 도입함. 그리고, 총급여액 수준별로 적용하는 공제한도 외에 100만원의 한도를 추가하여 적용하도록 함.

   그리고, 신용카드 등 사용금액 중 2023.4.1.~2023.12.31. 사용분에 대해 전통시장에서 사용한 금액에 대한 소득공제율을 40%에서 50%로 상향하고, 도서·신문·공연·박물관·미술관·영화관람료 등 문화비로 사용한 금액에 대한 소득공제율을 30%에서 40%로 상향함.

   또한, 2023년 1년 동안에 대중교통 이용분에 대한 공제율을 80%로 한시적으로 상향함.

2023 주요 개정세법 해설

16. 법 제136조 전통시장 기업업무추진비 손금산입 한도 확대★

종 전	개 정

■ 기업업무추진비 손금산입 한도
○ 기본한도
  - (일반기업) 1,200만원
  - (중소기업) 3,600만원
○ 수입금액별 한도
 	
| 수입금액 구간 | 한 도 |
|---|---|
| 100억원 이하 | 0.3% |
| 100억원 초과
500억원 이하 | 0.2% |
| 500억원 초과 | 0.03% |
 	
○ 추가 한도
❶ 문화 기업업무추진비 특례
  - (한도) 문화 기업업무추진비는 '기본한도+수입금액별 한도'의 20% 추가
	■ 손금산입 한도 확대
	○ (좌 동)
	
	○ (좌 동)
	
	○ 추가 한도 특례 신설
	❶ (좌 동)
	
	❷ 전통시장 기업업무추진비 특례
	  - (한도) 전통시장 기업업무 추진비는 '기본한도+수입 금액별 한도'의 10% 추가
	  * 다만, 일반유흥주점업 등 소비성 서비스 업종 지출액은 제외

    전통시장 안에서 지출한 기업업무추진비에 대해서는 법인세법에 따른 기업업무추진비의 손금산입 한도액 외에 그 한도액의 10%에 상당하는 금액까지 추가로 손금에 산입할 수 있도록 함.

    전통시장 기업업무추진비 특례는 기업의 전통시장 내 지출을 촉진하여 내수시장의 활력을 높이고 소상공인의 매출 확대를 지원하기 위한 목적임.

    개정규정은 2024.1.1. 이후 과세표준을 신고하는 경우부터 (소급하여) 적용함(2023.12.31. 개정된 법률 부칙 §35).

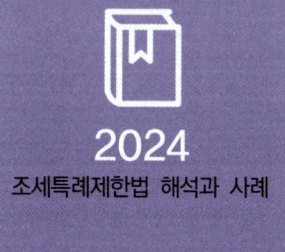

2024
조세특례제한법 해석과 사례

1. 총 칙

제1절 목 적
제2절 조세특례제한법의 해석
제3절 용어의 정의
제4절 조세특례의 제한

1. 총칙

제1절 목 적

Ⅰ. 연혁

1 조세감면규제법의 제정

정부의 경제개발계획 시행에 따른 조세지원의 남발을 방지하고 조세감면을 통합적으로 운영하기 위해 1965.12.20.에 「조세감면규제법」을 제정하여 1966.1.1.부터 시행하였다. 경제개발계획의 추진과 함께 조세유인의 중요성이 더욱 커졌지만 조세감면혜택의 부여는 국고손실을 수반할 뿐 아니라 공평과세를 저해하기 때문에, 조세감면규제법은 국고 손실을 최소화하는 동시에 공평 과세를 실현하기 위하여 종래 각종 법률에 분산되어 있던 조세감면조항의 통합 규제를 입법 목적으로 한다.

정부는 14개의 내국세법과 국세징수법, 관세법, 톤세법, 지방세법, 외자도입촉진법, 그리고 조세감면규제법과 조약에 의하지 않고서는 조세를 감면할 수 없게 하였다. 또한 감면은 본 법에서 세목별로 특별히 열거된 주체와 감면조건에 대해서만 허용하도록 하였다.[1]

조세감면규제법은 제정 당시에는 적용기한이 없는 영구법이었으나, 1981년 말 개정 시 조세정책의 원활하고 신축적인 운용을 위하여 5년 단위로 운용하는 한시법으로 전환하여 그 적용시한을 계속 연장하는 방식으로 운영되었다.

2 조세특례제한법으로 전면개편

조세감면규제법의 적용시한이 1998년 12월 말로 만료됨을 계기로 중장기적으로 조세감면을 통제, 관리함으로써 과세 저변을 확대할 수 있는 제도적 장치를 마련하기 위하여 조세특례제한법으로 전면 개편하여 변경하였다.[2]

---

[1] 국가기록원 "조세감면규제법" 주제설명을 참조함(http://www.archives.go.kr/)
[2] 98간추린 개정세법(기획재정부) 참조; 이하 본서의 개정 연혁 부분은 각 연도별 간추린 개정세법을 참조함.

첫 번째로, 개별 세법과 일반 법률의 **조세감면규정 및 중과세 조항**을 이관하여 일관성 있게 규정하였다.

두 번째로, 조세감면의 기득권화를 방지하고 조세지원의 유인 효과를 극대화하기 위하여 조세특례제한법 자체는 영구법화하되 조세지원 **조항별 일몰기한 도입**으로 조세감면의 한시성을 확보하였다. 획일적으로 규정되었던 일몰기한을 개별 조항의 특성에 맞추어 5년, 3년, 2년, 1년 등으로 설정하였다.

세 번째로, 신규로 조세감면제도를 도입 또는 대상 등을 확대하거나 기존 감면의 기한 연장 시, **감면효과 분석**을 선행하도록 하였다.

본서는 조세특례제한법의 조문 순서에 따른 배열을 원칙으로 하되, 비교 가능한 유사제도를 함께 서술하였다. 다음은 조세특례제한법의 구성과 본서의 체계를 비교한 표이다.

조세특례제한법의 구성과 본서의 체계

본서	대분류	중분류	조세특례제한법
1부	총 칙		제1장
2부	직접국세	중소기업에 대한 조세특례	제2장 제1절
3부		연구 및 인력개발에 대한 조세특례	제2절
4부		국제자본거래에 대한 조세특례	제3절
5부		투자촉진을 위한 조세특례	제4절
6부		고용지원을 위한 조세특례	제4절의 2
7부		기업구조조정을 위한 조세특례	제5절
		금융기관구조조정을 위한 조세특례	제6절
		농업협동조합중앙회 구조개편을 위한 조세특례	제5장의 7
		공적자금 회수를 위한 조세특례	제5장의 8
		수산업협동조합중앙회 구조개편을 위한 조세특례	제5장의 9
		사업재편계획을 위한 조세특례	제5장의 10
8부		지역 간의 균형발전을 위한 조세특례	제2장 제7절
9부		공익사업지원을 위한 조세특례	제8절
10부		저축지원을 위한 조세특례	제9절
11부		국민생활의 안정을 위한 조세특례	제10절
12부		근로장려를 위한 조세특례	제10절의 2
		자녀장려를 위한 조세특례	제10절의 4
		투자·상생협력 촉진을 위한 조세특례	제10절의 5
13부		동업기업에 대한 조세특례	제10절의 3

본서	대분류	중분류	조세특례제한법
14부	직접국세	그 밖의 직접국세 특례	제2장 제11절
15부	간접국세		제3장
16부	지 방 세		제4장('14년 말 삭제)
17부	외국인투자 등에 대한 조세특례		제5장
18부	제주 국제자유도시 육성을 위한 조세특례		제5장의 2
	기업도시 개발과 지역개발사업구역 등 지원을 위한 조세특례		제5장의 3
	아시아문화중심 도시 지원을 위한 조세특례		제5장의 4
	금융중심지의 조성과 발전을 위한 조세특례		제5장의 5
	첨단의료복합단지 지원을 위한 조세특례		제5장의 6
	기회발전특구 지원을 위한 조세특례		제5장의 11
19부	그 밖의 조세특례	과세표준양성화를 위한 조세특례	제6장 제1절
20부		조세특례제한 등	제2절
21부	보칙		제7장

Ⅱ. 조세특례제한법의 목적

조세특례제한법은 조세의 감면[3] 또는 중과 등 조세특례와 이의 제한에 관한 사항을 규정하여 과세의 공평을 도모하고 조세정책을 효율적으로 수행함으로써 국민경제의 건전한 발전에 이바지함을 목적으로 한다(조특법 §1).

납세자의 입장에서 조세특례제한법의 중요성을 살펴보자면, 기업회계의 결산을 통해 산정된 당기순손익에 개별 세법의 세무조정 사항을 반영하여 세액을 계산하는데 있어, 대부분의 세무조정사항이 유보를 통한 손익 귀속시기의 차이이거나 법적인 한도를 초과한 비용을 손금부인하는 사항이어서 세무 전략(Tax Strategy)을 통한 기업 조세 부담의 감소를 계획하는 것이 용이하지 않다. 반면에 조세특례제한법상의 조세특례는 기업의 의사결정 과정에서 연구개발, 투자, 고용, 구조조정, 이전 등의 적극적 행위를 통하여 최종적 조세 부담을 결정할 수 있기 때문에 경영 전략 수립 시 세무상 효과를 적극 반영할 수 있다.

---

[3] 조세감면규제법 제3조 제2항 소정의 "감면되는 조세"는 세액이 감면되는 경우뿐만 아니라 손금산입 등의 소득계산의 특례, 소득공제, 세액공제 등 궁극적으로 조세의 부담이 경감 또는 면제되는 조세를 말한다(대법원 92누16874, 1993.5.27.). 즉, 조세특례제한법 제1조의 감면은 개별조항에서 규정되어 있는 세액공제 등과 대비되는 감면이 아니라 조세특례제한법의 모든 특례를 포함하는 넓은 의미의 감면을 말한다.

따라서 기업의 일상적 업무 집행 이외에 새로운 이벤트가 발생하였을 때 조세특례에 대한 검토가 필요하다.

1 조세특례

"조세특례"란 일정한 요건에 해당하는 경우의 특례세율 적용, 세액감면, 세액공제, 소득공제, 준비금의 손금산입 등의 조세감면과 특정 목적을 위한 익금산입, 손금불산입 등의 중과세를 말한다(조특법 §2 ① 8호). 조세특례에는 시혜(施惠)적 규정뿐 아니라 납세자에게 불이익을 주는 중과세 규정도 포함된다.

2 조세지출

조세특례 중에서 중과제도나 납세자의 세 부담 경감 목적이 아닌 경우(예, 동업기업과세특례)등을 제외한 조세감면을 조세지출이라고 한다. "조세지출"이란 조세감면·비과세·소득공제·세액공제·우대세율 적용 또는 과세이연 등 조세특례에 따른 재정지원을 말한다(조특법 §142의 2 ①).

조세지출은 직접적인 정부지출의 형태인 세출예산에 대응하는 개념으로 세 부담 면제, 공제, 감면 등을 통한 조세보조금이라 할 수 있으며 '숨겨져 있는 재정지출'의 성격을 지니고 있다. 복잡한 승인 절차를 거쳐야 하는 직접적인 정부지원(예, 직접보조금)에 비해, 조세지출을 통한 특정 산업의 지원이 보다 중립적이며 행정적 편의성이 높기 때문에 국가가 시장에 직접 간섭을 하는 산업정책의 중요한 수단으로 활용되고 있다.4) 개별 세법의 개정을 통한 정부 세입 예산의 조절보다는 조세특례 제도의 조정을 통한 조절이 보다 더 목적지향적이며 통제가 용이하기 때문이다.

---

4) 이정란, "창업중소기업 조세지원제도에 관한 연구", 공법학연구/제12-3권, 2011, p.338.

Ⅲ. 조세지출의 유형

조세지출은 크게 직접적이고 완전하게 조세 부담을 경감하는 직접감면과 일정기간 과세를 연기하는 간접감면으로 나뉜다.

조세특례제한법의 규정에 따라 조세를 감면함에 있어서 감면신청서에 기재한 내용과 정부가 조사결정한 내용이 동일하지 아니한 경우에는 정부가 조사결정한 내용이 감면의 기초가 된다(조특통 2-0…1).

예를 들어 처분청이 세무조사를 통하여 법인세 증액경정처분을 한 경우에는 증액된 세액을 한도로 연구인력개발비 세액공제가 가능하다(조심 2014서4145, 2015.11.25.).

조세지출의 유형

유 형		내 용
직접감면	비과세	법률에 의하여 과세권자가 과세대상에서 제외하여 과세권을 행사하지 않음.
	소득공제	소득금액에서 일정 금액을 공제
	손금산입 등	세무조정으로 손금산입 또는 익금불산입, 필요경비산입 또는 총수입금액불산입
	저율과세	일반세율보다 낮은 세율을 적용
	분리과세	저율로 원천징수한 후 종합소득에 합산하지 아니하고 분리과세로 납세의무를 종결
	세액감면	산출세액에 감면율을 곱한 금액을 산출세액에서 차감
	세액공제	공제대상금액에 공제율을 곱한 금액을 산출세액에서 차감
간접감면	준비금	기업이 특정한 목적을 위하여 준비금을 사내 적립하는 경우, 그 사내적립금을 일정기간 동안 손비로 인정하여 과세를 늦춤.
	이월과세	개인이 종전 사업에 사용되는 사업용고정자산 등을 현물출자 등을 통하여 법인에 양도하는 경우, 양도인인 개인에 대해서는 양도소득세를 과세하지 아니하고 이월함.
	과세이연 / 소득이연 방식	최초 양도 등을 독립된 과세대상으로 보지 아니하고 최종 양도만을 과세대상으로 봄.
	과세이연 / 세액이연 방식	최초의 양도 등을 독립된 과세대상으로 보아 세액을 계산하되, 신규 취득자산의 양도 시 종전의 이연된 세액을 함께 납부
	분할과세	기업이 종전 사업에 사용되는 부동산 등을 양도하는 경우에 발생하는 양도차익을 분할하여 과세

유 형	내 용
충당금	상각자산에 대하여는 일시상각충당금, 비상각자산에 대하여는 압축기장충당금의 설정을 통하여 손금산입

1 직접감면

직접감면 중 비과세, 세액감면, 세액공제 또는 소득공제의 감면을 받는 자는 농어촌특별세를 부담하여야 한다. 또한 일부 저율과세에 대해서도 농어촌특별세를 부담한다(농특법 §2 ① 1호·2호).

1-1 비과세

비과세란 법률에 의하여 과세권자가 과세대상에서 제외하여 과세권을 행사하지 않는 감면방법이다. 납세자에게는 납세의무 자체가 성립하지 않는다. 납세의무 자체가 성립하지 않으므로 소득금액(이하 각 사업연도 소득 포함) 및 과세표준에도 포함되지 않는다. 따라서 당사자의 별도 신청을 요하지 않으며, 과세관청의 행정처분을 필요로 하지 않는다.

비과세되는 특례대상 주식이 **양도차손**이 발생하여도 특례에 따라 양도소득의 범위(소법 §94 ① 3호)에 해당하지 않으므로 다른 주식의 양도차익과 통산할 수 없다(조심 2011서2439, 2012.3.26.; 부동산거래-752, 2010.6.1.).

법인세 과세표준을 계산함에 있어서 이월결손금을 먼저 공제(법법 §13)하는 등의 사유로 인하여 공제되지 아니한 비과세소득은 다음 사업연도 이후로 이월하여 공제할 수 없다(법법 §13 ②).

법문상 표현으로는 일반적으로 "과세하지 아니한다" 또는 "부과하지 아니한다"라는 문구로 규정된다. 비과세 제도에 해당하는 특례는 주로 이자, 배당, 주식양도차익에 대해 규정되어 있다.

비과세 유형

조 문	관련세목
제13조 벤처투자회사등의 주식양도차익 등에 대한 비과세	법인세
제13조의 4 벤처투자회사 등의 소부장주식양도차익 등 비과세	법인세
제14조 제1항 창업자 등에의 출자에 대한 과세특례	양도소득세

조 문	관련세목
제16조의 2 벤처기업 주식매수선택권 행사이익 비과세 특례	소득세
제87조 제1항 장기주택마련저축 등에 대한 비과세등('12년 이전 가입분)	(이자·배당)소득세
제87조의 2 농어가목돈마련저축에 대한 비과세	소득세, 증여세, 상속세
제88조의 2 비과세종합저축에 대한 과세특례	(이자·배당)소득세
제88조의 4 제2항·제9항·제10항·제14항 우리사주조합원 등에 대한 과세특례	(배당·양도)소득세
제88조의 5 조합 등 출자금 등에 대한 과세특례	(배당)소득세
제89조의 3 조합등 예탁금에 대한 비과세	(이자)소득세
제91조의 2 집합투자기구 등에 대한 과세특례	양도소득세, 증권거래세
제93조의 4 청년도약계좌 비과세특례	(이자·배당)소득세
제104조의 19 주택건설사업자가 취득한 토지에 대한 과세특례	종합부동산세

1-2 소득공제

소득공제란 소득금액에서 일정 금액을 공제하는 감면방법이다. 법인세 과세표준을 계산함에 있어서 이월결손금·비과세소득을 먼저 공제(법법 §13)함으로 인하여 공제되지 아니한 소득공제액 및 최저한세(조특법 §132)의 적용으로 인하여 공제되지 아니한 소득공제액은 다음 사업연도 이후로 이월하여 공제할 수 없다(법법 §13 ②).

소득공제는 과세표준을 계산하는 단계에서의 감면이므로 과세표준 구간에 따라 감세혜택이 다르게 나타난다. 누진세율 구조 하에서 소득금액이 커짐에 따라 감세혜택이 커지게 되어 저소득자에 비해 고소득자가 상대적으로 유리하게 취급되는 단점이 있다(세부담의 역진성).

법인세법 시행규칙 [별지 제7호 서식] 소득공제조정명세서를 제출하여야 한다.

소득공제 유형

조 문	관련세목
제16조 중소기업창업투자조합 출자 등에 대한 소득공제	(종합)소득세
제30조의 3 중소기업 일자리나누기에 대한 소득공제	(근로)소득세
제86조의 3 소기업·소상공인 공제부금에 대한 소득공제 등	(사업)소득세
제87조 주택청약종합저축 등에 대한 소득공제 등	(근로)소득세
제88조의 4 제1항 우리사주조합 출자에 대한 소득공제	(근로)소득세

조 문	관련세목
제104조의 31 프로젝트금융투자회사에 대한 소득공제	법인세
제126조의 2 신용카드 등 사용금액에 대한 소득공제 등	(근로)소득세
제126조의 5 현금거래의 확인 등	(근로)소득세

1-3 손금산입, 익금불산입

각 사업연도 소득에 대한 법인세 계산 시 세무조정으로 손금산입 또는 익금불산입하여 감면하는 방법이다. 소득세에서도 세무조정으로 필요경비산입 또는 총수입금액 불산입하여 사업소득금액을 계산한다.

손금산입, 익금불산입 유형

조 문	관련세목
제39조 제1항 채무의 인수·변제에 대한 과세특례	법인세
제40조 제2항·제3항 주주등의 자산양도에 관한 법인세 등 과세특례	소득세, 법인세
제44조 제4항 재무구조개선계획 등에 따른 기업의 채무면제익에 대한 과세특례	법인세
제52조 금융기관의 자산·부채 인수에 대한 법인세 과세특례	법인세
제76조 제1항 단서 정치자금의 손금산입 특례 등	소득세
제88조의 4 제13항 우리사주조합 기부금의 손금산입	소득세, 법인세
제99조의 13 감염병 예방조치에 따른 소상공인 손실보상금 익금불산입	소득세, 법인세
제104조의 11 신용회복목적회사 출연 시 손금산입 특례	법인세
제104조의 16 제4항 대학 재정 건전화를 위한 학교법인 출연금	법인세
제104조의 26 정비사업조합 설립인가등의 취소에 따른 채권의 손금산입	소득세, 법인세
제104조의 33 해외건설자회사에 지급한 대여금등에 대한 손금산입	법인세
제136조 기업업무추진비의 손금불산입 특례	소득세, 법인세
제138조 임대보증금 등의 간주익금(익금산입)	법인세

1-4 저율과세

저율과세란 일반세율보다 낮은 세율을 적용하는 감면방법이다.

조 문 (특례 세율)	관련세목
제18조의 2 외국인근로자에 대한 과세특례 (19%)	(근로)소득세
제30조의 5 창업자금에 대한 증여세 과세특례 (10%)	증여세
제30조의 6 가업의 승계에 대한 증여세 과세특례 (10%~20%)	증여세
제72조 조합법인 등에 대한 법인세 과세특례 (9%~12%)	법인세
제121조의 35 기회발전특구집합투자기구 투자자에 대한 과세특례(9%)	(이자·배당)소득세

1-5 분리과세

소득세법상 금융소득 종합과세가 적용되는 경우에는 14~45%의 누진세율이 적용되지만, 분리과세가 적용되는 경우 저율로 원천징수한 후 종합소득에 합산하지 아니하고 분리과세로 납세의무를 종결시키는 감면방법이다.

조 문 (저율의 원천징수세율)	관련세목
제66조 제3항 영농조합법인의 조합원에 대한 배당소득 (5%)	(배당)소득세
제67조 제3항 영어조합법인의 조합원에 대한 배당소득 (5%)	(배당)소득세
제68조 제4항 농업회사법인의 출자자에 대한 배당소득 (14%)	(배당)소득세

1-6 세액감면

세액감면이란 산출세액에 감면율을 곱한 금액을 산출세액에서 차감하는 감면방법이다. 납세자에게 납세의무가 성립하나 그 의무의 일부 또는 전부를 제거한다.

세액감면은 납세의무의 100%를 제거하는 면제와 납세의무의 일부를 제거하는 경감으로 나뉜다. 양자를 합하여 감면이라는 용어를 사용한다. 법문상에서 '100분의 100을 감면한다'라는 규정[5]이 있으나, 면제로 이해하면 될 것이다.

다음의 표에서 조문 표시상 고딕체로 표시한 부분은 소득세와 법인세에 대한 세액감면 중 최저한세 적용대상에서 제외되는 감면이다.

---

[5] 제69조 자경농지에 대한 양도소득세의 감면, 제71조 영농자녀가 증여받는 농지 등에 대한 증여세의 감면

세액감면 유형

조 문	관련세목
제6조 창업중소기업 등 세액감면(과밀억제권역 외 청년·생계형 창업중소기업 및 추가감면은 최저한세 적용 제외)	소득세, 법인세
제7조 중소기업에 대한 특별세액감면	소득세, 법인세
제12조 제1항·제3항 기술이전·대여소득 세액감면	소득세, 법인세
제12조의 2 연구개발특구에 입주하는 첨단기술기업 등에 대한 법인세 등의 감면(100% 감면 시 최저한세 적용 제외)	소득세, 법인세
제18조 외국인기술자에 대한 소득세의 감면	(근로)소득세
제18조의 3 내국인 우수 인력의 국내복귀에 대한 소득세 감면	(근로)소득세
제19조 제2항 성과공유 중소기업 근로자의 세액감면	(근로)소득세
제20조 공공차관 도입에 따른 과세특례	소득세, 법인세
제21조 국제금융거래에 따른 이자소득 등에 대한 법인세 등의 면제	소득세, 법인세
제29조의 6 중소기업 핵심인력 성과보상기금 수령액 소득세 감면	(근로)소득세
제30조 중소기업 취업자에 대한 소득세 감면	(근로)소득세
제33조 제2항 제1호 사업전환 무역조정지원기업에 대한 과세특례(부동산)	양도소득세
제33조의 2 사업전환 중소기업 및 무역조정지원기업에 대한 세액감면	소득세, 법인세
제40조 제3항 주주등의 자산양도에 관한 법인세 등 과세특례	양도소득세
제63조 수도권 밖으로 공장을 이전하는 기업에 대한 세액감면 등(수도권 밖으로 이전하는 경우는 최저한세 적용 제외)	소득세, 법인세
제63조의 2 수도권 밖으로 본사를 이전하는 법인에 대한 세액감면 등	법인세
제64조 농공단지 입주기업 등에 대한 세액감면	소득세, 법인세
제66조 영농조합법인 등에 대한 법인세의 면제 등	법인세, (배당 및 양도)소득세
제67조 영어조합법인 등에 대한 법인세의 면제 등	법인세, (배당 및 양도)소득세
제68조 농업회사법인에 대한 법인세의 면제 등(작물재배업소득은 최저한세 적용 제외)	법인세, (배당 및 양도)소득세
제69조 자경농지에 대한 양도소득세의 감면	양도소득세
제69조의 2 축사용지에 대한 양도소득세의 감면	양도소득세
제69조의 3 어업용 토지등에 대한 양도소득세의 감면	양도소득세
제69조의 4 자경산지에 대한 양도소득세의 감면	양도소득세

조 문	관련세목
제70조 농지대토에 대한 양도소득세 감면	양도소득세
제71조 영농자녀등이 증여받는 농지 등에 대한 증여세의 감면	증여세
제77조 공익사업용 토지 등에 대한 양도소득세의 감면	양도소득세
제77조의 2 대토보상에 대한 양도소득세 과세특례	양도소득세
제77조의 3 개발제한구역 지정에 따른 매수대상 토지등에 대한 양도소득세의 감면	양도소득세
제85조의 6 사회적기업 및 장애인 표준사업장에 대한 법인세 등의 감면	소득세, 법인세
제96조 소형주택 임대사업자에 대한 세액감면	소득세, 법인세
제99조의 9 위기지역 창업기업에 대한 법인세 등의 감면	소득세, 법인세
제99조의 11 감염병 피해에 따른 특별재난지역의 중소기업에 대한 법인세 등의 감면	소득세, 법인세
제104조의 24 해외진출기업의 국내복귀에 대한 세액감면	소득세, 법인세
제116조 인지세의 면제	인지세
제117조 증권거래세의 면제	증권거래세
제121조의 2 외국인투자에 대한 법인세 등의 감면	소득세, 법인세, 취득세, 재산세
제121조의 3 외국인투자에 대한 관세 등의 면제	관세, 개별소비세, 부가가치세
제121조의 8 및 10 제주첨단과학기술단지 입주기업에 대한 과세특례(100% 감면 시 최저한세 적용 제외)	소득세, 법인세, 관세
제121조의 9 제주투자진흥지구 또는 제주자유무역지역에 대한 과세특례 (100% 감면 시 최저한세 적용 제외)	소득세, 법인세
제121조의 11 제주투자진흥지구 입주기업 수입물품에 대한 관세의 면제	관세
제121조의 13 제주도여행객 면세점에 대한 간접세 등의 특례	관세, 개별소비세, 부가가치세, 주세, 담배소비세
제121조의 17 기업도시 개발과 지역개발사업구역 등 지원을 위한 조세특례 (100% 감면 시 최저한세 적용 제외)	소득세, 법인세
제121조의 20 아시아문화중심도시 투자진흥지구 입주기업 등에 대한 법인세 등의 감면 등(100% 감면 시 최저한세 적용 제외)	소득세, 법인세
제121조의 21 금융중심지 창업기업 등에 대한 법인세 등의 감면 등(100% 감면 시 최저한세 적용 제외)	소득세, 법인세

조 문	관련세목
제121조의 22 첨단의료복합단지 및 국가식품클러스터 입주기업에 대한 법인세 등의 감면(100% 감면 시 최저한세 적용 제외)	소득세, 법인세
제121조의 33 기회발전특구의 창업기업 등에 대한 법인세 등의 감면(100% 감면 시 최저한세 적용 제외)	소득세, 법인세
제140조 해저광물자원개발을 위한 과세특례	관세, 부가가치세

(1) 사업장단위 감면방식과 기업단위 감면 방식

조세특례제한법에서는 원칙적으로 기업 전체의 소득 중 해당 사업에서 발생한 소득을 감면소득으로 하는 기업단위 감면방식에 의하고 있다. 반면에 조문상 명시적으로 "해당 사업장"에서 발생한 소득을 감면소득으로 하는 사업장 단위 감면방식[6]을 채택하고 있는 경우가 있다.[7]

사업장단위 감면방식과 기업단위 감면방식 대상 특례

구 분	감 면 제 도
사업장단위 감면방식	■ 제7조 중소기업에 대한 특별세액감면 ■ 제12조의 2 연구개발특구에 입주하는 첨단기술기업 등에 대한 법인세 등의 감면 ■ 제63조 수도권 밖으로 공장을 이전하는 기업에 대한 세액감면 등 ■ 제64조 농공단지 입주기업 등에 대한 세액감면 ■ 제99조의 9 위기지역 창업기업에 대한 법인세 등의 감면 ■ 제99조의 11 감염병 피해에 따른 특별재난지역의 중소기업에 대한 법인세 등의 감면 ■ 제104조의 24 해외진출기업의 국내복귀에 대한 세액감면 ■ 제121조의 8 제주첨단과학기술단지 입주기업에 대한 과세특례 ■ 제121조의 9 제주투자진흥지구 또는 제주자유무역지역에 대한 과세특례 ■ 제121조의 17 기업도시 개발과 지역개발사업구역 등 지원을 위한 조세특례 ■ 제121조의 20 아시아문화중심도시 투자진흥지구 입주기업 등에 대한 법인세 등의 감면 등 ■ 제121조의 21 금융중심지 창업기업 등에 대한 법인세 등의 감면 등 ■ 제121조의 22 첨단의료복합단지 및 국가식품클러스터 입주기업에 대한 법인세 등

---

[6] 저자가 감면제도 이해의 편의를 위하여 새롭게 정의한 용어임. 이와 유사한 비교개념으로 부가가치세법상 사업장단위 과세방식과 사업자단위 과세방식이 있음(부법 §6)

[7] 기업단위 감면방식과 사업자단위 감면방식은 해당 업종 또는 해당 사업장 전체를 대상 감면소득으로 할 때의 구분이며, 개인의 근로소득에 대한 감면이나 법인 또는 사업자의 특정 행위(예, 기술이전소득세액감면) 등에서 양자를 구별할 실익은 없음.

구 분	감 면 제 도
	의 감면 ■ 제121조의 33 기회발전특구의 창업기업 등에 대한 법인세 등의 감면
기업단위 감면방식	■ 제6조 창업중소기업 등에 대한 세액감면 ■ 제33조의 2 사업전환중소기업 및 무역조정지원기업에 대한 세액감면 ■ 제63조의 2 수도권 밖으로 본사를 이전하는 법인에 대한 세액감면 등 ■ 제66조 영농조합법인 등에 대한 법인세의 면제 등 ■ 제67조 영어조합법인 등에 대한 법인세의 면제 등 ■ 제68조 농업회사법인에 대한 법인세의 면제 ■ 제85조의 6 사회적기업 및 장애인 표준사업장에 대한 법인세 등의 감면 ■ 제96조 소형주택 임대사업자에 대한 세액감면 ■ 제121조의 2 외국인투자기업감면

사업장단위 감면방식은 다음 유형의 조세특례 등에 규정되어 있다.
① 감면율을 지역적으로 달리하거나 배제하는 경우(예, 법 제7조 중소기업에 대한 특별세액감면)
② 지방이전에 대한 조세지원 중 본사 이전을 제외한 감면(예, 법 제63조)
③ 지역특구에 대한 조세특례

즉, 특정 지역에 한하여 조세특례를 부여할 필요가 있는 경우 기업 전체의 소득을 기준으로 하지 아니하고 해당 지역의 사업장에서 발생한 소득만을 감면대상으로 한다.

기업단위 감면방식과 사업장단위 감면방식의 특례효과 비교

구 분	기업단위 감면방식	사업장단위 감면방식
감면소득	기업 전체 소득	해당 사업장에서 발생한 소득
순차적 사업장 증설 시 감면기간	제2사업장은 제1사업장의 잔여 감면기간 동안 감면	제2사업장은 제1사업장과 별도로 감면기간 개시

> **주요 이슈와 쟁점**
>
> **1. 신설한 제2사업장의 감면기간이 새로이 개시되는지 여부**
>
> 양자를 구별하는 실익은 감면소득의 계산과 감면기간의 산정 등에 있다.
> 첫 번째로, 기업단위 감면방식에 있어서는 감면업종에서 발생한 기업 전체의 소득에 대하여 감면세액을 계산하지만, 감면업종 요건이 부가되어 있는 사업장단위 감면방식에서는 감면업종에서 발생한 소득 중 해당 사업장에서 발생한 소득만을 대상으로 한다.
> 두 번째로, 둘 이상의 사업장이 있는 경우 감면기간의 산정이다.

> 외국인투자기업감면과 같은 **기업단위 감면방식에 의할 경우에는** 2개 이상의 사업장을 설치·운영하는 경우, **조세감면은 사업장 구분 없이 당해 감면사업을 개시한 후 당해 사업에서 최초로 소득이 발생한 과세연도부터 감면된다**(서면2팀-2169, 2004.10.27.). 따라서 사업장이 순차적으로 증설된 경우 제2사업장은 제1사업장의 잔여 세액감면기간에 한하여 감면된다(조심 2014부445, 2014.7.15.).
> **반면에 사업장단위 감면방식에 의할 경우에는 각각의 사업장별로 감면기간이 개시된다.** 예컨대, 동일 농공단지 내의 인접지역에 별개의 제품을 생산하는 신공장을 설치한 경우에는 별도의 농공단지입주기업감면이 적용되어 새로이 감면기간이 개시된다(재조예 46070-167, 2000.4.29.).

(2) 일반감면과 기간감면

감면제도는 또한 일반감면과 기간감면으로도 구분할 수 있다.

일반감면이란 감면대상소득의 발생 시기에 관계없이 감면하는 제도이며, 기간감면은 감면대상소득이라 하더라도 일정 기간(tax holiday) 동안만 한정하여 감면하는 제도이다.

조세특례제한법에서는 과세부담의 형평성과 조세정책의 효율적 집행을 위해 대부분의 감면제도를 기간감면제도로 규정하고 있다. 예외적으로 일반감면으로 운영되는 제도는 법 제7조 중소기업에 대한 특별세액감면이 있다.

일반감면제도는 기간감면제도에 비하여 그 세율이 낮고 엄격한 요건 하에서 집행되는 특성을 가지고 있다.

1-7 세액공제

공제대상금액에 공제율을 곱한 금액을 산출세액에서 차감하는 감면방법이다. 산업정책에 대한 지원 수단으로서의 성격이 강하게 드러난다. 제5부에서 다루고 있는 투자세액공제와 기타 세액공제로 크게 나누어 볼 수 있다.

다음의 표에서 조문 표시상 고딕체로 표시한 부분은 소득세와 법인세에 대한 세액공제 중 최저한세 적용대상에서 제외되는 공제이다.

세액공제 유형

조 문	관련세목
제7조의 4 상생결제 지급금액에 대한 세액공제	소득세, 법인세
제8조의 3 상생협력을 위한 기금 출연 등에 대한 세액공제	법인세

조 문	관련세목
제10조 연구·인력개발비에 대한 세액공제 (중소기업 R&D)	소득세, 법인세
제12조의 3 기술혁신형 합병에 대한 세액공제	법인세
제12조의 4 기술혁신형 주식취득에 대한 세액공제	법인세
제13조의 2 내국법인의 벤처기업 등에의 출자에 대한 세액공제	법인세
제13조의 3 제1항 내국법인의 소재기업 등 공동출자 시 세액공제	법인세
제13조의 3 제3항 소재·부품·장비 관련 외국법인 인수 시 세액공제	법인세
제19조 제1항 성과공유 중소기업의 경영성과급에 대한 세액공제	소득세, 법인세
제24조 통합투자세액공제	소득세, 법인세
제25조의 6 영상콘텐츠 제작비용에 대한 세액공제	소득세, 법인세
제25조의 7 내국법인의 문화산업전문회사에의 출자에 대한 세액공제	법인세
제29조의 4 근로소득을 증대시킨 기업에 대한 세액공제	소득세, 법인세
제29조의 7 고용을 증대시킨 기업에 대한 세액공제	소득세, 법인세
제29조의 8 통합고용세액공제	소득세, 법인세
제30조의 3 고용유지중소기업 등에 대한 세액공제	소득세, 법인세
제30조의 4 중소기업 사회보험료 세액공제	소득세, 법인세
제30조의 4 제3항 사회보험 신규가입 시 사회보험료 세액공제	소득세, 법인세
제58조 고향사랑 기부금 세액공제	소득세
제76조 정치자금의 손금산입 특례 등	소득세
제88조의 4 제13항 우리사주조합 기부금의 세액공제	소득세
제95조의 2 월세액에 대한 세액공제	소득세
제96조의 3 상가임대료를 인하한 임대사업자에 대한 세액공제	소득세, 법인세
제99조의 12 선결제 금액에 대한 세액공제	소득세, 법인세
제104조의 8 전자신고 등에 대한 세액공제	소득세, 법인세, 부가가치세
제104조의 15 해외자원개발투자에 대한 세액공제	소득세, 법인세
제104조의 22 기업의 운동경기부 설치·운영에 대한 과세특례	법인세
제104조의 25 석유제품 전자상거래에 대한 세액공제	소득세, 법인세
제104조의 30 우수 선화주기업 인증을 받은 화주기업에 대한 세액공제	소득세, 법인세
제104조의 32 용역제공자에 관한 과세자료 제출 세액공제	소득세, 법인세
제122조의 3 성실사업자에 대한 의료비 등 공제	소득세
제126조의 3 현금영수증사업자 및 현금영수증가맹점에 대한 과세특례	소득세, 부가가치세

조 문	관련세목
제126조의 6 성실신고 확인비용에 대한 세액공제	소득세, 법인세
제126조의 7 제8항 금 현물시장에서 거래되는 금지금에 대한 과세특례	소득세, 법인세

2 간접감면

간접감면은 농어촌특별세의 과세대상인 감면에 포함되지 않으므로 농어촌특별세가 부과되지 않는다.

2-1 준비금

기업이 특정한 목적을 위하여 준비금을 사내적립하는 경우 그 사내적립금을 일정기간 동안 손비로 인정하여 과세를 늦추는 방법이다. 추후 준비금을 환입하는 경우 익금산입하여 과세한다. 조세특례제한법의 준비금은 배당을 제한하여 사외유출을 억제하는 자본금으로서의 성격과, 특정 활동에 대한 지출이 예정되어 있는 부채로서의 성격을 동시에 가지고 있다.

현재는 낮은 이자율로 인하여 조세지원 효과가 반감되어, 준비금제도는 감소하고 있는 추세이다.

법인세법 시행규칙 [별지 제5호 서식] 특별비용조정명세서를 제출하여야 한다.

준비금 유형

조 문	관련세목
제9조 연구인력개발준비금의 손금산입(폐지)	소득세, 법인세
제74조 고유목적사업준비금의 손금산입특례	법인세
제104조의 12 신용회복목적회사에 대한 과세특례(손실보전준비금)	법인세

2-2 이월과세

개인이 종전 사업에 사용되는 사업용고정자산 등을 현물출자 등을 통하여 법인에 양도하는 경우, 양도인인 개인에 대해서는 양도소득세를 과세하지 아니하고 이월한다. 추후 양수한 법인이 동 자산 등을 양도하는 경우, 개인이 동 자산 등을 그 법인에 양수한 날이 속하는 과세기간에 다른 양도자산이 없다고 보아 계산한 양도소득 산출세액 상당액을 법인세로 납부한다(조특법 §2 ① 6호).

이월과세 유형

조 문	관련세목
제31조 중소기업 간의 통합에 대한 양도소득세의 이월과세 등	양도소득세
제32조 법인전환에 대한 양도소득세의 이월과세	양도소득세
제66조 제7항 영농조합법인에 현물출자하는 부동산에 대한 양도소득세의 이월과세	양도소득세
제68조 제3항 농업회사법인에 현물출자하는 부동산에 대한 양도소득세의 이월과세	양도소득세

2-3 과세이연

과세이연의 개념을 넓게 보자면 납세자의 세금 납부를 연기해 주는 특례라 할 수 있다. 이 중 양도차익을 분할과세하는 제도와 충당금을 설정하여 과세이연하는 제도는 후술하기로 하고 이를 제외한 나머지 과세이연제도를 서술한다.

이러한 과세이연제도는 다시 소득을 이연하는 방식과 세액을 이연하는 방식으로 구분된다. 양자의 주요한 차이점은 소득이연방식에서는 추후 과세되는 시점의 세율을 적용받는 데 반하여, 세액이연방식에서는 이연 시점의 세율이 적용된다.

(1) 소득이연방식

소득이연방식은 최초 양도 등을 독립된 과세대상으로 보지 아니하고 최종 양도만을 과세대상으로 보는 방식이다. 최초 양도 시 세액을 계산한 후 이연하는 세액이연방식과는 다르다.

소득이연방식은 최종 양도 시 취득가액에서 이연된 금액을 차감하는 방식으로 정산한다. 후속 양도 시 취득가액의 정산 규정이 있다면 소득이연방식을 규정한 것이다.

예를 들어, 공장의 이전 등을 위하여 개인이 종전 사업에 사용되는 사업용고정자산을 양도하고 대체 취득한 경우 그 양도차익에 대하여 대체 취득한 금액을 기준으로 안분한 금액(과세이연금액)에 대한 양도소득세(과세이연세액)를 과세이연한다. 추후 양도인이 대체 취득한 신사업용고정자산을 양도할 때 양도차익의 계산 시 취득가액에서 과세이연금액을 차감한 금액을 취득가액으로 간주한다. 양도소득세는 당초 양도인이었던 개인이 납부한다

(조특법 §2 ① 7호).

이연된 세액을 개인이 소득세로 납부한다는 점에서 이월과세와 차이가 있다.

과세이연 유형

조 문	관련세목
제16조의 4 벤처기업 주식매수선택권 행사이익 과세이연	(근로)소득세
제33조 사업전환 무역조정지원기업에 대한 과세특례(개인의 기계장치)	양도소득세
제38조 제1항 주식의 포괄적 교환·이전에 대한 과세 특례	양도소득세
제38조의 2 제1항 주식의 현물출자 등에 의한 지주회사의 설립 등에 대한 과세특례	양도소득세
제46조의 7 전략적 제휴를 위한 비상장 주식교환등에 대한 과세특례	양도소득세
제46조의 8 주식매각 후 벤처기업등 재투자에 대한 과세특례	양도소득세
제77조의 2 대토보상에 대한 양도소득세 과세특례	양도소득세
제88조의 4 제3항·제4항 우리사주의 취득·배정 시 과세이연	(근로)소득세
제121조의 34 기회발전특구 이전 기업에 대한 과세특례	양도소득세

(2) 세액이연방식

세액이연방식은 최초의 양도 등을 독립된 과세대상으로 보아 세액을 계산하되, 신규 취득자산의 양도 시 종전의 이연된 세액을 함께 납부하는 방식이다. 세율이나 공제율 등의 과세요건이 이연 시점에서 확정된다.

소득세법상 퇴직소득의 과세이연이 대표적이라 할 수 있으며,(소법 §146 ②) 조세특례제한법에서는 유일하게 법 제121조의 34 기회발전특구 이전 기업에 대한 과세특례에서 채택하고 있다.

2-4 분할과세

기업이 종전 사업에 사용되는 부동산 등을 양도하는 경우에 발생하는 양도차익에 대하여 일시적인 조세부담을 완화하기 위한 목적으로 양도차익을 분할하여 과세하는 제도이다. 일반적으로 매각연도에는 양도차익을 익금불산입하고 3년 또는 5년 거치한 후 3년 또는 5년의 기간 동안 익금산입한다. 균분액 이상을 익금산입하도록 되어 있으므로 납세자의 선택에 따라 일시에 전액을 익금산입할 수 있다.

주로 법인세법 시행규칙 [별지 제6호의 2 서식] 익금불산입 조정명세서를 제출하여야 한다.

분할과세 유형

조 문	관련세목
제33조 사업전환 무역조정지원기업에 대한 과세특례(법인)	법인세
제34조 내국법인의 금융채무 상환을 위한 자산매각에 대한 과세특례	법인세
제39조 제2항 채무의 인수·변제에 대한 분할과세특례 등	법인세
제40조 주주등의 자산양도에 관한 법인세 등 과세특례	법인세
제44조 재무구조개선계획 등에 따른 기업의 채무면제익에 대한 과세특례	법인세
제60조 제2항 공장의 대도시 밖 이전에 대한 법인세 과세특례	법인세
제61조 제3항 법인 본사를 수도권과밀억제권역 밖으로 이전하는 데 따른 양도차익에 대한 법인세 과세특례	법인세
제62조 제1항 공공기관이 혁신도시 등으로 이전하는 경우 법인세 등 감면	법인세
제63조의 2 제5항 수도권 밖으로 본사를 이전하는 법인에 대한 감면	법인세
제85조의 7 공익사업을 위한 수용등에 따른 공장 이전에 대한 과세특례	법인세, 양도소득세
제85조의 8 중소기업의 공장이전에 대한 과세특례	법인세, 양도소득세
제85조의 9 공익사업을 위한 수용 등에 따른 물류시설 이전에 대한 과세특례	법인세, 양도소득세
제104조의 16 제1항 대학 재정 건전화를 위한 수익용 기본재산 양도	법인세
제121조의 26 내국법인의 금융채무 상환을 위한 자산매각에 대한 과세특례	법인세
제121조의 27 채무의 인수·변제에 대한 과세특례	법인세
제121조의 28 주주등의 자산양도에 관한 법인세 등 과세특례	법인세
제121조의 29 사업재편계획에 따른 기업의 채무면제익에 대한 과세특례	법인세
제121조의 31 합병에 따른 중복자산의 양도에 대한 과세특례	법인세

2-5 충당금

회계상의 충당부채는 과거 사건이나 거래의 결과에 의한 현재의무로서, 지출의 시기 또는 금액이 불확실하지만 그 의무를 이행하기 위하여 자원이 유출될 가능성 높은 경우의 의무를 말한다. 세법에서는 권리의무확정주의에 따라 원칙적으로 충당부채를 인정하지 않지만, 예외적으로 퇴직급여충당금, 대손충당금 등 일부 충당금에 대하여 세무상 손금으로 인정한다.

이러한 충당금과는 달리 현재의 조세부담을 이연시키기 위한 조세정책적인 목적에서, 법인세법상 상각자산에 대하여는 일시상각충당금, 비상각자산에 대하여는 압축기장충당금의 설정을 통한 손금산입 제도가 허용되며, 조세특례제한법에서도 법인세법의 일시상각충당금제도 등을 준용하여 특례를 부여하고 있다.

충당금 유형

조 문	관련세목
제10조의 2 연구개발 출연금 등의 과세이연(출연금)	소득세, 법인세
제38조의 2 주식의 현물출자 등에 의한 지주회사의 설립 등에 대한 과세특례 (압축기장충당금, 자산조정계정)	법인세
제121조의 30 기업 간 주식등의 교환에 대한 과세특례(압축기장충당금)	법인세

3 기타 감면

근로장려세제, 부가가치세 영세율·면제 등 다른 직접·간접 감면 유형에 속하지 않는 유형이다.

기타 감면 유형

조 문 (특례의 내용)	관련세목
제14조 제4항~제6항 창업기업 등에의 출자에 대한 과세특례(원천징수 특례)	(이자·배당)소득세, 법인세
제15조 벤처기업 출자자의 제2차 납세의무 면제(제2차 납세의무 면제)	법인세
제16조의 3 벤처기업 주식매수선택권 행사이익 납부특례(5년 분할납부)	소득세
제28조의 4 에너지절약시설의 감가상각비 손금산입 특례(가속상각)	소득세, 법인세
제30조의 7 가업승계 시 증여세의 납부유예(납부유예)	증여세
제70조의 2 경영회생 지원을 위한 농지 매매 등에 대한 양도소득세 과세특례 (환급)	양도소득세
제75조 기부장려금(세액공제액의 기부단체에 환급)	소득세
제99조의 6 재기중소기업인의 체납액 등에 대한 과세특례(강제징수유예)	국세징수법
제99조의 8 재기중소기업인에 대한 납부고지 유예 특례(납부고지유예 등)	국세징수법
제99조의 10 영세개인사업자의 체납액 징수특례(5년 분할납부)	소득세, 부가가치세
제100조의 2 근로장려세제(환급 가능한 세액공제)	소득세
제100조의 14 동업기업에 대한 조세특례(도관체 과세)	소득세, 법인세
제100조의 27 자녀장려세제(환급 가능한 세액공제)	소득세

조 문 (특례의 내용)	관련세목
제104조의 4 다자간매매체결거래에 대한 소득세 등 과세특례(상장주식과 동일과세)	양도소득세, 증권거래세
제104조의 7 정비사업조합에 대한 과세특례(비영리법인 의제)	소득세, 법인세, 부가가치세
제104조의 10 해운기업에 대한 법인세 과세표준 계산 특례(톤세)	법인세
제104조의 13 향교 및 종교단체에 대한 종합부동산세 과세특례(실질과세)	종합부동산세
제104조의 26 제2항 정비사업조합 설립인가등의 취소에 따른 증여 제외	상증세
제141조 부동산실권리자 명의등기에 대한 조세부과의 특례(추징제외)	양도소득세, 증여세
제141조의 2 비거주자등의 보세구역 물류시설의 재고자산 판매이익에 대한 과세특례(원천징수 면제)	소득세, 법인세

Ⅳ. 조세특례제한법의 특성

정부의 입장에서는 산업정책의 중요한 수단이며 세입예산을 효율적으로 조절할 수 있는 기능을 수행하고, 납세자의 입장에서는 경영 의사결정에 세무효과를 반영할 수 있는 조세특례제한법은 다음과 같은 특성을 갖고 있다.

1 특별법

법인세법, 소득세법 및 부가가치세법 등의 개별 세법에서는 과세물건, 과세표준, 세율 등의 과세요건을 규정하며, 조세특례제한법에서는 이러한 과세요건에 대하여 특별히 그 범위의 확대 또는 제한을 규정하고 있는 특별법으로서의 성격을 가지고 있다.

개별 세법과 조세특례제한법이 같은 해석사항에 대하여 양자 간의 내용이 달라 법률의 충돌이 일어날 경우, 특별법 우선의 원칙에 따라 특별법이 일반법에 우선하여 적용되어야 하므로 조세특례제한법의 규정이 개별 세법의 규정보다 우선 적용된다.

2 빈번한 개정

계속적으로 변화하는 경제상황과 정부 수지(收支)를 고려하여 조세정책을 수립하게 되므로 조세특례제한법은 여타의 개별 세법에 비하여 그 개정의 폭이 크고 횟수도 잦을 수밖에 없다. 따라서 매년 조세특례제한법의 개정 사항에 대한 지속적인 관심을 필요로 한다.

3 광범위성

조세특례제한법은 개별 세법상 과세요건의 범위를 확장 또는 축소하는 특례를 규정하므로, 그 대상세목은 법인세, 소득세, 상속증여세 등 직접국세와 부가가치세 등 간접국세, 그리고 관세까지 일반적으로 모든 국세를 대상으로 한다.

또한 산업정책을 직접적으로 지원·통제하므로 개별 관계 법령의 용어를 직접적으로 조세특례제한법의 조문에서 규정하여 동법의 법률용어의 일부가 되는 경우가 잦다. 이러한 경우 먼저 개별 관계 법령의 해석을 통해 조세법률용어의 해석이 이루어져야 할 것이다.

조세특례제한법에서는 개별 세법 또는 관계 법령의 개념을 차용하는 경우가 상당수 존재하는데, 이러한 경우 명시적으로 인용한다면 명시된 인용규정에 따라 해석하면 큰 문제가 없다. 그러나 명시적인 인용규정이 없는 경우 개별 세법 등의 해석에 따를 것인지 또는 조세특례제한법 자체의 기준에 따라 해석할 것인지의 문제가 발생한다. 후술하는 조세특례제한법의 해석에서 다루도록 한다.

제2절 조세특례제한법의 해석

Ⅰ. 서설

조세특례제한법의 특성에서 본 것처럼, 빈번한 개정과 그 광범위성으로 인하여 개별 세법의 해석에서와 같이 기존의 예규·판례만으로는 법률의 해석이 이루어지기 쉽지 않은 면이 있다. 이에 조세특례제한법의 실무적인 접근에 있어서는 세법의 해석에 대한 이론적 접근의 필요성이 높다 할 것이다.

조세법의 해석을 간략히 정리하자면 조세법이란 조세법률관계를 규정한 법이며, 조세법률관계란 조세법률요건에 따른 조세법률효과를 규정한 것이다. 이러한 조세법률요건과 조세법률효과를 해석하는 것이 조세법의 해석이다.

조세법을 통해 구현하려는 조세정의의 지도원리로는 조세법률주의와 조세공평의 원칙이 있다.[1]

조세법률주의는 헌법상에서 규정된 내용으로(헌법 §38·§59) 조세의 부과·징수는 반드시 국회에서 제정하는 법률에 의하여야 한다는 원리이다.

조세공평의 원칙이란 조세법의 입법과정, 세법의 해석과 집행 과정이 모든 국민에게 평등하고 공평하게 적용되어야 한다는 원리이다. 국세기본법 제18조에서도 "세법을 해석·적용할 때에는 과세의 형평과 해당 조항의 합목적성에 비추어 납세자의 재산권이 부당하게 침해되지 아니하도록 하여야 한다."라고 규정하고 있다.

세법해석의 기본원칙은 세법학 총론 또는 국세기본법의 영역이므로 자세한 설명을 생략하기로 하며, 다음에서는 실무적 관점에서 조세특례제한법 사례와 관련된 재결청의 결정 또는 법원의 판례, 특히 대법원 판결의 이유 등에서 설시되고 있는 사항을 중점으로 조세특례제한법 해석의 기본원칙을 살펴보도록 한다.

---

[1] 송쌍종, 「조세법학총론」, 조세문화사, 2013, p.143.

Ⅱ. 조세특례제한법 해석의 원칙

1 엄격해석의 원칙

엄격해석의 원칙은 조세법률주의와 조세공평의 원칙이 조세해석 분야에서 적용(응용)되는 원칙이다.

조세법률주의의 원칙상 과세요건, 비과세요건 또는 조세감면요건을 막론하고 조세법규의 해석은 특별한 사정이 없는 한 법문대로 해석할 것이고 합리적 이유 없이 확장해석하거나 유추해석[2]하는 것은 허용되지 아니하며, 특히 감면요건 규정 가운데에 명백히 특혜규정이라고 볼 수 있는 것은 엄격하게 해석하는 것이 조세공평의 원칙에 부합한다(대법원 2002두9537, 2003.1.24.).

확장해석이나 유추해석은 원칙적으로 허용되지 않으며, 조문의 문언에 대한 통상의 의미에 따라 해석하는 문리해석이 조세특례제한법 해석의 기본원칙이다. 다만 현실의 모든 법률관계를 조문상에 규율할 수 없어, 문리해석만으로는 조세법규의 해석이 이루어질 수 없으므로 후술하는 합목적해석의 원칙 등이 보충적으로 사용되어야 한다. 그럼에도 불구하고 엄격해석의 원칙은 앞서 보았던 조세정의의 지도 원리인 조세법률주의와 조세공평의 원칙이 모두 반영되어 있다는 점에서, 조세특례제한법을 해석하는데 있어 가장 기본이 되는 원칙이라 할 수 있다.

2 합목적해석의 원칙

법규 상호 간의 해석을 통하여 그 의미를 명백히 할 필요가 있는 경우에는 조세법률주의가 지향하는 **법적 안정성 및 예측가능성을** 해치지 않는 범위 내에서 입법취지 및 목적 등을 고려한 합목적적 해석을 하여야 한다(대법원 2007두11139, 2008.1.17.).

합목적해석은 조세특례제한법을 하나의 체계로 보아 그 체계 하에서 해석하는 논리해석 또는 체계해석과 유사하다.

조세 법률에 있어서 그 과세요건과 이에 대한 예외적 규정인 비과세 내지 면세요건을

---

[2] 확장해석은 조문의 의미를 넓게 해석하는 것이고, 유추해석은 기존의 법규를 다른 유사한 사항에 적용하는 해석 방법이다.

규정하는 것은 그 규정이 현저히 불합리하지 아니하는 한 입법자의 입법재량에 속하는 것이므로 **입법 취지도 해석의 자료로 사용할 수 있다**(대법원 99두7265, 2001.5.29.).

2-1 체계해석

시행령을 해석함에 있어서는 합목적적 해석의 원칙을 적용하여 그 모법과의 조화로운 해석을 염두에 두어야 한다(의정부지법 2012구합4543, 2013.6.25.).

그리고 동일한 조세법률용어를 사용하는 경우, 그 해석은 원칙적으로 국세와 지방세의 해석이 동일하여야 할 것이다(대법원 2006두18614, 2007.4.26.). 동일한 용어에 대하여 국세와 지방세의 해석이 상이한 경우에는 당사자의 법적 안정성과 예측가능성을 해하는 결과를 초래하기 쉬우며, 또한 양자를 달리 취급할 이유가 없기 때문이다.

> **예규·판례**
>
> ❖ **창업중소기업을 판단함에 있어 직접국세와 지방세에서 동일하게 취급하여야 하는지 여부 (긍정)** (부산고법 2010누4896, 2011.4.27.)
> 법 제6조가 제2장 국세 부분에 규정되어 있는 소득세 또는 법인세 감면규정이기는 하나, '조세의 감면 또는 중과 등 조세특례와 이의 제한에 관한 사항을 규정하여 과세의 공평을 기하고 조세정책을 효율적으로 수행함으로써 국민경제의 건전한 발전에 이바지함을 목적'으로 하는 법의 목적(제1조)에 비추어 조세특례의 적용대상인 '창업중소기업'을 판단함에 있어 직접국세와 지방세를 달리 취급해야 할 이유가 없을 뿐만 아니라, 법 제6조 제1항에서 세액 감면의 대상이 되는 창업중소기업에 관하여 정의하고 있고, 같은 조 제4항에서 '창업으로 보지 아니하는 경우'를 규정하고 있으므로, 같은 법 제6조 이하에서 '창업중소기업'에 해당 여부는 위 규정이 적용됨이 명백하고, 따라서 법 제119조 제3항 제1호, 제120조 제3항 소정의 '창업중소기업'에 해당 여부도 법 제6조에 의하여 판단하여야 한다(대법원 2007.4.26. 선고, 2006두18614 판결 참조).

2-2 기본통칙

기본통칙은 예규·통첩(例規·通牒)의 일종이다. 예규·통첩이란 상급행정관청이 행정의 통일을 도모하기 위하여 하부기관의 직무운영에 관한 세부적 사항이나 법령해석 등을 구체적 또는 개별적으로 시달하는 것을 말한다. 국세행정에 있어서는 국세청장이 기획재정부장관의 승인을 얻어 세법의 운용방침과 해석을 각 세법마다 조문 순서대로 제정하는데, 이를 기본통칙이라 한다. 하급행정청은 기본통칙에 따라 세법을 해석·운용하고 있으므로 그 효력은 실질적으로 법령과 다름이 없으나, 대외적으로는 그 효력을 주장할 수 없고, 특히 사법부의 판결에 있어서는 구속력을 갖지 못한다.[3]

이러한 기본통칙은 당해 규정에서 그 적용 범위를 관련되어 있는 조문 전체를 지정하고 있는 경우(예, 조특통 24-0…1)도 있으나, 일반적으로 개별 조문으로 그 적용 범위를 한정하여 규정하고 있다. 하지만 적용 범위를 개별 조문으로 한정한 기본통칙의 경우에도 유사한 사안에는 적극적으로 유추적용하는 것이 법적 안정성 측면에서 바람직한 것으로 판단된다.

3 개별 세법 보충적 적용의 원칙

3-1 해석상 개별 세법의 보충적 적용

후술하는 제3절 용어의 정의에서 규정된 용어 외의 용어에 대하여는 조세특례제한법의 개별 조문에서 특별히 정하는 경우를 제외하고는 법인세법 등 개별 세법(조특법 §3 ① 1호~19호)에서 사용하는 용어의 예에 따른다(조특법 §2 ②). 즉, 조세법률용어의 해석은 조세특례제한법의 규정을 우선적으로 적용하되, 개별 세법을 보충적으로 적용한다.[4]

조세특례제한법의 조세란 개별 세법에서 규정된 조세를 말하는 것이므로, 조세특례제한법은 개별 세법에 대한 특별법의 성격을 가지고 있다. 이에 조세특례제한법의 조세 법률용어는 개별 세법의 용어를 원칙적으로 차용하되, 다만 개별 세법의 조세 법률관계에 대한 조세특례와 그 제한을 위하여 개별 세법상 용어의 개념과 범위에 대해 명시적으로 수정을 가하고 있다.

그러므로, 조세특례제한법의 특별법으로서의 성격을 존중하여, 조세특례제한법 상에서 명시적으로 규정한 조세법률용어는 조세특례제한법의 규정을 우선적으로 적용하여 해석하되, 조세특례제한법에서 규정되지 아니한 용어는 개별 세법에서 규정된 사용례에 따라야 한다. 세법의 통일적인 해석과 개별 세법의 규정을 신뢰하고 행동한 납세자의 법적 안정성을 보호하여야 하기 때문이다.

● 취득의 정의를 소득세법 규정을 준용

구 조세특례제한법은 취득의 개념에 관하여 따로 정의규정을 두고 있지 아니하므로, 취득의 개념에 관하여는 구 조세특례제한법 제2조 제1항, 제2항이 정한대로 같은 법률 제3조 제1항 제1호부터 제19호까지에 규정된 법률에 따라야 할 것이다. 그런데 구 조세특례제한법 제3조 제1항 제1호가 열거하고 있는 구 소득세법(2011.7.25. 법률 제10900호로 개정되어 2012.1.1.부터 시행되기 전의 것) 제98조는 자산의 취득시기를 원칙적으로 해당 자산의 대금을 청산한 날로 규정하고 있다(서울행정법원 2018구단57172, 2018.11.28.).

---

3) ㈜영화조세통람 조세용어사전 참조함.
4) 개별 세법 보충적 적용의 원칙은 저자가 설명의 편의를 위해 만든 용어임.

3-2 해석상 관계 법령의 보충적 적용

다만, 법 제2조 제2항에서는 조세법률용어의 해석상 개별 세법이 보충적으로 적용될 수 있음을 규정하였을 뿐, 각 개별 조항과 관련된 개별 세법 이외의 관계 법령(예, 중소기업기본법)의 용어가 보충적으로 적용될 수 있는지에 관해 규정하고 있지 않으므로 관계 법령에서 사용하는 용어의 예도 보충적 적용이 가능한지가 문제된다.

세법의 통일적 해석만큼 관계 법령과 조세특례제한법의 통일적 해석이 필요하고, 관계 법령의 규정을 신뢰하고 행동한 납세자의 법적 안정성 보호라는 측면에서 보자면, 관계 법령에서 사용하는 용어의 예도 당연히 보충적 적용이 가능하다고 판단된다. 조세특례제한법 규정의 해석이 복잡하고 불명확한 부분에 대해서 납세자가 해당 업종 분야를 규율하고 있는 관계 법령의 규정을 신뢰하고 행동한 것은 보호받아야 하기 때문이다.

그러나, 관계 법령이 조세법률관계를 직접적으로 고려하여 입법되지 않았다는 점에서, 개별 세법의 보충적 적용보다는 관계 법령의 보충적 적용의 준수 정도가 낮을 수밖에 없다고 여겨진다. 개별 세법과 조세특례제한법은 조세법률관계의 규율이라는 공통성을 가지고 체계적인 입법이 이루어지지만, 관계 법령은 해당 산업의 권리의무관계를 중시하고, 조세법률관계의 규율을 염두에 두지 않고 입법되었기 때문이다. 또한, 조세특례제한법 해석의 가장 기본적인 원칙인 엄격해석의 원칙과 충돌할 가능성도 높다.

법원에서도 "우리의 법체계가 헌법을 정점으로 하는 하나의 통일된 체계를 이루고 있다는 점을 고려하면 다른 법령에서 차용한 법적 개념들은 그 다른 법령에서 의미하는 것과 동일하게 해석하는 것이 원칙이라고 할 것이나, 그러한 해석이 과세의 형평과 입법취지에 따른 당해 조항의 합목적성에 비추어 불합리한 결과를 초래한다면 그 다른 법령의 규정에 구속되어 판단해야 할 것은 아니고 어디까지 세법 독자적인 입장에서 그 입법취지에 비추어 세법 고유의 개념으로 판단하여야 한다"라고 판시하여 절충적인 입장을 취하고 있다(대법원 92누15994, 1993.8.24.; 조심 2016중644, 2016.6.29.).

4 소급과세 금지의 원칙

소급과세 금지의 원칙이란 조세법령의 제정 또는 개정이나 과세관청의 법령에 대한 해석 또는 처리지침 등의 변경이 있는 경우, 그 효력 발생 전에 종결한 과세요건사실에 대하여 당해 법령 등을 적용할 수 없다는 원칙이다. 반면에 그 이전부터 계속되어 오던 사실이나 그 이후에 발생한 과세요건사실에 대하여 새로운 법령 등을 적용하는 것을 제한하는 것은 아니다(대법원 2008두2736, 2009.10.29.).

소급과세 금지의 원칙과 관련하여 법령의 개정과 부칙 조항의 해석에 대하여 살펴본다.

4-1 부칙 조항

부칙의 경과조치는 법 개정으로 인한 제도변경 등으로 인해 예상하지 못한 불이익을 방지하기 위하여 기존 법령에 의해 혜택을 누리고 있었던 기업들에 대하여 기업경영의 안정성을 보장하고자 일정 기간 적용시한을 연기하여 기한의 이익을 주는 제도이다(대구고법 2009누2550, 2010.7.2.). 반면에 적용례는 개정 규정의 적용 방법에 관해 규정한다(조심 2018중4073, 2018.11.23.).

법의 내용 일부를 시행령으로 위임하고 다시 시행규칙으로 위임하여 법, 시행령, 시행규칙이 모두 개정되면서 각각 적용시기를 규정하였을 때, 그 적용시기는 시행규칙의 시행일에 따른다(재금융세제-23, 2016.1.18.).

투자세액공제와 관련된 부칙의 경과규정 해석은 제5부 제1절 Ⅲ. 2-1 (2)를 참조하기로 한다.

> ● 예규·판례
>
> ❖ **중소기업 범위를 새로이 규정할 때 법인세액 감면 대상이 되지 아니하는 업종으로 변경된 기업에 대하여 경과규정을 두지 않는 것은 신뢰보호의 원칙에 위배되지 않음**(대법원 2008두9324, 2009.9.10.)
> 구 조세특례제한법은 조세의 감면 특례뿐만 아니라 조세의 중과 특례, 조세의 특례 제한을 사전에 예정하고 있고(제1조 참조), 건설업 등을 주된 사업으로 영위하는 중소기업에 대한 법인세액 감면은 2003.12.31. 이전에 종료하는 과세연도까지만 한시적으로 특례를 예정하고 있으므로(제7조 제1항 참조), 법인세액 감면에 대한 기대와 신뢰는 본래부터 영구적인 것이 아니라 법령의 개정에 따라 신축적·잠정적·일시적인 것이다. (이하 중략) 또한, 구 조세특례제한법 부칙 제1조, 제2조 제1항의 규정에 의하면, 개정 법률 시행 전에 이미 과세요건이 완성된 법인세액의 감면분까지 소급하여 그 혜택을 박탈하는 것도 아니다. 그렇다면, 정책적·잠정적·일시적 조세우대조치라 할 한시적 법인세액 감면제도를 시행하다가 구 조세특례제한법 제2조 제3항을 신설하면서 법인세액 감면 대상이 되지 아니하는 업종으로 변경된 기업에 대하여 아무런 경과규정을 두지 아니하였다고 하여, 구 조세특례제한법 제2조 제3항이 헌법상의 평등의 원칙, 재산권의 보장, 과잉금지의 원칙, 신뢰보호의 원칙 등에 위반된다고 할 수 없다(헌법재판소 1995.3.23. 선고, 93헌바18, 31 결정; 헌법재판소 2006.12.28. 선고, 2005헌바59 결정 등 참조).

4-2 법령의 개정에 따른 부칙 조항의 존속 여부

법령을 개정하는 방식에는 부분개정과 전부개정이 있고, 부분개정은 다시 개정 대상이 되는 기존법령과 개정법령의 관계에 따라 흡수방식5)과 증보방식6)으로 구분된다. 우리나라는 부분개정 방식을 취하고 있다.

부칙의 경과규정 자체가 명시적으로 개정·삭제되거나 나중에 모순·저촉되는 규정이 생겨 사실상 실효되거나 종전 규정을 갈음(대체)할 부칙이 새로이 생기는 등의 특별한 사정이 없는 한 원칙적으로 부칙도 독립된 규정으로서 효력을 가지고 존속한다(대법원 95누2746, 1995.12.22.). 즉, 법령이 일부 개정된 경우에는 기존 법령 부칙의 경과규정을 개정 또는 삭제하거나 이를 대체하는 별도의 규정을 두는 등의 특별한 조치가 없는 한 개정 법령에 다시 경과규정을 두지 않았다고 하여 기존 법령 부칙의 경과규정이 당연히 실효되는 것은 아니다(대법원 2001두11168, 2002.7.26.).

예규·판례

❖ **사후관리 규정의 개정 부칙의 적용시기** (창원지법 2015구합1616, 2016.4.12.)

부칙 제11조는 "법 제32조 제5항의 개정규정은 2013.1.1. 이후 승계받은 사업을 폐지하거나 취득한 주식 또는 출자지분을 처분하는 분부터 적용한다."라고 규정하고 있다. 그런데 위 조항의 문언 자체만 놓고 볼 때 '2013.1.1. 이후'라는 문구가 원고의 주장과 같이 '승계받은' 및 '취득한'이라는 단어를 수식하는 것으로 볼 수 있지만, 다른 한편으로 '폐지' 및 '처분'이라는 단어를 수식하는 것으로 해석될 여지도 있다. 따라서 위 규정은 법문만으로는 그 의미를 일의적으로 확정하기 어렵고, 법 제32조 제5항의 법문 내용과 인접 조문들의 체계, 입법의 경과, 입법취지 등을 종합하여 파악할 수밖에 없다(이하 중략) 법 제32조 제5항의 입법취지는 개인기업이 법인으로 전환할 때 인정되는 양도소득세 이월과세규정이 양도소득세 회피수단으로 악용되는 것을 방지하는 데 있으므로, 위 조항을 적용하기 위한 기준시점은 방지하고자 하는 행위가 발생한 때, 즉 사업을 폐지하거나 주식 또는 지분을 처분한 때를 기준으로 하는 것이 상당하다.

│저자주│ 본 지방법원 판결은 이후 대법원 판결(대법원 2016두52231, 2016.12.15.)로 확정되었다. 본 판결의 쟁점은 개인기업의 법인전환 과세특례와 관련하여 '시행시기 이후 승계받은 주식'부터 변경된 사후관리 규정이 적용되는지, 아니면 '시행시기 이후 주식을 처분'하는 분부터 적용되는지 여부이다.

문장 내에서 직접적으로 꾸미는 관계를 보자면 시행시기는 '승계' 또는 '취득'을 꾸미는 말로 보이지만, 판례에서는 '승계받은' 및 '취득한'이라는 문구가 독자적인 의미를 갖고 있지 않다는 점, 구법에

---

5) "흡수방식"이란 기존법령의 일부를 추가·수정·삭제하는 개정법령이 성립·시행되자마자 그 개정내용이 기존법령의 내용에 흡수되는 방식을 말함.
6) "증보방식"이란 기존법령의 일부를 추가·수정·삭제하는 개정법령이 성립·시행된 후에도 기존법령에 흡수되지 않고, 형식상 개정법령 자체가 독립적으로 존재하면서 기존 법령을 내용적으로 수정하는 방식을 말함.

> 서도 폐지나 처분을 적용시기로 했다는 점 등을 들어 시행시기 이후 주식을 처분하는 분부터 적용하는 것으로 판시하였다.
>
> 부칙이 명확한 경우에는 그에 따라야 하겠지만, 사후관리 규정과 관련된 부칙이 명확하지 않은 경우에는 의무위반 행위를 적용 기준 시점으로 보는 것이 타당하다고 본다. 첫째, 변화된 상황에 맞는 사후관리 규정을 개정 규정의 시행시기 이전 법률관계에도 적용함으로써 특례 제도의 적정한 집행을 도모할 수 있다. 둘째, 시행시기 이전에 완성된 법률관계에 따른 당사자의 법적 안정성이 훼손될 수 있지만, 의무위반행위를 하는 순간에는 법적 비난가능성이 존재하며 당사자도 이를 감수하였으므로 당사자의 신뢰이익을 침해했다고 보기 어렵기 때문이다.

4-3 추징 사유 적용 법규

조세의 면제대상이 되는지 여부는 납세의무 성립 당시 법령에 따라 판단하여야 할 것이지만 추징할 사유에 해당하는지 여부는 특별한 사정이 없는 한 **추징사유의 발생 당시의 법령에 따라 판단한다**(대법원 91누10725, 1992.6.9.; 대법원 2006두11781, 2009.3.12.). 그러나, 추징사유 발생 당시의 법령을 적용하여 납세자에게 불이익이 발생할 경우는 납세자의 신뢰보호를 위하여 일반적 경과규정에 따라 **납세의무가 성립할 당시의 법령을 적용하여야 한다**(조심 2017지947, 2018.12.28.; 조심 2022지0512, 2024.2.23.).

5 기타 해석상 유의점

5-1 기간 계산

세법의 적용과 관련한 기간계산의 최소 단위는 일수에 의하여 계산하는 것이므로 세법에서 별도의 규정 없이 특정 소득을 기간에 따라 안분하여 계산하는 경우에는, 보유기간을 일수로 안분하여 계산한다(서면2팀-26, 2006.1.5.).

5-2 정의조항

조세특례제한법에서는 조세법률용어에 대하여 '이하 ~라 한다'라는 정의조항이 있다.
예컨대, 법 제6조에서 "대통령령으로 정하는 중소기업(이하 "중소기업"이라 한다)"라는 규정이 정의조항에 해당한다. 조문 순서상 해당 조문 이하의 조문에서 명시적으로 달리 규정하지 않고 "중소기업"이라는 용어를 사용(규정)하게 되면 제6조에서 규정한 중소기업의 범위가 동일하게 적용된다. 따라서 같은 제2장 제1절에서 사용하는 중소기업의 용어뿐 아니라 제85조의 8 중소기업의 공장이전에 대한 과세특례에서의 중소기업도 제6조에서 규정한 중소기업을 의미한다.

다만, 해당 조문에서 명시적으로 중소기업기본법의 중소기업을 규정하고 있는 경우에는 이에 따른다. 조세법률용어와 관련하여 정의조항을 두고 있더라도 개별 조항별로 다시 그 범위를 조정할 수 있다.

또한 정의조항은 법률, 시행령 또는 시행규칙별로 별도로 적용된다. 예컨대, 법률에서 정의조항을 두고 있더라도 이를 명시적으로 준용하는 시행령의 조항이 없다면 시행령에서는 법률에서 정한 정의조항을 원칙적으로 적용할 수 없다.

조세특례제한법에서 법 전반에 효력을 미치는 조세법률용어의 대표적인 예로는 중소기업(법 §6), 연구·인력개발(법 §9)을 들 수 있다.

5-3 출자와 출연

출자라는 용어가 사용되면 영리법인을 말하는 것이고, 출연은 비영리법인에 해당한다. 동 용어는 상법상의 용어이다.

5-4 적용과 준용

특정 조문을 그와 성질이 유사한 규율 대상에 대해 그 성질에 따라 다소 수정하여 적용할 때 이를 "준용한다"고 표현한다. 반면에, 어떤 사항을 규율하기 위하여 만들어진 조문을 조금도 수정하지 않고 그와 성질이 같은 다른 규율 대상에 사용할 때에는 "적용한다"로 표현한다.

5-5 감면신고의 성격 및 감면신청의 취소 여부

(1) 협력의무 (원칙)

감면신고는 일반적으로 공제·감면의 필수 요건에 해당하지 않는다.

원칙적으로 소득세 또는 법인세의 감면은 그 감면요건이 충족되면 당연히 감면되고 감면신청이 있어야만 감면되는 것은 아니다. 그 감면신청에 관한 규정은 납세의무자로 하여금 과세표준 및 세액의 결정에 필요한 서류를 정부에 제출하도록 '협력의무'를 부과한 것에 불과하므로 감면신청서의 제출이 없다고 하더라도 법 소정의 감면요건에 해당되는 경우에는 법인세 등을 감면하여야 한다(대법원 2003두773, 2004.11.12.).

다음은 각 특례별로 감면신청을 협력의무로 본 사례이다.

- 법 제7조 중소기업 특별세액감면의 감면요건을 충족하는 경우 당초 신청이 없어도 수정신고나 경정청구에 의하여 감면이 가능하며 감면의 종류를 변경하는 경정청구나 수정신고도 가능하다(서면법규과-72, 2014.1.27.).
- 법 제10조의 2 연구개발 관련 출연금 등의 과세특례에서 내국법인이 출연금등익금불산입명세서를 제출하지 아니한 경우에도 본 과세특례를 적용받을 수 있다(법인세과-935, 2011.11.21.). 또한 내국법인이 연구개발출연금 등을 지급받은 사업연도에 익금산입하여 법인세의 과세표준 및 세액을 신고한 경우에는 경정청구를 통하여 익금불산입할 수 있다(법인세과-455, 2011.7.11.).
- 법 제11조 연구인력개발비 세액공제의 세액공제신청서등의 제출의무는 단순한 협력의무에 불과하므로, 공제신청을 하지 않음으로써 신고한 세액이 신고하여야 할 세액을 초과하는 경우에는 경정청구를 통해 공제 가능하다(법인 46012-1919, 1999.5.21.). 세액공제액이 최저한세 적용 등으로 이월된 경우, 세액공제 방법을 당기분 방식에서 증가분 방식으로 변경하여 경정청구할 수 있다(서이 46012-11806, 2003.10.17.)..
- 법 제18조 외국인기술자 소득세 감면에서 조세감면신청은 감면의 필수적 요건이 아닌 협력의무이므로, 당해 소득이 감면대상임이 확인되면 감면한다(서면2팀-462, 2004.3.16.).
- 법 제63조 수도권과밀억제권역 외 지역이전 중소기업에 대한 세액감면을 적용받은 법인이 감면요건 미비로 감면이 배제됨에 따라 **중소기업 특별세액감면**을 적용받고자 하는 경우, 경정결정 시 감면신청서를 제출하고 감면요건이 충족된다면 동 세액감면을 적용받을 수 있다(법인-3087, 2008.10.24.). 법 제6조 창업중소기업 세액감면 요건을 충족하지 못하여 중소기업 특별세액감면을 적용받고자 하는 경우에도 동일하다(서면2팀-229, 2005.2.1.)..

참고로, 경정청구기한이 경과하였으나 이월공제기간 내의 것으로서 공제요건이 충족되었음이 확인된 때에는 공제대상 여부를 과세관청의 결정 또는 경정에 의한다(서면2팀-1772, 2005.11.4.). 경정청구기한이 경과한 경우에도 과세관청의 경정 등에 따라 공제 받을 수도 있음에 유의하여야 한다.

(2) 필수 요건 (예외)

반면에, 법 제30조의 5 창업자금에 대한 증여세 과세특례, 제30조의 6 가업 승계 증여세 과세특례 및 법 제32조 법인전환에 대한 양도소득세 이월과세 특례 등에서 감면 신청은 협력의무가 아닌 필수요건이다.

이월과세특례에서는 조세부담이 피통합기업에서 통합법인으로 전가되므로 납세자의 명확한 의사표시가 요구되기 때문이다. 따라서 특례신청이 단순한 협력의무라 할 수 없고, 그 신청이 특례를 적용받기 위한 필수요건이 됨에 유의하여야 한다(국심 2005중3473, 2006.6.26.; 광주지법2015구합12052, 2015.11.26.).

참고로, 납세의무자가 아닌 명의수탁자 명의로 한 과세이연신청은 조세특례제한법에서 정한 적법한 신청으로 볼 수 없다(서면자본거래-4918, 2020.12.7.).

주요 이슈와 쟁점

2. 당초 감면 신청을 취소하는 수정신고가 허용되는지 여부

[존속 예규] (서면법령기본-2003, 2017.9.8.)
<사실관계>
○ 질의법인은 '14년도에 조세특례제한법을 적용해 석유제품 전자상거래 세액공제신청을 하였고 그에 따른 감면세액은 전액 '15년도로 이월됨
  - '15년도에 위 이월된 감면세액을 실제로 감면받으면서 이에 따라 농어촌특별세를 납부하였으나, 이월감면액을 우선적으로 적용하여 감면받은 관계로 농어촌특별세 납부의무가 없는 외국납부세액공제를 적용받지 못함
○ 질의법인은 '14년도의 세액감면신청을 전부 취소(수정신고)하고 기납부한 농어촌특별세를 환급받은 후, 수정신고에 따라 증가한 '15년도 과세표준에 대해 농어촌특별세의 부담이 없는 외국납부세액공제를 적용하여 경정청구 하고자 함
<질의>
○ '14년도에 적법하게 신청한 「조세특례제한법」상의 세액감면신청을 전부 취소하는 수정신고가 가능한지 여부
<회신>
과세표준신고서를 법정신고기한 내에 제출한 법인이 차기 사업연도에 「법인세법」 제57조의 외국납부세액공제를 적용하기 위하여 당해 사업연도에 적용하였던 「조세특례제한법」 제104조의25의 석유제품 전자상거래 세액공제를 취소하고자 하는 경우에는 「국세기본법」 제45조의 수정신고를 할 수 있는 것임.

[삭제된 예규] (제도46012-11123, 2001.5.15.)
국세기본법 제45조 규정에 의한 수정신고는 같은법 같은조 제1항 각호의 사유가 발생하였을 경우에만 적용하는 것이므로 당초 신고시 적법하게 신청된 조세특례제한법상의 조세감면을 임의로 취소하고 다른 조세지원을 변경 적용받을 수는 없는 것이며,
조세특례제한법 제63조 및 같은법 제63조의 2 규정을 적용함에 있어서 같은 조문에서 정한 요건을 갖춘 경우에 같은 법률에 의해 법인세를 감면받을 수 있는 것이므로 이에 해당되는 지에 대하여는 실질내용에 따라 판단할 사항임.

[최근 관련 예규] (재조특-411, 2019.5.23.)[7]
조세특례제한법 제6조 제1항의 창업중소기업에 대한 세액감면을 적용받은 기업이 조세특례제한법 제6조 제2항의 벤처기업으로 확인받은 경우로서, 당초 감면받은 세액에 대하여 국세기본법 제45조에 따른 수정신고를 하는 경우에는 벤처기업으로 확인받은 날 이후 최초로 소득이 발생한 과세연도(벤처기업으로 확인받은 날부터 5년이 되는 날이 속하는 과세연도까지 해당 사업에서 소득이 발생하지 아니하는 경우에는 5년이 되는 날이 속하는 과세연도)와 그 다음 과세연도의 개시일부터 4년 이내에 끝나는 과세연도까지 해당 사업에서 발생한 소득에 대한 소득세 또는 법인세를 감면받을 수 있는 것임.

[최근 관련 심판례] (조심 2019구4289, 2021.8.23.)
이 건 쟁점 사후관리규정은 감면배제사유 발생 시 감면세액과 이자상당액을 그 사유 발생 사업연도에 추가 납부하라는 기감면분 법인세의 환수방법을 정한 규정일 뿐이고 다른 세액공제 적용까지 배제하라는 취지의 규정으로 볼 수 없는 점, 관련 유권해석도 사후관리규정 위반으로 공제세액 등이 추징된 이후 해당 사업연도 법인세에 있어서 다른 사유의 감면규정을 당연히 적용할 수 있는 것으로 전제하고 있는 점(기획재정부 조세정책과-292, 2010.3.16. 등), 이 건 2차 경정청구에 따르면, 청구법인은 2015사업연도 법인세 신고 시 적용하였던 기감면분(쟁점본사이전세액감면액)과 이자상당액을 2017사업연도 법인세로 추가 납부하는 방식으로 이를 적용하지 않는 대신, 당시 중복지원 배제로 적용받지 못했던 2015사업연도 쟁점투자세액공제 적용분의 환급세액을 구하겠다는 것이므로, 청구법인의 2017사업연도 법인세 추가 납부는 쟁점 사후관리규정의 적용에 따른 것인 점에서 동 규정이 사실상 무력화되어 법적 안정성이 침해된다고 보기 어렵고, 동일 과세연도에 세액감면과 세액공제 중 하나를 납세의무자가 선택하여 적용받을 수 있도록 규정하고 있는 조특법 제127조 제4항에 위배된다고 볼 수 없는 점,(이하 중략) 처분청 의견과 같이 2015사업연도에 청구법인이 선택하여 적용할 수 있었던 쟁점본사이전세액감면과 쟁점투자세액공제를 모두 배제시키는 해석은 납세자인 청구법인에게 보장된 조특법상 조세지원제도를 침해하는 것인 점 등에 비추어 처분청에서 청구법인의 2015사업연도 쟁점투자세액공제 적용분의 환급세액을 구하는 제2차 경정청구를 거부한 처분에는 잘못이 있는 것으로 판단된다.

|저자주| 쟁점은 당초 신고시 적법하게 신청된 감면을, 납세자의 선택에 따라 수정신고를 통해 취소하는 것이 허용되는지 여부이다.

종전 예규(제도46012-11123, 2001.5.15.)에서는 감면 취소가 수정신고 사유에 해당하지 않고, 적법한 납세자의 신청을 취소하는 것은 납세자의 임의적 선택에 따르므로 허용될 수 없다고 보았다.[8]

그러나, 동 예규는 2018년 6월에 삭제되고, 수정신고를 통한 세액감면신청의 전부 취소를 허용하는 유권해석(서면법령기본-2003, 2017.9.8.)을 유지하기로 하였다. 또한, 최근 관련 예규(재조특-411, 2019.5.23.; 서면-2020-법인-4041, 2021.3.8.)에서도 창업중소기업세액감면과 관련하여 일반기업에 적용되는 세액감면을 취소하고, 납세자의 선택에 따라 벤처기업에 적용되는 세액감면을 적용할 수 있도록 하였다.

저자의 의견으로는 첫째, 감면 신청 여부가 납세자의 선택이므로 감면 취소 여부도 납세자가 선택할 수 있다고 보아야 하며, 둘째, 감면을 취소하게 되면 세액이 증가하므로 국세기본법상 수정신고 사유에 당연히 포함된다고 판단된다. 따라서 당초 선택한 감면 규정보다 절세 혜택이 높은 감면 제도를 선택하려는 목적으로, 감면을 전부 취소하거나 일부 취소할 수 있다고 본다.

다만, 조세특례제한법상 다수 감면 규정에 존재하는 사후관리 규정을 회피하기 위한 감면 신청의 취소가 가능하지 여부는 사후관리 규정이 형해화할 위험이 있어 위에 제시된 유권해석만으로는 판단할 수 없다고 본다.

저자의 의견은 수정신고를 허용하더라도 당초 감면세액 등을 추징하지 않아야 한다고 판단된다. 사후관리 규정의 취지가 훼손되는 단점이 있으나, 엄격해석의 원칙에 따라 국세기본법 제45조 및 법인세 성립요건을 문리적으로 해석하면 수정신고를 허용하여야 하며 따라서 추징세액 등을 추징할 수 없다.

왜냐하면 법인세는 기간과세로서 사후관리 위반 사유가 발생하더라도 해당 사업연도 말이 되어 법인세가 성립하기 전에는 아직 추징세액이 성립하였다고 볼 수 없다. 따라서 사업연도 말이 도래하기 전에 수정신고를 한다면, 추징세액이 성립하지 않았으므로, 당연히 사후관리 규정을 침해한다고 볼 수 없다.

사후관리 규정의 취지가 훼손될 우려는 별도 입법으로 해결해야 한다고 보며, 현행법의 해석으로 이를 해결할 수 없다고 본다.

최근 조세심판원의 심판례(조심 2019구4289, 2021.8.23.)에서도 당초 중복지원의 배제에 따라 공공기관이전세액감면을 선택하였으나 추후 사후관리 규정을 위반한 경우, 그 세액감면을 수정신고로 배제하고 당초 제외되었던 세액공제등을 적용할 수 있는 것으로 결정하였다.

---

7) 해당 예규에 대한 상세 해설은 제2부 제3절 Ⅱ. 3-2 (1)을 참조하기 바람.
8) 과세관청에서는 합병법인 및 피합병법인이 적격합병에 따른 과세특례를 신청한 후 과세특례를 적용받지 않는 것으로 경정청구 및 수정신고를 할 수 없다고 해석함(서면법규-336, 2014.4.9.).

제3절 용어의 정의

조세법률용어의 정의는 조세법률 해석에 있어 매우 중요한 분야이다. 본 절에서는 법 제2조에 열거된 순서대로 각 용어를 살펴보기로 한다. 법에서 정의되지 아니하였으나 해석상 필요한 용어에 대해서는 제2절 Ⅱ. 5. 기타 해석상 유의점에서 정리하였다. 조특법 제2조 제2항의 내용인 개별 세법 보충적 적용의 원칙은 전술하였다.

Ⅰ. 용어의 정의

1 내국인

"내국인"이란 소득세법에 따른 거주자 및 법인세법에 따른 내국법인을 말한다(조특법 §2 ① 1호).

따라서 대한민국의 국적을 보유하지 아니한 외국인근로자가 소득세법에 따른 거주자에 해당하는 경우에는 내국인에 포함된다(법규-803, 2014.7.29.).

1-1 내국법인

"내국법인"이란 국내에 본점이나 주사무소 또는 사업의 실질적 관리장소를 둔 법인을 말한다(법법 §1 1호). 내국법인 중 비영리법인은 포함되나, 외국법인 및 외국법인의 국내사업장은 제외된다.

1-2 거주자

"거주자"란 국내에 주소를 두거나 183일 이상의 거소(居所)를 둔 개인을 말한다(소법 §1의2 ① 1호).

주소는 생활의 근거가 되는 곳으로 국내에서 생계를 같이 하는 가족 및 국내에 소재하는 자산의 유무 등 생활관계의 객관적 사실에 따라 판정한다(민법 §18, 소령 §2 ①). 거소란 주소지 외의 장소 중 상당기간에 걸쳐 거주하는 장소로서 주소와 같이 밀접한 일반적 생활관계가 형성되지 아니한 장소를 말한다(소령 §2 ②).

2 과세연도

과세기간은 소득세법상 개인에게 적용되는 기간을 뜻하며, 사업연도는 법인세법상 법인에게 적용되는 기간을 뜻한다. 조특법에서는 과세특례의 주체에 개인과 법인이 모두 해당하는 경우에는 과세연도라는 용어를 사용한다(조특법 §2 ① 2호).

조문상 과세연도가 규정되어 있는 경우, 과세연도를 법인에게 적용할 때에는 법인세법에 의한 사업연도 규정(법법 §6~§8)에 따라야 한다(재조예 46019-101, 2003.6.15.).

3 과세표준신고

"과세표준신고"란 소득세법상 종합소득 과세표준확정신고(소법 §70), 퇴직소득 과세표준확정신고(소법 §71), 상속등의 경우 과세표준확정신고의 특례(소법 §74) 및 양도소득과세표준 확정신고(소법 §110) 및 법인세법 제60조에 따른 과세표준의 신고를 말한다(조특법 §2 ① 3호).

4 익금과 손금

"익금"이란 소득세법 제24조에 따른 총수입금액 또는 법인세법 제14조에 따른 익금을 말하며, "손금"이란 소득세법 제27조에 따른 필요경비 또는 법인세법 제14조에 따른 손금을 말한다(조특법 §2 ① 4호·5호).

수익을 소득세법에서는 총수입금액, 법인세법에서는 익금이라는 용어를 사용하며, 비용을 소득세법에서는 필요경비, 법인세법에서는 손금이라는 용어를 사용하는데, 조세특례제한법에서는 법인세법의 용어로 통일하여 사용한다.

5 수도권 및 수도권과밀억제권역

"수도권"이란 서울특별시와 인천광역시, 경기도를 말한다(조특법 §2 ① 9호 → 수도권정비계획법 §2 1호 및 동법 시행령 §2).

수도권의 인구와 산업을 적정하게 배치하기 위하여 수도권을 다음과 같이 구분한다(조특법 §2 ① 10호 → 수도권정비계획법 §6 ①). 수도권 전 지역은 아래의 3개 권역 중 하나에 해당한다.

㉮ 과밀억제권역 : 인구와 산업이 지나치게 집중되었거나 집중될 우려가 있어 이전하거나 정비할 필요가 있는 지역
㉯ 성장관리권역 : 과밀억제권역으로부터 이전하는 인구와 산업을 계획적으로 유치하고 산업의 입지와 도시의 개발을 적정하게 관리할 필요가 있는 지역
㉰ 자연보전권역 : 한강 수계의 수질과 녹지 등 자연환경을 보전할 필요가 있는 지역

권역구분 현황도[1])

과밀억제권역, 성장관리권역 및 자연보전권역의 범위는 「수도권정비계획법 시행령」 별표 1에 규정되어 있다(수도권정비계획법 시행령 §9).

---

[1]) 출처는 국토교통부 홈페이지(http://www.molit.go.kr/)의 정보마당>국토교통상식>수도권 권역 제도임.

[별표 1] 과밀억제권역, 성장관리권역 및 자연보전권역의 범위 (개정 2017.6.20.)

과밀억제권역	성장관리권역	자연보전권역
1. 서울특별시 2. 인천광역시(강화군, 옹진군, 서구 대곡동·불로동·마전동·금곡동·오류동·왕길동·당하동·원당동, 인천경제자유구역(경제자유구역에서 해제된 지역을 포함한다) 및 남동 국가산업단지는 제외한다) 3. 의정부시 4. 구리시 5. 남양주시(호평동, 평내동, 금곡동, 일패동, 이패동, 삼패동, 가운동, 수석동, 지금동 및 도농동만 해당한다) 6. 하남시 7. 고양시 8. 수원시 9. 성남시 10. 안양시 11. 부천시 12. 광명시 13. 과천시 14. 의왕시 15. 군포시 16. 시흥시[반월특수지역(반월특수지역에서 해제된 지역을 포함한다)은 제외한다]	1. 인천광역시 중 강화군, 옹진군, 서구 대곡동·불로동·마전동·금곡동·오류동·왕길동·당하동·원당동, 인천경제자유구역(경제자유구역에서 해제된 지역을 포함한다) 및 남동 국가산업단지만 해당한다 2. 동두천시 3. 안산시 4. 오산시 5. 평택시 6. 파주시 7. 남양주시(별내동, 와부읍, 진접읍, 별내면, 퇴계원면, 진건읍 및 오남읍만 해당한다) 8. 용인시(신갈동, 하갈동, 영덕동, 구갈동, 상갈동, 보라동, 지곡동, 공세동, 고매동, 농서동, 서천동, 언남동, 청덕동, 마북동, 동백동, 중동, 상하동, 보정동, 풍덕천동, 신봉동, 죽전동, 동천동, 고기동, 상현동, 성복동, 남사면, 이동면 및 원삼면 목신리·죽릉리·학일리·독성리·고당리·문촌리만 해당한다) 9. 연천군 10. 포천시 11. 양주시 12. 김포시 13. 화성시 14. 안성시(가사동, 가현동, 명륜동, 숭인동, 봉남동, 구포동, 동본동, 영동, 봉산동, 성남동, 창전동, 낙원동, 옥천동, 현수동, 발화동, 옥산동, 석	1. 이천시 2. 남양주시(화도읍, 수동면 및 조안면만 해당한다) 3. 용인시(김량장동, 남동, 역북동, 삼가동, 유방동, 고림동, 마평동, 운학동, 호동, 해곡동, 포곡읍, 모현면, 백암면, 양지면 및 원삼면 가재월리·사암리·미평리·좌항리·맹리·두창리만 해당한다) 4. 가평군 5. 양평군 6. 여주군 7. 광주시 8. 안성시(일죽면, 죽산면 죽산리·용설리·장계리·매산리·장릉리·장원리·두현리 및 삼죽면 용월리·덕산리·율곡리·내장리·배태리만 해당한다)

과밀억제권역	성장관리권역	자연보전권역
	정동, 서인동, 인지동, 아양동, 신흥동, 도기동, 계동, 중리동, 사곡동, 금석동, 당왕동, 신모산동, 신소현동, 신건지동, 금산동, 연지동, 대천동, 대덕면, 미양면, 공도읍, 원곡면, 보개면, 금광면, 서운면, 양성면, 고삼면, 죽산면 두교리·당목리·칠장리 및 삼죽면 마전리·미장리·진촌리·기솔리·내강리만 해당한다) 15. 시흥시 중 반월특수지역(반월특수지역에서 해제된 지역을 포함한다)	

Ⅱ. 업종분류

1 한국표준산업분류

　조세특례제한법에서 사용되는 업종의 분류는 이 법에 특별한 규정이 있는 경우를 제외하고는 통계법 제22조에 따라 통계청장이 고시하는 한국표준산업분류[2])에 따른다(조특법 §2 ③). 한국표준산업분류는 산업 관련 통계자료의 정확성 및 국가 간의 비교성을 확보하기 위하여 유엔에서 권고하고 있는 국제표준산업분류를 기초로 작성한 통계목적 분류이다.
　분류구조는 대분류(알파벳 문자 사용/Section), 중분류(2자리 숫자사용/Division), 소분류(3자리 숫자 사용/Group), 세분류(4자리 숫자 사용/Class), 세세분류(5자리 숫자 사용/Sub-Class)의 5단계로 구성된다.[3])

---

[2]) 통계청 고시 제2017-13호, 2017.1.13. 제10차 개정, 2017.7.1. 시행
[3]) 한국표준산업분류 I. 3. 아. 분류 구조 및 부호 체계

분류구조의 예시

대분류	중분류	소분류	세분류	세세분류
제조업	1차금속제조업	1차철강제조업	철강관제조업	강관제조업
C	24	241	2413	24132

조세특례제한법의 감면 규정은 업종을 요건으로 하는 경우가 많은데, 업종 분류에 대하여는 세법에서 별도로 규정하지 아니하고 통계청장이 고시하는 한국표준산업분류를 준용하고 있으므로, 실무상 적용 시에는 한국표준산업분류에 따른 업종 분류에 대한 이해가 선행되어야 한다.

이 경우 업종 분류에 대해서는 1차적으로 통계청 통계기준팀에 문의하여야 한다. 다만 한국표준산업분류를 통계 작성 이외의 목적으로 준용하는 경우에는 산업분류 준용기관(예, 국세청)에서 해당 행정 목적에 맞도록 합리적으로 적용하여야 하며, 산업분류의 최종확인도 준용기관에서 판단하여야 한다(통계청 통계기준팀-1690, 2011.7.25.). 따라서 실무적으로 업종 분류에 대한 유관기관의 해석이 필요한 경우에는 1차적으로 통계청에 문의하고, 그 자료를 바탕으로 2차적으로 과세관청에 질의하여야 한다.

관할 세무서장이 발급한 사업자등록증상 업종코드와 한국표준산업분류상의 코드체계가 다르므로, 양자가 일치하지 않는 경우 세무서장의 정정교부 없이 사업자등록증상 업종코드를 한국표준산업분류상의 도·소매 업종코드로 수정할 수 없다(법인-941, 2009.8.27.).

예규·판례

❖ **한국표준산업분류의 작성 목적과 적용 원칙** (대법원 2011두12856, 2013.1.16.)
한국표준산업분류는 산업 관련 통계자료의 정확성과 비교성을 확보하기 위하여 생산단위가 주로 수행하는 산업활동을 그 유사성에 따라 체계적으로 유형화한 것으로서, 이를 적용할 때는 그 산출물(생산된 재화 또는 제공된 서비스)뿐만 아니라 투입물과 생산공정 등을 함께 고려하여 각 생산단위의 산업활동을 가장 정확하게 설명하고 있는 항목에 분류하여야 하고, 수수료 또는 계약에 의하여 활동을 수행하는 단위는 자기 계정과 자기책임하에서 생산하는 단위와 동일항목에 분류하며, 자기가 직접 실질적인 생산활동은 하지 않고 다른 계약업자에 의뢰하여 재화 또는 서비스를 자기 계정으로 생산하게 하고 이를 자기 명의로 자기책임하에서 판매하는 단위는 이들 재화나 서비스 자체를 직접 생산하는 단위와 동일한 산업으로 분류하는 것이 원칙이다.

2 경과규정

한국표준산업분류가 변경되어 조세특례제한법에 따른 조세특례를 적용받지 못하게 되는 업종에 대해서는 한국표준산업분류가 변경된 과세연도와 그 다음 과세연도까지는 변경 전의 한국표준산업분류에 따른 업종에 따라 조세특례를 적용한다(조특법 §2 ③ 단서).

예를 들어, 2008.2.1. 제9차 한국표준산업분류가 개정·시행됨에 따라 출판업이 종전 '제조업'에서 '출판, 영상, 방송통신 및 정보서비스업'으로 변경된 경우에는, 한국표준산업분류가 변경된 사업연도와 그 다음 사업연도까지는 변경 전의 한국표준산업분류에 따른 업종인 '제조업'을 기준으로 조세특례를 적용한다(법인-883, 2010.9.29.). '비금속재생재료 가공처리업'의 경우에도 위의 개정에 따라 당초 '제조업'에서 '하수·폐기물처리, 원료재생 및 환경복원업'으로 변경되었으므로 위와 동일하게 경과규정이 적용된다(법규법인-434, 2009.12.29.).

2017.7.1. 시행된 한국표준산업분류의 제10차 개정으로 2017년과 2018년 과세연도까지는 동 경과규정이 적용됨에 유의하여야 한다.

제4절 조세특례의 제한

Ⅰ. 조세특례의 제한

조세특례제한법, 국세기본법 및 조약과 다음의 법률(이하 "개별 세법")에 따르지 아니하고는 조세특례를 정할 수 없다(조특법 §3 ①).

1. 소득세법
2. 법인세법
3. 상속세 및 증여세법
4. 부가가치세법
5. 개별소비세법
6. 주세법
7. 인지세법
8. 증권거래세법
9. 국세징수법
10. (교통·에너지·환경세법 삭제, 2009.1.30.)
11. 관세법
12. 지방세특례제한법
13. 임시수입부가세법
15. 국제조세조정에 관한 법률
16. 금융실명거래 및 비밀보장에 관한 법률
18. 교육세법
19. 농어촌특별세법
21. 남북교류협력에 관한 법률
22. (농어가목돈마련저축에 관한 법률 삭제, 2010.1.1.)
23. 자유무역지역의 지정 및 운영에 관한 법률
24. 제주특별자치도 설치 및 국제자유도시 조성을 위한 특별법(제주특별자치도세에 관한 규정만 해당한다)
25. 종합부동산세법

제1절 조세특례제한법의 목적에서 보았듯이 조세특례제한법은 국고손실을 최소화하며 공평과세를 실현하기 위하여 조세특례와 그 제한 등에 관한 사항을 통합적으로 규제하고 있으므로, 조세특례제한법에서는 각 개별 세법과 국세기본법, 법률과 동일한 효력을 갖는 조세조약에서도 조세특례 사항을 규정할 수 있도록 하고 있다. 조세지출의 특성과 일반적인 조세체계의 특성을 겸하고 있는 경우(예, 소득세법상 주택임차자금 차입금 원리금 상환액 소득공제)에는 개별 세법에서 규율함이 효율적이기 때문이다.

또한 「남북교류협력에 관한 법률」, 「자유무역지역의 지정 및 운영에 관한 법률」, 「제주특별자치도 설치 및 국제자유도시 조성을 위한 특별법」 등은 세법에는 포함되지 않지만, 각 법률의 입법취지에 맞는 조세특례를 개별법에서 정할 수 있도록 하여 효과적 정책지원 수단이 가능하도록 하였다.

반면에 본 조항에 열거되지 아니한 법률에서 조세감면의 규정이 있더라도 그 조항을 근거로 감면되지 않는다(세정 13430-216, 2001.2.26.). 따라서 「채무자회생 및 파산에 관한 법률」에서 등록세를 부과하지 아니한다는 내용이 규정되어 있어도 그 감면규정을 근거로 지방세를 감면할 수 없다(지방세운영-1643, 2009.4.24.).

Ⅱ. 감면되는 조세의 범위

조세특례제한법, 국세기본법 및 조약과 개별 세법에 따라 감면되는 조세의 범위에는 해당 법률이나 조약에 특별한 규정이 있는 경우를 제외하고는 가산세와 양도소득세는 포함되지 아니한다(조특법 §3 ②).

가산세란 세법에서 규정하는 의무의 성실한 이행을 확보하기 위하여 세법에 따라 산출한 세액에 가산하여 징수하는 금액을 말하는데,(국기법 §2 4호) 신고의무 또는 징수의무 위반 등에 대하여 부과되는 행정벌의 성격이므로 이러한 행정벌에 대하여 조세지원을 할 필요성이 없어 감면대상에서 제외한다.

양도소득세는 불로소득의 성격을 가지고 있는 자본이득(Capital Gain)에 대해 부동산 투기 등의 억제를 위하여 여타의 소득과는 달리 분류과세되므로, 원칙적으로 이에 대해 조세지원이 필요하지 않아 감면대상에서 제외한다. 다만, '8년 이상 자경 농지등 감면(법 §69)'과 같이 특별히 지원하여야 할 경우에는 예외적으로 감면대상에 포함하고 있다. 그러나, 감면이 적용되는 경우에도 부동산 투기 등의 억제를 위하여 다른 조세지원제도에 비하여 엄격한 해석이 요구된다.

2. 중소기업에 대한 조세특례

제1절 중소기업

제2절 [제6조] 창업중소기업 등에 대한 세액감면

제3절 [제7조] 중소기업에 대한 특별세액감면

제4절 [제7조의4] 상생결제 지급금액에 대한 세액공제

제5절 [제8조의 3] 상생협력을 위한 기금 출연 등에 대한 세액공제

자금·인력 부족으로 경쟁력이 취약한 중소기업을 보호·육성함으로써 국내 중소기업의 생산기반을 유지·발전시키고, 이를 통한 고용창출로 국민경제의 균형 있는 성장과 안정을 도모하기 위하여 정부는 중소기업을 특별히 보호하고 있다. 우리나라의 중소기업은 2019년 기준으로 전체 기업의 99.9%를 차지하고 있으며, 기업 종사자의 82.7%를 담당[1]하는 등 고용창출 효과가 상대적으로 높기 때문이다.

중소기업에 대한 조세특례

조문	특례요건	과세특례
§5 중소기업 등 투자세액공제 ('21년 말 삭제)	중소기업 및 중견기업이 사업용자산, 판매시점정보관리시스템설비, 정보보호시스템설비에 투자하는 경우. 단, 중견기업의 경우에는 고용유지조건이 부과됨.	중소기업은 투자금액의 3%, 중견기업은 1~2%를 세액공제. 단, 위기지역 및 상생형 지역 일자리는 10%(중견기업은 5%), 규제자유특구는 5%(중견기업은 3%) 공제율 적용.
§5의 2 중소기업 정보화 지원사업에 대한 과세특례 ('15년 말 폐지)	중기법에 의한 중소기업자가 중소기업 정보화 지원사업을 위한 출연금을 수령한 후, 전사적 기업자원 관리설비, 전자상거래설비 등에 투자하는 경우	투자금액을 국고보조금등 손금산입 규정을 준용하여 손금에 산입
§6 창업중소기업 등에 대한 세액감면	수도권과밀억제권역 외의 지역에서 창업한 중소기업, 창업보육센터사업자로 지정받은 내국인, 창업벤처중소기업 및 에너지신기술중소기업을 대상으로 함. 업종별 최소고용인원 이상을 고용하면서 상시근로자 수가 증가한 경우에는 추가 감면함.	5년간 법인세 등의 50%를 감면. 단, 신성장 서비스업 창업중소기업은 초기 3년간 75%의 감면율을 적용하고, 과밀억제권역 외의 청년 창업·생계형 창업중소기업은 5년간 100%를 감면. 전년 대비 고용증가율의 1/2을 기본 감면율에 합산하여 추가 감면함.
§7 중소기업에 대한 특별세액감면	감면대상업종을 영위하는 중소기업. 다만 장수 성실중소기업은 업력 10년 이상, 1억원 이하 소득 요건과 성실사업자 요건 등을 갖추어야 함.	해당 사업장에서 발생한 소득에 대한 소득세 또는 법인세를 지역, 규모, 업종에 따라 5~30% 감면함. 단, 장수 성실중소기업은 1.1배 상향하며, 감면한도는 원칙적으로 1억원임.
§7의 2 기업의 어음제도개선을 위한 세액공제 ('13년 말 폐지)	중소기업에게 구매대금을 현금성 결제방식에 의하여 세금계산서등 작성일로부터 60일 이내에 지급하는 경우	대금지급 기일별로 환어음등 결제금액에서 약속어음 결제금액을 차감한 금액의 0.15~4%를 세액공제

---

[1] 중소벤처기업부, 「중소기업 범위해설」, 2022, p.11.

조문	특례요건	과세특례
§7의 4 상생결제 지급금액에 대한 세액공제	중소기업 및 중견기업이 중소기업 및 중견기업에게 상생결제제도를 통해 구매대금을 지급하는 경우로서 어음결제 비율이 증가하지 않을 것	구매기업에게 지급기한에 따라 지급금액의 0.15~0.5%를 세액공제. 단, 소득세 또는 법인세의 10%를 한도로 함.
§8 중소기업 지원 설비에 대한 손금산입의 특례 ('12년 말 폐지)	내국인이 사업에 직접 사용하던 자동화설비 등을 특수관계인 외의 중소기업에 무상으로 기증하거나 시가보다 낮은 가액으로 양도하는 경우	양도인은 무상 이전 금액을 손금산입하고, 양수인은 자산수증익을 국고보조금등 손금산입 특례규정을 준용하여 손금에 산입
§8의 2 상생협력 중소기업으로부터 받은 수입배당금의 익금불산입 ('13년 말 폐지)	내국법인이 상생협력 중소기업에게 무의결권 주식으로 출자한 지분에 대하여 수입배당금을 받은 경우	수입배당금 전액을 익금불산입
§8의 3 상생협력을 위한 기금 출연 시 세액공제	▪ 내국법인이 보증 또는 대출지원을 목적으로 신용보증기금 등에 출연하거나, 대·중소기업·농어업협력재단 등에 출연하는 경우(단, 특수관계인 지원분 제외) ▪ 창업보육센터 등이 지원하는 창업기업에 연구시험용 고정자산을 5년 이상 무상임대하는 경우 ▪ 수탁·위탁거래의 상대방인 수탁기업에 설치하는 검사대 또는 연구시설 ▪ 반도체 관련 연구시험용 시설·장비	▪ 해당 출연금의 10%를 법인세에서 세액공제 ▪ 자산 장부가액의 3%를 법인세에서 세액공제 ▪ 중소기업은 7%, 중견기업은 3%, 대기업은 1% 공제율로 세액공제 ▪ 자산 시가의 10%를 세액공제
§8의 4 중소기업의 결손금 소급공제 환급 특례('21년 말 폐지)	전기 신고의무를 이행한 중소기업이 2021.12.31.이 속하는 연도에 결손이 발생한 경우	직전 2개 과세연도의 소득에 대하여 부과된 법인세액을 한도로 환급신청

제1절 중소기업

차례

Ⅰ. 조특법과 중기법 규정 체계 96
  1. 조세특례제한법의 규정 체계 96
  2. 중기법과 조특법의 규정 비교 96
  3. 중소기업기본법의 개정 연혁 97

Ⅱ. 중소기업 범위 기준 99
  1. 업종기준 100
    1-1 소비성서비스업을 제외한 모든 업종 100
    1-2 주된 사업의 판정기준 100
  2. 규모기준 101
    2-1 중기법상 업종별 규모기준 101
    2-2 매출액 103
      (1) 기업회계기준에 따른 매출액 103
      (2) 연매출액 환산 〔예제〕 104
  3. 독립성기준과 별도기준 105
    3-1 공시대상기업집단 등 106
      (1) 공시대상기업집단 소속회사 106
      (2) 대기업 계열사 의제기업 108
    3-2 자산 5천억원 이상 법인의 자회사 108
      (1) 모회사 〔사례〕 109
      (2) 최다출자자의 판정 113
      (3) 간접소유비율의 계산 113
    3-3 관계기업 115
      (1) 관계기업의 판정 116
      (2) 관계기업 수치의 합산 〔사례〕 120
      (3) 조특법상 규모기준과 비교 〔사례〕 123
  4. 졸업제도 124
  5. 유예기간 및 경과규정 〔예제〕 125
    5-1 유예기간의 허용 126
      (1) 유예기간 126
      (2) 유예 적용 사유 127
      (3) 유예기간 적용 횟수 〔쟁점〕 〔예제〕 129
      (4) 연결납세방식의 최초 적용 132
    5-2 유예기간의 제외 133
      (1) 유예 제외 사유 133
      (2) 합병 〔쟁점〕 134
      (3) 적격분할 135
      (4) 독립성 위배 135
    5-3 경과규정 〔쟁점〕 136

Ⅲ. 서식 작성요령 138

Ⅳ. 예제와 서식 작성실무 140

Ⅰ. 조특법과 중기법 규정 체계

1 조세특례제한법의 규정 체계

조세특례제한법에서 규정하는 중소기업의 범위는 원칙적으로 중소기업기본법(이하 "중기법")의 범위를 따르고 있으나, 조세 정책적 목적으로 일부 변형하여 규정하고 있다. 따라서 기본적으로 중기법상의 중소기업에 대한 이해가 필요하며, 더 나아가 조세특례제한법과 중기법에서 규정하고 있는 중소기업 범위의 차이에 대한 이해도 필요하다. 중기법상 중소기업의 범위는 여타의 중소기업 지원 법령 및 기업회계기준[2])에서도 인용하고 있으므로, 중기법상 중소기업의 범위를 숙지할 필요성이 있다.

조특법에서 중기법의 범위 규정을 준용하고 있으므로 중기법의 체계에 따라 서술함이 논리적이라 할 수 있으나, 본서는 조세특례제한법을 다루고 있으므로 조세특례제한법 체계에 따라 서술하되 중기법상 중소기업의 범위를 비교하는 방식으로 서술하도록 한다.

2 중기법과 조특법의 규정 비교

중기법과 조특법의 중소기업 범위 기준의 비교

요건	중소기업기본법	조세특례제한법
업종기준	■ 모든 업종 ※ 주업종 : 평균매출액등이 큰 업종	■ 모든 업종. 단, 소비성서비스업 제외 ※ 주업종 : 수입금액이 큰 업종
규모기준	■ 중기령 별표 1의 업종별로 정한 평균매출액 요건 충족 ※ 직전 3개 사업연도 수치 기준	■ 중기법 준용 ※ 당해 사업연도 수치 기준
독립성기준	■ 자산총액 5천억원 이상 법인의 자회사 제외 ■ 관계기업 합산 평균매출액등이 규모기준 초과 시에 제외	■ 중기법 준용 → 단, 집합투자기구를 통한 간접소유 제외 → 단, 관계기업간 당해 연도 매출액의 합산액이 규모기준 초과 시 제외

[2) 비외부감사대상법인인 경우에는 중소기업회계처리기준의 적용이 가능하며, 외부감사대상법인인 경우에는 일반기업회계기준 제31장 중소기업회계처리특례규정의 적용이 가능하다. 또한 벤처기업육성에 관한 특별조치법에 따른 벤처기업은 중기법에 따른 중소기업일 것을 요건으로 한다.

요건	중소기업기본법	조세특례제한법
별도기준	■ 공시대상기업집단등 회사 제외	■ 공시대상기업집단등 회사 제외
졸업기준	■ 자산총액 5,000억원 이상	■ 자산총액 5,000억원 이상

유예기간	■ 사유발생연도의 다음 3년간 유예(그 후는 매년 판단)
	■ 유예제외 사유
	  - 중소기업이 유예기업을 흡수합병한 경우로, 유예기업의 최초 제외 사유 발생 후 3년 경과
	  - 독립성 위배(자산총액 5천억원 이상 법인의 자회사 및 관계기업은 허용)
	  - 유예기업이 중소기업이 되었다가 규모기준 위반 등으로 다시 중소기업에 해당하지 아니한 경우
		■ 사유발생 연도와 그 후 3개 연도까지 유예(그 후는 매년 판단)
		■ 유예제외 사유
		  - 중소기업 외의 기업과 합병
		  - 중소기업이 유예기업과 합병
		  - 독립성 위배(관계기업은 허용)
		  - 창업일이 속하는 연도 종료일부터 2년 이내에 규모기준 초과한 경우
		  - 업종기준 위배

3 중소기업기본법의 개정 연혁

중소기업기본법의 개정에 따른 변동사항은 이를 준용하고 있는 조세특례제한법의 조세법률관계에도 영향을 미치므로 중기법의 개정 연혁에 대한 이해가 필요하다.[3]

중소기업기본법의 개정연혁

개정일	구 분	개정 내용
2014. 4.14. (시행일 2015. 1.1.)	업종기준	■ 비영리 사회적기업의 세부기준 변경 및 협동조합도 동일 기준으로 신설
	규모기준	■ 3년 평균 매출액으로 단일화(제조업을 중분류 기준으로 변경)
	독립성기준	■ 자산총액 5천억원 이상인 모법인을 비영리법인까지 확대 ■ 외국법인의 자산총액 산정 시 환율 적용을 5년 평균치로 변경

---

[3] 중소벤처기업부, 「중소기업 범위해설」, 2022, pp.85-88.

개정일	구 분	개정 내용
2014. 4.14.	상한기준	■ 상한기준을 '자산총액 5천억원'만 남기고 모두 폐지
	유예기간	■ 창업기업, (모든)관계기업, 상한기준 초과 시에 대한 유예허용(유예 1회로 제한)
2015. 6.30.	소기업 범위 기준	■ 소기업 범위 기준을 상시근로자 수에서 매출액으로 변경(시행일 2016. 1.1.)❶
	독립성기준	■ 자산총액 5천억원 이상인 모법인에서 비영리법인을 제외(시행일 2015.6.30.)
2016. 4.5.	독립성기준	■ 대기업 계열사 의제기업을 중소기업에서 제외 ■ 대기업 편입 유예 중인 벤처기업이 유예일로부터 3년이 경과한 경우 중소기업에서 제외 ■ 의결권이 없는 종류주식 외에도 자기주식 등 의결권이 없는 주식을 모두 발행주식 총수에서 제외
	유예기간	■ 중소기업이 유예기간 중인 중소기업을 흡수합병한 경우 유예기업의 잔여 유예기간 동안 유예 허용
2016. 4.26.	업종기준	■ 비영리 협동조합, 사회적협동조합(각각의 연합회 포함)도 중소기업에 포함(시행일 2016.4.28.)
	유예기간	■ 자산총액 5천억원 이상 법인의 자회사에게 유예기간 허용(시행일 2016.4.28.)
2017. 10.17.	독립성기준	■ 관계기업에 해당하여 중소기업에서 제외된 기업이 추후 주식등 소유 현황이 변경된 경우에는 관계기업 판정시기를 종전 직전 연도 말일에서 그 사유 발생일로 변경
	규모기준 등	■ 한국표준산업분류 10차 개정에 따라 규모기준과 소기업 범위 기준에 적용되는 업종과 평균매출액등을 조정
2017. 12.29.	독립성기준	■ 대기업 편입 유예 중인 벤처기업이 유예일로부터 3년이 경과한 경우 중소기업에서 제외하는 규정 삭제(시행일 2018.1.1.)
2018. 8.14.	업종기준	■ 중소기업의 범위에 소비자생활협동조합법에 따른 조합, 연합회, 전국연합회를 추가(시행일 2019.2.15.)
2019. 12.10.	별도기준	■ 공시대상기업집단 소속회사 또는 공시대상기업집단의 소속회사로 편입·통지된 것으로 보는 회사를 중소기업에서 제외(시행일 2020.6.11.)
2021. 6.8.	업종기준	■ 이종(異種)협동조합연합회(중소기업을 회원으로 하는 경우로 한정함)를 중소기업에 포함(시행일 2021.6.9.)

❶ 개정규정은 2016.1.1.부터 시행함. 단, 개정규정에도 불구하고 2016.1.1. 당시 종전의 규정에 따라 중소기업에 해당하였던 기업이 2016.1.1. 이후 개정규정에 따른 소기업에 해당하지 아니하게 된 경우에는 2019.3.31.까지 소기업으로 봄(2015.6.30. 개정된 중기령 부칙 §1 단서·§2)

Ⅱ. 중소기업 범위 기준

조세특례제한법상 중소기업으로 인정되기 위해서는 업종기준, 규모기준, 독립성기준을 모두 충족하여야 하며, 졸업기준 수치를 위배하면 중소기업에서 제외한다.

한편, 중소기업이 독립성기준, 규모기준, 관계기업의 평균매출액등의 산정기준(중기령 §3 ① 2호, 동 시행령 별표 1 및 별표 2)의 개정으로 새로이 중소기업에 해당하게 되는 때에는 그 사유가 발생한 날이 속하는 과세연도부터 중소기업으로 본다(조특령 §2 ⑤).

2020.6.11. 시행된 중기법의 개정에 따라 공시대상기업집단소속회사 등이 종전의 독립성 기준(중기령 §3 ① 2호)에서 별도 기준(중기법 §2 ① 단서)으로 재분류되었다.

중소기업기본법에서는 비영리법인을 중소기업에서 제외하는데 반하여 **조세특례제한법에서는 비영리법인을 중소기업에 포함함**에 유의하여야 한다. 수익사업(현재 법령 §3 ①)을 영위함으로써 법인세 납세의무가 있는 비영리내국법인은 당해 수익사업이 중소기업 요건(구 조감법 시행령 §2 ①; 현재 조특령 §2 ①)을 충족하는 경우에는 중소기업에 해당한다(서면법인-0869, 2018.9.4.; 서면2팀-391, 2006.2.21.).

중소기업기본법의 중소기업 범위 기준 검토

> 참고로 중소기업기본법상 중소기업으로 인정되기 위해서는 업종기준, 규모기준, 독립성기준과 별도기준 및 졸업기준을 모두 충족해야 하는 것은 동일하다. 단, 중소기업이 될 수 있는 대상을 영리기업(상법상 회사 및 법인이 아닌 개인사업자)과 사회적기업, 협동조합, 사회적협동조합, 중소기업협동조합 (각각의 연합회 포함), 이종(異種)협동조합연합회(중소기업을 회원으로 하는 경우로 한정함) 및 소비자생활협동조합 등으로 규정하고 있다(중기법 §2 ①).

개정연혁

연 도	개정 내용
2020년	▪ 상호출자대상기업집단 소속회사 등 독립성 위배 규정 삭제
2021년	▪ 공시대상기업집단 소속회사 등을 중소기업 범위에서 제외
2024년	▪ 외국법인의 자산총액 계산 방법 명확화

1 업종기준

1-1 소비성서비스업을 제외한 모든 업종

업종기준이란 소비성서비스업을 제외한 모든 업종을 주된 사업으로 영위하여야 하는 것을 말한다(조특령 §2 ① 4호).

소비성서비스업이란 호텔업, 여관업 및 주점업 등이며,(조특령 §29 ③) 상세 내용은 제7부 제3장 제2절 Ⅱ. 1-1 (2)를 참조하기로 한다.

종래에는 중소기업의 업종을 농업·제조업·건설업 등 52개 업종으로 한정하였으나, 2017년 개정세법에서 소비성서비스업을 제외한 모든 업종을 대상으로 하는 네거티브 방식으로 변경하였다. 2017.1.1. 이후 개시하는 과세연도분부터 적용한다. 이때 투자, 고용 또는 연구·인력개발비의 경우에는 2017.1.1. 이후 개시하는 과세연도에 투자하거나 고용을 개시하거나 연구·인력개발비가 발생하는 분부터 적용한다(2017.2.7. 개정된 시행령 부칙 §3).[4]

1-2 주된 사업의 판정기준

2 이상의 서로 다른 사업을 영위하는 경우에는 사업별 사업수입금액이 큰 사업을 주된 사업으로 본다(조특령 §2 ③).

사업별 수입금액은 기업회계기준에 따라 작성한 손익계산서상의 매출액[5]을 말하며,(서면2팀-1089, 2005.1.14.). 중소기업 해당업종에 속하는 2개 이상의 사업과 기타의 사업을 겸영하는 경우에는 사업별 수입금액이 큰 사업을 주된 사업으로 보아 중소기업을 판정한다(서이 46012-10106, 2001.9.5.).

관계기업 해당 여부에 관계없이 당해 기업의 사업을 기준으로 판단한다(서면법인-1894, 2019.11.5.). 그리고, 합병법인이 서로 다른 사업을 영위하는 경우의 주된 사업 판정은 2-2 (2) 연 매출액 환산 부분을 참조하기 바란다.

참고로 중소기업기본법에서는 주된 업종의 판정을 원칙적으로 직전 3개 사업연도 총매출액의 평균액 비중이 가장 큰 업종으로 하고 있다(중기령 §4 ① → §7). 종래에는 조특법과 동일하게 매출액을 기준으로 하였으나, 2015.1.1. 이후로 평균매출액등을 기준으로 판정한다.

---

[4] 중소기업 업종기준이 네거티브 방식으로 변경됨에 따라 종래 업종기준에서 다루었던 조특법상 특례 업종의 비교 및 업종별 검토는 법 제6조 창업중소기업 세액감면에서 서술하였다(제2절 Ⅱ. 1-2 업종 분류 검토 참조)
[5] 중소기업 범위기준 중 손익계산서상 매출액을 기준으로 규모기준을 판정하는 것(조특칙 §2 ④)과 동일한 기준에 의하고 있다.

2 규모기준

매출액이 업종별로 중소기업기본법 시행령 별표 1에 따른 업종별 규모기준("평균매출액 등"은 "매출액"으로 보며, 이하 "규모기준"이라 함)[6] 이내이어야 한다(조특령 §2 ① 1호).

규모기준을 적용함에 있어서는 첫 번째로 조특법 규정에 따라 매출액을 구한 후, 두 번째로 동 수치가 「중소기업기본법 시행령」 별표 1의 기준에 부합하는지를 검토하여야 한다.

2-1 중기법상 업종별 규모기준

중기법에 따른 중소기업의 주된 업종별 매출액의 규모기준은 아래와 같다(중기령 별표 1). 다만, 조특법에서는 평균매출액등을 매출액으로 보아 적용한다.

원칙적으로 상한선을 1,000억원으로 설정하고 200억원 단위로 그룹을 구분한다. 다만, 제조업은 한국표준산업분류표상 중분류를 기준으로 세분화하고, 업종 특성상 높은 매출이 발생하는 일부 제조업은 예외적으로 1,500억원을 적용한다.

주된 업종별 매출액의 중소기업 규모기준 (개정 2017.10.17.)

해당 기업의 주된 업종	분류기호	규모기준
1. 의복, 의복액세서리 및 모피제품 제조업	C14	매출액 1,500억원 이하
2. 가죽, 가방 및 신발 제조업	C15	
3. 펄프, 종이 및 종이제품 제조업	C17	
4. 1차 금속 제조업	C24	
5. 전기장비 제조업	C28	
6. 가구 제조업	C32	
7. 농업, 임업 및 어업	A	매출액 1,000억원 이하
8. 광업	B	
9. 식료품 제조업	C10	
10. 담배 제조업	C12	
11. 섬유제품 제조업(의복 제조업은 제외한다)	C13	
12. 목재 및 나무제품 제조업(가구 제조업은 제외한다)	C16	
13. 코크스, 연탄 및 석유정제품 제조업	C19	
14. 화학물질 및 화학제품 제조업(의약품 제조업은 제외한다)	C20	
15. 고무제품 및 플라스틱제품 제조업	C22	

[6] 조세특례제한법 조문에서는 '중소기업기준'이라는 용어를 사용하고 있으므로 여타 조문 해석 시 참고하기 바란다. 다만, 본서에서는 실무상 통용되고 있는 규모기준이 보다 직접적으로 대상을 지칭하므로 규모기준이라는 용어를 사용하기로 한다.

해당 기업의 주된 업종	분류기호	규모기준
16. 금속가공제품 제조업(기계 및 가구 제조업은 제외한다)	C25	매출액 1,000억원 이하
17. 전자부품, 컴퓨터, 영상, 음향 및 통신장비 제조업	C26	
18. 그 밖의 기계 및 장비 제조업	C29	
19. 자동차 및 트레일러 제조업	C30	
20. 그 밖의 운송장비 제조업	C31	
21. 전기, 가스, 증기 및 공기조절 공급업	D	
22. 수도업	E36	
23. 건설업	F	
24. 도매 및 소매업	G	
25. 음료 제조업	C11	매출액 800억원 이하
26. 인쇄 및 기록매체 복제업	C18	
27. 의료용 물질 및 의약품 제조업	C21	
28. 비금속 광물제품 제조업	C23	
29. 의료, 정밀, 광학기기 및 시계 제조업	C27	
30. 그 밖의 제품 제조업	C33	
31. 수도, 하수 및 폐기물 처리, 원료재생업(수도업 제외)	E (E36 제외)	
32. 운수 및 창고업	H	
33. 정보통신업	J	
34. 산업용 기계 및 장비 수리업	C34	매출액 600억원 이하
35. 전문, 과학 및 기술 서비스업	M	
36. 사업시설관리, 사업지원 및 임대 서비스업(임대업 제외)	N (N76 제외)	
37. 보건업 및 사회복지 서비스업	Q	
38. 예술, 스포츠 및 여가 관련 서비스업	R	
39. 수리(修理) 및 기타 개인 서비스업	S	
40. 숙박 및 음식점업	I	매출액 400억원 이하
41. 금융 및 보험업	K	
42. 부동산업	L	
43. 임대업	N76	
44. 교육 서비스업	P	

비고 :
1. 해당 기업의 주된 업종의 분류 및 분류기호는 「통계법」 제22조에 따라 통계청장이 고시한 한국표준산업분류에 따른다.
2. 위 표 제19호 및 제20호에도 불구하고 자동차용 신품 의자 제조업(C30393), 철도 차량 부품 및 관련 장치물 제조업(C31202) 중 철도 차량용 의자 제조업, 항공기용 부품 제조업(C31322) 중 항공기용 의자 제조업의 규모 기준은 평균매출액등 1,500억원 이하로 한다.

제10차 한국표준산업분류의 개정에 따라, 신규 업종 및 변경 업종에 대한 중소기업 규모기준 등을 변경하였다. 2017.10.17.부터 시행한다(동일자로 개정된 중기령 부칙 §1).

2 이상의 서로 다른 사업을 영위하는 경우 주된 사업을 기준으로 중소기업 해당 여부를 판정함에 있어서 중소기업 범위 기준(조특령 §2 ① 각 호)은 당해 법인 또는 거주자가 영위하는 사업 전체의 매출액을 기준으로 하여 판정한다(조특통 6-2…1).

또한 공동사업을 영위하는 거주자에 대하여 규모기준을 적용하는 경우 당해 공동사업장 전체(구성원이 동일한 공동사업장이 여러 개인 경우에는 그 구성원이 동일한 공동사업장 전체)의 매출액을 기준으로 하여 판정한다(서면1팀-1314, 2005.10.28. 참조).

회사가 수행하는 사업 활동에 대한 업종 분류가 우선적으로 수행되어야 규모기준을 적용할 수 있다. 업종의 분류는 법 제6조 창업중소기업 등에 대한 세액감면을 참조하기로 한다(제2절 Ⅱ. 1-2 업종 분류 검토).

2-2 매출액

(1) 기업회계기준에 따른 매출액

매출액은 과세연도 종료일 현재 기업회계기준에 따라 작성한 해당 과세연도 손익계산서 (P/L)상의 당해 연도 매출액으로 한다(조특칙 §2 ④).

동 매출액은 세무조정사항을 반영한 세무상의 수입금액과는 다르다. 예를 들어, 유상사급거래분에 대해서는 세무상 원재료 가액을 포함한 총액법에 의하여 수입금액을 인식하여야 하지만, 기업회계기준에서는 원재료 가액을 제외한 순액법으로 계상한 매출액으로 하여야 하므로,(일반기준 실16.22) 동 순액법에 따른 매출액을 기준으로 규모기준을 판정한다 (법인세과-100, 2011.2.10.).

참고로 중소기업기본법에서는 경기변동에 따른 매출액 변화를 감소시키기 위하여 원칙적으로 3년 평균매출액등을 기준으로 규모기준을 판정한다(중기령 §3 ① 1호, §7).

2020년 개정세법에서 중소기업 해당 여부 판단 시 기준이 되는 매출액을 해당 과세연도의 손익계산서상 매출액으로 하여 기준 시점을 명확화하였다.

(2) 연매출액 환산

창업·분할·합병의 경우에는 그 등기일의 다음 날(창업의 경우에는 창업일)이 속하는 과세연도의 매출액을 연간 매출액으로 환산한 금액을 매출액으로 한다(조특칙 §2 ④ 단서).

그러나 연매출액으로 환산하는 단서 규정은 분할신설법인에게만 적용되고, 분할법인에는 적용되지 않음에 주의하여야 한다. 기중에 분할한 경우 **분할법인의 중소기업 여부를 판정할 때에는** 등기일 익일 이후의 매출액을 연환산하지 아니하고 분할법인의 해당 과세연도 전체 매출액을 기준으로 규모 기준을 판정한다(서면법인-2576, 2022.11.17.; 기준법령법인 2019-527, 2019.9.4.; 사전법령법인 0139, 2020.3.2.).

단, 동 유권해석을 2019.9.4. 이후 신고·납부하는 분부터 적용하도록 회신하였으나, 최근 심판례(조심 2022인6630, 2023.4.6.)에서는 합병 전후의 과세연도가 변경되지 않았으며, 해당 연도 손익계산서에 1년 간의 매출액이 모두 반영되어 있고, 과세관청의 예규는 행정관청 내부의 지침에 불과하여 법원이나 국민을 기속하는 법규적 효력이 없으므로, 2019.9.4. 이전 사례에도 적용할 수 있는 것으로 판단하였음에 유의하여야 한다.

또한 법인사업자가 **사업연도를** 변경한 후 최초 사업연도의 매출액도 연간 매출액으로 환산한다(법인세과-208, 2011.3.23.).

서로 다른 업종을 영위하던 법인 간에 **합병**이 이루어지는 경우에는 주된 사업의 판정과 규모기준 충족 여부를 순차적으로 검토해야 한다.

첫 번째로 사업별 사업수입금액이 큰 사업을 주된 사업으로 판단한다. 합병등기일의 다음 날이 속하는 과세연도에 발생한 소멸법인 사업부의 수입금액을 연간 수입금액으로 환산하여 이를 당해 존속법인 사업부의 수입금액과 비교하여 주된 사업을 판단한다(법인세과 -944, 2009.8.27. 참조).

두 번째로, 존속법인 사업부의 연간매출액과 소멸법인 사업부의 연환산 매출액을 합산하여 합병법인의 매출액을 산정한 후, 규모기준의 수치와 비교한다.

$$\text{합병법인 매출액} = \text{존속법인 사업부 연간 매출액} + \text{소멸법인 사업부 합병등기일 이후 매출액} \times \frac{365(\text{또는 } 366)}{\text{합병등기일 이후 일수}}$$

> **예제** 이종 업종 간 합병 시 주된 사업과 규모기준 판정

의류제조업을 영위하는 ㈜문화(존속법인)는 도매업을 영위하는 ㈜선관(소멸법인)을 흡수합병하여 ㈜선관은 해산하였으며, 합병 후 ㈜문화는 ㈜선관의 도매사업부를 계속 영위하고 있다. 합병은 1 : 1 합병으로 이루어졌다. 합병등기일은 20X1.11.30.이며 양법인은 모두 12월 말 사업연도 종료 법

인이다. 다음의 자료를 바탕으로 20X1 사업연도에 중소기업 판정을 위한 ㈜문화의 주된 사업과 규모기준 충족 여부를 검토하시오.

◯ 자 료

1. 20X1년도 사업부별 매출액

(단위 : 억원)

구 분	1~11월 매출액	12월 매출액	합 계
제조 사업부	600	60	660
도매 사업부	500	60	560

합병법인의 손익계산서상 매출액은 제조 사업부의 1년 매출액 660억원과 도매사업부 12월 매출액 60억원의 합계인 720억원이 계상되었다.

◯ 해 설

1. 주된 사업 판정
    (1) 제조 사업부의 수입금액
        존속법인 제조 사업부의 당해 연도 전체 매출액 660억원이 수입금액이 된다.
    (2) 도매 사업부의 수입금액
        도매 사업부의 매출액은 합병등기일의 익일부터 사업연도 종료일까지의 매출액을 연환산한다.
        수입금액 = 등기 익일 후 매출액 × 12/해당월수 = 60 × 12/1 = 720억원
        (계산의 편의를 위하여 월할 계산함)
    (3) 주된 사업 판정
        사업별 수입금액이 도매업이 크므로, 도매업이 ㈜문화의 주된 사업이 된다.

2. 규모 기준 판정을 위한 매출액 산정
    (1) 도매업의 매출액 기준 : 매출액 1,000억원 이하
    (2) 합병법인의 매출액 산정
        매출액 = 제조업 매출액 + 도매업 매출액 = 660 + 720 = 1,380억원
    (3) 규모기준 판정
        도매업 규모기준인 1,000억원을 초과하였으므로 규모기준을 충족하지 못한다.

3 독립성기준과 별도기준

공시대상기업집단에 속하는 회사 등에 해당하지 않으며(별도기준), 실질적인 독립성이 중소기업기본법 시행령 제3조 제1항 제2호의 독립성기준에 적합하여야 한다(조특령 §2 ① 3호). 독립성기준은 법인에만 적용되며 개인 사업자에게는 적용하지 않는다.

중기법과 조특법의 독립성기준과 별도기준의 비교

구분	중소기업기본법	조세특례제한법
별도기준	공시대상기업집단 소속회사 등 제외	공시대상기업집단 소속회사 등 제외
독립성 기준	㉮ 직전 연도 말 자산총액 5천억원 이상 법인의 자회사 제외 ㉯ 직전 연도 말 관계기업 간 합산한 평균매출액등이 규모기준 초과 시에 제외	■중기법을 준용하지만 다음의 차이가 있음. → 단, 집합투자기구를 통한 간접소유 제외 → 단, 당해 연도 매출액의 합산액을 규모기준과 비교함.

종래에는 벤처기업 등 중소기업이 대기업에 인수되는 경우 인수일로부터 3년이 경과하는 회사는 중소기업에서 제외하였으나, 대기업과 중소기업 간 M&A 활성화를 위해 동 규정을 삭제하였다. 2018.1.1.부터 시행하며, 2018.1.1. 전에 삭제된 독립성 규정(중기령 §3 ① 2호 라목)에 해당하여 중소기업에서 제외된 기업에 대하여는 개정규정에도 불구하고 종전의 규정에 따른다(2017.12.29. 개정된 중기령 부칙 §1·§2).

조세특례제한법의 독립성기준은 대부분 중기법의 요건을 준용하고 있으므로 중소기업기본법의 체계에 따라 설명하되, 조특법 자체 규정 사항은 별도로 상술한다.

3-1 공시대상기업집단 등

「독점규제 및 공정거래에 관한 법률」(이하 "공정거래법") 제31조 제1항에 따른 공시대상기업집단에 속하는 회사 또는 공정거래법 제33조에 따라 공시대상기업집단의 국내계열회사로 편입·통지된 것으로 보는 회사(대기업 계열사 의제기업)에 속하는 회사는 중소기업 기준에 위배된다(이하 "별도기준").

(1) 공시대상기업집단 소속회사

'기업집단'이란 동일인이 사실상 그 사업내용을 지배하는 회사의 집단으로, 동일인이 회사인 경우에는 그 회사와 그 회사가 지배하는 하나 이상의 회사의 집단이며, 동일인이 회사가 아닌 경우에는 그가 지배하는 둘 이상의 회사의 집단을 말한다(공정거래법 §2 11호). 공시대상기업집단은 해당 기업집단에 속하는 국내 회사들의 공시대상기업집단 지정 직전사업연도의 대차대조표상 자산총액의 합계액이 5조원 이상인 기업집단을 말한다. 더 나아가 이러한 기업집단 소속 계열회사가 서로 주식을 보유하는 경우 가공의 의결권이 발생할 수 있으므로 자산총액 10조원 이상의 기업집단(이하 "상호출자제한기업집단")의 상호출자를 제한하며, 국내계열회사에 대하여 채무보증을 금지하고 있다(구 공정거래법 시행령 §21 ①·②).7)

조세특례제한법에서도 공시대상기업집단 소속회사를 중소기업에서 제외한다.

반면에 2021년 세법 개정 전에 상호출자제한기업집단 소속법인에서 제외됨에 따라 중소기업에 해당하게 된 때에는 그 통지를 받은 날이 속하는 사업연도부터 중소기업으로 보았다(서면법인-2522, 2021.4.30.; 서면법인-1110, 2015.9.30.; 법인 46012-44, 2000.1.7.).

2020년 및 2021년 별도기준 개정 연혁

> 종래 중기법에서는 대기업의 경제력 집중과 시장 지배력 남용 등을 방지하기 위해 공정거래법에 따른 상호출자제한기업집단에 속하는 회사 또는 공시대상기업집단의 소속회사로 편입·통지된 것으로 보는 회사(대기업 계열사 의제기업) 중 상호출자제한기업집단에 속하는 회사는 독립성기준에 위배되는 것으로 보았다(구 중기령 §3 ① 2호 가목).
>
> 2020.6.11.부터 시행되는 중기법 개정에 따라 독립성 규정(중기령 §3 ① 2호)에서 상호출자제한기업집단 소속회사 등의 독립성 위배 규정을 삭제하고, 이에 대신하여 공시대상기업집단에 속하는 회사 또는 공시대상기업집단의 소속회사로 편입·통지된 것으로 보는 회사(대기업 계열사 의제기업)를 중소기업에서 제외하는 규정을 법률로 상향 입법하였다(중기법 §2 ① 단서). 다만, 2020.6.11.부터 시행한다(2019.12.10. 개정된 중기법 부칙).
>
> 반면에 종전 조특법에서는(조특령 §2 ① 3호) 독립성 요건 등과 관련하여 중기령 제3조 제1항 제2호만을 준용하고 개정규정(중기법 §2 ① 단서)을 준용하지 않음으로 인하여, 개정된 중기법의 시행일인 2020.6.11.부터 공시대상기업집단 소속회사 등을 조특법상 중소기업에서 제외하지 않게 되는 불일치가 발생하였다.
>
> 공시대상기업 소속 회사 전체를 조특법상 중소기업에 포함시켜 특례를 부여하는 것은 종전 조특법상 독립성 규정의 취지에 반하는 측면이 있고, 별도의 정책적 결정이 아닌 준용규정인 중기법의 개정으로 인해 발생한 상황임을 고려할 때 입법의 보완이 필요하였다.
>
> 이에 2021년 개정세법에서 중기법의 개정 취지를 반영하여 중기법과 범위를 일치시키는 방향으로 조특법상 중소기업의 범위를 조정하였다. 상호출자제한기업집단에서 공시대상기업집단 소속회사로 그 범위를 확대하였다.
> ① 공시대상기업집단에 속하는 회사 중 상호출자제한기업집단에 속하지 않는 회사(즉, 자산총액 5조원 이상에서 10조원 미만의 범위 내인 회사)와 공시대상기업집단의 소속회사로 편입·통지된 것으로 보는 회사 중 상호출자제한기업집단에 속하지 않는 회사(대기업 계열

---

7) 상호출자제한기업집단에 속하는 계열회사의 변동사항은 매월 1일자 기준으로 발표되며, 공정거래위원회의 기업집단포털(www.egroup.go.kr)에서 확인 가능함.

사 의제기업)는 2021.1.1. 이후 개시하는 과세연도 분부터 개정규정을 적용한다. ② 개정규정에 따라 투자 세액공제 대상 중소기업에서 제외되는 회사 중 위의 ① 회사를 제외한 회사는 2020.12.29.이 속하는 과세연도 분부터 적용한다(2020.12.29. 개정된 조특령 부칙 §2).

2021년 세법 개정에 따른 별도기준의 적용 방법

자산 규모	FY2020	FY2021
5조원 이상 ~10조원 미만	개정된 별도기준을 적용받지 않으며, 종전의 상호출자제한기업집단 소속도 아니므로 중소기업 요건을 충족함	개정된 별도기준을 2021.1.1. 이후 개시하는 과세연도부터 적용하여 중소기업에서 제외됨(부칙 §2 1호)
10조원 이상	개정된 조특령의 시행시기인 2020.12.29. 이후이므로 별도기준이 적용되어 중소기업에서 제외됨(부칙 §2 2호)	좌동

(2) 대기업 계열사 의제기업

공정거래법에 따르면 기업집단 지정을 위한 자료제출 등을 요청 받은 자가 정당한 이유 없이 자료제출을 거부하거나 거짓의 자료를 제출함으로써 공시대상기업집단의 국내 계열회사 등으로 편입되어야 함에도 불구하고 편입되지 아니한 경우에는 그 공시대상기업집단의 지정·통지를 받은 날 또는 그 공시대상기업집단에 속해야 할 사유가 발생한 날이 속하는 달의 다음 달 1일에 그 공시대상기업집단의 국내 계열회사 등으로 편입·통지된 것으로 본다(동법 §33 및 동 시행령 §39). 이에 따라 중소기업기본법에서도 대기업 계열사 의제기업을 중소기업에서 제외한다(중기법 §2 ① 단서).

조세특례제한법에서도 대기업 계열사 의제기업을 중소기업에서 제외한다.

3-2 자산 5천억원 이상 법인의 자회사

해당 사업연도 말 자산총액 5천억원 이상인 법인이 **주식등의 30% 이상**을 직간접적으로 소유한 경우로서 **최다출자자인 경우**, 그 법인의 자회사가 여타 중소기업 요건을 충족하더라도 독립성기준에 위배된다(중기령 §3 ① 2호 나목).

공시대상기업집단으로 지정되지 않았으나 이와 유사하게 큰 기업집단의 소속 회사를 규제하기 위한 목적이다.

주식등이란 주식회사의 경우에는 발행주식(무의결권주식 제외) 총수, 주식회사 외의 유한회사, 합자회사등의 경우에는 출자총액을 말한다(중기령 §2 4호).

(1) 모회사

(1-1) 모회사의 범위

모회사는 '해당 사업연도 말' 자산총액 5천억원 이상인 법인으로 자회사 주식 등의 30% 이상을 직간접적으로 소유하여야 한다.

모회사(지배기업)의 자산 5천억원 판정은 중기법과는 달리 조특법에서는 **해당 사업연도 말일 현재 재무상태표의 자산총계로 한다**(기준법령법인-0024, 2019.9.18. 참조). 조특법은 중기법과는 달리 직전 사업연도가 아닌 당해 사업연도를 기준으로 중소기업을 판정하기 때문이다.

반면에, 중소기업기본법에서는 자산총액의 산정 기준연도를 직전 사업연도 말일로 한다. 다만, 해당 사업연도에 창업하거나 합병 또는 분할한 기업의 자산총액은 창업일이나 합병일 또는 분할일 현재의 자산총액으로 한다(중기령 §7의 2 ①·②).

이때 재무상태표는 연결재무제표가 아닌 개별재무제표를 기준으로 한다(서면법인-2285, 2020.7.10.; 법인-1205, 2010.12.30.).

(가) 외국법인 (포함)

외국법인의 경우에도 실질적 독립성 여부는 내국법인과 동일하게 준수되어야 하기 때문에, 모회사의 범위에 외국법인을 포함한다.

외국법인의 자산총액은 해당 과세연도 종료일 현재 재무상태표상 외화로 표시된 자산총액을 해당 과세연도 종료일 현재의 매매기준율(기획재정부장관이 정하여 고시하는 외국환 거래에 관한 규정에 따른 매매기준율을 말함)로 환산한 금액으로 한다(조특칙 §2 ⑨).

참고로 중소기업기본법은 조특법과는 달리 급격한 환율변동에 대비하기 위하여 2015. 1.1부터 직전 5개 사업연도의 평균 환율을 적용하도록 변경하였다(중기령 §7의 2 ③).

2024 개정 외국법인이 최다출자자인 경우 자산총액의 원화 환산 기준일과 방법을 규정하였다. 종래 유권해석(재조특-584, 2019.9.3.)으로 운용되던 사안을 명확화하였다.

(나) 비영리법인 (제외)

비영리법인은 모회사에서 제외한다(중기령 §3 ① 2호 나목) (재조특-674, 2018.9.5.).

(다) 창업투자회사등 (제외)

투자활성화를 목적으로 아래의 회사(이하 "창업투자회사등")가 다른 국내기업의 주식등을 소유하고 있는 경우에는 그 기업과 다른 국내기업은 지배기업과 종속기업의 관계에서 제외한다(중기령 §3 ① 2호 나목 → §3의 2 ③ 각호) (이하 "창업투자회사등 제외규정").

> ㉮ 벤처투자회사
> ㉯ 신기술사업금융업자
> ㉰ 신기술창업전문회사
> ㉱ 산학협력기술지주회사
> ㉲ 그 밖에 중소벤처기업부장관이 고시하는 회사
> 그 밖에 중소벤처기업부장관이 고시하는 회사는 「중소기업 범위 및 확인에 관한 규정」[8]에서 아래와 같이 규정하고 있다(동 규정 §2)
> ⓐ 「자본시장과 금융투자업에 관한 법률」(이하 "자본시장법") 제8조에 따른 금융투자업자. 다만, 금융투자업자가 금융 및 보험업 이외의 업종을 영위하는 기업의 주식등을 소유한 경우로서 해당 기업과의 관계에 한정한다.
> ⓑ 자본시장법 제9조 제19항에 따른 사모집합투자기구. 같은 법 제279조에 따라 금융위원회에 등록한 외국 사모집합투자기구를 포함한다.
> ⓒ 「기업구조조정 촉진법」(이하 "구촉법") 제2조 제3호에 따른 채권금융기관. 다만, 채권금융기관이 다음의 어느 하나에 해당하는 기업의 주식등을 소유한 경우로서 해당 기업과의 관계에 한정한다.
> ▪구촉법 제2조 제7호에 따른 부실징후기업
> ▪채권금융기관으로부터 받은 신용공여액의 합계가 500억원 미만으로서 구촉법을 준용하여 기업구조조정 중인 기업
> ▪「채무자 회생 및 파산에 관한 법률」에 따라 법원으로부터 회생절차 개시의 결정을 받은 기업

지배종속의 관계로 보지 아니하는 회사 중 집합투자기구에 대하여는 중소기업 인정 여부에 있어 조특법과 중기법상에 차이가 있으므로 별도로 자세히 살펴보기로 한다.

---

[8] [시행 2021.7.12.] [중소벤처기업부고시 제2021-46호, 2021.7.12., 일부개정]

(1-2) 집합투자기구

(가) 중소기업기본법상 사모집합투자기구 제외

자본시장법상 집합투자기구(펀드)의 법적 형태는 회사형(주식회사, 유한회사, 합자회사, 유한책임회사), 신탁형(투자신탁), 조합형(상법상 합자조합, 상법상 익명조합)으로 나뉘며, 이외에 특수한 집합투자기구로 사모집합투자기구(PEF; Private Equity Fund)가 있다(자본시장법 §9 ⑱·⑲).

자본시장법상 집합투자기구의 종류

구분	종류	법적 실체
신탁형	투자신탁	신탁계약
회사형	투자회사	주식회사
	투자유한회사	유한회사
	투자합자회사	합자회사
	투자유한책임회사	유한책임회사
조합형	투자합자조합	합자조합
	투자익명조합	익명조합
특수형❶	사모집합투자기구(PEF)	합자회사

❶ 사모집합투자기구는 누구든지 운용 가능하다는 점에서 자본시장법상 집합투자업자만이 운용 가능한 여타의 집합투자기구와 구별된다.

종전에는 중소기업기본법상 펀드의 법적 형태가 회사형인 경우에는 일반 기업과 동일하게 지배기업에 포함하였으나, 2010.3.16. 중소기업 범위관련 운영요령 제정 이후에는 회사형이라 하더라도 **사모집합투자기구**에 한해서는 지배기업에서 제외하고 있다(중소기업 범위 및 확인에 관한 규정 §2 2호). 따라서, 자산총액이 5천억원 이상인 사모집합투자기구가 주식의 30% 이상을 소유하면서 최대주주이더라도 독립성에 위배되지 않음에 주의하여야 한다.

(나) 조세특례제한법상 집합투자기구를 통한 간접소유 제외

조세특례제한법에서는 **모든 집합투자기구**(사모집합투자기구 포함)를 통한 간접소유를 간접소유 비율 계산에서 제외한다(조특령 §2 ① 3호 후단)[9] 집합투자기구를 통한 간접소유를 제외하는 이유는 집합투자기구가 투자한 중소기업이 대기업의 계열회사로서의 특혜를 받지 아니하며, 집합투자기구는 일반적으로 간접투자를 위한 도구의 성격을 가지고 있기 때문이다.

---

[9] 조세특례제한법에서 집합투자기구를 통한 간접소유는 간접소유 비율 계산에서 제외되므로 후술하는 간접소유비율 계산에서 기술함이 올바르다고 할 수 있으나, 중소기업기본법에서는 지배기업의 범위에서 제외하므로 양자의 비교를 위하여 함께 서술함.

[사례 1] 간접투자에서 제외되는 회사만이 지배기업인 경우

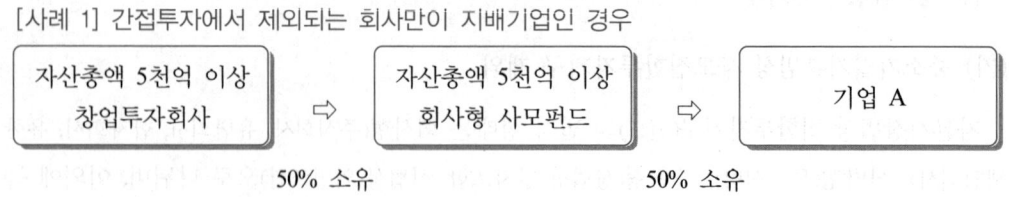

벤처투자회사 및 회사형 사모집합투자기구(사모펀드)의 자산총액이 각각 5천억 이상이고 직간접 소유비율이 30% 이상이라도 벤처투자회사 및 회사형 사모펀드는 중기법상 "창업투자회사등 제외규정"에 따라 각각 지배기업에서 제외되므로 기업 A는 중기법상 독립성요건을 충족한다. 조특법에서도 집합투자기구를 통한 간접소유는 간접소유 비율 계산에서 제외되므로 독립성요건을 충족한다.

[사례 2] 간접투자에서 제외되지 않는 일반법인과 사모펀드가 지배기업인 경우

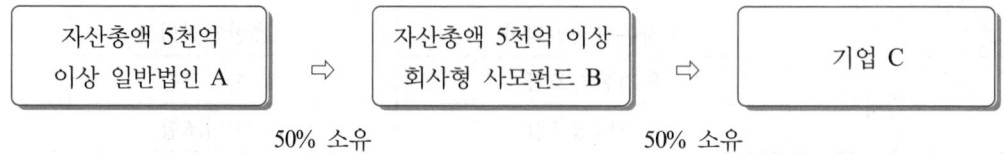

회사형 사모펀드 B는 직접적으로 50%를 소유하나 중기법상 창업투자회사등 제외규정에 따라 **지배기업에서 제외된다.** 하지만, 일반법인 A는 간접소유비율이 30% 이상이므로 일반법인 A와의 관계에서 기업 C는 중소기업기본법상 독립성기준을 충족하지 못한다.[10]

반면에 조특법상 집합투자기구를 통하여 간접소유한 경우는 **간접소유 비율 계산에서 제외되므로,**(조특령 §2 ① 3호) 집합투자기구 B를 통하여 소유한 주식은 지분율 계산에서 제외된다. 따라서 일반법인 A의 기업 C에 대한 소유비율은 0이 되므로 기업 C는 해당 독립성요건을 충족한다.

상반된 결론이 나오는 이유는 중기법에서는 사모펀드를 지배기업에서 배제할 뿐 사모펀드의 소유 자체를 부인하지 아니하므로, 사모펀드의 출자지분에 대해 펀드 투자자(일반법인 A)의 간접소유가 인정되기 때문이다. 반면에 조특법에서는 사모펀드를 통한 간접소유 자체를 펀드 투자자의 직간접 소유에서 제외하므로 펀드를 통한 투자자와 중소기업 간의 간접소유관계가 절연되기 때문이다.

---

[10] 중소벤처기업부, 「중소기업 범위해설」, 2022, pp.38-39.

(2) 최다출자자의 판정

최다출자자는 해당 기업의 주식등을 소유한 법인 또는 개인으로서 단독으로 또는 다음의 자와 합산하여 해당 기업의 주식을 가장 많이 소유한 자를 말한다(중기령 §3 ① 2호 나목).
① 법인인 경우 : 그 법인의 임원
② 개인인 경우 : 그 개인의 친족

중기법상의 임원은 주식회사 또는 유한회사의 경우에는 등기이사(사외이사 제외)를 말하며, 이외의 기업은 무한책임사원 또는 업무집행자이다(중기령 §2 6호).

임원 또는 친족 등의 특수관계인을 포함하여 계산하는 것은 최다출자자를 판정하는 경우에만 적용되고, 간접소유비율 계산 및 소유비율 30%이상 여부를 판정할 때에는 적용되지 않음에 유의하여야 한다. 예를 들어 A기업이 B기업의 주식을 29% 소유하고, A기업의 임원이 71%를 소유한 경우, B기업은 자산 5천억원 이상의 법인의 자회사에 해당하지 않는다.[11]

최다출자자의 지분율이 동일하다면 양 주주 모두에 대해 자산 5천억원 이상인지 여부를 판정한다. 예를 들어 A기업과 B기업이 C기업의 주식을 각각 50%씩 소유한 경우에는 A기업과 B기업 모두 최다출자자에 해당한다.[12]

(3) 간접소유비율의 계산

최다출자자의 판정은 직접소유비율과 간접소유비율을 합산하여 계산하는데, 간접소유비율은 「국제조세조정에 관한 법률 시행령」 제2조 제3항을 준용한다(조특칙 §2 ⑦).[13]

다만, 자본시장법에 따른 집합투자기구를 통하여 간접소유한 경우는 주식을 소유한 것으로 보지 아니하므로,(조특령 §2 ① 3호) 펀드를 통하여 소유한 주식은 지분율 계산에서 제외됨은 앞의 사례에서 본 바와 같다.

---

[11] 중소벤처기업부, 「중소기업 범위해설」, 2022, p.38.
[12] 중소벤처기업부, 「중소기업 범위해설」, 2022, p.38.
[13] 중기법에서도 국조법의 간접소유비율 계산방식을 준용하고 있으므로, 중기법의 간접소유비율 산정방법은 조특법과 동일함(중기령 §3 ① 2호 나목 후단). 참고로, 자산 5천억원 법인의 자회사 규정은 국제조세조정에 관한 법률의 규정을 기초로 하며, 관계기업 규정은 법인세법 규정을 기초로 함.

(3-1) 모회사의 자회사 지분율이 50% 이상인 경우

자회사의 손자회사에 대한 지분율 전부를 모회사(=주주법인[14])의 손자회사에 대한 간접소유비율로 간주한다(총액 방식).

> 모회사의 손자회사에 대한 간접소유비율 = 자회사의 손자회사에 대한 지분율

자회사가 둘 이상인 경우에는 자회사의 손자회사에 대한 지분율을 합산하여 간접소유비율을 구한다(병렬연결관계). 단, 지분율은 모두 의결권주식을 기준으로 한다. 이하 간접소유비율 계산에서 동일하다.

[사례] 모회사의 자회사 지분율이 50% 이상인 경우

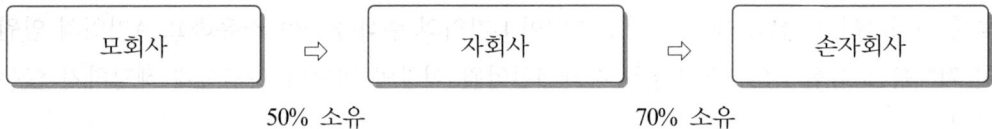

자회사의 손자회사에 대한 지분율인 70%를 모회사의 손자회사에 대한 간접소유비율로 간주한다.

(3-2) 모회사의 자회사 지분율이 50% 미만인 경우

모회사의 손자회사에 대한 간접소유비율은 모회사의 자회사에 대한 직접소유비율에 자회사의 손자회사에 대한 직접소유비율을 단계적으로 곱하여 계산한다(희석화).

> 모회사의 손자회사에 대한 간접소유비율 = 모회사의 자회사에 대한 직접소유비율 × 자회사의 손자회사에 대한 직접소유비율

[사례] 모회사의 자회사 지분율이 50% 미만인 경우

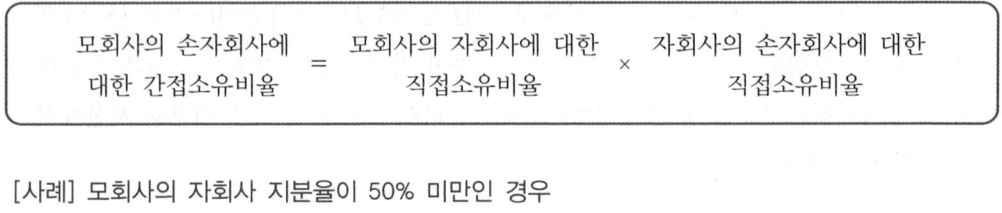

모회사의 출자지분율(30%) × 자회사의 출자지분율(70%) = 21%가 모회사의 손자회사에 대한 간접소유비율이 된다.

---

[14] 주주법인 및 주주법인의 주식소유비율은 국조법상의 용어이나, 본서에서는 이해의 편의를 위하여 모회사, 자회사, 손자회사의 용어를 사용함.

만약, 자회사와 동일한 지배구조(모회사의 자매회사에 대한 출자지분율 30%, 자매회사의 손자회사에 대한 출자지분율 70%)를 가지고 있는 자매회사(sister company)가 하나 더 있다면 양자를 합산한 42%가 모회사의 손자회사에 대한 간접소유비율이 된다(병렬연결관계).

(3-3) 복수의 법인이 출자회사와 피출자회사에 연결되어 있는 경우

출자회사와 피출자회사 사이에 하나 이상의 법인이 개재되어 있고 이들 법인이 주식소유관계를 통하여 연결되어 있는 경우에는 위 두 가지 계산방법을 준용한다.

간접소유로 인한 최대출자자 판정은 각 단계별 기업이 최다출자자 요건을 충족하면 소유관계가 2단계를 초과하는 경우에도 적용함에 주의하여야 한다.15) 다음에 설명하는 관계기업이 상하 2단계까지만 적용되는 것과 차이가 있다.

예를 들어 모회사의 지분율이 51%이고 조모회사의 직간접적 지분율이 40%이고 모회사 및 조모회사의 단계에서 해당 모회사 등이 각각 최다출자자에 해당한다면, 모회사 및 조모회사 모두가 자산 5천억원 이상인지를 검토하여야 한다.

[사례] 복수의 직렬연결관계

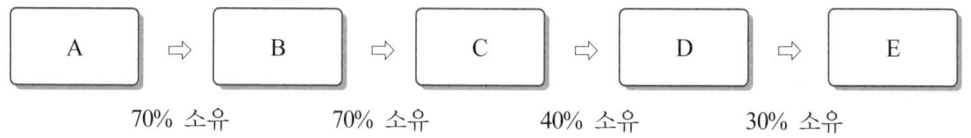

A의 C에 대한 간접소유비율은 70%가 되고, A의 D에 대한 간접소유비율은 40%가 되며, A의 E에 대한 간접소유비율은 12%(= 100% × 100% × 40% × 30%)가 된다.

3-3 관계기업

중소기업기본법상 관계기업에 해당하는 경우에는 합산된 매출액이 조세특례제한법의 규모기준을 충족하여야 한다(조특령 §2 ① 3호).

개별기업의 규모로 보면 중소기업이지만 계열사와의 규모를 합한 전체 수치를 기준으로 하면 대기업에 해당하는 경우에 이를 배제하기 위한 목적이다.

중기법상 관계기업 제도에 따른 판정은 한 기업이 다른 기업의 주식등을 소유하여 중요한 지배력(30% 이상 소유하면서 최다출자자)을 행사하는 경우, 지배종속의 관계로 규정하고 지배종속기업을 하나의 기업으로 간주하여 매출액을 주식의 직간접 소유비율에 따라 합산하여 중소기업 여부를 판정하는 제도이다.16)

---
15) 중소벤처기업부, 「중소기업 범위해설」, 2022, p.35.

조특법상 관계기업 요건을 검토하기 위하여서는 3단계로 순차적으로 적용하여야 한다. 1단계로 중기법상 관계기업에 해당하는지를 판정한 후, 2단계로 중기법에 따라 관계기업 간의 매출액의 수치를 합산하여, 3단계로 합산수치가 조특법상의 규모기준을 충족하는지 여부를 판정하여야 한다.

관계기업 관련 독립성요건 판정 업무흐름도

단계	검토사항	근거법령 (참조해야 할 조문)
1단계	관계기업 해당 여부 판정	중기령 §3의 2
2단계	관계기업 간 수치 합산	중기령 §7의 4, 별표 2
3단계	합산수치와 규모기준 수치의 비교	조특령 §2 ① 3호 후단, 중기령 별표 1

(1) 관계기업의 판정

관계기업이란 외부감사대상기업[17]이 다른 국내기업을 지배함으로써 지배·종속의 관계에 있는 기업의 집단을 말한다(중기령 §2 3호).

(1-1) 모·자회사의 요건 및 판정시기

(가) 모회사 또는 자회사의 요건

지배기업이 외부감사대상기업에 한정됨에 유의하여야 한다. 즉, 지배종속의 관계에 있더라도 지배기업이 외부감사대상기업이 아니면 관계기업에 해당하지 않으므로 개인, 합명회사 등이 지배기업이 되는 경우는 제외된다.

또한 외국법인이 모회사인 경우는 외부감사대상기업이 아니므로 제외되며, 외국법인이 자회사인 경우에는 중기법에서 지배·종속관계에서 제외하였으므로,(중기령 §3의 2 ①) 관계기업 기준을 적용하지 아니한다. 즉, 관계기업 제도는 국내기업 간의 출자관계에서만 적용한다. 전술한 자산 5천억원 이상 법인의 자회사의 경우, 모회사에 외국법인이 포함되는 것과 차이가 있음에 유의하여야 한다.

---

[16] 중소벤처기업부, 「중소기업 범위해설」, 2022, p.40.
[17] 외부감사대상 주식회사는 ① 주권상장법인, ② 해당 연도 또는 다음 연도 중에 주권상장법인이 되려는 회사, ③ 직전 사업연도 말 자산총액이 500억원 이상인 회사, ④ 직전 사업연도 말 매출액이 500억원 이상인 회사, ⑤ 다음 중 2개 이상에 해당하는 회사를 말한다. ㉮ 직전 사업연도 말의 자산총액이 120억원 이상, ㉯ 직전 사업연도 말의 부채총액이 70억원 이상, ㉰ 직전 사업연도의 매출액이 100억원 이상, ㉱ 직전 사업연도 말의 종업원이 100명 이상(주식회사등의 외부감사에 관한 법률 §4 ① 및 동 시행령 §5 ①)

(나) 관계기업 판정시기

관계기업 판정 시점은 당해 과세연도 종료일 현재를 기준으로 한다(조특칙 §2 ⑧).

따라서 관계기업 매출액 수치를 합산할 때 주식소유비율은 (중기법에 따라 직전 연도 말일이 아닌) 당해 연도 말일을 기준으로 하여 산정함에 유의하여야 한다(조심 2018서3753, 2019.10.15.; 조심 2016전3216, 2017.2.16.). 합병의 경우도 같다(서면법인-4423, 2020.12.15.).

반면에 중기법에서는 원칙적으로 직전 사업연도 말일을 판정 시점으로 하며, 직전 사업연도 말이 지난 후 창업, 합병, 분할 또는 폐업 등이 있는 경우에는 창업일, 합병일, 분할일 또는 폐업일 등을 판정 시점으로 할 수 있다(중기령 §3의 2 ①·②).

또한 관계기업에 해당하여 중소기업에서 제외된 기업이 직전 사업연도 말일이 지난 후 주식등의 소유상황이 변경되어 중소기업 제외 사유가 해소된 기업은 직전 사업연도 말일이 아닌 주식등의 소유상황 변경일을 판정시점으로 할 수 있다.

동 지분관계 변동 시 판정시점 변경 규정에 따라 중소기업에 해당하게 된 경우에는 중소기업 여부의 적용기간을 그 변경일부터 해당 사업연도 말일에서 3개월이 지난 날까지로 한다(중기령 §3의 3 ① 단서).

(1-2) 지배·종속관계의 범위

지배·종속의 관계란 지배기업이 다른 국내 기업을 아래와 같이 지배하는 경우 지배기업과 그 다른 국내기업(종속기업)의 관계를 말한다(중기령 §3의 2 ①).
㉮ 자회사
㉯ 모회사가 자회사와 공동소유하는 자회사
㉰ 손자회사
㉱ 개인 최다출자자 등이 자회사와 공동소유하는 손자회사
㉲ 주권상장법인으로서 연결재무제표작성대상법인과 그 연결재무제표에 포함되는 기업
   다만, 앞서 설명하였던 벤처투자회사, 신기술사업금융업자, 신기술창업전문회사, 산학협력기술지주회사, 기타 중소벤처기업부장관이 고시하는 회사에 대하여는 지배·종속의 관계로 보지 아니한다(중기령 §3의 2 ③) [3-2 (1-1) (다) 참조].

(가) 자회사 (1호)

모회사가 단독으로 또는 다음의 개인 또는 그 친족(이하 "개인최다출자자등")과 합산한 종속기업 지분율이 30% 이상이면서 최다출자자인 경우이다.
㉮ 단독으로 또는 친족과 합산하여 지배기업의 주식등을 30% 이상 소유하면서 최다출자자인 개인

㈏ 위의 최다출자자인 개인의 친족

친족이라 함은 배우자(사실혼 포함), 6촌 이내의 혈족 및 4촌 이내의 인척을 말한다(중기령 §2 5호).

자회사의 지배종속관계

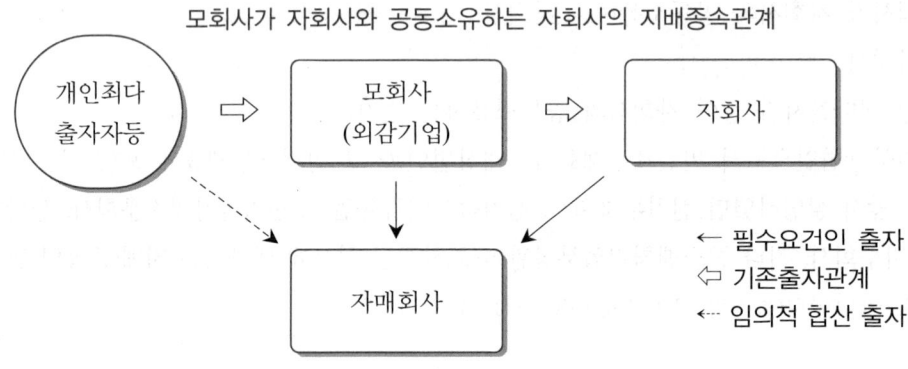

(나) 모회사가 자회사와 공동소유하는 자회사 (2호)

모회사가 위의 자회사와 합산하거나 자신의 개인최다출자자등과 공동으로 합산하여 종속기업의 주식등을 30% 이상 소유하면서 최다출자자인 경우이다(자매회사; sister company).[18]

동 조항은 모회사가 자회사와 합하여 최다출자자가 되거나, 모회사가 자회사 및 최다출자인 개인 등과 합하여 최다출자자가 되는 경우를 말한다. 모회사가 개인최다출자자등과 합하여 최다출자자가 되는 경우는 위의 (가) 자회사에서 규정하고 있기 때문이다.

모회사가 자회사와 공동소유하는 자회사의 지배종속관계

---

[18] 자매회사(sister company)란 모회사를 기준으로 한 지배구조에서 모회사가 직접 지배하고 있는, 같은 단계(tier)에 위치하고 있는 자회사 간의 관계를 말한다. 다만, 중기법에서는 본 요건과 관련하여 자매회사 간에 지분관계가 있을 것을 추가적으로 요구하고 있다.

반면에 개인최다출자자등이 A 법인과 B 법인을 각각 100% 소유한 경우, A법인과 B법인 간(자매회사 간)에 상호 지분관계가 없다면 자매회사 간에는 지배·종속의 관계가 성립하지 않는다.

(다) 손자회사 (3호)

자회사가 단독으로 또는 다른 자회사와 합산하여 종속기업의 주식등을 30% 이상 소유하면서 최다출자자인 경우이다. 모회사가 외감기업이어야 함은 동일하다.

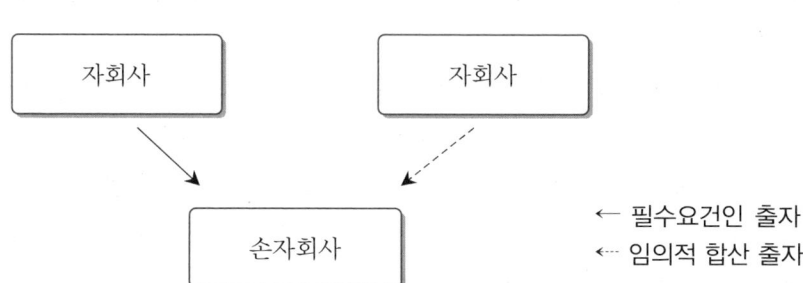

손자회사의 지배종속관계

(라) 개인 최다출자자등이 자회사와 공동소유하는 손자회사 (4호)

지배기업(모회사)의 개인최다출자자등이 자회사와 합산하여 종속기업의 주식등을 30% 이상 소유하면서 최다출자자인 경우이다. 모회사의 출자가 없다는 점에서 (나)와 다르며, 개인최다출자자등의 출자를 요구한다는 점에서 (다)와 다르다.

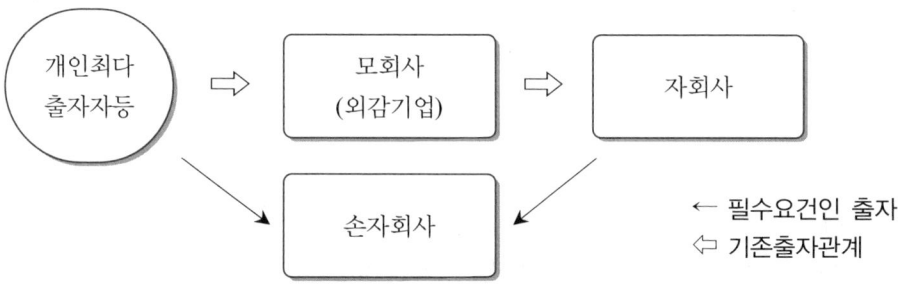

개인 최다출자자등이 자회사와 공동소유하는 손자회사의 지배종속관계

(마) 주권상장법인으로서 연결재무제표작성대상법인

주권상장법인으로서 연결재무제표작성대상법인과 그 연결재무제표에 포함되는 기업은 지배기업과 종속기업의 관계로 본다(중기령 §3의 2 ① 단서). 주권상장법인 요건과 연결재무제표 작성대상 법인이어야 한다는 두 가지 요건을 동시에 충족하여야 한다.

연결재무제표는 지배·종속의 관계에 있는 경우 지배회사가 작성하여야 한다(외감법 §2 3호). 지배·종속의 관계란 지배회사(주식회사)가 경제활동에서 효용과 이익을 얻기 위하여 종속회사의 재무정책과 영업정책을 결정할 수 있는 능력을 가지는 경우로서 그 지배회사와 그 종속회사의 관계를 말한다. 이 경우 지배·종속의 관계는 한국채택국제회계기준(K-IFRS) 또는 일반기업회계처리기준에 따라 판단한다(외감령 §3 ①).

(2) 관계기업 수치의 합산

관계기업의 매출액 합산은 중기령 별표 2 관계기업의 평균매출액등의 산정기준에 의한다(중기령 §7의 4 ①).

이때 중기법상 "평균매출액등"은 "매출액"으로 본다. 조세특례제한법에서는 관계기업의 당해 사업연도 매출액을 합산한다(조심 2014서1087, 2014.6.30.).

관계기업 기준 충족 여부에 관하여 그 직전연도 매출액을 기준으로 판단할 경우 실질적으로 중소기업 규모를 초과하였음에도 그동안의 세제 해택을 이연시키게 되므로, 세제혜택을 제한하려는 취지로 도입된 관계기업 규모기준의 도입취지와 배치되기 때문이다(창원지법 2018구단11082, 2018.5.16.).

관계기업에 속하는 지배기업과 종속기업이 상호 의결권 있는 주식등을 소유하고 있는 경우에는 그 소유비율 중 높은 비율을 해당 지배기업의 소유비율로 본다(중기령 §7의 4 ②).

K-IFRS를 적용하는 경우에도 매출액은 연결재무제표가 아닌 개별재무제표를 기준으로 적용한다(서면법인-2285, 2020.7.10.). 따라서, 연결재무제표 작성 시 관계기업 간 내부거래를 차감하여 매출액을 산정하여도 관계기업 판정 시에는 차감하지 아니한다(심사법인 2015-41, 2015.11.23.; 조심 2014서2288, 2014.10.20.).

아래에서는 중기령 별표 2의 항목을 설명하도록 한다.

(2-1) 용어의 정의

형식적 지배	지배기업이 종속기업의 주식등을 50% 미만으로 소유
실질적 지배	지배기업이 종속기업의 주식등을 50% 이상으로 소유
직접지배	지배기업이 자회사 또는 손자기업(자회사의 종속기업을 말하며, 지배기업의 종속기업으로 되는 경우를 포함)의 주식등을 직접 소유
간접지배	지배기업이 손자기업의 주주인 자회사의 주식등을 직접 소유

(2-2) 직접지배 - 형식적 지배

지배기업이 종속기업에 대하여 직접 지배하되 형식적 지배(50% 미만 소유)를 하는 경우에 지배기업 또는 종속기업의 매출액으로 보아야 할 전체 매출액은 지배기업과 종속기업으로 구분하여 아래와 같이 계산한다. 상대방 기업의 수치를 지분율에 비례하여 인식한 금액에 해당 기업의 수치를 더하는 방식이다(희석화).

(가) 지배기업의 전체 매출액

$$\text{전체 매출액} = \text{지배기업의 매출액} + \text{종속기업의 매출액} \times \text{지배기업의 직접소유비율}$$

지배기업의 직접소유비율은 관계기업 성립 판정 시 포함되었던 개인최다출자자등의 지분율은 제외하고 법인 간의 지분율만으로 산정함에 주의하여야 한다.[19] 이하 지배기업의 직접(간접)소유비율에서 동일하게 적용된다.

(나) 종속기업의 전체 매출액

$$\text{전체 매출액} = \text{종속기업의 매출액} + \text{지배기업의 매출액} \times \text{지배기업의 직접소유비율}$$

(2-3) 직접지배 - 실질적 지배

지배기업이 종속기업에 대하여 직접 지배하되 실질적 지배(50% 이상 소유)를 하는 경우에는 지배기업 또는 종속기업의 전체 매출액은 해당 기업과 상대방 기업 수치를 단순 합산하여 산출한다(총액 방식).

지배기업 또는 종속기업의 전체 매출액 산식

$$\text{전체 매출액} = \text{지배기업의 매출액} + \text{종속기업의 매출액}$$

(2-4) 간접지배

지배기업이 손자기업에 대하여 간접지배를 하는 경우에는 지배기업 또는 손자기업의 매출액으로 보아야 할 전체 매출액은 지배기업과 손자기업으로 구분하여 아래와 같이 계산

---

[19] 중소벤처기업부, 「중소기업 범위해설」, 2022, p.49.

한다. 상대방 기업의 수치를 지분율에 비례하여 인식한 금액에 해당 기업의 수치를 더하는 방식이다(희석화).

이때 지배·종속관계는 간접지배의 경우 최대 상하 2단계까지만 정의되어 있으므로, 복수의 연결관계에서는 상하 2단계까지의 손자회사 또는 조부회사의 매출액을 합산한다.

(가) 지배기업의 전체 매출액

$$\text{전체 매출액} = \text{지배기업의 매출액} + \text{손자기업의 매출액} \times \text{지배기업의 간접소유비율}$$

(나) 손자기업의 전체 매출액

$$\text{전체 매출액} = \text{손자기업의 매출액} + \text{지배기업의 매출액} \times \text{지배기업의 간접소유비율}$$

상기 2개의 산식에서 지배기업의 간접소유비율은 다음과 같이 계산한다. 다만 자회사가 둘 이상인 경우에는 각 자회사별로 계산한 소유비율을 합한 비율로 한다(병렬연결관계).

㉮ 지배기업이 자회사에 대하여 실질적 지배(50% 이상 소유)를 하는 경우
자회사의 손자기업에 대한 지분율을 지배기업의 간접소유비율로 간주한다.

㉯ 지배기업이 자회사에 대하여 형식적 지배(50% 미만 소유)를 하는 경우
지배기업의 자회사에 대한 소유비율과 자회사의 손자기업에 대한 지분율을 곱한 비율로 한다.

[사례 1] 모회사가 자회사를 형식적 지배하고 손자기업을 간접지배하는 경우

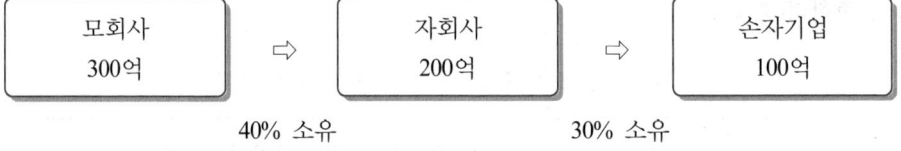

모회사는 자회사의 최다출자자이며, 자회사는 손자기업의 최다출자자이다.
- 모회사의 전체 매출액 = 모회사(300억) + 자회사(200억 × 40%) + 손자기업(100억 × 40% × 30%)
  = 300억 + 80억 + 12억 = 392억
- 자회사의 전체 매출액 = 자회사(200억) + 모회사(300억 × 40%) + 손자기업(100억 × 30%)
  = 200억 + 120억 + 30억 = 350억
- 손자기업의 전체 매출액 = 손자기업(100억) + 자회사(200억 × 30%) + 모회사(300억 × 40% × 30%)
  = 100억 + 60억 + 36억 = 196억

[사례 2] 모회사 및 자회사가 손자기업을 직·간접지배하는 경우

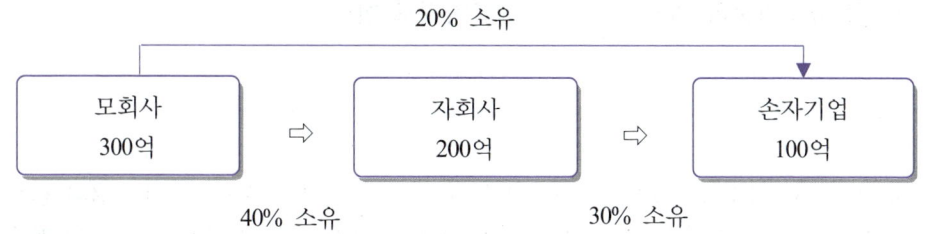

모회사는 자회사의 최다출자자이며, 자회사는 손자기업의 최다출자자이다.
- 모회사의 전체 매출액 = 모회사(300억) + 자회사(200억×40%) + 손자기업(100억×32%)
  = 300억 + 80억 + 32억 = 412억
  ※모회사의 손자기업에 대한 소유비율 = 직접 20% + 간접 12%(=40%×30%) = 32%
- 자회사의 전체 매출액 = 자회사(200억) + 모회사(300억×40%) + 손자기업(100억×30%)
  = 200억 + 120억 + 30억 = 350억
- 손자기업의 전체 매출액 = 손자기업(100억) + 자회사(200억×30%) + 모회사(300억×32%)
  = 100억 + 60억 + 96억 = 256억

(3) 조특법상 규모기준과 비교

중기법상 관계기업 판정절차를 통해 관계기업에 해당하고 그 관계기업 간의 수치를 합산하여 전체 매출액이 계산되면, 그 계산된 수치를 조특법상 규모기준과 비교하여 동 규모기준을 초과하면 중소기업으로 보지 아니한다(조특령 §2 ① 3호 후단).

조특법에서는 관계기업 기준 적용 시 지배기업과 종속기업의 주업종 판정 기준이 없으므로 중기법의 규정을 적용하여야 할 것으로 본다. 최근 과세관청에서도 중기령 '별표1의 기준'이 되는 업종을 중소기업기본법 시행령 제4조 제2항에 따른 평균매출액 등이 큰 기업의 주된 업종을 적용하도록 해석하였다(서면법인-2297, 2020.4.24.). 다만, 조특법에 따른 (당기) 매출액이 아닌 중기법에 따른 (3년) 평균매출액등을 기준으로 주업종을 판정함에 유의하여야 한다.

즉, 관계기업인 경우에는 지배기업과 종속기업 중 평균매출액등이 큰 기업의 주된 업종을 지배기업과 종속기업 각자의 주된 업종으로 보아야 한다. 관계기업 제도의 취지가 관계기업을 하나의 기업으로 보아 매출액을 합산하여 중소기업 여부를 판정하는 것이므로 개별 기업의 업종을 기준으로 하기보다는 관계기업 전체의 업종에 따른 규모기준을 적용하는 것이 실질에 부합하기 때문이다.

예를 들어, 주된 업종이 제조업인 지배기업과 도소매업인 종속기업의 평균매출액등이 각각 1,000억, 500억인 경우, 지배기업과 종속기업의 주된 업종을 모두 평균매출액등이 큰

지배기업의 업종인 제조업으로 간주하여 규모기준의 수치와 비교한다.

조특법상 규모기준의 내용은 2-1을 참조하기로 한다.

> [사례] 조인트벤처 설립시 지분율에 따른 관계기업 기준 적용 판단
>
> 중소기업인 A사가 B사와 조인트벤처 C사를 신설하는데 있어 지분율이 각각 다음과 같을 경우 A사의 관계기업 기준 해당 여부를 판정하시오. A사의 매출액은 900억원, C사의 매출액은 200억원이며, A사의 규모기준은 1,000억원이다.
> 1) A사 : B사의 지분율이 51 : 49인 경우
>   자회사 C의 매출액 200억원이 전액 A사의 매출액에 합산되므로,(총액 방식) 합산 매출액 1,100억(= 900억 + 200억)이 규모기준 1,000억원을 초과하여 관계기업 기준에 위배된다.
> 2) A사 : B사의 지분율이 49 : 51인 경우
>   조인트벤처 C사의 지배기업이 A사가 아닌 B사이므로 조인트벤처의 매출액을 A사의 매출액에 합산하지 않는다.
> 3) A사 : B사 : A사의 대주주(甲) 지분율이 49 : 49 : 2인 경우
>   A사가 50% 미만 소유하면서 지배기업인 경우에는 A사의 지분율만큼만 자회사의 매출액을 합산한다(희석화). 즉 200억원에 A사의 지분율 49%를 곱하여 98억원을 합산하므로, 합산 매출액은 998억원이 되고 규모기준 1,000억원 미만이므로 관계기업기준을 충족한다.

4 졸업제도

전술한 업종기준, 규모기준, 독립성기준과 별도기준을 모두 갖추어야 중소기업으로 인정되지만, 자산총액이 5천억원 이상인 경우에는 중소기업으로 보지 아니한다(조특령 §2 ① 단서).

자산총액은 과세연도 종료일 현재 기업회계기준에 따라 작성한 재무상태표상의 자산총액으로 한다(조특칙 §2 ⑤). 참고로 중소기업기본법에서는 자산총액의 산정 기준연도를 직전 사업연도 말일로 한다(중기령 §7의 2 ①).

종래 졸업제도의 취지는 규모기준이 채택하고 있는 택일주의를 보완하기 위한 규정이었으나, 2015년 개정세법에서 규모기준이 매출액 기준으로 통일되었으므로 현재는 매출액 단일 기준을 보완하는 작용을 한다. 중소기업기본법에서도 자산총액이 5천억원 이상인 경우만을 상한기준[20]으로 하고 있다(중기령 §3 ① 1호 나목).

---

[20] 중소기업기본법과 관련한 실무에서는 상한기준이라는 용어를 사용하나, 중소기업기본법의 상한기준과 구별

졸업기준에 해당하여 중소기업으로 보지 않더라도 후술하는 유예기간은 인정된다(조특령 §2 ②). 참고적으로 중기법상의 상한기준 위배 시 종전에는 유예기간이 인정되지 않았으나, 2015.1.1. 시행되는 중기법에서는 상한기준 위배 시에도 유예기간을 허용한다.

5 유예기간 및 경과규정

유예기간 관련 중기법과 조특법의 비교

요건	중소기업기본법	조세특례제한법
유예기간	■ 사유발생연도의 다음 3년간 유예 (그 후는 매년 판단)	■ 사유발생연도와 그 후 3년간 유예 (그 후는 매년 판단)
유예 제외사유	■ 중소기업이 유예기업을 흡수합병한 경우로, 유예기업의 제외 사유 발생 후 3년 경과 ■ 독립성 위배(자산총액 5천억원 이상 법인의 자회사 및 관계기업은 허용) ■ 유예기업이 중소기업이 되었다가 규모기준 위반 등으로 다시 중소기업에 해당하지 아니한 경우	■ 중소기업 외의 기업과 합병 ■ 중소기업이 유예기업과 합병 ■ 독립성 위배(관계기업 기준 위배 시 유예기간 허용) ■ 창업일이 속하는 연도 종료일부터 2년 이내에 규모기준을 초과한 경우 ■ 업종기준 위배

> **예제**
> 유예기간, 적용기간 관련 중기법과 조특법의 비교

12월말 법인에 대해 2024년을 기준으로 2025년 3월에 중소기업기본법과 조세특례제한법 각각에 따른 규모기준을 산정하였을 때, 그 대상기간은 다음과 같다. 이때 중소기업 범위 기준을 충족할 경우의 중소기업 적용기간과 반대로 규모 기준 등을 위반한 경우의 유예기간을 각 법별로 다음 표에서 정리하였다.

하기 위하여 조특법상의 제도는 졸업제도라는 용어를 사용하도록 한다.

적용기간, 유예기간 관련 중기법과 조특법의 비교

구분	중소기업기본법	조세특례제한법
규모기준 산정기간	직전❶ 3년 평균 매출액(중기령 §7 ②) (2022년~2024년)	당해 연도❶ 매출액 (2024년)
중소기업 적용기간	직전 사업연도 말일에서 3개월❷이 경과한 날부터 1년(중기령 §3의 3 ①) (2025.4.1.~2026.3.31.)	당해 연도 (2024년)
유예기간	사유발생연도❸의 다음 3년간 유예(중기법 §2 ③) (2025.4.1.~2028.3.31)	사유발생연도와 그 후 3년간 유예 (2024년~2027년)

❶ 중기법에 따른 중소기업 판정은 기중 계속적으로 이루어지므로 2024년을 기준 연도로 하는 경우, 2024년은 2025년 기중 시점에서는 직전 연도에 해당함. 반면에 조특법이 적용되는 법인세법 등의 연말 세무조정은 직전 연도를 대상으로 하더라도 일반적으로 당해 연도라는 표현을 사용하므로 중기법과는 '직전' 또는 '당해' 연도라는 표현상의 차이가 있음.

❷ 중기법에 따른 중소기업 판정은 직전 연도의 매출액을 반영하여 기중 계속적으로 이루어지므로, 결산 기간을 고려하여 3개월의 시차를 설정함.

❸ 사유발생연도란 기준연도를 말하는 것으로 사례의 경우 2024년을 말함. 중기법은 중소기업 적용기간을 기준연도보다 1년 늦게 적용하므로, 동일한 연도에 중기법과 조특법에서 각각 유예기간이 주어졌다면 유예기간의 종료 연도는 (3개월의 차이를 제외하면) 동일함.

5-1 유예기간의 허용

(1) 유예기간

중소기업이 그 규모의 확대 등으로 i) 졸업기준에 해당하거나, ii) 규모기준 또는 iii) 독립성기준 중 관계기업 기준을 초과함에 따라 중소기업에 해당하지 아니하게 된 때에는 최초로 그 사유가 발생한 날이 속하는 과세연도와 그 다음 3개 과세연도까지는 이를 중소기업으로 본다. 동 유예기간이 경과한 후에는 과세연도별로 매년 중소기업 해당 여부를 판정한다(조특령 §2 ②).

규모 확대 등으로 즉시 중소기업에서 제외되면 중소기업으로서의 과세특례 등이 일시에 중단되는 경영상의 어려움이 있으므로, 기업경영의 안정성을 보장하고자 적용시한을 연기하여 기한의 이익을 주는 제도이다(광주지방법원 2012구합1334, 2012.9.13.). 예를 들어, 유예기간 중에 있는 기업(이하 "유예기업")은 중소기업 투자세액공제가 적용 가능하다.

그러나, 특정 기업의 중소기업 해당 여부가 문제되는 경우에는 유예기업이라도 매년 중소기업 판정을 통해 결정되어야 한다.

예를 들어, 유예기간 중에 있는 기업이 중소기업 범위기준을 계속적으로 충족하지 못한 상태에서 타법인과 합병하였다면 잔존 유예기간은 소멸된다. 반면에 규모기준 초과로 중소기업 유예기간 중에 있던 기업이 유예기간 중 다시 중소기업 범위기준을 충족하였다면 중소기업으로 보아야 하므로, 다른 중소기업과의 합병 시에는 중소기업 간의 합병으로 보아 유예기간이 적용된다(법인세과-283, 2010.3.24.).

> **실무 상담 사례**
>
> **Q** 시행사 A법인(규모기준 400억원)이 2016년 매출액 300억원, 2017년 매출액 500억원인 경우, 2016년에는 부동산 임대 및 공급업에 해당하여 업종 기준 위반으로 중소기업에 포함되지 않았으나 2017년에는 업종 기준의 네거티브 방식 변경으로 업종 기준을 충족하게 되었다면 2017년부터 유예기간을 적용할 수 있나요?
>
> **A** 유예기간은 중소기업에게만 허용되므로, 중소기업에 해당하지 않았던 기업에게는 유예기간이 허용되지 않습니다. A법인은 2016년에 중소기업이 아니므로 2017년에 유예기간을 적용할 수 없습니다(같은 뜻 서면법인-0150, 2023.5.8.).

2017년 네거티브 방식의 업종 기준 개정은 2017.1.1. 이후 개시하는 과세연도부터 적용하며, 내국법인이 2017.1.1.이 개시하는 과세연도에 업종 기준을 충족하는 경우라도 중소기업 범위 기준(조특령 §2 ①)을 모두 충족하는 경우에 한하여 중소기업에 해당한다(서면법인-3659, 2019.1.14.; 서면법인-0995, 2018.5.18.).

(2) 유예 적용 사유

유예 적용 사유 및 제외 사유의 비교

유예 적용 사유	유예 제외 사유
① 다음의 사유로 인하여 규모기준을 초과하거나 졸업기준에 해당한 경우 ㉮ 규모의 확대 ㉯ 중소기업 해당업종인 다른 업종으로 변경 (구 조특통 4-2…5 ①) ㉰ 중소기업 간의 합병 (서이 46012-11380, 2003.7.23.) ② 독립성기준 중 관계기업 기준을 위배한 경우	다음의 사유로 중소기업에 해당하지 아니하게 된 경우(조특령 §2 ② 단서) ㉮ 창업일이 속하는 과세연도 종료일부터 2년 이내에 규모기준을 초과한 경우 ㉯ 주된 사업이 중소기업 해당사업이 아닌 사업으로 변경되어 중소기업에 해당하지 않는 경우(구 조특통 4-2…5 ①) ㉰ 중소기업기본법의 규정에 의한 중소기업 외의 기업과 합병하는 경우 ㉱ 유예기간 중에 있는 기업과 합병하는 경우 ㉲ 실질적 독립성에 위배되는 경우(단, 관계기업 기준은 제외)

(2-1) 규모기준 또는 졸업기준의 위배 중 일부 사유

다음의 사유로 인하여 규모기준을 초과하거나 졸업기준에 해당한 경우에는 유예기간이 인정된다.

㉮ 규모의 확대

내국법인이 업종분류 착오로 유예기간을 잘못 적용하였더라도, 한국표준산업분류상 올바른 업종분류에 따른 매출액이 사업개시 이후 2022과세연도에 최초로 규모 기준을 초과하는 경우에는 해당 과세연도부터 중소기업 유예기간을 적용할 수 있는 것임(서면규법인-8479, 2022.11.15.).

㉯ 중소기업 해당업종인 다른 업종으로 변경(구 조특통 4-2…5 ①)

다만, 주된 사업이 중소기업 해당사업이 아닌 사업으로 변경되어 중소기업에 해당하지 않는 경우에는 유예기간이 인정되지 않음에 주의하여야 한다.

㉰ 중소기업 간의 합병(서이 46012-11380, 2003.7.23.)

유예기간 중에 있지 아니한 2개의 중소기업이 합병을 함으로써 합병한 사업연도에 연환산한 매출액이 규모기준을 초과하는 경우에도 유예기간을 적용한다(서면2팀-2700, 2004.12.21. 참조).

(2-2) 관계기업 기준 위배

독립성기준 중 관계기업 기준을 위배한 경우에는 유예기간이 허용된다.

중소기업이 적격물적분할(법법 §47 ①)한 후 분할신설법인이 관계기업 요건을 위배하여 중소기업에 해당하지 않게 된 경우, 해당 분할신설법인은 그 사유가 발생한 날이 속하는 과세연도와 그 다음 3개 과세연도까지는 중소기업으로 본다(사전법령법인-80, 2017.5.22.). 창업일로부터 2년 이내 규모 기준을 위반한 경우에는 유예기간이 허용되지 않지만(조특령 §2 ② 4호), 관계기업 기준과 관련된 유예기간은 신설법인에 대한 제한이 없음에 유의하여야 한다.

다만, 관계기업 기준 위배 사유가 2012.1.1. 이후 조세특례제한법에서 시행되었으므로, 동일자부터 2014.12.31.까지 관계기업 기준을 위반한 경우에는 유예기간이 허용되지 않는다(서면법인-5432, 2017.3.24.; 조심 2016중3157, 2017.2.22.; 서면법인-1233, 2016.8.31. 외 다수). 종래에는 관계기업 기준 위배 시에 유예기간을 허용하지 않았으나, 2015년 개정세법에서 유예기간을 허용하였다.

반면에, 2020년에 창업한 법인이 관계기업기준 요건을 갖추지 못하게 되어 창업일이 속하는 과세연도부터 중소기업에 해당하지 아니하게 된 경우에는 유예기간을 적용하지 않는다(서면법인-5698, 2021.3.15.). 유예기간은 중소기업에 허용하지만 신설법인은 중소기업에 해당한 적이 없기 때문이다.

(3) 유예기간 적용 횟수

유예기간의 적용 횟수는 최초 1회로 제한되며, 최초 1회의 유예기간은 유예기간 동안 졸업 여부에 관계없이 4년으로 고정된다.

(3-1) 유예기간의 적용 횟수는 최초 1회

유예기간은 최초로 유예사유가 발생한 날이 속하는 과세연도에 1회에 한하여 적용한다(같은 뜻 재조특-554, 2023.5.17.; 조심 2023서0383, 2024.2.19.). 유예기간의 적용 횟수에 제한이 없다면 유예기간 만료시점에 맞추어 규모 등을 축소시켜 중소기업으로 재편입된 후, 다시 규모를 늘려 유예기간을 재적용받게 되면 영구적으로 중소기업의 혜택을 받을 수 있기 때문이다.

주요 이슈와 쟁점

4. 관계기업 기준 위반 후 유예기간 허용으로 법이 개정되고 나서 재차 관계기업 기준을 위반한 경우 유예기간이 허용되는지 여부

[최근 유권해석] (재조특 -360, 2021.5.7.)
〈질의내용〉
o 중소기업이었던 법인이 2012.1.1. 이후 관계기업제도 시행에 따라 중견기업이 된 후 「중소기업기본법 시행령」 별표 1에 따른 주된 업종별 평균매출액 등의 중소기업 규모 기준이 개정(2015.6.30.)되어 다시 중소기업이 되었으나, 평균매출액이 증가함에 따라 다시 중견기업이 된 경우 중소기업 유예기간을 적용할 수 있는지 여부
 〈1안〉 유예기간을 적용할 수 없음.
 〈2안〉 유예기간을 적용할 수 있음.
〈회신〉
귀 질의의 경우 제2안이 타당함.

[조세심판원 심판례] (조심 2021광3262, 2022.4.25.)
이 건 개정시 조특법 시행령 제2조에서 중소기업 요건을 간소화하고 유예기간 적용대상을 관계기업에 확대하는 것으로 개정한 것은 그 무렵 개정된 위 중기법 시행령의 개정 내용을 반영하기 위한 것이었는데, 위 중기법 시행령 부칙 제3조*에서는 2015.1.1. 전의 중소기업 판정 횟수와 무관하게 그 이후에 1회에 한정하여 중소기업 졸업 유예기간을 적용하도록 정하고 있는 점에 비추어 이 건 개정된 조특법 시행령 부칙**의 규정도 위 중기법 시행령 부칙과 같이 이전의 중소기업 판정 횟수와 무관하게 2015.1.1. 이후에 최초로 중소기업에

해당하지 아니하게 된 때에 1회에 한하여 유예기간을 적용하도록 정한 것으로 해석하는 것이 그 개정취지에 부합하여 보인다.

그렇다면 청구법인은 2014사업연도에 중소기업이었으나 2015사업연도에는 이 건 개정된 쟁점1조항의 독립성 기준을 충족하지 못하여 중소기업에 해당하지 아니하게 되었으므로 이 건 개정된 조특법 시행령 부칙 제4조(쟁점부칙조항)의 적용대상이 되고, 동 부칙에 따라 이 건 개정된 쟁점2조항의 유예기간을 적용받을 수 있게 되었다 할 것이다.

*2014.4.14. 대통령령 제25302호로 개정된 중소기업기본법 시행령의 부칙 제3조(중소기업 간주 범위 변경에 관한 특례)
제9조 제3호의 개정규정에도 불구하고 이 영 시행 전에 법 제2조 제3항 본문에 따라 중소기업으로 보는 기간에 있었거나 그 기간에 있는 기업이 이 영 시행 후 중소기업에 해당하게 되는 경우에는 이 영 시행 전에 중소기업으로 보았던 횟수에 관계없이 이 영 시행 후 1회에 한정하여 중소기업으로 볼 수 있다.

**2015년 개정된 조특령 제26070호 부칙 제4조(중소기업 유예기간 적용에 관한 적용례)
제2조 제2항의 개정규정(관계기업에게 유예기간 허용)은 법률 제12853호 조세특례제한법 일부개정법률 시행(2015.1.1.) 이후 최초로 중소기업에 해당하지 아니하게 된 사유가 발생한 경우부터 적용한다.

[관련 유권해석] (사전법령법인-0490, 2021.6.15.)
귀 사전답변 신청의 사실관계와 같이, 2018과세연도에 「중소기업기본법 시행령」 제3조제1항제2호나목의 요건을 충족하지 못하여 중소기업에 해당하지 않게 된 내국법인이 2019과세연도에 「조세특례제한법」상 중소기업 요건을 충족하였다가 2020과세연도에 「중소기업기본법 시행령」 제3조제1항제2호다목의 요건을 충족하지 못하는 경우에는 유예기간을 적용할 수 없는 것임.

| 저자주 | 쟁점은 관계기업 기준에 대해 유예기간이 불허되었던 과거 규정에 따라 중소기업에서 제외된 후, 다시 관계기업 기준에 대해 유예기간 허용되는 것으로 개정된 후 재차 관계기업 기준을 위반한 경우 유예기간을 허용할 수 있는지 여부이다.

중소기업이었던 법인이 2012.1.1.이후 관계기업제도 시행에 따라 2012년부터 2014년까지 중견기업이 된 후 (유예기간이 불허된 상태에서)「중소기업기본법 시행령」별표 1에 따른 주된 업종별 평균매출액 등의 중소기업 규모 기준이 개정(2015.6.30.)되어 다시 2015년과 2016년에 중소기업이 되었으나, 2017년에 평균매출액이 증가함에 따라 다시 (관계기업 기준을 위반하여) 중견기업이 된 경우 중소기업 유예기간을 적용할 수 있는 것으로 해석하였다(재조특 -360, 2021.5.7.).[21]
그 근거에 관한 조세심판원 심판례를 보자면, 중기법 시행령 부칙 제3조에서는 2015.1.1. 전의 중소기업 판정 횟수와 무관하게 그 이후에 1회에 한정하여 중소기업 졸업 유예기간을 적용하도록 정하고 있었으므로, 개정된 조특법 시행령 부칙 제4조의 규정도 위 중기법 시행령 부칙과 같이 이전의 중소기업 판정 횟수와 무관하게 2015.1.1. 이후에 최초로 중소기업에 해당하지 아니하게 된 때에 1회에 한하여 유예기간을 적용하도록 정한 것으로 해석하였다(조심 2021광3262,

2022.4.25.).

그러나, 2014.4.14. 개정된 중소기업기본법 시행령의 부칙 제3조의 해석에 따르지 않고, 오로지 2015년 개정된 조특령 제26070호 부칙 제4조의 해석만으로도 동 사례에 적용이 가능할 것으로 판단된다. 2015년 이전의 관계기업 기준 위반 시 유예기간 허용은 개정 이후 사안에 최초로 적용 가능하도록 부칙에서 정하고 있기 때문이다. 참고로 중기령 부칙은 관계기업 기준 위반뿐만 아니라 창업기업, 상한기준 초과시에도 유예 1회를 추가적으로 허용하다는 규정이다.

반면에, [관련 유권해석]은 2018년 자산총액 5천억원 법인의 자회사 요건 위반 후 관계기업 위반 시 유예기간 허용 여부에 관한 사례로 앞서 보았던 [최근 유권해석]과는 상황과 결과가 다름에 유의하여야 한다. 본 사례는 2018년에 자산총액 5천억원 이상 법인의 자회사 요건을 위반하여 중소기업 기준을 위반하였고, 2020년에 다시 관계기업 기준을 위반한 사안으로 두번째 중소기업 기준 위반에는 유예기간을 적용하지 않기 때문에 제외된 것이다. 조특령 2조 2항에서는 최초로 위반 사유가 발생한 경우에만 유예기간을 적용하도록 하기 때문에 이미 2018년 자산총액 5천억원 법인의 자회사 요건을 위반한 시점에 해당 시점을 포함하여 이후 모든 위반 사유에 대하여 유예기간이 허용되지 않는다. 그러나, [최근 유권해석]의 사례는 관계기업 기준을 2012년과 2017년에 두번 위반하였으나 2015년 부칙에서 그 시행 이전의 관계기업 기준 관련 위반 사유를 위반 사유에서 제외하고 있다는 점에서 차이가 있다.

(3-2) 유예기간은 졸업과 관계없이 4년 고정

최초 1회의 유예기간은 유예기간 동안 졸업여부에 관계없이 4년으로 확정된다.

최초로 중소기업을 졸업한 후 유예기간 내에 중소기업에 복귀했으나, 같은 유예기간 내에 일반기업이 된 경우에는 잔존 유예기간 동안만 중소기업으로 본다. 2011.1.1. 이후 최초로 개시하는 과세연도부터 적용되므로, 2011.1.1. 이후 (유예기간 중) 다시 졸업하게 되면 개정규정에 따라 잔존 유예기간이 적용된다.

종래에는 최초 1회에 한하여 중소기업 졸업유예기간을 적용하여, 중소기업 졸업 후 중소기업으로 복귀한 기업이 다시 졸업하는 경우 졸업유예를 적용받지 못하였다.[22]

---

[21] 관계기업 위반 관련 유예기간 적용은 2015.1.1. 이후 최초로 중소기업에 해당하지 아니하게 된 사유가 발생한 경우부터 적용하는 것으로 판단함. 이에 반하여 유예기간을 적용할 수 없다는 종전의 예규(서면법인 -1143, 2017.11.29.; 서면법인-5432, 2017.3.24.; 서면법인-2273, 2016.5.30.; 서면법인-413, 2015.10.12.)는 2021년 5월에 삭제됨

[22] 법 개정 시 조문의 문구는 '최초 1회에 한하여'에서 '최초로'로 변경되었다. 최초 1회에 한하여 유예기간을 인정한다는 의미는 졸업 후 다시 중소기업이 된 경우는 잔존 유예기간을 다시 부여하지 않는다는 뜻이다.

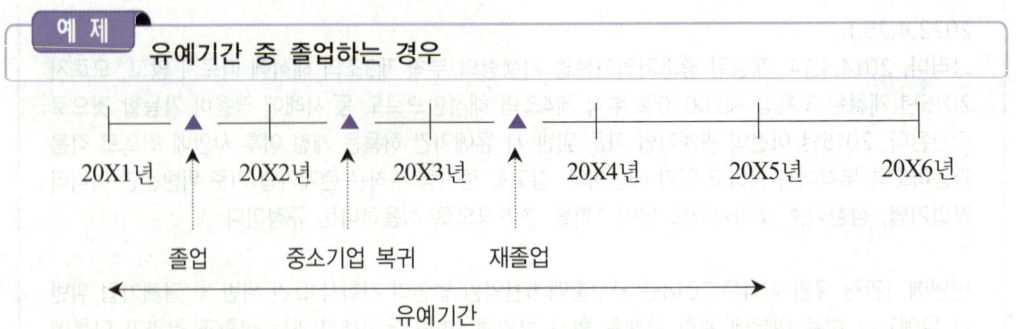

1) 20X0년까지 중소기업이었으나 20X1년 졸업기준에 해당되게 되면 유예기간은 20X1년부터 20X4년까지 4년간의 유예기간이 적용된다.
2) 이후 20X2년 중소기업 범위기준을 다시 충족하게 되어도 유예기간은 변동 없이 20X1년부터 20X4년까지이다.
3) 다시 20X3년에 졸업기준에 다시 해당하게 되더라도 최초 부여된 유예기간은 유효하며, 잔존유예기간은 20X3년부터 20X4년이 되어, 20X4년까지는 중소기업으로 본다.[23]
4) 20X5년부터는 중소기업 범위기준 충족 여부를 매년 검토하여 연도별로 중소기업 여부가 각각 결정된다.

(4) 연결납세방식의 최초 적용

각 연결사업연도의 소득에 대한 법인세액을 계산할 때 법인세법 및 조세특례제한법의 중소기업에 관한 규정은 연결집단을 하나의 내국법인으로 보아 중소기업에 해당하는 경우에만 적용한다.

이 경우 연결납세방식을 적용하는 최초의 연결사업연도의 직전 사업연도 당시 중소기업에 해당하는 법인이 연결납세방식을 적용함에 따라 중소기업에 관한 규정을 적용받지 못하게 되는 경우에는 연결납세방식을 적용하는 최초의 연결사업연도와 그 다음 연결사업연도의 개시일부터 3년 이내에 끝나는 연결사업연도까지는 중소기업에 관한 규정을 적용한다(법법 §76의 22).

연결납세방식을 최초로 적용하는 연결사업연도를 포함한 4년간 유예기간을 허용하는 제도이다.

개별기업으로서의 중소기업 판정과 연결법인으로서의 중소기업 유예 적용은 별개이므로, 조세특례제한법상 중소기업 유예규정을 적용받았는지 여부와는 무관하게 법인세법상 연결법인으로서의 중소기업 유예 규정을 적용한다(서면법인-2106, 2020.9.28.).

---

[23] 개정 전에는 유예기간이 다시 부여되지 않았으므로, 종전 규정이 적용된다고 가정한다면 잔존 유예기간은 소멸되고 20X3년부터 중소기업에서 제외되어 연도별로 중소기업 범위기준 충족 여부를 검토하여야 한다.

5-2 유예기간의 제외

(1) 유예 제외 사유

중소기업이 다음의 사유로 중소기업에 해당하지 아니하게 된 경우에는 유예기간을 적용하지 아니하고, 유예기간 중에 있는 기업에 대해서는 해당 사유가 발생한 날(㉯ 유예기간 중에 있는 기업과 합병하는 경우에는 합병일)이 속하는 과세연도부터 유예기간을 적용하지 아니한다(조특령 §2 ② 단서).

㉮ 중소기업기본법의 규정에 의한 중소기업 외의 기업과 합병하는 경우

㉯ 유예기간 중에 있는 기업과 합병하는 경우

중소기업 유예기간 중에 있는 기업이 다른 중소기업과 합병하는 경우에는 합병일이 속하는 과세연도부터 이를 중소기업으로 보지 아니한다(구 조특통 5-2…2).

㉰ 실질적 독립성에 위배되는 경우(단, 관계기업 기준은 제외)

㉱ 창업일이 속하는 과세연도 종료일부터 2년 이내에 규모기준을 초과한 경우

법인의 경우에는 법인설립등기일을 말함(서면2팀-1434, 2004.7.12.).

㉲ 주된 사업이 중소기업 해당사업이 아닌 사업으로 변경되어 중소기업에 해당하지 않는 경우(구 조특통 4-2…5 ①)

유예기간 제도의 취지는 중소기업의 자연적인 규모의 성장에 따른 급격한 세부담 증가를 완화하기 위한 것이므로, 독립성요건이나 업종요건은 원칙적으로 유예 허용 사유가 되지 않는다.

유예기간 허용 사유인 졸업기준 초과와 유예 제외 사유인 실질적 독립성 위배 사유가 동일한 사업연도에 동시에 발생된 경우에는 실질적 독립성 위배를 우선 적용하여 유예기간을 허용하지 않는다(조심 2018중2910, 2018.10.17.; 조심 2016전3764, 2017.2.22.; 법규법인 2012-443, 2013.3.7.).

중소기업 유예기간 중에 유예 제외 사유 발생 시, 잔여 유예기간이 적용되지 아니하고 그 사유가 발생한 날이 속하는 과세연도부터 유예기간을 적용하지 않는 것으로 과세관청 등은 종래 해석하였다(재조특-97, 2017.1.19.; 조심 2014중5762, 2015.3.19.; 조심 2016중3474, 2018.1.11.). 그러나 대법원에서는 유예기간을 적용받던 기업이 실질적 독립성을 위배한 경우에도 이미 진행 중이던 유예기간이 실효되지 않는 것으로 판시하였다(대법원 2016두53920, 2017.1.12.; 대법원 2016두33902, 2016.8.29.; 조심 2018중2332, 2018.11.27.).

이에 2017년 개정세법에서 기존 과세관청 등의 해석을 법령에 반영하여 유예기간 적용을 제외하는 것으로 변경하였다. 최근 유권해석에서는 개정 세법 시행일인 2017.2.17. 이전에 유예 제외 사유가 발생한 경우, 종전 법원 판례에 따라 유예기간을 계속 적용하는 것으로 변경하였다(재조특-865, 2020.11.11.; 기준법령법인-0020, 2020.11.18.).

이하 실무적으로 중요한 합병, 분할과 독립성기준 위배에 대해 별도 검토한다.

(2) 합병

(2-1) 대기업과의 합병

중기법 규정에 의한 중소기업 외의 기업(대기업)과 중소기업이 합병하는 경우에는 존속법인은 대기업을 승계하므로 당연히 중소기업이 될 수 없다. 잔존 유예기간이 있는 경우라 하더라도 이는 소멸된다.

반대로 중소기업 간의 합병에서는 유예기간이 적용됨은 앞서 본 바와 같다(서이 46012-11380, 2003.7.23.).

(2-2) 중소기업 유예기간 중의 기업과 합병

중소기업 유예기간의 적용을 받고 있는 내국법인(이하 '피합병법인')이 중소기업 외의 기업에게 흡수합병되는 경우, 해당 피합병법인의 의제사업연도에 대해서는 중소기업 유예기간을 적용한다(서면법령법인-5082, 2021.4.15.).

> **주요 이슈와 쟁점**
>
> 3. 중소기업이 유예기업을 합병하는 경우와 유예기업이 중소기업을 합병하는 경우 유예기간이 허용되는지 여부
>
>
>
> [판례]
> 피고들 주장처럼 구 중기법 시행령 제9조 제1호의 규정을, 유예기업과 중소기업이 합병하는 경우로서 유예기업이 중소기업을 흡수합병하든, 중소기업이 유예기업을 흡수합병하든 관계없이 존속기업은 중소기업 유예에서 제외되고 존속기업이 유예기업일 경우 유예가 실효된다고 해석하는 것은 앞서 본 바와 같은 중소기업기본법 제2조 제3항 본문과 단서의 규정 내용, 형식, 취지에 어긋나는 것으로서 합병결과의 규모에만 중점을 두어 조세평등의 원칙을 내세우는 것에 불과하다(이하 중략).
> 중소기업 유예 제외 규정인 이 사건 단서 및 구 중기법 시행령 제9조 제1호에 유예기업이 합병의 주체가 되어 중소기업을 흡수합병한 경우에 중소기업 유예가 그때부터 바로 실효된다는 명문의 규정도 없다.
> 따라서 이 사건 유예규정의 적용을 받아 2005.1.1.부터 2007.12.31.까지 중소기업으로 보게 되는 DDD는 2006.11.24. EE교육을 흡수합병하였더라도 여전히 유예기업에 해당한다. 그러므로 이 사건 주식의 양도는 중소기업 주식의 양도로 보아야 할 것이므로, 이와 다른 전제에서 이루어진 피고들의 이 사건 처분은 위법하다(수원지법 2011구합15740, 2012.12.28.).
>
> **│저자주│** 중소기업이 중소기업 유예기간 중에 있는 기업(이하 "유예기업")과 합병하는 경우에도

유예기간을 허용하지 않는다. 다만, 판례에 의하면 유예기업이 중소기업을 합병하는 경우에는 잔존 유예기간이 계속 적용된다고 판시한 바 있다(대전고법 2006누1676, 2007.2.8.; 수원지법 2011구합15740, 2012.12.28.). 전자의 경우와는 달리 후자의 경우에 유예기간이 실효된다는 규정이 없기 때문이다[5-2 (1) 유예 제외 사유 ⓐ 참조].

또한 규모기준 초과로 중소기업 유예기간 중에 있던 기업이 유예기간 중 다시 중소기업 범위기준을 충족하였다면 중소기업으로 보아야 하므로, 타 중소기업과의 합병 시에는 중소기업 간의 합병으로 보아 잔존 유예기간 동안 중소기업으로 본다(법인세과-283, 2010.3.24.).

(3) 적격분할

중소기업 유예기간의 적용을 받던 법인이 적격분할규정(법법 §46 ②·§47 ①)에 따라 인적분할 또는 물적분할하는 경우에 유예기간은 승계된다. 따라서, 분할신설법인이 분할 당시 규모기준을 초과하더라도 분할법인의 잔존 유예기간 내에 종료하는 각 과세연도까지는 중소기업으로 본다(법인세과-776, 2010.8.20.; 재조특-145, 2008.5.9.).

- **유예기간이 종료된 법인으로부터 물적분할로 설립된 법인의 유예기간 적용 여부**(긍정)

  청구법인은 2013.8.13. 분할법인의 반도체 부품 관련 세정사업부문에 대한 물적분할로 설립되었으므로 분할법인과는 독립된 법인인 점, (이하 중략) 조세특례를 적용함에 있어 분할신설법인을 분할법인으로 동일하게 취급한다는 등의 별도의 규정을 두고 있지 아니한 이상 분할법인과 분할신설법인을 동일시하여 규정을 적용하기는 어려운 점, (이하 중략) 분할신설법인의 중소기업 유예기간 적용 여부와 관련하여 분할로 인해 이미 유예기간을 적용받은 것으로 본다는 규정이 존재하지 않는 점, (이하 중략) 중소기업이었던 청구법인을 2018년에 최초로 중소기업에 해당하지 아니한 경우로 보아 중소기업 유예기간을 적용하는 것이 타당하다(조심 2021중3830, 2022.8.11.).

(4) 독립성 위배

실질적인 독립성을 위배한 경우(관계기업 기준을 위배한 경우 제외)에는 유예기간이 허용되지 않으므로, 창업중소기업 세액감면의 잔존 감면기간 중에 다시 실질적인 독립성기준에 적합하게 된 경우에는 유예기간을 적용하지 않고, 사업연도별로 중소기업 해당 여부를 판정하여 잔존 감면기간 동안 세액감면을 적용받을 수 있다(서면법인-413, 2015.10.12.; 법인46012-3389, 1999.8.31.).

5-3 경과규정

> **주요 이슈와 쟁점**
> 4. 중소기업기본법이 개정되는 경우 경과규정이 적용되는지 여부

아래에 규정된 법령의 개정으로 새로이 중소기업에 해당하게 되는 때에는 그 사유가 발생한 날이 속하는 과세연도부터 중소기업으로 보고, 중소기업에 해당하지 아니하게 되는 때에는 그 사유가 발생한 날이 속하는 과세연도와 그 다음 3개 과세연도까지 중소기업으로 본다(조특령 §2 ⑤).
㉮ 독립성기준(중기령 §3 ① 2호, 중기령 별표 2)
㉯ 규모기준(중기령 별표 1)
근거법령인 중기법상 규모기준 등이 변경된 경우에 해당 중소기업에게는 준비기간이 필요하기 때문이다.
2011년 조특법의 개정으로 경과규정을 적용하는 법령의 개정 범위에 독립성기준의 일부로 관계기업 기준(중기령 §3 ① 2호 다목)이 추가되었으나, 그 시행은 1년의 유예기간을 두어 2012.1.1. 이후 개시하는 과세연도부터 적용하였다(2010.12.30. 개정된 영 부칙 §1 단서). 중소기업이 위의 사유로 중소기업에 해당하지 않게 된 경우에 경과규정이 적용되므로, 위의 사유가 발생한 과세연도 이전에 이미 중소기업이 아닌 경우에는 경과규정을 적용 받을 수 없다. 즉, 개정된 중소기업 기준이 적용되는 사업연도에 개정 전 중소기업 기준으로 중소기업 여부를 판정하여 중소기업 기준을 충족하지 못하는 법인의 경우에는 경과규정이 적용되지 않는다(서면법인-5279, 2021.2.2.).
예를 들어, 2005 사업연도에 중소기업 규모기준을 초과하여 유예기간을 최초로 적용받은 내국법인이 유예기간 종료 후 「중소기업기본법 시행령」 별표 1의 개정으로 2015 사업연도부터 중소기업에 해당하게 되었으나, 2016 사업연도에 규모기준 초과로 인하여 다시 중소기업에 해당하지 아니하게 된 경우에는 위의 경과규정에 해당하지 않는다(서면법령법인-3921, 2019.12.9.).
그리고, 2012.1.1. 이후 관계기업 기준을 적용함에 따라 중소기업에서 제외되는 경우에는 중소기업기본법 시행령의 개정으로 중소기업에서 제외된 것이 아니며, 실질적 독립성 위반에 해당하는 것이므로 경과규정을 적용하지 아니한다(법규법인 2012-0443, 2013.3.7.; 조세특례제도과-165, 2013.2.26.; 조심 2014전589, 2014.5.13.).
반면에 2012.1.1. 시행된 중기법의 개정으로 지배기업의 특수관계자 범위가 확대되어 관계기업에 해당하게 된 경우에는 경과규정이 적용된다(조심 2014구454, 2014.5.28.).

예규 · 판례

❖ **2012년 관계기업 기준 신설에 따른 중소기업 경과규정 적용 여부 (부정)** (조세특례제도과
 -165, 2013.2.26.; 같은 뜻 조심 2015전5789, 2016.5.17.)

「중소기업기본법 시행령」(2009.3.25., 대통령령 제21368호로 일부 개정된 것) 제3조 제2호 다목의 신설 및 「조세특례제한법 시행령」(2010.12.30., 대통령령 제22583호로 일부 개정된 것) 제2조 제1항 제3호의 개정에 따라 새로이 중소기업에 해당하지 아니하게 되는 경우에는 「조세특례제한법 시행령」(2012.2.2., 대통령령 제23590호로 일부 개정된 것) 제2조 제5항에 따른 "「중소기업기본법 시행령」 제3조 제1항 제2호, 별표 1 및 별표 2의 개정으로 새로이 중소기업에 해당하지 아니하게 되는 때"에 해당하지 아니하는 것이다.

| **저자주** | 조특법상 2012.1.1.부터 시행된 관계기업 기준의 신설은 법령의 개정으로 인한 경과규정 조항을 적용할 수 없음.[24)]

경과규정이 적용되는 요건인 법령의 개정은 중소기업기본법 시행령에 규정된 독립성 기준 등이 개정되는 것을 의미하며 조세특례제한법상의 개정은 동 경과 규정 조항의 적용 요건에 해당하지 않음.

관계기업 규정은 조세특례제한법상 2010.12.30.에 개정되어 2012.1.1.부터 시행되었으나, 중소기업기본법에서는 이미 2009.3.25.에 도입된 것이므로 2012.1.1. 시점에서는 중기법상 동 조항이 변경된 것으로 볼 수 없음.

❖ **2012년 중기법상 관계기업 기준 변경 시 중소기업 경과규정 적용 여부 (긍정)** (조심 2014구 454, 2014.5.28.)

「중소기업기본법 시행령」 제3조의 2는 관계기업에 관하여 그에 속하게 되는 경우를 열거하고 있는 조문으로서 직접적으로 중소기업 포함 여부를 규율하는 것은 아니고, 제3조는 중소기업의 요건을 정하고 있는 조문으로서 위 (1)에서 본 바와 같이 청구법인은 제3조 제1항 제2호 중 다목의 요건을 충족하지 못하여 중소기업에서 제외된 것으로 볼 수 있는 점, 또한, 「조세특례제한법 시행령」 제2조 제5항의 개정과 관련하여 기획재정부도 간추린 개정세법 해설을 통해 관계회사제도 기준 변경으로 인해 중소기업에서 제외되는 경우에도 규모기준 변경 등의 경우와 동일하게 유예기간을 적용할 필요가 있다는 취지를 밝히고 있고, 2011.12.28. 「중소기업기본법 시행령」 제3조의 2가 개정되어 그 시행일인 2012.1.1.부터 청구법인이 중소기업에서 제외되었으나, 2012.2.2. 개정된 「조세특례제한법 시행령」 제2조 제5항도 부칙에 따라 2012.1.1.부터 적용되므로, 「중소기업기본법 시행령」 개정으로 중소기업에서 배제된 시점과 「조세특례제한법 시행령」 제2조 제5항의 중소기업 유예조치가 적용되는 시점이 모두 2012.1.1.로 동일한 청구법인의 경우에는 그러한 유예조치의 대상이 된다고 보이는 점 등에 비추어 처분청의 과세처분은 잘못이라고 판단된다.

| **저자주** | 동 사안은 중기법의 개정으로 새로이 관계기업에 포함된 사례로 법령의 개정으로 경과규정이 적용됨. 위의 사례는 중기법의 개정을 수반하지 아니하였다는 점에서 본 사례와 차이가 있음.

[24)] 윤충식·장태희·박재혁, 「조세특례제한법 해설과 실무」, 삼일인포마인, 2013, p.87.

Ⅲ. 서식 작성요령

■ 법인세법 시행규칙 [별지 제51호 서식] (개정 2022. 3. 18.)
※ 제3쪽의 작성방법을 읽고 작성해 주시기 바랍니다.

> 적정 여부 란은 사업요건, 규모요건, 독립성요건이 동시에 충족되거나 유예기간에 해당하는 경우에만 "적(Y)"에 O표시

(4쪽 중 제1쪽)

사업연도	. . . ~ . . .	중소기업 등 기준검토표	법인명	
			사업자등록번호	

구분	① 요 건	② 검 토 내 용	③ 적합여부	④ 적정여부
중소기업	⑩ 사업요건	○「조세특례제한법 시행령」제29조 제3항에 따른 소비성 서비스업에 해당하지 않는 사업 Ⅱ. 1-1 소비성 서비스업을 제외한 모든 업종 Ⅱ. 1-2 주된 사업의 판정기준 겸영사업자의 경우 사업수입금액이 큰 사업을 주된 사업으로 함	구분 / 업태별 / 기준경비율 코드 / 사업수입금액 (01) ( )업 (04) (07) (02) ( )업 (05) (08) (03) 그 밖의 사업 (06) (09) 계	해당란에 "O"표시 적합(Y) 부적합(N)	(26) 적(Y) 부(N)
	⑩ 규모요건	○ 아래 요건 ①, ②를 동시에 충족할 것 ① 매출액이 업종별로「중소기업기본법 시행령」별표 1의 규모기준("평균매출액등"은 "매출액으로 봄·신설인 경우 추정) Ⅱ. 4 졸업제도 ② 졸업제도 당해연도 종료일 현재 기준 - 자산총액 5천억원 미만	Ⅱ. 2 규모기준 - 기업회계기준에 따른 매출액 - 창업등의 경우는 연매출액 환산 가. 매 출 액 - 당 회사(10) (억원) -「중소기업기본법 시행령」별표 1의 규모기준(11) (억원) 이하 나. 자산총액(12) (억원)	(18) 적합(Y) 부적합(N)	
	⑩ 독립성요건	Ⅱ. 3-1 공시대상기업집단 등 자산총액 5조원 이상 집단 Ⅱ. 3-2 자산 5천억원 이상 법인의 자회사- 단, 외국법인 포함, 비영리법인 및 창업투자회사등과 집합투자기구를 통한 간접소유 제외 ○「조세특례제한법 시행령」제2조 제1항 제3호에 적합한 기업일 것 Ⅱ. 3-3 관계기업	•「독점규제 및 공정거래에 관한 법률」제31조 제1항에 따른 공시대상기업집단등에 속하는 회사와 같은 법 제33조에 따라 공시대상기업집단등의 국내 계열회사로 편입·통지된 것으로 보는 회사에 해당하지 아니할 것 • 자산총액 5천억원 이상인 법인이 주식등의 30퍼센트이상을 직·간접적으로 소유한 경우로서 최다출자자인 기업이 아닐 것 •「중소기업기본법 시행령」제2조 제3호에 따른 관계기업에 속하는 기업으로서 같은 영 제7조의 4에 따라 산정한 매출액이「조세특례제한법 시행령」제2조 제1항 제1호에 따른 중소기업기준(⑩의① 기준) 이내일 것	(19) 적합(Y) 부적합(N)	부(N)
	⑩ 유예기간	① 중소기업이 규모의 확대 등으로 ⑩의 기준을 초과하는 경우 최초 그 사유가 발생한 사업연도와 그 다음 3개 사업연도까지 중소기업으로 보고 그 후에는 매년마다 판단 ②「중소기업기본법 시행령」제3조 제1항 제2호, 별표 1 및 별표 2의 개정으로 중소기업에 해당하지 아니하게 되는 때에는 그 사유가 발생한 날이 속하는 사업연도와 그 다음 3개 사업연도까지 중소기업으로 봄	Ⅱ. 5-1 유예기간의 허용 - 규모의 확대 - 중소기업 해당업종인 다른 업종으로 변경 - 중소기업 간의 합병 - 관계기업 기준 위배 Ⅱ. 5-2 유예기간 제외 - 중소기업 외의 기업과 합병 - 중소기업이 유예기업과 합병 - 독립성 위배(관계기업기준 제외) - 창업일이 속하는 연도 종료일부터 2년 이내에 규모기준을 초과한 경우 - 업종기준위배 ○ 사유발생 연도(13) (년) Ⅱ. 5-3 경과규정 최초 사유 발생 연도 기재		
소기업	⑮ 사업요건 및 독립성요건을 충족할 것 감면업종(제4절 Ⅱ. 2.) ⑯ 자산총액이 5천억원 미만으로서 매출액이 업종별로「중소기업기본법 시행령」별표 3의 규모기준("평균매출액등"은 "매출액"으로 본다) 이내일 것	중소기업 업종(⑩)을 주된사업으로 영위하고, 독립성요건(⑩)을 충족하는지 여부 ○ 매 출 액 주체(제4절 Ⅱ. 1.) - 당 회사(14) (억원) -「중소기업기본법 시행령」별표 3의 규모기준(15) (억원) 이하	(21) (Y), (N)	(27) 적 적정 여부란은 105,106을 모두 충족하는 경우에만 "적(Y)"에 O표시

210mm×297mm[백상지 80g/㎡ 또는

(4쪽 중 제2쪽)

구분	① 요 건	② 검 토 내 용	③ 적합 여부	④ 적정 여부
중견기업	⑩ 「조세특례제한법」상 중소기업 업종을 주된 사업으로 영위할 것	제2절 Ⅱ. 1-2 (2) 업종기준 중소기업이 아니고, 중소기업 업종(⑩)을 주된 사업으로 영위하는지 여부	(23) (Y), (N)	(28) 적 (Y)
	Ⅱ. 3-1 상호출자제한기업집단 ⑩ 소유와 경영의 실질적인 독립성이 「중견기업 성장촉진 및 경쟁력 강화에 관한 특별법 시행령」 제2조 제2항 제1호에 적합할 것 제2절 Ⅱ. 1-2 (3) 독립성기준	• 「독점규제 및 공정거래에 관한 법률」 제31조 제1항에 따른 상호출자제한기업집단등에 속하는 회사에 해당하지 아니할 것 자산총액 10조원 • 「독점규제 및 공정거래에 관한 법률 시행령」 제38조 제2항에 따른 상호출자제한기업집단 지정기준인 자산총액 이상인 법인이 주식등의 30%이상을 직·간접적으로 소유한 경우로서 최다출자자인 기업이 아닐 것(「중견기업 성장촉진 및 경쟁력 강화에 관한 특별법 시행령」 제2조 제3항에 해당하는 기업은 제외)	(24) (Y), (N)	
	⑩ 직전 3년 평균 매출액이 다음의 중견기업 대상 세액공제 요건을 충족할 것 ① 중소기업 등 투자세액공제(구 조특법 제5조 제1항) : 1천5백억원 미만(신규상장 중견기업에 한함) ② 연구·인력개발비에 대한 세액공제(법 제10조 제1항 제1호 가목2)) : 5천억원 미만 ③ 기타 중견기업 대상 세액공제 : 3천억원 미만	직전 3년 과세연도 매출액의 평균금액 신규상장 중견기업 (제2절 Ⅱ. 1-3) | 직전 3년 | 직전 2년 | 직전 1년 | 평균 | 중견기업(제2절 Ⅱ. 1-2 (4) 매출액기준) | (억원) | (억원) | (억원) | (억원) |	(25) (Y), (N) 적정여부란은 107, 108, 109를 모두 충족하는 경우에만 "적(Y)"에 O표시	

Ⅳ. 예제와 서식 작성실무

신고실무 1. 관계기업의 중소기업 등 기준검토표

❖ 자 료

㈜문화는 외부감사대상기업이며 자산총액은 52,800백만원이고, ㈜선관의 지분 20%를 보유하고 있다. 또한 ㈜문화의 최다출자자인 김성수씨는 ㈜선관의 지분 80%를 보유하고 있다.

구분	사업내용	매출액(단위 : 백만원)
㈜문화	자동차용 기어 등 제조	82,300
㈜선관	자동차 시트커버 등을 수입하여 도매	31,500

❖ 해 설

1. 독립성기준 중 관계기업 검토

  1-1 관계기업 판정

    ㈜문화는 외부감사대상기업이며 양 법인은 모두 내국법인으로 모자회사의 요건을 충족한다. ㈜문화는 개인최다출자자인 김성수와 함께 ㈜선관 지분의 30% 이상을 보유하므로 지배종속관계에 해당한다(중기령 §3의 2 ① 1호).

  1-2 관계기업 간 수치합산

    ㈜문화의 지분율은 20%이므로 직접지배-형식적 지배에 해당한다. ㈜선관의 매출액에 20%를 곱한 금액에 ㈜문화의 매출액을 더하여 관계기업의 매출액을 계산한다. 개인최다출자자등의 지분율을 제외함에 유의하여야 한다.

    ㈜문화의 관계기업 매출액 = 82,300 + 31,500 × 20% = 88,600백만원

  1-3 합산수치와 규모기준의 검토

    지배기업과 종속기업 중 평균매출액등이 큰 기업인 ㈜문화의 주된 업종을 지배기업과 종속기업 각자의 주된 업종으로 본다(중기령 §4 ②) ㈜문화는 한국표준산업분류표상 자동차용 신품 동력 전달장치 제조업(30331)에 해당하여, 중기령 별표 1에 따른 매출액 1,000억원(C30) 이하 규정이 적용된다. ㈜문화의 합산수치는 88,600백만원이므로 독립성기준을 충족한다.

2. 규모기준 등 중소기업 검토

  규모기준 역시 매출액 1,000억원이 적용되어 그 요건을 충족한다.
  업종기준도 소비성 서비스업에 해당하지 않으므로 해당 기준에 부합한다.
  최종적으로 ㈜문화는 중소기업 범위 기준을 충족한다.

3. 소기업 검토

  중기령 별표 3의 해당 업종(C30) 매출액 기준은 120억원이므로 ㈜문화는 소기업에 해당하지 않는다.

■ 법인세법 시행규칙 [별지 제51호 서식] (개정 2022. 3. 18.)
※ 제3쪽의 작성방법을 읽고 작성해 주시기 바랍니다. (4쪽 중 제1쪽)

사업연도	20X1. 1. 1. ~ 20X1.12.31.	중소기업 등 기준검토표	법 인 명	㈜문화
			사업자등록번호	

구분	① 요 건	② 검 토 내 용	③ 적합여부	④ 적정여부
중소기업	⑩사업요건 ○「조세특례제한법 시행령」제29조 제3항에 따른 소비성 서비스업에 해당하지 않는 사업	구분/업태별: 기준경비율 코드 / 사업수입금액 (01) (제조)업 (04) 343000 (07) 82,300,000,000 (02) ( )업 (05) (08) (03) 그 밖의 사업 (06) (09) 계 82,300,000,000	(17) 적 합 (Y) 부적합 (N)	(26) 적 (Y)
	⑩규모요건 ○ 아래 요건 ①, ②를 동시에 충족할 것 ① 매출액이 업종별로 「중소기업기본법 시행령」별표 1의 규모기준("평균매출액등"은 "매출액"으로 봄) 이내일 것 ② 졸업제도 - 자산총액 5천억원 미만	가. 매 출 액 - 당 회사(10) (823억원) - 「중소기업기본법 시행령」별표 1의 규모기준(11) (1,000억원) 이하 나. 자산총액(12) (528억원)	(18) 적 합 (Y) 부적합 (N)	적 (Y)
	⑩독립성요건 ○「조세특례제한법 시행령」제2조 제1항 제3호에 적합한 기업일 것	•「독점규제 및 공정거래에 관한 법률」제31조 제1항에 따른 공시대상기업집단등에 속하는 회사 또는 같은 법 제33조에 따라 공시대상기업집단등의 국내 계열회사로 편입·통지된 것으로 보는 회사에 해당하지 아니할 것 • 자산총액 5천억원 이상인 법인이 주식등의 30퍼센트이상을 직·간접적으로 소유한 경우로서 최다출자자인 기업이 아닐 것 •「중소기업기본법 시행령」제2조 제3호에 따른 관계기업에 속하는 기업으로서 같은 영 제7조의 4에 따라 산정한 매출액이 「조세특례제한법 시행령」제2조 제1항 제1호에 따른 중소기업기준(⑩의① 기준) 이내일 것	(19) 적 합 (Y) 부적합 (N)	부 (N)
	⑩유예기간 ① 중소기업이 규모의 확대 등으로 ⑩의 기준을 초과하는 경우 최초 그 사유가 발생한 사업연도와 그 다음 3개 사업연도까지 중소기업으로 보고 그 후에는 매년마다 판단 ②「중소기업기본법 시행령」제3조 제1항 제2호, 별표 1 및 별표 2의 개정으로 중소기업에 해당하지 아니하게 되는 때에는 그 사유가 발생한 날이 속하는 사업연도와 그 다음 3개 사업연도까지 중소기업으로 봄	○ 사유발생 연도(13) (년)	(20) 적 합 (Y) 부적합 (N)	
소기업	⑮ 사업요건 및 독립성요건을 충족할 것	중소기업 업종(⑩)을 주된사업으로 영위하고, 독립성요건(⑩)을 충족하는지 여부	(21) (Y), (N)	(27) 적 (Y)
	⑯ 자산총액이 5천억원 미만으로서 매출액이 업종별로 「중소기업기본법 시행령」별표 3의 규모기준("평균매출액등"은 "매출액"으로 본다) 이내일 것	○ 매 출 액 - 당 회사(14) (823억원) -「중소기업기본법 시행령」별표 3의 규모기준(15) (120억원) 이하	(22) (Y), (N)	부 (N)

210mm×297mm[백상지 80g/㎡ 또는 중질지 80g/㎡]

(4쪽 중 제2쪽)

구분	① 요 건	② 검 토 내 용	③ 적합여부	④ 적정여부
중견기업	⑩ 「조세특례제한법」상 중소기업 업종을 주된 사업으로 영위할 것	중소기업이 아니고, 중소기업 업종(⑩)을 주된 사업으로 영위하는지 여부	(23) (Y), (N)	(28) 적 (Y) 부 (N)
	⑩ 소유와 경영의 실질적인 독립성이 「중견기업 성장촉진 및 경쟁력 강화에 관한 특별법 시행령」 제2조 제2항 제1호에 적합할 것	• 「독점규제 및 공정거래에 관한 법률」 제31조 제1항에 따른 상호출자제한기업집단등에 속하는 회사에 해당하지 아니할 것 • 「독점규제 및 공정거래에 관한 법률 시행령」 제38조 제2항에 따른 따른 상호출자제한기업진단 지정기준인 자산총액 이상인 법인이 주식등의 30%이상을 직·간접적으로 소유한 경우로서 최다출자자인 기업이 아닐 것(「중견기업 성장촉진 및 경쟁력 강화에 관한 특별법 시행령」 제2조 제3항에 해당하는 기업은 제외)	(24) (Y), (N)	
	⑩ 직전 3년 평균 매출액이 다음의 중견기업 대상 세액공제 요건을 충족할 것 ① 중소기업 등 투자세액공제(구 조특법 제5조 제1항) : 1천5백억원 미만(신규상장 중견기업에 한함) ② 연구·인력개발비에 대한 세액공제(법 제10조 제1항 제1호 가목2)) : 5천억원 미만 ③ 기타 중견기업 대상 세액공제 : 3천원억 미만	직전 3년 과세연도 매출액의 평균금액 	직전 3년	직전 2년	직전 1년	평균
---	---	---	---
(억원)	(억원)	(억원)	(억원)		(25) (Y), (N)	

신고실무 2. 자산 5천억원 법인의 자회사 등 검토

❖ 자료

㈜테크는 외부감사대상기업이며 자산총액은 145억원이다. ㈜동창이 올해 유상증자를 통해 제3자 배정방식으로 ㈜테크의 지분 51%를 새롭게 취득하였으며, 나머지 지분 49%는 ㈜동창과 특수관계 없는 ㈜선관이 보유하고 있다. ㈜동창의 지분 100%는 DC Holdings 홍콩법인이 소유하며, DC Holdings의 지분 100%는 DH Japan 일본 법인이 소유하고 있다.

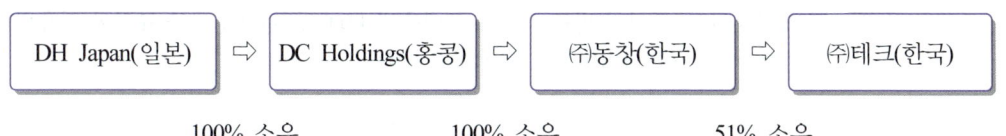

한편 ㈜테크와 ㈜동창은 기업집단 소속의 회사이며 모두 비상장법인으로 외부감사대상기업이다. 동 기업집단의 국내 회사들의 직전 년도 자산 총액의 합계액은 4조원으로 공시대상기업집단에 해당하지 않는다. 모회사 등 각각의 당해 연도 자산총액은 ㈜동창 500억원, DC Holdings 3천억원, DH Japan은 2조원이다.

(단위 : 억원)

구분	사업내용	매출액	3년 평균매출액
㈜테크	도매 및 상품 중개업	265	212
㈜동창	전자부품 제조업	634	586

❖ 해설

1. 규모기준 및 업종기준 등 검토

㈜테크의 매출액은 265억원으로 도소매업의 규모기준인 매출액 1,000억원 이하이므로 ㈜테크는 규모기준을 충족한다.

업종기준도 소비성 서비스업에 해당하지 않으므로 해당 기준에 부합한다.

2. 독립성기준 중 공시대상기업집단 소속회사 검토

㈜테크는 기업집단 소속의 회사로서 해당 기업집단의 자산 총액 합계액은 4조원으로 공시대상기업집단에 속하지 않는다. 따라서 동 요건을 충족한다.

3. 독립성기준 중 관계기업 검토

3-1 관계기업 판정

㈜테크와 ㈜동창은 모두 내국법인이며, ㈜동창이 외부감사대상기업이므로 양 법인은 모자회사의 요건을 충족한다. ㈜동창은 ㈜테크 지분의 30% 이상을 보유하는 최다출자자이므로 지배종속관계에 해당한다(중기령 §3의 2 ① 1호).

3-2 관계기업 간 수치합산

㈜동창의 지분율은 51%이므로 직접지배-실질적지배에 해당한다. ㈜테크의 매출액과 ㈜동창의 매출액을 합산하여 관계기업의 매출액을 계산한다(총액 방식).

㈜테크의 관계기업 매출액 = 265 + 634 = 899억원

3-3 합산수치와 규모기준의 검토

지배기업과 종속기업 중 평균매출액등이 큰 기업인 ㈜동창의 주된 업종을 지배기업과 종속기업 각자의 주된 업종으로 본다(중기령 §4 ②). ㈜동창은 한국표준산업분류표상 전자부품 제조업에 해당하여, 중기령 별표 1에 따른 매출액 1,000억원(C26) 이하 규정이 적용된다.

㈜테크의 합산수치는 899억원이므로 관계기업기준을 충족한다.

4. 독립성 기준 중 자산총액 5천억원 이상의 자회사 검토

㈜동창, DC Holdings, DH Japan의 각 단계에서 모두 '자산총액 5천억원 이상의 자회사'인지 여부를 검토하여야 한다.

㈜동창은 모회사 단계에서 51% 보유한 최다출자자이지만 자산총액이 5천억원 이하이므로 독립성 요건을 충족한다.

DC Holdings는 조모회사(Grandparents Company) 단계에서 51% 보유한 최다출자자이지만 자산총액이 5천억원 이하이므로 독립성 요건을 충족한다.

그러나, DH Japan은 증조모회사(Great-grandparents Company) 단계에서 51% 보유한 최다출자자로서 자산총액이 2조원이므로 독립성 요건을 위반한다.

5. 결론

㈜테크는 DH Japan과의 관계에서 자산총액 5천억원 이상의 자회사에 해당하므로 독립성 요건을 위반하여 중소기업에 해당하지 않는다. 또한 동 요건에 대해서는 유예기간을 허용하지 않으므로 당해 연도부터 즉시 조세특례제한법상 중소기업에서 제외된다.

참고로 중소기업기본법에서는 자산총액 5천억원 이상의 자회사에 대하여 유예기간을 허용하고 있다.

제2절 [제6조] 창업중소기업 등에 대한 세액감면

차례

I. 의의 … 146
II. 요건 (감면주체) … 148
  1. 창업중소기업 … 148
    1-1 감면업종 … 148
      (1) 열거업종 … 148
      (2) 조특법상 특례 업종의 비교 … 150
    1-2 업종 분류 검토 … 156
      (1) 제조업 (10~34) … 157
      (2) 의제제조업 (유사제조업) … 159
      (3) OEM 수탁생산업 … 161
      (4) 신·재생에너지 발전사업 (35112, 35114, 35119) … 162
      (5) 건설업 (41-42) … 162
      (6) 도소매업 (45~47) … 165
      (7) 물류산업 쟁점 … 165
      (8) 선박관리업 (52929) … 168
      (9) 음식점업 (561) … 168
      (10) 출판업 (58) … 169
      (11) 컴퓨터프로그래밍, 시스템 통합 및 관리업 (62) … 169
      (12) 주택임대관리업 (68) … 171
      (13) 건축기술, 엔지니어링 및 기타 과학기술서비스업 (72) … 171
      (14) 사업시설관리, 사업지원 및 임대 서비스업 (74~76) … 172
      (15) 기타교육기관 (856) … 173
      (16) 의료기관 (86) … 174
      (17) 관광사업 쟁점 … 175
      (18) 창작, 예술 및 여가관련 서비스업 (90) … 177
    1-3 창업 … 178
      (1) 창업의 개념과 창업일 … 178
      (2) 승계방식 창업의 제외 쟁점 … 179
    1-4 감면대상지역 … 190
      (1) 과밀억제권역 외의 지역 … 190
      (2) 설립 후 과밀억제권역 외에서 쟁점 실질적인 창업이 이루어진 경우 … 191
    1-5 청년창업중소기업 … 192
    1-6 신성장 서비스 창업중소기업 … 193
    1-7 생계형 창업중소기업 … 194
  2. 창업보육센터사업자 … 194
  3. 창업벤처중소기업 … 195
    3-1 벤처기업의 범위 … 195
      (1) 벤처기업법상의 벤처기업 … 196
      (2) 창업벤처중소기업 … 197
    3-2 창업 후 3년 이내 벤처기업의 확인 … 197
      (1) 벤처기업 확인 … 197
      (2) 승계방식 창업의 제외 … 199
  4. 에너지신기술중소기업 … 200

Ⅲ. 세액감면 201	(3) 청년창업중소기업의 최대주주
1. 감면소득 201	요건 위배 211
1-1 원칙 201	(4) 분사 요건 위배 212
1-2 에너지신기술중소기업 202	(5) 수도권 이전 등 쟁점 212
2. 감면세액 202	4. 세액감면의 승계 215
2-1 기본 감면 202	4-1 중소기업 간 통합 또는 법인전환 215
(1) 과세표준 203	4-2 분할 215
(2) 감면율 203	4-3 합병 215
(3) 청년창업중소기업 감면율	5. 지방세 특례 216
특례의 배제 205	5-1 주체 216
2-2 추가 감면 205	5-2 취득세 감면 216
(1) 감면율 205	(1) 감면 요건 217
(2) 상시근로자 수의 계산 등 206	(2) 사후관리 218
3. 감면기간 206	5-3 재산세 감면 219
3-1 감면기간의 산정 207	5-4 등록면허세 면제
(1) 감면개시연도 207	(20.12.31. 일몰 종료) 220
(2) 감면기간의 계속 208	
3-2 감면종료의 특칙 208	Ⅳ. 조세특례제한 등 221
(1) 중소기업 유예기간 적용	1. 중복지원의 배제 221
배제사유의 발생 예제 208	2. 추계과세 시 등의 감면배제 221
(2) 벤처기업 확인취소 등 210	3. 최저한세 221

Ⅰ. 의의

수도권과밀억제권역 외의 지역에서 창업한 중소기업, 창업보육센터사업자로 지정받은 내국인, 창업벤처중소기업 및 에너지신기술중소기업에 대해서, 5년간 해당 사업에서 발생한 소득에 대한 소득세 또는 법인세의 50%를 감면하는 기간감면제도이다. 고용창출형 창업중소기업 등에 대해서는 창업 2년차부터 전년 대비 고용증가율의 1/2을 기본 감면율에 합산하여 추가 감면한다.

다만, 신성장 서비스업 창업중소기업에 대해서는 3년간 75%, 이후 2년간 50%를 세액감면한다. 또한 청년창업중소기업 및 생계형 창업중소기업에 대해서는 과밀억제권역 내 창업은 5년간 50%, 과밀억제권역 외 창업은 5년간 100%를 감면한다.

중소기업의 설립을 촉진하고 성장기반을 조성하기 위하여 원칙적으로 중소기업 소득의 50%를 감면한다는 점에서, 감면율이 상대적으로 높은 과세특례제도이다. 창업 초기의 이익을 기업에 유보함으로써 창업기업의 조기 안정과 지속 성장에 유용한 제도로 실무상 사용빈도가 높다.

다만, 조세지출의 효율성을 높이기 위하여 중소기업 내에서도 상대적으로 열위에 있거나 기술집약도가 높아 특례를 부여할 필요성이 있는 중소기업만을 대상으로 하고 있다. 그 대상은 창업여건이 쉽지 않은 지방창업 중소기업, 산업정책적 목적으로 육성의 필요성이 큰 벤처중소기업, 대규모 투자와 높은 위험성을 수반하고 있는 에너지신기술기업 등이다.

창업중소기업이 조세특례를 적용받을 수 있는 세목은 법인세, 소득세, 취득세, 재산세 및 등록면허세 등이다.

일몰기한은 2024.12.31.이다.

개정연혁

연 도	개정 내용
2018년	■ 신성장서비스업에 대해 초기 3년간 75% 감면율 신설하고 감면율 특례 배제 규정 신설 ■ 고용증가에 따른 감면율 추가 적용 ■ 분사(分社)를 승계방식 창업에 포함하고 위반 시 감면종료 규정 신설 ■ 청년 창업중소기업 및 생계형 창업중소기업의 과밀억제권역 내 창업은 5년간 100% 감면하고, 과밀억제권역 외 창업은 5년간 50% 감면 ■ 감면업종 추가 - 통신판매업, 개인 및 소비용품 수리업, 이용 및 미용업 ■ 청년창업중소기업의 연령 상한 확대 : 29세 → 34세 ■ 청년창업중소기업이 공동사업장인 경우 대표자 판정 방법 신설 ■ 과밀억제권역 내 청년창업중소기업의 최대주주 요건 위반 시 감면종료 규정 신설 ■ 사업장을 과밀억제권역으로 이전 또는 새로이 설치하는 경우 감면종료 규정 명문화
2019년	■ 블록체인 기반 암호화 자산 매매 및 중개업의 감면업종 제외 ■ 청년창업 중소기업의 대표자가 손익분배비율이 동일한 경우 대표자 선정 방법 신설
2020년	■ 창업중소기업 세액감면 적용대상 업종 확대(일부 업종에 대해 Negative 방식 전환)
2022년	■ 생계형 창업중소기업의 수입금액 상향: 4,800만원 → 8천만원

Ⅱ. 요건 (감면주체)

1 창업중소기업

수도권과밀억제권역 외의 지역에서 창업한 중소기업으로 법 제6조 제3항에 열거된 업종을 경영하여야 한다(조특법 §6 ①, ③). 중소기업은 조세특례제한법에 의한 중소기업이다.

1-1 감면업종

(1) 열거업종

창업중소기업과 창업벤처중소기업은 법상 열거된 다음의 업종을 경영하는 경우로 한정된다(조특법 §6 ③).

> 1. 광업
> 2. 제조업(의제제조업 포함)
> 3. 수도, 하수 및 폐기물 처리, 원료 재생업
> 4. 건설업
> 5. 통신판매업
> 6. 물류산업(조특령 §5 ⑦)
> 7. 음식점업
> 8. 정보통신업. 다만, 다음 업종은 제외함.
>   가. 비디오물 감상실 운영업
>   나. 뉴스제공업
>   다. 블록체인 기반 암호화자산 매매 및 중개업
> 9. 금융 및 보험업 중 정보통신을 활용하여 금융서비스를 제공하는 업종❶
> 10. 전문, 과학 및 기술 서비스업[엔지니어링사업(조특령 §5 ⑨) 포함]. 다만, 다음 업종은 제외함.
>   가. 변호사업
>   나. 변리사업
>   다. 법무사업
>   라. 공인회계사업
>   마. 세무사업
>   바. 수의업

사. 행정사 사무소를 운영하는 사업
　　　아. 건축사 사무소를 운영하는 사업
　11. 사업시설 관리, 사업 지원 및 임대 서비스업 중 다음 어느 하나에 해당하는 업종
　　　가. 사업시설 관리 및 조경 서비스업
　　　나. 사업 지원 서비스업(고용 알선업 및 인력 공급업은 농업노동자 공급업을 포함함)
　12. 사회복지 서비스업
　13. 예술, 스포츠 및 여가관련 서비스업. 다만, 다음 업종은 제외함.
　　　가. 자영예술가
　　　나. 오락장 운영업
　　　다. 수상오락 서비스업
　　　라. 사행시설 관리 및 운영업
　　　마. 그 외 기타 오락관련 서비스업
　14. 협회 및 단체, 수리 및 기타 개인 서비스업 중 다음 업종
　　　가. 개인 및 소비용품 수리업
　　　나. 이용 및 미용업
　15. 「학원의 설립·운영 및 과외교습에 관한 법률」에 따른 직업기술 분야를 교습하는 학원을 운영하는 사업 또는 「국민 평생 직업능력 개발법」에 따른 직업능력개발훈련시설을 운영하는 사업(직업능력개발훈련을 주된 사업으로 하는 경우로 한정함)
　16. 「관광진흥법」에 따른 관광숙박업, 국제회의업, 테마파크업 및 관광객 이용시설업
　17. 「노인복지법」에 따른 노인복지시설을 운영하는 사업
　18. 「전시산업발전법」에 따른 전시산업

❹ 다음 어느 하나에 해당하는 업무를 업으로 영위하는 업종을 말함(조특령 §5 ⑧)
　① 전자금융업무(전자금융거래법 §2 1호)
　② 온라인소액투자중개(자본시장법 §9 ㉗)
　③ 소액해외송금업무(외국환거래법 시행령 §15의 2 ①)

　　창업중소기업에 해당되는지 여부를 판단함에 있어서는 법인등기부나 사업자등록증의 형식적 기재만을 가지고 판단할 것이 아니라 실제 영위하는 사업의 실질적인 내용에 따라 판단하여야 한다. 따라서, 창업중소기업 제외 업종인 부동산임대업을 법인등기부상 목적사업에 포함하여 설립한 후 건설업만을 영위한 경우에도 창업중소기업에 해당한다(조심 2014지1160, 2014.10.20.).

　　창업일 현재 감면업종을 영위하는 경우에 한하여 세액감면을 적용할 수 있으며, 창업일 이후 감면 업종이 신설된 경우에는 세액감면을 적용할 수 없다(사전법령소득-0387, 2020.6.19.; 사전법령법인-1540, 2021.11.11.).

　　내국법인이 예식장업과 음식점업을 겸영하면서 구분경리 규정(조특법 §143)에 따라 명확히 구분경리하는 경우, 음식점업에서 발생한 소득에 대하여는 창업중소기업 세액감면을 적용받을 수 있다(재조특-320, 2022.5.4.; 같은 뜻 법인세과-768, 2009.7.3.).

개정 연혁

> 2018년 중반 개정세법에서 창업 활성화를 위해 감면 대상 업종에 통신판매업, 개인 및 소비용품 수리업, 이용 및 미용업을 추가하였다. 2018.5.29. 전에 창업중소기업을 창업한 경우에는 개정규정에도 불구하고 종전의 규정에 따른다(동일자로 개정된 법 부칙 §4).
> 2019년 세법개정에서 가상통화 등의 거래를 중개하는 블록체인 기반 암호화 자산 매매 및 중개업은 부가가치 창출효과가 미흡하여 세액감면의 필요성이 적으므로 창업중소기업 등에 대한 세액감면에서 제외하였다.
> 2020년 개정세법에서 서비스업에 대한 세제지원을 확대하기 위하여 수도, 하수 및 폐기물처리, 원료 재생업(한국표준산업분류 36~39)과 정보통신을 활용하여 금융서비스를 제공하는 업종을 감면 적용 대상 업종에 추가하였다.
> 또한, 서비스업과 관련하여 종래 일부 업종만을 감면 업종으로 열거하는 방식에서 해당 중분류 전체를 원칙적인 감면 업종으로 규정하는 Negative 방식으로 전환하였다. 그 전환한 중분류 업종은 정보통신업(58~63), 전문, 과학 및 기술 서비스업(70~73), 사업시설 관리 및 조경 서비스업(74), 사업 지원 서비스업(75), 예술, 스포츠 및 여가관련 서비스업(90~91)으로 한다.
> 확대되는 업종은 번역 및 통역서비스업, 경영컨설팅업, 콜센터 및 텔레마케팅 서비스업 등 세세분류 기준 97개 업종이다. 개정규정은 2020.1.1. 이후 창업하는 경우부터 적용한다(2019.12.31. 개정된 법률 부칙 §4).

(2) 조특법상 특례 업종의 비교

종래 조세특례제한법에서는 창업중소기업 세액감면 및 중소기업 특별세액감면의 감면 업종과 중소기업 취업자 소득세 감면의 공제 업종에 대해서 중소기업 범위 기준의 업종기준을 모태로 하여 그 기준을 가감하여 설정하였다. 그러나, 2017년 세법 개정에서 중소기업 업종기준과 고용창출투자세액공제의 공제 업종을 소비성서비스업을 제외한 모든 업종을 대상으로 하는 네거티브 방식으로 변경하였다.

이에 본서에서는 원칙적으로 조특법 제6조 창업중소기업 세액감면 및 조특법 제7조 중소기업 특별세액감면의 감면 업종만을 대상으로 특례 업종을 정리하였다. 다만, 비교 목적으로 중소기업 업종기준과 조특법 제30조 중소기업 취업자 소득세 감면의 공제 업종을 기재하였다.

이하에서는 한국표준산업분류 제10차 개정의 업종 분류에 따른 순서를 기준으로 살펴보기로 한다. 다만, 업종 기준이 한국표준산업분류의 업종 분류가 아닌 관계 법령에 의하여 정하여지는 경우에는 유사한 업종 분류로 구분하였다. 업종 분류에 따른 상세 검토는 별도 목차로 후술한다.

조특법상 특례 업종의 비교

중분류	소분류 이하	중소기업	창업감면	중기감면	취업감면
농업(01)	작물재배업(011)	O	X	O	O
	축산업(012)	O	X	O	O
	이외(013, 014, 015)	O '17년부터	X	X	O
임업(02)		O '17년부터	X	O '17년부터	O
어업(03)		O	X	O	O
광업(05~08)		O	O	O	O
제조업(10~34)		O	O	O	O
신재생에너지법	신재생에너지 발전사업 (35112, 35114, 35119)	O '15년부터	X	O '15년부터	X
전기, 가스, 증기 및 공기조절공급업(35)	일반도시가스사업(352)-도시가스사업법 §2 4호	O '13년부터	X	X	O
	이외	O '17년부터	X	X	O
수도업(36)		O '17년부터	O '20년부터	X	O
하수·폐기물처리(재활용 포함)·원료재생 (및 환경복원)업(37~39)		O	O '20년부터	O	O
건설업(41~42)		O	O	O	O
도매 및 소매업 (45~47)	통신판매업	O	O '18년부터	O	O
	이외	O	X	O	O
조특령 §6 ①	수탁생산업(46)	O	X	O	X
운수 (및 창고)업 (49~52)	여객운송업(492, 50111, 50121, 50201)	O	△ (물류산업)	O	O
	통관 대리 및 관련서비스업 (52991)	O '17년부터	△ (물류산업)	O '19년부터	O
	이외	O '17년부터	△ (물류산업)	△ (물류산업)	O
조특령 §5 ⑦	물류산업	O	O	O	X

중분류	소분류 이하	중소기업 (도선업은 '14년부터)	창업감면 (도선업은 '14년부터)	중기감면 (도선업은 '14년부터)	취업감면
해운법	선박관리업(52929)	O	X	O	X
숙박 및 음식점업 (55~56)	음식점업(561)	O	O	X	O
	이외	O '17년부터	X	X	O (주점 및 비알코올 음료점업 제외)
출판업(58)		O	O	O	O
영상·오디오 및 기록물 제작 및 배급업(59)	영화관운영업(59141)	O	O	O '15년부터	O
	비디오물 감상실운영업 (59142)	O '17년부터	X	X	X
	이외	O	O	O	O
방송업(60)		O	O	O	O
우편 및 통신업 (61)	전기통신업(612)	O	O	O	O
	이외	O '17년부터	O '20년부터	X	O
컴퓨터프로그램·시스템통합 및 관리업(62)		O	O	O	O
정보서비스업 (63)	뉴스제공업(6391)	O	X	O	O
	블록체인기반 암호화자산 매매 및 중개업(63999-1)	O	X '19년부터	X '19년부터	O
	이외	O	O	O	O
금융 및 보험업(64~66)		O '17년부터	△❶ '20년부터	X	X
부동산업(68)	주택임대관리업(68111, 68211) -주택법	O '15년부터	X	O '15년부터	O
	이외	O '17년부터	X	X	O
연구개발업(70)		O	O	O	O

중분류	소분류 이하	중소기업	창업감면	중기감면	취업감면
전문서비스업 (71)	변호사업, 변리사업, 법무사업, 공인회계사업, 세무사업(71101, 71102, 71103, 71201, 71202). 행정사 사무소(71109)	O '17년부터	X	X	X
	광고업(713)	O	O	O	O
	시장조사 및 여론조사업(714)	O '11년부터	O '11년부터	O '11년부터	O
	이외	O '17년부터	O '20년부터	X	X
건축기술, 엔지니어링 및 기타 과학기술서비스업(72)	건축사 사무소(72111)	O '17년부터	X	X	O
	엔지니어링사업(영 §5 ⑨)(7212)	O	O	O	O
	기타 과학기술서비스업(729)	O	O	O	O
	이외	O '17년부터	O '20년부터	X	O
기타 전문, 과학 및 기술서비스업(73)	수의업(731)	O '17년부터	X	X	O
	전문디자인업(732)	O	O	O	O
	이외	O '17년부터	O '20년부터	X	O
이공계지원 특별법	연구개발지원업	O '14년부터	X	O '14년부터	X
사업시설관리 및 조경 서비스업(74)	건물 및 산업설비청소업(7421)	O '11년부터	O '11년부터	O '11년부터	O
	이외	O '17년부터	O '20년부터	X	O
사업지원 서비스업(75)	고용알선 및 인력공급업(751) (농업노동자공급업 포함)	O (농업노동자는 '11년부터)	O '11년부터	O (농업노동자는 '11년부터)	O
	경비 및 경호서비스업(7531)	O '11년부터	O '11년부터	O '11년부터	O

중분류	소분류 이하	중소기업	창업감면	중기감면	취업감면
	보안시스템 서비스업 (7532)	O '16년부터	O '16년부터	O '16년부터	O
	콜센터 및 텔레마케팅 서비스업(75991)	O	O '20년부터	O	O
	전시, 컨벤션 및 행사대행업 (75992)	O	O	X	O
	포장 및 충전업(75994)	O	O '20년부터	O	O
	이외	O '17년부터	O '20년부터	X	O
전시산업발전법	전시산업(75992)	O	O	O	O
임대업; 부동산 제외(76)	자동차임대업(76110)	O '17년부터	X	△ '17년부터 (전기자동 차등)	O
	무형재산권 임대업(764) (지식재산 임대로 한정)	O '14년부터	X	O '14년부터	O
	이외	O '17년부터	X	X	O
교육서비스업 (85)	직업기술분야학원(법 §7 ① 1호 커목) (8565, 8569)	O	O	O	△ (컴퓨터학 원 '24년)
	사회교육시설(8564), 직원훈련 기관(8565), 기타 기술 및 직 업훈련 학원(85669)	O '14년부터	X	O '14년부터	X
	기술 및 직업훈련학원(8566)	O '17년부터	X	X	O
국민 평생 직업능력개발법	직업능력개발훈련시설 운영사업	O '11년부터	O '11년부터	O '11년부터	X
보건업(86)	의원(862)	O	X	△ '17년부터 (소규모 한정)	X

중분류	소분류 이하	중소기업	창업감면	중기감면	취업감면
	이외 의료법에 따른 의료기관 운영사업(861, 863, 869)	O	X	O	X
사회복지서비스업(87)		O '13년부터	O '13년부터	O '13년부터	O
노인복지법	노인복지시설 운영사업 (8711)	O	O	O	X
노인장기요양 보험법	재가장기요양기관 운영사업	O '11년부터	X	O '11년부터	X
창작, 예술 및 여가관련 서비스업 (90)	창작 및 예술 관련 서비스업 (901)	O	△ (자영예술가 제외)	△ (자영예술가 제외)	O '20년부터
	도서관, 사적지 및 유사 여가 관련서비스업(902)	O '14년부터 (독서실운영업 제외)	O '20년부터	O '14년부터 (독서실운영업 제외)	O '20년부터
	이외	O '17년부터	O '20년부터	X	X
스포츠 및 오락 관련 서비스업 (91)	스포츠서비스업(911)	O '17년부터	O '20년부터	X	O '20년부터
	오락장 운영업, 수상오락 서비스업, 사행시설 관리 및 운영업, 그 외 기타 오락관련 서비스업(9122, 9123, 9124, 9129)	O '17년부터	X	X	X
	이외	O '17년부터	O '20년부터	X	X
관광진흥법에 따른 관광사업	여행업(7521)	O	X	O	X
	관광숙박업(551)❷	O	O	O	X
	관광객이용시설업	O	△ (일반야영장업 제외❸)	O	X
	국제회의업(68112, 75992)	O	O	O	X

중분류	소분류 이하	중소기업	창업감면	중기감면	취업감면
	카지노업(91249)	O '17년부터	X	X	X
	유원시설업(9121)	O	O	O	X
	관광편의시설업	O❹	X	△❺	X
개인 및 소비용품 수리업(95)	자동차정비공장 운영사업 (영 §54 ①)(95211, 95212)	O	O '18년부터	O	O
	이외	O '17년부터	O '18년부터	X	O
기타개인 서비스업(96)	이용 및 미용업(9611)	O '17년부터	O '18년부터	X	X
	개인 간병 및 유사서비스업 (96993)	O '14년부터	X	O '14년부터	X
	이외	O '17년부터	X	X	X
에너지이용 합리화법	에너지절약전문기업이 하는 사업❻	O	X	O	X

❶ 정보통신을 활용하여 금융서비스를 제공하는 ① 전자금융업무(전자금융거래법 §2 1호), ② 온라인소액투자중개(자본시장법 §9 ㉗), ③ 소액해외송금업무(외국환거래법 시행령 §15의 2 ①)에 한함.

❷ 관광숙박업은 호텔업 및 여관업의 경우에도 소비성서비스업에서 제외됨.

❸ 자동차야영장업, 관광유람선업과 관광공연업은 2014년 말 개정세법에서 추가되어 소급 적용됨.

❹ 종래 관광유흥음식점업 및 외국인전용유흥음식점을 제외하였으나 2017년 개정세법에서 전체 관광편의시설업으로 확대됨. 동 업종 등은 주점업에 해당하여도 소비성서비스업에서 제외됨.

❺ 관광유흥음식점업 및 외국인전용유흥음식점은 제외

❻ 에너지절약전문기업(ESCO)은 현재 한국표준산업분류상 통일된 별도의 분류가 존재하지 아니하며, 실무상 각 업체의 구체적 활동에 따라 다른 분류번호를 적용하고 있음.[예, 엔지니어링서비스업(7212)]

1-2 업종 분류 검토

본서에서는 중소기업 과세특례와 관련된 업종 분류의 상세 내용을 창업중소기업 세액감면에서 검토한다. 중소기업 범위기준, 법 제7조 중소기업 특별세액감면, 법 제30조 중소기업 취업자 소득세 감면의 업종기준 등도 함께 다룬다. 제목 또는 본문의 괄호 안 숫자는 한국표준산업분류 제10차 개정의 분류번호를 표시한 것이며, 그 번호 순서에 따라 목차의 순서를 정하였다.

(1) 제조업 (10~34)

제조업은 창업중소기업 세액감면과 중소기업 특별세액감면의 감면업종에 해당한다(조특법 §6 ③ 2호, §7 ① 1호 마목).

제조업이란 원재료(물질 또는 구성요소)에 물리적, 화학적 작용을 가하여 투입된 원재료를 성질이 다른 새로운 제품으로 전환시키는 산업활동을 말한다. 이러한 제조활동은 공장이나 가내에서 동력기계 및 수공으로 이루어질 수 있으며, 생산된 제품은 도매나 소매형태로 판매될 수도 있다(한국표준산업분류 Ⅲ. C. 1. 제조업의 정의).

(1-1) 포장·조립 등의 제외

단순히 상품을 선별, 분리, 포장하는 등의 본질적 성질을 변화시키지 않는 활동은 본질적인 제조행위라기보다는 부수적인 작업에 불과하므로 제조업에 해당하지 않는다(국심 2002서3330, 2003.7.5.). 컴퓨터와 관련부품을 구입하여 컴퓨터에 동 관련제품을 단순히 조립 또는 부착하여 판매하는 등, 구입한 부품에 대하여 판매를 목적으로 단순히 조립하는 경우에도 제조업으로 보지 않는다(법인 46012-651, 2001.4.19.; 법인 46012-3839, 1999.10.28.).[1]

● **도축된 돼지를 매입하고 부위별 해체하여 포장한 후 판매** (제조업)

도축된 돼지를 매입하거나 매입한 돼지를 도축 의뢰한 후 그 돼지를 발골, 정선, 포장하여 거래처에 납품하는 사업의 업태 및 종목이 「조세특례제한법」 제7조를 적용함에 있어 제조업에 해당하는지 여부는 「통계법」 제22조에 따라 통계청장이 고시하는 한국표준산업분류에 따르는 것임(사전법령소득-0815, 2018.1.11.) 가금류를 제외한 육지동물을 특정 부위별로 절단, 분할하고 진공·밀폐 포장하여 냉동육 등을 생산·판매하는 활동은 육류 포장육 및 냉동육 가공업(한국표준산업분류 번호 10122)이므로 도소매업이 아닌 제조업에 해당함.

(1-2) 제조공정의 일부 수행

제조활동의 모든 공정이 해당 기업에서 수행되어야 하는 것은 아니며, 제조공정의 일부분이 수행되면 제조업으로 본다.

따라서 내국법인이 국내 소재 사업장에서 부품을 제조하고 조립을 하여 **중간제품 또는 반제품 상태로 국외 현지공장에 반출**하고 현지공장에서 단순 조립하여 완제품을 판매하는 경우에는 제조업으로 분류된다.[서면2팀-17, 2007.1.4.(조특법 §7 중소기업 특별세액감면).]

제조공장을 보유한 기업이 원청회사로부터 여성속옷 제조·하청을 받아 납품함에 있어, 생산라인 부족으로 **일부 재단공정을 하청 준 후 봉제 임가공하여 납품**한 매출액은 도매업이

---

[1] 그러나 한국표준산업분류에서는 기계 및 장비의 전용 구성 부분품, 부속품, 부착물 및 부품을 주로 조립하여 제조하는 사업체는 원칙적으로 그 구성 부분품 등이 사용될 기계 및 장비의 제조업과 동일한 항목에 분류하여 조세특례제한법과 달리 제조업으로 보고 있다(한국표준산업분류 Ⅲ. C. 3. 마.)

아닌 제조업 소득으로 본다.[심사소득 2004-174, 2005.7.25.(조특법 §7 중소기업 특별세액감면).]

또한 국내외에서 다른 제조업체에 위탁가공한 반제품 또는 중간제품으로 국내사업장에서 완제품을 생산하고, 이를 자기 명의로 자기 책임 하에 직접 판매하는 경우에도 제조업의 범위에 포함된다(법인 46012-476, 2000.2.19.).

- **외국 공장에서 제품을 제조하는 경우 제조업에 해당하는지 여부** (부정)

    비록 조특법 제7조에서 제조업체의 범위에 관하여 명시적으로 제한하는 내용을 규정하고 있지는 아니하나, 조특법 제7조의 입법취지가 상대적으로 경쟁력이 취약한 국내 중소제조업을 보호·육성함으로써 국내 중소제조업의 생산기반을 유지·발전시키고 이를 통한 고용창출 등으로 국민경제의 균형 있는 성장과 안정을 도모하기 위한 것인 점 등에 비추어 보면, 청구법인과 같이 <u>제조공정을 국외에서 수행하는 경우 국내 제조업의 생산기반을 유지·발전시키고자 하는 조특법 제7조의 입법취지에 맞지 아니하고</u>, 이러한 경우까지 조세감면의 혜택을 부여하는 것은 납세의무자들 사이의 공평을 해할 뿐만 아니라 국내에 생산기반을 둔 동종 업체와의 경쟁에서 유리한 지위를 갖게 하여 위 법 조항을 통하여 달성하고자 하는 목적에 오히려 저촉되는 결과를 초래할 수 있으므로 <u>조특법 제7조 상의 제조업체는 그 사업장이 국내에 있는 업체로 한정하여 해석함이 타당하다</u> 할 것이고(대법원 2008두19451, 2009.1.15. ; 국심 2007서1127, 2007.7.11., 같은 뜻임), 또한 한국표준산업분류의 목적이 국내산업의 구조분석에 있는 점을 고려해 보아도 산업활동의 주된 내용이 국외에서 이루어지는 경우 이를 준거로 업종을 분류하는 것은 적절하지 아니하다 할 것이다(조심 2023서9329, 2023.10.12.; 같은 뜻 조심 2010중2154, 2011.12.6.).

(1-3) 임가공

제조장을 갖춘 사업자가 자기의 제조설비를 이용하여 국외의 다른 사업자로부터 제공받은 원부자재를 주문받은 완제품으로 제조하여 공급하는 임가공 용역은 제조업에 해당한다[국제세원-293, 2009.6.8.(구 조특법 §26 임시투자)].

제조장이 없는 경우에도 선박제조장 내에서 자기의 제조설비 또는 임차된 제조설비를 이용하여 다른 사업체로부터 제공받은 재료로 주문된 특정 제품을 제조하여 위탁업체에게 제공하는 **선박임가공업**의 경우에도 제조업으로 분류된다[서면1팀-1050, 2005.9.6.(조특법 §6 창업중소기업 세액감면)].

더 나아가 사업자가 제조업체의 한 공장 내에서 당해 제조업체로부터 공장기계시설 및 자재를 제공받아 별도의 독립된 자격으로 자기 책임 하에 특정 제품을 제조하여 공급하고 그 대가를 받는 **소사장제**의 경우에도 제조업에 해당한다(서면1팀-967, 2005.8.16.).

그러나, 자기관리 하에 있는 노동자를 계약에 의하여 타인 또는 타 사업체에 일정기간 동안 공급하는 산업활동에서, 노동자들은 **인력공급업체의 직원**이지만 고객 사업체의 지시 및 감독을 받아 업무를 수행하는 경우는, 제조업에 해당하지 아니하고 서비스업인 인력공급업에 해당한다(지방세운영-1506, 2010.4.13.).

(2) 의제제조업 (유사제조업)

(2-1) 요건

의제제조업이란 자기가 제품을 직접 제조하지 아니하고 타 제조업체에 의뢰하여 제조하는 사업으로서 다음의 요건을 모두 갖추어야 한다(조특칙 §4의 2).

① 생산할 제품을 직접 기획(고안·디자인 및 견본제작 등을 말함)할 것

주문자를 포함한 외부로부터 디자인을 제공받은 경우는 의제제조업에서 제외한다 (재조예 46070-292, 2000.8.18.).

② 해당 제품을 자기 명의로 제조할 것

자기 명의로 제조한다는 것은 자기 브랜드를 보유하거나, 자기 브랜드를 보유하지 않더라도 제조자임이 분명한 경우를 의미한다(통계청 통계기준팀-2588, 2009.12.28.). 타인으로부터 상표의 사용 권리를 부여받아 판매하는 경우는 의제제조업에서 제외한다(서면법규과-13, 2014.1.7.; 서면2팀-301, 2004.2.27.).

③ 해당 제품을 인수하여 자기 책임 하에 직접 판매할 것

④ 수탁업체는 국내 또는 개성공업지구에 소재할 것

국외 소재 제조업체에 의뢰한 경우에는 국내 중소기업의 보호 육성을 위한 조특법의 취지에 반하므로 제조업으로 보지 아니하며 **도매업으로 분류한다**(서면법인-4209, 2016.10.27.; 조심 2011서2389, 2012.4.30.; 서면2팀-1309, 2006.7.12.). 도매업으로 분류되면 중소기업 특별세액감면 적용시 제조업과는 다른 공제율이 적용됨에 유의하여야 한다. 개성공업지구 소재 제조업체는 의제제조업의 수탁업체가 될 수 있으나, 평양 소재 기업이 수탁 생산하는 경우에는 의제제조업에 해당하지 않는다[조심 2010중3890, 2011.9.14.(조특법 §7 중소기업 특별세액감면)].

(2-2) 제조업으로 간주

사업자가 제조장(공장)을 설치하지 아니하고 타 제조업자에게 위탁가공(외주가공)하여 판매하는 사업은 원칙적으로 판매업으로서 형태에 따라 도매업 또는 소매업에 해당한다. 그러나, 벤처기업의 확산과 더불어 팹리스(Fabless) 회사 등 제조를 하지 아니하고 연구개발, 설계와 판매만 수행하는 기업이 첨단사업을 중심으로 증가하는 추세이다. 이러한 업체들을 도소매업으로 분류하게 되면 제조업 또는 중소기업으로서의 지원을 받을 수 없게 되므로, 한국표준산업분류 및 부가가치세법에서는 제조만을 위탁하는 팹리스 회사를 제조업으로 보고 있다(아래 표 참조).

이와 동일한 취지로 조특법에서도 의제제조업의 요건을 갖추는 경우 제조업에 포함하고

있다. 의제제조업은 조특법상 제조업 분류에 포함되는 것이지, 독자적인 업종으로 분류되지 않는다는 점에 유의하여야 한다. 그러므로, 법 제7조 중소기업 특별세액감면에서 소기업 판정 시 매출액의 소기업 규모 요건을 적용하는 경우, '제조업'의 매출액기준에 따라 소기업 여부를 판정한다.

한편, 조세특례제한법의 의제제조업은 자기 소유 원재료를 수탁업체에 제공할 것을 요구하지 않는다는 점에서 부가가치세법 및 한국표준산업분류의 요건과 차이가 있다.

의제제조업의 요건에 대한 3자 비교

구분	조세특례제한법	한국표준산업분류❶	부가가치세법❷
자기 기획	생산할 제품을 직접 기획 (고안·디자인 및 견본제작 등)할 것	좌동	좌동
자기 명의	제품을 자기 명의로 제조할 것	좌동	좌동❸
원재료 제공	원재료 제공 제한 없음	자기계정으로 구입한 원재료를 계약 사업체에 제공	좌동
수탁 업체	국내 또는 개성공업지구에 소재	소재지 제한 없음	소재지 제한 없음
자기 판매	제품을 인수하여 자기 책임 하에 직접 판매할 것	좌동	좌동

❶ 한국표준산업분류 III. C. 3. 자.

❷ 부통 2-4…3

❸ 자기명의로만 된 고유상표를 부착하는 경우를 말하며, 거래처의 상표를 부착하거나 O.E.M. 방식 및 상표 부착 없이 판매하는 경우에는 이에 포함하지 않음.

예규·판례

❖ **분할신설법인이 분할법인으로부터 상표사용권을 무상으로 받은 경우 의제제조업에 해당하는지 여부 (긍정)** (법인-197, 2010.3.8.; 같은 뜻 법인-248, 2010.3.16.)
인적분할에 의해 설립된 분할신설법인이 분할 전에 사용하던 상호를 등기하여 사용하고, 분할법인으로부터 등록상표 사용권(독점적 통상사용권)을 무상으로 허여받아 제품생산의 기획과 품질 및 판매관리 책임 하에 분할법인에게 수탁생산하도록 하는 경우, 동 분할신설법인은 위 법령에 정하는 "당해 제품을 자기명의로 제조"하는 경우에 해당하는 것임.

| 저자주 | 일반적으로 타인으로부터 상표 사용권을 부여받아 판매하는 경우에는 의제제조업에 해당하지 않으나,(서면법규과-13, 2014.1.7.) 분할신설법인과 분할법인의 경제적 실질이 동일한 점을 고려하여 예외적으로 의제제조업에 해당하는 것으로 해석한 사례임.

(3) OEM 수탁생산업

수탁생산업은 중소기업 특별세액감면의 감면업종에 해당한다(조특법 §7 ① 1호 어목).

수탁생산업이란 위탁자로부터 주문자상표부착방식(Original Equipment Manufacturer; OEM)에 따른 제품생산을 위탁받아 이를 타 제조업체에 재위탁하여 제품을 생산·공급하는 사업을 말한다(조특령 §6 ①). 국내 임금상승에 따라 해외현지법인 등에 제품생산을 재위탁하는 방법 등으로 제품을 제조한 후, 주문자상표를 부착하는 수탁생산업자에 대한 세제지원을 목적으로 한다.

의제제조업과는 달리 국내기업에 (재)위탁할 것을 요건으로 하지 않으므로 국외소재 제조업체에 재위탁하는 경우에도 수탁생산업에 포함된다.

OEM 수탁생산업의 위탁 방식 및 업종 분류

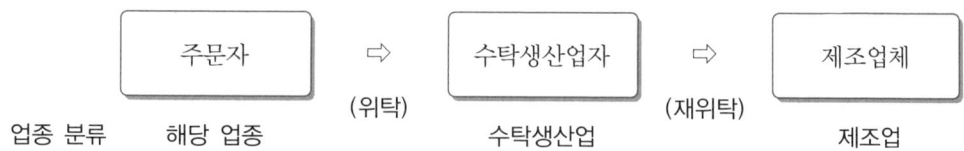

조특법 제7조 제1항 마목(제조업)과 어목(수탁생산업)에서 별도 업종으로 열거되어 있으므로 수탁생산업체는 제조업으로 볼 수 없으며 독자적인 업종으로 열거된 것으로 보아야 한다(조심 2010서3577, 2013.5.20.). 따라서, OEM 수탁생산업은 제조업에 포함되지 않는 고유의 업종이며, 앞서 보았던 의제제조업이 제조업에 포함되는 것과는 차이가 있음에 주의하여야 한다.

그러므로, 종래에는 법 제7조 중소기업 특별세액감면에서 소기업 판정 시 상시 종업원 수 요건과 관련하여 제조업이 아닌 '기타사업'의 인원기준에 따라 소기업 여부를 판정하였다(재조특-635, 2010.7.1.; 서울고등법원 2012누5734, 2012.8.17.). 수탁생산업은 한국표준산업분류상 제조업에 포함되지 않으므로, 2016년 세법개정으로 소기업 판정을 매출액기준으로 단일화한 이후에는 한국표준산업분류에 따라 주된 산업활동을 기준으로 업종을 판정해야 할 것이다. 수탁생산업은 B2B 형태이므로 도매업으로 분류될 것으로 판단된다(서면법인-4209, 2016.10.27.; 재조예-805, 2004.12.1. 참조).

● **제조자개발생산방식(ODM)의 수탁생산업의 감면 업종 해당 여부** (부정)

주문자상표부착생산방식(OEM)이 주문자가 판매할 상품을 주문자의 상표를 부착하여 주문자의 설계대로 제작자가 위탁받아 제조하는 방식임을 고려시, 주문자가 요청한 청구법인의 견적서에는 제품의 종류, 용량, 규격 등 주문을 위한 일반적이고 기초적인 사항만 기재될 뿐 주문자가 직접 제품의 설계 및 개발에 관여한 사실이 확인되지 않는 점, 청구법인이 주문자에게 납품하는 제품은 주문자가 판매할 상품에 주문자의 상표를 부착한 것이 아니라 주문자 상품의 부수적 요소인 PP포대 등에 주문자의 상호를 인쇄한 것으로 보이는 점, 청구법인과 청구법인의 대표이사 명의로 보유중인 제품 제조 관련 특허권 및 자체개발 제품 홍보내용 등으로 미루어 제품의 생산을 위한 핵심기술과 노하우는 청구법인이 보유하고 있는 것으로 보이는 점 등에 비추어 처분청에서 청구법인의 생산방식을 주문자상표부착생산방식(OEM)이 아닌 제조자개발생산방식(ODM)의 수탁생산업으로 보아 청구법인의 경정청구를 거부한 처분은 달리 잘못이 없는 것으로 판단된다(조심 2021전1825, 2021.8.31.).

(4) 신·재생에너지 발전사업 (35112, 35114, 35119)

「신에너지 및 재생에너지 개발·이용·보급 촉진법」(이하 "신재생에너지법")에 따른 신·재생에너지 발전사업은 중소기업 특별세액감면의 감면업종에 해당한다(조특법 §7 ① 1호 누목). 신·재생에너지 발전사업이란 신·재생에너지를 이용하여 전기를 생산하는 것을 말한다(신재생에너지법 §2).

태양광은 재생에너지에 해당하지만 창업중소기업의 업종기준에 해당하지 않으므로, 법 제30조의 5 창업자금에 대한 증여세 과세특례를 적용받을 수 없다(서면상속증여-709, 2015. 5.28.).

(5) 건설업 (41-42)

건설업은 창업중소기업 세액감면과 중소기업 특별세액감면의 감면업종에 해당한다(조특법 §6 ③ 4호, §7 ① 1호 사목).

(5-1) 범위

건설업이란 계약 또는 자기계정에 의하여 지반조성을 위한 발파·시굴·굴착·정지 등의 지반공사, 건설용지에 각종 건물 및 구축물을 신축 및 설치, 증축·재축·개축·수리 및 보수·해체 등을 수행하는 산업활동으로서 임시건물, 조립식 건물 및 구축물을 설치하는 활동이 포함된다. 이러한 건설활동은 도급·자영건설업자, 종합 또는 전문건설업자에 의하여 수행된다(한국표준산업분류 Ⅲ. F. 1. 건설업의 정의).

건설업의 분류

중분류	소분류
종합건설업(41)	건물건설업, 토목건설업
전문직별공사업(42)	기반조성 및 시설물 축조관련 전문공사업, 건물설비 설치공사업, 전기 및 통신공사업, 실내건축 및 건축마무리 공사업, 시설물 유지관리 공사업, 건설장비 운영업

(5-2) 부동산 임대 및 공급업과의 구분

(가) 일괄 도급 여부

직접 건설활동을 수행하지 않더라도 건설공사에 대한 총괄적인 책임을 지면서 건설공사 분야별로 도급 또는 하도급을 주어 전체적으로 건설공사를 관리하는 경우에는 건설활동으로 본다. 반면에, 직접 건설활동을 수행하지 않으면서 전체 공사를 건설업자에게 일괄 도급하여 건축물 또는 부동산(농지, 공장용지, 광산용지 등)을 개발하고 판매, 임대, 분양하는 경우에는 부동산 임대 및 공급업(부동산업의 소분류; 681)으로 본다(한국표준산업분류 Ⅲ. F. 2. 마.) (수원지법 2011구합1543, 2011.7.21.; 서면2팀-836, 2007.5.3.)..

이때 "직접 건설활동을 수행하지 않는다"는 문구는 발주자가 수급인에게 일괄도급을 주어도 건설업에 해당한다는 것이 아니라, 건설공사의 일부분을 하도급하는 경우에도 건설업에 해당한다는 의미로 해석하여야 한다. 즉, 건설공사를 도급하는 경우에 전체적인 관리활동을 도급업체가 수행한다면 건설업인 반면에, 일괄도급하여 건설활동을 수행하지 않는다면 부동산공급업으로 분류된다. 실무상 적용 시에는 **사실판단에 의하여 양자를 구분하여**야 한다.

또한 건설산업기본법에서는 건설공사 시공자를 건설 면허를 보유한 건설업자에 한정하고 있으므로, 건설 면허를 보유하여야 감면업종인 건설업에 해당할 수 있을 것으로 판단된다(동법 §41). 반면에 사업자등록증상 건설업으로 표시되는 경우에도 건설 면허를 보유하지 못한 주택신축판매업자 등은 감면이 불가능할 것으로 본다.

따라서 건설 면허를 보유하고 일부 또는 전부를 직접 시공하는 경우에 한하여 감면이 가능할 것으로 판단된다.

직접건설과 위탁(도급)건설을 겸업하는 경우에는 전술한 주된 사업의 판정기준에 따라 사업별 사업수입금액이 큰 사업을 주된 업종으로 보아서 중소기업 여부를 판정한다.

실무 상담 사례

Q 시행사가 원도급자를 거치지 않고 하도급자에게 공사 대금 중 50%를 하도급 대금으로서 직접 지급하는 경우 건설업에 해당하나요?

A 건설 공사를 일괄 도급하는 경우에는 건설업에 해당하지 않으나 일부 하도급을 주는 경우에는 건설업에 해당합니다. 그러나, 직접적인 건설 활동을 수행하지 않고 단순히 대금의 일부만을 지급한 경우에는 건설공사를 관리하지 않으므로 건설업에 해당하지 않습니다.

(나) 사실 판단 기준

판례 및 예규에 의하면 건설업과 부동산 공급업 구분에 관한 사실판단의 기준으로 전체 공사에서 위탁 또는 도급공사가 차지하는 비율, 당해 중소기업이 직접 시공한 공사의 비중과 전체 공정에 관여한 정도, 당사자의 의사를 제시하고 있다(대법원 2007두8843, 2009.8.20.; 조세지출예산과-1, 2008.1.3.). 직접 건설활동을 수행하지 아니하는 경우에는 일응 부동산 공급업으로 간주하는 경향이 높은 것으로 판단된다.

예를 들어, 직접 건설활동을 수행하지 않고 건설업자에게 의뢰하여 주거용 및 비주거용 건물을 건설하고 분양·판매하는 사업은 부동산 임대 및 공급업에 해당한다(조심 2018서4855, 2019.2.21.; 조세지출예산과-1, 2008.1.3.; 서이 46012-12116, 2003.12.15.; 서이 46012-11700, 2002.9.12.). 연면적 661㎡를 초과하는 주거용 건축물은 건설업자가 시공하여야 하므로 건설업 면허가 없는 청구인은 직접 건설활동을 수행하였다고 보기 어려우므로 부동산공급업을 영위하는 것으로 본다(조심 2018중3385, 2018.10.24.; 조심 2016중4202, 2016.12.29.; 조심 2016중3082, 2016.11.8.).

설령 주택건설면허를 보유하고 있는 업체의 경우에도 주상복합 및 주거용·상업용건물 등을 신축하기 위해, 토지를 매입하여 설계사무소에 설계를 의뢰하고 타건설회사에 도급을 주어 건물을 준공하고 자사 명의로 분양 및 판매를 할 때에 직접 건설활동을 수행하지 않아 부동산공급업으로 분류되는 경우에는 건설업에 해당하지 않는다(서이 46012-11700, 2002.9.12.).

반면에, 자기계정에 의하여 건축물을 직접 건설하여 분양·판매하는 것을 주된 사업으로 영위하는 경우에는 건설업에 해당하므로, 이 경우 직접 시공 능력을 갖추고, 당해 법인의 총괄적인 책임 하에 공사 전반을 계획·관리 및 조정하면서 필요한 전문공사를 하도급하여 수행하는 경우에는 직접 건설활동을 수행하는 것으로 본다(서면2팀-836, 2007.5.3.).

한편, 종합건설업 면허 법인이 아파트를 직접 건축하여 임대사업자로 등록하고, 임대주택의 의무임대기간이 만료되기 전·후에 당해 아파트를 분양하는 사업은 건설업에 해당한다.[서면2팀-1276, 2007.7.4.(조특법 §7 중소기업 특별세액감면).]

(6) 도소매업 (45~47)

도소매업은 중소기업 특별세액감면의 감면업종에 해당한다(조특법 §7 ① 1호 아목).

반면에 도소매업은 창업중소기업 세액감면의 감면업종에는 해당하지 않으나, 통신판매업(전자상거래 등에서의 소비자보호에 관한 법률 §2)은 감면업종에 해당한다(조특법 §6 ③ 5호).

도소매업에는 구입한 각종 신상품 또는 중고품을 변형하지 않고 구매자에게 재판매하는 도매 및 소매활동, 판매상품에 대한 소유권을 갖지 않고 구매자와 판매자를 위하여 판매 또는 구매를 대리하는 상품중개, 대리 및 경매활동이 포함된다(한국표준산업분류 Ⅲ. G. 도매 및 소매업 정의).

● **기계장비의 제조와 도소매를 병행하는 법인의 수리 활동의 업종구분**

법인이 자기가 제조한 기계장비 등을 수리하거나 상품으로 판매한 기계장비 등의 수리를 병행하는 산업활동을 영위하여 당해 수선·보수활동이 한국표준산업분류상 각각 당해 기계장비의 제조업 및 도매업으로 분류되는 경우에는 제조업 및 도매업을 영위하는 것으로 보아 제6조 창업중소기업에 대한 세액감면과 제7조의 중소기업특별세액감면을 적용한다(서면2팀-245, 2004.2.19.; 서면2팀-623, 2006.4.13.; 한국표준산업분류 Ⅲ. C. 1.).

(7) 물류산업

물류산업은 창업중소기업 세액감면과 중소기업 특별세액감면의 감면업종에 해당한다(조특법 §6 ③ 6호, §7 ① 1호 처목).

(7-1) 범위

조특법상 중소기업으로 인정되는 물류산업은 다음과 같다(조특령 §5 ⑦).

① 육상·수상·항공 운송업(한국표준산업분류 49, 50, 51)

노선 또는 정기 운송 여부를 불문하고 철도, 도로, 관로(파이프라인), 해상 및 항공 등으로 여객 및 화물을 운송하는 산업활동

② 화물취급업(5294)

화물을 운송장비에 적재 또는 하역하는 산업활동으로 항공·육상 및 수상화물취급업

③ 보관 및 창고업(521)

각종 물품의 저장설비를 운영하는 산업활동

제대혈을 냉동보관해 주고 대가를 받는 사업은 창고업에 해당한다(서면1팀-88, 2005.1.20.).

④ 육상·수상·항공 운송지원 서비스업(5291, 5292, 5293)

여객 터미널, 물류터미널, 항구 및 해상터미널, 공항 등의 운영과 주차장운영업 등

⑤ 화물운송 중개·대리 및 관련 서비스업

해상화물운송의 주선·중개업(제도 46012-10743, 2001.4.23.) 및 복합운송주선업(법인 46012-3750, 1999.10.18.)이 해당한다.

관세사업은 한국표준산업분류상 전문, 과학 및 기술 서비스업(70~73)이 아니라 화물운송주선업[제10차 개정에서는 통관 대리 및 관련 서비스업(52991)]으로 분류되어 있으므로, 화물운송주선 업무와 무관한 통관대행 업무와 관련된 수입도 관련 서비스업으로 중소기업특별세액감면이 가능하다(국심 2007서324, 2007.3.22.). 관세사업은 운수업에 포함되므로 법 제30조 중소기업 취업자에 대한 세액감면이 가능하다(서면소득-1265, 2015.7.23.)..

⑥ 화물포장·검수 및 계량 서비스업(52993)

종전의 화물포장·검수 및 형량 서비스업에서 제10차 개정을 통해 화물 포장, 검수 및 계량 서비스업(52993)으로 변경되었다.

⑦ 「선박의 입항 및 출항 등에 관한 법률」에 따른 예선업

⑧ 도선업(52929)

⑨ 기타 산업용 기계장비 임대업 중 파렛트임대업(73690)

종래의 기타 산업용 기계장비 임대업은 제10차 개정에서 기타 산업용 기계 및 장비 임대업(76390)으로 변경되었다.

택배업(49401)은 물류산업에 포함되지 아니한다(서면2팀-430, 2005.3.21.).

지입료 수입[2]을 주업으로 하는 사업은 중소기업에 해당하지 아니한 것으로 종래 기본통칙(구 조특통 4-2…3)에서 규정하고 있으나, 2017년 개정세법에서 중소기업의 업종기준을 네거티브 방식으로 변경함에 따라, 2019.12.13.에 삭제되었다.

2020년 개정세법에서 물류산업 중 화물운송업을 육상·수상·항공운송업으로, 화물터미널 운영업을 육상·수상·항공 운송 지원 서비스업으로 각각 범위를 확대하였다. 개정규정은 2020.1.1. 이후 창업하는 경우부터 적용한다(2020.2.11. 개정된 시행령 부칙 §3).

● **창고의 일부 면적을 수탁창고로 사용하는 경우** (물류산업)

냉장 및 냉동시설 유지·관리에 필요한 고압가스 냉동제조 허가를 받았으며 창고에서 발생하는 보험료, 전기료, 수도요금 등을 직접 부담하고 화주들로부터 징수하는 방식으로 창고의 일부면적은 화주들과 임대차계약을 체결하여 화주들에게 임대(이하 "임대창고")하고 나머지 면적은 화주들과 위탁보관계약을 체결하여 화주들의 물품을 보관·저장하기 위해 직접 사용(이하 "수탁창고")하는 경우에는 창고업을 직접 영위하는 것으로 「조세특례제한법 시행규칙」 제13조 제1항

---

[2] 지입료 수입이란 자동차에 관한 정기·수시 검사와 교통사고관련 통지 및 보험관리, 국세 등 제세 신고 및 사업자등록 관리 업무를 대행해 주고 차종 및 화물적재량에 따라 받는 지입료 명목 등의 수입을 말함(법인세과-780, 2010.8.23.)

제2호의 물류산업에 해당하는 것임(기준법령법인-0420, 2019.6.19.)

- **차고지 용도로 임대한 경우** (제외)

  화물운송업을 영위하는 내국법인이 사업장의 일부를 다른 화물운송 사업자에게 차고지 용도로 임대(전대를 포함함)하는 경우 해당 임대사업에서 발생하는 소득은 '물류산업'에서 발생하는 소득에 해당하지 않는 것임(사전법령법인-0549, 2021.6.11.)

(7-2) 해상운송 - 용선관련

선박을 임차한 후 '자기 소속' 직원의 선박운행자를 선박과 함께 제3의 사업체에 재임대한 경우에는 수상 운송업(50)에 해당하므로(통계정책과-1132, 2007.4.9.) 물류산업에 포함된다.

> **주요 이슈와 쟁점**
> **5. 선원부 용선 대선업의 물류산업 해당 여부**

[쟁점]
선주나 다른 외항선박 운항사업체로부터 선박과 선원을 함께 임차한 후 직접 운항하지 아니한 채 임차한 선박과 선원을 그대로 다른 제3의 외항선박운항업자 등에게 재임대하고 수익을 얻는 형태의 선원부용선 대선업이 물류산업에 해당하는지 여부와 관련하여서는 예규와 판례의 해석이 엇갈림.

[예규] (부정) (서면2팀-1562, 2007.8.27.)
「조세특례제한법」에서 사용되는 업종의 분류는 동 법령에 특별한 규정이 있는 경우를 제외하고는 통계청장이 고시하는 한국표준산업분류에 의하는 것으로, 귀 질의의 경우 '선원부 재용선사업'이 같은 법 시행령 제5조 제8항의 규정에 의한 물류산업 중 '화물운송업'에 해당하는지 여부에 대하여 아래 통계청장의 질의회신 내용을 참조하여 사실판단하시기 바람.

○통계정책과-1132, 2007.4.9.
- 선박을 선원과 함께 임차한 후 선박을 운행하지 않고 그대로 제3의 사업체에 재임대한 경우 : "71129(그 외 기타 운송장비 임대업)" (저자주; 현재 76190)
- 선박을 임차한 후 자기 소속 직원의 선박운행자를 선박과 함께 제3의 사업체에 재임대한 경우 : "61(수상 운송업)" (저자주; 현재 50)

[판례] (긍정) (대법원 2013두3894, 2013.6.13.)
원심은 중소기업인 원고가 2004, 2006, 2007 각 사업연도에 선주나 다른 외항선박 운항사업체로부터 선박과 선원을 함께 임차한 후 직접 운항하지 아니한 채 임차한 선박과 선원을 그대로 다른 제3의 외항선박운항업자 등에게 재임대하고 수익을 얻는 형태의 선원부용선 선박 대선사업(이하 '이 사건 사업'이라 한다)을 영위한 사실 등을 인정한 다음, <u>구 한국표준산업분류가 선박을 임대하는 경우 승무원을 함께 임대하는지 여부에 따라 '외항화물운송</u>

> 업'과 '그 외 기타 운송장비 임대업'을 구분하고 있으나 그 승무원을 자기 소속 승무원으로 제한하고 있지는 않은 점 등에 비추어 볼 때, 이 사건 사업은 구 한국표준산업분류상 '외항화물운송업(61112)' (저자주; 현재 50112)에 해당하여 원고가 조특법 제7조 소정의 중소기업특별세액감면 대상업종인 '물류산업'을 영위한 것으로 볼 수 있다는 이유로, 이와 달리 본이 사건 처분은 위법하다고 판단하였다. 앞서 본 규정과 관련 법리 및 기록에 비추어 살펴보면, 원심의 판단은 정당하고, 거기에 상고이유에서 주장하는 바와 같은 구 한국표준산업분류상 '외항화물운송업'에 포함되는 산업의 범위에 관한 법리오해 등의 위법이 없다.
>
> **│저자주│** 과세관청에서는 선원부 용선 대선업을 '그 외 기타 운송장비 임대업'(한국표준산업분류 76190)에 해당하는 것으로 보아 임대업으로 해석하고 있다[서면2팀-1562, 2007.8.27.(조특법 §7 중소기업특별세액감면); 법인-1064, 2010.11.15.].
> 그러나 법원 판례에서는 수상운송업에서 승무원을 자기 소속 승무원으로 제한하고 있지는 않은 점을 근거로 하여 선원부 용선 대선업을 물류산업에 해당한다고 판시하였다[대법원 2013두3894, 2013.6.13.(조특법 §7 중소기업특별세액감면)].

(8) 선박관리업 (52929)

선박관리업은 중소기업 특별세액감면의 감면업종에 해당한다(조특법 §7 ① 1호 퍼목).

선박관리산업이란 국내외의 해상운송인, 선박대여업을 경영하는 자, 관공선 운항자, 조선소, 해상구조물 운영자, 그 밖의 선원법상의 선박소유자로부터 기술적·상업적 선박관리, 해상구조물관리 또는 선박시운전 등의 업무의 전부 또는 일부를 수탁하여 관리활동을 영위하는 것을 업(業)으로 하는 산업을 말한다. 이때 국외의 선박관리사업자로부터 그 업무의 전부 또는 일부를 수탁하여 행하는 사업을 포함한다(선박관리산업발전법 §2 1호).[3]

구 선박법에서는 해운대리점업(동조 6호)을 선박관리업과 별도로 규정하고 있으나, 선박관리업을 영위하는 해운대리점업의 경우에는 업종기준을 충족한 것으로 본다(서면2팀-2048, 2006.10.13.).

(9) 음식점업 (561)

음식점업은 창업중소기업 세액감면의 감면업종에 해당한다(조특법 §6 ③ 7호).

커피전문점업(56221)은 음식점업에 해당하지 않아 창업자금에 대한 증여세 과세특례를 적용할 수 없다(서면상속증여-204, 2017.2.14.).

커피숍을 창업자금에 대한 증여세 과세특례 적용대상 중소기업의 범위에 포함되는 것으로 본 유권해석(재산세과-910, 2010.12.8.)이 있었으나 위의 해석과 상충된, 잘못된 해석으로

---
3) 선박관리산업이 종전의 선박법에서 선박관리산업발전법으로 이관되었으므로 법령의 개정이 요구됨.

2017년 7월 삭제되었다. 참고로 국세청 단순경비율·기준경비율 고시에 따르면 커피숍은 비알콜 음료점업(552303)으로 음식점업 및 주점업에 해당한다.

(10) 출판업 (58)

출판업은 창업중소기업 세액감면과 중소기업 특별세액감면의 감면업종에 해당한다(조특법 §6 ③ 8호·§7 ① 1호 차목).

출판업은 2008.2.1. 제9차 한국표준산업분류의 개정으로 종전 '제조업'의 하위 분류에서 '정보서비스업'의 하위 분류로 변경되었다.

교재 등의 출판업자가 학원 강의용역을 함께 제공하지 아니하고 교재(서적)만을 판매하는 경우에는 출판업에 해당되나, 서비스업(강의용역)과 출판업을 동시에 영위하는 경우에는 주업종이 출판업인 경우에만 중소기업특별세액감면을 적용한다(법인-537, 2009.2.10.).

광고수입만을 목적으로 **무료**신문을 발행하는 경우라 하더라도 광고업이 아닌 출판업에 해당한다(조심 2011서895, 2011.9.26.).

(11) 컴퓨터프로그래밍, 시스템 통합 및 관리업 (62)

컴퓨터프로그래밍, 시스템 통합 및 관리업(62)은 창업중소기업 세액감면과 중소기업특별세액감면의 감면업종에 해당한다(조특법 §6 ③ 8호·§7 ① 1호 하목).

온라인 방식으로 특정한 산업활동을 수행하는 경우는 **주된 산업활동의 특성에 따라 분류**하는 것이 원칙이다. 인터넷을 통하여 이루어지는 영업활동이라고 하여 무조건적으로 정보처리 및 컴퓨터운영 관련업(62090)으로 보는 것이 아니라 실제 주된 산업활동에 따라 업종을 판단한다.

예를 들어, 인터넷을 통하여 대출신청자와 금융기관 사이에서 지급보증(연대보증) 서비스를 제공하고 수수료를 받는 것은 보증보험업(65122)에 해당한다(조심 2008서2975, 2009.10.20.). 내국법인이 상품을 매입하여 고정된 매장 또는 점포에서 일반 소비자에게 직접 판매하지 않고 온라인 쇼핑몰을 통하여 소매하는 경우 해당 상품의 소매업은 통신판매업(조특법 §6 ③ 5호)에 해당한다(사전법령법인-0705, 2021.6.17.).

채권가격평가기관으로 지정을 받아 채권평가업무를 주된 영업활동으로 하면서 금융기관 등에 온라인을 통하여 가공된 정보를 제공하는 경우, 정보서비스업이 아니라 금융관련 서비스업에 해당한다(조심 2014서3223, 2015.7.16.). 채권평가업무는 기업 신용 평가 또는 회사 신용도 조사와 유사한 업종이므로, 그 외 기타 사업 지원 서비스업 중 신용조사 및 추심대행업(75993)에 해당할 것으로 본다.

예규 · 판례

❖ **오픈마켓이 부가통신업에 해당하는지 여부 (부정)** (대법원 2012두22607, 2013.6.28.)

한국표준산업분류상의 '통신업'과 '도매 및 소매'의 분류구조 및 체계, 앞서 본 부가통신업과 전자상거래업 및 상품중개업의 개념 등에 비추어 보면, <u>사업자가 컴퓨터에 의하여 데이터베이스나 기타 정보를 검색 및 송수신할 수 있는 온라인 통신 또는 검색망 서비스를 제공하였다고 하더라도, 그 목적이 데이터베이스나 기타 정보의 제공 그 자체에 있는 것이 아니라, 상품의 판매활동을 중개 또는 알선하기 위한 목적에서 단지 상품의 판매 또는 구매에 필요한 범위 내의 데이터베이스나 정보를 제공한 것에 불과하다면 상품중개업이나 전자상거래업을 영위한 것으로 볼 수 있을지언정 부가통신업을 영위한 것으로 볼 수는 없다.</u>

위와 같은 사실관계를 앞서 본 법리에 비추어 살펴보면, 원고가 BBB 사이트를 통하여 판매회원과 구매회원에게 상품정보 등을 검색하고 송수신할 수 있는 온라인 통신 및 검색망을 제공하였다고 하더라도, 이는 상품의 판매활동을 중개 또는 알선하기 위한 목적에서 단지 상품의 판매 및 구매에 필요한 범위 내의 정보를 제공한 것에 불과할 뿐 상품정보의 제공 그 자체를 목적으로 한 것이 아니었으므로, 원고가 부가통신업을 영위하였다고 볼 수는 없다.

|저자주| 오픈마켓 사업은 온라인상에서 가상의 시장 공간을 운영하면서 판매자가 최종소비자들에게 소매하는 상품에 대해 거래수수료를 받는 사업을 말한다. 온라인을 통한 상품중개활동이므로 도매 및 상품중개업이 아니라 통신판매업의 하위분류인 전자상거래업(47911)에 해당한다는 하급심 판결(서울행법 2011구단22931, 2012.5.22.)과 부가통신업(612)에 해당한다는 고등법원의 판결(서울고법 2011누38287, 2012.8.31.)이 있었으나, 대법원에서는 부가통신업에 해당하지 않고 상품 중개업(461) 또는 전자상거래업에 해당하는 것으로 최종 판결하였다(대법원 2012두22607, 2013.6.28.).

앞서 본 바와 같이, 인터넷을 통한 영업행위는 해당 사업의 특성에 따른 실제 주된 산업활동을 기준으로 업종을 판정하여야 하기 때문이다. 참고로 오픈마켓사업자는 한국표준산업분류상 전자상거래업에 해당하였으나, 제10차 개정에서 별도의 전자상거래 소매 중개업(47911)으로 세분화되었다.

● **소프트웨어 기술지원 대가**

모기업(미국법인)에서 국내 대기업에 판매한 PC용 소프트웨어와 브라우저에 대한 솔루션 설치 및 각종 문제해결을 소프트웨어 전문기술자들로 구성된 직원이 기술지원을 해주고 모기업으로부터 기술지원대가를 받는 산업활동은, 산업활동으로서 '62090 기타 정보기술 및 컴퓨터운영 관련 서비스업'에 해당한다. 반면에, 지원서비스가 전문적 기술서비스가 수반되지 않는 경우에는 '75999 그 외 기타 분류 안된 사업지원 서비스업'에 해당하여 컴퓨터 프로그래밍·시스템 통합 및 관리업에 해당하지 않는다(통계청 통계기준팀-1690, 2011.7.25.).

● **유사투자자문업자가 정보서비스업에 해당하는지 여부** (부정)

청구법인은 주식 관련 정보 및 기타 다양한 정보를 제공함으로 인해 부가가치를 창출하는 온라인 정보 제공업에 해당한다고 주장하나, 청구법인은 유사투자자문업자로 금융위원회에 신고한 사업자로 회원들에게 투자종목 추천 및 매수·매도 시점 등을 알려주는 서비스의 제공 대가로 가입비를 수취하고 있고, 청구법인의 홈페이지에 주식전문가 생방송, 무료종목추천, 투자전략 등의 서비스를 제공한다고 명시하고 있는바, 청구법인이 제공하는 주된 서비스는 주식전문가들을 통해 직접 제작한 투자정보를 가입자들에게 제공하는 산업활동에 해당하는 것으로 봄이 타당하고, 이는 한국표준산업분류상 기타 금융지원 서비스업의 산업활동과 유사한 것으로 보이는 점 등에 비추어 처분청이 중소기업에 대한 특별세액감면의 적용을 부인하여 청구법인에게 법인세를 부과한 이 건 처분은 달리 잘못이 없는 것으로 판단된다(조심 2023서7027, 2023.6.22.; 조심 2023서0009, 2023.5.18.; 조심 2022서8288, 2023.4.19.).

(12) 주택임대관리업 (68)

주택임대관리업은 중소기업 특별세액감면의 감면업종에 해당한다(조특법 §7 ① 1호 구목). 주택임대관리업이란 주택의 소유자로부터 임대관리를 위탁받아 관리하는 업(業)을 말하며, 다음으로 구분한다(민간임대주택에 관한 특별법 §2 10호).

㉮ 자기관리형 주택임대관리업

주택의 소유자로부터 주택을 임차하여 자기책임으로 전대(轉貸)하는 형태의 업.

한국표준산업분류의 업종에서는 자기 소유 또는 임차한 주거용 건물 등을 임대하는, 주거용 건물 임대업(68111)에 해당할 것으로 본다.

㉯ 위탁관리형 주택임대관리업

주택의 소유자로부터 수수료를 받고 임대료 부과·징수 및 시설물 유지·관리 등을 대행하는 형태의 업.

한국표준산업분류의 업종에서는 수수료에 의하여 타인의 주거용 부동산을 유지 및 관리하는, 주거용 부동산 관리업(68211)에 해당할 것으로 본다.

(13) 건축기술, 엔지니어링 및 기타 과학기술서비스업 (72)

(13-1) 엔지니어링 사업 (7212)

엔지니어링 사업은 창업중소기업 세액감면과 중소기업 특별세액감면의 감면업종에 해당한다(조특법 §6 ③ 10호·§7 ① 1호 저목).

엔지니어링활동이란 과학기술의 지식을 응용하여 수행하는 사업이나 시설물에 관하여 연구, 기획, 타당성 조사, 설계, 분석, 계약, 구매, 조달, 시험, 감리, 시험운전, 평가, 검사, 안전성 검토, 관리, 매뉴얼 작성, 자문, 지도, 유지 또는 보수 등에 대한 사업관리 활동을 말한다(엔지니어링산업 진흥법 §2 1호).

조특법에서는 기술사법의 적용을 받는 기술사의 엔지니어링 활동을 제공하는 사업을 엔지니어링 사업에 포함하고 있다(조특령 §5 ⑨).

엔지니어링활동을 제공하는 사업에 해당하는지 여부는 「엔지니어링산업 진흥법」상 엔지니어링활동 주체 신고 유무에 관계없이 실질 내용에 따라 사실판단한다(서면소득-2887, 2016. 2.24.; 서면2팀-1641, 2006.8.28.; 서이 46012-10214, 2001.9.21.).

엔지니어링 사업 포함 여부

포 함	제 외
㉮ 건설기술관리법에 의한 감리활동(국심 2002 서2470, 2003.2.26.)	㉮ 제품 제조 과정에서 엔지니어링활동이 수반되더라도 제조업이 주된 사업인 경우[법인세과-739, 2011.10.11(조특법 §6 창업중소기업 세액감면)]
㉯ 통신시설 전원유지관리활동(서면2팀-1032, 2004.5.17.)	
㉰ 기계설비 및 소방설비에 대한 설계, 감리업(법인 46012-667, 2000.3.13.)	㉯ 건축사업(한국표준산업분류 72111)(서면2팀-898, 2005.6.23.)

(13-2) 그 밖의 과학기술서비스업 (729)

기타(그 밖의) 과학기술서비스업은 창업중소기업 세액감면과 중소기업 특별세액감면의 감면업종에 해당한다(조특법 §6 ③ 10호, §7 ① 1호 러목).

연예기획 및 매니지먼트 사업자는 한국표준산업분류상 매니저업(73901)에 해당하므로 그 밖의 과학기술서비스업 등 중소기업 특별세액감면의 감면업종에 해당하지 않았다(조심 2015서1894, 2015.6.30.). 그러나, 2020년 개정세법에서 기타 전문, 과학 및 기술 서비스업(73) 전체 업종이 감면업종에 포함되었으므로, 이후부터는 감면이 가능하다.

수의업(73100)은 그 밖의 과학기술서비스업에 해당하지 않으므로 창업중소기업 등에 대한 세액감면을 적용받을 수 없다(서면소득-2643, 2018.8.31.). 2020년 개정세법에서 기타 전문, 과학 및 기술 서비스업(73) 전체 업종이 감면업종에 포함되었으나, 수의업은 제외 업종에 열거되어 있으므로 감면이 불가능하다.

(14) 사업시설관리, 사업지원 및 임대 서비스업 (74~76)

(14-1) 사업지원서비스업 (75)

작성된 기사의 철자나 낱말 등의 오탈자 교정 및 문법 적정 여부 등을 검토하는 서비스업(출판물 교정·교열업)은 조특령 제27조 제3항에서 열거된 업종 중 '사업시설관리 및 사업지원서비스업'[제10차 개정에서는 문서작성업(75911)]으로 분류된다(서면소득-636, 2015.5.12.).

(14-2) 무형재산권 임대업 (764)

무형재산권 임대업은 중소기업 특별세액감면의 감면업종에 해당한다(조특법 §7 ① 1호 토목). "무형재산권 임대업"이란 특허권, 상표권, 광물탐사권 등의 무형재산권을 보유하여 제3자에게 사용할 수 있는 권한을 부여하고 로열티 등의 사용료를 받는 산업활동을 말한다.

다만, 무형재산권 임대업 중 지식재산을 임대하는 경우로 한정한다. "지식재산"이란 인간의 창조적 활동 또는 경험 등에 의하여 창출되거나 발견된 지식·정보·기술, 사상이나 감정의 표현, 영업이나 물건의 표시, 생물의 품종이나 유전자원(遺傳資源), 그 밖에 무형적인 것으로서 재산적 가치가 실현될 수 있는 것을 말한다(지식재산 기본법 §3 1호).

(15) 기타교육기관 (856)

(15-1) 직업기술학원 (8565, 8569)

직업기술 분야를 교습하는 학원을 운영하는 사업은 창업중소기업 세액감면과 중소기업 특별세액감면의 감면업종에 해당한다(조특법 §6 ③ 15호, §7 ① 1호 커목).

직업기술학원(직업훈련학원)이란 「학원의 설립·운영 및 과외교습에 관한 법률」(이하 "학원법") 시행령 별표 2 학원의 교습과정 중 평생직업교육학원의 하위 분야인 직업기술 분야를 교습하는 학원을 말한다(소득-1691, 2009.11.2.).

학원법 시행령 [별표 2] 학원의 교습과정 중 평생직업교육학원의 직업기술 분야 발췌

(개정 2018.12.18.)

계열	교습과정
산업기반기술	기계, 자동차, 금속, 화공 및 세라믹, 전기, 통신, 전자, 조선, 항공, 토목, 건축, 의복, 섬유, 광업자원, 국토개발, 농림, 해양, 에너지, 환경, 공예, 교통, 안전관리, 조경
산업응용기술	디자인, 이용·미용, 식음료품(바리스타, 소믈리에 등), 포장, 인쇄, 사진, 피아노 조율
산업서비스	속기, 전산회계, 전자상거래, 직업상담, 사회조사, 컨벤션기획, 소비자전문상담, 텔레마케팅, 카지노 딜러, 도배, 미장, 세탁
일반서비스	애견미용, 장의, 호스피스, 항공승무원, 병원 코디네이터, 청소
컴퓨터	컴퓨터(정보처리, 통신기기, 인터넷, 소프트웨어 등), 게임, 로봇
문화관광	출판, 영상, 음반, 영화, 방송, 캐릭터, 관광
간호보조기술	간호조무사
경영·사무관리	금융, 보험, 유통, 부동산, 비서, 경리, 펜글씨, 부기, 주산, 속셈, 속독, 경매

조리·제과·제빵을 교육하는 학원은 산업응용기술 계열에 해당하여 직업기술학원에 포함된다(법규소득 2010-159, 2010.5.31.).

(15-2) 사회교육시설 (8564)

사회교육시설은 중소기업 특별세액감면의 감면업종에 해당한다(조특법 §7 ① 1호 호목). 사회교육시설이란 국민의 평생교육을 위한 교육시설로서, 다른 곳에 분류되지 않은 산업활동을 말한다.

종래에는 평생교육법에 의하여 인가·등록·신고 또는 보고된 **평생교육시설**을 직업기술학원 등에 해당하지 아니한 것으로 보았으나,(서면2팀-1105, 2006.6.14.) 2014년 세법개정에서 사회교육시설을 감면업종에 추가하였으므로 현재는 중소기업 특별세액감면이 가능하다.

또한 **청소년 수련시설**(85614)이 정식 교육 조직과 프로그램을 갖추고 교육서비스 제공 중심으로 운영하는 경우에는 '기타 교육기관(856)'으로 분류 가능하다(서면법인-22653, 2015.7.13.; 통계청 통계기준과-3142, 2014.12.8.). 과세관청에서는 기타 교육기관 중 사회교육시설에 해당하는 것으로 해석하고 있는 것으로 판단된다.

(16) 의료기관 (86)

조특법상 감면업종에는 원칙적으로 변호사, 변리사, 공인회계사, 세무사 등의 고소득 전문직 업종을 제외하고 있다.

반면에 의사의 경우에는 의료법에 따른 의료기관을 운영하는 사업을 중소기업 특별세액감면의 감면업종에 포함시키고 있다(조특법 §7 ① 1호 허목).

> 의료법에 따른 의료기관을 개설할 수 있는 자는 다음과 같다(의료법 §33 ②)
> 1. 의사, 치과의사, 한의사 또는 조산사
> 2. 국가나 지방자치단체
> 3. 의료업을 목적으로 설립된 법인
> 4. 민법이나 특별법에 따라 설립된 비영리법인
> 5. 「공공기관의 운영에 관한 법률」에 따른 준정부기관, 「지방의료원의 설립 및 운영에 관한 법률」에 따른 지방의료원, 「한국보훈복지의료공단법」에 따른 한국보훈복지의료공단

다만 주로 외래환자를 대상으로 의료행위를 하는 의원·치과의원 및 한의원(의료법 §3 ② 1호)은 해당 과세연도의 종합소득금액이 1억원 이하인 경우로서 다음의 요양급여비용 요건을 충족하는 경우에만 감면대상으로 한다.

$$\frac{요양급여}{비용요건} = \frac{요양급여비용 ❶}{수입금액(기업회계기준에 따라 계산한 매출액)} \geq 80\%$$

❶ 요양급여비용이란 국민건강보험공단이 환자부담금 이외의, 의료기관과 약국 등 요양기관에 지급하는 비용을 말한다(국민건강보험법 §47).

종래에는 의원·치과의원 및 한의원을 감면업종에서 제외하였으나, 2017년 개정세법에서 소규모 의원 등을 감면 대상에 추가하였다. 병원급 의료기관에 대해서는 세액감면을 허용하는데 반해 그보다 영세한 의원급 의료기관에 대해 감면업종에서 제외하는 불합리함을 시정하기 위한 목적이다.

한편 치과기공소는 정형외과용 및 신체보정용 기기제조업(27192)으로서 제조업에 해당한다(재조예-400, 2005.6.10.).

- **입원실 없이 외래환자를 대상으로 하는 치과병원이 의료기관으로서 감면 대상인지 여부** (부정)

치과병원의 병상이나 입원실 요건은 개설허가를 받기위한 요건을 최소한으로 규정한 것에 불과하고, 형식적으로 병원개설허가를 받았다 하더라도 외래환자만을 대상으로 의료행위를 할 목적으로 개설된, 입원이 불가능한 의료기관이라면 같은 법 제3조 제2항 제3호 나목이 정한 치과병원에 해당하지 않는다고 해석함이 타당하다(서울행법 2018구합73997, 2019.5.24.). 병원과 한방병원에 대하여만 30개 이상의 병상을 갖추어야 한다고 규정하였을 뿐 치과병원에 대하여는 그와 같은 규정이 없다 할지라도, 환자의 입원 자체가 불가능한 의료기관이라면 '병원'의 문언상 한계를 벗어나게 되기 때문이다.

- **의료법에 따른 의료기관 개설 신고만으로 의료기관 운영업에 해당하는지 여부** (부정)

의료법에 따라 관할 관청에 의료기관 개설신고를 하였다고 하여 무조건 의료법에 따른 의료기관을 운영하는 사업을 주된 사업으로 영위하는 것으로 보는 것이 아니라 실제 주된 산업 활동에 따라 업종을 판단하여야 하는 점,(이하 중략) 일반병원에게 검사용역 등을 제공하고 얻은 수탁수입○○○은 약 87%에 이르는 점 등에 비추어 청구법인이 의료법에 따른 의료기관을 운영하는 사업을 주된 사업으로 영위하고 있다고 보기 어려움(조심 2019중0670, 2019.7.29.).

(17) 관광사업

(17-1) 범위

관광사업이란 관광객을 위하여 운송·숙박·음식·운동·오락·휴양 또는 용역을 제공하거나 그 밖에 관광에 딸린 시설을 갖추어 이를 이용하게 하는 업을 말한다(관광진흥법 §2 1호). 관광사업의 종류에는 여행업, 관광숙박업, 관광객이용시설업, 국제회의업, 카지노업, 유원시설업(遊園施設業), 관광편의시설업이 있다(관광진흥법 §3) 카지노업, 관광유흥음식점업 및 외국인전용 유흥음식점업은 중소기업특별세액감면의 감면업종에서 제외한다(조특법 §7 ① 1호 고목) 창업중소기업 세액감면에서는 여행업, 일반야영장업, 카지노업, 관광편의시설업을 제외한다(조특법 §6 ③ 16호).

관광사업 관련 중소기업 특별세액감면 업종 및 창업중소기업 세액감면 업종의 비교

구분	중소기업 특별세액감면 업종	창업중소기업 세액감면 업종
여행업	○	×
관광숙박업	○	○
관광객이용시설업	○	일반야영장업만 제외
국제회의업	○	○
카지노업	×	×
유원시설업	○	○
관광편의시설업	관광유흥음식점업, 외국인전용 유흥음식점업을 제외한 업종	×

관광진흥법에 따른 관광사업에는 숙박시설이나 음식점시설을 갖추고 전문휴양시설 중 한 종류의 시설을 갖추었으나 관광진흥법 제4조에 따른 **등록을 하지 아니하고 실질적으로 관광사업을 영위하는 경우도 포함**된다(조심 2015지681, 2016.3.24.; 조세특례제도과-929, 2011.10. 13.)

관광진흥법에 따른 관광사업에 포함되는 **펜션업**(55109)은 감면업종에 해당한다(법인-924, 2009.8.27.).

(17-2) 골프장 운영업 (91121)

골프장 운영업이 관광객이용시설업에 해당하는지에 대하여 국세와 지방세의 유권해석이 상이하다.

> **주요 이슈와 쟁점**
> **6. 골프장 운영업의 감면업종 해당 여부**
>
> [예규] 골프장업의 관광객이용시설업 해당 여부 (긍정) (법인세과-118, 2012.2.22.)
> 내국법인이 영위하는 골프장업이 「관광진흥법 시행령」 제2조 제1항 제3호 가목에 따른 전문휴양업의 시설 요건을 모두 갖춘 경우 「조세특례제한법」 제6조 창업중소기업등에 대한 세액감면(2004.10.5. 법률 제7220호로 개정된 것) 제3항에 따른 관광객이용시설업에 해당하는 것임.
> 다만, 전문휴양업의 시설을 모두 갖추고 해당사업을 영위하고 있는지 여부는 사실판단할 사항임.
>
> [재결] 골프장업의 창업중소기업 세액감면 적용 여부 (긍정) (조심 2013중0232, 2014.1.17.)

창업중소기업에 대한 세액감면 규정인 조특법 제6조에서 창업중소기업의 업종범위를 직접 열거하면서 「관광진흥법」에 의한 관광객이용시설업을 세액감면 적용업종의 하나로 명백히 들고 있는 이상 세액감면적용 업종요건은 조특법상의 업종요건에 따라야 하는 것이지 이에 대한 준용규정도 없는 「중소기업창업지원법」 제3조 단서 및 같은 법 시행령 제4조의 창업에서 제외되는 업종에 골프장업이 규정되어 있다 하여 이 업종을 입법목적과 규율대상을 달리하는 조특법상 창업중소기업에 대한 세액감면업종에서 배척한 처분청의 해석은 법리를 오해한 것이다. 더하여 국세청장도 관광객이용시설업인 골프장업을 조특법 제6조의 창업중소기업에 대한 세액감면 적용대상 업종으로 해석하고 있는 터이다(법인세과-118, 2012.2.22.).

[지방세 예규] 골프장업이 법 제120조 제3항에 따른 취득세 감면대상 창업중소기업에 해당하는지 여부 (부정) (지방세운영-1674, 2012.5.30.)

전문휴양업을 규정한 「관광진흥법」은 관광여건을 조성하고 관광자원을 개발하며 관광사업을 육성하여 관광진흥에 이바지하는 것을 목적으로 하고 있으나, 골프장을 규정하는 「체육시설의 설치·이용에 관한 법률」은 체육시설의 설치 이용을 장려하고, 체육시설업을 건전하게 발전시켜 국민의 건강증진과 여가 선용에 이바지하는 것을 목적으로 하고 있어, 두 법의 입법목적, 이용대상측면에서 상이하다고 할 것(조세심판원 조심 2011지682, 2011.12.2. 결정 참조)이라는 점, 「중소기업창업 지원법」 제3조 및 그 시행령 제4조에서 금융 및 보험업, 부동산업, 골프장 및 스키장운영업 등을 창업에서 제외되는 업종으로 규정하고 있는 점 등을 종합적으로 고려하여 볼 때, 골프장업의 경우 「조세특례제한법」 제6조 제3항에서 창업 업종으로 규정하고 있는 전문휴양업이라기보다는 창업 제외 업종인 골프장업에 해당됨.

| 저자주 | 국세와 관련한 과세관청의 유권해석에서는 「중소기업창업 지원법」에서 골프장업을 창업대상업종에서 제외하고 있기는 하나, 조특법에서는 이를 준용하는 규정이 없으므로 전문휴양업의 시설을 갖추고 골프장업을 영위한다면 조특법상 중소기업에 해당하여, 중소기업 특별세액감면(법인-363, 2011.5.23.) 및 창업중소기업 세액감면(조심 2013중0232, 2014.1.17.; 법인세과-118, 2012.2.22.)이 적용된다고 해석한다.

반면에 지방세법상 취득세 감면과 관련하여 행정관청은 골프장업이 전문휴양업에 해당하지 아니한다고 해석하고 있다(지방세운영-1674, 2012.5.30.; 조심 2011지682, 2011.12.2.).

(18) 창작, 예술 및 여가관련 서비스업 (90)

창작 및 예술 관련 서비스업(901)은 창업중소기업 세액감면과 중소기업 특별세액감면의 감면업종에 해당한다. 다만 자영예술가(9013)는 제외한다(조특법 §6 ③ 13호·§7 ① 1호 서목).

자영예술가란 독립적으로 예술활동에 종사하는 예술가의 산업활동을 말한다. 방송용 극본을 집필하는 드라마 작가는 방송사와의 전속 계약 여부에 관계없이 한국표준산업분류에 따른 비공연예술가(90132)에 해당하므로 자영예술가인 것으로 보아 중소기업에 대한 특별세액감면을 배제한다(조심 2016서4150, 2016.12.30.).

● 연예인 매니지먼트 업무 수행은 자영예술가의 소득에 해당하는지 여부 (부정)

청구법인의 경우 그 매출내역이 모두 배우 AAA · BBB의 연예활동을 이유로 쟁점법인으로부터 정산받은 출연료 내지 모델료 등의 금액임을 감안하면, 청구법인은 사실상 소속 연예인들의 수입금액 등을 관리하기 위한 법인으로 보일 뿐이고, 그 수입금액이 창출되는 과정에서 청구법인이 공연 기획 등의 업무를 직접 수행하고 있다고 보기는 어려운 점,(이하 중략)
그렇다면, 청구법인의 소득은 사실상 소속 연예인들의 연예활동의 결과물로서, 이는 「조세특례제한법」 제7조 제1항 제1호 서목 괄호규정의 감면대상에서 배제되는 '자영예술가'의 소득으로 보여 그 소득까지 중소기업특별세액감면의 대상이 된다고 보기는 어려운 점(이하 생략)(조심 2023서0315, 2023.4.10.).

1-3 창업

(1) 창업의 개념과 창업일

(1-1) 창업

조특법에서는 창업의 개념을 별도로 정의하고 있지 않으므로, 근거법령인 「중소기업창업 지원법」(이하 "중기창업법")의 개념을 차용하여야 할 것으로 본다. 중기창업법에 따르면 창업이란 중소기업을 새로 설립하여 사업을 개시하는 것을 말한다(중기창업법 시행령 §2).

원천징수대상 미용업 사업소득이 있던 미용사가 사업자등록(부법 §8)을 하고 사업을 개시하는 경우에는 창업중소기업세액감면을 적용 받을 수 있다(사전법령소득-0088, 2019.4.18.). 사업자등록 이전에 인적용역을 공급하고 얻은 소득이 사업소득으로 원천징수 되었지만 사업자등록도 하지 않았으며, 물적설비를 갖추지 못하였으므로 기업을 설립한 것으로 볼 수 없기 때문이다.

(1-2) 창업일

중기창업법에서의 창업일은 창업자가 법인이면 법인설립등기일,(서면2팀-610, 2005.4.29.) 창업자가 개인이면 "부가가치세법상 사업개시일"로 하나, 예외적으로 시장·군수 등으로부터 사업계획의 승인을 받아 사업을 개시하는 경우에는 부가가치세법에 따른 "사업자등록일"로 한다(중기창업법 시행령 §3).

"부가가치세법상 사업개시일"은 원칙적으로 재화나 용역의 공급을 시작하는 날이다. 예외적으로 재화·용역의 공급시기 이전으로 사업개시일이 정해지는 경우가 있는데, 제조업은 제조장별로 재화의 제조를 시작하는 날, 광업은 사업장별로 광물의 채취·채광을 시작하는 날이다(부령 §6).

"사업자등록일"은 사업자등록증 교부일이다(부법 §8) 사업자가 사업장마다 사업개시일부터 20일 이내에 사업자등록을 신청하면 관할세무서장이 사업자등록증을 발급한다.

> **• 예규·판례**
>
> ❖ **창업중소기업 세액감면 적용 시 개인의 창업일 판정** (소득 46011-21099, 2000.8.28.; 기준법령소득-0588, 2019.12.17.)
> 조세특례제한법 제6조 "창업중소기업 등에 대한 세액감면"규정 적용에 있어 창업일이란 개인사업자인 경우 부가가치세법에 의한 사업자등록증 교부일을 말한다.
>
> **│저자주│** 부가가치세법상 사업개시일은 재화와 용역의 공급을 시작하는 날이어서 외부에서 확인하기 어렵기 때문에 본 예규에서는 개인의 경우 사업자등록증 교부일을 창업일로 하고 있으나, 중기창업법의 규정과 차이가 있다. 법원(대법원 2008두14142, 2008.10.23.; 대전고등법원 2008누882, 2008.7.17.; 서울행법 2018구합87750, 2019.8.27.)에서도 중기창업법에 따른 사업개시일을 창업일로 보고 있으므로 중기창업법의 규정에 따라 창업일이 정해져야 할 것이다.
> 지방세법에서는 취득세 면제와 관련하여 창업일을 종래 중기창업법상의 창업일에 의하고 있었으나,(지방세운영-1324, 2013.7.1.; 조심 2014지1401, 2015.3.31.) 2017년 세법개정으로 사업자등록일로 변경하였다(지특령 §29의 2 ①).

(2) 승계방식 창업의 제외

창업중소기업 세액감면의 취지는 새로이 자산을 취득하여 사업을 개시하는데 대하여 그 창업 의욕을 고취하고, 고용증진과 경제성장을 이루기 위함이다. 따라서 기존사업을 승계하여 창업하는 승계방식의 창업인 경우에는 창업에서 제외하여 세액감면을 적용하지 아니한다.

창업에 해당하는지 여부는 궁극적으로 **신규 사업 창출의 효과**가 있는지 여부에 따라 판단하여야 한다(조심 2016지1236, 2017.3.2.; 조심 2008지789, 2009.7.30.). 승계방식의 **창업**에 해당하는지 여부는 개인사업의 폐업 경위와 해당 신설 법인의 설립 경위, 각각의 사업 실태와 경영 관계 등을 감안하여 **실질 내용에 따라 사실 판단할 사항이다**(서면법인-4653, 2020.10.26.).

법인의 경우에는 사업을 추가하여도 새로이 법인이 설립되지 않는 한 창업이라 할 수 없다. 그러나 개인의 경우에는 사업장을 설치하고 사업자등록증을 발급받는 방식으로 개업과 폐업이 상대적으로 용이하므로, 개인의 경우에 신규 창업과 승계방식의 창업을 구분하는 것이 실무상 용이하지 않다.

승계창업과 원시창업의 구분

구 분	승계창업	원시창업
사업결합 시 종전사업의 승계	■합병·분할·현물출자 또는 사업의 양수 등(상속 포함)	■임직원이 최대주주 등 요건을 갖추어 분사한 경우
자산인수 후 동종사업의 영위	■종전 사업에 사용되던 자산을 인수 또는 매입하여 같은 종류의 사업을 하는 경우 ■다른 사업자의 자산 인수 후 동종사업 영위	■제조시설을 새로이 투자하여 다른 업종을 영위한 경우
개인기업의 법인전환	■거주자가 하던 사업을 법인으로 전환하여 새로운 법인을 설립하는 경우	■자산 및 부채의 승계 없이 별도의 법인을 설립한 경우 ■법인전환하면서 다른 업종을 추가하여 그 업종으로 주업종을 변경한 경우
폐업 후 재창업 시 동종사업 영위	■개인이 폐업 후 재창업하면서 폐업 전의 사업과 같은 종류의 사업을 하는 경우(다른 장소에서 사업을 개시한 경우 포함) ■사업장을 개설하였으나 실질적인 사업을 하지 않고 폐업한 후에 같은 업종의 법인을 설립한 경우	■폐업한 사업장 건물을 임차 후 자산을 새로이 취득한 경우
사업의 확장 (동종 사업장 추가)	■기존 사업장 외에 동종 업종의 사업장을 추가로 신설하는 경우 ■신규 사업장에서 기존 사업장의 부재료로 사용될 수 있는 제품을 생산한 경우	■신규 사업장에서 기존 사업장 제품과는 전혀 다른 새로운 제품을 생산하는 경우
법인의 업종 추가 및 변경	■법인이 도소매업의 매출실적이 없는 상태에서 광업을 추가한 경우 ■법인이 상호 및 업종을 변경한 경우 ■자회사 등 신설법인이 대표자, 인적물적 설비, 사업 수행방법이 동일한 경우 등 실질상 사업확장인 경우	■법인의 매출이 비감면업종에서 먼저 발생하고 이후 감면업종에서 발생한 경우 ■자회사가 신규 업종 수행
개인의 업종 추가 및 변경	■동일 사업장 내에서 업종을 변경한 경우 ■신규 사업장에서 동일 업종 수행	■동일한 장소에서 종전 사업을 폐업하고 새로운 업종으로 변경한 경우 ■신규 사업장에서 새로운 업종을 개시한 경우

창업으로 보지 아니하는 경우는 다음과 같다(조특법 §6 ⑩).

(2-1) 사업결합 시 종전사업의 승계 (1호 본문)

합병·분할·현물출자 또는 사업의 양수 등 사업결합4)을 통하여 종전의 사업을 승계하는 경우에는 승계방식의 창업으로 보아 창업에서 제외한다.

합병 등 사업결합 시에는 사업승계가 당연히 예정되어 있고 사업이 승계되면 동종 사업을 영위하게 되므로, 별도의 요건을 요구하지 않고 승계방식의 창업으로 본다. 후술하는 '자산인수 후 동종사업 영위'의 경우에 특정 비율 이상의 자산인수매입 요건을 필요로 하는 것과 차이가 있다.

사업양수(도)는 포괄적 사업양도로 이해하여야 한다. 사업양도의 개념은 원래 부가가치세법상의 개념으로 사업장별로 그 사업에 관한 모든 권리와 의무를 포괄적으로 승계시키는 것이다5)(부령 §23). 조특법에서도 부가가치세법의 사업양도 개념을 차용하여 조문상의 사업양도는 포괄적 사업양도로 이해하여야 할 것이다.6)

따라서, 포괄적 사업양수도에 해당하는 경우에는 별도의 요건 없이 승계방식의 창업으로 보아 창업에서 제외하며, 이러한 포괄적 사업양수도로 볼 수 없는 경우에는 아래의 '자산인수 후 동종사업의 영위' 요건의 해당 여부를 검토하여야 한다.

한편, 본 세액감면을 적용받던 거주자가 세액감면기간 중 사망함에 따라 해당 중소기업을 승계받은 상속인이 사업자등록을 정정하고 이를 운영하여 얻은 소득에 대하여는 세액감면을 적용받을 수 없다(서면법령소득-1500, 2016.3.18.). 과세특례의 적용대상은 원칙적으로 직접적인 대상자에 한정하며, 그 상속인에게는 허용되지 않기 때문이다(대법원 2014두35126, 2014.5.16.).

예규·판례

❖ **창업중소기업 세액감면에서 공동사업 지분이 양도되는 경우 감면 적용 방법** (소득-4277, 2008.11.19.)

거주자 2인(A,B)이 「조세특례제한법」 제6조의 규정에 의한 창업중소기업 등에 대한 세액감면대상 사업을 창업하여 공동사업을 영위하던 중, 동업계약 해지로 공동사업 구성원 중 1인(A)이 탈퇴한 다른 1인(B)으로부터 공동사업의 지분을 양수하여 단독으로 당해 사업을 계속하는 경우, 당해 계속사업자(A)는 그 잔존 감면기간 동안 공동사업장의 창업 당시 약정된

---

4) 사업결합은 회계상의 용어이나 이해의 편의를 위하여 사용함.
5) 생산조직은 그대로 유지 존속되면서 경영주체만 바뀌는 것이므로 재화의 공급으로 보지 아니하여 부가가치세가 과세되지 않는다.
6) 연구 및 인력개발비 세액공제제도에서 사업양수도의 경우 그 포괄적 승계의 성격을 인정하여 연구개발비를 취득자에게 승계토록 하는 조항이 있다(조특령 §9 ⑩ 참조).

> 손익분배비율에 의한 소득금액상당액에 대하여 동 규정의 세액감면을 적용받을 수 있는 것이며,
> 당해 공동사업에서 탈퇴한 거주자(B)가 사업을 다시 개시하여 동종의 사업을 영위하는 경우는 「조세특례제한법」 제6조 제4항에 따른 창업으로 보지 아니하는 것임(소득-4277, 2008. 11. 19.)
>
> |저자주| 소득세법상 공동사업에 대해서는 공동사업장을 1거주자로 보아 소득금액을 계산하되 공동사업 단계에서는 과세하지 않고 구성원인 공동사업자별로 과세한다(도관체 과세; 소법 §43 ①·②). 공동사업의 경우 창업으로 보지 않는 경우에 해당하는지는 공동사업의 구성원별로 사실판단할 사항이다(사전법령소득-0948, 2020.12.16.).
> 공동사업자 별 개별과세를 원칙으로 하므로 다른 공동사업자의 지분 인수는 사업양수에 해당하여 그 양수인은 인수한 지분에 대해서는 감면을 적용받을 수 없다(조특법 §6 ⑩ 1호).
> 또한, 지분 양도인은 지분 양도 시점에 공동사업을 폐업한 것이므로, 이후 동종사업을 영위하는 경우에는 폐업 후 재창업 시 동종사업을 영위한 것으로 보아 승계창업에 해당한다(같은 항 3호).
> 이와 반대되는 경우로 단독사업을 운영하여 본 세액감면을 받던 거주자 갑이, 동업계약으로 당해 사업을 폐업하지 않고 계속하는 경우에 해당 공동사업의 구성원으로서 갑은 당초 적용받은 동 세액감면의 잔존 감면기간 동안에 분배되는 소득금액 상당액에 대하여 동 세액감면을 적용받을 수 있다(서면소득-3358, 2016.3.21.).

(2-2) 자산인수 후 동종사업의 영위 (1호 가목)

종전 사업에 사용되던 자산을 인수 또는 매입하여 같은 종류의 사업을 하는 경우(이하 "자산인수 후 동종사업의 영위")에 (가) 동종사업 영위와 (나) 특정 비율 이상 자산 인수·매입이라는 2가지 요건을 충족하면 승계창업으로 본다.

(가) 동종사업의 영위

동종사업을 영위하는 경우 동종사업의 분류는 한국표준산업분류의 세분류(4자리 숫자 사용)를 따른다(조특령 §5 ㉓).

(나) 특정 비율 이상 자산인수매입

동종사업을 영위하는 경우에는 인수 또는 매입한 자산가액의 합계가 사업 개시 당시 토지 등 사업용자산의 총 가액에서 차지하는 비율이 30% 이하이면 승계방식의 창업에서 제외되어 창업으로 본다(조특령 §5 ⑳). 금액적으로 중요하지 아니한 자산 매입의 경우에도 승계방식의 창업으로 보게 되면 창업의 범위를 지나치게 좁게 보는 폐단이 있어 이를 시정하기 위함이다.

법인이 창업중소기업 등에 대한 세액감면대상 업종과 그 외 업종을 함께 영위하는 경우,

요건 해당 여부를 판단할 때에는 구분기장한 **감면 대상 업종별 사업용자산의 총가액**, 종전 사업에서 사용되던 자산의 자산가액을 기준으로 계산한다(서면법인-3405, 2020.9.28.).

$$\text{원시창업으로 인정되는 조건} = \frac{\text{ⓐ 인수·매입 자산가액의 합계}}{\text{ⓑ 사업개시 당시 사업용자산의 총 가액}} \leq \frac{30}{100}$$

사업용자산이란 토지와 법인세법 시행령 제24조에 의한 감가상각자산을 말한다(조특령 §5 ⑲).

법인세법상 고정자산 중 유형고정자산과 무형고정자산이 대상이며(법령 §24 ①), 건설중인 자산은 감가상각자산이 아니므로 제외된다. 또한 사업용이어야 하므로 업무무관자산은 제외된다.

종전 사업체의 유휴설비 또는 사실상 폐업한 업체의 자산을 임차하더라도 인수·매입 자산에서 제외되지 않는다(대법원 2011두11549, 2014.3.27.; 조심 2020인1734, 2021.9.27.). 인수에는 임차도 포함된다(조심 2015구3576, 2015.12.16.).

과세관청의 유권해석에 따르면 위의 산식에서 ⓐ 인수·매입 자산가액의 합계는 시가를 기준으로 계산하고, ⓑ 사업개시 당시 사업용자산의 총 가액은 장부가액을 기준으로 계산하도록 하고 있다(법인세과-2528, 2008.9.19.). 분자를 시가로 계산하는 이유는 특수관계자 간 양도거래에 있어 시가보다 부당히 낮게 대가를 정하여, 30% 비율보다 낮게 인위적으로 조작할 수 있으므로 이를 방지하기 위함이다.

● **다른 사업자의 자산 인수 후 동종사업 영위**(승계창업)

창업법인이 숙박업을 영위하는 거주자로부터 당해 사업에 사용되던 자산(토지·건물)등을 매입하여 동종의 사업을 영위하는 경우에는 감면을 적용받을 수 없다(서면2팀-2116, 2005.12.20.). 종전의 사업을 양도하고 사업장이 다른 사업자의 공장을 인수하여 사업을 영위하는 경우에도 승계창업에 해당한다(서면1팀-765, 2004.6.7.).

● **폐쇄한 연구소 계측기기 등을 매입하였으나 제조시설을 새로이 투자하여 다른 업종을 영위한 경우**(원시창업)

종전 법인의 연구소 폐쇄로 퇴사한 직원이 법인을 설립하여 종전 법인으로부터 연구소 폐쇄로 불용자산이 된 계측기기 및 비품에 해당하는 자산의 일부를 매입한 후 종전 법인의 제조시설을 인수 또는 매입함이 없이 당해 법인이 제조시설을 신규로 투자하여 종전법인의 사업과 다른 업종인 검사장비제조업을 개시하는 경우에는 동종의 사업을 영위하는 것으로 보지 아니한다(서면2팀-187, 2007.1.25.).

(2-3) 분사의 예외 (1호 나목)

사업의 일부를 분리하여 해당 기업의 임직원이 사업을 개시하는 경우(CIC; Company in

Company)로서 다음 요건을 모두 충족하는 경우에는 원시창업으로 본다(조특령 §5 ㉑).
① 기업과 사업을 개시하는 해당 기업의 임직원 간에 사업 분리에 관한 계약을 체결할 것
② 사업을 개시하는 임직원이 새로 설립되는 기업의 대표자로서 지배주주등(법령 §43 ⑦)에 해당하는 해당 법인의 최대주주 또는 최대출자자(개인사업자의 경우에는 대표자를 말함)일 것

기업의 임직원이 경영상 독립성을 확보하여 분사한 것으로 인정할 수 있는 경우를 원시창업에 포함하기 위한 규정이다.

사업의 일부를 분리하여 해당 기업의 임직원이 사업을 개시하는 경우로서 위 시행령 제5조 제21항 각 호의 요건을 모두 갖춘 경우에도, 원시적인 사업창출의 효과가 있는 사업을 실질적으로 개시하였다고 볼 수 없는 경우에는 '창업'을 한 경우에 해당하지 않는다(서면법규법인-0147, 2023.10.31.).

● **대표자가 신설법인의 최대주주 등에 해당하는 경우**(승계창업)

내국법인이 2개의 제조 사업부 중 1개 사업부를 내국법인의 '대표자'가 신규 설립하는 신설법인에 양도하는 사업부문 양수도 계약을 체결하고 내국법인의 채무인수 및 인적·물적시설의 승계가 이루어지는 경우, 신설법인은 사업의 일부를 분리하여 해당기업의 임직원이 사업을 개시하는 경우의 창업중소기업에 해당하지 않는다(사전법령법인-0799, 2019.1. 16.). 신설법인의 최대주주 등이 종전 기업의 임직원이 아닌 대표자이기 때문이다. 개인사업자가 사업분리 계약을 통해 사업의 일부를 분리하여 개인사업자 본인이 대표자 및 최대주주인 법인을 설립하는 경우도 승계창업에 해당한다(서면-2021-법인-6590, 2021.11.30.).

2018년 개정세법에서 사내벤처 등 해당 기업의 임직원이 일정한 요건을 갖추어 분사한 경우 원시창업으로 인정하여 창업중소기업 세액감면을 적용한다. 개정규정은 2018.1.1. 이후 창업중소기업을 창업하는 경우, 창업보육센터사업자로 지정 받는 경우, 벤처기업으로 확인받은 경우 및 에너지신기술중소기업에 해당하는 경우부터 적용한다. 2018.1.1. 전에 창업중소기업을 창업하는 경우, 창업보육센터사업자로 지정을 받은 경우, 벤처기업으로 확인받은 경우와 에너지신기술중소기업에 해당하는 경우에는 개정규정에도 불구하고 종전의 규정에 따른다(2017.12.19. 개정된 법 부칙 §4·§39).

참고로 2018년 개정 이전에도 분사한 경우를 사업결합 시 종전 사업의 승계에 해당하지 않는 것으로 해석한 심판례가 있다(조심 2017광1189, 2018.1.30.).

(2-4) 개인기업의 법인전환 (2호)

거주자가 하던 사업을 법인으로 전환하여 새로운 법인을 설립하는 경우에는 승계방식의 창업으로 보아 창업에서 제외한다. 다만, 거주자가 본 세액감면을 적용받던 중 법 제32조에 따른 법인전환을 하는 경우에는 통합법인은 잔존 감면기간에도 계속적으로 세액감면을 적용받을 수 있다(Ⅲ. 4-1 참조).

더 나아가 개인사업자가 투자하여 설립한 법인이 개인사업자가 영위하던 사업의 전부

또는 일부를 승계하여 동종의 사업을 영위하는 경우에는 창업으로 보지 아니한다(서면법인 -2464, 2019.8.30.).

반면에 법인전환이 아니라 자산 및 부채의 승계 없이 별도의 법인을 설립한 경우에는 동종업종을 영위하는 경우에도 창업으로 본다(법인-380, 2014.9.11.; 서면2팀-665, 2006.4.25.). 또한 개인사업자가 법인으로 전환하면서 기존 업종에 다른 업종을 추가하여 그 업종으로 주업종을 변경한 경우에는 해당 업종에 대해 창업으로 본다(서면법규-731, 2014.7.11.).

법인 설립 이전에 프리랜서 웹툰작가로 활동하였으나 원천징수 대상 사업소득에 해당하여 사업자등록을 하지 않은 채로 3.3% 원천징수 되어 종합소득세 확정신고를 하여 오던 중, 법인을 설립하고 만화출판업을 주업종으로 창업한 경우 원천징수대상 인적용역 사업소득이 있던 개인이 법인을 설립하여 사업을 개시하는 경우이므로 감면 대상 '창업'에 해당한다(사전법규법인-0175, 2024.3.29.). 앞서 본 바와 같이 개인의 창업일은 사업자등록일을 기준으로 하지만[1-3 (1-2)참조] 원천징수대상 인적용역 개인 사업자는 사업자등록이 없었으므로 개인 기업 자체가 없어 개인 기업의 법인전환에 해당하지 않는다.

(2-5) 폐업 후 재창업 시 동종사업 영위 (3호)

기존에 사업을 영위하던 개인이 폐업 후 사업을 다시 개시하여 폐업 전의 사업과 같은 종류의 사업을 하는 경우이다. 법인은 폐업이 아닌 해산의 대상이므로 개인만이 대상이며,[7] 특정비율 이상의 자산인수를 요건으로 하지 아니한다.

동종사업의 영위 여부는 한국표준산업분류의 세분류를 따른다(조특령 §5 ㉓).

(가) 폐업 후 재창업

사업장이 동일할 필요가 없으므로,(소득세과-371, 2012.4.30.) 거주자가 해당 사업장을 폐업한 후 다른 장소에서 사업을 다시 개시하여도 폐업 전의 사업과 같은 종류의 사업을 하는 경우에 신규로 개업한 사업장은 세액감면되지 않는다.

개인사업자가 폐업 후 폐업전의 업종과 동일 업종으로 법인을 설립하는 경우에도 동 규정에 따라 창업으로 보지 않는다(서면법령해석법인-1262, 2021.6.8.).

반면에, 거주자가 설비투자 등 창업 활동을 전혀 하지 아니한 상태에서 개인 사업자 등록증을 수령 후 실질적으로 사업을 하지 않고 폐업한 뒤, 중소기업에 해당하는 법인을 설립하여 실질적인 창업 활동을 하는 경우에는 창업 중소기업에 해당한다(사전법규소득-0582, 2022.7.14.; 서면법인-0136, 2020.9.9.; 서면법인-0563, 2020.9.10.).

---

7) 법인이 사업을 중단하는 휴면법인의 경우에는 다시 사업을 개시하여도 법인설립이 있을 수 없으므로 창업이 될 수 없다.

그러나, 제조업을 영위하기 위하여 사업장을 개설하고 사업자등록을 하였으나 실질적인 사업을 하지 않고 폐업한 다음, 같은 업종의 법인을 설립한 경우에도 창업에 해당하지 않는 것으로 본 지방세 유권해석이 있다(지방세운영-1810, 2008.10.15.).

(나) 타 사업자가 폐업한 사업장의 인수

다른 사업자가 폐업한 사업장을 인수한 경우에는 동 조항의 적용대상이 아니며, 전술한 (2-1) 사업결합 시 종전사업의 승계 또는 (2-2) 자산인수 후 동종사업의 영위 조항의 해당여부를 검토해야 한다.

- **폐업한 사업장 건물을 임차 후 자산을 새로이 취득한 경우** (원시창업)

  법인이 다른 사업자가 폐업한 사업장의 건물을 그 소유주로부터 임차하고 기계장치 등 사업용 자산을 새로이 취득하여 폐업자가 영위하던 사업과 동종의 사업을 개시하는 경우에는, 포괄적 사업양수도 또는 특정 비율 이상 자산인수에 해당하지 않으므로 특례 적용이 가능하다(법인세과-1120, 2009.10.13.; 서면2팀-2678, 2004.12.20.).

(2-6) 사업확장 등 실질적으로 창업이 아닌 경우 (4호)

> **주요 이슈와 쟁점**
>
> **7. 법인 또는 개인이 업종을 추가하거나 변경한 경우 창업에 해당하는지 여부**
>
>
>
> 사업을 확장하거나 다른 업종을 추가하는 경우 등 새로운 사업을 최초로 개시하는 것으로 보기 곤란한 경우이다.
>
> '사업의 확장'이란 중소기업을 설립하여 최초로 사업장을 두고 사업을 영위하다가 동일한 업종의 사업장을 추가하는 경우를 의미하며, '업종의 추가'란 최초로 영위하는 사업과 다른 사업을 영위하는 모든 경우를 의미한다. 사업주체가 동일한 경우에는 사업장의 변화에 따라 추가된 사업장이나 업종에 대하여 조세감면혜택을 부여하지 않는다는 취지로 창업에서 제외한다(조심 2013지156, 2014.9.19.).
>
> 설립된 중소기업이 하고자 하는 사업이 새로운 사업인지 아니면 기존 사업의 확장이나 업종 추가 등에 불과한지는 해당 중소기업의 설립 경위, 기존에 사업을 영위하던 개인 또는 법인과 신설 중소기업의 출자자 구성, 전자가 후자의 설립이나 운영에 관여한 정도, 양자가 운영하는 사업의 유사성과 관련성, 양자 사이의 거래 현황과 규모 및 인적·물적 설비를 공유하는 정도 등을 종합하여 판단하여야 한다(창원지법 2018구합52929, 2019.11.14.).

(가) 사업의 확장 (동종 사업장 추가)

기존 사업장 외에 동종 업종의 사업장을 추가로 신설하는 경우에는 사업의 확장에 해당하며 창업에 해당하지 않는다(서면1팀-822, 2006.6.21.).

반면에 제조공간의 확장을 위해 기존 공장을 증설하는 경우에는 창업으로 보지 아니하는 것은 동일하나, 기존 사업장에 적용되던 세액감면이 가능하다. 예를 들어, 다른 업종을 영위하던 공장을 인수하여 완제품 생산을 제1공장에서 제2공장으로 변경하여 수행하는 경우에는 제1공장의 증설이라 볼 수 있으므로 제1공장의 잔여 세액감면기간 동안 본 세액감면을 적용할 수 있다(조심 2014부445, 2014.7.15.).

- **사업장 추가 시 사업 확장 여부의 판단기준**

  거주자 본인이 기존 사업장에서 사용하던 기계 중 일부를 다른 장소에서 신규로 개시한 사업장에 설치하여 기존 사업장의 부재료로 사용될 수 있는 제품을 생산한 경우는 사업의 확장에 해당하여 창업으로 보지 아니하지만, 기존 사업장 제품과는 전혀 다른 새로운 제품을 생산하는 경우에는 창업으로 볼 수 있다(서일 46011-10482, 2002.4.13.).

(나) 법인의 업종 추가 및 변경

법인이 창업일로부터 감면대상업종을 영위하는 경우에 한하여 세액감면을 적용하며, 감면대상업종으로 업종을 변경하거나 추가하는 경우에는 창업으로 보지 아니한다. 법인의 경우에는 창업 판정의 단위를 법인 전체로 본다.

- **법인이 도소매업의 매출실적이 없는 상태에서 광업을 추가한 경우** (제외)

  골재 도·소매업을 영위하면서 매출실적이 없는 법인이 창업일 이후에 매출실적이 없는 다른 법인의 골재채취 허가권을 인수하여 광업을 추가하는 경우에는 창업으로 보지 않는다(법인-163, 2010.2.23.).

- **법인이 상호 및 업종을 변경한 경우** (제외)

  화물운수업으로 법인 설립한 후 사업부진으로 종전의 사업을 종료하고 법인상호를 변경하여 전혀 다른 제조업을 영위하였다 하더라도 해당 법인의 창업일은 제조업을 개시한 날이 아닌 법인설립등기일이 된다(세정-1267, 2005.6.21.).

- **법인의 매출이 비감면업종에서 먼저 발생하고 이후 감면업종에서 발생한 경우** (창업)

  반면에 창업 당시부터 감면업종과 비감면업종 모두를 목적사업으로 하여 준비하였으나, 비감면업종인 도매업에서 매출이 먼저 발생하고 이후 감면업종인 제조업에서 매출이 발생한 경우에는 업종을 추가한 경우로 볼 수 없고 창업에 해당한다(조심 2013지156, 2014.9.19.; 같은 뜻 조심 2017지0560, 2017.10.13.).

- **감면업종의 지점 설치가 일시 지연된 경우** (창업)

  법인설립등기하면서 설립 당시에는 감면 외 사업을 영위하는 본점만이 있었으나, 법인설립 당시부터 지점을 설치하여 감면사업을 영위하기로 사업계획하고 일시적으로 지점설치 및 지점등기가 지연된 경우로서 사실상 법인설립 당시부터 해당 감면사업을 영위한 것으로 인정되는 경우에는 해당 세액감면을 적용할 수 있다(서면법령법인-433, 2015.8.18.).

(다) 자회사의 설립

자회사를 설립하는 등 창업 판정의 단위인 법인이 다른 경우에는 새로운 창업으로 본다. 예를 들어 수도권과밀억제권역 내에서 도매업을 영위하는 법인이 출자를 통해 수도권과밀억제권역 외의 지역에 제조업을 영위하는 법인을 신설하는 경우에 신설 법인은 창업에 해당한다(법인-306, 2011.4.26.; 다른 업종을 수행하는 경우).

반면에, A법인이 100% 출자하여 A법인과 동일한 대표자 및 동일 업종으로 다른 지역에 B법인을 설립하는 경우 창업으로 보지 않는다(서면법령해석법인-1262, 2021.6.8.).

(라) 신설법인의 설립

내국법인의 대표이사가 지배하고 있는 기존 법인과 다른 업종으로 별도의 장소에 새로운 법인을 설립한 경우에는 창업으로 본다(서면법인-2433, 2021.5.26.; 서면법인-1206, 2020.3.27.; 사전법령법인-0251, 2018.6.14.). 그리고, 개인사업자가 그 사업을 계속하면서 개인사업을 승계하거나 인수하지 않고 다른 지역에 별도의 법인을 설립하여 개인사업자와 동일 업종으로 사업을 개시하는 경우 '창업'에 해당한다(사전법규법인-0818, 2023.12.13.).

또한, 기존법인의 인피니티 차종 판매사업과 연속성·동일성이 없는 기타 닛산 차종 판매사업을 영위하기 위하여 독립된 인적·물적 설비를 갖추어 신설법인을 새로이 설립한 것은 사업의 확장이 아닌 창업에 해당한다(대법원 2015두36317, 2015.5.14.).

반면에 종업원·기계장치·원재료 등 사업 일부분을 아웃소싱 형태로 승계받아 창업한 것으로 그 실질이 특수관계법인의 사업 확장에 해당하는 경우에는 창업에 해당하지 않는다(심사법인 2015-8, 2015.4.27.).

● 사업장, 인력, 거래처, 생산시설을 승계하고 대표자가 같은 경우 (승계창업)

중소기업인 내국법인(이하 'A법인')이 사업개시일부터 다른 내국법인(이하 'B법인')의 사업장에서 사업을 영위하면서 B법인의 인력 중 일부를 영입하고, B법인의 납품거래처도 승계를 받았으며, B법인의 생산시설을 임차하여 사용하고 있고, A법인과 B법인의 대표이사가 같은 경우에는 「조세특례제한법」 제6조 제10항 제4호의 '새로운 사업을 최초로 개시하는 것으로 보기 곤란한 경우'에 해당하므로 창업중소기업 등에 대한 세액감면을 적용할 수 없는 것임(사전법령법인-1352, 2021.9.29.).

> **실무 상담 사례**
>
> **Q** A법인의 주주가 종업원이나 기계장치의 승계없이 신규 투자로 종전 지역과는 다른 지역에서 동일 업종을 영위하는 법인을 설립한 경우 원시창업에 해당하나요?
>
> **A** 사업의 확장이란 최초 사업장을 두고 동일한 업종의 사업장을 추가하는 경우를 의미하며, 사업장의 추가와 신규 법인의 설립은 구분되는 개념이므로, 법인 신설은 사업장의 추가에 해당하지 않는 것으로 판단됩니다. 더욱이 종전 법인의 인적·물적 설비를 승계하지 않는다면 실질상 사업의 확장에 해당하는 것으로도 볼 수 없습니다.

> **예규·판례**
>
> ❖ **창업 당시부터 제조업과 도매업을 준비하였으나 도매업의 매출이 먼저 발생한 경우 창업 해당 여부 (긍정)** (조심 2013지156, 2014.9.19.)
> 청구법인은 당초 법인설립등기 시 자동차부품제조업과 도매무역업 등을 목적사업으로 등재하고 있었고, 법인설립 이후에 부동산을 임차하여 사업준비를 거쳐 당초 목적사업에 포함된 제조업을 영위하기 위하여 쟁점부동산에 대한 매매계약을 체결하여 공장을 설립할 준비를 진행함과 병행하여 부동산매매계약 체결 이후에 도매무역업을 영위하였고, 이와 같이 법인설립 이후 2가지 사업을 병행하는 것이 새로운 업종을 추가한 경우에 해당된다고 보기 어렵고, 도매무역업을 영위하면서도 제조업을 영위하기 위하여 쟁점부동산을 취득하고 순차적으로 공장용 기계를 주문·설치하는 등 제조업을 영위하기 위한 준비과정이 진행 중인 상태로서, 청구법인이 창업중소기업의 감면대상 업종인 제조업을 영위하기 위한 일련의 과정을 보면, 청구법인은 설립 당시부터 도매무역업 이외에 제조업을 영위하고자 하였던 것으로 보이고, 이와 같이 도매무역업과 제조업을 창업 당시부터 영위하고자 추진한 경우에 있어서 제조업을 영위하고자 하였음에도 도매무역업을 병행하여 영위하였고, 준비과정에 장기간이 소요되는 제조업과 달리 도매무역업과 관련된 매출실적이 먼저 발생하였다는 사유를 이유로 이를 업종추가로 보는 것은 중소기업에 대하여 조세감면혜택을 부여하는 입법취지상 오히려 불합리하다고 보인다.

(마) 개인의 업종 추가 및 변경

개인의 경우에도 동일 사업장 내에서 기존 업종과는 다른 업종을 추가하거나 변경하는 경우에 창업으로 보지 아니한다.

● **동일 사업장 내에서 임대업에서 제조업으로 변경한 경우** (승계창업)

자신이 대표자로 있는 법인에 사업장의 일부를 임대하는 거주자가 동일 사업장 일부에 공장을 신축하여 제조업을 영위하는 경우 본 세액감면을 적용할 수 없다(서면법규과-1210, 2013.11.5.). 개인이 당초 부동산임대업을 영위하고자 사업자등록을 하였으나 부동산 임대사업 개시 전 제조업으로 업종을 변경하여 동일한 사업장에서 제조업을 영위한 경우에는 창업에 해당하지 않는다(서면법규과-25, 2014.1.13.).

또한 공동사업장의 구성원이 탈퇴하면서 기존 사업을 공동사업장의 다른 구성원에게 승계시키고 새로운 장소에서 동일한 업종의 사업을 개업한 경우에도 창업으로 보지 아니한다(사전법령소득-0457, 2018.12.19.; 사전법규소득-0054, 2024.2.1.).

● **공동사업장으로 변경하면서 구성원으로 참여하는 경우** (승계창업)

조세특례제한법 제6조를 적용함에 있어서 기존사업장을 공동사업장으로 변경하면서 그 공동사업장의 구성원으로 참여하는 경우에는 창업에 해당하지 않고, 기존사업장에서 발생한 소득에 대한 소득세에 대해 같은 조 제1항에 따른 세액감면(이하 "쟁점감면")을 적용받고 있던 거주자가 기존사업장을 공동사업장으로 변경하는 경우로서 같은 법 시행령 제5조 제2항 및 제3항에 해당하지 않는 경우에는 해당 공동사업장의 손익분배비율에 의한 소득금액상당액에 대하여 쟁점감면을 적용받을 수 있는 것임(사전법규소득-1673, 2022.6.14.).

다만 개인이 동일한 장소에서 종전 사업을 폐업하고 새로운 업종으로 변경한 경우에는 창업에 해당한다.

● **커피숍을 폐업하고 치킨 전문점으로 업종을 변경한 경우**(원시창업)

비알코올 음료점업(커피숍)을 운영하던 사업자가 사업부진으로 커피숍 영업을 중단하고 해당 장소에서 기타 간이 음식점업(치킨 전문점)으로 업종을 변경한 경우「조세특례제한법」제6조의 창업중소기업 등에 대한 세액감면이 적용되는 '창업'에 해당하는 것임. 다만, 새로운 사업의 개시가「조세특례제한법」제6조 제10항의 '사업을 확장하거나 다른 업종을 추가하는 경우 등 새로운 사업을 최초로 개시한 것으로 보기 곤란한 경우'에 해당하는 경우 '창업'으로 보지 아니하며 이에 해당하는지 여부는 기존 사업과의 연관성, 위치, 업종 등을 종합적으로 고려하여 사실 판단할 사항임(사전법령소득-0733, 2019.12.31.).

또한, 법인과는 달리 개인이 기존 업종과는 다른 업종을 별도 사업장에서 영위하는 경우에는 창업에 해당한다(사전법령소득-0055, 2021.6.17.; 사전법령소득-64, 2016.6.20.) 법인은 법인 전체를 창업의 단위로 보아야 하지만, 개인은 각 사업(사업장)을 창업의 단위로 보아야 하기 때문이다.

● **부동산임대업자가 신규 사업장에서 제조업을 새로이 개시한 경우**(원시창업)

부동산임대업을 영위하는 개인사업자가 기존 사업장과 다른 사업장에서 제조업을 새로이 개시하는 경우에는 창업으로 본다(재조예-399, 2005.11.2.). 부동산임대업을 영위하고 있는 개인사업자가 기존 부동산 임대사업장을 폐업하지 않은 상태에서 별도의 사업장에서 제조업을 새로이 개시하는 경우라면 이는 업종추가에 해당되지 않아 창업에 해당된다(세정-32, 2005.12.13.; 사전법령법인-179, 2016.5.10.).[8]

1-4 감면대상지역

(1) 과밀억제권역 외의 지역

창업 당시부터 수도권과밀억제권역 외의 지역에서 창업하는 기업에 한하여 적용된다. 여타의 창업벤처기업, 에너지신기술 중소기업과는 달리 창업중소기업에 대하여는 감면대상지역의 요건을 특별히 요구하였다. 지방소재 중소기업들이 상대적으로 창업여건이 어려

---

8) 다만, 일부 지방세 유권해석에서는 개인이 부동산임대업 또는 도소매업을 영위하면서 이를 폐업하지 아니한 채 다른 장소에서 제조업을 추가로 개시한 경우, 업종 추가로 보아 창업으로 보지 아니한 사례가 있음(세정-3759, 2004.10.27; 세정-3430, 2004.10.11.)

우므로 지역 간의 균형발전을 위하여, 지방소재 중소기업으로 한정하여 특례를 부여한다.

다만 청년창업중소기업 및 생계형 창업에 대해서는 수도권 과밀억제권역 내에서 창업한 경우에도 감면율을 달리하여 본 특례를 적용함에 유의하여야 한다.

수도권과밀억제권역의 자세한 사항은 제1부 제3절 용어정의 부분을 참조하기 바란다.

(2) 설립 후 과밀억제권역 외에서 실질적인 창업이 이루어진 경우

주요 이슈와 쟁점

8. 과밀억제권역 내에서 법인을 설립한 후 그 권역 외에서 실질적으로 창업한 경우 창업중소기업 세액감면이 적용되는지 여부

[예규] 부정

「조세특례제한법」 제6조 제1항의 규정에 따른 창업중소기업은 창업 당시부터 수도권과밀억제권역 외의 지역에서 창업하여 같은 법 제6조 제3항 각 호의 업종을 영위하는 중소기업에 한하여 적용하는 것이며, 수도권과밀억제권역 내의 지역에서 법인설립등기를 한 법인이 법인의 소재지를 수도권과밀억제권역 외의 지역으로 이전하여 사업을 영위하는 경우에는 적용되지 않는 것임(법인-196, 2011.3.17.).

[조세심판원] 긍정

창업중소기업에 대한 세액감면의 요건을 충족하는지 여부는 당해 기업이 실제 제조 및 영업을 시작하고 매출을 발생시킨 시점 및 장소를 기준으로 판단하는 것이 실질적인 창업업종을 영위하는 중소기업에 세제혜택을 부여하고자 하는 조세감면의 입법취지에 부합한다고 할 것이므로, 청구법인의 실제 창업일은 청구법인이 당초 2012.4.3. ○○○소재 사무실로 한 법인설립등기일이라기보다는 공장임대차계약을 체결(2012.7.30.)하고 이후 종업원 채용 및 자본금 증자 등을 통하여 본격적으로 생산·판매활동을 시작한 장소인 ○○○으로 법인의 본점 소재지를 이전하고 등기한 2012.8.2.로 보는 것이 타당하다(조심 2015중1401, 2015.8.25.; 같은 뜻 국심 2001전2230, 2001.12.18.; 국심 2001전1464, 2001.10.13.).

|저자주| 수도권과밀억제권역 내에서 법인을 설립하였으나, 수도권과밀억제권역 외에서 영업행위를 개시하는 등 실질적인 창업이 이루어진 경우에, 본 특례의 적용 여부에 대하여 과세관청과 재결청의 해석이 엇갈리고 있다.

저자의 의견으로는 재결청의 해석이 타당하다고 본다. 창업의 개념에서 본 바와 같이, 중기창업법에 따르면 창업이란 중소기업을 새로 설립하여 사업을 개시하는 것을 말하며, 법인의 경우에는 법인설립등기일을 창업일로 본다. 법인설립등기일이란 창업이 있는 경우에 창업일을 정하기 위하여 외부에서 객관적으로 식별 가능한 일자를 정한 것일 뿐이므로, 실질적인 창업행위가 없는 경우에도 법인설립 등기가 있다고 하여 창업하였다고 볼 수 없다.

1-5 청년창업중소기업

　청년창업중소기업이란 개인사업자로 창업하는 경우와 법인으로 창업하는 경우로 구분하여 대표자가 다음의 요건을 충족하는 기업을 말한다. 공동사업장의 대표자는 손익분배비율(소법 §43 ①, ②)이 더 큰 사업자를 말한다. 이때 손익분배비율이 가장 큰 사업자가 둘 이상인 경우에는 그 모두를 말한다(조특령 §5 ①).

① 개인사업자 창업
　㉮ 연령 요건 : 창업 당시 15세 이상 34세 이하인 사람. 다만 병역(조특령 §27 ① 1호) 이행 시에는 해당 기간(최장 6년)을 빼고 연령을 계산함.

② 법인 창업
　㉮ 연령 요건은 위의 개인사업자 창업과 동일함.
　㉯ 최대주주 요건 : 지배주주등(법령 §43 ⑦)으로서 해당 법인의 최대주주 또는 최대출자자일 것

　보유주식의 합계가 동일한 최대주주 등이 2 이상인 경우에는 모두를 최대주주 등으로 보므로, 청년과 청년이 아닌 자가 내국법인의 지분을 각각 50%를 보유하고 있는 경우에는 청년창업중소기업으로서 창업중소기업 등에 대한 세액감면을 적용 받을 수 있다(사전법령법인-0131, 2019.4.25.).

　또한, 내국법인이 청년창업중소기업에 대한 세액감면을 적용받던 중 창업한 대표자가 특수관계 없는 다른 청년에게 50% 지분을 양도하고 공동대표 및 공동 최대주주가 되는 경우에도 감면이 가능하다(사전법규법인-0804, 2023.12.19.).

　반면에, 조세특례제한법상의 청년이 100% 출자하여 법인을 설립하고, 청년과 청년이 아닌 자가 각자대표로 취임하여 사업을 운영하는 경우, 해당 내국법인은 세액감면을 적용할 수 없다(서면법령법인-5711, 2021.6.30.). 최대주주는 2명 이상일 수 있으나, 대표자는 청년이어야 하기 때문이다.

　또한, 내국법인의 창업일(법인설립등기일) 현재 대표자는 청년의 요건을 충족하지 못하였으나, 이후 창업일이 속하는 사업연도에 변경된 대표자가 청년의 요건을 충족하는 경우에는 청년창업중소기업 세액감면을 적용받을 수 없다(사전법령법인-0526, 2021.5.13.). 창업중소기업세액감면의 감면 요건은 창업일에 충족하여야 하기 때문이다.

　2017.1.1. 이후 창업하는 경우 청년창업중소기업에 대해 세액감면율을 최초 3년간 50%에서 75%로 상향 조정한다(2016.12.20. 개정된 법 부칙 §3).

　2018년 개정세법에서 청년창업에 대한 지원을 확대하기 위하여 청년창업 중소기업의 대표자 연

령기준을 창업 당시 15세 이상 29세 이하에서 15세 이상 34세 이하로 상향 조정하였다. 2018.5.29. 이후 창업하는 분부터 적용한다(2018.8.28. 개정된 시행령 부칙 §2).

종래 청년창업중소기업의 대표자는 손익분배비율이 가장 큰 사업자로 판정하였으나, 지분율이 동일한 경우의 판정 기준이 없어 2019년 개정세법에서 대표자 범위를 명확히 하였다.

1-6 신성장 서비스 창업중소기업

수도권 과밀억제권역 외에서 창업한 창업중소기업(청년창업중소기업 제외), 창업벤처중소기업 및 에너지신기술중소기업에 해당하는 경우로서 다음의 신성장서비스업종을 주된 사업으로 영위하는 중소기업을 말한다. 이 경우 둘 이상의 서로 다른 사업을 영위하는 경우에는 사업별 사업수입금액이 큰 사업을 주된 사업으로 본다(조특법 §6 ⑤, 조특령 §5 ⑪). 창업벤처중소기업과 에너지신기술중소기업은 창업 지역을 불문한다.

> ① 컴퓨터 프로그래밍, 시스템 통합 및 관리업, 소프트웨어 개발 및 공급업, 정보서비스업(뉴스제공업 제외) 또는 전기통신업
> ② 창작 및 예술관련 서비스업(자영예술가 제외), 영화·비디오물 및 방송프로그램 제작업, 오디오물 출판 및 원판 녹음업 또는 방송업
> ③ 엔지니어링사업, 전문디자인업, 보안시스템 서비스업 또는 광고업 중 광고물 문안, 도안, 설계 등 작성업
> ④ 서적, 잡지 및 기타 인쇄물출판업, 연구개발업, 직업기술 분야를 교습하는 학원을 운영하는 사업 또는 직업능력개발훈련시설 운영 사업(직업능력개발훈련을 주된 사업으로 하는 경우로 한정함)
> ⑤ 물류산업(조특령 §5 ⑦)
> ⑥ 관광숙박업, 국제회의업, 유원시설업 또는 관광객이용시설업(조특령 §5 ⑩)
> ⑦ 전시산업발전법에 따른 전시산업, 기타 과학기술서비스업, 시장조사 및 여론조사업, 광고업 중 광고대행업, 옥외 및 전시 광고업(조특칙 §4의 3)

소프트웨어, 콘텐츠, 관광, 물류 등 향후 성장이 기대되는 유망 서비스업을 대상으로 한다.

신성장 서비스 창업중소기업의 유형

구 분	일반 창업중소기업	창업벤처중소기업	에너지신기술 중소기업
과밀억제권역 外	△❷	○	○
과밀억제권역 內	×❶	○	○

❶ 표에서 색이 칠하여져 있는 부분은 신성장 서비스 창업중소기업이 가능한 유형이며, 색이 없는 부분은 불가능한 유형임.
❷ 과밀억제권역 외에서 창업한 청년창업중소기업은 제외함.

2018년 개정세법에서 조특법 제30조의 4 중소기업 사회보험료 세액공제의 신성장 서비스업과

유사하게 업종 기준을 설정하여 초기 3년간 75%의 감면율을 적용한다. 부칙은 Ⅱ. 1-3 (2-3) 분사의 예외와 동일하다.

1-7 생계형 창업중소기업

생계형 창업중소기업이란 창업중소기업(청년창업중소기업 제외)이 최초로 소득이 발생한 과세연도와 그 다음 과세연도의 개시일부터 4년 이내에 끝나는 과세연도까지의 기간에 속하는 과세연도의 수입금액이 8천만원 이하인 경우를 말한다. 과세기간이 1년 미만인 과세연도의 수입금액은 1년으로 환산한다. 다만 창업벤처중소기업 또는 에너지신기술중소기업을 적용받는 경우는 제외한다(조특법 §6 ⑥).

생계형 창업중소기업에 해당하는지 여부는 각 과세연도의 수입금액에 따라 **연도별로 각각 판정한다**. 법문상 "과세연도의 수입금액이 8천만원 이하인 경우 그 과세연도에 대한" 법인세 등을 감면하도록 규정하고 있으므로 매년 별도 판정해야 할 것으로 본다.

생계형 창업중소기업의 유형

구 분	일반 창업중소기업	창업벤처중소기업	에너지신기술 중소기업
과밀억제권역 外	△❷	×❶	×
과밀억제권역 內	△❷	×	×

❶ 표에서 색이 칠하여져 있는 부분은 생계형 창업중소기업이 가능한 유형이며, 색이 없는 부분은 불가능한 유형임.
❷ 청년창업중소기업은 제외함.

생계형 창업에 대한 지원 강화를 목적으로 2018년 중반 개정세법에서 생계형 창업중소기업에 대해 수도권 과밀억제권역 내 창업은 5년간 50%, 과밀억제권역 외 창업은 5년간 100% 감면율을 적용하였다. 2018.5.29. 전에 창업중소기업을 창업한 경우에는 개정규정에도 불구하고 종전의 규정에 따른다(동일자로 개정된 법 부칙 §4).

2022년 세법개정에서 세액감면의 대상이 되는 생계형 창업기업의 기준을 연간 수입금액 4천800만원 이하인 기업에서 8천만원 이하인 기업으로 완화하였다.

❷ 창업보육센터사업자

중기창업법 제53조 제1항에 따라 창업보육센터사업자로 지정받은 내국인이다(조특법 §6 ①).

창업보육센터란 창업의 성공 가능성을 높이기 위하여 창업자에게 시설·장소를 제공하고 경영·기술 분야에 대하여 지원하는 것을 주된 목적으로 하는 사업장을 말한다. 창업보육센터를 설립·운영하는 자(설립·운영하려는 자 포함)가 창업보육센터사업자이다.

'창업보육센터사업자로 지정받은 내국인일 것'을 요건으로 하므로, 다른 주체와는 달리 창업 요건, 감면대상업종 요건 및 감면대상지역 요건을 필요로 하지 않는다.

3 창업벤처중소기업

본 과세 특례의 주체인 창업벤처중소기업의 요건을 정리하면 다음과 같다(조특법 §6 ②·③).
㉮ 벤처기업의 범위
㉯ 벤처기업 확인 요건
㉰ 감면업종 요건
㉱ 창업 요건
㉲ 조세특례제한법상 중소기업

창업벤처중소기업은 중기법 상 중소기업이 아닌 조특법에 따른 중소기업 기준(조특령 §2 ①)을 충족하여야 한다(조심 2017서4108, 2019.1.7.; 서울고법 2016누37418 판결, 2017.4.19.).

감면대상지역 제한이 없으므로, **창업벤처중소기업은 수도권과밀억제권역에서 창업하는 경우에도 세액감면을 적용받을 수 있다.**

㉰ 감면업종 요건과 ㉱ 창업 요건은 1-1과 1-3의 창업중소기업에서 살펴본 바와 같으며, 이하 벤처기업의 범위, 벤처기업 확인 요건을 설명한다.

3-1 벤처기업의 범위

창업중소기업감면이 적용되는 창업벤처중소기업은 「벤처기업육성에 관한 특별법」(이하 "벤처기업법")에 따른 벤처기업 중 i) 벤처투자기업, ii) 기술평가 보증·대출기업과 iii)조세특례제한법에서 독자적으로 규정한 연구개발비 요건을 충족하는 중소기업으로 구분된다.

법 문구에서 벤처기업과 창업벤처중소기업의 정의를 달리하고 있음에 유의하여야 한다. 창업벤처중소기업은 법 제6조 창업중소기업 세액감면의 과세특례의 주체인 반면에, 벤처기업은 벤처기업법의 개념이다. 본 세액감면을 제외한 다른 특례(예, 법 제13조)에서 벤처기업이라는 용어를 사용하는 경우에는 벤처기업법상의 벤처기업을 의미하는 것임에 유의하여야 한다.

(1) 벤처기업법상의 벤처기업

벤처기업법에 따른 벤처기업은 벤처투자기업, 연구개발기업 및 혁신성장기업의 3가지 유형으로 나뉜다. 벤처기업은 중소기업기본법에 의한 중소기업임을 기본 요건으로 하며, 벤처유형별로 각각의 요건을 갖추어야 한다(벤처기업법 §2의 2, 동법 시행령 §2의 3).

벤처기업법의 벤처기업 유형 및 요건

벤처유형	벤처요건
벤처투자유형	■ 벤처투자회사, 벤처투자조합 등 벤처투자기관이 자본금의 10% 이상을 투자할 것 ※ 「문화산업진흥 기본법」제2조 제12호에 따른 제작자 중 법인이면 자본금의 7%로 함. ■ 벤처투자기관 투자금액의 합계가 5천만원 이상일 것 ■ 벤처기업확인기관으로부터 해당 요건을 갖춘 것으로 평가 받은 기업(24.7.10. 시행 예정)
연구개발유형	■ 기업부설연구소 또는 연구개발전담부서, 기업부설창작연구소 또는 기업창작전담부서를 보유할 것 ■ 연간 연구개발비가 5천만원 이상일 것 ■ 연간 총매출액 대비 연구개발비 비율이 업종별로 5~10% 이상일 것 ※ 창업 3년 미만 기업 : 연구개발비 비율 요건 적용 제외 ■ 벤처기업확인기관(사단법인 벤처기업협회)으로부터의 성장성 평가가 우수할 것
혁신성장유형	■ 벤처기업확인기관으로부터 기술의 혁신성과 사업의 성장성이 우수한 것으로 평가받은 기업(창업 중인 기업 포함)

2021년 개정세법에서 종래 벤처기업 요건 중 보증 또는 대출기관으로부터 보증이나 대출을 받고 그 기관으로부터 기술성이 우수한 것으로 평가받도록 하던 요건(기술평가보증대출유형)을 완화하여 앞으로는 벤처기업확인기관으로부터 기술의 혁신성과 사업의 성장성이 우수한 것으로 평가받은 기업(혁신성장유형)을 벤처기업이 될 수 있도록 하였다. 연구개발유형의 연구소 범위로서 연구전담부서 등 연구개발조직 유형을 3개 추가하고, 벤처투자유형의 적격 투자기관의 범위에 창업기획자 등 8개 투자기관을 추가하였다. 그리고, 기존 3개 벤처확인기관(벤처캐피탈협회, 기술보증기금, 중소벤처기업진흥공단)에서 별도로 수행하던 벤처기업 확인업무를 벤처기업협회 내의 벤처기업확인위원회를 통해 단일화하여 진행한다. 또한 벤처기업확인서의 유효기간을 2년에서 3년으로 연장하였다. 개정 규정은 2021.2.12.부터 시행한다(2020.2.11. 개정된 벤처기업법 부칙 §1).

(2) 창업벤처중소기업

창업중소기업 세액감면의 주체인 창업벤처중소기업은 위에서 본 벤처기업법상 벤처기업의 범위 중 벤처투자기업과 혁신성장기업을 그 범위로 하되, 연구개발기업을 벤처기업에서 제외하고 그 대신 연구개발비 요건을 충족하는 중소기업을 독자적으로 규정하고 있다(조특법 §6 ②, 조특령 §5 ④). 따라서, 창업벤처중소기업은 다음의 3가지 유형이다.
① 벤처투자기업
② 혁신성장기업
③ 연구개발비 요건을 충족하는 연구개발기업

연구개발비 요건이란 조특법 시행령 별표 6의 연구개발비가 당해 연도 수입금액의 5% 이상인 요건을 벤처기업 확인을 받은 날이 속하는 과세연도부터 해당 사업연도까지 계속 유지하여야 하는 요건을 말한다(조특령 §5 ④ 2호, ⑤).

벤처기업 확인일 이후 한 번이라도 연구개발비 비율이 5% 미만이 되면 벤처기업에서 항구적으로 제외된다. 따라서, 벤처기업법 상 연구개발기업으로 확인 받아야 한다는 첫 번째 요건과, 그 후 계속적으로 조특법 상 연구개발비 요건을 충족해야 한다는 두 번째 요건을 모두 만족시켜야 한다.

수입금액은 제1절 중소기업 업종기준에서 주된 사업의 판정기준에서 규정된 수입금액(조특령 §2 ③ 참조)과 동일하게 기업회계기준에 따라 작성한 손익계산서상의 매출액으로 하여야 할 것으로 본다.

3-2 창업 후 3년 이내 벤처기업의 확인

(1) 벤처기업 확인

벤처기업은 벤처기업 확인기관((사) 벤처기업협회)의 벤처기업확인위원회에 확인요청을 하여 벤처기업확인서를 발급받도록 하고 있으며,(벤처기업법 §25, 동법 시행령 §18의 3) 창업 후 3년 이내에 벤처기업확인기관으로부터 벤처기업 확인을 받아야 한다.[9]

창업일은 전술한 바와 같이 법인설립등기일 등이며, 벤처기업 확인일자는 벤처기업확인서의 유효기간의 초일이므로,(법인세과-802, 2011.10.26.) 양 일자 간의 기간이 3년 이내이어야 한다.

창업중소기업(법 §6 ①)이 세액감면 적용기간 중에 벤처기업확인을 받는 등 창업벤처중소기업(동조 ②)에 동시에 해당하는 경우에는 본래의 잔존 감면기간 동안 제2항의 창업벤

---

[9] 벤처확인·종합관리시스템에서 공시된 벤처기업의 조회가 가능함(https://www.smes.go.kr/venturein/)

처중소기업의 세액감면을 적용받을 수 있다(서면소득-1065, 2015.7.23.). 이 경우 새로이 5년의 감면기간이 다시 개시하지 않음에 주의하여야 한다(조심 2018부1141, 2018.6.14. 참조).

반면에 제1항의 창업중소기업 세액감면 요건을 충족하나 동 감면을 적용받은 사실이 없는 창업중소기업이 창업벤처중소기업에 해당하는 경우에는 제2항의 창업벤처중소기업 세액감면을 적용받을 수 있다(법인-1301, 2009.11.27.).

그리고, 벤처기업이 창업 후 3년 이내에 1차 벤처기업 확인을 받았으나, 아직 감면대상 소득이 발생하지 아니한 상태에서 창업 후 3년 이내에 벤처기업으로 2차 확인을 받은 경우, 2차 확인받은 날을 벤처기업으로 확인받은 날로 보아 「조세특례제한법」 제6조 제2항에 따른 세액감면을 적용할 수 있다(서면법인-2343, 2023.10.31.).

- **벤처확인기간이 만료되었으나 다른 유형으로 벤처 확인 받은 경우**(잔존기간 공제)

  창업벤처중소기업 세액감면(조특령 §5 ④ 2호)의 적용을 받는 벤처기업이 연구개발기업으로서의 벤처확인기간이 만료되는 경우 연구개발비 지출여부에 관계없이 만료일이 속하는 사업연도부터 감면을 적용받을 수 없는 것이나, 잔존감면기간 중 다른 유형인 기술평가기업으로 벤처기업 확인을 받는 경우에는 그 사유가 발생한 날이 속하는 사업연도부터 잔존감면기간 동안 창업중소기업에 대한 세액감면을 받을 수 있는 것임(서면법인-1741, 2019.9.19.)

- **창업 후 벤처기업법 상 연구개발기업으로 확인 받은 경우** (제외)

  세액감면대상에 해당하지 않는 연구개발기업(벤처기업법 §2의 2 ① 2호 나목)에 해당하는 중소기업이 창업 후 3년 이내 벤처기업특별조치법 제25조에 따라 벤처기업으로 확인받은 후, 창업 후 3년 경과하여 다시 연구개발기업 이외의 중소기업으로서 벤처기업으로 확인받은 경우에는 창업벤처중소기업 세액감면을 적용할 수 없는 것임(사전법령법인-0178, 2018.4.27.) 벤처기업법상 연구개발기업은 세액감면 대상인 벤처기업의 유형에 해당하지 않기 때문임.

- **2013년 세법 개정에 따른 부칙 조항의 해석**

  「벤처기업육성에 관한 특별조치법」 제2조 제1항에 따른 벤처기업(이하 "벤처기업"이라 한다)이 창업 후 3년 이내에 2012.12.31.까지 벤처기업으로 확인 받았으나 아직 소득이 발생하지 아니하여 구「조세특례제한법」(2013.1.1. 법률 제11614호로 개정되기 전의 것) 제6조 제2항에 따른 세액감면을 적용받지 아니한 경우로서, 2013.1.1. 이후 창업 후 3년 이내에 벤처기업으로 2차 확인받은 경우에는 2013.1.1. 법률 제11614호로 개정된 「조세특례제한법」 부칙 제4조에 해당하여 같은 법 제6조 제2항의 세액감면을 적용하는 것임(재조특-212, 2022.4.4.). 따라서, 2013.1.1. 이전에 벤처기업 확인을 받았더라도 종전에 창업벤처중소기업 세액감면을 받지 아니한 상태에서 2013.1.1. 이후 벤처기업 확인을 다시 받은 후 세액감면을 적용한다면 감면기간을 4년이 아닌 5년을 적용함.

● 예규·판례

❖ **창업중소기업 세액감면을 취소하고 창업벤처중소기업 세액감면을 적용할 수 있는지 여부 (긍정)** (재조특-411, 2019.5.23.)

조세특례제한법 제6조 제1항의 창업중소기업에 대한 세액감면을 적용받은 기업이 조세특례제한법 제6조 제2항의 벤처기업으로 확인받은 경우로서, 당초 감면받은 세액에 대하여 국세기본법 제45조에 따른 수정신고를 하는 경우에는 벤처기업으로 확인받은 날 이후 최초로 소득이 발생한 과세연도(벤처기업으로 확인받은 날부터 5년이 되는 날이 속하는 과세연도까지 해당 사업에서 소득이 발생하지 아니하는 경우에는 5년이 되는 날이 속하는 과세연도)와 그 다음 과세연도의 개시일부터 4년 이내에 끝나는 과세연도까지 해당 사업에서 발생한 소득에 대한 소득세 또는 법인세를 감면받을 수 있는 것임.

| 저자주 | 당초 조특법 제6조 제1항의 창업중소기업 세액감면을 적용하였으나, 같은 조 제3항의 창업벤처중소기업 세액감면을 적용하는 것이 당사자의 세무담 측면에서 유리한 경우가 있을 수 있음. 예를 들어, 2012년에 창업하고 2014년에 벤처기업으로 확인 받은 경우에 2012년에 최초 소득이 발생하면 2014년과 2015년에 결손이 발생한 경우에도 조특법 제6조 제1항의 창업중소기업 세액감면기간은 2016년으로 종료한다. 실질적으로 소득이 발생한 2012년, 2013년, 2016년만 감면이 가능하다. 그러나 조특법 제6조 제3항의 창업벤처중소기업 세액감면을 적용하면, 2014년부터 감면이 적용되지만, 창업벤처중소기업 감면 요건 충족 후의 최초 소득발생이 지연되므로 감면개시연도는 2016년으로 하며, 2020년까지 감면을 적용할 수 있다.

이러한 절세안을 실행하기 위하여 당초 조특법 제6조 제1항의 창업중소기업 세액감면을 수정신고를 통하여 취소할 수 있는 지 여부에 대하여 과세관청에서는 긍정적으로 해석하였다(같은 뜻 서면법령법인-2915, 2019.5.24.).

(2) 승계방식 창업의 제외

창업벤처중소기업의 창업 중 승계방식의 창업이 제외되는 것은(법 §6 ⑩) 창업중소기업과 동일하며,(1-3 (2) 참조) 이하에서는 창업벤처중소기업의 사례를 살펴본다.

● 법인전환

감면업종에 해당되지 않는 업종을 창업한 후, 법인전환하면서 감면대상 업종을 추가하여 벤처기업으로 확인을 받은 경우에는 창업벤처기업에 대한 세액감면을 적용받을 수 없다(법인-1971, 2008.8.12.; 재조세-269, 2003.12.31.).

다만 법 32조 법인전환에 대한 특례의 요건을 갖추어 법인전환하는 경우에는 예외적으로 개인기업과의 경제적 동일성을 인정하여, 신설법인이 '개인기업의 창업일'로부터 기산하여 3년 이내에 벤처기업의 확인을 받은 경우에는 본 세액감면을 적용한다(서면법인-2909, 2016.3.21.; 법인세과-47, 2014.2.6.; 조세지출예산과-441, 2004.6.29. 외 다수).

반면에 개인사업자가 법 제32조에 따른 요건을 갖추지 않고 법인으로 전환하는 경우에는 전환된 법인이 당초 개인기업의 창업일부터 3년 이내 벤처기업으로 확인을 받더라도 창업벤처중소기업에 대한 세액감면을 적용받을 수 없다(사전법령법인-0561, 2020.9.29.).

● **사업양수** (승계창업)

사업의 양수 등을 통하여 기존사업을 승계 또는 인수하거나 법인전환으로 새로운 법인을 설립하는 경우에는 승계방식 창업에 해당하여 창업으로 보지 아니하므로, 새로운 법인설립 후 벤처기업으로 확인받은 경우에도 본 세액감면을 적용받을 수 없다(제도 46012-10680, 2001.4.19.).

● **합병** (승계창업)

피합병법인을 흡수합병한 후 피합병법인의 업종으로 벤처중소기업확인을 받은 경우 창업벤처중소기업에 해당하지 않는다(제도 46012-10502, 2001.4.11.; 지방세심사 2006-1094, 2006.11.27.).

> **❖ 개규·판례**
>
> ❖ **개인사업자가 신설법인 설립 후 벤처중소기업으로 확인받은 경우 승계방식 창업 판정 방법**
> (법규법인 2014-44, 2014.3.27.)
> 기존 개인사업자가 설립하여 대표이사로 있는 신설법인이 기존 개인사업자로부터 인적·물적 설비를 승계하지 않고 별도의 사업장을 구비하여 한국표준산업분류의 세분류가 다른 업종의 사업을 영위하며 창업 후 3년 이내에 벤처중소기업으로 확인받은 경우 해당 신설법인은 「조세특례제한법」 제6조 제2항에 따른 창업벤처중소기업에 대한 세액감면을 적용받을 수 있는 것이나,
> 기존 개인사업자와 분리되어 독립적인 경영을 하지 않거나 실질적으로 인적·물적 설비를 승계하여 사업을 영위하는 등 같은 법 제6조 제6항 각 호에 해당하는 경우에는 창업에 해당하지 않아 동 감면을 받을 수 없는 것으로, 질의의 경우가 이에 해당하는지는 해당 신설법인의 설립 경위, 사업의 규모와 실태, 경영관계 등을 감안하여 실질내용에 따라 사실판단할 사항임.

4 에너지신기술중소기업

창업일이 속하는 과세연도와 그 다음 3개 과세연도가 지나지 아니한 중소기업으로서 에너지신기술중소기업이어야 한다(조특법 §6 ④). 제조업만을 대상으로 하며, 창업벤처기업과는 달리 외부기관의 확인을 요하지 않는다. 창업중소기업 또는 창업벤처중소기업에 해당하는 경우는 제외한다.

"에너지신기술중소기업"이란 다음의 고효율제품등을 제조하는 중소기업이다(조특령 §5 ⑪).

㉮ 에너지소비효율 1등급 제품(에너지이용 합리화법 §15) 및 고효율에너지 기자재[10]로 인증받은 제품

㉯ 신·재생에너지설비[11]로 인증받은 제품

---
10) 산업통상자원부장관이 에너지이용의 효율성이 높아 보급을 촉진할 필요가 있는 에너지사용기자재 또는 에너지관련기자재를 말함(에너지이용 합리화법 §22).

Ⅲ. 세액감면

원칙적으로 창업중소기업등 세액감면의 주체가 감면기간 동안 해당 감면대상사업에서 발생한 소득에 대한 소득세 또는 법인세의 50%를 5년간 감면한다.

 감면소득

1-1 원칙

감면소득은 **감면업종으로 열거된 해당 사업에서 발생한 소득**으로, 법인세법 제14조에서 규정하고 있는 각 사업연도 소득을 의미한다(법인세과-4046, 2008.12.17.). 예를 들어, 벤처기업이 제조업과 비감면업종인 도소매업을 겸업하는 경우 제조업에서 발생한 소득만을 감면소득으로 한다.

본 특례는 감면업종에서 발생한 모든 소득을 대상으로 하는 **기업단위 감면 방식**을 채택하고 있다. 따라서 제2공장을 신축한 경우, 제1공장의 잔여 세액감면기간 동안에는 제2공장에서 발생한 소득에 대하여 본 세액감면을 적용할 수 있다(조심 2014부445, 2014.7.15.).

사업연도 중에 창업벤처중소기업에 해당되어 최초로 소득이 발생한 경우 그 과세연도의 당해 사업에서 발생한 전체소득이 감면소득에 해당한다(서면2팀-1855, 2005.11.21.). 개인사업자의 경우 창업 후 최초로 소득이 발생한 과세연도에 해당 사업에서 발생한 소득이라면, 사업자등록 전에 발생한 소득에 대해서도 창업중소기업 세액감면이 적용된다(재조특-742, 2022.11.1.).

감면소득을 계산하기 위해서는 2단계를 거쳐야 한다.

첫번째로, 감면대상사업과 그 밖의 사업을 겸영하는 경우에는 구분경리하여, 감면대상사업에서 발생한 소득만 포함시켜야 한다(조특법 §143 ①). 일정한 소득이 감면대상사업에 해당하는지 여부는 지급 사유와 조건, 약정 내용 등을 종합적으로 고려하여 사실판단 할 사항이다(사전법령소득-1453, 2021.12.28.).

---

11) 신·재생에너지를 생산 또는 이용하거나 신·재생에너지의 전력계통 연계조건을 개선하기 위한 설비를 말함(신에너지 및 재생에너지 개발·이용·보급 촉진법 §13·§2 3호).

두번째로, 감면업종에서 발생한 소득이란 해당사업의 주된 영업활동에서 발생한 소득을 의미하므로(대법원 2003두773, 2004.11.12.) 감면업종에서 발생한 소득 중 부수적 영업활동에서 발생한 소득은 제외하여야 한다.

보다 상세한 내용은 제21부 제1절 구분경리의 내용을 참조하기 바란다.

1-2 에너지신기술중소기업

타 감면 주체와는 달리 에너지신기술중소기업의 경우에는 감면소득 계산방식을 별도로 정하고 있다(조특령 §5 ⑮).

$$감면소득 = 제조업소득 \times \frac{고효율제품등의\ 매출액}{제조업\ 총매출액}$$

여타 감면 주체들의 감면대상이 특정 사업에서 발생한 소득인데 반하여, 에너지신기술중소기업은 제조업 중 특정 제품(고효율제품등)에서 발생한 소득으로 한정한다. 제조업 소득 중 특정 제품과 타 제품에서 발생한 소득을 구분하는 것이 현실적으로 용이하지 않으므로 전체 제조업 소득을, 각 매출액을 기준으로 안분계산한다.

따라서 고효율제품등의 매출액은 다른 제품의 매출액과 구분경리하여야 한다(조특령 §5 ⑯).

❷ 감면세액

2-1 기본 감면

세액감면을 하는 경우 그 감면되는 세액은 원칙적으로 산출세액에 그 감면소득이 과세표준에서 차지하는 비율과 해당 감면율을 곱하여 산출한 금액으로 한다(법법 §59 ②).

$$감면세액 = 산출세액^❶ \times \frac{감면소득^❷}{과세표준} \times \frac{50(75,100)}{100}$$

❶ 감면되는 조세는 해당 법률이나 조약에 특별한 규정이 있는 경우를 제외하고는 가산세와 양도소득세는 포함하지 아니하며,(조특법 §3 ②) 법인의 경우 토지등 양도소득에 대한 법인세액, 기업의 미환류소득에 대한 법인세액 및 투자상생협력 촉진을 위한 과세특례도 제외한다(법법 §59 ②).
❷ 감면소득은 전술한 바와 같다.

(1) 과세표준

법인세법 제13조에 의한 과세표준으로 각 사업연도 소득에서 이월결손금·비과세소득 또는 소득공제액(이하 "공제액등")이 있는 경우에는 다음의 금액을 공제한 후의 금액으로 한다(법령 §96). 공제액등이 있는 경우 감면소득에서 이를 차감하지 아니하면 이중의 경감효과가 발생하기 때문에 공제액등을 의무적으로 먼저 사용토록 한다.
① 공제액등이 감면사업에서 발생한 경우에는 공제액등 전액
② 공제액등이 감면사업 또는 면제사업에서 발생한 것인지가 불분명한 경우에는 소득금액에 비례하여 안분계산한 금액

법인이 법인세법 또는 다른 법률에 의하여 제출한 법인세의 감면 또는 세액공제신청서에 기재된 소득금액과 납세지 관할세무서장 또는 관할지방국세청장이 결정 또는 경정한 소득금액이 동일하지 아니한 경우, 감면 또는 세액공제의 기초가 될 소득금액은 납세지 관할세무서장 또는 관할지방국세청장이 결정 또는 경정한 금액에 의한다. 다만 결정 또는 기한 후 신고 시 감면배제 및 경정 등의 부정과소신고금액에 대한 감면배제 규정(조특법 §128 ② 및 ③)이 적용되는 경우에는 감면배제한다(법칙 §50).

(2) 감면율

창업중소기업 세액감면의 원칙적 감면율은 50%이다. 다만 신성장서비스 창업중소기업에 대해서는 3년간 75%, 이후 2년간 50%를 감면율로 적용한다. 또한 청년창업중소기업 및 생계형 창업중소기업의 경우 수도권과밀억제권역 외 창업은 5년간 100%를 감면율로 한다.

감면 주체·지역별 기본 감면율 및 추가감면

구 분	과밀억제권역 內	과밀억제권역 外
청년창업중소기업	5년간 50%	5년간 100%
생계형 창업중소기업	5년간 50%❶	5년간 100%
신성장서비스 창업중소기업	3년간 75%, 2년간 50%❷ + 추가감면(3년간 25%, 2년간 50% 한도)	3년간 75%, 2년간 50%❸ + 추가감면(3년간 25%, 2년간 50% 한도)
창업벤처중소기업, 창업보육센터사업자, 에너지신기술중소기업	5년간 50% + 추가감면(50% 한도)	5년간 50% + 추가감면(50% 한도)
이외 창업중소기업	-	5년간 50% + 추가감면(50% 한도)

❶ 과밀억제권역 내 소재한 생계형 창업중소기업에 대해 추가감면은 허용되지 아니함. 법 제6조 제7항 본문의 "수도권과밀억제권역 외의 지역에서 창업한 창업중소기업"에는 과밀억제권역 내에 소재한 생계형 창업중소기업은 포함되지 않기 때문임. 또한 같은 항 단서는 과밀억제권역 외 100% 감면율이 적용되는 생계형 창업중소기업을 제외하는 규정으로, 과밀억제권역 내 소재한 창업중소기업과는 관련 없으므로 반대해석을 적용할 수 없음. 2020년 개정세법에서 같은 항에서 제6항을 추가하여 추가감면의 대상으로 하고 있으나, 과밀억제권역 내 소재한 생계형 창업중소기업은 과밀억제권역 외의 창업중소기업에는 포함될 수 없으므로, 문리해석상 생계형 창업중소기업에는 추가감면이 적용되지 않을 것으로 판단됨.

❷ 창업벤처중소기업 및 에너지신기술중소기업으로서 신성장서비스업을 영위하는 경우에 한하여 적용함. 과밀억제권역 내의 (일반) 창업중소기업은 적용되지 않음.

❸ 신성장서비스업을 영위하는 창업중소기업은 과밀억제권역 외에 소재하는 경우에만 초기 3년 75%, 이후 2년 50%를 적용받을 수 있으며, 과밀억제권역 내 (일반) 창업중소기업은 신성장서비스업을 영위하더라도 감면을 받을 수 없음.

창업중소기업 등에 대한 세액감면은 별도 규정이 없다면 **창업 당시 법인소재지를 기준으로** 감면율을 정하는 것이므로 수도권과밀억제권역에서 창업한 청년창업중소기업이 사업장을 수도권과밀억제권역 외의 지역으로 이전하였다 하여 100% 감면율을 적용하는 것이 아니며, 50% 감면율을 적용한다(사전법령소득-0140, 2021.5.11.; 사전법령소득-0913, 2020.12.9.; 서면법인-1931, 2020.9.11.).

종래 청년창업중소기업에 대해서는 수도권 과밀억제과역 외 창업에 한하여 3년간 75%, 이후 2년간 50%를 감면율로 하였으나 2018년 중반 개정세법에서 청년 창업을 지원하기 위하여 5년간 100%로 상향하였다. 또한 수도권 과밀억제권역 내 창업에 대해서도 5년간 50%의 감면율을 적용한다. 2018.5.29. 전에 창업중소기업을 창업한 경우에는 개정규정에도 불구하고 종전의 규정에 따른다(동일자로 개정된 법 부칙 §4).

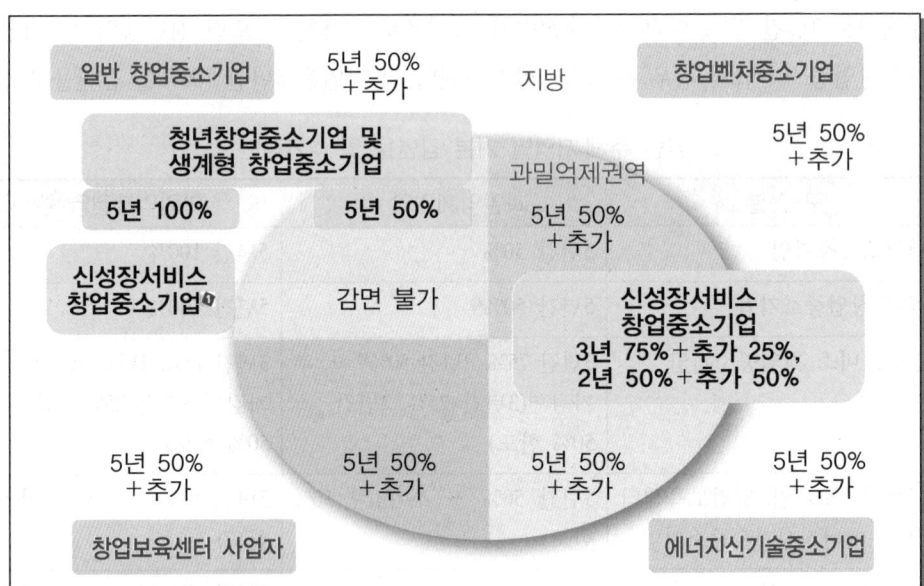

창업중소기업세액감면의 분류, 업종 및 지역별 감면율 비교

❶ 일반 창업중소기업이 수도권 과밀억제권역 외에서 신성장 서비스업을 영위하는 경우에는 다른 신성장서비스 창업중소기업과 동일하게 3년간 75% 및 추가감면 25%, 2년간 50% 및 추가감면 50%를 적용함.

(3) 청년창업중소기업 감면율 특례의 배제

그러나 수도권과밀억제권역 외의 지역에서 창업한 청년창업중소기업의 대표자가 감면 기간 중 최대주주 요건(조특령 §5 ① 2호 나목)을 충족하지 못하게 되거나 손익분배비율이 가장 큰 사업자가 아니게 된 경우에는 감면율 특례를 적용하지 아니하고, 해당 사유가 발생한 날이 속하는 과세연도부터 남은 감면기간 동안 50% 감면율을 적용한다(조특령 §5 ②).

또한 감면기간 중 신성장서비스업종 이외의 업종으로 주된 사업이 변경되는 경우에는 75% 감면을 적용하지 아니하고, 해당 사유가 발생한 날이 속하는 과세연도부터 남은 감면기간 동안 기본감면(조특법 §6 ①, ② 또는 ④)을 적용한다(조특령 §5 ⑬).

종래 청년창업중소기업의 대표자는 손익분배비율이 가장 큰 사업자로 판정하였으나, 2019년 개정세법에서 지분율이 동일한 경우 손익분배비율이 가장 크거나 같은 사업자로 명확화하여, 이에 따라 사후관리 기준을 변경하였다.

2-2 추가 감면

(1) 감면율

감면을 적용받는 업종별로 일정한 상시근로자 수(이하 "업종별최소고용인원") 이상을 고용하는, 수도권과밀억제권역 외에서 창업한 창업중소기업(청년창업중소기업 제외), 창업보육센터사업자, 창업벤처중소기업 및 에너지신기술중소기업의 감면기간 중 해당 과세연도의 상시근로자 수가 직전 과세연도의 상시근로자 수보다 큰 경우에는 다음의 산식에 따라 산출한 금액을 위의 기본 감면세액에 더하여 감면한다(조특법 §6 ⑦).

$$\text{추가감면 세액}^{\bullet} = \text{해당사업에서 발생한 법인세등} \times \frac{\text{당기 상시근로자 수} - \text{전기 상시근로자 수}}{\text{전기 상시근로자 수}} \times \frac{50}{100}$$

❶ 다만 신성장서비스업 창업중소기업 감면 특례(조특법 §5 ⑤)에 따라 75% 감면율을 적용받은 과세연도의 경우에는 25%를 감면율의 한도로 하고, 생계형 창업중소기업(조특법 §5 ⑥)에 대해 100% 감면하는 경우에는 추가 감면을 적용하지 아니한다. 감면율 계산시 100분 1 미만은 절사한다.

이때 직전 과세연도의 상시근로자 수가 업종별최소고용인원에 미달하는 경우에는 그 인원을 직전 과세연도의 상시근로자 수로 한다. 업종별최소고용인원은 광업·제조업·건설업 및 물류산업의 경우에는 10명, 그 밖의 업종의 경우에는 5명으로 한다(조특령 §5 ⑭).

예를 들어, 제조업을 영위하는 창업중소기업이 20X1년에 8명을 고용하고 20X2년에 16명을 고용한 경우에 20X2년의 총 감면율은 80% = 기본 감면율 50% + 추가 감면율 30% (= 60% × 1/2)이다. 추가 감면율은 최소고용인원 10명을 기준으로 6명이 증가하여 60%로 계산하며 그 1/2을 추가감면율로 한다.

2018년 개정세법에서 창업중소기업의 일자리 창출을 지원하기 위하여 업종별최소고용인원 요건을 충족하는 창업중소기업 등에 대하여 고용인센티브를 허용하였다. 창업 2년차부터 고용증가율에 따라 최대 50%의 추가 감면이 가능하다. 부칙은 Ⅱ. 1-3 (2-3) 분사의 예외와 동일하다.

(2) 상시근로자 수의 계산 등

상시근로자의 범위 및 상시근로자 수의 계산방법에 관하여는 고용창출투자세액 규정을 준용한다(조특령 §5 ⑰ → §23 ⑩~⑬). 제6부 제5절 통합고용세액공제 Ⅱ. 2. 및 3.을 참조하기로 한다.

상시근로자의 수를 계산할 때 해당 과세연도에 법인전환 등을 한 경우에는 다음의 방법에 따라 직전 또는 해당 과세연도의 상시근로자 수를 계산한다(조특령 §5 ⑱).

(가) 법인전환 (1호)

개인기업의 법인전환(조특법 §6 ⑩ 2호)에 해당하는 창업의 직전 과세연도 상시근로자 수는 법인전환 전의 사업의 직전 과세연도 상시근로자 수로 한다.

(나) 합병 등 또는 특수관계인으로부터 승계하는 경우 (2호)

합병·분할·현물출자 또는 사업 양수시 종전사업을 승계하는 경우(조특법 §6 ⑩ 1호)와 법인세법상 또는 소득세법상 특수관계인(조특령 §11 ①)으로부터 상시근로자를 승계하는 경우의 직전 과세연도 상시근로자 수는 다음에 따라 계산한다. 다만 승계 당사자 기업들의 해당 과세연도 상시근로자 수는 당해 과세연도 개시일에 상시근로자 수를 승계시키거나 승계한 것으로 보아 계산한 상시근로자 수로 한다.

승계시킨 기업	직전 연도 상시근로자 수 − 승계시킨 상시근로자 수
승계한 기업	직전 연도 (승계한 기업의) 상시근로자 수 + 승계한 상시근로자 수

3 감면기간

원칙적으로 감면기간은 최초 소득이 발생한 과세연도와 이후 4년간으로 감면기간은 총 5년이다.

3-1 감면기간의 산정

감면기간은 원칙적으로 각 감면주체별로 정해진 아래의 감면개시연도와 그 다음 과세연도의 개시일부터 이후 4년 이내에 종료하는 사업연도까지이다(조특법 §6 ①·②·④·⑤).

감면 주체별 감면개시연도

구 분	감면개시연도
창업중소기업	창업 후 최초 소득 발생 과세연도
창업보육센터사업자	지정 후 최초 소득 발생 과세연도
창업벤처기업	벤처기업 확인일 이후 최초소득 발생 과세연도
에너지 신기술 기업	고효율제품등을 제조한 날 이후 최초소득 발생 과세연도

(1) 감면개시연도

창업중소기업의 경우에는 창업 후 최초 소득 발생 과세연도가 감면개시연도이므로 그대로 적용하면 된다. 그 이외의 감면 주체들은 지정, 확인, 제조 등이 발생한 연도(이하 "지정연도등") 이후의 최초소득 발생연도가 감면개시연도가 된다.

최초 소득 발생 여부를 판정하는 경우의 소득은 세액감면 대상사업에서 발생한 소득이어야 하며, 이자수익·유가증권처분이익등은 제외한다(법인세-4046, 2008.12.17.). 즉, 수입금액이나 총소득금액이 아닌 소득금액을 의미한다(재조특-745, 2022.11.1.). '최초로 소득이 발생한 과세연도'에서 '소득'에 감면대상사업 외에서 발생한 소득은 포함하지 않는다(사전법규법인-0130, 2023.5.17.).

최초로 소득이 발생한 날이 속하는 과세연도란 이월결손금에 관계없이 해당 사업에서 사업연도의 소득이 최초로 발생한 과세연도를 말하는 것이므로,(법인 46012-4658, 1995.12.21.) 세액감면 대상사업에서 소득이 발생하였다면 **이월결손금 공제로 인하여 과세표준이 0인 경우에도 감면기간은 개시된다.**

최초 소득발생이 지연되는 경우 감면기간의 개시도 유예된다. 초기 결손기업을 지원하기 위함이다. 감면개시연도의 유예는 원칙적인 감면개시연도(창업·지정연도등)와 이후 4년으로 총 5년이다. 달리 표현하자면, 창업중소기업의 경우 사업개시일부터 5년이 되는 날이 속하는 과세연도까지 해당 사업에서 소득이 발생하지 아니하는 경우에는 그 5년이 되는 날이 속하는 과세연도를 감면개시연도로 본다.

한편 중간예납기간 이후에 벤처기업확인을 받은 경우, 중간예납세액 계산 시에는 창업중소기업 등에 대한 감면세액은 적용되지 않는다(서면2팀-1572, 2004.7.23.).

(2) 감면기간의 계속

벤처기업확인기준을 변경하여 새로이 벤처기업확인을 받은 경우에도 감면기간 동안 계속적으로 벤처기업으로 확인받은 상태의 기업에 해당하는 것이므로 잔존 감면기간 동안 계속 감면받을 수 있다(서면2팀-103, 2005.1.14.).

창업벤처중소기업에 대한 세액감면기간 중에 당해 법인의 주주에 대한 변동사항이 있거나 영업활동에 일부 변경사항이 있다는 등의 사실만으로는 감면배제사유에 해당되지 않지만, 영업활동의 변경 등으로 인하여 당해 법인이 감면대상업종을 영위하지 아니하게 되는 때에는 세액감면을 적용받을 수 없다(서면2팀-2104, 2004.10.18.).

거주자가 창업하여 창업중소기업액감면을 적용받던 중 폐업한 후 사업을 다시 개시하여 폐업 전의 사업과 같은 종류의 사업을 하더라도, 기존의 창업에 따라 적용받던 쟁점세액감면을 적용받을 수 없다(사전법규소득-0710, 2023.12.19.).

3-2 감면종료의 특칙

창업중소기업 세액감면제도에서는 여타의 조세특례제도와는 달리 감면세액의 추징등 별도의 사후관리 규정이 없다. 세액감면제도에 사후관리 조항을 부여하느냐는 개별 제도의 도입취지, 감면의 보편적 적용여부 등을 고려하여 입법적으로 정해질 사안이다.[12]

그러나 감면기간이 개시된 이후 동 세액감면의 취지와 요건에 위배되는 사안이 후발적으로 발생할 수 있으므로, 이러한 사안에 대하여 조특법은 감면기간의 종료를 통해 불일치 상황을 해소시키고 있다.

(1) 중소기업 유예기간 적용 배제사유의 발생

(1-1) 유예 적용 배제사유 발생

본 세액감면을 적용받은 기업이 중소기업 유예기간 적용 배제사유(조특령 §2 ② 각호)의 어느 하나에 해당하여 중소기업에 해당하지 아니하게 된 경우에는 해당 사유 발생일이 속하는 과세연도부터 감면하지 아니한다(조특법 §6 ⑪, 조특령 §5 ㉔).

중소기업 유예기간 적용 배제사유는 제1절 Ⅱ. 5-2 (1)을 참조하기로 한다.

2017년 개정세법에서 신설된 조항이다.

---

[12] 예를 들어, 연구개발특구에 입주하는 첨단기술기업 등에 대한 법인세 등의 감면제도에는(조특법 §12의 2) 엄격한 고용유지조건이 부과되어 있고, 위배 시에는 감면세액을 추징한다. 반면에 기술이전소득 세액감면 제도에는 별도의 추징규정이 없다(조특법 §12).

(1-2) 독립성 위배

창업중소기업이 조특법상 중소기업의 독립성기준(관계기업 기준 제외)에 부적합하게 된 경우에는 유예기간이 허용되지 않으므로(조특령 §2 ② 3호) 그 사유가 발생한 날이 속하는 과세연도부터 세액감면을 적용받을 수 없다.

이후 매년 중소기업 범위기준에 따라 중소기업 여부를 판정하여야 하며, 잔존 감면기간 중에 실질적인 독립성기준에 적합하게 된 경우에는 그 사유가 발생한 날이 속하는 과세연도부터 잔존 감면기간 동안 세액감면을 적용받을 수 있다. 이 경우, 잔존 감면기간은 당해 사업에서 최초로 소득이 발생한 날이 속하는 과세연도부터 기산하여 계산한다(조특통 6-0…1 ③).

동 기본통칙에서는 독립성기준 위배요건만을 규정하고 있지만, 유예기간 불허사유 중 창업일이 속하는 과세연도 종료일부터 2년 이내에 중소기업 범위기준 중 규모기준을 초과한 경우(조특령 §2 ② 4호)와 주된 사업이 중소기업 해당사업이 아닌 사업으로 변경되어 중소기업에 해당하지 않는 경우(구 조특통 4-2…5 ①)에도 다시 중소기업 범위기준에 적합하게 된 때에는 동 기본통칙의 유추적용이 가능할 것으로 판단된다.[13] 기본통칙의 성격은 국세청의 해석이므로 유추적용할 수 있다고 본다.[14]

> **예 제** 독립성 위반 후 규모기준 위반한 경우

○ **자 료**

㈜문화는 12월 말 사업연도 종료 법인으로 2017.5.1. 창업한 창업중소기업이다. 다음의 자료를 바탕으로 중소기업 유예기간과 각 사유 발생에 따른 감면대상기간을 구하시오.
1. 감면대상 사업 최초 소득 발생 사업연도 : 2018년
2. 상호출자기업집단 소속으로 독립성 위배 : 2019년
3. 상호출자기업집단 소속법인에서 제외 : 2020년
4. 규모기준 위배 : 2021년

○ **해 설**

2018년	2019년	2020년	2021년	2022년	2023년
최초 소득 발생	독립성 위배	중소기업 복귀	규모기준 위반		

← 감면기간 →

---

[13] 합병(조특령 §2 ② 1호·2호)의 경우에는 피합병법인의 법인격이 소멸되었으므로 유예기간 불허 사유를 해소하는 사안이 발생하기 어렵다고 본다.
[14] 조특법의 엄격해석의 원칙상 법조문에 대한 유추해석은 허용되지 않지만, 동 사항은 기본통칙(행정규칙의 일종으로 상급행정청이 하급기관을 지휘감독하기 위한 것으로 국민을 기속하는 법규가 아님)상 규정되어 있는 국세청의 해석이므로 실무상 유추적용이 가능하다고 판단된다.

1. 창업중소기업이 2017년에 창업하였으므로 2013년 세법개정 이후 규정에 따라 감면기간이 5년이다. 최초 소득 발생연도인 2018년부터 2022년까지를 감면기간으로 한다.
2. 2019년 상호출자기업집단 소속으로 독립성 기준에 부적합하게 되는 경우에는 중소기업 유예기간이 허용되지 않으므로 세액감면을 적용받을 수 없다.
3. 2020년 독립성 기준을 다시 충족한 경우에는 잔여 감면기간(2020년~2022년) 동안 매년 중소기업 여부 판정을 통해 감면이 가능하다.
4. 2019년 독립성 기준 위배로 중소기업 유예기간이 허용되지 않는 상황에서 2021년 규모기준을 위반한 경우에는 중소기업에 해당하지 않으므로 세액감면이 적용되지 않는다(사전법령법인-0490, 2021.6.15. 참조).

(2) 벤처기업 확인취소 등

(2-1) 확인취소 등

창업벤처기업이 감면기간 중 벤처기업의 확인이 취소되거나 에너지신기술중소기업이 감면기간 중 에너지신기술중소기업에 해당하지 않는 경우(고효율제품등을 제조하지 않는 경우)에는 그 날이 속하는 과세연도부터 감면하지 아니한다(조특법 §6 ② 1호, ④ 단서).[15]

> 벤처기업 확인 취소 요건은 다음과 같다(벤처기업법 §25의 2 ①, 동법 시행령 §18의 6)
> ㉮ 거짓이나 그 밖의 부정한 방법으로 벤처기업임을 확인받은 경우
> ㉯ 벤처기업법상 벤처기업의 요건을 갖추지 아니하게 된 경우
> ㉰ 휴업·폐업 또는 파산 등으로 6개월 동안 기업활동을 하지 아니하는 경우
> ㉱ 기업의 대표자·최대주주 또는 최대출자사원 등이 기업재산을 유용하거나 은닉하는 등 기업경영과 관련하여 주주·사원 또는 이해관계인에게 피해를 발생하게 하여 민법 제32조에 따라 중소벤처기업부장관의 허가를 받아 설립된, 벤처기업을 구성원으로 하는 법인이 벤처기업확인기관의 장에게 벤처기업의 확인취소를 요청하는 경우

(2-2) 벤처기업확인서 유효기간의 만료

벤처기업확인서의 유효기간이 만료된 경우에는 유효기간 만료일이 속하는 과세연도부터 감면을 적용하지 아니한다. 다만 해당 과세연도 종료일 현재 벤처기업으로 재확인받은

---

[15] 벤처기업 확인이 취소된 후 잔존 감면기간 내에 재확인되거나, 에너지신기술중소기업이 고효율제품등의 제조를 1년 이상 중단한 후 잔존 감면기간 내에 재개하는 경우가 발생할 수 있다. 그러나 법조문상 "그 날이 속하는 과세연도부터 감면하지 아니한다"라고 규정되어 있으므로 취소 등이 발생한 경우에는 감면기간이 항구적으로 종료되는 것으로 보는 것이 타당할 것이다.

경우는 감면한다(조특법 §6 ② 2호) 벤처기업확인서의 유효기간은 확인일로부터 3년이다(벤처기업법 시행령 §18의 4).

2017년 개정세법에서 신설된 조항이다.

종래 과세관청은 벤처기업확인서 유효기간을 존속요건으로 보아, 유효기간이 만료한 경우 만료일이 속하는 과세연도에는 세액감면을 적용하지 아니하였다(법인세과-16, 2012.1.5.; 법인세과-1026, 2009.9.18.; 서면2팀-1160, 2006.6.20. 외 다수). 다만 재발급 시에는 재발급일이 속하는 과세연도부터 잔존 감면기간 동안 다시 세액감면을 적용하였다(서이 46012-11723, 2003.10.1.; 제도 46013-571, 2000.12.1.). 반면에 재결청에서는 벤처기업확인서 유효기간을 개시요건으로 보고 있었다(조심 2016중1262, 2016.10.24.; 조심 2012서537, 2013.5.16.; 국심 2006중3453, 2007.3.30. 외 다수). 이에 2017년 개정세법에서 과세관청의 해석을 수용하여 벤처기업확인서 유효기간 만료를 감면기간 종료 사유로 신설하였다.

2021년 세법개정에서 벤처기업확인서의 유효기간을 2년에서 3년으로 연장하였다. 개정규정은 2021.2.12.부터 시행한다(2020.2.11. 개정된 벤처기업법 부칙 §1).

(3) 청년창업중소기업의 최대주주 요건 위배

수도권과밀억제권역에서 창업한 청년창업중소기업의 대표자가 감면기간 중 최대주주 요건(조특령 §5 ① 2호 나목)을 충족하지 못하게 되거나 개인사업자로서 손익분배비율이 가장 큰 사업자가 아니게 된 경우는 해당 사유가 발생한 날이 속하는 과세연도부터 남은 감면기간 동안 감면을 적용하지 아니한다(조특령 §5 ③).

수도권과밀억제권역 외에서 창업한 청년창업중소기업의 대표자가 최대주주 요건을 위배한 경우에는 감면율 특례를 배제하고 50%를 적용하는 것과 차이가 있다[2-1 (3) 참조].

법인의 대표자 변경일은 등기부 상의 등기일과 실제 대표자 취임일이 다르다는 사실이 법원의 판결이나 객관적인 증빙 등에 의해 입증되는 경우를 제외하고는 등기부 상의 등기일로 본다. 또한, 수도권과밀억제권역 내에서 창업한 청년창업중소기업의 창업자가 최대주주를 유지하며 대표자를 사임하고 일정 기간 후 재취임한 경우 창업자가 대표자를 사임하는 때에 최대주주 요건을 충족하지 못한 것으로 보아 대표자의 사임일이 속하는 과세연도부터 감면을 받을 수 없다(서면법인-3167, 2020.9.28.).

기존 창업자에서 다른 청년으로 대표를 변경한 경우에도 대표자 변경일이 속하는 과세연도부터 남은 감면기간 동안 청년창업중소기업의 요건을 갖추지 못한 것으로 본다(재조특941, 2023.9.8.; 서면법인-3244, 2021.6.17.; 서면법인-1931, 2020.9.11.) 청년이 아닌 자가 기존의 대표자와 공동대표를 하는 경우에도 같다(서면법령법인-4313, 2021.8.6.).

수도권과밀억제권역에서 청년창업중소기업에 대한 세액감면을 적용받던 법인이 청년대표자 요건을 충족하지 못하게 되어 잔여기간 감면이 중단된 후 변경된 대표자가 기존 법인의 업종과 동일한 업종을 영위하는 법인을 새로이 설립하는 경우 대표자가 청년대표자 요건을 충족하더라도 신규 설립 법인이 승계 방식 창업(조특법 §6 ⑩)에 해당하는 경우에는 창업에 해당하지 않아 청년창업중소기업에 대한 세액감면을 적용할 수 없다(서면법인-4398, 2022.11.17.).

종래 청년창업중소기업의 대표자는 손익분배비율이 가장 큰 사업자로 판정하였으나, 2019년 개정세법에서 지분율이 동일한 경우 손익분배비율이 가장 크거나 같은 사업자로 명확화하여, 이에 따라 사후관리 기준을 변경하였다.

(4) 분사 요건 위배

창업으로 인정하는 분사 요건을 충족하지 못하게 된 경우에는 해당 사유가 발생한 날이 속하는 과세연도부터 감면을 적용하지 아니한다(조특령 §5 ㉒).

(5) 수도권 이전 등

(5-1) 지역이전 또는 지점설치

(가) 후발적 감면지역 요건의 위배

창업중소기업 세액감면(조특법 §6 ①·⑤·⑥ 및 ⑦)을 적용할 때 수도권과밀억제권역 외의 지역에서 창업한 창업중소기업이 창업 이후 다음 어느 하나에 해당하는 사유가 발생한 경우에는 해당 사유가 발생한 날이 속하는 과세연도부터 남은 감면기간 동안 해당 창업중소기업은 수도권과밀억제권역에서 창업한 창업중소기업으로 본다(조특령 §5 ㉕).
① 창업중소기업이 사업장을 수도권과밀억제권역으로 이전한 경우(서면법령소득-3821, 2020.2.7.)
② 창업중소기업이 수도권과밀억제권역에 지점 또는 사업장을 설치(합병·분할·현물출자 또는 사업의 양수를 포함한다)한 경우

예를 들어, 법인이 창업 당시 수도권과밀억제권역 외에 본점을 두고 지점은 수도권과밀억제권역 내에 있는 경우, 이는 수도권과밀억제권역 내에서 창업한 것으로 보아 감면규정을 적용한다(서면법인-3405, 2020.9.28.).

종래 기본통칙(구 조특통 6-0...1 ④)에 규정되어 있던 사항을 2018년 8월 세법 개정에서 시행령으로 명문화하였다.

지방소재 중소기업이 수도권으로 이전 또는 새로이 사업장 등을 설치하여 후발적으로 감면지역 요건을 충족시키지 못한 경우이다. 청년창업중소기업, 신성장 서비스 창업중소

기업(감면지역 요건이 부과된 이외 창업중소기업에 한함), 생계형 창업중소기업, 이외 창업중소기업 등이 감면지역 요건을 위배하면 잔존 감면기간 동안 감면율 특례가 배제되거나 감면기간이 종료한다.

창업중소기업에 대한 세액감면을 적용받던 중소기업이 수도권과밀억제권역에 지점을 설치한 후 동일 사업연도 내에 해당 지점을 폐쇄한 경우에는 세액감면을 적용받을 수 있다(서면법령법인-3607, 2019.2.15.).

반면에 본 규정의 적용을 받는 것은 창업중소기업(법 §6 ①)이며 창업벤처중소기업(동조 ②)은 감면지역 요건이 본래 적용되지 아니하므로, 수도권과밀억제권역으로 이전하여도 잔존 감면기간 동안 계속적으로 세액감면을 적용받을 수 있다(서이 46012-10155, 2003.1.23. 참조). 또한 창업보육센터사업자와 에너지신기술중소기업도 감면지역 요건을 적용 받지 않으므로 창업벤처중소기업과 동일하다.

(나) 후발적 감면지역 요건 위배의 해소

다만 잔존 감면기간 중 과밀억제권역 외 지역으로 다시 이전하거나 과밀억제권역에 설치한 지점을 폐쇄하는 경우에는 그 사유가 발생한 날이 속하는 과세연도부터 잔존 감면기간 동안 세액감면을 받을 수 있다. 잔존 감면기간은 당해 사업에서 최초로 소득이 발생한 날이 속하는 과세연도부터 기산하여 계산한다(조특통 6-0...1 ③).

후발적으로 발생한 감면지역 요건 위배 사유가 해소되었기 때문이다. 재이전일이 속하는 과세연도에도 그 과세연도에 발생한 전체 소득에 대하여 세액감면을 적용받을 수 있다(서면법령법인-4426, 2021.12.17.).

이와 동일하게, 수도권과밀억제권역 외의 지역에서 창업하여 세액감면을 적용받던 청년창업중소기업이, 사업장을 수도권과밀억제권역으로 이전하여 해당 사유가 발생한 날이 속하는 과세연도부터 남은 감면기간 동안 수도권과밀억제권역에서 창업한 청년창업중소기업으로 보아 세액감면을 적용(조특령 §5 ㉕)받던 중 사업장을 수도권과밀억제권역 외의 지역으로 재이전하는 경우에는, 재이전일이 속하는 과세연도부터 남은 감면기간 동안 수도권과밀억제권역 외의 지역에서 창업한 청년창업중소기업으로 보아 쟁점세액감면을 적용받을 수 있다(사전법규소득-1116, 2023.2.13.; 사전법규법인-0165, 2023.5.2.; 서면법규소득-5507, 2023.7.24.).

주요 이슈와 쟁점

9. 지방소재 중소기업이 과밀억제권역 내에 지점을 설치한 경우 창업중소기업 세액감면의 종료 여부

[예규] 감면 종료

조세특례제한법 제6조 제1항의 규정에 의한 창업중소기업에 해당되어 세액감면을 적용받던 중 수도권지역에 본점의 보조적인 역할을 하는 지점을 설치하는 경우 <u>그 설치일이 속하는 사업연도부터 동 규정에 의한 세액감면을 적용받을 수 없는 것</u>이며, 다만 수도권지역에 설치한 지점을 폐쇄하는 경우 폐쇄일이 속하는 사업연도부터 잔존 감면기간까지 동 세액감면을 적용받을 수 있는 것임(서이 46012-10157, 2003.1.22.).

[예규] 수도권 지점 소득만 제외

조세특례제한법 제6조 제1항에 따른 창업중소기업 세액감면(이하 "세액감면")을 적용함에 있어 창업중소기업이 수도권과밀억제권역에 지점을 설치한 경우 <u>그 설치일이 속하는 사업연도 이후부터는 당해 지점에서 발생한 소득을 제외하고 세액감면을 적용함.</u> 다만, 당해 지점에 경영진 등이 상주하여 사실상 본사를 수도권 내로 이전하였다고 판단되는 경우에는 세액감면을 적용받을 수 없음(재조예-1038, 2007.12.14.).

|저자주| 본점을 이전하는 경우에 수도권 집중을 방지하기 위하여 감면기간이 종료되는 것은 합리적이라 할 수 있지만, 지방소재 중소기업이 수도권에 지점을 설치하는 경우 기업 전체의 감면을 종료하는 것은 과도한 페널티라 여겨진다. 중소기업의 정상적인 경영활동을 제한하고 중소기업의 성장을 억제하기 때문이다. 법 제7조 중소기업 특별세액감면에서도 본점이 지방에 있고 수도권에 지점이 있는 경우, 수도권 사업장 소득만 감면소득에서 제외하고 지방 본점의 소득은 감면소득에 포함하는 것과도 형평성에 맞지 않는다.

과세관청의 유권해석에서는 지점 설치 시 원칙적으로 감면이 종료하는 것으로 해석하지만,(서이 46012-10157, 2003.1.22.) 이러한 불합리를 해소하기 위하여 감면배제의 대상을 기업 전체의 감면소득이 아니라 수도권과밀억제권역 내의 지점의 감면소득으로 한정한 사례가 있다(재조예-1038, 2007.12.14.). 최근 과세전적부심사청구에서는 서울에 지점을 설치한 경우 감면을 배제하였다(적부2020-0218, 2021.4.14.).

저자의 의견으로는 감면제도에 지역요건이 있는 경우에는 반드시 사업장단위 과세방식을 채택해야 한다고 본다. 입법론으로 중소기업 특별세액감면의 감면요건을 도입하여, 현재의 기업단위 감면방식에서 사업장단위 감면방식으로 변경하고, 본점이 수도권에 소재하는 경우 지방소재 사업장도 본점에 소재하는 것으로 간주하여 예외적인 기업단위 감면방식을 채택하는 것이 바람직하다고 본다.

그러나, 2019년 세법개정에서 수도권과밀억제권역에 지점을 설치한 경우 감면기간이 종료되는 것으로 시행령 상 명문으로 규정하였으므로, 현행 세법의 해석으로는 동 규정에 따라 적용하여야 할 것으로 본다.

(5-2) 행정구역 변경

창업 당시에는 수도권과밀억제권역 외의 지역이었으나 그 후 행정구역의 변경으로 인하여 수도권과밀억제권역으로 변경된 경우에는, 당사자의 기존 조세법률관계를 보호하기 위해 계속적으로 창업중소기업으로 간주하여 창업중소기업 세액감면을 적용한다(조특통 6-0...1 ②).

4 세액감면의 승계

4-1 중소기업 간 통합 또는 법인전환

본 과세특례를 적용받은 창업중소기업 및 창업벤처중소기업이 감면기간이 지나기 전에 법 제31조 중소기업 간의 통합을 하거나 법 제32조에 따른 법인전환을 하는 경우에는 통합법인 등은 잔존 감면기간에도 계속적으로 세액감면을 적용받을 수 있다(조특법 §31 ④). 제7부 제3장 제1절 Ⅲ. 3.을 참조하기 바란다.

4-2 분할

인적분할, 물적분할 모두 사업의 승계가 이루어졌으므로(승계창업) 분할신설법인의 설립은 창업에 해당하지 않는다(세정-2366, 2004.8.5.). 다만 분할신설법인이 벤처기업확인서를 재발급받은 경우에는 분할법인(존속법인)의 잔존 감면기간 동안 세액감면을 적용받을 수 있다(서이 4601211431, 2002.7.25.).

4-3 합병

● 감면기간 중의 법인을 흡수합병하는 경우 (승계)

창업중소기업에 대한 세액감면을 적용받던 법인을 흡수합병하는 경우에는 합병으로 존속하는 법인이 중소기업에 해당하는 때(유예기간 포함)에는 합병으로 소멸한 법인의 사업에서 발생하는 소득에 대하여 그 피합병법인의 잔존 감면기간 동안 승계하여 세액감면을 적용받을 수 있다(조특통 6-0...3). 따라서 합병법인은 합병법인 관련 사업에서 발생한 소득에 대하여는 중소기업에 대한 특별세액감면을 적용받고, 당초 피합병법인 관련 사업에서 발생한 소득에 대하여는 잔존 감면기간 동안 창업중소기업 세액감면을 동시에 적용받을 수 있다(서면2팀-1654, 2005.10.17.).

● 합병 후 벤처기업 확인을 받은 경우

창업 후 3년 이내인 중소기업이 벤처기업으로 확인받기 전 다른 법인을 흡수합병한 후 벤처기업으로 확인받은 경우에는, 합병법인이 조특법상 중소기업에 해당한다면 벤처확인일로부터 소급하여 3년 이내에 창업한 중소기업에서 발생하는 소득에 대하여서만 잔존 감면기간 동안 계속 세액감면을 받을 수 있다(재조예 46019-93, 2001.6.11.). 즉, 창업 후 3년이 경과한 피합병법인으로부터 승계한 사업에서 발생한 소득은 감면대상에서 제외된다.

● **피합병법인의 업종으로 벤처기업 확인을 받은 경우**

피합병법인을 흡수합병한 후 피합병법인의 업종으로 벤처중소기업확인을 받은 경우에는 창업벤처중소기업에 해당하지 않는다(제도 46012-10502, 2001.4.11.; 지방세심사 2006-1094, 2006.11.27.).

5 지방세 특례

5-1 주체

창업중소기업과 창업벤처중소기업을 과세특례의 주체로 한다(지특법 §58의 3 ①·②).

(가) 창업중소기업

수도권과밀억제권역 외의 지역에서 창업한 중소기업(이하 "창업중소기업")이다. 조세특례제한법과 달리 지방세특례제한법에서는 중소기업의 범위를 중소기업기본법에 의한 중소기업으로 하고 있다(지특법 §46 ④ 참조).

(나) 창업벤처중소기업

창업벤처중소기업의 정의는 조세특례제한법과 동일하다(지특령 §29의 2 ②).

창업중소기업과 창업벤처중소기업의 감면업종은 법상 열거되어 있다. 다만 승계창업에 해당하는 경우에는 특례의 주체에서 제외한다(지특법 §58의 3 ④·⑥).

일몰기한은 2023.12.31.이다.

5-2 취득세 감면

해당 사업을 하기 위하여 창업일(창업벤처중소기업의 경우에는 확인일)부터 4년 이내에 취득하는 부동산에 대해서는 취득세의 75%를 감면한다.

종래에는 취득세를 전액 면제하였으나, 2015년 세법개정으로 지방세특례제한법으로 이관하면서 75% 감면으로 축소되었다.

(1) 감면 요건

(가) 시기적 요건 (요건 충족 이후 취득)

개인사업자인 창업중소기업이 창업일인 **사업자등록일 이전에 취득한 부동산은 취득세 등의 감면대상이 아니므로**, 토지를 취득한 후 사업자등록을 한 경우에는 취득세 등의 감면대상이 아닌 것으로 본다(조심 2017지0881 2017.10.30.).

또한 창업벤처중소기업이 사업용 재산(현재 감면대상은 부동산)을 취득하여야 하므로, **사업용 재산 취득 후 벤처기업으로 확인받은 경우의 동 재산은 취득세가 과세된다**(서울세제-3004, 2014.3.3.; 지방세심사 2007-94, 2007.2.26.). 다만, 예비벤처기업확인을 받은 날 이후에 취득한 사업용 재산은 실질과세 원칙에 따라 취득세가 면제된다(대법원 2009두14040, 2011.12. 22.).

한편 창업에 해당하지 아니한 업종으로 창업하여 사업용 재산을 취득한 경우에는 감면대상 창업중소기업에 해당되지 않으며, 이후에 창업에 해당하는 업종을 추가한 경우에도 이는 다른 업종을 추가한 경우로서 새로운 창업으로 볼 수 없어 특례의 주체가 될 수 없다(지방세운영-1952, 2013.8.20.).

(나) 대상 검토

당해 공장을 전혀 사용하지 않은 상태에서 창업일로부터 감면기간 이내에 다른 토지상에 동종업종의 공장을 건립하여 본격적인 사업을 영위한 경우라면 실질과세 원칙을 적용하여 취득세의 면제대상이 된다(세정-5199, 2007.12.4.; 조심 2013지58, 2013.5.3.; 조심 2013지745, 2014.1.20.).

또한, 당초 사업장에서 영위하는 **사업을 확대하기 위하여 신규 부동산을 취득한 것이라면 창업중소기업이 특례 대상인 사업을 영위하기 위하여 취득한 부동산에 해당하므로 특례 대상에 해당한다**(조심 2018지2007, 2019.6.28.).

반면에 **창업중소기업으로서 이미 취득세 등을 감면받은 경우라면 이후에 창업벤처중소기업으로 되는 경우라도 추가적인 감면이 적용되지 않는다**(지특법 §58의 3 ⑤). (지방세운영-421, 2013.2.8.).

종래에는 개인기업이 법인전환하여 개인기업 창업일부터 3년 이내 벤처확인을 받은 경우 창업벤처중소기업으로 보지 않아 법인전환 이후 취득세 또는 등록면허세의 면제를 배제하였으나, 직접국세인 법 제6조의 창업중소기업 세액감면의 해석과 동일하게 특례를 허용하는 것으로 2009년 해석을 변경하였다(지방세운영-4588, 2009.10.2.).

> **• 예규 · 판례**
>
> ❖ **창업벤처중소기업에 대한 지방세 감면과 관련하여 지방세법규 해석변경에 따른 세정운영 기준** (지방세운영-4588, 2009.10.2.)
> - 기존 : 개인기업이 법인전환하여 개인기업 창업일부터 3년 이내 벤처확인을 받은 경우, 창업벤처중소기업으로 보지 않아 법인전환 이후 취득·등록세 면제 배제
> - 변경 : 개인기업이 법인으로 전환하였다고 하더라도 개인기업 창업일부터 3년 이내 벤처확인을 받은 경우라면 창업벤처중소기업으로 보아 취득·등록세 면제 적용
> - 관련법규 :「조세특례제한법」제119조 제3항 및 제120조 제3항
> - 세정운영 기준
>   ① 2009.10.27. 이후 납세의무가 성립되는 분부터는 변경된 해석기준에 의하여 취득세 및 등록세 면제 적용
>   ② 2009.10.27. 현재 동 사안과 관련하여 이의신청, 심사(심판)청구, 소송 등 불복사건에 계류 중인 경우에는 소송 등 취하, 직권 부과취소 및 환부
>   ③ 현재 동 사안과 관련하여 이의신청 등 불복청구기간이 미 도래한 경우에 대하여는 직권 부과 취소 및 환부

(2) 사후관리

(2-1) 의무위반 사유

다만 다음의 경우에는 면제받은 세액을 추징한다(지특법 §58의 3 ⑦).
① 정당한 사유 없이 취득일부터 3년 이내에 그 부동산을 해당 사업에 직접 사용하지 아니하는 경우

"직접 사용"이란 부동산의 소유자가 해당 부동산을 사업 또는 업무의 목적이나 용도에 맞게 사용하는 것을 말한다(지특법 §2 8호).

"직접 사용"의 범위에는, 당해 사업을 영위하기 위한 시설물을 설치하고 외주업체로 하여금 당해 시설물을 사용하게 하면서 그 외주업체가 생산하는 제품을 전량 납품받는 경우도 포함된다(지방세심사 2006-35, 2006.1.23.; 조심 2013지318, 2014.1.27.).

직접 사용의 유예기간 동안 사업자가 그의 직접 목적이 아닌 부수적인 목적에 부동산을 사용하거나 전혀 사용을 하지 않고 있는 상태라 하여도 동 유예기간이 경과하기 전까지는 추징사유가 발생한 것으로 볼 수 없다(조심 2014지1461, 2015.3.17.).

② 취득일부터 3년 이내에 다른 용도로 사용하거나 매각·증여하는 경우

공장의 일부 면적을 소사장제(아웃소싱)로 운영하는 사업체에 임대한 경우도 추징대상이며,(세정-3513, 2006.8.7.) 기업구조조정과정에서 경영정상화를 위해 임대하는 경우 정

당한 사유로 인정되지 않는다.
③ 최초 사용일부터 계속하여 2년간 해당 사업에 직접 사용하지 아니하고 다른 용도로 사용하거나 매각·증여하는 경우

(2-2) 정당한 사유

"정당한 사유"란 그 취득 재산을 해당 사업에 사용하지 못한 사유가 행정관청의 사용금지·제한 등 외부적인 사유로 인한 것이거나 또는 내부적으로 그 재산을 해당 사업에 사용하기 위하여 정상적인 노력을 하였음에도 불구하고 시간적인 여유가 없거나 기타 객관적인 사유로 인하여 부득이 해당 사업에 사용할 수 없는 경우를 말한다. 그러나 취득자가 그 자체의 자금사정이나 수익상의 문제 등으로 해당 사업에 직접 사용하기를 포기한 경우는 이에 포함되지 아니한다.16)

또한 생산공정의 부적합, 주민과의 민원 해결, 교량공사 설계변경 등은 정당한 사유에 해당하지 않는다(충북세정-8268, 2012.6.13.).

● **사업의 생산공정과 맞지 않아 일부를 철거하고 재건축하여 사용하는 경우** (부정)

당해 목적사업의 생산공정에 불부합하다는 이유로 사용하지 못함은 오로지 외부적 사유에 해당된다고 보기는 어려우므로 철거 공장의 경우 추징이 제외되는 사용하지 못한 정당한 사유에 해당되지 않는다(지방세운영-108, 2013.4.1.).

● **외국 거래처의 공장부지 부적합 통보에 따라 매매계약을 해제한 경우** (긍정)

일본 거래처로부터 이 사건 부동산이 식품제조 공장으로 부적합하다는 이유로 매입승인을 얻지 못하게 되어 소유권이전등기를 말소한 경우에는 정당한 사유가 있다(대법원 2005두4212, 2006.2.9.).

● **자연환경보전구역 내의 개발승인 지연** (부정)

산지관리법령에서 공장은 전용하고자 하는 면적이 10,000㎡ 이상인 경우에 산지전용허가를 할 수 있음에도 이러한 이 건 토지의 특성을 감안하지 아니한 채 객관적 사정에 적합하지 아니한 규모의 중소기업 창업사업계획승인 신청과 이에 대한 처분청의 불승인에 대한 이의신청을 반복하다가 이 건 토지를 그대로 방치한 경우에는 정당한 사유가 있다고 볼 수 없다(조심 2011지808, 2012.6.19.).

5-3 재산세 감면

해당 사업에 직접 사용(임대 제외)하는 부동산에 대해서는 창업일(창업벤처중소기업의 경우에는 확인일)부터 3년간 재산세를 면제하고, 그 다음 2년간은 재산세의 50%를 감면한다.

---

16) 대법원 1997.6.27. 선고, 96누16810 판결; 대법원 2001.8.24. 선고, 99두5931 판결; 대법원 1992.6.9. 선고, 91누10725 판결 등

과세기준일(매년 6월 1일) 현재 미완성인 경우에는 감면대상에 포함될 수 없으며,(세정-3736, 2007.9.12.) 창업일 이전에 취득한 재산도 감면대상에서 제외된다(세정 13407-98, 1998.3.27.).

건축물 부속토지인 경우에는 공장입지기준면적17) 이내 또는 다음의 용도지역별 적용배율(지령 §101 ②) 이내의 부분만 해당한다(지특령 §29의 2 ③).

용도지역별 적용배율

용도지역별		적용배율
도시지역	1. 전용주거지역	5배
	2. 준주거지역·상업지역	3배
	3. 일반주거지역·공업지역	4배
	4. 녹지지역	7배
	5. 미계획지역	4배
도시지역 외의 용도지역		7배

5-4 등록면허세 면제 (20.12.31. 일몰 종료)

다음의 등기에 대하여는 등록면허세를 면제한다(지특법 §58의 3 ③).

① 창업중소기업의 법인설립등기와 창업일부터 4년 이내에 자본 또는 출자액을 증가하는 경우의 증자등기
창업벤처중소기업의 증자등기는 등록면허세 면제대상에 해당하지 않는다(조심 2014지1260, 2014.11.19.).

② 창업 중에 벤처기업으로 확인받은 중소기업(기술평가 보증·대출기업을 말함)이 그 확인을 받은 날부터 1년 이내에 하는 법인설립등기

---

17) 지방세법 시행규칙 별표 6에 따른 공장입지기준면적(지령 §102 ① 1호 → 지칙 §50)

Ⅳ. 조세특례제한 등

1 중복지원의 배제

다음의 중복지원 배제조항이 적용된다(조특법 §127 ④·⑤).
㉮ 감면규정과 세액공제규정의 중복지원 배제
㉯ 감면규정 간 중복지원 배제

창업중소기업 등에 대한 세액감면 중 **고용인센티브**(조특법 §6 ⑦)를 감면받는 경우에는 조특법 제29조의 7 고용을 증대시킨 기업에 대한 세액공제를 동시에 적용받을 수 없음에 유의하여야 한다.

제20부 제1절 중복지원의 배제 부분을 참조하기로 한다.

2 추계과세 시 등의 감면배제

다음의 세무상 의무위반 조항 해당 시 감면이 배제된다(조특법 §128 ②~④).
㉮ 결정 또는 기한 후 신고 시 감면배제
㉯ 경정 등의 부정과소신고금액에 대한 감면배제
㉰ 세법상 협력의무위반에 대한 감면배제

제20부 제2절 부분을 참조하기 바란다.

3 최저한세

창업중소기업 등에 대한 세액감면은 최저한세의 대상이지만, 다음은 **최저한세 적용대상에서 제외됨**에 유의하여야 한다(조특법 §132 ①·②).
① 추가감면(조특법 §6 ⑦)
② 청년창업중소기업과 생계형 창업중소기업 규정에 따라 100% 감면받는 과세연도(조특법 §6 ①·⑥)

제20부 제4절 부분을 참조하기 바란다.

기타 조세특례제한 등

구 분	내 용	참조 부분
세액감면신청서	별지 제2호의 2 창업 중소기업 등에 대한 감면세액계산서	
농어촌특별세	비과세(농특법 §4 3호)	

제3절 [제7조] 중소기업에 대한 특별세액감면 ★★★★★

차례

Ⅰ. 의의	223	1. 감면소득 (사업장단위 감면)	235
Ⅱ. 요건	224	2. 감면세액	236
1. 주체 (중소기업과 소기업)	225	2-1 기본 감면율	236
1-1 소기업	225	2-2 감면율의 특례	237
(1) 소기업 판정시기	225	2-3 감면한도	237
(2) 소기업 규모 기준	226	3. 감면기간 (일반감면)	238
(3) 유예기간 및 경과규정	228	Ⅳ. 조세특례제한 등	238
(4) 2016년 개정 시 경과 규정 사례	229	1. 절차	238
1-2 장수 성실중소기업	231	2. 중복지원의 배제	239
2. 감면업종	232	3. 추계과세 시 등의 감면배제	239
3. 감면지역	234		
Ⅲ. 세액감면	235		

Ⅰ. 의의

    감면대상 업종을 영위하는 중소기업의 해당 사업장에서 발생한 소득에 대한 소득세 또는 법인세에 대해 세액감면하는 일반감면제도이다. 감면율은 수도권 소재 여부에 따른 지역기준, 규모기준, 업종기준 등 3가지 기준에 따라 5~30%로 차등적으로 정해지며, 감면한도는 원칙적으로 1억원이다. 다만 장수 성실중소기업에 대해서는 감면율을 10% 상향(1.1배)하여 적용한다.

    대기업에 비하여 자금·인력 부족으로 경쟁력이 취약한 중소기업을 보호·육성하기 위한 제도로 중소기업의 활용 빈도가 높은 조세특례이다. 창업중소기업등 세액감면제도가 감면기간을 5년으로 한정한데 반하여, 중소기업 특별세액감면제도는 기간이 정해져 있지 않은 일반감면제도이므로 창업중소기업등 세액감면제도에 비해 감면율이 낮지만, 중소기업에 해당하기만 하면 적용 가능하여 기업의 접근성은 보다 높다. 창업에 해당하지 않거나 창업중소기업 세액감면의 감면기간이 종료한 경우에는, 이를 대체하기 위한 중소기업 특별세액감면의 적용을 검토하여야 할 것이다.

한편 기업의 입장에서는 접근성이 높아 조세혜택을 부여받기가 용이하지만, 과세소득 규모와 관계없이 중소기업이라는 이유만으로 기간의 제한 없이 세액의 5~30%를 감면해 주므로 조세정책의 효율성을 떨어뜨리는 부정적인 측면이 있다. 중소기업에 대한 일반적인 지원효과는 있으나, 기술개발·투자 등에 대한 인센티브가 없어 중소기업의 체질 개선을 통한 경쟁력 강화 효과는 낮기 때문이다.

일몰기한은 2025.12.31.이다.

개정연혁

연 도	개정 내용
2019년	■ 블록체인 기반 암호화 자산 매매 및 중개업의 감면업종 제외 ■ 감면대상에 수소차 대여업자 추가
2021년	■ 감면업종 추가 – 통관 대리 및 관련 서비스업 ■ 자동차 임대업 감면율 인하 : 30% → 기본 감면율
2023년	■ 지식기반산업 특례 폐지 ■ 알뜰주유소 특례 신설
2024년	■ 알뜰주유소 특례 적용기한 종료

Ⅱ. 요건

원칙적으로 소재 지역과는 관계없이 중소기업으로서 감면업종을 영위하여야 하고,(조특법 §7 ①) 다만 예외적으로 수도권 소재 중기업 중에서 알뜰주유소를 제외한 업종은 동 특별세액감면에서 제외된다.[1]

---

[1] 중소기업 특별세액감면제도의 감면업종 요건의 원칙은 지역 및 기업 규모와는 관계없이 적용되는 것으로 보아야 한다. 왜냐하면 법 제7조 제1항에서 감면업종을 경영하는 중소기업이면 세액감면의 주체가 될 수 있는 것으로 규정한 연후, 같은 항 제2호의 감면세율에서 수도권 소재 중기업에 대해서는 감면율을 규정하지 않는 방식으로 세액감면의 주체에서 제외하고 있기 때문이다.

본서에서는 1. 주체에서 소기업, 장수 성실중소기업을 함께 서술하고 이후 2. 감면업종에서 지식기반산업을 살펴보며, 3. 감면지역에서 지역요건을 설명토록 한다.

1 주체 (중소기업과 소기업)

본 세액감면의 주체는 중소기업이다.

내국인으로서 중소기업만 대상으로 하므로 외국법인의 국내 지점은 중소기업 특별세액감면을 적용할 수 없다(서면법인-0663, 2019.12.13.).

다만 수도권에 소재하는 중소기업의 경우에는 감면업종을 영위하는 소기업만이 세액감면의 대상이며, 중기업의 경우에는 알뜰주유소를 영위하는 경우만을 세액감면의 대상으로 한다(조특법 §7 ①). 반면에 지방소재 중소기업이 감면업종을 영위하는 경우, 규모 등의 구분에 관계없이 세액감면의 대상이 되며 감면율에서만 차이가 있다.

수도권 소재기업의 세액감면 대상 여부

구 분	중기업	소기업
도·소매업, 의료업	×	○
제조업 등 기타 업종	×	○
알뜰주유소	○	○

1-1 소기업

소기업이란 조세특례제한법상 중소기업 중 매출액이 업종별로 「중소기업기본법 시행령」 별표 3을 준용하여 산정한 소기업 규모 기준 이내인 기업을 말한다. 이 경우 '평균매출액 등'은 '매출액'으로 본다(조특령 §6 ⑤). 반면에 중기업은 차감개념으로 소기업에 해당하지 않는 중소기업이다.

(1) 소기업 판정시기

감면대상 여부 및 감면율은 사업연도 종료일 현재 본점 소재지를 기준으로 적용한다. 법인세법 및 소득세법은 기간과세에 따르므로, 과세연도별로 감면대상사업에 대해 사업장 단위 과세가 적용되는 것이 원칙이기 때문이다.

예를 들어 사업연도 중 본점을 수도권 안으로 이전하는 경우, 이전일이 속하는 사업연도의 개시일부터 수도권 안의 지역에서 해당 사업을 영위한 것으로 보아 상시 종업원 수 기준(현재는 소기업 기준)을 적용한다(서면2팀-2499, 2006.12.7.).

반면에 제조업을 영위하던 중소기업이 사업연도 중 업종을 도매업으로 전환하여 사업을 영위하는 경우, 제조업과 도매업의 영위기간별로 나누어 각각 소기업 해당 여부를 판정한다(법인-751, 2009.6.29.). 2 이상의 업종을 영위하는 경우에도 구분경리하게 되면, 감면대상 소득의 정확한 계산이 가능하므로 예외적으로 허용하는 것으로 판단된다.

(2) 소기업 규모 기준

중소기업의 업종별 매출액에 대해 중소기업기본법 시행령 별표 3을 준용하여 소기업 규모 기준을 적용한다.

매출액은 손익계산서상의 매출액으로 한다(조특칙 §5 → §2 ④). 중소기업기본법 시행령 별표 3을 준용하여 산정한 규모 기준에서 "평균매출액등"은 "매출액"이므로 당해 연도 매출액으로 기준으로 판단한다(사전법령소득-0046, 2018.3.15.).

창업·분할·합병의 경우에는 그 등기일의 다음 날(창업의 경우에는 창업일)이 속하는 과세연도의 매출액을 연간 매출액으로 환산한 금액을 매출액으로 한다. 상세 내용은 제1절 Ⅱ. 2-2 (2) 연매출액 환산을 참조하기로 한다.

분할신설법인의 경우에는 그 등기일의 다음날이 속하는 과세연도의 매출액을 연간매출액으로 환산한다(법인세과-1208, 2010.12.30.). 개인기업이 법인전환한 경우에도 법인전환일 이후 발생한 매출액을 연간 매출액으로 환산한다(조심 2015부1487, 2015.12.22.; 서면법규-568, 2014.6.2.).

소기업 판정 시 관계기업의 매출액은 합산하지 않는다(서면법인-5783, 2016.12.9.). 내국법인이 개인과 공동사업장(개인사업자)을 운영하는 경우, 소기업 여부를 판정함에 있어 매출액에는 공동사업장의 매출액 중 **공동사업계약에 따른 지분비율에 의하여 안분한 금액**이 포함된다(서면법규법인-3374, 2023.5.4.).

중소기업기본법 시행령 [별표 3] 주된 업종별 매출액의 소기업 규모 기준 (개정 2017.10.17.)

해당 기업의 주된 업종	분류기호	규모 기준
1. 식료품 제조업	C10	매출액 120억원 이하
2. 음료 제조업	C11	
3. 의복, 의복액세서리 및 모피제품 제조업	C14	
4. 가죽, 가방 및 신발 제조업	C15	

해당 기업의 주된 업종	분류기호	규모 기준
5. 코크스, 연탄 및 석유정제품 제조업	C19	
6. 화학물질 및 화학제품 제조업(의약품 제조업은 제외한다)	C20	
7. 의료용 물질 및 의약품 제조업	C21	
8. 비금속 광물제품 제조업	C23	
9. 1차 금속 제조업	C24	
10. 금속가공제품 제조업(기계 및 가구 제조업은 제외한다)	C25	
11. 전자부품, 컴퓨터, 영상, 음향 및 통신장비 제조업	C26	
12. 전기장비 제조업	C28	
13. 그 밖의 기계 및 장비 제조업	C29	
14. 자동차 및 트레일러 제조업	C30	
15. 가구 제조업	C32	
16. 전기, 가스, 증기 및 공기조절 공급업	D	
17. 수도업	E36	
18. 농업, 임업 및 어업	A	
19. 광업	B	
20. 담배 제조업	C12	
21. 섬유제품 제조업(의복 제조업은 제외한다)	C13	
22. 목재 및 나무제품 제조업(가구 제조업은 제외한다)	C16	
23. 펄프, 종이 및 종이제품 제조업	C17	
24. 인쇄 및 기록매체 복제업	C18	매출액 80억원 이하
25. 고무제품, 및 플라스틱제품 제조업	C22	
26. 의료, 정밀, 광학기기 및 시계 제조업	C27	
27. 그 밖의 운송장비 제조업	C31	
28. 그 밖의 제품 제조업	C33	
29. 건설업	F	
30. 운수 및 창고업	H	
31. 금융 및 보험업	K	
32. 도매 및 소매업	G	매출액 50억원 이하
33. 정보통신업	J	
34. 수도, 하수 및 폐기물 처리, 원료재생업(수도업은 제외한다)	E (E36 제외)	매출액 30억원 이하
35. 부동산업	L	

해당 기업의 주된 업종	분류기호	규모 기준
36. 전문·과학 및 기술 서비스업	M	
37. 사업시설관리, 사업지원 및 임대 서비스업	N	
38. 예술, 스포츠 및 여가 관련 서비스업	R	
39. 산업용 기계 및 장비 수리업	C34	
40. 숙박 및 음식점업	I	매출액 10억원 이하
41. 교육 서비스업	P	
42. 보건업 및 사회복지 서비스업	Q	
43. 수리(修理) 및 기타 개인 서비스업	S	

비고
1. 해당 기업의 주된 업종의 분류 및 분류기호는「통계법」제22조에 따라 통계청장이 고시한 한국표준산업분류에 따른다.
2. 위 표 제27호에도 불구하고 철도 차량 부품 및 관련 장치물 제조업(C31202) 중 철도 차량용 의자 제조업, 항공기용 부품 제조업(C31322) 중 항공기용 의자 제조업의 규모 기준은 평균매출액등 120억원 이하로 한다.

2018년 개정세법에서 제10차 한국표준산업분류의 개정에 따라, 신규·변경 업종에 대한 소기업 규모기준 등을 변경하였다. 2017.10.17.부터 시행한다(동일자로 개정된 중기령 부칙 §1).

(3) 유예기간 및 경과규정

(3-1) 유예기간 불허

소기업과 관련하여서는 별도의 유예기간이 규정되어 있지 않으므로 유예기간이 불허됨에 유의하여야 한다. 유예기간을 인정하지 아니하므로 상시 종업원 수 기준 또는 매출액 기준(현재 소기업 규모 기준)에 위배되는 경우, 그 사유가 발생한 날이 속하는 사업연도부터 즉시 소기업에서 제외된다(서면법규과-217, 2013.2.27.). 중소기업 유예기간 중인 법인도 동일하다(재조예-290, 2006.5.12.).

(3-2) 경과 규정

다만 한국표준산업분류의 변경에 의하여 감면 업종이 변경됨으로써 소기업에 해당하지 아니하는 경우에는 한국표준산업분류가 변경된 과세연도와 그 다음 과세연도까지는 변경 전의 한국표준산업분류에 따른 업종에 따라 조세특례를 적용한다(조특법 §2 ③ 단서).

2017.7.1. 시행된 한국표준산업분류의 제10차 개정으로 2017년과 2018년 과세연도까지는 동 경과규정이 적용됨에 유의하여야 한다.

조특법 자체의 개정에 의하여 소기업 판정이 변경될 때에는 부칙의 경과규정에 따라야 함은 물론이다(서면2팀-145, 2007.1.18.).

(4) 2016년 개정 시 경과 규정

종래에는 소기업 판단기준을 상시 종업원 수 기준과 매출액 기준을 병행하였으나, 2016년 개정세법에서 소기업의 고용을 지원하기 위하여 상시 종업원 수 기준과 졸업기준을 삭제하여 중소기업기본법의 소기업 규모 기준에 따른 매출액 기준으로 단일화하였다. 개정 법률 시행(2016.1.1.) 당시 종전 규정에 따라 소기업에 해당되었던 기업이 개정규정에 따른 소기업에 해당하지 아니하게 된 경우에는 개정규정에도 불구하고 2019.1.1.이 속하는 과세연도까지 소기업으로 본다(2016.2.5. 개정된 영 부칙 §22).

2016년 개정 시 경과규정의 적용 방법

구분	적용 방법
적용 대상 기업	2015년 소기업에 해당하던 기업이 2016년 개정된 소기업 규모기준에 따라 소기업에 해당하지 않은 경우
판정 기준	2016년 개정 이전의 종전 상시 종업원 수 기준과 매출액 기준
판정 시기	2016년부터 2019년까지 매년 각각 독립적으로 판정

(4-1) 적용 대상 기업

경과규정 적용 대상 기업은 2016.1.1. 이후 개시하는 과세연도의 직전 과세연도에 종전 규정에 따라 소기업에 해당되었던 기업이 2016.1.1. 이후 개시하는 과세연도에 종전 규정에 의해서는 소기업에 해당하나 개정규정에 따라서는 소기업에 해당되지 않는 경우로 한다(기준법령법인-0167, 2018.7.16.; 조심 2018광3900, 2019.6.5.).

따라서 2016.1.1.이 속하는 과세연도(예, 2016년)에 개정규정에 따라 소기업에 해당하지 않는 법인이 해당 과세연도에 종전 규정에 따르더라도 소기업에 해당하지 않는 경우 경과조치에 따른 소기업으로 보지 않는다(재조특-42, 2019.1.14.; 대법원 2020두48062, 2020.12.10.; 대구지법 2018구합25853, 2019.10.23.). 시행령의 개정으로 인하여 소기업 해당 여부가 달라진 것이 아니어서 경과조치를 통하여 보호하고자 하는 기득권이나 신뢰가 없기 때문이다(서울행법 2018구합76910, 2019.4.18.).

시행일이 속하는 직전 과세연도의 소기업이었던 기업에 대하여 경과규정을 적용하며, 2015년에 소기업에 해당하지 않았던 기업에는 경과규정을 적용하지 않는다(서면법령법인-1081, 2018.4.10.; 재조특-266, 2018.4.6.).

종합하면, 2016.1.1.이후 개시하는 사업연도의 직전 과세연도(예, 2015년)에 소기업에 해당하는 기업이 2016.1.1. 이후 2019.1.1.이 속하는 과세연도(예, 2016년~2019년)까지 각 과세연도별로 개정 규정에 따라 소기업에 해당하지 않으나, 종전 규정에 따른 소기업에 해당하는 경우 소기업의 범위에 관한 경과조치에 따라 소기업으로 간주한다(재조특-751, 2019.12.24.; 서면소득-1311, 조심 2018중4073, 2018.11.23.; 조심 2018구2816, 2018.10.2. 외 다수).[2]

● **개인기업이 법인전환한 경우 경과규정의 적용 여부** (긍정)

「조세특례제한법 시행령」 제6조의 소기업요건을 충족하던 개인사업자가 2016.1.1. 이후「조세특례제한법」 제32조 제1항과 같은법 시행령 제29조 제2항의 요건을 충족하여 법인전환 한 후,「조세특례제한법 시행령(2016.2.3. 대통령령 제26959호로 개정된 것)」 제6조 제5항의 개정에 따라 소기업에 해당하지 아니하게 된 경우에도 동 시행령 부칙 제22조에 따른 경과조치를 적용하여 2019.1.1.이 속하는 과세연도까지 소기업으로 보는 것임(재조특-417,2021.06.01.).

종래 유권해석(사전법령법인-190, 2017.7.25.)에서는 경과조치가 적용되지 않은 것으로 해석하였음. 중소기업특별세액감면은 잔존 감면 기간 및 승계의 개념이 없어 법 제32조 법인전환 과세특례에서 승계 조항이 없기 때문임(조특법 §31 ④·⑤ 참조) 그러나 최근 유권해석에서는 사업의 연속성과 동일성이 인정되는 조특법상 법인전환에 따른 법인 전환시 제도의 취지 등을 고려하여 경과조치가 적용되는 것으로 해석을 변경함.

[사례] 2016년 개정 시 소기업 규모 기준 관련 부칙 적용 방법

구분	2015년	2016년	2017년	2018년	2019년	2020년
매출액	40억	55억	80억	120억	90억	80억
소기업 여부	O	O	O	X	O	X

(주)선관은 도소매업을 영위하며, 2016년 개정 이전의 종업원 기준을 만족함. 매출액이 위 표와 같을 때 각 연도별 소기업 여부를 판정하시오(단, 종전 매출액 기준은 100억원, 개정된 기준은 50억원임)

1) 2015년 소기업에 해당하였던 (주)선관의 2016년과 2017년 매출액은 개정된 기준(50억원)을 위반하지만, 종전 기준(100억원)을 충족하므로 경과규정에 따라 소기업으로 판정한다.
2) 2018년은 종전 기준을 위반하므로 소기업에 해당하지 않느다.
3) 소기업 판정여부는 2019년까지 매년도 각각 별개로 이루어지므로, 2018년에 소기업에 해당하지 않더라도 2019년에 소기업 판정을 별도로 수행한다. 종전 기준을 다시 충족하게 되었으므로 소기업으로 판정한다.
4) 2020년은 부칙의 경과 규정에 해당하지 않으므로 개정된 기준에 따라 소기업 여부를 판정한다.

---

[2] 2015년에 소기업에 해당하였으나 2016년에 개정 규정 및 종전 규정에 따라 소기업에 해당하지 않았다면 2017년에 다시 종전 규정에 따라 소기업에 해당하더라도 경과규정의 적용대상에 해당하지 않는다는 종전 예규(서면법령법인-1635, 2018.6.20.)는 2020년 1월에 삭제되었음. 따라서 이러한 경우 경과규정의 적용을 받아 2017년에 소기업으로 간주함.

(4-2) 판정 시기

동 부칙의 적용 대상 기업은 2019년까지, 2016년 개정 이전의 소기업 기준에 따라 매년 판정을 통해 소기업 여부를 결정한다(조심 2019구0346, 2019.3.25. 참조). 2016년의 매출액 등을 기준으로 소기업으로 판정된 경우라 하더라도 2019년까지 당연히 소기업으로 의제되는 것이 아님에 유의하여야 한다.

이에 반하여 전술한 부칙의 '시행 당시'는 글자 그대로 2016.1.1.이므로 2016.1.1.이 속하는 과세기간(예, 2016년)을 대상으로 하여야 하며, 유예기간(예, 2016년~2019년) 전체로 하여 임의로 확대해석할 수 없다는 견해가 있다.3) 따라서 종전 규정을 기준으로 2016.1.1. 당시의 종전 사업연도인 2015년을 기준으로 소기업에 해당하면 2019년까지 계속적으로 소기업으로 의제되어야 한다는 주장이다. 현행 세법 경과 부칙 규정 중에서 당해 부칙에서 정한 유예기간 중에 매년 적용여부를 판정하는 규정은 없기 때문이다.

1-2 장수 성실중소기업

다음 요건을 모두 충족하는 중소기업의 경우에는 본 특례의 감면비율에 110%를 곱한 감면비율을 적용한다(조특법 §7 ②).
① 해당 과세연도 개시일 현재 10년 이상 계속하여 해당 업종을 경영한 기업일 것
② 해당 과세연도의 종합소득금액이 1억원 이하일 것
③ 성실사업자(소법 §59의 4 ⑨)로서 성실사업에 대한 의료비 등 공제의 성실사업자 요건 중 3년 평균 수입금액 50% 초과, 성실요건(조특령 §122의 3 ① 2호 및 4호)을 모두 갖춘 자일 것

2017년 개정세법에서 10년 이상 계속 사업한 개인 성실사업자에 대해 감면율을 1.1배 상향조정하였다.

---

3) 김상술, "조세특례제한법에 따른 소기업에 대한 중소기업특별세액 감면 시 소기업 유예기간의 적용 문제", 주간 세무경영/제1633·34호, 2020.4.14.

2 감면업종

다음에 열거된 업종을 경영하는 중소기업이어야 한다(조특법 §7 ①).

가. 작물재배업
나. 축산업
다. 어업
라. 광업
마. 제조업
바. 하수·폐기물 처리(재활용을 포함한다), 원료재생 및 환경복원업
사. 건설업
아. 도매 및 소매업
자. 운수업 중 여객운송업
차. 출판업
카. 영상·오디오 기록물 제작 및 배급업(비디오물 감상실 운영업 제외)
타. 방송업
파. 전기통신업
하. 컴퓨터프로그래밍, 시스템 통합 및 관리업
거. 정보서비스업(블록체인 기반 암호화자산 매매 및 중개업은 제외함)
너. 연구개발업
더. 광고업
러. 기타 과학기술서비스업
머. 포장 및 충전업
버. 전문디자인업
서. 창작 및 예술관련 서비스업(자영예술가는 제외한다)
어. 대통령령으로 정하는 주문자상표부착방식에 따른 수탁생산업
저. 엔지니어링사업
처. 물류산업
커. 「학원의 설립·운영 및 과외교습에 관한 법률」에 따른 직업기술 분야를 교습하는 학원을 운영하는 사업 또는 「국민 평생 직업능력 개발법」에 따른 직업능력개발훈련시설을 운영하는 사업(직업능력개발훈련을 주된 사업으로 하는 경우에 한정한다)
터. 대통령령으로 정하는 자동차정비공장을 운영하는 사업
퍼. 「해운법」에 따른 선박관리업
허. 「의료법」에 따른 의료기관을 운영하는 사업(소규모 의원 등 포함)
고. 「관광진흥법」에 따른 관광사업(카지노, 관광유흥음식점 및 외국인전용유흥음식점업은 제외)
노. 「노인복지법」에 따른 노인복지시설을 운영하는 사업
도. 「전시산업발전법」에 따른 전시산업

로. 인력공급 및 고용알선업(농업노동자 공급업을 포함한다)
모. 콜센터 및 텔레마케팅 서비스업.
보. 「에너지이용 합리화법」 제25조에 따른 에너지절약전문기업이 하는 사업
소. 「노인장기요양보험법」 제31조에 따른 장기요양기관 중 재가급여를 제공하는 장기요양기관을 운영하는 사업
오. 건물 및 산업설비 청소업
조. 경비 및 경호 서비스업
초. 시장조사 및 여론조사업
코. 사회복지 서비스업
토. 무형재산권 임대업(「지식재산 기본법」 제3조 제1호에 따른 지식재산을 임대하는 경우로 한정)
포. 연구개발 기획, 연구개발의 관리 및 사업화 지원, 연구개발 관련 기술정보의 조사·제공 등 연구개발 활동을 지원하는 산업(21.10.21. 시행; 타법개정)
호. 개인 간병 및 유사 서비스업, 사회교육시설, 직원훈련기관, 기타 기술 및 직업훈련 학원, 도서관·사적지 및 유사 여가 관련 서비스업(독서실 운영업은 제외한다)
구. 「민간임대주택에 관한 특별법」에 따른 주택임대관리업
누. 「신에너지 및 재생에너지 개발·이용·보급 촉진법」에 따른 신·재생에너지 발전사업
두. 보안시스템 서비스업(2015.12.15. 신설)
루. 임업(2016.12.20. 신설)
무. 통관 대리 및 관련 서비스업(2020.12.29. 신설)
부. 자동차 임대업❷(2020.12.29. 신설)

❶ 2017년 개정세법에 따른 소규모 의원 등의 감면업종 추가는 제2절 Ⅱ. 1-2 (16)을 참조하기 바람.
❷ 「여객자동차 운수사업법」 제31조 제1항에 따른 자동차대여사업자로서 같은 법 제28조에 따라 등록한 자동차 중 50% 이상을 전기자동차 또는 수소전기자동차로 보유한 경우로 한정함.

상기 열거된 업종을 주된 사업으로 하지 않는 중소기업이라도 **부수적으로 수행하는 감면업종의 감면소득에 대해서는 감면이 가능하다**(서이 46012-10184, 2002.1.31.). 법문상 열거된 감면업종을 주업으로 하여야 함을 요건으로 하지 않았기 때문이다. 예컨대 직접건설과 위탁(도급)건설을 겸업하는 중소기업의 경우 위탁건설(부동산 공급 및 개발업)이 주된 사업이라 하더라도 건설업에서 발생한 감면소득에 대해서는 세액감면이 가능하다.

특별세액감면을 적용받기 위해서는 적어도 감면적용의 대상이 되는 **과세기간 종료일 당시 당해 사업을 영위하고 있을 것**을 요하는바, 과세기간 종료일인 각 12.31. 이전에 각 사업을 폐업하여 당해 사업을 영위하고 있지 않는 경우에는 중소기업 특별세액감면 규정을 적용할 수 없다(서울고법 2019누55257, 2022.1.21.).

상기 감면업종은 법 제6조 창업중소기업 세액감면에서 함께 설명된 사안으로 해당 사항을 참고하기 바란다(제2절 Ⅱ. 1-2 및 1-1 (2) 표 참조).

개정 연혁

2017년 개정세법에서 감면업종에 임업 및 소규모 의원 등을 추가하였다. 전기차 보급 확대를 지원하기 위하여 2017 개정세법에서 전체 차량의 50% 이상을 전기차로 보유한 자동차대여업 영위 중소기업에 대한 세액감면을 신설하였다.

2019년 개정세법에서 가상통화 등의 거래를 중개하는 블록체인 기반 암호화 자산 매매 및 중개업은 부가가치 창출효과가 미흡하여 세액감면의 필요성이 적으므로 중소기업 특별세액감면에서 제외하였다. 2019년 개정세법에서 친환경차인 연료전지자동차에 대한 지원을 강화하기 위하여 전기자동차 대여업자 외에 연료전지자동차 대여업자에 대해서도 중소기업 특별세액감면을 적용하도록 하였다.

2021년 개정세법에서 대상 업종 간 형평성 제고를 위하여 통관 대리 및 관련 서비스업을 특별세액감면 대상에 추가하되 물류산업의 50% 수준의 감면율을 적용한다. 또한 종전에는 전기자동차 등 환경친화적 자동차를 50% 이상 보유한 자동차대여업자를 별도 항목으로 우대(30% 감면율 적용)하던 것을 다른 업종과 동일한 수준의 세액감면을 적용하였다. 통관 대리 및 관련 서비스업에 대한 개정규정은 2019.1.1. 이후 개시한 과세연도분에 대해서도 소급 적용한다. 2021.1.1. 전에 개시한 과세연도분에 대해서는 자동차 임대업에 대한 개정규정에도 불구하고 종전의 규정에 따른다(2020.12.29. 개정된 법률 부칙 §3 및 §37).

2023년 세법개정에서 종래 전기통신업, 인쇄물출판업 등을 영위하는 지식기반산업의 경우 수도권에 소재하는 중기업에 대해 10% 감면율을 적용하였으나, 과세형평성을 높이기 위하여 특례를 폐지하였다. 2023.1.1. 전에 개시한 과세연도에 종전의 법 7조 1항 2호 마목(지식기반산업)에 따른 사업장에서 발생한 소득에 대한 소득세 또는 법인세의 감면에 관하여는 개정규정에도 불구하고 종전의 규정에 따른다(2022.12.31. 개정된 법률 부칙 §28).

2023년 세법개정에서 2022년 중 일반주유소가 알뜰주유소로 전환하는 경우 2023년까지 발생하는 소득에 대해 10%~20%의 감면율을 적용한다. 개정규정은 2023.1.1. 이후 과세표준을 신고하는 분부터 소급하여 적용한다(2022.12.31. 개정된 법률 부칙 §3).

2024 개정 2023년 말로 알뜰주유소 전환 중소기업 세액감면 특례 적용기한이 종료되었다.

3 감면지역

중소기업 특별세액감면제도는 해당 사업장에서 발생한 소득에 대한 법인세 등을 감면하는 사업장단위 감면방식을 채택하고 있다. 그러나 예외적으로 내국법인의 본점 또는 주사무소가 수도권에 있는 경우에는 모든 사업장이 수도권에 있는 것으로 보고 감면비율을 적용한다(조특법 §7 ①).

예를 들어 제조업을 영위하는 중기업의 경우 본점이 수도권에 소재하면, 지방에 있는 사업장(공장)도 수도권에 소재하는 것으로 보아 지방 소재 사업장에서 발생한 소득을 감면대상에서 제외한다. 즉, 본점이 수도권에 소재하는 경우에는 예외적으로 기업단위 감면방식에 따른다.

수도권이란 수도권정비계획법에서 정의된 수도권으로(조특법 §2 ① 9호), 서울특별시, 인천광역시와 경기도를 말한다(수도권정비계획법 §2 1호, 동법 시행령 §2).

지식기반산업을 제외한 여타 업종을 영위하는 중기업의 경우 감면방법

구 분	감면제도	감면 여부
수도권 본점, 지방 공장	기업단위 감면방식	기업 전체소득 감면 배제
지방 본점, 수도권 공장	사업장단위 감면방식	수도권 공장 소득만 감면 배제

본점소재지는 원칙적으로 법인등기부상 본점소재지로 판단한다(서이 46012-10164, 2001.9.13.). 본점소재지는 사실상 주된 사무가 이루어지는 것을 말하며 반드시 수도권 안의 본점에 있던 인원 및 물적시설을 수도권 외의 지역으로 전부 이전하여야 지방 소재 본점으로 인정되는 것은 아니다(서이 46012-10232, 2003.1.30.; 서면2팀-206, 2007.1.29.). 즉, 본점소재지의 판단은 법인등기부를 원칙적인 판단 기준으로 하되, 예외적으로 조세회피 목적의 가장행위를 방지하기 위해서 본점으로서 주된 사무가 이루어지거나 생산량이 더 많은 경우 등 사실상의 본점에 해당하여야 한다.

Ⅲ. 세액감면

1 감면소득 (사업장단위 감면)

감면업종을 경영하는 기업의 해당 사업장에서 발생한 소득으로, 법인세법 제14조에서 규정하고 있는 각 사업연도 소득을 의미한다(법인세과-4046, 2008.12.17.). 본 세액감면은 원칙적으로 사업장단위 감면방식에 따른다.

「신에너지 및 재생에너지 개발·이용·보급 촉진법」에 따른 신·재생에너지 발전사업을 영

위하는 사업자가 같은 법 제17조 제2항에 따라 발전차액을 전력산업기반기금에서 지원받는 경우, 해당 발전차액은 감면대상 소득에 해당한다(서면법령법인-1386, 2017.12.22.).

보다 상세한 내용은 제21부 제1절 구분경리의 내용을 참조하기 바란다.

2 감면세액

세액 감면을 하는 경우 그 감면되는 세액은 원칙적으로 산출세액에 그 감면소득이 과세표준에서 차지하는 비율과 해당 감면율을 곱하여 산출한 금액으로 한다(법법 §59 ②).

$$감면세액 = 산출세액 \times \frac{감면소득}{과세표준} \times 감면율$$

산출세액, 과세표준은 창업중소기업 세액감면을 참조하기 바란다(제2절 Ⅲ. 2. 참조).

2-1 기본 감면율

감면율은 본사 및 사업장의 수도권 소재 여부, 소기업과 중기업의 규모기준, 영위 업종기준 등 3가지 기준에 따라 5~30%로 차등적으로 설정되어 있다(조특법 §7 ① 2호). 감면비율 옆의 괄호는 제2호의 각 목의 번호를 기재한 것으로 조문과의 비교 목적으로 첨부하였다.

(가) 본점이 수도권에 있는 경우

구 분	중기업	소기업
도·소매, 의료업, 통관 대리 및 관련 서비스 업	-	10% (가)
기타 업종	-	20% (나)

(나) 본점이 지방에 있는 경우

구 분	중기업		소기업	
	수도권사업장	지방사업장	수도권사업장	지방사업장
도·소매, 의료업	-	5% (라)	10% (가)	10% (가)
기타 업종	-	15% (바)	20% (나)	30% (다)
통관 대리 및 관련 서비스 업❶	-	7.5% (바)	10% (나)	15% (다)

❶ 통관 대리 및 관련 서비스 업은 기타 업종 감면율의 절반인 15%, 10%, 7.5%를 각각 적용함.

중소기업 특별세액감면의 규모, 업종 및 지역별 감면율 비교

규모구분	소기업	중기업
업종구분		
도소매업 의료업	지방 10% 수도권 10%	5% 해당없음
지식기반산업 및 기타업종	20% 30%❶	해당없음 15%❶

❶ 통관 대리 및 관련 서비스 업은 기타 업종 감면율의 절반인 15%, 10%, 7.5%를 각각 적용함.

감면사업장을 2 이상 영위하는 경우에는 사업장단위로 각각의 감면율을 적용한다. (서면2팀-1546, 2004.7.21.).

사업장단위 감면방식에 따라 적용하여야 하므로, 사업장이 이전한 경우의 감면율은 사업연도 종료일 현재 사업장 소재지를 기준으로 한다(서면2팀-2499, 2006.12.7.). 예를 들어 본점이 지방에 있고 제조업을 영위하는 소기업의 지방소재 공장만이 수도권으로 이전한다면, 공장의 감면소득에 대해서는 종전의 30% 감면율(다목)에서 20% 감면율(나목)로 변경되어, 이전일이 속하는 사업연도의 공장 감면소득 전체에 적용된다.

2-2 감면율의 특례

장수 성실중소기업에 대해서는 위의 기본 감면율을 10% 상향(1.1배)하여 적용한다(조특법 §7 ②).

2-3 감면한도

감면한도는 원칙적으로 1억원으로 하되, 해당 과세연도의 상시근로자 수가 직전 과세연도의 상시근로자 수보다 감소한 경우에는 1억원에서 감소한 상시근로자 1명당 5백만원씩

을 뺀 금액(해당 금액이 음수인 경우에는 영으로 함)을 한도로 한다(조특법 §7 ① 3호).

> 감면한도 = 1억원 − (전기 대비 감소된 상시근로자 수 × 5백만원)

감면금액에서 차감되는 것이 아니라 감면한도에서 차감됨에 유의하여야 한다.

상시근로자의 범위 및 상시근로자 수의 계산방법에 관하여는 고용창출투자세액공제 규정을 준용한다(조특령 §6 ⑦ → §23 ⑩~⑬). 제6부 제5절 통합고용세액공제 Ⅱ. 2. 및 3.을 참조하기로 한다.

중소기업 특별세액감면은 중소기업에 해당하면 고용 또는 투자와 관계없이 산출세액의 일정 비율을 일괄적으로 감면하는 제도이므로 2018년 개정세법에서 그 감면 혜택을 축소하기 위하여 감면한도를 신설하였다.

3 감면기간 (일반감면)

중소기업 특별세액감면제도는 일반감면제도로 감면기간이 한정되어 있지 않다.

원칙적으로 사업장단위 감면방식에 따르므로, 지식기반사업이 아닌 여타의 감면업종을 영위하는 지방소재 중기업이 수도권에 지점을 설치하여도 기업의 모든 사업장이 세액감면을 받지 못하는 것이 아니라 해당 수도권 사업장만 감면소득에서 제외된다. 반면에 본점이 수도권에 이전하는 경우에는 당해 중기업의 모든 사업장이 감면대상에서 제외된다.

Ⅳ. 조세특례제한 등

1 절차

세액감면신청서(별지 제2호 서식)를 납세지 관할세무서장에게 제출하여야 한다(조특령 §6 ⑧).

중소기업 특별세액감면은 감면요건을 충족하는 경우 당초 신청이 없어도 수정신고나 경정청구에 의하여 감면이 가능하며 감면의 종류를 변경하는 경정청구나 수정신고도 가능하다(서면법규과-72, 2014.1.27.).

예컨대, 법 제63조 수도권과밀억제권역 외 지역이전 중소기업에 대한 세액감면을 적용받은 법인이 감면요건 미비로 감면이 배제됨에 따라 중소기업 특별세액감면을 적용받고자 하는 경우, 경정결정 시 감면신청서를 제출하고 감면요건이 충족된다면 동 세액감면을 적용받을 수 있다(법인-3087, 2008.10.24.). 창업중소기업 세액감면 요건을 충족하지 못한 경우에도 동일하다(서면2팀-229, 2005.2.1.).

2 중복지원의 배제

다음의 중복지원 배제조항이 적용된다(조특법 §127 ④·⑤).
㉮ 감면규정과 세액공제규정의 중복지원 배제
㉯ 감면규정 간 중복지원 배제

종래 조특법 제30조의 4 중소기업 사회보험료 세액공제와 중소기업특별세액감면은 감면규정과 세액공제규정의 중복지원 배제 조항이 적용되었으나, 2018년 개정세법에서 중소기업 사회보험료 세액공제와 중복 적용을 허용하였다. 또한 조특법 제29조의 7 고용증대세제와도 중복적용이 가능하다.

제20부 제1절 중복지원의 배제 부분을 참조하기로 한다.

3 추계과세 시 등의 감면배제

다음의 세무상 의무위반 조항 해당 시 감면이 배제된다(조특법 §128 ②~④).
㉮ 결정 또는 기한 후 신고 시 감면배제
㉯ 경정 등의 부정과소신고금액에 대한 감면배제
㉰ 세법상 협력의무위반에 대한 감면배제

제20부 제2절 부분을 참조하기 바란다.

기타 조세특례제한 등

구 분	내 용	참조 부분
최저한세	적용대상(조특법 §132 ①·②)	제20부 제4절
농어촌특별세	비과세(농특법 §4 3호)	

제4절 [제7조의4] 상생결제 지급금액에 대한 세액공제

Ⅰ. 의의

중소기업 및 중견기업이 중소기업 및 중견기업에게 상생결제제도를 통해 구매대금을 지급하는 경우, 구매기업에게 지급기한에 따라 지급금액의 0.15% ~ 0.5%를 세액공제하는 제도이다. 다만, 해당 과세연도의 소득세 또는 법인세의 10%를 한도로 한다.

상생결제제도란 기존 현금결제 방식을 기반으로 공공기관 또는 대기업의 1차 협력사 또는 2차 이하 하위 단계 판매기업들이 대기업 등의 신용도로 현금을 융통하게 하며 판매대금을 조기에 현금화할 수 있는 결제시스템이다.[1] 동반성장론이라고도 한다.

일반 약속어음으로 결제하는 경우의 문제점인 중소 납품기업의 자금난 및 연쇄부도 등을 방지할 목적으로, 상생결제 지급금액에 대한 이자상당액의 지원을 제공한다.

2016년 개정세법에서 신설하였다. 2016.1.1. 이후 개시하는 과세연도에 지급하는 경우부터 적용한다(2015.12.15. 개정된 법 부칙 §4).

본 세액공제는 2013년 말 일몰기한이 도래하여 종료된 법 제7조의 2 기업의 어음제도 개선을 위한 세액공제와 그 취지를 같이 하며 또한 일부 조항을 인용한다. 이에 본 세액공제의 해석을 위해 어음제도 개선 세액공제의 종전 예규·판례를 인용하기로 하며 해당 사례는 (구법 §7의 2)로 별도 표시한다.

일몰기한은 2025.12.31.이다.

개정연혁

연 도	개정 내용
2016년	■ 상생결제 지급금액 세액공제 신설
2018년	■ 세액공제의 주체에 중견기업 추가
2022년	■ 현금성 결제 비율의 감소 시 제외 요건을 삭제하되 공제대상 금액에서 차감 ■ 세액공제율 상향 : 0.1% ~ 0.2% → 0.15% ~ 0.5%
2023년	■ 중견기업 범위 명확화

---

[1] 상생결제제도의 상세 내용은 상생결제시스템 홈페이지를 참조하기 바람(http://www.winwinpay.or.kr/)

Ⅱ. 요건

중소기업 및 중견기업이 중소기업 및 중견기업에게 세금계산서등 작성일로부터 60일 이내에 상생결제제도를 통하여 구매대금을 지급하여야 하며, 금융기관이 판매기업에게 상환청구권을 행사하는 약정이 없어야 한다. 또한, 어음결제 비율이 증가하지 않아야 한다.

1 주체

1-1 범위

판매기업과 구매기업이 모두 중소기업 또는 중견기업이어야 하며, 세액공제는 구매기업에게 허용한다. 상생결제제도의 최초 지급자는 대기업 등이지만 대기업은 제외된다.

2018년 개정세법에서 세액공제의 대상을 중견기업으로 확대하였다.

1-2 중견기업

중견기업이란 다음의 요건을 모두 갖춘 기업이다(조특령 §6의 4 ①).

(1) 중소기업이 아닐 것 (1호)

중견기업 성장촉진 및 경쟁력 강화에 관한 특별법(이하 "중견기업법")의 중견기업은 중소기업법에 따른 중소기업이 아닐 것을 요건으로 하나,(동법 §2 1호 가목) 조특법에서는 조특법에 따른 중소기업이 아닐 것을 요건으로 한다.

(2) 공공기관 제외 (1호의 2)

공공기관 또는 지방공기업(중견기업법 시행령 §2 ①항 1호 또는 2호)에 해당하는 기관이 아니어야 한다.

자산총액 10조원 이상인 지방자치단체(시)가 100% 출자한 지방공사는 독립성 요건을 갖추지 못한 것으로 본다(서면법인-5494, 2022.2.25.; 서면법령법인-2627, 2021.10.20.). 국가(기획재정부)가 30% 이상을 소유하고 최다출자자인 경우도 독립성 요건을 위반한 것으로 본다(서면법인-1809, 2021.11.10.).

2023년 세법개정에서 중견기업의 범위를 합리화하기 위하여 중견기업법에 따른 공공기관 또는 지방공기업을 중견기업에서 제외하여 명확화하였다.

- ● 정부가 100% 출연하여 설립된 공공기관이 중견기업에 해당하는지 여부

  귀 과세기준의 사실관계와 같이,「공공기관의 운영에 관한 법률」및「산업재해보상보험법」에 따라 정부가 100% 출연하여 투자나 출자를 받지 아니한 기관의 경우, 해당 공공기관은「조세특례제한법 시행령」(2021.2.17. 대통령령 제31444호로 개정되기 전의 것) 제4조 제1항 제3호에 따른 소유와 경영의 실질적인 독립성을 충족한 것으로 보는 것임(기준법무법인-0032, 2022.4.28.). 2023년 개정 전의 예규이다.

(2) 업종기준 (2호)

다음의 어느 하나에 해당하는 업종을 주된 사업으로 경영하지 않아야 한다. 이 경우 둘 이상의 서로 다른 사업을 경영하는 경우에는 사업별 사업수입금액이 큰 사업을 주된 사업으로 본다.

㉮ 소비성서비스업(조특령 §29 ③)
㉯ 금융업, 보험 및 연금업, 금융 및 보험 관련 서비스업(한국표준산업분류번호 64~66) [중견기업법 시행령 §2 ② 2호]

종래에는 중견기업 업종기준을 중소기업 업종기준의 열거된 업종을 준용하였으나, 2017년 개정세법에서 중소기업 업종기준이 네거티브 방식으로 변경됨에 따라 소비성 서비스업, 금융업 등을 제외한 모든 업종을 대상으로 하는 방식으로 변경하였다. 2017.1.1. 이후 개시하는 과세연도 분(투자, 고용 또는 연구·인력개발비의 경우에는 2017.1.1. 이후 개시하는 과세연도에 투자하거나 고용을 개시하거나 연구·인력개발비가 발생하는 분을 말한다)부터 적용한다(2017.2.7. 개정된 시행령 부칙 §3).

2019년 개정세법에서 중견기업에 대해서 수입금액이 큰 사업을 주된 사업으로 보는 종전 유권해석(사전법령법인-0021, 2018.2.19.)을 명문화하였다.

(3) 독립성기준 (3호)

소유와 경영의 실질적인 독립성이 다음의 요건(중견기업법 §2 ② 1호)에 해당하지 않아야 한다.

① 상호출자제한기업집단에 속하는 기업[독점규제 및 공정거래에 관한 법률(이하 "공정거래법") §31 ①]
② 자산총액이 10조원(구 공정거래법 시행령 §21 ②) 이상인 기업 또는 법인(외국법인 포함)이 해당 기업의 주식 또는 출자지분(이하 "주식등")의 30% 이상을 직·간접적으로 소유하면서 최다출자자인 기업. 이때 주식등에서 의결권이 없는 종류 주식(상법 §344의 3)은

제외한다.

소유와 경영의 실질적인 독립성 요건은 **해당 과세연도 종료일을 기준으로 판단한다**(사전법령법인-0066, 2019.2.28.). 외국법인에는 외국정부를 포함한다(서면법규법인-4819, 2022.5.26).

이 경우 최다출자자는 해당 기업의 주식등을 소유한 법인 또는 개인으로서 단독으로 또는 다음의 어느 하나에 해당하는 자와 합산하여 해당 기업의 주식등을 가장 많이 소유한 자로 하며, 주식등의 간접소유비율에 관하여는 「국제조세조정에 관한 법률 시행령」 제2조 제2항을 준용한다.

㉮ 주식등을 소유한 자가 법인인 경우 : 그 법인의 임원
㉯ 주식등을 소유한 자가 개인인 경우 : 그 개인의 친족

간접소유비율 계산 방법은 제1절 Ⅱ. 3-2 (3)을 참조하기로 한다.

(4) 매출액기준 (4호)

직전 3개 과세연도의 매출액의 평균금액이 3,000억원 미만인 기업이어야 한다. 위기지역, 상생형 지역일자리 및 규제자유특구의 중견기업의 매출액 기준도 동일하다(구 조특법 §5 ①).

매출액 계산방법은 '중소기업 규모기준 판정 시 매출액 산정방식' 규정을 준용하며, 과세연도가 1년 미만인 과세연도의 매출액은 1년으로 환산한다.

매출액은 기업회계기준에 따라 작성한 손익계산서(I/S)상의 매출액으로 하되, 창업·분할·합병의 경우에는 등기일의 다음 날(창업의 경우에는 창업일)이 속하는 과세연도의 매출액을 연간 매출액으로 환산한 금액을 매출액으로 한다(조특령 §2 ④ → 조특칙 §2 ④).

"직전 3개 과세연도의 매출액의 평균금액" 계산 시 합병 전 피합병법인의 매출액은 합산하지 않는다(사전법령법인-0579, 2020.10.19.). 상세 내용은 제1절 Ⅱ. 2-2를 참조하기 바란다.

- **분할신설법인은 승계한 사업부문을 기준으로 판정함**

  분할신설법인의 중견기업 판정에 있어서는, 분할 전 발생한 각 사업연도 매출액 중 승계한 사업부문에 상당하는 매출액을 기준으로 '직전 3개 과세연도 매출액의 평균금액'을 계산한다. 승계한 사업부문에 상당하는 매출액이 구분경리되지 않은 경우에는 각 사업연도 말 승계사업의 자산가액이 총자산가액에서 차지하는 비율로 각 사업연도의 매출액을 안분한다. 이때 관계기업에 속하는 법인이라 하더라도 중견기업 판단 시에는 다른 관계기업의 직전 3년 매출액을 합산하지 않는다(서면소득-957, 2015.9.30.; 서면법규-500, 2014.5.19.).

- **당초 신고한 손익계산서상의 매출액을 소급하여 변경 고시한 경우**

  내국법인이 중견기업으로서 연구·인력개발비에 대한 세액공제를 적용받을 수 있는지 여부를 판단할 때, 외부 회계감사 시 해당 내국법인이 당초 신고한 손익계산서상의 매출액에 오류가 있는 것으로 확인되어 기업회계기준에 따라 올바르게 작성한 손익계산서상의 매출액으로 소급하

여 변경 고시한 경우에는 변경 공시한 매출액을 기준으로 직전 3개 과세연도의 매출액의 평균금액이 5천억원 미만인지 여부를 판단한다(사전법령법인 2020-816, 2020.12.21.). 감사인의 의견에 따라 회계처리를 변경하여 매출액이 변경된 경우 변경 후 매출액이 기업회계기준에 따라 작성된 매출액이고, 변경 전 매출액은 기업회계기준에 따라 작성된 매출액이 아닌 것으로 보기 때문임.

2 상생결제제도를 통한 구매대금 지급

2-1 구매대금

구매대금이란 구매기업이 그 기업의 사업 목적에 맞는 경상적 영업활동과 관련하여 판매기업으로부터 재화를 공급받거나 용역을 제공받고 그 대가로 지급하는 금액을 말한다(조특법 §7의 2 ③ 1호).

구매대금은 기업의 모든 구매대금을 포함하는 것이 아니라, 경상적 영업활동과 관련된 구매대금만을 포함한다. 실질상 경상적 영업활동과 관련된다면 기업회계기준상의 자산 또는 매출원가, 일반관리비, 영업외비용 등 계상되는 계정과목과는 관련 없이 인정된다. 업무용 건축물의 신증축대가를 포함하나, 토지 및 기완공된 건물은 제외된다[법인 46012-45, 2003.1.18(구법 §7의 2)].

2-2 상생결제제도

상생결제제도란 다음의 요건을 모두 충족하는 결제방법을 말한다(조특령 §6의 4 ② 1호·2호).

① 판매기업이 구매기업으로부터 판매대금으로 받은 외상매출채권(債券)을 담보로 다른 판매기업에 새로운 외상매출채권을 발행하여 구매대금을 지급할 것
아래 그림에서 1차 거래처가 대기업에 대한 외상매출채권을 담보로 2차 거래처에 새로운 상생매출채권을 발행해 지급하는 방법을 말한다.

② 여러 단계의 하위 판매기업들이 구매기업이 발행한 외상매출채권과 동일한 금리조건의 외상매출채권으로 판매대금을 지급할 것
아래 그림에서 2차 거래처는 3차 이하 거래처에게 같은 금리조건으로 동일한 방식에 따라 판매대금을 지급하여야 한다. 종래 1차 협력기업만 외상매출채권의 혜택을 받을 수 있었으나, 2차 이후 협력기업도 가능하게 한 제도이다.

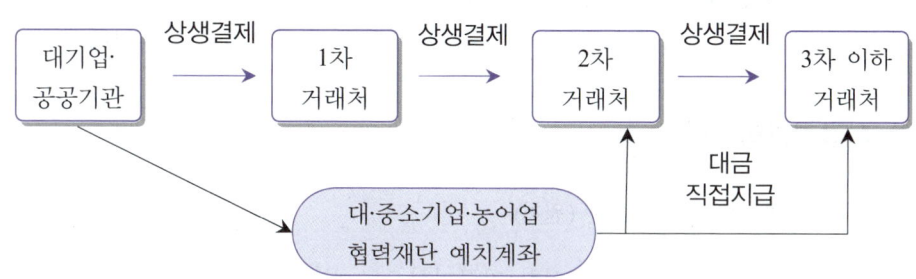

상생결제시스템은 1차 거래처가 최상위 구매기업(대기업 등)으로부터 받은 납품대금을 상생계좌에 별도 보관하여 2차 거래처 이하에게 직접 지급하는 구조이다. 납품기업에 대한 상환청구권이 없고 2·3차 거래처도 최상위 구매기업의 신용도로 할인이 가능하다.

「대·중소기업 상생협력 촉진에 관한 법률」(이하 "상생협력법")의 2018년 개정으로 상생결제로 대금을 납품받은 1차 기업은, 총 지급받은 납품대금 중 상생결제가 차지하는 비율 이상으로 하위 수탁기업에게 현금결제 또는 상생결제 방식으로 납품대금을 지급하여야 한다(상생협력법 §22 ⑤). 2018.9.21. 이후 최초로 체결하는 물품등의 제조 위탁에 관한 계약부터 적용한다(2018.3.20. 개정된 상생협력법 부칙 §2).

예를 들어, 1차기업이 복수의 구매기업으로부터 받은 총 납품대금 100억원 중 상생결제로 40억원(40%)을 수령한 후, 2차기업에 50억원을 지급할 때에는 20억원(= 50억원 × 40%) 이상을 현금 또는 상생결제로 지급하여야 한다.

판매기업이 예치한 자금을 담보로 하는 현금예치기반 상생결제가, 구매기업으로부터 판매대금으로 받은 외상매출채권을 담보로 해야 한다는 공제요건을 충족한다(재조특-79, 2024.1.29.). 현금예치기반 상생결제란 판매기업이 최상위 구매기업의 신용을 사용하지 않고 자신의 자금을 「대·중소기업 상생협력 촉진에 관한 법률 시행령」 제1조의2에 따라 협력재단의 명의로 협약금융기관에 개설·운용하는 별도의 보관계좌에 입금하고 해당 금액으로 하위 판매기업에 구매대금을 지급하는 결제방법을 말한다.

2-3 지급기한

(1) 세금계산서등 작성일로부터 60일 이내

외상매출채권의 지급기한이 세금계산서·계산서 및 영수증(이하 "세금계산서등"; 법 §7의 2 ① 2호)의 작성일부터 60일[2] 이내이어야 한다(조특령 §6의 4 ② 3호). 지급기한을 초과하는 경우에는 세액공제를 적용받을 수 없다.

재화나 용역의 공급시기를 기준으로 60일의 지급기한을 제한하는 것이 아니라, 세금계산서등 작성일을 공급일로 의제하여 외부에서 판별하기 용이하도록 하였다.

(2) 지급기한의 계산

(2-1) 약정에 의한 지급기한 (원칙)

원칙적으로 지급기한은 약정에 의한 지급기한으로 한다. 당초 구매대금 지급기한 약정이 법에서 정하는 기한을 초과하는 경우에는 비록 법에서 정한 기한 내에 대금 지급이 실제로 이루어진 경우에도 세액공제를 적용하지 않는다(조특통 7의 2-0…1 ①의 유추적용)[3][서면2팀-1179, 2005.7.21.; 서이 46012-11235, 2003.6.30.(구법 §7의 2)].

(2-2) 월합 세금계산서의 특례

예외적으로 부가가치세법상 합계(월합)세금계산서의 특례에 따라 1역월(曆月)의 공급가액을 합계하여 해당 월의 말일 자를 발행일자로 하여 세금계산서를 교부하면서(부법 §34 ③ 1호) 지급기한을 발행일 이전으로 약정한 경우, 세금계산서의 발행일 이전에 결제하는 금액도 세액공제대상에 해당한다(조특통 7의 2-0…1 ②의 유추적용). 구매대금이 조기 결제되는 경우 세금계산서의 작성일 이전이라도 세액공제할 필요성이 있기 때문이다.

1역월 이내에서 사업자가 임의로 정한 기간의 공급가액을 합계하여 그 기간의 종료일을 발행일자로 세금계산서등을 발급하면서(부법 §34 ③ 2호) 지급기한 등을 발행일 이전으로 약정한 경우, 그 발행일 이전에 결제하는 금액도 세액공제대상에 해당한다고 판단된다. 기본통칙에서는 부가가치세법상 1역월의 공급가액을 합계하여 당해 월의 말일 자를 발행일자로 세금계산서등을 교부한 경우만 규정하고 있으나, 부가가치세법 제34조 제3항 제2호의 경우에도 유추적용하여야 할 것으로 본다. 양자는 공급가액의 합계기간만 다를 뿐 제도의 취지는 같기 때문이다.

(2-3) 일수 계산

일수 계산은 민법의 기간 계산 규정에 따르므로,(서면2팀-1520, 2005.9.23.) 초일불산입, 말

---

2) 「하도급거래 공정화에 관한 법률」제13조 제1항에서는 하도급 대금을 원칙적으로 60일 이내 지급하도록 하고 있는데, 이와 동일한 조건을 부과하고 있다.
3) Ⅰ. 의의에서 밝힌 바와 같이 본 세액공제와 구 어음제도개선 세액공제는 그 취지가 유사하며 해당 조항의 일부를 인용하므로 관련 기본통칙을 적극 유추적용하여 본 세액공제 제도를 해석함.

일산입 원칙에 따라 기간을 계산한다(국기법 §4 → 민법 §157·§159). 구매대금의 지급기한 등이 공휴일, 금융기관의 휴무토요일 또는 근로자의 날에 해당하는 경우, 그 다음 영업개시일을 그 기한이 되는 날로 본다(조특통 7의 2-0…1 ③의 유추적용).

(3) 상환청구권 행사 불가 약정

금융기관이 판매기업에 대하여 상환청구권을 행사할 수 없는 것으로 약정되어야 한다(조특령 §6의 4 ② 4호). 상환청구권이란 그 지급의무 있는 자(예, 구매기업)가 부도 등의 이유로 지급불능 사유가 발생하였을 때, 그 거래관계의 다른 당사자에게 상환을 청구할 수 있는 권리이다.

상환청구권의 행사가 금지되는 당사자는 신용 공여자인 금융기관과 '판매기업'이며, 금융기관의 '구매기업'에 대한 상환청구권 여부는 세액공제의 요건과는 관련이 없다.

3 어음결제 비율이 증가하지 않을 것

해당 과세연도에 지급한 구매대금 중 약속어음으로 결제한 금액이 차지하는 비율이 직전 과세연도보다 증가하지 않아야 한다.

Ⅲ. 세액공제

상생결제제도를 통한 지급금액에 대하여 결제기한별로 설정된 공제율에 따른 금액을 세액공제한다.

1 지급금액의 산정 (현금성결제금액 감소분 차감)

지급금액(취득가액)은 법인세법 시행령 제72조에 따라 계산한다. 법인세법상 취득가액의 해설은 제5부 제1절 Ⅲ. 1.을 참조하기 바란다.

이때 지급금액에서 현금성결제금액 감소분을 차감한다(차감한 금액이 0보다 작은 경우에는

0으로 함) 현금성결제금액 감소분이란 직전 과세연도에 지급한 현금성결제금액이 해당 과세연도의 현금성결제금액을 초과하는 경우 그 초과하는 금액을 말한다(조특법 §7의 4 ②).

> 현금성결제금액 감소분 = 전기 현금성결제금액 - 당기 현금성결제금액

본 특례는 어음 결제분 등을 상생결제제도로 변경하는데 대한 세액공제이므로 현금성결제금액이 상생결제제도로 대체되는 것에 대해서는 특례를 허용하지 않기 위함이다.

현금성결제금액이란 환어음 및 판매대금추심의뢰서, 기업구매전용카드, 구매 론(loan), 외상매출채권 담보대출 및 네트워크 론 지급금액을 말한다. 다만 환어음 및 판매대금추심의뢰서로 결제한 금액은 다음의 요건을 갖추어야 한다(조특령 §6의 4 ③ → 조특법 §7의 2 ①).

① 대금결제기한이 세금계산서등의 작성일부터 60일 이내일 것
② 금융기관이 판매기업에 대하여 상환청구권을 행사할 수 없는 것으로 약정될 것

기업구매전용카드 지급금액 등 다른 현금성결제 금액은 해당 각 호에서 위의 요건을 규정하였으므로 결국 현금성결제 금액 전부는 위의 요건을 갖추어야 한다.

2022년 세법개정에서 중소·중견기업 간 상생결제에 대한 세액공제 요건 중 종전 현금성 결제 비율의 감소 시 제외 요건을 삭제하되 '어음으로 결제한 비율이 전년도보다 증가하지 아니한 경우'로 단순화하였다. 어음결제는 유지한 채 현금성 결제를 상생결제로 대체하여 세제혜택을 받는 경우를 방지하기 위해 현금성결제금액을 공제 대상금액에서 차감한다. 또한, 상생결제 지급금액에 대한 공제율을 0.1%부터 0.2%까지에서 0.15%부터 0.5%까지로 상향한다. 2022.1.1. 전에 개시한 과세연도의 상생결제 지급금액에 대한 세액공제에 관하여는 개정규정에도 불구하고 종전의 규정에 따른다(2021.12.28. 개정된 법률 부칙 §25).

실무 상담 사례

Q 현금성결제금액에 현금으로 지급한 금액이 포함되나요?

A 현금 지급액은 현금성결제 금액에 포함되지 않을 것으로 판단됩니다. 법문의 규정상 현금성결제 금액에 현금 지급액이 열거되지 않았으며, 본 제도는 어음 결제분을 상생결제제도로 전환하기 위한 취지이기 때문입니다.

주요 이슈와 쟁점

10. 상생결제 지급금액 세액공제의 대상 금액에 부가가치세 매입세액이 포함되는지 여부

[법령]
• 조세특례제한법 기본통칙 7의 2-0…2 【구매대금의 범위】

> 법 제7조의 2의 규정을 적용함에 있어, 부가가치세 과세대상인 재화 또는 용역에 대한 구매대금에 대하여는 부가가치세가 포함된 금액을 그 대가로 본다.
>
> **│저자주│** 법 제7조의 2 어음제도개선 세액공제에서는 부가가치세 매입세액을 지급금액에 포함하여 공제대상으로 하였다. 이는 과거 유권해석에서도 인정되어 왔으며,(서면2팀 - 1078, 2004.5.24.; 서면2팀 - 1351, 2005.8.22.) 2011.2.1. 기본통칙으로 규정하였다.
> 부가가치세 매출세액에서 공제되는 부가가치세 매입세액은 부대비용이 될 수 없으므로, 일반적인 투자세액공제 시에는 세액공제의 대상이 될 수 없는 것이 원칙이다. 그러나 어음제도개선 세액공제 제도에서는 특별히 매입세액에 대해서도 공제하였다. 만약 공급가액에만 동 세액공제를 적용한다면 부가가치세 상당금액을 지연 지급하게 되어, 이는 판매 중소기업의 부담이 된다. 신속한 대금결제를 촉진시키기 위하여 부가가치세 상당액을 포함하여 해석하였다.
> 2016년 신설된 상생결제 지급금액 세액공제에서도 동 기본통칙을 유추적용할 수 있는지 여부가 쟁점이다.
> 저자는 기본통칙 7의 2-0...1【구매대금의 지급기한 요건】을 본 세액공제에도 적극 유추적용하였으나, 동 통칙은 특례를 적용하기 위한 기술적인 사항에 해당한다. 그러나 기본통칙 7의 2-0...2는 공제대상 금액을 결정하는 중요 특례 요건이므로 과세관청의 유권해석 없이 유추적용하기에는 세무상 위험이 있다고 본다. 부가가치세 매입세액을 공제대상 금액에 포함하는 것은 매우 예외적이기 때문이다.
> 최근 과세관청의 유권해석에서는 구매대금에 부가가치세를 포함하는 것으로 해석하였다(서면법인-6711, 2021.12.9.) 어음제도개선 세액공제와 상생결제 지급금액 세액공제는 신속한 대금결제라는 취지를 같이 한다는 점에서 타당한 해석이라고 본다.

2 공제세액

2-1 산식

상생결제제도를 통한 지급금액 중 지급기한이 세금계산서등의 작성일부터 15일 이내인 금액에 대해서는 0.5%, 15일 초과 30일 이내인 금액에 대해서는 0.3%, 30일 초과 60일 이내인 금액에 대해서는 0.15%의 공제율을 적용하여 세액공제한다(조특법 §7의 4 ②).

$$\text{공제세액} = (\text{15일 이내 지급금액} \times 0.5\%) + (\text{16~30일 지급금액} \times 0.3\%) + (\text{31~60일 지급금액} \times 0.15\%)$$

지급금액에서 현금성결제금액 감소분을 차감한다. 상세 내용은 1.을 참조하기로 한다.

2-2 세액공제의 한도

다만 공제세액의 합계액이 해당 과세연도의 소득세 또는 법인세의 10%를 초과하는 경우에는 10%를 한도로 한다(조특법 §7의 4 ① 단서). 본 세액공제 제도의 취지가 상생결제제도로 전환한 구매대금 지급에 대한 이자상당액의 지원이므로 한도를 둔 것이다. 현행 조특법상 대부분의 투자세액공제에 대해 한도 규정이 없는 것과 대비된다.

하지만 결손법인의 경우에는 한도를 산정할 기준 금액이 없으므로 대상 공제세액이 전액 한도 초과금액으로 공제되지 않으며, 또한 한도 초과금액은 이월되지 않는다[서면2팀-1528, 2004.7.20.(구법 §7의 2)].

법 제144조 세액공제의 이월공제 제도는 납부할 세액이 없거나 최저한세액에 미달하여 공제받지 못하는 공제세액을 차년도 이후의 법인세 또는 소득세에서 공제하는 제도이므로, 세액공제 제도 자체에 한도가 있어 공제받지 못하는 경우에는 납부할 세액이나 최저한세와 무관하여 세액공제의 이월공제 제도가 본 한도 초과금액에 적용되지 않기 때문이다. 즉, 결손에 따른 이월공제보다는 세액공제의 한도 규정이 먼저 적용된다는 논리이다.

참고적으로 법 제26조 고용창출 투자세액공제에서는 공제한도를 초과한 금액에 대한 이월공제를 허용하고 있지만,(조특법 §144 ③) 공제한도 초과 금액에 대한 이월공제 여부는 입법 재량에 속하는 사항으로 본다.

Ⅳ. 조세특례제한 등

조세특례제한 등

구 분	내 용	참조 부분
신고 서식	세액공제신청서(별지 제1호 서식)	
추계과세 시 등의 배제	추계과세 시 세액공제 배제(조특법 §128 ①)	제20부 제2절
최저한세	적용대상(조특법 §132 ①·②)	제20부 제4절
세액공제액의 이월공제	허용(조특법 §144 ①·②)	제21부 제2절
농어촌특별세	과세(농특법 §5 ① 1호)	

제5절 [제8조의 3] 상생협력을 위한 기금 출연 등에 대한 세액공제 ★★☆

I. 의의

내국법인이 대·중소기업 상생협력 또는 농어촌 상생협력 등을 위하여 보증 또는 대출지원을 목적으로 신용보증기금·기술보증기금, 대·중소기업·농어업협력재단, 중소기업 사내근로복지기금·중소기업 공동근로복지기금 및 공동사업지원자금에 출연하는 경우, 해당 출연금의 10%를 당해 사업연도의 법인세에서 세액공제하는 제도이다.

두 번째로, 창업보육센터 등과 연계하여 지원하는 창업기업에 연구시험용 고정자산을 5년 이상 무상 임대하는 경우, 그 장부가액의 3%를 세액공제한다. 출연금 세액공제와 무상 임대 세액공제 모두 특수관계인은 제외한다.

세 번째로, 수탁기업에 설치(무상임대 제외)하는 검사대 또는 연구시설에 대해 중소기업은 7%, 중견기업은 3%, 대기업은 1%의 공제율을 적용하여 세액공제한다.

마지막으로, 내국법인이 반도체 관련 연구·교육에 직접 사용하기 위한 연구시험용 시설·장비를 대학 및 교육기관에 무상으로 기증하는 경우, 기증한 자산 시가의 10%를 세액공제한다.

「대·중소기업 상생협력 촉진에 관한 법률」(이하 "상생협력법")은 2006년 제정 당시에는 자동차, 전자, 철강 등 대기업에 납품하는 협력업체의 해외진출 등 경쟁력 강화를 지원하기 위한 목적이었으나, 최근에 중소 유통상인의 보호 목적을 추가하였다.

「자유무역협정 체결에 따른 농어업인 등의 지원에 관한 특별법」(이하 "FTA 농어업법")은 FTA 이행에 따라 피해를 입거나 입을 우려가 있는 농어업인 등에 대한 효과적인 지원 대책을 마련하기 위해 2011년 제정되었다.

출연금 세액공제는 2011년 도입된 제도이며, 무상 임대 세액공제는 2017년 신설된 특례이다. 수탁기업체 설치 검사대 등 세액공제는 2019년에 안전설비투자세액공제 규정에서 본 세액공제 규정으로 이관되었으며, 반도체 시설장비 세액공제는 2023년 신설되었다.

일몰기한은 2025.12.31.이다.

구분	연 도	개정 내용
출연금 세액공제	2020년	■ 공제 대상 확대 : 중소기업 사내근로복지기금·중소기업 공동 근로복지기금
	2022년	■ 공제 대상 확대 : 중소기업협동조합법의 공동사업지원자금
검사대등 세액공제	2019년	■ 수탁기업체 설치 검사대 등 세액공제의 이관
반도체시설세액공제	2023년	■ 반도체 중고자산 기증 세액공제 신설

본 과세특례는 출연금 세액공제와 무상 임대 세액공제, 수탁기업체 설치 검사대 및 반도체 연구시험용 시설장비 세액공제로 구분되며, 그 요건과 특례의 내용을 달리하므로 별도의 차례로 살펴보기로 한다.

Ⅱ. 상생협력 출연금 세액공제

상생협력법에 따라 내국법인이 상생협력[1]을 위한 보증 또는 대출지원을 목적으로 신용보증기금 또는 기술보증기금에 출연하거나, 대·중소기업·농어업협력재단(농어촌상생협력기금 포함), 중소기업 사내근로복지기금·중소기업 공동근로복지기금 및 공동사업지원자금에 출연하여야 한다(조특법 §8의 3 ①).

1 주체

주체는 내국법인으로 대기업과 중소기업을 포함하나, 법 제도의 취지상 일반적으로 대기업이 해당된다.

---

[1] "상생협력"이란 대기업과 중소기업 간, 중소기업 상호 간 또는 위탁기업과 수탁기업 간에 기술, 인력, 자금, 구매, 판로 등의 부문에서 서로 이익을 증진하기 위하여 하는 공동의 활동을 말한다(상생협력법 §2 3호)

1-1 금융기관의 제외

본 특례는 대기업과 중소기업의 협력을 세제지원하기 위함이므로 **금융기관은 제외**된다. 상생협력을 위하여 은행과 대기업이 연계한 후 그 대기업이 추천하는 중소기업에 대한 보증 및 대출을 지원하기 위하여 은행이 신용보증기관의 상생보증펀드 및 동반성장기금에 지출한 출연금과 중소기업의 유동성을 지원하기 위하여 신용보증기관과의 "특별출연 협약보증"에 따라 그 신용보증기관에 지출한 출연금에 대하여는 본 세액공제를 적용받을 수 없다(법인-70, 2013.2.5.).

1-2 특수관계인의 제외

대상 출연금이 특수관계인을 지원하기 위해 사용된 경우에는 세액공제대상에서 제외한다(조특법 §8의 3 ① 단서). 특수관계인은 법인세법상 특수관계인을 말한다(조특령 §7의 2 ① → 법령 §2 ⑤).

출연법인이 해당 중소기업의 주식을 보유(소액주주 제외)하거나, 임원의 임면권 행사, 사업방침의 결정 등 당해 법인의 경영에 대하여 사실상 영향력을 행사하는 경우에는 특수관계인에 해당한다. 법인세법상 특수관계인은 제3부 제1장 제4절 Ⅱ. 1-1을 참고하기 바란다.

2 출연금

2-1 신용보증기금 등 출연금 (1호)

협력중소기업에 대한 보증 또는 대출지원을 목적으로 신용보증기금 또는 기술보증기금(이하 "보증기관")에 출연하는 경우이다(조특법 §8의 3 ① 1호). 상생협력법에 따라 협력중소기업에 대한 유동성 지원을 위해 보증기관에 조성된 기금을 상생보증펀드라고 한다.

상생보증펀드의 구조

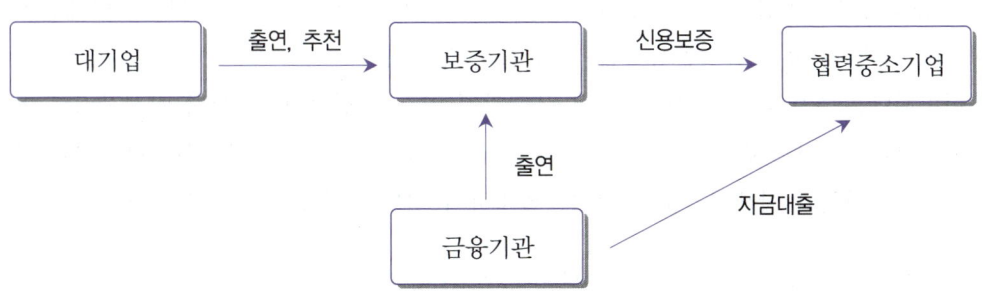

대기업 및 은행 등이 보증기관에 출연하고, 대기업이 보증기관에 협력중소기업을 추천하면 보증기관은 지원액을 할당하여 협력중소기업이 금융기관으로부터 대출을 받는데 대하여 보증을 제공하는 구조이다.

해당 출연금은 다른 기금과 구분경리하면서 해당 지원목적으로만 사용하여야 하며, 또한 협력중소기업이 발행한 회사채를 기초자산으로 하여 유동화회사가 발행한 유동화증권에 대한 보증은 동법에서 정한 "중소기업에 대한 보증"에 해당하지 않는다(법인세과-30, 2012.1.11.).

협력중소기업이란 다음의 중소기업을 말한다(조특령 §7의 2 ②).

① 수탁기업

수탁기업이란 수탁·위탁거래에서 위탁을 받은 자로, 수탁·위탁거래란 제조, 공사, 가공, 수리, 판매, 용역을 업(業)으로 하는 자가 물품, 부품, 반제품 및 원료 등의 제조, 공사, 가공, 수리, 용역 또는 기술개발을 다른 중소기업에 위탁하고, 제조를 위탁받은 중소기업이 전문적으로 물품 등을 제조하는 거래이다(상생협력법 §2 4호·6호).

② 수탁기업의 납품업체

수탁기업의 납품업체란 수탁기업과 직·간접적으로 물품을 납품하는 계약관계가 있는 중소기업이다. 수탁기업이 대기업의 1차 협력기업이라면 동 납품업체는 2차, 3차 이후의 협력기업을 말한다.

③ 기술창업 활성화 전담기관이 지원하는 창업기업

기술창업 활성화 등 업무를 종합적으로 지원하기 위하여 중앙행정기관의 장(長)이 각 지역별로 지정하는 전담기관(과학기술기본법 §16의 4 ③)과 연계하여 지원하는 창업기업이다.

④ 출연법인 인정 중소기업

출연법인(대기업)이 협력이 필요하다고 인정한 중소기업도 협력중소기업에 포함된다.

2-2 협력재단 출연금 (2호)

대·중소기업·농어업 협력재단(이하 "협력재단")[2]에 출연하는 경우이다. 협력재단에는 FTA농어업법에 따른 농어촌상생협력기금을 포함한다.

협력재단은 개별 대기업별로 기금을 운영하고 있으며, 실무상으로는 동반성장펀드 또는 동반성장기금이라고 한다. 농어촌상생협력기금은 대·중소기업·농어업 협력재단 내에 상생기금운영위원회와 상생기금운영본부를 설치하여 별도 회계로 관리·운용한다.[3]

---

2) 협력재단의 법적 성격은 민법상의 재단법인이다(상생협력법 §20 ③)

내국법인이 상생협력을 위해 대·중소기업·농어업협력재단에 출연하는 경우 (해당 출연금이 법인세법상 특수관계인을 지원하기 위해 사용되는 경우를 제외함) 본 세액공제를 적용받을 수 있으며, 또한 동 출연금은 투자·상생협력 촉진을 위한 과세특례의 출연금(조특령 §100의32 ⑭ 1호)에 동시에 해당한다(서면법인-2038, 2019.9.17.).

● **협력과제 이행계약에 따른 판매장려금을 지급하기 위해 기금을 출연한 경우** (제외)

내국법인이 해당 법인의 상품을 판매하는 제휴업체들과 목표 매출구간별로 일정한 판매장려금을 지급하는 협력이익공유 과제(이하 "협력과제") 이행계약을 체결한 후 해당 협력과제의 목표를 이행한 제휴업체들에게 해당 판매장려금을 「대·중소기업 상생협력 촉진에 관한 법률」에 따른 대·중소기업·농어업협력재단을 통하여 지급하기 위하여 기금을 출연하는 경우 해당 출연은 「조세특례제한법」 제8조의3제1항제2호에 따른 출연에 해당하지 않는 것임(사전법령법인-1047, 2021.9.8.).

2-3 중소기업 사내근로복지기금·중소기업 공동근로복지기금 (3호)

상생협력법 제2조 제1호에 따른 중소기업(이하 "상생중소기업")이 설립한 사내근로복지기금(근로복지기본법 §50)에 출연하거나 상생중소기업 간에 공동으로 설립한 공동근로복지기금(동법 §86의 2)에 출연하는 경우이다. 다만 해당 내국법인이 설립한 사내근로복지기금 또는 해당 내국법인이 공동으로 설립한 공동근로복지기금에 출연하는 경우는 제외한다.

상생중소기업은 중소기업기본법 제2조에 따른 중소기업을 말한다.

해당 내국법인 자신이 설립한 사내근로복지기금 등에의 출연분은 공제 대상에서 제외하며, 다른 중소기업이 설립한 사내근로복지기금 등에의 출연분을 공제 대상으로 한다.

종래에는 협력재단 출연금의 목적이 시행령 별표 1에 규정되었으나, 기금 사용에 대한 자율성을 증대하기 위하여 2017년 개정세법에서 협력재단 출연의 목적에 대한 제한요건을 삭제하였다. 또한 FTA 피해 보호를 위하여 농어촌상생협력기금을 특례 출연금에 추가하였다. 2017.1.1. 이후 최초로 출연하는 분부터 적용한다. 개정규정에도 불구하고 2017.1.1. 전에 출연한 분에 대해서는 종전의 규정에 따른다(2016.12.20. 개정된 법 부칙 §4 ①·§38).

2020년 개정세법에서 대·중소기업 상생협력을 위한 기금 등의 출연금 세액공제 대상에 중소기업 사내근로복지기금·중소기업 공동근로복지기금에 대한 출연금을 추가하였다. 개정규정은 2020.1.1. 이후 출연하는 분부터 적용한다(2019.12.31. 개정된 법률 부칙§5).

---

3) 농어촌상생협력기금은 정부 외의 자의 출연금 등으로 조성하며 조성액 목표는 매년 1천억원으로 한다(FTA 농어업법 §18 ②~④)

2-4 공동사업지원자금 (4호)

중소기업협동조합법에 따른 공동사업지원자금에 출연하는 경우이다.

중소기업협동조합 중앙회는 회원의 공동사업을 지원하기 위하여 ㉮ 회원의 출자금 또는 출연금, ㉯ 기업의 출연금, ㉰ 금융기관의 출연금 또는 차입금 및 ㉱ 그 밖에 정관으로 정하는 수익금을 재원으로 공동사업지원자금을 설치할 수 있다(동법 §106 ⑧).

2022 세법개정에서 중소기업간 협업 확대 및 대·중소기업간 상생협력 촉진 강화를 목적으로 중소기업중앙회가 운용하는 공동사업지원자금의 재원 마련을 위하여 이에 출연하는 경우 출연금의 10%를 세액공제하도록 한다. 개정규정은 2022.1.1. 이후 최초로 출연하는 분부터 적용한다 (2021.12.28. 개정된 법률 부칙 §3).

3 대상 출연방식

금전에 의한 출연이어야 하며, 인건비·감가상각비 등의 비용은 해당하지 아니한다. 또한 대상 출연금이 지정기부금으로 손금산입되어도 이와는 관계없이 세액공제가 가능하다(법인세과-888, 2011.11.9.). 지정기부금제도와 동 세액공제 제도는 취지를 달리하기 때문이다.

4 공제세액

대상 출연금의 10%를 공제한다.

$$공제세액 = 출연금 \times 10\%$$

출연금의 공제시기는 펀드(기금)의 집행 여부와는 관계 없이 출연법인이 출연한 날이 속하는 사업연도로 한다(법인세과-888, 2011.11.9.).

2017년 개정세법에서 공제율을 7%에서 10%로 상향하였다. 관련 부칙은 전술한 기금사용목적 삭제의 개정과 동일하다(2-2 참조).

5 절차 및 사후관리

출연법인은 세액공제신청서(별지 제1호 서식)를 납세지 관할세무서장에게 제출하여야 한다(조특령 §7의 2 ④).

신용보증기금, 기술보증기금 및 협력재단은 세액공제를 적용받은 해당 출연금을 회계처리할 때에는 다른 자금과 구분경리하여야 하며, 해당 사업연도의 과세표준신고를 할 때 출연금사용명세서(별지 제1호의 3 서식)를 납세지 관할세무서장에게 제출하여야 한다(조특법 §8의 3 ⑤, 조특령 §7의 2 ⑤).

신용보증기금 또는 기술보증기금은 대상 출연금을 지원목적 외의 용도로 사용한 경우에는 해당 사업연도의 과세표준신고를 할 때 출연법인이 공제받은 세액상당액을 법인세로 납부하여야 한다(조특법 §8의 3 ⑥).

대상 출연금의 관리주체는 보증기관이므로 지정 목적 외의 출연금 사용 시에는 출연법인이 아닌 보증기관에게 세액추징하도록 하였다.

Ⅲ. 연구·시험용 자산의 무상 임대 세액공제

2017년 개정세법에서 창업보육센터 등과 연계하여 협력중소기업에 연구개발을 위한 연구·시험용 자산을 무상 임대하는 경우, 세액공제하는 특례를 신설하였다. 2017. 1.1. 이후 최초로 무상 임대를 개시하는 유형고정자산부터 적용한다(2016.12.20. 개정된 법 부칙 §4 ②).

1 주체

주체는 내국법인으로 법인세법상 특수관계인을 제외하는 것은 출연금 세액공제와 동일하다(조특령 §7의 2 ① → 법령 §2 ⑤).

2 무상 임대

2-1 임대 요건 (5년)

다음의 기관 등(이하 "창업보육센터등")과 연계하여 지원하는 창업기업에 무상으로 5년 이상 계속 임대하여야 한다(조특령 §7의 2 ⑦).
① 기술창업 활성화 등 업무를 종합적으로 지원하기 위하여 중앙행정기관의 장(長)이 각 지역별로 지정하는 전담기관(과학기술기본법 §16의 4 ③)
② 창업보육센터(중소기업창업지원법 §2 7호)

2-2 유형고정자산 (연구·시험용 자산)

유형고정자산이란 연구개발을 위한 연구·시험용 자산으로서 공구 또는 사무기기 및 통신기기, 시계·시험기기 및 계측기기, 광학기기 및 사진제작기기를 말한다(조특칙 §5의 2 → §13의 10 ① 1호).

3 세액공제

유형고정자산 장부가액의 3%를 무상임대를 개시하는 날이 속하는 사업연도의 법인세에서 세액공제한다. 장래 5년 임대를 예정하여 무상임대 개시일에 공제대상 세액 전액을 공제하는 방식이므로 사후관리를 필요로 한다.

> 공제세액 = 유형고정자산 장부가액 × 3%

4 절차 및 사후관리

자산을 무상임대받은 창업기업과 연계한 창업보육센터등은 무상임대가 개시되는 즉시 무상임대확인서(별지 제1호의 4 서식; 이하 "확인서")를 해당 내국법인에게 발급하여야 한다. 세액공제를 적용받으려는 내국법인은 과세표준신고를 할 때 확인서를 세액공제신청서(별지 제1호 서식)와 함께 납세지 관할 세무서장에게 제출하여야 한다(조특령 §7의 2 ⑧, ⑨).

창업보육센터등은 확인서 발급일 이후 매년 무상임대 여부를 확인하여야 하며, 5년 이상의 기간 동안 무상임대가 이루어지지 아니한 사실을 확인한 경우에는 지체 없이 그 사실을 납세지 관할 세무서장에게 알려야 한다(조특령 §7의 2 ⑩).

내국법인이 무상임대 개시일 이후 5년 이내에 해당 유형고정자산의 무상임대를 종료하는 경우에는 해당 사업연도의 과세표준신고를 할 때 내국법인이 공제받은 세액상당액을 법인세로 납부하여야 하다(조특법 §8의 3 ⑦).

Ⅳ. 수탁기업체 설치 검사대 등 세액공제

종래 수탁기업에 설치하는 검사대 또는 연구시설은 안전설비투자세액공제 규정에서 세액공제의 대상으로 하였으나,(구 조특법 §25 ① 4호) 2019년 개정세법에서 상생협력을 위한 기금 출연 등에 대한 세액공제 규정으로 이관하였다.

 요건

(가) 주체

세액공제의 주체는 내국인으로 한다.

(나) 공제대상 자산

내국인이 수탁·위탁거래의 상대방인 수탁기업에 설치(무상임대 제외)하는 검사대 또는 연구시설을 공제대상으로 한다(조특법 §8의 3 ③, 조특령 §7의 2 ⑪).

(다) 공제대상 투자

제5부 제1절 투자세액공제 일반론 Ⅱ. 3. 참조

2 세액공제

(가) 투자금액의 산정

제5부 제1절 투자세액공제 일반론 Ⅲ. 1. 참조

(나) 공제시기

제5부 제1절 투자세액공제 일반론 Ⅲ. 2. 참조

(다) 공제세액

공제되는 세액은 다음과 같다.

> 공제세액 = 투자금액 × 1% (중견기업 3%, 중소기업 7%)

참고로 종전 안전설비 투자세액공제 규정에서의 공제율은 각각 대기업 1%, 중견기업 3%, 중소기업 7%로서, 2019년 개정세법에서 본 특례로 이관된 후의 현행 공제율과 동일하다.

Ⅴ. 반도체 연구시험용 시설장비 세액공제

산학 공동연구를 활성화하기 위하여 내국법인이 사업에 사용하던 연구시험용 시설 등을 대학 등에 무상으로 기증하는 경우, 자산 시가의 10%에 상당하는 금액을 법인세에서 공제하도록 하였다. 그 적용 대상 자산을 반도체 관련 연구·교육에 사용하기 위한 시설·장비로 하고, 기증 대상 교육기관을 전문대학, 산학협력단 및 특성화고등학교 등으로 정하였다. 개정규정은 2023.1.1. 이후 자산을 기증하는 경우부터 적용한다(2022.12. 31. 개정된 법률 부칙 §4).

1 주체

(가) 기증자

세액공제의 주체는 내국법인으로 한다(조특법 §8의 3 ④).

(나) 수증자

수증자는 다음 교육기관을 말한다(조특령 §7의 2 ⑭).

> 1. 「고등교육법」 제2조 제4호에 따른 전문대학
> 2. 「한국과학기술원법」에 따른 한국과학기술원, 「광주과학기술원법」에 따른 광주과학기술원, 「대구경북과학기술원법」에 따른 대구경북과학기술원 및 「울산과학기술원법」에 따른 울산과학기술원
> 3. 「산업교육진흥 및 산학연협력촉진에 관한 법률」 제25조 제1항에 따른 산학협력단
> 4. 다음 각 목의 학교
>   가. 「초·중등교육법 시행령」 제90조 제1항 제10호에 따른 산업수요 맞춤형 고등학교
>   나. 「초·중등교육법 시행령」 제91조 제1항에 따른 특성화고등학교
>   다. 「초·중등교육법 시행령」 제81조 제7항 제2호에 따른 학과가 설치된 일반고등학교
> 5. 「국가첨단전략산업 경쟁력 강화 및 보호에 관한 특별조치법」 제38조 제1항에 따른 전략산업종합교육센터

2 반도체 연구시험용 시설·장비

내국법인이 사업에 사용하던 자산 중 반도체 관련 연구·교육에 직접 사용하기 위한 시설·장비로서 별표 1에 따른 시설·장비를 무상으로 기증하여야 한다(조특령 §7의 2 ⑬).

시행령 [별표 1] 무상 기증 시 세액공제를 적용받는 시설·장비 (2023.2.28. 신설)

구분	시설·장비
1. 전공정 시설·장비	가. 웨이퍼 제작 공정에 사용되는 시설·장비 나. 산화 공정에 사용되는 시설·장비 다. 포토 공정에 사용되는 시설·장비 라. 식각 공정에 사용되는 시설·장비 마. 이온주입 공정에 사용되는 시설·장비 바. 증착 공정에 사용되는 시설·장비 사. 화학기계적 연마 공정에 사용되는 시설·장비 아. 금속배선, 패키징과 테스트 공정에 사용되는 시설·장비 자. 계측 공정에 사용되는 시설·장비 차. 웨이퍼 표면의 불순물을 제거하는 공정에 사용되는 시설·장비

구분	시설·장비
2. 후공정 시설·장비	가. 후면연삭(Back Grinding) 공정에 사용되는 시설·장비 나. 절단(Wafer Dicing) 및 접착(Attach) 공정에 사용되는 시설·장비 다. 와이어본딩(Wire Bonding) 공정에 사용되는 시설·장비 라. 몰딩(Molding) 공정에 사용되는 시설·장비 마. 패키징 및 테스트 공정에 사용되는 시설·장비 바. 계측 공정에 사용되는 시설·장비

3 공제세액

기증한 자산의 법인세법상 시가(법법 §52 ②)의 10%에 상당하는 금액을 기증하는 날이 속하는 사업연도의 법인세에서 세액공제한다.

> 공제세액 = 중고자산의 시가 × 10%

기증한 자산에 대하여 기부금 세무조정 규정(법법 §24)을 적용하는 경우에는 기부금 가액 산정방법(법령 §36 ①)에 따라 가액을 산정한다(조특령 §7의 2 ⑮).

Ⅵ. 조세특례제한 등

기타 조세특례제한 등

구 분	내 용	참조 부분
중복지원의 배제	감면규정과 세액공제규정의 배제 적용(조특법 §127 ④)	제20부 제1절
최저한세	적용대상(조특법 §132 ①)	제20부 제4절
세액공제액의 이월공제	허용(조특법 §144 ①)	제21부 제2절
농어촌특별세	과세(농특법 §5 ① 1호)	

2024
조세특례제한법 해석과 사례

3. 연구 및 인력개발에 대한 조세특례

제1장 연구인력개발기업에 대한 조세지원

제1절 연구인력개발비
제2절 [제10조] 연구인력개발비에 대한 세액공제
제3절 [제10조의 2] 연구개발 관련 출연금 등의 과세이연
제4절 [제12조] 기술이전 및 대여에 대한 세액감면
제5절 [제12조의 2] 연구개발특구에 입주하는 첨단기술기업 등에 대한 법인세 등의 감면

제2장 연구개발기업의 투자자 등에 대한 조세지원

제1절 서설
제2절 [제12조의 3] 기술혁신형 합병에 대한 세액공제
제3절 [제12조의 4] 기술혁신형 주식취득에 대한 세액공제
제4절 [제13조] 벤처투자회사 등의 주식양도차익 등에 대한 비과세
제5절 [제13조의 2] 내국법인의 벤처기업 등에의 출자에 대한 세액공제
제6절 [제13조의 3] 내국법인의 소재·부품·장비 전문기업 등에의 출자·인수에 대한 세액공제
제7절 [제13조의 4] 벤처투자회사등의 소재·부품·장비전문기업 주식양도차익등에 대한 비과세
제8절 [제14조] 창업기업 등에의 출자에 대한 양도소득세 비과세 등
제9절 [제15조] 벤처기업 출자자의 제2차 납세의무 면제
제10절 [제16조] 벤처투자조합 출자 등에 대한 소득공제

제3장 연구개발기업의 사용인 등에 대한 조세지원

제1절 서설
제2절 [제16조의 2] 벤처기업 주식매수선택권 행사이익 비과세 특례
제3절 [제16조의 3] 벤처기업 주식매수선택권 행사이익 분할납부특례
제4절 [제16조의 4] 벤처기업 주식매수선택권 행사이익에 대한 과세이연
제5절 [제18조] 외국인기술자에 대한 소득세의 감면
제6절 [제18조의 2] 외국인근로자에 대한 저율과세 특례
제7절 [제18조의 3] 내국인 우수 인력의 국내복귀에 대한 소득세 감면
제8절 [제19조] 성과공유 중소기업의 경영성과급에 대한 세액공제 등

3. 인구 및 인력개발에 대한 조세부담

조세특례제한법에서는 기업의 연구·인력개발을 촉진하여 기업의 기술을 축적하고 우수한 인력의 확보를 용이하게 함으로써 기업의 대외경쟁력 향상과 산업의 국제경쟁력 제고를 동시에 달성하고자 연구·인력개발비와 관련된 각 단계별 조세지원제도를 두고 있다. 본서에서는 연구인력개발을 직접적으로 수행하는 기업에 대한 조세지원과 해당 기업의 이해관계자인 창업자, 투자자에 대한 조세지원 및 사용자에 대한 조세지원으로 나누어 각각 제1장, 제2장 및 제3장에서 설명하도록 한다.

연구인력개발 기업에 대한 단계별 조세지원

단계	조문	개요
준비 시점	§9 연구인력개발준비금 손금산입 (폐지)	연구인력개발준비금을 설정한 경우에 해당 과세연도의 수입금액에 3%를 곱한 금액을 한도로 손금산입하여 과세이연한 후, 사용분에 대해 3년거치 3년 분할 익금산입
	§10의 2 연구개발관련출연금 과세이연	내국인이 연구개발 등을 목적으로 기초연구법 등에 따라 출연금 등의 자산을 지급받은 경우에 출연금을 익금불산입하여 과세이연
시설투자 시점	구 §25 ① 1호 연구인력개발설비투자세액공제	연구·인력개발을 위한 시설에 투자하는 경우 투자금액의 1~7%를 세액공제
R&D비용 발생시점	§10 연구인력개발비 세액공제	발생 R&D비용의 당기분 0~25%, 증가분 25~50% 세액공제. 단, 신성장·원천기술연구개발비는 당기분의 20~40%, 국가전략기술연구개발비는 당기분의 30~50% 세액공제
사업영위 시점	§12의 2 연구개발특구에 입주하는 첨단기술기업등 법인세 등 감면	연구개발특구에 입주한 첨단기술기업과 연구소기업이 생명공학산업 등을 영위하는 경우에는 법인세 또는 소득세를 3년간 100%, 그 다음 2년간 50% 감면
	구 §25의 5 신성장기술 사업화를 위한 시설투자에 대한 세액공제	신성장기술의 사업화를 위한 시설에 투자하는 경우, 투자금액에 대하여 중소기업은 10%, 중견기업은 7%, 대기업은 5%를 세액공제
연구결과 양도 대여 단계	§12 기술이전 및 대여 세액감면	중소기업과 중견기업이 특허권, 실용신안권, 기술비법 또는 특정기술을 내국인에게 이전하는 경우 기술이전소득의 50%를 세액감면하고, 중소기업과 중견기업이 특허권 등을 대여하는 경우에는 대여금액의 25%를 세액감면
	§24 통합투자세액공제	내국인이 국내에서 연구·개발하여 최초로 설정등록받은 특허권, 실용신안권, 디자인권을 중소기업 및 중견기업이 취득한 경우 중소기업은 투자금액의 10%, 중견 3%, 대기업 1% 세액공제(23년은 각각 12%, 7%, 3%임)

CHAPTER 01 연구인력개발기업에 대한 조세지원

제1절 연구인력개발비

차례

Ⅰ. **연구인력개발의 범위** 268
  1. 개요 268
    1-1 연구·인력개발의 정의 268
    1-2 연구개발활동의 구분 269
  2. 서비스 연구개발 271
    2-1 서비스 연구개발의 규정체계 271
    2-2 서비스 분야의 범위 271
    2-3 공제대상 비용 273
  3. 문화창작분야 연구개발 (창작개발) 273
    3-1 창작개발의 개념 및 범위 274
    3-2 공제대상 비용 274
  4. 산업디자인분야 연구개발 275
    4-1 산업디자인의 개념 및 범위 275
    4-2 공제대상 비용 275
  5. 비적격 연구개발활동의 제외 276
    5-1 비적격 연구개발활동의 범위 276
    5-2 수탁연구활동의 제외 278
      (1) 기술료 지급 후 실시권 획득 279
      (2) 납품의뢰에 따른 기술개발 `쟁점` 280

      (3) 구분경리 281
Ⅱ. **연구개발비** 282
  1. 자체연구개발비 285
    1-1 인건비 286
      (1) 연구소 또는 전담부서 및 연구개발서비스업 286
      (2) 전담부서등의 직원 293
      (3) 인건비 `쟁점` 296
    1-2 재료비 등 300
      (1) 자체 제작비의 범위 (시제품) 301
      (2) 외주가공비 301
      (3) 고정자산 구입비용의 제외 304
    1-3 시설 임차료 등 303
  2. 위탁 및 공동연구개발비 303
    2-1 연구개발 방식별 공제대상 303
    2-2 요건 304
      (1) 수탁기관등의 범위 304
      (2) 전담부서 요건 306
    2-3 공제대상 비용 307

3. 기타 연구개발비	308	2. 직업능력개발훈련비 (나목)	315
3-1 직무발명 보상금 (다목)	308	3. 인력개발 및 기술지도 비용 (다목)	316
3-2 기술자문료 (라목)	309	4. 생산성향상을 위한 인력개발비 (라목)	317
3-3 기술지도비용 (마목)	310	5. 사내대학 등 운영비 (마목)	317
3-4 공업 및 상품디자인 개발지도비용 (바목)	310	6. 마이스터고등 맞춤형 교육비용 (바목)	318
3-5 중소기업의 특허 조사·분석 비용 (사목)	311	7. 마이스터고등과 사전취업계약 등에 따른 현장훈련수당 등 (사목)	319
4. 정부출연금의 제외	311	8. 표준 현장실습학기제 과정에서 대학생 훈련수당 등 (아목)	320
Ⅲ. 인력개발비	312	9. 대학(원) 계약학과 운영비용 (자목)	320
1. 위탁훈련비 (가목)	313		
1-1 위탁 교육기관	313		
1-2 직업훈련기관에의 위탁훈련비 등	314		

제3부에서 다루고 있는 연구인력개발비는 연구개발비와 인력개발비가 합쳐진 개념이다. 회계적 측면에서 보자면 연구개발비는 경상연구개발비와 무형자산 중 개발비에 해당하며, 인력개발비는 교육훈련비 계정과목에 해당한다. 인력개발비에 대해서는 회계상 또는 세무상 특별한 처리규정이 없으나, 연구개발비에 대하여서는 일반기업회계기준과 법인세법상 상세한 처리방법이 규정되어 있으므로, 동 사항을 먼저 간략히 살펴보고 조세특례제한법상 연구인력개발비를 논의한다.

기업회계기준과 법인세법상 연구개발비

1. **연구비**
   법인세법에서는 연구비에 대한 별도의 규정이 없으므로, 기업회계기준에 따라 비용처리한 경우 손금으로 인정되는 것이 원칙이다.

2. **개발비**
   개발비의 최초측정원가에 대하여 법인세법과 기업회계기준을 비교해 보자면 실질적 차이는 없다. 또한 자본적지출에 대하여 기업회계기준이 법인세법보다 더 제한적인 범위에서 인정한다고 판단되므로, 일반적으로 기업회계기준상 자산성을 인정받는 경우 법인세법에서도 자산으로 인정할 수 있다.

3. 상각

구 분	상각개시시점	상각방법	상각연수	잔존가치
일반기준	사용가능시점	체계적인 방법(정액법 가능)	20년 이내❶	0
K-IFRS	사용가능시점	체계적인 방법(정액법 가능)	무한 가능❷	0
법인세법	사용가능시점	정액법	20년 이내	0

❶ 무형자산의 상각기간은 독점적·배타적인 권리를 부여하고 있는 관계 법령이나 계약에 정해진 경우를 제외하고는 20년을 초과할 수 없음(일반기준 문단 11.26).
❷ 자산이 순현금유입을 창출할 것으로 기대되는 기간에 대하여 예측가능한 제한이 없을 경우, 무형자산의 내용연수가 비한정인 것으로 보아 상각하지 아니함(K-IFRS 제1038호 문단 88, 107).

Ⅰ. 연구인력개발의 범위

조세특례제한법에서는 제2조에서 "연구개발"과 "인력개발"을 정의하고 "연구인력개발비"는 법 제10조에서 상세한 범위를 규정하며, 여타의 연구 및 인력개발에 대한 조세특례에서 동 조항 등에 따르도록 하고 있다.

개정연혁

연 도	개정 내용
2019년	▪ 기획된 콘텐츠 등을 제작하는 활동을 연구개발활동에서 제외
2020년	▪ "연구개발"과 "인력개발"의 정의 조항 및 연구개발활동에서 제외되는 활동 관련 규정의 이관 ▪ 소프트웨어 및 콘텐츠 분야의 적용 범위 명확화 : 단순 제작 활동, 소프트웨어를 복제하여 반복적으로 제외하는 활동을 연구개발활동에서 제외함

 개요

1-1 연구·인력개발의 정의

"연구개발"이란 과학적 또는 기술적 진전을 이루기 위한 활동과 새로운 서비스 및 서비스 전달체계를 개발하기 위한 활동을 말하고, "인력개발"이란 내국인이 고용하고 있는 임원 또는 사용인을 교육·훈련시키는 활동을 말한다(조특법 §2 11호 및 12호).

"연구개발활동"이란 과학기술 분야 또는 서비스 분야(별표 1의 유흥 등 관련분야는 제외한다)의 지식을 축적하거나 새로운 응용방법을 찾아내기 위하여, 축적된 창의적 지식을 활용하는 체계적이고 창조적인 활동으로서 새로운 제품 및 공정을 개발하기 위한 시제품의 설계·제작 및 시험, 새로운 서비스 및 서비스 전달체계의 개발 등 **사업화 전까지의 모든 과정**을 말한다[기초연구진흥 및 기술개발지원에 관한 법률(이하 "기초연구법") 시행령 §2 5호].

종전에는 과학기술개발 등 주로 이공계 분야의 연구개발을 대상으로 하였으나,[1] 2012년 세법개정으로 기초연구법에서 규정하는 지식기반 서비스 분야의 R&D도 세액공제대상에 포함하였다.

조세특례제한법상 연구개발의 정의는 기업회계기준 및 법인세법에 따른 연구개발의 정의와 원칙적으로 큰 차이가 없다. 다만, 이러한 연구개발활동 중 조특령 별표 6에 열거된 비용만 한정적으로 공제 가능하므로 조세특례제한법상 세액공제 대상인 연구개발비가 기업회계기준에서 인정되는 연구개발비의 범위보다 좁다. 기업회계기준상 개발비, 제조원가, 판매 및 일반관리비 중 어느 항목으로 계상하여도 조세특례제한법의 공제 요건을 충족하면 공제 가능하다.

- **국내 판매 중인 의약품에 대해 국외임상시험을 실시하는 비용** (포함)

  내국법인이 임상3상 시험의 적합한 실시를 조건으로 하는 품목허가를 받고 판매 중인 의약품의 허가 조건을 이행하기 위해 임상3상 시험을 실시하는 경우와 내국법인이 자체 개발하여 국내 판매 중인 의약품의 국외 판매허가를 취득하기 위해 국외 임상시험을 실시하는 경우, 해당 각 임상시험에서 발생하는 비용은 「조세특례제한법 시행령」 제9조 및 [별표6]에서 규정하는 연구인력개발비 세액공제 대상이나, 시험과정에서 발생한 총 비용 중 어느 범위까지 적격 연구개발비에 해당하는지 여부는 사실판단 사항입니다(재조특-598, 2021.9.3.).[2]

1-2 연구개발활동의 구분

조세특례제한법상 연구개발활동은 과학기술분야, 서비스분야, 산업디자인분야, 문화창작개발 등으로 나뉘어져 그 범위가 복잡하므로 이를 그림으로 나타내면 다음과 같다.

---

[1] 구 기술개발촉진법상의 기술개발에 관한 정의를 보자면, "기술개발"이란 산업기술의 연구 및 그 성과를 이용하여 재료·제품·장치시스템 및 공정 등에 적용할 수 있는 새로운 방법을 찾아내는 활동을 말하며, 시범제작 및 공업화 중간시험의 과정까지를 포함한다(2011.11.25. 폐지된 구 기술개발촉진법 §2 1호).

[2] 내국법인이 신약을 개발하기 위해 진행하는 임상시험(전임상시험~임상 3상 시험)은 연구개발의 범위에 포함되는 것이나, 국내에서 시판되고 있는 기존 의약품에 대한 임상시험의 경우 연구개발의 범위에 포함되지 않는다는 종전 예규(서면법인-2948, 2020.9.21.)는 이를 허용하는 본문의 예규에 위배되어 2021년 9월에 삭제함.

연구개발활동 분야의 개념별 분류

[과학기술 분야]
과학적 또는 기술적 진전을 이루기 위한 활동
- 일반연구개발
- 기업부설연구소 등

[서비스 분야]
새로운 서비스 및 서비스 전달체계를 개발하기 위한 활동
- 모든 서비스(유흥 분야 제외)
- 기업부설연구소 등

신성장·원천기술

[산업디자인 분야]
제품 및 서비스 등의 미적·기능적·경제적 가치를 최적화하는 창작 및 개선행위
- 산업디자인 연구개발
- 산업디자인 전문회사

[문화창작 분야]
문화산업 분야에서 새로운 문화상품 또는 관련 서비스방안 등을 만들어내는 창조적 활동
- 창작개발
- 기업부설창작연구소 등

조세특례제한법에서는 과학기술분야와 서비스분야의 연구개발활동에 대해서만 정의하고 있다(조특법 §2 11호). 반면에 문화창작분야와 산업디자인 분야의 연구개발활동에 관한 정의는 별도로 규정하고 있지 않지만, 해당 분야에서 연구개발활동을 수행하는 기업부설창작연구소와 산업디자인 전문회사를 연구개발활동의 주체로 규정하는 방식으로 특례 대상에 포함하고 있다.

연구인력개발 조세특례에서 유의할 점은 해당 항목이 연구개발(비)인지 연구인력개발(비)인지 법 조문을 자세히 살펴봐야 한다는 점이다. 일반R&D는 연구인력개발비이고, 신성장·원천기술R&D는 연구개발비이므로, 신성장·원천기술연구개발비에는 인력개발비가 포함되지 않는다.

(가) 과학기술분야

과학기술분야란 제품 개발에 해당하는 건설, 금속, 기계, 생명과학, 섬유, 소재, 식품, 전기전자, 화학, 환경, 산업디자인, 기타 등의 분야이다.[3]

"과학"이란 확고한 경험적 사실을 근거로 하여 객관적·보편적으로 체계화한 지식이며, "기술"이란 과학을 실지로 적용하는 수법에 해당한다.

(나) 문화창작개발 및 신성장·원천기술 연구개발비

문화창작개발은 2009년 도입 당시에는 과학기술분야에 포함된 반면에, 2010년 도입된 신성장·원천기술 연구개발비는 과학기술분야와 서비스 양 분야에 모두 해당된다.

---

[3] 한국산업기술진흥협회, 「기업부설연구소/연구개발전담부서 신고에 관한 업무편람」, 2020. p. 12.

다만 신성장·원천기술 연구개발비가 서비스 R&D로 인정받기 위해서는 해당 업종이 추가적으로 서비스 연구개발 및 산업디자인 분야에서 규정되어야 한다. 예를 들어, 신성장·원천기술 연구개발비는 조특령 별표 7에 각각 열거되어야 한다.

이하 연구개발활동 중 새로이 도입된 서비스 연구개발, 문화창작 연구개발 및 산업디자인 연구개발의 내용을 별도의 목차로 상세히 살펴보고, 연구개발활동에서 제외되는 활동을 설명한다.

2 서비스 연구개발

R&D 조세특례가 적용되는 서비스 연구개발은 기초연구법에서 규정하고 있는 서비스분야의 연구개발이 해당한다. 기초연구법의 규정에 의해서만 서비스 분야의 연구소등이 설립될 수 있기 때문이다.

2-1 서비스 연구개발의 규정체계

조세특례제한법에서는 서비스 연구개발의 정의와 주체만을 규정하고 그 분야는 기초연구법의 것을 준용한다. 서비스 연구개발의 내용을 보기에 앞서 조세특례제한법상 그 규정체계가 다소 복잡하므로 이를 먼저 살펴본다.

조특법과 기초연구법의 서비스 연구개발 규정 방법

조세특례제한법	대응 ↔	기초연구법	원용 →	조세특례제한법 시행규칙
연구개발활동에 서비스 R&D 포함(법 §2 11호)		연구개발활동에 서비스분야 포함 (시행령 §2 5호, 별표 1)		연구전담부서등의 자체연구개발비(법 §7 ① 1호)
		연구개발활동을 수행하는 연구전담부서 등 규정 (시행령 §16의 2 ①·②)		

조세특례제한법에서 연구인력개발의 정의에 '새로운 서비스 및 서비스 전달 체계의 개발을 위한 활동' 문구를 추가하여 서비스 연구개발이 연구개발의 범위에 포함됨을 총괄적으로 규정하였다(조특법 §2 11호). 한편, 관계법령인 기초연구법에서 서비스 분야를 동법상

의 연구개발활동에 포함시키면서(동법 시행령 §2 5호), 조특법에서 기초연구법상의 기업부설연구소와 연구개발전담부서를 자체연구개발의 주체로 규정하여(조특칙 §7 ① 1호) 서비스 분야 연구개발전담부서등의 서비스 연구개발을 세액공제의 대상으로 규정하였다. 따라서 기초연구법상에서 규정하는 서비스 분야의 업종의 범위가 그대로 조세특례제한법에서 인정된다.

2-2 서비스 분야의 범위

종래 기초연구법에서는 서비스 분야의 범위를 지식기반 서비스로 한정하여 열거하였으나, 2020.3.3. 기초연구법 시행령을 개정하여 유흥 등 관련 분야(동법 시행령 별표 1)를 제외한 모든 서비스 업종으로 확대하였다(Negative 방식). 따라서 개정 이후에는 지식기반 서비스에 한정되는 것이 아니라 모든 서비스 분야의 연구개발로 확대되었다.

서비스 연구개발의 업종 범위

업종	한국표준산업분류 분류코드
하수·폐기물처리, 원료재생 및 환경복원	36~39
도매 및 소매	45~47
운수	49~52
숙박 및 음식점	55~56
출판, 영상, 방송통신 및 정보서비스	58~63
금융 및 보험	64~66
부동산 및 임대	68
전문, 과학 및 기술 서비스	70~73
사업시설 관리, 사업 지원 및 임대 서비스	74~76
교육서비스	85
보건업 및 사회복지 서비스	86~87
예술, 스포츠 및 여가관련 서비스업	90~91
기타	

유흥 등 관련 분야의 범위로서 다음 표에 규정된 서비스 업종(한국표준산업분류에 따른 업종을 말함)은 서비스 분야에서 제외된다.

기초연구법 시행령 [별표 1] 유흥 등 관련 분야 분야의 범위 (개정 2020.3.3.)

업종	한국표준산업분류 분류코드
일반 유흥주점업	56211
무도 유흥주점업	56212
기타 주점업	56219
기타 사행시설 관리 및 운영업	91249
무도장 운영업	91291
블록체인 기반 암호화 자산 매매 및 중개업	63999-1

2017년 중반에 연구개발활동에 포함되는 지식기반서비스 분야의 범위에 운수 및 창고업, 방송업, 금융 및 보험업을 추가하였다. 2017.9.15.부터 시행한다(동일자로 개정된 기초연구법 시행령 부칙 §1).

종래 서비스 분야에서는 세분류를 기준으로 19개의 지식기반 서비스 업종에 한정하여 열거하는 방식으로 규정하였다. 2020년 법령 개정에서 기업의 연구개발을 활성화하기 위하여 연구개발활동 분야 중 서비스 분야의 범위를, 일반 유흥주점업 등 일부 서비스 업종을 제외한 모든 서비스 업종으로 확대하였다. 확대된 업종은 중분류를 기준으로 13개 업종이다. 개정규정은 2020.3.3. 전에 법 제14조의2 제2항에 따라 기업부설연구소 등의 인정을 신청한 기업에 대해서도 적용한다(2020.3.3. 개정된 기초연구법 시행령 §2).

2-3 공제대상 비용

서비스 연구개발을 수행하는 연구소 등도 기초연구법상 연구소 등에 포함되므로 후술하는 Ⅲ. 1-1 인건비에서 설명하는 사항이 동일하게 공제대상 비용으로 적용된다.

다만, 서비스 분야에서는 연구개발비 중에서 과학기술분야와 결합되어 있지 아니한 금액에 대해서는 자체 연구개발비를 위하여 발생한 것에 한정하여 공제대상으로 한다는 점에 유의하여야 한다(조특법 §10 ⑤)

서비스 분야의 위탁 및 공동연구개발비는 Ⅱ. 2-1을 참조하기로 한다.

3 문화창작분야 연구개발 (창작개발)

조세특례제한법에서는 문화창작분야의 연구개발(이하 "창작개발")을 정의하거나 범위를 정하지 않는 대신, 그 창작개발을 수행하는 주체인 기업부설창작연구소 또는 기업창작전담부서를 R&D 수행 주체로 규정하고 있다(조특칙 §7 ① 2호).

3-1 창작개발의 개념 및 범위

문화창작분야의 연구개발이란 문화산업 분야에서 새로운 문화상품 또는 관련 서비스방안 등을 만들어내는 창조적 활동으로서 기획, 개발, 시범제작 및 시험 등 상품이나 서비스로 전환되기 전까지의 과정에서 일어나는 연구 및 개발활동을 말한다(기업부설창작연구소-기업창작전담부서 인정업무 규정 §2 ①).[4]

문화산업분야는 문화산업진흥기본법에 규정되어 있다(동법 §2 1호).

> 가. 영화·비디오물과 관련된 산업
> 나. 음악·게임과 관련된 산업
> 다. 출판·인쇄·정기간행물과 관련된 산업
> 라. 방송영상물과 관련된 산업
> 마. 문화재와 관련된 산업
> 바. 만화·캐릭터·애니메이션·에듀테인먼트·모바일문화콘텐츠·디자인(산업디자인은 제외한다)·광고·공연·미술품·공예품과 관련된 산업
> 사. 디지털문화콘텐츠, 사용자제작문화콘텐츠 및 멀티미디어문화콘텐츠의 수집·가공·개발·제작·생산·저장·검색·유통 등과 이에 관련된 서비스를 하는 산업
> 아. 대중문화예술산업
> 자. 전통적인 소재와 기법을 활용하여 상품의 생산과 유통이 이루어지는 산업으로서 의상, 조형물, 장식용품, 소품 및 생활용품 등과 관련된 산업
> 차. 문화상품을 대상으로 하는 전시회·박람회·견본시장 및 축제 등과 관련된 산업. 다만, 「전시산업발전법」 제2조 제2호의 전시회·박람회·견본시장과 관련된 산업은 제외한다.
> 카. 가목부터 차목까지의 규정에 해당하는 각 문화산업 중 둘 이상이 혼합된 산업

콘텐츠의 주요 내용을 이루는 컨셉 및 스토리를 만들어나가는 과정에서는 하나의 콘텐츠가 상품으로서 완성되기 전까지 계속하여 창작과 수정, 변형 과정이 일어나기 때문에 지속적인 연구개발활동이 수반된다고 볼 수 있다.[5]

3-2 공제대상 비용

문화산업진흥기본법에 따른 기업부설창작연구소 또는 기업창작전담부서(조특칙 §7 ①)는 과학기술분야 연구소 등과 동일하게 전체 연구인력개발비를 세액공제대상으로 한다. 다만, 위탁 및 공동연구개발비는 공제 대상에서 제외됨에 주의하여야 한다.

---

[4] 문화체육관광부고시 제2022-28호, 2022.5.30. 개정
[5] 한국지식재산연구원, 「콘텐츠산업 세액공제 법적용 가이드라인 개발」, 한국콘텐츠진흥원, 2020.2.11., pp. 32-33.

그러나, 기업부설창작연구소 등이 문화체육부장관의 인정을 받지 못하는 경우에도 전술한 기초연구법상 서비스를 수행하는 경우, 예컨대 출판, 영화 등 공통으로 해당되는 업종의 경우에는 기초연구법상 기업부설연구소로서 인정받을 수 있다고 본다.[6]

4 산업디자인분야 연구개발

산업디자인분야 연구개발의 규정 방식은 창작개발과 유사하다. 조세특례제한법에서는 산업디자인분야의 연구개발을 정의하거나 범위를 정하지 않고, 그 대신 그 연구개발을 수행하는 주체인 산업디자인 전문회사를 연구개발 수행 주체로 규정하고 있다(조특칙 §7 ① 3호).

4-1 산업디자인의 개념 및 범위

"산업디자인"이란 제품 및 서비스 등의 미적·기능적·경제적 가치를 최적화함으로써 생산자 및 소비자의 물질적·심리적 욕구를 충족시키기 위한 창작 및 개선 행위(창작·개선을 위한 기술개발행위를 포함함)와 그 결과물을 말하며, 제품디자인·포장디자인·환경디자인·시각디자인·서비스디자인 등을 포함한다[산업디자인 진흥법 (이하 "산업디자인법") §2].

산업디자인 전문회사의 상세 전문분야는 Ⅱ. 1-1 (1-3)을 참조하기로 한다.

4-2 공제대상 비용

산업디자인법에 따른 산업디자인전문회사(조특칙 §7 ①)는 과학기술분야의 연구소 등과 동일하게 전체 연구인력개발비를 세액공제 대상으로 한다.

인건비, 재료비등, 시설 임차료등의 자체연구개발비 뿐만 아니라, 위탁 및 공동연구개발비도 공제 가능하다.

2020.1.1. 전에 개시하는 과세연도 분까지 적용되는 시행령 별표 6의 3과 2020.1.1.부터 시행하는 별표 6의 차이 중 산업디자인 관련 사항은 다음과 같다.

---

[6] 출판, 영화 등 공통 업종의 경우에는 납세자의 기업부설창작연구소 또는 기업부설연구소의 선택(및 인정)에 따라 과학기술 R&D 또는 서비스 R&D 등 다른 조세효과가 발생할 수 있다고 본다.

시행령 별표 6의 3과 별표 6의 산업디자인 관련 세액공제 비용의 차이

구 분	별표 6의 3	별표 6
적용 시기	2019년에 한정	2020년 이후 계속 적용
수탁기관	추가 기관 없음	산업디자인진흥법 제4조 제2항 각 호에 해당하는 기관
기타 연구개발비	고유디자인 개발비용	삭제됨

고유디자인 개발비용은 2020.1.1. 이전까지 연구개발비에 포함되었다(구 조특령 별표 6 1. 바목) 2019년 개정세법에서 2020년부터 고유디자인 개발비용을 삭제하는 대신, 산업디자인전문회사의 연구업무에 종사하는 전문 인력을 연구요원에 포함하였다. 2020.1.1. 이후 개시하는 과세연도 분부터 적용한다(2019.3.20. 개정된 시행규칙 부칙 §3).

● **아파트 디자인 설계비용의 고유디자인 개발 비용 포함 여부** (부정)

쟁점위탁개발비용은 아파트를 설계하는 과정에서 발생하는 외주 설계비용으로, 평면도 변경, 조경설계, 시설물 구조설계의 활동은 일반적인 설계활동으로 보이고, 필로티 설계 중앙커뮤니티 센터, 4BAY 설계 등은 기존에 널리 사용되고 있어 청구법인이 신청한 내·외부 디자인 설계는 일반적인 건축표현방법으로 볼 수 있어 고유성을 인정하기 어려워 보이는 점 등에 비추어 청구주장을 받아들이기 어렵다고 판단된다(조심 2021서5749, 2022.4.28.; 조심 2021서5176, 2022.9.7.; 조심 2022중2360, 2022.8.2.).

5 비적격 연구개발활동의 제외

5-1 비적격 연구개발활동의 범위

(가) 비적격 연구개발활동의 정의

다음의 활동은 연구개발활동에서 제외한다(조특령 §1의 2).
① 일반적인 관리 및 지원활동
　예컨대, 품질관리, 고객만족도 조사 및 관리 등[7]
② 시장조사와 판촉활동 및 일상적인 품질시험
③ 반복적인 정보수집 활동
④ 경영이나 사업의 효율성을 조사·분석하는 활동
　예컨대, 기업의 업무합리화 및 프로세스 개선, 무결점 운동, 조직문화 개선 등

---

[7] 이하 비적격 연구개발활동의 예시는 다음 문서를 참조함. 한국산업기술진흥협회, 「기업부설연구소/연구개발 전담부서 신고에 관한 업무편람」, 2020. p. 12.

⑤ 특허권의 신청·보호 등 법률 및 행정 업무8)
⑥ 광물 등 자원 매장량 확인, 위치확인 등을 조사·탐사하는 활동
⑦ 위탁받아 수행하는 연구활동
⑧ 이미 기획된 콘텐츠를 단순 제작하는 활동
⑨ 기존에 상품화 또는 서비스화된 소프트웨어 등을 복제하여 반복적으로 제작하는 활동

종래에는 시행령 별표 6에 열거되어 있는 연구개발비에 해당하기만 하면 동 비용이 연구개발활동과 관련이 있는지를 기업이 입증할 필요 없이 과세특례의 적용이 가능하였다. 예를 들어 전담부서 소속 직원의 인건비라면 연구개발업무와 관련된 시장조사 활동을 하더라도 과세특례에 포함하였다. 그러나, 2009년 세법개정에서 연구개발의 개념을 새롭게 정의하면서 연구개발활동에 해당하지 아니하는 활동(이하 "비적격 연구개발활동")에 관한 규정을 신설하여 연구개발활동에서 제외하였다(negative 방식).

● 양산 이전단계에서 시험제품에 대한 물성시험의 공제 여부 (긍정)

청구법인은 시험발포 업무 외에 물성시험 및 원재료 품질 검수 업무, 품질 보증 업무 등을 수행하고 있으나, 양산제품을 물성시험 하는 것이 아닌 그 전 단계에서 시험제품에 대한 물성시험을 하는 것으로 이는 연구개발과정의 하나로 보이고, (이하 중략) 청구법인이 제출한 자료 상 일부 품질 보증 업무도 판매제품에 대하여 유해물질이 포함되지 않았다는 내용 등으로 이는 연구과정 결과에 파생되는 업무로 연구활동의 일환으로 보이는 점 등에 비추어 처분청이 쟁점연구인력개발비에 대한 세액공제를 부인하고 청구법인에게 법인세를 과세한 이 건 처분은 잘못이 있는 것으로 판단된다(조심2021중3104, 2021.11.1.).

(나) 콘텐츠/소프트웨어 산업의 R&D 활동 범위

위의 ⑧, ⑨와 관련하여 상세히 검토하기로 한다. 연구개발활동이 종료된 후에 대량생산 작업에 들어가는 제조업과는 달리 콘텐츠/소프트웨어 산업은 콘텐츠 제작의 전 과정에서 연구개발활동이 개입되고, 콘텐츠 완성 이후 복제 및 배포 단계가 대량생산에 해당한다.9)

제조업과 영화산업 관련 연구개발활동의 단계별 비교

구분		1단계	2단계	3단계	4단계	5단계
제조업	활동	기획	PreProduction	Production	PostProduction	상품화(론칭)
	R&D	연구개발	일부 연구개발	제조(공장)		제외
영화산업	활동	시나리오	스토리 보드 작성, 스탭구성	촬영	편집, CG작업	배급, 상영
	R&D	연구개발				제외

---

8) 특허정보조사비등 특허권 출원 관련 비용은 회계상 특허권의 취득원가로 계상함.
9) 한국지식재산연구원, 「콘텐츠산업 세액공제 법적용 가이드라인 개발」, 한국콘텐츠진흥원, 2020.2.11., p. 170.

제조업은 1단계 기획 단계의 전부와 2단계 PreProduction의 일부에서만 연구개발활동이 이루어진다. 시제품의 실제 제작 및 시험 등 사업화 전 까지의 모든 과정이 연구개발활동에 포함되므로, PreProduction 단계의 일부 활동도 연구개발활동에 포함되기 때문이다.

반면에, 콘텐츠 산업은 2단계인 PreProduction, 3단계 Production 및 4단계 PostProduction 단계까지 연구개발활동이 계속적으로 수행된다. 콘텐츠의 주요 내용을 이루는 컨셉 및 스토리를 만들어나가는 과정에서는 하나의 콘텐츠가 상품으로서 완성되기 전까지 계속하여 창작과 수정, 변형이 일어나기 때문에 지속적인 연구개발활동이 수반된다고 볼 수 있다.

즉, 제조업의 제작 공정과 콘텐츠의 제작 공정은 서로 다르기 때문에 콘텐츠의 비적격연구개발활동을 제조업과 달리 규정한 것으로 판단된다. 콘텐츠 산업의 넓어진 연구개발활동의 범위를 적용할 수 있는 산업분야를 보자면 영화, 음악, 게임, 방송, 출판, 인쇄, 만화, 애니메이션 등을 들 수 있다.

2019년 개정세법에서 기획된 콘텐츠 등을 제작하는 활동을 연구개발활동에서 제외하였다.

콘텐츠·소프트웨어와 관련하여 기획과 제작을 구분하여 기획만을 공제대상으로 하던 방식에서 2020년 개정세법에서는 제작 중 공제 대상에서 제외되는 활동을 축소하였다. 콘텐츠에서는 단순 제작 활동, 소프트웨어에서는 복제 제작 활동만을 연구개발에서 제외하였다. 제작 활동 중에서 단순 제작 활동, 복제 제작 활동만을 제외하므로 종전에 비하여 연구개발활동이 폭 넓게 인정될 수 있을 것으로 판단된다.

이하에서는 비적격 연구개발활동 중 ⑦ 수탁연구활동에 대해 상세히 살펴보기로 한다.

5-2 수탁연구활동의 제외

기업부설연구소의 연구개발활동은 연구 성과를 자체적으로 활용하는 비영리 활동에 해당하여야 한다. 연구소가 외주용역 등 영리활동을 수행하는 경우에는 연구소 설립 신고 대상에 해당하지 않는다. 다만, 공동연구나 국책과제 등을 수행하기 위한 위탁과제가 일부 연구과제로 포함되는 경우에는 인정받을 수 있다.[10]

따라서, 타인으로부터 수탁받은 연구개발용역의 수행을 위해 자신의 연구개발전담부서에서 근무하는 자의 인건비 등으로 지출하는 비용은 연구인력개발비 세액공제를 적용받을 수 없다(조특통 10-0...2). 수탁연구활동은 연구개발 결과물의 소유권이 타인에게 귀속되므로 **연구개발에 대한 위험을 수탁기업이 부담하지 않으며**, 또한 위탁자가 위탁연구개발비로 공제받으므로 중복지원될 가능성이 있기 때문이다. 참고로, 수탁자는 회계상으로도 연구원 인건비 등을 연구개발용역의 매출원가로 계상한다.

---

10) 한국산업기술진흥협회, 「기업부설연구소/연구개발전담부서 신고에 관한 업무편람」, 2020., p.21.

한편 방위사업의 경우에는 그 형식이나 실체가 모두 법령에 따른 위탁개발이며 계약특수조건도 정부 등의 지시를 받아 용역을 수행하지만, 그 특수성을 고려하여 예외적으로 방위산업체에게 세액공제를 허용하고 있다(조심 2013서3062, 2014.1.22.; 조심 2013서2678, 2013.12.31.; 조심 2011부2327, 2011.11.17.).

(1) 기술료 지급 후 실시권 획득

내국법인이 정부출연 연구기관 등과 협약에 따른 연구개발사업을 수행함에 있어, 연구결과로 얻어지는 유형적 발생품 및 지적재산권 등에 대한 소유권은 주관기관 및 참여기업이 갖고, 해당 내국법인은 기술료를 지급하고 동 결과물을 활용할 수 있는 권리를 취득하는 경우에는 연구·인력개발비에 대한 세액공제를 적용받을 수 없다(법규법인 2011-189, 2011.5.17.).

반면에 연구결과물을 내국법인이 주로 보유하면서 기술실시료를 부담하고 기술을 실시하는 경우에는 세액공제대상으로 한다(조심 2014서4145, 2015.11.25.). 더 나아가 청구법인이 수령한 정부출연금을 세액공제 가능한 개발비에 사용하는 경우 과제완료 시 기술료를 납부하는 조건으로 그 결과물을 일정기간 독점적·배타적으로 사용할 수 있는 권리(전용실시권)를 취득하는 경우에도 세액공제가 가능하다(법인-309, 2010.3.29.).

> **● 예규·판례**
>
> ❖ **독점적 사용권한이 있는 연구개발 결과물에 대한 세액공제 여부 (긍정)** (법인-309, 2010.3.29.)
> [사실관계]
> - 연구결과 평가, 소유 및 사용
>   - 연구결과가 성공 : 결과물은 주관연구기관인 정부기관이 소유하며, 당사는 정부기관과 기술실시 계약을 체결, 기술료를 납부하고 동 연구결과를 독점적으로 사용할 수 있음.
>   * 기술료는 계약체결 시 연간 정액으로 납부(정액기술료)
>
> [회신]
> 「조세특례제한법」제10조의 규정을 적용함에 있어 법인이 정부기관과 협약에 의거 정부출연금과 자체 자금을 재원으로 국책연구과제(민관겸용 기술개발)를 수행하고 과제완료 시 기술료를 납부하는 조건으로 그 결과물을 일정기간 독점적·배타적으로 사용할 수 있는 권리를 취득하는 경우 정부출연금과 법인의 자체부담금 중 같은 법 시행령 별표 6에 해당하는 비용은 연구·인력개발비에 대한 세액공제를 적용받을 수 있는 것으로, 귀 질의가 이에 해당하는지는 구체적인 관련 계약내용 및 지출비용의 성격 등에 따라 사실판단할 사항임.
>
> | 저자주 | 지적재산권 등의 실시권에는 전용실시권과 통상실시권이 있으며, 전용실시권은 특허발명의 독점적·배타적 실시권이지만 통상실시권은 이에 대한 상대 개념임(특허법 §100·§102). 독점적 사용은 전용실시권에 해당하여 실질상 이를 연구개발업체의 소유와 동일하게 간주한 것으로 판단됨.

(2) 납품의뢰에 따른 기술개발

"자체기술개발"은 "위탁 및 공동기술개발"에 대응되는 개념으로 납품의뢰에 따른 기술개발을 제외하는 의미는 아니다(국세청적부 2006-0176, 2007.3.29.). 따라서 거래처의 납품의뢰에 따라 납품하는 업체가 '자기책임과 비용'으로 납품조건을 충족하기 위해 선행 개발된 기술을 바탕으로 자체기술에 의한 상품화 개발 및 Application 개발을 수행하는 과정에서 발생한 연구개발 전담부서의 연구개발 관련비용은 자체기술개발 비용에 해당하여 공제대상으로 한다(재조특-1187, 2016.11.8.; 조세지출예산과-641, 2006.9.20. 외 다수).

또한, 방위산업 분야에서 부체계 업체가 주체계 업체와의 납품계약 조건을 충족하기 위해 수행하는 연구개발은 실질적인 연구 수행의 책임과 위험, 결과의 귀속에 따라 공제 대상이 달라지는 것으로 업체의 연구개발이 공제 가능한지 여부는 업체가 맺은 계약의 조건, 권리의무의 귀속 등을 살펴 사실판단할 사항이다(서면법인-2893, 2020.12.29.).

● **자체 개발 완료 후, 동 기술용역을 유상 제공한 경우** (공제)

타인으로부터 연구개발용역을 수탁받은 바 없이, 내국법인의 연구개발전담부서에서 전기·전자 기술 등에 관한 연구개발에 종사하는 자의 인건비는 연구및인력개발비 세액공제를 적용받을 수 있는 것으로, 개발 등이 완료된 이후에 동 연구개발과 관련한 기술용역을 타인에게 대가를 받고 제공하였다는 사유만으로 당해 개발 등이 완료되기 전의 인건비 지출액에 대하여 연구및인력개발비세액공제대상에서 소급하여 제외하는 것은 아니다(서이 46012-11662, 2003.9.17.).

● **불확실성으로 인한 손실을 수탁업체가 부담하는 경우 위탁R&D 해당 여부** (부정)

원고와 수탁업체 사이의 이 사건 각 용역계약은 연구개발이 갖는 불확실성으로 인한 시행착오나 실패에 따르는 손실 대부분을 수탁업체로 하여금 부담하도록 하고 있다고 할 것이므로, 원고가 수탁업체에게 지급한 용역대금은 연구개발 자체에 대한 대가라기보다는 연구개발 용역업무의 수행에 따른 결과물에 대한 대가로 봄이 상당하다(부산지법 2018구합24514, 2020.10.16.)

> **주요 이슈와 쟁점**
>
> **11. 시제품 연구개발비용에 대한 보상금을 지급받은 경우 연구인력개발비 세액공제 대상인지 여부**
>
> [삭제된 예규] (부정)
> 선행개발된 기술을 바탕으로 자체기술에 의한 상품화 개발을 수행하는 과정에서 발생한 비용 중 당해 법인이 실질적으로 부담한 부분에 한하여 연구인력개발비에 포함됨(서면법규-26, 2015.9.17.; 법인세과-117, 2009.10.12.).
>
> [변경된 예규] (긍정)
> 납품업체가 자기의 책임과 비용으로 거래처의 납품의뢰에 따라서 선행개발된 기술을 바탕으로 자체기술로 상품화개발 등을 수행하는 과정에서 발생한 연구개발 전담부서의 연구개

발 관련비용은 「조세특례제한법 시행령」【별표 6】 제1호 연구개발란 가목의 자체연구개발비용에 해당하는 것임. 이 경우 연구·인력개발비에 해당하는 비용 중 조세특례제한법 시행령 제8조 제1항 단서규정에 해당되는 비용이 있는 때에는 동 비용을 차감하는 것이나, 납품업체가 자체연구개발에 따른 특허권 등을 소유·사용하면서 납품조건을 충족시키는 개발품(시제품)만을 공급하고 받은 대가는 연구·인력개발비에 해당하는 비용에서 차감하지 아니하는 것임(재조특-177, 2017.2.9.).

| 저자주 | 시제품이 납품 조건을 충족할 때, 시제품의 개발비용 중 전부 또는 일부를 거래처로부터 보상받는 경우 관련 개발비용이 연구인력개발비 세액공제의 대상인지 여부가 쟁점이다.

종전 유권해석에서는 개발비용 중 '당해 법인이 실질적으로 부담한 부분'만을 세액공제 대상으로 한정하여, 거래처에서 지급한 보상금과 관련된 시제품 개발비용은 세액공제 대상에서 제외하는 것으로 해석하였다.

그러나 시제품 개발비용을 별도의 계약으로 보상하는 방법과 완성품 납품 계약에서 동 개발비용을 포함하여 계약금액이 결정된 경우 간에 실질적 차이가 없음에도 세액공제 금액이 달라지는 문제점이 있었다. 이에 2017년 2월 세법해석 사례 정비시 종전 예규를 삭제하고 보상금을 수령한 시제품 개발비용을 공제대상에 포함하도록 변경하였다.

(3) 구분경리

연구개발 전담부서에서 **자체연구개발과 수탁연구개발을 함께 수행하는 경우** 법 제143조 제1항의 규정에 따라 연구개발비용을 각각 구분경리하여야 하고, 다만 공통으로 지출된 연구개발비용을 구분경리하지 못하는 경우에는 연구개발에 투입된 시간 등 합리적인 기준에 따라 안분계산하여야 한다(법인-119, 2011.2.15.; 법인-272, 2012.4.18.).

따라서, 이러한 경우에 해당 연구원의 인건비를 전액 부인하는 것이 아니라 **구분경리 또는 안분계산**함에 유의하여야 한다.

Ⅱ. 연구개발비

개정연혁

연 도	개정 내용
2019년	■ 산업디자인전문회사의 디자인 전문 인력을 공제 대상에 추가(2020년부터 적용) ■ 퇴직연금보험료를 인건비에서 제외 ■ 이익처분성과급을 인건비에서 제외되는 항목에서 삭제함 ■ 콘텐츠 분야의 창작용 S/W, 서체·음원 등 재료비를 공제 대상에 추가 ■ 산업디자인 분야의 위탁연구개발비 공제 허용 ■ 산업디자인 전문회사등을 수탁기관등에 추가(2020년부터 적용) ■ 판매시점 정보관리 시스템 설비(POS) 등 기업의 사업 운영·관리·지원 활동과 관련된 시스템 개발을 위한 위탁비용 제외 ■ 정부출연금 등으로 지급한 인력개발비의 공제 대상 제외
2020년	■ 공동·위탁 R&D기관 범위 명확화: 국외기업에 부설된 연구기관, 연구개발을 수행하고 있는 국외소재 기업 추가. ■ 서비스 분야의 위탁·공동 R&D 비용이 과학기술과 결합된 경우를 공제 대상 추가
2021년	■ 중소기업 특허 조사분석 비용을 기타 연구개발비에 추가
2023년	■ 지급 목적에 관계없이 국가 등으로부터 받은 모든 출연금을 공제 대상에서 제외함
2024년	■ 4대 사회보험료의 사용자 부담분을 인건비 범위에 명시함

연구개발비는 법 제10조 제1항에서 정의한 후 그 구체적인 범위를 시행령 별표 6에서 규정하고 있다(조특령 §9 ①).

연구개발에 지출한 인건비가 연구개발비 세액공제대상인지 여부는 계정과목의 분류에 불구하고, 조특법 시행령 별표6 제1호 가목의 요건에 해당하는 자체기술개발과 관련하여 발생한 비용이라면 연구개발비 공제대상에 해당한다(조심 2021전4790, 2022.2.8.).

2019년 개정세법에서 2019년 연구인력개발비 세액공제 비용의 범위를 별표 6의 3을 적용하도록 하였다. 별표 6의 개정은 2020.1.1.부터 시행한다. 별표 6에도 불구하고 2020.1.1. 전에 개시하는 과세연도 분까지는 별표 6의 3에 따른다(2019.2.12. 개정된 시행령 부칙 §1 단서 및 §24). 즉, 2020년부터 별표 6의 개정이 적용되며, 2019년에는 별표 6의 3을 적용한다.

시행령 [별표 6] 연구·인력개발비 세액공제를 적용받는 비용 (2023.2.28. 개정)

구 분	비 용
1. 연구개발	가. 자체연구개발 　1) 연구개발 또는 문화산업 진흥 등을 위한 기획재정부령으로 정하는 연구소 또는 전담부서(이하 "전담부서등"이라 한다)에서 근무하는 직원(연구개발과제를 직접 수행하거나 보조하지 않고 행정 사무를 담당하는 자는 제외한다) 및 연구개발서비스업에 종사하는 전담요원으로서 기획재정부령으로 정하는 자의 인건비(「국민연금법」 제88조 제3항에 따른 사업장가입자의 연금보험료 중 사용자 부담금, 「국민건강보험법」 제69조 제4항에 따른 보수월액보험료 중 사업주 부담분 및 「고용보험 및 산업재해보상보험의 보험료징수 등에 관한 법률」 제13조 제1항에 따른 보험료 중 사업주 부담분을 포함한다). 다만, 다음의 인건비를 제외한다. 　　가) 「소득세법」 제22조에 따른 퇴직소득에 해당하는 금액 　　나) 「소득세법」 제29조 및 「법인세법」 제33조에 따른 퇴직급여충당금 　　다) 「법인세법 시행령」 제44조의 2 제2항에 따른 퇴직연금등의 부담금 및 「소득세법 시행령」 제40조의 2 제1항 제2호에 따른 퇴직연금계좌에 납부한 부담금 　2) 전담부서등 및 연구개발서비스업자가 연구용으로 사용하는 견본품·부품·원재료와 시약류구입비(시범제작에 소요되는 외주가공비를 포함한다) 및 소프트웨어(「문화산업진흥 기본법」에 따른 문화상품 제작을 목적으로 사용하는 경우에 한정한다)·서체·음원·이미지의 대여·구입비 　3) 전담부서등 및 연구개발서비스업자가 직접 사용하기 위한 연구·시험용 시설(제25조의3제3항제2호가목에 따른 시설을 말한다. 이하 같다)의 임차 또는 나목 1)에 규정된 기관의 연구·시험용 시설의 이용에 필요한 비용 나. 위탁 및 공동연구개발 　1) 다음의 기관에 과학기술 및 산업디자인 분야의 연구개발용역을 위탁(재위탁을 포함한다)함에 따른 비용(전사적 기업자원 관리설비, 판매시점 정보관리 시스템 설비 등 기업의 사업운영·관리·지원 활동과 관련된 시스템 개발을 위한 위탁비용은 제외한다. 이하 이 목에서 같다) 및 이들 기관과의 공동연구개발을 수행함에 따른 비용 　　가) 「고등교육법」에 따른 대학 또는 전문대학 　　나) 국공립연구기관 　　다) 정부출연연구기관 　　라) 국내외의 비영리법인(비영리법인에 부설된 연구기관을 포함한다) 　　마) 「산업기술혁신 촉진법」 제42조에 따른 전문생산기술연구소 등 기업이 설립한 국내외 연구기관 　　바) 전담부서등(전담부서 등에서 직접 수행한 부분에 한정한다) 또는 국외기업에 부설된 연구기관

구 분	비 용
1. 연구개발	사) 영리를 목적으로 「연구산업진흥법」 제2조 제1호 가목 또는 나목의 산업을 영위하는 기업 또는 영리목적으로 연구·개발을 독립적으로 수행하거나 위탁받아 수행하고 있는 국외 소재 기업 아) 「산업교육진흥 및 산학연협력촉진에 관한 법률」에 따른 산학협력단 자) 한국표준산업분류표상 기술시험·검사 및 분석업을 영위하는 기업 차) 「산업디자인진흥법」 제4조 제2항 각 호에 해당하는 기관 카) 「산업기술연구조합 육성법」에 따른 산업기술연구조합 2) 「고등교육법」에 따른 대학 또는 전문대학에 소속된 개인(조교수 이상에 한정한다)에게 과학기술분야의 연구개발용역을 위탁함에 따른 비용 다. 해당 기업이 그 종업원 또는 종업원 외의 자에게 직무발명 보상금 지급으로 발생한 금액 라. 기술정보비(기술자문비를 포함한다) 또는 도입기술의 소화개량비로서 기획재정부령으로 정하는 것 마. 중소기업이 「과학기술분야 정부출연연구기관 등의 설립·운영 및 육성에 관한 법률」에 따라 설립된 한국생산기술연구원과 「산업기술혁신 촉진법」에 따라 설립된 전문생산기술연구소의 기술지도 또는 「중소기업진흥에 관한 법률」에 따른 기술지도를 받고 지출한 비용 바. 중소기업에 대한 공업 및 상품디자인 개발지도를 위하여 지출한 비용 사. 중소기업이 「발명진흥법」에 따라 지정된 산업재산권 진단기관의 특허 조사·분석을 받음에 따라 발생한 비용
2. 인력개발	가. 위탁훈련비(전담부서등에서 연구업무에 종사하는 연구요원으로 한정한다) 1) 국내외의 전문연구기관 또는 대학에의 위탁교육훈련비 2) 「국민 평생 직업능력 개발법」에 따른 직업훈련기관에 위탁훈련비 3) 「국민 평생 직업능력 개발법」에 따라 고용노동부장관의 승인을 받아 위탁훈련하는 경우의 위탁훈련비 4) 중소기업이 「중소기업진흥에 관한 법률」에 따른 기술연수를 받기 위하여 발생한 비용 5) 그 밖에 자체기술능력향상을 목적으로 한 국내외 위탁훈련비로서 기획재정부령으로 정하는 것 나. 「국민 평생 직업능력 개발법」 또는 「고용보험법」에 따른 사내직업능력개발훈련 실시 및 직업능력개발훈련 관련사업 실시에 소요되는 비용으로서 기획재정부령으로 정하는 것 다. 중소기업에 대한 인력개발 및 기술지도를 위하여 지출하는 비용으로서 기획재정부령으로 정하는 것 라. 생산성향상을 위한 인력개발비로서 기획재정부령으로 정하는 비용 마. 기획재정부령으로 정하는 사내기술대학(대학원을 포함한다) 및 사내대학의 운

구 분	비 용
2. 인력개발	영에 필요한 비용으로서 기획재정부령으로 정하는 것 바. 「산업교육진흥 및 산학연협력촉진에 관한 법률 시행령」제2조 제1항 제3호 및 제4호에 따른 학교 또는 산업수요 맞춤형 고등학교 등과의 계약을 통해 설치·운영되는 직업교육훈련과정 또는 학과 등의 운영비로 지출한 비용 사. 산업수요 맞춤형 고등학교 등과 기획재정부령으로 정하는 사전 취업계약 등을 체결한 후, 직업교육훈련을 받는 해당 산업수요 맞춤형 고등학교의 재학생에게 해당 훈련기간 중 지급한 훈련수당, 식비, 교재비 또는 실습재료비(생산 또는 제조하는 물품의 제조원가 중 직접 재료비를 구성하지 않는 것만 해당한다) 아. 「산업교육진흥 및 산학연협력촉진에 관한 법률」 제11조의3에 따라 현장실습산업체가 교육부장관이 정하는 표준화된 운영기준을 준수하는 현장실습을 실시하는 산업교육기관 등과 기획재정부령으로 정하는 사전 취업약정 등을 체결하고 해당 현장실습 종료 후 현장실습을 이수한 대학생을 채용한 경우 현장실습 기간 중 해당 대학생에게 같은 조 제3항에 따라 지급한 현장실습 지원비(생산 또는 제조하는 물품의 제조원가 중 직접 재료비를 구성하지 않는 것만 해당한다) 자. 「산업교육진흥 및 산학연협력촉진에 관한 법률」 제2조 제2호 다목에 따른 대학과의 계약을 통해 설치·운영되는 같은 법 제8조 제2항에 따른 계약학과등의 운영비로 발생한 비용

조세특례제한법의 연구개발비는 자체연구개발비에 위탁·공동연구개발비 및 기타 연구개발비를 더하고, 정부출연금 등으로 받은 연구개발비는 차감하여 계산한다.

$$연구개발비 = \left\{ \begin{array}{c} 자체연구\\개발비 \end{array} + \begin{array}{c} 위탁·공동\\연구개발비 \end{array} + \begin{array}{c} 기타\\연구개발비 \end{array} \right\} - \begin{array}{c} 정부출연금\\R\&D \end{array}$$

이하 시행령 별표 6의 조문 순서에 따라 설명한다.

1 자체연구개발비

자체연구개발은 새로운 제품 및 공정을 개발하기 위한 체계적이고 창조적인 활동으로서 납세의무자가 위탁받지 아니하고 '직접' 연구개발한 것으로 평가할 수 있는 경우를 말한다 (인천지방법원 2017구합50267, 2018.1.18.).

자체연구개발비는 크게 인건비, 재료비 등 및 시설 임차료 등으로 구분된다.

1-1 인건비

연구개발 또는 문화산업 진흥 등을 위한 연구소 또는 전담부서에서 근무하는 직원과 연구개발서비스업에 종사하는 전담요원의 인건비이다[조특령 별표 6 1호 가목 1)].

(1) 연구소 또는 전담부서 및 연구개발서비스업

세액공제대상이 되는 연구소 또는 전담부서 및 연구개발서비스업은 다음과 같다(조특칙 §7 ①).
① 기초연구법에 따라 과학기술통신부장관의 인정을 받은 기업부설연구소 또는 연구개발전담부서
② 「문화산업진흥 기본법」에 따른 기업부설창작연구소 또는 기업창작전담부서
③ 산업디자인진흥법(이하 "산업디자인법")에 따른 산업디자인전문회사
④ 연구산업진흥법에 따른 전문연구사업자가 영위하는 연구산업(이하 "연구개발서비스업")

2019년 개정세법에서 고유디자인 개발비용과 그 외 연구개발비 간 형평성을 높이기 위하여, 종전 고유디자인 개발비용을 삭제하고 연구인력개발비 세액공제의 대상이 되는 연구인력의 범위에 산업디자인전문회사의 연구업무에 종사하는 전문 인력을 추가하였다. 2020.1.1. 이후 개시하는 과세연도 분부터 적용한다. 개정규정 중 영 별표 6과 관련되는 사항은 2020.1.1. 전에 개시하는 과세연도 분까지는 영 별표 6의 3과 관련되는 사항으로 본다(2019.3.20. 개정된 시행규칙 부칙 §3 및 §9).

(1-1) 기업부설연구소 또는 연구개발 전담부서

조세특례제한법의 기업부설연구소 또는 연구개발 전담부서(이하 "전담부서등")는 기초연구법상의 인적 요건, 물적 요건을 충족하여야 하며 연구개발업무가 그 부서의 주요 업무이어야 한다.

기업부설연구소를 신고하려는 기업은 연구개발 활동 이외에 기업경영을 위한 필수 조직인 생산, 판매, 관리 등을 담당하는 상시종업원이 존재하여야 한다. 연구개발활동만을 수행하는 기업은 신고 대상이 되지 않으며, 생산 및 서비스를 외주 처리하는 경우에는 계약서 등을 통해 확인되어야 생산업무 수행을 인정한다.[11]

(가) 인적 요건

기업부설연구소의 경우 기업 규모에 따라 연구전담요원이 2명~10명 이상이 근무하여야 하나, 연구개발전담부서는 연구전담요원이 1명 이상 근무하여야 한다(기초연구법 시행령 §16의 2).

---

11) 한국산업기술진흥협회, 「기업부설연구소/연구개발전담부서 신고에 관한 업무편람」, 2020., p.10.

(나) 물적 요건

① 연구공간

연구전담요원, 연구보조원 및 연구관리직원(이하 "연구전담요원등")이 상시적으로 근무하는 데에 필요한 최소한의 면적(연구기자재를 설치한 후의 면적을 말함) 이상을 확보하고, 고정벽체와 별도의 출입문으로 다른 부서와 구분하여 독립적인 공간을 확보하여야 한다. 다만 중기법상 중소기업이나 연구개발형 중소기업 또는 벤처기업, 연구개발부서(정보서비스 또는 소프트웨어개발공급업종만 해당함)로서 50㎡를 초과하는 면적을 연구공간으로 확보할 수 없는 경우에는 칸막이 등으로 다른 부서와 구분할 수 있다(기초연구법 시행규칙 §2 ① 1호).

② 연구기자재

연구전담요원 또는 연구보조원이 연구개발활동에 직접 사용하는 기계, 기구, 장치 및 재료로서 ① 연구공간의 기준에 맞는 연구공간에 위치할 것

③ 부대시설

기업부설연구기관등의 연구개발활동을 위하여 제작한 구축물과 연구전담요원등이 전용으로 사용하는 회의실, 기숙사 등 연구개발활동에 필요한 편의시설로서 기업부설연구기관등의 주소지에 있을 것(부대시설을 두는 경우만 해당함)

조특법상 전담부서등의 인적·물적요건은 기초연구법에 따르므로, 연구인력개발 전담부서는 반드시 독립된 별도의 건물을 필요로 하는 것은 아니며,(재조예 46019-139, 1998.4.19.) 다른 부서와 사무실이 분리되어 있으면 인정된다(법인 46012-782, 1993.3.30.).

(다) 연구개발요건

전담부서등은 연구개발업무가 주요업무이어야 한다.

일반적인 관리 및 지원활동, 시장조사와 판촉활동 및 일상적인 품질시험, 경영이나 사업의 효율성을 조사·분석하는 활동 등 비적격 연구개발활동(Ⅰ. 4. 참조)을 주로 수행하는 부서는 연구개발전담부서로 인정받을 수 없다.

(라) 신청절차

한국산업기술진흥협회가 정부로부터 기업부설연구소 등의 인정 업무를 이관받아 수행하고 있다. 온라인으로 설립 및 인증 신청을 하면, 한국산업기술진흥협회가 심사를 통해 인증서를 발급한다.[12]

---

12) 한국산업기술진흥협회 홈페이지 참조(http://www.rnd.or.kr/)

유의할 점으로는 기업부설연구소와 연구개발 전담부서를 적법하게 신고하여 확인서를 교부받은 경우, 신고일 이후 발생되는 비용만 특례를 적용받을 수 있는 것으로 **승인일 이전에 발생한 비용은 소급하여 공제받을 수 없다**(서면2팀-474, 2007.3.21.; 조심 2010서2689, 2010.11.22.).

이 경우 해당 월의 인건비 중 인정을 신청한 날 이후 발생한 인건비 해당 금액을 구분하기 어려운 경우에는 인정을 신청한 날 이후 연구업무에 종사한 일수에 따라 일할 계산한다(서면법인-7893, 2022.4.22.).

당초 전담부서를 인정받은 개인사업자가 사업양수도 방식으로 법인사업자로 전환한 경우에, 개입사업자와 법인사업자는 별개의 사업자에 해당하므로 전환한 법인이 새로이 전담부서를 인정받지 않았다면 전담부서가 없는 것으로 본다(조심 2010중1459, 2010.7.12.).

한편 분할법인의 기업부설연구소를 분할신설법인이 승계하여 운영함에 있어서 분할 등으로 인한 연구소 변경신고를 **일시 지연**하였더라도 이후 전담부서로 승인된 경우에는 분할일 이후 동 연구소에서 발생한 비용에 대해서는 세액공제를 적용받을 수 있다(법인-771, 2010.8.18.). 합병의 경우에도 동일하다(법인-1286, 2009.11.17.).

(1-2) 기업부설창작연구소 또는 기업창작전담부서

조특법상의 기업부설창작연구소 또는 기업창작전담부서(이하 "기업부설창작연구소등")은 문화산업진흥기본법(이하 "문화산업법")의 인적요건, 물적요건을 충족하여야 하며 창작업무가 그 부서의 주요업무이어야 한다(동법 시행령 §26).

(가) 인적요건

기업부설창작연구소의 경우 규모에 따라 창작전담요원이 3명~10명 이상이 근무하여야 하며, 기업창작전담부서의 경우는 창작전담요원이 1명 이상 근무하여야 한다.

(나) 물적요건

창작시설은 다른 부서와 구분할 수 있도록 독립된 공간으로 구분하여야 하나 밀폐된 독립공간이 아니더라도 칸막이와 간판 등 연구소 표식이 있으면 인정된다. 앞서 본 기업부설연구소에 비해 요건이 완화되어 있다.

(다) 창작개발요건

기준에 부합되는 창작개발이 해당 기업부설창작연구소등의 주요 업무이어야 한다. 창작개발에 관하여서는 Ⅰ. 3. 창작개발을 참조하기로 한다.

창작개발요건[13]

구 분		상세 조건
문화산업의 창작개발	문화산업	문화산업진흥기본법 제2조에 정의된 문화산업 분야의 창작개발 활동 수행
	창의성	문화적(예술성, 오락성, 여가성, 대중성 등) 가치를 가진 창작물 창출이 주요 업무일 것 * 창의성이 수반되지 않는 단순 제작, 포맷 변환 등은 창의적 활동이라 할 수 없음
창작개발 활동의 속성	자체활용	창작개발은 결과물을 자체적으로 활용하는 비영리 활동 * 외주용역 등 결과물을 직접 활용하지 않거나 직접적인 영리목적의 활동은 수행불가(단, 국가 R&D에 의한 공동연구 및 위탁연구 등은 수행가능)
	R&D 속성	최종 판매물의 직접적인 생산과정에 해당되지 않아야함
창작개발 결과물의 속성	저작권화	창작개발 결과물은 원천적 저작권으로 인정되는 창작물에 활용되는 것이어야 함 * 원천적 저작권 확보가 되지 않는 저작물(번역, 통역, 편집물 등)은 인정되지 않음
	도덕성	창작개발 결과물은 사회 통념 상 저속하거나 불량하지 않다고 누구나 인정할 수 있어야 함 * 불법 사행성 게임, 음란물 등과 관련된 창작개발은 인정되지 않음
지속성		지속적인 창작개발을 위한 체계적인 계획 보유

(라) 신청절차

종래에는 기업부설창작연구소등을 문화체육관광부장관의 추천을 받아 기획재정부장관이 고시하도록 하였으나, 2015년 개정세법에서 기획재정부장관의 고시 절차를 없애고 문화산업법에 따라 문화체육관광부장관이 인정하는 기업부설창작연구소등을 특례의 대상으로 하도록 변경하였다.

현재 한국콘텐츠진흥원이 기업부설창작연구소등의 인정확인 등을 지원하고 있다. 개별기업이 문화체육관광부장관에 인정신청을 하고, 한국콘텐츠진흥원이 창작연구소 등의 검토·현장 실사 후에 인정심사를 이행한다. 인정심의의 심사결과를 문화체육관광부에 통보하여 창작연구소등으로 인정한다.

---

[13] 한국콘텐츠진흥원에서 발간한 기업부설창작연구소 및 창작전담부서 인정제도를 참조하여 표를 작성함.

인적 요건과 물적 요건을 충족하면 연구개발 업무의 적격성에 대하여는 크게 당락이 좌우되지 않는 제조업의 R&D와 달리 콘텐츠산업 R&D에서는 창작연구소 등의 업무가 창작개발 활동에 해당하는지 여부가 중요한 심사요건이 된다. 이에 대한 확인으로서 창작연구소 등의 신청 시에 창작사업개요서와 함께 창작개발과제 세부계획서를 제출하도록 하여 이를 인정 심의위원회에서 심의한다.[14]

(1-3) 산업디자인전문회사

산업디자인전문회사란 산업디자인에 관한 개발·조사·분석·자문 등을 전문으로 하는 회사로서, 전문분야 요건, 인적요건 및 매출액 요건을 충족여야 한다(산업디자인법 시행규칙 §9 ①).

산업디자인전문회사는 산업디자인진흥법 제9조 및 같은 법 시행규칙 제9조에 따라 산업통상자원부장관에게 신고하여 신고확인증을 발급받은 회사를 말한다(서면법규법인-3918, 2023.3.8.). 신고하여 확인증을 발급받지 아니한 경우에는 관계법령의 기준에 해당하는 회사라 하더라도 특례 대상에서 제외한다.

(가) 전문분야 요건

국가에서 디자인산업을 전문으로 하는 기업으로 인정하는 전문분야를 의미한다.[15]

전문으로 하는 산업디자인의 분야가 3개 이상인 회사를 종합디자인분야 전문회사라 한다.

디자인 분야별 정의 및 예시

분야	정의	예시
시각디자인	정보문화시대에 다양한 정보를 통합하고 시각화하여 전달할 수 있는 형식의 커뮤니케이션디자인	포스터·광고디자인, 북·편집디자인, 프로모션디자인, 타이포그라피디자인(타입페이스, 폰트, 캘리그래피 등), 아이덴티티디자인, 정보디자인, 일러스트레이션·캐릭터디자인
포장디자인	생산된 제품의 기술적 포장기법, 효율적 마케팅, 재활용 및 환경보존의 개념과 기능을 고려하고 심미성과 구매성의 동기를 줄 수 있는 상품 포장디자인	박스 및 표면디자인, 라벨디자인, 용기디자인, POP디자인(포장상품의 효과적 진열을 위한 구조디자인과 표면디자인이 결합된 입체물)

---

14) 한국지식재산연구원,「콘텐츠산업 세액공제 법적용 가이드라인 개발」, 한국콘텐츠진흥원, 2020.2.11., p. 72. 및 p. 76.
15) 산업디자인전문회사 홈페이지>산업디자인전문회사란?(https://designfirm.kidp.or.kr/)

분야	정의	예시
제품디자인	풍요로운 생활을 위한 도구 개념의 인공물로써 대량생산을 전제로 한 각종 제품디자인	전기·전자, 정보·통신기기 디자인, 생활용품, 레포츠, 취미 및 의료기기 디자인, 사무기기 및 문구, 아동용구 및 교육용품 디자인, 산업기계 및 운송기기, 주택설비 및 가구디자인 등
환경디자인	합리적이고 기능적이며 쾌적한 생활환경을 조성키 위한 환경제품디자인, 실내디자인 및 공간디자인, 공공디자인, 건축디자인, 조경디자인, 디스플레이 등	환경디자인(공공디자인, 건축디자인, 조경디자인, 디스플레이), 공공디자인(옥외시설물 등), 환경색채 및 조형물, 실내디자인(공간디자인)
멀티미디어 디자인	정보소통의 효율성을 위한 디지털 미디어 기반의 인터랙티브, 이미지, 사운드, 모션, 텍스트를 통합한 심미적이고 기능적인 콘텐츠디자인	인터랙티브 디자인(웹사이트 디자인, G.U.I디자인, 안내시스템 디자인, 영상디자인, 애니메이션, 미디어파사드디자인(건물외벽에 LED조명 등을 비춰 영상을 표현함으로써 미디어 기능을 구현)
서비스 디자인	서비스를 설계하고 전달하는 과정 전반에 "디자인방법론"을 적용함으로써 사용자의 생각과 행동을 변화시키고 경험을 향상시키는 분야. 제조에 서비스를 접목하거나 신 서비스 모델을 개발함으로써 새로운 부가가치를 창출함.	공공서비스디자인(공공정책, 공공서비스 개발, 국민건강, 복지, 고령화, 안전 등 사회문제해결을 위한 디자인), 제조·서비스 융합 서비스디자인(제조에 서비스를 접목하여 고부가가치화, 신서비스모델 개발), 서비스산업을 위한 서비스디자인 등(서비스산업 고도화 및 신서비스모델 개발)
기타디자인	디자인 기반의 인프라 및 융합디자인 등 새롭게 출현한 디자인 분야	디자인 이론/연구개발, 디자인 경영, 디자인 정책, 기술융합디자인(로봇, IoT, VR, AR, 빅데이터, 커넥티드 등), 감성융합디자인(CMF, 감성디자인 등)

(나) 인적 요건

해당 회사가 전문으로 하는 산업디자인의 분야별로 산업통상자원부장관이 정하는 전문인력을 1명 이상 보유하여야 한다. 따라서 프리랜서 디자이너 등 1인 기업도 인적 요건을 충족할 수 있다. 다만, 종합디자인분야 전문회사는 3명 이상을 보유하여야 한다.

이때 전문 인력은 국가기술자격법에 의한 디자인 직무의 기술사(기능장)·기사 자격소지자, 10년 이상의 산업디자인분야 실무경력이 있는 자 등을 말한다(산업디자인전문회사 신고요령 §2 ③).[16]

---

16) [시행 2022.5.30.] [문화체육관광부고시 제2022-28호, 2022.5.30., 일부개정]

(다) 매출액 요건

원칙적으로 매출액 기준은 없다. 다만 종합디자인분야 전문회사는 직전 사업연도 매출액 또는 직전 3개 사업연도의 평균매출액이 2억원 이상이어야 한다.

(라) 신청 절차

산업디자인전문회사 신고는 한국디자인진흥원에서 운영·관리한다. 온라인으로 신고하면, 한국디자인진흥원이 심사를 통해 신고확인증을 발급한다.

(1-4) 연구개발서비스업

(가) 연구개발서비스업의 범위

「연구산업진흥법」에 따른 '전문연구사업자'가 영위하는 '주문연구산업'(이하 "연구개발서비스업")을 말한다.

'주문연구산업'이란 연구개발을 독립적으로 수행하거나 그 전부 또는 일부를 외부로부터 위탁받아 수행하는 산업을 말한다(연구산업진흥법 §2 1호 가목).

'전문연구사업자'란 전문성을 갖추어 연구산업을 영위하는 자로서 인적요건, 물적요건, 매출액 요건 등을 갖추어 신고한 자를 말한다(같은 법 §6 ①, 동 시행령 §5).

연구개발서비스업 영위자와 다른 R&D 특례 주체와의 차이점은 기업부설연구소등의 승인을 대신하여 과학기술정보통신부로부터 연구개발서비스업 신고증을 발급받아야 한다는 점이다. 또한 기업부설연구소의 연구개발활동은 비영리 활동인 반면에, 연구개발서비스업은 영리를 목적으로 하는 활동이다. 따라서 연구소와 연구개발서비스업은 연구활동의 성격이 다르므로 연구개발서비스업으로 인정받았다고 하여 연구소로 인정되지 않는다.[17]

(나) 공제대상 비용의 범위

종래에는 연구개발서비스업 영위자가 수탁연구를 수행할 때에는 R&D 위탁주체가 R&D 비용세액공제를 적용받게 되지만, 연구개발서비스업자의 자체연구에 대해서는 이공계 분야 연구개발을 수행함에도 불구하고 연구개발 조세특례를 적용받을 수 없었다. 이에 2014년 개정세법에서 전담부서등과 동일하게 지원하기 위한 목적으로 연구개발서비스업 영위자의 자체 연구에 대해 세액공제를 허용하였다(조특령 별표 6 1호 가목 1) 본문, 조특칙 §7 ① 본문).

일반연구개발비 세액공제뿐만 아니라 신성장·원천기술 연구개발비 세액공제도 적용받을 수 있다(조특칙 §7 ②).[18]

---

17) 한국산업기술진흥협회, 「기업부설연구소/연구개발전담부서 신고에 관한 업무편람」, 2020., p.21.

(2) 전담부서등의 직원

연구소 또는 전담부서에서 연구업무에 종사하는 연구요원(연구전담요원) 및 이들의 연구업무를 직접적으로 지원하는 자(연구보조원; 기초연구법 시행령 §2 7호 및 8호)와 연구개발서비스업에 종사하는 전담요원의 인건비를 공제대상으로 한다. 산업디자인 전문회사의 경우 연구업무에 종사하는 전문인력(산업디자인법 시행규칙 §9 ① 1호; 디자이너)을 말한다.

단, 연구개발과제를 직접 수행하거나 보조하지 않고 행정사무를 담당하는 **연구관리직원은 제외된다**[조특령 별표 6 1호 가목 1), 조특칙 §7 ③].

2020년부터 산업디자인전문회사의 연구업무에 종사하는 전문 인력(산업디자인진흥법 시행규칙 §9 ① 1호)을 연구요원에 포함한다. 부칙 등은 (1)을 참조하기로 한다.

(2-1) 요건

공제대상인 전담부서등의 직원으로 인정받기 위해서는 전업적으로 연구개발 업무에 종사하여야 하며, 연구소 또는 전담부서 소속이어야 한다.

(가) 전담부서등 소속 직원

전담부서에 소속된 직원이어야 하므로, 전담부서에서 근무하다가 **전담부서가 아닌 곳으로 이동하여** 전담부서의 연구용역을 전업적으로 수행하더라도 공제대상에 해당하지 않는다(법인세과-912, 2009.8.18.).

또한 연구개발전담부서의 연구요원이 다른 기업에서 **연구업무를 수행하는 경우**에는 연구개발전담부서에서 근무하는 자로 볼 수 없으며,(서면2팀-707, 2008.4.16.) 해외소재 모법인의 연구소에 파견한 경우에도 세액공제대상이 되지 않는다(법인세과-1329, 2009.11.27.).

내국법인이 연구소 소속이 아닌 팀을 기초연구법에 따라 연구소 내의 팀으로 승인을 받은 경우에는 공제 가능하다(사전법령법인-0095, 2021.5.20.).

---

18) 2013년 간추린 개정세법 취지에서는 '연구개발서비스업의 자체연구개발'을 세액공제의 대상으로 허용한다는 표현이 있어 연구개발서비스업의 위탁·공동연구개발을 대상에서 제외하는 것처럼 보일 수 있다. 그러나 위탁 및 공동연구개발비의 경우에 수탁기관만 전담부서등을 보유하면 요건을 충족하고, 위탁업체는 전담부서등을 보유할 것을 요구하지 않는다. 따라서 연구개발서비스업에 대하여 위탁 및 공동연구개발비를 대상에서 제외하여 해석할 필요는 없다고 판단된다.

(나) 전업적으로 연구개발업무를 수행할 것

원칙적인 세액공제의 대상은 전업적으로 연구개발업무를 수행하는 자가 전담부서등 소속 인력으로 승인기관에 연구요원으로 신고한 경우로 한다(겸직금지의무). 다만 연구요원으로 신고되지 않았을지라도 해당 기업이 전담부서등의 확인을 받은 이후, 직원이 실질상 전업적으로 연구개발 관련 업무에 종사한 경우에는 공제대상에 포함한다(서면2팀-176, 2006.1.23.).

반면에 연구원이 연구 활동에만 전념하는 것이 아니라 일반 사원과 혼재된 채 일반 매출활동에도 참여하는 경우(예, 기술영업)에는 세액공제대상에서 제외한다(서울고법 2010누25635, 2011.2.10.; 조심 2021중1876, 2021.10.6.). 연구원이 수익사업인 용역에 참여한 경우, 용역에 참여한 비율만큼 적용 배제되는 것이 아니라 그 연구원의 인건비 전액에 대하여 세액공제를 배제한다(조심 2017구0277, 2019.2.20.). 다만, 수탁연구개발 용역을 함께 수행하는 경우에는 안분계산한다(Ⅰ. 5-2 (3) 참조).

또한 전담부서에 근무하는 연구원이라도 기술개발을 위한 연구업무를 전담하는 경우에 한하여 그 인건비에 대하여 과세특례규정이 적용된다(감심 2015-537, 2016.7.20.; 대법원 2011두6944, 2011.6.27.).

학위 등 자격요건이 필수적인 것은 아니므로,(법인 46012-2480, 1994.8.30.) 기초연구법상의 자격요건을 갖추지 못하여 연구요원으로 신고되지 아니하였더라도 공제대상에 포함시킬 수 있다. 파트타임으로 근무하는 경우에도 연구업무에 전업적으로 종사하는 경우에는 세액공제 적용대상으로 한다(법인세과-1332, 2009.11.29.).

● 제품 설계 등과 관련된 고객불만처리 업무, Sales support 및 Manufacturing support 업무

청구법인 기술연구소에서 수행한 <u>고객불만처리 업무는 단순한 불량제품 교체 또는 일상적인 유지보수가 아니라, 제품의 설계 자체에 대한 검토 및 변경과 관련된 사안에 대하여 제품 설계 등을 개선하기 위하여 수행한 것으로 보이고, 이는 연구·개발활동의 일환에 해당하는 것으로 볼 수 있는 점</u>, 청구법인 기술연구소 직원들의 업무 소요시간 자료 등에 따르면 기술연구소 직원들이 Sales support 및 Manufacturing support 업무를 일부 수행하는 것으로 보이나, 기술연구소 직원이 수행하는 <u>Sales support 업무란, 기술영업팀 등 마케팅&영업그룹에 속한 직원의 지식과 기술에 대한 이해 수준으로 고객에게 직접 대응할 수 없는 전문적인 제품, 기술 관련 대응과 관련된 활동을 의미하는 것이고, Manufacturing support 역시 생산팀에서 단독으로 해결할 수 없는 제품 재설계를 위한 활동을 의미하는 것으로 보이므로</u> 이를 연구·개발과 무관한 것으로 보기는 어려운 점 등에 비추어 청구법인이 쟁점세액공제의 요건을 충족하지 못한 것으로 보아 처분청이 청구법인에게 법인세를 부과한 이 건 처분은 잘못이 있는 것으로 판단된다(조심 2023중403, 2023.8.17.).

(2-2) 출자임원의 제외

지배주주인 임원이 연구요원을 겸직하는 경우, 그 지배주주의 인건비를 세액공제대상으

로 하더라도 기업의 우수인력 확보라는 본래의 취지와는 무관하기 때문에 다음의 어느 하나에 해당하는 주주인 임원은 공제대상 직원에서 제외한다(조특칙 §7 ③).

① 부여받은 주식매수선택권을 모두 행사하는 경우 해당 법인의 총발행주식의 10%를 초과하여 소유하게 되는 자
② 해당 법인의 주주로서 지배주주 등[19] 및 당해 법인의 총발행주식의 10%를 초과하여 소유하는 주주

연구요원인 임원이 총발행주식의 10%를 초과 소유하는 경우, 그 사유 발생일 이전 기간에 상당하는 인건비에 대해서는 세액공제를 적용할 수 있다(서면법인-2477, 2017.12.8.; 서면법규-1017, 2014.9.21.). 특수관계 없는 자를 연구소장으로 채용하면서 법인의 총발행주식의 10%와 임원(사내이사)직 중 어느 하나 또는 둘 모두를 제공하는 경우에도 연구인력개발비 세액공제가 가능하다(서면법인-1132, 2020.7.1.).

③ ②에 해당하는 자(법인 포함)의 소득세법 또는 법인세법에 따른 특수관계인

이 경우 해당 법인이 「독점규제 및 공정거래에 관한 법률」에 의한 기업집단에 속하는 법인인 경우 그 기업집단에 소속된 다른 계열회사의 임원(법령 §2 ⑤ 7호)이 당해 법인의 임원인 경우를 제외한다. 예를 들어 A법인과 B법인이 기업집단에 속하는 경우 A법인과 B법인의 임원을 겸직한다는 사실만으로는 세액공제 적용대상에서 제외되지 않는다.

해당 법인의 임원이 아닌 총발행주식의 10%를 초과하여 소유한 자와 특수관계인 주주인 임원은 동 규정에 따라 전담부서에 근무하는 직원에서 제외한다(서면법인-2178, 2017.11. 29.). 반면에 연구소 근무직원이 개인사업자의 특수관계인일 때에는 세액공제대상 직원의 범위에서 제외하지 않는다(서면법령소득-2869, 2016.2.26.) 출자임원의 제외 규정은 법인의 주주 또는 그 주주의 특수관계인 등에만 적용되며 개인기업에는 적용되지 않기 때문이다.

실무 상담 사례

Q A기업의 지분 80%를 보유하고 있는 갑의 아들 을(지분 5%, 임원), 딸 병(지분 5%, 과장), 사위 정(지분 0%, 임원)이 연구요원일 경우, 연구인력개발비 세액공제 대상이 되는지요?

A 을은 당해 법인의 주주로서 지배주주등에 해당하며 임원이므로 공제대상에서 제외합니다. 병은 지배주주등에 해당하지만, 임원이 아니므로 공제대상입니다. 정은 임원이어도 주주가 아니므로 공제대상입니다.

---

[19] 지배주주 등이란 법인의 발행주식총수 또는 출자총액의 1% 이상의 주식 또는 출자지분을 소유한 주주등으로서 그와 특수관계에 있는 자와의 소유 주식 또는 출자지분의 합계가 해당 법인의 주주등 중에서 가장 많은 경우의 해당 주주등이다(법령 §43 ⑦).

(3) 인건비

인건비라 함은 명칭 여하에 불구하고 근로의 제공으로 인하여 지급하는 비용을 말한다. 그러나, 개념상 인건비에 포함되는 퇴직소득, 퇴직급여충당금 전입액 등은 조세정책적 목적으로 제외한다. 또한, 전담부서 등 직원의 복리후생비도 제외되며,(조특통 10-9…4) 출장비, 여비교통비, 회의비 등도 제외된다(법인-11, 2012.1.6.).

반면에, 연차수당(법규법인 2009-241, 2009.7.3.)과 주식매수선택권 행사이익(스톡옵션 행사당시 시가와 실제 매수가격의 차이; 법인세과-954, 2010.10.19.)은 인건비에 포함한다.

● **특허권 사용료** (제외)

신공법 특허를 개발한 연구전담부서 직원에게 해당 신공법 관련 매출액의 일정율을 지급하는 경우 및 연구전담부서 이외의 직원이 개인적으로 취득한 신공법 특허를 법인이 사용하고 그 사용료를 지급하는 것은 인건비에서 제외된다(서면2팀-1196, 2005.7.25.).

2018년 개정세법에서 기업회계기준과의 일치를 목적으로 이익잉여금 처분에 의한 성과급 손금산입 규정(구 법법 §20 1호 및 구 법령 §20 ①·④)을 법인세법에서 삭제하였다. 이에 2019년 조특법을 개정하여 이익잉여금 처분에 의한 성과급을 R&D 비용 세액공제의 대상에서 제외하는 규정을 삭제하였다[조특령 별표 6의 3 1호 가목 1) 다)].

(3-1) 인건비의 개념

전담부서등 직원의 인건비는 R&D세액공제를 적용받는 대다수의 기업들, 특히 중소기업에게 가장 큰 비중을 차지하는 항목이므로 인건비의 개념과 범위를 상세히 살펴본다.

인건비(人件費)는 회계 강학상의 개념으로 물건비(物件費)와 대비된다. 광의의 인건비는 노무주비(主費)와 노무부비(副費)로 구성된다. 노무주비는 종업원 개인에게 지급되는 급여액으로 임금·급료·수당·상여·퇴직금 등이고, 노무부비는 종업원의 관리 및 복리후생을 목적으로 기업이 부담하는 비용으로 사회보험료(산재보험료·의료보험료 등)의 기업부담액·복리시설부담액·후생비·종업원 모집비 및 훈련비 등을 말한다.[20] 한편 인건비를 기본급, 제수당, 상여금 등을 합한 현금급여와 법정·법정외 복지후생비, 퇴직금 등의 모든 비현금 급여를 합한 개념으로 보기도 한다. 인건비의 분류에 차이가 있을 뿐 그 범위가 광의라는 점에서는 유사하다. 반면에 협의의 개념으로는 위에서 말한 현금급여를 의미하는데, 임금이라는 용어를 일반적으로 사용한다.

조특법에서는 예전 기본통칙에서 인건비에 대해 "명칭여하에 불구하고 근로의 제공으로 인하여 지급하는 비용"이라고 정의하여(구 조특통 9-8…1 ① 1호) 광의의 인건비로 보고 있었다. 다만, 그 범위에 관한 일반적인 규정은 없으며, 시행령 별표 6 또는 기본통칙에서

---
[20] 동아백과사전 참조

퇴직소득 등을 인건비에서 제외하는 네거티브 방식으로 규정하고 있다.

(3-2) 퇴직금 다음은 인건비에서 **제외한다**[조특령 별표 6 1호 가목 1) 가)~다)].

㉮ 퇴직소득(소법 §22)

㉯ 퇴직급여충당금(소법 §29 및 법법 §33)

㉰ 퇴직연금등의 부담금(법령 §44의 2 ②) 및 퇴직연금계좌에 납부한 부담금(소령 §40의 2 ① 2호)

　퇴직급여충당금을 재원으로 하여 지급되는 중간정산 퇴직금도 제외된다. 판례에 따르면 퇴직금 등은 장기간의 근속기간을 고려하여 일시에 지급하는 **후불적 임금**이어서 해당 과세연도에 직접적으로 대응하는 비용만을 세액공제대상으로 삼는 연구인력개발비세액공제의 취지에서 벗어나므로 제외한다(대법원 2013두24310, 2014.3.13.).

　종전에는 퇴직금과 퇴직급여충당금 전입액이 인건비에서 제외됨을 기본통칙 9-8…1에서 규정하고 있었으나, 2012년 개정세법에서 시행령 별표에 직접 규정하여 명확화하였다.

　2012년 이전에는 퇴직금 등이 세액공제의 대상인 인건비에 포함되는지 여부에 관하여 긍정한 판례(부산지법 2012구합2307, 2013.5.10.)도 소수 있었으나, 대법원판결을 비롯하여 대부분의 예규·판례는 부정하였었다.[21]

　종래 법원에서는 DC형 퇴직연금보험을 인건비에 포함하였으나(대법원 2016두63200, 2017.5.30.), 2019년 개정세법에서 세액공제 대상 제외 비용으로 규정하였다.

> **❖ 사이닝보너스의 인건비 해당 여부 (부정)** (조심 2014서960, 2014.12.19.)
> 조세특례제한법상의 연구·인력개발비에 대한 세액공제는 해당 과세연도에 발생한 연구 및 인력개발을 위한 비용을 그 대상으로 규정하고 있고, 이는 해당 과세연도에 연구 및 인력개발에 직접적으로 투입된 노무의 대가로서 지급되는 일반적인 급여 등에 대해 적용하는 것이 타당한바, 새로 채용하는 인력에게 일정 기간 의무적인 재직을 조건으로 지급하는 쟁점상여금은 청구법인의 연구전담부서에서 연구개발활동에 직접적으로 투입된 비용으로 보기 어렵고, 청구법인의 전담부서에서 현재 근무하는 연구원들이 아닌 장래에 근무할 직원을 채용하기 위하여 지출한 비용으로서 통상의 인건비 성격이 아닌 특정 목적의 지출비용으로 보아야 할 것으로서 연구 및 인력개발비 세액공제대상이 되는 인건비에 해당되지 않는다.
>
> **저자주** 사이닝보너스는 소득세법상 근로소득으로 보아 계약조건에 따른 근로기간 동안 안분하여 근로소득으로 과세(소통 20-0…5 ②)함에도 불구하고, 동 심판례에서는 당해 연도 발생한 비용이 아니며 통상적인 인건비가 아니라는 점에서 세액공제대상에서 제외함. 퇴직금에 대하여 당해 연도 비용이 아니라는 점을 근거로 부인하고 있는 것과 같은 논리임.

---

21) 대법원 2013두24310, 2014.3.13.; 조심 2013구3746, 2013.11.6.; 조심 2012전1813, 2013.4.11.; 조심 2012중3069, 2012.12.31. 외 다수

(3-3) 4대 사회보험 보험료의 사용자부담분

실무상 간과하기 쉬운 사항으로 비과세 근로소득이 급여 이외의 계정과목으로 회계처리된 경우(예, 복리후생비)라 하더라도 세액공제대상에 포함시켜야 할 것이다. 전담부서 등에서 근무하는 연구요원 등의 인건비에는 소득세법 제12조 제3호에서 규정하고 있는 비과세 근로소득이 포함되기 때문이다(서면2팀-62, 2007.1.9.; 법인-11, 2012.1.6.).

주요 사항으로 <u>사업장가입자의 국민연금보험료 중 사용자 부담금(국민연금법 §88 ③), 건강보험의 보수월액보험료 중 사업주 부담분(국민건강보험법 §69 ④) 및 고용보험료와 산재보험료 중 사업주 부담분(고용보험 및 산업재해보상보험의 보험료징수 등에 관한 법률 §13 ①)이 해당된다</u>[조특령 별표 6 1. 가. 1)]. 즉, 4대 사회보험 보험료의 사용자부담분을 공제대상 인건비로 한다.

이와 유사하게 실비변상적 성질의 급여(예, 월 20만원 이내의 연구보조비), 비과세 식사대 등이 있으며, 이외에도 기타 비과세근로소득에 관한 소득세법 조항을 참고하여 회사의 상황에 맞추어 공제대상에 포함시켜야 할 것이다.[22]

[2024 개정] 4대 사회보험 보험료의 사용자 부담분을 인건비 범위에 명시함. 종래 과세관청에서 국민연금, 건강보험, 고용보험의 사용자 부담분은 공제 대상으로 해석하였으나, 산재보험에 대해서는 공제대상에서 제외하도록 해석하였었음.

> **주요 이슈와 쟁점**
>
> **12. 국민연금 사용자부담분이 인건비에 포함되는지 여부**

[법령]
- 개정 전 구 소득세법 제12조 [비과세소득]
  다음 각 호의 소득에 대하여는 소득세를 과세하지 아니한다.
  3. 근로소득과 퇴직소득 중 다음 각목의 1에 해당하는 소득
    너. 「국민건강보험법」, 「고용보험법」, 「국민연금법」, 「공무원연금법」, 「사립학교교직원 연금법」, 「군인연금법」, 「근로자퇴직급여 보장법」, 「과학기술인공제회법」 또는 「노인장기요양보험법」에 따라 국가·지방자치단체 또는 사용자가 부담하는 부담금
- 2013.1.1. 개정된 소득세법 제12조 [비과세소득]
  다음 각 호의 소득에 대하여는 소득세를 과세하지 아니한다.

---

22) 다만 최근 국세청 유권해석에 따르면 인건비 범위 판정을 위한 비과세근로소득 인용 조항을 종래 소득세법 제12조 제3호에서 같은 호 너목만을 한정하여 인용하고 있다(서면법규-752, 2014.7.17.; 다만, 서면법인-2106, 2016.5.3. 유권해석은 삭제됨). 건강보험료와 고용보험료 사용자부담금을 원칙적으로 인건비에 포함하되, 여타의 비과세 근로소득에 대해서는 개별적으로 인건비 포함 여부를 판정하려는 취지인 것으로 판단된다.

3. 근로소득과 퇴직소득 중 다음 각목의 1에 해당하는 소득
    너. 「국민건강보험법」, 「고용보험법」 또는 「노인장기요양보험법」에 따라 국가, 지방자치단체 또는 사용자가 부담하는 보험료

| 저자주 | 본문에서 살펴본 과세관청의 해석에 따르면, 2013년 이후에는 건강보험료(장기요양보험료 포함)와 고용보험료 사용자 부담분만 인건비의 범위에 포함되고 기존에 공제되는 비용으로 보았던 국민연금 사용자 부담분은, 소득세법 개정으로 인하여 비과세대상에서 제외되어 열거되지 아니한 소득이 되었으므로 공제대상에서 제외되어야 할 것이다.[23]

이러한 해석은 세액공제의 대상인 인건비가 소득세법의 근로소득과 동일함을 전제로 하여, 근로소득에 포함되는 비과세(근로)소득만이 인건비에 포함되고 비과세 근로소득으로 열거되지 아니한 소득은 인건비로 인정될 수 없다는 논리에 근거하고 있다. 즉, 과세관청의 해석은 소득세법의 비과세 근로소득 조항을 차용하여 인건비의 범위를 정하고 있다.

이에 대해 조세심판원에서는 국민연금보험료 사용자부담금이 세법개정으로 비과세 대상에서 과세제외 대상으로 변경되었을 뿐 사용자의 입장에서 달라진 사항은 없으며, 근로자의 선택에 따라 연금소득 또는 퇴직소득으로 구분되어 과세되므로 반드시 퇴직소득에 해당하지 않는다는 점을 논거로 동 사용자부담금을 인건비에 포함하는 것으로 판단하였다(조심 2016광1337, 2016.12.16.). 이에 따라 최근 국세청 유권해석에서도 포함하는 것으로 변경하였다(기준법령법인-0020, 2018.6.15.).

그러나 조세심판원의 논거를 따르게 되면 퇴직연금보험료 사용자부담금도 인건비에 포함될 수 있다는 결론이 도출될 수 있다.[24] 이에 최근 대법원 판례에서는 DC형 퇴직연금보험료는 퇴직급여충당금과 달리 그 지출 사업연도의 비용으로 인정받을 수 있고 지출하는 사업연도에 각 연구원들에게 확정적으로 귀속된다는 점을 근거로 하여, DC형 퇴직연금보험료를 인건비에 포함하였다(대법원 2019두62352, 2020.4.9.[25]; 대법원 2016두63200, 2017.5.30.; 감심 2018-915, 2019.9.19.). 그러나 대법원판결 이후에도 조세심판원에서는 제외하는 것으로 해석하였으며,(조심 2020중7798, 2021.2.3.; 조심 2018서3421, 2018.11.20.; 조심 2018중786, 2018.5.8. 외 다수) 2019년 개정세법에서 퇴직연금보험료를 인건비에서 제외하는 것으로 명문화하였다.

최근 기획재정부 유권해석에 따르면 조세특례제한법 시행령 별표6(2019.2.12. 대통령령 제29527호로 개정되기 전의 것) 제1호가목1)의 자체연구개발비에서 제외되는 퇴직소득·퇴직급여충당금·성과급 등에 확정기여형 퇴직연금보험료가 포함되지 않는 것으로 해석하였다(재조특-72, 2021.1.22.). 종래 국세청에서는 DC형 퇴직연금보험료가 인건비에서 제외된다는 규정이 명문으로 도입된 2019년 이전에도 동 보험료를 인건비에서 제외한다고 해석하였으나(기준법령법인-215, 2018.1.8.), 기재부에서 이를 허용하는 새로운 예규가 나옴에 따라 종전 예규를 2021.1.27.에 삭제하였다. 따라서 2018 사업연도의 DC형 퇴직연금보험료를 인건비에 포함하여 경정청구할 수 있게 되었다.

---

23) 반면에 과세관청에서는 사용자로서 법인이 부담하는 산재보험료를 공제대상 인건비에서 제외하는 것으로 해석하였다(기획재정부 조세정책과-695, 2023.3.20.; 서면법인-4511, 2022.11.21.; 기준법령법인-89, 2017.5.29.). 여타의 건강보험료, 고용보험료, 국민연금 사용자 부담분을 공제대상으로 보는 것과 균형이 맞지 않는 해석이다. 24년 세법개정에서 산재보험료를 포함하는 것으로 명문화하였으므로 위의 해석은 더 이상 유효하지 않다.
24) 좀 더 자세한 논의는 다음의 졸고 최신예판해설을 참조하기 바람. 최문진, "국민연금보험료 사용자부담금은 연구인력개발비 세액공제 대상 인건비에 해당함", 주간 세무경영/제1484호, 2017.6.1.
25) 대법원 판결에서 쟁점이 되는 퇴직연금보험료는 2012~2016 사업연도를 대상으로 지급한 분으로, 2019.2.12. 개정 전의 사안임.

> 저자의 의견으로는 비과세 근로소득을 차용하여 인건비의 범위를 결정하는 해석은 타당하지 않다고 본다. 첫번째로, 조특법에서 소득세법상 총급여액을 준용하는 경우에는 해당 조문을 명시적으로 규정(조특령 §27의 4 ⑦, 조특령 §66 ⑭, 조특령 §82의 4 ① 6호 등)함에 반하여 본 특례에서는 준용규정이 없다. 두번째로, 인건비는 회계강학상의 개념이고 근로소득은 소득세법의 법률용어로 양자는 별개의 용어에 해당하기 때문에 명문의 인용 조항 없이 인건비의 개념을 근로소득에서 차용할 수 없다고 본다. 세번째로, 입법자가 조특법에서 일반적으로 준용되는 소득세법의 총급여액 대신 인건비라는 용어를 사용한 이유는 물건비에 대응하여, 사람으로 인하여 발생한 모든 비용을 세액공제대상에 포함시키려는 입법취지라고 판단된다.
> 2024년 세법 개정에서 4대 사회보험 보험료의 사용자부담분을 공제대상 인건비로 명문으로 규정하면서 입법적으로 해결하였다.

1-2 재료비 등

전담부서등에서 연구용으로 사용하는 견본품·부품·원재료와 시약류구입비 및 소프트웨어(「문화산업진흥 기본법」에 따른 문화상품 제작을 목적으로 사용하는 경우에 한함)·서체·음원·이미지의 대여·구입비를 세액공제의 대상으로 하며, 시범제작에 소요되는 외주가공비를 포함한다[조특령 별표 6 1호 가목 2)].

그러나 전담부서에서 사용하는 사무용품비 등 소모품비는 포함하지 아니한다(조특통 10-9…4).

2019년 개정세법에서 콘텐츠 분야에 사용되는 창작용 S/W, 서체·음원 등 재료비를 세액공제 대상에 추가하였다.

● **함정을 견본품으로 보아 세액공제 가능한지 여부** (부정)

제품의 제작 후 용도에 따라 해당 제품의 견본품 해당 여부가 달라지는 것은 아니라 하더라도 위 (시행령) 별표6의 문리해석상 연구개발비 세액공제가 적용되는 견본품에 해당하기 위해서는 적어도 **연구개발과정에서 부수적으로 만들어진 시제품**이어야 하고 쟁점함정들과 같이 납품을 목적으로 건조된 경우에는 이를 견본품으로 단정하기 어려워 보이는 점, (이하 중략) 쟁점함정들이 견본품에 해당하므로 쟁점건조비용 전액을 연구개발비로 보아 세액공제를 하여야 한다는 청구주장은 받아들이기 어렵다고 판단된다(조심 2018부4066, 2021.6.21.).

● **무상 취득한 재료비가 공제 대상인지 여부** (긍정)

유상 및 무상의 취득은 취득시점에서의 취득자금의 원천에 해당하는 문제이고, 이를 사용 및 지출하는 시점에는 유·무상 취득에 관계없이 모두가 사용 및 지출에 해당하는 것인 점, (이하 중략) 민간으로부터의 무상취득의 경우에는 법령에서 연구·인력개발비 공제대상에서 배제하도록 규정하고 있지 아니한 점, 쟁점원재료를 특수관계인으로부터 무상으로 취득하여 취득하는 시점에서 이를 자산수증이익으로 익금에 산입하였고, 연구·인력개발비에 대한 세액공제 대상으로 사용 및 지출하는 시점에서는 이를 손금으로 산입하였는데, 연구 및 인력개발을 지원하기 위한 측면에서 유상 취득분과 무상 취득분이 사용 및 지출시점에서는 동일한 효과가 발생하는 점을 고려하면 처분청이 원재료비에 대하여 연구·인력개발비에 대한 세액공제를 배제한 처분은 잘못인 것으로 판단된다(조심 2021전1124, 2021.10.27.). 처분청은 동 사안에 대해 청구법인의 지출의무가 발생하지 않은 것으로 판단하였음.

(1) 자체 제작비의 범위 (시제품)

연구전담부서의 통제와 관리하에 시제품의 연구·개발활동이 이루어지나 시제품 크기 등 제품특성상 시제품의 제작이 자체 생산부서에서 이루어지는 경우에도 세액공제대상으로 한다. 그 취득가액은 법인세법 시행령 제72조를 준용하여 산정한다(사전법령법인-1658, 2021.11.23.; 서면법령법인-4937, 2017.1.11.; 법인세과-828, 2011.10.30.). 따라서 취득가액에는 재료비, 노무비 뿐 아니라 제조간접비를 포함한다(법령 §72 ② 2호).

또한 시험체의 성능시험(Mock-up Test; 실제 설치할 제품형태를 만들어 시험하는 것)을 위해 시험체 제작 등에 소요되는 자체 제작비용과 전문검사업체에 시험검사를 의뢰하면서 지급한 비용은 각각 재료비 등과 위탁 및 공동연구개발비로 공제 가능하다(조심 2014서4632, 2016.2.25.; 사전법령법인-65, 2015.7.22.).

- **시제품 제작에 대응되는 인건비의 공제 여부 (공제)**

    시제품의 사전적 정의는 "시험적으로 만든 제품"으로서 제품의 상용화단계 이전까지는 모두 시제품으로 보는 것이고, 시제품의 취득가액에는 원재료비 뿐만 아니라 노무비 등도 포함되는 것으로서 신차개발 전담인원이 수행한 시제품 검사시험업무는 일련의 시제품 제작과정 중 일부에 해당하고, 시제품 제작에 직접 대응되는 비용인 쟁점인건비는 시제품의 취득가액에 포함되는 것으로 보이는 점, (이하 중략) 연구개발비 공제대상에 해당함(조심 2021전4645, 2022.2.8.). 시제품 제작비용은 법인세법 시행령 제72조 제2항 제2호에 따라 산정하는 것임.

(2) 외주가공비

연구개발전담부서에서 시제품 제작 등 연구개발 과정상 필요한 기계장치(금형비 포함)를 개발하기 위해 소요된 외주가공비는 세액공제가 가능하다(법인-202, 2010.3.8.).

신성장동력·원천기술연구개발 과정에서 위탁생산업체에 지급한 **샘플 위탁 제작 비용**은 신성장동력·원천기술연구개발비 세액공제 대상에 해당한다(서면법인-4080, 2020.9.14.).

- **시제품 전용 기기(Proto 금형) 외주가공비용의 공제 여부 (긍정)**

    당해 시제품의 성능 및 내구성 시험에만 사용되는 특정용도의 기기를 외주가공을 통하여 제작한 경우에는, 다른 공정 또는 양산품의 시험에 계속적·반복적으로 사용되는 범용성 기기와는 달리 내구성입증을 위한 시험 후 잔존가치가 없어 재사용이 불가능하여 용도 폐기되므로 자산성이 있다고 보기 어려워 제11조 R&D설비투자세액공제의 대상이 아닌 제10조 R&D세액공제의 대상이 된다(조심 2011전2458, 2011.12.6.; 같은 뜻 조심 2018구2633, 2019.6.26.).

시제품 제조에 사용되는 연구용 금형을 제작하기 위해 지출한 외주가공비는 「조세특례제한법 시행령」 별표6(2020.2.11. 대통령령 제30390호로 개정되기 전) 제1호가목2)의 '시범제작에 소요되는 외주가공비'에 포함되는 것이며, 회신일 이후 신고분(결정·경정 포함)부터 적용하는 것임(재조특-245, 2021.3.24.)[26]

● **시작금형 외주가공비용의 공제 여부** (긍정)

쟁점금형비는 신차 양산 전에 설계품질을 확인할 목적으로 제작되는 시작(내구나 법규대응 확인단계로 생산라인을 통하지 않고 제작) 차량을 제작하기 위해 투입되는 금형인 시작금형을 제작하는데 발생하는 외주가공비에 해당하는바, 청구법인은 부설연구소의 연구전담인력을 활용하여 고객사(완성차업체)로부터 의뢰받은 자동차부품을 개발·설계한 후 시제품 및 연구개발용 금형 설계도면을 외주가공업체에 제공하여 시작금형 제작을 의뢰하고, 이때 외주가공업체로부터 청구받은 외주가공비는 청구법인이 고객사에 시제품을 생산·납품하기 위하여 필연적으로 발생할 수밖에 없는 비용인 점(OOO 같은 뜻임) 등에 비추어, 처분청이 쟁점금형비를 연구개발비에 대한 세액공제 대상이 아니라고 보아 청구법인의 경정청구를 거부한 처분은 잘못이 있는 것으로 판단된다(조심 2021인5767, 2022.12.6.).

● **신약개발 임상실험의 식대 등** (제외)

제약회사가 신약개발 목적의 임상실험에서 발생하는 광고선전비, 식대, 임차비용 등은 세액공제를 적용받는 비용에 해당하지 않는다(법인세과-4068, 2008.12.18.).

(3) 고정자산 구입비용의 제외

시험용기자재인 실험기구 및 장치 등 '고정자산'의 구입비용은 연구인력개발비 세액공제가 적용되지 아니한다(법인 22601-1447, 1986.5.6.). 조특칙 제12조 제2항 제1호에서 규정하는 연구시험용 시설에 대한 세액공제 규정과의 중복을 회피하기 위함이다. 예컨대 회사가 설계도를 연구하여 제공하고 필요 부품사양을 지정하여 외주제작한 성능시험기는 구법 제11조 R&D설비투자세액공제의 대상이며, 법 제10조 R&D세액공제의 대상이 아니다(법인-778, 2010.8.23.).

연구시설을 직접 구입한 경우에는 동 세액공제를 적용받을 수 없으나, 운용리스계약을 체결하여 사용하고 지급하는 운용리스료는 임차비용에 해당되어 후술하는 1-3 시설 임차료 등으로 연구인력개발비 세액공제 적용이 가능하다.

과세관청의 기존 유권해석에서는 일반적인 금형비용의 경우 법 제10조 R&D 세액공제의 대상이 아니라(서면2팀-230, 2006.1.27.) 법 제11조 R&D 설비투자 세액공제의 대상(서면2팀

---

26) 연구개발과정상 견본품을 시범제작하는 데 사용하는 간이금형 비용(서면2팀-230, 2006.1.27.) 또는 초도 금형 비용(조세제출예산과-544, 2004.8.3.)은 연구인력개발비 세액공제 대상이 아니라는 종전의 유권해석은 본문의 유권해석에 위배되어 2021년 3월에 삭제됨.

-696, 2004.4.2.; 법인세과-3510, 2008.11.20.)이 되는 것으로 해석하고 있다. 다만 Proto 금형의 경우에는 R&D 세액공제(재조특-245, 2021.3.24.)를 허용하고 R&D 설비투자 세액공제(법인세과-883, 2011.11.8.; 조세특례제도과-552, 2012.6.19.)에서 제외하고 있다. 상세내용은 제5부 제2절 Ⅱ. 2-3 (1-3) (나)를 참조하기 바란다.

1-3 시설 임차료 등

전담부서등에서 직접 사용하기 위한 연구·시험용 시설(영 §22 1호)의 임차 또는 수탁기관 등의 범위[조특령 별표 6 1호 나목 1)]에 규정된 기관의 연구·시험용 시설의 이용에 필요한 비용을 말한다.[조특령 별표 6 1호 가목 3)] 해당 기관은 후술하는 2-2 (1) 수탁기관등의 범위를 참조한다.

그러나 기업의 연구개발전담부서용 건물의 임차료는 세액공제대상이 되지 않는다(법인 22601-771, 1990.4.2.).

2 위탁 및 공동연구개발비

대학 등 수탁기관에 과학기술 분야 및 산업디자인 분야의 연구개발용역을 위탁 또는 재위탁함에 따른 비용 및 수탁기관과의 공동연구개발을 수행함에 따른 비용이다(조특령 별표 6 1호 나목).

2019년 개정세법에서 산업디자인 분야의 위탁·공동연구개발비를 세액공제 대상에 추가하였다.

2-1 연구개발 방식별 공제대상

연구개발활동 구분에 따라 자체·위탁·재위탁·공동연구개발 등 연구개발 수행방식별로 공제대상에 있어 다음과 같은 차이가 있다.

연구개발 수행방식별 공제대상 비교

구 분	일반 R&D	신성장동력 R&D	서비스 R&D	창작 개발	산업디자인 R&D
자체 R&D	O	O	O	O	O
위탁 R&D	O	△❷	△❸	X	O
재위탁 R&D	O❶	△❷	△❸	X	O
공동 R&D	O	△❷	△❸	X	O

❶ 2012년 세법 개정 전에는 일반R&D에 대하여 위탁받은 R&D를 재위탁하는 경우에 공제대상에 포함된다는 해석(서울행법 2012구합37920, 2013.5.3.)과 제외된다는 해석(조세특례제도과-844, 2009.9.25.; 서울행법 2012구합40834, 2013.7.5.; 서울행법 2013구합15040, 2013.11.15.)이 엇갈려 있었다.
❷ 2012년 세법 개정 후에는 수탁기관을 전담부서등 및 연구개발업자로 한정하였으나, 2017년 개정세법에서 대학, 국공립연구기관, 정부출연기관 등 일부 수탁기관이 추가되었다.
❸ 다만, 서비스 분야에서는 연구개발비 중에서 과학기술분야와 결합되어 있지 아니한 금액에 대해서는 자체 연구개발비에 한정하여 공제대상으로 한다(조특법 §10 ⑤).

과학기술분야와 결합되어 있는 서비스 연구개발은 콘텐츠 창작 및 엔지니어링 관련 서비스가 대표적이다. 예를 들어, 게임 개발 시 활용되는 전문 그래픽·사운드의 연구개발, 음악 창작시 믹스·마스터링 등, 제조 공정 개선 등을 위한 기계장치 엔지니어링, 대기·수질·소음·진동관리 시설물 엔지니어링 등이 있다.

반면에 외주 작가 등 비기술 분야의 외주 용역은 공제 대상에 해당하지 않는다.

개정 연혁

> 기술 융합 추세에 따라 하나의 기업이 모든 연구개발용역을 수행하지 않고 위탁받은 연구개발용역의 일부를 재위탁하는 현실을 감안하여, 2012.1.1. 이후 개시하는 과세연도부터 위탁, 재위탁, 공동연구개발 수행방식도 공제대상에 포함하였다.
>
> 신성장동력·원천기술 R&D 관련 위탁·공동 연구개발기관을 종래 기업의 연구소 및 전담부서 또는 연구개발(서비스)업을 영위하는 기업에 한정하였으나, 2017년 개정세법에서 국내 대학 등으로 범위를 확대하였다(제2절 Ⅱ. 2-2 참조).
>
> 종래 서비스 분야의 연구개발비는 자체 연구개발비만 공제 대상으로 하였으나, 위탁·공동 R&D 비용 세액공제 인정 확대를 통한 서비스 R&D 활성화를 목적으로 2020년 개정세법에서 서비스 R&D 중 과학기술과 결합된 경우에 한하여 위탁·공동 R&D 비용을 공제 대상으로 인정하였다.

2-2 요건

(1) 수탁기관등의 범위

① 다음의 기관에 과학기술 및 산업디자인 분야의 연구개발용역을 위탁(재위탁 포함)함에 따른 비용 및 이들 기관의 공동연구개발을 수행함에 따른 비용이다[조특령 별표 6 1호 나목 1)].

㉮ 고등교육법에 따른 대학 또는 전문대학, ㉯ 국공립연구기관,
㉰ 정부출연연구기관, ㉱ 국내외 비영리법인(비영리법인에 부설된 연구기관 포함),
㉲ 전문생산기술연구소(산업기술혁신 촉진법 §42) 등 기업이 설립한 국내외 연구기관,
㉳ 전담부서등 또는 국외기업에 부설된 연구기관,
㉴ 영리를 목적으로 주문연구산업과 관리연구산업을 영위하는 기업❶ 또는 영리목적으로 연구·개발을 독립적으로 수행하거나 위탁받아 수행하고 있는 국외 소재 기업,
㉵ 산학협력단,❷ ㉶ 기술시험·검사 및 분석업을 영위하는 기업,
㉷ 「산업디자인진흥법」에 따른 기관,❸ ㉸ 산업기술연구조합❹

❶ 연구개발을 독립적으로 수행하거나 그 전부 또는 일부를 외부로부터 위탁받아 수행하는 산업(주문연구산업)과 연구개발 기획, 연구개발의 관리 및 사업화 지원, 연구개발 관련 기술정보의 조사제공 등 연구개발 활동을 지원하는 산업(관리연구산업)을 말함(연구산업진흥법 §2 1호 가목 및 나목). 자체연구개발비의 요건인 연구개발서비스업의 대상은 주문연구산업에 한정되지만, 수탁기관은 관리연구산업을 포함함에 주의할 것[1-1 (1-4) 참조].

❷ 산학협력단이란 종래 사립학교의 고유목적사업으로 수행하던 산학연(産學硏)협력기능을 촉진하기 위하여 대학의 산학연협력 업무를 관장하는 조직을 말한다. 비영리법인으로 설립된다(산업교육 진흥 및 산학연협력촉진에 관한 법률 §25).

❸ 산업디자인진흥법에 따른 기관이란 ① 산업디자인전문회사, ② 한국디자인진흥원, ③ 산업통상자원부장관이 지정하는 산업디자인에 관한 기업부설연구소, ④ 대학, 산업대학, 전문대학 및 기술대학, ⑤ 국립·공립연구기관 등, ⑥ 그 밖에 대통령령으로 정하는 기관 또는 단체이다(동법 §4 ②).

❹ 산업기술연구조합육성법에 따라 산업기술의 연구개발과 선진 기술의 도입·보급 등을 협동적으로 수행하기 위하여 법인으로 설립된 연구조합이다. 한국신약개발연구조합, 한국항공우주기술연구조합, 한국녹색산업기술연구조합, 한국고주파산업연구조합 등 산업 전반에 걸쳐 산업기술연구조합이 설립되어 있다.

② 대학 또는 전문대학에 소속된 개인(조교수 이상)에게 과학기술분야의 연구개발용역을 위탁함에 따른 비용

2019년 개정세법에서 산업디자인전문회사, 한국디자인진흥원,[27] 산업디자인에 관한 기업부설연구소 등 기관(산업디자인진흥법 §4 ②)을 수탁기관등에 포함하였다. 다만, 2020.1.1. 이후 개시하는 과세연도 분부터 적용한다(2019.3.20. 개정된 시행규칙 부칙 §3).

2020년 개정세법에서 위탁연구비등 적용 대상인 수탁기관 중 국내외 기업의 연구기관 및 전담부서 등을 「산업기술혁신 촉진법」 제42조에 따른 전문생산기술 연구소 등 기업이 설립한 국내외 연구기관 등으로 세분화하여 규정하였다. 또한, 영리목적으로 연구·개발을 수행하고 있는 국외소재 기업을 추가하였다.

---

27) 한국디자인진흥원은 2012년 개정세법에서 위탁 등 연구기관에서 제외되었으나, 기본통칙에서 디자인 위탁개발용역비가 고유디자인의 개발을 위한 비용으로 열거되어 연구인력개발비의 범위에 포함되므로,(구 조특통 10-9…1 ④) 한국디자인진흥원으로 위탁개발용역비는 2019년 개정세법 이전에도 R&D 세액공제가 가능하였다.

(2) 전담부서 요건

전담부서 요건에서는 위탁 또는 재위탁과 관련하여 전담부서를 위탁업체 또는 수탁업체 중 누가 보유해야 하는지 여부와 전담부서에서 직접 수행하여야 하는지 여부를 검토한다.

(2-1) 전담부서의 보유주체

연구개발을 직접적으로 수행하는 수탁자만 전담부서를 보유하면 요건을 충족한다.

연구개발 위탁자가 자체연구개발 전담부서가 설치되지 않은 법인이라도 수탁기관이 전담부서를 보유하고 있다면 공제 가능하다(서면2팀-1902, 2006.9.25.). 또한 상기 수탁기관등과 공동기술개발을 수행하는 법인은 연구개발전담부서를 설치하지 않은 경우에도 세액공제된다(서면2팀-675, 2006.4.28., 서이 46012-12204, 2003.12.29.).

재위탁하는 경우의 재수탁업체가 전담부서를 보유한 경우에만 공제 가능하다[조특령 별표 6 1호 나목 1) 바)].

(2-2) 전담부서의 직접 수행 여부

대학, 국공립연구기관, 정부출연연구기관, 국내외 비영리법인 등의 경우에는 전담부서에서 직접 수행할 것을 요건으로 하지 않는 반면에, 국내외 기업의 경우에는 전담부서등에서 직접 수행한 것에 한정된다[조특령 별표 6 1호 나목 1) 바) 괄호].

실무상 연구개발을 수탁받은 수탁업체가 자신의 전담부서등에서 발생한 직접비와 기타 부서에서 발생한 간접비를 구분하여, 위탁업체에 직접비 금액만을 통보하여야 위탁업체에서 공제할 수 있다. 반면에 대학·국공립 연구기관 등은 직접비와 간접비를 구분할 필요 없이 전액 공제대상으로 한다.

(2-3) 해외 전담부서 등

국외 기업의 전담부서 등은 기초연구법상 인정을 받을 수 없지만, 해당 전담부서 등이 기초연구법 상의 기준(동법 시행령 §16의 2)을 (사실상) 충족하는 경우에는 공제대상 수탁기관에 포함한다(법규법인 2014-479, 2014.11.14.). 즉, 국내외 기업의 연구기관에 해당하는지 여부는 해당 기관의 연구 인력·시설현황, 연구실적 등 구체적인 사실관계를 고려하여 종합적으로 판단할 사항이다(재조특-423, 2019.5.30.).[28]

---

[28] 종래 국외연구기관을 기술개발촉진법에 따른 비영리법인 및 국내외 연구기관에 한정한다는 국세청 예규(서면2팀-425, 2004.3.11., 서면2팀-1227, 2006.6.28., 서면2팀-845, 2006.5.15.)는 기재부 예규와 상충되어 2019년 6월 삭제함.

따라서, '국내외 기업의 연구기관'은 조특법 시행규칙 제7조에서 규정한 "전담부서등"에 한정하지 않으므로, 해외 자회사의 기업부설연구소는 국내외 기업의 연구기관에 해당할 수 있다(조심 2019중3869, 2020.9.2.).

2-3 공제대상 비용

공동연구개발을 수행하는 경우 세액공제대상금액은 자체연구개발비(영 별표 6 1호 가목)와 위탁 및 공동연구개발비(동호 나목)에서 규정한 비용 중 실질적으로 부담한 금액으로 한다(법인-93, 2011.2.1.).

다만 수탁법인이 특수관계인인 경우에는 부당행위계산 부인 규정(법령 §89)이 적용되어 시가 범위 내의 금액에 한하여 세액공제를 적용받을 수 있다(서면법인-606, 2015.11.27.; 서면법령법인-399, 2015.6.19.).

(가) ERP 시스템 위탁개발비 (제외)

전사적 기업자원 관리설비(ERP), 판매시점 정보관리 시스템 설비(POS) 등 기업의 사업운영·관리·지원 활동과 관련된 시스템개발을 위한 위탁비용은 제외된다[조특령 별표 6 1호 나목 1) 본문].

● **기술적 진전을 이룬 확장형 ERP의 공제 여부** (긍정)

이 사건 시스템의 위탁개발은 금융보험회사인 원고가 정보기술에 의하여 구현되는 금융보험업에 관한 기술의 진전을 이루기 위한 활동으로서 구 조특법 제9조 제5항의 '기술적 진전을 이루기 위한 활동'에 해당한다고 봄이 타당하다. (이하 중략) 확장형 ERP를 ERP로 통칭하는 사례가 있다는 사정 등을 고려하더라도 이 사건 제외규정에 확장형ERP가 포함되는 것으로 해석하기는 어렵다(서울고법 2020누60828, 2021.9.30.; 서울고법 2020누42974, 2021.9.30.).

2019년 개정세법에서 제외되는 시스템 개발을 위한 위탁비용에 '판매시점 정보관리 시스템 설비(POS) 등 기업의 사업 운영·관리·지원 활동과 관련' 문구를 추가하여 제외되는 시스템 개발비 비용을 명확화하였다.

(나) 외부연구기관에 시험 등의 위탁용역비 (포함)

외부연구기관에 시험 등을 위탁하고 지출하는 용역비는 위탁연구개발비에 해당한다.

선박평형수 처리장치의 개발과 관련하여 동 처리장치의 성능 및 안정성 시험검사용역을 (재)한국조선기자재연구원에 위탁함으로써 발생한 시험검사용역비는 위탁연구개발비에 해당되어 세액공제의 대상이 된다(법규법인 2009-54, 2009.3.19.).

3 기타 연구개발비

기타 연구개발비에 해당하는 아래의 모든 경우는 당해 기업에 기업부설연구소나 전담부서 설치를 요건으로 하지 않음에 주의하여야 한다(사전법령법인-21893, 2015.4.27.; 심사법인 2010-17, 2010.6.24. (고유디자인 개발비용에 대한 사례)].

종전에는 품질경영체제인증을 획득하기 위하여 지출한 비용 등을 기타 연구개발비에 포함하였으나,(서면2팀-2143, 2007.11.23. 참조) 2009년 개정세법에서 인증 비용 등을 공제 대상에서 전부 삭제하였다(2009.2.4. 개정 전 조특령 별표 6 1호 아목, 자목, 카목~거목). 현재 ISO, KC인증비용 등은 공제대상 비용에서 제외되는 것으로 판단된다.

기타 연구개발비는 다음의 항목으로 한다(조특령 별표 6 1호).

3-1 직무발명 보상금 (다목)

해당 기업이 그 종업원 또는 종업원 외의 자에게 직무발명 보상금 지급으로 발생한 금액은 연구개발비로 본다. 대표이사 등 임원을 포함한다(사전법령법인-316, 2015.10.6.).

직무발명이란 종업원, 법인의 임원 또는 공무원(이하 "종업원등")이 그 직무에 관하여 발명한 것이 성질상 사용자·법인 또는 국가나 지방자치단체의 업무 범위에 속하고, 그 발명을 하게 된 행위가 종업원 등의 현재 또는 과거의 직무에 속하는 발명을 말한다(발명진흥법 §2 2호). 직무발명 보상금이란 이러한 직무발명으로 사용자 등에게 이익이 발생된 경우 그 일부를 종업원 등에게 보상하는 제도이다(발명진흥법 §15).

직무발명 보상금은 기업 입장에서는 연구인력개발비 세액공제대상이 되고, 수령한 종업원 등에게는 소득세법상 비과세되는 기타소득에 해당한다(소법 §12 5호 라목).

직무발명에 대한 보상은 사용자등과 종업원등이 협의에 의하여 정하여지며,(발명진흥법 §15 ③) 일반적으로 다음과 같은 유형의 보상을 실시한다.

직무발명 보상의 유형

구분	내용
출원보상	특허등을 출원하였을 때 받는 보상금
등록보상	특허청에 특허권등으로 등록되었을 때 받는 보상금
실시보상	특허등이 전용실시권이나 통상실시권으로 이전(대여)된 경우 지급하는 보상금
처분보상	특허등이 매각됐을 때 지급하는 보상금

과세관청은 신공법 특허를 개발한 연구전담부서 직원에게 해당 신공법관련 매출액의 일

정률을 지급하는 것(실시보상)은 세액공제대상 인건비에 해당하지 않는다고 해석한다(서면2팀-1196, 2005.7.25.). 실시보상의 경우에는 일정 기간 동안 기술수입금액 등에 비례하여 지급되므로 계속적·반복적으로 지급된다는 점에서, 일시적·우발적인 성격의 직무발명보상금의 성격에 부합하지 않는 점을 근거로 한다.

3-2 기술자문료 (라목)

기술정보비(기술자문비 포함) 또는 도입기술의 소화개량비로서 다음의 자로부터 산업기술에 관한 자문을 받고 지급하는 기술자문료를 말한다(조특칙 §7 ⑤).

먼저 용어의 정의를 보자면 "기술정보비"란 구 기술개발촉진법 시행령상의 기술정보활동비의 일종으로 기술정보활동비란 연구수행에 필요한 국내외 전문가활용(기술자문비), 관련도서등 구입비, 정보단체 회비, 학술회의 참석비 등을 말한다. 다만 현재는 기술정보활동비의 세분류인 기술자문료만 세액공제의 대상으로 하고 있다.

"도입기술의 소화개량"이라 함은 외국으로부터 도입된 기술을 분석하여 이를 보완하고 발전하게 하여 새로운 기술을 창조하는 활동을 말한다(2011.5.24.에 폐지된 구 기술개발촉진법 §2 ① 2호).

(가) 특정 연구전담요원

과학기술분야를 연구하는 국·공립연구기관, 정부출연연구기관, 국내외 비영리법인(부설연구기관 포함), 「산업기술혁신 촉진법」제42조에 따른 전문생산기술연구소 등 기업이 설립한 국내외 연구기관, 전담부서등 또는 국외기업에 부설된 연구기관에서 연구업무에 직접 종사하는 연구원을 말한다.

(나) 조교수 이상

고등교육법 제2조에 따른 대학(교육대학 및 사범대학 포함) 또는 전문대학에 근무하는 과학기술분야의 조교수 이상의 교수이어야 한다.

(다) 특정 외국인 기술자

외국에서 다음의 어느 하나에 해당하는 산업분야에 5년 이상 종사하였거나 학사학위 이상의 학력을 가지고 해당 분야에 3년 이상 종사한 외국인기술자를 말한다.
㉮ 기술집약적인 산업(조특령 별표 4의 산업)
㉯ 광업
㉰ 건설업

㉣ 엔지니어링사업(조특령 §5 ⑥)
㉤ 물류산업(조특령 §5 ⑦)
㉥ 시장조사 및 여론조사업 등

> 시장조사 및 여론조사업, 경영컨설팅업 및 공공관계 서비스업, 사업시설 유지관리 서비스업, 교육관련 자문 및 평가업, 기타 교육지원 서비스업(교환학생 프로그램 운영 등으로 한정한다), 비금융 지주회사, 기술 시험·검사 및 분석업, 측량업, 제도업, 지질조사 및 탐사업(광물 채굴 목적의 조사 및 탐사를 제외한 지질조사 및 탐사활동으로 한정한다), 지도제작업, 전문디자인업, 그 외 기타 분류 안 된 전문·과학 및 기술 서비스업(지도제작, 환경정화 및 복원 활동을 제외한 그 외 기타 분류 안 된 전문·과학 및 기술 서비스로 한정한다), 기타 광업 지원 서비스업(채굴목적 광물탐사활동으로 한정한다), 토양 및 지하수 정화업(토양 및 지하수 정화활동으로 한정한다), 기타 환경 정화 및 복원업[토양 및 지하수 외의 환경 정화 활동(선박 유출기름 수거운반을 제외한다)으로 한정한다]

㉦ 주문연구산업과 관리연구산업

연구개발을 독립적으로 수행하거나 그 전부 또는 일부를 외부로부터 위탁받아 수행하는 산업(주문연구산업)과 연구개발 기획, 연구개발의 관리 및 사업화 지원, 연구개발 관련 기술정보의 조사·제공 등 연구개발 활동을 지원하는 산업(관리연구산업)을 말한다(연구산업진흥법 §2 1호 가목 및 나목).

자체연구개발비의 요건인 연구개발서비스업의 대상은 주문연구산업에 한정되지만, 특정 외국인 기술자의 종사 업체는 관리연구산업을 포함함에 주의할 것[1-1 (1-4) 참조].

㉧ 의료업(조특법 §7 ① 1호 허목) 중 국제의료관광코디네이터(국가기술자격법 시행규칙 별표 2)

3-3 기술지도비용 (마목)

중소기업이 「과학기술분야 정부출연연구기관 등의 설립·운영 및 육성에 관한 법률」에 따라 설립된 한국생산기술연구원과 「산업기술혁신 촉진법」에 따라 설립된 전문생산기술연구소의 기술지도 또는 「중소기업진흥에 관한 법률」에 따른 기술지도를 받고 지출한 비용을 말한다.

3-4 공업 및 상품디자인 개발지도비용 (바목)

중소기업에 대한 공업 및 상품디자인 개발지도를 위하여 지출한 비용은 연구개발비에 포함된다.

3-5 중소기업의 특허 조사·분석 비용 (사목)

중소기업이 발명진흥법에 따라 지정된 산업재산권 진단기관의 특허 조사·분석을 받음에 따라 발생한 비용을 공제 대상으로 한다.

특허의 조사·분석이란 R&D 단계 이전에 경쟁사의 특허를 회피하고, 결정적 노하우의 단서를 발견하고 최적의 R&D 방향을 수립하기 위한 활동을 말한다. 제도의 남용을 방지하고 안정적으로 정착시키기 위하여 특허의 조사·분석 위탁 대상을 검증된 기관으로 한정하였다.

2021년 개정세법에서 효율적인 연구개발 수행 및 특허 창출을 지원하기 위한 목적으로, 세액공제 대상 연구개발비의 범위에 중소기업이 발명진흥법에 따라 지정된 산업재산권 진단기관에 지출한 특허 조사·분석 비용을 추가하였다.

4 정부출연금의 제외

다음의 비용은 연구개발비에서 제외하도록 한다(조특령 §9 ①).[29]
① 연구개발출연금 등(조특법 §10의 2 ①)을 지급받아 연구개발비로 지출하는 금액
② 국가, 지방자치단체, 공공기관 및 지방공기업으로부터 출연금 등의 자산을 지급받아 연구개발비 또는 인력개발비로 지출한 금액

정부출연금의 제외 조항은 일반연구인력개발비, 신성장·원천기술연구개발비 및 국가전략기술연구개발비 모두에 적용된다.

연구·인력개발비에 대한 세액공제 시 적용 배제한 정부출연금을 중도 포기의 사유로 전액 반환한 경우 해당 지출 비용이 동 세액공제 대상에 해당할 경우에는 경정청구가 가능하다(서면법인-3906, 2020.12.1.).

주의할 점은 연구개발출연금 등을 지급받아 연구개발비로 지출하는 금액은 법 제10조의 2에 따른 연구개발출연금 과세특례를 적용받지 않았더라도 그 과세특례 적용여부와는 관계없이 연구및인력개발비세액공제를 적용할 수 없다는 점이다(법인세과-66, 2011.1.25.). 납세자로 하여금 R&D출연금 익금불산입과 R&D세액공제 중 택일할 수 있도록 하면 중복 적용을 배제한 규정의 취지가 퇴색되기 때문이다.

내국법인이 훈련수당(조특칙 §7 ⑨ 5호) 등의 인력개발비를 지출한 후 국가로부터 전액

---

29) 투자세액공제와 관련하여 국가등의 지원금 수령에 의한 투자를 제외하는 규정(조특법 §127 ①)과 그 취지를 같이 한다.

훈련지원금으로 수령하는 경우 해당 인력개발비 지출액은 세액공제 적용 대상에 해당하지 않는다(기준법령법인-260, 2018.11.14.; 서면법인-1551, 2020.9.28.).

2019년 개정세법에서 정부출연금 등으로 지급한 인력개발비는 R&D비용 세액공제 대상에 해당하지 않는다는 유권해석을 명문화하였다.

2023년 개정세법에서 정부로부터 지급받은 출연금에 대한 R&D비용 세액공제 배제 범위를 명확화하였다. 종래에는 연구개발 또는 인력개발 목적 출연금만을 공제 대상에서 제외하였으나, 지급 목적에 관계없이 국가 등으로부터 받은 모든 출연금을 제외하도록 개정하였다. 2023.2.28. 전에 발생한 연구개발비 또는 인력개발비의 세액공제 요건에 관하여는 개정규정에도 불구하고 종전의 규정에 따른다(2023.2.28. 개정된 시행령 부칙 §11).

참고로 종래의 유권해석에서는 내국법인이 국가로부터 연구개발 또는 인력개발이 아닌 고용창출 등을 목적으로 지급받은 각종 지원금을 사용하여 연구개발비 또는 인력개발비로 지출하는 경우, 해당 연구·인력개발비 지출액은 정부출연금의 제외 규정(조특령 §9 ① 2호)이 적용되지 않는다고 해석하였었다(서면법령법인-3626, 2021.1.7.). 시차출퇴근제 시행에 따른 고용안정장려금도 동일하다(서면법인-4161, 2021.5.13.).

Ⅲ. 인력개발비

개정연혁

연 도	개정 내용
2019년	■ 소프트웨어관리·데이터관리·보안관리의 자체교육비를 생산성향상을 위한 인력개발비의 공제대상에 추가
2020년	■ 맞춤형 교육비용등을 인력개발비로 이관
2021년	■ 표준 현장실습학기제 과정에서 대학생 현장훈련수당 등을 공제대상에 추가
2022년	■ 중소기업 ESG 교육비용을 인력개발비 대상에 추가
2023년	■ 대학(원) 계약학과의 운영 비용을 공제 대상에 추가

인력개발이란 "내국인이 고용하고 있는 임원 또는 사용인을 교육·훈련시키는 활동"이므로(조특법 §2 12호), 대리점의 영업사원에 대한 교육훈련비는 해당하지 않는다(조심 2017서 3717, 2018.3.2.).

종전에는 근무부서에 제한 없이 비연구전담부서의 위탁훈련비도 공제대상이었으나,(법인 460012-984, 2000.4.20.; 법인세과-1119, 2009.10.13.) 2014.1.1. 이후 개시하는 과세연도 분부터 연구전담부서등에서 연구업무에 종사하는 연구요원의 위탁훈련비만 공제대상에 포함하고 비연구전담부서 직원의 위탁훈련비는 제외하여 연구개발비와 동일하게 적용되도록 하였다.

단, 위탁훈련비를 제외한 여타의 인력개발비에 대해서는 비연구전담부서등의 직원에 대한 인력개발비를 공제대상에 포함한다. 또한 전담부서등이 없는 경우에도 공제가능하다. 예를 들어 내일채움공제 납입비용은 전담부서등이 없는 경우에도 공제할 수 있다(서면소득-1074, 2015.7.23.).

다음을 인력개발비로 한다(조특령 별표 6 2호).

1 위탁훈련비 (가목)

1-1 위탁 교육기관

다음의 위탁교육기관에의 위탁훈련비로, 그 대상은 전담부서등에서 연구업무에 종사하는 연구요원으로 한정한다.

① 국내외의 전문연구기관 또는 대학에의 위탁교육훈련비

　내국법인의 임원 또는 사용인이 자기 책임 하에 국내외의 대학에 입학하여 교육을 받는 경우로서 당해 내국법인과 국내외의 대학 간 교육에 대한 위탁계약 없이 당해 내국법인이 그 교육비 상당액을 임원 등에게 지급하는 경우 그 금액은 위탁교육훈련비에 해당하지 않는다(법인세과-3146, 2008.10.29.).

② 직업훈련기관에 위탁훈련비

　「국민 평생 직업능력 개발법」에 따른 직업훈련기관과 강사 및 교재공급 계약을 체결하고 해당 법인의 교육시설에서 교육훈련을 하는 경우의 위탁훈련비와 동법에 따른 직업훈련기관의 전자교육(e-learning)방법에 의한 위탁교육훈련비는 연구·인력개발비 세액공제대상으로 한다(법인세과-206, 2012.3.21.).

③ 「국민 평생 직업능력 개발법」에 따라 고용노동부장관의 승인을 받아 위탁훈련하는 경우의 위탁훈련비

④ 중소기업이 「중소기업진흥에 관한 법률」에 따른 기술연수를 받기 위하여 발생한 비용　연수의 실시기관은 중소벤처기업진흥공단 또는 중소벤처기업부장관이 지정하는 기관이나 단체로 한다(동법 §57).

⑤ 국내외 기업(국내기업은 전담부서등을 보유한 경우에 한함)에의 위탁훈련비나 한국생산성본부에의 위탁훈련비(조특칙 §7 ⑧).

상기 열거된 위탁교육기관에 한정되므로 영업자가 조직한 단체 등에 지출하는 위탁훈련비는 해당하지 않는다(법인세과-1119, 2009.10.13.).

또한 국외 훈련에 따른 체류경비는 포함되지 아니하며, 경리·인사총무 등 관리부분에 종사하는 종업원에 대한 자체·위탁교육비등은 포함되지 아니한다(조특통 10-9…1 ②·③).

당해 사업연도에 지출한 위탁훈련비 중 **고용보험법에 의하여 환급되는 금액은 차감한다** (서면2팀-2390, 2004.11.19.).

1-2 직업훈련기관에의 위탁훈련비 등

국민 평생 직업능력 개발법에 따른 직업능력개발훈련은 크게 근로자, 실업자 등 및 사업주 등에 대한 훈련으로 나뉜다(동법 §2, §12 및 §20). 다시 사업주에 대한 직업능력개발훈련은 자체훈련과 위탁훈련으로 구분된다. 자체훈련이란 사업주가 자체적으로 훈련 계획을 수립하여 진행하는 과정이고, 위탁훈련은 외부 훈련기관에 위탁하여 실시하는 훈련이다.[30]

1-1에서 언급한 ②와 ③의 위탁훈련비는 위탁훈련을 위한 비용을 의미하므로, 사업주에 대한 직업능력개발훈련 중 위탁훈련만을 조특법상 세액공제의 대상으로 한다.

사업주 훈련과 관련하여 위탁훈련을 실시할 수 있는 곳을 다음 표에서 예시로 제시한다.

위탁훈련 실시 기관

구 분	종 류	기관 예시
직업능력개발 훈련시설	공공직업훈련시설: 국가·지방자치단체 및 공공단체가 직업능력개발훈련을 위하여 설치한 시설로서 고용노동부장관과 협의하거나 고용노동부장관의 승인을 받아 설치한 시설(국민 평생 직업능력 개발법 §2 3호 가목)	- 한국산업인력공단 - 한국폴리텍대학 - 한국장애인고용공단 - 근로복지공단
	지정직업훈련시설: 직업능력개발훈련을 위하여 설립·설치된 직업전문학교·실용전문학교 등의 시설로서 고용노동부장관이 지정한 시설(같은 호 나목)	- 직업전문학교 - 실용전문학교 - 직업훈련원
학교	고등교육법 제2조	- 대학, 산업대학, 교육대학, 전문대학, 방송대학 등

---

[30] 한국산업인력공단,「사업주 직업능력개발훈련 업무메뉴얼」, 2019.11. p. 7.

구 분	종 류	기관 예시
평생교육시설 (평생교육법 §2)	■ 평생교육법에 따라 인가·등록·신고된 시설·법인 또는 단체 ■ 학원 중 학교교과교습학원을 제외한 평생직업교육을 실시하는 학원 ■ 그 밖에 다른 법령에 따라 평생교육을 주된 목적으로 하는 시설·법인 또는 단체	원격대학, 기술대학 등 - 학교형태(동법 §31) - 사내대학형태(동법 §32) - 원격대학형태(동법 §33) - 사업장부설(동법 §35) - 시민사회단체부설(§36) - 언론기관부설(§37) - 지식·인력개발관련(§38)
평생직업교육학원	학원의 설립·운영 및 과외교습에 관한 법률 §2의 2 ① 2호	학교교과교습학원 외에 평생교육이나 직업교육을 목적으로 하는 학원
다른 법령에 따른 직업능력개발훈련 실시 기관	발명진흥법 제53조	한국발명진흥회
	전파법 제66조	한국방송통신전파진흥원
	산업표준화법 제34조	한국표준협회
	산업발전법 제32조	한국생산성본부

2 직업능력개발훈련비 (나목)

「국민 평생 직업능력 개발법」또는「고용보험법」에 따른 사내직업능력개발훈련 실시 및 직업능력개발훈련 관련사업 실시에 소요되는 비용으로서 다음의 것을 말한다(조특칙 §7 ⑨).

① 사업주가 단독 또는 다른 사업주와 공동으로 실시하는 경우의 실습재료비(해당 기업이 생산 또는 제조하는 물품의 제조원가중 직접재료비 구성분은 제외)

② 기술자격검정의 지원을 위한 필요경비

③ 직업능력개발훈련교사등에게 지급하는 급여

④ 사업주가 단독 또는 다른 사업주와 공동으로 실시하는 경우 고용노동부장관의 인정을 받은 직업능력개발훈련과정의 훈련생에게 지급하는 훈련수당·식비·훈련교재비 및 직업훈련용품비

3 인력개발 및 기술지도 비용 (다목)

(가) 열거된 비용

중소기업에 대한 인력개발 및 기술지도를 위하여 지출하는 비용으로서 아래의 것을 말한다(조특칙 §7 ⑩).

① 지도요원의 인건비 및 지도관련경비
② 훈련교재비 및 실습재료비
③ 직업능력개발훈련시설의 임차비용
④ 중소기업이 「중소기업 인력지원 특별법」에 따라 중소기업 핵심인력성과보상기금(내일채움공제)에 납입하는 비용

청년내일채움공제에 가입함에 따라 납입하는 기업부담금은 법인세법상 손금에 산입(법령 §19 20호)되며 해당 기업부담금은 연구·인력개발비세액공제 대상에 해당하는 것임(사전법령법인-1632, 2021.12.7.).

⑤ 내국인이 사용하지 아니하는 자기의 특허권 및 실용신안권을 중소기업(법인세법 또는 소득세법상 특수관계인 제외)에게 무상으로 이전하는 경우 그 장부상 가액
⑥ 지속가능경영과 관련된 임직원 교육 경비 및 경영수준 진단·컨설팅 비용(산업발전법 §19 ①)

2022년 세법개정에서 중소기업의 ESG 기반 경영에 대응하기 위한 역량을 지원하기 위한 목적으로, 지속가능경영과 관련한 임직원 교육 경비 등을 공제 대상에 추가하였다. 개정규정은 2022.1.1. 이후 개시하는 과세연도부터 적용한다(2022.3.18. 개정된 시행규칙 부칙 §2).

(나) 내일채움공제 납입비용의 범위 조정

이때 ④ 중소기업이 중소기업 핵심인력성과보상기금에 납입하는 비용 중 아래 ㉮의 납입비용은 세액공제대상에서 제외하고, ㉯의 환급받은 금액은 납입비용에서 차감한다.

㉮ 다음의 사람(조특령 §26의 6 ①)에 대한 납입비용

> ⓐ 해당 기업의 최대주주 또는 최대출자자(개인사업자의 경우에는 대표자를 말함)와 그 배우자(이하 "최대주주등")
> ⓑ 최대주주등의 직계존비속(그 배우자 포함) 또는 최대주주등과 친족관계(국기령 §1의 2 ①)에 있는 사람

㉯ 중소기업 핵심인력 성과보상기금에 가입한 이후 5년 이내에 중도해지를 이유로 중소기

업이 환급받은 금액. 환급받은 금액 중 이전 과세연도에 빼지 못한 금액이 있는 경우에는 해당 금액을 포함한다.

중소기업 핵심인력성과보상기금 납입비용의 범위 조정 규정은 2017.3.17. 이후 중소기업이 중소기업 핵심인력 성과보상기금에 납입하거나 중도해지를 이유로 환급받은 경우부터 적용한다(2017.3.17. 개정된 시행규칙 부칙 §2).

4 생산성향상을 위한 인력개발비 (라목)

교육훈련시간이 24시간 이상인 교육과정에 대한 아래의 생산성향상을 위한 인력개발비를 말한다(조특칙 §7 ⑪).

① 품질관리·생산관리·설비관리·물류관리·소프트웨어관리·데이터관리·보안관리(이하 "품질관리등")에 관한 회사 내 자체교육비로서 사내대학 등 운영비(영 §7 ⑬ 각호)에 준하는 비용
② 다음의 기관에 품질관리 등에 관한 훈련을 위탁하는 경우의 그 위탁훈련비. 다만, 「국민 평생 직업능력 개발법」에 따른 위탁훈련비와 산업발전법에 따라 설립된 한국생산성본부에의 위탁훈련비를 제외한다.
 ■ 국가전문행정연수원의 국제특허연수부에서 훈련받는 경우
 ■ 한국표준협회(산업표준화법 §3)
 ■ 한국디자인진흥원(산업디자인법 §11)
 ■ 사단법인 한국능률협회
 ■ 부산상공회의소의 연수원
③ 한국콘텐츠진흥원에의 위탁교육비용
④ 항공안전법에 따른 조종사의 운항자격 정기심사를 받기 위한 위탁교육훈련비용
⑤ 해외 호텔 및 해외 음식점에서 조리법을 배우기 위한 위탁교육훈련비용

2019년 개정세법에서 서비스업 분야의 인력개발을 지원하기 위하여 소프트웨어관리·데이터관리·보안관리의 자체교육비를 공제대상에 추가하였다.

5 사내대학 등 운영비 (마목)

과학기술분야의 교육훈련을 위한 전용교육시설 및 교과과정을 갖춘 사내교육훈련기관으로서 교육부장관이 기획재정부장관과 협의하여 정하는 기준에 해당하는 사내기술대학

(대학원 포함) 및 평생교육법에 따라 설치된 사내대학의 아래의 운영비를 말한다(조특칙 §7 ⑫·⑬).
① 교육훈련용교재비·실험실습비 및 교육용품비
② 강사료
③ 사내기술대학등에서 직접 사용하기 위한 실험실습용 물품·자재·장비 또는 시설의 임차비
④ 교육훈련생에게 교육훈련기간 중 지급한 교육훈련수당 및 식비

6 마이스터고등 맞춤형 교육비용 (바목)

마이스터고등 맞춤형 교육비용이란 산업교육 실시학교 또는 산업수요 맞춤형 고등학교 등과의 계약을 통해 설치·운영되는 직업교육훈련과정 또는 학과 등의 운영비로 지출한 비용이다.

(가) 산업교육 실시 학교

산업교육을 실시하는 학교로서 다음의 학교를 말한다[산업교육진흥 및 산학연협력촉진에 관한 법률(이하 "산학협력법") 시행령 §2 ① 3호·4호)].
① 산업수요맞춤형 학과 또는 전문계 과정을 설치한 일반고등학교
② 초·중등교육법 제54조에 따른 고등기술학교

(나) 마이스터고등

산업수요맞춤형고등학교등(이하 "마이스터고등")이란 아래의 학교를 말한다(조특령 §23 ⑤).
① 산업수요맞춤형고등학교(마이스터고)
② 특성화고등학교
③ 대안학교 중 직업과정을 운영하는 학교 및 일반고등학교 재학생에 대한 직업과정 위탁 교육을 수행하는 학교

대학 맞춤형 교육비용 등에 대한 세액공제(조특법 §104의 18)가 일몰종료됨에 따라 그 공제 대상의 일부이었던 마이스터고등 맞춤형 교육비용 및 마이스터고등과 사전취업계약 등에 따른 현장훈련수당 등에 대해 세제지원을 유지하기 위하여 2020년 개정세법에서 인력개발비로 이관하였다.

마이스터고등과 사전취업계약 등에 따른 현장훈련수당 등 (사목)

산업수요 맞춤형 고등학교 등과 다음의 사전 취업계약 등을 체결한 후, 직업교육훈련을 받는 해당 산업수요 맞춤형 고등학교의 재학생에게 해당 훈련기간 중 지급한 훈련수당, 식비, 교재비 또는 실습재료비를 대상으로 한다. 단, 생산 또는 제조하는 물품의 제조원가 중 직접 재료비를 구성하지 않는 것만 해당한다(조특칙 §7 ⑱).

(가) 산업체 맞춤형 직업교육훈련계약 (1호)

마이스터고등 재학생에 대한 고용을 목적으로 해당 학교와 체결하는, 학과 또는 직업교육훈련과정의 설치에 따른 특약(직업교육훈련촉진법 §2 5호 나목; 이하 "산업체 맞춤형 직업교육훈련계약")으로서 다음의 요건을 모두 갖추어야 한다.

㉮ 마이스터고등에 교육부장관이 정하는 산업체 맞춤형 직업교육훈련과정을 설치할 것
㉯ 해당 내국인의 생산시설 또는 근무장소에서 마이스터고등 재학생에 대하여 교육부장관이 정하는 기간 이상의 현장훈련을 실시할 것
㉰ 산업체 맞춤형 직업교육훈련과정 이수자에 대한 고용요건 등이 포함될 것
㉱ 위의 요건 등에 관한 사항이 포함된 교육부장관이 정하는 계약서에 따라 산업체 맞춤형 직업교육훈련계약을 체결할 것

(나) 취업인턴 직업교육훈련계약 (2호)

마이스터고등 재학생에 대한 고용을 목적으로 해당 학교 및 직업교육훈련기관(직업교육훈련촉진법 §2 2호)과 체결하는, 학과 또는 직업교육훈련과정의 설치에 따른 특약(이하 "취업인턴 직업교육훈련계약")으로서 다음의 요건을 모두 갖추어야 한다.

㉮ 마이스터고등 또는 직업교육훈련기관에 교육부장관이 정하는 취업인턴 직업교육훈련과정을 설치할 것
㉯ 해당 내국인의 생산시설 또는 근무장소에서 마이스터고등 재학생에 대하여 교육부장관이 정하는 기간 이상의 현장훈련을 실시할 것
㉰ 취업인턴 직업교육훈련과정 이수자에 대한 고용요건 등이 포함될 것
㉱ 위의 요건 등에 관한 사항이 포함된 교육부장관이 정하는 계약서에 따라 취업인턴 직업교육훈련계약을 체결할 것

8 표준 현장실습학기제 과정에서 대학생 훈련수당 등 (아목)

「산업교육진흥 및 산학연협력촉진에 관한 법률」 제11조의3에 따라 현장실습산업체가 교육부장관이 정하는 표준화된 운영기준을 준수하는 현장실습을 실시하는 산업교육기관 등과 아래의 사전 취업약정 등을 체결하고 해당 현장실습 종료 후 현장실습을 이수한 대학생을 채용한 경우 현장실습 기간 중 해당 대학생에게 지급한 현장실습 지원비를 인력개발비로 한다. 다만 생산 또는 제조하는 물품의 제조원가 중 직접 재료비를 구성하지 않는 것만 해당한다(조특칙 §7 ⑲).

① 대학교 등에 교육부장관이 정하는 표준화된 운영기준(이하 "표준운영기준")을 준수하는 현장실습 과정을 설치할 것
② 현장실습 산업체의 생산시설 또는 근무장소에서 대학교 재학생에 대하여 교육부장관이 정하는 기간 이상의 현장실습을 실시할 것
③ 표준운영기준을 준수하는 현장실습의 이수자에 대한 고용조건 등이 포함될 것

2021년 세법개정에서 산학협력을 통한 대학 재학생의 사전취업을 지원하기 위한 목적으로 인력개발비의 범위에 표준화된 현장실습 과정을 운영하면서 사전 취업약정 등을 체결하고 현장실습 종료 후 채용한 대학생에게 현장실습 기간에 지급한 현장실습비를 인력개발비에 추가하였다. 개정규정은 2021.6.23.부터 시행한다(2021.3.16. 개정된 시행규칙 부칙 §1 단서).

9 대학(원) 계약학과 운영비용 (자목)

「산업교육진흥 및 산학연협력촉진에 관한 법률」 제2조 제2호 다목에 따른 대학과의 계약을 통해 설치·운영되는 같은 법 제8조 제2항에 따른 계약학과등의 운영비로 발생한 비용을 공제대상으로 한다.

2023년 세법개정에서 첨단산업 인력 양성을 지원하기 위하여 대학(원) 계약학과의 운영 비용을 공제 대상에 추가하였다.

제2절 [제10조] 연구인력개발비에 대한 세액공제 ★★★★★

차례

I. 의의 ... 322
  1. 개요 ... 322
  2. 주체 ... 322

II. 신성장·원천기술연구개발비 ... 323
  1. 신성장·원천기술의 범위 ... 324
  2. 신성장·원천기술연구개발비의 범위 ... 360
    2-1 자체연구개발비 ... 361
      (1) 인건비 ... 361
      (2) 재료비 등 ... 362
    2-2 위탁 및 공동연구개발비 ... 362
  3. 공제세액 ... 365
  4. 구분경리 ... 366
  5. 세액공제 종료의 특칙 ... 367
  6. 연구개발세액공제기술심의위원회 ... 368

III. 국가전략기술연구개발비 ... 369
  1. 국가전략기술의 범위 ... 369
  2. 국가전략기술연구개발비의 범위 ... 378
  3. 공제세액 ... 378

IV. 일반연구인력개발비 ... 379
  1. 공제세액 산식 ... 379
  2. 당기분 방식에 의한 공제세액 ... 380
    2-1 계산방법 ... 380
      (1) 수입금액 ... 381
      (2) 중견기업 ... 381
      (3) 중소기업 졸업 시 중간구간 ... 382
      (4) 발생주의 ... 383
      (5) 사업 결합 전에 발생한 당해 연도 R&D 비용의 귀속 ... 383

    2-2 당기분 방식의 강제 ... 383
      (1) 직전 4년간 발생한 R&D 비용이 없는 경우 ... 384
      (2) 직전연도 R&D비용이 직전 4년 평균 R&D 비용보다 적은 경우 ... 384
    2-3 연평균 발생액 ... 384
      (1) 산식 ... 384
      (2) 직전 4년간 발생한 R&D 비용의 합계액 ... 385
      (3) 사업결합 시 R&D 비용의 의제
        [예제] [쟁점] ... 385
  3. 증가분 방식에 의한 공제세액 ... 392

V. 조세특례제한 등 ... 393
  1. 절차 ... 393
    1-1 신청서 등 제출 의무 ... 393
    1-2 연구개발 활동 검증 자료 제출 의무 ... 394
  2. 구분경리 ... 395
  3. 세액공제 사전 심사 제도 ... 395
    3-1 신청 대상 ... 396
    3-2 신청 기한 및 방법 ... 396
    3-3 심사 방법 및 심사 효력 ... 397
  4. 연구인력개발준비금과의 중복 적용 ... 398
  5. 연구개발출연금등 과세특례와 중복지원 배제 ... 398
  6. 중복지원의 허용 ... 399

VI. 서식 작성요령 ... 400

VII. 예제와 서식 작성실무 ... 402

Ⅰ. 의의

1 개요

연구인력개발비에 대한 세액공제는 내국인의 연구·인력개발비의 일정액을 세액공제함으로써, 기업의 연구 및 인력개발을 촉진하여 기업의 기술을 축적하고 우수한 인력의 확보를 용이하게 하기 위한 제도이다.

대부분의 세액공제가 설비 투자에 대한 세액공제인데 반하여 동 세액공제는 비용 항목에 대한 세액공제라는 점에 그 특성이 있다. 일반적으로 설비 투자는 거액이고 비경상적으로 발생하나, 경비항목은 경상적으로 매년 발생하는 성격을 지니고 있어 납세자에게 매년 일정액 이상의 과세특례를 제공하여 안정적인 R&D 활동을 유인하는 효과가 있다.

특히 중소기업의 경우 최저한세의 적용대상에서 제외된다는 점에서 세금을 전혀 납부하지 않는 경우도 발생할 수 있다. 또한 일반적인 세액공제의 경우 공제세액의 20%를 농어촌 특별세로 납부하여야 하나, 연구인력개발비 세액공제는 농어촌특별세도 비과세되는 등 절세효과가 가장 큰 과세특례 제도이므로 중소기업의 입장에서는 세무조정 시 가장 우선적으로 고려되어야 할 특례이다.

일반 연구인력개발비 세액공제는 1981년도에 도입된 이후 한시적으로 운영되어오다가 2009년 세법개정으로 영구화되었다. 반면에 신성장 및 원천기술관련 연구인력개발비 세액공제 및 국가전략기술연구개발비의 일몰기한은 2024.12.31.이다.

2 주체

내국법인 또는 사업소득이 있는 개인사업자로서 내국인이어야 한다.

Ⅱ. 신성장·원천기술연구개발비

개정연혁

연 도	개정 내용
2019년	■ 대상 기술 확대 : 블록체인, 양자컴퓨터 관련 기술 등 16개 기술 추가 ■ 일반R&D 전담부서 등의 신성장R&D 전담 연구인력의 인건비도 공제 대상에 추가 ■ 신성장 R&D의 경우에도 출자임원에 한해서만 공제 대상 인건비에서 제외 ■ 콘텐츠 분야의 창작용 S/W, 서체·음원 등 재료비를 공제 대상에 추가 ■ 공통 재료비는 일반 및 신성장R&D의 인건비를 기준으로 안분하여 세액공제 ■ 판매시점 정보관리 시스템 설비(POS) 등 기업의 사업 운영·관리·지원 활동과 관련된 시스템 개발을 위한 위탁비용 제외 ■ 해외 3상 임상을 신성장R&D에 추가
2020년	■ 대상 기술 확대 : 첨단 소재·부품·장비 분야를 신설하고 대상 기술을 확대 ■ 공동·위탁 R&D기관 범위 명확화: 국외기업에 부설된 연구기관, 연구개발을 수행하고 있는 국외소재 기업, 내국법인 지배 국외법인 추가 ■ 부정한 방법 등으로 인정 받은 경우 등 세액공제 종료 사유 신설
2021년	■ 대상 기술 확대 : 디지털 뉴딜, 그린 뉴딜, 의료·바이오기술 등 총 25개 추가
2022년	■ 대상 기술 확대 : 탄소중립분야를 신설하고 바이오기술 등 추가 ■ 신성장·원천기술 심의위원회에서 연구개발세액공제기술심의위원회로 명칭을 변경하고 기능 추가 ■ 공통 연구개발비 비용 안분방법 규정 ■ 개별 대상 기술 적용기한 3년 신설
2023년	■ 대상 기술 확대 : 소형 모듈 원자로 기술 등 추가 ■ 대상 기술 축소 : 자율주행차, 전기구동차 등 일부 대상기술 삭제 ■ 바이오 신약 후보물질 발굴 기술 등을 국가전략기술로 변경
2024년	■ 대상 기술 확대 : 방위산업 분야 기술 등 추가

미래성장동력 확보를 위한 기업투자 확대를 지원하기 위하여 신성장동력 및 원천기술 R&D비용에 대하여, 2010년도부터 일반 R&D에 비하여 공제율을 기존에 비해 확대하였다.

이해의 편의를 위하여, 미래 유망성 및 산업 경쟁력 등을 고려하여 지원할 필요성이 있다고 인정되는 기술로서 신성장·원천기술을 얻기 위한 연구개발비(이하 "신성장·원천기술연구개발비")의 규정 체계를 살펴보도록 한다.

신성장·원천기술연구개발비의 규정 체계

구분	관련조문	관련 본서 내용
신성장·원천기술 자체연구개발비의 범위	조특법 §10 ① 1호 → 같은 항 본문, 조특령 §9 ③	제1절 Ⅱ. 1. 자체연구개발비
신성장·원천기술연구개발 업무의 범위	조특령 별표 7	이하 1. 에서 서술

'신성장·원천기술 연구개발비'에 대해서는 법 제10조 제1항 본문에서 정의된 연구개발비 정의 조항이 적용되므로(같은 항 1호) 일반 연구개발비와 동일하게 시행령 별표 6에 열거된 비용을 원칙적으로 세액공제의 대상으로 한다. 그러나 조특령 제9조 제3항 제1호 및 제2호에서 신성장·원천기술연구개발비의 범위를 자체연구개발비 중 전담부서등 직원의 인건비와 재료비등과 위탁·공동연구개발비 중 일부로 한정하고 있다.

마지막으로 신성장·원천기술 연구개발업무의 범위는 조특령 별표 7에서 독자적으로 규정하고 있다.

1 신성장·원천기술의 범위

연구·인력개발비 중 미래 유망성 및 산업 경쟁력 등을 고려하여 지원할 필요성이 있다고 인정되는 기술(이하 "신성장·원천기술")로서 조특령 별표 7에 따른 기술을 말한다(조특령 §9 ②).

신성장·원천기술은 다음의 14개 분야로 구성된다.

① 미래형 자동차　② 지능정보　③ 차세대 SW 및 보안
④ 콘텐츠　⑤ 차세대 전자정보 디바이스　⑥ 차세대 방송통신
⑦ 바이오·헬스　⑧ 에너지신산업·환경　⑨ 융복합소재
⑩ 로봇　⑪ 항공·우주　⑫ 첨단 소재·부품·장비
⑬ 탄소중립　⑭ 방위산업

신성장 산업의 개별적인 대상기술은 시행령 별표 7에 열거되어 있다.

개정 연혁

2020년 개정세법에서 신성장·원천기술 분야의 연구개발 활성화를 위해 첨단 소재·부품·장비 분야를 신설하여 고순도 산화알루미늄 분말 제조기술, 고압 컨트롤 벨브 제조기술, 첨단머시닝센터 제조기술 등 20개 기술을 신설하였고, 종전 분야에서 시스템반도체 설계·

제조기술, 바이오플라스틱 제조기술, 운전자 생체데이터 분석기술, 6G 기술 등 30개 기술을 신설하고 14개 기술의 적용 범위를 확대하였다. 별표7의 개정규정은 2020.2.11. 이후 과세표준을 신고하는 분부터 소급하여 적용한다(2020.2.11. 개정된 시행령 부칙 §22).

2021년 개정세법에서 반도체·신재생에너지 등 신성장·원천기술 분야의 연구개발을 지원하기 위하여 연구·인력개발 비용 세액공제 대상이 되는 신성장·원천기술의 범위에 첨단 메모리반도체 설계 및 제조기술, 이산화탄소 활용 기술 등 디지털·그린 뉴딜·의료바이오 관련 기술을 추가하였다.

2022년 개정세법에서 세액공제의 대상이 되는 연구개발비나 사업화시설 투자의 대상이 되는 신성장·원천기술의 범위에 탄소 포집·활용·저장 기술 등 주요 탄소중립 기술을 추가하여 탄소중립 기술의 연구개발을 지원하였다. 반면에 프레임 경량화 기술, LNG 운반선 압축기 기술을 삭제하였다. 그리고 현행 공제 대상 기술에 대한 주기적 재평가와 정비를 위하여 개별 대상기술에 대해 선정일부터 최대 3년간의 유효기한을 설정하였다.

2023년 개정세법에서 신성장·원천기술의 범위에 소형 모듈 원자로 기술 등 12개를 추가하고, 현행 기술 중 4개의 범위를 확대함. 탄소중립 및 디스플레이 등 분야의 연구개발을 지원하기 위한 목적임. 별표 7의 개정규정은 2023.1.1. 이후 발생하는 연구개발비부터 적용함(2023. 2.28. 개정된 시행령 부칙 §9).

2023년 중반 개정세법에서 자율주행차, 전기구동차 등 일부 대상기술을 삭제함. 개정규정은 2023.6.7.부터 시행함. 2023.1.1. 전에 발생한 연구개발비에 관하여는 별표 7의 개정규정에도 불구하고 종전의 규정에 따름(2023.6.7. 개정된 시행령 부칙 §1 및 §3).

2023년 중반 개정세법에서 종전에 신성장·원천기술로 분류하던 바이오 신약 후보물질 발굴 기술 등을 국가전략기술로 변경한 내용은 Ⅲ. 1. 국가전략기술의 범위를 참조하기로 함.

2024 개정 신성장·원천기술의 범위에 방위산업 분야의 군사위성체계 기술 및 유·무인 복합체계 기술 등을 포함하여 신규 기술 15개를 추가하고, 혁신형 신약 후보 물질 제조기술 등 현행 8개 기술의 범위를 확대함. 별표 7의 개정규정은 2024.1.1. 이후 발생하는 연구개발비부터 적용함. 2024.1.1. 전에 발생한 연구개발비에 관하여는 별표 7 제13호나목5)·6) 및 같은 호 라목1)의 개정규정에도 불구하고 종전의 규정에 따름(2024.2.29. 개정된 시행령 부칙 §15).

시행령 [별표 7] 신성장·원천기술 분야별 대상기술 (개정 2024.2.29.)

구분	분야	대상기술
1. 미래형 자동차	가. 자율주행차	1) (삭제, 2023.6.7.)

구분	분야	대상기술
		2) (삭제, 2023.6.7.)
		3) (삭제, 2023.6.7.)
		4) 자율주행 기록 및 사고원인 규명 기술: 자율주행 운행 기록과 사고 시점전·후의 자동차 내·외부 정보를 저장하고 분석하는 기술(2021. 2.17. 개정) (2024.2.29. 개정)
		5) 탑승자 인지 및 인터페이스 기술: 탑승자의 안면인식 등을 통한 신체적·감정적 변화 감지 기술과 탑승자의 모션·음성·터치 등을 통해 운전·내부조작 등이 가능한 상호작용 기술(2021.2.17. 개정)
	나. 전기 구동차	1) (삭제, 2023.6.7.)
		2) (삭제, 2023.6.7.)
		3) 전기차 초고속·고효율 무선충전 기술 : 전기구동방식 자동차와 관련하여 감전위험이 없는 비접촉 무선 전력전송 방식(자기유도, 자기공명, 전자기파)으로 배터리를 충전하기 위한 전력 전송효율 90% 이상의 초고속 고효율 무선충전시스템 및 무선충전 핵심모듈(급전 인버터, 집전 픽업구조, 레귤레이터) 기술(2019.2.12. 신설)
		4) 하이브리드자동차의 구동시스템 고효율화 기술: 하이브리드자동차(HEV)의 연비 향상, 배출가스 감축 등을 위해 엔진 열효율(공급된 연료에너지에 대해 출력되는 유효일의 비를 말한다)을 45% 이상으로 구현하기 위한 하이브리드 구동시스템 고효율화 기술(2022.2.15. 신설)
2. 지능 정보	가. 인공지능	1) 학습 및 추론 기술 : 다양한 기계학습 알고리즘(algorithm), 딥러닝(deep learning), 지식베이스(knowledge base) 구축, 지식추론 등 학습 알고리즘과 모델링(modeling) 조합을 통해 지능의 정확도와 속도를 향상시키는 소프트웨어 기술
		2) 언어이해 기술 : 텍스트(text), 음성에서 언어를 인지, 이해하고 사람처럼 응대할 수 있는 자연어 처리, 정보검색, 질의응답, 언어의미 이해, 형태소·구문 분석 등 언어 관련 소프트웨어 기술
		3) 시각이해 기술 : 비디오(video), 이미지(image) 등에서 객체를 구분하고 움직임의 의미를 파악하기 위한 컴퓨터 비전(computer vision), 행동 인식, 내용기반 영상검색, 영상 이해 등 사람의 시각지능을 모사한 소프트웨어 기술
		4) 상황이해 기술 : 다양한 센서(sensor)를 통해 수집된 환경정보를 이해하거나, 대화 상대의 감정을 이해하고 주변상황과 연결한 자신의 상태를 이해하는 등 자신이 포함된 세계나 환경을 이해하여 적절한 행동을 결정짓는 소프트웨어 기술

구분	분야	대상기술
		5) 인지컴퓨팅 기술 : 저전력·고효율로 지능정보 학습을 수행할 수 있도록 컴퓨터 시스템 구조를 재설계하거나, 인공지능 알고리즘(algorithm) 처리가 용이하도록 초고성능 연산 플랫폼(Platform)을 제공하는 컴퓨터 하드웨어 및 소프트웨어 기술
	나. IoT (Internet of Things, 사물 인터넷)	1) IoT 네트워크 기술 : 사물간의 네트워크(network)를 구성하기 위한 대량의 네트워크(Massive IoT) 구성 기술, 저전력 초경량 네트워크 기술(LPWA : Low Power Wide Area) 및 네트워크 상황에 따른 품질 보장형 협업 네트워크와 사물인터넷 전용망 기술
		2) IoT 플랫폼 기술 : 다양한 사물인터넷 기기에 대한 식별·통신·검색·접근 및 사물인터넷 기기를 통한 데이터 수집·저장·관리와 데이터에 대한 분석·가공을 지원하는 지능형 소프트웨어 플랫폼(Software Platform) 기술
		3) 사이버물리시스템 기술 : 센서와 구동체[액츄에이터(Actuator)]를 갖는 기계적 장치와 이를 제어하는 정보통신 인프라(infra)를 결합하여 물리적 환경과 가상 환경을 연결하는 것으로 물리적 환경을 실시간으로 모니터링(monitoring)하여 대량의 데이터(data)를 수집·분석·처리하고 이를 바탕으로 물리적 기계장치 또는 컴퓨팅(computing) 장치를 자동으로 제어하는 임베디드(embedded) 기반 분산제어 시스템 기술
	다. 클라우드 (Cloud)	1) SaaS(Software as a Service) 기술 : 다양한 클라우드 환경에서 인터넷을 통한 소프트웨어 사용이 실행가능하도록 상호운용성을 확보하고, 다양한 사용자 요구를 소프트웨어 자체의 변경없이 수용하는 맞춤형 서비스 기술 및 SaaS 응용을 연계하여 새로운 서비스를 제공하는 서비스 매쉬업(mashup) 기술
		2) PaaS(Platform as a Service) 기술 : 개발자가 데이터베이스(database), 웹(web), 모바일(mobile), 데이터(data) 처리 등의 소프트웨어 개발 환경을 클라우드 상에서 손쉽게 활용하여 응용 서비스의 개발·배포 및 이전이 가능하도록 하는 기술 및 실행환경 제공 기술
		3) IaaS(Infrastructure as a Service) 기술 : 가상머신(Virtual Machine) 혹은 컨테이너(container, 경량화된 가상화기술) 기반으로 자원을 가상화하고, 다중 클라우드 연동을 통해 자원을 확장하는 기술 및 다양한 클라우드 인프라 서비스의 중개를 위한 클라우드 서비스 브로커리지(Cloud Service Brokerage) 기술
	라. 빅데이터 (Big Data)	1) 빅데이터 수집·정제·저장 및 처리기술 : 여러 입력 소스(source)에서 발생하는 다양한 종류의 대규모 데이터(data)를 수집·정제하거나, 향후 분석을 위해 고속의 저장소에 저장하고 관리하는 기술
		2) 빅데이터 분석 및 예측 기술 : 대규모 데이터(data)에 다양한 통계

구분	분야	대상기술
		기법, 기계학습, 시뮬레이션(simulation) 기법 등을 활용하여 분석하고, 데이터에 내재한 의미를 추출하고 장단기 미래 동향을 예측하는 소프트웨어 기술
		3) 데이터 비식별화 기술: 개인의 사생활을 침해하지 않으면서 인공지능 학습 등에 활용할 수 있도록 대량의 비정형데이터(이미지·영상 등) 및 개인정보 데이터를 비식별화 하는 기술(2021.2.17. 신설)
	마. 착용형 스마트 기기	1) 신체 부착형 전자회로의 유연기판 제작기술 및 유연회로 인쇄기술 : 스마트 착용형기기(wearable device)에 사용되는 신체 부착형 전자회로의 유연기판 제작기술 및 유연회로 인쇄기술
		2) 유연한 양·음극 소재 및 전극 설계·제조기술 : 20퍼센트 이상의 변형 시에도 기계적·전기화학적 신뢰성 확보가 가능하며 100㎛ 후박급의 착용형기기(wearable device)에 전원용으로 사용되는 유연한(flexible) 양·음극 소재 설계·제조 기술 및 해당 전극의 조성(composition)·형상(forming)의 설계·제조 기술
		3) 섬유기반 유연전원(fabric based flexible battery) 제조 기술 : 유연 성능이 4.5g·㎠/㎝ 이상으로 변형에 대한 형태 안정성이 우수한 유연전원(fabric based flexible battery)으로서, 에너지 밀도가 100Wh/kg 이상으로 고효율·고수명의 성능을 가진 섬유기반 유연전원을 제조하는 기술
		4) 전투기능 통합형 작전용 첨단디지털 의류기술 : 군사 및 경찰 작전 등의 특수 임무를 수행하는데 필요한 극한기능과 신호전송기능 및 신체보호기능을 갖춘 총체적 디지털 기능 전투복 제조 기술
		5) 생체정보 처리 및 인체내장형 컴퓨팅 기술 : 생체신호 측정 및 전달 기술, 생체기능의 컴퓨터 시뮬레이션(모사) 기술, 내장형 심장박동 기술, 인슐린 자동 분비 기술, 인공 눈/귀 등과 같이 신체의 내·외부에 장착되어 사용자의 생체정보 또는 기능을 인식·모사 처리하거나 신체의 기능을 보완·대체하는 기술
	바. IT 융합	1) 지능형 전자항해 기술 : IMO(International Maritime Organization, 국제해사기구)의 e-Navigation 구현을 목적으로 장소에 구애받지 않고 4S(ship to ship, ship to shore, shore to ship, shore to shore) 통신을 구현하는 통신단말장치 제작기술과 그 통신단말장치를 기반으로 육상과의 실시간 디지털통신을 통해 입항부터 출항까지의 항해 업무를 통합적으로 처리하고 증강현실 및 3차원 전자해도를 활용한 충돌·좌초 회피지원기능을 갖는 선박항해시스템 설계 및 구축기술
		2) 지능형 실시간 도시 시설물 관리시스템 기술 : 도시 시설물(도로, 철도, 교량, 항만, 댐, 터널, 건축물, 전기·가스·수도 등의 공급설비,

구분	분야	대상기술
		통신시설 및 하수도시설 등)에 부착 또는 삽입하여 동 시설물들을 대상으로 통신기능 및 에너지 수확기능을 갖는 센서(sensor)를 활용하여 시설물의 운영상황 및 위험요인(물리적·기능적 결함여부 포함)을 실시간으로 계측·평가하여 유지·보수하는 지능형 도시 시설물 관리시스템 설계·구축 기술
		3) 지능형 기계 및 자율협업 기술 : 생산설비에 붙박이 형태(built-in)로 장착한 다양한 센서(sensor)나 엔코더(Encoder)로부터 수집한 생산설비의 품질(상태)정보 및 공정조건을 실시간으로 분석하여 최적의 작업상태를 제공할 수 있는 진단·처방정보를 창출하는 내장형·외장형 소프트웨어 제작기술과 동 정보를 바탕으로 생산설비를 원격으로 제어하는 개방형 제어기(controller), M2M(Machine to Machine, Machine to Man, 기계 간의 통신 및 인간이 작동하는 기계와의 통신) 디바이스(device) 제작기술 및 내장형·외장형 소프트웨어와 개방형 컨트롤러 디바이스를 탑재하여 자동으로 상태감시·진단·제어기능을 하는 지능형 기계 제작기술
	사. 블록체인	블록체인 기술 : 모든 구성원이 분산형 네트워크(P2P Network)를 통해 정보 및 가치를 검증·저장·실행함으로써 특정인의 임의적인 조작이 어렵도록 설계된 분산 신뢰 인프라를 구현하기 위한 P2P 네트워킹기술, 합의기술, 스마트계약 검증기술, 분산저장기술, 플랫폼기술(확장성·성능 개선 등), 보안기술, IoT 기술, 적합성검증 기술(2019.2.12. 신설)
	아. 양자 컴퓨터	양자컴퓨터 제작 및 활용 기술 : 양자 정보를 처리할 수 있는 메모리(큐비트, Qubit)를 구현하고, 큐비트간 연산처리가 가능한 장치의 제작 기술 및 양자컴퓨터의 구동·원격사용과 양자컴퓨터를 이용한 계산 등 양자컴퓨터를 활용하기 위한 기술(2019.2.12. 신설)
	자. 스마트 물류	지능형 콜드체인 모니터링 기술: 화물의 운송 과정에서 온도, 습도, 충격 등의 상태 데이터를 정보수집 장치를 통해 수집 및 저장하고, 이를 국제표준 ISO 27017에 따라 보안성이 검증된 클라우드 서버로 전송하여 단위 화물 정보와 연동하고 이를 소프트웨어상에서 모니터링하는 기술 (2023.2.28. 신설)
3. 차세대 SW (소프트웨어) 및 보안	가. 기반 소프트웨어(SW)	1) 융합서비스·제품의 소프트웨어 내재화 기술 : 기존 서비스 및 제품에 지능화·자동화 등을 위한 지능형 소프트웨어 기술을 적용하여 신규 서비스를 창출하거나 새로운 기능을 추가하고, 신뢰성·고속성·실시간성·저전력 등을 통해 10% 이상 기능을 향상시키는 기술 (2021.2.17. 개정)
		2) 이기종(異機種) 멀티코아 소프트웨어 기술 : 중앙연산장치(CPU)에 보조연산장치·연산가속장치 등의 여러 컴퓨팅 장치를 결합하여 고

구분	분야	대상기술
		효율·고성능(전력소모량 등 비용 효율성을 10배 이상 개선하거나, 연산속도를 10배 이상 개선)을 구현하는 소프트웨어 기술(2021.2.17. 개정)
		3) 분산병렬 소프트웨어 기술 : 대규모 데이터 연산 처리를 위해 분산컴퓨팅 환경에서 10,000개 이상의 노드(센서, 컴퓨터 등) 지원을 대규모로 분산하는 소프트웨어 기술 및 100개 이상의 병렬성에서 99.999%의 신뢰성을 보장하는 고신뢰 병렬 소프트웨어 기술(2021.2.17. 개정)
		4) 차세대 메모리 기반 시스템 소프트웨어 기술 : 기존 메모리와 다른 대용량 비휘발성 메모리를 활용하여 PC·서버·휴대단말기 등의 컴퓨팅 속도를 20% 이상 개선하거나 메모리 용량을 4배 이상 증대시키는 시스템 소프트웨어 기술(2021.2.17. 개정)
		5) 컴퓨터 이용 설계 및 공학적 분석 소프트웨어 기술 : 제품 생산에 있어 개념 설계 단계 이후 제작도면 작성과 작성된 도면의 제품 성능 및 품질 검토를 수행하는 소프트웨어 기술
	나. 융합보안	1) 사이버 위협 인텔리전스(Intelligence) 대응기술 : 인적 자원으로 불가능한 대규모 사이버 공격의 분석 또는 대응을 위해 지능정보기술(인공지능, 빅데이터 등)을 활용한 사이버 위협 자동분석·대응기술(2021.2.17. 개정)
		2) 휴먼바이오(human-bio)·영상 기반 안전·감시·보안기술 : 인간의 신체적 특성(지문, 얼굴, 홍채, 정맥 등)과 행동적 특성(서명, 음성, 걸음걸이 등)을 이용한 신원확인 기술과 영상정보를 이용하여 특정 객체(사람·사물)나 이상상황(범죄·사고 등)을 자동으로 인지하는 기술(2021.2.17. 개정)
		3) 미래컴퓨팅 응용·보안기술 : 양자컴퓨팅(quantum computing) 특성에 따른 고속의 데이터·통신 암호화 및 암호해독방지 기술
		4) 융합서비스·제품의 보안내재화 기술: 사이버 공격으로 인명이나 재산상의 손실을 끼칠 수 있는 ICT 융합서비스·제품(자율주행차, 인공심박기, 도어락 등)에 탑재될 수 있도록 저전력·경량화 되면서도 외부 공격(탈취, 파괴, 위·변조 등)에 의해 정보가 유출·변경되는 것을 방지·대응하기 위한 기술(2021.2.17. 개정)
4. 콘텐츠	가. 실감형 콘텐츠	1) 가상현실(VR) 콘텐츠 기술 : 사용자의 오감을 가상공간으로 확장·공유함으로써 환경적 제약에 의해 직접 경험하지 못하는 상황을 간접 체험할 수 있게 하는 가상현실(Virtual Reality) 콘텐츠 제작기술

구분	분야	대상기술
		2) 증강현실(AR) 콘텐츠 기술 : 디지털 콘텐츠를 현실 공간과 사물에 혼합시킴으로써 사용자에게 보다 많은 체험 서비스를 제공하게 하는 증강현실(Augmented Reality) 콘텐츠 제작 기술
		3) 오감체험형 4D 콘텐츠 제작기술 : 기존의 3D 입체영상 콘텐츠에 증강현실(Augmented Reality) 영상기술과 시각·후각·청각·미각·촉각 등의 오감체험을 통한 양방향성의 상호작용 기술이 융합된 4D 콘텐츠 제작기술(2021.2.17. 개정; 3) 삭제 후 번호 앞당김, 종전 6 삭제)
		4) 디지털 홀로그램(Hologram) 콘텐츠 제작기술 : 물체 형태에 대한 완벽한 3차원 정보를 조명광 파면(wavefront)의 간섭무늬 형태로 담고 있는 홀로그램 프린지(fringe) 패턴을 생성하고, 디지털화된 처리를 통하여 3차원 영상으로 재현, 편집, 정합 또는 공간인식을 하는 기술
	나. 문화 콘텐츠	1) 게임 콘텐츠 제작기술: 게임엔진·게임저작도구·게임 UI(User Interface)·게임 운영환경 등의 개발 또는 기능 개선을 통해 게임 콘텐츠를 기획·제작하거나 서비스를 제공하는 기술, 실시간 데이터를 활용한 시·청각화 관련 기술, 유저와의 상호작용을 위한 데이터 처리 및 시나리오 구현 기술, 학습·의료 등 분야의 기능성 게임 모델 개발 등 게임 콘텐츠 응용 기술(2022.2.15. 개정)
		2) 영상 콘텐츠 제작기술 : 영화 콘텐츠의 기획·제작을 위한 사전시각화(pre-visualization) 및 그래픽 품질 개선 기술(2021.2.17. 개정)
		3) 애니메이션 콘텐츠 제작기술: 애니메이션 콘텐츠의 기획·제작을 위한 대용량 디지털 데이터 처리 관리 기술, AI 머신러닝을 통한 애니메이션·에셋 자동생산 기술, 게임엔진을 활용한 실시간 제작 기술, 버추얼 프로덕션(virtual production) 기술(2021.2.17. 개정)
		4) 만화·웹툰 콘텐츠 제작기술: 만화·웹툰 콘텐츠의 기획·제작 및 서비스를 위한 디지털 만화 저작도구 개발 기술, 만화 멀티미디어 콘텐츠 제작 기술, 플랫폼 구축 및 서비스를 위한 저작권 보호 기술(2021.2.17. 개정)
5. 차세대 전자 정보 디바이스	가. 지능형 반도체·센서	1) 고속 컴퓨팅을 위한 SoC 설계·제조 기술: 인간형 인식, 판단, 논리를 수행할 수 있는 뉴럴넷(Neural Network)을 구현하는 초고속, 저전력 슈퍼프로세서 기술로서 지능형 자율주행 이동체(드론 등), 지능형 로봇, 게임로봇, 고속 정보 저장·처리 및 통신기기, 위성체 및 군사용 무기 체계, 보안카메라, DVR (Digital Video Recoder)등의 화상처리용 지능형 보안시스템, 복합 교통관제 시스템등의 제작을

구분	분야	대상기술
		위해 매니코어(Many Core)를 단일 반도체에 통합한 SoC(System on Chip) 설계 및 제조(7nm 이하) 기술(2021.2.17. 개정)
		2) 초소형·초저전력 IoT·웨어러블 SoC 설계·제조 기술: IoT, 착용형 스마트 단말기기 및 웨어러블 센서(wearable sensor) 등을 위해 장기간 지속사용이 가능하고, 초소형·초저전력으로 동작하며, IoT 네트워크에 지능형 서비스를 적용하기 위한 지능정보 및 데이터의 처리가 가능한 초저전력 SoC(System on Chip) 설계·제조 기술(2021.2.17. 개정)
		3) SoC 파운드리 제조, 후공정 및 장비 설계·제조 기술: SoC(System on Chip) 반도체 개발·양산을 위한 핵심 기반기술로 파운드리(Foundry) 분야의 7nm 이하급 제조공정 및 공정 설계기술, 2D/2.5D/3D 패키징 등 파운드리(Foundry) 후공정 기술 및 파운드리 소재·장비 설계·제조 기술 (2021.2.17. 개정)
		4) 차세대 메모리반도체 소재·장비 및 장비부품의 설계·제조기술 : 기존 메모리반도체인 D램(DRAM)과 낸드 플래시메모리(Nand Flash Memory)의 장점을 조합한 STT-MRAM(Spin Transfer Torque-Magnetic Random Access Memory), PRAM(Phase-change Random Access Memory), ReRAM(Resistive Random Access Memory) 등 차세대 메모리반도체 제조기술 및 관련 소재·장비 및 장비부품의 설계·제조기술
		5) 지능형 마이크로 센서 설계·제조·패키지 기술: 물리적·화학적인 아날로그(analogue) 정보를 얻는 감지부와 논리·판단·통신기능을 갖춘 지능화된 신호처리 집적회로가 결합된 소자로서 나노기술, MEMS[Micro Electro Mechanical System, 기계부품·센서(sensor)·액츄에이터(actuator) 및 전자회로를 하나의 기판 위에 집적화)] 기술, 바이오 기술, 0.8μm이하 CMOS 이미지센서 기술 또는 SoC(System on Chip) 기술이 결합된 초소형 고성능 센서 설계·제조 및 패키지 기술(2021.2.17. 개정)
		6) 차량용 반도체 설계·제조기술 : 자동차 기능안전성 국제표준 ISO26262, 자동차용 반도체 신뢰성 시험규격 ACE-Q100을 만족하는 MCU(Micro controller unit), ECU(Electronic control unit), 파워IC SOC, 하이브리드/전기차 및 자율주행용 IC 반도체의 설계·제조 기술 (2019.2.12. 신설)(2021.2.17. 개정)
		7) 에너지효율향상 반도체 설계·제조기술: 실리콘 기반의 MOSFET(MOS field-effect transistor)에 비해 저저항·고효율 특성을 지니며 차세대 응용 분야(전기차, 하이브리드카, 태양광, 풍력발전 등 신재생

구분	분야	대상기술
		에너지, 스마트그리드 등) 인버터 등에 탑재되는 SJ(Super Junction) MOSFET, IGBT, SiC MOSFET의 설계·제조 기술(2020.2.11. 신설)
		8) 첨단 메모리반도체 설계·제조기술: 12nm 이하급 D램과 220단 이상 낸드플래시메모리 설계·제조 기술(2021.2.17. 신설)
		9) 에너지효율향상 전력 반도체 BCDMOS(Bipolar /Complementary/Double-diffused metal-oxide-semiconductor) 설계·제조 기술: 실리콘 기반의 저저항·고효율 특성을 지니며 차세대 응용 분야(5G, 전기차, 하이브리드카, 태양광, 풍력발전 등 신재생에너지, 스마트그리드 등)에 탑재되는 아날로그, 디지털 로직, 파워소자를 원칩화한 초소형·초절전 전력반도체 0.13㎛ 이하 BCDMOS 설계·제조 기술(2021.2.17. 신설)
		10) 전자제품 무선충전 기술: 기존 유도방식 무선충전 대비 충전 자유도가 높은 고출력 공진방식 무선·급속 충전 기술 및 원거리 RF(Radio Frequency) 전력전송 기술(2021.2.17. 신설)
		11) 웨이퍼레벨 칩 패키징 공정기술: LED 칩을 미세 패턴이 가공된 열전도성이 높은 웨이퍼 위에서 일련의 공정을 통해 패키징한 후 다이싱(dicing)하여 칩 패키지를 제조하는 기술(2022.2.15. 신설)
	나. 반도체 등 소재	1) 포토레지스트(Photoresist) 개발 및 제조기술: 반도체 및 디스플레이용 회로형성에 필요한 리소그래피(lithography)용 수지로서 회로의 내열성, 전기적 특성, 현상(Developing) 특성을 좌우하는 Photoresist 및 관련 소재를 개발 및 제조하는 기술 [ArF(불화아르곤) 광원용 및 EUV(극자외선) 광원용-](2021.2.17. 개정)
		2) 원자층증착법(ALD, Atomic Layer Deposition) 및 화학증착법(CVD, Chemical Vapor Deposition)을 위한 고유전체(High-k dielectric)용 전구체 개발 기술 : 기존의 이산화규소(SiO_2)보다 우수한 유전특성을 갖는 high-k dielectric 박막 증착을 위한 ALD 및 CVD 공정에 사용되는 전구체를 개발하는 기술
		3) 고순도 불화수소 개발 및 제조기술: 반도체 회로형성에 필요한 순도 99.999%(5N) 이상의 고순도 불화수소를 개발 및 제조하는 기술(2020.2.11. 신설)
		4) 블랭크 마스크(Blank Mask) 개발 및 제조기술: ArF(불화아르곤) 광원 및 EUV(극자외선) 광원을 이용하여 반도체 회로를 형성하는데 사용되는 블랭크마스크 원판 및 관련 소재(펠리클(Pelllicle), 합성쿼츠, 스터러링용 타겟 등을 포함)을 개발 및 제조하는 기술(2020. 2.11. 신설)

구분	분야	대상기술
		5) 반도체용 기판 개발 및 제조기술: 14nm 이하급 D램과 낸드플래시 메모리 및 에피텍셜 반도체용 기판을 개발 및 제조하는 기술(2020. 2.11. 신설)(2021.2.17. 개정)
		6) 첨단 메모리반도체 장비 및 장비부품의 설계·제조 기술: 14nm 이하급 D램(DRAM)과 170단 이상 낸드 플레시메모리(Nand Flash Memory) 양산을 위한 장비·장비부품의 설계·제조 기술(2020.2.11. 신설)(2021.2.17. 개정)
		7) 플렉서블 디스플레이 패널, 차세대 차량용 디스플레이 패널용 DDI 칩(Display Driver IC) 설계 및 제조 기술: 화면에 문자나 영상 이미지 등이 표시되도록 디스플레이 패널에 구동 신호 및 데이터를 전기신호로 제공하는 반도체를 설계 및 제조하는 기술(2020.2.11. 신설)
		8) 고기능성 인산 제조 기술: SiNx, SiOx 막질의 선택적인 식각이 가능한 고선택비(1,000이상) 인산계 식각액 제조기술(2020.2.11. 신설)
		9) 고순도 석영(쿼츠) 도가니 제조 기술: 반도체 웨이퍼 제조용 용융 실리콘의 오염을 막기 위한 도가니 형태의 순도 99.999%(5N) 이상의 고순도 석영 용기 제조 기술(2021.2.17. 신설)
		10) 코트막형성재 개발 및 제조 기술: 완성된 반도체 소자의 표면을 외부환경으로부터 보호하기 위해 사용하는 절연성을 가진 고감도(80mJ/㎠ 이하) 감광성 코팅 기술 또는 패키징 재배선(배선폭 7㎛ 이하) 형성 재료 제조 기술(2021.2.17. 신설)
	다. 유기발광 다이오드 (OLED : Organic Light Emitting Diode) 등 고기능 디스 플레이	1) 9인치 이상 능동형 유기발광 다이오드(AMOLED: Active Matrix Organic Light Emitting Diode) 패널 기능개선 및 부품·소재·장비 제조 기술: 저온폴리실리콘(LTPS) 또는 산화물(Oxide) TFT(전자이동도 8㎠/Vs 이상) 기판 상에 진공 증발 증착 또는 프린팅 방식으로 고화질(고해상도, 고색재현, 고균일, HRD)을 구현한 대화면(9인치 이상) AMOLED 패널을 제조하기 위하여 공정별로 사용되는 기술(모듈조립공정기술은 제외한다)과 AMOLED 패널을 제조하기 위한 부품·소재·장비 제조 기술 (2021.2.17. 개정)
		2) 대기압 플라즈마 식각 장비 기술 : 디스플레이를 제조할 목적으로 대기압에서 플라즈마(plasma)를 발생시켜 박막을 식각하는 장비 제작기술
		3) 플렉서블 디스플레이 패널·부품·소재·장비 제조 기술 : 플렉서블 디스플레이(유연성 또는 유연한 성질을 가지는 디스플레이로, 깨지지 않고 휘거나 말 수 있고 접을 수 있는 특성을 지닌 것을 말한다. 이하 같다)를 제조하기 위하여 공정별[유연필름 제조, 이형과

구분	분야	대상기술
		접합, TFT(Thin Film Transistor) 제조, 화소형성, 봉지, 모듈 공정 등]로 사용되는 기술과 이와 관련한 부품·소재 및 장비 제조 기술
		4) 차세대 차량용 디스플레이 패널·부품·소재·장비 제조 기술 : 굴곡된 형상으로 제조 가능하고, 동작온도 −30℃~95℃, 시인성 black uniformity 60% 이상을 만족하는 다결정 저온 폴리실리콘(LTPS−LCD) 패널 제조기술(모듈조립공정기술은 제외한다)과 이와 관련한 부품·소재 및 장비 제조 기술(2019.2.12. 신설)
		5) 마이크로 LED 디스플레이 패널·부품·소재·장비 제조 기술 : 실리콘(Silicon) 또는 사파이어(Sapphire) 기판에 저결함 에피공정을 적용하여 100㎛ 이하의 자발광 R/G/B 마이크로 LED 칩을 제조하는 기술과 이를 이용한 픽셀·패널 제조 기술 및 이와 관련한 부품·소재 및 장비 제조 기술(2019.2.12. 신설)
		6) VR·AR·MR용 디스플레이 패널·부품·소재·장비 제조 기술: 가상현실, 증강현실, 혼합현실 기기에 사용되는 초고해상도(1,500 ppi 이상) 디스플레이를 제조하기 위하여 공정별로 사용되는 기술과 이와 관련한 부품·소재 및 장비 제조기술(2020.2.11. 신설)
		7) 친환경 QD(Quantum Dot) 나노 소재 적용 디스플레이 패널·부품·소재·장비 제조 기술: 적은 소비전력으로 고색재현 및 화학적·열적 안정성 개선이 가능한 QD 나노 소재 적용 디스플레이를 제조하기 위해 공정별로 사용되는 기술과 이와 관련한 부품·소재 및 장비 제조 기술(2021.2.17. 신설)(2022.2.15. 개정)
	라. 3D프린팅	3D프린팅 소재·장비 개발 및 제조기술 : 3차원 디지털 설계도에 따라 액체수지, 금속분말 등 다양한 형태의 재료를 적층하여 제품을 생산하는데 사용되는 소재·장비를 개발 및 제조하는 기술
	마. AR 디바이스	AR 디바이스 제조기술 : 실제의 이미지나 배경에 유의미한 상황 정보를 기반으로 한 영상·텍스트·소리 등의 가상정보를 나타내어 사용자의 경험이 증강되고 현실세계와 동기화할 수 있는 장비 및 관련 부품의 개발 및 제조기술(2019.2.12. 신설)
6. 차세대 방송 통신	가. 5세대 (5G : 5generation) 이동통신	1) 5G 이동통신 기지국 장비 기술 : 가입자와 연결을 위해 이동통신 사업자가 구축하는 5G 이동통신 광역 및 소형 셀(cell) 기지국 장비에 적용되는 기술
		2) 5G 이동통신 코어네트워크(Core Network, 기간망) 기술 : 트래픽(traffic) 전송·제어, 네트워크(network) 간 연결 등을 위해 5G 이동통신 기지국 장비와 연동되는 게이트웨이(gateway), 라우터(router), 스위치(switch) 등에 적용되는 기술

구분	분야	대상기술
		3) 5G 이동통신 단말 특화 부품 기술 : 5G 이동통신 단말을 구현하기 위해 새롭게 개발·적용될 통신모듈[베이스밴드(baseband, 기저대역) 모뎀, RF(radio frequency) 칩셋(chipset) 등]의 부품·소자에 적용되는 기술
		4) 6G 이동통신 기술: 초저지연(μsecr급) 기술을 기반으로 초고속(Tera bps급) 통신 지원을 위해 Tera-Hz 대역 활용을 가능하게 하는 신소자 RF·안테나 및 모뎀 및 부품·소자에 적용되는 기술(2020.2.11. 신설)
		5) 차세대 근거리 무선통신 기술 : IEEE(Institute of Electrical & Electronics Engineers, 국제전기전자기술자협회) 802.11ac 규격보다 높은 주파수 효율과 전송속도를 제공하는 근거리 무선통신(무선랜 : wireless LAN) 기술
	나. UHD (Ultra-High Definition)	1) 지상파 UHD방송 송신기 성능 향상기술 : 냉각 기술(공냉, 수냉, 질소냉각 등 포함)의 개선, 회로 설계 방식 개선 등을 통한 고효율 지상파 UHD방송용 송신기 설계·제조 기술
		2) UHD 방송 통합 다중화기 기술 : 신규 전송 프로토콜[ROUTE, MMT(MPEG Media Transport) 등 포함]과 기존 전송 프로토콜[MPEG-2 TS(Transport System)]로 생성된 신호를 입력받아, 국내외 UHD 방송 표준에 따른 전송 프로토콜로 출력하는 통합형 다중화기 기술
		3) 신규 방송서비스 제공을 위한 시그널링 시스템 기술 : 다양한 신규 방송서비스 제공을 위하여 UHD방송 표준에 따른 시그널링(signaling) 시스템[시그널 인코더(signal encoder), 서비스가이드 인코더(service guide encoder), 시그널/서비스가이드 서버(signal/service guide server), 서비스 메타데이터(metadata) 관리서버, 통합 모니터링(monitoring) 시스템, 앱 시그널링 인코더(app signaling encoder), 콘텐츠 푸시 서버(push server, 자동제공서버) 등을 포함한다] 기술
7. 바이오·헬스	가. 바이오·화합물 의약	1) (삭제, 2023.8.29.)
		2) 방어 항원 스크리닝 및 제조기술 : 면역 기전을 이용하여 인체질환을 방어하기 위해 항원을 스크리닝하고 이 항원을 제조하여 각종 질환을 치료하거나(치료용 백신) 예방하기 위한 백신(예방용 백신) 제조 기술
		3) (삭제, 2023.8.29.)
		4) 혁신형 신약(화합물의약품) 후보물질 발굴 및 제조기술 : 인체내 질병의 원인이 되는 표적 수용체(Receptor) 또는 효소(Enzyme) 등의 반응 기전(Mechanism)을 규명하고 분자설계를 통해 표적체(Target)와 선택적으로 작용할 수 있는 구조의 화합물 후보물질 라이브

구분	분야	대상기술
		러리(Library)를 확보하며, 고속탐색법(HTS, High Throughput Screening) 기술을 이용하여 후보물질 라이브러리로부터 후보물질을 도출한 후 유기합성기술을 통하여 안전성 및 유효성이 최적화된 신약 후보물질로 개발하는 기술 및 혁신형 신약을 제조하거나 혁신형 신약의 원료를 개발·제조하는 기술 (2024.2.29. 개정)
		5) 혁신형 개량신약(화합물의약품) 개발 및 제조 기술 : DDS(Drug Delivery System, 약물전달시스템), 염변경, 이성체 제조, 복합제 제조 및 바이오·나노기술과의 융합 등의 기술을 통해 기존 신약보다 안전성, 유효성, 유용성(복약순응도, 편리성 등), 효능 등을 현저히 개선시킨 개량 신약을 개발·제조하는 기술 및 혁신형 개량신약의 원료를 개발·제조하는 기술 (2024.2.29. 개정)
		6) 임상약리시험 평가기술(임상1상 시험) : 혁신형 신약(화합물의약품) 후보물질의 초기 안정성, 내약성, 약동학적, 약력학적 평가 및 약물대사와 상호작용 평가, 초기 잠재적 치료효과 추정을 위한 임상약리시험 평가기술(2021.2.17. 개정) (2023.8.29.개정)
		7) 치료적 탐색 임상평가기술(임상2상 시험) : 혁신형 신약(화합물의약품) 후보물질의 용량 및 투여기간 추정 등 치료적 유용성 탐색을 위한 평가기술(2021.2.17. 개정) (2023.8.29.개정)
		8) 치료적 확증 임상평가기술(임상3상 시험): 바이오시밀러[R&D비용이 매출액의 2% 이상이고, 국가전략기술과 신성장·원천기술 R&D비용(바이오시밀러 임상비용 포함)이 전체 R&D비용의 10% 이상인 기업의 임상시험으로 한정하되, 국가전략기술 R&D비용(바이오시밀러 임상비용 포함)이 전체 R&D비용의 10% 이상인 기업의 임상시험은 제외한다], 혁신형 신약(화합물의약품) 후보물질의 안전성, 유효성 등 치료적 확증을 위한 평가기술(2023.8.29.개정)
		9) (삭제, 2023.8.29.)
		10) (삭제, 2023.8.29.)
	나. 의료기기·헬스 케어	1) 기능 융합형 초음파 영상기술: 조기 정밀 진단을 위한 영상기술 간 융합(X-ray - 초음파, 광음향 - 초음파) 및 정밀치료를 위한 초음파 영상유도 기반의 체외충격파 치료 기술(2021.2.17. 개정)
		2) 신체 내에서 생분해되는 소재 개발 및 제조 기술 : 우수한 유연성과 고강도의 기계적 물성을 가지며, 시술에 따른 혈전증 및 재협착률을 최소화하는 생분해성 스텐트 제조 기술(2021.2.17. 개정)
		3) 유전자 검사용 진단기기 및 시약의 개발 및 제조 기술 : 질병의 진단이나 건강상태 평가를 목적으로 인체에서 채취한 검체로부터 DNA(deoxyribonucleic acid), RNA(ribo nucleic acid), 염색체, 대사물질

구분	분야	대상기술
		을 추출하여 분석하는 기기 및 시약의 개발 및 제조 기술
		4) 암진단용 혈액 검사기기 및 시약의 개발 및 제조 기술 : 채취한 혈액으로부터 종양 표지자의 농도를 측정하여 암발생 유무를 판단하는데 활용되는 검사기기 및 시약의 개발 및 제조 기술
		5) 감염병 병원체 검사용 진단기기 및 시약의 개발 및 제조 기술 : 인체에서 채취된 혈액, 소변, 객담, 분변 등의 검체를 이용해 국내에서 새롭게 발생하였거나 발생할 우려가 있는 감염병 또는 국내 유입이 우려되는 해외 유행 감염병의 병원체를 검사하는 데 활용되는 기기 및 시약의 개발 및 제조 기술
		6) 정밀의료 등 맞춤형 건강관리 및 질병 예방·진단·치료 서비스를 위한 플랫폼 기술 : 서로 다른 형태의 개인건강정보(진료기록, 일상 건강정보, 유전자 분석 데이터, 공공데이터 등)를 저장·관리하기 위한 정보 변환기술과, 수집된 정보의 분석을 통해 질병 발병도 등 건강을 예측하고 이에 따른 맞춤형 건강관리 및 질병 예방·진단·치료를 제공하는 기술
		7) 신체기능 복원·보조 의료기기 기술: 생체역학·바이오닉스 등 첨단 의공학 기술을 통해 영구 손상된 신체기능을 원래대로 복원하여 정상적인 일상생활을 가능하게 하는 기술(2021.2.17. 신설)
	다. 바이오 농수산 식품	1) 비가열 및 고온·고압 가공처리 기술: 초고압(1,000기압 이상), 고압전자기장[PET(Pulsed Electric Field) 1kV 이상], 전기저항가열(Ohmic Heating), 방사선 조사(irradiation)와 같은 대체 열에너지를 사용하거나, 가압·진공·과열증기(SHS, Superheated steam) 및 증기직접주입법(DSI, Direct steam injection) 등을 이용한 고온·고압 처리기술을 사용하여 미생물 수를 감소 또는 사멸시키는 처리기술(2021.2.17. 개정)
		2) 식품용 기능성 물질 개발 및 제조 기술: 동·식물 및 미생물 유래 기능 물질의 탐색·분석·동정(identification)과 식품용도로 사용하기 위한 안전성·기능성 평가 및 원료 가공 또는 대량생산 기술 (2021.2.17. 개정)
		3) 신품종 종자개발기술 및 종자가공처리 기술 : 유전자원을 활용하여 부본과 모본의 교배를 통하거나 전통적인 육종기술에 유전공학 기술을 접목하여 생산성, 품질, 기능성 등이 개선된 신품종 종자를 개발하는 기술과 종자의 품질을 높이기 위한 프라이밍(priming), 코팅(coating), 펠렛팅(pelleting) 등 종자 가공처리 기술
		4) 유용미생물의 스크리닝 기술 및 유용물질 대량생산공정 기술 : 세균이나 곰팡이를 선발·분리하여 효용성을 평가하거나 이들 미생물

구분	분야	대상기술
		을 활용하여 균주개발, 발효공정, 정제공정 등을 거쳐 유용물질을 대량으로 생산하는 기술
		5) 스마트팜 환경제어 기기 제작 기술 : 온실이나 축사의 온도, 습도, 이산화탄소, 악취 등을 감지하여 환경을 조절하는 센서와 이를 통해 작동하는 액츄에이터(actuator) 및 제어시스템을 설계·제조하는 기술
		6) 식물성단백질 분리·분획·정제 및 구조화 기술: 물리적·화학적 방법을 이용하여 농·식품자원으로부터 식물성 단백질을 전분, 지방 등과 분리하여 용도에 맞게 분획·정제하는 기술 및 식물성단백질을 3D 프린터, 압출식 성형방식 등을 통하여 구조화하는 기술(2020.2. 11. 신설)
		7) 식품 냉·해동 안정화 기술: 수분전이제어, 원물코팅, 라디오 주파수·저온 Steam 해동 등을 활용하여 냉동원료 및 제품의 품질을 균일하게 제어할 수 있는 식품 냉·해동 안정화 기술(2020.2.11. 신설)
	라. 바이오화학	1) 바이오매스 유래 바이오플라스틱 생산 기술: 재생가능한 유기자원을 이용하여 직접 또는 전환공정을 통해 당 또는 리그닌을 추출·정제하는 기술 및 바이오플라스틱을 생산하는 기술(2020.2.11. 신설)
		2) 바이오 화장품 소재(원료) 개발 및 제조기술 : 세포활성 제어기술, 미생물 발효 및 생물전환기술, 활성성분 대량생산기술 등의 바이오 기술(bio technology)을 활용하여 화장품의 소재(원료)를 개발 및 제조하는 기술
		3) 신규 또는 대량 생산이 가능한 바이오화학 소재 개발 및 미생물 발굴 바이오 파운드리 기술 : 바이오플라스틱, 바이오화장품 소재, 바이오생리활성 소재 등을 생산하는 미생물 확보를 위한 유전자 편집 등의 합성생물학 기술과 이를 활용한 디자인, 제작, 시험, 학습 등의 순환 과정의 바이오파운드리 기술(2022.2.15. 신설)
8. 에너지 신산업·환경	가. 에너지 저장 시스템(ESS : Energy Storage System,)	1) 비리튬계 이차전지 소재 등 설계 및 제조기술 : 흐름전지(Flow Battery)에 사용되는 전극·멤브레인(Membrane)·전해질·저가 분리판·스택(Stack) 설계 및 제조 기술과 나트륨(Sodium)계 이차전지에 사용되는 소재(양극·음극·전해질)·셀(Cell)·모듈 설계 및 제조 기술(2023.2.28. 개정)
		2) 전력관리시스템 설계 및 전력변환장치 설계 및 제조 기술 : 전력을 제어하기 위한 전력관리시스템(PMS, Power Management System) 설계 기술과 저장장치 전력과 전력계통 간의 특성을 맞춰주는 전력변환장치(PCS, Power Conversion System) 설계 및 제조 기술
		3) 에너지관리시스템 기술 : 주파수조정, 신재생연계, 수요반응 등의

구분	분야	대상기술
		응용 분야별 제어 소프트웨어 기술을 핵심으로 하는 에너지관리시스템(EMS, Energy Management System) 기술
		4) 배터리 재사용·재제조를 위한 선별 기술: 초기용량 대비 80% 이하로 수명이 종료된 전기자동차 배터리의 성능·안전성 평가를 통해 잔존가치를 유지한 배터리를 선별하는 기술(2021.2.17. 신설)
		5) 고성능 리튬이차전지 기술: 265wh/kg 이상의 에너지밀도 또는 6 C-rate 이상의 방전속도를 충족하는 고성능 리튬이차전지에 사용되는 부품·소재·셀(cell) 및 모듈(module) 제조 및 안전성 향상 기술(2022.2.15. 신설)
		6) 전기동력 자동차의 에너지저장 시스템 기술: 전기동력 자동차(xEV)의 주행거리 연장, 충전시간 단축 등을 위해 차량용 이차전지 팩의 에너지 밀도를 160Wh/kg 이상으로 구현하기 위한 기술(2022.2.15. 신설)
	나. 발전시스템 (2022.2.15. 제목 변경)	1) 대형가스터빈 부품 및 시스템 설계·제작·조립·시험 평가기술 : 천연가스를 연소시킬 때 발생하는 고온 고압의 에너지로 발전기를 회전시켜 전기를 생산하는 용량 380MW 이상, 효율 43% 이상의 터빈·부품 설계·제작·조립·시험 평가 기술 (2021.2.17. 개정)(
		2) 초임계 이산화탄소 터빈구동 시스템 설계·제조기술 : 열원을 활용하여 생성된 초임계상태의 이산화탄소(supercritical CO2)를 작동유체로 터빈을 구동하는 고효율 터빈·압축기·열교환기 등 발전설비 및 시스템 개발 기술
		3) 증기터빈 부품 및 시스템 설계·제작·조립·시험 평가기술: 610℃ 이상 및 270 bar 이상의 고온·고압의 에너지로 발전기를 3,600 RPM 이상으로 회전시켜 전력을 생산하는 터빈·부품설계·제작·조립·시험 평가기술(2020.2.11. 신설)
	다. 원자력 (2022.2.15. 항번 변경)	1) 원자로 냉각재 펌프(RCP, Reactor Coolant Pump) 설계 기술 : 원자로에서 핵반응을 통하여 발생되는 열을 제거하여 증기발생기로 보내기 위하여 냉각재를 순환시키는 원자력발전소 핵심 기기인 원자로냉각재펌프의 상세설계기술, 원형 제작기술, 성능 시험기술, 신뢰성 평가기술 등 제반 핵심 설계·제작 기술
		2) 내열 내식성 원자력 소재 기술 : 방사선, 고온 및 부식성 환경속에서 내부식성을 극대화시킬 수 있는 내열·내식성 소재(핵연료 피복관, 증기발생기 세관(340℃·150기압의 1차 냉각수 및 300℃·50기압의 2차 냉각수 노출 가능), 원자로 내부 구조물(중성자 조사 및 340℃·150기압의 1차 냉각수 노출 가능) 등)를 개발하는 기술(2021.2.17. 개정)

구분	분야	대상기술
		3) 방사선이용 대형 공정 시스템 검사기술 : 철강 배관의 손상 진단 및 미세 결함 검출을 위한 와전류 자동 검사시스템 기술, X선 발생장치와 이리듐(Ir)-192 감마선 조사장치에 적합한 이동용 방사선 투시 기술
		4) 신형원전(Advanced Power Reactor) 표준설계 기술 : 노심 및 핵연료 설계기술, 핵증기공급계통(NSSS, Nuclear Steam Supply System) 설계기술, 주기기 설계기술, 보조기기 및 플랜트종합(BOP, Balance of Plant) 설계기술, 원전제어계통(MMIS, Man-Machine Interface System) 설계기술, 안전성분석기술 등 APR+(Advanced Power Reactor Plus) 및 SMART(System-integrated Modular Advanced Reactor)의 표준설계기술 및 표준설계인가 획득 기술
		5) 가압경수형원전(Pressurized Water Reactor) 원전설계 핵심코드 개발 기술 : 원자력발전소 독자개발 및 수출에 필수적인 핵심원천기술인 고유 노심설계코드(원자로 노심의 핵연료 배치 및 장전량을 결정하고 노심의 물리적 특성을 분석하는데 사용되는 핵설계코드, 열수력설계코드, 핵연료설계코드 등의 전산프로그램)와 고유 안전해석코드(원전에서 발생 가능한 모든 사고를 분석하고 원전의 안전성을 확인하는데 사용되는 계통안전해석코드, 격납건물해석코드, 중대사고해석코드 등의 전산프로그램) 개발기술
		6) 친환경·저탄소 후행 핵주기 기술: 해체 엔지니어링, 해체 원전 계통·기기·구조물 제염기술, 금속·콘크리트구조물 절단기술, 해체 폐기물 처리·감용기술, 해체현장 방사능 측정 및 부지복원 기술, 준위별 방폐물 관리비용 평가기술, 처분부지 조사기술, 처분시설 설계·시공 기술, 처분시설 다중방벽 장기성능 평가 기술, 피폭선량 평가 기술(처분시설 안전성 평가 기술), 처분시스템 모니터링 기술, 방폐물 인수·처리 기술, 방폐물 운반·저장 기술 및 방폐물 처분시설 운영·관리 기술 (2024.2.29. 개정)
		7) 가동원전 계측제어설비 디지털 업그레이드 기술 : 가동원전 계측제어 설비의 안전성 및 신뢰성 강화를 위하여 최신기술기준과 운전경험을 반영한 공통유형고장대응 안전 계통·제어기기 개발, 단일고장에 의한 발전소 정지 유발 요소제거, 심층방어 및 다양성 적용, 사이버보안 및 보안성 환경 적용, 가동원전 시뮬레이터를 이용한 설계 및 검증설비 구축, 노후화된 발전소의 신호선 및 케이블 식별 등 계측제어설비 디지털 업그레이드 기술
		8) SMR(Small Modular Reactor) 설계 및 검증 기술: SMR 노심 설계 및 해석기술, 계통 핵심기기 설계기술, 유체계통 설계기술, MMIS(Man-Machine Interface System)용 계측제어계통 표준설계 기술, 주

구분	분야	대상기술
		요기기 배치 및 구조 설계 기술, BOP(Balance Of Plant) 계통 설계 기술, 확률론적 안전성 분석(PSA; Probabilistic Safety Assessment) 기술, 중대사고 분석 및 대처 기술, SMR 노심 검증기술, 열수력 검증기술, 계통기기 검증기술, 모듈 통합 검증기술, 열수력 통합 해석기술, 필수 계통 안전 해석기술 (2023.2.28. 신설)
		9) SMR(Small Modular Reactor) 제조 기술: 탄력운전 대응 열적성능강화 핵연료집합체 개발·제조기술, 혁신형 제어봉집합체 개발·제조기술, 무붕산 노심설계가 가능한 일체형 가연성흡수봉 설계·제조기술, 증기발생기 전열관 3D 벤딩 및 검사 기술, 원자로·증기발생기·가압기 등 주요 기기가 일체화된 원자로모듈을 제조하는 기술 (2023.2.28. 신설) (2024.2.29. 개정)
		10) 대형 원자력발전소 제조기술: 대형 원자력발전소를 구성하는 원자로·내부구조물, 핵연료 취급·검사장비, 증기발생기·가압기, 원자로 냉각재펌프, 증기터빈·주발전기 및 보조기기를 제조하는 기술 (2024.2.29. 신설)
		11) 혁신 제조공법 원전 분야 적용 기술: 분말-열간등방압성형(PM-HIP) 기술, 전자빔 용접(EBW) 기술, 다이오드 레이저 클래딩(DLC) 기술 및 원전기자재 적층제조 기술 (2024.2.29. 신설)
	라. 오염방지·자원순환 (2022.2.15. 제목 변경)	1) 미세먼지 제거 및 고정밀 미세먼지·온실가스 동시 측정 기술: 미세먼지 및 원인가스를 동시에 제거하고 세척 후 재사용이 가능한 세라믹필터 및 촉매 기술, 기액접촉층 및 습식 플라즈마(wet plasma)를 통한 무필터 정화 기술, 0.3㎛ 이하 고정밀 미세먼지를 수분과 구별하여 측정하는 기술 및 공정내부 미세먼지 온실가스 농도 동시 실시간 측정 기술(2021.2.17. 신설)(2022.2.15. 개정)
		2) 차세대 배기가스 규제 대응을 위한 운송·저장시스템 기술: 운송·발전용 기관을 운전할 때 배출되는 배기가스내의 질소산화물 및 배기배출물을 과급기 하류측에서 선택적촉매환원법(SCR) 등을 사용하여 저감시키는 시스템·부품의 설계·제작·시험·평가 기술
		3) 디젤 미립자 필터(DPF) 제조 기술: 디젤이 제대로 연소하지 않아 생겨나는 탄화수소 찌꺼기 등 유해물질을 모아 필터로 걸러낸 뒤 550℃ 이상의 고온으로 다시 태워 오염물질을 줄이는 저감장치의 제조 기술(2019.2.12. 신설)
		4) 폐플라스틱의 물리적 재활용 기술: 폐플라스틱·폐타이어·폐섬유의 선별·세척, 파쇄·용융·배합 등 물리적 가공 과정을 거쳐 플라스틱 제품 등을 제조하는 기술 (2022.2.15. 신설) (2023.2.28. 개정)

구분	분야	대상기술
		5) 폐플라스틱 등의 화학적 재활용을 통한 산업원료화 기술: 폐플라스틱·폐타이어·폐섬유의 해중합, 열분해 또는 가스화 공정을 거쳐 화학원료·고부가가치 탄소화합물 제품 등을 제조하는 기술 (2021.2.17. 신설) (2023.2.28. 개정)
		6) 생분해성 플라스틱 생산기술 : 생분해성 플라스틱 생산기술 : 바이오화학 및 석유화학 원료를 사용하여 생분해성이 향상된 플라스틱 컴파운드(「환경기술 및 환경산업 지원법」제17조에 따라 환경표지 인증을 받거나 수출을 목적으로 하는 생분해성수지제품 및 해당 제품의 원료로 사용되는 경우로 한정한다)를 제조하고 물성을 증대하는 기술 (2022.2.15. 신설)
		7) 폐기물 저감형 포장소재 생산 기술 : 복합소재의 단일화, 오염 저감 표면처리, 수(水)분리성 강화 등 포장재의 재활용도를 개선하는 기술 및 소재 경량화, 석유계 용제 저감 등 포장재와 관련된 플라스틱·오염물질의 발생을 저감하는 기술(2022.2.15. 신설)
		8) 폐수 재이용 기술: 반도체 제조공정에서 발생되는 폐수를 공업용수 수질로 재생산하여 제조공정에 사용하는 수처리 시스템 개발 기술 (2021.2.17. 신설)
		9) <u>폐섬유의 화학 및 생물학적 재활용 기술을 활용한 자원순환 섬유소재 제조기술: 혼합재질 폐섬유의 화학 및 생물학적 해중합, 정제·분리·원료(모노머) 회수 및 재중합 및 방사기술 (2024.2.29. 신설)</u>
9. 융복합 소재	가. 고기능 섬유	1) 탄소섬유복합재의 가공장비 및 검사장비 설계·제조기술 : 탄소섬유복합재 부품가공을 위한 복합 가공장비[관련되는 공구, 부품 고정을 위한 유연지그, 공정 모니터링 센서모듈 및 컴퓨터 수치제어기(CNC, Computerized Numerical Controller) 등을 포함한다] 설계·제조기술 및 탄소섬유복합재 가공 품질 검사를 위한 검사장비 설계·제조기술
		2) 극한성능 섬유 제조 기술 : 고탄성·고강도 탄소섬유 또는 섬유용 CNT(Carbon Nano Tube, 탄소나노튜브)의 제조 기술과 고탄성·고강도·고내열성(250℃ 이상)·고내한성(-153℃~-273℃) 아라미드(Aramid)·초고분자량폴리에틸렌(UHMWPE)·액정섬유의 제조 기술 및 이들의 복합화 설계를 통한 초경량·고탄성·고강도·고내열(한)성 섬유복합체 제조 기술
		3) 섬유기반 전기전자 소재·부품 및 제품 제조 기술 : 전기 또는 광 신호의 생산, 저장 또는 전달이 가능한 전도성 섬유를 가공·변형하여 트랜지스터, 저항, 콘덴서, 안테나 등의 전자회로 소자를 직물 형태로 구현하는 기술(2019.2.12. 신설)

구분	분야	대상기술
		4) 의료용 섬유 제조 기술 : 생체적합성(생체재료가 생체조직이나 체액·혈액 등과 접촉시 거부반응이 나타나지 않는 특성)과 생체기능성(생체재료가 체내에서 존재하는 동안 목표한 기능을 완전히 수행 가능한 특성)을 갖춘 의료용 섬유 제조기술로서, 약물전달용 나노섬유 소재, 바이러스·세균 감응섬유구조체, 혈액의 투석·정화용 섬유구조체, 손상조직을 대체 가능한 섬유구조체 또는 꼬이지 않고 계속되는 수축·팽창에 견딜 수 있는 인공혈관 섬유구조체의 제조 기술(2019.2.12. 신설)
		5) 친환경섬유 제조 기술 : 환경친화적 섬유 원료를 사용한 섬유 제조 기술로서 생분해성 섬유고분자 제조 및 분해성 제어 기술, 열가소성 셀룰로오스 섬유 제조 기술, 바이오매스 나노섬유 제조 기술(2019.2.12. 신설)
		6) PTFE(PolyTetraFluoro Ethylene) 멤브레인 기반 고성능 복합필터 제조기술: 공기중의 0.3um 크기의 입자 99.97% 이상을 균일하게 포집할 수 있는 PTFE 멤브레인 기반의 고성능 복합필터 핵심 소재·부품 관련 제조·가공 기술(2020.2.11. 신설)
		7) 특수계면활성제 제조 기술: 전자부품 제조 공정용으로 사용되는 저표면에너지(24~27 mN/m, 0.1% solution/PGMEA), 극미량의 금속함유량(100ppb 이하) 특성을 지닌 불소계 계면활성제 및 도료 및 포소화제의 기능향상을 위한 첨가제 등으로 사용되는 저표면에너지(15~18 mN/m, 0.1% 수용액), 극미량의 PFOA 함유량(1ppm 미만) 특성을 지닌 불소계 계면활성제 제조 기술(2020.2.11. 신설)
		8) 극세 장섬유 부직포 및 복합필터 제조기술: 유해물질을 여과·분리·차단하는 1㎛이하 극세 장섬유 부직포 제조기술과 HEPA(High Efficiency Particulate Air)급 이상의 고성능 정밀여과 복합필터 제조 기술(2023.2.28. 신설)
	나. 초경량 금속	1) 고강도 마그네슘 부품의 온간성형기술 : 미세조직 구성인자의 제어와 성형기법의 개선을 통하여 저온(150℃ 이하)에서 성형 가능한 고품위·고강도 Mg(마그네슘) 부품 제조 기술(2021.2.17. 개정)
		2) 차세대 조명용 고효율 경량 방열부품 생산기반기술 : 알루미늄 등 경량소재를 이용하여 주조, 성형 및 표면처리를 통하여 방열 부품을 제조함으로써 고열전도도, 열확산능, 친환경 특성 등의 기능을 갖게 하는 기술
	다. 하이퍼 플라스틱	인성특성이 향상된 고강성 하이퍼플라스틱(High Performance Plastics) 복합체 제조 및 가공 기술 : 고강성 하이퍼플라스틱의 인성특성을 개선하여 고충격성(60KJ/m² 이상), 내화학성(온도 23℃의 염화칼슘 5%

구분	분야	대상기술
		용액에 600시간 침지 후 인장강도 유지율 90% 이상), 내마모성(50rpm, 150N, 측정거리 3Km 조건으로 내마모 시험 후 마모량 1.0mm3/Kgf·Km 이하) 중 하나 이상의 특성을 지닌 고강성·고인성 하이퍼플라스틱 복합체 제조 및 가공기술
	라. 구리합금	1) 고강도 구리합금 설계·제조기술: 인장강도 900Mpa 이상의 고강도 특성을 갖춘 주석함유 구리합금(Cu-Ni-Sn계) 설계·제조 기술(2020. 2.11. 신설)
		2) 구리 및 구리합금 박판 제조기술: 자동차, 전기·전자 분야의 고성능·소형화에 적용 가능한 두께 0.1mm 이하의 구리 및 구리합금 박판 제조 기술(2020.2.11. 신설)
	마. 특수강	1) 고청정 스테인레스계 무계목강관·봉강 제조기술: Mn 함유량 0.8% 이하 및 S 함유량 0.005%이하로 제어된 고청정 스테인리스계 합금을 활용하여 용접이음매를 갖지 않는 강관과 봉 형태의 철강재를 제조하는 기술(2020.2.11. 신설)
		2) 고기능성 H형강 제품 제조기술: 고강도(420Mpa급 이상), 고인성(-40℃이하에서 충격값 50 Joule 이상)을 갖는 고기능성 H형강 제품 제조기술(2020.2.11. 신설)
		3) 장수명 프리미엄급 금형소재 제조기술: 기존 교체주기 5만회의 금형대비 30%이상 수명이 향상된 합금설계, 고청정 특수강 제조 및 소성가공 기술(2020.2.11. 신설)
	바. 기능성 탄성 접착소재	1) 고기능 불소계 실리콘 제조·가공 기술: 내열성(온도 175℃에서 22시간동안 영구압축줄음율 30%이내), 내화학성(150℃, 240시간 내 유체적변화율 10%이하) 및 저온성(-66℃이하에서 기밀력 1800psi 이상)의 특성을 지닌 불소계 실리콘 고무 합성 및 분자량 제어기술 (2020.2.11. 신설)
		2) 고기능 불소계 고무 제조·가공 기술: 2원계 이상의 공중합체로서 불소함량이 50% 이상이며 내한성(어는점 -15℃ 이하), 내열성(200℃ 이상) 및 내화학성(온도 25℃ Fuel-C에서 체적변화율 4% 이내)을 갖춘 불소계 고무 제조·가공기술(2020.2.11. 신설)(2021.2.17. 개정)
		3) 고기능 부타디엔 고무 제조·가공 기술: 고상 및 액상 기능성(Cis content 90% 이상, 무니점도(ML1+4, 100℃) 40 이상) 부타디엔계 고무 제조 기술과 고내마모성(내마모도 60mm3 이하, 구름저항 5.5 이하) 부타디엔 고무 제조 기술(2020.2.11. 신설)
		4) 고기능 비극성계 접착소재 제조기술: Haze 1% 이하의 광학특성과

구분	분야	대상기술
		연속사용온도 100℃의 열안정성을 갖는 실리콘계 점착·접착 소재 및 300℃이상의 고온가공성형이 가능한 아크릴레이트 함량 5~35% 또는 관능기의 함량 1.2~8%의 에틸렌계 점착·접착 소재 제조 기술 (2020.2.11. 신설)(2022.2.15. 개정)
		5) 고기능 에폭시 수지 접착소재 제조 기술: 에폭시 수지를 주성분으로 하여 경량 수송기기 부품의 구조접착에 사용되는 전단강도 25 MPa 이상, 저온 충격강도 20N/mm 이상, T-박리강도 250N/25mm 이상의 기계적 성능을 갖는 접착소재 제조기술과 전자부품의 접착에 사용되는 WVTR 0g/㎡·24h 이하 및 20kV/mm 이상의 전기절연성을 갖는 비할로겐형 접착소재 제조기술(2020.2.11. 신설)
	사. 희소금속·소재(2022. 2.15. 신설)	1) 타이타늄 소재 제조기술과 금속재료 부품화 기술: 사염화타이타늄(TiCl4), 스폰지, 잉곳, 루타일 및 아나타제 이산화타이타늄(TiO2) 등의 소재 개발·제조기술과 합금설계, 압연, 주조, 단조, 용접 등의 금속재료 부품화 기술
		2) 고순도 몰리브덴 금속·탄화물 분말 및 금속괴 제조 기술: 순도 99.5% 이상의 몰리브덴 금속분말, 순도 99% 이상의 몰리브덴 탄화물 분말 및 순도 99.95% 이상의 몰리브덴 금속괴 제조 기술
		3) 중희토 저감 고기능 영구자석 생산 기술 : 결정립도 5㎛이하 소결체 제조 및 결정립 주변 나노단위 두께의 중희토 확산층 형성 등을 통해 기존 자석 대비 중희토 함유량을 50% 이상 절감하여 고기능 영구자석을 생산하는 기술
		4) 차세대 배기가스 규제 대응을 위한 핵심소재 생산 기술 : 포집된 이산화탄소를 활용하여 운송·발전·산업용 기관을 운전할 때 배출되는 배기가스내 질소산화물, 황산화물 등 배기배출물을 저감시키기 위해 필요한 핵심소재 제조기술
10. 로봇	가. 첨단제조 및 산업 로봇	1) 고청정 환경 대응 반도체 생산 로봇 기술 : 청정환경에서 450mm 대형 웨이퍼, 일반 반도체를 핸들링하며 5Port 이상 대응 가능(수평 이송범위 2,100mm 이상 및 수직 이송범위 900mm 이상)한 청정 환경용 반도체 로봇 기술과 10나노급 초정밀 공정용 초정밀 매니퓰레이션 기술, 대형 웨이퍼 핸들링을 위한 진동 억제 기술(2021.2.17. 개정)
		2) 차세대 태양전지(Solar cell) 제조 로봇 기술: 고진공/고청정 환경의 태양전지 생산 현장에서 대면적·고중량 기판을 핸들링할 수 있는 로봇의 설계·제조 기술(2021.2.17. 개정)
		3) 실내외 자율 이동·작업수행 로봇 기술 : 광범위 거리측정센서, GPS

구분	분야	대상기술
		등을 활용하여 실내외 환경에서 경로를 계획하여 이동하고(미리 정해진 경로를 따라 이동하는 방식은 제외한다), 자율적으로 작업을 수행하는 지능형 로봇 및 기계 기술(2021.2.17. 개정)
		4) FPD 이송로봇 기술 : 일반 대기압 또는 진공 환경 하에서 고중량(400kg 이상)의 FPD(Flat panel display) 및 마스크를 이송하는 로봇 설계·제조 기술(2019.2.12. 신설)(2021.2.17. 개정)
		5) 협동기반 차세대 제조로봇 기술 : 사용자와 같은 공간에서 협업이 가능한 초소형(가반하중 1kg 미만) 및 중대형(가반하중 25kg 이상) 로봇, 첨단 안전기술(PL e, Cat 4 또는 이와 동일한 수준의 안전등급 이상)이 탑재된 로봇 또는 7축 이상의 다관절 로봇을 설계·제조·제어하는 기술 (2019.2.12. 신설) (2021.2.17. 개정) (2024.2.29. 개정)
		6) 용접로봇 기술: 생산과정 내 용접 공정의 자동화 및 용접 품질관리를 위한 6축 이상의 용접용 수직다관절로봇, 용접전원장치, 용접용 센서 설계·제조 기술(2020.2.11. 신설)(2021.2.17. 개정)
	나. 안전로봇	1) 감시경계용 서비스로봇을 위한 주변환경 센싱 기술, 실내외 전천후 위치인식 및 주행 기술 : 실내외에서 외부 환경을 인식하고 이를 바탕으로 감시 경계 업무를 수행하기 위하여 외부 환경에 강인한 센서융합, 위치인식, 환경인식 및 주행기술 등 기술의 선택적 적용이 유연한 개방형 자율 아키텍쳐 기술
		2) 내단열 기능이 구비된 험지 돌파형 소형 구조로봇 플랫폼 기술 : 고온 및 화염에 강하고 협소구역 돌파가 우수한 고속주행 소형이동로봇 기술로서 장비 내외부 내화 설계 기술, 강제 내화시스템 설계 기술 및 험지 이동형 고속주행 메카니즘 설계 기술
	다. 의료 및 생활 로봇	1) 수술, 진단 및 재활 로봇기술 : 로봇기술을 이용한 진단 보조, 시술 수술보조와 이에 따른 환자의 조기 치유·재활이 목적인 의료로봇 기술
		2) 간병 및 케어 로봇 기술 : 간호사의 단순반복 업무 지원 및 환자의 정서케어 서비스 지원이 가능한 로봇 서비스 시스템 기술
		3) 안내, 통역, 매장서비스, 홈서비스 등의 안내로봇 기술 : 공공접객 장소 내에서 다양한 멀티미디어 콘텐츠를 활용한 제품 및 서비스 등을 효과적으로 안내하고 홍보하는 로봇 기술
		4) Tele-presence 로봇 기술 : 자율이동기능, 진단·지시용 매니퓰레이터 및 얼굴모션 동기화 등의 기술구현을 통한 원격진료·진료자문 및 교육 등이 가능한 Tele-presence 로봇 기술

구분	분야	대상기술
		5) 생활도우미 응용 서비스 기술 : 가정 및 사회 환경 내에서 인간과 교감하며 정보의 취득, 일상생활 및 가사노동을 지원하는 지능형 로봇 및 서비스 기술로서 심부름, 청소, 작업보조 및 이동 보조형 로봇 기술
		6) 유치원, 초등학교에서 교사를 보조하는 교육로봇 기술 : 유치원이나 초등학교에서 교과과정에 적합한 교육 컨텐츠 및 로봇플랫폼을 활용하여 교사를 보조하여 학습하는 교육로봇 기술
	라. 로봇공통	1) 실내외 소음환경에서의 대화신호 추출 기술 : 잔향과 소음이 뒤섞인 실내외 환경에서 원거리에서도 고신뢰도의 음성인식이 가능하게 하고, 음성으로부터 사람의 언어를 문자형태로 인식하고, 인식된 문자정보를 바탕으로 사람과 자연스럽게 대화하면서 다양한 태스크를 수행할 수 있는 기술
		2) 모터, 엔코더, 드라이버 일체형의 구동 기술 : 로봇용 관절구성에 필요한 모터, 엔코더, 감속기, 드라이버를 모두 하나의 몸체에 넣어서 만든 관절구동형 액츄에이터(Actuator) 기술
		3) 웨어러블 로봇 기술 : 인체에 착용하여 인체 동작의도를 인식하고 추종제어 알고리즘을 통해 착용자의 신체능력 증강 및 운동을 지원하는 착용형 로봇 기술(2019.2.12. 신설)
		4) 직관적 교시기술: 코딩(Coding) 없이 그래픽 인터페이스를 활용하거나 직관적인 방식으로 로봇의 동작을 입력하여 임무를 수행할 수 있도록 하는 소프트웨어 기술 (2024.2.29. 신설)
11. 항공·우주	가. 무인이동체	1) 무인기 지능형 자율비행 제어 시스템 기술 : 무인기가 내외부의 비행 상황을 인식하고, 스스로 조종하며 임무를 수행하기 위해 필요한 비행조종컴퓨터 개발기술과 자율비행 알고리즘(algorithm) 그리고 관련 소프트웨어 기술로, 장애물 탐지 및 지상/공중 장애물 충돌회피 기술, 고장진단 및 고장허용 제어기술, 인공지능 기반 비행체 유도제어 성능향상 기술, 무인이동체 실시간 운영체제 및 소프트웨어 아키텍쳐 설계기술, 고신뢰성과 비행안전성 보장 경량 비행조종컴퓨터 기술을 포함하는 기술
		2) 지능형 임무수행 기술 : 무인기의 자율적인 비행과 임무수행 데이터 획득분석을 위한 기술로서 3차원 디지털 맵 생성 및 위치인식 기술, GPS 및 Non-GPS 기반의 항법기술, 무인기 교통관제 및 경로최적화 기술, 무인기 활용서비스용 데이터 처리 및 가공 기술을 포함하는 기술
		3) 무인기 탑재 첨단센서 기술 : 무인기의 운항 지원과 활용 목적에 따른 임무 달성 지원을 위해 첨단 센서 및 장비를 적용하는 기술

구분	분야	대상기술
		로, GPS, INS(Inertial Navigation System) 등의 항법센서기술, 소형 경량레이더 기술, 충돌회피용 소형 LIDAR(Light detection and ranging) 센서 기술, 멀티스펙트럼(multi-spectrum) 카메라 기술, 360°카메라 및 송수신 기술, Non-GNSS(Global Navigation Satellite System) 융합센서기술을 포함하는 기술
		4) 무인기 전기구동 핵심부품 기술 : 전기동력을 기반으로 무인기의 조종, 이착륙, 추진 등을 담당하는 핵심부품을 개발하기 위한 기술로서, 소형무인기용 고효율 전기모터 기술, 무인기용 저온용 배터리 및 전원관리시스템기술, 고효율 전기모터용 인버터(inverter) 기술을 포함하는 기술
		5) 무인기 데이터링크 핵심기술 : 무인기와 지상국·조종기간, 무인기와 타 무인이동체 간에 감시 및 추적, 정보 전달 등의 데이터 송수신을 지속적으로 유지하기 위한 기반 기술로 소형·경량 탑재통신장비, 정밀 추적 안테나, 무인기간 네트워크 보안을 포함하는 기술
		6) 무인기 지상통제 핵심기술 : 무인기를 지상에서 원격으로 조종하고 상황을 모니터링하기 위한 조종기, 지상국, 텔레메트리(telemetry) 장비와 관련 운영 소프트웨어 프로그램 기술로 소형무인기 조종기 개발기술, 무인기 조종훈련을 위한 시뮬레이터(simulator)기술, 실시간 무인기 상황 및 임무현황 분석기술을 포함하는 기술
		7) 물류 배송용 드론 제조기술 : 일정 중량(10kg) 이상 물품의 비가시권 비행을 100% 신뢰성을 확보하여 안전하게 운송 가능한 드론 제조 기술 및 기능개선에 필요한 소재(열전도율 5kcal/m·h 대비 10% 이상 개선)·부품(세계 최고 CPU 속도대비 약 66% 이상 처리성능 개선)·장비(다지점 배달용 물품 적재함, 물품배송 드론용 도킹스테이션 등의 경량화)의 설계·제조 기술(2019.2.12. 신설)(2021.2.17. 개정)
		8) 드론용 하이브리드 추진 시스템 기술 : 전기배터리 무인기의 체공시간(120분 이상) 및 탑재량(12kg 이상) 증대를 위해 엔진 동력을 이용하여 전기모터를 동작시키는 하이브리드 추진시스템 기술 및 이와 관련한 소재·부품 및 장비의 설계·제조 기술(2019.2.12. 신설)
	나. 우주	1) 위성본체 부분품 개발기술 : 위성본체 개발을 목적으로 하는 전력시스템, 자세제어용 센서 및 시스템, 위성탑재 컴퓨터시스템, 위성 교신을 위한 송수신시스템, 위성 구조체 시스템(태양전지 포함), 추진시스템(추력기, 추진제 저장탱크, 밸브 및 제어기 등), 열제어시스템 등에 대한 기술
		2) 위성탑재체(정찰, 통신, 지구 탐사, 기상예보 따위와 같은 임무를 수행하기 위해 탑재되는 위성체의 구성 부분을 말한다) 부분품 개

구분	분야	대상기술
		발기술 : 인공위성 탑재를 목적으로 하는 광학 탑재체, 영상레이더 탑재체, 통신·방송 탑재체, 우주과학 탑재체, 항법 탑재체 시스템 및 위성용 영상자료처리장치, 주파수 변조기 및 안테나 등에 대한 기술 (2022.2.15. 개정)
		3) 우주발사체 부분품 개발기술 : 우주발사체 개발을 목적으로 하는 액체엔진(핵심부품), 대형 구조물[추진제 탱크, 동체, 연결부, 페어링(fairing: 노출부의 보호 및 공기 저항력 감소를 위한 유선형 덮개를 말한다), 탑재부, 분리기구 등], 관성항법유도시스템, 자세제어시스템, 전력시스템, 원격측정·추적시스템, 비행종단시스템 등에 대한 기술 (2022.2.15. 개정)
		4) 위성통신 송수신 안테나 개발 기술: 통신목적 인공위성과의 안정적인 데이터 송신 및 수신을 위해 안테나가 탑재된 대상(항공기 등)이 고속으로 이동하면서 자이로센서(Gyro sensor)·GPS 정보 등을 이용하여 인공위성을 추적(Tracking)하거나, 안테나가 지향하는 인공위성이 지구의 자전 보다 빠른 속도로 이동함에 따라(중·저궤도 위성) 인공위성 궤도 데이터·GPS 정보 등을 이용하여 인공위성을 추적(Tracking)하는 기능을 가진 위성통신 안테나를 제작하는 기술(2021.2.17. 신설)
12. 첨단소재 부품장비 (2020.2. 11. 신설)	가. 첨단소재	1) 고기능성 알루미늄 도금강판 제조 기술: 550℃에서 200시간 유지 가능한 내열성과 SST 2400(KSD9502)시간 보증 가능한 내식성이 우수한 고성능 알루미늄 도금강판 개발을 위한 조성개발, 고온성 형성 향상 기술, 특수 용접기술 등의 제조기술
		2) 고순도 산화알루미늄 제조기술: 순도 99.9% 이상의 산화알루미늄 분말 제조를 위한 합성, 가공, 고순도화, 고밀도화 등의 제조기술
		3) 거리감지센서용 압전결정소자 및 초음파 트랜스듀서 기술: 거리감지센서 등에 사용되는 압전결정소자 및 초음파 트랜스듀서 설계·제조기술
		4) 고기능성 인조흑연 제조기술: 인조흑연 제조용 피치 및 코크스 제조 기술, 전극봉·등방블록·흑연분말 성형 및 2,800℃ 이상의 열처리를 통한 흑연화 기술
		5) 고효율·고용량 이차전지 음극재 제조 기술: 나노 실리콘 결정크기(5nm 이하) 제어 및 카본코팅을 통해 부피팽창 문제 해결과 고효율(88% 이상), 고용량(1800mAh/g 이상) 음극재를 구현하는 소재 기술 (2024.2.29. 신설)
		6) 전극용 탄소나노튜브 제조 및 이를 활용한 도전재 제조 공정 기술:

구분	분야	대상기술
		비철계 촉매를 사용하여 전도성이 우수한 전극용 탄소나노튜브(CNT, Carbon Nanotube)를 제조하는 기술 및 CNT를 활용하여 열화현상을 줄이고 용량 및 수명을 개선한 도전재를 제조하는 공정 기술 (2024.2.29. 신설)
		7) 고순도 리튬화합물 제조 기술: 리튬 광석 또는 염호 등 천연리튬 자원으로부터 고순도 99.5% 리튬화합물(Li_2CO_3, LiOH 등)을 제조하기 위한 선광·제련 공정 기술 (2024.2.29. 신설)
		8) 니켈광 대상 니켈 회수공정 기술: 니켈광(라테라이트 등)으로부터 니켈을 회수하기 위한 선광·제련(고압산침출, 질산침출 등)·추출·정제 기술 (2024.2.29. 신설)
		9) 희토류 원료 제조공정 기술: 희토류 원광으로부터 순도 95% 이상 희토류 원료를 제조하는 기술 또는 순환자원(폐영구자석, 폐형광체, 폐촉매 등)으로부터 희토류 금속을 회수하는 회수율 85% 이상의 공정 기술 (2024.2.29. 신설)
	나. 첨단 부품	1) 고정밀 롤러베어링 및 볼베어링 설계·제조 기술: 구름베어링의 일종으로 내외륜 사이에 다수의 볼 또는 롤러를 삽입하여 마찰을 감소시켜 고속운전을 돕거나 큰 하중에 견딜 수 있는 정밀도 P5급 이상의 기계부품 설계·제조 기술
		2) 고압 컨트롤 밸브 설계·제조 기술: 유압펌프에서 발생한 330 Bar 이상 고압의 유체에너지를 작업자의 작업의도에 따라 각 유압 액추에이터, 선회 및 주행의 유압모터 등에 공급하며, B5 10,000시간 이상의 높은 내구 신뢰성을 가지는 메인 컨트롤 밸브 부품 설계·제조 기술
		3) 고정밀 볼스크류 설계·제조기술: 회전운동을 직선운동으로 변환하는 정밀도 C3급 이상, 축방향 공차 5μm 이내의 동력전달부품 설계·제조 기술
		4) 능동마그네틱 베어링 설계·제조기술: 자력을 이용하여 회전축을 지지하고, 윤활제가 필요 없이 극저온(-250℃ 내외) 또는 고온(300℃ 이상), 진공에서 축의 회전 궤적을 능동적으로 제어할 수 있는 부품 설계·제조 기술
		5) 고성능 터보식 펌프 설계·제조기술: 임펠러 및 블레이드가 회전함으로써 기계의 운동에너지를 유체·기체의 압력에너지로 전환하여 2,500L/s 이상의 배기속도 및 1.3×10^{-9} mbar 이상의 최고 진공도를 만드는 터보식 펌프의 설계·제조기술
		6) 특수 렌즈 소재·부품·장비 제조기술: 고배율[굴절률(nd) 2.0 이상],

구분	분야	대상기술
		야간 투시[원적외선(파장 8~12㎛) 투과율 50% 이상], 자외선투과 [자외광(193nm) 투과율 80% 이상] 등 특수용도로 사용되는 카메라 구성에 필요한 특수 광학소재의 소재·부품·장비 제조기술
		7) 고기능 적층세라믹콘덴서(MLCC: Multi Layer Ceramic Capacitor) 소재·부품 제조기술: 고용량, 고신뢰성을 갖춘 적층세라믹컨덴서의 소재·부품 제조기술 소재·부품·장비 제조기술
		8) 선박용 모터(Motor): 각종 펌프(Pump), 압축기, 엔진(Engine) 시동장치, 크레인(Crane), 팬(Pan) 등 일반선박용 모터의 소재·부품 및 액화천연가스(LNG, Liquefied Natural Gas) 추진선박, 가스(Gas) 운반선, 유조선, 화학물 취급선 등 특수선박용 방폭형 모터와 전기 추진선박, 수소 연료전지 선박 등 전기추진용 모터의 핵심 소재·부품을 설계·제작·시험·평가하는 기술
	다. 첨단 장비	1) 첨단 머시닝센터 설계·제조기술: 자동공구교환장치(Automatic Tool Changer)를 장착하여, 밀링, 드릴링, 보링가공 등 여러 공정의 작업을 수행할 수 있는 가공정밀도 5μm 이내, 동시 제어 5축 이상, 최대 스핀들 속도 12,000rpm 이상의 절삭가공장비 및 부품의 설계·제조 기술(가공 회전수, 축 이동, 진동오차 제어 등 머시닝센터의 고정밀 작업을 제어하는 CNC(Computerized Numerical Controller) 모듈 관련 기술 포함)
		2) 열간 등방압 정수압 프레스 설계·제조 기술: 기체 또는 액체를 압력매체로 활용하여 1,500℃ 이상에서 작동하면서 1분당 최고 50℃의 속도로 냉각이 가능하고, 금속 소재를 모든 방향에서 100MPa 이상의 정수압 또는 등방압 조건으로 가압하는 직경 1,000mm 이상의 프레스 장비 설계·제조 기술
		3) 연삭가공기 설계·제조 기술: 사파이어, 다이아몬드 등 고정도의 광물입자를 결합제로 고정시킨 숫돌을 이용하여 평면·원통 등 단순한 형태가 아닌 복잡한 형태의 가공공정을 수행하는 장비 설계·제조 기술
		4) 첨단 터닝센터 설계·제조기술: 원통형 부품의 가공을 위해 소재를 회전시키면서 절삭 공구가 상대 이동하는 가공정밀도 5μm 이내, 최대 스핀들 속도 3,000rpm 이상의 절삭가공장비 설계·제조 기술(ISO 7등급 이하의 기어 제조를 위한 고속 스카이빙 가공장비 관련 기술 포함)
		5) 첨단 회전 성형기 설계·제조 기술: 다축 정밀 동시제어시스템을 갖추고, 회전하는 주축과 롤러, 맨드릴을 이용하여 최대 성형롤 하중

구분	분야	대상기술
		60kN 이상, 최대 성형품 직경 500mm 이상, 성형 정밀도 ±0.5mm를 충족하는 성형 장비 설계·제조기술
		6) 첨단 밸런싱머신 설계·제조기술: 회전기계의 핵심부품인 회전부의 불균일한 질량분포를 측정한 후, 베어링으로 전달되는 힘이나 진동을 국제규격(ISO 21940-21) 규정 이내가 되도록 불균일 질량을 교정하는 장비 설계·제조 기술
		7) 첨단 레이저 가공장비 설계·제조기술: 절단, 천공, 용접, 정밀가공 등을 위해 고출력 레이저 가공헤드로 공작물을 용융·증발시켜서 분리하는 5축 이상의 레이저 가공장비를 설계·제조하는 기술
		8) 방전가공기 장비·부품의 설계·제조기술: 공작물과 전극 사이에 불꽃방전을 일으켜 티타늄, 초경합금 등 난삭재의 마이크로급 초정밀 가공을 수행하는 방전가공 장비 및 핵심요소부품의 설계·제조기술
13. 탄소중립 (21.2.15. 신설)	가. 탄소포집·활용·저장 (CCUS : Carbon Capture, Utilization and Storage)	1) 연소 후 이산화탄소 포집 기술: 화력발전소, 철강, 화학공정, 시멘트공정 및 선박 등에서 화석연료 연소 후 발생되는 배기가스 중 이산화탄소를 효과적으로 분리하기 위한 흡수제, 흡착제, 분리막 등 분리소재를 제조하는 기술과 이를 이용한 이산화탄소 포집공정기술 (2023.2.28. 개정)
		2) 연소 전 이산화탄소 포집기술: 석탄가스화 후 생성된 이산화탄소와 수소 중 이산화탄소를 분리하기 위한 흡수제, 흡착제, 분리막 등 분리소재를 제조하는 기술과 이를 이용한 이산화탄소 포집공정기술
		3) 순산소 연소기술 및 저가 산소 대량 제조기술: 기존 대량산소 제조기술인 심냉법을 대체하기 위한 이온전도성분리막(ITM, Ion Transfer Membrane), 세라믹-메탈 복합분리막(Ceramic-metal composite membrane), 흡착제 및 CLC(Chemical Looping Cycle) 등과 같이 산소를 저가로 대량생산 할 수 있는 기술과 이를 이용한 미분탄 등 화석연료의 순산소연소 공정기술
		4) 이산화탄소 지중 저장소 탐사기술 : 이산화탄소 포집 후 지하공간에 저장하기 위해 다양한 탐사 기술을 이용하여 지하 저장소를 파악하는 기술
		5) 이산화탄소 수송·저장 기술: 대량발생원에서 포집된 이산화탄소를 이송하기 위한 압축·액화 수송기술, 수송된 이산화탄소를 지하 심부에 안정적으로 저장하기 위한 시추 및 주입기술, 주입된 이산화탄소의 거동을 관측하고 예측하는 기술, 이산화탄소의 누출시 지하 및 지표 생태계에 미치는 영향을 평가하고 모니터링함으로

구분	분야	대상기술
		써 장기적 안정성을 제고하는 환경 영향평가 및 사후관리 기술
		6) 산업 부생가스(CO, CH4) 전환기술: 제철소, 석유화학공단, 유기성 폐기물 등에서 발생하는 부생가스(CO, CH4)를 화학·생물 전환기술을 통해 화학원료 또는 수송연료 등을 생산하는 기술
		7) 이산화탄소 활용 기술: 이산화탄소를 광물화, 화학적·생물학적 변환을 통해 연료·화학물·건축소재 등을 재생산하는 기술
	나. 수소	1) (삭제, 2023.6.7.)
		2) 부생수소 생산기술: 철강제조공정, 석유화학공정, 가성소다생산공정 등에서 발생하는 부생가스를 분리 정제하여 수소를 생산하는 기술 (2023.6.7. 개정)
		3) (삭제, 2023.6.7.)
		4) 액화수소 제조를 위한 수소액화플랜트 핵심부품 설계 및 제조기술: 액화수소 제조를 위한 수소액화플랜트의 LNG냉열 이용 예냉 사이클 설계기술, 수소액화공정에 필요한 부품(압축기·팽창기 등) 설계 및 제작기술
		5) (삭제, 2024.2.29.)
		6) (삭제, 2024.2.29.)
		7) (삭제, 2023.6.7.)
		8) (삭제, 2023.6.7.)
		9) 액화수소 운반선의 액화수소 저장·적하역 및 증발가스 처리기술: 액화수소 운반선 내에 액화수소를 저장·적하역하기 위한 극저온 화물창 설계·제조 기술, 카고핸들링 기술 및 증발가스 처리를 위한 장치 제조 기술(2023.2.28. 신설)
		10) 암모니아 발전 기술: 암모니아 연료를 단독으로 사용하거나 석탄 또는 천연가스와 혼합하여 전력을 생산하는 기술로 연료전지, 가스터빈, 미분탄 보일러 및 유동층 보일러에 적용 가능한 발전 시스템을 설계·제작하는 기술 (2024.2.29. 신설)
		11) 산업용 수소 보일러 및 연소기 설계·제작 기술: 수소 연료를 연소(혼소·전소)하여 발생하는 열에너지를 직접 사용하거나 증기·온수를 생산하는 산업용 수소 보일러 및 이를 구성하는 수소 연소기 부품을 설계·제작·운용하는 기술 (2024.2.29. 신설)
	다. 신재생 에너지	1) 고체산화물 연료전지 지지형셀·스택·시스템 설계 및 제조 기술: 고체산화물 연료전지(SOFC, Solid Oxide Fuel Cell)에서 중저온 (650℃ 이하)에서 작동이 가능하고 출력효율이 높은 금속·연료극

구분	분야	대상기술
		지지형셀, 셀·분리판 등이 결합되어 전기와 열을 생산하는 스택, 스택을 결합하여 대량으로 발전이 가능한 시스템(발전효율 50% 이상인 4kW급 이상)을 제조하는 기술
		2) (삭제, 2023.6.7.)
		3) 고체산화물 연료전지(SOFC, Solid Oxide Fuel Cell) 소재 기술: 650℃ 이하에서 작동하는 연료전지로 다양한 연료[수소, 액화석유가스(LPG), 액화천연가스(LNG) 등]의 사용이 가능하고 전도 세라믹(Conducting Ceramic)을 이용하며 복합발전시스템이 가능한 전력변환장치로서 발전용 연료전지로 사용하는 소재 개발·제조기술
		4) 페로브스카이트(Perovskite), 페로브스카이트·결정질 실리콘 등 탠덤 태양전지 핵심소재 제조 및 대면적화 기술: 고효율성 및 고내구성을 가진 대면적 웨이퍼, 광활성층, 전자·정공수송층, 투명전극, 금속전극, 금속리본, 봉지, 경량 전후면 외장 재료 등의 핵심소재 제조기술, 대면적·고효율 셀 및 고출력 모듈화 기술(대면적 제조장비, 연속 공정기술 포함)
		5) 풍력에너지 생산 기술로서 회전동력을 증속시켜 발전기에 전달하는 부품 설계 및 제조기술: 블레이드(blade)로부터 전달되는 회전력을 전달받아 증속하여 발전기에 전달하는 장치를 구성하는 유성기어(planet carrier)·축(shaft)·베어링(bearing)·이음쇠(coupling)·브레이크(brake) 및 제어기(controller)의 설계 및 제조 기술
		6) 풍력에너지 생산 기술로서 발전기(Generator) 및 변환기(Inverter) 제조기술: 동력 구동장치 증속기로부터 동력을 전달받아 회전자(rotor)와 고정자(stator)를 통해 전기를 발생시키는 발전기(generator)와 정속운전 유도발전기용 변환기, 가변속 운전 이중여자 유도발전기용 변환기 및 가변속 운전 동기발전기용 변환기의 설계 및 제조 기술
		7) 풍력발전 블레이드 기술: 8MW급 이상의 풍력발전 블레이드(Blade) 설계 및 제조 기술
		8) 지열 에너지 회수 및 저장 기술: 지열에너지 이용 효율 및 경제성을 향상시키는 그라우팅(grouting) 재료 제작 기술·보어홀(borehole) 전열저항 저감기술·저비용 시추기술 및 지중 축열 기술
		9) 지열발전기술: 지하 2km 이상 깊이의 심부 지열자원을 개발하여 전기를 생산하기 위한 일련의 기술로서 지열자원탐사기술, 심부시추 기술, 심부시추공 조사기술, 인공 지열저류층 생성기술(enh

구분	분야	대상기술
		anced geothermal system), 지열수 순환시스템 구축기술과 지열유체를 이용하여 전기를 생산하고 열에너지를 활용하는 기술
		10) 바이오매스 유래 에너지 생산기술: 자연에 존재하는 다양한 자원을 이용하여 직접 또는 전환공정을 통해 연료로 사용할 수 있는 고형연료, 알코올, 메탄, 디젤, 수소, 항공유 등을 생산하는 기술 (2024.2.29. 개정)
		11) 폐기물 액화·가스화 기술: 재생폐기물로부터 연료유 또는 가스를 생산하기 위한 열분해·가스화 기술
		12) 미활용 폐열 회수·활용을 통한 발전 기술: 산업현장에서 사용되지 않고 버려지는 중저온(900℃ 이하) 미활용 폐열을 초임계 이산화탄소·유기냉매·열전소자 등을 통해 회수 후 친환경 전기에너지 생산에 활용하는 발전설비 및 시스템 개발 기술
		13) 해상풍력 발전단지 내·외부 전력망에 사용되는 해저케이블 시스템 기술: 대용량 전력 전송을 위한 고밀도·장조장 특성을 갖는 해저케이블(HVAC 345kV 이상 또는 HVDC 500kV 이상)과 이를 변전소 등에 연결하는 내부전력망용 해저케이블(semi-wet 방식, 66kV 이상) 설계·제조 기술(2023.2.28. 신설)
		14) 고효율 n형 대면적 태양전지와 이를 집적한 모듈화 기술: 효율 24% 이상의 n형 대면적(M10 이상) 결정질 실리콘 태양전지 공정 기술 및 고출력(출력밀도 210W/m2이상) 모듈화 집적기술(고효율 셀 기술, 고집적 모듈 기술)(2023.2.28. 신설)
	라. 산업공정	1) (삭제, 2024.2.29.)
		2) 함수소가스 활용 고로취입기술 : 제철소 발생 함수소가스 또는 수소가스를 고로 공정의 연료로 활용하여 철강을 제조하는 기술
		3) 복합취련전로 활용 스크랩 다량 사용기술 : 전로 공정에서 스크랩의 사용량을 높이기 위한 상저취전로 및 노내 2차 연소기술(복합취련전로 기술)을 활용하는 기술
		4) 이산화탄소 반응경화 시멘트 생산기술 : 시멘트의 주원료인 석회석을 탄산칼슘($CaCO_3$)이 없는 물질(Rankinite, Wollastonite 등)로 대체하는 공정기술과 이산화탄소에 경화되는 시멘트를 생산하는 기술
		5) 산화칼슘 함유 비탄산염 산업부산물의 시멘트 원료화 기술 : 시멘트 산업에서 클링커 원료인 석회석을 산화칼슘(CaO)를 함유한 비탄산염 산업부산물로 대체하는 공정기술로 비탄산염 원료 전처리 기술, 공정운전 최적화 기술

구분	분야	대상기술
		6) 이산화탄소 저감 시멘트 생산을 위한 연·원료 대체기술 : 시멘트 제조공정 중 석회석 등 탄산염광물을 비탄산염 원료로 대체하는 소재·공정기술과 수소, 바이오매스, LNG 등 친환경 열원 및 가연성 순환자원연료를 이용하여 이산화탄소(CO2) 발생을 저감하는 소성 기술
		7) 시멘트 소성공정 유연탄 대체 기술 : 시멘트 소성공정의 열원인 유연탄을 대체하기 위한 대체연료(가연성 폐기물, 바이오매스) 전처리 및 연료 제조기술, 고효율 연소기술 및 연소 후 후처리 기술
		8) 석유계 플라스틱 대체 바이오 케미칼 원료 생산기술 : 바이오 매스를 처리하여 활용 가능한 당, 지질, 글리세롤 등을 바이오 플라스틱의 원료인 케미칼 원료로 전환시키는 화학적, 생물학적 기술
		9) 전기가열 나프타 분해기술 : 전기저항/유도 가열 방식을 활용한 나프타 분해공정을 통해 에틸렌·프로필렌 등 석유화학 기초원료를 제조하는 기술
		10) 반도체·디스플레이 식각·증착공정의 대체소재 제조 및 적용기술 : 반도체·디스플레이 제조공정에서 사용하는 식각 및 증착용 온실가스를 GWP(Global Warming Potential)가 낮은 가스로 대체하기 위한 소재를 제조하는 기술 및 이를 적용하기 위한 설비 및 부품개발, 공정설계 및 평가기술 (2023.2.28. 개정)
		11) 반도체 및 디스플레이 제조공정에서 배출되는 불소화합물 및 아산화질소 배출 저감기술 : 반도체·디스플레이 제조공정에서 배출되는 불소화합물 및 아산화질소 가스를 LNG, 전기 에너지 등을 활용하여 고온에서 분해하는 방법의 배출저감기술
		12) 해상(FSRU) 및 육상 LNG터미널에서의 LNG 냉열발전 결합형 재기화 기술: LNG 냉열의 회수 공정을 이용하여 재기화 송출 용량이 750 MMSCFD(Million Metric Standard Cubic Feet per Day) 이상이고, 소요전력 20퍼센트 이상 절감 및 온실가스 20퍼센트 이상 감소 가능한 냉열 발전이 결합된 재기화 시스템의 공정 설계 및 설비 제작 기술 (2023.2.28. 신설)
		13) 철강 가열공정 탄소연료 대체기술: 단조, 압연 공정에 사용되는 화석연료를 저탄소 연료(수소, 암모니아)로 전환하는 기술 및 발생된 이산화탄소는 재순환시켜 에너지 효율을 향상시키는 기술 (2023.2.28. 신설)
		14) 전기로 저탄소원료(직접환원철·수소환원철) 활용기술: 전기로 용해공정에서 저탄소 원료인 직접환원철 또는 수소환원철로 철강

구분	분야	대상기술
		을 제조하는 기술 (2024.2.29. 신설)
	마. 에너지효율·수송	1) 지능형 전력계통(Smart Grid) 설계 및 제조기술: 전력 기술과 정보·통신 기술의 융합을 통해 전력 공급자와 소비자가 양방향으로 실시간 정보를 교환함으로써 고신뢰도 유지 및 에너지 효율 최적화를 달성하기 위한 차세대 전력시스템 설계 및 제조기술
		2) 지능형 배전계통 고도화 및 운용기술: 지능형 배전계통에 필요한 고신뢰성·고품질의 전력공급 및 지능형 배전계통을 보호·제어하기 위한 기술로서 보호 및 제어용 지능형전력장치(IED, Intelligent Electric Device) 기술, IED가 탑재된 배전용 개폐기 및 차단기 제조 기술, 지능형 배전계통 데이터베이스(database) 통합 관리 기술, 지능형 배전계통의 자산관리 및 운용 기술, 지능형 직류배전 공급용 기기 제조 기술, 지능형 분산전원 연계기기 제조 기술, 지능형 배전계통 전력품질 보상기기 및 지능형 배전망 운용 기술
		3) 지능형 건축물 에너지 통합 관리시스템 기술: 개별 또는 복수의 건축물을 대상으로 해당 건축물에서 소비하는 에너지를 원격 및 통합적으로 계측·평가 및 관리하는 관리 시스템 설계·구축 기술
		4) 지능형 검침인프라(AMI, Advanced Metering Infrastructure) 설계·제조기술: 양방향 통신 기반의 전자식 계량기를 활용하여 전기사용정보 등을 수집 후 통합관리하는 인프라로서 실시간으로 전력가격 및 사용정보를 소비자에게 전달하여 수요반응 등을 가능케 하고, 공급자에게는 더욱 정확한 수요예측 및 부하관리 등이 가능하게 하는 기술
		5) 데이터센터 냉방·공조 및 에너지 효율화 기술 : 냉방·공조 시스템 및 IT 기반시설 장치를 제어하여 전체 데이터센터의 에너지 효율을 최적화하는 데이터센터 인프라 관리 기술
		6) 극저온 액체 저장 및 이송용 펌프 설계·제조기술: 액화천연가스(LNG), 액화수소가스(LH2) 등 극저온 액체를 누수 없이 저장 및 이송하기 위해 사용하는 극저온용 펌프로 극저온용 밀봉 소재와 베어링(Bearing), 터미널 헤더(Terminal Heather) 등의 부품을 설계·제조·시험·평가 기술
		7) 히트펌프 적용 온도 범위 확대 및 효율 향상 기술 : 친환경 냉매 개발, 열교환기 성능 향상과 사용 열원 확대를 통해 고온·저온의 열에너지 공급이 가능한 히트펌프 시스템 기술
		8) 선박용 디젤엔진 제조 기술: 해상 운송의 추진, 발전용으로 사용

구분	분야	대상기술
		하고, 이중연료[액화천연가스(LNG), 액화석유가스(LPG) 등의 가스연료 포함] 사용이 가능한 디젤엔진을 제조하는 기술로, 크랭크 샤프트(Crankshaft), 피스톤(Piston), 피스톤링(Piston Ring), 실린더헤드(Cylinder Head) 등 엔진의 핵심 소재·부품을 설계·제작·시험·평가하는 기술
		9) 친환경 굴착기 설계·제조기술 : 순수 전기(모터), 하이브리드(모터와 엔진), 바이오연료(엔진)로 구동할 수 있는 굴착기 생산 기술
		10) 암모니아 추진선박의 연료공급 및 후처리 기술 : 암모니아를 연료로 추진하는 선박에 적용되는 암모니아 연료 공급 시스템 및 연소 후 배기가스 후처리 시스템 기술
		11) 극저온 액체 저장 및 이송용 극저온 냉동기술: 극저온 액체 저장 및 이송용 극저온 냉동기술: 액화질소(끓는 점 -196℃), 액화수소(끓는 점 -253℃) 등 -196℃ 이하의 극저온 액체를 자체 증발로 인한 손실 없이 저장 및 이송하기 위해 사용하는 극저온 냉동 기술 (2023.2.28. 신설)
		12) 연료전지, 배터리 및 축발전기 모터를 적용한 선박 발전시스템: 연료전지, 배터리 및 축발전기 하이브리드 전력시스템을 선박의 발전원으로 활용하는 기술 (2023.2.28. 신설) (2024.2.29. 개정)
		13) 고효율 산업용 전동기 설계·제조 기술: IEC 60034-30-1규격의 IE4급 이상의 고효율 산업용 전동기 설계·제조 기술 (2023.2.28. 신설)
14. 방위산업(2024.2.29. 신설)	가. 방산장비	1) 추진체계 기술: 유무인 항공기, 기동장비, 유도무기, 함정 등에 장착하는 터보제트엔진, 터보샤프트엔진, 터보프롭엔진, 터보팬엔진, 왕복엔진의 완제엔진, 부체계(엔진제어, 연료, 윤활, 기어박스 등), 구성품(팬, 압축기, 연소기, 터빈, 배기노즐 등), 소재(내열·경량합금, 복합재, 고온코팅 등) 등을 설계·제작·조립·인증·시험평가하는 기술(2024.2.29. 신설)
		2) 군사위성체계 기술: 군사용 위성체계 중 감시정찰 및 통신위성의 위성체계(전력체계, 자세제어체계, 위성탑재컴퓨터, 송수신체계, 구조체 등), 구성품(위성통신송수신 안테나, 광학장비, 영상레이더, 항법체계 등), 관련 소재, 지상장비, 발사체(고체연료) 등을 설계·제작·조립·인증·시험평가하는 기술(2024.2.29. 신설)
	나. 전투지원	1) 유무인복합체계 기술: 유무인복합체계에 필요한 환경인식기술, 위치추정기술, 자율임무 수행기술, 유무인협업기술, 무선통신기술, 네트워크 보안기술, 의사결정지원기술, 원격통제기술 등을 활용하

구분	분야	대상기술
		여. 유무인복합체계를 설계 · 제작 · 조립하는 기술(2024.2.29. 신설)

※ 비고 : 위 표에 따른 신성장·원천기술의 유효기한은 2024년 12월 31일로 한다.

2 신성장 · 원천기술연구개발비의 범위

신성장·원천기술연구개발비에 대해서는 제10조 제1항 본문의 연구개발비 정의 조항이 적용되므로(법 §10 ① 1호 → 같은 항 본문) 일반 연구개발비와 동일하게 시행령 별표 6에 열거된 비용이 세액공제의 대상이 되어야 한다. 그러나 조특령 제9조 제3항에서 신성장·원천기술연구개발비의 범위를 자체연구개발비 중 인건비와 재료비 및 일부 위탁·공동연구개발비로 한정하고 있다. 따라서 자체연구개발비 중 시설 임차료 등과 기타 연구개발비는 동 범위에서 열거하고 있지 아니하므로 제외된다.

또한 조특법 제10조의 2에 따른 연구개발출연금을 지급받아 연구개발비로 지출하거나 국가 등으로부터 연구개발등을 목적으로 출연금 등의 자산을 지급받아 연구개발비로 지출하는 금액은 제외된다(조특령 §9 ①). 정부출연금의 제외 내용은 제1절 Ⅱ. 4.를 참조하기 바란다.

일반R&D와 신성장·원천기술R&D의 공제대상 비교

구 분	연구개발비			인력개발비
	자체R&D	위탁·공동R&D	기타R&D	
일반연구인력개발비	○	○	○	○
신성장·원천기술 연구개발비	△❶	△❷	×	×❸

❶ 인건비와 재료비만 대상으로 하며, 시설 임차료 등을 제외함.
❷ 대학, 연구개발업자 등 일부 수탁기관에 한정됨.
❸ 인력개발비는 신성장·원천기술연구개발비에 해당하지 않음. 신성장·원천기술연구개발비 세액공제(조특법 §10 ① 1호)를 선택하지 않거나 신성장·원천기술연구개발비에 해당하지 않는 인력개발비는 일반연구인력개발비 세액공제(같은 항 3호)를 선택할 수 있음.

2-1 자체연구개발비

(1) 인건비

연구소 또는 전담부서 및 연구개발서비스업을 영위하는 기업으로서 신성장·원천기술연구개발업무에 종사하는 연구원 및 이들의 연구개발업무를 직접적으로 지원하는 사람에 대한 인건비를 세액공제대상으로 한다. 단, 연구개발과제를 직접 수행하거나 보조하지 않고 행정사무를 담당하는 연구관리직원은 제외된다[조특령 §9 ③ 1호 가목, 별표 6 1호 가목 1), 조특칙 §7 ②].

일반연구개발비의 인건비와 그 내용이 동일하므로 상세내용은 제1절 Ⅱ. 1-1 인건비를 참조하기로 한다. 이하에서는 간략히 해당 조문을 정리한다.

(1-1) 연구소 또는 전담부서 및 연구개발서비스업

세액공제대상이 되는 연구소 또는 전담부서 및 연구개발서비스업(이하 "신성장·원천기술 연구개발 전담부서등")은 다음의 전담부서등 및 연구개발서비스업을 영위하는 기업으로서, 신성장·원천기술연구개발업무만을 수행하는 국내 소재 전담부서등 및 연구개발서비스업을 영위하는 기업을 말한다(조특칙 §7 ② → ①).

㉮ 기초연구법에 따라 과학기술통신부장관의 인정을 받은 기업부설연구소 또는 연구개발 전담부서
㉯ 「문화산업진흥 기본법」에 따른 기업부설창작연구소 또는 기업창작전담부서
㉰ 산업디자인진흥법(이하 "산업디자인법")에 따른 산업디자인전문회사
㉱ 연구산업진흥법에 따른 전문연구사업자가 영위하는 주문연구산업(연구개발서비스업)

원칙적으로 신성장·원천기술연구개발 전담부서등은 신성장·원천기술연구개발업무만을 전적으로 수행하여야 한다. 다만 일반연구개발을 수행하는 전담부서등 및 연구개발서비스업을 영위하는 기업의 경우에는 다음 구분에 따른 조직을 신성장·원천기술 연구개발 전담부서등으로 본다(조특칙 §7 ②).

① 신성장·원천기술 연구개발업무등에 관한 별도의 조직을 구분하여 운영하는 경우에는 그 내부 조직
② ① 이외의 경우에는 해당 업무 및 일반연구개발을 모두 수행하는 전담부서등 및 연구개발서비스업을 영위하는 기업

종전에는 일반 R&D 전담부서등이 신성장R&D 관련 별도 조직을 운영할 때에만 그 연구인력의 인건비를 공제대상으로 하였으나, 2019년 개정세법에서 신성장R&D 전담부서 요건을 완화하여 일

반R&D 전담부서 등의 신성장R&D 전담 연구인력 인건비도 공제 대상으로 하였다.

(1-2) 인건비

다음 인원의 인건비를 제외한다(조특칙 §7 ④).
① 주주인 임원으로서 일반 R&D 출자임원의 제외 규정(조특칙 §7 ③)에 해당하는 사람
② 신성장 R&D 업무를 별도의 조직으로 구분하여 운영하지 않고, 신성장 R&D 업무 및 일반R&D 업무를 모두 수행하는 전담부서등을 영위하는 기업으로서 **신성장 R&D와 일반R&D를 동시에 수행한 사람**

종전에는 일반 R&D와는 달리 출자임원일 것을 요구하지 않았으나, 2019년 개정세법에서 신성장 및 일반 연구개발비 간 형평성을 높이기 위하여 신성장 R&D의 경우에도 지분율 10%를 초과하는 등의 요건을 충족한 경우에도 출자임원에 한해서만 공제 대상 인건비에서 제외하도록 개정하였다. 또한 신성장R&D 관련 별도 조직을 운영하지 않은 경우에 신성장 R&D만을 전담하지 않고 일반 R&D를 동시에 수행하는 인력의 인건비는 제외한다.

(2) 재료비 등

신성장·원천기술연구개발업무를 위하여 사용하는 견본품, 부품, 원재료와 시약류 구입비 및 소프트웨어(문화상품 제작을 목적으로 사용하는 경우에 한함)·서체·음원·이미지의 대여·구입비이다(조특령 §9 ③ 1호 나목).

상세 내용은 제1절 Ⅱ. 1-2 재료비 등을 참조하기로 한다.

2019년 개정세법에서 콘텐츠 분야에 사용되는 창작용 S/W, 서체 음원 등 재료비를 세액공제 대상에 추가하였다.

2-2 위탁 및 공동연구개발비

다음의 수탁기관에 신성장·원천기술연구개발업무 또는 국가전략기술연구개발업무를 위탁(재위탁 포함)함에 따라 발생하는 비용 및 이들 기관과의 공동연구개발을 수행함에 따라 발생하는 비용을 말한다. 다만 전사적 기업자원 관리설비(ERP), 판매시점 정보관리 시스템 설비(POS) 등 기업의 사업운영·관리·지원 활동과 관련된 시스템 개발을 위한 위탁비용은 제외한다(조특령 §9 ③ 2호, 조특칙 §7 ⑥).[1]

---

[1] 일반 연구인력개발비의 수탁기관과 비교하면 산업기술연구조합, 산학협력단, 기술시험·검사 및 분석업을 영위하는 기업과 대학·전문대학에 소속된 조교수 이상이 수탁기관에서 제외됨.

> ① 고등교육법에 따른 대학 또는 전문대학
> ② 국공립연구기관
> ③ 정부출연연구기관
> ④ 비영리법인(비영리법인에 부설된 연구기관 포함)
> ⑤ 「산업기술혁신 촉진법」 제42조에 따른 전문생산기술연구소 등 기업이 설립한 국내외 연구기관
> ⑥ 전담부서등(신성장·원천기술연구개발업무만을 수행하는 전담부서등에서 직접 수행한 부분에 한정함) 또는 국외기업에 부설된 연구기관
> ⑦ 영리를 목적으로 주문연구산업과 관리연구산업을 영위하는 기업❶ 또는 영리목적으로 연구·개발을 독립적으로 수행하거나 위탁받아 수행하고 있는 국외 소재 기업
> ⑧ 내국인이 의결권 있는 주식의 50% 이상을 직접 소유하거나 80% 이상을 직접 또는 간접으로 소유❷하고 있는 외국법인

❶ 연구개발을 독립적으로 수행하거나 그 전부 또는 일부를 외부로부터 위탁받아 수행하는 산업(주문연구산업)과 연구개발 기획, 연구개발의 관리 및 사업화 지원, 연구개발 관련 기술정보의 조사제공 등 연구개발 활동을 지원하는 산업(관리연구산업)을 말함(연구산업진흥법 §2 1호 가목 및 나목). 자체연구개발비의 요건인 연구개발서비스업의 대상은 주문연구산업에 한정되지만, 수탁기관은 관리연구산업을 포함함에 주의할 것[제1절 Ⅱ. 1-1 (1-4) 참조].

❷ 주식의 간접소유비율의 계산에 관하여는 「국제조세조정에 관한 법률 시행령」 제2조 제3항을 준용함(조특칙 §7 ⑦).

이때 ④부터 ⑦까지의 기관에 신성장·원천기술연구개발업무 또는 국가전략기술연구개발업무를 위탁(재위탁 포함)하는 경우에는 원칙적으로 국내에 소재한 기관으로 한정함에 주의하여야 한다. ① ~ ③의 경우도 국내에 소재하는 기관 등이므로 결국 신성장·원천기술연구개발비 중 위탁 및 재위탁 연구개발비는 원칙적으로 **국내 소재 기관 등에 위탁한 경우만을 공제대상으로** 한다. 신성장·원천기술 또는 국가전략기술의 국내 개발 촉진 및 기술 확보를 위한 목적이다.

그러나 ⑧ 내국법인이 지배하는 국외법인은 위탁의 경우에도 공제대상에 포함한다. 동 국외법인의 연구 역량은 궁극적으로 내국법인에 귀속되므로 신성장·원천기술 또는 국가전략기술의 국외 유출 우려가 크지 않고, 국외기관 등과의 위탁·공동연구가 필요하기 때문이다. 국내 기업이 지배하고 있는 해외 자회사는 일반R&D 수탁기관에 열거되어 있지 않다는 점에서 차이가 있다.

다만 신성장·원천기술연구개발업무의 임상1상·2상·3상 시험[조특령 별표 7 7호 가목 6)~8)] 및 국가전략기술연구개발업무의 비임상·임상1상·2상·3상 시험[조특령 별표 7의2 3호 나목~마목 및 조특령 별표 7 7호 다목~바목]의 경우는 ④부터 ⑦까지의 기관에 대해서도 국외 소재 기관을 포함된다.

반면에 공동연구개발의 경우에는 대상 기관 등의 해외 소재 여부에 대한 제한은 없으므

로 해외 기관 등과의 공동연구개발에는 지역 제한을 적용하지 않는 것으로 판단된다.

위탁 또는 공동연구개발이 가능한 해외 소재 적격 기관등

위탁·재위탁 연구개발	공동 연구개발
- 임상1상·2상·3상 시험의 경우는 우측 열의 ④~⑦도 가능함	④ 국외 비영리법인
	⑤ 기업이 설립한 국외 연구기관
	⑥ 국외 전담부서등 또는 국외기업에 부설된 연구기관
	⑦ 영리목적 연구개발 수행하는 국외 소재 기업
⑧ 내국법인 지배 외국법인	⑧ 내국법인 지배 외국법인

2024 개정 해외소재기관 위탁 시 공제를 적용하는 예외 대상에 국가전략기술 바이오 의약품 분야 비임상, 임상1·2·3상 시험을 추가함. 개정규정은 2023.7.1. 이후 발생한 연구개발비부터 적용함(2024.3.22. 개정된 시행규칙 부칙 §2).

개정 연혁

2017년 개정세법에서 위탁·공동 연구개발기관을 종래 기업의 연구소 및 전담부서 또는 연구개발(서비스)업을 영위하는 기업에 한정하였으나, 국내 대학 등으로 범위를 확대하였다.

2019년 개정세법에서 제외되는 시스템 개발을 위한 위탁비용에 '판매시점 정보관리 시스템 설비(POS) 등 기업의 사업 운영·관리·지원 활동과 관련' 문구를 추가하여 제외되는 시스템 개발비 비용을 명확화하였다. 또한, 신약 개발을 위한 연구개발을 지원하기 위하여 신약 임상3상 해외 위탁비를 공제 대상에 포함하였다. 임상3상이란 다수 환자를 대상으로 약효, 장기적 안정성 등에 대한 종합적 검사를 말한다.

2020년 개정세법에서 위탁연구비등 적용대상인 수탁기관 중 국내외 기업의 연구기관 및 전담부서 등을 「산업기술혁신 촉진법」 제42조에 따른 전문생산기술 연구소 등 기업이 설립한 국내외 연구기관 등으로 세분화하여 규정하였다. 또한, 종전 연구개발서비스업을 영위하는 기업에서 연구개발서비스업을 영위하는 기업 또는 영리목적으로 연구·개발을 수행하고 있는 국외소재 기업으로 명확화하였다.

그리고 내국인이 의결권 있는 주식의 50% 이상을 직접 보유하거나 80% 이상을 직접 또는 간접으로 보유하고 있는 외국법인을 수탁기관에 추가하였다.

종래 희귀질환관리법 제2조 제1호에 따른 희귀질환의 진단 및 치료를 위한 의약품 개발을 위하여 실시하는 임상시험은 국외 기관에 지출하는 경우에도 (임상 단계에 관계없이) 예외적으로 위탁 R&D를 허용하였으나, 임상3상에 대해서도 R&D를 허용하는 등으로 세법개정이 이루어져 구분의 실익이 없어 삭제(조문 정리)하였다.

3 공제세액

신성장·원천기술연구개발비는 당기분 방식에 의한 세액공제만 가능하며, 증가분 방식에 의한 공제는 허용되지 않는다(조특법 §10 ① 1호). 공제율은 중소기업은 30~40%, 코스닥 상장 중견기업은 25~40%를 적용하며, 이외 중견기업·대기업의 경우에는 20~30%의 공제율을 적용한다(조특령 §9 ⑤).

기업 규모별 당기분 공제율

구 분	공 제 율
중소기업	당기 발생액 × 30% + (당기 발생액 / 당기 수입금액❶ × 3) (단, 괄호 안의 총 공제율은 10% 한도)
코스닥상장 중견기업	당기 발생액 × 25% + (당기 발생액 / 당기 수입금액❶ × 3) (단, 괄호 안의 총 공제율은 15% 한도)
대기업 및 이외 중견기업	당기 발생액 × 20% + (당기 발생액 / 당기 수입금액❶ × 3) (단, 괄호 안의 총 공제율은 10% 한도)

❶ 해당 연도 수입금액은 법인세법 제43조의 기업회계기준에 따라 계산한 매출액을 말한다. 수입금액에 대한 상세 내용은 Ⅳ. 2-1 (1)을 참조하기 바란다.

신성장·원천기술연구개발비가 일반연구개발비보다 공제율이 높으므로 동 조항에 의하여 공제를 받는 것이 일반적으로 납세자에게 유리하다. 그러나 증가분 방식에 의한 경우 등 일반연구개발비 세액공제가 납세자에게 유리한 경우도 있을 수 있으므로 조특법에서는 신성장·원천기술연구개발비 세액공제를 '선택'하지 아니하고 일반연구개발비 세액공제를 적용할 수 있도록 하였다(조특법 §10 ① 3호 본문).

그리고, 신성장·원천기술연구개발비와 국가전략기술연구개발비를 동시에 적용받을 수 있는 경우에는 납세의무자의 선택에 따라 그 중 하나만을 적용한다.

현금지출기준이 아닌 회계상 발생주의에 의하여 귀속시기를 정하며, 개발비등 자산으로 계상한 경우에도 적용하도록 하고 있는 점, 사업결합 시 R&D 비용이 승계되는 점은 일반연구개발비와 동일하다[상세는 Ⅳ. 2-1 (4) 및 (5) 참조].

2017년 개정세법에서 중견기업 또는 대기업의 신성장동력·원천기술 연구개발비에 대한 세액공제율을 해당 과세연도의 수입금액에서 신성장동력·원천기술 연구개발비가 차지하는 비율에 따라 현행 20%에서 최대 30%까지 가능하도록 상향조정하였다.

2018년 개정세법에서 신성장동력·원천기술R&D에 대한 세제지원을 확대하여, 중소기업은 종전의 30%에서 최대 40%로 상향하고, 코스닥상장 중견기업 공제율을 분리·신설하여 이외 중견기업에 비하여 우대한다.

4 구분경리

동 세액공제를 적용 받기 위해서는 신성장·원천기술연구개발비, 국가전략기술연구개발비 및 일반연구·인력개발비를 각각 별개의 회계로 구분경리해야 한다(조특법 §10 ④).

신성장·원천기술연구개발비, 국가전략기술연구개발비 및 일반연구·인력개발비에 공통되는 비용(이하 "공통비용")이 있는 경우에는 다음 구분에 따라 계산하여 구분경리해야 한다(조특령 §9 ⑫, 조특칙 §7 ⑯).

(가) 인건비 및 위탁·공동연구개발비에 해당하는 공통비용

㉮ 일반연구·인력개발비와 신성장·원천기술연구개발비 또는 국가전략기술연구개발비의 공통비용: 전액 일반연구·인력개발비

㉯ 신성장·원천기술연구개발비와 국가전략기술연구개발비의 공통비용: 전액 신성장·원천기술연구개발비

(나) 이외의 공통비용

① 신성장·원천기술연구개발비: 다음의 계산식에 따른 비용

$$(가) \text{ 이외의 공통비용} \times \frac{\text{신성장 R\&D 인건비}^{❶}}{\text{신성장 R\&D 인건비}^{❶} + \text{국가전략기술연구개발비}^{❷} + \text{일반 R\&D 인건비}^{❸}}$$

❶ 조특령 §9 ③ 1호 가목
❷ 같은 조 ⑦ 1호 가목
❸ 조특령 별표 6 1호 가목

② 국가전략기술연구개발비: 다음의 계산식에 따른 비용

$$(가) \text{ 이외의 공통비용} \times \frac{\text{국가전략기술연구개발비}^{❷}}{\text{신성장 R\&D 인건비}^{❶} + \text{국가전략기술연구개발비}^{❷} + \text{일반 R\&D 인건비}^{❸}}$$

③ 일반연구·인력개발비: 이외의 공통비용에서 ① 및 ②의 비용을 제외한 비용

신성장·원천기술연구개발비 및 국가전략기술연구개발비는 자체연구개발비 중 인건비와 재료비, 위탁·공동연구개발비 만을 공제 대상으로 하므로, 인건비를 기준으로 안분하는 공통비용은 재료비에 한정된다.

2019년 개정세법에서 신성장R&D의 세제지원 확대를 위해, 공통 재료비는 일반 및 신성장·원천기술R&D의 인건비를 기준으로 안분하여 세액공제하도록 하였다.

2022년 개정세법에서 인건비 및 위탁·공동연구개발비에 대해 신성장R&D와 국가전략기술R&D가 공통인 경우에는 신성장R&D로 보며, 그 외의 경우는 일반R&D로 본다. 이외의 공통비용은 일반R&D, 신성장R&D 및 국가전략기술R&D 각각의 인건비를 기준으로 안분한다. 개정규정은 2021.7.1. 이후 발생한 국가전략기술연구개발비부터 소급하여 적용한다(2022.2.15. 개정된 시행령 부칙 §3).

5 세액공제 종료의 특칙

자체 연구개발을 위한 연구개발비가 다음의 사유로 인하여 연구개발비에 해당하지 아니하게 되는 경우에는 각 구분 별로 규정하는 날 이후 발생하는 비용에 대하여 세액공제를 적용하지 아니한다(조특법 §10 ⑥, 조특령 §9 ⑱, ⑲).

세액공제 종료 사유 및 기산일

종료 사유	종료 기산일
거짓 또는 그 밖의 부정한 방법으로 인정을 받거나 변경신고를 한 경우❶	인정일이 속하는 과세연도의 개시일
변경신고를 변경사유가 발생한 날부터 1년 이내에 하지 아니하거나 연구개발활동이 없는 경우 등❷	인정취소일
인정기준 또는 준수사항 위반❸	인정취소일이 속하는 과세연도의 개시일

❶ 기초연구법 §14의 3 ① 1호 및 문화산업법 §17의 3 ④ 1호

❷ 다음의 사유를 말함(기초연구법 §14의 3 ① 2호·3호·5호·6호·8호).
  ① 기업부설연구소등이 소속된 기업이 기업부설연구소등의 인정취소를 요청한 경우
  ② 기업부설연구소등이 소속된 기업이 폐업하거나 기업부설연구소등의 폐쇄 사실을 과학기술정보통신부장관이 확인한 경우
  ③ 변경신고를 변경사유가 발생한 날부터 1년 이내에 하지 아니한 경우
  ④ 기업부설연구소등의 연구개발활동이 없다고 과학기술정보통신부장관이 인정한 경우
  ⑤ 「연구실 안전환경 조성에 관한 법률」 제17조 등 다른 법률에 따라 기업부설연구소등의 연구개발활동이 제한된 경우

❸ 연구소 등 인정기준에 미달되어 과학기술정보통신부장관이 그 보완을 명한 날부터 1개월이 지날 때까지 미달된 사항을 보완하지 아니한 경우이거나 기업부설연구소등이 기업부설연구소 준수사항을 위반한 경우(기초연구법 §14의 3 ① 4호·7호), 또는 창작연구소 등 인정기준을 위반한 경우(문화산업법 §17의 3 ④ 2호)

연구개발전담부서 인정이 취소된 경우 기 발생된 연구·인력개발비 세액공제 이월액은 인정취소일 이후에도 공제 가능하다(서면법인-2499, 2020.7.3.).

2020년 개정세법에서 법률의 위임에 따라 세액공제 적용이 배제되는 사유를, 관련 법률에 따라 기업부설연구소 등의 인정이 취소된 경우 등으로 규정하였다. 그리고 세액공제의 배제 시점을 인정 취소의 사유별로 차등하여 규정하였다. 개정규정은 2020.1.1. 이후 개정규정의 어느 하나에 해당하게 되는 분부터 적용한다(2020.2.11. 개정된 시행령 부칙 §4).

6 연구개발세액공제기술심의위원회

다음 사항을 심의하기 위하여 기획재정부장관 및 산업통상자원부장관이 공동으로 운영하는 연구개발세액공제기술심의위원회를 둔다(조특령 §9 ⑮).
① 내국인의 연구개발 대상 기술이 신성장·원천기술 또는 국가전략기술에 해당되는지 여부에 관한 사항
② 신성장사업화시설(조특령 §21 ④ 1호 가목)의 인정에 관한 사항
③ 국가전략기술사업화시설(조특령 §21 ④ 2호)의 인정에 관한 사항
④ 그 밖에 신성장·원천기술 또는 국가전략기술과 관련하여 심의가 필요하다고 기획재정부장관 또는 산업통상자원부장관이 인정하는 사항(현재 규정 없음)

연구개발세액공제기술심의위원회의 구성 및 운영 등에 필요한 사항은 기획재정부와 산업통상자원부의 공동부령으로 정한다(조특령 §9 ⑯).[2]

종래에는 신성장동력·원천기술심의위원회를 기획재정부 훈령으로 정하여졌으나, 2017년 개정세법에서 시행규칙으로 정하도록 변경되었다.

2020년 개정세법에서 신성장·원천기술심의위원회를 기획재정부장관과 산업통상자원부장관이 공동으로 운영하도록 변경하였다. 다만, 2020.1.1.부터 시행한다(2019.2.12. 개정된 시행령 부칙 §1 단서).

2022년 개정세법에서 신성장·원천기술 심의위원회에서 연구개발세액공제기술심의위원회로 명칭을 변경하고, 국가전략사업화시설의 인정에 관한 사항 및 신성장·원천기술 관련 신규기술 도입 및 현행기술 존치 여부 결정 등의 기능을 추가하였다. 2022.2.15. 당시 설치된 신성장·원천기술심의위원회는 개정규정에 따라 설치된 연구개발세액공제기술심의위원회로 본다(2022.2.15. 개정된 시행령 부칙 §20).

---

[2] 연구개발세액공제기술심의 위원회 운영 세칙 [시행 2022.8.18.] [산업통상자원부고시 제2022-135호, 2022.8.12., 일부개정]

Ⅲ. 국가전략기술연구개발비

개정연혁

연 도	개정 내용
2022년	▪ 국가전략기술연구개발비 세액공제 신설
2023년	▪ 디스플레이 관련 기술 등 국가전략기술 범위 확대 ▪ 바이오 신약 후보물질 발굴 기술 등을 국가전략기술로 변경
2024년	▪ 국가전략기술에 수소환원제철 기술 및 수소 저장 효율화 기술 등을 추가 ▪ 해외소재기관 위탁 시 공제를 적용하는 예외 대상에 국가전략기술 바이오의약품 분야 비임상, 임상1·2·3상 시험을 추가

1 국가전략기술의 범위

연구·인력개발비 중 반도체, 이차전지, 백신, 디스플레이, 수소, 미래형 이동수단, 바이오의약품 등 국가안보 차원의 전략적 중요성이 인정되고 국민경제 전반에 중대한 영향을 미치는 기술(이하 "국가전략기술")로서 조특령 별표 7의 2에 따른 기술을 말한다(조특령 §9 ⑥).

국가 전략기술의 범위

구분	국가 전략기술의 세부 범위
반도체	15nm이하급 D램 및 170단 낸드플래시 메모리를 제조하는 시설 등 22개 기술
이차전지	고성능 리튬 이차전지의 부품·소재·셀·모듈 제조 및 안전성향상시설 등 9개 기술
백신	의료용·예방용 백신 후보물질 발굴 및 백신 제조시설 등 7개 기술
디스플레이	AMOLED 등 패널 3개와 소재·부품·장비 2개 기술
수소	수전해 기반 청정수소 생산기술 등 6개 기술
미래형 이동수단	전기차 구동시스템 고효율화 기술 등 5개 기술

개정 연혁

2022년 개정세법에서 국가안보 및 국민경제에 중대한 영향을 미치는 국가전략기술에 대한 연구개발과 시설투자에 대하여 현행 신성장·원천기술에 대한 연구개발·시설투자의 경우보다 높은 세액공제율을 적용한다. 첨단 메모리 반도체 설계·제조 기술, 이차전지 부품 제조기술, 방어 항원 제조기술 등을 국가전략기술의 구체적 범위로 한다. 개정규정 중 국가전략기술연구개발비에 관한 부분은 2021.7.1. 이후 발생한 연구개발비부터 소급하여 적용한다(2021.12.28. 개정된 법률 부칙 §4).

2023년 개정세법에서 국가전략기술의 범위에 디스플레이 관련 기술을 추가하는 등 에너지, 탄소중립 및 디스플레이 등 분야의 연구개발을 지원하기 위한 목적임. 시행령 별표 7의2의 개정규정은 2023.1.1. 이후 발생하는 연구개발비부터 적용함(2023.2.28. 개정된 시행령 부칙 §9).

2023년 중반 개정세법에서 국가전략기술 범위를 수소, 미래형 이동수단으로 확대하고, 법률로 상향 규정함. 개정규정 중 국가전략기술연구개발비에 관한 부분은 2023.1.1. 이후 발생한 연구개발비부터 적용함. 개정규정과 관련된 사업화시설 투자에 대하여 제24조의 통합투자세액공제를 적용할 때에는 2023.1.1. 이후 국가전략기술사업화시설에 투자하는 경우부터 적용함(2023.4.11. 개정된 법률 부칙 §2).

시행령에서 전기차 구동시스템 고효율화 기술 등 6개 기술을 미래형 이동수단 분야에 추가하고, 수전해 기반 청정수소 생산기술 등 5개 기술을 수소분야에 추가함. 개정규정은 2023.6.7.부터 시행함(2023.6.7. 개정된 시행령 부칙 §1).

2023년 중반 개정세법에서 바이오의약품 관련 산업의 전략적 중요성이 높아지고 국민경제에 미치는 영향력이 확대됨에 따라 종전에 신성장·원천기술로 분류하던 바이오 신약 후보물질 발굴 기술, 바이오 신약 임상약리시험 평가기술, 바이오의약품 원료·소재 제조기술 등을 국가전략기술로 변경하고, 바이오 신약 비임상 시험 기술 및 바이오시밀러 임상약리시험 평가기술 등을 국가전략기술에 신규로 추가하는 등 바이오의약품 분야의 핵심기술을 국가전략기술로 정함으로써 바이오의약품 관련 연구개발에 대한 지원을 강화함.

별표 7 제7호가목8)의 개정규정 중 국가전략기술에 관한 부분은 2023.7.1. 이후 발생한 연구개발비부터 적용함. 2023.7.1. 전에 발생한 연구개발비에 관하여는 별표 7 제7호가목의 개정규정에도 불구하고 종전의 규정에 따름. 별표 7의2 제7호의 개정규정은 2023.7.1. 이후 발생한 연구개발비부터 적용함(2023.8.29. 개정된 시행령 부칙 §2 및 §3).

2024 개정 국가전략기술에 수소환원제철 기술 및 수소 저장 효율화 기술 등을 추가하는 등 연구·인력개발비 세액공제의 대상이 되는 국가전략기술 범위를 확대함. 별표 7의2의 개정규정은 2024.1.1. 이후 발생하는 연구개발비부터 적용함(2024.2.29. 개정된 시행령 부칙 §16).

시행령 [별표 7의2] 국가전략기술의 범위 (2024.2.29. 개정)

분야	국가전략기술
1. 반도체	가. 첨단 메모리 반도체 설계·제조 기술: 15nm이하급 D램 및 170단 이상 낸드플래시메모리 설계·제조 기술
	나. 차세대 메모리반도체(STT-MRAM, PRAM, ReRAM,PIM, HBM, LLC, CXL, SOM) 설계·제조기술: 기존 메모리반도체인 D램(DRAM)과 낸드 플래시메모리(Nand Flash Memory)의 장점을 조합한 STT-MRAM(Spin Transfer Torque-Magnetic Random Access Memory), PRAM(Phase-change Random Access Memory), ReRAM(Resistive Random Access Memory),), 초거대 AI 응용을 위해 CPU와 메모리 간의 병목현상 해결을 목적으로 메모리반도체에 전용 AI 프로세서를 추가한 메모리시스템인 PIM(Processing In Memory), HBM(High Bandwidth Memory), LLC(Last Level Cache), CXL(Compute eXpress Link), SOM(Selector Only Memory) 등 등 차세대 메모리반도체 설계·제조 기술 (2023.2.28. 개정) (2024.2.29. 개정)
	다. 고속 컴퓨팅을 위한 SoC 설계 및 제조(7nm이하) 기술: 인간형 인식, 판단, 논리를 수행할 수 있는 뉴럴넷(Neural Network)을 구현하는 초고속, 저전력 슈퍼프로세서 기술로서 지능형 자율주행 이동체(드론 등), 지능형 로봇, 게임로봇, 고속 정보 저장·처리 및 통신기기, AP(Application Processor), 위성체 및 군사용 무기 체계, 보안 카메라, DVR (Digital Video Recoder)등의 화상처리용 지능형 보안시스템, 복합 교통관제 시스템 등의 제작을 위해 매니코어(Many Core)를 단일 반도체에 통합한 SoC(System on Chip) 설계 및 제조(7nm 이하) 기술
	라. 차세대 디지털기기 SoC 설계·제조기술: IoT, 착용형 스마트 단말기기, 가전, 의료기기 및 핸드폰 등 차세대 디지털 기기 SoC의 주파수 조정 기능 반도체(RF switch 등 RF반도체), 디지털·아날로그 신호의 데이터 변환 반도체(인버터/컨버터, Mixed signal 반도체 등), 메모리반도체와의 원칩화를 통한 컨트롤 IC(eNVM) 및 IoT 지능형 서비스를 적용하기 위한 지능정보 및 데이터의 처리가 가능한 IoT·웨어러블 SoC(System on Chip)의 설계·제조 기술
	마. 고성능 마이크로 센서의 설계·제조·패키징 기술: 물리적·화학적인 아날로그(analogue) 정보를 얻는 감지부와 논리·판단·통신기능을 갖춘 지능화된 신호처리 집적회로가 결합된 소자로서 나노기술, MEMS[Micro Electro Mechanical System, 기계부품·센서(sensor)·액츄에이터(actuator) 및 전자회로를 하나의 기판 위에 집적화)] 기술, 바이오 기술, 0.8㎛이하 CMOS 이미지센서 기술 또는 SoC(System on Chip) 기술이 결합된 고성능 센서 설계·제조 및 패키징 기술
	바. 차량용 반도체 설계·제조기술: 자동차 기능안전성 국제표준 ISO26262, 자동차용 반도체 신뢰성 시험규격 AEC-Q100을 만족하는 MCU(Micro controller unit), ECU(Electronic control unit), 파워IC, SoC, 하이브리드/전기차 및 자율주행용 IC 반도체의 설계·제조 기술

분야	국가전략기술
	사. 에너지효율향상 반도체 설계·제조 기술: 저저항·고효율 특성을 지니며 차세대 응용 분야(전기차, 하이브리드카, 태양광/풍력발전 등 신재생에너지, 스마트그리드 등)에 탑재되는 실리콘 기반의 에너지효율향상 반도체(SJ(Super Junction) MOSFET, IGBT, 화합물(SiC, GaN, Ga2O3) 기반의 에너지효율향상 반도체(MOSFET, IGBT) 및 모듈의 설계·제조 기술
	아. 에너지효율향상 전력반도체 (BCDMOS, UHV, 고전압 아날로그IC) 설계·제조기술(0.35㎛이하): 실리콘 기반의 저저항·고효율 특성을 지니며 차세대 응용 분야(5G, 전기자동차, 하이브리드자동차, 차세대 디지털기기용 디스플레이, 태양광, 풍력발전 등 신재생에너지, 스마트그리드 등)에 탑재되는 아날로그, 디지털 로직, 파워소자를 원칩화한 초소형·초절전 전력반도체(0.35㎛이하 BCDMOS, 800V 이상 UHV, 12V 이상 고전압 아날로그 IC) 설계·제조 기술 (2023.2.28. 개정)
	자. 차세대 디지털기기·차량용 디스플레이 반도체 설계·제조기술: 화면에 문자나 영상 이미지 등이 표시되도록 차세대 디지털기기 및 차량의 디스플레이(OLED, Flexible, 퀀텀닷, 롤러블, 폴더블, 마이크로LED, Mini LED, 4K·120Hz급 이상 고해상도 LCD 등)에 구동 신호 및 데이터를 전기신호로 제공하는 반도체(DDI), 디스플레이 패널의 영상 정보를 변환·조정하는 것을 주기능으로 하는 반도체(T-Con), 디스플레이용 반도체와 패널에 필요한 전원 전압을 생성·제어하는 반도체(PMIC)를 설계 및 제조하는 기술 (2023.2.28. 개정)
	차. SoC 반도체 개발·양산 위한 파운드리 분야 7nm 이하급 제조공정 및 공정 설계기술: SoC(System on Chip) 반도체 개발·양산을 위한 핵심 기반기술로 파운드리(Foundry) 분야의 7nm 이하급 제조공정 및 공정 설계기술
	카. WLP, PLP, SiP, 플립칩 기술 등을 활용한 2D/2.5D/3D 패키징 공정기술 및 패키징 관련 소재·부품·장비설계·제조기술: 반도체 패키징 기술(WLP, PLP, SiP, 플립칩 등)을 활용한 2D/2.5D/3D 패키징 공정기술·테스트 및 패키징·테스트 관련 소재, 부품, 장비의 설계·제조 기술
	타. 반도체용 실리콘 기판 및 화합물 기판 개발 및 제조기술: 15nm 이하급 D램과 170단 이상 낸드플래시메모리, 7nm 이하급 파운드리 SoC, 에피텍셜 반도체용의 실리콘 기판 및 화합물(SiC, GaN, Ga2O3) 기판을 개발 및 제조하는 기술
	파. 첨단 메모리반도체 및 차세대 메모리반도체, SoC 반도체 파운드리 소재·장비·장비 부품 설계·제조기술: 첨단 메모리반도체(15nm급 이하 D램 및 170단 이상 낸드플래시메모리), 차세대 메모리반도체(STT-MRAM, PRAM, ReRAM) 및 SoC 반도체 파운드리의 소재, 장비 및 부품 설계·제조기술
	하. 포토레지스트(Photoresist) 개발 및 제조기술: 반도체 및 디스플레이용 회로형성에 필요한 리소그래피(lithography)용 수지로서 회로의 내열성, 전기적 특성, 현상(Developing) 특성을 좌우하는 포토레지스트 및 관련 소재를 개발 및 제조하는 기술 [ArF

분야	국가전략기술
	(불화아르곤) 광원용 및 EUV(극자외선) 광원용]
	거. 원자층증착법 및 화학증착법을 위한 고유전체용 전구체 개발 기술: 기존의 이산화규소(SiO2)보다 우수한 유전특성을 갖는 high-k dielectric 박막 증착을 위한 원자층 증착법(ALD, Atomic Layer Deposition) 및 화학증착법(CVD, Chemical Vapor Deposition)공정에 사용되는 전구체를 개발하는 기술
	너. 고순도 불화수소 개발 및 제조기술: 반도체 회로형성에 필요한 순도 99.999%(5N) 이상의 고순도 불화수소를 개발 및 제조하는 기술
	더. 블랭크 마스크 개발 및 제조기술: ArF(불화아르곤) 광원 및 EUV(극자외선) 광원을 이용하여 반도체 회로를 형성하는 데 사용되는 블랭크마스크 원판 및 관련 소재[펠리클(Pelllicle), 합성 쿼츠, 스터러링용 타겟 등을 포함]를 개발 및 제조하는 기술
	러. 고기능성 인산 제조 기술: SiNx, SiOx 막질의 선택적인 식각이 가능한 고선택비(1,000이상) 인산계 식각액 제조기술
	머. 고순도 석영(쿼츠) 도가니 제조 기술: 반도체 웨이퍼 제조용 용융 실리콘의 오염을 막기 위한 도가니 형태의 순도 99.999%(5N) 이상의 고순도 석영 용기 제조 기술
	버. 코트막형성재 개발 및 제조기술: 완성된 반도체 소자의 표면을 외부환경으로부터 보호하기 위해 사용하는 절연성을 가진 고감도(80mJ/㎠ 이하) 감광성 코팅 기술 또는 패키징 재배선(배선폭 7㎛ 이하) 형성 재료 제조 기술
	서. 파운드리향 IP 설계 및 검증 기술: 7nm이하 파운드리 공정을 위한 Library(Standard Cell, I/O, Memory Compiler), IP와 해당 Library, IP를 모바일, 자동차, 서버, AI 등 응용 분야별로 최적화 시킨 Derivative Library, Derivative IP의 설계 및 검증 기술 (2023.2.28. 신설)
	어. 고성능·고효율 시스템 반도체의 테스트 기술 및 테스트 관련 장비, 부품 설계·제조 기술: 동작속도 250MHz 이상 SoC(System on Chip) 반도체, 6GHz 이상 주파수를 지원하는 RF(Radio Frequency) 반도체, AEC-Q100을 만족하는 차량용 반도체, 4,800만 화소 이상 모바일용 CMOS 이미지센서, 내전압 1,000V 이상의 전력반도체, 소스채널 900개 이상의 OLED용 DDI(Display Driver IC)의 양·불량 여부를 전기적 특성검사를 통해 판단할 수 있는 테스트 기술 및 해당 테스트에 사용되는 최대검사속도 500Mbps 이상 주검사장비, 접촉정확도 1㎛이하 프로브스테이션(Probe Station), MEMS(Micro Electro Mechanial System) 기술 기반 프로브카드의 설계·제조 기술 (2023.2.28. 신설)
2. 이차전지	가. 고에너지밀도 이차전지 팩 제조기술: 전기차, 에너지저장장치 등에 사용되는 이차전지 팩의 중량당 에너지밀도를 160Wh/kg 이상으로 구현하기 위한 모듈 및 팩 설계, 제조 기술

분야	국가전략기술
	나. 고성능 리튬이차전지 부품·소재·셀 및 모듈 제조 기술: 이차전지 셀을 기준으로 중량당 에너지밀도가 265Wh/kg 이상 또는 1시간 기준 방전출력 대비 6배 이상의 고출력(6C-rate 이상) 또는 충방전 1,000회 이상의 장수명을 충족하는 고성능 리튬이차전지에 사용되는 부품·소재·셀 및 모듈 제조 및 안전성 향상 기술
	다. 사용후 배터리 평가 및 선별 기술: 수명이 종료(초기용량 대비 80% 이하)된 배터리의 잔존용량, 출력특성 등의 성능 평가 기술 및 안전성, 재사용 가능성 등을 평가하여 잔존가치를 유지한 배터리를 선별하는 기술
	라. 사용후배터리 재활용 기술 : 수명이 종료된 사용후 배터리를 친환경적으로 처리하고, 리튬, 니켈, 코발트, 구리 등 재자원화가 가능한 유가금속을 회수하는 기술 (리튬 35% 이상, 니켈/코발트 90% 이상 회수)
	마. 차세대 리튬이차전지 부품·소재·셀 및 모듈 제조 기술: 중량당 방전용량이 600mAh/g 이상인 고성능 전극 또는 고체전해질을 기반으로 하는 차세대 리튬이차전지에 사용되는 부품·소재·셀 및 모듈 제조기술
	바. 하이니켈 양극재 제조기술 : 니켈 함량이 80% 이상인 고용량 양극재 제조기술, 수명 증가를 위한 안정성 향상 기술, 리튬계 원자재, 금속전구체 등 양극재 원료기술 및 관련 장비 제조기술
	사. 장수명 음극재 제조기술: 충방전 1,000회 이상이 가능한 장수명 음극재 제조기술, 이차전지의 고온특성 향상을 위한 안정성 향상기술, 음극재 제조에 필요한 카본계 또는 금속계의 원료기술 및 이의 제작에 필요한 장비 제조기술
	아. 이차전지 분리막 및 전해액 제조기술: 수명특성, 신뢰성, 안전성을 향상시키는 분리막 및 저온특성, 장수명, 안전성을 향상시키는 전해액 제조기술과 안정성 향상기술 및 관련 원료·장비 제조기술
	자. 이차전지 부품 제조기술: 배터리 장기 사용을 위한 패키징 부품(파우치, 캔, 리드탭) 및 고성능 배터리를 위한 전극용 소재부품(도전재, 바인더, 집전체) 제조·안전성 향상 기술 및 원료·장비 제조기술
3. 백신	가. 방어 항원 등 스크리닝 및 제조기술 : 각종 질환을 치료하거나(치료용 백신) 예방하기 위해 (예방용 백신) 면역기전을 이용하여 인체질환을 방어하는 물질(항원, 핵산, 바이러스벡터 등)을 스크리닝하고 개발·제조하는 기술 및 이를 적용한 백신을 제조하는 기술(대량생산 공정설계 기술 포함)
	나. 비임상 시험 기술 : 세포·동물 모델로 백신 후보물질의 안전성·유효성을 평가하는 비임상 시험 기술
	다. 임상약리시험 평가기술(임상 1상 시험) : 백신 후보물질의 초기 안정성, 내약성, 약동학적, 약력학적 평가 및 약물대사와 상호작용 평가, 초기 잠재적 치료 효과 추정을 위한 임상약리시험 평가기술

분야	국가전략기술
	라. 치료적 탐색 임상평가기술(임상2상 시험) : 백신 후보물질의 용량 및 투여기간 추정 등 치료적 유용성 탐색을 위한 평가기술
	마. 치료적 확증 임상평가기술(임상3상 시험) : 백신 후보물질의 안전성, 유효성 등 치료적 확증을 위한 평가기술
	바. 원료 및 원부자재 등 개발·제조 기술 : 백신 개발·제조에 필요한 원료 및 원부자재(필터, 레진, 버퍼, 배양배지 등) 또는 백신의 효능을 증가시키는 물질(면역보조제)을 개발·제조하는 기술
	사. 생산장비 개발·제조 기술 : 백신 및 백신 원료·원부자재(필터, 레진, 버퍼, 배양배지 등) 생산에 필요한 장비를 개발·제조하는 기술
4. 디스플레이 (2023. 2.28. 신설)	가. AMOLED 패널 설계·제조·공정·모듈·구동 기술: 기판(유리, 플렉시블, 스트레처블) 위에 저온폴리실리콘산화물(LTPO)·저온폴리실리콘(LTPS)·산화물(Oxide) TFT를 형성한 백플레인 또는 실리콘(Silicon)에 구동소자를 형성한 웨이퍼에 발광특성을 가진 유기물을 진공 증발 증착 또는 프린팅 방식으로 형성하는 FHD 이상의 고화질 또는 고성능(고휘도, 저소비전력) 패널과 구동소자, 커버윈도우 등을 가공·조립하는 AMOLED 패널 설계·제조·공정·모듈·구동 기술
	나. 친환경 QD(Quantum Dot) 소재 적용 디스플레이 패널 설계·제조·공정·모듈·구동 기술: 반치폭(FWHM, full width at half maximum) 40나노미터(nm) 이하인 RoHS(유럽 6대 제한물질 환경규제) 충족 QD 소재를 노광 또는 직접 패터닝 방식으로 제조한 패널과 구동소자, 커버윈도우 등을 가공·조립하는 친환경 QD 소재 적용 디스플레이 패널 설계·제조·공정·모듈·구동 기술
	다. Micro LED 디스플레이 패널 설계·제조·공정·모듈·구동 기술: 실리콘(Silicon) 또는 사파이어(Sapphire) 기판에 저결함(1×10^{15}/cm3이하) 에피(Epi)공정을 적용한 단축 50㎛ 크기 이하의 R·G·B 마이크로 LED를 적용한 패널과 구동소자, 커버윈도우 등을 가공·조립하는 Micro LED 디스플레이 패널 설계·제조·공정·모듈·구동 기술
	라. 디스플레이 패널 제조용 증착·코팅 소재 기술: 전자이동도 9㎠/Vs 이상의 산화물 TFT(Thin Film Transistor)와 유기물(발광·공통층) 소재 및 양자점(QD)·화소격벽·폴리이미드(PI) 코팅소재 등 디스플레이 패널 제조용 증착·코팅 소재 기술
	마. 디스플레이 TFT 형성 장비 및 부품 기술: 전자이동도 9㎠/Vs 이상의 TFT(Thin Film Transistor) 형성공정에 사용되는 노광기, 물리 또는 화학적 증착기, 이온주입기, 식각기, 검사장비 및 이와 관련 제조에 사용되는 등 디스플레이 TFT 형성 장비 및 부품 기술
	바. OLED 화소 형성·봉지 공정 장비 및 부품 기술: 유기증착기(Evaporation), 잉크젯장비(Inkjet), 봉지장비(Encapsulation), FMM(Fine Metal Mask) 등 OLED 화소 형성 및 봉지 공정에 사용되는 장비와 부품 제조 기술 (2024.2.29. 신설)

분야	국가전략기술
5. 수소 (2023. 6.7. 신설)	가. 수전해 기반 청정수소 생산기술: 재생에너지·원자력에너지 등 무탄소 전원, 계통제약 전력(미활용전력) 등을 활용하여 물을 분해하여 청정 수소를 생산·공급하는 수전해 공정의 소재·부품·스택(stack)·시스템 설계 및 제조기술
	나. 탄소포집 청정수소 생산기술: 천연가스 또는 액화석유가스로부터 추출수소를 생산하는 과정에서 배출되는 이산화탄소를 포집하여 청정수소를 생산하는 기술
	다. 수소연료 저장·공급 장치 제조기술: 수소연료로 전기를 생산하여 운행되는 이동수단에 수소연료를 저장·공급하는 장치 제조 기술
	라. 수소충전소의 수소 생산·압축·저장·충전 설비 부품 제조기술: 수소충전소의 수소 생산설비, 압축설비, 저장설비, 충전설비의 부품 설계 및 제작 기술
	마. 수소차용 고밀도 고효율 연료전지시스템 기술: 연료전지 스택 출력밀도 3.1kW/L 이상 또는 연료전지 스택 운전효율[저위발열량(LHV, Lower Heating Value)에 따라 산출된 운전효율을 말한다] 60% 이상을 만족하는 수소전기차용 고밀도·고효율 연료전지시스템 설계 및 제조기술
	바. 연료전지 전용부품 제조기술: 연료전지 핵심부품인 개질기, 막전극 접합체, 금속 분리판 또는 블로어 제조 기술
	<u>사. 수소 가스터빈(혼소·전소) 설계 및 제작 기술: 수소를 연료로 사용하여 연소시킬 때 발생하는 고온·고압의 에너지로 발전기를 회전시켜 전기를 생산하는 가스터빈 부품 설계·제작·조립·시험 평가 기술 (2024.2.29. 신설)</u>
	<u>아. 수소환원제철 기술: 철강 제조공정에서 수소(H_2)를 사용하여 철광석을 환원하고, 전기용융로에서 쇳물(용선)을 생산하는 기술 (2024.2.29. 신설)</u>
	<u>자. 수소 저장 효율화 기술: 수소를 고압기체, 액체, 암모니아, 액상 유기물 수소 저장체(LOHC) 등의 형태로 저장하거나 고체에 흡장 또는 흡착하여 저장하는 기술 (2024.2.29. 신설)</u>
6. 미래형 이동 수단 (2023. 6.7. 신설)	가. 주행상황 인지 센서 기술: 주행상황을 인지하는 차량탑재용 비전 센서(vision sensor), 레이더 센서(radar sensor), 라이다 센서(LIDAR sensor) 기술과 주행환경상의 전방위 물체에 대한 정확한 거리와 공간정보를 처리하는 소프트웨어 기술
	나. 주행지능정보처리 통합시스템 기술: 인지 센서를 통해 수집된 정보를 차량환경에서 고속처리하는 컴퓨팅모듈 통합시스템 설계 기술과 차량 내·외 통신기술 및 정밀도로지도 구축·정합 기술
	다. 주행상황 인지 기반 통합제어 시스템 기술: 주행상황을 인지·판단하여 차선·차로를 제어하는 주행경로 생성 기술과 고장예지·고장제어·비상운행 등의 다중안전설계기술이 적용된 차량의 구동·조향·제동·제어 시스템과 이를 능동적으로 제어하는 통합제어 시스템 설계 기술
	라. 전기동력 자동차의 구동시스템 고효율화 기술: 전기동력 자동차에서 전기에너지를

분야	국가전략기술
	운동에너지로 변환시키는 모터와 구동력을 바퀴에 전달하기 위한 감속기·변속기 등 구동시스템을 고효율화하는 기술
	마. 전기동력 자동차의 전력변환 및 충전 시스템 기술: 최대 출력 100kW급 이상, 최대 효율 92% 이상을 만족하는 전기동력 자동차 급속충전용 전력변환장치와 전기동력 자동차와 연결되는 충전 인터페이스장치를 설계·제조하는 기술
7. 바이오 의약품 (2023. 8.29. 신설)	가. 바이오 신약[바이오 베터(Bio Better)를 포함한다. 이하 이 호에서 같다] 후보물질 발굴 및 바이오 신약 제조 기술: 유전자재조합기술, 세포배양·정제·충전 기술 등 새로운 생명공학 기술을 이용하여 생명체에서 유래된 단백질·호르몬·펩타이드·핵산·핵산유도체 등의 원료 및 재료를 확보하여 작용기전을 증명하고 안전성 및 유효성이 최적화된 바이오 신약(단백질의약품·유전자치료제·항체치료제·세포치료제) 후보물질을 발굴·이용·개발하는 기술과 바이오 신약을 제조하는 기술
	나. 바이오시밀러 제조 및 개량 기술: 바이오시밀러의 고수율(배양단계 1g/L이상) 제조 공정 기술과 서열변경, 중합체 부과, 제제변형 등의 방법으로 바이오시밀러의 활성, 안정성, 지속성을 개량하여 새로운 기능 및 효능을 부여하는 기술
	다. 비임상 시험 기술: 세포·동물 모델로 바이오 신약 후보물질의 안전성·유효성을 평가하는 비임상 시험 기술
	라. 임상약리시험 평가기술(임상1상 시험): 바이오 신약, 바이오시밀러[R&D비용이 매출액의 2% 이상이고, 국가전략기술 R&D비용(바이오시밀러 임상비용 포함)이 전체 R&D비용의 10% 이상인 기업의 임상시험으로 한정한다. 이하 마목 및 바목에서 같다] 후보물질의 초기 안정성, 내약성, 약동학적, 약력학적 평가 및 약물대사와 상호작용 평가, 초기 잠재적 치료효과 추정을 위한 임상약리시험 평가기술
	마. 치료적 탐색 임상평가기술(임상2상 시험): 바이오 신약, 바이오시밀러 후보물질의 용량 및 투여기간 추정 등 치료적 유용성 탐색을 위한 평가기술
	바. 치료적 확증 임상평가기술(임상3상 시험): 바이오 신약, 바이오시밀러 후보물질의 안전성, 유효성 등 치료적 확증을 위한 평가기술
	사. 바이오의약품 원료·소재 제조기술: 바이오의약품을 생산하기 위한 세포 배양 관련 소재(배지, 첨가물 등), 분리·정제·농축을 위해 사용하는 바이오 필터 소재 및 완제품 생산을 위해 제형화에 필요한 원부자재 등의 제조기술
	아. 바이오의약품 부품·장비 설계·제조기술: 바이오의약품 생산·제조 장비와 바이오의약품 품질 분석 및 환경관리에 필요한 장비·부품 설계·제조기술

2 국가전략기술연구개발비의 범위

국가전략기술 연구개발비를 국가전략기술 연구개발업무에 종사하는 연구원 등의 인건비(조특칙 §7 ⑭·⑮), 견본품, 부품, 원재료와 시약류 구입비, 국가전략기술 연구개발 업무의 위탁이나 공동 수행에 따른 비용 등으로 정한다(조특령 §9 ⑦).

상세 내용은 Ⅱ. 2. 신성장·원천기술연구개발비의 범위를 참조하기 바란다.

국가전략기술연구개발비의 준용 규정 체계

구분	준용하는 조항	준용되는 조항
인건비	규칙 §7 ⑭ 전담부서등	규칙 §7 ①
	규칙 §7 ⑮ 제외되는 인건비	규칙 §7 ③ 각 호❶
위탁·공동 R&D	영 §9 ③ 2호 수탁기관	규칙 §7 ⑥ (자체규정)

❶ 다만, 국가전략기술연구개발업무와 신성장·원천기술연구개발업무 또는 일반연구개발업무를 동시에 수행한 사람의 인건비는 국가전략기술연구개발비에서 제외함에 유의하여야 한다(조특칙 §7 ⑮ 2호).

3 공제세액

국가전략기술연구개발비는 당기분 방식에 의한 세액공제만 가능하며, 증가분 방식에 의한 공제는 허용되지 않는다. 국가전략기술연구개발비 세액공제를 선택하지 아니하고 일반연구개발비 세액공제를 적용할 수 있다. 신성장·원천기술연구개발비와 국가전략기술연구개발비를 동시에 적용받을 수 있는 경우에는 납세의무자의 선택에 따라 그 중 하나만을 적용한다(조특법 §10 ① 2호·3호).

당기분 방식에 의한 공제세액의 계산은 기업규모별로 다음과 같다. 공제율은 신성장·원천기술연구개발비 대비 10% point 상향하여 적용한다. 중소기업은 40%~50%, 중견기업 및 대기업은 30%~40%의 공제율을 적용한다(조특령 §9 ⑤).

기업 규모별 당기분 공제율

구 분	공 제 율
중소기업	당기 발생액 × 40% + (당기 발생액 / 당기 수입금액❶ × 3) (단, 괄호 안의 총 공제율은 10% 한도)
대기업 및 중견기업	당기 발생액 × 30% + (당기 발생액 / 당기 수입금액❶ × 3) (단, 괄호 안의 총 공제율은 10% 한도)

① 해당 연도 수입금액은 법인세법 제43조의 기업회계기준에 따라 계산한 매출액을 말한다. 수입금액에 대한 상세 내용은 Ⅳ. 2-1 (1)을 참조하기 바란다.

현금지출기준이 아닌 회계상 발생주의에 의하여 귀속시기를 정하며, 개발비등 자산으로 계상한 경우에도 적용하도록 하고 있는 점, 사업결합 시 R&D 비용이 승계되는 점은 일반연구개발비와 동일하다[상세는 Ⅳ. 2-1 (4) 및 (5) 참조].

구분경리, 연구소 등의 인정 취소로 인한 세액공제 배제, 연구개발세액공제기술심의위원회 등은 Ⅱ. 신성장·원천기술연구개발비 4. ~ 6.을 참조하기로 한다.

Ⅳ. 일반연구인력개발비

개정연혁

연 도	개정 내용
2020년	■ 공동·위탁 R&D기관 범위 명확화: 국외기업에 부설된 연구기관, 연구개발을 수행하는 국외소재 기업 추가 ■ 부정한 방법 등으로 인정 받은 경우 등 세액공제 종료 사유 신설
2023년	■ 사업결합 시 합병법인등의 연구개발비 승계 규정 명확화

일반연구인력개발비의 범위와 공제 가능 비용은 제1절에서 검토한 내용을 참조하기로 하며, 구분경리, 세액공제 종료의 특칙 및 연구개발세액공제기술심의위원회는 Ⅱ. 4. ~ 6.을 참조하기로 한다.

이하 공제세액 계산방법을 살펴보기로 한다.

1 공제세액 산식

납세자는 당기분 방식과 증가분 방식 중에서 선택할 수 있다.

기업 규모별 공제세액 산식

규모	구분	산식
중소기업	① 당기분 방식	당해 연도 R&D 발생액 × 25%
	② 증가분 방식	(당해 연도 R&D 발생액 − 직전 연도 R&D 발생액) × 50%
중견기업	① 당기분 방식	당해 연도 R&D 발생액 × 8%
	② 증가분 방식	(당해 연도 R&D 발생액 − 직전 연도 R&D 발생액) × 40%
대 기 업	① 당기분 방식	당해 연도 R&D 발생액 × (당해 연도 R&D 발생액 / 수입금액 × 1/2) (단, 괄호 안의 총 공제율은 2% 한도)
	② 증가분 방식	(당해 연도 R&D 발생액 − 직전 연도 R&D 발생액) × 25%

당사자는 당기분 방식과 증가분 방식 중 유리한 방법을 선택할 수 있으며, 처분청의 경정에 의하여 결정고지금액이 달라지는 경우에도 납세의무자에게 유리한 세액공제방법을 적용하여야 한다(국심 2004서629, 2004.12.15.; 대법원 2000두3115, 2002.1.22.).

2 당기분 방식에 의한 공제세액

2-1 계산방법

당기분 방식에 의한 기업규모별 공제세액의 계산(조특법 §10 ① 3호 나목)

구 분	산 식
중소기업	당해 연도 R&D 발생액 × 25%
중견기업	당해 연도 R&D 발생액 × 8%
대 기 업	당해 연도 R&D 발생액 × (당해 연도 R&D 발생액 / 수입금액 × 1/2) (단, 괄호 안의 총 공제율은 2% 한도)

원칙적으로 당해 연도에 발생한 연구인력개발비에 기업 규모별로 공제율을 곱하여 산출한다. 다만 대기업의 경우에는 당해 연도 수입금액에서 일반R&D비용이 차지하는 비율의 절반을 공제율로 한다. 2개 이상의 업종을 영위하는 경우에는 각 업종의 수입금액을 합한 금액과 각 업종에서 발생한 연구·인력개발비를 합한 금액에 의해 공제율을 계산한다(법인-583, 2009.5.19.).

2017년 개정세법에서 대기업에 대한 감면을 축소하기 위하여 대기업 당기분 기본공제율을 2%에서 1%로 인하하였다.

2018년 개정세법에서 당기분 방식은 단순 보조적 지원으로 R&D 유인 효과가 크지 않으므로, 대기업의 종전 당기분 기본공제율 1%를 삭제하였다. 이에 총 공제율은 종전 최대 3%에서 최대 2%로 하향되었다.

(1) 수입금액

대기업의 공제율을 계산하는 산식에서 당해연도 수입금액은 법인세법 제43조의 기업회계기준에 따라 계산한 매출액을 말한다(조특법 §10 ① 1호 나목). 동 매출액은 법인세법상 접대비 한도 계산 시의 수입금액과 같은 의미로 법인세 세무조정 서식의 조정 후 수입금액명세서(법칙 별지 제17호 서식)상 수입과는 다르다.

수입금액에 포함되지 않는 항목은 다음과 같다(법법 집행기준 25-0-3).
① 기업회계기준에 따른 매출액과 법인세법상의 익금과의 차액을 세무조정으로 익금산입한 금액
② 매출에누리·매출할인
③ 영업외수입·특별이익
④ 간주임대료
⑤ 부당행위계산부인으로 익금산입한 금액
⑥ 개별소비세 과세물품 제조·판매 법인의 매출액에 포함된 개별소비세(교육세 포함)

회계처리의 오류로 매출액 등을 누락한 금액을 세무상 익금산입한 경우에는 수입금액에 포함시켜야 하나, 반면에 손익 귀속시기에 있어 기업회계와 세무회계의 차이로 인한 세무조정은 포함되지 않는다(서이 46012-10561, 2001.11.17.).

(2) 중견기업

중견기업에 대해서는 당기분 방식 적용 시 8%의 세액공제율을 적용한다[조특법 §10 ① 3호 나목 3)].

중견기업이란 다음의 요건을 모두 갖춘 기업이다(조특령 §9 ④).
① 중소기업이 아닐 것
② 업종기준
③ 독립성기준
④ 매출액기준
직전 3개 과세연도의 매출액 평균금액이 5,000억원 미만이어야 한다.
중견기업의 정의는 법 제7조의 4 상생결제 지급금액 세액공제의 정의와 대부분 동일하

나, 직전 3개 과세연도의 매출액 평균금액이 5천억원으로 규정되어 있어 중소기업 등 투자세액공제의 3천억원과 차이가 있다(제2부 제4절 Ⅱ. 1-2 참조).

2019년 개정세법에서 중견기업에 대해서 수입금액이 큰 사업을 주된 사업으로 보는 종전 유권해석(사전법령법인-0021, 2018.2.19.)을 명문화하였다.

(3) 중소기업 졸업 시 중간구간

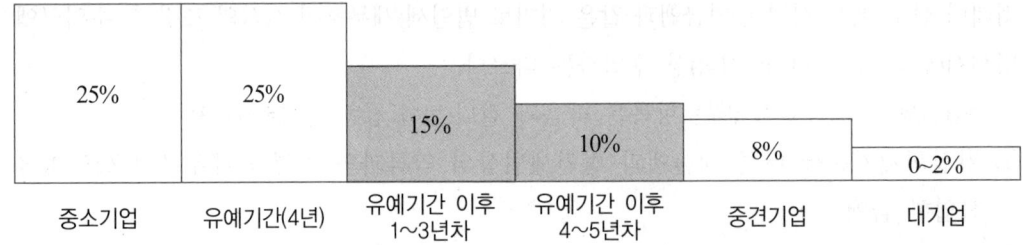

중소기업이 규모의 확대 등으로 졸업기준 또는 규모기준을 위배하거나 독립성기준 중 관계기업기준을 초과함에 따라 중소기업에 해당하지 아니하게 된 때에는 최초로 그 사유가 발생한 날이 속하는 과세연도와 그 다음 3개 과세연도(이하 "유예기간")까지는 이를 중소기업으로 보므로,(조특령 §2 ②) 유예기간 중에는 중소기업과 동일하게 25%의 공제율이 적용된다. 또한 경과규정(조특령 §2 ⑤)이 적용되어 그 사유가 발생한 날이 속하는 과세연도와 그 다음 3개 과세연도까지 중소기업으로 보는 경우에도 25% 공제율을 적용한다(조특령 §9 ⑧).

중소기업이 경과규정 또는 유예기간을 경과하여 최초로 중소기업에 해당하지 아니하게 된 경우에는 유예기간 이후 1~3년차에는 15%, 4~5년차에는 10%의 공제율을 각각 적용한다[조특법 10 ① 3호 나목 2)].

중소기업에서 중견기업으로의 성장을 지원하기 위하여 중소기업 졸업 시의 R&D 세액공제율의 급격한 축소를 완화하기 위한 목적이다.

중소기업 유예기간이 종료된 기업이 관계기업 적용에 따라 독립성이 위배되는 경우에도, 동 중간구간 우대 공제율은 중소기업 범위 기준을 그 요건으로 하지 않으므로 우대공제율을 적용한다(기준법령법인-239, 2015.11.5.; 조특-1098, 2015.10.2.).

중소기업인 내국법인이 관계기업 기준 요건(조특령 §2 ① 3호)을 최초로 갖추지 못하게 되어 중소기업 졸업시 중간구간 비율[조특법 10 ① 3호 나목 2)]에 따라 일반연구·인력개발비에 대한 세액공제를 적용받던 중 적격인적분할을 하는 경우, 분할신설법인은 분할법인이 중간구간 비율을 적용받는 기간까지 해당 비율에 따라 일반연구·인력개발비에 대한 세액공제를 적용받을 수 있다(사전법규법인-0133, 2022.4.25.).

(4) 발생주의

신성장·원천기술연구개발비 및 일반연구개발비 모두 회계상 발생주의에 의한 비용을 공제대상으로 하며, 비용으로 계상하지 않고 개발비등 자산계정으로 회계처리한 경우에도 적용한다(조특통 10-0…1; 조심 2021서5419, 2022.8.23.).

기업회계기준상 발생기준 회계는 경제적 거래나 사건에 대해 관련된 수익과 비용을 그 현금유출입이 있는 기간이 아니라 당해 거래나 사건이 발생한 기간에 인식하는 것을 말한다(일반기업회계기준 재무회계 개념체계 67).

(5) 사업 결합 전에 발생한 당해 연도 R&D 비용의 귀속

내국법인이 분할·분할합병·사업양도·현물출자(이하 "분할 등")를 한 후 존속하는 경우 분할·분할합병·사업양도·현물출자일 등(이하 "분할일 등")이 속하는 사업연도 개시일부터 분할일 등의 전일까지 분할 등을 하기 전 분할법인, 사업양도법인, 현물출자법인(이하 "분할법인 등")에게서 발생한 R&D 비용은 분할신설법인, 분할합병의 상대방법인, 사업양수법인, 현물출자를 받은 법인(이하 "분할신설법인 등")에게 승계되지 않고 분할법인 등에게 귀속된다(조특통 10-9…3).

일반연구인력개발비의 증가분 산정방식에서 합병 등과 관련된 연평균 발생액 계산 시 피합병법인등의 연구개발비가 합병법인등의 비용으로 간주되는 것과는 차이가 있다(조특령 §9 ⑦ 참조). 연평균 발생액 산정 시에 분할신설법인에게는 과거 R&D 비용이 있을 수 없기 때문에 분할법인의 비용을 포함해야만 연평균 발생액을 산정할 수 있기 때문이다[2-3 (3) 참조].

2-2 당기분 방식의 강제

원칙적으로 당기분 방식과 증가분 방식 중 회사에 유리한 금액으로 선택 가능하나, 증가분 방식을 적용할 수 없고 당기분 방식이 의무화되는 2가지 경우가 있다(조특법 §10 ① 3호 단서).

(1) 직전 4년간 발생한 R&D 비용이 없는 경우

해당 과세연도의 개시일부터 소급하여 직전 4년간 일반연구인력개발비가 발생하지 않은 경우에는 증가분 방식을 적용할 수 없고 당기분 방식만을 허용한다.

(2) 직전연도 R&D비용이 직전 4년평균 R&D 비용보다 적은 경우

직전 과세연도에 발생한 일반연구인력개발비가 해당 과세연도의 개시일부터 소급하여 4년간 발생한 일반연구인력개발비의 연평균 발생액보다 적은 경우에는 당기분 방식만이 적용 가능하다. R&D 비용의 귀속시기를 조작하여 증가분 방식에 의한 과다 공제를 받는 경우를 방지하기 위한 목적이다. 예를 들어 2023 과세연도에 대한 세무조정 시에는 2022년도의 R&D 비용과 2019년~2022년 4년간 R&D 비용의 평균과 비교한다.

직전 4년 연평균발생액의 계산방법은 목차를 달리하여 아래에서 설명한다.

2-3 연평균 발생액

연평균 발생액의 산정은 다음의 두 가지 경우에 필요하다.

첫째로, 증가분 방식에 의한 공제세액 계산 시 사용된다. 다만 2015년 이후부터는 직전연도 발생비용을 기준으로 증가분을 산정하므로 더 이상 적용되지 않는다.

둘째로, 당기분 방식이 강제되는 사유 중의 하나인 직전연도 R&D 비용이 직전 4년평균 R&D 비용보다 적은 경우에 해당하는지를 판정하기 위함이다.

(1) 산식

연평균 발생액은 다음의 산식에 따라 계산한다(조특령 §9 ⑨).

$$\text{연평균 발생액} = \frac{\text{직전 4년간 발생한 일반R\&D 비용 합계액}}{\text{직전 4년간 일반R\&D 비용이 발생한 과세연도 수}^{❶}} \times \frac{\text{해당연도 개월 수}}{12}$$

❶ 과세연도 수가 4 이상인 경우 4로 한다.

계산식을 적용할 때 개월 수는 월력에 따라 계산하되, 과세연도 개시월이 1개월 미만인 경우는 산입하고 과세연도 종료월이 1개월 미만인 경우는 제외한다(조특령 §9 ⑪).

(2) 직전 4년간 발생한 R&D 비용의 합계액

법령의 개정으로 최초로 세액공제대상이 되거나 제외되는 비용이 있는 경우 직전 4년간 발생한 연구 및 인력개발비의 합계액은 해당 과세연도와 동일한 기준에 상응하는 연구 및 인력개발비를(과거 세액공제의 대상이 되었는지 여부와 관계없이) 포함하여 계산한다(조특통 10-9…2). 즉, 세법의 개정으로 R&D 비용 공제 기준에 변동이 있는 경우에는 과거 세무조정 시 신고되었던 금액을 현재의 규정에 따라 재계산하여 한다.

- 세액공제 신청을 하지 않아 세액공제를 신청하지 못한 R&D 비용도 당해 연도 세액공제 계산 시에는 포함시켜야 한다(법인 46012-1592, 2000.7.18.).
- 직전 4년간 발생한 연구인력개발비는 **연구개발전담부서 인정일 이후에 발생한 비용으로만 계산하여야 한다**(감심 2015-387, 2015.8.13.; 서면법규과-164, 2014.2.20.; 대법원 2009두22454, 2010.4.29. 외 다수). 앞서 보았듯이 전담부서 승인 이전에 발생한 비용은 연구인력개발비 세액공제대상이 아니기 때문이다(서면2팀-474, 2007.3.21.; 조심 2010서2689, 2010.11.22.).
- 또한 연구·인력개발비 중 **원천기술연구개발비** 세액공제와 일반연구·인력개발비세액공제를 동시에 적용하는 경우에는 직전 4년간 발생한 일반연구·인력개발비에는 원천기술과 직접 관련된 개별 연구개발비용을 제외할 수 있다. 그러나 원천기술과 그 외 연구개발에 공통되는 비용은 해당 비용 전액을 직전 4년간 발생한 일반연구·인력개발비에 포함한다(법규과-133, 2011.2.10.; 법인-183, 2011.3.14.).

(3) 사업결합 시 R&D 비용의 의제

(3-1) 합병법인등의 전액 의제 (간주)

직전 과세연도에 발생한 일반R&D 비용(조특법 §10 ① 3호) 및 연평균 발생액 산식상의 직전 4년간 발생한 R&D 비용 합계액을 계산할 때, 합병, 분할, 분할합병, 사업양수도, 현물출자(이하 "합병등")의 경우 피합병법인, 분할법인, 사업양도인, 현물출자자(이하 "피합병법인등")에게서 발생한 R&D 비용은 합병법인, 분할신설법인, 분할합병의 상대방법인, 사업양수법인, 현물출자법인(이하 "합병법인등")에게서 발생한 것으로 본다(조특령 §9 ⑩). 즉, 피합병법인등의 R&D 비용은 합병법인등의 R&D 비용으로 간주한다.

연평균 발생액 산정 시 등에는 분할신설법인이 분할 전까지 실체가 존재하지 아니하기 때문에 소급하여 4년간 발생한 연구개발비가 존재할 수 없으므로 과거 R&D 비용이 있을 수 없다. 또한 사업결합의 경우에 사업의 계속성이 있기 때문에 피합병법인등의 비용을 합병법인등에게 승계토록 한 것이다. 이는 사업연도 개시일부터 합병일 등 전일까지 의제

사업연도에 발생한 R&D 비용이 합병법인등에게 승계되지 않고 피합병법인등에게 귀속되는 것과는 다름에 유의하여야 한다[2-1 (5) 참조].

2023년 세법개정에서 직전 과세연도에 발생한 일반R&D비용 계산 시에도 합병법인등이 피합병법인등의 일반R&D 비용을 승계하도록 명확화함.

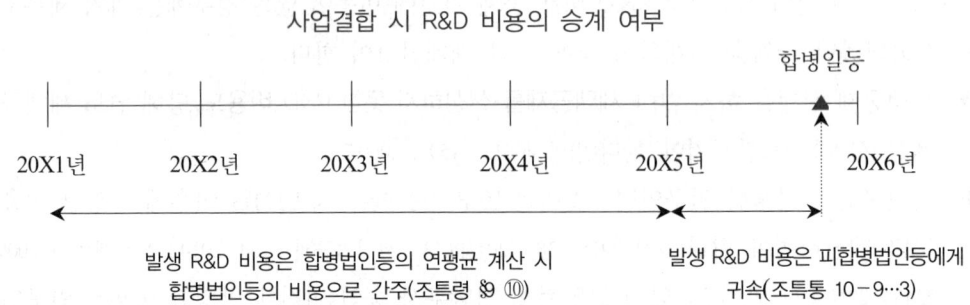

사업결합 시 R&D 비용의 승계 여부

사업결합 시 그 사업은 포괄적으로 이전되어야 한다. 현물출자의 경우 사업장별로 그 사업에 관한 권리(미수금 제외)와 의무(미지급금 제외)를 포괄적으로 출자하여야 한다(조특칙 §7의 2). 또한 사업양수도의 경우에도 부가가치세법 시행령 제17조 제2항에 따라 그 사업에 관한 모든 권리와 의무를 포괄적으로 승계하는 방법으로 사업을 양수하는 경우에만 본 승계조항이 적용될 수 있다(법인세과-899, 2011.11.9.).

기중에 합병이 이루어지는 경우 피합병법인의 직전 4년간 연평균발생액은 합병 후의 사업연도 월수로 환산하여 합계하는 규정이 없으므로, 조세심판원에서는 합병법인의 연구인력개발비 세액공제를 적용할 때 피합병법인의 직전 4년간 발생액을 단순 합산하여 증가분 방식을 계산하도록 해석하였다(조심 2014전3113, 2015.1.15.).

- **분할신설법인이 연구개발전담부서를 인수하지 않은 경우**

    적격분할(법법 §46)함에 따라 분할 전 연구개발전담부서 전부를 분할법인으로 존치시켜 분할신설법인이 분할법인에게 위탁연구인력개발비를 지출하는 때에는 분할 전 법인의 연구인력개발비(분할신설법인의 사업과 관련된 분야에 한정함)는 분할신설법인의 연구인력개발비로 보아(승계되어) 증가분 방식에 의한 공제세액을 계산한다(재조특-47, 2011.1.21.; 법인세과-3657, 2008.11.27.). 즉, 분할신설법인이 지급한 위탁연구인력개발비는 최초 발생 연구개발비로 보지 않고 증가분 방식의 적용이 가능하다.

예제 합병일이 속하는 사업연도의 직전 4년간 연평균 발생액 계산

○ 자료

㈜문화는 12월 말 사업연도 종료 법인으로 ㈜선관을 흡수합병하였다.

합병등기일은 20X5.2.1.이며, 각 연도별 연구개발비 지출액이 다음과 같을 때, ㈜문화의 20X5년 직전 4년간 연평균 발생액을 구하고 20X5년도 증가분 방식에 의한 공제세액 계산이 가능한지 판정하시오.

(단위 : 백만원)

기업	구분	20X1년	20X2년	20X3년	20X4년	20X5년
㈜문화 (합병법인)	지출액	240	240	240	240	390
	사업연도 월수	12개월	12개월	12개월	12개월	12개월
㈜선관 (피합병법인)	지출액	-	100	130	130	20
	사업연도 월수	-	9개월	12개월	12개월	1개월
합계		240	340	370	370	410

○ 해설

1. 직전 4년간 연평균 발생액 계산

합병일이 속하는 사업연도의 직전 4년간 연평균 발생액 계산은 다음 산식에 따른다(서면법규-594, 2013.5.27.; 조심 2014전3113, 2015.1.15.).

$$\text{연평균 발생액} = \frac{\text{합병법인과 피합병법인의 직전4년간 발생한 R\&D 비용 합계액}}{\text{합병법인의 직전 4년간 R\&D 비용이 발생한 과세연도 수}} \times \frac{\text{개월 수}}{12}$$

(1) 합병법인과 피합병법인의 직전 4년간 발생한 R&D 비용 합계액

20X1년도에서 20X4년도까지의 4년간 합병법인과 피합병법인의 R&D 비용을 단순 합산하여 계산하면 1,320백만원이다(= 240 + 340 + 370 + 370).

(2) 합병법인의 직전 4년간 R&D 비용이 발생한 과세연도 수 및 당해 사업연도 개월 수

합병법인인 ㈜문화는 20X1년도에서 20X4년도까지 매년 R&D 비용이 발생하였으므로, 해당 과세연도 수는 4년이다. 해당 과세연도인 20X5년의 개월 수는 12이다.

(3) 계산

$$\text{연평균발생액} = \frac{1,320}{4} \times \frac{12}{12} = 330$$

2. 증가분 방식에 의한 세액공제의 적용가능 여부

직전 4년간 연평균 발생액 330백만원보다 직전연도 발생액 370백만원이 크므로, 증가분 방식에 의한 세액공제가 적용 가능하다.

참고로 20X5년 피합병법인의 1월 R&D 발생액 20은 피합병법인의 의제사업연도의 공제 대상이

되며, 동 금액은 합병법인의 20X5년 또는 그 이후 사업연도의 R&D 비용에 포함되지 않는다. 동 금액을 합병법인의 R&D 세액공제의 대상으로 하면 피합병법인의 의제사업연도의 공제 대상을 다시 공제하게 되어 이중으로 공제하기 때문이다. 그럼에도 불구하고 직전 4년 비용은 합병일 이후의 개월 수(11월)에 한정하지 않고 온전한 연도에 발생한 전체 비용을 포함하므로 직전 4년 비용을 과다계상하여 불합리하다. 합병법인의 합병 연도에 포함되는 피합병법인의 R&D 비용은 11개월에 한정되기 때문이다.

• 예규 · 판례

❖ **물적분할시 분할신설법인의 분할일이 속하는 연도의 다음 사업연도의 직전 4년간 발생한 연평균 발생액 계산방법** (법인세과-676, 2010.7.14.)

[사실관계]
- 사업연도는 1.1.부터 12.31.까지임. 대기업이며 제조업법인임.
  - 2008.9.5. 분할함.
- 분할형태
  - 2008사업연도 중에 A법인은 사업부문의 일부를 물적분할하여 새로운 B법인을 신설하고 A법인은 존속하고 있음.
  - A법인은 분할법인이고, B법인은 분할신설법인임.

[회신]
사업의 일부를 분할신설법인이 승계한 때에는 다음의 합계액을 분할신설법인의 직전 4년간 발생한 일반연구·인력개발비로 한다.

가. 분할일이 속하는 직전 3년간 : 분할을 하기 전의 각 사업연도별로 3년간 각각 발생한 연구 및 인력개발비 × (각 사업연도의 승계사업의 매출액이 총매출액에서 차지하는 비율과 각 사업연도 말 승계사업의 자산가액이 총자산가액에서 차지하는 비율 중 큰 것)

나. 분할일이 속하는 사업연도 : 조세특례제한법 기본통칙 10-9...3에 따라 계산한 금액
내국법인이 2007년 1월 1일 이후 「소득세법」 제2조 제3항에 따른 거주자로 보는 조합에 배당소득을 지급하는 경우 해당 조합을 지급받는 자로 하여 같은 법 제127조에 따라 원천징수하고 그 원천징수세액은 같은 법 제87조 제1항에 따라 각 조합 구성원의 손익분배비율에 따라 배분하는 것임. 다만, 해당 배당소득 중 「법인세법」 제73조 및 「법인세법 시행령」 제111조에 따라 원천징수가 면제되는 국민연금기금에 배분되는 소득은 원천징수 대상에서 제외되는 것임.

|저자주| 분할일이 속하는 사업연도의 다음 사업연도(사례에서 2009년)의 세무조정 시, 직전 4년간에는 분할일이 속하는 사업연도(2008년)가 포함되므로 2008년의 연구인력개발비 중 2008.1.1. 이후부터 분할일인 9.5. 이전 발생분(이하 "분할일 이전 R&D 비용")은 분할법인에 귀속되고(조특통 10-9...3) 분할일 이후 발생분만 분할신설법인에게 귀속된다. 동 예규에서는 분할일이 속하는 직전 3년간(2005년~2007년)은 사업의 일부 승계 시 계산식(조특령 §9 ⑥)에 따라 계산한 후 분할일 이후 발생분을 합산하여 분할신설법인의 직전 4년간 R&D 비용 합계액을 계산하도록 해석하였다.

(3-2) 사업의 일부 승계 시 계산 방법

피합병법인등이 운영하던 사업의 일부를 승계한 경우로서 합병등을 하기 전에 피합병법인등의 해당 승계사업에서 발생한 일반 R&D 비용을 구분하기 어려운 경우에는 합병법인등은 아래의 산식처럼 안분하여 직전 4년간 발생한 R&D 비용 합계액을 계산한다(조특령 §9 ⑩ 단서).

> 직전 4년간 발생한 R&D 비용 합계액 = 피합병법인등에게서 발생한 R&D 비용 × Max (①, ②)
> ① 각 사업연도의 (승계사업의 매출액 / 피합병법인의 총매출액)
> ② 각 사업연도 말 (승계사업의 자산가액 / 피합병법인의 총자산가액)

종래에는 사업의 일부 승계의 경우에는 별도의 조건 없이 위의 산식을 적용하였으나, 2015년 개정세법에서 합병등을 하기 전에 발생한 피합병법인등의 일반 R&D 비용을 구분하기 어려운 경우에만 적용하도록 하여, 구분 가능한 경우에는 그 구분된 금액에 따라 직전 4년간 일반 R&D 비용을 계산한다.

분할신설법인의 경우 분할일이 속하는 사업연도의 직전 4년간 발생한 R&D 비용 합계액은 분할존속법인의 당해 과세연도 개시일부터 소급하여 4년간 지출한 연구 및 인력개발비 발생액을 대상으로 위의 산식에 따라 계산한다(서면2팀-2230, 2007.12.10.). 예컨대 12월 말 법인이 20X5.3.1. 분할한 경우에는 20X5.1.1.부터 소급하여 4년간, 즉 20X1년~20X4년 발생한 R&D 비용을 대상으로 한다.

분할존속법인은 분할신설법인이 적용한 매출액 비율(또는 자산가액비율)을 제외한 후의 매출액 비율을 적용하여 계산한다(법인-589, 2011.8.19.).

한편, 분할합병의 상대방법인이 '4년간의 일반연구·인력개발비의 연평균발생액'을 계산함에 있어 분할법인에서 분할 전에 각 사업연도별로 발생한 연구 및 인력개발비가 구분경리에 의해 사업별로 확인되고 그 중 일부 사업이 승계된 경우 분할 전에 당해 승계사업에서 발생한 연구 및 인력개발비는 분할합병의 상대방법인에서 발생한 것으로 본다(기준법령법인-316, 2017.5.22.).

주요 이슈와 쟁점

13. 분할신설법인의 R&D 세액공제 시 직전 4년 연평균발생액을 월할계산하는지 여부

● 분할신설법인의 R&D 세액공제 시 직전 4년 연평균발생액은 월할계산함 (조심 2017서4327, 2018.6.29.; 같은 뜻 조심 2018중4696, 2019.1.15.; 조심 2018전1567, 2018.10.15.; 서울행법 2018구합80285, 2020.2.7. 외 다수)

조특법 시행령 제9조 제5항에 따라 분할신설법인에 배분된 직전 4년 평균 연구·인력개발비는 1년을 온전히 사업했을 경우를 상정하여 계산된 금액이고, 분할된 경우에 분할신설법인의 당해 사업연도에 발생한 연구·인력개발비는 분할 이후 사업연도에서 발생한 것이므로 이에 차감되는 분할신설법인의 직전 4년 평균 연구·인력개발비도 <u>분할 이후의 사업연도 개월 수에 상당하는 분만 산정하는 것이 논리상 타당한 점</u>,(이하 중략)
조특법 시행령 제9조 제5항에서 분할신설법인의 경우 제4항의 계산식 중 '해당 과세연도 개시일부터 소급하여 4년간 발생한 일반연구·인력개발비의 합계액'에 관하여 규정하고 있고, 같은 조 제4항의 계산식 후단에는 '해당 과세연도의 개월 수/12'를 곱하도록 별도로 규정하고 있으므로 <u>분할신설법인의 직전 4년 평균 연구·인력개발비 산정과 관련하여 제4항의 계산식 후단 부분이 분할 이후의 개월 수로 안분하는 규정이라는 해석이 가능해 보이는 점</u> 등에 비추어, 처분청이 4년간 발생한 연구·인력개발비 평균 발생액을 계산함에 있어 분할 이후 개월 수로 환산하여야 한다고 보아 청구법인의 경정청구를 거부한 처분은 달리 잘못이 없는 것으로 판단된다.

저자주 | 분할이 기중에 일어나는 경우에 직전 4년 발생액을 분할 후의 개월 수로 월할 계산하여야 하는 지가 쟁점이다. 왜냐하면 분할이 발생한 사업연도의 비용 중 분할일 전에 발생한 비용은 분할존속법인에게 귀속되고 분할일 이후에 발생한 비용만을 분할신설법인에게 귀속시키므로, 직전 4년 발생액도 월할 계산하는 것이 일응 논리적이라 할 수 있기 때문이다.

그러나 문리적 해석에 따르면 조특령 제9조 제5항(현재 제9항) 계산식 후단의 월할 계산 규정은 사업연도 개월 수가 1년 미만인 경우 연환산하는 규정이지, 분할로 인하여 신설된 법인의 최초 사업연도가 1년 미만인 경우 연환산하는 규정으로 볼 수 없다. 반면에 합리적 해석을 적용하면 분할신설법인은 분할일 이후의 R&D 비용만 공제 대상으로 하므로, 직전 4년 발생액 합계도 역시 같은 기준으로 측정하는 것이 합리적이다.

결론으로 조특법 해석의 가장 중요한 원칙인 엄격해석의 원칙에 비추어 보건대 문리적 해석에 따라 월할 계산하지 않고 단순 합산함이 타당하다. 다만 문리적 해석과 합리적 해석이 각각 나름의 근거를 갖고 있는 경우에는 입법으로 해결하여야 한다고 본다.[3]

참고로 과세관청은 종래 분할에 대해서는 직전 4년 발생액 합계를 월할계산하도록 하였으나,(조세특례제도과-724, 2017.9.25.; 같은 뜻 서울고법 2020누36221, 2021.3.25.) 합병에 대해서는 월할계산하지 않고 단순 합산하도록 하고 있다(서면법규과-594, 2013.5.27.). 조세심판원도 합병과 관련하여서는 과세관청과 동일한 논리로 월할계산하지 않고 단순 합산하도록 결정하였다(조심2014전3113, 2015.1.15.).

---

[3] 좀 더 자세한 논의는 다음의 졸고 최신예판해설을 참조하기 바람. 최문진, "분할신설법인의 R&D 세액공제시 직전 4년 연평균발생액은 월할계산함", 주간 세무경영/제1558호, 2018.11.8.

예제
분할일이 속하는 사업연도의 직전 4년간 연평균 발생액 계산

○ 자 료

㈜문화는 12월 말 사업연도 종료 법인으로 제조사업 부문 중 일부가 ㈜선관으로 물적분할되었다. 분할 전에 ㈜선관의 해당 승계사업에서 발생한 일반 R&D 비용은 구분하기 어렵다. 분할신설법인의 승계사업 매출액 비율은 40%이며, 자산가액 비율은 30%이다.

분할일은 20X5.8.1.이며 각 연도별 연구개발비 지출액이 다음과 같을 때, 분할존속법인인 ㈜문화의 20X5년의 직전 4년간 연평균 발생액을 구하시오.

(단위: 백만원)

기업	구분	20X1년	20X2년	20X3년	20X4년	20X5년
㈜문화 (분할존속법인)	지출액	240	340	370	370	390
	사업연도 월수	12개월	12개월	12개월	12개월	12개월
㈜선관 (분할신설법인)	지출액	-	-	-	-	100
	사업연도 월수	-	-	-	-	5개월
합계		240	340	370	370	490

○ 해 설

1. 분할신설법인인 ㈜선관의 직전 4년간 연평균 발생액 계산

분할존속법인은 분할신설법인이 적용한 매출액 비율(또는 자산가액 비율)을 제외한 후의 비율을 적용하여 계산하므로 ㈜선관의 직전 4년 발생액 합계를 먼저 계산한 후 전체 합계액에서 차감하여 분할존속법인 ㈜문화의 직전 4년 발생액 합계를 계산한다.

분할신설법인이 사업의 일부를 승계한 경우, 분할일이 속하는 사업연도의 직전 4년간 연평균 발생액 계산은 다음 산식에 따른다(조특령 §9 ⑦ 단서).

> 연평균 발생액 = 분할법인 직전 4년 R&D 비용 합계 ÷ 4년
> × Max(매출액 비율, 자산가액비율) × 분할 후 개월 수 ÷ 12

각 산식상의 항목을 나누어 계산한다.

(1) 분할법인 직전 4년 R&D 비용 합계 ÷ 4년
= (240 + 340 + 370 + 370) ÷ 4년 = 1,320 ÷ 4년 = 330
분할법인에게서 발생한 직전 4년 R&D 비용은 분할신설법인에게서 발생한 것으로 보므로 ㈜문화의 직전 4년 비용을 ㈜선관의 직전 4년 비용으로 간주한다(조특령 §9 ⑦ 본문).

(2) Max(매출액 비율, 자산가액비율)
= Max(40%, 30%) = 40%
㈜선관은 사업을 일부 승계하였으므로 매출액 비율 또는 자산가액 비율 중 큰 비율을 곱하여 직전 4년 비용 중 분할신설법인의 귀속분을 계산한다.

(3) 분할 후 개월 수 ÷ 12

         = 5/12
      직전 4년 평균액을 월할 계산한다(조심 2017서4327, 2018.6.29.)
    (4) 계산
      연평균 발생액 = (1) × (2) × (3) = 330 × 40% × 5/12 = 55
2. 분할존속법인인 ㈜문화의 직전 4년간 연평균 발생액 계산

> 연평균 발생액 = 분할법인의 총 4년 연평균 발생액 − 분할신설법인의 4년 연평균 발생액

  분할존속법인은 분할법인의 총 4년 연평균 발생액에서 분할신설법인의 귀속액을 차감한 금액으로 계산한다.
    ㈜문화의 연평균 발생액 = 330 − 55 = 275
3. 참고) 분할신설법인의 연평균계산액을 월할계산하지 아니하고 전액 포함하는 경우
  위 해설에서는 과세관청 및 조세심판원의 해석에 따라 분할신설법인의 연평균계산액을 월할 계산하는 방식으로 계산하였으나, 비교 목적으로 합병의 경우처럼 단순합산하는 경우를 제시한다.
  (1) 분할신설법인인 ㈜선관의 직전 4년간 연평균 발생액 계산
      연평균 발생액 = 1. (1) × 1. (2) = 330 × 40% = 132
  (2) 분할존속법인인 ㈜문화의 직전 4년간 연평균 발생액 계산
      연평균 발생액 = 330 − 132 = 198
  월할 계산하지 아니하고 전액 포함하는 경우에는 분할신설법인의 연평균 발생액은 증가하나 분할존속법인의 연평균 발생액은 감소한다. 개정 전 방식에 따라 연평균발생액을 증가분 방식에 의하여 R&D 세액공제액을 계산하는 경우에는 월할계산 방식이 아닌 전액 포함하는 방식이 분할존속법인에게 유리한 반면에, 분할신설법인에게 불리하다.

3 증가분 방식에 의한 공제세액

해당 과세연도에 발생한 일반연구인력개발비가 직전과세연도에 발생한 일반연구인력개발비를 초과하는 경우 그 초과하는 금액의 25%를 세액공제한다. 단, 중견기업은 40%, 중소기업은 50%를 적용한다(조특법 §10 ① 3호 가목).

> 증가분 방식 세액공제액 = (당해 연도 R&D 발생액 − 직전 연도 R&D 발생액) × 25% (단, 중견기업은 40%, 중소기업은 50%)

다만, 해당 과세연도의 개시일부터 소급하여 4년간 일반연구·인력개발비가 발생하지 아니하거나 직전 과세연도에 발생한 일반연구·인력개발비가 해당 과세연도의 개시일부터 소

급하여 4년간 발생한 일반연구·인력개발비의 연평균 발생액보다 적은 경우에는 증가분 방식을 적용할 수 없고 당기분 방식만을 적용할 수 있다. 연평균 발생액의 계산은 2-3을 참조하기로 한다.

2017년 개정세법에서 대기업에 대한 감면을 축소하기 위하여 대기업 증가분 방식의 공제율을 40%에서 30%로 인하하였다.

2018년 개정세법에서 다시 대기업 증가분 공제율을 30%에서 25%로 인하하였다.

괄호 안 산식에서 차감되는 R&D 발생액의 비교 대상연도 기준의 연혁

연도	2012년 이전	2013년	2014년	2015년 이후
증가분방식	직전 4년 평균	직전 3년 평균	직전 2년 평균	직전연도

Ⅴ. 조세특례제한 등

1 절차

1-1 신청서 등 제출 의무

세액공제신청서(별지 제1호 서식), 연구및인력개발비명세서[별지 제3호 서식 (1)·(2)] 및 증거서류를 납세지 관할 세무서장에게 제출하여야 한다(조특령 §9 ⑭).

- 세액공제신청서등의 **제출의무는 단순한 협력의무**에 불과하므로, 공제신청을 하지 않음으로써 신고한 세액이 신고하여야 할 세액을 초과하는 경우에는 경정청구를 통해 공제 가능하다(법인 46012-1919, 1999.5.21.).
- 세액공제액이 최저한세 적용 등으로 이월된 경우, 세액공제 방법을 당기분 방식에서 **증가분 방식으로 변경**하여 경정청구할 수 있다(서이 46012-11806, 2003.10.17.).
- 납부할 세액이 없는 법인이 법인세 과세표준신고 시 연구및인력개발비명세서를 제출하지 아니하고 **지연 제출**하는 경우에도 이월공제기간(법 §144) 내에는 세액공제의 이월공제가 가능하다(서면2팀-1908, 2007.10.23.).

- 경정청구기한이 경과하였으나 이월공제기간 내의 것으로서 공제요건이 충족되었음이 확인된 때에는 공제대상 여부를 과세관청의 결정 또는 경정에 의한다(서면2팀-1772, 2005.11.4.).

1-2 연구개발 활동 검증 자료 제출 의무

연구개발비 세액공제의 사후관리를 강화하기 위해, 연구개발계획서, 연구개발보고서 및 연구노트 등 증거서류를 작성·보관하도록 하고, 연구과제 총괄표를 제출하도록 2019년 개정세법에서 신설하였다(조특령 §9 ⑬·⑭). 다만, 2020.1.1. 이후 개시하는 과세연도 분부터 적용한다(2019.2.12. 개정된 시행령 부칙 §3).

(가) 연구과제 총괄표

일반연구 및 인력개발비 명세서[별지 제3호 서식 (1)·(2)]를 제출하여야 하는 경우, 연구과제 총괄표[별지 제3호 서식 부표(2)]를 작성하여 제출한다.

연구과제 총괄표에는 기업에서 구분하여 관리하는 연구과제별 명칭을 기입하여야 하며, 해당 과제별로 연구개발계획서, 연구개발보고서, 연구노트(신성장·원천기술연구개발비만 해당함), 투입 인력 등을 구분할 수 있어야 한다.

(나) 연구개발계획서, 연구개발보고서, 연구노트

해당 과세연도에 수행한 연구과제 별로 연구개발계획서, 연구개발보고서(별지 제3호의 2 서식)를 작성하여야 하며, 신성장·원천기술에 해당하는 연구과제는 연구노트를 작성한다. 연구개발계획서 등은 해당 과세연도의 종료일로부터 5년간 보관해야 한다(조특칙 §7 ⑰).

연구개발계획서 등은 자율양식으로 아래의 표에 따른 내용을 포함하되 목차 및 양식을 자유롭게 재구성하거나 활용할 수 있다.

연구개발계획서, 연구개발보고서, 연구노트 작성 요령

서 식	구 분	포함 사항
연구개발 계획서❶	연구개발의 목표 및 내용	■ 목표, 주요내용, 과제착수 시점 등
	신성장·원천기술 관련	■ 신성장·원천기술에 해당하는지 여부 및 해당 시 그 근거 ■ 연구노트의 작성 기준과 작성 주기
	연구과제 수행 계획	■ 수행할 부서 ■ 투입 예상 인력 및 비용

서 식	구 분	포함 사항
연구개발 보고서❷	연구개발 개요	■ 실제 수행한 연구개발의 주요 내용 ■ 신성장·원천기술에 해당하는지 여부 및 해당 시 그 근거 ■ 과제 수행 기간
	연구 수행 내용 및 성과	■ 수행부서, 연간 투입인력 현황 ■ 연간 위탁·공동연구개발 현황(위탁·공동연구개발 수행 기관, 수행 기간, 주요 내용 등) ■ 실험 등 연구개발을 위해 활용한 방법 ■ 연구개발 주요 성과(특허권 신청 실적, 실패 시 실패 내용 등)
	참고자료 및 증빙자료	■ 동일 연구원이 동일 기간에 여러 연구과제에 중복 참여한 경우 중복 참여한 현황 등
연구노트❸	신성장·원천기술	■ 작성자 또는 작성 책임자, 작성일 ■ 한 달 이내의 기간(예외적으로 특정 요건 충족 시 1분기)마다 해당 기간에 수행한 연구개발 내용 및 참여인력 현황

❶ 다년간에 걸친 과제의 경우 연도별 투입 예정 비용·인원이 작성되어 있고 특별한 내용상 변동이 없는 경우 동일한 연구계획서를 여러 해에 걸쳐 반복하여 활용할 수 있음.

❷ 여러 연구과제에 공통되는 항목이 있을 경우 연구과제별로 각각 작성하지 않고 한 문서에 여러 연구과제에 해당하는 내용을 함께 작성할 수 있음.

❸ 내부 보고서로 대체 가능하며, 연구과제별(부서별, 연구원별 선택 가능)로 별도의 연구노트를 작성함.

2 구분경리

Ⅱ. 신성장·원천기술연구개발비 4 참조

3 세액공제 사전 심사 제도

세액공제를 적용받으려는 내국인은 신고를 하기 전에 지출한 비용이 연구·인력개발비에 해당하는지 여부 등에 관해 국세청장에게 미리 심사하여 줄 것을 요청할 수 있다. 이 경우 심사 방법 및 요청 절차 등에 필요한 사항은 국세청장이 정한다(조특령 §9 ⑰).

동 규정에 따라 2020년 초에 연구·인력개발비 사전심사 사무처리 규정4) (이하 "사전심사 규정")을 제정하여 시행하고 있다.

---

4) [시행 2022.5.1.] [국세청훈령 제2497호, 2022.5.1., 일부개정]

2019년 개정세법에서 기업의 R&D비용 세액공제 관련 납세 협력 비용을 줄이기 위해 국세청에 R&D비용 세액공제 사전 심의 제도를 신설하였다. 다만, 2020.1.1.부터 시행한다(2019.2.12. 개정된 시행령 부칙 §1 단서).

3-1 신청 대상

내국인이 지출하였거나 "지출 예정인 연구·인력개발비"와 관련된, 다음 어느 하나에 해당하는 사항을 신청대상으로 한다. "지출 예정인 연구·인력개발비"란 이미 지출 중이거나 가까운 장래에 지출할 것임이 객관적인 증명서류에 의해 확인되는 연구·인력개발비를 의미한다(사전심사규정 §9).
① 연구·인력개발 활동이 연구·인력개발의 정의(조특법 §9)에 부합하는지 여부
② 연구·인력개발비가 세법상 공제대상에 해당하는지 여부

국세청장(공익중소법인지원팀장)은 사전심사 업무를 총괄하며, 신청기업의 본점 또는 주사무소 소재지 관할 지방국세청장(법인세과장)은 사전심사 업무를 집행한다(사전심사규정 §4).

다만, 연구개발 대상 기술이 신성장동력·원천기술 분야별 대상 기술(조특령 별표 7)에 해당되는지 여부에 관한 사항은 연구개발세액공제기술심의위원회에 심의를 신청하여야 한다.

3-2 신청 기한 및 방법

사전심사는 연구인력개발비 세액공제를 적용받고자 하는 내국인 또는 신청을 위임받은 대리인이 신청할 수 있다(사전심사규정 §7·§8).

신청인은 법인세법 및 소득세법에 따른 과세표준신고를 하기 전에 사전심사를 신청할 수 있다. 다만, 세액공제 신청 누락분에 대해서는 국세기본법에 따른 경정청구, 수정신고, 기한 후 신고를 하기 전까지 신청할 수 있다(사전심사규정 §10).

신청 시에는 「연구·인력개발비 세액공제 사전심사 신청서(별지 제2호 서식)」, 「연구개발비 명세서(별지 2-1호 서식)」, 「연구개발 보고서(별지2-2호 서식)」, 그 밖의 공제대상 연구·인력개발비임을 증명하는 서류를 우편, 전자(홈택스), 직접방문의 방법으로 제출하여야 한다.

3-3 심사 방법 및 심사 효력

(가) 심사 제외

국세청장(공익중소법인지원팀장) 또는 지방국세청장(법인세과장)은 신청내용이 다음 어느 하나에 해당하는 경우에는 심사를 제외할 수 있다. 이 경우 그 사유를 서면으로 신청인에게 통지하여야 한다(사전심사규정 §13).

> ① 신성장·원천기술 심의위원회에서 심의할 사항에 대하여 사전심사를 신청한 경우
> ② 이미 연구·인력개발비 세액공제를 신청한 경우. 다만, 세액공제 신청을 누락한 비용에 대하여는 그러하지 아니한다.
> ③ 보완요구에 대해 보완하지 아니한 경우
> ④ 정당한 사유없이 답변이나 자료 제출을 거부하는 경우
> ⑤ 단순 법령해석 사항인 경우
> ⑥ 기타 사유로 심사를 진행하기 곤란한 경우

이미 연구·인력개발비 세액공제를 신청한 경우에는 사전심사를 신청할 수 없음에 유의하여야 한다.

(나) 심사 방법 및 심사 결과 통지 등

심사방법은 전화·서면에 따른 사실확인 요청 등 납세자 비대면 방식으로 하는 서면심사를 원칙으로 하고, 심사에 필요한 경우에 한하여 현장확인을 실시할 수 있다. 사전심사 담당은 업무수행 과정에서 필요하다고 판단되는 경우 신청인에게 질의하거나, 자료제출을 요구할 수 있다(사전심사규정 §14).

"현장확인"이란 간접확인 방식의 업무처리로는 업무수행이 부적합한 경우에 사실관계 확인을 위해 사전심사 담당이 해당 납세자 또는 사업장 등에 직접 출장하여 당초 출장목적 범위에서 특정사항이나 사업실상 등을 확인하는 행위를 말한다.

사전심사 담당은 사전심사의 처리를 종결한 때에는 그 결과를 「연구·인력개발비 세액공제 사전심사 결과 통지서(별지 제4호 서식)」에 의하여 신청인에게 서면으로 통지하여야 한다. 신청인이 심사결과에 이의가 있는 경우에는 「연구·인력개발비 세액공제 사전심사 결과에 대한 재심사 신청서(별지 제5호 서식)」에 의하여 1회에 한하여 재심사를 신청할 수 있다(사전심사규정 §15).

(다) 심사 효력

신청인이 심사결과 통지를 신뢰하고, 통지내용에 따라 연구·인력개발비 세액공제를 신청한 경우에는 다음과 같은 효력을 부여한다. 단, 심사과정에서 부정확한 서류를 제출하거나, 사실관계의 변경·누락및 탈루혐의가 있는 경우에는 그러하지 아니한다(동 규정 §16).
① 가산세 감면 등 규정(국기법 §48 ① 2호)에 따라 과소신고가산세❶를 부과하지 아니함
② 위 통지내용에 해당하는 부분은 연구·인력개발비에 대한 신고내용 확인❷ 및 감면법인 사후관리❸ 대상에서 제외함

❶ 과소신고가산세만을 감면하므로 납부지연가산세는 부과됨.

❷ "신고내용 확인"이란 납세자의 자발적인 성실신고를 유도할 수 있도록 신고 안내자료의 반영 여부 등 신고내용을 검토하여 특정 항목이나 유형의 오류 또는 누락 혐의가 있는 납세자를 확인 대상자로 선정하고, 서면으로 해명 및 수정신고를 안내하는 방법으로 신고내용의 적정 여부를 확인하는 업무를 말한다.

❸ "감면법인 사후관리"란 조세특례제한법에 따라 조세를 감면 또는 공제받은 법인에 대해 법령에 정한 사후관리요건의 이행 여부 또는 세원관리상 필요에 따라 서면 또는 현장확인 방법 등으로 관리하는 것을 말한다.

4 연구인력개발준비금과의 중복 적용 허용

법 제9조 연구인력개발준비금과 법 제10조 연구인력개발비 세액공제는 중복적용이 가능하다. 연구인력개발준비금은 2009연도에 재도입되었는데, 재도입된 조특법 제9조에는 준비금 사용액과 세액공제의 중복지원배제에 대한 규정이 없으므로 중소기업 여부와 관계없이 준비금 손금산입과 세액공제의 중복적용이 가능하다(법인세과-874, 2009.7.31.).

5 연구개발출연금등 과세특례와 중복지원 배제

법 제10조의 2에 따른 연구개발출연금등을 지급받아 연구개발비로 지출하는 금액은 연구및인력개발비세액공제를 적용할 수 없다(조특령 §8 ① 1호). 또한 법 제10조의 2에 따른 연구개발출연금등을 지급받은 후 동 과세특례를 적용하지 않았더라도 그 과세특례 적용여부와는 관계없이 연구및인력개발비세액공제를 적용할 수 없다.

상세내용은 제1절 Ⅱ. 4. 정부출연금의 제외 부분을 참조하기 바란다.

6 중복지원의 허용

연구인력개발비 세액공제는 설비투자에 대한 공제가 아니라 기간 비용에 대한 공제라는 특성으로 가지고 있으므로 투자세액공제와는 중복지원이 배제되지 않는다(조특법 §127 ②).

또한 R&D 비용을 지출한 납세자에게 보다 많은 혜택을 제공하기 위하여 세액감면과 세액공제의 중복지원 배제 규정도 적용되지 아니하므로(조특법 §127 ④), 창업중소기업 세액감면, 중소기업등 특별세액감면 특례와도 중복 적용이 가능하다. 외국인 투자감면 시에도 외국인투자 지분율에 대한 제한 없이 전액 공제한다(조특법 §127 ③).

기타 조세특례제한 등

구 분	내 용	참조 부분
추계과세 시 등의 배제	추계과세 시 세액공제 배제(조특법 §128 ①)	제20부 제2절
최저한세	중소기업의 R&D 비용은 최저한세 적용대상이 아니지만, 일반기업의 경우에는 최저한세 적용대상이 된다(조특법 §132 ① 3호·②)	제20부 제4절
세액공제의 이월공제	허용(조특법 §144 ①·②)	제21부 제2절
농어촌특별세	비과세(농특령 §4 ⑥ 1호)	

Ⅵ. 서식 작성요령

■ 조세특례제한법 시행규칙 [별지 제3호 서식(1)] <개정 2024.3.22..>

일반연구 및 인력개발비 명세서 (앞쪽)

❶ 신청인	① 상호 또는 법인명		② 사업자등록번호	
	③ 대표자 성명		④ 생년월일	
	⑤ 주소 또는 본점 소재지		(전화번호 :)	

❷ 과세연도   년 월 일부터   년 월 일까지

❸ 해당 연도의 연구 및 인력개발비 발생 명세   이하 제1절 참조

계정과목 \ 구분	자체 연구개발비					
	인건비 및 사회보험료		재료비 등		기타	
	인원	금액	건수	금액	건수	금액
	Ⅱ.1-1 인건비 연구소, 전담부서 및 연구개발업 직원의 인건비		Ⅱ.1-2 재료비등 고정자산 구입비용을 제외하고, 외주가공비 포함		Ⅱ.1-3 시설 임차료 등 전담부서등 또는 수탁기관등의 임차료 등	
합계	⑥		⑦		⑧	

계정과목 \ 구분	위탁 및 공동 연구개발비		인력개발비		⑪ 총 계 (⑥+⑦+⑧+⑨+⑩)
	건수	⑨ 금액	건수	⑩ 금액	
	Ⅱ.4. 정부출연금의 제외	Ⅱ.2. 위탁 및 공동 R&D 수탁(재수탁)업체는 전담부서를 보유해야 함	Ⅲ. 인력개발비 - 위탁훈련비 - 직업능력개발훈련비 - 인력개발 및 기술지도비용 등		
합계					

연구 및 인력개발비의 증가발생액의 계산   이하 제2절 참조

⑫ 해당 과세연도 발생액(=⑪)	⑬ 직전 4년 발생액 계 (⑭+⑮+⑯+⑰)	⑭ (직전 1년) . . ~ . .	⑮ (직전 2년) . . ~ . .	⑯ 직전 3년 . . ~ . .	⑰ (직전 4년) . . ~ . .

⑱ 직전 4년 연평균발생액 (⑬/4)	사업결합시에는 취득자가 전액 승계하는 것으로 간주하고, 일부 사업승계시에는 안분계산	⑲ 직전 3년간 연평균발생액 (⑭+⑮+⑯)/3		⑳ 직전 2년간 연평균발생액 (⑭+⑮)/2	
		㉑ 증가발생액		Ⅳ.2-3 연평균 발생액의 계산방법 사업결합시 피합병법인등의 비용을 합병법인등의 비용으로 간주	

❹ 공제세액   Ⅳ.2-1 (4) 발생주의

해당 연도 총발생 금액 공제	중소기업	㉒ 대상금액(=⑪)	㉓ 공제율 25%		㉔ 공제세액	
	Ⅳ.2-1 (5) 사업결합전 발생분은 분할법인등에게 귀속					
	중소기업 유예기간 종료 이후 5년 내 기업	㉕ 대상금액(=⑪)	㉖ 유예기간 종료연도	㉗ 유예기간 종료 이후 년차	㉘ 공제율 종료 이후 1~3년차 15% 종료 이후 4~5년차 10%	㉙ 공제세액
			Ⅳ.2-1 (3) 중소기업 졸업시 중간구간			
	Ⅳ.2-1 (2) 중견기업 - 직전 3년 매출액평균 5천억 미만 중견 기업	㉚ 대상금액(=⑪)	㉛ 공제율 8%		R&D비용÷수입금액 × 1/2	㉜ 공제세액
	일반 기업	㉝ 대상금액(=⑪)	공제율			㊲ 공제세액
			㉞ 기본율 0%	㉟ 추가	㊱ 계 (㉞+㉟) Ⅳ.2-1 (1) 수입금액 계산방법	

증가발생금액 공제(직전 4년간 연구·인력개발비가 발생하지 않은 경우 또는 ⑭<⑱ 경우 공제 제외)	㊳ 대상금액(=㉑)	㊴ 공제율 %	㊵ 공제세액 (㊳×㊴) Ⅳ.3. 산식	*공제율 - 중소기업 : 50% - 중견기업 : 40% - 대기업 : 25%

㊶ 해당 연도에 공제받을 세액	중소기업 (㉔와 ㊵ 중 선택)	Ⅳ.1. 공제세액 산식
	중소기업 유예기간 종료 이후 5년 내 기업 (㉙와 ㊵ 중 선택)	
	중견기업(㉜와 ㊵ 중 선택)	
	일반기업(㊲과 ㊵ 중 선택)	

210mm×297mm[백상지 80g/㎡ 또는 중질지 80g/㎡]

(뒤쪽)

❺ 출연금 등 수령명세 (「조세특례제한법 시행령」 제9조 제1항 단서 관련) =연구·인력개발비용에서 제외되는 비용

구분	정부출연금 교부처	관련 법령	수령일	수령금액	연구개발비로 지출하는 금액
연구소·전담부서·연금개발서비스업자 중 기재				V. 3. 연구개발출연금 등 과세특례와 중복지원 배제 -과세특례를 적용받지 않은 경우에도 적용 불가	

❻ 연구소/전담부서/연구개발서비스업자 현황

구분	인정일 (고시일)	취소일	연구개발 인력						
			계		연구전담요원		연구보조원		기 타	
			인원	금액	인원	금액	인원	금액	인원	금액
연구소·전담부서·연금개발서비스업자 중 기재			인건비 (제1절 Ⅱ. 1-1) -전담부서등 소속 직원으로 전업적으로 R&D업무 수행 -출자임원 제외 -관리직원 제외				인건비 제외항목 -퇴직금, 퇴충전입액 -이익처분에 의한 성과급 -복리후생비, 출장비, 여비교통비, 회의비 등 제외			

「조세특례제한법 시행령」 제9조 제14항에 따라 위와 같이 일반연구 및 인력개발비 명세서를 제출합니다.

년   월   일

신청인   (서명 또는 인)

세무서장 귀하

VII. 예제와 서식 작성실무

신고실무 | 일반 연구 및 인력개발비 명세서

● 자 료

㈜문화는 중소기업이며 기업부설연구소를 보유하고 있다. 다음은 재무제표상 개발비와 경상연구개발비에 계상되어 있는 연구소 임직원의 인건비를 항목별로 합계한 표이다. 이하 단위는 모두 천원으로 한다.

구분	임금·상여	퇴직급여❶	의료보험료❷	주식보상비❸
연구전담요원	820,120	68,343	24,603	298,457
연구보조원	76,090	6,340	2,282	61,197
연구관리직원	47,063	3,921	1,411	0
대주주 임원	233,333	19,444	6,999	0
비출자임원❹	116,666	9,722	3,499	0
소계	1,293,272	107,772	38,798	359,654

❶ 퇴직급여충당금 전입액을 말함.
❷ 의료보험료 사용자부담금을 말하며, 회계상 복리후생비로 계상함.
❸ 당기 주식 행사로 인해 자본금등으로 대체된 주식선택권(주식보상비용)을 말함. 회사의 주식매수선택권은 행사형 – 신주발행형임.
❹ 비출자 임원은 연구소장으로 전업적으로 연구개발업무에 종사함.

다음은 연구소에서 지출한 재료비 등의 금액이다.

연구용 부품	일반금형	시제품 금형	연구용시험기 임대료
728,542	200,000	150,000	5,000

다음은 직전 4년간 발생한 연구인력개발비이다.

20X1년	20X2년	20X3년	20X4년	합계
1,158,605	1,234,780	1,651,442	1,790,324	5,835,151

● 해 설

1. 인건비
   1-1 공제대상 임직원 판정
   연구관리직원과 대주주 임원은 공제대상 연구소 직원에서 제외된다.[조특령 별표 6 1호 가목 1), 조특칙 §7 ④]

1-2 공제대상 인건비 판정

행사형-신주발행형 스톡옵션으로 인한 주식보상비용 중 자본금 등으로 대체된 주식선택권은 공제대상 인건비에서 제외한다.[구 조특령 별표 6 1호 가목 1) 다)]

의료보험료 사용자부담금은 공제대상 인건비에 포함되지만(서면법인-2106, 2016.5.3.), 퇴직급여충당금 전입액은 제외한다.[조특령 별표 6 1호 가목 1) 나)]

1-3 공제대상 인건비 계산

임금·상여와 의료보험료 사용자부담금 중 대주주 임원과 연구관리직원 해당분을 제외한 1,043,262천원이 공제대상 인건비에 해당한다(=820,120+76,090+116,666+24,603+2,282+3,499) (2 차이는 단수 차이임)

2. 재료비 등

연구용 부품과 시제품 금형비는 공제대상 재료비 등에 해당하지만 제조에 사용되는 일반 금형비는 공제대상에서 제외된다(서면2팀-230, 2006.1.27.). 연구용 시험기 임대료는 시설 임차료 등으로 공제가능하다.

공제대상 재료비 등 = 연구용 부품 + 시제품 금형비 = 728,542 + 150,000 = 878,542천원

3. 공제세액의 계산

3-1 당기분 방식

(인건비 + 재료비등 + 임차료 등) × 25% = (1,043,262 + 878,542 + 5,000) × 25%
= 1,926,804 × 25% = 481,701천원

3-2 직전 4년 연평균 발생액 계산

증가분 방식의 적용에 앞서 연평균 발생액을 계산하여 직전연도 금액과 비교하여 증가분 방식이 적용 가능한지 판정한다.

연평균 발생액 = (직전 4년 발생액의 합계액) ÷ 4 = 5,835,151 ÷ 4 = 1,458,787천원

직전 연도 발생액 1,790,324천원이 연평균 발생액보다 크므로 증가분 방식의 적용이 가능하다.

3-3 증가분 방식

(당기 발생액 - 전기발생액) × 50% = (1,926,804 - 1,790,324) × 50% = 136,480 × 50%
= 68,240천원

3-4 당기분 방식과 증가분 방식의 비교

Max[당기분 방식, 증가분 방식] = Max[(481,701), (68,204)] = 481,701천원

■ 조세특례제한법 시행규칙 [별지 제3호 서식(1)] <개정 2024.3.22.>

일반연구 및 인력개발비 명세서

(앞쪽)

❶ 신청인	① 상호 또는 법인명	㈜문화	② 사업자등록번호	
	③ 대표자 성명	김성수	④ 생년월일	
	⑤ 주소 또는 본점 소재지		(전화번호 :	)

❷ 과세연도	20X5년 1월 1일부터 20X5년 12월 31일까지

❸ 해당 연도의 연구 및 인력개발비 발생 명세

구 분 계정과목	자체 연구개발비					
	인건비 및 사회보험료		재료비 등		기 타	
	인원	금액	건수	금액	건수	금액
개발비		834,609,824		878,542,000		5,000,000
경상연구개발비		208,652,426				
합 계		⑥1,043,262,280		⑦		⑧

구 분 계정과목	위탁 및 공동 연구개발비		인력개발비		⑪ 총 계 (⑥+⑦+⑧+⑨+⑩)
	건수	⑨ 금액	건수	⑩ 금액	
개발비					1,718,151,824
경상연구개발비					208,652,426
합 계					1,926,804,280

연구 및 인력개발비의 증가발생액의 계산

⑫ 해당 과세연도 발생액(=⑪)	⑬ 직전 4년 발생액 계 (⑭+⑮+⑯+⑰)	20X4.1.1.~20X4.12.31. ⑭ (직전 1년)	20X3.1.1.~20X3.12.31. ⑮ (직전 2년)	20X2.1.1.~20X2.12.31. ⑯ (직전 3년)	20X1.1.1.~20X1.12.31. ⑰ (직전 4년)
1,926,804,280	5,835,151,000	1,790,324,000	1,651,442,000	1,234,780,000	1,158,605,000
⑱ 직전 4년간 연평균발생액 (⑬/4)		⑲ 직전 3년간 연평균발생액 (⑭+⑮+⑯)/3		⑳ 직전 년간 연평균발생액 (⑭+⑮)/2	
1,458,787,750		1,558,848,667		1,720,883,000	
㉑ 증가발생액			136,480,280		

❹ 공제세액

해당 연도 총발생 금액 공제	중소기업	㉒ 대상금액(=⑪)		㉓ 공 제 율		㉔공제세액
		1,926,804,280		25%		481,701,070
	중소기업 유예기간 종료 이후 5년 내 기업	㉕ 대상금액(=⑪)	㉖유예기간 종료연도	㉗ 유예기간 종료 이후 년차	㉘ 공 제 율	㉙ 공제세액
					종료 이후 1~3년차 15% 종료 이후 4~5년차 10%	
	중견 기업	㉚ 대상금액(=⑪)		㉛ 공제율		㉜ 공제세액
				8%		
	일반 기업	㉝ 대상금액(=⑪)		공제율		㊲ 공제세액
			㉞ 기본율	㉟ 추가	㊱ 계 (㉞+㉟)	
			0%			
증가발생금액 공제(직전 4년간 연구·인력개발비가 발생하지 않은 경우 또는 ⑯<⑳경우 공제 제외)		㊳ 대상금액(=㉑)		㊴ 공제율		㊵ 공제세액	*공제율 -중소기업 : 50% -중견기업 : 40% -대기업 : 25%
		136,480,280		50 %		68,240,140	
㊶ 해당 연도에 공제받을 세액	중소기업 (㉔와 ㊵ 중 선택)					481,701,070
	중소기업 유예기간 종료 이후 5년 내 기업 (㉙와 ㊵ 중 선택)					
	중견기업(㉜와 ㊵ 중 선택)					
	일반기업(㊲과 ㊵ 중 선택)					

210mm×297mm[백상지 80g/㎡ 또는 중질지 80g/㎡]

(뒤쪽)

❺ 출연금 등 수령명세 (「조세특례제한법 시행령」 제9조 제1항 단서 관련) =연구·인력개발비용에서 제외되는 비용

구분	정부출연금 교부처	관련 법령	수령일	수령금액	연구개발비로 지출하는 금액

❻ 연구소/전담부서/연구개발서비스업자 현황

구분	인정일 (고시일)	취소일	연구개발 인력							
			계		연구전담요원		연구보조원		기 타	
			인원	금액	인원	금액	인원	금액	인원	금액
연구소	2007.4.2.		39	1,043,262,280	37	964,889,580	2	78,372,700		

「조세특례제한법 시행령」 제9조 제14항에 따라 위와 같이 일반연구 및 인력개발비 명세서를 제출합니다.

20X6년   3월   31일

신청인   (주)문화 김성수   (서명 또는 인)

분당 세무서장 귀하

제3절 [제10조의 2] 연구개발 관련 출연금 등의 과세이연 ★★☆

Ⅰ. 의의

1 개요

연구개발 관련 출연금 등의 과세특례는 내국인이 연구개발 등을 목적으로 「기초연구진흥 및 기술개발지원에 관한 법률」 등에 따라 출연금 등의 자산을 지급받은 경우에 연구개발출연금 등에 상당하는 금액을 해당 과세연도의 소득금액 계산에 있어서 익금에 산입하지 않는 제도이다. 출연금 수령시점에서 익금불산입하고 추후 당해 출연금이 손비 인정되는 시점에 익금산입하여 상계 처리하는 과세이연제도이다.

상환의무 없는 국고보조금으로 사업용자산을 취득하는 경우 법인세법상 일시상각충당금 또는 압축기장충당금을 설정하여 과세이연(법법 §36)되는 것과의 균형을 위하여, 연구개발 목적으로 출연금 등을 지급받은 경우 과세이연한다.

2007년 세법개정으로 도입되었으며, 이후 개정상의 큰 변화는 없다.

2026.12.31.로 일몰기한이 정해져 있다.

2 용어의 정의

연구개발출연금과 관련하여서는 보조금, 국고보조금, 정부보조금, 정부출연금, 연구개발출연금 등 다양한 용어가 사용되고 있으므로 개념 정립을 위하여 각 용어들을 살펴보기로 한다.

보조금 관련 용어 정의

구 분	근거 법규(기준)	특 징
보조금	보조금법	수령주체가 정부 등으로 확장
국고보조금	법인세법	사업용 자산의 취득 및 개량 목적
정부보조금	일반기업회계기준	정부 등으로부터 기업이 수령하는 모든 보조금
정부출연금	구 기술개발촉진법	연구개발목적
연구개발출연금	조세특례제한법	기초연구법등 6개 관계법령에 한정

2-1 보조금법상 보조금

보조금이란 「보조금 관리에 관한 법률」(이하 "보조금법")에서 규정된 용어이다.

국가 외의 자가 수행하는 사무 또는 사업에 대하여 국가(국가재정법에 따라 설치된 기금을 관리·운용하는 자 포함[1])가 이를 조성하거나 재정상의 원조를 하기 위하여 지급하는 자금으로 교부금[2], 부담금[3], 장려적 보조금[4]으로 나뉜다(보조금법 §2 1호). 동 보조금은 수령의 주체가 민간(개인 또는 법인)뿐만 아니라 지방자치단체 등 공적 부문도 포함되므로 그 범위가 넓다.

통상 개별법령에 대부분 "보조할 수 있다"로 지급 근거가 있으나, 그 성격상 반드시 개별 법령에 지급근거가 있어야 하는 것은 아니다. 사후 정산을 하여 집행 잔액은 반환하여야 하는 것이 원칙이다.[5]

2-2 법인세법상 국고보조금

보조금법에 의한 보조금을 기초로, 법인세법에서는 산업정책 차원에서 기업 설비의 근대화, 시험 연구의 촉진, 기술의 개발 및 향상, 재해의 복구 등을 목적으로 보조금법, 지방재정법 등에 의하여 무상으로 교부되는 보조금에 대하여 과세이연 제도를 지원하고 있다(법법 §36).

법인세법상의 국고보조금 특례제도는 동법상 열거되어 있는 법률에 의해 교부되고, 수

---

[1] 국가재정법 별표 2에 따른 기금으로 국민연금, 공무원연금, 군인연금, 기술보증기금 등이 있음.
[2] "교부금"이란 국가의 사무(예, 국회의원 선거)를 위임하여 수행하는 경우 국가가 전부 또는 일부를 부담하는 국고 지출금을 말함.
[3] "부담금"이란 지방자치단체 또는 그 기관의 사무를 위임하여 수행하는 각각의 경우에 있어 국가가 전부 또는 일부를 부담하는 국고 지출금을 말함.
[4] 장려적 보조금에는 「농산물의 생산자를 위한 직접지불제도 시행규정」 제3조에 따른 소득보조금이 있음.
[5] 기획재정부, 「시사경제용어사전」, 2010.

령의 주체가 법인으로 한정되어 있으며, 사업용자산의 취득 및 개량에 사용되는 경우의 보조금으로 한정되어 있다는 점에서 보조금법상의 보조금과 차이가 있다.

2-3 회계상 정부보조금

정부보조금은 회계상의 용어로 기업의 영업활동과 관련하여 과거나 미래에 일정한 조건을 충족하였거나 충족할 경우, 지방자치단체, 중앙정부 또는 국제기구인 정부, 정부기관 및 이와 유사한 단체가 기업에게 자원을 이전하는 형식의 정부 지원을 말한다(일반기준 제17장).

정부보조금에 관한 회계처리는 보조금법의 보조금이 일반 기업에 지급되는 경우에 그 회계처리로 적용된다.

정부지원의 요건을 충족하는 기업이 장기성 자산을 매입·건설하거나 다른 방법으로 취득하여야 하는 일차적 조건이 있는 자산관련보조금과 이에 해당하지 않는 수익관련보조금으로 나뉘며, 양자에 대한 회계처리에 차이가 있다.

2-4 구 기술개발촉진법상의 정부출연금

정부출연금이란 국가가 해야 할 사업이지만 여건상 정부가 직접 수행하기 어렵거나 또는 민간이 이를 대행하는 것이 보다 효과적이라고 판단될 경우, 또는 국가가 재정상 원조를 할 목적으로 법령에 근거하여 민간에게 반대급부 없이 금전적으로 행하는 출연을 말한다.[6]

정부출연금은 수령의 주체가 민간으로 한정되었다는 점에서 보조금법의 보조금과 차이가 있다. 구 기술개발촉진법상 정부가 특정연구개발사업이나 연구수행기관에 대하여 출연금을 지급하면서(구 기술개발촉진법 §7 ②·§8 ①) 연구개발목적으로 지급되었으므로, 자산(취득)관련보조금보다는 비용보전 성격의 수익관련보조금으로서의 지급 비중이 높았다.

2-5 용어 사용례

유의할 점은 실무적으로 이러한 용어 등이 혼용되어 사용되고 있다는 것이다. 법인세법상 용어인 국고보조금이 회계상으로도 사용되고 있으며, 정부출연금도 수익관련 정부보조금을 뜻하는 의미로 회계상·세무상 사용되고 있기도 하다.

---

[6] 기획재정부, 「시사경제용어사전」, 2010.

이하 본서에서는 법인세법상 국고보조금 과세특례와 관련된 사안에서만 국고보조금의 용어를 사용하고 이외는 일반기업회계기준에서 사용하고 있는 정부보조금 용어를 사용하도록 한다. 다만 실무적으로는 물론 조특법에서도 연구개발과 관련된 사항에 대해서는 정부출연금이라는 용어를 사용하므로 동 사항과 관련하여서는 정부출연금이라는 용어를 사용토록 한다.

Ⅱ. 요건

과세특례의 주체는 내국인으로 거주자인 개인과 내국법인이 해당한다.

1 대상 출연금

다음의 법률에 따라 연구개발출연금 등을 수령하여야 한다(조특법 §10의 2 ①, 조특령 §9의 2 ①, 조특칙 §7의 3).

㉮ 기초연구진흥 및 기술개발 지원에 관한 법률
㉯ 산업기술혁신 촉진법
㉰ 정보통신산업 진흥법
㉱ 중소기업기술혁신 촉진법
㉲ 소재·부품·장비산업 경쟁력 강화를 위한 특별조치법
㉳ 연구개발특구의 육성에 관한 특별법

상기 법률은 예시조항이 아닌 **열거조항**이므로 당해 조항에 명시적으로 열거되지 않은 법률에 의한 연구개발출연금은 본 특례가 적용되지 아니한다(서면2팀-753, 2008.4.23.). 예를 들어 「신에너지 및 재생에너지 개발·이용·보급촉진법」에 따라 연구개발출연금등을 받는 경우에는 동 과세특례 규정을 적용할 수 없다(법인세과-64, 2011.1.25.).

- **복수의 근거법 중 하나가 열거된 법령인 경우** (공제)

사업시행 공고에 지원근거 법령을 국가균형특별발전법만을 명시하고 있다 하더라도 쟁점사업을 균특법 및 산업기술혁신 촉진법에 의한 광역 경제권 선도산업 육성사업으로 구분하고 있어 두 법령 모두가 쟁점사업의 추진근거가 될 수 있다고 보이므로, 복수의 근거법 중 조특법에서 열거하고 있는 법령이 사업의 추진 근거에 포함되는 경우 해당 출연금은 조특법 제10조의2의 적용대상 출연금으로 봄이 상당하다(조심 2018중3319, 2019.5.21.)

2 구분경리

법인세법 제113조의 구분경리 규정에 따라 구분경리하여야 한다(조특령 §9의 2 ②).

연구개발출연금을 수령하여 해당 경상연구개발비로 지출하거나 해당 연구개발 목적으로 취득한 자산을 구분경리하여야 하며, 구분경리하지 않은 경우에는 연구개발출연금을 익금불산입할 수 없다.

3 출연금의 귀속시기

본 특례에 따라 출연금을 익금불산입하기 위해서는 출연금의 익금산입시기를 먼저 판정하여야 한다.

정부로부터 기술개발에 소요되는 경비를 출연금 명목으로 지원받은 경우, 동 출연금은 **출연금 교부통지를 받은 날**이 속하는 과세연도의 수입금액에 산입하는 것이 원칙이나, 별도의 교부통지 없이 협약서에 의해 지급시기를 달리하여 순차적으로 지원받는 경우에는 실제 지급받은 날이 속하는 과세연도의 수입금액으로 산입한다(창원지방법원 2010구합3365, 2011.1.13.; 부산고등법원 2011누815, 2011.6.17.).

교부통지란 출연금의 교부사실을 알리는 통지행위이다. 따라서 출연기관이 사업자선정을 통보하고 협약을 체결한 것을 교부통지로 보기 어려우므로, 출연금을 실지로 지급받은 때를 출연금의 귀속시기로 본다(조심 2010부1360, 2010.6.23.).

Ⅲ. 과세특례

1 익금불산입

법인세법상 국고보조금 과세특례에서는, 국고보조금을 수령한 사업연도에 원칙적으로 사업용자산을 취득하여야 하고, 예외적으로 수령한 사업연도의 다음 사업연도까지 취득을 허용하는 기한의 연장이 인정된다.

반면에 조특법상 연구개발출연금 익금불산입 특례에서는 목적외 사용하거나 폐업, 해산하여 사용치 못하는 것이 확정되어 일시 익금산입하는 경우의 사후관리 규정만이 있을 뿐, 별도의 출연금 사용기한은 없다. 자산취득을 대상으로 하는 국고보조금과는 달리 연구개발의 경우에는 수년에 걸쳐 사용되며 연구개발 진행에 따라 출연금의 사용기간이 유동적이기 때문이다.

전술한 요건을 갖춘 연구개발출연금을 세무조정으로 익금불산입한다. 수령한 정부출연금에 대해서 익금산입을 해야 하므로 양편조정[7]이 되어 과세표준에는 변동이 없다. 물론, 양편조정이므로 생략하여도 세무상 위험은 크지 않다 할 수 있으나, 정부보조금 익금산입은 강제 조정사항이고 연구개발출연금 손금산입은 선택(임의)조정사항이므로 양편조정을 하는 것이 정확한 세무조정이라 할 것이다.

아래에서는 출연금을 수령하여 자산을 취득하는 경우와 비용으로 지출하는 경우의 회계처리 및 세무조정을 정리한다.

회계처리 및 세무조정

자산 취득 시 회계처리 및 세무조정 연구개발출연금 1,000을 수령하여 공기구를 취득하고 감가상각비로 200을 계상한 경우				
출연금 수령시	〈회계처리〉 차) 보통예금 〈세무조정〉 예금 정부보조금(익금산입, 유보) 연구개발출연금(손금산입, △유보)	1,000 1,000 1,000	대) 보통예금 정부보조금 　　(예금의 차감계정)	1,000
자산 취득시	〈회계처리〉 차) 공기구 　　보통예금 정부보조금 　　(예금의 차감계정) 〈세무조정〉 전기 예금 정부보조금(손금산입, △유보) 공기구 정부보조금(익금산입, 유보)	1,000 1,000 1,000 1,000	대) 보통예금 　　공기구 정부보조금 　　(공기구의 차감계정)	1,000 1,000
감가 상각시	〈회계처리〉 차) 감가상각비 　　공기구 정부보조금 　　(공기구의 차감계정) 〈세무조정〉	200 200	대) 감가상각누계액 　　감가상각비	200 200

---

[7] 양편조정이라는 용어는 실무상 사용되는 용어로, 특정 거래에 대한 세무조정사항으로 익금산입과 손금산입이 동시에 발생하여 결과적으로 과세표준에 영향을 미치지 않는 세무조정을 말한다.

1,000 매각시	전기 연구개발출연금(익금산입, 유보)		200		
	전기 공기구 정부보조금(손금산입, △유보)		200		
	〈회계처리〉				
	차) 현금		1,000	대) 공기구	1,000
	감가상각누계액		200	유형자산처분이익	1,000
	공기구 정부보조금		800		
	(공기구의 차감계정)				
	〈세무조정〉				
	전기 연구개발출연금(익금산입, 유보)		800		
	전기 공기구 정부보조금(손금산입, △유보)		800		

비용 지출 시 회계처리 및 세무조정					
출연금 수령시	〈회계처리〉				
	차) 보통예금		1,000	대) 보통예금 정부보조금	1,000
				(예금의 차감계정)	
	〈세무조정〉				
	예금 정부보조금(익금산입, 유보)		1,000		
	연구개발출연금(손금산입, △유보)		1,000		
비용 지출시	〈회계처리〉				
	차) 경상연구개발비		1,000	대) 보통예금	1,000
	보통예금 정부보조금		1,000	경상연구개발비	1,000
	(예금의 차감계정)				
	〈세무조정〉				
	전기 예금 정부보조금(손금산입, △유보)		1,000		
	전기 연구개발출연금(익금산입, 유보)		1,000		

❷ 익금산입

2-1 분할 익금산입 (분할과세)

경상연구개발비로 지출한 경우와 자산을 취득한 경우로 나누어서 익금산입한다(조특법 §10의 2 ②).

(1) 연구개발비로 지출하는 경우

연구개발비 지출액에 상당하는 금액을 해당 지출일이 속하는 과세연도의 소득금액을 계산할 때 익금에 산입하여 상계토록 한다.

(2) 연구개발에 사용되는 자산을 취득하는 경우

해당 연구개발에 사용되는 자산을 취득하는 경우에는 상각자산과 비상각자산의 익금산입 방법에 차이가 있다(조특령 §9의 2 ③).

(2-1) 상각자산

법인세법 또는 소득세법상 감가상각자산에 대해서는 각 법에 따라 손금에 산입하는 감가상각비 상당금액을 익금에 산입하여 상계토록 한다(분할과세). 각 세법상의 감가상각자산은 유형·무형 고정자산을 의미하며 재고자산, 투자자산은 제외된다.

당해 자산을 처분할 때에는 당초 익금불산입 금액 중에서 이미 익금에 산입하고 남은 잔액을 처분일이 속하는 사업연도에 전액 익금산입한다.

계상된 연구개발출연금(회계상 정부보조금)은 감가상각비와 상계하나, 출연금 설정액이 당해 자산의 취득가액보다 작은 경우에는 설정액 상당부분만 안분계산하여 감가상각한다.

사업용자산의 일부를 처분한 경우에는 당해 사업용자산의 가액 중 출연금이 차지하는 비율로 안분계산한 금액을 익금산입한다(법령 §64 ⑤).

(2-2) 비상각자산

비상각자산은 상각이 불가능하므로 처분연도에 전액 익금산입한다.
상각자산의 경우에는 분할과세되며, 비상각자산의 경우에는 과세이연의 효과가 있다.

2-2 일시 익금산입 (사후관리)

(1) 의무위반 사유

연구개발비출연금 상당금액을 익금불산입한 후 해당 연구개발 목적 외의 용도로 사용하거나 사용 전 폐업 또는 해산하는 경우, 미사용 금액은 해당사유 발생 과세연도에 전액 익금산입한다. 다만 합병, 분할합병의 경우 합병법인 등이 그 금액을 승계하는 경우에는 익금산입되지 않으며, 연구개발출연금 익금불산입액이 승계된 경우 합병법인 등이 직접 익금불산입한 것으로 본다(조특법 §10의 2 ③).

- 연구개발비가 아닌 복리후생비 및 소모품비로 지출한 금액은 목적외 사용으로 보아 의무위반 사유에 해당한다(법인세과-1141, 2009.10.15.).

(2) 이자상당가산액

일시 익금산입하는 경우에는 이자상당가산액을 납부하여야 하는데, 조특법 제33조의 사업전환 무역조정지원에 대한 과세특례의 규정을 준용하여 계산하도록 하고 있다(조특법 §10의 2 ④ → 조특법 §33 ③ 후단 → 조특령 §30 ⑨ 1호). 법인세법상 국고보조금 과세특례에서 일시익금산입의 경우 이자상당가산액을 납부하고 있지 않는 것과 차이가 있다.

> 이자상당가산액 = 미사용분 익금불산입에 따른 차액 × 소정기간 × 이자율

① 미사용분 손금산입에 따른 차액

　연구개발출연금 익금불산입금액을 익금산입하고 계산한 세액에서 동 금액을 익금불산입하고 계산한 세액을 차감하여 계산함.

② 소정기간

　익금불산입 직후 과세연도 개시일부터 일시 익금산입한 과세연도 종료일까지의 기간

③ 이자율

　1일 10만분의 22 (연이율 환산 시 8.03%)

이자율의 개정연혁은 제2장 제2절 Ⅲ. 3-2를 참조하기로 한다.

Ⅳ. 조세특례제한 등

1 절차

출연금 등 익금불산입 명세서(별지 제3호의 3 서식)를 납세지 관할 세무서장에게 제출하여야 한다(조특령 §9의 2 ④).

내국법인이 출연금등익금불산입명세서를 제출하지 아니한 경우에도 본 과세특례를 적용받을 수 있다(법인세과-935, 2011.11.21.). 또한 내국법인이 연구개발출연금 등을 지급받은 사업연도에 익금산입하여 법인세의 과세표준 및 세액을 신고한 경우에는 경정청구를 통하여 익금불산입할 수 있다(법인세과-455, 2011.7.11.).

2 연구인력개발비 세액공제등과 중복 배제

연구개발출연금등을 지급받아 연구개발비로 지출하는 금액은 제10조의 2 연구개발출연금 과세특례를 적용받지 않았더라도 그 과세특례 적용 여부와는 관계없이 법 제9조 연구 및 인력개발준비금 손금산입 및 법 제10조 연구및인력개발비 세액공제를 적용할 수 없다(조특령 §8 ①) (법인세과-66, 2011.1.25.)..

납세자에게 R&D 출연금 익금불산입과 R&D 세액공제(또는 R&D 준비금 손금산입) 중에서 선택할 수 있도록 하면 중복적용을 배제한 동 규정이 실효성을 잃기 때문이다. 신성장연구개발비 및 원천기술연구개발비와도 중복적용할 수 없다(조특령 §9 ② 단서 → §8 ① 1호).

상세내용은 제1절 Ⅱ. 4. 정부출연금의 제외를 참조하기 바란다.

기타 조세특례제한 등

구 분	내 용	참조 부분
최저한세	적용대상(조특법 §132 ①·②)	제20부 제4절
농어촌특별세	간접감면 제도이므로 농어촌특별세 과세대상에 해당하지 않음.	

제4절 [제12조] 기술이전 및 대여에 대한 세액감면 ★★☆

Ⅰ. 의의

중소기업 및 중견기업이 특허권, 실용신안권, 기술비법 또는 특정기술을 내국인에게 이전하는 경우 기술이전소득의 50%를 세액감면하고, 중소기업 및 중견기업이 특허권 등을 대여한 경우에는 대여소득의 25%를 세액감면한다.

연구개발 성과가 사장되는 것을 방지하며 활발한 기술거래를 유인하기 위하여 연구결과의 양도(투자회수)단계에서 양도인의 기술이전소득에 대하여 조세특례를 부여하며, 또한 기술대여소득에 대해서도 세액감면한다. 지식기반경제에서 기업경쟁력의 핵심인 기술의 사업화를 촉진하기 위하여 기업 간의 기술거래를 통해 기술개발에 투자한 자금을 원활하게 회수할 있도록 하기 위한 목적이다.

일몰기한은 2026.12.31.이다.

개정연혁

연 도	개정 내용
2019년	■ 기술취득금액 세액공제 적용기한 종료
2022년	■ 기술대여소득 세액감면의 주체에 중견기업 추가 ■ 기술비법 및 특정기술의 요건 중 한국산업기술진흥원에 등록되어 관리되어야 하는 요구 사항을 삭제

특허권을 취득한 경우 중소기업은 10%, 중견기업과 대기업은 취득금액의 5%를 세액공제하던 기술취득금액 세액공제는 실효성이 낮으므로 적용기한을 연장하지 아니하여 2019년 개정세법에서 폐지되었다.

본 과세특례는 기술이전소득 세액감면과 기술대여소득 세액감면의 2가지로 구성되어 있다. 그 요건과 특례의 내용이 각기 다르므로 구분하여 살펴보도록 한다.

Ⅱ. 기술이전소득 세액감면

중소기업 및 중견기업이 특허권, 실용신안권, 기술비법 또는 특정기술을 내국인에게 이전하는 경우, 기술이전소득의 50%를 세액감면한다.

1 주체

양도인은 중소기업과 중견기업으로 하며, 양수인은 내국인으로 한정된다.
중견기업의 범위는 상생결제 지급금액 세액공제를 참조하기로 한다(제2부 제4절 Ⅱ. 1-2 참조).
다만 특수관계인에게 이전한 경우는 제외된다. 특수관계인의 범위는 법인세법과 소득세법의 조항을 준용한다(조특법 §12 ①, 조특령 §11 ①).

1-1 법인세법상 특수관계인

법인세법상 특수관계인의 범위는 법인과 다음 중 어느 하나의 관계에 있는 자를 말한다. 이 경우 본인도 특수관계인의 특수관계인으로 본다(법령 §2 ⑤ → 국기법 §2 20호). 즉 특수관계에 해당하는지 여부는 그 쌍방관계를 기준으로 판단하므로,(법통 52-87…1 ②) A의 입장에서 거래상대방인 B가 특수관계인에 해당하면 B의 입장에서 A는 특수관계인이 된다.

법인세법상 특수관계인의 범위

구 분	법인세법상 특수관계인 (법령 §2 ⑤)
① 영향력 행사자와 그 친족	임원(법령 §40 ①)의 임면권의 행사, 사업방침의 결정 등 해당 법인의 경영에 대하여 사실상 영향력을 행사하고 있는 자❶ 와 그 친족(국기령 §1의 2 ①) 상법상 업무집행지시자 등을 이사로 보는 경우(상법 §401의 2 ①)를 포함함.
② 비소액주주등과 그 친족	소액주주등이 아닌 주주 또는 출자자(이하 "비소액주주등")와 그 친족. 소액주주등이란 발행주식총수❷ 의 1%❸ 미만 주식을 소유한 주주를 말하나, 지배주주와 특수관계인은 소액주주로 보지 아니함(법령 §50 ②).

구 분	법인세법상 특수관계인 (법령 §2 ⑤)
③ 임원·직원과 생계유지자 등	㉮ 해당 법인의 임원·직원 또는 비소액주주등의 직원❹(비소액주주등이 영리법인인 경우에는 임원, 비영리법인인 경우에는 이사 및 설립자)이나 ㉯ 직원 이외의 자로서 법인 또는 비소액주주등의 금전 기타 자산에 의하여 생계를 유지하는 자와 ㉰ 이들(㉮㉯)과 생계를 같이하는 친족❺
④ 1차 지배법인	해당 법인이 직접 또는 그와 ①부터 ③까지의 관계에 있는 자를 통하여 어느 법인의 경영에 대하여 지배적인 영향력❻ 을 행사하고 있는 경우 그 법인
⑤ 2차 지배법인	해당 법인이 직접 또는 그와 ①부터 ④까지의 관계에 있는 자를 통하여 어느 법인의 경영에 대하여 지배적인 영향력❻ 을 행사하고 있는 경우 그 법인
⑥ 2차 출자법인 등	해당 법인에 30% 이상을 출자하고 있는 법인에 30% 이상을 출자하고 있는 개인이나 법인. 법인세법에서는 출자에 의한 특수관계를 2단계까지만 인정함.
⑦ 기업집단	독점규제 및 공정거래에 관한 법률에 의한 동일 기업집단 소속 계열회사 및 그 계열회사의 임원❼

❶ 이때 사실상 영향력을 행사하는 자에는 개인과 법인이 모두 포함됨(재법인 46012-13, 2002.1.18.).
❷ 발행주식총수의 범위에는 의결권 없는 주식을 제외한다(서면2팀-1860, 2007.10.15.).
❸ 법인세법에서는 1% 미만 보유 주주를 소액주주로 보나, 기술이전 및 기술취득에 대한 과세특례에서는 30%로 그 비율을 상향하여 특수관계인의 범위를 좁게 설정하였다(조특령 §11 ① 후단).
❹ "주주 등의 사용인"이란 주주 등이 영리법인인 경우에는 그 법인의 임원만을 말하며, 그 법인의 사용인은 포함하지 아니한다(법인 46012-142, 1993.9.3.). 반면에 주주 등이 개인인 경우에는 모든 사용인이 해당된다.
❺ "생계를 유지하는 자"라 함은 당해 주주 등으로부터 급부를 받는 금전·기타의 재산수입과 급부를 받는 금전·기타의 재산운용에 의하여 생기는 수입을 일상생활비의 주된 원천으로 하고 있는 자를 말하며, "생계를 함께 하는 친족"이라 함은 주주 등 또는 생계를 유지하는 자와 일상 생활을 공동으로 영위하는 친족을 말한다(법통 52-87…2). 법인의 특정주주 1인과 사용인·기타 고용관계에 있지 않고, 단순히 당해 법인의 사용인·기타 고용관계에 있는 주주는 그 특정주주 1인과는 (특수관계에 해당하는) 사용인·기타 고용관계에 해당하지 않는다(국기통 39-20…2).
❻ 지배적인 영향력을 행사하고 있는지 여부는 다음과 같다(국기령 §1의 2 ④).

> 1. 영리법인인 경우
>   가. 법인의 발행주식총수 또는 출자총액의 30% 이상을 출자한 경우
>   나. 임원의 임면권의 행사, 사업방침의 결정 등 법인의 경영에 대하여 사실상 영향력을 행사하고 있다고 인정되는 경우
> 2. 비영리법인인 경우
>   가. 법인의 이사의 과반수를 차지하는 경우
>   나. 법인의 출연재산(설립을 위한 출연재산만 해당한다)의 30% 이상을 출연하고 그 중 1인이 설립자인 경우

❼ 다른 계열회사에서 퇴직한 임원은 특수관계인에 해당되지 않는 것임(기준법령법인-0301, 2021.4.21.).

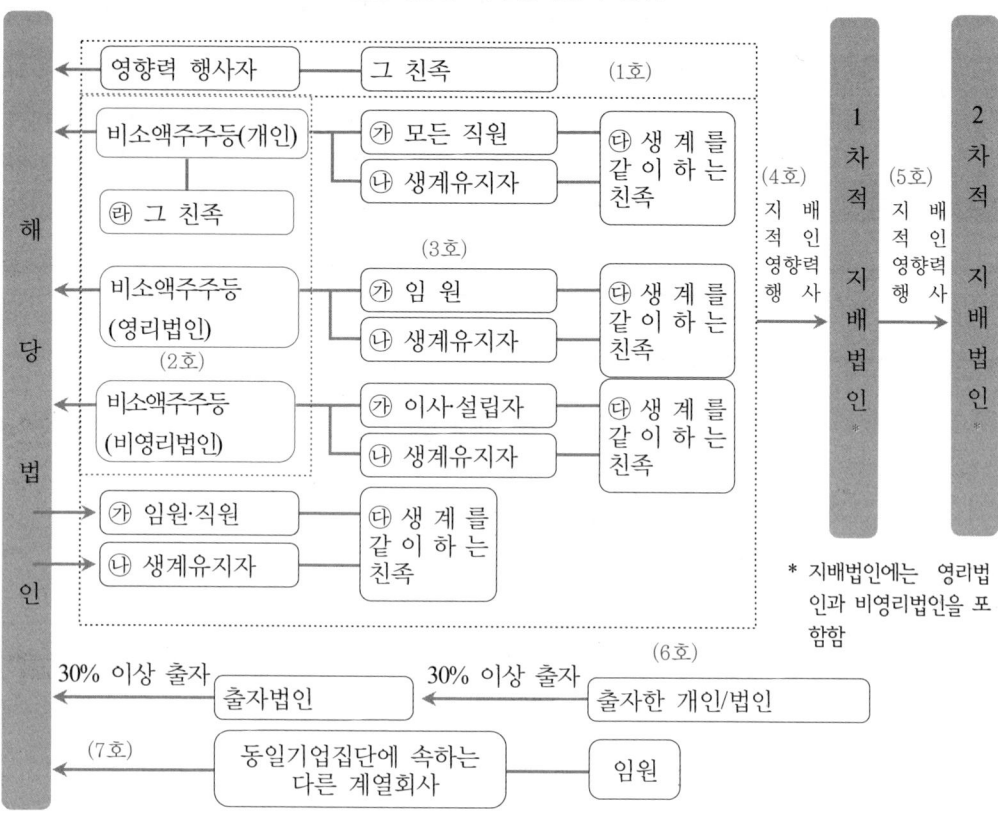

법인세법상 특수관계인의 범위

1-2 소득세법상 특수관계인

소득세법상 특수관계인의 범위는 국세기본법상의 범위를 준용한다(소령 §98 ① → 국기령 §1의 2 ①·②·③ 1호).

소득세법상 특수관계인의 범위

구 분	소득세법상 특수관계인
1항 친족관계	① 4촌 이내의 혈족 ② 3촌 이내의 인척 ③ 배우자(사실혼 포함) ④ 친생자로서 다른 사람에게 친양자 입양된 자 및 그 배우자·직계비속 ⑤ 주주 1인이 민법에 따라 인지한 혼인 외 출생자의 생부나 생모
2항 임원사용인 등 경제적 연관관계	① 임원과 그 밖의 사용인❼ ② 본인의 금전이나 그 밖의 재산으로 생계를 유지하는 자 ③ ① 및 ②의 자와 생계를 함께하는 친족

구 분	소득세법상 특수관계인
3항 주주·출자자 등 경영지배관계	① 본인이 개인인 경우 ㉮ 본인이 직접 또는 그와 친족관계 또는 경제적 연관관계에 있는 자를 통하여 법인의 경영에 대하여 지배적인 영향력❷ 을 행사하고 있는 경우 그 법인 ㉯ 본인이 직접 또는 그와 친족관계, 경제적 연관관계 또는 가목의 관계에 있는 자를 통하여 법인의 경영에 대하여 지배적인 영향력❷ 을 행사하고 있는 경우 그 법인

❶ 단순히 특정법인의 서로 다른 임원이라는 사유만으로는 "특수관계 있는 자"에 해당하지 아니함(서이 46012-11902, 2003.10.31.).
❷ 지배적인 영향력은 법인세법상 특수관계인을 참조하기 바람.

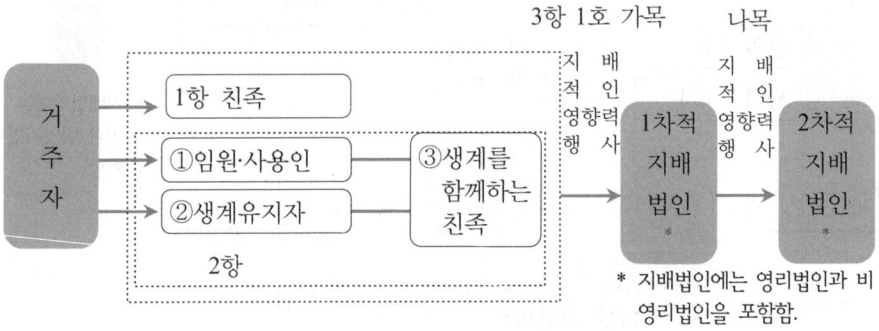

소득세법상 특수관계인의 범위

② 요건

특례 대상 기술의 요건 비교

구 분	요 건
특허권 및 실용신안권	■ 해당 기업이 국내에서 자체 연구·개발 ■ 최초로 설정등록 받을 것
기술비법 및 특정기술	■ 해당 기업이 국내에서 자체 연구·개발 ■ 수입금액기준 등을 충족할 것

2-1 특허권 및 실용신안권

(1) 특허권 및 실용신안권의 정의

특허법상의 특허는 산업에 이용할 수 있는 신규 발명1)을 확인하는 행정처분을 말한다.

특허는 기술 개발을 촉진하기 위하여 지적 발명을 다른 사람이 모방하지 못하도록 함으로써 지적 발명자를 보호하는 제도이다.

실용실안권의 사전적 정의를 보자면, 실용신안이란 고도의 기술인 발명을 보호하는 특허권에 미치지 못하는 실용적인 기술사상의 고안을 말한다. 실용신안의 보호 대상은 물품의 형상·구조·조합에 관한 고안[2]이다.

(2) 자가창설 및 최초 설정등록 요건

특허권 및 실용실안권은 해당 기업이 국내에서 자체 연구·개발하여야 하고, 특허법 및 실용신안법에 따라 최초로 설정등록 받아야 한다(조특령 §11 ③ 1호).

특허권 및 실용신안권은 설정등록에 의해 발생한다(특허법 §87 ①, 실용실안법 §21 ①). 따라서 **특허 출원(出願)중인 기술**은 특허권을 취득할 수 있는 권리에 해당하여 **공제대상에서 제외된다**(서면2팀-1933, 2005.11.28.; 법인 46012-1961, 1998.7.16.). 실용신안 등록 출원 중인 경우에도 제외한다.

다만 특허 출원 중인 기술 또는 실용신안 등록 출원 중인 기술이 후술하는 2-2 특정기술의 요건을 충족하는 경우에는 공제대상이 될 수 있다.

종전에는 자가창설 및 최초 설정등록에 대한 명문의 규정이 없었으나, 2017년 개정세법에서 국내에서 자체 연구·개발할 것 등을 요건으로 명시하였다. 2017.1.1. 이후 특허권, 실용실안권, 기술비법 또는 특정기술을 이전·취득 및 대여하는 경우부터 적용한다(2017.2.7. 개정된 시행령 부칙 §4) 개정 규정에도 불구하고 2017.1.1. 전에 특허권등을 이전·취득한 분에 대해서는 종전의 규정에 따른다(2016.12.20. 개정된 법 부칙 §40).

2-2 기술비법 및 특정기술

(1) 기술비법

(1-1) 기술비법의 범위

기술비법이란 해당 기업이 자체 연구·개발한 것으로서 과학기술분야에 속하는 기술비법을 말한다(조특령 §11 ③ 2호). 다만 공업소유권, 「해외건설 촉진법」에 의한 해외건설 엔지니어링활동 또는 「엔지니어링산업 진흥법」에 의한 엔지니어링활동과 관련된 기술비법을 제외한다.

---

1) "발명"이란 자연법칙을 이용한 기술적 사상의 창작으로서 고도(高度)한 것을 말한다(특허법 §2 1호).
2) "고안"이란 자연법칙을 이용한 기술적 사상의 창작을 말한다(실용신안법 §2 1호).

기술비법에는 제품 제조를 위한 조업 및 정비기술 등 제조공정·공식 또는 산업상 기술정보를 포함하는 것이나, 이미 공개된 타인의 기술비법을 개량하여 발전시킨 경우와 국내에서 당해 기술비법을 이용하여 생산한 제품과 동종의 제품이 다른 방법으로 생산되는 경우에는 기술비법으로 볼 수 없다(법인 46012-200, 2000.1.20.).

(1-2) 공업소유권의 제외

공업소유권은 기술비법에서 제외된다. 사전적 정의를 보자면, 공업소유권이란 공업상의 발명·디자인 등의 생산·사용·양도 등을 독차지하는 권리를 말하며, 특허권·실용신안권·상표권·디자인권[3])의 네 가지 분류로 나뉜다.

공업소유권의 기술이전소득 세액감면 적용 여부

구분	감면 여부
특허권	■ 등록된 특허권 - 감면 가능 ■ 출원된 특허권 - 특정기술의 요건을 갖춘 특허권만 감면 가능
실용신안권	■ 등록된 실용신안권 - 감면 가능 ■ 출원된 실용신안권 - 특정기술의 요건을 갖춘 실용실안권만 감면가능
디자인권	등록 또는 출원된 디자인권 - 특정기술의 요건을 갖춘 디자인권만 감면가능
상표권	감면 불가

공업소유권의 본 특례 적용 여부를 살펴보면, 특허권 및 실용신안권은 전술한 바와 같이 조특법상 공제대상으로 별도로 열거되어 있으므로 공제 가능하다. 등록 또는 출원된 디자인권은 후술하는 특정기술의 대상으로 포함되어 있지만, 상표권은 열거되어 있지 않으므로 상표권은 본 특례가 적용되지 아니한다.

등록 이전의 출원된 공업소유권이 기술비법에 포함될 수 있는지 여부가 법문상 명확하지 않다. 저자의 의견으로는 (등록된) 공업소유권을 기술비법에서 제외하므로, 등록 이전의 출원단계에서의 공업소유권은 그 기술로서의 보호 가치가 더 작기 때문에 기술비법에서 제외하는 것이 타당하다고 판단된다.

(2) 기술이전법에 따른 특정기술

특정기술은「기술의 이전 및 사업화 촉진에 관한 법률」(이하 "기술이전법")에 따른 다음의

---
[3] "디자인"이란 물품(물품의 부품 및 글자체 포함)의 형상·모양·색채 또는 이들을 결합한 것으로서 시각을 통하여 미감(美感)을 일으키게 하는 것으로(디자인보호법 §2 1호), 특허법에서는 종전의 의장권이라는 용어 대신 디자인권이라는 용어를 사용하므로 본서에서도 디자인권이라는 용어를 사용함.

기술을 말한다(조특령 §11 ③ 3호 → 기술이전법 §2 1호).
㉮ 「특허법」 등 관련 법률에 따라 등록 또는 출원된 특허, 실용신안, 디자인, 반도체집적회로의 배치설계 및 소프트웨어 등 지식재산
㉯ ㉮의 기술이 집적된 자본재(資本財)
㉰ ㉮ 또는 ㉯의 기술에 관한 정보
㉱ 이전 및 사업화가 가능한 기술적·과학적 또는 산업적 노하우(기술이전법 시행령 §2)

종전에는 기술이전법에 따른 특정기술로서 한국산업기술진흥원 또는 기술거래기관을 통하여 취득하는 경우에만 공제대상으로 하였으나, 2017년 개정세법에서 기술거래기관 등 취득 요건을 삭제하고 후술하는 수입금액기준 등 요건으로 대체하였다. 그 부칙 규정은 2-1 (2)와 동일하다.

2017년 개정 전후 기술비법 및 특정기술의 요건 비교

구 분		2017년 개정 전	2017년 개정 후
기술비법	자가창설	스스로 연구개발	국내에서 자체 연구개발
	수입금액기준	규정 없음	500억원 이하 신설
	특허권 매출기준	규정 없음	70억원 이하 신설
	등록 등	규정 없음	한국산업기술진흥원에 등록·관리 → 21년말 삭제
특정 기술	자가창설	규정 없음	국내에서 자체 연구개발
	수입금액기준	규정 없음	500억원 이하 신설
	특허권 매출기준	규정 없음	70억원 이하 신설
	등록 등	한국산업기술진흥원 또는 기술거래기관을 통하여 취득	한국산업기술진흥원에 등록·관리 → 21년말 삭제

(3) 자가창설 및 수입금액기준 등 요건

기술비법 및 특정기술은 해당 기업이 국내에서 자체 연구·개발하여야 하며 수입금액기준 등 요건을 충족하여야 한다.

(3-1) 자가창설

해당 기업이 국내에서 자체 연구·개발하여야 한다. 타인으로부터 양수받은 기술비법 등을 이전하는 경우에는 세액감면을 적용받을 수 없다.

합병의 경우에는 민법상 법률의 규정에 의한 포괄적 승계이므로(인격 승계) 피합병법인이 독자적으로 연구개발한 기술비법은 합병법인이 승계하여도 공제대상이 되나, 영업양도

의 경우에는 당사자 간의 채권계약에 의한 이전이므로 사업양수인이 기술비법을 승계하여도 공제대상이 될 수 없다(부산고법 2007누4964, 2008.4.25.).

(3-2) 수입금액기준 등 요건

수입금액기준 등 요건이란 다음의 요건을 모두 충족하는 경우를 말한다(조특칙 §8의 7).
① 수입금액기준

해당 기업의 직전 5개 과세연도 매출액의 평균금액이 500억원 이하이어야 한다. 해당 기업이 중소기업기본법상 관계기업(중기령 §2 3호)에 속하는 경우에는 해당 관계기업을 기준으로 매출액의 평균금액을 산정한다[제2부 제1절 II. 3-3 (2) 참조].

매출액 계산방법은 '중소기업 규모기준 판정 시 매출액 산정방식' 규정을 준용하며, 과세연도가 1년 미만인 과세연도의 매출액은 1년으로 환산한다. 매출액은 기업회계기준에 따라 작성한 손익계산서(I/S)상의 매출액으로 하되, 창업·분할·합병의 경우에는 등기일의 다음 날(창업의 경우에는 창업일)이 속하는 과세연도의 매출액을 연간 매출액으로 환산한 금액을 매출액으로 한다(조특령 §2 ④ → 조특칙 §2 ④). 상세 내용은 제2부 제1절 II. 2-2를 참조하기 바란다.

② 특허권등 매출액기준

해당 기업이 특허권등(조특령 §11 ③ 각 호)을 거래하여 얻은 직전 5개 과세연도의 매출액의 평균금액이 70억원 이하일 것

종전에는 기술비법의 경우에만 자가창설을 요건으로 하였으나, 2017년 개정세법에서 특정기술의 경우에도 자가창설을 요건으로 규정하였다. 또한 수입금액기준 등 요건을 신설하여 기술비법과 특정기술 양자에 적용하도록 하였다. 그 부칙 규정은 2-1 (2)와 동일하다.

종전에는 한국산업기술진흥원에 등록되어 관리되는 기술비법 또는 기술일 것을 요건으로하였으나 2022년 세법개정에서 삭제함.

2-3 기술의 이전 (양도)

2014년 본 제도가 재도입되면서 이전의 구체적 범위를 규정하고 있지 아니하여 이전의 범위가 명확하지 않은 문제점이 있다.

2005년 폐지 전 규정에 의하면 기술이전의 범위를 특허권·실용신안권의 경우는 양도·대여, 기술비법의 경우는 제공, 특정기술의 경우는 양도·대여·제공으로 규정하였다(2005. 12.31. 폐지 전 구 조특법 §12). "대여"란 전용실시권 및 통상실시권(특허법 §100·§102)을 설정 또는 허락하는 경우를 말하고,(서면2팀-1949, 2004.9.20.) "제공"이란 계약에 의한 이전을 말하며,

"양도"란 매매계약에 의한 유상취득을 의미한다.

그러나 2015년 개정세법에서 자가창설한 특허권, 실용신안권 및 기술비법을 '대여'하는 경우의 세액감면을 별도로 신설하였으므로, 반대해석상 이전의 범위에는 대여가 포함되지 않는 것으로 본다. 따라서 본 기술이전소득 세액감면의 이전은 양도만을 포함하는 것으로 판단된다.

3 감면세액

기술을 이전함으로써 발생하는 소득에 대해서는 해당 소득에 대한 소득세 또는 법인세의 50%를 세액감면한다.

$$감면세액 = 산출세액 \times \frac{기술이전소득^{❶}}{과세표준} \times \frac{50}{100}$$

❶ 이때 해당 과세연도 및 직전 4개 과세연도에 특허권등에서 발생한 손실이 있는 경우에는 특허권등을 이전함으로써 발생하는 소득을 계산할 때 그 소득에서 해당 손실금액을 뺀다(조특법 §12 ④).

법인의 경우에는 기술이전소득이 각 사업연도 소득으로 과세되므로 해당 기술이전소득에 대해 감면율을 곱하여 감면세액을 계산한다.

개인의 경우에는 계속적 반복적으로 특허권 등을 양도하고 받는 대가는 사업소득에 해당하나, 사업성이 없는 특허권등의 양도 대가는 기타소득(소법 §21 7호)에 해당한다(소통 19-0…6; 국심 2007서4672, 2008.7.23.). 각 소득별로 감면율을 곱하여 계산한다.

2018년 개정세법에서 직전 5개 연도의 특허권등 발생 손실을 차감하여 감면세액을 계산하도록 변경하였다.

- 내국인이 기술비법을 제공하던 중 **계약내용이 변경되어** 추가 지급받는 소득이 있는 경우에도 당해 소득이 기술비법을 제공함으로써 발생하는 소득에 해당되는 경우에는 세액감면을 적용받을 수 있다(서면2팀-191, 2004.2.11.).
- 특허권을 설정등록한 거주자가 당해 특허권을 내국인에게 양도함으로써 발생하는 소득에 대하여는 과세특례를 적용하나, 당해 특허권자에게 고용되어 연구에 종사한 직원이 당해 특허권자로부터 연구대가로 지급받는 금액에 대하여는 과세특례가 적용되지 않는다(소득 46011-1780, 1995.6.30.).
- 법인이 특허권을 매입하는 경우, 당해 **특허권의 취득시기는** 대금청산일·소유권이전등록일 중 빠른 날로 한다(서면2팀-1101, 2008.6.3.).

● 참고로 지적재산권의 공급은 부가가치세 과세대상에 해당하는 것으로서 지적재산권을 사업상 독립적으로 공급하는 경우에는 부가가치세가 과세된다(법인 46012-1481, 2000.7.3.).

Ⅲ. 기술대여소득 세액감면

중소기업 및 중견기업이 자가창설한 특허권, 실용신안권, 기술비법 및 특정기술을 대여하는 경우, 기술대여소득의 25%를 세액감면한다.

1 주체

대여자는 중소기업과 중견기업을 대상으로 하며, 기술을 대여받아 사용하는 자에는 제한이 없다. 즉 기술이전소득 세액감면의 경우 양수인이 내국인으로 한정됨에 반하여, 기술대여소득 세액감면의 경우에는 외국인에게 대여하는 경우에도 감면이 적용됨에 유의하여야 한다. 중견기업의 상세내용은 제2부 제4절 상생결제 지급금액 세액공제의 Ⅱ. 1-2를 참조하기 바란다(조특령 §6의 4 ①).

다만 특수관계인에게 대여한 경우는 제외된다(조특법 §12 ③). 특수관계인의 범위는 기술이전소득 세액감면의 경우와 같다(조특령 §11 ①).

2022년 세법개정에서 특허권 등 기술을 대여하여 발생하는 기술대여소득의 세액감면 대상을 종전 중소기업에서 중견기업의 기술대여소득까지 확대하였다.

2 요건

2-1 대상 기술

세액공제대상은 특허권, 실용신안권 및 기술비법으로 한다(조특령 §11 ⑤ → ③ 1호 및 2호). 특정기술은 제외된다.

대상 기술은 자체 연구·개발한 것이어야 한다.

대상 기술의 내용은 기술이전소득 세액감면의 대상 기술과 동일하다.

2017년 개정세법에서 수입금액기준 등 요건을 신설하여 기술비법에 적용하도록 하였다. 그 부칙 규정은 Ⅱ. 2-1 (2)를 참조하기로 한다.

2-2 기술의 대여

특허권 및 실용신안권의 "대여"란 전용실시권 및 통상실시권(특허법 §100·§102)을 설정 또는 허락하는 경우를 말한다(서면2팀-1949, 2004.9.20.). 기술비법의 경우에는 당사자 간의 계약에 의한 대여를 말한다.

3 감면세액

기술을 대여함으로써 발생하는 소득에 대해서는 해당 소득에 대한 소득세 또는 법인세의 25%를 세액감면한다.

$$감면세액 = 산출세액 \times \frac{기술대여소득^{❶}}{과세표준} \times \frac{25}{100}$$

❶ 이때 해당 과세연도 및 직전 4개 과세연도에 특허권등에서 발생한 손실이 있는 경우에는 특허권등을 대여함으로써 발생하는 소득을 계산할 때 그 소득에서 해당 손실금액을 뺀다(조특법 §12 ④).

2018년 개정세법에서 직전 5개 연도의 특허권등 발생 손실을 차감하여 감면세액을 계산하도록 변경하였다.

Ⅳ. 조세특례제한 등

1 절차

기술이전소득 세액감면과 기술대여소득 세액감면의 경우에는 세액감면신청서(별지 제2호 서식 및 부표)를, 기술취득금액 세액공제의 경우에는 세액공제신청서[별지 제1호 서식 및 부표(2)]를 납세지 관할세무서장에게 제출하여야 한다(조특령 §11 ⑥).

2 중복지원의 배제 적용 제외

중복적용 배제 조항에 해당하지 않는다.
예를 들어 기술취득금액 세액공제와 임시투자세액공제(현재 고용증대특별세액공제)는 중복지원 배제가 적용되지 아니한다(서면2팀-270, 2006.2.3.).

3 추계과세 시 등의 배제

추계과세 시 기술취득금액 세액공제가 배제된다(조특법 §128 ①).
또한 다음의 세무상 의무위반 조항 위배 시 기술이전소득 세액감면과 기술대여소득 세액감면이 배제된다(조특법 §128 ②~④).
- 결정 또는 기한 후 신고 시 감면배제
- 경정 등의 부정과소신고금액에 대한 감면배제
- 세법상 협력의무위반에 대한 감면배제

제20부 제2절 부분을 참조하기 바란다.

기타 조세특례제한 등

구 분	내 용	참조 부분
최저한세	적용대상(조특법 §132 ①·②)	제20부 제4절
세액공제액의 이월공제	기술취득금액 세액공제 허용(조특법 §144 ①·②)	제21부 제2절
농어촌특별세	비과세(농특령 §4 ⑥ 1호)	

제5절 [제12조의 2] 연구개발특구에 입주하는 첨단기술기업 등에 대한 법인세 등의 감면 ★★☆

Ⅰ. 의의

연구개발특구에 입주한 첨단기술기업과 연구소기업이 생명공학산업·정보통신산업·정보통신서비스제공산업 및 첨단기술 및 첨단제품과 관련된 사업을 영위하는 경우에 법인세 또는 소득세를 3년간 100%, 그 다음 2년간 50%를 감면하는 제도이다.

본 특례는 대덕특구를 지속 발전형 혁신클러스터로 육성하기 위하여 2006년 말에 신설된 지역특구 세제지원 제도의 하나이다. 연구소기업과 첨단기술기업은 특구의 지정 목적 및 육성 방향에 가장 적합한 기업형태로서, 본 특례는 동 기업 등의 유치 및 창업 활성화를 목적으로 한다.

일몰기한은 2025.12.31.이다.

개정연혁

연 도	개정 내용
2019년	■ 고용기준 한도 증액 : 1천만원 → 1천5백만원(청년 및 서비스업 상시근로자 2천만원) ■ 서비스업의 투자제외방식 한도 계산 폐지
2020년	■ 감면한도 계산 시 투자누계액의 대상이 되는 사업용 자산 등의 범위 명확화
2022년	■ 감면대상 사업장의 사업을 폐업하거나 사업장을 특구지역 외의 지역으로 이전한 경우에 대한 사후관리 규정 신설
2023년	■ 청년 연령 범위 상한을 29세에서 34세로 상향 ■ 입주기업의 지정·등록이 취소되는 경우 등에 감면 종료 시점 명확화

Ⅱ. 요건 (감면주체)

「연구개발특구의 육성에 관한 특별법」(이하 "연구개발특구법")에 따라 ① 연구개발특구에 입주한 기업으로서, ② 동법에 따라 지정을 받은 첨단기술기업과 등록된 연구소기업이 ③ 생명공학산업·정보통신산업·정보통신서비스제공산업 등을 영위하여야 한다(조특법 §12의 2 ①).

1 연구개발특구 입주기업 (감면지역)

연구개발특구(클러스터)란 연구개발을 통한 신기술의 창출 및 연구개발 성과의 확산과 사업화 촉진을 위하여 조성된 지역을 말한다(연구개발특구법 §2 1호).

"입주"란 특구에서의 창업과 특구로의 이전을 포함한 개념이다. 연구개발특구에 입주하기 위하여는 과학기술통신부장관의 입주승인을 받아야 한다(연구개발특구법 §37 ①).

연구개발특구는 2005년 대덕특구가 최초로 지정되었으며, 이후 2011년 광주특구 및 대구특구, 2012년 부산특구, 2015년 전북특구가 추가지정되었다.[1]

2 첨단기술기업 또는 연구소기업

연구개발특구에 입주한 기업으로서 연구개발특구법에 따라 첨단기술기업으로 지정을 받거나 연구소기업으로 등록되어야 한다.

2-1 첨단기술기업의 지정

"첨단기술기업"이란 특구에 입주한 기업 가운데 정보통신기술, 생명공학기술, 나노기술 등 기술집약도가 높고 기술혁신 속도가 빠른 기술분야의 제품을 생산·판매하는 기업으로서 첨단기술기업으로 지정을 받아야 한다(연구개발특구법 §2 3호). 국내외 특허권(전용실시권 포함)을 보유하고 이를 활용하여 제품을 생산·판매하며, 연간 총매출액에서 연구개발비 및 매출액이 차지하는 비율이 일정 이상이며 특구에 입주할 것을 요건으로 한다(연구개발특구법 §9 ①).

---

[1] 연구개발특구진흥재단 홈페이지 참조(https://www.innopolis.or.kr/)

과세관청의 유권해석에서는 **첨단기술기업의 지정요건을 존속요건**으로 보고 있다. 즉, 감면기간 중에 첨단기술기업 지정의 유효기간이 만료되어 첨단기술기업에 해당하지 않는 경우에는 그 사유가 발생한 날이 속하는 사업연도부터 세액감면을 적용받을 수 없으나, 잔존 감면기간 중에 첨단기술기업으로 다시 지정받은 경우에는 그 재지정일이 속하는 사업연도부터 잔존감면기간 동안 동 감면을 적용받을 수 있다(법규법인 2011-0013, 2011.1.14.; 같은 뜻 부산지법 2023구합20103, 2023.9.14.).

적격분할요건을 갖춘 분할신설법인이 첨단기술기업 지정서를 재발급받은 경우에는 잔존 감면기간 동안 감면을 적용한다. 분할존속법인이 첨단기술기업 지정이 취소되는 경우, 존속법인은 취소일이 속하는 사업연도부터 감면 적용이 배제된다(법인세과-297, 2011.4.25.).

2-2 연구소기업의 등록

"연구소기업"이란 공공연구기관의 기술을 직접 사업화하기 위하여 특구 안에 설립된 기업으로서 연구소기업으로 등록하여야 한다(연구개발특구법 §2 6호). 특구 내에서 공공기관 등이 출자총액의 일정비율 이상을 출자하여야 하며, 공공연구기관의 기술을 직접 사업화하기 위한 목적으로 설립되어야 한다(연구개발특구법 §9의 3 ③).

3 감면업종

세액감면의 대상 업종은 생명공학산업·정보통신산업·정보통신서비스 제공산업 및 첨단기술 및 첨단제품과 관련된 사업이다(조특령 §11의 2 ①).

① 생명공학(생명공학육성법 §2 1호)과 관련된 사업으로 종자 및 묘목생산업, 수산물부화 및 수산종자생산업을 포함한다.
② 정보통신산업(정보통신산업 진흥법 §2 ②)
③ 정보통신서비스 제공산업(정보통신망 이용촉진 및 정보보호 등에 관한 법률 §2 ① 2호)
④ 첨단기술 및 첨단제품과 관련된 산업은 산업발전법에 따른 산업통상자원부장관의 고시[2] 별표 1로 한다.

---

[2] 「첨단기술 및 제품의 범위」 고시(산업통상자원부고시 제2022-36호, 2022.2.28. 일부개정)

Ⅲ. 세액감면

1 감면소득

감면소득은 입주기업이 감면대상사업을 하는 경우 그 사업에서 발생한 소득이다. 첨단기술제품을 직접 판매하는 경우는 물론 임대방식으로 수익을 창출하는 경우도 감면소득에 포함된다(법인세과-1339, 2009.11.30.).

"그 사업에서 발생한 소득"이란 ① 해당 특구 내의 사업장에서 감면대상사업의 활동이 모두 이루어져 발생한 소득, ② 해당 특구 내의 사업장에서 감면대상사업의 활동이 대부분 이루어지고 해당 특구 외의 장소는 사업장으로 볼 수 없는 경우에 발생한 소득, ③ 해당 특구 내의 사업장에서 감면대상사업의 활동이 일부 이루어지고 해당 특구 외의 사업장에서도 일부 사업활동이 이루어지는 경우 해당 특구 내 사업장의 사업활동에 따라 발생한 것으로 구분되는 소득분 등이다[재조특-266, 2012.3.30. (조특법 §121의 8 제주첨단과학기술단지 입주기업); 서면법인-0898, 2020.8.12.].

사업장별로 구분되지 않는 소득은 구분경리 규정(법칙 §76 ⑥)에 따라 수입금액 또는 매출액, 국세청장이 정하는 작업시간·사용시간·사용면적 등의 기준에 의하여 안분계산하며, 이를 모두 적용할 수 없거나 적용하는 것이 불합리한 경우에는 근무인원의 기준에 의해서 감면대상소득을 안분계산할 수 있다.

사업장 소재지가 연구개발특구로 지정된 경우, **특구 지정일 이후의 해당 사업장에서 발생한 소득**에 대해 감면대상소득으로 적용하며, 이 경우 감면기간은 요건을 모두 갖춘 기업의 감면대상소득이 최초로 발생한 날이 속하는 과세연도의 개시일부터 적용한다(서면법인-3733, 2020.8.12.). 한편, 지정 후 입주한 경우에는 **특구로 입주한 이후의 해당 사업장에서 발생한 소득**에 대해 감면대상소득으로 적용한다(서면법인-3545, 2020.8.5.).

- 감면주체에 해당하지 않는 법인(A)이 연구개발특구에 입주하여 첨단기술기업으로 지정 받은 다른 회사(B)를 **합병**한다면 해당 법인(A)의 합병 전 기존 사업장에서 발생한 소득은 감면소득에 포함되지 않는다(서면2팀-788, 2008.4.28.).
- 첨단기술기업으로 기지정된 기술만을 활용하여 제품을 생산·판매하는 경우뿐 아니라, 첨단기술기업으로 지정된 기업이 감면대상사업을 영위하면 감면적용이 가능하다. 따라서 지정 후 새로이 취득한 특허기술을 활용하여 제품을 생산·판매하는 경우 동 활동이 지정받은 대상 특허기술이 아닌 경우에도 감면대상사업에 해당하는 경우라면 감면소득에 포함된다(법인세과-130, 2011.2.17.).

2 감면세액

$$감면세액 = 산출세액 \times \frac{감면소득}{과세표준} \times 감면율$$

감면율은 3년간 100%이고, 그 다음 2년간은 50%로, 총 감면기간은 5년이다. 사업개시일 이후 그 사업에서 최초로 소득이 발생한 과세연도의 개시일부터 3년 이내에 끝나는 과세연도에는 법인세 또는 소득세의 100%에 상당하는 세액을 감면하고, 그 다음 2년 이내에 끝나는 과세연도에는 법인세 또는 소득세의 50%에 상당하는 세액을 감면한다(조특법 §12의 2 ②).

다만 초기 결손 등으로 그 소득 발생이 지연될 수 있으므로, 지정을 받은 날 또는 등록한 날부터 5년이 되는 날이 속하는 과세연도까지 소득이 발생하지 않는 경우에는 5년이 되는 날이 속하는 과세연도를 최초 소득발생 과세연도로 본다.

본 감면을 적용받는 법인이 적격분할 요건을 갖추어 인적분할을 하고 분할신설법인이 분할법인의 감면대상사업을 승계하여 첨단기술기업 지정서를 재발급 받는 경우, 분할존속법인은 분할등기일이 속하는 사업연도의 개시일부터 분할등기일 전일까지 기존의 감면대상사업에서 발생한 소득에 대하여 본 특례에 따라 법인세를 감면받을 수 있다(재조특-581, 2011.6.24.).[3]

산출세액, 감면소득, 과세표준 등 상세내용은 제2부 제2절 창업중소기업세액감면의 내용을 참조하기 바란다.

3 감면한도

감면기간 동안 감면되는 소득세 또는 법인세의 누적합계액이 감면한도를 초과하는 경우에는 감면한도만큼 감면된다(조특법 §12의 2 ③). 감면한도를 초과하는 경우, 감면한도 금액에서 전년도까지 누적감면세액을 차감한 금액을 당해 연도 감면세액으로 한다.

감면한도는 투자금액기준 한도와 고용기준 한도의 합계로 계산한다.

---

[3] 이러한 경우 분할존속법인이 감면기간 중 첨단기술기업에 해당되지 않아 첨단기술기업 지정이 취소되는 경우에 분할존속법인은 취소일이 속하는 사업연도부터 본 세액감면을 적용받을 수 없다는 종전의 예규(법인세과-297, 2011.4.25.)는 본문의 예규와 상충되어 2019년 12월에 삭제되었다.

> 감면한도 = 투자금액기준 한도 + 고용기준 한도

감면한도의 적용순서는 투자금액기준 한도를 먼저 적용한 후, 고용기준 한도를 적용한다(조특법 §12의 2 ④). 투자금액기준 한도는 투자누계액을 기준으로 계산되므로, 투자금액기준 한도를 먼저 적용한다는 의미는 누적액으로 계산된 투자금액기준 한도를 먼저 적용하고, 후순위로 고용 감소로 인한 추징세액을 계산하겠다는 뜻이다. 4. 사후관리의 사례를 참조하기 바란다.

3-1 투자금액기준 한도

투자금액기준 한도는 투자누계액의 50%를 곱하여 산출한다.

> 투자금액기준 한도 = 투자누계액 × 50%

투자누계액이란 감면대상 사업연도까지 다음의 사업용 유형자산, 건설중인 자산, 무형고정자산에 대한 투자 누적액의 합계를 말한다(조특령 §11의 2 ③, 조특칙 §8의 3).

(가) 사업용 유형자산

해당 특구 등에 소재하거나 해당 특구 등에서 해당 사업에 주로 사용하는 사업용 유형자산이다.

토지 및 건축물, 기계장치 등의 유형고정자산이 포함된다. 고정자산 중 유형고정자산만을 대상으로 하므로 재고자산, 투자자산은 대상에서 제외된다. 또한 사업용이어야 하므로 업무무관자산은 제외된다.

2020년 개정세법에서 지역특구 세액감면 제도의 감면한도 계산 시 투자누계액이 되는 사업용 유형자산 및 건설중인 자산의 경우 지역특구 내에 소재하거나 지역특구 내에서 사용하는 자산으로 한정됨을 명확히 하였다.

(나) 건설 중인 자산

해당 특구 등에 소재하거나 해당 특구 등에서 해당 사업에 주로 사용하기 위해 건설중인 자산이다.

건설 중인 자산은 사용 전의 자산이므로 사업용 유형자산에는 포함되지 않지만, 본 특례에서는 별도로 투자금액의 한도에 포함하여 투자가 진행 중인 경우에도 감면이 가능토록 하였다.

(다) 무형자산

투자누계액에 포함되는 무형자산은 법인세법 시행규칙 별표 3에 따른 무형자산으로 한정하고 있다. 따라서 영업권, 디자인권, 실용신안권, 상표권, 특허권 등 별표 3에서 규정된 무형자산을 포함한다. 반면에 별표 3에서 규정되지 않고 독자적인 상각방법을 적용하는 개발비, 사용수익기부자산가액, 주파수이용권, 공항시설관리권, 항만시설이용권(법령 §24 ① 2호 바목부터 아목까지의 자산)의 경우에는 투자누계액에서 제외된다.

법인세법 시행규칙 [별표 3] 무형자산의 내용연수표 <개정 2019.3.20.>

구분	내용연수	무형자산
1	5년	영업권, 디자인권, 실용신안권, 상표권
2	7년	특허권
3	10년	어업권, 「해저광물자원 개발법」에 의한 채취권(생산량비례법 선택적용), 유료도로관리권, 수리권, 전기가스공급시설이용권, 공업용수도시설이용권, 수도시설이용권, 열공급시설이용권
4	20년	광업권(생산량비례법 선택적용), 전신전화전용시설이용권, 전용측선이용권, 하수종말처리장시설관리권, 수도시설관리권
5	50년	댐사용권

3-2 고용기준 한도

고용기준 한도(고용기준 인센티브)는 감면사업장 상시근로자 수에 1천5백만원을 곱한 금액으로 한다. 단, 청년 상시근로자와 서비스업을 하는 감면대상사업장의 상시근로자의 경우에는 2천만원으로 한다.

> 고용기준 한도 = 감면사업장 상시근로자 수 × 1,500만원(청년 등 2,000만원)

종전에는 상시근로자 수에 1,000만원을 곱한 금액과 투자누계액의 20% 중 적은 금액을 고용기준 한도로 하였으나, 2019년 개정세법에서 상시근로자 수에 1,500만원(청년 및 서비스업 상시근로자는 2,000만원)을 곱한 금액을 한도로 하여 고용기준한도를 증액하였다. 반면에 종전 서비스업에 적용되던 투자제외방식 계산 방식은 폐지하였다. 2019.1.1. 전에 연구개발특구에 입주한 기업에 대해서는 개정규정에도 불구하고 종전의 규정에 따른다(2018.12.24. 개정된 법률 부칙 §39).

(1) 상시근로자

상시근로자의 범위는 고용창출투자세액공제의 규정을 준용한다(조특령 §11의 2 ⑥ 1호 → §23 ⑩). 상세 내용은 제6부 제5절 통합고용세액공제 Ⅱ. 2. 및 Ⅲ. 3.을 참조하기 바란다.

상시근로자 수는 다음 계산식에 따라 계산한 수로 한다. 100분의 1 미만의 부분은 없는 것으로 한다(조특령 §11의 2 ⑦ 1호). 즉, 소수 셋째자리에서 절사한다.

$$\text{상시근로자 수} = \frac{\text{매월 말 현재 상시근로자 수의 합}}{\text{해당 과세연도의 개월수}}$$

단시간근로자 등의 요건 및 수의 계산에 관하여는 고용창출투자세액공제 규정을 준용한다(조특령 §11의 2 ⑦ → §23 ⑪ 후단). 제6부 제5절 Ⅱ. 3-1을 참조하기 바란다.

(2) 청년 상시근로자

청년 상시근로자의 범위는 통합고용세액공제의 규정을 준용한다(조특령 §11의 2 ⑥ 2호 → §26의 8 ③ 1호). 상시근로자 중 15세 이상 34세 이하인 자로서 병역이행기간은 연령에서 빼고 계산한다. 상세한 내용은 제6부 제5절 Ⅱ. 2-1 (2)를 참조하기로 한다.

청년상시근로자 수의 계산 및 단시간근로자 등의 요건 및 수의 계산은 위 상시근로자와 동일하다(조특령 §11의 2 ⑦ 2호).

2023년 세법 개정에서 청년에 대한 세제지원 강화를 위하여 종래 청년의 연령을 15세 이상 29세 이하로 하였으나, 34세 이상으로 상한을 상향함. 영 11조의 2 제6항 2호의 개정규정(영 61조 6항, 99조의 8 제5항, 116조의 14 제4항, 116조의 15 제7항, 116조의 21 제6항, 116조의 25 제5항, 116조의 26 제6항 및 116조의 27 제6항에 따라 준용되는 경우를 포함함)은 2023.1.1. 이후 개시하는 과세연도의 청년 상시근로자 수를 계산하는 경우부터 적용함(2023.2.28. 개정된 시행령 부칙 §3).

(3) 서비스업 상시근로자

서비스업이란 농업, 임업 및 어업, 광업, 제조업, 전기, 가스, 증기 및 수도사업, 건설업, 소비성서비스업(영 §29 ③)을 제외한 사업을 말한다(조특령 §11의 2 ④ → §23 ④).

예제 — 감면한도가 적용되는 감면세액의 계산(2019년 이전 입주기업)

○ 자료

㈜문화는 12월 말 사업연도 종료 법인으로 대덕 연구개발특구에 입주한 첨단기술기업으로 제조업체이다. 다음의 자료를 바탕으로 2019 및 2020 사업연도의 감면세액을 구하시오. (단, 소득은 모든 감면대상사업에서 발생한 것으로 가정한다.)

1. 설립일 및 첨단기술기업 지정일 : 2016년 5월 1일
2. 감면대상사업 최초소득 발생 사업연도 : 2019년
3. 연도별 감면대상사업에서 발생한 산출세액

사업연도	2019년	2020년
법인세 산출세액	100,000,000	100,000,000

4. 연도별 사업용자산 투자액

사업연도	2018년	2019년	2020년
기계장치 구입액	20,000,000	40,000,000	200,000,000

5. 연도별 상시 고용 근로자 수

사업연도	2019년	2020년
상시근로자 수	5	15

○ 해설

1. 2019년

   (1) 감면한도의 계산

   2011.1.1. 이후 설립된 법인이므로 감면한도 조항이 적용된다. 제조업이므로 서비스업에 대한 투자제외방식 한도는 적용되지 않는다.

   감면대상기간은 2019년부터 2023년까지이며 예제의 대상 사업연도인 2019년과 2020년은 감면 1년차와 2년차이므로 100% 감면율이 적용된다.

   ① 투자금액기준 한도 = 투자누계액 × 50% = (20,000,000 + 40,000,000) × 50%
      = 30,000,000

   투자누계액은 당해 연도까지의 사업용자산 투자액을 합산하여 계산한다.

   ② 고용인센티브의 계산

   Min [상시근로자 수 × 1천만원, 투자누계액의 20%] = Min [(5명 × 10,000,000), (60,000,000 × 20%)] = Min [(50,000,000), (12,000,000)] = 12,000,000

   ③ 감면한도의 계산

   감면한도 = 투자금액기준 한도 + 고용인센티브 = 30,000,000 + 12,000,000
      = 42,000,000

(2) 당해연도 감면세액의 계산
① 당해연도까지의 누적 감면세액 계산
누적 감면세액 = 2019년 법인세산출세액 × 감면율 = 100,000,000 × 100%
= 100,000,000
② 누적 감면세액과 감면한도의 비교
누적 감면세액(100,000,000원)이 감면한도(42,000,000원)를 초과하므로 감면한도만큼만 감면가능하다. 감면한도 4천2백만원이 당해연도 감면세액이다.

2. 2020년
(1) 감면한도의 계산
① 투자금액기준 한도 = 투자누계액 × 50% = (20,000,000 + 40,000,000 + 200,000,000) × 50%
= 130,000,000
② 고용인센티브의 계산
Min [상시근로자 수 × 1천만원, 투자누계액의 20%] = Min [(15명 × 10,000,000), (260,000,000 × 20%)] = Min [(150,000,000), (52,000,000)] = 52,000,000
③ 감면한도의 계산
감면한도 = 투자금액기준 한도 + 고용인센티브 = 130,000,000 + 52,000,000
= 182,000,000
(2) 당해연도 감면세액의 계산
① 당해연도까지의 누적 감면세액 계산
누적 감면세액 = 2019년 + 2020년 = 42,000,000 + 100,000,000* = 142,000,000
* 당해연도 감면세액 = 2020년 법인세산출세액 × 감면율 = 100,000,000 × 100%
= 100,000,000
② 누적 감면세액과 감면한도의 비교
누적 감면세액(142,000,000원)이 감면한도(182,000,000원)를 초과하지 않으므로 당해연도 감면대상 세액 1억원이 전액 감면가능하다.

4 감면기간 종료의 특칙

다음의 지정 또는 등록이 취소되는 사유가 발생한 경우에는 해당 사유가 발생한 날이 속하는 과세연도부터 감면을 적용하지 아니한다(조특령 §11의 2 ②).
① 첨단기술기업의 지정이 취소된 경우(연구개발특구법 §9의 2 ①)
② 연구소기업의 등록이 취소된 경우(동법 §9의 4 ①)
③ 첨단기술기업 지정의 유효기간이 만료된 경우(동법 시행령 §12의 ③). 다만, 유효기간 만료일이 속하는 과세연도 종료일 현재 첨단기술기업으로 재지정된 경우는 제외한다.

첨단기술기업의 지정 유효기간이 2019.9.6. 만료된 청구법인의 경우 2019사업연도 종료일 현재에는 조특법 제12조의2에서 규정한 감면요건을 충족하고 있지 아니하므로 2019사업연도에 대한 세액감면을 적용하지 않는다. 또한, 각 과세연도 말에 첨단기술기업에 해당하지 아니한 경우에는 (지정 유효기간이 만료하기 전까지 감면을 적용하는 것이 아니라) 해당 과세연도 전체에 대하여 감면을 배제한다(조심 2021부5503, 2022.10.18.).

2023년 세법 개정에서 연구개발특구에 입주하는 첨단기술기업 등에 대한 법인세 등을 감면하는 경우, 입주기업에 대한 지정 또는 등록이 취소되거나 유효기간(2년)이 만료된 경우(재지정된 경우 제외) 등에는 취소 사유 발생일이 속하는 과세연도부터 감면을 종료하도록 함. 최근 심판례(조심 2021부5503, 2022.10.18.)를 입법화함.

5 고용인센티브 사후관리

고용기준 한도(고용인센티브)를 적용받아 소득세 또는 법인세를 감면받은 기업이 감면받은 과세연도 종료일부터 2년 이내에 각 과세연도의 감면대상 사업장의 상시근로자 수가 감면받은 과세연도의 상시근로자 수보다 감소한 경우에는 아래의 산식에 따른 금액을 소득세 또는 법인세로 납부하여야 한다(조특법 §12의 2 ⑤).

> 추징세액 = 직전 2년 이내 고용인센티브 감면세액 − (감소연도 상시근로자 수 × 1천5백만원[1])

[1] 청년 상시근로자와 서비스업 상시근로자의 경우에는 2천만원으로 한다.

(가) 직전 2년 이내 고용인센티브 감면세액

해당 기업의 상시근로자 수가 감소한 과세연도의 직전 2년 이내의 과세연도에 고용인센티브에 따라 감면받은 세액의 합계액이다.

(나) 감소연도 상시근로자 수

상시근로자 수가 감소한 과세연도의 해당 감면대상 사업장의 상시근로자 수를 말한다.

산식의 추징세액이 음수이면 0으로 보아 환급하지 않으며, 감면사업연도 이후 2개 과세연도 연속으로 상시근로자 수가 감소한 경우에는 두번째 과세연도의 추징세액 계산 시에는 첫번째 과세연도에서 납부한 금액은 차감한다(조특령 §11의 2 ⑤).

산식의 의미는 감면받은 과세연도의 상시근로자 수보다 2년 이내에 1명이라도 상시근로자 수가 감소한다면 직전 2년 이내 고용인센티브에 의한 감면세액의 합계액 전부를 추징하되, 당해 연도 상시근로자에 대해서는 고용유지에 대한 공로를 인정하여 인당 일정액을 차감토록 한 것이다. 매우 엄격한 고용유지조건이 부과되어 있다.

> **예제** 상시근로자 수가 감소한 경우 사후관리 규정의 적용(2019년 이전 입주기업)

○ 자료

12월 말 사업연도 종료 법인인 ㈜선관은 부산 연구개발특구에 입주한 첨단기술기업으로 제조업체이다. 5개 연도의 ① 감면사업 법인세액, ④ 투자누계액 및 ⑦ 상시근로자 수가 다음의 표와 같을 때 각 연도별 실제 감면세액과 추징세액을 계산하시오(단, 소득은 모든 감면대상사업에서 발생한 것으로 가정한다.)

(단위 : 만원)

구 분	1차연도	2차연도	3차연도	4차연도	5차연도
① 감면사업 법인세액	52,000	87,100	163,200	71,400	57,820
② 한도적용 전 감면세액❶	52,000	87,100	163,200	35,700	28,910
③ 감면대상 법인세 누적액 (=전기 ⑬+②)	52,000	139,100	302,300	182,700	173,910
④ 투자누계액	160,000	200,000	210,000	210,000	210,000
⑤ 투자금액기준 한도(=④×50%)	80,000	100,000	105,000	105,000	105,000
⑥ 고용기준금액(=④×20%)	32,000	40,000	42,000	42,000	42,000
⑦ 상시근로자 수	31	51	42	40	38
⑧ 고용기준 한도 [=Min (⑥, ⑦×1,000만원)]	31,000	40,000	42,000	40,000	38,000
⑨ 누적한도 합계(=⑤+⑧)	111,000	140,000	147,000	145,000	143,000
⑩ 한도 초과 법인세 [=Min (②, ③-⑨)]	0	0	155,300	35,700	28,910
⑪ 상시근로자 감소 추징세액				2,000	
⑫ 당기 실제 감면세액(=②-⑩)	52,000	87,100	7,900	0	0
⑬ 실제 감면세액 누적액 (=전기 ⑬+당기 ⑫-⑪)	52,000	139,100	147,000	145,000	145,000

⑭ 당기감면세액 중 투자한도분 [＝Min (②, ⑤－전기 ⑮)]	52,000	48,000	5,000	0	0
⑮ 누적 감면세액 중 투자한도 누적액 (＝전기 ⑮＋당기 ⑭)	52,000	100,000	105,000	105,000	105,000
⑯ 당기 감면세액 중 고용기준 한도분 [＝Min(⑥, ⑫－⑭)]	-	39,100	2,900	0	0
⑰ 누적 감면세액 중 고용기준 한도 누적액(＝전기 ⑰＋당기 ⑯ －⑪)	0	39,100	42,000	40,000	40,000

🅙 1차연도~3차연도까지는 감면율 100%, 4차연도~5차연도까지는 감면율 50%를 ① 감면사업 법인세액에 곱하여 계산함.

◉ 해 설

1. 3차연도의 추징세액

감면한도의 적용순서는 투자금액기준 한도를 먼저 적용하므로, 1차연도 감면세액은 모두 투자한도가 적용된 금액이다. 2차연도의 ③ 감면대상 법인세 누적액 139,100만원 중 100,000만원(＝ 200,000 × 50%)은 투자한도가 적용된 금액이며, 잔여 39,100만원이 고용기준 한도가 적용된 금액이다.

추징세액 ＝ 직전 2년 이내 고용인센티브 감면세액 － (감소연도 상시근로자 수 × 1천만원)
＝ (39,100만원) － (42 × 1천만원) ＝ △2,900만원

추징세액이 음수이므로 추징하지 아니한다. 투자한도가 먼저 감면한도에 적용된 결과이다.

2. 4차연도의 감면세액 및 추징세액

전기 3차연도의 ⑬ 실제 감면세액 누적액 147,000만원보다 당기 ⑨ 누적한도 합계 145,000원이 적으므로 ② 한도 적용 전 감면세액 35,700만원은 전액 한도 초과가 되어 ⑫ 당기 실제 감면세액은 없다.

추징세액 ＝ (39,100만원 ＋ 2,900만원) － (40 × 1천만원) ＝ 2,000만원

3. 5차연도의 감면세액 및 추징세액

5차연도의 감면세액도 4차연도와 동일하게 전액 한도 초과로 당기 실제 감면세액은 없다.

추징세액 ＝ (2,900만원) － (38 × 1천만원) ＝△35,100만원

추징세액이 음수이므로 추징하지 아니한다.

6 사업장 이전 등 사후관리

감면받은 기업이 사업장 이전 등 의무위반사유가 발생하는 경우에는 그 사유가 발생한 과세연도의 과세표준신고를 할 때 공제받은 세액에 이자상당액을 가산하여 소득세 또는 법인세로 납부하여야 한다(조특법 §12의 2 ⑦, 조특령 §11의 2 ⑧).

2022년 세법개정에서 연구개발특구에 입주하는 첨단기술기업 등에 대한 법인세 등을 감면하는 경우, 입주기업이 감면대상 사업장의 사업을 폐업하거나 사업장을 특구지역 외의 지역으로 이전한 경우 감면받은 세액을 납부하도록 사후관리 규정을 신설하였다. 지역특구 등 세액감면 사후관리에 따른 납부세액 계산에 관한 적용례와 관련한 시행령 제11조의2제8항 개정규정에 따라 납부대상이 되는 세액은 2022.1.1. 이후 개시하는 과세연도에 감면받은 세액부터 적용한다(2022.2.15. 개정된 시행령 부칙 §4).

6-1 의무위반 사유 및 추징세액

① 감면대상사업장의 사업을 폐업하거나 법인이 해산한 경우
   폐업일 또는 법인 해산일부터 소급하여 3년 이내에 감면된 세액을 추징한다. 다만, 법인의 합병·분할 또는 분할합병으로 인한 경우는 제외한다.
② 감면대상사업장을 연구개발특구 외의 지역으로 이전한 경우
   이전일부터 소급하여 5년 이내에 감면된 세액을 추징한다.

6-2 이자상당 가산액

이자상당가산액의 계산은 다음과 같다(조특법 §12의 2 ⑧, 조특령 §11의 2 ⑨).

> 이자상당가산액 = 공제받은 세액 × 소정 기간 × 이자율

제2장 제2절 Ⅲ. 3-2를 참조하기로 한다.

Ⅳ. 조세특례제한 등

1 결정 또는 기한 후 신고 시 감면배제 등

다음의 세무상 의무위반 조항 해당 시 감면이 배제된다(조특법 §128 ②~④).
- 결정 또는 기한 후 신고 시 감면배제
- 경정 등의 부정과소신고금액에 대한 감면배제
- 세법상 협력의무위반에 대한 감면배제

제20부 제2절 부분을 참조하기 바란다.

기타 조세특례제한 등

구 분	내 용	참조 부분
신고 서식	세액감면신청서(별지 제2호 서식)	
중복지원의 배제	■ 감면규정과 세액공제규정의 중복지원 배제 ■ 감면규정 간 중복지원 배제(조특법 §127 ④·⑤)	제20부 제1절
최저한세	적용 대상. 단, 100% 감면 적용시에는 적용 배제(조특법 §132 ①·②)	제20부 제4절
구분경리	서비스업과 그 밖의 사업(조특법 §12의 2 ⑩)	제21부 제1절
농어촌특별세	비과세(농특령 §4 ⑥ 1호)	

CHAPTER 02 연구개발기업의 투자자 등에 대한 조세지원

제1절 서설

조세특례제한법에서는 연구개발기업에 대한 조세지원뿐 아니라, 그 이해관계자인 연구개발기업의 투자자 등에 대해서도 다음과 같이 조세지원을 제공하고 있다.

관계자	조문	특례요건	과세특례
벤처기업 인수자	§12의 3 기술혁신형 합병 세액공제	내국법인이 기술혁신형 중소기업을 합병하는 경우, 피합병법인의 순자산시가의 1.3배 이상을 양도가액으로 지급하고, 피합병법인의 지배주주등이 지배주주등에서 벗어날 것	양도가액 중 기술가치 금액의 10%를 합병법인의 법인세에서 공제
	§12의 4 기술혁신형 주식취득 세액공제	내국법인이 기술혁신형 중소기업 주식 등의 50%(또는 30%)를 초과하여 인수하는 경우, 피인수법인의 순자산시가의 1.3배 이상을 매입가액으로 지급하고, 피인수법인의 지배주주등이 지배주주등에서 벗어날 것	매입가액 중 기술가치 금액의 10%를 인수법인의 법인세에서 공제
	§13의 3 내국법인의 소재·부품·장비 전문기업 등에의 출자·인수에 대한 세액공제	■ 둘 이상의 내국법인이 소재·부품·장비 관련 중소·중견기업에 연구·인력개발 및 시설투자를 목적으로 공동출자(유상증자 참여)하는 경우 ■ 내국법인이 국내 산업 기반과 해외 의존도가 높은 소재·부품·장비 또는 국가전략기술관련 외국법인의 주식 등을 취득하거나 사업 또는 자산을 양수하는 경우	■ 출자금액의 5%를 법인세에서 세액공제함 ■ 인수가액의 5%(중견 7%, 중소 10%)를 세액공제. 단, 인수건별 인수가액을 5천억원을 한도로 함.
벤처투자자	§13 벤처투자회사	벤처캐피털회사가 직접 또는 창투조합 등을 통하여 창업기업, 신기술사업자,	■ 주식양도차익과 배당소득에 대한 법인세 비과세(다

관계자	조문	특례요건	과세특례
	등의 주식 양도차익 등 비과세	벤처기업, 신기술창업전문회사 및 코넥스 상장중소기업 등에 출자하여 취득한 주식 또는 출자자분	만, 기금운용법인은 주식양도차익만 비과세) ■ 증권거래세 면제
	§13의 2 내국법인의 벤처기업등에의 출자 세액공제	벤처캐피털회사·기금운용법인 등을 제외한 내국법인이 창업기업, 신기술사업자, 벤처기업, 신기술창업전문회사에 직접 출자하여 취득하거나 벤처투자조합 등을 통하여 취득한 경우	취득가액의 5%를 법인세에서 세액공제. 다만, 민간재간접벤처투자조합은 기본공제금액의 5%와 추가공제 금액의 3%를 공제.
	§13의 4 벤처투자회사 등의 소부장 주식양도차익 등 비과세	벤처캐피털회사 등이 직접 또는 창투조합 등을 통하여 유망 소재·부품·장비 관련 중소기업에 출자하여 출자하여 취득한 주식 또는 출자자분(21년 신설)	주식양도차익과 배당소득에 대한 법인세 비과세(다만, 기금운용법인은 주식양도차익만 비과세)
	§14 창업기업등에의 출자에 대한 양도소득세 비과세 등	개인이 벤처투자조합을 통해 창업기업, 신기술사업자, 벤처기업, 신기술창업전문회사 등에 출자하여 주식등을 취득하거나 직접 벤처기업, 창업기획자에 출자하는 경우	■ 개인인 조합원의 주식 양도소득세 비과세 ■ 창업기업등이 지급하는 배당소득과 이자펀드의 배당소득을 조합원에게 지급시 원천징수함. ■ 투자조합 등이 지출한 비용을 필요경비로 인정
	§15 벤처기업 출자자의 제2차 납세의무 면제	법인세 납세의무가 성립한 벤처기업이 연구·인력개발비 비율 요건(5%)과 소기업 규모 기준을 충족하는 경우('18년 신설)	법인세등에 대한 출자자의 제2차 납세의무를 면제. 단, 3년 동안 출자자 1명당 2억원 한도
	§16 중소기업창업투자조합 출자 등 소득공제	거주자가 벤처투자조합, 벤처기업투자신탁, 벤처기업등, 창업·벤처전문 PEF에 투자하는 경우와 개인투자조합, 크라우드 펀딩을 통해 벤처기업등에 투자하는 경우	투자금액의 10%를 종합소득금액에서 공제. 단, 개인투자조합, 크라우드 펀딩을 통한 투자, 벤처기업등에게 직접 투자한 경우 투자금액별로 30~100%를 소득공제
	§16의 5 산업재산권 현물출자자 이익 과세이연 ('20년 종료)	거주자가 벤처기업등에 특허권, 실용신안권, 디자인권, 상표권을 현물출자하는 경우	출자 시점에 과세이연하고, 출자로 부여받은 주식을 양도하는 시점에 양도소득세 과세

벤처투자자 조세지원제도 비교

단계	조문	출자자	출자대상기업	주요 특례
출자	제13조의 2	내국법인이 직접, 또는 창업·벤처전문 PEF 및 벤처투자조합을 통한 투자	창업기업, 신기술사업자, 벤처기업 및 신기술창업전문회사	취득가액의 5%를 법인세에서 세액공제
	제16조	개인의 투자. 개인투자조합, 크라우드 펀딩을 통한 벤처기업등 투자 포함	벤처투자조합, 벤처기업투자신탁, 벤처기업등, 창업·벤처전문 PEF	투자금액의 10~100%를 종합소득금액에서 공제
회수	제13조	벤처캐피털회사, 기금운용법인 등. 벤처투자조합을 통한 투자 포함	창업기업, 신기술사업자, 벤처기업, 신기술창업전문회사 및 코넥스상장중소기업	주식양도차익과 배당소득에 대한 법인세 비과세
	제13조의 4	벤처캐피털회사, 기금운용법인 등. 벤처투자조합을 통한 투자 포함	유망 소재·부품·장비 관련 중소기업	주식양도차익과 배당소득에 대한 법인세 비과세
	제14조	개인이 직접 또는 벤처투자조합을 통한 투자	창업기업, 신기술사업자, 벤처기업, 신기술창업전문회사 및 창업기획자	개인의 양도소득세 비과세

개인 투자자가 벤처기업 등에 투자하는 경우 특별한 제한 없이 양도소득세를 비과세하며 투자금액의 일정 부분을 소득공제한다.

반면에 법인 투자자의 경우에는 벤처캐피털회사 등에 한정하여 양도차익을 비과세한다. 다만 세액공제에 대해서는 벤처캐피털회사 이외의 법인에 대하여 폭넓게 허용한다.

제2절 [제12조의 3] 기술혁신형 합병에 대한 세액공제

Ⅰ. 의의

내국법인이 기술혁신형 중소기업을 합병하는 경우, 합병법인이 피합병법인의 주주에게 지급하는 양도가액 중 기술가치 금액의 10%를 합병법인의 법인세에서 공제하는 제도이다.

2011년 개정상법에서 합병 시 존속회사의 주식을 발행하지 않고 현금 등 합병교부금만을 지급할 수 있는 교부금합병(cash-out merger, squeeze out merger)이 가능하도록 하여,(상법 §523 4호) 소멸법인의 주주가 기업을 양도하여 투자자금을 전액 회수할 수 있게 하였다.

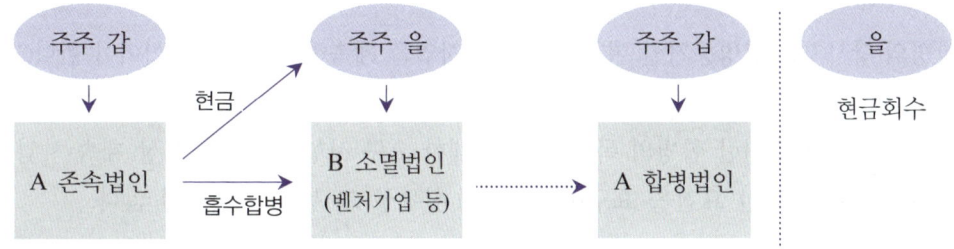

기술혁신형 중소기업의 합병을 촉진하여 벤처 창업기업등의 출구전략(Exit Strategy)에 따른 투자금의 회수를 용이하게 하기 위한 세제지원제도이다. 2014년 개정세법에서 신설되었다. 일몰기한은 2024.12.31.이다.

개정연혁

연 도	개정 내용
2022년	■ 공제 대상 추가: 혁신형 의료기기기업 인증을 받은 중소기업 ■ 이자상당가산액 등 계산시 이자율 인하 : 종전 1일 0.025% → 0.022%
2024년	■ 기술가치금액을 순자산시가의 1.3배에서 1.2배로 변경

Ⅱ. 요건

내국법인이 기술혁신형 중소기업을 합병하는 경우, 피합병법인의 순자산시가의 1.3배 이상을 양도가액으로 지급하여야 하며, 피합병법인의 지배주주 등이 지배주주에서 벗어나야 한다.

1 주체

과세특례의 주체는 기술혁신형 중소기업을 합병하는 내국법인이다.

1-1 사업의 목적 요건

합병의 당사자는 합병등기일 현재 1년 이상 사업을 계속하던 내국법인이어야 한다(조특법 §12의 3 ① 1호).

사업의 목적 요건이란 합병의 목적(동기)에 대한 요구 사항으로, 1년 이상 계속 사업 영위라는 다소 형식적인 요건을 요구하였으므로 실무상 그 충족은 어렵지 않다.

1-2 피합병법인

피합병법인은 다음의 하나에 해당하는 기술혁신형 중소기업이어야 한다(조특령 §11의 3 ①).
① 합병등기일까지 벤처기업으로 확인[1]받은 기업
② 합병등기일까지 기술혁신형 중소기업(이노비즈; Inno-biz)으로 선정[2]된 기업
③ 합병등기일이 속하는 사업연도의 직전 사업연도의 연구·인력개발비(법 §10 ①)가 매출액의 5% 이상인 중소기업
④ 합병등기일까지 다음 중 어느 하나에 해당하는 인증 등을 받은 중소기업
  ㉮ 신기술 인증(산업기술혁신 촉진법 §15의 2 ①)
  ㉯ 보건신기술 인증(보건의료기술 진흥법 §8 ①)

---

[1] 벤처기업은 벤처기업확인기관에 확인 요청을 하여 벤처기업확인서를 발급받음(벤처기업육성에 관한 특별조치법 §25).; 벤처기업의 내용은 제2부 제2절 Ⅱ. 3-1 (1)을 참고하기 바람.
[2] 기술혁신활동을 통하여 기술경쟁력의 확보가 가능하거나 미래 성장가능성이 있는 기술혁신형 중소기업을 말함. Innovation과 Business의 합성어임(중소기업 기술혁신 촉진법 §15 및 동법 시행령 §13).

㉓ 신제품 인증(산업기술혁신 촉진법 §16 ①)
㉔ 혁신형 제약기업 인증(제약산업 육성 및 지원에 관한 법률 §7 ②)
㉕ 세계적 유망기업 선정(중견기업 성장촉진 및 경쟁력 강화에 관한 특별법 §18 ①)
㉖ 혁신형 의료기기기업 인증(의료기기산업 육성 및 혁신의료기기 지원법 §10)
㉗ 기술성장기업(조특칙 §8의 5 ① → 기술혁신형 중소기업 인증에 관한 고시[3])
  코스닥시장 상장규정 시행세칙에서 정하는 기술력과 성장성이 인정되는 기업과 상장주선인이 성장성을 평가하여 추천한 국내 법인을 말한다(코스닥시장 상장규정 §2 ㉛).

2022년 세법개정에서 「의료기기산업 육성 및 혁신의료기기 지원법」 제10조에 따른 혁신형 의료기기기업 인증을 받은 중소기업을 공제 대상에 추가하였다. 개정규정은 2022.1.1. 이후 합병하거나 주식 또는 출자지분을 취득한 경우부터 적용한다(2022.2.15. 개정된 시행령 부칙 §5).

2 양도가액 요건 (초과수익력)

양도가액이 합병등기일 현재의 피합병법인의 순자산시가의 130% 이상이어야 한다(조특법 §12의 3 ① 2호).

$$\text{양도가액 요건} = \frac{\text{양도가액}}{\text{순자산시가}} \geq \frac{130}{100}$$

기술혁신형 중소기업으로 인정되기 위한 초과수익력의 기준을 순자산시가의 1.3배로 보고 있다.
이하 산식의 항목인 양도가액과 순자산시가를 분설한다.

2-1 양도가액

양도가액은 법인세법상 비적격합병에 따른 양도손익의 계산규정을 준용한다(조특령 §11의 3 ④ → 법령 §80 ① 2호).

$$\text{양도가액} = \text{합병교부주식등 가액} + \text{합병교부금} + \text{피합병법인의 법인세등 대납액}$$

---

[3] 기획재정부 고시 제2016-11호, 2016.5.18. 제정

(1) 합병교부주식등 가액 (가목)

합병교부주식등 가액이란 합병으로 인하여 피합병법인의 주주등이 지급받는 합병법인 또는 합병법인의 모회사(합병등기일 현재 합병법인의 발행주식총수 또는 출자총액을 소유하고 있는 내국법인을 말함)의 주식등(이하 "합병교부주식등")의 가액을 말한다.

다만 합병법인이 합병등기일 전 취득한 피합병법인의 주식등(신설합병 또는 3 이상의 법인이 합병하는 경우 피합병법인이 취득한 다른 피합병법인의 주식 등을 포함하며, 이하 "합병포합주식등")이 있는 경우에는 그 합병포합주식등에 대하여 합병교부주식등을 교부하지 아니하더라도 그 지분비율에 따라 합병교부주식등을 교부한 것으로 보아 합병교부주식등의 가액을 계산한다(이하 "합병포합주식등의 간주교부액").

합병포합주식등에 대해 합병대가를 지급하지 않은 것과 합병대가를 지급한 후 자기주식으로 소각하는 것은 실질적으로 동일하기 때문에 주식등을 교부한 것으로 간주한다. 상세 내용은 제7부 제4장 제2절 Ⅱ. 3-1 (2)를 참조하기로 한다.

(2) 합병교부금 (나목)

합병으로 인하여 피합병법인의 주주등이 지급받는 금전이나 그 밖의 재산가액의 합계액을 말한다.

(3) 피합병법인의 법인세등 대납액 (나목)

합병법인이 납부하는 피합병법인의 법인세 및 그 법인세(감면세액 포함)에 부과되는 국세(예, 농특세)와 법인지방소득세의 합계액을 말한다. 피합병법인의 법인세등은 원칙적으로 피합병법인에게 귀속되는 것이므로 합병법인이 납부한 경우에는 합병교부금을 지급한 것과 동일하기 때문에 양도가액에 합산한다.

2-2 순자산시가

피합병법인의 순자산시가는 합병등기일 현재의 피합병법인의 자산총액(특허권등의 가액 제외)에서 부채총액을 뺀 금액으로 한다(조특령 §11의 3 ⑤).

$$순자산시가 = 자산총액(특허권등 가액 제외) - 부채총액$$

특허권등은 Ⅲ. 1-1을 참조하기로 한다.

지분의 불연속성 요건 (매수 요건)

　법인세법상 적격합병에서는 지배관계의 계속성을 위하여 지분의 연속성을 요건으로 하지만, 본 특례는 이와 반대로 벤처창업기업 등의 출구전략에 대한 세제지원이므로 합병대가를 현금 등 합병교부금으로 수령하여 지분의 연속성이 단절되어야 한다.

　구체적으로는 피합병법인의 특정지배주주등이 합병법인의 지배주주등에서 벗어날 것을 요건으로 한다(조특법 §12의 3 ① 3호).

3-1 지배주주등 제외 요건

　피합병법인의 '특정지배주주등'이 합병등기일부터 합병등기일이 속하는 사업연도의 종료일까지 합병법인의 '지배주주등'에 해당하지 아니하여야 한다.

　종래에는 피합병법인의 특정지배주주등이 지배주주등 제외 요건 이외에도 주식등을 배정받지 않는 요건을 충족하도록 하였다. 피합병법인의 창업자가 인수기업의 주주로 남아 기술이전을 지원할 수 있도록 하기 위하여 2017년 개정세법에서 피합병법인의 특정지배주주등이 주식등을 배정받는 경우에도 요건을 충족하는 것으로 완화하였다. 2017.1.1. 전에 합병한 경우에는 종전의 규정에 따른다(2016.12.20. 개정된 법률 부칙 §42).

(1) 합병법인의 지배주주등

　합병법인의 지배주주등의 범위는 법인세법 규정을 따른다(조특령 §11의 3 ⑨ → 법령 §43 ③·⑦).

　법인세법상 지배주주등이란 법인의 발행주식총수 또는 출자총액의 1% 이상의 주식 또는 출자지분을 소유한 주주등으로서 그와 특수관계(법령 §2 ⑤)에 있는 자와의 소유 주식 또는 출자지분의 합계가 해당 법인의 주주등 중 가장 많은 경우의 해당 주주등을 말한다. 특수관계에 있는 자도 지배주주등에 포함된다.

(2) 피합병법인의 특정지배주주등

　피합병법인의 특정지배주주등의 범위는 법인세법에 따른 지배주주등의 범위를 따르지만 그 범위에서 아래의 자는 제외한다(조특령 §11의 3 ⑧ → 법령 §43 ③·⑦).

① 법인세법상 특수관계자인 친족 중 4촌인 혈족

　법인세법상 지배주주등 중 특수관계자인 친족은 4촌 이내의 혈족, 3촌 이내의 인척이지만, 그 중에서 4촌인 혈족을 제외하여 3촌 이내의 혈족과 인척만을 포함한다는 의미이다.
② 합병등기일 현재 피합병법인에 대한 지분비율이 1% 미만이면서 시가로 평가한 그 지분가액이 10억원 미만인 자

2023년 세법개정에서 종래 친족 중 4촌 이상인 혈족과 인척을 특수관계인으로 보아 제외하였으며, 국세기본법의 개정에 따라 종전 범위와 동일하게 문구를 조정함. 개정규정은 2023.3.1.부터 시행함(2023.2.28. 개정된 시행령 부칙 §1 1호).

3-2 현금 교부 요건 (삭제)

종래에는 피합병법인의 주주등이 합병대가의 50% 미만을 주식등으로 수령하도록 하는 현금 교부 요건을 요구하였으나, 2018년 개정세법에서 동 요건을 삭제하였다. M&A를 통한 벤처 거래 활성화를 지원하기 위한 목적이다. 2018.1.1. 이후 합병한 경우부터 적용한다. 2018.1.1. 전에 합병한 경우에 대해서는 개정규정에도 불구하고 종전의 규정에 따른다(2017.12.19. 개정된 법 부칙 §5·§40).

현금 교부 요건의 주식교부비율을 종전에는 20% 미만으로 하였으나, 현금 보유 여력이 없는 경우에도 M&A가 가능하도록 2017년 개정세법에서 50% 미만으로 완화하였다. 2017.1.1. 전에 합병한 경우에는 종전의 규정에 따른다(2016.12.20. 개정된 법률 부칙 §42).

4 사업의 계속성

합병법인이 합병등기일이 속하는 사업연도의 종료일까지 피합병법인으로부터 승계받은 사업을 계속하여야 한다(조특법 §12의 3 ① 4호).

4-1 사업의 계속 및 폐지에 관한 판정

합병법인이 합병등기일이 속하는 사업연도의 종료일 이전에 피합병법인으로부터 승계한 사업의 계속 및 폐지에 관하여는 법인세법상 적격합병의 요건 규정을 준용한다(조특령 §11의 3 ⑩).

합병법인이 합병등기일이 속하는 사업연도의 종료일 이전에 피합병법인으로부터 승계한 고정자산가액의 2분의 1 이상을 처분하거나 사업에 사용하지 아니하는 경우에는 사업을 계속하지 아니하는 것으로 한다. 다만 피합병법인이 보유하던 합병법인의 주식을 승계받아 자기주식을 소각하는 경우에는 해당 합병법인의 주식을 제외하고 피합병법인으로부

터 승계받은 고정자산을 기준으로 사업을 계속하는지 여부를 판정하되, 승계받은 고정자산이 합병법인의 주식만 있는 경우에는 사업을 계속하는 것으로 본다(법령 §80의 2 ⑦).

4-2 부득이한 사유의 예외

다만 다음의 부득이한 사유가 있는 경우에는 사업을 계속하는 것으로 본다(조특법 §12의 3 ③, 조특령 §11의 3 ⑬).
- 합병법인의 파산
- 「채무자 회생 및 파산에 관한 법률」에 따른 회생절차에 따라 법원의 허가를 받아 승계받은 자산을 처분한 경우

5 특수관계인 제외

합병법인과 피합병법인(기술혁신형 중소기업)이 법인세법상 특수관계인이 아니어야 한다(조특령 §11의 3 ② → 법령 §2 ⑤). 법인세법상 특수관계인은 제1장 제4절 Ⅱ. 1-1을 참조하기로 한다.

Ⅲ. 세액공제

1 기술가치금액의 산정

기술혁신형 합병의 경우, 합병법인이 피합병법인에게 지급하는 양도가액 중 기술가치금액을 세액공제대상으로 한다. 기술가치금액은 다음의 특허권등 평가액의 합계 또는 초과수익력 환원금액 중 하나를 합병법인이 선택하도록 한다(조특령 §11의 3 ③).

> 기술가치금액 = Max (특허권등 평가액의 합계, 초과수익력 환원금액)

1-1 특허권등 평가액의 합계

벤처기업확인기관이 합병등기일 전후 3개월 이내에 피합병법인이 보유한 특허권등을 평가한 금액의 합계액을 말한다(조특령 §11의 3 ③ 1호). 벤처기업확인기관이란 한국산업기술진흥원, 기술보증기금, 한국산업기술평가관리원, 한국환경공단, 국가기술표준원 등을 말한다(벤처기업육성에 관한 특별조치법 시행령 §4).

(1) 특허권등의 범위

특허권등이란 특허권, 실용신안권, 기술비법 및 특정기술을 말한다. 특허권등의 정의 및 관련 사례는 원칙적으로 법 제12조 기술이전세액감면과 동일하나, 다음에서 설명하는 바와 같이 자가창설·최초 설정등록 및 수입금액기준 요건에서 차이가 있음에 주의하여야 한다(제1장 제4절 Ⅱ. 2. 참조).

(1-1) 특허권 및 실용실안권

특허권 및 실용신안권은 합병등기일 전후 3개월 이내에 피합병법인이 보유할 것을 요건으로 한다. 법 제12조 기술이전세액감면과는 달리 피합병법인이 국내에서 자체 연구·개발하거나 특허법 및 실용신안법에 따라 최초로 설정등록받을 필요는 없다.

(1-2) 기술비법 및 특정기술

"기술비법"이란 피합병법인이 국내에서 자체 연구·개발한 것으로서 과학기술분야에 속하는 기술비법을 말한다. 다만 공업소유권, 「해외건설 촉진법」에 의한 해외건설 엔지니어링활동 또는 「엔지니어링산업 진흥법」에 의한 엔지니어링활동과 관련된 기술비법을 제외한다. "특정기술"은 피합병법인이 국내에서 자체 연구·개발한 것으로서 다음의 기술을 말한다[조특칙 §8의 5 ② → 기술의 이전 및 사업화 촉진에 관한 법률(이하 "기술이전법") §2 1호].
㉮ 특허법 등 관련 법률에 따라 등록 또는 출원된 특허, 실용신안, 디자인, 반도체집적회로의 배치설계 및 소프트웨어 등 지식재산
㉯ ㉮의 기술이 집적된 자본재(資本財)
㉰ ㉮ 또는 ㉯의 기술에 관한 정보
㉱ 이전 및 사업화가 가능한 기술적·과학적 또는 산업적 노하우(기술이전법 시행령 §2)

기술비법과 특정기술 양자는 자가창설을 요건으로 하며 한국산업기술진흥원에 등록되어 관리되어야 한다. 하지만 조특법 제12조 기술이전세액감면과는 달리 수입금액기준 요

건과 특허권 매출액기준(조특칙 §8의 7 1호 및 2호)을 충족할 필요는 없다.

종래에는 특정기술에 대해서 한국산업기술진흥원 또는 기술거래기관을 통하여 취득할 것을 요건으로 하였으나, 2017년 개정세법에서 자가창설 요건과 한국산업기술진흥원에 등록되어 관리되는 요건으로 대체하였다. 또한 기술비법에 대해서도 한국산업기술진흥원에 등록되어 관리되는 요건을 추가하였다.

(2) 합계액의 계산

특허권등 평가액의 합계액은 합병법인이 피합병법인에 지급한 양도가액에서 합병등기일 현재의 피합병법인의 순자산시가를 뺀 금액을 한도로 한다. 단, 음수인 경우에는 0으로 본다.

한도 = Max [(양도가액 − 피합병법인의 순자산시가), 0]

양도가액과 순자산시가의 산정방법은 Ⅱ. 2.에서 기술하였다.

1-2 초과수익력 환원금액

초과수익력 환원금액[4]이란 합병법인이 피합병법인에 지급한 양도가액에서 합병등기일 현재의 피합병법인의 순자산시가의 <u>120%</u>를 뺀 금액이다(조특령 §11의 3 ③ 2호).

초과수익력 환원금액 = 양도가액 − (피합병법인의 순자산시가 × <u>120%</u>)

상증법상 최대주주의 지분에 대하여는 경영권 프리미엄을 이유로 하여 평가된 금액에 대해 30% 할증을 적용한 금액을 평가액으로 하는 것(상증법 §63 ③)과 유사하게 경영권 프리미엄 20%를 초과하는 수익력에 대하여는 기술가치로 보고 세액공제의 대상으로 한다.

2024 개정 기술혁신형 중소기업의 M&A를 지원하기 위하여 기술가치금액을 순자산시가의 1.3배에서 1.2배로 변경함. 2024.2.29. 전에 합병하거나 주식 또는 출자지분을 취득한 경우의 세액공제금액에 관하여는 영 제11조의 3 제3항 2호 및 제11조의 4 제4항제2호가목의 개정규정에도 불구하고 종전의 규정에 따름(2024.2.29. 개정된 시행령 부칙 §18).

---

[4] 초과수익력 환원금액이라는 용어는 경영권 프리미엄을 초과하는 가치라는 면에 착안하여 저자가 설명의 편의를 위하여 만든 용어임.

2 공제세액

합병일이 속하는 사업연도의 합병법인의 법인세에서 기술가치금액에 10%를 곱한 금액을 세액공제한다(조특법 §12의 3 ①).

$$공제세액 = 기술가치금액 \times 10\%$$

3 사후관리

법인세를 공제받은 내국법인이 합병등기일이 속하는 사업연도의 다음 사업연도의 개시일부터 2년 이내에 의무위반사유가 발생하는 경우에는 그 사유가 발생한 날이 속하는 사업연도의 과세표준신고를 할 때 공제받은 세액에 이자상당액을 가산하여 법인세로 납부하여야 한다(조특법 §12의 3 ②, 조특령 §11의 3 ⑪).

3-1 의무위반 사유

의무위반 사유는 다음과 같다.
① 피합병법인의 특정지배주주등이 합병법인의 지배주주등에 해당하는 경우
  각 지배주주등의 범위는 Ⅱ. 3-1에서 기술한 바와 같다.
② 합병법인이 피합병법인으로부터 승계받은 사업을 폐지하는 경우
  사업의 계속 및 폐지에 관한 판정은 Ⅱ. 4-1에서 기술한 바와 같다.

3-2 이자상당가산액

이자상당가산액은 소득세법 제76조 또는 법인세법 제64조에 따라 납부하여야 할 세액으로 보므로, 납부하는 사업연도의 본세에 해당한다.

이자상당가산액의 계산은 다음과 같다(조특령 §11의 3 ⑫ → §11의 2 ⑨ 2호).

$$이자상당가산액 = 공제받은 세액 \times 소정 기간 \times 이자율$$

① 소정 기간

공제받은 사업연도의 종료일의 다음 날부터 의무위반 사유가 발생한 날이 속하는 사업연도의 종료일까지의 기간이다.

② 이자율

1일 10만분의 22(연이율 환산 시 8.03%)

2019년 개정세법에서 종전의 이자율 1일 1만분의 3에서 1일 10만분의 25로 이자율을 낮추었다. 2019.2.12. 이후 납부 또는 부과하는 경우 개정규정에도 불구하고 해당 이자상당가산액 또는 이자상당액의 계산의 기준이 되는 기간 중 2019.2.12. 전일까지의 기간에 대한 이자율은 종전의 규정(1일 1만분의 3)에 따른다(2019.2.12. 개정된 시행령 부칙 §25).

2022년 개정세법에서 납세자 부담을 경감하기 위하여 이자상당가산액 등 계산시 이자율을 종전 1일 0.025%에서 1일 0.022%로 인하하였다. 2022.2.15. 전에 발생한 사유로 2022.2.15. 이후 세액을 납부 또는 부과하는 경우 2022.2.15. 전일까지의 기간분에 대한 이자상당가산액 또는 이자상당액의 계산에 적용되는 이자율은 개정규정에도 불구하고 각각 종전의 규정(0.025%)에 따르고, 2022.2.15. 이후의 기간분에 대한 이자상당가산액 또는 이자상당액의 계산에 적용되는 이자율은 각각 같은 개정규정(0.022%)에 따른다(2022.2.15. 개정된 시행령 부칙 §21).

Ⅳ. 조세특례제한 등

1 절차

세액공제신청서(별지 제1호 서식)와 기술혁신형 합병에 대한 세액공제신청서 및 공제세액계산서(별지 제4호 서식)를 납세지 관할세무서장에게 제출하여야 한다(조특령 §11의 3 ⑭).

기타 조세특례제한 등

구 분	내 용	참조 부분
중복지원의 배제	해당 없음	
추계과세 시 등	세액공제 배제(조특법 §128 ①)	제20부 제2절
최저한세	적용대상(조특법 §132 ①)	제20부 제4절
세액공제액의 이월공제	허용(조특법 §144 ①·②)	제21부 제2절
농어촌특별세	과세(농특법 §5 ① 1호)	

제3절 [제12조의 4] 기술혁신형 주식취득에 대한 세액공제

I. 의의

내국법인이 기술혁신형 중소기업의 주식등을 취득하는 경우, 매입가액 중 기술가치 금액의 10%를 취득법인의 법인세에서 공제하는 제도이다.

기술혁신형 중소기업의 인수를 촉진하여 벤처 창업기업 등의 출구전략(Exit Strategy)에 따른 투자금의 회수를 용이하게 하기 위한 세제지원제도이다. 2014년 신설되었다.

일몰기한은 2024.12.31.이다.

개정연혁

연 도	개정 내용
2018년	▪ 지분의 불연속성 요건 중 현금 교부 요건 삭제
2019년	▪ 지분율 요건 유지한 경우 추징세액 계산 방법 개선
2022년	▪ 피인수법인 공제 대상 추가: 혁신형 의료기기기업 인증을 받은 중소기업 ▪ 기업인수 요건 및 매입가액 요건의 기준일 변경 : 최초 취득일 → 최초 취득일이 속하는 사업연도의 종료일 ▪ 2회 이상 주식 취득시 순자산시가 계산 방법 구체화 ▪ 특수관계인 판정 시점을 취득일로 신설
2024년	▪ 최초취득일이 속한 사업연도의 다음 사업연도 종료일까지로 취득기간을 확대 ▪ 기술가치금액을 순자산시가의 1.3배에서 1.2배로 변경

Ⅱ. 요건

내국법인이 기술혁신형 중소기업 주식등의 50%(또는 30%)를 초과인수하는 경우, 피인수법인의 순자산시가의 1.3배 이상을 매입가액으로 지급하여야 하며, 피인수법인의 특정지배주주등이 지배주주등에서 벗어나야 한다.

1 주체

과세특례의 주체는 기술혁신형 중소기업의 주식 또는 출자지분(이하 "주식등")등을 인수하는 내국법인(이하 "인수법인")이다.

1-1 사업의 목적 요건

주식양도의 양 당사자는 인수법인이 주식등을 최초 취득한 날(이하 "최초취득일") 현재 1년 이상 사업을 계속하던 내국법인이어야 한다(조특법 §12의 4 ① 1호).
사업의 목적 요건이란 주식양도의 목적(동기)에 대한 요구사항으로 1년 이상 계속 사업 영위라는 다소 형식적인 요건을 요구하였으므로 실무상 그 충족은 어렵지 않다.

1-2 인수법인

<u>최초취득일</u>은 인수법인이 피인수법인의 주식등을 취득한 날부터 직전 2년 이내의 기간 동안 그 주식등을 보유한 사실이 없는 경우로 한다. 다만, 인수법인이 법인세법상 소액주주등에 해당하는 기간은 주식등을 보유한 것으로 보지 아니한다(조특령 §11의 4 ①).
"법인세법상 소액주주등"이란 발행주식총수 또는 출자총액의 1%에 미달하는 주식등을 소유한 주주등을 말한다. 단, 해당 법인의 국가, 지방자치단체가 아닌 지배주주등의 특수관계인인 자는 제외한다(법령 §50 ②).

1-3 피인수법인

피인수법인은 기술혁신형 중소기업이어야 한다(조특령 §11의 4 ②). 해당 중소기업의 내용은 법 제12조의 3 기술혁신형 합병 세액공제와 동일하다(제2절 Ⅱ. 1-2 참조).

舊 조세특례제한법 제12조의4(2014.1.1. 법률 제12173호로 개정된 것) 제1항 제2호 및 제3호의 "인수법인이 피인수법인으로부터 취득일에 취득한 주식등"에는 인수법인이 피인수법인의 주주로부터 취득일에 취득한 주식도 포함된다(서면법령법인-1028, 2017.11.28.).

기술혁신형 중소기업의 주식 취득 후 해당 주식거래로 인해 피인수법인이 「중소기업기본법」상 중소기업의 요건을 충족하지 못하게 되더라도 세액공제가 가능하다(사전법규법인-0665, 2023.10.25.).

2 기업인수 요건 (기준지분비율 요건)

인수법인이 <u>최초취득일이 속하는 사업연도 내에 또는 최초취득일이 속하는 사업연도의 다음 사업연도의 종료일까지</u> 취득한 주식등이 해당 사업연도의 종료일 현재 피인수법인의 발행주식총수 또는 출자총액의 50%를 초과하고, 인수법인이 해당 주식등을 <u>기준지분비율을 최초로 초과하는 사업연도</u>(이하 "기준충족사업연도")의 종료일까지 보유하여야 한다. 인수법인이 피인수법인의 기준충족사업연도 최대출자자로서 피인수법인의 경영권을 실질적으로 지배하는 경우는 30%를 기준지분비율 요건으로 한다(조특법 §12의 4 ① 2호). 2017년 이후에는 피인수법인이 비상장법인인 경우에도 경영권이 인수될 때에는 기준지분비율 30%를 적용함에 유의하여야 한다.

$$\text{기준지분비율 요건} = \frac{\text{양도 주식등의 수(가액)}}{\text{발행주식 총수 또는 출자총액}} > \frac{50(30)}{100}$$

예를 들어, 최초취득일이 속하는 사업연도 내에 기준지분비율 50%를 초과하였다면 해당 사업연도 종료일까지 계속 보유하면 요건을 충족하고, 최초취득일이 속하는 사업연도의 '다음 사업연도' 내에 기준지분비율 50%를 초과하였다면 그 '다음 사업연도' 종료일까지 계속 보유하는 경우, 동 기준지분비율 요건을 충족한다.[1]

주식취득요건(50% 초과취득) 적용 시, 내국법인이 유상증자로 인수한 신주는 기준지분비율 계산 시 포함되지 않는다(재법인-44, 2024.1.22.; 서면법규법인-0683, 2024.1.24.). 본 특례의 입법취지가 기술혁신형 중소기업의 인수를 촉진하여 벤처 창업기업 등의 투자금의 회수를

---

[1] 피인수법인의 주식을 최초 취득한 날 현재 피인수법인 발행주식총수의 50%를 초과하여 취득하지 못한 경우에는 그 후 추가 취득하여 최초 취득일이 속하는 사업연도 말 현재 지분율이 50%를 초과하는 경우에도 세액공제를 적용할 수 없다(기준법령법인-0244, 2020.11.12.)는 예규는 세법 개정에 따라 더 이상 유효하지 못한 것으로 판단됨.

용이하게 하기 위한 제도이므로, 이와 무관한 유상증자를 통한 신주취득은 계산에서 제외하도록 한다.

● **무증자 흡수합병의 경우 계속 보유 요건 충족 여부** (긍정)

내국법인(A법인)이 기술혁신형 중소기업(B법인)의 주식 전부를 취득한 경우로서 B법인의 주식취득일이 속하는 사업연도 중 B법인을 무증자 흡수합병한 경우 A법인은 「조세특례제한법」 제12조의4 제1항 제2호의 "인수법인이 해당 주식등을 취득일이 속하는 사업연도의 종료일까지 보유할 것"의 요건을 충족한 것으로 보는 것임(사전법규법인-0230, 2022.4.21.).

경영권 인수 시 피인수법인이 상장회사일 때에만 기준지분비율 30%를 적용하던 특례를 2017년 개정세법에서 피인수법인이 비상장법인인 경우에도 허용하였다. 2017.1.1. 전에 주식등을 취득한 경우에는 종전의 규정에 따른다(2016.12.20. 개정된 법 부칙 §43).

2022년 세법개정에서 벤처투자를 활성화하기 위하여 기술혁신형 주식취득에 대한 세액공제의 요건 중 발행주식총수 또는 출자총액의 50%(경영권을 실질적으로 지배하는 경우는 30%)을 초과하여 인수하여야 하는 요건의 기준일을 최초 취득일에서 최초 취득일이 속하는 사업연도의 종료일로 완화하였다. 2022.1.1. 전에 주식 또는 출자지분을 취득한 경우의 세액공제에 관하여는 개정규정에도 불구하고 종전의 규정에 따른다(2021.12.28. 개정된 법률 부칙 §26).

2024 개정 종래 주식등 최초취득일부터 해당 사업연도 종료일까지를 취득기간으로 하였으나, 최초취득일부터 해당 사업연도의 다음 사업연도 종료일까지로 취득기간을 확대함. 인수법인이 피인수법인의 주식등을 최초 취득한 날이 2024.1.1. 전인 경우의 세액공제 요건에 관하여는 법 12조의 4 제1항의 개정규정에도 불구하고 종전의 규정에 따름(2023.12.31. 개정된 법률 부칙 §36).

3 매입가액 요건 (초과수익력)

인수법인이 <u>최초취득일부터 기준충족사업연도의 종료일까지 취득한 주식등의 매입가액이 그 주식등이 기준충족사업연도의 종료일 현재 피인수법인의 발행주식총수 또는 출자총액에서 차지하는 비율(이하 "당초지분비율")로 계산한 기준충족사업연도의</u> 피인수법인의 순자산시가의 130% 이상이어야 한다(조특법 §12의 4 ① 3호). 기술혁신형 중소기업으로 인정되기 위한 초과수익력의 기준을 순자산시가의 1.3배로 보고 있다.

$$\text{매입가액 요건} = \frac{\text{주식등의 매입가액}}{\text{순자산시가} \times \text{당초지분비율}} \geq \frac{130}{100}$$

3-1 당초지분비율

당초지분비율은 최초취득일부터 기준충족사업연도의 종료일까지 취득한 주식등이 기준충족사업연도의 종료일 현재 피인수법인의 발행주식총수 또는 출자총액에서 차지하는 비율로 한다.

$$\text{당초지분비율} = \frac{\text{취득주식등의 수(가액)}}{\text{기준충족사업연도 종료일의 발행주식총수 또는 출자총액}}$$

3-2 순자산시가

기준충족사업연도의 피인수법인의 순자산시가는 인수법인이 피인수법인의 주식등을 취득한 날 현재의 피인수법인의 자산총액(특허권등의 가액 제외)에서 부채총액을 뺀 금액으로 한다. 이때 인수법인이 피인수법인의 주식등을 2회 이상 취득한 경우에는 취득시점 각각의 피인수법인의 순자산시가에 취득한 주식등의 수를 곱한 금액의 합계액을 최초취득일부터 기준충족사업연도 종료일까지 취득한 주식등의 총수로 나눈 금액으로 한다(조특령 §11의4 ⑤).

$$\text{순자산시가} = \text{자산총액(특허권등 가액 제외)} - \text{부채총액}$$

특허권등은 Ⅲ. 1-1을 참조하기로 한다.

2022년 세법개정에서 2회 이상 주식 등을 취득한 경우 순자산 시가 계산 방법을 구체화하였다.

4 지분의 불연속성 요건 (매수 요건)

본 특례는 벤처창업기업등의 출구전략에 대한 세제지원이므로 주식양도대가를 주식이 아닌 현금 및 그 밖의 재산 등으로 수령하여야 한다. 구체적으로 피인수법인의 특정지배주주등이 합병법인의 지배주주에서 벗어날 것을 요건으로 한다(조특법 §12의4 ① 4호).

4-1 지배주주등 제외 요건

인수 전의 피인수법인의 특정지배주주등이 기준충족사업연도의 종료일에 '인수법인' 또는 '인수 후 피인수법인'의 지배주주등에 해당하지 아니하여야 한다. 본 특례의 취지는 벤처기업 등의 투자금 회수를 위한 것이므로, 인수법인뿐 아니라 피인수법인의 지배주주등에도 해당하지 않아야 한다.

인수법인 또는 인수 후 피인수법인의 지배주주등의 범위는 법인세법 규정을 따른다(조특령 §11의 4 ⑦ → 법령 §43 ③·⑦). 제2절 Ⅱ. 3-1 (1) 합병법인의 지배주주등을 참조하기로 한다.

피인수법인의 특정지배주주등의 범위는 제2절 Ⅱ. 3-1 (2) 피합병법인의 특정지배주주등의 범위와 동일하다(조특령 §11의 4 ⑥).

종래에는 피인수법인의 특정지배주주등이 지배주주등 제외 요건 이외에도 주식등을 배정받지 않는 요건을 충족하도록 하였다. 피인수법인의 창업자가 인수법인의 주주로 남아 기술이전을 지원할 수 있도록 하기 위하여, 2017년 개정세법에서 피인수법인의 특정지배주주등이 주식등을 배정받는 경우에도 요건을 충족하는 것으로 완화하였다. 2017.1.1. 전에 주식등을 취득한 경우에는 종전의 규정에 따른다(2016.12.20. 개정된 법률 부칙 §43).

● **주식 전량 매각 후 대표이사로 계속 재직하는 경우 지배주주 등 해당 여부** (제외)

내국법인이 기술혁신형 중소기업인 피인수법인의 지배주주로부터 주식을 전량 인수한 경우로서 지배주주 중 피인수법인의 대표이사가 해당 주식을 양도한 이후에도 계속 대표이사로 재직하여 인수법인의 특수관계인(구 법령 §87 ① 7호; 동일기업집단 소속의 계열회사 임원)에 해당할 경우, 해당 대표이사는 "인수법인 또는 피인수법인의 지배주주등"(조특법 §12의 4 ① 4호 및 동 시행령 §11의 4 ⑦)에 해당하지 않는다(서면법령법인-3366, 2018.7.11.).

● **주식 일부 매각 후 대표이사로 계속 재직하는 경우 지배주주 등 해당 여부** (포함)

구 「조세특례제한법」 제12조의4(2015.12.15. 법률 제13560호)를 적용함에 있어 내국법인이 기술혁신형 중소기업인 피인수법인의 지배주주로부터 주식을 인수한 경우로서 지배주주 중 피인수법인의 대표이사가 주식을 일부 양도한 이후에도 계속 대표이사로 재직하여 인수법인의 특수관계인(구 법령 §87 ① 7호; 동일기업집단 소속의 계열회사 임원)에 해당하고 피인수법인의 주식 또한 소유하고 있는 경우에는,

상기 피인수법인의 대표이사는 지배주주등(조특법 §12의 4 ① 4호 및 동 시행령 §11의 4 ⑦ → 법령 §43 ⑦)에 해당하는 것임(서면법인-4290, 2020.12.30.; 같은 뜻 재법인-296, 2021.6.22.).

4-2 현금 교부 요건 (삭제)

종래에는 피인수법인의 주주등이 주식양도대가의 50% 미만을 주식등으로 수령하도록 하는 현금 교부 요건을 요구하였으나, 2018년 개정세법에서 동 요건을 삭제하였다. M&A를 통한 벤처 거래 활

성화를 지원하기 위한 목적이다. 2018.1.1. 이후 주식 또는 출자지분을 취득한 경우부터 적용한다. 2018.1.1. 전에 주식 또는 출자지분을 취득한 경우에 대해서는 개정규정에도 불구하고 종전의 규정에 따른다(2017.12.19. 개정된 법 부칙 §6·§41).

현금 교부 요건의 주식교부비율을 종전에는 20% 미만으로 하였으나, 현금 보유 여력이 없는 경우에도 M&A가 가능하도록 2017년 개정세법에서 50% 미만으로 완화하였다. 2017.1.1. 전에 주식등을 취득한 경우에는 종전의 규정에 따른다(2016.12.20. 개정된 법률 부칙 §43).

5 사업의 계속성

피인수법인이 기준충족사업연도의 종료일까지 종전에 영위하던 사업을 계속하여야 한다(조특법 §12의 4 ① 5호).

5-1 사업의 계속 및 폐지에 관한 판정

인수법인이 기준충족사업연도의 종료일까지 피인수법인으로부터 승계한 사업의 계속 및 폐지에 관하여는 법인세법상 적격합병의 요건 규정을 준용한다(조특령 §11의 4 ⑧). 제2절 Ⅱ. 4-1을 참조하기 바란다.

5-2 부득이한 사유의 예외

다만 다음의 부득이한 사유가 있는 경우에는 사업을 계속하는 것으로 본다(조특법 §12의 4 ③, 조특령 §11의 4 ⑪).
- 피인수법인의 파산
- 「채무자 회생 및 파산에 관한 법률」에 따른 회생절차에 따라 법원의 허가를 받아 승계받은 자산을 처분한 경우

6 특수관계인 제외

인수법인과 피인수법인(기술혁신형 중소기업)이 법인세법상 특수관계인이 아니어야 한다. 이 경우 특수관계인 여부는 최초취득일을 기준으로 판단한다(조특령 §11의 4 ③ →법령 §2 ⑤).

즉, 특수관계인 여부는 피인수법인의 주주별로 해당 주주로부터의 최초취득일을 기준으로 판단한다. 동일한 사업연도 내에서 피인수법인의 주식을 분할하여 취득한 경우에도 특례를 적용 받을 수 있다.

법인세법상 특수관계자는 제1장 제4절 Ⅱ. 1-1을 참조하기로 한다.

2022년 세법개정에서 특수관계인 판정 시점을 취득일로 하도록 신설하였다.

Ⅲ. 세액공제

기술가치금액의 산정

기술혁신형 주식취득의 경우 인수법인이 피인수법인에게 지급하는 매입가액 중 기술가치 금액을 세액공제대상으로 한다. 기술가치금액은 다음의 지분율에 비례한 특허권등 평가액의 합계 또는 초과수익력 환원금액 중 하나를 인수법인이 선택하도록 한다(조특령 §11의 4 ④).

> 기술가치금액 = Max (지분율에 비례한 특허권등 평가액의 합계, 초과수익력 환원금액)

1-1 지분율에 비례한 특허권등 평가액의 합계 (1호)

벤처기업확인기관이 최초취득일 전후 3개월 이내에 피인수법인이 보유한 특허권등을 평가한 금액의 합계액에 기준충족사업연도 종료일 현재의 지분율을 곱하여 계산한 금액을 말한다. 2020.2.12.부터 벤처확인기관은 사단법인 벤처기업협회로 변경되었다(벤처기업육성에 관한 특별조치법 시행령 §4).

> 지분율에 비례한 특허권등 평가액의 합계 = 특허권등 평가액의 합계 × 종료일 현재 지분율

특허권등이란 특허권, 실용신안권, 기술비법 및 기술거래기관등을 통해 취득한 특정기술을 말한다(조특령 §11의 3 ③ 1호). 특허권등의 범위, 요건 및 개정연혁은 법 제12조의 3 기술혁신형 합병 세액공제와 동일하다(제2절 Ⅲ. 1-1 (1) 참조).

이 경우 그 계산한 금액은 인수법인이 피인수법인에 지급한 매입가액에서 기준충족사업

연도의 피인수법인의 순자산시가에 지분비율을 곱하여 계산한 금액을 뺀 금액을 한도로 한다. 단, 음수인 경우에는 0으로 본다.[2)]

$$\text{한도} = \text{Max} [\text{매입가액} - (\text{피인수법인의 순자산시가} \times \text{지분비율}), 0]$$

매입가액과 순자산시가, 지분비율은 Ⅱ. 3.에서 기술하였다.

1-2 초과수익력 환원금액 (2호)

인수법인이 피인수법인에 지급한 매입가액에서 기준충족사업연도의 피인수법인의 순자산시가의 120%에 기준충족사업연도 종료일 현재의 지분비율을 곱하여 계산한 금액을 뺀 금액이다.

$$\text{초과수익력 환원금액} = \text{매입가액} - (\text{피인수법인의 순자산시가} \times 120\% \times \text{지분비율})$$

상증법상 최대주주의 지분에 대하여는 경영권 프리미엄을 이유로 하여 평가된 금액에 대하여 30% 할증을 적용한 금액을 평가액으로 하는 것(상증법 §63 ③)과 유사하게 동 경영권 프리미엄을 초과하는 수익력에 대하여는 기술가치로 보고 세액공제의 대상으로 한다.

2024 개정 기술혁신형 중소기업의 M&A를 지원하기 위하여 기술가치금액을 순자산시가의 1.3배에서 1.2배로 변경함. 2024.2.29. 전에 합병하거나 주식 또는 출자지분을 취득한 경우의 세액공제금액에 관하여는 영 제11조의 3 제3항 2호 및 제11조의 4 제4항제2호가목의 개정규정에도 불구하고 종전의 규정에 따름(2024.2.29. 개정된 시행령 부칙 §18).

2 공제세액

기준충족사업연도의 인수법인의 법인세에서 기술가치금액에 10%를 곱한 금액을 세액공제한다(조특법 §12의 4 ①).

$$\text{공제세액} = \text{기술가치금액} \times 10\%$$

---

2) 시행규칙 별지 제4호의 2 서식 ⑮란에서는 한도 계산 공식을 Max [(양도가액 - 순자산시가) × 지분비율, 0]으로 규정하고 있으나, 매입가액(양도가액)에 지분비율을 곱하는 것은 잘못된 산식이므로 개정이 요구됨.

 **사후관리**

3-1 추징세액의 계산

법인세를 공제받은 내국법인이 <u>기준충족사업연도</u>의 다음 사업연도의 개시일부터 2년 이내에 의무위반사유가 발생하는 경우에는 그 사유가 발생한 날이 속하는 사업연도의 과세표준신고를 할 때 공제받은 세액에 이자상당액을 가산하여 법인세로 납부하여야 한다. 다만 의무위반사유 중 ③의 경우에는 사후관리기간을 4년으로 한다(조특법 §12의 4 ②, 조특령 §11의 4 ⑨).

의무위반사유 중 ③에 해당하는 경우로서 각 사업연도 종료일 현재 인수법인의 피인수법인 지분비율(이하 "현재지분비율")이 기준지분비율을 초과하는 경우, 즉 기준지분비율 요건을 유지한 때에는 당초지분비율에서 현재지분비율을 차감한 값을 당초지분비율로 나눈 비율과 공제받은 세액을 곱한 금액을 추징세액으로 한다. 단, 지분비율 감소로 이미 납부한 공제세액은 제외한다.

$$\text{추징세액} = \left\{ \frac{(\text{당초지분비율} - \text{현재지분비율})}{\text{당초지분비율}} \times \text{당초 공제받은 세액} \right\} - \text{이미 추징된 세액}$$

예를 들어, 최초 취득시 지분율이 80%이었으나, 20%를 매각하여 현재 지분비율이 60%일 때 당초 공제받은 세액이 1억원이라면 2천5백만원(= (80% − 60%) ÷ 80% × 1억원)을 추징세액으로 한다(이자상당가산액은 별도 계산하여야 함).

M&A를 통한 기술거래 활성화를 지원하기 위하여, 2019년 개정세법에서 주식 인수 후 지분율이 감소하여 공제받은 세액을 추징하는 경우에도 기준지분비율 요건을 유지한 때에는 공제세액 전액을 추징하는 것이 아니라 감소한 지분율에 비례하여 추징하도록 사후관리 방법을 개선하였다. 법 12조의 4 제2항의 개정규정은 2019.1.1. 이후 같은 항 3호에 따른 사유(현재지분비율이 당초지분비율보다 낮아지는 경우)가 발생하는 때부터 적용한다(2018.12.24. 개정된 법률 부칙 §4).

● **일부 지분에 한하여 공제 받은 후 기준지분비율 요건을 충족하는 경우 추징 방법**

취득일 현재 지분비율 중 일부 지분비율에 대해 세액공제를 적용받은 경우로서 사후관리기간에 각 사업연도 종료일 현재 지분비율(지분비율이 50%를 초과하는 경우에 한함)이 취득일 현재 지분비율보다 감소하였더라도, 당초 공제받은 세액에 상당하는 지분비율보다 높은 경우에는 당초 공제받은 세액을 추징하지 않는다(서면법령법인-21447, 2015.3.31.).

3-2 의무위반 사유

의무위반 사유는 다음과 같다.
① 피인수법인의 특정지배주주등이 인수법인 또는 피인수법인의 지배주주등에 해당하는 경우
   각 지배주주등의 범위는 Ⅱ. 4-1에서 기술한 바와 같다.
② 피인수법인이 종전에 영위하던 사업을 폐지하는 경우
   사업의 계속 및 폐지에 관한 판정은 Ⅱ. 5-1에서 기술한 바와 같다.
③ 현재지분비율이 당초지분비율보다 낮아지는 경우. 다만 다음 어느 하나에 해당하는 사유로 지분비율이 낮아지는 경우는 제외한다.
   ㉮ 주식매수선택권을 행사하는 경우(벤처기업육성에 관한 특별조치법 §16의 3 또는 상법 §340의 2)
   ㉯ 우리사주조합원이 우리사주를 취득하는 경우
   ㉰ 중소기업창업투자회사, 신기술사업금융업자, 창투조합등이 출자하는 경우(조특법 §13 ① 1호~3호) 다만 타인 소유의 주식 또는 출자지분을 매입하는 경우는 제외한다.

내국법인이 세액공제 적용 이후 적격인적분할하면서 분할신설법인이 해당 주식을 승계받은 경우 '현재지분비율이 당초지분비율보다 낮아지는 경우'로 보지 않는다(재법인-437, 2022.10.17.).

3-3 이자상당가산액

이자상당가산액의 계산(조특령 §11의 4 ⑩)은 제2절 Ⅲ. 3-2를 참조하기로 한다.

Ⅳ. 조세특례제한 등

 절차

세액공제신청서(별지 제1호 서식)와 기술혁신형 주식취득에 대한 세액공제신청서 및 공제세액계산서(별지 제4호의 2 서식)를 납세지 관할세무서장에게 제출하여야 한다(조특령 §11의 4 ⑫).

기타 조세특례제한 등

구 분	내 용	참조 부분
중복지원의 배제	해당 없음	
추계과세 시 등	세액공제 배제(조특법 §128 ①)	제20부 제2절
최저한세	적용대상(조특법 §132 ①)	제20부 제4절
세액공제액의 이월공제	허용(조특법 §144 ①·②)	제21부 제2절
농어촌특별세	과세(농특법 §5 ① 1호)	

제4절 [제13조] 벤처투자회사 등의 주식양도차익 등에 대한 비과세

I. 의의

벤처캐피털회사가 직접 또는 창투조합등을 통하여 창업기업, 신기술사업자, 벤처기업, 신기술창업전문회사 및 코넥스상장중소기업 등에 출자하여 취득한 주식의 양도차익 및 배당소득에 대해서 법인세를 비과세하는 제도이다. 또한 기금운용법인 등이 창업기업 등에게 출자하여 취득한 주식의 양도차익에 대해서도 법인세를 비과세한다.

과세특례의 내용은 벤처캐피털(Venture Capital)회사 등이 벤처기업 등에 출자한 경우, 배당소득에 대해서 비과세한다. 이후 벤처사업 등이 성공하여 해당 출자금을 회수하는 때, 출자주식을 양도함에 따라 발생하는 주식양도차익(Capital Gain)에 대해서 비과세하는 제도이다.

출자 관계에 따른 주식양도차익 등에 대한 비과세 특례

법 제13조에서는 벤처캐피털 등의 주식 양도차익 및 배당소득에 대해 '법인'세를 부과하지 아니하고, 법 제14조에서는 벤처캐피털 또는 벤처기업에 직접 투자한 '개인'의 양도소득세를 비과세하여, 벤처사업에 투자한 벤처자본에 대해 일련의 세제지원을 제공하고 있다. 또한 법 제16조에서는 개인 투자금액에 대해 소득공제를 허용하여 개인의 벤처사업 투자를 지원한다.

일몰기한은 2025.12.31.이다.

개정연혁

연 도	개정 내용
2020년	■ 특례 출자 방식 추가 : 유상증자 시 6개월 이내에 엔젤투자자가 3년 이상 보유한 구주식 등을 매입하는 경우에도 비과세
2023년	■ 엔젤투자자 지분 인수 한도 확대 : 유상증자 대금의 10% → 30%
2024년	■ 특례대상 추가 : 민간재간접벤처투자조합을 통한 간접 출자

Ⅱ. 요건

1 특례대상 출자

특례대상 출자는 다음과 같다(조특법 §13 ①).

1-1 벤처투자회사 및 창업기획자의 출자 (1호)

벤처투자회사[1] 및 창업기획자[2]가 다음의 투자대상 회사(이하 "창업기업등")에게 출자하여 취득한 주식 또는 출자지분을 특례의 대상으로 한다.

㉮ 중기창업법에 따른 창업기업

중소기업을 창업하는 자와 중소기업을 창업하여 사업을 개시한 날부터 7년이 지나지 아니한 자를 말한다. 중소기업이란 중소기업법 제2조에 따른 중소기업을 말한다.[중소기업창업지원법 (이하 "중기창업법") §2 2호·3호]

법 제13조의 창업기획자의 출자에 대한 비과세와 관련해서는 법 제14조의 특례 요건인 출자일로부터 3년이 경과하여야 비과세한다는 요건(조특령 §13 ①)을 적용하지 않는다(사전법령법인-0134, 2020.4.6.).

---

[1] "벤처투자회사"란 벤처투자를 주된 업무로 하는 회사로서 벤처투자 촉진에 관한 법률(이하 "벤처투자법") 제37조에 따라 등록한 회사를 말함(벤처투자법 §2 10호). "벤처투자"란 창업자, 중소기업, 벤처기업 또는 그 밖에 중소벤처기업부장관이 정하여 고시하는 자에게 투자하는 것을 말함(같은 조 2호).
[2] "창업기획자"(Accelerator)란 초기창업자에 대한 전문보육 및 투자를 주된 업무로 하는 자로서 벤처투자법에 따라 등록한 법인 또는 비영리법인을 말함(같은 조 9호).

㉯ 벤처기업

「벤처기업육성에 관한 특별법」(이하 "벤처기업법")상의 벤처기업을 말하는 것으로(조특법 §6 ②) 벤처투자기업, 연구개발기업, 혁신성장기업이 있다. 상세한 내용은 제2부 제2절 Ⅱ. 3-1 (1)을 참조하기로 한다.

㉰ 신기술창업전문회사

"신기술창업전문회사"란 대학이나 연구기관이 보유하고 있는 기술의 사업화와 이를 통한 창업 촉진을 주된 업무로 하는 회사로서 벤처기업법에 따라 등록된 회사를 말한다(벤처기업법 §2 ⑧). 단, 중소기업기본법에 따른 중소기업에 한정한다.

중소기업창업투자회사(현 벤처투자회사)가 등록이 취소된 경우 등록취소 이후에 양도하는 주식 및 배당소득에 대하여는 본 특례를 적용받을 수 없다(법인 46012-1369, 2000.6.15.).

반면에, 구「중소기업창업지원법」(2020.2.11. 법률 제16998호로 개정되기 전의 것)에 따른 창업기획자(엑셀러레이터)의 지위에서 구「조세특례제한법」(2020.2.11. 법률 제16998호로 개정되기 전의 것) 제13조 제1항 제1호 또는 제3호의 요건에 적합한 창업자 등의 주식을 취득하고 같은 법 제13조 제1항 제3호의 중소기업창업투자회사(현 벤처투자회사)로 전환한 이후 발생하는 양도차익에 대해서는 법인세를 부과하지 아니한다(서면법인-2180, 2022.8.24.).

2017년 개정세법에서 창업기획자를 과세특례의 주체(출자자)에 추가하였다. 2017.1.1. 이후 출자하는 경우부터 적용한다(2016.12.20. 개정된 법 부칙 §5).

1-2 신기술사업금융업자의 출자 (2호)

신기술사업금융업자[3]가 다음의 투자대상 회사(이하 "신기술사업자등")에게 출자하여 취득한 주식 또는 출자지분을 본 특례의 대상으로 한다.

㉮ 신기술사업자

신기술사업자의 범위는 다음과 같다(기술보증기금법 §2 1호, 동법 시행령 §3).

- 기술을 개발하거나 이를 응용하여 사업화하는, 중소기업기본법에 따른 중소기업
- 신기술사업을 영위하는 기업으로서 상시 종업원이 1천명 이하이고, 총자산액이 1천억원 이하인 기업
- 산업기술연구조합[4]

---

3) "신기술사업금융업자"란 신기술사업자에 대한 투자, 융자, 경영 및 기술의 지도와 신기술사업투자조합의 설립, 자금의 관리·운용 업무를 하는 회사를 말한다[여신전문금융업법(이하 "여전법") §41].
4) 산업기술연구조합육성법에 따라 산업기술의 연구개발과 선진 기술의 도입·보급 등을 협동적으로 수행하기 위하여 법인으로 설립된 연구조합이다. 한국신약개발연구조합, 한국항공우주기술연구조합, 한국녹색산업기술연구조합, 한국고주파산업연구조합 등 산업 전반에 걸쳐 산업기술연구조합이 설립되어 있다.

㉯ 벤처기업

㉰ 신기술창업전문회사

신기술사업금융업자가 등록이 취소된 경우 등록 취소 이후에 양도하는 주식 및 배당소득에 대하여는 본 특례를 적용받을 수 없다(법인-162, 2014.4.8.). 즉, 비과세 규정 적용시 주식 등의 취득 당시뿐만 아니라 양도 당시에도 신기술사업금융업자의 지위에 있을 것을 요건으로 한다(대법원 2022두63751, 2023.3.8.: 서울고등법원 2022누33219, 2022.10.20.).

반면에, 신기술사업금융업자가 창투조합 등을 통하여 벤처기업에 출자함으로써 취득한 주식을 중소기업창업투자회사(현 벤처투자회사)로 전환한 이후에 양도함으로써 발생하는 양도차익에 대해서는 비과세한다(재법인-157, 2016.2.24.; 같은 뜻 법규-639, 2014.6.24.).

1-3 창투조합등을 통한 출자 (3호)

(1) 창투조합등 및 조합원의 범위

벤처투자회사, 창업기획자, 벤처기업출자유한회사[5] 또는 신기술사업금융업자가 다음에 해당하는 조합(이하 "창투조합등")[6]을 통하여 창업기업, 신기술사업자, 벤처기업 또는 신기술창업전문회사에 출자함으로써 취득한 주식 또는 출자지분을 특례의 대상으로 한다.

---

[5] "벤처기업출자유한회사"란 상법에 따른 유한회사 또는 유한책임회사로서 출자금 총액, 전문인력 등 대통령령으로 정하는 요건을 모두 갖춘 회사를 말함(벤처투자법 §50 ① 5호). 참고로, 벤처투자법 시행 전의 벤처기업출자유한회사란 출자금 총액이 조합 결성금액의 1% 이상이고, 전문인력을 보유한 유한회사를 말함. 모태조합으로부터 출자를 받아 중소기업과 벤처기업에 대한 투자와 한국벤처투자조합을 결성할 수 있음(구 벤처기업법 §4의 3 ① 3호).

[6] 창투조합등은 민법상 조합으로, 벤처캐피털회사가 개인과 법인을 포함한 다수의 외부 출자자로부터 자금을 조달하여 직접 운용한다. 벤처캐피털회사는 일반적으로 업무집행조합원으로 참여하여 투자조합을 직접 운용하며 관리보수와 성공보수를 받는다(박성욱·김영훈, "벤처기업 등에 대한 투자활성화를 위한 조세지원제도 연구 : 개인투자조합을 중심으로", 회계정보연구/제34-3권, 2016.9., p.537.).

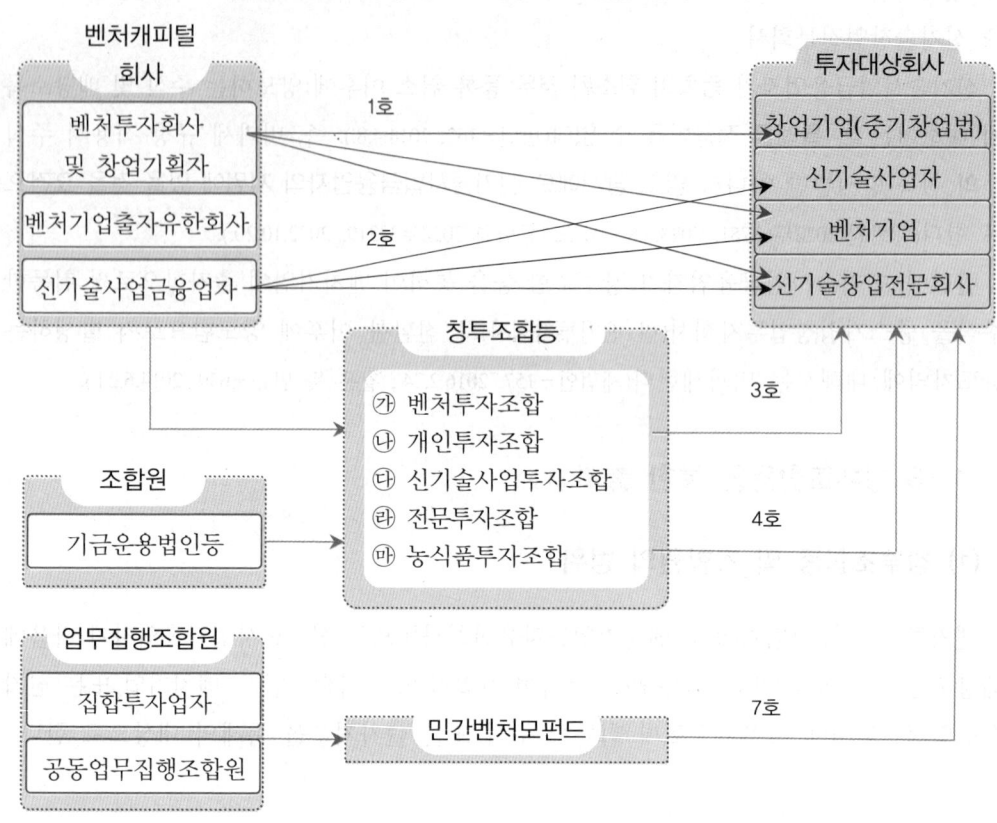

벤처캐피털회사, 창투조합등의 직간접 출자 관계도

㉮ 벤처투자조합

"벤처투자조합"이란 벤처투자회사 등이 벤처투자와 그 성과의 배분을 주된 목적으로 결성하는 조합으로서 벤처투자법에 따라 등록한 조합을 말한다(벤처투자법 §2 11호). 종래「벤처기업육성에 관한 특별조치법」에 따른 한국벤처투자조합과 「중소기업창업 지원법」에 따른 중소기업창업투자조합을 통합하여 벤처투자법 상의 벤처투자조합으로 일원화하였다. 2020.8.12.부터 시행한다(2020.2.11. 개정된 벤처투자법).

한국벤처투자조합이 출자한 자(子)조합을 통하여 취득한 투자에 대하여도 본 특례가 적용된다(재법인-836, 2007.10.8.).

㉯ 개인투자조합

개인투자조합이란 개인 등이 벤처투자와 그 성과의 배분을 주된 목적으로 결성하는 조합으로서 벤처투자법에 따라 등록한 조합을 말한다(벤처투자법 §2 8호).

㉰ 신기술사업투자조합

신기술사업자에게 투자하기 위하여 설립된 조합으로서 신기술사업금융업자가 신기술

사업금융업자 외의 자와 공동으로 출자하여 설립한 조합 또는 신기술사업금융업자가 조합자금을 관리·운용하는 조합이다(여전법 §2 14호의 5).

㊃ 전문투자조합

"전문투자조합"이란 특화선도기업 등에 투자하고 그 성과를 배분하는 것을 주된 목적으로 하는 조합으로서 「소재·부품·장비산업 경쟁력강화 및 공급망 안정화를 위한 특별조치법」(이하 "소부장법")에 따라 등록한 조합을 말한다(소부장법 §2 6호).

㊄ 농식품투자조합

농식품투자모태조합으로부터 출자를 받아 농식품경영체에 대한 투자를 목적으로 벤처투자회사, 신기술사업금융업자 등이 결성한 조합이다(농림수산식품투자조합 결성 및 운용에 관한 법률 §11).

창투조합등의 조합원이 위에서 열거된 중소기업창업투자회사(현 벤처투자회사) 등에 해당해야 하며, 열거되지 아니한 일반 법인은 조합원이 되어도 특례를 적용받을 수 없다(서이46012-11580, 2003.9.1.).

2019년 개정세법에서 창업·벤처기업의 활성화를 지원하기 위하여 창업기획자가 개인투자조합을 통하여 출자함으로써 취득한 주식 등에 대한 양도차익에 대해서는 법인세를 부과하지 아니하도록 하였다. 2019.1.1. 이후 양도하는 분부터 적용한다(2018.12.24. 개정된 법률 부칙 §5).

(2) 창투조합등의 해산

신기술사업투자조합을 통하여 취득한 신기술사업자 주식에 대하여, 동 조합의 해산일까지 처분하지 못한 잔여주식을 동 조합 해산 시 신기술사업금융업자가 전부 시가로 매입하거나, 출자지분에 따라 분배 받은 후 매각하는 경우에, 해당 주식의 양도차익에 대하여는 법인세를 부과하지 않는다(법인-65, 2011.1.25.; 서면4팀-2163, 2005.11.14.). 중소기업창업투자회사(현 벤처투자회사)가 중소기업창업투자조합을 통하여 취득한 주식도 동일하다(서면법인-6994, 2021.12.9.).

중소기업창업투자조합, 신기술사업투자조합은 세무상 도관(導管; Conduit)으로 취급하기 때문이다. 증권거래세와 관련하여서 창업투자조합이 해산하여 현물로 분배받는 경우, 조합원이 새로이 벤처기업등의 주식을 취득한 것으로 보지 아니하는 것(서삼 46016-12136, 2002.12.12.)과 취지를 같이 하는 해석이다.

1-4 기금운용법인등의 창투조합등을 통한 출자 (4호)

기금을 관리·운용하는 법인 또는 공제사업을 하는 법인(이하 "기금운용법인등")이 창투조합등을 통하여 창업기업, 신기술사업자, 벤처기업 또는 신기술창업전문회사에 출자함으로써 취득한 주식 또는 출자지분을 특례의 대상으로 한다. 기관투자자 중 연기금 등 장기투자자에 대하여서만 특례를 허용하고 있다.

"기금운용법인등"이란 법률에 따라 설립된 기금을 관리·운용하거나 법률에 따라 공제사업을 영위하는 법인으로서 다음의 법인을 말한다(조특령 §12 ② → 조특칙 §8의 2 → 법칙 §56의 2 ①·②).

법인세법상 기금운용법인 및 공제사업법인

구 분	법 인
기금운용법인	공무원연금관리공단, 사립학교교직원연금관리공단, 서울올림픽기념국민체육진흥공단, 신용보증기금, 기술보증기금, 한국무역보험공사, 중소기업중앙회, 농업협동조합중앙회, 한국주택금융공사, 한국문화예술위원회
공제사업법인	한국교직원공제회, 군인공제회, 신용협동조합중앙회(공제사업에 한정한다), 건설공제조합 및 전문건설공제조합, 전기공사공제조합, 정보통신공제조합, 대한지방행정공제회, 새마을금고연합회(공제사업에 한정한다), 과학기술인공제회, 소방산업공제조합, 건축사공제조합

「농림수산업자신용보증법」에 따른 농림수산업자신용보증기금을 관리·운용하는 법인이 상호금융사업의 일환으로서 여유자금으로 창투조합 등을 통하여 벤처기업에 출자한 경우, 비과세 특례를 적용받는다(서면-2018-법인-2074, 2020.9.24.).

1-5 코넥스상장중소기업에 대한 직접출자 (5호)

벤처투자회사 또는 신기술사업금융업자가 코넥스시장(KONEX)에 상장한 중소기업(이하 "코넥스상장중소기업")에 출자함으로써 취득한 주식 또는 출자지분을 대상으로 한다.

1-6 코넥스상장중소기업에 대한 간접출자 (6호)

벤처투자회사, 벤처기업출자유한회사 또는 신기술사업금융업자가 창투조합등을 통하여 코넥스상장중소기업에 출자함으로써 취득한 주식 또는 출자지분이 대상이다.

1-7 민간재간접벤처투자조합을 통한 간접출자 (7호)

민간재간접벤처투자조합[7]의 업무집행조합원으로서 다음 각 법인이 민간재간접벤처투

---

7) "민간재간접벤처투자조합"이란 다른 벤처투자조합에 대한 출자를 주된 목적으로 결성하는 조합으로서 벤

자조합을 통하여 창업기업, 신기술사업자, 벤처기업 또는 신기술창업전문회사에 출자함으로써 취득한 주식 또는 출자지분을 대상으로 한다(조특령 §12 ③).
① 집합투자업자(벤처투자법 §63의 2 ① 3호 및 동 시행령 §41의 2 ②)[8]
② 공동으로 업무집행조합원이 된 법인(벤처투자법 §63의 2 ③ 및 동 시행령 §24 ⑤).

 민간의 벤처기업 등에 대한 투자를 유도하기 위하여 민간재간접벤처투자조합(민간벤처모펀드)의 업무집행조합원이 민간재간접벤처투자조합을 통하여 취득하는 벤처기업 주식 등의 양도차익을 비과세하도록 함. 법 제13조 제1항 및 제2항의 개정규정은 2024.1.1. 이후 과세표준을 신고하는 경우부터 (소급하여) 적용함(2023.12.31. 개정된 법률 부칙 §2).

2 출자 방식

2-1 벤처투자회사등의 투자

벤처투자회사 및 창업기획자의 투자, 신기술사업금융업자의 투자, 창투조합등을 통한 투자, 기금운용법인등의 창투조합등을 통한 투자 및 민간재간접벤처투자조합을 통한 간접투자 규정(법 §13 ① 1호~4호, 7호)을 적용할 때, 출자는 벤처투자회사, 창업기획자, 벤처기업출자유한회사·신기술사업금융업자 또는 기금운용법인등은 직접 또는 창투조합등을 통하여, 민간재간접벤처투자조합의 업무집행조합원은 민간재간접벤처투자조합을 통하여 각각 다음 어느 하나에 해당하는 방법으로 취득하는 것만을 특례 대상으로 한다(조특법 §13 ②).

① 해당 기업의 설립 시에 자본금으로 납입하는 방법
② 해당 기업이 설립된 후 7년 이내에 유상증자 시 증자대금을 납입하거나 잉여금을 자본으로 전입하는 방법(무상증자), 또는 채무를 자본으로 전환하는 방법(예, 출자전환, CB전환)
③ 해당 기업이 설립된 후 7년 이내에 유상증자 시 벤처투자회사 등이 증자대금을 납입한 날부터 6개월 이내에 '엔젤투자자의 구주'를 매입하는 방법. 다만, 벤처투자회사 등이 유상증자시 납입한 증자대금의 30%를 한도로 한다.
  이때 '엔젤투자자의 구주'란 거주자가 중소기업창업투자조합 출자 등에 대한 소득공제

처투자법 제63조의2에 따라 등록한 조합을 말한다(벤처투자법 §2 12호).
8) "집합투자업자"란 금융투자업자 중 집합투자업을 영위하는 자를 말한다(자본시장법 §8 ④).

(조특법 §16 ①)를 적용받아 소유하고 있는 해당 (유상증자) 기업의 주식 또는 출자지분이어야 하며, 해당 거주자의 출자일 또는 투자일부터 양도일까지 3년이 경과하여야 한다.

그러나 벤처투자회사 및 창업기획자의 투자, 신기술사업금융업자의 투자, 창투조합등을 통한 투자, 기금운용법인등의 창투조합등을 통한 투자(법 §13 ① 1호~4호)의 경우에는 ③을 제외하고는 타인 소유의 주식 또는 출자지분을 매입에 의하여 취득하는 경우는 제외한다. 매입에 의한 경우에는 출자 대상기업의 자본 확충과는 직접적 관련이 없기 때문이다.

벤처기업이 발행한 전환사채를 타인으로부터 매입하여 동 회사 명의의 주식으로 전환한 후 그 주식을 양도함으로써 발생하는 양도차익에 대하여는 비과세된다(법인 46012-1914, 2000.9.15.). 타인 매입분을 제외하는 규정은 채무를 기준으로 하는 것이 아니라 자본(주식)을 기준으로 하기 때문이다.

2020년 개정세법에서 중소기업창업투자회사 등이 유상증자시 증자대금을 납입하면서 엔젤투자자가 3년 이상 보유하던 구주를 별도로 취득하는 경우에도 양도차익 등 비과세 특례를 적용하였다. 엔젤투자자의 벤처투자자금 회수를 지원하기 위하여 엔젤투자 지분 인수 시에도 비과세 특례를 지원한다. 개정규정은 2020.1.1. 이후 타인 소유의 주식 또는 출자지분을 매입하는 분부터 적용한다(2019.12.31. 개정된 법률 부칙 §6).

2023년 개정세법에서 종래 개인투자자가 벤처기업 등에 투자하여 소유하고 있는 주식 등을 매입한 경우에 과세특례를 적용받을 수 있는 한도를 증자대금의 10%에서 30%로 확대함. 2023.1.1. 전에 매입한 주식 또는 출자지분을 2023.1.1. 이후 양도하여 발생하는 양도차익 및 2023.1.1. 전에 매입한 주식 또는 출자지분에 대하여 2023.1.1. 이후 받는 배당소득에 대한 법인세 비과세의 범위에 관하여는 개정규정에도 불구하고 종전의 규정에 따름(2022.12. 31. 개정된 법률 부칙 §29).

2-2 코넥스상장중소기업에 대한 투자

코넥스상장중소기업에 대한 직접투자 또는 창투조합등을 통한 간접투자(법 §13 ① 5호·6호)의 규정을 적용할 때, 다음의 방법으로 코넥스상장중소기업의 주식등을 취득하는 것만을 특례 대상으로 한다(조특법 §13 ③).

① 해당 기업이 상장된 후 2년 이내에 유상증자 시 증자대금을 납입하거나 잉여금을 자본으로 전입하는 방법(무상증자), 또는 채무를 자본으로 전환하는 방법(출자전환)

② 해당 기업이 상장된 후 2년 이내에 유상증자 시 벤처투자회사 등이 증자대금을 납입한 날부터 6개월 이내에 '엔젤투자자의 구주'를 매입하는 방법. 다만, 벤처투자회사 등이 유상증자시 납입한 증자대금의 10%를 한도로 한다.

이때 '엔젤투자자의 구주'란 거주자가 중소기업창업투자조합 출자 등에 대한 소득공제(조특법 §16 ①)를 적용받아 소유하고 있는 해당 (유상증자) 기업의 주식 또는 출자지분이어야 하며, 해당 거주자의 출자일 또는 투자일부터 양도일까지 3년이 경과하여야 한다. 그러나 위 ①에 따라 투자할 때 타인 소유의 주식 또는 출자지분을 매입에 의하여 취득하는 경우는 제외한다.

2-3 합병·분할로 인한 취득

특례 대상 주식등을 발행한 법인이 분할 또는 합병된 경우, 그 분할·합병 등으로 인하여 취득한 주식등도 특례의 대상이 되는지 여부에 관한 사례를 검토한다.

● **신기술사업자의 물적분할로 취득한 주식의 양도차익** (비과세)

신기술사업자에게 출자하여 취득한 주식을 해당 신기술사업금융업부문의 적격물적분할로 신설된 분할신설법인이 승계받은 후 양도하는 경우에, 당해 양도차익에 대하여는 법인세가 비과세된다(서면법규-988, 2013.9.11.).

● **합병교부주식의 양도차익** (과세)

반면에 중소기업창업투자회사(현재 벤처투자회사)가 합병 후 존속법인(합병법인)으로부터 합병으로 인하여 취득하는 주식(합병교부주식)을 양도함으로써 발생하는 양도차익에 대하여는 법인세를 과세한다. 다만 합병 당시 합병법인(중소기업창업지원법에 따른 창업자 또는 벤처기업에 한함)으로부터 합병교부주식을 출자방식(조특법 §13 ②)에 준하는 방법으로 취득한 후 합병교부주식을 양도하는 경우에는 법인세를 부과하지 아니한다(서면2팀-188, 2008.1.29.; 서면2팀-151, 2008.1.22.).

Ⅲ. 과세특례

1 주식양도차익의 비과세

특례대상 주식등을 양도함으로써 발생하는 양도차익에 대해서는 법인세를 부과하지 아니한다.

법인세가 부과되지 아니하는 주식등 양도차익의 계산은 다음 산식에 따른다(조특령 §12 ①). 단, 안분방법은 양도시기마다 구분 가능한 종목별로 계산한다.

$$\text{비과세 양도차익} = \text{총양도차익} \times \frac{\text{비과세 주식등 수량}}{\text{양도주식등 수량}}$$

양도차익은 당해 주식등의 양도가액에서 취득가액 및 주식등을 양도하기 위하여 직접 지출하는 비용을 차감한 금액을 말한다(법인 46012-764, 2000.3.23.).

중소기업창업투자회사(현재 벤처투자회사)가 창업투자조합으로부터 수령한 성과보수에 중소벤처기업등으로부터 수령한 배당소득 또는 중소벤처기업 등의 출자지분 양도소득이 포함되어 있을 경우, 해당 성과보수는 비과세 대상에 해당하지 않는다(서면법인-0996, 2020.9.22.).

(가) 비과세 주식등 수량

특례대상 주식등과 다른 방법으로 취득한 주식등을 함께 보유하고 있는 벤처투자회사 또는 신기술사업금융업자(이하 "벤처투자회사등")가 보유주식 등의 일부를 양도하는 경우에는 먼저 취득한 주식 등을 먼저 양도한 것으로 본다(선입선출법).

(나) 취득가액 계산

벤처투자회사등이 취득한 주식 등의 취득가액은 총평균법 또는 이동평균법(법령 §74 ① 라목·마목) 중 당해 기업이 납세지 관할세무서장에게 신고한 방법으로 계산한다.

● 특례대상 주식의 신탁 시 양도 제외

신기술사업금융업자가 벤처기업등에 직접 출자하여 취득한 주식을 신탁법에서 정하는 바에 따라 신탁하고 당해 신탁재산의 수익권을 담보로 당해 법인이 채권을 발행하는 경우 당해 법인이 당해 주식을 신탁한 시점에는 양도한 것으로 보지 않는다(법인 46012-1114, 2001.12.11.). 신탁법에 의한 신탁은 소득세법상 양도로 보지 않기 때문이다(재산-1963, 2008.7.28.).

2 배당소득의 비과세

벤처투자회사, 창업기획자, 벤처기업출자유한회사 또는 신기술사업금융업자가 특례 대상 주식등(조특법 §13 ①)에 대한 출자로 인하여 창업기업, 신기술사업자, 벤처기업, 신기술창업전문회사 또는 코넥스상장기업으로부터 받는 배당소득에 대해서는 법인세를 부과하지 아니한다(조특법 §13 ④).

반면에 기금운용법인등이 창업기업 등으로부터 받는 배당소득에 대해서는 특례를 부여하지 아니한다.

  법인세가 부과되지 아니하는 배당소득의 계산은 구분 가능한 종목별로 다음 산식에 따른다(조특령 §12 ④).

$$\text{비과세 배당소득} = \text{배당소득} \times \frac{\text{비과세 주식등 수량}}{\text{보유 주식등 수량}}$$

● **의제배당에 대한 배당소득** (비과세)

중소기업창업투자회사가 창업자 또는 벤처기업의 주식을 취득한 후, 창업자 또는 벤처기업이 다른 회사에 흡수 합병되면서 지급받은 금액(의제배당; 법법 §16 ① 5호)에 대하여는 배당소득에 대한 법인세를 부과하지 않는다(서면2팀-188, 2008.1.29.).

3 증권거래세의 면제

본 특례와 관련하여 주식등의 양도 시 증권거래세를 면제하고 있다(조특법 §117 ①).
상세한 내용은 제15부 제3장 제2절 증권거래세의 면제 부분을 참조하기로 한다.

Ⅳ. 조세특례제한 등

1 최저한세

최저한세 적용대상이다(조특법 §132 ①).
제20부 제4절 최저한세 부분을 참조하기 바란다.

2 농어촌특별세 비과세

농어촌특별세가 비과세된다(농특령 §4 ⑥ 1호).

제5절 [제13조의 2] 내국법인의 벤처기업 등에의 출자에 대한 세액공제 ★★★☆

Ⅰ. 의의

벤처캐피털회사기금운용법인등을 제외한 내국법인이 창업기업, 신기술사업자, 벤처기업, 신기술창업전문회사에 직접 출자하여 취득하거나 벤처투자조합 등을 통하여 간접취득한 경우, 취득가액의 5%를 법인세에서 세액공제하는 제도이다. 다만, 민간재간접벤처투자조합을 통한 간접출자의 경우에는 기본공제 금액의 5%와 추가공제 금액의 3%를 합한 금액을 공제한다.

법 제14조에서 개인 엔젤투자자에 대해 조세지원을 하고 있으나 개인 투자자의 자금 조달력에 한계가 있으므로, 투자 여력이 있는 법인의 벤처기업 투자를 유도하기 위한 목적이다.

2017년 개정세법에서 신설되었다. 2017.1.1. 이후 출자하는 경우부터 적용한다(2016.12. 20. 개정된 법 부칙 §6).

일몰기한은 2025.12.31.이다.

개정연혁

연 도	개정 내용
2024년	■ 제외대상 추가 : 창업기획자 ■ 특례대상 추가 : 민간재간접벤처투자조합을 통한 간접 출자

Ⅱ. 요건

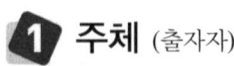

1 주체 (출자자)

내국법인을 특례대상 출자자로 한다. 다만 법 제13조 벤처투자회사 등의 주식양도차익 등에 대한 비과세를 적용받을 수 있는 다음의 법인을 제외한다(조특령 §12의 2 ① → 조특법

§13 ① 1호~4호).

① 벤처투자회사 및 창업기획자
② 신기술사업금융업자
③ 벤처기업출자유한회사
④ 기금운용법인등

위의 출자자 및 다음 피출자자의 내용은 제4절 Ⅱ. 1.을 참조하기로 한다.

2024 개정 세액공제 특례와 관련하여 창업기획자의 중복지원을 배제하기 위하여 제외대상에 추가함. 개정 전 유권해석에서는 본 세액공제의 대상으로 해석하였음(서면법규법인-2786, 2024.2.7.). 개정규정은 2024.2.29. 이후 주식 또는 출자지분을 취득하는 경우부터 적용함(2024.2.29. 개정된 시행령 부칙 §2).

2 피출자자

2-1 직접 출자 또는 창투조합등 간접출자 (3호)

창업기업, 신기술사업자, 벤처기업1) 또는 신기술창업전문회사에 대해 직접 출자하거나 창업·벤처전문 사모집합투자기구(자본시장법 §249의 23) 또는 창투조합등(민간재간접벤처투자조합은 제외함)을 통하여 간접투자하는 경우를 특례대상으로 한다(조특법 §13의 2 ①).

창투조합등이란 벤처투자조합, 개인투자조합, 신기술사업투자조합, 전문투자조합 및 농식품투자조합을 말한다(조특법 §13 ① 3호).

다만, 법인세법상 특수관계인의 주식 또는 출자지분(이하 "주식등")은 제외한다(조특령 §12의 2 ② → 법령 §2 ⑤). 법인세법상 특수관계자는 제1장 제4절 Ⅱ. 1-1을 참조하기로 한다.

창업·벤처기업의 활성화를 지원하기 위하여 2019년 개정세법에서 창업기획자가 개인투자조합을 통하여 출자함으로써 취득한 주식 등에 대해서도 세액공제를 허용한다(서면법인-57, 2019.7.8.). 상세 내용은 제4절 Ⅱ. 1-3 (1)을 참조하기로 한다.

법인이 법인의 의사에 따라 투자대상 및 투자비중 결정 등을 행하는 **특정금전신탁**을 통하여 특례대상에 투자를 한 경우 세액공제한다(서면법인-1676, 2020.9.15.).

피출자기업이 설립 당시에 벤처기업에 해당하지 않고 다음 연도에 벤처기업으로 확인을 받는 경우 과세특례가 적용되지 않는다(서면법령법인-2770, 2021.9.27.).

---

1) 피출자자가 벤처기업에 해당하는지 여부는 벤처확인·종합관리시스템에서 공시된 벤처기업의 조회가 가능함 (https://www.smes.go.kr/venturein/).

종전 창업·벤처전문 경영참여형 사모집합투자기구가 자본시장법의 개정으로 2022년 세법개정에서 창업·벤처전문 사모집합투자기구로 변경되었다. 개정규정은 2022.1.1. 이후 과세표준을 신고하는 경우부터 소급하여 적용한다. 2022.1.1. 당시 법률 18128호 자본시장과 금융투자업에 관한 법률 일부개정법률 부칙 8조 1항부터 4항까지의 규정에 따라 기관전용 사모집합투자기구, 기업재무안정 사모집합투자기구 및 창업·벤처전문 사모집합투자기구로 보아 존속하는 종전의 경영참여형 사모집합투자기구에 대해서는 개정규정에도 불구하고 종전의 규정에 따른다(2021.12.28. 개정된 법률 부칙 §5 ①, ③).

2-2 민간재간접벤처투자조합을 통한 간접출자

내국법인이 민간재간접벤처투자조합을 통하여 창업기업, 신기술사업자, 벤처기업 또는 신기술창업전문회사에 출자함으로써 주식 또는 출자지분을 취득하는 경우를 특례대상으로 한다. 다만, 법인세법상 특수관계인의 주식 또는 출자지분(이하 "주식등")은 제외한다(조특법 §13의 2 ②).

민간재간접벤처투자조합은 제4절 Ⅱ. 1-7을 참조하기로 한다.

2024 개정 민간의 벤처기업 등에 대한 투자를 유도하기 위하여 내국법인이 민간재간접벤처투자조합을 통하여 벤처기업 등에 간접출자하는 경우에는 투자금액의 5%와 증가분의 3%를 추가로 세액공제함. 개정규정은 2024.1.1. 이후 세액공제신청을 하는 경우부터 (소급하여) 적용함. 이 경우 같은 항 2호의 개정규정(증가분 방식 추가공제)은 내국법인이 민간재간접벤처투자조합을 통하여 최초로 벤처기업 등의 주식 또는 출자지분을 취득한 사업연도의 다음 사업연도의 법인세에서 공제하는 경우부터 적용함(2023.12.31. 개정된 법 부칙 §3).

3 출자 방식

출자는 내국법인이 다음의 방법으로 취득하는 것만을 특례 대상으로 한다. 타인 소유의 주식등을 매입에 의하여 취득하는 경우는 제외한다(조특법 §13의 2 ③).
① 해당 기업의 설립 시에 자본금으로 납입하는 방법
② 해당 기업이 설립된 후 7년 이내에 유상증자 시 증자대금을 납입하는 방법

벤처기업에 출자함으로써 취득한 상환전환우선주는 「조세특례제한법」 제13조의2 제1항 제1호의 '주식'에 해당한다(사전법규법인-0370, 2023.6.26.). 참고로 법인세법에서도 상환전환우선주는 자본으로 분류한다.

주요 이슈와 쟁점

14. 전환사채의 전환으로 취득한 보통주가 유상증자로 취득한 경우에 포함되는지 여부

[예규] (부정)

「조세특례제한법 시행령」제12조의2 제1항에 따른 내국법인이 벤처기업 또는 창업자가 발행하는 전환사채를 직접 또는 창업투자조합 등을 통해 취득한 후 해당 벤처기업 등이 설립된 후 7년 이내에 이를 보통주식으로 전환하는 경우에는 같은 법 제13조의2에 따른 내국법인의 벤처기업 등에의 출자에 대한 과세특례가 적용되지 않는 것임(서면법인-6005, 2021.5.26.).

| 저자주 | 전환사채의 전환을 통해 취득한 주식이 유상증자를 통해 취득한 주식에 포함될 수 있는지 여부가 쟁점이다. 조세특례제한법에서는 유상증자라는 용어에 대해 정의하고 있지 않으므로 관계법령의 보충적 적용을 통하여 해석하고자 한다(제1부 제2절 Ⅱ. 3-2 참조)

유상증자는 증권시장의 용어이여 상법에서는 신주발행이라는 용어를 사용한다. 상법상 통상의 신주발행은 좁은 의미의 유상증자를 의미하며(상법 §416; 이하 조문 번호만 기재함) 주주 또는 제3자에게 유상으로 신주를 발행하는 것을 말한다. 반면에, 특수한 신주발행에는 전환주식의 전환(§346), 준비금의 자본전입(§461), 주식배당(§462의 2), 전환사채의 전환(§513), 신주인수권부사채의 신주인수권행사(§516의 2) 등이 있으며, 새로운 자산이 기업에 유입되지 않는다는 공통점을 가지고 있다.

한편 증권시장에서는 유상증자라는 용어를 일반적으로 상법상 통상의 신주발행으로 사용한다(코스닥시장 상장규정 §71 참조)

따라서, 관계법령에서 의미하는 것과 동일하게 유상증자는 통상의 신주발행으로 해석하여야 할 것이므로, 과세관청이 특수한 신주발행에 해당하는 전환사채의 전환을 (통상의) 유상증자에서 제외하는 해석은 타당하다고 판단된다.

참고로 조특법 제13조 중소기업창업투자회사 등의 주식양도차익 등에 대한 비과세와 관련해서는 전환사채의 전환으로 취득한 주식의 양도차익에 대해서도 비과세 특례를 적용한다(제4절 Ⅱ. 2-1 참조; 법인 46012-1914, 2000.9.15.) 법 제13조 비과세 특례에서는 채무를 자본으로 전환하는 방법에 대해서도 공제대상으로 하는 조항이 있기 때문에 비과세를 적용할 수 있지만, 법 제13조의 2 세액공제 특례에는 이러한 특례 조항이 없으므로 전환사채의 전환은 특례 대상 출자방식에 포함될 수 없는 차이점이 있다.

Ⅲ. 세액공제

1 공제세액

주식등 취득가액의 5%에 상당하는 금액을 해당 사업연도의 법인세에서 공제한다.

$$\text{공제세액} = \text{주식등 취득가액} \times 5\%$$

다만, 민간재간접벤처투자조합을 통한 간접출자의 경우에는 다음 기본공제 금액의 5%와 추가공제 금액의 3%를 합한 금액을 해당 사업연도의 법인세에서 공제한다.

$$\text{기본공제 금액} = \text{Max}\ (\ ⓐ\ \text{해당 주식 또는 출자지분의 취득가액},$$
$$ⓑ\ \text{민간재간접벤처투자조합에 투자한 금액의 60\%에 상당하는 금액})$$

추가공제 금액은 해당 사업연도에 취득한 해당 주식 또는 출자지분의 취득가액이 직전 3개 사업연도의 해당 주식 또는 출자지분 취득가액의 평균액을 초과하는 경우 그 초과하는 금액의 3%에 상당하는 금액으로 한다.

$$\begin{pmatrix} \text{증가분 방식} \\ \text{추가 공제액} \end{pmatrix} = \left(\begin{array}{c} \text{해당 연도} \\ \text{주식등 취득가액} \end{array} - \begin{array}{c} \text{직전 3년} \\ \text{평균 취득가액} \end{array} \right) \times 3\%$$

2 사후관리

법인세를 공제받은 내국법인이 주식등을 취득한 후 5년 이내에 피출자법인의 지배주주등에 해당하는 경우에는 지배주주등이 되는 날이 속하는 사업연도의 과세표준신고를 할 때 주식등에 대한 세액공제액 상당액에 이자상당가산액을 더하여 법인세로 납부하여야 한다. 해당 세액은 법인세법 제64조에 따라 납부하여야 할 세액으로 본다(조특법 §13의 2 ④).

법인세법상 지배주주등은 제2절 Ⅱ. 3-1 (1) 합병법인의 지배주주등을 참조하기로 한다(조특령 §12의 2 ④ → 법령 §43 ⑦).

이자상당가산액의 계산(조특령 §12의 2 ③)은 제2절 Ⅲ. 3-2를 참조하기로 한다.

Ⅳ. 조세특례제한 등

기타 조세특례제한 등

구 분	내 용	참조 부분
세액공제신청서	별지 제1호 서식	
중복지원의 배제	감면규정과 세액공제규정의 배제(조특법 §127 ④)	제20부 제1절
추계과세 시 등	세액공제 배제(조특법 §128 ①)	제20부 제2절
최저한세	적용대상(조특법 §132 ①)	제20부 제4절
세액공제액의 이월공제	허용(조특법 §144 ①·②)	제21부 제2절
농어촌특별세	과세(농특법 §5 ① 1호)	

제6절 [제13조의 3] 내국법인의 소재·부품·장비 전문기업 등에의 출자·인수에 대한 세액공제 ★

Ⅰ. 의의

둘 이상의 내국법인이 소재·부품·장비 관련 중소·중견기업에 연구·인력개발 및 시설투자를 목적으로 공동출자(유상증자 참여)하는 경우, 출자금액의 5%를 법인세에서 세액공제한다(이하 "내국법인의 소재·부품·장비기업 공동출자 시 세액공제").

그리고, 내국법인이 국내 산업 기반과 해외 의존도가 높은 소재·부품·장비 또는 국가전략기술 관련 외국법인을 인수하는 경우 인수가액의 5%(중견기업 7%, 중소기업 10%)를 세액공제한다(이하 "소재·부품·장비 등 관련 외국법인 인수시 세액공제").

소재·부품·장비기업과 수요기업 간 협력사 공유를 통한 상생협력을 지원하기 위하여 내국법인의 소재·부품·장비기업 공동 출자 시 세액공제를 신설하였다.

또한 국내 산업 기반과 기술력이 미흡한 전략물자 등 국내 밸류체인 핵심 품목 중 기술 확보가 어려운 분야의 소재·부품·장비 관련 외국법인에 대한 M&A를 지원하기 위하여 소재·부품·장비 관련 외국법인 인수 시 세액공제를 신설하였다. 개정규정은 2020.1.1. 이후 출자하거나 인수하는 분부터 적용한다(2019.12.31. 개정된 법률 부칙 §7).

일몰기한은 2025.12.31.이다.

개정연혁

연 도	개정 내용
2020년	■ 과세특례 신설
2021년	■ 투자목적 대상 자산 확대
2023년	■ 특례 대상 확대 : 국가전략기술 관련 외국법인 인수

본 과세특례는 내국법인의 소재·부품·장비기업 공동출자 시 세액공제와 소재·부품·장비 등 관련 외국법인 인수시 세액공제의 2가지로 구성되어 있으며, 그 요건과 특례의 내용이 각기 다르므로 구분하여 살펴보도록 한다.

Ⅱ. 내국법인의 소재·부품·장비기업 공동출자 시 세액공제

1 요건

둘 이상의 내국법인이 소재·부품·장비 관련 중소기업 또는 중견기업에 연구·인력개발 및 시설투자를 목적으로 공동출자(유상증자 참여)하여야 한다(조특법 §13의 3 ①).

1-1 주체 (3호)

(1) 투자기업

둘 이상의 내국법인(이하 "투자기업")이 투자하여야 한다.

투자기업 간, 투자기업과 투자대상기업의 관계가 법인세법상 특수관계인이 아니어야 한다. 다만, 본 특례에 따른 공동투자로 서로 특수관계인이 된 경우는 제외한다(조특령 §12의 3 ④ → 법법 §2 12호).

법인세법상 특수관계인은 제1장 제4절 Ⅱ. 1-1을 참조하기로 한다.

(2) 투자대상기업

「소재·부품·장비산업 경쟁력강화 및 공급망 안정화를 위한 특별조치법」(이하 "소부장법") 제16조에 따른 특화선도기업, 전문기업, 강소기업 및 창업기업(이하 "특화선도기업등")으로서 소재·부품·장비 관련 중소기업·중견기업(이하 "투자대상기업")을 투자 대상으로 한다(조특령 §12의 3 ① → §6의 4 ①).

소부장법에 따른 특화선도기업등(동법 §2)

구 분	내 용
특화선도기업	핵심전략기술과 관련한 기술적 역량과 생산능력을 갖춘 기업이거나 성장이 유망한 기업으로서 소부장법에 따라 선정된 기업
전문기업	소재·부품 또는 장비의 개발·제조를 주된 사업으로 영위하는 기업으로서 소부장법에 따라 확인을 받은 기업
강소기업 및 창업기업	중소벤처기업부장관이 성장성과 유망성 등 일정 기준에 따라 관계 중앙행정기관과 협의를 거쳐 소재·부품·장비분야에서 선정한 기업

1-2 투자 목적 (1호)

다음에 열거된, 투자대상기업의 소재·부품·장비 관련 연구개발·인력개발·시설투자(이하 "소재·부품·장비 관련 연구·인력개발등")를 통하여 투자기업의 제품 생산에 도움을 받기 위한 목적이어야 한다(조특령 §12의 3 ③).
① 연구·인력개발비(조특법 §10 ①)
② 기계장치 등 사업용 유형자산에 대한 투자(조특법 §24 ① 1호)

종래 시설투자목적으로 연구시험용 시설 및 직업훈련용 시설, 생산성향상시설, 신성장기술의 사업화를 위한 시설을 한정적으로 열거하였으나, 2021년 개정세법에서 통합투자세액공제로 일원화함에 따라 기계장치 등 사업용 유형자산으로 확대하였다.

1-3 투자 방식 (공동출자; 2호)

투자대상기업이 **유상증자**하는 경우로서 증자대금을 납입하는 방법으로 주식등을 취득하여야 한다. 설립시 투자하거나 구주 매입에 의한 투자는 공제 대상에서 제외한다.

또한, 공동투자는 다음의 요건을 충족해야 한다(조특령 §12의 3 ②).
① MOU 요건: 투자기업이 투자대상기업과 공동투자에 대해 체결한 협약에 따라 공동으로 주식 또는 출자지분(이하 "주식등")을 취득할 것
② 공동출자 비율: 공동투자에 참여한 각 내국법인이 투자대상기업의 유상증자 금액의 25% 이상을 증자대금으로 각각 납입할 것

2 세액공제

2-1 공제세액

주식등 취득가액의 5%에 상당하는 금액을 해당 사업연도의 법인세에서 공제한다.

$$공제세액 = 주식등\ 취득가액 \times 5\%$$

2-2 사후관리

투자기업이 법인세를 공제받은 후에 다음 어느 하나에 해당하는 사유가 발생하는 경우에는 그 사유가 발생한 날이 속하는 사업연도의 과세표준신고를 할 때 주식등에 대한 세액공제액 상당액에 이자상당가산액을 더하여 법인세로 납부하여야 하며, 해당 세액은 납부하여야 할 세액(법법 §64)으로 본다(조특법 §13의 3 ②, 조특령 §12의 3 ⑤, ⑥).

이자상당가산액의 계산(조특령 §12의 3 ⑥)은 제2절 Ⅲ. 3-2를 참조하기로 한다.

(1) 지배력 획득 (1호)

법인세를 공제받은 투자기업이 주식등을 취득한 후 5년 이내에 투자대상기업의 지배주주등에 해당하는 경우이다.

지배주주등이란 법인의 발행주식총수 등의 1% 이상의 주식 등을 소유한 주주등으로서 그와 특수관계에 있는 자와의 소유 주식 등의 합계가 해당 법인의 주주등 중 가장 많은 경우의 해당 주주등을 말한다(조특령 §12의 3 ⑯ → 법령 §43 ⑦).

(2) 증자 대금 사용 위반 (2호)

투자대상기업이 유상증자일부터 3년이 되는 날이 속하는 사업연도 종료일까지 투자기업이 납입한 증자대금의 80%에 상당하는 금액 이상을 소재·부품·장비 관련 연구·인력개발 등에 지출하지 아니하는 경우이다.

(3) 주식등 처분 (3호)

법인세를 공제받은 투자기업이 주식등을 취득한 후 4년 이내에 해당 주식등을 처분하는 경우에는 다음 구분에 따라 추징한다. 이 경우 처분되는 주식등은 먼저 취득한 주식등이 먼저 처분되는 것으로 본다(선입선출법).

① 투자기업이 주식등 취득일부터 2년 이내에 주식등을 처분하는 경우에는 공제받은 세액 전액을 추징한다.
② 투자기업이 주식등 취득일부터 2년이 경과한 날부터 2년 이내에 주식등을 처분하는 경우에는 다음 계산식에 따라 안분계산한 금액을 추징한다.

$$\text{추징세액} = \text{각 내국법인이 공제받은 세액} \times \frac{\text{공동투자로 각 내국법인이 취득한 주식등 중 해당 과세기간에 처분한 주식등의 수}}{\text{공동투자로 각 내국법인이 취득한 주식등의 수}}$$

Ⅲ. 소재·부품·장비 등 관련 외국법인 인수 시 세액공제

1 요건

주식등을 취득하는 경우와 사업 또는 자산을 양수하는 경우로 나누어 요건을 살펴 본다 (조특법 §13의 3 ③).

1-1 주식등을 취득하는 경우 (1호)

(1) 주체

(1-1) 투자기업

투자기업은 내국법인으로 하되, ⓐ 외국법인을 법인세법상 특수관계인으로 하는 내국법인과 ⓑ 금융 및 보험업을 영위하는 법인을 제외한다(조특령 §12의 3 ④ → 법법 §2 12호). 단순 재무적 투자를 제외하기 위한 목적이다.

(1-2) 인수대상외국법인

다음의 소재·부품·장비 또는 국가전략기술 관련 외국법인(이하 "인수대상외국법인")을 투자대상기업으로 한다. 단, 내국법인이 법인세법상 특수관계인(법법 §2 12호)인 경우는 제외한다(조특령 §12의 3 ⑦). 법인세법상 특수관계인은 제1장 제4절 Ⅱ. 1-1을 참조하기로 한다.

① 소재·부품·장비 품목을 생산하는 외국법인

'소재·부품·장비 품목'이란 핵심전략기술과 관련된 품목으로서 국내 산업 기반, 국내 특허 보유 여부, 해외 의존도 등을 고려하여 산업통상자원부 장관이 기획재정부 장관과 협의하여 고시하는 품목을 말한다(조특칙 §8의 8 → 소부장법 §12 및 동 시행령 §19 → 핵심전략기술 및 핵심전략기술과 관련된 품목, 핵심전략기술 선정·재검토 세부절차 등에 관한 고시[1] 별표 1 핵심전략기술 목록).

이 경우 주식등을 취득하는 방법으로 인수하는 경우에는 소재·부품·장비 품목의 매출액이 전체 매출액의 50% 이상인 외국법인으로 한정한다. 이때 "매출액"이란 중소

---

[1] [시행 2022.10.18.] [산업통상자원부고시 제2022-173호, 2022.10.18., 일부개정]

기업 규모기준 산정 규정(조특령 §2 ④)에 따른 계산방법으로 산출한 매출액으로서 주식 등의 취득일이 속한 사업연도 직전 3개 사업연도의 평균 매출액을 말하며, 사업연도가 1년 미만인 사업연도의 매출액은 1년으로 환산한 매출액을 말한다(이하 ② 및 ③에서 매출액의 정의는 같다).
② 국가전략기술을 활용한 사업에서 발생한 매출액이 전체 매출액의 50% 이상인 외국법인
③ 소재·부품·장비 품목의 매출액과 국가전략기술을 활용한 사업에서 발생한 매출액의 합계액이 전체 매출액의 50% 이상인 외국법인

2023년 세법개정에서 국가전략기술의 경쟁력 제고를 지원하기 위하여 과세특례가 적용되는 인수대상외국법인에 국가전략기술 관련 외국법인을 추가함. 그 적용 대상 외국법인을 국가전략기술을 활용한 사업에서 발생한 매출액 또는 그 매출액과 소재·부품·장비 품목의 매출액의 합계액이 전체 매출액의 50% 이상인 외국법인으로 정함. 개정규정은 2023.1.1. 이후 국가전략기술 관련 외국법인을 인수하는 경우부터 적용함(2022.12.31. 개정된 법률 부칙 §5).

(1-3) 사업목적요건 (가목)

해당 내국법인과 인수대상외국법인이 각각 1년 이상 사업을 계속하던 기업이어야 한다.

(2) 지분의 연속성 요건 (나목)

인수대상외국법인의 지분비율 50%(또는 30%) 이상을 직간접적으로 취득하여야 하며, 사업연도 종료일까지 보유하여야 한다. 양자를 합하여 지분의 연속성 요건이라 한다.

(2-1) 지분 비율 요건

인수대상외국법인의 지분비율 50% 이상을 직접 또는 '간접적으로 취득'하여야 한다. 내국법인이 인수대상외국법인의 최대주주 등으로서 그 인수대상외국법인의 경영권을 실질적으로 지배하는 경우는 30%로 하고, 이하 "기준지분비율"이라 한다.

'간접적으로 취득'하는 경우란 인수대상외국법인을 인수할 목적으로 설립된, 다음 요건을 모두 충족하는 특수 목적 법인(이하 "인수목적법인")을 통해 간접적으로 인수하는 경우를 말한다(조특령 §12의 3 ⑨).
① 인수대상외국법인을 인수하는 것을 사업목적으로 할 것
② 투자기업(조특법 §13의 3 ③)이 지분율 100%를 출자하고 있는 법인일 것

소재·부품·장비외국법인(현재 인수대상외국법인)을 인수할 목적으로 설립되는 **특수목적법**

인에 내국법인의 완전 손자회사를 포함한다(재법인-0143, 2021.3.8.).[2]

　인수목적법인을 통해 간접적으로 인수하는 경우 지분비율은 내국법인의 인수목적법인에 대한 출자비율에 그 인수목적법인의 소재·부품·장비 관련 외국법인에 대한 출자비율을 곱한 것으로 한다(희석화; 조특령 §12의 3 ⑪).

- **인수목적법인이 판매법인의 역할을 수행하더라도 요건을 충족하는지 여부** (긍정)

　내국법인이 인수목적법인을 통해 소재·부품·장비 외국법인(이하 '소·부·장 외국법인')을 간접적으로 인수하는 경우로서 해당 외국법인이 설립하여 R&D, 생산, 판매 등 소·부·장 사업관련 자산, 인력, 매출·매입계약 등을 포괄적으로 이전한 양도목적법인의 주식을 100% 취득하는 경우 「조세특례제한법」제13조의3제3항에 따른 '인수'에 해당하는 것임. 내국법인이 인수당시 '소·부·장 외국법인을 인수하는 것을 사업목적'으로 하여 인수목적법인을 설립한 경우, 해당 인수목적법인이 인수 이후 판매법인의 역할을 수행하더라도 「조세특례제한법 시행령」제12조의3제9항제1호의 요건을 충족하는 법인에 해당하는 것임(서면법령법인-5895, 2021.6.28.).

(2-2) 주식 보유 요건

　해당 내국법인이 해당 주식등을 취득일이 속하는 사업연도의 종료일까지 보유하여야 한다.

(3) 지배주주등 제외 요건 (다목)

　인수일 당시 인수대상외국법인의 주주 또는 출자자(이하 "주주등")가 해당 주식등을 양도한 날부터 그 날이 속하는 내국법인의 사업연도 종료일까지 내국법인 또는 인수목적법인의 지배주주등에 해당하지 아니하여야 한다.

　본조의 취지가 인수대상외국법인을 인수하는 것이므로 종전 주주등은 지배주주등에서 벗어나야 한다.

　지배주주등의 범위는 법인세법 규정을 준용한다(조특령 §12의 3 ⑯; Ⅱ. 2-2 (1) 참조).

(4) 사업의 계속성 요건 (라목)

　내국법인의 주식등 취득일이 속하는 사업연도의 종료일까지 인수대상외국법인이 종전에 영위하던 사업을 계속하여야 한다.

---

[2] 인수목적법인은 내국법인이 100%를 직접 출자하고 있는 완전자회사에 한정한다는 종전 예규(사전법령법인-645, 2020.11.20.)는 본문의 해석과 충돌하여 2021년 4월에 삭제함.

사업의 계속 및 폐지 여부의 판정에 관하여는 법인세법 규정을 준용한다(조특령 §12의 3 ⑰ → 법령 §80의 2 ⑦).

1-2 사업 또는 자산을 양수하는 경우 (2호)

사업의 양수 또는 '사업의 양수에 준하는 자산을 양수'하는 경우의 요건은 전술한 1-1 주식 등을 취득하는 경우의 요건과 원칙적으로 동일하다. (1-1) 투자기업, (1-2) 인수대상외국법인, (1-3) 사업목적요건, (3) 지배주주등 제외요건, (4) 사업의 계속성 요건 및 (2-1) 인수목적법인을 통한 간접적 인수는 동일하다. 다만, 지분을 인수하는 방식이 아니므로 (2) 지분의 연속성 요건(지분비율요건과 주식보유요건)은 적용되지 아니한다.

소재·부품·장비 또는 국가전략기술 관련 사업(이하 "인수대상사업")의 양수는 인수대상사업에 관한 권리와 의무를 포괄적 또는 부분적으로 승계하는 것을 말한다. '사업의 양수에 준하는 자산의 양수'는 양수 전에 인수대상외국법인이 영위하던 인수대상사업이 양수 후에도 계속될 수 있는 정도의 자산을 매입하는 것을 말한다(조특령 §12의 3 ⑧).

2 세액공제

2-1 공제세액

주식등 취득가액 또는 사업·자산의 양수가액(이하 "인수가액")의 5% (단, 중견기업 7%, 중소기업 10%)에 상당하는 금액을 해당 사업연도의 법인세에서 공제한다.

> 공제세액 = 인수가액 × 5% (중견 7%, 중소 10%)

(가) 공동인수

둘 이상의 내국법인이 공동으로 인수대상외국법인을 인수(이하 "공동인수")하는 경우 1개의 내국법인이 인수하는 것으로 보며, 공동인수에 참여한 각 내국법인의 공제금액은 인수가액에 비례하여 안분계산한 금액으로 한다(조특법 §13의 3 ⑥).

공동인수는 투자기업이 공동투자 등에 대해 체결한 협약에 따라 공동으로 인수를 하는 경우로 한다(조특령 §12의 3 ⑬).

(나) 한도

다만, "인수건별 인수가액"이 5천억원을 초과하는 경우 그 초과하는 금액은 없는 것으로 본다. "인수건별 인수가액"이란 인수대상외국법인의 인수대상사업 또는 자산의 양수일부터 3년 이내에 그 외국법인으로부터 인수대상사업 또는 자산의 인수가 있는 경우 그 각각의 인수가액을 합한 금액을 말한다(조특령 §12의 3 ⑩).

2-2 사후관리

인수일이 속하는 사업연도의 다음 사업연도의 개시일부터 4년, 즉 5년간 다음 사유가 발생하는 경우에는 그 사유가 발생한 날이 속하는 사업연도의 과세표준신고를 할 때 공제받은 세액에 이자상당액을 더한 금액을 법인세로 납부하여야 하며, 해당 세액은 납부하여야 할 세액(법법 §64)으로 본다. 다만, 사업 또는 자산을 양수한 경우에는 (3) 주식등 처분 위반 사유를 적용하지 아니한다(조특법 §13의 3 ④, 조특령 §12의 3 ⑫).

이자상당가산액의 계산(조특령 §12의 3 ⑥)은 제2절 Ⅲ. 3-2를 참조하기로 한다.

(1) 지배력 획득 (1호)

인수일 당시 인수대상외국법인의 주주등이 내국법인 또는 인수목적법인의 지배주주등에 해당하는 경우이다.

지배주주등은 Ⅱ. 2-2 (1)을 참조하기로 한다(조특령 §12의 3 ⑯).

(2) 사업의 폐지 (2호)

인수대상외국법인이 종전에 영위하던 사업을 폐지하거나 양수를 통하여 승계된 종전의 사업을 폐지하는 경우에는 추징한다. 사업의 계속 및 폐지 여부의 판정에 관하여는 법인세법 규정을 준용한다(조특령 §12의 3 ⑰ → 법령 §80의 2 ⑦).

(3) 주식등 처분 (3호)

각 사업연도 종료일 현재 내국법인이 직접 또는 간접적으로 보유하고 있는 인수대상외국법인의 지분비율(이하 "현재지분비율")이 주식등의 취득일 당시 지분비율(이하 "당초지분비율")보다 낮아지는 경우이다.

현재지분비율이 기준지분비율(50% 또는 30%+경영권 지배) 미만으로 낮아지면 세액공제액 전액을 추징하고, 기준지분비율 이상인 경우에는 다음 산식에 따라 계산한 금액(지분비율 감소로 이미 납부한 공제세액은 제외함)에 이자상당액을 더한 금액을 법인세로 추징한다(조특법 §13의 3 ⑤).

$$추징세액 = 공제받은 세액 \times \frac{(당초지분비율 - 현재지분비율)}{당초지분비율}$$

공동인수에 참여한 법인이 그 공동인수에 참여하지 않은 제3자에게 주식등을 처분하여 지분비율 요건을 위반한 경우(조특법 §13의 3 ④ 3호 또는 ⑤)에는 해당 법인이 각각 사후관리 규정에 따른 법인세를 납부해야 한다(조특령 §12의 3 ⑭).

Ⅳ. 조세특례제한 등

기타 조세특례제한 등

구 분	내 용	참조 부분
세액공제신청서	• 소재·부품·장비전문기업에의 출자에 대한 세액공제신청서 및 공제세액계산서(별지 제19호 서식) • 소재·부품·장비 등 외국법인에의 인수에 대한 세액공제신청서 및 공제세액계산서(별지 제20호 서식)	
중복지원의 배제	타 세액공제·세액감면과 중복지원 허용(조특법 §127)	제20부 제1절
최저한세	적용대상(조특법 §132 ①)	제20부 제4절
세액공제액의 이월공제	허용(조특법 §144 ①·②)	제21부 제2절
농어촌특별세	과세(농특법 §5 ① 1호)	

제7절 [제13조의 4] 벤처투자회사등의 소재·부품·장비전문기업 주식양도차익등에 대한 비과세 ☆

Ⅰ. 의의

벤처캐피털회사가 직접 또는 창투조합 등을 통하여 유망 소재·부품·장비 관련 중소기업에 출자하여 취득한 주식의 양도차익 및 배당소득에 대해서 법인세를 비과세하는 제도이다. 그리고, 기금운용법인등이 창투조합등을 통하여 취득한 주식의 양도차익에 대해서 법인세를 비과세한다.

유망 소재·부품·장비 관련 중소기업의 자본 확충을 지원하기 위한 목적이다.

출자 관계에 따른 주식양도차익 등에 대한 비과세 특례

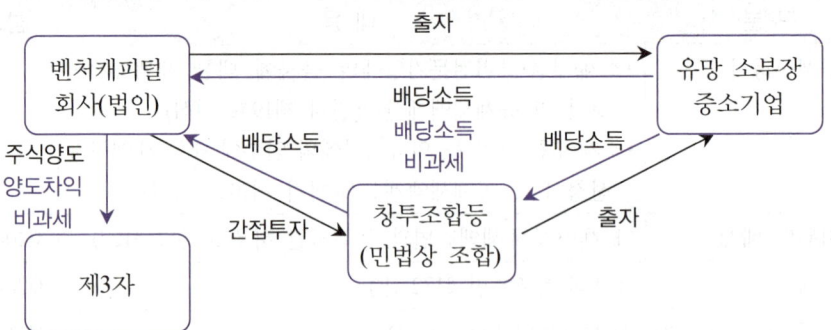

법 제13조가 벤처캐피털회사의 창업기업, 벤처기업 등에 대한 출자에 적용되는 일반적인 비과세 특례라면, 법 제13조의 4는 특례대상 기업을 유망 소부장 중소기업에 한정하여 적용하는 특별법 성격의 조항이다. 따라서, 본 특례의 실제 적용에 있어서는 법 제13조의 사례를 유추적용할 수 있을 것으로 본다.

일몰기한은 2025.12.31.이다.

개정연혁

연 도	개정 내용
2021년	■ 과세특례 신설

Ⅱ. 요건

 특례대상 출자

특례대상 출자는 다음과 같다(조특법 §13의 3 ①).

1-1 특례대상 출자자 및 피출자자

구분	출자자	피출자자
창투사등의 직접 투자	벤처투자회사, 창업기획자 또는 신기술사업금융업자❶가 직접 투자	소재·부품·장비 관련 중소기업(특화선도기업; 이하 "투자대상기업")❷
창투사등의 간접 투자	벤처투자회사, 창업기획자, 벤처기업출자유한회사(조특법 §13 ① 3호) 또는 신기술금융업자가 창투조합등을 통한 투자❶	
기금운용법인등의 간접 투자	법률에 따라 설립된 기금을 관리·운용하거나 법률에 따라 공제사업을 영위하는 법인(같은 항 4호)이 창투조합등을 통한 투자❶	

❶ 벤처투자회사, 창업기획자 또는 신기술사업금융업자, 벤처기업출자유한회사, 창투조합등 및 기금운용법인등의 내용은 제4절 Ⅱ. 1.을 참조하기 바람.
❷ 특화선도기업은 제6절 Ⅱ. 1-1 (2)를 참조하기로 함(조특령 §12의 4 ①).

1-2 출자방식

출자는 출자자등이 직접 또는 창투조합등을 통하여 다음 어느 하나에 해당하는 방법으로 투자대상기업의 주식등을 취득하는 것으로 한다. 이 경우 타인 소유의 주식등을 매입으로 취득하는 경우는 제외한다(조특법 §13의 4 ②).

① 투자대상기업의 설립 시에 자본금으로 납입하는 방법
② 투자대상기업이 유상증자하는 경우로서 증자대금을 납입하는 방법
③ 투자대상기업이 잉여금을 자본으로 전입하는 방법(무상증자)
④ 투자대상기업이 채무를 자본으로 전환하는 방법(예, 출자전환, CB전환)

Ⅲ. 과세특례

1 주식양도차익의 비과세

특례대상 주식등을 양도함으로써 발생하는 양도차익에 대해서는 법인세를 부과하지 아니한다.

법인세가 부과되지 아니하는 주식등 양도차익의 계산은 법 제13조 벤처투자회사등의 주식양도차익 등에 대한 비과세 규정을 준용한다(조특령 §12의4 ② → §12 ①). 제4절 Ⅲ. 1.을 참조하기로 한다.

2 배당소득의 비과세

벤처투자회사, 창업기획자, 벤처기업출자유한회사 또는 신기술사업금융업자가 특례 대상 주식등에 대한 출자로 인하여 투자대상기업으로부터 받는 배당소득에 대해서는 법인세를 부과하지 아니한다(조특법 §13의 4 ③).

반면에 기금운용법인등이 받는 배당소득에 대해서는 특례를 부여하지 아니한다.

법인세가 부과되지 아니하는 배당소득의 계산은 법 제13조 벤처투자회사등의 주식양도차익 등에 대한 비과세 규정을 준용한다(조특령 §12의 4 ③ → §12 ④). 제4절 Ⅲ. 2.를 참조하기로 한다.

Ⅳ. 조세특례제한 등

1 최저한세

최저한세 적용대상이 아님에 주의하여야 한다. 반면에, 법 제13조 벤처투자회사등의 주식양도차익 등에 대한 비과세 규정은 최저한세 적용 대상이다.

제8절 [제14조] 창업기업 등에의 출자에 대한 양도소득세 비과세 등

Ⅰ. 의의

개인이 벤처투자조합 등을 통해 창업기업, 신기술사업자, 벤처기업, 신기술창업전문회사 등에 출자하여 주식등을 취득하거나 직접 벤처기업, 창업기획자에게 출자하는 경우, 세제혜택을 부여하는 제도이다.

과세특례의 내용은 벤처사업 등이 성공하게 되어 해당 출자금을 회수하는 경우, 출자주식을 양도함에 따라 발생하는 주식양도차익(Capital Gain)에 대한 개인의 양도소득세를 비과세한다. 또한 벤처기업 등이 투자조합 등에게 배당소득을 지급하거나 금융기관 등이 이자소득 또는 펀드의 배당소득을 지급할 때 원천징수하지 아니하고, 벤처펀드 등이 조합원에게 소득을 지급할 때 원천징수한다.

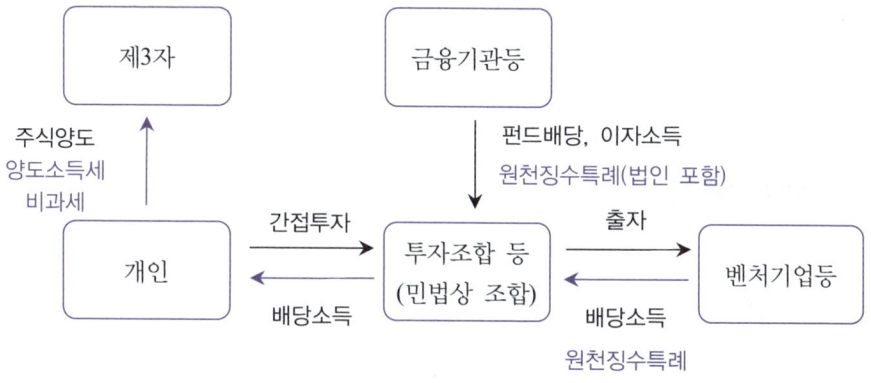

출자관계 및 소득 지급에 따른 양도소득세 비과세 등 특례

창업 초기의 창업자 등에게 출자하여 자본충실 및 성장동력 확보에 기여할 경우 그 과정에서 발생하는 고위험에 대한 보상책으로서 출자자에게 양도소득세 면제 등의 세제혜택을 부여한다.

일몰기한은 2025.12.31.이다.

개정연혁

연 도	개정 내용
2020년	■ 출자대상 기업 추가 : 크라우드펀딩을 통해 취득한 창업 3년 이내 기술우수중소기업의 주식
2022년	■ 벤처기업은 출자일까지 벤처기업 확인을 받아야 한다는 요건을 추가함 ■ 연구개발비 투자 우수기업의 금액 기준 삭제
2024년	■ 특례대상 추가 : 민간재간접벤처투자조합을 통한 간접 출자

본 과세특례는 개인의 양도소득세 특례와 개인과 법인에 적용되는 원천징수특례의 2가지로 구성되어 있으며, 그 요건과 특례의 내용이 각기 다르므로 구분하여 살펴보도록 한다.

Ⅱ. 양도소득세 특례

본 특례의 주체는 개인이다. 외국인도 벤처기업 출자주식에 대한 양도소득세 과세특례가 적용된다(재산 46014-925, 2000.7.27.).

경영참여형 사모집합투자기구(PEF)가 동업기업과세특례(조특법 §100의 15)를 적용받은 경우, 주권상장법인의 주식 및 벤처기업에 출자함으로써 취득한 주식을 양도하는 때 양도소득세 과세대상 여부는 동업자를 기준으로 판단한다(서면부동산-1137, 2018.9.6.).

1 특례대상출자

다음에 해당하는 주식 또는 출자지분(이하 "주식등")의 양도소득에 대하여는 비과세한다(조특법 §14 ①).

1-1 벤처투자회사 또는 신기술사업금융전문회사에 대한 출자 주식등
(1호; '09년 말 폐지)

개인이 중소기업창업투자회사 또는 신기술사업금융전문금융회사에 출자함으로써 취득한 주식등이다. 2009.12.31.까지 취득하는 주식등에 대해서만 적용되어 일몰기한이 도래된 조항이다.

● 중소기업창업투자회사로 업종 전환하기 전 출자한 주식의 특례 적용 여부(부정)

기업구조조정전문회사로 등록한 후 동 제도가 폐지되어 중소기업창업투자회사로 등록(업종전환)한 경우에 업종전환 전 설립시(08.2.14.)에 출자하여 취득한 주식 또는 출자지분을 업종전환 후 양도하는 경우과세특례를 받을 수 없음(서면자본거래-2765, 2020.3.11.).

1-2 벤처투자조합등이 창업자등에게 출자한 주식등

(1) 출자자 및 출자대상기업의 범위

벤처투자조합, 농식품투자조합, 신기술사업투자조합, 전문투자조합(이하 "벤처투자조합등")이 창업자, 벤처기업, 신기술창업전문회사, 신기술사업자에 출자함으로써 취득한 주식 등이다(조특법 §14 ① 2호·2호의 2·2호의 3·3호·6호). 구체적인 출자자 및 출자대상기업의 관계는 다음과 같다.

벤처투자조합 및 출자대상기업의 관계

벤처투자조합	출자대상기업
벤처투자조합	①창업기업, ②벤처기업, ③신기술창업전문회사
민간재간접벤처투자조합	
농식품투자조합	
신기술사업투자조합	②벤처기업, ③신기술창업전문회사, ④신기술사업자
전문투자조합	①창업기업, ②벤처기업, ③신기술창업전문회사, ④신기술사업자

종래「벤처기업육성에 관한 특별조치법」에 따른 한국벤처투자조합과「중소기업창업 지원법」에 따른 중소기업창업투자조합을 통합하여 벤처투자촉진에 관한 법률(이하 "벤처투자법") 상의 벤처투자조합으로 일원화하였다. 2020.8.12.부터 시행한다(2020.2.11. 개정된 벤처투자법).

출자자 및 출자대상기업의 상세 내용은 제4절 Ⅱ. 1. 특례대상출자를 참조하기 바란다.

2024 개정 민간의 벤처기업 등에 대한 투자를 유도하기 위하여 개인이 민간재간접벤처투자조합을 통하여 취득하는 벤처기업 주식 등의 양도차익을 비과세하도록 함. 개정규정은 2024.1.1. 이후 이후 양도하는 경우부터 적용함(2023.12.31. 개정된 법률 부칙 §4 ①).

(2) 벤처투자조합등의 해산

벤처투자조합을 통하여 취득한 특례대상 주식 중, 동 조합의 해산일까지 처분하지 못한 잔여주식을 동 조합 해산 시 출자지분에 따라 현물로 배분하는 경우 및 분배받은 후 매각하는 각각의 경우에 양도소득세를 과세하지 않는다[서면4팀-2439, 2005.12.8. (신기술사업투자조합); 서면4팀-2163, 2005.11.14. (중소기업창업투자조합)]. 벤처투자조합등을 세무상 도관(導管; Conduit)으로 보기 때문이다(제4절 Ⅱ. 1-3 (2) 참조).

1-3 출자 후 3년이 경과한 벤처기업 출자 주식등

창업 후 5년 이내인 벤처기업 또는 벤처기업 전환 후 3년 이내인 벤처기업에 출자함으로써 취득한 주식등으로서, 그 출자일부터 3년이 경과된 것으로 출자자(조합원 포함)와 벤처기업 간에 특수관계가 없어야 한다. 벤처기업 등에 투자할 목적으로 결성한 개인투자조합[1](Angel Capital)을 통해 출자한 경우도 포함한다(조특법 §14 ① 4호, 조특령 §13 ①).

이하 요건을 살펴본다.

(1) 벤처기업에 출자할 것

벤처기업법에 따른 벤처기업[2]으로서 출자일까지 벤처기업 확인(같은 법 §25)을 받은 벤처기업을 말한다.

"벤처기업에 출자함으로써 취득한 주식"이어야 하므로 출자 당시 이미 대상법인이 벤처기업법에 따른 벤처기업이어야 한다(재산 46014-924, 2000.7.27.). 설립 이전에 벤처기업 확인을 받지 못한다면, 창업자 등 벤처기업 확인 전의 창업 당시 출자자는 본 특례의 대상이 될 수 없다(서울고법 2023누32237, 2023.10.5.; 수원지법 2019구단6387, 2019.9.4.; 서면자본거래-2473, 2020.1.28.).

또한 법인설립 후 3년 이내에 벤처기업으로 전환된 경우, 벤처기업으로 전환되기 이전에 회사 설립 시 출자된 당해 법인의 주식등은 출자 당시 벤처기업에 출자된 것이 아니므로 비과세 대상에서 제외한다(재재산-327, 2010.4.8.; 대법원 2014두11250, 2015.1.15.).

최근 조세심판원에서도 '창업 후 3년(현행 5년) 이내인 벤처기업에 대한 출자'란 '벤처기업으로 창업한지 3년 이내인 벤처기업에 대한 출자'를 의미하는 것으로 해석하여, 일반기업으로 창업한 후 벤처기업으로 전환 또는 확인받은 기업에 창업 당시 출자하여 취득한 쟁점주식을 특례대상에서 제외하였다(조심 2016중3557, 2017.10.30.).

2022년 세법개정에서 출자일까지 벤처기업 확인을 받을 것이라는 요건을 추가하였다.

---

1) 개인투자조합이란 개인 등이 벤처투자와 그 성과의 배분을 주된 목적으로 결성하는 조합으로서 벤처투자법에 따라 등록한 조합을 말한다(벤처투자법 §2 8호).
2) 벤처기업의 요건에 대해서는 제2부 제2절 Ⅱ. 3-1 (1) 참조(벤처기업법 §2 ①)

(2) 벤처기업은 창업 후 5년, 전환 후 3년 이내일 것

창업 후 5년 이내인 벤처기업 또는 벤처기업으로 전환한 지 3년 이내인 벤처기업에 대한 출자이어야 한다. 다만 창업 후 5년 이내 최초로 출자한 날부터 3년 이내에 추가로 출자하고 최초 출자금액과 추가 출자금액의 합계액이 10억원 이하인 경우에는 창업 후 5년 이내인 벤처기업에 출자한 것으로 본다(조특령 §13 ① 1호).

2016년 개정세법에서 창업 후 3년 이내인 벤처기업에서 창업 후 5년 이내인 벤처기업으로 대상기업을 확대하였다. 다만 후술하는 추가출자 시 요건 완화와는 달리 별도의 부칙 규정이 없으므로 일반적 부칙 규정을 적용하여 2016.1.1. 이후 개시하는 과세연도부터 적용한다(2016.2.5. 개정된 시행령 부칙 §2 ①)

또한 2016년 개정세법에서 창업 후 5년 이내 최초 출자하고 그 출자일로부터 3년 이내 추가 출자하는 경우를 특례 대상에 포함하였다. 추가 출자 시 요건 완화 규정은 2016.2.5. 이후 출자하는 분부터 적용한다. 2016.2.5. 이전 창업자 등에의 출자의 경우에는 개정규정에도 불구하고 종전의 규정에 따른다(2016.2.5. 개정된 시행령 부칙 §5·§25)

창업일, 전환일 및 출자일별 특례 적용 검토

창업일	전환일	출자일	특례 적용 검토
2017년 2월	2018년 3월	2022년 1월	창업 후 5년 이내이므로 전환 후 3년이 경과하여도 해당(O)
2020년 2월	2022년 8월	2022년 2월	출자 당시 벤처기업이 아니므로 제외(X)
2015년 2월	2021년 2월	2022년 1월	전환 후 3년 이내이므로 창업 후 5년이 경과하여도 해당(O)
2010년 12월	2011년 1월	2015년 11월	2016년 개정세법의 일반적 적용시기 이전이므로 창업 후 3년을 초과하였으므로 제외(X)
2013년 2월	2014년 3월	최초 2015년 3월 추가 2017년 12월	창업 후 3년 이내인 최초 출자분은 종전 규정에 따라 해당(O). 총출자금액이 10억원 이하라면, 2016년 개정세법의 개별 부칙 규정에 따른 적용시기 이후이므로 최초 출자일의 3년 이내 추가 출자분도 해당(O)
2011년 2월	2011년 3월	최초 2015년 11월 추가 2017년 3월	총출자금액이 10억원 이하이어도, 최초 출자가 2016년 개정세법의 일반적 적용시기 이전이어서 창업 후 3년이 경과하여 최초 출자분과 추가 출자분 모두 제외(X)❶

❶ 최초 출자분에 대해 2016년 개정세법이 적용되지 않아 종전 규정에 따라 창업·전환 후 3년이 경과하였으므로, 최초 출자분은 대상에서 제외됨. 2016.1.1. 이전 출자는 종전의 규정에 따라야 하기 때문임. 2016년 개정세법의 시행 시기인 2016.2.5. 이후에 추가 출자가 있더라도 개정 전 비과세 대상에서 제외되었던 최초 출자분이 후발적인 추가 출자로

하자가 치유되어 다시 비과세 대상에 포함된다고 볼 수 없음. 또한 최초 출자가 비과세 대상임을 전제로, 예외적으로 추가 출자를 비과세 대상에 포함시키는 것이므로 최초 출자가 비과세 대상이 아니라면 추가 출자도 비과세할 수 없음. 즉, 최초 출자가 비과세 요건을 충족한 상태에서 최초 출자일로부터 3년 이내에 추가 출자가 이루어져야 비과세될 수 있다고 판단됨.

> **주요 이슈와 쟁점**
>
> ### 15. 벤처기업등이 발행한 무상주를 기존 주식과 동일하게 보아 양도소득세를 비과세하는지 여부

- **잉여금의 자본전입으로 무상주를 취득한 경우 새로운 취득에 해당하지 않음** (대법원 2013두6633, 2014.10.27.)

  구 조특법 제13조 제2항 각 호는 실제로 금전 등의 지출을 수반하거나 이에 준하는 방법으로 주식을 취득하는 새로운 출자를 규정한 것으로 이해된다. 그런데 자본잉여금의 자본전입에 따른 무상주는 기존 출자자로부터 새로이 금전 등의 납입을 받지 않고 단순히 그 보유주식에 비례하여 발행될 뿐이어서 기존 출자자는 그 무상주의 취득으로 인하여 종래의 지분비율에 아무런 영향을 받지 않는다. 만약 이러한 무상주의 취득을 새로운 출자로 본다면 기존 출자자가 보유한 주식의 실질적가치는 그대로임에도 당초 과세특례의 적용대상인 주식 중 일부가 과세대상으로 전환되는 결과를 초래하게 되어 벤처기업에 투자하는 모험자본에 대한 과세특례를 규정한 취지에 반하게 된다. 따라서 자본잉여금의 자본전입에 따른 무상주의 취득은 구 조특법 제13조 제2항 제3호가 규정한 '잉여금의 자본전입에 의하는 방법'으로 주식을 취득하는 새로운 출자로 볼 수 없으므로, 자본잉여금의 자본전입에 따라 취득한 무상주에 관하여 출자자와 벤처기업 사이의 특수관계의 존재 여부나 5년간의 주식 보유 여부를 판단함에 있어서는 그 무상주의 취득시점을 기준으로 따질 것이 아니라 그 무상주 취득의 근거가 된 주식의 취득시점을 기준으로 따져야 할 것이다.

  │저자주│ 본 이슈의 쟁점은 취득한 무상주를 기존 주식과 실질적으로 동일한 것으로 보느냐 아니면 새로운 주식의 취득으로 보느냐 여부이다. 실질적으로 동일하다면 특수관계 존재 여부나 5년(현재는 3년) 의무 보유기간의 기산점은 기존 주식의 취득일로 소급하게 되고, 별개 주식의 신규 취득이라면 무상주 취득 시점을 판단 시점으로 보아야 한다.
    과세관청에서는 쟁점 무상주를 비과세 대상으로 보았으나,(기준법령재산 – 0137, 2018.6.26.; 기준법령재산 – 0077, 2015.5.18.; 재산 – 577, 2009.2.18.) 쟁점 사건과 관련하여 조세심판원부터 고등법원까지는 계속해서 무상주를 별개의 주식 취득으로 보아 무상주 취득 시점을 기준으로 특수관계 존재 여부 및 의무 보유기간 판정을 하였다(서울고법 2012누24841, 2013.2.28.). 그 논거로 첫째, 조특법 제13조 제2항에서 출자의 개념을 유상과 무상으로 나누어 규정하였으므로 양자는 별개의 취득이다. 둘째, 무상주가 신주로 발행되고 나면 그 근거 주식과 법률상 별개의 것으로 독립된 가치를 가진다. 즉, 엄격해석의 원칙에 따라 문리해석을 기준으로 판단하였다.
    그러나 대법원에서는 무상주의 취득시기를 기존 주식의 취득시기로 소급하여야 한다고 판시하였다. 첫째, 본 특례의 취지가 금전 등 출연에 대한 보상인데 무상주는 당사자의 출연이 없다.

둘째, 새로운 출자로 본다면 이미 과세특례의 요건을 충족한 주식 중 일부가 과세대상으로 전환되는 결과를 가져온다. 즉, 합목적적 해석과 법적안정성을 기준으로 판시하였다.

조특법 제13조 제2항에서 무상증자를 유상 취득과 별개의 취득원인으로 열거하였으므로 문리해석상으로는 고등법원의 의견이 옳으며, 합목적적 해석 관점에서는 대법원의 의견이 타당하다고 본다. 비과세를 기대하고 재산을 출연한 출자자에게 비과세 효과는 이미 기존 주식 출자 시점에 확정되었음에도, 당사자에게 책임을 물을 수 없는 회사의 자본전입 결정에 의하여 불리하게 과세대상으로 전환될 수 없기 때문이다. 물론 회사도 무상주를 과세로 전환하려는 의도가 없으므로, 과세제도가 납세자의 경제활동에 왜곡을 초래하지 않아야 한다는 효율성의 원칙을 위배한 것으로 보인다.

문리해석과 합목적적해석이 모두 옳으나 그 결론이 달리 나올 수밖에 없다면 문리해석을 타당하게 만든 입법의 오류라고 본다. 무상주는 주주에 대하여 그가 가진 주식의 수에 따라 주식을 발행하여(상법 §461 ②) 제3자가 신주인수권을 가질 여지가 없고 또한 추가적인 자본납입 절차가 없으므로, 모험자본에 대한 보상으로서 허용되는 본 특례와는 아무 관련이 없는 출자 방식이다. 따라서 무상주는 본 특례의 출자 방식에서 제외되어야 한다. '무상주는 기존 주식의 예에 따라 비과세한다'라는 조항으로 대체하여야 할 것으로 본다.

또한 현재 설립 후 7년 이내의 무상주만 비과세 대상으로 하여 7년의 기간 제한을 두고 있지만 위의 대법원 판례의 논거에서 본다면 동일한 문제점이 발생한다.

(3) 특수관계인 제외

개인이 출자자인 경우에는 소득세법 또는 법인세법상 특수관계가 없는 벤처기업에 대한 출자이어야 한다. 개인투자조합(Angel Capital)에 의한 투자인 경우에는 그 조합원과 특수관계가 없는 벤처기업에 대한 출자이어야 한다(조특령 §13 ① 2호).

예를 들어, 벤처기업의 직원이 그 기업의 유상증자에 참여하여 주식을 취득한 경우에는 특수관계인에 해당하므로 과세특례를 적용받을 수 없다(사전법령재산-0186, 2020.5.28.).

소득세법 또는 법인세법상 특수관계인은 제1장 제4절 Ⅱ. 1을 참고하기 바란다.

(3-1) 추가 출자시 완화 규정의 예외

다만 창업 후 5년 이내 최초 출자일로부터 3년 이내에 추가 출자 시 완화 규정을 적용할 때 법인세법 시행령 제2조 제5항 제2호(주주등과 그 친족)는 적용하지 않는다. 즉, 지분율에 따른 특수관계는 적용하지 않는다. 최초 출자로 이미 지분율에 따른 특수관계가 성립한 경우가 일반적이므로 그 특수관계는 제외하여 판단한다.

(3-2) 특수관계인 판단 시점

특수관계인 여부는 출자 당시를 기준으로 하므로, 개인의 출자 당시에 개인 투자자와 벤처기업 사이에 특수관계에 있지 않으면 동 요건을 충족하는 것이고, 출자 후 또는 출자로 인하여 주식을 취득 후에도 특수관계에 있지 않아야 한다는 것까지 요구하는 것은 아니다(서울고법 2010누45301, 2011.8.18.).

출자의 원인행위가 이루어지는 시점에 특수관계가 존재하지 아니하는 경우 출자에 관한 의사결정에 특수관계가 영향을 미쳤다고 볼 수 없기 때문이다(서울고법 2020누42776, 2020.11.26.). 법인세법상 부당행위계산 부인 규정에서 그 행위 당시를 기준으로 하여 특수관계인을 판정하는 것과 동일한 해석이다(법령 §88 ② 참조).

특수관계의 존재 여부를 판단하는 구체적인 기준 시점은 소득세법상 자산의 취득시기 규정(소법 §98)에 따라 대금 청산일에 해당하는 증자대금 납입 완료 시점으로 한다(서울행법 2018구단57172, 2018.11.28.; 조심 2018서4082, 2019.2.11.). 그러나 양도소득세에 대한 부당행위계산 부인 규정 적용 시, 원인되는 매매계약일을 기준으로 특수관계의 존부를 판단하도록 하는 종전의 대법원 판례와는 차이가 있다(대법원 2007두14978, 2010.5.13.).

반면에 법인 설립 시 및 쟁점주식 취득 이후에도 발기인이자 이사로서 당해 법인의 경영에 사실상 영향력을 행사하고 있는 경우에는 당해 법인의 특수관계자에 해당한다(조심 2013구2642, 2013.9.3.; 조심 2016중1172, 2018.11.8.; 같은 뜻 서면자본거래-5106, 2021.9.29.). 또한 개인기업이 벤처법인으로 전환하면서 주식을 취득하는 경우로서 개인이 특수관계법인인 벤처법인에 행한 출자인 경우에도 특례를 적용받을 수 없다(조심 2014구4563, 2015.2.26.; 부동산거래-1278, 2010.10.21.).

(4) 3년 의무보유기간

출자일로부터 3년이 경과한 후에 양도하여야 한다.

합병으로 인하여 소멸한 벤처기업의 주주가 합병 후 존속 또는 신설되는 벤처기업으로부터 교부받은 주식(합병교부주식)을 양도하는 경우에, 동 주식의 보유기간이 소멸한 벤처기업에의 출자일부터 5년(현행 3년)이 경과하였다면 양도소득세가 비과세된다(서면4팀-2323, 2006.7.18.). 3년 의무보유기간의 기산점이 합병등기일이 아닌 소멸한 벤처기업에의 최초 출자일임에 유의하여야 한다.

또한, 과세특례가 적용되는 벤처기업의 주식을 취득·보유한 자가 해당 벤처기업이 기업인수목적회사(자본시장법 시행령 §6 ④ 14호)와 합병함에 따라 취득한 주식을 양도하는 경우에도 과세특례를 적용할 수 있다(서면법령재산-0089, 2021.10.25.).

그러나 과세특례가 적용되는 벤처기업의 주식을 취득·보유한 자가 해당 벤처기업이 벤처기업이 아닌 다른 기업과 적격합병 요건(법법 §44 ① 1호·2호)³⁾을 충족하는 합병을 함에 따라 취득한 합병 후 존속법인 또는 설립법인의 주식("합병신주")을 양도하는 경우에는, 합병신주의 양도차익 계산 시 합병으로 소멸한 법인 주식("합병구주") 보유기간 동안의 양도차익에 상당하는 금액(합병신주의 시가⁴⁾에서 합병구주의 취득가액을 차감한 금액)만을 제외(비과세)한다(재금융세제-11, 2017.1.11.).⁵⁾

● 비벤처기업과 합병하였으나 합병일까지의 기간이 3년 미만인 경우 (제외)
(벤처기업 출자일부터 합병신주 양도일까지의 기간이 3년 이상이지만, 출자한 날로부터 합병일까지의 기간이 2년 10개월이고 벤처기업이 아닌 기업과 합병한 경우) 쟁점주식은 보유기간 3년의 요건을 충족하지 못하였다고 할 것이고, (이하 중략) 쟁점주식의 보유기간에 합병신주를 보유한 기간까지 포함할 만한 특별한 사정이 있다고 보기 어렵다(조심 2018서4082, 2019.2.11.)

1-4 창업기획자에게 출자

개인이 창업기획자⁶⁾에 출자함으로써 취득한 주식등이다(조특법 §14 ① 5호).

창업기획자 지원을 위하여 2017년 개정세법에서 신설되었다. 2017.1.1. 이후 창업기획자에게 출자함으로써 취득한 주식 또는 출자지분부터 적용한다(2016.12.20. 개정된 법 부칙 §7).

1-5 장외호가중개시장등에서 거래되는 벤처기업 주식

(1) 범위

장외호가중개시장(Free board)⁷⁾에서 장외매매거래[자본시장과 금융투자업에 관한 법률(이하

---

3) 적격합병 요건 중 사업의 목적요건과 지분의 연속성 요건(법법 §44 ① 1호 및 2호; 단, 주식등의 계속 보유 요건 제외)을 충족하는 경우에는 소득세법상 의제 배당 계산 시 주식등의 취득가액을 주주등이 받은 대가로 간주하여 의제배당으로 과세하지 않는다(소령 §27 ① 1호 나목). 따라서 합병 이후에도 합병구주의 취득가액이 그대로 합병신주의 취득가액이 된다(carryover basis).
4) 이때 "합병신주의 시가"에서 그 시가 산정 시점이 예규상 명시되어 있지 않지만, 합병신주의 '취득 당시의' 시가로 해석되어야 한다. 합병구주 보유기간 동안의 양도차익을 비과세하기 때문이다. 합병신주의 '양도 당시의' 시가로 본다면 출자자가 벤처기업의 출자 시부터 합병신주 양도 시까지 전체 보유기간 동안의 양도차익에 해당한다.
5) 종전 유권해석에서는 벤처기업의 주식을 취득한 이후 해당 벤처기업이 코스닥 상장법인에 흡수합병되어 합병존속법인으로부터 합병으로 인하여 취득한 합병교부주식을 추후 양도하는 경우 조특법 제14조에 따른 과세특례를 적용할 수 없도록 하였으나,(서면법령재산-21763, 2015.6.9.) 2017년 4월 삭제하였다.
6) "창업기획자"(Accelerator)란 초기창업자에 대한 전문보육 및 투자를 주된 업무로 하는 자로서 벤처투자법에 따라 등록한 법인 또는 비영리법인을 말함(같은 조 9호).
7) "장외호가중개시장"이란 거래소 시장 또는 코스닥 시장 상장요건을 갖추지 못한 기업의 주식 또는 상장이 폐지된 주식에 대해 유동성을 부여하기 위한 장외주식의 호가중개시스템이다.

"자본시장법") 시행령 §178 ①]되거나 다자간매매체결회사[8])를 통하여 거래되는(증권거래세법 §3 1호 나목) 벤처기업의 주식이다. 단, 소액주주가 양도하는 것으로 한정한다(조특법 §14 ① 7호).

프리보드 시장에서 취득한 벤처기업 주식이 대기업 인수로 인해 양도시점에 벤처기업 주식에 해당하지 않는 경우, 양도소득세 과세특례를 적용할 수 없다(재금융-세제-240, 2020.9.25.; 서면법령재산-0906, 2020.10.6.).

(2) 소액주주

소액주주란 주식의 양도일이 속하는 사업연도의 직전 사업연도 종료일 현재 소득세법상 대주주가 아닌 주주를 말한다[조특령 §13 ② → 종전의 소득세법 시행령(대통령령 제31442호 소득세법 시행령 일부개정령으로 개정되기 전의 것을 말함; 이하 "구 소령") §167의 8 ① 각 호].
다음의 어느 하나에 해당하는 자를 소득세법상 대주주로 한다.

(2-1) 주권상장법인대주주 (1호)

다음의 지분율 기준 또는 시가총액 기준 중 어느 하나에 해당하는 자를 대주주로 한다.

(가) 지분율 기준

법인별 지분율 기준

구분	지분율 기준
유가증권시장 상장법인	1%
코스닥시장 상장법인	2%
코넥스시장 상장법인	4%
비상장법인	4%

주식 또는 출자지분(신주인수권과 증권예탁증권을 포함하며, 이하 "주식등"; 소법 §88 2호)을 소유하고 있는 주주 또는 출자자 1인(이하 "주주 1인") 및 주식등의 양도일이 속하는 사업연도의 직전 사업연도 종료일(주식등의 양도일이 속하는 사업연도에 새로 설립된 법인의 경우에는 해당 법인의 설립등기일로 함) 현재 소유한 주식등의 합계액이 해당 법인의 주식등의 합계액에서 차지하는 비율(이하 "소유주식의 비율")이 1% 이상인 경우 해당 주주 1인을 대주주로

---

[8]) 정규거래소 이외에 매수자와 매도자 간에 매매를 체결시켜주는 대체거래시스템(ATS : Alternative Trading System)을 통하여 증권의 매매 또는 그 중개·주선이나 대리 업무를 수행하는 투자매매업자 또는 투자중개업자를 말한다(자본시장법 §8의 2 ⑤, 동법 시행령 §78).

한다.

다만, 주식등의 양도일이 속하는 사업연도의 직전 사업연도 종료일 현재 주주 1인 및 그와 법인세법상 특수관계9)에 있는 자(이하 "주주 1인등")의 소유주식의 비율 합계가 해당 법인의 주주 1인등 중에서 **최대인 경우**로서 주식등의 양도일이 속하는 사업연도의 직전 사업연도 종료일 현재 주주 1인 및 주식등의 양도일이 속하는 사업연도의 직전 사업연도 종료일 현재 그와 다음 어느 하나에 해당하는 관계에 있는 자(이하 "주권상장법인기타주주")의 소유주식의 비율 합계가 1% 이상인 경우에는 해당 주주 1인 및 주권상장법인기타주주를 말한다(구 소령 §157 ④ 1호). 다만 코스닥시장상장법인의 주식등은 2%, 코넥스시장상장법인의 주식등은 4%로 한다(구 소령 §157 ⑤).

㉮ 4촌 이내의 혈족 (이하 국기령 §1의 2 ① 각호)

㉯ 3촌 이내의 인척

㉰ 배우자(사실혼 포함)

㉱ 친생자로서 다른 사람에게 친양자 입양된 자 및 그 배우자·직계비속

㉲ 주주 1인이 민법에 따라 인지한 혼인 외 출생자의 생부나 생모(본인의 금전이나 그 밖의 재산으로 생계를 유지하는 사람 또는 생계를 함께하는 사람으로 한정함)

㉳ 본인이 직접 또는 그와 친족관계 또는 경제적 연관관계에 있는 자를 통하여 법인의 경영에 대하여 지배적인 영향력을 행사하고 있는 경우 그 법인(1차적 지배법인)과, 본인이 직접 또는 그와 친족관계, 경제적 연관관계 또는 위의 관계에 있는 자를 통하여 법인의 경영에 대하여 지배적인 영향력을 행사하고 있는 경우 그 법인(2차적 지배법인) (국기령 §1의 2 ③ 1호).

최대주주가 아닌 경우에는 특수관계인 등의 주식을 합산하지 아니하고 본인의 보유 주식만으로 판단함에 주의하여야 한다.

종전에는 주주 1인등의 소유주식 비율의 합계가 해당 법인의 주주 1인등 중에서 최대가 아닌 경우에도 직계존비속, 배우자, 경영지배관계에 있는 자의 주식을 합산하였으나 2023년 세법개정에서 합산하지 아니하도록 삭제하였다.

---

9) 다음 어느 하나에 해당하는 관계에 있는 자를 말한다(법령 §43 ⑧ 1호).
   가. 친족(국기령 §1의 2 ①)
   나. 영향력 행사자(법령 §87 ① 1호)의 관계에 있는 법인
     다. 해당 주주등과 가목 및 나목에 해당하는 자가 발행주식총수 또는 출자총액의 30% 이상을 출자하고 있는 법인(1차적 지배법인)
     라. 해당 주주등과 그 친족이 이사의 과반수를 차지하거나 출연금(설립을 위한 출연금에 한한다)의 30% 이상을 출연하고 그 중 1명이 설립자로 되어 있는 비영리법인(1차적 지배 비영리법인)
     마. 다목 및 라목에 해당하는 법인이 발행주식총수 또는 출자총액의 30% 이상을 출자하고 있는 법인(2차적 지배법인)

(나) 시가총액 기준

주식 등의 양도일이 속하는 사업연도의 직전사업연도 종료일 현재 주주 1인이 소유하고 있는 해당 법인의 주식 등의 시가총액이 다음의 구분에 따른 금액 이상인 경우의 해당 주주 1인을 대주주로 한다. 다만, 주식등의 양도일이 속하는 사업연도의 직전 사업연도 종료일 현재 주주 1인등의 소유주식의 비율 합계가 해당 법인의 주주 1인등 중에서 최대인 경우로서 주식등의 양도일이 속하는 사업연도의 직전 사업연도 종료일 현재 주주 1인 및 주권상장법인기타주주가 소유하고 있는 주식등의 시가총액이 50억원 이상인 경우에는 해당 주주 1인 및 주권상장법인기타주주를 말한다(구 소령 §157 ④ 2호).

코스닥시장상장법인의 주식등 및 코넥스시장상장법인의 주식등도 양도시기별로 그 기준금액을 아래의 표에서 정리하였다(구 소령 §157 ⑤).

양도시기에 따른 법인별 시가총액 기준

구 분	2018.3.31.까지 양도분	2018.4.1. ~ 양도분	2020.4.1. ~ 양도분	2024.1.1. ~ 양도분
유가증권시장 상장법인	25억원	15억원	10억원	50억원
코스닥시장 상장법인	20억원	15억원	10억원	50억원
코넥스시장 상장법인		10억원		50억원
비상장법인❶	25억원	15억원	10억원	

❶ 단, 장외매매거래되는 벤처기업의 주식등은 40억원으로 함.

(2-2) 주권비상장법인대주주 (2호)

다음의 지분율 기준 또는 시가총액 기준 중 어느 하나에 해당하는 자를 대주주로 한다.

(가) 지분율 기준

'양도소득세 세율 적용'을 위한 비상장법인의 대주주(소법 §104 ① 11호 가목)는 주식등의 양도일이 속하는 사업연도의 직전 사업연도 종료일 현재 주주 1인 및 주권비상장법인기타주주의 소유주식의 비율이 4% 이상인 경우 해당 주주 1인 및 주권비상장법인기타주주. 이 경우 직전 사업연도 종료일 현재 4%에 미달하였으나 그 후 주식등을 취득함으로써 소유주식의 비율이 4% 이상이 되는 때에는 그 취득일 이후의 주주 1인 및 주권비상장법인기타주주를 포함한다(구 소령 §167의 8 ① 2호 가목).

(나) 시가총액 기준

주식등의 양도일이 속하는 사업연도의 직전 사업연도 종료일 현재 주주 1인 및 주권비상장법인기타주주가 소유하고 있는 해당 법인의 주식등의 시가총액이 10억원 이상인 경우 해당 주주 1인 및 기타주주를 대주주로 한다. 이때 장외매매거래(자본시장법 시행령 §178 ①)되는 벤처기업의 주식등에 한정하여 시가총액 기준금액을 40억원 이상으로 한다(구 소령 §167의 8 ① 2호 나목).

1-6 기술우수중소기업 등 주식

온라인소액투자중개(자본시장법 §117의 10)의 방법으로 모집하는 창업 후 3년 이내의 기술우수중소기업 등에 출자함으로써 취득한 주식 또는 출자지분을 특례 대상으로 한다(조특법 §14 ① 8호).
기술우수중소기업 등의 주식 등은 다음 어느 하나에 해당하는 요건을 갖춘, 창업 후 3년 이내의 기업으로서 소득세법상 특수관계 또는 법인세법상 특수관계(조특령 §13 ① 2호 가목)가 없는 기업에 출자한 주식 또는 출자지분(출자일부터 3년이 경과한 것으로 한정함)을 말한다(같은 조 ③).
① 기술성 우수 평가 기업
② 연구개발기업
③ 기술신용평가 우수 기업[10]

연구개발비 투자 우수기업에 대한 2022년 개정세법 등 상세 내용은 제10절 Ⅱ. 1-3의 (1-2), (1-3) 및 (1-4)를 참조하고, 온라인소액투자중개는 제10절 Ⅱ. 1-6을 참고하기 바란다.

2020년 개정세법에서 「자본시장과 금융투자업에 관한 법률」에 따라 온라인 소액투자중개의 방법으로 모집하는, 창업 후 3년 이내의 기술우수중소기업 등 기업에 출자함으로써 취득한 주식 또는 출자지분에 대해서도 양도소득세 비과세 특례를 적용한다. 기술우수 중소기업에 대한 신규 출자를 지원하여 기술창업의 활성화를 촉진하기 위한 목적이다. 개정규정은 2020.1.1. 이후 출자 또는 투자하는 분부터 적용한다(2019.12.31. 개정된 법률 부칙 §8).

---

[10] 종래 기초연구법에서는 서비스 분야의 범위를 한정적으로 열거하였으나, 2020.3.3. 기초연구법 시행령을 개정하여 유흥 등 관련 분야(동법 시행령 별표 1)를 제외한 모든 서비스 업종으로 확대하였음. 기초연구법 시행령 [별표 1]은 서비스 분야에서 제외되는 유흥 등 관련 분야 분야의 범위를 규정하고 있으므로, '별표 1의 업종에 해당하지 않는 서비스 분야의 업종에 해당하는'으로 개정하여야 함.

2 출자방식

2-1 타인 소유 주식등의 매입 제외 (원칙)

양도소득세 특례 대상이 되는 주식등은 원칙적으로 다음의 방법으로 취득하는 것만을 특례 대상으로 하며, 타인 소유의 주식 또는 출자지분을 매입에 의하여 취득하는 경우는 제외한다(조특법 §14 ①→ §13 ② 각 호). 매입에 의한 경우에는 출자 대상기업의 자본 확충과 직접적 관련이 없기 때문이다.
① 해당 기업의 설립 시에 자본금으로 납입하는 방법
② 해당 기업이 설립된 후 7년 이내에 유상증자 시 증자대금을 납입하거나 잉여금을 자본으로 전입하는 방법(무상증자), 또는 채무를 자본으로 전환하는 방법(예, 출자전환, CB 전환)

유상증자에는 현물출자도 포함된다(부동산거래-698, 2011.8.9.).

과세관청은 개인이 벤처기업에 직접 출자한 주식(법 §14 ① 4호)에 대하여 무상증자가 있는 경우에는 설립 후 7년 이내 무상증자 요건에 더하여 벤처기업이 창업·전환 후 3년 이내(현재 창업은 5년)일 것의 요건[1-3 (3) 참조]을 추가로 충족하여야 한다고 해석한다(부동산거래-1469, 2010.12.14.).

벤처기업에 출자함으로써 취득한 주식을 상속(x)받아 양도한 경우에는, 상속이 위의 출자방식에 열거되어 있지 않으므로 특례가 적용되지 않는다(재재산-1001, 2009.6.8.; 재산-2221, 2008.8.13.). 교환(x)의 경우에도 특례가 적용되지 않는다(서면부동산-233, 2018.9.19.). 출자에 의하여 취득한 주식에 대하여 과세특례를 적용할 수 없는 경우에는, 이를 기초로 무상증자로 취득한 주식의 양도에 대하여도 과세특례를 적용할 수 없다(조심 2016중1225, 2018.11.6.).

2-2 장외호가중개시장등에서 거래된 벤처기업 주식의 예외

예외적으로 장외호가중개시장에서 장외매매거래되거나 다자간매매체결회사를 통하여 거래되는 벤처기업의 주식(법 §14 ① 7호)에 대하여는 전술한 출자방식의 제한이 적용되지 않는다. 따라서 주식등을 매입에 의하여 취득한 경우에도 특례의 적용이 가능하다.

3 주식 양도소득세 비과세

3-1 비과세 범위

특례대상 출자를 통하여 취득한 주식등을 개인이 양도하는 경우 주식 양도소득에 대하여 양도소득의 범위에 해당하지 않는 것으로 보아 양도소득세를 과세하지 않는다(조특법 §14 ①).

"주식등을 양도함으로써 발생되는 소득"은 해당 주식등의 양도가액에서 취득가액 등을 차감한 금액을 말하며, 피투자기업과의 차액보전 약정에 따라 별도의 보전을 받는 금액은 본 과세특례를 적용할 수 없으므로 과세대상에 해당한다(서면2팀-680, 2004.4.1.).

비과세되는 특례대상 주식이 **양도차손**이 발생하여도 본 특례에 따라 양도소득의 범위(소법 §94 ① 3호)에 해당하지 않으므로 다른 주식의 양도차익과 통산할 수 없다(조심 2011서2439, 2012.3.26.; 부동산거래-752, 2010.6.1.).

3-2 비과세 판정

특례 대상 주식 등과 다른 방법으로 취득한 주식 등을 함께 보유하고 있는 경우, 주권발행번호 등으로 양도주식의 취득시기를 확인할 수 있는 경우에는 그 확인되는 날이 취득시기가 되는 것이나 양도주식의 취득시기가 분명하지 아니하는 경우에는 먼저 취득한 주식을 먼저 양도한 것으로 본다(선입선출법) (서면4팀-1669, 2005.9.16.; 조심 2011중1165, 2011.12.27.; 조심 2012서530, 2012.5.31.; 서면1팀-1281, 2005. 10.25. 외 다수)

Ⅲ. 원천징수 특례

벤처투자조합등은 도관으로 보므로 과세주체(taxable entity)에 해당하지 않아 이자나 배당 등을 지급하는 자는 조합을 납세의무자로 하여 원천징수할 수 없으며, 그 지급자가 개별 조합원에 대하여 각각 원천징수를 하는 것이 원칙이다.

그러나, 개별 조합원에 대해 원천징수를 하게 되면 그 절차가 매우 복잡해지므로, 조특법에서는 일정한 배당소득, 이자소득 및 집합투자기구(펀드)로부터의 배당소득에 대해서는 벤처투자조합등에게 이자소득 등이 귀속할 때 원천징수하지 아니하고, 벤처투자조합등이 조합원에게 소득을 지급할 때 원천징수하는 특례를 부여한다.

1 창업기업등으로부터 수령한 배당소득에 대한 특례

본 배당소득에 대한 특례의 주체는 조합원인 개인만 해당한다. 법인의 배당소득 중 원천징수 대상소득은 집합투자기구로부터의 이익 중 자본시장법에 따른 투자신탁의 이익에 한정되므로,(법법 §73 ① 2호) 집합투자기구에 해당하지 않는 벤처투자조합등[11]을 통한 간접출자로 인해 수령한 배당소득은 원천징수 대상 소득에 해당하지 않기 때문이다.

1-1 특례대상출자

특례대상출자는 벤처투자조합, <u>민간재간접벤처투자조합</u>, 농식품투자조합, 신기술사업투자조합, 기업구조조정조합[12] 및 전문투자조합(이하 "벤처투자조합등)이 창업기업, 벤처기업, 신기술창업전문회사, 신기술사업자 및 구조조정대상기업(2009.2.4. 개정된 산업발전법 §14 ④)에 출자함으로써 취득한 주식등이다(조특법 §14 ④).

출자자 및 출자대상기업의 관계

출자자	출자대상기업
벤처투자조합	①창업기업, ②벤처기업, ③신기술창업전문회사
<u>민간재간접벤처투자조합</u>	
농식품투자조합	
신기술사업투자조합	②벤처기업, ③신기술창업전문회사, ④신기술사업자
전문투자조합	①창업기업, ②벤처기업, ③신기술창업전문회사, ④신기술사업자
기업구조조정조합	⑤구조조정대상기업

본 과세특례를 적용받을 수 있는 출자자 및 출자대상기업의 관계는 Ⅱ. 1-2 벤처투자조합이 창업기업등에게 출자한 주식등에 대하여 양도소득세 비과세 특례를 적용받는 출자자

---

[11] 「중소기업창업 지원법」, 「여신전문금융업법」, 「벤처기업육성에 관한 특별조치법」, 「소재·부품·장비산업 경쟁력강화를 위한 특별조치법」, 「농림수산식품투자조합 결성 및 운용에 관한 법률」 등에 따라 사모(私募)의 방법으로 금전등을 모아 운용·배분하는 것으로서 투자자의 총수가 49인 이하인 경우에는 집합투자에서 제외한다(자본시장법 §6 ⑤ 1호 및 동법 시행령 §6 ①·③).
[12] "기업구조조정조합"이란 기업구조조정전문회사(CRC; Corporate Restructuring Company)와 이외의 자가 출자하여 구조조정대상기업에 대한 투자·인수 등을 하기 위하여 결성하는 조합임(2009.2.4. 개정된 산업발전법 §15).

및 출자자대상기업의 관계와 동일하다. 단, 기업구조조정조합만이 추가되었다.

출자자 및 출자대상기업의 상세 내용은 제4절 Ⅱ. 1. 특례대상출자를 참조하기 바란다.

1-2 원천징수 특례 등

(1) 도관체 과세

벤처투자조합등은 민법상 조합이므로(중기창업법 §30) 원칙적으로 공동사업 계산특례(소법 §87 ①)와 유사하게 도관체 과세(pass-through taxation)[13]방식을 적용하여야 한다.

(1-1) 법인세 등 신고의무 제외

도관체 과세 방식에서는 조합의 소득에 대하여 조합에게는 과세하지 않고, 조합에서 조합원에게 분배된 소득에 대하여 조합원 단계에서 과세한다. 따라서 벤처투자조합은 과세주체(taxable entity)에 해당하지 않으므로 그 자체 명의로 법인세, 소득세 및 부가가치세를 신고·납부할 의무가 없다.[14]

다만 과세 협력을 위하여 관할 세무서장이 80코드의 고유번호를 부여하며,(법인22601-767, 1990.3.30.) 부가가치세 매입세금계산서 합계표 제출의무(부법 §54 ⑤)를 부담한다.

(1-2) 배당소득 등의 수입시기

후술하는 원천징수시기 특례 규정에 불구하고 중소기업창업투자조합 등이 조합원에게 지급하는 이자소득 및 배당소득의 수입시기는 소득세법 시행령 제45조 및 제46조의 규정을 적용한다(서면법규법인-1301, 2022.1.25.; 서일 46011-11452, 2002.10.30.).[15] 즉, 벤처투자조합에서 받는 소득은 분배비율에 따라 조합원에게 귀속되므로 그 소득 발생 시점에 각 조합원의 과세소득에 합산한다.

소득의 수입시기와 후술하는 원천징수시기가 달리 결정되므로 소득의 수입시기가 먼저

---

[13] 도관체 과세란 해당 단체는 납세의무를 부담하지 아니하고 그 단체의 구성원이 납세의무를 부담하는 경우를 말한다. 도관체 과세 중 pass-through taxation이란 단체가 요건을 충족하는 경우 별도의 행위 없이 납세의무가 구성원에 전가되는 경우를 말한다. pay-through taxation이란 단체가 배당을 지급하여 단체 내부에 이익이 유보되지 않는 경우에만 납세의무에서 제외하는 경우를 말한다. 예를 들어, pass-through taxation에는 동업기업 과세특례(조특법 §100의 16), 공동사업 과세특례(소법 §43)가 있으며, pay-through taxation에는 배당지급소득공제(법법 §51의 2), 집합투자기구 원천징수특례(소법 §155의 3)가 있다.
[14] 박성욱·김영훈, "벤처기업 등에 대한 투자활성화를 위한 조세지원제도 연구 : 개인투자조합을 중심으로", 회계정보연구/제34-3권, 2016.9., pp.547-549.
[15] 한편 조합원이 법인인 경우에는 법인세법상 조합 등으로부터 받는 분배이익금의 귀속사업연도는 당해 조합 등의 결산기간이 종료하는 날이 속하는 사업연도로 한다(법칙 §35 ②).

도래하여 소득의 신고납부가 우선할 수 있다. 이때는 신고한 과세표준에 이미 산입된 미지급소득에 해당하여 원천징수 대상에서 제외한다(법법 §111 ① 3호, 소법 §155).

(1-3) 소득원천별 과세

벤처투자조합등은 도관체이므로 조합을 통해 조합원이 분배받은 소득은 소득세법상 배당소득으로 과세되지 않고 발생하는 소득의 내용별로 구분하여 과세한다(**소득원천별 과세**) (서면1팀-1281, 2005.10.25.[16]; 서면1팀-972, 2005.8.17.).

즉, 벤처투자조합등은 공동사업 계산특례에 따라 도관체 과세(pass-through taxation)를 적용하여 소득원천별로 과세한다. 참고로 벤처투자조합등은 자본시장법상 집합투자기구에 해당하지 않아[17] 소득세법상 적격집합투자기구에 포함되지 않는다.

예를 들어, 조합등이 액면가 100억원인 채권을 70억원에 매입한 후 93억원에 상환받아 채권상환이익이 발생한 경우에는, 조합등을 도관으로 보기 때문에 동 이익은 조합원에게 귀속되며, 개인의 채권상환이익은 소득세법상 열거된 과세소득이 아니어서 과세대상에서 제외된다(재소득 46073-25, 2003.2.26.; 서일 460111-11715, 2002.12.17.).

(2) 원천징수시기 특례

특례대상출자로 인하여 취득한 주식 등에서 배당소득이 발생하는 경우, 해당 **벤처투자조합등이 조합원에게 그 소득을 지급할 때 소득세를 원천징수한다**(조특법 §14 ④). 벤처투자조합등은 공동사업 과세특례에 따르지만 그 원천징수시기는 특례를 두어 별도로 정한다.

즉, 원천징수대상소득을 조합에 귀속되는 시점에 원천징수하는 공동사업장 과세 방식에 따르지 않고 집합투자기구(pay-through taxation)의 원천징수방식(소법 §155의 3)과 동일하게 조합원에 귀속되는 시점에서 원천징수한다. 경제적 실질이 집합투자기구와 유사하기 때문인 것으로 판단된다.

---

16) 종전 국세청 예규에서는 기업구조조정조합이 부실매출채권을 양도하여 발생하는 매매차익은 공동사업에 해당한다고 해석하였으나, 동 재정경제부 예규에서 소득원천별 과세로 변경하였음(조심 2010서3829, 2011. 7.27. 참고).

17) 「산업발전법」, 「중소기업창업 지원법」, 「여신전문금융업법」, 「벤처기업육성에 관한 특별조치법」, 「소재·부품전문기업 등의 육성에 관한 특별조치법」, 「농림수산식품투자조합 결성 및 운용에 관한 법률」 등에 따라 사모(私募)의 방법으로 금전등을 모아 운용·배분하는 것으로서 투자자의 총수가 49인 이하인 경우에는 자본시장법상 집합투자기구에 해당하지 않는다(자본시장법 §6 ⑤ 1호, 동 시행령 §6 ①~③).

공동사업장 과세, 적격집합투자기구 과세 및 창업기업등 특례 간의 과세방식 비교

구분	과세방법	소득구분	원천징수시기
공동사업장 과세	도관체 과세	소득원천별 과세	조합 귀속시점에 원천징수
신탁형 적격집합투자기구	실체 과세	배당소득	집합투자기구에게 소득 지급 시에는 원천징수하지 않고 투자자에게 지급 시 집합투자기구가 원천징수
벤처투자조합등 (창업기업 등 원천징수 특례)	도관체 과세	소득원천별 과세	투자조합에게 소득 지급 시에는 원천징수하지 않고 조합원에게 지급 시 조합이 원천징수

● 창업기업 등에의 출자에 대한 원천징수 특례를 적용받지 못하는 중소기업창업투자조합에 배당소득을 지급할 때 원천징수 방법

내국법인이 2007년 1월 1일 이후 「소득세법」 제2조 제3항에 따른 거주자로 보는 조합에 배당소득을 지급하는 경우 해당 조합을 지급받는 자로 하여 같은 법 제127조에 따라 원천징수하고 그 원천징수세액은 같은 법 제87조 제1항에 따라 각 조합 구성원의 손익분배비율에 따라 배분하는 것임. 다만, 해당 배당소득 중 「법인세법」 제73조 및 「법인세법 시행령」 제111조에 따라 원천징수가 면제되는 국민연금기금에 배분되는 소득은 원천징수대상에서 제외되는 것임(서면법규-125, 2013.2.4.). 본 예규에서는 창업기업 등에의 원천징수 특례 요건을 충족하지 못하는 벤처투자조합등에 대하여 원칙에 따라 공동사업 과세특례의 원천징수 방법을 적용하도록 하였다.

(3) 필요경비 인정

조합원 배당소득에 대한 원천징수 시, 배당소득 총수입금액에서 해당 벤처투자조합등이 지출한 비용(그 총수입금액에 대응되는 비용에 한함)을 뺀 금액을 배당소득금액으로 한다(조특법 §14 ⑥).

배당소득금액은 필요경비를 인정하지 않고 해당 과세기간의 총수입금액으로 하는 것이 원칙이지만,(소법 §17 ③) 조합등에서 발생한 비용을 조합원 배당소득에서 차감토록 하였다. 이는 소득세법상 집합투자기구의 이익을 각종 보수·수수료를 차감한 후의 금액으로 하는 것(소령 §26의 2 ⑥)과 동일한 취지의 규정이다.

2 금융기관 등으로부터 수령한 이자소득등에 대한 특례

본 특례의 주체는 조합원인 개인과 법인이 모두 해당한다.

2-1 특례대상소득

특례대상소득은 벤처투자조합, 민간재간접벤처투자조합, 농식품투자조합, 신기술사업투자조합, 전문투자조합과 기업구조조정조합(이하 "벤처투자조합등")에 귀속되는 소득으로서, 이자소득(소법 §16 ① 각 호) 및 집합투자기구로부터의 배당소득(소법 §17 ① 5호)이다(조특법 §14 ⑤).

한국벤처투자조합이 국외에 설립된 경우 해당 조합에 귀속되는 이자소득에 대해서는 본 조세특례를 적용할 수 없다(서면법규-160, 2013.2.13.).,

(위 규정상 열거되지 아니한) 개인투자조합(벤처투자법 §2 8호)에 귀속되는 소득으로서 이자소득(소법 §16 ①)에 대해서는 이자소득등에 대한 특례 규정(조특법 §14 ⑤)이 적용되지 않는다(사전법규소득-0383, 2023.9.14.).

2-2 원천징수 특례등

(1) 원천징수시기

벤처투자조합등에게 이자소득 및 집합투자기구로부터의 배당소득이 귀속할 때 원천징수하지 아니하고, 벤처투자조합등이 조합원에게 소득을 지급할 때 원천징수한다. 다만, 그 조합원이 민간재간접벤처투자조합인 경우에는 민간재간접벤처투자조합이 조합원에게 그 소득을 지급할 때 소득세 또는 법인세를 원천징수한다.

공동사업 과세특례를 따르는 경우에는 이자소득 등을 지급하는 자가 조합에 지급할 때 개별 조합원에 대해 원천징수해야 하지만, 집합투자기구와 경제적 실질이 유사하므로 벤처투자조합등이 조합원에게 소득을 지급할 때 원천징수하는 특례를 부여하고 있다. 도관체 과세및 원천징수특례는 1-2 (1) 및 (2)를 참조하기로 한다.

(2) 필요경비 인정

조합등의 이자소득·펀드배당소득에 대한 원천징수 시, 해당소득의 총수입금액에서 해당 조합이 지출한 비용(그 총수입금액에 대응되는 비용에 한함)을 뺀 금액을 배당소득금액으로 한다(조특법 §14 ⑥). 1-2 (3)을 참조 바란다.

Ⅳ. 조세특례제한 등

1 최저한세 적용

법인에 대해서만 최저한세가 적용된다(조특법 §132 ① 2호).
제20부 제4절 최저한세 부분을 참조하기 바란다.

2 농어촌특별세 비과세

농어촌특별세가 비과세된다(농특령 §4 ⑥ 1호).

제9절 [제15조] 벤처기업 출자자의 제2차 납세의무 면제

I. 의의

　법인세 납세의무가 성립한 벤처기업이 연구·인력개발비 비율 요건과 소기업 요건을 충족하는 경우, 그 법인세에 대한 출자자의 제2차 납세의무를 면제하는 특례이다. 2018.1.1. ~ 2025.12.31.의 8년 동안 납세의무가 성립한 법인세등에 대하여 출자자 1명당 2억원을 한도로 한다.

　제2차 납세의무란 본래의 납세의무자가 그의 재산으로 이행하지 못한 납세의무를 그와 일정한 관계가 있는 제2차 납세의무자가 보충적으로 납부의무를 부담하는 것을 말한다.[1]

　제2차 납세의무의 유형 중 출자자의 제2차 납세의무란, 법인이 그 재산으로 법인이 납부할 국세를 모두 납부하지 못하는 경우 법인의 경영에 지배적 영향력을 행사하는 출자자가 법인이 납부하지 못한 국세에 대하여 출자비율을 곱한 금액을 한도로 납세의무를 부담하는 제도이다.

　고위험이 수반되는 사업에 투자한 벤처기업의 투자가 실패하는 경우, 그 출자자의 제2차 납세의무를 면제하여 추가 조세부담 위험을 완화하기 위한 목적으로 2018년 신설되었다. 2018.1.1. 이후 벤처기업의 납세의무가 성립하는 분부터 적용한다(2017.12.19. 개정된 법 부칙 §7).

　일몰기한은 2025.12.31.이다.

개정연혁

연 도	개정 내용
2018년	■ 벤처기업 출자자의 제2차 납세의무 면제 특례 신설

---

1) 송쌍종, 「조세법학총론」, 조세문화사, 2013. p.475.

Ⅱ. 요건

벤처기업의 출자자는 제2차 납세의무자에 해당하여야 하며, 벤처기업은 연구·인력개발비 요건과 소기업 요건을 충족하여야 한다.

1 벤처기업의 출자자 요건

1-1 제2차 납세의무자

벤처기업의 제2차 납세의무를 부담하는 무한책임사원과 과점주주를 대상으로 한다(조특법 §15 ① → 국기법 §39).

벤처기업이란 벤처기업육성에 관한 특별조치법에 따른 벤처기업으로, 상세 내용은 제2부 제2절 Ⅱ. 3-1 (1)을 참조하기로 한다.

과점주주란 주주 또는 유한책임사원 1명과 그의 특수관계인 중 다음에 정하는 자로서 그들의 소유주식 합계 또는 출자액 합계가 해당 법인의 발행주식 총수 또는 출자총액의 50%를 초과하면서 그에 관한 권리를 실질적으로 행사하는 자들을 말한다(국기령 §20 ② → §18의 2).

> ① 친족관계
> ② 경제적 연관관계
> ③ 경영지배관계 중 국기령 제1조의 2 제3항 제1호 가목 및 같은 항 제2호 가목 및 나목의 관계. 이 경우 같은 조 제4항을 적용할 때 같은 항 제1호 가목 및 제2호 나목 중 "100분의 30"은 "100분의 50"으로 본다.

국세기본법상 특수관계인은 제3장 제6절 Ⅱ. 2-1을 참조하기로 한다.

1-2 결격 사유

벤처기업 또는 그 출자자가 해당 사업연도의 법인세 및 이에 부가되는 농어촌특별세·강제징수비(이하 "법인세등")에 대한 납부기한의 다음 날[2] 현재 다음 어느 하나에 해당하는

---

[2] 납부기한의 다음 날이란 ① 과세표준과 세액의 신고에 의하여 납세의무가 확정되는 국세의 경우 신고한 세액에 대해서는 그 법정 신고납부기한의 다음 날, ② 과세표준과 세액을 정부가 결정, 경정 또는 수시부과결정하는 경우 납세고지한 세액에 대해서는 그 고지에 따른 납부기한의 다음 날을 말한다(국기법 §27 ③).

경우에는 적용하지 아니한다(조특법 §15 ②, 조특령 §13의 2 ②).
① 직전 3년 이내에 조세범 처벌법에 따른 처벌 또는 처분을 받은 사실이나 이와 관련된 재판이 진행 중인 사실이 있는 경우
② 조세범 처벌법에 따른 범칙사건에 대한 조사가 진행 중인 사실이 있는 경우
③ 직전 3년 이내에 사기나 그밖의 부정한 행위(조세범 처벌법 §3 ⑥)로 국세를 포탈하거나 환급 또는 공제받은 사실이 있는 경우

2 벤처기업 요건

2-1 R&D 비율 요건

수입금액(기업회계기준에 따라 계산한 매출액을 말함)에서 연구·인력개발비가 차지하는 비율이 5% 이상이어야 한다.

동 R&D 비율 요건과 다음의 소기업 요건은 각 연도별로 판정한다.

예를 들어 벤처기업 A가 2018년~2020년의 법인세를 체납하였을 때, 2018년은 동 요건 등을 모두 충족하고 2019년에는 R&D 비율 요건을 위반하고 2020년에는 소기업 요건을 위배한 경우에는 2018년의 법인세등 체납액에 한해서 제2차 납세의무를 면제한다.

2-2 소기업 요건

소기업이란 중소기업 중 매출액이 업종별로 중소기업기본법 시행령 별표 3을 준용하여 산정한 규모 이내인 기업을 말한다. 이 경우 "평균매출액등"은 "매출액"으로 본다(조특령 §13의 2 ①).

소기업 규모 기준은 제2부 제3절 Ⅱ. 1-1 (2)를 참조하기로 한다.

Ⅲ. 과세특례

1 면제 대상 및 한도

벤처기업의 출자자는 해당 사업연도의 법인세등에 대하여 제2차 납세의무를 지지 아니한다. 이 경우 2018.1.1.~2020.12.31.의 기간에 납세의무가 성립한 법인세등에 대한 3년간 한도는 출자자 1명당 2억원으로 한다(조특법 §15 ①).

2 사후관리

벤처기업의 출자자가 특례를 적용받은 사업연도의 법인세를 사기나 그 밖의 부정한 행위(조세범 처벌법 §3 ⑥)로 포탈하거나 환급 또는 공제받은 사실이 확인되는 경우에는 해당 사업연도의 법인세등에 대하여 특례를 적용하지 않는다(조특법 §15 ③).

Ⅳ. 조세특례제한 등

1 신청 등 절차

출자자는 제2차 납세의무자에 대한 납부고지를 받은 날부터 90일 이내에 제2차 납세의무 면제신청서(별지 제4호의 3 서식)를 관할 세무서장에게 제출하여야 한다(조특령 §13의 2 ③).
세무서장은 제2차 납세의무 면제 신청을 받은 날부터 1개월 이내에 면제 여부를 해당 출자자에게 통지하여야 한다. 세무서장은 면제 결정을 통지한 이후 결격 사유 또는 사후관리 규정(조특법 §15 ② 또는 ③)에 따라 본 특례를 적용하지 아니하게 된 경우에는 해당 출자자에게 그 사실을 통지하여야 한다(조특령 §13의 2 ④·⑤).

제10절 [제16조] 벤처투자조합 출자 등에 대한 소득공제 ★★★★

차례

Ⅰ. 의의 620	2. 출자 방식 630
Ⅱ. 요건 622	Ⅲ. 소득공제 637
1. 특례대상 출자 622	1. 투자금액의 산정 637
1-1 벤처투자조합등에 출자 622	2. 소득공제금액 640
1-2 벤처기업투자신탁의 수익증권에 투자 622	2-1 공제율 등 641
(1) 벤처기업 투자신탁의 요건 622	(1) 소득공제율 및 한도 641
(2) 투자비율 유지 조건 626	(2) 특수목적 벤처투자조합 643
(3) 수익증권 투자액 한도 626	2-2 공제시기 646
1-3 개인투자조합을 통한 투자 627	3. 사후관리 648
(1) 특례 대상 기업 627	3-1 의무위반사유 641
(2) 투자 방식 628	3-2 추징절차
1-4 벤처기업등에게 직접 투자 627	Ⅳ. 조세특례제한 등 648
(1) 특례 대상 기업 627	1. 절차 649
(2) 투자 방식 쟁점 628	2. 최저한세 적용 650
1-5 창업·벤처전문 PEF에 투자 627	3. 소득공제 종합한도 649
1-6 크라우드 펀딩을 통한 투자 627	4. 농어촌특별세 비과세 649

Ⅰ. 의의

거주자가 벤처투자조합, 벤처기업투자신탁, 벤처기업등, 창업·벤처전문 사모집합투자기구에 투자(출자 포함)하는 경우와 개인투자조합 및 크라우드 펀딩을 통해 벤처기업등에 투자하는 경우, 그 투자금액의 10%를 종합소득금액에서 소득공제하는 제도이다. 다만 개인

투자조합 및 크라우드 펀딩을 통한 투자, 벤처기업등에게 직접 투자한 경우에는 투자금액별로 100~30%의 공제율을 적용한다.

공제시기는 출자일이 속하는 과세연도를 원칙으로 하되, 투자자 요청 시 그 후 2년 이내 중 1 과세연도를 선택할 수 있다.

모험자본(Venture Capital)의 직접투자 또는 간접투자로 벤처기업등의 자본 충실 및 성장동력 확보에 기여할 경우 그 과정에서 발생하는 고위험에 대한 보상책으로서 개인 투자자에게 소득공제의 혜택을 부여한다. 엔젤투자 소득공제라고도 한다.

일몰기한은 2025.12.31.이다.

개정연혁

연 도	개정 내용
2020년	■ 공제시기 합리화 : 출자일이 속하는 과세연도를 원칙으로 하되, 투자자 요청 시 그 후 2년 이내 중 1 과세연도 선택 가능 ■ 소득공제 출자·투자확인서 제출시기 조정 : 익년 1월 급여 등 수령일 → 익년 2월 급여 등 수령일
2022년	■ 코스닥 벤처펀드 보유 비율 계산방법 보완 ■ 연구개발비 투자 우수기업의 금액 기준 삭제
2024년	■ 특례대상 추가 : 민간재간접벤처투자조합을 통한 간접 출자 ■ 출자·투자확인서 발급주체 확대 : 창업·벤처전문 사모집합투자기구를 취급하는 금융회사 등 ■ 특수목적 벤처투자조합에 대한 소득공제 계산 방식 신설

Ⅱ. 요건

과세 특례의 주체는 거주자인 개인이다.

1 특례대상출자 (투자)

거주자가 다음의 어느 하나에 해당하는 출자 또는 투자를 하는 경우를 특례의 대상으로 한다(조특법 §16 ①)

1-1 벤처투자조합등에 출자 (1호)

벤처투자조합, <u>민간재간접벤처투자조합</u>, 신기술사업투자조합 또는 전문투자조합(이하 "벤처투자조합등")에 출자하는 경우이다.

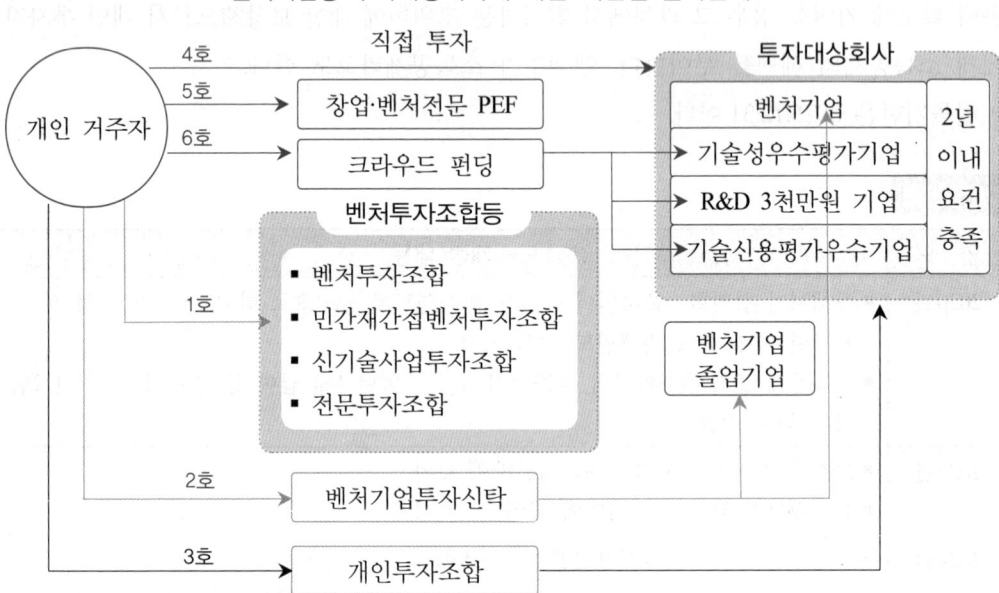

벤처기업등 투자대상회사에 대한 직간접 출자관계도

벤처투자조합등에 출자한 자라 함은 출자금을 납입하고 당해 조합의 규약에 의한 조합 결성총회에서 조합이 성립된 날 현재 조합원 명부상 조합원을 말한다(법인 46013-173, 2001. 1.18.).

종래 「벤처기업육성에 관한 특별조치법」에 따른 한국벤처투자조합과 「중소기업창업 지원법」에 따른 중소기업창업투자조합을 통합하여 벤처투자법 상의 벤처투자조합으로 일원화하였다. 2020.8.12.부터 시행한다[2020.2.11. 개정된 벤처투자 촉진에 관한 법률(이하 "벤처투자법")].

벤처투자조합의 상세 내용은 제4절 Ⅱ. 1. 특례대상출자를 참조하기 바란다.

2024 개정 민간의 벤처기업 등에 대한 투자를 유도하기 위하여 개인이 민간재간접벤처투자조합에 출자하는 경우 출자금액의 10%를 소득공제함. 개정규정은 2023년 과세기간의 소득에 대하여 2024.1.1. 이후 과세표준을 신고하거나 소득세를 결정하거나 연말정산하는 경우부터 (소급하여) 적용함(2023.12.31. 개정된 법률 부칙 §5).

1-2 벤처기업투자신탁의 수익증권에 투자 (2호)

(1) 벤처기업 투자신탁의 요건

다음의 요건을 갖춘 벤처기업투자신탁의 수익증권에 투자하는 경우이다(조특령 §14 ①).
① 투자신탁으로서 계약기간이 3년 이상일 것[자본시장과 금융투자업에 관한 법률(이하 "자본시장법")]. 단, 보험회사의 특별계정1)을 제외한다.
② 통장에 의하여 거래되는 것일 것
③ 투자신탁의 설정일부터 6월 이내에 벤처기업 등에 투자비율을 준수할 것
   벤처기업 등 투자 비율은 다음의 벤처기업의 신주 투자비율 요건과 벤처기업 등의 투자비율 요건을 모두 충족하여야 한다.

(1-1) 벤처기업의 신주 투자 비율 요건

투자신탁의 설정일부터 6개월 이내에 투자신탁 재산총액에서 벤처기업의 '신주 투자등' 비율이 15% 이상이어야 한다. 다만, 사모집합투자기구(자본시장법 §9 ⑲)에 해당하지 않는 경우, 즉 공모펀드의 투자비율 준수 시점은 9개월 이내로 한다(조특령 §14 ① 3호 후단).

벤처기업이란 벤처기업법상의 벤처기업으로 벤처기업의 내용은 제2부 제2절 Ⅱ. 3-1 (1)을 참고하기로 한다.

2019년 개정세법에서 벤처투자 활성화 지원을 위해 벤처기업투자신탁 중 공모펀드의 경우 벤처기업 신주에 의무적으로 투자해야 하는 비율 및 벤처기업 등의 투자비율의 준수시점을 신탁설정일부터 6개월에서 9개월로 연장하였다. 2019.2.12. 이후 연말정산하는 분부터 소급하여 적용한다(2019.2.12. 개정된 시행령 부칙 §4 ①).

(가) 신주 투자등의 범위

벤처기업의 '신주 투자등'이란 다음 어느 하나에 해당하는 것을 말한다[벤처투자촉진에 관한 법률(이하 "벤처투자법") §2 1호].
㉮ 주식회사의 주식, 무담보전환사채, 무담보교환사채 또는 무담보신주인수권부사채의 인수
㉯ 유한회사 또는 유한책임회사의 출자 인수
㉰ 중소기업이 개발하거나 제작하며 다른 사업과 회계의 독립성을 유지하는 방식으로 운영되는 사업의 지분 인수로서 다음 어느 하나에 해당하는 사업에 대한 지분인수(이하

---

1) "특별계정"이란 보험사업자가 특정보험계약의 손익을 구별하기 위하여 준비금에 상당하는 재산의 전부 또는 일부를 기타재산과 분리하여 별도의 계정을 설정하여 운용하는 것을 말한다(자본시장법 §251).

"프로젝트투자"; 동 시행규칙 §2 ①)

> 1. 신제품 및 신기술 개발(총사업비용 중 연구개발비용이 50% 이상인 경우로 한정한다)
> 2. 「문화산업진흥기본법」 제2조 제1호에 따른 문화산업
> 3. 「발명진흥법」 제2조 제4호에 따른 산업재산권의 창출·매입·활용
> 4. 「스포츠산업진흥법」 제2조 제2호에 따른 스포츠산업
> 5. 관광산업의 발전을 위하여 문화체육관광부장관이 프로젝트 투자에 적합하다고 인정하는 사업
> 6. 그 밖에 중소벤처기업부장관이 프로젝트 투자에 적합하다고 인정하는 사업으로서 다음 각 호 어느 하나에 해당하는 「지식재산기본법」 제3조 제3호에 따른 지식재산권(지식재산권 활용을 위한 권리를 포함한다. 이하 "지식재산권"이라 한다)의 매입을 말한다(벤처투자조합 등록 및 관리규정[2]) §3 ②)
> ㉮ 중소기업 또는 벤처기업으로부터의 지식재산권 매입
> ㉯ 중소기업 또는 벤처기업이 3년 이상 활용한 지식재산권을 중소기업 또는 벤처기업 이외의 자로부터의 매입

㉱ 투자금액의 상환만기일이 없고 이자가 발생하지 아니하는 계약으로서 다음의 요건을 충족하는 조건부지분인수계약을 통한 지분 인수(벤처투자법 시행규칙 §3)

> 1. 투자금액이 먼저 지급된 후 후속 투자에서 결정된 기업가치 평가와 연동하여 지분이 확정될 것
> 2. 조건부지분인수계약에 따른 투자를 받는 회사가 조건부지분인수계약의 당사자가 되고, 그 계약에 대해 주주 전원의 동의를 받을 것
> 3. 조건부지분인수계약을 통해 투자를 받은 회사가 자본 변동을 가져오거나 가져올 수 있는 계약을 체결하는 경우 조건부지분인수계약이 체결된 사실을 해당 계약의 상대방에게 문서로 고지할 것

㉲ 그 밖에 가목부터 라목까지의 방식에 준하는 것으로서 중소벤처기업부장관이 정하여 고시하는 방식

(나) 신주 투자 비율 판정

신주 투자 비율 및 투자비율 유지 조건(조특령 §14 ① 3호 후단 및 같은 항 4호)의 충족 여부를 판단할 때 벤처기업투자신탁이 신주 투자 등 또는 구주매입[같은 항 제3호 가목 1) 또는 2)] 중 어느 것에 따라 취득한 주식인지 여부가 불분명한 주식을 매도하는 경우에는 벤처기업투자신탁의 재산총액에서 각각의 주식의 평가액이 차지하는 비율에 비례하여 해당 주식

---
[2] [시행 2023.12.21.] [중소벤처기업부고시 제2023-114호, 2023.12.21., 일부개정]

을 각각 매도한 것으로 본다(조특령 §14 ⑬).

2022년 세법개정에서 코스닥 벤처펀드가 벤처기업 주식을 매도할 때 신주·구주 구분이 불분명한 경우에는 신주·구주 보유 비율에 따라 매도분을 안분계산하도록 보완하였다. 개정규정은 2022.2.15. 이후 벤처기업투자신탁이 벤처기업 주식 또는 출자지분을 매도하는 경우부터 적용한다(2022.2.15. 개정된 시행령 부칙 §6).

(1-2) 벤처기업 등의 투자비율 요건

투자신탁의 설정일부터 6개월 이내에, 전술한 벤처기업 또는 '벤처기업이었던 기업이 벤처기업에 해당하지 않게 된 이후 7년이 지나지 않은 기업으로서 코스닥시장에 상장한 중소기업 또는 중견기업'(조특령 §4 ①; 이하 "벤처기업 졸업기업")에 다음의 투자를 하는 재산의 평가액의 합계액이 투자신탁 재산총액에서 차지하는 비율이 50% 이상이어야 한다. 다만, 사모집합투자기구(자본시장법 §9 ⑲)에 해당하지 않는 경우, 즉 공모펀드의 투자비율 준수 시점은 9개월 이내로 한다(조특령 §14 ① 3호 전단).

① 신주 투자등(벤처투자법 §2 1호)
② 타인 소유의 주식 또는 출자지분을 매입에 의하여 취득하는 방법으로 하는 투자(이하 "구주 매입")

중견기업의 범위는 상생결제 지급금액 세액공제를 참조하기로 한다(제2부 제4절 Ⅱ. 1-2. 참조).

투자비율 계산시 포함되는 대상 주식 및 투자 방식

구분		벤처기업의 신주 투자비율 요건(15%)	벤처기업 등의 투자비율 요건(50%)
투자 대상 주식	투자 방식		
벤처기업	신주 투자등	포함	포함
벤처기업	구주 매입	제외	포함
벤처기업 졸업기업	신주 투자등	제외	포함
벤처기업 졸업기업	구주 매입	제외	포함

종래에는 신탁재산의 50% 이상을 벤처기업 신주에 투자할 것을 운용요건으로 하였으나 투자 요구 사항을 완화하기 위하여 2018년 개정세법에서 동 비율을 15%로 하향하였다. 대신 벤처기업의 구주 매입과 벤처기업에서 해제된 지 7년 이내 기업의 구주 매입 및 신주 투자를 모두 합하여 50%의 투자 비율 요건을 준수하도록 하였다. 또한 6개월마다 투자비율 유지 여부를 계산하도록 하였다. 다만 3천만원의 1인당 투자한도를 신설하였다. 2018.2.13. 이후 설정된 벤처기업투자신탁에 투자하는 분부터 적용한다. 2018.2.13. 전에 설정된 벤처기업투자신탁에 대해서는 개정규정에도 불구하고 종전의 규정에 따른다(동일자로 개정된 시행령 부칙 §3 ①·§17).

(2) 투자비율 유지 조건

투자비율 요건을 갖춘 날부터 매 6개월마다 벤처기업의 신주 투자비율 및 벤처기업 등의 투자비율(조특령 §14 ① 3호)을 매일 6개월 동안 합산하여 같은 기간의 총일수로 나눈 비율이 각각 50% 및 15% 이상이어야 한다(같은 항 4호). 즉, 매 6개월마다의 평균보유비율이 의무투자비율인 50% 및 15%를 준수하여야 한다.

이때 투자신탁재산의 평가액이 투자원금보다 적은 경우로서 벤처기업의 신주 투자비율(조특령 §14 ① 3호 후단)이 15% 미만인 경우에는 이를 15%로 본다. 즉, 투자신탁 손실분을 제외하고 투자 원금을 기준으로 15%인지 여부를 판정한다.

다만 투자신탁의 해지일 전 6개월에 대해서는 투자비율 유지 조건을 적용하지 아니한다. 투자비율 유지 조건 판정시 신주·구주 구분이 불분명한 경우의 투자비율 판정 방법은 (1-1) (나)를 참조하기로 한다.

2019년 개정세법에서 펀드를 통한 벤처투자 활성화를 지원하기 위하여 투자신탁 손실분을 제외하고 원금 기준으로 벤처기업의 신주 투자비율 운용 요건을 적용한다. 2019.2.12. 이후 설정되는 투자신탁 분부터 적용한다(2019.2.12. 개정된 시행령 부칙 §4 ②).

(3) 수익증권 투자액 한도

벤처기업투자신탁의 수익증권에 투자한 경우 소득공제를 적용받을 수 있는 투자액(해당 거주자가 투자한 모든 벤처기업투자신탁의 합계액을 말함)은 거주자 1명당 3천만원으로 한다(조특령 §14 ②).

1-3 개인투자조합을 통한 투자 (3호)

개인투자조합[3](Angel Capital)이 거주자로부터 출자받은 금액을 해당 출자일이 속하는 과세연도의 다음 과세연도 종료일까지 아래의 벤처기업 등에 투자하는 경우이다(조특령 §14 ③).

다만 투자 당시에는 아래의 벤처기업등에 해당하지 아니하였으나, 투자일부터 2년이 되는 날이 속하는 과세연도까지 벤처기업등에 해당하게 된 경우에도 적용한다(조특법 §16 ③).

유예기간은 투자일로부터 2년이 아니라 투자일로부터 2년이 되는 날이 속하는 과세연도의 말일까지임에 유의하여야 한다.

2018년 개정세법에서 투자 당시 공제 가능한 벤처기업등에 해당하지 않은 경우라도 투자일부터

---

[3] "개인투자조합"이란 개인 등이 벤처투자와 그 성과의 배분을 주된 목적으로 결성하는 조합으로서 벤처투자법에 따라 등록한 조합을 말한다(동법 §2 8호).

2년이 되는 속하는 과세연도까지 적격 요건을 갖춘 경우에는, 개인투자조합 및 크라우드 펀딩을 통한 투자, 벤처기업등에 대한 직접 투자시 공제를 허용하였다.

(1) 특례 대상 기업

(1-1) 벤처기업

벤처기업법상의 벤처기업이다.

(1-2) 기술성 우수 평가 기업

창업 후 3년 이내의 중소기업으로서 기술성이 우수한 것으로 평가받은 기업이다.[벤처기업법 §2의 2 ① 2호 다목]

(1-3) 연구개발기업

창업 후 3년 이내의 중소기업으로서 개인투자조합으로부터 투자받은 날(조특법 제16조의 5의 경우에는 산업재산권을 출자받은 날을 말함)이 속하는 과세연도의 직전 과세연도에 연구개발비(조특령 §8)를 아래 표의 금액 이상으로 지출한 기업을 말한다.

연구개발비 지출액기준

구 분	직전 과세연도 기간이 6개월 이상	직전 과세연도 기간이 6개월 이내
일반 중소기업	3천만원	1천5백만원

2022년 세법개정에서 특례 대상 중 기초연구법 시행령 별표 1에 따른 지식기반서비스업은 2천만원(6개월 이내는 1천만원)으로 기준을 하향하여 적용하였으나, 동 시행령이 개정되어 지식기반서비스업이 폐지됨에 따라 완화된 금액 기준을 삭제하였다.

(1-4) 기술신용평가 우수 기업

창업 후 3년 이내의 중소기업으로서 기술신용평가업무를 하는 기업신용조회회사[신용정보의 이용 및 보호에 관한 법률(이하 "신용정보법") §2 8호의 3 다목]가 평가한 '기술등급'이 기술등급체계상 상위 50%에 해당하는 기업이다. '기술등급'이란 기업 및 법인의 기술과 관련된 기술성·시장성·사업성 등을 종합적으로 평가한 등급을 말한다.

기술신용평가(Technology Credit Bureau; TCB)란 신용평가사(예, 기술보증기금, NICE 평가정보)가 금융기관의 의뢰를 받아 기업에 대한 여신심사를 위해 기업의 기술성과 신용도를 종합평가하는 제도이다.

2018년 개정세법에서 벤처기업에는 해당하지 않지만 기술이 우수한 기업에 대한 세제지원을 확대하 위하여 창업 후 3년 이내 기술신용평가 우수 기업을 투자 대상 기업에 추가하였다. 2018.1. 1. 이후 출자 또는 투자하는 분부터 적용한다(2018.2.13. 개정된 시행령 부칙 §3 ②).

(2) 투자 방식

"벤처기업등에 투자"란 벤처투자법에 따른 투자를 말한다. 1-2 (1-1)의 신주 투자등의 내용을 참조하기로 한다.

따라서 사모 방식의 전문투자형 사모집합투자기구(자본시장법" §9 ⑲ 2호; 헤지펀드)를 통해 벤처기업의 구주식을 취득한 경우에는 주식회사가 발행한 주식을 인수한 것이 아니므로 본 소득공제를 적용받을 수 없다(사전법령소득-110, 2017.5.11.).

1-4 벤처기업등에게 직접 투자 (4호)

개인이 벤처기업등에 직접 투자하는 경우이다.

다만 투자 당시에는 벤처기업등에 해당하지 아니하였으나, 투자일부터 2년이 되는 날이 속하는 과세연도까지 벤처기업등에 해당하게 된 경우에도 적용한다(조특법 §16 ③).

종래 과세관청의 질의회신에서는 벤처기업에 투자하였으나 벤처기업으로 확인받기 전에 투자한 금액은 소득공제대상에서 제외하는 것으로 해석하였으나,(사전법령소득-0154, 2018.5.4.; 원천-319, 2010.4.15.; 법인 46013-2450, 2000.12.26.) 2018년 개정세법에서 투자일부터 2년이 되는 날이 속하는 과세연도까지 유예기간을 허용하였으므로 개정 규정이 적용되는 사안에 대해 동 유권해석은 더 이상 유효하지 않은 것으로 판단된다.

(1) 특례 대상 기업

투자대상회사인 벤처기업등은 1-3 개인투자조합을 통한 투자와 동일하다.

투자자인 개인과 벤처기업등 간에 특수관계가 있는 경우에도 소득공제가 가능할 것으로 판단된다. 조특법 제14조 창업자 등에의 출자에 대한 양도소득세 비과세 특례와는 달리 법상 특수관계에 대한 제한 규정이 없기 때문이다(조특령 §13 ① 2호 참조).

(2) 투자 방식

"벤처기업등에 투자"란 벤처기업법에 따른 투자를 말한다. 벤처기업법 제2조 정의 조항에 따르면 "투자"란 주식회사가 발행한 주식, 무담보전환사채 또는 무담보신주인수권부사채를 인수하거나, 유한회사의 출자를 인수하는 것을 말한다(벤처기업법 §2 ②).

주식의 인수란 주식회사의 설립 또는 신주 발행 때에 출자할 것을 약속함으로써 주주의 지위를 획득하는 것이다.

● **자기주식을 양수하는 방법으로 취득한 경우** (제외)

거주자가 벤처기업이 보유한 자기주식을 양수하는 방법으로 취득한 경우 소득공제 대상에 해당하지 않는 것임(서면법령소득-0539, 2020.12.18.). 자기주식의 인수는 발행한 주식을 인수(유상증자 시 참여)하는 것이 아니므로 기업의 자본확충과는 관계 없기 때문에 공제 대상에서 제외한다.

● **온라인소액투자중개 방법으로 벤처기업등에 직접 투자한 경우** (공제)

온라인소액투자중개의 방법으로 투자자를 모집한 경우, 투자자가 벤처기업등(조특령 §14 ③ 각호)의 주식, 무담보전환사채, 무담보신주인수권부사채를 직접 인수한 경우에도 소득공제를 적용받을 수 있음(서면법령소득-0486, 2019.10.17.). 온라인소액투자 중개업체를 통하여 벤처기업등에 투자하는 경우에 조특법 제16조 제1항 제4호를 배제하는 규정을 두고 있지 않기 때문이다.

● **대여금을 차환하여 무담보신주인수권부사채를 인수한 경우** (공제)

벤처기업이 발행한 무담보신주인수권부 사채를 인수하는 경우 본 소득공제를 받을 수 있으므로, 벤처기업에 자금을 대여하였다가 이를 차환하여 무담보신주인수권부사채를 인수하는 경우도 본 소득공제를 받을 수 있다. 다만, 해당 사채를 인수하고 소득공제를 받은 거주자가 인수일로부터 3년이 지나기 전에 해당 사채를 상환받은 경우에는 이미 공제받은 소득 금액에 해당하는 세액을 추징한다(사전법령소득-0368, 2018.4.20.). 대여 후 차환을 통한 인수는 현금을 통한 무담보신주인수권부사채의 인수와 고위험을 부담하는 점에서 동일하기 때문이다.

> **주요 이슈와 쟁점**
>
> 16. 벤처기업 스톡옵션을 행사하는 경우 소득공제 대상인지 여부와 투자금액의 계산
>
>
>
> [예규] 소득공제 가능
> 벤처기업 임원 또는 종업원이 부여받은 주식매수선택권을 행사하여 신주를 인수받은 것이 「벤처기업육성에 관한 특별조치법」에 따른 투자에 해당하는 경우에는 「조세특례제한법」 제16조 제1항의 소득공제를 받을 수 있는 것임(서면법령소득-2047, 2019.10.17.; 서면법령소득-0462, 2019.10.17.)..
>
> [조세심판원] 행사이익은 투자금액에서 제외함
> 청구인은 벤처기업 임직원이 주식매수선택권을 행사하여 벤처기업 등에 투자하는 경우, 행사당시의 시가 상당액을 중소기업창업투자조합 출자 등에 대한 소득공제 대상 출자금액으

로 보아야 한다고 주장하나, 조특법 제16조에 따른 중소기업창업투자조합 출자 등에 대한 소득공제는 벤처기업의 투자재원 확충을 위한 개인투자를 활성화하기 위하여 도입된 소득공제로, 실질적으로 기업에 투자재원이 직접 출자(투자)되는 경우에 적용되는 소득공제로 봄이 타당한 점, 2021.3.26. 중소벤처기업부장관이 청구인에게 발급한 '출자 또는 투자확인서'상 투자금액이 OOO원으로 확인되고, "출자 등 소득공제 신청서"의 작성요령에서 '투자금액'은 벤처기업에 직접 투자하는 경우는 '투자액'으로 설명하고 있으며, 인건비를 대신하여 주식을 지급받는 일종의 노무출자에 대하여 별도의 투자액 포함여부 및 투자금액의 산정방법 등이 법령상 규정되어 있지 아니한바, 조세법률주의에 입각한 엄격해석의 원칙에 따르면 투자금액은 청구인이 실제로 현금을 납입하여 벤처기업에 투자한 금원으로 보아야 하는 점, (이하 중략) 청구주장을 받아들이기 어려운 것으로 판단된다(조심 2021서3593, 2021.12.2.; 서울고법 2023누30910, 2023.5.16.; 대법원 2023두44085, 2023.9.14.(심리불속행 기각), 같은 뜻 사전법규소득-1255, 2023.5.10.).

[법령]
■ 벤처기업육성에 관한 특별조치법 제16조의3(벤처기업의 주식매수선택권)
① 주식회사인 벤처기업은 「상법」 제340조의2부터 제340조의5까지의 규정에도 불구하고 정관으로 정하는 바에 따라 주주총회의 결의가 있으면 다음 각 호의 어느 하나에 해당하는 자 중 해당 기업의 설립 또는 기술·경영의 혁신 등에 기여하였거나 기여할 능력을 갖춘 자에게 특별히 유리한 가격으로 신주를 매수할 수 있는 권리나 그 밖에 대통령령으로 정하는 바에 따라 해당 기업의 주식을 매수할 수 있는 권리(이하 이 조에서 "주식매수선택권"이라 한다)를 부여할 수 있다. 이 경우 주주총회의 결의는 「상법」 제434조를 준용한다(이하 생략).

|저자주| 본 소득공제 특례의 대상 중 하나인 벤처기업등에 투자하는 경우에서 그 투자는 벤처기업법에 따른 투자를 말한다. 벤처기업법에서는 벤처기업의 주식매수선택권에 대해 규정하고 있으며, 과세관청에서는 이에 따른 주식의 매수를 특례대상 투자로 해석하고 있다.
스톡옵션의 행사 당시 시가와 행사가액의 차이는 행사이익에 해당하며, 소득세법상 근로소득으로 과세된다(소령 §38 ① 17호). 행사가액에 상당하는 금액에 대해서는 행사자의 금전이 출자되는데 반하여, 행사이익은 금전 등의 출자가 없다는 점에서 이를 투자금액으로 보아 소득공제를 허용할 수 있는지 여부가 쟁점이다.
조세심판원에서는 행사이익에 상당하는 부분에 대해서는 근로만 제공되어 일종의 노무 출자에 해당하며 현금 등의 납입이 없었다는 점 등을 근거로 행사이익을 투자금액에서 제외하여 해석하였다. 본 특례의 입법 취지가 벤처기업 등의 자본 충실을 목적으로 한다는 점에서, 자본 충실 원칙을 해하는 등의 사유로 주식회사에서 금지되는 노무출자에 대해 특례를 부여하기는 어렵다고 판단된다.
본문의 조세심판원 심판례에 대하여 최근 법원에서도 행사이익을 투자금액에서 제외하도록 후속적으로 판결하였고, 국세청도 이와 동일하게 해석하였다.

1-5 창업·벤처전문 PEF에 투자 (5호)

창업·벤처전문 사모집합투자기구(PEF)에 투자하는 경우이다.

"창업·벤처전문 사모집합투자기구"란 다음 창업·벤처기업등의 성장기반 조성 및 건전한 발전을 위하여 투자·운용하여 그 수익을 투자자에게 배분하는 것을 목적으로 하는 사모집합투자기구를 말한다(자본시장법 §249의 23 ①).

> 1. 창업자. 다만 해당 창업자가 창업하거나 창업하여 사업을 개시한 중소기업이 「중소기업창업 지원법」 제3조 각 호의 어느 하나에 해당하는 업종의 중소기업인 경우는 제외한다.
> 2. 「벤처기업육성에 관한 특별조치법」 제2조 제1항에 따른 벤처기업
> 3. 「중소기업 기술혁신 촉진법」 제15조에 따른 기술혁신형 중소기업 또는 같은 법 제15조의 3에 따른 경영혁신형 중소기업
> 4. 「기술보증기금법」 제2조 제1호에 따른 신기술사업자
> 5. 「소재·부품·장비산업 경쟁력강화를 위한 특별조치법」 제2조 제5호에 따른 전문기업으로서 「중소기업기본법」 제2조에 따른 중소기업
> 6. 그 밖에 성장기반 조성 및 건전한 발전이 필요한 「중소기업기본법」 제2조에 따른 중소기업으로서 「사회적기업 육성법」 제2조 제1호에 따른 사회적기업(자본시장법 시행령 §271의 28 ①)

창업·벤처투자 창구를 다변화하기 위하여 2017년 개정세법에서 창업·벤처전문 경영참여형 사모집합투자기구를 출자대상에 추가하였다. 2017.1.1. 이후 창업·벤처전문 PEF에 투자하는 경우부터 적용한다(2016.12.20. 개정된 법 부칙 §8).

2022년 창업·벤처전문 사모집합투자기구의 세법 개정은 제3부 제2장 제5절 Ⅱ. 2를 참조하기로 한다.

1-6 크라우드 펀딩을 통한 투자 (6호)

온라인소액투자중개(자본시장법 §117의 10)의 방법으로 모집하는 창업 후 7년 이내의 중소기업으로서 다음 기업의 지분증권에 투자하는 경우이다. 다음 기업의 규정 중 "창업 후 3년 이내의 중소기업"은 "창업 후 7년 이내의 중소기업"으로 본다(조특령 §14 ⑤ → ③ 2호 ~4호).

① 기술성 우수 평가기업
② 연구개발기업
③ 기술신용평가 우수 기업

다만 투자 당시에는 위의 기술성 우수 평가기업 등에 해당하지 아니하였으나, 투자일부터

2년이 되는 날이 속하는 과세연도까지 기술성 우수 평가기업 등에 해당하게 된 경우에도 적용한다(조특법 §16 ③).

개별 기업 ①~③의 상세 내용은 1-3을 참조하기로 한다.
크라우드 펀딩이란 창의적 기업가를 비롯한 자금수요자가 인터넷 등의 온라인상에서 자금모집을 중개하는 업체(크라우드 펀딩 중개업체)를 통하여 불특정 다수의 소액투자자로부터 자금을 조달하는 행위를 말한다. 크라우드 펀딩은 기부형, 후원형, 대출형, 증권형의 4가지 유형이 있으며, 증권형(투자형) 크라우드 펀딩을 자본시장법에 도입하여 온라인소액투자중개라 부른다.[4]

온라인소액투자중개를 통한 증권 발행 방법은 증권발행인이 중개업자의 인터넷 홈페이지 등에 일정한 투자정보를 게재하고, 동 게재 사항에 대하여 투자자와 발행인 간, 투자자 상호 간에 의견 교환이 이루어 질 수 있도록 한 후에 채무증권, 지분증권 또는 투자계약증권을 발행하는 방법을 말한다. 이때 크라우드 펀딩을 통해 증권을 발행할 수 있는 자(온라인소액증권발행인)는 비상장 중소기업으로서 창업 후 7년 이내이거나 프로젝트성 사업을 수행하는 기업이어야 한다(자본시장법 시행령 §14의 4~5).

2018년 개정세법에서 크라우드 펀딩을 통한 투자를 신설하였다. 위 ①~③의 기술성 우수 평가기업 등을 개인투자조합을 통해 투자하거나 직접 투자하는 경우에는 창업 후 3년 이내 기업으로 한정되지만 크라우드 펀딩을 통해 투자하는 경우는 창업 후 7년 이내 기업까지 그 대상이 확대된다.

종전에는 크라우드 펀딩 투자의 경우 3년의 의무보유기간을 부과하였으나, 2019년 개정세법에서 의무보유기간을 삭제하였다.

2 출자 방식

타인의 출자지분, 투자지분 또는 수익증권을 양수하는 방법(승계취득)으로 출자하거나 투자하는 경우에는 본 특례를 적용하지 않는다(조특법 §16 ① 단서). 승계취득에 의한 경우에는 출자 대상기업의 자본 확충과는 직접적 관련이 없기 때문이다.

---

4) 금융위원회·금융감독원, 「알기 쉬운 크라우드 펀딩 제도」, 2016, pp.3~6.

● **출자전환**

거주자가 벤처기업에 자금을 대여하였다가 이를 출자전환하는 경우, 본 소득공제를 적용받을 수 있다(서면법령소득-832, 2015.11.19.).

● **특정금전신탁**

거주자가 본인의 의사에 따라 투자대상 및 투자비중 결정 등을 행하는 특정금전신탁을 통하여 전술한 특례대상에 출자 또는 투자한 경우 소득공제를 받을 수 있다(사전법령소득-0436, 2019.9.11.; 서면법규-1305, 2014.12.10.). 신탁에서 발생한 소득은 그 원천에 따라 수익자에게 귀속되므로, 특정금전신탁을 통해 과세특례 금융상품에 투자하는 경우 특정금전신탁을 도관으로 보아 직접투자와 동일하게 보기 때문이다.

Ⅲ. 소득공제

1 투자금액의 산정

특례대상에 투자(출자포함)한 금액을 소득공제대상 투자금액으로 한다.

특정 회사가 구주매출을 포함하여 공모한 주식을 벤처기업투자신탁이 취득하였으나, 취득한 주식 중 구주매출 포함 여부를 알 수 없는 경우 당해 회사가 상장한 **총주식가액 중 구주매출 비율만큼**은 공제 대상 투자에 해당하지 않는다(사전법령소득-0318, 2018.6.15.).

다만 개인투자조합을 통한 투자의 경우에는 거주자의 출자금을 개인투자조합의 벤처기업 투자금액 비율로 안분계산한다(조특령 §14 ④).

$$투자금액 = 거주자가\ 개인투자조합에\ 출자한\ 금액 \times \frac{개인투자조합이\ 벤처기업등에\ 투자한\ 금액}{개인투자조합의\ 출자액\ 총액}$$

개인투자조합의 조합원 및 출자액의 변동이 있는 경우에 투자시점을 기준으로 위 산식을 적용하되, 위 산식에 따라 계산된 금액에서 이미 소득공제가 적용된 개별 거주자의 출자액을 차감하여 투자액을 산정한다(재금융-295, 2023.9.15.; 서면법규소득-3683, 2023.9.21.).

반면에 다른 벤처투자조합(예, 중소기업창업투자조합)의 경우에는 거주자의 출자금 중 일부만을 투자한 경우에도 당해 거주자가 벤처투자조합에 출자한 전체금액에 대해 소득공제액을 계산한다(서일 46011-11754, 2003.12.4.).

2 소득공제금액

2-1 공제율 등

(1) 소득공제율 및 한도

소득공제금액은 투자금액의 10%로 하되, 당해 과세연도 종합소득금액의 50%를 한도로 한다. 이때 당해 투자 당시에는 특례대상출자에 해당하지 아니하였으나, 투자일부터 2년이 되는 날이 속하는 과세연도까지 특례대상출자에 해당하게 된 경우(조특법 §16 ③)에는 그 해당하게 된 날이 속하는 과세연도를 말한다(조특법 §16 ①).

> 소득공제금액 = Min [(투자금액 × 10%), (종합소득금액 × 50%)]

"당해 과세연도"라 함은 거주자가 출자한 날이 속하는 과세연도가 아니라 소득공제를 적용받기 위하여 선택하는 과세연도(2-2 참조)를 의미한다(대법원 2007두8584, 2009.7.9.).

다만 개인투자조합을 통한 투자, 벤처기업등에 대한 직접 투자, 크라우드 펀딩을 통한 투자(법 §16 ① 3호·4호·6호)의 소득공제율은 구간별로 다음과 같이 적용한다. 이때 종합소득금액의 50% 한도는 동일하게 적용된다.

개인투자조합 투자, 벤처기업등 직접투자의 소득공제율

투자금액 구간	소득공제율
3,000만원 이하	100%
3,000만원 초과 5천만원 이하	70%
5천만원 초과분	30%

종래 소득공제율 100% 구간이 1,500만원 이하이었으나 2018년 개정세법에서 3,000만원 이하로 상향하였다. 또한 중간 공제율을 50%에서 70%로 상향하고 그 구간을 1,500~5,000만원에서 3,000~5,000만원으로 조정하였다. 2018.1.1. 전에 출자 또는 투자한 경우에 대해서는 개정규정에도 불구하고 종전의 규정에 따른다(2017.12.19. 개정된 법 부칙 §42).

(2) 특수목적 벤처투자조합

특수목적 벤처투자조합에 출자하는 경우 소득공제를 적용받을 수 있는 투자액은 다음 계산식에 따라 계산한 금액으로 한다(조특령 §14 ⑭).

$$\text{투자금액} = \text{거주자가 벤처투자조합에 출자한 금액} \times \frac{\text{벤처투자조합이 벤처기업등에 투자한 금액}}{\text{벤처투자조합의 출자액 총액}}$$

특수목적 벤처투자조합이란 중소기업 또는 벤처기업을 인수·합병하거나 다른 벤처투자조합 등이 보유하고 있는 주식 등의 자산을 매수하는 벤처투자조합 등으로서 창업·벤처기업에 대한 투자의무는 없는 것을 말한다(벤처투자법 §51 ⑥).

2024 개정 벤처투자의 활성화를 위하여 특수목적 벤처투자조합에 출자한 경우 소득공제 계산방식을 신설함. 개정규정은 2024.2.29. 이후 벤처투자조합에 출자하는 경우부터 적용함(2024.2.29. 개정된 시행령 부칙 §3).

2-2 공제시기

공제시기는 원칙적으로 출자일 또는 투자일이 속하는 과세연도로 하되, 거주자가 출자일 또는 투자일이 속하는 과세연도부터 출자 또는 투자 후 2년이 되는 날이 속하는 과세연도까지 1과세연도를 선택하여 공제시기 변경을 신청하는 경우에는 신청한 과세연도의 종합소득금액에서 공제한다.

그러나 벤처기업투자신탁의 계좌별로 구분하여 일부 계좌는 투자연도에, 나머지 계좌는 그 다음 연도에 소득공제할 수 없다(소득 46011-2888, 1998.10.7.).

투자 당시에는 소득공제 대상이 되는 벤처기업에 해당하지 않았으나, 투자일부터 2년이 되는 날이 속하는 과세연도까지 벤처기업에 해당하게 된 경우에 공제시기 변경의 기산점은 (당초 투자 시점이 아니라) 벤처기업에 해당하게 된 시점으로 한다(재금융-220, 2023.7.4.; 사전법규소득-0966, 2023.7.11.).

종래 공제시기는 출자일이 속하는 사업연도를 포함하여 3개 사업연도 중 택일할 수 있었으나, 2020년 개정세법에서 출자일 또는 투자일이 속하는 과세연도를 원칙으로 하되, 거주자가 공제시기 변경을 신청하도록 하였다. 소득공제 시기가 불분명하여 연말정산 간소화 서비스가 제공되지 못해 납세자가 불편을 겪는 점을 개선하기 위한 목적이다. 개정규정은 2020.1.1. 이후 출자 또는 투자하는 분부터 적용한다(2019.12.31. 개정된 법률 부칙 §9).

3 사후관리

소득공제를 적용받은 거주자가 출자일 또는 투자일부터 3년이 지나기 전에 다음의 의무위반사유가 발생하면 그 거주자의 주소지 관할 세무서장 또는 원천징수의무자 또는 벤처기업투자신탁을 취급하는 금융기관은 거주자가 이미 공제받은 소득금액에 해당하는 세액을 추징한다(조특법 §16 ②). 단, 이자상당액을 가산하지 않는다(서일 46011-11506, 2003.10.23.).

2019년 개정세법에서 납세 편의를 높이기 위하여 벤처기업투자신탁에 추징사유가 발생한 경우 해당 신탁을 취급하는 금융기관이 직접 추징하여 관할 세무서장에게 납부하도록 추징제도를 개선하였다. 2019.1.1. 이후 추징사유가 발생하는 분부터 적용한다(2018.12.24. 개정된 법률 부칙 §6).

3-1 의무위반 사유

(1) 추징사유

의무위반 사유는 다음과 같다.
① 벤처투자조합에 출자 또는 창업·벤처전문 경영참여형 사모집합투자기구에 출자한 출자지분을 이전하거나 회수하는 경우(조특법 §16 ① 1호·5호)
② 벤처기업투자신탁의 수익증권을 양도하거나 환매(일부 환매 포함)하는 경우(같은 항 2호)
③ 개인투자조합(Angel Capital)을 통한 투자, 벤처기업등에게 직접 투자 및 크라우드 펀딩을 통한 투자에 따른 출자지분 또는 투자지분을 이전하거나 회수하는 경우(같은 항 3호·4호·6호)

크라우드 펀딩을 통한 투자에는 추징 사유가 규정되지 않았으나, 2019년 개정세법에서 추징사유를 신설하였다. 또한 벤처기업투자신탁의 추징 사유인 환매에 일부 환매가 포함됨을 명시하였다. 2019.1.1. 이후 추징사유가 발생하는 분부터 적용한다(2018.12.24. 개정된 법률 부칙 §6).

소득공제를 받은 연후 중소기업창업투자회사가 당해 벤처기업의 지분을 처분함에 따라 **벤처기업 자격이 상실되어 벤처기업이 아닌 기업으로 전환되었더라도 열거된 추징사유에 해당하지 않으므로 추징되지 않는다**(제도 46011-11376, 2001.6.7.).

다음은 의무보유기간(3년)이 경과하기 전에 매각한 경우로서 매각 후 잔여 주식 수가 소득공제 받은 주식 수를 초과하지 않는 때의 추징 여부에 관한 사례이다.

● **벤처기업 확인 전 출자금액으로 소득공제를 받지 않은 경우** (추징 제외)

벤처기업 확인 전·후에 유상증자를 통하여 출자한 금액이 같이 있는 경우 벤처기업 확인 후 출자금액에 대한 소득공제를 적용할 때, 벤처기업 확인 후 출자한 날로부터 의무보유기간이 경과하기 전에 당해 연도 총출자금액 중 일부를 이전한 경우에도 이전 후 잔여출자금액이 소득공제 받은 출자금액보다 많은 때에는 공제받은 세액을 추징하지 않는다(법인 46013-166, 2001.1.17.).

● **추가 매입하여 소득공제를 받지 않은 경우** (추징 제외)

벤처기업에 투자하여 본 특례에 따른 소득공제를 적용받고 이후 추가 매입하여 소득공제를 적용받지 아니한 경우, 잔여 주식 수가 소득공제받은 주식 수보다 많은 때에도 공제받은 세액을 추징하지 않는다(서면1팀-1064, 2004.8.2.).

● **무상증자받은 주식을 처분한 경우** (추징)

반면에 무상증자받은 주식만을 의무보유기간이 경과되기 전에 처분하여 잔여 주식 수가 소득공제받은 주식 수와 동일한 경우에, 이미 공제받은 분에 해당하는 세액을 추징한다(서일 46011-11158, 2003.8.26.). 무상주는 기존 주주가 가진 주식의 수에 따라 주식을 발행하여(상법 제461조 ②) 새로운 출자로 보지 않는 등 기존 주식과 동일한 경제적 실질을 가지고 있기 때문이다.

(2) 해산 등 예외사유

단, 다음의 경우에는 의무위반으로 보지 아니한다(조특령 §14 ⑩).
① 해외이주법에 의한 해외이주로 세대전원이 출국하는 경우
② 천재·지변으로 재산상 중대한 손실이 발생하는 경우
③ 벤처투자조합 또는 자본시장법에 의한 집합투자업자가 해산하는 경우

해산에는 조합규약에 따른 존립기간 만료 전의 해산도 포함한다(제도 46011-12440, 2001.7.28.).

해산 등 예외사유가 발생한 경우에는 특별해지사유신고서(별지 제58호의 3 서식)를 그 거주자의 주소지 관할 세무서장, 원천징수의무자 또는 벤처기업투자신탁을 취급하는 금융기관에 제출해야 한다(조특령 §14 ⑫).

2019년 개정세법에서 해산 등 예외사유 발생 시 특별해지사유신고서 제출 의무를 신설하였다. 2019. 2.12. 이후 해산 등 예외사유가 발생하는 분부터 적용한다(2019.2.12. 개정된 시행령 부칙 §4 ④).

● **벤처투자조합의 해산으로 출자지분을 회수한 경우** (공제)

거주자가 벤처투자조합에 출자를 한 후 그 소득공제를 받기 전에 벤처투자조합의 해산으로 인하여 출자지분을 회수한 경우에도 소득공제대상에 해당한다.[대법원 2007두8584, 2009. 7.9. (기업구조조정조합 사안임)] 거주자가 소득공제를 받은 후 벤처투자조합의 해산으로 출자지분을 회수한 경우와 그 소득공제를 받기 전에 벤처투자조합의 해산으로 출자지분을 회수한 경우를 차별할 이유가 없기 때문이다.

● **투자실적이 없는 상태에서 벤처투자조합이 해산한 경우** (공제)

벤처투자조합에 출자하였으나 동 벤처투자조합이 투자기회 감소 등으로 투자하지 못하여 투자실적이 없는 상태에서 해산한 경우에도 소득공제는 가능하다.[국심 2004서3662, 2004.12.16.; 국

심 2004서1609, 2004.10.11. (기업구조조정조합 사안임)] 법문상 예외사유로 해산만을 명시하고 있을 뿐 벤처투자조합의 투자실적 유무는 요건으로 하지 않기 때문이다. 과세관청에서는 동 사안에 대하여 소득공제가 불가능하다고 회신하였으나,(서면1팀-38, 2004.1.16.; 서일 46011-10978, 2003.7.22.). 전술한 재결청의 심판례가 부정적 입장의 예규보다 최근의 결정이며, 반복적으로 이루어졌다는 점에서 소득공제가 가능한 것으로 판단된다.

3-2 추징 절차

(1) 투자조합관리자 등의 통지의무

벤처투자조합을 관리하는 자, 자본시장법에 따른 벤처기업투자신탁의 집합투자업자 또는 그 투자신탁을 취급하는 금융회사, 창업·벤처전문 경영참여형 사모집합투자기구의 업무집행사원 또는 중소벤처기업부장관의 위임을 받은 자(벤처기업법 §27)(이하 "투자조합관리자등")는 추징사유가 발생한 경우에는 출자지분 등 변경통지서(별지 제6호 서식)를 후술하는 공제신청절차에 의하여 당해 거주자가 소득공제를 신청한 원천징수의무자·납세조합, 국세청장 또는 납세지 관할세무서장에게 제출하여야 한다. 다만 다음의 사유가 있는 경우에는 출자지분 등 변경통지서를 납세지 관할세무서장에게 제출하여야 한다(조특령 §14 ⑧).
① 원천징수의무자의 휴업 또는 폐업
② 납세조합의 해산
③ 근로자의 퇴직
④ 보험모집인, 방문판매원, 음료품배달원 등의 원천징수되는 사업소득만 있는 자의 휴업 또는 폐업(소법 §73 ① 4호)

2018년 개정세법에서 추징절차의 통지 의무자에 벤처기업투자신탁을 취급하는 금융회사를 추가하였으며, 수령자에 국세청장을 추가하였다.

(2) 원천징수의무자 등의 추징의무

출자지분 등 변경통지서를 제출받은 원천징수의무자·납세조합 또는 납세지 관할세무서장은 지체 없이 당해 거주자가 공제받은 소득금액에 대한 세액(출자지분 또는 투자지분의 이전·회수나 수익증권의 양도·환매와 관련된 분에 한함)에 상당하는 금액을 추징하여야 한다(조특령 §14 ⑨).

(3) 벤처기업투자신탁의 추징 시 특례

소득공제를 적용받은 거주자(이하 "투자자")에게 벤처기업투자신탁의 수익증권을 양도하거나 환매하여 추징사유(조특법 §16 ② 2호)가 발생한 경우에는 전술한 통지 의무 및 추징의무 규정(조특령 §14 ⑧ 및 ⑨)에도 불구하고 해당 벤처기업투자신탁을 취급하는 금융기관이 연 300만원을 한도로 다음 산식에 따른 금액을 추징하여 추징사유 발생일이 속하는 달의 다음 달 10일까지 원천징수 관할 세무서장에게 납부하고 그 내용을 투자자에게 서면으로 통지해야 한다(조특령 §14 ⑪).

> 추징세액 = 벤처기업투자신탁 수익증권의 양도액 또는 환매액 × 3.5%❶

❶ 3.5%는 벤처기업투자신탁의 소득공제율 10%에 소득세율 7단계의 중위값 35%를 곱하여 계산됨.

다만, 투자자가 해당 소득공제로 감면받은 세액이 추징하려는 세액에 미달한다는 사실을 증명하는 경우 등 해당 소득공제로 감면받은 세액과 추징세액이 다르다는 사실이 확인되는 경우에는 실제로 감면받은 세액상당액을 추징한다.

2019년 개정세법에서 벤처기업투자신탁의 추징 시 추징세액 특례를 신설하였다. 2019.2.12. 이후 추징사유가 발생하는 분부터 적용한다(2019.2.12. 개정된 시행령 부칙 §4 ③).

Ⅳ. 조세특례제한 등

1 절차

소득공제를 받고자 하는 거주자는 소득공제신청서(별지 제5호 서식)에 벤처투자조합등의 관리자 등으로부터 출자 또는 투자확인서(별지 제5호 서식 부표)를 발급받아 이를 첨부하여 다음 기한까지 원천징수의무자·납세조합 또는 납세지 관할세무서장에게 신청하여야 한다(조특령 §14 ⑥).

① 종합소득 과세표준 확정신고의 예외(소법 §73)가 적용되는 거주자는 당해 연도의 다음 연도 2월분의 급여 또는 사업소득을 받는 날(퇴직 또는 폐업을 한 경우에는 당해 퇴직 또는 폐업한 날이 속하는 달의 급여 또는 사업소득을 받는 날)
② 이외의 거주자는 종합소득과세표준확정신고기한

공제시기의 변경을 신청하려는 경우에는 거주자가 출자 또는 투자확인서를 발급받을 때 투자조합관리자등에게 소득공제시기 변경신청서를 제출해야 한다. 벤처기업투자신탁의 수익증권에 투자(조특법 §16 ① 2호)하는 경우에는 해당 수익증권에 투자하는 때를 말한다

(조특령 §14 ⑦).

소득공제에 필요한 출자·투자확인서 제출시기를 종래 1월로 규정하였으나, 2020년 개정세법에서 연말정산 서류 제출시기인 2월로 조정하였다. 개정규정은 2020.2.11.이 속하는 과세연도에 출자 또는 투자하는 분부터 적용한다(2020.2.11. 개정된 시행령 부칙 §5).

2024개정 벤처투자자조합 등의 출자·투자 확인서 발급 주체에 창업·벤처전문 사모집합투자기구를 취급하는 금융회사 등을 추가함.

2 최저한세 적용

최저한세가 적용된다(조특법 §132 ② 2호). 제20부 제4절 최저한세 부분을 참조하기 바란다.

3 소득공제 종합한도

소득세 소득공제 종합한도의 대상이 된다. 단, 개인투자조합을 통한 투자, 벤처기업등에 대한 투자 및 크라우드 펀딩에 의한 투자(법 §16 ① 3호·4호 및 6호)는 종합한도 적용대상에서 제외한다(조특법 §132의 2 ① 3호). 제20부 제5절을 참조하기로 한다.

2019년 개정세법에서 크라우드 펀딩 투자에 대한 소득공제를 종합한도 대상에서 제외하였다. 2019.1. 1. 이후 과세표준을 신고하거나 연말정산하는 분부터 소급하여 적용한다(2018.12.24. 개정된 법률 부칙 §38).

4 농어촌특별세 비과세

농어촌특별세를 비과세한다(농특세법 §4 3호의 3).

종래 농어촌특별세가 과세되었으나, 2017.1.1. 이후 감면받는 분부터 농어촌특별세의 비과세 대상에 추가하였다(2016.12.20. 개정된 농특세법

부칙 §2).

CHAPTER 03 연구개발기업의 사용인 등에 대한 조세지원

제1절 서설

조세특례제한법에서는 연구개발기업에 대한 조세지원뿐 아니라, 그 이해관계자인 연구개발기업의 종업원 등에 대해서도 다음과 같이 조세지원을 제공하고 있다.

조문	특례요건	과세특례
§16의 2 벤처기업 주식매수선택권 행사이익 비과세 특례('18년 신설)	벤처기업 또는 벤처기업이 발행주식 총수의 30% 이상을 인수한 기업의 임원 또는 종업원이 벤처기업으로부터 부여받은 주식매수선택권을 행사함으로써 얻은 이익	■ 행사이익의 2억원 이내 비과세. 단, 벤처기업별 누적한도는 5억원 적용.
§16의 3 벤처기업 주식매수선택권 행사이익 분할납부 특례	벤처기업의 임원 또는 종업원이 벤처기업으로부터 부여받은 주식매수선택권을 행사함으로써 얻은 이익	■ 원천징수 면제 ■ 소득세 5년간 매년 1/5씩 분할납부(비과세 5천만원 제외)
§16의 4 벤처기업 주식매수선택권 행사이익 과세이연('15년 신설)	벤처기업 또는 벤처기업 인수 기업의 임직원이 벤처기업으로부터 부여받은, 3년간 행사가액 5억원 이하의 적격주식매수선택권을 행사함으로써 얻은 이익	행사 시점에 과세이연하고, 행사로 부여받은 주식을 양도하는 시점에 양도소득세 과세(비과세 5천만원 제외)
§18 외국인기술자 감면	외국인기술자가 국내에서 내국인에게 근로를 제공하고 받는 근로소득	10년간 근로소득세의 50%를 감면
§18의 2 외국인근로자 저율	외국인근로자가 국내에서 근로를 제공함으로써 받는 근로소득	20년간 19%의 단일세율을 적용하여 분리과세
§18의 3 내국인 우수 인력의 국내복귀에 대한 소득세 감면('20년 신설)	학위 취득 후 국외에서 5년 이상 거주하면서 연구개발 및 기술개발 경험을 가진 내국인 우수 인력이 국내에 거주하면서 연구기관등에 취업하여 받는 근로소득	10년간 근로소득세의 50%를 감면
§19 성과공유 중소기업의 경영성과급 세액공제 등('19년 신설)	중소기업법에 의한 중소기업이 전년도와 비교하여 고용을 유지하면서 상시근로자에게 경영성과급을 지급하는 경우	■ 기업은 경영성과급 지급액의 15%를 법인세에서 세액공제 ■ 지급받은 근로자는 소득세의 50%를 감면

제2절 [제16조의 2] 벤처기업 주식매수선택권 행사이익 비과세 특례 ★★☆

Ⅰ. 의의

벤처기업 또는 벤처기업이 발행주식 총수의 30% 이상을 인수한 기업의 임원 또는 종업원이 해당 벤처기업으로부터 부여받은 주식매수선택권을 행사함으로써 얻은 이익 중 연간 2억원 이내의 금액에 대해서는 소득세를 과세하지 아니하는 특례이다. 다만, 벤처기업별 총 누적한도는 5억원으로 한다.

벤처기업의 스톡옵션 행사이익 비과세 제도는 1996년 도입된 이후로 2000년 세법개정에서 행사이익의 3천만원 한도 비과세로 개정되었으나, 2007년 개정세법에서 폐지하였다.

벤처기업의 낮은 연봉 수준을 보전하기 위한 목적으로 2018년 개정세법에서 벤처기업 스톡옵션 비과세 특례를 재도입하였다. 2018.1.1. 이후 주식매수선택권을 부여받은 분부터 적용한다(2017.12.19. 개정된 법 부칙 §8).

일몰기한은 2024.12.31.이다.

개정연혁

연 도	개정 내용
2019년	■ 비과세 신청절차 신설
2020년	■ 비과세 한도 증액: 2천만원 → 3천만원 ■ 특례 대상 추가 : 코넥스 상장기업이 부여한 주식매수선택권
2022년	■ 비과세 한도 증액: 3천만원 → 5천만원 ■ 특례 대상 추가 : 벤처기업이 발행주식 총수의 30% 이상을 인수한 기업
2023년	■ 비과세 한도 증액: 5천만원 → 2억원 ■ 벤처기업별 5억원 누적 한도 신설

Ⅱ. 요건

1 주체

과세특례의 주체는 벤처기업 또는 벤처기업이 발행주식 총수의 30% 이상을 인수한 기업의 임원 또는 종업원(이하 "벤처기업 임원등")이다(조특법 §16의 2 ①, 조특령 §14의 2 ①). 벤처기업의 내용은 제2부 제2절 Ⅱ. 3-1 (1)을 참고한다.

벤처기업으로부터 주식매수선택권을 부여받았으나 이를 행사할 때 그 주식매수선택권의 부여법인이 벤처기업에 해당하지 않게 되었다 하더라도, 조세특례제한법 제16조의2, 제16조의3, 제16조의4에 규정된 각각의 요건을 충족한 경우라면 해당 특례를 적용받을 수 있다(서면법령소득-5539, 2021.10.21.; 서면법령소득-4303, 2021.10.14.; 서면법령소득-3480, 2021.8.31.).

2022년 세법개정에서 주식매수선택권을 행사하여 얻은 이익에 대하여 비과세 특례를 적용할 대상을 벤처기업의 임직원 외에 벤처기업이 인수한 기업의 임직원으로 확대하고, 비과세한도를 3천만원에서 5천만원으로 상향하였다. 개정규정은 2022.1.1. 이후 주식매수선택권을 행사하는 경우부터 적용한다(2021.12.28. 개정된 법률 부칙 §6 ①).

2 주식매수선택권의 행사

벤처기업 임원등이 해당 벤처기업으로부터 벤처기업육성에 관한 특별법(이하 "벤처기업법") 제16조의 3에 따라 부여받은 (비상장법인이 발행한)[1] 주식매수선택권(Stock Option) 및 상법 제340조의 2 또는 제542조의 3에 따라 코넥스상장기업으로부터 부여받은 주식매수선택권을 행사하여야 한다(조특법 §16의 2 ②).

즉, 벤처기업법에 따라 비상장법인이 부여한 스톡옵션과 상법에 따라 코넥스상장기업이 부여한 스톡옵션만을 특례 대상으로 한다. 조특법 제16조의 3 분할납부특례에서는 모든 법인을 대상으로 하는데 반하여 본 비과세 특례에서는 코스피 상장법인과 코스닥 상장법인을 제외함에 유의하여야 한다.

재직 중 행사뿐 아니라 퇴직 후 행사하는 경우도 포함한다. 주식에는 신주인수권을 포함한다.

---

[1] 증권시장(유가증권시장, 코스닥시장, 코넥스시장)에 상장된 법인은 벤처기업법에 따른 주식매수선택권을 부여할 수 없음(동법 §15 ①).

종래에는 적격 주식매수선택권을 벤처기업법에 따른 스톡옵션으로 한정하였으나, 2020년 개정세법에서 벤처기업의 우수 인재 유입을 촉진하기 위하여, 비과세 특례를 벤처기업의 임원 또는 종업원이 코넥스상장 벤처기업으로부터 상법에 따라 부여받은 주식매수선택권 행사이익에 대하여도 적용하고, 비과세 한도액을 2천만원에서 3천만원으로 상향 조정하였다. 2020.1.1. 이후 주식매수선택권을 부여받은 분부터 적용한다(2019.12.31. 개정된 법률 부칙 §10).

　상법상 주식매수선택권이란 회사의 이사, 집행임원, 감사 또는 피용자에게 미리 정한 가액(이하 "행사가액")으로 신주를 인수하거나 자기주식을 매수할 수 있는 권리를 말한다. 다만 주식매수선택권의 행사가액이 주식의 실질가액보다 낮은 경우에 회사는 그 차액을 금전으로 지급하거나 그 차액에 상당하는 자기주식을 양도할 수 있다(주가차액보상권; Stock Appreciation Rights)(상법 §340의 2 ①).

　따라서 상법상 주식매수선택권에는 아래와 같이 4가지 종류가 있으며, 법인세법에서는 상법, 벤처기업법, 「소재·부품전문기업 등의 육성에 관한 특별조치법」에 따라 부여된 4가지 유형의 주식매수선택권에 대해서 손금으로 인정하고 있다.

상법상 주식매수선택권의 종류

구 분	세 분 류
본래의 주식매수선택권 (행사형)	신주발행형
	자기주식양도형
주가차액보상권 (차액결제형)	현금차액보상형
	자기주식차액보상형

Ⅲ. 비과세

　주식매수선택권을 행사함으로써 얻은 이익(이하 "벤처기업 주식매수선택권 행사이익") 중 연간 2억원 이내의 금액에 대해서는 소득세를 과세하지 아니한다. 다만, 소득세를 과세하지 아니하는 벤처기업 주식매수선택권 행사이익의 벤처기업별 총 누적 금액은 5억원을 초과하지 못한다.

　2023년 세법 개정에서 벤처기업의 우수 인재 유치를 지원하기 위하여 벤처기업 주식매수선택권 행사이익에 대한 비과세 한도를 연간 5천만원에서 2억원으로 상향하되, 벤처기업별로 주식매수선택권 행사이익의 총 누적 금액이 5억원을 초과하는 경우에는 비과세를 적용하지 아니하도록 함. 2023.1.1. 전에 주식매수선택권을 행사하여 얻은 이익에 대한 소득세 비과세 한도에 관하여는 개정규정에도 불구하고 종전의 규정에 따름. 법 16조의 2 제1항 단서의 개정규정(5억원 한도)은 2023.1.1. 이후 주식매수선택권을 행사하는 경우부터 적용함. 이 경우 2023.1.1. 전에 주식매수선택권을 행사하여 얻은 이익은 누적 금액에 포함하지 아니함(2022.12.31. 개정된 법률 부칙 §30).

(1) 부칙의 적용 시기

2020년 세법개정에서 비과세 한도액을 2천만원에서 3천만원으로 증액한 규정은 2020.1.1. 이후 '부여'받은 분부터 적용되는 반면에, 2022년 세법개정에 따른 5천만원 한도 증액 규정은 2022.1.1. 이후 '행사'하는 분부터 적용된다.

그리고, 2023년 세법개정에서 비과세 한도액을 2억원으로 증액한 규정은 2023.1.1. 이후 행사분부터 적용한다. 2023.1.1. 전에 주식매수선택권을 행사하여 얻은 이익은 벤처기업별 총 누적 5억원 한도에 포함하지 않는다. 따라서 다음의 표와 같이 부여 일자별 또는 행사 일자별로 비과세 한도가 달리 적용됨에 유의하여야 한다.

스톡옵션 부여 기간, 행사 기간별 비과세 금액

스톡옵션 부여 일자	스톡옵션 행사 일자	비과세 한도
2018.1.1. ~ 2019.12.31.	2018.1.1. ~ 2021.12.31.	연간 2천만원
	2022.1.1. ~ 2022.12.31.	연간 5천만원
2020.1.1. ~ 2022.12.31.	2020.1.1. ~ 2021.12.31.	연간 3천만원
	2022.1.1. ~ 2022.12.31.	연간 5천만원
제한 없음	2023.1.1. ~	연간 2억원

(2) 행사이익의 계산

벤처기업 주식매수선택권 행사이익이란 주식매수선택권 행사 당시의 시가와 실제 매수 가액과의 차액을 말한다.

주식매수선택권 행사이익을 계산함에 있어서, 주식매수선택권의 행사일이란 '주식매수선택권 행사로 주식이 통장에 입고되어 처분가능한 날'이 아니라 '주식매수선택권을 사용하겠다는 의사표시를 한 날'로 한다(조심2010중1987, 2010.12.30.).

상장 주식에 대한 주식매수선택권을 행사한 경우의 시가는 행사일의 상장주식 종가로 한다. 근로소득 총수입금액을 계산함에 있어서 금전 외의 것에 대한 수입금액의 계산은 법인세법상 시가를 준용하여 계산한 금액으로 하며, 법인세법상 장외거래한 상장 주식의 시가는 그 거래일의 한국거래소 최종시세가액에 따르기 때문이다(소령 §51 ⑤ 5호 → 소칙

§22의 2 → 법령 §89).

주식매수선택권의 행사이익을 산정할 때 비상장주식으로 별도 거래가격이 존재하지 않을 경우, 비상장주식의 시가는 법인세법 시행령 제89조를 준용하여 계산한 금액으로 하며, 해당 거래와 유사한 상황에서 해당 법인이 특수관계인 외의 불특정다수인과 계속적으로 거래한 가격 또는 특수관계인이 아닌 제3자간에 일반적으로 거래된 가격이 있는 경우에는 그 가격에 따르며, 한국장외주식시장(K-OTC)의 시세가 이에 해당하는 지는 사실판단할 사항이다(서면원천-4578, 2023.5.9.).

Ⅳ. 조세특례 제한 등

1 절차 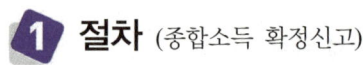(종합소득 확정신고)

원천징수의무자는 벤처기업 주식매수선택권 비과세 특례적용명세서(별지 제6호의 2 서식)를 벤처기업 주식매수선택권 행사일이 속하는 연도의 다음 연도 2월 말일까지 원천징수 관할 세무서장에게 제출해야 한다.

다만, 벤처기업 주식매수선택권 행사이익 납부특례 또는 벤처기업 주식매수선택권 행사이익 과세특례(조특법 §16의 3 또는 §16의 4)를 적용받기 위하여 특례적용대상명세서(조특령 §14의 3 또는 §14의 4)를 원천징수 관할 세무서장에게 제출한 경우에는 제출하지 아니한다(조특령 §14의 2 ②).

비과세특례적용명세서가 기한 내에 제출되지 아니한 경우에도 법정된 요건을 충족하면 비과세 특례를 적용받을 수 있다(사전법령소득-1341, 2021.10.27.).

2019년 개정세법에서 벤처기업 주식매수선택권 행사이익 비과세 제도의 원활한 집행을 위한 절차 규정을 신설하였다.

2 농어촌특별세 비과세

농어촌특별세를 비과세한다(농특세령 §4 ⑦ 1호).

2023년 세법 개정에서 벤처기업의 우수인재 확보와 성장을 지원하기 위해 조세특례제한법에 따라 벤처기업 등의 임원 또는 종업원이 해당 벤처기업으로부터 부여받은 주식매수선택권을 행사함으로써 얻은 이익에 대해 소득세를 과세하지 않는 경우에는 농어촌특별세의 부과 대상에서 제외함. 개정규정은 2023.2.28. 이후 과세표준 및 세액을 신고하거나 결정·경정하는 경우부터 소급하여 적용함(2023.2.28. 개정된 시행령 부칙 §2).

예규·판례

❖ **주식매수선택권 행사이익 비과세 특례의 농어촌특별세 과세 여부 (부정)**

조세특례제한법 제15조에 의거 창업법인등의 종업원이 주식매수선택권을 2003.12.31.까지 부여받아 이를 행사함으로써 얻은 이익중 연간 3천만원 한도내의 금액은 근로소득 등에서 제외되는 금액으로서 이는 농어촌특별세의 과세대상인 비과세 등의 감면에 해당되지 아니함으로 농어촌특별세의 과세대상에서도 제외되는 것임(조세지출예산과-125, 2004.2.6.).

귀 질의의 경우 새로운 해석(조세지출예산과-125, 2004.02.26.)의 적용시기는 새로운 새법해석이 있는 날 이후에 납세의무가 성립하는 분부터 적용하는 것이며, 국세기본법 제21조 제1항 제1호의 규정을 적용하는 것입니다(서면1팀-698, 2004.5.27.)

[법령]
■ 2005.12.31. 개정 이전의 조세특례제한법 제15조 【주식매수선택권에 대한 과세특례】
① 창업자, 신기술사업자, 벤처기업 또는 부품·소재전문기업등의육성에관한특별조치법 제2조 제2호의 규정에 의한 부품·소재전문기업(이하 "부품·소재전문기업"이라 한다)으로서 대통령령이 정하는 내국법인과 증권거래법에 의한 주권상장법인 또는 협회등록법인으로서 대통령령이 정하는 요건을 갖춘 법인(이하 이 조에서 "창업법인 등"이라 한다)의 종업원(벤처기업 및 부품·소재전문기업의 경우 대통령령이 정하는 자를 포함한다. 이하 이 조에서 "종업원 등"이라 한다)이 주식매수선택권을 2006년 12월 31일까지 부여받아 이를 행사함으로써 얻는 이익(주식매수선택권의 행사당시의 시가와 실제 매수가액과의 차액을 말하며, 주식에는 신주인수권을 포함하는 것으로 한다) 중 연간 3천만원 한도 내의 금액은 이를 근로소득·사업소득 또는 기타소득으로 보지 아니한다. (2003.12.30. 개정)

|저자주| 2005.12.31. 개정 이전의 법조문을 해석함에 있어 연간 3천만원 한도 이내의 금액은 (비과세 소득이 아니라) 근로소득 등에서 제외되는 것으로 보아, 농특세 과세대상인 감면에서 제외되는 것으로 해석하였음.

2018년 다시 신설된 이후에는 '소득세를 과세하지 아니한다'라는 문구를 규정하고 법문 제목에서 '비과세 특례'라고 명시하였음. 그러나, 비과세 금액에 대한 농어촌특별세 부과는 부당하다고 판단됨.

첫째, 종래 농어촌특별세를 비과세하던 2005년 시점과 조특법상 비과세 특례를 재도입한 2018년 이후 시점 간에 농어촌특별세의 과세 여부를 결정한 상황 등에서 차이가 없음. 예를 들어, 벤처기업의 낮은 연봉 수준을 보전하기 위한 제도의 취지에는 달라진 점이 없음.

둘째, 조특법 제2장 제2절 연구 및 인력개발에 대한 조세특례에 대해서는 일반적으로 농어촌특별세를 비과세하므로,(농특세령 §4 ⑦ 1호) 같은 절에 규정된 스톡옵션 행사이익 비과세 특례에 대해 농특세를 과세하는 것은 형평성을 해함.

이에 2023년 세법개정에서 농특세법에 비과세 특례 조항을 신설하여 입법으로 해결하였음.

제3절 [제16조의 3] 벤처기업 주식매수선택권 행사이익 분할납부특례

I. 의의

벤처기업의 임원 또는 종업원이 해당 벤처기업으로부터 부여받은 주식매수선택권을 행사함으로써 얻은 이익에 대하여 종합소득 신고 시 소득세액을 5년간 분할납부하는 제도이다. 다만, 조특법 제16조의 2에 따라 비과세되는 금액은 특례에서 제외한다.

우수 인력의 벤처기업 유인을 촉진하고 벤처창업 생태계의 선순환을 지원하기 위하여 2013년 중반 도입되었다. 주식매수선택권(Stock Option)을 행사하여 주식을 인수하는 경우, 그 성격은 현금으로 실현된 이익이 아닌 미실현이익이므로 벤처기업의 임원 등에게 분할납부하는 특례를 부여하였다.

주식매수선택권의 행사이익에 대한 과세특례는 5년간 분할납부하는 본 특례 외에도 행사이익을 과세이연하여 양도소득세로 과세하는 제도(조특법 §16의 4)와 행사이익의 5천만원 이내 금액을 비과세하는 특례(조특법 §16의 2)가 있다.

일몰기한은 2024.12.31.이다.

개정연혁

연 도	개정 내용
2018년	▪ 비과세 2천만원 이내 금액은 특례에서 제외
2020년	▪ 특례 대상 추가 : 코넥스 상장기업이 부여한 주식매수선택권
2023년	▪ 특례 대상 추가 : 코스피·코스닥 상장기업이 부여한 주식매수선택권

Ⅱ. 요건

벤처기업의 임원 또는 종업원(이하 "벤처기업 임원등")이 해당 벤처기업으로부터 부여받은 주식매수선택권을 행사하여야 한다(조특법 §16의 3 ①).

1 주체

과세특례의 주체는 벤처기업의 임원 또는 종업원(이하 "벤처기업 임원등")이다. 제2절 Ⅱ. 1.을 참조하기로 한다.

벤처기업이 아닌 기업으로부터 재직 당시 주식매수선택권을 부여받았으나 퇴직 후 해당 기업이 벤처기업 요건을 충족한 시점에 주식매수선택권을 행사하는 경우 그 행사이익에 대해서는 납부특례를 적용받을 수 없다(사전법령소득-1296, 2021.3.8.).

즉, 벤처기업 요건은 스톡옵션 부여 시점에 충족하여야 한다.

또한, 비거주자 상태에서 주식매수선택권을 행사하는 경우에는 납부특례를 적용받을 수 없다(사전법령소득-0615, 2018.11.5.). 본 분할납부특례는 거주자의 '종합소득과세표준 확정신고 및 확정신고 납부 규정(소법 §70 및 §76)'에 대한 특례이므로 비거주자에게 적용될 수 없기 때문이다.

2 주식매수선택권의 행사

특례 대상 주식매수선택권은 벤처기업 임원등이 해당 벤처기업으로부터 벤처기업법 제16조의 3에 따라 부여받은 (비상장법인이 발행한) 주식매수선택권(Stock Option) 및 상법 제340조의 2 또는 제542조의 3에 따라 (코스피, 코스닥 및 코넥스 등) 상장기업으로부터 부여받은 주식매수선택권을 대상으로 한다.

특례 대상 주식매수선택권, 주식매수선택권의 개념 및 종류는 제2절 Ⅱ. 2.를 참조하기로 한다. 그러나 주식매수선택권의 4가지 유형에서 **차액결제형 중 현금차액보상형에 대하여는 본 특례가 적용되지 않는다**(조특법 §16의 3 ① 단서). 현금보상을 통하여 이익이 실현되었기 때문에 분할납부를 허용하지 않는다.

2020년 개정세법에서 코넥스 상장기업이 부여한 주식매수선택권을 특례 대상에 추가하였다.

2023년 개정세법에서 벤처기업 주식매수선택권 행사이익에 대한 분할 납부특례를 종전에는 비상장 벤처기업 및 코넥스 상장 벤처기업에 한정하여 적용하였으나, 코스피 및 코스닥 상장 벤처기업을 포함하도록 개정함. 개정규정은 2023.1.1. 이후 주식매수선택권을 행사하는 경우부터 적용함 (2022.12.31. 개정된 법률 부칙 §6).

3 특례 적용 신청

소득세를 분할납부하려는 벤처기업의 임원등은 주식매수선택권을 행사한 날이 속하는 달의 다음 달 5일까지 특례적용신청서(별지 제6호의 3 서식)를 원천징수의무자에게 제출하여야 한다(조특령 §14의 3 ②).

분할납부특례는 기간 내에 특례적용신청서를 제출한 경우 적용할 수 있으므로 기한후신고의 경우에는 분할납부특례를 적용할 수 없다(기준법령소득-0302, 2018.6.11.). 즉, 과세관청은 특례 적용 신청을 단순한 협력의무가 아닌, 특례를 적용하기 위한 필수 요건으로 판단하고 있다.

특례적용신청서를 제출받은 원천징수의무자는 특례적용대상명세서(별지 제6호의 4 서식)를 주식매수선택권을 행사한 날이 속하는 달의 다음 달 10일까지 원천징수 관할 세무서장에게 제출하여야 한다(조특령 §14의 3 ③).

원천징수 관할 세무서란 원천징수의무자를 관할하는 세무서를 말하므로 원천징수의 납세지 관할세무서를 말한다. 원천징수의무자가 법인인 경우 원천징수의 납세지는 원칙적으로 그 법인의 본점 또는 주사무소의 소재지로 한다(소법 §7 ① 3호).

● 과세이연 특례를 적용하지 않은 경우 분할납부 특례의 적용 여부

주식매수선택권 행사이익에 대한 과세이연(조특법 §16의 4)를 적용받고 나머지 일부는 과세특례를 적용받지 않는 경우 그 주식매수선택권 행사이익에 대해서는 소득세를 과세하는 것입니다. 이 경우 벤처기업 주식매수선택권 행사이익(비과세되는 2천만원 이내의 금액은 제외; 현재는 2억원)에 대한 소득세는 본 분할납부특례를 적용받을 수 있는 것임(사전법령소득-0380, 2019.9.11.; 같은 뜻 사전법규소득-0358, 2022.4.12.). 조특법 제16조의 4 과세이연 특례와 조특법 제16조의 3 분할납부특례는 독립된 규정이므로 적용 여부를 별도로 결정함.

Ⅲ. 과세특례

1 원천징수 제외

벤처기업 주식매수선택권 행사이익에 대하여 벤처기업 임원등이 원천징수의무자에게 납부특례의 적용을 신청하는 경우 소득세를 원천징수하지 아니한다(조특법 §16의 3 ① 1호).

법인으로부터 부여받은 주식매수선택권을 당해 법인에서 근무하는 기간 중 행사함으로써 얻은 이익은 근로소득에 해당하며,(소령 §38 ① 17호) 퇴직 전에 부여받은 주식매수선택권을 퇴직 후에 행사하거나 고용관계 없이 주식매수선택권을 부여받아 이를 행사함으로써 얻는 이익은 기타소득에 해당한다(소법 §21 22호). 따라서 각각 근로소득 또는 기타소득 등으로 원천징수(소법 §127·§134·§145)하여야 하지만, 본 특례를 적용받는 경우에는 원천징수 대상에서 제외한다.

따라서 본 분할납부 특례는 행사이익에 대해 소득세를 원천징수하지 않고 확정신고를 통해 종합소득세가 과세되는 경우에만 적용 가능한 규정이다.

2 분할납부

원천징수를 하지 아니한 경우, 벤처기업 임원등은 주식매수선택권을 행사한 날이 속하는 과세기간의 '종합소득과세표준 확정신고 및 확정신고납부(소법 §70 및 §76)' 시 벤처기업 주식매수선택권 행사이익을 포함하여 종합소득 과세표준을 신고한다(조특법 §16의 3 ① 2호). 이때 벤처기업 주식매수선택권 행사이익에 관련한 소득세액으로서 다음에 해당하는 금액(이하 "분할납부세액")은 제외하고 납부할 수 있다(조특령 §14의 3 ①). 즉, 5년간 분할납부한다.

주식매수선택권 행사이익을 계산함에 있어서, 주식매수선택권의 행사일이란 '주식매수선택권을 사용하겠다는 의사표시를 한 날'이며 상장 주식에 대한 주식매수선택권을 행사한 경우의 시가는 행사일의 상장주식 종가로 한다(제2절 Ⅲ. 참조).

$$\text{분할납부세액} = \left(\text{결정세액} - \text{종합소득금액 중 주식매수선택권 행사이익에 따른 소득금액을 제외하여 산출한 결정세액} \right) \times \frac{4}{5}$$

해당 과세기간의 종합소득금액에 대한 결정세액에서 해당 과세기간의 종합소득금액 중 주식매수선택권 행사이익에 따른 소득금액을 제외하여 산출한 결정세액을 차감하여 계산한 금액 중 5분의 4에 해당하는 금액을 분할납부세액으로 한다. 다만 벤처기업 주식매수선택권 행사이익 비과세 특례(조특법 §16의 2)에 따라 비과세되는 금액은 분할납부 대상에서 제외한다.

2018년 개정세법에서 스톡옵션 행사이익 비과세 특례가 신설됨에 따라 비과세 적용 금액은 분할납부 대상에서 제외하도록 하였다.

위와 같이 소득세를 분할납부한 경우 벤처기업 임원등은 주식매수선택권을 행사한 날이 속하는 과세기간의 다음 4개 연도의 종합소득과세표준 확정신고 및 확정신고납부 시 분할납부세액의 4분의 1에 해당하는 금액을 각각 납부하여야 한다(조특법 §16의 3 ① 3호).

벤처기업 임원등이 소득세를 분할납부하는 중 출국하는 경우에는 출국일이 속하는 과세기간의 과세표준을 출국일 전날까지 신고하여야 한다(조특법 §16의 3 ② → 소법 §74 ④).

Ⅳ. 조세특례제한 등

1 절차 (종합소득 확정신고)

특례적용신청서를 제출한 벤처기업 임원등은 주식매수선택권을 행사한 날이 속하는 과세기간의 종합소득과세표준 확정신고를 할 때 특례적용신청서의 사본을 납세지 관할 세무서장에게 제출하여야 한다(조특령 §14의 3 ④).

주식매수선택권을 행사한 날이 속하는 달의 다음 달 5일까지 특례적용신청서를 제출하지 아니한 벤처기업 임원등으로서 소득세를 분할납부하려는 자는 주식매수선택권을 행사한 날이 속하는 과세기간의 종합소득과세표준 확정신고를 할 때 특례적용신청서를 납세지 관할 세무서장에게 제출하여야 한다(조특령 §14의 3 ⑤).

2 기타

소득세의 분할과세 특례이므로 최저한세, 중복적용 배제, 농어촌특별세와 관련이 없다.

제4절 [제16조의 4] 벤처기업 주식매수선택권 행사이익에 대한 과세이연 ★★☆

Ⅰ. 의의

벤처기업 또는 벤처기업이 발행주식 총수의 30% 이상을 인수한 기업의 임직원이 해당 벤처기업으로부터 부여받은, 3년간 행사가액 5억원 이하의 적격주식매수선택권을 행사함으로써 얻은 이익을, 당사자의 선택에 따라 행사 시점에는 과세이연하고 그 후 행사로 부여받은 주식을 양도하는 시점에 양도소득으로 과세하는 제도이다. 다만, 조특법 제16조의 2에 따라 비과세되는 금액은 특례에서 제외한다.

당해 벤처기업 등에서 근무기간 중 또는 퇴사 후 스톡옵션을 행사함으로써 얻은 이익은 소득세법상 근로소득 또는 기타소득으로 과세하여야 하지만, 본 특례에 따라 소득세를 과세이연하여 주식의 양도시점에 그 행사이익을 양도소득으로 과세한다.

스톡옵션을 행사하여 취득한 주식은 대부분 장기간 보유하는데 벤처기업의 특성상 장기보유에 따른 주식가치의 하락이 발생할 수 있으므로, 동 주식의 처분 시까지 스톡옵션 행사이익을 과세이연하려는 목적이다.

일몰기한은 2024.12.31.이다. 종래 일몰기한이 없는 항구적 조세지원제도이었으나, 2020년 개정세법에서 일몰기한을 신설하였다.

개정연혁

연 도	개정 내용
2020년	■ 일몰기한 신설
2022년	■ 특례 대상 추가 : 벤처기업이 발행주식 총수의 30% 이상을 인수한 기업 ■ 시가 이하 발행 스톡옵션에 대한 제외 규정 삭제 ■ 시가 이하 발행 차익을 근로소득 등으로 과세하되 법인은 손금산입
2023년	■ 특례 대상 추가 : 벤처기업이었으나 행사 시점에 벤처기업이 아닌 경우 ■ 전용계좌 거래 요건을 법률로 상향 입법 ■ 사후관리 대상 추가 : 전용계좌 요건 미충족

Ⅱ. 요건

1 주체

과세특례의 주체는 벤처기업 또는 벤처기업이 발행주식 총수의 30% 이상을 인수한 기업의 임직원이다.

2022년 세법개정에서 주식매수선택권을 행사하여 얻은 이익에 대하여 비과세 특례를 적용할 대상을 벤처기업의 임직원 외에 벤처기업이 인수한 기업의 임직원으로 확대하였다. 법 16조의 4 제1항(시가 이하 발행이익에 관한 부분은 제외함)의 개정규정은 2022.1.1. 이전에 「벤처기업육성에 관한 특별조치법」 16조의 3에 따라 부여받은 주식매수선택권을 2021.1.1. 이후에 행사하는 경우에도 소급하여 적용한다(2021.12.28. 개정된 법률 부칙 §6 ②).

(가) 벤처기업

벤처기업은 「벤처기업육성에 관한 특별조치법」(이하 "벤처기업법")에 따른 벤처기업으로, 상세 내용은 제2부 제2절 Ⅱ. 3-1 (1)을 참고하기 바란다.

벤처기업 임직원이 적격주식매수선택권을 행사하는 시점에 그 주식매수선택권을 부여한 기업이 더 이상 벤처기업에 해당하지 아니하게 된 경우에도 적용한다(조특법 §16의 4 ⑨).

2023년 세법개정에서 행사 시점에 벤처기업이 아닌 경우도 특례 대상에 포함함.

(나) 제외되는 임직원

다만 주식매수선택권을 부여하는 주주총회(벤처기업법 §16의 3 ①)의 결의가 있는 날을 기준으로 벤처기업의 임직원에서 다음의 어느 하나에 해당하는 자는 제외한다(조특령 §14의 4 ①).

① 부여받은 "주식매수선택권을 모두 행사하는 경우" 해당 법인의 '발행주식 총수의 10%'를 초과하여 보유하게 되는 자

'발행주식 총수의 10%'는 의결권 여부와 관계없이 발행주식 총수를 기준으로 하며,(무의결권 주식 포함) "주식매수선택권을 모두 행사하는 경우"는 자신이 부여받은 주식매수선택권만을 모두 행사하는 경우를 말하며, 타인 보유 스톡옵션은 포함하지 않는다(사전법령소득-0018, 2019.9.25.).

② 해당 법인의 지배주주등[1]에 해당하는 자

---

[1] 지배주주등이란 법인의 발행주식총수 또는 출자총액의 1% 이상의 주식 또는 출자지분을 소유한 주주등으로

③ 해당 법인의 발행주식 총수의 10%를 초과하여 보유하는 주주
④ ③의 주주와 국세기본법에 따른 친족관계 또는 경영지배관계에 있는 자[2]

2 적격주식매수선택권의 행사

주식매수선택권을 재직 중에 행사하여 근로소득으로 과세되는 경우뿐 아니라 퇴직 후 행사하여 기타소득으로 과세되는 경우를 포함한다.

2020년 개정세법에서 코넥스 상장기업이 부여한 주식매수선택권을 특례 대상에 추가("벤처기업 주식매수선택권 행사이익"을 규정)하는 것으로 조특법 제16조의 2 제1항에서 개정하였으나 조특법 제16조의 4에서 벤처기업법에 따른 스톡옵션을 대상으로 한정하고 있으므로, 현재 과세특례 대상은 벤처기업법에 따라 비상장법인이 부여한 스톡옵션에 한정되고 코넥스 상장기업이 부여한 스톡옵션은 제외되는 것으로 판단된다.[3] 즉, 코넥스 상장기업의 스톡옵션은 비과세 특례와 분할과세 특례만 적용하고, 과세이연 특례는 적용되지 아니한다.

주식매수선택권의 행사가격으로 새로이 주식을 발행하여 주는 방법으로 주식매수선택권을 부여하는 경우(행사형-신주발행형)로서 일정 요건을 갖춘 때에는 행사가격을 부여 당시 시가보다 낮은 가액으로 할 수 있는데,(벤처기업법 시행령 §11의 3 ③) 동 스톡옵션을 특례 대상에 포함한다.

과세특례의 대상이 되는 주식매수선택권(이하 "적격주식매수선택권")은 다음의 요건을 모두 갖추어야 한다. 주식에는 신주인수권을 포함한다.

2-1 벤처기업법에 따라 부여받은 주식매수선택권

벤처기업법의 주식매수선택권도 상법의 주식매수선택권과 동일하게 행사형-신주발행형·자기주식양도형, 차액결제형-현금차액보상형·자기주식차액보상형으로 구분된다(벤처기업법 시행령 §11의 3 ①). 상법상 주식매수선택권의 종류는 제2절 Ⅱ. 2.를 참조하기 바란다.

서 그와 특수관계에 있는 자와의 소유 주식 또는 출자지분의 합계가 해당 법인의 주주등 중에서 가장 많은 경우의 해당 주주등이다(법령 §43 ⑦).
2) 국기령 §1의 2 ① 및 ③ 1호; 제6절 Ⅱ. 2-1 참조
3) 2020년 개정세법에서 코넥스 상장기업이 부여한 스톡옵션을 대상에 추가하였음에도 불구하고(조특법 §16의 2), 종전의 '해당 벤처기업으로부터 부여받은 주식매수선택권'을 대상으로 한다는 요건을 세법 개정 시 수정하지 않았다.

조특법 제16조의 3 스톡옵션 행사이익 분할납부 특례와 관련하여 차액결제형-현금차액보상형은 그 이익이 실현되었으므로 특례에서 제외하고 있으나,(조특법 §16의 3 ① 단서) 본 특례에서는 차액결제형-현금차액보상형을 제외하고 있지 않다는 점에서 차이가 있다.

벤처기업법의 스톡옵션 요건을 요약하면 다음과 같다(조특법 §16의 4 ① 1호 → 벤처기업법 §16의 3~6).

> ① 정관으로 정하는 바에 따라 주주총회의 특별결의(상법 §434)로 부여할 것. 단, 예외적으로 주식 총수의 20% 범위 내에서는 주주총회 특별결의로 이사회에 부여 권한을 위임할 수 있음.
> ② 중소벤처기업부장관에게 그 내용을 신고할 것
> ③ 스톡옵션은 주주총회의 특별결의일 또는 이사회에서 정한 날부터 2년 이상 재임하거나 재직한 후 행사할 것
> ④ 타인에게 양도 불가. 단, 상속은 가능함.
> ⑤ 벤처기업이 스톡옵션 목적으로 자기주식을 취득하는 경우 발행주식 총수의 10%를 초과할 수 있음.

자회사의 임직원이 벤처기업인 모회사로부터 부여받은 주식매수선택권에 대하여는 과세특례를 적용하지 않는다(사전법령소득-0364, 2020.6.12.). 다만, 2022년 개정세법에서 벤처기업이 발행주식 총수의 30% 이상을 인수한 기업을 추가하였음에 유의하여야 한다.

2-2 3년간 행사가액 5억원 이하

해당 벤처기업으로부터 부여받은 주식매수선택권의 행사일부터 역산하여 2년이 되는 날이 속하는 과세기간부터 해당 행사일이 속하는 과세기간까지 전체 행사가액의 합계가 5억원 이하이어야 한다(조특법 §16의 4 ① 2호).

종래에는 연간 행사가액 1억원 이하를 요건으로 하였으나 2017년 개정세법에서 3년간 행사가액 5억원 이하로 요건을 완화하였다. 개정규정에도 불구하고 2017.1.1. 전에 주식매수선택권을 행사한 분에 대해서는 종전의 규정에 따른다(2016.12.20. 개정된 법 부칙 §44).

2-3 사전 약정

벤처기업이 주식매수선택권을 부여하기 전에 주식매수선택권의 수량·매수가액·대상자 및 기간 등에 관하여 주주총회의 결의를 거쳐 벤처기업 임직원과 약정하여야 한다(조특령 §14의 4 ⑤ 1호).

2-4 타인에게 양도 불가

주식매수선택권을 다른 사람에게 양도할 수 없어야 한다(같은 항 2호).

2-5 2년 이상 재임·재직 후 행사

주주총회의 결의가 있는 날부터 2년 이상 해당 법인에 재임 또는 재직한 후에 주식매수선택권을 행사하여야 한다(같은 항 3호).

다만 벤처기업 임직원이 사망 또는 정년을 초과하거나 그 밖에 자신에게 책임 없는 사유로 퇴임 또는 퇴직한 경우에는 2년 이상 재임·재직 후 행사 요건을 적용하지 않는다(조특칙 §8의 4).

"2년 이상 근무" 기간의 범위에는 주식매수선택권을 부여한 법인으로부터 전출하여 법인세법상 특수관계에 있는 법인에서 근무한 기간을 포함하지 않는다(법인세제과-366, 2004. 6.28.).

● **희망퇴직이 임직원에게 '책임없는 사유로 퇴직'한 경우에 해당하는지 여부** (부정)

청구법인이 전 직원을 대상으로 희망퇴직자를 모집한 점, 희망퇴직 안내문에 회사 사정상 희망퇴직 신청이 반려될 수 있다고 기재되어 있었던 점, 2차 희망퇴직 시 퇴직금 지급기준이 선택사항으로 확대되었고 일반퇴직보다 높은 인센티브가 부여되었던 점 등에 비추어 볼 때, 쟁점희망퇴직에 강제력이 있었다고 보기 어렵고, 그럼에도 불구하고 임직원 스스로 희망퇴직을 선택하였다는 점에서, 주식매수선택권 행사이익에 대하여 2년 이상 재직요건을 충족하지 아니하였더라도 예외적으로 과세특례규정을 적용할 수 있는 사유 즉 "사망, 정년 등 기획재정부령으로 정하는 불가피한 사유"가 있었던 것으로 인정하기는 어렵다고 할 것이다(적부2023-0068, 2023.9. 6.).

2-6 시가 이하 발행 신주발행형 스톡옵션 포함

벤처기업법에 따라 시가 이하로 발행된 스톡옵션도 특례의 적용이 가능하다.

주식매수선택권의 행사가격으로 새로 주식을 발행하여 주는 방법으로 주식매수선택권을 부여하는 경우(행사형-신주발행형)로서 다음 요건을 모두 갖춘 경우에는 주식매수선택권의 행사가격을 부여 당시 시가보다 낮은 가액으로 할 수 있다(벤처기업법 시행령 §11의 3 ④).

① 주식매수선택권의 행사가격이 해당 주식의 권면액(액면가액) 이상일 것
② 부여 당시 시가보다 낮은 행사가격으로 부여받았거나 부여받을 각 주식매수선택권에 대하여 다음 계산식에 따라 계산한 금액의 합계가 1명마다 5억원 이하일 것

> 한도 = (부여 당시 시가 − 행사가격) × 주식매수선택권 행사 대상 주식 수

2022년 세법개정에서 벤처기업의 우수 인재 유치를 지원하기 위하여 시가 이하로 발행되는 스톡옵션도 특례 대상에 포함하며, 이때 시가 이하 발행 차익은 근로소득으로 과세하되, 시가 초과분은 양도소득세의 과세이연 선택이 가능하다. 근로소득으로 과세하는 시가 이하 발행차익은 과세이연시 손금불산입 금액에서 제외하여 손금산입한다. 법 16조의 4 제1항(시가 이하 발행이익에 관한 부분에 한정함)의 개정규정은 2022.1.1. 이후 주식매수선택권을 부여받은 분부터 적용한다(2021.12.28. 개정된 법률 부칙 §6 ③).

3 신청 방법

벤처기업의 임직원이 스톡옵션 행사 시에 소득세를 과세이연하기 위해서는 주식매수선택권 행사로 취득한 주식만을 거래하는 **전용계좌**를 개설하고 특례 적용을 신청하여야 한다(조특법 §16의 5 ⑧). 동 요건은 단순한 협력의무라기 보다는 특례를 적용받기 위한 필수 요건으로 판단된다. 과세관청 및 조세심판원도 필수 요건으로 해석하고 있다(조심 2021서6907, 2022.12.13.; 사전법령소득-0608, 2021.4.29. 외 다수).

전용계좌를 도입한 취지는 스톡옵션을 행사하여 취득한 주식을 여타의 주식과 구분관리함으로써 동 주식의 처분 시 대주주 여부와 무관하게 반드시 과세하기 위함이다.

2023년 세법개정에서 스톡옵션 행사로 취득한 주식만을 거래하는 전용계좌를 개설하는 요건을 법률로 상향 입법함.

● **신청 절차가 감면의 필수 요건인지 여부** (긍정)

귀 사전답변 신청의 경우, 「조세특례제한법」제16조의4제1항에 따라 주식매수선택권 행사시에 소득세가 과세되지 않기 위해서는 특례적용신청서에 주식매수선택권 전용계좌개설확인서를 첨부하여 주식매수선택권 행사일 전일까지 해당 벤처기업에 제출하는 등 「조세특례제한법 시행령」제14조의4가 정하는 바에 따라 신청하여야 하는 것임(사전법령소득-0608, 2021.4.29.).

3-1 주식매수선택권 전용계좌의 개설

벤처기업 임직원은 다음의 요건을 모두 충족하는 주식매수선택권 전용계좌를 개설하여야 한다(조특령 §14의 4 ⑩).
① 벤처기업 임직원 본인의 명의로 개설할 것
② 금융투자업자[자본시장과 금융투자업에 관한 법률(이하 "자본시장법") §8 ①]가 벤처기업 임

직원의 다른 매매거래계좌와 구분하여 '주식매수선택권전용계좌'의 명칭으로 별도로 개설·관리할 것
③ 주식매수선택권 행사로 취득한 주식만을 거래할 것
④ 계좌 개설 이후 1개월 내 주식이 입고되지 아니할 경우에는 해당 계좌를 폐쇄하는 내용으로 사전에 약정할 것

벤처기업의 임원 등이 부여받은 주식매수선택권 전용계좌를 해당 주식 양도 전에 다른 전용계좌로 변경하더라도 주식매수선택권 행사이익에 대한 과세특례는 적용받을 수 있다 (사전법령소득-0658, 2019.12.17.).

3-2 특례 적용 신청

벤처기업 임직원은 특례적용신청서(별지 제6호의 5 서식)에 주식매수선택권 전용계좌개설확인서(별지 제6호의 6 서식)를 첨부하여 주식매수선택권 행사일 전일까지 해당 벤처기업에 제출해야 한다(조특령 §14의 4 ②).

Ⅲ. 과세특례

1 주식매수선택권 행사 시 비과세

1-1 벤처기업 임직원의 비과세 (과세이연)

벤처기업 임직원이 특례적용을 신청한 경우에는 스톡옵션 행사 시점에 주식매수선택권 행사이익을 근로소득 또는 기타소득으로 과세하지 아니하고, 추후 주식 양도 시점에 양도소득세를 과세한다(조특법 §16의 4 ①).

주식매수선택권 행사이익이란 주식매수선택권 행사 당시의 시가와 실제 매수가액과의 차액을 말한다.

근로소득 등으로 과세하는 경우 세율은 6%~45%가 적용되지만, 추후 양도소득으로 과세되는 경우 대주주 이외의 자는 20%(중소기업은 10%)의 세율이 적용되어 과세이연의 선택이 유리한 경우가 많다.

다만, 주식매수선택권의 행사 당시 실제 매수가액이 해당 주식매수선택권 부여 당시의

시가보다 낮은 경우 그 차액(이하 "시가 이하 발행이익")에 대해서는 주식매수선택권 행사시에 근로소득 또는 기타소득(소법 §20 또는 §21) 규정에 따라 소득세를 과세한다.

시가 이하 발행이익이 발생한 경우에도 시가 초과분은 양도소득세의 과세이연 특례를 적용할 수 있다.

1-2 벤처기업의 주식보상비용 손금불산입

(1) 손금불산입 금액의 산정

적격주식매수선택권 행사 시 근로소득 또는 기타소득으로 과세하지 아니한 경우와 후술하는 사후관리 규정에 따라 소득세를 과세한 경우에는 해당 주식매수선택권의 행사에 따라 발생하는 다음의 비용을 해당 벤처기업의 각 사업연도의 소득금액을 계산할 때 손금에 산입하지 아니한다(조특법 §16의 4 ④, 조특령 §14의 4 ⑦).

> 손금불산입 금액❶ = 시가 - 약정된 주식의 매수가액

❶ 다만, 주식매수선택권의 행사 당시 실제 매수가액이 해당 주식매수선택권 부여 당시의 시가보다 낮은 주식매수선택권 즉, 시가 이하 발행 스톡옵션의 경우에는 위의 손금불산입 금액에서 시가 이하 발행이익(조특법 §16의 4 ① 단서)을 제외함.

주식매수선택권의 시가와 행사가액과의 차이는 해당 법인의 손금으로 산입하는 것이 원칙이나,(법령 §19 19호의 2) 동 행사이익의 귀속자인 벤처기업의 임직원이 과세이연되므로 이에 대응하여 출연자인 법인의 손금산입을 허용하지 않는다. 반면에, 시가 이하 발행이익은 근로소득으로 과세되므로 손금산입을 허용한다. 즉, 행사 시점에서 법인의 비용에 대응하는 임직원의 과세소득이 발생하지 않는 점과 양도소득은 추후 실제 발생되지 않을 수 있다는 점을 고려한 것이다.

(2) 회계처리 및 세무조정

다음 표에서 본래의 주식매수선택권(행사형) 중 신주발행형의 경우, 가득기간(용역제공기간) 동안 주식보상비용의 인식과 행사 시점의 회계처리 및 세무조정을 살펴보기로 한다.

주식매수선택권 신주발행형의 회계처리 및 세무조정

주식의 액면가 1,000, 행사가격 1,300, 부여일 옵션의 공정가치 200, 가득기간 2년, 3차연도 행사시 시가 2,500 가정			
1차 연도	〈회계처리〉 차) 주식보상비용 (판관비 등)❶ 100 〈세무조정〉 주식보상비용 (손금불산입, 기타)❷ 100		대) 주식선택권 (자본조정)	100
2차 연도	〈회계처리〉 차) 주식보상비용 (판관비 등)❶ 100 〈세무조정〉 주식보상비용 (손금불산입, 기타)❷ 100		대) 주식선택권 (자본조정)	100

행사시	〈회계처리〉
	차) 보통예금
	    주식선택권 (자본조정)
		1,300
		200
			대) 보통주자본금
			    주식발행초과금
				1,000
				500

	〈세무조정〉 근로소득 과세되는 경우 주식보상비용 (손금산입, 기타)❸	1,200		
	〈세무조정〉 양도소득으로 이연 과세 주식보상비용 (손금산입, 기타)❸ 주식보상비용 (손금불산입, 기타)❹	1,200 1,200		

❶ (근로) 용역을 제공하는 조건으로 스톡옵션이 부여된 경우에는 부여일 옵션의 공정가치(200)를 가득기간(2년)에 배분하여 인식하며, 동일한 금액을 자본조정으로 회계처리한다(일반기준 문단 19.13).
❷ 손익귀속시기가 도래하지 아니하였으므로, 미확정비용으로 보아 손금불산입한다. 다만, 자본 계정 항목이므로 기타로 소득처분한다.
❸ 손익귀속시기가 도래하였으므로, 손금산입하여 추인한다(법령 §19 19호의 2 가목). 행사시점의 시가와 행사가액의 차액(=2,500 - 1,300)을 손금산입한다(재법인-1204, 2020.9.4.).
❹ 본 특례를 적용받아 양도소득으로 이연하여 과세하는 경우에는 시가와 약정된 주식의 매수가액을 손금불산입한다(조특법 §16의 4 ④). 기타로 소득처분하여야 할 것으로 본다.[4]

---

[4] 행사 시 손금불산입할 때 스톡옵션 행사이익에 상당하는 벤처기업의 주식보상비용과 관련된 소득처분을 유보로 보아 추후 임직원이 제3자에게 양도하는 시점에 손금산입(△유보)하는 방법도 일응 생각해 볼 수 있다. 그러나 유보 처분은 결산상 순자산이 적정하게 표시되어 있지 않은 상황에서 과세소득의 증가분이 사내에 남아 있어야 하지만, 주식보상비용(자본조정)은 결산상 자산과 부채가 적정하게 표시되어 있다는 점에서 기타로 소득처분하여야 할 것으로 판단된다.

주요 이슈와 쟁점

17. 스톡옵션 행사이익의 과세이연 시 주식보상비용을 손금불산입하는 경우 통산 세금 효과

[사례]

벤처기업의 임직원이 재직 중 적격주식매수선택권을 행사하여 신주를 취득하고, 다음과 같이 특례적용을 신청하였다. 행사가액 및 부여 당시 시가는 1억원, 행사시 시가는 2억원, 신주 양도가액은 4억원이다. 신주 양도시점에 해당 벤처기업은 상장기업이다.

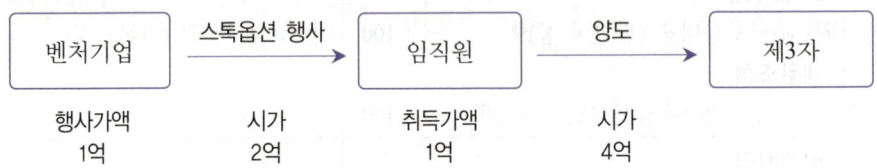

상장법인의 신주발행형 스톡옵션에 대해 세금 효과

구 분		비적격 스톡옵션	적격(과세이연 적용)
① 행사가액		100,000,000	100,000,000
② 행사시점의 시가		200,000,000	200,000,000
③ 행사차익 = ② - ①		100,000,000	100,000,000
④ 법인의 손금(불)산입 = -③ or 0 ❶		-100,000,000	0
⑤ 법인세 = ④ × 20% ❷		-20,000,000	0
⑥ 근로소득 = ③ or 0 ❸		100,000,000	0
⑦ 근로소득세 = ⑥ × 40% ❹		40,000,000	0
⑧ 양도가액		400,000,000	400,000,000
⑨ 양도소득 = 0 or(⑧-①) ❺		0	300,000,000
⑩ 양도소득세 = ⑨ × 10% ❻		0	30,000,000
⑪ 개인 통산 소득 = ⑥ + ⑨		100,000,000	300,000,000
⑫ 개인 통산 소득세 = ⑦ + ⑩		40,000,000	30,000,000
⑬ 개인/법인 통산 소득 = ④ + ⑪		0	300,000,000
⑭ 개인/법인 통산 세금 = ⑤ + ⑫		20,000,000	30,000,000

❶ 스톡옵션 행사차익은 원칙적으로 법인세법상 손금산입하지만(법령 §19 19호의 2), 과세이연 특례를 적용한 적격 스톡옵션은 손금불산입함(조특법 §16의 4 ④).

❷ 과세표준 2억 초과 200억원 이하에 적용되는 법인세율 20%를 가정함.

❸ 스톡옵션 행사차익은 원칙적으로 소득세법상 근로소득으로 과세하지만(소법 §38 ① 17호), 과세이연 특례를 적용한 적격 스톡옵션은 행사시점에는 근로소득으로 과세하지 아

니함(조특법 §16의 4 ①).
- ④ 과세표준 3억 초과 5억 이하에 적용되는 소득세율 40%를 가정함. 단, 과표 1억 5천 초과 3억 이하에 적용되는 소득세율은 38%로 40%와 유의미한 차이가 없다고 판단됨.
- ⑤ 스톡옵션으로 취득한 주식의 양도 시 취득가액은 양도 당시의 시가이지만(소령 §163 ⑬), 과세이연 특례를 적용한 적격 스톡옵션의 취득원가는 실제 매수가액등으로 함(조특법 §16의 4 ③). 반면에, 비적격 스톡옵션의 경우, 주식 양도시 해당 법인이 상장법인이라면 소액주주의 상장법인 자본이득은 과세하지 않으므로, ⑨ 양도소득 금액이 0이 된다
- ⑥ 본 과세이연 특례를 적용할 수 있는 벤처기업은 중소기업법상 중소기업이어야 함. 또한, 스톡옵션은 일반적으로 대주주 이외의 자에게 부여되므로, 중소기업의 소액주주에게 적용되는 양도소득세율 10%를 가정함.

|저자주| 위의 사례에서 보는 바와 같이 과세이연 특례를 적용한 경우, 개인과 법인의 스톡옵션 행사 및 추후 주식 매각 시 통산 소득이 3억원으로 비적격 스톡옵션의 0원보다 많다. 그리고. 과세이연 특례의 합산 세금은 3천만원으로 비적격 스톡옵션 2천만원에 비해 불리하다.

이러한 실무 사례를 바탕으로 과세이연 특례의 단점을 살펴본다.

첫째, 과세이연 특례를 적용하는 경우가 비적격 스톡옵션의 경우보다 개인과 법인의 통산 세금 효과가 불리하다.

상장주식의 자본 이득에 대해 과세하는 미국이나 일본과는 달리, 한국은 소액주주에 대해서는 이를 비과세하기 때문이다. 즉, 미국의 인센티브 주식매수선택권 세제와 일본의 세제적격 신주예약권 세제를 그대로 차용하여 조특법의 과세이연 특례에 적용하면 불합리한 결과가 발생한다.

둘째, 법인의 손금산입과 개인의 과세이연은 세무상 밀접한 견련성이 없다.

개인에게 과세이연 특례를 허용한다고 하여 법인의 주식보상비용을 손금불산입하여야 하는 것은 아니며, 양자는 별개의 세법 논리에 따라 정해져야 한다.

세번째, 개인과 법인은 별개의 납세의무자임을 혼동한 조세정책이다.

개인에게 과세이연 특례를 허용함으로써 세수에 손실이 발생한 경우 이를 법인의 손금불산입을 통해 보상하려 하는 것은 국고주의적 조세정책이다. 개인과 법인은 피고용인과 고용인의 특수관계인이라 할지라도 별개의 법적 주체이므로 양자의 이해관계는 상충한다.

따라서, 개인에게 과세이연 특례를 적용하는 경우에도 법인의 손금산입을 인정하여야 실무에서 활용 빈도가 높아질 것으로 판단된다.

❷ 주식 양도 시 양도소득세 과세

적격주식매수선택권 행사 시 소득세를 과세하지 아니하고 과세이연된 경우 적격주식매수선택권 행사에 따라 취득한 주식을 양도하여 발생하는 양도소득에 대해서는 주식등(소법 §94 ① 3호)에 해당하는 것으로 보아 양도소득세를 과세한다. 다만 조특법 제16조의 2에 따라 비과세되는 금액은 양도소득세 과세에서 제외한다(조특법 §16의 4 ②).

예를 들어, 주권상장법인의 대주주가 아닌 주주의 장내 거래는 양도소득세가 비과세됨에도 불구하고(구 소법 §94 ① 3호 각목) 본 특례가 적용되어 양도소득세를 과세한다.

소액주주의 상장주식에 대한 양도소득세를 과세하는 경우(조특법 §16의 4 ②), 주식의 양도가액에서 실제 매수가액을 취득가액(소법 §97 ① 1호)으로 차감하여 그 차액에 양도소득세를 과세한다(사전법령재산-1535, 2021.10.27.).

2018년 개정세법에서 벤처기업 주식매수선택권 행사이익에 대하여 2천만원 이내 금액은 비과세하는 규정이 신설되었으므로 동 비과세 금액은 과세이연에서 제외한다. 2018.1.1. 전에 주식매수선택권을 부여받은 분에 대해서는 종전의 규정에 따른다(2017.12.19. 개정된 법 부칙 §9).

2-1 무상주 포함

양도소득세가 과세되는 주식에는 해당 주식의 보유를 원인으로 해당 벤처기업의 잉여금을 자본에 전입함에 따라 무상으로 취득한 주식을 포함한다. 무상주는 그 보유주식에 비례하여 발행되므로(상법 §461 ②) 새로운 출자로 보지 않는 등 기존 주식과 동일한 경제적 실질을 가지고 있기 때문이다.

2-2 양도소득금액의 계산

양도소득세를 과세하는 경우 양도소득금액은 다음 계산식에 따라 계산한 금액으로 한다(조특법 §16의 4 ③).

> 양도소득금액❶ = 양도가액 − 실제 매수가액등❷ − 비과세 금액❸ − 시가이하 발행이익❹

❶ 다만, "양도소득세"와 "양도소득금액"은 2025.1.1.부터는 각각 "금융투자소득세", "금융투자소득액"으로 보고, 벤처기업 주식매수선택권 행사이익에 해당하는 소득에 대해서는 「소득세법」 제87조의 18에 따른 금융투자소득 기본공제를 적용하지 아니한다(2021.12.28. 개정되고 2022.12.31. 재개정된 법률 제18634호).

❷ 적격주식매수선택권 행사 당시의 실제 매수가액과 적격주식매수선택권 부여 당시의 시가 중 큰 금액. 시가는 행사 당시의 시가가 아니라 부여 당시의 시가임에 주의할 것.

❸ 조특법 제16조의 2 벤처기업 주식매수선택권 행사이익 비과세 특례에 따라 비과세되는 금액

❹ 시가 이하 발행이익에 대해 조특법 제16조의 2에 따라 비과세를 적용받은 금액

취득가액을 스톡옵션 행사 당시의 시가가 아닌 실제 매수가액등으로 하므로, 행사 시 과세이연되었던 스톡옵션 행사이익을 주식 양도 시점에 과세한다.

차액보상에 따라 지급받은 주식(차액결제형-자기주식양도형)의 취득가액은 적격주식매수선택권 행사 당시의 실제 매수가액(0원)으로 한다(서면법령재산-1043, 2021.4.1.).

[사례] 양도소득금액 계산

구분	부여 당시 시가	행사가액	행사 당시 시가	양도가액
사례1	3천	1억	2억	4억
사례2	1억 3천	1억	2억	4억

사례 1, 사례 2 모두 행사이익 중 5천만원의 비과세 특례를 적용하는 것으로 가정한다.
1) 사례1의 양도소득금액은 2억 5천만원이다.
   양도소득금액 = 양도가액 − 실제 매수가액등 − 비과세 금액 − 시가이하 발행이익
              = 4억 − Max(3천, 1억) − 5천 − 0 = 2억 5천만원
2) 사례2의 양도소득금액은 2억 2천만원이고, 행사 당시 근로소득금액은 3천만원이다. 즉, 사례1의 양도소득금액과 합계는 같다.
   양도소득금액 = 4억 − Max(1억 3천, 1억) − 2천 − 3천❶ = 2억 2천만원

❶ 시가 이하 발행이익은 3천만원(=1억 3천 − 1억)이고, 동 금액에 대해서 조특법 제16조의 2에 따라 비과세를 우선 적용 받는 것으로 계산함. 비과세 한도 5천만원 중 3천만원을 적용한 이후, 잔여 2천만원은 시가 초과 발행이익에서 비과세 특례를 적용함.

3 사후관리

3-1 증여 또는 1년 이내 처분

벤처기업 임직원이 적격주식매수선택권 행사로 취득한 주식을 증여하거나 **행사일로부터 1년이 지나기 전에 처분**하는 경우, 다음의 구분에 따른 날이 속하는 과세연도를 소득의 귀속시기로 보아 근로소득 또는 기타소득으로 과세한다(조특법 §16의 4 ⑤).
① 적격주식매수선택권 행사로 취득한 주식을 증여하거나 행사일부터 1년이 지나기 전에 처분하는 경우 : 증여일 또는 처분일
② 전체 행사가액이 5억원을 초과하는 경우 : 전체 행사가액이 5억원을 초과한 날
   전체 행사가액이 5억원을 초과하는 경우, 행사일부터 역산하여 2년이 되는 날이 속하는 과세기간부터 해당 행사일이 속하는 과세기간, 즉 3년간 내에 주식매수선택권을 행사함으로써 얻은 모든 이익을 과세 대상으로 한다.
   예를 들어 2020년 2월 및 2021년 2월 행사가액 1억원인 스톡옵션을 각각 행사하여 과세이연한 후 2022년 6월 행사가액 4억원인 스톡옵션을 행사한 경우, 2020년 및 2021년 행사분도 2022년 행사분과 함께 2022년 근로소득 또는 기타소득으로 보아 과세한다.
③ 주식매수선택권 전용계좌를 통하여 주식매수선택권 행사로 취득한 주식 외의 주식을

거래한 경우: 주식매수선택권 행사로 취득한 주식 외의 주식을 최초로 거래한 날

벤처기업의 임직원이 적격주식매수선택권 행사로 취득한 주식을 행사일로부터 1년이 지나기 전에 일부 처분하는 경우 과세특례 적용을 신청한 주식매수선택권 행사이익 (전부)에 대하여 사후관리 규정을 적용한다(서면법령소득-0758, 2020.9.29.).

1년이 지나기 전에 일부 처분하여 과세특례 적용을 신청한 주식매수선택권 행사이익에 대하여 근로소득 또는 기타소득으로 과세되는 경우, 처분한 당해 주식의 양도소득세 과세여부는 주식등 양도소득의 범위 규정(소법 §94 ① 3호)에 따른다(사전법령재산-1300, 2021.9.30.).

2023년 세법개정에서 전용계좌 요건을 미충족한 경우에는 그 날에 행사차익이 귀속된 것으로 보아 사후관리 규정을 적용함. 법 16조의 4 제5항 3호의 개정규정(사후관리 규정)은 2023.1.1. 이후 전용계좌를 통해 주식을 거래하는 경우부터 적용함(2022.12.31. 개정된 법률 부칙 §7).

종전 유권해석에서는 주식매수선택권 전용계좌로 일반주식을 거래하는 등으로 특례를 위반하여 근로소득 등으로 과세할 경우 주식매수선택권을 행사한 날이 속하는 과세연도를 귀속시기로 하여 과세하였음(재금융세제-119, 2022.5.11.). 2023년 개정세법에서 스톡옵션 행사일이 아니라 이외 주식을 최초 거래한 날에 사후관리 규정을 적용하는 것으로 변경함.

3-2 부득이한 사유의 예외

다만 위 3-1 ①의 의무위반과 관련하여 다음의 부득이한 사유가 있는 경우에는 과세하지 아니한다(조특령 §14의 4 ⑧).
① 주식매수선택권을 부여한 벤처기업이 파산하는 경우
② 회생절차에 따라 법원의 허가를 받아 주식을 처분하는 경우
③ 합병·분할 등에 따라 해당 법인의 주식을 처분하고 합병법인 또는 분할신설법인의 신주를 지급받는 경우

2017년 개정세법에서 적격스톡옵션 행사가액을 연간 기준에서 3년간 금액을 합산하는 기준으로 변경함에 따라 사후관리 규정을 추가하였다.

Ⅳ. 조세특례제한 등

1 주식매수선택권 행사 등의 경우 자료제출

특례적용신청서를 제출받은 벤처기업은 주식매수선택권 행사로 지급하는 주식을 주식매수선택권 전용계좌로 입고하고, 주식매수선택권 행사주식지급명세서(별지 제6호의 7 서식)와 특례적용대상명세서(별지 제6호의 8 서식)를 주식매수선택권을 행사한 날이 속하는 달의 다음 달 10일까지 원천징수 관할 세무서장에게 제출하여야 한다(조특령 §14의 4 ③).

금융투자업자는 주식매수선택권 전용계좌거래현황신고서(별지 제6호의 9 서식)를 매분기 종료일의 다음 달 말일까지 본점 또는 주사무소 소재지 관할 세무서장에게 제출하여야 한다(조특령 §14의 4 ④).

2 주식양도 시 절차

양도소득세를 납부하려는 벤처기업 임직원은 양도소득과세표준을 신고하는 경우 특례적용신청서 제출에 대하여 해당 벤처기업이 발급하는 특례신청확인서(별지 제6호의 10 서식)를 납세지 관할 세무서장에게 제출하여야 한다(조특령 §14의 4 ⑥).

3 장외매매거래등 벤처주식의 비과세 규정의 적용배제

장외호가중개시장에서 장외매매거래되거나 다자간매매체결회사를 통하여 거래되는 벤처기업의 주식(대주주 양도분 제외)은 양도소득세가 비과세되나,(조특법 §14 ① 7호) 본 특례에 따라 양도소득세를 과세하는 경우에는 비과세 조항을 적용하지 아니한다(조특법 §16의 4 ⑦).

4 기타

소득세의 과세이연 특례이므로 최저한세, 중복지원 배제, 농어촌특별세와 관련이 없다.

제5절 [제18조] 외국인기술자에 대한 소득세의 감면 ★★★★

Ⅰ. 의의

외국인기술자가 국내에서 내국인에게 근로를 제공하고 받는 근로소득에 대하여는 10년 간 소득세의 50%를 감면하는 제도이다.

외국의 전문기술인력 유치를 통한 선진기술 도입으로 국가경쟁력을 높이기 위한 목적이다.

일몰기한은 2026.12.31.이다. 다만, 소재·부품·장비 관련 외국인기술자의 일몰기한은 2022.12.31.로 해당 특례는 종료되었다.

개정연혁

연 도	개정 내용
2020년	■ 소재·부품·장비 관련 외국인기술자의 초기 3년간 공제율을 70%로 인상
2021년	■ 인력요건을 이공계 등 학사학위 이상 소지자, 5년 이상 경력 등으로 강화함 ■ 국내 기업 부설연구소, 연구개발전담부서 등으로 취업기관을 확대함
2023년	■ 감면기간 확대 : 5년 → 10년 ■ 소재·부품·장비 관련 외국인기술자 특례의 적용기한 종료
2024년	■ 특수관계 판단시점 확대 : 과세연도 종료일 → 근로기간 중 계속적으로 판단 ■ 감면 대상 확대 : 연구개발특구 또는 첨단의료복합단지에 소재한 대학의 교수

Ⅱ. 요건

1 외국인

본 특례의 주체인 외국인은 대한민국의 국적을 가지지 않은 사람이다(조특령 §16 ①).

■ 대한민국 국적을 보유한 **영주권자(X)**는 제외된다(조심 2018중0995, 2018.4.25.; 조심 2017중3676,

2017.10.30.; 조심 2017서0630, 2017.4.17. 외 다수).
- 복수국적자가 대한민국의 국적을 가진 경우(X)에는 외국인에 해당되지 않는다(국제세원-29, 2011.1.24.). (X).
- 근로소득세를 면제받던 외국인기술자가 면제기간 도중에 **국적을 변경**하여 대한민국 국적을 취득하는 경우에는 당해 기술자가 내국인의 지위에서 지급받는 근로소득에 대하여 본 특례가 적용되지 않는다(국일 46017-765, 1997.12.24.).

2 외국인기술자

외국인기술자는 국내에서 내국인에게 근로를 제공하여야 하며, 다음에 해당하는 사람을 말한다(조특령 §16 ①). 임원과 종업원 모두를 포함한다.

2-1 엔지니어링기술의 도입계약에 의한 기술제공자 (1호)

엔지니어링기술[1]의 도입계약에 따라 국내에서 기술을 제공하는 자이다. 계약금이 30만 불 이상인 도입계약에 한한다(조특칙 §9 ①).

- **외국법인의 국내 지점과 고용계약을 체결한 경우**
  엔지니어링기술 도입계약을 체결하고, 해당 외국법인 소속의 외국인기술자가 외국법인의 국내지점에 파견되어 국내에서 내국법인에게 기술을 제공하고 외국법인의 국내지점으로부터 지급받는 급여는 특례 대상이다(국제세원-423, 2011.9.2.; 국총 46017-476, 1999.7.8.; 서면2팀-1640, 2005.10.12.). 과세관청에서는 외국법인의 국내 지점에 고용된 경우도 특례의 대상으로 보고 있으나, 조세심판원에서는 다음과 같이 특례에서 배제하고 있다. 조세특례제한법 제18조 제1항은 '내국인'에게 근로를 제공하고 지급받는 근로소득에 대하여 소득세를 면제하는 규정으로서 고용관계를 전제로 한 것이므로 외국법인 국내지점에 고용되어 급여를 지급받는 경우는 면제대상에 해당하지 아니하는 것으로 판단된다(조심 2011부1801, 2012.3.27.).

- **하도급 용역이 당초 도입계약에 포함된 경우** (포함)
  엔지니어링기술 도입계약의 주계약자인 독일법인으로부터 동 계약내용 중 일부 기술용역을 하도급받은 덴마크법인이 당해 하도급용역을 수행하기 위하여 자사 소속 기술자를 국내에 파견하는 경우, 당해 하도급용역이 당초 엔지니어링기술 도입계약의 범위에 포함되는 경우에는 특

---
[1] 엔지니어링산업 진흥법 §2 5호 → 동법 시행령 §3 → 시행령 별표 1

례 대상이다(국총 46017-499, 1999.7.16.).

● **설비 제조를 수주받은 경우 도입계약 해당 여부** (제외)

내국법인이 외국법인으로부터 설비 제조를 수주받아 제작하여 당해 **외국법인에게 공급**하는 계약은 엔지니어링기술도입계약에 해당하지 않는다(국제세원-169, 2009.1.23.).

2-2 기업부설연구소등 연구원 (2호)

다음 요건을 모두 갖춘 사람으로 한다.

㉮ 자연계·이공계·의학계 분야의 학사 학위 이상을 소지한 사람일 것(조특칙 별표 1의 2)

㉯ 외국의 대학과 그 부설연구소, (국내의) 국책연구기관 및 기업부설연구소(이하 "국외연구기관등")에서 5년(박사 학위를 소지한 사람의 경우에는 박사 학위 취득 전 경력을 포함하여 2년) 이상 연구개발 및 기술개발 경험이 있을 것(조특칙 §9 ③)

국외연구기관등에서 연구원(행정 사무만을 담당하는 사람은 제외)으로 근무한 기간이 합산하여 위의 기간(학위 취득 기간 및 휴직 등으로 인해 실제로 연구원으로 근무하지 않은 기간을 제외함) 이상인 경우에는 연구개발 및 기술개발 경험이 있는 것으로 본다(조특칙 §9 ④).

㉰ 근로를 제공하는 기업과 국세기본법상 특수관계인 중 친족관계 또는 경영지배관계(국기령 §1의 2 ① 또는 ③)에 있지 않을 것. 다만, 경영지배관계에 있는지를 판단할 때 비영리법인의 지배적 영향력과 관계하여 법인의 출연재산(설립을 위한 출연재산만 해당함)의 30% 이상을 출연하고 그 중 1인이 설립자인 경우(같은 조 ④ 1호 나목)를 제외함.

㉱ 연구기관등(조특령 §16의 3 ②)에서 연구원(행정 사무만을 담당하는 사람은 제외함)으로 근무하는 사람일 것

연구기관등은 제7절 Ⅱ. 2.를 참조하기 바란다.

㉲ 「출입국관리법 시행령」 별표 1의 2 제14호의 교수(E-1) 체류자격에 해당하는 사람으로서 연구개발특구 또는 첨단의료복합단지에 소재한 '기관'에서 전문 분야의 교육 또는 지도 활동에 종사하는 사람

'기관'이란 「고등교육법」 제2조에 따른 대학, 산업대학, 전문대학 또는 기술대학 및 그 부설 연구기관을 말한다(조특령 §16의 3 ② 4호).

2021년 세법개정에서 외국인 우수 인력의 국내 유치를 지원하기 위하여 외국인 기술자에 대한 소득세 감면 요건 중 인력 요건을 이공계 등 학사 학위 이상 소지자로서 외국 대학·연구기관에서 5년 이상 근무 경험이 있는 자로 강화하되, 취업기관 요건은 국내 기업부설 연구소, 연구개발 전담부서, 대학 등으로 조정하는 방식으로 재설계하였다. 개정규정은 2021.2.17. 이후 외국인기술자가 최초로 국내에서 근로계약을 체결하는 경우부터 적용한다. 2021.2.17. 전에 근로계약을 체결한 외국인

기술자에 대해서는 개정규정에도 불구하고 종전의 규정에 따른다(2021.2.17. 개정된 시행령 부칙 §3 및 §17).

2024 개정 조세회피를 방지하기 위하여 특수관계 판단 시점은 과세연도 종료일이 아닌 근로기간 중으로 확대함. 근로기간 중 외국인 기술자가 해당 기업과 특수관계에 있는 경우는 적용을 배제함. 2024.2.29. 전에 근로를 제공한 경우의 소득세 감면요건에 관하여는 영 16조 1항 2호 다목의 개정규정에도 불구하고 종전의 규정에 따름(2024.2.29. 개정된 시행령 부칙 §19 ①).

연구개발특구 또는 첨단의료복합단지에 소재한 대학에서 전문 분야의 교육 또는 지도 활동에 종사하는 교수도 소득세를 감면받을 수 있도록 함. 영 16조 1항 2호 라목의 개정규정은 2024.2.29.이 속하는 과세연도에 근로를 제공하는 경우부터 적용함(2024.2.29. 개정된 시행령 부칙 §19 ②).

시행규칙 [별표 1의2] 소득세 감면 대상 학문분야 예시 <개정 2021.3.16.>

구분	학문분야	세부분야
1. 자연과학단	가. 수학	대수학·이산수학·정보수학, 위상수학·기하학, 응용수학, 응용통계, 해석학, 확률·이론통계
	나. 물리학	광학·원자물리·분자물리, 응집물질물리1(유전체·강상관계), 응집물질물리2(반도체·자성체), 응집물질물리3(나노·초전도체), 입자·장물리·천체물리, 통계물리·복합물리, 핵물리·플라즈마
	다. 화학	무기화학, 유기화학·생화학, 물리화학, 분석화학, 나노화학, 고분자화학, 전기화학·광화학·융합화학
	라. 지구과학	지구·지질과학, 대기과학, 해양·극지과학, 천문·우주과학
2. 생명과학단	가. 분자생명	분자생물학, 신경생물학, 발생생물학, 구조생물 및 생물물리학, 유전자발현, 감염생물학, 노화·암생물학, 면역학
	나. 기초생명	세포생물학, 유전학, 생화학, 생리학, 식물학, 미생물학, 분류·생태·환경생물학
	다. 기반생명	생물공학, 식량작물 및 원예작물, 응용생물화학, 농림생태환경, 동물자원학, 수의학, 수산학, 식품학, 영양학
3. 공학단	가. 기계	설계생산, 열공학, 유체공학, 응용역학, 자동화계측, 기계가공
	나. 건설·교통	건축계획 및 설계, 건축시공재료, 건축설비환경, 건축구조, 토목구조·시공·재료공학, 지반공학, 수공학, 교통·측량
	다. 재료	금속재료, 반도체·전자재료, 세라믹재료, 나노·융복합 소재
	라. 화공	화학공정, 화공재료공정, 생물공정, 섬유공학, 고분자공학

구분	학문분야	세부분야
4. 정보통신기술(ICT)·융합연구단	가. 전기·전자	전력기술·기기, 계측·제어, 집적회로, 반도체소자, 광소자, 신호처리
	나. 통신	전자기·통신부품, 통신(원천), 통신(응용), 컴퓨터네트워크
	다. 컴퓨터·소프트웨어	정보보안, 컴퓨터시스템·처리, 소프트웨어, 인공지능, 영상·그래픽스, 데이터베이스·정보처리
	라. 정보기술융합	정보·콘텐츠융합, 시스템융합, 최적화 및 데이터융합
	마. 바이오·의료융합	기기, 센싱 및 나노바이오물질, 재료, 뇌인지과학
	바. 에너지·환경융합	폐기물 및 자원재활용, 수질 및 대기질관리, 차세대에너지
	사. 산업기술융합	산업공학, 지속가능과학, 융합문제해결기술, 감성공학, 생활과학
5. 의약학단	가. 기초의학	분자세포의학, 감염의학, 면역의학, 인체시스템의학, 약리의학, 재생의학, 종양의학, 신경의학, 유전 및 유전체의학
	나. 응용의학	정신의학, 소화기의학, 대사·내분비의학, 심혈관·혈액·신장·호흡기의학, 병리·진단의학, 방사선의학, 외상 및 응급중증의학, 근골격계 및 재활의학, 생식발달의학, 안과학, 이비인후과학, 피부과학, 예방 및 직업환경의학
	다. 치의학	두개안면 생물학, 두개안면 형태·병태·재생학, 예방보건·재료·응용기초
	라. 한의학	기초한의학, 응용한의학
	마. 간호학	기초간호 및 임상간호중재, 건강관리 및 예방간호중재
	바. 약학	기초생명약학, 응용생명약학, 약품화학 및 천연물, 물리약학 및 약제학

❸ 소재·부품·장비 관련 외국인기술자 ('22년말 종료)

「소재·부품·장비산업 경쟁력강화를 위한 특별조치법」제16조에 따른 특화선도기업, 전문기업, 강소기업 및 창업기업(이하 "특화선도기업등")에서 근무하는 외국인기술자를 말한다(조특법 §18 ① 단서, 조특령 §16 ②).

특화선도기업등의 내용은 제2장 제6절 Ⅱ. 1-1 (2)를 참조하기로 한다.

소재·부품·장비 관련 외국인기술자는 전술한 1. 외국인 요건과 2. 외국인기술자 요건(예, 엔지니어링기술 도입계약에 의한 기술제공자)을 모두 적용받는다.

2020년 개정세법에서 핵심 소재·부품·장비 관련 기술을 보유한 해외 전문 인력의 소득세를 감면하여 국산 소재·부품·장비의 개발을 지원하기 위하여 그 전문 인력에 대해 초기 3년간 70%, 이후 2년간 50%의 감면율을 적용하여 감면한다. 개정규정은 2020.1.1. 이후 소재·부품·장비 관련 외국인기술자가 국내에서 최초로 근로를 제공하는 분부터 적용한다(2019.12.31. 개정된 법률 부칙 §11).

소재·부품·장비 관련 외국인기술자에 대해 초기 3년간 70%, 이후 2년간 50%의 감면율을 적용하는 규정은 22.12.31.에 적용기한이 종료함.

Ⅲ. 세액감면

1 감면소득

1-1 근로소득

외국인 기술자에게 지급된 급여 등 근로소득을 감면소득으로 한다. 퇴직소득은 포함하지 않는다.

소득세법상 근로소득으로서 본 특례에 따른 감면대상이 되는 소득을 예시하면 다음과 같다(구 조특집행 18-0-2 ①).

① 비상근 외국인기술자의 국내 근로소득
② 법인세법에 따라 상여로 처분된 금액
③ 법인의 주주총회 기타 이에 준하는 의결기관의 결의에 의하여 상여로 받는 소득으로서 감면기간 중에 결의된 것
④ 외국인기술자의 근로대가로 지급하는 체류비 및 기술료

복수의 내국인에게 근로소득을 지급받는 경우에는 각각에 대해 감면을 받을 수 있다(서이 46017-12213, 2002.12.10.). 내국법인에게 근로를 제공하고 그 대가로 **스톡옵션을** 부여받아 이를 행사하여 얻은 행사소득은 근로소득이므로 감면대상에 포함된다(서면2팀-2762, 2004.12.28.).

또한 외국인 기술자가 내국법인에 대한 기술용역제공 기간 중에 당해 기술제공 외국법인 국내사업장의 업무를 동시에 수행하는 경우에는 내국법인에게 제공하는 기술용역과 관

련된 근로소득만을 감면대상 소득으로 한다(국일 46017-9, 1998.1.7.).

1-2 사용료소득 및 독립적 인적용역소득과의 구분

외국인 기술자에게 지급한 금액이 근로에 대한 대가인지 또는 기술사용에 대한 사용료 대가에 해당하는지 여부는 고용계약 등 명칭이나 형식에 불구하고 건전한 사회통념, 상관행 및 구체적인 정황(작업거부권, 구체적인 지시, 시간적·장소적 제약 및 법인의 복무규정준수 등)을 기준으로 그 실질내용에 따라 사실 판단하여야 한다(서면2팀-1522, 2004.7.20.).

근로 이외의 별도의 인적활동을 통하여 부수적으로 강의료·자문료 등을 받거나, 또는 당해 연구기관에 고용되지 아니하고 독립적인 용역수행자의 지위에서 연구용역을 제공하고 용역대가를 받는 경우에는 소득세가 면제되지 않는다(국일 46017-692, 1997.11.20.).

● 일본 외국인 기술자의 독립적 인적용역에 대한 과세방법

「조세특례제한법」 제18조의 규정을 적용받기 위하여는 외국인기술자에 해당하는지 여부와 근로를 제공하는지 여부를 먼저 검토하여야 하는 것임. 다만, 일본거주자인 외국인기술자가 독립적으로 내국인에게 인적용역을 제공하고 지급받는 대가는 「조세특례제한법」 제18조의 규정이 적용되지 아니하고 「한일 조세조약」 제14조의 규정이 적용되는 것으로 동 조세조약 제14조 제1항에서 규정하는 2가지 요건에 모두 해당하지 아니하는 경우 동 지급대가는 국내에서 과세되지 아니하는 것임(서면2팀-1456, 2007.8.3.).

1-3 국내원천소득과 국외원천소득의 구분

감면대상 근로소득은 국내에서 근로를 제공한 대가이어야 한다.

외국인기술자가 내국법인과 고용계약을 체결하고 대가를 지급받을 때 일부는 국내에서 용역을 수행하고 일부는 국외에서 용역을 수행하는 경우, 국내 용역수행에 따른 대가에 한하여 국내원천소득으로 감면대상에 해당한다(국제세원-529, 2010.11.26.; 서면2팀-2726, 2004.12.24.).

2 감면기간 및 감면율

외국인기술자가 국내에서 최초로 근로를 제공한 날부터 10년이 되는 날이 속하는 달까지 발생한 근로소득에 대해서는 소득세의 50%에 상당하는 세액을 감면한다(조특법 §18 ①). "국내에서 최초로 근로를 제공한 날"이란 당해 외국인기술자가 입국하여 국내에서 최초

로 근로를 제공한 날이므로 다른 내국법인에게 최초로 근로를 제공하였다가 그로부터 2년 이상 경과 후 타법인에게 고용되어 근로를 제공한 경우에는 본 특례가 적용되지 않는다(조심 2013부1072, 2013.4.19.).

기간 계산은 중단 없이 연속적으로 이루어진다(서면2팀-39, 2005.1.5.; 서면2팀-1689, 2007. 9.14.). 예컨대, 2015년 3월 입국하여 최초 근로를 6개월간 제공하고 출국한 연후 2017년 5월 재입국하여 근로를 제공한 경우, 최초 근로 제공분은 감면되나, 재입국 후 근로 제공분은 국내에서 최초로 근로를 제공한 날로부터 2년(현재는 5년)이 경과하였으므로 감면대상에서 제외된다.

2019년 개정세법에서 해외 전문기술 인력을 유치하기 위하여 감면기간을 2년에서 5년으로 확대하였다. 2019.1.1. 이후 최초로 근로를 제공하는 분부터 적용한다. 2019.1.1. 전에 국내에서 근무를 시작한 외국인기술자의 소득세 감면기간에 대해서는 개정규정에도 불구하고 종전의 규정에 따른다(2018.12.24. 개정된 법률 부칙 §7 및 §40).

2023년 개정세법에서 외국인기술자가 국내에 취업하는 경우 소득세의 50%에 상당하는 세액을 감면하는 기간을 5년에서 10년으로 연장함. 개정규정은 2023.1.1. 당시 국내에서 최초로 근로를 제공한 날부터 5년이 지나지 아니한 외국인기술자에 대해서도 적용함(2022.12.31. 개정된 법률 부칙 §9).

Ⅳ. 조세특례제한 등

1 절차

소득세를 감면받으려는 사람은 근로를 제공한 날이 속하는 달의 다음 달 10일까지 원천징수의무자를 거쳐 원천징수 관할세무서장에게 세액감면신청서(별지 제7호 서식)를 제출하여야 한다(조특령 §16 ③). 조세감면신청은 감면의 필수적 요건이 아닌 협력의무이므로, 당해 소득이 감면대상임이 확인되면 감면한다(서면2팀-462, 2004.3.16.).

기업부설연구소등 연구원(조특령 §16 ① 2호)에 해당하여 세액감면신청서를 제출할 때에는 다음 내용이 포함된 증명서를 함께 제출해야 한다(조특칙 §9 ⑤).
① 감면신청자의 이름
② 국외연구기관등의 명칭 및 주소
③ 국외연구기관등에서 근무한 기간, 근무부서, 연구분야 및 해당 부서 책임자의 확인

원천징수의무자가 소득세가 감면되는 근로소득을 지급할 때에는 원천징수할 소득세(소법 §127)의 50%에 상당하는 세액을 원천징수한다(조특법 §18 ③).

- **을근납세조합을 통해 소득세가 징수된 경우 연말정산방법등**

  을근납세조합을 통하여 소득세가 징수된 동 기술자에 대하여는 소득세법 제137조 제5항에 의거 갑종에 속하는 근로소득과 을종에 속하는 근로소득을 합한 금액에 대하여 주된 근무지의 원천징수의무자가 연말정산을 할 수 있는 것이며,
  동 기술자가 을근납세조합에 가입하지 않은 경우(소득세법 제137조 제5항의 규정에 의한 연말정산을 하지 않은 경우 포함)에는 소득세법 제70조의 규정에 의하여 종합소득 과세표준확정신고를 하여야 하는 것임(제도 46017-10282, 2001.3.26.).

2 최저한세 제외

최저한세 적용대상에 해당하지 않는다(조특법 §132 ①).
제20부 제4절 최저한세 부분을 참조하기 바란다.

3 농어촌특별세 비과세

농어촌특별세가 비과세된다(농특령 §4 ⑥ 1호).

제6절 [제18조의 2] 외국인근로자에 대한 저율과세 특례 ★★★★☆

Ⅰ. 의의

1 개요

외국인근로자가 국내에서 근무함으로써 받는 근로소득에 대하여는 19%의 단일세율로 세액을 계산하여 분리과세하는 제도이다. 이 경우 공제·감면 등은 적용하지 아니하고, 19%의 세율을 곱한 금액으로 원천징수할 수 있다.

우수한 외국인 근로자의 국내 유치 및 외국인 투자 활성화를 지원하기 위한 조세지원제도이다.

적용기한은 2026.12.31. 이전 국내에서 최초로 근로로 제공하는 외국인의 근무 시작일부터 20년까지이다.

개정연혁

연 도	개정 내용
2017년	■ 일몰기한을 대신하여 근무 시작일을 기한으로 하는 적용기한 규정 신설 ■ 단일세율 인상 : 17% → 19%
2023년	■ 적용기간 확대 : 국내 근무 시작일부터 5년간 → 20년간
2024년	■ 특수관계 판단시점 확대 : 과세연도 종료일 → 근로기간 중 계속적으로 판단 ■ 비과세 대상 확대 : 사택제공이익

종래에는 본 특례의 외국인근로자에 대한 적용기한이 없었으나, 장시간 국내 근무 시 내국인과 동일한 과세를 통한 형평성 유지를 위하여 2014년 개정세법에서 국내 근무 시작일부터 5년간의 특례기한 규정을 신설하였다. 2014.1.1. 이후 발생하는 소득분부터 적용한다. 2014.1.1. 전에 국내에서 근무를 시작한 외국인근로자에 대해서는 종전의 규정에 따른다(2014.1.1. 개정된 법률 제12173호 부칙 §59) 즉 근무 시작일부터 5년간의 특례기한을 적용하지 않는다.

또한 2014년 개정세법에서 외국인근로자 과세특례에 따른 과도한 조세지원을 축소하기 위해 고용기업과 특수관계에 있는 근로자의 적용을 배제하였다. 2014.1.1. 전에 국내에서 근무를 시작한 외국인근로자에 대해서도 특수관계기업에게 근로를 제공하는 경우는 개정규정을 적용한다(2014.1.1 개정된 법 부칙 §59 단서)

2015년 개정세법에서 2016.12.31.로 일몰기한을 연장하였다. 일몰기한 연장규정은 2014.1.1. 이전에 근로를 제공하여 종전 규정(2014.1.1. 법률 제12173호로 개정되기 이전의 규정)을 적용받는 외국인근로자에 대해서도 적용한다(2014.12.23. 개정된 법률 제12853호 부칙 §8).

다만 헤드쿼터 인증기업의 외국인근로자에 대해서는 2015년 개정세법에서 적용기한을 폐지하여 영구화하였다. "헤드쿼터 인증기업"이란 2개 이상의 해외법인에 대하여 생산, 판매, 물류, 인사 등 기업의 핵심기능에 대한 지원 및 조정의 기능을 수행하는 국내법인으로서 상시근로자, 모기업의 요건 등 산업통상자원부령으로 정하는 기준 및 절차를 충족하는 지역본부를 말한다(조특령 §16의 2 ③ → 외국인투자 촉진법 시행령 §20의 2 ⑤ 1호).

2 적용기한의 개정연혁

최근 본 특례와 관련하여 근무 시작일 기한, 특례기간 및 일몰기한[1]에 복잡한 변동이 있어 이를 상세히 살펴보기로 한다.

적용기한의 개정연혁

개정세법	근무 시작일 기한	특례기간 제한	일몰기한
2013년	규정 없음	규정 없음	2014.12.31.로 연장
2014년	규정 없음	근무 시작일부터 5년	2014.12.31.
2015년	규정 없음	근무 시작일부터 5년	2016.12.31.로 연장
2017년	2018.12.31.까지 시작한 경우	근무 시작일부터 5년	삭제
2019년	2021.12.31.까지 시작한 경우	근무 시작일부터 5년	N.A.
2023년	2023.12.31.까지 시작한 경우	근무 시작일부터 20년	N.A.
2023년	2026.12.31.까지 시작한 경우	근무 시작일부터 20년	N.A.

2014년 개정세법에서 근무 시작일부터 5년이라는 특례기간에 대한 제한 규정이 신설되었으나, '2014.1.1. 전 근무를 시작한 외국인근로자'에게는 적용되지 않는다. 또한 2015년 개정세법에서 일몰기한이 연장되었으나 '2014.1.1. 전 근무를 시작한 외국인근로자'는 계속해서 특례기간 제한 규정이 적용되지 않았다(서면법령국조-4759, 2016.10.4.). 다만 과세관청

---

1) 다만 법 부칙에서는 근로제공 시작일, 특례기간 및 일몰기한을 구분하지 않고 적용기한이라는 한 단어로 지칭하지만,(2016.12.20. 개정된 법 부칙 §2 ② 참조) 이해의 편의를 위하여 3가지로 구분하여 살펴본다.

은 특례기간 제한 규정이 적용되지 않는 부칙을 적용하기 위해서는 2014.1.1. 현재 국내에서 근무할 것을 요건으로 하고 있다(사전법령국조-21, 2016.7.27.; 재소득-224, 2016.5.25. 외 다수).

- 2014년 개정세법의 부칙의 적용 대상이 아닌 경우

    2014.1.1. 쟁점 개정규정 시행 이전에 국내에서 근무하다가 경력 단절이 발생된 자들로서 쟁점 부칙규정에 따라 종전의 규정을 적용받지 못하는 경우에는 2014.1.1. 이후 최초로 근로를 제공한 날로부터 5년 동안 단일세율 적용의 특례를 적용받을 수 있도록 하는 것이 OOO 간의 과세형평에 부합하게 되는 점 등에 비추어 쟁점OOO의 경우 2014.1.1. 이후 국내에서 근로를 제공한 날로부터 5년 동안 단일세율을 적용받을 수 있는 것으로 보임(조심 2021서3274, 2021.12.1.; 조심 2019서3540, 2020.2.26.; 조심 2019서3690, 2020.5.7.외 다수) 2013.12.31. 이전에 국내 근무를 시작한 외국인근로자가 2014.1.1. 당시 국내에서 근무하지 않고, 2014.1.1. 후에 국내 근무를 재개한 경우에는 그 재개일을 최초 근무 시작일로 보아 5년간 특례를 적용함.

2017년 개정세법에서 일몰기한을 삭제하고 근무 시작일 기한을 신설하여 기존 특례기간 제한 규정과 함께 일몰기한의 역할을 하도록 하였다. 적용기한에 관한 규정은 2014.1.1. 이후에 국내에서 근무를 시작한 경우부터 적용한다(2016.12.20. 개정된 법 부칙 §10 ②).

조세특례제한법(법률 제19199호(2022.12.31.)) 제18조의2 제2항의 개정규정을 적용함에 있어 2013년 이전에 국내에서 근로를 제공하였던 외국인근로자가 출국하였다가 2014년 이후 재입국하여 국내에 근로를 제공한 경우 '국내에서 최초로 근로를 제공한 날'은 2014.1.1. 이후에 최초로 재입국하여 근로를 제공한 날을 의미하며, 2014.1.1. 현재 근로를 제공하고 있는 외국인근로자의 경우에는 2014.1.1.을 '국내에서 최초로 근로를 제공한 날'로 본다(사전법규국조-0624, 2023.11.17.; 조심 2021서6008, 2022.9.14.; 같은 뜻 재소득-243, 2022.5.30. 외 다수).

예를 들어, 2014.1.1.이전부터 계속해서 근로를 제공하는 외국인근로자는 시작일을 2014.1.1.로 하여 2033.12.31.까지 20년간 단일세율 특례를 적용한다.

Ⅱ. 요건

1 외국인근로자 (주체)

과세특례의 주체는 2021.12.31. 이전에 국내에서 최초를 근로를 제공하는 외국인인 임원 또는 사용인(이하 "외국인근로자")이다. 일용근로자는 제외한다(조특법 §18의 2 ②).

고용 당시 국내거주 여부에 관계없이 모든 외국인근로자가 포함되므로, 비거주자도 해당된다(재소득-10, 2005.1.14.; 서면2팀-2552, 2004.12.7.).

"외국인"은 해당 과세연도 종료일 현재 또는 원천징수일 현재 대한민국의 국적을 가지지 아니한 사람이다(조특령 §16의 2 ④·⑤).[2]

대한민국 국적을 보유한 **영주권자는 제외되며**,(국제세원-409, 2010.9.8.) 복수국적자가 대한민국의 국적을 가진 경우에도 외국인에 해당되지 않는다.

또한 외국인근로자가 과세기간 중에 대한민국의 국적을 취득한 경우에는 외국인근로자로서 지급받은 근로소득에 대하여 본 특례가 적용되며,[3](국제세원-448, 2009.8.31.; 재소득-121, 2007.2.12.) 내국인이 과세기간 중 대한민국국적을 포기하고 외국국적을 취득한 경우에도 외국인근로자로서 지급받은 급여만을 특례대상소득으로 한다(국제세원-2282, 2008.11.21.).

2 국내 근무

외국인근로자가 국내에서 근무하여 근로를 제공하여야 한다. 다만 고용기업과 특수관계가 있는 경우에는 제외된다.

2-1 특수관계인

특수관계인이란 <u>외국인근로자가</u> 근로를 제공하는 기업과 국세기본법 시행령 제1조의 2 제1항 및 제3항에 따른 친족관계 또는 경영지배관계에 있는 경우의 해당 기업을 말한다. 다만 경영지배관계에 있는지를 판단할 때 같은 조 제4항 제1호 나목의 요건은 적용하지 아니한다(조특령 §16의 2 ②).

아래 국세기본법상 특수관계인의 범위에서 제1항의 친족관계는 외국인 근로자가 개인기업 근무 시에 적용한다. 제3항의 경영지배관계는 법인기업 근무 시에 적용한다(서면법령국조-4065, 2016.9.20.).

2024 개정 조세회피를 방지하기 위하여 특수관계 판단 시점을 과세연도 종료일이 아닌 근로기간 중으로 확대함. 근로기간 중 외국인 근로자가 해당 기업과 특수관계에 있는

---

[2] 법 제18조 외국인기술자에 대한 소득세 감면과는 달리, 본 특례는 '외국인'의 정의 또는 범위에 대하여 법률에서의 구체적인 위임 문구를 규정하지 아니하고 시행령에서 대한민국 국적 보유자를 제외하는 것으로 규정하고 있어, 이는 조세법률주의에 위배될 가능성이 있으므로 보완되어야 할 것으로 본다.

[3] 2010년 개정세법에서 "해당 과세연도 종료일 현재 대한민국의 국적을 가지지 아니한 사람만" 과세특례를 신청할 수 있는 것으로 개정되어, 동 사례에 대해 문리해석을 엄격히 적용하면 외국인근로자가 과세기간 중에 대한민국 국적을 취득한 경우에는 본 특례가 적용되지 않는 것으로 해석될 수 있다. 그러나, 개정 후에도 실질과세 원칙에 따라 외국인근로자로서 지급받은 급여에 대하여는 본 특례를 적용하는 것이 타당하다고 본다. 참고적으로 동 예규등은 2010년 세법 개정 전의 예규이다.

경우는 적용 배제함. 2024.2.29. 전에 근로를 제공한 경우의 소득세 감면요건에 관하여는 개정규정에도 불구하고 종전의 규정에 따름(2024.2.29. 개정된 시행령 부칙 §19 ①).

국세기본법상 특수관계인의 범위(국기령 §1의 2)

제1항 친족관계
① 4촌 이내의 혈족
② 3촌 이내의 인척
③ 배우자(사실혼 포함)
④ 친생자로서 다른 사람에게 친양자 입양된 자 및 그 배우자·직계비속
⑤ 본인이 민법에 따라 인지한 혼인 외 출생자의 생부나 생모(본인의 금전이나 그 밖의 재산으로 생계를 유지하는 사람 또는 생계를 함께하는 사람으로 한정한다)

제2항 경제적 연관관계
① 임원과 그 밖의 사용인
② 본인의 금전이나 그 밖의 재산으로 생계를 유지하는 자
③ ① 및 ②의 자와 생계를 함께하는 친족

제3항 경영지배관계
  제1호 본인이 개인인 경우
    ㉮ 본인이 직접 또는 그와 친족관계 또는 경제적 연관관계에 있는 자를 통하여 법인의 경영에 대하여 지배적인 영향력을 행사하고 있는 경우 그 법인
    ㉯ 본인이 직접 또는 그와 친족관계, 경제적 연관관계 또는 가목의 관계에 있는 자를 통하여 법인의 경영에 대하여 지배적인 영향력을 행사하고 있는 경우 그 법인
  제2호 본인이 법인인 경우
    ㉮ 개인 또는 법인이 직접 또는 그와 친족관계 또는 경제적 연관관계에 있는 자를 통하여 본인인 법인의 경영에 대하여 지배적인 영향력을 행사하고 있는 경우 그 개인 또는 법인
    ㉯ 본인이 직접 또는 그와 경제적 연관관계 또는 가목의 관계에 있는 자를 통하여 어느 법인의 경영에 대하여 지배적인 영향력을 행사하고 있는 경우 그 법인
    ㉰ 본인이 직접 또는 그와 경제적 연관관계, 가목 또는 나목의 관계에 있는 자를 통하여 어느 법인의 경영에 대하여 지배적인 영향력을 행사하고 있는 그 법인
    ㉱ 본인이 「독점규제 및 공정거래에 관한 법률」에 따른 기업집단에 속하는 경우 그 기업집단에 속하는 다른 계열회사 및 그 임원

제4항 위의 제3항 경영지배관계 규정(제2호 라목 제외)을 적용할 때 다음의 구분에 따른 요건에 해당하는 경우 해당 법인의 경영에 대하여 지배적인 영향력을 행사하고 있는 것으로 본다.
  제1호 영리법인인 경우
    ㉮ 법인의 발행주식총수 또는 출자총액의 30% 이상을 출자한 경우
    ㉯ 임원의 임면권의 행사, 사업방침의 결정 등 법인의 경영에 대하여 사실상 영향력을 행사하고 있다고 인정되는 경우
  제2호 비영리법인인 경우

㉮ 법인의 이사의 과반수를 차지하는 경우
㉯ 법인의 출연재산(설립을 위한 출연재산만 해당한다)의 30% 이상을 출연하고 그 중 1인이 설립자인 경우

2-2 특수관계인에서 제외되는 외국인투자기업

해당 과세연도 종료일 현재 다음에 해당하는 외국인투자기업은 특수관계에서 제외한다(조특령 §16의 2 ①).
- 외국인투자기업에 대한 법인세등 감면 규정(법 §121의 2)에 따라 법인세, 소득세, 취득세 및 재산세를 각각 감면받는 기업
- 외국인투자기업에 대한 조세감면 기준(영 §116의 2 ③~⑩)에 따른 감면요건을 갖춘 기업

2-3 국외근로 제공 제외

외국인근로자가 국외에서 내국법인에게 근로를 제공하고 지급받는 근로소득에 대하여는 특례를 적용받을 수 없다(서면2팀-147, 2006.1.18.).
- 외국법인의 임원으로 외국에서 근무하는 외국인이 내국법인의 비상근임원으로 선임되어 내국법인으로부터 임원보수지급규정에 의하여 임원보수를 지급받는 경우에는 국외에서 근무를 제공하므로 본 특례가 적용되지 않는다(서면2팀-1158, 2006.6.20.; 서면2팀-207, 2008.1.31.).
- **국외항행하는 선박**(국제세원-2150, 2008.11.12.)이나 **항공기 근무자**[4]는 국외에서 근로를 제공하였으므로 본 특례의 대상에서 제외된다.

Ⅲ. 과세특례

 **특례대상소득**

특례대상소득은 외국인근로자가 국내에서 근로를 제공함으로써 받는 근로소득이다. 퇴

---

4) 조심 2008서777, 2008.10.16.; 국심 2007서2832, 2008.7.22.; 단, 국내와 국제선 모두를 항행하는 항공기 조종사에 대해서는 과세특례를 인정한 심판례 있음(국심 2007서3153, 2008.1.23.).

직소득은 제외한다.

소득세법 및 조세특례제한법에 따른 소득세와 관련된 비과세, 공제, 감면 및 세액공제에 관한 규정은 적용하지 아니한다(조특법 §18의 2 ③). 예를 들어, 법 제18조 외국인기술자에 대한 소득세 감면과 납세조합공제(소법 §150 ③)는 적용되지 않는다(서면2팀-1742, 2004.8.19.).

다만, 비과세와 관련하여 복리후생적 성질의 급여(소법 §12 3호 저목) 중 종업원 등의 사택제공이익에 대한 비과세(소령 §17의 4 1호)는 제외하여 특례를 적용한다(조특령 §16의 2 ⑤).

직전 연도 퇴직자인 외국인(퇴사 후 한국에 비거주)에게 당해 연도에 성과급을 지급하는 경우에는 본 특례가 적용된다(서면2팀-1740, 2004.8.19.). 이때 성과급 상여의 귀속시기는 당해 직원들의 개인별 지급액이 확정되는 연도이다.

2024 개정 외국인 근로자의 국내 유입을 지원하기 위하여, 외국인 근로자 단일세율 과세특례에서 적용 배제되는 비과세 소득에서 제외는 소득으로 사택을 제공받음으로써 얻는 이익을 규정함. 21년 소득세법 개정에서 사택제공이익을 과세제외 소득에서 비과세 소득으로 변경함에 따라 사택 제공 이익을 과세대상에 포함하는 결과가 발생하여 이를 방지하기 위한 목적임. 개정 이후 부칙을 통해서 근로소득에서 제외하였으나, 항구적으로 제외하도록 개정함. 개정규정은 2024.1.1. 이후 소득을 지급받는 경우부터 적용함(2023.12.31. 개정된 법률 부칙 §6).

주요 이슈와 쟁점

18. 사회보장협정에 따라 외국의 연금보험료를 내국법인이 부담한 경우, 외국인근로자 과세특례 적용 여부

[쟁점 예규] 사회보장협정에 따라 내국법인이 부담한 연금보험료는 외국인근로자 저율과세가 적용됨 (재소득-103, 2016.2.26.)

외국인근로자가 내국법인에 근로를 제공하면서 외국과의 사회보장에 관한 협정에 따라 그를 파견한 국가의 연금제도에 가입하고 파견근로를 하는 국가의 연금제도에서는 가입을 면제받도록 되어 있는 경우, 외국인근로자가 본국의 법에 따라 납부하여야 할 연금보험료 중 내국법인이 부담하는 본국 연금의 사용자부담금에 대해서는 소득세법 제14조 제2항에 따른 종합소득과세표준에 합산하지 않으나, 본 외국인근로자에 대한 과세특례를 적용할 때에는 과세대상에 포함한다.

저자주 사회보장협정(Social Security Agreements)이란 외국에 단기 파견된 근로자의 상대국 연금보험료를 면제해 주거나, 양국 연금 가입기간을 합산하여 급여를 지급하는 제도를 말한다.[5]

사회보장협정에 의해 내국법인이 부담한 본국 연금보험료(이하 "쟁점 연금보험료")가 소득세법상 외국인근로자의 근로소득에 포함되는지 여부를 먼저 살펴본다. 종전 유권해석은 근로소득에 포함된다는 해석(국일 46017-320, 1996.5.29.; 서면법규-662, 2014.6.26.)과 비과세 근로소득에 해당한다는 해석(서이 46013-10468, 2003.3.10.; 원천-173, 2011.3.28.)으로 엇갈려 있었다. 사용자부담 사회보험료에 대한 비과세 근로소득 조항(소법 §12 3호 너목)은 국내 법률인 국민건강보험법, 국민연금법 등에 따른 사회보험료를 비과세하므로 문리해석에 충실한다면 사회보장협정에 따른 외국 법률에 근거한 연금보험료는 과세소득으로 보아야 한다. 반면에 사회보장협정이 발효되는 경우 국내법과 같은 효력을 가진다는 실질을 중시한다면 합목적적 해석에 따라 쟁점 연금보험료를 비과세하여야 할 것이다. 저자는 국내법과 동일한 효력을 가지는 사회보장협정을 법률명이 다르다는 이유로 비과세로 보지 않는다면 외국인에 대한 차별과세로 판단한다. 최소한 외국인의 자국법에 의해서 비과세된다면 국내 세법에서도 비과세(또는 과세제외)로 보아야 사회보장협정의 취지에 부합할 것으로 본다.

그러나 쟁점 예규에서는 쟁점 연금보험료에 대해 본 특례를 적용하여 분리과세하는 것으로 해석하였다.

2 단일세율 적용

국내에서 최초로 근로를 제공한 날부터 20년 이내에 끝나는 과세기간에 받는 특례대상소득에 대하여는 소득세법상 기본 누진세율(소법 §55 ①)을 적용하지 아니하고, 해당 근로소득에 19%를 곱한 금액을 그 세액으로 할 수 있다.

근로소득에 대한 소득세 = 특례대상소득(비과세, 공제, 감면 및 세액공제 제외) × 19%

예를 들어, 2018.11.1.에 최초 근로를 제공한 경우, 그 날로부터 5년은 2023.10.31.이며, 5년 이내에 끝나는 과세기간은 2022.12.31.로 종료하는 2022년이다.

2017년 개정세법에서 특례세율을 17%에서 19%로 인상하였다. 2014.1.1. 이전 국내에서 근무를 시작한 외국인 근로자도 19%의 세율을 적용한다. 개정규정에도 불구하고 2017.1.1. 전에 발생한 소득분에 대해서는 종전의 규정을 적용한다(2016.12.20. 개정된 법 부칙 §10 ①·③).

2023년 개정세법에서 종전에는 외국인근로자가 국내에서 근무하여 받는 근로소득의 경우 국내에서 최초로 근로를 제공한 날부터 5년 이내의 과세기간에 한정하여 소득세의 세율을 19%로 할 수 있도록 하는 과세특례를 적용하였으나, 앞으로는 국내에서 최초로 근로를 제공한 날부터 20년 이내의 과세기간 동안 과세특례를 적용받을 수 있도록 함. 개정규정은 2023.1.1. 당시 국내에서 최초로 근로를 제공한 날부터 20년이 지나지 아니한 외국인근로자에 대해서도 적용함(2022.12.31. 개정된 법률 부칙 §10).

조세특례제한법(2022.12.31., 법률 제19199호) 제18조의2제2항의 개정규정(적용기간을 5년에서 20년으로 확대한 규정)은 부칙 제1조 및 제2조에 따라 이 법 시행일(2023.1.1.) 이후 개시하

---

5) 국민연금공단, "사회보장협정안내", p.1.

는 과세연도부터 적용한다(서면국제세원-1002, 2023.6.9.).

2-1 적용기간

"국내에서 최초로 근로를 제공한 날"이란 당해 외국인기술자가 입국하여 국내에서 최초로 근로를 제공한 날이므로 다른 내국법인에게 최초로 근로를 제공하였다가 그로부터 5년(현재는 20년) 이상 경과 후 타법인에게 고용되어 근로를 제공한 경우에는 본 특례가 적용되지 않는다(사전법령국조-0593, 2017.10.12.).

기간 계산은 중단 없이 연속적으로 이루어진다(재소득-224, 2016.5.25.; 서면법령국조-21953, 2015.4.3.). 예컨대, 2014년 3월 입국하여 최초 근로를 6개월간 제공하고 출국한 연후 2020년 5월 재입국하여 근로를 제공한 경우, 최초 근로 제공분은 감면되나, 재입국 후 근로 제공분은 최초 근로제공일로부터 5년(현재는 20년) 이내에 끝내는 과세기간(2018년)이 경과하였으므로 감면대상에서 제외된다.

2-2 분리과세

이 경우 해당 근로소득은 종합소득과세표준에 합산하지 아니하고 분리과세하여 납세의무를 종결한다(조특법 §18의 2 ③). 종합소득과세표준에 합산하게 되면 단일세율이 적용된 근로소득에 대하여 다시 누진세율이 적용되기 때문이다.

외국인근로자가 국내에 근무함으로써 지급받는 근로소득과 종합과세대상 금융소득이 함께 있는 경우, 근로소득에 대해서 외국인근로자에 대한 과세특례(조특법 §18의 2 ②)를 적용받으면 금융소득 종합과세 시 적용할 표준세액공제액은 연 7만원(소법 §59의 4 ⑨)으로 한다(서면1팀-1219, 2007.9.3.). 외국인근로자에 대한 과세특례를 적용받아 단일세율을 적용받은 경우에 동 근로소득은 분리과세하여 종합소득에 합산하지 아니하기 때문에 근로소득이 없는 것으로 본다.

2-3 원천징수 특례

원천징수의무자는 외국인근로자에게 매월분의 근로소득을 지급할 때에는 근로소득간이세액표(소법 §134 ①)에 따르지 않고 해당 근로소득에 19%를 곱한 금액을 원천징수할 수 있다(조특법 §18의 2 ④).

Ⅳ. 조세특례제한 등

1 절차

1-1 연말정산 또는 종합소득과세표준확정신고

외국인근로자는 근로소득세액의 연말정산 또는 종합소득과세표준확정신고를 하는 때에 근로소득자 소득·세액공제신고서(소령 §198 ①)에 외국인근로자단일세율적용신청서(별지 제8호 서식)를 첨부하여 원천징수의무자·납세조합 또는 납세지 관할세무서장에게 제출하여야 한다(조특령 §16의 2 ④).

단일세율 적용신청은 납세자의 협력의무를 규정한 것에 불과하므로, 당해 소득이 감면대상에 해당하면 특례를 적용한다(조심 2020중8363, 2021.3.15.).

1-2 원천징수 특례 적용 시 절차

(1) 단일세율 적용의 선택

단일세율에 의한 원천징수 방식을 적용받으려는 외국인근로자는 근로를 제공한 날이 속하는 달의 다음 달 10일까지 단일세율적용 원천징수신청서(별지 제8호의 2 서식)를 원천징수의무자를 거쳐 원천징수 관할 세무서장에게 1회만 제출하면 된다(조특령 §16의 2 ⑥).

근무지(변동) 신고서(소령 §196의 2)를 제출한 2인 이상으로부터 근로소득을 받는 외국인근로자는 주된 근무지의 원천징수의무자에게 '외국인근로자단일세율적용신청서'를 제출하여야 한다(서면2팀-142, 2005.1.20.).

(2) 단일세율 적용의 포기

단일세율적용 원천징수신청서를 제출한 외국인근로자가 단일세율적용 원천징수포기신청서(별지 제8호의 2 서식)를 원천징수의무자를 거쳐 원천징수 관할 세무서장에게 제출하는 경우에는 제출일이 속하는 과세기간의 다음 과세기간부터 단일세율에 의한 원천징수를 하지 아니한다(조특령 §16의 2 ⑦).

2 농어촌특별세 비과세

농어촌특별세를 비과세한다(농특령 §4 ⑥ 1호).

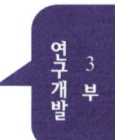

제7절 [제18조의 3] 내국인 우수 인력의 국내복귀에 대한 소득세 감면

Ⅰ. 의의

학위 취득 후 국외에서 5년 이상 거주하면서 연구개발 및 기술개발 경험을 가진 내국인 우수 인력이 국내에 거주하면서 연구기관등에 취업하여 받는 근로소득에 대한 소득세를 10년간 50% 감면하는 특례이다.

외국인 우수 인재 유치에 대해서는 조특법 제18조 외국인기술자 소득세 감면 및 조특법 제18조의 2 외국인 근로자 과세특례에서 세제 지원이 이루어지고 있으나, 해외 주재 내국인 유치를 위한 세제 지원은 존재하지 아니하여 관련 특례를 신설하였다.

개정규정은 2020.1.1. 이후 연구기관등에 취업하는 경우부터 적용한다(2019.12.31. 개정된 법률 부칙 §12).

일몰기한은 2025년 12월 31일이다.

개정연혁

연 도	개정 내용
2020년	■ 내국인 우수인력 국내복귀에 대한 소득세 감면 신설
2023년	■ 감면기간 확대 : 5년 → 10년
2024년	■ 특수관계 판단시점 확대 : 과세연도 종료일 → 근로기간 중 계속적으로 판단

Ⅱ. 요건

학위 취득 후 국외에서 5년 이상 거주하면서 연구개발 및 기술개발 경험을 가진 내국인 우수 인력이 국내에 거주하면서 연구기관등에 취업하여야 한다.

1 내국인 우수인력

내국인 우수 인력이란 다음 요건을 모두 갖춘 사람을 말한다(조특령 §16의 3 ①)

1-1 자연계 박사학위 등 (1호)

자연계·이공계·의학계 분야의 박사학위를 소지한 사람이어야 한다. 자연계·이공계·의학계 분야의 예시는 제5절 Ⅱ. 2-2를 참조하기로 한다(조특칙 §10 ① → 별표 1의 2).

1-2 5년 국외 거주 (2호)

연구기관 등(조특령 §16의 3 ②)에 취업한 날 또는 소득세를 최초로 감면받는 날이 속하는 과세기간의 직전 5개 과세기간 동안 국외에서 거주하였어야 한다. 이 경우 1개 과세기간에 183일 이상 국외에서 체류한 경우 해당 과세기간에는 국외에서 거주한 것으로 본다.

('학위 취득 후 국외에서 5년 이상 거주하면서'에서) "학위 취득 후"란 같은 법 시행령 제16조의3제1항제1호에 따른 박사학위 취득 후를 의미하는 것으로서, 박사학위 취득 시점은 관련 법령에 따라 사실판단할 사항으로 한다(서면법규소득-4520, 2023.9.26.; 서면법규소득-0416, 2023.9.26. 외 다수).

1-3 5년 국외 개발 경험 (3호)

외국의 대학과 그 부설연구소, 국책연구기관 및 기업부설연구소(이하 "국외연구기관등")에서 5년 이상 연구개발 및 기술개발 경험이 있어야 한다(조특칙 §10 ②).

이때 국외연구기관등에서 연구원(행정 사무만을 담당하는 사람은 제외함)으로 근무한 기간이 합산하여 5년(휴직 등으로 인해 실제로 연구원으로 근무하지 않은 기간을 제외함) 이상인 경우에는 연구개발 및 기술개발 경험이 있는 것으로 본다(조특칙 §10 ③).

1-4 특수관계인 제외 (4호)

근로를 제공하는 기업과 특수관계 중 친족관계 또는 경영지배관계(국기령 §1의 2 ①·③)에 있지 않아야 한다. 다만, 경영지배관계에 있는지 여부를 판단할 때 사실상 영향력 행사 요건(같은 조 ④ 1호 나목)은 적용하지 않는다.

국세기본법상 특수관계는 제6절 Ⅱ. 2-1을 참조하기로 한다.

[2024 개정] 조세회피를 방지하기 위하여 특수관계 판단 시점을 과세연도 종료일이 아닌 근로기간 중으로 확대함. 근로기간 중 내국인 우수 인력이 해당 기업과 특수관계에 있는 경우는 적용 배제함. 2024.2.29. 전에 근로를 제공한 경우의 소득세 감면요건에 관하여는 개정규정에도 불구하고 종전의 규정에 따름(2024.2.29. 개정된 시행령 부칙 §19 ①).

1-5 내국인 (5호)

해당 과세기간 종료일 현재 대한민국의 국적을 가진 사람이어야 한다.

2 국내 연구기관등에 취업 (6호)

다음의 연구기관 또는 부서(이하 "연구기관등")에서 연구원(행정 사무만을 담당하는 사람은 제외함)으로 근무하는 사람이어야 한다(조특령 §16의 3 ②).

1. 「기초연구진흥 및 기술개발지원에 관한 법률」 제14조의 2 제1항에 따라 과학기술정보통신부장관의 인정을 받은 기업부설연구소 또는 연구개발전담부서
2. 「정부출연연구기관 등의 설립·운영 및 육성에 관한 법률」 제2조에 따른 정부출연연구기관 및 「과학기술분야 정부출연연구기관 등의 설립·운영 및 육성에 관한 법률」 제2조에 따른 과학기술분야 정부출연연구기관과 그 부설 연구기관
3. 「특정연구기관 육성법」 제2조에 따른 특정연구기관 및 그 부설 연구기관
4. 「고등교육법」 제2조에 따른 대학, 산업대학, 전문대학 또는 기술대학 및 그 부설 연구기관
5. 「한국해양과학기술원법」에 따라 설립된 한국해양과학기술원
6. 「국방과학연구소법」에 따라 설립된 국방과학연구소
7. 「산업기술혁신 촉진법」 제42조에 따른 전문생산기술연구소
8. 「산업기술연구조합 육성법」에 따라 설립된 산업기술연구조합

Ⅲ. 세액감면

취업일부터 10년이 되는 날이 속하는 달까지 발생한 근로소득에 대해서는 소득세의 50%를 감면한다. 이 경우 소득세 감면기간은 소득세를 감면받은 사람이 다른 연구기관등에 취업하는 경우에 관계없이 소득세를 감면받은 최초 취업일부터 계산한다(조특법 §18의 3 ①).

2023년 세법개정에서 해외 우수 인재의 국내 복귀를 지원하기 위한 목적으로, 내국인 우수인력 국내 복귀자 소득세 감면기간을 종전 5년에서 10년으로 확대함. 개정규정은 2023.1.1. 당시 취업일부터 5년이 지나지 아니한 내국인 우수 인력에 대해서도 적용함(2022.12.31. 개정된 법률 부칙 §11).

Ⅳ. 조세특례제한 등

 **절차**

1-1 원천징수 특례 적용

원천징수의무자가 감면소득을 지급할 때에는 소득세법 제127조에 따라 징수할 소득세의 50%를 원천징수한다(조특법 §18의 3 ②).

1-2 원천징수 특례 적용 시 절차

소득세를 감면받으려는 사람은 근로를 제공한 날이 속하는 달의 다음 달 10일까지 원천징수의무자를 거쳐 원천징수 관할 세무서장에게 세액감면신청서(별지 제7호의 2 서식)와 함께 다음 내용이 포함된 증명서를 제출해야 한다(조특령 §16의 3 ③, 조특칙 §10 ④).
① 감면신청자의 이름
② 국외 대학 및 연구기관등의 명칭 및 주소
③ 국외 대학 및 연구기관등에서 근무한 기간, 근무부서, 연구분야 및 해당 부서 책임자의 확인

2 농어촌특별세 비과세 등

농어촌특별세가 비과세된다(농특령 §4 ⑥ 1호).
최저한세 적용대상에 해당하지 않는다(조특법 §132 ①).

제8절 [제19조] 성과공유 중소기업의 경영성과급에 대한 세액공제 등 ★★☆

Ⅰ. 의의

중소기업이 전년도와 비교하여 고용을 유지하면서 상시근로자에게 경영성과급을 지급하는 경우, 그 금액의 15%를 세액공제한다. 또한 경영성과급을 지급받은 근로자는 소득세의 50%를 감면한다.

중소기업 성과공유 확산을 통하여 대·중소기업 임금격차를 감소시키고 우수 인력을 중소기업에 유입하도록 하여 기업을 성장시킬 수 있는 선순환 구조를 마련하기 위한 취지이다.

중소기업 성과공유제에는 경영성과급, 성과보상기금공제사업, 사내근로복지기금, 직무발명보상 제도 등이 있으나, 본 특례의 세액공제 대상은 경영성과급에 한정한다.

2019년 개정세법에서 신설되었으며, 2019.1.1. 이후 경영성과급을 지급하거나 지급받는 분부터 적용한다(2018.12.24. 개정된 법률 부칙 §8).

본 특례는 중소기업 세액공제와 근로자 세액감면의 2가지로 구성되므로, 양자를 구분하여 살펴보도록 한다.

일몰기한은 2024.12.31.이다.

개정연혁

연 도	개정 내용
2019년	■ 성과공유 중소기업의 경영성과급 세액공제 등 신설
2022년	■ 영업이익이 발생한 기업에 한정한다는 요건 삭제 ■ 중소기업 세액공제율 인상 : 10% → 15%

Ⅱ. 성과공유 중소기업의 경영성과급 세액공제

 요건

성과공유 중소기업이 상시근로자에게 경영성과급을 지급하여야 한다. 단, 고용유지조건을 충족하여야 한다(조특법 §19 ①).

1-1 주체

(1) 성과공유 중소기업

중소기업에 근무하는 근로자의 임금 또는 복지 수준을 향상시키기 위하여 일정한 성과공유 방법으로 근로자와 성과를 공유하고 있거나 공유하기로 약정한 중소기업이어야 한다 [중소기업 인력지원 특별법(이하 "중기인력법") §27의 2 ①].

중소기업이란 중소기업기본법에 따른 중소기업을 말한다(중기인력법 §2 1호; 기준법령법인-0090, 2021.10.15.).

중소기업이 요건을 충족하는 경우에는 성과공유기업 확인서를 발급 받지 아니하였더라도 해당 세액공제 대상에 해당한다(서면법령법인-1920, 2020.12.14.).

중소기업이 2020과세연도에 경영성과급 지급약정을 체결하고 그 약정에 따라 중소기업에 해당하는 2020과세연도에 대한 경영성과급을 2021과세연도에 지급하는 경우, 지급하는 과세연도에 규모의 확대등으로 중소기업에 해당하지 않게 되었더라도 세액공제가 가능하다(사전법령법인-0831, 2021.10.19.).

즉, 중소기업 요건은 지급 시기가 아닌 해당 성과급의 귀속시기가 속하는 사업연도에 그 요건을 충족하는지 여부로 판정한다.

(2) 상시근로자의 범위

상시근로자란 근로기준법에 따라 근로계약을 체결한 내국인 근로자를 말한다. 다만 다음의 사람은 제외한다(조특령 §17 ①).

> 1. 근로계약기간이 1년 미만인 근로자(근로계약의 연속된 갱신으로 인하여 그 근로계약의 총 기간이 1년 이상인 근로자는 제외한다)

> 2. 「근로기준법」 제2조 제1항 제9호에 따른 단시간근로자. 다만, 1개월간의 소정근로시간이 60시간 이상인 근로자는 상시근로자로 본다.
> 3. 「법인세법 시행령」 제40조 제1항 각 호의 어느 하나에 해당하는 임원
> 4. 해당 기업의 최대주주 또는 최대출자자(개인사업자의 경우에는 대표자를 말한다)와 그 배우자
> 5. 제4호에 해당하는 자의 직계존비속(그 배우자를 포함한다) 및 「국세기본법 시행령」 제1조의 2 제1항에 따른 친족관계인 사람
> 6. 「소득세법 시행령」 제196조에 따른 근로소득원천징수부에 의하여 근로소득세를 원천징수한 사실이 확인되지 않고, 다음 각 목의 어느 하나에 해당하는 금액의 납부사실도 확인되지 않은 자
>   가. 「국민연금법」 제3조 제1항 제11호 및 제12호에 따른 부담금 및 기여금
>   나. 「국민건강보험법」 제69조에 따른 직장가입자의 보험료
> 7. 해당 과세기간의 총급여액이 7천만원을 초과하는 근로자

제외되는 상시근로자의 상세 내용은 제6부 제5절 통합고용세액공제 Ⅱ. 2-1 (1) 상시근로자의 범위를 참조하기 바란다.

다만, 해당 과세기간의 **총급여액이 7천만원을 초과하는 고액 연봉자는 제외**한다는 점에 차이가 있음에 주의하여야 한다.

1-2 경영성과급

경영성과급이란 「중소기업 인력지원 특별법 시행령」 제26조의 2 제1항 제1호에 따른 성과급을 말한다(조특령 §17 ②).

중소기업과 근로자가 경영목표 설정 및 그 목표 달성에 따른 성과급 지급에 관한 사항을 사전에 서면으로 약정하고 이에 따라 근로자에게 지급하는 성과급(우리사주조합을 통하여 성과급으로서 근로자에게 지급하는 우리사주를 포함함) 제도를 말한다(중기인력법 시행령 §26의 2 ① 1호).

구체적으로는 다음의 요건을 모두 충족하여야 한다(중소기업-근로자간 성과공유 확인 및 지원에 관한 고시 §3 ①).[1]

> 1. 사업주와 근로자간에 근로계약, 취업규칙, 단체협약, 미래성과공유협약 등을 통해 매출액, 영업이익 등의 경영목표와 목표 달성에 따른 성과급 지급기준을 사전에 서면으로 약정하여야 한다.

---

1) [시행 2023.4.5.] [중소벤처기업부고시 제2023-24호, 2023.3.30., 일부개정]

> 2. 제1호에 따른 서면 약정은 성과급 지급일을 기준으로 3개월 이전에 이루어져야 한다.
> 3. 성과급은 다음 각 목과 같이 현금 또는 주식으로 지급하여야 한다.
>   가. 현금 : 경영목표 달성에 따른 성과를 근로자와 공유하기 위해 사업주가 성과급으로 지급하는 성과공유 상여금
>   나. 주식 : 우리사주제도 실시회사 또는 그 주주 등이 우리사주조합기금에 출연한 금전과 물품으로 지급하는 성과급으로 우리사주조합을 통해 근로자에게 지급하는 우리사주

 종전에는 중소기업이 근로자에게 지급하는 경영성과급에 대해 세액공제를 받으려면 중소기업이 근로자와 성과급 지급을 약정한 과세연도에 영업이익이 발생해야만 세액공제를 받을 수 있었으나, 2022년 세법개정에서 영업이익이 발생하지 않은 사업연도에 지급하는 경영성과급에 대해서도 세액공제를 받을 수 있도록 하여 근로자와의 성과공유가 활성화될 수 있도록 지원하였다. 개정규정은 중소기업이 2022.1.1. 이후 지급한 경영성과급부터 적용한다(2022.2.15. 개정된 시행령 부칙 §7).

1-3 고용유지조건

 성과공유 중소기업의 해당 과세연도의 상시근로자 수가 직전 과세연도의 상시근로자 수보다 감소한 경우에는 공제하지 아니한다(조특법 §19 ① 단서).

 상시근로자 수는 아래의 계산식에 따라 계산한다. 다만 소수 셋째 자리 미만은 절사한다(조특령 §17 ③).

$$\text{상시근로자 수} = \frac{\text{매월 말 현재 인원의 합계}}{\text{해당 월수}} \quad \text{(단, 단시간근로자 등은 0.5명 또는 0.75명으로 계산)}$$

 근로기준법에 따라 근로계약을 체결한 근로자가 성과공유 중소기업 경영성과급 세액공제 적용대상 사업연도와 직전 사업연도 중 어느 하나의 사업연도에 상시근로자(조특령 §17 ①)에 해당하지 않는 경우에는 해당 사업연도와 직전 사업연도에서 해당 근로자를 제외하고 상시근로자 수를 계산한다(서면법인-0590, 2022.3.24.).

 상시근로자 수의 계산에 관하여는 고용창출투자세액공제 규정을 준용한다(조특령 §17 ④ → 조특령 §23 ⑪ 후단 및 같은 항 2호) 단시간근로자 및 상용형근로자 등 상세한 내용은 제6부 제5절 통합고용세액공제 Ⅱ. 3. 근로자 수의 산정을 참조하기 바란다.

2 세액공제

지급한 경영성과급의 15%를 해당 과세연도의 소득세(사업소득에 대한 소득세만 해당함) 또는 법인세에서 공제한다.

$$공제세액 = 경영성과급 \times 15\%$$

2022년 세법개정에서 경영성과를 근로자와 공유하는 성과공유제도를 확산하기 위하여 성과공유 중소기업에 대한 세액공제액을 경영성과급 지급액의 10%에서 15%로 확대한다. 2022.1.1. 전에 경영성과급을 지급한 경우의 세액공제에 관하여는 개정규정에도 불구하고 종전의 규정에 따른다(2021.12.28. 개정된 법률 부칙 §27).

3 조세특례제한등

3-1 중복지원의 배제

세액공제 감면규정과 세액공제규정의 중복지원 배제(조특법 §127 ④)에 해당하지 않으므로 중소기업특별세액감면 및 투자세액공제 등과 중복 적용이 가능하다. 다만, 근로소득 증대세제(조특법 §29의 4)와 **중복적용할 수 없음**에 유의하여야 한다(조특법 §127 ②).

기타 조세특례제한 등

구 분	내 용	참조 부분
서식	세액공제신청서 및 성과공유 중소기업의 경영성과급에 대한 세액공제 공제세액계산서(별지 8호의 3 서식)	
추계과세 시 등	세액공제 배제(조특법 §128 ①)	제20부 제2절
최저한세	적용대상(조특법 §132 ①)	제20부 제4절
세액공제액의 이월공제	허용(조특법 §144 ①·②)	제21부 제2절
농어촌특별세	과세(농특법 §5 ① 1호)	

Ⅲ. 성과공유 중소기업 근로자의 세액감면

1 주체 (근로자의 범위)

성과공유 중소기업의 근로자 중 다음에 해당하는 사람을 제외한다(조특법 §19 ②).
① 해당 과세기간의 총급여액이 7천만원을 초과하는 고액 연봉자
② 다음의 어느 하나에 해당하는 최대주주 등(조특령 §17 ⑥)
  ㉮ 해당 기업의 최대주주 또는 최대출자자(개인사업자의 경우에는 대표자를 말함)와 그 배우자
  ㉯ ㉮에 해당하는 자의 직계존비속(그 배우자 포함) 또는 ㉮에 해당하는 사람과 친족관계에 있는 사람
  친족관계란 ① 6촌 이내의 혈족, ② 4촌 이내의 인척, ③ 배우자(사실혼 포함), ④ 친생자로서 다른 사람에게 친양자 입양된 자 및 그 배우자·직계비속을 말한다(국기령 §1의 2 ①).

2 세액감면

다음의 산식에 따라 근로자가 지급받은 경영성과급의 50%를 세액감면한다(조특령 §17 ⑦).

$$\text{산출세액}^① \times \frac{\text{근로소득금액(소법 §20 ②)}}{\text{종합소득금액(소법 §14 ②)}} \times \frac{\text{경영성과급}}{\text{총급여액}} \times 50\%$$

❶ 종합소득산출세액(소법 §137 ① 2호)

세액감면을 받으려는 근로자가 중소기업 취업자 소득세 감면 규정(조특법 §30 ①)에 따라 감면을 받는 경우 감면세액은 다음 계산식에 따라 계산한 금액으로 한다(조특령 §17 ⑧).

$$\left[\text{산출세액}^① \times \frac{\text{근로소득금액}}{\text{종합소득금액}} - \text{감면세액}^② \right] \times \frac{\text{경영성과급}}{\text{총급여액}} \times 50\%$$

❶ 종합소득산출세액(소법 §137 ① 2호)
❷ 중소기업 취업자 소득세 감면 규정(조특법 §30 ①)에 따른 감면세액

3 조세특례제한등

3-1 절차

경영성과급을 지급받은 날이 속하는 달의 다음 달 말일까지 성과공유 중소기업 경영성과급 소득세 감면신청서(별지 8호의 4 서식)를 원천징수의무자에게 제출해야 한다(조특령 §17 ⑨).

원천징수의무자는 성과공유 중소기업 경영성과급 소득세 감면 대상 명세서(별지 8호의 5 서식)를 신청을 받은 날이 속하는 달의 다음 달 말일까지 원천징수 관할 세무서장에게 제출해야 한다(조특령 §17 ⑩).

3-2 기타

근로소득에 대한 소득세 감면으로서 중복지원의 배제, 추계과세 시 등의 배제 및 최저한세 등의 적용 대상에 해당하지 않는다.

농어촌특별세를 비과세한다(농특세령 §4 ⑥ 1호).

2024
조세특례제한법 해석과 사례

4. 국제자본거래에 대한 조세특례

제1절 서설
제2절 [제20조] 공공차관 도입에 따른 과세특례
제3절 [제21조] 국제금융거래에 따른 이자소득 등에 대한 법인세 등의 면제

제1절 서설

국제자본거래 중 채권투자 등에서 발생하는 이자소득에 대하여는 소득세 또는 법인세를 면제하고, 직접투자로 인해 발생하는 배당소득에 대해서는 법인세를 면제하거나 저율로 원천징수하는 조세특례를 부여한다. 다만 국제자본거래에 대하여 조세특례를 부여하는 경우는 공공차관이나 국외 발행되어 외국인이 그 소득의 주체가 되는 경우 등으로 한정되어 있다.

국제자본거래에 대한 조세특례 제도

조문	과세특례 요건	과세특례 내용
§20 공공차관 도입	공공차관에서 발생한 대주의 이자소득 및 공공차관의 도입과 관련된 사업에서 외국인에게 지급된 기술 및 용역의 대가	법인세 또는 소득세를 공공차관협약에 따라 감면
§21 국제금융거래에 따른 이자소득 등에 대한 법인세 등의 면제	■ 국외 발행된 외화표시채권, 외국금융기관에 대한 외화채무, 금융회사 등의 국외발행·매각된 외화표시어음·외화예금증서 등 국제금융거래에 따라 외국인에게 지급하는 이자소득 ■ 내국법인 등이 국외에서 발행한 유가증권을 외국인이 국외에서 양도	■ 이자소득에 대한 소득세 또는 법인세를 면제 ■ 유가증권 양도차익에 대한 소득세 또는 법인세를 면제
§21의 2 비거주자등의 정기외화예금 ('15년 말 폐지)	외국인이 1년 이상 정기외화예금에 가입하여 발생하는 이자	이자소득에 대한 법인세 또는 소득세를 비과세
§22 해외자원개발투자 배당소득 법인세 면제 ('15년 말 폐지)	내국법인이 해외자원개발사업에 투자함으로써 받은 배당소득에 대하여 해당 자원보유국에서 그 배당소득에 대하여 면제한 경우	배당소득에 대한 법인세를 면제
§91의 6 해외자원개발투자회사 등의 주식 배당소득에 대한 과세특례 ('16년 말 폐지)	해외자원개발투자회사 및 해외자원개발투자전문회사의 주식을 보유한 거주자가 받는 배당소득	회사별로 액면가액 합계액이 5천만원 이하인 배당소득에 대해서는 9%로 원천징수하고, 5천만원 초과 2억원 이하분은 14%를 적용하여 분리과세

제2절 [제20조] 공공차관 도입에 따른 과세특례

I. 의의

공공차관의 도입과 직접 관련된 대주(貸主)의 이자소득세 및 외국인에게 지급되는 기술·용역의 대가에 대한 법인세 또는 소득세를 공공차관협약에 따라 감면하는 제도이다.

본 조세특례는 「공공차관의 도입 및 관리에 관한 법률」(이하 "공공차관법") 제8조에 규정된 내용을 그대로 조세특례제한법에 규정한 조세특례이다.

공공차관은 민간부문에서 자신의 신용으로 외국에서 자본을 도입하는 상업차관에 대한 반대 개념이다. 주로 항만, 교통시설 등 사회간접자본의 조성을 위한 공익적 목적으로 공공차관을 도입하므로, 관련 외자도입의 촉진을 위해 과세특례를 부여하고 있다.

일몰기한이 정해져 있지 않는 항구적 조세감면 제도이다.

본 과세특례는 공공차관 도입 시 이자소득 조세감면과 공공차관사업관련 기술·용역대가의 조세감면의 2가지로 구성되어 있으며, 그 요건과 특례의 내용이 각기 다르므로 구분하여 살펴보도록 한다.

II. 공공차관 도입 시 이자소득 조세감면

공공차관의 도입에 따른 대주의 이자소득관련 조세를 공공차관협약에서 정하는 바에 따라 감면한다(조특법 §20 ①).

1 공공차관의 도입

"공공차관"이란 대한민국 정부가 외국정부등 및 외국법인으로부터, 또는 다음의 대한민국법인이 대한민국 정부의 지급보증을 받아 외국정부등으로부터 차용하는 대외지급수단[1]

및 수출신용제도에 의하여 도입하는 자본재[2]·원자재[3]를 말한다(공공차관법 §2 6호, 동법 시행령 §2 ②).

㉮ 지방자치단체
㉯ 정부투자기관관리기본법 제2조의 규정에 의한 정부투자기관
㉰ 정부출자기관
㉱ 정부출연기관(한국철도시설공단에 한한다)

2 과세특례

공공차관에서 발생한 대주의 이자소득 관련 조세를 공공차관협약에서 정하는 바에 따라 감면한다(조특법 §20 ①). 다만 대주의 신청에 의하여 감면하지 아니할 수 있다(조특법 §20 ③).

"대주(貸主)"란 공공차관협약에 따라 차주에 대하여 채권을 가지고 있는 외국정부등, 외국법인 또는 그 채권을 양도받은 자를 말한다(공공차관법 §2 10호).

"공공차관협약"이란 공공차관을 도입하기 위하여 체결하는 협정·협약 또는 계약을 말한다(공공차관법 §2 7호). 법률체계에서 조세조약은 법률과 동위의 효력을 가지나, 공공차관은 조세조약보다 하위의 성격이므로, 조세특례제한법보다는 하위법규에 해당한다.

대주의 이자소득 관련 조세 감면은 공공차관협약에 의하도록 하고 있으므로 실질적인 감면의 내용은 해당 공공차관협약에 의해서 결정된다.

---

[1] "대외지급수단"이란 외국통화, 외국통화로 표시된 지급수단, 그 밖에 표시통화에 관계없이 외국에서 사용할 수 있는 지급수단을 말한다(외국환거래법 §3 4호).
[2] "자본재"란 산업시설(선박·차량·항공기 등을 포함)로서의 기계, 기자재, 시설품, 기구, 부분품, 부속품 및 농업·임업·수산업의 발전에 필요한 가축, 종자, 수목, 어패류, 그 밖에 주무부장관이 해당 시설의 최초 시험운전(시험사업을 포함)에 필요하다고 인정하는 원료·예비품 및 이의 도입에 따르는 운임·보험료와 시설을 하거나 조언을 하는 기술 또는 용역을 말한다(공공차관법 §2 4호).
[3] "원자재"란 중요 산업 또는 농업·임업·수산업에 필요한 원료, 그 밖의 자재와 이의 도입에 따르는 운임 및 보험료를 말한다(공공차관법 §2 5호).

Ⅲ. 공공차관사업관련 기술·용역대가의 조세감면

공공차관의 도입과 관련된 사업에서 외국인에게 지급된 기술 및 용역의 대가는 해당 공공차관협약에서 정하는 바에 따라 소득세 또는 법인세를 감면한다(조특법 §20 ②).

공공차관 및 공공차관협약은 위에서 살펴본 바와 같다.

1 기술·용역의 대가

개인 또는 법인인 외국인에게 지급한 기술·용역의 대가가 감면대상이다.

따라서 공공차관사업과 관련하여 직접적으로 기술·용역의 대가를 수령한 외국인으로부터 2차적으로 수령한 근로·용역의 대가는 제외된다(외인 22601-242, 1985.1.25.).

2 세액감면

외국인이 수령한 기술·용역의 대가에 대해서는 공공차관협약에서 정하는 바에 따라 소득세 또는 법인세를 감면한다. 다만 기술제공자의 신청에 의하여 감면하지 아니할 수 있다(조특법 §20 ③).

실질적인 감면의 내용은 해당 공공차관협약에 의해서 결정된다.

Ⅳ. 조세특례제한 등

1 농어촌특별세 비과세

감면분에 대한 농특세는 비과세된다(농특법 §4 11호의 2).

제3절 [제21조] 국제금융거래에 따른 이자소득 등에 대한 법인세 등의 면제 ★★★☆

Ⅰ. 의의

내국법인 등이 발행한 외화표시채권의 이자 등과 국제금융거래에 따라 외국인에게 지급하는 이자소득 등에 대한 소득세 또는 법인세를 면제한다. 또한 내국법인 등이 발행한 유가증권을 외국인이 국외에서 양도함으로써 발생하는 소득에 대한 소득세 또는 법인세를 면제한다.

외자유치를 위한 외화표시채권의 발행, 외국금융기관으로부터의 차입, 외화표시어음·외화예금증서의 발행·매각 등을 통해 외국인이 투자하는 경우에 대하여 인센티브를 제공하기 위한 제도이다.

또한 내국법인이 해외에서 발행한 유가증권을 비거주자 간에 거래하는 경우 거래사실을 확인하기 어려운 실무상 문제점과 외국인 주식거래의 활성화를 위하여 유가증권 양도소득에 대해서도 조세를 면제하고 있다.

일몰기한이 정해져 있지 않는 항구적 조세감면 제도이다.

본 과세특례는 국제금융거래 시 이자소득 조세 면제와 유가증권의 국외발행·양도 시 양도소득세 면제의 2가지로 구성되어 있으며, 그 요건과 특례의 내용이 각기 다르므로 구분하여 살펴보도록 한다.

Ⅱ. 국제금융거래 시 이자소득 면제

국제금융거래에서 외국인에게 지급하는 이자 및 수수료에 대하여 소득세 또는 법인세를 면제한다.

1 주체

본 과세특례의 주체는 외국인으로 비거주자와 외국법인이다. 내국인 거주자, 내국법인 및 외국법인의 국내사업장은 제외한다(조특법 §21 ①).

외국법인의 국내사업장(PE; Permanent Establishment)이란 외국법인이 국내에 사업의 전부 또는 일부를 수행하는 고정된 장소로,(법법 §94 ①) 외국법인의 사업소득에 대한 과세여부, 국내원천소득에 대한 과세방법 등을 결정하는 기준이 된다.

2 국제금융거래

본 과세특례의 대상이 되는 국제금융거래는 아래에 열거된 대상에 한한다(조특법 §21 ①).
① 내국법인 등이 국외 발행한 외화표시채권
② 외국환업무취급기관의 외국금융기관에 대한 외화채무
③ 금융회사 등의 국외발행·매각된 외화표시어음·외화예금증서

따라서 일반적인 상거래에 의한 채무 또는 기업 간의 차입금에는 본 특례가 적용되지 아니한다(서면2팀-1900, 2006.9.25.).

2-1 내국법인 등이 국외 발행한 외화표시채권 (1호)

국가·지방자치단체 또는 내국법인이 '국외에서 발행'하는 "외화표시채권"이다. 국제채(International Bond)에 속한다. 국외 발행된 외화표시채권의 이자소득은 본 특례에 따라 과세면제되므로 그 소득을 지급하는 자는 원천징수의무를 부담하지 않는다.

"외화표시채권"이란 원리금이 모두 외화로 지급되는 채권으로 **국내 상법 및 외국환관리법 등 관련법령에 따라 발행한 채권**을 말한다(국심 2003전2994, 2004.6.11.).

또한, '국외에서 발행'이란 동 채권의 투자자가 비거주자 또는 외국법인(국내사업장은 제외)인 경우로서 투자에 대한 신고, 신고수리, 지급절차, 채권의 투자권유, 모집, 사모, 매출, 인수, 청약의 권유, 계약의 체결 등 외화표시채권의 발행과 관련된 일련의 행위가 국외에서 발생하는 것을 말한다(서면법령국조-3501, 2019.3.11.).

● 지급보증인이 대신 이자를 지급한 경우 (면제)

내국법인이 국외에서 외화표시채권을 발행한 경우로서, 해당법인의 지급불능으로 인해 당초 지

급보증을 한 한국수출입은행이 해당법인을 대신하여 외화표시채권에 대한 이자를 지급하는 경우에도 조세특례제한법 제21조 제1항에 따라 해당이자를 지급받는 자(거주자, 내국법인 및 외국법인의 국내사업장은 제외한다)에 대해서는 소득세 또는 법인세를 면제하는 것임(서면법령국조-0074, 2019.4.1.).

국외 발행 외화표시채권의 특례 대상 포함 여부

특례대상인 경우	특례대상이 아닌 경우
■ 원화연계 외화후순위사채(서면국제세원-1263, 2015.8.19.; 서면2팀-1556, 2006.8.22.) ■ 상법상 사채의 형태로 발행되는 신종자본증권(하이브리드채권)(국제세원-580, 2011.12.23.) ■ 사모방식 발행(제도 46017-10480, 2001.4.6.) ■ 인수자가 해외 자회사인 경우(서이 46017-12155, 2002.12.3.)	■ 국내법에 의해 발행되지 않은 Note Issuance Facility, USCP, Euro CP, Banker's Acceptance(재국조 22601-847, 1990.9.10.) ■ 변동금리채권(FRN)(국심 2003전2994, 2004.6.11.) ■ 기업어음(CP)(서면2팀-753, 2007.4.26.) ■ 외화로 환산하여 상환하는 원화표시채권(국제세원-286, 2012.6.15.)

● 해외 자회사인 특수목적법인이 발행한 교환사채 (제외)

내국법인이 해외에 설립되어 있는 특수목적법인(SPC)으로 하여금 당해 내국법인의 자사주를 교환대상으로 하는 교환사채를 해외 투자자들을 대상으로 발행하도록 하고 동 교환사채의 조건에 따라 내국법인이 사채권자 또는 특수목적법인에게 정산금을 지급하는 경우에는 내국법인이 아닌 외국법인(SPC)이 발행한 외화표시채권이므로 면제되지 않는다(서면2팀-1235, 2005.7.28.).

2-2 외국환업무취급기관의 외국금융기관에 대한 외화채무 (2호)

(1) 요건

외국환거래법에 따른 외국환[1]업무취급기관이 같은 법에 따른 외국환업무를 하기 위하여 외국금융기관으로부터 차입하여 외화로 상환하여야 할 외화채무이다.

(1-1) 외국환업무취급기관

외국환업무는 기획재정부장관에게 등록한 금융회사등만이 할 수 있으며, 외국금융기관과 계약을 체결할 때에는 기획재정부장관의 인가를 받아야 한다(외국환거래법 §8 ①·②·⑤).

---

[1] "외국환"이란 대외지급수단, 외화증권, 외화파생상품 및 외화채권을 말한다(외국환거래법 §3 13호).

(1-2) 외국환거래법에 따른 외국환업무 수행 목적

외국환거래법에 따른 외국환업무를 하기 위하여 차입하여야 한다.

이때 '외국환거래법에 따른 외국환업무를 하기 위하여'라는 문구(이하 "쟁점 문구")의 해석이 문제된다. 종전 외국환거래규정[2]상 비거주자로부터의 외화차입이 외국환업무로 명시적으로 규정되어 있는 외국환업무취급기관은 외국환은행과 종합금융회사에 한정되어 있었기 때문이다(종전 외국환거래규정 2-5, 2-23 ③). 이외 외국환업무취급기관에 대해서는 비거주자로부터의 외화차입이 외국환업무로 규정되어 있지 않고 일반 거주자의 지위에서 자본거래를 하도록 하였다(종전 외국환거래규정 2-12 ②).

종래 국세청 및 재결청은 쟁점 문구가 외국환업무의 취급범위까지 포함한다는 전제하에서, 여신전문금융회사의 외국환업무 취급범위에 금전대차거래가 포함되지 않으므로, 외화채무인 경우에도 그 이자는 면제대상에 해당하지 아니한다고 해석하였다(조심 2015서1924, 2015.11.3.; 조심 2014서2981, 2015.3.23.; 국제세원-301, 2012.6.25. 외 다수).

그러나 법원에서는 문리해석상 쟁점 문구가 외국환거래법상 외국환업무의 취급범위 내에 해당하여야 한다는 제한이 아니라는 점을 근거로, 여신전문금융회사가 일반 거주자의 자본거래(차입거래)를 한 경우에도 면제대상으로 판시하였다(서울고법 2016누38190, 2017.1.18.; 대법원 2017두36311, 2017.5.31.).

한편 2016.3.22. 개정된 외국환거래규정에 따라 외화차입업무가 외국환업무로 (확인적으로) 추가된 기타외국환취급기관은 개정 이후에는 당연히 면제된다.

(1-3) 외국금융기관으로부터 차입

외국금융기관으로부터 차입하여야 하므로 외국은행 국내지점으로부터의 차입은 해당하지 않는다(재국조 46017-25, 1999.10.19.). 영국법령에 의하여 유가증권의 매매 및 매매중개 등의 업무를 영위할 수 있는 증권업 허가를 받고 영국 금융감독당국의 감독을 받아 당해 업무를 영위하는 영국 증권회사는 외국금융기관에 해당한다(서면2팀-63, 2008.1.10.).

(2) 실질적 차입

거래의 형식이 환매조건부매매, 대차거래 등에 해당하여도 실질적으로 차입에 해당한다면 관련 지급대가는 이자소득으로 보아 법인세를 면제한다(국총 46017-90, 1999.3.8.; 법규국조 2009-175, 2009.8.3.; 재국조-346, 2009.7.30.).

---

[2] 기획재정부고시 제2016-6호, 2016.3.22., 일부 개정되기 전의 외국환거래규정

예규 · 판례

❖ **실질적 차입에 해당하는 국고채 대차거래에 대해 지급하는 대가의 면제 여부 (긍정)** (법규국조 2009-175, 2009.8.3.)

국내사업장이 없는 일본법인이 「외국환거래법」에 의한 외국환업무취급기관인 내국법인과 국고채를 대상으로 채권대차거래 약정을 체결하여 내국법인으로부터 국고채를 대차하고, 채권상환을 담보하기 위하여 내국법인에게 채권시가에 상응하는 현금담보를 제공한 경우로서, 내국법인이 현금담보를 직접 수령하고 당해 담보금에 대한 대가를 일본법인에게 지급하는 경우 당해 대가는 외화채무의 이자로서 「조세특례제한법」 제21조 제1항 제2호에 따라 법인세가 면제됨.

| **저자주** | 채권 대차거래의 법률관계를 살펴보자면 채권 대여자(소유자)는 채권을 대여하고, 채권 차입자는 대여받은 채권의 상환을 담보하기 위하여 담보물을 제공한다. 담보물을 제공받은 대여자는 해당 담보물로부터 발생한 법정과실(rebate)을 차입자에게 반환하고, 차입자는 채권 발행법인으로부터 수령한 이자를 대여자 보상액(substitute payments)의 형식으로 반환한다. 대차기간이 만료하게 되면 대여자는 차입자에게 담보물을 반환하며, 차입자는 대여자에게 대상 채권을 반환하고 대차수수료를 지급한다. 이때 채권의 반환일에 차입자가 대여자에게 채권 이용에 따라 지급하는 대차수수료는 기타소득으로 과세되며,(소법 §21 ① 8호) 담보물로부터 발생한 법정과실(rebate)은 그 소득의 성격에 따라 과세된다. 본 사례에서는 국고채 대차거래의 목적이 엔화차입에 있으므로 해당 담보 제공 행위를 금전소비대차거래로 보아, 담보금에 대한 대가를 차입금에 대한 지급이자로 분류한 후 본 특례를 적용하여 면제하였다.

❖ **외화표시 환매조건부채권매매차익의 면제 여부 (긍정)** (재국조-346, 2009.7.30.)

국내사업장이 없는 외국은행이 「외국환거래법」에 의한 외국환업무취급기관인 금융업을 영위하는 내국법인으로부터 환매조건부로 채권을 매수하면서 동 매수자금 및 환매자금에 관해 미국 달러화로 계약을 체결하였으나, 「외국환거래규정」에 따라 외국으로부터 미국 달러화로 송금해 온 채권매수대금을 원화로 환전하여 내국법인에게 지급하고, 이후 환매 시에도 내국법인으로부터 원화로 채권환매대금을 지급받은 후 외화로 환전하여 국외로 송금하는 절차를 거치는 경우, 채권환매 시 환매수자인 내국법인이 외국은행에 지급하는 환매조건부 채권매매차익은 외화채무의 이자로서 조세특례제한법 제21조 제1항 제2호에 따라 법인세가 면제됨.

| **저자주** | 환매 대금은 당초 매도 대금에 이자상당액을 가산하여 결정되므로 환매조건부 매매차익은 그 경제적 실질에 따라 이자소득으로 구분된다(소법 §16 ① 8호) 따라서 본 특례를 적용하여 면제 가능하다.

2-3 금융회사 등의 국외발행·매각된 외화표시어음·외화예금증서 (3호)

다음의 금융회사 등이 외국환거래법에서 정하는 바에 따라 국외에서 발행하거나 매각하는 외화표시어음과 외화예금증서이다(조특령 §18 ②).

> 은행, 한국산업은행, 한국수출입은행, 중소기업은행, 농협은행, 수협은행, 종합금융회사

3 과세특례

국제금융거래에서 외국인에게 지급하는 이자 및 수수료에 대하여 소득세 또는 법인세를 면제한다.

이월결손금이 발생한 법인이 이자소득에 대한 면제를 받는 경우 당해 사업연도 과세표준 계산 시 공제한 이월결손금이 면제사업에서 발생하지 아니한 것이 명백하다면, 면제소득은 동 이월결손금을 공제하지 아니한 금액으로 한다(재법인-73, 2005.8.31.) (법령 §96 1호의 반대해석).

3-1 이자

"이자"에는 액면이자와 사채할인발행으로 인한 할인액을 포함한다. 다음의 경우도 면제대상에 해당한다.
- 채권을 중도매도하여 원천징수하는 경우, 채권보유기간과세규정(소법 §46 ①)에 따라 보유기간별로 귀속되는 이자(서면2팀-312, 2006.2.7.)
- 전환사채의 만기보장수익률에 의한 상환할증금(법인 46013-1050, 1999.3.23.)
- 교환사채에 의한 상환할증금(서이 46017-12348, 2002.12.27.)

3-2 수수료

"수수료"란 외화표시채권의 발행자가 채권발행의 중개역할을 수행하는 금융기관에 인수·판매 등의 중개대가로 지급하는 인수수수료 등 채권의 발행과 직접 관련된 수수료를 말한다(재국조 46017-118, 2000.9.22.). 이때 법인세법상 손익의 귀속시기는 권리의무확정주의에 따른다(법인 46012-2472, 1999.6.30.).

Ⅲ. 유가증권의 국외발행·양도 시 양도차익 면제

국가·지방자치단체 또는 내국법인이 국외에서 발행한 유가증권을 비거주자 또는 외국법인이 국외에서 양도함으로써 발생하는 소득에 대해서는 소득세 또는 법인세를 면제한다(조특법 §21 ③).

1 주체

과세특례의 주체는 외국인으로 비거주자 또는 외국법인이다. 국제금융거래 시 이자소득 조세 면제와는 달리 외국법인의 국내사업장도 과세특례의 주체가 될 수 있다.

2 내국법인 등이 국외 발행한 유가증권

국가·지방자치단체 또는 내국법인이 국외에서 발행한 다음의 유가증권을 말한다(조특령 §18 ④).

2-1 국외발행 외화증권 (1호)

(1) 외화증권

국외에서 발행한 유가증권 중 외국통화로 표시된 것 또는 외국에서 지급받을 수 있는 것(외화증권; 외국환거래법 §3 8호)으로서, 외국환거래규정[3]에 따라 발행되어야 한다(조특칙 §11 ①).

거주자가 외국에서 외화증권을 발행하고자 하는 경우에는 지정거래외국환은행의 장 등에게 신고 등을 하여야 하며, 거주자의 외화자금 차입 규정을 준용한다(외국환거래규정 7-22).

(2) 유통DR의 제외

다만 주식·출자증권 또는 그 밖의 유가증권(이하 "과세대상 주식등")을 기초로 발행된 예

---

[3] [시행 2024.3.26.] [기획재정부고시 제2024-8호, 2024.3.26., 일부개정]

탁증서를 양도하는 경우로서, 예탁증서를 발행하기 전 과세대상 주식등의 소유자가 예탁증서를 발행한 후에도 계속하여 해당 예탁증서를 양도하기 전까지 소유한 경우(유통DR)는 면제대상에서 제외한다(조특령 §18 ④ 1호 단서).

외화증권은 대부분 사모방식에 의해 발행되며, 이 경우 실무상 예탁증서(Depositary Receipt)를 발행하고 있다. 예탁증서는 주로 주식 등의 지분증권을 기초로 발행하며, 주식예탁증서란 내국법인이 발행한 주식을 국내 원주(原株)보관기관에 맡기고 해외예탁기관(Depositary)이 이를 기초로 주식예탁증서를 발행하여 해외시장에서 유통하는 것을 말한다(자본시장과 금융투자에 관한 법률 §4 ⑧).[4]

다만 해외 예탁기관이 국내에서 이미 유통되고 있는 원주를 국내 원주보관기관에 맡기고 해외 현지에서 발행해 유통시키는 방식인 유통DR은, 외화자금의 국내 유입이 없으므로 면제대상에서 제외한다. 또한 비거주자가 국내에서 이미 매수한 주식 등을 DR로 전환한 후 양도하는 방법으로 양도차익 과세를 회피할 위험이 있기 때문이다.

2-2 국외 상장된 내국법인 주식 (2호)

「자본시장과 금융투자업에 관한 법률」에 따른 유가증권시장 또는 코스닥시장과 기능이 유사한 외국의 유가증권시장에 상장 또는 등록된 내국법인의 주식 또는 출자지분으로서 해당 유가증권시장에서 양도되는 경우 과세특례 대상으로 한다(조특칙 §11 ②).

홍콩증권거래소는 동 외국의 유가증권시장에 포함된다(서면국제세원-233, 2015.4.19.).

예외적으로 해당 외국의 유가증권시장에서 취득하지 아니한 과세대상 주식 등으로서 해당 외국의 유가증권시장에서 최초로 양도하는 경우는 과세면제에서 제외하여 양도소득세를 과세한다.

다만 예외의 예외로, 외국의 유가증권시장의 상장규정상 주식분산요건을 충족하기 위해 모집·매출되는 과세대상 주식 등을 취득하여 양도하는 경우에는 해당 외국의 유가증권시장에서 최초로 양도하는 경우에도 과세 면제된다.

---

4) 주식예탁증서는 주식예탁증서의 원주 종류에 따라 신주DR, 구주DR 및 유통DR로 나뉜다. 신주DR은 발행회사가 제3자 배정에 의한 유상증자를 통해 발행한 주식을 원주로 하며, 구주DR은 기업이 보유하고 있는 자기주식을 원주로 한다. 양자 모두 해외자금을 조달하는 기능이 있다. 반면에 국내에서 이미 발행되어 유통되고 있는 주식을 원주로 하는 경우를 유통DR이라 하는데, 유통주식을 이미 비거주자 등이 보유하고 있는 경우에는 유통DR을 발행하여도 해외자금의 추가적인 유입은 없다.

3 국외에서 양도할 것

과세특례 대상 유가증권을 외국인이 국외에서 양도하여야 한다(조특법 §21 ③).
이때 양도계약, 대금지급, 유가증권의 인도 등 유가증권 양도절차 중 중요한 부분이 국외에서 이루어져야 한다(국세 46017-42, 2002.3.28.).

4 과세특례

유가증권을 양도함으로써 발생하는 소득에 대한 소득세 또는 법인세를 면제한다.

● **전환사채 조기상환이익의 과세 면제 여부** (긍정)

내국법인이 미국달러표시 전환사채를 국외에서 발행한 후 동 전환사채 중 일부를 국내사업장이 없는 외국법인(사채권자)으로부터 일부를 매입(조기상환)하는 경우, 동 외국법인이 전환사채를 내국법인에게 양도함으로써 발생하는 소득은, 국외에서 양도가 이루어졌다면 본 특례에 의하여 법인세가 면제된다(국세 46017-42, 2002.3.28.).

Ⅳ. 조세특례제한 등

1 이자소득 면제 시 지급명세서 제출

법인세법 및 조세특례제한법에 따라 법인세가 비과세되거나 면제되는 국내원천소득의 경우에는 동 소득을 외국법인에게 지급하는 경우에 지급명세서를 제출할 필요가 없으나, 국제금융거래 시 이자소득 조세면제의 경우에는 지급명세서를 납세지 관할세무서장에게 제출하여야 한다(법령 §162의 2 ① 1호 가목). 2010.7.1. 이후 최초로 지급하는 국내원천소득부터 지급명세서를 제출하여야 한다(2010.2.18. 개정된 법인세법 시행령 부칙 §1 단서 및 §23).
이때 내국법인이 외국법인을 통하여 외화표시채권을 발행하고 외국법인과의 대리 또는 위임 관계에 따라 그 이자를 지급한 경우에는 내국법인에게 지급명세서 제출의무가 있다(법규-66, 2013.1.24.).
비과세·면제신청서를 제출하지 않더라도 당연히 법인세가 면제되는 소득이지만, 지급명세서를 제출하지 아니한 경우에는 지급명세서미제출가산세(법법 §76 ⑦)가 부과되므로 주의하여야 한다(서울행법 2014구합60559, 2014.12.16.; 조심 2014중1786, 2014.5.26.).

2 최저한세

최저한세 적용대상이다(조특법 §132 ①·②).
제20부 제4절 최저한세 부분을 참조하기 바란다.

3 농어촌특별세 비과세

감면분에 대한 농특세는 비과세된다(농특법 §4 5호).

2024
조세특례제한법 해석과 사례

5. 투자촉진을 위한 조세특례

제1절 투자세액공제 일반론
제2절 [제24조] 통합투자세액공제
제3절 [제25조의 6] 영상콘텐츠 제작비용에 대한 세액공제
제4절 [제25조의 7] 내국법인의 문화산업전문회사에의 출자에 대한 세액공제
제5절 [제28조의 4] 에너지절약시설의 감가상각비 손금산입 특례

제1절 투자세액공제 일반론

차례

I. 의의 … 626
  1. 개요 … 626
  2. 투자세액공제의 범위 … 627

II. 요건 … 628
  1. 주체 … 628
    1-1 투자자 … 628
    1-2 투자자와 사용자의 일치 … 628
      (1) 원칙 … 628
      (2) 수탁거래의 예외 … 632
      (3) 공동연구의 예외 … 632
    1-3 사용수익기부자산 … 633
      (1) 사회기반시설에 대한 민간투자법 … 633
      (2) BTO 방식 (허용) 쟁점 … 634
      (3) BTL 방식 (불허) … 636
      (4) 기부채납 … 636
  2. 공제대상 자산 … 637
  3. 공제대상 투자 … 637
    3-1 허용되는 투자 … 637
      (1) 신규투자 … 637
      (2) 금융리스에 의한 투자 … 638
    3-2 제외되는 투자 … 640
      (1) 중고품에 의한 투자 … 640
      (2) 운용리스 및 렌탈 … 641
      (3) 기존설비에 대한 보수 또는 자본적 지출 … 641

III. 세액공제 … 643
  1. 투자금액의 산정 … 643
    1-1 취득가액에 포함되는 비용 등 … 643
      (1) 부대비용 … 643
      (2) 건설자금이자 … 644
      (3) 유형고정자산의 첨가취득 유가증권 … 645
    1-2 취득가액에서 제외되는 비용 등 … 646
  2. 공제시기 … 646
    2-1 투자일 기준 … 647
      (1) 계산방법 예제 … 647
      (2) 투자의 개시시기 … 649
      (3) 부칙에 의한 경과규정 … 652
    2-2 완료일 기준(20년 말 삭제) … 653
  3. 공제세액 … 654

IV. 조세특례제한 등 … 654

V. 제130조 수도권과밀억제권역의 투자에 대한 조세감면배제★★ … 655
  1. 개요 … 655
  2. 증설투자의 배제 … 656
    2-1 주체 … 656
      (1) 1989년 이전 기업 … 656
      (2) 1990년 이후 중소기업 쟁점 … 657
    2-2 배제되는 투자세액공제규정 … 658
    2-3 배제 지역 … 659
      (1) 수도권과밀억제권역 … 659
      (2) 산업단지·공업지역 등의 허용 … 660

2-4 배제 대상 자산	660	3-3 디지털방송장비 등의 예외	675
(1) 사업장과 실제 사용 장소가 다른 경우		Ⅵ. 제146조 감면세액의 추징★★☆	676
쟁점	660	1. 추징 대상 투자세액공제조항	676
(2) 실질과세원칙에 의한 경우	663	2. 의무위반 사유	677
2-5 디지털방송장비 등의 예외	663	2-1 건물·구축물 (5년 사후관리기간)	677
(1) 디지털 방송장비 (1호)	663	2-2 처분·임대	677
(2) 정보통신장비 (2호)	663	(1) 처분	677
(3) 종전 특정시설투자세액공제 대상 (3호)	664	(2) 임대	679
(4) 에너지절약시설 등 (4호)	664	2-3 제외 사유	680
2-6 증설투자	672	(1) 사업승계 등 (1호)	680
(1) 제조업의 공장 (1호)	672	(2) 내용연수가 경과된 자산을 처분하는 경우 (2호)	681
(2) 이외의 사업장 (2호)	673	(3) 사용수익기부자산 (3호)	682
3. 증설·대체투자의 배제	674	3. 추징세액	682
3-1 주체	674	3-1 추징방법	682
3-2 배제되는 투자세액공제 규정	675	3-2 이자상당가산액	683
		3-3 농어촌특별세 환급	683

Ⅰ. 의의

 개요

투자세액공제 제도는 경기 진작을 목적으로 기업의 투자의욕을 고취시켜 보다 많은 투자를 유도하기 위한 정부의 지원책이다. 기업의 투자행위에 대한 직접감면제도이므로 조세정책효과가 효율적으로 발휘되는 분야의 하나이다.

조세특례제한법에서는 제4절 투자촉진을 위한 조세특례에서 투자세액공제의 대부분을 규정하고 있으나, 이외에도 상생협력 연구시설 등 투자세액공제 등은 다른 절에도 분산 규정되어 있다.

각 투자세액공제 규정들을 살펴보면 대상 자산이 각각 규정되어 있을 뿐, 원칙적으로 요건 중 주체, 공제대상 투자 및 세액공제의 세부 내용과 관련하여 공통된 사항이 많이 존재한다. 이에 본서는 요건, 세액공제, 조세특례제한 등의 내용에서 공통되는 사항을 일반론으로 묶어 논의하고자 한다. 투자세액공제에 대해서 개별 조항마다 동일한 내용을 기술하기보다는 투자세액공제 일반론으로 하나의 장에서 기술하게 되면, 통일적인 해석을 기할 수 있고 제도 간의 공통점과 차이점에 대한 비교도 용이하기 때문이다.

또한 투자세액공제 제도와 관련된 예규·판례도 조문(공제대상자산)만을 달리할 뿐 공통적으로 적용될 수 있는 사례가 많으므로 투자세액공제 전체에 동일하게 적용될 수 있는 사안은 일반론에서 함께 다룰 것이다. 관련 예규·판례에는 해당 조문을 병기하여 개별 공제제도와 관련된 사례만을 빠르게 참조할 수 있도록 하였다.

투자세액공제 일반론의 내용

목 차		투자세액공제 일반론의 내용	
Ⅱ. 요건	1. 주체	1-1 투자자	
		1-2 투자자와 사용자의 일치	
		1-3 사용수익기부자산	
	2. 공제대상 자산	국내 소재 자산에 한정	
	3. 공제대상 투자	3-1 허용되는 투자	
		3-2 제외되는 투자	
Ⅲ. 세액공제	1. 투자금액의 산정	1-1 취득가액에 포함되는 비용 등	
		1-2 취득가액에서 제외되는 비용 등	
	2. 공제시기	2-1 투자일 기준	
		2-2 완료일 기준(20년말 삭제)	
Ⅴ. 수도권과밀억제권역의 투자에 대한 조세감면배제			
Ⅵ. 감면세액의 추징			

법 제130조 수도권과밀억제권역의 투자에 대한 조세감면배제와 법 제146조 감면세액의 추징은 투자세액공제에만 적용되는 사안이므로 본 절 마지막에서 서술하였다.

2 투자세액공제의 범위

제1절 투자세액공제 일반론이 적용되는 범위는 아래와 같다. 투자세액공제의 중복지원배제 조항(법 §127 ②)이 적용되는 범위이다.

① 제8조의 3 제3항 상생협력 연구시설 등 투자세액공제
② 제24조 통합투자세액공제
③ 구 제26조 고용창출투자세액공제('17 말 일몰기한 도래)

구 제5조 중소기업등 투자세액공제, ② 통합투자세액공제와 ③ 구 고용창출투자세액공제를 사업용자산에 대한 세액공제라 하고, 나머지 투자세액공제를 기능별 자산에 대한 세액공제라고 한다. 즉, 통합투자세액공제 등의 경우는 사업용자산에 대한 일반적인 세액공제제도인 반면, 기능별 자산에 대한 세액공제는 특정 업종과 특정 자산을 대상으로 하는 개별적 세액공제제도에 해당한다.

Ⅱ. 요건

 주체

1-1 투자자

세액공제의 주체인 투자자는 내국인으로 거주자인 개인과 내국법인이 해당한다. 당기순이익과세특례를 적용받는 조합법인 등의 경우에는 본 투자세액공제가 적용되지 않는다(조특법 §72 ②). 또한 공제되는 소득세는 사업소득에 대한 소득세이지만 부동산임대업에서 발생한 소득은 제외된다(조특법 §7의 4 ①).

1-2 투자자와 사용자의 일치

(1) 원칙

투자세액공제는 시설에 투자한 내국인이 당해 시설의 사용자인 경우에 한하여 적용한다(구 조특통 5-0...4; 같은 뜻 사전법규소득-1898, 2022.2.23.). 투자자(소유자)와 사용자가 다른 경우에는 투자자와 사용자 모두에게 투자세액공제를 허용하지 않고, 투자자가 당해 자산의 사용자인 경우에만 투자세액공제를 적용하는 것이 원칙이다. 투자세액공제 제도 본연의 취지가 재화와 용역을 공급하는 기업의 해당 사업에 사용되는 자산에 대한 직접 투자활동을 지원하려는 취지이기 때문이다.[1]

(1-1) 사용자

투자자가 투자를 통해 공제대상 자산을 소유하면서 단지 그 사용권만을 사용자에게 부여하고 임대료 또는 사용료를 받는 경우에는, 사용자가 그 비용을 부담하여도 사용자는 투자세액공제를 적용할 수 없다.

- **비영리법인이 설치한 비용을 개별 회원사가 부담하는 경우**

  비영리법인이 회원사인 법인으로부터 전산시스템 구축비용을 징수하고 개별 회원사는 비영리법인 소유인 동 시스템의 사용권을 부여받는 경우, 개별 회원사는 투자세액공제를 적용받을 수 없다[서면2팀-1585, 2007.8.29. (구법 §24 생산성향상시설)].

- **모회사의 ERP 설치 비용을 자회사가 부담하는 경우**

  다국적기업인 외국의 모회사가 전사적 기업자원관리시스템을 모회사에 구축하고 동 시스템의 운영을 위한 소프트웨어를 국내 자회사에 설치·운영하는 경우, 시스템 구축비용을 국내 자회사에 배분하여 부담시킨 전사적 기업자원관리시스템 구축비용은 세액공제대상에 해당하지 않는다[재조예-862, 2004.12.28. (구법 §24 생산성향상시설)].[2]

- **임대인의 에너지 절약시설 설치 비용을 임차인이 부담한 경우**

  임차인이 부담한 비용으로 임대사업장에 에너지 절약시설을 설치하고 건물주의 자산으로 계상하는 경우, 임차인은 비용부담액에 대해 에너지절약시설 투자세액공제를 적용할 수 없다[법인세과-814, 2010.8.30. (구법 §25의 2 에너지절약시설 투자세액공제)].

- **한국전력공사가 설치한 비용을 사용자가 부담한 경우**

  제조업을 영위하는 법인이 제조시설을 가동하기 위하여 전기공급약관에 의해 전기사용신청을 함에 따라 한국전력공사가 전력공급설비를 시설·소유하고 당해 공사비를 고객(사업자)이 부담하는 경우 동 공사비는 투자에 해당하지 않는다[조세지출예산과-133, 2005.2.22. (구법 §26 임시투자)]; 서면2팀-137, 2005.1.19. (구법 §26)].

- **타법인이 자산 취득 후 실제 사용자에게 다시 장기할부판매한 경우**

  리스방식이 아닌 일반기업 간의 실질적인 자금지원을 위하여 타법인 명의로 기계장치를 취득하고 이를 실제 사용자에게 다시 장기할부판매하는 방법의 투자에 대하여는 소유자와 사용자가 일치하지 않으므로 임시투자세액공제가 적용되지 않는다[서면2팀-1392, 2005.8.30. (구법 §26)].

---

1) 투자세액공제 제도의 조문에서 투자자와 사용자가 일치하여야 한다는 명시적인 조항은 없다. 다만, 법 제26조 고용창출투자세액공제와 관련하여 "투자란 (이하 중략) 사업용자산에 해당하는 시설을 새로 '취득'하여 해당 사업에 '사용'하기 위한 투자를 말한다."라고 규정하여 투자자산을 취득하여 투자자의 사업에 사용할 것을 요구하고 있다(조특령 §23 ①).
2) 관계회사 간 공동비용 부담 시 세액공제 허용여부에 대하여는 제3부 제1장 제4절 Ⅱ. 1. 참조

● **현물출자로 취득한 경우**

다른 법인의 현물출자에 의해 설립된 법인은 당해 현물출자에 의해 취득한 자산에 대하여는 당해 신설법인의 투자가 아니므로 투자세액 공제를 적용하지 않는다[서면2팀-2039, 2005.12.12. (구법 §26 임시투자)].

(1-2) 투자자

기업이 해당 자산을 취득한 후 임대·매각하거나, 무상으로 대여하는 경우에 취득(투자)한 법인에 대해서도 투자세액공제가 적용되지 않는다.

- 디지털방송장비 임대업자가 케이블TV방송사업자에게 임대할 목적으로 디지털방송장비를 취득하는 경우에는 투자세액공제를 적용받을 수 없다[서면2팀-18, 2007.1.4. (구법 §26)].
- 건설업을 영위하는 법인이 에너지절약시설을 설치하여 아파트를 건설하고 동 아파트를 분양 또는 임대하는 경우에는 세액공제를 적용받을 수 없다[법인세과-2827, 2008.10. 10. (구법 §25의 2 에너지절약시설); 법인 46012-350, 2002.6.24. (구법 §25의 2)].
- 석유류 도소매업을 영위하는 법인이 자기의 사업에 직접 사용하기 위하여 취득한 주유용 기계장치는 세액공제 적용대상인 사업용자산에 해당되나, 주유용 기계장치를 취득한 법인이 이를 직접 사용하지 아니하고 거래처에 설치하는 경우에는 투자세액공제를 적용받을 수 없다[법인 46012-10, 2003.1.7. (구법 §26)].
- 의료기기 도소매업을 영위하는 거주자가 자기의 사업에 직접 사용하지 아니하고 거래처인 의료기관 등에 무상으로 대여하는 의료장비는 세액공제를 적용받을 수 없다[서면1팀-1467, 2005.11.30. (구법 §26)].

그러나, 최근 기재부 유권해석에서는 산업용 기계 및 장비임대업을 영위 중인 업체가 렌탈사업을 위해 임대 목적으로 취득한 자산에 대해 통합투자세액공제를 적용하는 것으로 해석하였다(재조특-1240, 2023.12.14.; 같은 뜻 서면법인-2493, 2023.12.27.). 대여행위 자체가 장비임대업 회사의 사업에 사용하는 것이므로 사업용 유형자산으로 보아 공제 대상에 포함한 것으로 추정된다.

• 예규 · 판례

❖ **손해배상금으로 계상되는 소음방지시설 공사비용에 대한 환경보전시설 투자세액공제 가능한지 여부 (부정)** (조심 2017서3953, 2018.5.18.)
학교에 대해서는 시설설치사업 명목으로 현금을 지원하고 학교 당국이 이 현금으로 방음·냉방시설 설치공사를 시행하는 방식으로 진행하고 있다(이하 중략) 방음창호 설치공사는 공항 소음대책지역내 주택의 창호를 방음창호로 무상교체하는 공사를 시행하는 것으로, 사후 관리책임까지 청구법인이 부담하고 있다.

> 관계 법령을 체계적으로 해석하면 구 조특법 제25조의 3 제1항에 따른 환경보전시설에 대한 투자세액공제는 해당 투자자산을 그 투자자가 법 소정 기간 이상 보유하면서 사용함을 전제로 적용되는 규정이라 할 것인 점, 타인의 주택 등에 설치·교체한 창호 등인 쟁점방음시설을 청구법인이 보유하고 있는 투자자산으로 보기 어려운 점, 청구법인도 이와 관련한 쟁점지출금액을 손비(피해보상비)로 계상한 점 등에 비추어 처분청이 쟁점지출금액의 경우 환경보전시설 투자세액공제 대상에 해당하지 아니하는 것으로 보아 청구법인의 이 건 경정청구를 거부한 처분은 달리 잘못이 없다고 판단된다.
>
> **│저자주│** 동 사안 대해 국세청에서는 손해배상금으로 계상하였으므로 투자세액공제를 적용할 수 없다고 판단함(법규법인 2013-472, 2014.2.7.).
>
> 조세심판원에서는 동일한 사안에 대해 투자자와 사용자가 일치하여야 한다는 전제 하에 주택방음시설설치공사 및 학교방음시설설치공사가 투자자의 소유가 아니므로 투자세액공제를 적용할 수 없다고 판단함(같은 뜻 조심 2018서3804, 2018.11.22.).
>
> 법원에서는 영리성이 없이 단순히 법령상 설치 의무가 있는 자에 의한 환경보전시설의 설치를 투자하는 것에 해당한다고 보기는 어려우며, 손해배상금은 투자에 해당하지 않는다고 판단함(서울행법 2018구합74259, 2020.1.9.).

(1-3) 사용주체와 결과물의 최종 이용자

전술한 바와 같이 투자세액공제제도에서는 설비의 투자자(소유자)와 사용자가 다른 경우에는 원칙적으로 공제를 허용하고 있지 않다. 이때 "사용자"는 동 설비를 통해 산출되는 결과물의 최종이용자가 아니라, 설비를 직접적으로 사용하는 주체로 보아야 한다. 기업은 산출물인 재화나 용역을 타 기업 또는 소비자에게 제공하는 활동을 수행하는 조직이기 때문이다.

따라서 내국법인이 열병합설비를 설치하고 동 설비에서 생산된 열 및 전기를 산업단지 등에 공급하는 경우, 산업단지가 열 및 전기의 최종 이용자라 하더라도 당해 에너지절약시설을 통해 열 및 전기를 생산하는 회사를 당해 시설의 사용자로 보아 세액공제를 적용한다[법인세과-3377, 2008.11.13. (구법 §25의 2 에너지절약시설)].

(1-4) 투자자와 사용자가 일치하는 사례

관광진흥법에 따른 휴양 콘도미니엄업을 영위하는 법인(위탁자 겸 수익자)이 신탁회사와 **관리형 토지신탁계약**을 체결하고 해당 사업을 영위하기 위해 사업용자산에 투자하는 경우 통합투자세액공제를 적용할 수 있다(사전법규법인-0832, 2023.3.8.).

지입차주가 차량을 지입함으로써 지입회사가 해당 차량의 소유권을 취득하는 경우에 지입된 차량을 지입차주의 공제대상 자산으로 보아 통합투자세액공제를 적용 가능하다(재조특-660, 2022.9.28.).

- **국적취득조건부 나용선계약에 따라 지급한 리스료** (공제)

    갑법인이 2021년에 해당 선박건조에 관한 권리 일체를 SPC에 양도하고 해당 SPC와 소유권이전 조건부 장기임대계약인 국적취득조건부 나용선계약(Bare Boat Charter/Hire Purchase, 이하 "BBC HP 계약")을 체결한 경우로서 당초 국내 선박건조회사에 지급한 쟁점선급금을 SPC에 대한 선급리스료로 처리한 경우 해당 선급리스료에 대한 통합투자세액공제는 리스실행일이 속하는 과세연도에 적용하는 것임(서면법규법인-1529, 2022.8.17.). BBCHP는 자금 상환 완료 시점에 용선자 소유의 선박이 되므로 금융리스에 해당하고, 금융리스는 리스이용자의 선박이므로 투자자와 사용자가 일치하는 사례에 해당하여 공제 대상에 해당함(조특령 §3). 또한, 선급금을 선급리스료로 대체한 경우 선급금은 지출 금액에서 제외하므로(조특통 5-4…1) 선급금 지급 시점에 공제하지 아니함.

(2) 수탁거래의 예외

예외적으로 수탁거래와 관련된 다음의 경우에는 투자자와 사용자가 다른 경우에도 당해 시설의 투자자(위탁자)를 사용자로 보아 투자자에게 세액공제를 허용한다(구 조특통 5-0…4).
㉮ 「대·중소기업 상생협력 촉진에 관한 법률」에 따라 위탁업체가 수탁업체에 설치하는 시설로서 검사대 또는 연구시설(조특령 §7의 2 ⑪)
㉯ 자기가 제품을 직접 제조하지 아니하고 투자세액공제 적용시설을 수탁가공업체의 사업장에 설치하고 그 시설에 대한 유지·관리비용을 부담하면서 생산한 제품을 전량 인수하여 자기 책임 하에 직접 판매하는 경우

현실적으로 중소기업인 수탁업체(가공업체)의 자금 부족 등을 이유로 대기업인 위탁업체에서 본인의 부담으로 제조시설을 (임대형식으로) 설치하는 경우가 있으므로 이러한 경우에는 투자자인 위탁업체를 사용자로 간주하여 세액공제를 허용한다[서면법인-3474, 2021.7.5 (법 §24 통합투자); 서면2팀-1604, 2007.9.3. (구법 §26 임시투자); 법인 46012-3980, 1998.12.19. (구법 §24 생산성향상시설)]. 따라서 기업이 투자세액공제를 적용받은 자산을 이후 수탁업체에 임대형식으로 설치하는 경우에도 감면세 추징대상에 해당하지 않는다(조특통 146-0…2).

이러한 예외는 개별 투자세액공제조항에서도 허용하고 있는데, 고용창출투자세액공제 제도에서 전기통신업의 무선설비를 타인에게 임대 또는 위탁운용하거나 공동으로 사용하는 경우에도 공제대상에 포함하고 있다(조특칙 §14 4호).

(3) 공동연구의 예외

반면에 연구인력개발설비 투자세액공제제도(현재 연구시험용 시설 및 직업훈련용 시설에 대한 통합투자세액공제; 조특칙 §12 ② 1호)에서는 공동연구를 위한 경우에는 타 법인이 설치한

설비의 비용을 분담하는 때에도 해석상 세액공제를 허용하고 있다.

관계회사 계열법인 등이 통합연구소를 설치하여 공동기술개발에 참여하면서 공동으로 사용하는 연구용 장비를 투자함에 있어 그 중 한 법인의 명의로 구입한 경우, 그 투자법인은 취득가액 중 자기가 직접 사용하는 비율에 상당하는 금액에 대하여 임시투자세액공제가 적용되지 않고 구법 제11조 연구 및 인력개발을 위한 설비투자에 대한 세액공제가 적용된다. 그리고 공동기술개발 참여자 중 연구용 장비 이용자가 부담하는, 연구·시험용 시설의 임차비용은 법 제10조 연구 및 인력개발비세액공제를 적용한다(서면2팀-503, 2005.4.8.).

위의 2가지 사례 중 전자의 ERP 및 후자의 연구용 장비는 모두 계열사들이 공동 투자하여 공동 사용하나 단독 명의로 소유한다는 점에서 사실관계가 유사하지만, 후자의 연구용 장비에 대해서만 세액공제를 허용한다는 점이 특이하다. 일반적으로 연구 및 인력개발 조세특례의 경우 여타의 투자세액공제에 비하여 납세의무자에게 보다 많은 세액공제의 혜택을 허용하는 해석상의 경향을 반영한 것으로 보인다(대전지방법원 2009구합1190, 2009.7.22.; 대법원 2009두22454, 2010.4.29. 참조).

다만 여타의 투자세액공제제도와의 해석상 균형을 이루기 위해서는 관계회사 간 비용부담 등의 경우에는 여타의 투자세액공제에 대해서도 세액공제를 허용함이 바람직하다고 판단된다. 이는 실질과세의 원칙을 반영한 것으로, 법인세법상 특수관계법인 간의 전출입 시 현실적인 퇴직으로 보지 않고 관계회사 간 퇴직급여를 안분하여 손금산입하는 특례규정(법령 §44 ③)에서도 찾아볼 수 있다.

1-3 사용수익기부자산

투자세액공제에서의 투자란 원칙적으로 투자자가 대상 자산을 취득할 것을 요건으로 한다. 이와 관련하여 기부채납 또는 BTO(Build-Transfer-Operate) 방식에 의한 투자 등(사용수익기부자산)의 경우, 투자자인 기업에게 투자세액공제를 허용하여야 하느냐의 문제가 발생한다.

(1) 사회기반시설에 대한 민간투자법

본격적인 논의에 앞서 「사회기반시설에 대한 민간투자법」의 투자 방식을 보면 다음과 같다(동법 §4).

1. 사회기반시설의 준공(Build)과 동시에 해당 시설의 소유권이 국가 또는 지방자치단체에 귀속(Transfer)되며, 사업시행자에게 일정기간의 시설관리운영권(Operate)을 인정하는 방

식(제2호에 해당하는 경우는 제외) (BTO 방식)
2. 사회기반시설의 준공(Build)과 동시에 해당 시설의 소유권이 국가 또는 지방자치단체에 귀속(Transfer)되며, 사업시행자에게 일정기간의 시설관리운영권을 인정하되, 그 시설을 국가 또는 지방자치단체 등이 협약에서 정한 기간 동안 임차(Lease)하여 사용·수익하는 방식 (BTL 방식)
3. 사회기반시설의 준공(Build) 후 일정기간 동안 사업시행자에게 해당 시설의 소유권(Operate)이 인정되며 그 기간이 만료되면 시설소유권이 국가 또는 지방자치단체에 귀속(Transfer)되는 방식 (BOT방식)
4. 사회기반시설의 준공(Build)과 동시에 사업시행자에게 해당 시설의 소유권(Own & Operate)이 인정되는 방식 (BOO방식)
5. 민간부문이 제9조에 따라 사업을 제안하거나 제12조에 따라 변경을 제안하는 경우에 해당 사업의 추진을 위하여 제1호부터 제4호까지 외의 방식을 제시하여 주무관청이 타당하다고 인정하여 채택한 방식
6. 그 밖에 주무관청이 제10조에 따라 수립한 민간투자시설사업기본계획에 제시한 방식

　BOO(Build-Own-Operate) 방식은 건설에서 운영까지 민간기업이 일괄적으로 행하고 계약이 끝나도 대상 자산을 투자자인 민간기업이 계속 소유하므로 당연히 해당 기업의 투자세액공제를 허용한다.
　BOT(Build-Operate-Transfer) 방식도 사업시행자가 사업에 필요한 자금을 조달하여 건설 후 자신이 직접 취득하여 상당 기간 보유하므로 투자세액공제가 가능하다[서면2팀-213, 2006.1.25. (법 §26 임시투자) ; 조세지출예산과-166, 2005.3.11. (법 §26)].
　이하 BTO방식과 BTL방식의 투자세액공제 허용여부를 살펴본다.

(2) BTO 방식 (허용)

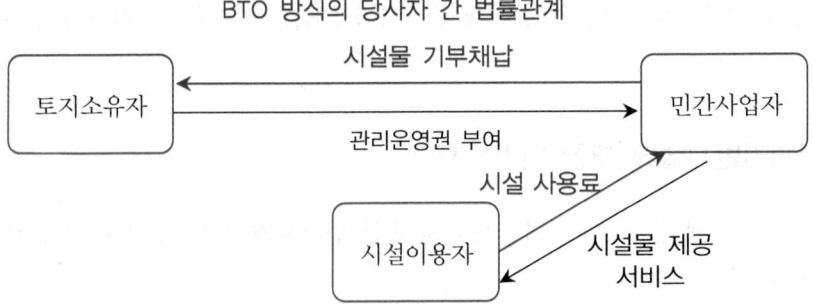

BTO 방식의 당사자 간 법률관계

> 주요 이슈와 쟁점

19. BTO 방식의 투자세액공제 허용 여부

BTO(Build-Transfer-Operate) 방식의 경우에는 준공 후 소유권이 국가 등으로 이전됨에도 불구하고, 투자자가 소유권을 취득한 것으로 보아 투자세액공제를 적용할 수 있는지가 문제된다.

이에 관하여는 과거 다수의 과세관청의 유권해석과 재결청의 결정이 투자세액공제를 적용할 수 없다는 입장이었다[서면2팀-1583, 2005.10.5. (구법 §25의 2 에너지절약시설); 법인세과-2827, 2008.10.10. (구법 §25의 3 환경보전시설); 국심 2006중1360, 2006.11.2. (구법 §25의 2) 외 다수]. 그 논거는 기부채납된 자산은 법인세법상 사용수익기부자산이므로 무형자산에 해당하여 사업용 유형자산에 포함되지 않는다는 점과 기부채납 시에는 투자자가 대상 자산을 취득하지 않고 국가 등 수증자가 직접 취득한 것으로 보아야 한다는 점이다.

그러나 2007년 하급심 판례[수원지방법원 2007구합987, 2007.10.17. (구법 §26 임시투자)]. 이후에는 기부채납에 대해 투자세액공제가 가능하다는 긍정설로 변경된 것으로 판단된다[조심 2010중0189, 2010.5.31. (구법 §25의 2 에너지절약시설); 소득세과-559, 2011.6.20. (법 §26), 재조특-422, 2009.4. 22. (구법 §26)]. 또한 2009년 개정세법에서도 국가 등에 기부채납하고 해당 자산을 직접 사용하는 경우를 감면세액 추징요건 제외 사유로 신설하였다(조특령 §137 ① 3호). 동 개정세법 해설 취지상에서도 상기 하급심 판례를 명확히 한 것으로 밝히고 있다.

결론적으로 투자자에게 투자세액공제를 허용하는 것이 타당하다고 여겨진다.

첫번째로, 기부채납의 경우 투자자가 먼저 대상 자산을 취득하고 국가 등 수증자에게 승계된 것으로 보아야 한다. 사용수익기부자산에 대한 문제는 주로 토지 조성, 건축물 준공 등 원시(原始)취득과 관련하여 발생한다. 신축건물의 소유권 취득 등 원시취득은 법률의 규정에 의한 소유권 취득으로(대법원 65다113, 1965.4.6.) 별도의 법률행위나 등기 등 형식적 요건을 갖추어야 물권변동이 발생하는 것이 아니기 때문에, 투자자가 소유권을 먼저 원시취득한 후 국가 등 수증자에게 이전되는 것으로 보아야 한다.3)

두번째로, 2009년 개정세법상 감면세액 추징요건 제외 사유로 사용수익기부자산을 신설한 것과 통일적 해석의 필요성이다. 투자에 따른 세액공제 적용 후 기부채납한 경우에 추징사유인 '처분'에서 제외한 것은, 사용수익기부자산에 대한 세액공제의 허용을 전제로 한 것이기 때문이다.

다만 모든 형태의 기부채납에 세액공제를 적용할 수 있는 것이 아니라, 대상 자산을 기부한 후에도 투자자가 계속 사용하는 조건이 있어야 할 것이다(사용수익기부자산의 요건을 갖추어야 함). 앞서 보았듯이 투자자가 자신의 사업에 사용하는 자산에 투자하는 행위를 지원하기 위한 것이 투자세액공제제도의 취지이기 때문이다.

---

3) 이외에도 BTO방식과 BOT방식 사이에는 그 경제적 실질이 동일하다는 점, 시설에 대하여 소유명의와 처분권만을 상실하였을 뿐 20년이라는 장기간에 걸쳐 배타적이고도 전면적인 관리사용권을 가지고 그 위험을

(3) BTL 방식 (불허)

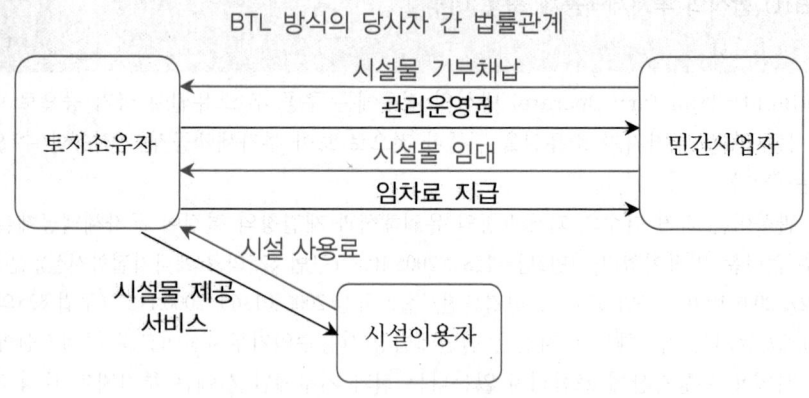

BTL(Build-Transfer-Lease) 방식은 민간자본이 사회기반시설을 준공하여 국가 등에 소유권을 이전하고 당해 시설의 관리운영권이 사업시행자에게 인정되는 것은 BTO 방식과 동일하나, 국가 등이 사업시행자로부터 다시 당해 시설을 임차하여 그 임차료를 사업시행자에게 지급하는 점에서 차이가 있다. 수익성이 낮은 교육·복지·문화 등의 분야에서 국가 등이 임차료를 지급하여 사업시행자에게 적정 수익률을 보장하기 위한 목적이다.

BTL 방식은 BTO 방식과는 달리 국가 등이 사업시행자로부터 해당 시설을 다시 임차하므로, 투자자(사업시행자)와 사용자(국가등)가 일치하지 않는다. 따라서 BTL 방식에서 사업시행자가 투자세액공제를 적용받을 수 없을 것으로 본다.

(4) 기부채납

국가 소유 항만청 청사부지에 물류시설을 설치하기 위한 공사를 수행할 때 회사가 부담한 청사이전 및 임시청사 임차비용, 청사신축비용 등 기부채납을 이행하기 위한 비용은, 기부채납을 이행하지 않는 경우 공사를 진행할 수 없으므로 동 비용은 물류시설을 새로이 취득하여 사업에 사용하기 위한 투자비용에 포함되어 임시투자세액공제의 대상이 된다[대법원 2015두42435, 2017.11.14. (구법 §26 임시투자)].

부담하는 등 경제적 실질에 있어서 소유권을 가지고 있는 경우와 차이가 없다는 점을 논거로 한다(수원지법 2007구합987, 2007.10.17.).

2 공제대상 자산

투자세액공제대상 자산은 각 제도별로 별도로 정해진다.

다만 투자세액공제는 국내 경기 활성화를 위한 제도이므로 **국내에서 사용되는 자산(O)**에 국한되는 것이지, **해외에서 사용되는 자산(X)**은 대상이 될 수 없다. 따라서 건설업을 영위하는 법인이 국내 또는 해외에서 덤프트럭 및 불도저 등 건설기계를 취득하여 해외건설현장에서 사용하는 경우에는 투자세액공제가 적용되지 않는다[법규법인 2010-222, 2010.7.23. (구법 §26 임시투자), 조심 2014서1565, 2016.2.29. (법 §26 고용창출)].

예외적으로 고용창출투자세액공제에서는 개성공업지구에 투자를 하는 경우에도 투자세액공제가 적용된다(조특령 §23 ⑱).

3 공제대상 투자

3-1 허용되는 투자

신규투자와 금융리스에 의한 투자는 세액공제의 대상이 된다.

원칙적으로 새로이 구매하는 자산 등을 세액공제의 대상으로 한다. 그리고 금융리스의 경제적 실질을 보자면 리스회사는 금융계약(차입계약)에 유사하고, 리스이용자는 취득과 유사하므로 구매와 동일하게 세액공제를 허용하고 있다.

(1) 신규투자

(1-1) 신규투자의 허용

신규 취득한 자산인 경우에는 개발비[법인세과-2919, 2008.10.16. (구법 §24 생산성향상시설)]로 계상하는 등 회계처리와 관계없이 공제대상 투자로 허용된다.

종래 신규 취득한 자산을 즉시상각[서면2팀-451, 2006.3.3. (구법 §26 임시투자)] 하는 경우에도 공제를 허용하였으나, 2020년 개정세법에서 즉시상각을 적용 받은 자산을 공제 대상에서 제외하였으므로 즉시상각 적용 자산은 더 이상 공제 대상에 포함되지 않는다(구 조특령 §4 ②).[4]

---

4) 2021년 개정세법에서 중소기업투자세액공제 등이 통합투자세액공제로 일원화됨에 따라 즉시상각 적용 자산의 공제 제외 규정이 삭제됨.

또한 판매를 목적으로 전년도에 구입하였던 상품인 기계를 당해 연도에 사정변경에 의해 제조업의 기계장치로 사용하는 경우에는 임시투자세액공제를 적용받을 수 없다[서면2팀-731, 2006.5.2. (구법 §26 임시투자)].

(1-2) 자산양수 후 추가 투자

투자 중인 시설에 대해 양도법인인 A법인이 세액공제를 적용받은 후, B법인이 양수하여 투자를 완료하고 해당 시설을 사업에 사용하는 경우의 세액공제 방법은, 원칙적으로 양수법인인 B법인이 양수금액을 포함한 전체 투자금액에 대하여 투자세액공제를 적용하고, 양도법인인 A법인에 대하여는 감면세액을 추징한다[법인-908, 2009.3.5. (구법 §25의 2 에너지절약시설 또는 구법 §26 임시투자); 법인-760, 2011.10.14. (법 §26); 조세특례제도과-177, 2009.2.18. (구법 §25의 2 또는 구법 §26)].[5)

(2) 금융리스에 의한 투자

(2-1) 개요

리스란 리스제공자(리스회사)가 자산의 사용권을 합의된 기간 동안 리스이용자에게 이전하고, 리스이용자는 그 대가로 사용료(리스료)를 리스제공자에게 지급하는 계약이다(일반기준 문단 13.4).

리스자산의 위험과 보상의 대부분을 이전하는 리스를 금융리스로 분류하고 이외의 경우를 운용리스라 한다(일반기준 문단 13.5). 리스기간 종료 시 리스자산의 소유권이 리스이용자에게 이전되거나 리스이용자가 염가매수선택권을 가지고 있는 등(일반기준 문단 13.6) 거래의 실질이 금융계약(차입거래)이라고 판단되는 경우에는 계약 형식이 임대차라 할지라도 리스이용자를 리스자산의 소유자로 본다.

이러한 기업회계기준에 따라 조특법에서도 그 경제적 실질에 중시하여 기업회계기준상의 금융리스 요건을 차용하여 금융리스에 의한 투자 시 리스이용자에게 투자세액공제를 허용하고 있다.

금융리스에 의한 투자가 허용되는 투자세액공제제도는 다음과 같다(조특령 §3).

---

5) 이러한 예규의 해석과 달리 종전의 통칙(조특통 26-0…1)은 "시설투자 중인 기계설비 등을 다른 법인으로부터 자산양수도 방식으로 인수한 후 공장 및 생산라인의 정상적인 가동을 위하여 기계설비를 신설 또는 증설하는 경우, 자산양수일 이후 새로이 투자한 금액은 법 제26조에 따라 고용창출투자세액공제를 적용받을 수 있다"라고 해석하였으나, 2019.12.23.에 삭제됨.

① 제8조의 3 제3항 상생협력 연구시설 등 투자세액공제
② 제24조 통합투자세액공제
③ 제26조 고용창출투자세액공제('17 말 일몰기한 도래)

(2-2) 범위

조특법상 금융리스로 분류되는 범위는 기업회계기준의 범위와 기본적인 틀에서 큰 차이가 없다. 내국인에게 자산을 대여하는 것으로서 아래의 어느 하나에 해당하는 것을 금융리스로 본다(조특칙 §3의 2).

금융리스의 요건

구분	요 건
리스자산 이전약정	리스기간❶ 종료 시 또는 그 이전에 리스이용자에게 해당 리스자산의 소유권을 무상 또는 당초 계약 시 정한 금액으로 이전할 것을 약정한 경우
염가매수 선택권	리스기간 종료 시 리스자산을 취득가액의 10% 이하의 금액으로 구매할 수 있는 권리가 리스실행일 현재 리스이용자에게 주어진 경우 또는 취득가액의 10% 이하의 금액을 갱신계약의 원금으로 하여 리스계약을 갱신할 수 있는 권리가 리스실행일 현재 리스이용자에게 주어진 경우
리스기간 기준이상	리스기간이 「법인세법 시행규칙」 별표 5 및 별표 6에 규정된 리스자산의 자산별·업종별(리스이용자의 업종에 의한다) 기준내용연수의 75% 이상인 경우
최소리스료 기준이상	리스실행일 현재 최소리스료를 기업회계기준에 따라 현재가치로 평가한 가액이 해당 리스자산의 장부가액의 90% 이상인 경우
전용불가 리스자산	리스자산의 용도가 리스이용자만의 특정 목적에 한정되어 있고, 다른 용도로의 전용(轉用)에 과다한 비용이 발생하여 사실상 전용이 불가능한 경우

❶ 리스기간이란 계약해지금지조건이 부가된 기간(명시적인 계약해지금지조건은 없으나 실질적으로 계약해지금지조건이 부가된 것으로 볼 수 있는 기간을 포함함)을 말하며, 기간 종료시점에서 계약해지금지조건이 부가된 갱신계약의 약정이 있는 경우에는 그 약정에 따른 기간을 포함한다.

사업용 기계장치를 자가제작한 내국법인이 리스회사와 판매 후 금융리스 계약을 체결하고 당해 사업용 기계장치를 직접 사용하는 경우(sales and lease back)에는 금융리스에 준하여 세액공제를 적용받을 수 있다. 이 경우 새로이 취득하는 사업용 기계장치는 리스실행일에 투자를 한 것으로 본다[법인세과-608, 2010.6.29. (구법 §26 임시투자)].

다만 리스방식이 아닌 일반기업 간의 실질적인 자금지원을 위하여 타법인 명의로 기계장치를 취득하고 이를 실제 사용자에게 다시 장기할부판매하는 방법의 투자에 대하여는 소

유자와 사용자가 일치하지 않으므로 임시투자세액공제가 적용되지 않는다[서면2팀-1392, 2005.8.30. (구법 §26)].

금융리스에 의한 투자금액은, 임대차기간 동안 리스제공자에게 지급하는 리스료가 아니라, 리스실행일 현재 해당 설비의 '시가'를 기준으로 산정하여야 한다[조심 2014부5153, 2017.3.13 (구법 §26)].

3-2 제외되는 투자

다음의 투자에 대하여는 공제대상에서 제외한다.
㉮ 중고품에 의한 투자
㉯ 운용리스에 의한 투자
㉰ 기존설비에 대한 보수 또는 자본적 지출
㉱ 국가등의 지원금 수령에 의한 투자(제20부 제1절 Ⅱ. 1. 국가등의 지원금 수령 시 배제 참조)

(1) 중고품에 의한 투자

중고품은 일반적으로 '그 제작 목적에 따라 실제 사용된 바 있는 시설'을 의미한다.

따라서, 사업양수도 계약일 현재 건설 중인 자산을 양도법인이 준공한 후 그 목적에 실제로 사용된 바 없이 해당 자산을 양수법인이 취득한 경우 특정시설투자 등에 대한 세액공제 및 투자·상생협력 촉진을 위한 과세특례를 적용함에 있어 해당 자산은 중고품으로 보지 않는 것이며, 양수법인이 그 취득대가를 지급한 날이 속하는 과세연도의 세액공제율을 적용한다(사전법령법인-0545, 2020.9.21.).

- 상업운전을 개시(X)한 경우에는 그 제작 목적에 따라 실제 사용된 바 있는 시설이므로 중고품에 해당한다[대법원 2008두18205, 2010.11.25. (구법 §25 안전설비)].
- 호텔업을 영위하는 법인이 호텔업을 하던 A, B호텔을 각각 **포괄인수 및 경매방식으로 취득(X)**한 경우에는 중고품에 의한 투자에 해당한다[법인-4069, 2008.12.18. (구법 §26 임시투자)].
- 다른 사업자가 금융리스 조건으로 **사업용 자산을 취득하여 사업에 사용하지 아니하고 보관 중(X)**에 해당 법인이 리스계약을 변경하여 금융리스 조건으로 취득하는 경우도 중고품에 해당한다[서면2팀-627, 2007.04.10 (구법 §26 임시투자)].
- 양수한 자산이 투자가 진행 중인 자산으로서 **투자가 장기간 중단상태(O)**에 있다 하더라도 사실상 사업에 직접 사용한 사실이 없는 경우에는 중고설비로 보지 않는다[재조특-290, 2010.3.24. (구법 §26 임시투자)].

(2) 운용리스 및 렌탈

운용리스에 의한 투자는 공제대상 투자에서 제외한다(조특법 §5 ① → 조특령 §3).

시설대여업자 등으로부터 렌탈계약에 의하여 렌탈한 의료기기에 대하여는 임시투자세액공제가 적용되지 않는다[서면1팀-1549, 2006.11.15. (구법 §26)].

또한 운용리스조건에 의해 사업에 사용하던 자산을 금융리스조건으로 변경하여 취득한 경우에는 실질적인 투자가 이루어진 것으로 볼 수 없으므로 투자세액공제를 적용받을 수 없다[재조예 46019-75, 2000.2.25. (구법 §26); 법인 46012-240, 2000.1.24. (구법 §26)].

(3) 기존설비에 대한 보수 또는 자본적 지출

기존설비에 대한 보수 또는 자본적 지출은 투자세액공제의 적용대상이 되는 투자에서 제외한다(조특통 24-0…3). 다만, 기존설비를 생산능력이 큰 설비로 개체하거나 생산능력이 현저히 증가되도록 기존설비를 확장하는 경우에는 투자의 범위에 포함되지만, 원상 회복을 위한 부품의 개체는 제외된다(조특통 60-56…6).

(3-1) 보수 또는 자본적지출에 해당하는 사례 (제외)

다음의 경우에는 보수 또는 자본적지출에 해당하는 것으로 보아 공제대상에서 제외한다.

- **기계장치의 부품인 촉매의 교체(X)**

  석유정제업을 영위하는 내국법인이 석유정제공정 중 탈황시설등에 장착되는 기계장치의 부품인 촉매를 교체하는 경우는 부품의 개체에 해당하므로 투자세액공제가 적용되지 않는다[법인-1037, 2009.3.12. (구법 §26 임시투자)].

- **기존공장의 리모델링(X)**

  의약품 품질관리 개선시설에 해당하는 제조공장에 대해 기존공장을 리모델링하고 추가로 증축한 경우 투자의 범위에는 리모델링에 대한 투자는 제외되지만 증가된 공장의 연면적에 대한 투자는 포함되는 것이나, 증가된 해당 공장의 연면적 중 같은 법 시행규칙 제53조 단서에 해당하는 식당 등에 대한 부분은 투자세액공제의 대상에서 제외된다[법규법인 2011-0466, 2011.12.8. (구법 §25의 4 의약품 품질관리 개선시설)].

- **기존 자동라인에 연결하여 확장한 투자(X)**

  냉방기기를 생산하는 법인이 생산라인 중 수동라인을 신규로 제작하여 설치하는 투자는 사업용자산에 해당하는 시설을 새로이 취득하기 위한 투자이나, 기존 자동라인에 연결하여 확장한 투자는 기존 설비에 대한 자본적지출에 해당하여 임시투자세액공제를 받을 수 없다[서면2팀-1643, 2005.10.12. (구법 §26 임시투자)].

(3-2) 기존설비의 확장 등에 해당하는 사례 (포함)

다음의 경우에는 생산능력이 큰 설비로 개체하거나 기존설비를 확장하는 경우 등에 해당하는 것으로 보아 공제대상에 포함한다.

개체란 기존시설을 유사 목적 또는 유사 기능의 향상된 시설로 개조·보완·대체하는 것을 의미한다[사전법령법인-128, 2015.7.2. (구법 §25의 2 에너지절약시설)].

- **구 기계장치를 반환하고 성능이 더 나은 기계장치를 수입하는 경우 투자금액 산정**

  투자완료일부터 2년이 지난 후에 사업용자산(기계장치)을 처분하고 성능이 더 나은 기계장치를 수입하면서 동 구입대금을 구 기계장치 반환 및 일부 현금으로 결제하는 경우 기계장치 구입대금 전체를 사업용자산에 대한 투자로 본다[법인세과-1107, 2010.11.30. (구법 §26 임시투자)].

- **노후화된 용해로 해체 후 신규 용해로 설치(O)**

  유리기판을 생산하는 법인이 사업용자산인 기존의 노후화된 용해로를 해체하고 새로운 용해로 설비를 설치하는 투자는 공제대상이다[서면2팀-1100, 2005.7.15. (구법 §26)].

- **관광숙박업의 부대시설 교체(O)**

  철거된 기존시설과 신축한 시설의 위치가 동일하고 면적·사용용도 등에 있어 유사한 것으로 보아, 관광숙박업을 영위하면서 부대시설을 현대식 시설로 대체한 것으로 인정되므로 임시투자세액공제를 적용한다[조심 2009전3332, 2010.2.25. (구법 §26 임시투자)].

- **온라인 유통서비스 시스템의 증설 투자**

  디지털음원의 온라인 유통사업을 영위하는 내국법인이 전자상거래설비에 해당하는 음원의 온라인 유통서비스 시스템에 대해 수요량 증가 및 새로운 미디어매체의 등장에 따라 소프트웨어의 개발 및 하드웨어를 증설하기 위해 투자한 경우, 음원 및 수요량 증가에 따른 데이터저장용량 등(서버, 전송시스템 등)의 확장을 위한 하드웨어 및 기존에 없던 서비스의 개시를 위한 소프트웨어의 개발에 소요된 투자금액은 세액공제의 대상이 되나, 기존 소프트웨어의 단순한 유지, 보수를 위하여 소요된 금액은 기존 설비에 대한 지출로서 세액공제의 대상에 해당하지 아니한다[법규법인 2010-0330, 2011.1.13. (구법 §24 생산성향상시설)].

- **공제대상 투자를 자본적지출로 회계처리한 경우(O)**

  내국법인이 임시투자세액공제 적용대상 시설투자를 새로이 하고 내부 자산관리의 유용성 제고 등을 위해 장부상 자본적지출로 회계처리하였더라도 해당 사업용 자산에 대해서는 임시투자세액공제를 적용받을 수 있다[법인세과-364, 2011.5.23. (구법 §26 임시투자)].

- **발전소 가스터빈의 일부 개별 자산이 손상되어 신품으로 교체한 비용(O)**

  「조세특례제한법」 제24조의 통합투자세액공제 규정을 적용함에 있어 내국법인이 같은조 제1항 제1호에 따른 공제대상 자산에 해당하는 자산 중 일부 개별자산을 신품으로 교체하는 대체투자는 동 세액공제를 적용받을 수 있는 것이나 귀 질의가 이에 해당하는지 여부는 구체적인 사실관계를 종합적으로 고려하여 판단할 사항임(사전법규법인-0654, 2023.10.31.).

Ⅲ. 세액공제

1 투자금액의 산정

투자세액공제와 관련하여 투자금액(취득가액)의 범위에 관하여 조세특례제한법에서 명시적으로 규정하고 있지 아니하므로, 법인세법 시행령 제72조에 따라 계산한다(개별세법 보충적적용의 원칙; 조특법 §2 ②).

- 사업용자산을 수입하는 경우 취득가액은 수입대금의 결제일 현재 법인이 **실제 적용한 환율**에 의하여 지출한 원화금액으로 한다[법인세과-1107, 2010.11.30. (구법 §26 임시투자)].
- 의료법에 따른 의료기관을 운영하는 거주자들이 공동으로 사용하기 위해 지분별로 자금을 모아 취득한 의료장비는 각 거주자가 **지분별로 취득**한 것으로 보아 투자세액공제를 적용한다[소득-225, 2010.2.9. (구법 §26 임시투자)].
- 사업용자산 등에 투자 중인 법인이 **물적분할**[서면법규법인-5223, 2023.12.26.(법 §24 통합투자); 서이 46012-11942, 2003.11.10. (구법 §26 임시투자)] 또는 **인적분할**[서면2팀-1080, 2007.6.1. (구법 §26 임시투자)]로 인하여 당해 투자 중인 자산을 분할신설법인이 승계받아 투자를 완료한 경우 투자세액공제는 사업용자산 등에 투자한 당해 법인별로 각각 적용받는다. 사업의 승계를 감면 추징의 예외 사유로 보므로[Ⅵ. 2-3 (1) (라) 참조] 물적·인적분할 등 사업 승계의 경우에는 승계하는 법인에게 추징하지 아니하고 각 법인의 각각의 투자금액에 대해 공제를 적용한다.

1-1 취득가액에 포함되는 비용 등

(1) 부대비용

법인세법상 타인으로부터 매입한 자산의 취득가액은 매입가액에 취득세, 등록면허세, 그 밖의 부대비용을 가산한 금액으로 한다(법령 §72 ② 1호).

다음의 부대비용은 취득가액에 포함되는 사례이다.
- 면세재화를 공급하는 시설의 투자와 관련하여 공제받지 아니한 부가가치세 매입세액
 [법인 46012-461, 1994.2.15. (구 조감법 §26 특정설비)]
- 기계장치를 설치하기 위해 지출하는 Up-front payment(기술도입료)[법인세과-443, 2010.5. 11. (구법 §26 임시투자)]

- 당해 기계장치의 성능을 시험하기 위한 시운전비에서 시운전기간 중에 생산된 시제품을 처분하여 회수한 금액을 차감한 금액[법인 46012-311, 1997.1.31. (법 §5 중소기업투자세액공제)]
- 소송판결에 의한 지출액 중 사업용자산의 취득과 관련된 지출금액[법인-294, 2010.3.24. (구법 §26 임시투자)]
- 기계장치를 고정하기 위한 스틸파일[심사법인 2000-20, 2000.5.12. (구법 §24 생산성향상시설)]
- 다만 기존 시설의 철거비용(X)은 투자금액에 해당하지 않음에 유의하여야 한다[사전법령법인-22078, 2015.5.1. (구법 §25의 2 에너지절약시설)].

> **예규 · 판례**
>
> ❖ **기계장치를 고정하기 위한 스틸파일이 부대비용에 해당하는지 여부 (긍정)** (심사법인 2000-20, 2000.5.12.)
> 스틸파일과 기계장치가 직접적으로 조립·연결되는 경우에는 스틸파일의 설치비용과 레미콘비용을 기계장치의 부대비용으로 회계처리할 수 있는 것(증관위 기일 186-496, 1996.10.18.)이고, 법인세법상의 감가상각내용연수 분류기준에 의하면 해당자산을 구성하는 요소별로 계산하는 것이 아니고 개별자산 전체를 일괄하여 동일한 내용연수를 적용하는 것이므로, 위 일련의 사실관계를 종합해볼 때 쟁점스틸파일은 기계장치의 설치에 따른 부대비용으로 볼 수밖에는 없다고 하겠으므로, 쟁점스틸파일을 건축물로 분류하여 기계장치와의 감가상각한도 차액인 쟁점금액을 손금불산입하고 생산성향상시설 투자세액공제 103,671,508원을 배제하여 과세한 처분청의 당초 처분은 잘못이라고 판단된다(국심 99구2349, 2000.4.19.; 국세청 법인 46012-1234, 1999.4.2. 등 같은 뜻).

(2) 건설자금이자

조세특례제한법상 건설자금이자는 투자금액에 포함한다(조특통 24-0…1).[6] 건설자금이자의 개념은 법인세법상 건설자금이자를 차용하여야 할 것이다.

법인세법상 건설자금이자란 사업용 고정자산의 매입·제작 또는 건설에 소요되는 차입금에 대한 지급이자 또는 이와 유사한 성질의 지출금을 말한다(법령 §72 ③ 2호).

차입금 중 고정자산의 건설 등에 소요된 것이 분명한 특정차입금에 대한 지급이자 등은 건설 등이 준공된 날까지 이를 자본적 지출로 하여 그 원본에 가산하여 자본화하므로, 당기 이자비용으로 손금산입되지 않는다(법령 §52 ①·②).

---

[6] 구법 제5조 중소기업등 투자세액공제, 구법 제25조 특정시설투자 등에 대한 세액공제, 구법 제25조의 4 의약품품질관리 개선시설 투자세액공제, 구법 제25조의 5 신성장기술 사업화를 위한 시설투자 세액공제, 구법 제25조의 7 초연결 네트워크 구축 시설투자 세액공제, 구법 제26조 고용창출투자세액공제의 경우, 건설자금이자가 투자금액에 포함된다.

반면에 일반차입금에 대한 지급이자 등은 법인의 선택에 따라 자본화할 수 있다(법법 §28 ② → 법령 §52 ⑦). 따라서 일반차입금 관련 건설자금이자도 해당 법인이 자본화를 선택한 경우 투자금액(취득가액)에 포함될 수 있다고 판단된다.

그러나 최근 조세심판원에서는 투자세액공제대상인 설비 취득(특정차입금)과 무관하게 일반적인 목적으로 차입한 일반차입금에 대한 이자라는 이유 및 해당 비용이 투자세액공제대상 설비 취득을 위해 직접 지출되었다고 인정할 만한 객관적인 증빙자료를 제출하지 못하고 있다는 이유로 일반차입금 관련 건설자금이자를 취득가액에서 제외하였다(조심 2018부0008, 2018.12.6.).

(3) 유형고정자산의 첨가취득 유가증권

전술한 부대비용, 건설자금이자 외에 법인세법상 취득가액에 포함되는 사항은 다음과 같다(법령 §72 ③).

㉮ 특수관계인인 개인으로부터 법인의 유가증권을 저가매입하여 부당행위계산부인으로 익금산입한 금액(법법 §15 ② 1호)
㉯ 증자, 감자 등 불공정자본거래에서 분여받은 이익의 익금산입 금액(법칙 §37 ②)
㉰ 유형고정자산의 첨가취득 유가증권

상기 사항 중 조특법상 투자세액공제에서 취득가액에 포함할 수 있는지 여부는 사안별로 검토를 필요로 한다.

먼저 ㉮ 및 ㉯의 경우에는 유가증권거래 또는 불공정자본거래 시 발생하는 사항이므로 투자세액공제와는 관련이 없다. 그러나 ㉰ 유형고정자산의 첨가취득은 이와는 달리 투자금액의 산정 시 포함되는 취득가액으로 보아야 할 것이다.

유형고정자산의 첨가취득 유가증권이란 유형고정자산의 취득과 함께 국·공채를 매입하는 경우 기업회계기준에 따라 그 국·공채의 매입가액과 현재가치의 차액을 당해 유형고정자산의 취득가액으로 계상한 금액이다(법령 §72 ③ 3호).

첨가취득 유가증권의 회계처리

취득시점	차) 건물 　　만기보유증권	20 80	대) 현금		100

유가증권의 취득가액 100, 현재가치 80 가정

고정자산을 매입하기 위한 목적으로 현재가치 80인 유가증권을 100으로 취득한 것이므로 그 차액을 유형자산으로 계상한다(일반기준 문단 6.12). 법인세법에서도 동 금액을 유형고정자산의 취득가액으로 인정하며, 매입가액과 현재가치의 차액은 유형자산의 취득에 사용되었다고 보는 것이 실질에 부합하므로 투자세액공제에서도 취득가액에 포함시키는 것이 타당할 것으로 판단된다.

1-2 취득가액에서 제외되는 비용 등

법인세법상 취득가액에서 제외되는 것으로 조특법상 투자세액공제에서도 제외되어야 할 사항은 다음과 같다(법령 §72 ④)[법인 46012-235, 2003.4.14. (법 §5 중소기업투자세액공제)].

① 자산을 장기할부조건 등(법령 §68 ④)으로 취득 시 발생한 장기채무를 현재가치로 평가하여 현재가치할인차금으로 계상한 금액
② 연지급수입에 있어서 취득가액과 구분하여 지급이자[7]로 계상한 금액
③ 부당행위계산부인 규정 중 고가매입(법령 §88 ① 1호) 및 불균등증자(동항 제8호 나목)에 의한 시가초과액

- **시운전 기간 전력 판매액은 투자금액에서 차감함**

    내국법인이 화력발전소를 건설하면서 시운전 기간 중에 지출한 비용에 대하여 「조세특례제한법」제24조(2017.12.19. 법률 제15227호로 개정되기 전의 것)에 따른 생산성향상시설 투자세액공제를 적용함에 있어 시운전 기간 중에 발생한 전력 판매액이 있는 경우에는 시운전을 위하여 지출된 비용에서 해당 전력 판매액을 차감하여 투자금액을 계산하는 것임(기준법령법인-0005, 2021.4.20.).

2 공제시기

2021년 개정세법 이후에는 공제시기로서 투자일 기준만이 허용됨에 유의하여야 한다(조특법 §24 ①, ②).

종래 공제시기는 원칙적으로 완료일 기준에 의하지만 예외적으로 투자일 기준이 허용되어, 완료일 기준과 투자일 기준 중 납세자가 자유로이 선택할 수 있었다(구 조특법 §5 ①·⑤).

다음의 표에서는 투자세액공제 제도에서 공제시기와 관련되어 각 제도별로 준용조항과 자체 규정한 조항을 요약하였다.

---

[7] 수입자가 수입물품을 인수한 후 수입대금지급을 일정기간 유예받을 때, 그 유예기간의 이자를 연불조건 지급이자라 한다.

투자세액공제의 공제시기 관련 규정

구 분	준용하는 조항	준용되는 조항(또는 자체규정)
제24조 통합투자세액공제		법 §24 ①·② 투자일기준(자체규정) 영 §24 ⑦ 진행률방식
제8조의 3 상생협력 연구시설 등 투자세액공제	법 §8조의 3 ③ 후단	→ (준용) 법 §24 ①·②·⑤ 투자일기준 및 진행률방식
제26조 고용창출투자세액공제		영 §23 ② 투자일 기준 (자체규정)

상기 표에서 보는 바와 같이 투자세액공제 제도의 공제시기는 원칙적으로 제24조 통합투자세액공제의 공제시기를 준용하고 있으며, 그 내용은 동일하다.

이하에서는 법 제24조 통합투자세액공제의 조문을 중심으로 설명한다. 여타의 투자세액공제는 위의 표에 기재된 각 제도별 조항을 참고하도록 한다.

2-1 투자일 기준

(1) 계산방법

투자세액공제액을 해당 투자가 이루어지는 과세연도의 소득세(사업소득에 대한 소득세만 해당함) 또는 법인세에서 공제한다. 투자가 2개 이상의 과세연도에 걸쳐서 이루어지는 경우에는 그 투자가 이루어진 과세연도마다 해당 과세연도에 투자한 금액에 대해서만 공제받을 수 있다(조특법 §24 ①·②)

투자일 기준에 의할 경우 진행주의 방식과 지출주의 방식[8])에 의하여 계산한 금액에서 기공제 투자분 또는 미공제 투자분을 차감하여 계산한다(조특령 §21 ⑦).

> 투자금액 = Max (진행주의 방식, 지출주의 방식) - 기공제 또는 미공제 투자분의 합계

(1-1) 진행주의(작업진행률) 방식

진행주의(작업진행률) 방식은 총투자금액에 작업진행률(법령 §69 ①)을 적용하여 계산한다.

건설의 경우에는 목적물의 건설 등의 착수일이 속하는 날로부터 인도일이 속하는 사업연도까지 다음의 작업진행률을 적용하여 계산하며, 건설 이외의 경우에는 동 산식을 준용

---

[8]) 완료일 기준, 투자일 기준, 진행주의 방식, 지출주의 방식은 저자가 설명의 편의를 위하여 새로이 사용한 용어임.

하여 계산한다(법령 §69 ① → 법칙 §34 ①).

$$작업진행률 = \frac{발생한\ 총투자\ 누적액}{총투자\ 예정비}$$

 예외적으로, 건설의 수익실현이 건설의 작업시간·작업일수 또는 기성공사의 면적이나 물량 등과 비례관계가 있고, 전체 작업시간 등에서 이미 투입되었거나 완성된 부분이 차지하는 비율을 객관적으로 산정할 수 있는 건설의 경우에는 그 비율로 할 수 있다(법칙 §34 ① 단서). 동 규정은 기업회계기준상 공사진행률의 예외 규정을 수용한 조항이다(일반기준 문단 16.47).

(1-2) 지출주의 방식

 지출주의[9] 방식에서는 해당 과세연도까지 **실제로 지출한 금액**을 기준으로 투자금액을 계산한다. 따라서 당해 투자와 관련된 최초 지출시점부터 당해 과세연도까지의 지출 총 누적액을 투자금액으로 한다. 예컨대, 투자 개시 후 제작업체와의 계약과 기성청구 내용에 따라 현금으로 지출하는 계약금과 중도금이 지출금액에 포함된다[법인세과-357, 2012.6.4. (구법 §26 임시투자)].

 지출한 금액이므로 해당 과세연도 중 실제로 현금으로 지출된 금액 및 어음지급 분으로 해당 연도에 결제된 금액을 포함한다(조특통 24-21…1).

 다만 기업구매전용카드와 전자방식 외상매출채권담보 등의 경우에는 현금 지출이 아닌 발생주의로 판정한다. 기업구매전용카드를 사용한 경우에는 **기업구매전용카드 사용일**(승인일)을 기준으로 하며,[서이 46012-10030, 2003.1.6. (구법 §26 임시투자)] 전자방식 외상매출채권담보를 이용하여 결제한 경우에는 실제 현금상환일이 아닌 당해 **전자방식 외상매출채권 발행일**을 기준으로 한다[법인-831, 2011.10.28. (구법 §26 임시투자)]. 또한 **은행기한부신용장**(Banker's Usance)을 개설받아 사업용자산을 수입하고 수입대금을 외화단기차입금으로 처리하는 경우에도 실제로 지출된 금액으로 본다[서이 46012-10822, 2003.4.21. (구법 §26 임시투자)].

 한편 **선급금**[10]은 지출된 금액이므로 투자금액에 포함하여야 하나, 미리 공제를 받으려는 등 기간 조작의 우려가 있으므로 지출 금액에서 제외한다.

---

9) 현금주의로 보기에는 많은 예외가 있으므로, 부득이하게 법문상의 표현인 "지출"에 따라 지출주의라는 용어를 사용함.
10) 선급금은 정상적인 상거래 과정에서 상품, 원재료 등의 재고자산을 매입하는 경우의 청구권임.

(1-3) 기공제 또는 미공제 투자분의 합계

기공제 또는 미공제 투자분의 합계란 해당 과세연도 이전 기공제받았던 투자금액과, 공제대상이었으나 공제받지 아니한 과거 투자분에 대해 진행주의 방식 또는 지출주의 방식 중 큰 금액을 적용해 계산한 금액을 합한 금액이다. 기간 조작의 우려가 있으므로 미공제 투자분을 투자금액에서 제외하도록 한다.

2021년 세법 개정이후에는 완료일 기준을 적용할 수 없으므로 투자일 기준에 따라 매년 투자금액을 산정하여 세액공제를 신청하여야 함을 주의하여야 한다.

> **예제** 투자일 기준에 의한 공제시기별 투자금액 산정

● 자 료

㈜문화는 20X1년에 투자를 개시하여 20X3에 투자를 완료하였으며, 투자기간 중 진행주의(작업진행률) 방식에 의한 연도별 투자금액과 실제 지출한 연도별 금액이 다음의 표와 같을 때, 투자일 기준에 의한 연도별 투자금액을 구하시오.

(단위 : 억원)

구 분	진행주의에 따라 계산한 금액	실제 지출한 금액
20X1년	8	7
20X2년	9	13
20X3년	7	4
합 계	24	24

● 해 설

1. 20X1년 투자금액

    투자금액 = Max (진행주의 방식, 지출주의 방식) - 기공제 또는 미공제 투자분의 합계
    = Max (8, 7) - 0 = 8억원

2. 20X2년 투자금액

    투자금액 = Max (17, 20) - 8 = 12억원

3. 20X3년 투자금액

    투자금액 = Max (24, 24) - (8+12) = 4억원

(2) 투자의 개시시기

투자가 이루어진 각각의 연도마다 해당 과세연도에 투자한 금액에 대해서만 세액공제가 적용되는 투자일 기준에 의한 투자금액 산정을 위해서는 투자의 개시시기가 정해져야 한

다. 고용창출투자세액공제 제도와 관련하여서 투자의 개시시기를 정하고(영 §23 ⑭), 통합투자세액공제 제도에서 준용(영 §21 ⑫)하고 있다.

고용창출투자세액공제 제도의 투자의 개시시기 규정을 모든 투자세액공제 제도에 유추적용할 수 있는지가 문제되는데, 기존의 예규에서는 중소기업 투자세액공제,(서면2팀-2090, 2004.10.13.) 에너지절약시설 투자세액공제(법인세과-925, 2009.8.27.)와 근로자복지설비 투자세액공제(법인 46012-329, 1999.1.26.)등과 관련된 사례에서 유추적용하고 있다.

고용창출투자세액공제에서 투자의 개시시기(조특령 §23 ⑭)

구분	투자의 개시시기
① 국내·국외 제작계약에 따라 발주하는 경우	발주자가 최초로 주문서를 발송한 때
② 매매계약에 의한 매입	계약금·대가의 일부를 지급한 때와 시설을 실제로 인수한 때 중 빠른 날
③ 수입승인 필요한 경우	수입승인을 얻은 때
④ 자가 건설·제작	실제로 건설 또는 제작에 착수한 때 -이 경우 사업의 타당성 및 예비적 준비를 위한 것은 제외함.
⑤ 타인에게 건설 의뢰	실제로 건설에 착공❶ 한 때 -이 경우 사업의 타당성 및 예비적 준비를 위한 것은 제외함.

❶ '착공'이란 공사 시공자가 공사에 착수하는 것을 말하고, 토목이나 건축에서는 일반적으로 터파기 공사에 착수하는 것을 말함(서울고법 2017누30070, 2017.11.8.). 착공이라 함은 건축물의 건축을 위한 굴토공사(증축 또는 개축으로서 굴토가 필요 없는 경우에는 건축물을 축조하는 공사)에 착수하는 것을 말함[건축물착공통계조사시행규칙 §2 ③ (국토교통부령 제1호)].

● **금융리스에 의하여 자산을 취득하는 경우 투자의 개시시기는 리스실행일이다**[법인 46012-3821, 1998.12.9. (구법 §26 임시투자)].

● **관광숙박업 등록 이전에 관광호텔로 사용한 경우 공제 여부** (긍정)

일반호텔로 건물을 신축하던 중에 관광호텔로 사업변경승인을 받고 관광숙박업 요건을 갖추어 등록한 경우, 관광숙박업을 개시하는 처음부터 동 관광호텔을 사업에 사용하였다면 등록 이전에 투자한 금액에 대하여도 임시투자세액공제의 적용이 가능하다[법인세과-605, 2010.6.29 (구법 §26 임시투자)]. 즉, 고용창출투자세액공제의 **업종요건은 완료일을 기준으로 충족**하면 공제 가능하다.

(2-1) 복수 기준에 해당하는 경우

투자의 개시시기가 상기 표에 의한 구분 중 둘 이상에 해당할 때의 기존 사례는 다음과 같다.

● **국외 제작계약에 따라 발주하나 수입승인이 필요한 경우**

사업용 자산을 외국의 제작회사에 의뢰하여 수입하는 경우에 수입면장이 발급되고 수입승인을 얻은 경우에는 ① 제작계약에 따라 발주하는 규정을 적용하지 아니하고 ③ 수입승인이 필요한 경우의 규정을 적용하여 **수입승인을 얻은 때**를 투자의 개시시기로 본다[서면2팀-2090, 2004.10. 13. (법 §5 중소기업투자세액공제)].

● **정유공장의 정제설비 관련 프로젝트성 건설공사**

정유공장의 정제설비 관련 프로젝트성 건설공사를 타인에게 의뢰하는 경우 투자의 개시 시기는 "실제로 건설에 **착공한 때**"가 되는 것임. 이 경우 사업의 타당성 및 예비적 준비를 위한 것은 착공한 때에 해당하지 아니하는 것이나 귀 질의가 이에 해당하는지 여부는 사실판단할 사항임[재조특-695, 2012.7.31. (구법 §26 임시투자)].[11]

● **후육관**(초대형 파이프) **플랜트 설비 건설**

대규모 산업설비나 플랜트 등을 유기적으로 작동하도록 제작·설치하여 완료하는 공급계약의 경우 개별 설비의 제작계약도 수반되는 경우가 일반적인데, 이러한 경우 그 개별 설비의 제작계약을 기준으로 제1호(최초 주문서 발송시점)가 적용되어야 한다고 해석하면 대규모 산업설비 등 건설의뢰계약의 경우 대부분 제1호가 적용되어 제5호(건설 착공시점)를 신설한 의의가 감쇄된다. 이 사건 설비 투자의 본질적 성격은 대규모 기계설비 또는 생산설비의 건설을 타인에게 의뢰하는 것으로 봄이 타당하고, 따라서 이 사건 설비의 투자 개시시기는 **'착공'한 때**로 보아야 한다(서울고법 2017누30070, 2017.11.8.).

(2-2) 유기적으로 결합된 하나의 투자단위

투자세액공제는 원칙적으로 적용대상 자산별로 투자의 개시시기를 판정하여야 한다[법인 46012-2395, 1998.8.25. (구법 §26 임시투자)]. 그러나 기계장치가 독립된 개체로는 제품을 생산하지 못하고 연관되는 수 개의 기계장치로서 유기적으로 결합되어야 제품을 생산하는 경우에는 기계장치 전체를 하나의 투자단위로 보아 투자의 개시시기를 판단한다[법인세과-925, 2009.8.27. (법 §25의 2 에너지절약시설)].

건물의 경우에도 건물을 신축하면서 이에 부착 설치되는 승강기 및 발전기는 건물과 유기적으로 결합된 하나의 투자단위로 보아 건물의 투자개시시기를 적용하여야 한다[법인 46220-188, 2002.3.30. (구법 §26 임시투자)].

---

11) 동일한 정유공장의 정제설비 관련 프로젝트성 건설공사에 대하여 국세청에서는 ① 발주자가 최초로 기계장치 등에 대한 주문서를 발송한 때와 ⑤ 실제로 건설에 착공한 때 중 빠른 날을 기준으로 투자개시 여부를 판단하도록 해석[법인세과-69, 2012.1.17. (구법 §26 임시투자)] 하였으나, 기획재정부의 해석이 시점이 최근의 것이며 최근 고등법원에서도 건설 착공시점을 투자 개시시기로 보았다는 점에서 국세청 예규는 삭제되어야 할 것으로 판단됨.

(3) 부칙에 의한 경과규정

투자세액공제와 관련된 부칙의 경과규정을 해석함에 있어서 "투자하는 분부터 적용한다"와 "투자를 개시하는 분부터 적용한다"는 차이가 있으며, "이후 개시하는 과세연도부터 적용한다"는 문구는 "이후 투자하는 분부터 적용한다"와 동일한 의미이다.

특정 시행일자 "이후 개시하는 과세연도부터 적용한다"는 문구가 있는 때에는 시행일자보다 과세연도의 개시일이 시간상 후행하는 과세연도의 투자분부터 변경 규정을 적용하면 된다.

"투자하는 분부터 적용한다"와 "투자를 개시하는 분부터 적용한다"는 차이가 있음에 유의하여야 한다. "투자를 개시하는 분부터"의 문구가 있는 때에는 진행 중인 투자가 개정 이후에도 계속되는 경우 진행 중인 전체 투자에 대하여 종전의 규정이 적용되고 개정된 규정은 적용되지 않는다. 시행일자 이후 새롭게 투자를 개시하는 분에 대해서만 개정된 규정이 적용된다. 반면에 "투자하는 분부터"의 경우에는 진행 중인 투자 중 시행일 전 완료된 것은 종전의 규정에 따르고, 시행일 후 투자 부분만 새로운 규정이 적용된다.

따라서 세법의 개정으로 공제율이 변동될 때 그 부칙에 "투자하는 분부터 적용한다"라는 문구가 있는 경우에, 완료일 기준에 의하더라도 완료일 당시의 공제율이 전체 투자금액에 적용되는 것이 아니라, 변경된 규정의 시행일 전에 이루어진 투자에 대해서는 종전의 공제율에 의하고 당해 연도 투자분에 대해서만 변경된 공제율이 각각 적용된다[법인-96, 2013.2.15. (법 §26 고용창출); 서이 46012-10872, 2003.4.29. (구법 §25의 2 에너지절약시설)].

또한 공장을 신설할 때 2016.11.30. 투자가 개시되고 2017.3.30. 투자가 완료된 경우, 2017. 1.1.을 시행일로 하여 규정이 개정된 경우를 가정한다. 부칙의 경과규정에서 "시행일 이후 투자 개시분부터 적용"하기로 규정한 경우에는 당해 투자 전체에 대하여 종전의 규정이 적용된다[사전법령법인-0279, 2018.6.26. 참조 (구법 §24 생산성향상시설)].

반면에 "시행일 이후 투자하는 분부터 적용"하기로 규정된 경우에는 2016.11.30. ~ 2016.12.31. 기간의 투자는 종전 규정이 적용되고, 2017.1.1.~2017.3.30. 투자분은 새로운 규정이 적용된다[법인-79, 2014.2.27. 참조 (구법 §25의 2 에너지절약시설)].

2-2 완료일 기준(20년 말 삭제)

통합투자세액공제에서는 투자일 기준을 원칙으로 개정하였음에도 불구하고 개정세법에서 이에 관한 경과규정을 두었다. 다음 요건을 모두 충족하는 경우에는 완료일 기준을 따르도록 하였다(2020.12.29. 개정된 법률 부칙 §4 ②).

① 2020.12.31.이 속하는 과세연도 전에 투자를 개시하였을 것
② 종전의 투자세액공제(법 제5조, 제25조, 제25조의4 및 제25조의7)에 따른 공제를 받지 아니하였을 것.

예를 들어, 12월말 사업연도 법인의 경우 2020 사업연도 전, 즉 2019년을 포함하여 그 이전에 투자를 개시하였으나, 종전 특정시설투자세액공제 등을 적용하지 아니하고 통합투자세액공제를 처음 적용할 때는 완료일 기준에 따른다.

반대로, 내국법인이 2개 이상의 과세연도에 걸쳐서 투자하는 경우로서 2020.12.31.이 속하는 과세연도 전에 투자를 개시하고 구「조세특례제한법」(2020.12.29. 법률 제17759호로 개정되기 전의 것을 말한다) 제25조에 따른 공제를 받은 경우에는「조세특례제한법」(2020.12.29. 법률 제17759호로 개정된 것을 말한다) 부칙 제4조 제2항의 규정이 적용되지 않는다(서면-2021-법인-4422, 2021.7.20.).

완료일 기준을 선택한 경우에는 투자를 완료한 날이 속하는 과세연도에 투자금액 총액에 대해 공제받을 수 있다. 완료일이란 해당 시설을 그 목적에 실제로 사용한 날이다(구 조특법 §5 ①, 조특통 24-0…2).

따라서 어음 발행분으로서 과세연도 종료일 현재 지급기일 미도래분도 (투자일 기준과는 달리) 투자금액에 포함된다[법인 46012-1238, 2000.5.26. (구법 §26 임시투자)].

회계상 유형자산의 감가상각은 자산이 사용가능한 때, 즉 경영진이 의도하는 방식으로 자산을 가동하는데 필요한 장소와 상태에 이른 때 감가상각을 개시하나,(일반기준 문단 10.34) 법인세법상으로는 사용(가동)일에 감가상각을 개시한다. 따라서 법인세법상 감가상각 개시일과 조특법상 투자세액공제의 완료일 기준은 일치한다.

설치 중인 자산 또는 시운전 기간 중의 자산은 투자가 완료되지 않았으므로, 완료일 기준하에서는 당해 연도 세액공제의 대상이 될 수 없다. 참고적으로 법인세법상 설치 중인 자산 또는 시운전기간에 있는 자산은 건설 중인 자산에 포함되어 감가상각의 대상에 포함하지 아니한다(법칙 §12 ④).

● **기계장치 등이 독자적으로 사용이 불가능한 경우**

기계장치 등이 독자적으로 사용이 불가능하고 다른 기계 등과 결합·설치하여야만 사용이 가능한 때에는, 사업용자산에 해당하는 시설이 완료된 시점을 투자종료일로 본다[서면2팀-2176, 2005.12.27. (구법 §26 임시투자)].

● **기계장치를 수입하는 경우**

기계장치를 수입하는 때에 수입한 그대로 설치하여 본래의 목적에 사용하는 경우에는 통관일에 투자가 완료된 것으로 보며, 다른 기계 등과 결합·설치하여야만 사용이 가능한 때에는 설치가 완료된 시점을 투자 완료일로 본다[서면2팀-517, 2005.4.11. (구법 §26 임시투자)].

3 공제세액

앞서 보았던 공제시기별 투자금액에 각 제도별 공제율을 곱하여 공제되는 세액을 산출한다.

$$공제세액 = 투자금액 \times 공제율$$

투자세액공제 제도의 기업규모별 공제율 비교

구 분	대기업	중견기업	중소기업
§8의 3 ③ 상생협력 연구시설 등 투자세액공제	1%	3%	7%
§24 통합투자세액공제 기본공제(+추가공제)	1% (+ 3%)	5% (+ 3%)	10% (+ 3%)
신성장 사업화 시설 기본공제(+추가공제)	3% (+ 3%)	6% (+ 3%)	12% (+ 3%)
국가전략 사업화시설 기본공제(+추가공제)	15% (+ 4%)	15% (+ 4%)	25% (+ 4%)

중소기업 및 중견기업에 대한 정의는 각각 제2부 제1절과 제2부 제4절 Ⅱ. 1-2를 참조하기로 한다. 중견기업의 직전 3개 과세연도 매출액 평균금액은 3천억원을 기준으로 한다.

Ⅳ. 조세특례제한 등

신고 절차, 조세특례제한등 또는 보칙과 관련된 사항은 각 조문별로 기술한다.

이하에서는 투자세액공제와 관련된 제130조 수도권과밀억제권역의 투자에 대한 조세감면배제와 제146조 감면세액의 추징을 살펴보도록 한다.

Ⅴ. 제130조 수도권과밀억제권역의 투자에 대한 조세감면배제★★

1 개요

수도권과밀억제권역 내 투자에 대한 투자세액공제를 배제함에 있어, 1989년 이전 설치된 사업장에 대하여는 대체투자[12]는 허용하나 과밀을 유도하는 증설투자는 배제하고, 1990년 이후 설치된 사업장에 대하여는 원칙적으로 증설·대체 투자를 모두 배제한다. 다만 중소기업의 경우에는 1990년 이후 설치된 사업장에 대하여서도 대체투자는 허용하되, 증설투자는 배제한다.

사업개시시기 및 규모에 따른 증설·대체투자의 허용 여부

구 분	1990.1.1. 이후 사업개시		1989.12.31. 이전 사업개시	
	증설투자	대체투자	증설투자	대체투자
일반기업	×❶	×❶	× (산업단지·공업지역 ○)	○
중소기업	× (산업단지·공업지역 ○)	○	× (산업단지·공업지역 ○)	○

❶ 표에서 회색으로 칠하여져 있는 부분은 법 제130조 제1항 증설투자의 배제 규정에 따른 내용이며, 색이 없는 부분은 같은 조 제2항 증설·대체투자의 배제 규정에 따른 내용임.

수도권 집중화로 인한 인구, 교통, 공해 등의 문제를 해소하고 지역경제 발전을 위한 목적으로 수도권 투자분에 대한 조세감면을 배제하여 수도권 투자를 지방 투자로 유도하기 위한 제한 규정이다.

개정연혁

연 도	개정 내용
2019년	■ 내진보강설비 및 수탁기업체 설치 검사대 등을 과밀억제권역 투자 시 공제 허용
2020년	■ 증설하는 국내사업장의 구분 기준으로서 공장의 연면적 등의 범위를 정함
2021년	■ 디지털방송장비에 대한 과밀억제권역 안의 증설투자에 대해서 공제 허용

---

12) "대체투자"란 기존의 사업용고정자산을 대체하기 위한 투자를 말함(2003.12.30. 개정 전 조특령 §124 ②).

2 증설투자의 배제

과밀억제권역에서 1989년 이전부터 계속 사업을 경영하고 있는 모든 내국인과 1990년 이후 과밀억제권역에 사업장을 설치한 중소기업이 해당 사업장에서 사용하기 위해 취득한 사업용 고정자산이 증설투자에 해당하는 경우 투자세액공제 중 일부를 배제한다. 다만 산업단지·공업지역에의 증설투자와 정보통신장비 등은 제외한다(조특법 §130 ①).

2-1 주체

1989.12.31. 이전부터 수도권과밀억제권역에서 계속하여 사업을 경영하고 있는 내국인(이하 "1989년 이전 기업")과 1990.1.1. 이후 수도권과밀억제권역에서 새로 사업장을 설치하여 사업을 개시하거나 종전의 사업장(1989.12.31. 이전에 설치한 사업장 포함)을 이전하여 설치하는 중소기업(이하 "1990년 이후 중소기업")이다.

(1) 1989년 이전 기업

과밀억제권역에서 1989.12.31. 이전부터 계속 사업을 경영하고 있는 모든 내국인이 해당한다. 중소기업은 물론 중소기업이 아닌 기업도 포함된다.

다음은 1989년 이전 기업이 분할, 포괄적 사업양도 등으로 조직의 변경이 발생한 경우에도 계속적으로 1989년 이전 기업으로 간주되는 사례이다.

● 분할신설법인이 분할 전 사업을 계속 영위하는 경우 (O)

1989.12.31. 이전부터 수도권 안에서 사업을 영위하는 법인(1989년 이전 기업)의 사업부문을 분할하여 동일한 장소에서 분할전 사업을 계속 영위하는 분할신설법인은 새로이 사업장을 설치하여 사업을 개시한 것으로 보지 않는다(조특통 130-0…1). 따라서 본 규정에 따라 증설투자만을 배제한다.

● 현물출자하여 설립된 자회사가 모회사의 사업을 계속 영위하는 경우 (O)

모법인이 1989.12.31. 이전에 설치한 과밀억제권역 안 사업장의 사업용고정자산을 현물출자하여 새로운 법인(자회사)을 설립한 경우로서, 모법인의 과밀억제권역 안 사업장의 모든 권리와 의무를 포괄적으로 양수한 후 당해 수도권과밀억제권역 안 사업장에서 모법인이 생산하던 제품과 동일한 제품을 생산하는 경우에는 새로운 사업장을 설치한 것으로 보지 않는다(서면2팀-1423, 2004.7.8.). 따라서 대체투자에 대하여는 투자세액공제가 가능하다.

● 포괄적 사업양도에 의해 소유주만 변경된 경우 대체투자에 대한 투자세액공제 가능[재조예 46019-227, 2002.12.23. (구법 §26 임시투자); 재조예 46019-212, 2001.12.17. (법 §103 구 의료기기 투자세액공제); 서이 46012-10152, 2003.1.23.]

● 본점을 폐쇄하고 지점 사업장을 본점으로 변경한 경우 (O)

수도권과밀억제권역 안의 본점과 지점사업장에서 동일한 제품을 생산하는 법인이 본점사업장을 폐쇄하고 지점사업장을 본점으로 변경하는 것은 새로운 사업장을 설치하는 경우에 해당하지 않는 것이므로, 해당 사업장이 1989.12.31. 이전에 설치된 경우에는 변경된 본점사업장에서 사용하기 위한 사업용 고정자산의 대체취득에 대하여는 투자세액공제가 적용될 수 있다[서면2팀-322, 2006.2.10. (구법 §26 임시투자)].

(2) 1990년 이후 중소기업

1990.1.1. 이후 수도권과밀억제권역에서 새로 사업장을 설치하여 사업을 개시하거나 종전의 사업장(1989.12.31. 이전에 설치한 사업장 포함)을 이전하여 설치하는 중소기업은 증설투자만을 배제한다.

1990년 이후 중소기업이 종전 사업장을 이전하는 경우의 "종전 사업장"에는 과밀억제권역 외의 종전 사업장뿐 아니라 **과밀억제권역 내의 종전의 사업장도 포함한다**(서면2팀-1791, 2004.8.26.). 예를 들어, 중소기업이 1989.12.31. 이전에 설치한 과밀억제권역 내의 종전 사업장을 과밀억제권역 내로 이전하여 설치하는 경우에도 1990년 이후 중소기업으로 본다. 동 사례에서 종전 사업장을 이전하지 않았다면 1989년 이전 기업에 해당하지만, 사업장을 과밀억제권역 내에서 이전함으로 인하여 1990년 이후 중소기업에 해당하게 된다. 동 이전으로 인하여 2021년 세법 개정 이전에는 구법 제25조 안전설비 투자등 세액공제의 일부 조항이 배제되는 차이가 있었다.

주요 이슈와 쟁점

20. 과밀억제권역 투자세액공제 감면 배제 시 중소기업 판정 기준 시점

[조세심판원] 중소기업의 판정시점은 사업장 설치 시점임 (조심2020인2139, 2021.7.12.)
처분청은 청구법인이 1990.1.1. 이후 중소기업으로 설립된 사실은 있으나, 2013년부터는 중소기업 유예기간이 종료되어 일반기업으로 전환되었고, 전환 이후 이 건 생산성향상 설비 투자를 하였으므로 생산성향상시설 투자 등에 대한 세액공제를 배제한 것은 정당하다는 의견이나, 청구법인은 1990.1.1. 이후 수도권과밀억제권역내에 새로 설립된 법인으로 설립 당시에는 중소기업으로 설립되었고, 본점 사업장은 산업단지인 ○○○ 내에 위치하고 있으며, (이하 중략) 설립 당시 중소기업으로서 감면을 적용받던 법인이 규모 확대로 중소기업에 해당하지 않게 될 경우에는 대체투자나 산업단지 또는 공업지역 안에서의 증설투자에 해당하는 경우, 감면을 적용받도록 하는 것이 합리적인 점, (이하 중략) 설립당시 중소기업으로 이미 세액공제가 허용되었던 청구법인의 경우 유예기간 종료로 일반기업으로 전환되었다 하더라도 이 건 대체투자로 인해 새롭게 과밀을 유발할 요인은 없어 세액공제를 적용하는 것이

법률 개정취지에 부합한다고 보이는 점, (이하 중략) 문언해석상 감면배제에 있어 중소기업 또는 일반기업의 판단은 고정자산 취득시점이 아닌 사업장을 설치하여 사업을 개시하는 때를 기준으로 보는 것이 합리적인 점 등에 비추어 청구법인이 2014년에 대체투자로 취득한 고정자산 관련 쟁점금액에 대하여 생산성향상시설 투자 등에 대한 세액공제를 적용함이 타당하다고 보이므로 처분청의 이 건 법인세 부과처분은 잘못이 있다고 판단된다.

[유권해석] 중소기업의 판정시점은 고정자산 취득 시점임 (재조세-1130, 2023.5.15.)
1990.1.1. 이후 수도권과밀억제권역에서 새로 사업장을 설치하여 사업을 개시한 경우로서 중소기업이었던 내국인이 이후 규모의 확대 등으로 중소기업에 해당하지 않게 된 경우에는 사업용 고정자산 취득일이 속하는 과세연도의 종료일을 기준으로 「조세특례제한법」 제130조 제1항에 따른 중소기업 여부를 판단하는 것입니다.

| 저자주 | 중소기업의 판단시점에 관한 문제로서, 설립 당시에만 중소기업이면 되는지 아니면 세액공제 대상 자산을 취득하는 과세연도에 중소기업이어야 하는지 여부가 쟁점임.
  위에서 보는 바와 같이 조세심판원은 사업장 설치 시점으로 보았으나, 최근 기재부 유권해석은 자산 취득 연도를 기준으로 판정함.
  저자의 의견으로는 자산 취득 연도를 기준으로 판정하여야 한다고 봄.
  첫째, 투자세액공제의 취지는 경기진작을 목적으로 투자를 장려하기 위한 정책이므로 투자 행위를 기준으로 판단되어야 함. 감면배제 요건은 설립 당시가 아니라 투자 당시의 요건을 기준으로 판정되어야 함. 둘째, 규모의 증가로 중소기업에서 벗어나게 되면 중소기업으로서의 특혜가 중단되는 것이 타당함. 셋째, 투자 행위를 할 때의 기업의 기대 이익이 침해될 가능성이 낮음.

2-2 배제되는 투자세액공제규정

통합투자세액공제(조특법 §24)를 배제한다.

또한 여타의 투자세액공제와는 달리 고용창출투자세액공제는 2010년 이후부터 수도권과밀억제권역내의 투자 전부가 제외됨에 유의하여야 한다(조특법 §26 ① 괄호). 즉, 고용창출투자세액공제는 제130조 수도권과밀억제권역의 투자에 대한 조세감면배제 조항의 대상이 아니며, 법 제26조에서 자체 규정으로 과밀억제권역 내의 투자 전부를 세액공제에서 제외한다.

2021년 세법개정 이전에는 아래의 투자세액공제에 대해서 증설투자가 배제된다. 다만 법 제25조 제1항 제5호 안전설비투자세액공제는 1990.1.1. 이후 수도권과밀억제권역에서 사업장을 설치한 중소기업(1990년 이후 중소기업)에게만 배제되는 점에 유의하여야 한다.

증설투자 배제 투자세액공제 조항(2021년 세법 개정 이전)

배제되는 공제제도	배제 시설	1989년 이전 기업	1990년 이후 중소기업
제5조 중소기업 등 투자세액공제	1호 사업용자산	증설투자배제	증설투자배제
	2호 POS시스템		
제25조 제1항 6호 생산성 향상시설 투자세액공제	가목 공정개선 및 자동화 시설		
	나목 첨단기술설비		
제25조의 5 신성장기술 사업화시설 투자세액공제			
제25조 제1항 5호 안전설비 투자등 세액공제	가목 소방시설 및 소방자동차	증설투자허용	
	나목 산업재해 예방시설 등		
	다목 광산안전시설		
	마목 위해요소방지시설		

종래 1990년 이후 중소기업이 내진보강설비(현 조특법 §25 ① 5호 아목, 구 조특법 §25 ① 11호)를 수도권 과밀억제권역 내에서 증설투자하는 경우 세액공제를 배제하였으나, 과밀억제권역 내 건물에 대한 내진보강 시설 투자를 촉진하기 위한 목적으로 2019년 개정세법에서 세액공제를 허용하였다. 2019.1.1. 이후 투자하는 분부터 적용한다(2018.12.24. 개정된 법률 부칙 §36). 또한 수탁기업체 설치 검사대 등도 종래 배제되는 투자세액공제 대상이었으나, 조특법 제8조의 3 제3항으로 이관하면서 세액공제를 허용하였다.

2-3 배제 지역

(1) 수도권과밀억제권역

수도권정비계획법상 수도권은 과밀억제권역, 성장관리권역, 자연보전구역으로 나뉜다. 증설투자가 배제되는 과밀억제권역은 아래와 같다(동법 시행령 별표 1).

- 서울특별시
- 인천광역시(강화군, 옹진군, 서구 대곡동·불로동·마전동·금곡동·오류동·왕길동·당하동·원당동, 인천경제자유구역 및 남동 국가산업단지는 제외한다)
- 의정부시 • 구리시
- 남양주시(호평동, 평내동, 금곡동, 일패동, 이패동, 삼패동, 가운동, 수석동, 지금동 및 도농동만 해당한다)
- 하남시 • 고양시 • 수원시 • 성남시 • 안양시 • 부천시
- 광명시 • 과천시 • 의왕시 • 군포시
- 시흥시[반월특수지역❶(반월특수지역에서 해제된 지역을 포함한다)은 제외한다]

❶ 반월특수지역에는 건설부 고시 제424호(1986.9.23.)에 의거 추가 지정한 시화지구를 포함한다(서면2팀-2058, 2005.12.14.).

(2) 산업단지·공업지역 등의 허용

다만 과밀억제권역에 소재하는 다음의 산업단지 또는 공업지역에 소재하는 1989년 이전 기업 및 1990년 이후 중소기업의 증설투자는 허용된다(조특법 §130 ① 단서, 조특령 §124 ②).
① 「산업입지 및 개발에 관한 법률」(이하 "산업입지법")에 의한 산업단지[13]
② 「국토의 계획 및 이용에 관한 법률」(이하 "국토계획법")의 공업지역[14] 및 지구단위계획 구역[15] 중 산업시설의 입지로 이용되는 구역(동법 §51 ③)

반면에 조세특례제한법 제130조 제2항에 규정한 "중소기업이 아닌 자"(1990년 이후 일반 기업)는 1990.1.1. 이후 수도권과밀억제권역 안에 소재하는 산업단지 또는 공업지역 안에서 증설투자하는 경우에는 감면을 배제한다(서면2팀-1844, 2005.11.21.).

2-4 배제 대상 자산

증설투자가 배제되는 지역에 있는 해당 사업장에서 사용하기 위해 취득한 사업용 고정 자산이어야 한다. 사업장은 부가가치세법상 사업장의 정의를 차용(원용)하여야 하므로(개 별세법 보충의 원칙, 조특법 §2 ②), 사업자가 사업을 하기 위하여 거래의 전부 또는 일부를 하는 고정된 장소(부법 §6 ①)이어야 한다.

(1) 사업장과 실제 사용 장소가 다른 경우

(1-1) 사업장 기준 (원칙)

사업용 고정자산을 취득한 사업장과 실제 사용하는 장소가 다른 경우에는, 사업용 자산 의 소재지 또는 사용장소가 아니라 당해 자산을 취득(투자)한 사업장을 기준으로 지방 또 는 과밀억제권역 소재 여부를 판정한다. 예를 들어, 선박이 운항하는 항구 또는 건설용 기 계가 사용되는 공사현장이 사업장에 해당하지 않는 경우에는, 해당 업무를 총괄하는 사업 장이 수도권과밀억제권역 내에 소재한다면 투자세액공제가 배제된다.

다음의 사례는 후술하는 2009년 개정세법 이전의 사례이지만, 고용창출투자세액공제를

---

[13] 산업단지는 국가산업단지, 일반산업단지, 도시첨단산업단지, 농공단지로 나뉜다(산업입지법 §2 8호). 산업 단지는 한국산업단지공단 홈페이지(https://www.kicox.or.kr/)에서 확인 가능하다.
[14] "공업지역"이란 공업의 편익을 증진하기 위하여 필요한 지역으로 도시지역에 속한다(국토계획법 §36 ① 1호).
[15] "지구단위계획"이란 도시·군계획 수립 대상지역의 일부에 대하여 토지 이용을 합리화하고 그 기능을 증진 시키며 미관을 개선하고 양호한 환경을 확보하며, 그 지역을 체계적·계획적으로 관리하기 위하여 수립하는 도시·군관리계획을 말한다(국토계획법 §2 5호).

제외한 여타의 투자세액공제에 대해서는 2009년 개정 이후에도 동일하게 적용될 것으로 본다.

- 수상운송업 중 예선업을 주업으로 하는 중소기업이 취득하는 **예인선**과 관련하여 수도권과밀억제권역에 있는 해당 사업장에서 사용하기 위하여 취득하는 사업용 고정자산에 해당하는지 여부는 법인의 본점이 소재한 지역을 기준으로 판단하는 것임[서면법인 -2379, 2020.10.23. (구법 §5)].
- 건설업·운수업에서 사용되는 **건설기계**나 **자동차** 등의 경우에는 당해 고정자산인 기계류 자체가 수도권 안에 소재하는 것을 의미하는 것이 아니라 당해 고정자산을 사용하기 위한 사업장이 수도권 안에 소재하는 경우를 의미한다[대법원 2004두8231, 2005.10.7. (구법 §26 임시투자)].
- 화물운송주선 영위 기업의 본사가 과밀억제권역 안에 위치하여 있다면, 화물운송용 컨테이너가 권역 밖에서 사용되어도 투자세액공제가 배제된다[국심 2007서2615, 2007.10.5. (구법 §26); 서면2팀-2214, 2004.11.2. (구법 §26)].
- 취득한 선박이 과밀억제권역 밖에서 사용된다 하더라도 해상화물운송 업무를 주관하는 사업장이 과밀억제권역 내에 있는 경우에도 투자세액공제가 배제된다[조심 2009서1688, 2009.6.26. (구법 §26); 서면2팀-821, 2008.4.30. (구법 §26); 서면2팀-1070, 2005.7.12. (법 §5 중소기업투자세액공제)].
- 건설업의 경우, 건설용 기계가 과밀권역 밖에 있는 공사현장에서 사용되더라도 본사가 과밀억제권역 내에 있는 경우에는 투자세액공제가 배제된다[법인-86, 2009.1.8. (구법 §26); 국심 2002서2805, 2002.12.3. (구법 §26)].

(1-2) 소재지 기준 (예외)

> **주요 이슈와 쟁점**
> 21. 과밀억제권역 밖에 소재한 사업용 고정자산의 고용창출투자세액공제 여부

전술한 사업장 기준 방식에 따르는 여타의 투자세액공제와 달리, **고용창출투자세액공제**와 관련하여서는 사업용 고정자산의 소재지(사용 장소)를 기준으로 과밀억제권역 여부를 판정한다.

2009년 개정세법 취지에 따르면 "그 자산의 소재지를 기준으로 과밀억제권역 내 투자 시 감면 배제하던 것을 허용"하기 위하여 당해 설비가 소재하는 곳을 기준으로 과밀억제권역과 지방 투자를 판단하도록 개정하였다.

개정된 문구를 보자면 2009년 개정세법에서 "사업용 자산이 수도권과밀억제권역 밖에 있는 경우"라고 규정하였고, 2010년 개정세법에서는 "수도권과밀억제권역 밖에 있는 사업용자산에 대한 투자만 해당한다"라고 하여 소재지 기준임을 명시하였다. 2012년 개정 이후로 현재의 문구는 "수도권과밀억제권역 내에 투자하는 경우는 제외된다"라고 되어 있다.16)

다음은 2009년 세법 개정 이후 사업용 고정자산의 소재지를 기준으로 고용창출 투자세액공제를 적용한 사례이다.

- **선박은 항구에서 사용되므로 조세감면을 배제하지 않음**

  선박의 경우 통상 수도권과밀억제권역이 아닌 ○○○항에서 사용되므로 수도권과밀억제권역 내 사업시설의 집중 등을 유발하지 아니하므로 조세감면을 배제하지 아니한다[조심 2010서1427, 2011.7.26. (구법 §26 임시투자); 조심 2012서2642, 2012.8.17. (법 §26)].

- **전기통신설비는 설치 장소를 기준으로 소재지를 판정함**

  업무를 총괄하는 장소가 수도권과밀억제권역 안에 있는 이동통신역무를 제공하는 내국법인이 수도권과밀억제권역 외의 지역에 당해 사업용고정자산인 전기통신설비를 설치하는 경우 당해 설비를 설치하는 곳을 기준으로 수도권과밀억제권역 여부를 판단하므로 수도권과밀억제권역 안의 투자에 대한 조세감면배제규정은 적용되지 아니한다[법인-886, 2009.7.31. (구법 §26 임시투자)].

- **해상건설장비는 사업자가 아닌 사업장을 기준으로 소재지를 판정함**

  수도권과밀억제권역 안의 투자에 대한 조세감면배제대상에 대하여 수도권과밀억제권역 안에 소재하는 '사업자'가 아닌 당해 '사업장'에서 사용하기 위하여 취득하는 사업용 고정자산으로 규정하고 있으므로, 청구법인은 항만, 교량의 기초공사 등 해상건설부문의 전문건설법인으로서 ○○○ 등 사업용자산과 기타 사업용자산의 경우 통상 수도권과밀억제권역이 아닌 해상 등 건설현장에서 사용되므로 수도권과밀억제권역 내 사업시설의 집중 등을 유발하지 아니한다[조심 2014서1565, 2016.2.29. (구법 §26 임시투자 및 고용창출, 법 §5 중소기업투자세액공제)].17)

다만 이러한 소재지 기준은 고용창출투자세액공제에 한정되며, 여타의 투자세액공제 조항은 법 제130조 수도권과밀억제권역의 투자에 대한 조세감면배제 규정의 원칙인 사업장 기준에 따라야 할 것으로 판단된다. 소재지 기준은 고용창출투자세액공제의 조문에만 규정되어 있으며, 법 제130조는 전술한 개정과 관련 없이, "수도권과밀억제권역에 있는 해당 사업장에서 사용하기 위해 취득한 사업용 고정자산"을 배제하도록 계속적으로 규정하고 있기 때문이다.

---

16) 종래의 문구는 사업용 고정자산이 소재지 기준을 따르는 것이 명확하였으나, 2012년 개정된 문구는 '과밀억제권역 내에 투자'로 규정하여 소재지 기준의 적용 여부가 다소 명확하지 않은 면이 있다.

17) 동 심판례는 2010년부터 2011년까지의 법 제26조 고용창출투자세액공제 등에 대해 법 제130조 과밀억제권역의 투자에 대한 조세감면배제의 규정 적용 여부를 판단하였다. 그러나, 2010년 이후부터의 고용창출투자세액공제 등의 과밀억제권역 적용 배제는 법 제26조 제1항에서 자체 규정되었다는 점에서 근거 법령 적용에 문제가 있다고 본다. 좀 더 자세한 논의는 다음의 졸고 최신예판해설을 참조하기 바람. 최문진, "수도권과밀억제권역 밖에서 사용한 사업용자산의 투자세액공제여부", 주간 세무경영/제1510호, 2017.12.7., pp.7-13.

(2) 실질과세원칙에 의한 경우

과밀억제권역 내외에 사업장이 각각 있는 경우에 실질적으로 과밀억제권역 외의 사업장에서 사용한다면 본 감면배제규정이 적용되지 않는다.

● 과밀억제권역 외의 지역의 공장에서 사용하는 기계장치

투자세액공제 적용 시 업무를 주관하는 본사가 과밀억제권역 내에 위치하여 있어도 과밀억제권역 외의 지역의 공장에서 사용하기 위한 기계장치를 설치하였다면 세액공제가 적용된다[서면2팀-810, 2006.5.11. (구법 §26 임시투자); 서면2팀-2457, 2004.11.26.].

● 본사가 세금계산서를 수취한 경우

제24조 생산성향상시설투자에 대한 세액공제 적용 시 사업용고정자산을 수도권과밀억제권역 안 본사의 사업자등록번호를 기재하여 세금계산서를 수취한 경우에도 수도권 외의 사업장에 사용하기 위하여 취득한 동 자산은 세액공제 적용 가능하다(서면2팀-197, 2004.2.12.).

2-5 디지털방송장비 등의 예외

정보통신장비, 디지털방송장비, 종전 특정시설 투자세액공제 대상, 에너지절약시설 등은 수도권과밀억제권역 내의 투자인 경우에도 투자세액공제가 허용된다(조특법 §130 ① 단서, 조특령 §124 ③).

즉, 주체와 관계없이 디지털 방송장비 및 정보통신장비 등에 대한 증설투자 및 대체투자 모두에 대해 투자세액공제가 허용된다.

(1) 디지털 방송장비 (1호)

디지털 방송장비란 디지털방송을 위한 프로그램의 제작·편집·송신 등에 사용하기 위하여 취득하는 방송장비를 말한다.

수도권 방송의 경우 그 특성상 지방 이전이 불가능하기 때문에 허용한다.

종래 디지털방송장비에 대해서는 수도권과밀억제권역안의 증설투자는 배제하였으나 대체투자는 허용하였다. 2021년 개정세법에서 디지털방송장비에 대해 수도권과밀억제권역 안의 증설투자에 대해서도 세액공제를 허용하도록 개정하였다.

(2) 정보통신장비 (2호)

정보통신장비란 「전기통신사업 회계정리 및 보고에 관한 규정」[18]에 따른 전기통신설비

---

18) [시행 2021.1.5.] [대통령령 제31380호, 2021.1.5., 타법개정]

중 교환설비·전송설비·선로설비 및 정보처리설비를 말한다. 정보통신장비는 수도권 과밀을 유발하는 효과가 적기 때문에 증설투자인 경우에도 허용한다.

허용되는 전기통신설비(동 규정 §8)

교환설비	다수의 전기통신회선을 제어·접속하여 회선 상호 간의 전기통신을 가능하게 하는 교환기와 그 부대설비
전송설비	교환설비 및 단말장치 등으로부터 수신된 부호·문언·음향 또는 영상을 변환·재생 또는 증폭하여 유선 또는 무선으로 송신하거나 수신하는 전송단국장치, 중계장치, 다중화장치 및 분배장치 등과 그 부대설비
선로설비	일정한 형태의 전기통신신호를 전송하기 위하여 사용하는 동선 또는 광섬유 등의 전송매체로 제작된 선조 및 케이블 등과 이를 수용 또는 접속하기 위하여 제작된 전주, 관로, 통신터널, 배관, 맨홀, 핸드홀(손이 들어갈 수 있는 구멍을 말한다) 및 배선반 등과 그 부대설비
정보처리설비	문자, 음향 또는 영상 등의 정보를 저장·처리하는 장치와 그 부대설비

동 규정상 전기통신설비 중 단말설비와 전원설비는 허용되는 투자에서 제외되었으므로 증설투자가 배제된다.

최근 심판례에 따르면 케이블유선방송 서비스용 셋탑박스는 단말장치에 가깝다는 점을 들어 전송설비에서 제외하여 감면배제에 대한 예외를 허용하고 있지 않다(조심 2016서1273, 2017.1.2.).

(3) 종전 특정시설투자세액공제 대상 (3호)

사업용 유형자산에 해당하지 않는 유형자산과 무형자산으로서 연구·시험, 직업훈련, 에너지 절약, 환경보전, 근로자복지 증진 또는 안전 등의 목적으로 사용되는 사업용자산을 말한다(조특령 §21 ③ 1호 → 조특칙 §12 ②).

제2절 Ⅱ. 2-2를 참조하기로 한다.

(4) 에너지절약시설 등 (4호)

다음 어느 하나에 해당하는 사업용 고정자산을 말한다.

(4-1) 에너지절약시설

시행규칙 별표7의 에너지절약시설이다(조특칙 §54 1호 → §13의 10 ③).

시행규칙 [별표 7] 에너지절약시설(제13조의 10 제3항 관련) <23.3.20. 개정>

구분	시설내용	적용범위
1. 에너지이용 합리화 시설	가. 산업·건물 부문 ❶ 에너지절약 설비	1) 보일러·요(窯)·로(爐) 및 그 부속장치(산업·건물 공통) 　가) 보일러 　　증발량이 시간당 0.5톤 이상인 것으로서 에너지사용효율을 10퍼센트 이상 향상시키거나, **석유환산기준**❷으로 연간 100킬로리터 이상의 에너지절약을 가능하게 하는 것[기존시설을 개체(改替)하는 것으로 한정한다] 　나) 요(窯)·로(爐) 　　요·로 안의 최고 온도가 섭씨 500도 이상인 것으로서 폐열회수율이 20퍼센트 이상이거나, 석유환산기준으로 연간 100킬로리터 이상의 에너지절약을 가능하게 하는 것[기존시설을 개체(改替)하는 것으로 한정한다] 　다) 보일러관수를 자동으로 연속하여 배출하는 장치 　라) 초음파 스케일 방지기(보일러를 신규로 설치하는 경우는 제외한다) 　마) 보일러 급수 처리장치(보일러를 신규로 설치하는 경우는 제외한다) 2) 집단에너지시설 및 열병합발전시설❸ 　지역냉·난방사업, 산업단지 집단에너지사업 및 자가열병합발전사업에 필요한 에너지의 생산·수송·분배를 위한 에너지공급시설[기존의 집단에너지공급시설을 개체(改替)하는 것은 제외한다] 3) 폐기에너지회수설비(산업·건물 공통) 　가) 연소폐열·공정폐열 및 폐가스를 이용하여 연료 및 원재료 예열하는 설비 　나) 연소폐열·공정폐열 및 폐가스를 이용하여 증기·온수 등 유효한 에너지를 발생시키는 설비 　다) 그 밖에 폐기되는 자원을 이용하여 열 또는 전기를 발생시키는 설비 　라) 폐열회수형 히트펌프(공기열원은 제외한다) 　마) 클링커 냉각기(Cross Bar Cooler) 4) 고효율 유체기기 및 제어장치(산업·건물 공통) 　가) 원심식 다단진공펌프(실워터가 불필요하고 공기량이 자동조절 되는 것으로 한정한다) 　나) 고온응축수펌프(사용온도가 섭씨 100도 이상인 것으로 한정한다)

구분	시설내용	적용범위
		다) 에너지절약형 유체커플링(유체기기에 직접 연결하는 것으로 한정한다)
		라) 압축기(인버터제어)
		마) 고속 터보블로워[전동기직결형으로 1만 회전수(rpm) 이상으로 한정한다]
		바) 고효율 변압기(「에너지이용합리화법」 제15조에 따른 효율관리기자재로서 고효율 제품으로 한정한다)
		사) 프리미엄급(IE3 또는 IE4) 삼상유도전동기(「에너지이용합리화법」 제15조에 따른 효율관리기자재로서 프리미엄급 제품으로 한정한다) (2020.3.13. 개정)
		5) 그 밖에 산업용 설비
		가) 어큐뮬레이터
		나) 주파수 변환식 회전수 제어장치(인버터) [220킬로와트(kw)이하는 고효율인증기자재로 한정한다]
		다) 증기 재압축식 증발농축장치
		라) 다중효용증발관(3중 이상으로 한정한다)
		마) 산소부하시스템
		바) 증기재압축장치
		사) 증기터빈 구동식 동력장치
		6) 건물에너지 절약설비
		가) 건물자동화 제어장치(온도·조명·열원·풍량·공조 부문 중 2가지 이상을 제어하는 경우로 한정한다)
		나) 제습공조장치(냉각코일에 의한 제습은 제외한다)
		다) 가습공조장치(수가습 방식으로 한정한다)
		라) 야간단열장치
		마) 태양광차단장치
		7) 에너지관리시스템(EMS) (「에너지이용 합리화법」 제45조에 따른 에너지관리공단의 확인을 받은 것으로 한정한다)
	나. 전력수요관리 설비	1) 역률자동조절장치
		2) 최대수요관리감시제어장치(최대수요전력을 제어하기 위한 것으로 한정한다)
		3) 전기대체냉방시설(건물 각 층에 설치되는 공조기 및 냉온수배관은 제외한다)
		가) 가스냉방시설
		나) 축열식냉방시설
		다) 흡수냉방시설

구분	시설내용	적용범위
	다. 고효율인증기자재	「에너지이용합리화법」 제22조에 따른 특정에너지사용기자재 중 산업통상자원부장관이 고효율에너지기자재로 인증한 다음의 제품 1) 엘이디(LED)조명(램프 및 등기구) 2) 고효율인증보일러 3) 무정전전원장치 4) 직화흡수식 냉온수기 5) 원심식 송풍기 6) 항온항습기 7) 고기밀성 단열문 8) 전력저장장치(Energy storage system) 9) 스마트엘이디(LED) 조명시스템
	라. 대기전력저감 우수제품	「에너지이용합리화법」 제20조에 따른 특정에너지사용기자재 중 산업통상자원부장관이 대기전력저감우수제품으로 인증한 다음의 제품 1) 자동절전제어장치
2. 신·재생에너지보급시설	가. 신·재생에너지 생산시설	「신에너지 및 재생에너지 개발·이용·보급 촉진법」 제2조에 따른 신에너지 및 재생에너지를 이용하여 연료·열 또는 전기를 생산하는 시설
	나. 수소 생산·압축·저장시설	1) 수소생산시설(연료개질설비로 한정한다) 2) 수소압축시설 3) 수소저장시설(수소충전소 내 설치되는 시설로 한정한다)
3. 그 밖의 시설	그 밖의 에너지절약시설	에너지절감효과가 10퍼센트 이상인 에너지절약시설 중 「에너지이용합리화법」에 따라 에너지관리공단의 이사장이 시범적으로 보급할 필요성이 있다고 인정하는 것

❶ 공공·가정·수송·에너지기자재등에 대한 상대개념으로 산업과 건물(building)이 구분된다.
❷ "석유환산기준"이라 함은 「에너지기본법 시행규칙」 별표 "에너지열량환산기준"에서 규정한 석유환산계수(총발열량기준)에 의해 환산한 사용량을 기준으로 하는 것임[(구법 §25) 법인-3509, 2008.11.20.].
❸ 집단에너지시설 및 열병합발전시설은 지역냉·난방사업 등을 영위하는 자만 공제가능하며, 일반 제조업체는 세액공제할 수 없음에 유의할 것.
❹ 과세관청은 냉난방 겸용시설에 대한 투자금액 중 냉방부문에 해당하는 투자금액만을 문언에 따라 세액공제의 대상으로 해석하였다. 그러나 조세심판원에서는 동 겸용시설이 1개의 시설로서 작동 사이클만을 변환하여 냉방과 난방기능을 동시에 구현하는 공기조화기로서, 난방기능의 추가로 인한 증분원가가 전체 투자금액에서 차지하는 비중이 매우 적다는 점 등을 근거로 하여 전체 투자금액을 공제대상 금액으로 한다고 결정하였다[(구법 §25) 조심 2015서5877, 2016.6.29.; 같은 뜻 서면법령법인-1109, 2015.12.14.].
❺ 수도권과밀억제권역에서 수소충전소가 아닌 곳에 설치된 수소액화플랜트는 조세특례제한법상 조세감면이 적용되는 신재생에너지 보급시설에 해당하는 것임(재조특-78, 2023.1.18.).

이하 별표 7 중 주요 사례를 살펴보기로 한다. 차례의 괄호 안 번호는 별표 7의 각 호 또는 각 목의 번호를 말한다.

(가) 에너지이용합리화시설 (1호)

① 산업·건물 부문 에너지절약설비 (가목)

㉮ 집단에너지시설 및 열병합발전시설

지역냉·난방사업, 산업단지 집단에너지사업 및 자가열병합발전사업에 필요한 에너지의 생산·수송·분배를 위한 에너지공급시설을 말하며, 기존의 집단에너지공급시설을 개체(改替)하는 것은 제외한다.

"에너지의 생산·수송·분배를 위한 집단에너지시설"에는 **열수송관(O)**(사업자가 아닌 사용자의 관리에 속하는 시설 안의 배관 제외)을 포함한다[(구법 §25) 법인세과-671, 2010.7.14.]. 철강제조업을 영위하는 법인이 철강제조과정에서 발생하는 폐열을 이용하여 온수를 생산하고 이를 주거단지 및 공공시설 등에 난방열원으로 공급하는 지역난방사업을 새로이 시작하는 경우, 지역난방사업과 관련한 투자비 중 에너지의 수송·분배를 위한 **에너지공급시설로서의 배관(O)**은 세액공제대상으로 한다[(구법 §25) 서이 46012-10706, 2001.12.8.].

㉯ 폐기에너지회수설비

복합화력발전소의 설비 중 1차로 가스터빈을 구동하여 전기를 생산한 후 발생된 배기열을 이용하여 2차로 전기를 생산하는 경우에, 그 **2차 발전설비(O)**는 연소폐열·공정폐열 및 폐가스를 이용하여 증기·온수 등 유효한 에너지를 발생시키는 설비[가목 3) 나]에 해당한다.[19]

㉰ 건물에너지절약설비

건물 유리창에 부착하는 **단열필름(X)**은 별표 8의 3 제1호 가목의 6) 건물에너지 절약설비의 바) 태양광차단장치에 해당하지 않는다[(구법 §25) 법인세과-606, 2011.8.24.].

건설업을 영위하는 법인이 에너지절약시설을 설치하여 아파트를 건설하고 동 아파트를 분양 또는 임대하는 경우에는, 투자자와 사용자가 일치하지 않으므로 세액공제를 적용받을 수 없다[(구법 §25) 법인세과-2827, 2008.10.10.].

② 고효율인증기자재 (다목)

「에너지이용합리화법」 제22조에 따른 특정에너지사용기자재 중 산업통상자원부장관이 고효율에너지기자재로 인증한 제품이어야 한다. 이때 공사 개시시점에서는 인증받지 않았으나 **공사완료 시점에 인증받은 경우**에는 인증받은 날 이후 시설투자에 대하여

---

[19] (구법 §25)대법원 2011두28684, 2013.12.26.; 조심 2015서1585, 2015.9.7. 외 다수

만 세액공제 가능한 것으로 과세관청은 해석하고 있다[(구법 §25) 법규법인 2014-101, 2014.4.29.].

(나) 신·재생에너지 보급시설 (2호)

본 조항은 신·재생에너지 보급(생산)시설에 투자하는 경우에 대한 세액공제이고, 신·재생에너지 생산설비의 부품·중간재 또는 완제품을 제조하기 위한 전 단계의 시설은 신·재생에너지 생산설비의 부품 등 제조시설에 해당한다[(4-3) 참조].

- **조력발전시설(O)**은 신·재생에너지보급(생산)시설로써 동 시설 전용으로 사용되는 건물 및 구축물은 대상자산에 해당한다[(구법 §25) 서면2팀-1415, 2006.7.27.].
- 신재생에너지를 이용하여 전기를 생산하는 태양광설비에 투자하는 경우로서, 전기를 생산하는 공정상 필수적이고 동 시설에 전용으로 사용되는 **구축물(O)**은 세액공제의 대상이나, 부지조성비 등 **토지(X)** 취득 관련비용은 해당되지 않는다[(구법 §25) 서면법인-139, 2015.10.1.; 법인세과-520, 2009.5.4.; 법인세과-463, 2009.2.5.].
- 태양에너지를 이용하여 전기를 생산하는 **태양광 가로등 시설(O)**에 투자하는 금액도 세액공제가 가능하다[(구법 §25) 법인-672, 2010.7.14.].

(다) 그 밖의 시설 (3호)

그 밖의 시설에 대하여는 에너지관리공단의 사장이 당해 설비에 대하여 에너지절감효과가 10% 이상인 것이라고 인정하는 서류를 첨부하여 제출하여야 한다[(구법 §25) 법인 46012-366, 2000.2.9.].

(4-2) 신에너지 및 재생에너지를 생산하기 위한 시설을 제조하는 시설

시행규칙 별표7의 2의 신에너지 및 재생에너지를 생산하기 위한 시설을 제조하는 시설 등이다(조특칙 §54 1호 → §13의 10 ④).

시행규칙 [별표 7의 2] 신에너지 및 재생에너지를 생산하기 위한 시설을 제조하는 시설
(제13조의 10 제4항 관련) <21.3.16. 신설>

구 분	시설내용	적용범위
1. 태양광 설비	가. 태양전지용 다결정 실리콘 제조설비	1. 삼염화실란 생산용 염화공정 장치 (Tri-chloro Silane Chlorinator Facilities) 2. 삼염화실란 정제 공정 장치 (Tri-chloro Silane Purifier Facilities) 3. 폴리실리콘 생산용 화학 증착 반응 장치 (Polysilicon Chemical Vapor Deposition Reactor Facilities)

구 분	시설내용	적용범위
		4. 삼염화실란 폐가스 회수 장치 (Tri-chloro Silane Vent Gas Recycling Facilities) 5. 실리콘테트라플로라이드 생산용 제조 설비 (SiF4 Production Facilities) 6. 소듐알류미늄하이드라이드 생산용 제조 설비 (NaAlH4 Production Facilities) 7. 모노실란 제조 설비 (SiH4 Production Facilities) 8. 모노실란 고순도 정제 설비 (SiH4 Purifier Facilities) 9. 폴리실리콘 생산용 화학 증착 반응 장치 (Polysilicon Chemical Vapor Deposition Reactor Facilities) 10. 모노실란 폐가스 회수 장치 (SiH4 Vent Gas Recycling Facilities)
	나. 태양광전지용 실리콘웨이퍼 제조설비	1. 단결정성장로 (Grower) 2. 다결정성장로 (Multicrystalline Casting Furnace) 3. 크로핑소 (Cropping Saw) 4. 면연마기 (Rotary Grinding System) 5. 곡면 또는 평면용 면취기 (R/C Grinder, R/C Cutter) 6. 사각기 (Squaring Machine) 7. 와이어소 (Multi Wire Sawer) 8. 슬러리재생설비 (Slurry Recycling System) 9. 웨이퍼세정기 (Cleaning System) 10. 전자수명 측정장치 (Minority Carrier Lifetime Measurement System) 11. 웨이퍼 저항측정기 (Resistivity Tester for Wafer)
	다. 태양전지 제조설비	1. 웨이퍼 검사 장비 (Wafer Inspection) 2. 표면 식각 장비 (Texturing) 3. 불순물 확산 장비 (Diffusion) 4. 산화막 제거 장비 (PSG Removal) 5. 반사방지막 증착 장비 (PECVD) 6. 금속전극 형성 장비 (Metallization) 7. 전극 소성 장비 (Firing) 8. 레이저 절연 장비 (Isolation) 9. 셀 검사/분류 장비 (Cell Tester/Sorter) 10. 공정 자동화 장비 (Automation)
	라. 태양광모듈 제조설비	1. 라미네이터 (Laminator) 2. 유리세척기 (Glass Washer) 3. 태양전지성능측정기 (Cell Tester)

구 분	시설내용	적용범위
		4. 스트링·테버장비 (String & Tabber) 5. 레이업머신 (Lay-up M/C) 6. 태양전지 또는 모듈성능측정기 (Simulator) 7. 프레이밍머신 (Framing M/C) 8. 큐어링 오븐 (Curing Oven) 9. 내구성 시험용 오븐 (Oven for Cycling Test) 10. 레이저 스크라이버 (Laser Scriber) 11. 박막 실리콘 태양전지용 화학기상증착장비 (Chemical Vapor Deposition) 12. 박막 실리콘 태양전지용 스퍼터링 장비 (Sputter) 13. 박막 실리콘 태양전지용 글라스 반송 시스템 (Glass Transfer System) 14. 박막 실리콘 태양전지용 에지 트리머 (Edge Trimmer) 15. 정션박스 어셈블리 시스템 (Junction Box Assembly System) 16. 빛조사 열화장치 (Light Soaking System)
2. 풍력설비	풍력발전용 발전기 제조설비	1. 풍력발전기 조립 대차 (Travelling Car for Windturbine Assembly) 2. 동기발전기 시험기 (Synchronous Generator Tester) 3. 풍력발전기 조립 시험기 (Assembly Tester for Windturbine) 4. 로터허브 조립 시험기 (Assembly Tester for Rotor Hub) 5. 레이저 트래커 (3D Measurement Machine) 6. 피치베어링 볼트조립 로봇 (Bolting Robot for Pitch Bearing)
3. 수력설비	소수력발전용 수차 및 발전기 제조설비	1. 유전율 측정시험기 (Insulating Diagnosis & Analysis System) 2. 부분방전 시험기 (Partial Discharge Detector)

바이오가스를 소비하는 장소로 이송하는 가스이송설비는 신·재생에너지 생산시설 범위에 해당하지 않는다[(구법 §25) 법인세과-402, 2012.6.21.].

(4-3) 의약품 품질관리 개선시설

시행규칙 별표 11에 따른 의약품 품질관리 개선시설이다.

시행규칙 [별표 11] 의약품 품질관리 개선시설 (제54조 관련) <개정 21.3.16.>

구분	적용 범위
1. 물리적 또는 화학적 방법을 이용하여 고품질의 의약품을 제조하는 데 활용되는 설비	가. 멸균기(고압증기멸균기, 세척멸균기, 과산화수소멸균기를 포함한다) 나. 건조기(동결건조기, 분말건조기를 포함한다) 다. 제약용수 관련 설비(정제수설비, 제조용수시스템, 순수증기제조기, 초순수제조장치, 과산화수소훈증기를 포함한다) 라. 냉동창고, 이동식 클린부스, 약품 이송 및 조제를 위한 탱크, 항온챔버 마. 타정기, 과립기(과립실로타리과립기, 과립실역회전과립기, 건식과립기를 포함한다), 코팅기, 정제기, 고속혼합기 바. 공조설비(배풍기, 배출닥트, 후드, 통기관, 통기밸브(Breather valve), 공조기, 공조조화기를 포함한다)
2. 의약품 제조 관련 세척 및 포장을 위한 기계장치 또는 설비	가. 자동세척기(Container/Drum 세척기, 앰플세병기를 포함한다) 나. 제품 검사 및 포장 설비(자동 선별기, 씰링기, 충전기, 캡슐성형기, 캡슐세척기, 캡슐 인쇄기, 캡핑기, 자동카톤포장기를 포함한다)

2-6 증설투자

증설투자는 제조업의 공장과 이외의 사업장에 따라 각각 달리 정의된다(조특령 §124 ①).

(1) 제조업의 공장 (1호)

공장[20])이 사업장인 경우의 증설투자는 사업용 고정자산을 새로 설치함으로써 해당 공장의 연면적이 증가되는 투자이다.

"해당 공장의 연면적"이라 함은 공장부지면적 또는 공장부지 안에 있는 건축물 각층의 바닥면적을 말한다. 다만 식당·휴게실·목욕실·세탁장·의료실·옥외체육시설 및 기숙사 등 종업원의 후생복지증진에 제공되는 시설의 면적과 대피소·무기고·탄약고 및 교육시설의 면적은 당해 공장의 연면적에 포함하지 않는다(조특칙 §53 ①).

● **사업장 이전으로 연면적이 증가하였으나 증설투자하지 않은 경우** (대체투자)

청구인이 불가피하게 사업장만 이전하지 아니하였다면 공장 연면적의 증가 없이도 종전사업장에서 쟁점인쇄기를 충분하게 설치할 수 있었을 것으로 보이는 점 등을 감안하면, 청구인이 증설투자를 목적으로 쟁점인쇄기를 취득하였다기보다는 종전 인쇄기를 대체할 목적으로 쟁점인

---

[20] "공장"은 건축물 또는 공작물, 물품제조공정을 형성하는 기계·장치 등 제조시설과 그 부대시설을 갖추고 한국표준산업분류에 따른 제조업을 하기 위한 사업장이다(산업집적활성화 및 공장설립에 관한 법률 §2 1호, 동법 시행령 §2).

쇄기를 취득하면서 동시에 사업장을 이전한 것에 불과하다(조심 2011중0515, 2011.12.9.).

(2) 이외의 사업장 (2호)

공장 외 사업장인 경우의 증설투자는 사업용 고정자산을 새로 설치함으로써 사업용고정자산의 수량 또는 사업장의 연면적이 증가되는 투자이다.

"사업용고정자산의 수량이 증가"되는 경우는 증설투자에 해당하고, 동 수량이 증가하지 않는 대체투자는 허용된다. "사업용고정자산의 수량이 증가"하는 경우란 기계장치 등 사업용고정자산을 추가로 설치하는 경우를 말한다.

"해당 사업장의 연면적"이란 사업장 부지면적 또는 사업장 부지 안에 있는 건축물 각 층의 바닥면적을 말한다. 다만, 식당·휴게실·목욕실·세탁장·의료실·옥외체육시설 및 기숙사 등 종업원의 후생복지증진에 제공되는 시설의 면적과 대피소·무기고·탄약고 및 교육시설의 면적은 해당 사업장의 연면적에 포함하지 않는다(조특칙 §53 ②).

기존 사업용고정자산을 신형으로 교체하는 방식의 투자로서 해당 사업용고정자산의 수량이 그대로 유지되고 사업장의 연면적이 증가되지 않는 투자의 경우에는 증설투자에 해당하지 않는다(사전법규소득-1763, 2022.6.8.).

2020년 개정세법에서 증설하는 국내사업장의 구분기준으로서 공장의 연면적 등의 범위를 규정하였다. 2020.4.21.부터 시행한다(2020.4.21. 개정된 시행규칙).

● 영업용차량을 폐차하고 신규 차량을 취득하는 경우 등

여객운송업을 영위하는 기업이 기존 영업용차량의 노후로 폐차를 하고 신규차량을 취득하는 경우는 대체투자에 해당하나, 증차에 의하여 취득한 차량에 대하여는 증설투자에 해당하는 것이므로 중소기업투자세액공제가 적용되지 않는다(재조예 46019-101, 2003.4.23.).

● 의료사업자가 노후화된 초음파기기를 처분하고 대체 취득한 경우 (대체투자)

의료사업자가 노후화된 초음파기기를 처분하고 동 자산을 대체할 목적으로 새로이 초음파기기를 신규로 투자함으로써 동 자산의 수량이 증가하지 않은 경우 증설투자에 해당하지 않는다[서면1팀-865, 2005.7.15. (구법 §26 임시투자); 심사소득 2011-0091, 2011.9.23. (구법 §26)].

예규·판례

❖ **의료업자의 증설투자 판정방법** (서면1팀-355, 2005.3.31.)

중소기업인 의료업자가 수도권과밀억제권역 안의 투자에 대한 조세감면배제(임시투자세액공제)와 관련하여,

1. 귀 질의 1의 경우, 기존사업용자산(X-Ray)의 수량에는 변동이 없으면서 기능이 향상된 동일 종류의 사업용자산으로 교체한 것은 조세특례제한법 시행령 제124조 제1항의 증설투자에 해당하지 아니하므로 임시투자세액공제 가능한 것이며,

2. 질의 2의 경우, 기존사업용자산(X-Ray) 1대를 폐기하고 전혀 다른 종류의 사업용자산(유닛체어) 1대를 구입한 것은 수량에는 변동이 없으나 기존사업용자산과 용도 또는 목적이 동일한 자산이 아닌 새로운 투자로 수도권과밀억제권역 안에서의 증설투자에 해당하는 것으로서 임시투자세액공제가 되지 아니하며,
3. 질의 3의 경우, 기존에 보유 중인 노후된 사업용자산(유닛체어) 1대를 폐기처분하고 동일한 사업용자산(유닛체어) 2대를 새로 취득한 것은 1대는 대체투자로 또 다른 1대는 증설투자로 보아 수량이 증가된 1대에 대해서는 증설투자로 임시투자세액공제가 되지 아니하며,
4. 질의 4의 경우, 기존부터 사용해 오던 사업용자산(유닛체어) 1대가 있었으나 실수로 장부에 계상하지 못한 상황에서 새로운 동일자산으로 교체한 것은 비록 장부상 수량은 증가하였으나 실제는 수량이 증가하지 않아 당초 장부상 계상하지 않은 사유와 구입사실 입증 및 실제 구입하여 업무에 사용해 온 사실 등이 확인된다면 대체투자로 보아 임시투자세액공제가 가능하며,
5. 질의 5의 경우, 기존의 치과의원을 포괄양수하여 신규개업하고 기존사업용자산(유닛체어)을 일정기간 사용 후 고장 등으로 사용해 오던 사업용자산(유닛체어)을 폐기하고 동일한 종류의 사업용자산(유닛체어)로 교체한 것은 수량이 증가하지 않은 대체투자로 임시투자세액공제가 가능한 것임.

3 증설·대체투자의 배제

중소기업이 아닌 자가 1990.1.1. 이후 수도권과밀억제권역에서 사업장을 설치하는 경우 해당 사업장에서 사용하기 위하여 취득하는 사업용고정자산에 대해서는 일정한 투자세액공제를 배제한다. 다만, 디지털방송장비 등은 제외한다(조특법 §130 ②).

배제지역(2-3) 및 배제 대상 자산(2-4)은 증설투자의 배제 부분과 내용이 동일하므로 해당부분을 참조하기로 한다.

다만, 본 증설·대체투자의 배제규정과 관련하여서는 과밀억제권역의 산업단지 또는 공업지역에서도 세액공제가 배제됨에 유의하여야 한다.

3-1 주체

주체는 1990.1.1. 이후 수도권과밀억제권역에서 새로 사업장을 설치하여 사업을 개시하거나 종전의 사업장(1989.12.31. 이전에 설치한 사업장 포함)을 이전하여 설치하는 중소기업이 아닌 자이다(이하 "1990년 이후 일반기업").

종전 사업장 이전의 경우 종전 사업장은 과밀억제권역 외의 종전 사업장뿐 아니라 과밀억제권역 내의 종전의 사업장도 포함한다(서면2팀-1791, 2004.8.26.). 따라서 1989.12.31. 이전부터 과밀억제권역에서 계속하여 사업을 경영하던 기업이 1990.1.1. 이후 종전의 사업장을 과밀억제권역으로 이전하여 설치하였다면 증설·대체투자가 배제된다.

3-2 배제되는 투자세액공제 규정

통합투자세액공제(조특법 §24)를 배제한다.

다만 여타의 투자세액공제와는 달리 **고용창출투자세액공제는 2010년 이후부터 수도권과밀억제권역 내의 투자 전부가 제외됨**에 유의하여야 한다(조특법 §26 ① 괄호 안). 상세내용은 2-2를 참조하기 바란다.

2021년 세법개정 이전에는 아래의 투자세액공제에 대해서 증설투자가 배제되었다.

증설투자 및 대체투자가 배제되는 투자세액공제 규정(2021년 세법 개정 이전)

배제되는 공제제도	배제 시설	1990년 이후 일반기업
제25조 제1항 5호 안전설비 투자세액공제	가목 소방시설 및 소방자동차	일체투자 배제
	나목 산업재해 예방시설 등	
	다목 광산안전시설	
	마목 위해요소방지시설	
제25조 제1항 6호 생산성 향상시설 투자세액공제	가목 공정개선 및 자동화 시설	
	나목 첨단기술설비	
제25조의 5 신성장기술 사업화시설 투자세액공제		

종래 내진보강설비(현 조특법 §25 ① 5호 아목, 구 조특법 §25 ① 11호)를 수도권 과밀억제권역 내에서 증설투자 또는 대체투자하는 경우 세액공제를 배제하였으나, 과밀억제권역 내 건물에 대한 내진보강 시설 투자를 촉진하기 위한 목적으로 2019년 개정세법에서 세액공제를 허용하였다. 2019.1.1. 이후 투자하는 분부터 적용한다(2018.12.24. 개정된 법률 부칙 §36). 또한 수탁기업체 설치 검사대 등도 종래 배제되는 투자세액공제 대상이었으나, 조특법 제8조의 3 제3항으로 이관하면서 세액공제를 허용하였다.

3-3 디지털방송장비 등의 예외

정보통신장비 및 디지털 방송장비 등에 대해서는 증설투자 및 대체투자 모두에 대해 세액공제가 허용된다(조특령 §124 ③).

상세 내용은 2-5를 참조하기로 한다.

VI. 제146조 감면세액의 추징★★☆

투자세액공제 규정에 따라 소득세 또는 법인세를 공제받은 자가 투자완료일부터 2년이 지나기 전에 해당 자산을 처분·임대한 경우, 세액공제액 상당액에 이자상당가산액을 가산하여 소득세 또는 법인세로 납부하는 제도이다. 단, 신성장기술 사업화시설 투자세액공제는 3년, 일부 건축물에 대해서는 5년을 사후관리 기간으로 한다.

투자를 촉진하기 위한 목적으로 투자세액공제 제도를 통해 세제 지원하고 있으나, 단기간 사용 후 처분 등을 하는 경우에는 조세회피의 수단으로 악용될 수 있으므로 이를 방지하기 위한 사후관리 규정이다. 다만 기술 발전 등으로 설비의 수명 주기가 단축되고 있는 점을 고려하여 2년의 사후관리기간을 부여하고 있다.

개정연혁

연 도	개정 내용
2017년	▪ 신성장기술 사업화시설 투자세액공제에 대해 3년의 사후관리기간 신설
2019년	▪ 사내 부속 의료기관 사후관리기간 단축 : 5년 → 2년 ▪ 장애인 등 편의 시설 사후관리기간 연장 : 2년 → 5년
2021년	▪ 5년 사후관리기간 적용 대상 건축물 조정

1 추징 대상 투자세액공제조항

사후관리 대상인 투자세액공제조항은 다음과 같다(조특법 §146).

① 제8조의 3 제3항 상생협력 연구시설 등 투자세액공제
② 제24조 통합투자세액공제
③ 제26조 고용창출투자세액공제('17 말 일몰기한 도래)
④ (구법 제37조) 사업합리화에 따른 사업전환 또는 주력업종시설에 대한 투자세액공제(법률 제5584호 부칙 §12 ②)

2 의무위반 사유

추징대상 투자세액공제조항에 따라 세액공제를 받은 자가 투자완료일부터 2년이 지나기 전에 해당 자산을 처분·임대한 경우에 추징한다. 다만 소정의 건물과 구축물에 대하여는 5년을 사후관리기간으로 하고 있으므로 대상 건축물을 먼저 살펴보고, 처분과 임대를 서술한다.

2-1 건물·구축물 (5년 사후관리기간)

통합투자세액공제의 종전 특정시설 투자세액공제 대상 자산(조특령 §21 ③)으로서 다음의 어느 하나에 해당하는 건물 또는 구축물은 5년의 사후관리기간을 적용한다(조특령 §137 ③ → 조특칙 §59의 3 → §12의 3).
① 근로자복지 증진 시설(조특칙 §12 ② 4호)
② 유통산업합리화시설 중 창고시설 등(같은 조 ③ 4호)
③ 숙박시설, 전문휴양시설(골프장 시설은 제외함) 및 종합유원시설업의 시설(같은 항 6호)

사내 부속 의료기관에 대해서는 종래 5년의 사후관리기간이 적용되었으나, 2019년 개정세법에서 2년으로 단축하였다. 반면에 2년의 추징기간을 적용받던 장애인 등 편의시설을 5년으로 연장하였다. 2019.1.1. 당시 종전의 법 146조에 따라 공제받은 법인세 또는 소득세를 납부하여야 하는 경우에는 개정규정에도 불구하고 종전의 규정에 따른다(2018.12.24. 개정된 법률 부칙 §53).

2021년 세법개정에서 통합투자세액공제를 적용받은 후 5년 이내에 해당 사업용자산을 처분할 경우 감면세액이 추징되는 건물과 구축물의 범위를 조정하였다. 종래에는 사립 공공도서관, 박물관, 미술관, 공연장 및 과학관(조특령 §23 ①)을 5년의 사후관리 기간 적용 대상 건축물로 하였으나 삭제하였다. 반면에 종업원용 휴게실, 체력단련실, 샤워시설 또는 목욕시설, 사내 부속의료기관(조특칙 §12 ② 4호 라목 및 마목)을 근로자복지 증진 시설에 포함하여 5년의 사후관리 기간 적용 대상 건축물로 추가하였다. 2021.1.1. 전에 해당 자산을 처분한 경우에는 개정규정에도 불구하고 종전의 규정에 따른다(2020.12.29. 개정된 법률 부칙 §52).

2-2 처분·임대

(1) 처분

처분이라 함은 무상 또는 유상으로 소유권이 이전되거나 폐기처분하는 것을 말한다. 따라서 영업환경의 악화 등으로 인하여 제품 생산을 중단하고 생산라인을 철거한 후 당해 생산라인을 매각 또는 폐기하지 아니하고 창고 등에 보관하는 경우에는 처분으로 보지 아니한다(서면2팀-35, 2004.1.16.).

공제받은 자산을 리스회사에 매각하고 다시 금융리스하는 **판매 후 리스**(Sale and Lease Back)는 처분에 해당하지 않는다[대법원 97누19649, 1998.8.21. (구법 §26 임시투자)].

반면에 내국법인이 해산으로 인하여 청산 중인 경우, 추징기간이 경과되기 전에 사업을 **실질적으로 폐업**함으로써 당해 사업용 자산을 당초 사업목적대로 사용하지 아니하는 경우에는 감면세액을 추징한다[서면2팀-2230, 2006.11.1. (구법 §26 임시투자)].

(1-1) 화재 등 천재지변

고의가 아닌 **화재**로 투자자산이 소실된 경우에는 처분으로 보지 않는다(조특통 146-0…1).

- **교통사고**로 전소되어 수리가 불가능할 정도로 파손되어 사업에 공하지 못하게 됨에 따라 당해 연도에 취득가액의 2% 미만의 가액으로 매각하는 경우에도 처분으로 보지 않는다[서이 46012-12163, 2002.12.3. (법 §5 중소기업투자세액공제)].
- 천재지변에 속하는 **강풍**으로 선박이 훼손되어 폐기처분하는 경우도 처분으로 보지 않는다[법인-1118, 2009.10.12. (구법 §26 임시투자)].
- 추징기간이 경과하기 전에 화재로 인하여 법인이 지급받은 **보험금**으로 새로운 사업용 고정자산을 대체 취득한 경우에는 투자세액공제를 새로이 적용받을 수 없으나,[서면2팀-727, 2006.5.2. (구법 §26 임시투자)] 추징기간이 경과된 자산을 화재로 소실한 경우로서 화재보험금으로 그 소실한 자산을 대체하여 취득한 경우에는 투자세액공제를 새롭게 적용받는다[재조특-888, 2011.9.28. (구법 §26 임시투자)].

(1-2) 건설 중인 자산의 양도

투자 중인 시설을 B법인이 양수하여 투자를 완료하고 해당 시설을 사업에 사용하는 경우의 세액공제 방법은 양수법인인 B법인이 양수금액을 포함한 전체 투자금액에 대하여 투자세액공제를 적용하고, 양도법인인 A법인에는 감면세액을 추징한다[법인-908, 2009.3.5. (구법 §25의 2 에너지절약시설 또는 구법 §26); 법인-760, 2011.10.14. (구법 §26)].

(1-3) 겸영기업의 타 업종 전용

투자세액공제를 적용받은 자산을 해당 사업 이외의 업종에 전용하는 것은 원칙적으로 처분으로 보아 추징사유에 해당하나, 일시적으로 전용한 경우까지 추징하는 것은 당사자에게 지나치게 불리한 처분이라 할 것이므로 그 의무위반의 정도를 **사실판단**하여 추징한다.

반면에, 주업이 어업인 중소기업이 선박투자에 대하여 공제를 적용받은 후 당초 투자한 목적대로 계속 사용하였다면 그 이후 사업연도에 주업이 어업이 아니게 된 경우에도 「조세특례제한법」 제24조 제3항 및 같은 법 제146조(감면세액의 추징)에 따른 추가납부 사유에 해당하지 않으므로 공제세액을 추징하지 않는다(서면법인-2121, 2023.9.21.).

● **제조업의 사업용 자산을 운휴기간 중 일시적으로 건설업에 전용한 경우**

제조업(선박건조)과 건설업을 영위하는 법인이 제조업의 사업용자산으로 임시투자세액공제 적용을 받은 해상크레인을 추징기간 내의 운휴기간 중 일시적으로 건설업에 사용하는 경우 감면세액의 추징 여부는 사용기간 또는 사용 정도를 비교하여 사실판단하여야 한다[서면2팀-1615, 2005.10.10. (구법 §26 임시투자)].

● **연구개발시설을 생산시설로 전용한 경우**

연구개발 전담부서에서 직접 사용하기 위한 연구시험용 시설에 투자하고 법 제11조 연구 및 인력개발을 위한 설비투자에 대한 세액공제를 적용받은 후, 연구개발 완료로 인해 더 이상 필요 없는 당해 시설을 추징기간 내에 공장으로 이전하여 생산시설로 전용한 경우에는 처분으로 보지 않는다[법인-1008, 2010.10.29. (구법 §11 연구및인력개발설비투자 세액공제)].

추징기간 2년을 일률적으로 적용하게 되면, 설비의 수명 주기가 짧은 연구시험용 시설등의 경우에는 현실과 부합하지 않는 면이 있으므로 이에 대해 예외를 인정한 유권해석이다. 설비의 수명주기는 업종에 따라 다르고, 또한 기술의 고도화에 따라 수명주기가 짧아지는 추세이므로 이러한 현실을 반영한 적극적인 유권해석이나 입법이 필요하다고 본다.

(2) 임대

(2-1) 추징 여부 판단

투자세액공제를 적용받은 자산을 임대하는 경우에는 원칙적으로 추징사유에 해당한다. 예를 들어 해외 자회사에 무상임대 반출하는 경우에는 추징사유에 해당한다[서면2팀-1992, 2005.12.6. (구법 §26 임시투자)].

다만 일시적으로 임대한 경우까지 추징하는 것은 당사자에게 지나치게 불리한 처분이라 할 것이므로 그 의무위반의 정도를 **사실판단**하여 추징하여야 할 것이다.

따라서 임시투자세액공제를 받은 자산을 운휴기간 중 일시 임대하는 경우에, 추징사유인 임대에 해당하는지 여부는 임대기간 및 회수와 임대정도 등의 구체적인 사실에 따라 판단한다(서면2팀-579, 2007.4.3.).

● **콘도미니엄의 투자세액공제 적용 후 공유제 방식으로 분양한 경우** (제외)

휴양콘도미니엄업을 영위하는 자가 당해 사업에 직접 사용하는 사업용자산(건축물)에 투자하여 임시투자세액공제를 적용받은 후, 해당 사업용자산을 관광진흥법에 따른 공유제 방식으로 분양한 경우에는 추징하지 아니한다(재조특-90, 2010.2.9.; 사전법규법인-0832, 2023.3.8.).

(2-2) 임가공업체에 임대

임시투자세액공제 적용자산을 수탁가공업체의 사업장에 임대형식으로 설치한 경우에도 투자기업이 시설의 유지·관리비용을 부담하거나 그 비용을 임대료 또는 가공료 등에 반영하고, 수탁가공업체는 동 자산을 투자기업의 제품생산에만 사용하여 그 제품을 투자기업에 전량 납품하는 경우에는 추징사유인 임대에 해당되지 않는다(조특통 146-0...2).

동 기본통칙은 상기 임가공 요건을 충족하는 수탁가공업체에 투자세액공제 적용대상 시설을 설치하는 경우 투자자인 위탁자에게 투자세액공제를 허용하고 있는 것과 동일한 취지이다(구 조특통 5-0...4). 현실적으로 중소기업인 수탁업체(가공업체)의 자금 부족 등을 이유로 대기업인 위탁업체에서 본인의 부담으로 제조시설을 임대형식으로 설치하는 경우가 많기 때문이다(Ⅱ. 1-2 (2) 수탁거래의 예외 참조).

국외소재 임가공업체에의 임대도 상기 임가공요건을 충족한 경우에는 임대로 보지 않는다(서면2팀-1825, 2005.11.11.).

2-3 제외 사유

다음에 해당하는 경우는 감면세액의 추징대상에서 제외한다(조특령 §137 ①).

(1) 사업승계 등 (1호)

현물출자, 합병, 분할, 분할합병, 적격교환(법법 §50), 통합, 사업전환 또는 사업의 승계로 인하여 당해 자산의 소유권이 이전되는 경우이다.

위에 열거되지 아니한 경우는 예외 사유로 인정할 수 없으므로, 기업구조조정을 목적으로 하더라도 추징대상이 된다[서이 46012-10731, 2003.4.8. (구법 §24 생산성향상시설)].

(가) 현물출자

연구설비를 현물출자한 후 그 대가로 받은 주식을 다시 다른 법인에게 재차 현물출자하는 경우에는 세액공제받은 연구설비의 현물출자는 본 규정에 따라 감면세액이 추징되지 않으며, 현물출자로 받은 주식은 현물출자한 투자세액공제대상자산과는 별개의 것이므로, 해당 주식의 처분에 대해서는 감면세액의 추징 규정이 적용되지 않으므로 추징되지 않는다[서면법규-936, 2013.9.2. (구법 §11 연구및인력개발설비투자세액공제)].

제외 사유로 규정한 이유는 국내에 있는 기업들의 투자촉진을 활성화시키는 데에 목적이 있는 것이므로, 해외현지법인에 현물출자하는 경우는 제외된다[국심 2004중3621, 2005.6.22. (구법 §26 임시투자)].

(나) 통합

"통합"은 법 제31조 중소기업 간의 통합을 말한다(서일 46011－10588, 2003.5.13.; 법인 46012－1510, 2000.7.6.).

(다) 사업전환

사업전환에는 법 제32조 개인기업의 법인전환이 포함된다.

(라) 사업의 승계

"사업의 승계"란 부가가치세법에 따른 재화의 공급으로 보지 아니하는 사업의 양도를 말하는 것으로(부령 §23), 사업의 계속성을 유지하기 위하여 계약의 명칭이나 형식에 관계없이 사업장별로 사실상 그 사업에 관한 모든 권리(미수금에 관한 것을 제외한다)와 모든 의무(미지급금에 관한 것을 제외한다) 일체를 포괄적으로 양도·양수하는 것을 말한다(소득46011－2424, 1999.6.26.).

사업장별로 모든 권리와 의무를 포괄적으로 이전함에 있어 일부 자산을 현물출자방식에 의하여 이전하는 경우에도 사업의 승계로 본다(법인 46012－3718, 1998.12.1.).

(2) 내용연수가 경과된 자산을 처분하는 경우 (2호)

내용연수는 원칙적으로 법인세법에 따라 납세지 관할세무서장에게 신고한 내용연수를 말한다[서면2팀－451, 2005.3.25. (법 §26 임시투자)].

다만 예외적으로 실질적 경제 내용연수에 따라 내용연수를 해석한 사례가 있다. 유리기판을 제조하는 법인이 기술수명주기가 매우 짧은 당해 산업의 특성상 실질적인 경제적 내용연수가 경과되면 정상적인 가동이 불가능하게 되어 임시투자세액공제 적용을 받은 용해로설비를 대체투자를 위해 폐기하는 경우에는 처분으로 보지 않는다[서면2팀－1660, 2006.8.30. (구법 §26 임시투자)].

내국법인이 연구개발을 위해 전담부서에서 직접 사용하기 위한 연구시험용 시설에 투자하고 본 세액공제를 적용받다가 연구개발 완료로 인해 더 이상 필요 없는 당해 시설을 투자완료일부터 2년이 지나기 전에 공장으로 이전하여 생산시설로 전용한 경우에는 감면세액 추징 규정을 적용하지 않는다(법인세과－1008, 2010.10.29.).

(3) 사용수익기부자산 (3호)

국가·지방자치단체 또는 학교[21]등에 기부하고 그 자산을 사용하는 경우에는 추징사유로 보지 아니한다.

예를 들어, 컴퓨터(부수 재화 또는 용역 포함)를 초·중등교육법 또는 고등교육법에 따른 학교에 기부하고 그 자산을 사용하는 경우에는 조세특례제한법 제146조에 따른 당해 자산을 처분한 경우에 해당하지 아니한다[소득세과-559, 2011.6.20. (구법 §26 임시투자)].

투자세액공제는 당해 시설에 투자한 내국인이 당해 시설의 사용자인 경우 적용하는 것으로, 2009년 개정세법에서 기부채납에 따른 사용수익기부자산으로 사업을 영위하는 경우에는 추징사유에 해당되지 않음을 명확히 하였다. 사용수익기부자산에 대한 투자세액공제에 대한 상세한 내용은 Ⅱ. 1-3 사용수익기부자산을 참조하기 바란다.

3 추징세액

3-1 추징방법

의무위반사유에 해당하는 경우 해당 자산에 대한 세액공제액 상당액에 이자상당가산액을 가산하여 소득세 또는 법인세로 납부하여야 한다.

직전 연도 세액공제분에 대하여 당해 연도 처분으로 추가납부세액이 발생한 상황에서, 당해 연도 별개의 투자로 인해 투자세액공제가 가능하나 결손으로 이월되는 경우, 이월되는 당해 연도분 세액공제액과 감면분 추징세액은 상계할 수 없다[서면2팀-1462, 2004.7.14. (구법 §24 생산성향상시설)].

반면에 투자세액공제를 신청하였으나 최저한세의 적용으로 공제받지 못하고 이월된 세액이 있는 상태에서 해당 자산을 처분한 경우에는, 세액공제의 이월공제액에서 추징세액을 먼저 차감(상계)한 연후, 상계 후 잔액이 있는 경우에 실제로 감면받은 세액에 대하여 추가 납부할 세액을 계산한다[국심 2000구801, 2000.11.23. (구법 §26 임시투자); 법인 46012-1872, 2000.9.5. (구법 §26)].

---

[21] 유아교육법에 따른 유치원, 초·중등교육법 및 고등교육법에 의한 학교, 근로자직업능력 개발법에 의한 기능대학, 평생교육법 제31조 제4항에 따른 전공대학 형태의 평생교육시설 및 같은 법 제33조 제3항에 따른 원격대학 형태의 평생교육시설 (법령 §36 ① 1호 나목)

> **• 예규·판례**
>
> ❖ **공동사업장의 구성원이 탈퇴한 경우의 이월공제 적용방법** (서면1팀-501, 2006.4.20.)
> 2인이 공동으로 사업을 영위하는 공동사업장에 임시투자세액공제대상 자산에 투자하였으나 최저한세 적용으로 이월되어 다음 과세연도에 세액공제를 적용함에 있어, 공동사업의 구성원 중 1인이 제3자에게 지분을 양도하고 탈퇴하는 경우 지분을 양수한 구성원(제3자)은 동 이월된 세액공제액을 승계할 수 없으며, 탈퇴하는 공동사업의 구성원은 조세특례제한법 제146조의 감면세액 추징사유에 해당되어 이자상당액을 가산하여 소득세를 추징하는 것임. 또한 이월된 고용증대특별세액공제액(2005.12.31. 삭제되기 전 조세특례제한법 제30조의 4)은 같은 법 제146조의 적용을 받지 아니하므로 탈퇴하는 공동사업의 구성원은 종합소득금액에서 당해 구성원의 손익분배비율로 분배된 공동사업장 소득금액의 비율에 대한 산출세액을 한도로 공제받을 수 있는 것임.

3-2 이자상당가산액

이자상당가산액은 소득세법 제76조 또는 법인세법 제64조에 따라 납부하여야 할 세액으로 보므로, 납부하는 사업연도의 본세에 해당한다.

이자상당가산액의 계산은 다음과 같다(조특령 §137 ②).

> 이자상당가산액 = 공제받은 세액 × 소정 기간 × 이자율

(가) 소정 기간

공제받은 과세연도의 과세표준신고일의 다음 날부터 의무위반사유가 발생한 과세연도의 과세표준신고일까지의 기간이다.

(나) 이자율

1일 10만분의 22(연이율 환산 시 8.03%)

2022년 세법 개정에 따른 이자율에 대한 개정 규정 및 부칙은 제3부 제2장 제2절 Ⅲ. 3-2를 참조하기로 한다.

3-3 농어촌특별세 환급

감면세액의 추징 시 기납부한 농어촌특별세는 환급받을 수 있다[서이 46012-11422, 2003. 7.29. (구법 §24 생산성향상시설)]. 환급방법은 본세의 환급의 예에 의하므로, 이 경우 당초 공제

감면받은 세액에 이자상당가산액을 가산하여 납부하는 세액은 납부하는 사업연도의 본세에 해당하는 것이므로, 농어촌특별세의 환급도 본세를 납부하는 사업연도를 기준으로 결정 또는 경정하여야 한다[서면2팀-2434, 2004.11.24. (구법 §26 임시투자)].

제2절 [제24조] 통합투자세액공제 ★★★★★

차례

Ⅰ. 의의 686
Ⅱ. 요건 688
  1. 주체 688
  2. 공제대상 자산 688
    2-1 사업용 유형자산 (가목) 689
      (1) 범위 689
      (2) 업종별 자산 판정 [쟁점] 692
      (3) 직접 수입을 얻는 비품 [쟁점] 697
    2-2 종전 특정시설 투자세액공제 대상 자산 (나목) 699
      (1) 연구시험용 시설 및 직업훈련용 시설 (1호) 699
      (2) 에너지절약 시설 (2호) 703
      (3) 환경보전 시설 (3호) 704
      (4) 근로자복지증진 시설 (4호) 706
      (5) 안전 시설 (5호) 710
    2-3 업종별 필수적 사업용 자산 (나목) 715
      (1) 중소기업인 운수업의 차량 및 운반구, 선박과 어업의 선박 (1호, 2호) 716
      (2) 건설업의 기계장비 (3호) 717
      (3) 도·소매업 등의 유통산업합리화시설 (4호) 717
      (4) 관광숙박업 등의 건축물·시설물 (5호) 718
      (5) 전문휴양업 등의 숙박시설 등 (6호) 720
      (6) 중소기업이 해당 업종에 직접 사용하는 소프트웨어 (7호) 720
    2-4 중소·중견기업이 취득한 지식재산권 721
    2-5 신성장사업화시설 등 722
      (1) 신성장사업화시설 (가목) 722
      (2) 초연결 네트워크 구축 시설 (나목) 750
    2-6 국가전략기술사업화시설 751
  3. 공제대상 투자 760
Ⅲ. 세액공제 761
  1. 투자금액의 산정 761
  2 공제시기 761
  3. 공제세액 761
    3-1 기본공제 (가목) 761
    3-2 추가공제 (나목) 763
  4. 사후관리 764
    4-1 자산을 다른 목적으로 전용한 경우 765
    4-2 이자상당가산액 767
Ⅳ. 조세특례제한 등 767
  1. 절차 (선공제 후인정) 767
  2. 병행생산시설의 생산량 실적 자료 제출 의무 등 769
  3. 법인세법상 시험연구용 자산과의 중복적용 불가 769
  4. 중복지원의 배제 770
  5. 수도권과밀억제권역의 투자에 대한 조세감면배제 770

Ⅰ. 의의

내국인이 사업용 유형자산, 종전 특정시설 투자세액공제 대상 자산, 업종별로 필수적인 사업용 자산 및 지식재산권에 투자하는 경우에 중소기업은 투자금액의 10%, 중견기업은 5%, 대기업은 1%를 세액공제한다. 다만 신성장 사업화 시설에 대해서는 각각 12%, 6%, 3%를, 국가전략기술사업화 시설에 대해서는 각각 25%, 15%, 15%를 적용한다. 또한 직전 3년 평균 투자분을 초과하는 금액에 대해서는 추가로 3%(단, 국가전략기술사업화 시설은 추가로 4%)를 적용하되, 기본공제 금액의 2배를 한도로 한다.

특정시설에 대한 투자세액공제 9개와 중소기업 투자세액공제를 하나로 통합하여 단순화한 특례이다. 종래 10개의 세액공제 제도로 구분하여 운영되었기 때문에 납세자는 각 세액공제 제도를 하나씩 개별적으로 검토해야 하는 업무 부담이 있었으나, 투자세액공제를 하나로 통합함에 따라 기업의 시간과 노력을 줄여 주는 이점을 누릴 수 있게 되었다.

둘째, 세액공제 대상 자산을 특정 기능형 자산에서 일반 사업용 자산으로 확대하였다. 열거된 특정 시설에 한정하는 Positive 방식에서 모든 사업용 자산을 원칙적 공제 대상으로 하는 Negative 방식으로 변경하였다. 즉, 법령에서 정한 특정 시설 범주에 맞추어 투자를 유도하는 관(官) 주도형 모델로부터, 투자에 대한 기업의 자율적 의사결정을 존중하는 민간 주도형 모델로의 개편에 해당한다.

세 번째로, 투자 증가에 대한 인센티브를 강화하였다. 당기분 기본공제에 더하여, 직전 3년 평균 투자액을 초과하는 당기분 투자에 대하여 모든 기업을 대상으로 추가로 3%~4%의 공제를 신설하였다.

일몰기한을 정하지 아니한 항구적 조세특례이다.

2021년 세법 개정 시 경과 규정

통합투자세액공제 신설에 따라 기존 중소기업 등 투자세액공제, 특정시설 투자세액공제, 의약품 품질관리개선시설 투자세액공제, 신성장기술 사업화시설 투자세액공제 및 초연결 네트워크구축시설 투자세액공제 제도를 폐지하였다(구 조특법 §5, §25, §25의 4, §25의 5 및 §25의 7 삭제).

개정규정은 2021.1.1. 이후 과세표준을 신고하는 경우부터 소급하여 적용한다. 내국인이 2021.12.31.까지(종전의 법 제25조의 7 신성장기술 사업화시설 투자세액공제에 따른 투자는 2020.12.31.까지) 투자를 완료하는 경우에는 종전의 법 5조, 25조, 25조의 4, 25조의 5 및 25조의 7(이하 "종전세액공제규정")을 적용받을 수 있다. 이 경우 종전세액공제규정을 적용받는 개정규정에 따른 내국인은 다른 공제대상 자산에 대하여 24조 통합투자세액공제의 개정규정을 적용받을 수 없다.

종전세액공제규정을 적용받는 경우에는 조합법인 등에 대한 법인세 과세특례, 중복지원의 배제, 추계과세 시 등의 감면배제, 수도권과밀억제권역의 투자에 대한 감면 배제, 최저한세 및 감면세액의 추징(조특법 §72 ②, §127 ①~④, §128 ①, §130 ①·②, §132 ① 3호, 같은 조 ② 3호 및 §146)의 개정규정에도 불구하고 종전의 규정에 따른다(2020.12.29. 개정된 법률 부칙 §4 ① 및 §36).

즉, 투자 자산별로 종전 투자세액공제와 신설된 통합투자세액공제를 달리 적용할 수 없고, 해당 사업연도의 모든 투자 자산에 대하여 통합투자세액공제와 종전의 투자세액공제 중 하나만을 선택할 수 있음에 주의하여야 한다.

내국법인이 2020.12.29. 법률 제17759호로 개정된 조세특례제한법(이하 "개정된 조세특례제한법") 제24조에 따른 공제대상자산에 대한 투자를 2019과세연도에 개시하여 2020과세연도에 완료한 경우로서, 해당 자산이 2020.12.29. 법률 제17759호로 개정되기 전 조세특례제한법 제5조, 제25조, 제25조의4 및 제25조의7에 따른 공제대상자산이 아닌 경우, 통합투자세액공제는 개정된 조세특례제한법 제24조 제2항에 따라 2020과세연도에 투자한 금액에 대하여만 적용한다(서면법규법인-2183, 2022.6.23.).

● 2020년 이전에 이미 공제를 받은 경우 통합투자세액공제 적용 여부 (부정)

「조세특례제한법」 제24조(2020.12.29. 법률 제17759호로 개정된 것)의 규정을 적용함에 있어 내국법인이 2020년 12월 31일이 속하는 과세연도 전에 투자를 개시하고 해당 투자분에 대하여 투자한 과세연도별로 「조세특례제한법」 제5조 및 제25조(2020.12.29. 법률 제17759호로 개정되기 전의 것)를 적용하여 공제받은 경우에는 「조세특례제한법」(2020.12.29. 법률 제17759호로 개정된 것) 부칙 제4조 제2항에서 규정하는 요건을 충족하지 못하므로 2020년 12월 31일이 속하는 과세연도 전에 투자한 분에 대하여는 「조세특례제한법」 제24조의 통합투자세액공제를 적용할 수 없는 것임(서면법인-1189, 2023.6.22.).

개정연혁 법 제24조 통합투자세액공제

연 도	개정 내용
2021년	■ 통합투자자세액공제로 통합
2022년	■ 공제 대상 추가 : 중소·중견기업이 취득하는 지식재산권 ■ 탄소중립 기술 등 신성장기술 사업화시설 범위 확대 ■ 국가전략기술에 대한 시설투자 세제지원 신설 ■ 신성장기술 사업화시설이 다른 제품의 생산에도 사용되는 병행생산시설에 대한 사후관리 기간 신설 및 생산량 실적 자료 작성·보관·제출 의무 신설
2023년	■ 탄소중립 등 신성장기술 사업화시설 범위 확대 ■ 디스플레이 등 국가전략기술 사업화시설 범위 확대

연 도	개정 내용
	■ 중견기업의 기본공제율을 3%→5%로 상향, 신성장·원천기술 사업화시설에 대한 세액공제율을 5%→6%로 상향, 대기업·중견기업의 국가전략기술 사업화시설 투자에 대한 세액공제율을 6%→8%로 상향 ■ 국가전략기술 사업화시설 투자에 대한 세액공제 시 적용하는 기본공제율을 중소기업은 16%→25%로 상향, 대기업과 중견기업은 투자금액의 8%→15%로 재차 상향 ■ 임시투자세액공제를 23년 1년간 한시적으로 도입하여 일반시설투자와 신성장·원천기술 사업화 시설 투자의 기본공제율과 추가공제율을 상향 ■ 사업결합 시 투자금액의 의제 ■ 신성장·국가전략기술 사업화 시설 등에 대한 세액공제 시 선공제 가능
2024년	■ 방위산업 등 신성장기술 사업화시설 범위 확대 ■ 수소 저장 효율화 기술 등 국가전략기술 사업화시설 범위 확대

Ⅱ. 요건

1 주체

제1절 투자세액공제 일반론 Ⅱ. 1. 참조

본 특례의 주체는 내국인으로, 중소기업, 중견기업 및 대기업이 모두 해당한다. 다만, 다음 업종의 사업을 경영하는 내국인은 주체에서 제외한다(Negative 방식; 조특령 §21 ①).
① 소비성서비스업(조특령 §29 ③)
② 부동산 임대업 및 공급업

2 공제대상 자산

공제대상 자산은 기계장치 등 사업용 유형자산과 종전 특정시설 투자세액공제 대상 자산, 업종별 필수적 사업용 자산 및 지식재산권으로 구분된다(조특법 §24 ① 1호). 다만 신성장사업화시설에 대해서는 공제율을 2% 상향하여 적용한다.

개정연혁 구법 제5조 중소기업등 투자 세액공제

연 도	개정 내용
2019년	■ 위기지역에 대한 투자세액공제율 인상 : 중소기업 10%, 중견기업 5% ■ 겸업법인인 중견기업의 주된 업종 판단 기준 명확화
2020년	■ 상생형 지역일자리에 대한 투자세액공제율 인상 : 중소기업 10%, 중견기업 5% ■ 규제자유특구에 대한 투자세액공제율 인상 : 중소기업 5%, 중견기업 3% ■ 즉시상각 적용 자산을 공제 대상 사업용 자산에서 제외
2021년	■ 통합투자세액공제로 일원화

2-1 사업용 유형자산 (가목)

(1) 범위

기계장치 등 사업용 유형자산을 공제대상 자산으로 한다. 고정자산 중 유형고정자산만을 대상으로 하므로 무형고정자산, 재고자산, 투자자산은 대상이 아니다. 또한, 사업용이어야 하므로 업무무관자산은 제외된다.

(1-1) 토지, 공통자산의 제외

해당 업종에 직접 사용되는 자산이라 하더라도 토지와 시행규칙 별표 1의 차량 및 운반구, 공구, 기구 및 비품, 선박 및 항공기, 건축물(실무상 공통자산이라고 함)에 해당하는 경우에는 제외된다(조특령 §21 ②, 조특칙 §12 ①)..

시행규칙 [별표 1] 건축물 등 사업용 유형자산[1] <개정 2021.3.16.>

구분	구조 또는 자산명
1	차량 및 운반구,[2] 공구, 기구 및 비품
2	선박 및 항공기[3]
3	연와조, 블록조, 콘크리트조, 토조, 토벽조, 목조, 목골모르타르조, 철골·철근콘크리트조, 철근콘크리트조, 석조, 연와석조, 철골조, 기타 조의 모든 건물(부속설비를 포함한다)과 구축물

1. 제1호를 적용할 때 취득가액이 거래단위(취득한 자가 그 취득한 자산을 독립적으로 사업에 직접 사용할 수 있는 것)별로 20만원 이상으로서 그 고유업무의 성질상 대량으로 보유하고 그 자산으로부터 직접 수익을 얻는 비품은 제1호의 비품에 포함하지 아니한다.

2. 제3호를 적용할 때 부속설비에는 해당 건물과 관련된 전기설비, 급배수·위생설비, 가스설비, 냉방·난방·통풍 및 보일러설비, 승강기설비 등 모든 부속설비를 포함한다.
3. 제3호를 적용할 때 구축물에는 하수도, 굴뚝, 경륜장, 포장도로, 교량, 도크, 방벽, 철탑, 터널 그 밖에 토지에 정착한 모든 토목설비나 공작물을 포함하되, 기계·장치 등 설비에 필수적이고 전용으로 사용되는 구축물은 제외한다.❹

❶ 사업용자산은 공제대상이고 건축물등 사업용 유형자산은 공제대상에서 제외되므로, 용어의 사용과 관련하여 주의를 요한다.
❷ 의료업의 구급차량은 차량 및 운반구에 포함되므로 사업용자산에서 제외됨[소득-210, 2010.2.8. (구 조특법 §26 임시투자).
❸ 항공 촬영과 측량업을 영위하는 내국법인이 구입하는 소형항공기는 사업용 유형자산에 포함되므로 공제대상에서 제외됨[법인-193, 2010.3.8. (구 조특법 §26 임시투자)].
❹ 도시가스사업자가 가스배관시설을 설치하는 경우에는 가스설비에 포함되어 공제대상에서 제외됨[제도 46012-10399, 2001.3.29. (구 조특법 §5 중소기업투자세액공제)].

종래에는 공제대상인 사업용 유형자산을 「법인세법 시행규칙」 별표 6의 업종별 자산의 기준내용 연수 및 내용연수범위표의 적용을 받는 자산(차량 및 운반구와 선박 및 항공기를 제외함)으로 규정하고 있었다(2009.4.7. 개정 전 조특칙 §3 ① 1호; positive 방식). 2009년 개정으로 시행규칙 별표 1을 신설하여 조특법에서 독자적으로 건축물등 사업용 유형자산의 범위를 정하고 시행규칙 본문에서 공제대상인 사업용자산에서 동 별표 1을 제외하는 방식으로 변경하였다(negative 방식). 그 규정 방식은 변화하였으나, 법인세법 시행규칙 별표 5의 공통자산과 그 내용이 거의 동일하므로 사업용자산의 범위에 있어서는 실질적인 차이가 크지 않은 것으로 해석된다.

따라서, 종래에 임시투자세액공제의 적용대상으로 규정되었던 법인세법 시행규칙 별표 6의 업종별 자산이 2009년 개정 후에도 투자세액공제의 대상이 된다. 기계장치는 업종별 자산의 대표적인 계정과목이다.

● **의약품 품질관리 개선시설인 냉동창고** (공제 불가)

의약품 품질관리 개선시설인 냉동창고가 조세특례제한법 시행규칙 별표1의 '건축물 등 사업용 유형자산' 등에 해당하는 경우 조세특례제한법 제24조의 통합투자세액공제 대상에서 제외됨. 다만, 질의하신 냉동창고가 이에 해당하는지 여부는 투자하는 개별 자산별로 사실판단할 사항임(재조특-585, 2022.8.24.). 종래 의약품 품질관리 개선시설인 냉동창고는 시행규칙 별표 8의 10에서 공제대상으로 열거되었으나, 2021년 개정세법에서 구 조특법 제25조의 4가 통합투자세액공제로 이관되면서 삭제됨. 2021년 신설된 통합투자세액공제에서는 냉동창고가 일반 건축물에 해당하는 경우 공제대상에서 제외됨.

(1-2) 사업용 자산의 요건 검토

종전 투자세액공제에서 공제 대상 사업용 자산에 적용된 요건이었으나, 통합투자세액공제에서는 규정되지 아니한 요건의 적용 방법을 살펴보기로 한다.

(가) 운휴 중인 자산(O)

운휴 중인 자산이 공제 대상에 해당하는지 여부이다(구 조특칙 §3 ②). 운휴 중인 자산이란 경기변동으로 인하여 일시적으로 가동이 중단되었거나 보수 중인 자산을 말한다.

종래 사업용자산에서 운휴 중인 자산을 제외하도록 시행규칙에서 규정하였으나, 2021년 개정세법에서 동 조항이 삭제되었다. 운휴의 시기, 기간 등이 불명확하고 일단 투자가 이루어지면 공제의 필요성이 있기 때문에, 투자 이후 운휴 여부에 불구하고 공제할 필요성이 있다는 점에서 타당한 개정이라고 본다.

다만, 연구시험용 시설과 직업훈련용 시설(조특칙 §12 ②)은 명문의 규정으로 운휴중인 자산을 제외하고 있음에 유의하여야 한다[2-2 (1-1) 참조].

(나) 해당 사업에 주로 사용 (O)

사업용 자산은 해당 사업에 주로 사용하여야 한다. 종전 투자세액공제에서 "해당 사업에 주로 사용"할 것을 요구하였으나, 2021년 개정세법에서는 동 요건이 삭제되었다.

"해당 사업에 주로 사용하는"이라는 의미는 겸업 기업이 사업용 유형자산을 취득한 연후, 소비성서비스업에 해당하는 사업과 기타의 사업에 공동으로 사용하는 경우, 해당 자산은 그 자산을 주로 사용하는 사업의 자산으로 본다는 의미이다(구 조특령 §4 ④).

동 요건의 삭제에도 불구하고 실제 적용은 종전과 동일할 것으로 판단된다. 제외 업종인 소비성서비스업 등에서 주로 사용하는 사업용 자산에 대해 특례를 부여할 필요가 없기 때문이다.

예를 들어 위탁건설(부동산 개발 및 공급업)과 소비성서비스업을 겸업하는 중소기업이 소비성서비스업 사업부에서 사업용자산을 구매하였다면 공제대상 자산이 될 수 없다. 반면에 주된 사업으로 제조업을 영위하면서 운수업을 겸업하는 중소기업이라면 겸업 업종이 모두 업종기준에 해당하므로 종된 사업부분에서 구입하여도 공제가능하다(서면2팀-2537, 2004.12.6.).

(다) 즉시상각 적용 자산(O)

즉시상각을 적용받은 자산이 공제 대상에 해당하는지 여부이다.

2020년 개정세법에서 과세형평성 제고를 위하여 사업용 자산의 범위에서 소득세법 및 법인세법에 따라 즉시상각을 적용받은 자산을 제외하도록 개정하였으나, 2021년 개정세법에서 통합투자세액공제와 관련하여 동 요건이 규정되지 아니하였다.

개정 이후에는 즉시상각 적용 자산을 공제 대상에 포함하여야 한다고 판단된다.

법인세법 등에 의한 즉시상각 적용 자산에는, i) 수선비가 600만원 미만인 경우 등의 소액수선비, ii) 고유 업무 성질상 대량으로 보유하는 자산 등의 취득가액이 100만원 이하인 소액자산, iii) 전기기구, 개인용 컴퓨터 등 단기 사용자산 등이 있다.

(2) 업종별 자산 판정

업종별 자산은 한국표준산업분류상 해당 업종에 직접 사용되는 자산인지 여부로 판정한다(조심 2011서2364, 2012.7.11.). 다만, 해당 업종에 직접 사용되는 자산이라 하더라도 전술한 시행규칙 별표 1의 차량 및 운반구, 공구, 기구 및 비품, 선박 및 항공기, 건축물에 해당하는 경우에는 제외된다.

'해당 업종에 직접 사용되는 자산'의 판정은 주된 산업활동(부차적 산업활동 포함)과 보조 활동의 구분에 따라야 할 것으로 본다. 주된 산업활동을 위해 필수 불가결한 자산은 업종별 자산에 해당하고, 보조 활동에 사용되는 자산은 업종별 자산에서 제외하는 방식이다. 주된 산업활동이란 해당 기업이 시장에서 거래하는 재화의 생산 및 서비스 제공 활동을 말한다. 보조 활동에는 회계, 창고, 운송, 구매, 판매촉진, 수리 서비스 등이 포함된다.[1]

이하 사업용 유형자산의 업종별 자산과 판정과 관련된 사례를 중심으로 검토하기로 한다.

(2-1) 업종별 자산 해당 사례

다음에 열거된 자산은 업종별 자산으로 보아 공제대상에 포함된다.

- **종합유선방송 및 인터넷서비스업 영위 법인의 케이블모뎀 및 컨버터**(국심 2007부3191, 2008.1.10.)

- **축산업(양돈)의 종돈**[법인세과-32, 2012.1.11.; 서면1팀-1339, 2006.9.25.; 단, 사업용자산에 해당하지 않는다는 예규도 있음(법인-201, 2010.3.8.).]

- **전기통신업의 통신장비 및 전송망선로**
  전기통신업을 영위하는 사업자가 당해 사업에 직접 사용하는 고객전용구간 운용을 위한 통신장비 및 전송망선로는 사업용자산임(서면2팀-2016, 2006.10.9.).

- **온실가스저감기계장치 및 굴뚝 자동측정기기**
  환경복원업을 영위하는 내국법인이 타인의 공장굴뚝에 온실가스저감장치를 설치하고 이를 유지관리하면서 획득한 탄소배출권을 판매하여 수익을 얻는 경우에 있어서 해당 온실가스저감기계장치는 사업용 자산에 해당함(법인-73, 2010.1.27.). 폐기물처리업자가 폐기물처리시설의 일종인 소각시설인 굴뚝 자동측정기기(TMS)를 설치한 경우도 사업용 자산임. 굴뚝 자동측정기기란 굴뚝에서 배출되는 가스 중 이산화탄소, 산소, 먼지 농도를 연속적으로 측정, 기록하는 장치를

---

[1] 한국표준산업분류 Ⅰ. 3. 바. 1) 생산단위 활동 형태, p.13.

말함(재조특-75, 2011.1.27.).

● **제조업의 크레인**

제조업을 영위하는 법인이 취득한 크레인(Level Luffing Cane, Hao Cane)을 공장부지와 연결된 항만에 설치하여 동 자산이 화물을 직접 운송하지 않고 지정된 레일 위에서만 자주(自走)식으로 이동하면서 화물을 선적 또는 하역하는 경우로서, 법인이 동 자산을 제조업의 범위 내에서 사용하는 경우에는 차량운반구가 아닌 사업용 자산에 해당함(서면2팀-2678, 2006.12.28.; 조심 2012서1005, 2012.9.13.).

● **주류 제조업의 발효탱크 등**

주류 제조업을 영위하는 법인이 약주의 제조공장 내에 설치하여 술덧의 발효공장에서 사용하는 발효탱크, 제성공정 전 단계에서의 숙성(후발효) 또는 여과공정 전후에 일시적 저장을 위해 사용하는 저장탱크 및 제성공정에서 사용하는 제성탱크는 사업용자산에 해당함(서면2팀-1581, 2006.8.24.). 주류제조업의 발효탱크등은 유통산업합리화시설의 탱크시설이 아닌 제조를 위한 사업용자산에 해당한다.

● **물류산업 영위 법인의 사이로와 쉽로더**

수분함량이 높은 사료작물을 발효시킨 사일리지(silage)를 조제·보관하는 탱크인 사이로(Silo)와 쉽로더(ship loader)는 사업용자산에 해당함(법인세과-73, 2013.2.5.).

● **물류산업 영위 법인의 언로더와 컨베이어벨트 등**

물류산업을 영위하는 내국법인이 부두에 설치되어 지정된 레일 위에서만 이동하면서 선박에 적재된 석탄 등을 하역하여 이송시설로 투입하는 버켓체인 방식의 언로더(Unloader), 하역된 석탄 등을 보관시설까지 이송하는 밀폐형 컨베이어벨트 및 이송된 석탄 등을 보관하는 돔 사일로(Silo)식 탱크시설은 고용창출투자세액공제 적용대상 사업용자산에 해당한다(서면법규-1400, 2013.12.24.).

● **음식점의 스무디 제조머신, 커피머신 및 제빙기**

음식점업을 영위하는 중소기업이 해당 사업에 직접 사용하기 위하여 투자하는 스무디 제조머신, 커피머신 및 제빙기는 법 제5조에 따른 중소기업 등 투자세액공제대상 사업용자산에 해당하는 것이나, 테이블 및 의자는 사업용자산에 해당하지 않음(사전법령법인-150, 2017.1.12.).

● **동전 빨래방의 세탁기, 건조기, 세제 자동투입기, 세제 자판기 겸 동전교환기**

동전 조작식 세탁시설을 운영하는 중소기업이 해당 사업의 직접적인 생산활동에 주로 사용하기 위하여 투자하는 세탁기, 건조기, 세제자동 투입기, 세제 자판기 겸 동전교환기는 중소기업 등 투자세액공제 대상 사업용 유형자산에 해당하는 것임(사전법령소득-0153, 2019.4.26.).

● **산업용가스 제조업의 가스운송용 용기, 밸브 및 샷시**

산업용가스 제조업을 영위하는 내국법인이 고압가스를 충전·운반하기 위해 취득하여 사용하는 가스운송용 용기, 밸브(가스운송용 용기의 부속품) 및 샷시(가스운송용 용기를 상차할 수 있도록 만든 철제 구조물)는 사업용자산에 해당함(서면법령법인-6026, 2017.2.2.).

● **신문, 잡지 및 정기 간행물 출판업을 영위하는 법인의 취재용 카메라**(사전법규법인-0913, 2022.11.28.)

(2-2) 종합적 사실판단 사례

개별 설비들이 유기적으로 결합되어야 당해 공장의 설립목적에 따른 특정제품의 생산이 가능한 경우에는 당해 공장용 투자 설비 전체를 하나의 투자단위로 보아 사업용자산 여부를 판정한다(재조예 46019-40, 2002.3.18.).

● **제조업의 X-Ray 검사설비 및 IROCV 측정설비**

제조업을 영위하는 내국인이 다른 생산설비와 함께 유기적으로 결합되어 생산라인에 고정 설치되고 제품생산에 필수적인 역할을 하는 X-Ray 검사설비 및 IROCV 측정설비를 투자하는 경우 동 설비는 사업용자산에 해당함(재조예-858, 2006.12.26.). 동 설비 등을 검사 또는 측정의 기능적 특성만을 고려할 경우 기구 및 비품에 해당하여 사업용자산에서 제외되어야 하나,[2] 유기적 결합의 특성을 고려하여 해석한 사안이다.

● **주조제품 제조업의 항온항습기**

주조제품을 제조하는 내국법인이 정밀성이 요구되는 제품 제조공정에 필수적인 항온항습기를 작업장 내에 설치한 경우 사업용자산에 해당함(법인세과-524, 2009.5.4.).

● **반도체 제조업의 클린룸**

반도체 제조업 등을 영위하는 내국법인이 제품생산 공정상 필수적인 역할을 하는 클린룸을 설치하는 경우 사업용자산에 해당함(법인-159, 2011.2.25.).[3] 클린룸은 건물의 일부이지만 제조의 필수적 요소로 보아 사업용 자산으로 간주한다.

(2-3) 공기구 및 비품 제외

공구, 기구 및 비품으로 분류되는 자산은 업종별 자산에서 제외된다.

예를 들어, 전산시스템,(서면2팀-2252, 2004.11.5.) 금형(법인 46012-943, 2000.4.12., 조심 2018중 4026, 2019.2.11.)은 사업용자산에 해당하지 않는다. 다만 법원 및 과세관청에서는 금형은 공구에 당연히 포함되지 않으므로 공제 대상 자산으로 판단하고 있다(대법원 2017두49935, 2017.9.21., 대법원2018두46544, 2018.9.19.; 서면법규법인-0355, 2022.4.7.).

외항화물 운송업을 영위하는 법인이 당해 법인의 **화물 운송용 컨테이너**는 사업용자산의 범위에 포함되지 아니한다(서이 46012-10193, 2003.1.27.).

● **타이어 제조를 위한 가류기에 부착되는 몰드 및 컨테이너**

소득세법, 법인세법 등 개개 법령에서 공구와 금형이라는 용어를 별도로 사용하고 있고, 공구와 금형이 별개의 개념이라는 전제하에 공구에 금형이 포함된다는 규정을 두고 있는 이상 원칙적으로 금형은 공구에 포함되지 않는다고 봄이 상당하다. 설령 금형이 공구에 포함된다고 하더라도 이 사건 몰드는 가류기와 결합되지 않는 한 독립적인 기능을 할 수 없는 바 가류기와 일체화

---
2) 계측기기는 기구 및 비품에 해당함(서면2팀-2447, 2006.11.29.)
3) 기 회신사례(법인-508, 2010.5.31.)는 동 예규로 대체함.

되어 그린타이어를 트레드 패턴이 새겨진 타이어 완성품으로 변형시키는 기계장치로 봄이 상당하다(서울행법 2015구합80567, 2016.12.2.; 대법원 2017두49935, 2017.9.21.).

● **반복적으로 사용되는 H형강**

건설공사에 반복적으로 사용되는 자산으로서 하나의 공사가 완료되면 회수하여 다른 공사에 재사용하는 H형강은 통합투자세액공제 대상 자산에 해당하지 아니함(재조특, 2024.1.18.).

주요 이슈와 쟁점
22. 양산형 금형의 투자세액공제 대상 여부

[지방법원] 부정 (대전지법 2017구합101392, 2017.11.23.)
① 금형은 금속으로 만든 거푸집으로서 기능 및 개념상 공구에 해당한다고 볼 수 있는 점, ② 구 법인세법 시행규칙(1996.3.21. 총리령 제557호로 개정되기 전의 것) 제32조 제2항은 사업에 사용한 날이 속하는 사업연도의 손금으로 경리한 것에 한하여 이를 손금에 산입하는 것으로서 '공구'를 규정하다가, 이후 구 법인세법 시행규칙(1996. 3. 21. 총리령 제557호로 개정된 것) 제32조 제2항은 '공구(금형을 포함한다)'로 규정하였는바(이는 현재 법인세법 시행령 제31조 제6항도 마찬가지이다), 이는 금형이 공구의 범위에 포함되는 것을 전제로 이를 명확히 표시하기 위하여 개정된 것인 점, (이하 중략)
양산형 금형은 독립된 공구로서, 제품성형 기계장치 본체에서 탈·부착하여 사용도 가능한 이상, 양산형 금형을 위 [별표 1]에서 개별적으로 규정한 공구에 해당한다고 봄이 타당하고, 단지 제품제작과정에서 제품성형 기계장치본체에 결합되어 사용된다는 이유만으로 이를 제품성형 기계장치본체와 일체로 볼 것도 아니다.

[고등법원] 긍정 (대전고법 2017누14616, 2018.5.10.)
소득세법 시행령 제67조 제7항 제2호는 '공구(금형을 포함한다)'라고 규정하고 있고, 법인세법 시행령 제31조 제6항 제2호도 '공구(금형을 포함한다)'라고 규정하고 있으며, (이하 중략) 위와 같이 개개 법령에서 공구와 금형을 별도로 사용하고 있고, 공구와 금형이 별개의 개념이라는 전제하에 공구에 금형이 포함된다는 규정을 두고 있는 이상 조세특례제한법 시행규칙 [별표 1]의 공구에는 금형이 포함되지 않는다고 보는 것이 타당하다.
고용창출투자세액공제는 정부가 경기조절 등의 정책적 필요에 의해 그때마다 세액공제 대상인 자산을 정하여 세액공제 혜택을 주는 것으로 감가상각과 그 제도적 취지가 다를 뿐만 아니라 구 조세감면규제법 시행규칙(1997.4.14. 총리령 제628호로 개정된 것)이나 구 조세특례제한법 시행규칙(2000.3.30. 부령 제132호로 개정된 것)은 고용창출투자세액공제 대상을 감가상각의 대상인 자산과 달리 정하기도 한 점 등에 비추어 보면, 고용창출투자세액공제 대상을 법인세법 시행규칙상 감가상각의 대상인 자산과 동일하게 해석할 필요가 없다.
이 사건 양산형 금형은 특정 부품을 만들기 위해 제작된 것으로 특정한 사출기와 결합되어야 사용이 가능한 점, 그 취득가액이 일부 1,000,000원 이하인 것도 있지만 절반 이상이 10,000,000원 이상이며 취득가액이 12억 원에 달하는 것도 있는점, 이 사건 양산형 금형의

무게는 10 내지 23톤에 이르고 사용연한이 반영구적인 점등을 종합하면, 이 사건 양산형 금형은 여러 목적으로 두루 사용이 가능한 공구와 달리 특정제품의 성형을 위해 특별제작된 것으로 일반적인 공구와는 그 범용성, 재원, 사용의 용이성, 가격, 소모성 등이 다르다.

| 저자주 | 양산형 금형이 공구에 포함되어 투자세액공제 대상에서 제외되는지가 쟁점이다.

첫 번째, 문리적 해석으로 종전 법인세법에서는 금형을 공구에 포함하였으나, 조특법상 공제 대상을 법인세법과 동일하게 해석하게 필요가 없다. 또한, 법인세법 등에서는 금형과 공구를 별개의 개념으로 사용하므로 개별 세법 보충적 적용 규정(조특법 §2 ②)에 따라 조특법 시행규칙 별표 1의 공구에는 금형이 포함되지 않는다. 2024년 법인세법 개정에서도 금형을 공구와 별도의 자산으로 규정하여 기준내용연수를 정하였다(법칙 별표5 구분 1 참조).

두 번째, 합리적 해석으로 양산형 금형은 범용성이 있는 공구와는 달리 특정 기계장치와 결합되어야 한다는 점에서 공구와 사용 방식이 다르다.

따라서 특정 기계장치와 결합되어 사용되는 양산형 금형은 공구에 포함되지 않는 것으로 보아 투자세액공제 대상으로 보는 것이 타당하다. 위의 고등법원 판결은 이후 대법원에서 확정되었다(대법원2018두46544, 2018.9.19.).[4]

(2-4) 건축물 제외

다음의 건물 부속설비와 구축물은 업종별 자산에서 제외된다.

- **건축물의 부속설비를 업종별 자산으로 회계처리한 경우**

  법인이 법인세법 시행규칙 별표 5 제2호 단서의 규정에 따라 건축물의 부속설비를 건축물과 구분하여 업종별 자산으로 회계처리하여 동법 시행규칙 별표 6의 업종별 자산 기준내용연수에 따라 감가상각하는 경우라 하더라도, 당해 부속설비는 사업용자산에 해당하지 않는다(법인세과-4073, 2008.12.18.; 같은 뜻 조심 2018서4988, 2019.5.10.). 동 예외는 법인세법상 인정된 것이고, 조특법 시행규칙 별표 1의 건축물등 사업용 유형자산에서는 별도의 예외를 규정하고 있지 않기 때문이다.

- 선박 제조업의 부도크
- 선박을 제조하는 법인이 해상에 선박건조용으로 설치한 부도크는 구축물에 해당되므로 사업용 자산에서 제외된다(조세지출예산과-485, 2007.6.26.).
- 송유관(법인-84, 2012.01.25)
- 폐기물처리업자의 소각로(서면2팀-2715, 2004.12.23.)
- 화학제품 제조업 법인의 지하배관 및 제품저장탱크(서이 46012-11312, 2003.7.11.)
- 액체물 보관업을 영위하는 법인이 설치한 액체물 보관용 탱크시설(제도 46012-12007, 2001.7.9.)

---

4) 금형의 연구인력개발비 세액공제 또는 통합투자세액공제의 대상 여부는 2-2 (1-3) (나)를 참조하기로 한다.

(2-5) 인테리어 제외

인테리어는 업종별 자산에 해당하지 않는다.

치과의원을 영위하는 거주자가 기존의 인테리어를 철거하고 새로이 인테리어를 하거나 사업장 이전을 위하여 분양받은 상가에 인테리어를 하는 경우(서면1팀-301, 2006.3.6.) 및 의류 및 액세서리를 제조, 판매하는 법인이 상품의 전시, 판매, 손님응대를 위하여 판매장에 설치한 인테리어 설비 등은 사업용 자산에 해당하지 않는다(조심 2014서165, 2014.5.29.).

(3) 직접 수입을 얻는 비품

취득가액이 거래단위(취득자가 그 취득한 자산을 독립적으로 사업에 직접 사용할 수 있는 것)별로 20만원 이상으로서 그 고유업무의 성질상 대량으로 보유하고 그 자산으로부터 직접 수익을 얻는 비품은 별표 1의 사업용 유형자산으로 보지 아니한다(조특칙 별표 1 하단 1호). 제외되는 사업용 유형자산의 예외이므로 공제대상에 포함된다.

(3-1) 요건

동 비품으로 인정되기 위한 요건은 i) 사업에 직접 사용할 것, ii) 독립적으로 사용될 것, iii) 취득가액이 거래단위별로 20만원 이상일 것, iv) 고유업무의 성질상 대량으로 보유할 것, v) 자산으로부터 직접 수익을 얻을 것이다.

i) '사업에 직접 사용'한다는 것은 관리부서가 아닌 생산, 서비스 현장에서 주된 산업활동과 관련하여 재화와 용역의 공급에 직접적으로 사용한다는 의미이다.

ii) '독립적으로 사용'된다는 것은 주된 재화나 용역의 공급의 일부로서 제공되어야 하며, 이에 부수적으로 사용되지 않아야 한다는 것이다. 예컨대, 침대를 판매하면서 운반을 하는데 사용하는 비품은, 운반 활동이 보조활동이므로 제외된다.

v) '자산으로부터 직접 수익'을 얻어야 한다는 요건은 그 비품 자체가 서비스를 제공한다는 의미이다. 재화를 직접 제공하게 되면 비품이 아닌 제품, 상품, 견본품, 광고비 등에 해당하기 때문이다. 수영장의 락카, 썬베드를 임대하는 경우에는 비품 자체가 직접 수익을 얻는 전형적인 예라 할 수 있다. 다섯 가지 요건 중 동 요건이 본 '직접 수익을 얻는 비품' 조항의 특성을 결정짓는 요건이라 할 수 있다.

(3-2) 대상 비품

따라서 위와 같은 다섯 가지 요건을 모두 충족시키는 비품이란 결과적으로 서비스 업종에서 고객이 직접 사용하는 비품에 한정될 수밖에 없을 것으로 판단된다.

예를 들어, 직접 수익을 얻는 비품으로는 호텔·콘도미니엄의 침대, 주방설비, 가구, 가전제품 등을 들 수 있다. 물론 비품으로서의 자산성이 없는 수건, 세탁용 린넨 등의 소모성 자재는 비용에 해당하므로 제외된다.

교육서비스업을 영위하는 컴퓨터학원이 고유사업인 컴퓨터교습에 직접 사용할 목적으로 취득하는 컴퓨터도 직접 수익을 얻는 비품에 해당하며,(소득세과-559, 2011.6.20.; 재조특-422, 2009.4.22.) 영화관 시설장치 중에서 영화관 관람석 의자 등의 경우에는 공제대상 자산으로 본다(조세특례제도과-54, 2014.1.23.).

> **주요 이슈와 쟁점**
>
> ### 23. 공제대상인 사업용자산 중 의류소매업 관련 직접 수입을 얻는 비품의 범위

[쟁점 심판례] 의류소매업의 직접 수입을 얻는 비품의 범위 (조심 2014서165, 2014.5.29.) 2009.4.7. 개정된「조세특례제한법 시행규칙」제3조에서 임시투자세액공제의 대상이 되는 비품의 범위를 확대한 것은 사실이나, 모든 비품을 임시투자세액 공제대상으로 보기는 어렵고, 임시투자세액 공제는 동 <u>업종을 영위하는데 필수적이고 핵심적인 비품에 대해서만 제한적으로 허용</u>하는 것이 동 규정의 개정취지에 부합한다고 할 것인바, 청구법인과 같은 <u>의류 소매업을 영위하는데 있어 매장을 구성하는 <표1>의 쟁점비품 중 가구(창고는 제외한다), 금속자재, 기타비품(마네킹), 목공(계산대는 제외한다)은 의류 소매업 매출에 핵심적 역할을 하는 비품으로 보이나, 나머지 컴퓨터 장비, 조명, 보안장치, 출입구 등은 모든 업종에서 사용할 수 있는 범용성 있는 물품으로 소매업 매출에 필수적이고 핵심적인 역할을 하는 비품에 해당된다고 보기 어렵다</u>고 할 것이다.

따라서 처분청은 <표1>의 비품 중 의류소매업 매출에 핵심적 역할을 하는 것에 한하여「조세특례제한법」상 임시투자세액 공제대상으로 보아 그 세액을 경정함이 타당하다고 판단된다.

[법령]

- 한국표준산업분류 Ⅰ. 3. 바. 1) 생산단위 활동 형태

  생산단위의 산업활동은 일반적으로 주된 산업활동, 부차적 산업활동 및 보조적 활동이 결합되어 복합적으로 이루어진다. 주된 산업활동이란 산업활동이 복합 형태로 이루어질 경우 생산된 재화 또는 제공된 서비스 중에서 부가가치(액)가 가장 큰 활동을 말하며 부차적 산업활동은 주된 산업활동 이외의 재화 생산 및 서비스 제공 활동을 말한다. 이러한 주된 활동과 부차적 활동은 보조 활동의 지원 없이는 수행될 수 없으며 보조 활동에는 회계, 창고, 운송, 구매, 판매 촉진, 수리 서비스 등이 포함된다(이하 생략).

|저자주| 본 심판례는 직접 수익을 얻는 비품의 범위를 "업종을 영위하는데 필수적이고 핵심적인 비품"만으로 해석하여 '보조활동'과 관련된 창고, 계산대, 컴퓨터 장비 등을 제외한 것으로 해석된다. 즉, 의류소매업의 주된 사업활동을 영위하는데 필수적이고 핵심적인 비품인 가구, 금속자재, 마네킹, 목공은 공제대상에 포함하여야 한다고 판단한 것이다.

그러나 저자의 의견은 본문에서 설명한 바와 같이 그 비품 자체가 서비스를 제공하는 것으로 한정하여야 한다고 본다. 위의 결정 이유 중 "업종을 영위하는데 필수적이고 핵심적인 비품"의 특성은 "사업에 직접 사용" 요건과 관련된 항목으로서, 주된 산업활동을 영위하는데 필수적이라는 요건만을 만족시키기 때문이다. 즉, "자산으로부터 직접 수익을 얻을 것"이라는 요건을 추가적으로 만족시키지 못하고 있다.

결론적으로, 의류소매업의 매장을 구성하는 가구, 마네킹 등으로부터 직접 수익을 얻을 수 있다는 것은 문리해석상 옳지 않다고 본다.

한편 이후 심판례(조심 2014서4061, 2015.3.2.)에서도 위와 동일한 논거로 판매대와 진열장은 세액공제대상으로 보고, POS/PC 장비는 공제대상에서 제외하였다.

2-2 종전 특정시설 투자세액공제 대상 자산 (나목)

전술한 2-1 사업용 유형자산에 해당하지 않는 유형자산과 무형자산 중에서 연구·시험, 직업훈련, 에너지 절약, 환경보전, 근로자복지 증진 또는 안전 등의 목적으로 사용되는 사업용자산으로서 다음에 열거된 자산을 공제대상으로 한다(조특령 §21 ③ 1호, 조특칙 §12 ②).

종전 특정시설 투자세액공제 대상 자산과 원칙적으로 동일하다. 다만 종전의 생산성향상시설, 의약품 품질관리개선시설 및 중소기업등투자세액공제 대상 시설이 아래 통합투자세액공제의 대상으로 열거되지 않았더라도 위의 2-1 사업용 유형자산에 포함된다면 해당 조항에 근거하여 세액공제를 적용할 수 있다.

(1) 연구시험용 시설 및 직업훈련용 시설(1호)

시설투자 단계에서의 기업의 연구 및 인력개발 활동을 장려하기 위한 제도로, 대기업의 경우 대규모 설비투자가 가능하므로 그 활용도가 높다. 반면에 중소기업의 경우 대규모 설비투자를 집행하기에는 자금력이 부족하여, 연구 인력의 인건비에 대해 절세효과가 높은 R&D 세액공제를 주로 활용한다.

(1-1) 대상 시설의 범위

연구시험용 시설이란 전담부서등, 「국가과학기술 경쟁력강화를 위한 이공계지원특별법」

에 따라 과학기술정보통신부장관에게 신고한 연구개발서비스업자 및 「산업기술연구조합육성법」에 따른 산업기술연구조합에서 직접 사용하기 위한 연구시험용시설로서 다음 어느 하나에 해당하는 시설로 한다(조특칙 §12 ② 1호 → §13의 10 ①·②).

① 공구 또는 사무기기 및 통신기기, 시계·시험기기 및 계측기기, 광학기기 및 사진제작기기
② 「법인세법 시행규칙」별표6의 업종별 자산의 기준내용연수 및 내용연수범위표의 적용을 받는 자산

그리고 직업훈련용 시설은 「근로자직업능력 개발법」 제2조 제3호에 따른 직업능력개발훈련시설(내국인이 중소기업을 위해 설치하는 직업훈련용 시설을 포함함)로서 위 ① 또는 ②에 해당하는 시설을 말한다. 일반인에 대한 위탁훈련이 가능한 직업능력개발시설, 평생교육시설 등은 본 세액공제의 대상에서 제외된다(서면2팀-1381, 2007.7.26.).

다만, **운휴중인 자산은 제외**한다. 일반적인 통합투자세액공제 대상 자산이 운휴중인 자산을 포함하는 것과 다름에 유의하여야 한다[2-1 (1-2) (가) 참조].

이하 연구시험용 시설에 대해 상세히 살펴보기로 한다.

(1-2) 연구시험용 시설의 사용 주체

전담부서등, 연구개발서비스업자 및 산업기술연구조합에서 직접 사용하기 위한 연구시험용 시설이다.

예를 들어 화학공장에서 공정기술 Know-How를 취득하기 위한 기술개발 연구에 사용된 기기는 전담부서에서 연구용으로 사용한 것이 아니므로 공제대상에 해당하지 않는다(서이 46012-12123, 2002.11.27.). 그러나 연구시험용시설을 계열회사의 수탁연구용역을 수행하는데 사용할 뿐 아니라 자체 연구개발에 함께 사용하는 경우에는 공제 가능하다(법인-148, 2012.2.24.; 서면법인-21722, 2015.5.29.).

연구개발전담부서로 인정을 받기 위하여 연구시험용 시설에 투자한 후, 과학기술통신부장관으로부터 연구개발전담부서 인정을 받아 해당시설을 전담부서에서 직접 사용하는 경우에는 (전담부서 인정 이전에 지출한) 해당시설 투자금액에 대해 본 세액공제를 적용받을 수 있다(사전법령법인-443, 2015.12.17.; 같은 뜻 서면법인-1038, 2022.3.16.). **전담부서 인정 이전에 지출한 투자금액에 대해 세액공제가 적용**된다는 점에서 연구인력개발비 세액공제와 차이가 있다.

전담부서등 사용주체들은 연구인력개발비 세액공제의 용어 정의에 따르므로 제3부 제1절 연구인력개발비의 해당 사항을 참고하기 바란다.

(1-3) 연구시험용 시설의 대상 시설

연구시험용 시설의 대상 시설은 앞서 기술한 바와 같다. 이하에서는 ②의 업종별 자산과 금형에 대해 자세히 살펴본다.

(가) 업종별 자산

업종별 자산이란 법인세법 시행규칙 별표 3(무형고정자산)이나 별표 5(건축물등)의 적용을 받는 자산을 제외한 모든 감가상각자산을 말한다(법칙 별표 6 비고 1.). 공통자산에 해당하지 않는 기계장치의 경우에는 업종별 자산에 포함되므로, 공제대상이 되는 대표적인 항목이다.

업종별 자산은 한국표준산업분류상 해당 업종에 직접 사용되는 자산인지 여부로 판정한다(조심 2011서2364, 2012.7.11.).

- 시험연구소에서 사용하는 설비라 하더라도 일반 사무용 집기, **비품(X)** 등은 세액공제 대상에서 제외되며, 업종별 자산 중 **기계장치(O)** 등을 시험연구용으로 취득하여 연구소 등에서 연구전담용으로 사용하는 자산은 세액공제대상에 포함된다(서면2팀-2189, 2005.12.28.).

- 연구시험용 시설 및 후술하는 직업훈련용 시설에는 **건축물(X)**이 제외되므로 해당 전용건물을 신축하거나 구매하여 사용하여도 세액공제의 대상이 될 수 없다. 연구개발 시설 가동 등에 필요한 **도시가스 등의 배관설치비(X)**는 **구축물**에 해당하므로 세액공제의 대상이 아니다(법인-797, 2011.10.26.).

  단, 승강기 제조업을 영위하는 내국법인이 엘리베이터의 성능시험 및 연구개발을 위해 취득·설치한 **초고속 엘리베이터 테스트전용 타워(O)**를 전담부서 등에서 직접 사용하는 경우 연구시험용 시설에 해당한다(법인-84, 2010.1.28.).

  또한 자동차 부품 제조업을 영위하는 내국법인이 신기술 적용 부품의 성능시험 등 연구개발을 위하여 필수 불가결하고, 첨단 특수 노면과 연구시험장비 등이 유기적으로 결합된 **주행시험장(O)**을 기업부설연구소에서 연구시험용으로 직접 사용하는 경우 해당 주행시험장은 연구시험용 시설에 해당한다(사전법령법인-23, 2016.3.31.).

- **소프트웨어(X)**는 회계상 무형고정자산(일반기준 실무지침 11.5)에 해당하지만, 세무상은 원칙적으로 비품에 해당하므로 공제대상에서 제외된다. **범용성 소프트웨어(X)**는 연구시험용 시설에서 제외되지만 연구전담부서에서 실질적으로 연구시험을 위해 직접 사용하는 **특정 연구용 소프트웨어(O)**는 세액공제가 가능하다(서이 46012-10172, 2003.1.24.). 예컨대, 정보처리 및 기타 컴퓨터 운용관련업을 영위하는 법인이 프로그램 등을 개발하기 위하여 보유한 개발전용 컴퓨터 및 소프트웨어(법인의 관리부서 등에서 사용하는 사

무용컴퓨터 등은 제외)는 업종별 자산에 해당하므로 공제대상이다[법인-2526, 2008.9.19.; 서이 46012-10616, 2001.11.28. (구 조특법 §26 임시투자세액공제)].

- 외주가공을 통하여 제작한 성능시험기는 당해 시제품 성능 및 내구성 시험에만 사용되는 특정용도 기기로서 다른 공정 등의 시험에 계속·반복적으로 사용되는 범용성 기기와는 달리 시험 후에는 잔존가치가 없어 폐기되는 것이므로 이와 관련한 **외주가공비(X)** 는 시제품 개발을 위한 기술개발비용으로 보아 연구인력개발비에 대한 세액공제대상에 해당하며, 연구인력개발비 설비투자세액공제의 대상이 아니다(조심 2011전2458, 2011.12.6.).

(나) 금형

공구는 연구시험용 시설로 열거되어 있으며, 금형은 일반적으로 공구의 범위에 포함되는 것으로 회계상 처리하고 있다. 사전적 정의에 따르면, 금형이란 동일 규격의 제품을 대량으로 생산하기 위하여 만드는 '틀'로, 전기·전자 제품을 비롯하여 자동차·통신기기·정밀기계 등에서 광범위하게 사용되고 있다.

회계처리를 보자면 자동차완성품제작업체(발주처)에서 납품업체에 부품 제작을 의뢰하면서 금형 제작비용을 발주처가 부담하고 금형을 발주처가 소유하는 경우, 금형 제작관련 지출에 대해 납품업체는 회계상 자신의 자산으로 계상하지 않고 미수금 등의 채권으로 계상한다(일반기준 질의회신 금감원 2006-044, 2006.12.31.).

반면에, <u>2024년 법인세법 개정에서 금형을 공구와 별도의 자산으로 규정하여 기준내용연수를 정하였다</u>(법칙 별표5 구분 1 참조).

금형의 R&D 세액공제 또는 R&D 설비투자 세액공제 여부

구분	R&D 세액공제	R&D 설비투자 세액공제
상업적 생산 관련 금형	X	X
Proto 금형	O	X

상업적 생산과 관련된 금형은 발주처 또는 납품업체 모두 연구개발 관련 과세특례의 대상이 될 수 없지만,[5] 시제품 제작 등 연구개발 과정상 필요한 Proto 금형의 경우에는 R&D 과세특례의 대상이 될 수 있는지 여부가 문제된다.

Proto 금형이란 시제품 생산을 위한 금형을 말하는 것으로 시험제작을 위한 특정개발업무에만 사용된다. Proto 금형은 주로 연구개발 전담부서의 설계에 따라 협력업체에서 제작

---

[5] 양산형 금형의 투자세액공제 대상 여부는 2-1 (2-3)을 참조하기 바람.

하여 협력업체가 사용한다.

Proto 금형의 경우에는 외주가공비로 보아 R&D 세액공제 대상(재조특-245, 2021.3.24.)이지만[6] R&D 설비투자 세액공제(대법원 2018두46544, 2018.9.19.; 대전지법 2017구합101392, 2017.11.23.; 조심 2016전1336, 2016.12.12. : 법인세과-883, 2011.11.8.; 조세특례제도과-552, 2012.6.19.)는 허용하지 않는다.

참고로 공동연구개발에 대한 기존의 유권해석에 따르면 공동연구개발을 수행하면서 전담부서에서 사용하는 연구시험용시설에 투자하는 경우에는 본 투자세액공제를 적용받을 수 있도록 하고 있다(서면2팀-1611, 2005.10.6.).

(2) 에너지절약 시설 (2호)

국제적으로 환경위기가 심각해지면서 기존의 에너지 다소비 체제로는 지속적인 성장이 어려운 상황이 도래함에 따라, 경제와 환경의 조화로운 성장을 유도하기 위한 목적으로 도입되었다.

개정연혁 구법 제25조 1항 2호 에너지절약시설 투자세액공제

연 도	개정 내용
2019년	■ 특정 시설 투자자세액공제로 통합 ■ 중소기업의 공제율을 상향 : 6% → 7% ■ 공제대상 자산 제외 : 초고온공냉식넌씰캔드모터펌프, 압축공기제습장치 및 스프링쿨 시스템(2020년부터 제외) ■ 공제대상 자산 추가 : 수소 생산·압축·저장시설
2020년	■ 공제대상 자산 추가 : 스마트엘이디(LED) 조명시스템
2021년	■ 통합투자자세액공제로 통합되어 삭제됨

다음 어느 하나에 해당하는 시설로 한다.

㉮ 「에너지이용 합리화법」 제14조 제1항에 따른 에너지절약형 시설투자(대가를 분할상환한 후 소유권을 취득하는 조건으로 같은 법에 따른 에너지절약전문기업이 설치한 경우를 포함함) 및 에너지절약형 기자재

㉯ 「물의 재이용 촉진 및 지원에 관한 법률」 제2조 제4호에 따른 중수도

태양광 전기 발전업을 영위하는 내국법인이 **태양광 발전설비**에 투자하는 경우 통합투자세액공제가 가능하다(서면법규법인-2120, 2024.4.22.). 최근 법인세법상 태양광 발전설비를 법인세법 시행규칙 별표6의 업종별 자산(기계장치 등)에 해당하는 것으로 보아 감가상각하도

---
6) 2021년 유권해석의 변경에 대해서는 제3부 제1절 Ⅱ. 1-2 (2) 외주가공비를 참조하기 바람.

록 해석하였으므로(기준법무법인-0194, 2023.3.6.), 이에 따라 에너지절약시설이 아니라 사업용 유형자산(조특법 §24 ① 1호 가목)으로 보아 투자세액 공제의 적용이 가능하게 되었다.[7]

구 조특법 제25조 제1항 제2호의 에너지절약시설 투자세액공제의 대상과의 차이점을 아래의 표에서 정리하였다.

종전 특정시설 투자세액공제와 신설 통합투자세액공제의 대상 자산 비교

구 조특법 제25조1항2호 에너지절약시설 투자세액공제	조특법 제24조 통합투자세액공제
에너지절약형시설 - 조특칙 별표 8의3 에너지절약시설에서 독자적으로 규정	에너지절약형시설 및 에너지기자재 - 조특칙 별표에 독자적 규정 없이 에너지이용합리화법에 따름❶
중수도 및 절수설비·절수기기	중수도
신재생에너지 생산설비의 부품·중간재 또는 완제품을 제조하기 위한 시설 - 조특칙 별표 8의4에 열거	N.A.

❶ 에너지절약형 시설투자, 에너지절약형 기자재의 제조·설치·시공은 다음의 시설투자로서 산업통상자원부장관이 정하여 공고하는 것으로 한다(에너지이용 합리화법 시행령 §27 ①).

① 노후 보일러 및 산업용 요로(燎爐: 고온가열장치) 등 에너지다소비 설비의 대체

② 집단에너지사업, 열병합발전사업, 폐열이용사업과 대체연료사용을 위한 시설 및 기기류의 설치

③ 그 밖에 에너지절약 효과 및 보급 필요성이 있다고 산업통상자원부장관이 인정하는 에너지절약형 시설투자, 에너지절약형 기자재의 제조·설치·시공

(3) 환경보전 시설 (3호)

저탄소·녹색성장을 목표로, 사후적인 오염물질에 대한 규제보다는 사전적인 예방책으로 환경보전시설 투자의 지원을 통해 폐기물 발생을 최소화하려는 취지이다.

개정연혁 구법 제25조 1항 3호 환경보전시설 투자세액공제

연 도	개정 내용
2019년	▪특정 시설 투자세액공제로 통합 ▪공제율 상향 : 대기업 1% → 3%, 중견기업 3% → 5%
2021년	▪통합투자자세액공제로 통합되어 삭제됨

---

[7] 종래 유권해석에서는 전기료 절감을 목적으로 태양광 발전설비에 투자하는 경우 통합투자세액공제를 적용받을 수 없었다(사전법령법인-1785, 2021.12.29.). 구 조특칙 별표 8의 3 에너지절약시설(2021.3.16. 삭제)에서는 태양광 발전설비가 신재생에너지보급시설에 포함되어 '특정시설투자등에 대한 세액공제'를 적용할 수 있었으나, 개정 이후에는 태양광 발전설비를 열거하지 않았으므로 동 시설은 에너지절약시설에 해당되지 않기 때문이었다.

시행규칙 별표 2의 환경보전 시설을 대상으로 한다. 구 조특법 제25조 제1항 제3호의 환경보전시설 투자세액공제의 대상 시설과 동일하다.

에너지절약시설과 함께 행정기준에 따라 의무적으로 설치하는 시설이 환경보전설비에 해당하고 에너지절약시설과 구분 관리하는 것이 합리적인 경우에는 구법 제25조의 3 환경보전시설 투자에 대한 세액공제를 별도로 적용한다(법인세과-738, 2011.10.11.).

시행규칙 [별표 2] 환경보전시설 <개정 2021.3.16.>

구분	적용범위
1. 대기오염방지시설 및 무공해·저공해자동차 연료공급시설	가. 「대기환경보전법」에 따른 대기오염방지시설, 휘발성 유기화합물질 및 비산먼지로 인한 대기오염을 방지하기 위한 시설 나. 「악취방지법」에 따른 악취방지시설❶ 다. 「대기환경보전법」에 따른 무공해자동차나 저공해자동차의 연료공급시설❷
2. 소음·진동방지시설 및 방음시설, 방진시설	「소음·진동관리법」에 따른 소음·진동방지시설, 방음시설❸, 방진시설
3. 가축분뇨 처리시설	「가축분뇨의 관리 및 이용에 관한 법률」에 따른 처리시설
4. 오수처리시설	「하수도법 시행령」에 따른 오수처리시설
5. 수질오염방지시설	「물환경보전법」에 따른 폐수배출시설로부터 배출되는 폐수를 처리하기 위한 시설❹
6. 폐기물처리시설 및 폐기물 감량화시설	「폐기물관리법」에 따른 폐기물처리시설 및 폐기물감량화시설❺
7. 건설폐기물 처리시설	「건설폐기물의 재활용촉진에 관한 법률」에 따른 건설폐기물처리시설
8. 재활용시설	「자원의 절약과 재활용촉진에 관한 법률」에 따른 재활용시설❻
9. 해양오염방제업의 선박·장비·자재	「해양환경관리법」에 따른 오염방지·오염물질 처리시설 및 방제시설
10. 탈황시설	「석유 및 석유대체연료 사업법」에 따른 석유 속에 함유된 황을 제거 또는 감소시키는 시설(중유를 재가공하여 유황성분의 제거·분해·정제 과정을 통하여 휘발유·등유 또는 경유를 생산하는 시설은 제외한다)
11. 토양오염방지시설	「토양환경보전법」 제12조 제3항에 따른 토양오염방지시설(같은 법 시행령 제7조의 2 제2항에 따른 권장 설치·유지·관리기준에 적합한 것으로 한정한다)
12. 청정생산시설	「환경친화적 산업구조로의 전환촉진에 관한 법률」 제4조에 따른 산업환경실천과제에 포함된 청정생산시설(투자일 현재를 기준으로 한다)

13. 온실가스 감축시설	다음 각 목의 어느 하나에 해당하는 기술이 적용된 시설
	가. 이산화탄소(CO2) 저장, 수송, 전환 및 포집기술
	나. 메탄(CH4) 포집, 정제 및 활용기술
	다. 아산화질소(N2O) 재사용 및 분해기술
	라. 불소화합물(HFCs, PFCs, SF6) 처리, 회수 및 대체물질 제조기술

비고 : 각 호에 따른 환경보전시설 및 공해물질의 배출시설에 부착된 측정시설을 포함한다.

❶ 악취를 방지하기 위하여 집진시설·폐가스처리시설 및 비산먼지역제시설에 투자하는 경우를 포함한다(서면2팀-1437, 2007.8.1.).

❷ 연료공급시설이란 환경부 고시에 따라 천연가스를 공급하기 위한 시설로서, 가스압축설비·가스주입기·제어판·긴급차단장치등 가스안전장치, 수배전설비, 방폭설비, 배관 및 호스, 방음시설, 열교환기, 압력조정기, 압력계 등과 전기를 충전하기 위한 시설로서 충전기, 안전장치, 전력공급장치 및 전지교환장치 등 기계장치를 말한다(법인세과-741, 2009.2.23.).

❸ 공항을 관리운영하는 한국공항공사가 공항 주변의 소음으로 피해를 입는 지역주민을 대상으로 관련 법령에 따라 방음시설을 설치하고 손해배상금으로 회계처리하는 경우에는 세액공제가 적용되지 아니한다(법규법인 2013-472, 2014.2.7.). 동 예규에 대한 해설은 제1절 Ⅱ. 1-2 (1-2)를 참조하기 바람.

❹ 폐수배출시설로부터 배출되는 폐수를 처리하기 위하여 설치한 수질오염방지시설의 일부에 해당하는 시설로서, 수질오염방지 공정상 필수적이고 동 시설 전용으로 사용되는 건물 및 구축물은 세액공제한다(서면2팀-1562, 2005.9.27.).

❺ 폐기물처리시설 및 폐기물감량화시설로서, 동 시설 전용으로 사용되는 구축물은 세액공제 가능하다(서면2팀-558, 2006.3.31.). 폐기물소각시설로서 폐기물 소각 공정상 필수적이고 소각시설 전용으로 사용하기 위해 신축된 건물은 세액공제를 적용 받을 수 있는 것이나, 이에 해당하는지는 해당 건물의 사용현황에 따라 사실판단할 사항임(사전법령법인-0181, 2020.6.23.).

❻ 「자원의 절약과 재활용촉진에 관한 법률」에 따른 재활용시설에 해당하는 폐배터리 재활용시설로서 폐배터리 재활용 공정상 필수적이고 재활용시설 전용으로 사용하기 위해 신축된 건물은 「조세특례제한법 시행규칙」 제12조 제2항 제3호에 따른 환경보전시설에 해당하는 것임(서면법인-2948, 2023.11.9.).

(4) 근로자복지증진 시설 (4호)

주거안정 및 근무환경 개선을 위한 근로자복지시설은 근로자의 애사심을 고취하여 노사화합 및 생산성 향상에 기여하므로 이에 대해 세제지원한다.

개정연혁 구법 제25조 1항 4호 근로자복지증진시설 투자세액공제

연 도	개정 내용
2019년	▪ 특정 시설 투자자세액공제로 통합 ▪ 소비성서비스업에 대한 종업원용 기숙사 제한 삭제 ▪ 수도권 밖 소재 주택을 사원용 임대주택 또는 종업원용 기숙사로 취득하는 경우에 대한 10% 우대 적용 규정 삭제 ▪ 공제율 하향 : 대기업 7% → 3%, 중견기업 7% → 5%
2021년	▪ 통합투자자세액공제로 통합되어 삭제됨

구 조특법 제25조 제1항 제4호의 근로자복지증진시설 투자세액공제의 대상과 변동 사항은 없다.

타인소유의 건물을 임차하여 직장보육시설을 설치한 경우에도 공제대상으로 한다(법인-3054, 2008.10.23.).

일반적인 투자세액공제와는 달리 중고품에 의한 투자도 허용되는 것으로 판단된다. 본 특례는 경기진작을 목적으로 기업의 투자 유도를 취지로 하는 것이 아니라 주거 안정 및 근무환경 개선을 위한 투자에 대한 조세특례이므로, 중고품에 의한 투자를 제외하여야 할 이유가 없기 때문이다.

다음 어느 하나에 해당하는 시설로 한다(조특칙 §12 ②).

(4-1) 사원용 임대주택 (가목)

무주택 종업원에게 임대하기 위한 국민주택규모의 주택(이하 "사원용 임대주택")이다. 단, 출자자인 임원은 종업원에서 제외된다.

"무주택 종업원"이란 종업원 및 그 배우자가 그들과 동일한 주소 또는 거소에서 생계를 같이 하는 가족과 함께 구성하는 1세대가 국내에서 주택을 소유하고 있지 않은 경우를 말한다(법인 22601-741, 1987.3.23.).

"국민주택규모"란 주거전용면적이 1호 또는 1세대당 85㎡ 이하인 주택을 말하며, 수도권을 제외한 도시지역이 아닌 읍 또는 면 지역은 100㎡ 이하인 주택을 말한다(주택법 §2 6호). 국민주택 규모 이하의 오피스텔(O)을 취득하여 무주택 종업원에게 상시 주거용으로 임대하는 경우, 무주택종업원용 임대주택에 해당한다(서면법령법인-7339, 2021.12.30.; 재조특-370, 2016.3.31.; 사전법령법인-48, 2016.4.6.).

사원용 임대주택의 범위에 기숙사는 포함되지 아니하고 별도로 공제대상 여부를 판정한다(법인 1264.21-2751, 1984.8.27.)(2-2 참조).

종래 수도권 밖 소재 주택을 사원용 임대주택 또는 종업원용 기숙사로 취득하는 경우에 대하여 10% 우대 적용하였으나, 2019년 개정세법에서 동 규정을 삭제하여 다른 공제자산과 동일한 공제율을 적용하도록 하였다. 2019.1.1. 이후 취득(신축·증축·개축 및 구입을 포함함)하는 분부터 적용한다 (2018.12.24. 개정된 법률 부칙 §9 ②).

(4-2) 종업원용 기숙사 (나목)

종업원용 기숙사에는 기존 건물을 증축 또는 개축하여 건립한 기숙사를 포함한다(조특통 24-21…2).

과세관청에서는 종업원용 기숙사는 반드시 건축물의 용도 분류상 기숙사에 해당할 필요는 없다고 회신하였다. 예를 들어, 건축법상 업무시설인 오피스텔도 종업원용 기숙사로 취득한 경우에는 공제 가능하다(법규법인 2013-2, 2013.1.25.). 아파트를 실제 현장근로자들에게 숙식 제공하는 경우에도 공제 가능하다(서면2팀-531, 2005.4.11.).

그러나 최근 조세심판원에서는 당초 무주택 종업원에 대한 사원용 임대주택으로 공제받았던 공동주택을 조세심판 시 종업원용 기숙사로 변경하여 주장한 사안에 대하여, 공부상 용도에 따라 기숙사를 판정하는 것으로 해석하였다(조심 2017부4128, 2019.1.7.).

- 독립된 주거의 형태를 갖춘 공동주택이 기숙사에 해당하는지 여부 (부정)

「주택법」및「건축법」상 기숙사에 대하여, 종업원 등을 위하여 쓰는 것으로서 공동취사 등을 할 수 있는 구조를 갖추되, 독립된 주거의 형태를 갖추지 아니한 것이라고 규정되어 있는바, 쟁점시설은 공동주택으로 주택마다 별도의 취사를 할 수 있고, 독립된 주거의 형태를 갖추고 있어 이를 기숙사로 보기는 어려워 보이는 점, 가족형·단신부임형·합숙소형 모두 직원들의 거주형태에 따라 공제대상이 수시로 바뀔 수 있어 공부상 용도에 따라 조특법 제94조 제1항의 세액공제 대상을 판단하여야 할 것으로 보이는 점 등에 비추어, 청구법인이 쟁점시설에 대하여 조특법 제94조 제1항 제2호를 적용하여 달라는 이 건 청구는 받아들이기 어려운 것으로 보인다(조심 2017부4128, 2019.1.7.).

- 골프장 보조원을 위한 기숙사 시설이 공제대상인지 여부 (부정)

골프장 운영법인과 고용계약을 체결하지 아니하고 골프장이용객으로부터 급여의 형식으로 일정 금액을 지급받는 골프장보조원은 근로기준법에 의한 근로자의 범위에 해당되지 않으므로, 골프장보조원을 위한 기숙사 시설은 본 특례의 대상에 해당하지 않는다(서면2팀-1657, 2005.10.17.).

(4-3) 장애인·노인·임산부 등 편의시설 등 (다목)

장애인·노인·임산부 등의 편의 증진을 위한 시설 또는 장애인을 고용하기 위한 시설로서 시행규칙 별표 3에 열거되어 있다. 장애인·노인·임산부 등의 편의시설은 종전 조특칙 별표9에서 별표3으로 조문 번호만 변경되었을 뿐이며, 별표 내의 상세 내용은 종전과 동일하다.

시행규칙 [별표 3] 장애인·노인·임산부 등의 편의시설 등 <개정 2021.3.16.>

구분	적용범위
1. 장애인·노인·임산부 등을 위한 편의시설	가. 장애인용 승강기, 장애인용 에스컬레이터, 휠체어 리프트, 시각 및 청각 장애인 유도·안내설비, 점자블록, 시각 및 청각 장애인 경보·피난설비, 장애인용 화장실에 설치되는 장애인용 대변기·소변기·세면대, 장애인 등이 이용 가능한 접수대·작업대 및 장애인 등이 출입가능한 자동문 나. 장애인 등이 통행할 수 있는 계단·경사로, 장애인 등이 이용할 수 있는 객실·침실 및 장애인 등이 이용할 수 있는 관람석·열람석

구분	적용범위
2. 버스, 기차 등 교통수단에 설치하는 편의시설	자동안내방송장치, 전자문자안내판, 휠체어승강설비
3. 통신시설	점자표시전화기, 큰문자버튼전화기, 음량증폭전화기, 보청기호환성전화기, 골도전화기(청각장애인을 위하여 두개골에 진동을 주는 방법으로 통화가 가능한 전화기를 말한다)
4. 장애인의 직업생활을 위한 편의시설	가. 장애인용으로 제작된 작업대 및 작업장비(작업물 운송 및 운반장치, 특수작업의자, 휠체어용 작업테이블, 경사각작업테이블, 높낮이 조절 작업 테이블)
	나. 장애인용으로 제작된 작업보조공학기기(청각장애인용 신호장치, 소리증폭장치, 화상전화기, 문자전화기, 보완대체의사소통장치, 특수키보드, 특수마우스, 점자정보단말기, 점자프린트, 음성지원카드, 컴퓨터 화면확대 소프트웨어, 확대독서기, 문서인식 소프트웨어, 음성메모기, 대형모니터)
	다. 장애인근로자의 통근용 승합자동차 및 특수설비
	라. 의무실 또는 물리 치료실 등 장애인 고용에 필요한 부대시설(장애인근로자가 10인 이상이고 전체 근로자의 100분의 30 이상일 경우에 한함)

비고 : 1. 제1호 나목에 규정된 시설의 경우에는 장애인 등이 이용 가능하도록 건물 등의 구조를 변경함에 따라 발생하는 비용에 한정한다.
      2. 장애인·노인·임산부등의 편의시설은 「장애인·노인·임산부 등의 편의증진보장에 관한 법률 시행령」 별표 1에 따른 편의시설의 구조·재질 등에 관한 세부기준에 적합한 것에 한정한다.

(4-4) 종업원 휴식·체력단련 등 시설 (라목)

종업원용 휴게실, 체력단련실, 샤워시설 또는 목욕시설로 한다. 건물 등의 구조를 변경하여 해당시설을 취득하는 경우를 포함한다.

종업원 휴게시설과 이에 딸린 화장실, 창고, 계단(부속시설)은 세액공제 대상이나, 옥외정원은 해당 대상에서 제외된다(서면법규-1233, 2013.11.8.).

종업원 휴식·체력단련 시설의 경우에는 건물 등의 구조 변경으로 취득하는 것도 공제대상으로 명시하였으므로, 동 시설에 대하여 회계상 자본적지출로 회계처리하더라도 공제대상에 포함된다. 직장보육시설(법인-992, 2010. 10.27.)이나 장애인·노인·임산부 등을 위한 편의시설 등의 경우에도, 자본적지출로 회계처리하더라도 실제 설치한 경우에는 위와 동일하게 공제할 수 있을 것으로 본다.

(4-5) 사내 부속 의료기관 (마목)

종업원의 건강관리를 위해 의료법에 따라 개설한 부속 의료기관이다.

의료기관을 개설할 수 있는 자(예, 의사, 의료법인 등) 외의 자가 그 소속 직원, 종업원, 그 밖의 구성원(수용자 포함)이나 그 가족의 건강관리를 위하여 개설하는 부속 의료기관을 말한다(의료법 §35 ①).

(4-6) 직장어린이집 (바목)

영유아보육법에 따라 사업주가 사업장의 근로자를 위하여 설치·운영하는 어린이집이다. 국가나 지방자치단체의 장이 소속 공무원 및 국가나 지방자치단체의 장과 근로계약을 체결한 자로서 공무원이 아닌 자를 위하여 설치·운영하는 어린이집을 포함한다(영유아보육법 §10 4호).

(5) 안전 시설 (5호)

개정연혁 구법 제25조 1항 5호 안전설비 투자세액공제

연 도	개정 내용
2019년	■ 특정 시설 투자자세액공제로 통합 ■ 공제율 상향 : 중견기업 3% → 5%, 중소기업 7% → 10% ■ 공제 대상 정비 : 유통산업합리화시설을 삭제하고,(2020년부터 제외) 수탁기업체 설치 검사대 등을 조특법 §8의 3으로 이관 ■ 공제 대상 추가 : 소방시설법에 따라 강화된 기준을 적용받아 설치되는 소방시설 ■ 산업재해예방시설 조정 : 안전기준 충족여부를 고용부, 제조사 등이 인증하는 대상 설비로 조정하고 잠금장치, 섯틀빠짐 방지장치 등을 삭제하고,(2020년부터 제외) 보일러 압력 방출밸브 등을 추가 ■ 화학물질 안전관리시설에 추가 : 안전밸브 등으로부터 배출되는 유해화학물질 처리시설
2020년	■ 공제 대상 추가 : 액화석유가스 공급·저장시설, 위험물의 제조소·저장소·취급소, 집단에너지 공급시설 및 송유관의 안전시설 ■ 공제 대상 정비 : 기술유출방지시설과 해외자원시설
2021년	■ 통합투자자세액공제로 통합되어 삭제됨

(5-1) 안전 시설의 범위

조특칙 별표 4에 따른 안전 시설로 한다.

시행규칙 [별표 4] 안전시설 <개정 2023.3.20.>

구분	적용범위
1. 산업재해예방 시설	가. 「산업안전보건법」 제38조에 따른 안전조치 및 같은 법 제39조에 따른 보건조치를 위해 필요한 시설 나. 「도시가스사업법 시행규칙」 제17조에 따른 가스공급시설의 안전유지를 위한 시설 다. 「액화석유가스의 안전관리 및 사업법 시행규칙」 제12조에 따른 액화석유가스 공급시설 및 저장시설의 안전유지를 위한 시설 라. 「화학물질관리법 시행규칙」 제21조 제2항에 따른 유해화학물질 취급시설의 안전유지를 위한 시설 마. 「위험물안전관리법」 제5조 제4항에 따른 제조소·저장소 및 취급소의 안전유지를 위한 시설 바. 「집단에너지사업법」 제21조에 따른 집단에너지 공급시설의 안전유지를 위한 시설 사. 「송유관안전관리법 시행규칙」 제5조 제1호에 따른 송유관의 안전설비
2. 화재예방 소방시설	가. 「화재예방, 소방시설 설치·유지 및 안전관리에 관한 법률」 제2조 제1항 제1호에 따른 소방시설 나. 「소방장비관리법 시행령」 별표1에 따른 소방자동차❶(「위험물안전관리법」 제19조에 따라 자체소방대를 설치해야 하는 사업소의 관계인이 설치하는 화학소방자동차는 제외한다)
3. 광산안전시설	「광산안전법 시행령」 제4조 제1항에 따른 안전조치를 위해 필요한 시설 및 같은 법 시행규칙 제2조 각 호의 어느 하나 해당하는 장비
4. 내진보강시설	「지진·화산재해대책법 시행규칙」 제3조의4에 따라 내진성능 확인을 받은 건축물에 보강된 시설(기존 건물의 골조에 앵커 등 연결재로 접합·일체화하여 기존부와 보강부를 영구히 접합시키는 경우로 한정한다)
5. 비상대비시설	「비상대비에 관한 법률」 제11조에 따라 중점관리대상으로 지정된 자가 정부의 시설 보강 및 확장 명령에 따라 비상대비업무를 수행하기 위하여 보강하거나 확장한 시설

❶ 소방펌프차, 소방물탱크차, 소방화학차, 소방고가차, 무인방수차, 구조차 등

개정된 통합투자세액공제에서는 종전 공제 대상이었던 「축산물 위생관리법」 제9조에 따라 안전관리인증기준을 적용받거나 「식품위생법」 제48조에 따라 식품안전관리인증기준을 적용받는 영업자 등이 설치하는 위해요소방지시설(구 조특칙 별표7)을 공제대상에서 삭제하였다.

종전 특정시설 투자세액공제와 신설 통합투자세액공제의 대상 자산 비교

구분	구 조특법 제25조1항5호 안전설비등 투자세액공제	조특법 제24조 통합투자세액공제
1. 산업재해 예방시설	조특칙 별표에서 대상 자산을 독자적으로 규정 (1) 산업재해예방시설(별표4) (2) 가스안전관리시설(별표5) (3) 액화석유가스안전관리시설(별표5의 2) (4) 유해화학물질 및 위험물안전관리시설 (별표5의 3) (5) 집단에너지 안전관리시설(별표5의 4) (6) 송유관 안전관리시설(별표5의 5)	조특칙 별표에 독자적 규정 없이 개별 근거법령에 따름 (1) 산업재해예방시설 (2) 가스안전관리시설 (3) 액화석유가스 안전관리시설 (4) 유해화학물질 및 위험물안전관리시설 (5) 집단에너지 안전관리시설 (6) 송유관 안전관리시설
2. 화재 예방· 소방 시설	(1) 「화재예방, 소방시설 설치·유지 및 안전관리에 관한 법률」 제2조에 따른 소방시설(동 시행령 별표1) – 소방시설법상 설치의무가 있는 시설을 제외하나, 특정소방대상물관련 소방시설은 허용함. (2) 소방자동차	(1) 「화재예방, 소방시설 설치·유지 및 안전관리에 관한 법률」 제2조에 따른 소방시설(동 시행령 별표1) – 제한 규정을 삭제하여 모든 소방시설을 공제대상으로 함. (2) 소방자동차
3. 광산 안전 시설	광산 안전시설 – 조특칙 별표6에서 독자적으로 규정	광산 안전시설 – 조특칙 별표에 별도의 규정 없이 개별 근거법령에 따름
4. 내진 보강 시설	내진보강시설– 조특칙 별표8의7에서 독자적으로 규정 –구조안전확인대상 건축물이 아닌 건축물등에 한정함	내진보강시설– 조특칙 별표에 별도의 규정 없이 개별 근거법령에 따름 –좌측 열의 건축물 요건을 삭제함
5. 비상 대비 시설	비상대비시설	비상대비시설(변동 없음)

이하 시행규칙 [별표 4] 안전시설 중 소방시설을 별도로 살펴본다.

(5-2) 소방시설

「소방시설 설치 및 관리에 관한 법률」(이하 "소방시설법")[8] 제2조 제1항 제1호에 따른 소방시설을 공제대상으로 한다(동법 시행령 §3 → 별표 1).

종래에는 소방시설법상 설치의무가 있는 시설을 제외하였으나, 2021년 세법개정에서 해당 규정을 삭제하여 모든 소방시설을 공제대상으로 하였다.

소방시설법 시행령 [별표 1] 소방시설(제3조 관련)(시행 2023.12.1.)

1. 소화설비 : 물 또는 그 밖의 소화약제를 사용하여 소화하는 기계·기구 또는 설비로서 다음 각 목의 것
   가. 소화기구
      1) 소화기
      2) 간이소화용구 : 에어로졸식 소화용구, 투척용 소화용구 및 소화약제 외의 것을 이용한 간이소화용구
      3) 자동확산소화기
   나. 자동소화장치
      1) 주거용 주방자동소화장치
      2) 상업용 주방자동소화장치
      3) 캐비닛형 자동소화장치
      4) 가스자동소화장치
      5) 분말자동소화장치
      6) 고체에어로졸자동소화장치
   다. 옥내소화전설비(호스릴옥내소화전설비를 포함한다)
   라. 스프링클러설비등
      1) 스프링클러설비
      2) 간이스프링클러설비(캐비닛형 간이스프링클러설비를 포함한다)
      3) 화재조기진압용 스프링클러설비
   마. 물분무등소화설비
      1) 물 분무 소화설비
      2) 미분무소화설비
      3) 포소화설비
      4) 이산화탄소소화설비
      5) 할론소화설비
      6) 할로겐화합물 및 불활성기체 소화설비
      7) 분말소화설비

---

[8] 「화재예방, 소방시설 설치·유지 및 안전관리에 관한 법률」의 명칭이 「소방시설 설치 및 관리에 관한 법률」로 변경되었다.[시행 2022.12.1.] [법률 제18661호, 2021.12.28., 타법개정]

         8) 강화액소화설비
         9) 고체에어로졸소화설비
      바. 옥외소화전설비
   2. 경보설비 : 화재발생 사실을 통보하는 기계·기구 또는 설비로서 다음 각 목의 것
      가. 단독경보형 감지기
      나. 비상경보설비
         1) 비상벨설비
         2) 자동식사이렌설비
      다. 자동화재탐지설비
      라. 시각경보기
      마. 화재알림설비
      바. 비상방송설비
      사. 자동화재속보설비
      아. 통합감시시설
      자. 누전경보기
      차. 가스누설경보기
   3. 피난구조설비 : 화재가 발생할 경우 피난하기 위하여 사용하는 기구 또는 설비로서 다음 각 목의 것
      가. 피난기구
         1) 피난사다리
         2) 구조대
         3) 완강기
         4) 간이완강기
         5) 그 밖에 화재안전기준으로 정하는 것
      나. 인명구조기구
         1) 방열복, 방화복(안전헬멧, 보호장갑 및 안전화를 포함한다)
         2) 공기호흡기
         3) 인공소생기
      다. 유도등
         1) 피난유도선
         2) 피난구유도등
         3) 통로유도등
         4) 객석유도등
         5) 유도표지
      라. 비상조명등 및 휴대용비상조명등
   4. 소화용수설비 : 화재를 진압하는 데 필요한 물을 공급하거나 저장하는 설비로서 다음 각 목의 것
      가. 상수도소화용수설비

> 나. 소화수조·저수조, 그 밖의 소화용수설비
> 5. 소화활동설비 : 화재를 진압하거나 인명구조활동을 위하여 사용하는 설비로서 다음 각 목의 것
>   가. 제연설비
>   나. 연결송수관설비
>   다. 연결살수설비
>   라. 비상콘센트설비
>   마. 무선통신보조설비
>   바. 연소방지설비

2-3 업종별 필수적 사업용 자산 (나목)

사업용 유형자산에 해당하지 않는 유형자산과 무형자산으로서 다음의 구분에 따른 사업에 직접 사용하는 필수적인 자산을 공제대상으로 한다(조특령 §21 ③ 2호). 토지·건물, 차량·운반구·선박·항공기·비품 등을 공제대상에서 원칙적으로 제외하나, 업종별 특성을 감안하여 필수적인 사업용 자산에 대해서 예외를 인정한다.

업종별 필수적 사업용 자산

구분	적용 범위(조특칙 §12 ③)
① 운수업의 차량 등	운수업을 주된 사업으로 하는 중소기업의 차량 및 운반구(「개별소비세법」제1조 제2항 제3호에 따른 자동차로서 자가용인 것을 제외한다)와 선박❶
② 어업의 선박	어업을 주된 사업으로 하는 중소기업의 선박❶
③ 건설업의 기계장비	건설업의「지방세법 시행규칙」제3조에 따른 기계장비(예, 굴삭기, 덤프트럭)❷
④ 도소매업 등의 유통시설	도매업·소매업·물류산업의 별표5에 따른 유통산업합리화시설(아래 별표5 참조)❸
⑤ 관광숙박업 등의 건축물 등	관광숙박업 및 국제회의기획업의 건축물과 해당 건축물에 딸린 시설물 중「지방세법 시행령」제6조에 따른 시설물❷
⑥ 전문휴양업 등의 숙박시설 등	전문휴양업 또는 종합휴양업의「관광진흥법 시행령」제2조 제1항 제3호 가목 또는 제5호가목에 따른 숙박시설, 전문휴양시설(골프장 시설은 제외) 및 종합유원시설업의 시설❷
⑦ 소프트웨어	해당사업에 직접 사용하는 소프트웨어. 다만, 다음 어느 하나에 해당하는 소프트웨어는 제외한다.❶ ㉮ 인사, 급여, 회계 및 재무 등 지원업무에 사용하는 소프트웨어 ㉯ 문서, 도표 및 발표용 자료 작성 등 일반 사무에 사용하는 소프트웨어 ㉰ 컴퓨터 등의 구동을 위한 기본운영체제(Operating System) 소프트웨어

❶ 구 조특법 제5조 중소기업등 투자세액공제를 계승한 조항임.
❷ 구 조특법 제26조 고용창출등 투자세액공제를 계승한 조항임(조특칙 §14 1호, 3호, 5호). 건설업의 콘트리트 믹서트럭은 공제 대상에 해당하지만, 콘크리트 제조업의 콘크리트 믹서트럭은 차량운반구에 해당하므로 공제 대상에서 제외됨(적부2023-0055, 2023.9.6.).
❸ 구 조특법 제26조 고용창출등 투자세액공제 및 제25조 제1항 제5호 안전설비등 투자세액공제를 계승한 조항임(구 조특령 §22 ① 4호 → 구 조특칙 §13 ①).

종전 법 제26조 고용창출투자세액공제의 예규·판례를 서술하되, 법 §26으로 별도 표시하기로 한다.

(1) 중소기업인 운수업의 차량 및 운반구, 선박과 어업의 선박 (1호, 2호)

운수업을 주된 사업으로 하는 중소기업의 차량 및 운반구 그리고 어업을 주된 사업으로 하는 중소기업의 선박은 공제대상이다.

운수업은 주된 투자자산이 차량 및 운반구에 한정되므로, 본 투자세액공제의 활용도가 높은 편이다.

화물운송업을 영위하는 중소기업이 화물자동차를 취득하고 추가로 설치하는 화물자동차의 지붕덮개(윙바디)와 트레일러는 차량 및 운반구에 포함되어 공제대상으로 한다(서면법령법인-398, 2016.11.21.).

그러나 다음에 열거된 자동차로서 자가용인 것은 제외된다(개별소비세법 §1 ② 3호).
㉮ 배기량이 2천cc를 초과하는 승용자동차와 캠핑용자동차
㉯ 배기량이 2천cc 이하인 승용자동차(배기량이 1천cc 이하인 것으로서 개별소비세법 시행령 별표 1 5호로 정하는 규격의 것은 제외)와 이륜자동차
㉰ 전기승용자동차(자동차관리법 제3조 제2항에 따른 세부기준을 고려하여 개별소비세법 시행령 별표 1 5호로 정하는 규격의 것은 제외)

운수업이 아닌 다른 업종에서 사용하는 다음의 차량운반구는 사업용자산에서 제외된다.
- 폐기물 처리업을 영위하는 중소기업의 폐기물운반용 덤프트럭[법인세과-862, 2011.10.31.(구 조특법 §5 중소기업 투자세액공제)]
- 제조업을 영위하는 법인이 당해 사업에 주로 사용하는 천공기, 쇄석기, 로우더, 굴삭기, 불도우저 등(원동기를 장치하여 무한궤도 또는 타이어 등에 의해 이동하는 것에 한함)[재조예-110, 2005.2.5.; 서면2팀-1671, 2005.10.19. (구 조특법 §26 임시투자, 산림골재 채취업)]
- 제조업자의 포크레인[서면2팀-705, 2005.5.20.(구 조특법 §26 임시투자)]
- 레미콘제조업자의 레미콘 믹스트럭[서면2팀-657, 2004.3.31.(구 조특법 §26 임시투자)]
- 의료업의 구급차량(소득-210, 2010.2.8.)

(2) 건설업의 기계장비 (3호)

건설업을 영위하는 자가 당해 사업에 직접 사용하는 시설로서 지방세법 시행규칙 제3조에 따른 별표 1의 기계장비를 공제대상 자산에 포함한다.

당해 사업에 직접 사용하여야 한다는 요건은 건설현장에서 사용되어야 한다는 것으로 건설간접활동, 판매 및 일반관리활동 등 보조 활동에서의 사용을 제외한다.

(3) 도·소매업 등의 유통산업합리화시설 (4호)

도매업, 소매업, 물류산업을 영위하는 자가 해당 사업에 직접 사용하는 시설로서 시행규칙 별표 5에 따른 유통산업합리화시설을 말한다.

시행규칙 [별표 5] 유통산업합리화시설 <개정 2021.3.16.>

구분	적용범위
1. 저온보관고	농수산물과 그 가공품을 위한 저온보관고
2. 운반용 화물자동차	적재정량 1톤 이상의 상품운반화물자동차로 냉장·냉동·보냉이나 인양장비가 된 것
3. 무인반송차	컴퓨터시스템에 의하여 물품을 필요로 하는 위치까지 자동으로 반송하는 기능을 갖춘 무인 반송시스템
4. 창고시설 등	물품의 보관·저장 및 반출을 위한 창고로서「건축법 시행령」별표 1 제18호가목의 창고(상품의 보관·저장 및 반출이 자동적으로 이루어질 수 있도록 시스템화된 창고시설을 포함한다) 및 물품의 보관·저장 및 반입·반출을 위한 탱크시설(지상 또는 지하에 고정설치된 것에 한정하고, 탱크시설에 필수적으로 부수되는 배관시설 등을 포함한다)
5. 선반(랙)	파렛트화물을 보관·저장하는 선반(랙)
6. 파렛트트럭	파렛트화물을 창고내·외에서 운반하는 전동식 파렛트트럭
7. 컨테이너와 컨테이너 하역·운반장비	물품수송에 직접 사용되는 컨테이너, 지게차, 부두 위에 설치되어 컨테이너 선박으로부터 컨테이너를 하역하거나 부두에 있는 컨테이너를 선박에 선적하는 컨테이너크레인(Container crane)과 하버크레인(Habor crane), 장치장에 운반되어진 컨테이너를 적재 또는 반출하는 데 사용되는 트랜스퍼크레인(Transfer crane), 부두와 장치장 사이에서 야드샤시(Yard chassis)를 견인하여 컨테이너를 운반하는 야드트랙터(Yard tractor) 및 유압식 지브크레인이 설치된 형상으로 크레인 끝에 스프레이더를 장착한 컨테이너핸들러로 컨테이너를 하역하는 리치스태커(Reach Stacker)
8. 초대형 화물하역장비	모듈 트레일러(Module Trailer), 트랜스포터(Transporter)

❹ LNG의 보관·저장 및 반입·반출 등을 위한 저장탱크를 취득하여 보관 및 창고업을 영위하는 경우, LNG 저장탱크는 [별표5]의 유통합리화시설 중 '창고시설 등'에 해당하는 자산이므로 통합투자세액공제 대상에 해당한다(사전법령법인-0446, 2021.4.7.).

(가) 사용 활동 별 공제 가능 여부

해당 사업에 직접 사용하여야 한다는 요건은 해당 업종의 도·소매, 물류 등 현장에서 사용되어야 한다는 것으로 간접활동, 판매 및 일반관리활동 등 보조 활동에서의 사용을 제외한다.

도매업과 제조업을 겸업하는 사업자가 유통산업합리화시설 중 "창고시설"을 신축하고 도매업과 제조업에 공동으로 사용하는 경우 본 투자세액공제를 적용함에 있어, 당해 창고시설을 도매업에 주로 사용하는 경우에는 투자금액 전체에 대하여 본 투자세액공제를 적용하며, 당해 창고시설을 제조업에 주로 사용하는 경우에는 본 투자세액공제를 적용할 수 없다[(법 §26 고용창출투자세액공제 사례) 사전법령법인-0138, 2017.5.29.; 재조예-230, 2006.4.20.].

(나) 물류산업 등 영위자

물류산업 등 영위자의 경우 2-1 사업용 유형자산으로 본 투자세액공제를 적용받을 수 있다. 그러나 창고건물과 운반용 화물자동차가 당해 업종의 주요 사업용 자산임에도 불구하고 각각 건물 또는 차량운반구로 사업용자산에서 제외되기 때문에 유통합리화시설을 별도로 규정하여 공제대상으로 하고 있다.

예컨대, 지게차의 경우 본 조항에 의하여 공제 가능하다[(법 §26) 서면2팀-309, 2006.2.7].

(4) 관광숙박업 등의 건축물·시설물 (5호)

관광진흥법에 따라 등록한 관광숙박업 및 국제회의기획업을 영위하는 자가 당해 사업에 직접 사용하는 건축물과 당해 건축물에 딸린 시설물 중 지방세법 시행령 제6조에 따른 시설물을 말한다.

관광숙박업 및 국제회의기획업 등의 업종 관련 내용은 제2부 제2절 Ⅱ. 1-2 업종 분류 검토 부분을 참조하기 바란다.

(4-1) 건축물

건축법에 의한 건축물이란 토지에 정착(定着)하는 공작물 중 지붕과 기둥 또는 벽이 있는 것과 이에 딸린 시설물, 지하나 고가(高架)의 공작물에 설치하는 사무소·공연장·점포·차고·창고 등을 말한다(건축법 §2 2호). 건물과 구축물을 합한 개념이다.

관광숙박업을 영위하는 자가 당해 사업에 직접 사용하는 건축물과 함께 투자하는 내부 인테리어 공사에 대하여는 본 투자세액공제를 적용할 수 있으나, 기존 건축물에 인테리어만을 대체투자하는 경우에는 배제된다[(법 §26) 조세특례제도과-1010, 2009.12.11]. 사업용 유형자산에는 인테리어가 포함되지 않지만[2-1 (2-5) 참조], 본 조항에서는 건축물이 그 대상이므로 내부 인테리어 공사도 공제대상 자산에 포함되기 때문이다.

일반호텔로 건물을 신축하던 중에 관광호텔로 사업변경승인을 받고 관광숙박업 요건을 갖추어 등록한 경우, 관광숙박업을 개시하는 처음부터 동 관광호텔을 사업에 사용하였다면 등록 이전에 투자한 금액에 대하여도 본 투자세액공제의 적용이 가능하다[(법 §26) 법인세과-605, 2010.6.29].

● 콘도를 대수선(리모델링)하는 경우 공제대상의 범위

시설물을 대수선한 때, 건축비, 전기및기계설비비, 기둥 등의 토목공사비, 인테리어 내장공사비, 설계 및 감리비, 건축물의 원가를 구성하는 제세공과금을 지출하여 사업용자산을 취득하는 경우에는 임시투자세액공제를 적용받을 수 있으나, 조경공사비, 철거비용, 집기비품 구입비는 제외한다[(법 §26) 법인세과-1108, 2010.11.30.].

● 카지노 이용객에게 숙박으로 제공한 호텔 (공제)

청구법인은 쟁점호텔을 신축하고 관광숙박업으로 등록하였고, 쟁점호텔은 관관숙용역의 제공을 목적으로 한 사업용자산인 점, 카지노이용객에게 쟁점호텔의 숙박용역을 제공하였다고 하여 이를 관광숙박업이 아니라고 보기 어렵고, 조세특례제한법상의 임시투자세액공제 규정에는 이와 관련한 별도의 사후관리 규정도 없는 점 등에 비추어, 처분청이 쟁점호텔 신축과 관련한 쟁점투자금액을 카지노업 관련 투자금액으로 보아 임시투자세액 공제를 배제하여 과세한 이 건 처분은 잘못이 있는 것으로 판단된다[(법 §26) 조심 2015중4318, 2017.6.14].

(4-2) 시설물

지방세법 시행령 제6조에 따른 시설물은 다음과 같다.

① 승강기(엘리베이터, 에스컬레이터, 그 밖의 승강시설)
② 시간당 20킬로와트 이상의 발전시설
③ 난방용·욕탕용 온수 및 열 공급시설
④ 시간당 7천560킬로칼로리급 이상의 에어컨(중앙조절식만 해당한다)
⑤ 부착된 금고
⑥ 교환시설
⑦ 건물의 냉난방, 급수·배수, 방화, 방범 등의 자동관리를 위하여 설치하는 인텔리전트 빌딩 시스템 시설
⑧ 구내의 변전·배전시설

(5) 전문휴양업 등의 숙박시설 등 (6호)

「관광진흥법」에 따라 등록한 전문휴양업 또는 종합휴양업을 영위하는 자가 해당 사업에 직접 사용하는 시설로서 숙박시설·전문휴양시설9)(골프장 시설은 제외한다) 또는 종합유원시설업의 시설10)을 말한다.

해당 사업에 직접 사용하여야 한다는 요건은 앞서 본 바와 같이 해당 업종의 서비스 제공 현장에서 사용되어야 한다는 것으로 간접활동, 판매 및 일반관리활동 등 보조 활동에서의 사용은 제외된다.

(6) 중소기업이 해당 업종에 직접 사용하는 소프트웨어 (7호)

중소기업이 해당 업종의 사업에 직접 사용하는 소프트웨어는 공제 대상이다. 자체개발 또는 외주제작 의뢰 방식 모두 가능하다(서면법인-4711, 2023.4.19.).

다만, 아래의 어느 하나에 해당하는 소프트웨어는 제외된다.

㉮ 인사, 급여, 회계 및 재무 등 지원업무에 사용하는 소프트웨어
㉯ 문서, 도표 및 발표용 자료 작성 등 일반 사무에 사용하는 소프트웨어
㉰ 컴퓨터 등의 구동을 위한 기본 운영체제(Operating System) 소프트웨어

컴퓨터 OS, 사무용 스프레드 시트 등 관리목적으로 사용되는 소프트웨어를 제외한다.
'해당 업종의 사업에 직접 사용하는'이 제한하는 바는, 기업의 업무 중 보조 활동인 제조

---

9) "숙박시설"이란 관광객의 휴양이나 여가 선용을 위하여 숙박업 시설(「공중위생관리법 시행령」 제2조 제1항 제1호 및 제2호의 시설을 포함)을 말하며, "전문휴양시설"이란 관광진흥법 시행령 별표 1 제4호 가목 (2) (가)부터 (거)까지의 규정에 따른 시설을 말함(관광진흥법 시행령 §2 ① 3호 가목).
10) 종합유원시설업의 시설이란 유기시설이나 유기기구를 갖추어 관광객에게 이용하게 하는 시설(기구)를 말함(같은 항 5호 가목).

간접활동과 판매 및 일반관리활동 부문에서의 사용을 말한다. 예를 들어, 제조업의 경우 공장 등 생산현장에서 사용하는 소프트웨어는 공제대상이나, 관리부서, 사무부서 등 지원부서나 생산공장의 창고나 수송에 사용되어 제조간접활동에 사용되는 소프트웨어는 제외된다.

정보처리 및 기타 컴퓨터 운용관련업(한국표준산업분류 62090) 영위 법인이 그 본업의 서비스를 제공하기 위하여 보유한 서버 등과 이와 관련된 소프트웨어(법인의 관리부서 등에서 사용하는 사무용 컴퓨터 등은 제외)는 공제대상 사업용자산에 해당한다[법인-2526, 2008.9.19. (구 조특법 §26 임시투자세액공제)].

이와 동일하게 중소기업이 인사, 급여, 회계 및 재무 등 지원업무에 사용하는 소프트웨어와 물류, 인테리어, 개발, 가맹 등 영업업무에 사용하는 소프트웨어를 포함한 **전사적 자원관리 시스템(ERP)**에 투자하는 경우로서 해당 시스템의 사용용도 및 구축비용(투자금액)이 지원업무에 사용하는 소프트웨어와 영업업무에 사용하는 소프트웨어가 별도로 구분되는 경우, 영업업무에 사용하는 소프트웨어에 대한 투자금액에 대하여는 중소기업 등 투자세액공제를 적용받을 수 있다(서면법령법인-21121, 2015.4.22.).

2-4 중소·중견기업이 취득한 지식재산권

(가) 공제 대상

내국인이 국내에서 연구·개발하여 관련 지식재산법령에 따라 최초로 설정등록받은 ㉮ 특허권, ㉯ 실용신안권, ㉰ 디자인권을 중소기업 및 중견기업이 취득한 경우를 공제 대상으로 한다. 다만, 법인세법 또는 소득세법에 따른 특수관계인(조특령 §11 ①)으로부터 취득한 자산은 제외한다(조특령 §21 ③ 3호).

법인세법 또는 소득세법에 따른 특수관계인은 제3부 제1장 제4절 Ⅱ. 1.을 참조하기로 한다.

2022년 세법개정에서 내국인이 국내에서 연구·개발하여 최초로 설정등록받은 특허권, 실용신안권 또는 디자인권을 중소기업이나 중견기업이 취득한 경우에도 세액공제를 받을 수 있도록 하여 기술거래의 활성화를 도모하였다. 개정규정은 2022.2.15. 이후 특허권, 실용신안권 또는 디자인권을 취득하는 경우부터 적용한다(2022.2.15. 개정된 시행령 부칙 §8 ①).

(나) 요건

양도인은 규모의 제한 없이 내국인이기만 하면 요건을 충족하지만, 과세특례의 주체인 투자자는 중소기업 및 중견기업에 한정한다.

또한, 양도인은 국내에서 연구·개발하여 자가 창설의 요건을 갖추어야 하며, 직접 최초로 설정등록받아야 하므로 타인으로부터 승계취득한 특허권등을 재차 양도하는 경우에는 특례의 대상이 될 수 없다.

2-5 신성장사업화시설 등

신성장·원천기술의 사업화를 위한 시설은 신성장사업화시설과 초연결 네트워크구축 시설로 구분된다(조특령 §21 ④ 1호).

(1) 신성장사업화시설 (가목)

조특령 별표 7에 따른 신성장·원천기술을 사업화하는 시설[신성장·원천기술을 사용하여 생산하는 제품 외에 다른 제품의 생산에도 사용되는 시설(이하 "병행생산시설")을 포함함]로서 연구개발세액공제기술심의위원회의 심의를 거쳐 기획재정부장관과 산업통상자원부장관이 공동으로 인정하는 시설(이하 "신성장사업화시설")로 조특칙 별표6에 따른 시설을 말한다(조특칙 §12의 2 ①).

조특령 별표 7의 대상기술을 사업화하는 시설로서 사업화 시설의 범위는 원칙적으로 대상기술과 동일하지만, 소프트웨어, 설계 등은 시설과 관련이 없으므로 제외한다.

다른 기업에서 연구개발한 신성장·원천기술을 사업화하기 위한 시설도 신성장사업화시설에 대한 투자에 해당한다(서면법규법인-1037, 2022.3.30.). 법 규정에서 자체 연구개발한 신성장·원천기술을 사업화하기 위한 시설에 한정하고 있지 않기 때문이다.

개정 연혁

> 2021년 세법개정에서 신성장사업화시설은 종전 조특칙 별표 8의8에 규정하였으나 별표6으로 이관하였다. 종전 12대 분야 233개 기술에서 시스템 반도체, 이산화탄소 저감, 태양전지 등 관련 시설을 추가하여 10개 분야 158개 시설로 조정하였다.
>
> 다만 2021년 세법 개정 이전의 조특법 제25조의 5 신성장기술 사업화를 위한 시설투자세액공제에 비하여 다음의 R&D비율 요건과 고용유지조건을 삭제하여 적용 요건을 완화하였다.
>
> ① 전체 R&D비용이 수입금액의 2% 이상일 것
> ② 전체 R&D비용 중 신성장·원천기술R&D비용이 10% 이상일 것
> ③ 전기 상시근로자 수 보다 당기 상시근로자 수가 감소하지 아니할 것
>
> 2022년 세법개정에서 신성장 원천기술(영 별표7)에서 제외된 2개 기술의 사업화시설을 삭제하고, 탄소중립 기술 등 신규 시설 등을 28개 추가하여 181개 시설로 확대하였다. 개정 규정은 2022.1.1. 이후 개시하는 과세연도부터 적용한다(2022.3.18. 개정된 시행규칙 부칙

§6). 그리고, 신성장사업화시설이 다른 제품의 생산에도 사용되는 경우에도 허용됨을 명확화하였다.

2023년 세법개정에서 신성장 사업화시설 범위를 확대하여 지능정보(1개), 에너지환경(1개), 융복합소재(1개) 및 탄소중립(9개) 관련 시설을 신규로 총 12개를 추가함. 그리고 에너지환경(2개), 탄소중립(2개) 관련 현행 시설의 범위를 확대함.

자율주행차, 전기구동차 등 일부 대상기술을 삭제함. 개정규정은 2023.6.7.부터 시행함. 2023.1.1. 전에 투자한 시설에 대한 세액공제에 관하여는 별표 6의 개정규정에도 불구하고 종전의 규정에 따름(2023.6.7. 개정된 시행규칙 부칙 §1 및 §2).

2024 개정 방위산업 분야를 신설하고, 암모니아 발전 시설 등 7개 시설을 신규로 추가하며, 항공유 생산시설 등 4개 시설의 범위를 확대함. 별표 6 제7호가목4)·5), 같은 표 제8호다목4)부터 7)까지, 같은 표 제13호나목10), 같은 호다목9) 및 같은 표 제14호의 개정규정은 2024.1.1. 이후 투자하는 경우부터 적용함. 2024.1.1. 전에 투자한 시설에 대한 세액공제에 관하여는 별표 6 제13호나목5)·6) 및 같은 호 라목1)의 개정규정에도 불구하고 종전의 규정에 따름(2024.3.22. 개정된 시행규칙 부칙 §4).

시행규칙 [별표 6] 신성장·원천기술을 사업화하는 시설 <개정 2024.3.22..>

구분	영 별표 7의 대상기술		사업화 시설
	분야	대상기술	
1. 미래형 자동차	가.	(삭제, 2023.6.7.)	
	나. 전기 구동차	1) (삭제, 2023.6.7.)	
		2) (삭제, 2023.6.7.)	
		3) 전기차 초고속·고효율 무선충전 기술 (항번 개정)	전기구동방식 자동차와 관련하여 감전위험이 없는 비접촉 무선 전력전송 방식(자기유도, 자기공명, 전자기파)으로 배터리를 충전하기 위한 전력 전송효율 90% 이상의 초고속 고효율 무선충전 무선충전 핵심모듈(급전인버터, 집전 픽업구조, 레귤레이터)을 제작하는 시설(2019.3.20. 신설)
		4) 초고효율 하이브리드 시스템 기술	하이브리드자동차(HEV)의 연비 향상, 배출가스 감축 등을 위해 엔진 열효율(공급된 연료에너지에 대해 출력되는 유효일의 비를 말한다)을 45% 이상으로 구현하기 위한 하이브리드 구동시스템을 설계·제조하는 시설(2022. 3.18. 신설)

구분	영 별표 7의 대상기술		사업화 시설
	분야	대상기술	
2. 지능정보	가. 인공지능	1) 인지컴퓨팅 기술	인공지능 알고리즘(algorithm) 처리가 용이하도록 초고성능 연산 플랫폼(Platform)을 제공하는 컴퓨터 하드웨어를 제조하는 시설
	마. 착용형 스마트 기기	1) 신체 부착형 전자회로의 유연기판 제작 기술 및 유연회로 인쇄기술	스마트 착용형기기(wearable device)에 사용되는 신체 부착형 전자회로의 유연기판을 제작하는 시설
		2) 유연한 양·음극 소재 및 전극 설계·제조 기술	20퍼센트 이상의 변형 시에도 기계적·전기화학적 신뢰성 확보가 가능하며 100μm 후박급의 착용형기기(wearable device)에 전원용으로 사용되는 유연한(flexible) 양·음극 소재 및 해당 전극을 제조하는 시설
		3) 섬유기반 유연전원 (fabric based flexible battery) 제조 기술	유연 성능이 4.5g·cm²/cm이상으로 변형에 대한 형태 안정성이 우수한 유연전원(fabric based flexible battery)으로서, 에너지 밀도가 100Wh/kg 이상으로 고효율·고수명의 성능을 가진 섬유기반 유연전원을 제조하는 시설
		4) 전투기능 통합형 작전용 첨단디지털 의류기술	군사 및 경찰 작전 등의 특수 임무를 수행하는데 필요한 극한기능과 신호전송기능 및 신체보호기능을 갖춘 총체적 디지털 기능 전투복을 제조하는 시설
	바. IT 융합	1) 지능형 전자항해 기술	IMO(International Maritime Organization, 국제해사기구)의 e-Navigation 구현을 목적으로 장소에 구애받지 않고 4S(ship to ship, ship to shore, shore to ship, shore to shore) 통신을 구현하는 통신단말장치를 제작하는 시설
		2) 지능형 기계 및 자율협업 기술	생산설비의 품질(상태)정보 및 공정조건을 실시간으로 분석하여 최적의 작업상태를 제공할 수 있는 진단·처방정보를 바탕으로 생산설비를 원격으로 제어하는 개방형 제어기(controller), M2M(Machine to Machine, Machine to Man, 기계 간의 통신 및 인간이 작동하는 기계와의 통신) 디바이스(device) 및 개방형 컨트롤러 디바이스를 탑재하여 자동으로 상

구분	영 별표 7의 대상기술		사업화 시설
	분야	대상기술	
			태감시·진단·제어기능을 하는 지능형 기계를 제조하는 시설(2019.3.20. 신설)
	아. 양자 컴퓨터	양자컴퓨터 제작 및 활용 기술	양자 정보를 처리할 수 있는 메모리(큐비트, Qubit)를 구현하고, 큐비트간 연산처리가 가능한 장치를 제조하는 시설(2019.3.20. 신설)
	자. 스마트 물류	지능형 콜드체인 모니터링 기술(2023.3.20. 신설)	화물의 운송 과정에서 온도, 습도, 충격 등의 상태 데이터를 정보수집 장치를 통해 수집 및 저장하고, 이를 국제표준 ISO 27017에 따라 보안성이 검증된 클라우드 서버로 전송하여 단위 화물 정보와 연동하고 이를 소프트웨어 상에서 모니터링하는 장치를 제조하는 시설
5. 차세대 전자 정보 디바이스	가. 지능형 반도체·센서	1) SoC 파운드리 제조, 후공정 및 장비 제작 기술	SoC(System on Chip) 반도체 파운드리(Foundry) 장비를 제작하는 시설 및 파운드리 분야의 7nm 이하급 제조 시설 (2021.3.16. 개정)
		2) 차세대 메모리반도체 소재·장비 및 장비부품의 설계·제조 기술	기존 메모리반도체인 D램(DRAM)과 낸드 플래시메모리(Nand Flash Memory)의 장점을 조합한 STT-MRAM(Spin Transfer Torque-Magnetic Random Access Memory), PRAM(Phase-change Random Access Memory), ReRAM(Resistive Random Access Memory) 등 차세대 메모리반도체 제조 시설 및 이와 관련된 소재·장비 및 장비부품을 제조하는 시설
		3) 지능형 마이크로 센서 기술	물리적·화학적인 아날로그(analogue) 정보를 얻는 감지부와 논리·판단·통신기능을 갖춘 지능화된 신호처리 집적회로가 결합된 소자로서 나노기술, MEMS[Micro Electro Mechanical System, 기계부품·센서(sensor)·액츄에이터(actuator) 및 전자회로를 하나의 실리콘 기판 위에 접적화)] 기술, 바이오 기술, 0.8㎛이하 CMOS 이미지센서 기술 또는 SoC(System on Chip) 기술이 결합한 초소형 고성능 센서를 제작하는 시설(2020.3.13. 개정)
		4) 차량용 반도체 설계·	자동차 기능안전성 국제표준 ISO26262, 자동

구분	영 별표 7의 대상기술		사업화 시설
	분야	대상기술	
		제조기술	차용 반도체 신뢰성 시험규격 ACE-Q100을 만족하는 MCU(Micro controller unit), ECU(Electronic control unit), 파워IC, SOC, 하이브리드/전기차 및 자율주행용 IC 반도체를 제조하는 시설(2019.3.20. 신설)(2020.3.13. 개정)
		5) 에너지효율향상 반도체 설계·제조기술	실리콘 기반의 MOSFET(MOS Field-Effect Transistor)에 비해 저저항·고효율 특성을 지니며 차세대 응용 분야(전기차, 하이브리드카, 태양광, 풍력발전 등 신재생에너지, 스마트그리드 등) 인버터 등에 탑재되는 SJ(Super Junction) MOSFET, IGBT(Insulated Gate Bipolar Transistor), SiC(Silicon Carbide) MOSFET을 제조하는 시설 (2021.3.16. 개정)
		6) 에너지효율향상 전력 반도체 BCDMOS 설계·제조 기술	실리콘 기반의 저저항·고효율 특성을 지니며 차세대 응용 분야(5G, 전기차, 하이브리드카, 태양광, 풍력발전 등 신재생에너지, 스마트그리드 등)에 탑재되는 아날로그, 디지털 로직, 파워소자를 원칩화한 초소형·초절전 전력반도체 0.13㎛ 이하 BCDMOS (Bipolar/Complementary/Double-diffused metal-oxide-semiconductor) 설계 및 제조를 위한 시설 (2021.3.16. 개정)
		7) 웨이퍼레벨 칩 패키징 공정기술	LED 칩을 미세 패턴이 가공된 열전도성이 높은 웨이퍼 위에서 일련의 공정을 통해 패키징한 후 다이싱(dicing)하여 칩 패키지를 제조하는 시설 (2022.3.18. 신설)
	나. 반도체 등 소재·부품	1) 포토레지스트 개발 및 제조기술	반도체 및 디스플레이용 회로형성에 필요한 리소그래피(lithography)용 수지로서 회로의 내열성, 전기적 특성, 현상(Developing) 특성을 좌우하는 Photoresist 및 관련 소재를 제조하는 시설 [ArF(불화아르곤) 광원용 및 EUV(극자외선) 광원용](2020.3.13. 개정)
		2) 원자층증착법(ALD,	기존의 이산화규소(SiO2)보다 우수한 유전특

구분	영 별표 7의 대상기술		사업화 시설
	분야	대상기술	
		Atomic Layer Deposition) 및 화학증착법(CVD, Chemical Vapor Deposition)을 위한 고유전체 (High-k dielectric)용 전구체 개발 기술	성을 갖는 박막제조를 위해 증착공정(ALD, CVD)에 사용되는 전구체(금속을 포함하고 있는 용액)를 제조하는 시설
		3) 고순도 불화수소 개발 및 제조기술	반도체 회로형성에 필요한 순도 99.999%(5N) 이상의 고순도 불화수소를 제조하는 시설(2020.3.13. 신설)
		4) 블랭크 마스크(Blank Mask) 개발 및 제조 기술	ArF(불화아르곤) 광원 및 EUV(극자외선) 광원을 이용하여 반도체 회로를 형성하는데 사용되는 블랭크마스크 원판 및 관련 소재(펠리클(Pelllicle), 합성 쿼츠, 스터러링용 타겟 등을 포함)를 제조하는 시설(2020.3.13. 신설)
		5) 반도체용 기판 개발 및 제조기술	14nm 이하급 D램(DRAM)과 170단 이상 낸드플래시 메모리 및 에피텍셜 반도체용 기판을 제조하는 시설(2020.3.13. 신설) (2021.3.16. 개정)
		6) 첨단 메모리반도체 장비 및 장비부품의 설계·제조 기술	14nm 이하급 D램(DRAM)과 170단 이상 낸드 플래시메모리 양산을 위한 장비·장비부품을 제조하는 시설 (2021.3.16. 신설)
		7) 고기능성 인산 제조 기술	질화규소(SiNx), 산화규소(SiOx) 막질의 선택적인 식각이 가능한 고선택비(1,000이상) 인산계 식각액 제조시설(2020.3.13. 신설)
		8) 코트막형성재 개발 및 제조 기술	완성된 반도체 소자의 표면을 외부환경으로부터 보호하기 위해 사용하는 절연성을 가진 고감도(80mJ/㎠ 이하) 감광성 코팅 기술 또는 패키징 재배선(배선폭 7㎛ 이하) 형성 재료를 제조하는 시설(2021.3.16. 신설)
	다. 유기발광 다이오드 (OLED : Organic Light	1) 9인치 이상 능동형 유기발광 다이오드 (AMOLED) 패널·부품 소재·장비 제조 기술	저온폴리실리콘(LTPS) 또는 산화물(Oxide) TFT(전자이동도 8㎠/Vs 이상) 기판 상에 진공 증발 증착 또는 프린팅 방식으로 고화질 (고해상도, 고색재현, 고균일, HRD)을 구현한 대화면(9인치 이상) AMOLED(Active Matrix

구분	영 별표 7의 대상기술		사업화 시설
	분야	대상기술	
	Emitting Diode) 등 고기능 디스플레이		Organic Light Emitting Diode) 패널을 제조하기 위한 시설(모듈조립 공정기술은 제외한다)과 AMOLED 패널을 제조하기 위한 부품·소재·장비를 제조하는 시설(2021.3.16. 개정)
		2) 대기압 플라즈마 식각 장비 기술	디스플레이를 제조할 목적으로 대기압에서 플라즈마(plasma)를 발생시켜 박막을 식각하는 장비를 제조하는 시설
		3) 플렉서블 디스플레이 패널·부품·소재·장비 제조 기술	플렉서블 디스플레이(유연성 또는 유연한 성질을 가지는 디스플레이로, 깨지지 않고 휘거나 말 수 있고 접을 수 있는 특성을 지닌 것을 말한다. 이하 같다)를 제조하는 시설 및 이를 제조하기 위하여 공정별로 사용되는 부품·소재·장비를 제조하는 시설
		4) 차세대 차량용 디스플레이 패널·부품·소재·장비 제조기술	굴곡된 형상으로 제조 가능하고, 동작온도 −30℃~95℃, 시인성 black uniformity 60% 이상을 만족하는 다결정 저온 폴리실리콘(LTPS−LCD) 패널 및 이와 관련한 부품소재 및 장비를 제조하는 시설(2019.3.20. 신설)
		5) 마이크로 LED 디스플레이 패널·부품·소재·장비 제조 기술	실리콘(Silicon) 또는 사파이어(Sapphire) 기판에 저결함 에피공정을 적용한 100㎛ 이하의 자발광 R/G/B 마이크로 LED 칩과 이를 이용한 픽셀·패널 및 이와 관련한 부품·소재 및 장비를 제조하는 시설(2019.3.20. 신설)
		6) VR·AR·MR용 디스플레이 패널·부품·소재·장비 제조 기술	가상현실, 증강현실, 혼합현실 기기에 사용되는 초고해상도(1,500 ppi이상) 디스플레이를 제조하기 위하여 공정별로 사용되는 기술과 이와 관련한 부품·소재 및 장비를 제조하는 시설(2020.3.13. 신설)
		7) 친환경 QD (Quantum Dot) 나노 소재 적용 디스플레이 패널·부품·소재·장비 제조 기술	적은 소비전력으로 고색재현 및 화학적·열적 안정성 개선이 가능한 QD 나노 소재 적용 디스플레이를 제조하기 위해 공정별로 사용되는 기술을 적용한 시설과 이와 관련한 부품소재 및 장비를 제조하는 시설(2021.3.16. 신설)
	라. 3D	3D프린팅 소재개발 및	3차원 디지털 설계도에 따라 액체수지, 금속

구분	영 별표 7의 대상기술		사업화 시설
	분야	대상기술	
	프린팅	장비제조기술	분말 등 다양한 형태의 재료를 적층하여 제품을 생산하는데 사용되는 소재 및 장비를 제조하는 시설
	마. AR 디바이스	AR 디바이스 제조기술	실제의 이미지나 배경에 유의미한 상황 정보를 기반으로 한 영상·텍스트·소리 등의 가상 정보를 나타내어 사용자의 경험이 증강되고 현실세계와 동기화할 수 있는 장비 및 관련 부품을 제조하는 시설(2019.3.20. 신설)
6. 차세대 방송 통신	가. 5세대 (5G: 5generation) 이동통신 및 6세대 (6G: 6generation) 이동통신	1) 5G 이동통신 기지국 장비 기술	가입자와 연결을 위해 이동통신사업자가 구축하는 5G 이동통신 광역 및 소형 셀(cell) 기지국 장비를 제조하는 시설
		2) 5G 이동통신 코어네트워크(Core Network, 기간망) 기술	트래픽(traffic) 전송·제어, 네트워크(network) 간 연결 등을 위해 5G 이동통신 기지국 장비와 연동되는 게이트웨이(gateway), 라우터(router), 스위치(switch) 등 장비를 제조하는 시설
		3) 5G 이동통신 단말 특화 부품 기술	5G 이동통신 단말을 구현하기 위해 새롭게 개발·적용될 통신모듈[베이스밴드(baseband, 기저대역) 모뎀, RF(radio frequency) 칩셋(chipset) 등]의 부품·소자를 제조하는 시설
	나. UHD (Ultra-High Definition)	지상파 UHD방송 송신기 성능 향상기술	냉각 기술(공냉, 수냉, 질소냉각 등 포함)의 개선, 회로 설계 방식 개선 등을 통한 고효율 지상파 UHD방송용 송신기를 제조하는 시설
7. 바이오 ·헬스	가. 바이오· 화합물 의약	1) 삭제 (2023.8.29.)	
		2) 방어 항원 스크리닝 및 제조기술	면역 기전을 이용하여 인체질환을 방어하기 위해 항원을 스크리닝하고 이 항원을 제조하여 각종 질환을 치료하거나(치료용 백신) 예방하기 위한 백신(예방용 백신)을 제조하는 시설
		3) 삭제 (2023.8.29.)	
		4) 혁신형 신약(화합물의약품) 후보물질 발굴 및 제조기술	혁신형 신약(화합물의약품)과 혁신형 신약의 원료를 개발·제조하는 시설(2024.3.22. 개정)

구분	영 별표 7의 대상기술		사업화 시설
	분야	대상기술	
		5) 혁신형 개량신약(화합물의약품) 개발 및 제조 기술	혁신형 개량신약(화합물의약품)과 혁신형 개량 신약의 원료를 개발·제조하는 시설 (2019.3.20. 신설) (2024.3.22. 개정)
		6) 삭제 (2023.8.29.)	
		7) 삭제 (2023.8.29.)	
	나. 의료기기·헬스케어	1) 기능 융합형 초음파 영상기술	조기 정밀 진단을 위한 영상기술 간 융합 (X-ray - 초음파, 광음향 - 초음파) 및 정밀치료를 위한 초음파 영상유도 기반의 체외충격파 치료 기술 기반 기능 융합형 초음파 영상기기를 제조하는 시설(2021.3.16. 개정)
		2) 신체 내에서 생분해되는 소재 개발 및 제조 기술	우수한 유연성과 고강도의 기계적 물성을 가지며, 시술에 따른 혈전증 및 재협착률을 최소화하는 생분해성 스텐트를 제조하는 시설 (2021.3.16. 개정)
		3) 유전자 검사용 진단기기 및 시약의 개발 및 제조 기술	질병의 진단이나 건강상태 평가를 목적으로 인체에서 채취한 검체로부터 DNA(deoxyribonucleic acid), RNA(ribo nucleic acid), 염색체, 대사물질을 추출하여 분석하는 기기 및 시약을 제조하는 시설
		4) 암진단용 혈액 검사기기 및 시약의 개발 및 제조 기술	채취한 혈액으로부터 종양 표지자의 농도를 측정하여 암발생 유무를 판단하는데 활용되는 검사기기 및 시약을 제조하는 시설
		5) 감염병 병원체 검사용 진단기기 및 시약의 개발 및 제조 기술	인체에서 채취된 혈액, 소변, 객담, 분변 등의 검체를 이용해 국내에서 새롭게 발생하였거나 발생할 우려가 있는 감염병 또는 국내 유입이 우려되는 해외 유행 감염병의 병원체를 검사하는 데 활용되는 기기 및 시약을 제조하는 시설
		6) 신체기능 복원·보조 의료기기 기술	생체역학·바이오닉스 등 첨단 의공학 기술을 통해 영구 손상된 신체기능을 원래대로 복원하여 정상적인 일상생활을 가능하게 하는 장치를 제조하는 시설(2021.3.16. 신설)
	다. 바이오 농수산	1) 비가열 및 고온·고압 가공처리 기술	초고압(1,000기압 이상), 고압전자기장, 전기저항가열, 방사선 조사와 같은 대체 열에너

구분	영 별표 7의 대상기술		사업화 시설
	분야	대상기술	
	식품		지를 사용하거나, 가압·진공·과열증기 및 증기직접주입법 등을 이용한 고온·고압 처리기술을 사용하여 미생물 수를 감소 또는 사멸시키는 가공처리 시설(2021.3.16. 신설)
		2) 식품용 기능성 물질 개발 및 제조 기술	동·식물 및 미생물 유래 기능성 물질을 가공 또는 대량 생산하는 시설 (2021.3.16. 신설)
		3) 신품종 종자 개발기술 및 종자 가공처리 기술	종자의 품질을 높이기 위해 프라이밍(priming), 코팅(coating), 펠렛팅(pelleting) 등 종자를 가공 처리하는 시설(2019.3.20. 신설)
		4) 유용미생물의 스크리닝 기술 및 유용물질 대량생산공정 기술	세균이나 곰팡이를 선발·분리하여 효용성을 평가하거나 이들 미생물을 활용하여 균주개발, 최적활성 연구, 발효공정, 정제공정 등을 거쳐 유용물질을 대량으로 생산하는 시설 (2022.3.18. 개정)
		5) 스마트팜 환경제어 기기 제작 기술	온실이나 축사의 온도, 습도, 이산화탄소, 악취 등을 감지하여 환경을 조절하는 센서와 이를 통해 작동하는 액츄에이터(actuator) 및 제어시스템을 제조하는 시설
		6) 단백질 분리·분획·정제 및 구조화기술	물리적·화학적 방법을 이용하여 농·식품자원으로부터 단백질을 전분, 지방 등과 분리하여 용도에 맞게 분획·정제하는 시설 및 동물 세포나 조직을 배양·분화하는 시설 및 단백질 또는 세포를 3D 프린터, 압출식 성형방식, 지지체 등을 통해 구조화하고 원료·소재와 제품을 대량으로 생산하는 시설 (2021.3.16. 신설) (2022.3.18. 개정)
		7) 식품 냉·해동 안정화 기술	수분전이제어, 원물코팅, 라디오 주파수·저온 스팀(Steam) 해동 등을 활용하여 냉동원료 및 제품의 품질을 균일하게 제어할 수 있는 식품 냉·해동 안정화 시설(2021.3.16. 신설)
	라. 바이오화학	1) 바이오매스 유래 바이오플라스틱 생산 기술	재생가능한 유기자원을 이용하여 직접 또는 전환공정을 통해 당 또는 리그닌을 추출·정제하는 시설 및 바이오플라스틱을 생산하는 시설(2020.3.13. 신설)

영 별표 7의 대상기술			사업화 시설
구분	분야	대상기술	
		2) 바이오 화장품 소재 (원료) 개발 및 제조 기술	세포활성 제어기술, 미생물 발효 및 생물전환기술, 활성성분 대량생산기술 등의 바이오 기술(bio technology)을 활용하여 화장품의 소재(원료)를 제조하는 시설
		3) 신규 또는 대량 생산이 가능한 바이오화학 소재 개발 및 미생물 발굴 바이오 파운드리 기술	바이오플라스틱, 바이오화장품 소재, 바이오 생리활성 소재 등을 생산하는 미생물 확보를 위한 유전자 편집 등의 합성생물학 기술과 이를 활용한 디자인, 제작, 시험, 학습 등의 순환 과정을 수행하는 바이오파운드리 시설 (2022.3.18. 신설)
8. 에너지 신산업· 환경	가. 에너지 저장 시스템 (ESS : Energy Storage System)	1) 비리튬계 이차전지 소재 등 설계 및 제조기술	흐름전지(Flow Battery)에 사용되는 전극·멤브레인(Membrane)·전해질·저가 분리판·스택(Stack)을 제조하는 시설 및 나트륨(Sodium)계 이차전지에 사용되는 소재(양극·음극·전해질)·셀(Cell)·모듈(Module)을 제조하는 시설 (2023.3.20. 개정)
		2) 전력관리시스템 설계 및 전력변환장치 설계 및 제조 기술	저장장치 전력과 전력계통 간의 특성을 맞춰주는 전력변환장치(PCS, Power Conversion System)를 제조하는 시설
		3) 배터리 재사용·재제조를 위한 선별 기술	초기용량 대비 80% 이하로 수명이 종료된 전기동력 자동차 배터리를 검사·분해·평가하는 시설(2021.3.16. 신설)
		4) 고성능 리튬이차전지 기술	265wh/kg 이상의 에너지밀도 또는 6C-rate 이상의 방전속도를 충족하고 안전성이 향상된 고성능 리튬이차전지에 사용되는 부품·소재·셀(cell) 및 모듈(module)을 제조하는 시설 (2022.3.18. 신설)
		5) 전기동력 자동차의 에너지저장 시스템 기술	전기동력 자동차(xEV)의 주행거리 연장, 충전시간 단축 등을 위해 에너지 밀도를 160Wh/kg 이상으로 구현한 이차전지를 생산하는 시설(2022.3.18. 신설)
	나. 발전 시스템	1) 대형가스터빈 부품 및 시스템 설계·제작·조립·시험 평가기	천연가스를 연소시킬 때 발생하는 고온 고압의 에너지로 발전기를 회전시켜 전기를 생산하는 용량 380MW 이상, 효율 43% 이상의 터

구분	영 별표 7의 대상기술		사업화 시설
	분야	대상기술	
		술(항번 변경)	빈 및 부품을 제조하는 시설(2021.3.16. 개정)
		2) 초임계 이산화탄소 터빈구동 시스템 (2022.3.18. 항번 변경)	열원을 활용하여 생성된 초임계상태의 이산화탄소(supercritical CO2)를 작동 유체로 터빈을 구동하는 고효율 터빈·압축기·열교환기 등 발전설비 및 시스템을 제조하는 시설
	다. 원자력 (2022.3.18. 항번 변경)	1) 원자로 냉각재 펌프 설계 기술	원자로에서 핵반응을 통하여 발생되는 열을 제거하여 증기발생기로 보내기 위하여 냉각재를 순환시키는 원자력발전소 핵심 기기인 원자로냉각재펌프를 제조하는 시설
		2) 내열 내식성 원자력 소재 기술	방사선, 고온 및 부식성 환경속에서 내부식성을 극대화시킬 수 있는 내열·내식성 소재(핵연료 피복관, 증기발생기 세관(340℃·150기압의 1차 냉각수 및 300℃·50기압의 2차 냉각수 노출 가능), 원자로 내부 구조물(중성자 조사 및 340℃·150기압의 1차 냉각수 노출 가능) 등을 생산하는 시설(2021.3.16. 개정)
		3) 방사선이용 대형 공정 시스템 검사기술	철강 배관의 손상 진단 및 미세 결함 검출을 위한 와전류 자동검사 장비, X선 발생장치와 이리듐(Ir)-192 감마선 조사장치에 적합한 이동용 방사선투시 장비를 제조하는 시설
		4) SMR(Small Modular Reactor) 제조 기술 (2023.3. 20.. 신설)	탄력운전 대응 열적성능강화 핵연료집합체, 혁신형 제어봉집합체, 무붕산 노심설계가 가능한 일체형 가연성 흡수봉 제조 시설 및 증기발생기 전열관 제조 시설 및 원자로·증기발생기·가압기 등 주요 기기가 일체화된 원자로모듈을 제조하는 시설 (2024.3.22. 개정)
		5) 친환경·저탄소 후행 핵주기 기술 (2024.3.22. 신설)	원전 해체, 해체 원전 계통·기기·구조물 제염, 금속·콘크리트구조물 절단, 해체 폐기물 처리·감용, 방폐물 인수·처리 및 방폐물 운반·저장에 필요한 설비를 제조하는 시설

구분	영 별표 7의 대상기술		사업화 시설
	분야	대상기술	
		6) 대형 원자력발전소 제조기술 (2024.3.22. 신설)	원자로·내부구조물, 핵연료 취급·검사장비, 증기발생기·가압기, 원자로 냉각재펌프, 증기터빈·주발전기 및 보조기기를 제조하는 시설
		7) 혁신 제조공법 원전 분야 적용 기술 (2024.3.22. 신설)	분말-열간등방압성형(PM-HIP) 기술, 전자빔용접(EBW) 기술, 다이오드 레이저 클래딩(DLC) 기술 또는 원전기자재 적층제조 기술을 활용하여 원전 기자재를 제조하는 시설
	라. 오염방지·자원순환	1) 미세먼지 제거 및 고정밀 미세먼지·온실가스 동시 측정 기술	미세먼지 및 원인가스를 동시에 제거하고 세척 후 재사용이 가능한 세라믹필터 및 촉매 시설, 기액접촉층 및 습식 플라즈마(wet plasma)를 통한 무필터 정화 시설, 0.3㎛ 이하 고정밀 미세먼지를 수분과 구별하여 측정하는 시설 및 공정내부 미세먼지 온실가스 농도 동시 실시간 측정 시설 (2022.3.18. 신설)
		2) 차세대 배기가스 규제 대응을 위한 운송·저장시스템 기술 (2021.3.16. 개정) (2022.3.18. 항번 변경)	운송·발전용 기관을 운전할 때 배출되는 배기가스내의 질소산화물 및 배기배출물을 과급기 하류측에서 선택적촉매환원법(SCR, Selective Catalytic Reduction) 등을 사용하여 저감시키는 시스템·부품을 제조하는 시설
		3) 디젤 미립자 필터(DPF) 제조 기술 (2022.3.18. 항번 변경)	디젤이 제대로 연소하지 않아 생겨나는 탄화수소 찌꺼기 등 유해물질을 모아 필터로 걸러낸 뒤 550℃ 이상의 고온으로 다시 태워 오염물질을 줄이는 저감장치를 제조하는 시설(2019.3.20. 신설)
		4) 폐플라스틱 물리적 재활용 기술	폐플라스틱의 분리·선별, 세척, 파쇄·용융·배합 등 물리적 재활용 과정을 거쳐 재생원료 및 플라스틱 제품 등을 제조하는 시설 (2022.3.18. 신설)
		5) 폐플라스틱의 화학적 재활용을 통한 산업원료화 기술	폐플라스틱·폐타이어·폐섬유의 해중합, 열분해 또는 가스화 공정을 거쳐 화학원료·고부가가치 탄소화합물 제품 등을 제조하는 시설 (2022.3.18. 신설) (2023.3.20. 개정)
		6) 생분해성 플라스틱	바이오화학 및 석유화학 원료를 사용하여 생

영 별표 7의 대상기술			사업화 시설
구분	분야	대상기술	
		생산기술	분해성이 향상된 플라스틱 컴파운드[「환경기술 및 환경산업 지원법」 제17조에 따라 환경표지 인증을 받거나 수출을 목적으로 하는 생분해성수지제품 및 해당 제품의 원료로 사용되는 경우에 한한다]를 제조하고 물성을 증대하는 시설 (2022.3.18. 신설)
		7) 폐기물 저감형 포장소재 생산 기술	복합소재의 단일화, 오염 저감 표면처리, 수(水)분리성 강화 등 포장재의 재활용도를 개선하는 포장재 생산 시설 및 소재 경량화, 석유계 용제 저감 등 포장재와 관련된 플라스틱·오염물질의 발생을 저감하는 포장재 생산 시설 (2022.3.18. 신설)
9. 융복합 소재	가. 고기능 섬유	1) 탄소섬유복합재의 가공장비 및 검사장비 설계·제조기술	탄소섬유복합재 부품가공을 위한 복합 가공장비[관련되는 공구, 부품 고정을 위한 유연지그, 공정 모니터링 센서모듈 및 컴퓨터 수치제어기(CNC, Computerized Numerical Controller) 등을 포함한다]를 제조하는 시설 및 탄소섬유복합재 가공 품질 검사를 위한 검사장비를 제조하는 시설
		2) 극한성능 섬유 제조 기술	고탄성·고강도 탄소섬유, 섬유용 CNT(Carbon Nano Tube, 탄소나노튜브) 또는 고탄성·고강도·고내열성(250℃ 이상)·고내한성(-153℃ ~-273℃) 아라미드(Aramid)·초고분자량폴리에틸렌(UHMWPE)·액정섬유를 제조하는 시설 및 이들의 복합화 설계를 통한 초경량, 고탄성, 고강도, 고내열(한)성 섬유복합체를 제조하는 시설(2019.3.20. 개정)
		3) 섬유기반 전기전자 소재·부품 및 제품 제조기술	전기 또는 광 신호의 생산, 저장 또는 전달이 가능한 전도성 섬유를 가공·변형하여 트랜지스터, 저항, 콘덴서, 안테나 등의 전자회로 소자를 직물 형태로 구현하기 위한 소재·부품 및 제품을 제조하는 시설(2019.3.20. 신설)
		4) 의료용 섬유 제조기술	생체적합성(생체재료가 생체조직이나 체액·혈액 등과 접촉시 거부반응이 나타나지 않는

구분	영 별표 7의 대상기술		사업화 시설
	분야	대상기술	
			특성)과 생체기능성(생체재료가 체내에서 존재하는 동안 목표한 기능을 완전히 수행 가능한 특성)을 갖춘 의료용 섬유로서, 약물전달용 나노섬유, 바이러스·세균 감응섬유구조체, 혈액의 투석·정화용 섬유구조체, 손상조직을 대체 가능한 섬유구조체 또는 꼬이지 않고 계속되는 수축·팽창에 견딜 수 있는 인공혈관 섬유구조체를 제조하는 시설 (2019.3.20. 신설)
		5) 친환경섬유 제조 기술	환경친화적 섬유 원료를 사용한 섬유로서 생분해성 섬유고분자, 열가소성 셀룰로오스 섬유 또는 바이오매스 나노섬유를 제조하는 시설(2019.3.20. 신설)
		6) PTFE(PolyTetraFluoro Ethylene) 멤브레인 기반 고성능 복합필터 제조기술	공기중의 0.3um 크기의 입자 99.97% 이상을 균일하게 포집할 수 있는 PTFE 멤브레인 기반의 고성능 복합필터 핵심 소재·부품을 제조·가공하는 시설(2020.3.13. 신설)
		7) 특수계면활성제 제조 기술(2020.3.13. 신설)	전자부품 제조 공정용으로 사용되는 저표면에너지(24~27 mN/m, 0.1% solution/PGMEA), 극미량의 금속함유량(100ppb 이하) 특성을 지닌 불소계 계면활성제 및 도료 및 포소화제의 기능향상을 위한 첨가제 등으로 사용되는 저표면에너지(15~18 mN/m, 0.1% 수용액), 극미량의 PFOA 함유량(1ppm 미만) 특성을 지닌 불소계 계면활성제 제조 시설
		8) 극세 장섬유 부직포 및 복합필터 제조 기술 (2023.3.20. 신설)	유해물질을 여과·분리·차단하는 1㎛이하 극세 장섬유 부직포 및 HEPA(High Efficiency Particulate Air)급 이상의 고성능 정밀여과 복합필터를 제조하는 시설
	나. 초경량 금속	1) 고강도 마그네슘 부품의 온간성형기술	미세조직 구성인자의 제어와 성형기법의 개선을 통하여 저온(150℃ 이하)에서 성형 가능한 고품위·고강도 Mg(마그네슘) 부품을 제조하는 시설 (2022.3.18. 개정)
		2) 차세대 조명용 고효	알루미늄 등 경량소재를 이용하여 주조, 성

구분	영 별표 7의 대상기술		사업화 시설
	분야	대상기술	
		율 경량 방열부품 생산기반기술	형 및 표면처리를 통하여 방열 부품을 제조하는 시설
	다. 하이퍼 플라스틱	인성특성이 향상된 고강성 하이퍼플라스틱(High Performance Plastics) 복합체 제조 및 가공 기술	고강성 하이퍼플라스틱의 인성특성을 개선하여 고충격성(60KJ/m²이상), 내화학성(온도 23℃의 염화칼슘 5% 용액에 600시간 침지 후 인장강도 유지율 90% 이상), 내마모성(50 rpm, 150N, 측정거리 3Km 조건으로 내마모 시험 후 마모량 1.0 mm3/Kgf·Km 이하) 중 하나 이상의 특성을 지닌 고강성·고인성 하이퍼플라스틱 복합체를 제조하는 시설
	라. 구리합금 (2020.3.13. 신설)	1) 고강도 구리합금 설계·제조기술	인장강도 900Mpa 이상의 고강도 특성을 갖춘 주석함유 구리합금(Cu-Ni-Sn계)을 제조·가공하는 시설
		2) 구리 및 구리합금 박판 제조기술	자동차, 전기·전자 분야의 고성능·소형화에 적용 가능한 두께 0.1mm 이하의 구리 및 구리합금 박판을 제조·가공하는 시설
	마. 특수강 (2020.3.13. 신설)	1) 고청정 스테인레스계 무계목강관·봉강 제조기술	망간 함유량 0.8% 이하 및 황 함유량 0.005%이하로 제어된 고청정 스테인리스계 합금을 활용하여 용접이음매를 갖지 않는 강관 및 봉 형태의 철강재를 제조·가공하는 시설(2021.3.16. 개정)
		2) 고기능성 H형강 제품 제조기술	고강도(420Mpa급 이상), 고인성(-40℃이하에서 충격값 50 Joule 이상) 특성을 갖는 고기능성 H형강 제품을 제조·가공하는 시설
		3) 장수명 프리미엄급 금형소재 제조기술	기존 교체주기 5만회의 금형대비 30%이상 수명이 향상된 합금설계, 고청정 특수강을 제조·가공하는 시설
	바. 기능성 탄성·접착 소재 (2020.3.13. 신설)	1) 고기능 불소계 실리콘 제조·가공 기술	내열성(온도 175℃에서 22시간동안 영구압축줄음율 30%이내), 내화학성(150℃, 240시간 내유체적변화율 10%이하) 및 저온성(-66℃이하에서 기밀력 1800psi이상)의 특성을 지닌 불소계 실리콘 고무 합성 및 분자량 제어 관련 제조시설
		2) 고기능 불소계 고무	2원계 이상의 공중합체로서 불소함량이 50%

구분	영 별표 7의 대상기술		사업화 시설
	분야	대상기술	
		제조·가공 기술	이상이며 내한성(어는점 −15℃ 이하), 내열성 (200℃ 이상) 및 내화학성(온도 25℃ Fuel-C 에서 체적변화율 4% 이내)을 갖춘 불소계 고무 제조·가공시설
		3) 고기능 부타디엔 고무 제조·가공 기술	고상 및 액상 기능성(Cis content 90% 이상, 무니점도(ML1+4, 100℃) 40 이상) 부타디엔류 고무 제조 기술과 고내마모성(내마모도 60㎣ 이하, 구름저항 5.5 이하) 부타디엔 고무 제조·가공 시설
		4) 고기능 비극성계 접착소재 제조기술	Haze 1% 이하의 광학특성과 연속사용온도 100℃의 열안정성을 갖는 실리콘계 점착·접착 소재 및 300℃ 이상의 고온가공성형이 가능한 아크릴레이트 함량 5~35% 또는 관능기의 함량 1.2~8%의 에틸렌계 점착·접착 소재 제조 시설
		5) 고기능 에폭시 수지 접착소재 제조 기술	에폭시 수지를 주성분으로 하여 경량 수송기기 부품의 구조접착에 사용되는 전단강도 25MPa 이상, 저온 충격강도 20N/mm 이상, T-박리강도 250N/25mm 이상의 기계적 성능을 갖는 접착소재 제조기술과 전자부품의 접착에 사용되는 WVTR 0g/㎡·24h 이하 및 20kV/mm 이상의 전기절연성을 갖는 비할로겐형 접착소재 제조시설
	사. 희소금속 핵심소재 (2022.3.18. 분류 신설)	1) 타이타늄 소재 제조 기술과 금속재료 부품화 기술	타이타늄 원천소재(TiCl4), 스폰지, 잉곳, 루타일 및 아나타제 이산화 타이타늄(TiO2) 등의 소재를 제조 및 부품화하는 시설
		2) 고순도 몰리브덴 금속·탄화물 분말 및 금속괴 제조 기술	순도 99.5% 이상의 몰리브덴 금속분말, 순도 99% 이상의 몰리브덴 탄화물 분말 및 순도 99.95% 이상의 몰리브덴 금속괴를 제조·가공하는 시설
		3) 중희토 저감 고기능 영구자석 생산 기술	결정립도 5μm 이하 소결체 제조 및 결정립 주변 나노단위 두께의 중희토 확산층 형성 등을 통해 기존 자석 대비 중희토 함유량을 50% 이상 절감하여 고기능 영구자석을 생산

영 별표 7의 대상기술			사업화 시설
구분	분야	대상기술	
			하는 시설 (2022.3.18. 신설)
		4) 차세대 배기가스 규제 대응을 위한 핵심 소재 생산 기술	포집된 이산화탄소를 활용하여 운송·발전·산업용 기관을 운전할 때 배출되는 배기가스내 질소산화물, 황산화물 등 배기배출물을 저감시키기 위해 필요한 핵심소재 제조시설 (2022.3.18. 신설)
10. 로봇	가. 첨단 제조 및 산업 로봇	1) 고청정 환경 대응 반도체 생산 로봇 기술	청정환경에서 450mm 대형 웨이퍼, 일반 반도체를 핸들링하며 5Port 이상 대응 가능(수평 이송범위 2,100mm 이상 및 수직 이송범위 900mm 이상)한 청정환경용 반도체 로봇을 제조하는 시설(2019.3.20. 신설)(2021.3.16. 개정)
		2) 차세대 태양전지(Solar cell) 제조 로봇 기술	고진공/고청정 환경의 태양전지 생산 현장에서 대면적·고중량 기판을 핸들링할 수 있는 로봇을 제조하는 시설(2019.3.20. 신설)(2022.3.18. 개정)
		3) 실내외 자율 이동·작업수행 로봇	농업, 건설, 물류, 보안·감시 분야에서 광범위 거리측정센서, GPS 등을 활용하여 실내외 환경에서 경로를 계획하여 주행하고(미리 정해진 경로를 따라가는 방식은 제외), 자율적으로 작업을 수행하는 지능형 로봇 및 기계를 제조하는 시설
		4) 평판 디스플레이(FPD) 이송로봇 기술(2021.3.16. 개정)	일반 대기압 또는 진공 환경 하에서 고중량(400kg 이상)의 FPD(Flat Panel Display) 및 마스크를 이송하는 로봇을 제조하는 시설
		5) 협동기반 차세대 제조로봇 기술(2019.3.20. 신설)(2021.3.16. 개정)	사용자와 같은 공간에서 협업이 가능한 초소형(가반하중 1kg 미만) 및 중대형(가반하중 25kg 이상) 로봇을 제조하는 시설
	다. 의료 및 생활 로봇	1) 수술, 진단, 및 재활 로봇기술	로봇기술을 이용한 진단 보조, 시술·수술보조와 이에 따른 환자의 조기 치유·재활이 목적인 의료로봇을 제작하는 시설
		2) 간병 및 케어 로봇 기술	간호사의 단순반복 업무 지원 및 환자의 정서 케어 서비스 지원이 가능한 로봇을 제작하는 시설

구분	영 별표 7의 대상기술		사업화 시설
	분야	대상기술	
		3) 안내, 통역, 매장서비스, 홈서비스 등의 안내로봇 기술	공공접객 장소 내에서 다양한 멀티미디어 콘텐츠를 활용한 제품 및 서비스 등을 효과적으로 안내하고 홍보하는 로봇을 제작하는 시설
		4) 원격현실(Tele-presence) 로봇 기술	자율이동기능, 진단·지시용 매니퓰레이터 및 얼굴모션 동기화 등의 기술구현을 통한 원격 진료·진료자문 및 교육 등이 가능한 Tele-presence 로봇을 제작하는 시설
		5) 생활도우미 응용 서비스 기술	가정 및 사회 환경 내에서 인간과 교감하며 정보의 취득, 일상생활 및 가사노동을 지원하는 지능형 로봇으로서 심부름, 가사작업 및 이동 보조형 로봇을 제작하는 시설 (2022.3.18. 개정)
		6) 유치원, 초등학교에서 교사를 보조하는 교육로봇 기술	유치원이나 초등학교에서 교과과정에 적합한 교육 컨텐츠 및 로봇플랫폼을 활용하여 교사를 보조하여 학습하는 교육로봇을 제작하는 시설
	라. 로봇 공통	1) 모터, 엔코더, 드라이버 일체형의 구동 기술	로봇용 관절구성에 필요한 모터, 엔코더, 감속기, 드라이버를 모두 하나의 몸체에 넣어서 만든 관절구동형 액츄에이터(Actuator)를 제작하는 시설(2019.3.20. 신설)
		2) 웨어러블 로봇 기술	인체에 착용하여 인체 동작의도를 인식하고 추종제어 알고리즘을 통해 착용자의 신체능력 증강 및 운동을 지원하는 착용형 로봇을 제작하는 시설(2019.3.20. 신설)
11. 항공·우주	가. 무인 이동체	1) 무인기 전기구동 핵심부품 기술	전기동력을 기반으로 무인기의 조종, 이착륙, 추진 등을 담당하는 핵심부품을 제조하는 시설
		2) 물류 배송용 드론 제조기술	일정 중량(10kg) 이상 물품을 100% 신뢰성을 확보한 비가시권 비행으로 안전하게 운송 가능한 드론과 기능개선에 필요한 소재(열전도율 5kcal/m·h 대비 10% 이상 개선)·부품(세계 최고 CPU 속도대비 약 66% 이상 처리성능 개선)·장비(다지점 배달용 물품 적재함, 물품 배송 드론용 도킹스테이션 등의 경량화)를

구분	영 별표 7의 대상기술		사업화 시설
	분야	대상기술	
			설계 및 제조하는 시설(2019.3.20. 신설)(2021.3.16. 개정)
		3) 드론용 하이브리드 추진 시스템 기술	전기배터리 무인기의 체공시간(120분 이상) 및 탑재량(12kg 이상) 증대를 위해 엔진 동력을 이용하여 전기모터를 동작시키는 하이브리드 추진시스템과 관련한 소재·부품 및 장비를 제조하는 시설(2019.3.20. 신설)
	나. 우주	위성탑재체 부분품 개발기술	인공위성 탑재를 목적으로 하는 광학 탑재체, 영상레이더 탑재체, 통신·방송 탑재체, 우주과학 탑재체, 항법 탑재체 시스템 및 위성용 영상자료처리장치, 주파수 변조기 및 안테나 등을 제조하는 시설
12. 첨단 소재·부품·장비 (2020. 3.13. 신설)	가. 첨단 소재	1) 고기능성 알루미늄 도금강판 제조 기술	550℃에서 200시간 유지 가능한 내열성과 SST(Stainless Steel) 2400(KSD9502)시간 보증 가능한 내식성이 우수한 고성능 알루미늄 도금강판을 제조·가공하는 시설
		2) 고순도 산화알루미늄 제조기술	순도 99.9% 이상의 산화알루미늄 분말 제조를 위한 합성, 가공, 고순도화, 고밀도화 등의 제조시설
		3) 고기능성 인조흑연 제조기술	인조흑연 제조용 피치 및 코크스 제조 시설, 전극봉·등방블록·흑연분말 성형 및 2,800℃ 이상의 열처리를 통한 흑연화 제조 시설
	나. 첨단 부품	1) 고정밀 롤러베어링 및 볼베어링 설계·제조 기술	구름베어링의 일종으로 내외륜 사이에 다수의 볼 또는 롤러를 삽입하여 마찰을 감소시켜 고속운전을 돕거나 큰 하중에 견딜 수 있는 정밀도 P5급 이상의 기계부품 설계·제조 시설
		2) 고압 컨트롤 밸브 설계·제조 기술	유압펌프에서 발생한 330 Bar 이상 고압의 유체에너지를 작업자의 작업의도에 따라 각 유압 액추에이터, 선회 및 주행의 유압모터 등에 공급하며, B5 10,000시간 이상의 높은 내구 신뢰성을 가지는 메인 컨트롤 밸브 부품 설계·제조 시설
		3) 고정밀 볼스크류 설	회전운동을 직선운동으로 변환하는 정밀도

구분	영 별표 7의 대상기술		사업화 시설
	분야	대상기술	
		계·제조기술	C3급 이상, 축방향 공차 5㎛ 이내의 동력전달부품 설계·제조 시설
		4) 능동마그네틱 베어링 설계·제조기술	자력을 이용하여 회전축을 지지하고, 윤활제가 필요 없이 극저온(-250℃ 내외) 또는 고온(300℃ 이상), 진공에서 축의 회전 궤적을 능동적으로 제어할 수 있는 부품 설계·제조 시설
		5) 고성능 터보식 펌프 설계·제조기술	임펠러 및 블레이드가 회전함으로써 기계의 운동에너지를 유체·기체의 압력에너지로 전환하여 2,500L/s 이상의 배기속도 및 1.3x10-9 mbar 이상의 최고 진공도를 만드는 터보식 펌프의 설계·제조 시설
		6) 특수 렌즈 소재·부품·장비 제조기술	고배율[굴절률(nd) 2.0 이상], 야간 투시[원적외선(파장 8~12㎛) 투과율 50% 이상], 자외선투과[자외광(193nm) 투과율 80% 이상] 등 특수용도로 사용되는 카메라 구성에 필요한 특수 광학소재의 소재·부품·장비 제조 시설
	다. 첨단장비	1) 첨단 머시닝센터 설계·제조기술	자동공구교환장치(Automatic Tool Changer)를 장착하여, 밀링, 드릴링, 보링가공 등 여러 공정의 작업을 수행할 수 있는 가공정밀도 5㎛ 이내, 동시 제어 5축 이상, 최대 스핀들 속도 12,000rpm 이상의 절삭가공장비 및 부품의 설계·제조 기술(가공 회전수, 축 이동, 진동오차 제어 등 머시닝센터의 고정밀 작업을 제어하는 CNC(Computerized Numerical Controller) 모듈 관련 기술 포함) 제조 시설
		2) 열간 등방압 정수압 프레스 설계제조 기술	기체 또는 액체를 압력매체로 활용하여 1,500℃이상에서 작동하면서 1분당 최고 50℃의 속도로 냉각이 가능하고, 금속 소재를 모든 방향에서 100MPa 이상의 정수압 또는 등방압 조건으로 가압하는 직경 1,000mm 이상의 프레스 장비 설계·제조 시설
		3) 연삭가공기 설계·제조 기술	사파이어, 다이아몬드 등 고정도의 광물입자를 결합제로 고정시킨 숫돌을 이용하여 평면·원통 등 단순한 형태가 아닌 복잡한 형태의

구분	영 별표 7의 대상기술		사업화 시설
	분야	대상기술	
			가공공정을 수행하는 장비 설계·제조 시설
		4) 첨단 터닝센터	원통형 부품의 가공을 위해 소재를 회전시키면서 절삭 공구가 상대 이동하는 가공정밀도 5μm 이내, 최대 스핀들 속도 3,000rpm 이상의 절삭가공장비 설계·제조 시설(ISO 7등급 이하의 기어 제조를 위한 고속 스카이빙 가공장비 관련 시설 포함)
		5) 첨단 회전 성형기 설계·제조 기술	다축 정밀 동시제어시스템을 갖추고, 회전하는 주축과 롤러, 맨드릴을 이용하여 최대 성형롤 하중 60kN 이상, 최대 성형품 직경 500mm 이상, 성형 정밀도 ±0.5mm를 충족하는 성형 장비 설계·제조 시설
		6) 첨단 밸런싱머신 설계·제조기술	회전기계의 핵심부품인 회전부의 불균일한 질량분포를 측정한 후, 베어링으로 전달되는 힘이나 진동을 국제규격(ISO 21940-21) 규정 이내가 되도록 불균일 질량을 교정하는 장비 설계·제조 시설
		7) 첨단 레이저 가공장비 설계·제조기술	절단, 천공, 용접, 정밀가공 등을 위해 고출력 레이저 가공헤드로 공작물을 용융·증발시켜서 분리하는 5축 이상의 레이저 가공장비를 설계·제조하는 시설
		8) 방전가공기 장비·부품의 설계·제조기술	공작물과 전극 사이에 불꽃 방전을 일으켜 티타늄, 초경합금 등 난삭재의 마이크로급 초정밀 가공을 수행하는 방전가공 장비 및 핵심요소부품의 설계·제조 시설
13. 탄소중립 (2022.3.18. 신설)	가. 탄소 포집·활용·저장 (CCUS) (2022.3.18. 분류 개정)	1) 연소 후 이산화탄소 포집 기술	화력발전소, 철강, 화학공정 및 선박 등에서 화석연료 연소 후 발생되는 배기가스 중 이산화탄소를 효과적으로 분리하기 위한 흡수제, 흡착제, 분리막 등 분리소재를 제조하는 시설과 이산화탄소를 포집·분리하는 공정시설, 분리된 이산화탄소를 압축·정제하는 시설(2021.3.16. 개정)(2023.3.20. 개정)
		2) 연소 전 이산화탄소 포집 기술	석탄가스화 후 생성된 이산화탄소와 수소 중 이산화탄소를 분리하기 위한 흡수제, 흡착제,

구분	영 별표 7의 대상기술		사업화 시설
	분야	대상기술	
			분리막 등 분리소재를 제조하는 시설과 이산화탄소를 포집·분리하는 공정시설, 분리된 이산화탄소를 압축·정제하는 시설(2021.3.16. 개정)
		3) 순산소 연소기술 및 저가 산소 대량 제조기술	공기 연소 대신 산소를 직접 연소하거나 매체 순환연소(Chemical Looping Combustion)을 통해 별도의 분리공정 없이 이산화탄소를 포집할 수 있는 순산소 연소시설(2021.3.16. 신설)
		4) 이산화탄소 지중 저장소 탐사기술	이산화탄소 포집 후 저장에 필요한 지하공간을 탐사하기 위한 물리탐사 및 시추시설 (2021.3.16. 신설)
		5) 이산화탄소 수송, 저장 기술(2021.3.16. 신설)	대량발생원에서 포집된 이산화탄소를 저장소까지 이송하기 위한 수송 시설, 수송된 이산화탄소를 지하심부에 안정적으로 저장하기 위한 시추 및 주입 시설, 이산화탄소의 거동 및 누출을 모니터링 하는 시설
		6) 산업 부생가스(CO, CH4) 전환기술	제철소, 석유화학공단, 유기성 폐기물 등에서 발생하는 부생가스(CO, CH4)를 활용하여 화학·생물 전환기술을 통해 화학원료 또는 수송연료 등을 생산하는 시설
		7) 이산화탄소 활용 기술	이산화탄소를 광물화, 화학적·생물학적 변환을 통해 연료·화학물·건축소재 등을 재생산하는 시설(2021.3.16. 신설)
	나. 수소	1) (삭제, 2023.6.7.)	
		2) 부생수소 생산기술	철강제조공정, 석유화학공정, 가성소다 생산공정 등에서 발생하는 부생가스를 분리 정제하여 수소를 생산하는 시설 (2022.3.18. 신설)(2023.6.7. 개정)
		3) (삭제, 2023.6.7.)	
		4) 액화수소 제조를 위한 수소액화플랜트 핵심부품 설계 및 제조기술(2022.3.18.	액화수소 제조를 위한 수소액화플랜트의 액화천연가스(LNG, Liquefied Natural Gas) 냉열 이용 예냉사이클, 수소액화공정에 필요한 부품(압축기·팽창기 등)을 설계 및 제조하는 시

구분	영 별표 7의 대상기술		사업화 시설
	분야	대상기술	
		항번 개정)	설(2021.3.16. 신설)
		5) (삭제, 2024.3.22.)	
		6) (삭제, 2024.3.22.)	
		7) (삭제, 2023.6.7.)	
		8) (삭제, 2023.6.7.)	
		9) 액화수소 운반선의 액화수소 저장·적하 역 및 증발가스 처리 기술	액화수소 운반선 내에 액화수소를 저장·적하역하기 위한 극저온 화물창을 제조하는 시설 및 증발가스 처리를 위한 장치를 제조하는 시설(2023.3.20. 신설)
		10) 암모니아 발전 기술(2024.3.22. 신설)	암모니아 연료를 단독으로 사용하거나 석탄 또는 천연가스와 혼합하여 전력을 생산하는 시설 및 연료전지, 가스터빈, 미분탄 보일러 및 유동층 보일러에 적용 가능한 발전 시스템을 설계·제작하는 시설
	다. 신재생에너지	1) 고체산화물 연료전지 지지형셀스택시스템 설계 및 제조 기술 (2022.3.18. 항번 개정)	고체산화물 연료전지(SOFC)에서 중저온(600℃ 이하)에서 작동이 가능하고 출력효율이 높은 금속·연료극 지지형셀, 셀·분리판 등이 결합되어 전기와 열을 생산하는 스택, 스택을 결합하여 대량으로 발전이 가능한 시스템(발전효율 50% 이상인 4kW급 이상)을 제조하는 시설 (2021.3.16. 신설)
		2) (삭제, 2023.6.7.)	
		3) 고체산화물 연료전지 소재 기술	650℃ 이하에서 작동하는 연료전지로 다양한 연료[수소, 액화석유가스(LPG, Liquefied Petroleum Gas), 액화천연가스(LNG, Liquefied Natural Gas) 등]의 사용이 가능하고 전도 세라믹(Conducting Ceramic)을 이용하며 복합발전시스템이 가능한 전력변환장치로서 발전용 연료전지로 사용하는 소재를 제조하는 시설(2022.3.18. 신설)
		4) 페로브스카이트(Perovskite), 페로브스카이트/결정질 실	고효율성 및 고내구성을 가진 대면적 웨이퍼, 광활성층, 전자·정공수송층, 투명전극, 금속전극, 금속리본, 봉지, 경량 전후면 외장 재

구분	분야	대상기술	사업화 시설
		리콘 등 탠덤 태양전지 핵심소재 제조 및 대면적화 기술 (2022.3.18. 항번 개정)	료 등의 핵심소재를 제조하는 시설 및 페로브스카이트(Perovskite), 페로브스카이트/결정질 실리콘 등 탠덤 대면적·고효율 셀과 고내구성·고출력 태양광 모듈을 제조하는 시설 (대면적 제조장비, 연속 공정기술 포함) (2021.3.16. 개정)
		5) 풍력에너지 생산 기술로서 회전동력을 증속시켜 발전기에 전달하는 부품 설계 및 제조기술(2022.3.18. 항번 개정)	블레이드(blade)로부터 전달되는 회전력을 전달받아 증속하여 발전기에 전달하는 장치를 구성하는 유성기어(planet carrier)·축(shaft)·베어링(bearing)·이음쇠(coupling)·브레이크(brake) 및 제어기(controller)를 제조하는 시설
		6) 풍력에너지 생산 기술로서 발전기 및 변환기 제조기술 (2022.3.18. 항번 개정)	동력 구동장치 증속기로부터 동력을 전달받아 회전자(rotor)와 고정자(stator)를 통해 전기를 발생시키는 발전기(generator)를 제조하는 시설 및 정속운전 유도발전기용 변환기, 가변속 운전 이중여자 유도발전기용 변환기 및 가변속 운전 동기발전기용 변환기를 제조하는 시설
		7) 풍력발전 블레이드 기술(2022.3.18. 항번 개정)	8MW급 이상의 풍력발전 블레이드(Blade)를 설계 및 제조하는 시설(2021.3.16. 신설)
		8) 지열 에너지 회수 및 저장 기술 (2022.3.18. 항번 개정)	지열에너지 이용효율 및 경제성을 향상시키는 그라우팅(grouting) 재료를 제조하는 시설 및 지중 축열 장비를 제조하는 시설
		9) 바이오매스 유래 에너지 생산기술	자연에 존재하는 다양한 자원을 이용하여 직접연소 또는 전환공정을 통해 연료로 사용할 수 있는 고형연료, 알코올, 메탄, 디젤, 수소, 항공유 등을 생산하는 시설(2022.3.18. 개정) (2024.3.22. 개정)
		10) 폐기물 액화·가스화 기술	재생폐기물로부터 연료유 또는 가스를 생산하기 위한 열분해·가스화 시설(2021.3.16. 개정)
		11) 미활용 폐열 회수·	산업현장에서 사용되지 않고 버려지는 중저

구분	영 별표 7의 대상기술		사업화 시설
	분야	대상기술	
		활용을 통한 발전기술(2023.3.20.신설)	온(900℃ 이하) 미활용 폐열을 초임계 이산화탄소·유기냉매·열전소자 등을 통해 회수한 후 친환경 전기에너지 생산에 활용하는 발전설비를 제조하는 시설
		12) 해상풍력 발전단지 내·외부 전력망에 사용되는 해저케이블 시스템 기술 (2023.3.20. 신설)	대용량 전력 전송을 위한 고밀도·장조장 특성을 갖는 해저케이블(HVAC 345kV 이상 또는 HVDC 500kV 이상)과 이를 변전소 등에 연결하는 내부전력망용 해저케이블(semi-wet 방식, 66kV 이상)을 제조하는 시설>
		13) 고효율 n형 대면적 태양전지와 이를 집적한 모듈화 기술	효율 24% 이상의 n형 대면적(M10 이상) 결정질 실리콘 태양전지 및 고출력(출력밀도 210W/㎡ 이상) 태양광 모듈을 제조하는 시설 (2023.3.20. 신설)
	라. 산업공정	1) (삭제, 2024.3.22.)	
		2) 함수소가스 활용 고로취입기술	제철소 발생 함수소가스 또는 수소가스를 고로 공정의 연료로 활용하여 철강을 제조하는 시설 (2022.3.18. 신설)
		3) 복합취련전로 활용 스크랩 다량 사용기술	복합취련기술을 활용한 전로공정에서 스크랩 사용량을 높임으로써 이산화탄소 배출을 저감하는 시설 (2022.3.18. 신설)
		4) 이산화탄소 반응경화 시멘트 생산기술	이산화탄소 반응경화 시멘트를 제조 및 양생하는 시설 (2022.3.18. 신설)
		5) 산화칼슘 함유 비탄산염 산업부산물의 시멘트 원료화 기술	산화칼슘(CaO) 함유 비탄산염 원료 전처리 시설 (2022.3.18. 신설)
		6) 이산화탄소 저감 시멘트 생산을 위한 연·원료 대체기술	석회석 등 탄산염 광물을 비탄산염 원료로 대체하고, 수소·바이오매스·LNG 등 친환경 열원과 가연성 순환연료를 사용하는 소성시설 (2022.3.18. 신설)
		7) 시멘트 소성공정 유연탄 대체 기술	유연탄을 대체하기 위한 연료(가연성 폐기물, 바이오매스) 전처리 및 제조 시설, 고효율 연소를 위한 시설 및 연소 후처리 시설 (2022.3.18. 신설)

구분	영 별표 7의 대상기술		사업화 시설
	분야	대상기술	
		8) 석유계 플라스틱 대체 바이오 케미칼 원료 생산기술	바이오 매스를 처리하여 활용 가능한 당, 지질, 글리세롤 등을 바이오 플라스틱의 원료인 케미칼 원료로 전환하여 생산하는 시설 (2022.3.18. 신설)
		9) 전기가열 나프타 분해기술	전기저항/유도 가열 방식을 활용한 나프타 분해공정을 통해 에틸렌·프로필렌 등 석유화학 기초원료를 제조하는 시설 (2022.3.18. 신설)
		10) 반도체·디스플레이 식각·증착공정의 대체소재 제조 및 적용 기술	반도체·디스플레이 제조공정에서 사용하는 식각 및 증착용 온실가스를 온난화지수(GWP, Global Warming Potential)가 낮은 가스로 대체하기 위한 소재를 제조하는 시설 (2022.3.18. 신설) (2023.3.20. 개정)
		11) 반도체 및 디스플레이 제조공정에서 배출되는 불소화합물 및 아산화질소 배출 저감기술	반도체·디스플레이 제조공정에서 배출되는 불소화합물 및 아산화질소 가스를 LNG, 전기 등을 활용하여 고온에서 분해하는 온실가스 배출저감 시설 (2022.3.18. 신설)
		2) 해상(FSRU) 및 육상 LNG터미널에서의 LNG 냉열발전 결합형 재기화 기술 (2023.3.20. 신설)	LNG 냉열의 회수 공정을 이용하여 재기화 송출 용량이 750 MMSCFD(Million Metric Standard Cubic Feet per Day) 이상이고, 소요 전력의 20% 이상을 절감하고 온실가스의 20% 이상을 감소시킬 수 있는 냉열 발전이 결합된 재기화 시스템을 제작하는 시설
		13) 철강 가열공정 탄소연료 대체기술 (2023.3.20. 신설)	단조, 압연 공정에 사용되는 화석연료를 저탄소 연료(수소, 암모니아)로 전환하거나, 발생된 이산화탄소를 재순환시켜 에너지 효율을 향상시키는 설비를 제조하는 시설
	마. 에너지 효율· 수송	1) 지능형 배전계통 고도화 및 운용기술 (2022.3.18. 항번 개정)	배전계통을 보호·제어하기 위한 지능형 전력장치(IED, Intelligent Electric Device)를 제조하는 시설, IED가 탑재된 배전용 개폐기 및 차단기를 제조하는 시설 및 지능형 직류배전 공급용 기기를 제조하는 시설
		2) 지능형 검침인프라	양방향 통신 기반의 전자식 계량기를 활용하

영 별표 7의 대상기술			사업화 시설
구분	분야	대상기술	
		설계·제조 기술 (2022.3.18. 항번 개정)	여 전기사용정보 등을 수집 후 통합관리하는 인프라로서 실시간으로 전력가격 및 사용정보를 소비자에게 전달하여 수요반응 등을 가능케 하고, 공급자에게는 더욱 정확한 수요예측 및 부하관리 등이 가능하게 하는 설비를 제조하는 시설
		3) 히트펌프 적용 온도 범위 확대 및 효율 향상 기술	친환경 냉매 개발, 열교환기 성능 향상, 사용 열원 확대를 통해 고온·저온의 열에너지 공급이 가능한 히트펌프 시스템을 제조하는 시설 (2022.3.18. 신설)
		4) 친환경 굴착기 개발 기술	순수 전기(모터), 하이브리드(모터와 엔진), 바이오연료(엔진)로 구동할 수 있는 굴착기를 설계·제조하는 시설(2022.3.18. 신설)
		5) 암모니아 추진선박의 연료공급 및 후처리 기술	암모니아를 연료로 추진하는 선박에 적용되는 암모니아 연료 공급 시스템 및 연소 후 배기가스 후처리 시스템의 설계·제조·시험·평가를 위한 시설(2022.3.18. 신설)
		6) 극저온 액체 저장 및 이송용 극저온 냉동기술	액화질소(끓는 점 -196℃), 액화수소(끓는 점 -253℃) 등 -196℃ 이하의 극저온 액체를 자체 증발로 인한 손실 없이 저장 및 이송하기 위해 사용하는 극저온 냉동 설비를 제조하는 시설 (2023.3.20. 신설)
		7) 연료전지 및 배터리를 적용한 선박 발전시스템	연료전지 및 배터리 하이브리드 전력시스템을 선박의 발전원으로 활용하는 선박 발전시스템을 제조하는 시설 (2023.3.20. 신설)
		8) 고효율 산업용 전동기 설계·제조 기술	IEC 60034-30-1규격의 IE4급 이상의 고효율 산업용 전동기를 제조하는 시설 (2023.3.20. 신설)
14. 방위산업 (2024.3.22. 신설)	가. 방산장비	1) 추진체계 기술	유무인 항공기, 기동장비, 유도무기, 함정 등에 장착하는 터보제트엔진, 터보샤프트엔진, 터보프롭엔진, 터보팬엔진, 왕복엔진의 완제엔진, 부체계(엔진제어, 연료, 윤활, 기어박스 등), 구성품(팬, 압축기, 연소기, 터빈, 배기노즐 등), 소재(내열·경량합금, 복합재, 고온코

구분	영 별표 7의 대상기술		사업화 시설
	분야	대상기술	
			팅 등) 등을 설계·제작·조립·인증·시험 평가하는 시설
		2) 군사위성체계 기술	군사용 위성체계 중 감시정찰 및 통신위성의 위성체계(전력체계, 자세제어체계, 위성탑재 컴퓨터, 송수신체계, 구조체 등), 구성품(위성 통신송수신 안테나, 광학장비, 영상레이더, 항법체계 등), 관련 소재, 지상장비, 발사체 (고체연료) 등을 설계·제작·조립·인증· 시험평가하는 시설
	나. 전투지원	유무인복합체계 기술	유무인복합체계에 필요한 환경인식기술, 위치추정기술, 자율임무 수행기술, 유무인협업기술, 무선통신기술, 네트워크 보안기술, 의사결정지원기술, 원격통제기술 등을 활용하여 유무인복합체계를 설계·제작·조립하는 시설

(2) 초연결 네트워크 구축 시설 (나목)

2019년 개정세법에서 5세대 이동통신 투자를 지원하기 위하여 5세대 이동통신 기지국 시설 투자금액에 따라 세액공제하는 제도를 신설하였다. 2019.1.1. 이후 투자하는 분부터 적용한다(2018.12.24. 개정된 법률 부칙 §10).

개정연혁 구법 제25조의 7 초연결 네트워크 구축시설 투자세액공제

연 도	개정 내용
2019년	▪초연결 네트워크 구축시설 세액공제 신설
2020년	▪투자금액 계산을 다른 투자세액공제와 일치시킴
2021년	▪통합투자자세액공제로 통합되어 삭제됨

5세대 이동통신 기술이 적용된 5세대 이동통신 기지국(이와 연동된 교환시설을 포함함)을 운용하기 위해 필요한 설비를 공제 대상으로 한다.

(가) 5세대 이동통신 기술

다음의 5세대 이동통신 기술이 적용되어야 한다[시행령 별표 7 제6호 가목1) 및 2)].

① 5G 이동통신 기지국 장비 기술 : 가입자와 연결을 위해 이동통신사업자가 구축하는 5G 이동통신 광역 및 소형 셀(cell) 기지국 장비에 적용되는 기술
② 5G 이동통신 코어네트워크(Core Network, 기간망) 기술 : 트래픽(traffic) 전송·제어, 네트워크(network) 간 연결 등을 위해 5G 이동통신 기지국 장비와 연동되는 게이트웨이(gateway), 라우터(router), 스위치(switch) 등에 적용되는 기술

(나) 기지국 시설

전기통신설비(전기통신사업 회계정리 및 보고에 관한 규정 §8) 중 교환설비, 전송설비 및 전원설비(이하 "기지국 시설")를 공제 대상으로 한다.

기지국 시설(동 규정 §8)

교환설비	다수의 전기통신회선을 제어·접속하여 회선 상호 간의 전기통신을 가능하게 하는 교환기와 그 부대설비
전송설비	교환설비 및 단말장치 등으로부터 수신된 부호·문언·음향 또는 영상을 변환·재생 또는 증폭하여 유선 또는 무선으로 송신하거나 수신하는 전송단국장치, 중계장치, 다중화장치 및 분배장치 등과 그 부대설비
전원설비	통신용 전원을 공급하기 위한 수변전장치, 정류기, 축전기, 전원반, 예비용 발동발전기 및 배선 등의 설비

종전의 조특법 제25조의 7 초연결 네트워크 구축시설 투자세액공제와 그 공제 대상이 동일하다.

2-6 국가전략기술사업화시설

국가전략기술을 사업화 하는 시설(국가전략기술을 사용하여 생산하는 제품 외에 다른 제품의 생산에도 사용되는 시설을 포함함; 병행생산시설)로서 시행규칙 별표 6의2에 따른 시설(이하 "국가전략기술사업화시설")을 말한다(조특령 §21 ④ 2호, 조특칙 §12의 2 ②).

국가전략기술은 ① 반도체, ② 이차전지, ③ 백신, ④ 디스플레이 ⑤ 수소, ⑥ 미래형 이동수단, ⑦ 바이오의약품 등 7개 분야의 기술이다. 상세 범위는 제3부 제2절 Ⅲ. 1. 국가전략기술의 범위를 참조하기 바란다.

개정 연혁

2022년 세법개정에서 국가안보 및 국민경제에 중대한 영향을 미치는 국가전략기술에 대한 시설투자에 대하여 현행 신성장·원천기술에 대한 시설투자의 경우보다 높은 세액공제율을 적용한다. 반도체·배터리·백신 관련 기술 등의 국가전략기술은 첨단 메모리 반도체 설계·제조 기술, 이차전지 부품 제조기술, 방어 항원 제조기술 등을 구체적 범위로 한다. 개정규정은 2021.7.1. 이후 새로 투자한 국가전략기술사업화시설부터 소급하여 적용한다(2022. 2.15. 개정된 시행령 부칙 §8 ②).

2023년 세법개정에서 반도체 관련 시스템, 반도체 테스트 장비 제조시설을 신규로 추가하고, 차세대 메모리 반도체, 에너지 효율향상 전력반도체, 디스플레이용 반도체 등 4개 현행 시설의 범위를 확대함. 디스플레이분야의 패널(3개; AMOLED, 마이크로 LED, Quantum Dot), 소재부품장비(2개)의 시설을 신설함.

시행규칙에서 주행상황 인지 센서 기술 등 3개 기술을 미래형 이동수단 분야에 추가하고, 수전해 기반 청정수소 생산기술 등 6개 기술을 수소 분야에 추가함. 개정규정은 2023.6.7.부터 시행함(2023.6.7. 개정된 시행령 부칙 §1).

2023년 중반 세법개정에서 미래형 이동수단 관련 산업의 경쟁력 제고를 위하여 고효율화 구동시스템이 적용된 전기동력 자동차를 제조하는 시설을 국가전략기술사업화시설에 추가함. 별표 6의2 제6호나목의 개정규정은 2023.1.1. 이후 투자하는 경우부터 적용함(2023.6.9. 개정된 시행규칙 부칙 §2).

2023년 중반 세법개정에서 바이오 신약 후보물질 발굴 기술을 사업화하기 위한 유전자치료제·항체치료제 제조 시설, 바이오의약품 원료·소재 제조기술을 사업화하기 위한 세포 배양 관련 소재 제조 시설 등을 국가전략기술사업화시설에 추가하려는 것임. 별표 6의2의 개정규정은 2023.7.1. 이후 투자한 경우부터 적용함. 2023.7.1. 전에 투자한 시설에 대한 세액공제에 관하여는 별표 6 제7호가목의 개정규정에도 불구하고 종전의 규정에 따름(2023.8.29. 개정된 시행규칙 부칙 §2 및 §3).

2024 개정 수소 저장 효율화 기술 관련 시설을 신규로 추가하고, HBM 등으로 범위를 확대함. 별표 6의2의 개정규정은 2024.1.1. 이후 투자하는 경우부터 적용함(2024.3.22. 개정된 시행규칙 부칙 §5).

시행규칙 [별표 6의2] 국가전략기술을 사업화하는 시설 <개정 2024.3.22.>

영 별표 7의 2의 기술		사업화 시설
분야	국가전략기술	
1. 반도체	가. 첨단 메모리 반도체 설계·제조 기술	16nm 이하급 D램 및 128단 이상 낸드플래시 메모리 제조 시설
	나. 차세대 메모리반도체(STT-MRAM, PRAM, ReRAM, PIM, HBM, LLC, CXL, SOM) 설계·제조기술	기존 메모리반도체인 D램(DRAM)과 낸드 플래시메모리(Nand Flash Memory)의 장점을 조합한 STT-MRAM(Spin Transfer Torque-Magnetic Random Access Memory), PRAM(Phase-change Random Access Memory), ReRAM(Resistive Random Access Memory), 초거대 AI 응용을 위해 CPU와 메모리 간의 병목현상 해결을 목적으로 메모리반도체에 전용 AI 프로세서를 추가한 메모리시스템인 PIM(Processing In memory), HBM(High Bandwidth Memory), LLC(Last Level Cache), CXL(Compute eXpress Link), SOM(Selector Only Memory) 등 차세대 메모리 반도체 제조 시설(2023.3.20. 개정) (2024.3.22. 개정)
	다. 차세대 디지털기기 SoC 설계·제조기술	IoT, 착용형 스마트 단말기기, 가전, 의료기기 및 핸드폰 등 차세대 디지털 기기 SoC의 주파수 조정 기능 반도체(RF switch 등 RF반도체), 디지털·아날로그 신호의 데이터 변환 반도체(인버터/컨버터, Mixed signal 반도체 등), 메모리반도체와의 원칩화를 통한 컨트롤 IC(eNVM) 및 IoT 지능형 서비스를 적용하기 위한 지능정보 및 데이터의 처리가 가능한 IoT·웨어러블 SoC(System on Chip)의 제조 시설
	라. 고성능 마이크로 센서의 설계·제조·패키징 기술	물리적·화학적인 아날로그(analogue) 정보를 얻는 감지부와 논리·판단·통신기능을 갖춘 지능화된 신호처리 집적회로가 결합된 소자로서 나노기술, MEMS[Micro Electro Mechanical System, 기계부품·센서(sensor)·액츄에이터(actuator) 및 전자회로를 하나의 기판 위에 집적화)] 기술, 바이오 기술, 0.8㎛이하 CMOS 이미지센서 기술 또는 SoC(System on Chip) 기술이 결합된 고성능 센서 및 칩 패키지를 제조하는 시설
	마. 차량용 반도체 설계·제조기술	자동차 기능안전성 국제표준 ISO26262 및 자동차용 반도체 신뢰성 시험규격 AEC-Q100을 만족하는 MCU(Micro controller unit), ECU(Electronic control unit), 파워IC, SoC, 전기자동차, 하이브리드자동차 및 자율주행용 IC 반도체의 제조 시설
	바. 에너지효율향상 반도체 설계·제조 기술	에너지효율향상 반도체 설계·제조 기술: 저저항·고효율 특성을 지니며 차세대 응용 분야(전기자동차, 하이브리드자동차,

영 별표 7의 2의 기술		사업화 시설
분야	국가전략기술	
		태양광/풍력발전 등 신재생에너지, 스마트그리드 등)에 탑재되는 실리콘 기반의 에너지효율향상 반도체(SJ(Super Junction) MOSFET, IGBT, 화합물(SiC, GaN, Ga2O3) 기반의 에너지효율향상 반도체(MOSFET, IGBT) 및 모듈의 제조 시설
	사. 에너지효율향상 전력반도체 (BCDMOS, UHV, 고전압 아날로그IC) 설계·제조기술(0.35㎛이하)	실리콘 기반의 저저항·고효율 특성을 지니며 차세대 응용 분야(5G, 전기자동차, 하이브리드자동차, 차세대 디지털기기용 디스플레이, 태양광, 풍력발전 등 신재생에너지, 스마트그리드 등)에 탑재되는 아날로그, 디지털 로직, 파워소자를 원칩화한 초소형·초절전 전력반도체(0.35㎛이하 BCDMOS, 800V 이상 UHV, 12V 이상 고전압 아날로그 IC) 제조 시설(2023.3.20. 개정)
	아. 차세대 디지털기기용·차량용 디스플레이 반도체 설계·제조기술	화면에 문자나 영상 이미지 등이 표시되도록 차세대 디지털기기용 디스플레이(OLED, Flexible, 퀀텀닷, 롤러블, 폴더블, 마이크로LED, Mini LED,고해상도 LCD 등)에 구동 신호 및 데이터를 전기신호로 제공하는 반도체(DDI) 제조 시설 화면에 문자나 영상 이미지 등이 표시되도록 차세대 디지털기기 및 차량의 디스플레이(OLED, Flexible, 퀀텀닷, 롤러블, 폴더블, 마이크로LED, Mini LED, 4K·120Hz급 이상 고해상도 LCD 등)에 구동 신호 및 데이터를 전기신호로 제공하는 반도체(DDI), 디스플레이 패널의 영상 정보를 변환·조정하는 것을 주기능으로 하는 반도체(T-Con), 디스플레이용 반도체와 패널에 필요한 전원전압을 생성·제어하는 반도체(PMIC)를 제조하는 시설 (2023.3.20. 개정)
	자. SoC 반도체 개발·양산 위한 파운드리 분야 7nm 이하급 제조공정 및 공정설계기술	SoC(System on Chip) 반도체 개발·양산을 위한 핵심 기반기술로 파운드리(Foundry) 분야의 7nm 이하급 제조 시설
	차. WLP, PLP, SiP, 플립칩 기술 등을 활용한 2D/2.5D/3D 패키징 공정기술 및 패키징 관련 소재·부품·장비설계·제	반도체 패키징 기술(WLP, PLP, SiP, 플립칩 등)을 활용한 2D/2.5D/3D 패키징 공정기술·테스트 및 패키징·테스트 관련 소재, 부품, 장비 제조 시설

영 별표 7의 2의 기술		사업화 시설
분야	국가전략기술	
	조기술	
	카. 반도체용 실리콘 기판 및 화합물 기판 개발 및 제조기술	16nm 이하급 D램과 128단 이상 낸드플래시메모리, 7nm 이하급 파운드리 SoC, 에피텍셜 반도체용의 실리콘 기판 및 화합물(SiC, GaN, Ga2O3) 기판을 제조하는 시설
	타. 첨단 메모리반도체 및 차세대 메모리반도체, SoC 반도체 파운드리 소재·장비·장비부품 설계·제조기술	첨단 메모리반도체(16nm급 이하 D램 및 128단 이상 낸드플래시메모리), 차세대 메모리반도체(STT-MRAM, PRAM, ReRAM) 및 SoC 반도체 파운드리의 소재, 장비 및 부품 제조 시설
	파. 포토레지스트(Photoresist) 개발 및 제조기술	반도체 및 디스플레이용 회로형성에 필요한 리소그래피(lithography)용 수지로서 회로의 내열성, 전기적 특성, 현상(Developing) 특성을 좌우하는 포토레지스트 및 관련 소재를 제조하는 시설 [ArF(불화아르곤) 광원용 및 EUV(극자외선) 광원용]
	하. 원자층증착법 및 화학증착법을 위한 고유전체용 전구체 개발 기술	기존의 이산화규소(SiO2)보다 우수한 유전특성을 갖는 high-k dielectric 박막 증착을 위한 원자층증착법(ALD, Atomic Layer Deposition) 및 화학증착법(CVD, Chemical Vapor Deposition)공정에 사용되는 전구체를 제조하는 시설
	거. 고순도 불화수소 개발 및 제조기술	반도체 회로형성에 필요한 순도 99.999%(5N) 이상의 고순도 불화수소를 제조하는 시설
	너. 블랭크 마스크 개발 및 제조기술	ArF(불화아르곤) 광원 및 EUV(극자외선) 광원을 이용하여 반도체 회로를 형성하는 데 사용되는 블랭크마스크 원판 및 관련 소재[펠리클(Pelllicle), 합성 쿼츠, 스터터링용 타겟 등을 포함]를 제조하는 시설
	더. 고기능성 인산 제조기술	SiNx, SiOx 막질의 선택적인 식각이 가능한 고선택비(1,000 이상) 인산계 식각액 제조 시설
	러. 고순도 석영(쿼츠) 도가니 제조 기술	반도체 웨이퍼 제조용 용융 실리콘의 오염을 막기 위한 도가니 형태의 순도 99.999%(5N) 이상의 고순도 석영 용기 제조 시설
	머. 코트막형성재 개발 및 제조기술	완성된 반도체 소자의 표면을 외부환경으로부터 보호하기 위해 사용하는 절연성을 가진 고감도(80mJ/㎠ 이하) 감광성 코팅 기술 또는 패키징 재배선(배선폭 7㎛ 이하) 형성 재료 제조 시설
	버. 고성능·고효율 시스	1) 동작속도 250MHz 이상의 SoC(System on Chip) 반도체,

영 별표 7의 2의 기술		사업화 시설
분야	국가전략기술	
	템 반도체의 테스트 기술 및 테스트 관련 장비, 부품 설계·제조기술 (2023.3.20. 신설)	6GHz 이상의 주파수를 지원하는 RF(Radio Frequency) 반도체, AEC-Q100을 만족하는 차량용 반도체, 4,800만화소 이상의 모바일용 CMOS 이미지센서, 내전압 1,000V 이상의 전력반도체, 소스채널 900개 이상의 OLED용 DDI(Display Driver IC)의 양·불량 여부를 전기적 특성검사를 통해 판단할 수 있는 테스트 시설
		2) 1)에 따른 테스트에 사용되는 최대 검사속도 500Mbps 이상의 주검사장비, 접촉정확도 1㎛ 이하의 프로브스테이션(Probe Station), MEMS(Micro Electro Mechanial System) 기술 기반의 프로브카드를 제조하는 시설
2. 이차전지	가. 고에너지밀도 이차전지 팩 제조기술	전기차, 에너지저장장치 등에 사용되는 이차전지 팩의 중량당 에너지밀도를 160Wh/kg 이상으로 구현하기 위한 모듈 및 팩 제조 시설
	나. 고성능 리튬이차전지 부품소재·셀 및 모듈 제조 기술	이차전지 셀을 기준으로 중량당 에너지밀도가 265Wh/kg 이상 또는 1시간 기준 방전출력 대비 6배 이상의 고출력(6C-rate 이상) 또는 충방전 1,000회 이상의 장수명을 충족하는 고성능 리튬이차전지에 사용되는 부품·소재·셀 및 모듈 제조 시설
	다. 사용후 배터리 평가 및 선별 기술	수명이 종료(초기용량 대비 80% 이하)된 전기동력 자동차 배터리를 검사·분해·평가하는 시설
	라. 사용후배터리 재활용 기술	수명이 종료된 사용후배터리를 친환경적으로 처리하고, 리튬, 니켈, 코발트, 구리 등 재자원화가 가능한 유가금속을 회수하는 시설 (리튬 35% 이상, 니켈/코발트 90% 이상 회수)
	마. 차세대 리튬이차전지 부품·소재·셀 및 모듈 제조 기술	중량당 방전용량이 600mAh/g 이상인 고성능 전극 또는 고체전해질을 기반으로 하는 차세대 리튬이차전지에 사용되는 부품·소재·셀 및 모듈 제조시설
	바. 하이니켈 양극재 제조기술	니켈 함량이 80% 이상인 고용량 양극재 및 리튬계 원자재, 금속전구체 등 양극재 원료와 관련 장비를 제조하는 시설
	사. 장수명 음극재 제조기술	충방전 1,000회 이상이 가능한 장수명 음극재 및 음극재 제조에 필요한 카본계 또는 금속계의 원료와 이의 제작에 필요한 장비를 제조하는 시설
	아. 이차전지 분리막 및 전해액 제조기술	수명특성, 신뢰성, 안전성을 향상시키는 분리막 과 저온특성, 장수명, 안전성을 향상시키는 전해액 및 이와 관련된 원료·장비를 제조하는 시설

영 별표 7의 2의 기술		사업화 시설
분야	국가전략기술	
	자. 이차전지 부품 제조 기술	배터리 장기 사용을 위한 패키징 부품(파우치, 캔, 리드탭)과 고성능 배터리를 위한 전극용 소재부품(도전재, 바인더, 집전체) 및 이와 관련된 원료·장비를 제조하는 시설
3. 백신	가. 방어 항원 등 스크리닝 및 제조기술	각종 질환을 치료하거나(치료용 백신) 예방하기 위해(예방용 백신) 면역기전을 이용하여 인체질환을 방어하는 물질(항원, 핵산, 바이러스벡터 등)을 스크리닝하고 제조하는 시설 및 이를 적용한 백신을 제조하는 시설
	나. 원료 및 원부자재 등 개발·제조 기술	백신 개발·제조에 필요한 원료 및 원부자재(필터, 레진, 버퍼, 배양배지 등) 또는 백신의 효능을 증가시키는 물질(면역보조제)을 제조하는 시설
	다. 생산장비 개발·제조 기술	백신 및 백신 원료·원부자재(필터, 레진, 버퍼, 배양배지 등) 생산에 필요한 장비를 제조하는 시설
4. 디스플레이(2023.3.20. 신설)	가. AMOLED 패널 설계·제조·공정·모듈·구동 기술	기판(유리, 플렉시블, 스트레처블) 위에 저온폴리실리콘산화물(LTPO)·저온폴리실리콘(LTPS)·산화물(Oxide) TFT를 형성한 백플레인 또는 실리콘(Silicon)에 구동소자를 형성한 웨이퍼에 발광특성을 가진 유기물을 진공 증발 증착 또는 프린팅 방식으로 형성하는 FHD 이상의 고화질 또는 고성능(고휘도, 저소비전력) 패널과 구동소자, 커버윈도우 등을 가공·조립하는 AMOLED 패널을 제조하는 시설
	나. 친환경 QD (Quantum Dot) 소재 적용 디스플레이 패널 설계·제조·공정·모듈·구동 기술	반치폭(FWHM, full width at half maximum) 40나노미터(nm) 이하인 RoHS(유럽 6대 제한물질 환경규제) 충족 QD 소재를 노광 또는 직접 패터닝 방식으로 제조한 패널과 구동소자, 커버윈도우 등을 가공·조립하는 친환경 QD 소재 적용 디스플레이 패널을 제조하는 시설
	다. Micro LED 디스플레이 패널 설계·제조·공정·모듈·구동 기술	실리콘(Silicon) 또는 사파이어(Sapphire) 기판에 저결함(1×10^{15}/cm^3 이하) 에피(Epi)공정을 적용한 단축 50㎛ 크기 이하의 R·G·B 마이크로 LED를 적용한 패널과 구동소자, 커버윈도우 등을 가공·조립하는 Micro LED 디스플레이 패널을 제조하는 시설
	라. 디스플레이 패널 제조용 증착·코팅 소재 기술	전자이동도 9cm^2/Vs 이상의 산화물 TFT(Thin Film Transistor)와 유기물(발광·공통층) 소재 및 양자점(QD)·화소격벽·폴리이미드(PI) 코팅소재 등 디스플레이 패널 제조용 증착·코팅 소재를 제조하는 시설

영 별표 7의 2의 기술		사업화 시설
분야	국가전략기술	
	마. 디스플레이 TFT 형성 장비 및 부품 기술	전자이동도 9㎠/Vs 이상의 TFT(Thin Film Transistor) 형성 공정에 사용되는 노광기, 물리 또는 화학적 증착기, 이온주입기, 식각기, 검사장비를 제조하는 시설
	바. OLED 화소 형성·봉지 공정 장비 및 부품 기술(2024.3.22.신설)	유기증착기(Evaporation), 잉크젯장비(Inkjet), 봉지장비(Encapsulation), FMM(Fine Metal Mask) 등 OLED 화소 형성 및 봉지 공정에 사용되는 장비와 부품을 제조하는 시설
5. 수소 (2023.6.7. 신설)	가. 수전해 기반 청정수소 생산기술	재생에너지·원자력에너지 등 무탄소 전원, 계통제약전력(미활용전력) 등을 활용하여 물을 분해하여 청정수소를 생산·공급하는 수전해 공정의 소재·부품·스택(stack)·시스템을 설계 및 제조하는 시설
	나. 탄소포집 청정수소 생산기술	천연가스 또는 액화석유가스로부터 추출수소를 생산하는 과정에서 배출되는 이산화탄소를 포집하여 청정수소를 생산하는 시설
	다. 수소연료 저장·공급 장치 제조 기술	수소연료로 전기를 생산하여 운행되는 이동수단에 수소연료를 저장·공급하는 장치를 제조하는 시설
	라. 수소충전소의 수소 생산·압축·저장·충전 설비 부품 제조기술	수소충전소의 수소 생산설비, 압축설비, 저장설비, 충전설비 및 그 부품을 설계 및 제작하는 시설
	마. 수소차용 고밀도 고효율 연료전지시스템 기술	연료전지 스택 출력밀도 3.1kW/L 이상 또는 연료전지 스택 운전효율[저위발열량(LHV, Lower Heating Value)에 따라 산출된 운전효율을 말한다] 60% 이상을 만족하는 수소전기차용 고밀도·고효율 연료전지시스템을 설계 및 제조하는 시설
	바. 연료전지 전용부품 제조기술	연료전지 핵심부품인 개질기, 막전극 접합체, 금속 분리판 또는 블로어를 제조하는 시설
	사. 수소 가스터빈(혼소·전소) 설계 및 제작 기술	수소를 연료로 사용하여 연소시킬 때 발생하는 고온·고압의 에너지로 발전기를 회전시켜 전기를 생산하는 가스터빈의 부품 설계·제작·조립·시험·평가를 위한 시설(2024.3.22.신설)
	아. 수소환원제철 기술	철강 제조공정에서 수소(H2)를 사용하여 철광석을 환원하고, 전기용융로에서 쇳물(용선)을 생산하는 시설(2024.3.22.신설)
	자. 수소 저장 효율화 기술	수소를 고압기체, 액체, 암모니아, 액상 유기물 수소 저장체(LOHC) 등의 형태로 저장하거나 고체에 흡장 또는 흡착하여 저장하기 위한 시설(2024.3.22.신설)

영 별표 7의 2의 기술		사업화 시설
분야	국가전략기술	
6. 미래형 이동수단 (2023.6.7. 신설)	가. 주행상황 인지 센서 기술	주행상황을 인지하는 차량탑재용 비전 센서(vision sensor), 레이더 센서(radar sensor), 라이다 센서(LIDAR sensor)를 제작하는 시설
	나. 전기동력 자동차의 구동시스템 고효율화 기술	전기동력 자동차에서 전기에너지를 운동에너지로 변환시키는 모터와 구동력을 바퀴에 전달하기 위한 감속기·변속기 등을 고효율화하는 구동시스템을 제조하는 시설 및 해당 고효율화 구동시스템이 적용된 전기동력 자동차를 제조하는 시설 (2023.6.9. 개정)
	다. 전기동력 자동차의 전력변환 및 충전 시스템 기술	최대 출력 100kW급 이상, 최대 효율 92% 이상을 만족하는 전기동력 자동차 급속충전용 전력변환장치와 전기동력 자동차와 연결되는 충전 인터페이스장치를 설계·제조하는 시설
7. 바이오의약품 (2023. 8.29. 신설)	가. 바이오 신약[바이오 베터(Bio Better)를 포함한다] 후보물질 발굴 및 바이오 신약 제조 기술	유전자재조합기술, 세포배양·정제·충전 기술 등 새로운 생명공학기술을 이용하여 생명체에서 유래된 단백질·호르몬·펩타이드·핵산·핵산유도체 등을 원료 및 재료로 하는 단백질의약품·유전자치료제·항체치료제·세포치료제를 제조하는 시설
	나. 바이오시밀러 제조 및 개량 기술	바이오시밀러를 제조하는 시설
	다. 바이오의약품 원료·소재 제조기술	바이오의약품을 생산하기 위한 세포 배양 관련 소재(배지, 첨가물 등), 분리·정제·농축을 위해 사용하는 바이오 필터 소재, 완제품 생산을 위해 제형화에 필요한 원부자재 등을 제조하는 시설
	라. 바이오의약품 부품·장비 설계·제조 기술	바이오의약품 생산·제조 장비와 바이오의약품 품질 분석 및 환경관리에 필요한 장비·부품을 설계·제조하는 시설

❶ 해당 시설이 「조세특례제한법 시행규칙」 별표 6의2에서 규정하는 "금속계의 원료" 제조시설에 해당되는지 여부를 판단함에 있어 (고체, 액체, 기체 등) 물질의 상태는 판단 요건이 되지 않음(재조특-713, 2023.7.4.).

3 공제대상 투자

제5부 제1절 투자세액공제 일반론의 Ⅱ. 3. 참조.

● 근로자 복지 증진 시설의 취득 금액 판정

사원용 임대주택의 경우에는 관리사무소, 어린이놀이터, 노인정, 조경시설, 주차시설 등 필수적 부대시설의 가액을 취득금액에 포함한다(법인 22601-2112, 1991.11.7.). 기숙사의 경우에는 부속된 식당, 보일러실, 목욕탕, 휴게실의 가액을 취득금액에 포함한다(법인22601-2930, 1987.11.3.).

다만, 투자금액 또는 취득금액은 건축물의 장부가액(부속설비 포함)으로 하며 토지가액, 집기, 비품 등은 제외한다(조특 24-21…3).

● 연구시험용 시설의 자본적 지출이 공제 대상에 해당하는지 여부

당초 판매할 목적으로 제작한 설비를 판매하지 않고 추가적인 자본적 지출을 통해 연구시험용으로 사용한 경우, 판매목적 설비의 제작비용으로 지출한 금액에 대해서는 연구 및 인력개발을 위한 설비투자세액공제를 적용받을 수 없으나 추가로 지출한 자본적 지출금액에 대해서는 동 투자세액공제를 적용받을 수 있다(재조특-300, 2019.4.15.).

Ⅲ. 세액공제

1 투자금액의 산정

제5부 제1절 투자세액공제 일반론의 Ⅲ. 1. 참조

세액감면을 적용받는 공장과 그 밖의 공장을 구분경리(조특법 §143)하여 법 제127조 제10항에 따라 공장별로 세액감면과 세액공제를 각각 적용받는 내국법인이 세액감면을 적용받는 공장과 세액공제를 적용받는 공장의 연구개발업무를 함께 수행하는 연구소의 연구 및 인력개발을 위한 시설에 투자한 금액에 대해 공장별로 실지 귀속이 구분되지 않는 경우, 연구 및 인력개발설비 투자세액공제는 법인세법 제113조 및 같은 법 시행령 제156조 규정에 따른 구분경리 방법으로 공장별 투자금액을 안분계산하여 세액감면을 적용받는 공장을 제외한 다른 공장의 투자금액 해당액에 한하여 적용받을 수 있다(사전법령법인-20240, 2015. 3.19.).

2 공제시기

제5부 제1절 투자세액공제 일반론의 Ⅲ. 2. 참조

3 공제세액

공제금액은 기본공제 금액과 추가공제 금액의 합계액으로 한다(조특법 §24 ① 2호).

공제세액 = 기본공제 금액 + 추가공제 금액

3-1 기본공제 (가목)

(가) 원칙 ('24년 이후)

공제시기별 투자금액에 기업규모별로 기본 공제율을 곱하여 공제되는 세액을 계산한다.

중소기업은 투자금액의 10%, 중견기업은 5%, 대기업은 1%를 기본 공제율로 적용한다. 다만 신성장사업화시설에 대해서는 1%~2% 포인트를 추가하여 각각 12%, 6%, 3%를 적용하고, 국가전략사업화시설에 대하여는 10%~15% 포인트를 추가하여 각각 25%, 15%, 15%를 적용한다.

기업규모별 공제율(2024년 이후 적용되는 공제율)

구 분	대기업	중견기업	중소기업
통합투자세액공제 기본공제(+추가공제)	1% (+ 3%)	5% (+ 3%)	10% (+ 3%)
신성장 사업화 시설 기본공제(+추가공제)	3% (+ 3%)	6% (+ 3%)	12% (+ 3%)
국가전략 사업화시설 기본공제(+추가공제)	15% (+ 4%)	15% (+ 4%)	25% (+ 4%)

2% 포인트 추가 적용되는 시설은 신성장 사업화 시설에 한하며, 같은 조문에 규정되어 있는 초연결 네트워크 구축 시설에는 적용되지 않음에 유의하여야 한다.

2023년 세법개정에서 중견기업의 기본공제율을 3%에서 5%로 상향하고, 신성장·원천기술 사업화 시설에 대한 세액공제율을 5%에서 6%로 상향하며, 대기업의 국가전략기술 사업화시설 투자에 대한 세액공제율을 6%에서 8%로 상향함. 2023.1.1. 전에 투자한 경우의 세액공제율에 관하여는 개정 규정에도 불구하고 종전의 규정에 따름(2022.12.31. 개정된 법률 부칙 §31).

국가전략기술 사업화시설 투자에 대한 세액공제 시 적용하는 기본공제율을 중소기업에 대해서는 투자금액의 16%에서 25%로, 대기업과 중견기업에 대해서는 투자금액의 8%에서 15%로 상향함. 반도체·배터리·백신 등에 대한 투자 촉진을 위해 대기업 공제율을 중견기업 수준으로 상향함. 법 24조 1항 2호 가목 2)의 개정규정은 2023.1.1. 이후 국가전략기술사업화시설에 투자하는 경우부터 적용함. 2023.1.1. 전에 국가전략기술사업화시설에 투자한 경우의 세액공제율에 관하여는 개정규정에도 불구하고 종전의 규정에 따름(2023.4.11. 개정된 법률 부칙 §3 ①·②).

(나) 임시투자세액공제 ('23년 한시적 적용)

2023.12.31.이 속하는 과세연도에 투자하는 경우에는 다음의 기본공제 금액과 후술하는 추가공제 금액을 합한 금액을 공제한다. 중소기업은 투자금액의 12%, 중견기업은 7%, 대기업은 3%를 기본 공제율로 적용한다. 다만 신성장사업화시설에 대해서는 3%~6% 포인트를 추가하여 각각 18%, 10%, 6%를 적용하고, 국가전략사업화시설에 대하여는 8%~13% 포인트를 추가하여 각각 25%, 15%, 15%를 적용한다(조특법 §24 ① 3호).

2023년에 한시적으로 적용되는 임시투자세액공제의 공제율

구 분	대기업	중견기업	중소기업
통합투자세액공제 기본공제(+추가공제)	3% (+ 10%)	7% (+ 10%)	12% (+ 10%)
신성장 사업화 시설 기본공제(+추가공제)	6% (+ 10%)	10% (+ 10%)	18% (+ 10%)
국가전략 사업화시설 기본공제(+추가공제)	15% (+ 10%)	15% (+ 10%)	25% (+ 10%)

2023년 세법개정에서 한시적으로 2023.12.31.이 속하는 과세연도에 신성장·원천기술 사업화시설이나 그 밖의 시설에 투자하는 경우에는 기업 규모에 따라 기본공제율을 각각 상향함. 그리고, 직전 3년간 연평균 투자금액을 초과하여 투자하는 경우에 적용되는 추가공제율도 종전에는 투자 시설별로 3% 또는 4%이던 것을 2023.12.31.이 속하는 과세연도의 경우에는 일률적으로 10%로 상향함. 법 24조 1항 3호의 개정규정은 2023.12.31.이 속하는 과세연도에 투자한 금액에 대하여 적용함 (2023.4.11. 개정된 법률 부칙 §3 ③).

3-2 추가공제 (나목)

해당 과세연도에 투자한 금액이 해당 과세연도의 직전 3년 평균 투자분 또는 취득금액을 초과하는 금액에 대해서는 추가로 3%를 적용하되, 기본공제 금액의 2배를 한도로 한다. 다만, 국가전략사업화시설에 대하여는 추가로 4%를 적용한다.

$$\text{증가분 방식 세액공제액} = \left(\text{해당 연도 투자 금액} - \text{직전 3년 평균 투자분} \right) \times 10\% \quad \text{(단, 기본공제금액의 2배를 한도로 함)}$$

다만, 23년 투자증가분에 대해서는 추가 세액공제율을 모두 10%로 한시적으로 상향한다(임시투자세액공제).

(가) 해당 연도 투자 금액의 산정

조세특례제한법(2020.12.129 법률 제17759호로 개정된 것) 부칙 제4조 제2항에 따라 투자를 완료한 날이 속한 과세연도에 모든 투자가 이루어진 것으로 보아 공제 금액을 산정하는 경우,[11] 추가공제 금액은 해당 과세연도에 실제 투자한 금액만을 기준으로 하여 계산한다 (재조특-465, 2022.6.30.; 서면법인-3581, 2023.11.20.). 증가분 계산을 위한 직전 3년 평균 투자액을 계산할 때 부칙의 예외 규정에 따른 완료 기준 투자 금액을 적용하지 않고 실제 투자한 금액만을 기준으로 추가공제 금액을 계산한다.

---

[11] 제1절 Ⅲ 2-2 완료일 기준 참조

(나) 직전 3년간 연평균 투자금액의 산정

직전 3년간 연평균 투자금액의 계산은 다음 계산식에 따른다. 이 경우 내국인의 투자금액이 최초로 발생한 과세연도의 개시일부터 세액공제를 받으려는 해당 과세연도 개시일까지의 기간이 36개월 미만인 경우에는 그 기간에 투자한 금액의 합계액을 36개월로 환산한 금액을 해당 과세연도의 개시일부터 소급하여 3년간 투자한 금액의 합계액으로 본다(조특령 §21 ⑧).

$$\frac{\text{해당 과세연도 개시일부터 소급하여 3년간 투자한 금액의 합계액}}{3} \times \frac{\text{해당 과세연도 개월 수}}{12}$$

이때 계산한 3년간 투자한 연평균 투자금액이 없는 경우에는 추가공제 금액이 없는 것으로 한다(조특령 §21 ⑨).

합병법인, 분할신설법인, 분할합병의 상대방법인, 사업양수법인 또는 현물출자를 받은 법인(이하 "합병법인등")의 경우에는 합병, 분할, 분할합병, 사업양도 또는 현물출자를 하기 전에 피합병법인, 분할법인, 사업양도인 또는 현물출자자가 투자한 금액은 합병법인등이 투자한 것으로 본다.

사업양수도 방법으로 사업을 양수한 법인이 통합투자 세액공제 금액을 계산함에 있어 추가공제금액 산정 시 해당 과세연도의 직전 3년간 연평균 투자금액에 대한 산정 시 (사업양수인의 추가공제금액 산정에서) 사업양도인이 투자한 금액을 포함하여 (합산하여) 산정한다(재조특-467, 2022.6.30.). 자산 양수 후 추가투자한 경우 양도법인의 기감면세액을 추징하고 양수법인이 전액을 공제받는 것과 동일한 논리이다(제1절 Ⅱ. 3-1 (1-2) 참조).

2023년 세법개정에서 합병 등 사업결합의 경우 사업의 계속성이 있으므로 추가공제 계산 시 피합병법인등이 투자한 금액은 합병법인등이 투자한 것으로 의제함.

4 사후관리

본 세액공제는 2가지의 사후관리 규정이 적용된다.

첫번째로, 투자세액공제 규정에 따라 소득세 또는 법인세를 공제받은 자가 투자완료일부터 2년(단, 일부 건축물에 대해서는 5년)이 지나기 전에 해당 자산을 처분·임대한 경우, 세액공제액 상당액에 이자상당가산액을 가산하여 납부하는 규정이다(조특법 §146).

상세 내용은 제1절 투자세액공제 일반론 Ⅵ.을 참조하기로 한다.

두번째로, 투자완료일로부터 5년 이내의 기간 등에 해당 자산을 다른 목적으로 전용하는 경우이다.

이하에서는 두번째의 경우를 살펴본다.

4-1 자산을 다른 목적으로 전용한 경우

(가) 사후관리 기간

본 특례에 따라 소득세 또는 법인세를 공제받은 자가 투자완료일부터 다음의 기간 이내에 그 자산을 다른 목적으로 전용한 경우에는 전용한 날이 속하는 과세연도의 과세표준신고를 할 때 공제받은 세액공제액 상당액에 이자 상당 가산액을 가산하여 소득세 또는 법인세로 납부하여야 한다. 이 경우 해당 세액은 납부하여야 할 세액(소법 §76 또는 법법 §64)으로 본다(조특법 §24 ③, 조특령 §21 ⑤). 즉, 납부하는 사업연도의 본세에 해당한다.

사후관리 기간

기간	대상 시설(조특칙 §12의 3)
5년	① 근로자복지 증진 시설(§12 ② 4호) ② 유통산업합리화시설 중 창고시설 등(§12 ③ 4호) ③ 숙박시설, 전문휴양시설(골프장 시설은 제외함) 및 종합유원시설업의 시설 (§12 ③ 6호)
3+α년❶	병행생산시설(신성장사업화시설 또는 국가전략기술사업화시설 중 해당 기술을 사용하여 생산하는 제품 외에 다른 제품의 생산에도 사용되는 시설)
2년	이외의 사업용 자산

❶ 투자완료일이 속하는 과세연도의 다음 3개 과세연도의 종료일까지의 기간

- 근로자복지증진시설을 외부인에게 임대하는 경우에는 다른 목적에 전용한 것으로 보아 추징한다(법규법인 2012-37, 2012.4.4.).
- 사원용 임대주택을 무주택종업원이 아닌 종업원에게 임대하는 때에도 추징사유에 해당한다(법인 22601-2234, 1991.11.25.; 법인 22601-279, 1991.2.11.).
- 그러나 임대주택의 동·호수의 이동변경은 세액공제 추징사유로 보지 않는다(법인 46012-3291, 1996.11.27.).

다만, 조세심판원에서는 종업원 이외의 자가 근로자복지증진 시설을 함께 사용하는 경우, 다른 목적에 전용한 경우로 보지 않으면서 전체 금액을 공제 대상으로 판단하였다.

● **체력단련시설을 협력사 직원이 함께 사용하는 경우 추징 여부** (부정)

이용대상이 협력사 직원으로 확대되었다고 하더라도 쟁점체력단련시설이 체력단련을 위한 목적으로 운영된 것에는 변화가 없는 점, 청구법인의 직원들의 복지증진을 위한 목적으로 현재도 쟁점체력단련시설을 운영하고 있어 다른 목적으로 전용하였다고 볼 수 없는 점 등에 비추어「조세특례제한법」제94조 제4항에 따라 쟁점 체력단련시설을 전용한 것으로 보아 쟁점세액공제에서 청구법인 외 직원의 등록인원비율(28%)에 해당하는 금액을 차감하여 과세한 처분은 잘못이 있는 것으로 판단된다(조심 2014중0087, 2018.7.5.).

2022년 세법개정에서 신성장·원천기술 또는 국가전략기술을 사용한 제품 외에 다른 제품의 생산에도 병행하여 사용하는 신성장사업화시설 또는 국가전략기술사업화시설에 투자하여 세액공제를 받은 경우 그 자산에 대한 사후관리 기간을 투자완료일부터 투자완료일이 속하는 과세연도의 다음 3개 과세연도의 종료일까지로 한다. 그리고, 사후관리 기간 동안 해당 시설에서 신성장·원천기술이나 국가전략기술을 사용하여 생산한 제품이 전체 생산량의 절반을 넘지 않는 경우에는 해당 시설을 다른 목적으로 전용한 것으로 보아 공제받은 세액 중 일정 금액을 납부하도록 하였다. 개정규정은 2021.7.1. 이후 새로 투자한 국가전략기술사업화시설 또는 신성장사업화시설부터 적용한다(2022.2.15. 개정된 시행령 부칙 §8 ②).

(나) 신성장사업화시설 또는 국가전략기술사업화시설의 전용 판정

사후관리 기간을 적용할 때 신성장사업화시설 또는 국가전략기술사업화시설이 다음 어느 하나에 해당하면 해당 규정에서 정한 기간이 끝나는 날에 그 시설을 다른 목적으로 전용한 것으로 본다. 다만, 천재지변으로 인한 시설의 멸실, 3+α년❶ 동안 화재 등으로 해당 시설이 파손되어 가동이 불가능한 경우가 있는 경우에는 전용한 것으로 보지 않는다(조특령 §21 ⑩, 조특칙 §12의 2 ③).

① 신성장사업화시설의 경우:

3+α년❶ 동안 해당 시설에서 생산된 모든 제품의 총생산량에서 신성장·원천기술을 사용하여 생산한 제품과 국가전략기술을 사용하여 생산한 제품의 생산량의 합이 차지하는 비율이 50% 이하인 경우

② 국가전략기술사업화시설의 경우:

3+α년❶ 동안 해당 시설에서 생산된 모든 제품의 총생산량에서 국가전략기술을 사용하여 생산한 제품의 생산량이 차지하는 비율이 50% 이하인 경우

$$\frac{\text{신성장·원천기술 또는 국가전략기술❷을 사용하여 생산한 제품의 생산량❶}}{\text{3+α년❶ 동안 해당 시설에서 생산된 모든 제품의 총생산량}} \leq 50\%$$

❶ 투자완료일(투자완료일이 2022.4.1. 이전인 경우에는 2022.4.1.)부터 투자완료일이 속하는 과세연도의 다음 3개 과세연도의 종료일까지의 기간

❷ 신성장사업화시설은 신성장·원천기술을 사용하여 생산한 제품과 국가전략기술을 사용하여 생산한 제품의 생산량의 합계이나, 국가전략기술사업화시설은 국가전략기술을 사용하여 생산한 제품의 생산량만으로 계산함.

(다) 신성장사업화시설 또는 국가전략기술사업화시설의 전용 판정시 추징세액

신성장사업화시설 또는 국가전략기술사업화시설을 다른 목적으로 전용한 것으로 보는 경우의 공제받은 세액공제액 상당액, 즉 추징세액은 공제받은 세액공제액에서 해당 시설이 신성장사업화시설 또는 국가전략기술사업화시설이 아닌 시설(이하 "일반시설")인 경우에 공제받을 수 있는 세액공제액을 뺀 금액으로 한다(조특령 §21 ⑪).

> 추징세액 = 공제받은 세액공제액 — 일반시설인 경우 공제받을 수 있는 세액❶

❶ 다만, 국가전략기술사업화시설의 경우 해당 시설에서 생산된 모든 제품의 총생산량에서 신성장·원천기술을 사용하여 생산한 제품과 국가전략기술을 사용하여 생산한 제품의 생산량의 합이 차지하는 비율이 50%를 초과하는 경우에는 신성장사업화시설로서 공제받을 수 있는 세액공제액

4-2 이자상당가산액

이자상당액은 다음과 같이 계산한다(조특령 §21 ⑥).

> 이자상당가산액 = 공제받은 세액 × 소정 기간❶ × 이자율(1일 10만분의 22)❷

❶ 공제받은 과세연도의 과세표준신고일의 다음 날부터 의무위반사유가 발생한 날이 속하는 과세연도의 과세표준신고일까지의 기간

❷ 2022년 세법 개정에 따른 이자율에 대한 개정 규정 및 부칙은 제3부 제2장 제2절 Ⅲ. 3-2를 참조하기로 한다.

Ⅳ. 조세특례제한 등

1 절차 (선공제 후인정)

세액공제를 적용받으려는 자는 해당 과세연도의 과세표준신고서와 함께 세액공제신청서를 납세지 관할 세무서장에게 제출해야 한다. 이 경우 신성장사업화시설 또는 국가전략기술사업화시설의 인정을 받을 것을 조건으로 그 인정을 받기 전에 세액공제를 신청할 수

있다(조특령 §21 ⑬, 조특칙 §13).

(가) 신청 기한 (완료일 기준)

세액공제를 신청하는 자는 투자완료일이 속하는 달의 말일부터 3개월 이내에 기획재정부장관과 산업통상자원부장관에게 신성장사업화시설 또는 국가전략기술사업화시설의 인정을 신청해야 한다. 다만, 동일한 과세연도에 완료된 둘 이상의 투자에 대하여 각각 (선공제 후인정 방식의) 세액공제를 신청하는 경우에는 가장 늦게 완료된 투자의 투자완료일이 속하는 달의 말일부터 3개월 이내에 인정을 신청할 수 있다.

(나) 신청 기한 (투자일 기준)

위 완료일 기준에 의한 신청 기한 규정에도 불구하고 투자가 2개 이상의 과세연도에 걸쳐 이루어지는 경우로서 그 투자가 이루어지는 과세연도(투자완료일이 속하는 과세연도는 제외함)에 투자한 금액에 대하여 (선공제 후인정 방식의) 세액공제를 신청하는 경우에는 해당 과세연도 종료일부터 3개월 이내에 인정을 신청해야 한다. 다만, 다음 어느 하나에 해당하는 경우에는 해당 과세연도의 다음 과세연도 종료일(다음 과세연도가 투자완료일이 속하는 과세연도인 경우에는 투자완료일이 속하는 달의 말일)부터 3개월 이내에 인정을 신청할 수 있다.
① 투자개시일이 속하는 과세연도의 경우
② 직전 과세연도에 투자한 금액에 대하여 신성장사업화시설 또는 국가전략기술사업화시설의 인정을 받은 경우

2023년 세법 개정사항으로, 종전에는 신성장·원천기술 사업화 시설 또는 국가전략기술 사업화 시설 투자에 대한 세액공제를 받으려면 공제 전에 해당 시설이 신성장·원천기술 사업화 시설 또는 국가전략기술 사업화 시설에 해당하는지에 대하여 기획재정부장관과 산업통상자원부장관의 인정을 받도록 하였으나, 앞으로는 세액공제 신청 당시 그 인정을 받지 못하였더라도 추후 인정을 받을 것을 조건으로 세액공제를 신청할 수 있도록 함. 개정규정은 2023. 2.28. 이후 과세표준을 신고하는 경우부터 소급하여 적용함(2023.2.28. 개정된 시행령 부칙 §4). 2022.12.31.이 속하는 과세연도에 이루어진 투자로서 2023.1.1. 전에 완료된 투자에 대하여 영 제21조 제13항 후단에 따라 (선공제 후인정 방식의) 세액공제를 신청하는 자는 개정규정에도 불구하고 2023.3.31.까지 기획재정부장관과 산업통상자원부장관에게 신성장사업화시설 또는 국가전략기술사업화시설의 인정을 신청해야 함 (2023.3.20. 개정된 시행규칙 부칙 §3).

2 병행생산시설의 생산량 실적 자료 제출 의무 등

신성장사업화시설 또는 국가전략기술사업화시설 중 해당 기술을 사용하여 생산하는 제품 외에 다른 제품의 생산에도 사용되는 시설(이하 "병행생산시설")에 대하여 세액공제를 적용받으려는 자는 해당 시설에서 생산되는 모든 제품의 생산량을 다음에서 정하는 바에 따라 측정기록하고 측정 기간 종료일부터 5년 동안 보관해야 한다. 또한, 투자완료일이 속하는 과세연도의 다음 3개 과세연도의 종료일까지의 기간 중 마지막 과세연도의 과세표준신고를 할 때 생산량 실적표(별지 서식 제8호의 10)를 납세지 관할 세무서장에게 제출해야 한다(조특령 §21 ⑭, 조특칙 12의 2 ④).

① 해당 시설을 거쳐 저장·판매가 가능한 형태로 생산된 제품 또는 반제품(그 제품 또는 반제품을 사용하여 생산한 다른 제품 또는 반제품은 제외함)을 측정 대상으로 할 것
② 해당 시설의 투자완료일(투자완료일이 2022.4.1. 이전인 경우에는 2022.4.1.)부터 그 날이 속하는 과세연도의 다음 3개 과세연도의 종료일("측정기간")까지 측정할 것
③ 다음 구분에 따른 단위로 측정할 것
   ㉮ 고체류: 개수
   ㉯ 액체류 및 기체류: 부피 단위 또는 해당 제품을 담은 동일한 부피의 용기 등의 개수

2022년 세법개정에서 신성장·원천기술 또는 국가전략기술을 사용한 제품 외에 다른 제품의 생산에도 병행하여 사용하는 신성장사업화시설 또는 국가전략기술사업화시설에 투자하여 세액공제를 받은 경우 생산량 자료를 작성·보관하고 제출하도록 하였다. 개정규정은 2021.7.1. 이후 새로 투자한 국가전략기술사업화시설 또는 신성장사업화시설부터 적용한다(2022.2.15. 개정된 시행령 부칙 §8 ②).

3 법인세법상 시험연구용 자산과의 중복적용 불가

시험연구용 자산 중 연구·시험용 시설 및 직업훈련용 시설에 대한 투자에 대해 세액공제를 이미 받은 자산에 대해서는 법칙 [별표 2] 시험연구용 자산의 내용연수표에 따른 감가상각비를 손금에 산입할 수 없다(법칙 별표2 1호).

시험연구용 자산의 내용연수는 일반적인 감가상각자산에 비하여 내용연수를 단기로 적용하나, 통합투자세액공제를 적용받은 경우에는 법인세법 시행규칙 별표 5 또는 별표 6에 의한 내용연수를 적용하여야 한다. 통합투자세액공제를 적용받은 경우에 설비투자자산의 감가상각비 손금산입 특례(조특법 §28의 3)는 별표 5 또는 별표 6의 기준내용연수 및 내용연

수 범위표를 기준으로 적용한다(서면법인-4422, 2021.7.20.).

4 중복지원의 배제

다음의 중복지원 배제조항이 적용된다(조특법 §127 ①~④).
- 국가 등의 지원금 수령 시 배제
- 투자세액공제 간 중복지원 배제
- 외투감면 시 내국인 지분 제외
- 감면규정과 세액공제규정의 중복지원 배제

제20부 제1절 중복지원의 배제 부분을 참조하기로 한다.

5 수도권과밀억제권역의 투자에 대한 조세감면배제

수도권과밀억제권역 내 투자에 대한 투자세액공제를 배제함에 있어, 1989년 이전 설치된 사업장에 대하여는 대체투자는 허용하나 과밀을 유도하는 증설투자는 배제하고, 1990년 이후 설치된 사업장에 대하여는 원칙적으로 증설·대체 투자를 모두 배제한다. 다만 중소기업의 경우에는 1990년 이후 설치된 사업장에 대하여서도 대체투자는 허용하되, 증설투자는 배제한다(조특법 §130).

제1절 V.를 참조하기 바란다.

기타 조세특례제한 등

구 분	내 용	참조 부분
세액공제신청서	투자일 기준[별지 제1호 서식 및 부표(1) 및 별지 제8호의 9 서식(통합투자세액공제신청서)]	
추계과세 시 등의 배제	추계과세 시 세액공제 배제(조특법 §128 ①)	제20부 제2절
최저한세	적용대상(조특법 §132 ①·②)	제20부 제4절
세액공제액의 이월공제	허용(조특법 §144 ①·②)	제21부 제2절
농어촌특별세	과세(농특세법 §5 ① 1호)	

제3절 [제25조의 6] 영상콘텐츠 제작비용에 대한 세액공제 ★★☆

Ⅰ. 의의

국내외에서 발생한 내국인의 영상콘텐츠 제작비용을, 중소기업은 15%, 중견기업은 10%, 대기업은 5%의 공제율을 적용하여 세액공제하는 직접감면제도이다. 또한, 국내 제작비 비중 요건 등을 충족하는 경우 중소기업은 15%, 중견·대기업은 10%를 추가로 공제한다.

본 세액공제 조문은 제4절 투자촉진을 위한 조세특례에 위치하고 있으나, 자산에 대한 투자의 성격을 가지고 있는 투자세액공제제도에 해당하지 아니하며, 조특법 제10조 연구인력개발비 세액공제와 유사하게 비용을 세액공제하는 제도이다.

영화, 드라마 등 방송영상물은 문화산업진흥기본법상 창작개발의 분야에 포함되어 기업부설창작연구소 또는 기업창작전담부서가 인정되는 경우에는, 그 전담부서 등의 인건비 등을 종래 연구인력개발비 세액공제의 대상으로 세제지원하였다. 이에 추가하여 본 특례에 따라 영상물을 제작하는 현장부서의 인건비, 재료비, 임차료 등에 조세특례를 부여한다. 연구개발 또는 시설투자 단계가 아닌 제작 단계, 즉 사업 영위시점에서의 세액공제라는 점에서 매우 직접적인 조세지출이라 할 수 있다.

한류 열풍을 통한 수출·관광 증대 및 국가 이미지 향상 등 파급 효과가 큰 영상콘텐츠 제작을 지원하기 위하여 2017년 개정세법에서 신설되었다.

일몰기한은 2025.12.31.이다.

개정연혁

연 도	개정 내용
2020년	■ 공제 대상에 오락프로그램을 추가하고 다큐멘터리의 소재 제한을 없앰
2022년	■ 국외 발생 비용을 공제 대상에 추가 ■ 퇴직연금 부담금 및 퇴직연금계좌 납부 부담금을 세액공제 제외 항목에 추가하고, 이익잉여금 처분 성과급을 삭제
2023년	■ 공제대상에 OTT 콘텐츠를 추가 ■ 이미 공제받은 기존 콘텐츠와 동일한 콘텐츠 제작비를 공제 대상에서 제외

연 도	개정 내용
2024년	■ 제작 국산화 요건 등 충족시 추가공제 신설 ■ 공제율 상향 : 중소 10→15%, 중견 7→10%, 대 3→5%

Ⅱ. 요건

 주체

1-1 영상 제작자

과세특례의 주체는 영상콘텐츠의 실질적인 제작을 담당하는, 내국인인 영상제작자로서 다음의 요건을 갖춘 자(이하 "영상콘텐츠 제작자")로 한다(조특령 §22의 10 ①, 조특칙 §13의 9 ①). 영상제작자란 영상저작물의 제작에 있어 그 전체를 기획하고 책임을 지는 자를 말한다(저작권법 §2 14호).

① 방송프로그램 및 OTT 비디오물

방송프로그램 및 OTT 비디오물의 경우, 다음의 요건 중 3개 이상의 요건을 갖춘 영상콘텐츠 제작자를 말한다.

㉮ 작가(극본, 시나리오 등을 집필하는 자를 말함)와의 계약 체결을 담당할 것

㉯ 주요 출연자와의 계약 체결을 담당할 것

㉰ 주요 스태프(연출, 촬영, 편집, 조명 또는 미술 스태프) 중 2가지 이상 분야의 책임자와의 계약 체결을 담당할 것

㉱ 제작비의 집행 및 관리와 관련된 모든 의사결정을 담당할 것

② 영화

영화제작업자[영화 및 비디오물의 진흥에 관한 법률(이하 "영화비디오법") §2 9호]로서 위의 요건 중 3개 이상의 요건을 갖추어야 한다.

1-2 중견기업

중견기업의 정의는 제2부 제4절 상생결제 지급금액 세액공제의 Ⅱ. 1-2를 참조하기 바

란다(조특령 §6의 4 ①).

2 공제대상 (영상콘텐츠)

다음의 방송프로그램, 영화 및 OTT 비디오물(이하 "영상콘텐츠")을 공제대상으로 한다(조특법 §25의 6 ① 1호, 조특령 §22의 10 ②).

2-1 방송프로그램 (1호)

방송프로그램[1]으로서 방송사업자[2]의 텔레비전방송으로 방송된 드라마, 애니메이션, 다큐멘터리 및 오락을 위한 프로그램을 말한다.

방송프로그램의 요건

구 분	요 건
오락프로그램	국민정서의 함양과 여가생활의 다양화를 목적으로 하는 방송프로그램(방송법 시행령 §50 ②)
다큐멘터리	교양에 관한 방송프로그램(국민의 교양향상 및 교육을 목적으로 하는 방송프로그램과 어린이·청소년의 교육을 목적으로 하는 방송프로그램) 중 다큐멘터리(방송법 시행령 §50 ②)
애니메이션	애니메이션 중 방송사업자의 텔레비전방송으로 방송된 애니메이션

2020년 개정세법에서 종래 시행규칙에서 규정되었던 방송프로그램을 법률과 시행령에서 규정하고, 오락프로그램을 공제 대상에 추가하였다. 또한 종래 다큐멘터리는 한국의 자연 또는 문화유산 등을 소재로 제작한 것에 한정하였으나, 소재 제한을 없앴다. 영상콘텐츠 사업을 지원하고 한류 확산을 촉진하기 위한 목적이다. 개정규정은 2020.1.1. 이후 발생한 영상콘텐츠의 제작비용을 지출하는 경우부터 적용한다(2019.12.31. 개정된 법률 부칙 §14).

2-2 영화 (2호)

영화[3]로서 영화상영관에서 7일 이상 연속하여 상영된 것을 말한다. 다만 영화진흥위원

---

[1] "방송프로그램"이란 방송편성의 단위가 되는 방송내용물을 말한다(방송법 §2 17호).
[2] "방송사업자"란 지상파방송사업자, 종합유선방송사업자, 위성방송사업자, 방송채널사용사업자 및 공동체라디오방송사업자를 말한다(방송법 §2 3호).
[3] "영화"란 연속적인 영상이 필름 또는 디스크 등의 디지털 매체에 담긴 저작물로서 영화상영관 등의 장소 또는 시설에서 공중(公衆)에게 관람하게 할 목적으로 제작한 것을 말한다(영화비디오법 §2 1호).

회가 인정하는 예술영화 및 독립영화의 경우에는 1일 이상 상영된 것을 말한다(조특칙 §13의 9 ④).

상영 기간의 확인은 영화상영관입장권 통합전산망으로 한다(조특칙 §13의 9 ⑤).

2-3 OTT 비디오물 (3호)

비디오물로서 다음의 어느 하나에 해당하는 등급분류를 받고 「전기통신사업법」에 따른 온라인 동영상 서비스(OTT; Over The Top)를 통해 시청에 제공된 비디오물을 말한다.

㉮ 영상물등급위원회의 등급분류
㉯ 자체등급분류사업자의 등급분류

2023년 세법개정에서 온라인 동영상 서비스를 통하여 시청에 제공된 영상콘텐츠의 제작비용에 대한 세액공제 특례가 신설됨에 따라, 그 적용 대상 영상콘텐츠를 「영화 및 비디오물의 진흥에 관한 법률」에 따른 영상물등급위원회 또는 자체등급분류사업자의 등급분류를 받은 비디오물로 정하고, 여러 과세연도에 걸쳐 시청에 제공되는 경우의 공제 방법을 정하는 등 세액공제에 필요한 세부사항을 정함. 개정규정은 2023.1.1. 이후 비디오물의 제작을 위하여 발생하는 영상콘텐츠 제작비용부터 적용함(2022.12.31. 개정된 법률 부칙 §12).

3 추가공제 요건

다음 요건을 모두 충족하는 영상콘텐츠의 경우 추가공제를 적용한다(조특령 §22의 10 ④).

(가) 제작 국산화 요건

전체 촬영제작에 든 비용(조특칙 별표 8의 9 제2호) 중 국내에서 지출한 비용이 차지하는 비율이 80% 이상이어야 한다(조특칙 §13의 9 ⑧).

별표 8의 9는 후술하는 Ⅲ. 1.을 참조하기로 한다.

(나) 개별 제작비 국산화 요건

다음 요건 중 3개 이상의 요건을 충족하여야 한다.

개별제작비 국산화 요건

구 분	요 건(조특칙 §13의 9 ⑨~⑫)
인건비	작가 및 주요 스태프(같은 조 ① 1호 가목 및 다목)에게 지급한 인건비 중 내국인에게 지급한 인건비가 차지하는 비율이 80% 이상일 것
출연료	배우 출연료(조특칙 별표 8의 9 2호 가목) 중 내국인에게 지급한 출연료가 차지하는 비율이 80% 이상일 것
후반비용	후반제작에 든 비용(조특칙 별표 8의 9 3호) 중 국내에서 지출한 비용이 차지하는 비율이 80% 이상일 것
IP	「저작권법」에 따른 복제권, 공연권, 방송권, 전송권, 배포권 및 2차적저작물작성권 중 영상콘텐츠 제작자가 보유한 권리의 수가 3개 이상일 것. 권리를 공동으로 보유한 경우에는 해당 권리의 행사에 따른 수익의 50% 이상을 배분받는 경우에만 그 권리를 보유한 것으로 봄.

2024 개정 영상콘텐츠의 촬영 제작 및 편집 등 후반 제작에 든 비용 중 국내에서 지출한 비용과 작가 및 주요 스태프에게 지급한 인건비 중 내국인에게 지급한 인건비가 각각 80% 이상이고, 저작권법에 따른 권리 중 3개 이상의 권리를 제작자가 보유한 경우에는 제작비용 중 최대 15%에 상당하는 금액을 추가로 공제받을 수 있도록 함.

Ⅲ. 세액공제

1 공제대상 비용

공제대상 비용은 국내외에서 발생한 영상콘텐츠 제작비용 중 조특칙 별표 8의 9의 영상콘텐츠 제작비용으로 한다. **국외 발생 제작비용도 포함하여 공제함에 주의하여야 한다.** 다만 국가, 지방자치단체, 공공기관 및 지방공기업으로부터 출연금 등의 자산을 지급받아 영상콘텐츠 제작비용으로 사용한 금액4)과 세액공제를 받은 영상콘텐츠를 활용하여 다른 영상콘텐츠를 제작한 경우 이미 세액공제를 받은 기존 영상콘텐츠의 제작비용 및 다음에 해당하는 비용은 제외한다(조특령 §22의 10 ③, 조특칙 §13의 9 ⑥·⑦).

---

4) 투자세액공제와 관련하여 국가등의 지원금 수령에 의한 투자를 제외하는 규정(조특법 §127 ①) 및 연구인력개발비 세액공제에서 정부출연금을 제외하는 규정(조특령 §8 ①)과 그 취지를 같이한다.

① (삭제)
② 광고 및 홍보비용
③ 기업업무추진비(소법 §35 및 법법 §25조)
④ 퇴직소득(소법 §22), 퇴직급여충당금(소법 §29, 법법 §33), 퇴직연금계좌에 납부한 부담금(소령 §40의 2 ① 2호) 및 퇴직연금등의 부담금(법령 §44의 2 ②)
⑤ 배우출연료(조특칙 별표 8의 9 2호 가목)가 가장 많은 배우 5인의 배우출연료 합계액이 제작비용 합계액(①~④까지의 규정에 따른 금액은 제외함)의 30%를 초과하는 경우 해당 초과 금액

방송프로그램 제작을 위해 야외에서 촬영하는 경우, 야외시설 이용료는 영상콘텐츠 제작비용에 해당하지 않으나, 국내외 스포츠를 중계방송하는 경우, 중계방송 프로그램 제작비용(중계권료 제외)은 공제 대상에 해당한다(재조특-240, 2021.3.23.; 사전법령법인-0709, 2021.3.30.).

한편, 외주제작사에 지급한 용역비 등은 영상콘텐츠 제작비용에 해당하지 않는다(재조특-241, 2023.3.9.; 기준법무법인-0240, 2023.3.13.). 외주제작의 경우 제작비의 집행과 관리와 관련된 의사결정만 담당하므로 실질적으로 제작을 담당한 자로 볼 수 없고 투자자로서 제작에 참여한 것에 가깝기 때문이다.

종래 공제 대상을 국내에서 발생한 비용에 한정하였으나, 2022년 세법개정에서 영상콘텐츠 산업 지원 및 한류 확산을 촉진하기 위하여 국외 발생 비용을 공제대상에 추가하였다. 개정규정은 2022.1.1. 이후 발생한 영상콘텐츠 제작비용부터 적용한다(2021.12.28. 개정된 법률 부칙 §8). 그리고, 퇴직연금 부담금 및 퇴직연금계좌 납부 부담금을 세액공제 제외 항목에 추가하고, 이익잉여금 처분 성과급을 삭제하여 정비하였다. 개정규정은 2022.3.18. 이후 지출한 부담금부터 적용한다(2022.3.18. 개정된 시행규칙 부칙 §3).

2023년 세법개정에서 이미 공제받은 기존 콘텐츠와 동일한 콘텐츠 제작비를 공제 대상에서 제외함을 명확히 함. 예를 들어, TV 프로그램이 OTT를 통해 다시 제공되는 경우임.

시행규칙 [별표 8의 9] 영상콘텐츠 제작비용 <개정 2022.3.18.>

구 분	제작비용	적용범위
1. 제작준비	가. 시나리오	1) 원작·각본·각색료, 대본제작비
	나. 기획 및 프로듀서	1) 프로듀서 인건비 2) 캐스팅 디렉터의 인건비
	다. 연출료	1) 인센티브를 제외한 감독의 인건비
2. 촬영제작	가. 배우출연료	1) 주연·조연·단역·보조출연·특별출연, 스턴트맨, 대역, 성우, 동물에 대한 출연료

구 분	제작비용	적용범위
		2) 연기지도, 안무지도 등 연기관련 지도에 대한 인건비
	나. 제작부문비	1) 제작팀장, 조감독, 스크립터 등에 대한 인건비
	다. 촬영비	1) 촬영감독, 촬영 조수(보조자를 포함한다. 이하 같다) 인건비 2) 카메라·스테디캠, 크레인, 지미집, 이동차, 렌즈, 필터의 대여비용 3) 촬영소모품 구입비용 4) 촬영탑차(유류비를 포함한다) 대여비용
	라. 조명비	1) 조명감독, 조명 조수 인건비 2) 기본조명, 조명추가기재, 발전차, 조명크레인, 조명탑차(유류비 포함)의 대여비용 3) 조명소모품 구입비용
	마. 미술비	1) 미술감독, 미술감독 보조, 콘티작화의 인건비 2) 미술재료비
	바. 세트비	1) 세트제작비, 스튜디오임대료
	사. 소품비	1) 소품담당자 인건비 2) 제작소품의 재료비 및 제작비용, 구입소품의 구입비용, 대여소품의 대여비용
	아. 의상비	1) 의상담당자 인건비 2) 제작의상의 재료비 및 제작비용, 구입의상의 구입비용, 대여의상의 대여비용
	자. 분장 및 미용비	1) 헤어, 분장, 특수분장 담당자 인건비 2) 특수분장 제작비용, 분장 소모품 구입 및 대여비용
	차. 특수효과비	1) 특수효과담당자 인건비 2) 강풍기, 강우기, 강설기 등 기후효과 관련장비 사용료 및 총기 등 특수효과 대여장비 사용료 3) 컴퓨터그래픽 작업료
	카. 동시녹음비	1) 동시녹음기사 인건비 2) 동시녹음장비의 사용료
	타. 촬영차량비	1) 촬영진행용 차량, 소품차량, 레카차 대여료
	파. 운송비	1) 촬영버스, 분장차, 제작부 진행차량 대여료 2) 촬영버스, 진행차량 연료비, 주차비
	하. 필름비	1) 촬영용 하드디스크, 필름 재료비와 그 현상료
	거. 보험료	1) 연기자 외 스태프에 대한 인보험 2) 카메라, 조명기기, 동시녹음 장비 등 장비의 보험가입 비용

구 분	제작비용	적용범위
		3) 차량보험료
	너. 제작 진행비	1) 숙박료, 교통비, 식대 (촬영제작 비용 합계액의 100분의 10을 한도로 한다)
3. 후반 제작	가. 편집비	1) 편집감독, 편집 조수 인건비 2) 편집실 대여비용
	나. 음악 관련비용 등	1) 음악감독, 작곡·편곡, 가수, 연주자의 인건비 2) 음악 및 영상 사용을 위한 저작권 비용 3) 녹음실 사용료, 음악마스터의 제작비용
	다. 사운드비	1) 사운드책임자, 대사편집담당, 믹싱, 성우 인건비 2) 녹음실, 장비 사용료 3) 광학녹음 및 현상을 위한 필름비용 및 작업료, 돌비로열티
	라. 현상비	1) 프린트 현상을 위한 필름 및 현상료 2) 비디오 색보정을 위한 작업료 및 재료비
	마. 자막 관련 비용	1) 자막 작업을 위한 필름비용과 작업료
	바. 컴퓨터그래픽, 특수효과	1) 컴퓨터그래픽 작업료 2) 디지털 색보정 작업료

비고 : 인건비에 대하여는 해당 영상콘텐츠 외에 다른 영상콘텐츠의 제작을 겸하지 않는 경우에만 공제대상 인건비로 본다.

2 공제시기

공제시기는 해당 영상콘텐츠가 처음으로 방송되거나 영화상영관에서 상영되거나 온라인 동영상 서비스를 통해 시청에 제공된 과세연도로 한다(조특법 §25의 6 ①). 공제시기를 비용 지출 시점이 아닌 **첫 방송 또는 상영 시점**으로 함에 주의하여야 한다.

방송프로그램(영화 제외)의 공제시기

구 분			공제시기 및 공제대상 비용
원칙			첫 방송시점에 전체 제작비용을 공제
다수 연도에 연속방송	총완료일 기준		마지막 회차 방송일에 전체 제작비용을 공제
	투자일 기준	첫 회차 방송일	당기까지 누적발생분을 첫 회차 방송일에 공제
		이후	당기 누적발생분에서 전기 누적발생분을 차감하여 공제

다만 방송프로그램 또는 OTT 비디오물(영화는 제외)이 여러 과세연도 기간 동안 연속하여 방송되거나 온라인 동영상 서비스를 통해 시청에 제공되는 경우에는 해당 영상콘텐츠의 마지막 회차가 방송되거나 온라인 동영상 서비스를 통해 시청에 제공된 날이 속하는 과세연도에 전체 영상콘텐츠 제작비용에 대하여 세액공제를 신청하거나(총완료일 기준), 방송 또는 시청에 제공된 각 과세연도에 발생한 제작비용에 대하여 다음과 같이 세액공제를 신청할 수 있다(투자일 기준) (조특령 §22의 10 ⑤·⑥, 조특칙 §13의 9 ⑭).

① 처음으로 방송되거나 온라인 동영상 서비스를 통해 시청에 제공된 날이 속하는 과세연도
해당 과세연도까지 발생한 영상콘텐츠 제작비용(누적 기준)

② 이후 과세연도
해당 과세연도까지 발생한 (누적) 영상콘텐츠 제작비용에서 직전 과세연도까지 발생한 (누적) 영상콘텐츠 제작비용을 뺀 금액을 공제대상 금액으로 한다. 다만 주연배우 과다 출연료로 세액공제대상에서 제외된 제작비용(조특칙 §13의 9 ⑦ 5호)은 빼지 아니한다.

> 이후 과세연도 공제대상 비용 = 해당 연도까지 발생 누적비용 − 직전연도까지 발생 누적비용

3 공제세액

기본공제 금액과 추가공제 금액을 합한 금액을 공제함(조특법 §25의 6 ① 2호).

> 기본공제 금액 = 공제대상 비용 × 15% (중견기업은 10%, 대기업은 5%)
> 추가공제 금액 = 공제대상 비용 × 15% (중견기업 및 대기업은 10%)

2024 개정 영상콘텐츠 제작비용에 대한 세액공제율을 중소기업의 경우 10%에서 15%로, 중견기업의 경우 7%에서 10%로, 그 밖의 경우 3%에서 5%로 각각 상향 조정함. 2024.1.1. 전에 발생한 영상콘텐츠 제작비용에 대한 세액공제에 관하여는 법 25조의 6 제1항의 개정규정에도 불구하고 종전의 규정에 따름(2023.12.31. 개정된 법률 부칙 §37).

Ⅳ. 조세특례제한 등

 절차

세액공제신청서[별지 제1호 서식 및 부표(1)]와 영상콘텐츠 제작비용에 대한 세액공제 공제세액계산서(별지 제8호의 7 서식) 및 <u>영상콘텐츠 추가공제 요건(조특령 §22의 10 ④)의 충족 여부를 확인할 수 있는 서류</u>를 제출하여야 한다(조특령 §22의 10 ⑥, 조특칙 §13의 9 ⑬).

영화의 경우에는 처음으로 영화상영관에서 상영된 날이 속하는 과세연도를 제출시기로 한다.

방송프로그램 및 OTT 비디오물의 경우에는 처음으로 방송되거나 온라인 동영상 서비스를 통해 시청에 제공된 날이 속하는 과세연도가 제출시기이다. 다만, 여러 연도 동안 연속하여 방송되거나 제공하여 발생일 기준에 따라 공제하는 경우(조특령 §22의 10 ⑤)에는 방송되거나 시청에 제공된 각 과세연도를 말한다.

기타 조세특례제한 등

구 분	내 용	참조 부분
중복지원의 배제	감면규정과 세액공제규정의 배제(조특법 §127 ④)	제20부 제1절
추계과세 시 등	세액공제 배제(조특법 §128 ①)	제20부 제2절
최저한세	적용대상(조특법 §132 ①·②)	제20부 제4절
세액공제액의 이월공제	허용(조특법 §144 ①·②)	제21부 제2절
농어촌특별세	과세(농특법 §5 ① 1호)	

제4절 [제25조의 7] 내국법인의 문화산업전문회사에의 출자에 대한 세액공제 〈신설〉

Ⅰ. 의의

중소기업 또는 중견기업이 영상콘텐츠를 제작하는 문화산업전문회사에 출자하는 경우 출자금액에 영상콘텐츠 제작에 사용된 비율을 곱한 금액의 3%를 세액공제한다.

양질의 영상콘텐츠 제작 기반 확대를 위해 민간 투자 유인책을 마련하여 투자재원을 확충하기 위한 목적이다. 문화산업전문회사는 영상콘텐츠 중 특정 프로젝트 수행만을 목표로 자산을 운용하여 자금 운영의 투명성을 확보할 수 있으므로, 문화산업전문회사에 대한 출자에 특례를 부여한다.

개정규정은 2024.1.1. 이후 문화산업전문회사에 출자하는 경우부터 적용한다(2023.12.31. 개정된 법률 부칙 §7).

일몰기한은 2025.12.31.이다.

개정연혁

연 도	개정 내용
2024년	■ 문화산업전문회사 출자에 대한 세액공제 특례 도입

Ⅱ. 요건

1 주체 (출자자)

특례의 주체는 「문화산업진흥 기본법」에 따른 문화산업전문회사[1]에 출자한 중소기업 또는 중견기업으로 한다. 다만, 문화산업전문회사로부터 업무의 위탁(같은 법 §51 ①)을 받

---

[1] "문화산업전문회사"란 회사의 자산을 문화산업의 특정 사업에 운용하고 그 수익을 투자자·사원·주주에게 배분하는 회사를 말한다(같은 법 §2 21호).

아 영상콘텐츠를 제작하여 영상콘텐츠 제작비용 세액공제(조특법 §25의 6 ①)을 적용받는 중소기업 또는 중견기업은 제외한다(조특령 §22의 11 ①). 이중 공제를 방지하기 위함이다.

중견기업의 정의는 제2부 제4절 상생결제 지급금액 세액공제의 Ⅱ. 1-2를 참조하기 바란다(조특령 §6의 4 ①).

2 피출자자

영상콘텐츠를 제작하는 문화산업전문회사에 출자하여야 한다.

영상콘텐츠의 범위는 영상콘텐츠 제작비용 세액공제의 공제 대상 규정을 준용한다(조특령 §22의 11 ② → §22의 10 ②). 제3절 Ⅱ. 2.를 참조하기로 한다.

Ⅲ. 세액공제

해당 기업의 출자금액과 영상콘텐츠 제작비 사용비율을 곱한 금액의 3%에 상당하는 금액을 영상콘텐츠의 최초 방송·상영 또는 제공일과 해당 문화산업전문회사의 청산일 중 빠른 날이 속하는 사업연도의 법인세에서 공제한다. 영상콘텐츠 제작비 사용비율이란 해당 영상콘텐츠 제작을 위하여 국내외에서 발생한 비용 중 공제대상비용을 해당 문화산업전문회사의 총 출자금액으로 나눈 비율을 말한다(조특법 §25의 7 ①).

$$\text{공제 금액} = \text{해당 기업의 출자금액}❶ \times \frac{\text{공제대상비용}}{\text{총 출자금액}❷} \times 3\%$$

❶ 해당 중소기업 또는 중견기업이 문화산업전문회사에 출자한 금액
❷ 해당 문화산업전문회사의 총 출자금액

공제대상 비용이란 영상콘텐츠 제작비용 세액공제의 영상콘텐츠 제작비용을 말한다(조특령 §22의 11 ③ → §22의 10 ③). 제3절 Ⅲ. 1.을 참조하기로 한다.

위 출자금액과 제작비용은 법인세가 공제되는 사업연도의 종료일을 기준으로 계산한다(조특령 §22의 11 ④).

Ⅳ. 조세특례제한 등

기타 조세특례제한 등

구 분	내 용	참조 부분
세액공제신청서	별지 제1호 서식	
중복지원의 배제	해당 없음	제20부 제1절
추계과세 시 등	해당 없음	제20부 제2절
최저한세	적용대상(조특법 §132 ①)	제20부 제4절
세액공제액의 이월공제	허용(조특법 §144 ①·②)	제21부 제2절
농어촌특별세	과세(농특법 §5 ① 1호)	

제5절 [제28조의 4] 에너지절약시설의 감가상각비 손금산입 특례

Ⅰ. 의의

내국인이 에너지절약시설을 취득하는 경우, 기준내용연수의 범위를 50%로 확대하여 감가상각비를 손금산입하되, 결산조정뿐 아니라 신고조정에 의한 손금산입도 허용하는 특례이다. 다만, 중소·중견기업이 취득한 에너지절약시설은 기준내용연수의 범위를 75%로 확대하여 적용한다.

유형고정자산의 감가상각은 기준내용연수에 25%를 가감한 내용연수범위 내에서 신고한 내용연수를 적용하여야 하나, 설비투자비용을 조기에 회수할 수 있도록 내용연수의 범위를 50% 또는 75%로 확대하여 적용한다. 내용연수 초반에 이익을 적게 발생시킴으로써 법인세 이연의 혜택을 볼 수 있다.

에너지 절약시설 투자에 대한 인센티브를 제공하기 위하여 2023년 개정세법에서 가속상각 손금산입 특례를 도입하였다. 개정규정은 2023.1.1. 이후 취득한 에너지절약시설부터 적용한다(2022.12.31. 개정된 법률 부칙 §13).

일몰기한은 2024.12.31.이다.

개정연혁

연 도	개정 내용
2023년	■ 가속상각 손금산입 특례 도입

Ⅱ. 요건

1 주체

특례의 주체는 내국인으로 한다. 중견기업의 정의는 제2부 제4절 상생결제 지급금액 세액공제의 Ⅱ. 1-2를 참조하기 바란다(조특령 §6의 4 ①).

2 특례대상 자산

다음의 어느 하나에 해당하는 에너지절약시설로 한다(조특령 §25의 4 ① → §25의 3 ③ 3호).

2-1 에너지 절약형시설 (가목)

「에너지이용 합리화법」에 따른 에너지절약형 시설 등으로서 시행규칙 별표 7의 에너지절약시설을 말한다(조특칙 §13의 10 ③). 에너지절약형 시설에는 대가를 분할상환한 후 소유권을 취득하는 조건으로 에너지절약전문기업이 설치한 경우를 포함한다.

"에너지절약전문기업"(ESCO; Energy Saving COmpany)이란 에너지사용시설의 에너지절약을 위한 관리·용역사업, 에너지절약형 시설투자에 관한 사업 등을 하는 기업을 말한다(에너지이용 합리화법 §25).

에너지사용자가 에너지절약형시설 투자 시 자금여력이 부족할 경우, ESCO를 통하여 초기 투자비를 조달하며, 투자비는 투자한 에너지절약시설에서 발생하는 에너지 절감액으로 상환하는 성과배분계약방식을 이용할 수 있다. 이러한 경우 법적 소유권을 취득하기 이전이라도 설치 시점에 투자한 것으로 간주한다.

그러나, 제품에 투자하여 당해 시설을 사용하는 경우에 한하여 세액공제가 적용되므로, 에너지절약전문기업은 세액공제의 주체가 될 수 없다[(구법 §25) 서면법인-4155, 2020.7.28.].

시행규칙 별표 7의 에너지절약시설은 제1절 Ⅴ. 2-5 (4-1)을 참조하기로 한다.

2-2 중수도 및 절수설비·기기 (나목)

「물의 재이용 촉진 및 지원에 관한 법률」(이하 "물재이용법")에 따른 중수도와 「수도법」에 따른 절수설비 및 절수기기이다.

"중수도"(中水道)란 개별 시설물이나 개발사업 등으로 조성되는 지역에서 발생하는 오수를 공공하수도로 배출하지 아니하고 재이용할 수 있도록 개별적 또는 지역적으로 처리하는 시설을 말한다(물재이용법 §2 4호).

"절수설비"란 물을 적게 사용하도록 소정 기준에 맞게 제작된 수도꼭지 및 변기 등의 설비이며, "절수기기"란 물을 적게 사용하기 위하여 수도꼭지 및 변기 등 설비에 소정 기준에 맞게 추가로 장착하는 기기를 말한다(수도법 §3 31호·32호).

2-3 신·재생에너지 생산설비의 부품 등 제조 시설 (다목)

「신에너지 및 재생에너지 개발·이용·보급 촉진법」에 따른 신에너지 및 재생에너지를 생산하는 설비의 부품·중간재 또는 완제품을 제조하기 위한 시설로서 시행규칙 별표 7의 2의 시설이다(조특칙 §13의 10 ④).

시행규칙 별표 7의 2의 시설은 제1절 Ⅴ. 2-5 (4-2)를 참조하기로 한다.

Ⅲ. 손금산입특례

세법상 상각범위액을 계산하기 위한 요소로는 취득가액, 잔존가액, 내용연수와 상각률 및 감가상각방법 등이 있다. 본 특례에서는 동 요소 중 내용연수의 범위를 50% 또는 75%로 확대시킴으로써 상각률을 높여 가속상각이 가능하도록 하고 있다.

1 상각범위액

1-1 특례내용연수

상각범위액을 계산할 때 적용하는 내용연수는 기준내용연수(법령 §26의 3 ② 1호 및 소령 §63 ① 2호)에 그 기준내용연수의 50%를 더하거나 뺀 범위(1년 미만은 없는 것으로 함)에서 선택하여 납세지 관할 세무서장에게 신고한 내용연수(이하 "신고내용연수")로 한다. 단, 중소기업 및 중견기업이 취득하는 경우에는 75%를 적용한다(조특령 §25의 4 ③).

특례내용연수 범위

자산명 또는 구분		기준내용연수	대기업 특례내용연수 범위 (하한~상한)	중소·중견기업 특례내용연수 범위 (하한~상한)
법칙 [별표 5]		5년	2년 ~ 7년	1년 ~ 8년
법칙 [별표 6]	1	4년	2년 ~ 6년	1년 ~ 7년
	2	5년	2년 ~ 7년	1년 ~ 8년
	3	6년	3년 ~ 9년	1년 ~ 10년
	4	8년	4년 ~ 12년	2년 ~ 14년
	5	10년	5년 ~ 15년	2년 ~ 17년
	6	12년	6년 ~ 18년	3년 ~ 21년
	7	14년	7년 ~ 21년	3년 ~ 24년
	8	16년	8년 ~ 24년	4년 ~ 28년
	9	20년	10년 ~ 30년	5년 ~ 35년

이 경우 사업연도가 1년 미만인 법인의 경우에는 법인세법 규정을 준용하여, 내용연수를 연환산하여 그에 따른 상각률에 의한다. 이 경우 개월 수는 태양력에 따라 계산하되 1개월 미만의 일수는 1개월로 한다(법령 §28 ②).

내국인이 에너지절약시설에 대해 자산별·업종별로 적용한 신고내용연수는 이후의 과세연도에 계속하여 적용하여야 한다(조특령 §25의 4 ⑤).

1-2 상각범위액의 계산

내용연수와 상각률 이외의 나머지 상각범위액의 계산 요소인 감가상각방법, 잔존가액 등은 법인세법 또는 소득세법상 일반적인 감가상각의 원칙을 따른다(조특령 §25의 4 ② → 법령 §26 ②~⑨ 및 소령 §62 ① 후단, §64 ②~④, §66 및 §71).

(1) 원칙

상각범위액은 특례내용연수를 적용하여 법인세법 또는 소득세법의 상각방법(법령 §26 ① 및 소령 §64 ①)으로 계산한 금액으로 한다. 이 경우 그 상각방법은 내국인이 법인세법 또는 소득세법 규정에 따라 신고한 방법을 사용하여야 한다.

(2) 감가상각방법의 변경

감가상각방법을 변경(법령 §27 및 소령 §65)한 경우에는 그 변경된 감가상각방법을 적용하여 에너지절약시설의 상각범위액을 계산한다(조특령 §25의 4 ⑦).

이 경우 상각범위액의 계산방법은 법인세법 또는 소득세법 규정을 준용한다. 변경승인을 얻지 아니하고 상각방법을 변경한 경우의 상각범위액은 변경하기 전의 상각방법에 의하여 계산한다(법령 §27 ⑤, 소령 §64 ⑤).

1-3 준용규정

본 특례의 상각범위액 계산시에는 법인세법 또는 소득세법상 다음의 규정을 준용한다(조특령 §25의 4 ⑧).
① 감가상각의 의제(법령 §30 및 소령 §68)
② 즉시상각의 의제(법령 §31 및 소령 §67)
③ 상각부인액 등의 처리(법령 §32 및 소령 §62 ⑤~⑧, §73)

2 신고조정

고정자산에 대한 감가상각비는 각 과세연도의 결산을 확정할 때 손금으로 계상한 경우에 한하여 손금산입하는 결산조정사항이다. 그러나, 본 특례의 해당 에너지절약시설에 대한 감가상각비는 결산을 확정할 때 손비로 계상하였는지와 관계없이 상각범위액의 범위에서 해당 과세연도의 소득금액을 계산할 때 손금에 산입할 수 있는 신고조정사항으로 한다(조특법 §28의 4 ①).

3 적격합병등의 경우 특례의 승계

본 특례를 적용받는 에너지절약시설에 대해서는 적격합병 또는 적격분할(이하 "적격합병등")로 취득한 경우에는 해당 합병법인, 분할신설법인 또는 분할합병의 상대방 법인이 해당 사업에 사용하는 경우에만 적격합병등에 의하여 자산을 양도한 법인의 본 특례에 따른 상각범위액을 승계할 수 있다(조특령 §25의 4 ⑥ → 법령 §29의 2 ② 1호)

Ⅳ. 조세특례제한 등

1 절차

에너지절약시설을 다른 자산과 구분하여 감가상각비조정명세서(별지 제9호의 4 서식 (1)·(2))를 작성·보관하고, 과세표준 신고와 함께 감가상각비조정명세서합계표(별지 제9호의 4 서식 (3)) 및 감가상각비조정명세서를 세무서장에게 제출하여야 한다(조특령 §25의 4 ⑨·⑩).
또한, 내용연수를 신고하려는 자는 해당 에너지절약시설을 취득한 날이 속하는 과세연도의 과세표준 신고기한까지 내용연수 특례적용 신청서(별지 제9호의 5 서식)를 제출하여야 한다(조특령 §25의 4 ④).

2 최저한세 적용 제외

최저한세 적용대상에 해당하지 않는다.

6. 고용지원을 위한 조세특례

제1절 서설

제2절 [제29조의 4] 근로소득을 증대시킨 기업에 대한 세액공제

제3절 [제29조의 6] 중소기업 청년근로자 및 핵심인력 성과보상기금 수령액에 대한 소득세 감면

제4절 [제29조의 7] 고용을 증대시킨 기업에 대한 세액공제

제5절 [제29조의 8] 통합고용세액공제

제6절 [제30조] 중소기업 취업자에 대한 소득세 감면

제7절 [제30조의 3] 고용유지중소기업 등 (일자리 나누기)에 대한 세액공제

제8절 [제30조의 4] 중소기업 사회보험료 세액공제

제1절 서설

고용지원을 위한 조세특례 제도는 고용 단계 별로 신규 고용, 재고용, 정규직 전환, 임금 증가 및 고용 유지에 대하여 특례를 부여하고 있다. 조세특례제도의 활용도를 보자면, 법 제29조의 7 고용증대기업세액공제제도가 압도적으로 활용 빈도가 높으며, 법 제30조의 4 중소기업 고용증가 사회보험료 세액공제와 법 제30조 중소기업 취업자 소득세감면 제도가 그 접근이 용이하여 활용도가 높다.

고용지원을 위한 조세특례 제도

구분	조문	특례대상 행위	과세특례
재고용	§29의 2 특성화고등 졸업자의 병역 이행 후 복직 세액공제('20년말 폐지)	조특법상 중소기업 및 중견기업이 특성화고, 마이스터고, 산업정보학교등 졸업생을 휴직하고 병역이행 후 1년 이내에 복직시킨 경우	복직자에게 2년 이내에 지급한 인건비의 30%를 중소기업이 세액공제. 단, 중견기업은 15% 공제율 적용
재고용 고용유지	§29의 3 경력단절 여성 고용 기업 등에 대한 세액공제('22년말 폐지)	■ 조특법상 중소기업 및 중견기업에 1년 이상 근무한 여성이 결혼·임신·출산·육아·자녀교육의 사유로 퇴직한 후 2년~15년 사이에, 해당 기업 또는 동종 업종 기업에 고용된 경우 ■ 조특법상 중소기업 또는 중견기업의 근로자가 6개월 이상 육아휴직(아이 1명당 1번만 적용) 후 복귀하고, 해당 기업이 고용유지조건을 충족	■ 경력단절 여성에게 2년 이내에 지급한 인건비의 30%를 중소기업이 세액공제. 단, 중견기업은 15% 공제율 적용 ■ 복직한 날부터 1년이 되는 날이 속하는 달까지 해당 육아휴직 복귀자에게 지급한 인건비의 30%(중견기업은 15%)를 세액공제
임금증가	§29의 4 근로소득 증대 세액공제('15년 신설) 및 정규직 전환 근로자 추가공제('16년 신설)	■ 중소·중견기업이 고용을 유지하면서 직전 3년 평균임금을 초과하여 임금을 증가시킨 경우 ■ 중소·중견기업이 고용을 유지하면서 비정규직 근로자를 정규직으로 전환한 경우	■ 직전 3년 평균 초과 임금증가분의 중견기업은 10%, 중소기업은 20%를 세액공제 ■ 직전연도 대비 임금증가분의 중견기업은 10%, 중소기업은 20%를 세액공제

구분	조문	특례대상 행위	과세특례
신규 고용	§29의 5 청년고용 증대세제('17년말 폐지)	소비성서비스업 영위자를 제외한 내국인이 직전 연도 대비 청년 정규직 근로자가 증가한 경우	증가 인원당 중소기업은 1천만원, 중견기업은 700만원, 대기업은 300만원을 곱한 금액을 세액공제
임금 증가	§29의 6 중소기업 핵심인력 성과보상기금 수령액 소득세 감면	중소기업 또는 중견기업의 핵심인력이 중소기업 핵심인력 성과보상기금의 공제사업에 가입하여 5년 이상 납입하고 공제금을 수령하는 경우	중소기업이 부담한 기여금에 대한 근로소득세의 50%(중견기업 근로자는 30%)를 세액감면. 다만, 청년은 90%(중견기업 청년근로자는 50%) 감면율 적용
신규 고용	§29의 7 고용을 증대시킨 기업에 대한 세액공제('24년말 폐지 예정)	소비성서비스업 영위자를 제외한 내국인이 직전 연도 대비 상시근로자가 증가하고 고용유지조건을 충족한 경우	증가 인원당 근로자 종류, 기업 규모 및 지역별로 450만원~1,300만원을 세액공제. 중소기업과 중견기업은 3년, 대기업은 2년간 공제
신규 고용	§29의 8 통합고용세액공제('23년 신설)	■ 내국인이 직전 연도 대비 상시근로자 수가 증가한 경우,	■ 증가 인원당 근로자 종류, 기업 규모 및 지역별로 400만원~1,550만원을 세액공제. 중소기업과 중견기업은 3년, 대기업은 2년간 공제
정규직 전환		■ 조특법상 중소기업 및 중견기업이 기간제근로자, 단시간근로자, 파견근로자를 정규직 근로자로 전환하는 경우	■ 중소기업은 전환근로자 1인당 1,300만원을 세액공제. 단, 중견기업은 900만원을 세액공제
고용 유지		■ 조특법상 중소기업 또는 중견기업의 근로자가 6개월 이상 육아휴직(아이 1명당 1번만 적용) 후 복귀하는 경우	■ 상동
신규 고용	§30 중소기업 취업자 근로소득세 감면	**중기법상 중소기업❶** 중 열거된 업종에 청년, 노인, 장애인 및 경력단절 여성이 취업하는 경우	취업 후 3년간 근로소득세 70% 감면하되 청년은 5년간 90% 감면. 단, 연간 200만원 한도
정규직 전환	§30의 2 정규직 근로자로의 전환 세액공제('22년말 폐지)	조특법상 중소기업 및 중견기업이 기간제근로자, 단시간근로자, 파견근로자를 정규직 근로자로 전환하는 경우. 단, 고용유지조건을 충족하여야 함.	중소기업은 전환근로자 1인당 1,000만원을 세액공제. 단, 중견기업은 700만원을 세액공제

구분	조문	특례대상 행위	과세특례
고용 유지	§30의 3 일자리 나누기 세액공제	중기법상 중소기업❶ 및 위기지역 내 중견기업의 사업장이 종업원의 임금삭감 방식으로 고용을 유지하는 경우	임금삭감액의 10% 및 임금보전액의 15%를 중소기업 등이 세액공제하고, 해당 근로자는 임금총액 감소분의 50%를 근로소득에서 소득공제
신규 고용	§30의 4 중소기업 사회보험료 세액공제('24년말 폐지 예정)	■ 조특법상 중소기업의 상시근로자 수가 증가한 경우	■ 청년과 경력단절 여성 고용증가 인원에 대해 사용자가 부담하는 사회보험료의 100%, 그 외 증가분은 50%(단, 신성장서비스업 75%)를 2년간 세액공제. 단, 고용유지조건을 위반하는 경우에는 공제 종료.

❶ 법 제30조 중소기업 취업자 근로소득세 감면제도는 중기법상 중소기업 중 조특법 시행령에 별도 열거된 업종을 영위하는 경우에 한하여 적용되나, 반면에 법 제30조의 3 일자리 나누기 과세특례는 업종에 대한 제한 없이 모든 중기법상 중소기업에 적용되는 차이가 있다.

위의 표에서 보는 바와 같이 법 제30조 중소기업 취업자 소득세감면과 법 제30조의 3 일자리 나누기 과세특례는 중소기업기본법의 중소기업을 대상으로 하고, 법 제29조의 4 근로소득 증대 세액공제와 법 제29조의 7 고용증대세제 및 법 제29조의 8 통합고용세액공제는 모든 기업을 대상으로 한다. 나머지 고용지원 조세특례에서는 조세특례제한법의 중소기업을 대상으로 하고 있다.

제2절 [제29조의 4] 근로소득을 증대시킨 기업에 대한 세액공제

Ⅰ. 의의

중소기업 또는 중견기업이 직전 3년 평균임금을 초과하여 임금을 증가시킨 경우, 그 초과 임금 증가분에 대하여 중소기업은 20%, 중견기업은 10%의 공제율을 적용하여 소득세 또는 법인세에서 세액공제하는 제도이다(이하 "근로소득 증대세제").

또한 중소기업 또는 중견기업 정규직 전환 근로자의 직전 연도 대비 임금증가분에 대하여 중소기업은 20%, 중견기업은 10%의 공제율을 적용하여 세액공제한다(이하 "정규직 전환 근로자 추가공제").

기업의 자발적 임금증가 노력에 대해 세제지원함으로써 2차적으로 근로자에게 임금증가의 혜택을 받게 하려는 취지이다. 2015년 가계소득 증대세제 3대 패키지의 일환으로 도입된 제도이다. 또한 비정규직의 정규직 전환을 촉진하기 위하여 정규직 전환 근로자 추가공제를 2016년 개정세법에서 신설하였다.

일몰기한은 2025.12.31.이다.

개정연혁

연 도	개정 내용
2020년	■ 전체 중소기업 평균임금증가율 상향 : 3.6% → 3.8%
2021년	■ 사후관리 규정 적용시 이자상당가산액 납부 폐지
2022년	■ 전체 중소기업 평균임금증가율 하향 : 3.8% → 3.0%
2023년	■ 대기업을 적용대상에서 제외 ■ 전체 중소기업 평균임금증가율 상향 : 3.0% → 3.2% ■ 근로자 임금에서 비과세소득 제외함을 명확화
2024년	■ 1년 미만 상시근로자 평균 임금 계산 방식을 연환산에서 실수령액으로 변경

근로소득 증대세제의 요건과 세액공제를 먼저 살펴본다.

Ⅱ. 근로소득 증대세제 요건

상시근로자의 당해 연도 평균임금 증가율이 직전 3년 평균임금 증가율의 평균보다 커야 하며, 당해 연도 상시근로자 수가 직전 연도 상시근로자 수보다 감소하지 않아야 한다. 다만 중소기업이 전체 중소기업 임금증가율을 초과하여 임금이 증가된 경우 등 비교 기준 특례를 충족하는 경우에도 근로소득 증대세제를 적용한다.

1 주체

과세특례의 주체는 중소기업 또는 중견기업에 한정하며 대기업은 제외한다. 여타의 고용지원 조세특례에서 조세특례제한법 또는 중소기업기본법에 의한 중소기업을 주체로 한정하는 것과 차이가 있다.

중소기업은 조세특례제한법에 따른 중소기업이다. 중견기업의 상세내용은 제2부 제4절 상생결제 지급금액 세액공제의 Ⅱ. 1-2를 참조하기 바란다(조특령 §6의 4 ①).

2023년 개정세법에서 근로소득 증대를 위하여 직전 3년의 평균임금 증가율을 초과하여 평균임금을 증가시킨 기업에 적용하는 세액공제의 적용 대상에서 대기업은 제외함. 대·중소기업 간 임금격차가 심화되고 있으며, 대기업의 경우 중소·중견기업에 비해 상대적으로 임금인상 여력이 존재하는 점 등을 고려함. 2023.1.1. 전에 개시한 과세연도에 법 29조의 4 제1항 각 호 또는 같은 조 3항 각 호의 요건을 충족한 내국인(중소기업 및 중견기업은 제외함)에 대한 세액공제에 관하여는 개정규정에도 불구하고 종전의 규정에 따름(2022.12.31. 개정된 법률 부칙 §32).

2 고용유지조건

해당 과세연도의 상시근로자 수가 직전 과세연도의 상시근로자 수보다 크거나 같아야 한다(조특법 §29의 4 ① 2호). 즉, 단 한 명의 인원 감소도 없어야 본 과세특례가 적용된다.

아래에서 서술하는 상시근로자의 범위와 상시근로자 수의 산정은 후술하는 3. 평균임금 증가율의 상승 조건에서도 동일하게 적용된다.

2-1 상시근로자의 범위

상시근로자는 근로기준법에 따라 근로계약을 체결한 근로자로 한다. 다만 고용창출투자세액공제와는 달리 외국인 근로자도 포함됨에 유의하여야 한다.

본 과세특례자의 상시근로자에서 제외되는 인원의 범위는 앞서 고용창출투자세액공제에서 보았던 범위와 유사하나 다소의 차이가 있다(조특령 §26의 4 ②)..

상시근로자에서 제외되는 인원 비교

근로소득 증대세제	고용창출투자세액공제
① 법인세법상 임원	㉰ 법인세법상 임원
② 고액 연봉자	(N.A.)
③ 해당 기업의 최대주주 또는 최대출자자(개인사업자의 경우에는 대표자) 및 친족관계인 근로자	㉱ 해당 기업의 최대주주 또는 최대출자자(개인사업자의 경우에는 대표자)와 그 배우자
	㉲ ㉱에 규정된 자의 직계존비속(그 배우자 포함) 및 친족관계인 사람
④ 근로소득세 원천징수 사실이 확인되지 아니하는 자	㉳ 근로소득세·국민연금·건강보험료 등의 납부 사실이 확인되지 아니하는 자
⑤ 근로계약기간이 1년 미만인 근로자	㉮ 근로계약기간이 1년 미만인 근로자
⑥ 단시간근로자	㉯ 단시간근로자

① 법인세법상 임원, ⑤ 근로계약기간이 1년 미만인 근로자는 고용창출투자세액공제의 내용과 동일하므로, 제6부 제5절 Ⅱ. 2.를 참조하기로 한다.

임원, 고액연봉자 등의 임금이 크게 증가하는 경우 평균임금이 증가할 수 있으므로, 상시근로자에서 제외한다.

(1) 고액 연봉자 (2호)

급여 등과 잉여금 처분에 의한 상여(소법 §20 ① 1호·2호)[1]의 금액의 합계액(비과세소득의 금액은 제외)이[2] 7천만원 이상인 근로자는 상시근로자에서 제외한다. 근로제공기간 1년 미

---

[1] 급여 등과 잉여금 처분에 의한 상여(소법 §20 ① 1호·2호)를 근로소득(또는 총급여액)으로 보는 경우는 이외에도 소득세법상 임원퇴직금 한도 계산 시 평균급여의 산정방법(서면법규-390, 2014.4.22.)과 법인세법상 임원퇴직금 한도 계산 시 총급여의 산정방법(법령 §44 ④ 2호)이 있다.
[2] 조세특례제한법에서는 소득세법 제20조 제1호 및 제2호를 준용하므로 법문 체계상 비과세소득(소법 §12 3호)이 일응 포함되는 것으로 보인다. 다만, '14년 당시 세법개정안에서는 비과세소득을 제외하는 것으로 서술하였다(기획재정부, "2014년 세법개정안 문답자료". 2014.8.6., p.2.). 비과세소득을 제외하기 위하여서는 총급여액(소법 §20 ②)을 준용하여야 한다. 2023년 세법개정에서 비과세소득을 제외함을 명문으로 규정하였다.

만자의 임금등 환산은 3-1 (2)를 참조하기로 한다.

인정상여, 퇴직함으로써 받는 소득으로서 퇴직소득에 속하지 아니하는 소득(소법 §20 ① 3호·4호) 및 종업원등 또는 대학의 교직원이 지급받는 직무발명보상금은 비교 대상 임금에 포함하지 않는다.3)

상시근로자에서 제외되는 고액 연봉자의 종전 연봉 기준은 1억 2천만원이었으나 2018년 개정세법에서 7천만원으로 하향하여 상시근로자의 범위를 축소하였다.

2023년 개정세법에서 적용 대상 임금에서 비과세소득이 제외됨을 명확히 함.

(2) 최대주주등 및 그 친족 (3호)

해당 기업의 최대주주 또는 최대출자자(개인사업자의 경우에는 대표자를 말한다) 및 그와 국세기본법에 따른 친족관계인 근로자는 상시근로자에서 제외한다.

(2-1) 최대주주 또는 최대출자자

해당 기업의 최대주주 또는 최대출자자(이하 "최대주주등")란 다음의 어느 하나에 해당하는 자를 말한다(조특칙 §14의 2 ①).

① 해당 법인에 대한 직접보유비율이 가장 높은 자가 개인인 경우

그 개인을 최대주주등으로 한다.

직접보유비율이란 보유하고 있는 법인의 주식 또는 출자지분(이하 "주식등")을 그 법인의 발행주식 총수 또는 출자총액(자기주식과 자기출자지분은 제외)으로 나눈 비율을 말한다.

$$직접보유비율 = \frac{법인의\ 주식\ 또는\ 출자지분\ 중\ 보유분}{법인의\ 발행주식\ 총수\ 또는\ 출자총액}$$

② 해당 법인에 대한 직접보유비율이 가장 높은 자가 법인인 경우

해당 법인에 대한 직접보유비율과 「국제조세조정에 관한 법률」상의 간접소유비율[국조령 §2 ③; 제2부 제1절 Ⅱ. 3-2 (3) 참조]을 합하여 계산한 비율이 가장 높은 개인을 최대주주등으로 한다.

---

3) 각각의 제외 이유를 살펴보면, 인정상여는 정상적인 임금인상으로 보기 힘들다는 점에서, 퇴직함으로써 받는 소득으로서 퇴직소득에 속하지 않는 소득(예, 법인세법상 임원퇴직금 한도초과액)은 임원이 상시근로자에서 제외된다는 점을 이유로 한다.

(2-2) 특수관계인 중 친족관계

국세기본법에 따른 특수관계인 중 친족관계인 사람은 다음과 같다(국기령 §1의 2 ①).

> 제1항 친족관계
> ① 6촌 이내의 혈족
> ② 4촌 이내의 인척
> ③ 배우자(사실혼 포함)
> ④ 친생자로서 다른 사람에게 친양자 입양된 자 및 그 배우자·직계비속

(3) 근로소득세 원천징수 사실이 확인되지 아니하는 자 (4호)

해당 중소기업의 근로소득원천징수부(소령 §196 ①)를 통하여 근로소득세를 원천징수한 사실이 확인되지 아니하는 근로자는 상시근로자에서 제외한다.

(4) 단시간근로자 (6호)

단시간근로자란 1주 동안의 소정근로시간이 그 사업장에서 같은 종류의 업무에 종사하는 통상 근로자의 1주 동안의 소정근로시간에 비하여 짧은 근로자이다(근로기준법 §2 ① 9호).
다만 고용창출투자세액공제에서는 1개월간의 소정근로시간이 60시간 이상인 근로자는 상시근로자에 포함하나, 본 특례에서는 이러한 예외가 인정되지 않는다.

2-2 상시근로자 수의 산정

(1) 원칙

상시근로자 수는 아래의 계산식에 따라 계산한다. 이 경우 100분의 1 미만의 부분은 없는 것으로 한다(조특령 §26의 4 ③). 즉, 소수 셋째 자리 미만은 절사한다.

$$\text{상시근로자 수} = \frac{\text{매월 말 현재 상시근로자 수의 합}}{\text{해당 월수}}$$

이때 월말 퇴사자는 매월 말일 현재 상시근로자 수에 포함되어야 할 것으로 판단된다(법인-812, 2009.7.15. 참조).

(2) 직전 5년 이내 퇴사자 등의 제외

세액공제를 받으려는 과세연도의 종료일 전 5년 이내의 기간 중에 퇴사하거나 새로이 상시근로자의 범위에서 제외(영 §26의 4 ② 각호)되게 된 근로자가 있는 경우에는 상시근로자 수를 계산할 때 해당 근로자를 제외하고 계산한다(조특령 §26의 4 ⑩).

예를 들어 20X5년 퇴사자는 20X1년에서 20X5까지의 상시근로자 수 계산에서 제외한다.

(3) 합병 등의 경우 상시근로자의 승계

합병, 분할, 현물출자 또는 사업의 양수 등으로 인하여 종전의 사업부문에서 종사하던 상시근로자를 합병법인, 분할신설법인, 피출자법인 등(이하 "합병법인등")이 승계하는 경우에는 해당 상시근로자는 종전부터 합병법인등에 근무한 것으로 본다(조특령 §26의 4 ⑪).

본 조항에 대한 반대해석으로 피합병법인, 분할법인, 현물출자법인, 양도법인 등(이하 "양도법인등")으로서 상시근로자를 승계시킨 기업의 경우에는, 승계시킨 해당 상시근로자는 종전부터 합병법인등에 근무한 것으로 보아 양도법인등의 상시근로자에서 제외하여야 할 것으로 판단된다(조특령 §27의 3 ⑧ 참조).

3 평균임금 증가율의 상승

상시근로자의 당해 연도 평균임금 증가율이 직전 3년 평균임금 증가율의 평균보다 커야 한다(조특법 §29의 4 ① 1호). 다만 중소기업에 대해서는 동 요건을 충족하지 못하는 경우에도 후술하는 비교기준 특례를 충족하는 경우에는 근로소득 증대세제를 적용한다.

총임금을 기준으로 할 경우 근로자들의 임금 증가 없이 고용만 확대하는 경우에도 세액공제를 받을 수 있으므로, 현재 근무하는 근로자의 근로소득 증대를 위하여 평균임금을 기준으로 요건 및 특례를 부여한다.

상시근로자의 범위 및 수의 산정은 2. 고용유지조건을 참조하기로 한다.

당해 연도 평균임금 증가율의 상승 여부 판정은 일반적인 경우와 임금 동결 시 등의 계산 특례가 적용되는 경우, 그리고 창업 및 휴업 등으로 인해 직전 3년 평균임금 증가율의 평균을 계산할 수 없는 경우로 나뉜다.

3-1 원칙

직전 과세연도 평균임금 증가율이 양수이면서 직전 3년 과세연도 평균임금 증가율의 30% 이상인 경우, 평균임금 증가율 등의 계산은 다음과 같다.

(1) 임금

임금은 급여 등과 잉여금 처분에 의한 상여(소법 §20 ① 1호·2호)의 합계액으로 한다(조특령 §26의 4 ④).

상세 내용은 2-1 (1)을 참조하기로 한다.

(2) 평균임금

평균임금은 다음 계산식에 따라 계산한 금액으로 한다. 이 경우 1천원 이하 부분은 없는 것으로 한다(조특령 §26의 4 ⑤).

$$평균임금 = \frac{해당\ 연도의\ 상시근로자의\ 임금의\ 합계}{상시근로자\ 수}$$

(2-1) 1년 미만자 임금등의 환산

해당 과세연도의 근로제공기간이 1년 미만인 상시근로자가 있는 경우에는 해당 상시근로자의 근로소득의 <u>금액</u>을 해당 과세연도 근무제공월수로 나눈 금액에 12를 곱하여 산출한 금액을 해당 상시근로자의 <u>금액</u>으로 본다(조특령 §26의 4 ⑨).

$$환산한\ 임금등 = 수령한\ 임금등 \times \frac{12}{해당\ 연도\ 근무제공월수}$$

해당 과세연도 중에 신규로 입사한 근로자가 상시근로자로서 실제 근로를 제공한 경우에는 '근로제공기간이 1년 미만인 상시근로자'에 해당한다(서면법인-4163, 2020.12.18.).

2024 개정 근로제공기간이 1년 미만인 상시근로자의 평균임금을 계산할 때 과세연도 전체로 환산하여 계산하던 것을 실수령액으로 계산하도록 함. 개정규정은 2024.2.29. 이후 과세표준을 신고하는 경우부터 (소급하여) 적용함(2024.2.29. 개정된 시행령 부칙 §4).

개정 전 유권해석에서는 '직전 3년 평균 초과 임금증가분' 또는 중소기업의 경우 '전체 중소기업의 평균임금 증가분을 초과하는 임금증가분' 계산 시, 평균임금 증가분을 산정하는 기간 동안 해당 과세연도 중 근로제공기간이 1년 미만인 상시근로자의 임금액은 해당 상시근로자에게 지급한 임금액을 해당 과세연도의 근무제공월수로 나눈 금액에 12를 곱하여 산출하도록 하였음(서면법인-0854, 2023.8.2.).

(2-2) 5년 이내 퇴사자 등의 제외

세액공제를 받으려는 과세연도의 종료일 전 5년 이내의 기간 중에 퇴사하거나 새로이 상시근로자의 범위에서 제외(영 §26의 4 ② 각호)되게 된 근로자가 있는 경우에는 평균임금을 계산할 때 해당 근로자를 제외하고 계산한다(조특령 §26의 4 ⑩).

예를 들어 20X5년에 퇴사한 근로자의 임금은 20X1년에서 20X5년까지의 각 사업연도의 평균임금 계산 모두에서 제외한다.

(3) 평균임금 증가율

평균임금 증가율은 다음 계산식에 따라 계산하며, 1만분의 1 미만의 부분은 없는 것으로 한다(조특령 §26의 4 ⑥). 즉, 소수 다섯째 자리 미만은 절사한다.

$$\text{평균임금 증가율} = \frac{\text{해당 과세연도 평균임금} - \text{직전 과세연도 평균임금}}{\text{직전 과세연도 평균임금}}$$

세액공제를 받으려는 과세연도의 종료일 전 5년 이내의 기간 중에 입사한 근로자가 있는 경우에는 해당 근로자가 입사한 과세연도의 평균임금 증가율을 계산할 때 해당 근로자를 제외하고 계산한다(조특령 §26의 4 ⑩).

예를 들어 20X2년 평균임금 증가율을 계산할 때, 20X2년 신규 입사자의 임금을 제외한 상시근로자의 임금을 평균한 금액과 20X1년 상시근로자(20X1년 신규 입사자 포함)의 평균임금을 비교하여 증가율을 계산한다.

(4) 직전 3년 평균임금 증가율의 평균

직전 3개 과세연도의 평균임금 증가율의 평균(이하 "직전 3년 평균임금 증가율의 평균")은 다음 계산식에 따라 계산하며, 1만분의 1 미만의 부분은 없는 것으로 한다(조특령 §26의 4 ⑦). 즉, 소수 다섯째 자리 미만은 절사한다.

$$\text{직전 3년 평균임금 증가율의 평균} = \left(\text{직전 연도의 평균임금 증가율} + \text{직전 2년째 연도 평균임금 증가율} + \text{직전 3년째 연도 평균임금 증가율} \right) \div 3$$

이 경우 직전 2년째 과세연도 평균임금 증가율 또는 직전 3년째 과세연도 평균임금 증가율이 음수인 경우에는 영으로 보아 계산한다.

예를 들어, 20X4년 귀속분 세액공제 적용 시 20X1년도 또는 20X2년도의 평균임금 증가율이 음수인 경우에는 0으로 보아 계산하지만, 직전 연도인 20X3년의 평균임금 증가율이 음수인 경우에는 후술하는 임금 동결 시 등의 계산 특례 규정에 따라 계산한다.

3-2 임금 동결 시 등의 계산 특례

직전 과세연도의 평균임금 증가율이 다음에 해당하는 경우에는 위의 원칙과는 다른 방법으로 평균임금 및 평균임금 증가율, 직전 3년 평균임금 증가율의 평균 및 직전 3년 평균 초과 임금증가분을 계산한다(조특령 §26의 4 ⑧).

- 음수인 경우
- 직전 3년 평균임금 증가율의 평균(양수인 경우로 한정한다)의 30% 미만인 경우

기업이 임금 동결 후 일시 인상 등을 통해 부당하게 감면받는 사례를 방지하기 위해 임금이 동결되거나 그 이전 임금 증가율에 비해 크게 낮은 경우에는 평균임금 증가율 등을 달리 계산하도록 한다(조특칙 §14의 2 ②).

다만 예외가 적용되는 경우에도 계산식만 변경될 뿐, 임금의 범위, 1년 미만자 임금 등의 환산 등 세부적인 내용은 동일하게 적용된다.

(가) 평균임금 (1호)

$$\text{평균임금} = \frac{\text{해당 과세연도 평균임금} + \text{직전 과세연도 평균임금}}{2}$$

일반적인 경우 해당 과세연도 평균임금으로 계산하나, 임금을 동결하는 등의 경우에는 직전 과세연도 평균임금과 해당 과세연도 평균임금을 산술평균하여 계산한다.

(나) 평균임금 증가율 (2호)

$$\text{평균임금 증가율} = \frac{\text{(가)에 따른 평균임금} - \text{직전 2년째 과세연도 평균임금}}{\text{직전 2년째 과세연도 평균임금}}$$

일반적인 경우 직전 과세연도 평균임금을 기준으로 증가율을 계산하나, 계산 특례의 경우에는 직전 2년째 과세연도 평균임금을 기준으로 증가율을 계산한다.

(다) 직전 3년 평균임금 증가율의 평균 (3호)

$$\text{직전 3년 평균임금 증가율의 평균} = (\text{직전 2년째 연도 평균임금 증가율} + \text{직전 3년째 연도 평균임금 증가율}) \div 2$$

이때 직전 2년째 과세연도 평균임금 증가율 또는 직전 3년째 과세연도 평균임금 증가율이 음수인 경우에는 각각 0으로 보아 계산한다.

임금을 동결하는 등의 경우에는 직전 3년 평균임금 증가율의 평균 계산에서 직전 연도 평균임금 증가율을 제외한다.

[사례] 임금 동결시 등의 계산 특례

중소기업인 (주)선관의 직전 사업연도 상시근로자 수가 100명일 때 다음의 평균임금 등 자료를 바탕으로 20X5년 근로증대 세액공제액을 계산하시오.

구분	20X1년	20X2년	20X3년	20X4년	20X5년
평균임금	87	76	79	69	95
전기대비 증가율	−	−12.6%	3.9%	−12.7%	37.7%

직전 연도의 평균임금 증가율이 음수이므로 후술하는 중소기업 비교 기준 특례를 적용할 수 없으며, 임금 동결 시 등의 계산 특례를 적용하여야 한다.

1) 당해 연도 평균임금 계산

   평균임금 = (해당연도 평균임금 + 직전연도 평균임금) ÷ 2 = (95 + 69) ÷ 2 = 82

2) 평균임금 증가율 계산

   평균임금 증가율 = (1)의 평균임금 − 직전 2년째 평균임금) ÷ 직전 2년째 평균임금
   = (82 − 79) ÷ 79 = 3.8%

3) 직전 3년 평균임금 증가율의 평균 계산

   평균 = (직전 2년째 평균임금 증가율 + 직전 3년째 평균임금 증가율) ÷ 2
   = (3.9% + 0) ÷ 2 = 2.0%

4) 직전 3년 평균 초과 임금증가분
   임금증가분 = [평균임금 − 직전 2년째 평균임금 × (1 + 직전 3년 평균임금 증가율의 평균)] × 직전연도 상시근로자 수 = [82 − 79 × (1+ 2.0%)] × 100 = 144

5) 세액공제액
   세액공제액 = 임금증가분 × 공제율 = 144 × 20% = 28.8

3-3 창업 및 휴업 등의 제외

창업 및 휴업 등의 사유로 직전 3년 평균임금 증가율의 평균을 계산할 수 없는 경우에는 본 세액공제를 적용하지 아니한다(조특령 §26의 4 ⑫).

4 중소기업의 비교 기준 특례

중소기업이 다음의 요건을 모두 충족하는 경우에는 당해 연도 평균임금 증가율이 직전 3년 평균임금 증가율의 평균보다 크지 않은 경우에도 근로소득 증대세제를 적용한다(조특법 §29의 4 ⑤).

(가) 중소기업 평균을 초과한 임금증가 (1호)

상시근로자의 해당 과세연도의 평균임금 증가율이 전체 중소기업 임금증가율인 3.2%보다 커야 한다(조특령 §26의 4 ⑯, 조특칙 §14의 2 ③). 평균임금 증가율의 계산은 원칙과 동일하다(3-1 참조).

2018년 개정세법에서 전체 중소기업 평균임금증가율을 종전의 3.3%에서 3.6%로 상향하였다. 2018.1.1. 이후 개시하는 과세연도 분부터 적용한다(2018.3.21. 개정된 규칙 부칙 §2).

2020년 개정세법에서 근로소득을 증대시킨 중소기업에 대한 세액공제의 적용 기준이 되는 평균임금증가율을 1천분의 36에서 1천분의 38로 상향 조정하였다. 개정규정은 2020.1.1. 이후 개시하는 과세연도 분부터 적용한다(2020.3.13. 개정된 시행규칙 부칙 §4).

2022년 개정세법에서 최근 3년간('19~'21년) 중소기업 임금증가율을 반영하여, 전체 중소기업 임금증가율을 종전 3.8%에서 3.0%로 인하하였다. 개정규정은 2022.1.1. 이후 개시하는 과세연도부터 적용한다. 2022.1.1. 전에 개시한 과세연도에 관하여는 개정규정에도 불구하고 종전의 규정에 따른다(2022.3.18. 개정된 시행규칙 부칙 §4).

2023년 개정세법에서 최근 3년간 중소기업 임금증가율을 반영하여, 전체 중소기업 임금증가율을 종전 3.0%에서 3.2%로 인상함. 개정규정은 2023.1.1. 이후 개시하는 과세연도부터 적용함. 2023.1.1.

전에 개시한 과세연도에 대한 세액공제에 관하여는 개정규정에도 불구하고 종전의 규정에 따름 (2023.3.20. 개정된 시행규칙 부칙 §4).

(나) 고용유지 조건 (2호)

해당 과세연도 상시근로자 수가 직전 과세연도 상시근로자 수보다 크거나 같아야 한다. 상시근로자의 범위 및 상시근로자 수의 산정은 일반적인 고용유지조건과 동일하다(2. 참조).

(다) 전년도 평균임금 증가 (3호)

직전 과세연도의 평균임금 증가율이 음수가 아니어야 한다.

(라) 창업 및 휴업 등의 제외

창업 및 휴업 등의 사유로 직전 3년 평균임금 증가율의 평균을 계산할 수 없는 경우에는 본 세액공제를 적용하지 아니한다(조특령 §26의 4 ⑫).

2017년 개정세법에서 상시근로자의 평균임금 증가율이 전체 중소기업의 임금증가율을 초과하는 요건 등을 갖춘 중소기업은 근로소득 증대세제 적용 시 전체 중소기업의 평균임금증가분을 초과하는 임금증가분의 10%에 상당하는 금액을 소득세 또는 법인세에서 공제하는 방법을 선택할 수 있도록 하였다.

Ⅲ. 근로소득 증대세제의 세액공제

직전 3년 평균 초과 임금증가분의 5%(중소기업 20%, 중견기업 10%)를 세액공제한다.

1 직전 3년 평균 초과 임금증가분

1-1 원칙

직전 3년 평균 초과 임금증가분은 다음 계산식에 따라 계산한 금액으로 한다(조특법 §29의 4 ②).

$$\text{직전 3년 평균 초과 임금증가분} = \left[\text{해당 연도 상시근로자의 평균임금} - \text{직전 연도 상시근로자의 평균임금} \times (1 + \text{직전 3년 평균임금 증가율의 평균}) \right] \times \text{직전 연도 상시근로자 수}$$

평균임금, 직전 3년 평균임금 증가율의 평균은 Ⅱ. 3-1 원칙에서 계산한 금액으로 한다. 고용 증가 효과를 제거하기 위해 당해 연도가 아닌 직전 연도 상시근로자 수를 곱하여 임금증가분을 계산한다.

1-2 임금 동결 시 등의 계산 특례

임금을 동결하는 등의 사유로 직전 3년 평균임금 증가율의 평균 등을 달리 계산한 경우 (Ⅱ. 3-2 참조)에는 다음의 산식에 따른 금액을 직전 3년 평균 초과 임금증가분으로 한다(조 특칙 §14의 2 ② 4호).

$$\text{직전 3년 평균 초과 임금증가분} = \left[\text{직전 3년 평균임금} - \text{직전 2년째 상시근로자의 평균임금} \times (1 + \text{직전 3년 평균임금 증가율의 평균}) \right] \times \text{직전 연도 상시근로자 수}$$

평균임금, 직전 3년 평균임금 증가율의 평균은 Ⅱ. 3-2 임금 동결 시 등의 계산 특례에서 계산한 금액으로 한다.

1-3 중소기업의 비교기준 특례

중소기업의 비교기준 특례를 적용하는 경우에는 '전체 중소기업의 평균임금 증가분을 초과하는 임금증가분'의 20%에 상당하는 금액을 공제할 수 있다(조특법 §29의 4 ⑤).
전체 중소기업의 평균임금 증가분을 초과하는 임금증가분은 다음 산식에 따라 계산한 금액으로 한다(조특법 §29의 4 ⑥).

$$\text{전체 중소기업 평균 초과 임금증가분} = \left[\text{해당 연도 상시근로자 평균임금} - \text{직전 연도 상시근로자의 평균임금} \times (1 + \text{전체 중소기업 임금증가율 평균}) \right] \times \text{직전 연도 상시근로자 수}$$

전체 중소기업 임금증가율 평균은 3.2%이다(조특칙 §14의 2 ③).

2 공제세액

직전 3년 평균 초과 임금증가분에 대해 중견기업은 10%, 중소기업은 20%의 공제율을 적용하여 소득세(사업소득에 대한 소득세만 해당함) 또는 법인세에서 세액공제한다.

> 공제세액 = 직전 3년 평균 초과 임금증가분 × 20% (중견기업 10%)

2018년 개정세법에서 중소기업의 공제율을 종전 10%에서 20%로 상향하였다.

Ⅳ. 정규직 전환 근로자 추가공제

정규직 전환 근로자의 직전 연도 대비 임금증가분에 대하여 중소기업은 20%, 중견기업은 10%의 공제율을 적용하여 세액공제한다.

1 정규직 전환 근로자

정규직 전환 근로자란 근로기준법에 따라 근로계약을 체결한 근로자로서 다음의 요건을 모두 갖춘 자를 말한다(조특법 §29의 4 ③ 1호, 조특령 §26의 4 ⑬).

① 계속 근무자

직전 과세연도 개시일부터 해당 과세연도 종료일까지 계속하여 근무한 자로서 근로소득 원천징수부(소령 §196)에 따라 매월분의 근로소득세를 원천징수한 사실이 확인되어야 한다.

② 정규직 전환

해당 과세연도 중에 비정규직 근로자에서 비정규직 근로자가 아닌 근로자로 전환하여야 한다. 비정규직 근로자란 「기간제 및 단시간근로자 보호 등에 관한 법률」에 따른 기간제근로자 또는 단시간근로자를 말한다(제5절 Ⅱ. 2-2 (1-1) 참조).

법 제29조의 7 고용증대세제, 법 제29조의 8 통합고용세액공제, 법 제100조의 32 투자상생협력촉진세제에서 정규직의 범위에는 시간제근로자, 단시간근로자 및 파견직을 포함하지만, 본 특례에서는 **파견직을 제외함**에 주의하여야 한다.

③ 임원 등 제외

직전 과세연도 또는 해당 과세연도 중에 법인세법상 임원, 고액 연봉자 및 최대주주등과 친족의 어느 하나에 해당하는 자가 아니어야 한다(조특령 §26의 4 ② 1호~3호).

2 고용유지조건

해당 과세연도의 상시근로자 수가 직전 과세연도의 상시근로자 수보다 크거나 같아야 한다(조특법 §29의 4 ③ 2호). 상시근로자의 범위 및 상시근로자 수의 산정은 근로소득 증대세제의 고용유지조건과 동일하다(Ⅱ. 2. 참조).

3 세액공제

정규직 전환 근로자의 직전 연도 대비 임금증가분 합계액에 대해 5~20%의 공제율을 적용하여 세액공제한다.

3-1 정규직 전환 근로자의 임금증가분 합계액

정규직 전환 근로자의 임금증가분 합계액은 정규직 전환 근로자의 해당 과세연도 임금 합계액에서 직전 과세연도 임금 합계액을 뺀 금액을 말한다. 이 경우 직전 과세연도 또는 해당 과세연도의 기간이 1년 미만인 경우에는 임금 합계액을 그 과세연도의 월수(1월 미만의 일수는 1월로 함)로 나눈 금액에 12를 곱하여 산출한 금액을 임금 합계액으로 본다(조특령 §26의 4 ⑭).

임금은 급여 등과 잉여금 처분에 의한 상여(소법 §20 ① 1호·2호)의 합계액으로 한다(조특령 §26의 4 ④). 상세 내용은 Ⅱ. 2-1 (1)을 참조하기로 한다.

3-2 공제세액

정규직 전환 근로자의 직전 연도 대비 임금증가분 합계액에 대해 중소기업은 20%, 중견기업은 10%의 공제율을 적용하여 사업소득에 대한 소득세 또는 법인세에서 세액공제한다(조특법 §29의 4 ③).

> 공제세액 = 직전연도 대비 임금 증가분 합계액 × 중견기업 10% (중소기업 20%)

임금은 급여 등과 잉여금 처분에 의한 상여(소법 §20 ① 1호 및 2호)의 합계액(비과세소득 금액 제외)으로 한다(조특령 §26의 4 ④). 임금의 상세 내용은 Ⅱ. 2-1 (1)을 참조하기로 한다.

4 사후관리

정규직 전환 근로자 추가공제를 적용받은 내국인이 '공제를 받은 과세연도' 종료일부터 1년이 되는 날이 속하는 과세연도의 종료일까지의 기간 중 정규직 전환 근로자와의 근로관계를 종료하는 경우에는 근로관계가 종료한 날이 속하는 과세연도의 과세표준신고를 할 때 다음의 당해 퇴사자 관련 기공제세액을 소득세 또는 법인세로 납부하여야 한다(조특법 §29의 4 ④, 조특령 §26의 4 ⑮).

> 기공제 세액 = 정규직 전환 근로자 추가공제 세액 × (공제받은 과세연도의 정규직 전환근로자 중 근로관계를 종료한 근로자 수) / (공제받은 과세연도의 정규직 전환근로자 수)

'공제를 받은 과세연도'란 세액공제 요건을 충족한 해당 과세연도를 의미하며, 세액공제의 이월공제에 따라 실제 공제받은 과세연도를 적용하지 않는다[법 §29의 5 청년고용증대세제(사전법령소득-0770, 2017.11.29.)]. 실제 공제받은 과세연도로 해석하게 되면 납세자에게 세액공제 혜택유지를 위한 사후관리에 불합리한 부담을 지우게 되고 세액공제를 이연하지 않은 납세자와 비교하여 과세 형평성에도 맞지 않기 때문이다.

정규직 전환 근로자의 임금증가분에 대한 세액공제를 받은 후 공제를 받은 과세연도 종료일부터 1년 내에 정규직 전환 근로자와의 근로관계를 종료하는 경우 종전에는 공제받은 세액에 이자상당액을 가산하여 납부했으나, 2021년 세법개정에서 앞으로는 공제받은 세액만 납부하도록 하였다. 개정규정은 2021.2.17. 전에 정규직 전환 근로자와의 근로관계가 종료되어 2021.2.17. 이후 공제받은 세액상당액을 납부하는 경우에 대해서도 소급하여 적용한다(2021.2.17. 개정된 시행령 부칙 §4).

Ⅴ. 조세특례제한 등

1 절차

세액공제신청서와 근로소득 증대 기업에 대한 세액공제신청서(별지 제10호의 3 서식) 또는 정규직 전환 근로자의 임금 증가액에 대한 세액공제신청서(별지 제10호의 4 서식)를 납세지 관할 세무서장에게 제출하여야 한다(조특령 §26의 4 ⑰).

2 중복지원 가능

본 세액공제는 중복지원 배제에 해당하지 않으므로, 고용창출투자세액공제, R&D비용세액공제, 사회보험료 세액공제 등과 중복 적용이 가능하다. 본 세액공제는 임금증가분에 대한 공제이며, 고용창출투자세액공제는 증가 인원에 대한 공제로 공제 대상의 성격이 다르기 때문이다.

기타 조세특례제한 등

구 분	내 용	참조 부분
추계과세 시 등	세액공제 배제(조특법 §128 ①)	제20부 제2절
최저한세	적용대상(조특법 §132 ①·②)	제20부 제4절
세액공제액의 이월공제	허용(조특법 §144 ①·②)	제21부 제2절
농어촌특별세	과세(농특법 §5 ① 1호)	

Ⅵ. 서식 작성요령

■ 조세특례제한법 시행규칙 [별지 제10호의 3 서식] (개정 2024. 3. 22.)
근로소득 증대 기업에 대한 세액공제신청서

(앞쪽)

❶ 신청인
① 상호 또는 법인명　　　　　　　② 사업자등록번호
③ 대표자 성명　[평균임금 증가율의 상승]　[고용유지조건]　④ 생년월일
⑤ 주소 또는 본점소재지
(전화번호 :　　　　　　　　)

❷ 과세연도　　　년　월　일부터　년　월　일까지

❸ 세액공제액 계산내용
가. 세제지원 요건 : ㉗ > ㉛ 또는 ㉞ > ⑨이어야 함　　[소수 셋째자리 미만 절사]
1. 상시근로자 수 계산
상시근로자 수(=⑥/⑦)　　　⑦ 과세연도 개월 수
⑧ 해당 과세연도 상시근로자 수
⑨ 직전 과세연도 상시근로자 수
⑩ 직전 2년 과세연도 상시근로자 수　　[천원 이하 절사]
⑪ 직전 3년 과세연도 상시근로자 수
⑫ 직전 4년 과세연도 상시근로자 수

[Ⅱ. 2-2 상시근로자 수의 산정
– 직전 5년 이내 퇴사자 등 제외
– 합병 등의 경우 상시근로자의 승계]

[Ⅱ. 2-1 상시근로자 제외자
– 임원
– 고액연봉자
– 최대주주등 및 친족
– 원천징수 미확인자
– 계약기간 1년 미만자
– 단시간 근로자]

2. 평균임금 계산(일반적인 경우 : ㉘이 양수이면서 ㉛의 30% 이상인 경우)
평균임금(=⑬/⑭)　　⑬ 상시근로자 임금의 합계　⑭ 상시근로자 수
⑮ 해당 과세연도 평균임금
⑯ 직전 과세연도 평균임금
⑰ 직전 2년 과세연도 평균임금
⑱ 직전 3년 과세연도 평균임금
⑲ 직전 4년 과세연도 평균임금

[Ⅱ. 3-1 (2)
– 1년 미만자 임금등 환산
– 직전 5년이내 퇴사자 등 제외]

[Ⅱ. 3-1 (1) 임금
– 급여 등과 잉여금처분에 의한 상여의 합계액]

[⑧~⑫에서 이기]

3. 각 과세연도별 입사자 제외시 평균임금 계산(일반적인 경우 : ㉘이 양수이면서 ㉛의 30% 이상인 경우)
평균임금(=⑳/㉑)　　[천원 이하 절사]　상시근로자 임금의 합계　㉑ 상시근로자 수
㉒ 해당 과세연도 평균임금
㉓ 직전 과세연도 평균임금
㉔ 직전 2년 과세연도 평균임금
㉕ 직전 3년 과세연도 평균임금
㉖ 직전 4년 과세연도 평균임금

[Ⅱ. 3-1 (3) 평균임금 증가율
– 각 연도별 신규입사자 제외]

4. 평균임금 증가율(일반적인 경우 : ㉘이 양수이면서 ㉛의 30% 이상인 경우)
㉗ 해당 과세연도 평균임금 증가율[=(㉒-⑯)/⑯]
㉘ 해당 과세연도 평균임금 증가율[=(㉓-⑰)/⑰]
㉙ 직전 2년 과세연도 평균임금 증가율[=(㉔-⑱)/⑱]
㉚ 직전 3년 과세연도 평균임금 증가율[=(㉕-⑲)/⑲]

[㉙, ㉚이 음수인 경우는 0으로 봄]

[소수 다섯째자리 미만 절사]

5. 직전 3년 평균임금 증가율의 평균(일반적인 경우 : ㉘이 양수이면서 ㉛의 30% 이상인 경우)[㉛=(㉘+㉙+㉚)/3]
6. 직전 3년 평균 초과 임금증가분[㉜={⑮-⑯×(1+㉛)}×⑨]

[직전연도 상시근로자 수를 곱함]
[Ⅱ. 3-3 창업 및 휴업 등의 경우는 제외함]

7. ㉘이 음수이거나, ㉘이 양수이지만 ㉛의 30% 미만인 경우 ⑮,㉙,㉛,㉜의 계산 특례
㉝ 해당 과세연도 평균임금[=(⑮+⑯)/2]　[천원 이하 절사]
㉞ 해당 과세연도 평균임금 증가율[={(⑯+㉒)/2-⑰}/⑰]
㉟ 직전 3년 평균임금 증가율의 평균[=(㉙+㉚)/2]
㊱ 직전 3년 평균 초과 임금증가분[={㉝-⑰×(1+㉟)}×⑨]

[Ⅱ. 3-2 임금 동결시 등의 계산 특례]

나. 세제지원 요건 : 중소기업의 경우 ㉗ > 3.2%이며, ⑧ ≥ ⑨ 이고, ㉘ ≥ 0인 경우에도 적용됨
㊲ 중소기업 계산특례[={⑮-⑯×(1+3.2%)}×⑨]

[Ⅱ. 4. 중소기업의 비교기준 특례]

❹ 세액공제[㊲ = {(㉜ 또는 ㊱) × 세액공제율(중소기업은 20%, 중견기업은 10%)},
㊲에 해당하는 중소기업의 경우 ㊲ × 20%]

[중견기업은 3천억원 미만]

「조세특례제한법 시행령」 제26조의 4 제17항에 따라 위와 같이 근로소득 증대 기업에 대한 세액공제신청서를 제출합니다.

년　월　일
신청인　　　(서명 또는 인)

Ⅶ. 예제와 서식 작성실무

신고실무 근로소득 증대 기업에 대한 세액공제신청서(중소기업 비교 기준 특례)

● 자 료

㈜문화는 중소기업으로 평균임금 계산을 위한 최근 5년간의 자료는 다음과 같다.

구분	근로자 수 합	상시근로자	임금합계	평균임금
20X5년	1,152	96.00	5,640,000,000	58,750,000
20X4년	1,050	87.50	4,760,000,000	54,400,000
20X3년	976	81.33	3,782,000,000	46,501,000
20X2년	861	71.75	3,010,000,000	41,951,000
20X1년	616	51.33	1,899,000,000	36,995,000

※ 상시근로자 수는 소수 셋째 자리 미만에서 절사하며, 평균임금은 천원 단위 미만은 절사함에 주의하기 바란다. 동 5년 이내의 기간 중에 퇴사하게 된 근로자 등이 있는 경우에는 5년 이내의 기간 동안 상시근로자 수와 평균임금에서 제외하여 계산한다(조특령 §26의 4 ⑩).

다음은 각 연도별 신규 입사자를 제외하고 계산한 평균임금이다. 신규입사자는 입사한 과세연도에서만 제외하고 계산한다.

구분	상시근로자 수의 합	임금합계	평균임금
20X5년	87.00	5,094,194,000	58,553,000
20X4년	82.50	4,489,546,000	54,418,000
20X3년	66.33	3,004,877,000	45,301,000
20X2년	53.75	2,024,910,000	37,672,000
20X1년	50.00	02,089,000,000	41,780,000

● 해 설

1. 평균임금 증가율 등의 계산

구분	① 해당연도 평균임금 (신규 입사자 제외)	② 전기 평균임금	③ 평균임금 증가율 (= (①-②)/②)
20X5년	58,553,000	54,400,000	0.0763
20X4년	54,418,000	46,501,000	0.1702
20X3년	45,301,000	41,951,000	0.0798
20X2년	37,672,000	36,995,000	0.0182

* 평균임금 증가율은 소수 다섯째 자리를 절사한다.

직전 3년 평균임금증가율의 평균 = (0.1702 + 0.0798 + 0.0182) ÷ 3 = 0.0894

2. 일반적인 경우 직전 3년 평균 초과 임금증가분의 계산

직전 3년 평균 초과 임금증가분 = [당기 평균임금 − 전기 평균임금 × (1 + 직전 3년 평균임금증가율의 평균)] × 직전 연도 상시근로자 수 = [58,750,000 − 54,400,000 × (1 + 0.0894)] × 87.5 = −44,919,000

대괄호 안이 음수, 즉 직전 3년 평균 초과 임금 증가분이 음수이어서 세액공제의 대상이 없으므로 중소기업 비교 기준 특례의 적용 여부를 검토한다.

※ 음수가 아닌 경우에도 전체 중소기업 임금증가율(3.2%)보다 직전 3년 평균임금 증가율의 평균이 크다면 중소기업 특례 적용이 유리하다.

3. 중소기업 비교 기준 특례 요건 검토

① 전체 중소기업 임금증가율(3.2%)보다 당기 평균임금 증가율 7.63%가 크고,
② 상시근로자 수가 전년보다 증가하였으며,
③ 직전 과세연도의 평균임금 증가율이 17.02%로 음수가 아니다.
④ 또한 창업, 휴업 등의 예외에 해당하지 않는다.

따라서 ㈜문화는 중소기업 특례를 선택할 수 있다.

4. 중소기업 비교 기준 특례 세액공제액 계산

① 직전 3년 평균 초과 임금증가분 = [당기 평균임금 − 전기 평균임금 × (1 + 전체 중소기업 임금증가율)] × 직전 연도 상시근로자 수 = [58,750,000 − 54,400,000 × (1 + 0.032)] × 87.5 = 228,305,000

② 세액공제액 = 직전 3년 평균 초과 임금증가분 × 중소기업 공제율 = 228,305,000 × 20% = 45,661,000

■ 조세특례제한법 시행규칙 [별지 제10호의 3 서식] (개정 2024. 3. 22.)

근로소득 증대 기업에 대한 세액공제신청서

(앞쪽)

❶ 신청인	① 상호 또는 법인명 ㈜문화	② 사업자등록번호
	③ 대표자 성명 김성수	④ 생년월일
	⑤ 주소 또는 본점소재지 경기도 성남시 분당구 (전화번호 :)	

❷ 과세연도 : 20X5년 1월 1일부터 20X5년 12월 31일까지

❸ 세액공제액 계산내용

가. 세제지원 요건 : ㉗ > ㉛ 또는 ㉞ > ㉟ 이고, ⑧ ≥ ⑨이어야 함

1. 상시근로자 수 계산

상시근로자 수(=⑥/⑦)		⑥ 과세연도 매월 말 현재 상시근로자 수의 합	⑦ 과세연도 개월 수
⑧ 해당 과세연도 상시근로자 수	96.00	1,152	12
⑨ 직전 과세연도 상시근로자 수	87.50	1,050	12
⑩ 직전 2년 과세연도 상시근로자 수	81.33	976	12
⑪ 직전 3년 과세연도 상시근로자 수	71.75	861	12
⑫ 직전 4년 과세연도 상시근로자 수	51.33	616	12

2. 평균임금 계산(일반적인 경우 : ㉘이 양수이면서 ㉛의 30% 이상인 경우)

평균임금(=⑬/⑭)		⑬ 상시근로자 임금의 합계	⑭ 상시근로자 수(=⑧~⑫)
⑮ 해당 과세연도 평균임금	58,750,000	5,640,000,000	96.00
⑯ 직전 과세연도 평균임금	54,400,000	4,760,000,000	87.50
⑰ 직전 2년 과세연도 평균임금	46,501,000	3,782,000,000	81.33
⑱ 직전 3년 과세연도 평균임금	41,951,000	3,010,000,000	71.75
⑲ 직전 4년 과세연도 평균임금	36,995,000	1,899,000,000	51.33

3. 각 과세연도별 입사자 제외시 평균임금 계산(일반적인 경우 : ㉘이 양수이면서 ㉛의 30% 이상인 경우)

평균임금(=⑳/㉑)		⑳ 상시근로자 임금의 합계	㉑ 상시근로자 수
㉒ 해당 과세연도 평균임금	58,553,000	5,094,194,000	87.00
㉓ 직전 과세연도 평균임금	54,418,000	4,489,546,000	82.50
㉔ 직전 2년 과세연도 평균임금	45,301,000	3,004,877,000	66.33
㉕ 직전 3년 과세연도 평균임금	37,672,000	2,024,910,000	53.75
㉖ 직전 4년 과세연도 평균임금	41,780,000	2,089,000,000	50.00

4. 평균임금 증가율(일반적인 경우 : ㉘이 양수이면서 ㉛의 30% 이상인 경우)

㉗ 해당 과세연도 평균임금 증가율[=(㉒−⑯)/⑯]	0.0763
㉘ 직전 과세연도 평균임금 증가율[=(㉓−⑰)/⑰]	0.1702
㉙ 직전 2년 과세연도 평균임금 증가율[=(㉔−⑱)/⑱]	0.0798
㉚ 직전 3년 과세연도 평균임금 증가율[=(㉕−⑲)/⑲]	0.0182
5. 직전 3년 평균임금 증가율의 평균(일반적인 경우 : ㉘이 양수이면서 ㉛의 30% 이상인 경우)[㉛=(㉘+㉙+㉚)/3]	0.0894
6. 직전 3년 평균 초과 임금증가분[㉜={⑮−⑯×(1+㉛)}×⑨]	0

7. ㉘이 음수이거나, ㉘이 양수이지만 ㉛의 30% 미만인 경우 ⑮,㉗,㉛,㉜의 계산 특례

㉝ 해당 과세연도 평균임금[=(⑮+⑯)/2]	
㉞ 해당 과세연도 평균임금 증가율[{(⑯+㉒)/2−⑰}/⑰]	
㉟ 직전 3년 평균임금 증가율의 평균[=(㉙+㉚)/2]	
㊱ 직전 3년 평균 초과 임금증가분[={㉝−⑰×(1+㉟)}×⑨]	

나. 세제지원 요건 : 중소기업의 경우 ㉗ > 3.2%이며, ⑧ ≥ ⑨ 이고, ㉘ ≥ 0 인 경우에 적용됨

㊲ 중소기업 계산특례[={⑮−⑯×(1+3.2%)}×⑨]	228,305,000
❹ 세액공제액[㊲ = {(㉜ 또는 ㊱) × 세액공제율(중소기업은 20%, 중견기업은 10%)}, ㊲에 해당하는 중소기업의 경우 ㊲ × 20%	45,661,000

「조세특례제한법 시행령」 제26조의 4 제17항에 따라 위와 같이 근로소득 증대 기업에 대한 세액공제신청서를 제출합니다.

20X6년 3월 31일

신청인 ㈜문화 김성수 (서명 또는 인)

분당세무서장 귀하

제3절 [제29조의 6] 중소기업 청년근로자 및 핵심인력 성과보상기금 수령액에 대한 소득세 감면 ★★

Ⅰ. 의의

중소기업 또는 중견기업의 핵심인력이 중소기업 핵심인력 성과보상기금의 공제사업(내일채움공제)에 가입하여 5년 이상 납입하고 공제금을 수령하는 경우, 중소기업 등이 부담한 기여금 부분에 대해서는 근로소득으로 보아 소득세를 부과하되, 소득세의 50%(중견기업 근로자는 30%)에 상당하는 세액을 감면하는 특례이다. 다만, 청년에 대해서는 90%(중견기업 근로자는 50%)를 감면율로 한다.

중소기업 핵심인력 성과보상기금이란 중소기업 핵심인력의 장기 재직을 촉진하고 중소기업 인력양성을 위하여 설치된 기금을 말한다[중소기업 인력지원 특별법(이하 "중기인력법") §35의 2]. 중소기업이 지정한 핵심인력이 장기 재직하는 경우, 그 인센티브로 내일채움공제에 따라 성과보상금을 지급한다.

한편 중소기업이 중소기업 핵심인력성과보상기금에 납입하는 비용은 법인세법상 손비로 인정받으며 또한 인력개발비로 세액공제할 수 있다(법령 §19 20호, 조특칙 §7 ⑩ 4호).

2016년 개정세법에서 신설되었다. 2016.1.1. 이후 공제금을 수령하는 경우부터 적용한다(2015.12.15. 개정된 법 부칙 §13).

일몰기한은 2024.12.31.까지이다.

개정연혁

연 도	개정 내용
2018년	■ 공제대상 추가 : 중견기업의 근로자 - 공제율 30%
2020년	■ 청년내일채움공제와 내일채움공제 연계자에 대한 지원
2022년	■ 청년 감면율 상향 : 50% → 90% (단, 중견기업 청년 30% → 50%)
2023년	■ 청년 정의 신설

Ⅱ. 요건

1 주체

과세특례의 주체는 중소기업 또는 중견기업의 핵심인력이다. "중소기업 핵심인력"이란 직무 기여도가 높아 해당 중소기업의 대표자가 장기 재직이 필요하다고 지정하는 근로자를 말한다(중기인력법 §2 6호).

핵심인력에 대해서는 학력, 경력, 자격 등의 별도 요건을 요구하지 아니한다. 다만 다음의 사람은 제외한다(조특령 §26의 6 ①).

① 해당 기업의 최대주주 또는 최대출자자(개인사업자의 경우에는 대표자를 말함)와 그 배우자(이하 "최대주주등")
② 최대주주등의 직계존비속(그 배우자 포함) 또는 최대주주등과 친족관계(국기령 §1의 2 ①)에 있는 사람

중견기업의 근로자로서 내일채움공제사업에 가입하여 공제금을 적립하던 중 소속 기업이 중견기업에서 제외되는 경우에도 가입시점에 요건을 충족하여 만기까지 납입한 후 그 공제금을 수령하는 경우에는 세액감면을 적용받을 수 있다(사전법규소득-0723, 2024.3.14.).

중견기업의 정의는 제2부 제4절 상생결제 지급금액 세액공제의 Ⅱ. 1-2를 참조하기 바란다(조특령 §6의 4 ①).

청년의 정의는 통합고용세액공제의 청년 규정을 준용한다(조특령 §26의 6 ② → §26의 8 ③ 1호). 15세 이상 34세 이하인 사람을 말한다. 상세 내용은 제5절 Ⅱ. 2-1 (2)를 참조하기로 한다.

2018년 개정세법에서 공제 대상에 중견기업을 추가하여 30%의 공제율을 적용하였다. 2018.1.1. 이후 중견기업 근로자가 성과보상기금으로부터 공제금을 수령하는 분부터 적용한다(2017.12.19. 개정된 법 부칙 §15).

종래 청년의 범위에 대한 규정이 없었으나, 2023년 개정세법에서 신설함.

2 5년 이상 납입

중소기업 또는 중견기업의 핵심인력이 중소기업 핵심인력 성과보상기금(중기인력법 §35의 2)의 공제사업에 가입하여 공제납입금을 5년 이상 납입하고 그 성과보상기금으로부터 공제금을 수령하여야 한다(조특법 §29의 6 ①).

중소기업 또는 중견기업의 청년근로자를 대상으로 하는 공제사업(청년내일채움공제)에 가입하여 만기까지 납입한 후에 핵심인력을 대상으로 하는 공제사업(내일채움공제)에 연계하여 납입하는 경우에는 해당 기간을 합산하여 5년 요건을 판단한다.

내일채움공제와 청년내일채움공제(2년형)의 비교

구 분	내일채움공제	청년내일채움공제(2년형)
주관부처	중소벤처기업부	고용노동부
목 적	핵심인력(재직근로자) 장기재직 및 인력양성 촉진	청년근로자 장기근속 및 자산형성
가입대상	중소(중견)기업, 핵심인력(재직근로자)	중소(중견)기업, 청년근로자(만15~34세 신규채용자)
가입기간	5년	2년
납입비율	핵심인력 : 기업 = 1 : 2(이상)	청년(1) : 기업(1.3) : 정부(3)
적립금액	5년간 2,000만원 이상	2년간 1,600만원
시 행 일	2014.8.21.	2016.7.1.

근로자가 성과보상기금(중기인력법 §35의2)으로부터 공제금을 수령하는 경우로서 그 성과보상기금의 재원이 국가 또는 지방자치단체의 지원금인 경우에는 그 지원금에 해당하는 부분은 소득세가 과세되지 아니하는 것이나, 그 밖에 그 재원이 공기업 등의 지원금인 경우에는 과세대상 근로소득에 해당한다. 또한, 근로자가 수령하는 공제금 중 공기업 등이 부담한 기여금부분에 대해서는 본 소득세 감면을 적용하지 않는다(재소득-463, 2019.8.9.).

2020년 개정세법에서 청년내일채움공제에 가입하여 만기까지 납입한 후 내일채움공제에 연계하여 납입하는 경우에는 중소기업 핵심인력 성과보상기금 수령액에 대한 소득세 감면 적용을 위한 5년의 납입기간 요건을 판단할 때 청년내일채움공제에 가입하여 납입한 기간을 합산하도록 한다. 개정규정은 2020.1.1. 이후 공제금을 수령하는 분부터 적용한다. (2019.12.31. 개정된 법률 부칙 §16).

Ⅲ. 세액감면 등

내일채움공제 과세방법

소득 원천	소득 구분	과세 방법
중소기업 기여금	근로소득	50% 세액감면(중견기업 근로자는 30%) 청년은 90% 세액감면(중견기업 근로자는 50%)
개인 공제납입금	원본	과세대상 아님
이외 운용수익 등	이자소득	분리과세 또는 종합과세

● **청년내일채움공제 공제금 중 정부지원금 등의 소득세 과세 여부** (부정)

「고용정책기본법」제25조, 「고용보험법」제25조 및 「청년고용촉진특별법」제7조 등에 근거하여 고용노동부가 주관하는 청년내일채움공제에 가입한 거주자가 해당 공제의 만기에 지급받는 공제금 중 정부가 부담하는 정부지원금 및 정부가 지급하는 채용유지지원금에서 기업기여금으로 적립한 부분은 소득세 과세대상에 해당하지 않는다(서면해석소득-3289, 2019.3.14.). 국가나 지방자치단체로부터 증여받는 재산의 가액은 상증법 제46조 제1호에 따라 증여세가 과세되지 아니하기 때문이다.

1 근로소득세 감면

수령한 공제금 중 중소기업이 부담한 기여금(이하 "기여금") 부분에 대해서는 근로소득(소법 §20)으로 보아 소득세를 부과하되, 소득세의 50%(단, 중견기업의 근로자는 30%)에 상당하는 세액을 다음과 같이 감면한다(조특령 §26의 6 ③). 다만, 청년에 대해서는 90%(중견기업 근로자는 50%)를 감면율로 한다.

$$\text{감면세액} = \left(\text{종합소득} \atop \text{산출세액} \times \frac{\text{근로소득금액}}{\text{종합소득금액}} \times \frac{\text{중소기업 등 기여금}}{\text{해당 근로자 총급여액}} \right) \times {50\%(30\%) \atop \text{청년 } 90\%(50\%)}$$

내일채움공제의 근로소득 수입시기는 공제금 수령 조건이 성취되는 날 또는 해지 환급금을 수령하는 날로 보아야 할 것이다. 참고로 내일채움공제와 유사 제도인 희망엔지니어적금에 관한 유권해석에서 근로소득 수입시기를 적금을 수령할 수 있는 조건이 성취되는 날로 보고 있다(원천세과-638, 2013.12.18.).

중소기업의 근로자로서 내일채움공제사업에 가입하여 공제납입금을 납입하던 중 소속기업이 중견기업으로 전환된 후 공제금을 수령하는 경우에, 소득세 감면 비율은 중소기업의 감면비율(조특법 §29의 6 ① 1호 가목 또는 2호 가목)에 의한다(사전법규소득-0111, 2024.4.1.).

2022년 세법개정에서 중소·중견기업 청년근로자의 자산형성을 지원하기 위하여 성과보상기금에 가입한 청년에 대해서는 기업기여금에 대한 소득세의 감면률을 50%에서 90%(중견기업 청년 근로자의 경우에는 30%에서 50%)으로 상향하였다. 개정규정은 2022.1.1. 이후 성과보상기금으로부터 공제금을 수령하는 경우부터 적용한다(2021.12.28. 개정된 법률 부칙 §10).

2 이자소득세 부과

공제금 중 핵심인력이 납부한 공제납입금과 기여금을 제외한 금액은 이자소득(소법 §16 ①)으로 보아 소득세를 부과한다(조특법 §29의 6 ②).

Ⅳ. 조세특례제한 등

1 절차

중소기업 핵심인력 성과보상기금 수령액에 대한 소득세 세액감면신청서(별지 제10호의 6 서식)를 공제금을 수령하는 날이 속하는 달의 다음 달 말일까지 원천징수의무자에게 제출하여야 한다(조특령 §26의 6 ④).

원천징수의무자는 감면신청을 받은 날이 속하는 달의 다음 달 10일까지 원천징수관할세무서장에게 중소기업 핵심인력 성과보상기금 수령액에 대한 소득세 감면 대상 명세서(별지 제10호의 7 서식)를 제출하여야 한다(조특령 §26의 6 ⑤).

기타 조세특례제한 등

구 분	내 용	참조 부분
중복지원의 배제	적용대상 아님	제20부 제1절
추계과세 시 등의 배제	적용대상 아님	제20부 제2절
최저한세	적용대상 아님	제20부 제4절
농어촌특별세	비과세(농특령 §4 ⑥ 1호)	

제4절 [제29조의 7] 고용을 증대시킨 기업에 대한 세액공제 ★★

Ⅰ. 의의

내국인이 직전 연도 대비 상시근로자 수가 증가한 경우에는, 증가 인원당 중소기업은 700만원(지방 770만원), 중견기업은 450만원을 소득세 또는 법인세에서 세액공제하는 제도이다. 다만 청년 정규직 근로자와 장애인 근로자 등은 기업 규모 및 지역별로 400만원~1,200만원을 공제한다. 이때 고용유지조건을 충족하는 경우의 공제기간은 2년이지만, 중소기업과 중견기업은 3년으로 한다. 그리고, 지방에서 청년, 장애인, 고령자 등의 수가 증가한 경우에는 2021년과 2022년에 한하여 100만원을 추가로 공제한다(이하 "고용증대세제").

고용창출투자세액공제는 투자를 통한 간접적인 고용지원제도이므로 동 공제를 폐지하고, 동 제도의 간접적 고용인센티브를 청년고용증대세제와 통합하여 고용증대세제를 2018년 개정세법에서 신설하였다.

신규 일자리 창출을 지원하기 위하여 중소기업 중심의 직접적인 고용지원제도로 재설계하였다. 고용증대세제는 신규 채용 1인당 400만원~1,200만원을 세액공제하여, **채용보조금** 제도로서 성격을 가지고 있다.

일몰기한은 2024.12.31.이다.

2023년 세법개정에서 기업의 고용 활성화를 지원하기 위하여 고용증대 세액공제, 사회보험료 세액공제 및 경력단절여성 세액공제 등을 통합고용세액공제로 일원화하였다. 그러나, 제29조의 7 고용증대기업 세액공제와 제30조의 4 중소기업 사회보험료 세액공제는 당초 일몰시한인 2024년말까지 계속 적용 가능하다.

따라서 2023년 및 2024년에는 통합고용세액공제의 기본공제와 고용증대기업 세액공제(또는 중소기업 사회보험료 세액공제)에 대해서는 납세자의 선택에 따라 둘 중 하나를 적용할 수 있다(조특법 §127 ⑪ 참조).

한편, 2024년말 고용증대기업세액공제가 종료되더라도 추가공제 기간에 해당하는 2차연도, 3차연도의 공제를 적용할 수 있다.

예를 들어, 2023.12.31.(또는 2024.12.31.)이 속하는 과세연도(이하 '해당 과세연도')의 상시근로자 수가 직전 과세연도 보다 증가하는 경우, 해당 과세연도에는 조세특례제한법 제29조의7(고용을 증대시킨 기업에 대한 세액공제)과 같은 법 제29의8(통합고용세액공제) 중 어느 하나를 선택하여 세액공제를 적용하고 이후 과세연도의 추가 공제 시에도 당초 선택한 공제 방법을 적용한다(서면법인-1263, 2023.6.8.).

본서에서는 신설된 제29조의 8 통합고용세액공제를 중심으로 설명하고 제29의 7 고용증대기업 세액공제에서는 이를 준용하는 방식으로 제목과 조문만을 열거하고 차이점만을 설명하기로 한다.

개정연혁

연 도	개정 내용
2020년	■ 고용유지조건의 비교 대상 기준연도는 최초로 공제를 받은 과세연도의 직전 과세연도임을 명확히 함 ■ 청년 및 청년 외 공제금액의 한도는 전체 상시근로자 수 증가분으로 함 ■ 추징세액 계산방법을 1년 이내 감소하는 경우와 1~2년 기간 중 감소하는 경우로 나누어 규정 ■ 추징세액 계산 시 청년의 판단 기준 시점 변경 : 공제받은 과세연도 종료일 → 공제받은 과세연도 ■ 상시근로자 수 감소 기준연도 변경 : 공제받은 직전 과세연도 → 공제받은 과세연도
2021년	■ 우대되는 공제 대상 추가 : 고령자(60세 이상) ■ 20년 한시적 사후관리 예외 신설
2022년	■ 21년, 22년에 한해 청년등을 고용하는 지방 고용증대기업에 대해 100만원 추가 공제
2023년	■ 통합고용세제로 일원화하지만, '24년까지 선택적 적용 가능

Ⅱ. 요건

1 주체

소비성서비스업을 제외한 모든 업종을 영위하는 내국인을 과세특례의 주체로 한다(조특령 §26의 7 ①).

이하 요건의 상세 내용은 제5절 Ⅱ.를 참조하기로 한다.

2 대상 근로자

대상 근로자의 범위

구분	범위
상시근로자	상시근로자의 범위는 고용창출투자세액 규정을 준용함 (조특령 §26의 8 ② → §23 ⑩).
청년 정규직 근로자	청년 정규직 근로자란 전체 상시근로자 중 15세 이상 29세 이하인 사람(조특령 §26의 7 ③ 1호)
장애인 근로자	장애인, 상이자, 5·18민주화운동부상자와 고엽제후유의증 환자로서 장애등급 판정을 받은 사람(같은 항 2호)
고령자인 근로자	근로계약 체결일 현재 연령이 60세 이상인 사람(같은 항 3호). 이하 청년 정규직 근로자, 장애인 근로자와 합하여 "청년등 상시근로자"라 함.

통합고용세액공제 등 여타의 세액공제에서는 청년 연령 상한을 29세에서 34세로 상향하였으나, 고용증대세액공제는 계속해서 29세임에 주의하여야 한다.

2019년 개정세법에서 국가보훈 대상자의 고용을 지원하기 위하여 고용증대세제 적용 시 우대되는 장애인의 범위에 5·18민주화운동부상자와 고엽제후유의증 환자로서 장애등급 판정을 받은 사람을 추가하였다.

2021년 세법개정에서 기업의 고령자 고용에 대한 지원을 확대하기 위하여 직전 과세연도 대비 상시근로자 수가 증가한 기업에 대하여 적용하는 세액공제 우대 대상에 청년, 장애인, 국가유공자 외에 60세 이상 근로자를 추가하였다.

Ⅲ. 세액공제

1 공제세액

이하 세액공제의 상세 내용은 제5절 Ⅲ.을 참조하기로 한다.

1-1 공제기간 및 근로자 수

공제기간 및 근로자 수의 산정

구분	내용
공제기간	대기업의 공제기간은 2년으로 하며, 중소기업과 중견기업은 3년으로 함(조특법 §29의 7 ②).
근로자 수의 산정	(청년)상시근로자 수 수는 해당 연도 매월말 (청년)상시근로자 수의 합을 해당 연도 개월 수로 나누어 계산함(조특령 §26의 7 ⑦). 상시근로자 수의 계산 및 해당 과세연도에 창업 등을 한 내국인의 경우에는 고용창출투자세액공제 규정을 준용함(조특령 §26의 7 ⑧·⑨)

2019년 개정세법에서 기업의 일자리 창출을 장려하기 위하여 고용증대세제의 적용기간을 중소·중견기업은 2년에서 3년으로, 그 밖의 기업은 1년에서 2년으로 각각 연장하고, 청년 등 상시근로자 증가 인원 1명당 공제액을 종전보다 100만원 인상하였다. 2019.1.1. 이후 과세표준을 신고하는 경우부터 소급하여 적용한다(2018.12.24. 개정된 법률 부칙 §13).

2020년 개정세법에서 고용유지조건의 비교 대상 기준 연도는 최초로 공제를 받은 과세연도의 직전 과세연도임을 명확히 하였다. 개정규정은 2020.1.1. 이후 과세표준을 신고하는 분부터 소급하여 적용한다(2019.12.31. 개정된 법률 부칙 §17).

1-2 공제금액

투자가 없더라도 증가 인원 1인당 아래의 금액을 곱한 금액을 법인세 또는 사업소득에 대한 소득세에서 공제한다(조특법 §29의 7 ①). 이때 그 외 상시근로자 또는 청년등 상시근로자의 증가 인원은 증가한 상시근로자의 인원 수를 한도로 한다(이하 "한도규정").

근로자, 규모, 지역별 증가 인원 1인당 공제금액

구분	중소기업(3년간)		중견기업(3년간)		대기업(2년간)	
	수도권	지방	수도권	지방	수도권	지방
상시근로자	700만원	770만원	450만원	450만원	-	-
청년등근로자	1,100만원	1,200만원❶	800만원	800만원❶	400만원	400만원❶

❶ 2021년 및 2022년에 수도권이 아닌 지역에서 청년·장애인 등 취업 취약계층의 상시근로자 수가 증가한 기업의 경우에는 증가한 인원에 대하여 종전보다 소득세 또는 법인세에서 100만원을 추가로 공제함. 지방소재 기업 중, 중소기업은 1,300만원, 중견기업은 900만원, 대기업은 500만원을 적용하였었음.

2020년 개정세법에서 고용을 증대시킨 기업의 세액공제금액을 계산할 때 청년 등 상시근로자 증가 인원 또는 그 외 상시근로자 증가 인원은 전체 상시근로자 수 증가 인원을 한도로 함을 명확히 규정하였다.

2022년 세법개정에서 2021년 및 2022년에 수도권이 아닌 지역에서 청년·장애인 등 취업 취약계층의 상시근로자 수가 증가한 기업의 경우에는 증가한 인원에 대하여 종전보다 소득세 또는 법인세에서 100만원을 추가로 공제한다.

2020년 세법 개정과 관련하여 별도의 부칙 규정이 없으므로 일반 부칙 규정에 따라 2020.1.1.부터 적용하는 것으로 종래 해석하였으나,(서면법인-1503, 2020.11.19.) 최근 유권해석에서는 2020.1. 1. 전 개시하는 과세연도에도 적용되는 것으로 해석을 변경하였다(재조특-322, 2022.5.4.). 2020년 세법 개정을 확인적 성격의 개정으로 해석하는 것으로 판단된다.

즉, 2020년 "한도규정"의 신설 이전에도 (아래의 조세심판원 심판례와 달리) "한도규정"을 적용하는 것으로 해석하였다(재조특-199, 2024.3.8.).

● 20년 신설된 "한도규정"이 소급 적용되는지 여부 (부정)

처분청은 쟁점세액공제의 대상인 상시근로자의 고용증가 인원수를 산정함에 있어 청년등 상시근로자의 증감 인원수와 청년등 외 상시근로자의 증감 인원수를 통산하여 증가한 상시근로자의 인원수를 한도로 산정하여야 한다는 의견이나, 청구인이 경정청구를 제기한 2018년과 2019년 당시에는 쟁점규정에 "증가한 상시근로자의 인원수를 한도로 한다"는 규정이 없었던 점, 2019.12.31. 법률 제16835호로 개정된 「조세특례제한법」의 부칙에서 개정 후 규정에 대해 개별적 용례를 규정하지 아니한 채, 제1조(시행일)에서 "이 법은 2020년 1월 1일부터 시행한다"고 규정하였고, 제2조(일반적 적용례) 제1항에서 "이 법 중 소득세(양도소득세는 제외한다) 및 법인세에 관한 개정규정은 이 법 시행 이후 개시하는 과세연도분부터 적용한다"고 규정하고 있어 개정 후 규정은 2020.1.1. 이후 개시하는 과세연도분부터 적용되는 것이고, 이 건 경정청구 대상 과세기간인 2018·2019 귀속분에는 적용되지 아니하는 것으로 보는 것이 타당한 점, 세액공제 대상 상시근로자 인원수의 산정에 있어 납세자에게 다소 불리하게 개정된 개정 후 규정을 2019년 이전 귀속분에 대해서도 적용하는 것으로 해석할 경우 소급과세금지의 원칙을 위배할 소지가 있는 점 등에 비추어 쟁점세액공제와 관련하여 청구인의 경정청구를 거부한 처분(부작위)은 잘못이 있는 것으로 판단된다(조심 2023부0443, 2023.5.17.; 조심 2023부6839, 2023.7.21.).

2 사후관리

2-1 추징세액의 계산

고용유지조건을 위반한 경우에는 공제 받은 세액에 상당하는 금액을 소득세 또는 법인세로 납부하여야 한다(조특법 §29의 7 ② 후단). 그러나 이자상당가산액은 납부하지 않음에 주의하여야 한다. 고용이 감소한 경우의 추징세액은 1년 이내 감소하는 경우와 1년~2년 이내 기간 중 감소한 경우로 나누어 계산한 금액으로 한다(조특령 §26의 7 ⑤).

2020년 세법 개정

2020년 개정세법에서 사후관리 요건 위반 시 추가납부하는 세액의 계산 방법을 사후관리 기간에 따라 구분하여 정하고, 청년 및 장애인 상시근로자 수가 전체 상시근로자 수보다 더 많이 감소하는 경우에는 청년 및 장애인 상시근로자에 해당하여 추가로 공제받은 금액을 납부하도록 하였다.

그리고, <u>상시근로자 수의 감소 기준연도를 종전에는 공제받은 직전 과세연도로 하였으나 공제받은 과세연도로 변경하였다.</u>

또한, 기간 경과에 따른 청년 근로자 수의 자연 감소를 배제하기 위하여 고용을 증대시킨 기업에 대한 세액공제 사후관리 요건 위반 시 추가납부하는 세액을 계산할 때 "청년"의 판단 기준 시점을 공제받은 과세연도 종료일에서 공제받은 과세연도로 변경하였다.

위의 3가지 2020년 개정규정은 2020.2.11. 이후 과세표준을 신고하는 분부터 소급하여 적용한다. 2020.2.11. 전에 과세표준을 신고한 경우에는 개정규정에도 불구하고 종전의 규정에 따른다(2020.2.11. 개정된 시행령 부칙 §8 및 §26).

참고로 일몰기한이 종료한 조특법 제29조의 5 청년고용증대세제의 경우에도 "청년"의 판단 기준 시점을 위와 동일하게 공제받은 과세연도 종료일에서 공제 받은 과세연도로 변경하였다(2020.2.11. 개정된 시행령 §26의 5 ⑦, 부칙 §7 및 §25).

조세특례제한법 제29조의7(2019.12.31. 법률 제16835호로 개정되기 전의 것)에 따라 2018년 최초로 고용증대세액공제 적용을 받은 경우에 대한 사후관리 규정 적용은 법률 제16835호 「조세특례제한법」 일부개정법률 제29조의7제2항 및 같은 법 부칙 제17조에 따라 최초로 공제를 받은 과세연도를 기준으로 판단한다(재조특-679, 2023.6.20.).

예를 들어, '18년도에 상시근로자 수가 증가하여 고용증대세액공제를 적용받았으나, 이후 전체 상시근로자수가 매 과세연도마다 감소한 경우, '20년 조특법 개정으로 '공제를 받은 과세연도의 직전 과세연도('17년도)'가 아니라 '최초로 공제를 받은 과세연도('18년도)'의 상시근로자 수를 기준으로 사후관리 규정을 적용한다.

2-2 20년 한시적 사후관리의 예외

(1) 사후관리기간의 연장 및 '20년 추징 배제

소득세 또는 법인세를 공제받은 내국인이 2020.12.31.이 속하는 과세연도의 전체 상시근로자의 수 또는 청년등상시근로자의 수가 최초로 공제받은 과세연도에 비하여 감소한 경우에는 최초로 공제받은 과세연도의 종료일부터 3년이 되는 날이 속하는 과세연도의 종료일까지의 기간에 대하여 사후관리 규정을 적용한다. 다만, 2020.12.31.이 속하는 과세연도에 대해서는 세액을 추징하지 아니한다(조특법 §29의 7 ⑤).

즉, 2020년에 고용유지조건을 위반한 경우, 2020년은 세액공제를 적용하지 않으며 추징하지도 않는다. 대신 사후관리기간을 1년 연장하여 적용한다.

2021년 세법개정에서 코로나19 위기 극복을 위하여 고용증대기업세액공제를 한시적으로 개편하여, '20년 고용이 감소하더라도 고용을 유지한 것으로 간주하여 '19년 고용증가에 따른 세액공제 혜택을 '21년부터 지속적으로 적용한다. 개정규정은 2020.12.31.이 속하는 과세연도의 과세표준을 신고하는 분부터 소급하여 적용한다(2021.3.16. 개정된 법률 부칙 §2).

실무 상담 사례

Q 2019년에 고용증대세액공제를 받은 후, 2020년에 청년상시근로자수는 감소하였으나 상시근로자수는 증가하였을 경우의 추징을 한시적으로 면제하는 규정 하에서 2020년 공제방법

A 청년상시근로자수가 감소한 부분에 대한 법인세는 2020년에 추가납부하지 아니하고 추가공제도 수행하지 아니하나, 상시근로자수는 증가하였으므로 상시근로자에 대한 2년차 추가공제를 진행합니다(같은 뜻 재조특-1005, 2023.9.27.).
청년등 상시근로자와 전체 상시근로자는 공제액과 사후관리 규정을 별개로 보아 적용하여야 하기 때문입니다(조특법 §29의 7 ① 참조). 따라서, 청년등 상시근로자가 감소하였다면 청년등 관련 세액공제를 적용하지 않고, 사후관리기간이 연장됩니다. 반면에 전체 상시근로자 수가 증가하였다면 2년차 추가공제를 수행합니다.

Q 2019년에 공제세액이 발생하였고 대부분을 이월한 후 2020년 인원이 당초 공제받은 연도(2019년도) 대비 감소한 경우, 추징을 한시적으로 면제하는 규정 하에서 2019년도에 이월한 금액을 2020년도에 이월세액공제로 적용하는 것이 가능한지 여부

A 2019년에 이월한 금액을 2020년에 이월공제로 적용할 수 있을 것으로 판단됩니다.
첫째, 2020년 한시적 사후관리의 예외를 규정한 개정세법은 세액공제의 이월공제의 적용방법에 대해서는 규율하고 있지 않기 때문입니다. 둘째, 추징과 이월공제는 별개로 보아야 합니다. 당해연도 인원이 감소하여 추징이 발생하면서 이월공제 금액을 감소시키는 효과를 발생시키는 것이므로 추징이 없다면 이월공제를 적용하여야 할 것으로 판단됩니다.

(2) 21년 이후 계속 공제

한시적 사후관리의 예외를 적용받은 내국인이 2021.12.31.이 속하는 과세연도의 전체 상시근로자의 수 또는 청년등상시근로자의 수가 최초로 공제받은 과세연도에 비하여 감소하지 아니한 경우에는 공제금액을 2021.12.31.이 속하는 과세연도부터 최초로 공제받은 과세연도의 종료일부터 2년(중소기업 및 중견기업의 경우에는 3년)이 되는 날이 속하는 과세연도까지 소득세(사업소득에 대한 소득세만 해당함) 또는 법인세에서 공제한다(조특법 §29의 7 ⑥).

2020년 상시근로자 수가 2019년 상시근로자수 보다 감소하였으나 2021년에 상시근로자 수가 다시 증가할 경우 2021년에 증가한 근로자 수 계산 시 2020년 상시근로자 수와 비교한다(서면법인-4611, 2021.8.13.). 구체적 인원 수 계산은 아래의 예제를 참조하기로 한다.

● **유예기간 감소분보다 다음 해 더 많이 감소한 경우 추징세액 계산방법**

질의법인은 '18년에 고용이 증가함에 따라 고용증대세액공제를 적용받은 중소기업으로 '20년에 '18년보다 상시근로자 수가 감소하였으나, 사후관리가 1년 유예되어 '18년에 공제받은 세액을 추가 납부하지 않았음.
- 질의법인은 '21년에도 '18년보다 상시근로자 수가 감소하였으며, '18년 대비 '20년 감소 인원보다 '21년에 더 많이 감소함(상시근로자는 전부 청년외에 해당함).

<상시근로자 수 현황>

구분	'17년	'18년	'19년	'20년	'21년
상시근로자 (전년 대비)	67.08	92.75 (+25.67)	77.58 (△15.17)	73.33 (△4.25)	56.58 (△16.75)

(질의요지)
o '20년보다 '21년 상시근로자 수가 더 많이 감소한 경우 '21년 추가납부세액 계산 방법(* '20년 : 사후관리 유예연도)
<1안> '21년 상시근로자 감소 인원대로 추가 납부
<2안> '20년에 납부하여야 할 추가납부세액을 한도로 추가 납부

[회신]
귀 질의의 경우 2안이 타당함(재조특-906, 2023.08.28.; 서면법규법인-3938, 2023.9.5.).
21년의 감소인원은 16.75명이 아니라 유예되었던 20년의 감소인원 4.25명이 적용됨. 사후관리 유예로 인하여 납세자에게 더 불리한 결과를 초래할 수 없기 때문임.

(3) 22년 사후관리 적용방법

2021년 이후 계속 공제를 적용받은 내국인이 2022.12.31.이 속하는 과세연도의 전체 상시근로자의 수 또는 청년등상시근로자의 수가 최초로 공제받은 과세연도에 비하여 감소한 경우에는 최초로 공제받은 과세연도의 종료일부터 3년이 되는 날이 속하는 과세연도의 종료일까지 사후관리 규정을 적용한다(조특법 §29의 7 ⑦).

예제 2020년 한시적 사후관리 특례

● 자료

서울 소재 중소기업인 (주)선관은 2019 상시근로자가 10명에서 15명으로 증가하여 고용증대기업세액공제를 적용하였다. 추후 상시근로자 인원이 2020년 10명, 2021년 16명, 2022년 14명으로 변동된 경우, 세액공제 및 사후관리를 적용하시오(청년 등 고용인원은 없음).

(단위 : 인원 수, 만원)

연 도	상시근로자 평균	최초 공제연도 대비 증감인원	1인당 공제금액	공제(추징)세액
2018년	10			
2019년	15		+700	+3,500
2020년	10	19년 대비 −5	−	−
2021년	16	19년 대비 +1	+700	19년의 2차연도 +3,500 21년의 1차연도 +4,200
2022년	14	19년 대비 −1	−1,400(=700×2)	19년의 추징세액 −1,400
		21년 대비 −2	−700	21년의 추징세액 −1,400

● 해설

1) 2020년

(주)선관의 고용 인원이 15명에서 10명으로 감소한 경우, 2차연도의 세액공제를 적용하지 않으나 한시적 사후관리 특례를 적용 받아 추징세액 납부 규정도 적용하지 않는다. 대신 사후관리 기간을 2022년까지 1년 연장한다(조특법 §29의 7 ⑤).

2) 2021년

고용 인원이 16명으로 증가한 경우, 2019년의 공제액을 2차연도 추가공제액으로써 공제 가능하다(같은 조 ⑥).

이때 최근 예규에 따르면 2021년의 1차연도 고용증가 인원 계산방법과 관련하여 비교 기준 대상 연도를 2020년으로 적용하도록 하고 있다(서면법인-4611, 2021.8.13.). 따라서 2021년에 1년차 고용증가인원으로 공제 받을 인원은 6명(=16명 - 10명)이고 공제세액은 4,200만원이다.

3) 2022년

고용 인원이 14명으로 감소한 경우, 2019년 공제세액에 대해 3년차 추가공제를 적용 받을 수 없고 최초로 공제받은 과세연도인 2019년 대비 감소한 인원 1명(=15 - 14)에 대해 추징세액 1,400만원(=1명×700만원×2번)을 납부한다(같은 조 ⑦). 동 공제세액에 대해 사후관리 기간이 2022년까지 1년 연장되었기 때문이다.

또한 2021년의 공제세액에 대해서도 2년차 추가공제를 적용할 수 없으며 추징세액 1,400만(=2명×700만원)을 납부한다.

> **실무 상담 사례**
>
> **Q** 2019년에 고용증대세액공제를 받았고 2020년에 청년상시근로자수는 감소하였으나 상시근로자수는 증가하였을 경우 추가공제 및 추징의 적용 방법은?
>
> **A** 청년상시근로자수가 감소한 부분에 대한 법인세는 한시적 사후관리 특례에 따라 2020년에 추가납부하지 아니하고 추가공제도 수행하지 않습니다. 그러나, 상시근로자수는 증가하였으므로 상시근로자에 대한 2년차 추가공제를 적용합니다. 청년등 상시근로자와 전체 상시근로자는 별개로 보아 각각 추가공제 및 추징을 적용하여야 하기 때문입니다(조특법 §29의 7 ① 참조).

Ⅳ. 조세특례제한 등

1 절차

세액공제신청서와 고용 증대 기업에 대한 공제세액계산서(별지 제10호의 8 서식)를 납세지 관할 세무서장에게 제출하여야 한다(조특령 §26의 7 ⑩).

이하 조세특례제한등의 상세 내용은 제5절 Ⅳ.를 참조하기로 한다.

2 중복지원 배제

'투자세액공제규정 간의 중복지원 배제' 및 '감면규정과 세액공제규정의 중복지원 배제'에 해당하지 않는다. 따라서 중소기업 사회보험료 세액공제(조특법 §30의 4), 각종 투자세액공제 등과 중복적용이 가능하다. 다만 **창업중소기업세액감면의 추가감면**(고용인센티브)과는 **중복 적용될 수 없다**(조특법 §127 ④). 양자 모두 신규 고용에 대한 감면이기 때문이다.

그리고, 통합고용세액공제의 기본공제는 법 제29조의 7 고용증대기업 세액공제와 법 제30조의 4 중소기업 사회보험료 세액공제를 받지 아니한 경우에만 적용한다(조특법 §127 ⑪).

또한 다음의 중복지원 배제조항이 적용된다(조특법 §127 ③).

- 외투감면 시 내국인 지분 제외

  제20부 제1절 중복지원의 배제 부분을 참조하기로 한다.

기타 조세특례제한 등

구 분	내 용	참조 부분
추계과세 시 등	세액공제 배제(조특법 §128 ①)	제20부 제2절
최저한세	적용대상(조특법 §132 ①·②)	제20부 제4절
세액공제액의 이월공제	허용(조특법 §144 ①·②)	제21부 제2절
농어촌특별세	과세(농특법 §5 ① 1호)	

Ⅴ. 서식 작성요령

■ 조세특례제한법 시행규칙 [별지 제10호의8서식] 〈개정 2024.3.22.〉

고용 증대 기업에 대한 공제세액계산서

(3쪽 중 제1쪽)

❷ 과세연도   년 월 일부터   년 월 일까지

❸ 공제세액 계산내용

가. 1차년도 세제지원 요건 : ⑧ > 0

1. 상시근로자 증가 인원

⑥ 해당 과세연도 상시근로자 수	⑦ 직전 과세연도 상시근로자 수	⑧ 상시근로자 증가 인원 수 (⑥-⑦)
매월말 합 ÷ 개월 수		

이하 상시 근로자 수는 소수 셋째자리 미만 절사

Ⅱ. 2-1 상시근로자 범위
상시근로자 제외자
- 계약기간 1년미만자
- 단시간근로자
- 법인세법상 임원
- 최대주주등과 친족
- 근로소득세 납부 미확인자

2. 청년등 상시 근로자 증가 인원

⑨ 해당 과세연도 청년등 상시근로자 수	⑩ 직전 과세연도 청년등 상시근로자 수	⑪ 청년등 상시근로자 증가 인원 수 (⑨-⑩)
매월말 합 ÷ 개월 수		

청년은 15세~29세 (군복무 6년 추가)

Ⅱ. 2-2 청년 정규직 근로자
청년 정규직 근로자 제외자
- 기간제 근로자 - 단시간근로자 - 파견근로자
- 청소년 유해업소에 근무하는 만 19세 미만 청소년

3. 청년등 상시근로자 외 상시근로자 증가 인원

⑫ 해당 과세연도 청년등 상시 근로자 외 상시근로자 수	⑬ 직전 과세연도 청년등 상시 근로자 외 상시근로자 수	⑭ 청년등 상시근로자 외 상시 근로자 증가 인원 수(⑫-⑬)
매월말 합 ÷ 개월 수		

Ⅱ. 2-3 장애인 근로자 등
2-4 고령자인 근로자

4. 1차년도 세액공제액 계산   Ⅲ. 3. 공제세액

구분	구분		직전 과세연도 대비 상시근로자 증가 인원 수 (⑧ 상시근로자 증가 인원 수를 한도)	1인당 공제금액	⑮ 1차년도 세액공제액
중소 기업	수도권 내	청년등		1천1백만원	
		청년등 외		7백만원	
	수도권 밖	청년등		1천2백만원	
		청년등 외		7백7십만원	
	계				
중견 기업	청년등			8백만원	
	청년등 외			4백5십만원	
	계				
일반 기업	청년등			4백만원	
	청년등 외				
	계				

210mm×297mm[백상지 80g/㎡ 또는 중질지 80g/㎡]

(3쪽 중 제2쪽)

나. 2차년도 세제지원 요건 : ⑱ ≥ 0   Ⅲ. 1. 공제기간 추가공제

1. 상시근로자 증가 인원

⑯ 2차년도(해당 과세연도) 상시근로자 수	⑰ 1차년도(직전 과세연도) 상시근로자 수	⑱ 상시근로자 증가 인원 수(⑯-⑰)

2. 2차년도 세액공제액 계산(상시 근로자 감소여부)

1차년도(직전 과세연도) 대비 상시근로자 감소여부	1차년도(직전 과세연도) 대비 청년 등 상시근로자 수 감소여부	⑲ 1차년도(직전 과세연도) 청년 등 상시근로자 증가 세액공제액	⑳ 1차년도(직전 과세연도) 청년 등 외 상시 근로자 증가 세액공제액	㉑ 2차년도 세액공제액
부	부			
	여			
여				

다. 3차년도 세제지원 요건(중소·중견기업만 해당) : ㉔ ≥ 0   Ⅲ. 1. 공제기간 추가공제

1. 상시 근로자 증가 인원

㉒ 3차년도(해당 과세연도) 상시근로자 수	㉓ 1차년도(직전전 과세연도) 상시근로자 수	㉔ 상시근로자 증가 인원 수(㉒-㉓)

2. 3차년도 세액공제액 계산(상시근로자 감소여부)

1차년도(직전전 과세연도) 대비 상시근로자 감소여부	1차년도(직전전 과세연도) 대비 청년 등 상시근로자 수 감소여부	㉕ 1차년도(직전전 과세연도) 청년 등 상시근로자 증가 세액공제액	㉖ 1차년도(직전 전 과세연도) 청년 등 외 상시 근로자 증가 세액공제액	㉗ 3차년도 세액공제액
부	부			
	여			
여				

라. 2020년 12월 31일이 속하는 과세연도에 최초로 공제받은 과세연도 대비 상시근로자 수 등이 감소하여 2020년에 2차년도 세액공제가 유예된 경우 세제지원 요건 : ㉚ ≥ 0

1. 상시근로자 수 증가인원

최초 공제받은 과세연도	㉘ 최초 공제받은 과세연도 상시근로자 수	㉙ 해당 과세연도 상시근로자 수(2022년)	㉚ 상시근로자 증가 인원 수
2018.12.31일이 속하는 과세연도	Ⅲ. 4-3. 20년 한시적 사후관리의 예외		
2019.12.31일이 속하는 과세연도			

2. 유예세액 계산

최초 공제받은 과세연도	최초 공제받은 과세연도 대비 청년 등 상시근로자 수 감소여부	㉛ 해당 과세연도 청년 등 상시근로자 증가 세액공제액	㉜ 해당 과세연도 청년 등 외 상시 근로자 증가 세액공제액	㉝ 세액공제액 (유예 적용분)
2018.12.31일이 속하는 과세연도	부			
	여			
2019.12.31일이 속하는 과세연도	부			
	여			

❹ 세액공제액
[⑮ 1차년도 세액공제액 + ㉑ 2차년도 세액공제액 + ㉗ 3차년도 세액공제액 + ㉝ 세액공제액(유예 적용분)]

「조세특례제한법 시행령」 제26조의7제10항에 따라 위와 같이 공제세액계산서를 제출합니다.

년   월   일

신청인   (서명 또는 인)

Ⅵ. 예제와 서식 작성실무

> **신고실무** 고용 증대 기업에 대한 공제세액

● 자 료

㈜문화는 경기도 성남에 소재한 중소기업이다.
다음은 상시근로자 수, 청년등 상시근로자 수, 청년 등 이외 상시근로자 수의 매월말 합계 및 이를 12로 나누어 계산한 평균이다. 평균의 소수 셋째 자리 미만은 절사한다.

구분	전체 상시근로자수의 매월말 합계	전체 상시근로자 평균	청년등 상시근로자 수의 매월말 합계	청년등 상시근로자 평균	이외 상시근로자 수의 매월말 합계	이외 상시근로자 평균
20X1년	466	38.83	115	9.58	351	29.25
증감		9.75		3.42		6.33
20X2년	583	48.58	156	13.00	427	35.58
증감		2.92		−1.50		4.42
20X3년	618	51.50	138	11.50	480	40.00

● 해 설

1. 20X2년 공제세액 계산

   청년등 상시근로자와 이외 상시근로자의 증가 인원 수에 곱하여 공제세액을 계산한다.
   공제세액 = 청년등 상시근로자 증가인원 × 1,100만원 + 이외 상시근로자 증가인원 × 700만원
   = 3.42 × 1,100만원 + 6.33 × 700만원 = 37,620,000 + 44,310,000 = 81,930,000원

2. 20X3년 공제세액 계산

   전체 상시근로자 수는 감소하지 않았으나, 청년등 상시근로자 수는 감소하였으므로 20X2년 청년등 상시근로자 증가 인원에 그 외 공제금액을 곱하여 계산한다(제5절 Ⅲ. 1-1 (1)참조). 그리고, 20X2년 청년등 이외 세액공제액은 20X3년의 2차연도 세액공제액에 포함한다.
   20X3년 발생 1차연도 공제세액 = 이외 상시근로자 증가인원 × 700만원
   = 2.92 × 700만원 = 20,440,000원
   세액공제액 합계 = 20X3년 발생 1차연도 공제세액 + 20X2년 발생 청년등 이외 세액공제액
   + (20X3년 발생 청년 등 증가인원 × 그 외 상시근로자 공제금액)
   = 20,440,000 + 44,310,000 + (3.42명 × 700만원 = 23,940,000) = 88,690,000원

3. 20X3년 추징세액

   추징세액 = 청년등 추가 감소 인원 수 × (1,100만원 − 700만원)
   = 1.50 × 400만원 = 6,000,000원

■ 조세특례제한법 시행규칙 [별지 제10호의 8 서식] 〈개정 2024.3.22.〉

고용 증대 기업에 대한 공제세액계산서

(3쪽 중 제1쪽)

❶ 신청인	① 상호 또는 법인명 (주) 문화	② 사업자등록번호
	③ 대표자 성명 김성수	④ 생년월일
	⑤ 주소 또는 본점소재지 서울 성남시 분당구 (전화번호 :)	

❷ 과세연도	20X3년 1월 1일부터 20X3년 12월 31일까지

❸ 공제세액 계산내용

가. 1차년도 세제지원 요건 : ⑧ > 0

1. 상시 근로자 증가 인원

⑥ 해당 과세연도 상시 근로자 수	⑦ 직전 과세연도 상시 근로자 수	⑧ 상시 근로자 증가 인원 (⑥-⑦)
51.50	48.58	2.92

2. 청년 등 상시 근로자 증가 인원

⑨ 해당 과세연도 청년 등 상시 근로자 수	⑩ 직전 과세연도 청년 등 상시 근로자 수	⑪ 청년 등 상시 근로자 증가 인원 (⑨-⑩)
11.50	13.00	

3. 청년 등 상시 근로자 외 상시 근로자 증가 인원

⑫ 해당 과세연도 청년 등 상시 근로자 외 상시 근로자 수	⑬ 직전 과세연도 청년 등 상시 근로자 외 상시 근로자 수	⑭ 청년 등 상시 근로자 외 상시 근로자 증가 인원 (⑫-⑬)
40.00	35.58	4.42

4. 1차년도 세액공제액 계산

법인 구분	구분		직전년도 대비 상시근로자 증가인원(⑧ 상시 근로자 증가 인원 수를 한도)	1인당 공제금액	⑮ 1차년도 세액공제액
중소 기업	수도권 내	청년 등	0	1천1백만원	
		청년 등 외	2.92	7백만원	20,440,000
	수도권 밖	청년 등		1천2백만원	
		청년 등 외		7백7십만원	
	계				20,440,000
중견 기업	청년 등			8백만원	
	청년 등 외			4백5십만원	
	계				
일반 기업	청년 등			4백만원	
	청년 등 외				
	계				

(3쪽 중 제2쪽)

나. 2차년도 세제지원 요건 : ⑱ ≥ 0

1. 상시 근로자 증가 인원

⑯ 2차년도(해당 과세연도) 상시 근로자 수	⑰ 1차년도 (직전 과세연도) 상시 근로자 수	⑱ 상시 근로자 증가 인원(⑯-⑰)
51.50	48.58	2.92

2. 2차년도 세액공제액 계산(상시 근로자 감소여부)

1차년도(직전 과세연도) 대비 상시근로자 감소여부	1차년도(직전 과세연도) 대비 청년 등 상시근로자수 감소여부	⑲ 1차년도(직전 과세연도) 청년 등 상시근로자 증가 세액공제액	⑳ 1차년도(직전 과세연도) 청년 등 외 상시 근로자 증가 세액공제액	㉑ 2차년도 세액공제액
부	부	23,940,000	44,310,000	68,250,000
	여			
여				

다. 3차년도 세제지원 요건(중소·중견기업만 해당) : ㉔ ≥ 0

1. 상시 근로자 증가 인원

㉒ 3차년도(해당 과세연도) 상시 근로자 수	㉓ 1차년도 (전전 과세연도) 상시 근로자 수	㉔ 상시 근로자 증가 인원(㉒-㉓)

2. 3차년도 세액공제액 계산(상시 근로자 감소여부)

1차년도(전전 과세연도) 대비 상시근로자 감소여부	1차년도(전전 과세연도) 대비 청년 등 상시근로자수 감소여부	㉕ 1차년도(전전과세연도) 청년 등 상시근로자 증가 세액공제액	㉖ 1차년도(전전 과세연도) 청년 등 외 상시 근로자 증가 세액공제액	㉗ 3차년도 세액공제액
부	부			
	여			
여				

❹ 세액공제액 : 1차년도 세액공제액⑮ + 2차년도 세액공제액㉑ + 3차년도 세액공제액㉗	88,690,000

「조세특례제한법 시행령」제26조의 7 제10항에 따라 위와 같이 공제세액계산서를 제출합니다.

20X4년 3월 31일

신청인   김 성수 (서명 또는 인)

분당세무서장 귀하

제5절 [제29조의 8] 통합고용세액공제

차례

Ⅰ. 의의　840
Ⅱ. 요건　841
　1. 주체　841
　2. 대상 근로자　841
　　2-1 기본공제 대상 근로자　841
　　　(1) 상시근로자　841
　　　(2) 청년 정규직 근로자　844
　　　(3) 장애인 근로자 등　845
　　　(4) 고령자인 근로자　845
　　　(5) 경력단절여성　846
　　2-2 정규직 전환자 추가공제 요건　847
　　　(1) 고용 중인 비정규직　847
　　　(2) 정규직 전환　848
　　　(3) 고용유지조건　849
　　2-3 육아휴직 복귀자 추가공제 요건　849
　　　(1) 육아휴직 복귀자　849
　　　(2) 고용유지조건　850
　3. 근로자 수의 산정　850
　　3-1 원칙　850
　　3-2 창업 등의 예외　852
　　　(1) 창업 (1호)　852
　　　(2) 자산인수 후 동종 사업영위 등 (2호)　853
　　　(3) 합병 등 또는 특수관계인으로부터 승계하는 경우 (3호)　853

Ⅲ. 세액공제　856
　1. 기본공제　856
　　1-1 공제기간　856
　　　(1) 고용유지조건　856
　　　(2) 추가 공제기간의 승계 쟁점　858
　　1-2 공제세액　860
　2. 추가 공제　862
　3. 기본공제의 사후관리　863
　　3-1 사후관리 금액의 계산　863
　　　(1) 세액공제의 이월공제 선 차감　863
　　　(2) 청년등 간주 규정 쟁점　863
　　3-2 1년 이내 감소하는 경우 (1호)　865
　　　(1) 전체 상시근로자 수가 감소하는 경우 (가목)　866
　　　(2) 전체 상시근로자 수가 감소하지 않는 경우 (나목)　867
　　3-3 1년~2년 기간 중 감소하는 경우 (2호)　867
　　　(1) 전체 상시근로자 수가 감소하는 경우 (가목)　868
　　　(2) 전체 상시근로자 수가 감소하지 않는 경우 (나목)　869
　4. 추가공제의 사후관리　872
Ⅳ. 조세특례제한 등　873
　1. 절차　873
　2. 중복지원 배제　873
Ⅴ. 서식 작성요령　875
Ⅵ. 예제와 서식 작성실무　878

통합고용세액공제 계산 사례 목차

1. [유권해석] 창업한 연도에 법인전환한 경우 인원 수 계산 방법 ·················· 853
2. [유권해석] 사업양도 방법으로 법인전환하면서 상시근로자를 승계한 경우 인원 수 계산 방법 ················· 853
3. [유권해석] 탈퇴한 공동사업자의 근로자를 나머지 자가 승계한 경우의 계산 ······· 855
4. [유권해석] 공동사업장의 공동사업자별 상시근로자 수 계산 등 ················· 856
5. [유권해석] 사업연도 변경 시 추가공제 적용방법(안분계산)과 사후관리 기간 ······· 857
6. [유권해석] 청년등상시근로자 세액공제를 적용받은 후 전체 상시근로자는 증가하였으나, 청년등은 감소한 경우 2차연도 세제지원 여부 ················· 857
7. [주요 이슈와 쟁점] 중소기업에서 벗어난 경우에도 계속 중소기업의 추가 공제기간을 적용하는지 여부 ················· 859
8. [예제] 수도권 내외 사업장이 있으나 청년등이 감소한 경우 공제세액 계산 ········ 861
9. [예제] 청년등 간주 규정의 근로자 수 계산 방법 ················· 864
10. [주요 이슈와 쟁점] 통합고용세액공제에서 청년등 간주 규정이 공제기간 중단에도 적용되는지 여부 ················· 864
11. [예제] 추징세액 계산사례 - 2년 연속 공제 후 2년 연속 감소한 경우(청년외만 존재) ················· 869
12. [예제] 추징세액 계산사례 - 2차연도 청년외 감소 후 3차연도 청년등 감소한 경우 ················· 871
13. [예제와 서식작성 실무] 통합고용세액공제 종합 사례(3차년도에 청년등 감소) ··· 878

Ⅰ. 의의

내국인이 직전 연도 대비 상시근로자 수가 증가한 경우에, 증가 인원당 중소기업은 850만원(지방 950만원), 중견기업은 450만원을 소득세 또는 법인세에서 세액공제하는 제도이다. 다만, 청년 정규직 근로자, 장애인 근로자와 고령자인 근로자 등은 기업 규모 및 지역별로 400만원~1,550만원을 공제한다. 이때 고용유지조건을 충족하는 경우의 공제기간은 2년이지만, 중소기업과 중견기업은 3년으로 한다(이하 "기본공제").

그리고, 중소기업 및 중견기업이 2023.6.30. 당시 고용하고 있는 기간제근로자, 단시간근로자 및 파견근로자 등을 2024.12.31.까지 정규직 근로자로 전환하는 경우(이하 "정규직 전환자") 및 중소기업 또는 중견기업의 근로자가 6개월 이상 육아휴직(아이 1명당 1번만 적용) 후 복귀하는 경우(이하 "육아휴직 복귀자")에 대해 당해 인원에 1,300만원(중견기업은 900만원)을 곱한 금액을 세액공제한다(이하 "추가공제").

기업의 고용 활성화를 지원하기 위하여 고용증대 세액공제, 사회보험료 세액공제 및 경력단절여성 세액공제 등을 통합고용세액공제로 일원화하여 상시근로자 수 증가에 대해 기본공제를 적용하고, 비정규직 근로자의 정규직 전환 촉진과 일·가정 양립의 지원을 위하여 정규직 전환자 및 육아휴직 복귀자에 대하여 추가공제를 적용한다. 기본공제는 신규 채용 1인당 400만원~1,550만원을 세액공제하여, **채용보조금** 제도로서 성격을 가지고 있다.

2023년 개정세법에서 제29조의 3 경단녀 세액공제(육아휴직 복귀자 세액공제 포함)와 제30조의 2 정규직 근로자 전환 세액공제를 일몰기한 종료로 폐지하였지만, 제29조의 7 고용증대기업 세액공제와 제30조의 4 중소기업 사회보험료 세액공제는 당초 일몰시한인 2024년 말까지 계속 적용 가능하다.

따라서 2023년 및 2024년에는 통합고용세액공제의 기본공제와 고용증대기업 세액공제(또는 중소기업 사회보험료 세액공제)에 대해서는 납세자의 선택에 따라 둘 중 하나를 적용할 수 있다(조특법 §127 ⑪ 참조).

한편, 2023.1.1. 전에 개시한 과세연도에 정규직 근로자로의 전환을 한 경우에 대한 세액공제에 관하여는 법 30조의 2의 개정규정에도 불구하고 종전의 규정에 따른다(2022.12.31. 개정된 법률 부칙 §33).

일몰기한은 2025.12.31.이다.

종래 제29조의 7 고용증대기업 세액공제에서 다루었던 해석과 사례는 본 특례에서 별도의 조문 표시 없이 통합적으로 서술하기로 한다.

개정연혁

연 도	개정 내용
2023년	■ 통합고용세제로 일원화하지만, '24년까지 선택적 적용 가능
2024년	■ 대체인력이 있는 출산휴가자는 상시근로자에서 제외

Ⅱ. 요건

1 주체

기본공제는 소비성서비스업을 제외한 모든 업종을 영위하는 내국인을 과세특례의 주체로 한다(조특령 §26의 8 ①). 소비성서비스업이란 호텔업, 여관업 및 주점업이며(조특령 §29 ③) 상세 내용은 제7부 제3장 제2절 Ⅱ. 1-1 (2)를 참조하기로 한다.

추가공제는 중소기업 및 중견기업을 대상으로 한다.

중소기업은 조세특례제한법에 따른 중소기업이다. 중견기업의 정의는 제2부 제4절 상생결제 지급금액 세액공제의 Ⅱ. 1-2를 참조하기 바란다(조특령 §6의 4 ①).

2 대상 근로자

2-1 기본공제 대상 근로자

(1) 상시근로자

상시근로자의 범위는 고용창출투자세액공제 규정을 준용한다. 근로기준법에 따라 근로계약을 체결한 내국인 근로자로 하되, 다음 어느 하나에 해당하는 사람은 제외한다(조특령 §26의 8 ② → §23 ⑩).

(1-1) 근로계약기간이 1년 미만인 근로자 (1호)

근로계약기간이 1년 미만인 근로자는 상시근로자에서 제외되지만, 근로계약의 연속된 갱신으로 인하여 그 근로계약의 총 기간이 1년 이상인 근로자는 상시근로자로 본다.

일용직 건설근로자의 당초 근로계약기간이 1년 미만이었으나, 근로계약의 연속된 갱신으로 총 근로계약기간이 1년 이상이 된 경우에는 상시근로자에 해당한다[서면법인-3733, 2016.8.26. (구법 §29의 5 청년고용증대세제)]. 갱신계약일(재계약)이 속한 달의 말일부터 상시근로자에 포함한다.

> **실무 상담 사례**
>
> **Q** 근로계약기간이 1년 미만이었던 근로자가 7월에 정규직으로 채용된 경우, 상시근로자 포함 시점은 연초로 보아야 하나요, 아니면 7월부터인가요?
>
> **A** 정규직으로 채용되는 시점인 7월부터 상시근로자에 포함합니다. 상시근로자 수는 매월말을 기준으로 계산하기 때문입니다(조특령 §26의 8 ⑥).
>
> **Q** 근로계약은 1년 이상 했지만, 1년을 채우지 못하고 퇴사한 근로자의 경우 상시근로자 수에 포함하나요?
>
> **A** 계약 당시 근로계약기간이 1년 이상인 근로자가 1년 미만 근무한 경우에도 상시근로자에 포함합니다. 또한, 정규직이 3개월 만에 퇴사해도 포함합니다.[1]

(1-2) 단시간근로자 (2호)

단시간근로자는 제외되지만, 1개월간의 소정근로시간이 60시간 이상인 근로자는 상시근로자에 포함된다. 파트타임고용을 촉진하고 유연근무제 활성화를 지원하기 위함이다.

단시간근로자란 1주 동안의 소정근로시간이 그 사업장에서 같은 종류의 업무에 종사하는 통상 근로자의 1주 동안의 소정근로시간에 비하여 짧은 근로자이다(근로기준법 §2 ① 8호).

(1-3) 법인세법상 임원 (3호)

아래의 법인세법상 임원은 제외된다(법령 §42 ①).
① 법인의 회장, 사장, 부사장, 이사장, 대표이사, 전무이사 및 상무이사 등 이사회의 구성원 전원과 청산인
② 합명회사, 합자회사 및 유한회사의 업무집행사원 또는 이사
③ 유한책임회사의 업무집행자
④ 감사
⑤ 그 밖에 ①~④의 규정에 준하는 직무에 종사하는 자

상법상 이사회의 구성원 전원과 감사 등 및 사실상 이사·감사의 직무를 수행하는 자도

---

[1] 국세청 법인세과, 「고용증대세액공제 Q&A」, 2023. p. 10.

포함된다. 따라서 임원 등기여부, 이사회 구성원 여부에 불문하고 **사실상 경영에 참여**하여 경영전반의 의사결정과 집행에 적극적으로 참여하거나 회계와 업무에 관한 감독권을 행사하는 자는 임원에 포함되므로, 상법상 임원의 범위보다 넓다. 임원 해당 여부는 회사의 조직도, 업무분장표, 출근부, 기안 또는 결제와 같은 실제 업무 내용 등의 제반 상황을 종합적으로 고려하여 사실 판단한다.

상시근로자 수 계산에서 임원을 제외하는 경우에는 비교 대상 양 사업연도에서 모두 제외하여야 할 것으로 본다(재법인-312, 2016.3.30. 참조). 임원 승진으로 인하여 상시근로자 수 계산이 회사에 불리하게 적용되어서는 안되기 때문이다.

(1-4) 최대주주등과 친족 (4호·5호)

해당 기업의 최대주주 또는 최대출자자(개인사업자의 경우에는 대표자를 말한다)와 그 배우자(이하 "최대주주등")이다. 또한 최대주주 등에 해당하는 자의 직계존비속(그 배우자 포함) 및 국세기본법 시행령 제1조의 2 제1항에 따른 친족관계인 사람도 포함된다.

> 제1항 친족관계
> ① 4촌 이내의 혈족
> ② 3촌 이내의 인척
> ③ 배우자(사실혼 포함)
> ④ 친생자로서 다른 사람에게 친양자 입양된 자 및 그 배우자·직계비속
> ⑤ 본인이 민법에 따라 인지한 혼인 외 출생자의 생부나 생모(본인의 금전이나 그 밖의 재산으로 생계를 유지하는 사람 또는 생계를 함께하는 사람으로 한정한다)

(1-5) 근로소득세 등의 납부사실 미확인 자 (6호)

근로소득원천징수부(소법 §196)에 의하여 근로소득세를 원천징수한 사실이 확인되지 아니하고, 국민연금 또는 직장가입자의 건강보험료의 납부사실도 확인되지 아니하는 자는 제외된다. 위의 3가지 사항에 대하여 징수·납부한 사실이 모두 없어야 한다.

내국인 신규근로자가 입사한 월의 근무일수가 적어 당해 월 근로소득에 대한 원천징수 사실이 확인되지 아니하는 경우, 입사한 월에 대한 국민연금 부담금 및 기여금 또는 직장가입자의 보험료 중 하나의 납부사실이 확인되는 경우에는 입사한 월말 현재 상시근로자 수에 포함한다(사전법령소득-0341, 2021.6.30.).

실무 상담 사례

Q 무급 휴직자도 상시근로자에 포함될 수 있나요?

A 무급휴직자이고, 국민연금법에 따른 부담금 및 기여금, 국민건강보험법에 따른 직장 가입자의 보험료 등도 납부되지 않는 경우에는 상시근로자에 포함되지 않습니다. 근로자가 군입대로 휴직한 경우이거나 육아휴직자인 경우 위의 요건을 충족한다면 역시 제외합니다.[2]

(1-6) 사례 검토

● 외국인 근로자 (O)

외국인 근로자가 제외되나, 대한민국의 국적을 보유하지 아니한 외국인 근로자가 소득세법에 따른 거주자에 해당하는 경우에는 조세특례제한법상 내국인으로 보므로(조특법 §2 ① 1호) 상시근로자에 포함된다[법규-803, 2014.7.29. (법 §26 고용창출)].[3]

● 파견근로자 (X)

파견근로자의 경우에는 파견사업주의 근로자라 할 것이므로 사용사업자의 근로자에 해당하지 않는다(서이 46012-10326, 2003.2.13.)[4]

내국법인이「파견근로자 보호 등에 관한 법률」(이하 "파견법")에 따라 파견사업자로부터 근로자파견의 역무를 제공받거나 파견법을 위반하여 근로자파견의 역무를 제공받는 경우 해당 파견근로자는 상시근로자의 범위에 포함하지 않는 것이나, 파견법 제6조의2에 따라 직접 고용한 자로서 근로기준법에 따라 근로계약을 체결하고 조세특례제한법 시행령 제23조 제10항 각 호의 어느 하나에 해당하지 않는 자는 상시근로자의 범위에 포함한다(서면법령법인-5958, 2021.12.7.).

(2) 청년 정규직 근로자

청년 정규직 근로자란 전체 상시근로자 중 15세 이상 34세 이하인 자로서 다음의 어느 하나에 해당하는 사람을 제외한 사람이다. 그 근로자가 현역병·사회복무요원·장교·준사관 및 부사관에 해당하는 병역(조특령 §27 ① 1호)을 이행한 경우에는 그 기간(6년 한도)을 현재 연령에서 빼고 계산한 연령이 34세 이하인 사람을 포함한다(조특령 §26의 8 ③ 1호).

① 기간제근로자 및 단시간근로자(기간제 및 단시간근로자 보호 등에 관한 법률)

---

2) 국세청 법인세과,「고용증대세액공제 Q&A」, 2023. pp. 13~14.
3) 국세청 법인세과,「고용증대세액공제 Q&A」, 2023. p. 9.
4) 중소기업 범위기준에 관련된 종전의 예규이나 본 투자세액공제에 유추적용할 수 있을 것임.

① 및 ②는 2-2 (1)을 참조하기로 한다.
② 파견근로자(파견근로자 보호 등에 관한 법률)
③ 청소년유해업소에 근무하는 만 19세 미만인 청소년

청소년유해업소란 ㉮ 청소년의 출입과 고용이 청소년에게 유해한 것으로 인정되는 청소년 출입·고용금지업소 및 ㉯ 청소년의 출입은 가능하나 고용이 청소년에게 유해한 것으로 인정되는 청소년고용금지업소를 말한다(청소년 보호법 §2 5호).

청년 근로자가 위의 제외 요건에 해당하는 경우에는 청년등 외 근로자에 포함한다. 청년 정규직 근로자는 동 요건뿐 아니라 (1)에서 규정한 상시근로자의 요건도 충족하여야 한다.

본 특례의 청년 연령 상한은 34세로 상향이 되었지만, 조특법 제29조의 7 고용증대세제 및 조특법 제30조의 4 중소기업사회보험료 세액공제의 청년 연령 상한은 여전히 29세로, 상향이 되지 않았음에 주의하여야 한다.

> **실무 상담 사례**
>
> **Q** 산업체병력특례제에 따른 근로자도 상시근로자에 포함될 수 있나요?
>
> **A** 산업체병력특례업체가 산업체병력특례제에 따라 근로를 제공하는 자와 근로기준법에 따른 근로계약을 체결한 경우 상시근로자에 포함될 수 있습니다.5)

(3) 장애인 근로자 등

장애인복지법의 적용을 받는 장애인과 「국가유공자 등 예우 및 지원에 관한 법률」에 따른 상이자, 5·18민주화운동부상자와 고엽제후유의증 환자로서 장애등급 판정을 받은 사람이다(조특령 §26의 8 ③ 2호).

장애인 근로자 등은 (1)에서 규정한 상시근로자의 요건을 충족하여야 한다.

(4) 고령자인 근로자

근로계약 체결일 현재 연령이 60세 이상인 사람이다(조특령 §26의 8 ③ 3호).

종전 근로자가 당해 연도에 60세 이상이 되어도 고령자인 근로자에 해당하지 않는다.

정년퇴직으로 인하여 근로관계가 실질적으로 단절된 후 근로기준법에 따라 새로운 근로계약을 체결한 경우로서, 새로운 근로계약 체결일 현재 연령이 60세 이상인 상시근로자는 '청년등 상시근로자'에 해당한다(서면법규법인-3940, 2023.6.15.).

---

5) 국세청 법인세과, 「고용증대세액공제 Q&A」, 2023. p. 13.

(5) 경력단절여성

경력단절여성은 다음의 요건을 모두 충족하는 여성이어야 한다(조특령 §26의 8 ③ 4호 → 조특법 §29의 3 ①). 이하 청년 정규직 근로자, 장애인 근로자, 고령자인 근로자 등과 합하여 "청년등상시근로자"라 한다.

(5-1) 퇴직 전 1년 이상 근무 (1호)

경력단절 여성이 해당 기업 또는 동일한 업종의 기업에서 퇴직 전 1년 이상 근무하여야 한다. 동일한 업종이란 한국표준산업분류의 중분류가 동일한 업종을 말한다(조특령 §26의 3 ②).

이때 해당 기업의 근로소득원천징수부(소령 §196 ①)를 통하여 근로소득세를 원천징수한 사실이 확인되는 경우로 한정한다(조특령 §26의 3 ③).

(5-2) 결혼·임신·출산·육아·자녀교육 사유로 퇴직 (1호)

다음에 열거된 결혼·임신·출산·육아·자녀교육의 사유 중 하나로 인해 해당 기업에서 퇴직하였어야 한다(조특령 §26의 3 ④).

① 퇴직한 날부터 1년 이내에 혼인한 경우
  가족관계기록사항에 관한 증명서를 통하여 확인되는 경우로 한정한다.
② 퇴직한 날부터 2년 이내에 임신하거나 난임시술을 받은 경우
  의료기관의 진단서 또는 확인서를 통하여 확인되는 경우에 한정한다. "난임시술"이란 모자보건법에 따른 보조생식술(체내·체외인공수정을 포함)을 말한다.(조특칙 §14의 3)
③ 퇴직일 당시 임신한 상태인 경우
  의료기관의 진단서를 통하여 확인되는 경우로 한정한다.
④ 퇴직일 당시 8세 이하의 자녀가 있는 경우
⑤ 퇴직일 당시「초·중등교육법」제2조에 따른 학교에 재학 중인 자녀가 있는 경우

(5-3) 퇴직 후 2년~15년 이내 고용 (2호)

해당 기업에서 퇴직한 날부터 2년 이상 15년 미만의 기간이 지난 후에 고용되어야 한다.

(5-4) 특수관계인이 아닐 것 (3호)

해당 기업의 최대주주 또는 최대출자자(개인사업자의 경우에는 대표자를 말함)와 경력단절

여성은 국세기본법에 따른 특수관계인 중 친족관계인 사람이 아니어야 한다(조특령 §26의 3 ⑤ → 국기령 §1의 2 ①). 국세기본법에 따른 특수관계인은 (1-4)를 참조하기로 한다.

2-2 정규직 전환자 추가공제 요건

2023.6.30. 당시 고용하고 있는 아래의 비정규직이어야 한다(조특법 §30의 2 ①).

(1) 고용 중인 비정규직

(1-1) 기간제근로자 및 단시간근로자

"기간제근로자"란 2년 이하의 기간의 정함이 있는 근로계약을 체결한 근로자를 말한다[기간제 및 단시간근로자 보호 등에 관한 법률(이하 "기간제법") §2 1호]. 한시적 근로자의 일종이다.

"단시간근로자"란 1주 동안의 소정근로시간이 그 사업장에서 같은 종류의 업무에 종사하는 통상 근로자의 1주 동안의 소정근로시간에 비하여 짧은 근로자이다(근로기준법 §2 ① 9호). 전일제 근로자의 반대 개념이다.

일용근로자, 단시간근로자, 기간제근로자의 개념 비교

구 분	개 념
일용근로자	근로대가 산정기준이 일별·시간별로 정해지는 경우
단시간근로자	근로시간이 통상 근로자에 비해 짧은 경우
기간제근로자	2년 이하의 근로계약기간이 정해져 있는 경우

수급사업자에게 고용된 기간제근로자 및 단시간근로자도 대상으로 한다. "수급사업자" (受給事業者)란 원사업자(原事業者)로부터 제조등의 위탁을 받은 중소기업자를 말한다[하도급 거래 공정화에 관한 법률(이하 "하도급법") §2 ③].

● 기간제근로자와는 다른 정규직 전환형 인턴은 공제 대상에서 제외됨

청구법인은 근로자의 능력과 업무 적성 등을 평가해 보기 위하여 일정 기간 동안 근로자를 기간제 근로계약의 형식을 빌려 시험적으로 고용한 뒤, 해당 기간 동안 당해 근로자의 업무 능력, 자질, 인품 등 업무 적격성을 관찰·판단하여 최종 채용 여부를 결정하고 있는 정규직전환형 인턴제도를 운용하고 있고, 이 건 세액공제대상 근로자의 경우 인턴기간(3개월) 종료 후 100% 정규직으로 전환된바, 당초부터 정규직 채용이 전제되었다고 보이는 점, 청구법인은 기간제근로자(계약직)의 경우 이 건 정규직전환형 인턴직원과 달리 별도로 채용한 사실이 있는 것으로 나타나는 점, 청구법인의 취업규칙 제2조(적용범위)는 "본 규칙은 회사에 근무하는 모든 사원에게 적용한다. 다만, 계약직(일용직, 임시직 포함)에 대하여는 별도로 정하는 바에 따른다"고 규정하

고 있는데, 이 건 세액공제대상 근로자는 동 취업규칙을 따르는 반면, 기간제근로자 등은 별도의 규정을 따르는 것으로 보이는 점 등에 비추어 위와 같은 청구주장을 받아들이기는 어려운 것으로 판단된다(조심 2021중6074, 2022.9.29.).

(1-2) 파견근로자

파견근로자란 파견사업주가 고용한 근로자로서 근로자파견의 대상이 되는 자이다.

근로자파견이란 파견사업주가 근로자를 고용한 후 그 고용관계를 유지하면서 근로자파견 계약의 내용에 따라 사용사업주의 지휘·명령을 받아 사용사업주를 위한 근로에 종사하게 하는 것을 말한다[파견근로자 보호 등에 관한 법률(이하 "파견법") §2 5호·1호]. 비전형 근로자(예, 용역 근로자, 특수형태 근로종사자)의 일종이다.

(1-3) 특수관계인 제외

특수관계인은 정규직 근로자로의 전환에 해당하는 인원에서 제외한다. 특수관계인이란 해당 기업의 최대주주 또는 최대 출자자(개인사업자의 경우에는 대표자를 말한다)나 그와 국세기본법에 따른 친족관계(국기령 §1의 2 ①)에 있는 사람을 말한다(조특령 §26의 8 ⑨). 국세기본법에 따른 특수관계인은 2-1 (1-4)를 참조하기로 한다.

(2) 정규직 전환

2024.1.1.부터 2024.12.31.까지 기간제근로자 또는 단시간근로자를 기간의 정함이 없는 근로계약을 체결한 근로자로 전환하거나, 파견근로자를 사용사업주가 직접 고용하거나, 원사업자[6]가 기간의 정함이 없는 근로계약을 체결하여 직접 고용하여야 한다.

당해 기업이 근로자를 정규직으로 전환한 날이 속하는 사업연도에 해당 근로자와의 근로관계를 끝내는 경우에는 세액공제를 적용받을 수 없다(서면법인-2770, 2020.9.1.).

---

6) "원사업자"란 다음 어느 하나에 해당하는 자를 말한다(하도급법 §2 ②).
  1. 중소기업자(「중소기업기본법」 제2조 제1항 또는 제3항에 따른 자를 말하며, 「중소기업협동조합법」에 따른 중소기업협동조합을 포함한다. 이하 같다)가 아닌 사업자로서 중소기업자에게 제조등의 위탁을 한 자
  2. 중소기업자 중 직전 사업연도의 연간매출액[관계 법률에 따라 시공능력평가액을 적용받는 거래의 경우에는 하도급계약 체결 당시 공시된 시공능력평가액의 합계액(가장 최근에 공시된 것을 말한다)을 말하고, 연간매출액이나 시공능력평가액이 없는 경우에는 자산총액을 말한다. 이하 이 호에서 같다]이 제조등의 위탁을 받은 다른 중소기업자의 연간매출액보다 많은 중소기업자로서 그 다른 중소기업자에게 제조등의 위탁을 한 자. 다만, 대통령령으로 정하는 연간매출액에 해당하는 중소기업자는 제외한다.

(3) 고용유지조건

해당 과세연도에 해당 중소기업 또는 중견기업의 상시근로자 수가 직전 과세연도의 상시근로자 수보다 감소한 경우에는 공제하지 아니한다.

2-3 육아휴직 복귀자 추가공제 요건

중소기업 또는 중견기업의 근로자가 6개월 이상 육아휴직 후 복귀하고, 해당 기업이 고용유지조건을 충족하여야 한다. 다만, 본 세액공제는 육아휴직 복귀자의 자녀 1명당 한 차례에 한정하여 적용함에 주의하여야 한다(조특법 §29의 8 ⑤).

(1) 육아휴직 복귀자

다음의 요건을 모두 충족하는 사람(이하 "육아휴직 복귀자")를 대상으로 한다(조특법 §29의 8 ④).

(1-1) 근무기간 1년 이상 (1호)

해당 기업에서 1년 이상 근무하여야 한다. 이때 해당 기업이 근로소득원천징수부(소령 §196 ①)를 통하여 근로소득세를 원천징수한 사실이 확인되는 경우로 한정한다(조특령 §26의 8 ⑩).

육아휴직 복귀자 세액공제(조특법 §29의 3 ②) 적용을 위한 근무기간요건 판단 시, 영업양도로 근로자들의 근로관계가 양수하는 기업에 포괄적으로 승계된 경우에는 승계 전 기업의 근무기간도 포함하는 것으로, 근로관계가 승계되었는지 여부는 제반 사정을 고려하여 사실판단할 사항이다(서면법규소득-5660, 2023.6.20.).

(1-2) 육아휴직 기간 6개월 이상 (2호)

근로자가 만 8세 이하 또는 초등학교 2학년 이하의 자녀(입양한 자녀 포함)를 양육하기 위하여 육아휴직한 경우로서(「남녀고용평등과 일·가정 양립 지원에 관한 법률」 §19 ①) 육아휴직 기간이 연속하여 6개월 이상이어야 한다.

(1-3) 특수관계인 제외 (3호)

육아휴직 복귀자는 해당 기업의 최대주주 또는 최대출자자(개인사업자의 경우에는 대표자를 말함)나 그와 국세기본법상 특수관계인(국기령 §1의 2 ①)이 아니어야 한다(조특령 §26의 3 ⑤). 국세기본법에 따른 특수관계인은 2-1 (1-4)를 참조하기로 한다.

(2) 고용유지조건

해당 과세연도에 해당 중소기업 또는 중견기업의 상시근로자 수가 직전 과세연도의 상시근로자 수보다 감소한 경우에는 공제하지 아니한다.

3 근로자 수의 산정

3-1 원칙

상시근로자 수, 청년등상시근로자 수는 다음 구분에 따른 계산식에 따라 계산한 수로 한다. 다만 100분의 1 미만의 부분은 없는 것으로 한다(조특령 §26의 8 ⑥). 즉, 소수 셋째 자리 미만은 절사한다. 근로자 수의 산정은 공제세액 계산, 고용유지조건 및 사후관리에서 동일하게 계산된다.

$$\text{(청년등) 상시근로자 수} = \frac{\text{해당 연도 매월 말 (청년등) 상시근로자 수의 합}}{\text{해당 과세연도 개월 수}}$$

(가) 단시간 근로자 및 상용형 시간제 근로자

상시근로자 수의 계산에 관하여는 고용창출투자세액공제 규정을 준용한다(조특령 §26의 8 ⑦). 1개월간의 소정근로시간이 60시간 이상인 단시간 근로자 1명은 0.5명으로 하여 계산하되, 상용형 시간제 근로자는 0.75명으로 하여 계산한다(조특령 §23 ⑪ 후단).

상용형 시간제 근로자란 정규직의 처우를 받는 시간제 근로자를 의미하며, 상용직이란 계약기간이 정하여지지 않은 고용직을 말하는 것으로, 계약기간의 정함이 있는 기간제근로자와는 반대 개념이다.

㉮ 해당 과세연도의 상시근로자 수(1개월간 60시간 이상 근로한 단시간근로자 제외)가 직전 과세연도의 상시근로자 수(1개월간 60시간 이상 근로한 단시간근로자 제외)보다 감소하지 아

니하였을 것
㈏ 기간의 정함이 없는 근로계약을 체결하였을 것
㈐ 상시근로자와 시간당 임금[7], 그 밖에 근로조건과 복리후생 등에 관한 사항에서 차별적 처우가 없을 것(기간제 및 단시간근로자 보호 등에 관한 법률 §2 3호)
㈑ 시간당 임금이 최저임금액(최저임금법 §5)의 130% 이상일 것. 단, 중소기업의 경우에는 120% 이상이어야 한다.

(나) 상시근로자 수의 계산

정규직 전환자 및 육아휴직 복귀자 추가공제(조특법 §29의 8 ③ 및 ④)를 적용할 때 출산전후휴가(근로기준법 §74)를 사용 중인 상시근로자를 대체하는 상시근로자가 있는 경우 해당 출산전후휴가를 사용 중인 상시근로자는 상시근로자 수와 청년등상시근로자 수에서 제외한다(조특령 §26의 8 ⑦).

2이상의 사업장을 운영하는 개인사업자의 경우 본 특례를 적용함에 있어 상시 근로자의 수는 전체 사업장을 기준으로 계산한다(사전법령소득-0119, 2019.5.22.). 사업장이 아닌 거주자(또는 법인)을 기준으로 감면 단위가 결정되므로, 거주자의 상시 근로자의 수는 사업장이 아닌 거주자 기준으로 계산함.

또한, 상시 근로자의 수는 본점 및 지점을 합산하여 계산한다(서면법인-3754, 2020.7.10.)

2024 개정 종래에는 추가공제 적용 시 출산전후휴가를 사용 중인 근로자를 대체하는 상시근로자가 있는 경우 출산휴가자와 대체인력을 각각 1명으로 계산하였으나, 해당 출산전후휴가를 사용 중인 근로자는 상시근로자로 계산하지 않도록 함. 개정규정은 2024.2.29. 이후 과세표준을 신고하는 경우부터 (소급하여) 적용함(2024.2.29. 개정된 시행령 부칙 §5).

실무 상담 사례

Q 수익사업과 비영리사업을 겸영하는 법인이 상시근로자 수 계산은 어떻게 하나요?

A 종사하는 직원의 근로 범위, 업무량 등을 고려하여 근로의 제공이 주로 수익사업에 관련된 것인 때에는 수익사업의 상시근로자로 보아 증가인원을 계산하는 것입니다.[8]

---

[7] 임금에는 근로기준법 제2조 제1항 제5호에 따른 임금, 정기상여금·명절상여금 등 정기적으로 지급되는 상여금과 경영성과에 따른 성과금을 포함한다.
[8] 국세청 법인세과, 「고용증대세액공제 Q&A」, 2023. p. 4.

> **Q** 근로계약기간이 1년 미만인 근로자는 상시근로자 수에서 제외되는데, 해당 과세연도 중 동일한 근로자가 퇴사 및 재입사한 경우, 퇴사 전 근로기간과 재입사 후 근로기간을 합산하여 1년 미만 여부를 판단하는 것인가요?
>
> **A** 퇴사 및 재입사에도 불구하고 사실상 계속 근무하는 것으로 인정되는 경우에는 퇴사 전 근로기간과 재입사 후 근로기간을 합산하여 1년 미만 여부를 판단하는 것입니다. 다만, 고용 종료되어 실제 퇴직금을 지급하는 등 실질적으로 퇴사 후 새로운 근로계약 체결 시에는 근로기간을 합산하지 않는 것입니다.[9]

(다) 해당 과세연도 개월 수의 계산

신규로 사업을 개시한 개인사업자에게 있어 "해당 과세연도의 개월 수"는 소득세법 제5조에 따른 과세기간 개시일부터 과세기간 종료일까지의 개월 수를 의미한다(서면법령소득-3817, 2020.12.31.).

반면에, 신설 내국법인의 경우에는 법인세법 제6조에 따른 사업연도 개시일부터 종료일까지의 개월 수를 의미한다(서면법인-7994, 2022.4.21.). 법인의 사업연도 개시일은 (사업자등록일이 아닌) 설립등기일이다.

한편, 해당 과세연도의 개월수에서 영업정지기간은 차감하지 않는다(사전법령소득-0603, 2020.8.7.).

3-2 창업 등의 예외

상시근로자 수를 계산할 때, 해당 과세연도에 창업 등을 한 내국인의 경우에는 고용창출투자세액공제 규정을 준용한다(조특령 §26의 8 ⑧ → §23 ⑬). 창업 등을 한 경우에는 각 사안마다 별도의 방법에 따라 직전 또는 해당 과세연도의 상시근로자 수를 계산한다.

(1) 창업 (1호)

창업한 경우의 직전 과세연도의 상시근로자 수는 0으로 한다.

다만, 실질적인 창업으로 보지 아니하는 아래의 경우에는 직전 과세연도 상시근로자 수를 0으로 하지 아니하고, 아래의 (2) 또는 (3)의 방법에 따라 각각 계산한다(조특령 §23 ⑬ 1호 → 조특법 §6 ⑨ 1호~3호).

㉮ 합병·분할·현물출자 또는 사업 양수 시 종전사업의 승계
㉯ 자산인수 후 동종 사업영위

---

[9] 국세청 법인세과, 「고용증대세액공제 Q&A」, 2023. p. 16.

㉰ 개인기업의 법인전환
㉱ 폐업 후 재창업 시 동종 사업영위

(2) 자산인수 후 동종 사업영위 등 (2호)

위의 ㉯, ㉰, ㉱의 창업, 즉 자산인수 후 동종 사업영위, 개인기업의 법인전환, 폐업 후 재창업 시 동종 사업영위(조특법 §6 ⑨ 1호~3호)의 직전 과세연도의 상시근로자 수는 종전 사업, 법인전환 전의 사업 또는 폐업 전의 사업의 직전 과세연도 상시근로자 수로 한다. 조특법상 창업으로 보지 아니하고 승계된 것으로 보기 때문이다.

내국법인이 다른 내국법인의 사업을 양수한 것은 아니지만 **자산을 전부 인수하여 같은 종류의 사업을 영위하기 위해** 그 다른 내국법인에서 퇴사한 종업원을 모두 고용하는 경우, 해당 내국법인의 직전 과세연도의 청년 정규직 근로자 수는 그 다른 내국법인의 직전 과세연도의 청년 정규직 근로자 수로 한다[사전법령법인-505, 2017.4.6. (법 §29의 5 청년고용증대세제)].

● 창업한 연도에 법인전환한 경우 인원 수 계산 방법

개인사업자가 창업일이 속하는 과세연도에 법인으로 전환하는 경우, 개인사업자는 같은 법 시행령 제23조 제13항 제1호에 따라 직전 과세연도의 상시근로자 수를 0으로 보아 증가한 상시근로자의 인원 수를 계산하며, 법인사업자의 증가한 상시근로자 수는 개인사업자가 법인으로 전환하지 않았을 경우의 해당 과세연도 전체 증가한 상시근로자의 인원 수에서 법인으로 전환한 경우의 개인사업자 해당 과세연도 상시근로자 증가 인원 수를 차감하여 계산하는 것임(서면법령법인-1922, 2021.6.16.).

● 사업양도 방법으로 법인전환하면서 상시근로자를 승계한 경우 인원 수 계산 방법

개인사업자가 사업의 포괄양수도 방법으로 법인전환함으로써 종전 사업에서 종사하던 상시근로자를 승계한 경우의 상시근로자 수 계산을 위한 조특령 제23조 제13항 적용시 제3호가 적용됨(재조세-1837, 2023.9.5.; 사전법규소득-0706, 2023.09.13.). 종래 직전과세연도의 상시근로자수는 법인전환 전의 사업의 직전 과세연도 상시근로자 수로 함(조특령 §23 ⑬ 2호)으로 회신하였었음(서면법인-3499, 2020.9.11.).

(3) 합병 등 또는 특수관계인으로부터 승계하는 경우 (3호)

위의 ㉮ 합병·분할·현물출자 또는 사업 양수 시 종전사업을 승계하는 경우와 법인세법상 또는 소득세법상 특수관계인(조특령 §11 ①)으로부터 상시근로자를 승계하는 경우의 직전 과세연도 상시근로자 수는 다음에 따라 계산한다.

승계시킨 기업	직전 연도 상시근로자 수 − 승계시킨 상시근로자 수
승계한 기업	직전 연도 (승계한 기업의) 상시근로자 수 + 승계한 상시근로자 수

예를 들어, A법인의 제조사업 부문이 60명이고 도매사업 부문이 40명인 경우, 도매사업 부문만을 분할하여 B법인(분할신설법인)을 설립한 경우의 분할법인 A(승계시킨 기업)와 분할신설법인 B(승계한 기업)의 직전 과세연도 상시근로자 수는 다음과 같다.

- A법인의 직전 연도 상시근로자 수 = 직전 연도 상시근로자 수 − 승계시킨 상시근로자 수
  = 100 − 40 = 60
- B법인의 직전 연도 상시근로자 수 = 직전 연도 상시근로자 수 + 승계한 상시근로자 수
  = 0 + 40 = 40

다만, 승계 당사자 기업들의 해당 과세연도 상시근로자 수는 당해 과세연도 개시일에 상시근로자 수를 승계시키거나 승계한 것으로 보아 계산한다.

(가) 합병·분할 사례

● **피합병법인의 의제사업연도 등에 대한 세액공제 적용 여부** (부정)

의제사업연도(합병등기일이 속하는 피합병법인의 사업연도)에 합병법인 및 피합병법인의 고용증대세액공제 적용과 관련하여 전년 대비 증가한 상시근로자 수의 계산은 직전 과세연도는 피합병법인의 직전과세연도 상시근로자수를 가감하고 해당 과세연도는 피합병법인의 의제사업연도 상시근로자수를 가감함. 의제사업연도에 대한 피합병법인의 1차 연도분 고용증대세액공제(최초공제) 및 2차·3차 연도분 고용증대세액공제(추가공제)는 적용이 불가함(재조특-30, 2024.1.15.).

(나) 사업 양도 사례

● **실질적인 사업양도의 경우 창업 여부** (부정)

기존사업장과 같은 장소에서 동일한 건물을 임차하여 같은 간판과 상호, 전화번호, 홈페이지 등을 사용하고 있는 등 사업의 동일성을 유지하며 기존사업장의 직원을 그대로 승계한 경우는 자연적 인력증가로 인한 일자리 창출로 보기 어려운 점 등에 비추어 '청년고용을 증대시킨 기업에 대한 세액공제' 및 '중소기업고용증가 인원에 대한 사회보험료 세액공제'를 배제한다(조심 2018부2726, 2018.9.5.).
고용증대세액공제(조특법 §30의 4)를 적용함에 있어 중소기업이 기존의 사업자로부터 사업의 양수 없이 기존의 사업체에 근무하다가 퇴직한 종업원을 신규 채용하여 기존의 사업자가 제공하던 용역을 제공하는 경우 해당 신규 채용한 근로자에 대하여는 고용증대세액공제를 적용 받을 수 있는 것이나, 기존 사업체의 일부 사업부문의 실질적 양수를 통하여 종전에 근무하던 상시근로자 등을 승계 받은 경우에는 고용증대세액공제를 적용 받을 수 없는 것으로 귀 질의의

경우 퇴직한 종업원을 신규 채용한 것인지 실질적인 양수에 따라 승계 받은 것인지 여부는 구체적 사실관계에 따라 판단할 사항임(법인세과-65, 2012.1.17.).

- **대표이사가 동일업종을 영위하는 신설법인에 근로자를 승계한 경우 창업 여부** (부정)

  내국법인의 대표이사가 동일업종을 영위하는 다른 내국법인을 설립하여 대표이사로 취임하고 기존 내국법인에서 퇴사한 상시근로자를 신설 내국법인이 채용한 경우,
  근로자의 자의에 의한 것이 아니라 기존 내국법인의 경영방침에 의한 일방적인 결정에 따라 퇴직과 재입사의 형식을 거친 것에 불과하다면 신설 내국법인이 특수관계법인인 기존 내국법인으로부터 상시근로자를 승계받은 경우에 해당하므로
  신설 내국법인에 대해「조세특례제한법」제29조의7을 적용함에 있어서 직전 과세연도의 상시근로자수는 같은 법 시행령 제23조 제13항 제3호 나목에 따라 승계한 상시근로자수를 더하여 산정함[사전법령법인-0103, 2019.6.13.(조특법 §29의 7 고용증대기업세액공제)].

- **치과병원을 양도한 후 다른 장소에서 새로 치과병원을 개원한 경우 창업 여부** (부정)

  종전 사업을 양수도 방식으로 승계시키고 새로운 장소에서 동일한 업종의 사업을 개업한 경우 그 사업자가「조세특례제한법」제29조의7에 따른 세액공제액을 계산함에 있어 직전 과세연도 청년등 상시근로자의 수는「조세특례제한법 시행령」제23조 제13항 제3호를 따르는 것임[사전법령소득-0719, 2019.12.23.(조특법 §29의 7 고용증대기업세액공제)]. 즉, 창업이 아닌 승계취득으로 보아 직전 연도 상시 근로자 수는 승계한 상시근로자 수를 더하여 산정함.

(다) 공동사업장 사례

- **공동사업장의 지분을 양도한 경우 창업 여부** (부정)

  공동사업장의 구성원이 탈퇴하면서 기존 사업을 공동사업장의 다른 구성원에게 승계시키고 새로운 장소에서 동일한 업종의 사업을 개업한 경우, 그 사업자가 청년고용증대세제 또는 중소기업사회보험료 세액공제(조특법 §29의 5 또는 §30의 4)에 따른 세액공제액을 계산함에 있어 직전 과세연도 청년 정규직 근로자의 수(또는 상시 근로자의 수)는 합병 등 또는 특수관계인으로부터 승계하는 경우의 상시근로자 수 계산 규정(조특령 §23 ⑬ 3호 또는 §27의 4 ⑦ 3호)를 따르는 것임(사전법령소득-0457, 2018.12.19.). 탈퇴한 공동사업자가 기존 사업장과 다른 장소에서 동일 업종의 사업을 개시하는 것은 창업에 해당하지 아니하고, 공동사업자가 탈퇴하면서 지분을 양도하는 것은 공동사업자가 공동으로 영위하던 사업을 승계시키는 것이기 때문이다.

- **탈퇴한 공동사업자의 근로자를 나머지 자가 승계한 경우의 계산**

  조세특례제한법제29조의7에 따른 고용증대세액공제의 적용을 위한 상시근로자 수 판단에 있어서 공동사업자가 탈퇴하는 경우라도 그 종사하던 상시근로자를 나머지 공동사업자가 승계하는 경우에 승계시킨 공동사업자의 직전 또는 해당 과세연도의 상시근로자 수는 같은 법 시행령 제23조 제13항 제3호에 따라 계산하는 것임(사전법령소득-0774, 2021.11.30.). 단독사업장으로 변경되기 전 발생한 공동사업자별 고용증대세액공제액 중「조세특례제한법」제132조에 따른 소득세 최저한세액에 미달하여 공제받지 못한 부분에 상당하는 금액은, 위에 따라 계산한 공동사업자별 상시근로자 수가 최초로 공제를 받은 과세연도에 비하여 감소하지 아니한 경우에는 같은 법 제144조에 따라 이월하여 공제하는 것임(사전법규소득-0830, 2023.3.21.).

● 공동사업장의 공동사업자별 상시근로자 수 계산 등

「조세특례제한법」제29조의7제1항에 따른 고용증대세액공제를 적용함에 있어서 「소득세법」제43조 제1항에 따른 공동사업장의 공동사업자별 상시근로자 수는 같은 조 제2항에 따른 손익분배비율에 따라 계산하는 것이고, 공동사업자의 증가로 손익분배비율이 변경되는 경우에는 「조세특례제한법 시행령」제23조 제13항 제3호 각 목 외의 부분에 따라 직전 또는 해당 과세연도의 상시근로자 수를 계산하는 것임. 또한, 공동사업자의 증가에 따라 해당 과세연도의 손익분배비율이 감소한 기존 공동사업자의 위 법령에 따라 각각 계산한 해당 과세연도 상시근로자 수가 직전 과세연도(최초로 공제를 받은 과세연도)에 비하여 감소하지 않은 경우, 「조세특례제한법」제29조의7제2항이 적용되지 않는 것임(서면법규소득-8159, 2023.1.11.).

Ⅲ. 세액공제

1 기본공제

세액공제 대상인지 여부는 매 과세기간별로 판단한다. 공제를 적용받던 중 사후관리 규정에 따라 추징되더라도 다음 해에 다시 상시근로자의 수가 증가하였다면 별도로 공제가 가능한다(서면법인-5510, 2021.1.18.).

1-1 공제기간

대기업의 공제기간은 2년으로 하며, 중소기업과 중견기업은 3년으로 한다. 즉, 대기업은 1년, 중소·중견기업은 2년의 추가적인 공제 기간을 적용할 수 있다.

(1) 고용유지조건

추가적인 공제 기간을 적용하기 위해서는 고용유지조건이 부과된다.

기본공제를 받은 내국인이 최초로 공제를 받은 과세연도의 종료일부터 2년이 되는 날이 속하는 과세연도의 종료일까지의 기간 중 전체 상시근로자의 수가 최초로 공제를 받은 과세연도에 비하여 감소한 경우에는 감소한 과세연도부터 기본공제를 적용하지 아니하고, 청년등상시근로자의 수가 최초로 공제를 받은 과세연도에 비하여 감소한 경우에는 감소한 과세연도부터 청년등상시근로자의 기본공제를 적용하지 아니한다(조특법 §29의 8 ②).

● 사업연도 변경 시 추가공제 적용방법(안분계산)과 사후관리 기간

[질의]
중소기업에 해당하는 내국법인이 2021.1.1. ~ 2021.12.31. 사업연도(제2기)의 법인세에서 최초로 고용증대세액공제를 받고 사업연도를 변경한 경우 [사업연도 변경내역 : 2022.1.1.~2022.3.31.(제3기), 2022.4.1.~2023.3.31.(제4기), 2023.4.1.~2024.3.31.(제5기)]

[회신]
고용증대세액공제의 추가공제는 최초로 공제를 받은 사업연도의 종료일부터 2년이 되는 날이 속하는 사업연도까지(제3기부터 제5기까지) 적용하되, 제 3 기의 경우 '최초로 공제받은 세액×3개월/12개월'에 상당하는 금액을 공제하고, 제 5 기의 경우 '최초로 공제받은 세액×9개월/12개월'에 상당하는 금액을 공제하는 것이며, 고용증대세액공제를 최초로 공제받은 사업연도의 종료일로부터 2년이 되는 날이 속하는 사업연도의 종료일(2024.3.31.)까지의 기간 중 전체 상시근로자의 수가 최초로 공제를 받은 사업연도에 비하여 감소한 경우에는 감소한 사업연도부터 추가공제를 적용하지 아니하고 같은 법 시행령 제26조의 7 제5항에 따라 계산한 금액을 납부하여야 하는 것입니다(서면법규법인-2972, 2022.12.30.). 2차연도 세제지원 역시 사업연도 개월 수로 환산한 금액을 적용한다.[10]

사업변도 변경 시 공제기간과 사후관리 기간

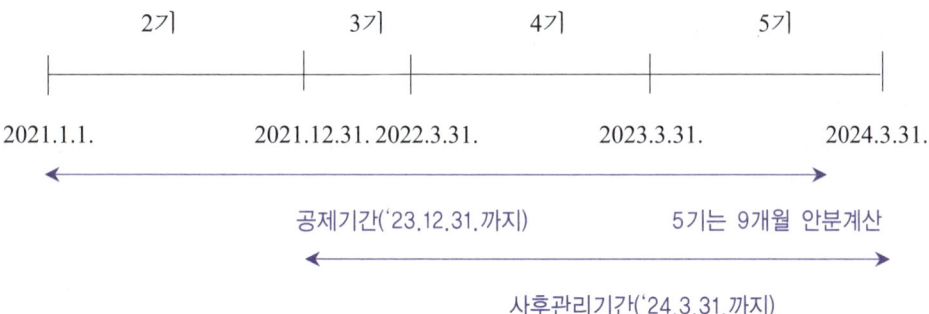

● 청년등상시근로자 세액공제를 적용받은 후 전체 상시근로자는 증가하였으나, 청년등은 감소한 경우 2차연도 세제지원 여부 (긍정)

(사실관계)
o 질의법인은 '18년 고용이 증가함에 따라 고용증대세액공제를 적용받는 중소기업으로 2017년 대비 상시근로자 수 변동 내역은 다음과 같음.

구분	2017년도	2018년도	2019년도
청년등 상시근로자	2명	5명(+3)	2명(△3)
그외 상시근로자	1명	3명(+2)	7명(+4)
전체 상시근로자	3명	8명(+5)	9명(+1)

---
10) 국세청 법인세과, 「고용증대세액공제 Q&A」, 2023. p. 20.

(질의요지)
o 「청년」 최초공제를 적용받은 이후 과세연도에 전체 상시근로자 수는 증가(또는 변동없음)하였으나, 「청년」은 감소한 경우 고용증대세액공제액('2차연도 추가공제') 계산 방법
<1안> 잔여 기간에 대해 일반공제액 적용
<2안> 잔여 공제 불가

[회신]
제1안이 타당함(재조특-906, 2023.8.28.; 서면법규법인-4716, 2023.9.4.).

참고로, 이 경우 당초 공제받았던 "청년등상시근로자 외 상시근로자" 증가에 따른 세액공제는 "청년등상시근로자 외 상시근로자"가 감소하지 않았으므로 잔여 공제연도에 대해서 계속하여 공제받을 수 있는 것임(서면법인-0978, 2023.5.26.).

[저자주]
사후관리 기간 중 청년 근로자 수는 감소하고, 그 외 근로자의 수는 증가하여 전체 근로자의 수가 증가 또는 유지한 경우, 2차 또는 3차 연도 추가공제에 대해 청년등 공제액이 아닌 일반공제액을 적용한다[11](이하 수도권 중소기업의 그 외 상시근로자 700만원 공제액을 가정함).
사례의 경우 2019년의 1차연도 공제는 그 외 상시근로자 1명 증가(전체 상시근로자 1명 증가 한도에 따름)를 적용하여 700만원을 공제하고, '2018년에 대한 2차연도 공제'는 그 외 상시근로자 5명 증가를 적용하여 3,500만원을 공제한다. 청년은 그 외 상시근로자의 특수관계이므로 청년에 해당하지 않더라도 그 외 상시근로자로 보기 때문이다. 즉, 2018년도의 청년 3명 증가가 2019년의 2차연도 공제에서는 그 외 상시근로자 3명으로 성격이 전환되었다.
서식 작성은 Ⅵ. 예제와 서식 작성실무를 참고하기로 한다.
반면에, 삭제된 종전 유권해석(사전법규법인-0343, 2022.10.13.)에서는 그 외 상시근로자와 청년을 (별도의) 여집합 관계로 보아 청년에 해당하지 않으면 그 외 상시근로자에도 해당할 수 없는 것으로 해석하였다. 이에 따르면 '2018년에 대한 2차연도 공제'는 그 외 상시근로자 2명 증가분만 적용하여 1,400만원을 공제한다.

(2) 추가 공제기간의 승계

최근 과세관청에서는 고용증대 세액공제를 적용받던 거주자가 영위하던 사업을 법 제32조에 따라 법인으로 전환하면서 새로이 설립되는 법인(이하 "전환법인")과 사업의 포괄양수도 계약을 체결하고 그 사업에 관한 일체의 권리와 의무를 포괄적으로 양도 및 양수한 경우로서, 거주자가 고용증대 세액공제를 받은 과세연도의 종료일부터 2년이 되는 날이 속하는 과세연도의 종료일까지의 기간에 대해 전환법인(o)은 거주자로부터 승계받은 고용증

---
11) 최근 기재부에서는 그 외 상시근로자와 청년등 상시근로자의 관계를 여집합의 관계가 아니라 청년등을 그 외 상시근로자의 특별관계로 보고 있다. 따라서, 청년등의 요건을 충족하지 못하는 경우에도 그 외 상시근로자로서의 요건을 충족한다면 그 외 상시근로자로 판단하여 근로자 수를 산정한다(같은 뜻 재조특-214, 2023.3.6.).

대 세액공제를 적용받을 수 있다라고 해석하였다(사전법령법인-0432, 2021.5.11.).

그러나, 법 제32조의 적격 법인전환에 따라 잔존 감면기간을 승계 적용할 수 있는 경우는 명문으로 열거된 특례에 한정되며, 미공제세액을 승계 공제할 수 있는 경우는 승계받은 자산에 대한 미공제세액에 한정되므로, 별도의 규정없이 고용증대기업세액공제에 유추적용 또는 확대적용할 수 있는 지는 의문이다(제7부 제3장 제1절 Ⅲ. 3. 및 4. 참조). 적격 법인전환에 따른 특례는 원칙적으로 양도소득세의 이월과세에 한정되며, 포괄적 사업양도로 법인격이 승계되지 않기 때문이다. 입법의 보완이 요구된다.

반면에, (법인전환과는 관계없는) 포괄적 사업양수(×)의 경우 근로자를 전원 승계한다고 하여 기존 거주자가 적용받던 세액공제를 사업양수한 거주자가 승계하여 적용받을 수 없으며, 그 양도인에 대해 일정한 과세연도까지의 소득세에 대하여 세액공제를 적용한다(사전법령소득-0331, 2021.11.25.).

● **사업을 포괄적으로 양도한 경우 양수인에게 양도인의 이월공제액이 승계되는지 여부 (긍정)**

귀 사전답변 신청의 경우, 거주자의 특정한 사업과 관련하여 발생한 「조세특례제한법」 제29조의7 및 같은 법 제30조의4에 따라 공제할 세액 중 해당 과세연도에 같은 법 제132조에 따른 소득세 최저한세에 미달하여 공제받지 못한 부분에 상당하는 금액은, 위 사업에 관한 일체의 권리와 의무를 포괄적으로 양도하더라도 같은 법 제29조의7제2항 및 같은 법 제30조의4제2항(고용유지조건 위반)에 해당하지 않는 경우에는 같은 법 제144조제1항에 따라 이월하여 공제하는 것임(사전법규소득-0267, 2023.6.22.; 사전법규소득-574, 2023.11.15.). 동 예규 등에서는 본문의 예규(사전법령소득-0331, 2021.11.25.)와 달리 사업의 포괄적양도의 경우에도 미공제세액이 승계되는 것으로 판단하였음. 사업을 포괄적으로 양도하는 경우 양수인의 직전 과세연도 상시근로자 수는 승계한 상시근로자 수를 더하여 계산하기 때문인 것으로 추정됨(Ⅱ. 3-2 (3) 참조).

> **주요 이슈와 쟁점**
>
> **24. 중소기업에서 벗어난 경우에도 계속 중소기업의 추가 공제기간을 적용하는지 여부**

[종전 유권해석] 부정 (사전법령법인-635, 2019.11.8.)
직전 사업연도말까지 중소기업 유예기간을 적용받던 내국법인이 당해 사업연도말 현재 유예기간이 종료되고 중견기업에 해당하는 경우, 해당 내국법인은 「조세특례제한법」 제29조의7에 따른 고용을 증대시킨 기업에 대한 세액공제를 적용함에 있어 중견기업 기준으로 세액공제를 적용받을 수 있으며, 같은 법 제30조의4에 따른 중소기업 사회보험료 세액공제는 적용받을 수 없는 것임.

[최근 유권해석] 긍정 (서면법령법인-1283, 2020.9.28.; 같은 뜻 사전법령법인-1010, 2020.11.27.)

「조세특례제한법 시행령」 제2조에 따른 중소기업에 해당하는 내국법인이 해당 과세연도의 상시근로자의 수가 직전 과세연도의 상시근로자의 수보다 증가하여 같은 법 제29조의7제1항 각 호에 따른 세액공제를 적용받은 후 다음 과세연도 이후에 <u>규모의 확대 등으로 중소기업에 해당하지 않더라도 같은 법 같은 조 제2항에 따른 공제세액 추징사유에 해당하지 않는 경우 해당 과세연도의 법인세에서 공제받은 금액을 해당 과세연도의 종료일로부터 2년이 되는 날이 속하는 과세연도까지의 법인세에서 공제하는 것임</u>(유예기간이 적용되지 않는 사례임).

| **저자주** 중소기업의 유예기간 동안에는 추가 공제기간을 적용받을 수 있다. 그러나 유예기간이 허용되지 않거나 유예기간이 종료되어 추가 공제기간 적용시점에는 중소기업 등에 해당하지 않는 경우에 추가 공제기간을 적용할 수 있는지 여부가 문제된다. 즉, 중소기업 등의 요건이 개시요건인지 또는 존속요건인지 여부가 쟁점이다.

종전의 유권해석에서는 중소기업이어야 한다는 요건을 존속요건으로 보아 공제를 불허한 해석이 있으나, 최근 유권해석에서는 중소기업일 것을 개시요건으로 보아 공제를 허용하고 있다. (유예기간 제도가 없는) 중견기업의 경우에도 중견기업일 때의 세액공제액을 대기업이 된 이후 2차, 3차연도에 추가공제로서 허용한다(서면법령법인-0487, 2020.9.28.).

저자의 의견으로는 중소기업 등의 요건은 개시 요건이 타당하다고 본다.

문리적 해석으로서, 법에서 중소기업은 3년의 공제기간을 인정하되, 다만 고용유지조건을 충족하지 못한 경우에만 공제기간을 종료시키고 있다. 즉, 고용유지 조건은 정지조건이 아닌 해제조건으로서 고용 시점에서 중소기업 요건을 충족하였다면 고용 감소가 일어나지 않는 한 3년간 계속적으로 적용하는 것이 타당하다.

또한, 법에서 3년간 계속하여 중소기업일 것을 요건으로 정한 바도 없다. 공제기간을 종료시키는 비난 사유로 규정된 조건은 오로지 고용유지조건에 한정된다. 해당 조문을 보더라도 "제1항에 따라 소득세 또는 법인세를 공제받은 **내국인이** ~ 적용하지 아니한다"라고 규정하여 고용유지조건의 주체는 중소기업 또는 중견기업이 아니라 이를 포괄하는 내국인 요건의 대상임을 명시하였다.

마지막으로, 3년 또는 2년의 공제기간 동안 동일한 금액을 공제하는 것은 일종의 분할 공제라 할 것이므로, 분할 과세에 대응하는 성격을 가지고 있다. 예를 들어 법 제33조 사업전환 무역조정지원 기업에 대한 과세특례에서 의무위반사유에 해당하면 분할 납부가 중지되고 사후관리 규정이 적용되지만, 이외의 사유(예컨대, 무역조정지원기업에서 제외)로 인해서는 특례의 적용이 중지되지 않는다. 따라서, 분할 공제의 성격을 가지고 있는 본 특례에서도 의무위반사유로 규정된 사항을 제외하고는 특례의 적용이 중단되지 않는다고 판단된다. |

1-2 공제세액

투자가 없더라도 증가 인원 1인당 아래의 금액을 곱한 금액을 법인세 또는 사업소득에 대한 소득세에서 공제한다. 이때 그 외 상시근로자 또는 청년등상시근로자의 증가 인원은 전체 상시근로자의 증가 인원 수를 한도로 한다(조특법 §29의 8 ①).

근로자, 규모, 지역별 증가 인원 1인당 공제금액

구분	중소기업(3년간)		중견기업(3년간)	대기업(2년간)
	수도권	지방		
그 외 상시근로자	850만원	950만원	450만원	–
청년등근로자	1,450만원	1,550만원	800만원	400만원

상시근로자 수 증가분이 1명 미만(예, 0.25명)인 경우도 공제 가능하다.

청년등상시근로자의 고용을 증대시킨 기업도 청년 등이 아니라 일반공제(그외 상시근로자 공제)를 선택하여 적용할 수 있다(재조특-906, 2023.8.28.; 서면법규법인-3379, 2023.9.4.) 감면 신청 여부는 납세자 본인이 선택할 수 있으므로 우대 공제가 아닌 일반 공제를 선택할 권한이 납세자에게 있다고 보아야 하기 때문이다.

수도권 내·외에 위치한 다수의 사업장을 가지고 있는 내국법인의 전체 상시근로자 수가 직전 과세연도 대비 증가(수도권 내·외 모두 증가)한 경우로서 수도권 내·외를 포함한 전체 청년등 상시근로자 수는 감소하였으나, 수도권 외의 지역에서 청년등 상시근로자 수가 증가한 경우, 해당 내국법인은 수도권 내·외를 구분하여 증가한 상시근로자의 인원 수 한도를 적용하되, 수도권 외 청년등 상시근로자 수 증가분에 대하여는 청년등 상시근로자 외 상시근로자 수가 증가한 것으로 보아 고용증대세액공제액을 계산한다(서면법령법인-4043, 2020.12.14.).

실무 상담 사례

Q 사업연도 중 법인이 수도권 내에서 밖으로 이전하는 경우 세액공제 금액은 안분계산 하나요?

A 아니오. 법령에 지역 변동에 따른 별도의 안분규정을 두고 있지 않고, 과세연도 종료일 기준으로 세액공제를 적용하고 있으므로 과세연도 종료일 당시 소재지를 기준으로 상시근로자 수를 계산하여 세액공제 금액을 산정하는 것이 타당합니다.[12]

예제 수도권 내외 사업장이 있으나 청년등이 감소한 경우 공제세액 계산[13]

○ 자료

수도권 내 사업장 : 상시 +10명, 청년등 −5명, 청년등 외 +15명,
수도권 외 사업장 : 상시 +2명, 청년등 +1명, 청년등 외 +1명,

---

[12] 국세청 법인세과, 「고용증대세액공제 Q&A」, 2023. p. 20.; 법 제7조 중소기업 특별세액감면에서도 사업연도 종료일 현재 사업장 소재지를 기준으로 감면율을 정함(제2부 제3절 Ⅲ. 2. 참조; 서면2팀-2499, 2006.12.7. 참조).
[13] 국세청 법인세과, 「고용증대세액공제 Q&A」, 2023. p. 19.

중소법인 사업장 전체의 상시근로자는 증가(+12명)하였으나 청년등이 감소(-4명)한 경우, 통합고용세액공제 신청가능 금액은 얼마인가요?

(단위 : 인원 수)

연 도	수도권 내 증감	수도권 외 증감	전체 증감
전체 상시근로자	10	2	12
청년등상시근로자	-5	1	-4
그 외 상시근로자	15	1	16

◉ 해 설

1) 수도권 내 사업장
   공제세액 = Min(그 외 상시근로자 증가인원, 전체 증가인원) × 850만원
   = Min(15, 10) × 850만원 = 85,000,000원

2) 수도권 외 사업장
   공제세액 = Min(그 외 상시근로자 증가인원, 전체 증가인원) × 1,450만원
   = Min(2, 2) × 1,450만원 = 29,000,000원
   수도권 외 사업장의 청년등상시근로자증가인원은 1명이지만, 전체 기업 기준으로는 청년등 증가인원은 -4명이므로, 해당 청년등 근로자를 그 외 상시근로자로 보아 공제액을 계산한다(서면법령법인-4043, 2020.12.14.).

3) 공제세액 합계
   공제세액 합계 = 85백만원 + 29백만원 = 114,000,000원

2 추가 공제

중소기업은 정규직 전환자 또는 육아휴직 복귀자 1인당 1,300만원(중견기업은 900만원)을 곱한 금액을 법인세 또는 사업소득에 대한 소득세에서 공제한다.

구 분	중소기업	중견기업
정규직 전환자 또는 육아휴직 복귀자	1,300만원	900만원

3 기본공제의 사후관리

고용유지조건(1-1 (1) 참조)을 위반한 경우에는 공제 받은 세액에 상당하는 금액을 소득세 또는 법인세로 납부하여야 한다(조특법 §29의 8 ② 후단). 그러나 **이자상당가산액 또는 가산세를 납부하지 않음**에 주의하여야 한다.

사업장을 폐업하여 상시근로자의 수가 감소한 경우에도 사후관리 규정을 적용한다(사전법령소득-1013, 2021.11.29.).

3-1 사후관리 금액의 계산

(1) 세액공제의 이월공제 선 차감

기본공제금액 중 세액공제액의 이월공제(조특법 §144)에 따라 공제받지 못하고 이월된 금액이 있는 경우에는 그 금액을 차감한 후의 금액에 대해 추징한다. 종래 사후관리 규정에 따라 계산한 금액을, 공제받은 세액을 한도로 소득세(또는 법인세)로 먼저 납부하고 나머지 금액을 이월된 세액공제액에서 차감하도록 한 (아래의) 종전 유권해석과는 달리, 이월공제액을 추징세액에서 선차감한 후 납부하도록 규정이 개정되었음에 유의하여야 한다.

- **추징세액을 먼저 납부하고 이월공제액을 차감** (종전 예규)

  세액공제를 신청한 내국인이 그 세액공제액 중 소득세 최저한세액에 미달하여 공제받지 못한 부분에 상당하는 금액을 이월한 후 최초로 공제를 받은 과세연도의 종료일부터 1년이 되는 날이 속하는 과세연도의 종료일까지의 기간 중 상시근로자 수가 최초로 공제를 받은 과세연도에 비하여 감소한 경우 사후관리 규정에 따라 계산한 금액을 공제받은 세액을 한도로 소득세로 납부하고 나머지 금액은 이월된 세액공제액에서 차감한다(사전법령소득-478, 2020.10.21.; 같은 뜻 서면법인-5929, 2021.7.29.).[14] 종전 규정에서는 '공제받은 세액에 상당하는 금액'을 법인세 등으로 납부하도록 법문상 규정하고 있기 때문에 이월된 세액공제액과 상계하기 보다는 먼저 추징세액을 납부하고 세액공제액을 계속 이월하도록 해석한 것으로 판단된다. 이러한 해석은 납세자에게 불리한 해석이다.

(2) 청년등 간주 규정

추징세액은 다음 구분에 따라 계산한 금액으로 한다. 사후관리 규정을 적용할 때 최초로

---

14) 반면에, 고용창출투자세액공제와 관련하여서는 이월된 세액공제액을 먼저 상계하고 상계 후 잔액이 있는 경우에 실제로 감면받은 세액에 대하여 추가납부할 세액을 계산하도록 하는 유권해석이 존재함(법인46012-1872, 2000.9.5.).

공제받은 과세연도에 청년등상시근로자(조특령 §26의 8 ③ 1호)에 해당한 자는 최초로 공제받은 과세연도 이후의 과세연도에도 청년등상시근로자로 보아 청년등상시근로자 수를 계산한다(이하 "청년등 간주 규정"; 조특령 §26의 8 ⑤).

청년등 간주 규정을 적용하여 추가납부세액을 계산하는 경우 청년 등 상시근로자의 수 산정방법은, 최초로 공제받은 과세연도의 일부 기간동안 청년 등 상시근로자에 해당한 자는 이후 과세연도에도 최초로 공제받은 과세연도와 동일한 기간동안 청년 등 상시근로자로 보아 청년 등 상시근로자 수를 계산한다(기준법령법인-0135, 2021.8.20.).

예를 들어, 20X1.1.1. 34세인 청년 근로자 갑(甲) 1명을 추가 고용하였고 해당 근로자는 20X1.4.1. 35세가 된 경우의 근로자 수 계산 방법은 다음과 같다.

[예제] 청년등 간주 규정의 근로자 수 계산 방법

연도	근로자	1월	2월	3월	4월	5월	6월	7월	8월	9월	10월	11월	12월
20X1	청년	1	1	1									
	일반				1	1	1	1	1	1	1	1	1
20X2	청년	1	1	1									
	일반				1	1	1	1	1	1	1	1	1

1) 20X1년 근로자 수 : 청년 3/12 = 0.25, 일반 9/12 = 0.75
2) 20X2년 근로자 수 : 청년 3/12 = 0.25, 일반 9/12 = 0.75
즉, 갑(甲) 1명으로 비롯된 양년도의 청년근로자 또는 청년등 외 근로자의 인원 수 변동은 없다.

주요 이슈와 쟁점

25. 통합고용세액공제에서 청년등 간주 규정이 공제기간 중단에도 적용되는지 여부

[예규] 청년 등 간주 규정은 공제기간 중단에 적용되지 아니함(서면법인-6004, 2021.3.15.) 직전 과세연도에 29세(직전과세연도 중에 30세 이상이 되는 경우를 포함)인 청년 정규직 근로자가 해당 과세연도에 30세 이상이 되는 경우「조세특례제한법」제29조의7 제1항 제1호의 "청년등 상시근로자 수" 계산 시 같은 법 시행령 제26조의7 제6항의 규정이 적용되지 아니하는 것이며, 같은 법 시행령 제26조의7 제5항을 적용할 때 최초로 공제받은 과세연도에 청년등 상시근로자에 해당한 자는 이후 과세연도에도 청년등 상시근로자로 보아 청년등 상시근로자 수를 계산하는 것임.

[예규] 청년의 나이가 증가한 경우 청년등 외로 보아 공제함(재조특-0214, 2023.3.6.) 내국인이 해당 과세연도의 청년 등 상시근로자 증가인원에 대해 조특법 제29조의7제1항제1호(청년 등) 세액공제를 적용받은 후 다음 과세연도에 청년 등 상시근로자의 수는 감소(최

초 과세연도에는 29세 이하였으나, 이후 과세연도에 30세 이상이 되어 청년 수가 감소하는 경우를 포함)하였으나 전체 상시근로자의 수는 유지되는 경우, 잔여 공제연도에 대해서는 제29조의7제1항제2호(청년 등 외)의 공제액을 적용하여 공제가 가능함.

> **저자주** 2020년 개정세법에서 고용증대기업세액공제와 관련하여 최초로 공제받은 과세연도에 청년등 상시근로자에 해당한 자는 이후 과세연도에도 청년등 상시근로자로 보아 그 수를 계산하도록 개정함(조특령 §26의7 ⑥).
>
> 청년등 간주 규정이 고용증대기업세액공제 사후관리(공제기간 중단과 추징세액 납부) 모두에 적용되는 것인지 아니면 그 중 추징세액 납부에만 적용되는 것인지가 쟁점임. 즉, 1차연도에 29세(34세)인 청년 1명을 채용하여 청년공제를 받은 경우 2차연도에 당해 청년이 29세(34세)를 초과하여 청년 숫자가 감소하였다면, 1차연도 공제를 2차연도에 추가공제로서 적용할 수 있는지 여부임. 통합고용세액공제에서도 동일한 문제가 발생함.
>
> 국세청 유권해석(서면법인-6004, 2021.3.15.)에서는 청년등 간주 규정은 추징세액 납부 규정(조특령 §26의 7 ⑤)에만 적용되고 공제기간 중단 규정(조특법 §29의 7 ① 1호, ② 전단)에는 적용되지 않는 것으로 해석함. 타당한 해석이라고 판단됨.
>
> 첫번째 문리적 해석으로서, 2020년 개정세법에서 신설된 청년 등 간주 규정(조특령 §26의 7 ⑥)에서 그 대상으로 하고 있는 규정은 동조 5항임. 동조 5항은 추징세액의 계산방법에 관한 규정이며 이를 위임한 규정은 조특법 제29조의7 제2항 후단임.
>
> 조특법 제29조의 7 제2항의 전단은 공제기간 중단을 규정하고 있는 반면에, 후단은 세액추징을 규정하고 있음. 따라서 청년 간주 규정은 법령의 위임 체계상 세액추징에 적용되는 규정이며 공제기간 중단(추가공제)에는 적용될 수 없음.
>
> 두번째 입법취지로서, 기획재정부의 2020년 개정세법 해설 취지에 따르면 신설된 청년 간주 규정이 추징세액 계산시 적용되는 규정이라고 명시함. 반면에 공제기간의 중단과 관련해서는 청년 등 간주 규정을 언급하고 있지 않음. 그리고 개정 이유도 '추징세액 계산시 기간 경과에 따른 청년 근로자 수의 자연 감소를 배제하기 위해 규정 보완'이라고 제시하고 있음.
>
> 다만 청년 외의 경우 3년을 공제기간으로 함에 반하여 청년은 공제기간이 1년으로 단축되는 사례가 발생할 수 있음. 예를 들어, 청년 외를 채용하면 3년을 공제받는 것과 달리, 청년을 채용하면 나이 초과로 1년만 공제해주는 불합리한 결과가 발생할 가능성이 있음.
>
> 또한, 중소기업을 개시요건으로 보아 중소기업이 아닌 경우에도 추가공제를 허용하는 해석(서면법령법인-1283, 2020.9.28.; 1-2참조)과도 균형이 맞지 않음.
>
> 이러한 문제점에 대한 해결책으로 최근 기재부 유권해석에서는 청년등의 나이가 증가한 경우 청년등 외로 보아 청년외의 공제액으로 공제하도록 판단하였음(재조특-214, 2023.3.6.).

3-2 1년 이내 감소하는 경우 (1호)

최초로 공제받은 과세연도의 종료일부터 1년이 되는 날이 속하는 과세연도(2차 연도)의 종료일까지의 기간 중 최초로 공제받은 과세연도(1차 연도)보다 전체 상시근로자 수 또는 청년등상시근로자 수가 감소하는 경우에는 다음 구분에 따라 계산한 금액을 추징세액으로 한다. 단, 해당 과세연도의 직전 1년 이내의 과세연도(1차 연도)에 본 특례에 따라 공제받은 세액을 한도로 한다(조특령 §26의 8 ④ 1호).

'공제를 받은 과세연도'란 세액공제 요건을 충족한 해당 과세연도를 의미하며, 세액공제의 이월공제에 따라 실제 공제받은 과세연도를 적용하지 않는다(제2절 Ⅳ. 4. 참조)

(1) 전체 상시근로자 수가 감소하는 경우 (가목)

다음의 구분에 따라 계산한 금액으로 한다.

일반공제만 신청하여 적용받은 후 '청년등상시근로자 수'와 '청년등상시근로자 외 상시근로자 수'가 모두 감소한 경우 청년등상시근로자 감소인원에 대해서도 청년등 공제액이 아니라 일반 공제액을 추가납부한다(재조특-906, 2023.8.28.; 서면법규법인-0108, 2023.9.4).

(1-1) 청년등상시근로자가 상대적으로 초과 감소한 경우

청년등상시근로자의 감소한 인원 수가 전체 상시근로자의 감소 인원 수 이상인 경우에는 다음 계산식에 따라 계산한 금액으로 한다.

① 청년등이 전체 상시근로자보다 추가로 감소한 인원 수에 청년등과 그외 상시근로자의 차액을 곱한 금액과 ② 전체 상시근로자의 감소 인원 수에 청년등상시근로자의 공제액을 곱한 금액을 합산한다.

$$(\text{청년등 추가 감소 인원 수}^{\mathbf{0}} \times \text{청년등 및 그외의 공제액 차이}^{\mathbf{0}}) + (\text{전체 상시근로자 감소 인원 수} \times \text{청년등 상시근로자공제액})$$

❶ [(최초로 공제받은 과세연도 대비 청년등상시근로자의 감소 인원 수(최초로 공제받은 과세연도에 청년등상시근로자의 증가 인원 수를 한도로 함) − 전체 상시근로자의 감소 인원 수]

❷ (청년등상시근로자 공제액 − 그 외 상시근로자 공제액)

(1-2) 청년등 상시근로자가 상대적으로 미달하여 감소한 경우

청년등상시근로자의 감소한 인원 수가 전체 상시근로자의 감소 인원 수 미만인 경우에는 다음 계산식에 따라 계산한 금액으로 한다.

청년등과 그 외 상시근로자를 각각 계산하여 합산한다. ① 청년등의 감소한 인원 수에 청년등상시근로자의 공제액을 곱한 금액과 ② 그 외 상시근로자의 감소 인원 수에 그외 상시근로자의 공제액을 곱한 금액을 합산한다.

$$\left(\text{청년등상시근로자 감소 인원 수}^① \times \text{청년등 상시 근로자 공제액}\right) + \left(\text{그 외 상시근로자 감소 인원 수}^① \times \text{그 외 상시 근로자공제액}\right)$$

① 최초로 공제받은 과세연도 대비 청년등/그 외 상시근로자의 감소 인원 수(전체 상시근로자의 감소 인원 수를 한도로 함)

(2) 전체 상시근로자 수가 감소하지 않는 경우 (나목)

전체 상시근로자 수가 감소하지 않으면서 청년등상시근로자의 수만 감소한 경우에는 그 감소 인원 수에 청년등과 그외 상시근로자의 차액을 곱하여 추징세액을 계산한다.

$$\text{최초로 공제받은 과세연도 대비 청년등 상시근로자의 감소 인원 수}^① \times \left(\text{청년등 상시근로자 공제액} - \text{그외 상시근로자 공제액}\right)$$

① 최초로 공제받은 과세연도에 청년등상시근로자의 증가 인원 수를 한도로 함.

3-3 1년~2년 기간 중 감소하는 경우 (2호)

'최초로 공제받은 과세연도의 종료일부터 1년이 되는 날이 속하는 과세연도의 종료일까지의 기간의 다음 날'부터 '최초로 공제받은 과세연도의 종료일부터 2년이 되는 날이 속하는 과세연도의 종료일'까지의 기간 중, 즉 3차연도에 최초로 공제받은 과세연도(1차 연도)보다 전체 상시근로자 수 또는 청년등상시근로자 수가 감소하는 경우에는 다음 구분에 따라 계산한 금액을 추징세액으로 한다. 이때 전술한 3-2 1년 이내 감소한 경우의 추징세액을 제외하며, 해당 과세연도의 직전 2년 이내의 과세연도에 본 특례에 따라 공제받은 세액의 합계액을 한도로 한다.

개인사업자(2020년)일 때 고용을 증대시킨 기업에 대한 세액공제(조특법 §29의 7)를 최초 적용하고 다음 과세연도(2021년)에 사업의 양도·양수 방법을 통하여 법인으로 전환(조특법 §32 ①)하면서 종전 사업에서 종사하던 상시근로자를 승계함에 따라 추가공제를 받은 내국 법인이 그 다음 과세연도(2022년)의 상시근로자 수가 최초로 공제받은 과세연도(2020년)의 상시근로자 수보다 감소한 경우, 감소한 상시근로자 수에 대해 직전 2년 이내의 과세연도에 공제받은 세액의 합계액(조특령 §26의 7 ⑤ 2호)을 법인세로 납부한다(사전법규법인-1190, 2023.9.25.). 즉, 사업양수도에 따라 인원을 승계한 경우에 양수법인은 사후관리 의무도 승계한다.

추징세액 계산 방법은 전술한 3-2 1년 이내 감소한 경우와 원칙적으로 유사하다.

(1) 전체 상시근로자 수가 감소하는 경우 (가목)

다음의 구분에 따라 계산한 금액으로 한다.

(1-1) 청년등상시근로자가 상대적으로 초과 감소한 경우

청년등상시근로자의 감소 인원 수가 전체 상시근로자의 감소 인원 수 이상인 경우에는 다음 계산식에 따라 계산한 금액으로 한다.

① 청년등이 전체 상시근로자보다 추가로 감소한 인원 수에 청년등과 그외 상시근로자의 공제액 차액과 공제 받은 횟수를 곱한 금액과 ② 전체 상시근로자의 감소 인원 수에 청년등상시근로자의 공제액과 공제 받은 횟수를 곱한 금액을 합산한다.

$$\left(\begin{array}{c} \text{청년등} \\ \text{추가 감소} \\ \text{인원 수}^\text{❶} \end{array} \times \begin{array}{c} \text{청년등 및} \\ \text{그외의} \\ \text{공제액 차이}^\text{❷} \end{array} \times \begin{array}{c} \text{공제} \\ \text{횟수}^\text{❸} \end{array} \right) + \left(\begin{array}{c} \text{전체상시근} \\ \text{로자 감소} \\ \text{인원 수} \end{array} \times \begin{array}{c} \text{청년등} \\ \text{상시근로자} \\ \text{공제액} \end{array} \times \begin{array}{c} \text{공제} \\ \text{횟수}^\text{❸} \end{array} \right)$$

❶ [[최초로 공제받은 과세연도 대비 청년등상시근로자의 감소 인원 수(최초로 공제받은 과세연도에 청년등상시근로자의 증가 인원 수를 한도로 함) - 전체 상시근로자의 감소한 인원 수]

❷ (청년등상시근로자 공제액 - 그 외 상시근로자 공제액)

❸ 직전 2년 이내의 과세연도에 공제받은 횟수

(1-2) 청년등상시근로자가 상대적으로 미달하여 감소한 경우

청년등상시근로자의 감소 인원 수가 전체 상시근로자의 감소 인원 수 미만인 경우에는 다음 계산식에 따라 계산한 금액으로 한다.

청년등과 그 외 상시근로자를 각각 계산하여 합산한다. ① 청년등의 감소한 인원 수에 청년등상시근로자의 공제액을 곱한 금액과 ② 그 외 상시근로자의 감소 인원 수에 그외 상시근로자의 공제액을 곱한 금액을 합산한다.

$$\left(\begin{array}{c} \text{청년등} \\ \text{상시근로자 감소} \\ \text{인원 수}^\text{❶} \end{array} \times \begin{array}{c} \text{청년등상시} \\ \text{근로자 공제액} \\ \text{합계}^\text{❷} \end{array} \right) + \left(\begin{array}{c} \text{그 외 상시근로자} \\ \text{감소 인원 수}^\text{❶} \end{array} \times \begin{array}{c} \text{그 외 상시} \\ \text{근로자공제액} \\ \text{합계}^\text{❷} \end{array} \right)$$

❶ 최초로 공제받은 과세연도 대비 청년등/그 외 상시근로자의 감소 인원 수(전체 상시근로자의 감소 인원 수를 각각의

❷ 각각의 경우에 대해 직전 2년 이내의 과세연도에 공제받은 세액의 합계액을 말함. 즉, 직전 2년 이내의 과세연도에 공제받은 횟수에 청년등/그 외 상시근로자의 1인당 공제금액을 곱함.

(2) 전체 상시근로자 수가 감소하지 않는 경우 (나목)

전체 상시근로자 수가 감소하지 않으면서 청년등상시근로자의 수만 감소한 경우에는 그 감소 인원 수에 청년등과 그외 상시근로자의 차액과 공제 받은 횟수를 곱하여 추징세액을 계산한다.

$$\text{최초로 공제받은 과세연도 대비 청년등상시근로자의 감소 인원 수}^❶ \times \left(\text{청년등상시근로자 공제액} - \text{그 외 상시근로자 공제액} \right) \times \text{공제 횟수}^❷$$

❶ 최초로 공제받은 과세연도에 청년등상시근로자의 증가 인원 수를 한도로 함.
❷ 직전 2년 이내의 과세연도에 공제받은 횟수

> **예 제** 추징세액 계산사례 - 2년 연속 공제 후 2년 연속 감소한 경우(청년외만 존재)

○ 자 료

㈜문화의 연도별 전체 상시근로자 평균은 다음 표와 같으며, 청년등 상시근로자를 고용하고 있지 않다. ㈜문화가 수도권 소재 중소기업으로서 20X1년과 20X2년에 고용기업증대세액공제를 적용 받았을 때 20X3년 및 20X4년의 추징세액을 계산하시오. 단, 고용기업증대세액공제이므로 1인당 공제금액은 850만원이 아닌 700만원을 사용함.

(단위 : 인원 수, 만원)

연 도	상시근로자 평균	최초 공제연도 대비 증감인원	1인당 공제금액	공제(추징)세액
20X0년	150			
20X1년	172		+700	+15,400
20X2년	179	X1년 대비 +7	+700	X2년의 1차연도 +4,900 X1년의 2차연도 +15,400
20X3년	162	X1년 대비 −10	−1,400(=700×2)	−14,000
		X2년 대비 −17	−700	−4,900(한도 적용)
20X4년	155	X2년 대비 −24	−700	0(한도 적용)

○ 해 설

1) 20X1년의 공제세액

　= 22명(=172 - 150) × 700만원 = 1억 5,400만원

2) 20X2년의 공제세액

　1차연도 분 = 7명(=179 - 172) × 700만원 = 4,900만원
　20X2년에는 20X1년의 공제세액 1억 5,400만원을 2차연도분으로 추가공제받는다.
　공제액의 합계는 2억 300만원이다.

3) 20X3년의 추징세액

　20X3년의 추징세액 합계액은 1억 8,900만원(=1억 4천만원 + 4,900만원)이다.

3-1) 20X3년의 20X1년 세액공제액 관련 추징세액

　사후관리 사유 중 1년~2년 기간 중 청년등상시근로자가 상대적으로 미달하여 감소한 경우에 해당한다[3-3 (1-2) 참조].

　3차연도 세제지원 대상인 20X1년 대비 해당 과세연도인 20X3년의 그 외 상시근로자 수가 10명(= 172 - 162) 감소하였다. 20X1년의 세액공제액은 20X1년과 20X2년에 2회 공제 받았다.

　　추징세액 = 그 외 상시근로자 감소 인원 수 × 공제받은 횟수 × 그 외 상시근로자 1인당 공제금액
　　　　　　= 10명 × 2번 × 700만원 = 1억 4,000만원

　추징세액의 한도인 20X1년 세액공제액 관련 직전 2년의 과세연도에 공제받은 세액의 합계액은 20X1년의 1억 5,400만원과 20X2년의 1억 5,400만원을 합한 3억 800만원이다. 따라서 추징세액 1억 4천만원은 한도 이내의 금액이므로 전액 추징한다.

3-2) 20X3년의 20X2년 세액공제액 관련 추징세액

　사후관리 사유 중 1년 이내 감소하는 경우의 청년등 상시근로자가 상대적으로 미달하여 감소한 경우에 해당한다[3-2 (1-2) 참조].

　2차연도 세제지원 대상인 20X2년 대비 해당 과세연도인 20X3년의 그 외 상시근로자 수가 17명(= 179 - 162) 감소하였으나, 직전 1년 이내의 과세연도에 공제받은 금액을 한도로 한다.

　　추징세액 = MIN [(그 외 근로자 감소 인원 수 × 그 외 근로자 공제금액), (20X2 공제세액)]
　　　　　　= MIN [(17명 × 700만원 = 1억 1,900만원), (4,900만원)] = 4,900만원

　결과적으로 7명의 공제세액에 해당하는 금액을 추징한다.

4) 20X4년의 20X2년 세액공제액 관련 추징세액

　사후관리 사유 중 1년~2년 기간 중 청년등 상시근로자가 상대적으로 미달하여 감소한 경우에 해당한다. 이 때 1년 이내 감소한 경우의 추징세액(위 3-2)을 차감하여야 한다[3-3 참조]. 20X1년 세액공제액의 사후관리기간은 2년이므로 이미 그 기간이 경과하여 더 이상 사후관리의 대상이 아니다.

　3차연도 세제지원 대상인 20X2년 대비 해당 과세연도인 20X4년의 그 외 상시근로자 수가 24명(= 179 - 155) 감소하였다. 20X2년의 세액공제액은 20X2년에 1회 공제 받았다.

　　추징세액 = 그 외 근로자 감소 인원 수 × 공제받은 횟수 × 그 외 근로자 공제금액 - 20X2년 세액공제액의 1년 이내 감소한 경우의 추징세액 = 24 × 1회 × 700만원 - 4,900만원

= 1억 6,800만원 - 4,900만원 = 1억 1,900만원

추징세액의 한도인 20X2년의 세액공제액 관련 직전 2년의 과세연도에 공제받은 세액의 합계액은 0원이므로, 추징세액은 1억 1,900만원과 0원 중 적은 금액인 0원이다. 한도가 0원인 이유는 20X2년의 1차연도 세액공제액인 4,900만원이 전액 20X3년에 추징되어 20X2년과 관련하여 공제받은 세액이 없기 때문이다.

이를 검증해 본다. 4년간의 세액공제액과 추징세액의 합계액, 즉, 기간 통산 감면효과는 1억6,800만원이다(=X1년 15,400 + X2년 20,300 - X3년 추징세액 18,900 - X4년 추징세액 0).

1억6,800만을 1인당 세액공제액인 700만원으로 나누면 인원 수는 24명이다. 20X1년 세액공제액 관련 기간 통산 증가 인원 12명(=X1년 증가 22명 - X3년 감소 10명)이 2년간 2번 공제 받아 총 인원이 24명으로 계산되는 것과 일치한다. 이후 20X4년에 추가로 감소되는 7명은 20X1년의 사후관리 기간이 경과하였으므로 감면 효과에 영향을 미치지 않는다.

또한, 20X2년 세액공제액 관련 증가 인원은 7명이었으나 해당 금액은 20X3년에 전액 추징되었으므로 기간을 통산해 보면 기업에 미치는 감면 효과는 없다.

예제 추징세액 계산사례 – 2차연도 청년외 감소 후 3차연도 청년등 감소한 경우

● 자 료

수도권 소재 중소기업이 X1년 대비 X2년에 청년 2명, 청년 외 2명 증가하여 세액공제(1,450×2, 850×2)를 받았으나, X3년에 X2년 대비 청년 외 2명 감소하여 청년 외 2명에 대한 공제분을 사후관리 적용하여 납부(850×2)하였습니다. X4년에 X2년 대비 청년 2명 감소 및 청년 외 1명 감소한 경우,

갑설) 청년 감소로 인해 청년 감소분(1,450×2)을 모두 납부하여야 하는지

을설) 청년 감소 1과 청년 외 감소분과의 차액을 납부{1,450+(1,450−850)×1}을 납부하여야 하는지?[15] (아래 표의 괄호 안 수치는 전년대비 증감을 표시함)

(단위 : 인원 수)

연 도	X1년	X2년	X3년	X4년
전체 상시근로자	8	12	10	9
청년등상시근로자	3	5(+2)	5	3(△2)
그 외 상시근로자	5	7(+2)	5(△2)	6(+1)

● 해 설

1) X3년의 X2년 세액공제액 관련 추징세액

사후관리 사유 중 1년 이내 감소하는 경우의 청년등 상시근로자가 상대적으로 미달하여 감소한

---

15) 국세청 법인세과, 「고용증대세액공제 Q&A」, 2023. p. 24.의 사례를 통합고용세액공제로 변형함.

경우에 해당한다[3-2 (1-2) 참조]. X3년에는 전체 상시근로자가 감소하였으므로 공제세액은 없다.
X1년의 2차연도 세제지원 대상인 X2년 대비 해당 과세연도인 X3년의 그 외 상시근로자 수가 2명 (=7-5) 감소하였으나, 직전 1년 이내의 과세연도에 공제받은 금액을 한도로 한다.

추징세액 = MIN [(그 외 상시근로자 감소 인원 수 × 그 외 근로자 공제금액), (X2 공제세액)]
= MIN [(2명 × 850만원 = 1,700만원), (4,600만원)] = 1,700만원

2) X4년의 X2년 세액공제액 관련 추징세액

사후관리 사유 중 1년~2년 기간 중 청년등상시근로자가 상대적으로 미달하여 감소한 경우에 해당한다[3-3 (1-2) 참조]. 이 때 1년 이내 감소한 경우의 추징세액(위 1))을 차감하여야 한다[3-3 참조].

추징세액 = 청년등상시근로자 감소 인원 수 × 공제받은 횟수 × 청년등상시근로자 공제금액
+ MIN[(그외 상시근로자 감소 인원 수 × 공제받은 횟수 × 그 외 상시근로자 공제금액
− X3년의 1년 이내 감소한 경우의 추징세액), 0]
= 2 × 1회 × 1,450만원 + MIN[(1 × 1회 × 850만원 - 1,700만원), 0]
= 2,900만원 + 0 = 29,000,000원

X4년의 X2년 대비 그 외 상시근로자 감소 인원수는 1명(=6-7)이지만, X3년의 1년이내의 감소한 경우의 추징세액을 차감하므로 추징세액은 0원이다. 반면에, 청년등상시근로자는 X2년 대비 2명 감소하였으므로 (그 외 상시근로자와는 별도로 계산하여) 2명이 감소한 것으로 계산한다.

감면세액 누적 효과 = X2년 감면세액 - X3년 추징세액 - X4년 추징세액
= 4,600만원 - 1,700만원 - 2,900만원 = 0원

결과를 검증해 본다. X1년 대비 X4년에 그 외 상시근로자가 1명 증가하였지만, X2년에 증가한 청년등은 X3년에 감소하였고, 청년외는 X4년에 감소하였으므로 누적 감면 효과는 0원이다. X3년 대비 X4년에 청년외 1명 증가분은 전체 상시근로자가 증가하지 않았으므로 공제 요건을 충족하지 못한다.

4 추가공제의 사후관리

추가공제를 받은 자가 각각 정규직 근로자로의 전환일 또는 육아휴직 복직일부터 2년이 지나기 전에 해당 근로자와의 근로관계를 종료하는 경우에는 근로관계가 종료한 날이 속하는 과세연도의 과세표준신고를 할 때 공제받은 세액에 상당하는 금액을 소득세 또는 법인세로 납부하여야 한다(조특법 §29의 8 ⑥). 그러나, 이자상당가산액은 납부하지 않는다.

다만, 추가공제금액 중 세액공제액의 이월공제(조특법 §144)에 따라 공제받지 못하고 이월된 금액이 있는 경우에는 그 금액을 차감한 후의 금액을 말한다. 상세 내용은 3-1 (1)을

참조하기로 한다.

'근로관계를 끝내는 경우'라 함은 근로관계에 있어 퇴직, 해고, 자동소멸(정년 등) 등 모든 사유로 근로자와 사용자 간의 근로계약관계가 종료되는 경우를 의미한다(재조특-721, 2019.12.9.).

Ⅳ. 조세특례제한 등

1 절차

세액공제신청서와 통합고용세액공제 공제세액계산서(별지 제10호의 9 서식)를 납세지 관할 세무서장에게 제출하여야 한다(조특령 §26의 8 ⑪).

사후관리 규정에 따른 추징세액(공제감면세액에 대한 법인세 추가납부세액)은 위의 공제세액계산서에 기재하지 않으며, "추가납부세액계산서(6)"(법인세법 시행규칙 별지 제8호서식 부표 6)의 3. 공제감면세액에 대한 법인세 추가납부액에서 계산한다.

동 금액을 "공제감면세액 및 추가납부세액합계표(을)"[법인세법 시행규칙 별지 제8호서식(을)]의 5. 추가납부세액 란에 옮겨 적고, 다시 "법인세 과세표준 및 세액조정계산서"(법인세법 시행규칙 별지 제3호 서식)의 133번 감면분추가납부세액에 옮겨 적는다.

2 중복지원 배제

'투자세액공제규정 간의 중복지원 배제' 및 '감면규정과 세액공제규정의 중복지원 배제'에 해당하지 않으므로, 각종 투자세액공제 등과 중복적용이 가능하다. 다만 통합고용세액공제의 기본공제와 창업중소기업세액감면의 추가감면(고용인센티브)과는 중복 적용될 수 없다(조특법 §127 ④). 양자 모두 신규 고용에 대한 감면이기 때문이다.

그리고, 통합고용세액공제의 기본공제는 법 제29조의 7 고용증대기업 세액공제와 법 제30조의 4 중소기업 사회보험료 세액공제를 받지 아니한 경우에만 적용한다(조특법 §127 ⑪).

또한, 다음의 중복지원 배제조항이 적용된다(조특법 §127 ③).

- 외투감면 시 내국인 지분 제외
  제20부 제1절 중복지원의 배제 부분을 참조하기로 한다.

기타 조세특례제한 등

구 분	내 용	참조 부분
추계과세 시 등	세액공제 배제(조특법 §128 ①)	제20부 제2절
최저한세	적용대상(조특법 §132 ①·②)	제20부 제4절
세액공제액의 이월공제	허용(조특법 §144 ①·②)	제21부 제2절
농어촌특별세	과세(농특법 §5 ① 1호)	

Ⅴ. 서식 작성요령

[별지 제10호의9서식] 〈개정 2024. 3. 22.〉

통합고용세액공제 공제세액계산서

(3쪽 중 제1쪽)

❶ 신청인	① 상호 또는 법인명		② 사업자등록번호	
	③ 대표자 성명		④ 생년월일	
	⑤ 주소 또는 본점소재지			
	(전화번호:)			

❷ 과세연도	년 월 일부터 년 월 일까지

❸ 상시근로자 현황 (작성방법 Ⅱ. 2-1 (1) 상시근로자 제외자 바랍니다.)
- 계약기간 1년미만자
- 단시간근로자
- 법인세법상 임원
- 최대주주등과 친족
- 근로소득세 납부 미확인자

구분	직전 과세연도	해당 과세연도
⑥ 상시근로자 수 (⑦+⑧)		
⑦ 청년등상시근로자 수	청년은 15세~34세 (군복무 6년 추가) / Ⅱ. 2-1 청년등 상시근로자의 범위 (2) 청년 정규직 근로자 (3) 장애인 근로자 등 (4) 고령자인 근로자 (5) 경력단절여성	Ⅱ. 2-1 (2) 청년 정규직 근로자 제외자 - 기간제 근로자 - 단시간근로자 - 파견근로자 - 청소년 유해업소에 근무하는 만 19세 미만 청소년
⑧ 청년등상시근로자를 제외한 상시근로자 수		
⑨ 정규직 전환 근로자 수	Ⅱ. 2-2 (1) 고용 중인 비정규직 - 기간제 근로자 - 단시간근로자 - 파견근로자 - 특수관계인 제외	Ⅱ. 2-3 육아휴직복귀자 - 근무기간 1년 이상 - 육아휴직 6개월 이상 - 특수관계인 제외
⑩ 육아휴직 복귀자 수		

❹ 기본공제 공제세액 계산내용

가. 1차년도 세제지원 요건 : ⑬ > 0

1. 상시근로자 증가 인원   Ⅱ. 3. 근로자 수의 산정

⑪ 해당 과세연도 상시근로자 수	⑫ 직전 과세연도 상시근로자 수	⑬ 상시근로자 증가 인원 수 (⑪-⑫)
매월말 합 ÷ 개월 수		

2. 청년등상시근로자 증가 인원

⑭ 해당 과세연도 청년등상시근로자 수	⑮ 직전 과세연도 청년등상시근로자 수	⑯ 청년등상시근로자 증가 인원 수 (⑭-⑮)
매월말 합 ÷ 개월 수		

3. 청년등상시근로자를 제외한 상시근로자 증가 인원

⑰ 해당 과세연도 청년등상시근로자를 제외한 상시근로자 수	⑱ 직전 과세연도 청년등상시근로자를 제외한 상시근로자 수	⑲ 청년등상시근로자를 제외한 상시근로자 증가 인원 수(⑰-⑱)
매월말 합 ÷ 개월 수		

(3쪽 중 제2쪽)

4. 1차년도 세액공제액 계산 Ⅲ. 1-2 공제세액

구분		구분	직전 과세연도 대비 상시근로자 증가 인원 수 (⑬상시근로자 증가 인원 수를 한도로 함)	1인당 공제금액	⑳ 1차년도 세액공제액
중소기업	수도권 내	청년등		1천4백5십만원	
		청년등 외		8백5십만원	
	수도권 밖	청년등		1천5백5십만원	
		청년등 외		9백5십만원	
	계				
중견기업	청년등			8백만원	
	청년등 외			4백5십만원	
	계				
일반기업	청년등			4백만원	
	청년등 외				
	계				

나. 2차년도 세제지원 요건 : ㉓ ≥ 0   고용유지조건

1. 상시근로자 증가 인원   Ⅲ. 1-1 공제기간

㉑ 2차년도(해당 과세연도) 상시근로자 수	㉒ 1차년도(직전 과세연도) 상시근로자 수	㉓ 상시근로자 증가 인원 수(㉑-㉒)

2. 2차년도 세액공제액 계산(상시근로자 감소여부)   Ⅲ. 1-2 공제세액

1차년도(직전 과세연도) 대비 상시근로자 감소여부	1차년도(직전 과세연도) 대비 청년등상시근로자 수 감소여부	㉔ 1차년도 (직전 과세연도) 청년등상시근로자 증가 세액공제액	㉕ 1차년도 (직전 과세연도) 청년등 외 상시근로자 증가 세액공제액	㉖ 2차년도 세액공제액
부	부			
	여			
여				

다. 3차년도 세제지원 요건(중소·중견기업만 해당) : ㉙ ≥ 0   고용유지조건

1. 상시근로자 증가 인원   Ⅲ. 1-1 공제기간

㉗ 3차년도(해당 과세연도) 상시근로자 수	㉘ 1차년도(직전전 과세연도) 상시근로자 수	㉙ 상시근로자 증가 인원(㉗-㉘)

2. 3차년도 세액공제액 계산(상시근로자 감소여부)   Ⅲ. 1-2 공제세액

1차년도(직전전 과세연도) 대비 상시근로자 감소여부	1차년도(직전전 과세연도) 대비 청년등상시근로자 수 감소여부	㉚ 1차년도 (직전전 과세연도) 청년등 상시근로자 증가 세액공제액	㉛ 1차년도 (전전 과세연도) 청년등 외 상시근로자 증가 세액공제액	㉜ 3차년도 세액공제액
부	부			
	여			
여				

(3쪽 중 제3쪽)

❺ 추가공제 공제세액 계산내용

가. 세제지원 요건 : ⑬ ≥ 0 [고용유지조건]

㉝ 해당 과세연도 상시근로자 수	㉞ 직전 과세연도 상시근로자 수	㉟ 상시근로자 증가 인원 수 (㉝−㉞)

나. 세액공제액 계산 Ⅲ. 2. 추가공제

구분	구분	인원 수	1인당 공제금액	㊱ 추가공제 세액공제액
중소기업	정규직 전환자		1천3백만원	
	육아휴직 복귀자			
	계			
중견기업	정규직 전환자		9백만원	
	육아휴직 복귀자			
	계			

❻ 세액공제액 : ⑳ 1차년도 세액공제액 + ㉖ 2차년도 세액공제액 + ㉜ 3차년도 세액공제액 + ㊱ 추가공제 세액공제액

「조세특례제한법 시행령」 제26조의8제11항에 따라 위와 같이 공제세액계산서를 제출합니다.

년   월   일

신청인   (서명 또는 인)

세무서장   귀하

Ⅵ. 예제와 서식 작성실무

신고실무 — 통합고용세액공제 종합 사례(3차년도에 청년등 감소)

● 자 료

㈜선관은 서울에 소재한 중소기업으로 20X4년의 통합고용세액공제를 계산한다.

다음은 상시근로자 수, 청년등 상시근로자 수, 그 외 상시근로자 수의 매월말 합계 및 이를 12로 나누어 계산한 평균이다. 평균의 소수 셋째 자리 미만은 절사한다.

구분	전체 상시근로자수의 매월말 합계	전체 상시근로자 평균	청년등 상시근로자 수의 매월말 합계	청년등 상시근로자 평균	그 외 상시근로자 수의 매월말 합계	이외 상시근로자 평균
20X1년	238	19.83	24	2.00	214	17.83
증감		2.67		1.00		1.67
20X2년	270	22.50	36	3.00	234	19.50
증감		4.66		0.58		4.08
20X3년	326	27.16	43	3.58	283	23.58
증감		7.34		△0.17		7.51
20X4년	414	34.50	41	3.41	373	31.09

● 해 설

1. 기본공제 세액 계산

1-1 20X2년 공제세액 계산

청년등상시근로자와 그 외 상시근로자의 증가 인원 수를 기준으로 공제세액을 계산한다.

공제세액 = 청년등상시근로자 증가인원 × 1,450만원 + 그 외 상시근로자 증가인원 × 850만원
       = 1.00 × 1,450만원 + 1.67 × 850만원 = 14,500,000 + 14,195,000 = 28,695,000원

1-2 20X3년 공제세액 계산

청년등상시근로자와 그 외 상시근로자의 증가 인원 수를 기준으로 공제세액을 계산한다.

공제세액 = 청년등상시근로자 증가인원 × 1,450만원 + 그 외 상시근로자 증가인원 × 850만원
       = 0.58 × 1,450만원 + 4.08 × 850만원 = 8,410,000 + 34,680,000 = 43,090,000원

20X3년에는 20X2년의 공제세액 28,695,000원을 2차연도분으로 공제받는다.

공제액의 합계는 71,785,000원이다

1-3 20X4년 공제세액 계산

전체 상시근로자 수는 감소하지 않았으나, 20X3년 대비 청년등상시근로자 수는 감소하였으므로 20X3년의 그 외 상시근로자의 공제세액을 추가로 공제하고 청년등 상시근로자 증가 인원에 그 외 공제금액을 곱하여 계산하며, 20X2년의 전체 공제액을 추가로 공제한다(Ⅲ. 1-1 (1)참조)

20X4년 발생 1차연도 공제세액 = Min(그 외 상시근로자 증가인원, 전체 증가인원) × 850만원
= Min(7.51, 7.34) × 850만원 = 62,390,000원

세액공제액 합계 = 20X4년 발생 1차연도 공제세액 + 20X3년 발생 청년등 이외 세액공제액
+(20X3년 발생 청년 등 증가인원 × 그 외 상시근로자 공제금액) +20X2년 발생 전체 기본공제액 = 62,390,000 + 34,680,000 + (0.58명 × 850만원 = 4,930,000) + 28,695,000
= 130,695,000원

1-4 20X4년 추징세액 계산

3차년도 세제지원 대상인 20X2년 대비 20X4년의 청년등상시근로자 수가 0.41명(=3.41 − 3.00) 증가하였으므로 추징대상에 해당하지 않는다. 반면에, 2차년도 세제지원 대상인 20X3년 대비 20X4년의 청년등상시근로자 수가 −0.17명(=3.41 − 3.58) 감소하였으므로 사후관리 대상이다. 사후관리 사유 중 1년 이내 감소하는 경우의 전체 상시근로자 수가 감소하지 않으면서 청년등상시근로자수만 감소한 경우에 해당한다[Ⅲ. 3-2 (2) 참조]. 직전 1년 이내의 과세연도에 공제받은 금액을 한도로 한다.

추징세액 = (그 외 근로자 감소 인원 수) × (청년등 공제액 − 청년등 외 공제금액)
= 0.17명 × (1,450만원 − 850만원) = 1,020,000원

20X3년에 공제 받은 금액인 43,090,000원이 한도이고, 위의 산식에 따른 금액은 한도 이내이므로 위 금액 1,020,000원을 전액 추징한다.

2. 정규직전환자 추가공제

다음의 인원은 모두 기간제 근로자로서, 입사로부터 1년 ~2년 경과한 후 당기 중에 정규직으로 전환되었다. 모두 특수관계인에 해당하지 않는다.

성명	비정규직 입사일	정규직 전환일	퇴사일❶	반기말 고용여부❷	사후관리기간 충족 여부❶	공제대상
김준서	20X2.09.30.	20X4.04.21.	-	충족	충족	대상
이하준	20X2.09.02.	20X4.09.02.	-	충족	충족	대상
박준우	20X3.08.18.	20X4.08.18.	-	제외	충족	제외
최서준	20X3.01.28.	20X4.01.28.	20X4.10.31.	충족	제외	제외
김현우	20X2.10.01.	20X4.10.01.	-	충족	충족	대상

❶ 추가공제를 받은 자가 전환일로부터 2년이 지나기 전에 근로관계를 종료한 경우에는 추징되므로, 이미 퇴사한 최서준은 공제 대상에서 제외함.

❷ 20X4년의 직전 연도인 20X3.6.30. 현재 고용 중인 비정규직이어야 요건을 충족함. 박준우의 경우 20X3.6.30.은 입사 전이므로 요건을 충족하지 못함.

위의 표에서 보는 바와 같이 추가공제 대상자는 3명이다.
추가공제액 = 정규직 전환자 수 × 1,300만원 = 3 × 1,300만원 = 39,000,000원

3. 육아휴직복귀자 추가공제
다음의 인원은 모두 20X4년 중 육아휴직에서 복직하였으며, 모두 특수관계인에 해당하지 않는다.

성명	입사일	육아휴직기간 (일수)	퇴사일❶	1년 이상 재직여부❷	사후관리기간 충족 여부❶	공제대상
김다은	20X1.02.07.	365	-	충족	충족	대상
이서윤	20X1.02.01.	243	-	충족	충족	대상
박지우	20X0.09.01.	273	20X4.07.30.	충족	제외	제외
최하은	20X0.11.27.	278	20X4.12.14.	충족	제외	제외

❶ 추가공제를 받은 자가 전환일로부터 2년이 지나기 전에 근로관계를 종료한 경우에는 추징되므로, 이미 퇴사한 박지우 및 최하은은 공제 대상에서 제외함.

❷ 육아휴직 이전에 해당 기업에서 1년 이상 근무하였는지 여부를 확인하여야 함.

위의 표에서 보는 바와 같이 추가공제 대상자는 2명이다.
추가공제액 = 육아휴직 복귀자 수 × 1,300만원 = 2 × 1,300만원 = 26,000,000원

4. 통합고용세액공제 공제액 합계
세액공제액 합계 = 기본공제액 + 정규직전환근로자 추가공제액 + 육아휴직복귀자 추가공제액
= 130,695,000 + 39,000,000 + 26,000,000
= 195,695,000원

[별지 제10호의9서식] 〈개정 2024. 3. 22.〉

통합고용세액공제 공제세액계산서

(3쪽 중 제1쪽)

❶ 신청인	① 상호 또는 법인명 (주)선관	② 사업자등록번호
	③ 대표자 성명 윤지혜	④ 생년월일
	⑤ 주소 또는 본점소재지 (전화번호:)	

❷ 과세연도	20X4년 1월 1일부터 20X4년 12월 31일까지

❸ 상시근로자 현황 (작성방법 2, 3번을 참고하시기 바랍니다.)

구분	직전전 과세연도	직전 과세연도	해당 과세연도
⑥ 상시근로자 수 (⑦+⑧)	22.50	27.16	34.50
⑦ 청년등상시근로자 수	3.00	3.58	3.41
⑧ 청년등상시근로자를 제외한 상시근로자 수	19.50	23.58	31.09
⑨ 정규직 전환 근로자 수	-	-	3
⑩ 육아휴직 복귀자 수	-	-	2

❹ 기본공제 공제세액 계산내용

가. 1차년도 세제지원 요건 : ⑬ > 0

1. 상시근로자 증가 인원

⑪ 해당 과세연도 상시근로자 수	⑫ 직전 과세연도 상시근로자 수	⑬ 상시근로자 증가 인원 수 (⑪-⑫)
34.50	27.16	7.34

2. 청년등상시근로자 증가 인원

⑭ 해당 과세연도 청년등상시근로자 수	⑮ 직전 과세연도 청년등상시근로자 수	⑯ 청년등상시근로자 증가 인원 수 (⑭-⑮)
3.41	3.58	- 0.17

3. 청년등상시근로자를 제외한 상시근로자 증가 인원

⑰ 해당 과세연도 청년등상시근로자를 제외한 상시근로자 수	⑱ 직전 과세연도 청년등상시근로자를 제외한 상시근로자 수	⑲ 청년등상시근로자를 제외한 상시근로자 증가 인원 수(⑰-⑱)
31.09	23.58	7.51

(3쪽 중 제2쪽)

4. 1차년도 세액공제액 계산

구분	구분		직전 과세연도 대비 상시근로자 증가 인원 수 (⑬상시근로자 증가 인원 수를 한도로 함)	1인당 공제금액	⑳ 1차년도 세액공제액
중소 기업	수도권 내	청년등		1천4백5십만원	
		청년등 외	7.34	8백5십만원	62,390,000
	수도권 밖	청년등		1천5백5십만원	
		청년등 외		9백5십만원	
	계				
중견 기업	청년등			8백만원	
	청년등 외			4백5십만원	
	계				
일반 기업	청년등			4백만원	
	청년등 외				
	계				

나. 2차년도 세제지원 요건 : ㉓ ≥ 0

1. 상시근로자 증가 인원

㉑ 2차년도(해당 과세연도) 상시근로자 수	㉒ 1차년도(직전 과세연도) 상시근로자 수	㉓ 상시근로자 증가 인원 수(㉑-㉒)
34.50	27.16	7.34

2. 2차년도 세액공제액 계산(상시근로자 감소여부)

1차년도(직전 과세연도) 대비 상시근로자 감소여부	1차년도(직전 과세연도) 대비 청년등상시근로자 수 감소여부	㉔ 1차년도 (직전 과세연도) 청년등상시근로자 증가 세액공제액	㉕ 1차년도 (직전 과세연도) 청년등 외 상시근로자 증가 세액공제액	㉖ 2차년도 세액공제액
부	부	4,930,000	34,680,000	39,610,000
	여			
여				

다. 3차년도 세제지원 요건(중소·중견기업만 해당) : ㉙ ≥ 0

1. 상시근로자 증가 인원

㉗ 3차년도(해당 과세연도) 상시근로자 수	㉘ 1차년도(직전전 과세연도) 상시근로자 수	㉙ 상시근로자 증가 인원(㉗-㉘)
34.50	22.50	12.00

2. 3차년도 세액공제액 계산(상시근로자 감소여부)

1차년도(직전전 과세연도) 대비 상시근로자 감소여부	1차년도(직전전 과세연도) 대비 청년등상시근로자 수 감소여부	㉚ 1차년도 (직전전 과세연도) 청년등 상시근로자 증가 세액공제액	㉛ 1차년도 (전전 과세연도) 청년등 외 상시근로자 증가 세액공제액	㉜ 3차년도 세액공제액
부	부	14,500,000	14,195,000	28,695,000
	여			
여				

(3쪽 중 제3쪽)

❺ 추가공제 공제세액 계산내용

가. 세제지원 요건 : ⑬ ≥ 0

㉝ 해당 과세연도 상시근로자 수	㉞ 직전 과세연도 상시근로자 수	㉟ 상시근로자 증가 인원 수 (㉝-㉞)
34.50	27.16	7.34

나. 세액공제액 계산

구분	구분	인원 수	1인당 공제금액	㊱ 추가공제 세액공제액
중소 기업	정규직 전환자	3	1천3백만원	39,000,000
	육아휴직 복귀자	2		26,000,000
	계			
중견 기업	정규직 전환자		9백만원	
	육아휴직 복귀자			
	계			65,000,000

❻ 세액공제액 : ⑳ 1차년도 세액공제액 + ㉖ 2차년도 세액공제액 + ㉜ 3차년도 세액공제액 + ㊱ 추가공제 세액공제액   195,695,000

「조세특례제한법 시행령」제26조의8제11항에 따라 위와 같이 공제세액계산서를 제출합니다.

20X5년 3월 31일

신청인   (주) 선관 윤지혜 (서명 또는 인)

세무서장 귀하

제6절 [제30조] 중소기업 취업자에 대한 소득세 감면 ★★★★

I. 의의

청년, 노인, 장애인 및 경력단절 여성이 중소기업기본법에 따른 중소기업 중 열거된 업종에 취업하는 경우, 취업일로부터 3년 이내의 근로소득에 대한 소득세의 70%를 감면하는 제도이다. 다만, 청년의 경우에는 5년간 90% 감면율을 적용한다(단, 연간 한도는 200만원).

청년 취업난 해소와 중소기업의 인력난을 해소하기 위하여 소득세의 100%를 감면한 과세특례로서 2012년 신설되었다. 2014년에는 노인, 장애인 등 취업 취약계층을 지원하기 위해 노인, 장애인을 감면대상에 추가하였으나, 감면율은 50%로 하향 조정되었다.

일몰기한은 2026.12.31.까지이다.

개정연혁

연 도	개정 내용
2019년	■ 우대되는 장애인의 범위에 추가 : 5·18민주화운동부상자와 고엽제후유의증 환자로서 장애등급 판정을 받은 사람 ■ 퇴직자가 세무서장에게 직접 감면 신청하는 절차를 신설
2020년	■ 경력단절 여성 요건 완화 ■ 감면 대상 업종 확대 및 명확화 : 창작 및 예술관련 서비스업, 도서관사적지 및 유사여가 관련 서비스업, 스포츠 서비스업 등의 서비스 업종
2021년	■ 근로소득 세액공제액 계산시 기준 금액 변경 : 종합소득 산출세액 → 종합소득금액 중 근로소득금액에 상당하는 산출세액.
2023년	■ 감면한도 상향 : 연간 150만원 → 200만원
2024년	■ 감면 대상 업종 확대 : 컴퓨터 학원

Ⅱ. 요건

중소기업기본법에 따른 중소기업으로서 법에 열거된 업종을 영위하는 기업에 청년, 노인, 장애인 및 경력단절여성이 취업하여야 한다.

1 주체

세액공제의 주체는 청년, 노인, 장애인 및 경력단절 여성이다(조특령 §27 ①). 단, 임원, 최대주주 등은 제외된다.

1-1 청년, 노인, 장애인 및 경력단절 여성

(1) 청년 (1호)

근로계약 체결일 현재 15세 이상 34세 이하인 사람으로, 아래의 병역을 이행한 경우에는 그 복무기간(6년 한도)을 근로계약 체결일 현재 연령에서 빼고 계산한 연령이 34세 이하인 사람을 포함한다.
㉮ 현역병 (상근예비역 및 의무경찰·의무소방원 포함)
㉯ 사회복무요원
㉰ 현역에 복무하는 장교, 준사관 및 부사관
즉, 취업 시 소득세 면제가 되는 연령한도는 최대 만 40세이다.

> 연령한도 = 만 34세 + 개인별 군복무기간 (6년 한도)

근로계약 체결일 현재 만 35세 미만인 경우 34세 이하에 포함된다(소득세제과-163, 2013.4.1. 참조).

동 규정에 열거되어 있지 아니한 산업기능요원의 복무기간은 대표자의 연령 계산 시 차감되지 아니하는 복무기간으로 해석함이 문리해석상 타당하다(조심 2021중6680, 2022.2.11.).

청년의 중소기업 취업을 유도하기 위하여 2018년 8월 세법개정에서 청년의 연령 상한을 29세에서 34세로 확대하였다. 개정규정은 2018.8.28.이 속한 과세기간부터 적용하되, 2018.8.28. 전에 취업한 청년에 대해서도 적용한다(2018.8.28. 개정된 영 부칙 §3).

(2) 노인 (2호)

근로계약 체결일 현재 60세 이상인 사람이다.

(3) 장애인 (3호)

장애인복지법의 적용을 받는 장애인과 「국가유공자 등 예우 및 지원에 관한 법률」에 따른 상이자, 5·18민주화운동부상자와 고엽제후유의증 환자로서 장애등급 판정을 받은 사람이다.

국가보훈 대상자의 고용을 지원하기 위하여 2019년 개정세법에서 중소기업 취업자 소득세 감면 적용 시 우대되는 장애인의 범위에 5·18민주화운동부상자와 고엽제후유의증 환자로서 장애등급 판정을 받은 사람을 추가하였다. 2019.2.12. 이후 취업하는 분부터 적용한다(2019.2.12. 개정된 시행령 부칙 §5).

(4) 경력단절 여성 (4호)

경력단절 여성이란 조세특례제한법에 의한 중소기업 또는 중견기업에 1년 이상 근무한 여성이 결혼·임신·출산·육아·자녀교육의 사유로 퇴직한 후, 그 퇴직으로부터 3년~15년 이내에 종전 중소기업 등 또는 동일한 업종의 기업과 1년 이상의 근로계약을 체결한 경우를 말한다(조특법 §29의 3 ①). 제5절 Ⅱ. 2-1 (5)를 참조하기로 한다.

2017년 개정세법에서 경력단절 여성을 소득세 감면 대상에 추가하였다. 2017.1.1. 이후 경력단절 여성이 재취업하여 지급받는 소득부터 적용한다(2016.12.20. 개정된 법 부칙 §15).

● **재취업 전에 다른 기업에 취업한 사실이 있는 경우**(2020년 세법 개정 이전 사안)

경력단절 여성이 퇴사한 중소기업에 재취업하기 전에 다른 기업에 취업한 사실이 있는 경우에도 동일한 중소기업에 재취업한 경우로서 조세특례제한법 제29조의 3 제1항 각 호의 요건을 모두 충족하는 경우 해당 여성은 소득세의 감면을 적용받을 수 있다(서면법령소득-3314, 2020.2.14.).

1-2 제외되는 취업자

취업자에서 제외되는 인원은 다음과 같다(조특령 §27 ②).
① 법인세법상 임원
② 해당 기업의 최대주주 또는 최대출자자(개인사업자의 경우에는 대표자)와 그 배우자
③ ②에 규정된 자의 직계존비속(그 배우자 포함) 및 친족관계인 사람
④ 일용근로자

⑤ 국민연금·건강보험료 등의 납부사실이 확인되지 아니하는 자

중소기업에 취업한 자가 법인세법상 특수관계 있는 다른 중소기업에 전입하여 근무하는 경우는 위에 열거된 사유에 해당하지 아니하므로 소득세 감면이 가능한 것으로 판단된다. 종래 특수관계 있는 다른 중소기업에 전입하는 경우 감면 배제되는 것으로 해석한 예규(원천-234, 2014.6.25.)는 2015년 7월에 삭제되었다.

①에서 ③까지의 설명은 제5절 Ⅱ. 2. 상시근로자의 범위 부분을 참조하기 바란다.

이하에서는 ④와 ⑤를 별도의 차례로 살펴본다.

(1) 일용근로자

일용근로자란 근로를 제공한 날 또는 시간에 따라 근로대가를 계산하거나 또는 그 근로성과에 따라 급여를 계산하여 받는 사람을 말한다(소령 §20 ①). 즉, 일급, 시급 또는 성과급 등으로 급여를 수령하여야 한다.

"근로를 제공한 날 또는 시간에 따라 급여를 계산하여 지급받는"이란 급여의 계산방법을 말하는 것이고, 그 계산된 급여의 지급방법을 말하는 것은 아니다(소득 22601-3392, 1985.11.14). 예를 들어 월말에 1회 지급되더라도 급여 계산이 근로제공일수에 따라 정해진다면 일용근로자에 해당한다.

일용근로자의 근로제공기간 및 업무요건(소령 §20 ①)

구분	근로제공기간	일용근로자에서 제외되는 업무
건설공사 종사자	1년 미만	■ 지휘·감독업무 ■ 기술적인 업무, 사무·타자·취사·경비 등의 업무 ■ 건설기계의 운전 또는 정비업무
하역작업 종사자	기간 제한 없음	■ 지휘·감독업무 ■ 주된 기계의 운전 또는 정비업무
그 외 업무 종사자	3월 미만	해당 없음

건설업체에 일용근로자로 고용된 후 근무기간이 1년을 경과하여 일용근로자에서 제외(상용근로자로 전환)되는 경우(소령 §20 ① 1호)에는 그 **일용근로자에서 제외되는 때를 취업일**로 하여 중소기업 취업자 해당 여부를 판단하거나 감면기간을 계산한다(서면법령소득-22603, 2015.7.17.).

(2) 국민연금 등 납부사실 미확인자

국민연금·건강보험료 등의 납부사실이 확인되지 아니하는 자에서 국민연금 가입대상자에서 제외되는 자와 건강보험 가입 제외자는 제외한다. 즉, 다음 제외자는 납부사실이 확인되지 않는 경우에도 공제대상에 포함한다.

(2-1) 국민연금 가입대상 제외자

다음의 자는 국민연금 가입대상에서 제외한다(국민연금법 §6 단서, 동법 시행령 §18).

> ㉮ 「공무원연금법」, 「군인연금법」, 「사립학교교직원 연금법」 및 「별정우체국법」을 적용받는 공무원, 군인, 교직원 및 별정우체국 직원
> ㉯ 「국민연금법」 제61조 제1항 및 법률 제8541호 국민연금법 전부개정법률 부칙 제2조에 따라 노령연금의 수급권을 취득한 자 중 60세 미만의 특수 직종 근로자
> ㉰ 「국민연금법」 제61조 제2항에 따른 조기노령연금의 수급권을 취득한 자. 다만, 「국민연금법」 제66조 제1항에 따라 조기노령연금의 지급이 정지 중인 자는 제외한다.

국민연금법 제126조 제1항 단서 규정 및 동법 제127조에 따른 사회보장협정 체결에 따라 국내 체류 외국인의 국민연금 납부가 면제되더라도, 중소기업에 취업한 동 외국인 근로자는 중소기업 취업자에 대한 소득세 감면을 적용 받을 수 있다(재소득-0663, 2019.12.12.).

(2-2) 건강보험 가입 제외자

다음의 자는 건강보험 가입대상에서 제외한다(국민건강보험법 §5 ① 단서).

> 1. 「의료급여법」에 따라 의료급여를 받는 사람(이하 "수급권자"라 한다)
> 2. 「독립유공자예우에 관한 법률」 및 「국가유공자 등 예우 및 지원에 관한 법률」에 따라 의료 보호를 받는 사람(이하 "유공자등 의료보호대상자"라 한다). 다만, 다음 각 목의 어느 하나에 해당하는 사람은 가입자 또는 피부양자가 된다.
>   가. 유공자등 의료보호대상자 중 건강보험의 적용을 보험자에게 신청한 사람
>   나. 건강보험을 적용받고 있던 사람이 유공자등 의료보호대상자로 되었으나 건강보험의 적용배제 신청을 보험자에게 하지 아니한 사람

2 감면대상 기업

2-1 중소기업

중소기업기본법에 따른 중소기업으로 법에 열거된 업종을 영위하는 기업에 취업하여야 한다.

(1) 비영리기업 (포함)

중소기업기본법에서는 중소기업을 원칙적으로 영리기업에 한정하고 있으나,(동법 §2 ① 1호) 본 특례에서는 **비영리기업을 포함**함에 주의하여야 한다(조특법 §30 ① 괄호 안).

따라서 비영리재단법인의 경우에도 중소기업기본법 제2조에 따른 중소기업의 기준을 충족하고 후술하는 열거업종을 영위하는 경우에는 감면이 가능하다(서면원천-2765, 2023.2.27.; 사전법령소득-0194, 2021.2.18.; 원천세과-542, 2012. 10.11.).

과세관청에서는 비영리법인인 지역농업협동조합이 감면대상업종으로 열거된 사업을 주된 사업으로 영위하고, 중소기업 요건을 충족하는 경우 동 조합은 감면 적용 대상 기업에 해당한다라고 해석한다(재소득-0663, 2019.12.12.). 그러나, 농협, 축협, 수협의 단위조합은 신용조합(한국표준산업분류 64131)으로 분류되어 금융업의 일종이어서 열거된 업종이 아니므로 감면 적용 대상 기업에 해당하지 않을 것으로 본다.

(2) 유예기간 등

중소기업기본법에 따른 중소기업 유예기간 동안에는 취업자에게 감면이 허용된다(원천세과-307, 2012.6.1.). 반면에 실질적 독립성 위배나 합병 등을 통해 유예기간이 인정되지 않는 경우에는 해당사유 발생일(예컨대, 합병일) 전에 지급한 근로소득에 대해서만 감면이 가능하다(사전법령소득-0866, 2021.12.23.; 서면법규과-24, 2014.1.13.; 서면법규과-1064, 2013.10.1.).

또한 감면기간 중 해당 중소기업체가 중소기업 요건을 미충족하는 등의 사유로 중소기업체에서 제외되었다가 다시 중소기업체에 해당하게 된 경우, 중소기업체에서 제외된 기간 중에 근로자가 지급받은 근로소득에 대하여는 소득세 감면을 적용할 수 없다(서면법령소득-22597, 2015.10.4.).

2-2 열거업종

중소기업은 다음의 업종을 주된 사업으로 영위하여야 한다(조특령 §27 ③). 다만 국가, 지방자치단체(지방자치단체조합 포함), 공공기관 및 지방공기업은 제외한다.

```
1. 농업, 임업 및 어업
2. 광업
3. 제조업
4. 전기, 가스, 증기 및 공기조절 공급업
5. 수도, 하수 및 폐기물처리, 원료재생업
6. 건설업
7. 도매 및 소매업
8. 운수 및 창고업
9. 숙박 및 음식점업(주점 및 비알코올 음료점업은 제외한다)
10. 정보통신업(비디오물 감상실 운영업은 제외한다)
11. 부동산업
12. 연구개발업
13. 광고업
14. 시장조사 및 여론조사업
15. 건축기술, 엔지니어링 및 기타 과학기술 서비스업
16. 기타 전문, 과학 및 기술 서비스업
17. 사업시설 관리, 사업 지원 및 임대 서비스업
18. 기술 및 직업훈련학원
18의 2. 컴퓨터 학원
19. 사회복지 서비스업
20. 개인 및 소비용품 수리업
21. 창작 및 예술 관련 서비스업 (20.2.11. 신설)
22. 도서관, 사적지 및 유사 여가 관련 서비스업 (20.2.11. 신설)
23. 스포츠 서비스업 (20.2.11. 신설)
```

2020년 개정세법에서 서비스 산업 취업자에 대한 세제지원을 확대하기 위하여 창작 및 예술관련 서비스업, 도서관사적지 및 유사 여가 관련 서비스업, 스포츠 서비스업 등의 서비스 업종을 중소기업 취업자 소득세 감면 대상 업종에 추가하였다.

또한, 제10차 한국표준산업분류표에 따른 대상 업종으로 수정하여 명확화하였다. 개정규정(제3항 21호부터 23호까지의 개정규정은 제외함)은 2020.2.11. 이후 연말정산 또는 종합소득과세표준을 확정신고하는 분부터 소급하여 적용한다(2020.2.11. 개정된 시행령 부칙 §9). 즉, 제10차 개정에 따른 업종 명확화에 관련된 개정사항만 소급하여 적용한다.

2024 개정 중소기업 취업 청년 등에 대한 세제 지원 강화를 목적으로 컴퓨터 학원을 대상 업종에 추가함. 개정규정은 2024.2.29.이 속하는 과세기간에 발생하는 소득부터 적용함(2024.2.29. 개정된 시행령 부칙 §6).

업종 분류에 대한 상세 검토는 제2부 제2절 Ⅱ. 1-2를 참조하기 바란다.

3 취업

3-1 취업의 의미

중소기업체에 취업하여야 한다. 경력단절 여성의 경우에는 동일한 중소기업 등에 재취업하는 것을 말한다.

생애 최초 취업에 한정하지 않으며, 비중소기업에 다니다가 중소기업에 취업한 경우에도 감면 대상으로 한다.

퇴직금 정산 및 신규 입사의 절차를 거쳤다고 하더라도 동 절차가 근로형태를 변경하는 과정에서 이루어진 형식적인 절차에 불과한 것이라면 근로관계가 실질적으로 단절되었다고 볼 수 없다(서면원천-4912, 2023.4.10.).

- **비정규직에서 정규직으로 전환된 경우 취업에 해당하는지 여부** (부정)

    아래와 같은 이유로 청구인은 2018년 및 2019년 과세연도 소득세 감면을 적용받을 수 없다. ① 청구인은 정규직 전환 시험에 합격하여 이에 따라 퇴직금을 수령하고 재입사 절차를 밟은 것인데, 해당 시험은 농·축협 내의 계약직 근로자 등을 대상으로 하고 있는 내부시험이라는 점에서 공개채용과는 성질을 달리한다. ② 청구인이 퇴직금 정산 및 신규 입사의 절차를 거쳤다고 하더라도 이는 근로형태를 변경하는 과정에서 이루어진 형식적인 절차에 불과하고, 청구인은 실제 퇴사 및 입사 전후로 근로를 계속 제공하고 있으며, 동일한 내용의 업무를 수행하고 있어 아산축협과의 근로관계가 실질적으로 단절되었다고 볼 수 없다(심사소득 2021-0026, 2021.6.2.).

3-2 2012년 신설 당시 제한 규정

2011.12.31. 이전에 중소기업체에 취업한 자(경력단절 여성 제외)가 2012.1.1. 이후 계약기간 연장 등을 통해 해당 중소기업체에 재취업한 경우에는 본 감면을 적용하지 아니한다(조특법 §30 ⑧). 2012.1.1.부터 새로이 취업한 자를 대상으로 하므로 동일 중소기업체로의 재취업은 특례 요건인 취업을 충족하지 않기 때문이다.

또한 청년이 2011.12.31. 이전에 중소기업체에 취업하였다가 퇴사한 후 2012.1.1. 이후 해당 중소기업체에 다시 재취업하는 경우에도 소득세 감면을 적용하지 않는다(원천세과-576, 2012.10.25.).

반면에 청년이 대(중소)기업 등에 정규직이나 비정규직으로 근무한 사실 여부와 관계없이 2012.1.1. ～ 2013.12.31.까지 다른 중소기업체에 정규직으로 취업하여 근무하는 경우 취업일로부터 3년(현재 5년)간 소득세 감면을 적용받는다(법규소득2012-213, 2012.5.31.).

본 특례의 신설 이전인 2011년에 중소기업 A에서 근무하더라도 특례가 신설된 2012년 다른 중소기업 B에 취업하였다면 감면 대상으로 본다. 2011.12.31. 이전의 취업은 특례 대상에서 제외하기 때문이다.

또한, 2011.8.1. 중소기업 A사에 취업하여 2013.7.9.까지 근무 후 퇴사하고 2013.9.5. 대기업 B사에 취업하여 14.6.3.까지 근무 후 퇴사한 연후, 다시 2015.4.24. 중소기업 A사에 재취업한 청년은 재취업이 '계약기간 연장 등을 통해 해당 중소기업에 재취업한 것'에 해당하지 않는 경우에는 2015.4.24.부터 5년간을 근무기간으로 한다(사전법령소득-0062, 2019.5.10.). 2011.12.31. 이전의 (중소기업) 취업과 대기업 취업을 특례 대상에서 제외하고 있기 때문이다.

'계약기간 연장 등을 통해 해당 중소기업에 재취업한 것'이란 편법적 또는 형식적으로 해당 중소기업에 재취업하여 감면을 적용받는 경우가 아니라면 감면을 적용할 수 있다는 의미이다. 퇴직금 정산 및 신규 입사의 절차를 거쳤다고 하더라도 근로형태를 변경하는 과정에서 이루어진 형식적인 절차에 불과한 것이라면 근로관계가 실질적으로 단절되었다고 볼 수 없으며 이에 해당하는 지는 사실판단할 사항이다(서면원천-4912, 2023.4.10.).

참고로 본 특례가 신설된 2012년 이후 중소기업 A에 취직한 후 중소기업 B에 다시 취직하였다면 중소기업 B에 취업은 특례 요건인 취업에 해당하지 않으며, A 업체에 취직일로부터 3년(5년)의 기간 동안 감면을 적용한다.

● **파견근무 후 2012년 제도 신설 이후 정규직으로 취업한 경우** (감면)

파견사업주에 고용되어 중소기업에 파견근무를 하다가 퇴직한 후 2012.1.1부터 2013.12.31까지 해당 중소기업의 정규직 근로자로 취업하여 근무하는 경우 그 해당 중소기업의 취업일로부터 3년간 소득세 감면을 적용받을 수 있다(서면법규과-42, 2013.1.16.).

Ⅲ. 세액감면

감면소득 및 감면기간

1-1 원칙

감면소득은 취업일부터 3년(단, 청년의 경우는 5년)이 되는 날이 속하는 달까지 발생한 근로소득이다.

소득세 감면기간은 당해 취업자가 다른 중소기업체에 취업하거나 해당 중소기업체에 재취업하는 경우 또는 합병·분할·사업 양도 등으로 다른 중소기업체로 고용이 승계되는 경우와 관계없이 소득세를 최초로 감면 받은 최초 취업일부터 계산한다(조특법 §30 ①).

즉, 동일 기업체에 대한 재취업과 다른 중소기업체에 취업하는 경우는 취업에서 제외되며, 최초 취업일의 잔존 감면기간 동안 감면한다. 대기업으로 이직하는 경우에는 감면되지 아니한다.

또한 2012.1.1부터 2013.12.31.까지 개인 중소기업체에 취업하여 본 소득세 감면을 받던 근로자가 사업의 양도에 의하여 법인 전환된 중소기업체에 계속하여 근무하는 경우에는 종전 규정에 따라 근로소득세의 100%에 상당하는 세액을 감면받을 수 있다(법규소득 2014-288, 2014.8.29.).

- **중소기업에서 벗어난 후 다시 중소기업체에 해당한 경우의 감면기간 계산 방법**

  조세특례제한법 제30조의 적용상 중소기업체(이하 '중소기업체')에 해당하는 기업에 취업한 청년(같은 조 제1항의 적용상 '청년')이 같은 조 제1항에 따라 소득세를 감면받던 중 위 기업이 중소기업체에 해당하지 않게 되어 소득세 감면의 적용이 배제되었으나 이후 다시 중소기업체에 해당하게 되었다면, 위 기업이 다시 중소기업체에 해당하게 된 날부터 해당 기업에 취업하여 소득세를 감면받은 최초 취업일로부터 5년이 되는 날이 속하는 달까지 발생한 소득에 대해서는 소득세의 100분의 90에 상당하는 세액을 감면하는 것임(사전법령소득-0697, 2021.6.30.).

- **최대주주등에서 벗어난 경우 감면기간 계산 방법**

  조세특례제한법 제30조의 적용상 중소기업체에 해당하는 기업에 취업한 청년(같은 조 제1항의 적용상 '청년')이 같은 법 시행령 제27조 제2항 제2호에 해당하여 중소기업 취업자에 대한 소득세 감면을 적용받지 못하던 중 동호에 해당하지 않게 된 경우에는, 감면요건이 충족된 이후 소득세를 감면받은 최초 취업일부터 계산하여 5년이 되는 날이 속하는 달까지 발생한 소득에 대해서는 소득세의 100분의 90에 상당하는 세액을 감면하는 것임(사전법령소득-0866, 2021.12.23.).

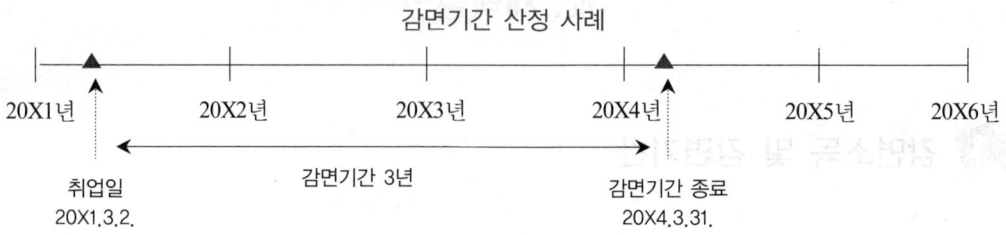

감면기간 산정 사례

예컨대, 20X1.3.2.에 취업한 장애인 근로자의 경우, 20X2.2.28.에 퇴사하고 20X2.12.1.에 다른 중소기업에 재입사하더라도 당초의 감면기간인 20X1.3.2.~20X4.3.31.이 계속 적용된다.

종래 청년의 경우 3년간 소득세의 70%를 감면하였으나, 청년의 중소기업 취업을 유인하기 위하여 2018년 중반 개정세법에서 5년간 90%를 감면하도록 확대하였다. 2018.5.29.이 속하는 과세연도분부터 적용한다(동일자로 개정된 법 부칙 §2).

1-2 병역을 이행한 청년의 감면기간 연장

다만 병역(영 §27 ① 1호 각목)을 이행한 청년의 경우에는 감면기간을 연장한다(조특법 §30 ①, 조특령 §27 ④).

청년으로서 병역을 이행한 후 1년 이내에 병역 이행 전에 근로를 제공한 중소기업체에 복직하는 경우에는 복직한 날부터 2년이 되는 날이 속하는 달까지 발생한 근로소득을 감면소득으로 한다.

또한 그 복직한 날이 최초 취업일부터 5년이 지나지 아니한 경우에는 최초 취업일부터 7년이 되는 날이 속하는 달까지 발생한 근로소득을 감면소득으로 한다.

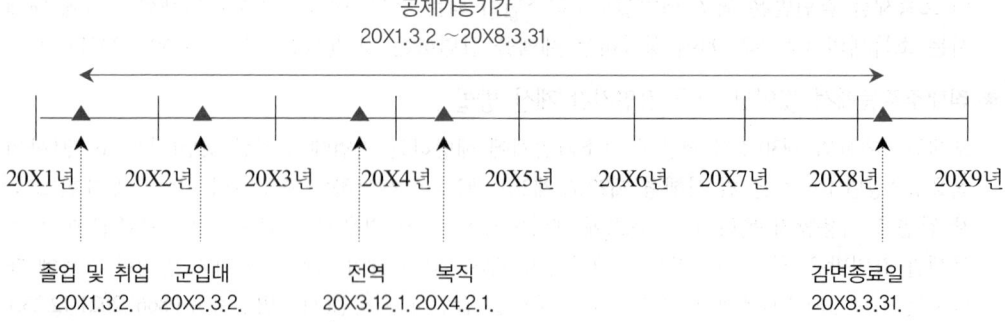

병역 이행 시 감면기간 산정 사례

예를 들어, 20X1.3.2.에 취업한 청년이 전역 후 1년 이내에 복직하고, 복직한 날이 최초

취업일로부터 5년이 지나지 아니한 경우에는, 공제가능기간은 20X8.3.31.로 연장된다.

2 감면세액

감면소득의 70%(청년은 90%)를 감면하지만, 과세기간별로 200만원을 한도로 한다.[1]

감면소득과 그 외의 종합소득이 있는 경우 해당 과세기간의 감면세액은 다음 산식에 따른다(조특령 §27 ⑧).

$$감면세액 = 종합소득산출세액 \times \frac{근로소득금액}{종합소득금액} \times \frac{중소기업체가\ 지급한\ 총급여액}{근로자\ 총급여액} \times \frac{70\%}{(90\%)}$$

2016년 개정세법에서 감면율을 50%에서 70%로 인상하는 대신 과세기간별로 150만원 한도를 신설하였다. 2016.1.1. 이후 취업하여 지급받는 소득부터 적용한다. 2016.1.1. 전에 취업한 경우에 대해서는 개정규정에도 불구하고 종전의 규정에 따른다(2015.12.15. 개정된 법 부칙 §14·§47).

2023년 개정세법에서 중소기업 취업을 지원하기 위한 목적으로 감면한도를 종전 연간 150만원에서 연간 200만원으로 상향함.

또한 근로소득세액공제(소법 §59 ①)를 적용할 때, 감면소득과 다른 근로소득이 있는 경우의 근로소득세액공제액은 다음 산식에 따라 계산한다. 감면소득 외에 다른 근로소득이 없는 경우에도 동일하게 계산한다(조특령 §27 ⑨).

$$근로소득세액공제액 = 소득세법에\ 따라\ 계산한\ 근로소득세액공제액 \times \left(1 - \frac{감면세액}{안분된\ 산출세액\ ❶}\right)$$

❶ 안분된 산출세액 = 산출세액 × (근로소득금액 ÷ 종합소득금액)

근로소득 세액공제액 계산시 종래에는 종합소득 산출세액을 적용하도록 하였으나, 2021년 세법 개정에서 종합소득금액 중 근로소득금액에 상당하는 산출세액을 기준으로 하도록 변경되었다.

---

[1] 다만 2014년 개정 전에는 청년근로자에 대하여 100%의 세액감면을 적용하였으므로 이와 관련하여 경과규정을 두고 있다. 2014.1.1. 전에 중소기업체에 취업한 청년의 근로소득에 대해서는 개정규정에 불구하고 종전의 규정에 따라 100%의 감면율을 적용한다(2014.1.1. 개정된 법 부칙 §60).

Ⅳ. 조세특례제한 등

1 감면신청 및 추징

1-1 근로자의 감면신청

근로자는 원천징수의무자에게 감면신청을 하여야 한다. 다만, 퇴직한 근로자의 경우 해당 근로자의 주소지 관할 세무서장에게 감면 신청을 할 수 있다(조특법 §30 ②).

2019년 개정세법에서 퇴직자의 경우 세무서장에게 직접 중소기업 취업자 소득세 감면을 신청할 수 있도록 절차를 개선하였다. 2019.1.1. 이후 신청하는 분부터 적용한다(2018.12.24. 개정된 법률 부칙 §14).

감면신청 시에는 감면신청서(별지 제11호 서식)에 병역복무기간을 증명하는 서류 등을 첨부하여 취업일이 속하는 달의 다음 달 말일까지 제출하여야 한다. 이 경우 원천징수의무자는 감면신청서를 제출 받은 달의 다음 달부터 매월분의 근로소득에 대한 소득세를 특례에 따른 감면율을 적용하여 원천징수(소법 §134 ①)할 수 있다(조특령 §27 ⑤). 계속 근로자에 대해서는 다음 연도 2월 연말정산을 할 때 동 감면율을 적용하여 근로소득세를 정산한다.

감면신청서를 신청기한까지 제출하지 아니하고 신청기한 경과 후 제출하는 경우에도 본 소득세 감면을 적용받을 수 있다(원천세과-428, 2012.8.17.; 서면법령소득-22597, 2015.10.4.). 즉, 감면신청은 감면의 필수요건에 해당하지 않는다.

1-2 원천징수의무자의 자료제출

원천징수의무자는 감면신청을 한 근로자의 명단을 기재한 감면대상명세서(별지 제11호의 2 서식)를 감면일이 속하는 달의 다음 달 10일까지 관할 세무서장에게 제출하여야 한다(조특법 §30 ③, 조특령 §27 ⑥).

1-3 추징세액

(1) 원천징수의무자에게 감면 신청한 경우

원천징수 관할 세무서장은 감면 신청한 근로자가 요건에 위배되는 경우에는 원천징수의무자에게 그 사실을 통지하여야 한다(조특법 §30 ④).

통지 받은 원천징수의무자는 그 통지를 받은 날 이후 근로소득을 지급하는 때에 당초 원천징수하였어야 할 세액에 미달하는 금액의 합계액에 105%를 곱한 금액을 해당 월의 근로소득에 대한 원천징수세액에 더하여 원천징수하여야 한다(조특법 §30 ⑤).

$$추징세액 = 과소징수된\ 세액 \times \frac{105}{100}$$

만약 해당 근로자가 퇴직한 경우에는 원천징수의무자는 관할 세무서장에게 감면 부적격 대상 퇴직자 명세서(별지 제11호의 3 서식)를 제출하여야 한다(조특령 §27 ⑦). 이 경우 해당 근로자의 주소지 관할 세무서장이 과소징수된 금액에 105%를 곱한 금액을 해당 근로자에게 소득세로 즉시 부과·징수하여야 한다(조특법 §30 ⑥).

(2) 세무서장에게 감면 신청한 경우

세무서장에게 감면 신청을 한 퇴직한 근로자(조특법 §30 ② 단서)가 특례 요건에 해당하지 아니하는 사실이 확인되는 때에는 해당 근로자의 주소지 관할 세무서장이 특례를 적용받음에 따라 과소징수된 금액에 105%를 곱한 금액을 해당 근로자에게 소득세로 즉시 부과·징수하여야 한다(조특법 §30 ⑦).

기타 조세특례제한 등

구 분	내 용	참조 부분
중복지원의 배제	적용대상 아님	제20부 제1절
추계과세 시 등의 배제	적용대상 아님	제20부 제2절
최저한세	적용대상 아님	제20부 제4절
농어촌특별세	비과세(농특세령 §4 ⑥ 1호)	

제7절 [제30조의 3] 고용유지중소기업 등 (일자리 나누기)에 대한 세액공제

Ⅰ. 의의

중소기업기본법상 중소기업 및 위기지역 내 중견기업의 사업장이 경영상의 어려움에도 불구하고 종업원의 임금삭감 방식으로 고용을 유지하는 경우, 임금삭감액의 10% 및 임금보전액의 15%를 해당 중소기업에게 세액공제하는 제도이다. 또한 고용유지중소기업의 근로자에 대해서도 임금총액 감소분의 50%를 근로자의 소득에서 소득공제한다.

2008년 금융위기로 인해 고용 창출력이 크게 약화된 실정을 감안하여, 일자리 나누기(Job Sharing) 활성화 방안으로 2009년 도입되었다.

조문상의 제목은 고용유지중소기업 등에 대한 과세특례이지만, 소극적으로 고용유지를 한 경우에 본 과세특례가 적용되는 것이 아니라 적극적으로 일자리 나누기를 수행한 경우에만 특례가 지원되므로, 본서에서는 중소기업의 일자리나누기 과세특례라는 명칭을 사용한다.

일몰기한은 2026.12.31.이다.

개정연혁

연 도	개정 내용
2017년	■ 시간당 임금상승을 통한 임금보전액의 50%를 공제대상에 추가
2018년	■ 임금보전액의 공제율 인상 : 50% → 75%
2019년	■ 위기지역 내 중견기업 사업장을 공제 대상에 추가 ■ 기업의 소득공제 방식을 세액공제 방식으로 전환

Ⅱ. 요건

1 주체 (위기지역)

본 과세특례의 주체는 중소기업기본법에 따른 중소기업 및 위기지역 내 중견기업의 사업장과 동 중소기업 등에 근무하는 근로자이다(조특법 §30의 3 ①).

중견기업의 정의는 제2부 제4절 상생결제 지급금액 세액공제의 Ⅱ. 1-2를 참조하기로 한다(조특령 §6의 4 ①).

위기지역은 다음 어느 하나에 해당하는 지역으로 한다(조특법 §30의 3 ⑤, 조특령 §27의 3 ⑪).
① 고용노동부장관이 지정·고시한 지역(고용정책 기본법 시행령 §29)
② 고용재난지역(고용정책 기본법 §32의 2 ②)
③ 산업위기대응특별지역(지역 산업위기 대응 및 지역경제 회복을 위한 특별법 §10 ①)

2022년 세법개정에서 관련 법령을 지역 산업위기 대응 및 지역경제 회복을 위한 특별법으로 개정한 것은 2022.2.18.부터 시행한다(2021.12.28. 개정된 법률 부칙 §1 2호).

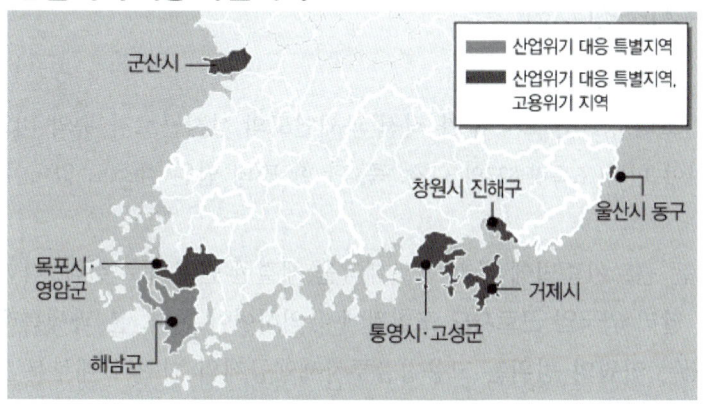

현재 고용위기 지역 지정 고시를 통해 1개 지역을 지정하였다. 종래 산업위기 대응 특별지역으로 9곳이 지정되었으나, 2023년 4월 및 5월에 지정기간이 만료하였다.

위기지역

구 분	지정 기간	지정 지역
고용위기지역	2023.1.1. ~ 2024.6.30	거제시❶

❶ 고용노동부고시 제2023-92호(2023.12.29.), 제2022-127호(2022.12.29.)

　위기지역은 지원이 시급하고, 투자 리스크가 높은 점을 고려하여 2019년 개정세법에서 중소기업 및 중견기업이 사업용자산에 투자하는 경우 투자세액공제의 공제율을 상향 조정하였다. 2018.1.1. 이후 지정 또는 선포된 위기지역의 지정일 또는 선포일이 속하는 과세연도의 과세표준을 2019.1.1. 이후 신고하는 경우부터 소급하여 적용한다(2018.12. 24. 개정된 법률 부칙 §3). 따라서, 12월말 사업연도 법인이 2018년도에 위기지역에 투자한 경우에는 기중 투자 시점에 관계없이 전액 공제 대상으로 한다.

　2019년 개정세법에서 위기지역의 고용 안정을 지원하기 위하여 위기지역에 사업장이 있는 중견기업까지 범위를 확대하였다. 2018.1.1. 이후 지정 또는 선포된 위기지역의 지정일 또는 선포일이 속하는 과세연도의 과세표준을 2019.1.1. 이후 신고하는 경우부터 소급하여 적용한다(2018.12.24. 개정된 법 부칙 §16).

　2022.12.31.로 울산시 동구, 군산시, 창원시 진해구, 통영시, 고성군, 목포시, 영암군 등 7개 지역에 대한 고용위기지역 지정 기간이 일몰 종료되었다.

2 고용유지조건 (2호)

　해당 과세연도의 상시근로자 수가 직전 과세연도의 상시근로자 수와 비교하여 0% 이상 감소하지 않아야 한다(조특령 §27의 3 ②). 즉, 단 한 명의 인원 감소도 없어야 본 과세특례가 적용된다.

　상시근로자는 근로기준법에 따라 근로계약을 체결한 근로자로 한다. 다만 고용창출투자세액공제와는 달리 **외국인 근로자도 포함**됨에 유의하여야 한다. 본 과세특례자의 상시근로자에서 제외되는 인원의 범위는 고용창출투자세액공제의 범위와 대부분 일치한다(조특령 §27의 3 ④).

상시근로자에서 제외되는 인원 비교

중소기업 일자리나누기 과세특례	고용창출투자세액공제
① 근로계약기간이 1년 미만인 근로자	㉮ 근로계약기간이 1년 미만인 근로자
② 법인세법상 임원	㉯ 법인세법상 임원
③ 해당 기업의 최대주주 또는 최대출자자(개인사업자의 경우에는 대표자)와 그 배우자	㉰ 해당 기업의 최대주주 또는 최대출자자(개인사업자의 경우에는 대표자)와 그 배우자
④ ③에 규정된 자의 직계존비속과 그 배우자	㉱ ㉰에 규정된 자의 직계존비속(그 배우자 포함) 및 친족관계인 사람
⑤ 근로소득세·국민연금·건강보험료 등의 납부 사실이 확인되지 아니하는 자	㉲ 근로소득세·국민연금·건강보험료 등의 납부 사실이 확인되지 아니하는 자
⑥ 단시간근로자	㉳ 단시간근로자

본 과세특례와 고용창출투자세액공제의 차이점은, ④에서 친족관계인 사람이 상시근로자에 포함된다는 점이다. 각 항목들에 대한 설명은 제5절 Ⅱ. 2-1 (1)을 참조하기 바란다.

다만 유의할 점은 후술하는 요건 3.의 시간당 임금계산(법 §30의 3 ① 1호 괄호 안, 영 §27의 3 ① 본문 괄호 안)과 요건 4.의 연간 임금총액(법 §30의 3 3호 괄호 안, 영 §27의 3 ① 본문 괄호 안)에서는 당해 연도 신규입사자의 수치가 포함되지 않지만 본 요건의 상시근로자 수 계산에서는 당해 연도 신규입사자가 포함된다는 점이다. 혼동되기 쉬운 사항이다.

요건 2.의 상시근로자 수는 당해 연도 신규입사자를 포함하는 것이 기업에 유리하지만, 요건 3.의 시간당 임금계산이나 요건 4.의 연간 임금총액 계산에서는 당해 연도에 신규 입사자가 많을수록 수치의 변동성이 높아지므로 당해 연도 신규 입사자를 제외하였다.

3 시간당 임금 유지조건 (1호)

당해 연도 상시근로자 1인당 시간당 임금이 직전 과세연도에 비하여 감소하지 않아야 한다.

직전 또는 해당 과세연도의 상시근로자 1인당 시간당 임금은 다음의 산식에 따라 계산한다. 다만 기술한 바와 같이 당해 연도 신규입사자의 임금 및 근로시간은 제외됨에 유의하여야 한다(조특령 §27의 3 ①).

$$1인당 시간당 임금 = \frac{상시근로자\ 연간\ 임금총액}{상시근로자\ 연간\ 근로시간\ 합계}$$

(가) 임금총액

"임금총액"이란 직전 또는 해당 과세연도에 상시근로자에게 지급한 통상임금과 정기상여금 등 고정급 성격의 금액을 합산한 금액이다.

"통상임금"이란 근로자에게 정기적이고 일률적으로 소정 근로 또는 총 근로에 대하여 지급하기로 정한 시간급 금액, 일급 금액, 주급 금액, 월급 금액 또는 도급 금액을 말한다(근로기준법 시행령 §6 ①). 통상임금에는 기본급과 고정적이고 일률적으로 지급하는 수당이 포함되나, 연월차수당·연장근로수당 등과 같이 근로 실적에 따라 지급 여부와 지급액이 달라지는 임금은 포함되지 않는다.

정기상여금은 3, 6, 9, 12월에 각각 지급하는 등 정기적으로 지급되는 상여금을 말한다.

(나) 근로시간 합계

직전 또는 해당 과세연도의 상시근로자의 근로계약상 근로시간의 합계이다. 다만 단시간근로자(근로기준법 §2 ① 9호)로서 1개월간의 소정 근로시간이 60시간 이상인 경우에는 실제 근로시간을 기준으로 합산한다.

> ● 예규·판례
>
> ❖ **임금피크제 보전수당의 임금총액 포함 여부 (부정)** (원천세과-71, 2010.1.22.)
> 근로자가 「고용보험법 시행령」 제28조에 따라 지급받는 임금피크제 보전수당은 과세대상 근로소득에 해당합니다.
> 한편, 「조세특례제한법」 제30조의 3【고용유지중소기업 등에 대한 과세특례】를 적용함에 있어, 임금피크제 보전수당은 같은 법 시행령 제27조의 4에 규정하는 임금총액에 포함되지 아니하는 것입니다.
>
> |저자주| 임금피크제란 사업주가 근로자대표의 동의를 받아 정년을 60세 이상으로 연장하거나 정년을 56세 이상 60세 미만으로 연장하면서 55세 이후부터 일정나이, 근속시점 또는 임금액을 기준으로 임금을 줄이는 제도 등을 말한다(고용보험법 시행령 §28 ①). 이와 관련하여 고용지원센터에서는 임금피크제 적용대상 근로자의 임금이 직전 연도에 비하여 10% 이상 낮아진 경우 임금피크제 지원수당을 지급하고 있다.
> 임금피크제 지원수당은 과세대상 근로소득에 해당하지만,(원천세과-250, 2009.3.27.) 본 특례에서는 동 지원수당을 제외한다. 동 지원수당을 임금총액에 포함하게 되면, 동 지원수당을 수령한 첫해에는 임금감소액이 줄어들게 되어 해당 근로자에게 불리하게 되기 때문이다.

4 1인당 연간 임금총액 감소조건 (3호)

4-1 산식

해당 과세연도의 상시근로자의 1인당 연간 임금총액이 직전 과세연도보다 감소하여야 한다.

1인당 연간 임금총액은 임금총액을 상시근로자 수(산식의 우항 분수)로 나누어 계산한다 (조특령 §27의 3 ⑤). 다만 당해 연도 신규입사자의 임금 및 인원 수는 임금총액 및 상시근로자 수의 합에서 모두 제외된다.

$$\frac{1인당\ 연간}{임금총액} = 상시근로자\ 연간\ 임금총액^① \div \frac{매월\ 말\ 상시근로자\ 수의\ 합^①}{각\ 연도\ 개월\ 수^①}$$

① 각각 직전 연도 또는 당해 연도를 기준으로 계산함.

임금총액은 전술한 3. 시간당 임금계산에서 본 것과 동일하다.

4-2 자연적 감소 시 제외

직전 또는 해당 과세연도 중에 사망, 정년퇴직 및 이에 준하는 사유로 상시근로자가 감소한 경우 그 감소인원은 직전 과세연도부터 근무하지 아니한 것으로 보아 상시근로자 수(산식의 우항 분수) 및 상시근로자 1인당 연간 임금총액을 산정할 때 제외한다(조특령 §27의 3 ⑥).

해고가 아닌 자연적 감소의 경우에는 이와 관련된 상시근로자의 수치를 직전 연도와 당해 연도의 수치에서 모두 제외함으로써 왜곡현상을 방지하고자 함이다.

4-3 합병·분할 등의 경우 상시근로자의 승계

직전 또는 해당 과세연도 중에 합병 또는 사업의 포괄양수 등에 의하여 종전의 사업부문에서 종사하던 상시근로자를 승계한 경우, 그 승계인은 직전 과세연도부터 승계한 기업에서 근무한 것으로 보아 상시근로자 수 및 1인당 연간 임금총액을 산정한다(조특령 §27의 3 ⑦).

합병등 사업결합 시에는 사업의 계속성이 있으므로, 상시근로자도 계속적으로 합병법인

등 승계한 기업에서 근무한 것으로 간주한다.

반면에 직전 또는 해당 과세연도 중에 분할 또는 사업의 포괄양도 등에 의하여 상시근로자가 감소한 경우, 그 감소인원은 직전 과세연도부터 분할존속법인 또는 사업을 포괄양도한 기업 등에서 근무하지 아니한 것으로 보아 상시근로자 수 및 1인당 연간 임금총액을 산정한다(조특령 §27의 3 ⑧).

위에서 본 합병법인 등의 경우와 반대 상황이므로, 분할존속법인 등 승계시킨 기업에서는 승계시킨 상시근로자의 수를 제외한다.

Ⅲ. 과세특례

1 중소기업 등의 세액공제

고용유지중소기업 및 위기지역 내 중견기업 사업장의 세액공제 금액은 임금감소액과 임금보전액의 공제분 합계금액으로 한다(조특법 §30의 3 ②). 산식에서 임금감소액 공제분 또는 임금보전액 공제분이 음수인 경우에는 0으로 본다.

> 세액공제금액 = 임금감소액 공제분 + 임금보전액 공제분

지급 당시부터 임금을 삭감한 경우만이 특례의 대상이 되며, 회사가 인건비로 계상하여 정상적으로 지급한 후 반납된 금액은 특례의 대상이 되지 않는다(법인세과-1330, 2009.11.27.).

다만 주의할 사항은 아래 산식에서 당해 연도 신규입사자의 임금 및 인원 수는 임금총액 및 매월 말 상시근로자 수의 합에서 제외된다(조특령 §27의 3 ① → 동조 ⑤ → 조특법 §30의 3 ②).

또한 Ⅱ. 4-2 자연적 감소 시 제외 및 4-3 합병·분할 등의 경우 상시근로자의 승계 부분에서 서술하였던 산정방법도 소득공제 금액을 산정할 때 동일하게 적용된다(조특령 §27의 3 ⑥~⑧ → 동조 ⑤ → 조특법 §30의 3 ②).

2017년 개정세법에서 시간당 임금 상승을 통해 임금을 보전한 금액을 공제대상금액에 추가하고 50%의 공제율을 적용하였다.

2018년 개정세법에서 임금보전액의 공제율을 종전 50%에서 75%로 상승하였다.

종전에 기업에 적용하던 소득공제 방식을 2019년 개정세법에서 현행 세법체계에 부합하도록 세

액공제 방식으로 전환하였다. 연간 임금감소 총액의 10%와 시간당 임금상승에 따른 임금보전액의 15%를 세액공제한다.

1-1 임금감소액 공제분

임금감소액 공제분의 기본취지는 임금삭감액의 10%를 공제해 주는 것이다.

$$\text{임금감소액 공제분} = \left(\text{전년 상시근로자 1인당 연간 임금총액} - \text{금년 상시근로자 1인당 연간 임금총액} \right) \times \text{금년 상시근로자 수} \times 10\%$$

직전 연도 또는 당해 연도 상시근로자 1인당 연간 임금총액은 요건 Ⅱ. 4. 1인당 연간 임금총액의 계산방법과 동일하다(조특령 §27의 3 ⑤).

1-2 임금보전액 공제분

금년 시간당 임금이 전년 시간당 임금에 비해 105% 이상 상승한 경우, 그 차액을 임금보전액으로 보아 그 금액의 15%를 공제대상으로 한다. 근로시간 단축 비율만큼 임금이 하락하지 않은 경우, 해당 임금 보전분을 공제한다.

$$\text{임금보전액 공제분} = \left(\text{금년 상시근로자 1인당 시간당 임금} - \text{전년 상시근로자 1인당 시간당 임금} \times 105\% \right) \times \text{금년 상시근로자 근로시간 합계} \times \underline{15\%}$$

해당 과세연도 전체 상시근로자의 근로시간 합계는 해당 과세연도의 상시근로자의 근로계약상 근로시간의 합계로 한다. 다만 단시간근로자로서 1개월간의 소정 근로시간이 60시간 이상인 경우에는 실제 근로시간을 기준으로 합산한다(조특령 §27의 3 ⑨ → ① 2호).

상시근로자 1인당 시간당 임금은 Ⅱ. 3.에서 기술하였다.

> **예 제** 중소기업의 세액공제금액 계산

● **자 료**

중소기업 ㈜문화에 상시근로자 3명이 고용되어 있으며, 20X1년 연간 근로시간 합계가 1,800시간, 임금 합계가 9,000만원이다. 20X2년 고용을 줄일 유인이 발생하였으나, ㈜문화는 해고를 대신하여 다음과 같이 연간근로시간과 연간 임금총액을 감소하였다.

ⓐ 연간 근로시간을 1,800시간 → 900시간으로 단축(50%)
ⓑ 연간 임금총액을 9,000만원 → 6,000만원으로 축소(33%)

○ **해 설**

1. 요건 충족 여부 검토

    1-1 시간당 임금 유지조건

    ① 전기 시간당 임금 = (연간 임금총액 ÷ 연간 근로시간) = 90,000,000 ÷ 1,800
    = 50,000원

    ② 당기 시간당 임금 = 60,000,000 ÷ 900 = 66,667원

    시간당 임금은 전기에 비해 증가하였으므로 요건을 충족한다.

    1-2 1인당 연간 임금총액 감소조건

    ① 전기 = 연간 임금총액 ÷ (매월 말 상시근로자 수의 합 ÷ 개월 수)
    = 90,000,000 ÷ 3 = 30,000,000

    ② 당기 = 60,000,000 ÷ 3 = 20,000,000

    1인당 연간 임금총액이 전기에 비해 감소하였으므로 요건을 충족한다.
    이외 고용 유지조건도 충족한다.

2. 세액공제금액 계산

    ① 임금감소액 공제분 = (전기 1인당 연간 임금총액 - 당기 1인당 연간 임금총액)
    × 당기 상시근로자 수 × 10% = (30,000,000 - 20,000,000) × 3 × 10%
    = 3,000,000원

    ② 임금보전액 공제분 = (당기 1인당 시간당임금 - 전기 1인당 시간당임금 × 105%)
    × 당기 근로시간 합계 × 15% = (66,667 - 50,000 × 105%) × 900 × 15%
    = 1,912,500원

    ㈜문화의 세액공제금액은 ①과 ②의 합계액인 4,912,500원이다.

2 소속 근로자의 소득공제

고용유지중소기업에 근로를 제공하는 상시근로자에 대하여 아래의 산식에 따라 계산한 금액을 근로소득금액에서 공제할 수 있다. 임금총액 감소분의 50%를 소득공제해 주는 취지이다. 단, 1천만원을 한도로 한다(조특법 §30의 3 ③).

$$\text{소득공제금액} = \left(\text{직전 연도 해당 근로자 연간 임금총액} - \text{당해 연도 해당 근로자 연간 임금총액} \right) \times 50\%$$

소속 근로자의 소득공제 산식에서의 임금총액은 위의 중소기업 소득공제의 임금총액과

는 달리 산정됨에 유의하여야 한다.

연간 임금총액은 통상임금과 정기상여금 등 고정급 성격의 금액을 합산한 금액(이하 "통상임금등 합산액")으로 함은 동일하다(조특령 §27의 3 ⑩). 그러나 신규입사자 제외, 자연적 감소 시 제외, 합병·분할 등의 경우 상시근로자의 승계가 적용되지 아니하고 아래와 같이 산정된다.

(가) 직전 연도 입사자의 당해 연도 연간 임금총액 (1호)

$$\text{당해 연도 연간 임금총액} = \text{당해 연도 통상임금등 합산액} \div \frac{\text{직전 연도 근무일수}}{\text{당해 연도 근무일수}}$$

직전 연도 입사자의 당해 연도 연간 임금총액은 당해 연도 통산임금등 합산액을 직전 연도의 근무일수로 환산한다. 근무일수란 실제 근로관계가 지속적으로 유지된 기간의 일수로 한다(법인-1330, 2009.11.27.).

(나) 당해 연도 퇴사자의 직전 연도 연간 임금총액 (2호)

$$\text{직전 연도 연간 임금총액} = \text{직전 연도 통상임금 등 합산액} \div \frac{\text{당해 연도 근무일수}}{\text{직전 연도 근무일수}}$$

당해 연도 퇴사자의 직전 연도 연간 임금총액은 직전 연도 통상임금등 합산액을 당해 연도의 근무일수로 환산한다.

(다) 합병·분할 등에 의해 근로관계가 승계된 경우 (3호)

직전 또는 해당 과세연도 중에 기업의 합병·분할 등에 의하여 근로관계가 승계된 상시근로자의 직전 또는 해당 과세연도의 연간 임금총액은 종전 근무지에서 지급받은 임금총액을 합산한 금액으로 한다.

Ⅳ. 조세특례제한 등

 절차

고용유지중소기업 세액공제신청서(별지 제11호의 4 서식)와 사업주와 근로자대표 간 합의를 증명하는 서류 등을 첨부하여 납세지 관할세무서장에게 제출하여야 한다(조특령 §27의3 ③).

기타 조세특례제한 등

구 분	내 용	참조 부분
최저한세	기업의 세액공제는 적용. 단, 개인의 소득공제는 제외	제20부 제4절
농어촌특별세	비과세(농특령 §4 ⑥ 1호)	

제8절 [제30조의 4] 중소기업 사회보험료 세액공제

Ⅰ. 의의

중소기업의 상시근로자 수가 증가한 경우, 청년과 경력단절 여성 고용증가 인원에 대해 사용자가 부담하는 사회보험료의 100%, 그 외의 고용증가 인원분에 대해서는 50%(단, 신성장 서비스업은 75%)를 사업소득에 대한 소득세 또는 법인세에서 세액공제하는 제도이다. 이때 원칙적인 공제기간은 2년이지만, 다음 과세연도에 고용유지조건을 위반하는 경우에는 그 과세연도에 세액공제를 적용하지 않는다.

일자리 창출을 목적으로, 고용인원이 증가한 중소기업에 대해 신규고용에 따라 사용자가 추가로 부담하는 사회보험료를 지원하기 위하여 중소기업 고용증가인원 사회보험료 세액공제를 2012년에 도입하였다.

영세기업의 사회보험 가입을 장려하기 위하여 2018년에 사회보험 신규 가입시 사회보험료 세액공제를 신설하였으나, 2020.12.31.로 일몰기한이 종료되었다.

중소기업 고용증가인원 사회보험료 세액공제의 일몰기한은 2024.12.31.이다.

2023년 개정세법에서 기업의 고용 활성화를 지원하기 위하여 고용증대 세액공제, 사회보험료 세액공제 및 경력단절여성 세액공제 등을 통합고용세액공제로 일원화하였다. 그러나, 제29조의 7 고용증대기업 세액공제와 제30조의 4 중소기업 사회보험료 세액공제는 당초 일몰시한인 2024년말까지 계속 적용 가능하다.

따라서 2023년 및 2024년에는 통합고용세액공제의 기본공제와 고용증대기업 세액공제(또는 중소기업 사회보험료 세액공제)에 대해서는 납세자의 선택에 따라 둘 중 하나를 적용할 수 있다(조특법 §127 ⑪ 참조).

2024년말 중소기업사회보험료 세액공제가 종료되더라도 추가공제 기간에 해당하는 2차 연도의 공제를 적용할 수 있다.

개정연혁	
연 도	개정 내용
2020년	■ 상시근로자 수 계산방법 변경 : 해당 기간 → 해당 과세연도. ■ 공제 대상 제외 : 국가 등이 지급한 보조금·감면액
2021년	■ 사회보험 신규 가입시 사회보험료 세액공제 적용기한 종료
2022년	■ 공제기간 조정 ■ 사후관리 규정 신설
2023년	■ 통합고용세제로 일원화하지만, '24년까지 선택적 적용 가능

Ⅱ. 요건

중소기업의 해당 과세연도의 상시근로자 수가 직전 과세연도의 수보다 증가하여야 한다. 다만 청년등 상시근로자의 수는 별도 계산한다.

1 주체 (신성장서비스업)

조세특례제한법에 따른 중소기업이다. 제2부 제1절 중소기업 부분을 참조하기 바란다. 다만 다음의 신성장 서비스업을 주된 사업으로 영위하는 중소기업의 경우에는 75%의 공제율을 적용한다. 이 경우 둘 이상의 서로 다른 사업을 영위하는 경우에는 사업별 사업수입금액이 큰 사업을 주된 사업으로 본다(조특령 §27의 4 ⑤).

신성장 서비스업의 범위

구 분	대상 업종(한국표준산업분류)
S/W, 정보통신	컴퓨터 프로그래밍, 시스템 통합 및 관리업(62), 소프트웨어 개발 및 공급업(582), 정보서비스업(63) 또는 전기통신업(612)
문화콘텐츠	창작 및 예술관련 서비스업(901)(자영예술가 제외), 영화·비디오물 및 방송프로그램 제작업(591), 오디오물 출판 및 원판 녹음업(592) 또는 방송업(60)
사업서비스	엔지니어링사업, 전문디자인업, 보안시스템 서비스업 또는 광고업 중 광고물 작성업

구 분	대상 업종(한국표준산업분류)
교육	서적, 잡지 및 기타 인쇄물출판업(581), 연구개발업, 직업기술 분야를 교습하는 학원을 운영하는 사업 또는 직업능력개발훈련시설 운영 사업(직업능력개발훈련을 주된 사업으로 하는 경우로 한정함)
관광	관광숙박업, 국제회의업, 유원시설업 또는 관광객이용시설업(조특법 §6 ③ 20호)
물류산업	운수업 중 화물운송업, 화물취급업, 보관 및 창고업, 화물터미널운영업, 화물운송 중개·대리 및 관련 서비스업 등(조특령 §5 ⑦)
전시산업 등	전시산업발전법에 따른 전시산업, 그 밖의 과학기술서비스업, 시장조사 및 여론조사업, 광고업 중 광고대행업, 옥외 및 전시 광고업(조특칙 §14의 4 ① → §4의 3) (2018.1.1.부터 적용)

업종 분류에 대한 상세 검토는 제2부 제2절 Ⅱ. 1-2를 참조하기 바란다.

2017년 개정세법에서 컴퓨터 프로그래밍, 예술관련 서비스업, 엔지니어링사업 등의 신성장 서비스업에 대해서는 기존 공제율 50%에서 75%로 인상하였다.

2018년 개정세법에서 전시산업 등을 신성장 서비스업에 추가하였다. 2018.1.1. 이후 개시하는 과세연도 분부터 적용한다(2018.3.21. 개정된 규칙 부칙 §3).

2 고용증가조건

해당 과세연도의 상시근로자 수가 직전 과세연도의 수보다 증가하여야 한다(조특법 §30의 4 ①).

2-1 상시근로자의 범위

상시근로자는 근로기준법에 따라 근로계약을 체결한 내국인 근로자로 한다. 본 과세특례의 상시근로자에서 제외되는 인원의 범위는 앞서 고용창출투자세액공제에서 보았던 범위와 동일하다(조특령 §27의 4 ①).

상시근로자에서 제외되는 인원 비교

중소기업고용증가인원 사회보험료 세액공제	고용창출투자세액공제
① 근로계약기간이 1년 미만인 근로자	㉮ 근로계약기간이 1년 미만인 근로자
② 단시간근로자	㉯ 단시간근로자
③ 법인세법상 임원	㉰ 법인세법상 임원
④ 해당 기업의 최대주주 또는 최대출자자(개인사업자의 경우에는 대표자)와 그 배우자	㉱ 해당 기업의 최대주주 또는 최대출자자(개인사업자의 경우에는 대표자)와 그 배우자
⑤ ④에 규정된 자의 직계존비속(그 배우자 포함) 및 친족관계인 사람	㉲ ㉱에 규정된 자의 직계존비속(그 배우자 포함) 및 친족관계인 사람
⑥ 근로소득세·사회보험료 등의 납부사실이 확인되지 아니하는 자	㉳ 근로소득세·국민연금·건강보험료 등의 납부사실이 확인되지 아니하는 자

본 세액공제와 고용창출투자세액공제의 차이점은, ⑥번 항목에서 사회보험료의 범위에 다소 차이가 있으나 실무상 적용 시에는 큰 차이가 없을 것이다.

각 항목들에 대한 설명은 제5절 통합고용세액공제의 Ⅱ. 2-1 (1) 부분을 참조하기 바란다.

일용직 건설근로자의 당초 근로계약기간이 1년 미만이었으나, 근로계약의 연속된 갱신으로 총근로계약기간이 1년 이상이 된 경우에는 상시근로자에 해당한다(서면법인-3733, 2016.8.26.; 서면법인-3937, 2016.12.1.)..

외국인 근로자가 제외되는 것은 고용창출투자세액공제와 동일하나, 중소기업 일자리나누기 과세특례(법 §30의 3)와는 차이가 있다. 그러나 외국인 근로자가 소득세법에 따른 거주자에 해당하는 경우 조세특례제한법상 내국인으로 보므로(조특법 §2 ① 1호) 상시근로자에 포함된다(사전법령소득-0239, 2020.6.24.).

이때 외국인 근로자가 고용·산재보험료를 납부하고 있으나, 국민연금은 납부하지 않는 사례에 대해 유권해석에서는 '조세특례제한법 시행령제27조의4제1항 각 호의 어느 하나에 해당하는 사람은 제외하는 것임.'이라고 해석하였다(사전법령소득-0239, 2020.6.24.). 즉, 사회보험에 대한 사용자부담 사회보험료 등을 납부하지 않는 경우에는 공제 대상에서 제외되는 것으로 해석하였으나, 법에 따라 국민연금 납부가 면제되는 경우는 공제를 적용받을 수 있을 것으로 본다.[1]

---

[1] 국민연금법 제126조 제1항 단서 규정 및 동법 제127조에 따른 사회보장협정 체결에 따라 국내 체류 외국인의 국민연금 납부가 면제되더라도, 중소기업에 취업한 동 외국인 근로자는 중소기업 취업자에 대한 소득세 감면을 적용 받을 수 있다(재소득-0663, 2019.12.12.).

● **고령으로 국민연금 등 일부 보험에 가입하지 못한 경우** (포함)

내국법인이 고용하고 있는 만 60세 이상 내국인 근로자 및 「국민건강보험법」제5조 제1항에 따라 국민건강보험 가입자에서 제외되는 내국인 근로자에 대하여 「국민연금법」제88조 제3항 및 「국민건강보험법」제77조 제1항에 따른 사용자 부담금 납부사실이 확인되지 않으나, 국민연금 또는 국민건강보험료 외 「조세특례제한법」제30조의4제4항 각 호에 따른 사회보험에 대하여 사용자가 부담하여야 하는 부담금 또는 보험료의 납부 사실이 확인되는 경우, 동 근로자는 「조세특례제한법시행령」제27조의4제1항제7호에 해당하지 않는 것입니다(서면법령소득 2020-5976, 2021.6.17.).

2-2 청년등 상시근로자의 범위

아래의 청년과 경력단절 여성을 합하여 "청년등 상시근로자"라 하고, 청년등 상시근로자가 아닌 상시근로자를 "이외 상시근로자"로 한다.

(1) 청년 상시근로자

청년 상시근로자는 15세 이상 29세 이하인 상시근로자로 하고, 아래의 병역을 이행한 경우에는 그 복무기간(6년 한도)을 현재 연령에서 빼고 계산한 연령이 29세 이하인 사람을 포함한다(조특령 §27의 4 ② → 조특령 §27 ① 1호).

㉮ 현역병(상근예비역 및 의무경찰·의무소방원 포함)
㉯ 사회복무요원
㉰ 현역에 복무하는 장교, 준사관 및 부사관
즉, 세액공제가 적용되는 연령한도는 최대 만 35세이다.

> 연령한도 = 만 29세 + 개인별 군복무기간 (6년 한도)

통합고용세액공제 등 여타의 세액공제에서는 청년 연령 상한을 29세에서 34세로 상향하였으나, 조특법 제29조의 7 고용증대세제 및 조특법 제30조의 4 중소기업사회보험료 세액공제의 청년 연령 상한은 여전히 29세로, 상향이 되지 않았음에 주의하여야 한다.

(2) 경력단절 여성

경력단절 여성이란 조세특례제한법에 의한 중소기업 또는 중견기업에 결혼·임신·출산·육아·자녀교육의 사유로 퇴직한 후, 그 퇴직으로부터 3년~15년 이내에 종전 중소기업 등 또는 동일한 업종의 기업과 1년 이상의 근로계약을 체결한 경우를 말한다(조특법 §29의 3 ①). 제5

절 Ⅱ. 2-1 (5)를 참조하기로 한다.

2017년 개정세법에서 경력단절 여성 고용증가인원에 대한 사회보험료의 공제율을 기존 50%에서 100%로 인상하였다.

2-3 상시근로자 수의 산정

(1) 원칙

아래의 계산식에 따라 상시근로자 수와 청년등 상시근로자 수를 나누어 계산한다(조특령 §27의 4 ⑥). 단, 소수 셋째 자리 미만은 절사한다.

(1-1) 상시근로자 수

$$\text{상시근로자 수} = \frac{\text{매월 말 현재 상시근로자 수의 합계}}{\text{해당 과세연도 개월 수}} \text{ (단, 단시간근로자는 0.5명 또는 0.75명으로 계산)}$$

개업의 경우, "해당 기간의 개월 수"는 사업개시일로부터 해당 과세기간 종료일까지의 개월 수를 말한다(서면소득-2237, 2015.11.12.; 재조특-184, 2019.2.28.). 사업개시일이란 원칙적으로 재화나 용역의 공급을 시작하는 날이다(부령 §6 3호).

(1-2) 청년등 상시근로자 수

$$\text{청년등 상시근로자 수} = \frac{\text{매월 말 현재 청년등상시근로자 수의 합계}}{\text{해당 과세연도 개월 수}} \text{ (단, 단시간근로자는 0.5명 또는 0.75명으로 계산)}$$

"해당 개월 수"는 부가가치세법 시행령 제6조 제3호에 따른 사업개시일로부터 해당 과세기간 종료일까지의 개월 수를 말한다(서면법규과-134, 2014.2.11.).

위의 산식에서 1개월간의 소정근로시간이 60시간 이상인 단시간 근로자 1명은 0.5명으로 하여 계산하되, 소정의 지원요건을 갖춘 상용형 시간제 근로자는 0.75명으로 하여 계산한다. 지원요건에 대해서는 제5절 고용증대기업세액공제의 Ⅲ. 2-1 부분을 참조하기 바란다.

(2) 창업 등의 예외

창업 등을 한 경우에는 각 사안마다 별도로 직전 또는 해당 과세연도의 상시근로자 수를 계산한다(조특령 §27의 4 ⑦).

그 내용은 통합고용투자세액공제의 것과 동일하므로 제5절 Ⅱ. 3-2 부분을 참조하기로 한다.[2]

Ⅲ. 세액공제

증가한 상시근로자 인원에 대해 사용자가 부담하는 사회보험료의 50%(신성장 서비스업은 75%)를 세액공제한다. 청년등 상시근로자의 경우에는 100%를 세액공제한다(조특법 §30의 4 ①).

1 공제기간

원칙적 공제기간은 해당 과세연도와 해당 과세연도의 종료일부터 1년이 되는 날이 속하는 과세연도까지, 즉 2년으로 한다. 다만, 최초로 공제를 받은 과세연도의 종료일부터 1년이 되는 날이 속하는 과세연도의 종료일까지의 기간 중 전체 상시근로자의 수가 최초로 공제를 받은 과세연도에 비하여 감소한 경우에는 감소한 과세연도에 대하여 공제를 적용하지 아니하고, 청년등상시근로자의 수가 최초로 공제를 받은 과세연도에 비하여 감소한 경우에는 감소한 과세연도에 대하여 청년등 상시근로자에 대한 공제(조특법 §30의 4 ① 1호)를 적용하지 아니한다(조특법 §30의 4 ②).

중소기업 사회보험료 세액공제를 받은 중소기업이 공제를 받은 과세연도의 종료일부터 1년이 되는 날이 속하는 과세연도의 종료일까지 기간 중 전체 상시근로자의 수가 공제를 받은 과세연도의 전체 상시근로자수보다 감소하지 아니한 경우에는 (중소기업이 아닌 중견기업에 해당하게 된 경우에도) 공제를 받은 과세연도의 종료일부터 1년이 되는 날이 속하는 과세연도의 소득세에서도 공제한다(사전법령소득-0215, 2020.10.7.). 즉, **중소기업일 것을 개시요건**으로 하고 있다.

반면에 종전의 유권해석에서는 중소기업이라는 요건을 존속요건으로 보아 공제를 불허

---

[2] 통합고용세액공제 제도와 규정의 방식이 다소 상이하나, 내용은 동일한 것으로 해석된다.

한 경우가 있다. 직전 사업연도(20X1년) 말까지 중소기업 유예기간을 적용받던 내국법인이 당해 사업연도(20X2년) 말 현재 유예기간이 종료되고 중견기업에 해당하는 경우, 해당 내국법인은 20X1년의 중소기업 사회보험료 세액공제액을 고용이 증가한 다음 연도인 20X2년에 적용받을 수 없다(사전법령법인-635, 2019.11.8.).

2018년 개정세법에서 고용유지조건을 충족하는 경우 공제기간을 2년으로 확대하였다. 2018.1.1. 이후 개시하는 과세연도에 대하여 조특법 제30조의 4 제1항에 따라 공제받은 금액 상당액을 그 다음 과세연도에 공제하는 경우부터 적용한다(2017.12.29. 개정된 법 부칙 §17 ①). 예를 들어, 12월말 종료 법인이 고용유지조건을 충족한다면 2018년에 공제 받은 세액을 2019년에 동일하게 공제받을 수 있으나, 2017년에 공제 받은 세액은 2018년에 동일하게 공제받을 수 없다.

종래에는 원칙적 공제기간을 1년으로 하고 고용유지조건을 충족하는 경우에는 1년을 추가공제하도록 하였으나, 2022년 개정세법에서 원칙적 공제기간을 2년으로 하고, 고용유지조건을 위반한 경우에는 2년차의 공제를 적용하지 않도록 하였다. 2022.1.1. 전에 개시한 과세연도의 상시근로자 수가 그 직전 과세연도의 상시근로자 수보다 증가한 경우 해당 과세연도의 세액공제에 관하여는 개정 규정에도 불구하고 종전의 규정에 따른다(2021.12.28. 개정된 법률 §28).

2 사회보험료 사용자 부담분

사회보험은 국민연금, 고용보험, 산업재해보상보험, 국민건강보험 및 장기요양보험으로 한다(조특법 §30의 4 ④). 이른바 4대보험이다.

동 사회보험에 따라 사용자가 부담하는 사회보험료가 공제대상 금액이나, 법에서는 실제 부담액을 합산하는 것이 아니라 일정한 산식에 따라 계산한 금액을 공제한다.

3 공제세액

공제세액은 청년등 상시근로자와 이외 상시근로자에 해당하는 공제세액을 각각 계산하여 합산한다(조특법 §30의 4 ①).

3-1 청년등 상시근로자 (1호)

청년등 상시근로자 고용증가 인원에 대하여 사용자가 부담하는 사회보험료 상당금액에 대한 공제세액은 다음 산식에 따라 계산한다.

$$\text{공제세액} = \text{증가한 청년등 상시근로자 수} \times \text{사용자의 청년등 증가 1인당 사회보험료 부담금액} \times 100\%$$

(1) 증가한 청년등 상시근로자 수

증가한 청년등 상시근로자 수는 해당 과세연도에 직전 과세연도 대비 증가한 청년등 상시근로자 수이다. 음수인 경우 0으로 본다. 다만 해당 과세연도에 직전 과세연도 대비 증가한 상시근로자 수를 한도로 한다(조특령 §27의 4 ③).

$$\text{Min (청년등 상시근로자 증가 인원, 전체 상시근로자 증가 인원)}$$

예컨대, 당해 연도 퇴사자가 30명이고 청년 상시근로자가 50명 증가하여 전체 상시근로자 수의 증가가 20명인 경우, 20명을 적용한다.

(2) 사용자의 청년등 증가 1인당 사회보험료 부담금액

(2-1) 산식

해당연도 청년등 상시근로자에게 지급하는 총급여액을 청년 상시근로자 수로 나눈 후, 사회보험료율을 곱하여 계산한다(조특령 §27의 4 ⑧).

$$\text{사회보험료 부담금액} = \frac{\text{해당연도 청년등 상시근로자에게 지급하는 총급여액}}{\text{해당연도 청년등 상시근로자 수}} \times \text{사회보험료율}$$

해당 과세연도에 사용자가 부담하는 사회보험료 상당액에 대하여 국가 및 공공기관이 지급했거나 지급하기로 한 보조금 및 감면액의 합계액은 사회보험료 부담금액에서 제외한다.

총급여액은 근로를 제공함으로써 받는 봉급 등의 급여, 잉여금처분에 의한 상여, 인정상여 등이 포함되며 비과세소득은 제외한다[3](소법 §20 ①).

---

[3] 조특령 제27조의 4 제8항에서 소득세법 제20조 제1항만을 준용하고 있어, 총급여액에 비과세소득이 포함되는지 여부가 불명확하나, 사회보험료를 계산하는 경우에도 비과세소득은 제외한다는 점에서 총급여액에서 비과세소득을 제외하여야 할 것으로 판단된다.

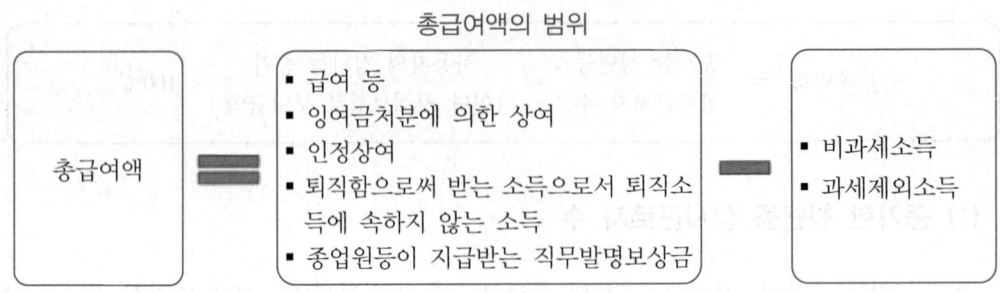

총급여액의 개념은 아래의 조문에서 동일하게 사용된다.

- 근로소득공제(소법 §47)
- 주택임차자금차입금의 원리금상환액에 대한 공제(소령 §112 ④)
- 중소기업 고용증가 인원에 대한 사회보험료 세액공제(조특령 §27의 4 ⑧·⑨)
- 영농조합법인 등에 대한 법인세의 면제 등(조특령 §63 ⑭)
- 자경농지에 대한 양도소득세의 감면(조특령 §66 ⑭)
- 우리사주조합원 등에 대한 과세특례(조특령 §82의 4 ① 6호)
- 신용카드 등 사용금액에 대한 소득공제(조특법 §126의 2)

2020년 개정세법에서 상시근로자 증가 인원에 대한 사회보험료 세액공제 적용을 위해 상시근로자 수 계산 시 해당 과세연도를 기준으로 하고, 공제대상이 되는 사회보험료 상당액에서 국가 등이 지급한 보조금·감면액을 제외하도록 하였다. 2020.1.1. 전 개시한 과세연도분의 경우에는 개정규정에도 불구하고 종전의 규정에 따른다(2020.2.11. 개정된 시행령 부칙 §27).

(2-2) 사회보험료율

사회보험료율은 해당 과세연도 종료일 현재 적용되는 다음의 수를 더한 수로 한다(조특령 §27의 4 ⑩)

① 국민건강보험 보험료율[4]의 2분의 1 (3.545%)

② 장기요양보험료율[5]의 2분의 1 (0.4591%)[6]

③ 국민연금(국민연금법 §88 ③) 보험료율 (4.5%)

④ 사용자 부담 고용보험요율[7]

---

4) 7.09%(국민건강보험법 시행령 §44 ①)
5) 0.9182%(노인장기요양보험법 시행령 §4)
6) 종전 장기요양보험료의 계산은 건강보험료(보수월액에 건강보험료율을 곱한 금액)에 장기요양보험료율을 곱하는 방식이었으나, 24년 개정으로 건강보험료율이 아닌 별도의 장기요양보험료율을 규정하고 이를 적용하는 방식으로 변경됨. 따라서, 종전의 규정에 따라 '①의 수에 장기요양보험료율을 곱한 수'를 사용할 수 없고, 본문과 같이 장기요양보험료율의 2분의 1을 적용해야 함. 참고로, 전년도 합산된 장기요양보험료율 수치는 0.4541%였음. 입법의 보완이 요구됨.

⑤ 산재보험료율[8]

고용보험료율 (고용보험 및 산업재해보상보험의 보험료징수 등에 관한 법률 시행령 §12 ①)

> 1. 고용안정·직업능력개발사업의 보험료율 : 다음 각 목의 구분에 따른 보험료율
>   가. 상시근로자수가 150명 미만인 사업주의 사업 : 1만분의 25(0.25%)
>   나. 상시근로자수가 150명 이상인 사업주의 사업으로서 우선지원 대상기업(동 시행령 별표1)의 범위에 해당하는 사업 : 1만분의 45(0.45%)
>   다. 상시근로자수가 150명 이상 1천명 미만인 사업주의 사업으로서 나목에 해당하지 않는 사업 : 1만분의 65(0.65%)
>   라. 상시근로자수가 1천명 이상인 사업주의 사업으로서 나목에 해당하지 않는 사업 및 국가·지방자치단체가 직접 하는 사업 : 1만분의 85(0.85%)
> 2. 실업급여의 보험료율 : 1천분의 18(1.8%)

3-2 이외 상시근로자 (2호)

청년등 외 상시근로자 고용증가 인원에 대하여 사용자가 부담하는 사회보험료 상당금액의 공제세액은 다음 산식에 따라 계산한다(조특법 §30의 4 ① 2호).

$$공제세액 = 증가한\ 이외\ 상시근로자\ 수 \times \frac{사용자의\ 이외\ 증가}{1인당\ 사회보험료부담금액} \times \frac{50\%}{(75\%)}❶$$

❶ 단, 신성장 서비스업은 75%를 공제율로 적용한다.

(1) 증가한 이외 상시근로자 수

해당 과세연도에 직전 과세연도 대비 증가한 상시근로자 수에서 위의 증가한 청년등 상시근로자 수를 차감한 금액이다. 차감 후의 수가 음수인 경우 0으로 본다(조특령 §27의 4 ④).

> 증가한 이외 상시근로자 수 = 상시근로자 증가인원 - 청년상시근로자 증가인원

예를 들어 상시근로자 수가 30명이 증가하고, 청년등 상시근로자 수가 2명 감소하며 청년등 외 상시근로자 수가 32명이 증가한 경우에 증가한 이외 상시근로자 수는 30명이다.

---

[7] 실업급여의 보험료율(1.8%)의 2분의 1(0.9%)과 규모별로 적용되는 고용안정·직업능력개발사업의 보험료율(0.25~0.85%)을 합한 요율로 한다(고용보험 및 산업재해보상보험의 보험료징수 등에 관한 법률 §13 ④).
[8] 산재보험료율은 2024년도 사업종류별 산재보험료율(고용노동부고시 제2024-1호, 2024.1.5. 개정)을 참조하여 해당 기업의 자료를 통해 적용하도록 한다.

청년등 상시근로자가 음수인 경우 0으로 보므로, 상시근로자 증가 인원 30명에서 청년 상시근로자 증가인원 0명을 빼면 이외 상시근로자 수의 증가는 30명으로 계산된다.

(2) 사용자의 이외 증가 1인당 사회보험료 부담금액

$$\text{사회보험료 부담금액} = \frac{\text{해당연도 이외 상시근로자에게 지급하는 총급여액}}{(\text{해당연도 상시근로자 수} - \text{해당연도 청년등 상시근로자 수})} \times \text{사회보험료율}$$

해당 과세연도에 사용자가 부담하는 사회보험료 상당액에 대하여 국가 및 공공기관이 지급했거나 지급하기로 한 보조금 및 감면액의 합계액은 사회보험료 부담금액에서 제외한다.

총급여액은 소득세법 제20조 제1항에 따라 계산하며, 그 내용은 전술한 청년등 상시근로자와 동일하다(조특령 §27의 4 ⑨).

사회보험료율의 산정방법도 전술한 청년 상시근로자와 동일하다(조특령 §27의 4 ⑩).

4 사후관리

최초로 공제를 받은 과세연도의 종료일부터 1년이 되는 날이 속하는 과세연도의 종료일까지의 기간 중, 즉 2차연도에 고용유지조건을 위반한 경우에는 공제받은 세액에 상당하는 금액을 해당 과세연도의 과세표준을 신고할 때 소득세 또는 법인세로 납부하여야 한다(조특법 §30의 4 ② 후단). 그러나, 이자상당가산액은 납부하지 않는다.

2022년 세법개정에서 사회보험료 세액공제를 받은 중소기업이 그 다음 과세연도에 상시근로자 고용이 감소한 경우에는 세액공제를 중단하고 공제받은 세액을 납부하도록 사후관리 규정을 신설하였다.

다음 구분에 따라 계산한 금액(해당 과세연도의 직전 과세연도에 공제받은 세액을 한도로 함)을 추징세액으로 한다(조특령 §27의 4 ⑪).

최초로 공제받은 과세연도(이하 "최초공제연도")에 청년등 상시근로자에 해당한 사람은 이후 과세연도에도 청년등 상시근로자로 보아 청년등 상시근로자 수를 계산한다(이하 "청년등 간주 규정"; 조특령 §27의 4 ⑪, ⑫). 청년등 간주 규정의 인원 수 산정방법은 제5절 Ⅲ. 3-1 (2)를 참조하기로 한다.

4-1 상시근로자 수가 감소하는 경우

다음의 구분에 따라 계산한 금액으로 한다.

(가) 감소한 청년등 상시근로자의 수가 감소한 상시근로자 수 이상인 경우

청년등 수가 그 외 근로자에 비하여 초과 감소한 경우이다. 다음의 산식은 조특법 제29조의 8 통합고용세액공제의 1년 이내 감소하는 경우의 사후관리 규정과 표현은 달라도 결과는 동일하게 계산된다(조특령 §26의 8 ④ 1호 참조).

$$\left[(\text{차감인원수})^{\text{❶}} \times (\text{청년등 상시근로자 공제액})^{\text{❷}} \right] - \left[(\text{차감인원수})^{\text{❶}} \times (\text{그 외 상시근로자 공제액})^{\text{❸}} \right] + \left[(\text{감소 상시근로자 수})^{\text{❹}} \times (\text{청년등 상시근로자 공제액})^{\text{❷}} \right]$$

❶ 최초공제연도에 비해 감소한 청년등 상시근로자 수(최초공제연도에 청년등 상시근로자가 증가한 수를 한도로 함)에서 최초공제연도에 비해 감소한 상시근로자 수를 뺀 인원수임. 이하 "차감인원수"라 함.

❷ 법 제30조의 4 제1항 제1호의 계산식(청년 등 상시근로자 공제액)을 준용하여 계산한 금액

❸ 법 제30조의 4 제1항 제2호의 계산식(그 외 상시근로자 공제액)을 준용하여 계산한 금액

❹ 최초공제연도에 비해 감소한 상시근로자 수

(나) 그 밖의 경우

$$\left[\text{청년 감소 인원수}^{\text{❺}} \times \text{청년등 상시근로자 공제액}^{\text{❷}} \right] + \left[\text{그외 상시근로자 감소 인원 수}^{\text{❻}} \times \text{그외 상시근로자공제액}^{\text{❸}} \right]$$

❺ 최초공제연도에 비해 감소한 청년등 상시근로자 수(최초공제연도에 청년등 상시근로자가 증가한 수를 한도로 함). 이하 "청년감소인원수"라 함.

❻ 최초공제연도에 비해 감소한 청년등 상시근로자 외의 상시근로자 수(최초공제연도에 비해 감소한 상시근로자 수를 한도로 함)

4-2 상시근로자 수는 감소하지 않으면서 청년등 수가 감소한 경우

$$\left[\text{청년 감소 인원수}^{\text{❺}} \times \text{청년등 상시근로자 공제액}^{\text{❷}} \right] - \left[\text{청년 감소 인원 수}^{\text{❺}} \times \text{그외 상시근로자공제액}^{\text{❸}} \right]$$

Ⅳ. 조세특례제한 등

1 절차

세액공제신청서와 중소기업 고용증가인원에 대한 사회보험료 세액공제 공제세액계산서(별지 제11호의 5 서식)를 납세지 관할세무서장에게 제출하여야 한다(조특법 §30의 4 ⑤).

2 중복지원의 배제

법 제30조의 4 중소기업 사회보험료 세액공제와 법 제26조 고용창출투자세액공제는 중복지원이 불가하다. 다만 2018년부터 본 세액공제와 법 제7조 중소기업에 대한 특별세액감면과는 중복적용이 가능하다(조특법 §127 ②·④).

그리고, 통합고용세액공제의 기본공제는 법 제29조의 7 고용증대기업 세액공제와 법 제30조의 4 중소기업 사회보험료 세액공제를 받지 아니한 경우에만 적용한다(조특법 §127 ⑪).

또한 다음의 중복지원 배제조항이 적용된다(조특법 §127 ③·④).
- 외투감면 시 내국인 지분 제외
- 감면규정과 세액공제규정의 중복지원 배제

제20부 제1절 중복지원의 배제 부분을 참조하기로 한다.

기타 조세특례제한 등

구 분	내 용	참조 부분
추계과세 시 등	세액공제 배제(조특법 §128 ①)	제20부 제2절
최저한세	적용대상(조특법 §132 ①·②)	제20부 제4절
세액공제액의 이월공제	허용(조특법 §144 ①·②)	제21부 제2절
농어촌특별세	비과세(농특법 §4 11호의 3)	

V. 서식 작성요령

■ 조세특례제한법 시행규칙 [별지 제11호의 5 서식] <개정 2022. 3. 18.> (앞쪽)

중소기업 고용증가 인원에 대한 사회보험료 세액공제
공제세액계산서

❶ 신청인	① 상호 또는 법인명		② 사업자등록번호	
	③ 대표자 성명		④ 생년월일	
	⑤ 주소 또는 본점소재지		(전화번호:)	

※ II. 2-1 상시근로자 제외자
- 계약기간 1년 미만자
- 단시간 근로자
- 임원
- 최대주주등 및 친족
- 원천징수 미확인자

❷ 과세연도   년 월 일부터   년 월 일까지

❸ 공제세액 계산내용
⑥ 해당연도 공제세액 합계(⑦+㉒) = 청년등 + 청년등 외 공제세액

1. 청년 및 경력단절 여성 상시근로자 고용증가 인원의 사회보험료 부담증가 상당액에 대한 공제세액계산

⑦ 공제세액(⑩×⑮)   ※ II. 2-3 산정 방법 단시간 근로자 0.5명 상용형 근로자 0.75명

가. 고용증가 인원 계산 소수 셋째자리 미만 절사

⑧ 해당 과세연도 청년등 상시근로자 수	⑨ 직전 과세연도 청년등 상시근로자 수		⑩ 증가한 청년등 상시근로자 수 [(⑧-⑨), ⑩≤㉕]
※ II. 2-2 청년 15세~29세, 군 복무(6년 한도) + 경력단절 여성		음수는 0 간주	증가 인원을 한도로 함

나. 고용증가 인원 1인당 사용자의 사회보험료 부담금액

⑪ 해당 과세연도에 청년등 상시근로자에게 지급하는 「소득세법」 총급여액	⑫ 해당 과세연도 청년등 상시근로자 수 (=⑧)	⑬ 사회보험료율 (=㉑)	⑭ 국가등이 지급한 보조금 및 감면액	⑮ 사회보험료 부담금 (⑪/⑫×⑬-⑭)
급여 등, 잉여금처분에 의한 상여, 인정상여 등	= 매월말 청년등 근로자수 ÷ 개월수			III. 3-1 (2-1)산식

다. 사회보험료율 III. 3-1 (2-2) 사회보험료율

⑯ 국민건강보험	⑰ 장기요양보험	⑱ 국민연금	⑲ 고용보험	⑳ 산업재해 보상보험	㉑ 계(⑯+⑰+⑱+⑲+⑳)
		4.5%	0.8%+α	고시 참조	

2. 청년 및 경력단절 여성 외 상시근로자 고용증가 인원의 사회보험료 부담증가 상당액에 대한 공제세액계산

㉒ 공제세액(㉗×㉜×0.5, 단 신성장 서비스업을 영위하는 중소기업의 경우 ㉗×㉜×0.75) 50% 공제, 단, 신성장 서비스업은 75%

가. 고용증가 인원 계산 II. 1. 열거 업종 참조 소수 셋째자리 미만 절사

㉓ 해당 과세연도 상시근로자 수	㉔ 직전 과세연도 상시근로자 수	㉕ 증가한 상시근로자 수 (㉓-㉔)	㉖ 증가한 청년등 상시근로자 수 (=⑩)	㉗ 증가한 청년등 외 상시근로자 수 (㉕-㉖)
				음수는 0 간주

나. ※ II. 2-3 근로자 수 산정 단시간 근로자 0.5명, 상용형 근로자 0.75명

㉘ 해당 과세연도에 청년등 외 상시근로자에게 지급하는 「소득세법」 제20조 제1항에 따른 급여 등, 잉여금처분에 의한 상여, 인정상여 등	㉙ 해당 과세연도 상시근로자 수 - 해당 과세연도 청년등 상시근로자 수 (㉓-⑧)	㉚ 사회보험료율 (=㉑)	㉛ 국가등이 지급한 보조금 및 감면액	㉜ 사회보험료 부담금 (㉘/㉙×㉚-㉛) III. 3-2 (2) 산식

「조세특례제한법」 제30조의 4 제3항에 따라 공제세액계산서를 제출합니다.

년 월 일

신청인   (서명 또는 인)

Ⅵ. 예제와 서식 작성실무

신고실무 중소기업 고용증가 인원에 대한 사회보험료 세액공제 공제세액계산서

● 자 료

㈜문화는 전자제품을 제조하는 중소기업으로 2024년과 2023년 특례 대상 상시근로자 수 및 임금은 다음과 같다.

구 분		인원 수	총급여액
2024년	청년등	68.54	3,831,625,610
	이외	26.87	1,808,374,390
	합계	95.41	5,640,000,000
2023년	청년등	45.66	2,291,373,791
	이외	14.32	718,626,209
	합계	59.98	3,010,000,000

● 해 설

1. 사회보험료율 계산

   ① 국민건강보험 3.545%, 장기요양보험 0.4591%, 국민연금 4.5%는 모든 업체가 동일함.
   ② 고용보험료율 = 실업급여 + 고용안정 = 0.9% + 0.25%(150인 미만 사업장) = 1.15%
   ③ 산재보험료율 0.6% : 전자제품 제조업(2024년도 사업종류별 산재보험료율 고시 참조)의 수치를 가정함

   위의 사회보험료율을 모두 합하면 10.2541%이다.

2. 청년등 상시근로자 공제세액

   2-1 증가한 청년등 상시근로자 수

   Min [(청년등 상시근로자 증가 인원), (전체 상시근로자 증가 인원)]
   = Min [(68.54 - 45.66), (95.41 - 59.48)] = Min [(22.88), (35.43)] = 22.88명

   2-2 사용자의 청년등 증가 1인당 사회보험료 부담금액

   1인당 부담금액 = 당기 청년등 총급여액 ÷ 당기 청년등 수 × 사회보험료율
   = 3,831,625,610 ÷ 68.54 × 10.2541% = 5,732,400원

   2-3 공제세액

   공제세액 = 증가한 청년등 수 × 1인당 부담금액 × 100% = 22.88 × 5,732,400 × 100%
   = 131,157,312원

3. 이외 상시근로자 공제세액

   3-1 증가한 이외 상시근로자 수

   증가한 이외 상시근로자 수 = 상시근로자 증가인원 - 청년상시근로자 증가인원
   = 35.43 - 22.88 = 12.55

   3-2 사용자의 이외 증가 1인당 사회보험료 부담금액

   1인당 부담금액 = 당기 이외 총급여액 ÷ (당기 근로자 수 - 당기 청년등 수) × 사회보험료율
   = 1,808,374,390 ÷ (95.41 - 68.54) × 10.2541% = 6,901,098원

   3-3 공제세액

   공제세액 = 증가한 이외 근로자 수 × 1인당 부담금액 × 50% = 12.55 × 6,901,098 × 50%
   = 43,304,389원

   ※ ㈜문화는 전자제품제조업으로 신성장서비스업에 해당하지 않아 50% 공제율을 적용한다.

4. 공제세액 합계

   공제세액 = 청년등 상시근로자 공제세액 + 이외 상시근로자 공제세액
   = 131,157,312 + 43,304,389 = 174,461,701원

■ 조세특례제한법 시행규칙 [별지 제11호의 5 서식] <개정 2022. 3. 18.>   (앞쪽)

중소기업 고용증가 인원에 대한 사회보험료 세액공제 공제세액계산서

❶ 신청인

① 상호 또는 법인명	㈜문화	② 사업자등록번호	
③ 대표자 성명	김 성 수	④ 생년월일	
⑤ 주소 또는 본점소재지	경기도 성남시 분당구	(전화번호 :)	

❷ 과세연도

2024년 1월 1일부터 2024년 12월 31일까지

❸ 공제세액 계산내용

⑥ 해당연도 공제세액 합계(⑦+㉒)	174,461,701

1. 청년 및 경력단절 여성 상시근로자 고용증가 인원의 사회보험료 부담증가 상당액에 대한 공제세액계산

⑦ 공제세액(⑩×⑮)	131,157,312

가. 고용증가 인원 계산

⑧ 해당 과세연도 청년등 상시근로자 수	⑨ 직전 과세연도 청년등 상시근로자 수	⑩ 증가한 청년등 상시근로자 수 [(⑧-⑨), ⑩≤㉕]
68.54	45.66	22.88

나. 고용증가 인원 1인당 사용자의 사회보험료 부담금액

⑪ 해당 과세연도에 청년등 상시근로자에게 지급하는 「소득세법」 제20조 제1항에 따른 총급여액	⑫ 해당 과세연도 청년등 상시근로자 수(=⑧)	⑬ 사회보험료율(=㉑)	⑭ 국가등이 지급한 보조금 및 감면액	⑮ 사회보험료 부담금 (⑪/⑫×⑬-⑭)
3,831,625,610	68.54	10.2541%		5,732,400

다. 사회보험료율

⑯ 국민건강보험	⑰ 장기요양보험	⑱ 국민연금	⑲ 고용보험	⑳ 산업재해 보상보험	㉑ 계(⑯+⑰+⑱+⑲+⑳)
3.545%	0.4591%	4.5%	1.15%	0.6%	10.2541%

2. 청년 및 경력단절 여성 외 상시근로자 고용증가 인원의 사회보험료 부담증가 상당액에 대한 공제세액계산

㉒ 공제세액(㉗×㉜×0.5, 단 신성장 서비스업을 영위하는 중소기업의 경우 ㉗×㉜×0.75)	43,304,389

가. 고용증가 인원 계산

㉓ 해당 과세연도 상시근로자 수	㉔ 직전 과세연도 상시근로자 수	㉕ 증가한 상시근로자 수 (㉓-㉔)	㉖ 증가한 청년등 상시근로자 수 (=⑩)	㉗ 증가한 청년등 외 상시근로자 수 (㉕-㉖)
95.41	59.98	35.43	22.88	12.55

나. 고용증가 인원 1인당 사용자의 사회보험료 부담금액

㉘ 해당 과세연도에 청년등 외 상시근로자에게 지급하는 「소득세법」 제20조 제1항에 따른 총급여액	㉙ 해당 과세연도 상시근로자 수 - 해당 과세연도 청년등 상시근로자 수 (㉓-⑧)	㉚ 사회보험료율 (=㉑)	㉛ 국가등이 지급한 보조금 및 감면액	㉜ 사회보험료 부담금 (㉘/㉙×㉚-㉛)
1,808,374,390	26.87	10.2541%		6,901,098

「조세특례제한법」 제30조의 4 제3항에 따라 공제세액계산서를 제출합니다.

2025년 3월 31일

신청인   ㈜문화 김성수 (서명 또는 인)

분당 세무서장 귀하

2024 조세특례제한법 해석과 사례

7. 기업구조조정을 위한 조세특례

제1장 기업구조조정 지원세제 서론
제2장 증여관련 가업승계 조세지원 제도
    제1절 서설
    제2절 [제30조의 5] 창업자금에 대한 증여세 과세특례
    제3절 [제30조의 6] 가업의 승계에 대한 증여세 과세특례
    제4절 [제30조의 7] 가업승계 시 증여세의 납부유예
제3장 조직변경 시 이월과세제도
    제1절 서설
    제2절 [제31조] 중소기업 간의 통합에 대한 양도소득세의 이월과세 등
    제3절 [제32조] 법인전환에 대한 양도소득세의 이월과세
제4장 조직변경에 대한 조세지원제도
    제1절 서설
    제2절 [제38조] 주식의 포괄적 교환이전에 대한 과세이연 등
    제3절 [제38조의 2] 주식의 현물출자 등에 의한 지주회사의 설립 등에 대한 과세이연
    제4절 [구 제47조의 4] 합병에 따른 중복자산의 양도에 대한 분할과세(일몰종료)
제5장 사업전환기업 조세지원제도
    제1절 서설
제6장 기업교환에 대한 조세지원제도
    제1절 서설
    제2절 [제46조의 7] 전략적 제휴를 위한 비상장 주식교환등에 대한 과세이연
    제3절 [제46조의 8] 주식매각 후 벤처기업등 재투자에 대한 과세이연
    제4절 [구 제46조] 기업 간 주식등의 교환에 대한 과세이연(일몰종료)
제7장 기업교환에 대한 조세지원제도
    제1절 서설
    제2절 [제34조] 내국법인의 금융채무 상환을 위한 자산매각에 대한 분할과세
    제3절 [제39조] 채무의 인수·변제에 대한 분할과세 등
    제4절 [제40조] 주주등의 자산양도에 관한 법인세 등 분할과세 등
    제5절 [제44조] 재무구조개선계획 등에 따른 기업의 채무면제익에 대한 분할과세 등
    제6절 [제52조] 금융기관의 자산부채 인수에 대한 법인세 손금산입특례

CHAPTER 01 기업구조조정 지원세제 서론

Ⅰ. 기업구조조정 지원세제

기업구조조정이란 기업이 자발적으로 조직변경, 사업조정, 기업교환, 경영합리화를 통해 경쟁력을 강화하는 노력을 말한다.[1]

기업구조조정 지원세제는 과거 1997년 말 외환위기를 극복하는 과정에서 중요한 조세정책의 한 분야였으며, 2008년 금융위기에 따른 시급한 구조조정을 위하여 다시 중요성이 부각되었다.

기업이 최소한의 거래비용으로 구조조정을 원활히 진행할 수 있도록 효율적으로 구조조정비용을 낮추는 것이 기업구조조정 지원세제의 목적으로, 구조조정 시 발생하는 조세부담을 이연하거나 감면하는 방식이 주로 사용된다.

Ⅱ. 본서의 체계

제7부(조특법상 제4절·제5절[2])에서 서술하고 있는 조세특례제도는 여타의 제도에 비해 조문별로 조항 수가 많으며, 조특법의 규정 순서에 따를 경우 특례의 주체별, 또는 유사 제도 간에 통일적인 이해가 쉽지 않다. 이에 본서는 구조조정 영역과 과세특례의 내용을 기준으로 각 장을 구분하고, 각 장 내에서는 조문 순서와 특례 주체에 따라 서술 순서를 정하였다.

제7부 구조조정지원세제는 아래와 같이 지배구조조정, 조직변경, 사업조정, 기업 재무구조 개선으로 나뉜다.

---

[1] 김우철, 「기업구조조정 지원세제의 현황과 개선방향」, 한국재정학회, 2009.6.; 이하 서설의 내용은 본 보고서를 참조함.
[2] 조세특례제한법 제5절 금융기관 구조조정을 위한 조세특례도 기본적으로 기업구조조정에 포함되므로 제7부에서 같이 서술하기로 함.

기업구조조정 지원세제의 분류

구조조정 영역	차례	해당 조문
1. 지배구조조정 - 경영진		
	2장	제30조의 5 창업자금에 대한 증여세 과세특례 제30조의 6 가업의 승계에 대한 증여세 과세특례 제30조의 7 가업승계 시 증여세 납부유예
2. 조직변경		
가. 통합, 전환	3장	제31조 중소기업 간의 통합에 대한 양도소득세의 이월과세 등 제32조 법인전환에 대한 양도소득세의 이월과세
나. 현물출자	4장	제38조 주식의 포괄적 교환·이전에 대한 과세 특례 제38조의 2 주식의 현물출자 등에 의한 지주회사의 설립 등에 대한 과세특례
다. 합병, 분할	4장	구 제47조의 4 합병에 따른 중복자산의 양도에 대한 과세특례
3. 사업조정		
가. 사업전환	5장	제33조 사업전환 무역조정지원기업에 대한 과세특례
나. 기업교환 (주식교환)	6장	제46조의 7 전략적 제휴를 위한 비상장 주식교환등에 대한 과세특례 제46조의 8 주식매각 후 벤처기업등 재투자에 대한 과세특례 구 제46조 기업 간 주식등의 교환에 대한 과세특례(일몰종료)
4. 기업의 재무구조 개선		
	7장	제34조 내국법인의 금융채무 상환을 위한 자산매각에 대한 과세특례 제39조 채무의 인수·변제에 대한 과세특례 제40조 주주등의 자산양도에 관한 법인세 등 과세특례 제44조 재무구조개선계획 등에 따른 기업의 채무면제익에 대한 과세특례 제52조 금융기관의 자산·부채 인수에 대한 법인세 과세특례

법 제55조의 2 자기관리 부동산투자회사 등 소득공제는 법상 제6절 금융기관구조조정을 위한 조세특례에 규정하고 있으나, 주거생활 안정을 위한 조세특례의 성격이므로 제11부에서 서술하였다.

Ⅲ. 사업재편계획을 위한 조세특례

 개요

사업재편계획을 위한 조세특례는 「기업 활력 제고를 위한 특별법」(일명 원샷법)에 따라 과잉 공급을 해소하려는 목적으로 사업재편을 추진하는 내국법인을 지원하는 제도이다. 종전 부실기업에 대해서 사후적으로 적용하던 과세특례를 선제적으로 구조조정하려는 법인에 대하여 적용한다. 사업재편 활동은 합병·분할 등 사업 구조를 변경하여 생산성 및 재무 건전성 향상을 목적으로 주무부처의 승인을 얻어 추진한다.

본 특례는 주무부처의 승인을 받은 사업재편계획을 요건으로 한다는 점 이외에는 기존의 제7부 기업구조조정을 위한 조세특례와 그 내용이 매우 유사하므로 적용에 있어서 기존 특례를 참고하기 바란다. 본서에는 사업재편계획을 위한 조세특례를, 그 특례와 관련된 기존의 조세특례 서술 마지막에서 차이점을 비교하는 형식으로 기재하였다.

사업재편계획을 위한 조세특례의 서술 위치

사업재편계획을 위한 조세특례	제7부 기업구조조정을 위한 조세특례	참조
제121조의 26 내국법인의 금융채무 상환을 위한 자산매각에 대한 과세특례	제34조 내국법인의 금융채무 상환을 위한 자산매각에 대한 과세특례	제7장 제2절
제121조의 27 채무의 인수·변제에 대한 과세특례	제39조 채무의 인수·변제에 대한 과세특례	제7장 제3절
제121조의 28 주주등의 자산양도에 관한 법인세 등 과세특례	제40조 주주등의 자산양도에 관한 법인세 등 과세특례	제7장 제4절
제121조의 29 사업재편계획에 따른 기업의 채무면제익에 대한 과세특례	제44조 재무구조개선계획 등에 따른 기업의 채무면제익에 대한 과세특례	제7장 제5절
세121조의 30 기업 간 주식등의 교환에 대한 과세특례	제46조 기업 간 주식등의 교환에 대한 과세특례(일몰종료)	제6장 제4절
제121조의 31 합병에 따른 중복자산의 양도에 대한 과세특례	제47조의 4 합병에 따른 중복자산의 양도에 대한 과세특례	제4장 제5절

사업재편계획을 위한 조세특례는 2016.8.13.부터 시행한다.(2016.5.10. 개정된 시행령 부칙 §1 단서)

2 제121조의 32 사업재편계획에 따른 합병 시 주식교부비율 특례

사업재편계획에 따라 내국법인 간에 합병(분할합병 포함)하는 경우에는 적격합병 또는 적격분할 요건 중 주식 교부비율요건(법법 §44 ② 2호 및 §46 ② 2호)을 적용할 때 합병대가 중 주식을 80%가 아닌 70% 이상 교부하는 경우에도 요건을 충족한 것으로 본다.(조특법 §121의 32)

2017.1.1. 이후 합병하는 경우부터 적용한다.(2016.12.20. 개정된 법 부칙 §37)

2022년 세법개정에서 특례 적용기한이 종료되었다.

Ⅳ. 이월결손금

법인세법상 이월결손금은 크게 공제기한 내의 결손금(법법 §13 ① 1호)과 발생 시기에 관계 없이 공제할 수 있는 결손금(법령 §16 ①)으로 구분되어 사용된다. 조세특례제한법에서는 법인세법상 이월결손금을 준용할 때 일반적으로 공제기한 내의 결손금 조항을 준용한다(조특령 §30 ④ 1호·§57 ④ 2호·§79의 8 ② 1호 등).

그러나 제7부 기업구조조정 지원세제에서는 발생 시기에 관계없이 공제할 수 있는 결손금 조항을 준용하는 경우가 있다. 동 결손금은 자산수증익 또는 채무면제익으로서 이월결손금을 보전하는데 충당하는 경우의 대상 결손금이다.(법법 §18 6호) 공제기한 경과분이 포함됨에 주의하여야 한다.

기업구조조정 지원세제의 이월결손금 구분

구분	특례	조문
기한 내 이월결손금 (법법 §13 ① 1호)	사업전환 무역조정지원기업에 대한 분할과세 등	영 §30 ④ 1호
	내국법인의 금융채무 상환을 위한 자산매각에 대한 분할과세	영 §34 ⑧
	합병에 따른 중복자산의 양도에 대한 분할과세	영 §44의 4 ④ 1호
기한 경과분 이월결손금 (법령 §16 ①)	채무의 인수·변제에 대한 분할과세 등	영 §36 ⑧
	주주등의 자산양도에 관한 법인세 등 분할과세 등	영 §37 ② (준용)
	재무구조개선계획 등에 따른 기업의 채무면제익에 대한 분할과세 등	영 §41 ① (준용)

CHAPTER 02 증여관련 가업승계 조세지원 제도

제1절 서설

Ⅰ. 의의

가업승계란 일반적으로 기업이 동일성을 유지하면서 상속이나 증여를 통하여 그 기업의 소유권 또는 경영권을 승계자에게 이전하는 것을 말한다.[1]

중소기업의 가업승계 지원제도는 상증법의 '가업상속공제 제도'와 조세특례제한법의 '창업자금에 대한 증여세과세특례 제도', '가업승계에 대한 증여세 과세특례'가 있다. '가업승계에 대한 증여세 과세특례 제도'가 가업 주식 등의 증여를 통하여 가업승계를 지원하는 제도인 반면에, '창업자금에 대한 증여세 과세특례'는 기존의 가업과는 무관하게 새로이 중소기업을 창업하는데 있어 부(富)의 조기 이전을 지원하는 제도이다. 즉, '창업자금에 대한 증여세 과세특례'를 엄밀히 보자면 가업의 승계와는 관련성이 적다.

이외에도 중소기업의 가업승계 지원제도에는 가업상속에 대한 상속세 연부연납제도(상증법 §71) 등이 있다.

조세특례제한법의 가업승계 지원제도

조문	특례요건	과세특례
§30의 5 창업자금에 대한 증여세 과세특례	18세 이상인 거주자가 창업중소기업을 창업할 목적으로 60세 이상의 부모로부터 창업자금을 증여 받아 창업할 것	50억원을 한도로 5억원을 공제하고 10% 저율로 증여세를 부과한 후, 상속재산가액에 가산하여 상속세 정산. 단, 10명 이상 신규 고용 시에는 100억원 한도

---

[1] 국세청, 「가업승계 지원제도 안내」, 2020.4., p.20.

조문	특례요건	과세특례
§30의 6 가업의 승계에 대한 증여세 과세특례	10년 이상 가업을 경영한 부모가 자녀에게 주식을 증여하여 해당 가업을 승계할 것	최대 600억원을 한도로 10억원을 공제하고 120억원 이하는 10%, 120억원 초과분은 20%로 증여세를 부과한 후, 상속재산가액에 가산하여 상속세 정산
§30의 7 가업승계시 증여세의 납부유예	거주자가 중소기업에 해당하는 가업의 승계를 목적으로 주식등을 증여받고 담보를 제공하는 경우	수증자가 양도·상속·증여하는 시점까지 증여세를 납부 유예(한도 없음)

Ⅱ. 제도 간의 비교

위 표에서 보는 바와 같이 창업자금 및 가업승계에 대한 증여세 과세특례와 납부유예의 조세지원 내용은 기본적으로 유사하나, 요건 등에서 아래와 같은 차이가 있다.

창업자금 및 가업승계에 대한 증여세 과세특례의 비교

구분	창업자금 증여세 과세특례	가업승계 증여세 과세특례
증여자	■60세 이상 부모	■60세 이상 부모 ■10년 이상 가업 경영
수증자	■18세 이상 거주자인 자녀 ■2인 이상의 자녀도 각각 적용	■18세 이상 거주자인 자녀 ■2인 이상의 자녀도 적용
대상 재산	양도소득세 과세 대상 재산을 제외한 재산	증여자가 최대주주 등으로서 지분율이 40% 이상으로 10년 이상 보유한 중소기업 또는 중견기업의 주식 또는 출자지분
수증자의 의무	증여받은 날로부터 2년 이내에 창업중소기업을 창업	수증자 또는 배우자가 신고기한까지 가업에 종사하고 3년 이내에 대표이사에 취임
증여세 특례	■한도 : 50억원(신규 10명 고용 100억원) ■증여재산공제 : 5억원 ■세율 : 10% ■일반 증여재산과 합산 배제 ■신고세액공제 배제 ■(N.A.)	■한도 : 최대 600억원 ■증여재산공제 : 10억원 ■세율 : 10%, 단 120억원 초과분은 20% ■좌동 ■좌동 ■자본거래 증여 예시규정 적용시 특칙

구분	창업자금 증여세 과세특례	가업승계 증여세 과세특례
상속세 정산	■ 10년이 경과한 특례자산도 상속재산에 가산 ■ 상속공제액 계산 시 종합한도에 포함 ■ 증여세액 공제 한도 적용 배제 ■ (N.A.)	■ 좌동 ■ 좌동 ■ 좌동 ■ 가업상속공제시 특례 적용

가업승계 증여세 과세특례와 증여세 납부유예 특례의 비교

구 분		가업승계 증여세 과세특례	가업승계 증여세 납부 유예
기업 규모		상증법상 중소·중견(매출액 5천억원 미만)기업	상증법상 중소기업
대상 자산		주식·출자지분	주식·출자지분
과세 특례		증여 시 저율 과세 → 상속시점에 상속세 정산	양도·상속·증여 시까지 증여세 납부 유예 → 상속시점에 상속세 정산
특례 한도		600억원	없음
사후관리 기간		3년 또는 5년	5년
사후 관리	업종유지	대분류 내 변경 허용	면제
	고용유지	면제	5년 평균 70%
	지분유지	증여 받은 지분 유지	증여 받은 지분 유지

제2절 [제30조의 5] 창업자금에 대한 증여세 과세특례 ★★★☆

차례

Ⅰ. 의의	937
Ⅱ. 요건	938
1. 주체	938
2. 창업자금의 범위 및 용도	938
2-1 창업자금의 범위	938
2-2 창업자금의 용도	939
3. 창업중소기업의 창업	939
3-1 창업중소기업	939
3-2 창업	940
(1) 창업과 창업일	940
(2) 창업의 범위	940
(3) 창업시기 및 창업자금 사용시기	941
(4) 승계방식 창업의 제외	941
4. 특례 신청	944
Ⅲ. 과세특례	944
1. 증여세 특례	944
1-1 당해 증여세 과세가액	945
1-2 기과세 특례 증여세 과세가액	945
(1) 창업자금의 재차 증여 등의 경우 합산	945
(2) 일반 증여재산과 합산 배제	946
1-3 특례 대상 증여세 과세가액	946
1-4 증여재산공제	947
1-5 세율	947
1-6 세액공제	947
1-7 분납세액 및 물납세액 예제	947
2. 사후관리	949
2-1 사후관리 사유 및 추징금액	949
(1) 창업 요건에 위배된 경우 (1호)	950
(2) 특례업종 외의 업종을 경영하는 경우 (2호)	950
(3) 창업한 사업과 관련하여 미사용 (3호)	950
(4) 창업자금을 4년 이내 해당 목적 미사용 (4호)	950
(5) 수증 후 10년 이내 용도 외 사용 (5호)	951
(6) 창업 후 10년 이내 폐업·휴업 또는 수증자의 사망 (6호)	951
(7) 창업 후 5년 이내 근로자 수 감소 (7호)	952
2-2 이자상당액	953
2-3 자진 신고납부	954
3. 상속세 정산	954
3-1 증여재산가액	955
3-2 상속공제액 계산 시 종합한도	956
3-3 세액공제	956
3-4 공동 상속의 경우 예제	957
Ⅳ. 조세특례제한 등	958
1. 자료 제출의무 및 가산세	958
1-1 자료 제출의무	958
1-2 창업자금 사용명세서 미제출가산세	959
2. 가업승계 증여세 과세특례와 중복적용 배제	959

Ⅰ. 의의

부모가 창업중소기업[1]을 창업하려는 자녀에게 창업자금을 증여하는 경우에는 증여세 과세가액(50억원 한도, 단 10명 이상 신규 고용시 100억원 한도)에서 5억원을 공제하고 저율인 10%로 증여세를 부과한 연후, 상속개시 시점에는 증여 당시 가액을 상속재산가액에 가산하여 상속세로 정산하는 제도이다.

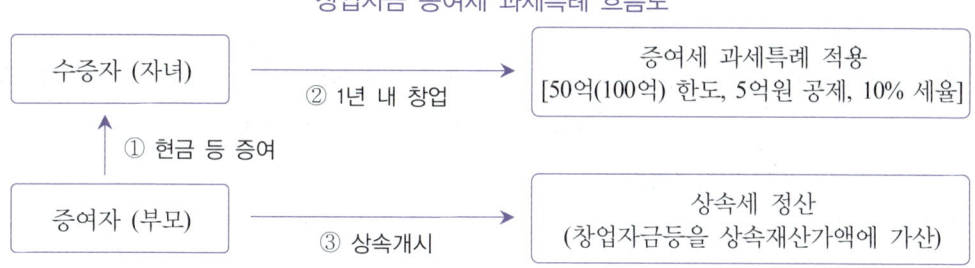

창업자금 증여세 과세특례 흐름도

부동산 등에 투자되어 있는 고령 세대의 자산을 젊은 세대로의 조기이전을 유도하며, 부모의 재정지원과 경영 노하우 전수 등을 통해 젊은 세대의 성공적인 창업을 지원하기 위한 목적으로 2006년 도입되었다.

2014년 세법개정으로 적용기한이 폐지된 항구적 조세특례제도이다.

개정연혁

연 도	개정 내용
2020년	■ 자금사용기한 연장 : 증여일로부터 1년 → 2년 이내 창업, 3년 → 4년 이내 창업자금으로 사용 ■ 창업 업종확대 : 번역 및 통역서비스업, 경영컨설팅업, 콜센터 및 텔레마케팅 서비스업 등 세세분류 기준 97개 업종
2023년	■ 증여세 과세가액 한도 상향 : 30억(50억) → 50억(100억) ■ 창업의 범위 확대 : 매입한 자산 가액이 30%를 초과하지 않는 경우에는 창업으로 간주 ■ 자진 신고납부 절차 규정 신설

---

[1] 종래에는 동 과세특례상 별도로 업종을 규정하여 창업자금중소기업이라는 용어를 사용했으나, 2014년 개정으로 창업중소기업세액감면 제도의 업종을 준용하므로 본서에서는 창업중소기업의 용어를 사용함.

Ⅱ. 요건

18세 이상인 거주자가 창업중소기업을 창업할 목적으로 60세 이상의 부모로부터 창업자금을 증여 받아 창업하여야 하고 특례신청을 하여야 한다.

1 주체

과세특례의 주체(수증자)는 18세 이상인 거주자이며, 증여의 주체는 60세 이상의 부모이어야 한다. 증여 당시 부 또는 모가 사망한 경우에는 그 사망한 부 또는 모의 부모(친조부모 또는 외조부모)를 포함한다(조특법 §30의 5 ①).

수증자 별로 본 특례를 적용하므로 2인 이상의 자녀가 아버지로부터 각각 증여 받았을 때에는 각각 특례 규정을 적용한다(재산세과-4457, 2008.12.30.).

2 창업자금의 범위 및 용도

2-1 창업자금의 범위

창업자금으로 증여되는 자산은 소득세법상 토지·건물 등 양도소득에 대한 소득세가 과세되는 재산을 제외한 재산으로 한다(조특령 §27의 5 ① → 소법 §94 ①). 양도소득세 과세 대상 자산을 포함할 경우, 양도소득세를 회피하는 수단으로 악용될 가능성이 있기 때문이다.

양도소득세 과세대상 자산

구 분	내 용
부동산	■ 토지 또는 건물
부동산에 관한 권리	■ 부동산을 취득할 수 있는 권리 (예, 아파트입주권) ■ 지상권 ■ 전세권과 등기된 부동산임차권
주식 (신주인수권과 증권예탁증권 포함)	■ 주권상장법인의 주식 중 대주주 양도분과 장외거래분 ■ 주권상장법인이 아닌 법인의 주식등

구 분	내 용
기타자산	■ 영업권 ■ 특정시설물이용권 ■ 특정주식

따라서 창업자금으로 증여될 수 있는 대상은 현금과 예금, 소액주주의 상장주식, 국공채·회사채 등이 가능하다. 그러나 증여 받은 재산을 담보로 대출받은 대출금은 창업자금에 해당하지 않는다(재산-716, 2010.9.30.).

2-2 창업자금의 용도

창업자금이란 후술하는 창업에 직접 사용되는 다음 어느 하나에 해당하는 자금을 말한다(조특령 §27의 5 ②).
① 토지와 감가상각자산(법령 §24) 등 사업용자산(조특령 §5 ⑲)의 취득자금
② 사업장의 임차보증금(전세금 포함. 이하 같음) 및 임차료 지급액

증여자금으로 건설업 법인을 영위하기 위한 재고자산인 토지를 매입하는 경우는 창업자금에 해당하지 아니한다(서면법령재산-2136, 2020.10.21.).

3 창업중소기업의 창업

3-1 창업중소기업

창업자금을 증여 받아 창업중소기업 세액감면 제도의 감면업종을 영위하는 중소기업(이하 "창업중소기업")을 창업하여야 한다(조특법 §30의 5 ①). 따라서 도소매업,(조심 2019서0766, 2019.6.10.). 부동산 임대 및 공급업 등은 제외된다.

본 특례의 창업 업종 요건은 조특법 제6조 창업중소기업 세액감면의 감면 업종을 준용하는데, 2020년 개정세법에서 동 감면 업종의 일부가 Negative 방식으로 전환함에 따라 업종이 확대되었다. 확대되는 업종은 번역 및 통역서비스업, 경영컨설팅업, 콜센터 및 텔레마케팅 서비스업 등 세세분류 기준 97개 업종이다.

창업중소기업 세액감면제도의 감면업종(조특법 §6 ③ 각 호)은 제2부 제2절 Ⅱ. 1-1을 참조하기로 한다.

3-2 창업

창업자금을 증여 받은 자는 증여 받은 날로부터 2년 이내에 창업을 하여야 한다(조특법 §30의 5 ②).

승계방식의 창업이 제외되는 것은 법 제6조 창업중소기업 세액감면과 동일하다. 따라서 제2부 제2절 Ⅱ. 1-3 창업 부분에서 제시한 관련 예규·판례는 본 과세특례에서도 원칙적으로 유추적용할 수 있다. 다만 창업의 개념과 창업일 등은 차이가 있으므로 이는 해당 부분에서 비교·설명하기로 한다.

(1) 창업과 창업일

"창업"이라 함은 소득세법, 법인세법, 부가가치세법에 따라 납세지 관할 세무서장에 등록하는 것을 말한다(조특령 §27의 5 ③). 부가가치세법에 따라 사업자등록을 한 경우에는 소득세법, 법인세법상으로도 사업자등록을 한 것으로 간주하므로(소법 §168 ②, 법법 §111 ②), 부가가치세법에 따라 사업자 등록을 한 경우에는 창업에 해당한다(부법 §8 ①·⑤).

이는 법 제6조 창업중소기업세액감면에서 창업의 개념을 별도로 정의하고 있지 않아, 근거법령인 중소기업창업지원법(이하 "중기창업법")의 규정을 차용하는 것과 차이가 있다.

따라서 본 과세특례의 창업일은 부가가치세법에 따른 **사업자등록일**로 한다(조심 2019중0358, 2019.6.17. 참조). 사업자가 사업장마다 사업개시일부터 20일 이내에 사업자등록을 신청하면 관할세무서장이 사업자등록증을 발급하는데, 사업자등록증 교부일이 사업자등록일이다(부법 §8).[2]

(2) 창업의 범위

(2-1) 사업의 실질적 경영

창업은 수증자인 거주자가 해당 중소기업을 새로 설립, 사업자등록하고 사업을 개시하여 실제로 독립적인 경영을 하는 것을 말한다(재산-369, 2012.10.9.). 또한 창업은 사업자등록자로서 **사업경영 전반에 실질적으로 참여**하는 것을 의미하며, 단순히 창업법인에 지분을 출자하거나 자금을 대여한 경우는 해당되지 않는다(심사증여 2014-2, 2014.4.15.; 재산세과-198, 2011.4.19.; 서면3팀-1393, 2007.4.30.).

---

[2] 창업중소기업세액감면에서의 창업일과 본 특례의 창업일과는 차이가 있다. 중기창업법에서의 창업일은 법인인 경우에는 법인설립등기일, 개인의 경우에는 원칙적으로 부가가치세법에 따른 사업개시일로 한다. 보다 상세한 사항은 제2부 제2절 Ⅱ. 1-3 창업 부분을 참조하기 바란다.

(2-2) 공동창업

창업은 공동창업을 하는 경우에도 허용하나,(재산세과-4457, 2008.12.30.) 증여자인 부모와 함께 해당 법인의 공동대표이사로 취임하는 경우 등 증여자인 부모와 공동으로 창업하는 경우에는 과세특례를 적용하지 않는다(재산세과-291, 2012.8.21.). 본 제도의 취지가 부의 조기 이전을 통한 젊은 세대의 창업을 지원하기 위한 목적이므로, 부모와 공동 창업시에는 실제로 독립적인 경영이 이루어졌다고 보기 어렵기 때문이다(재산세과-369, 2012.10.9.).

다만 부모와 공동으로 창업을 하는 것이 아니라, 부모가 영위하던 사업과 동종의 사업을 영위하는 경우에는 창업에 해당한다(재산세과-914, 2010.12.10.; 재산세과-198, 2011.4.19.).

(3) 창업시기 및 창업자금 사용시기

창업자금을 증여 받은 자는 증여 받은 날로부터 2년 이내에 창업을 하여야 한다. 또한 창업자금의 수증자는 증여일로부터 4년 이내에 창업자금을 모두 해당 목적에 사용하여야 한다(조특법 §30의 5 ②·④).

창업중소기업을 창업할 목적으로 창업자금을 증여 받는 경우가 특례의 대상이므로, 창업 이후에 수증한 창업자금은 특례의 대상이 아니다. 따라서 창업중소기업을 창업한 후에 사업에 필요한 기계장치를 취득할 목적으로 증여 받은 자금이거나(재산-446, 2012.12.10.) 창업한 후에 본인의 증자대금으로 사용된 금융기관의 대출금을 상환할 목적으로 증여 받은 자금(서면상속증여-3674, 2020.3.30.; 재산-434, 2012.12.3.)에 대해서는 본 특례를 적용하지 아니한다.

다만, 창업자금을 증여 받아 본 특례에 따라 창업을 한 자가, 추가적으로 창업자금을 증여 받아 당초 창업한 사업과 관련하여 사용하는 경우에는 아래의 ㉰ 폐업 후 재창업 시 동종 사업영위 및 ㉱ 업종추가 등 실질적으로 창업이 아닌 경우 등 창업 제외 규정(조특법 §30의 5 ② 3호 및 4호)을 적용하지 아니한다(조특법 §30의 5 ③).

2020년 개정세법에서 창업자금 운용의 탄력성 제고를 위하여 창업자금 증여세 특례 적용 요건인 창업 및 자금 사용 기한을 종전 1년 및 3년에서 2년 및 4년으로 각각 1년씩 연장하였다. 2020.1.1. 전에 창업자금을 증여받고 법 30조의 5 제1항에 따라 증여세를 부과 받은 경우에는 개정규정에도 불구하고 종전의 규정에 따른다(2019.12.31. 개정된 법률 부칙 §43).

(4) 승계방식 창업의 제외

아래의 승계방식 창업은 제외된다(조특법 §30의 5 ②).
㉮ 사업결합 시 종전사업의 승계

㉯ 자산인수 후 동종 사업영위
㉰ 개인기업의 법인전환
㉱ 폐업 후 재창업 시 동종 사업영위
㉲ 업종추가 등 실질적으로 창업이 아닌 경우 등

전술한 바와 같이 창업이란 새로이 사업을 개시하여야 하는 것으로, 자산의 원시취득으로 창업하는 경우에 대하여 그 창업 의욕을 고취하여 고용증진과 경제성장을 이루기 위한 것이 본 과세특례의 취지이기 때문이다. 기존사업을 승계하여 창업하는 승계 방식의 창업을 창업에서 제외하는 것은 창업중소기업세액감면제도와 동일하다.3)

다만 사업을 확장하는 경우로서 사업용자산을 취득하거나 확장한 사업장의 임차보증금 및 임차료를 지급하는 경우는 창업으로 본다(조특령 §27의 5 ③). 창업중소기업세액감면에서 사업 확장을 승계방식 창업으로 보아 제외하는 것과 차이가 있다.

각 항목들의 설명은 창업중소기업세액감면제도를 참조하기로 하고, 이하에서는 동 제도와 차이나는 사항에 대해서만 서술하기로 한다.

(4-1) 자산인수 후 동종 사업의 영위

종전의 사업에 사용되던 자산을 인수 또는 매입하여 같은 종류의 사업을 하는 경우(이하 "자산인수 후 동종 사업의 영위")로서 (가) 동종사업 영위와 (나) 특정 비율 이상 자산 인수매입이라는 2가지 요건을 충족하면 승계창업으로 본다(조특법 §30의 5 ② 1호의 2).

2023년 세법개정에서 종전의 사업에 사용되던 자산을 매입하여 같은 종류의 사업을 하는 경우에도 매입한 자산의 가액이 총 사업용자산 가액의 30%를 초과하지 아니하는 경우에는 창업으로 보도록 함. 2023.1.1. 전에 창업자금을 증여받은 경우에 대한 증여세 과세특례에 관하여는 법 30조의 5 제2항제1호의2의 개정규정에도 불구하고 종전의 규정에 따름(2022.12.31. 개정된 법률 부칙 §34 ①).

(가) 동종사업의 영위

동종 사업영위를 판정함에 있어 동종 사업의 분류는 한국표준산업분류의 세분류(4자리 숫자 사용)를 따른다(조특령 §5 ㉓의 유추적용).4)

예컨대, 프랜차이즈(맥도날드)의 기존 가맹점 매장을 임차하여 가맹점 사업자로 계약을 체결하고 동일 업종을 영위하는 경우에는 창업으로 보지 아니한다(상속증여세과-273, 2013.6.26.; 상속증여-125, 2013.5.20.). 신축 중인 주유소 관련 건축물과 토지 등을 양수하여 주유소

---

3) 제2부 제2절 Ⅱ. 1-3 창업 부분에서 제시한 관련 예규·판례는 동 요건과 관련하여 유추적용이 가능하다고 판단됨.
4) 과세특례의 내용이 아닌 산정방법 등 기술적 사항이므로 유추적용하여야 할 것으로 판단됨.

업을 영위하는 경우는 사업의 양수를 통하여 종전의 사업을 승계하거나 종전의 사업에 사용되던 자산을 인수 또는 매입하여 동종의 사업을 영위하는 경우에 해당한다(재산세과-717, 2009.4.9.).

(나) 특정 비율 이상 자산인수매입

인수 또는 매입한 자산가액의 합계액이 사업개시일이 속하는 과세연도의 종료일 또는 그 다음 과세연도의 종료일 현재 사업용자산의 총 가액에서 차지하는 비율이 30%를 초과하는 경우에는 창업으로 보지 아니한다(조특령 §27의 5 ⑤).

$$\text{원시창업으로 인정되는 조건} = \frac{\text{ⓐ 인수·매입 자산가액의 합계}}{\text{ⓑ 사업개시 등 사업용자산의 총 가액}} \leq \frac{30}{100}$$

사업용자산이란 토지와 법인세법 시행령 제24조에 의한 감가상각자산을 말한다(조특령 §27의 5 ④ → §5 ⑲). 보다 상세한 내용은 제2부 제2절 Ⅱ. 1-3 (2-2)를 참조하기로 한다.

(4-2) 폐업 후 재창업 시 동종 사업 영위

기존에 사업을 영위하던 개인이 폐업 후 사업을 다시 개시하여 폐업 전의 사업과 같은 종류의 사업을 하는 경우이다(조특법 §30의 5 ② 3호). 법인은 폐업이 아닌 해산의 대상이므로 개인만이 대상이며,5) 특정비율 이상의 자산인수를 요건으로 하지 아니한다.

동종 사업의 영위여부는 한국표준산업분류의 세분류를 따른다(조특령 §5 ㉓의 유추적용).

다만 창업자금을 증여 받아 창업을 한 자가 추가적으로 창업자금을 증여 받아 당초 창업한 사업과 관련하여 사용하는 경우에는 폐업 전의 사업과 같은 종류의 사업을 하더라도 과세특례를 적용받을 수 있다(조특법 §30의 5 ③).

(4-3) 업종추가 등 실질적으로 창업이 아닌 경우

다른 업종을 추가하는 등 새로운 사업을 최초로 개시하는 것으로 보기 곤란한 경우(조특법 §30의 5 ② 4호)와 창업자금을 증여 받기 이전부터 영위한 사업의 운용자금과 대체설비자금 등으로 사용하는 경우이다(조특령 §27의 5 ⑦). 전단은 창업중소기업세액감면 제도와 동일한 요건이며, 후단은 동 과세특례 특유의 요건이다.

다만 창업자금을 증여 받아 창업을 한 자가 이후 추가적으로 창업자금을 증여 받아 당초 창업한 사업과 관련하여 사용하는 경우에는, 다른 업종을 추가하는 경우 또는 기존 사업의

---
5) 법인이 사업을 중단하는 휴면법인의 경우에는 다시 사업을 개시하여도 법인설립이 있을 수 없으므로 창업이 될 수 없다.

운용자금과 설비자금으로 사용하여도 과세특례의 대상으로 한다(조특법 §30의 5 ③).

부동산임대사업자가 자기의 임대건물 지하층에서 부로부터 증여받은 자금으로 본인이 직접 음식점업을 영위하는 경우, 해당 음식점은 본 증여세 과세특례를 적용하지 않는다(서면상속증여-50, 2017.1.24.; 법규재산 2011-118, 2011.4.5.). 업종을 추가하는 경우에 해당한다.

4 특례 신청

창업자금의 수증자는 증여세 과세표준 신고기한까지 증여세과세표준신고서(상증칙 별지 제10호의 2 서식)와 함께 창업자금 특례신청서 및 사용내역서(조특칙 별지 제11호의 6 서식)를 납세지 관할 세무서장에게 제출하여야 한다(조특법 §30의 5 ⑫, 조특령 §27의 5 ⑭). 증여세 과세표준 신고기한은 증여일이 속하는 달의 말일로부터 3개월이다(상증법 §68).

일반적인 세액감면 제도에서 감면신청은 세액감면의 필수적 요건 사항이 아니지만, 본 과세특례의 경우에는 상기 신고기한까지 특례신청을 하지 않은 경우에는 본 특례규정이 적용되지 않음에 주의하여야 한다.

Ⅲ. 과세특례

1 증여세 특례

과세특례 대상 창업자금을 수증한 경우에는 증여세 과세가액(50억원 한도, 단 10명 이상 신규 고용시 100억원 한도)에서 5억원을 공제하고 증여세율을 10%로 하여 증여세를 부과한다(조특법 §30의 5 ①). 증여세 및 상속세를 과세하는 경우 본 과세특례에서 특별히 규정한 것 이외에는 상증법에 따른다(조특법 §30의 5 ⑬).

증여세 특례를 이해하기 위해서는 상증법 규정과 함께 증여세 계산구조에 따른 순서대로 보아야 한다. 아래 표의 우측 고딕체 글씨는 증여세 계산구조 중 조특법에서 규정한 특례이며, 좌측 고딕체 글씨는 이하 설명 부분의 차례이다.

증여세 계산구조에 따른 증여세 특례의 적용 순서

	증여재산가액	과세단위는 수증자별임
−	부담부증여 채무인수가액	
=	① 당해 증여세 과세가액	
	② 기과세 특례 증여세과세가액	증여 시기와 관계없이 합산
+	③ 특례대상 증여세 과세가액	②의 금액이 있는 경우 Min [(50억원 − ②), ①]
		② + ③
=	증여세과세가액	
−	증여재산공제	5억원
−	재해손실공제	상속세 규정 준용 (상증법 §54 → §23)
−	감정평가수수료 공제	상속세 규정 준용 (상증령 §46의 2)
=	과세표준	
×	세율	10% (특례세율)
=	산출세액	
−	세액공제	(외국) 납부세액공제 가능, 단, 신고세액공제는 배제
+	가산세	창업자금사용명세서 미제출가산세
=	차가감 납부할세액	
−	분납세액, 물납세액	상속세 규정 준용
=	신고납부세액	증여일이 속하는 달의 말일로부터 3월 이내 신고

1−1 당해 증여세 과세가액

과세특례의 적용대상인 창업자금의 가액을 수증자별로 계산한다. 예를 들어 아버지로부터 형제 2명이 각각 증여 받았을 경우에는 수증자별로 각각 특례규정을 적용받을 수 있으며, 공동으로 창업하는 경우에도 수증자별로 각각 증여세를 계산한다(재산세과−4457, 2008. 12.30.). 부담부증여로 채무를 인수한 경우에는 동 금액을 증여재산가액에서 차감하여 증여세 과세과액을 계산한다(상증법 §47 ①).

1−2 기과세 특례 증여세 과세가액

(1) 창업자금의 재차 증여 등의 경우 합산

창업자금을 2회 이상 증여 받거나 부모로부터 각각 증여 받는 경우에는 각각의 증여세 과세가액을 합산하여 적용한다(조특법 §30의 5 ① 후단).

이때 증여 시기에 관계없이 본 특례를 적용받았던 창업자금의 증여세 과세가액(이하 "기과세 특례 증여세 과세가액")을 합산한다.[6]

증여 받은 창업자금을 해당목적에 사용하고 새로 창업자금을 증여 받아 1년 이내에 당초 창업한 사업과 관련하여 사용하는 경우, 앞서 본 특례 한도에 따라 모두 합하여 30억원까지 특례가 적용된다(재산세과-103, 2012.3.12.).

이때 창업자금 증여세 과세특례의 한도를 초과하였다면, 그 초과분은 일반 증여재산의 과세가액과 합산하여 증여세를 계산한다.

(2) 일반 증여재산과 합산 배제

반면에, 동일인(그 배우자 포함)으로부터 증여 받은 창업자금 이외의 다른 증여재산의 가액은 기과세 특례 증여세 과세가액에 포함하지 아니한다(조특법 §30의 5 ⑪). 즉, 창업자금은 창업자금대로 합산하며, 10년 이내 수증받은 일반 증여재산은 일반 증여재산 간에서만 합산한다.

1-3 특례 대상 증여세 과세가액

특례대상 증여세 과세가액은 50억을 한도로 하므로, 기과세 특례 증여세 과세가액이 없다면 50억원을 한도로 하여 당해 증여세 과세가액을 특례대상으로 한다. 다만 창업을 통하여 10명 이상 신규 고용하는 경우에는 100억원을 한도로 한다.

기과세 특례 증여세 과세가액이 있다면 50억원(또는 100억원)에서 동 금액을 차감한 후의 금액과 당해 증여세 과세가액을 비교하여 결정된다. 50억원(또는 100억원)을 초과한 과세가액은 상증세 기본 누진세율에 따라 과세된다.

> 과세가액 = Min [{50억원(100억원) - 기과세 특례 증여세 과세가액}, 당해 증여세 과세가액]

2023년 세법개정에서 창업자금에 대한 증여세 과세특례가 적용되는 증여세 과세가액 한도를 현행 최대 50억원에서 최대 100억원으로 상향 조정함. 2023.1.1. 전에 창업자금을 증여받은 경우에 대한 증여세 과세특례에 관하여는 법 30조의 5 제1항 전단, 같은 조 제5항 전단 및 같은 조 제6항제7호의 개정규정(한도 확대)에도 불구하고 종전의 규정에 따름(2022.12.31. 개정된 법률 부칙 §34 ①).

---

6) 상증법의 재차증여재산가액 계산에서는 10년 이내에 동일인(부모 포함)으로부터 받은 증여재산가액의 합계액이 1천만원 이상인 경우에만 합산한다(상증법 §47 ②).

1-4 증여재산공제

증여재산공제액은 5억원이다(조특법 §30의 5 ①). 상증법 제53조의 증여재산공제 및 제53조의 2 혼인·출산 증여재산공제는 적용하지 아니한다. 예를 들어, 당해 증여세 과세가액이 60억원이라면 특례대상 증여세 과세가액은 50억원이고 5억원을 공제하여 특례대상 과세표준은 45억원이 된다.

1-5 세율

특례세율인 10%를 적용한다. 상증법의 누진세율이 적용되지 않는다.

1-6 세액공제

상증법 제58조의 기납부세액공제와 제59조의 외국 납부세액공제는 적용되나, 제69조 제2항의 신고세액공제를 적용하지 아니한다(조특법 §30의 5 ⑪).

창업자금 증여세 과세특례를 적용 받는 창업자금을 재차 증여한 경우에는 이전 증여시 납부한 세액을 기납부세액으로 공제한다.

1-7 분납세액 및 물납세액

증여세 납부 시에는 분납 또는 물납이 가능하며, 연부연납(상증법 §71 ①)도 허용한다(조특법 §30의 5 ⑬).

| 예제 | 창업자금 증여와 일반 증여가 이루어진 경우 증여세 특례 계산 |

● 자료

김성수 씨는 자녀인 김준호 씨에게 창업자금으로 2015년 5월 1일 회사채 20억원을 증여하고, 2017년 6월 1일 토지 10억원을 증여하였으며, 2023년 3월 31일 현금 45억원을 재차 증여하였다. 본 특례의 요건을 모두 충족하고 신고기한 내에 신고한 경우를 가정하여, 1차·2차·3차 증여 시 증여세 세액을 구하시오.

● 해설

구 분	1차 채권분(2015.5.1.)	2차 토지분(2017.6.1.)
① 증여재산가액	2,000,000,000	1,000,000,000
② 증여재산 가산액	0	0

구 분	1차 채권분(2015.5.1.)	2차 토지분(2017.6.1.)
③ 증여재산 공제	500,000,000	50,000,000
④ 합산 과세표준 = ①+②-③	1,500,000,000	950,000,000
⑤ 세율	10%	30%
⑥ 산출세액 = ④×⑤	150,000,000	225,000,000
⑦ 기납부세액 공제 = 이전 ⑥	0	0
⑧ 신고세액 공제 = (⑥-⑦)×7%	0	15,750,000
⑨ 차가감 납부할 세액 = ⑥-⑦-⑧	150,000,000	209,250,000

1. 1차 증여 시 납부할 세액

　회사채는 창업자금의 범위에 포함되므로 특례 증여재산공제(5억원)과 특례 세율 10%를 적용하여 산출세액을 계산한다. 단, 신고세액공제는 적용하지 않는다.

　증여세 산출세액 = 과세표준 × 세율 = 1,500백만원 × 10% = 150백만원

2. 2차 증여 시 납부할 세액

　토지는 창업자금의 범위에 포함되지 않는 일반 증여재산에 해당한다. 특례 대상인 1차 채권분과 합산하지 않고 별도 계산한다. 2017년의 신고세액 공제율은 7%이다.

　증여세 산출세액 = 과세표준 × 세율 - 누진공제액
　　　　　　　　 = 950백만원 × 30% - 60백만원 = 225백만원

3. 3차 증여 시 납부할 세액

　현금은 창업자금의 범위에 포함되며, 1차 증여 시 증여재산가액 20억원과 3차 증여 시 45억원의 합 65억원이 개정된 특례 한도 50억원을 초과하므로, 3차 증여가액 중 특례 적용 대상 30억원과 초과분 15억원을 나누어 계산한다.

구 분	3차 특례 대상(2023.3.31.)	3차 한도 초과(2023.3.31.)
① 증여재산가액	3,000,000,000	1,500,000,000
② 증여재산 가산액	2,000,000,000	1,000,000,000
③ 증여재산 공제	500,000,000	50,000,000
④ 합산 과세표준 = ①+②-③	4,500,000,000	2,450,000,000
⑤ 세율	10%	40%
⑥ 산출세액 = ④×⑤	450,000,000	820,000,000
⑦ 기납부세액 공제 = 이전 ⑥	150,000,000	225,000,000
⑧ 신고세액 공제 = (⑥-⑦)×3%	0	17,850,000
⑨ 차가감 납부할 세액 = ⑥-⑦-⑧	300,000,000	577,150,000

3-1 3차 특례 대상 분에 대한 증여세 계산

(1) 증여세 산출세액

3차 증여 시 특례 적용 대상 30억원과 1차 증여 시 특례 적용 금액 20억원을 합산한다. 특례 증여재산공제(5억원)와 특례 세율 10%를 적용하여 산출세액을 계산한다. 1차 증여 시 기납부세액을 공제하나, 신고세액공제는 적용하지 않는다.

증여세 산출세액 = 과세표준 × 세율 = 4,500백만원 × 10% = 450백만원

(2) 기납부세액 공제액

특례 대상의 증여재산 공제액 = Min(기납부세액, 증여세 공제한도)

증여세 공제한도 = 당해 산출세액 × 가산한 증여 과세표준 ÷ 당해 과세표준
= 450백만원 × 1,500백만원 ÷ 4,500백만원 = 150백만원

기납부세액과 증여세 공제한도가 동일하므로 기납부세액을 전액 공제한다.

3-2 3차 한도 초과분에 대한 증여세 계산

(1) 증여세 산출세액

3차 증여 시, 특례 한도 50억원을 초과하는 15억원은 일반 증여재산에 해당한다. 2차 증여시 일반 증여재산가액인 10억원을 합산하여 증여세를 계산한다. 2차 증여 시 기납부세액과 신고세액공제(3%)를 적용한다.

증여세 산출세액 = 과세표준 × 세율 - 누진공제액
= 2,450백만원 × 40% - 160백만원 = 820백만원

(2) 기납부세액 공제액

일반 증여재산 공제액 = Min(기납부세액, 증여세 공제한도)

증여세 공제한도 = 당해 산출세액 × 가산한 증여 과세표준 ÷ 당해 과세표준
= 820,000,000 × 950,000,000 ÷ 2,450,000,000 = 317,959,183

기납부세액 225,000,000원이 공제한도 317,959,183원 이내이므로 전액 공제한다.

사후관리

2-1 사후관리 사유 및 추징금액

창업자금에 대한 증여세 과세특례를 적용받은 경우로서 다음에 해당하는 경우에는 사유별로 정해진 각각의 금액에 대하여 증여세와 상속세의 기본 누진세율을 적용하여 부과하며, 또한 이자상당액을 가산한다(조특법 §30의 5 ⑥).

(1) 창업 요건에 위배된 경우 (1호)

승계방식 창업 등 창업에서 제외되는 창업에 해당하는 경우(법 §30의 5 ②)에는 창업자금에 대해 추징한다.

(2) 특례업종 외의 업종을 경영하는 경우 (2호)

창업중소기업업종 외의 업종을 경영하는 경우에는 이외 업종에 사용된 창업자금에 대해 추징한다.

반면에 본 특례에 따라 설립된 창업중소기업이 창업 후 영업활동으로 사업규모가 확대되어 중소기업의 규모를 초과하는 경우에는 증여세 부과사유에 해당하지 않는다(재산-361, 2011.7.28.).

(3) 창업한 사업과 관련하여 미사용 (3호)

새로 증여받은 자금을 당초 창업한 사업과 관련하여 사용한 경우에는 폐업 후 재창업시 동종 사업영위, 업종추가 등 실질적으로 창업이 아닌 경우 및 기존사업의 운영·설비 자금으로 사용하여도 창업으로 본다(조특법 §30의 5 ③, ② 3호·4호). 그러나 당초 창업한 사업과 관련 없이 사용한 경우에는, 해당 목적에 사용하지 아니한 창업자금에 대해 추징한다.

(4) 창업자금을 4년 이내 해당 목적 미사용 (4호)

창업자금의 수증자는 증여일로부터 4년 이내에 창업자금을 모두 해당 목적에 사용하여야 하므로,(법 §30의 5 ④) 이에 위배되는 경우에는 해당 목적에 사용하지 아니한 창업자금에 대해 추징한다.

창업자금을 증여 받은 자가 창업자금과 대출금 등의 자금을 합하여 사업용 자산을 취득하고 해당 사업용 자산 중 일부를 해당 사업목적 외의 사업용도로 사용한 경우에는 추징사유에 해당한다. 이때 해당 사업목적 사용부분에 대한 실지 귀속이 구분되는 경우에는 그 구분에 따라 판단하지만, 실지 귀속이 구분되지 아니하는 경우에는 사업용 자산 중 사업목적 외 사업용도로 사용한 부분의 취득금액을 증여 받은 창업자금과 대출금 등의 자금의 비율에 의하여 안분계산하여 추징금액을 산정한다(재산세제과-441, 2011.6.16.).

- 창업자금을 일부 타인에게 증여하는 경우
  증여받은 창업자금으로 부동산을 취득하면서 일부를 배우자에게 증여하는 경우에는 증여세와 상속세가 각각 부과된다(재산세과-346, 2010.5.28.).

(5) 수증 후 10년 이내 용도 외 사용 (5호)

수증 후 10년 이내 창업자금과 그 가치증가분[7](이하 "창업자금등")을 해당 사업용도 외의 용도로 사용한 경우에는 해당 사업용도 외의 용도로 사용된 창업자금에 대해 추징한다. "창업으로 인한 가치증가분"에는 창업한 사업에서 발생한 이익 및 창업에 사용된 재산의 가치증가분이 포함된다(서면상속증여-3729, 2021.8.25.; 서면4팀-2895, 2007.10.9.).

- 창업자금에 대한 증여세를 창업자금으로 납부하는 경우 증여세 납부세액 상당액은 해당 사업용도 외의 용도로 사용된 창업자금에 해당한다(재산-361, 2011.7.28.).
- 창업자금 중 일부 자금으로 자회사인 해외법인을 설립하여 공장을 신축하고 생산설비 매입용 투자금으로 송금하는 경우에는 추징사유에 해당한다(재산-317, 2011.7.4.).

(6) 창업 후 10년 이내 폐업·휴업 또는 수증자의 사망 (6호)

창업 후 10년 이내 당해 사업을 폐업·휴업(실질적 휴업 포함)하거나 수증자가 사망하는 경우에는 창업자금과 그 가치증가분에 대해 추징한다(조특령 §27의 5 ⑪). 따라서 수증자가 사망한 경우에는 창업자금에 대한 상속세를 신고한 경우라도 원칙적으로 사후관리 규정을 적용한다(재산세제과-678, 2011.8.22.).

창업 후 10년 이내에 해당 사업을 폐지하는 경우에는 창업자금의 미사용분에 한정하지 않고 창업자금 전체에 대하여 사후관리 규정을 적용한다(조심 2017중0869, 2017.5.16.).

사망, 폐업·휴업에 대한 예외 (조특령 §27의 5 ⑩)

구 분	예외 사유
사 망	가. 수증자가 창업자금을 증여 받고 창업하기 전에 사망한 경우로서 수증자의 상속인이 당초 수증자의 지위를 승계하여 과세특례 규정에 따라 창업하는 경우 나. 수증자가 창업자금을 증여 받고 창업한 후 창업목적에 사용하기 전에 사망한 경우로서 수증자의 상속인이 당초 수증자의 지위를 승계하여 과세특례 규정에 따라 창업하는 경우 다. 수증자가 창업자금을 증여 받고 창업을 완료한 후 사망한 경우로서 수증자의 상속인이 당초 수증자의 지위를 승계하여 과세특례 규정에 따라 창업하는 경우
폐업·휴업	가. 부채가 자산을 초과하여 폐업하는 경우 나. 최초 창업 이후 영업상 필요 또는 사업전환을 위하여 1회에 한하여 2년(폐업의 경우에는 폐업 후 다시 개업할 때까지 2년) 이내의 기간 동안 휴업하거나 폐업하는 경우(휴업 또는 폐업 중 어느 하나에 한한다)

---

[7] 2016년 개정세법에서 종전의 "가치증가분"이라는 문구를 "대통령으로 정하는 바에 따라 계산한 가치증가분"으로 개정하였으나, 현재 관련 대통령령 규정은 없음.

위 표의 내용을 요약하자면 첫째, 수증자가 사망한 경우에는 그 상속인이 당초 수증자의 지위를 승계하여 과세특례 규정에 따라 창업하는 경우에는 예외 사유로 한다.

둘째, 폐업·휴업의 경우에는 부채가 자산을 초과하거나 사업전환 등을 위하여 2년 이내의 기간 동안 1회 폐업·휴업하는 경우를 예외로 허용한다.

예를 들어, 창업자금을 증여받아 개인사업을 창업하여 증여세 과세특례를 적용받은 거주자가 창업 후 10년 이내에 조특법 제32조 규정을 적용받는 현물출자에 따라 개인사업을 **법인으로 전환**하는 경우 폐업의 예외로 인정하여 추징하지 아니한다(서면상속증여-0009, 2015. 2.26.; 서면법규-1016, 2014.9.21.).

그러나 창업자금을 증여 받아 법인과 개인사업을 각각 창업하여 증여세 과세특례를 적용받은 거주자가 창업 후 10년 이내에 개인사업을 폐업하고 법인에 **사업을 양도**하는 경우에는 추징된다(재산세과-167, 2009.9.9.).

폐업의 경우에는 다시 본 특례의 요건에 따른 창업중소기업을 창업하여야 한다(재산-43, 2013.2.6.). 따라서 창업 후 당해 사업을 폐업하여 창업중소기업에 해당하지 않는 업종인 부동산 임대업으로 전환한 경우에는 예외 사유에 해당하지 않으므로 증여세를 부과한다(상속증여세과-576, 2013.10.14.).

● **공동사업을 단독사업으로 전환후 폐업하는 경우**

2개의 공동사업을 창업한 후 공동사업의 지분을 정리하여 단독사업으로 한 뒤 그 사업을 폐업하는 것은 2회 이상 폐업에 해당하므로 증여세 추징사유에 해당한다(서면법규과-528, 2013.5.9.).

● **사업 폐지의 판정은 실질에 따라 결정함**

청구인은 쟁점사업장의 공장건물이 수용되어 사업시행자와의 채권·채무관계가 소멸된 2019.2.28.(최종 보상금 수령)이 사실상 폐업일이고 이로부터 2년 이내에 CCC를 창업하였으므로 이 건 과세처분은 부당하다고 주장하나, 사업의 개시, 폐지 등은 법상 등록, 신고 여부와는 관계없이 그 해당 사실의 실질에 의하여 결정된다 할 것인바 OOO, 쟁점사업장은 2010.8.26. 사업자등록 후 공장이 수용되어 철거된 2017년 상반기까지 매출이 전혀 발생되지 아니하였고 (이하 중략) 2018년의 항공사진을 살펴보면 쟁점사업장은 완전히 철거된 것으로 확인되는 점 등에 비추어 쟁점사업장은 사실상 2017.4.18. 폐업한 것으로 판단된다(조심 2021중3535, 2021.11.30.).

(7) 창업 후 5년 이내 근로자 수 감소 (7호)

증여받은 창업자금이 50억원을 초과하는 경우로서 창업한 날이 속하는 과세연도의 종료일부터 5년 이내에 각 과세연도의 근로자 수가 다음 계산식에 따라 계산한 수보다 적은 경우에는 50억원을 초과하는 창업자금에 대해 추징한다.

> 비교 대상 = 창업한 날의 근로자 수 - (창업을 통하여 신규 고용한 인원 수 - 10명)

이때 근로자는 고용유지중소기업에 대한 과세특례에 규정된 상시근로자 규정을 준용한다. 근로자 수는 해당 과세연도의 매월 말일 현재의 인원을 합하여 해당 월수로 나눈 인원을 기준으로 계산한다(조특령 §27의 5 ⑫ → §27의 3 ④). 제6부 제7절 Ⅱ. 2.를 참조하기로 한다.

30억원을 초과해 증여세 특례를 받은 경우에 대한 사후관리 규정으로 2016년 개정세법에서 신설되었다. 시행시기 및 경과규정 등 부칙 규정은 Ⅱ. 2-2를 참조하기로 한다.

2-2 이자상당액

가산할 이자상당액은 다음과 같이 계산한다(조특령 §27의 5 ⑨). 이자상당가산액은 납부하는 사업연도의 본세에 해당한다.

> 이자상당액 = 결정된 증여세액 × 소정기간 × 이자율

① 결정된 증여세액

사후관리 규정(법 §30의 5 ⑥ 전단)에 의하여 결정한 증여세액(누진세율 적용함)

② 소정기간

당초 증여 받은 창업자금에 대한 증여세 과세표준신고기한의 다음 날부터 추징사유가 발생한 날까지의 기간

③ 이자율

1일 10만분의 22(연이율 환산 시 8.03%)

종래 이자상당가산액의 이자율은 1일 1만분의 3이었으나, 2019년 개정세법에서 1일 10만분의 25로 하향하였다. 개정규정에도 불구하고 해당 이자상당가산액 또는 이자상당액의 계산의 기준이 되는 기간 중 2019.2.11.까지의 기간에 대한 이자율은 종전의 규정에 따른다(2019.2.12. 개정된 시행령 부칙 §25).

2022년 세법 개정에 따른 이자율에 대한 개정 규정 및 부칙은 제3부 제2장 제2절 Ⅲ. 3-2를 참조하기로 한다.

2-3 자진 신고납부

사후관리 사유에 해당하는 거주자는 위반 사유가 발생한 날이 속하는 달의 말일부터 3개월 이내에 납세지 관할 세무서장에게 창업자금 증여세 과세특례 위반사유 신고 및 자진납부계산서(별지 제11호의 7 서식)를 제출하여 신고하고 해당 증여세와 이자상당액을 납세지 관할 세무서, 한국은행 또는 체신관서에 납부하여야 한다. 다만, 사후관리 규정에 따라 이미 증여세와 이자상당액이 부과되어 이를 납부한 경우에는 그러하지 아니하다(조특법 §30의 5 ⑦ 및 조특령 §27의 5 ⑨).

2023년 세법개정에서 법 30조의 5 제7항의 개정규정은 2023.1.1. 이후 거주자가 같은 조 6항 각 호(2023.1.1. 전에 창업자금을 증여받은 자에 대해서는 종전의 같은 항 7호를 포함함)의 어느 하나에 해당하는 경우부터 적용함(2022.12.31. 개정된 법률 부칙 §34 ②).

3 상속세 정산

증여세 과세특례가 적용된 창업자금은 상속세 계산 시 상속재산에 가산하는 증여재산으로 보아 정산한다. 증여세 및 상속세를 부과하는 경우 본 과세특례에서 특별히 규정한 것 이외에는 상증법에 따른다(조특법 §30의 5 ⑬).

과세특례가 적용된 창업자금을 상속재산에 포함하는 경우의 처리 방법을 이해하기 위해서는 상속세 계산구조의 순서에 따라 보아야 한다. 아래 표의 우측 고딕체 글씨는 상속세 계산구조 중 조특법에서 규정한 특례이며, 좌측 고딕체 글씨는 이하 설명 부분의 차례이다.

상속세 계산구조에 따른 증여세 과세특례의 적용 순서

	본래의 상속재산가액	민법상 상속재산, 유증재산, 사인증여재산 등
+	간주상속재산가액	생명보험금, 손해보험금, 신탁재산, 퇴직금 등
+	추정상속재산가액	재산처분액등 중에서 객관적으로 용도가 명백하지 않은 금액
=	총상속재산가액	
−	과세가액 공제액	채무, 공과금, 장례비공제
+	증여재산가액	사전증여재산에 특례가 적용된 창업자금 가산
−	비과세재산가액	국가 등에 유증한 재산등
−	과세가액 불산입액	공익법인 출연재산, 공익신탁재산
=	상속세과세가액	
−	상속공제액	인적공제, 물적공제 한도에서 특례가 적용된 창업자금 제외
−	감정평가수수료 공제	
=	과세표준	
×	세율	누진세율
=	상속세 산출세액	
+	세대생략 가산액	30%(미성년자로서 20억원 초과 시에는 40%)
=	산출세액 합계	
−	징수유예세액	문화재자료, 박물관, 미술관자료 등
−	세액공제	증여세액공제 한도 적용 제외
+	가산세	신고불성실, 납부불성실 가산세등
=	차가감 납부할세액	

3-1 증여재산가액

창업자금은 증여 받은 날부터 상속개시일까지의 기간과 관계없이 상속세 과세가액에 가산한다(조특법 §30의 5 ⑨). 반면에, 상증법상 원칙은 부모로부터 수증한 재산은 10년 이내의 것만 합산하도록 되어 있다(상증법 §13 ① 1호).

증여 이후의 가치증가분은 제외되며, 증여 당시 창업자금등의 상증법상 평가액이 증여재산가액으로 가산된다[서면상속증여-2568, 2016.3.22. (법 §30의 6 가업승계 증여세 특례)].

가업승계 증여세 과세특례대상 주식을 증여받아 증여세 과세특례를 적용받고 상속이 개시되는 경우「상속세 및 증여세법」제13조에 따라 상속재산의 가액에 가산하는 해당 주식의 증여재산의 가액은 증여일 현재의 시가에 따른다(서면상속증여-2568, 2016.3.22.).

3-2 상속공제액 계산 시 종합한도

상속공제 중 인적공제와 물적공제의 합계액인 상속공제액은 공제적용의 종합한도가 있다(상증법 §24). 아래의 산식에서 보는 바와 같이 상속세 과세가액에서 상속인이 아닌 자에게 유증등을 한 재산의 가액, 가산한 사전 증여재산가액 등을 차감하도록 하고 있다.

$$\text{상속공제 종합한도} = \text{상속세 과세가액} - \begin{array}{c}\text{선순위인}\\\text{상속인이 아닌}\\\text{자에게 유증등을}\\\text{한 재산의 가액}\end{array} - \begin{array}{c}\text{선순위인 상속인의}\\\text{상속 포기로 그 다음}\\\text{순위의 상속인이}\\\text{상속받은 재산의 가액}\end{array} - \begin{array}{c}\text{상속세 과세가액에}\\\text{가산한}\\\text{증여재산가액}\end{array}$$

과세특례가 적용된 창업자금은 차감되는 사전 증여재산가액(상속세 과세가액에 가산한 증여재산가액)에서 제외한다(조특법 §30의 5 ⑨). 즉, 상속공제 종합한도의 금액이 커지게 된다. 증여세 과세특례를 적용 받은 창업자금에 대해 상속공제의 혜택을 유지하기 위한 목적이다.

3-3 세액공제

산출세액에서 기납부한 증여세 등을 차감하여 납부할세액을 계산할 때, 공제받는 기납부 공제세액 계산 시 상속인에게 증여세액공제 한도를 적용한다(상증법 §28 ②).

$$\text{상속인별 증여세액 공제 한도} = \text{상속인별 상속세 산출세액} \times \frac{\text{상속인별 사전증여재산에 대한 증여세 과세표준}}{\text{상속인별 상속세 과세표준 상당액}}$$

그러나 본 특례에서는 상속인에게 적용되는 증여세액공제의 한도와 관계없이 창업자금에 대한 증여세액을 전액 공제한다. 다만 공제할 증여세액이 상속세 산출세액보다 많은 경우에는 그 초과액은 환급하지 아니한다(조특법 §30의 5 ⑩).

> **예규·판례**
>
> ❖ **사후관리 규정에 의해 추징되는 증여세와 상속세가 각각 부과된 경우 상속세 계산 시 증여세액공제의 한도 적용 여부 (긍정)** (재산-535, 2011.11.11.)
> 「조세특례제한법」제30조의 5 제1항에 따른 창업자금을 증여 받은 경우로서 같은 조 제6항 제5호에 해당하여 「상속세 및 증여세법」에 따라 증여세와 상속세가 각각 부과된 경우 해당 창업자금에 대한 증여세 상당액은 「상속세 및 증여세법」제28조 제1항의 규정에 의하여 상속세 산출세액에서 이를 공제하는 것이며, 이 경우 공제할 증여세액은 상속세 산출세액에 상속재산(같은 법 제13조의 규정에 의하여 가산하는 증여재산을 포함)의 과세표준에 대하여

가산한 증여재산의 과세표준이 차지하는 비율을 곱하여 계산한 금액을 한도로 하는 것임.

| 저자주 | 사후관리 규정에 의해 증여세가 부과되는 경우에는 본 특례의 모든 조항이 적용되지 않는다. 따라서 본 특례에 따라 증여세액공제 한도가 배제되는 것이 아니라,(조특법 §30의 5 ⑩) 다시 상증법상의 일반원칙에 따라 증여세액공제 한도(상증법 §28 ②)가 적용된다.

3-4 공동 상속의 경우 연대납세의무

상속세는 상속인 또는 수유자 각자가 상속재산 중 받았거나 받을 재산을 한도로 연대하여 납부할 의무를 부담한다(상증법 §3의 2 ①). 연대납세의무를 부담하는 경우 창업자금은 상속재산에 가산하는 증여재산으로 본다(조특법 §30의 5 ⑧).

예제 창업자금 증여세 과세특례 적용 후의 상속세 정산

◯ 자료

Ⅲ. 1.의 예제 [창업자금 증여와 일반 증여가 이루어진 경우 증여세 특례 계산]에서 제시되었던 증여 관련 사실관계와 동일하다고 가정한다. 3차의 증여가 이루어진 후 2023년 11월 30일에 부(父) 김성수 씨는 사망하였다. 상속재산은 상장주식 10억원으로 유일한 상속인인 김준호 씨가 전액 상속받았으며, 장례금은 1천만원을 지급하였다. 본 특례의 요건을 모두 충족하고 신고기한 내에 신고한 경우를 가정하여, 상속세를 계산하시오.

◯ 해설

구 분		금액	비고
① 총상속재산		1,000,000,000	상장주식
② 과세가액공제액		10,000,000	장례비는 1천만원 한도
③ 사전증여재산		7,500,000,000	
④ 상속세 과세가액	= ①-②+③	8,490,000,000	
⑤ 상속공제		500,000,000	일괄공제 5억원 적용
⑥ 과세표준	= ④-⑤	7,990,000,000	
⑦ 세율		50%	누진공제액 460백만원
⑧ 산출세액	= ⑥×⑦	3,535,000,000	
⑨ 증여세액 공제		1,270,000,000	
⑩ 신고세액 공제	= (⑧-⑨)×3%	67,950,000	2023년 신고세액공제율 3%
⑪ 차가감 납부할 세액	= ⑧-⑨-⑩	2,197,050,000	

1. ③ 사전증여재산의 증여재산가액
    1차 회사채 20억원, 2차 토지 10억원 및 3차 현금 45억원을 합하여 75억원으로 계산된다.
2. ⑤ 상속공제
    상속공제의 종합한도 = 상속세 과세가액 - 가산한 증여재산가액(증여재산 공제 차감 후 금액)
                       = 8,490백만원 - (2,500백만원 - 50백만원) = 6,040백만원
    창업자금 증여세 과세특례를 적용 받은 1차 회사채 20억원과 3차 현금 30억원은 사전 증여재산가액에서 제외한다. 2차 토지 10억원과 3차 한도 초과분 15억원을 합한 25억을 대상으로 한다. 상속공제 5억원이 종합한도 6,040백만원 이내이므로 전액 공제한다.
3. ⑨ 증여재산 공제
    증여세 과세특례 적용대상과 일반 증여재산을 구분하여 계산한 후 합산한다. 증여세 공제한도는 일반 증여재산에만 적용한다.
    총 증여세액 공제 = 450백만원 + 820백만원 = 1,270백만원
    (1) 증여세 과세특례 재산의 증여세액 공제액
    창업자금 증여세 과세특례를 적용 받은 1차 회사채 20억원과 3차 현금 30억원에 대한 증여세액 공제액은 450백만원이다.
    (2) 일반 증여재산의 증여세액 공제액
    일반 증여재산의 증여재산 공제액 = Min(ⓐ 증여세 산출세액, ⓑ 증여세 공제한도)
    ⓐ 3차 증여시 증여세 산출세액 = 820백만원
    ⓑ 증여세 공제한도 = 산출세액 × 사전증여재산에 대한 증여세 과세표준 ÷ 상속세 과세표준
                       = 3,535백만원 × (2,500백만원 - 50백만원) ÷ 7,990백만원 = 1,083,948,686
    증여세 산출세액 820백만원이 증여세 공제한도 1,083,948,686원 이내이므로 전액 공제한다.

Ⅳ. 조세특례제한 등

1 자료 제출의무 및 가산세

1-1 자료 제출의무

창업자금의 수증자는 창업자금 사용명세를 다음의 날에 증여세 납세지 관할 세무서장에게 각각 제출하여야 한다. 증여받은 창업자금이 50억원을 초과하는 경우에는 신규 고용명세서(별지 제11호의 6 서식 부표 1)를 포함한다(조특법 §30의 5 ⑤, 조특령 §27의 5 ⑥).
① 창업일이 속하는 달의 다음 달 말일

② 창업일이 속하는 과세연도부터 4년 이내의 과세연도(창업자금을 모두 사용한 경우에는 그 날이 속하는 과세연도)까지 매 과세연도의 과세표준신고기한

창업자금 사용내역에는 다음의 사항이 포함되어야 한다(조특령 §27의 5 ⑧).
① 증여 받은 창업자금의 내역
② 증여 받은 창업자금의 사용내역 및 이를 확인할 수 있는 사항
③ 증여 받은 창업자금이 30억원을 초과하는 경우에는 고용 내역을 확인할 수 있는 사항

1-2 창업자금 사용명세서 미제출가산세

이 경우 창업자금 사용명세를 제출하지 아니하거나 제출된 창업자금 사용명세가 분명하지 아니한 경우에는 그 미제출분 또는 불분명한 부분의 금액에 0.3%를 곱하여 산출한 금액을 창업자금 사용명세서 미제출가산세로 부과한다(조특법 §30의 5 ⑤ 후단).

동 가산세는 1억원을 한도로 하여 부과하되, 중소기업기본법에 따른 중소기업은 5천만원을 한도로 한다. 다만 해당 의무를 고의적으로 위반한 경우에는 가산세 한도 규정을 적용하지 않는다(국기법 §49 ①).

가산세 한도의 적용기간은 위의 창업자금 사용명세의 제출기간(조특법 §30의 5 ⑤, 조특령 §27의 5 ⑥) 단위로 한다(국기령 §29의 2 ② 3호).

2 가업승계 증여세 과세특례와 중복적용 배제

본 과세특례를 적용받은 거주자는 법 제30조의 6 가업승계 증여세 과세특례를 적용받을 수 없다(조특법 §30의 5 ⑭).

다만 과세특례의 주체를 달리하는 경우에는 적용 가능하다. 예를 들어, 자녀 A가 가업승계 증여세 과세특례를 적용받은 경우, 나머지 자녀 B, C는 수증자별로 각각 창업자금에 대한 증여세 과세특례 규정을 적용받을 수 있다(재산-968, 2010.12.22.).

제3절 [제30조의 6] 가업의 승계에 대한 증여세 과세특례

차례

Ⅰ. 의의	961	1-4 준용규정	977
Ⅱ. 요건	962	1-5 자본거래 증여 예시규정 적용 시	
1. 주체	962	특칙	977
1-1 증여자	962	(1) 특칙 적용 대상 증여 예시규정	978
(1) 가업의 실질적 경영	963	(2) 선택적 적용 가능	978
(2) 가업 영위기간의 계산	963	2. 사후관리	979
1-2 수증자	964	2-1 가업 미승계	979
(1) 재차증여와 순차증여 허용	965	2-2 가업승계 후 휴·폐업등 또는	
(2) 공동경영자의 가업 승계	966	지분 감소	979
2. 가업 주식등의 증여	966	(1) 가업 미종사 또는 휴·폐업 (1호)	970
2-1 가업	966	(2) 지분 감소 (2호)	980
(1) 기업 규모 요건	966	(3) 예외적 허용 사유	986
(2) 지분율 요건(최대주주등)	970	2-3 사후관리 위반 시 신고·납부	986
2-2 주식 또는 출자지분의 증여	971	3. 상속세 정산	987
3. 가업의 승계	972	3-1 준용 규정	987
4. 특례 신청	972	3-2 가업상속공제시 특례	987
Ⅲ. 과세특례	973	Ⅳ. 조세특례제한 등	989
1. 증여세 특례	973	1. 창업자금 증여세 과세특례와	
1-1 2인 이상인 경우	973	중복적용 배제	989
1-2 증여가액 계산	974	2. 피통합기업의 가업승계 허용	989
1-3 특례 적용 배제	976	Ⅴ. 예제와 서식 작성실무	990

Ⅰ. 의의

10년 이상 가업을 경영한 부모가 자녀에게 주식등을 증여하여 해당 가업을 승계한 경우, 증여세 과세가액(최대 600억원 한도)에서 10억원을 공제하고 과세표준 120억원까지의 증여세율은 10%, 120억원 초과분은 20%로 하여 증여세를 부과한 연후, 상속개시 시점에는 증여 당시의 가액을 상속재산가액에 가산하여 상속세로 정산하는 제도이다.

가업 승계에 대한 증여세 과세특례 흐름도

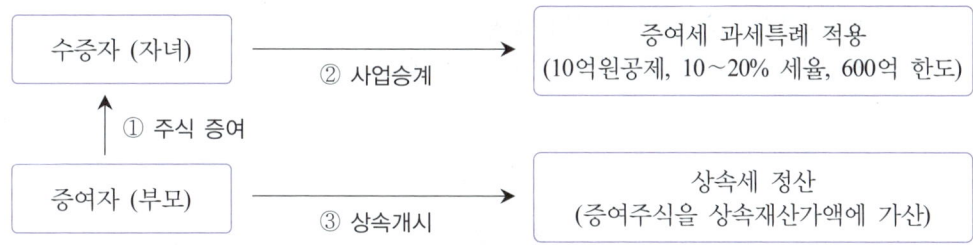

중소기업을 경영하는 자가 생전에 자녀에게 가업을 사전상속할 수 있게 함으로써 원활한 가업승계를 지원하고 경제 활력을 증진시키기 위하여 2008년 신설되었다.

가업승계 특례규정은 부모가 법인의 형태로 기업을 경영하는 경우 장기간 최대주주 등으로서 당해 법인을 지배함과 아울러 법인의 대표기관인 지위를 갖고 있다가, 상속인이나 수증자가 이를 그대로 유지한다면 개인이 가업을 승계한 경우와 동일하게 보아 특례를 허용하는 예외 규정에 해당한다(대법원 2013두17206, 2014.3.13. 참조).

2013년 개정세법에서 적용기한이 폐지되어 영구화된 과세특례제도이다.

개정연혁

연 도	개정 내용
2020년	▪ 2인 이상의 자녀가 가업을 승계한 경우에도 특례 적용 ▪ 업종유지 요건 완화 : 소분류 → 중분류 내 업종 변경 허용 및 전문가위원회 심의를 거쳐 중분류 외 변경 허용 ▪ 가업승계 증여세 특례 적용 후 가업 상속 요건 보완 : 주식 전부를 증여한 경우에도 가업상속 공제 허용
2021년	▪ 사후관리 사유 중 주식 등의 증여일부터 5년 이내에 대표이사로 취임하지 아니한 경우를 삭제

연 도	개정 내용
2023년	■ 사후관리 적용 시 자진 신고·납부 규정 신설 ■ 가업 승계 요건 완화 : 증여일부터 5년 → 3년 이내에 대표이사에 취임하여 7년 → 5년까지 유지 ■ 적용 한도 확대 : 100억원 → 최대 600억원으로 상향, 공제금액 증액 : 5억원 → 10억원, 20% 과세구간 변경 : 30억원 초과 → 60억원 초과 ■ 사후관리 기간 단축 : 7년 → 5년 ■ 상속세 정산을 위한 가업 판정 시 매출액 산정 기준 명확화
2024년	■ 20% 과세구간 변경 : 60억원 초과 → 120억원 초과 ■ 조세포탈 또는 회계부정 행위로 처벌 받은 경우 특례 적용 배제 ■ 사후관리 사유를 상증법 규정 준용 ■ 주된 업종 변경 기준 완화 : 중분류 → 대분류

Ⅱ. 요건

10년 이상 가업을 경영한 부모가 자녀에게 주식을 증여하여 해당 가업을 승계하고 과세특례 신청을 하여야 한다. 가업의 승계는 경영 승계와 함께 소유 승계도 수반되어야 한다.

1 주체

과세특례의 주체는 18세 이상인 거주자이며, 증여의 주체는 60세 이상의 부모이다. 증여 당시 부 또는 모가 사망한 경우에는 그 사망한 부 또는 모의 부모(친조부모 또는 외조부모)를 포함한다(조특법 §30의 6 ①, §30의 5 ①).

1-1 증여자

증여자인 60세 이상의 부모는 가업을 10년 이상 계속 경영하여야 한다. 가업의 범위는 2-1에서 후술한다.

부모로부터 각각 증여받는 경우에는 증여자인 부 또는 모가 각각 10년 이상 계속하여 가업을 경영한 경우이어야 한다(상속증여-32, 2013.4.9.).

(1) 가업의 실질적 경영

증여자가 대표이사로 재직할 필요는 없으나, 가업을 실제로 경영하여야 한다(서면상속증여-2494, 2017.12.5.; 재산세과-340, 2009.9.29.; 서면상속증여-2304, 2022.7.4.). 경영이란 단순한 지분 소유를 넘어 가업의 효과적이고 효율적인 관리 및 운영을 위하여 실제 가업운영에 참여하는 경우를 의미한다(서면상속증여-2249, 2019.10.7.; 재산세제과-825, 2011.9.30.; 서면상속증여-2860, 2016.3.30.).

증여일 전 10년 이상 계속하여 증여자가 해당 가업을 실제 영위하지 않은 경우에는 가업승계 증여세 과세특례가 적용되지 않는다(재산세과-045, 2013.2.6.; 서면상속증여-1550, 2015.9.8.).

(2) 가업 영위기간의 계산

가업 영위기간은 피상속인이 사실상 경영을 시작한 날(서면상속증여-0743, 2023.3.30.)로서 당해 법인이 처음으로 재화 또는 용역의 공급을 개시한 때부터 기산한다(재산세과-489, 2010.7.7.). 분할·합병 등을 한 경우에는 원칙적으로 피합병법인 등의 가업영위기간을 합산한다.

이때 감면요건(10년 이상 계속 가업유지) 달성 여부를 판단하는 기산점은 승계가 시작되는 주식 등을 증여한 시점으로 본다. 따라서 가업을 영위한 기간이 55년이더라도 증여 시점에서 10년 이전의 기간 동안 계속해서 가업을 영위하지 않은 경우에는 특례 요건에 위배된다(감심 2015-167, 2016.5.19.).

● **인적분할 후 동일 업종 영위 시 분할법인의 영위기간** (포함)

가업인 법인을 인적분할한 경우로서 분할신설법인이 분할 전 법인과 동일한 업종을 유지하는 때에 그 법인의 주식등을 증여하는 경우, 당해 분할신설법인의 사업영위기간은 분할 전 분할법인의 사업개시일부터 계산한다(서면상속증여-1133, 2017.5.23.; 재산-809, 2010.11.1.; 서면상속증여-5261, 2022.4.29. 외 다수).

● **10년 이상 된 법인 간의 합병 시 피합병법인의 영위기간** (포함)

증여자가 각각 10년 이상 운영하면서 모두 최대주주등인 법인 간에 합병한 경우의 가업영위기간은 피합병법인의 사업영위기간을 포함하여 적용 여부를 판단한다(재산세과-728, 2010.10.5.; 서면상속증여-2424, 2016.5.10.). 또한 피상속인이 10년 이상 계속하여 경영한 A법인이 피상속인이 10년 이상 계속하여 경영하지 않은 B법인을 흡수합병한 후, 합병존속법인이 합병전 A법인과 업종, 명칭, 대표이사 및 최대주주 등이 동일하여 A법인 사업의 계속성이 인정되는 경우, 피상속인이 합병전 A법인을 계속하여 경영한 기간을 피상속인의 가업영위기간에 포함한다(서면법령재산-22512, 2015.5.27.).

반면에 15년간 운영한 A법인을, 설립 후 3년간 운영해온 B법인이 흡수합병한 경우에는 합병법인이 합병 후 사업을 개시한 날부터 기산한다(재산-729, 2010.10.5.). 피상속인의 가업영위기간을 충족한 법인과 충족하지 않은 법인이 합병하여 합병 후 존속법인에 대한 가업상속공제를 적용할 때 피상속인의 가업영위기간은 합병일(합병등기를 한 날을 말함) 이후에 피상속인이 사업을 영위한 기간을 계산한다(재산세과-250, 2012.7.4.; 서면상속증여-3832, 2024.3.7.).

● **개인기업의 법인전환 시 개인사업의 영위기간** (포함)

개인기업이 법인전환한 경우에는 증여자가 법인설립일 이후 계속하여 당해 법인의 최대주주 등에 해당한다면 개인사업의 영위기간도 포함하여 10년 충족 여부를 판단한다(재산세과-163, 2009.6.9.; 재재산-385, 2014.5.14.). 반면에 개인사업의 사업용 자산의 일부를 제외하고 법인전환한 경우에는 개인사업자로서 가업을 영위한 기간은 포함하지 않는다(서면상속증여-2578, 2021.7.30.; 서면상속증여-2773, 2019.3.5.; 서면상속증여-2127, 2015.11.16. 외 다수).

● **매출액이 0원이어서 실제 가업을 영위한 것으로 볼 수 없는 경우 특례 적용** (제외)

부동산 과다보유법인(83%)으로 가업인 조경수 매출액이 "0"원 등 설립 후 현재까지 조경수 판매 실적이 거의 없어 실제 가업을 영위하였다기보다는 재산세가 중과되는 점 등을 피하기 위해 조경수를 형식적으로 심어 관리하고 있는 경우에는, 조경사업은 부수적이고 형식적 사업에 불과하므로 특례를 적용할 수 없다(조심 2013서1241, 2013.6.25.).

● **자산의 일부를 양수하여 동일한 업종을 영위한 경우** (제외)

자녀가 대표이사로 재직 중인 법인이 대표이사의 부모가 10년 이상 영위한 개인기업의 자산 중 일부를 양수받아 동일한 업종을 영위하는 경우, 개인기업의 자산 일부를 제외하고 사업양수도 방법으로 법인전환하였으므로, 부친의 개인기업 영위기간은 가업의 영위 기간에 포함되지 아니하는 것임(사전법령재산-313, 2016.12.22.).

1-2 수증자

수증자는 18세 이상인 거주자로 자녀에 한정된다. 단, 자녀 2인 이상도 가능하다. 법 제30조의 5 창업자금 증여세 과세특례에서 2인 이상이 특례를 적용받을 수 있는 것과 동일하다. 그러나 모(母)가 부(父)에게 증여한 경우에는 특례가 적용되지 않는다(재재산-385, 2014.5.14.).

부(父)와 모(母)가 각각 영위하는 가업의 주식 또는 출자지분을 장남, 차남에게 각각 증여하여 가업을 승계하는 경우로서, 각각의 자녀가 특례 요건을 모두 갖춘 경우에는 거주자 1인이 모두 증여받은 것으로 보아 증여세를 계산한다(서면법규재산-5942, 2022.3.31.; 서면상속증여-5330, 2021.4.30.; 서면상속증여-2204, 2022.7.4.).

자녀 1인이 수차례 증여받는 경우에는 합산하여 특례한도 이내에서 본 과세특례가 적용된다(서면상속증여-0063, 2018.2.13.; 서면법령재산-2916, 2016.12.12.; 재산세과-2392, 2008.8.22.). 또한 2개의 가업을 승계하는 경우에도 각각을 합산하여 특례 한도 내에서만 적용된다(재산세과-728, 2010.10.5.).

다만 후술하는 바와 같이 2015년 개정세법에서 수증자의 배우자도 가업을 승계할 수 있도록 하였으므로 2015년 이후에는 수증자의 배우자가 가업을 승계하는 경우에도 적용된다. 그러나 주식의 수증자는 자녀의 배우자가 아닌 자녀에 한정됨에 유의하여야 한다(서울행법 2018구합88159, 2019.6.21.).

(1) 재차 증여와 순차 증여 허용

최초 가업 승계 후의 가업승계에도 본 특례가 적용된다. 수증자가 가업을 승계한 후, 가업 승계 당시 최대주주 또는 최대출자자에 해당하는 자(가업의 승계 당시 '해당 주식등의 증여자' 및 "해당 주식등을 증여 받은 자" 제외)가 재차 증여하는 경우에는 과세 특례가 적용되지 않는다(조특법 §30의 6 ① 단서).

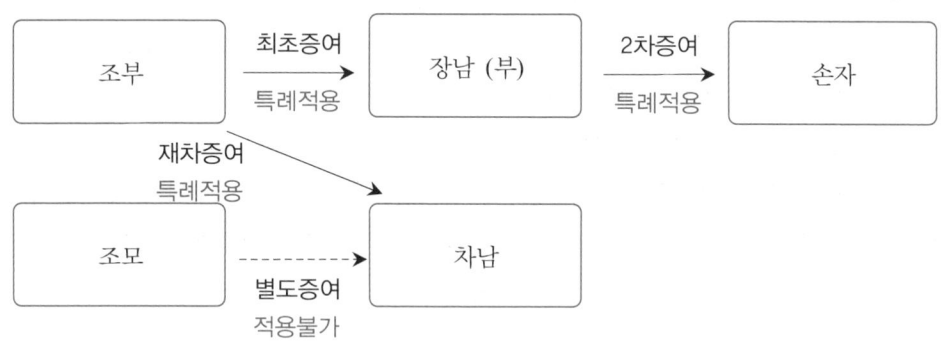

재차 증여와 2차 증여 등의 특례적용 여부

예를 들어 조부가 장남인 부에게 가업승계를 하여 본 특례를 적용받은 후 '해당 주식등의 증여자'인 조부가 차남에게 가업주식을 재차 증여하는 경우에는 과세특례가 적용된다(서면상속증여-4437, 2022.12.22.).[1] 그리고 "해당 주식등을 증여 받은 자"로서 가업승계한 장남인 부가 다시 본인의 아들에게 2차로 가업승계하는 경우에도 과세특례를 적용한다.

반면에, 父는 10년 이상 대표이사로 지분 50% 보유, 母는 10년 이상 사내이사로 지분 40% 보유한 상황에서, 부친의 사망으로 장남이 가업상속공제(상증법 §18의 2)를 적용받은 후, 차남이 가업상속 당시 최대주주에 해당하는 모친으로부터 가업의 주식을 증여받는 경우에는 가업의 승계에 대한 증여세 과세특례를 적용받을 수 없다(재재산-722, 2023.5.25.; 서면상속증여-3990, 2022.12.22.). 가업 승계 당시 '해당 주식등의 증여자'는 母가 아닌 父이며, "해당 주식등을 증여 받은 자"는 차남이 아닌 장남이므로, 해당 증여는 최초 증여와는 증여자

---

[1] 2020년 세법 개정 이전에는 이러한 경우 과세특례를 적용할 수 없었다(재재산-683, 2016.10.26. 참고). 그리고 2개의 가업을 승계하는 경우에도 2개의 가업 전부를 수증자 1인이 승계하여야 했다(재산-390, 2012.10.31.; 서면상속증여-3616, 2016.5.17.).

와 수증자가 다른 별개의 증여에 해당하여 단서의 규정이 적용될 수 없기 때문이다.

종래에는 수증자는 가업을 승계한 자녀 1인으로 한정하였으나,(재산세과-340, 2009.9.29.) 2020년 개정세법에서 주식 등을 증여받고 가업을 승계한 거주자가 2인 이상인 경우에는 각 거주자가 증여받은 주식 등을 1인이 모두 증여받은 것으로 보아 증여세를 부과하도록 개정하였다.

"최대주주 또는 최대출자자"란 주주 또는 출자자(이하 "최대주주등") 1인과 그의 특수관계인의 보유주식등을 합하여 그 보유주식등의 합계가 가장 많은 경우의 해당 주주등 1인과 그의 특수관계인 모두를 말한다(상증법 §22 ② → 상증령 §19 ②) (서면상속증여-5600, 2023.7.6.). '상증법상 특수관계인은 Ⅲ. 2-2 (2-3)을 참조하기로 한다.

(2) 공동경영자의 가업 승계

가업의 공동경영자(갑, 을)가 특수관계에 해당되어 동일한 최대주주등인 경우로서 공동경영자 일방(갑)의 자녀(A)가 가업을 승계한 후 다른 공동경영자(을)의 자녀(B)가 가업을 승계한 것에 대해서는 증여세 과세특례가 적용되지 아니한다(재산세과-469, 2011.10.7.; 서면법규재산-4361, 2022.6.29.). 을은 가업승계 당시 최대주주등에 해당하지만 최초 가업승계 시 해당 주식등의 증여자에는 해당하지 않기 때문에 이러한 사례는 과세특례에서 제외된다.

반면에 50%의 지분으로 공동 경영하던 기업의 공동경영자 2인이 특수관계가 아니라면 공동경영자 각각의 자녀는 특례의 주체가 될 수 있다(재산세제과-547, 2009.3.20.).

2 가업 주식등의 증여

가업의 승계를 목적으로 해당 가업의 주식등을 부모가 자녀에게 증여하여야 한다.

2-1 가업

가업의 범위는 상증법상 가업상속공제의 가업의 범위를 준용한다(조특법 §30의 6 ① → 상증법 §18의 2 ①). 이 경우 "피상속인"은 부모로, "상속인"은 "거주자"로 본다.

(1) 기업 규모 요건

과세특례의 대상이 되는 기업은 증여자가 10년 이상 계속하여 경영한 기업으로 중소기업 또는 중견기업이어야 한다. 가업 영위기간은 1-1에서 기술하였다.

(1-1) 중소기업

조특법상 중소기업 범위기준과 가업상속공제의 중소기업 요건 비교

기 준	조특법상 중소기업범위기준	가업상속공제의 중소기업 요건
업종기준	소비성서비스업을 제외한 모든 업종	상증령 별표에 열거된 업종
규모기준	중기법에 따른 업종별 매출액 기준	조특법 준용
독립성기준	중기법 준용	조특법 준용
졸업제도	자산총액 5,000억원 이상	좌동
유예기간	허용	불허

중소기업이란 증여일이 속하는 소득세 과세기간 또는 법인세 사업연도(이하 "과세연도")의 직전 과세연도 말 현재 다음 요건을 모두 갖춘 기업을 말한다(상증령 §15 ①). 본 특례는 **직전 연도를 기준으로 함에 유의하여야 한다.**
① 상증령 별표에 따른 업종을 주된 사업으로 영위할 것
② 규모기준과 독립성기준을 충족할 것(조특령 §2 ① 1호·3호) (제2부 제1절 Ⅱ. 2. 및 3. 참조)
③ 자산총액이 5천억원 미만일 것

가업이란 피상속인 또는 증여자가 중소기업 업종을 10년 이상 계속하여 중소기업으로 유지·경영한 기업을 말한다. 만약 해당 업종이 중소기업 업종으로 새롭게 추가된 경우에는 그 추가일이 아닌 증여일로부터 10년을 계산한다(상속증여세과-625, 2013.12.18.).

2이상의 서로 다른 사업을 영위하는 경우에는 사업별 사업수입금액이 큰 사업을 주된 사업으로 본다(서면상속증여-4227, 2021.3.30.)

본 특례의 대상이 되는 상증법의 중소기업에는 조특령 제2조 제2항을 적용하지 아니하므로, 조세특례제한법에 따른 **중소기업 유예기간 제도를 인정하지 않는다.**

상증령 별표 가업상속공제를 적용받는 중소·중견기업의 해당업종 <개정 2023.2.28..>
1. 한국표준산업분류에 따른 업종

표준산업분류상 구분	가업 해당 업종
가. 농업, 임업 및 어업 (01~03)	작물재배업(011) 중 종자 및 묘목생산업(01123)을 영위하는 기업으로서 다음의 계산식에 따라 계산한 비율이 100분의 50 미만인 경우 [제15조 제7항에 따른 가업용 자산 중 토지(「공간정보의 구축 및 관리 등에 관한 법률」에 따라 지적공부에 등록해야 할 지목에 해당하는 것을 말한다) 및 건물(건물에 부속된 시설물과 구축물을 포함한다)의 자산의 가액] ÷ (제15조 제7항에 따른 가업용 자산의 가액)
나. 광업(05~08)	광업 전체

표준산업분류상 구분	가업 해당 업종
다. 제조업(10~33)	제조업 전체. 이 경우 자기가 제품을 직접 제조하지 않고 제조업체(사업장이 국내 또는 「개성공업지구 지원에 관한 법률」 제2조 제1호에 따른 개성공업지구에 소재하는 업체에 한정한다)에 의뢰하여 제조하는 사업으로서 그 사업이 다음의 요건을 모두 충족하는 경우를 포함한다. 1) 생산할 제품을 직접 기획(고안·디자인 및 견본제작 등을 말한다)할 것 2) 해당 제품을 자기명의로 제조할 것 3) 해당 제품을 인수하여 자기책임하에 직접 판매할 것
라. 하수 및 폐기물 처리, 원료 재생, 환경 정화 및 복원업 (37~39)	하수·폐기물 처리(재활용을 포함한다), 원료 재생, 환경정화 및 복원업 전체
마. 건설업(41~42)	건설업 전체
바. 도매 및 소매업 (45~47)	도매 및 소매업 전체
사. 운수업(49~52)	여객운송업[육상운송 및 파이프라인 운송업(49), 수상 운송업(50), 항공 운송업(51) 중 여객을 운송하는 경우]
아. 숙박 및 음식점업 (55~56)	음식점 및 주점업(56) 중 음식점업(561)
자. 정보통신업 (58~63)	출판업(58)
	영상·오디오 기록물제작 및 배급업(59). 다만, 비디오물 감상실 운영업(59142)은 제외한다.
	방송업(60)
	우편 및 통신업(61) 중 전기통신업(612)
	컴퓨터 프로그래밍, 시스템 통합 및 관리업(62)
	정보서비스업(63)
차. 전문, 과학 및 기술 서비스업(70~73)	연구개발업(70)
	전문서비스업(71) 중 광고업(713), 시장조사 및 여론조사업(714)
	건축기술, 엔지니어링 및 기타 과학기술 서비스업(72) 중 기타 과학기술 서비스업(729)
	기타 전문, 과학 및 기술 서비스업(73) 중 전문디자인업(732)
카. 사업시설관리 및 사업지원 서비스업 (74~75)	사업시설 관리 및 조경 서비스업(74) 중 건물 및 산업설비 청소업(7421), 소독, 구충 및 방제 서비스업(7422)
	사업지원 서비스업(75) 중 고용알선 및 인력 공급업(751, 농업노동자 공

표준산업분류상 구분	가업 해당 업종
	급업을 포함한다), 경비 및 경호 서비스업(7531), 보안시스템 서비스업(7532), 콜센터 및 텔레마케팅 서비스업(75991), 전시, 컨벤션 및 행사 대행업(75992), 포장 및 충전업(75994)
타. 임대업: 부동산 제외(76)	무형재산권 임대업(764, 「지식재산 기본법」 제3조 제1호에 따른 지식재산을 임대하는 경우로 한정한다)
파. 교육서비스업(85)	교육 서비스업(85) 중 유아 교육기관(8511), 사회교육시설(8564), 직원훈련기관(8565), 기타 기술 및 직업훈련학원(85669) (개정 2022.2.17.)
하. 사회복지 서비스업(87)	사회복지서비스업 전체
거. 예술, 스포츠 및 여가관련 서비스업(90~91)	창작, 예술 및 여가관련 서비스업(90) 중 창작 및 예술관련 서비스업(901), 도서관, 사적지 및 유사 여가관련 서비스업(902). 다만, 독서실 운영업(90212)은 제외한다.
너. 협회 및 단체, 수리 및 기타 개인 서비스업(94~96)	기타 개인 서비스업(96) 중 개인 간병인 및 유사 서비스업(96993)

2. 개별법률의 규정에 따른 업종

가업 해당 업종
가. 「조세특례제한법」 제7조 제1항 제1호 커목에 따른 직업기술 분야 학원
나. 「조세특례제한법 시행령」 제5조 제9항에 따른 엔지니어링사업(20.2.11. 항번 개정)
다. 「조세특례제한법 시행령」 제5조 제7항에 따른 물류산업(20.2.11. 항번 개정)
라. 「조세특례제한법 시행령」 제6조 제1항에 따른 수탁생산업
마. 「조세특례제한법 시행령」 제54조 제1항에 따른 자동차정비공장을 운영하는 사업
바. 「해운법」에 따른 선박관리업
사. 「의료법」에 따른 의료기관을 운영하는 사업
아. 「관광진흥법」에 따른 관광사업(카지노, 관광유흥음식점업 및 외국인전용 유흥음식점업은 제외한다)
자. 「노인복지법」에 따른 노인복지시설을 운영하는 사업
차. 법률 제15881호 노인장기요양보험법 부칙 제4조에 따라 재가장기요양기관을 운영하는 사업 (20.2.11. 개정)
카. 「전시산업발전법」에 따른 전시산업
타. 「에너지이용 합리화법」 제25조에 따른 에너지절약전문기업이 하는 사업
파. 「근로자직업능력 개발법」에 따른 직업능력개발훈련시설을 운영하는 사업

가업 해당 업종
하. 「도시가스사업법」 제2조 제4호에 따른 일반도시가스사업
거. 「국가과학기술 경쟁력 강화를 위한 이공계지원 특별법」 제2조 제4호 나목에 따른 연구개발지원업
너. 「민간임대주택에 관한 특별법」에 따른 주택임대관리업
더. 「신에너지 및 재생에너지 개발·이용·보급 촉진법」에 따른 신·재생에너지 발전사업

업종 분류는 제2부 제2절 Ⅱ. 1-2를 참조하기 바란다(사전법규재산-0678, 2024.2.14.).

(1-2) 중견기업

중견기업이란 증여일이 속하는 과세연도의 직전 과세연도 말 현재 다음 요건을 모두 갖춘 기업을 말한다(상증령 §15 ②). 본 특례는 **직전 연도를 기준**으로 함에 유의하여야 한다.
① 상증령 별표에 따른 업종을 주된 사업으로 영위할 것
② 중소기업이 아니며, 독립성기준을 충족할 것(조특령 §9 ④ 1호·3호) (제2부 제4절 Ⅱ. 1-2 참조)
③ 증여일의 직전 3개 과세연도의 매출액 평균금액이 5천억원 미만인 기업일 것
  매출액은 기업회계기준에 따라 작성한 손익계산서상의 매출액으로 하며, 과세연도가 1년 미만인 과세연도의 매출액은 1년으로 환산한 매출액을 말한다(상증칙 §4의 2).

조특법상 중견기업 범위기준과 가업상속공제의 중견기업 요건 비교

기 준	조특법상 중견기업 범위기준❶	가업상속공제의 중견기업 요건
업종기준	소비성서비스업, 금융업 등을 제외한 모든 업종	상증령 별표에 열거된 업종
매출액기준	직전 3개 연도 매출액 평균 3,000억원 미만	직전 3개 연도 매출액 평균 5,000억원 미만
독립성기준	중견기업법 준용	조특법 준용

❶ 조세특례제한법에서 가장 많이 적용되는 법 제7조의 4 상생결제 지급금액 세액공제의 중견기업을 기준으로 비교함.

(2) 지분율 요건 (최대주주등)

증여자는 중소기업 또는 중견기업의 최대주주등(상증령 §19 ②)인 경우로서 증여자와 그의 특수관계인의 주식등을 합하여 해당 기업의 발행주식총수등의 40%(거래소 상장법인은 20%) 이상을 10년 이상 계속하여 보유하는 경우만으로 한정한다(상증령 §15 ③ 1호 가목). 그러나 증여자의 가업영위 기간 중 대표이사 재직요건(같은 호 나목)은 적용하지 않는다

(상속증여-553, 2013.9.16.; 서면상속증여-2424, 2016.5.10.). 또한, 증여하는 해당 주식 자체를 해당 증여자가 10년 이상 계속하여 보유할 필요는 없다(서울행법 2021구합53771, 2021.10.15.).

- 비상장 중소기업이 **상장**되는 경우에는 상장 전후의 기간을 구분하여 기간별로 해당 요건을 각각 충족하여야 한다. 즉, 비상장법인 기간 동안은 해당 법인의 발행주식총수 등의 50%, 거래소에 상장된 후에는 30% 이상을 각각 보유한 경우에 한정한다(재산-432, 2011.9.20.).
- 타인에게 **명의신탁**한 주식이 있는 사실이 명백히 확인되는 경우에는 그 명의신탁한 주식을 포함하여 지분율을 계산한다(재산-897, 2010.12.2.; 서면법령재산-1789, 2020.9.4.).
- 우리사주조합원(법인의 근로자)은 증여자인 대표이사의 특수관계인에 해당하므로 동 조합원의 지분을 합산하여 최대주주등을 판정한다(상속증여-314, 2014.8.20.).
- 모가 부에게 증여 후 즉시 자에게 증여한 경우 특례 적용 여부 (긍정)

  (감사로 재직하던 어머니가 회사를 경영하던 아버지에게 주식을 증여한 후 그 다음 날 아들에게 증여한 사안임) 증여세 과세특례의 대상인 '가업'에 해당하려면, '증여자인 부모가 최대주주 또는 최대출자자로서 10년 이상 계속하여 그의 특수관계인의 주식 또는 출자지분을 합하여 일정비율, 즉 발행주식총수 또는 출자총액의 100분의 50 이상을 보유할 것'을 충족하면 되고, '증여자가 증여하는 해당 주식을 10년 이상 계속하여 보유할 것'까지 충족할 필요는 없다(대구고법 2018누5278, 2019.5.31.) 증여자인 부가 10년을 계속하여 보유할 필요가 없으며, 부의 특수관계인인 모가 10년 이상 계속하여 보유한 경우도 요건을 충족하기 때문임. 전심에서는 피고인 국세청이 승소하였으나 고법 및 대법원에서는 납세자가 승소함(대법원 2019두44095, 2020.5.28.; 대구지방법원 2017구합24365, 2018.12.5.).

2-2 주식 또는 출자지분의 증여

주식 또는 출자지분을 증여 받아 가업을 승계하여야 하므로 개인기업에는 적용될 수 없고 법인기업에만 적용 가능함에 유의하여야 한다.

예를 들어, 개인이 동업자 중 1인으로서 자신의 (조합) 지분을 증여하여 가업을 승계하도록 하는 경우는 본 특례의 적용이 배제된다(서울고등법원 2012누25332, 2013.2.6.; 조심 2011중3102, 2012.2.6.).

다만 상법에 따른 의결권이 없는 **우선주**(x)를 증여받는 경우 해당 주식은 가업의 승계에 대한 증여세 과세특례를 적용받을 수 없다(법규과-1088, 2014.10.14.).

3 가업의 승계

가업을 승계하는 경우란 수증자 또는 그 배우자가 증여세 과세표준신고기한[2])까지 가업에 종사하고 증여일부터 3년 이내에 대표이사에 취임하는 경우를 말한다(조특령 §27의 6 ①).

'취임'은 주주총회의 결의에 의하여 선임되고 이를 승낙하는 것으로 충분하고 이외에 대표이사 취임등기까지 마쳐야 하는 것은 아니다(부산지법 2018구합20918, 2018.11.16.).

증여일 이전부터 대표이사에 재직하는 경우도 포함하며,(서면상속증여-3733, 2021.6.28.; 서면상속증여-1132, 2017.9.26.; 서면법령재산-2596, 2016.12.9. 외 다수) 공동대표이사에 취임하는 경우에도 적용된다(서면상속증여-5733, 2016. 12.21.; 재산세과-2081, 2008.8.1.). 또한 공동대표이사에서 각자대표이사로 등기하는 경우에도 가업의 승계로 본다(재산-1151, 2009.6.11.).

수증자가 다른 기업의 대표이사를 겸직하는 경우에도 적용되지만, 수증자가 실제 해당 가업에 종사하고 대표이사로 취임하였는지 여부는 사실판단할 사항이다(서면상속증여-3200, 2020.9.29.).

2인 이상의 거주자(甲, 乙)가 가업의 승계를 목적으로 해당 가업의 주식등을 증여받은 경우로서 해당 주식등의 수증자 2인(甲, 乙) 중 1인(甲)만 증여일부터 3년 이내에 대표이사에 취임하는 경우, 대표이사에 취임하지 않은 나머지 1인(乙)에 대하여는 특례가 적용되지 않는다(사전법규재산-0563, 2023.8.30.).

종전에는 가업 승계에 대한 증여세 과세특례를 적용받으려면 가업의 주식 또는 출자지분을 증여받은 자가 증여일부터 5년 이내에 그 가업의 대표이사에 취임하여 증여일부터 7년까지 대표이사직을 유지하도록 하던 것을, 2023년 세법개정에서 앞으로는 증여일부터 3년 이내에 대표이사에 취임하여 증여일부터 5년까지 대표이사직을 유지하도록 함. 2023.2.28. 전에 가업의 주식 또는 출자지분을 증여받은 경우의 대표이사 취임 기한에 관하여는 개정규정에도 불구하고 종전의 규정에 따름(2023.2.28. 개정된 시행령 부칙 §12 ①).

4 특례 신청

가업주식등의 수증자는 증여세 과세표준 신고기한까지 증여세과세표준신고서(상증칙 별지 제10호의 2 서식)와 함께 주식등 특례신청서(별지 제11호의 7 서식)를 납세지 관할 세무서장에게 제출하여야 한다(조특법 §30의 6 ⑤ → 조특법 §30의 5 ⑪, 조특령 §27의 5 ⑩). 증여세 과세표준 신고기한은 증여일이 속하는 달의 말일로부터 3개월이다(상증법 §68).

---

[2]) 증여일이 속하는 달의 말일로부터 3개월 이내임(상증법 §68).

일반적인 세액감면 제도에서 감면신청이 세액감면의 필수적 요건 사항이 아닌 반면에, 본 과세특례의 경우에는 상기 신고기한까지 특례신청을 하지 않은 경우에는 본 특례규정이 적용되지 않음에 유의하여야 한다(서면상속증여-1848, 2017.7.28.).

Ⅲ. 과세특례

1 증여세 특례

과세특례 대상 가업 주식을 수증한 경우에는 그 주식의 가액 중 가업자산상당액을 기준으로 계산한 금액에 대한 증여세 과세가액(다음 구분에 따른 금액을 한도로 함)에서 10억원을 공제하고, 과세표준 <u>120억원</u>까지의 증여세율은 10%, <u>120억 초과분</u>은 20%로 하여 증여세를 부과한다(조특법 §30의 6 ①).
① 부모가 10년 이상 20년 미만 계속하여 경영한 경우: 300억원
② 부모가 20년 이상 30년 미만 계속하여 경영한 경우: 400억원
③ 부모가 30년 이상 계속하여 경영한 경우: 600억

가업상속 주식을 2회 이상 증여받는 경우에는 합산하여 특례 한도를 적용한다(재산세과-2392, 2008.8.22.; 상속증여-548, 2013.9.11.).

2023년 개정세법에서 가업의 승계에 대한 증여세 과세특례가 적용되는 증여세 과세가액 한도를 부모의 가업 영위기간에 따라 최대 600억원으로 상향하고, 공제금액을 5억원에서 10억원으로 증액하며, 20% 과세구간을 종전 30억원 초과에서 60억원 초과로 변경함. 2023.1.1. 전에 증여를 받은 경우의 가업의 승계에 대한 증여세 과세특례에 관하여는 개정규정에도 불구하고 종전의 규정에 따름(2022.12.31. 개정된 법률 부칙 §35 ①).

2024 개정 가업승계 목적의 증여에 대하여 증여세를 부과하는 경우 종전에는 60억원까지는 10% 낮은 세율을 적용하였으나 앞으로는 120억원까지 낮은 세율을 적용하도록 함. 2024.1.1. 전에 증여를 받은 경우에 대한 증여세 세율의 적용에 관하여는 개정규정에도 불구하고 종전의 규정에 따름(2023.12.31. 개정된 법률 부칙 §38 ①).

1-1 2인 이상인 경우

주식등을 증여받고 가업을 승계한 거주자가 2인 이상인 경우에는 각 거주자가 증여받은

주식등을 1인이 모두 증여받은 것으로 보아 증여세를 부과한다. 이 경우 각 거주자가 납부하여야 하는 증여세액은 다음 구분에 따라 계산한 금액으로 한다(조특법 §30의 6 ②, 조특령 §27의 6 ②).

(가) 동시 증여

2인 이상의 거주자가 같은 날에 주식등을 증여받은 경우에는 1인이 모두 증여받은 것으로 보아 부과되는 증여세액을 각 거주자가 증여받은 주식등의 가액에 비례하여 안분한 금액으로 한다.

(나) 순차 증여

해당 주식등의 증여일 전에 다른 거주자가 해당 가업의 주식등을 증여받고 증여세를 부과 받은 경우에는 그 다른 거주자를 해당 주식등의 수증자로 보아 부과되는 증여세액. 즉, 선순위 수증자의 증여재산가액을 후순위 수증자의 과세가액에 합산하여 증여세를 계산하고 선순위 수증자가 납부한 증여세를 공제한다.

1인이 수차례 나누어 증여받는 경우의 과세방법과 동일하다.

1-2 증여가액 계산

증여가액은 가업 주식의 가액 중 가업자산상당액을 기준으로 계산한 금액에 의한다. 이 때 가업자산상당액은 상증법상 가업상속공제의 가업상속 재산의 계산방법을 준용한다. 이 경우 "상속개시일"은 "증여개시일"로 본다(조특령 §27의 6 ⑩ → 상증령 §15 ⑤ 2호). 다만 본 과세특례의 대상은 주식 또는 출자지분(이하 "주식등")에 한정되므로 소득세법을 적용받는 가업 관련 규정은 준용되지 아니하며, 법인세법을 적용받는 가업의 규정만 준용된다.

증여가액 계산은 증여한 주식가액 중 사업무관자산가액과 사업용자산가액을 기준으로 아래와 같이 안분계산한다(상증령 §15 ⑤ 2호).

$$증여가액 = 증여한 주식가액 \times \left(1 - \frac{법인의\ 사업무관자산가액}{법인의\ 총자산가액} \right)$$

(가) 총자산가액

총자산가액은 증여일 현재 상증법 제4장 재산의 평가 규정에 따라 평가한 가액이다.

(나) 사업무관자산가액

사업무관자산가액은 아래의 각 자산을 증여일 현재 상증법 제4장 재산의 평가 규정에 따라 평가한 가액의 합계로 한다.

㉮ 토지등 양도소득에 대한 법인세 과세 대상인 주택·별장과 비사업용토지 등(법법 §55의 2)
㉯ 업무무관자산(법령 §49) 및 타인에게 **임대하고 있는 부동산**(지상권 및 부동산임차권 등 부동산에 관한 권리를 포함)

사업무관자산에 해당하는지 여부는 증여일 현재를 기준으로 판단한다(서면법령재산-1789, 2020.9.4.).

동일한 건물이 사업용으로 사용하는 부분과 임대용으로 사용하는 부분이 있는 경우, 사업무관자산의 건물 가액은 상증법에 따라 평가한 건물의 평가액에 건물을 기준시가로 평가한 가액 중 임대용으로 사용하는 부분의 기준시가로 평가한 가액이 차지하는 비율을 곱하여 계산한 가액으로 한다(법규재산 2014-1894, 2014.11.19.).

$$\text{건물의 사업무관자산 가액} = \text{상증법에 따른 건물 평가액} \times \frac{\text{임대 부분 건물의 기준시가 평가액}}{\text{건물의 기준시가 평가액}}$$

토지의 경우, 상증법에 따라 평가한 토지의 평가액에 토지의 전체 면적 중 임대용으로 사용하는 건물의 부수토지에 상당하는 면적이 차지하는 비율을 곱하여 계산한 가액으로 한다.

$$\text{토지의 사업무관자산 가액} = \text{상증법에 따른 토지 평가액} \times \frac{\text{임대 부분 건물의 부수토지 면적}}{\text{토지의 전체 면적}}$$

㉰ 금전소비대차계약에 의하여 타인에게 대여한 대여금(법령 §61 ① 2호)
㉱ 과다보유현금
  증여일 직전 5개 사업연도 말 평균 현금(요구불예금 및 취득일부터 만기가 3개월 이내인 금융상품 포함) 보유액의 150%를 초과하는 것을 말한다.
㉲ 업무무관 주식, 채권 및 금융상품(㉱에 해당하는 것은 제외)
  법인이 같은 업종을 영위하는 다른 법인이 발행한 주식을 보유하고 있는 경우, 그 보유주식은 업무무관주식에 해당한다(서면법규-842, 2014.8.11.; 재재산-312, 2015.4.16.).
  법인이 일시적으로 보유한 후 처분할 자기주식은 업무무관 주식에 해당한다(서면법령재산-1711, 2015.11.13.).

- 만기가 없는 초단기특정금전신탁예금(MMT)이 제조업 관련 업무무관 금융상품인지 여부 (업무무관)

  쟁점금융상품은 원금 미보전 상품으로 요구불예금에 해당하지 아니하고 만기가 없어 ○○○가 2013.2.15. 신규가입한 후 이 건 증여일(2018.5.25.)까지 계속 보유하고 있는 금융상품인 점, ○○○는 제조업을 영위하는 법인이므로 쟁점금융상품은 법인의 영업활동과 직접 관련이 없이 보유하고 있는 금융상품으로 보는 것이 타당한 점 등에 비추어 쟁점금융상품이 사업무관자산에 해당하지 아니한다는 청구주장은 받아들이기 어려운 것으로 판단된다(조심 2019서1912, 2019.9.9.)

- 퇴직연금운용자산(DB)의 사업무관자산 해당 여부 (긍정)

  「근로자퇴직급여보장법」제2조 제8호의 확정급여형퇴직연금제도에 따라 적립된 퇴직연금운용자산은 「상속세 및 증여세법 시행령」 제15조 제5항 제2호 마목에서 규정한 "사업무관자산"에 해당하지 않는 것입니다. 다만, 동 자산 중 「근로자퇴직급여보장법」 제16조 제4항에 따라 사용자가 반환을 요구할 수 있는 부분은 "사업무관자산"에 해당하는 것입니다(재재산-1121, 2022.9.14.). 근로자퇴직급여보장법에 따라 적립한 퇴직연금은 매 사업연도 말 적립금이 기준책임준비금의 100 분의 150 을 초과하고 사용자가 반환을 요구하는 경우 그 초과분을 사용자에게 반환할 수 있다고 규정하고 있으므로, 반환할 수 있는 부분은 사업무관자산으로 판단함.

- 영업활동과 직접적인 관련성이 있는 해외현지법인의 사업무관자산 해당 여부 (업무관련성 인정; 조심 2023전7461, 2023.8.2.; 조심 2022서0229, 2022.8.16.; 조심 2021서2231, 2022.7. 15.)

1-3 특례 적용 배제

거주자 또는 부모가 가업의 경영과 관련하여 조세포탈 또는 회계부정 행위[3](증여일 전 10년 이내 또는 증여일부터 5년 이내의 기간 중의 행위로 한정함)로 징역형 또는 벌금형[4]을 선고받고 그 형이 확정된 경우에는 다음의 구분에 따른다(조특법 §30의 6 ④).

① 상속세 및 증여세법 제76조에 따른 과세표준과 세율의 결정이 있기 전에 거주자 또는 부모에 대한 형이 확정된 경우: 특례를 적용하지 아니한다.

② 특례를 적용받은 후에 거주자 또는 부모에 대한 형이 확정된 경우: 증여받은 주식등의 가액에 대하여 상속세 및 증여세법에 따라 증여세를 부과한다. 이 경우 이자상당액을 증여세에 가산하여 부과한다. 이자상당액은 제2절 Ⅲ. 2-2를 참조하기로 한다(조특령

---

[3] 사기나 그 밖의 부정한 행위로써 조세를 포탈하거나 조세의 환급·공제를 받은 행위(조세범 처벌법 §3 ①) 또는 회사의 회계업무를 담당하는 자 등이 회계처리기준을 위반하여 거짓으로 재무제표를 작성·공시하거나 감사인 또는 그에 소속된 공인회계사가 감사보고서에 기재하여야 할 사항을 기재하지 아니하거나 거짓으로 기재한 경우(주식회사 등의 외부감사에 관한 법률 §39 ①)에 따른 죄를 범하는 것을 말한다.

[4] "벌금형"은 상증법의 가업상속공제 규정을 준용한다(조특령 §27의 6 ⑪ → 상증령 §15 ⑲).
  ① 조세포탈의 경우: 조세범 처벌법 제3조 제1항 각 호의 어느 하나에 해당하여 받은 벌금형
  ② 회계부정의 경우: 「주식회사 등의 외부감사에 관한 법률」 제39조 제1항에 따른 죄를 범하여 받은 벌금형(재무제표상 변경된 금액이 자산총액의 5% 이상인 경우로 한정한다)

§27의 6 ⑫).

2024 개정 가업승계 목적의 증여 시 그 증여자 또는 수증자가 가업의 경영과 관련한 조세포탈 또는 회계부정 행위로 처벌을 받은 경우에는 과세특례의 적용을 배제하도록 함. 개정규정은 2024.1.1.이후 증여를 받는 경우부터 적용함(2023.12.31. 개정된 법률 부칙 §38 ②).

1-4 준용규정

증여세 특례의 내용은 창업자금에 대한 증여세 과세특례 내용을 준용한다(조특법 §30의 6 ⑤ → 조특법 §30의 5 ⑪·⑬). 증여세 및 상속세를 부과하는 경우 본 과세특례에서 특별히 규정한 것 이외에는 상증법에 따른다(조특법 §30의 5 ⑬).

따라서 제2절 Ⅲ. 1. 증여세 특례 내용이 동일하게 적용되며, 증여대상인 창업자금을 주식등으로만 바꿔서 적용한다. 아래에서는 준용되는 사항을 간략히 정리한다.

㉮ 동일인(그 배우자 포함)으로부터 증여 받은 주식등 이외의 다른 증여재산의 가액은 기과세 특례 증여세 과세가액에 포함하지 아니함(일반 증여재산과 합산 배제; 조특법 §30의 5 ⑪)

반면에 가업승계 증여세 과세특례 한도초과분 주식가액과 일반 증여재산 과세가액은 합산한다(재산세과-1066, 2009.12.21.).

㉯ 상증법상 신고세액공제(동법 §69 ②) 적용배제(조특법 §30의 5 ⑩)

1-5 자본거래 증여 예시규정 적용 시 특칙

본 과세특례의 적용대상은 주식등이므로 상증법상 자본거래에 관한 증여재산의 유형별 예시규정이 적용될 수 있다. 예컨대, 가업 주식(비상장주식)을 자녀에게 증여한 후 본 과세특례를 적용받고, 이후 5년 이내에 주권상장함에 따라 기업의 내부정보를 이용하여 자녀에게 시세차익이 발생한 경우에는 상증법 제41조의 3 주식 등의 상장에 따른 이익(이하 "증여이익")의 증여 조항이 적용된다. 이러한 경우 동 증여 예시조항을 적용하게 되면 상증법상 기본 누진세율이 적용되므로, 본 과세특례의 취지를 살리기 위하여 납세자의 선택에 따라 본 과세특례를 적용할 수 있도록 하였다(조특령 §27의 6 ⑧).

따라서 상장 준비 중인 법인이나 합병에 따른 우회상장을 준비 중인 법인 등의 대주주의 상속플랜 수립 시, 가업승계 과세특례는 고려 가능한 대안 중의 하나라 할 수 있다.[5]

---

[5] 다만 현실적으로 5년 이내 대표이사로 취임하여야 하는 요건이 까다로운 조건으로 작용할 것이다.

(1) 특칙 적용 대상 증여 예시규정

가업승계 증여세 과세특례를 적용할 수 있는 상증법상 증여예시 조항은 다음과 같다.
㉮ 제41조의 3 주식 등의 상장에 따른 이익의 증여
㉯ 제41조의 5 합병에 따른 상장 등 이익의 증여

2016년 개정세법에서 특칙 적용대상 증여예시규정에서 상증법 제42조 그 밖의 이익의 증여 등(현재는 재산사용 및 용역제공 등에 따른 이익의 증여) 규정을 삭제하면서 특례 한도를 30억원에서 100억원으로 증액하였다.

(2) 선택적 적용 가능

특칙 적용대상 증여예시규정의 증여이익과 본 과세특례의 주식 등의 과세가액을 합하여 100억원까지 본 과세특례를 선택하여 적용받을 수 있다.

본 과세특칙을 선택하여 적용을 받은 증여이익은 합산배제증여재산 조항(상증법 §13 ③)에 불구하고 사전증여재산으로 보아 상속세 과세가액에 가산한다(조특령 §27의 6 ⑧ 후단).

상증법상 증여예시규정의 증여이익은 미실현이익이며 구체적으로 얼마를 특정 증여자가 제공하였는지를 명확히 파악하기 어렵기 때문에 사전증여재산으로 합산하지 않는 것이 원칙이다(상증법 §13 ③). 그러나 본 특칙에 따라 가업승계 과세특례를 적용한 경우에는 그 증여이익의 원천이 부모로부터 발생하였으므로(특례세율을 적용하였음), 사전증여재산으로 합산하도록 한 것이다.

2 사후관리

수증자가 가업을 승계하지 않거나 가업승계 후 정당한 사유 없이 가업에 종사하지 않거나 휴업·폐업 또는 지분이 감소한 경우에는 주식등의 가액에 증여세의 기본 누진세율을 적용하여 부과하며, 또한 이자상당액을 가산한다(조특법 §30의 6 ③, 조특령 §27의 6 ⑤).

주식등을 일부 매도한 경우에도 사후관리 규정을 위반한 경우에는 주식 전부에 대하여 증여세를 부과한다(조심 2020서2124, 2021.6.15.).

가산할 이자상당액의 계산은 제2절 Ⅲ. 2-2를 참조하기로 한다.

사후관리 요건을 위배하여 증여세를 추징받은 후에, 증여자 및 수증자의 요건을 갖추어 새로이 가업 주식을 증여받은 경우에는 과세특례 한도 이내에서 특례를 적용받을 수 있다 (서면법령재산-1801, 2016.12.9.).

2-1 가업 미승계

수증자(또는 그 배우자)가 가업을 승계하지 않는 경우란 증여세 과세표준신고기한까지 가업에 종사하고 증여일부터 3년 이내에 대표이사에 취임하는 경우에 해당하지 않는 경우를 말한다(조특령 §27의 6 ③ → ①).

가업을 승계받은 후 법인을 인적분할한 경우로서 그 가업을 승계받은 자가 증여일부터 5년 이내 분할법인 및 분할신설법인의 대표이사로 (각각) 취임하지 아니하는 경우 증여세를 부과한다(재산세과-809, 2010.11.1.).

2-2 가업승계 후 휴·폐업등 또는 지분 감소

가업을 승계한 후 주식등을 증여받은 날부터 5년 이내에 정당한 사유 없이 가업에 종사하지 아니하거나 휴업·폐업 또는 지분이 감소한 경우가 추징 대상이다(조특법 §30의 6 ③).

(1) 가업 미종사 또는 휴·폐업 (1호)

가업승계 후 가업에 종사하지 아니하거나 가업을 휴업 또는 폐업하는 경우로 아래의 경우를 포함한다(조특령 §27의 6 ⑥ → 상증령 §15 ⑪ 2호 또는 3호).

① 수증자(수증자의 배우자 포함)가 주식 등을 증여받은 날부터 5년까지 대표이사직을 유지하지 아니하는 경우

② 가업의 주된 업종을 변경하는 경우

다만, 한국표준산업분류에 따른 대분류 내에서 업종을 변경하는 경우(별표에 따른 업종으로 변경하는 경우로 한정함)와 이외의 경우로서 평가심의위원회(상증령 §49의 2)의 심의를 거쳐 업종의 변경을 승인하는 경우는 추징 대상에 해당하지 않는다(별표는 Ⅲ. 2-1 (1-1)을 참조 바람).

2개의 서로 다른 사업을 영위하는 중소기업의 주식을 증여 받은 후 사업별 수입금액이 작은 사업 부문을 물적 분할한 경우에는 주된 업종을 변경한 경우에 해당하지 아니한다(재산-92, 2011.2.23.).

③ 해당 가업을 1년 이상 휴업(실적이 없는 경우를 포함한다)하거나 폐업하는 경우

가업의 승계에 따른 증여세 과세특례를 적용받은 후 가업용 자산인 공장시설을 확장·이전하기 위해 기존 공장을 처분하고 새로운 공장을 취득하는 경우 추징 사유에 해당하지 않는다(서면법규-150, 2014.2.18.).

● **인적분할하여 분할존속법인은 업종 변경하고 분할신설법인이 승계한 경우** (추징)

가업을 승계받아 증여세 과세특례를 적용받은 후 해당 가업의 주식을 증여받은 날부터 7년 이내에 해당 가업이 인적분할하여 분할존속법인은 지주회사로 전환(한국표준산업분류에 따른 소분류 내에서 업종을 변경하는 경우에 해당하지 않음)하고 분할신설법인은 분할 전 가업의 주된 업종을 영위하는 경우에는 가업의 주된 업종을 변경하는 경우에 해당하여 추징사유에 해당한다(서면법령재산-2565, 2016.9.29.).

개정 연혁

> 2020년 개정세법에서 가업승계 증여세 특례가 적용되는 업종변경 범위를 한국표준산업분류상의 소분류에서 중분류 내로 확대하고, 전문가 심의를 거쳐 중분류 외의 업종으로도 변경할 수 있도록 하였다. 개정규정은 2020.2.11. 이후 업종을 변경하는 경우부터 적용한다. (2020.2.11. 개정된 시행령 부칙 §10).
>
> 2021년 세법개정에서 종래 사후관리 사유 중의 하나인 2-2 가업 미종사에서 주식 등의 증여일부터 5년 이내에 대표이사로 취임하지 아니한 경우를 삭제하였다. 동 사유는 2-1 가업 미승계와 중복되기 때문이다.
>
> 2023년 세법개정에서 과세특례를 적용받은 자가 일정 기간 가업에 종사하여야 하는 등의 의무를 부담하는 사후관리 기간을 7년에서 5년으로 단축함. 법 30조의 6 제3항의 개정규정은 다음 요건을 모두 충족하는 자 및 2023.1.1. 전에 증여를 받은 경우로서 2023.1.1. 이후 증여세 과세표준을 신고하는 자에 대해서도 소급하여 적용함. ① 2023.1.1. 전에 법 30조의 6 제1항에 따른 과세특례를 적용받았을 것, ② 2023.1.1. 당시 주식등을 증여받은 날부터 7년이 경과하지 아니하였을 것, ③ 2023.1.1. 전에 종전의 법 30조의 6 제3항에 따른 증여세 및 이자상당액이 부과되지 아니하였을 것(2022.12.31. 개정된 법률 부칙 §35 ②).

2024 개정 종래 사후관리 사유로 규정되었던 가업에 종사하지 않거나 휴폐업하는 경우를 조특법에서 직접 열거하였으나, 상증법 규정을 준용하도록 변경함. 주된 업종 변경의 기준을 중분류에서 대분류로 완화함. 승계기업이 급변하는 산업 구조 및 기업 환경에 유연하게 대응할 수 있도록 하려는 목적임. 2024.2.29. 전에 가업의 주된 업종을 변경한 경우에 대한 가업 종사 여부의 판단에 관하여는 개정규정에도 불구하고 종전의 규정에 따름(2024.2.29. 개정된 시행령 부칙 §20).

(2) 지분 감소 (2호)

증여 받은 주식등의 지분이 감소하는 경우로 다음의 경우를 포함한다(조특령 §27의 6 ⑦). 가업의 승계는 경영 승계와 함께 소유 승계가 수반될 필요가 있으므로 주식 또는 출자 지분도 일정한 정도로 유지되어야 하기 때문에 지분 감소를 추징 사유로 한다(대법원 2013두 17206, 2014.3.13.).

(2-1) 수증자가 증여 받은 주식 등을 처분하는 경우 (1호)

수증자가 증여 받은 주식 등을 처분하여 지분이 감소한 경우에는 의무위반사유에 해당한다.

(가) 균등유상감자의 처분 해당 여부

과세관청에서는 처분에 균등유상감자를 포함한다고 해석하였으나,(증여-616, 2013.12.10.) 최근 조세심판원에서는 상증세법상 가업상속공제의 사후관리 규정과 관련된 사례에서 균등유상감자를 지분 감소에서 제외하고 있다. '지분'이란 사전적 의미로 볼 때 공유자 각자의 지분 비율을 의미하므로 균등유상감자와 같이 유상감자하였더라도 청구인의 지분율이 유지되었다면 '지분이 감소한 경우'에 해당한다고 볼 수 없는 것을 근거로 하고 있다(조심 2017부5161, 2018.3.26.). 가업상속공제와 본 가업 승계 증여세 과세특례의 사후관리 규정은 그 규정체계가 유사하므로 동일하게 해석할 수 있다고 판단된다.

그러나, 조세심판원의 재결 이후에도 과세관청은 계속적으로 균등유상감자는 처분에 해당하여 사후관리에 위배되는 것으로 해석하고 있다(재재산-1575, 2022.12.23.; 서면상속증여-0073, 2023.7.6.).

(나) 예외 사유

다만 다음의 어느 하나에 해당하는 경우는 의무위반사유에서 제외한다.

㉮ 합병·분할 등 조직변경에 따른 처분으로서 수증자가 최대주주등에 해당하는 경우
 최대주주등이란 주주 또는 출자자 1인과 그의 특수관계인의 보유주식등을 합하여 그 보유주식등의 합계가 가장 많은 경우의 해당 주주등 1인과 그의 특수관계인 모두를 말한다(상증령 §15 ③).

㉯ 상장규정(자본시장과 금융투자업에 관한 법률 §390 ①)의 상장요건을 갖추기 위하여 지분을 감소시킨 경우

종래의 유권해석에서는 상장 과정에서 제3자에게 신주를 배정(유상증자)함에 따라 수증자의 지분이 하락한 경우에는 추징사유로 보았으나,(재산-515, 2011.10.31.; 재산-674, 2010.9.7.; 재산-447, 2012.12.10.) 상장시 지분유지 요건을 합리화하기 위하여 2015년 개정세법에서 제외 규정을 신설하였다. 2015.2.3.이 속하는 사업연도 분부터 적용한다(2015.2.3. 개정된 시행령 부칙 §8)

또한 수증자가 가업을 승계하기 전에 보유한 주식을 처분한 경우로서 **당해 주식을 처분**

한 후에도 최대주주 등에 해당하는 경우에도 추징사유에서 제외한다(서면상속증여-1646, 2019.8.8.; 서면상속증여-5744, 2017.7.28.; 재산세과-1931, 2008.7.28.; 재산세과-2392, 2008.8.22.)

반면에, 특수관계인에게 주식을 처분하여 상속받은 주식등의 지분이 줄어드는 경우에도 추징한다. 지분 감소의 '지분'을 상속 받은 사람의 지분과 그 특수관계인의 지분을 합한 것을 의미한다고 해석할 객관적인 근거가 없기 때문이다(서울행법 2021구합88159, 2023.7.20.). 즉, 본인의 지분만을 기준으로 지분 감소 여부를 판정한다.

(2-2) 유상증자시 실권주 발생 (2호)

증여 받은 주식 등을 발행한 법인이 유상증자 등을 하는 과정에서 실권 등으로 수증자의 지분율이 낮아지는 경우에는 지분감소로 보아 추징한다.

● **당초 증여자가 유상증자 시 실권주를 취득한 경우** (추징)

가업의 승계를 위하여 주식을 증여받은 후 10년 이내에 그 주식을 발행한 법인이 유상증자 등을 하는 과정에서 실권 등으로 수증자의 모친(당초 증여자)이 그 법인의 상환우선주를 취득함으로써 수증자의 지분율이 증여 직후 낮아진 경우에는 동 과세특례를 적용받은 주식 등의 가액에 대하여 추징한다(상속증여-281, 2014.7.31.)..

다만 다음의 어느 하나에 해당하는 경우로서 수증자가 최대주주등에 해당하는 경우는 의무위반사유에서 제외한다.

㉮ 해당 법인의 시설투자·사업규모의 확장 등에 따른 유상증자로서 수증자의 상증법상 특수관계인(상증령 §2의 2 ① 각 호) 외의 자에게 신주를 배정하기 위하여 실권하는 경우
㉯ 해당 법인의 채무가 출자전환됨에 따라 수증자의 지분율이 낮아지는 경우

위의 예외 사유에 해당한 후 (2-1) 수증자가 증여받은 주식등을 처분하는 경우에 해당하는지 여부를 판정하는 때의 기준 지분율은 (가업승계 주식의 취득 시점 지분율이 아니라) 유상증자 등 후의 지분율로 한다(기준법령재산-0067, 2021.6.23.).

● **사모발행한 BW나 CB로 인해 지분율이 낮아진 경우** (제외)

가업의 승계를 위하여 주식을 증여 받은 후 회사가 신주인수권부사채나 전환사채를 사모형태로 발행하여 사채권자의 권리 행사로 수증자의 지분율이 낮아지는 경우로서 위의 예외사유에 해당하는 때에는 추징하지 아니한다(재산-821, 2009.4.29.).

● **법인의 회생절차에서 채무의 출자전환에 따른 유상증자로 인해 지분율이 낮아진 경우** (추징)

법인의 회생절차에서 주식의 병합 및 재병합으로 인하여 원고의 주식 지분이 감소한 것이 증여세 부과(추징)의 제외사유인 '합병·분할 등 조직변경에 따른 처분으로서 수증자가 상속세 및 증여세법 시행령 제15조 제3항에 따른 최대주주등에 해당하는 경우'에 해당한다고 볼 수 없으며, 법인의 회생절차에서 채무의 출자전환에 따른 유상증자로 인하여 원고의 주식 지분이 50% 미

만으로 감소된 경우는 '해당 법인의 시설투자·사업규모의 확장 등에 따른 유상증자'로 볼 수도 없음(서울고법 2018누54462, 2019.9.27.)

2018년 개정세법에서 채무의 출자전환에 따라 지분 감소시 최대주주등의 지위를 유지하는 경우를 사후관리의 예외 사유로 추가하였다. 2018.2.13. 이후 출자전환을 하는 경우부터 적용한다(동일자로 개정된 영 부칙 §4).

채무의 출자전환에 따른 유상증자는 추가적인 자금이 유입 없이 채무가 자본으로 전환된 것에 불과하여 시설투자·사업규모의 확장 등에 따른 유상증자와는 본질적으로 차이가 있으므로, 2018년 개정세법 이전의 출자전환은 추징의 예외사유에 해당하지 않는다(서울행정법원 2021구합79490, 2022.12.2.).

(2-3) 특수관계자의 지분감소 (3호)

수증자와 상증법상 특수관계에 있는 자의 주식처분 또는 유상증자 시 실권 등으로 지분율이 낮아지게 되어 수증자가 최대주주등에 해당되지 아니하는 경우에는 추징사유에 해당한다.

상증법상 특수관계인(상증령 §2의 2 ①)

1호 친족관계 등
    가. 4촌 이내의 혈족
    나. 3촌 이내의 인척
    다. 배우자(사실혼 포함)
    라. 친생자로서 다른 사람에게 친양자 입양된 자 및 그 배우자·직계비속
    마. 주주 1인이 민법에 따라 인지한 혼인 외 출생자의 생부나 생모
    바. 직계비속의 배우자의 2촌 이내의 혈족과 그 배우자 (예, 며느리의 조부·조모 등)

2호 사용인 등 경제적 연관관계
    가. 사용인❶ (출자지배법인❷ 의 사용인 포함)
    나. 사용인 이외의 자로서 본인의 재산으로 생계를 유지하는 자

3호 주주·출자자 등 경영지배관계
    가. 본인이 개인인 경우
        본인이 직접 또는 본인과 제1호에 해당하는 관계에 있는 자가 임원에 대한 임면권의 행사 및 사업방침의 결정 등을 통하여 그 경영에 관하여 사실상의 영향력을 행사하고 있는 「독점규제 및 공정거래에 관한 법률 시행령」 제3조 각 호의 어느 하나에 해당하는 기업집단의 소속 기업[해당 기업의 임원(「법인세법 시행령」 제40조 제1항 따른 임원을 말한다. 이하 같다)과 퇴직 후 3년(해당 기업이 「독점규제 및 공정거래에 관한 법률」 제14조에 따른 공시대상기업집단에 소속된 경우는 5년)이 지나지 않은 사람(이하 "퇴직임원")을 포함한다]
    나. 본인이 법인인 경우
        본인이 속한 위 가.의 기업집단의 소속 기업(해당 기업의 임원과 퇴직임원을 포함한다)과 해당 기업의 임원에 대한 임면권의 행사 및 사업방침의 결정 등을 통하여 그 경영에 관하여 사실상의 영향력을 행사하고 있는 자 및 그와 제1호에 해당하는 관계에 있는 자

4호 본인, 제1호부터 제3호까지의 자 또는 본인과 제1호부터 제3호까지의 자가 공동으로 재산을 출연하여 설립하거나 이사의 과반수를 차지하는 비영리법인

5호 제3호에 해당하는 기업의 임원 또는 퇴직임원이 이사장인 비영리법인

6호 본인, 제1호부터 제5호까지의 자 또는 본인과 제1호부터 제5호까지의 자가 공동으로 발행주식총수 또는 출자총액(이하 "발행주식총수등"이라 한다)의 100분의 30 이상을 출자하고 있는 법인

7호 본인, 제1호부터 제6호까지의 자 또는 본인과 제1호부터 제6호까지의 자가 공동으로 발행주식총수등의 100분의 50 이상을 출자하고 있는 법인

8호 본인, 제1호부터 제7호까지의 자 또는 본인과 제1호부터 제7호까지의 자가 공동으로 재산을 출연하여 설립하거나 이사의 과반수를 차지하는 비영리법인

❶ "사용인"이란 임원, 상업사용인, 그밖에 고용계약관계에 있는 자를 말한다(상증령 §2의 2 ②)
❷ 출자지배법인이란 ① 1차 종속 영리법인(상증령 §2의 2 ① 6호), ② 2차 종속 영리법인(같은 항 7호), 같은 항 제1호

부터 제7호까지에 해당하는 자가 발행주식총수등의 50% 이상을 출자하고 있는 법인(3차 종속 영리법인)을 말한다(상증령 §2의 2 ③)

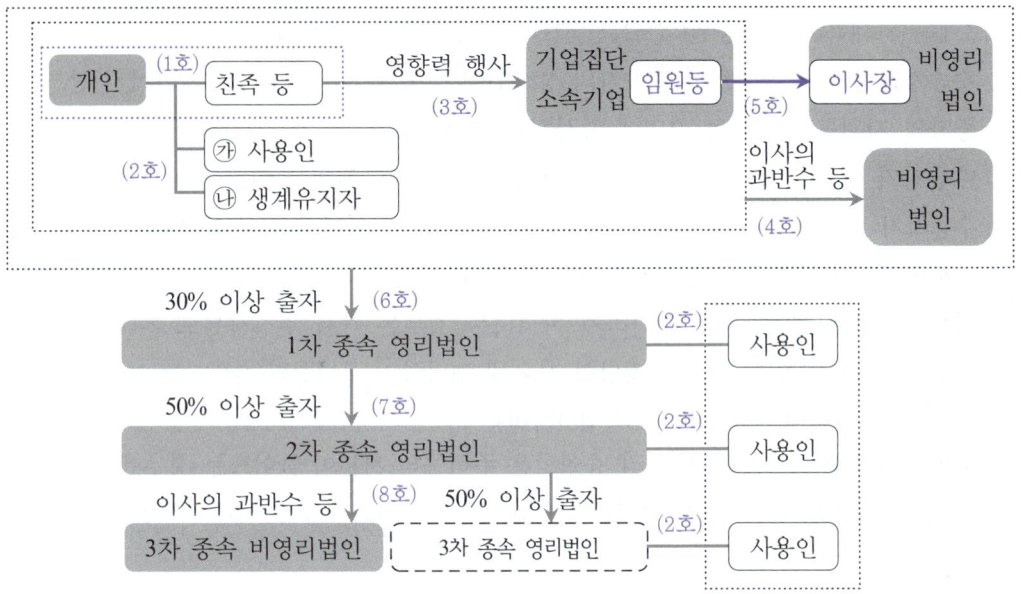

본인이 개인인 경우 상증법상 특수관계인의 범위

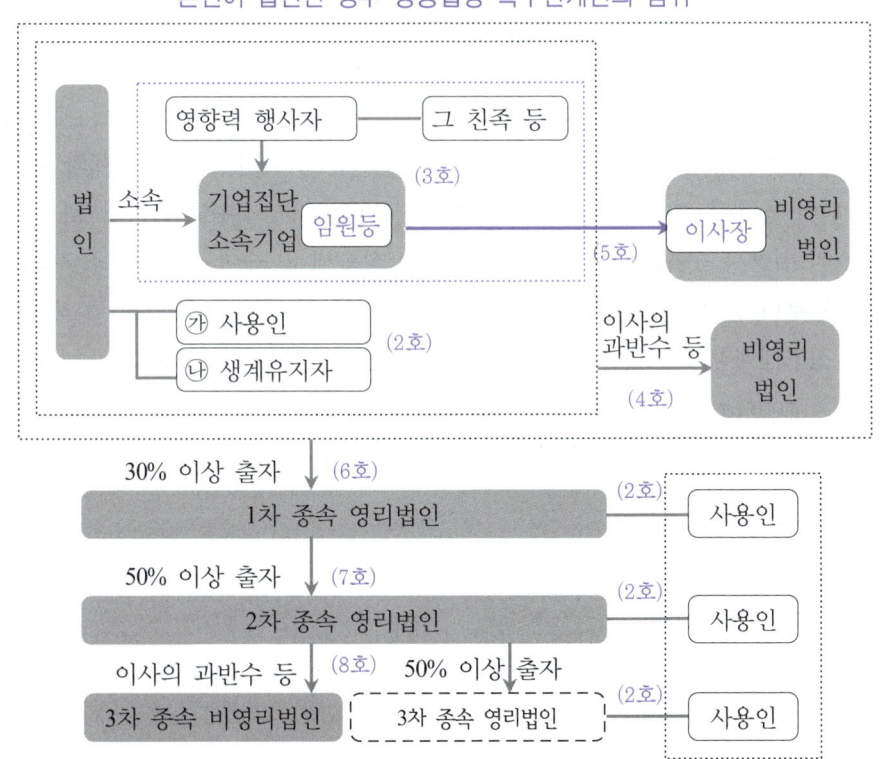

본인이 법인인 경우 상증법상 특수관계인의 범위

(3) 예외적 허용 사유

전술한 휴·폐업 등 또는 지분이 감소하는 경우에 해당하여도 다음의 정당한 사유가 있는 경우에는 과세특례가 적용된다(조특령 §27의 6 ④, 조특칙 §14의 5).

① 수증자가 사망한 경우로서 수증자의 상속인이 상속세 과세표준 신고기한까지 당초 수증자의 지위를 승계하여 가업에 종사하는 경우
② 수증자가 증여 받은 주식 등을 국가 또는 지방자치단체에 증여하는 경우
③ 수증자가 법률에 따른 병역의무의 이행, 질병의 요양, 취학상 형편 등으로 가업에 직접 종사할 수 없는 경우. 다만 증여 받은 주식 또는 출자지분을 처분하거나 그 부득이한 사유가 종료된 후 가업에 종사하지 아니하는 경우는 다시 추징사유로 본다.

경영사정 등으로 인한 폐업은 정당한 사유에 해당하지 아니한다(재산-224, 2010.4.7.; 조심 2018전2864, 2018.12.10.; 조심 2018서2171, 2018.9.10.).

법원의 회생계획인가결정에 따라 증여받은 주식등의 지분이 줄어드는 경우에는 예외적 허용사유에 열거되어 있지 않으므로 추징사유에 해당한다(기준법령재산-21, 2016.4.5.).

2-3 사후관리 위반 시 신고·납부

사후관리 요건을 위반하거나 <u>특례를 적용 받은 후에 거주자 또는 부모에 대한 형이 확정된</u> 거주자는 사유 발생일이 속하는 달의 말일부터 3개월 이내에 가업승계 증여세 과세특례 추징사유 신고 및 자진납부 계산서(별지 제11호의 9 서식)를 납세지 관할 세무서장에게 제출하고 해당 증여세와 이자상당액을 납부하여야 한다. 다만 이미 증여세와 이자상당액이 부과되어 납부된 경우에는 제외한다(조특법 §30의 6 ⑧, 조특령 §27의 6 ⑬).

사후관리 위반시 증여세를 부과하는 경우에는 상속세 및 증여세법 제47조 제2항에 따라 동일인으로부터 증여받은 다른 증여재산가액을 가산하여 과세하며, 같은 법 제69조 제2항에 따른 신고세액공제는 적용하지 않는다(서면법령재산-1464, 2021.10.28.).

2018년 개정세법에서 사후관리 위반시 납세자의 신고·납부 규정을 신설하였다. 2018.1.1. 이후 의무위반사유가 발생하는 경우부터 적용한다(2017.12.19. 개정된 법 부칙 §18).

3 상속세 정산

3-1 준용 규정

상속세 정산 방법은 창업자금에 대한 증여세 과세특례 내용을 준용한다(조특법 §30의 6 ⑤ → 조특법 §30의 5 ⑧~⑩, ⑬). 증여세 및 상속세를 부과하는 경우 본 과세특례에서 특별히 규정한 것 이외에는 상증법에 따른다(조특법 §30의 5 ⑬).

따라서 제2절 Ⅲ. 3. 상속세 정산의 내용이 동일하게 적용되며, 증여대상인 창업자금을 주식등으로만 바꿔서 적용한다. 아래에서는 준용되는 사항을 간략히 정리한다.

㉮ 과세특례가 적용된 주식등은 상속인이 연대 납세의무를 부담하는 경우, 상속재산에 가산하는 증여재산으로 간주함(조특법 §30의 5 ⑧).
㉯ 과세특례가 적용된 주식등은 증여 받은 날부터 상속개시일까지의 기간과 관계없이 상속세 과세가액에 가산함(동조 ⑨).
㉰ 과세특례가 적용된 주식등은 상속공제 종합한도 계산 시 차감되는 사전 증여재산가액에서 제외함(동조 ⑨).
㉱ 상속인에게 적용되는 증여세액공제의 한도와 관계없이 과세특례가 적용된 주식등에 대한 증여세액을 전액 공제함(동조 ⑩).

3-2 가업상속공제시 특례

상증법상 상속세 신고·납부 시 가업상속공제를 적용받기 위해서는 동법상에 규정된 엄격한 요건을 준수하여야만 한다(상증법 §18의 2 ① 참조). 그러나 동 요건은 피상속인이 상속개시 시점에 주식등을 소유하던 중 상속을 원인으로 하여 상속·유증·사인증여 등이 이루어지는 경우를 전제한 규정이다. 따라서 생전에 가업승계 주식등이 증여되어 본 특례를 적용받은 후, 상속이 개시되어 상속재산에 포함되는 경우에는 상증법상 가업상속공제의 요건을 충족하기가 어려우므로 조세특례제한법에서는 그 요건을 완화한다.

가업승계 특례적용 주식등을 증여 받은 후 상속이 개시되는 경우 상속개시일 현재 다음의 요건을 모두 갖춘 때에는 상증법상의 가업상속공제를 적용한다(조특령 §27의 6 ⑨).
① 가업에 해당할 것
    앞서 Ⅱ. 2-1 가업의 요건을 충족하면 된다(상증령 §15 ③). 단, 상증법상 가업상속공제의 요건인 대표이사 재직요건(상증령 §15 ③ 1호 나목)은 적용하지 않는다.
    해당 요건 중 매출액 평균금액은 주식 등을 증여(조특법 §30의 6 ①) 받은 날이 속하는 사업연도의 직전 3개 사업연도의 매출액 평균금액을 기준으로 판단하며, 피상속인이 보유한 가업의 주식등의 전부를 증여하여 피상속인이 최대주주 등에 해당하지 않는 경우(상증령 §15 ③ 1호 가목)에는 상속인이 증여받은 주식등을 상속개시일 현재까지 피상속인이 보유한 것으로 보아 동 규정을 적용한다.

② 수증자가 증여 받은 주식 등을 처분하거나 지분율이 낮아지지 아니한 경우로서 가업에 종사하거나 대표이사로 재직하고 있을 것

증여세 특례 대상인 주식 등을 증여받은 후 상속이 개시되어 위의 요건을 모두 갖춘 경우, 가업상속공제는 증여세 과세특례를 적용받은 수증자 1인에 대하여만 적용한다(재산세과-112, 2010.2.24.; 재산세과-1654, 2009.8.10.).

가업의 승계에 대한 증여세 과세특례를 적용받은 후 증여자의 사망으로 상속이 개시되는 경우로서, 상속개시일 현재 위의 상증법상의 가업상속공제 적용 요건(조특령 §27의 6 ⑨)을 모두 갖추지 못하여 가업상속으로 보지 아니하는 경우에도 조특법상 사후관리규정을 적용한다(서면법령재산-4455, 2021.6.30.).

반면에, 동 규정에 따라 상증법상의 가업상속공제를 적용 받은 후에는 상증법상 사후관리 규정(동법 §18 ⑥)을 적용 받는다(서면상속증여-2055, 2021.4.29.).

피상속인이 생전에 가업승계에 따라 주식 전부를 증여한 경우에는 가업상속공제를 적용 받을 수 없다는 종전의 예규(서면법령재산-1710, 2016.6.23.).[6]를 보완하여, 이러한 경우에도 가업상속공제를 적용받을 수 있도록 2020년 개정세법에서 변경하였다.

2023년 세법개정에서 영 27조의 6 제9항 1호 본문의 개정규정(매출액 산정기준 명확화)은 2023.2.28. 이후 상속이 개시되는 경우부터 적용함(2023.2.28. 개정된 시행령 부칙 §12 ②).

● 20년 개정된 규정이 시행시기 이전으로 소급 적용되는지 여부 (심판원 긍정)

18세 이상인 거주자가 부모가 소유한 주식 전부를 증여받아 「조세특례제한법」 제30조의6제1항에 따라 「가업의 승계에 대한 증여세 특례」를 적용받은 후, '20.2.11. 이전에 부모가 사망하여 상속이 개시된 경우, 상속인과 피상속인이 舊 조세특례제한법 시행령('20.2.11. 대통령령 제30390호로 개정되기 전의 것) 제27조의6 제8항 각호의 요건을 충족하였는지 여부에 따라 「상속세 및 증여세법」 제18조 제2항 제1호에 따른 가업상속공제적용여부를 판단하는 것임(재재산과-291, 2021.3.26.;서면법령재산-2416, 2021.3.17.) 기획재정부에서는 20년 개정 규정이 시행시기 이전으로 소급적용되지 않는 것으로 해석함. 반면에 최근 조세심판원에서는 당초 입법의 불비로 인한 차별을 시정하기 위한 개정으로 소급적용도 가능하다고 보이는 점(대법원 2018.10.4. 선고, 2014두37702 판결, 같은 뜻임)을 근거로 소급적용을 허용하였다(조심 2021광0600, 2021.11.30.; 조심2021서4871, 2021.11.15.; 조심 2021전5169, 2022.4.25.).

---

[6] 부(父)의 주식 전부를 증여한 경우에는 가업상속공제를 적용할 때 피상속인인 부가 최대주주등에 포함될 수 없으므로 가업의 지분율 요건(상증령 §27의 6 ⑧ 1호)을 충족시키지 못하기 때문이다.

Ⅳ. 조세특례제한 등

1 창업자금 증여세 과세특례와 중복적용 배제

본 과세특례와 법 제30조의 5 가업승계 증여세 과세특례는 중복적용될 수 없으므로 거주자가 선택하여야 한다(조특법 §30의 6 ⑦).

단, 자녀 A가 본 가업승계 증여세 과세특례를 적용받은 경우, 나머지 자녀 B, C는 수증자별로 각각 창업자금에 대한 증여세 과세특례 규정을 적용받을 수 있다(재산-968, 2010. 12.22.).

2 피통합기업의 가업승계 허용

피통합기업인 내국인이 가업의 승계를 목적으로 해당 가업의 주식등을 증여하는 경우로서 수증자가 본 과세특례를 적용받은 경우에는 법 제31조 중소기업 간의 통합에 대한 양도소득세의 이월과세 규정의 추징사유로 보지 아니한다(조특령 §28 ⑩ 6호). 법 제32조에 따라 법인전환한 후 가업 승계를 하는 경우에도 허용한다(조특령 §29 ⑦ 6호).

상세 내용은 제3장 제2절 Ⅲ. 5-2를 참조하기로 한다.

Ⅴ. 예제와 서식 작성실무

신고실무 | 가업승계 주식 등 증여재산평가 및 과세가액 계산명세서

● 자 료

김성수 씨는 중소기업인 ㈜문화를 1991년에 설립하여 계속적으로 경영하고 있다. 아들 김준호 씨는 2024.8.1. 현재 ㈜문화에 부장으로 재직 중이며 2025년에 대표이사에 취임할 예정이다. 김성수 씨는 2018.7.2.에 1차 주식 50억원, 2024.8.1.에 2차 주식 700억원을 김준호 씨에게 각각 증여하였다. 이때 총자산가액 및 사업무관자산가액은 다음 표와 같다. 신고기한 내에 신고한 경우를 가정하여 2차 주식 증여시 납부할 증여세액을 계산하시오. 단, 사업무관자산은 전부 임대부동산이다.

(단위: 백만원)

구 분	총자산가액	사업무관자산가액	업무무관비율
1차 증여	20,000	4,000	20%
2차 증여	24,000	2,400	10%

● 해 설

1. 1차 증여시 납부할 세액

1차 증여재산가액 50억원을 가업승계 특례 적용분과 사업무관자산과 관련된 일반세율 적용분으로 나누어 계산한다. 2018년 당시 증여 한도는 100억원이고, 5억원 공제 후 30억 초과 분은 20% 세율을 적용한다.

특례 적용 증여가액 = 증여한 주식가액 × (1 - 업무무관비율)
= 50억원 × (1 - 20%) = 40억원

1-1 특례 적용분 납부할 세액

특례 증여재산공제 5억원과 특례세율 10~20%를 적용하여 산출세액을 계산한다. 신고세액공제는 적용하지 않는다.

증여세 산출세액 = (특례 증여재산가액 - 특례 증여재산공제) × 세율 - 누진공제액
= (40억원 - 5억원) × 20% - 3억원 = 4억원

1-2 일반세율 적용분 납부할 세액

증여한 주식가액 50억원에서 특례 적용 증여가액 40억원을 차감한 10억원을 일반세율 적용분으로 하여 증여세를 별도 계산한다. 증여재산가액에서 자녀세액공제 5천만원을 차감하여 과세표준을 계산한다. 2018년의 신고공제율은 5%이다.

증여세 산출세액 = 과세표준 × 세율 - 누진공제액
= (1,000백만원 - 50백만원) × 30% - 60백만원 = 225백만원
신고세액공제액 = 225백만원 × 5% = 11,250,000원
납부할세액 = 225,000,000 - 11,250,000 = 213,750,000원

2. 2차 증여시 납부할 세액

2차 증여재산가액 700억원도 가업승계 특례 적용분과 사업무관자산과 관련된 일반세율 적용분으로 나누어 계산한다. 2024년 세법 개정 후 증여 한도는 600억원이고, 10억원 공제 후 120억 초과분에 대해 20% 세율을 적용한다.

특례 적용 증여가액 = 증여한 주식가액 × (1 − 업무무관비율)
= 700억원 × (1 − 10%) = 630억원

다만, 1차 특례분 40억원과 2차 특례분 630억원의 합계 670억원이 특례 한도 600억원을 초과하므로, 2차 특례분 630억원 중 한도 초과분 70억원에 대해 일반세율을 적용한다.

2-1 특례 적용분 납부할 세액

(1) 증여세 산출세액

2차 증여 시 특례 적용 대상 560억원(=630억 - 70억)과 1차 증여 시 특례 적용 금액 40억원을 합산한다. 특례 증여재산공제(10억원)과 특례 세율 10%(120억원 초과분은 20%)를 적용하여 산출세액을 계산한다. 1차 증여 시의 기납부세액을 공제하나, 신고세액공제는 적용하지 않음.

증여세 산출세액 = 과세표준 × 세율
= 120억원 × 10% + 470억원 × 20% = 106억원

(2) 기납부세액 공제액

특례 대상의 증여재산 공제액 = Min(기납부세액, 증여세 공제한도)
증여세 공제한도 = 당해 산출세액 × 가산한 증여 과세표준 ÷ 당해 과세표준
= 106억원 × 35억원 ÷ 590억원 = 628,813,559

기납부세액 4억원이 증여세 공제한도 이내이므로 기납부세액을 전액 공제한다. 공제 후 납부할 세액은 102억원이다(=106억 − 4억).

2-2 일반세율 적용분 납부할 세액

(1) 증여세 산출세액

1차 일반증여 10억원과 2차 일반증여(사업무관자산) 70억원 및 2차 한도초과 70억원을 합산하고, 자녀세액공제 50백만원을 증여재산가액에서 차감하여 과세표준을 계산한다.

증여세 산출세액 = 과세표준 × 세율 − 누진공제액
= 14,950백만원 × 50% − 460백만원 = 7,015백만원

(2) 기납부세액 공제액

1차 증여 시의 기납부세액을 공제하고 신고세액공제(3%)를 적용한다.

일반 증여재산 공제액 = Min(기납부세액, 증여세 공제한도)
증여세 공제한도 = 당해 산출세액 × 가산한 증여 과세표준 ÷ 당해 과세표준
= 7,015백만원 × 950백만원 ÷ 14,950백만원 = 445,769,231

기납부세액 225,000,000원이 증여세 공제한도 이내이므로 기납부세액을 전액 공제한다.

공제 후 납부할 세액 = 산출세액 − 기납부세액 − 신고세액공제
= 7,015,000,000 − 225,000,000 − 203,700,000 = 6,586,300,000원

2-3 납부할 세액

납부할 세액 = 특례 적용분 + 일반세율 적용분 = 10,200,000,000 + 6,586,300,000
= 16,786,300,000

■ 상속세 및 증여세법 시행규칙 [별지 제10호의 2 서식 부표 2] (개정 2023. 3. 20.)

| 관리번호 | - | 가업승계 주식 등 증여재산평가 및 과세가액 계산명세서 |

① 증여일 현재 주식 등의 가액				70,000,000,000
사업관련 자산가액 비율	② 총자산가액			24,000,000,000
	사업무관 자산가액	㉮ 「법인세법」 제55조의 2 해당자산		
		㉯ 「법인세법 시행령」 제49조 해당자산 및 임대용부동산		2,400,000,000
		㉰ 「법인세법 시행령」 제61조 제1항 제2호 해당자산		
		㉱ 과다보유현금		
		㉲ 영업활동과 직접 관련없이 보유하는 주식·채권 및 금융상품		
		③ 사업무관자산 가액 계		2,400,000,000
	④ 사업관련 자산가액 (② - ③)			21,600,000,000
	⑤ 사업관련 자산가액 비율(④ ÷ ②)			90%
과세특례 적용 전 증여세 과세가액 계산	⑥ 가업자산 상당액 (① × ⑤)			63,000,000,000
	⑦ 기 과세특례적용분 증여세 과세가액			4,000,000,000
	⑧ 합계액 (⑥ + ⑦)			67,000,000,000
과세특례 적용 한도금액 계산	⑨ 총한도액 (※)			60,000,000,000
	⑩ 기 과세특례적용분 증여세과세가액 (= ⑦)			4,000,000,000
	⑪ 계 (⑨ - ⑩)			56,000,000,000
과세특례 적용대상 증여세 과세가액	⑫ ⑧과 ⑪ 중 적은금액 [다만, ⑧ < ⑨이면, (⑧ - ⑦)의 금액]			56,000,000,000
기본세율 적용대상 가액	⑬ 증여재산가액 (① - ⑫)			14,000,000,000

210mm×297mm[백상지 80g/㎡(재활용품)]

제4절 [제30조의 7] 가업승계 시 증여세의 납부유예

Ⅰ. 의의

중소기업에 해당하는 가업의 주식 등을 증여 받고 가업승계 증여세 과세특례를 적용 받지 않는 경우, 한도 없이 양도·상속·증여하는 시점까지 증여세의 납부를 유예하는 특례이다.

중소기업의 경우 가업을 승계하는 자가 종전의 증여세 저율과세특례 이외에도 증여세 납부유예 방식을 추가적으로 선택할 수 있도록 한다. 중소기업의 계획적 기업승계를 위한 사전 증여를 활성화하기 위한 목적이다.

일몰기한이 없는 과세특례이다.

2023년 개정세법에서 중소기업에 해당하는 가업의 주식 등을 증여받은 경우 증여세의 납부유예 허가를 받을 수 있도록 하여 중소기업의 원활한 가업 승계를 지원함. 가업 승계에 대한 증여세의 납부유예를 신청하려는 경우 증여세 과세표준신고를 할 때 납부유예신청서 등을 제출하도록 하고, 납부유예 허가를 받은 자가 증여일부터 5년 이내의 기간 중에 가업의 대표이사로 종사하지 않거나 가업을 1년 이상 휴업하는 경우에는 가업에 종사하지 않게 된 것으로 보아 납부유예된 세액과 이자 상당액을 징수하도록 하는 등 납부유예의 신청 절차 및 사후 관리에 관한 세부사항 등을 정함.

Ⅱ. 요건

거주자가 다음의 요건을 모두 갖추어 증여세의 납부유예를 신청하여야 한다(조특법 §30의 7 ①).

1 주식 요건

거주자가 상증법상 중소기업에 해당하는 가업의 승계를 목적으로 해당 가업의 주식 또는 출자지분(이하 "주식등")을 증여받아야 한다(조특령 §27의 7 ⑥ → 상증령 § 15 ①).

가업승계 증여세 과세특례와는 달리 중견기업에게는 납부유예 특례를 허용하지 않음에 유의하여야 한다.

가업승계 증여세 과세특례의 요건을 충족하는 중소기업이어야 한다. <u>과세특례의 주체는 18세 이상인 거주자이며, 증여의 주체는 60세 이상의 부모이다</u>(조특법 §30의 6 ①). <u>증여 당시 부 또는 모가 사망한 경우에는 그 사망한 부 또는 모의 부모(친조부모 또는 외조부모)를 포함한다</u>(조특법 §30의 5 ①).

주체 및 가업 주식 등의 증여 요건은 제3절 Ⅱ. 1. 및 2.를 각각 참조하기로 한다.

2024 개정 증여세 납부 유예 특례의 주체를 명확화함.

2 가업의 승계

주식등을 증여받은 거주자 또는 그 배우자가 상증세법에 따른 증여세 과세표준신고기한[1])까지 해당 가업에 종사하고 증여일부터 3년 이내에 대표이사에 취임해야 한다(조특령 §27의 7 ⑤).

3 담보 제공

납부유예 허가를 받으려는 자는 담보를 제공하여야 한다(조특법 §30의 7 ②).

4 특례 신청

납부유예를 신청하려는 거주자는 상속세 과세표준신고 또는 증여세 과세표준신고[상증

---

1) 증여일이 속하는 달의 말일로부터 3개월 이내임(상증법 §68).

법 §67 또는 §68; 수정신고 또는 기한 후 신고(국기법 §45 또는 §45의 3)를 포함함]를 할 때 다음 서류를 납세지 관할 세무서장에게 제출해야 한다. 다만, 과세표준과 세액의 결정 통지(상증법 §77)를 받은 자는 해당 납부고지서에 따른 납부기한까지 그 서류를 제출할 수 있다(조특령 §27의 7 ①).

① 납부유예신청서(별지 제11호의 11 서식)
② 가업승계 증여세 과세특례를 적용받았거나 납부유예 허가(조특법 §30의 6 또는 §30의 7)를 받았음을 증명할 수 있는 서류. 다만, 지분 감소 시 납부유예 허가 절차(조특법 §30의 7 ⑥ 1호)에 따라 신청하는 경우에만 해당한다.
③ 가업상속공제(상증법 §18의 2 ①)를 받았거나 납부유예 허가(상증법 §72의 2 ①)를 받았음을 증명할 수 있는 서류. 다만, 상속 개시 시 납부유예 허가 절차(조특법 §30의 7 ⑥ 2호)에 따라 신청하는 경우에만 해당한다.

본 특례의 신청은 협력 의무가 아닌 필수 요건에 해당하는 것으로 판단된다.

Ⅲ. 과세특례

1 납부 유예

수증자가 증여 받은 주식등을 양도·상속·증여하는 시점까지 다음 계산식에 따라 계산한 증여세 상당 금액을 납부유예한다(조특령 §27의 7 ④).

$$\text{유예 금액} = \frac{\text{증여세}}{\text{납부세액}} \times \frac{\text{가업자산 상당액}^{❶}}{\text{총 증여재산가액}}$$

❶ 가업자산상당액이란 상증법상 가업상속공제의 가업상속 재산의 계산방법(상증령 §15 ⑤ 2호)을 준용하여 계산한 금액을 말함. 이 경우 "상속개시일"은 "증여일"로 봄. 상세 내용은 제3절 Ⅲ. 1-2를 참조하기로 함.

증여세 특례의 내용 및 상속세 정산 방법은 창업자금에 대한 증여세 과세특례 내용을 준용한다(조특법 §30의 7 ⑧ → 조특법 §30의 5 ⑧~⑪, ⑬).[2] 증여세 및 상속세를 부과하는 경우 본 과세특례에서 특별히 규정한 것 이외에는 상증법에 따른다(조특법 §30의 5 ⑬).

---

[2] 2023년 조특법 제30조의 5 창업자금 증여세 과세특례의 항번이 순연되었으므로 이에 맞추어 인용 조문을 수정하여야 함.

따라서 제2절 Ⅲ. 3. 상속세 정산의 내용이 동일하게 적용되며, 증여대상인 창업자금을 주식등으로만 바꿔서 적용한다. 아래에서는 준용되는 사항을 간략히 정리한다.

㉮ 과세특례가 적용된 주식등은 상속인이 연대 납세의무를 부담하는 경우, 상속재산에 가산하는 증여재산으로 간주함(조특법 §30의 5 ⑧).
㉯ 과세특례가 적용된 주식등은 증여 받은 날부터 상속개시일까지의 기간과 관계없이 상속세 과세가액에 가산함(동조 ⑨).
㉰ 과세특례가 적용된 주식등은 상속공제 종합한도 계산 시 차감되는 사전 증여재산가액에서 제외함(동조 ⑨).
㉱ 상속인에게 적용되는 증여세액공제의 한도와 관계없이 과세특례가 적용된 주식등에 대한 증여세액을 전액 공제함(동조 ⑩).
㉲ 동일인(그 배우자 포함)으로부터 증여 받은 주식등 이외의 다른 증여재산의 가액은 기과세 특례 증여세 과세가액에 포함하지 아니함(일반 증여재산과 합산 배제; 동조 ⑪)

2 사후 관리 등

납세지 관할세무서장은 거주자가 정당한 사유(조특령 §27의 7 ⑦ → §27의 6 ④ 2호·3호) 없이 다음 어느 하나에 해당하는 경우 납부유예에 따른 허가를 취소하거나 변경하고, 해당 규정에 따른 세액과 이자상당액을 징수한다(조특법 §30의 7 ③·④).

정당한 사유는 제3절 Ⅲ. 2-2 (3)을 참조하기로 한다.

2-1 사후관리 사유 및 추징세액

사후관리 기간은 5년이다. 업종 유지 요건은 없음에 유의하여야 한다.

(1) 가업 미종사 (1호)

해당 거주자가 가업에 종사하지 아니하게 된 경우에는 납부유예된 세액의 전부를 추징한다. 다음의 경우를 포함한다(조특령 §27의 7 ⑧).

① 가업의 주식등을 증여받은 거주자(거주자의 배우자 포함)가 대표이사로 종사하지 않는 경우(증여일부터 5년 이내의 기간 중으로 한정함)
② 해당 가업을 1년 이상 휴업(실적이 없는 경우를 포함함)하거나 폐업하는 경우

(2) 지분 감소 (2호)

주식등을 증여받은 거주자의 지분이 감소한 경우에는 다음 구분에 따른 세액을 추징한다(조특령 §27의 7 ⑨).

㉮ 증여일부터 5년 이내에 감소한 경우: 납부유예된 세액의 전부
㉯ 증여일부터 5년 후에 감소한 경우: 납부유예된 세액 중 다음 계산식에 따라 계산한 세액(조특령 §27의 7 ⑩)

$$\text{추징세액} = \text{납부유예된 세액} \times \frac{\text{감소한 지분율}}{\text{증여일 현재 지분율}}$$

지분이 감소한 경우란 가업 승계시 지분 감소에 해당하는 경우를 포함한다(조특령 §27의 7 ⑨ → §27의 6 ⑦). 제3절 Ⅲ. 2-2 (2)를 참조하기로 한다.

(3) 고용유지 등 (3호)

다음 각 항목에 모두 해당하는 경우에는 납부유예된 세액의 전부를 추징한다.

(3-1) 근로자 수 감소 (가목)

증여일부터 5년간 정규직근로자 수의 전체 평균이 증여일이 속하는 사업연도의 직전 2개 사업연도의 정규직근로자 수의 평균의 70%에 미달하는 경우이다.

정규직근로자란 근로기준법에 따라 계약을 체결한 근로자를 말한다. 다만, 다음 어느 하나에 해당하는 사람은 제외한다(조특령 §27의 7 ⑪ → 상증령 §15 ⑬).

① 근로계약기간이 1년 미만인 근로자(근로계약의 연속된 갱신으로 인하여 그 근로계약의 총 기간이 1년 이상인 근로자는 제외한다)
② 단시간근로자(근로기준법 §2 ① 9호)로서 1개월간의 소정근로시간이 60시간 미만인 근로자
③ 근로소득원천징수부에 따라 근로소득세를 원천징수한 사실이 확인되지 않고, 다음 어느 하나에 해당하는 금액의 납부사실도 확인되지 않는 자
  ㉮ 국민연금법에 따른 부담금 및 기여금
  ㉯ 국민건강보험법에 따른 직장가입자의 보험료

(3-2) 급여 감소 (나목)

증여일부터 5년간 총급여액의 전체 평균이 증여일이 속하는 사업연도의 직전 2개 사업연도의 총급여액 평균의 70%에 미달하는 경우이다.

총급여액이란 앞서 (3-1)의 정규직근로자에게 지급한 급여 및 상여(소법 §20 ① 1호 및 2호)의 합계액을 말한다. 정규직근로자에서 최대주주 등 및 국기법상 친족관계[3]인 근로자(조특령 §26의 4 ② 3호)에 해당하는 사람은 제외하되, 이에 해당되는 사람만 있는 경우에는 포함한다(조특령 §27의 7 ⑫).

정규직 근로자 수 및 총급여액의 계산에 관하여는 상증법상 가업상속 공제 규정을 준용한다(조특령 §27의 7 ⑬ → 상증령 §15 ⑰ 및 ⑱).

가업상속 공제의 정규직 근로자 수의 계산 등

구 분	상세 내용
정규직 근로자 수 계산	정규직 근로자 수의 평균은 해당 기간 중 매월 말일 현재의 정규직 근로자 수를 합하여 해당 기간의 월수로 나누어 계산한다(상증령 §15 ⑰).
분할 합병의 경우	가업에 해당하는 법인이 분할하거나 다른 법인을 합병하는 경우 정규직 근로자 수 및 총급여액은 다음 각 호에 따라 계산한다(상증령 §15 ⑱). ① 분할에 따라 가업에 해당하는 법인의 정규직 근로자의 일부가 다른 법인으로 승계되어 근무하는 경우 그 정규직 근로자는 분할 후에도 가업에 해당하는 법인의 정규직 근로자로 본다. ② 합병에 따라 다른 법인의 정규직 근로자가 가업에 해당하는 법인에 승계되어 근무하는 경우 그 정규직 근로자는 상속이 개시되기 전부터 가업에 해당하는 법인의 정규직 근로자였던 것으로 본다.

(4) 사망 (4호)

해당 거주자가 사망하여 상속이 개시되는 경우는 납부유예된 세액의 전부를 추징 대상으로 한다.

2-2 이자상당액

가산할 이자상당액은 다음과 같이 계산한다(조특령 §27의 7 ⑭). 이자상당가산액은 납부하는 사업연도의 본세에 해당한다.

---

[3] 제3부 제3장 제6절 Ⅱ. 2-1 참조

> 이자상당액 = 결정된 증여세액 × 소정기간 × 이자율

① 결정된 증여세액

사후관리 규정(법 §30의 7 ③)에 의하여 결정한 증여세액(누진세율 적용함)

② 소정기간

당초 증여 받은 가업의 주식등에 대한 증여세 과세표준신고기한의 다음 날부터 추징사유가 발생한 날까지의 기간

③ 이자율 3.5%(국기칙 §19의 3)

납부유예 허가의 취소 또는 변경(조특법 §30의 7 ③) 당시의 국기법상 국세환급가산금의 이율(국기령 §43의 3 ②)을 365로 나눈 율로 한다. 다만, ② 소정기간 중에 국기법상 이자율이 1회 이상 변경된 경우 그 변경 전의 기간에 대해서는 변경 전의 이자율을 365로 나눈 율을 적용한다.

사후관리 규정에 따른 추징세액의 납부유예 허가(조특법 §30의 7 ⑥)를 받은 경우에는 위 이자율에 50%를 곱한 율로 한다.

조특법상 일반적인 이자상당가산액은 연구개발특구 입주 첨단기술기업 법인세 감면의 사후관리 규정에 적용되는 이자율인 1일 10만분의 22(조특령 §11의 2 ⑨)를 준용하지만, 본 특례에서는 **국기법상 국세환급가산금 이율을 기준으로 산정함**에 유의하여야 한다.

2023 개정 시중은행의 정기예금 이자율 수준이 상향된 점을 고려하여 국세기본법상 국세환급가산금의 이율을 현행 연 1천분의 29에서 연 1천분의 35로 조정함. 국세기본법 52조 1항에 따른 국세환급가산금 기산일이 2024.3.22. 전인 경우로서 2024.3.22. 이후 같은 조에 따라 국세환급가산금을 충당 또는 지급하는 경우 그 기산일부터 2024.3.22. 전일까지의 기간에 대한 이율은 규칙 19조의 3의 개정규정에도 불구하고 종전의 규정에 따름(2024.3.22. 개정된 국세기본법 시행규칙 §3).

2-3 추징세액의 납부유예

사후관리 사유 중 지분 감소 또는 상속 개시 사유(조특법 §30의 7 ③ 2호 또는 4호; 제7항에 따라 준용되는 경우를 포함한다)에 따라 납부유예된 세액과 이자상당액을 납부하여야 하는 자는 다음 어느 하나에 해당하는 경우, 사후관리 규정 및 자진 신고납부 규정(같은 조 ③·④)에도 불구하고 납세지 관할세무서장에게 해당 세액과 이자상당액의 납부유예 허가를 신청할 수 있다(조특법 §30의 7 ⑥).

① 지분 감소에 해당하는 경우로서 수증자가 가업승계 증여세 과세특례를 적용받거나 납부유예 허가를 받은 경우
② 상속 개시에 해당하는 경우로서 상속인이 상속받은 가업에 대하여 가업상속공제(상증법 §18의 2 ①)를 받거나 납부유예 허가(같은 법 §72의 2 ①)를 받은 경우

앞서 1. 에서 보았던 납부세액의 유예는 가업승계 시 납부하여야 할 증여세의 납부를 유예하는 특례이고, 여기서의 납부유예는 가업승계 증여세 납부 유예 특례의 사후관리 규정을 위반하여 추징세액을 납부하여야 함에도 불구하고 일부 사후관리 사유에 대해서 그 추징세액의 납부를 유예하는 규정이다.

추징세액의 납부유예에 관하여는 가업승계 시 증여세 납부 유예 규정(조특법 §30의 7 ②~⑤)을 준용한다. 상속 개시에 해당하는 경우로서 상속인이 상속받은 가업에 대하여 납부유예 허가(조특법 §30의 7 ⑥ 2호)를 받은 경우에는 아래 ② ~ ④의 규정 중 "거주자"는 "상속인"으로, "증여받은"은 "상속받은"으로, "증여일"은 "상속개시일"로 본다(조특법 §30의 7 ⑦). 준용되는 규정을 간략히 정리하면 다음과 같다.

① 담보 제공(같은 조 ②; Ⅱ. 3. 참조)
② 사후관리 사유 및 추징세액(같은 조 ③; 2-1 참조). 단, 고용유지 등(3호)은 제외함. 이 경우 제3항 제2호 가목 중 "납부유예된 세액의 전부"는 "납부유예된 세액 중 지분 감소 비율을 고려하여 대통령령으로 정하는 바에 따라 계산한 세액"으로 본다.
③ 자진 신고납부(같은 조 ④; 3. 참조)
④ 유예요건 미비로 인한 사후관리(같은 조 ⑤; Ⅳ. 2. 참조)

2-4 자진 신고납부

가업승계 증여세 납부유예 허가를 받은 자는 사후관리 사유(조특법 §30의 7 ③)의 어느 하나에 해당하는 경우 그 날이 속하는 달의 말일부터 3개월 이내에 납세지 관할세무서장에게 신고하고 해당 증여세와 이자상당액을 납세지 관할세무서, 한국은행 또는 체신관서에 납부하여야 한다. 다만, 사후관리 규정에 따라 이미 증여세와 이자상당액이 징수된 경우에는 납부하지 아니한다(조특법 §30의 7 ④).

자진 신고납부 규정에 따라 증여세와 이자상당액을 신고하는 때에는 납부유예 사후관리 추징사유 신고 및 자진납부 계산서(별지 제11호의 13 서식)를 납세지 관할 세무서장에게 제출해야 한다(조특령 §27의 7 ⑯).

Ⅳ. 조세특례제한 등

1 납부유예 허가 절차

납부유예 신청을 받은 납세지 관할 세무서장은 다음 구분에 따른 기간 이내에 신청인에게 그 허가 여부를 서면으로 통지해야 한다(조특령 §27의 7 ②).

구 분	허가 여부 통지 기한
상속세 과세표준신고를 한 경우	신고기한이 지난 날부터 9개월
증여세 과세표준신고를 한 경우	신고기한이 지난 날부터 6개월
수정신고 또는 기한 후 신고를 한 경우	수정신고 또는 기한 후 신고를 한 날이 속하는 달의 말일부터 6개월❶
결정통지를 받은 자	납부고지서에 따른 납부기한❷이 지난 날부터 14일

❶ 상속 개시 시 납부유예 허가 절차(조특법 §30의 7 ⑥ 2호)에 따라 신청하는 경우에는 9개월

❷ 결정 통지가 납부고지서에 따른 납부기한을 경과한 경우에는 그 통지일 이전의 기간에 대해서는 납부지연가산세 [국기법 §47의 4 ① 1호(납부고지서에 따른 납부기한의 다음 날부터 성립하는 부분으로 한정한다) 및 제3호]를 부과하지 않는다(조특령 §27의 7 ③).

납세지 관할 세무서장은 납부유예 허가를 받은 거주자가 사후관리 사유(조특법 §30의 7 ③)에 해당하는지를 매년 확인·관리해야 한다(조특령 §27의 7 ⑰).

2 유예 요건 미비로 인한 추징

납세지 관할세무서장은 납부유예 허가를 받은 자가 다음 어느 하나에 해당하는 경우 그 허가를 취소하거나 변경하고, 납부유예된 세액의 전부 또는 일부와 이자상당액을 징수할 수 있다(조특법 §30의 7 ⑤).

① 담보의 변경 또는 그 밖의 담보 보전에 필요한 관할 세무서장의 명령에 따르지 아니한 경우
② 다음의 국세징수법상 납기기한 징수 사유(국징법 §9 ①)의 어느 하나에 해당되어 납부유예된 세액의 전액을 징수할 수 없다고 인정되는 경우

1. 국세, 지방세 또는 공과금의 체납으로 강제징수 또는 체납처분이 시작된 경우
2. 「민사집행법」에 따른 강제집행 및 담보권 실행 등을 위한 경매가 시작되거나 「채무자 회생 및 파산에 관한 법률」에 따른 파산선고를 받은 경우
3. 「어음법」 및 「수표법」에 따른 어음교환소에서 거래정지처분을 받은 경우
4. 법인이 해산한 경우
5. 국세를 포탈(逋脫)하려는 행위가 있다고 인정되는 경우
6. 납세관리인을 정하지 아니하고 국내에 주소 또는 거소를 두지 아니하게 된 경우

이자상당액의 계산은 사후관리 조항을 참조하기로 한다(조특령 §27의 7 ⑮; Ⅲ. 2-2 참조).

3 중복지원 배제

수증자가 창업자금에 대한 증여세 과세특례 또는 가업의 승계에 대한 증여세 과세특례(조특법 §30의 5 또는 §30의 6)를 적용받지 않은 경우에만 본 특례를 적용할 수 있다(조특법 §30의 7 ① 2호).

CHAPTER 03 조직변경 시 이월과세제도

제1절 서설

Ⅰ. 의의

조직변경 시 이월과세제도란 중소기업 간의 통합 또는 개인기업을 법인전환하는 등 조직변경이 이루어지는 경우, 당해 사업용고정자산에 대한 개인의 양도소득세를 통합법인 또는 전환후 법인이 양도하는 시점까지 이월과세하는 제도이다. 조직변경 세제지원제도에는 이외에도 제4장에서 다루고 있는 제도 등이 있으나, 제3장에서 서술하고 있는 제도는 이월과세를 공통으로 한다는 점에서 차이가 있다.

조직변경 시 이월과세제도

조문	특례대상 행위	과세특례
§31 중소기업 간의 통합에 대한 양도소득세의 이월과세 등	중소기업 간의 통합으로 인하여 소멸되는 중소기업이 사업용고정자산을 통합법인에 양도하는 행위	개인의 양도소득세의 이월과세
§32 법인전환에 대한 양도소득세의 이월과세	사업용고정자산을 현물출자하거나 사업양수도의 방법에 따라 개인기업이 법인전환하는 행위	개인의 양도소득세의 이월과세

양 제도의 공통점은 사업용고정자산의 양도를 요건으로 한다는 점과 과세특례의 주체는 개인에 한정된다는 점이다. 또한 그 효과로 이월과세를 허용하고 조직변경 후에도 일정한 세액감면제도에 대해서는 승계하여 적용할 수 있다는 점이 동일하다. 이외에도 사후관리가 적용되며, 취득세가 면제된다는 점이 유사하므로 이하에서는 양 제도에 동일하게 적용되는 요건과 효과를 함께 살펴보기로 한다.

개정연혁

연 도	개정 내용
2017년	■ 이월과세 자산의 취득가액 중 감정가액의 감정 주체 : 감정평가법인 → 감정평가사로 확대

Ⅱ. 요건

사업용고정자산의 양도

사업용고정자산 요건은 제2절과 제3절에 공통되는 내용으로 법 제31조 중소기업 간 통합 과세특례와 관련하여 시행령 제28조 제2항에 정의되어 있으며, 동 정의조항에 따라 법 제32조 법인전환 과세특례에도 그대로 적용된다. 본서에서는 법 조문 순서에 따라 중소기업 간 통합 과세특례를 중심으로 설명하도록 한다. 이때 "피통합기업"이라는 용어는 "양도인"으로, "통합법인"은 "전환법인"으로 대체하면 법인전환 과세특례에도 동일하게 적용된다.

1-1 사업용고정자산

피통합기업(양도인)이 사업용고정자산을 통합법인(전환법인)에 양도하여야 한다.

사업용고정자산이란 당해 사업에 직접 사용하는 유형자산 및 무형자산으로서 업무무관자산은 제외된다(조특령 §28 ②).

(1) 고정자산

고정자산이 아닌 정기예금·정기적금 및 재고자산이나 투자자산은 제외된다. 주택신축판매업자의 미분양중인 임대주택은 해당 기업의 재고자산이므로 특례의 대상이 될 수 없다.

● 당해 법인이 「농지법」 등 관련법령에 따라 법인 명의로 취득할 수 없는 사업용 고정자산(토지)에 대하여는 본 특례가 적용되지 않는다[서면4팀-2440, 2005.12.8. (법 §32 법인전환)].[1]

---

[1] 농지법상의 경자유전(耕者有田)의 원칙에 의하여 자경하지 않는 경우 원칙적으로 개인의 소유가 제한되며, (농지법 §4) 법인의 경우도 농업법인 등이 아닌 경우 소유할 수 없음.

- 현물출자가액에 자가창설영업권이 포함된 때에는 **자가창설영업권은 이월과세를 적용받을 수 없다**[부동산거래-560, 2011.7.5. (법 §32)].[2]
- 토지의 사용권·수익권만을 출자하고 처분권은 각 소유자에게 유보한 상태로 공동사업(부동산 임대업)을 운영하던 중, 토지를 현물출자하는 경우 토지는 사업용 고정자산에 해당하지 않는다[서면부동산-5215, 2017.2.7. (법 §32)].

● **실질상 부동산매매업자의 재고자산은 이월과세가 적용되지 않음**

청구인들은 쟁점주택이 주택임대업에 제공된 사업용 고정자산에 해당하므로 쟁점주택을 쟁점법인에 현물출자한 것이 쟁점조항에 따른 양도소득세 이월과세 적용대상이라고 주장하나, 청구인들은 쟁점주택을 포함하여 동일 지역에 소재한 동일한 아파트를 단기간에 집중적으로 취득하였고, 취득한 주택을 단기간만 보유한 뒤 제3자에게 양도한 것으로 나타나 청구인들의 부동산 양도 규모와 횟수, 거래태양 및 보유기간 등을 종합적으로 고려할 때 쟁점주택을 임대목적보다는 시세차익을 목적으로 이를 취득한 것으로 보이는 점, 청구인들은 쟁점주택을 취득하여 제3자에게 임대하였으나 임대사업자 등록을 한 사실이 없었다가 쟁점법인 설립 직전에야 쟁점조항의 요건을 충족하고자 임대사업자 등록을 한 것으로 보이고, 쟁점법인 설립시 작성한 현물출자 계약서상 쟁점조항에 따른 양도소득세 이월과세대상에 해당되는 법인전환을 목적으로 한다고 명시한 것을 고려할 때, 양도소득세 회피 등을 목적으로 쟁점주택을 현물출자하고 쟁점법인을 설립한 것으로 보이는 점 등에 비추어 청구인들의 주장을 인정하기는 어렵고, 따라서 처분청이 쟁점주택을 부동산매매업자의 재고자산으로 보아 한 이 건 처분은 달리 잘못이 없는 것으로 판단된다(조심 2021서1414, 2021.12.7.).

● **구분소유적 공유관계의 일부만을 현물출자한 경우 특례 적용 여부** (긍정)

거주자가 소유하고 있는 구분 등기할 수 없는 하나의 건물과 그 부수토지로서 임대사업장으로 사용하고 있는 부분과 주택으로 사용하고 있는 부분 중 사업자등록이 되어 있는 임대사업장 부분만 그 위치와 면적으로 특정하여 법인에게 현물출자하는 것으로 약정하고 그 내용대로 공유등기한 경우(구분소유적 공유관계가 성립한 경우) 현물출자하는 해당 임대사업장의 사업용고정자산에 대하여 「조세특례제한법」 제32조의 규정을 적용할 수 있는 것이며, 이 경우 구분소유적 공유관계가 성립하는지는 법인과 거주자간 임대사업장을 구분소유하기로 합의한 내용, 구분소유에 따른 실지 사용수익 현황 등을 종합적으로 고려하여 사실판단할 사항임[서면법규재산-3301, 2023.10.18.(법 §32)].

(2) 사업용자산

사업용자산이란 개인의 사업용으로 제공되어 소득발생의 원천이 되는 자산을 말한다[재일 46014-641, 1999.4.1. (법 §32 법인전환)]. 건설 중인 자산은 사업에 직접 사용하는 자산이 아

---

[2] 자가창설영업권이란 타인으로부터 유상으로 구입한 매입영업권과 대조되는 개념으로 내부적 개발을 통해 스스로 인식하는 영업권이다. 회계상으로는 매입영업권만이 인정되고 자가창설영업권은 인정되지 않는다. 세무상 자가창설영업권으로는 상증법상의 영업권(동법 §63 ③)이 있다.

니므로 제외된다[서면4팀-1447, 2005.8.18. (법 §32)].

공장용지를 취득하여 그 지상에 공장건물 및 사무실을 신축한 후, 기계 등을 구입하였으나 이를 사업용 기계로 설치하는 등 가동하지 아니하고 일반 건물과 포장된 기계 상태로 현물출자하여 법인으로 전환한 경우에는 '사업용' 고정자산에 해당하지 않는다[국심 2006전2755, 2006.11.1. (법 §32)].

반면에 공실 상태에 있는 임대용 부동산(고정자산)을 현물출자하여 법인전환하는 경우에는 공실상태라 하더라도 사업에 공하여지는 자산이므로 양도소득세의 이월과세를 적용받을 수 있다[부동산거래관리과-443, 2010.3.22. (법 §32); 서면법규재산-5003, 2023.7.31. (법 §32)].

그러나 부동산 임대업을 영위하던 자가 기존 세입자의 임차기간 만료 등으로 인해 공실상태가 되어 폐업신고를 한 연후 현물출자한 경우에는 특례를 적용할 수 없다[조심 2011지271, 2011.10.19.(법 §32)].

● 사업 허가에 필요하지 않은 자산도 사업용으로 사용 가능함

처분청은 쟁점임야가 축산업허가를 위해 반드시 필요한 자산이 아니라는 점도 처분근거로 제시하나, 사업을 허가받기 위해 필요한 자산과 그 사업에 실제 사용하는 자산은 반드시 일치하는 것이 아닌 이상, 허가에 필요한 자산이 아니라는 이유로 사업용으로 사용되지 않았다고 단정할 수 없다(조심 2019전1174, 2020.7.21.).

1-2 업무무관 자산의 제외

업무무관자산은 1981.1.1. 이후에 취득한 부동산으로서 법인세법상 업무무관부동산의 규정을 준용하여 판정하며, 그 판정기준일은 양도일로 한다(조특칙 §15 ③).

법인세법상 업무무관 부동산은 다음과 같다(법령 §49 ① 1호).

(가) 업무미사용 부동산

법인의 업무에 직접 사용하지 않는 부동산으로, 유예기간 동안은 업무무관부동산으로 보지 아니한다. 나대지(건축물이 없는 토지)를 임대하는 경우에는 업무무관 부동산이다(법칙 §26 ④).

따라서 건축물이 없는 토지를 임대한 임대사업자가 임대용으로 사용하던 해당 토지를 현물출자하여 법인전환 하는 경우 해당 토지는 이월과세 규정을 적용받을 수 없다(서면부동산-2079, 2018.2.7.).

또한 임대업자인 공동사업자가 건축물이 없는 토지(나대지)를 임대한 경우에는 그 지상에 임차인이 모델하우스를 설치하였더라도 그 토지는 업무무관 자산에 해당하여 법 제32조 법인전환 특례를 적용받을 수 없다(사전법령재산-230, 2015.9.2.; 조심 2014서4849, 2015.3.18.).

실무 상담 사례

Q 1981.1.1. 이전 취득한 토지를 나대지 상태로 임대하던 중, 해당 토지를 현물출자하여 법인 전환하는 경우 이월과세 적용을 받을 수 있나요?

A 나대지를 임대하는 경우에는 업무무관 부동산에 해당하지만, 1981.1.1. 이전 취득 토지는 업무무관 자산의 제외 규정을 적용받지 않으므로 이월과세의 적용이 가능합니다.

(나) 유예기간 내 양도 부동산

유예기간 중에 당해 법인의 업무에 직접 사용하지 아니하고 양도하는 부동산을 말한다. 업무무관부동산에서 '업무'는 법령에 규정된 업무 또는 법인등기부등본상의 목적사업을 말하며, 유예기간은 아래와 같다(법칙 §26 ①·②).

부동산의 유예기간

구 분	유예기간
건축물 또는 시설물 신축용 토지	취득일로부터 5년
부동산매매업자을 주업으로 하는 법인이 취득한 매매용 부동산	취득일로부터 5년
기타 부동산(예, 토지·건물의 일괄 취득)	취득일로부터 2년

Ⅲ. 과세특례

법 제31조 중소기업 간 통합 과세특례 및 법 제32조 법인전환 과세특례의 조세법률효과는 이월과세이며, 이월과세의 정의는 법 제2조 제1항 제6호에 규정되어 있다.

또한 중소기업 간 통합 과세특례에서는 잔존 감면기간의 승계적용과 미공제세액의 승계공제를 규정하여(조특법 §31 ④~⑥) 중소기업 간 통합으로 인하여 기존에 적용받던 세액감면 및 미공제세액이 소멸되지 않도록 지원하고 있다. 동 지원제도를 법인전환 과세특례에서 준용하고 있으므로(조특법 §32 ④) 아래의 설명은 법인전환 과세특례에도 동일하게 적용된다. 이때 "피통합기업"이라는 용어는 "양도인"으로, "통합법인"은 "전환법인"으로 대체한다.

1 이월과세

 피통합기업(양도인)의 양도일의 양도가액에서 취득일의 취득가액을 차감한 양도차익에 대한 양도소득세를 특례를 적용받아 이월한다. 추후 통합법인(전환법인)이 동 자산을 양도하는 경우 통합법인의 양수일로부터 취득일까지는 법인세가 부과되고, 종전 피통합기업에게 이월됐던 양도소득세 또는 법인세 상당액을 통합법인이 납부한다(조특법 §2 ① 6호).

 이월과세되는 양도소득세 또는 법인세 상당액 계산은 먼저 피통합기업의 양도일의 양도가액(통합법인의 취득일의 취득가액)을 산출하고, 동시에 피통합기업이 종전사업용고정자산 등을 통합법인에 양도하는 날이 속하는 과세기간에 다른 자산이 없다고 보아 소득세법 제104조에 따른 양도소득세 산출세액을 계산한다. 취득가액은 별도의 항목으로 후술한다.

 양도소득세 산출세액 계산 시 현물출자 대상을 단기보유하고 현물출자하는 경우에는 중과세율(소법 §104 ① 2호·3호)이 적용된다[서면2팀 - 993, 2007.5.23. (법 §32 법인전환)].

● **이월과세액이 순자산가액 계산시 가산할 부채에 해당하는지 여부** (부정)

 법인 설립일부터 5년 이내에 법인이 사업을 폐지하거나 이월과세를 적용받은 거주자가 법인전환으로 취득한 주식의 50% 이상을 처분하는 경우에는 거주자가 납부할 양도소득세로 확정되는 것인바, 청구인들이 쟁점주식을 증여받은 당시 해당 세액의 납부 주체와 시기가 확정되었다고 볼 수 없고 쟁점이월과세액을 주식회사 ○○○이 종국적으로 부담하여야 하는 채무로 단정할 수 없는 점 등에 비추어 볼 때, 쟁점이월과세액은 이를 확정채무로 보기 어려워 「상속세 및 증여세법 시행규칙」 제17조의 2가 규정한 순자산가액 계산시 가산할 부채에 해당하지 아니하는 것으로 판단된다(조심 2018서2127, 2018.9.13.)

[사례] 개인기업의 법인전환 시 이월과세

 다음은 개인기업의 법인전환 시 이월과세 과정을 설명한 사안이다. 중소기업 간의 통합 시에도 피통합기업이 개인이라면 동일하게 적용된다.

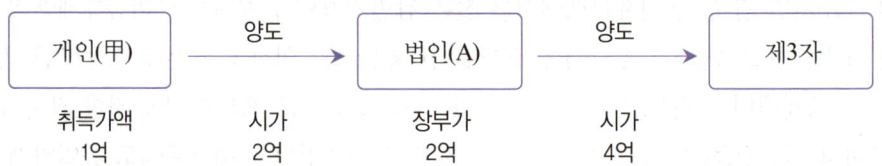

1) 개인(甲)이 법인에게 양도 시
 개인(甲)의 양도차익 1억원(=시가 2억 - 취득가액 1억)에 대한 양도소득세가 과세되지 아니하고 이월되며, 법인(A)은 시가인 2억원을 취득가액으로 계상한다.
2) 법인이 제3자에게 양도 시
 법인(A)의 양도차익분 2억원(=시가 4억 - 취득가액 2억)을 각 사업연도 소득에 대한 법인세로 납부하고, 종전 개인(甲)의 양도차익 1억원에 대한 양도소득세 상당액을 법인(A)이 법인세로 납부한다.
3) 법인(A)의 사업폐지 또는 주주인 개인(甲)의 주식 처분 시
개인(甲)의 양도차익분 1억원에 대한 양도소득세를 개인(甲)에게 추징한다.

2 이월과세 자산의 취득가액

이월과세되는 양도차익은 피통합기업등의 양도가액에서 취득가액을 차감하여 계산한다. 취득가액은 취득일의 실지거래가액으로 한다(조특칙 §15 ①). 양도소득세의 실지거래가 적용원칙을 반영하였다.

실지거래가액이 불분명한 때에는 2단계로 취득가액을 계산한다(조특칙 §15 ②). 첫번째로, 양도일의 감정가액 또는 상증법상 보충적 평가액등(이하 "감정가액등")을 구한 후, 두번째로 감정가액등을 소득세법 규정에 따라 취득일 시점으로 환산한다(이하 "환산취득가액").

2-1 감정가액 등

통합일·법인전환일 또는 현물출자일 현재의 당해 자산에 대하여 아래의 규정을 순서대로 적용하여 계산한다.
㉮ 감정가액
「감정평가 및 감정평가사에 관한 법률」에 따른 <u>감정평가법인등3)</u>이 감정한 가액이 있는 경우 그 가액. 다만 증권거래소에 상장되지 아니한 주식등은 감정가액에 의할 수 없다.
㉯ 상증법상 보충적 평가액
「상속세 및 증여세법」 제38조(합병에 따른 이익의 증여)·동법 제39조(증자에 따른 이익의 증여) 및 동법 제61조 내지 제64조(보충적 평가방법)의 규정을 준용하여 평가한 가액

중소기업 사이의 통합 또는 거주자의 법인전환에 대한 양도소득세의 이월과세를 적용할 때 해당 자산의 취득 당시 실지거래가액이 불분명한 경우 종전에는 감정평가법인이 감정한 가액만을 취득가액으로 인정하였으나, 2017.3.17. 이후 통합, 법인전환, 현물출자하는 경우에는 감정평가법인 소속이 아닌 감정평가사가 평가한 가액도 취득가액으로 인정한다(2017.3.17. 개정된 시행규칙 부칙 §3).

---

3) "감정평가법인등"이란 제21조에 따라 사무소를 개설한 감정평가사와 제29조에 따라 인가를 받은 감정평가법인을 말한다(같은 법률 §2 4호).

2-2 환산취득가액

감정가액 등을 소득세법의 기준시가를 기준으로 취득일 시점으로 환산하여 환산취득가액을 구한다(소령 §176의 2 ② 2호).

$$\text{환산취득가액} = \text{감정가액 등} \times \frac{\text{취득 당시 기준시가}}{\text{양도 당시 기준시가}}❶$$

❶ 보유기간이 짧은 경우 등 보유기간 중 새로운 기준시가가 고시되지 아니함으로써 양도 당시의 기준시가와 취득 당시의 기준시가가 동일한 경우에는 소득세법 시행규칙 제80조에 의하여 계산한 가액을 양도 당시의 기준시가로 한다.

예규·판례

❖ **배우자로부터 증여 받은 고정자산을 사업양도하여 법인전환한 경우 필요경비 계산방법** (서면법규-182, 2014.3.4.)

거주자가 사업에 직접 사용하는 사업용 고정자산을 배우자로부터 증여 받고 증여 받은 날로부터 5년 이내「조세특례제한법 시행령」제29조 제2항에 따른 사업양도·양수의 방법에 따라 법인으로 전환하는 경우 해당 사업용 고정자산의 양도차익을 산정할 때 양도가액에서 공제할 필요경비 계산방법은「소득세법」(2014.1.1. 법률 제12169호로 개정된 것) 제97조의 2를 적용하는 것이며, 이 경우 해당 사업용 고정자산에 대해서는「조세특례제한법」제32조에 따른 법인전환에 대한 양도소득세 이월과세를 적용받을 수 있는 것임.

| 저자주 | 거주자가 그 배우자 또는 직계존비속으로부터 증여 받은 후 5년 이내에 양도하는 경우에는 배우자등 이월과세 규정(소법 §97의 2)에 따라, 당초 납부한 증여세는 필요경비에 산입하고 취득가액은 증여자(배우자 등)의 취득가액으로 소급하게 됨. 배우자등으로부터 증여 받은 후 5년 이내에 현물출자 또는 사업양도에 의하여 법인전환하는 경우에도 동 현물출자등은 양도로 보므로, 배우자등 이월과세 규정이 적용되어 필요경비(취득가액 포함)를 소득세법 제97조의 2에 따라 산정하여야 함.

3 잔존 감면기간 승계적용

조특법상 아래의 과세특례를 적용받은 기업이 각 규정에 따른 감면기간이 지나기 전에 본 특례의 통합을 하는 경우에는 통합법인은 잔존 감면기간에도 계속적으로[4] 해당 세액감면을 적용받을 수 있다(조특법 §31 ④⑤).

---

4) 통합법인이 신설법인인 경우에는 승계라는 용어가 적절한 반면, 존속법인인 경우에는 계속적인 감면이므로 동 용어가 엄밀한 의미에서는 적절치 않다고 생각되나, 본서에서는 통합법인 모두를 포함하여 승계라는 용어를 사용하기로 한다.

승계 적용되는 감면 제도

감면 조항	승계적용되는 대상 감면조세
창업중소기업 및 창업벤처중소기업❶	법인세·소득세(§6)
농공단지 및 중소기업특별지원지역❷ 입주기업❸	법인세·소득세(§64)
수도권과밀억제권역 밖으로 이전하는 중소기업	법인세·소득세(§63)
농업회사법인	법인세(§68)

❶ 같은 조문의 창업보육센터사업자는 제외된다.
❷ 「지역중소기업 육성 및 혁신촉진에 관한 법률」 제23조
❸ 2015.2.3. 당시 종전의 영 제28조 제4항에 따라 개발촉진지구에 입주하여 세액을 감면받고 있는 중소기업으로서 법률 제12853호 조세특례제한법 일부개정법률 부칙 제64조에 따라 종전의 법 제64조 제1항 제2호를 적용받을 것을 선택한 기업의 경우에는 제28조 제4항의 개정규정에도 불구하고 종전의 규정에 따른다(2015.2.3. 개정된 영 부칙 §9). 개발촉진지구의 조문 이관에 따른 납세자의 선택에 관하여는 제18부 제2장 제2절 Ⅱ. 1-1 (2)를 참조하기 바람.

구체적으로 보면, 법인세·소득세의 경우에는 피통합기업으로부터 승계한 사업에서 발생하는 소득에 대하여 통합 당시 잔존 감면기간 내에 종료하는 각 과세연도분까지 감면을 받을 수 있다(조특령 §28 ④·⑥).

통합 후의 사업연도에 창업중소기업 세액감면을 적용하지 아니하고 중복적용이 배제되는 중소제조업 등 특별세액감면 및 임시투자세액공제의 규정을 적용하였을 경우에는 그 후의 사업연도에 창업중소기업 세액감면을 (승계하여) 다시 적용할 수 없다[법인 46012-411, 2000.2.14. (법 §31)].

창업벤처중소기업 세액감면(조특법 §6 ②)을 적용받던 개인기업이 감면기간이 지나기 전에 중소기업인 법인으로 전환 시, 법인 전환(동법 §32)에 해당하지 아니한 경우에는 전환 후 법인은 남은 감면기간에 대하여 동 세액감면을 적용받을 수 없다(서면법인-3657, 2019.10.31.).

통합법인은 각 감면규정에 따라 감면신청을 하여야 한다(조특령 §28 ⑤·⑦ → §5 ㉖·§61 ⑦·§60 ⑤·§65).

4 미공제 세액의 승계공제

결손법인 또는 최저한세에 의하여 공제받지 못한 미공제 세액(법 §144)이 있는 내국인이 본 특례의 통합을 하는 경우에는, 미공제세액을 승계한 통합법인은 피통합기업의 승계받은 자산에 대한 미공제세액 상당액을 피통합기업의 이월공제 잔여기간 내에 종료하는 각

과세연도에 이월하여 공제받을 수 있다(조특법 §31 ⑥, 조특령 §28 ⑧).

전술한 잔존 감면기간 승계적용이 특정 감면제도에 한함에 반하여 본 특칙은 세액공제의 이월공제를 적용받는 모든 세액공제제도에 적용된다.

미공제 세액(법 §144)이 있는 공동사업자가 법인으로 전환하는 경우로서, 해당 공동사업을 영위하던 거주자 중 1인만 발기인으로서 법인을 설립한 경우 그 설립된 법인은 해당 공동사업자의 미공제 세액을 승계하여 공제받을 수 없다(서면법규법인-1045, 2022.4.28.).

제2절 [제31조] 중소기업 간의 통합에 대한 양도소득세의 이월과세 등 ★★★★

Ⅰ. 의의

중소기업 간의 통합으로 인하여 소멸되는 중소기업이 사업용고정자산을 통합법인에 양도하는 경우, 양도자산에 대한 양도소득세를 이월과세하는 제도이다.

통합장려업종을 영위하는 중소기업 간의 구조조정을 지원하기 위하여 피통합중소기업이 보유한 부동산 등 고정자산을 통합법인에 양도하는 것에 대하여는 과세하지 아니하고, 당해 통합법인이 양수한 자산을 추후 양도하는 경우 함께 과세하도록 하여 구조조정시점에서 양도소득세 부담이 없도록 하는 취지이다.

2012년 말 적용기한이 삭제되어 항구화된 조세지원제도이다.

Ⅱ. 요건

중소기업 간의 통합으로 인하여 소멸되는 중소기업이 통합 후 존속하는 법인 또는 통합으로 인하여 설립되는 법인(이하 "통합법인")에게 사업용고정자산을 양도하여야 하며, 법정기한 내에 이월과세적용신청을 하여야 한다.

1 주체

본 이월과세특례에서는 통합의 주체와 과세특례의 주체가 각각 다름에 유의하여야 한다. 법인은 통합의 주체는 가능하나, 과세특례의 주체는 될 수 없다.

1-1 통합의 주체

통합장려업종을 경영하는 중소기업이 통합의 주체이다(조특법 §31 ①).

(1) 중소기업기본법에 의한 중소기업

중소기업은 중소기업기본법에 의한 중소기업자를 말하므로(조특령 §28 ①) 원칙적으로 모든 업종이 대상이 된다.

2 이상의 사업장이 있는 경우 중소기업 해당 여부는 해당 내국인의 전체 사업장을 기준으로 판단하며, 그 중 공동사업장이 있는 경우에는 해당 공동사업장 전체를 기준으로 판단한다(부동산거래-1222, 2010.10.4.).

(2) 소비성서비스업의 제외

다만 통합장려업종에서 다음의 소비성서비스업(조특령 §29 ③)은 제외한다.
① 호텔업 및 여관업(관광진흥법에 따른 관광숙박업은 제외)
② 주점업

일반유흥주점업, 무도유흥주점업 및 식품위생법 시행령 제21조에 따른 단란주점 영업만 소비성 서비스업에 포함되고, 관광진흥법에 따른 외국인전용유흥음식점업 및 관광유흥음식점업은 소비성서비스업에서 제외되어 통합장려업종에 포함된다.
③ <u>무도장 운영업, 기타 사행시설 관리 및 운영업(관광진흥법 제5조 또는 폐광지역 개발 지원에 관한 특별법 제11조에 따라 허가를 받은 카지노업은 제외함), 유사 의료업 중 안마를 시술하는 업, 마사지업</u>(조특칙 §17)

위에서 열거된 소비성서비스업에 해당하지 않는 임대업, 골프연습장은 통합의 주체가 될 수 있다(서일 46014-11040, 2002.8.12.).

소비성서비스업과 다른 사업을 겸영하고 있는 경우에는 부동산양도일이 속하는 연도의 직전 연도 기준으로 소비성서비스업의 사업별 수입금액이 가장 큰 경우에만 소비성서비스업을 영위하는 것으로 본다.

2024 개정 무도장 운영업, 안마시술업, 마사지업 등을 소비성서비스업에 포함하여 세부 범위를 구체화 함. 개정규정은 2024.3.22. 이후 개시하는 과세연도부터 적용함(2024.3.22. 개정된 시행규칙 부칙 §3).

참고적으로 현행 조세특례제한법상 소비성서비스업에 대해 배제하고 있는 조세지원은 다음과 같다.

- 중소기업 범위기준 중 업종기준(조특령 §2 ① 4호)
- 중견기업 업종 요건(조특령 §4 ①·§9 ②)
- 연구개발특구에 입주하는 첨단기술기업 등에 대한 법인세 등의 감면의 감면한도 계산 시 서비스업에서 제외(법 §12의 2)
- 통합투자세액공제의 업종기준(법 §24)
- 고용창출투자세액공제의 업종기준(법 §26)
- 고용창출투자세액공제의 서비스업 특례 업종에서 제외(법 §26)
- 고용증대기업세제에서 제외되는 업종(법 §29의 7)
- 중소기업 간의 통합에 대한 과세특례(법 §31)
- 법인전환에 대한 양도소득세의 이월과세(법 §32)
- 합병 시 취득하는 재산의 취득세 면제(지특령 §28의 2 ①)
- 전통시장 기업업무추진비 특례 업종에서 제외(조특령 §130 ⑦)
- 구분경리(법 §143)

1-2 과세특례의 주체

본 과세특례는 개인에게 부과되는 양도소득에 대한 소득세를 이월과세하는 것이므로 과세특례의 주체는 개인 중소기업에 한정되며, 법인은 과세특례의 주체가 될 수 없음에 유의하여야 한다.

2 중소기업 간의 통합

2-1 통합의 형태

통합의 형태는 아래의 3가지 유형이 있다.

피통합기업은 개인 중소기업 또는 법인 중소기업이 모두 해당한다. 후술하는 바와 같이 피통합기업이 통합 후의 주체의 주주 또는 출자자가 되어야 하므로 통합 후의 주체는 법인에 한정된다. 다만 통합(후)법인이 중소기업이어야 하는 요건은 없으므로 통합법인은 중소기업에 한정되지 않는다.

법인전환에 대한 양도소득세 이월과세를 받은 중소기업이 다른 중소기업과 다시 본 특례에 따른 중소기업 간의 통합을 하는 경우 당초 이월과세받은 세액은 재차 이월되며, 동 이월과세분은 통합 후 존속하는 법인이 당해 사업용고정자산을 양도하는 날이 속하는 사업연도에 법인세로 납부한다(서면2팀-836, 2005.6.16.).

2-2 통합의 요건

통합은 조세특례제한법 고유의 법률용어로 상법상의 법률용어인 합병과 유사하나, 다만 그 당사자의 범위에 있어 차이가 있다. 합병은 법인간의 인격이 합일(合一)되어 하나의 회사로 되는 것이 본질인데 반하여, 통합은 위에서 본 바와 같이 일방 당사자 중의 하나는 반드시 개인 기업이 포함되어야 한다는 점에 특징이 있다.

본 이월과세제도가 법인 간의 합병에 대한 과세특례와 유사하게 개인 기업이 포함된 사업결합에 대하여 특례를 부여한 것이므로, 통합은 합병과 동일한 정도의 높은 수준의 결합을 요구하고 있으며 아래의 요건을 모두 갖추어야 한다(조특령 §28 ①).
㉮ 사업의 동일성 유지
㉯ 통합법인의 주주등일 것
㉰ 주식등 가액이 순자산가액 이상일 것

(1) 사업의 동일성 요건

(1-1) 주된 자산의 전부 승계

당해 기업의 사업장별로 그 사업에 관한 주된 자산을 모두 승계하여 사업의 동일성이 유지되어야 한다.

통합중소기업 간에 동일한 업종을 유지해야 하는 것은 아니나, 소멸되는 사업장의 주된 자산을 모두 승계하여 해당 사업의 동일성은 유지되어야 한다(법인 46012-2453, 2000.12.26.).

동 요건은 중소기업 간 통합의 형식만 갖추었을 뿐 실질적으로는 단순한 자산의 양도에 불과한 경우에 과세특례규정이 적용되는 문제점을 개선하기 위한 취지이다(서울행법 2013구합56171, 2013.11.1.).

법 제32조 법인전환 과세특례에서는 사업의 동일성을 요건으로 하지 않으나, 본 특례에서는 **사업의 동일성을 요건으로 함**에 주의하여야 한다. 아래의 임대업 사례를 통해 자세히 살펴보기로 한다.

(1-2) 임대업 사례

● **임대업 사용 토지를 통합법인이 직접 사용하는 경우** (부정)

임대업에 사용하던 토지를 통합 후 통합법인이 임대업에 사용하는 경우에는 사업(임대업)의 동일성이 유지되나,(부동산거래관리과-629, 2012.11.20.) 통합법인이 직접 사용하는 경우에는 사업의 동일성이 유지되지 않는 것으로 본다(재재산-233, 2015.3.17.; 상속증여세과-213, 2013.6.13.; 서면4팀-2076, 2005.11.4.). 임대업에 사용하던 부동산을 통합법인이 자가사용하는 경우에는 실질적으로 개인기업이 (통합)법인에게 부동산을 양도한 것과 동일하기 때문이다.

● **겸업법인이 통합 후 일부 업종만을 영위하는 경우** (부정)

제조업과 부동산임대업을 영위하는 중소기업이 제조업을 영위하는 법인과 통합한 후 존속하는 법인이 제조업만을 영위하는 경우에는 사업의 동일성이 유지되는 것으로 볼 수 없다(부동산거래관리과-562, 2012.10.18.).

● **임대용 건물을 통합법인에게 양도하고, 철거·신축 후 임대업에 공한 경우** (긍정)

부동산임대업을 영위하던 거주자가 법인과의 통합계약에 따라 임대에 사용하던 구건물을 철거하던 중 구 건물을 포함한 사업용 고정자산을 법인에게 양도하고 법인이 양수한 구건물의 철거를 완료하여 건물을 신축한 후 부동산임대업에 사용하는 경우에는 이월과세를 적용받을 수 있다(서면법규과-973, 2013.9.9.; 서면부동산-3981, 2016.8.23.). 구건물을 철거하고 신축한 임대사업용 건물의 극히 일부를 통합법인이 임대사업의 관리 목적만으로 사용하는 경우에는 계속하여 양도소득세 이월과세를 적용받을 수 있다(서면법령재산-1743, 2016.4.15.).

● **임대용 건물을 통합법인에게 양도하고, 철거·신축 후 분양한 경우** (부정)

반면에, 임대에 사용하던 건물을 철거 후 신축건물의 일부를 분양하는 경우에는 "분양업" 내지는 "매매업"을 영위하는 것이므로 통합 후 사업의 동질성이 유지되지 않는 것으로 본다(조심 2013지59, 2013.4.25.).

● **통합 후 영위한 업종이 실질에 반하는 경우** (부정)

부동산 임대업을 영위하는 개인사업자가 통합하였으나, 통합법인이 부동산업을 목적사업으로 추가하였고 이후 부동산을 임대하였다가 같은 날 재임차하는 등 서류상으로만 임대차 형식을 취하고 그 실질은 통합법인이 주유소 등에 직접 사용한 경우에 본 특례를 적용하지 아니한다 (조심 2010지112, 2011.3.11.).

(2) 주식 교부 요건 (1호)

통합으로 인하여 소멸되는 사업장의 중소기업자가 통합법인의 주주 또는 출자자일 것을 요한다. 따라서 통합 후의 기업은 법인에 한정되며, 조합의 개인 지분은 해당되지 않는다.

(3) 출자금액 요건 (2호)

통합으로 인하여 소멸하는 사업장의 중소기업자가 당해 통합으로 인하여 취득하는 주식 또는 지분의 가액이 통합으로 인하여 소멸하는 사업장의 순자산가액 이상이어야 한다. 중소기업 통합으로 경제 실체의 재산이 유출되지 아니하고 보전되어야 한다는 법인 자본유지의 원칙을 준수하려는 취지이다.

> 출자금액 요건 = 취득하는 주식·지분가액 ≥ 소멸하는 사업장의 순자산가액

출자요건의 판단은 사업장 전체로 판단하지 않고 출자자 개인별로 판단한다(조심 2012광3701, 2012.12.5.).

(3-1) 취득하는 주식·지분 가액

주식등의 가액은 **발행가액**으로 하며,(제도 46014-10208, 2001.3.23.) 상증법상 보충적평가방법(동법 §63)에 의하여 평가한다(재정 13407-955, 2002.10.9.). 다만 공동출자의 경우 타주주의 출자액은 포함하지 않는다. 법 제32조 법인전환 특례 중 현물출자의 경우에는 타주주의 출자금을 포함하는 것과 차이가 있다.[1]

● **주식등의 가액은 당사자 합의에 의한 발행가액을 의미함**

이 사건 조항에서 말하는 '통합으로 인하여 취득하는 주식 또는 지분의 가액'은 통합 당시 당사자 사이의 합의에 의하여 정하여진 발행가액을 의미한다고 봄이 상당하다.
가) 이 사건 조항은 '소멸하는 사업장의 순자산가액'은 통합일 현재의 시가로 평가하도록 하고 있으나, 소멸하는 사업장의 중소기업자가 취득하는 '주식 또는 지분의 가액'에 관하여는 별다른 평가방법을 규정하고 있지 않으므로, 당사자 사이에서 계약으로 정한 주식가액을 의미한다고 보는 것이 문언에 부합하는 해석이다(이하 중략).

---

[1] 본 특례에서는 통합으로 인하여 소멸되는 사업장의 중소기업자가 취득하는 주식 등 가액을 출자금액 요건의 비교 대상으로 하지만, 법 제32조에서는 새로 설립되는 법인의 자본금을 출자금액 요건의 비교 대상으로 규정하고 있기 때문이다(법법 §32 ④).

다) 통합 후 존속하는 법인의 주식가치가 잘못 평가되어 과다하거나 과소한 신주가 발행되었다고 하더라도, 이는 당사자 사이의 고가매입 또는 저가매입 문제가 될 뿐이지 통합법인의 자본에는 아무런 영향을 미치지 않으므로, 이월과세 적용요건과 관련하여 과세관청이 이를 사후적으로 재평가할 이유가 없다(서울행법 2020구합85108, 2021.10.12.).

(3-2) 소멸하는 사업장의 순자산가액

$$순자산가액 = 자산의\ 합계액 - 부채의\ 합계액$$

(가) 자산의 합계액

자산의 합계액은 통합일 현재의 시가로 평가한다.

'시가'라 함은 불특정다수인 사이에 자유로이 거래가 이루어지는 경우에 통상 성립된다고 인정되는 가액을 말하며 수용·공매가격 및 감정가액 등「상속세및 증여세법 시행령」제49조의 규정에 의하여 시가로 인정되는 것을 포함한다(조특통 32-29...2 ②).

(나) 부채의 합계액

부채의 합계액에는 충당금을 포함한다.

출자요건의 판단은 사업장 전체로 판단하지 않고 출자자 개인별로 판단하는 것이므로, 현물출자 부동산의 임대보증금을 그 보유지분에 따라 각자의 부채로 안분계산하여 현물출자가액을 평가한다(조심 2011서2801, 2012.7.26.; 국심 2000광2993, 2001.3.20.). 부부 간의 공동 등기된 소유권에 근거한 임대보증금의 채무도 이와 동일하게 안분계산하여야 한다(조심 2011서2754, 2011.12.27.).

2-3 과점주주의 예외

설립 후 1년이 경과하지 아니한 신설법인이 과점주주인 개인의 사업을 승계하는 것은 통합으로 보지 아니한다. 과점주주에게는 제2차납세의무를 부과하는 등(국기법 §39) 해당법인과 경제적 이해관계를 같이 하는 것으로 세무상 취급하기 때문에 과점주주의 개인 사업과 해당 법인과의 통합을 특례에서 제외한다.

(1) 설립 후 1년 이내

설립은 법인설립등기일을 의미하며, 법인설립 후 1년이 경과하였더라도 조세의무를 면탈하기 위하여 휴업기간이 있는 경우에는, 그 휴업기간을 기간 판정에서 제외한다(부동산거래관리과-116, 2010.1.22.). 그러나 법인설립 후 세무관청에 휴업신청을 한 사실이 없고, 조세의무를 면탈 또는 회피하기 위하여 사실상 휴업한 사실이 없는 이상, 단순히 법인설립 후 1년 기간 동안 매출액이 발생하지 아니한 경우에는 이를 휴업기간으로 보지 아니한다(조심 2012지708, 2013.4.10.).

(2) 과점주주

과점주주란 주주 또는 유한책임사원 1명과 그의 특수관계에 있는 자들의 소유주식 또는 출자액 합계가 해당 법인의 발행주식 총수 또는 출자총액의 50%를 초과하면서 그에 관한 권리를 실질적으로 행사하는 자들이다(국기법 §39 2호 →국기령 §20 ② → §18의 2).

3 사업용고정자산의 양도

제1절 서설의 Ⅱ. 1. 참조

4 이월과세적용신청

양도소득세의 이월과세를 적용받고자 하는 자는 통합일이 속하는 과세연도의 과세표준신고(예정신고 포함) 시 통합법인과 함께 이월과세적용신청서(별지 제12호 서식)를 납세지 관할세무서장에게 제출하여야 한다(조특령 §28 ③).

피통합기업이 개인인 경우에는 사업용고정자산은 원칙적으로 양도소득세의 대상이 되므로 예정신고 시 제출하여야 한다. 예정신고기한까지 신청서를 제출하지 아니하고 확정신고 시 제출하는 경우에는 예정신고 관련 가산세를 부담한다(서면법규-62, 2014.1.23.).

본 이월과세특례에서는 조세부담이 피통합기업에서 통합법인으로 전가되므로 납세자의 명확한 의사표시가 요구된다. 따라서 특례신청이 단순한 협력의무라 할 수 없고, 그 신청이 특례를 적용받기 위한 필수요건이 됨에 유의하여야 한다(국심 2005중3473, 2006.6.26.).

이와 관련하여 재결청의 심판례에서는 이월과세적용신청서에 취득가액 적용의 오류로 세액이 적게 기재된 것이 단순착오로 보기 어려운 경우, 추가 납부할 세액은 이월과세가 적용되지 않으므로 양도소득세를 과세하도록 해석하였다(조심 2013부2675, 2013.8.12.).

그러나 최근 대법원 판례에 의하면 취득가액을 과다하게 계산함으로 인해 양도소득세를 적게 신고하여 이월과세를 적용한 경우에도 추가 납부할 세액에 대해서 이월과세를 적용할 수 있다고 판시하였다(대법원 2014두40661, 2014.12.24.). 이월과세적용신청을 함으로써 양도소득세의 이월과세가 적용되는 경우에는 그 사업용고정자산의 양도에 따른 양도소득세 전부에 대하여 이월과세가 적용된다고 보아야 하기 때문이다.

Ⅲ. 과세특례

1 이월과세

제1절 서설의 Ⅲ. 1. 참조

2 이월과세 자산의 취득가액

제1절 서설의 Ⅲ. 2. 참조

3 잔존 감면기간 승계적용

제1절 서설의 Ⅲ. 3. 참조

4 미공제세액의 승계공제

제1절 서설의 Ⅲ. 4. 참조

5 사후관리

피통합기업이 이월과세를 적용받은 후, 사업용고정자산의 양도일로부터 5년 이내에 승계사업을 폐지하거나, 또는 피통합기업이 주식등을 처분하는 경우에는 이월과세액을 피통합기업이 양도소득세로 납부하여야 한다(조특법 §31 ⑦).

통합법인이 승계사업을 폐지하여 추징되는 경우에도, 추징세액의 납부주체는 피통합기업인 개인임에 유의하여야 한다.

각 추징사유를 살펴본 후 추징세액 산정방법을 설명한다.

5-1 승계사업의 폐지 (1호)

통합법인이 피통합기업으로부터 승계한 사업용고정자산을 2분의 1 이상 처분하거나 사업에 사용하지 않는 경우 사업의 폐지로 본다. 다만 다음의 경우는 제외한다(조특령 §28 ⑨).
① 통합법인이 파산하여 승계받은 자산을 처분한 경우
② 통합법인이 적격합병, 적격분할, 적격물적분할, 적격현물출자의 방법으로 자산을 처분한 경우(법법 §44 ②·§46 ②·§47 ①·§47의 2 ①)
③ 통합법인이 「채무자 회생 및 파산에 관한 법률」에 따른 회생절차에 따라 법원의 허가를 받아 승계받은 자산을 처분한 경우

현물출자 이후 개별적인 사정에 의해 부동산이 경매로 매각되고 동 경매대금이 개인채무를 변제하는데 사용되었다고 하더라도 이는 당초 양도소득세 이월과세를 배제할 사유가 아니라 후발적인 사유에 의한 부동산의 매각에 해당한다(조심 2010구1950, 2010.10.15.).

2018년 개정세법에서 조특법 제37조 자산의 포괄적양도에 대한 과세이연 등이 삭제됨에 따라 승계사업의 폐지 및 주식등의 처분의 예외 사유에서 동 규정을 삭제하였다.

5-2 주식등의 처분 (2호)

피통합기업이 통합으로 취득한 통합법인 주식등의 50% 이상을 처분하는 경우이다. 처분에는 유상이전, 무상이전, 유상감자 및 무상감자를 포함한다(조특령 §28 ⑩).

단, 균등 무상감자의 경우는 제외한다. 균등 무상감자 시에는 주주 등의 지분에 변함이 없으므로 2014.2.21. 이후 납부하는 분부터 의무위반사유에서 제외하였다.

특례를 적용받은 내국인이 통합으로 취득한 통합법인의 주식을 **유증**하는 경우는 처분에 포함하지 않는다(서면법규재산-6606, 2022.6.21.).

또한 내국인인 피통합기업에게 책임을 부과할 수 없는 아래의 경우는 제외한다.
① 피통합기업인 내국인이 사망하거나 파산하여 주식등을 처분하는 경우
② 피통합기업이 적격합병, 적격분할의 방법으로 주식등을 처분하는 경우(법법 §44 ②·§46 ②)
③ 피통합기업이 주식의 포괄적 교환·이전, 주식의 현물출자의 방법으로 과세특례를 적용받으면서 주식등을 처분하는 경우(조특법 §38·§38의 2)
④ 피통합기업이 「채무자 회생 및 파산에 관한 법률」에 따른 회생절차에 따라 법원의 허가를 받아 주식등을 처분하는 경우
⑤ 피통합기업이 법령상 의무를 이행하기 위하여 주식등을 처분하는 경우
⑥ 피통합기업인 내국인이 가업의 승계를 목적으로 해당 가업의 주식등을 증여하는 경우로서 수증자가 가업 승계에 대한 증여세 과세특례(조특법 §30의 6)를 적용받은 경우 이때 증여자가 아닌 수증자를 피통합기업인 내국인으로 보아 추징사유를 적용하되, 사후관리기간인 5년의 기간을 계산할 때 증여자가 통합으로 취득한 통합법인의 주식 또는 출자지분을 보유한 기간을 포함하여 통산한다(조특령 §28 ⑪).

예를 들어, 2012.4.1. 중소기업 간의 통합에 의하여 양도소득세의 이월과세 특례를 적용받은 후 2015.5.1. 가업승계 목적으로 통합법인의 주식을 증여한 경우에는 추징사유로 보지 않으며, 사후관리기간은 당초 통합일인 2012.4.1.을 기산일로 하여 계산한다.

종래에는 법인전환에 따른 양도소득세 이월과세 후 가업승계를 위한 증여 시 추징하였으나,[부동산납세-52, 2013.9.24.(법 §32)] 가업승계를 지원하기 위하여 2015년 개정세법에서 중소기업 간의 통합(또는 법인전환) 기업의 주주가 가업승계를 목적으로 주식등을 증여하는 경우, 추징 예외사유로 인정하였다. 2015.2.3. 이후 증여받는 경우부터 적용한다(2015.2.3. 개정된 시행령 부칙 §9·§10).

5-3 추징세액 산정방법

피통합기업인 개인이 추징사유 발생일이 속하는 달의 말일부터 2개월 이내에 이월과세액을 양도소득세로 납부하여야 한다. 이월과세액은 앞서 보았듯이 사업용고정자산에 대한 양도가액에서 취득가액을 차감한 양도차익으로 이월과세된 금액이다.

다만 통합법인이 이미 납부한 세액은 차감한다(조특법 §31 ⑦ 괄호 안). 예컨대, 통합법인이 사업용고정자산을 양도하여 이월과세된 금액을 이미 각 사업연도에 대한 법인세로 납부하였다면 동 금액은 차감된다.

이때 이월과세액의 납부기한까지 납부한 경우에는 가산세를 부담하지 아니하며, 납부기한까지 무납부한 경우에는 해당 이월과세액에 납부기한의 다음 날부터 기산한 납부불성실가산세를 가산한다(서면부동산-922, 2015.7.22. 참조).

6 취득세의 면제

중소기업 간의 통합에 의하여 설립되거나 존속하는 법인이 양수하는 해당 사업용 재산(한국표준산업분류에 따른 부동산 임대 및 공급업에 해당하는 중소기업이 양수하는 재산은 제외함)에 대해서는 취득세를 면제한다(지특법 §57의 2 ③ 5호).

기업의 합병이 중소기업 간의 통합 요건을 충족하면 합병 후 존속회사가 취득·등기하는 사업용 재산은 취득세 등 감면대상이 될 수 있다(세정 13407-581, 2001.11.23.).

Ⅳ. 조세특례제한 등

1 중복지원의 배제

잔존 감면기간의 승계적용(법 §31 ④·⑤)은 다음의 중복지원 배제조항이 적용된다(조특법 §127 ④·⑤).
- 감면규정과 세액공제규정의 중복지원 배제
- 감면규정 간 중복지원 배제

제20부 제1절 중복지원의 배제 부분을 참조하기로 한다.

2 결정 또는 기한 후 신고 시 감면배제 등

잔존 감면기간의 승계적용(법 §31 ④·⑤)은 다음의 세무상 의무위반 조항 해당 시 감면이 배제된다(조특법 §128 ②~④).
- 결정 또는 기한 후 신고 시 감면배제
- 경정 등의 부정과소신고금액에 대한 감면배제
- 세법상 협력의무위반에 대한 감면배제

제20부 제2절 부분을 참조하기 바란다.

3 최저한세

잔존 감면기간의 승계적용(법 §31 ④·⑤)과 미공제세액의 승계공제(법 §31 ⑥)는 최저한세 적용대상이다(조특법 §132 ①·②).

제20부 제4절 최저한세 부분을 참조하기 바란다.

제3절 [제32조] 법인전환에 대한 양도소득세의 이월과세

차례

Ⅰ. 의의　1027
Ⅱ. 요건　1027
　1. 주체　1027
　　1-1 양도의 주체　1027
　　　(1) 거주자　1027
　　　(2) 사업장 단위 과세　1028
　　1-2 양수의 주체　1029
　2. 사업용고정자산의 양도　1029
　3. 현물출자 방식　1030
　　3-1 현물출자 시기　1030
　　3-2 출자금액 요건　1030
　　　(1) 자본금　1030
　　　(2) 순자산가액 쟁점　1031
　4. 사업양수도 방식　1035
　　4-1 출자금액 요건　1035
　　4-2 포괄적 양도　1035
　5. 이월과세적용신청　1036
Ⅲ. 과세특례　1036
　1. 이월과세　1036
　2. 이월과세 자산의 취득가액　1036
　3. 잔존 감면기간 승계적용　1036
　4. 미공제세액의 승계공제　1037

　5. 사후관리　1037
　　5-1 승계사업의 폐지　1037
　　　(1) 추징사유　1037
　　　(2) 부득이한 사유의 예외 쟁점　1038
　　5-2 주식등의 처분　1040
　　　(1) 추징사유　1040
　　　(2) 부득이한 사유의 예외　1040
　　5-3 추징세액 산정방법　1040
　6. 취득세의 경감　1041
　　6-1 경감 요건　1041
　　　(1) 자본금의 정의　1041
　　　(2) 사업용 고정자산의 범위 쟁점　1042
　　6-2 사후관리　1043
　　　(1) 처분　1044
　　　(2) 임대 쟁점　1044
　　　(3) 폐업　1045
Ⅳ. 조세특례제한 등　1046
　1. 중복지원의 배제　1046
　2. 결정 또는 기한 후 신고 시
　　감면배제 등　1046
　3. 최저한세　1046

Ⅰ. 의의

사업용고정자산을 현물출자하거나 사업양수도의 방법에 따라 개인기업이 법인전환하는 경우, 양도자산에 대한 양도소득세를 이월과세하는 제도이다.

개인기업의 법인전환을 지원하기 위하여 법인전환 시점에서 부동산의 양도에 대하여 과세하지 아니하고, 전환 후 당해 부동산을 양도하는 경우 함께 과세하도록 하여 전환 시점에서 양도소득세 부담이 없도록 하는 취지이다.

2012년 말 적용기한이 삭제되어 항구화된 조세지원제도이다.

개정연혁

연 도	개정 내용
2021년	■ 사업용 고정자산에서 주택과 주택을 취득할 수 있는 권리를 제외함
2024년	■ 무도장 운영업, 안마시술업, 마사지업 등을 소비성서비스업에 추가

Ⅱ. 요건

개인기업이 사업용고정자산의 현물출자 또는 사업양수도의 방법에 따라 법인전환하면서 사업용고정자산을 양도하고, 법정기한 내에 이월과세적용신청을 하여야 한다.

1 주체

1-1 양도의 주체

(1) 거주자

본 특례의 주체(양도인)는 개인인 거주자이다(조특법 §32 ①). 개인에게 부과되는 양도소득에 대한 소득세를 이월과세하므로 법인은 과세특례의 주체가 될 수 없다.

● 비거주자(X)와 공동으로 소유하는 사업용고정자산을 현물출자하는 경우에는 거주자의

지분만을 대상으로 이월과세할 수 있다(부동산-148, 2011.2.15.; 부동산거래-861, 2011.10.12.).
- 하나의 건물과 그 부수토지 중 임대사업장으로 사용하고 있는 부분(O)과 자가사용하고 있는 부분(X) 중 사업자등록이 되어 있는 임대사업장 부분만 현물출자의 방법에 따라 법인으로 전환하는 경우에만 현물출자하는 사업용고정자산에 대하여 특례를 적용한다(부동산납세-781, 2014.10.17.).
- 공동소유 사업용고정자산을 그 중 1인이 사업자등록하여 운영한 경우로서 해당 공동소유 사업용고정자산 전부를 현물출자하는 경우에는 사업자등록이 되어 있는 사업자지분에 한하여 이월과세를 적용받을 수 있다(부동산거래관리과-408, 2012.7.27.).
- 비사업자(X)인 개인 거주자는 사업자등록을 한 후에만 이월과세를 적용한다(서면부동산-23, 2015.3.6.).
- 거주자가 명의신탁한 부동산을 양도한 후 명의수탁자 명의(X)로 법정 신고기한에 양도소득세를 신고하고 이월과세적용신청서를 납세지 관할 세무서장에게 제출한 경우로서 명의신탁 사실이 확인되어 실제 소유자에게 양도소득세를 부과하는 경우, 해당 양도소득세 상당액은 이월과세를 적용받을 수 없다(기준법령재산-199, 2015.10.2.).

(2) 사업장 단위 과세

거주자의 동일 사업장 전체를 현물출자 또는 사업양도하여 법인으로 전환하는 경우에 양도소득세 이월과세를 적용할 수 있으며, 이월과세 적용여부는 사업장 단위로 판정한다. 따라서 법인전환 시 동일 사업장 중 일부(X)만 법인으로 전환하는 경우에는 특례가 적용되지 않는다(부동산납세-247, 2014.4.14.).

- 공동사업의 현물출자

  공동사업을 운영하는 경우에는 해당 공동사업의 사업용 고정자산 전부를 현물출자하는 경우에만 특례 적용이 가능하며, 공동사업장이 2 이상인 경우에는 각각의 사업장별로 적용한다(서면법규-1259, 2014.12.1.).
  반면에 공동사업을 영위하던 거주자 중 1인만이 자기 공유지분(X)만을 현물출자하여 법인으로 전환하는 경우에는 원칙적으로 본 특례가 적용되지 않는다(조특집행 32-29-3).
  다만 공유지분이 단순히 형식적인 것에 불과하고 실제 사업이 별개로 운영되었다면 그 중 하나의 사업장을 법인전환하여 공유지분의 일부를 양도하는 경우에는 허용된다(국심 2004전2754, 2005.8.31.).

- 특수관계인에게 증여 후 법인전환한 경우

  양도소득에 대한 소득세를 부당하게 감소시키기 위하여 「소득세법 시행령」 제98조 규정의 특수관계자에게 사업용 고정자산을 증여한 후, 그 자산을 증여 받은 자가 그 증여일부터 5년 이내에 이를 현물출자하여 법인을 설립함으로써 해당 사업용고정자산의 현물출자로 인하여 발생한 양도소득에 대하여 이월과세가 적용되는 경우에는, 증여자가 해당 사업용고정자산을 직접 현물출자한 것으로 보아 특수관계인 간 증여 시의 양도 의제 규정(소법 §101)이 적용된다(서면4팀-1328, 2008.5.30.).

- **인접 장소에 제조장들이 있는 경우**

  제조장 부지가 도로로 인하여 연속되지 아니하고 가까이 떨어져 있는 장소에 각각 제조장이 설치되어 있는 경우, 그 제조장들을 일괄하여 한 장소에서 제조·저장·판매·회계 등의 관리를 총괄적으로 하는 등 그 실태가 동일 제조장으로 인정되는 경우에는 본 특례가 적용된다(서면4팀-95, 2007.1.8.).

1-2 양수의 주체

현물출자 또는 사업양수도의 방법으로 사업용고정자산이 현물출자의 상대방법인 또는 양수법인(이하 "전환법인")에게 양도되어야 한다. 양수의 주체는 법인으로 한정된다. 다만, 법문상 '출자'만을 규정하였으므로, 영리법인의 출자에 한정되고 **의료법인등 비영리법인에 대한 출연은 제외된다**(대법원 2012두11607, 2012.9.27.; 수원지법 2010구합15750, 2011.5.18.; 재산-970, 2009.5.18.).

예외적으로, 전환법인이 소비성서비스업을 경영하는 경우에는 특례에서 제외된다(조특령 §29 ③). 상세 내용은 제2절 Ⅱ. 1-1 (2)를 참조하기로 한다.

당해 법인이 소비성서비스업을 영위하지 않고 단지 임대사업만을 영위하고 있으며 임차인이 소비성서비스업을 영위하는 경우, 부동산을 임대한 법인이 소비성서비스업을 영위하는 것으로 보지 않는다(도세-131, 2008.3.21.).

2 사업용고정자산의 양도

제1절 서설의 Ⅱ. 1. 참조.

다만, 해당 사업용고정자산이 주택 또는 주택을 취득할 수 있는 권리인 경우는 제외한다(조특법 §32 ① 단서).

2021년 세법개정에서 다주택자가 법인을 통하여 양도소득세 중과 규정을 회피하는 것을 방지하기 위하여, 출자 등을 통하여 법인으로 전환할 경우 이월과세 특례 적용이 가능한 사업용 고정자산의 범위에서 주택 또는 주택을 취득할 수 있는 권리를 제외하였다. 개정규정은 2021.1.1. 이후 현물출자하거나 법인전환하는 분부터 적용한다. 2021.1.1. 전에 현물출자하거나 법인전환한 분에 대해서는 개정규정에도 불구하고 종전의 규정에 따른다(2020.12.29. 개정된 법률 부칙 §10 및 §39).

3 현물출자 방식

현물출자란 상법상의 제도로 금전 이외의 재산을 출자의 목적으로 하는 것이다. 현물출자 시기와 금액에 대한 제한을 두고 있다.

3-1 현물출자 시기

개인기업이 법인으로 전환하여 법인이 새로이 설립되는 경우에만 본 특례가 적용되므로 (조특법 §32 ①·②) 사업용고정자산은 법인설립일(전환일)까지 출자되어야 한다(부동산거래-442, 2012.8.20.; 세정-1201, 2005.6.15.).

따라서 법인설립 후 현물출자가 이루어지거나, 기존법인에게 현물출자하는 것은 특례의 대상이 아니다(서면부동산-0619, 2019.10.30.; 법인-2090, 2008.8.21.).

- **과세표준신고기한 전 다시 양도한 경우** (부정)

당해 사업용고정자산을 현물출자 또는 사업양수도를 한 날이 속하는 과세연도의 과세표준신고(예정신고 포함) 기한 전에 다시 양도한 경우에는 양도소득세 이월과세를 적용받을 수 없다(재산-37, 2009.8.27.).

3-2 출자금액 요건

현물출자의 상대방인 신설법인의 자본금은 법인으로 전환하는 사업장의 순자산가액 이상이어야 한다(조특법 §32 ②). 법인전환으로 경제 실체의 재산이 유출되지 아니하고 보전되어야 한다는 법인 자본유지의 원칙을 준수하려는 취지이다.

> 출자금액 요건 = 신설법인의 자본금 ≥ 전환하는 사업장의 순자산가액

이때 출자금액 요건의 판정 시점(법인전환 시기)은 법인설립등기일로 한다(부동산거래관리과-664, 2012.12.7.).

(1) 자본금

신설법인의 자본금은 기업회계기준에 의한 대차대조표상 자본금을 의미한다(조특집행 32-29-2). 주식발행초과금을 포함하지 않는다. 재무상태표상 자본금은 상법에 따라 결정되는데, 액면주식을 발행하는 회사에서는 발행주식의 액면총액을 뜻하며, 무액면주식을 발

행하는 회사에서는 주식의 발행가액 중 이사회가 자본금으로 계상한 금액을 말한다(상법 §451 ①·②).

특례의 주체인 개인기업주의 현물·현금 출자금(지방세운영-2001, 2008.10.30.)은 물론 공동 출자하는 경우 타 주주의 현물·현금 출자금을 포함한다. 즉, 개인기업주의 출자금액과 관계없이 새로이 설립되는 법인의 자본금이 종전 개인사업장의 순자산가액 이상이면 요건을 충족한 것으로 본다(조심 2010지516, 2011.11.22.). 순자산가액과의 비교대상은 특례 주체인 현물출자자의 출자금이 아니라 전환법인의 자본금 총액이기 때문이다. 법 제31조 중소기업 간의 통합에 대한 특례에서 타 주주의 출자금을 제외하는 것과 차이가 있다.

● **착오로 인한 자본금 경정등기의 인정 여부** (긍정)

법인설립 당시에는 자본금이 순자산가액에 미달하였으나, 착오신청을 원인으로 경정등기를 신청하여 법원의 승인으로 경정등기가 이루어진 경우에는, 경정등기의 소급효로 인해 당해 법인 설립일부터 자본금이 순자산가액 이상이 된 경우이므로 취득세 등 면제대상에 해당된다(지방세운영-5089, 2011.11.1.).

(2) 순자산가액

순자산가액이란 사업용고정자산을 현물출자하는 사업장의 순자산가액으로, 중소기업 간 통합에 대한 특례의 규정을 준용하여 계산한다(조특령 §32 ⑤ → 조특령 §28 ① 2호).

순자산가액과 이월과세 적용대상 자산의 취득가액(제1절 Ⅲ. 2. 참조)은 평가기준일에 차이가 있음에 유의하여야 한다. 소멸하는 사업장의 순자산은 '전환일' 현재의 시가에 의하고, 이월과세 적용대상자산의 취득가액은 양도소득세가 적용되는 토지, 건물 등의 자산에 대한 개인 기업주의 '당초 취득일'의 취득가액을 의미한다.

순자산가액의 계산은 다음의 산식에 따른다.

> 순자산가액 = 자산의 합계액 - 부채의 합계액

기존 사업장의 자산과 부채 중 일부가 현물출자 대상에서 제외되는 경우에 '법인으로 전환하는 사업장의 순자산가액'이란 기존 사업장의 순자산가액이 아니라 사업양수도 대상에 포함된 것의 순자산가액을 의미한다(인천지법 2017구합50069, 2018.1.25. 참조).

(2-1) 자산의 합계액

자산의 합계액은 전환일 현재의 시가로 평가한다. 부도어음의 경우도 시가로 평가한다(감심 2004-125, 2004.9.23.).

'시가'라 함은 불특정다수인 사이에 자유로이 거래가 이루어지는 경우에 통상 성립된다고 인정되는 가액을 말하며 수용·공매가격 및 감정가액 등「상속세 및 증여세법 시행령」제49조의 규정에 의하여 시가로 인정되는 것을 포함한다(조특통 32-29…2 ②).

자산의 범위를 보자면 영업권은 제외되며,(조특통 32-29…2 ①) 개인사업장의 대표이사가 대납한 등기비나 미수임대료 등이 누락된 부외자산이라 하더라도 사실조사에 의해 입증되면 자산으로 인정 가능하다(지방세운영-1951, 2013.8.20.).

회수 가능성이 없다고 판단한 관계회사 출자주식과 대여금, 부실채권으로 판단한 장기외상매출금을 현물출자 자산에서 제외한다 하더라도 자산의 합계액에는 포함된다(법규재산 2009-18, 2009.2.17.; 부동산거래-355, 2011.4.26.).

(2-2) 부채의 합계액

(가) 충당금

부채의 합계액에는 충당금을 포함한다. 공제되는 부채는 그 산정 당시 사업자가 종국적으로 부담하여 이행하여야 할 것이 확실하다고 인정되는 채무를 뜻한다(인천지법 2017구합50069, 2018.1.25.; 대법원 2002두12458, 2003.5.13.).

반면에 하자보수충당금은 우발부채의 성격이므로 부채에서 제외한다(서이 46012-11766, 2003.10.14.).

(나) 법인세

부채에 가산하는 법인세액 등은 평가기준일 현재 납세의무가 확정된 것과 평가기준일이 속하는 사업연도 개시일부터 평가기준일까지 발생한 소득에 대한 법인세액 등을 말한다. 반면에 본 특례에 따라 이월과세된 세액이 평가기준일 현재 납세의무가 성립되지 아니한 경우에는 부채로 볼 수 없다(재산-397, 2011.8.26; 수원고법 2020누12724, 2021.2.3.).

- **법인전환 전 개인사업자로서의 미지급소득세** (제외)

  사업양수도 방법에 의하여 법인으로 전환하는 경우 법인전환일 이전에 발생한 당해 사업장의 소득에 대한 미지급소득세는 법인전환일 현재의 순자산가액 계산시 부채의 금액에 해당하지 않음(소득 46011-1650, 1998.6.22.). 법인전환 전 개인사업자에게 발생한 소득세는 그 개인사업자에게 귀속되므로 개인사업자가 납부하여야 함. 따라서 법인의 부채에 해당하지 아니하며, 법인에게 승계되지 아니함.

(다) 사업 관련성

부채는 당해 사업과 관련하여 발생된 부채에 한정되므로,(재산-1713, 2009.8.18.) 사업용 부동산에 대한 임대보증금은 공제되는 부채에 포함된다(부동산납세-427, 2014.6.16.). 반면에, 사업과 관련 없이 대출받은 것으로서, 개인적인 채무에 불과하고 현물출자되는 부동산(법인전환 사업장)과 관계가 없는 경우에는 제외한다(조심 2019부1188, 2020.3.10.).

순자산가액의 계산 시 장부계상을 누락한 부외부채는 상대계정이 부외자산으로 확인되는 경우에 한하여 부채의 합계액에 포함한다(재산-293, 2009.9.23.).

주요 이슈와 쟁점

26. 물상보증채무액이 공제되는 부채에 포함되는지 여부

[심판례] 긍정
처분청은 쟁점물상보증채무액을 부채에서 미공제하여 평가함이 타당하다고 주장하나, 청구인은 이 건 현물출자시 「상법」에 따른 법원의 결정을 따를 수 밖에 없었던 점, 쟁점물상보증채무액에 상당하는 금액을 주식발행초과금으로 계상하여 조특법 제32조에서 요구하는 자본충실의 원칙에 위배되었다고 보기도 어려운 점, 쟁점부동산의 현물출자시 쟁점물상보증채무액 상당액이 부채로 계상되지 아니하여 OOO가 직접 상환해야 할 채무가 아니므로 사업무관성과도 관련이 없는 것으로 보이는 점, 물상보증채무를 소멸하는 사업장의 순자산가액 산정시 자산가액에서 공제하는 부채에 해당한다는 법원의 판결(수원지방법원 2014.11.26. 선고, 2014구합51242 판결 ; 서울고등법원 2015.8.20. 선고, 2014누73373 판결 ; 대법원 2015두51378, 2015.10.5. 소취하)이 있는 점 등을 감안할 때, 쟁점물상보증채무액을 부채에서 공제하여 평가함이 타당하다 하겠다(조심 2017중0563, 2017.6.1.).

[예규] 긍정
「조세특례제한법」 제32조 제2항 및 같은 법 시행령 제29조 제5항에 따라 법인으로 전환하는 사업장의 순자산가액을 계산할 때 현물출자하는 자산에 담보된 물상보증채무액을 법원으로부터 현물출자가액에서 공제하여 자본금으로 인가받은 후 새로 설립되는 법인이 해당 물상보증채무액을 주식발행초과금으로 계상한 경우에는 해당 물상보증채무액을 자산가액에서 차감하는 부채에 포함하는 것임(재산세제과-760, 2017.11.8.).[1]

|저자주| 부동산을 물상보증으로 제공하는 경우, 본 특례의 출자금액요건 중 순자산가액을 계산할 때 물상보증채무액을 공제되는 부채액에 포함하는 지가 쟁점이다. 참고로 상법상 현물출자는 변태설립사항으로 법원이 선임하는 검사인의 감정가액에 따라 현물출자되는 부동산의 가액이 정해진다(상법 §290 · §298 · §300).

회계상 일반적으로 물상보증채무는 우발부채로 보아 부채로 인정하지 아니하며, 세법은 기업회계기준과 관행을 존중하여 다른 규정이 없는 한 이를 따르도록 하고 있으므로(법법 §43) 세법상 물상보증채무를 공제되는 부채에서 제외하는 것이 타당하다 할 것이다. 이에 종전의 조세심판례에

서도 물상보증채무가 우발부채에 해당한다는 점을 근거로 하여 부채에서 제외하도록 해석하였다 (조심 2013중3744, 2014.6.30.; 조심 2012광3701, 2012.12.5.).

그러나 최근 법원, 조세심판원 및 과세관청은 법원이 선임한 검사인의 감정에 따라 물상보증채무액을 해당 부동산의 평가액에서 차감한 경우에는 본 이월과세특례 요건 중 순자산가액에서 차감하는 부채로 판단하고 있다. 그 근거로 현물출자를 통해 법인전환을 하려는 경우 상법 규정에 의한 법원의 결정을 따를 수밖에 없어 상법과 조세특례제한법이 물상보증채무에 대한 서로 다른 해석을 요구하게 되어 원고에게 책임을 지울 수 없다는 점을 들고 있다.

다만 조세심판원과 과세관청에서는 물상보증채무액을 주식발행초과금으로 계상하여 자본충실의 원칙을 따를 것을 조건으로 물상보증채무액을 순자산가액에서 공제해주고 있음에 유의하여야 한다.

최근 심판례에서는 현물출자시 법원의 결정에 따라 물상보증채무로 판단되어 현물출자가액에서 공제된 금원이 아닌 경우, 즉 자본금으로 인가받거나 이를 주식발행초과금으로 계상한 사실이 없는 경우에는 공제되는 부채에 포함되지 않는 것으로 판단하였다(조심 2020서0883, 2021.1.19.).

예규·판례

❖ **순자산 가액 계산 시 시가의 적용순서** (부동산-0965, 2011.11.15.)

조세특례제한법 제32조에 따른 법인전환에 대한 양도소득세의 이월과세 적용 시 순자산가액의 시가는 법인세법 시행령 제89조 제1항에 해당하는 가격, 같은 조 제2항 제1호의 감정가액, 상속세및증여세법 제61조 내지 제64조의 규정을 준용하여 평가한 가액의 순서대로 적용하는 것임(같은 뜻 : 기준법령재산-15, 2016.5.4.; 서면부동산-4081, 2016.9.1.).

저자주 기본통칙 32-29...2 ②의 순서와 비교하자면, 1순위로 제시한 법령 제89조 제1항의 가격은 불특정 다수인간의 거래가격을 말하므로 동일하고, 예규에서는 2순위로 감정가액만을 제시하고 당해 재산에 대한 매매가액, 공매·경매를 제외하였으나 실무상 활용도가 낮아 큰 의미는 없어 보인다. 3순위로 상증법상 보충적 평가방법을 적용하는 것도 동일하다.

❖ **단주처리한 금액으로 인하여 출자금액요건에 위배된 경우 순자산가액 미달로 보는지 여부** (부정) (조심 2010지63, 2010.10.1.; 같은 뜻 조심 2016지161, 2016.5.25.)

주식은 액면미달가액으로 발행하지 못한다는 「상법」 제330조 규정에 따라 실제로 현물출자한 가액 1,036,718,560원 중 청구법인의 주식액면가인 10,000원에 미달하는 8,560원은 주식을 발행할 수 없어 단주처리한 것이므로 청구법인의 경우, 법인전환으로 인하여 소멸하는 사업장의 자산의 합계액에서 충당금을 포함한 부채의 합계액을 공제한 금액이 순자산가액에 미달하는 것으로 보기는 어렵다 할 것이므로 이 건 취득세 등을 부과고지한 것은 잘못이 있는 것으로 판단된다.

---

1) 물상보증채무는 기업회계기준에 따른 우발부채로 공제되는 부채에 포함되지 않는다는 종전의 유권해석(부동산거래-1008, 2011.12.2.)은 본문의 예규와 충돌하여 2019년 1월에 삭제됨

4 사업양수도 방식

특례 대상이 되는 사업양수도란 해당 사업을 영위하던 자가 발기인이 되어 순자산가액 이상을 출자하여 법인을 설립하고, 그 법인 설립일로부터 3개월 이내에 신설법인에게 사업에 관한 모든 권리와 의무를 포괄적으로 승계하는 것을 말한다(조특령 §29 ②).

4-1 출자금액 요건

사업양도인이 순자산가액 이상을 출자하여야 한다. 즉, 공동출자하는 경우 전술한 현물출자와는 달리 **타 주주의 현물·현금 출자금은 포함되지 않는다는 점에 유의하여야 한다**(지방세심사 2002-405, 2002.12.23.).

또한 현물출자와는 달리 출자금액의 요건에 대한 판정시기를 법인설립등기일이 아닌 사업양도일(법인전환기준일)로 보아 적용한다(조심 2017지0831, 2017.12.20.).

기존 사업장의 자산과 부채 중 일부가 사업양수도 대상에서 제외되는 경우에 '법인으로 전환하는 사업장의 순자산가액'이란 기존 사업장의 순자산가액이 아니라 사업양수도 대상에 포함된 것의 순자산가액을 의미한다(인천지법 2017구합50069, 2018.1.25.; 대법원 2012두17865, 2012.12.13.).

이외의 요건은 위의 3. 현물출자의 출자요건과 동일하므로 상세내용은 동 부분을 참조하기 바란다.

4-2 포괄적 양도

사업양도인은 신설법인에게 해당 사업에 관한 모든 권리와 의무를 포괄적으로 승계하여야 하며, 법인 설립일로부터 3개월 이내에 양도하여야 한다. 사업양도의 개념은 원래 부가가치세법상의 개념으로 **사업장별로 그 사업에 관한 모든 권리와 의무를 포괄적으로 승계하여야 한다**(부령 §23).

포괄적 승계란 신설법인이 포괄적으로 인수하여 법인의 재무제표로 전환하는 등 법인장부에 등재하는 것을 말하므로, 자동차 등의 명의변경을 하지 않는 경우에도 포괄적 양도에 해당한다(세정-3427, 2005.10.25.).

사업양수도 이후 전환법인은 양도인과 동일한 업종으로 전환하거나 사업의 종류를 추가·변경하는 경우도 포함한다(재산-2246, 2008.8.14.). 반면에 사업장을 분할하여 일부분만 법인전환하는 경우에는 제외된다(부동산거래-1515, 2010.12.24.).

5 이월과세적용신청

현물출자 또는 사업양수일이 속하는 과세연도의 과세표준신고(예정신고 포함) 시 전환법인과 함께 이월과세적용신청서(별지 제12호 서식)를 납세지 관할세무서장에게 제출하여야 한다(조특령 §29 ④).

본 특례의 주체는 개인이며, 사업용고정자산은 양도소득세의 대상이 되므로 원칙적으로 예정신고 시 제출하여야 한다. 예정신고기한까지 신청서를 제출하지 아니하고 확정신고 시 제출하는 경우에는 예정신고관련 가산세를 부담한다(서면법규-62, 2014.1.23.).

본 특례에서는 이월과세적용신청이 특례를 적용받기 위한 필수요건임에 유의하여야 한다(조심 2009광3468, 2009.12.14.; 재산-519, 2009.10.21.; 광주고법 2015누7585, 2016.7.14.). 상세한 내용은 제2절 중소기업 간 통합에 대한 이월과세특례의 요건 Ⅱ. 4.에서 기술하였다.

Ⅲ. 과세특례

1 이월과세

제1절 서설의 Ⅲ. 1. 참조

2 이월과세 자산의 취득가액

제1절 서설의 Ⅲ. 2. 참조

3 잔존 감면기간 승계적용

제1절 서설의 Ⅲ. 3. 참조

4 미공제세액의 승계공제

제1절 서설의 Ⅲ. 4. 참조

5 사후관리

전환법인의 설립등기일로부터 5년 이내에 승계받은 사업을 폐지하거나, 또는 양도인인 주주가 주식 또는 출자지분(이하 "주식등")을 처분하는 경우에는 **이월과세액을 양도인이 양도소득세로 납부하여야 한다**(조특법 §32 ⑤). 전환법인이 승계받은 사업을 폐지하여 추징되는 경우에도, 추징세액은 당초의 양도인이 양도소득세로 납부하여야 한다.

각 추징사유를 살펴본 연후 추징세액 산정방법을 설명한다.

5-1 승계사업의 폐지

(1) 추징사유

전환법인이 양도인으로부터 현물출자 또는 사업양수도 방법으로 취득한 사업용고정자산의 2분의 1 이상을 처분하거나 사업에 사용하지 않는 경우 사업의 폐지로 본다(조특령 §29 ⑥).

2인 이상으로부터 사업용 고정자산을 현물출자 받아 설립된 법인의 경우, 그 중 1인으로부터 승계받은 사업용 고정자산의 2분의 1 이상을 처분하여도, 해당 처분자산이 전체 승계받은 사업용 고정자산 전체의 2분의 1 이상에 해당하지 아니하는 경우에는 거주자로부터 승계받은 사업을 폐지하는 경우에 해당하지 아니한다(서면법령재산-4862, 2017.4.19.; 사전법규재산-1659, 2022.11.10.). 즉, 승계 받은 자산 전체(또는 법인 전체)를 기준으로 1/2 이상 처분 여부를 판정한다.

- 수용 등의 경우 (추징)

  이월과세를 적용받은 사업용고정자산이 「공익사업을 위한 토지 등의 취득 및 보상에 관한 법률」 및 그 밖의 법률에 따라 협의매수 또는 수용되는 경우에는 추징사유로 본다(법인-4067, 2008.12.18.).

- 숙박업 등 소비성서비스업에 사용한 경우 (추징)

  전환법인이 거주자로부터 현물출자 받은 사업용고정자산의 2분의 1이상을 "소비성서비스업"

(조특령 §29 ③)에 사용하는 경우 "승계받은 사업을 폐지하는 경우"에 해당하는 것임(서면부동산-1722, 2018.8.30.).

● **신탁법상의 신탁행위** (제외)

「신탁법」상의 신탁행위는 재산의 사용·수익·처분의 권리를 배타적으로 양도하는 일반적인 소유권의 이전과는 다르므로 처분에 해당하지 않는다(조심 2014지689, 2014.12.16.).

● **업종 추가 또는 새로운 업종으로 변경** (제외)

전환법인이 거주자로부터 승계받은 종전의 업종에 새로운 업종을 추가하거나 새로운 업종으로 변경하는 것은 사업을 폐지하는 경우에 해당하지 아니한다(서면법규-1265, 2014.12.2.; 서면법규재산-5097, 2022.6.29.).

실무 상담 사례

Q 개인의 공장을 법인전환한 후, 제조업 사업장을 이전하고 종전 건물에서는 임대업을 영위하는 경우 사업의 폐지에 해당하나요?

A 전환법인은 새로운 업종으로 변경 가능하므로, 사업의 폐지에 해당하지 않아 추징사유에 해당하지 않습니다.

(2) 부득이한 사유의 예외

주요 이슈와 쟁점
27. 법인전환 후 임대용 건물을 철거하고 신축하여 임대하는 경우 추징 여부

[종전 예규]
거주자가 부동산임대업에 사용하는 토지와 건물을 현물출자 방법으로 법인전환하여 「조세특례제한법」 제32조에 따른 이월과세를 적용받은 후, 이월과세 대상자산 중 건물을 철거한 후 신축하여 계속 임대업에 사용하는 경우, 건물 철거가 같은 법 시행령 제29조 제6항의 '사업용고정자산의 2분의 1 이상을 처분하거나 사업에 사용하지 않는 경우'에 해당 시에는 같은 법 같은 조 제5항의 사후관리규정을 적용하는 것이며, 사후관리규정이 적용되지 아니하는 경우에도 건물신축을 위해 현물출자받은 건물을 철거하는 때에 전환법인이 건물에 대한 이월과세 세액을 법인세로 납부하는 것임(서면법규-837, 2014.8.11.; 재산-296, 2009.9.23.; 서면5팀-245, 2006.9.26.).

[새로운 예규]
부동산임대업을 영위하는 거주자가 해당 사업용 건물과 토지를 현물출자하여 법인으로 전환하고 「조세특례제한법」 제32조에 따른 양도소득세의 이월과세를 적용받은 다음 「도시 및 주거환경정비법」상 도시환경 정비사업에 따라 건물을 철거 후 신축하여 그 사업을 계속하는 경우는 「조세특례제한법」 제2조 제1항 제6호에 따른 사업용고정자산 등을 양도하는 경우와 같은 법 제32조 제5항 제1호에 따른 사업을 폐지하는 경우에 해당되지 아니하는 것임

(재재산-360, 2016.5.7.; 재재산-359, 2015.5.7.; 서면부동산-3315, 2018.8.23. 외 다수).

> **저자주** 건물 철거 후 신축하여 임대하는 경우 종전 예규에서는 철거 자체를 양도 또는 사업의 폐지(또는 미사용)로 보아 사후관리 규정을 적용하거나 이월과세 세액을 납부하도록 하였다.
> 　그러나 임대업을 계속 영위하기 위해 노후화된 건물을 철거하고 건축물을 신축한 후 임대하는 경우, 철거를 사업의 폐지로 보기 어려우며 자산의 유상 이전인 양도에도 해당하지 않는다.
> 　또한 중소기업 간의 통합[제2절 Ⅱ. 2-2 (1-2) 참조]이나 법인세법상 적격현물출자에서도 철거 후 신축 임대 시 철거를 추징 사유로 보지 아니하고 특례를 적용하도록 하고 있다(서면법규-142, 2013.2.7.; 법인-72, 2013.2.5.).
> 　국세청에서도 종전 예규(서면법규-837, 2014.8.11.)를 2016년 5월 삭제하고, 최근에는 특례를 적용하는 것으로 일관되게 해석하고 있다.

다만 다음의 부득이한 사유가 있는 경우는 제외한다.
① 전환법인이 파산하여 승계받은 자산을 처분한 경우
② 전환법인이 적격합병, 적격분할, 적격물적분할, 적격현물출자의 방법으로 자산을 처분한 경우(법법 §44 ②·§46 ②·§47 ①·§47의 2 ①)

이월과세를 적용받는 법인이 다른 법인을 흡수합병한 경우에는 계속하여 이월과세를 적용받을 수 있으나, 법인전환한 당해 법인이 피합병된 경우에는 이월과세를 적용받을 수 없다(법인-1221, 2009.11.5.).

③ 전환법인이「채무자 회생 및 파산에 관한 법률」에 따른 회생절차에 따라 법원의 허가를 받아 승계받은 자산을 처분한 경우(조심2018중3375, 2019.4.15.)

이월과세를 적용받은 자산을 재해로 상실한 경우에는 의무위반사유로 보지 않는다(재법인-429, 2011.5.24.).

● **현물출자한 임대업 사용 토지를 흡수합병법인이 직접 사용하는 경우** (제외)

거주자가 부동산임대업에 사용하던 부동산을 갑법인에 현물출자하고 본 이월과세를 적용받았으나, 해당 부동산에서 폐자원재생업을 영위하는 을법인이 갑법인을 적격흡수합병하고 해당 부동산을 자가 사용하는 경우에는 사업의 폐지에 해당하지 않는다(서면법령재산-3439, 2017.3.30.; 서면법령재산-3122, 2016.10.26.). 전환법인이 적격합병으로 자산을 처분한 경우에는 부득이한 사유에 해당한다. 또한 흡수합병 후 존속법인이 종전 임대업 부동산을 직접 사용하는 경우에도 사업의 동일성을 요건으로 하지 않았으므로 추징 사유에 해당하지 않는다. 반면에 법 제31조 통합 과세특례에서는 이러한 경우 사업의 동일성이 없다고 보아 요건을 충족하지 못한 것으로 본다[제2절 2-2 (1-2) 참조].

2018년 개정세법에서 조특법 제37조 자산의 포괄적양도에 대한 과세이연 등이 삭제됨에 따라 승계사업의 폐지 및 주식등의 처분의 예외 사유에서 동 규정을 삭제하였다.

5-2 주식등의 처분

(1) 추징사유

양도인인 주주가 법인전환으로 취득한 전환법인의 주식등의 50% 이상을 처분하는 경우로, 처분에는 유상이전, 무상이전, 유상감자 및 무상감자를 포함한다(조특령 §29 ⑦). 단, 균등 무상감자의 경우는 제외한다. 균등 무상감자 시에는 주주 등의 지분에 변함이 없으므로 2014.2.21. 이후 납부하는 분부터 사후관리 사유에서 제외하였다.

이때 법인전환으로 취득한 주식의 50% 이상을 처분하였는지 여부는 법인 전체가 아닌 거주자 각자를 기준으로 판단한다(서면법령해석재산 2017-1453, 2017.10.27.).

● 제3자 배정 유상증자로 인해 지분이 50% 미만이 된 경우 추징 여부 (부정)

거주자가 사업용 고정자산을 현물 출자하여 법인으로 전환함으로써 양도소득세를 감면받은 후 당해 법인이 제3자 배정방식의 유상증자에 의해 자본금을 증자하여 지분비율이 50%이상 감소한 경우에는 「조세특례제한법」제32조 제5항 제2호에 따른 주식 등의 처분으로 보지 않는 것임(서면부동산-0818, 2019.6.17.). 법상 열거된 추징 사유에 해당하지 않기 때문임.

(2) 부득이한 사유의 예외

내국인인 양도인(개인)에게 책임을 부과할 수 없는 부득이한 사유가 있는 경우는 제외한다. 중소기업 간의 통합에 대한 과세특례와 그 내용 및 개정연혁이 동일하므로 제2절 Ⅲ. 5-2를 참조하기 바란다. 추징의 대상을 "통합법인"에서 "양도인"으로 대체하여 적용한다.

5-3 추징세액 산정방법

추징사유 발생일이 속하는 달의 말일부터 2개월 이내에 이월과세액을 양도소득세로 납부하여야 한다. 이월과세액은 앞서 보았듯이 사업용고정자산에 대한 양도가액에서 취득가액을 차감한 양도차익으로 이월과세된 금액이다. 개정연혁과 상세 내용은 제2절 Ⅲ. 5-3을 참조하기 바란다. 납부의 주체를 "피통합기업인 개인"에서 "양도인"으로 대체하여 적용한다.

6 취득세의 경감

조세특례제한법 제32조에 따른 현물출자 또는 사업 양도·양수에 따라 2024.12.31.까지 취득하는 사업용 고정자산(한국표준산업분류에 따른 부동산 임대 및 공급업에 대해서는 제외함)에 대해서는 취득세의 75%를 경감한다(지특법 §57의 2 ④).

6-1 경감 요건

(1) 자본금의 정의

종래의 구 조특법 제120조 취득세 면제에 관한 안전행정부 질의회신에 따르면, 현물출자에 의한 법인전환 시 출자요건에서 자본금의 정의를 주식발행초과금을 포함한 총자본으로 보아,(세정-1234, 2005.3.21.) 법 제32조 양도소득세 이월과세특례에서 대차대조표상의 자본금만을 자본금으로 해석하는 것과 불일치하였다. 그러나 안전행정부의 유권해석이 2006년 변경되어 구 조특법 제120조 요건의 자본금 정의를 법 제32조의 자본금 정의에 관한 해석과 일치시켜 취득세 면제와 관련하여서도 대차대자표상의 자본금만을 자본금으로 보고 있다(세정-6413, 2006.12.22.; 경남세정-1541, 2011.2.14.).

> **예규·판례**
>
> ❖ '새로이 설립되는 법인의 자본금'의 정의 (세정-6413, 2006.12.22.)
> - 당초 : 조세특례제한법 제32조 제2항 및 동법 시행령 제29조 제4항에서 사업용고정자산을 현물출자하거나 사업양수도 하여 법인으로 전환하는 사업장의 순자산가액이라 함은 법인전환일 현재 시가로 평가한 자산의 합계액에서 충당금을 포함한 부채의 합계액을 공제한 금액을 말하는 것이므로 "새로이 설립되는 법인의 자본금"이라 함은 주식발행 초과금을 포함한 총 자본을 의미하는 것임.
> - 변경 : 조세특례제한법 제32조 제2항에서 "새로이 설립되는 법인의 자본금"에서 "자본금"이란 법인회계기준에 의한 대차대조표상 자본금을 의미하는 것임.

● 법인전환 직전에 현금성 자산을 대부분 인출한 경우 (제외)

법인전환을 위한 현물출자 직전에 개인사업장의 현금성 자산 등을 사업주가 대부분 인출하여 현저하게 축소시킨 순자산가액 상당액을 출자하여 법인을 설립한 경우 개인사업과 관련된 주된 자산이 모두 신설한 법인에게 승계되어 사업의 동일성을 유지하면서 사업을 운영하는 형태만 변경한 것으로 인정하기 어려우므로 취득세 면제 요건을 충족하지 못한다(조심 2014지937, 2015.4.16.).

(2) 사업용 고정자산의 범위

"사업용 재산"(현재는 고정자산)이란 해당 재산을 사업에 직접 사용하는 재산이어야 하며, 해당 사업을 영위하는지 여부는 원칙적으로 사업자등록증, 법인등기부 및 정관에 기재된 목적사업의 범위에 의한다(조심 2013지226, 2013.5.14.).

사업용 재산은 당해 사업의 수행에 필요 불가결한 토지, 공장, 사무실, 차량, 기계장치 등은 물론 당해 사업 수행에 필요 불가결한 존재인 근로자를 위한 기숙사, 후생복지시설도 사업에 직접 사용하는 사업용 재산에 포함된다(감심 2011-169, 2011.9.15.).

종래에는 특례 대상 자산을 "사업용 재산"으로 규정하였으나, 2016년 지방세 개정세법에서 "사업용 고정자산"으로 변경하였다.[2]

주요 이슈와 쟁점

28. 법인전환 시 공장 외부 종업원용 기숙사의 취득세 감면 여부

[조세심판원 심판례] 부정

사업용 재산에 해당되기 위해서는 사업을 영위하는데 중추적인 기능을 하는 재산으로서 사업과 불가분의 관계에 있으며 지속적으로 사업에 공여되는 재산에 해당되어야 할 것이다. 그런데, 쟁점부동산의 경우 사업장 구외에 위치한 아파트로서 청구법인이 사업을 영위하기 위하여서는 항시 종업원을 대기시키면서 제조업에 투입하기 위하여 이를 사원들에게 제공할 필요성이 있는지 여부가 구체적으로 입증되지 아니하므로, 청구법인이 이를 종업원의 기숙사로 사용한다고 하더라도 이는 <u>단순히 복리후생차원에서 제공하는 것일 뿐 사업을 위하여 중추적인 기능을 제공하는 재산으로서 사업을 영위하는데 불가분의 관계에 있는 사업용 재산으로 보기는 어렵다</u>고 보여진다(조심 2012지488, 2012.10.10.).

[감사원 심사례] 긍정

'사업용 재산'은 당해 사업의 수행에 필요불가결한 토지, 공장, 사무실, 차량, 기계장치 등은 물론 <u>당해 사업 수행에 필요불가결한 존재인 근로자를 위한 기숙사, 후생복지시설도 사업에 직접 사용하는 '사업용 재산'에 포함된다</u>고 보아야 할 것이다.

이 사건에 관하여 살펴보면, 청구인이 청구인의 사업 수행에 필요불가결한 존재인 근로자들의 거주를 위한 사택 및 기숙사를 신축할 목적으로 이 사건 토지를 취득한 후 공동주택(연립) 및 공동주택(기숙사) 용도로 건축허가를 받아 실제로 사택 및 기숙사 신축공사에 착공한 점, 청구인의 공장은 주거지역에서 떨어진 □□시 □□읍 외곽에 위치해 있고, 청구인 소속 근로자 102명 중 83명이 □□시가 아닌 □□, □□ 등에서 출·퇴근 하거나 가족과 떨어져 생활

---

[2] 특례 대상 자산을 "사업용 재산"으로 규정하고 있던 당시, 무형고정자산이나 재고자산이 특례에 포함되는지 여부와 관련된 행정관청·재결청의 해석과 법원의 판결이 상충된 사안의 해설에 관해서는 2015년 개정판을 참조하기 바란다.

하고 있으므로 근로자를 계속적, 안정적으로 고용하고 그들의 복리후생을 위해 16가구를 수용할 수 있는 사택과 60명을 수용할 수 있는 기숙사는 사업 수행에 필요한 것으로 보이는 점(청구인이 고용 중인 근로자 수, 신축 중인 사택 및 기숙사의 규모 등을 고려하면 이 사건 토지가 사택 및 기숙사 이외의 용도로 사용될 것으로 보기도 어렵고, 만일 청구인이 이 사건 토지를 사업에 직접 사용하지 아니하거나 다른 목적으로 사용·처분하는 등의 경우에는 면제받은 세액을 추징할 수 있다)등을 종합하면 이 사건 토지는 청구인이 사업을 영위하기 위하여 취득한 '사업용 재산'에 해당한다고 봄이 상당하다(감심 2011-169, 2011.9.15.).

| **저자주** | 공장에 부속되어 있는 기숙사의 경우에는 감면대상에 포함되지만, 기숙사가 공장 외의 지역에 소재하는 경우 감면대상에 포함되는지가 쟁점이다.

저자의 의견으로는 공장 외부의 종업원용 기숙사의 경우에도 공장시설에 포함하여 취득세를 감면하는 것이 타당한 것으로 판단된다.

첫번째로, 조문에서 '사업용 고정자산'을 면제의 대상으로 규정하고 있으며, 사업장 구외에 위치한 기숙사 등은 당연히 '사업용' 고정자산에 포함되므로, 문리해석의 원칙에 따라 공장 외부에 소재한 기숙사도 면제의 대상으로 하여야 한다.

두번째로, 공장 내부에 소재하는 기숙사의 경우에는 감면대상에 포함하고, 공장 외부에 소재하는 기숙사는 감면대상에서 제외하는 것은 과세의 형평에 맞지 않는다고 본다. 실질과세의 원칙에 따라 기능적인 측면에서 제조활동에 공여되는 관련 시설인지 여부를 기준으로 판정하여야 하기 때문이다. 또한 기숙사를 사업에 직접 사용하지 아니하거나 다른 목적으로 사용·처분하는 경우에는 사후관리 규정에 의해 면제받은 세액을 추징할 수 있으므로, 조세회피의 부작용이 발생할 가능성도 낮다.

세번째로, 공장의 지방이전에 대한 조세지원과 관련된 기본통칙(조특통 60-54…1 ①)에서는 동일 부지 내의 기숙사만을 공장의 범위에 포함하고 있으나, 동 기본통칙은 공장의 이전을 판정하기 위한 해석이므로 사업용 고정자산에 해당하는 공장의 범위를 판정하는 기준으로 유추적용하기 어렵다고 본다.

참고로 외투감면과 관련한 대법원 판례에서도 공장 외부의 기숙사를 취득세 감면대상으로 판시하였다(대법원 2015두48464, 2015.11.17.).

6-2 사후관리

다만 취득일부터 5년 이내에 다음에 열거된 정당한 사유 없이 해당 사업을 폐업하거나 해당 재산을 처분(임대 포함)하는 경우에는 경감 받은 취득세를 추징한다(지특법 §57의 2 ④ 단서, 지특령 §28의 2 ③).

① 해당 사업용 재산이 「공익사업을 위한 토지 등의 취득 및 보상에 관한 법률」 및 그 밖의 법률에 따라 수용된 경우
② 법령에 따른 폐업·이전명령 등에 따라 해당 사업을 폐지하거나 사업용 재산을 처분하는 경우
③ 주식 등의 처분에 대한 부득이한 사유의 예외(조특령 §29 ⑦)의 어느 하나에 해당하는 경우[5-2 (2) 참조]

④ 법인전환(조특법 §32 ①)으로 취득한 주식의 50% 미만을 처분하는 경우

(1) 처분

"처분"이라 함은 기존의 권리나 사실 상태에 변경을 가져오는 행위로서 물권의 설정·이전 및 채권의 양도·상계 등 법률상 변동을 가져오는 경우와 물건의 훼손·멸실 등 사실상의 처분의 경우를 말한다(조심 2014지2073, 2014.12.30.).

다음은 처분에 포함되는 사례이다.

- **합병**

  법인 합병으로 인하여 소멸법인의 사업용 재산에 대한 소유권을 존속법인 앞으로 이전한 경우에는 '처분'으로 보므로, 취득세 면제 후 흡수합병되는 경우 처분에 포함된다(대법원 2010두6007, 2010.7.8.; 지방세운영-3013, 2009.7.28.; 대법원 2015두50481, 2015.12.10.).

- **경매**

  처분에는 경매로 인한 매각이 포함되나 정당한 사유의 존재 여부를 판정하여야 한다. 재산의 취득자가 그 자체의 자금사정이나 수익상의 문제 등으로 해당 사업에 직접 사용하기를 포기한 경우는 정당한 사유로 볼 수 없다(대구고법 2011누2928, 2012.6.1.).

- **등기 이전 후 합의해제하여 등기말소한 경우**

  매매대금이 청산되기 전에 매수인에게 소유권이전등기를 이행해 주었으나 계약조건 이행이 불가함에 따라 합의해제를 원인으로 소유권이전등기가 말소되어 원소유자에게 소유권이 환원된 경우에는 추징대상이 되는 처분으로 볼 수 있다. 취득세(구 등록세)는 그 등기 또는 등록의 유·무효나 실질적인 권리귀속 여부와는 관계가 없는 것이므로 등기 또는 등록이 뒤에 원인무효로 말소되었다고 하더라도 그 등기 또는 등록에 따른 취득세(구 등록세)의 부과처분의 효력에 아무런 영향이 없기 때문이다(조심 2014지2073, 2014.12.30.; 창업중소기업 사례).

(2) 임대

추징 사유의 처분에 임대를 포함하는 취지는 취득한 사업용 재산을 고유목적사업에 사용하지 않고 수익 등을 위하여 임대하는 경우 처분에 준하는 추징사유로 보겠다는 것이다(지방세운영-4434, 2010.9.20.).

건물을 임대 및 직접 사용하는 법인이 직접 사용부분을 줄이고 임대면적을 증가시키는 것은 해당 부분을 종전의 고유목적사업에 사용하지 않는 것이므로 감면세액의 추징사유에 해당하나, 동일 면적의 직접사용부분과 임대부분을 맞바꿔 종전 직접사용부분을 임대하더라도 그에 상응하는 동일면적의 임대부분을 종전의 고유목적사업에 사용한다면 추징사유에 해당하지 아니한다(서울세제-5803, 2013.5.10.).

반면에, 임대업에 사용하던 부동산인 경우에는 임대업의 계속 사용이 고유목적사업에

사용하는 것이 된다. 따라서 임대업에 사용하던 부동산을 현물출자하여 법인전환한 경우, 법인이 취득한 이후 지상 건물을 철거한 다음 새로 건물을 신축하여 일부는 분양하고 나머지는 임대한 경우라면 종전 임대업에 사용하던 범위 내에서 임대 건물의 부속토지는 처분한 것으로 보지 않는다. 그러나 현물출자 받은 토지를 취득일로부터 2년 내에 수탁자(신탁회사)에게 소유권을 이전하였다면 이는 해당 토지를 처분한 경우에 해당되어 임대 또는 분양 건물의 부속토지인지 여부와 상관없이 감면된 토지에 대한 취득세를 추징한다(지방세운영-42, 2014.1.6.; 지방세특례제도-324, 2014.12.26.).

주요 이슈와 쟁점

29. 법인전환 후 토지를 신탁회사에 신탁한 경우 추징하는지 여부

[쟁점 예규] 토지 신탁이 처분에 해당하는지 여부 (긍정) (지방세운영-42, 2014.1.6.)
현물출자 받은 토지를 취득일로부터 2년 내에 수탁자(신탁회사)에게 소유권을 이전하였다면 이는 해당 토지를 '처분'한 경우에 해당되어 임대 또는 분양 건물의 부속토지인지 여부와 상관없이 감면된 토지에 대한 취득세를 추징하는 것이 타당하다고 판단됨.

| 저자주 | 신탁계약에 의하여 재산권이 수탁자에게 이전된 경우 민법 등 사법관계에서는 그 신탁재산은 수탁자에게 절대적으로 이전되어 대내외적으로 수탁자(신탁회사)에게 소유권이 있는 것으로 본다(대법원 2007다54276, 2008.1.13.).

반면에 세법상으로는 신탁을 도관으로 보아 소득세법에서는 신탁재산 귀속 소득을 수익자에게 귀속되는 것으로 보며(소법 §2의 2 ⑥), 법인세법에서도 신탁재산 귀속 소득을 수익자가 그 신탁재산을 가진 것으로 보아 법인세법을 적용한다(법법 §5 ①). 지방세법에서도 신탁재산의 이전에 대해서 취득세를 면제하고 있다.(지법 §9 ③) 또한 유권해석상에서도 신탁법에 의한 신탁은 소득세법 및 법인세법상 양도로 보지 않는다(재산-1963, 2008.7.28.; 법인 46012-1114, 2001.12.11.).

쟁점 예규에서는 신탁의 경우 민법상의 판례에 따라 대내외적으로 수탁자에게 소유권이 이전하는 것으로 보아 처분에 포함하여 추징사유로 판단하고 있다. 그러나 저자의 의견으로는 신탁법상의 신탁은 세법상 양도로 보지 않는 것이 원칙이므로 추징 사유에서 제외하여야 한다고 판단된다.

(3) 폐업

개인사업자가 임대사업용으로 사용하던 부동산을 현물출자하여 법인을 설립하고 그 법인이 부동산을 임대업이 아닌 제조업에 사용한 경우, 사업용 재산을 변경된 업종에 사용한 것은 폐업에 해당하지 않는다. 사업의 동일성을 이월과세의 요건으로 규정한 법 제31조의 '중소기업 간의 통합에 대한 양도소득세의 이월과세 등'의 적용대상이 아니기 때문이다(조심 2015지1346, 2016.3.18.).

Ⅳ. 조세특례제한 등

1 중복지원의 배제

잔존 감면기간의 승계적용(법 §32 ④)은 다음의 중복지원 배제조항이 적용된다(조특법 §127 ④·⑤).
- 감면규정과 세액공제규정의 중복지원 배제
- 감면규정 간 중복지원 배제

제20부 제1절 중복지원의 배제 부분을 참조하기로 한다.

2 결정 또는 기한 후 신고 시 감면배제 등

잔존 감면기간의 승계적용(법 §32 ④)은 다음의 세무상 의무위반 조항 위배시 감면이 배제된다(조특법 §128 ②~④).
- 결정 또는 기한 후 신고 시 감면배제
- 경정 등의 부정과소신고금액에 대한 감면배제
- 세법상 협력의무위반에 대한 감면배제

제20부 제2절 부분을 참조하기 바란다.

3 최저한세

잔존 감면기간의 승계적용과 미공제세액의 승계공제(법 §32 ④ →법 §31 ④~⑥)는 최저한세 적용대상이다(조특법 §132 ①·②).

제20부 제4절 최저한세 부분을 참조하기 바란다.

CHAPTER 04 조직변경에 대한 조세지원제도

제1절 서설

Ⅰ. 의의

조직변경[1]이란 기업의 경영환경 변화에 효율적으로 대응하기 위하여 기업의 조직을 변경시키는 것으로 합병, 분할, 현물출자 등을 의미한다.[2]

기업의 조직을 변경할 경우 기존 조직의 폐지 또는 청산에 따른 자산양도차익·청산소득에 대한 과세문제와 신규 조직이 취득한 자산의 취득세 등의 문제가 발생한다. 이러한 조직변경 시 발생하는 세부담을 이연하거나 감면하여, 기업이 최소한의 거래비용으로 조직변경을 원활히 진행할 수 있도록 하기 위하여 세제지원한다.

---

[1] 상법상의 조직변경은 주식회사가 유한회사로 변경되는 것과 같이 회사가 그 인격의 동일성을 유지하면서 다른 종류의 회사로 변경하는 것을 말하므로, 본서의 기업구조조정지원제도에서 논의되는 조직변경과는 차이가 있음.
[2] 김우철, 「기업구조조정 지원세제의 현황과 개선방향」, 한국재정학회, 2009.6., p.9.

Ⅱ. 지원제도의 비교

다음은 조세특례제한법상 조직변경 지원제도를 간략히 정리한 내용이다. 법 제121조의 23 농업협동조합중앙회의 분할등에 관한 과세특례 및 법 제121조의 24 공적자금 회수를 위한 합병 및 분할 등에 대한 과세특례는 조특법상 제5장의 7 및 제5장의 8에 별도 규정되어 있으나, 조직변경에 대한 세제지원제도이므로 제4장에서 함께 서술한다.

조직변경에 대한 지원제도

조문	특례대상 행위	과세특례
§37 자산의 포괄적 양도에 대한 과세이연 등 ('17년말 폐지)❶	다음 요건을 충족하면서 내국법인이 자산의 대부분을 양도하고 청산하는 경우 ① 사업의 목적요건 : 1년 이상 영위 ② 주식교부요건 : 80% ③ 주식배정요건 : 지분비율 이상 ④ 주식보유요건 : 사업연도 종료일 ⑤ 사업의 계속성 : 사업연도 종료일	■ 피인수법인의 자산양도차익(압축기장충당금 설정)은 인수법인의 상각·처분 시점까지 과세이연(자산조정계정) ■ 인수법인은 피인수법인의 이월결손금·세무조정사항등 승계 ■ 피인수법인 주주의 의제배당소득은 신주 처분 시까지 과세이연
§38 주식의 포괄적 교환·이전에 대한 과세이연 등	내국법인이 다음의 요건을 충족하면서 주식의 포괄적 교환·이전으로 상대방 법인의 완전자회사가 되는 경우 ① 사업의 목적요건 : 1년 이상 영위 ② 주식교부요건 : 80% ③ 주식배정요건 : 지분비율 이상 ④ 주식보유요건 : 사업연도 종료일 ⑤ 사업의 계속성 : 사업연도 종료일	■ 주식양도차익에 대한 개인주주의 양도소득세와 법인주주의 법인세(압축기장충당금 설정)를 신주 처분 시까지 과세이연 ■ 완전모회사는 시가로 승계
§38의 2 주식의 현물출자 등에 의한 지주회사의 설립 등에 대한 과세이연	■ 내국인 주주가 주식을 현물출자하여 지주회사를 설립하거나 전환하는 행위 ① 주식보유요건 : 사업연도 종료일 ② 사업의 계속성 : 사업연도 종료일 ■ 전환지주회사에 지분비율미달자회사의 주식을 현물출자하거나 동사의 자기주식과 교환하는 행위	■ 주식양도차익에 대한 개인주주의 양도소득세와 법인주주의 법인세(압축기장충당금 설정)를 신주 처분 시까지 과세이연 ■ 지주회사등은 장부가액으로 승계(자산조정계정)하고 주식 처분 시 익금(손금)산입

조문	특례대상 행위	과세특례
	① 주식보유요건 : 사업연도 종료일 ② 사업의 계속성 : 사업연도 종료일 ■ 중간지주회사의 주식을 그 지배회사의 주식과 교환하는 행위	
§38의 3 내국법인의 외국자회사 주식등의 현물출자('21년말 폐지)	내국법인이 외국자회사의 주식등을 현물출자하여 새로운 외국법인을 설립하거나 이미 설립된 외국법인에 현물출자하는 행위	■ 현물출자로 인한 주식등의 양도차익을 4년거치 3년분할 익금산입
§45의 2 공공기관의 구조개편을 위한 분할 ('10년 말 폐지)	공공기관이 민영화등의 구조개편을 위하여 법인세법상의 적격분할 요건을 갖추어 분할한 경우	■ 분할법인의 자산양도손익에 대해 과세이연 ■ 분할법인 주주의 의제배당에 대해 과세이연
§47의 4 합병에 따른 중복자산의 양도에 대한 분할과세 ('21년말 폐지)	제약업, 의료기기업, 건설업, 해상운송업, 선박건조업 등을 영위하는 내국법인간의 합병에 따라 발생한 중복자산을 양도한 경우	■ 중복자산의 양도차익에 대해 3년거치 3년분할 익금산입
§121의 23 농업협동조합중앙회의 분할 등에 대한 과세특례	농업협동중앙회의 신용·경제사업부문의 분리를 통한 구조개편	■ 분할법인의 자산양도손익에 대해 과세이연 ■ 주식의 포괄적 교환에 따른 주식의 양도차익을 신주처분시점까지 과세이연 ■ 농업지원사업비 수입, 지도·지원 사업비용에 대한 손금 특례 ■ 회원조합에 대한 배당 특례 ■ 공제계약의 교육세 과표 제외
§121의 24 공적자금 회수를 위한 합병 및 분할 등에 대한 과세특례 ('16년 4월 말 폐지)	예금보험공사의 공적자금 회수를 위하여, 금융지주회사가 인적분할하거나 그 자회사와 합병하는 경우	■ 분할법인 또는 피합병법인의 자산양도손익에 대해 과세이연 ■ 분할신설법인 또는 합병법인의 분할(합병)매수차손익에 대해 과세이연(자산조정계정) ■ 분할법인 또는 피합병법인 주주의 의제배당에 대해 과세이연 ■ 증권거래세 및 취득세 면제

조문	특례대상 행위	과세특례
§121의 25 수산업협동조합중앙회의 분할 등에 대한 과세특례('16년 말 폐지)	▪ 수산업협동중앙회신용사업을 분리하여 수협은행을 설립하는 경우 ▪ 수협은행이 분할로 승계한 자산을 처분하는 경우 ▪ 수협은행 위탁사업, 전산시스템 위탁운영 등 ▪ 명칭사용료 ▪ 회원 배당 금액	▪ 분할법인의 자산양도손익에 대해 과세이연 ▪ 과세이연된 금액을 익금산입하지 않음 ▪ 기부금, 접대비, 부당행위계산 부인 규정 적용 배제 ▪ 부당행위계산 부인 규정 적용 배제 및 부가가치세 면제 ▪ 고유목적사업 사용 간주

❶ 2018.1.1. 전에 이루어진 자산의 포괄적 양도에 대해서는 개정규정에도 불구하고 종전의 규정에 따른다(2017.12.19. 개정된 법 부칙 §50).

법 제38조, 법 제38조의 2, 법 제38조의 3의 과세특례는 상법상의 제도인 주식의 포괄적 교환·이전 또는 주식의 현물출자를 통해 조직변경하는 경우에 지원되는 제도이다. 특례 내용은 주식양도차익에 대해 조직변경 시점에 과세하지 아니하고 조직변경을 통해 취득한 신주를 처분한 시점까지 과세이연한다. 다만, 법 제38조의 3 외국자회사 주식등의 경우에는 국내경제에 미치는 효과가 적으므로 분할 익금산입하도록 한다.

과세이연하기 위하여 일반적으로 인수법인은 자산조정계정을 설정하며, 피인수법인의 법인주주는 압축기장충당금을 설정한다. 양도, 주식의 포괄적 교환·이전, 현물출자 등으로 인하여 종전 보유기간의 이익이 실현되었음에도 불구하고 기업구조조정을 지원하기 위하여 이익 실현으로 보지 아니하고 과세이연한다. 다만, 법 제47조의 4의 과세특례는 익금불산입한 후 분할과세한다.

이외에도 조직변경 시 세제지원제도는 제3장에서 규정하고 있는 중소기업 간의 통합과 개인기업의 법인전환에 대한 양도소득세의 이월과세제도가 있다.

제2절 [제38조] 주식의 포괄적 교환·이전에 대한 과세이연 등

Ⅰ. 의의

일방 법인(피인수법인)이 주식의 포괄적 교환 또는 주식의 포괄적 이전(이하 "주식의 포괄적 교환등")에 따라 타방 법인(인수법인 또는 완전모회사)의 완전자회사가 되는 경우 완전자회사의 주주와 완전모회사에 대하여 주식을 장부가액으로 양도·양수하는 것으로 보아 양도차익을 신주 처분 시점까지 과세이연하는 제도이다.

포괄적 교환등의 대상이 주주가 소유하고 있던 타 법인(피인수법인)의 주식으로 한정되어 있으나 그 경제적 실질은 현물출자와 유사하며, 주식교환과 증자가 복합된 혼합거래이다. 법인세법 제47조의 2 현물출자 시 과세특례와 유사한 과세특례를 부여하여 법인의 소유·지배 구조의 효율적인 재편을 용이하게 하려는 목적이다.

주식의 포괄적 교환·이전 수행 방법

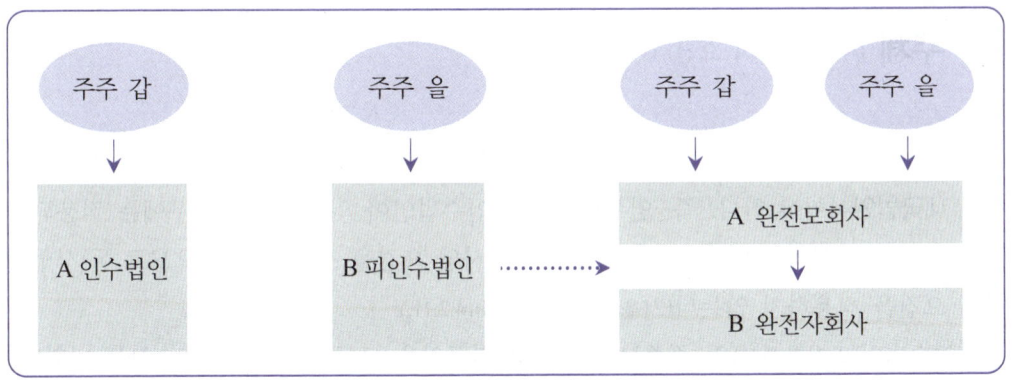

주식의 포괄적 교환등은 2001년 개정 상법에 의해 신설된 상법상의 제도로, 피인수법인이 조직변경 후에도 계속적으로 실체를 유지하여 기존의 면허 등을 보유할 수 있는 반면에 인수법인과는 별개의 실체로 존재하므로, 피인수법인의 부채 등이 인수법인에 직접적으로 승계되지 않는데 장점이 있다.

종래에는 법 제38조의 2에서 지주회사의 현물출자 등과 함께 규정되었으나, 2010년 개정세법에서 별도 규정으로 신설되었다. 2010.6.30. 이전에는 지주회사와 관련된 포괄적 교환등만을 과세이연 특례의 대상으로 하였다.

일몰기한이 없는 항구적 조세지원제도이다.

개정연혁

연 도	개정 내용
2023년	■ 주식배정요건에서 완전자회사의 지배주주에 특수관계자를 포함하도록 명확화함

Ⅱ. 요건

일방 법인(피인수법인)이 주식의 포괄적 교환 또는 주식의 포괄적 이전에 따라 타방 법인(인수법인)의 완전자회사가 되어야 하며, 교환·이전대가는 주식으로 수령하여야 한다. 피인수법인의 특정 지배주주는 수령한 주식등을 연말까지 보유하여야 하며, 인수법인은 승계받은 사업을 계속하여야 한다(조특법 §38 ①).

 주체 (사업의 목적 요건) (1호)

주식의 포괄적 교환등의 당사자는 포괄적 교환·이전일 현재 1년 이상 계속하여 사업을 하던 **내국법인**이어야 한다. 즉, 인수법인과 피인수법인이 외국법인인 경우에는 적용되지 않는다. 다만 신설되는 완전모회사는 1년 이상 사업 요건을 적용할 수 없으므로 동 사업의 목적 요건을 적용하지 않는다(서울세제-1945, 2014.2.11.).

피인수법인(완전자회사)의 주주는 내국인과 외국인을 모두 포함한다. 후술하는 바와 같이 완전자회사의 주주는 주식의 포괄적 교환·이전으로 인하여 그 주식이 일괄하여 강제적으로 이전되기 때문에 외국인도 포함한다.

● 적격물적분할에 의한 신설법인의 사업기간 판정 방법

적격합병 후 적격물적 분할에 의해 설립된 분할신설법인이 분할등기일로부터 1년 이내에「상법」제360조의2에 따른 주식의 포괄적 교환에 의해 다른 내국법인의 완전자회사가 되는 경우「조세특례제한법」제38조 제1항 제1호의 '주식의 포괄적 교환일 현재 1년 이상 계속하여 사업을 하던 내국법인 간의 주식의 포괄적 교환일 것'을 판단함에 있어 분할신설법인의 사업영위기간은 해당 분할법인의 분할 전 사업기간을 포함하여 계산(분할되는 사업부문이 합병 당사 법인 중 어느 한 법인에 귀속되는지 구분이 가능한 경우에는 합병 전 사업기간을 포함)하는 것임(서면법인-6150, 2021.8.20.; 같은 뜻 서면법령법인-5538, 2021.6.22.).

2 주식의 포괄적 교환이전

주식의 포괄적 교환·이전으로 피인수법인이 인수법인의 완전자회사가 되어야 한다.

2-1 주식의 포괄적 교환

주식의 포괄적 교환이란 인수법인(A)과 피인수법인(B)의 교환계약에 의해 피인수법인의 주주(을)가 소유하고 있는 피인수법인의 주식을 전부 인수법인에 이전하고, 그 주식을 재원으로 하여 인수법인이 피인수법인의 주주에게 인수법인의 신주를 발행하거나 인수법인의 자기주식의 이전을 받는 것을 말한다(상법 §360의 2).

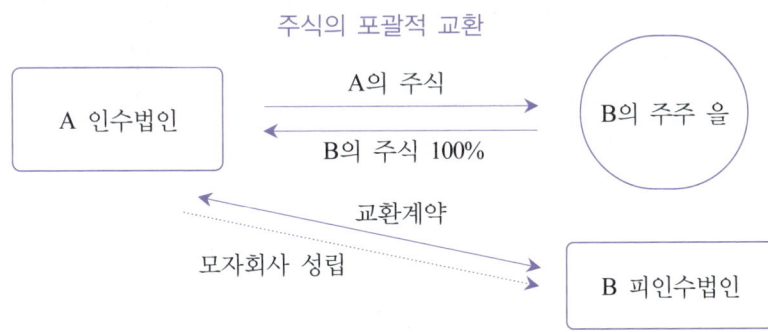

주식의 포괄적 교환에는 상법 제360조의10에 따른 소규모 주식교환을 포함한다(서면법규재산-8168, 2022.6.30.).

2-2 주식의 포괄적 이전

주식의 포괄적 이전이란 피인수법인(B)의 계획에 의해 인수법인(A)을 신설하되, 그 신설방법은 피인수법인의 주주(을)가 소유하고 있는 피인수법인의 주식의 전부를 인수법인에 이전하고, 인수법인은 설립 시에 발행되는 주식을 피인수법인의 주주에게 배정하는 것을 말한다(상법 §360의 15).

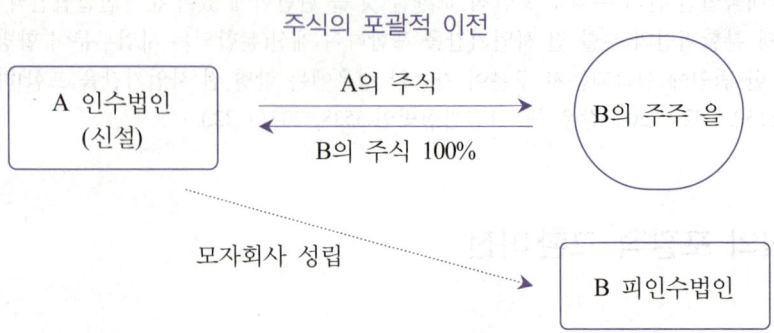

양 제도 모두 회사 간의 계약(주식교환) 또는 회사의 일방적인 계획(주식이전)에 의해 피인수법인의 주주들이 소유하고 있는 주식이 인수법인에 강제로 이전되는 특색이 있다.[1]

3 지분의 연속성 요건 (2호)

교환·이전대가의 80% 이상이 완전모회사의 주식이거나 그 완전모회사의 완전모회사 주식이어야 하며, 그 주식이 지분비율에 따라 배정되어야 하며, 사업연도 종료일까지 보유하여야 한다(조특법 §38 ① 2호). 다음의 주식 교부비율 요건, 주식 배정 요건 및 주식 보유 요건을 합하여 지분의 연속성 요건이라 한다.

3-1 주식 교부비율 요건

(1) 산식

완전자회사의 주주가 그 주식의 포괄적 교환등으로 인하여 교환·이전대가를 받는 경우, 완전모회사의 또는 완전모회사의 완전모회사 주식(이하 "완전모회사등 주식")의 가액이 80% 이상이어야 한다.

$$\text{주식 교부비율 요건} = \frac{\text{주식의 가액}}{\text{교환·이전대가}} \geq \frac{80}{100}$$

교환·이전대가를 현금으로 지급한 경우에는, 경제적 실질이 조직결합이 아닌 완전모회사가 완전자회사를 매수한 것이 되므로 교환·이전대가의 대부분을 주식으로 지급하여야

---

[1] 이철송, 「회사법강의」, 박영사, 2022., pp.1181~1182.

한다. 기업이 양도되어 양도자가 주식보유로 인한 이익을 실현하게 되면 그 양도차익을 과세이연할 수 없고 양도차익에 대한 조세를 부담하여야 하기 때문이다.

다만 법 제37조 자산의 포괄적 양도에 대한 과세특례와 다른 점은 의결권주식으로 한정하지 아니하고 무의결권주식도 포함되어 있는 점에 차이가 있다.

2017년 개정세법에서 상법상 삼각주식교환이 허용됨에 따라 삼각주식교환의 경우에도 과세특례의 대상으로 하였다. 2017.1.1. 이후 주식의 포괄적 교환등을 한 경우부터 적용한다. 개정규정에도 불구하고 2017.1.1. 전에 주식의 포괄적 교환등을 한 경우에 대해서는 종전의 규정에 따른다(2017. 2.7. 개정된 시행령 부칙 §7, 2016.12.20. 개정된 법률 부칙 §48).

(2) 포합주식

(2-1) 포합주식의 간주교부액

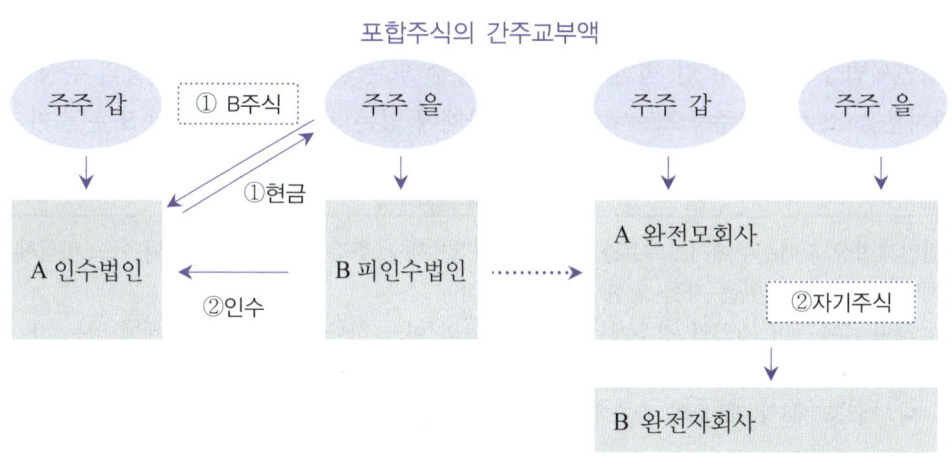

포합주식의 간주교부액

완전모회사가 주식의 포괄적 교환·이전일 전 취득한 완전자회사의 주식을 실무상 포합주식이라 한다(그림의 ①단계). 포합주식은 완전모회사가 자신이 발행한 주식을 주식의 포괄적 교환등을 통해 다시 보유하게 되므로 자기주식에 해당한다(그림의 ②단계).

과세관청의 유권해석에 따르면 (모든) 포합주식에 대해서 주식을 교부하지 않는 경우에도 그 지분비율에 따라 **주식을 교부한 것으로 보아**,(포합주식의 간주교부액) 지분의 연속성 요건을 판정한다(서면법규-989, 2013.9.11.). 포합주식에 대해 교환 등 대가를 지급하지 않은 것과 교환 등 대가를 지급한 후 자기주식으로 소각하는 것은 실질적으로 동일하기 때문이다.

다만 법인세법상 적격합병 및 적격분할과 관련하여서는 명문으로 포합주식의 간주교부액을 규정하고 있으나,(법령 §80 ① 2호 가목 단서·§82 ① 2호 가목 단서) 본 특례와 관련하여서는 해석상 운용되고 있다는 점에서 차이가 있다.

(2-2) 교환 등 대가에 합산

주식 교부비율 요건을 판정할 때 포합주식이 있는 경우에는 주식의 포괄적 교환·이전일 현재 인수법인이 피인수법인의 법인세법상 지배주주인지 여부2)에 따라 다음의 금액을 금전으로 교부한 것으로 보아 교환·이전대가에 합산한다(조특령 §35의 2 ⑤).
① 법인세법상 지배주주인 경우 : 2년 이내 취득한 포합주식의 전체 취득가액
② 이외의 주주인 경우 : 2년 이내 취득한 포합주식 중 발행주식총수의 20%를 초과하는 경우 그 초과하는 포합주식의 취득가액

주식 취득 후 단기간 주식의 포괄적 교환등이 이루어진 때에는 교환대가로 교환교부주식등을 수령한 경우에도, 최초 주식 취득시점에 주주가 수령한 양도대가(금전)를 교환대가(교환교부금)로 간주하려는 취지이다.

"법인세법상 지배주주"란 법인의 발행주식총수 또는 출자총액의 1% 이상의 주식 또는 출자지분을 소유한 주주등으로서 그와 특수관계에 있는 자와의 소유 주식 또는 출자지분의 합계가 해당 법인의 주주등 중 가장 많은 경우의 해당 주주등을 말한다(법령 §43 ⑦).

> 법인세법상 지배주주에서 "특수관계에 있는 자"란 해당 주주등과 다음 각 호의 어느 하나에 해당하는 관계에 있는 자를 말한다(법령 §43 ⑧).
> 1. 해당 주주등이 개인인 경우에는 다음 각 목의 어느 하나에 해당하는 관계에 있는 자
>   가. 친족(국세기본법 시행령 제1조의 2 제1항에 해당하는 자를 말한다)
>   나. 제2조 제8항 제1호의 관계에 있는 법인(법인의 경영에 대한 사실상 영향력 행사자와 그 친족)
>   다. 해당 주주등과 가목 및 나목에 해당하는 자가 발행주식총수 또는 출자총액의 30% 이상을 출자하고 있는 법인
>   라. 해당 주주등과 그 친족이 이사의 과반수를 차지하거나 출연금(설립을 위한 출연금에 한한다)의 30% 이상을 출연하고 그 중 1명이 설립자로 되어 있는 비영리법인
>   마. 다목 및 라목에 해당하는 법인이 발행주식총수 또는 출자총액의 30% 이상을 출자하고 있는 법인
> 2. 해당 주주등이 법인인 경우에는 제2조 제8항 각 호(제3호❶는 제외한다)의 어느 하나에 해당하는 관계에 있는 자
>   ❶ 제외되는 제3호는 임원·사용인과 생계유지자 등임. 법인세법상 특수관계인은 제3부 제1장 제4절 Ⅱ. 1-1 참조 바람.

---

2) 지배주주 판정 시 주식의 포괄적 교환등을 통한 취득분은 제외하고 지배주주를 판정함.

(2-3) 법인세법상 적격합병 등과의 비교

포합주식의 취득가액을 금전으로 지급한 것으로 보아 교환·이전 대가에 합산하는 규정을 적용할 때, 법인세법상 적격합병의 규정과 차이가 있다. 다음의 예제를 통해 확인한다.

> **예제** 포합주식이 있는 경우 주식 교부비율 요건 판정

● 자료

㈜문화는 주식의 포괄적 교환을 통하여 ㈜선관을 인수하였다. ㈜문화가 주식의 포괄적 교환일로부터 2년 이내 취득한 ㈜선관(피인수법인)의 주식 가액은 35억원이고, 2년 이전에 취득한 주식은 15억원이다. 주식의 포괄적 교환일 현재 ㈜문화는 ㈜선관의 법인세법상 지배주주에 해당하며, ㈜문화가 교환대가로 포합주식을 포함하여 150억원을 주식으로 지급한 경우와 포합주식을 제외하고 교환대가로 100억원의 주식을 지급한 경우, 각각의 주식 교부비율 요건을 판정하시오.

● 해설

$$\text{주식 교부비율 요건} = \frac{\text{주식의 가액}}{\text{교환·이전대가}} \geq \frac{80}{100}$$

1. 포합주식을 포함하여 교환대가로 주식 150억원을 지급한 경우

$$\frac{\text{주식가액}}{\text{교환대가} + \text{2년 이내 포합주식}} = \frac{150}{150 + 35} = 81.1\%$$

포괄적 교환일로부터 2년 이내 취득한 완전자회사 주식의 취득가액은 '금전'으로 교부한 것으로 보아 교환대가에만 합산한다. 산식의 비율이 81.1%이므로 지분의 연속성 요건을 충족한다.

2. 포합주식에 교환대가를 지급하지 않고 주식 100억원을 지급한 경우

$$\frac{\text{주식가액} + \text{간주교부액}}{\text{교환대가} + \text{간주교부액} + \text{2년 이내 포합주식}} = \frac{100 + 50}{100 + 50 + 35} = 81.1\%$$

포합주식에 교환대가를 교부하지 않았으나, 유권해석(서면법규-989, 2013.9.11.)에 따라 전체 포합주식의 가액 50억원을 '주식'으로 교부한 것으로 보아 주식가액과 교환대가에 합산한다. 전체 가액 중 2년 이내 취득분 35억원은 '금전'으로 교부한 것으로 보아 교환대가에만 합산된다(조특령 §35의 2 ⑤). 산식의 비율이 81.1%이므로 지분의 연속성 요건을 충족한다.

3. 결론

포합주식에 교환대가를 지급한 경우와 교환대가를 지급하지 않은 경우 모두 지분 연속성 요건을 충족한다.

한편 법인세법상 적격합병 및 적격분할의 주식 교부비율 요건은 본 특례의 요건과 다소 차이점이 있다. 2012년 법인세법을 개정하여 (모든) 포합주식에 대해 합병(분할)대가를 교부하지 않더라도 합병(분할)대가를 주식으로 교부한 것으로 보도록 한다(법령 §80 ① 2호 가목 단서·§82 ① 2호 가목 단서). 주식 교부비율 요건에서 2년 이내 취득한 포합주식에 대해서는 합병(분할)대가를 주식(포합주식의 간주교부액 포함)으로 교부하더라도 **금전으로 교부한 것으로 본다**(법령 §80의 2 ③·§82의 2 ⑥).

아래에서는 법인세법상 개정 내용에 대한 이해를 위하여 위의 예제와 동일한 사실관계에서 지분의 연속성 요건을 판정하도록 한다.

> **예제** 법인세법 개정 내용의 적용을 가정할 경우 주식 교부비율 요건 판정

○ 해 설

1. 포합주식을 포함하여 교환대가로 주식 150억원을 지급한 경우

$$\frac{\text{주식가액} - 2년\ 이내\ 포합주식}{\text{교환대가}} = \frac{150 - 35}{150} = 76.7\%$$

포괄적 교환일로부터 2년 이내 취득한 완전자회사의 주식은 '금전'으로 지급한 것으로 보아, 주식의 가액에서 35억원을 차감한다. 위의 예제에서는 분모에 2년 이내 포합주식 취득가액을 합산하였으나 동 예제에서는 분자에서 2년 이내 포합주식 취득가액을 차감한다. 산식의 비율이 76.7%이므로 지분의 연속성 요건을 충족하지 못한다.

2. 포합주식에 교환대가를 지급하지 않고 주식 100억원을 지급한 경우

$$\frac{\text{주식가액} + \text{간주교부액} - 2년\ 이내\ 포합주식}{\text{교환대가} + \text{간주교부액}} = \frac{100 + 50 - 35}{100 + 50} = 76.7\%$$

포합주식에 교환대가를 교부하지 않았으나, 전체 포합주식에 대하여 '주식'으로 교부한 것으로 간주하여 간주교부액 50억원을 주식가액과 교환대가에 각각 합산한다. 또한 간주교부액 50억원 중 2년 이내 취득한 포합주식 35억원에 대해서는 '금전'교부액과 동일하게 보므로 주식가액에서 차감한다. 산식의 비율이 역시 76.7%이므로 지분의 연속성 요건을 충족하지 못한다.

3. 결론

포합주식에 교환대가를 지급한 경우와 교환대가를 지급하지 않은 경우 모두 지분 연속성 요건을 충족하지 못한다. 결론적으로 법인세법상 적격합병 등의 요건이 주식의 포괄적 교환·이전 특례의 요건에 비하여 엄격하다.

다만 동 예제는 법인세법과 조세특례제한법 적용 방법의 차이를 이해하기 위하여 본 특례에 법인

세법 개정내용이 적용된다고 가정할 경우에 관한 사례이므로, 조세특례제한법상 주식의 포괄적 교환 이전에 대한 과세특례에 대해서는 전술하였던 포합주식이 있는 경우 주식 교부비율 요건 판정 사례에 따른다.

3-2 주식 배정 요건

완전자회사의 주주에게 교환·이전대가로 받은 완전모회사등 주식을 교부할 때에는 특정 지배주주에게 다음의 계산식에 따른 금액 이상의 완전모회사등 주식을 교부하여야 한다(조특령 §35의 2 ⑦).

$$\text{최소교부 금액} = \left(\text{교환·이전대가로 지급한 완전모회사등 주식의 총합계액} \times \text{해당 주주의 완전자회사에 대한 지분비율} \right)$$

완전자회사의 특정 지배주주란 완전자회사의 법인세법상 지배주주등(법령 §43 ③; 같은 조 8항에 따른 특수관계 있는 자를 포함) 중에서 아래의 자를 제외한 자이다(조특령 §35의 2 ⑥).

① 친족(법령 §43 ⑧ 1호 가목) 중 4촌 이상의 혈족
② 자산의 포괄적 양도일 현재 피인수법인에 대한 지분비율이 1% 미만이면서 시가로 평가한 그 지분가액이 10억원 미만인 자

①의 친족과 관련하여 법인세법 지배주주등의 원칙적 범위는 4촌 이내의 혈족과 3촌 이내의 인척이나, 본 특례 적용 시에는 3촌 이내의 혈족과 인척만을 지배주주등에 포함한다.
지배주주등 및 특수관계자의 범위는 3-1 (2-2)를 참조하기로 한다.

특정 지배주주가 교환·이전대가를 현금으로 수령하는 비율을 높여, 비지배주주보다 우선적으로 주식의 보유이익을 실현하는 것을 방지하려는 목적이다. 특정 지배주주에 대한 배정비율 요건을 충족하지 못하는 경우에는 본 과세특례의 요건을 충족하지 못한 것이 되므로, 이외의 비지배주주도 과세특례가 적용되지 않는다(조심 2014구754, 2014.4.4.).

2023년 개정세법에서 지배주주등의 특수관계인을 포함하도록 범위를 명확화함.

참고적으로, 본 과세특례에서는 완전자회사의 주주와 관련하여 세 종류의 범위가 나오며, 요건 및 과세특례별로 각기 다른 범위의 주주를 규정하고 있음에 유의하여야 한다.

완전자회사의 주주 범위 및 관련 규정

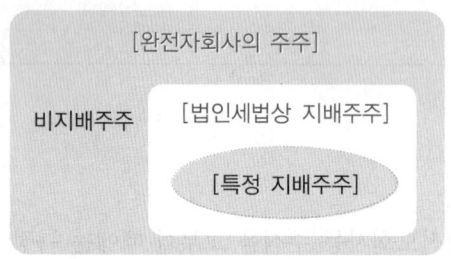

- 완전자회사의 주주
  - 양도차익 과세이연의 주체(Ⅲ. 1-1 및 2-1)
- 법인세법상 지배주주
  - 주식 교부비율 요건의 포합주식 산정[Ⅱ. 3-1 (2-2)]
- 특정 지배주주
  - 주식 배정 요건의 주체(Ⅱ. 3-2)
  - 주식 보유 요건의 주체(Ⅱ. 3-3)
  - 자산조정계상시 주식장부가액 산정(Ⅲ. 3-1)
  - 추징사유 중 주식처분의 주체(Ⅲ. 4-1)

3-3 주식 보유 요건 (3호)

완전모회사 및 완전자회사의 특정 지배주주가 교환·이전일이 속하는 사업연도의 종료일까지 그 주식을 보유하여야 한다. 특정지배주주는 전술하였다(3-2 참조).

부득이한 사유가 있는 경우에는 주식을 계속 보유한 것으로 본다(조특령 §35의 2 ⑬ 1호 → 법령 §80의 2 ① 1호 각목).

> 가. 피인수법인의 특정 지배주주등(이하 "해당 주주등")이 자산의 포괄적교환으로 교부 받은 전체 주식등(이하 "해당 주식등")의 2분의 1 미만을 처분한 경우
>   - 이 경우 해당 주주등이 해당 주식등을 서로 간에 처분하는 것은 해당 주주등이 그 주식등을 처분한 것으로 보지 아니한다.
>   - 해당 주주등이 인수법인 주식등을 처분하는 경우에는 인수법인이 선택한 주식등을 처분하는 것으로 본다.
> 나. 해당 주주등이 사망하거나 파산하여 주식등을 처분한 경우
> 다. 해당 주주등이 적격합병, 적격분할, 적격물적분할 또는 적격현물출자에 따라 주식등을 처분한 경우
> 라. 해당 주주등이 「조세특례제한법」 제38조·제38조의 2 또는 제121조의 30에 따라 주식등을 현물출자 또는 교환·이전하고 과세를 이연받으면서 주식 등을 처분한 경우
> 마. 해당 주주등이 「채무자 회생 및 파산에 관한 법률」에 따른 회생절차에 따라 법원의 허가를 받아 주식등을 처분하는 경우
> 바. 해당 주주등이 「조세특례제한법 시행령」 제34조 제6항 제1호에 따른 기업개선계획의 이행을 위한 약정 또는 같은 항 제2호에 따른 기업개선계획의 이행을 위한 특별약정에 따라 주식등을 처분하는 경우
> 사. 해당 주주등이 법령상 의무를 이행하기 위하여 주식등을 처분하는 경우

4 사업의 계속성

완전자회사가 교환·이전일이 속하는 사업연도의 종료일까지 인수 이전부터 영위하던 사업을 계속하여야 한다(조특법 §38 ① 3호).

완전자회사가 교환·이전일 현재 보유하는 고정자산가액의 2분의 1 이상을 처분하거나 사업에 사용하지 아니하는 경우에는 사업의 폐지로 본다(조특령 §35의 2 ⑧).

다만 부득이한 사유가 있는 경우에는 사업을 계속하는 것으로 본다(조특령 §35의 2 ⑬ 2호 → 법령 §80의 2 ① 2호 각목).

> 가. 인수법인이 파산함에 따라 승계받은 자산을 처분한 경우
> 나. 인수법인이 적격합병, 적격분할, 적격물적분할 또는 적격현물출자에 따라 사업을 폐지한 경우
> 다. 인수법인이 「조세특례제한법 시행령」 제34조 제6항 제1호에 따른 기업개선계획의 이행을 위한 약정 또는 같은 항 제2호에 따른 기업개선계획의 이행을 위한 특별약정에 따라 승계받은 자산을 처분한 경우
> 라. 인수법인이 「채무자 회생 및 파산에 관한 법률」에 따른 회생절차에 따라 법원의 허가를 받아 승계받은 자산을 처분한 경우

Ⅲ. 과세특례

1 완전자회사의 법인주주

1-1 주식양도차익 과세이연

완전자회사의 법인주주는 주식양도차익을 과세이연할 수 있다. 내국법인뿐만 아니라 국내사업장 또는 부동산소득이 있는 외국법인으로 종합과세되는 경우에는(법법 §91 ①) 특례를 적용할 수 있다(조특령 §35의 2 ①).

완전자회사(피인수법인)의 법인주주가 그 주식을 양도한 경우에는 양도가액에서 장부가액을 차감한 양도차익에 대해 법인세를 과세하지 아니하고, 이후 완전모회사등 주식을 처분할 때까지 과세이연할 수 있다(조특법 §38 ①). 교환등 대가로 현금 등의 수령 없이 완전

모회사등 주식만을 수령하였다면 주식양도차익은 전액 과세이연된다.

과세이연하기 위하여서는 교환·이전일이 속하는 사업연도에 다음의 산식에 따라 완전모회사 주식의 압축기장충당금을 설정하여 손금산입하여야 한다(조특령 §35의 2 ①).

> 충당금 설정액 = ⓐ 교환등 총이익 - Min(ⓐ 교환등 총이익, ⓑ 현금등 수령분 이익)

ⓐ 교환등에서 발생한 총이익

교환·이전 대가를 수령함에 따라 교환·이전에서 발생한 총이익이다.

> 교환등 총이익 = 교환등 대가 - 양도한 완전자회사 주식의 취득가액

"교환등 대가"는 완전자회사의 법인주주가 주식의 포괄적 교환등으로 인하여 취득한 완전모회사등 주식의 가액, 금전, 그 밖의 재산가액의 합계액이다.

ⓑ 현금등 수령분 이익

교환등 대가로 받은 완전모회사 주식 외의 금전, 그 밖의 재산가액의 합계액을 말한다. 예를 들어, 주식의 포괄적 교환등으로 완전모회사 주식만을 수령한 경우에는 현금등 수령분 이익이 0이므로 차감되는 항목이 0이 되어, 압축기장충당금으로 교환등에서 발생한 총이익에 상당하는 금액을 설정하게 되면 전액 과세이연된다. 반면에 현금등으로 수령한 경우에는 그 수령한 금액만큼 손금산입되지 않고 과세된다.

● 비거주자 및 외국법인의 주식 양도가액 산정방법

비거주자가 완전모회사가 되는 법인에 이전하는 상장주식의 양도가액은 주식교환계약서에 표시된 실지거래가액으로 하며, 이를 적용할 수 없는 경우에는 매매사례가액, 감정가액, 환산가액 또는 기준시가(소법 §114 ⑦)에 따라 산정한 가액으로 한다. 국내사업장이 없는 외국법인의 경우에는 교환일의 완전모회사가 되는 법인의 발행주식의 시가로 한다(법규국조 2013-110, 2013.6.28.).

1-2 신주 처분 시 익금산입

완전자회사의 법인주주가 완전모회사등 주식(신주)을 처분하는 경우 처분 사업연도에 다음 산식에 따른 금액을 익금에 산입한다(조특령 §35의 2 ②).

$$\text{익금산입 금액} = \text{압축기장충당금} \times \frac{\text{처분주식 수}}{\text{주식의 포괄적 교환등으로 취득한 주식 수}}$$

단, 자기주식으로 소각되는 경우에는 익금산입하지 아니하고 소멸하는 것으로 한다.

완전모회사가 취득하는 주식의 취득가액은 법인세법 제52조 제2항에 따른 시가로 한다(서면자본거래-7837, 2022.3.7.).

이 경우 주식의 포괄적 교환등 외의 다른 방법으로 취득한 완전모회사등 주식이 있으면 주식의 포괄적 교환등으로 취득한 주식을 먼저 양도한 것으로 보아 익금산입한다.

● 포합주식에 대해 합병신주를 교부하지 않고 자산조정계정으로 손금산입한 금액

완전모회사가 「조세특례제한법」 제38조 제2항(2017.12.19. 법률 제15227호로 개정되기 전의 것)에 따라 주식의 포괄적 교환에 의하여 완전자회사의 주식을 장부가액으로 취득하여 과세특례를 적용받은 후 완전자회사를 합병하는 경우로서 합병법인이 보유하고 있던 피합병법인의 주식(이하 "포합주식")에 대하여 합병신주를 교부하지 않는 경우 해당 포합주식에 대해 합병신주를 발행한 후 자기주식으로 소각되는 것과 그 결과는 실질적으로 동일하므로 합병법인이 취득한 피합병법인의 주식에 대하여 자산조정계정으로 손금에 산입한 금액은 「조세특례제한법 시행령」 제35조의2제9항(2018.2.13. 대통령령 제28636호로 개정되기 전의 것)에 따라 익금에 산입하지 아니하고 소멸하는 것임(서면법령법인-0084, 2019.7.19.; 서면법인-2887, 2020.7.29.).

2 완전자회사의 개인주주

2-1 양도소득세 과세이연

과세특례의 주체는 완전자회사의 주주인 거주자, 비거주자 또는 국내사업장등이 없는 경우로 분리과세되는 외국법인(이하 "거주자등")이다(조특령 §35의 2 ③).

거주자등이 주식의 포괄적 교환등에 따라 피인수법인의 주식을 교환등을 하는 경우, 다음에 따른 금액을 구주에 대한 양도소득으로 보아 양도소득세를 과세한다.

$$\text{Min (ⓐ 교환등 총이익, ⓑ 현금등 수령분 이익)}$$

교환등 총이익과 현금등 수령분 이익의 정의는 1-1 법인주주에 대한 주식양도차익 과세이연에서 본 것과 동일하다. 따라서 교환·이전대가로 전부 완전자회사의 주식만을 수령하고 금전등을 수령하지 아니하였다면 양도소득세가 과세되지 않으며, 추후 완전모회사등 주식(신주) 처분 시점까지 과세이연된다.

2-2 신주의 취득가액

거주자등이 교환등으로 취득한 완전모회사등 주식의 전부 또는 일부를 양도하는 때에는 다음 계산식에 따른 금액을 취득가액으로 보아 양도소득세를 과세한다(조특령 §35의 2 ④).

이 경우 주식의 포괄적 교환등 외의 다른 방법으로 취득한 완전모회사등 주식이 있으면 주식의 포괄적 교환등으로 취득한 주식을 먼저 양도한 것으로 본다.

$$\text{신주 취득가액} = \left(\text{완전자회사 주식의 취득가액} + \text{구주 양도 시 양도소득}① - \text{현금등으로 수령한 교환등 대가}②\right) \times \frac{\text{처분주식 수}}{\text{주식의 포괄적 교환등으로 취득한 주식 수}③}$$

① 2-1에서 기술한 구주 양도 시 양도소득이다.
② 교환이전대가로 받은 완전모회사등 주식 외의 금전, 그 밖의 재산가액의 합계액이다.
③ 완전모회사의 주식의 포괄적 교환으로 주식을 취득한 이후 완전모회사가 주식발행초과금을 재원으로 무상증자를 한 경우에는 당초 취득한 완전모회사의 주식에 기초하여 배정받은 무상주도 '주식의 포괄적 교환등으로 취득한 주식 수'에 포함하여 적용하는 것임(기준법령재산-0468, 2020.9.8.).

구주 양도 시 양도소득세가 전액 과세이연되었다면, 구주의 취득가액이 신주의 취득가액이 되어, 신주 양도 시 과세이연된 금액을 포함하여 전액 과세되게 된다.

과세이연을 받은 후 완전모회사가 적격합병(법법 §44)으로 완전자회사에 흡수합병됨에 따라 완전자회사의 주주가 해당 주식의 포괄적 이전에 따라 취득한 주식(합병구주)이 합병신주로 대체되는 경우는 완전모회사등 주식의 양도에 해당하지 않는다(부동산거래-680, 2012.12.17.).

● 본 특례에 따라 양도소득세를 과세이연 받은 거주자가 당초 포괄적 교환으로 취득한 지주회사 주식을 다시 본 특례에 따라 포괄적 교환을 하는 경우에는, 재차 과세이연되지 아니하고 당초 과세이연 받은 양도소득세를 과세한다(부동산거래-366, 2012.7.13.).

● **과세이연 받은 후 추후 양도할 때 상장법인 소액주주에 해당하는 경우 양도소득세 과세 여부** (부정)

「조세특례제한법」 제38조의 규정에 의하여 「상법」 제360조의 2에 따른 주식의 포괄적 교환에 대해 과세이연 받은 후 당해 주식교환으로 취득한 주식이 「법인세법」 제44조에 따른 적격합병에 의해 합병신주로 대체되고, 그 합병신주를 양도하는 경우 당초의 주식교환으로 발생한 양도차익에 대하여 양도소득세가 과세되는 것이나, 합병신주를 양도할 당시 양도소득세가 비과세되는 상장법인 소액주주에 해당되는 경우에는 당초의 주식교환으로 발생한 양도차익에 대하여도 양도소득세가 과세되지 않는 것임(사전법령재산-0035, 2018.10.8.).

● **과세이연 받은 후 완전모회사가 인적분할되어 신주를 양도하는 경우 취득가액 산정 방법 등**

신청인이 「조세특례제한법」 제38조의 규정에 의하여 「상법」 제360조의2에 따른 주식의 포괄적 교환에 대하여 과세이연을 받은 후, 당해 주식교환으로 취득한 주식의 발행법인이 「법인세법」 제46조에 따른 적격분할되어 취득한 분할신설법인주식 중 일부를 양도하는 경우로서, 신청인이 포괄적 교환 등 외의 다른 방법으로 분할전 법인의 주식도 취득하여 보유하는 경우, 분할 후 「조세특례제한법 시행령」 제35조 제4항에 따라 주식의 포괄적 교환 등으로 취득한 주식을 먼저 양도한 것으로 보아, 당초의 주식교환으로 발생한 양도차익에 대하여 양도소득세가 과세되는 것임.

한편 신청인이 양도하는 분할신설법인 주식의 취득가액은, 주식의 포괄적 교환 등에 따라 취득한 주식과, 포괄적 교환 등 외의 방법으로 취득한 주식을 구분하여 각각 소요된 총금액을 주식의 포괄적 교환 등에 따라 취득한 주식과 포괄적 교환 등 외의 방법으로 취득한 주식수로 각각 나누어 산정하는 것임(사전법규재산-1349, 2022.8.18.).

● **별도 관리된 과세이연 주식의 경우에도 먼저 양도한 것으로 보는 지 여부**(긍정)

주식의 포괄적 교환 등에 대한 과세특례는 기업 구조조정 지원을 위한 세법상 혜택으로, 주식을 처분하는 등의 사유가 있으면 과세특례를 조기에 중단할 필요가 있고, 이러한 점을 고려하여 조특법 시행령 제35조의2 제4항에서 과세이연이 중단되는 시점을 세부적으로 규정한 것으로 보이므로, 동일한 회사가 발행한 특례주식과 그 밖의 주식을 함께 보유하다가 그 회사의 주식을 양도하면 특례주식을 먼저 양도한 것으로 해석하는 것이, 특례주식의 장기보유를 촉진하고 <u>주식 양도시 과세이연을 조기중단하려는 취지</u>에 부합하고, 이와 달리 다른 방법으로 취득한 주식을 처분하였음에도 단지 특례주식을 보유하였다는 이유만으로 과세이연의 혜택은 계속 누리게 하는 것은 불합리해 보이는 점,

이 건과 조문체계가 유사한 지주회사(현물출자) 특례주식의 사안에서, 특례주식과 그 밖의 주식이 서로 다른 증권계좌에서 관리되어 특례주식이 실제로 양도되지 아니하였음에도 다른 주식의 양도시점에서 특례주식이 먼저 양도된 것으로 본 유권해석(부동산거래관리과-99, 2012.2.13.)도 있는 점 등을 종합하면 쟁점특례주식은 실제 양도시기(2021년)와 무관하게 다른 방법으로 취득한 주식이 양도된 2020년에 먼저 양도된 것으로 보는 것이 타당하다고 판단된다(조심 2023서9817, 2024.1.16.).

> **주요 이슈와 쟁점**

30. 지주회사의 설립등에 대한 과세이연 후 신규 취득 자산의 양도소득 과세 시 적용 세율

[심판례] **과세이연 후 양도소득 과세시 양도 당시 세율을 적용함** (조심 2023서0568, 2023.3.27.)

완전자회사의 주주는 주식의 포괄적 교환으로 대체 취득한 완전모회사의 주식을 양도할 때 당초 보유하던 완전자회사 주식의 양도차익을 완전모회사 주식의 양도차익에 가산한 후 양도소득세를 납부하게 되는데, 쟁점주식 양도에 따른 <u>양도소득세를 계산함에 있어 개정후 세율을 적용하는 것</u>이 2017.12.19. 법률 제15225호로 개정된 「소득세법」부칙 제2조 제2항에 반한다고 볼 수 없는 점, 조특법 제38조 제1항에 따른 과세이연을 받기 위해서는 같은 법 시행령 제35조의2 제14항에 따라 과세특례신청서를 납세지 관할 세무서장에게 제출하여야 하는데, 청구인들은 조특법 제38조 제1항에 따른 과세이연의 적용 여부를 신청서 제출 여부를 통해 선택할 수 있는 점 등을 종합하면 청구주장을 받아들이기는 어렵다고 판단된다(같은 뜻 조심 2023서0566, 2023.3.27.; 조심 2021서2912, 2022.3.8.).

[유권해석] **과세이연 후 양도소득 과세시 교환·이전 시 세율을 적용함** (부동산거래-680,

2012.12.17.)
(사실관계)
o 내국법인 A(비상장법인)는 2011년도에 「상법」 제360조의2에 따른 주식의 포괄적 교환으로 B(코스닥상장법인)의 완전자회사가 되었으며,
o 「조세특례제한법」 제38조 제1항 각 호의 요건을 모두 갖춘 주식의 포괄적 교환에 해당하여 A법인의 주주 甲(개인, 지배주주가 아님)은 해당 주식 양도차익에 상당하는 양도소득세에 대해서 과세이연 받음.
o 甲은 주식의 포괄적 교환으로 취득한 B법인의 주식 중 1/5을 특수관계인이 아닌 자에게 증여할 예정임.

(질의내용)
o 주식의 포괄적 교환으로 「조세특례제한법」 제38조 제1항에 따라 양도소득세 과세이연 받은 후 취득한 코스닥상장법인인 완전모회사 주식 중 일부를 타인에게 증여하는 경우 해당 주식을 처분한 것으로 보아 양도소득세를 과세하는지 여부
o 증여시점에서 양도소득세를 과세하는 경우 증여한 주식수에 대해서만 과세하는지 여부)

(회신)
거주자가 「조세특례제한법」 제38조 제1항에 따라 취득한 완전모회사의 주식 일부를 타인에게 증여함에 따라 양도소득세가 과세되는 경우에는 당초 완전자회사 주식을 교환·이전함에 따라 과세이연 받은 양도가액 중 증여한 주식 수에 상당하는 가액을 양도가액으로 하고, <u>당초 완전자회사 주식의 교환·이전시 「소득세법」 제104조 제1항에 따른 세율을 적용하여</u> 양도소득세를 과세하는 것임.

|저자주| 조특법 제2조 제7호에서 정의한 과세이연은 세액이연 방식이 아닌 소득이연 방식임(제1부 제1절 Ⅲ. 2-3 참조).
　세액이연방식에서는 최초 양도를 독립된 과세대상으로 보아 그 시점의 세율을 적용하여 세액을 계산하되, 추후 신규 취득자산의 양도 시 종전 이연된 세액을 함께 납부하는 방식임. 반면에, 과세이연 방식은 최초 양도를 독립된 과세대상으로 보지 아니하고 최종 양도만을 과세대상으로 보아 신규 취득자산의 양도 시 종전 이연된 소득을 최종 양도 시점의 세율을 적용하여 세액을 계산함.
　조특법 제38조의2 과세이연 특례는 소득이연 방식에 따르는 것이므로, 과세이연 후 신주를 양도할 때 적용하는 세율은 (주식의 교환·이전 시 세율이 아닌) 신주 양도 당시의 세율을 적용하여야 함. 최근 심판례는 소득이연 방식에 따라 판시함(같은 뜻 조심 2023서7818, 2023.12.22.).
　반면에, 종전 2012년 유권해석에서는 양도시점이 아닌 최초 주식의 교환·이전 시 세율을 적용하도록 회신하였음. 그러나, 유상 양도가 아닌 무상 증여라 하더라도 소득이연 방식을 적용하여 증여(처분) 시점의 양도소득세 세율에 따라 양도소득세를 납부하는 것이 타당하다고 판단됨. 증여도 일반적인 양도와 동일하게 처분의 범위에 포함되므로 소득이연 방식을 동일하게 적용하여야 하기 때문임.
　종전 유권해석의 변경이 요청됨.3)

3 완전모회사

법인세법상 주식을 취득한 경우에는 취득가액은 시가로 계상하여야 하므로,(법령 §72 ②) 주식의 포괄적 교환등으로서 완전자회사의 주주가 과세이연을 받은 경우에는, 완전모회사는 완전자회사 주식을 시가(법법 §52 ②)로 양도받은 것으로 한다(조특법 §38 ②).

종래에는 완전자회사의 주주가 과세이연을 받은 경우에는, 완전모회사는 완전자회사 주식을 장부가액으로 양도받은 것으로 하여 자산조정계정을 계상하고 추후 주식 처분 시점에 익금 또는 손금 산입하도록 하였다. 그러나 이중과세의 문제점4)이 있어 2018년 개정세법에서 완전자회사 주식의 취득가액을 시가로 계상하도록 하였다. 2018.1.1. 이후 주식의 포괄적 교환등이 이루어진 경우부터 적용한다. 2018.1.1. 전에 이루어진 주식의 포괄적 교환등에 대해서는 개정규정에도 불구하고 종전의 규정에 따른다(2017.12.19. 개정된 법 부칙 §19·§51).

4 사후관리

본 과세특례를 적용받은 이후 완전자회사가 2년 이내에 승계 받은 사업을 폐지하는 등 의무위반사유가 발생한 경우에는 과세이연된 금액 등에 대해 추징한다(조특법 §38 ②).

4-1 의무위반 사유

주식의 포괄적 교환·이전일이 속하는 사업연도의 다음 사업연도 개시일부터 2년 이내에 다음의 사유가 발생하는 경우이다(조특령 §35의 2 ⑪).

(가) 완전자회사가 승계 받은 사업을 폐지하는 경우

다만 부득이한 사유가 있는 경우는 제외한다(조특령 §35의 2 ⑬ 2호). 부득이한 사유와 사업의 폐지로 보는 경우(조특령 §35의 2 ⑧)는 Ⅱ. 4. 사업의 계속성 부분에서 기술하였다.

---

3) 조특법 제38조의 2 주식의 현물출자 등에 의한 지주회사의 설립 등에 관한 과세이연에서도 증여와 관련하여 동일한 세무상 문제점이 있음. 제3절 Ⅲ. 2-2를 참조하기 바람.
4) 이중과세의 문제점은 조특법 제38조의 2 주식의 현물출자 등에 의한 지주회사의 설립등에 대한 과세이연 특례에서 여전히 남아 있으며, 종전 문제점은 동 규정을 참조 바람.[제3절 Ⅲ. 3-1 (3)]

(나) 완전모회사 또는 완전자회사의 특정 지배주주가 주식의 포괄적 교환등으로 취득한 주식을 처분하는 경우

특정 지배주주가 취득한 주식등을 단기간 내에 처분하게 되면 과세특례를 통해 조세회피가 가능해지기 때문이다.

다만 부득이한 사유가 있는 경우는 제외한다(조특령 §35의 2 ⑬ 1호). 부득이한 사유와 완전자회사의 특정 지배주주등은 Ⅱ. 3-2와 3-3에서 각각 기술하였다.

주식의 포괄적 이전일이 속하는 사업연도의 다음 사업연도 개시일부터 2년 이내에 완전모회사가 상법 제461조의2에 따라 자본준비금(포괄적이전차익)을 감액하여 배당을 실시하는 경우에는 주식등을 처분한 것으로 보지 않으며 따라서 사후관리 규정이 적용되지 않는다(사전법령법인-0715, 2021.6.25.).

4-2 추징방법

완전모회사는 해당 사유의 발생 사실을 발생일부터 1개월 이내에 완전자회사의 주주에게 알려야 하며, 완전자회사의 주주는 다음 구분에 따라 과세를 이연받은 양도소득세 또는 법인세를 납부하여야 한다(조특법 §38 ②, 조특령 §35의 2 ⑫).

(가) 완전자회사의 주주가 거주자등인 경우

해당 사유가 발생한 날이 속하는 반기의 말일부터 2개월 이내에 과세이연받은 세액을 납부한다. 이연받은 세액 중 이미 납부한 부분과 과세이연시 납부한 세액(조특령 §35의 2 ③)을 제외한다. 이 경우 완전모회사등주식을 양도하는 경우에는 그 주식의 취득가액을 주식의 포괄적 교환·이전일 현재 완전모회사등주식의 시가로 한다.

(나) 완전자회사의 주주가 법인인 경우

해당 사유가 발생한 날이 속하는 사업연도의 소득금액을 계산할 때 압축기장충당금으로 손금에 산입한 금액(조특령 §35의 2 ①) 중 익금에 산입하고 남은 금액(같은 조 ②)을 익금에 산입한다.

2018년 개정세법에서 완전모회사가 완전자회사 주식 양도시 과세이연된 양도차익을 과세하도록 하는 조항을 삭제함에 따라 추징의 대상을 완전모회사에서 완전자회사로 변경하여 추징방법을 다시 규정하였다. 그 부칙은 3. 완전모회사의 개정과 동일하다.

5 기타 세제지원

5-1 증권거래세 면제

주식의 포괄적 교환·이전을 위해 주식을 양도하는 경우 증권거래세가 면제된다(조특법 §117 ① 14호).

5-2 과점주주 취득세 비과세

주식의 포괄적 교환·이전으로 완전자회사의 주식을 취득하는 경우에는 과점주주(지기법 §46 2호)에 해당하더라도 과점주주 취득세(지방세법 §7 ⑤)를 부과하지 아니한다(지특법 §57의 2 ⑤ 7호).

다만 의무위반사유가 발생하는 경우에는 감면 받은 취득세를 추징한다. 예외적으로 부득이한 사유(조특법 §38 ③)가 있는 경우는 추징하지 아니한다.

Ⅳ. 조세특례제한 등

1 절차

완전자회사의 주주는 주식의 포괄적 교환·이전일이 속하는 과세연도에 완전모회사와 함께 주식의 포괄적 교환등 과세특례신청서(별지 제23호의 3 서식)를 납세지 관할 세무서장에게 제출하여야 한다(조특령 §35의 2 ⑭).

완전자회사의 개인주주 등으로서 양도소득세의 납부의무가 있는 경우에 예정신고를 하지 않고 과세표준확정신고 시 과세이연을 받은 때에도 무신고가산세(국기법 §47의 2 ①)를 적용하지 않는다(재조세-320, 2015.4.10.). 종래에는 무신고가산세를 적용하고 납부불성실가산세를 적용하지 않는 것으로 해석하였다(서면법규-62, 2014.1.23.; 부동산거래-86, 2011.1.27.). 그러나 2015년 4월에 위와 같이 예규를 변경하고, 2014년 종전 예규를 2015년 6월에 삭제하였다. 무신고가산세는 원칙적으로 신고로 납부하여야 할 세액이 있는 경우에 부과되므로,(국기법 §47의 2 ①) 본 특례에 따라 양도소득세가 과세이연되는 경우에는 납부할 세액이 없어 무신고가산세의 대상이 아닌 것으로 보아야 하기 때문이다.

법문상에는 예정신고를 포함한다는 조항이 없으나, 양도소득세 예정신고의무는 소득세법 제105조 제1항에 의해 부과된 것이고, 본 특례는 단지 이를 감면하는 조항이다. 입법론적으로는 예정신고를 포함한다는 조항을 추가하는 것이 바람직하다고 본다(조특령 §28 ③ 참조).

● **명의수탁자 명의로 한 과세이연 신청의 적법성 여부** (부정)

주식을 제3자에게 명의신탁한 경우 명의신탁자가 주식을 양도하여 그 양도로 인한 소득이 명의신탁자에게 귀속되었다면, 실질과세의 원칙상 당해 양도소득세의 납세의무자는 양도의 주체인 명의신탁자이지 명의수탁자가 그 납세의무자가 되는 것은 아니므로, 납세의무자 아닌 명의수탁자 명의로 한 과세이연 신청을 조세특례제한법에서 정한 적법한 신청으로 볼 수 없다(광주지법 2018구합13025, 2019.6.20.).

제3절 [제38조의 2] 주식의 현물출자 등에 의한 지주회사의 설립 등에 대한 과세이연 ★★★★

Ⅰ. 의의

내국인 주주가 주식을 현물출자하여 지주회사를 설립하는 경우 등에 있어 현물출자로 인하여 발생한 양도차익에 대해서 과세이연하는 제도이다.

"지주회사"란 주식의 소유를 통하여 국내회사의 사업내용을 지배하는 것을 주된 사업으로 하는 회사로서 자산총액이 1천억원 이상인 회사를 말한다[독점규제 및 공정거래에 관한 법률(이하 "공정거래법") §2 1호의 2].

공정거래법 및 금융지주회사법은 기업지배구조의 투명성 제고를 목적으로 사업부문의 분리·매각을 통한 원활한 기업구조조정 및 외국자본의 유치를 위하여 지주회사의 설립 및 기존법인의 지주회사로의 전환을 허용하고 있다. 이러한 공정거래법 등의 입법목적을 지원하기 위하여 내국인이 지주회사의 설립 및 지주회사로의 전환을 위하여 주식을 양도하는 경우에 발생하는 양도차익에 대하여 과세이연의 특례를 부여하고 있다.

참고로 일반 법인에 대한 현물출자 시 과세특례는 법인세법 제47조의 2에 규정되어 있다. 일몰기한은 2026.12.31.이다.

개정연혁

연 도	개정 내용
2020년	■ 과세특례 변경 : 양도차익 과세이연 → 4년 거치 3년 분할 납부(단, 22년부터 시행)
2022년	■ 분할납부 과세특례 개정사항의 시행시기를 24년으로 유예
2024년	■ 분할납부 과세특례 개정사항의 시행시기를 27년으로 유예

2020년 개정세법에서 2022.1.1. 이후 발생하는 현물출자 등에 따른 양도차익에 대한 과세특례 방식을 단순 과세이연에서 4년 거치 3년 분할납부로 변경하였다. 개정규정은 2022.1.1. 이후 현물출자하거나 주식을 교환하는 분부터 적용한다. 2021.12.31. 이전에 현물출자하거나 주식을 교환한 경우에는 개정규정에도 불구하고 종전의 규정에 따른다(2019.12.31. 개정된 법률 부칙 §19, §44).

이후 2022년 및 2024년 세법개정에서 코로나19 상황을 감안하여 지주회사 전환을 지원하기 위한 목적으로 분할납부의 적용시기를 2027년부터 적용하도록 유예하였다. 법 제38조의2의 개정규정은

2027.1.1. 이후 현물출자하거나 주식을 교환하는 분부터 적용한다. 2026.12.31. 이전에 현물출자하거나 주식을 교환한 경우에는 제38조의2의 개정규정에도 불구하고 종전의 규정에 따른다(2023.12.31. 재개정된 법률 제16835호의 부칙 §1 단서, §19, §44).

거치·분할 납부 방식으로 변경한 2020년 개정세법은 2027년부터 적용되므로 본문에서는 개정 이전의 규정을 대상으로 설명한다. 2019.12.31. 개정 이전의 법령을 구 조특법 또는 구 조특령으로 표기한다.

Ⅱ. 요건

내국법인의 내국인 주주가 주식을 현물출자·교환하여 아래의 유형별로 지주회사(금융지주회사 포함)를 통한 지배구조의 개선을 이행하여야 한다.
㉮ 지주회사의 설립·전환
㉯ 전환지주회사
㉰ 중간금융지주회사관련 지배관계 전환
이하에서는 상기 유형에 따라 그 요건을 각각 살펴보기로 한다.

1 지주회사의 설립·전환

내국법인의 내국인 주주가 주식을 현물출자하여 지주회사(금융지주회사 포함)를 새로 설립하거나 기존의 내국법인을 지주회사로 전환하여야 한다(조특법 §38의 2 ①).

현물출자의 주체는 내국법인의 내국인 주주이다. 내국인 주주는 개인과 법인 모두 가능하다(법인-506, 2010.5.31.).

현물출자란 상법상의 제도로 금전 이외의 재산을 출자의 목적으로 하는 것이다.

지주회사의 설립 또는 전환 시의 요건으로는 주식 보유 요건과 사업의 계속성 요건을 충족하여 한다(조특법 §38의 2 ①).

1-1 주식 보유 요건 (1호)

지주회사 및 현물출자를 한 자회사의 주주 중 특정 지배주주는 현물출자로 취득한 주식을 현물출자일이 속하는 사업연도의 종료일까지 계속 보유하여야 한다.

(1) 특정 지배주주

현물출자를 한 특정 지배주주란 "법인세법상 지배주주" 중 아래의 경우를 제외한 자를 말한다(구 조특령 §35의 3 ④ → 법령 §80의 2 ⑤).

① 친족 중 4촌 이상의 혈족

법인세법상 지배주주등의 원칙적 범위는 4촌 이내의 혈족과 3촌 이내의 인척이나, 본 특례 적용 시에는 3촌 이내의 혈족과 인척만이 지배주주등에 포함된다.

② 주식의 현물출자일 현재 현물출자의 대상이 된 주식을 발행한 법인(이하 "자회사")에 대한 지분비율이 1% 미만이면서 시가로 평가한 그 지분가액이 10억원 미만인 자

③ 기업인수목적회사(SPAC)[1]가 인수하는 자회사의 지배주주등인 자

"법인세법상 지배주주"에 대해서는 제2절 Ⅱ. 3-1 (2-2)를 참조하기로 한다.

(2) 부득이한 사유의 예외

다만 부득이한 사유가 있는 경우에는 주식을 계속 보유한 것으로 본다(구 조특령 §35의 3 ⑬ 1호 → 법령 §80의 2 ① 1호 각목).

부득이한 사유에 해당하는지 여부를 판단함에 있어, 특정 지배주주(구 조특령 §35의 3 ④)가 현물출자로 인하여 취득한 지주회사 주식과 그 외 방법으로 취득한 지주회사 주식을 보유하던 중 그 일부를 처분하는 경우에는 현물출자 외의 방법으로 취득한 주식을 먼저 처분한 것으로 본다(사전법령법인-0729, 2017.11.28.).

부득이한 사유는 제2절 Ⅱ. 3-3을 참조하기 바란다.

1-2 사업의 계속성 (2호)

자회사가 현물출자일이 속하는 사업연도의 종료일까지 사업을 계속하여야 한다.

이때 자회사는 현물출자로 새로이 지주회사의 자회사가 된 내국법인만을 의미하며, 지주회사의 다른 자회사는 해당되지 않는다(서면법인-3026, 2016.7.12.).

---

[1] 기업인수목적회사란 기업인수합병만을 목적으로 설립하는 페이퍼컴퍼니를 말함(Special Purpose Acquisition Company) (자본시장과 금융투자업에 관한 법률 시행령 §6 ④ 14호).

(1) 사업의 폐지

자회사가 현물출자일이 속하는 사업연도와 다음 사업연도의 개시일부터 2년 이내에 고정자산가액의 2분의 1 이상을 처분하거나 사업에 사용하지 아니하는 경우에는 사업의 폐지로 본다. 다만, 자회사가 보유하던 자기주식을 소각하는 경우에는 해당 자회사의 주식을 제외하고 고정자산을 기준으로 사업을 계속하는지 여부를 판정하되, 고정자산이 자회사의 주식만 있는 경우에는 사업을 계속하는 것으로 본다(구 조특령 §35의 3 ⑤ → 법령 §80의 2 ⑦·§80의 4 ⑧).

(2) 부득이한 사유의 예외

예외적으로, 부득이한 사유가 있는 경우에는 사업을 계속하는 것으로 본다(구 조특령 §35의 3 ⑬ 2호 → 법령 §80의 2 ① 2호 각목). 부득이한 사유는 제2절 Ⅱ. 4.를 참조하기 바란다.

2 전환지주회사

내국법인의 내국인 주주가 현물출자 또는 적격 물적분할에 의하여 지주회사로 전환한 내국법인(이하 "전환지주회사")에 주식을 현물출자하거나 전환지주회사의 자기주식과 교환하여야 한다(조특법 §38의 2 ②). 이 경우 1. 지주회사의 설립·전환에서 기술하였던 요건과 전환지주회사에 특유한 요건을 동시에 충족하여야 한다.

본 유형은 전환지주회사의 자회사 주식소유비율이 공정거래법상의 자회사 기준에 미달할 때, 전환지주회사의 지분율을 높이기 위하여 자회사의 기존주주가 전환지주회사에 주식을 양도하는 경우에 대한 특례이다.

준용되는 요건은 차례만을 기재하고 고유 요건을 설명하도록 한다.

2-1 현물출자등의 상대방법인 (전환지주회사)

자회사의 주주가 현물출자하거나 자기주식과 교환(이하 "현물출자등")하는 상대방 법인은 현물출자 또는 적격 물적분할(법법 §46 ②·§47 ①)에 의하여 지주회사로 전환한 내국법인(전환지주회사)이어야 한다. 분할에는 분할합병을 포함한다(서면법인-6014, 2017.1.11.; 서면법령재산-1173, 2016.4.7.).

반면에 지주회사에서 분할되어 신설된 법인이 지주회사가 되는 경우에는, 지주회사의 인격 또는 경제적 실질을 승계한 것이지 지주회사가 아닌 내국법인이 분할 등에 의하여 지주회사로 전환한 것이 아니므로 전환지주회사가 될 수 없다(재법인-543, 2012.6.20.; 법규과-1508, 2011.11.15.).

현물출자등의 상대방 법인이 법인세법상 현물출자 또는 적격 물적분할한 경우에는 분리하여 사업이 가능한 독립된 사업부문이어야 하므로,(독립사업 요건; 법령 §82의 2 ②, 법법 §47의 2 ① 5호) 이와 관련된 사례를 살펴본다.

- 투자주식 및 그와 관련한 자산과 부채만을 분할하여 지주회사로 전환하는 경우에도 분리하여 사업이 가능한 독립된 사업부문(법령 §82의 2 ③)에 해당한다(재법인 46012-146, 2001.8.28.; 서면2팀-1479, 2005.9.16.).
- 반면에 증권투자업을 영위하지 않는 법인의 기획부서는 분리하여 사업이 가능한 독립된 사업부문으로 보지 않는다(제도 46012-11201, 2001.5.22.).

2-2 주식 보유 요건

1-1 참조

준용하는 경우 "지주회사"는 "전환지주회사"로, "자회사"는 "지분비율미달자회사"로, "현물출자"는 "현물출자 또는 자기주식교환"으로 본다(조특법 §38의 2 ② 후단).

2-3 사업의 계속성

1-2 참조

2-4 현물출자등 대상 (지분비율미달자회사의 주식)

전환지주회사의 주식소유비율이 공정거래법상의 자회사주식보유기준의 비율[2] 미만인 법인(이하 "지분비율미달자회사")으로서 다음에 해당하는 법인의 주식을 현물출자하거나 자기주식과 교환하여야 한다(조특법 §38의 2 ② 1호).

㉮ 전환지주회사가 될 당시 해당 전환지주회사가 출자하고 있는 다른 내국법인
㉯ 전환지주회사의 분할로 신설·합병되는 법인 및 분할 후 존속하는 법인

---

[2] 원칙적으로 50%이며, 자회사가 상장법인, 국외상장법인, 공동출자법인인 경우는 30%, 벤처지주회사의 자회사인 경우에는 20%임(공정거래법 §18 ② 2호).

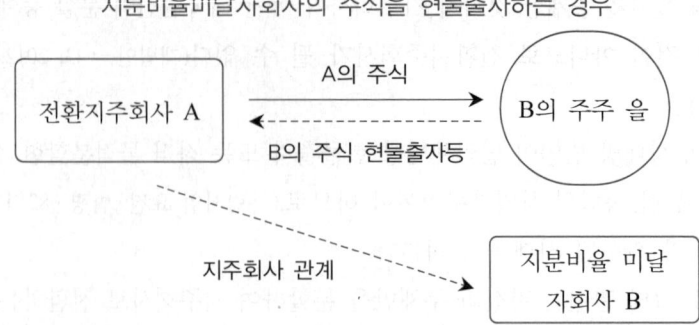

지분비율미달자회사의 주식을 현물출자하는 경우

위는 지분비율미달자회사 B의 주주 을이 B의 주식을 전환지주회사 A에 현물출자하거나 자기주식과 교환하는 경우의 그림이다.

2-5 현물출자등 시기 (2년 이내)

전환지주회사가 된 날부터 2년 이내에 현물출자하거나 자기주식과 교환하는 것이어야 한다(조특법 §38의 2 ② 2호).

2-6 참여기회 부여 및 공시

자기주식교환의 경우에는 지분비율미달자회사의 모든 주주가 그 자기주식교환에 참여할 수 있어야 하며, 그 사실을 공시하여야 한다(조특법 §38의 2 ② 3호).

자기주식교환사실의 공시는 다음 사항을 일반 일간신문 또는 경제 분야의 특수일간신문 중 전국을 보급지역으로 하는 신문에 1회 이상 게재하는 방법에 의하여야 한다(구 조특령 §35의 3 ⑨).

① 자기주식교환일 및 교환대상주식의 범위
② 주권제출기한 및 제출 장소
③ 교환수량·교환비율 및 교환방법
④ 모든 주주가 자기주식교환에 참여할 수 있다는 내용 기타 주식교환에 필요한 사항

3 중간금융지주회사관련 지배관계 전환

3-1 주체

유형 1. 지주회사의 설립·전환에 따라 주식을 중간지주회사에 이전하거나 중간지주회사의 주식과 교환하여 과세이연을 받은 주주가 본 과세특례 요건의 주체가 된다. 중간지주회사란 다른 금융지주회사의 지배를 받는 금융지주회사를 말하므로, 동 유형은 금융지주회사에 한정하여 적용된다.

3-2 요건

전술한 주체가 그 중간지주회사의 주식을 그 중간지주회사를 지배하는 금융지주회사의 주식과 교환하여야 한다(구 조특법 §38의 2 ④). 현물출자는 해당하지 않는다.

본 유형은 과세이연을 재차 받는 것이 되므로 두번째 과세이연에 대해서는 전술한 지주회사나 전환지주회사와는 다른 과세특례가 부여됨에 유의하여야 한다.

Ⅲ. 과세특례

과세특례가 적용되는 지주회사 유형 중 지주회사, 전환지주회사에 대하여는 아래의 1-1 및 2-1 주식양도차익(양도소득세) 과세이연, 1-2 및 2-2 신주 처분 시 익금산입(양도소득세 과세)이 적용되며, 중간지주회사 유형은 1-3 및 2-3 중간지주회사 관련 특례가 적용된다.

과세특례의 주체별 과세특례 내용

과세특례의 주체	과세특례
지주회사, 전환지주회사	■ 법인주주 : 1-1 주식양도차익 과세이연 및 1-2 신주 처분 시 익금산입 ■ 개인주주 : 2-1 양도소득세 과세이연 및 2-2 양도소득세 과세
중간지주회사	■ 1-3(법인주주) 및 2-3(개인주주) 중간지주회사 관련 특례

 자회사의 법인주주

1-1 주식양도차익 과세이연 (압축기장충당금)

주식양도차익을 과세이연할 수 있는 주체는 자회사의 법인주주이다. 내국법인뿐만 아니라 국내사업장 등이 있는 외국법인으로 종합과세되는 경우에는(법법 §91 ①) 주체에 포함된다(구 조특령 §35의 3 ①).

자회사의 법인주주가 현물출자 또는 자기주식교환(이하 "현물출자등")으로 인하여 취득한 지주회사 또는 전환지주회사(이하 "지주회사등")의 주식가액 중 현물출자등으로 인하여 발생한 양도차익에 상당하는 금액에 대해서는 법인세를 과세하지 아니하고 이후 지주회사 등의 주식을 처분할 때까지 과세이연할 수 있다(조특법 §38의 2 ①·②).

과세이연하기 위해서는 현물출자등일이 속하는 사업연도에 다음의 산식에 따른 주식양도차익에 대해 지주회사 주식등의 압축기장충당금을 설정하여 손금산입하여야 한다(구 조특령 §35의 3 ①). 단, 주식양도차익이 음수일 경우에는 0으로 한다.

> 주식양도차익 = 주식의 시가평가액 − 주식의 장부가액

(가) 주식의 시가평가액

'현물출자등을 한 날' 현재의 법인세법상 시가(법법 §52 ②)에 따른 시가평가액이다(재재산-656, 2009.3.30.). 이때 '현물출자등을 한 날'이란 주주의 권리의무를 취득하는 날, 즉 납입기일의 다음 날(상법 §423)이다(사전법령법인-0214, 2017.7.13.; 재법인-183, 2013.3.11.).

현물출자에 따른 신주인수행위는 당해 주식대금의 납입 자체로 인해 발행법인의 주식가치가 변동하므로 현물출자 계약일을 산정 기준일로 할 수 없고, 실제 주권을 행사할 수 있는 주금 납입기일의 다음 날을 평가 기준일로 한다.

주식을 현물출자하여 특수관계 없는 외국법인과 합작하여 신설법인인 지주회사를 설립함에 있어서 당해 주식가액이 주식발행법인의 경영권의 지배를 수반하는 등 현물출자 당시의 객관적인 교환가치를 적정하게 반영한 것으로서 불특정 다수인간에 통상 성립할 수 있는 협상가액으로 인정되는 경우에는 그 가액을 현물출자자산의 시가로 볼 수 있다(서이46012-11783, 2003.10.15.).

(나) 주식의 장부가액

현물출자등일 전일의 해당 보유주식(자회사의 주식)의 장부가액을 말한다.

1-2 신주 처분 시

(1) 일반적인 경우 익금산입

자회사의 법인주주가 지주회사등의 주식(신주)을 처분하는 경우 처분일이 속하는 사업연도에 다음 산식에 따른 금액을 익금에 산입한다(구 조특령 §35의 3 ②).

$$\text{익금산입 금액} = \text{압축기장충당금} \times \frac{\text{주식의 현물출자등으로 취득한 주식 중 처분주식 수}}{\text{주식의 현물출자등으로 취득한 주식 수}}$$

이 경우 현물출자등 외의 다른 방법으로 취득한 지주회사등의 주식이 있으면 주식의 현물출자등으로 취득한 주식을 먼저 처분한 것으로 보아 익금산입한다.

본 특례에 따라 압축기장충당금을 설정한 내국법인을 지주회사가 적격합병하는 경우, 신주의 처분으로 보지 아니하며 동 압축기장충당금은 지주회사에게 승계된다. 이때 합병 후 지주회사가 자기주식을 보유하게 됨에 따라 이를 소각하는 경우에는 해당 압축기장충당금은 소각일이 속하는 사업연도에 익금산입한다(법인-229, 2012.3.29.; 법규과-210, 2012.2.29.; 서면자본거래-2581, 2021.6.9.).

본 특례에 따라 전환지주회사 주식의 압축기장충당금으로 손금에 산입한 후에 해당 **전환지주회사를 적격합병하는 경우**, 기존의 압축기장충당금 잔액은 합병등기일이 속하는 사업연도의 소득금액계산에 있어서 익금에 산입한다. 이때 해당 내국법인이 합병대가로 취득하는 합병교부주식의 세무상 취득가액은 법인세법 시행령 제72조 제2항 제5호에 따라 피합병법인 주식의 장부가액(현물출자한 날 현재의 그 현물출자로 취득한 전환지주회사 주식의 시가에서 압축기장충당금 잔액을 차감한 금액)으로 하며, 이때 기업회계기준에 따라 장부에 계상한 합병교부주식의 가액이 세무상 취득가액보다 큰 경우에는 그 차액을 손금에 산입한다(사전법령법인-188, 2016.2.11.). 그리고 내국법인이 보유하던 피합병법인 주식 관련 유보사항은 추인하고, 양도차손익을 회계상 자본잉여금으로 처리하는 경우 익금 또는 손금산입(소득처분은 기타)한다(서면법인-4671, 2020.12.30.).

(2) 적격 인적분할로 지주회사 설립 시 재차 과세이연

그러나 다음의 '지주회사를 설립하는 사업부문의 독립사업 요건'을 충족하는 적격 인적분할(물적분할 및 분할합병 제외)로 인하여 해당 지주회사 또는 전환지주회사의 주식을 양도하는 경우에는 해당 주식에 계상된 압축기장충당금을 익금에 산입하지 아니하고 계속적으로 과세이연한다(구 조특령 §35의 3 ③).

- 「독점규제 및 공정거래에 관한 법률」 및 금융지주회사법에 따른 지주회사를 설립하는 사업부문을 분할할 것(주식등으로 구성된 사업부문의 독립사업 요건). 다만 분할하는 사업부문이 지배주주등으로서 보유하는 주식등과 그와 관련된 자산·부채만을 승계하는 경우로 한정한다(법령 §82의 2 ③ 2호).

이후 적격분할로 신설되는 법인이 해당 주식에 계상된 (익금산입하지 아니한) 압축기장충당금을 적격분할로 양수받은 해당 지주회사 또는 전환지주회사 주식의 압축기장충당금으로 승계하고, 신주처분 시 익금산입 방법(영 §35의 3 ②; 1-2 참조)에 따라 익금에 산입한다.

2016년 개정세법에서 내국법인이 현물출자로 취득한 지주회사등의 주식을 순수 지주회사 설립을 위한 적격 인적분할로 인하여 처분하는 경우에는 현물출자 시 과세이연 받은 금액을 다시 이연하도록 개정하였다. 2016.2.5. 이후 적격분할하는 분부터 적용한다. 2016.2.5. 전에 적격분할하는 경우에는 개정규정에도 불구하고 종전의 규정을 적용한다(2016.2.5. 개정된 시행령 부칙 §10·§28).

1-3 중간지주회사 관련 특례

당초 중간지주회사에 자회사의 주식을 이전·교환함에 따라 과세이연 받은 법인세에 대해서는 두번째 단계로 그 중간지주회사를 지배하는 금융지주회사(이하 "지배금융지주회사")와 교환하여 취득한 주식을 양도할 때까지 다시 과세이연된다(구 조특법 §38의 2 ④).

과세이연되는 금액의 계산은 위 1-1 주식양도차익 과세이연 부분과 동일하다(구 조특령 §35의 3 ⑫ → ①②). 다만 과세이연이 재차 이루어졌으므로 아래의 산식에 따른 합계 금액을 압축기장충당금으로 설정하여 손금산입한다.

```
충당금 설정액 = ⓐ + ⓑ
ⓐ 최초 자회사의 주식을 이전·교환함에 따라 과세이연 받은 양도차익
ⓑ 지배금융지주회사의 주식과 교환함에 따라 발생한 양도차익
```

지배금융지주회사의 주식을 처분하는 사업연도에 해당 압축기장충당금을 익금에 산입한다.

2 자회사의 개인주주

2-1 양도소득세 과세이연

과세특례의 주체는 자회사의 주주인 거주자, 비거주자, 또는 국내사업장 등이 없는 경우

로 분리과세되는 외국법인(이하 "거주자등")이다(구 조특령 §35의 4 ①).

자회사의 거주자등인 주주가 현물출자 또는 자기주식교환(이하 "현물출자등")으로 인하여 취득한 지주회사 또는 전환지주회사(이하 "지주회사등")의 주식가액 중 현물출자등으로 인해 발생한 소득(이하 "주식과세이연 금액")에 대해서는 양도소득세를 과세하지 아니하고 과세이연한다.

- **공개매수의 방법 등으로 현물출자한 경우 할증 평가 여부** (부정)

  지주회사의 설립, 전환을 위해 자본시장과 금융투자업에 관한 법률에 따른 공개매수의 방법과 상법 제422조 제2항 제2호(현물출자의 목적인 재산이 거래소의 시세 있는 유가증권인 경우) 및 동법 시행령 제14조 제2항에 따른 가액(직전일 종가와 산술평균 중 낮은 금액)으로 현물출자가 이루어진 경우에는 소득세법 제101조 제1항 및 동법 시행령(2021.2.17. 대통령령 제31442호로 개정되기 전의 것) 제167조 제6항(법인세법상 부당행위 규정이 적용되지 않는 경우 소득세법상 부당행위를 적용하지 않는 규정)에 따라 부당행위계산을 적용하지 않는 것임(재금융세제-152, 2023.5.8.). 소득세법상 시가로 평가하기 위해 최대주주의 보유주식을 할증평가하지 않음.

- **소득세법상 양도소득 부당행위계산 부인 규정이 적용된 경우 과세이연 금액 산정방법**

  (사실관계)
  甲은 B법인과 소득세법상 특수관계자에 해당하여 현물출자에 대해 소득세법 제101조 양도소득 부당행위 계산 부인에 따라 양도가액을 재계산함. 甲은 양도소득세 신고 시 실제 거래가액과 달리 세법에 따라 할증평가한 가액(세법상 시가)을 양도가액으로 신고함. 甲이 거래한 가액은 상법 및 증권의 발행 및 공시 등에 관한 규정 등에 따른 가액임.
  한편, 위와 유사한 현물출자 사례에서 다른 상장법인 최대주주 乙은 양도소득세 신고 시 세법상 시가가 아닌 실제 거래가액을 양도가액으로 신고함.
  (회신)
  甲이 실제 거래가액과 달리 세법상 시가를 양도가액으로 하여 양도소득세를 신고한 경우 세법상 양도가액과 실제 거래가액간의 "차액"은 과세이연대상에 포함됨.
  乙이 세법상 양도가액이 아닌 실제 거래가액을 양도가액으로 하여 양도소득세를 신고한 경우 세법상 시가에 따라 양도차익을 계산하여 수정신고하고 "차액"에 대하여도 과세이연을 적용함(재금융세제-175, 2023.5.30.).

2-2 신주처분 시 양도소득세 과세

과세이연 이후 현물출자등으로 취득한 지주회사등의 주식(신주)을 양도하는 경우에는 다음의 금액을 취득가액으로 보아 양도소득세를 과세한다.

> 신주 취득가액 = 지주회사등의 주식의 취득가액 - 주식과세이연 금액

이 경우 현물출자등 외의 다른 방법으로 취득한 지주회사등의 주식이 있으면 주식의 현

물출자등으로 취득한 주식을 먼저 양도한 것으로 보아 양도소득세를 과세한다.3)

시가가 하락하여 현물출자 당시 가액보다 낮은 가액으로 지주회사 주식을 양도하는 경우, 양도가액은 지주회사 주식 양도 당시의 양도가액을 적용한다(사전법령재산-0710, 2020.10.5.).

양도하는 지주회사 주식에 적용되는 세율은 이연되는 시점의 세율이 아닌 추후 지주회사 주식 양도 시점에 지주회사 주식에 적용되는 소득세법 제104조 제1항 제11호에 따른 세율로 한다(사전법령재산-0338, 2017.11.28.; 부산고법 2022누20549, 2022.7.20.). 따라서, 새로 취득한 지주회사 주식의 보유기간, 지주회사의 대주주 여부 등을 기준으로 세율을 적용한다.

기부 등 증여의 경우도 주식을 처분한 것으로 본다(조심 2012서728, 2012.6.7.; 조심 2013서515, 2013.9.24.). 현물출자로 취득한 지주회사 주식을 증여 또는 감자하는 경우에는 주식과세이연금액에 지주회사 주식을 증여 또는 감자하는 당시의 세율을 적용하여 계산한 금액을 양도소득세로 납부한다(재금융세제-110, 2020.4.20.; 서면법령재산-1244, 2020.4.24,).4)

또한, 과세이연된 지주회사의 주식을 상속하는 경우에 종전에는 과세이연금액에 대한 양도소득세를 납부하여야 한다고 판단하였다(사전법령재산-0673, 2018.12.10.; 조심 2018서0756, 2018.12.6.). 그러나, 최근 조세심판원 심판례에 따르면 상속을 처분으로 보지만, 부득이한 사유가 있는 경우로 보아 계속적으로 과세이연하도록 판단하였다(조심 2021서2878, 2022.11.21.). 상세 내용은 4-1 (4)를 참조하기로 한다.

- 양도소득세 과세이연을 적용받은 이후 거주자에서 비거주자로 변경된 경우에도 양도소득세 과세이연을 계속하여 적용받을 수 있다(부동산거래-1442, 2010.12.3.).
- 해당 전환지주회사의 주식을 양도할 당시 양도소득세가 비과세되는 상장법인 소액주주에 해당되는 경우에는 당초 해당 주식의 현물출자로 발생한 양도차익에 대하여도 양도소득세가 과세되지 않는다(부동산거래-379, 2010.3.12.).
- 내국법인의 내국인 주주가 보유한 주식을 지주회사에 현물출자하고「조세특례제한법」제38조의2제2항에 따라 주식의 양도차익에 대해 과세를 이연 받은 경우로서, 지주회사가

---

3) 소득세법에서는 양도자산이 특정되지 않는 경우 원칙적으로 먼저 취득한 자산을 먼저 양도한 것으로 보지만(소령 §162 ⑤), 이에 대한 특례로 현물출자등으로 취득한 주식을 먼저 양도한 것으로 봄.
4) 본문의 예규는 "증여함에 따라 양도소득세가 과세되는 경우에는 현물출자 당시의 양도소득세 세율(소법 §104 ①)을 적용하여 계산한 금액을 양도소득세로 납부한다"(재재산-29, 2012.1. 13.; 부동산납세-350, 2014.5.20.)는 종전 예규와 충돌하는 것으로 판단됨. 세액이연 방식의 경우에는 이연 시점의 세율이 적용되지만, 취득가액을 조정하는 소득이연 방식에서는 추후 과세되는 시점의 세율이 적용되어야 한다는 점에서 증여 당시 세율을 적용하도록 한 최근 유권해석이 타당하다고 판단됨. 상세 내용은 제2절 Ⅲ. 2-2의 주요 이슈와 쟁점을 참조하기 바람.

● **2개 이상의 주식을 동시에 현물출자한 경우 취득가액의 산정방법**

같은 날 A법인의 주식과 B법인의 주식을 현물출자하고 지주회사 주식을 취득한 후 해당 지주회사 주식 중 일부를 양도하는 경우에는 A법인의 주식과 B법인의 주식 보유비율대로 양도되었다고 보아 양도한 지주회사 주식의 취득가액을 산정한다(사전법령재산－0338, 2017.11.28.).

취득시기 및 취득가액이 다른 4가지 유형의 A주식을 현물출자하고 그 대가로 지주회사 주식(B주식)을 취득한 경우로서 B주식 가액 중 A주식 양도차익에 상당하는 금액에 대하여 양도소득세 과세를 이연 받은 이후에 B주식 중 일부를 처분한 경우에는 A주식의 각 유형별 현물출자 대가로 취득한 B주식 수의 비율대로 B주식이 처분된 것으로 보아 당초 과세이연 받은 금액에 대하여 양도소득세를 과세하는 것임(서면법령재산-0486, 2020.11.13.).

2-3 중간지주회사 관련 특례

당초 중간지주회사에 자회사의 주식을 이전·교환함에 따라 과세이연 받은 양도소득세에 대해서는 두 번째 단계로 그 중간지주회사를 지배하는 금융지주회사(이하 "지배금융지주회사")와 교환하여 취득한 주식을 양도할 때까지 과세이연된다(구 조특법 §38의 2 ④).

과세이연 방법은 2-1 양도소득세 과세이연을 참조하기 바라며,(구 조특령 §35의 4 ④ → ①) 과세이연되는 금액의 계산과 처분 시 과세 내용은 1-3을 참조하기로 한다(구 조특령 §35의 4 ④ 후단).

3 지주회사등

3-1 자산조정계정

법인세법상 주식을 취득한 경우에는 취득가액은 시가로 계상하여야 하나,(법령 §72 ②) 주식의 현물출자등으로서 자회사의 주주가 과세이연을 받은 경우에는 지주회사등은 현물출자등으로 취득한 주식의 가액을 장부가액으로 한다(구 조특법 §38의 2 ③).

(1) 자산조정계정의 계상

이 경우 주식 취득가액을 법인세법상 시가로 계상하고, 다음의 금액을 자산조정계정[5]으로 계상하여야 한다(구 조특령 §35의 3 ⑥).

---

[5] 종래에는 자산조정계정의 성격을 실제 세무조정이 이루어지지 않는 비망계정으로 보는 견해도 있었으나, 2017년 법인세 개정세법에서 실제 세무조정이 이루어지는 평가계정(시가에 대한 차감계정 또는 부가계정)의 성격으로 명확히 규정함.

> 자산조정계정 = 자회사 주식의 시가 - 자회사 주식의 장부가액

주식의 장부가액은 법인 주주로부터 취득한 주식에 대해서는 해당 주주인 법인의 장부가액을 말하며,(구 조특령 §35의 3 ⑭) 개인주주를 포함한 거주자등인 주주로부터 취득한 주식에 대해서는 거주자등의 취득가액을 말한다(구 조특령 §35의 4 ⑤).

(2) 회계처리 및 세무조정

주요 이슈와 쟁점
31. 주식의 현물출자 등에 따른 장부가액 승계 시 이중과세의 문제

다음의 사례를 통하여 자산조정계정의 계상을 통한 세무조정 방법과 이중과세의 문제점을 살펴보기로 한다.

A법인의 법인주주 갑 법인이 A주식을 현물출자하여 A법인이 지주회사 B법인의 자회사가 되는 경우, 주식의 장부가, 시가 및 추후 제3자에게 매각한 가액을 다음과 같이 가정한다.

구분	장부가(액면가)	현물출자 시 시가	제3자 매각가
A법인 발행주식	7,000	15,000	18,000
B법인 발행주식	5,000❶	15,000	18,000

❶ 지주회사 B법인이 현물출자로 발행한 주식의 액면가를 말함.

(2-1) 주식의 현물출자 시점

법인주주 갑은 주식양도차익에 대해 압축기장충당금을 설정하여 손금산입하므로 과세소득을 인식하지 아니한다.

법인주주 갑	〈회계처리〉			
	차) 유가증권(B주식)	15,000	대) 유가증권(A주식)	7,000
			유가증권처분이익	8,000
	〈세무조정〉 압축기장충당금(B주식) 8,000 (손금산입, △유보)			

지주회사 B법인은 회계상 본인이 발행하는 B주식의 액면가(5,000)와 시가(15,000)의 차이를 주식발행초과금으로 인식하며 이는 기타자본잉여금에 해당한다.

지주회사 B	⟨회계처리⟩			
	차) 유가증권(A주식)	15,000	대) 자본금	5,000
			주식발행초과금	10,000
	⟨세무분개⟩6)			
	차) 유가증권(A주식)	15,000	대) 자본금	5,000
			주식발행초과금❶	2,000
			자산조정계정(A주식)❷	8,000
	⟨세무조정⟩			
	자산조정계정(A주식) 8,000 (손금산입, △유보)			
	주식발행초과금 8,000 (익금산입, 기타)❸			

❶ 세무상 주식발행초과금은 A주식의 기존 장부가(7,000)에서 B주식의 자본금(5,000)을 차감하여 계산됨.
❷ 자산조정계정은 A주식의 시가에서 주주 갑의 장부가액을 차감하여 계산한다(8,000 = 15,000 − 7,000). 이로써 B법인의 A주식에 대한 취득가액은 7,000으로 조정된다.
❸ 주식발행초과금에 대한 세무조정 금액은 세무분개의 세무상 가액(2,000)에서 회계분개의 회계상 가액(10,000)을 차감하여 계산됨."

주식발행초과금은 회계상 기타자본잉여금 항목으로 손익을 인식하지 아니하며, 세무상 양편조정을 하였으므로 지주회사인 B법인은 현물출자 시점에서 과세소득을 인식하지 아니한다.

결론적으로 자회사 A법인의 주주 갑과 지주회사 B는 현물출자 시점에는 과세되지 아니하고 과세이연한다.

(2-2) 제3자 매각시점

법인주주 갑은 제3자에게 B주식을 매각하는 시점에 과세이연되었던 금액(압축기장충당금 계상분)을 익금산입으로 추인하여, 최초 A주식의 취득가인 7,000과 B주식의 제3자 매각가인 18,000의 차이에 해당하는 11,000(=3,000+8,000)을 과세소득으로 인식한다.

법인주주 갑	⟨회계처리⟩			
	차) 보통예금	18,000	대) 유가증권(B주식)	15,000
			유가증권처분이익	3,000
	⟨세무조정⟩			
	전기 압축기장충당금(B주식) 8,000 (익금산입, 유보)			

지주회사 B법인은 자산조정계정을 계상하여 조정된 A주식 취득가액 7,000과 제3자 매

---

6) 복잡한 세무조정에서는 세법상 법률효과를 나타내는 세무분개에서 회계분개를 차감하여 세무조정 항목을 계산함이 바람직하다. 단, 손익항목이 아닌 자산항목만을 대상으로 한다. 등식의 뺄셈처럼 같은 항목끼리 차감하여 계산한 후, 그 잔액이 차변에 있으면 익금산입 항목이고 대변에 있으면 손금산입 항목이다.

각가인 18,000의 차이인 11,000(=3,000+8,000)을 과세소득으로 한다.

지주회사 B	〈회계처리〉			
	차) 보통예금	18,000	대) 유가증권(A주식)	15,000
			유가증권처분이익	3,000
	〈세무분개〉			
	차) 보통예금	18,000	대) 유가증권(A주식)	15,000
	자산조정계정	8,000	유가증권처분이익	11,000
	〈세무조정〉			
	전기 자산조정계정(A주식) 8,000 (익금산입, 유보)			

법인주주 갑과 B법인의 전체 과세소득의 합은 22,000(=11,000+11,000)이 된다.

(3) 이중과세의 문제점 및 개선방안

그러나 이러한 결과는 경제적인 측면에서 보자면 이중과세의 위험이 있다. 만약 본 특례를 적용하지 아니하였다면, 법인주주 갑의 총 과세소득은 11,000(=18,000-7,000)이며 지주회사 B의 과세소득은 3,000(=18,000-15,000)으로 양자의 합계는 14,000이다. 반면에 본 특례를 적용한 경우 과세소득의 합계는 22,000으로 8,000의 차이가 발생한다.

이러한 차이가 발생하는 원인은 본 특례의 요건을 갖춘 현물출자(이하 "적격 현물출자") 시에는 현물출자로 주식을 취득하기 이전의 이익 발생분 8,000에 대하여 법인주주 갑뿐만 아니라 지주회사 B에게도 과세되기 때문이다.

적격 현물출자와 비적격 현물출자 시 과세부담의 비교

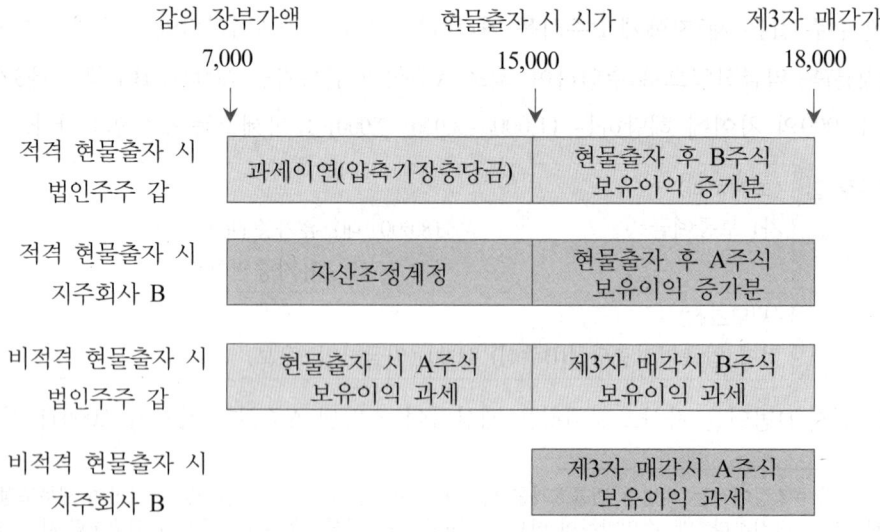

그림에서 진하게 색칠한 부분은 지주회사 B의 과세소득을 말하며, 연하게 색칠한 부분은 법인주주 갑의 과세소득을 말한다.

이러한 결과가 발생하는 이유는 지주회사 B법인으로 하여금 자산조정계정을 계상하여 당초 법인주주 갑의 장부가액을 B법인의 취득원가(carryover basis)로 승계하는 조항(구 조특법 §38의 2 ③, 구 조특령 §35의 3 ⑥ 후단 → 구 조특령 §35의 2 ⑨)으로 인해 발생한다.

결론적으로 A주식의 현물출자 이전 발생한 이익에 대해 지주회사에게 과세하도록 하는 장부가액 승계 조항은 삭제되어야 한다.[7]

첫번째로 조세특례제한법에서 타인의 자산 보유기간에 발생한 과세소득에 대해 그 승계 취득자에게 과세하는 경우에는, 종전 취득자가 동일한 소득에 대하여 과세되지 않는 것을 조건으로 하여 경제적 이중과세를 방지하고 있다. 예를 들어 법 제32조 법인전환에 대한 양도소득세 등의 이월과세 조항에서 양수인인 법인의 취득원가는 양도인인 개인의 취득원가를 승계하지만, 개인은 과세대상에서 제외된다.

두번째로 비적격 주식 현물출자보다 적격 주식 현물출자의 경우가 과세부담이 더 커지게 되는 불합리한 점이다.

셋째, 본 특례의 주식의 현물출자와 본질이 유사한 법인세법상 적격 현물출자와 적격 물적분할에 대해서도 자산조정계정으로 계상하여 장부가액으로 승계토록 하는 조항[법률 제11128호(2011.12.31.)로 개정되기 전의 법법 §47의 2 ②·§47 ②]이 있었으나, 2012년 개정세법에서 동 조항을 삭제하였다.

마지막으로, 이중과세를 해소하기 위하여 2018년 개정세법에서 조특법 제38조 주식의 포괄적 교환·이전에 대한 과세특례에서 장부가액으로 승계하는 조항을 삭제하고 시가로 승계하도로 개정하였다.

3-2 주식 처분 시 익금(손금)산입

이 경우 계상한 자산조정계정 금액 중 다음 계산식에 따른 금액을, 지주회사등이 해당 주식을 처분하는 사업연도에 익금 또는 손금에 산입한다. 다만 자기주식으로 소각되는 경우에는 익금 또는 손금에 산입하지 아니하고 소멸하는 것으로 한다(구 조특령 §35의 3 ⑥ 후단).

---

[7] 황규영·임승연, "주식의 포괄적 교환·이전 세제의 개선방안", 세무와회계저널/제13-4권, 2012.12., pp.134-144.

$$\text{익금(손금)산입 금액} = \text{자산조정계정} \times \frac{\text{처분 주식 수}}{\text{주식의 현물출자등으로 취득한 주식 수}}$$

과세특례 적용에 따라 지주회사가 자산조정계정을 계상한 이후 해당 주식을 처분하는 경우로서 현물출자등으로 인하여 취득한 주식 외에 다른 방법으로 취득한 주식이 있는 경우에는 지주회사가 선택한 주식을 처분하는 것으로 보아 익금 또는 손금에 산입하는 금액을 계산한다(기준법령법인-0240, 2021.5.24.; 재법인-17, 2021.1.11.; 조심 2021서0560, 2021.8.12.).

4 사후관리

본 과세특례를 적용받은 이후 자회사가 2년 이내에 승계 받은 사업을 폐지하는 등 의무위반사유가 발생한 경우에는 과세이연된 금액 등에 대해 익금산입한다. 다만 의무위반사유 중 전환지주회사의 주식소유비율이 자회사주식보유기준의 비율 미만인 경우에는 이자상당액을 가산하여 납부한다.

익금산입 및 이자상당가산액에 대한 납부의 주체는 지주회사등이다.

4-1 의무위반 사유

주식의 현물출자등일이 속하는 사업연도의 다음 사업연도 개시일부터 2년 이내에 다음의 사유가 발생하는 경우이다(구 조특법 §38의 2 ③, 구 조특령 §35의 3 ⑦).

(1) 지주회사에 해당하지 않게 된 경우 (1호)

지주회사등이 지주회사에 해당하지 않게 된 경우에는 추징사유에 해당한다. 다만 공정거래법, 금융지주회사법 등 지주회사의 기준을 정한 법령의 개정으로 인하여 지주회사에 해당하지 않게 되었으나, "유예기간" 중에 있는 경우로 각 사업연도 종료일 현재 당해 지주회사의 신설 또는 전환 당시의 법령에 의한 지주회사 기준을 충족하고 있는 경우에는 의무위반으로 보지 아니한다. 신설 또는 전환 이후부터 기준변경일까지의 기간 중에 지주회사의 기준이 2회 이상 변경된 경우에는 기준변경일에서 가장 가까운 때의 지주회사 기준을 말한다(구 조특령 §35의 3 ⑪).

"유예기간"이란 지주회사의 '기준이 변경된 날(이하 "기준변경일")이 속하는 사업연도'와 그 다음 사업연도 개시일부터 4년 이내에 종료하는 사업연도의 기간이다. '기준변경일이 속하는 사업연도'란 지주회사의 기준이 변경되어 지주회사에 해당되지 아니하게 된 당해 지주회사의 사업연도를 말한다.

내국법인의 내국인 주주가 주식 등의 현물출자로 본 과세특례를 적용받는 경우에는 공정거래법 개정으로 지주회사 요건을 유지하지 못하거나 지주회사 제외신청을 하는 경우에도 그 주주가 해당 지주회사의 주식을 처분할 때까지 양도소득세 과세를 이연 받을 수 있다(서면자본거래-3622, 2019.7.17.).

(2) 자회사주식보유기준비율 미만 (2호)

전환지주회사가 지주회사로 전환한 날의 다음 날부터 2년이 되는 날까지 지분비율미달자회사의 주식을 자회사주식보유기준 미만으로 소유하는 경우이다. 자회사주식보유기준은 Ⅱ. 2-4 지분비율미달자회사에서 기술하였다.

이 경우 수개의 자회사를 보유하고 있으나 그 중 하나의 자회사만이 요건을 위배한 경우에는 당해 회사의 주식에 대한 자산조정계정에 대해서만 익금산입한다(법인-228, 2012.3.29.).

● **지분비율미달자회사의 주식의 범위에 기존 보유 타회사 주식이 포함되는지 여부**(부정)

내국법인의 내국인 주주가 전환지주회사에 지분비율미달자회사의 주식을 현물출자하여 현물출자로 인하여 발생한 양도차익에 대해 과세를 이연(조특법 §38의 2 ②)받고 있는 경우로서 전환지주회사가 지주회사로 전환된 날의 다음 날부터 2년이 되는 날까지 지분비율미달자회사의 주식을 「독점규제 및 공정거래에 관한 법률」 제8조의 2 제2항 제2호 각 목 외의 부분 본문에서 정한 비율 미만으로 소유하게 되어 현물출자로 취득한 주식의 장부가액과 현물출자한 날 현재의 시가와의 차액을 익금에 산입(조특법 §38의 2 ③)할 때, 지분비율미달자회사 주식의 범위에는 전환지주회사가 현물출자 받은 주식 외 기존에 보유하고 있던 타 자회사 주식은 포함되지 않는 것임(사전법령법인-575, 2018.10.16.).

(3) 자회사의 사업 폐지 (3호)

자회사(지분비율미달자회사 포함)가 사업을 폐지하는 경우에는 의무위반으로 본다. 다만, 부득이한 사유(구 조특령 §35의 3 ⑬ 2호)가 있는 경우는 제외한다. 부득이한 사유와 사업의 폐지로 보는 경우는 Ⅱ. 1-2 사업의 계속성 부분에서 기술하였다.

(4) 주식의 처분 (4호)

지주회사등 또는 자회사에 현물출자를 한 특정 지배주주등이 현물출자등으로 인하여 취득한 주식을 처분하는 경우에는 의무위반사유에 해당한다. 다만, 부득이한 사유가 있는 경우는 제외한다(구 조특령 §35의 3 ⑬ 1호). 부득이한 사유와 자회사에 현물출자를 한 특정 지배주주 등은 Ⅱ. 1-1 주식의 계속 보유 부분에서 기술하였다.

예를 들어, 법인세법 제46조 제2항에 따른 적격분할요건을 갖추고 인적분할하는 경우는 과세이연이 중단되지 않는다(서면법규재산-3994, 2024.2.21.).

증여는 법률행위에 의한 처분이므로 추징사유에 해당한다(조심 2023서7818, 2023.12.22.; 조심 2016서1149, 2016.6.24.; 조심 2021서1424, 2021.8.11.).

이때 과세관청은 주식을 '상속'하는 경우도 '처분'에 해당하는 것으로 본다(재금융세제-242, 2016.11.15.). 다만, 조세심판원 심판례에 따르면 상속을 처분으로 보지만, 부득이한 사유가 있는 경우로 보아 계속적으로 과세이연하도록 판단하였다(조심 2023서6850, 2023.6.7.; 조심 2021서2878, 2022.11.21.). 상세 내용은 후술하는 예규·판례 박스를 참조하기로 한다.

본 특례에 따라 현물출자로 인하여 발생한 주식양도차익에 상당하는 금액에 대하여 법인세 과세이연을 적용받던 중, 당해 지주회사가 다른 법인에 흡수 합병되고 그 합병법인이 지주회사 요건을 계속하여 충족하는 경우에는 과세이연을 계속하여 적용받을 수 있다(법인-2390, 2008.9.8.). 합병은 부득이한 사유에 해당하기 때문이다.

- **균등유상감자가 처분에 해당하는 지 여부** (부정)

  쟁점유상감자와 같이 주주간 지분율에 아무런 변동이 없어 각 주주의 지주회사에 대한 간접적 소유·지배관계에 영향이 없는 경우까지 과세이연 종료사유로서 '처분'에 해당한다고 보기는 어려운 점, 유상감자는「상법」상 절차를 준수할 경우 개인 주주의 반대에도 불구하고 실시할 수 있는데(「상법」제438조 제1항, 주주총회 특별결의 필요), 유상감자를 과세이연 종료사유로서 '처분'에 해당한다고 해석하게 되면 개인 주주의 의사와는 상관없이 과세이연이 불시에 종료될 수 있게 되어 법적 안정성에 반하게 되는 점(개인 주주의 과세이연 기대권 침해), (이하 중략) 등에 비추어 처분청이 이와 다른 전제에서 쟁점유상감자를 쟁점과세특례 적용 종료사유로 보아 청구인의 경정청구를 거부한 이 건 처분은 잘못이 있다고 판단된다(조심 2018서3805, 2019.10.1.; 조심 2018서3586, 2019.9.25.).

- **1인만 유상증자에 참여하여 나머지 주주의 지분율이 감소한 경우 처분인지 여부** (부정)

  내국법인의 내국인 주주가 보유한 주식을 현물출자하여 지주회사를 새로 설립하고 주식의 양도차익에 대해 과세를 이연 받은 경우로서, 지주회사가 주주배정방식에 따라 시가로 유상증자를 하면서 기존 주주 중 1인만 유상증자에 참여함에 따라 나머지 주주의 지분율이 감소하는 경우에는 처분으로 보지 않는 것임(서면자본거래-2252, 2020.10.27.).

- **자본준비금을 감액하여 배당한 경우 처분인지 여부** (부정)

  지주회사가 상법 제461조의2에 따라 자본준비금을 감액하여 배당을 실시하는 경우에는 내국인 주주가 해당 지주회사의 주식을 처분한 것으로 보지 않는 것임(서면법령법인-2034, 2020.10.5.). 추후 동 배당금은 해당 지주회사 주식의 양도차익을 계산할 때 취득가액에서 차감함(서면법규재산-4575, 2022.12.14.).

예규 · 판례

❖ **상속은 처분에 해당하지만 부득이한 사유로 보아 과세이연을 계속 적용함** (조심 2021서 2878, 2022.11.21.)

① 쟁점규정 제5항 등의 위임을 받은 「법인세법 시행령」제80조의2 제1항 제1호 나목은 "해당 주주등이 사망하거나 파산하여 주식등을 처분한 경우"라고 규정하는 등 쟁점규정은 원칙적으로 주주의 사망에 의한 주식의 소유권 이전도 처분에 포함된다는 전제 하에 규정된 것으로 보이는 점, ② ㅇㅇㅇ 개정세법 해설(2010, 위 표3 참조)에 의하면 사후관리 내용에서 지주회사 주식 등이 증여·상속된 경우를 삭제하면서 증여·상속은 처분에 포함된다고 명시하고 있고, ㅇㅇㅇ 예규(ㅇㅇㅇ)에 따르더라도 처분에는 양도 뿐만 아니라 상속이 포함된다고 명시하고 있는 점, ③ 피상속인의 현물출자(2014.11.11.) 이후에 개정된 규정이기는 하나 2016.12.20. 법률 제14390호로 개정된 조특법 제97조의6 제2항 제1호에서 '처분(거주자가 증여하거나 거주자의 사망으로 상속이 이루어지는 경우는 제외한다)'고 규정하는 등 조특법의 다른 조항에서는 원칙적으로 처분에 증여나 상속을 포함하는 것을 전제하고 있는 것으로 보이는 점 등에 비추어 보면, 쟁점규정 제2항이 과세이연 종료사유로 정하고 있는 '처분'에는 '상속'도 포함된다고 할 것인바, 이 부분 청구주장은 받아들이기 어려운 것으로 판단된다.(이하 중략)

① ㅇㅇㅇ 개정세법 해설(2010, 위 표3 참조)에 의하면 입법자가 쟁점규정 제5항을 신설한 것은 파산, 사망, 적격 기업구조개편 등의 경우 등 부득이한 사유가 있는 경우에는 쟁점규정에 따라 개시된 과세이연을 계속하기 위한 것으로 보이는 점, ② 만일 처분청 의견과 같이 사망이 쟁점규정 제2항에 따른 과세이연 종료사유인 주식의 처분에 포함된다면, 예컨대 쟁점규정 제1항 제1호 기간 중에 지배주주가 사망한 경우, 쟁점규정 제5항 등에 따라 여전히 지배주주가 주식을 보유하고 있는 것으로 간주되므로 쟁점규정 제1항 제1호의 과세이연 개시요건은 충족하게 되나, 이는 동시에 쟁점규정 제2항에 따른 과세이연 종료사유에도 해당하게 되는바, 결국 지배주주는 쟁점규정 제5항에도 불구하고 과세이연을 받지 못하게 되는 불합리한 결론에 이르게 되는 점, ③ 쟁점규정은 개정전규정 제38조의2 제3항과 달리 상속에 의하여 과세이연이 종료되는 경우 양도소득세 신고·납부에 관한 규정을 두고 있지 아니하므로, 쟁점주식 상속으로 인하여 과세이연이 종료되었다고 하더라도 현실적으로 처분청이 양도소득세를 과세할 수 있는 근거가 미비한 것으로 보이는 점 등에 비추어 보면, 이 사건에서 피상속인이 사망하였다고 하더라도 쟁점규정 제2항에 따른 과세이연은 계속되는 것으로 봄이 타당하다고 할 것이다.

|저자주| 처분이란 법률행위에 의하여 무상 또는 유상으로 소유권이 이전되거나 또는 멸실·폐기 등 사실상의 처분행위에 의한 것을 말하므로, 상속을 처분에 포함시키는 것은 타당하지 않다고 판단된다. 상속은 법률의 규정에 의한 취득(민법 §187)으로, 처분하는 법률상 행위 또는 사실상 행위가 존재하지 않기 때문이다.
 다만, 위의 심판례에서도 과세이연이 계속된다는 점에서 저자의 주장과 결과는 동일하다.

4-2 추징방법

지주회사등은 의무위반사유가 발생한 날이 속하는 사업연도의 소득금액을 계산할 때 자산조정계정의 잔액(잔액이 0보다 큰 경우에 한정하며, 잔액이 0보다 작은 경우에는 없는 것으로 본다)을 익금에 산입한다. 이 경우 계상한 자산조정계정은 소멸하는 것으로 한다(구 조특령 §35의 3 ⑧).

4-3 이자상당가산액

전환지주회사의 주식소유비율이 자회사주식보유기준의 비율 미만인 경우에만 이자상당액을 가산하여 납부한다. 이자상당가산액은 납부하는 사업연도의 본세에 해당한다.

이자상당액은 다음과 같이 계산된다(구 조특령 §35의 3 ⑩).

$$\text{이자상당가산액} = \text{법인세액의 차액} \times \text{소정 기간} \times \text{이자율}$$

① 법인세액의 차액

현물출자등일이 속하는 사업연도에 익금불산입한 금액을 포함한 경우의 법인세액과 제외한 경우의 법인세액과의 차액이다.

② 소정 기간

현물출자등일이 속하는 사업연도의 다음 사업연도의 개시일부터 추징에 따라 익금산입하는 사업연도의 종료일까지의 기간이다.

③ 이자율

1일 10만분의 25 (연이율 환산 시 9.125%)

종래 이자상당가산액의 이자율은 1일 1만분의 3이었으나, 2019년 개정세법에서 1일 10만분의 25로 하향하였다. 개정규정에도 불구하고 해당 이자상당가산액 또는 이자상당액의 계산의 기준이 되는 기간 중 2019.2.11.까지의 기간에 대한 이자율은 종전의 규정에 따른다(2019.2.12. 개정된 시행령 부칙 §25).

5 지주회사 관련 기타 세제지원

5-1 증권거래세 면제

금융기관 등의 주주 및 「금융지주회사법」 제2조 제1항 제1호에 따른 금융기관 및 금융업의 영위와 밀접한 관련이 있는 회사의 주주 또는 같은 법에 따른 금융지주회사가 본 과세특례에 따라 주식을 이전하거나 주식을 교환하는 경우에는 증권거래세를 면제한다(조특법 §117 ① 16호).

5-2 과점주주 취득세 비과세

「독점규제 및 공정거래에 관한 법률」에 따른 지주회사(「금융지주회사법」에 따른 금융지주회사를 포함하되, 지주회사가 「독점규제 및 공정거래에 관한 법률」 제2조 제3호에 따른 동일한 기업집단 내 계열회사가 아닌 회사의 과점주주인 경우를 제외한다. 이하 이 조에서 "지주회사"라 한다)가 되거나 지주회사가 같은 법 또는 「금융지주회사법」에 따른 자회사의 주식을 취득하는 경우 과점주주(지기법 §47 2호)에 해당하더라도 과점주주 취득세(지방세법 §7 ⑤)를 부과하지 아니한다(지특법 §57의 2 ⑤ 3호).

다만 해당 지주회사의 설립·전환일부터 3년 이내에 지주회사의 요건을 상실한 경우에는 면제받은 취득세를 추징한다.

- 지주회사가 자회사의 주식을 취득하는 시점에 지주회사에 해당하지 않는 경우에는 과점주주의 취득세 납세의무가 있다(세정 13407-400, 2001.10.8.).
- 반면에 설립등기 당시 자산총액이 1천억원 미만이었던 회사가 자회사의 주식을 취득하여 자산총액이 1천억원 이상이 되고 지주회사의 사업의 기준을 갖춘 경우에는, 지주회사 전환신고를 하지 않은 경우에도 지주회사에 해당되어 과점주주취득세가 배제된다(지방세운영-22, 2009.1.5.).
- 지주회사가 손자회사의 주식을 취득하여 과점주주가 된 경우에는 자회사의 주식을 취득한 경우에 해당하지 않아 과점주주 취득세가 과세된다(지방세운영-1154, 2009.3.20.).
- 투자목적회사가 지주회사의 형식을 갖추었다 하더라도 그 본질이 지주회사와 다르므로 본 특례가 적용되지 않는다(청주지법 2010구합1014, 2010.9.9.; 조심 2010지831, 2011.3.14.).

Ⅳ. 조세특례제한 등

1 절차

1-1 자회사의 주주

자회사의 법인주주는 주식의 현물출자등일이 속하는 사업연도에 지주회사등과 함께 현물출자등 과세특례신청서(별지 제26호의 2 서식)를 납세지 관할 세무서장에게 제출하여야 한다(구 조특령 §35의 3 ⑮).

그러나 현물출자등 과세특례신청서등의 제출이 과세이연의 필수요건은 아니다(재재산-340, 2004.3.15.).

자회사의 개인주주를 포함한 거주자등인 주주는 현물출자등일이 속하는 사업연도에 지주회사등과 함께 현물출자등 과세특례신청서(별지 제26호의 3 서식)를 납세지 관할 세무서장에게 제출하여야 한다(구 조특령 §35의 4 ⑥).

자회사의 거주자등인 주주로서 양도소득세의 납부의무가 있는 경우에, 예정신고 및 확정신고를 하지 않고 기한 후 신고를 하면서 "현물출자등 과세특례신청서"를 제출한 경우에도 무신고가산세(국기법 §47의 2 ①)를 적용하지 않는다(재조세법령운용-13, 2015.10.26.) (제3절 Ⅳ. 1. 참조).

1-2 지주회사등

지주회사등은 주식의 현물출자등일이 속하는 사업연도에 자법인 주식의 장부가액 계산서(별지 제23호의 5 서식)를 납세지 관할 세무서장에게 제출하여야 한다(구 조특령 §35의 3 ⑯·§35의 4 ⑦).

제4절 [구 제47조의 4] 합병에 따른 중복자산의 양도에 대한 분할과세(일몰종료) `일몰종료`

Ⅰ. 의의

제약업, 의료기기업, 건설업, 해상운송업 등 특정 업종을 영위하는 내국법인 간의 합병에 따라 발생한 중복자산을 양도한 경우, 그 중복자산의 양도차익에 대해 3년거치 3년분할 익금산입하는 제도이다.

합병·분할합병에 따라 발생하는 중복자산의 양도차익에 대하여 분할과세를 지원하여, 합병 이후의 투자촉진을 유도하기 위한 목적으로 2006년 도입된 제도이다.

일몰기한은 2021.12.31.로 폐지되었다.

다만, 법 제121조의 31 합병에 따른 중복자산의 양도에 대한 과세특례를 이 절 마지막에 본 특례와 함께 비교하였으므로, 비교 목적으로 계속 서술하기로 한다. 동 특례의 일몰기한은 2023.12.31.이다.

개정연혁

연 도	개정 내용
2017년	▪ 특례 업종 추가 : 1차 철강 제조업, 기초유기화학물질 제조업, 합성고무 및 플라스틱 물질 제조업 ▪ 신사업용 고정자산의 대체취득 요건 삭제
2022년	▪ 일몰기한 도래로 적용 폐지

Ⅱ. 요건

제약업 등 특정 업종을 경영하는 내국법인 간의 합병에 따라 발생한 중복자산을 양도하여야 한다.

종래에는 양도일이 속하는 사업연도의 종료일까지 새로운 사업용 고정자산을 취득하도록 하였으나, 2017년 개정세법에서 동 요건을 삭제하였다. 2017.1.1. 이후 과세표준을 신고하는 경우부터 소급 적용한다(2016.12.20. 개정된 법 부칙 §19).

1 주체 (업종기준)

합병당사법인 및 과세특례의 주체는 아래의 특정업종을 경영하는 내국법인이다(조특령 §44의 4 ①).
① 의료용 물질 및 의약품 제조업
② 의료용 기기 제조업
③ 건설업
④ 해상 운송업
⑤ 선박 및 수상 부유 구조물 건조업
⑥ 1차 철강 제조업
⑦ 기초유기화학물질 제조업
⑧ 합성고무 및 플라스틱 물질 제조업

위의 업종을 주된 사업으로 경영하여야 한다. 주된 사업은 합병등기일이 속하는 사업연도의 직전 사업연도를 기준으로 한국표준산업분류상의 분류에 따라 판단하며, 둘 이상의 서로 다른 사업을 경영하는 경우에는 사업별 사업수입금액이 큰 사업을 주된 사업으로 본다.

2017년 개정세법에서 위 ⑥~⑧의 업종을 특례 업종에 추가하였다.

2 합병으로 발생한 중복자산의 양도

상기 주체 간에 합병·분할합병하여 중복자산이 발생하여야 한다. 단, 합병은 같은 업종 간의 합병으로 한정된다(조특법 §47의 4 ①).

중복자산이란 합병당사법인(분할합병 포함)의 사업에 직접 사용되던 자산으로서 그 용도가 동일하거나 유사한 사업용 유형고정자산을 말한다(조특령 §44의 4 ②).

합병법인이 합병등기일로부터 1년 이내에 중복자산을 양도하여야 한다.

Ⅲ. 과세특례

중복자산의 양도법인

1-1 익금불산입

중복자산의 양도차익(그 중복자산에 대한 합병평가차익 및 분할평가차익 포함)에 대해서는 아래의 산식에 따라 계산한 금액을 양도일이 속하는 과세연도의 각 사업연도 소득에 대한 법인세 계산 시 세무조정으로 익금불산입할 수 있다(조특령 §44의 4 ④).

$$\text{익금불산입 금액} = \left(\text{중복자산의 양도차익} - \text{이월결손금} + \text{합병평가차익 상당액} \right)$$

(가) 중복자산의 양도차익

중복자산의 양도차익은 양도가액에서 장부가액을 차감하여 계산되며, 장부가액은 감가상각누계액을 차감한 순장부가액으로 한다(조특령 §44의 4 ④ 1호 → §30 ④ 1호).

(나) 이월결손금

중복자산의 양도일이 속하는 연도의 직전 과세연도 종료일 현재 15년 이내에 개시한 사업연도에서 발생한 세무상 결손금으로서 그 후의 각 사업연도의 과세표준 계산을 할 때 공제되지 아니한 금액의 합계액을 말한다(법법 §13 ① 1호).

(다) 합병평가차익 상당액

피합병법인으로부터 승계받은 중복자산의 경우 당해 자산에 대한 합병평가차익 또는 분할평가차익상당액이다. 반면에 승계하지 아니하고 합병법인이 본래부터 보유하였던 중복자산을 양도하는 경우에는 동 평가차익을 합산하지 않는다.

1-2 분할과세

익금불산입한 금액은 양도일이 속하는 사업연도 종료일 이후 3년이 되는 날이 속하는 사업연도부터 3개 사업연도의 기간 동안 균분한 금액 이상을 익금산입하여야 한다(조특법

§47의 4 ① 후단). 균분액 이상을 익금산입하도록 되어 있으므로 납세자의 선택에 따라 일시에 전액을 익금산입할 수 있다. 예컨대 후술하는 의무위반사유가 발생할 것으로 예상되는 경우에는 이자상당가산액을 회피하기 위해서 전액 익금산입할 수 있다.

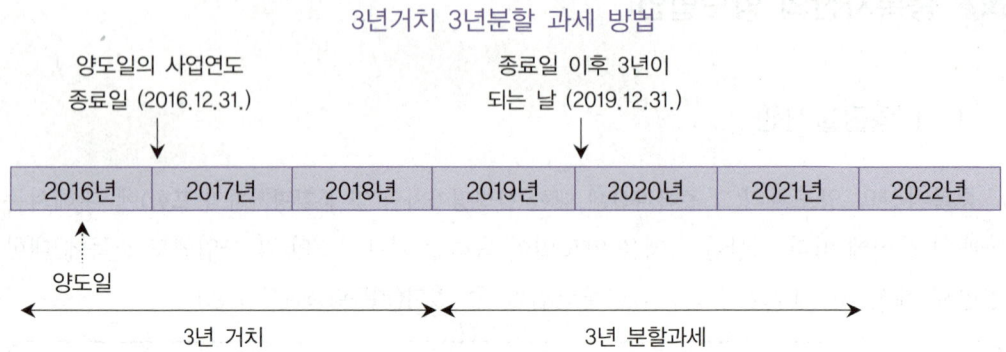

2 사후관리

과세특례를 적용받은 내국법인이 합병등기일부터 3년 이내에 해당 사업을 폐업하거나 해산한 경우에는 익금불산입한 금액(법 §47의 4 ①) 전액을 일시에 익금산입하며, 이자상당가산액을 납부한다(조특법 §47의 4 ②, 조특령 §44의 4 ⑥).

이자상당가산액은 제8부 제1장 제2절 Ⅲ. 2-3 부분을 참조하기 바란다(조특법 §47의 4 ② 후단 → §33 ③ 후단).

Ⅳ. 조세특례제한 등

중복자산 양도일이 속하는 사업연도의 과세표준신고와 함께 양도차익명세 및 분할익금산입조정명세서(별지 제12호의 2 서식)를 제출하여야 한다(조특령 §44의 4 ⑦).

Ⅴ. 제121조의 31 합병에 따른 중복자산의 양도에 대한 과세특례

법 제47조의 4와 법 제121조의 31의 비교

차례	법 제47조의 4 특례	법 제121조의 31 특례
Ⅱ. 1. 주체	업종 기준 요건	해당 없음. 단, 사업재편계획에 따라야 함
Ⅱ. 2. 중복자산	합병으로 인한 중복자산의 양도	좌 동
Ⅲ. 1. 분할과세	3년거치 3년분할 과세	좌 동
Ⅲ. 2. 사후관리	3년 이내 해당 사업 폐업·해산	좌열 사유에 사업재편계획의 승인 취소 추가. 또한 중복자산은 승계한 고정자산에서 제외❶
Ⅳ. 절차	양도차익명세 및 분할익금산입조정명세서	좌열 명세서에 사업재편계획서 및 사업재편계획이행보고서 추가

❶ 합병법인이 합병등기일이 속하는 사업연도의 종료일 이전에 피합병법인으로부터 승계한 고정자산 가액의 50% 이상을 처분하거나 사업에 사용하지 아니하는 경우에는 사업의 계속성 요건을 충족하지 못한 것으로 간주하거나 사업을 폐지한 것으로 보아 사후관리 규정이 적용된다(법령 §80의 2 ⑥·§80의 4 ⑧). 그러나 사업재편계획에 따른 합병으로 발생한 중복자산은 승계한 고정자산에서 제외하여 사업의 계속성 요건 또는 사업 폐지 규정을 적용하지 아니한다(조특령 §116의 35 ③).

사업전환기업 조세지원제도

제1절 서설

Ⅰ. 의의

사업조정이란 기업의 조직을 변경시키지 않고 사업내용을 변경하는 방법 등을 사용하여 기업의 환경변화에 대응하고자 하는 구조조정 형태를 의미한다.[1] 그 예로서 기업개선작업, 기업교환, 사업전환 등이 있으며, 제5장에서는 그 중 사업전환을 다룬다.

사업전환기업 조세지원제도

조문	특례요건	과세특례(대상기업)
§33 사업전환 무역조정지원기업에 대한 분할과세 등 ('23년말 폐지)	기업이 기존 사업용고정자산을 양도하고 신규 사업용고정자산을 대체취득	- 양도차익에 대해 법인은 3년거치 3년분할 익금산입 - 개인은 기계장치에 대해 신규취득자산 처분 시점까지 과세이연하고, 부동산은 양도소득세를 50% 감면
§33의 2 사업전환 중소기업 및 무역조정지원기업 세액감면('18년말 폐지)	사업을 양도·폐업하고 전환사업을 영위하거나, 사업을 축소하고 전환사업을 추가	전환사업 발생소득에 대해 50% 세액감면

무역조정지원기업을 대상으로 하여 보자면 제2절의 사업용고정자산의 양도차익에 대한 과세특례가 사업전환 시점의 지원제도라면, 제3절의 세액감면제도는 사업전환 이후 영업활동단계에서의 지원제도에 해당한다.

---

1) 김우철, 「기업구조조정 지원세제의 현황과 개선방향」, 한국재정학회, 2009.6., p.10.

Ⅱ. 이월과세와 과세이연의 비교

이월과세와 과세이연 모두 개인사업자의 종전 사업용고정자산의 양도 시 양도소득세 납부를 특정 시점까지 늦춰주는 특례라는 점에서 공통점을 갖고 있다. 그러나 이월과세의 경우 후속 납부 시점에 양도소득세가 아닌 법인세로 과세되며, 그 납부의 주체가 변경된다는 점에서 과세이연과 차이점이 있다.

이월과세와 과세이연의 비교

구 분		이월과세	과세이연
과세특례	대상세목	사업용고정자산 등에 대한 양도소득세	사업용고정자산 등에 대한 양도소득세
	특례조건	현물출자 등을 통한 양도	공장의 이전 등의 경우 신사업용고정자산 대체취득
	특례수혜자	개인	개인
	특례의 내용	양도차익 전체에 대한 양도소득세❶ 과세 제외	양도차익 중 일부인 과세이연금액❷에 대한 양도소득세 과세제외
후속납부	후속사유	법인의 종전사업용고정자산 양도	신사업용고정자산 양도
	납세자	법인	개인
	대상세목	법인세	양도소득세
	부담세액	과세이연된 금액에 대한 양도소득세	(신사업용자산 양도가액 - 과세이연금액)을 신사업용자산의 취득가액으로 보아 계산한 세액
	대상제도	■ 중소기업 간 통합에 대한 양도소득세 등의 이월과세(§31) ■ 법인전환에 대한 양도소득세 등의 이월과세(§32)	■ 사업전환중소기업에 대한 과세특례(§33)

❶ 개인이 종전사업용고정자산을 동 법인에게 양도한 날이 속하는 과세기간에 다른 양도자산이 없다고 보아 계산한 양도소득세 산출액임.
❷ 과세이연금액 = 종전사업용고정자산 등의 양도에 따른 양도차익 × (신사업용고정자산등의 취득가액 ÷ 종전사업용고정자산등의 양도가액)

CHAPTER 06 기업교환에 대한 조세지원제도

제1절 서설

Ⅰ. 의의

사업조정이란 기업의 조직을 변경시키지 않고 사업내용을 변경하는 방법 등을 사용함으로써 기업의 환경변화에 대응하고자 하는 구조조정의 형태를 의미한다.[1] 그 예로서 기업개선작업, 기업교환, 사업전환 등이 있으며, 제5장에서는 사업전환기업에 대한 조세지원제도를 다루었고, 본 장에서는 기업교환에 대한 조세지원제도를 살펴본다.

기업교환이란 2 이상의 기업집단이 사업을 서로 교환하거나 지배주주가 보유하고 있는 특정 계열사의 주식을 상호 교환하여 기업을 양수도함으로써 다자간에 핵심 사업을 정비하는 구조조정이다. 대규모 사업조정(Big Deal)의 수단으로 활용된다.

기업교환에 대한 조세지원제도에는 기업교환 과정에서 발생한 양도소득 과세, 자산취득에 대한 과세, 채무면제·인수 및 변제와 관련된 조세지원제도를 주된 내용으로 한다.

경우에 따라서는 사업조정을 원활하게 추진하기 위하여 주주 등이 기업의 부채를 인수·변제하거나 채권자(금융기관)가 부채를 감면하는 경우가 있는데, 이 경우 채무면제익에 대한 과세문제, 인수·변제 또는 감면액의 손금산입 문제가 발생한다.

---

[1] 김우철, 「기업구조조정 지원세제의 현황과 개선방향」, 한국재정학회, 2009.6., pp.10 및 41-42.; 이하 서설의 내용은 본 논문을 참조함.

Ⅱ. 지원제도의 비교

조문	특례요건	과세특례
§46의 7 벤처기업등의 주식교환 과세이연	비상장법인인 벤처기업등(코넥스 상장기업 포함)과 창업 후 3년 이내의 기술우수중소기업의 주주가 소유하는 주식을 교환하거나 현물출자하는 경우	개인주주의 양도소득세를 새로운 주식의 처분 시까지 과세이연
§46의 8 주식매각 후 벤처기업등 재투자	벤처기업등의 주주가 소유 주식을 양도 후 벤처기업등에 재투자하는 경우	개인주주의 양도소득세를 새로운 주식의 처분 시까지 과세이연
§46 기업 간 주식등의 교환에 대한 과세이연('17년 말 폐지)	재무구조개선계획에 따라 지배주주 등이 보유주식 전부를 양도하여 교환하는 경우	개인주주의 양도소득세와 법인주주의 법인세(압축기장충당금 설정)를 새로운 주식의 처분 시까지 과세이연

현재 기업교환에 대한 조세지원제도 중 벤처기업의 성장·회수 단계 및 재투자 단계의 조세지원제도를 살펴보면, 그 특례의 주된 내용은 주식의 양도차익에 대한 소득세 또는 법인세를 기업교환으로 취득한 신주의 처분 시까지 과세이연하는 것이다.

정부의 관계부처 합동으로 2013.5.15. 발표한 「벤처·창업 자금 생태계 조성 대책」에 따른 벤처·창업계의 단계별 세제지원 내용은 다음과 같다.

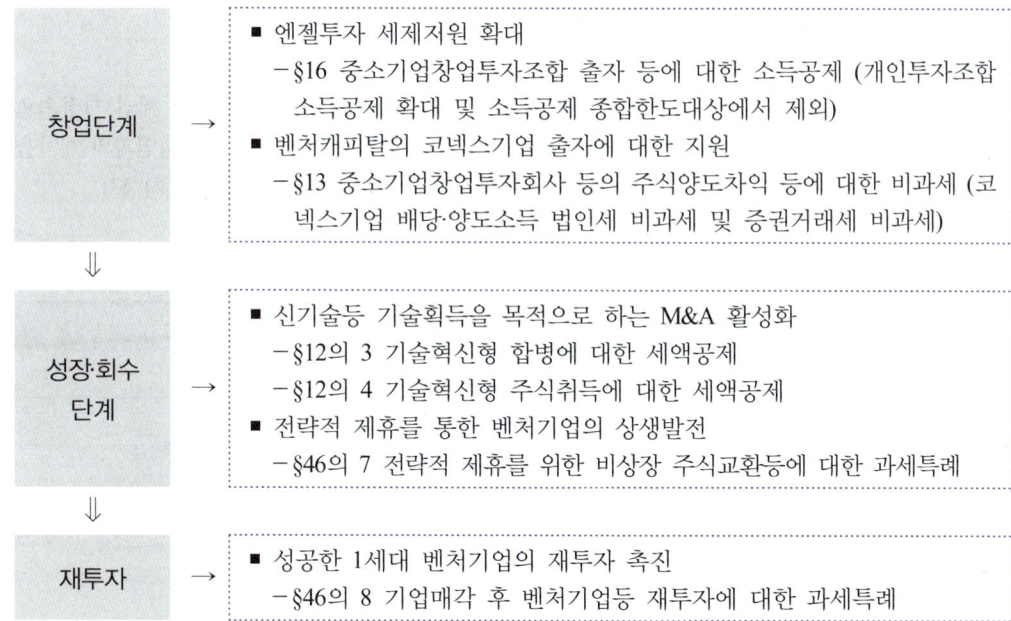

제2절 [제46조의 7] 전략적 제휴를 위한 비상장 주식교환등에 대한 과세이연

I. 의의

비상장법인인 벤처기업등(코넥스 상장기업 포함)과 창업 후 3년 이내의 기술우수중소기업의 주주가 소유하는 주식을 타 주식회사와 교환하거나 현물출자하는 경우, 그 양도차익에 대한 양도소득세를 새로이 취득한 주식을 처분할 때까지 과세이연하는 제도이다.

벤처기업과 다른 기업 간의 전략적 제휴를 위한 주식교환이 보다 쉽게 이루어질 수 있도록 하여, 벤처기업 네트워크 강화를 통한 상생발전과 M&A 활성화를 통한 신기술 획득 등 성장 동력 확보를 지원하기 위한 목적이다.

법 제46조의 2에서 규정된 벤처기업의 전략적 제휴를 위한 주식교환등에 대한 과세특례가 2009.12.31.로 적용기간이 만료된 이후, 2014년 벤처기업 생태계 활성화를 위해 재도입되었다. 다만 종래의 법 제46조의 2 규정에 따른 과세특례의 후속적 적용을 위하여 동 조항은 삭제하지 아니하고 존치시켰다. 양자의 내용이 유사하므로, 법 제46조의 2 규정을 해석할 경우에는 본 장의 내용을 참조하도록 한다.

일몰기한은 2024.12.31.이다.

종래 일몰기한이 2015.12.31.인 상황에서 연장이 이루어지지 않았으나, 2016년 말 세법 개정으로 소급적용하였다. 일몰을 연장하는 개정규정은 2016.12.1.이 속하는 과세연도에 제휴법인과의 계약을 통하여 협력관계를 형성한 계획에 대해서도 적용한다(2016.12.1. 개정된 시행령 부칙 §3).

개정연혁

연 도	개정 내용
2020년	■ 적용대상 추가 : 코넥스 상장 벤처기업
2022년	■ 적용대상 추가 : 창업 후 3년 이내의 기술우수중소기업

Ⅱ. 요건

비상장법인인 벤처기업등(코넥스 상장기업 포함)과 창업 후 3년 이내의 기술우수중소기업의 주주가 소유하는 벤처기업등의 주식을 전략적 제휴계약에 따라 타 주식회사(이하 "제휴법인")가 보유한 자기주식 또는 제휴법인 주주의 주식과 교환하거나 제휴법인에 현물출자하고 신주를 배정받아야 한다(조특법 §46의 7 ①).

 **주체**

과세특례의 주체는 벤처기업, R&D 비율이 5% 이상인 중소기업과 창업 후 3년 이내의 기술우수중소기업(이하 "벤처기업등")의 주주이다. 본 과세특례의 내용이 양도소득세를 과세이연하는 특례이므로 벤처기업등의 주주는 개인으로 한정된다.

1-1 벤처기업등

(가) 벤처기업

벤처기업에서 상장법인은 제외되지만, 코넥스(KONEX) 상장기업은 포함한다.
벤처기업의 정의는 「벤처기업육성에 관한 특별조치법」 (이하 "벤처기업법")에 따른 벤처기업으로, 제2부 제2절 Ⅱ. 3-1 (1)을 참조하기 바란다.

(나) R&D 비율이 5% 이상인 중소기업

R&D 비율이 5% 이상인 중소기업이란 주식교환 또는 현물출자(이하 "주식교환등")하는 날이 속하는 사업연도의 직전 사업연도의 연구·인력개발비가 매출액의 5% 이상인 중소기업을 말한다(조특령 §43의 7 ①).
연구인력개발비는 연구인력개발비 세액공제의 연구인력개발비(법 §9 ② 1호)와 동일하며, 중소기업은 조세특례제한법에 따른 중소기업이다.

(다) 창업 후 3년 이내의 기술우수중소기업

창업 후 3년 이내의 기술우수중소기업이란 다음 각 기업을 말한다(조특령 §43의 7 ②).

① 기술성 우수 평가 기업

창업 후 3년 이내의 중소기업으로서 기술성이 우수한 것으로 평가받은 기업이다(벤처기업육성에 관한 특별조치법 §2의 2 ① 2호 다목).

② 연구개발기업

창업 후 3년 이내의 중소기업으로서 주식교환 또는 현물출자일이 속하는 과세연도의 직전 과세연도에 연구·인력개발비(조특법 §10 ①)를 3천만원 이상 지출한 기업. 다만, 직전 과세연도의 기간이 6개월 이내인 경우에는 연구·인력개발비를 1천5백만원 이상 지출한 중소기업으로 한다.

③ 기술신용평가 우수 기업[1]

창업 후 3년 이내의 중소기업으로서 「신용정보의 이용 및 보호에 관한 법률」에 따른 기술신용평가업무를 하는 기업신용조회회사가 평가한 기술등급이 기술등급체계상 상위 50%에 해당하는 기업이다.

'기술등급'이란 기업 및 법인의 기술과 관련된 기술성·시장성·사업성 등을 종합적으로 평가한 등급을 말한다. 기술신용평가(Technology Credit Bureau; TCB)란 신용평가사(예, 기술보증기금, NICE 평가정보)가 금융기관의 의뢰를 받아 기업에 대한 여신심사를 위해 기업의 기술성과 신용도를 종합평가하는 제도이다.

코넥스시장의 자금조달 기능을 강화하고 벤처기업의 경쟁력을 높이기 위하여, 2020년 개정세법에서 코넥스상장기업인 벤처기업에 대해서도 전략적 제휴를 위한 주식교환 등에 대하여 양도소득세 과세 이연을 적용하도록 하였다. 개정규정은 2020.1.1. 이후 주식교환등을 하는 분부터 적용한다(2019.12.31. 개정된 법률 부칙 §20).

2022년 세법 개정에서 전략적 제휴를 위한 비상장 주식교환등에 대한 과세특례의 대상에 창업 후 3년 이내의 기술우수 중소기업을 추가하였다. 개정규정은 2022.1.1. 이후 같은 개정규정에 따른 주식교환등을 하는 경우부터 적용한다(2021.12.28. 개정된 법률 부칙 §12).

1-2 벤처기업등의 주주

벤처기업등의 주주는 해당 법인의 의결권 있는 발행주식 총수의 10% 이상을 보유한 주주로 한다(조특령 §43의 7 ③). 제휴법인의 경우에는 최대주주임을 요하는 반면에 벤처기업 등의 주주는 최대주주임을 요하지 않음에 유의하여야 한다.

---

[1] 종래 기초연구법에서는 서비스 분야의 범위를 한정적으로 열거하였으나, 2020.3.3. 기초연구법 시행령을 개정하여 유흥 등 관련 분야(동법 시행령 별표 1)를 제외한 모든 서비스 업종으로 확대하였음. 기초연구법 시행령 [별표 1]은 서비스 분야에서 제외되는 유흥 등 관련 분야 분야의 범위를 규정하고 있으므로, '별표 1의 업종에 해당하지 않는 서비스 분야의 업종에 해당하는'으로 개정하여야 함.

또한 벤처기업등의 주주 1인과 그 특수관계인이 제휴법인의 최대주주와 특수관계에 있지 않아야 한다(조특법 §46의 7 ① 2호).

㉮ "제휴법인의 최대주주"란 법인의 의결권 있는 발행주식 총수를 기준으로 주주 1인과 그의 특수관계인이 보유하는 주식을 합하여 그 수가 가장 많은 경우의 그 주주 1인을 말한다(조특령 §43의 7 ⑦).

㉯ "특수관계인 및 특수관계"는 국세기본법 시행령 제1조의 2 제1항과 제2항에 해당하는 관계에 따른다(조특령 §43의 7 ⑥).

국세기본법상 특수관계인은 제3부 제3장 제6절 Ⅱ. 2-1을 참조하기로 한다.

2 전략적 제휴계획 등

벤처기업등과 제휴법인 간의 전략적 제휴계획에 따라 주식교환등이 이루어지고, 주식교환등으로 취득한 주식을 각각 1년 이상 보유하도록 하는 계약을 벤처기업등과 제휴법인 간에 체결하여야 한다(조특법 §46의 7 ① 2호·3호).

"전략적 제휴계획"이란 벤처기업등의 생산성향상과 경쟁력강화 등을 목적으로 제휴법인과의 계약을 통하여 협력관계를 형성하고자 하는 계획으로 아래의 요건을 갖추어야 한다(조특령 §43의 7 ④·⑤).

① 벤처기업과 제휴법인이 계약당사자가 될 것
② 제휴대상 사업내용이 실현가능하고 구체적일 것
③ 제휴사업에서 발생하는 손익의 분배방법을 정할 것
④ 기술·정보·시설·인력 및 자본 등의 협력에 관한 사항을 포함하고 있을 것

법인 간의 전략적 제휴 없이 단순히 주식을 교환하는 경우에는 특례 요건을 충족할 수 없음에 주의하여야 한다.

● **주식 100%를 이전하여 완전자회사가 되는 경우** (제외)

쟁점법인이 완전자회사가 되는 '주식교환매입계약'을 체결하면서 전략적 제휴사업에서 발생하는 손익에 관한 분배방법 등을 언급하고 있는 '전략적 제휴계약'을 동시에 체결하였다 하나 두 계약은 서로 배치되는 내용이라 양립하기 어려운 점, 쟁점법인이 발행한 주식 100%를 넘겨 완전자회사가 되는 주식교환계약에 따라 쟁점주식을 교환한 것이라 이를 전략적 제휴에 따른 주식교환으로 보기는 곤란하다(조심 2017서5012, 2018.1.23.).

● **인수로 인해 지배·피지배의 관계가 성립한 경우** (제외)

주식매매 및 투자계약서 제1조(계약의 목적)에서 '갑·을·병은 본 계약에서 정한대로 인수합병

을 진행하기 위하여 다음과 같이 합의한다'라고 인수합병이 명시되어 있는 등 쟁점주식거래로 기술제휴를 통한 협력관계가 아닌 주-BBB의 주-AAA 주식의 인수로 인해 지배회사(주-BBB)와 피지배회사(주-AAA)의 관계가 된 것으로 보이는 점, (이하 중략) 전략적 제휴계약서에서 제휴대상 사업내용의 구체성이 확인되지 아니하는 점, 청구인들이 제출한 계약서에는 전략적 제휴에 따른 손익의 분배방법이 명확히 기재되어 있지 아니한 것으로 보이는 점에 비추어 위와 같은 청구인들의 주장은 받아들이기 어려운 것으로 판단된다(조심 2021서3136, 2021.12.15.).

● **의무보유기간에 대한 약정과 전략적 제휴계획이 없는 경우** (제외)

체결된 주식교환매입계약서 또는 전략적 제휴계약서에는 교환으로 취득한 주식에 대한 의무보유기간에 대한 약정이 없어 쟁점주식의 교환이 과세이연 요건을 충족한다고 보기 어려운 점, (이하 중략) 구체적인 제휴사업이 특정되어 있지 아니하고, 공동으로 추진하는 제휴사업에서 발생하는 수익의 분배방법이 정해져 있지 아니한바, (이하 중략) 이 건 주식교환은 쟁점법인을 완전자회사로 지배하기 위한 기업지배구조 개편의 일환으로 보이는 점 등에 비추어 조특법 제46조의7에 따른 과세특례의 요건을 충족하지 못한다(조심 2018서0770, 2018.4.9.).

3 주식교환 또는 현물출자

전략적 제휴계약에 따라 벤처기업등의 주주가 보유한 벤처기업등의 주식을 제휴법인이 보유한 자기주식 또는 제휴법인 주주의 주식과 교환하거나 제휴법인에 현물출자하고 출자가액에 상당하는 신주를 받아야 한다(조특법 §46의 7 ①).

Ⅲ. 과세특례

1 주식양도차익에 대한 과세이연

벤처기업등의 주주가 주식교환등을 함에 따라 발생하는 소득(이하 "주식과세이연금액")에 대해서는 양도소득세를 과세하지 아니하고 과세이연한 후 추후 주식교환등으로 취득한 제휴법인의 주식을 양도할 때 다음의 금액을 취득가액으로 보아 양도소득세를 과세한다(조특령 §43의 7 ⑧).

$$\text{신주 취득가액} = \text{양도주식의 취득가액} - \left(\text{주식과세 이연금액} \times \frac{\text{양도한 주식}}{\text{주식교환등으로 취득한 주식}} \right)$$

"양도주식의 취득가액"이란 주식교환등으로 취득한 주식 중 양도한 주식의 취득가액이다. 이 경우 주식교환등 외의 다른 방법으로 취득한 주식이 있으면 주식교환등으로 취득한 주식을 먼저 양도한 것으로 보아 양도소득세를 과세한다.

2 사후관리

본 과세특례를 적용받은 이후 주식교환등의 당사자가 주식교환등으로 취득한 주식을 각각 1년 이상 보유하지 않는 경우에는 그 이연받은 양도소득세를 추징한다(조특법 §46의 7 ②). 제휴법인등이 의무 위반하는 경우에도 추징의 대상자는 벤처기업등의 주주이다.

추징사유가 발생한 때에는 아래의 산식에 따른 금액을 해당 사유발생일이 속하는 과세연도의 과세표준신고서와 함께 납부하여야 한다(조특령 §43의 7 ⑨).

$$\text{납부세액} = \text{주식과세이연금액} \times \frac{\text{사유 발생일의 잔여주식 수}}{\text{주식교환등으로 취득한 주식 수}} \times \text{양도소득세율}$$

"양도소득세율"은 주식교환등을 한 당시의 세율(소법 §104 ①)을 말한다.

Ⅳ. 조세특례제한 등

1 절차

주식교환등을 한 날이 속하는 분기의 말일부터 2개월 이내에 과세표준신고와 함께 벤처기업등 주식교환·현물출자 주식양도차익과세이연신청서(별지 제41호의 4 서식)에 전략적 제휴계획, 주식교환계약서와 세제지원대상 여부를 확인할 수 있는 서류를 첨부하여 납세지 관할 세무서장에게 제출하여야 한다(조특령 §43의 7 ⑩).

"세제지원대상 여부를 확인할 수 있는 서류"란 벤처기업법 제14조 제3항에 따라 중소기업청장이 세제지원 대상임을 확인한 서류를 말한다. 다만, 본 과세특례의 주체 중 R&D비율이 5% 이상인 중소기업의 주주의 경우에는 벤처기업법에 따른 대상이 아니므로 동 확인서류를 제출하지 아니한다(조특칙 §19의 3).

제3절 [제46조의 8] 주식매각 후 벤처기업등 재투자에 대한 과세이연

Ⅰ. 의의

벤처기업 또는 이전에 벤처기업이던 기업의 주주로서 당해 기업의 주식을 양도하고 그 양도대금을 벤처기업등에 재투자한 경우, 그 주식양도차익에 대한 양도소득세를 새로이 취득한 주식을 처분할 때까지 과세이연하는 제도이다.

성공한 벤처기업인의 재투자 인센티브가 부족하여 후배 창업기업에 대한 재투자가 이루어지지 않는 현실을 감안하여, 성공한 벤처 1세대의 재투자를 촉진하며 후배 창업기업에게는 신규투자 증가와 함께 성공경험 및 노하우를 공유토록 하기 위한 취지이다.

2014년 개정세법에서 도입되었다. 일몰기한은 2026.12.31.이다.

개정연혁

연 도	개정 내용
2023년	■ 과세이연 대상을 재투자에 사용된 주식 양도차익으로 명확화함
2024년	■ 재투자 기한 요건 완화 : 양도소득세 예정신고 기한일부터 1년 → 2년 이내

Ⅱ. 요건

1 주체

벤처기업, 또는 벤처기업이었던 기업이 벤처기업에 해당하지 아니하게 된 이후 7년 이내 기업(이하 "매각대상기업")의 주주이다. 본 과세특례의 내용이 양도소득세를 과세이연하는 것이므로 매각대상기업의 주주는 개인으로 한정된다.

1-1 매각대상기업

"매각대상기업"은 벤처기업 또는 벤처기업이었던 기업이 벤처기업에 해당하지 아니하게 된 이후 7년 이내 기업이다(조특법 §46의 8 ①).

벤처기업의 정의는 「벤처기업육성에 관한 특별조치법」(이하 "벤처기업법")에 따른 벤처기업이다. 제2부 제2절 Ⅱ. 3-1 (1)을 참조하기 바란다.

1-2 매각대상기업의 주주

매각대상기업의 주주는 해당 법인의 창업주 또는 발기인으로서 주주인 자를 말한다(조특령 §43의 8 ①).

종전에는 창업주 또는 발기인으로서 최대주주인 경우만을 특례의 주체로 하였으나, 2017년 개정세법에서 창업주 또는 발기인에 해당하는 경우에는 최대주주 이외의 주주도 가능하도록 하였다. 2017.1.1. 이후 매각대상기업의 주식을 양도한 경우부터 적용한다(2017.2.7. 개정된 시행령 부칙 §10).

2 주식의 양도

매각대상기업의 주주가 본인이 보유한 주식의 30% 이상을 특수관계인 외의 자에게 양도하여야 한다(조특법 §46의 8 ①, 조특령 §43의 8 ②).

특수관계인은 국세기본법 시행령 제1조의 2 제1항과 제2항에 해당하는 관계에 따른다(조특령 §43의 8 ③). 준용되는 국세기본법상 특수관계인의 범위는 제3부 제3장 제6절 Ⅱ. 2-1을 참조하기 바란다.

종전에는 매각대상기업의 의결권 있는 발행주식 총수의 50% 또는 매각대상기업의 주주 본인이 보유한 주식의 80%를 양도하도록 하였으나, 2017년 개정세법에서 본인 보유 주식 30%를 양도하도록 요건을 완화하였다. 또한 그 양도에 따라 매각대상의 기업의 최대주주가 최대주주의 지위에서 벗어날 것을 요구하였으나 동 요건을 삭제하였다. 관련 부칙은 1-2를 참조하기로 한다.

3 재투자

3-1 재투자 요건

(1) 재투자 금액 요건

매각대상기업 주식양도대금 중 50% 이상을 후술하는 재투자대상에 재투자하여야 한다.

2019년 개정세법에서 벤처자금의 선순환을 지원하기 위하여 주식양도 대금 중 재투자하여야 하는 금액 요건을 종전 80% 이상에서 50% 이상으로 완화하였다. 2019.1.1. 이후 매각대상기업의 주식을 양도하는 분부터 적용한다(2018.12.24. 개정된 법률 부칙 §17).

(2) 재투자 기한

매각대상기업의 주식매각으로 발생하는 양도소득에 대한 양도소득세 예정신고 기간의 종료일로부터 2년 이내에 재투자하여야 한다(조특령 §43의 8 ⑤).

동 종료일은 원칙적으로 양도일이 속하는 반기(半期)의 말일부터 2개월이다(소법 §105).

종래에는 재투자기한을 주식양도일로부터 6개월 이내로 하였으나, 2017년 개정세법에서 양도소득세 예정신고 기간의 종료일로부터 6개월 이내로 연장하였다. 관련 부칙은 1-2를 참조하기로 한다.

2019년 개정세법에서 양도소득세의 과세를 이연받을 수 있는 특례의 재투자기한을 양도소득세 예정신고기한 종료일부터 6개월에서 1년으로 연장하였다. 2019.1.1. 이후 매각대상기업의 주식을 양도하는 분부터 적용한다. 2019.1.1. 전에 매각대상기업의 주식을 양도한 분을 2019.1.1. 이후 재투자하는 경우에는 개정규정에도 불구하고 종전의 규정에 따른다(2019.2.12. 개정된 시행령 부칙 §6 및 §26).

2024 개정 창업자 등이 벤처기업에 재투자하는 기한을 종래에는 양도소득세 예정신고 기한일로부터 1년으로 하였으나, 2년으로 연장함. 2024.2.29. 전에 매각대상기업의 주식을 매각한 자가 2024.2.29. 이후 재투자를 하는 경우 과세특례를 적용받기 위한 재투자 기간에 관하여는 개정규정에도 불구하고 종전의 규정에 따름. 위 규정에도 불구하고 2024.2.29. 당시 매각대상기업의 주식매각으로 발생하는 양도소득에 대한 예정신고 기간의 종료일부터 1년이 지나지 않은 경우에는 개정규정을 적용함(2024.2.29. 개정된 시행령 부칙 §21).

(3) 3년 이상 보유

재투자로 취득한 주식 또는 출자지분(이하 "주식등")을 3년 이상 보유하여야 한다(조특법 §46의 8 ① 3호).

(4) 특수관계인 제외

매각대상기업의 주주 1인과 그 특수관계인이 재투자대상 벤처기업등의 최대주주와 특수관계에 있지 않아야 한다(조특법 §46의 8 ① 2호).

"최대주주"란 법인의 의결권 있는 발행주식 총수를 기준으로 주주 1인과 그의 특수관계인이 보유하는 주식을 합하여 그 수가 가장 많은 경우의 그 주주 1인을 말한다(조특령 §43의 8 ④). 특수관계의 정의는 2.에서 기술하였다(조특령 §43의 8 ③).

(5) 승계투자, 재투자의 제외

일부 승계투자 또는 다시 재투자하는 경우에 해당하지 않아야 한다(조특법 §46의 8 ① 단서).

아래의 3-2 재투자 대상 중 (1) 벤처투자조합에 출자, (2) 벤처기업투자신탁 수익증권투자, (3) 개인투자조합에 출자하는 경우에는 타인의 출자지분이나 투자지분 또는 수익증권(이하 "수익증권등")을 양수하는 방법으로 재투자하는 경우에는 제외된다. 즉 수익증권등에 신규로 출자·투자하여야 한다. 다만 (4) 벤처기업등에 투자하는 경우에는 승계투자 방식이 당연히 허용된다.

또한 재투자로 인하여 취득한 주식 또는 출자지분을 처분한 후 다시 재투자하는 경우에도 제외된다. 다시 재투자하는 경우 제외되는 조항은 (4) 벤처기업등에 투자하는 경우를 포함하여 모든 재투자 대상에 적용된다.

3-2 재투자 대상

전술한 요건에 따라 다음의 재투자 대상에 재투자하여야 한다(조특법 §46의 8 ① 1호). 동 재투자의 대상은 법 제16조 중소기업창업투자조합 출자등에 대한 소득공제 대상과 유사하므로 예규·판례등 기존 사례는 해당 부분을 참조하기 바란다(제3부 제2장 제8절 Ⅱ. 1).

(1) 벤처투자조합 등에 출자 (가목)

벤처투자조합, 신기술사업투자조합 또는 전문투자조합(이하 "투자조합")에 출자하는 경우이다.

벤처투자조합 등의 상세 내용은 제3부 제2장 제4절 Ⅱ. 1-3을 참조하기 바란다.

(2) 벤처기업투자신탁의 수익증권 투자 (나목)

벤처기업투자신탁의 수익증권에 투자하여야 한다. 벤처기업투자신탁의 요건은 법 제16조 중소기업창업투자조합 출자 등에 대한 소득공제의 규정을 준용한다(조특령 §43의 8 ⑥ → §14 ①).

제3부 제2장 제9절 Ⅱ. 1-2 (1) 및 (2)를 참조하기로 한다.

종래 벤처기업투자신탁의 요건을 본 특례에서 직접 규정하였으나, 2018년 개정세법에서 그 요건을 완화하여 법 제16조 규정을 준용하도록 개정하였다. 2018.2.13. 이후 설정된 벤처기업투자신탁에 투자하는 분부터 적용한다. 2018.2.13. 전에 설정된 벤처기업투자신탁에 투자하는 경우에 대해서는 개정규정에도 불구하고 종전의 규정에 따른다(동일자로 개정된 시행령 부칙 §8·§19).

(3) 개인투자조합에 출자 (다목)

매각대상기업의 주주가 개인투자조합[1](Angel Capital)에 출자한 금액을, 개인투자조합이 해당 출자일 속하는 과세연도의 다음 과세연도 종료일까지 아래의 벤처기업등에 투자하여야 한다.(조특령 §43의 8 ⑦).

㉮ 벤처기업
㉯ 벤처기업에 준하는 창업 후 3년 이내 중소기업으로서 기술성이 우수한 것으로 평가받은 기업[2]

(4) 벤처기업등에 투자 (라목)

벤처기업등의 범위는 위 (3)에서 본 바와 같다.

A매각대상기업의 주주인 신청인이 보유하고 있는 매각대상기업의 지분 전부를 B벤처기업에게 현물출자 형식으로 재투자한 경우, 매각대상기업 주식의 양수자와 재투자 대상 벤처기업이 동일함에도 불구하고 과세특례를 적용한다. 이때 과세이연 금액은 전체 양도소득이 아니라 양도차익 중 전체 양도가액에서 재투자한 부분에 한정한다(재금융세제-204, 2022.8.9.).

---

[1] "개인투자조합"이란 개인 등이 벤처투자와 그 성과의 배분을 주된 목적으로 결성하는 조합으로서 벤처투자법에 따라 등록한 조합을 말한다(벤처투자 촉진에 관한 법률 §2 8호).
[2] 기술신용보증기금, 중소기업진흥공단 등의 보증 또는 대출기관의 평가에 따름[벤처기업법 §2의 2 ① 2호 다목 (3)].

Ⅲ. 과세특례

1 주식양도차익의 과세이연

매각대상기업의 주주가 매각대상기업 주식의 양도 대금 중 그 재투자에 사용된 금액(이하 "주식과세이연금액")에 대해서는 양도소득세를 과세하지 아니하고 과세이연한다. 추후 재투자로 취득한 주식 또는 출자지분(이하 "재투자주식등")을 양도할 때 다음의 금액을 취득가액으로 보아 양도소득세를 과세한다(조특령 §43의 8 ⑧).

$$\text{재투자주식등 취득가액} = \text{양도주식등의 취득가액} - \left(\text{주식과세이연금액} \times \frac{\text{양도한 주식 수}}{\text{재투자주식등의 수}} \right)$$

양도주식등의 취득가액이란 재투자주식등 중 양도한 주식등의 취득가액이다.

이 경우 재투자 외의 다른 방법으로 취득한 주식등이 있으면 재투자주식등을 먼저 양도한 것으로 보아 양도소득세를 과세한다.[3]

종래 과세이연 대상을 '매각으로 발행하는 양도차익'으로 규정하였으나, 2023년 개정세법에서 '그 재투자에 사용된 금액'으로 명확히 규정함.

2 사후관리

본 과세특례를 적용받은 이후 의무위반 사유가 발생한 경우에는 의무위반 사유별로 그 이연받은 양도소득세를 추징한다(조특법 §46의 8 ③).

2-1 재투자 기한 요건 위배

(1) 양도소득세와 예정신고관련 납부불성실가산세의 부과

매각대상기업의 주주가 양도소득세의 과세를 이연받은 후 재투자 기한(영 §43의 8 ⑤) 이내에 재투자하지 아니한 때에는 매각대상기업의 주주가 예정신고는 했으나 양도소득세를

---

[3] 소득세법에서는 양도자산이 특정되지 않는 경우 원칙적으로 먼저 취득한 자산을 먼저 양도한 것으로 보지만 (소령 §162 ⑤), 이에 대한 특례임.

납부하지 아니한 것으로 간주한다(조특령 §43의 8 ⑨). 따라서 신고불성실가산세는 부과하지 아니한다.

재투자 관련 의무위반 사유가 발생한 직후 과세표준신고와 함께 매각대상기업의 주식양도에 따른 양도소득세와 예정신고관련 납부불성실가산세(국기법 §47의 4 ①)를 납부하여야 한다(조특령 §43의 8 ⑩).[4]

(2) 부득이한 사유의 예외

다음의 부득이한 사유가 있는 경우에는 재투자 기한 이내 재투자하지 아니한 경우에도 예정신고관련 납부불성실가산세를 부과하지 아니하나, 과세이연된 금액에 대해서는 양도소득세를 납부한다(조특령 §43의 8 ⑬).
① 매각대상기업의 주주의 사망
② 해외이주법에 따른 해외이주로 세대전원이 출국하는 경우
③ 천재지변으로 재산상 중대한 손실이 발생하는 경우

부득이한 사유가 발생한 경우에는 양도소득세 예정신고 기한(소법 §105) 내에 양도소득 과세표준 신고와 함께 과세이연금액에 대한 양도소득세를 납부하여야 한다. 이 경우 양도소득세의 세율은 매각대상기업 주식을 양도한 당시의 양도소득세율(소법 §104 ①)로 한다(조특령 §43의 8 ⑭).

부득이한 사유 발생 시 과세이연금액에 대한 양도소득세의 납부 시기를 종전에는 사유발생일이 속하는 달의 분기의 말일로부터 2개월 이내로 하였으나, 2017년 개정세법에서 양도소득세 예정신고 기한으로 변경하였다. 관련 부칙은 Ⅱ. 1-2를 참조하기로 한다.

2-2 주식 보유 요건 위배

재투자로 취득한 주식등을 3년 이상 보유하지 않은 경우에는 아래의 산식에 따른 금액을 해당 사유발생일이 속하는 과세연도의 과세표준신고서와 함께 납부하여야 한다(조특령 §43의 8 ⑪).

$$\text{납부세액} = \text{주식과세이연금액} \times \frac{\text{사유 발생일의 잔여주식 수}}{\text{재투자로 취득한 주식 수}} \times \text{양도소득세율}$$

양도소득세율은 기업매각을 위하여 주식을 양도한 당시의 양도소득세율(소법 §104 ①)

---

[4] 그러나 납부불성실가산세는 원칙적으로 신고로 납부하여야 할 세액이 있는 경우에 부과된다는 점에서 본 특례에 따라 양도소득세가 과세이연되는 경우에는 납부할 세액이 없어 동 가산세를 부과할 실익이 없는 것으로 판단된다(제4장 제3절 Ⅳ. 1. 참조).

을 적용한다.

재투자로 취득한 주식등 중 3년 이내에 양도한 주식에 대하여는 주식과세이연금액에 대해 양도소득세를 납부하였으므로(1. 참조), 잔여주식에 대해서만 일시에 양도소득세를 과세한다.

특례 및 사후관리 규정에 따른 양도소득세·가산세 납부 및 신고기한

구분	과세이연 특례	재투자기한 위배	부득이한 사유	보유 요건 위배
신고기한	예정신고기한	예정 또는 확정신고기한	예정신고기한	확정신고기한
양도소득세	과세이연	납부	납부❶	납부❶
가산세	×	예정신고납부 불성실가산세	×	×

❶ 기업매각을 위해 주식을 양도한 당시의 종전 양도소득세율에 의함.

Ⅳ. 조세특례제한 등

 **절차**

양도소득세의 과세이연 신청을 하려는 자는 양도소득 과세표준 예정신고(소법 §105)와 함께 벤처기업 재투자에 따른 주식양도차익 과세이연신청서(별지 제41호의 5 서식 및 부표)에 주식매매계약서 및 세제지원대상 여부를 확인할 수 있는 서류를 첨부하여 납세지 관할 세무서장에게 제출하여야 한다. 다만 재투자를 한 이후에는 재투자확인서를 납세지 관할 세무서장에게 제출하여야 한다(조특령 §43의 8 ⑫).

세제지원대상 여부를 확인할 수 있는 서류란 다음의 서류를 말한다(조특칙 §19의 4).
① 정관 사본 또는 그 밖에 과세이연 신청을 하려는 자가 매각대상기업(영 §43의 8 ①)의 창업주 또는 발기인임을 확인할 수 있는 서류
② 매각대상기업에 대한 벤처기업확인서(벤처기업법 §25 ②)
③ 재투자한 법인에 대한 벤처기업확인서 또는 벤처기업법에 따라 기술성이 우수한 것으로 평가를 받은 것을 확인할 수 있는 서류(벤처기업법 §2의 2 ① 2호 다목 (3))

다만, 재투자 대상 중 개인투자조합에 출자하거나 벤처기업등에 투자하는 경우(법 46조의 8 ① 1호 다목 및 라목)에 해당하는 재투자의 경우에만 동 서류의 제출의무가 있다.

종래에는 과세이연 신청을 주식양도일이 속하는 분기의 말일로부터 2개월 이내로 하였으나, 2017년 개정세법에서 양도소득세 예정신고 기한으로 변경하였다. 관련 부칙은 Ⅱ. 1-2를 참조하기로 한다.

제4절 [구 제46조] 기업 간 주식등의 교환에 대한 과세이연(일몰종료) `일몰종료`

I. 의의

일방 법인의 지배주주등이 재무구조개선계획에 따라 주식등 전부를 양도하고 타방 법인의 주식등을 양수하여 주식교환하는 경우, 그 주식등의 양도차익에 대해 새로이 취득한 주식을 처분할 때까지 과세이연하는 제도이다.

채권금융기관협의회등과의 약정, 기업회생절차 등 구조조정기업이 사업을 고도화·전문화하거나 지역적 효율성을 높이기 위하여, 기업의 지배주주등이 주식을 교환하여 다른 기업의 사업과 맞교환하는 빅딜(Big Deal)등을 하는 경우 조세지원하려는 취지이다.

1999년 도입되어 한시적으로 이용되었다가, 이후 2009년 중 재도입되어, 2009.5.21. 이후 최초로 양도하는 분부터 적용되었다. 그러나 적용기업이 없는 등 실효성이 없어 다시 2012.12.31.로 폐지되었다.

이후 구조조정을 지원하기 위하여 2015년 개정세법에서 다시 도입되었다. 2015.1.1. 이후 주식등을 교환하는 경우부터 적용한다(2014.12.23. 개정된 법 부칙 §17).

일몰기한이 2017.12.31.이었으나 동 기한을 연장하지 아니하여 2017년 말에 폐지되었다.

다만 법 제121조의 30 기업 간 주식등의 교환에 대한 과세특례를 이 절 마지막에 본 특례와 함께 비교하였으므로, 비교 목적으로 계속 서술하기로 한다. 동 특례의 일몰기한은 2023.12.31.이다.

II. 요건

내국법인(이하 "교환대상법인")의 지배주주등이 재무구조개선계획에 따라 주식 또는 출자지분(이하 "주식등") 전부를 양도하고 다른 내국법인(이하 "교환양수법인")의 주식등을 법 소정의 방식에 따라 그 소유비율에 비례하여 양수하여야 한다(조특법 §46 ①).

1 주체

교환대상법인과 교환양수법인은 모두 내국법인이어야 한다.

(가) 교환대상법인의 지배주주등

교환의 일방 주체는 교환대상법인의 주주·출자자 및 그 특수관계인("지배주주등")이어야 한다. 지배주주등의 범위는 법인세법에 따른 지배주주등 및 특수관계에 있는 자[1]로 한다(조특령 §43 ① → §36 ⑥ → 법령 §43 ⑦⑧).

(나) 교환양수법인 또는 그 지배주주

교환의 상대방은 교환양수법인 또는 교환양수법인의 지배주주등이다. 교환양수법인은 교환대상법인과 법인세법상 특수관계인에 해당하지 않아야 한다(조특령 §43 ④ → 법령 §87 ① 각 호).

2 재무구조개선계획

재무구조개선계획은 법에 열거된 것으로 재무구조개선계획승인권자가 승인하여야 한다(조특법 §46 ①).

재무구조개선계획의 종류 및 승인권자는 법 제34조 기업금융채무상환을 위한 과세특례 조항을 준용하고 있다(조특령 §43 ②·③ → §34 ⑥ 1호~4호·⑦ 1호~4호). 제7장 제2절 Ⅱ. 2. 재무구조개선계획 부분을 참고하기 바란다.

---

[1] 법인세법상 지배주주에 대해서는 제4장 제2절 Ⅱ. 3-1 (2-2), 법인세법상 특수관계인은 제3부 제1장 제4절 Ⅱ. 1-1을 참조하기 바람.

3 주식등의 교환

3-1 교환방식

교환대상법인의 지배주주등이 주식등 전부를 양도하고 교환양수법인의 주식등을 아래의 방식에 따라 양수하여야 한다(조특법 §46 ①).

① 교환양수법인이 이미 보유하거나 새롭게 발행한 주식등을 양수하는 방법
  교환양수법인이 보유하고 있는 자기주식을 교부하거나 신주를 발행하여야 한다.

② 교환양수법인의 지배주주등이 보유한 주식등의 전부를 양수하는 방법
  교환대상법인 및 교환양수법인이 서로 다른 기업집단[독점규제 및 공정거래에 관한 법률(이하 "공정거래법") §2 2호]에 소속되어 있는 경우에만 가능하다.

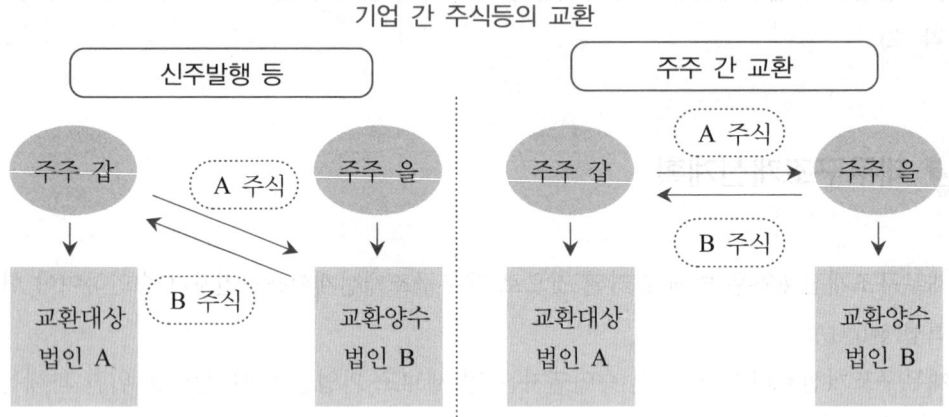

기업 간 주식등의 교환

3-2 주식 배정 요건

교환대상법인의 주식을 양도한 지배주주등 간의 해당 법인 주식등의 지분율에 따라 교환양수법인의 주식등이 배분되어야 한다(조특령 §43 ⑤).

Ⅲ. 과세특례

교환대상법인의 지배주주등과 교환양수법인의 지배주주등(이하 "지배주주등") 또는 교환양수법인이 교환의 당사자이며 이들 간의 교환으로 인하여 발생한 양도차익에 대하여 과세특례를 부여한다.

법인 지배주주등

1-1 주식양도차익 과세이연

법인인 지배주주등이 주식등을 교환하는 경우에는 주식등을 양도함에 따라 발생한 양도차익에 상당하는 금액에 대해서는 법인세를 과세하지 아니하고 이후 양수한 주식등을 처분할 때까지 과세이연할 수 있다(조특법 §46 ①). 처분에는 상속 및 증여가 포함된다.

과세이연하기 위해서는 교환일이 속하는 사업연도에 다음의 산식에 따른 주식양도차익에 대해 주식의 압축기장충당금을 설정하여 손금산입하여야 한다(조특령 §43 ⑥ 1호 가목). 다만 과세이연금액은 양수한 교환양수법인의 주식등의 가액을 한도로 한다.

$$\text{주식양도차익} = \text{주식의 시가} - \text{주식의 장부가액}$$

주식의 시가는 양도 당시의 법인세법상 시가(법법 §52 ②)로 하며, 주식의 장부가액은 양도일 전일의 장부가액으로 한다.

1-2 신주 처분 시 익금산입

교환양수법인의 주식등(신주)을 양도(증여·상속 포함)하는 경우, 양도일이 속하는 사업연도에 다음 산식에 따른 금액을 익금에 산입한다(조특령 §43 ⑥ 1호 나목).

$$\text{익금산입 금액} = \text{압축기장충당금} \times \frac{\text{주식의 교환으로 취득한 주식 중 처분주식 수}}{\text{주식의 교환으로 취득한 주식 수}}$$

이 경우 주식교환 외의 다른 방법으로 취득한 주식등이 있으면 주식교환으로 취득한 주식을 먼저 양도한 것으로 보아 익금산입한다.

1-3 적격분할등 주식의 교환 시 특례

당초 적격물적분할 또는 적격현물출자(법법 §47·§47의 2)함에 따라 법인세를 과세이연 받은 후, 본 특례에 따라 주식등의 교환이 이루어지는 경우에는, 교환하여 취득한 주식을 양도할 때까지 다시 과세이연한다(조특법 §46 ④).

과세이연되는 금액은 양수한 교환양수법인의 주식등의 가액에 상당하는 금액을 한도로 하여 현물출자 또는 물적분할 당시의 과세이연받은 금액으로 한다. 과세이연되는 금액을 교환양수법인의 주식등의 압축기장충당금으로 계상하며, 동 주식등을 양도하는 사업연도에 해당 압축기장충당금을 익금에 산입한다(조특령 §43 ⑩).

2 개인 지배주주등

주식등을 교환함에 따라 주식등을 양도할 때 양도소득세를 납부하지 아니하고 과세이연한 후, 추후 교환양수법인의 주식을 처분할 때 다음의 금액을 취득가액으로 보아 양도소득세를 과세한다(조특법 §46 ①).

> 신주 취득가액 = 주식등의 취득가액 - 주식 과세이연금액

3 원천징수의무 면제

Ⅱ. 3-1 ② 교환양수법인의 지배주주등이 보유한 주식등의 전부를 양수하는 교환방식에 있어서 나타난 교환대상법인의 자산부족액을 익금에 산입하여 이를 법인세법 제67조에 따라 그 귀속자에게 소득처분하는 경우, 해당 법인은 소득세법에도 불구하고 그 처분금액에 대한 소득세를 원천징수하지 아니한다(조특법 §46 ②).

교환대상법인의 원천징수의무를 면제하여 그 부담을 덜어주고, 소득처분 받은 자가 직접 소득세를 신고 납부하도록 하였다.

이때 교환대상법인의 자산부족액은 기업교환계약에 자산의 실사에 대한 내용이 포함되어 있는 경우로서, 주식양도일 현재의 자산부족액을 해당 법인이 증권선물위원회에 요청하여 지명을 받은 회계법인으로부터 확인 받아 수정하여 회계처리한 것에 한정한다(조특령 §43 ⑦).

4 사후관리

주식등의 양도일이 속하는 사업연도의 종료일 이후 5년 이내에 다음의 의무위반사유가 발생한 경우에는 과세이연된 금액 등에 대해 추징한다(조특법 §46 ③). 이 경우 이자상당액을 가산하여 납부한다(조특령 §43 ⑧).

① 교환대상법인이 속하였던 기업집단에 교환대상법인과 동일한 업종을 경영하는 법인이 속하게 되는 경우

업종의 분류는 한국표준산업분류의 소분류(세 자리 숫자)에 따른다(조특령 §43 ⑨).

② 지배주주등이 교환대상법인의 주식등을 다시 보유하게 되는 경우

의무위반사유가 발생한 날이 속하는 과세연도에 납부하지 아니한 세액을 납부하거나 소득금액을 계산할 때 손금에 산입한 금액을 익금에 산입하여야 한다.

Ⅳ. 조세특례제한 등

1 절차

주식양도일이 속하는 과세연도에 기업교환계약서, 주식등 양도·양수명세서(별지 제40호의 3 서식), 과세이연신청서(별지 제40호의 4 서식)를 납세지 관할세무서장에게 제출하여야 한다(조특령 §43 ⑫).

2 자료제출의무

재무구조개선계획승인권자는 교환대상법인의 그 승인일이 속하는 사업연도 종료일까지 재무구조개선계획의 내용을 재무구조개선계획서(별지 제40호 서식)에 따라 교환대상법인의 납세지 관할세무서장에게 제출하여야 한다(조특령 §43 ⑪).

또한 재무구조개선계획승인권자는 주식등의 양수도일이 속하는 사업연도와 그 다음 3개 사업연도의 과세표준 신고기한 종료일까지 재무구조개선계획이행보고서(별지 제40호의

2 서식)를 교환대상법인의 납세지 관할세무서장에게 제출하여야 한다. 이 경우 교환대상법인이 재무구조개선계획승인권자의 확인을 받아 재무구조개선계획서 또는 재무구조개선계획이행보고서를 납세지 관할세무서장에게 제출하는 경우에는 재무구조개선계획승인권자가 제출한 것으로 본다.

Ⅴ. 제121조의 30 기업 간 주식등의 교환에 대한 과세특례

법 제46조와 법 제121조의 30의 비교

차례	법 제46조 특례	법 제121조의 30 특례
Ⅱ. 1. 주체	교환대상법인의 지배주주등	좌동
Ⅱ. 1. 주체에서 제외되는 경우	법인세법상 특수관계인	법인세법상 특수관계인. 단, 동일한 기업집단에 소속된 다른 계열회사는 특수관계인에서 제외
Ⅱ. 2. 계획	재무구조개선계획	사업재편계획
Ⅱ. 3. 교환	자기주식 교부, 신주발행, 주식 전부 양수(교환방식) 및 주식 배정 요건	좌동
Ⅲ. 1. 2. 특례	법인·개인 지배주주의 과세이연	좌동
Ⅲ. 3. 원천징수	원천징수 면제	좌동
Ⅲ. 4. 사후관리	5년 이내 주식 재보유 등 의무위반 사유	좌열 사유에 사업재편계획의 승인 취소 추가
Ⅳ. 절차	재무구조개선계획서, 재무구조개선계획이행보고서	사업재편계획서, 사업재편계획이행보고서

종래 개인의 경우에도 사후관리에 따른 추징시기를 추징사유가 발생한 과세연도의 과세표준 신고일까지로 하였으나, 2018년 개정세법에서 사유 발생일이 속하는 반기의 말일로부터 2개월 이내로 조정하였다(조특법 §121의 30 ③).

종래 개인의 이자상당액 계산 기간을 양도소득세를 납부하지 아니한 과세기간 종료일의 다음 날부터 납부하는 과세연도의 종료일까지의 기간으로 하였으나, 2018년 개정세법에서 당초 양도소득세 예정신고 납부기한의 다음 날부터 추징세액의 납부일까지를 기준으로 기간 계산하도록 변경하였다(조특령 §116의 34 ⑦). 2018.2.13. 이후 주주등이 추징사유의 어느 하나에 해당하게 된 경우부터 적용한다. 2018.2.13. 전에 주주등이 추징사유의 어느 하나에 해당하게 된 경우에 대해서는 개정규정에도 불구하고 종전의 규정에 따른다(동일자로 개정된 영 부칙 §13·§21).

CHAPTER 07 기업교환에 대한 조세지원제도

제1절 서설

　기업의 재무구조 개선을 목적으로 부채비율을 감소시키기 위해서는 기업이 소유한 자산을 양도하거나, 또는 이해관계자인 주주·금융기관 등이 자산을 증여하거나 채무를 면제하게 된다. 이러한 경우 해당 재무구조개선대상기업은 양도차익, 자산수증익 또는 채무면제익이 발생하게 되고, 주주·금융기관은 출연을 통해 실질적인 손해가 발생하게 되므로 이에 대한 조세지원을 필요로 한다.

기업재무구조개선 지원제도

조문	특례요건	과세특례	
		재무구조개선대상기업	주주 또는 채권자
§34 내국법인의 금융채무상환을 위한 자산매각	내국법인이 재무구조개선계획에 따라 자산양도 후 채무상환	양도차익에 대해 법인은 4년거치 3년분할 익금산입	
§39 채무의 인수 변제 분할과세 ('16년 재도입)	법인주주가 재무구조개선계획에 따라 채무를 인수변제하고, 대상법인을 양도·청산	채무감소액을 4년거치 3년분할 익금산입	법인주주의 채무인수변제액의 손금산입
§40 주주등의 자산양도에 관한 법인세등 분할과세등	주주등이 재무구조개선계획에 따라 자산증여 후 수증법인이 금융채권자에 대한 채무상환	자산수증익에 대해 4년거치 3년분할 익금산입	■ 법인주주의 자산증여 시에는 손금산입 ■ 양도대금 증여 시에는 법인은 익금불산입하고, 개인은 양도소득세 100% 감면

조문	특례요건	과세특례	
		재무구조개선대상기업	주주 또는 채권자
§44 기업의 채무면제익 분할과세 등	회생계획인가 결정등에 따라 금융채권자가 채무면제	이월결손금을 초과하는 채무면제익에 대해 4년거치 3년분할 익금산입	금융채권자는 채무면제액(채무의 출자전환 포함)을 손금산입
§45 감자 익금불산입 등('12년 말 폐지)	재무구조개선계획에 따라 주식등을 증여받은 후 대상법인의 무상소각	자산수증익에 대해 익금불산입	법인주주의 주식등의 장부가액 손금산입
§52 금융기관의 자산·부채 인수 손금산입 특례	금융위원회의 계약이전명령(결정)에 따라 부실금융기관으로부터 초과 부채를 이전받은 경우		채권자인 금융기관은 순부채액에 대해 손금산입

유사 제도를 비교해 보자면, 법 제34조 기업의 금융채무상환을 위한 자산매각 시 특례와 법 제40조 주주등의 자산양도 시 특례는, 채무상환을 위한 자산의 매각과 관련된 조세지원이다. 법 제34조는 재무구조대상기업이 보유한 자산을 양도하여 채무상환하는 경우 발생한 양도차익에 대해 분할과세하고, 법 제40조는 주주가 보유한 자산을 양도하여 채무상환하는 경우 주주와 기업에게 각각 발생한 양도차익과 자산수증익을 손금산입 또는 분할과세하는 제도이다.

법 제44조 기업의 채무면제익에 대한 특례는 이해관계자인 법인주주 또는 금융기관이 기업의 채무를 면제하는 경우, 기업의 채무면제익에 대해서는 분할과세하고 채권자에게는 손금산입을 지원하는 제도이다.

[제34조] 내국법인의 금융채무 상환을 위한 자산매각에 대한 분할과세

I. 의의

내국법인이 재무구조 개선을 목적으로 재무구조개선계획에 따라 자산을 양도하여 채무를 상환하는 경우, 그 양도차익 중 채무상환액에 상당한 금액에 대해서 익금불산입한 연후 4년거치 3년분할 익금산입한다(분할과세).

2008년 9월 세계금융위기가 2009년 초부터 실물부문으로 이전됨에 따라, 민간부문의 자발적인 기업구조조정을 지원하기 위하여 2009년에 도입된 제도이다. 이후 2012.12.31. 일몰기한의 도래로 폐지되었으나, 2014년 개정세법에서 재도입되었다.

과세특례의 주체 중 개인에 대해서는 2015년 말 일몰기한 도래로 본 특례의 적용을 중단하고, 법인에 한하여 그 적용기한을 연장하였다. 2016.1.1. 전에 거주자가 자산을 양도한 경우에 대해서는 개정규정에도 불구하고 종전의 규정에 따른다(2015.12.15. 개정된 법 부칙 §49).

일몰기한은 2026.12.31.이다.

법 제121조의 26 내국법인의 금융채무 상환을 위한 자산매각에 대한 과세특례를 이 절 마지막에 본 특례와 함께 비교하였다.

개정연혁

연 도	개정 내용
2016년	▪ 개인에 대한 일몰기한 도래로 적용 중단
2017년	▪ 중소기업과 한국자산관리공사의 약정을 특례대상에 추가
2018년	▪ 채권자 범위 확대 : 채권금융기관 → 금융채권자

Ⅱ. 요건

내국법인이 재무구조개선계획에 따라 자산을 양도하여야 한다.

1 주체

본 과세특례의 주체는 재무구조개선의 대상인 기업으로 내국법인이 해당한다(조특법 §34 ①). 제7장에서 서술하는 여타의 기업재무구조 개선지원제도와는 달리, 재무구조개선기업의 주주 및 출자자는 과세특례의 주체에 포함되지 않는다.

2 재무구조개선계획

재무구조개선계획은 법에 열거된 것으로 재무구조개선계획승인권자가 승인하고 채무상환약정이 포함되어야 한다(조특법 §34 ①).

2-1 종류 및 승인권자

재무구조개선계획은 금융채권자채무의 총액, 내용, 상환계획 및 양도할 자산의 내용, 양도 계획을 명시하여야 하며, 그 승인권자가 승인한 다음에 열거된 것이다(조특령 §34 ⑥·⑦).
재무구조개선계획이 없거나 재무구조개선계획 승인권자가 승인하지 아니한 경우에는 본 특례가 적용되지 않는다(법규재산 2012-191, 2012.5.11.).

(1) 워크아웃 (1호)

「기업구조조정 촉진법」 제2조 제5호에 따른 주채권은행 또는 같은 법 제22조에 따른 금융채권자협의회(이하 "금융채권자협의회등")가 같은 법 제14조에 따라 기업과 체결한 기업개선계획의 이행을 위한 약정을 말한다.
승인권자는 금융채권자협의회등이다.

(2) 채권단 자율협약 (2호)

재무구조개선 대상기업에 대한 채권을 가진 은행 간 재무구조개선 대상기업의 신용위험

평가 및 구조조정방안 등에 대한 협의를 위하여 설치한 협의회(이하 "채권은행자율협의회")가 그 설치 근거 및 재무구조개선 대상기업에 대한 채권을 가진 은행의 공동관리절차를 규정한 협약에 따라 재무구조개선 대상기업과 체결한 기업개선계획의 이행을 위한 특별약정을 말한다.

승인권자는 채권은행자율협의회이다.

채권은행자율협의회 운영협약에 가입되지 아니한 채권자에 대한 채무로서, 해당 채권자와의 별도 약정에 의해 상환되는 채무는 본 과세특례의 적용대상에서 제외한다(법규법인 2010-0220, 2010.9.28.). 반면에 해당 내국법인이 「기업구조조정촉진법」 등 각종 법률에 따라 재무구조개선절차가 진행 중인 법인이 아닌 경우에도 특례 적용 요건을 충족한다면 과세특례를 적용받을 수 있다(사전법령법인-1138, 2021.1.22.).

(3) 금융위원회의 적기시정조치 (3호)

「금융산업의 구조개선에 관한 법률」 제10조에 따라 금융위원회가 해당 금융기관에 대하여 권고·요구 또는 명령하거나 그 이행계획을 제출할 것을 명한 적기시정조치를 말한다.

승인권자는 금융위원회이다.

(4) 기업회생절차 (4호)

「채무자 회생 및 파산에 관한 법률」 제193조에 따른 회생계획으로서 같은 법 제245조에 따라 법원이 인가결정을 선고한 것을 말한다.

승인권자는 관할법원이다.

(5) KAMCO와 중소기업의 약정 (5호)

「한국자산관리공사 설립 등에 관한 법률」(이하 "자산관리공사법")에 따른 한국자산관리공사(KAMCO)가 다음 어느 하나에 해당하는 중소기업과 체결한 재무구조개선을 위한 약정을 말한다.

㉮ 부실징후기업(자산관리공사법 §2 3호)
㉯ 구조개선기업(동법 §2 3호의 2)

승인권자는 한국자산관리공사이다.

2017년 개정세법에서 중소기업과 한국자산관리공사가 체결한 자산양도를 통한 채무상환계획의 이행을 위한 특별 약정을 특례 대상에 추가하였다. 2017.2.7. 이후 재무구조개선계획에 따라 양도하는 경우부터 적용한다(2017.2.7. 개정된 시행령 부칙 §6).

2-2 채무상환약정

재무구조개선계획에는 자산양도일로부터 채무상환기한까지 금융채권자채무를 상환한다는 내용이 포함되어야 한다(조특법 §34 ①).

(1) 자산양도일

자산양도일은 원칙적으로 소득세법상 양도 시기 규정(소령 §162)에 따른다(조특령 §34 ②). 다만, 예외적으로 채권금융기관이 채무상환액을 수령할 수 없는 사정이 있어서 상환이 불가능한 경우에는 부득이한 사유가 있는 것으로 보아 그 사유가 종료된 날을 자산양도일로 한다(조특령 §34 ③).

채권은행자율협의회가 재무구조개선 대상기업에 대한 채권과 관련한 원금 및 이자의 상환을 유예하는 경우는 금융채권자가 채무상환액을 수령할 수 없는 사정이 있어서 상환이 불가능한 부득이한 사유에 해당하지 않는다(서면법인-0978, 2018.8.6.).

그리고, 내국법인이 자금조달의 목적으로 불특정 다수의 금융채권자에게 발행한 회사채가 만기 전 상환 또는 상환동의를 받을 수 없는 구조로 되어 있는 경우는 상환이 불가능한 경우에 해당하지 않는다(사전법령법인-0983, 2020.11.30.).

소득세법상 자산양도일

구분	양도일
원칙	잔금청산일, 단 선등기 시에는 등기접수일
청산불분명 시	등기접수일
장기할부조건매매	각 회의 부불금(계약금은 첫 회 부불금에 포함) 수령일❶
증여	수증일. 다만 등기를 요하는 자산의 경우에는 등기접수일
대물변제	등기접수일
소송판결	잔금청산일
공익사업 수용	잔금청산일, 수용의 개시일 또는 등기접수일 중 빠른 날. 다만 소유권 소송으로 보상금이 공탁된 경우 소송 판결 확정일
미완성자산	목적물이 완성 또는 확정된 날
환지처분 시	환지 전의 토지 취득일
부동산과다법인주식	50% 이상이 양도되는 날

❶ 장기할부조건매매의 경우에는 소득세법상으로는 등기 접수일·인도일 또는 사용수익일 중 빠른 날이지만, 본 특례에서는 각 회의 할부금 수령일을 자산양도일로 한다(조특령 §34 ①).

(2) 채무상환기한

채무상환기한은 원칙적으로 자산양도일부터 3개월이 되는 날이다(조특령 §34 ④).

예외적으로, 전술한 부득이한 사유(조특령 §34 ③)가 있는 경우로서 그 사유가 종료된 날이 자산양도일부터 3개월이 되는 날보다 늦은 경우에는 그 부득이한 사유가 종료된 날의 다음 날을 채무상환기한으로 한다.

(3) 금융채권자채무

금융채권자채무의 범위는 재무구조개선계획에 채무의 내용 및 자산의 양도를 통한 상환계획이 명시되어 있는 것으로서 다음의 금액으로 한다(조특령 §34 ⑤).

① 차입금

금융채권자로부터 사업과 관련하여 차입한 차입금. 금융채권자란 금융채권을 보유한 자를 말한다(기업구조조정 촉진법 §2 2호). 금융채권자는 2016.3.18. 제정된 기업구조조정 촉진법에서 도입된 개념으로 기존의 채권 금융기관보다 넓은 개념이다. 연기금, 공제회 등을 포함한다.

② 상기 차입금에 대한 이자

③ 회사채

해당 내국법인이 자금조달의 목적으로 발행한 회사채로서 금융채권자가 매입하거나 보증한 것

④ 기업어음

해당 내국법인이 자금조달의 목적으로 발행한 기업어음으로서 금융채권자가 매입한 것

종래에는 채권자를 「금융실명거래 및 비밀보장에 관한 법률」에 따른 채권금융기관에 한정하였으나, 2018년 개정세법에서 기업구조조정 촉진법에 따른 금융채권자로 그 범위를 확대하였다. 2018.2.13. 이후 과세표준을 신고하는 경우부터 소급적용한다(동일자로 개정된 시행령 부칙 §6).

2018.2.13. 이후 신고하는 분부터는 채권은행자율협의회를 구성하는 채권은행이 설립한 SPC로부터 자산 유동화 형태로 차입한 자금도 금융채권자 채무에 포함된다(서면법령법인-2311, 2018.9.27.).

3 자산의 양도

재무구조개선계획에 따라 자산을 양도하여야 한다. 대상 자산과 양도방법은 재무구조개선계획에 따라 결정된다.

Ⅲ. 과세특례

1 분할과세

자산의 양도차익에 대해 법인은 익금불산입한 연후 분할과세한다.

1-1 익금불산입

양도차익 중 채무상환에 사용한 금액(이하 "양도차익상당액")을 양도일이 속하는 사업연도에 세무조정으로 익금불산입한다(조특령 §34 ⑧).

$$\text{양도차익 상당액} = \left[\text{양도차익} - \text{이월결손금의 합계액} \right] \times \frac{\text{양도가액 중 채무상환액}}{\text{양도가액}}$$

산식의 의미는 자산의 양도차익에서 법인세법상 이월결손금을 공제한 잔액에 대해, 양도가액 중 채무를 실제로 상환한 금액에 상당하는 부분만 익금불산입한다는 취지이다.

(가) 양도차익

자산의 양도가액에서 장부가액(감가상각누계액을 차감한 순장부가액)을 차감한다.

(나) 이월결손금의 합계액

자산양도일이 속하는 연도의 직전 사업연도 종료일 현재 15년 이내에 개시한 사업연도에서 발생한 세무상 결손금으로서 그 후의 각 사업연도의 과세표준 계산을 할 때 공제되지 아니한 금액의 합계액을 말한다(법법 §13 ① 1호). 채무면제이익 등의 이월결손금보전 조항(법법 §18 6호)에 따라 무상으로 받은 자산의 가액과 채무의 면제 또는 소멸로 인한 부채의 감소액으로 먼저 이월결손금을 보전하는 경우에는 이월결손금에서 그 보전액을 차감한 금액으로 한다.

(다) 양도가액 중 채무상환액

자산의 양도가액 중 채무상환약정에 의하여 금융채권자채무를 상환한 금액을 말한다. 자산양도일이 속하는 사업연도 종료일까지 금융채권자채무를 상환하지 아니한 경우에는 채무상환(예정)명세서상의 예정가액으로 한다(조특령 §34 ⑨). 채무상환기한이 자산양도일로부터 3개월 또는 부득이한 사유가 종료한 날의 다음 날로 연장되기 때문에 채무상환 전의 가액 산정방법을 규정한 것이다.

1-2 분할과세

익금불산입한 금액은 양도일이 속하는 사업연도 종료일 이후 3개 사업연도의 기간 동안 익금산입하지 아니하고 그 다음 3개 사업연도의 기간 동안 균분한 금액 이상을 익금산입하여야 한다(조특법 §34 ①). 법 제33조 사업전환 무역조정지원기업에 대한 익금불산입 제도는 3년거치 3년분할 과세인 반면에(제5장 참조), 본 익금불산입 제도는 4년거치 3년분할 과세임에 주의하여야 한다.

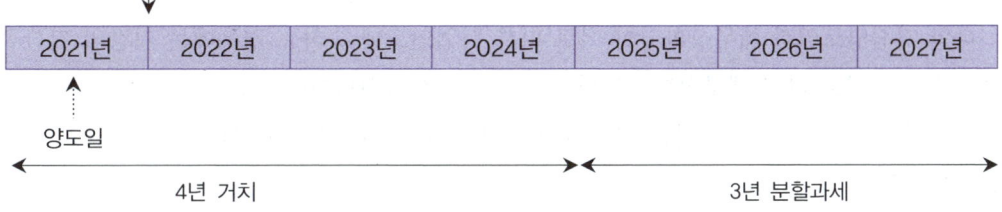

4년거치 3년분할 과세 방법

사례의 경우 2025년도에 대한 법인세를 2026년 3월까지 납부하는 분부터 분할과세가 시작된다. 이후 2026년도 및 2027년도에 대한 법인세 납부 시 분할 익금산입하여야 한다.

2 사후관리

과세특례를 적용받은 내국법인이 채무를 상환하지 않는 등 의무위반사유가 발생한 경우에는 과세특례의 내용에 따라 추징하며, 또한 이자상당액을 가산하여 납부하여야 한다(조특법 §34 ②).

2-1 의무위반 사유

(1) 채무상환 불이행 (1호)

재무구조개선계획에 따라 채무를 상환하지 아니한 경우이다.

(2) 부채비율의 증가 (2호)

자산을 양도한 내국법인의 부채비율이 자산 양도 후 3년 이내의 기간 중 기준부채비율보다 증가하게 된 경우이다.

(2-1) 기간계산

자산 양도 후 3년 이내의 기간을 적용할 때, 첫번째 연도는 자산양도일부터 해당 사업연도 종료일까지의 기간으로 한다(조특령 §34 ⑭).

다만 자산양도일과 채무상환일이 서로 다른 사업연도에 속하는 경우에는 기간의 기산점을 채무상환일로 하여 채무상환일부터 3년의 기간을 계산한다(조특령 §34 ⑬). 따라서 채무상환일이 기간의 기산점이 되는 경우의 첫번째 연도는 채무상환일부터 해당 사업연도 종료일까지의 기간이 된다.

(2-2) 부채비율

부채비율은 아래의 산식에 따라 계산한다(조특령 §34 ⑮).

$$부채비율 = 부채 \div 자기자본$$

(가) 부채

각 사업연도 종료일 현재 재무상태표상의 부채의 합계액 중 타인으로부터 조달한 차입금의 합계액을 말한다. 다만「채무자 회생 및 파산에 관한 법률」상의 회생계획인가의 결정에 따라 지급이자가 차입금의 원금에 전입된 경우에는 그 지급이자 상당액은 차입금으로 보지 아니한다(조특칙 §18 ①).

(나) 자기자본

자기자본은 각 사업연도 종료일 현재의 자산총액에서 부채총액을 공제하여 계산한다. 자산총액은 각 사업연도 종료일 이전「자산재평가법」에 따른 재평가를 한 때에는 재평가차액(재평가세를 공제한 금액임)을 공제하고, 부채총액은 각종 충당금을 포함하며 미지급법인세는 제외한다(조특칙 §18 ②).

$$Max = ⓐ \left\{ \text{자산총액 (재평가세 차감한 재평가차액 공제)} - \text{부채총액 (미지급법인세 제외)} \right\}, ⓑ \text{ 납입자본금}$$

단, 결손으로 인하여 자기자본이 납입자본금보다 적은 경우에는 납입자본금으로 한다. 납입자본금은 각 사업연도 종료일 현재의 납입자본금을 기준으로 하되, 해당 법인이 각 사업연도 종료일 이전에 무상감자를 한 경우에는 해당 감자금액을 납입자본금에 가산한다(조특칙 §18 ③).

그러나 금융채권자부채를 상환한 후 3년 이내에 결손금의 발생으로 각 사업연도의 자기자본이 직전 사업연도 또는 (후술하는) 기분부채산정기준일 현재의 자기자본보다 감소하였다면 직전 사업연도의 자기자본과 기준부채비율산정기준일 현재의 자기자본 중 큰 금액을 기준으로 부채비율을 계산한다(조특칙 §18 ④).

(다) 외화표시 자산 및 부채의 평가

외화표시 자산 및 부채(이하 "외화표시 자산등")를 원화로 평가하는 때에는 각 사업연도 종료일 현재의 법인세법 시행령 제76조 제1항에 따른 환율[1]에 의한다(조특칙 §18 ⑥).

다만 아래의 ㉮에 따른 부채비율이 ㉯에 따른 부채비율보다 낮은 경우, ㉮에 따른 기준일로 한다.

㉮ 기준부채비율산정기준일 현재의 통화별 외화표시자산등의 금액 범위 안의 외화표시자산등에 대하여는 기준부채비율산정기준일 현재의 환율로 평가하고, 그 외의 외화표시자산등에 대하여는 각 사업연도 종료일 현재의 환율로 평가한 부채비율
㉯ 전체 외화표시자산등을 각 사업연도 종료일의 환율로 평가한 부채비율

---
[1] 화폐성 외화자산등의 경우에는 사업연도종료일 현재의 외국환거래규정에 따른 매매기준율등이며, 통화선도 등의 경우에는 계약체결일 또는 사업연도종료일 현재의 매매기준율등 중 신고한 방법에 따른다.

(2-3) 기준부채비율

기준부채비율은 아래의 산식에 따라 계산한다(조특령 §34 ⑯).

$$\text{기준부채비율} = \frac{\text{기준부채비율산정기준일의 부채}}{\text{기준부채비율산정기준일의 자기자본}} - \frac{\text{채무상환액}}{\text{기준부채비율산정기준일의 자기자본}}$$

(가) 기준부채비율산정기준일의 부채

재무구조개선계획이 최초로 승인된 날이 속하는 사업연도의 직전 사업연도 종료일(이하 "기준부채비율산정기준일") 현재의 부채를 말한다. 부채의 정의는 위 (2-2)의 부채비율의 부채와 동일하다[2] (조특칙 §18 ①).

다만 다음과 같은 기준부채비율의 부채 및 자본에 관한 특칙이 있다.

기준부채비율산정기준일 이후 재무구조개선계획이 최초로 승인된 날의 전날까지의 기간 중 어느 한 날을 기준으로 재무구조개선계획의 수립을 위하여 평가한 부채 및 자기자본으로서 재무구조개선계획승인권자가 확인한 경우에는 그 부채 및 자기자본을 사용하여 계산할 수 있다(조특령 §34 ⑯ 1호 후단).

(나) 기준부채비율산정기준일의 자기자본

$$\text{Max} \left\{ ⓐ \left[\begin{array}{c} \text{자산총액 (재평가세 차감한} \\ \text{재평가차액 공제)} \end{array} - \begin{array}{c} \text{부채총액} \\ \text{(미지급법인세 공제)} \end{array} \right] , ⓑ \text{ 납입자본금} \right\}$$

기준부채비율산정기준일 현재의 자기자본으로, 자기자본의 내용은 전술한 (2-2) 부채비율의 (나) 자기자본과 동일하다. 다만, 자기자본의 기준일만 직전 사업연도 종료일에서 기준부채비율산정기준일로 변경하여 적용한다(조특령 §34 ⑮, 조특칙 §18 ②~④).

또한 위에서 보았던 기준부채비율의 부채 및 자본에 관한 특칙은 본 자기자본 항목에도 적용된다(조특령 §34 ⑯ 1호 후단).

(다) 외화표시 자산 및 부채의 평가

외화표시자산 및 부채를 원화로 평가하는 때에는 기준부채비율산정기준일 현재의 법인세법 시행령 제76조 제1항에 따른 환율에 의한다(조특령 §34 ⑯ 본문 후단 → 동조 ⑮ 본문

---

[2] 부채는 조특령 제34조 제15항에서 정의하였으므로, 동조 제16항의 기준부채비율산정기준일의 부채에도 동일하게 적용됨.

후단 → 조특칙 §18 ⑥ 2호). 단, 부채상환분에 대하여는 부채상환일 현재를 기준으로 법인세법을 적용한다.

(라) 합병 시 산정방법

금융채권자부채 상환일 전·후에 합병한 경우의 기준부채비율을 산정할 때에는 기준부채비율산정기준일 현재 피합병법인 및 합병법인의 재무상태표상의 부채 및 자기자본의 합계액을 기준으로 합병법인의 기준부채비율을 계산한다(조특칙 §18 ⑤).

이때 피합병법인은 합병으로 인하여 소멸 또는 흡수되는 법인을 말하며, 합병법인은 합병으로 인하여 신설 또는 존속하는 법인을 말한다.

(3) 폐업·해산 (3호)

해당 자산의 양도일로부터 3년 이내에 해당 사업을 폐업하거나 해산한 경우에는 의무위반 사유가 되나, 합병법인, 분할신설법인 또는 분할합병의 상대방 법인이 해당 사업을 승계한 경우에는 의무위반으로 보지 아니한다.

이때 아래의 사유로 인하여 폐업·해산한 경우에는 추징되지만, 이자상당 가산액을 납부할 필요는 없다(조특령 §34 ⑰).
① 파산선고를 받은 경우
② 천재지변, 그 밖에 이에 준하는 사유로 사업을 폐지한 경우

2-2 추징방법

추징방법은 법인에 대하여 각 의무위반 사유별로 규정되어 있으며, 의무위반 사유가 발생한 사업연도의 법인세 또는 소득세를 계산할 때 추징한다(조특령 §34 ⑩). 또한 이자상당 가산액을 납부하여야 한다.

(1) 익금산입

(1-1) 채무상환 불이행

재무구조 개선계획에 따라 채무를 상환하지 않은 경우에는 다음 산식에 따라 산정한 금액을 익금에 산입한다.

$$익금산입\ 금액\ =\ 양도차익상당액\ \times\ \frac{(채무상환예정가액\ -\ 양도가액\ 중\ 채무상환액)}{채무상환예정가액}$$

(1-2) 부채비율의 증가

부채비율이 증가한 경우에는 다음 산식에 따라 산정된 금액을 익금에 산입한다. 단, 산식 우항의 분수가 1을 초과하는 경우에는 1로 본다.

$$익금산입\ 금액\ =\ 양도차익상당액\ \times\ \frac{(부채비율\ -\ 기준부채비율)}{기준부채비율}$$

(1-3) 폐업·해산

폐업 또는 해산한 경우에는 양도차익상당액 중 익금에 산입하지 아니한 금액 전액을 익금산입한다.

(2) 분할과세기간의 추징 시 예외

4년 거치기간이 경과하고 3년 분할과세되는 기간에 추징으로 인하여 익금산입하는 경우에는, 특례에 따라 익금불산입한 금액의 일부 또는 전부로서 그 이후 익금에 산입한 금액(이하 "기익금산입액")이 있으면 먼저 익금에 산입한 순서대로 기익금산입액을 추징에 따른 익금산입액으로 본다(조특령 §34 ⑫). 즉, 기납부세액을 추징세액에서 차감한다.

다만 법인이 폐업·해산하는 경우에는 제외되어, 기익금산입액을 차감하지 아니하고 일반 원칙에 따라 익금불산입 금액 전액을 익금산입한다.

2-3 이자상당가산액

가산할 이자상당액은 다음과 같이 계산한다(조특령 §34 ⑪ 2호). 이자상당가산액은 법인세법 제64조에 따라 납부하여야 할 세액으로 본다(조특법 §34 ② 후단).

$$이자상당가산액\ =\ 법인세액의\ 차액\ \times\ 소정\ 기간\ \times\ 이자율(1일\ 10만분의\ 22)$$

(가) 법인세액의 차액

자산양도차익이 속하는 사업연도에 익금불산입한 금액을 포함한 경우의 법인세액과 제외한 경우의 법인세액과의 차액이다.

(나) 소정 기간

자산양도일이 속하는 사업연도 종료일의 다음 날부터 추징에 따라 익금산입하는 사업연도의 종료일까지의 기간이다.

4년 거치기간이 경과하고 3년 분할과세되는 기간에 추징으로 인하여 익금산입하는 경우에는 기익금산입액이 있으면, 기익금산입액을 익금에 산입한 사업연도까지의 기간을 기준으로 이자상당가산액을 계산한다(조특령 §34 ⑫). 즉, 이자상당액 계산기간이 짧아진다.

2019년 개정세법에서 이자율의 하향과 관련된 부칙은 제3부 제1장 제3절 Ⅲ. 2-2 (2)를 참조하기로 한다.

2022년 세법 개정에 따른 이자율에 대한 개정 규정 및 부칙은 제3부 제2장 제2절 Ⅲ. 3-2를 참조하기로 한다.

Ⅳ. 조세특례제한 등

절차

자산양도일이 속하는 사업연도에 양도차익명세서 및 분할익금산입조정명세서(별지 제22호의 2 서식) 및 채무상환(예정)명세서(별지 제21호 서식)를 납세지 관할세무서장에게 제출하여야 한다.

자산양도일과 채무상환일이 서로 다른 사업연도에 속하는 경우에는 채무상환일이 속하는 사업연도에 채무상환(예정)명세서를 별도로 제출하여야 한다(조특령 §34 ⑲).

2 자료제출의무

재무구조개선계획승인권자는 재무구조개선계획승인기업의 그 승인일이 속하는 사업연도 종료일까지 재무구조개선계획의 내용을 재무구조개선계획서(별지 제21호의 2 서식)에 따라 재무구조개선계획승인기업의 납세지 관할세무서장에게 제출하여야 한다(조특령 §34 ⑱). 다만 재무구조개선계획서를 재무구조개선계획 승인일이 속하는 사업연도종료일까지 제출하지 아니한 경우에도 조특법 요건에 적합하면 조세특례를 적용받을 수 있다(서면법령법인 -2311, 2018.9.27.). 즉, 재무구조개선계획서의 제출은 필수요건에 해당하지 않는다.

또한 재무구조개선계획승인권자는 자산양도일이 속하는 사업연도와 그 다음 3개 사업연도의 과세표준 신고기한 종료일까지 재무구조개선계획이행보고서(별지 제22호 서식)를 재무구조개선계획승인기업의 납세지 관할세무서장에게 제출하여야 한다. 이 경우 재무구조개선계획승인기업이 재무구조개선계획승인권자의 확인을 받아 재무구조개선계획서 또는 재무구조개선계획이행보고서를 납세지 관할세무서장에게 제출하는 경우에는 재무구조개선계획승인권자가 제출한 것으로 본다.

다만 자산양도일과 채무상환일이 서로 다른 사업연도에 속하는 경우(영 §34 ⑬)에는 채무상환일이 속하는 사업연도와 그 다음 3개 사업연도 종료일까지 상기 재무구조개선계획이행보고서를 제출하여야 한다.

Ⅴ. 제121조의 26 내국법인의 금융채무 상환 및 투자를 위한 자산매각에 대한 과세특례

법 제34조와 법 제121조의 26의 비교

차례	법 제34조 특례	법 제121조의 26 특례
Ⅱ. 1. 주체	내국법인	좌동
Ⅱ. 2. 계획	재무구조개선계획	사업재편계획 및 투자계획
Ⅱ. 3. 자산양도	자산의 양도	좌동
Ⅲ. 1. 특례	분할과세	좌동
Ⅲ. 2. 사후관리	채무상환 불이행, 부채비율 증가, 3년 이내 폐업 등 의무위반 사유	좌열 사유에 사업재편계획의 승인 취소 및 투자로 취득한 자산을 4년 이내에 처분한 경우 추가
Ⅲ. 2-1 (2) 부채비율	회생계획인가 결정에 따라 지급이자가 차입금의 원금에 전입된 경우에는 그 지급이자는 차입금에서 제외	사업용자산을 신규 취득하기 위해 증가한 차입금으로서 사업재편계획승인권자의 확인을 받은 경우 제외
Ⅲ. 2-1 (3) 폐업·해산 시 예외	합병법인, 분할신설법인 또는 분할합병의 상대방 법인이 해당 사업을 승계한 경우	합병, 분할, 주식의 이전·취득·소유, 회사의 설립 등 방식에 의하여 사업의 전부 또는 일부의 구조를 변경하는 경우❶
Ⅳ. 절차	재무구조개선계획서, 재무구조개선계획이행보고서	사업재편계획서, 사업재편계획이행보고서

❶ 영업양도·양수·임대, 주식의 포괄적 교환 등 생산성을 향상시킬 수 있다고 주무부처의 장이 인정하는 방식(기업활력제고를 위한 특별법 시행령 §2 ①)도 예외로서 인정하므로 법 제34조의 경우보다 예외 인정의 범위가 넓음.

2022년 세법개정에서 법인이 사업재편계획에 따라 자산을 양도하고 양도차익으로 채무를 상환하는 경우뿐만 아니라 그 대금을 기계장치 등 사업용 자산에 투자하는 경우에도 그 양도차익에 대하여 과세를 이연할 수 있도록 하였다. 개정규정은 2022.1.1. 전에 사업재편계획을 승인 받은 기업이 2022.1.1. 이후 자산을 양도하는 경우에도 적용한다(2021.12.28. 개정된 법률 부칙 §23).

제3절 [제39조] 채무의 인수·변제에 대한 분할과세 등

I. 의의

내국법인의 재무구조 개선을 위하여 재무구조개선계획에 따라 내국법인의 법인주주등이 출자법인의 채무를 인수·변제하고 해당 기업을 양도하거나 청산하는 경우, 법인주주등과 해당 법인에게 과세특례를 지원하는 제도이다.

과세특례의 내용은 법인주주등의 경우 출자법인의 채무를 인수·변제하는 때에 채무인수변제액을 손금산입하고, 양도 등 대상법인은 채무감소액을 익금불산입하고 4년거치 3년 분할익금산입한다.

모기업이 부실 자회사를 타기업에 원활히 양도하기 위해 부실 자회사의 채무를 인수하여 클린 컴퍼니(clean-company)로 만드는 기업구조조정 등을 세제상 지원하기 위한 제도이다.

2008년 금융위기에 따른 시급한 구조조정을 위하여 2009년에 도입된 제도이다. 기업양도의 경우는 2012.12.31. 일몰기한이 도래하였고, 청산의 경우는 2013.12.31.로 일몰기한이 도래하여 본 특례는 폐지되었다.

부실 자회사의 구조조정을 지원하기 위하여 2016년 개정세법에서 재도입되었다. 2016.1.1. 이후 채무를 인수·변제하는 경우부터 적용한다(2015.12.15. 개정된 법 부칙 §17).

양도 방식의 일몰기한은 2026.12.31., 청산 방식은 2027.12.31.이다.

법 제121조의 27 채무의 인수·변제에 대한 과세특례를 이 절 마지막에 본 특례와 함께 비교하였다.

개정연혁

연 도	개정 내용
2017년	■ 법인주주등의 손금산입액 확대 : 이월결손금에 채무인수·변제금액 비율을 곱한 금액을 한도 → 한도를 삭제하고 채무인수·변제금액 전액 손금산입
2018년	■ 채권자 범위 확대 : 채권금융기관 → 금융채권자

Ⅱ. 요건

내국법인의 법인주주등이 재무구조개선계획에 따라 출자법인의 채무를 인수·변제하고, 기업을 양도하거나 청산하여야 한다(조특법 §39 ①).

1 주체

본 과세특례의 주체는 내국법인과 그의 법인주주등이다(조특법 §39 ①).

법인주주등은 법인세법에 따른 지배주주등 및 특수관계에 있는 자이다(조특령 §36 ⑥ → 법령 §43 ⑦·⑧). 제4장 제2절 Ⅱ. 3−1 (2−2)을 참조하기로 한다.

2 재무구조개선계획

재무구조개선계획은 법에 열거된 것으로 재무구조개선계획승인권자가 승인하고, 채무 인수·변제 계획 등이 포함되어야 한다(조특령 §36 ④).

재무구조개선계획의 종류 및 승인권자는 법 제34조 내국법인의 금융채무상환을 위한 과세특례 조항을 준용하고 있다(조특령 §36 ④·⑤ → §34 ⑥ 1호~4호·⑦ 1호~4호). 제2절 Ⅱ. 2. 재무구조개선계획 부분을 참고하기 바란다. 다만 2017년 신설된 KAMCO와 중소기업의 약정은 포함하지 않는다.

본 특례에서는 재무구조개선계획에 금융채권자채무의 총액, 내용, 주주등의 채무인수·변제 계획, 기업 양도 또는 청산 계획을 명시하도록 하고 있다.

3 채무의 인수·변제

양도등 대상법인에 대한 채무의 인수·변제는 지배주주등이 단독 또는 공동으로 하나의 계약에 의하여 일시에 인수·변제하는 것에 한정한다(조특령 §36 ①). 인수·변제 행위가 수차례에 걸쳐 이루어지는 경우에는 요건을 충족한 것으로 보지 않는다.

금융채권자채무는 재무구조개선계획에 채무의 내용 및 주주등의 채무인수·변제 계획이 명시되어 있는 것으로서, 그 범위는 법 제34조 내국법인의 금융채무상환을 위한 과세특례 조항을 준용하고 있다(조특령 §36 ② → §34 ⑤ 각 호) (제2절 Ⅱ. 2-2 (3) 참조).

종래에는 채권자를 「금융실명거래 및 비밀보장에 관한 법률」에 따른 채권금융기관에 한정하였으나, 2018년 개정세법에서 기업구조조정 촉진법에 따른 금융채권자로 그 범위를 확대하였다. 2018.2.13. 이후 과세표준을 신고하는 경우부터 소급적용한다(동일자로 개정된 시행령 부칙 §7).

4 기업양도 방식 또는 법인청산 방식

지배주주등은 특수관계인 외의 자에게 소유주식 또는 출자지분을 전부 양도하거나 법인청산계획서를 해당 내국법인의 납세지 관할세무서장에게 제출하고 해당 내국법인의 청산을 종결하여야 한다(조특법 §39 ① 1호·2호).

특수관계인은 법인세법 시행령 제87조 제1항 각호에 따른 특수관계인이다(조특령 §36 ⑦) (제3부 제1장 제4절 Ⅱ. 1-1 참조).

Ⅲ. 과세특례

1 지배주주등 특례 (손금산입)

해당 주주등이 인수·변제한 양도등 대상법인의 금융채권자채무 금액(이하 "채무인수·변제액") 전액을 손금산입한다(조특령 §36 ③).

종래에는 이월결손금에 해당 주주등이 채무인수·변제를 한 금액 비율을 곱한 금액을 한도로 손금산입하도록 하였으나, 2017년 개정세법에서 채무인수·변제액 전액을 손금산입할 수 있게 하였다. 2017.2.7. 이후 과세표준을 신고하는 경우부터 소급적용한다(2017.2.7. 개정된 영 부칙 §8).

2 양도등대상법인 특례 (분할과세)

채무가 인수·변제되어 채무가 감소한 법인(이하 "양도등 대상법인")은 다음의 산식에 따른 채무감소액을 익금불산입한다(조특령 §36 ⑧).

> 채무감소액 = 채무인수·변제를 받은 금액 - 이월결손금

이월결손금이란 발생 시기에 관계 없이 공제할 수 있는 다음의 결손금을 말한다(법령 §16 ①). 15년 이내의 공제기한 미경과분은 물론 15년이 경과한 이월결손금도 발생 기한에 관계없이 차감한다.

> 1. 법인세법 제14조 제2항에 따른 결손금(법 제44조의 3 제2항 및 제46조의 3 제2항에 따라 승계받은 결손금은 제외한다)으로서 법 제13조 제1항 제1호에 따라 그 후의 각 사업연도의 과세표준을 계산할 때 공제되지 아니한 금액
> 2. 법인세법 제60조에 따라 신고된 각 사업연도의 과세표준에 포함되지 아니하였으나 다음 각 목의 어느 하나에 해당하는 결손금중 법 제14조 제2항에 따른 결손금에 해당하는 것
>   가. 「채무자 회생 및 파산에 관한 법률」에 따른 회생계획인가의 결정을 받은 법인의 결손금으로서 법원이 확인한 것
>   나. 「기업구조조정 촉진법」에 의한 기업개선계획의 이행을 위한 약정이 체결된 법인으로서 금융채권자협의회가 의결한 결손금

이때 채무면제이익등의 이월결손금보전 조항(법법 §18 6호)에 따라 무상으로 받은 자산의 가액과 채무의 면제 또는 소멸로 인한 부채의 감소액(본 특례에 의한 채무인수·변제액은 제외)으로 먼저 이월결손금을 보전하는 경우에는 이월결손금에서 그 보전액을 차감한 금액으로 한다.

익금불산입한 금액은 해당 사업연도 종료일 이후 3개 과세연도의 기간 동안 익금산입하지 아니하고, 그 다음 3개 사업연도의 기간 동안 균분한 금액 이상을 익금산입하여야 한다(조특법 §39 ②). 4년거치 3년분할 익금산입한다.

다만 청산 방식(법 §39 ① 2호)의 경우에는 양도등 대상법인의 해산일이 속하는 사업연도에 채무감소액을 익금산입한다.

3 기타 특례

3-1 원천징수의무 면제

기업양도방식(법 §39 ① 1호)에 따른 법인의 양도·양수에 있어서 양도등 대상법인의 자산부족액을 익금에 산입하여 이를 법인세법 제67조에 따라 그 귀속자에게 소득처분하는 경우, 해당 양도등 대상법인은 소득세법에도 불구하고 그 처분금액에 대한 소득세를 원천징수하지 아니한다(조특법 §39 ④).

양도등 대상법인의 원천징수의무를 면제하여 그 부담을 덜어주고, 소득처분받은 자가 직접 소득세를 신고 납부토록 하였다.

이때 양도등 대상법인의 자산부족액은 해당 주식양도계약에 자산의 실사에 대한 내용이 포함되어 있는 경우로서 주식양도일 현재의 자산부족액을 양도등 대상법인이 증권선물위원회에 요청하여 지명을 받은 회계법인으로부터 확인 받아 수정하여 회계처리한 것에 한정한다(조특령 §36 ⑮).

3-2 증여의제 적용 배제

양도등 대상법인의 채무가 인수·변제됨에 따라 해당 법인의 다른 주주등이 얻는 이익에 대해서는「상속세 및 증여세법」에 따른 증여의제규정의 적용을 배제한다. 다만 채무를 인수·변제한 주주등과 상증법상 특수관계인(상증령 §19 ② 각호)에 대해서는 그러하지 아니하다(조특법 §39 ⑤, 조특령 §36 ⑯). 상증법상 특수관계인은 제2장 제3절 Ⅲ. 2-2 (2)를 참조하기 바란다.

4 사후관리

과세특례를 적용받은 법인이 부채비율이 증가하는 등 의무위반사유가 발생한 경우에는 과세특례의 내용에 따라 추징하며, 또한 이자상당액을 가산하여 납부하여야 한다(조특법 §39 ③).

4-1 의무위반 사유

(1) 부채비율의 증가 (1호)

양도등 대상법인의 부채비율이 채무 인수변제 후 3년 이내의 기간 중 기준부채비율보다 증가하게 된 경우에는 의무위반사유로 본다. 단, 소유주식을 전부 양도(법 §39 ① 1호)한 경우에 한정하고, 청산하는 경우에는 적용하지 않는다.

(1-1) 기간계산

채무인수변제 후 3년 이내의 기간을 적용할 때, 첫번째 연도는 채무인수변제일부터 해당 과세연도 종료일까지의 기간으로 한다(조특령 §36 ⑫).

(1-2) 부채비율 등

부채비율 및 기준부채비율의 산정에 관하여는 법 제34조 기업금융채무상환을 위한 과세특례 조항을 준용하고 있으므로(조특령 §36 ⑬ → §34 ⑮·⑯) 해당 내용을 참고하기 바란다(제2절 Ⅲ. 2-1 참조). 이 경우 "채무상환액"을 "채무인수변제를 받은 금액의 합계"로 본다.

(2) 폐업·해산 (2호)

채무 인수변제일로부터 3년 이내에 해당 사업을 폐업하거나 해산한 경우에는 의무위반 사유가 되나, 합병법인, 분할신설법인 또는 분할합병의 상대방 법인이 해당 사업을 승계한 경우에는 의무위반으로 보지 아니한다. 단, 소유주식을 전부양도(조특법 §39 ① 1호)한 경우에 한정하고, 청산하는 경우에는 적용하지 않는다.

또한 아래의 사유로 인하여 폐업·해산한 경우에는 주주등이 감면 받은 법인세액 및 이자상당가산액을 추징하지 아니한다(조특령 §36 ⑭ → §34 ⑰).
㉮ 파산선고를 받은 경우
㉯ 천재지변, 그 밖에 이에 준하는 사유로 사업을 폐지한 경우

(3) 기업양도 방식 또는 법인청산방식 요건 위배 (3호)

지배주주등이 소유주식을 전부 양도하거나 양도등 대상법인이 청산을 종결하여야 함에도 불구하고 그 요건을 충족하지 못한 경우이다.

4-2 추징방법

추징방법은 양도등 대상법인과 지배주주등에 대하여 각 의무위반 사유별로 규정되어 있으며, 의무위반 사유가 발생한 사업연도의 법인세를 계산할 때 적용한다(조특법 §39 ③). 유의할 점은 주주등이 감면 받은 법인세액도 양도등 대상법인이 납부의 주체가 되어 본인의 법인세에 가산하여 납부하여야 한다는 점이다. 지배주주등은 추징의 대상이 아니다.

(1) 양도등대상법인 (익금산입)

양도등 대상법인이 익금산입할 금액은 의무위반 사유별로 구분하여 계산한다(조특령 §36 ⑨).

(2) 지배주주등 (법인세 납부)

법인세에 가산하여 납부하여 할 주주등이 감면 받은 법인세액은 의무위반사유별로 구분하여 계산한다(조특령 §36 ⑩). 앞서 보았듯이 양도등 대상법인이 본인의 법인세에 가산하여 납부하여야 한다.

4-3 이자상당가산액

이자상당가산액은 법인세법 제64조에 따라 납부하여야 할 세액으로 보므로(조특법 §39 ③ 후단) 신고불성실 가산세 및 납부불성실 가산세가 적용된다. 다만 유의할 점은 납부의 주체는 양도등 대상법인이며, 지배주주등은 해당되지 않는다.

양도등 대상법인과 관련된 이자상당가산액과 지배주주등과 관련된 이자상당가산액의 합계를 양도등 대상법인이 법인세에 가산하여 납부한다(조특령 §36 ⑪).

2022년 세법 개정에 따른 이자율에 대한 개정 규정 및 부칙은 제3부 제2장 제2절 Ⅲ. 3-2를 참조하기로 한다.

Ⅳ. 조세특례제한 등

1 절차

　지배주주등은 채무인수변제일이 속하는 사업연도에 법인양도·양수(청산)계획서(별지 29호 서식), 채무인수·변제명세서(별지 30호 서식) 및 세액감면신청서(별지 31호 서식)를 납세지 관할세무서장에게 제출하여야 한다(조특령 §36 ⑱).

　양도등 대상법인도 채무인수변제일이 속하는 과세연도에 법인양도·양수(청산)계획서(별지 29호 서식), 채무인수·변제명세서(별지 30호 서식) 및 분할익금산입조정명세서(별지 31호의 2 서식)를 납세지 관할세무서장에게 제출하여야 한다(조특령 §36 ⑲).

2 자료제출의무

　재무구조개선계획승인권자는 그 승인일이 속하는 사업연도 종료일까지 재무구조개선계획의 내용을 재무구조개선계획서(별지 27호 서식)에 따라 양도등 대상법인의 납세지 관할세무서장에게 제출하여야 한다(조특령 §36 ⑰).

　또한 재무구조개선계획승인권자는 다음의 사업연도 과세표준 신고기한 종료일까지 재무구조개선계획이행보고서(별지 28호 서식)를 양도등대상법인의 납세지 관할세무서장에게 제출하여야 한다. 이 경우 양도등 대상법인이 재무구조개선계획승인권자의 확인을 받아 재무구조개선계획서 또는 재무구조개선계획이행보고서를 납세지 관할세무서장에게 제출하는 경우에는 재무구조개선계획승인권자가 제출한 것으로 본다.
㉮ 채무인수변제일이 속하는 사업연도
㉯ 기업양도방식에 따른 주식양도일 또는 법인청산방식에 따른 청산 종결일이 속하는 사업연도
㉰ 기업양도방식에 따른 주식양도일이 속하는 사업연도의 다음 3년간

Ⅴ. 제121조의 27 채무의 인수·변제에 대한 과세특례

법 제39조와 법 제121조의 27의 비교

차례	법 제39조 특례	법 제121조의 26 특례
Ⅱ. 1. 주체	내국법인과 법인주주등	좌동
Ⅱ. 2. 계획	재무구조개선계획	사업재편계획
Ⅱ. 3. 채무의 인수·변제	재무구조개선계획에 따른 채무	사업재편계획에 따른 채무
Ⅱ. 4 방식	기업양도 방식 또는 법인청산 방식 모두 가능	기업양도 방식만 가능
Ⅲ. 1. 2. 3. 특례	손금산입, 분할과세, 원천징수의무 면제 및 증여의제 적용 배제	좌동
Ⅲ. 4. 사후관리	부채비율 증가, 3년 내 폐업 등 의무위반 사유	좌열 사유에 사업재편계획의 승인 취소 추가
Ⅲ. 2-1 (3) 폐업·해산 시 예외	합병법인, 분할신설법인 또는 분할합병의 상대방 법인이 해당 사업을 승계한 경우	합병, 분할, 주식의 이전·취득소유, 회사의 설립 등 방식에 의하여 사업의 전부 또는 일부의 구조를 변경하는 경우 ❶
Ⅳ. 절차	재무구조개선계획서, 재무구조개선계획이행보고서	사업재편계획서, 사업재편계획이행보고서

❶ 영업양도·양수임대, 주식의 포괄적 교환 등 생산성을 향상시킬 수 있다고 주무부처의 장이 인정하는 방식(기업활력제고를 위한 특별법 시행령 §2 ①)도 예외로서 인정하므로 법 제39조의 경우보다 예외 인정의 범위가 넓음.

제4절 [제40조] 주주등의 자산양도에 관한 법인세 등 분할과세 등

Ⅰ. 의의

　기업재무구조 개선을 위하여 내국법인이 주주등으로부터 재무구조개선계획에 따라 자산을 수증하여 채무상환이 이루어지는 경우 자산수증익등에 대해서 과세특례를 지원하는 제도이다.

　과세특례의 내용은 자산을 수증한 법인의 경우에는 자산수증익에 대해 각 사업연도소득으로 법인세가 과세되어야 하나, 본 과세특례를 적용받아 익금불산입한 후 4년거치 3년분할 익금산입한다. 증여자가 법인인 경우에는 자산증여액을 손금산입하고, 증여자가 소유하던 자산을 양도하고 그 양도대금을 증여하는 경우에는 양도차익상당액에 대해 개인인 경우에는 양도소득세를 100% 감면하고, 법인은 익금불산입한다.

　법인의 주주등이 본인의 자산을 법인에 증여하고 법인의 재무구조개선계획에 따라 이를 금융기관부채 상환에 원활히 사용할 수 있도록 세제지원하는 제도이다.

　일몰기한은 2026.12.31.까지이다.

　법 제121조의 28 주주등의 자산양도에 관한 법인세 등 과세특례를 이 절 마지막에 본 특례와 함께 비교하였다.

> **개정연혁**

연　도	개정 내용
2017년	■ 법인 주주등의 손금산입액 확대 : 이월결손금에 증여 자산가액 비율을 곱한 금액을 한도 → 한도를 삭제하고 증여한 자산의 장부가액 전액 손금산입
2018년	■ 채권자 범위 확대 : 채권금융기관 → 금융채권자

Ⅱ. 요건

주주등이 출자한 내국법인에게 재무구조개선계획에 따라 자산을 증여하고 채무상환이 이루어져야 한다.

1 주체

본 과세특례의 주체는 내국법인과 그의 주주 또는 출자자(이하 "주주등")이다(조특법 §40 ①). 주주등은 개인과 법인 모두 해당된다.

2 재무구조개선계획

재무구조개선계획은 법에 열거된 것으로 재무구조개선계획승인권자가 승인하고, 자산양도·자산증여 계획 등이 포함되어야 한다(조특령 §37 ③).

2-1 종류 및 승인권자

재무구조개선계획의 종류 및 승인권자는 법 제34조 내국법인의 금융채무상환을 위한 과세특례 조항을 준용하고 있으므로 제2절 Ⅱ. 2-2를 참고하기 바란다(조특령 §37 ③·④ → §34 ⑥ 1호~4호·⑦ 1호~4호). 다만 2017년 신설된 KAMCO와 중소기업의 약정은 포함하지 않는다.

재무구조개선계획에 주주등의 자산양도 또는 자산증여 계획, 금융채권자채무의 총액, 내용 및 상환계획을 명시하여야 한다.

자산양도와 관련하여 재무구조개선계획의 승인을 받지 못한 경우에는 양도소득세의 감면이 배제된다(서일 46014-10071, 2002.1.16.).

2-2 채무상환약정

재무구조개선계획에는 수증일 또는 자산양도일로부터 채무상환기한까지 금융채권자채무를 상환한다는 내용이 포함되어야 한다(조특법 §40 ① 2호).

(1) 수증일 또는 자산양도일

자산양도 시기에 대하여는 원칙적으로 소득세법상 양도 시기 규정(소령 §162)에 따른다 (조특령 §37 ⑦·⑥). 상세한 설명은 제2절 Ⅱ. 2-2 (1) 자산양도일을 참고하기 바란다.

(2) 채무상환기한

원칙적인 채무상환기한은 금전을 증여하는 경우에는 수증일로부터 3개월, 금전외 증여의 경우에는 해당자산의 양도일로부터 3개월이다(조특령 §37 ⑤ → §34 ④).

예외적으로, 금융채권자가 채무상환액을 수령할 수 없는 사정이 있어서 상환이 불가능한 경우에는 부득이한 사유가 있는 것으로 보아 그 사유가 종료된 날의 다음 날을 채무상환기한으로 한다(조특령 §37 ⑨ → §34 ③).

부채상환액을 수령할 수 없는 사정이 있어서 상환이 불가능한 경우란 Y2K사태 등 채권금융기관 자체의 부득이한 사유로 인하여 수증법인의 부채상환을 받을 수 없는 경우 등을 말한다. 그러나 언제든지 현금화가 가능한 용지보상채권을 현금으로 할인하여 상환 요청하지 아니하고 채권으로 상환 요청한데 대한 금융기관의 거절은 채권금융기관이 부채상환액을 수령할 수 없는 부득이한 사유로 보지 않는다(국심 2001서2207, 2001.11.26.).

(3) 금융채권자채무

금융채권자채무의 범위는 재무구조개선계획에 채무의 내용 및 주주등의 자산 증여를 통한 상환계획이 명시되어 있는 것으로서 법 제34조 내국법인의 금융채무상환을 위한 과세특례 조항을 준용한다(조특령 §37 ⑩ → §34 ⑤). 제2절 Ⅱ. 2-2 (3)을 참고하기로 한다.

3 자산의 증여

주주등이 금전 또는 자산양도대금을 재무구조개선법인(이하 "재무개선법인")에 증여하여야 한다(조특법 §40 ① 1호).

3-1 증여에 해당하지 않는 경우

주주등의 채무보증(인적보증 또는 물상보증[1])으로 인해 재무개선법인의 채무를 대신 변제하더라도 이는 보증채무의 이행에 해당하므로 증여로 볼 수 없다(서울고법 2001누1048, 2001.9.7.).

- 물상보증 실행 후 구상권을 행사하지 않겠다는 약정은 증여계약[2]에 해당하지 않는다(국심 2000중683, 2000.8.17.).
- 주주의 자기소유 자산이 양도(경매)되고 그 양도대금이 법인에게 증여되지 않고 법인의 금융기관 부채 상환에 직접 사용되는 경우에는 본 특례가 적용되지 않는다(재산 46014-863, 2000.7.13.).
- 주주의 자산매각대금을 법인이 가수금으로 입금처리 후 차입금으로 전환했다가 다시 가수금 반제된 경우에는 증여로 볼 수 없어 양도소득세 감면대상이 아니다(국심 2001서603, 2001.8.10.).
- 쟁점법인은 쟁점상환액을 회계상 장기차입금으로 계상함으로써 쟁점상환액을 청구인이 쟁점법인에 증여한 것으로 보기 어려워 과세특례를 적용받기 어려움(조심 2017중3568, 2017.10.16.).

3-2 증여의 방법

자산의 증여는 같은 주주등이 단독 또는 공동으로 하나의 계약에 의하여 일시에 증여하는 것에 한정한다(조특령 §37 ①).

다수의 부동산을 수차례에 걸쳐 매각하고 이를 증여 및 채무상환하는 등 하나의 계약에 의하여 일시에 증여가 이루어지지 않은 경우에는 본 과세특례를 적용받을 수 없다(부동산거래-487, 2011.6.20.; 법인-1203, 2010.12.30.).

4 채무상환

수증자산은 금융채권자에 대한 부채의 상환에 전액 사용하여야 한다(조특법 §40 ① 2호).

---

1) 물상보증이란 타인의 채무를 담보하기 위해 자기의 재산에 저당권 등을 설정하는 것을 말하며, 담보권이 실행된 경우 주채무자에게 구상권을 행사할 수 있음.
2) 증여계약은 당사자 일방(증여자)이 무상으로 재산을 상대방(수증자)에게 준다는 의사를 표시하고 상대방이 이를 승낙함으로써 성립하는 계약임.

수증자산의 일부를 대표이사 개인의 부채를 상환하는 등, 재무개선법인의 부채 상환에 전액 사용하지 않는 경우에는 특례가 적용되지 않는다(법인 46012-1556, 2000.7.13.).

금융채권자란 금융채권을 보유한 자를 말한다(조특령 §37 ⑧ →기업구조조정 촉진법 §2 2호). 금융채권자는 2016.3.18. 제정된 기업구조조정 촉진법에서 도입된 개념으로 기존의 채권 금융기관보다 넓은 개념이다. 연기금, 공제회 등을 포함한다.

종래에는 채권자를 「금융실명거래 및 비밀보장에 관한 법률」에 따른 채권금융기관에 한정하였으나, 2018년 개정세법에서 기업구조조정 촉진법에 따른 금융채권자로 그 범위를 확대하였다. 2018.1. 1. 이후 과세표준을 신고하는 경우부터 소급적용한다(2017.12.19. 개정된 법 부칙 §20).

Ⅲ. 과세특례

재무개선법인과 주주등에 대하여 각각 특례가 적용된다.

1 재무개선법인 특례 (분할과세)

자산수증익에 대해 재무개선법인은 익금불산입한 후 분할과세한다.

1-1 익금불산입

재무개선법인은 다음의 산식에 따른 자산수증익을 익금불산입한다(조특령 §37 ② → §36 ⑧).

$$\text{자산수증익} = \text{증여 받은 자산가액} - \text{이월결손금}$$

이월결손금이란 발생 시기에 관계 없이 공제할 수 있는 다음의 결손금을 말한다(법령 §16 ①). 15년 이내의 공제기한 미경과분은 물론 15년이 경과한 이월결손금도 발생 기한에 관계없이 차감한다.

1. 법인세법 제14조 제2항에 따른 결손금(법 제44조의 3 제2항 및 제46조의 3 제2항에 따라 승계받은 결손금은 제외한다)으로서 법 제13조 제1항 제1호에 따라 그 후의 각 사업연도의 과세표준을 계산할 때 공제되지 아니한 금액
2. 법인세법 제60조에 따라 신고된 각 사업연도의 과세표준에 포함되지 아니하였으나 다음

> 각 목의 어느 하나에 해당하는 결손금중 법 제14조 제2항에 따른 결손금에 해당하는 것
> 가. 「채무자 회생 및 파산에 관한 법률」에 따른 회생계획인가의 결정을 받은 법인의 결손금으로서 법원이 확인한 것
> 나. 「기업구조조정 촉진법」에 의한 기업개선계획의 이행을 위한 약정이 체결된 법인으로서 금융채권자협의회가 의결한 결손금

이때 채무면제이익 등의 이월결손금보전 조항(법법 §18 6호)에 따라 무상으로 받은 자산의 가액과 채무의 면제 또는 소멸로 인한 부채의 감소액[본 특례(법 §40 ①)에 의한 증여 받은 자산가액[3]은 제외]으로 먼저 이월결손금을 보전하는 경우에는 이월결손금에서 그 보전액을 차감한 금액으로 한다.

1-2 분할과세

익금불산입한 금액은 해당 사업연도 종료일 이후 3개 과세연도의 기간 동안 익금산입하지 아니하고, 그 다음 3개 사업연도의 기간 동안 균분한 금액 이상을 익금산입하여야 한다(조특법 §40 ①).

4년거치 3년분할 익금산입한다. 관련 사례는 제2절 Ⅲ. 1-2 분할과세를 참조하기 바란다.

2 주주등 특례

주주등의 특례는 자산을 증여한 경우와 양도대금을 증여한 경우로 나뉜다.

2-1 법인 주주등의 자산 증여 시 (손금산입)

법인 주주등이 자산을 증여한 경우에는 증여한 자산의 장부가액을 전액 손금산입한다(조특법 §40 ②, 조특령 §37 ⑪).

종래에는 이월결손금에 해당 법인주주등이 증여한 장부가액 비율을 곱한 금액을 한도로 손금산입하도록 하였으나, 2017년 개정세법에서 증여한 자산 장부가액 전액을 손금산입할 수 있게 하였다. 2017.2.7. 이후 과세표준을 신고하는 경우부터 소급적용한다(2017.2.7. 개정된 영 부칙 §9).

---

3) 자산 증여분만 포함하고 양도대금 증여분은 포함하지 아니함(조특령 §37 ⑪ 참조).

2-2 양도대금 증여 시

주주등이 소유하던 자산을 양도하고 양도대금을 재무개선법인에 증여하는 경우에는 해당 자산의 양도차익 중 양도차익상당액에 대해 개인과 법인으로 구분하여 과세특례를 부여한다(조특법 §40 ③).

(1) 개인 (양도소득세 감면)

양도차익 중 증여된 금액(양도차익상당액)에 대한 양도소득세의 100%를 감면한다(조특령 §37 ⑫).

$$양도차익 상당액 = 양도차익 \times \frac{양도가액 \ 중 \ 재무개선법인에게 \ 증여한 \ 금액}{(양도가액 - 농어촌특별세액)}$$

① 양도차익
  실제 거래가액인 자산의 양도가액에서 취득가액 등 필요경비를 차감한다.
② 농어촌특별세액
  양도차익에 대해 양도인이 농어촌특별세법에 따라 납부한 농어촌 특별세액이다.

(2) 법인 (익금불산입)

위의 양도차익상당액을 익금불산입한다(조특법 §40 ③ 2호).

3 증여의제 적용 배제

재무개선법인이 주주등으로부터 자산을 무상으로 받음으로써 해당 법인의 다른 주주등이 얻는 이익에 대해서는 「상속세 및 증여세법」에 따른 증여의제규정의 적용을 배제한다(조특법 §40 ⑥).

다만 자산을 증여한 주주등의 상증법상 특수관계인(상증령 §19 ②)에 대해서는 증여의제규정을 적용한다(조특령 §37 ㉑ → §36 ⑯) [제2장 제3절 Ⅲ. 2-2 (2-3) 참조].

결손금 이내의 증여재산가액은 특정법인과의 거래를 통한 이익의 증여 규정(상증법 §41)이 적용되며, 결손금을 초과한 증여재산가액은 그 밖의 이익의 증여 규정(상증법 §42)이 적용된다(재산-646, 2010.8.27.).

4 사후관리

과세특례를 적용받은 법인이 채무상환을 불이행하는 등 의무위반사유가 발생한 경우에는 과세특례의 내용에 따라 추징하며, 또한 이자상당액을 가산하여 납부하여야 한다(조특법 §40 ④).

4-1 의무위반 사유

(1) 채무상환 불이행

재무구조개선계획에 따라 채무를 상환하지 아니한 경우이다.

(2) 부채비율의 증가

재무개선법인의 부채비율이 채무 상환 후 3년 이내의 기간 중 기준부채비율보다 증가하게 된 경우이다.

(2-1) 기간계산

채무 상환 후 3년 이내의 기간을 적용할 때, 첫번째 연도는 채무상환일부터 해당 과세연도 종료일까지의 기간으로 한다(조특령 §37 ⑯).

(2-2) 부채비율

부채비율은 아래의 산식에 따라 계산한다(조특령 §37 ⑰ → §34 ⑮⑯).

> 부채비율 = 부채 ÷ 자기자본

부채비율 및 기준부채비율의 산정에 관하여는 내국법인의 금융채무상환을 위한 자산매각에 대한 과세특례의 규정을 준용하므로 제2절 Ⅲ. 2-1 (2) 부분을 참조하기 바란다. 이 경우 "채무상환액"을 "양수자산가액 중 채무상환에 사용한 금액"으로 본다.

(3) 폐업·해산

자산증여일로부터 3년 이내에 해당 사업을 폐업하거나 해산한 경우에는 의무위반사유에 해당하나, 합병법인, 분할신설법인 또는 분할합병의 상대방 법인이 해당 사업을 승계한 경우에는 의무위반으로 보지 아니한다(조특법 §40 ④ 3호).

또한 아래의 사유로 인하여 폐업·해산한 경우에는 주주등 특례에 따른 감면세액(법 §40 ②·③)을 추징하지 아니한다(조특령 §37 ⑱ → §34 ⑰).

㉮ 파산선고를 받은 경우
㉯ 천재지변, 그 밖에 이에 준하는 사유로 사업을 폐지한 경우

- **특례 적용 후 합병하여 승계된 종합건설업 면허를 양도한 경우** (추징)

    주주 등의 자산양도대금을 증여 받은 법인 간에 합병한 후 합병법인이 피합병법인이 영위하던 종합건설의 면허를 먼저 양도하고 단종건설업 면허를 신규로 취득하는 경우에는 "당해 사업의 폐지"로 보아 추징한다(법인 46012-1215, 2000.5.23.).

4-2 추징방법

추징방법은 재무개선법인과 주주등에 대하여 각 의무위반사유별로 규정되어 있으며, 의무위반사유가 발생한 사업연도의 법인세를 계산할 때 추징한다(조특법 §40 ④). 유의할 점은 주주등이 감면 받은 법인세 또는 소득세도 재무개선법인이 납부의 주체가 되어 본인의 법인세에 가산하여 납부하여야 한다는 점이다. 주주등은 추징의 대상이 아니다.

(1) 재무개선법인 관련분 (익금산입)

재무개선법인이 익금산입할 금액은 의무위반사유별로 계산한다(조특령 §36 ⑬).

다만 4년 거치기간이 경과하고 3년 분할과세되는 기간에 추징으로 인하여 익금산입하는 경우에는 분할하여 이미 익금산입한 금액(이하 "기익금산입액")이 있으면 먼저 익금에 산입한 순서대로 기익금산입액을 추징방식에서 규정한 익금산입액으로 본다. 즉, 기익금산입액을 차감하고 잔여 금액을 익금산입한다(조특령 §37 ⑳). 단, 폐업·해산의 경우(영 §37 ⑬ 3호)에는 제외되어 기익금산입액이 있더라도 전액을 익금산입한다.

(2) 자산증여 시 주주등 관련분 (법인세 납부)

주주등 특례 중 손금산입하여 주주등이 감면 받은 법인세액에 대한 추징세액은 의무위반사유별로 구분하여 계산한다(조특령 §37 ⑭). 앞서 보았듯이 재무개선법인이 본인의 법인세에 가산하여 납부하여야 한다.

(3) 양도대금 증여 시 주주등 관련분 (법인세 납부)

양도대금을 증여한 경우에는 개인은 양도소득세를 100% 감면하고, 법인은 익금불산입하는 과세특례가 지원되는데 의무위반사유가 발생하면, 개인과 법인으로 나누어 의무위반사유별로 추징방식이 정해진다(조특령 §37 ⑮). 단, 주주등이 감면 받은 법인세 또는 소득세도 재무개선법인이 납부의 주체가 되어 본인의 법인세에 가산하여 납부하여야 한다는 점은 위와 같다.

4-3 이자상당가산액

이자상당가산액은 법인세법 제64조에 따라 납부하여야 할 세액으로 본다(조특법 §40 ⑤). 납부의 주체는 재무개선법인이며, 주주등은 해당되지 않는다.

재무개선법인과 관련된 이자상당가산액과 주주등과 관련된 이자상당가산액의 합계를 재무개선법인이 법인세에 가산하여 납부한다(조특령 §37 ⑲).

다만, 아래의 사유로 인하여 폐업·해산한 경우에는 이자상당 가산액을 납부하지 않는다(조특법 §40 ⑤ → ④ 3호 단서).

㉮ 파산선고를 받은 경우
㉯ 천재지변, 그 밖에 이에 준하는 사유로 사업을 폐지한 경우

2022년 세법 개정에 따른 이자율에 대한 개정 규정 및 부칙은 제3부 제2장 제2절 Ⅲ. 3-2를 참조하기로 한다.

Ⅳ. 조세특례제한 등

 절차

재무개선법인은 자산증여일이 속하는 과세연도에 '수증자산명세서, 채무상환(예정)명세서 및 분할익금산입조정명세서'(별지 제33호 서식)를 납세지 관할세무서장에게 제출하여야 하며, 자산증여일과 채무상환일이 서로 다른 사업연도에 속하는 경우에는 채무상환일이 속하는 사업연도의 과세표준신고와 함께 채무상환(예정)명세서(별지 제34호 서식)를 별도로 제출하여야 한다(조특령 §37 ㉓).

자산증여 시 손금산입의 과세특례(법 §40 ②)를 적용받으려는 주주등은 자산증여일이 속하는 사업연도에 자산증여계약서, 채무상환(예정)명세서 및 세액감면신청서(별지 제35호 서식)를 납세지 관할세무서장에게 제출하여야 한다(조특령 §37 ㉔).

양도대금 증여 시 과세특례(법 §40 ③)를 적용받으려는 주주등은 자산을 양도한 날이 속하는 과세연도에 자산매매계약서, 증여계약서, 채무상환(예정)명세서 및 세액감면신청서를 납세지 관할세무서장에게 제출하여야 한다(조특령 §37 ㉕).

2 자료제출의무

재무구조개선계획 및 그 이행실적의 제출방법에 대하여는 기업의 금융 채무상환을 위한 과세특례 규정을 준용한다(조특령 §37 ㉒ → §34 ⑱).

제2절 Ⅳ. 2.를 참조하기 바란다. 이 경우 "자산양도일"을 "자산증여일"로 본다.

3 농어촌특별세 비과세

양도소득세 감면에 대하여 농어촌특별세가 비과세된다(농특법 §4 3호의 2).

Ⅴ. 제121조의 28 주주등의 자산양도에 관한 법인세 등 과세특례

법 제40조와 법 제121조의 28의 비교

차례	법 제40조 특례	법 제121조의 28 특례
Ⅱ. 1. 주체	내국법인과 주주등	좌동
Ⅱ. 2.	재무구조개선계획	사업재편계획
Ⅱ. 3. 4.	자산의 증여 및 채무상환	좌동
Ⅲ. 1. 2. 3.	분할과세, 손금산입 등, 증여의제 적용 배제	좌동
Ⅲ. 4. 사후관리	채무상환 불이행, 부채비율 증가, 3년 내 폐업 등 의무위반 사유	좌열 사유에 사업재편계획의 승인 취소 추가
Ⅲ. 4-1 (3) 폐업·해산 시 예외	합병법인, 분할신설법인 또는 분할합병의 상대방 법인이 해당 사업을 승계한 경우	합병, 분할, 주식의 이전·취득·소유, 회사의 설립 등 방식에 의하여 사업의 전부 또는 일부의 구조를 변경하는 경우❶
Ⅳ. 절차	재무구조개선계획서, 재무구조개선계획이행보고서	사업재편계획서, 사업재편계획이행보고서

❶ 영업양도·양수임대, 주식의 포괄적 교환 등 생산성을 향상시킬 수 있다고 주무부처의 장이 인정하는 방식(기업활력제고를 위한 특별법 시행령 §2 ①)도 예외로서 인정하므로 법 제40조의 경우보다 예외 인정의 범위가 넓음.

제5절 [제44조] 재무구조개선계획 등에 따른 기업의 채무면제익에 대한 분할과세 등

Ⅰ. 의의

기업구조조정을 위하여 내국법인이 금융채권자로부터 채무의 일부를 면제받은 경우, 그 채무면제익에 대해 과세특례를 지원하는 제도이다.

과세특례의 내용은 채무법인에 대해서는 이월결손금을 초과하는 채무면제익을 익금불산입하여 4년거치 3년분할 익금산입하고, 금융채권자는 채무면제액을 손금산입한다.

기업회생절차, 워크아웃, 채권단 자율협약, 적기시정조치 등에 따라 채무를 면제 받음으로써 거액의 채무면제익이 발생하는 경우, 이를 일시에 과세하게 되면 재무구조개선작업에 차질이 올 수 있으므로 분할과세한다.

일몰기한은 2026.12.31.이다.

법 제121조의 29 사업재편계획에 따른 기업의 채무면제익에 대한 과세특례를 이 절 마지막에 본 특례와 함께 비교하였다.

개정연혁

연 도	개정 내용
2017년	■ 금융기관의 출자전환 시 손실을 손금산입 허용
2018년	■ 채권자 범위 확대 : 채권금융기관 → 금융채권자

Ⅱ. 요건

내국법인이 금융채권자로부터 채무의 일부를 면제받아야 한다(조특법 §44 ①).

과세특례의 주체는 내국법인(이하 "재무개선법인")과 금융채권자이다. 개인은 제외된다(소득-1025, 2009.7.6.). 다만 CRV의 채무면제는 본 과세특례의 대상이지만, CRV는 과세특례

(손금산입)의 주체에서 제외된다.

이하 각 채무면제의 형태별로 살펴보기로 한다.

1 기업회생절차 (1호)

「채무자 회생 및 파산에 관한 법률」에 따른 회생계획인가의 결정을 받은 법인이 금융채권자로부터 채무의 일부를 면제받은 경우로서 그 결정에 채무의 면제액이 포함되어야 한다.

약정에 따라 채무를 일정시점에 현재가치로 할인한 금액으로 조기에 일시 상환하는 경우, 현재가치에 의한 차입금상환에 따른 채무감소액은 정리계획인가결정에 따른 것이 아니므로 본 과세특례규정이 적용되지 않는다(국심 2004중2772, 2005.7.18.).

반면에 기존의 정리계획을 변경하는 변경계획인가의 결정은 정리계획인가의 결정에 해당한다(서이 46012-11124, 2003.6.10.).

금융채권자란 금융채권을 보유한 자를 말한다(조특법 §40 ① 2호 → 조특령 §37 ⑧ →기업구조조정 촉진법 §2 2호). 금융채권자는 2016.3.18. 제정된 기업구조조정 촉진법(이하 "구촉법")에서 도입된 개념으로 기존의 채권 금융기관보다 넓은 개념이다. 연기금, 공제회 등을 포함한다.

2018.2.13. 이후 신고하는 분부터는 채권은행자율협의회를 구성하는 채권은행이 설립한 SPC로부터 자산 유동화 형태로 차입한 자금도 금융채권자 채무에 포함된다.[서면법령법인-2311, 2018.9.27. (법 §34 내국법인의 금융채무 상환을 위한 자산매각에 대한 과세특례)][1]

종래에는 채권자를 「금융실명거래 및 비밀보장에 관한 법률」에 따른 채권금융기관에 한정하였으나, 2018년 개정세법에서 기업구조조정 촉진법에 따른 금융채권자로 그 범위를 확대하였다. 2018.1.1. 이후 과세표준을 신고하는 경우부터 소급적용한다(2017.12.19. 개정된 법 부칙 §21).

2 워크아웃 (2호)

기업개선계획(구촉법 §14 ①)의 이행을 위한 약정("워크아웃")을 체결한 부실징후기업이 동법에 따른 금융채권자로부터 채무의 일부를 면제받은 경우로서 그 약정에 채무의 면제액이 포함된 경우 및 동법 제27조에 따른 반대채권자의 채권매수청구권의 행사와 관련하

---

[1] 자산유동화전문회사(SPC)는 금융기관에 해당하지 않으므로 SPC로부터의 채무면제는 특례 대상이 아니라는 종전 예규(서면2팀-2643, 2006.12.21.)는 2018년 개정세법 이후로 더 이상 유효하지 않은 것으로 판단됨.

여 채무의 일부를 면제받은 경우이다.

구촉법상 공동관리에 반대하여 반대매수권을 행사하는 채권에 대해서도 동일한 세제지원을 하도록 하여 기업구조조정 과정에서 세제를 중립적으로 운용하기 위한 목적이다.

부실징후기업이란 주채권은행이 신용위험평가를 통하여 통상적인 자금차입 외에 외부로부터의 추가적인 자금유입 없이는 금융채권자에 대한 차입금 상환 등 정상적인 채무이행이 어려운 상태에 있다고 인정한 기업을 말한다(구촉법 §2 7호).

3 채권단 자율협약 (3호)

재무구조개선 대상기업에 대한 채권을 가진 금융채권자 간 재무구조개선 대상기업의 신용위험평가 및 구조조정방안 등에 대한 협의를 위하여 설치한 협의회(이하 "채권은행자율협의회")가 그 설치 근거 및 재무구조개선 대상기업에 대한 채권을 가진 은행의 공동관리절차를 규정한 협약에 따라 재무구조개선 대상기업과 체결한 기업개선계획의 이행을 위한 특별약정(채권단 자율협약)에 따라 채무면제를 받은 경우이다(조특령 §41 ② → §34 ⑥ 2호).

4 금융위원회의 적기시정조치 (4호)

「금융산업의 구조개선에 관한 법률」 제10조에 따라 금융위원회가 해당 금융기관에 대하여 권고·요구 또는 명령하거나 그 이행계획을 제출할 것을 명한 적기시정조치에 따라 채무면제를 받은 경우이다(조특령 §41 ③ → §34 ⑥ 3호).

5 기업구조조정투자회사

「기업구조조정투자회사법」(이하 "CRV법")에 따른 약정체결기업이 기업구조조정투자회사로부터 채무를 출자로 전환받는 과정에서 채무의 일부를 면제받는 경우이다(조특법 §44 ②).

기업구조조정투자회사라 함은 약정체결기업의 경영정상화를 도모하는 것을 목적으로 약정체결기업에 투자하거나 약정체결자산을 매입하는 등의 방법으로 자산을 운영하여 그 수익을 주주에게 배분하는 회사로서 동법에 의하여 설립된 회사이다(CRV법 §2 3호). 정부가 주도하는 구조조정펀드가 이에 해당하는데, CRV는 페이퍼 컴퍼니 형태의 기업으로 그산하에 자산관리회사를 두고 구조조정을 수행하며, 또한 그 자체가 하나의 기업으로 구조조정을 하기 위한 별도 펀드를 만들 수도 있다.

동일 과세연도에 법 제44조 제1항에 의한 채무면제익과 제2항의 출자전환채무면제익이 동시에 발생한 경우에는 항목별로 각각 특례를 적용한다(서면2팀-1744, 2004.8.20.).

> ● 예규 · 판례
>
> ❖ **전환사채를 출자전환하는 경우 주식의 발행가액과 시가와의 차액에 대해 특례적용 여부 (긍정)** (서면2팀-446, 2005.3.23.)
>
> 1. 법인이 기존채무를 상환할 목적으로 채권자에게 채무금액에 해당하는 전환사채를 발행한 후, 동 전환사채가 출자전환의무 약정에 따라 2004.1.1. 이후 출자전환된 경우에 주식의 발행가액과 시가와의 차액은 채무면제이익에 해당되는 것이며,
> 2. 「조세특례제한법」 제44조의 적용에 있어서 익금불산입되는 출자전환채무면제익은 채무를 면제받은 날이 속하는 사업연도의 직전 사업연도까지 법인세 과세표준 계산 시 공제받지 못한 이월결손금을 우선 차감한 후의 것을 말하는 것이고,
>   「조세특례제한법」 제44조 제2항에 의하여 익금불산입된 금액은 당해 사업연도 이후 발생한 결손금의 보전에 충당되어야 하는 것임.
>
> |저자주| 2003.12.31. 이전에는 과세관청의 유권해석상 출자전환 시 발행가액과 액면가액과의 차액을 세무상 주식발행초과금(자본거래)로 보아 과세하지 않았으므로,(서면2팀-595, 2004.3.26.; 법인 46012-191, 1999.12.6.) 채무면제이익을 특례의 대상으로 하는 본 과세특례가 적용될 수 없었음. 그러나 2004.1.1. 이후에는 발행가액과 액면가액과의 차액을 채무면제익으로 봄에 따라 출자전환 시 본 특례가 적용될 수 있게 됨.
>
> 2005년 말 부실징후기업 등에 대한 출자전환 시 분할과세 특례가 삭제되면서, 현재는 CRV가 출자전환하는 경우 발생하는 채무면제익만 분할과세 특례가 허용됨. 이와는 달리 CRV를 제외한 금융기관이 출자전환 시 발생한 손실에 대해서는 2017년부터 손금산입할 수 있음.

Ⅲ. 과세특례

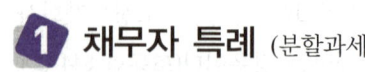
1 채무자 특례 (분할과세)

면제받은 채무에 상당하는 금액에 대해 법인은 익금불산입한 연후 분할과세한다.

1-1 익금불산입

채무를 면제받은 법인은 채무면제액 중 이월결손금을 초과하는 금액을 채무면제일이 속하는 과세연도에 세무조정으로 익금불산입한다. 익금불산입액은 다음의 산식에 따라 계산된다(조특법 §44 ①).

> 익금불산입액 = 채무면제액 - 이월결손금

(1) 채무면제액

채무면제액은 회생계획인가의 결정, 경영정상화계획의 이행을 위한 약정, 경영정상화계획을 위한 특별약정, 적기시정조치(법 §44 ① 1호~4호) 등 해당 약정·지침(이하 "해당 약정 등")에 포함되어야 익금불산입될 수 있다.

연체이자와 미지급이자가 해당 약정등에 포함된 경우에는 익금불산입될 수 있으나,(서면2팀-322, 2004.3.2.) 해당 약정등에 미지급이자가 포함되어 있지 않다면 특례에서 제외된다(재법인 46012-214, 1999.12.24.; 법인 46012-2863, 1999.7.19.).

또한 채무의 조건이 변경되어 현재가치와 채무의 장부가액과의 차이를 채무조정이익으로 계상한 경우에는(일반기준 문단 6.90) 법인세법상 익금불산입 항목이므로(법통 19의 2-19의 2…9), 채무면제액에 포함되지 아니한다(서면2팀-1186, 2005.7.22.).

(2) 이월결손금

이월결손금이란 발생 시기에 관계 없이 공제할 수 있는 다음의 결손금을 말한다(조특령 §41 ① → §36 ⑧ → 법령 §16 ①). 15년 이내의 공제기한 미경과분은 물론 15년이 경과한 이월결손금도 발생 기한에 관계없이 차감한다.

> 1. 법인세법 제14조 제2항에 따른 결손금(법 제44조의 3 제2항 및 제46조의 3 제2항에 따라 승계받은 결손금은 제외한다)으로서 법 제13조 제1항 제1호에 따라 그 후의 각 사업연도의 과세표준을 계산할 때 공제되지 아니한 금액
> 2. 법인세법 제60조에 따라 신고된 각 사업연도의 과세표준에 포함되지 아니하였으나 다음 각 목의 어느 하나에 해당하는 결손금중 법 제14조 제2항에 따른 결손금에 해당하는 것
>   가. 「채무자 회생 및 파산에 관한 법률」에 따른 회생계획인가의 결정을 받은 법인의 결손금으로서 법원이 확인한 것(서면2팀-2187, 2005.12.28.)
>   나. 「기업구조조정 촉진법」에 의한 기업개선계획의 이행을 위한 약정이 체결된 법인으로서 금융채권자협의회가 의결한 결손금

채무면제이익 등의 이월결손금보전 조항(법법 §18 6호)에 따라 무상으로 받은 자산의 가액과 채무의 면제 또는 소멸로 인한 부채의 감소액(본 특례에 의한 채무면제액은 제외)으로 먼저 이월결손금을 보전하는 경우에는 이월결손금에서 그 보전액을 차감한 금액으로 한다.

즉, 채무법인은 채무면제익을 먼저 법인세법상 이월결손금에 보전하여 법인세법상 익금불산입하고(법법 §18 6호), 이월결손금 초과 금액에 한하여 본 과세특례에 따라 익금불산입한 연후 분할과세한다. 다만 동법에 따른 금융기관등으로부터의 채무면제익과 그 외의 채무면제익이 동시 발생한 경우에는 그 외의 채무면제익을 먼저 법인세법상 이월결손금 보전에 우선 사용하고, 보전한 후 잔액에 대해 본 특례에 따라 익금불산입액을 계산한다(재법인-745, 2006.10.25.; 법인 46012-26, 2000.1.6.; 법인 46012-3040, 1999.8.3.).

채무면제익의 이월결손금 보전 및 특례 적용 순서

단계	대 상	세무 조정
1단계	그 외 채무면제익	이월결손금 보전
2단계	특례 대상 채무면제익	1단계에서 보전한 후의 이월결손금 잔액을 보전
3단계	특례 대상 채무면제익	2단계에서 보전한 후의 채무면제익 잔액을 분할과세

1-2 분할과세

익금불산입한 금액은 채무면제일이 속하는 사업연도 종료일 이후 3개 과세연도의 기간 동안 익금산입하지 아니하고 그 다음 3개 사업연도의 기간 동안 균분한 금액 이상을 익금산입하여야 한다(조특법 §44 ①). 본 익금불산입 제도는 4년거치 3년분할 과세한다.

관련 사례는 제2절 Ⅲ. 1-2 분할과세를 참조하기 바란다.

법인세법과 조특법의 원금감면분에 대한 과세방법 비교

구분	일반기업회계기준	법인세법	재무구조개선계획 특례
채권자	대손상각(손상차손)	약정에 의한 채권포기 (법통 19의 2-19의 2…8)	손금산입 (조특법 §44 ④)
채무자	채무조정이익	익금산입항목	4년거치 3년분할 과세 (조특법 §44 ①)

원금을 감면하여 발생한 채권자의 손상차손(대손상각)에 대해 법인세법에서는 약정에 의한 채권포기로 보아 접대비 또는 기부금으로 처리한다. 반면에 재무구조개선계획 요건 등을 갖춘 경우에는 조세특례제한법에서 손금산입을 허용한다.

또한 채무자도 원금감면분에 대한 채무면제익을 법인세법상 익금산입하여야 하지만, 본 특례 요건을 갖춘 경우에는 위와 같이 분할과세한다.

2 금융채권자 특례 (손금산입)

채무를 면제한 금융채권자는 그 면제한 채무에 상당하는 금액을 손금에 산입한다. 채무의 출자전환으로 채무를 면제한 경우를 포함한다. 단, CRV는 제외한다[2](조특법 §44 ④).

법인세법상 채무의 출자전환으로 취득하는 주식은 시가로 평가하는 것이 원칙이지만, 법인세법상 재무구조개선계획에 따른 출자전환 시 채무면제익의 과세특례가 적용되는 경우(법령 §15 ④ 각 호)의 주식등은 출자전환된 채권의 장부가액으로 인식한다(법령 §72 ② 4호의 2). 장부가액으로 인식함에 따라 손익을 인식하지 아니하고 과세이연하여 추후 주식등의 양도 시점에서 손익을 인식한다. 그러나 본 특례가 적용되는 **금융채권자는 출자전환으로 인한 손실을 출자전환 시점에 미리 손금산입할 수 있음에 주의하여야 한다.**

2017년 개정세법에서 출자전환에 따른 손실(채권 가액 - 주식 시가)을 출자전환 시점에 손금산입하도록 허용하였다. 2017.1.1. 이후 과세표준을 신고하는 경우부터 소급적용한다(2016.12.20. 개정된 법 부칙 §18).

법인세법과 조특법의 출자전환 특례 비교

구분	일반기업회계기준	법인세법 특례	재무구조개선계획 특례
채권자	대손상각(손상차손)	손금불산입(법령 §72 ② 4호의 2)❶	손금산입 (조특법 §44 ④)
채무자	채무조정이익	익금불산입 후 이월결손금 보전 특례(법령 §15 ④)❷	4년거치 3년분할 과세 (조특법 §44 ①)

❶ 위에서 본 바와 같이 원칙적으로 채무의 출자전환으로 취득하는 주식은 시가로 평가하여 손익을 인식하여 약정에 의한 채권 포기에 따라 처리한다. 그러나 법인세법상 재무구조개선계획(적기 시정조치 제외)에 따른 출자전환 시 채무면제익의 과세특례가 적용되는 경우(법령 §15 ④ 각 호)의 주식등은 손익을 인식하지 않는다.
❷ 법인세법상 재무구조개선계획(적기 시정조치 제외)에 따른 출자전환에 의한 채무조정이익은 익금불산입하여 추후 이월결손금에 보전할 수 있는 특례를 부여한다(법법 §17 ②, 법령 §15 ④).

한편 법인세법과 조세특례제한법의 규정을 종합해 보자면, 출자전환 시 채권자의 입장에서는 다음의 표와 같이 3가지 처리 방법이 있다.

---

2) CRV는 지급배당소득공제를 적용받는 도관체(conduit)이다(법법 §51의 2 ① 3호).

출자전환 시 채권자의 손금산입 비교

구분	주식의 취득가액	세무조정	시가 미달액
일반적인 출자전환	시가❶	약정에 의한 채권포기 (법통 19의 2-19의 2…8)	종국적으로 손금산입 되지 않음❷
법인세법상 재무구조개선 계획에 따른 출자전환	출자전환 채권의 장부가액❶	손금불산입(유보)❸	주식 양도 시 손금산입(△유보)
조특법상 재무구조개선계획에 따른 출자전환	시가❹	별도 조정 없음❹	출자전환 시 손금산입

❶ 법령 §72 ② 4호의 2
❷ 일반적인 출자전환의 경우에는 주식의 취득가액인 시가와 출자전환 채권의 장부가액의 차액(이하 "시가 미달액")을 약정에 의한 채권 포기로 보아 접대비 등으로 손금불산입하므로, 종국적으로 시가 미달액은 손금산입되지 않음.
❸ 법인세법상 재무구조개선계획(적기 시정조치 제외)에 따른 출자전환을 한 경우(법령 §15 ④ 각 호)에는 출자전환 채권의 장부가액을 주식의 취득가액으로 한다(법령 §72 ② 4호의 2 단서). 따라서 회계상 대손상각(손상차손)한 비용은 손금불산입(유보)하여 손금을 인식하지 않아야 하며, 추후 주식 양도 시에 손금산입(△유보)하여 추인한다.
❹ 본 특례에 따른 출자전환의 경우에는 출자전환 시 손금산입하므로, 시가를 주식의 취득가액으로 하여야 한다. 회계처리와 세무처리가 동일하므로 별도의 세무조정은 없다.

● **하나의 업체만을 선택하여 손금산입할 수 있는지 여부** (긍정)

내국법인 a와 b의 금융채권자가 대출채권의 출자전환으로 채무를 면제하고 그 면제한 채무에 상당하는 금액을 손금에 산입하는 경우 해당 금융채권자는 그 내국법인 중 A법인에 대해 면제한 채무에 상당하는 금액만 선택하여 손금에 산입할 수 있는 것임(서면법령법인-1395, 2020.11.27.)

● **손금산입 과세특례 시 별도 손금산입이 필요한지 여부** (부정)

금융기관이 회생계획인가결정에 따라 채무를 출자전환하는 경우로서 주식의 발행가액과 액면가액이 동일하고, 시가가 액면 가액에 미달하는 경우에도 손금산입이 가능하며, 손금산입 과세특례는 세무조정계산서 상 별도의 손금산입을 하지 않아도 적용 가능함(재법인-119, 2021.2.25.; 기준법령법인-0144, 2021.3.9.).

3 사후관리

채무를 면제받은 법인이 채무면제익 전액을 익금에 산입하기 전에 사업을 폐업하거나 해산하는 경우에는 그 사유가 발생한 날이 속하는 사업연도에 익금에 산입하지 아니한 금액 전액을 일시에 익금산입한다(일시환입) (조특법 §44 ③).

Ⅳ. 조세특례제한 등

 **절차**

재무개선법인 및 금융채권자는 각각 채무면제일이 속하는 사업연도에 채무면제명세서(별지 제38호 서식)를 채무를 면제받은 법인별로 작성하여 납세지 관할세무서장에게 제출하여야 한다(조특령 §41 ④).

채무면제명세서를 과세표준 신고기한 내에 제출하지 아니하였더라도 경정등의 청구에 의해 당해 과세특례의 적용이 가능하다(서면2팀-1186, 2005.7.22.).

Ⅴ. 제121조의 29 사업재편계획에 따른 기업의 채무면제익에 대한 과세특례

법 제44조와 법 제121조의 29의 비교

차례	법 제44조 특례	법 제121조의 29 특례
Ⅱ. 요건	회생계획인가 결정 등 5가지 채무면제 형태	사업재편계획에 따른 채무면제
Ⅲ. 1. 2. 특례	분할과세, 손금산입	좌동
Ⅲ. 3. 사후관리	폐업, 해산	좌열 사유에 사업재편계획의 승인 취소 추가
Ⅲ. 3. 폐업·해산 시 예외	규정 없음	합병, 분할, 주식의 이전·취득소유, 회사의 설립 등 방식에 의하여 사업의 전부 또는 일부의 구조를 변경하는 경우
Ⅲ. 3. 이자상당가산액	규정 없음	이자상당액 가산하고, 파산 등 부득이한 사유가 있는 경우 제외
Ⅳ. 절차	채무면제명세서	채무면제명세서, 사업재편계획서, 사업재편계획이행보고서

제6절 [제52조] 금융기관의 자산·부채 인수에 대한 법인세 손금산입특례

Ⅰ. 의의

금융위원회의 계약이전명령 또는 계약이전결정에 따라 인수금융기관이 부실금융기관으로부터 자산가액을 초과하는 부채를 이전받은 경우에 그 순부채액에 대해 손금산입할 수 있는 제도이다.

인수금융기관이 부실금융기관으로부터 인수한 순부채액에 대해서는 예금보험공사가 보전하고 있기 때문에, 자산수증이익으로 과세되지 않도록 손금산입하는 제도이다. 1998년 도입되었다.

일몰기한은 2026.12.31.이다.

Ⅱ. 요건

금융위원회의 계약이전명령 또는 계약이전결정에 따라 인수금융기관이 부실금융기관으로부터 자산가액을 초과하는 부채를 이전받아야 한다(조특법 §52).

1 주체

과세특례의 주체는 「금융산업의 구조개선에 관한 법률」(이하 "금산법")에 따른 금융기관이다(금산법 §2 1호, 동법 시행령 §2).

- 은행, 중소기업은행
- 투자매매업자·투자중개업자, 집합투자업자, 투자자문업자 또는 투자일임업자
- 보험회사
- 상호저축은행
- 신탁업자
- 종합금융회사
- 금융지주회사
- 여신전문금융회사, 농협은행, 수협은행

인수의 상대방은 다음의 부실금융기관이다(금산법 §2 2호).

가. 경영상태를 실제 조사한 결과 부채가 자산을 초과하는 금융기관이나 거액의 금융사고 또는 부실채권의 발생으로 부채가 자산을 초과하여 정상적인 경영이 어려울 것이 명백한 금융기관으로서 금융위원회나 「예금자보호법」 제8조에 따른 예금보험위원회가 결정한 금융기관. 이 경우 부채와 자산의 평가 및 산정은 금융위원회가 미리 정하는 기준에 따른다.
나. 「예금자보호법」 제2조 제4호에 따른 예금등 채권의 지급이나 다른 금융기관으로부터의 차입금 상환이 정지된 금융기관
다. 외부로부터의 지원이나 별도의 차입(정상적인 금융거래에서 발생하는 차입은 제외한다)이 없이는 예금등 채권의 지급이나 차입금의 상환이 어렵다고 금융위원회나 「예금자보호법」 제8조에 따른 예금보험위원회가 인정한 금융기관

2 적기시정조치

금융위원회의 적기시정조치(금산법 §10) 중 계약이전에 관한 명령 또는 계약이전 결정(금산법 §14 ②)에 따라 자산의 가액을 초과하는 부채액을 인수하여 한다.

3 자산·부채의 인수

부실금융기관으로부터 자산의 가액을 초과하는 부채를 이전받은 경우로서 다음의 요건을 갖추어야 한다.
① 인수금융기관이 예금보험공사로부터 순부채액에 상당하는 금액을 보전 받을 것
② 인수금융기관이 이전받은 자산과 부채의 가액이 금융감독원장이 확인한 가액일 것

Ⅲ. 과세특례

1 손금산입

인수금융기관은 이전받은 부채의 가액 중 이전받은 자산의 가액을 초과하는 금액(순부채액)을 해당 사업연도의 소득금액을 계산할 때 손금에 산입한다. 손금산입 시기는 예금보험공사로부터 보전받는 날이 아니라 자산·부채를 인수한 날이다(서면2팀-2323, 2004.11.12.).

이때 손금산입한 계약이전손실보상금을 법인세법상 영업권(법령 §24 ① 2호 가목)으로 보아 손금산입할 수 없다(재법인-946, 2006.12.21.; 서면2팀-2323, 2004.12.13.).

2 증권거래세 면제

부실금융기관의 자산·부채의 인수와 관련하여 부실금융기관 또는 부실농협, 부실수협 및 부실산림조합에 해당하는 경우에는 증권거래세를 면제한다(조특법 §117 ① 7호~7호의 3). 제15부 제3장 제2절 Ⅱ. 3. 부실금융기관 등 구조조정을 참조하기로 한다.

3 취득세의 면제

부실금융기관의 재산 양수와 관련하여 아래의 경우에는 취득세를 면제한다(지특법 §57의3 ①).

① 금산법 제2조 제1호에 따른 금융기관, 한국자산관리공사, 예금보험공사 또는 정리금융기관이 적기시정조치(영업의 양도 또는 계약이전에 관한 명령으로 한정한다) 또는 계약이전결정을 받은 부실금융기관으로부터 양수한 재산
② 「농업협동조합법」에 따른 조합, 「농업협동조합의 구조개선에 관한 법률」에 따른 상호금융예금자보호기금 및 농업협동조합자산관리회사가 적기시정조치(사업양도 또는 계약이전에 관한 명령으로 한정한다) 또는 계약이전결정을 받은 부실조합으로부터 양수한 재산

③ 「수산업협동조합법」에 따른 조합 및 「수산업협동조합의 구조개선에 관한 법률」에 따른 상호금융예금자보호기금이 적기시정조치(사업양도 또는 계약이전에 관한 명령으로 한정한다) 또는 계약이전결정을 받은 부실조합으로부터 양수한 재산

④ 「산림조합법」에 따른 조합 및 「산림조합의 구조개선에 관한 법률」에 따른 상호금융예금자보호기금이 적기시정조치(사업양도 또는 계약이전에 관한 명령으로 한정한다) 또는 계약이전결정을 받은 부실조합으로부터 양수한 재산

⑤ 「신용협동조합법」에 따른 조합이 계약이전의 결정을 받은 부실조합으로부터 양수한 재산

⑥ 「새마을금고법」에 따른 금고가 계약이전의 결정을 받은 부실금고로부터 양수한 재산
계약이전 결정자체에는 포함되어 있지 않더라도 금융감독위원회에서 계약이전 결정을 받은 부실금융기관으로부터 자산양수도 계약을 체결하여 양수받은 재산인 경우라면 취득세 면제대상으로 한다(세정-2229, 2005.8.19.).

2024 조세특례제한법 해석과 사례

8. 지역 간의 균형발전을 위한 조세특례

제1장 지방 이전에 대한 조세지원
제1절 서설
제2절 [제60조] 공장의 대도시 밖 이전에 대한 법인세 분할과세
제3절 [제61조] 법인 본사를 수도권과밀억제권역 밖으로 이전하는 데 따른 양도차익에 대한 법인세 분할과세
제4절 [제62조] 공공기관이 혁신도시 등으로 이전하는 경우 양도차익에 대한 분할과세 등
제5절 [제63조] 수도권 밖으로 공장을 이전하는 기업에 대한 세액감면 등
제6절 [제63조의 2] 수도권 밖으로 본사를 이전하는 법인에 대한 세액감면 등
제7절 [제85조의 8] 중소기업의 공장이전에 대한 분할과세

제2장 농어촌 지역 법인에 대한 조세지원
제1절 서설
제2절 [제64조] 농공단지 입주기업 등에 대한 세액감면
제3절 [제66조] 영농조합법인 등에 대한 법인세의 면제 등
제4절 [제67조] 영어조합법인 등에 대한 법인세의 면제 등
제5절 [제68조] 농업회사법인에 대한 법인세의 면제 등

제3장 영농사업용 토지에 대한 조세지원
제1절 서설
제2절 [제69조] 자경농지에 대한 양도소득세의 감면
제3절 [제69조의 2] 축사용지에 대한 양도소득세의 감면
제4절 [제69조의 3] 어업용 토지등에 대한 양도소득세의 감면
제5절 [제69조의 4] 자경산지에 대한 양도소득세의 감면
제6절 [제70조] 농지대토에 대한 양도소득세 감면
제7절 [제70조의 2] 경영회생 지원을 위한 농지 매매 등에 대한 양도소득세 환급특례
제8절 [제71조] 영농자녀등이 증여받는 농지 등에 대한 증여세의 감면

CHAPTER 01 지방 이전에 대한 조세지원

제1절 서설

Ⅰ. 의의

수도권 과밀과 지방 침체는 국가경쟁력을 약화시키는 요인이 되므로, 지역 간 격차를 해소하기 위하여 지방으로 이전하는 기업에 대한 과세특례를 지원한다.

지방이전에 대한 조세지원은 크게 공장·본사의 이전(양도)단계에서 발생하는 양도차익에 대한 분할과세 특례와 이전 후 영업 단계에서의 법인세 또는 소득세에 대한 기간감면으로 나뉜다. 법 제85조의 8 중소기업의 공장이전에 대한 과세특례가 조세특례제한법상 제2장 제8절 공익사업을 위한 조세특례에 위치해 있으나, 동 제도가 공익사업과는 직접적 관련이 없으며 중소기업의 지방이전 지원을 위한 조세특례이므로 본서에서는 지방이전 조세지원과 같이 서술하기로 한다.

1 제도 간 비교

지방이전에 대한 조세지원제도의 단계별 비교

단계	조문	특례대상 행위	과세특례(주체)
양도	§60 공장의 대도시 밖 이전	대도시에 있는 공장의 지방이전을 위해 공장의 대지와 건물을 양도	내국법인의 양도차익에 대해서 5년 거치 5년분할 익금산입
	§61 법인 본사를 과밀권역 외 이전	과밀권역❶ 내 본사의 과밀권역 외 이전을 위해 본사의 대지와 건물을 양도	내국법인의 양도차익에 대해서 5년 거치 5년분할 익금산입

단계	조문	특례대상 행위	과세특례(주체)
	§85의 8 중소기업의 공장이전	중소기업이 과밀권역 밖으로 이전하거나 동일 산업단지 내에서 이전하기 위하여 공장의 대지와 건물을 양도	▪ 법인은 양도차익에 대해서 5년거치 5년분할 익금산입 ▪ 거주자는 양도차익에 대한 양도소득세를 5년거치 5년분할 납부
양도 영업	§62 공공기관의 본사를 혁신도시등으로 이전	▪ 이전공공기관이 수도권 내 본사를 혁신도시·세종시로 이전하면서 본사를 양도 ▪ 이전공공기관이 성장권역 내 본사를 혁신도시로 이전('18년말 폐지)	▪ 종전부동산의 양도차익에 대해서 5년거치 5년분할 익금산입 ▪ 이전본사인원에 비례한 감면소득에 대해서 3년 100%, 2년 50% 법인세 세액감면('18년말 폐지)
영업 양도	§63 수도권 밖으로 공장을 이전하는 기업	과밀권역 내 공장을 수도권(중소기업은 과밀권역) 외로 이전	▪ 이전 후 공장 발생 소득에 대해서 낙후지역의 성장촉진지역등은 10년 100%, 2년 50%, 낙후지역의 이외 지역 및 광역시등의 성장촉진지역등은 7년/3년, 이외 수도권 등은 5년/2년 법인세 또는 소득세 세액감면 ▪ 공장의 양도차익에 대해서 5년거치 5년분할 익금산입 ▪ 재산세 감경과 종합부동산세 제외
영업 양도	§63의 2 수도권 밖으로 본사를 이전한 법인	법인의 과밀권역 내 본사를 수도권 밖으로 이전	▪ 법인의 이전 후 소득에 대해서 낙후지역의 성장촉진지역등은 10년 100%, 2년 50%, 낙후지역의 이외 지역 및 광역시등의 성장촉진지역등은 7년/3년, 이외 수도권 등은 5년/2년 법인세 또는 소득세 세액감면 ▪ 본사의 양도차익에 대해서 5년거치 5년분할 익금산입

❶ 수도권과밀억제권역을 말함. 이하 Ⅰ. 의의 부분에서 같음.

    영업 단계에서의 세액감면 중 공장 이전분은 사업장단위 감면방식이며, 본사 이전분은 기업단위 감면방식에 해당한다.

이전 대상과 이전 전후 지역의 비교

실무상 적용 시 해당 법인의 상황에 맞는 지방이전 조세지원제도의 선택을 위하여 특례 요건 중 주요 사항인 주체, 이전대상, 지역을 중심으로 각 제도를 비교하였다. 단, 법 제62조 공공기관의 혁신도시 이전은 비교대상에서 제외한다.

지방이전에 대한 조세지원제도의 이전 대상과 이전 전후 지역 비교

단계	조문	주체	이전대상	이전 전 지역	이전 후 지역
양도	§60	내국법인	공장(공장시설은 대상 아님)	대도시[과밀권역과 5대광역시(단, 산업단지 제외)]	지방(대도시 이외) 단, 수도권 외에서 수도권으로 이전은 제외
	§61	내국법인	본사	과밀권역 내	과밀권역 외
	§85의 8	▪ 2년 이상 계속하여 공장시설을 갖추고 사업을 하는 중소기업(개인 포함) ▪ 2년 이상	▪ 공장 ▪ 공장	▪ 제한 없음 ▪ 산업단지	▪ 과밀권역 외 ▪ 동일 산업단지
영업	§63	3년(중소기업은 2년) 이상 계속하여 공장시설을 갖추고 사업을 한 법인 또는 개인. 단, 부동산업, 건설업, 소비성 서비스업, 무점포 판매업 및 해운중개업 법인 제외	공장. 단, 중소기업이 과밀권역내 본사가 있고 수도권 안으로 이전하는 경우에는 본사를 함께 이전하여야 함.	과밀권역 내	수도권(중소기업은 과밀권역 외) 단, 중소기업 이외의 기업이 광역시로 이전하는 경우 광역시 내 산업단지로만 이전할 때에만 특례 적용 가능
영업 양도	§63의 2	3년 이상 계속하여 본사를 둔 법인. 단, 부동산업 등 제외	본사	과밀권역 내	수도권 외

Ⅱ. 요건

제1장에 설명되어 있는 다수의 제도에 공통적으로 해당되는 개념 중 공장과 공장입지기준면적을 살펴보기로 한다.

 공장

공장이란 각각 제조장 또는 자동차정비공장으로서 제조 또는 사업단위로 독립된 것을 말한다(조특령 §54 ① → 조특법 §60 및 §63).

1-1 제조장

공장에 해당되는지 여부는 제조업을 영위하기 위하여 필요한 제조시설을 갖추고 있는지 등을 고려하여 **사실판단할** 사항이다.

단순히 상품을 선별·정리·분할·포장·재포장하는 경우 등과 같이 그 상품의 본질적 성질을 변화시키지 않는 처리활동을 수행하는 곳은 감면대상 공장에 해당하지 않는다[서면법규-1403, 2013.12.26. (법 §63); 기준법령법인-0113, 2015.7.7. (법 §63)].

공장등록 여부와는 무관하며,[법인-89, 2014.3.4. (법 §63)] 무허가 건물이라도 제조장의 요건을 갖춘 경우에는 공장에 해당한다.

제조활동의 일부만을 외주가공(O)에 의하는 경우에는 동 규정에 의한 공장시설을 갖춘 것으로 본다[조심 2009서2805, 2010.3.11. (법 §63)]. 반면에 사실상 공장시설을 갖추지 아니하고 **제조활동의 대부분을 외주가공(X)**에 의하는 경우에는 공장으로 보지 않는다[조심 2018중0929, 2018.4.27. (법 §63); 서면2팀-2604, 2004. 12.13. (법 §63); 서이 46012-11810, 2003.10.20. (법 §63); 조심 2016중3882, 2017.1.31. (법 §63)].

● 디자인 서비스 사업자가 컴퓨터로 작업을 수행하는 경우 공장 포함 여부(부정)

활자체 관련 디자인을 서비스하는 사업자가 거주지에 사업자 등록을 하고 컴퓨터로 작업을 수행하는 경우, 제조설비를 갖추고 있지 않은 단순 서비스업을 영위하는 사업장이므로 공장에 해당하지 않음(사전법령소득-0243, 2017.6.27.).

(1) 제조 또는 사업단위의 독립성

제조 또는 사업단위로 독립된 것이란 **동일부지 내에 원재료 투입공정으로부터 제품 생산 공정까지 일관된 작업을 할 수 있는 제조설비를 갖춘 장소와 그 부속토지**로 한다. 또한 생산에 직접 공여되는 공장 구내창고, 사무실, 종업원을 위한 기숙사, 식당 및 사내훈련시설 등을 포함한다(조특통 60-54...1 ①).

제조에 직접적으로 사용되는 제조장뿐 아니라, 간접적으로 이를 지원하기 위한 관리활동(콘크리트포장, 담장과 정문시설), 교육·복리후생(정원), 폐기물처리 또는 환경오염방지(정화조와 오수처리시설)등의 시설이 포함된다[국심 98경961, 1999.9.29. (법 §60 공장의 대도시 밖 이전)].

반면에 공장구내 이외의 지역에 설치된 **기업부설연구소(X)는 공장에 포함되지 않는다**[법인 46012-2773, 1997.10.28. (법 §60)].

(2) 별도로 설치된 공장 건물

두 가지 이상의 제품(제조공정이 서로 무관한 제품에 한한다)을 생산하는 내국인이 동일부지 내에 각 제품별로 제조설비 및 공장건물을 별도로 설치하고 있는 경우에는 각 제품별 제조설비를 갖춘 장소와 그 부속토지를 각각 독립된 제조장 단위로 한다(서면2팀-1578, 2007.8.29.).

이 경우 부속토지가 각 제품의 생산에 공통적으로 사용됨으로써 구분할 수 없는 경우에는 각 제품의 생산에 직접적으로 사용되는 토지의 면적에 비례하여 계산된 각각의 면적을 각 제품제조설비의 부속토지로 한다(조특통 60-54...1 ②).

1-2 자동차정비공장

자동차정비공장이란 자동차종합정비업 또는 소형자동차정비업의 사업장을 말한다(조특칙 §22).

자동차종합정비업이란 모든 종류의 자동차에 대한 점검·정비 및 튜닝작업이며, 소형자동차정비업이란 승용자동차·경형 및 소형의 승합·화물·특수자동차에 대한 점검·정비 및 튜닝작업을 말한다(자동차관리법 시행규칙 §131).

2 공장입지 기준면적

공장의 대지가 공장입지 기준면적을 초과하는 경우 그 초과하는 부분에 대하여는 요건을 충족하지 못한 것으로 본다(조특령 §56 ① 단서).

공장입지 기준면적이란 다음의 구분에 따른 면적을 말한다(조특칙 §23).

(가) 제조공장

지방세법 시행규칙 별표 6[1])에 따른 공장입지 기준면적을 말한다.

공장구역 내의 무허가건물 안에 설치된 기계장치 및 건축물 외 시설물에 대하여도 그 수평투영면적을 공장건물 연면적에 포함하여 해당 공장의 공장입지 기준면적을 계산하여야 한다[심사중부 96-441, 1996.6.28. (법 §60 공장의 대도시 밖 이전); 국세청 재일 46014-2185, 1994.8.11.].

(나) 자동차정비공장

건축물의 바닥면적(시설물의 경우에는 그 수평투영면적)에 용도지역별 적용배율(지령 §101 ②)을 곱하여 산정한 면적과 당해 사업의 등록 당시의 관계법령에 의한 최소기준면적의 1.5배에 해당하는 면적 중 큰 면적으로 한다.

$$\text{Max}\ [(\text{건축물의 바닥면적} \times \text{용도지역별 적용배율}),\ (\text{최소기준면적} \times 1.5)]$$

양도기간 중에 도시계획법상 토지의 용도지역이 변경된 경우, 그 '양도 시기'의 토지용도를 기준으로 공장입지 기준면적을 산정한다[대법원 99두7005, 1999.9.6.; 대법원 97누7950, 1999.1.29. (법 §60 공장의 대도시 밖 이전)].

---

1) 2017년 지방세법 개정으로 공장입지 기준면적이 시행규칙 별표 3에서 별표 6으로 이관됨.

제2절 [제60조] 공장의 대도시 밖 이전에 대한 법인세 분할과세

Ⅰ. 의의

내국법인이 대도시에 있는 공장을 지방으로 이전하기 위하여 해당 공장의 대지와 건물을 양도함으로써 발생하는 양도차익에 대해서 5년거치 5년분할 익금산입하는 분할과세 제도이다.

수도권 과밀을 억제하고 지역 간 균형발전의 목적을 위하여, 공장을 지방으로 이전하는 기업이 종래의 공장을 양도하는 경우, 그 양도차익에 대한 세부담을 완화하여 기업의 지방이전을 세제지원하는 제도이다.

일몰기한은 2025.12.31.이다.

개정연혁

연 도	개정 내용
2023년	■ 대도시 내 산업단지에 산업단지 지정고시 이전 입주 법인을 특례 대상에 포함 ■ 군위군을 과세특례 지역에서 제외

Ⅱ. 요건

내국법인이 대도시에 있는 공장을 지방으로 이전하기 위하여 해당 공장의 대지와 건물을 양도하여야 하며, 공장이전 전후의 영위 업종이 같아야 한다.

1 주체

과세특례의 주체는 대도시에서 공장시설을 갖추고 사업을 하는 내국법인이다(조특법 §60 ②). 개인은 제외된다.

1-1 공장

제1절 Ⅱ. 1. 공장 참조

1-2 대도시

대도시란 다음 어느 하나에 해당하는 지역을 말한다(조특령 §56 ②).
① 수도권과밀억제권역(제1부 제3절 용어정의 참조)
② 수도권과밀억제권역 외의 지역으로서 부산광역시(기장군 제외)·대구광역시(달성군·군위군 제외)·광주광역시·대전광역시 및 울산광역시의 관할구역. 다만, 해당 지역에 위치한 「산업입지 및 개발에 관한 법률」에 따른 산업단지(이하 "산업단지")[1]는 제외한다.

다만, 산업단지로 지정되기 전부터 해당 지역에서 공장시설을 갖추고 사업을 하는 내국법인이 그 공장을 지방으로 이전하기 위하여 해당 공장의 대지와 건물을 양도하는 경우에는 해당 지역을 대도시로 보아 특례를 적용한다(조특령 §56 ⑤).

2023년 개정세법에서 수도권과밀억제권역 외의 지역의 산업단지에 위치한 공장 중 산업단지로 지정되기 전부터 사업을 하고 있는 공장이 그 공장을 지방으로 이전하는 경우에는 대도시에서 이전하는 것으로 보아 과세특례를 적용하도록 함. 개정규정은 2023.1.1. 이후 공장의 대지와 건물을 양도하는 경우부터 적용함(2022.12.31. 개정된 법률 부칙 §14). 그리고, 군위군이 대구광역시에 통합됨에 따라 공장의 이전에 따른 과세특례 적용이 배제되는 지역에서 별도로 군위군을 제외함. 개정규정은 2023.7.1.부터 시행함(2023.6.7. 개정된 시행령 부칙 §1 단서).

---

[1] 산업단지는 한국산업단지공단 홈페이지(http://www.kicox.or.kr/)에서 확인 가능함.

2 대도시 공장의 지방이전

2-1 대도시 공장

대도시 공장의 대지와 건물을 양도하여 공장을 지방으로 이전하여야 한다. 다만 대도시 공장 또는 지방 공장의 대지가 공장입지 기준면적을 초과하는 경우 그 초과하는 부분에 대하여는 양도차익에 대한 과세특례가 적용되지 아니한다(조특령 §56 ①). 공장입지 기준면적의 상세내용은 제1절 Ⅱ. 2. 를 참고하기 바란다.

본사로 사용하던 대지, 건물을 양도하지 않는 경우에도 대도시 공장을 지방 이전하는 경우 본 과세특례가 적용된다(법인-2324, 2008.9.5.; 서면법인-1608, 2020.7.29.). 즉, 법인의 본사 및 공장이 같은 구역 내에 존재하는 경우에도 각각 구분하여 적용한다.

다만 공장시설(예, 제조설비 등)의 지방 이전이 필수요건이 아님에 유의하여야 한다. 이는 후술하는 법 제63조 수도권과밀억제권역 밖으로 이전하는 중소기업에 대한 세액감면 제도와 차이가 있다.

2-2 지방 이전

대도시 공장을 대도시 이외의 지역("지방")으로 이전하여야 한다. 본 과세특례와 법 제61조, 법 제63조, 법 제63조의 2와의 차이점은 광역시에서 지방으로 이전하는 경우에도 특례의 대상이 된다는 점이다. 다만, 수도권 밖(예, 광역시)에 있는 공장을 수도권으로 이전하는 경우는 제외한다.

아래 그림에서 진하게 색칠한 부분은 특례가 적용되는 이전 전 지역, 색칠하지 않은 부분은 특례가 적용되는 이전 후 지역이다.

특례 적용대상 이전 전 지역과 이전 후 지역

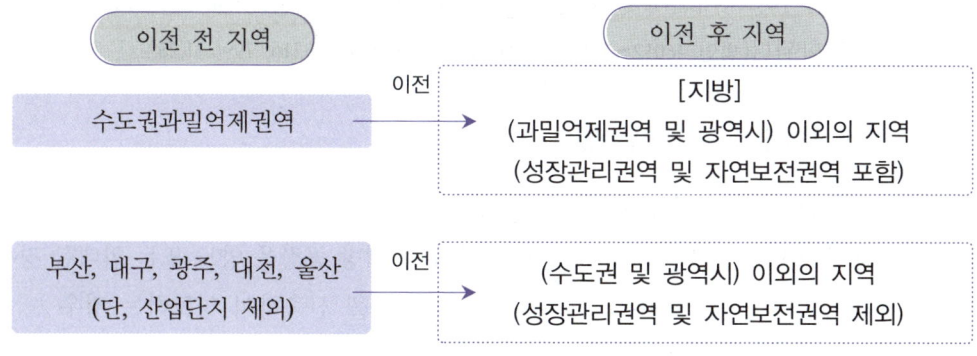

수도권과밀억제권역에서 성장관리권역 및 자연보전권역으로 이전하는 것은 특례 대상으로 하지만, 광역시에서 성장관리권역 및 자연보전권역으로 이전하는 것은 특례 대상에서 제외한다.

2-3 공장 이전의 방식

공장의 지방 이전은 대도시 공장의 양도 전후로 일정한 기간 내에 지방으로 이전하는 방식이어야 한다(조특령 §56 ①).

(1) 선이전 → 후양도

지방으로 공장을 이전하여 사업을 개시한 날부터 2년 이내에 대도시 공장을 양도하는 경우이다.

"사업을 개시한 날"이라 함은 신공장 시설을 이용하여 정상상품으로 판매할 수 있는 완성품 제조를 개시한 날을 말한다(조특통 60-56…1) (서면법인-2785, 2023.10.6.). 이전 공장에서 생산하던 세분류가 동일한 복수의 제품 중 일부에 대해 이전 기한 내에 정상제품으로 판매할 수 있는 완성품 제조를 개시하였다면 전체 사업을 개시한 것으로 본다(법규과-1284, 2011.9.29.).

(1-1) 공장이전에 포함되는 경우

대도시 공장을 본래의 공장용도 외의 다른 용도로 일시 사용한 후 양도하는 경우는 공장이전에 포함한다(조특통 60-56…3). 예를 들어, 공장시설을 지방 공장으로 모두 이전하게 되면 공장은 본래의 기능을 상실하므로, 양도 이전까지 일시적으로 대도시 공장을 임대하는 등 제조 이외의 목적으로 사용하여도 요건을 충족한 것으로 본다(심사양도 98-889, 1999.2.26.; 재재산 46014-177, 1998.7.6.).

지방 공장을 임차하고 대도시 공장 양도대금으로 기계장치만을 취득하여 지방으로 이전하는 경우도 포함된다(법인 46012-1659, 1998.6.23.; 법인 46012-3316, 1996.11.28.).

(1-2) 공장이전에서 제외되는 경우

다음의 경우에는 공장이전에서 제외한다(조특통 60-0…1).
㉮ 이전 전의 대도시 공장을 양도하기 전에 이전 후의 지방 공장을 양도 또는 임대한 경우
㉯ 이전 전의 공장건물을 철거하고 그 부지 위에 건물을 신축하여 양도하는 경우

구공장 건물을 철거하고 나대지 상태의 양도는 허용된다(법인 46012-3220, 1997.12.10.). 건축물 철거 후 나대지의 양도는 대도시 억제 목적에 위배되지 아니하기 때문이다.
㉰ 이전 후 이전 전의 대도시 공장을 증·개축하여 임대하다 양도하는 경우

- **토지거래허가를 받지 못하여 양도할 수 없는 경우** (제외)

  선이전 후양도 방식에 따라 지방의 공장을 먼저 준공하여 사업을 개시한 경우에 대도시 안의 공장에 대한 토지거래의 허가여부에 불구하고 사업개시일로부터 2년 이내에 대도시 안의 공장을 양도하는 경우에 한하여 면제를 적용받을 수 있으므로, 토지거래허가를 받지 못하여 양도할 수 없는 경우에는 면제되지 않는다(법인 46012-1204, 1997.4.30.).

(2) 선양도 → 후취득

대도시 공장을 양도한 날부터 1년 이내에 지방에서 기존공장을 취득하여 사업을 개시하는 경우이다. 사업개시시기의 판정은 전술한 선이전 후양도 방식과 동일하다.

지방 공장을 임차하고 대도시 공장 양도대금으로 기계장치만을 취득하여 지방으로 이전하는 경우도 포함된다.

(3) 선양도 → 후준공

대도시 공장을 양도한 날부터 3년 이내에 지방 공장을 준공하여 사업을 개시하는 경우이다. 기존공장의 인수보다 공장 신축 시에는 기일이 더 소요되므로 3년의 이전기한을 허용하였다.

준공시기는 아래의 순서대로 적용한다(조특통 60-56…2).
① 사실상의 사용가능일
   공장건설과 기계장치를 완비하여 사실상 사업의 목적에 공할 수 있는 상태에 있게 된 날
② 사용의 허가, 인가 또는 검사일
   사실상의 사용가능일 시기를 판단하기 어려운 때에는 사용의 허가, 인가 또는 검사일

3 업종의 동일성

이전 전의 공장에서 영위하던 업종과 이전 후의 공장에서 영위하는 업종이 같아야 한다(조특법 §60 ③). 업종의 판정기준은 한국표준산업분류의 세분류(네자리 숫자)를 기준으로 한다(조특령 §54 ②).

다음의 경우는 업종의 동일성 요건을 충족하지 못하는 것으로 보아 과세특례를 적용하지 않는다(조특통 60-0…1).

㉮ 휴업 중이던 공장을 지방으로 이전하는 경우
㉯ 타인에게 임대하던 공장을 지방으로 이전하는 경우(심사법인 98-274, 1998.11.6.)

Ⅲ. 과세특례

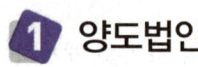 양도법인

1-1 익금불산입

대도시 공장의 대지와 건물의 양도차익에 대해서는 아래의 산식에 따라 계산한 금액을 양도일이 속하는 사업연도의 각 사업연도 소득에 대한 법인세 계산 시 세무조정으로 익금불산입한다(조특령 §56 ③).

$$\text{익금불산입금액} = \left(\text{대도시공장의 양도차익} - \text{이월결손금}\right) \times \frac{\text{지방공장의 가액}}{\text{대도시공장의 양도가액}}$$

대도시 공장을 양도한 가액 이상으로 지방 공장을 취득하였다면 전액 분할과세한다. 단, 이월결손금을 양도차익에서 먼저 공제하도록 하였다. 이하 산식상의 각 항목을 분설한다.

(1) 대도시 공장의 양도차익 (1호)

(1-1) 산식

대도시 공장의 대지와 건물의 양도차익은 양도가액에서 장부가액을 차감하여 계산된다. 장부가액의 계산은 다음과 같다(조특통 60-56…4).

$$\text{장부가액} = \left(\text{취득가액} + \text{자본적 지출액}\right) - \left(\text{감가상각누계액} + \text{일시상각충당금등}\right) \pm \left(\text{자산의 평가차익}\right)$$

"장부가액"이란 해당 과세연도의 감가상각을 한 후의 장부가액(순장부가액)으로서 취득가액과 자본적지출의 합계액에서 감가상각누계액을 차감한 금액을 말하며, 법인세법상 인정되는 자산의 평가차익[2]을 포함한다. 이 경우 감가상각누계액에는 공사부담금, 보험차익 또는 국고보조금으로 취득한 고정자산의 일시상각충당금을 포함하는 것으로 한다.

제조업과 부동산임대업을 영위하는 겸업법인이 타인에게 임대하던 구 공장을 지방으로 이전하는 경우에는 그 부속토지를 함께 임대한 것으로 보아, 임대공장 연면적이 공장 전체 연면적에서 차지하는 비율에 상당하는 양도차익상당액(임대분)에 대해서는 본 특례를 적용하지 않는다(서면2팀-1308, 2006.7.12.; 적부 2000-7, 2000.3.14.).

$$\text{일부 임대 시 제외되는 양도차익} = \text{대도시 공장의 양도차익} \times \frac{\text{임대공장 연면적}}{\text{공장 전체 연면적}}$$

(1-2) 대도시 공장의 분할양도

대도시 공장의 건물과 대지를 분할양도하는 경우에는 대도시 공장의 건물과 대지에 대한 각각의 양도 시기를 기준으로 개별적으로 과세특례를 적용한다(법규법인 2012-289, 2012.8.17.; 서이 46012-12050, 2003.11.28.). 후술하는 다수의 지방 공장으로 분할이전하는 경우와는 달리 기존 대도시 공장의 건물과 대지를 분할양도하는 경우임에 유의하여야 한다.

익금불산입 방법은 선양도분은 당해 사업연도 공장 양도가액으로 익금불산입액을 계산하고, 이후 양도분은 공장 전체의 양도가액으로 계산한 금액에서 선양도분에 대한 익금불산입액을 차감한 금액에 대해 과세특례를 적용한다(서이 46012-12050, 2003.11.28.).

(1-3) 재평가차액 (제외)

법인이 법인세법 제39조의 규정에 의하여 재평가차액을 손금에 산입하여 과세이연을 적용받은 대도시공장의 대지를, 당해 공장을 지방으로 이전하기 위하여 양도하는 경우 그 손금에 산입한 재평가차액에 대하여는 본 특례를 적용받을 수 없으며 법인세법시행령 제67조 제2항의 규정에 의하여 당해 자산을 처분하는 사업연도에 이를 전액 익금에 산입한다(제도 46012-12486, 2001.7.30.). 즉, 재평가차액에 대해서는 분할과세를 적용할 수 없다.

---

[2] 해당 평가차익의 대상이 되는 자산과 부채에는 재고자산, 유가증권등, 화폐성 외화자산부채, 통화선도등이 있다(법법 §42 ① 2호).

(2) 이월결손금 (2호)

대도시 공장의 양도일이 속하는 연도의 직전 사업연도 종료일 현재 15년 이내에 개시한 사업연도에서 발생한 세무상 결손금으로서 그 후의 각 사업연도의 과세표준 계산을 할 때 공제되지 아니한 금액의 합계액을 말한다(법법 §13 1호).

(3) 지방 공장의 가액 (3호)

지방 공장의 가액이란 공장시설의 이전비용과 이전한 공장건물 및 그 부속토지와 기계장치의 취득·개체·증축 및 증설에 소요된 금액의 합계액을 말한다.

$$\text{지방 공장의 가액} = \text{지방 공장 공장건물 및 그 부속토지의 가액} + \text{기계장치의 취득등에 소요된 금액} + \text{공장시설의 이전비용}$$

이하 사례별로 지방 공장의 가액을 살펴본다.

(3-1) 다수의 지방 공장으로 분할이전한 경우 가액산정방법

여러 개의 지방 공장으로 분할이전한 경우에는 지방 공장의 가액에 다음의 금액을 포함한다(조특통 60-56…5).

(가) 선이전 → 후양도

대도시 안의 구공장을 여러 개의 지방 공장으로 분할이전하여 사업을 개시하고 대도시 공장을 양도한 경우에는, 그 지방 공장 중 대도시 공장 양도일로부터 소급하여 2년 이내에 이전하여 사업을 개시한 모든 지방 공장의 가액으로 한다.

(나) 선양도 → 후이전

대도시 안의 구공장을 양도한 후 여러 개의 지방 공장으로 분할이전하여 사업을 개시한 경우에는, 그 지방 공장 중 대도시 공장을 양도한 날부터 1년 이내에 취득 또는 3년 이내에 준공하여 이전하여 사업을 개시한 모든 지방 공장의 가액으로 한다.

(다) 양도 전후로 이전한 경우

대도시 공장을 여러 개의 지방 공장으로 이전하되 일부 지방 공장은 대도시 공장 양도 전에 취득 또는 준공하여 사업을 개시하고 나머지 지방 공장은 대도시공장 양도 후 취득 또는 준공하여 사업을 개시한 경우에는, 대도시 공장 양도일로부터 소급하여 2년 이내에 취득 또는 준공하여 사업을 개시한 지방 공장의 가액과 대도시 공장 양도일로부터 1년 이내에 취득 또는 3년 이내에 준공하여 사업을 개시한 지방 공장의 가액을 합하여 계산한 금액으로 한다.

(3-2) 증설

증설에는 기존설비를 생산능력이 큰 설비로 개체하거나 생산능력이 현저히 증가되도록 기존설비를 확장하는 것을 포함하고 원상의 회복을 위한 부품의 개체는 제외한다(조특통 60-56…6) (법인 46012-1850, 1998.7.7.).

지방이전 후에 추가 업종을 영위하는 경우에는 추가 업종에 해당하는 지방공장가액은 제외한다. 예를 들어, 구공장에서는 고압가스 제조업만을 영위하던 내국법인이 신공장에서는 의료기자재 제조업을 추가로 영위하는 경우의 신공장가액은 고압가스 제조업에 사용되는 토지·건물·기계장치의 장부가액의 합계액으로 한다(법인 46012-1154, 1997.4.24.).

(3-3) 예정가액

2-2 선양도 후취득 또는 2-3 선양도 후준공 규정에 의한 지방 공장의 사업개시일까지의 지방 공장의 가액은 이전계획서상의 예정가액으로 한다(조특령 §56 ④).

(3-4) 지방 공장 임차가액의 제외

지방 공장의 토지와 건물을 임차하고 구공장 양도대금으로 기계장치를 취득하는 경우에는 토지 및 건물의 임차(전세)가액은 신공장의 가액에 포함되지 않는다(법인 46012-1659, 1998.6.23.).

1-2 분할과세

익금불산입한 금액은 양도일이 속하는 사업연도 종료일 이후 5년이 되는 날이 속하는 사업연도부터 5개 사업연도의 기간 동안 균분한 금액 이상을 익금산입하여야 한다(조특법 §60 ② 후단). 즉, 5년거치 5년분할 익금산입한다. 균분액 이상을 익금산입하도록 되어 있으므로 납세자의 선택에 따라 일시에 전액을 익금산입할 수 있다. 예컨대 후술하는 의무위반 사유가 발생할 것으로 예상되는 경우에는 이자상당가산액을 회피하기 위해서 전액 익금산입할 수 있다.

예를 들어 12월 말 사업연도 종료 법인의 경우, 양도일이 2015.5.1.인 경우 양도일의 사업연도 종료일은 2015.12.31.이며 종료일 이후 5년이 되는 날이 2020.12.31.이므로, 동 일자가 속하는 2020년 귀속분부터 2024년 귀속분까지 분할익금산입기간이 된다.

2 사후관리

과세특례를 적용받은 내국법인이 익금불산입 전액을 익금산입하기 전에 의무위반사유가 발생한 경우에는 일시에 익금산입하며, 이자상당가산액을 납부한다(조특법 §60 ④).

2-1 의무위반사유

의무위반사유는 다음과 같다(조특령 §56 ⑤). 사후관리기간은 익금불산입 전액을 익금산입하기 전까지이다.
㉮ Ⅱ. 2. 대도시 공장의 지방이전 요건에 따라 사업을 개시하지 않은 경우
㉯ 분할익금산입기간 만료 전에 사업을 폐지 또는 해산한 경우
㉰ 예정가액에 의하여 익금에 산입하지 않은 금액이 실제 취득 금액을 초과하는 경우

2-2 일시 익금산입

의무위반사유가 발생한 사업연도의 법인세를 계산할 때 아래의 금액을 일시에 익금산입한다(조특령 §56 ⑥).

(가) 선양도 후 취득·준공하여 사업을 개시하지 않은 경우(조특령 §56 ① 2호·3호)

익금불산입한 금액 전액을 익금산입한다.

(나) 예정가액으로 과세특례를 받은 경우(조특령 §56 ④)

예정가액에 의해 익금불산입한 금액이 실제 취득가액을 기준으로 위 1-1 익금불산입의 산식에 따라 계산한 금액을 초과하는 경우, 그 초과금액을 익금산입한다.

(다) 분할익금산입기간 만료 전에 사업을 폐지 또는 해산한 경우

사업의 폐지 또는 해산 당시 분할익금산입기간 동안 익금산입한 금액을 차감하고 남은 잔여 익금산입액을 익금산입한다.

제품별 독립된 제조장단위로 두 가지 제품을 생산하는 법인이 신공장에서 사업을 개시

한 후 사후관리기간 동안 하나의 제조장을 폐쇄하는 경우에는 당해 제조장에 대한 면제세액 상당액에 대해서만 추징한다(법인 46012-3967, 1998.12.18.).

2-3 이자상당가산액

이자상당가산액은 법 제33조 사업전환 무역조정지원기업에 대한 분할 과세 규정을 준용한다. 다만 합병 또는 분할 및 분할합병에 의하여 사업을 폐업하거나 해산함으로써 익금에 산입한 금액에 대해서는 이자상당액을 가산하지 아니한다(조특법 §60 ④ → §33 ③ 후단).

가산할 이자상당액은 법인의 추징방식인 익금산입과 개인의 추징방법인 양도소득세의 납부에 따라 달리 결정된다(조특령 §30 ⑨). 이자상당가산액은 법인세법 제64조 또는 소득세법 제111조에 따라 납부하여야 할 세액으로 보므로,(조특법 §33 ③ 후단) 신고불성실 가산세 및 납부불성실 가산세가 적용된다.

(1) 법인

$$\text{이자상당가산액} = \text{법인세액의 차액} \times \text{소정 기간} \times \text{이자율}$$

① 법인세액의 차액
양도차익을 익금불산입한 사업연도에 익금불산입한 금액을 포함한 경우의 법인세액과 제외한 경우의 법인세액의 차액이다.
② 소정 기간
양도차익을 익금불산입한 사업연도 종료일의 다음 날부터 추징에 따라 익금산입하는 사업연도의 종료일까지의 기간이다.
③ 이자율
1일 10만분의 25 (연이율 환산 시 9.125%)

2019년 개정세법에서 이자율의 하향과 관련된 부칙은 제3부 제1장 제3절 Ⅲ. 2-2 (2)를 참조하기로 한다.

(2) 개인

$$\text{이자상당가산액} = \text{감면세액 또는 과세이연세액} \times \text{소정 기간} \times \text{이자율}$$

① 감면세액 또는 과세이연세액

감면세액은 감면 받은 세액이며, 과세이연세액은 과세이연금액에 양도소득세의 세율(소법 §104)을 곱한 금액이다.

② 소정 기간

전환전사업용고정자산에 대한 양도소득세 예정신고 납부기한의 다음 날부터 세액의 납부일(조특법 §33 ③)까지의 기간

③ 이자율

1일 10만분의 22(연이율 환산 시 8.03%)

종래 개인의 이자상당액 계산 기간을 감면 또는 과세이연을 받은 과세연도 종료일의 다음 날부터 납부사유가 발생한 과세연도의 종료일까지의 기간으로 하였으나, 2018년 개정세법에서 양도소득세 예정신고 납부기한을 기준으로 기간 계산하도록 변경하였다. 2018.2.13. 이후 사업전환을 하지 아니하거나 전환사업을 폐업 또는 해산하는 경우부터 적용한다. 2018.2.13. 전에 사업전환을 하지 아니하거나 전환사업을 폐업 또는 해산하는 경우에 대해서는 개정규정에도 불구하고 종전의 규정에 따른다(동일자로 개정된 영 부칙 §5·§18).

2022년 세법 개정에 따른 이자율에 대한 개정 규정 및 부칙은 제3부 제2장 제2절 Ⅲ. 3-2를 참조하기로 한다.

3 지방세 특례

대도시에서 공장시설을 갖추고 사업을 직접 하는 자가 그 공장을 폐쇄하고 대도시 외의 지역으로서 공장 설치가 금지되거나 제한되지 아니한 지역으로 이전한 후 해당 사업을 계속하기 위하여 취득하는 부동산에 대하여는 취득세를 2024.12.31.까지 면제한다. 이때 재산세는 그 부동산에 대한 납세의무가 최초로 성립하는 날부터 5년간 면제하고 그 다음 3년간 재산세의 50%를 경감한다(지특법 §80 ①). 대도시란 과밀억제권역(산업단지 제외)을 말한다(지특령 §39).

다만 다음 어느 하나에 해당하는 경우에는 감면한 취득세 및 재산세를 추징한다.

① 공장을 이전하여 지방세를 감면받고 있는 기간에 대도시에서 이전 전에 생산하던 제품을 생산하는 공장을 다시 설치한 경우

② 해당 사업에 직접 사용한 기간이 2년 미만인 상태에서 매각·증여하거나 다른 용도로 사용하는 경우

Ⅳ. 조세특례제한 등

1 절차

대도시 공장의 양도일이 속하는 과세연도에 토지 등 양도차익명세서(별지 제45호의 2 서식)에 다음의 서류를 첨부하여 납세지 관할세무서장에게 제출하여야 한다(조특령 §56 ⑦).
㉮ 선이전 후양도에 해당하는 경우(영 §56 ① 1호)
  이전완료보고서(별지 제15호 서식)
㉯ 선양도 후 취득·준공에 해당하는 경우(동항 2호·3호)
  이전계획서(별지 제16호 서식). 이 경우 해당 규정에 의하여 사업을 개시한 때에는 그 사업개시일이 속하는 과세연도에 상기 이전완료보고서를 제출하여야 한다.
  토지 등 양도차익명세서상 양도차익을 과소신고한 경우에도 추가증액분이 과세이연요건을 충족하는 경우에는, 거치기간 종료 후 분할익금산입기간 동안 추가로 익금산입할 수 있다(서면2팀-2723, 2004.12.24.).

2 최저한세 적용

최저한세가 적용된다(조특법 §132 ①).
제20부 제4절 최저한세 부분을 참조하기 바란다.

제3절 [제61조] 법인 본사를 수도권과밀억제권역 밖으로 이전하는 데 따른 양도차익에 대한 법인세 분할과세 ★★☆

Ⅰ. 의의

수도권과밀억제권역에 본점이나 주사무소(이하 "본사")를 둔 내국법인이, 본사를 수도권과밀억제권역 밖으로 이전하기 위하여 해당 본사의 대지와 건물을 양도하는 경우, 그 양도차익에 대해서 5년거치 5년분할하여 익금산입하는 분할과세제도이다.

본사를 지방으로 이전하는 기업이 종래의 수도권 본사의 대지와 건물을 양도하는 경우, 그 양도차익을 과세이연하여 기업의 지방 이전을 촉진하려는 목적이다.

일몰기한은 2025.12.31.이다.

개정연혁

연 도	개정 내용
2017년	■ 종전 본사 일부를 타인이 사용하는 경우, 선이전 후양도할 때 직접 사용면적 계산 기준일 : 양도일 → 이전일

Ⅱ. 요건

내국법인이 수도권과밀억제권역에 있는 본사를 수도권과밀억제권역 밖(이하 "과밀억제권역 외")으로 이전하기 위하여 그 본사의 대지와 건물을 양도하여야 하며, 본사 이전 전후의 영위 업종이 같아야 한다.

제3절 제61조 법인 본사를 수도권과밀억제권역 밖으로 이전하는 데 따른 양도차익에 대한 법인세 분할과세 1201

1 주체

수도권과밀억제권역 내에 본사가 있는 내국법인이다(조특법 §61 ③). 개인은 제외된다. 수도권과밀억제권역은 제1부 제3절 용어정의를 참조하기 바란다.

법 제60조 공장의 대도시 밖 이전에 대한 법인세 과세특례와는 달리 본 과세특례에서는 광역시에서 지방으로 이전하는 경우에는 특례에서 제외된다. 반면에 수도권과밀억제권역에서 광역시로 이전하는 경우는 포함된다. 공장의 경우에는 대도시로의 집중을 억제하려는 취지이고, 본사의 경우에는 수도권과밀억제권역에서 이외의 지역으로 분산하려는 취지이기 때문이다.

2 본사의 과밀억제권역 외 이전

본사의 과밀억제권역 외 이전은 과밀억제권역 소재 본사의 대지와 건물을 양도한 전후로 일정한 기간 내에 본사를 과밀억제권역 외로 이전하는 방식이어야 한다(조특령 §57 ②).

2-1 선이전 → 후양도

수도권과밀억제권역 내의 본사를 과밀억제권역 외로 이전한 날부터 2년 내에 종전본사의 대지와 건물을 양도하는 경우이다.

본사의 이전일은 본점 또는 주사무소의 이전등기일로 한다. 다만, 이전등기일 이후에 실제로 이전한 경우에는 실제로 이전한 날로 한다(조특통 61-57...1).

양도의 시기는 소득세법상 양도 시기(소법 §98)를 따른다. 제7부 제7장 제2절 Ⅱ. 2-2 (1)을 참조하기로 한다.

2-2 선양도 → 후이전

수도권과밀억제권역 내의 본사의 대지와 건물을 양도한 날부터 3년 내에 과밀억제권역 외로 본사를 이전하는 경우이다.

3 업종의 동일성

이전 전의 본사에서 영위하던 업종과 이전 후의 본사에서 영위하는 업종이 같아야 한다(조특법 §60 ④). 업종의 판정기준은 한국표준산업분류의 세분류(네자리 숫자)를 기준으로 한다(조특령 §57 ⑫).

Ⅲ. 과세특례

1 양도법인

1-1 익금불산입

수도권과밀억제권역 내의 본사(이하 "종전본사")의 양도차익에 대해서는 아래의 산식에 따라 계산한 금액을 양도일이 속하는 과세연도의 각 사업연도 소득에 대한 법인세 계산시 익금불산입한다(조특령 §57 ④). 단, 우항의 분수는 100분의 100을 한도로 한다.

$$\text{익금불산입 금액} = \left(\text{종전본사의 양도차익} - \text{이월결손금}\right) \times \frac{\text{지역이전에 소요된 금액}}{\text{종전본사의 양도가액}}$$

종전본사를 양도한 가액 이상으로 신규본사를 취득하였다면 전액 분할과세한다. 단, 이월결손금을 양도차익에서 먼저 공제한다. 이하 산식상의 각 항목을 분설한다.

(1) 종전본사의 양도차익 (1호)

종전본사의 양도차익은 본사의 양도가액에서 장부가액을 차감하여 계산되며, 장부가액의 계산은 다음과 같다.

$$\text{장부가액} = \left(\text{취득가액} + \text{자본적 지출액}\right) - \left(\text{감가상각 누계액} + \text{일시상각 충당금등}\right) \pm \left(\text{자산의 평가차익}\right)$$

장부가액에 대한 상세내용은 제2절 Ⅲ. 1-1 (1-1)을 참조하기로 한다.

(1-1) 종전본사의 범위

종전본사의 양도차익에서 공장으로 사용된 부분은 제외된다(법인 22601-3149, 1988.11.2.). 공장은 본 특례의 대상이 아니기 때문이다.

또한 공장과는 달리 본사의 범위를 규정한 조항이 없으므로 본사의 문언적 의미에 따라 그 범위가 결정되어야 한다. 본사의 범위는 본사의 기능을 수행하는 건물과 그 대지이며, 본사에 포함되는지 여부는 본사의 기능 수행과 관련성이 있는지를 별도로 사실판단하여야 한다(법규법인 2013-559, 2014.4.29.).

예를 들어, 생산에 직접 공여되는 종업원을 위한 기숙사, 식당 및 사내훈련시설 등은 공장의 범위에 포함되므로(조특통 60-54…1 ①), 본사에서 제외된다. 연구소 및 회사 제품판매를 위한 영업장도 본사의 범위에서 제외한다(법인 22601-1414, 1991.7.16.).

종전본사의 건물과 대지를 분할양도하는 경우의 처리방법은 제2절 Ⅲ. 1-1 (1-2)를 참조하기로 한다.

(1-2) 종전본사의 일부를 타인이 사용하는 경우

종전본사의 일부는 해당 법인이 직접 업무용으로 사용하고, 일부는 임대 등 다른 사람이 사용하는 경우에는 다음의 산식에 따라 종전본사의 양도차익을 계산한다(조특령 §57 ⑤).

$$\text{일부 타인 사용시 안분한 양도차익} = \text{종전본사의 양도차익} \times \frac{\text{직접 사용면적}}{\text{당해 건물의 연면적}}$$

직접 사용면적이란 해당 법인이 양도일부터 소급하여 2년 이상 업무용으로 직접 사용한 면적을 말한다. 이때 선이전→후양도(영 §57 ② 1호)한 경우에는 수도권과밀억제권역 내 본사를 이전한 날을 기준일로 본다.

선이전 후양도의 경우, 이전한 후 양도 전까지는 대부분 공실 또는 일시적으로 타인에게 임대하므로, 2017년 개정세법에서 양도일이 아닌 이전일을 기준으로 직접 사용면적을 계산하도록 합리화하였다. 종래 예규상 인정되던 해석을 명문화하였다[법령해석법인 2014-535, 2015.1.21. (법 §61); 사전법령법인-405, 2016.1.25. (법 §62)]. 2017.2.7. 이후 과세표준을 신고하는 경우부터 소급적용한다. (2017.2.7. 개정된 시행령 부칙 §12).

(2) 이월결손금 (2호)

종전본사의 양도일이 속하는 연도의 직전 사업연도 종료일 현재 15년 이내에 개시한 사업연도에서 발생한 세무상 결손금으로서 그 후의 각 사업연도의 과세표준 계산을 할 때 공제되지 아니한 금액의 합계액을 말한다(법법 §13 ① 1호).

(3) 지역이전에 소요된 금액 (3호)

지역이전에 소요된 금액은 다음의 합계액으로 한다.

$$지역이전\ 소요금액 = 신규본사의\ 취득가액\ 또는\ 임차보증금 + 신규본사의\ 사업용고정자산의\ 취득가액 + 종전본사의\ 이전비용$$

선양도 후이전 방식(Ⅱ. 2-2 참조)에 의한 경우에는 이전완료 또는 사용완료 시까지는 이전계획서 또는 사용계획서(영 §57 ⑪ 2호)상의 예정가액으로 한다(조특령 §57 ⑥).

(3-1) 신규본사의 취득가액 또는 임차보증금

과밀억제권역 외 본사의 대지와 건물의 취득가액 또는 임차보증금(전세금 포함하며 이하 동일함)을 말한다. 다만 당해 건물 중 당해 법인이 직접 사용하지 아니하는 부분이 있는 경우에는 다음의 산정금액으로 한다.

$$산정금액 = 취득가액\ 또는\ 임차보증금 \times \frac{직접\ 사용면적}{당해\ 건물의\ 연면적}$$

(3-2) 신규본사의 사업용고정자산의 취득가액

종전본사의 양도일부터 1년 이내에 과밀억제권역 외의 본사의 사업용고정자산[위 (3-1)의 대지와 건물을 제외]의 취득가액을 말한다.

1-2 분할과세

익금불산입한 금액은 양도일이 속하는 사업연도 종료일 이후 5년이 되는 날이 속하는 사업연도부터 5개 사업연도의 기간 동안 균분한 금액 이상을 익금산입하여야 한다(조특법 §61 ③ 후단). 즉, 5년거치 5년분할 익금산입한다.

상세 내용은 제2절 Ⅲ. 1-2를 참조하기로 한다.

2 사후관리

과세특례를 적용받은 내국법인이 익금불산입 전액을 익금산입하기 전에 의무위반사유가 발생한 경우에는 일시에 익금산입하며, 이자상당가산액을 납부한다(조특법 §61 ⑤).

2-1 의무위반사유

의무위반사유는 다음과 같다. 사후관리기간은 원칙적으로 익금불산입 전액을 익금산입하기 전까지이다.

(1) 본사를 과밀억제권역 외로 이전하지 않은 경우 (1호)

Ⅱ. 요건의 선이전 후양도 또는 선양도 후이전 방식에 의하여 본사를 과밀억제권역 외로 이전하지 않은 경우이다(조특령 §57 ⑦).

(2) 과밀억제권역에 기준 이상의 사무소를 둔 경우 (2호)

과밀억제권역 외로 본사를 이전한 날부터 3년이 되는 날이 속하는 과세연도가 지난 후에 다음 산식상의 기준을 초과하는 사무소를 둔 경우이다(조특령 §57 ⑧).

$$\text{사무소 기준} = \frac{\text{과밀억제권역 안 연평균 상시근무인원}}{\text{(총) 연평균 상시근무인원}} \geq \frac{50}{100}$$

즉, 과밀억제권역 안 본사 잔류 인원이 50% 미만이어야 한다.

(가) 연평균 상시근무인원

해당 과세연도의 매월 말일 현재 본사업무에 종사하는 인원의 합계를 해당 월수로 나누어 계산한 인원이다.

원칙적으로 임원은 포함되나, 영업장 판매원 및 연구소 연구원은 제외된다(법인 22601-1414, 1991.7.16.; 서이 46012-12019, 2002.11.6.).

(나) 과밀권역 안 연평균 상시근무인원

수도권과밀억제권역 안의 사무소에서 본사업무에 종사하는 연평균 상시근무인원이다. 연구소 및 회사제품판매를 위한 영업장은 사무소에 해당되지 아니하나, 실제로 당해 영업장 등에서 이전 전 본점에서의 업무를 수행하는 때에는 사무소를 둔 것으로 보며, 영업장 등에서의 본점 업무의 실제 수행여부는 사실판단하여야 한다(법인 22601-1414, 1991.7.16.).

(3) 종전본사의 양도대금을 용도 외 사용한 경우 (3호)

용도 외 사용이란 다음의 용도로 사용하지 않는 때를 말한다(조특령 §57 ⑨).

① Ⅱ. 2.에서 규정한 기한 내에 과밀억제권역 외의 본사의 대지와 건물을 취득 또는 임차한 때

과밀억제권역 외의 본사의 대지와 건물을 당해 법인이 직접 사용하지 아니하는 부분이 있는 때에는 그 부분은 용도 외 사용으로 본다.

② 종전본사 양도일부터 1년 이내에 과밀억제권역 외의 본사의 사업용고정자산(①에 의한 대지와 건물을 제외)을 취득한 때

(4) 폐업·해산 (4호)

폐업 또는 해산한 경우에는 의무위반사유로 본다.

2-2 일시 익금산입

의무위반사유가 발생한 사업연도의 법인세를 계산할 때 아래의 금액을 일시에 익금산입한다(조특령 §57 ⑩).

(가) 본사를 과밀억제권역 외로 이전하지 않은 경우와 수도권과밀억제권역에 기준 이상의 사무소를 둔 경우(법 §61 ⑤ 1호·2호)

당해 사유 발생일 현재 익금에 산입하지 아니한 금액을 익금산입한다.

(나) 종전본사의 양도대금을 용도 외 사용한 경우(법 §61 ⑤ 3호)

익금불산입한 금액에서 용도에 맞게 사용한 금액을 기준으로 위 1-1 익금불산입의 산식에 따라 계산한 금액을 차감하여, 그 잔액을 익금산입한다.

(다) 예정가액으로 과세특례를 받은 경우(조특령 §57 ⑥)

예정가액에 의해 익금불산입한 금액이 실제 취득가액을 기준으로 위 1-1 익금불산입의 산식에 따라 계산한 금액을 초과하는 경우, 그 초과금액을 익금산입한다.

(라) 분할익금산입기간 만료 전에 사업을 폐지 또는 해산한 경우(법 §61 ⑤ 4호)

사업의 폐지 또는 해산 당시 분할익금산입기간 동안 익금산입한 금액을 차감하고 남은 잔여 익금산입액을 익금산입한다.

2-3 이자상당가산액

본 내용은 제2절 Ⅲ. 2-3 부분을 참조하기 바란다(조특법 §61 ⑤ 후단 → §33 ③ 후단). 다만 합병 또는 분할 및 분할합병에 의하여 사업을 폐업하거나 해산함으로써 익금에 산입한 금액에 대해서는 이자상당액을 가산하지 아니한다.

3 지방세 특례

3-1 취득세 및 재산세

과밀억제권역에 본점 또는 주사무소를 설치하여 사업을 직접 하는 법인이 해당 본점 또는 주사무소를 매각하거나 임차를 종료하고 대도시 외의 지역으로 본점 또는 주사무소를 이전하는 경우에 해당 사업을 직접 하기 위하여 취득하는 부동산에 대하여는 취득세를 2024.12.31.까지 면제한다. 이때 재산세는 그 부동산에 대한 재산세의 납세의무가 최초로 성립하는 날부터 5년간 면제하며 그 다음 3년간 재산세의 50%를 경감한다(지특법 §79 ①). 대도시란 과밀억제권역(산업단지 제외)을 말한다(지특령 §39).

다만 다음 어느 하나에 해당하는 경우에는 감면한 취득세 및 재산세를 추징한다.

① 법인을 이전하여 5년 이내에 법인이 해산된 경우(합병·분할 또는 분할합병으로 인한 경우는 제외한다)와 법인을 이전하여 과세감면을 받고 있는 기간에 과밀억제권역에서 이전 전에 생산하던 제품을 생산하는 법인을 다시 설치한 경우
② 해당 사업에 직접 사용한 기간이 2년 미만인 상태에서 매각·증여하거나 다른 용도로 사용하는 경우

3-2 등록면허세

대도시에 등기되어 있는 법인이 대도시 외의 지역으로 본점 또는 주사무소를 이전하는 경우에 그 이전에 따른 법인등기 및 부동산등기에 대하여는 2024.12.31.까지 등록면허세를 면제한다(지특법 §79 ②).

Ⅳ. 조세특례제한 등

1 절차

내국법인은 종래 본사의 양도일이 속하는 과세연도에 토지등[1] 양도차익명세서(별지 제45호의 2 서식)에 다음의 서류를 첨부하여 납세지 관할세무서장에게 제출하여야 한다(조특령 §57 ⑪).

① 선이전 후양도(영 §57 ② 1호)에 해당하는 경우에는 이전완료보고서(별지 제15호 서식) 및 처분대금사용계획서(별지 제45호 서식)

 이 경우 사업용고정자산을 취득(영 §57 ④ 3호 나목·⑨ 2호)한 때에는 그 취득일이 속하는 과세연도에 처분대금사용명세서(별지 제45호 서식)를 제출하여야 한다.

② 선양도 후이전(영 §57 ② 2호)에 해당하는 경우에는 이전계획서(별지 제16호 서식) 및 처분대금사용계획서

 이 경우 과밀억제권역 외의 지역으로 본사를 이전한 때에는 이전일이 속하는 과세연도에 이전완료보고서 및 처분대금사용명세서를 제출하여야 한다.

2 최저한세 적용

최저한세가 적용된다(조특법 §132 ①).
제20부 제4절 최저한세 부분을 참조하기 바란다.

---

1) 조특법 제60조 제6항에서 토지 또는 건물을 "토지등"으로 정의한 후 이하 조특법에서 동일하게 적용하고 있다.

제4절 [제62조] 공공기관이 혁신도시 등으로 이전하는 경우 양도차익에 대한 분할과세 등

Ⅰ. 의의

「혁신도시 조성 및 발전에 관한 특별법」(이하 "혁신도시법")에 따른 이전공공기관이 본점 또는 주사무소(이하 "본사")를 혁신도시 또는 세종시로 이전하기 위하여 종전부동산을 양도함으로써 발생하는 양도차익에 대해서 5년거치 5년분할 익금산입하는 제도이다(이하 "부동산 양도차익에 대한 과세이연").

또한 수도권성장관리권역에 본사가 소재하는 이전공공기관이 본사를 혁신도시로 이전하는 경우, 이전본사 인원에 비례한 감면소득에 대하여 3년간 법인세의 100%, 그 다음 2년간은 50%를 세액감면한다(이하 "본사 이전 세액감면").

국가균형발전을 위한 공공기관의 혁신도시로의 이전을 지원하기 위하여 2012년 신설된 제도이다. 그러나 2018년말로 본사 이전 세액감면은 적용기한이 만료되어 폐지되었다.

일몰기한은 2026.12.31.이다.

개정연혁

연 도	개정 내용
2017년	■ 본사이전세액감면의 사후관리 규정 중 사업개시시기와 관련된 미비점 보완
2018년	■ 감면소득 계산 시 이전본사인원의 급여 비율 삭제하고 인원 수 비율로 단일화
2019년	■ 본사 이전 세액감면 2018.12.31.로 적용기한 종료

Ⅱ. 요건

1 주체

혁신도시법에 따른 이전공공기관이어야 한다(조특법 §62 ①).
"이전공공기관"이란 수도권에서 수도권이 아닌 지역으로 이전하는 공공기관으로서 아래의 기관을 말한다(혁신도시법 §2 2호, 동법 시행령 §2).
① 「지방자치분권 및 지역균형발전에 관한 특별법」(이하 "균특법") 제18조에 따라 수도권에서 수도권이 아닌 지역으로 이전하는 공공기관
② 국무회의의 심의를 거쳐 혁신도시로 이전하는 중앙행정기관
③ 개별이전이 인정된 중앙행정기관(혁신도시법 §29 ① 단서)
공공기관이란 중앙행정기관, 「공공기관의 운영에 관한 법률」 제4조에 따른 공공기관, 그 밖의 공공단체를 말한다(균특법 §2 9호, 동법 시행령 §3).

2 이전을 위한 부동산 양도

이전공공기관이 본사를 혁신도시 또는 세종시로 이전하기 위하여 종전부동산을 양도하여야 한다.

2-1 이전 대상지역

이전 대상지역은 혁신도시와 세종시이다.
"혁신도시"[1]란 이전공공기관을 수용하여 기업·대학·연구소·공공기관 등의 기관이 서로 긴밀하게 협력할 수 있는 혁신여건과 수준 높은 주거·교육·문화 등의 정주(定住)환경을 갖추도록 혁신도시법에 따라 개발하는 미래형도시를 말한다(혁신도시법 §2 3호).

2-2 종전부동산의 양도

"종전부동산"이란 수도권에 있는 이전공공기관의 청사 등의 건축물과 그 부지로,(혁신도

---

[1] 혁신도시 현황은 이노시티 홈페이지를 통해 확인할 수 있음(http://innocity.molit.go.kr/).

시법 §2 6호) 종전부동산 처리계획(동법 §43)에 매각시기 및 방법이 규정된 건축물과 그 부지를 말한다(조특령 §58 ①).

Ⅲ. 과세특례

1 과세이연

종전부동산의 양도차익에 대해서는 양도일이 속하는 과세연도의 각 사업연도 소득에 대한 법인세 계산 시 익금불산입하고, 익금불산입한 금액은 양도일이 속하는 사업연도 종료일 이후 5년이 되는 날이 속하는 사업연도부터 5개 사업연도의 기간 동안 균분한 금액 이상을 익금산입하여야 한다(조특법 §62 ①). 5년거치 5년분할 익금산입한다.

구체적인 익금불산입 금액의 산정방법은 법 제61조 [법인 본사를 수도권과밀억제권역 밖으로 이전하는 경우 과세특례]의 조항을 준용하고 있다(조특령 §58 ② → §57 ④~⑥). 이 경우 "수도권과밀억제권역 내"는 "수도권 내"로, "수도권과밀억제권역 외의 지역"은 "혁신도시 및 세종시"로 본다. 제3절 Ⅲ. 1. 양도법인 부분을 참조하도록 한다.

본사의 고유업무가 수행되지 아니하고 직원 복지후생 등 목적으로 사용되는 연수시설 및 직원숙소는 본사의 취득가액에 포함하지 않는다(법규법인 2013-559, 2014.4.29.).

이전공공기관(이하 'A부서 등')이 다른 이전공공기관('B부서')을 통합한 후, 정부의 이전공공기관 지방이전계획에 따라 A부서 등은 甲혁신도시로 이전하고, B부서는 乙혁신도시로 이전하는 경우, B부서의 이전과 관련된 본사의 대지 및 건물의 취득가액 등 금액을 포함하여 법인세 등 과세이연금액을 계산한다(서면법령법인-3717, 2017.1.10.).

2 사후관리

과세특례를 적용받은 법인이 익금불산입 전액을 익금산입하기 전에 의무위반사유가 발생한 경우에는 일시에 익금산입하며, 이자상당가산액을 납부한다(조특법 §62 ②).

의무위반사유, 일시 익금산입 방법, 이자상당가산액의 계산은 법 제61조 [법인 본사를 수도권과밀억제권역 밖으로 이전하는 경우 과세특례]의 조항을 준용하고 있다(조특령 §58 ③ →

§57 ⑦~⑩). 이 경우 "수도권과밀억제권역 밖"은 "혁신도시 또는 세종시"로 보고, "수도권과밀억제권역"은 "수도권"으로 보며, "수도권과밀억제권역의 본점 또는 주사무소의 대지와 건물"은 "종전부동산"으로 본다. 제3절 Ⅲ. 2. 사후관리 부분을 참조하도록 한다.

Ⅳ. 조세특례제한 등

1 절차

토지등 양도차익 명세서 및 해당 서류 등의 제출에 관하여는 법 제61조 [법인 본사를 수도권과밀억제권역 밖으로 이전하는 경우 과세특례]의 조항을 준용하고 있다(조특령 §58 ④ → §57 ⑪). 이 경우 "수도권과밀억제권역 내"는 "수도권 내"로, "수도권과밀억제권역 외의 지역"은 "혁신도시 및 세종시"로 본다. 제3절 Ⅳ. 1. 절차 부분을 참조하도록 한다.

2 최저한세

부동산양도차익에 대한 과세이연은 최저한세 적용대상이다(조특법 §132 ①). 제20부 제4절 최저한세 부분을 참조하기 바란다.

제5절 [제63조] 수도권 밖으로 공장을 이전하는 기업에 대한 세액감면 등 ★★★★☆

차례

I. 의의   1214
II. 요건   1215
  1. 주체 (사업의 목적 요건)   1215
    1-1 제외 업종   1215
    1-2 사업의 목적 요건   1216
      (1) 중소기업   1216
      (2) 사업의 목적 요건   1216
  2. 종전공장의 조업실적   1217
    2-1 3년(2년) 이상의 조업실적   1217
    2-2 제조장 단위별 조업실적 계산   1218
  3. 종전공장의 이전   1218
    3-1 과밀억제권역 외 지역   1219
      (1) 수도권 등 지역   1219
      (2) 수도권 외 광역시 등 지역   1219
      (3) 낙후지역   1219
      (4) 성장촉진지역   1220
    3-2 공장시설 전부의 이전   1221
      (1) 공장시설   1221
      (2) 전부 이전의 판정 방법   1222
    3-3 공장 이전의 방식   1222
      (1) 선이전 → 후양도·폐쇄 [쟁점]   1222
      (2) 선양도·폐쇄 → 후이전   1226
    3-4 중소기업의 본사가 과밀억제권역 내에 있는 경우   1227
  4. 업종의 동일성   1228

III. 세액감면   1228
  1. 감면소득 및 감면개시일   1228
  2. 감면세액 (감면기간)   1230
    2-1 감면율   1230
    2-2 감면기간의 개시   1231
    2-3 감면기간의 승계   1231
    2-4 감면기간 종료의 특칙   1232
  3. 사후관리   1233
    3-1 의무위반사유 및 추징 금액   1233
    3-2 이자상당가산액   1234

IV. 양도차익 과세이연   1235

V. 재산세 등 특례   1235
  1. 개요 및 특례의 내용   1235
  2. 요건   1236
  3. 사후관리   1237
    3-1 의무위반사유   1237
    3-2 추징방법   1237
      (1) 재산세액   1237
      (2) 종합부동산세액   1238

VI. 조세특례제한 등   1238
  1. 절차   1238
  2. 중소기업 간의 통합에 따른 잔존감면기간 승계적용   1238
  3. 중복지원의 배제   1239
  4. 결정 또는 기한 후 신고 시 감면배제등   1239
  5. 최저한세   1239
  6. 농어촌특별세 비과세   1239

Ⅰ. 의의

수도권과밀억제권역(이하 "과밀억제권역")에서 공장시설을 갖춘 내국인이 수도권(중소기업은 과밀억제권역) 밖으로 그 공장을 이전하여 사업을 개시하는 경우에 과세특례를 부여하는 제도이다.

과세특례의 내용은 첫번째로 이전 후 발생한 소득에 대해 수도권 등 지역과 광역시 등 지역은 5년간 100%, 그 후 2년간 50% 세액감면하며, 이외의 낙후지역은 7년간 100%, 그 후 3년간 50% 세액감면한다. 다만, 광역시 등 지역의 성장촉진지역 등으로 이전하는 경우에 대해서는 7년간 100%, 그 다음 3년간 50% 감면하고, 이외 낙후지역 등의 성장촉진지역 등은 10년간 100%, 그 다음 2년간 50% 감면한다.

두번째로 공장을 이전함으로써 발생한 양도차익에 대해서는 5년거치 5년분할 익금산입한다. 세번째로 공장 이전 시에는 종전 공장부지를 이전일로부터 5년간 분리과세대상 공장용지로 보아 재산세를 부과하고 종합부동산세는 부과하지 않는다.

감면기간이 최장 12년의 장기에 달하고 그 감면율도 초기에는 100%여서 그 절세효과가 매우 큰 제도이므로 실무적으로 활용도가 높다.

일몰기한은 2025.12.31.이다.

개정연혁

연 도	개정 내용
2021년	■ 중소기업과 이외 기업의 공장 이전 감면을 통합 ■ 업종 제한을 중소기업에도 적용 ■ 중소기업의 공장 이전 기한을 1년에서 2년으로 연장 ■ 중소기업이 수도권 밖으로 공장을 이전하는 경우에는 본사 필수적 이전 요건 삭제 ■ 추징요건 발생시점에서 소급하여 5년(3년)간 감면세액을 추징하도록 일치시킴
2023년	■ 성장촉진지역 등으로 이전 시 감면기간 확대 ■ 인구 30만 이상 도시에서 익산시를 제외

2021년 세법개정에서 종전의 공장(시설)을 수도권과밀억제권역 밖으로 이전하는 중소기업에 대한 세액감면과 공장 및 본사를 수도권 밖으로 이전하는 법인에 대한 법인세 등 감면을, 수도권 밖으로 공장을 이전하는 모든 기업 등에 대한 세액감면과 수도권 밖으로 본사를 이전하는 법인에 대한 세액감면으로 개편하였다. 개정규정은 2021.1.1. 이후 공장을 이전하는 경우(중소기업의 경우 수도권과밀억제권역 밖으로 이전하는 경우를 포함함)부터 적용한다. 2021.1.1. 전에 공장을 이전한 경우에 대해서는 종전의 규정에 따른다(2020.12.29. 개정된 법률 부칙 §11 및 §40).

Ⅱ. 요건

과밀억제권역에서 공장시설을 갖춘 내국인이 수도권(중소기업은 과밀억제권역) 밖으로 그 공장시설 전부를 이전하여야 하며, 공장 이전 전후의 영위 업종이 같아야 한다(조특법 §63 ①·⑦).

주체 (사업의 목적 요건)

1-1 제외 업종

과세특례의 주체는 내국인(이하 "공장이전기업")이다.

다음의 부동산업, 건설업, 소비성서비스업, 무점포판매업 및 해운중개업을 경영하는 법인은 지역 균형 발전과 관련성이 낮으므로 주체에서 제외한다. 다만「혁신도시 조성 및 발전에 관한 특별법」의 이전공공기관은 예외로 한다(조특령 §60 ①) (제4절 Ⅱ. 1. 주체 참조).

(가) 부동산업

- 부동산임대업
- 부동산중개업
- 부동산매매업

"부동산매매업"이란 한국표준산업분류에 따른 비주거용 건물건설업(구입한 주거용 건물을 재판매하는 경우는 제외함)과 부동산 개발 및 공급업(소령 §122 ①)을 말한다.

(나) 건설업

한국표준산업분류에 따른 주거용 건물 개발 및 공급업(구입한 주거용 건물을 재판매하는 경우는 제외)은 부동산매매업에서 제외되지만 건설업에 해당하므로 과세특례에서 제외한다. 건설업의 경우 본사 또는 공장을 수도권 외 지역으로 이전하더라도 해당 지역의 고용 창출 및 경제 활성화에 기여하는 바가 크지 않으므로 제외한다(대전지법 2013구합651, 2013. 12.4.).

(다) 소비성서비스업(조특령 §29 ③)

소비성서비스업의 범위는 제7부 제3장 제2절 Ⅱ. 1-1 (2)을 참조하기 바란다.

(라) 무점포판매업

"무점포판매"란 상시 운영되는 매장을 가진 점포를 두지 아니하고 상품을 판매하는 것으로서 산업통상자원부령으로 정하는 것을 말한다(유통산업발전법 §2 9호, 동법 시행령 §2).

장례·결혼행사를 대행하는 상조회사는 무점포판매업에 해당하지 않는다(사전법령법인-217, 2016.9.13.).

(마) 해운중개업

"해운중개업"이란 해상화물운송의 중개, 선박의 대여·용대선 또는 매매를 중개하는 사업을 말한다(해운법 §2 5호).

종래 중소기업의 공장 이전 세액감면에 대해서는 업종 제한이 없었으나 2021년 개정세법에서 중소기업에 대해서도 업종 제한을 적용하도록 하였다. 부칙은 본 특례의 Ⅰ.을 참조하기 바란다.

1-2 사업의 목적 요건

'과밀억제권역'에서 3년 (중소기업은 2년) 이상 계속하여 '공장시설'을 갖추고 사업을 하는 기업이어야 한다(조특법 §63 ① 1호 가목).

'과밀억제권역'은 제1부 제3절 용어정의를, '공장시설'은 제1절 Ⅱ. 1. 공장 부분을, '중소기업'은 제2부 제1절을 각각 참조하기 바란다.

(1) 중소기업

거주자인 개인이나 내국법인 모두 가능하다.

중소기업은 조세특례제한법에 따른 중소기업이므로, 중소기업 유예기간 중에는 본 과세특례가 적용 가능하다(서면2팀-155, 2006. 1.18.). 반면에 유예기간 경과 후에는 잔존기간에 대한 세액감면을 계속 적용받을 수 없다(재조특-20, 2016.1.6.).

(2) 사업의 목적 요건

과세특례 행위의 목적요건(사업의 목적요건)으로 3년(중소기업은 2년) 이상 계속 공장시설을 갖추고 사업할 것을 요구한다. 공장을 이전함에 따라 구공장에 있던 생산설비를 분리, 철거하여 신공장에 설치하는 기간 동안 일시적으로 공장가동을 중지하는 것은 사업의 목적 요건을 위배한 것으로 보지 않는다(서면법규-389, 2014.4.21.).

분할신설법인의 사업영위기간은 분할 전 분할법인의 사업기간을 포함하여 계산하며,[1]

공동사업을 하던 내국인이 단독사업으로 전환하여 수도권과밀억제권역 밖으로 공장시설 이전 시 공동사업을 개업한 날로부터 2년의 기간을 계산한다(재조특-63, 2012.1.27.).

- **두 업종을 영위하던 중소기업의 사업 목적 요건 판정**

  수도권과밀억제권역안 하나의 공장시설에서 한국표준산업분류코드상의 세분류를 기준으로 두 업종을 영위하던 중소기업이 수도권과밀억제권역 밖으로 공장시설의 전부를 이전하는 경우, 하나의 업종을 영위한 기간은 2년 이상이나 나머지 업종을 영위한 기간이 2년 미만이더라도, 수도권과밀억제권역에서 해당 공장시설을 갖추고 계속하여 사업을 영위한 기간이 2년 이상인 경우에는 「조세특례제한법」 제63조 제1항 제1호 가목의 "수도권과밀억제권역에 2년 이상 계속하여 공장시설을 갖추고 사업을 한 기업"에 해당하는 것임.

  다만, 수도권과밀억제권역 밖으로 이전하면서 2년 이상 영위한 업종은 폐업하고 2년 미만 영위한 업종만 이전하는 등 실질적으로 수도권과밀억제권역밖으로 이전한 법인의 영위업종이 주로 2년 미만인 경우에는 감면대상에 해당되지 아니하는 것임(서면법규법인-3372, 2023.12.15.).

- **과밀억제권역 소재 법인이 권역 내로 이전한 후, 다시 권역 외로 이전한 경우** (기간 합산)

  수도권과밀억제권역 내에서 사업장을 임차하여 자기공장 시설을 갖추고 중소제조업을 영위하던 거주자가 수도권과밀억제권역 내의 다른 지역으로 이전하여 동일업종의 사업을 영위하다가 수도권과밀억제권역 외의 지역으로 그 공장시설을 전부 이전하여 사업을 계속하는 경우, 수도권과밀억제권역 내에서의 이전 전·후의 공장에서 계속 조업한 기간이 수도권과밀억제권역 외의 지역으로 공장시설을 이전하기 위하여 조업을 중단한 날부터 소급하여 2년 이상인 때에는 세액감면을 적용받을 수 있다(서면1팀-481, 2007.4.13.).

> **실무 상담 사례**
>
> **Q** 서울에 본사, 대전에 공장이 있는 중소기업이 공장을 서울로 이전한 후 다시 2년이 지난 후에 공장을 지방으로 이전한 경우 특례가 적용 가능한가요?
>
> **A** 서울에서 2년 이상 계속하여 공장시설을 갖추고 사업을 하였다면, 그 서울 공장이 지방으로부터 이전한 경우라도 특례 대상에서 제외될 이유가 없다고 봅니다.

2 종전공장의 조업실적

2-1 3년(2년) 이상의 조업실적

과밀억제권역 안에 소재하는 공장시설을 수도권 밖(중소기업의 경우 과밀억제권역 밖을 말함. 이하 같음)으로 이전하기 위하여 조업을 중단한 날부터 소급하여 3년(중소기업의 경우 2

---

1) 재조예-366, 2007.5.25.; 동 예규는 제63조의 2 과세특례와 관련하여 회신한 사안으로 상세 내용은 제6절 Ⅱ. 1-2 (2)에서 후술함.

년) 이상 계속 조업한 실적이 있을 것을 말한다. 다만 「대기환경보전법」, 「물환경보전법」 또는 「소음·진동관리법」에 따라 배출시설이나 오염물질배출방지시설의 개선·이전 또는 조업정지명령을 받아 조업을 중단한 기간은 이를 조업한 것으로 본다(조특령 §60 ②).

2-2 제조장 단위별 조업실적 계산

3년(2년) 이상 조업실적의 기준은 제조장 단위별로 계산한다. (중소기업의) 제조시설 중 일부가 2년 미만 조업한 경우에도 당해 제조장을 2년 이상 조업한 경우에는 2년 이상 조업한 것으로 본다(조특통 63-60…1 ①).

이 경우 개인사업자가 대도시 안에서 영위하던 사업을 법인전환에 대한 양도소득세의 이월과세(법 §32)의 규정에 의하여 법인으로 전환하고 당해 공장시설을 지방으로 이전하는 경우에는 당해 개인사업자가 조업한 기간을 합산한다(조특통 63-60…1 ②).

또한, 적격물적분할(법법 §47 ①)에 의하여 신설된 분할신설법인의 사업영위기간은 분할 전 동일 사업부문의 사업개시일부터 기산한다(재산세제과-1065, 2009.6.15.).[2]

반면에 법 제32조의 법인전환 요건을 충족하지 못한 경우,(조심 2018중4301, 2018.12.19.; 서울고법 2011누24394, 2012.2.7.; 법규법인 2012-245, 2012.6.29.) 또는 영업양도의 경우(서면2팀-1578, 2007.8.29.)에는 주체 간에 동일성을 인정할 수 없으므로 합산할 수 없다.

● 일부 제조장이 3년 조업 실적 요건을 불충족하는 경우 공제 여부 (부정)

수도권과밀억제권역안의 공장에 원재료투입공정부터 제품생산공정까지 독립된 제조장에 해당하는 생산라인을 증설한 후 3년미만의 기간내에 수도권과밀억제권역안의 공장 전부를 수도권 외의 지역으로 이전하는 경우, 이전 후 공장에서 발생한 소득 중 당해 증설한 제조장을 이전함으로써 발생한 소득에 대하여는 감면규정을 적용받을 수 없는 것임(서면2팀-2142, 2007.11.23.).

3 종전공장의 이전

종전공장 시설 전부를 수도권(중소기업은 과밀억제권역) 밖으로 이전하여 사업을 개시한 경우로서, 후술하는 공장이전 방식에 따라야 한다. 만약 중소기업의 본사가 과밀억제권역에 있는 경우에 수도권 안으로 이전하는 경우에는 해당 본사도 함께 이전하여야 한다(조특법 §63 ① 1호 나목, 다목).

---

[2] 해당 분할신설법인의 사업영위기간을 분할등기일 이후의 기간으로 한정하는 종전 유권해석(서면2팀-2130, 2005.12.20.)은 본문의 해석과 상충되는 잘못된 해석사례이므로 2019년 6월에 삭제함.

3-1 과밀억제권역 외 지역

과밀억제권역 외 지역을 수도권 등 지역, 수도권 밖에 소재하는 광역시 등 지역, 이외의 지역(이하 "낙후지역")으로 나누어 이전 지역에 따라 세액감면기간 및 감면율을 달리 적용한다.

(1) 수도권 등 지역

수도권 등 지역이란 다음 지역을 말한다(조특령 §60 ④).
① 수도권 연접지역 (10개)
 당진시, 아산시, 원주시, 음성군, 진천군, 천안시, 춘천시, 충주시, 홍천군(내면은 제외) 및 횡성군의 관할구역
② 기타 수도권
 중소기업은 성장관리권역 및 자연보전권역으로 이전하는 경우에도 특례가 적용되지만, 중소기업 이외의 기업은 수도권 내로 이전하는 경우에 특례가 적용되지 않음에 주의하여야 한다.

(2) 수도권 외 광역시 등 지역

수도권 밖에 소재하는 광역시 등 지역이란 다음 지역을 말한다(조특령 §60 ⑤).
① 수도권 밖에 소재하는 광역시의 관할 구역(5개)
 부산, 대구, 광주, 대전, 울산광역시
② 인구 30만 이상 도시 (8개)
 구미시, 김해시, 전주시, 제주시, 진주시, 창원시, 청주시, 포항시의 관할 구역
 중소기업이 아닌 기업이 광역시로 이전하는 경우 광역시 내 산업단지로 이전하는 경우에만 특례가 적용됨에 유의하여야 한다(조특법 §63 ① 1호 다목 2)).
2023년 세법개정에서 인구 30만 이상 도시에서 익산시를 제외함.

(3) 낙후지역

위의 (1) 수도권 등 지역 또는 (2) 수도권 외 광역시 등 지역을 제외한 지역이다.

(4) 성장촉진지역

(2) 수도권 밖에 소재하는 광역시 등 지역 또는 (3) 낙후지역 안에 소재하는 ⓐ 위기지역, 「지방자치분권 및 지역균형발전에 관한 특별법」에 따른 ⓑ 성장촉진지역 또는 ⓒ 인구감소지역을 합하여 성장촉진지역등이라 한다.

ⓐ 위기지역은 제6부 제7절 Ⅱ. 1.을 참조하기로 한다. ⓑ 성장촉진지역은 성장촉진지역 재지정 고시에서 70개의 시군이 지정되어 있다.3) ⓒ 인구감소지역은 인구감소지역 지정 고시를 통해 89개의 지역이 지정되어 있다.4)

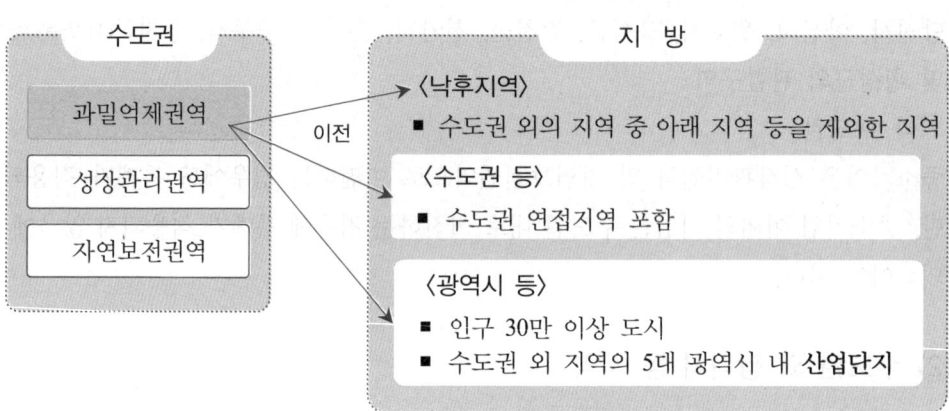

중소기업 이외 기업의 이전 전·후 소재지역

---

3) [시행 2019.9.16.] [국토교통부고시 제2019-471호, 2019.9.10., 일부개정]
4) [시행 2021.10.19.] [행정안전부고시 제2021-66호, 2021.10.19., 제정]

중소기업의 이전 전·후 소재지역

```
          지 방
    〈낙후지역〉
    ■ 수도권 외의 지역 중 아래 지역 등을 제외한 지역
      〈수도권 등〉
      ■ 수도권 연접지역 포함
      〈광역시 등〉
      ■ 인구 30만 이상 도시
      ■ 수도권 외 지역의 5대 광역시

수도권
과밀억제권역   → 이전 →

          수도권
    〈수도권등〉 과밀억제권역내의 본사도 함께 이전
      ■ 자연보전권역
      ■ 성장관리권역
```

3-2 공장시설 전부의 이전

(1) 공장시설

종전 공장시설 전부를 수도권(중소기업은 과밀억제권역) 밖으로 이전하여야 한다. 공장은 일반적으로 대지와 건물, 공장시설(제조설비 등)로 구성되는데 이 중 공장시설의 전부를 이전하여야 한다.

공장시설의 전부를 이전하지 아니하고 일부를 양도하는 경우에는 세액감면을 적용하지 아니한다(서면법인-1523, 2023.9.26.).

법 제60조 공장의 대도시 밖 이전에 대한 과세특례는 양도소득세에 대한 조세특례이므로 공장의 대지와 건물을 양도하는 것이 공장이전의 요건인 반면에, 본 과세특례는 이전 후 영업 단계에서의 조세특례이므로 공장시설의 전부 이전을 필수요건으로 하는 점에서 차이가 있다. 따라서 공장의 대지와 건물의 양도는 후술하는 공장이전의 방식에서 공통되는 요건은 아니며, 공장의 대지와 건물을 양도하지 아니하고 공장시설을 철거·폐쇄하는 경우도 공장이전 방식에 포함되어 특례의 대상이 될 수 있다.

(2) 전부 이전의 판정 방법

"공장시설의 전부 이전"은 서로 다른 여러 종류의 제품 중 한 제품만을 생산하는 독립된 공장시설을 완전히 이전하고 당해 공장건물 전체를 사무실이나 창고 등으로 사용하는 경우에는, 동 부분에 한하여 공장시설을 전부 이전한 것으로 본다(조특통 63-0…1).

- 이전하여도 사용되지 않을 노후된 시설 등 이전계획에 없는 시설을 제외할 수 있다(심사법인 2003-60, 2003.10.13.).
- 노후한 생산라인 1기를 폐기하고 신규라인을 수도권 밖의 이전한 공장에 설치하여 이전 전과 동일한 제품을 생산하는 경우 동 라인에서 발생한 소득은 감면대상소득이다[법인-1009, 2010.10.29. (법 §63의 2 법인의 공장 및 본사를 수도권 밖으로 이전)].
- 기업부설연구소의 경우 종전 공장 내에 소재하더라도 연구소는 생산에 직접 공여하는 시설이 아니므로 연구소만을 제외하고 공장을 이전하는 경우에도 특례가 허용된다(법인-850, 2009.7.22.).
- 재공품 제조설비를 제외하고 제품 제조설비만 이전한 경우

  수도권과밀억제권역 안에서 3년 이상 공장시설을 갖추고 사업을 영위하던 법인이 공장설비 중 재공품을 생산하는 기계는 노후화로 인해 폐기처분하고 제품을 생산하는 기계설비만 수도권 밖의 기존공장으로 이전한 후, 기존공장에서 생산한 재공품을 원재료로 하여 이전한 기계설비로 제품을 생산하는 경우 이전한 공장에서 발생한 소득은 감면대상 소득으로 한다. 이 경우 이전한 공장에서 발생한 소득을 계산함에 있어 제조원가는 원재료로 투입되는 기존공장의 재공품을 시가로 환산한 금액으로 한다[법인-1229, 2009.11.5. (법 §63의 2)].

3-3 공장 이전의 방식

과밀억제권역 소재 종전공장을 양도한 전후로 일정한 기간 내에 종전공장을 수도권(중소기업은 과밀억제권역) 밖으로 이전하여 사업을 개시하여야 한다(조특령 §60 ③).

사업개시일은 신공장 시설을 이용하여 정상상품으로 판매할 수 있는 완성품 제조를 개시한 날을 말한다(조특통 60-56…1의 유추적용). 이에 해당하는지 여부는 신공장 설비 가동 목적, 생산제품의 정상상품으로서 판매여부 등의 구체적인 사실관계에 따라 판단할 사항이다(서면소득-2238, 2015.11.12.).

(1) 선이전 → 후양도·폐쇄 (1호)

수도권 밖으로 공장을 이전하여 사업을 개시한 날부터 2년 이내에 과밀억제권역 안의 공장을 양도하거나 과밀억제권역 안에 남아 있는 공장시설의 전부를 철거 또는 폐쇄하여

해당 공장시설에 의한 조업이 불가능한 상태에 있어야 한다.

위의 사업개시일과 동일하게, 이전일은 이전 후의 공장에서 제조를 개시한 날을 말한다.

법 제60조 및 법 제63조의 2에서는 2년의 공장 이전 기간을 허용하고 있으나, 본 특례에서는 1년만을 허용하고 있다.

동 방식에 따를 경우, 선이전한 후에는 종전공장을 양도하거나 종전공장의 공장시설 전부를 철거·폐쇄하는 2가지 방법이 가능하다.

종래에는 중소기업에게 1년의 공장 이전 기간을 허용하였으나, 2021년 개정세법에서 2년으로 연장하였다. 법 제60조 및 구법 제63조의 2에서도 2년의 공장 이전 기간을 허용하고 있는 것과 균형을 맞추기 위함이다. 부칙은 본 특례의 Ⅰ.을 참조하기 바란다.

(1-1) 공장 철거·폐쇄

공장시설 전부를 철거·폐쇄하여 공장시설에 의한 조업이 불가능하여야 한다. 공장시설 전부를 철거·폐쇄하면 되고, 공장을 양도할 필요는 없다. 공장을 양도하는 경우에는 아래의 (1-2)에 해당하는지 여부를 판정하여야 한다.

조업이 불가능한 상태에 해당되는지 여부는 철거공사 관련 작업일보·계약서·운반관계서류 및 제품생산일보 등에 의하여 **사실판단하여야 할 사항이다**(서면법인-22337, 2015.6.1.).

공장시설의 전부를 철거 또는 폐쇄한 후 동 공장부지에 아파트를 신축하는 경우에는 감면을 적용받을 수 있지만, 아파트형 "공장"을 신축하는 경우에는 감면을 적용받을 수 없다(서면2팀-435, 2004.3.12.).

공장시설 전부를 철거·폐쇄한 이후에는 공장 건물과 대지만이 남게 되므로, 동 건물 등을 임대하는 경우에 특례요건의 충족 여부는 사안별로 살펴보아야 한다.

(가) 공장시설의 철거·폐쇄 없이 건물을 임대하는 경우

공장시설의 철거·폐쇄 없이 건물을 임대하는 경우에는 원칙적으로 요건에 위배된다. 다만, 건물 임차인이 공장용도가 아닌 용도, 예컨대 전시실이나 연구소로 사용하는 경우에는 공장의 폐쇄와 실질상 동일하므로 요건을 충족한 것으로 본다(법인-366, 2013.7.17.).

(나) 건물 임차인이 새롭게 공장시설을 설치하여 공장 용도로 사용하는 경우

주요 이슈와 쟁점

32. 공장시설을 철거·폐쇄하였으나 임차인이 새롭게 공장시설을 설치한 경우 공장이전 세액감면 적용 여부

[유권해석] (부정)
구공장에 남아 있는 공장시설의 전부를 철거 또는 폐쇄하여 당초의 사업을 할 수 없는 상태에서 공장용이 아닌 다른 용도로 임대하는 경우에는 같은 법에 의한 감면을 받을 수 있으나, 공장 용도로 임대하는 경우에는 감면을 받을 수 없음[서면법규-1044, 2013.9.27.; 법인 46012-1462, 1998.6.3.; 서면1팀-388, 2008.3.21. (법 §63의 2)].

[판례] (긍정)
임차한 공장건물과 부지를 어떠한 사업목적으로 사용하는지 여부에 관하여는 원고가 개입할 성질의 것이 아니고(임차인이 구 공장건물에서 여전히 공업에 종사할지 아니면 창고업, 판매업 등의 다른 사업을 할지는 우연한 사정이다. 임대인이 임차인의 운영하려는 업종을 알고 임대차계약을 체결하는 경우가 많기는 하겠지만, 반드시 그러한 것은 아닐 경우에 그로 인하여 임대인에게 불이익을 지워서는 안 될 것이다), (이하 중략) 위 시행령에서 세액감면을 받기 위하여 철거, 폐쇄될 것으로 요구하는 '공장시설'이란 일반적으로 영업을 목적으로 물품의 제조, 가공, 수선 등의 목적에 사용할 수 있도록 한 공장의 생산시설과 설비를 의미하는 것으로 공장건물 자체까지 포함되는 것은 아니므로, 원고가 공장건물 자체를 철거하지 않았다고 하더라도 위 시행령상의 구 공장시설 철거, 폐쇄 요건을 갖추지 못하였다고 할 수 없는 점, 한편 위 시행령 제46조 제1항 제1호에서 구 공장시설의 철거, 폐쇄 요건과 대등한 요건으로 규정하고 있는 1년 이내 구 공장 양도요건에서 세액감면을 받고자 하는 구 공장시설의 소유자로서는 이를 이전 후 1년 이내에 다른 사람에게 양도하기만 하면 되지, 그 양수인이 여전히 공장을 운영하는지 여부 혹은 공장시설의 철거, 폐쇄로 조업이 불가능한지의 여부는 따질 필요가 없으므로,(이하 중략) 원고는 수도권 안의 이 사건 사업장을 수도권 외의 지역으로 이전하면서 구 공장시설을 철거, 폐쇄하여 그 공장시설에 의한 조업이 불가능하게 되었다고 볼 것이다(서울고법 2005누14563, 2006.2.15.).

│저자주│ 과세관청은 종전 건물 소유주가 임대계약에서 공장용도 사용을 제한할 수 있으며, 또한 임대하는 경우에는 수도권 집중 억제라는 본 특례의 취지에 어긋난다는 점을 근거로 하여, 임차인이 공장용도로 사용한 경우에는 요건을 충족하지 못한 것으로 본다.

반면에 판례는 문리해석상 공장시설은 생산시설과 설비를 의미하며 공장 건물을 포함하지 않는다는 점, 임차 계약의 성질상 임대인이 임차인의 사용을 제한할 수 없다는 점, 양도의 경우에도 양수인의 후속적 행위는 요건이 아니라는 점을 들어 감면 대상으로 보고 있다.

저자는 조특법상 가장 기본적인 해석 원칙인 엄격해석원칙에 따라 임차인이 신규 공장시설을 설치한 경우에도 본 특례를 허용하는 것이 타당하다고 본다. 과세관청에서도 기존 유권해석(서면법규-1044, 2013.9.27.)을 최근 삭제하여 의견을 변경하였으며(기준법령소득-0127, 2017.6.21.), 최근 조세심판원에서도 위의 판례와 동일하게 결정하고 있다(조심 2015중4129, 2016.7. 6.; 조심 2017중1001, 2017.6.12.).

참고로 후술하는 (1-2) 공장 양도 방식에 의하여 종전공장시설을 전부 이전한 후 종전공장을

> 양도한 경우에는, 이후 양수인이 건물을 공장용도로 사용하는 경우에도 요건을 충족한 것으로 본다(서면2팀-2363, 2006.11.17.). 양도의 경우에는 그 사용에 제한이 없는 소유권을 양수인이 보유하므로 종전 공장의 양도인이 이를 제한할 수 없기 때문에 과세관청의 유권해석에서도 본 특례를 허용한다.

(1-2) 공장 양도

공장시설 전부를 과밀억제권역 외로 이전하고 공장을 양도하여야 한다.

양도의 시기는 소득세법상 양도 시기(소법 §98)를 따른다. 제7부 제7장 제2절 Ⅱ. 2-2 (1)을 참조하기로 한다.

종전공장시설을 이전하지 아니하고 조업이 가능한 상태로 양도하는 경우에는 세액공제 대상에서 배제된다(서이 46012-10426, 2002.3.8.). 3-2 공장시설 전부를 이전하는 요건을 충족하지 아니하였기 때문이다.

반면에 종전공장시설을 전부 이전한 후 종전공장을 양도한 경우에는, 이후 양수인이 건물을 공장용도로 사용하는 경우에도 과세 특례가 적용된다는 것은 전술한 바와 같다(서면2팀-2363, 2006.11.17.).

그러나 종래의 심사례(심사법인 2003-60, 2003.10.13.)에 의하면 결론은 동일하지만, 그 근거로 "당해 공장시설에 의하여 조업이 불가능한 상태"라는 요건이 (a) 공장 철거·폐쇄의 방식에만 적용되고 (b) 공장 양도방식에는 적용되지 않음을 추가적으로 제시하고 있다.

저자는 동 심사례의 결론에는 동의하지만, 위의 근거는 타당하지 않다고 본다.

본 특례는 영업단계에서의 세액감면을 대상으로 하므로 공장이전의 핵심은 공장의 요소 중에서도 대지와 공장건물이 아니라 생산시설과 설비이기 때문에(서울고법 2005누14563, 2006. 2.15. 참조) 공장양도의 경우에도 법 제63조 제1항의 종래 공장시설의 전부 이전 요건은 충족되어야 한다. 법 제63조 제1항 본문상 "공장시설을 전부 이전한 경우"의 결과로 조업이 불가능한 상태가 되어야 하고(행위와 결과), 공장시설의 전부 이전 방식으로 (1-1) 공장 철거·폐쇄의 방식과 (1-2) 공장 양도방식이 열거된 것이므로, 공장 양도방식에서도 조업이 불가능한 상태의 결과가 발생하여야 한다고 본다. 공장시설을 전부 이전하고 공장의 대지와 건물을 양도하면 조업이 불가능한 상태(결과)가 발생한 것이고, 이후 양수인이 새롭게 공장시설을 설치하는 경우에는 양수인의 소유권에 터잡아 새로이 이루어진 행위이므로 양도인의 과세특례 요건 충족과는 관련이 없는 것으로 보아야 한다.

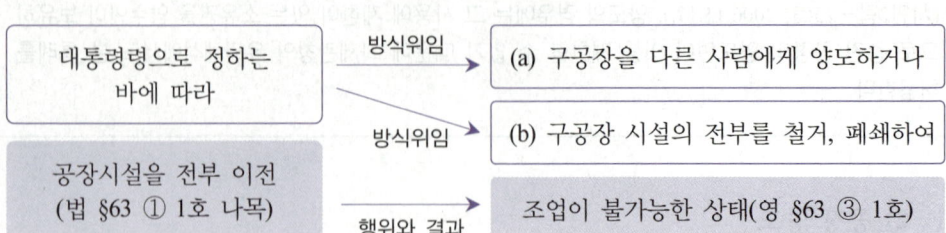

한편, 공장을 이전한 후 양도기한 이전까지 일시적으로 공장건물만을 임대한 경우에는 특례적용이 가능하다(서면2팀-73, 2005.1.10.).

> ● 예규 · 판례
>
> ❖ **구공장 설비가 전부 이전된 후 양수인이 공장용도로 사용한 경우 특례 적용여부 (긍정)** (심사법인 2003-60, 2003.10.13.)
> 조세특례제한법 시행령 제60조 제1항 제1호의 규정은 "당해 공장을 수도권 외의 지역으로 이전한 후 이전 일부터 1년 이내에 수도권 안에 소재하는 구 공장을 다른 사람에게 양도하거나 구 공장에 남아 있는 공장시설의 전부를 철거 또는 폐쇄하여 당해 공장 시설에 의한 조업이 불가능한 상태에 있을 것"이라고 규정하고 있어 두 개의 문장으로 되어 있음을 알 수 있는 바 앞의 문장은 『양도』하는 경우를 뒷 문장은 『구공장을 계속하여 소유하고 있는 경우』를 규정하고 있다고 보여지는 바, 이 건 감면의 경우에는 청구법인이 구공장을 "다른 사람"에게 양도한 경우이므로 뒷 문장의 요건이 이 건의 경우 적용될 여지가 없다고 판단된다.

(2) 선양도·폐쇄 → 후이전 (2호)

과밀억제권역 안의 공장을 양도 또는 폐쇄한 날부터 2년 이내에 수도권 밖에서 사업을 개시하여야 한다. 이때 공장의 대지 또는 건물을 임차하여 자기공장시설을 갖추고 있는 경우에는 공장이전을 위하여 조업을 중단한 날을 기산일로 한다. 다만, 공장을 신축하여 이전하는 경우에는 과밀억제권역 안의 공장을 양도 또는 폐쇄한 날부터 3년 이내에 사업을 개시해야 한다.

보유하거나 취득한 부지에 공장을 신축하는 경우에만 3년의 유예기간이 적용되고, 임차한 부지에 공장을 신축한 경우에는 3년의 유예기간이 적용되지 않는다(서면2팀-1771, 2007.10.4. 참조).

부지의 취득시시는 원칙적으로 대금청산일, 이전등기일(등록일)·인도일 또는 사용수익일 중 빠른 날(법령 §68 ① 3호)로 한다(서면2팀-1771, 2007.10.4.).

한편 임차하여 사용하던 공장도 철거 또는 폐쇄하고 이전하면 감면이 가능하다(법인-487, 2009.4.24.).

● 기존 공장의 취득과 공장 신축이 혼재된 경우

수도권 밖에 있는 공장건물을 취득하는 것만으로는 종전 공장시설을 모두 이전할 수가 없어 종전 공장시설의 일부는 기존의 공장을 취득하여 이전하고, 종전 공장시설의 다른 일부는 공장을 신축하여 이전한 후에야 비로소 종전 공장에서 생산하던 제품을 생산할 수 있게 된 경우, 즉 기존 공장의 매입과 신공장의 신설에 모두 해당하는 경우에는 이를 신공장의 신설로 보아 본 특례를 적용한다(법인-1024, 2011.12.22.; 법규과-1681, 2011.12.19.).

3-4 중소기업의 본사가 과밀억제권역 내에 있는 경우

중소기업이 공장시설을 수도권 안(과밀억제권역은 제외함)으로 이전하는 경우로서 본점이나 주사무소(이하 "본사")가 과밀억제권역에 있는 경우에는 해당 본사도 공장시설과 함께 이전하여야 한다(조특법 §63 ① 1호 다목).

중소기업이 과밀억제권역 외로 공장을 이전하였으나, 과밀억제권역 안에 본사가 있는 경우에는 세액감면을 적용받을 수 없다(서면2팀-2610, 2006.12.15.).

이 때 본사의 이전일은 이전등기일로 하고, 이전등기일 이후에 실제로 이전한 경우에는 실제로 이전한 날로 한다(서면2팀-569, 2008.3.28.) (기본통칙 61-57…1의 유추적용).

본점이란 법인등기부등본상 본점을 말하며,(서면2팀-139, 2007.1.17.) 본점의 이전등기를 하지 않은 경우에도 본사를 실제로 이전했다면 실질과세원칙에 의하여 감면이 가능하다(조심 2009중2030, 2009.8.28.).

사실상의 주사무소가 수도권과밀억제권역 내에 존재하는지 여부는 사업수행에 필요한 중요한 관리 및 결정이 이루어지는 장소 즉, 경영계획, 재무·투자, 자산·부채의 관리, 주요 회의 개최, 대표자 및 주요 임직원의 통상적 업무 수행, 회계 서류 등 주요 서류를 일상적으로 기록·관리 등이 수행되는 장소가 수도권과밀억제권역 내에 존재하는지 제반 사정을 종합적으로 고려하여 구체적 사안에 따라 개별적으로 판단한다(서면법인-3162, 2019.7.2.; 사전법령소득-576, 2017. 3.16.).

종래 중소기업의 공장 이전시 수도권 밖으로 이전하는 경우로서 본사가 과밀억제권역에 있는 경우에는 해당 본사도 함께 이전하여야 했으나, 2021년 개정세법에서 수도권 밖으로 이전하는 경우에 한하여 본사의 이전 요건을 삭제하였다. 즉, 중소기업이 수도권 안(성장권리권역 또는 자연보전권역)으로 공장을 이전하는 경우에만 과밀억제권역의 본사를 함께 이전하여야 특례의 적용이 가능하다. 부칙은 본 특례의 Ⅰ.을 참조하기 바란다.

4 업종의 동일성

공장이전기업은 한국표준산업분류의 세분류를 기준으로 이전 전의 공장에서 영위하던 업종과 이전 후의 공장에서 영위하는 업종이 같아야 한다(조특법 §63 ⑦, 조특령 §60 ⑫) (관련 기본통칙은 제2절 Ⅱ. 3. 참조).

Ⅲ. 세액감면

1 감면소득 및 감면개시일

감면소득은 이전 후의 공장에서 발생하는 소득이다. 따라서 제조업과 도매업을 겸업하는 경우에는 제조업 발생 소득만 감면소득에 해당된다(소득세과-1097, 2010.10.22.). 부동산 임대소득도 제외한다(서면법인-2119, 2023.8.18.). 감면소득과 비감면소득은 구분경리하여야 한다. 사업장단위 감면방식에 의한다.

과밀억제권역 밖으로 이전 후 이전한 기계장치 등의 매각으로 발생한 고정자산처분이익은 당해 공장에서 발생한 소득에는 포함하지 아니한다(구 조특통 63의 2-0…1의 유추적용). 또한 공장 등 고정자산의 양도차익은 이전 후의 공장에서 발생하는 소득에 포함되지 아니하므로,(법인 46012-1115, 1994.4.18.) 동 양도차익에 대해서는 후술하는 Ⅳ. 양도차익 과세이연을 적용하여야 한다.

본 과세특례에 따라 중소기업이 과밀억제권역 내의 공장과 본점을 과밀억제권역 밖으로 함께 이전한 후 한국표준산업분류상의 세분류를 기준으로 이전 전의 업종과 다른 새로운 업종을 추가한 경우에는, 그 추가한 업종에서 발생한 소득에 대하여는 감면소득에서 제외한다(조특통 63-60…2) (서면법인-0903, 2017.12.8.).

다음은 감면소득의 포함여부에 관한 사례이다.
- 출판업 영위법인의 **출판권 양도소득**(X)은 감면대상 소득에 해당하지 않는다(법인-799, 2011.10.26.).
- 종전공장에서 설정한 각종 **준비금을 이전 후 환입하는 금액**(X)은 이전 후의 공장에서 발생한 소득이 아니므로 감면소득에서 제외된다. 반면에 이전 후의 공장에서 설정한 준비금을 그 후 환입하는 금액은 포함된다(법인 46012-283, 1993.2.5.).

● **과밀억제권역 내외 소재한 두 공장을 통합하여 과밀억제권역 외 공장을 설립한 경우**

동일한 제품을 생산하는 수도권과밀억제권역 내 공장과 수도권과밀억제권역 외 공장을 수도권과밀억제권역 외의 지역으로 동시에 이전하여 하나의 공장을 설립한 후, 이전한 공장에서 생산하던 제품과 동일한 제품을 생산하는 경우, 감면사업에 속하는 손익과 기타사업에 속하는 손익은 이전일 또는 조업중단일이 속하는 사업연도의 직전사업연도 이전한 공장별 동 제품의 매출액에 비례하여 안분계산한다(서면2팀-517, 2007.3.27.; 조심 2016중3435, 2017.4.20.).

● **생산라인이 순차적으로 건설되어 이전한 경우**

해당법인이 공장을 이전함에 있어 두 개의 독립적인 공정으로 이루어진 생산라인이 순차적으로 건설되어 이전 완료한 후, 먼저 이전한 생산라인의 사업 개시일부터 2년 이내에 구공장이 양도·철거·폐쇄되는 경우에는 각각의 생산라인에서 발생한 소득에 대해 해당감면을 적용할 수 있다(서면법규-975, 2013.9.9.).

● **과밀억제권역 밖의 종전 공장 소득** (제외)

수도권과밀억제권역 공장시설을 수도권과밀억제권역 밖으로 이전하기 전 그 수도권과밀억제권역 밖에 기존에 설치되어 운영되던 공장시설에서 위 이전 후 발생하는 소득은, 위 이전에도 불구하고 사업 개시로 새로이 발생하는 소득에 해당한다고 볼 수 없으므로, 감면소득에서 제외된다(수원지법 2017구합66726, 2018.2.7.).

● **하나의 생산라인의 조업기간이 다른 경우** (전부 감면)

하나의 공장건물의 하나의 생산라인에서 공정순서를 바꿔가며 3년 이상인 제품과 3년 미만인 제품을 각각 생산하다가, 공장 이전 후 별개의 공장에서 생산한 경우에 그 전부에 대해 세액감면을 적용한다(조심 2010전3876, 2011.10.7.).

● **수도권 안 소재 공장을 기존 수도권 외 공장으로 이전한 경우** (감면)

수도권 안과 수도권 밖의 지역에 공장이 있는 법인이 수도권 안의 공장시설 전부를 수도권 밖의 지방공장으로 이전하면서 지방공장 부지 내에 신규 생산라인을 설치하고 기존 생산라인을 증설하여 수도권 안의 공장에서 생산하던 제품을 생산하는 경우로서 수도권 밖으로 공장을 이전하여 사업을 개시한 날부터 2년 이내에 수도권 안의 구공장이 양도·철거·폐쇄되는 경우에는 이전 후 지방공장의 각 생산라인에서 발생한 소득 중 수도권 안의 공장에서 생산하던 제품을 생산함으로써 발생한 소득은 「조세특례제한법」 제63조의 2 규정을 적용받을 수 있는 것임(사전법령법인-0801, 2018.6.19.).

2 감면세액 (감면기간)

감면세액의 계산 방법은 다음과 같다.

$$감면세액 = 산출세액 \times \frac{감면소득}{과세표준} \times 감면율$$

2-1 감면율

감면기간별 감면율(조특법 §63 ①)

감 면 율		100% 감면	50% 감면
수도권 등		초반 5년	이후 2년
광역시 등	성장촉진지역등	초반 7년	이후 3년
	이외	초반 5년	이후 2년
낙후지역	성장촉진지역등	초반 10년	이후 2년
	이외	초반 7년	이후 3년

낙후지역의 성장촉진지역등으로 이전하는 경우에는 이전일 이후 해당 공장에서 최초 소득이 발생한 과세연도와 그 다음 과세연도 개시일부터 10년간은 100% 감면하고, 그 다음 2년 이내에 끝나는 과세연도는 법인세 또는 소득세의 50%를 감면한다. 광역시 등의 성장촉진지역등과 낙후지역의 이외 지역은 초반 7년간 100%, 이후 3년간은 50% 감면한다. 그리고, 수도권 등과 광역시 등의 이외 지역은 초반 5년간 100%, 이후 2년간은 50% 감면한다.

● 2014년 개정세법에 따른 부칙 규정의 적용 방법

중소기업이 2008사업연도에 본점 및 공장시설을 수도권과밀억제권역에서 수도권과밀억제권역 밖 성장관리권역으로 전부 이전한 경우로서 이전일 이후 2010사업연도에 해당 공장에서 최초로 소득이 발생한 경우, 「조세특례제한법」(2014.12.23. 법률 제12853호로 개정된 것) 부칙 제20조에 따라 이전 후 최초로 소득이 발생한 사업연도인 2010사업연도부터 기산하여 같은 법 제63조에 따른 세액감면을 적용할 수 있는 것임(서면법령법인-3648, 2019.12.26.).

종전 규정에서는 세액감면의 기산 연도를 "이전일이 속하는 과세연도"로 하였으나 2014년 개정세법에서 "이전일 이후 최초로 소득이 발생한 과세연도"로 개정함. 관련 부칙에 따르면 2015.1.1. 전에 공장시설을 이전한 경우에도 개정 규정을 적용하도록 하였으므로, 종전 규정에 따라 감면 기간이 종료된 경우에도 개정 규정에 따라 2010연도를 세액감면의 기산연도로 함.

2023년 세법개정에서 수도권 밖으로 공장 및 본사를 이전하는 기업에 대한 세액감면 중, 성장촉진지역·인구감소지역·위기지역 등으로 이전하는 경우에 대한 감면기간을 최대 12년까지로 확대함. 2023.1.1. 전에 공장을 이전한 경우의 세액감면에 관하여는 개정규정에도 불구하고 종전의 규정에 따름. 2023.1.1. 이후 공장을 이전하는 경우로서 공장이전기업이 종전의 제63조 제1항 제2호 가목 및 나목을 적용받기 위하여 2023.1.1. 전에 다음 어느 하나에 해당하는 행위를 한 경우에는 개정규정에도 불구하고 종전의 규정을 적용할 수 있음. ① 공장을 신축하는 경우로서 제63조 제1항에 따라 이전계획서를 제출한 경우, ② 공장 이전을 위하여 기존 공장의 부지나 공장용 건축물을 양도(양도계약을 체결한 경우를 포함한다)하거나 공장을 철거 또는 폐쇄한 경우, ③ 공장 이전을 위하여 신규 공장의 부지나 공장용 건축물을 매입(매입 계약을 체결한 경우를 포함한다)한 경우, ④ 공장을 신축하기 위하여 건축허가를 받은 경우, ⑤ ①~④ 까지의 행위에 준하는 행위를 한 경우로서 실질적으로 이전에 착수한 것으로 볼 수 있는 경우. 위 규정에 따라 제63조 제1항 제2호 가목 및 나목의 개정규정 또는 종전의 규정 중 하나를 선택하여 적용하는 경우에는 감면기간 동안 동일한 규정을 계속하여 적용하여야 함(2022.12.31. 개정된 법률 부칙 §36).

2-2 감면기간의 개시

(가) 감면 개시일

공장이전일, 즉 수도권과밀억제권역 안에 소재하는 공장시설을 수도권 밖으로 전부 이전하여 이전 후의 공장에서 제조를 개시한 날 이후 해당 공장에서 최초로 소득이 발생하는 과세연도부터 감면이 적용된다(서면법인-0102, 2021.3.5.).

수도권과밀억제권역 안에 소재하는 공장과 본사를 수도권과밀억제권역 밖으로 이전하는 경우 공장시설이 전부 이전한 이후에 해당 공장에서 제조를 개시한 날과 본사 이전 등기일(이전 등기일 이후에 실제로 본사를 이전한 경우에는 실제로 이전한 날) 중 늦은 날에 공장시설을 전부 이전한 것으로 보아 구 조세특례제한법(2020.12.29.법률 제17759호로 개정되기 전의 것) 제63조의 규정을 적용한다(서면법인-1241, 2021.4.8.).

(나) 감면 개시연도의 유예

이전일부터 5년이 되는 날이 속하는 과세연도까지 소득이 발생하지 아니한 경우에는 이전일부터 5년이 되는 날이 속하는 과세연도를 감면개시연도로 한다. 감면개시연도의 유예는 원칙적인 감면개시연도(이전일이 속하는 연도)와 이후 4년으로 총 5년이다.

2-3 감면기간의 승계

경제적 실체에 변화가 없는 경우 감면기간은 승계된다.

- 개인사업자가 **법인전환**(O)시 전환으로 설립된 법인은 전환전 사업자의 잔존감면기간에 대하여 세액감면을 적용받을 수 있다(법인-153, 2014.4.2.; 법인 46012-587, 2000.2.29.).
- **적격인적분할**(법법 §46 ①)한 경우(O)에도 분할 당시의 잔존감면기간 내에 종료하는 각 사업연도분까지 감면을 적용받을 수 있다(서면2팀-2580, 2006.12.13.).
- 과세특례 적용 중 다시 **과밀억제권역 외 지역으로 사업장을 이전**(O)한 경우에도 당초 세액감면기간은 계속된다(서면법인-0903, 2017.12.8.; 법인-1952, 2008.8.11.).
- 세액감면을 적용 받던 중 이전한 **공장 중 일부를 임대**(O)하는 경우에도 당초 세액감면 적용대상 과세기간에 발생한 법인세에 대하여는 세액감면을 받을 수 있다(서면법인-0903, 2017.12.8.).

 종래에는 구 조특법 §63의 2 법인세 감면을 적용받던 법인이 수도권 밖으로 이전한 공장을 적격물적분할하는 경우, 분할신설법인은 분할법인으로부터 승계받은 사업에서 발생한 소득에 대하여 법인세법 제47조에 따라 분할 당시의 잔존감면기간 동안 그 감면을 적용받을 수 없었다(서면법령법인-5366, 2017.7.13.). 그러나 2018년 개정세법에서 분할신설법인이 압축기장충당금을 계상한 경우 분할법인이 분할 전에 적용받던 법인세법 제59조에 따른 감면 또는 세액공제를 승계할 수 있도록 개정되었다(법법 §47 ④, 법령 §84 ⑯ → §81 ③).

 산출세액, 감면소득, 과세표준 등 상세내용은 제2부 제3절 Ⅲ. 창업중소기업세액감면의 내용을 참조하기 바란다.

2-4 감면기간 종료의 특칙

 감면을 적용받은 중소기업이 수도권 안으로 이전한 경우로서 다음의 중소기업 유예기간 적용 제외 사유에 따라 중소기업에 해당하지 아니하게 된 경우에는 해당 사유 발생일이 속하는 과세연도부터 감면하지 아니한다(조특법 §63 ⑧, 조특령 §60 ⑬ → §2 ② 각 호).

① 중소기업기본법의 규정에 의한 중소기업 외의 기업과 합병하는 경우
② 유예기간 중에 있는 기업과 합병하는 경우
③ 실질적 독립성에 위배되는 경우(단, 관계기업 기준은 제외)
④ 창업일이 속하는 과세연도 종료일부터 2년 이내에 규모기준을 초과한 경우

 반면에 중소기업 유예기간 적용 제외 사유 이외의 사유, 예컨대 규모의 확대로 중소기업에 해당하지 않게 된 경우에는 유예기간 동안 감면을 계속 적용받을 수 있다(재조특-20, 2016.1.6.).
 구 조세특례제한법 제63조 제1항에 따라 감면을 적용받은 중소기업이 중소기업 유예기간 적용 제외 사유(같은 조 제2항 각 호)에 해당하는 경우에는 그 사유가 발생한 과세연도의

과세표준신고를 할 때 공장 이전일 이후 감면받은 세액을 추가납부한다(서면법인-1241, 2021.4.8.).

감면 종료의 특칙은 2017년 개정세법에서 신설된 조항이다.

3 사후관리

세액감면을 적용받은 중소기업이 의무위반사유가 발생한 경우에는 추징세액을 소득세 또는 법인세로 납부하여야 하며, 이자상당가산액을 납부한다.

3-1 의무위반사유 및 추징 금액

의무위반사유 및 각 사유별 추징세액은 다음과 같다(조특법 §63 ②, 조특령 §60 ⑥).

(가) 폐업·해산

공장을 이전하여 사업을 개시한 날부터 3년 이내에 그 사업을 폐업하거나 법인이 해산한 경우이다. 단, 합병·분할 또는 분할합병으로 인한 경우에는 의무위반으로 보지 아니한다.

폐업일 또는 법인해산일부터 소급하여 3년 이내에 감면된 세액을 추징한다.

'사업개시일'이라 함은 수도권 외의 신공장에서 정상 제품으로 판매할 수 있는 완성품 제조를 개시한 날을 말한다(법인-1082, 2009.9.30.).

종래 중소기업의 공장이전 세액감면(구 조특법 §63)에서는 감면기간 내 추징사유 발생 시 감면세액 전액을 추징하도록 하였으나, 법인의 공장을 수도권 밖으로 이전하는 경우 세액감면(구 조특법 §63의 2)에서는 추징사유 발생시 소급하여 3년 또는 5년간 감면세액을 추징하도록 하였다. 2021년 개정세법에서 추징세액 계산 방법을 후자로 일원화하였다. 개정규정은 2021.1.1. 이후 공장을 이전하는 경우(중소기업의 경우 수도권과밀억제권역 밖으로 이전하는 경우를 포함함)부터 적용한다. 2021.1.1. 전에 공장을 이전한 경우에 대해서는 개정규정에도 불구하고 종전의 규정에 따른다(2020.12.29. 개정된 법률 부칙 §11 및 §40).

(나) 공장 이전 방식 위배

공장을 수도권(중소기업은 과밀억제권역) 밖으로 이전하여 Ⅱ. 3-3 공장이전의 방식 요건(영 §60 ③)에 위배하여 사업을 개시하지 아니한 경우이다(조특령 §60 ⑦).

동 요건을 갖추지 못하게 된 날부터 소급하여 5년 이내에 감면된 세액을 추징한다.

과밀억제권역 외의 지역으로 그 공장시설을 전부 이전한 후, 일부 사업부문을 분할하여 신설된 분할신설법인을 감면기간 중에 과밀억제권역으로 이전하는 경우에는 감면세액을 추징한다(서면2팀-426, 2006.2.27.).

(다) 수도권 내 공장 설치 등

세액감면기간 동안 이전한 공장에서 생산하는 제품과 같은 제품을 생산하는 공장(중소기업이 수도권 안으로 이전한 경우에는 공장 또는 본사)을 수도권(중소기업은 과밀억제권역)에 설치하거나 본사를 설치한 경우이다.

공장설치일부터 소급하여 5년 이내에 감면된 세액을 추징한다. 중소기업이 본점이나 주사무소를 이전한 경우[조특법 §63 ① 1호 다목 1)]에는 본점 또는 주사무소 설치일을 포함한다.

이 경우 이전한 공장이 둘 이상이고 해당 공장에서 서로 다른 제품을 생산하는 경우에는 수도권(중소기업의 경우 수도권과밀억제권역) 안의 공장에서 생산하는 제품과 동일한 제품을 생산하는 공장의 이전으로 인하여 감면받은 분에 대한 감면세액만 안분계산하여 납부한다.

세액감면기간이 경과한 후에는 동일 제품을 생산하여도 추징하지 않는다(법인-1102, 2010.11.30.).

3-2 이자상당가산액

사후관리 규정에 해당하는 때에는 이자상당가산액을 소득세 또는 법인세에 가산하여 납부하여야 한다. 이자상당가산액은 소득세법 제76조 또는 법인세법 제64조에 따라 납부하여야 할 세액으로 보므로, 납부하는 사업연도의 본세에 해당한다(조특법 §63 ③, 조특령 §60 ⑧).

이자상당가산액의 계산은 다음과 같다.

$$\text{이자상당가산액} = \text{추징세액} \times \text{소정 기간} \times \text{이자율}$$

① 소정 기간

감면을 받은 과세연도의 종료일 다음 날부터 의무 위반 사유가 발생한 날이 속하는 과세연도의 종료일까지의 기간이다.

② 이자율

1일 10만분의 22(연이율 환산 시 8.03%)

2022년 세법 개정에 따른 이자율에 대한 개정 규정 및 부칙은 제3부 제2장 제2절 Ⅲ. 3-2를 참조하기로 한다.

Ⅳ. 양도차익 과세이연

공장이전기업 중 법인(이하 "공장이전법인")이 공장을 수도권 밖으로 이전한 경우에는 수도권과밀억제권역에 있는 공장을 양도함으로써 발생한 양도차익에 대한 법인세에 관하여는 조특법 제60조 [공장의 대도시 밖 이전에 대한 법인세 과세특례] 규정을 준용하여 과세이연한다(조특법 §63 ④ → §60 ②, ④, ⑥).

준용되는 조항은 공장 이전을 위하여 양도하는 자산에 대한 양도차익의 과세이연을 규정하는 조항이므로, 본 특례에 의하여 법인세가 감면되는 경우에는 공장 이전을 위하여 양도하는 자산의 양도차익에 대해서도 동일하게 과세이연을 적용받을 수 있다.

준용되는 내용은 요건, 과세특례, 특례신청절차이므로 제2절의 Ⅱ. 요건, Ⅲ. 과세특례, Ⅳ. 1. 절차 부분을 각각 참조하도록 한다.

Ⅴ. 재산세 등 특례

 개요 및 특례의 내용

공장을 수도권 밖으로 이전한 공장이전법인이 소유(합병·분할 또는 분할합병으로 소유권이 이전된 경우를 포함함)하는 이전 전 공장용 건축물의 부속토지로서 공장 이전일 현재 분리과세대상 공장용지(지방세법 §106 ① 3호 가목)로 적용되는 토지는 공장을 전부 이전한 날부터 5년간 분리과세대상 공장용지로 보아 재산세를 부과하는 제도이다.5) 또한 분리과세대상 공장용지는 종합부동산세의 과세대상이 아니므로 종합부동산세 과세 부담도 없게 된다.6)

공장이전을 위하여 기존의 공장건물을 철거·폐쇄하게 되는 경우에는 종전공장의 부속토

---

5) 지방세법상 토지는 종합합산과세대상, 별도합산과세대상, 분리과세대상 토지로 나뉜다(지법 §106). 읍면등 소재 공장용지는 분리과세대상 토지이고, 이외의 시 지역 이상 소재 공장용지는 별도합산과세대상 토지이다. 기준면적을 초과한 별도합산대상공장용지와 입지기준면적을 초과한 분리과세대상 공장용지는 종합합산과세대상이 된다. 별도합산과세대상 토지는 그 소재지 시군구를 기준으로 별도합산과세대상 토지만을 합산하여 과세표준액을 구한 후 누진세율을 적용하여 과세한다.
6) 토지에 대한 종합부동산세는 종합합산과세대상과 별도합산과세대상 토지에 대하여만 과세된다(종부세법 §11).

지는 나대지가 되어 원칙적으로 종합합산과세대상 토지로 분류된다. 이러한 경우 상대적으로 고율의 세율이 적용되어 종전공장 소유자에게 불리하게 되므로, 5년간의 유예기간을 두어 저율의 재산세가 부과될 수 있도록 하였다.

이외의 공장 이전과 관련된 지방세 특례는 제2절 Ⅲ. 3.을 참조하기 바란다.

● 2014년 지방세법 개정 이전에 공장 이전한 경우, 이후 지방세 감면 여부 (부정)

2014.1.1.「지방세법」이 개정되면서(이하 중략) 지방소득세 과세표준 산정방식의 변경에 따라 개정된 이후의 사업연도에 발생한 세액감면의 경우에는 이를 지방소득세 과세표준에 적용되지 아니함에도, 그 이전에 발생한 세액감면을 그대로 적용하는 것은 개정 이후에 발생한 법인세 과세소득과 관련이 없는 세액감면액을 개정 이후의 사업연도에서 발생한 소득에 따른 지방소득세에서 차감하게 되는 결과를 초래하게 된다 할 것으로서, 이와 같이 납세의무 성립 시점과 관련이 없는 과거의 법인세 세액감면 규정을 2014.1.1. 개정된「지방세법」의 부칙 규정에 따라 개정 이후에 적용하기 위해서는「지방세법」및「지방세특례제한법」에 특례 규정이 있는 경우에 한정하여 적용할 수 있다 할 것인데, 지방세법령에서 달리 수도권과밀억제권역 밖으로 이전하는 중소기업에 대한 세액감면과 관련하여 정한 바가 없으므로, 법인세 세액감면에 따른 지방소득세 경감액을 2014.1.1. 개정된「지방세법」부칙 제15조에 따라 감면하여야 한다는 청구주장은 인정하기 어렵다 할 것이다(조심 2022지0335, 2022.6.20.; 조심 2021지1324, 2021.9.15. 외 다수).

 요건

재산세등 특례가 적용되기 위하여서는 다음의 요건을 충족하여야 한다(조특법 §63 ⑤).
㉮ 공장을 이전한 공장이전법인이 소유한 이전 전 공장용 건축물의 부속토지일 것
  '소유'에는 합병·분할 또는 분할합병으로 인하여 소유권이 이전된 경우를 포함한다.
㉯ 공장 이전일 현재 분리과세대상 공장용지일 것
㉰ 공장을 전부 이전하여 사업을 개시한 후 그 사업을 폐업하지 않을 것
  폐업일로부터 특례 적용이 중단된다.

3 사후관리

3-1 의무위반사유

분리과세대상 공장용지로 보는 재산세 등 특례를 적용받은 공장이전법인이 다음의 의무위반사유에 해당하는 경우에는 재산세액 및 종합부동산세액과 이자상당 가산액을 추징한다(조특법 §63 ⑥ → ② 1호~3호).

① 공장을 이전하여 사업을 개시한 날부터 3년 이내에 그 사업을 폐업하거나 법인이 해산한 경우이다. 단, 합병·분할 또는 분할합병으로 인한 경우에는 의무위반으로 보지 아니한다.

② 공장을 수도권(중소기업은 수도권과밀억제권역) 밖으로 이전하여 Ⅱ. 3-3 공장이전의 방식 요건(영 §60 ③)에 위배하여 사업을 개시하지 아니한 경우이다

③ 세액감면기간 동안 이전한 공장에서 생산하는 제품과 같은 제품을 생산하는 공장(중소기업이 수도권 안으로 이전한 경우에는 공장 또는 본사)을 수도권(중소기업은 과밀억제권역)에 설치하거나 본사를 설치한 경우이다.

3-2 추징방법

(1) 재산세액

추징하여야 하는 재산세액은 아래의 산식에 따라 법 소정기간 동안 감면받은 재산세액의 차액으로 한다(조특령 §60 ⑩).

(가) 재산세액의 차액

소정기간 동안 특례를 적용받아 분리과세대상토지로 간주하여 납부한 재산세액에서 종합합산과세 대상 또는 별도합산과세대상 토지로 볼 경우 납부하여야 할 재산세액의 차액이다.

(나) 소정기간

① 폐업·해산의 경우(조특법 §63 ② 1호)
   폐업일 또는 법인해산일부터 소급하여 3년 이내
② 공장 이전방식 위배(동항 2호)

요건 위반일로부터 소급하여 5년 이내
③ 수도권 내 공장 설치 등(동항 3호)
공장설치일부터 소급하여 5년 이내

(2) 종합부동산세액

추징되는 종합부동산세액은 위의 소정기간 동안 납부하지 아니하였던 종합부동산세에 대해 종합합산과세대상 또는 별도합산과세대상으로 간주할 경우 납부하여야 할 종합부동산세액이다(조특령 §60 ⑪).

Ⅵ. 조세특례제한 등

1 절차

세액감면신청서 및 공장 및 본사를 수도권 밖으로 이전하는 기업에 대한 감면세액계산서(별지 제46호의 2 서식)를 납세지 관할세무서장에게 제출하여야 한다(조특령 §60 ⑨).

2 중소기업 간의 통합에 따른 잔존감면기간 승계적용

본 과세특례를 적용받은 기업이 감면기간이 지나기 전에 중소기업 간의 통합을 하는 경우에는 통합법인은 잔존 감면기간에도 계속적으로 세액감면을 적용받을 수 있다(조특법 §31 ⑤).

제7부 제3장 제1절 Ⅲ. 3을 참조하기 바란다.

3 중복지원의 배제

다음의 중복지원 배제조항이 적용된다(조특법 §127 ④·⑤).
- 감면규정과 세액공제규정의 중복지원 배제
- 감면규정 간 중복지원 배제

동일부지 내에 공장이 있더라도 각 제품별로 제조설비 및 공장건물을 별도로 설치하고 제조공정이 서로 무관한 제품을 생산하여 구분경리가 가능한 경우에는 공장별로 각각 다른 감면을 선택하여 적용받을 수 있다(조특통 127-0…2).

제20부 제1절 중복지원의 배제 부분을 참조하기로 한다.

4 결정 또는 기한 후 신고 시 감면배제등

다음의 세무상 의무위반 조항 해당 시 감면이 배제된다(조특법 §128 ②~④).
- 결정 또는 기한 후 신고 시 감면배제
- 경정 등의 부정과소신고금액에 대한 감면배제
- 세법상 협력의무위반에 대한 감면배제

제20부 제2절 부분을 참조하기 바란다.

5 최저한세

수도권 밖으로 이전하는 경우에는 최저한세 적용대상에서 배제되지만, 수도권 성장관리권역이나 자연보전권역 이전 시에는 최저한세가 적용된다(조특법 §132 ①·②).

제20부 제4절 최저한세 부분을 참조하기 바란다.

6 농어촌특별세 비과세

농어촌특별세가 비과세된다(농특령 §4 ⑥ 1호).

제6절 [제63조의 2] 수도권 밖으로 본사를 이전하는 법인에 대한 세액감면 등 ★★★★☆

차례

Ⅰ. 의의 ... 1241	1-2 공장·본사를 함께 이전하는 경우 1257
Ⅱ. 요건 ... 1242	2. 감면세액 (감면기간) ... 1257
1. 주체 ... 1242	3. 감면기간 종료의 특칙 ... 1258
1-1 법인 (제외 업종) ... 1242	4. 사후관리 ... 1259
1-2 사업의 목적 요건 ... 1242	4-1 의무위반사유 및 추징금액 ... 1259
(1) 사업 영위 실적 ... 1243	(1) 폐업·해산 (1호) ... 1259
(2) 분할신설법인 ... 1243	(2) 본사의 이전방식 위배 (2호) ... 1260
2. 종전 본사의 이전 ... 1244	(3) 수도권에 본사 또는 기준 이상
2-1 이전 전후 소재 지역 ... 1244	사무소를 둔 경우 (3호) ... 1260
2-2 본사의 이전 ... 1245	(4) 이전본사 임원 수 비율 미달 (4호) 1261
2-3 본사 이전의 방식 ... 1245	4-2 이자상당가산액 ... 1261
(1) 본사의 선이전 → 후양도 (1호) 1245	Ⅳ. 양도차익 과세이연 ... 1261
(2) 본사의 선양도 → 후이전 (2호) 1245	Ⅴ. 조세특례제한 등 ... 1262
3. 투자금액 기준과 인원 기준 ... 1246	1. 절차 ... 1262
4. 업종의 동일성 ... 1247	2. 중복지원의 배제 ... 1262
Ⅲ. 세액감면 ... 1247	3. 결정 또는 기한 후 신고 시 감면배제등 1262
1. 감면소득 ... 1247	4. 최저한세 ... 1263
1-1 본사 이전의 경우 ... 1247	5. 구분경리 ... 1263
(1) 양도차익등을 제외한 과세표준	6. 농어촌특별세 (비과세) ... 1263
(가목) 쟁점 ... 1248	Ⅵ. 서식 작성요령 ... 1264
(2) 이전본사 인원수비율 (나목) ... 1252	
(3) 위탁가공무역 외 매출비율 (다목) 1256	

I. 의의

수도권과밀억제권역(이하 "과밀억제권역")에 본점이나 주사무소(이하 "본사")를 둔 법인이 수도권 밖으로 본사를 이전하여 사업을 개시하는 경우에 과세특례를 부여하는 제도이다.

과세특례의 내용은 첫번째로 이전 후 발생한 소득에 대해 수도권 등 지역과 광역시 등 지역은 5년간 100%, 그 후 2년간 50% 세액감면하며, 이외의 낙후지역은 7년간 100%, 그 후 3년간 50% 세액감면한다. 다만, 광역시 등 지역의 성장촉진지역 등으로 이전하는 경우에 대해서는 7년간 100%, 그 다음 3년간 50% 감면하고, 이외 낙후지역 등의 성장촉진지역 등은 10년간 100%, 그 다음 2년간 50% 감면한다.

두번째로 본사를 이전함으로써 발생한 양도차익에 대해서는 5년거치 5년분할 익금산입한다.

법 제63조는 과세특례의 주체를 개인과 법인을 대상으로 하고 있는 반면에, 본 과세특례는 법인에 한정하고 있다. 또한 법 제63조는 공장 이전을 규정하고 있으나, 본 특례는 법인의 본사가 이전하는 경우를 대상으로 하고 있는 점에 차이가 있다.

감면기간이 최장 12년의 장기에 달하고 그 감면율도 초기에는 100%로 그 절세효과가 매우 큰 제도이어서, 실무적으로 활용도도 매우 높다.

일몰기한은 원칙적으로 2025.12.31.이고, 본사를 신축하여 이전하는 경우에는 2028.12.31.이다.

개정연혁

연 도	개정 내용
2020년	▪본사 업무에 종사하는 상시근무인원 명확화 : 기간제·단시간 근로자, 비상근 임원, 서류상 근로사실이 확인되지 않는 자 등 제외
2021년	▪중소기업과 이외 기업의 공장 이전 감면을 통합
2022년	▪투자금액 기준과 인원 기준 신설
2023년	▪성장촉진지역 등으로 이전 시 감면기간 확대

2021년 세법개정에서 종전의 공장(시설)을 수도권과밀억제권역 밖으로 이전하는 중소기업에 대한 세액감면과 공장 및 본사를 수도권 밖으로 이전하는 법인에 대한 법인세 등 감면을, 수도권 밖으로 공장을 이전하는 모든 기업 등에 대한 세액감면과 수도권 밖으로 본사를 이전하는 법인에 대한 세액감면으로 개편하였다. 개정규정은 2021.1.1. 이후 공장을 이전하는 경우(중소기업의 경우 수도권과밀억제권역 밖으로 이전하는 경우를 포함함)부터 적용한다. 2021.1.1. 전에 공장을 이전한 경우에 대해서는 개정규정에도 불구하고 종전의 규정에 따른다(2020.12.29. 개정된 법률 부칙 §11 및 §40).

Ⅱ. 요건

　과밀억제권역에 본사를 둔 법인이 수도권 밖으로 본사를 이전하여 사업을 개시하여야 하며, 투자금액 기준과 인원 기준을 충족하여야 하고 이전 전후 본사의 영위 업종이 같아야 한다(조특법 §63의 2 ①·⑤).

1 주체

　과밀억제권역에 3년 이상 계속하여 본사를 둔 법인이어야 한다. 다만 소비성서비스업 등을 경영하는 법인의 경우는 제외된다.
　과밀억제권역은 제1부 제3절 용어정의를 참조하기 바란다.

1-1 법인 (제외 업종)

　과세특례의 주체는 법인으로 거주자인 개인은 제외된다.
　부동산업, 건설업, 소비성서비스업, 무점포판매업 및 해운중개업을 경영하는 법인은 지역 균형 발전과 관련성이 낮으므로 주체에서 제외한다. 다만「혁신도시 조성 및 발전에 관한 특별법」의 이전공공기관은 예외로 한다(조특령 §60의 2 ① → §60 ①) (제5절 Ⅱ. 1. 주체 참조).

1-2 사업의 목적 요건

　과밀억제권역에 3년 이상 계속하여 본사를 둔 법인이어야 한다(조특법 §63의 2 ① 1호 가목).

(1) 사업 영위 실적

본사의 이전등기일부터 소급하여 3년 이상 계속하여 과밀억제권역 안에 본사를 두고 사업을 영위한 실적이 있어야 한다(조특령 §60의 2 ②).

사업을 영위한 실적이 있는 기간은 반드시 매출액이 발생한 기간만을 뜻하는 것은 아니며, 사실상 정상적인 영업활동기간(준비기간 포함)을 말한다(서면2팀-2323, 2007.12.21.). 단, 휴업 등 정상적인 사업 활동을 영위하지 못한 기간은 사업영위기간에서 제외된다(서이 46012-11819, 2003.10.21.).

동 3년의 기간 중에 당해 법인의 업종이 축소되거나 확대된 경우에도 과밀억제권역 안에 본사를 두고 사업을 영위한 기간이 3년 이상 된 법인의 경우에는 감면할 수 있다. 그러나 수도권 외의 지역으로 이전하면서 3년 이상 된 업종은 폐업하고 3년 미만 업종만 이전하는 등 실질적으로 당해 수도권 외 지역으로 이전한 법인의 영위 업종이 주로 3년 미만인 경우에는 감면대상에 해당되지 않는다(서면2팀-1886, 2006.9.21.; 서면2팀-1637, 2007.9.6.).

한편, 수도권과밀억제권역 안에서 건물을 임차하여 본사로 사용하던 내국법인도 감면을 적용받을 수 있다(사전법령법인-34, 2017.2.24.).

(2) 분할신설법인

분할신설법인의 사업영위기간은 분할 전 분할법인의 사업기간을 포함하여 계산한다(사전법령법인-0260, 2020.5.19.; 재조예-366, 2007.5.25.).

종래의 국세청 유권해석에 의하면 본 특례에 따라 감면을 받은 이후 분할하는 경우에는 법인세법상 분할규정에 따라 잔존감면기간이 승계되는 것으로 본 반면에, 분할을 먼저 한 연후 본 특례에 따라 감면신청하는 경우에는 3년이 경과하지 않은 것으로 보아 사업의 목적요건을 구비하지 않은 것으로 해석하였다(서면2팀-629, 2007.4.14.; 재조예-366, 2007.5.25.). 그러나 경제적 실질이 동일한 두 가지 경우에 이전·분할 순서에 따라 감면여부를 달리 판단하는 것은 불합리하므로, 유권해석을 변경하여 선분할 후감면신청하는 경우에도 분할 전 분할법인의 사업기간이 승계되는 것으로 해석하였다(법인-907, 2009.3.5.).

물적분할의 경우에도 동일하게 사업기간이 승계된다(법인-907, 2009.3.5.).

2 종전 본사의 이전

과밀억제권역 내의 종전 본사를 수도권 외로 이전하여 사업을 개시한 경우로서, 법 소정의 본사의 이전 방식에 따라야 한다(조특법 §63의 2 ① 1호 나목).

2-1 이전 전후 소재 지역

종전 본사는 과밀억제권역 내에 존재하고 이전 지역은 수도권 외 지역이어야 한다. 따라서 이전 전 지역 및 이전 후 지역에서 수도권 성장관리권역 및 자연보전권역은 제외된다(재조특-136, 2009.2.6.). 조특법 제63조 수도권 밖으로 공장을 이전하는 기업에 대한 세액감면과는 달리, 광역시로 이전하는 경우 산업단지 이외의 지역도 특례를 적용한다.

본사를 이전할 때 전·후 소재지역

수도권		지 방
과밀억제권역	이전 →	〈낙후지역〉 ■ 수도권 외의 지역 중 아래 지역 등을 제외한 지역
성장관리권역		〈수도권 등〉 ■ 수도권 연접지역 포함
자연보전권역		〈광역시 등〉 ■ 인구 30만 이상 도시 ■ 수도권 외 지역의 5대 광역시

본 과세특례를 여타 지방이전 조세지원제도와 비교하자면 이전 전 소재 지역은 과밀억제권역으로 좁고, 이전 후 소재 지역도 수도권 외로 좁다.

수도권 외 지역을 수도권 등 지역, 수도권 밖에 소재하는 광역시 등 지역, 이외의 지역(이하 "낙후지역")으로 나누어 세액감면기간 및 감면율을 달리 적용한다. 법 제63조 [수도권 밖으로 이전하는 공장을 이전하는 기업에 대한 세액감면 등] 규정에 따른다(조특법 §63의 2 ①). 제5절 Ⅱ. 3-1을 참조하기로 한다.

본사 이전 당시에는 이전한 지역이 감면대상지역에 해당하지 않았으나 이후 행정구역의 개편으로 해당 지역이 된 경우에는 이전 당시의 행정구역을 기준으로 하여 지방이전감면을 적용한다(서면법규-820, 2013.7.7.).

2-2 본사의 이전

종전 본사를 수도권 밖으로 이전하여야 한다.

본사란 영리법인의 경우에는 등기부등본상의 본점을, 비영리법인인 경우에는 등기부등본상의 주사무소를 말한다(서면2팀-1335, 2007.7.16.).

2-3 본사 이전의 방식

과밀억제권역 소재 종전 본사를 양도한 전후로 일정한 기간 내에 종전 본사를 수도권 외로 이전하여 사업을 개시하여야 한다. 이 경우 Ⅳ. 양도차익 과세이연을 적용할 때에는 과밀억제권역 안의 본사를 양도하는 경우로 한정한다(조특령 §60의 2 ③).

(1) 본사의 선이전 → 후양도 (1호)

과밀억제권역 안의 본사를 수도권 밖으로 이전하여 사업을 개시한 날부터 2년 이내에 과밀억제권역 안의 본사를 양도하거나 본사 외의 용도로 전환하여야 한다. 단, 후술하는 기준 미만의 사무소로 사용하는 경우(영 §60의 2 ⑬)를 포함한다(Ⅲ. 4-1 의무위반사유 참조) (서면법인-2758, 2023.10.6.; 사전법규법인-0544, 2023.9.20.).

본사의 이전일은 본점 또는 주사무소의 이전등기일로 한다. 다만 이전등기일 이후에 실제로 이전한 경우에는 실제로 이전한 날로 한다(조특통 61-57…1의 유추적용) (사전법령법인-34, 2017.2.24.; 사전법령법인-22489, 2015.4.7.).

(2) 본사의 선양도 → 후이전 (2호)

과밀억제권역 안의 본사를 양도하거나 본사 외의 용도로 전환한 날부터 2년 이내에 수도권 밖에서 사업을 개시하여야 한다. 본사를 신축하여 이전하는 경우에는 과밀억제권역 안의 본사를 양도하거나 본사 외의 용도로 전환한 날부터 3년 이내에 사업을 개시해야 한다.

3 투자금액 기준과 인원 기준

(가) 투자금액 기준

수도권 밖으로 이전한 본사(이하 "이전본사")의 사업용자산에 대한 누적 투자액으로서 계산한 금액이 10억원 이상이어야 한다(조특령 §60의 2 ④ 1호). 다음 계산식에 따라 투자 누적액을 계산한다(조특칙 §24 ②).

$$\text{투자누적액} = \left(\text{투자금액 산입 기간}^{①} \text{ 동안의 투자합계액} \right) - \left(\text{투자금액 산입 기간}^{①} \text{ 중 투자한 이전본사의 사업용 자산 중 중도 처분}^{②}\text{한 자산의 취득당시 가액} \right)$$

① 이전본사의 이전등기일부터 소급하여 2년이 되는 날이 속하는 과세연도부터 법인세를 감면받는 과세연도까지의 기간(총 3년)을 말함.

② 임대한 경우를 포함함. 그러나, 사업승계, 내용연수 경과자산의 처분, 사용수익기부자산 등 감면세액의 추징 예외사유(조특령 §137 ①)의 어느 하나에 해당하는 경우는 중도 처분에서 제외함.

사업용자산이란 다음 각각의 자산을 말한다(조특칙 §24 ①).

① 이전본사에 소재하거나 이전본사에서 주로 사용하는 사업용 유형자산
② 이전본사에 소재하거나 이전본사에서 주로 사용하기 위해 건설 중인 자산

2022년 세법개정에서 실질적인 지역경제 활성화를 위하여 수도권 밖으로 본사를 이전하는 법인에 대해서는, 사업용 자산에 대한 투자액이 10억원 이상이고 수도권 밖으로 이전한 본사에 근무하는 인원이 20명 이상인 경우에만 세액감면을 받을 수 있도록 하였다. 2022.1.1. 전에 본사를 수도권 밖으로 이전한 법인 및 수도권과밀억제권역 안의 본사를 양도하거나 본사 외의 용도로 전환한 법인에 대해서는 개정규정에도 불구하고 종전의 제63조의2제1항제1호에 따른다. 본사를 신축하는 경우로서 본사의 부지를 2021.12.31.까지 보유하고 2021.12.31.이 속하는 과세연도의 과세표준신고를 할 때 이전계획서를 제출하는 법인에 대해서는 개정규정에도 불구하고 종전의 제63조의2제1항제1호에 따른다(2021.12.28. 개정된 법률 부칙 §30).

(나) 인원 기준

해당 과세연도에 이전본사의 근무인원이 20명 이상이어야 한다(조특령 §60의 2 ④ 2호).

4 업종의 동일성

본사이전법인은 이전 전의 본사에서 영위하던 업종과 이전 후의 본사에서 영위하는 업종이 각각 같아야 한다(조특법 §63의 2 ⑤). 업종의 판정기준은 한국표준산업분류의 세분류(네자리 숫자)를 기준으로 한다(조특령 §60의 2 ⑰).

종래 본사 이전의 경우에는 업종의 동일성을 요건으로 하지 않았으나, 2016년 개정세법에서 동 요건을 추가하였다.

상세내용은 제2절 Ⅱ. 3.을 참조하기 바란다.

Ⅲ. 세액감면

1 감면소득

감면소득의 계산방법은 본사 이전 또는 공장과 본사를 함께 이전한 경우마다 각각 달리 계산된다.

다만, 지방이전 후 합병·분할·현물출자 또는 사업의 양수를 통하여 사업을 승계하는 경우 승계한 사업장에서 발생한 소득은 제외한다.[1]

1-1 본사 이전의 경우

감면소득은 아래의 산식에 따라 **과세연도별로 계산한다**(기업단위 감면방식; 조특법 §63의 2 ① 2호).

$$\text{감면소득} = \text{양도차익등 제외 과세표준} \times \text{이전본사 인원 수 비율} \times \text{위탁가공무역외 매출비율}$$

---

[1] 2019년 개정세법에서 종전 유권해석(재조특-475, 2018.6.19.)에 따라, 지방이전 후 합병·분할·현물출자 또는 사업양수를 통하여 승계된 사업에서 발생한 소득은 감면대상소득에서 제외됨을 명확히 규정함. 2021년 개정세법에서 동 문단이 삭제되었음에도 불구하고 개정 이전과 동일하게 해석되어야 할 것으로 봄.

산식의 의미는 종전본사의 일부만이 이전될 때, 해당 연도 계산되는 과세표준 중 수도권 외로 이전한 본사 부분에 대해서만 감면한다는 취지이다. 이전(移轉)법인의 전체 본사 중 이전한 본사 부분을 안분하는 기준으로는 이전본사(신 본사)의 인원 수를 사용한다. 다만 수도권 외로 이전한 본사 부분에 대한 감면분에서 위탁가공무역에서 발생하는 매출 관련 분도 감면소득에서 제외한다.

예를 들어 지방 소재 공장과 서울 소재 본사를 가지고 있는 법인이 서울 본사를 이전하는 경우, 공장에서 발생한 소득까지 감면소득에 포함된다. 기업 전체 소득을 감면소득으로 하는 기업단위 감면방식을 적용하기 때문이다.

또한, 산식에 따르면 **본사 이전 전의 소득에 대해서도 감면을 적용한다.** 즉, 이전일 이후 본사 이전 법인에서 최초로 소득이 발생한 과세연도의 개시일부터 본사이전 감면을 적용한다(서면법인-2758, 2023.10.6.). 공장 이전의 경우 이전 후의 소득만을 감면소득으로 하는 것과 차이가 있다.

종래에는 과세표준에 이전본사 인원의 급여 비율과 인원 수 비율 중 적은 금액을 곱하여 감면소득을 계산하도록 하였으나, 2018년 개정세법에서 급여 비율을 삭제하고 인원 수 비율로 단일화하였다. 이전 인원이 많은 기업에 대한 지원을 강화하기 위한 목적이다. 2018.1.1. 이후 공장 또는 본사를 수도권 밖으로 이전하는 경우부터 적용한다. 2018.1.1. 전에 공장 또는 본사를 수도권 밖으로 이전한 법인에 대해서는 개정규정에도 불구하고 종전의 규정에 따른다(2017.12.19. 개정된 법 부칙 §23 및 §53).

이하 산식상의 항목을 분설한다.

(1) 양도차익등을 제외한 과세표준 (가목)

(1-1) 산정방법

해당 과세연도의 과세표준에서 다음의 금액을 차감한 금액으로 한다.

(가) 부동산 등 양도차익

토지·건물 및 부동산을 취득할 수 있는 권리의 양도차익(예, 아파트분양권, 토지·주택상환채권)을 과세표준에서 차감한다.

- 부동산업 영위자의 토지·건물 양도 소득금액 (포함)

  「공공기관 지방이전에 따른 혁신도시 건설 및 지원에 관한 특별법」 제2조 제2호의 "이전공공기관"으로 부동산업과 건설업을 영위하는 법인이 조세특례제한법 제63조의2 제1항 각 호의 요건을 갖추어 본사를 수도권 밖으로 이전하는 경우, 부동산업 및 건설업과 직접 관련하여 발생하는 토지·건물의 양도에 따른 소득금액은 차감하는 소득으로 보지 않는 것임(서면법령법인-458

9, 2017.3.21.; 재조특-306, 2017.3.16.).

(나) 수입이자 등 영업외손익

고정자산처분익, 유가증권처분익, 수입이자, 수입배당금 및 자산수증익을 합한 금액에서 고정자산처분손, 유가증권처분손 및 지급이자를 합한 금액을 뺀 금액(차감 후 금액이 음수이면 영으로 본다)은 과세표준에서 차감한다(조특령 §60의 2 ⑤).

이때 금융 및 보험업을 영위하는 공공기관(「금융지주회사법」에 따른 금융지주회사는 제외)의 경우에는 기업회계기준에 따라 영업수익에 해당하는 유가증권처분익, 수입이자 및 수입배당금을 합산 금액에서 제외하고 기업회계기준에 따라 영업비용에 해당하는 유가증권처분손 및 지급이자를 차감금액에서 제외한다. 즉, 유가증권처분손익 등을 감면소득에 포함한다.

금융보험업을 영위하는 공공기관은 영업수익 또는 영업비용에 해당하는 유가증권처분손익 등이 주된 영업활동의 소득이기 때문에 과세표준에 포함한다.

● **상조회사의 위약금 수입** (포함)

상조회사가 공정거래위원회 상조서비스 표준약관에 따라 회원의 납입금액에서 위약금을 공제하고 해약환급금을 지급하는 경우, 해당 위약금 수입은 해당 감면 사업과 직접 관련된 개별 익금으로 보아 감면소득을 계산한다(사전법령법인-217, 2016.9.13.).

(1-2) 감면요건을 충족하지 못한 업종(사업)을 겸영하는 경우

감면소득에서 제외되는 업종의 근무인원은 법인 전체인원·이전 본사 근무인원 및 수도권 안의 본사 근무인원 계산 시에도 제외된다(법인-1026, 2011.12.23.).

(가) 3년 이상 영위하지 않은 업종

3년 이상 영위하던 사업이 아니어서 사업목적요건에 위배되는 업종에서 발생한 소득을 감면소득에서 제외한다(법인-628, 2011.8.31.).

> **실무 상담 사례**
>
> **Q** 건설업(감면 제외 업종)과 제조업을 겸업하는 법인이 본사를 이전한 경우 감면소득 계산 방법은?
>
> **A** 감면 제외 업종인 건설업에서 발생하는 소득은 제외하고 제조업에서 발생하는 소득을 기준으로 과세표준을 계산하여 감면세액을 산출해야 할 것으로 봅니다. 요건 위배 업종 발생 소득은 감면소득에서 제외하도록 과세관청이 해석하고 있기 때문입니다(법인-628, 2011.8.31. 참조).

(나) 합병

특례 요건을 충족하는 법인이 설립된 지 3년 미만인 법인을 합병한 후 이전하는 경우에 피합병법인에서 승계된 사업부문은 구분경리하여 감면에서 제외하여야 한다(재조예 46019-231, 2002.12.24.). 사업양도의 경우도 동일하다(서면법령법인-3826, 2021.3.11.). 법인 본사가 지방으로 이전한 후에 합병 또는 사업의 양수를 통하여 기존사업을 승계 또는 인수하는 경우에도 승계 또는 인수한 사업부문에서 발생하는 소득은 감면대상이 아니므로 구분경리(조특법 §143)를 하여야 한다(재조특-475, 2018.6.19.; 재조예 46019-42, 2001.3.7.).

또한 이전 후 감면기간에 있는 법인이 타법인을 흡수합병한 경우에는 피합병법인은 이전한 것이 아니므로 피합병법인에서 승계된 사업부문을 감면에서 제외한다(법인-76, 2010.1.27.).

반면에 합병 당사자 법인 모두가 본 특례의 요건을 충족하여 본사를 이전하였다면 피합병법인의 사업부문에서 발생한 소득도 감면이 가능하다(법인-2069, 2008.8.20.).

● **수도권 외 지역 소재 법인을 흡수합병한 후 지방 이전한 경우** (피합병법인 사업 제외)

수도권과밀억제권역 안에서 3년 이상 계속하여 본점을 두고 도매업을 영위한 법인이 수도권 외의 지역에 소재하는 자회사(제조업)를 흡수합병한 후 3년 이내에 수도권 외의 지역으로 본사를 이전하여 종전의 사업을 영위하는 경우에는 같은 법 제143조의 규정에 의하여 각 사업연도마다 감면을 적용받는 사업(도매업)과 기타사업(제조업)을 구분경리하여 감면세액을 계산하는 것이며, 이 경우 법인 전체인원·이전본사근무인원 및 수도권 안의 본사근무인원은 도매업에 종사하는 인원으로 하는 것임(서면2팀-2490, 2006.12.6.; 서면2팀-1127, 2006.6.16.).

> **주요 이슈와 쟁점**
>
> **33. 이전 후 추가한 업종에서 발생한 소득이 본사 등 이전 시 감면 대상 소득인지 여부**
>
> [유권해석]
> 수도권과밀억제권역에 본사를 두고 3년 이상 계속하여 도매업 등을 영위하던 법인이 본사를 지방으로 이전한 후 동일한 업종에 대하여 거래처 또는 거래형태 다양화 등에 의해 사업규모를 확대하는 경우, 그 사업규모의 확대로 인하여 발생하는 소득은 「조세특례제한법」 제63조의 2에 따른 감면규정을 적용받을 수 있는 것이나, 본사를 지방으로 이전한 후에 이전 전의 업종과 다른 새로운 업종을 추가한 경우에 추가한 업종에서 발생하는 소득에 대해서는 위 감면규정을 적용받을 수 없는 것임(서면법규-65, 2014.1.23.).
>
> [대법원 판례]
> ① 구 조특법 제63조의 2와 구 조특법 시행령 제60조의 2 제2항 등 관련 법령의 문언을 살펴보아도 감면대상과세표준의 대상이 되는 소득을 본사 이전 전부터 영위한 업종과 동일한 업종에서 발생한 것으로 한정하고 있다고 볼 근거가 없는 점, ② 피고가 근거로 내세우는

구 조특법 제63조의 2 제1항 제1호, 제7항, 구 조특법 시행령 제60조의 2 제2항 제2호 등은 수도권 외 지역 이전법인에 해당하기 위한 요건 및 감면받은 세액의 반환요건에 관한 것일 뿐 이들 규정을 종합하여도 본사 이전 후 새롭게 시작한 업종에서 발생한 소득을 감면대상 과세표준의 대상이 되는 소득에서 제외하여야 한다는 결론을 도출할 수 없는 점, ③ 개정 전 조특법 제63조의 2 등의 취지는 법인의 수도권 외 지역으로의 이전을 장려하여 수도권 외 지역의 고용창출 및 경제활성화를 도모하기 위한 것인데, 수도권 외의 지역으로 본사를 이전한 법인이 이전 후에 새로운 영업을 개시하여 사업을 확장하고 추가적인 소득을 거두는 것이 위와 같은 취지에 반한다고 보기도 어려운 점 등을 종합하여 보면, 원고가 본사 이전 후 설립한 자회사에 건설원자재를 수출하여 발생한 소득도 감면대상과세표준에 포함된다고 봄이 타당하다(대법원 2014두38965, 2014.11.13.).

[변경 후 유권해석]
수도권과밀억제권역에 본사를 두고 3년 이상 제조업을 영위하던 법인이 본사를 지방으로 이전한 후 도소매업을 추가하여 영위한 경우 이전 후 추가한 도소매업에서 발생한 소득은 조세특례제한법(2002.12.11., 법률 제6762호로 일부개정된 것) 제63조의 2에 따른 감면대상 소득에 해당하는 것임(재조특-578, 2018.7.23.).

저자주 과세관청에서는 이전법인이 이전 후 업종을 추가한 경우의 과세표준은 기존 영위업종에서 발생한 소득에 한하며, 추가된 업종에서 발생한 소득을 제외하는 것으로 해석하였다(법인-1026, 2011.12.23.; 재조예-859, 2004.12.28.; 재조특-1192, 2011.12.26.).[2)] 법 제63조 과밀억제권역 밖으로 공장을 이전하는 중소기업에 대한 세액감면의 기본통칙에서도 세분류를 기준으로 이전 전의 업종과 다른 새로운 업종을 추가한 경우에는, 그 추가한 업종에서 발생한 소득에 대하여는 감면소득에서 제외하도록 해석하고 있다(조특통 63-60…2).

반면에 최근 대법원에는 위에서 보는 바와 같이 추가된 업종에서 발생한 소득을 포함하는 것으로 판시하였다(같은 뜻 조심 2015전4932, 2016.9.21.). 조세심판원도 이와 동일하게 결정하였다(조심 2015전4932, 2016.9.21.).

이에 따라 최근 유권해석(재조특-578, 2018.7.23.)에서도 추가 업종 소득을 감면소득에 포함하는 것으로 변경하였다. 그러나, 2016년 세법 개정 이전의 사실 관계에 대한 유권해석으로 개정 이전 규정을 명시하여 답변하였으므로, 2016년 세법 개정 이후에도 적용할 수 있는지 여부는 명확하지 않다. 또한, 업종의 동일성을 규정한 조특법 제63조의 제10항 개정규정과 관련하여 부칙에서도 그 적용시기를 명확히 규정하고 있지 않다.

그러나 저자의 의견으로는 2016년 세법 개정에도 불구하고 이전 후 추가된 업종에서 발생한 소득은 여전히 감면소득에 포함할 수 있다고 본다. 다만, 유권해석 또는 판례를 통해 2016년 세법 개정의 이후의 해석을 명확하게 정리하여 실무에 적용하길 바란다.

업종의 동일성 요건은 특례를 적용 받을 수 있는 적격 요건이고, 업종 소득이 감면소득에서 제외되어야 한다는 것은 감면소득 계산의 방법 또는 범위와 관련된 것이므로 양자는 별개의 사항이기 때문이다.

업종의 동일성을 규정한 조특법 제63조의 2 제10항을 보더라도 "적용받으려는 지방이전법인은 ~ 영위하는 업종이 같아야 한다"라고 규정하여 특례 적용 요건을 기술한 것이지 감면소득의 범위를 구체화한 것으로 볼 수 없기 때문이다.

예를 들어 이전 전후의 주된 업종이 대형 종합소매업(4711)으로 동일하면 본사 이전 세액감면

> 의 업종 동일성 요건을 충족하고, 이전 후 면세점(4713)을 추가하여 부수 업종으로 영위한다면 부수적 업종에서 발생하는 소득을 제외한다는 규정이 없으므로 감면소득에 포함한다.
> 위에서 제시한 대법원 판례 이유를 분석해 보자면, 문리해석과 관련한 ① 감면소득 계산 방법, ② 사후관리 규정에는 2016년 세법개정 전후로 변동이 없으며, ③ 정책적 이유(합목적적 해석)도 현재 동일하다고 판단된다.

(2) 이전본사 인원수비율 (나목)

다음의 산식에 따른다.

$$\text{이전본사 인원수비율} = \frac{\text{이전본사 근무인원 수}}{\text{법인 전체 근무인원 수}}$$

인원수비율 계산 시 소수점 이하를 절사 또는 반올림하지 아니하고 산출된 비율을 그대로 적용한다(조특통 63의 2-60의 2…1).

(2-1) 이전본사 근무인원

이전본사 근무인원이란 수도권 밖으로 이전한 본사에서 본사업무에 종사하는 인원을 말한다. 다음의 산식에 따라 계산된다(조특령 §60의 2 ⑥).

> 이전본사 근무인원 = ⓐ - ⓑ
> ⓐ 이전본사에서 본사업무에 종사하는 상시 근무인원의 연평균인원❶ (다만, 이전일❷부터 소급하여 2년이 되는 날이 속하는 과세연도 이후 수도권 외의 지역에서 본사업무에 종사하는 근무인원이 이전본사로 이전한 경우는 제외함)❸
> ⓑ 이전일로터 소급하여 3년이 되는 날이 속하는 과세연도에 이전본사에서 본사업무에 종사하던 상시근무인원의 연평균인원

❶ 상시근무인원의 연평균인원은 매월 말 현재의 인원을 합하여 이를 해당 개월 수로 나누어 계산함.
❷ 본사의 이전일은 영리법인의 경우에는 본점의 이전등기일, 비영리법인의 경우에는 주사무소의 이전등기일로 함. 다만, 이전등기일 이후에 실제로 이전한 경우에는 실제로 이전한 날로 함(조특통 61-57…1의 유추적용).
❸ 이전일부터 소급하여 2년이 되는 날이 속하는 과세연도 이후 수도권 밖의 지역에서 본사 업무에 종사하는 근무인원이 이전본사(신 본사)로 이전한 근무인원도 차감됨. 예컨대, 종래 서울이 본사인 경우, 부산에서 근무하던 본사업무 수행자가 제주도의 이전본사로 이전한 경우에는 차감함.

이전본사 근무인원의 계산방법은 '현재 시점의 이전본사에서 본사업무에 종사하는 인원'에서 '본사이전일로부터 3년 전의 인원'을 차감하여 계산한다. 즉, 본사이전일이 속하는

---

2) 해석이 변경된 재조특-578, 2018.7.23. 예규와 충돌하여 종전 예규(재조특-1192, 2011.12.26. 및 재조예-859, 2004.12.28.)는 2019년 6월에, 법인-1026, 2011.12.23. 유권해석은 2020년 12월에 각각 삭제되었음.

당해 연도를 포함한 최근 3년간 이전한 인원을 감면의 대상으로 한다. 본사 이전 업무는 단계적으로 이루어지는 경우가 많으므로 최근 3년간 신 본사로 근무지를 변경한 근무인원을 감면의 대상으로 한다.

(가) 상시 근무인원의 범위

상시 근무인원은 사용자(근로기준법 §2 ① 2호) 중 상시 근무하는 자 및 근로계약을 체결한 내국인 근로자로 한다. 다만, 다음 어느 하나에 해당하는 사람은 제외한다(조특령 §60의 2 ⑦).
① 근로계약기간이 1년 미만인 근로자(기간제 근로자). 단, 근로계약의 연속된 갱신으로 인하여 그 근로계약의 총 기간이 1년 이상인 근로자는 제외함.
② 단시간근로자로서 1개월간의 소정근로시간이 60시간 미만인 근로자
③ 임원(법령 §40 ①) 중 상시 근무하지 않는 자(법인-2233, 2008.9.1.)
④ 근로소득원천징수부에 따라 근로소득세를 원천징수한 사실이 확인되지 않고, 국민연금 부담금 및 기여금 또는 직장가입자의 보험료의 납부사실 중 어느 하나도 확인되지 않는 자

2020년 개정세법에서 본사 업무에 종사하는 상시근무인원의 범위에 대해 근로계약을 체결한 내국인 근로자, 상시 근무하는 사용자 및 임원을 포함하되, 기간제·단시간 근로자, 서류상 근로사실이 확인되지 않는 자 등을 제외하였다.

(나) 본사업무 종사 인원의 범위

다음의 자는 본사업무를 상시 수행하지 않는 것으로 보아 본사업무 종사 인원에서 제외한다.
- 일용근로자[3] 및 기업부설연구소의 연구전담요원[4]과 「증권거래법」에 의해 선임된 사외이사(조특통 63의 2-0…2)
- 용역회사직원 및 계약직 직원(법인-926, 2009.8.27.)

반면에 회사의 통상적인 노무관리업무를 수행하는 노동조합의 전임자는 본사업무에 종사하는 연평균 상시근무인원에 포함한다(사전법령법인-368, 2016.3.11.).

---

[3] 일용근로자의 범위는 제6부 제6절 Ⅱ. 1-2 (1)을 참조 바람.
[4] 「기술개발촉진법 시행령」 제15조 제3항의 자격을 취득하지 못한 연구보조요원은 동 연구전담요원에 포함하지 아니함(법인-3226, 2008.11.4.).

(다) 이전본사 근무인원의 범위

이전본사 근무인원은 종전 본사에서 이전한 인원과 신규 채용한 인원을 포함한다.

본사업무에 종사하는 상시근무인원에 해당하는지 여부는 구체적인 사건에서 당해 직원들의 근무장소, 근무형태, 업무내용 및 업무의 지시 복명 관계 등 제반 사정을 종합하여 **사실판단하여야 한다**(대법원 2008두7830, 2008.10.23.).

- **겸직 임직원** (사실판단)

  수도권 외 지역으로 이전한 본사의 임직원이 수도권 안 다른 관계회사에도 겸직하고 있는 경우, 겸직사실에 의해 본사 근무인원에서 제외하는 것은 부당하다(조심 2009전1864, 2009.10.5.).

- **공유 오피스 근무자** (사실판단)

  공유오피스에서의 근무형태로 본사업무에 종사하는 경우, 공유오피스에서의 근무인원이 이전본사의 근무인원에 해당하는지 여부는 해당 공유오피스에서 근무하는 직원 수, 업무내용 및 수행기간, 사업자등록여부, 법인의 경영활동과 관련된 지휘명령체계 등의 구체적인 사실관계를 종합하여 해당 공유오피스가 이전본사에 포함되는 장소(부속사무실) 또는 이전본사와 구분되는 별도의 사업장에 해당하는지를 고려하여 판단할 사항임(서면법규법인-3376, 2023.5.18.).

- **재택근무자** (제외)

  본사의 이전 전 본사업무에 종사하던 인원이 수도권 외의 지역으로 주소지를 이전하지 아니하고 수도권 생활지역 내에서 재택근무하면서 본사업무를 수행하는 경우에는 이전본사 근무인원에 포함하지 않는다(제도 46012-12188, 2001.7.18.). 반면에, 수도권과밀억제권역에 본사를 둔 법인이 제주특별자치도로 본사를 이전함에 따라 "수도권과밀억제권역에 거주하며 본사업무에 종사하던 상시근무인원"이 제주특별자치도로 거주지를 이전하여 제주특별자치도 내에서 재택근무 형태로 본사업무에 종사하는 경우, 이전본사의 근무인원에 해당하는 것임(서면법규법인-3376, 2023.5.18.). 따라서, 재택 근무자의 업무 수행 장소에 따라 이전본사 근무인원 포함 여부가 결정됨.

- **이전본사 미근무자** (제외)

  이전본사에서 새로이 채용한 자라 하더라도 이전본사에서 근무하지 아니한 인원은 제외된다(조심 2011전4935, 2013.10.29.).

- **순환근무인원** (제외)

  본사의 단계적 이전과정에서 실제 이전한 날로부터 소급하여 3년이 되는 날이 속하는 과세연도에 향후 본사로 대체될 임시사옥에서 본사 업무에 종사하던 순환근무인원의 연평균 인원도 이전본사 근무인원에서 제외한다(사전법령법인-34, 2017.2.24.).

- **이전후 추가업종 근무인원** (제외)

  이전법인이 기존 영위업종 외에 이전 후 업종을 추가한 경우의 법인전체인원·이전본사근무인원 및 수도권 안의 본사근무인원은 구분경리 규정에 의한 기존 영위업종 종사자로 한정되며, 추가업종 근무인원은 제외한다(법인-1026, 2011.12.23.; 재조예-859, 2004.12.28.).

● **요건 위배 업종 근무자** (제외)

3년 이상 영위하던 사업이 아니어서 사업목적요건에 위배되는 업종에 종사하는 근무인원도 법인 전체인원·이전본사근무인원 및 수도권 안의 본사근무인원에서 제외한다(법인-628, 2011.8.31.).

● **수도권 내 소재하는 거래처에 파견한 직원** (제외) (서면2팀-1190, 2005.7.22.)

● **해외현지법인에 월 15일 이상 체류한 장기해외출장직원** (제외) (대전지법 2016구합105908, 2017.8.9.)

(2-2) 법인 전체 근무인원

법인 전체 근무인원이란 법인 전체의 **상시 근무인원**의 연평균 인원을 말한다. 법인 전체 근무인원에는 비상근임원,(법인-2233, 2008.9.1.)[5] 계약직 직원과 용역회사 직원을 제외한다(법인-926, 2009.8.27.). 비상근 임원 등 법인 전체 근무인원 제외자는 전술한 본사업무 종사자에서도 제외된다.

반면에 법인의 업무에 상시적으로 종사하는 부설연구소의 연구전담요원은 법인 전체 근무인원에 포함된다[서면법령법인-2321, 2017.9.14.; 재조특-699, 2017.9.12.(법 §62 혁신도시)].[6]

재택근무자(법인-235, 2010.3.15.)나 해외파견근무자(법인1254, 2009.11.9.)가 본사업무에 종사하는 경우에도 전체(근무)인원에는 포함하지만, 이전본사 근무인원에는 포함하지 아니한다.

예제 이전본사 근무인원 수 산정

○ 자료

㈜문화는 12월 말 사업연도 종료 법인으로 도매업을 영위하고 있으며, 20X1년에 서울과 부산, 제주에 본사업무 근무인원을 각각 1000명, 300명, 100명을 두고 있었으며, 본점은 서울이다. 20X4년 연말에 본점을 제주로 이전하면서 아래와 같이 서울과 부산에서 제주로 본사근무인원이 이전하였다. 인원 수는 상시근무인원의 연평균인원으로 한다. 20X4년 이전본사 근무인원 수를 구하시오.

구분	20X2년	20X3년	20X4년
해당연도 서울에서 제주로 이전한 인원	100	200	300
해당연도 부산에서 제주로 이전한 인원	0	100	200

---

[5] 과세관청에서는 비상근 사외이사를 법인 전체 근무인원에 포함하는 것으로 회신하였으나,(서이 46012-12167, 2003.12.23.) 상시 근무가 법인 전체 근무인원의 요건이라는 점에서 의문임. 비상근임원을 법인 전체 근무인원에서 제외하는 종전의 유권해석과도 일치하지 않음.

[6] 종전에는 연구소의 연구전담요원, 비상근이사, 사외이사를 급여비율 계산시에는 법인전체인원에 포함하고 이전본사근무인원에서는 제외하고 인원수비율 계산시에는 법인전체인원 및 이전본사근무인원 모두에서 제외하도록 해석하였으나,(법인법규 2014-165, 2014.7.17.) 2017년 10월 세법해석 상시 정비 시 동 예규를 삭제하였다.

❶ 해 설

1. 20X4년 이전본사 근무인원 수 : 600명

해당연도 서울과 부산에서 제주로 이전함에 따른 해당연도 이전 총인원, 제주 이전본사의 총근무인원, 서울과 부산의 잔여 본사 근무인원은 위의 자료를 바탕으로 아래와 같이 계산된다.

구분	계산식	20X1년	20X2년	20X3년	20X4년
해당연도 서울에서 이전한 인원	①		100	200	300
해당연도 부산에서 이전한 인원	②		0	100	200
해당연도 이전 총인원	③=①+②		100	300	500
제주 이전본사 총근무인원	④=③+ 전기④	100	200	500	1000
서울 잔여 본사근무인원	⑤=전기⑤- ①	1000	900	700	400
부산 잔여 본사근무인원	⑥=전기⑥- ②	300	300	200	0

이전본사 근무인원은 다음의 ⓐ에서 ⓑ를 차감하여 계산한다.

ⓐ 이전본사에서 본사업무에 종사하는 상시 근무인원의 연평균인원

20X4년 말 제주 이전본사 총근무인원은 1,000명이지만 이전일로부터 소급하여 2년이 되는 날이 속하는 과세연도(20X2년) 이후 수도권 외인 부산에서 이전한 본사근무인원 300명은 차감하여야 한다. 차감 후 잔액은 700명이 된다.

ⓑ 이전일로터 소급하여 3년이 되는 날이 속하는 과세연도(20X1년)에 이전본사에서 본사업무에 종사하던 상시근무인원의 연평균인원

20X1년의 제주 이전본사 근무인원은 100명이다.

따라서 ⓐ700명 - ⓑ100명 = 600명이 20X4년 이전본사 근무인원 수가 된다.

동 수치는 종전 서울 본점에서 이전한 본사근무인원 수와 동일하다.

(3) 위탁가공무역 외 매출비율 (다목)

위탁가공무역 외 매출비율이란 해당 과세연도의 전체 매출액에서 위탁가공무역에서 발생하는 매출액을 뺀 금액이 해당 과세연도의 전체 매출액에서 차지하는 비율을 말한다.

$$\text{위탁가공무역 외 매출비율} = \frac{(\text{전체 매출액} - \text{위탁가공무역 매출액})}{\text{전체 매출액}}$$

"위탁가공무역"이란 가공임(加工貨)을 지급하는 조건으로 외국에서 가공(제조, 조립, 재생 및 개조 포함)할 원료의 전부 또는 일부를 거래 상대방에게 수출하거나 외국에서 조달하여 가공한 후 가공물품 등을 수입하거나 외국으로 인도하는 것을 말한다. 위탁가공무역에서 발생한 매출액은 다른 매출액과 구분경리하여야 한다(조특령 §60의 2 ⑧·⑨).

주요 사업활동이 해외 공장 등 본사 소재지 밖에서 이루어지기 때문에 제외한다.

1-2 공장·본사를 함께 이전하는 경우

공장과 본사를 함께 이전하는 경우에는 1-1 본사 이전의 감면대상소득과 이전한 공장에서 발생하는 소득(조특법 §63 ①)을 합하여 산출한 금액에 상당하는 소득을 감면대상소득으로 한다. 다만, 해당 과세연도의 소득금액을 한도로 한다(조특법 §63의 2 ⑥).

수도권과밀억제권역 외의 지역으로 본점을 이전등기하였으나 이후 공장 준공과 함께 본사를 수도권과밀억제권역 밖으로 실제 이전한 경우에는 실제로 이전한 날에 본사와 그 공장시설을 전부 이전한 것으로 본다(법인-228, 2010.3.12.).

2 감면세액 (감면기간)

감면세액의 계산방법은 다음과 같다.

$$감면세액 = 산출세액 \times \frac{감면소득}{과세표준} \times 감면율$$

(가) 감면율

감면기간별 감면율은 다음과 같다(조특법 §63의 2 ① 3호).

감 면 율		100% 감면	50% 감면
수도권 등		초반 5년	이후 2년
광역시 등	성장촉진지역등	초반 7년	이후 3년
	이외	초반 5년	이후 2년
낙후지역	성장촉진지역등	초반 10년	이후 2년
	이외	초반 7년	이후 3년

낙후지역의 성장촉진지역등으로 이전하는 경우에는 이전일 이후 해당 공장에서 최초 소득이 발생한 과세연도와 그 다음 과세연도 개시일부터 10년간은 100% 감면하고, 그 다음 2년 이내에 끝나는 과세연도는 법인세 또는 소득세의 50%를 감면한다. 광역시 등의 성장촉진지역등과 낙후지역의 이외 지역은 초반 7년간 100%, 이후 3년간은 50% 감면한다. 그

리고, 수도권 등과 광역시 등의 이외 지역은 초반 5년간 100%, 이후 2년간은 50% 감면한다.

창업중소기업세액감면이 5년간 50% 감면하는 것과 비교하여 본 특례는 더 많은 감면율과 감면기간을 허용한다. 지방으로 기업을 이전할 때에는 물적·인적 자본이 보다 많이 이동하여 지역 간 격차해소에 더 큰 효과가 있기 때문인 것으로 판단된다.

(나) 감면개시연도의 유예

본사 이전일부터 5년이 되는 날이 속하는 과세연도까지 소득이 발생하지 아니한 경우에는 이전일부터 5년이 되는 날이 속하는 과세연도를 감면개시연도로 한다. 감면개시연도의 유예는 원칙적인 감면개시연도(이전일이 속하는 연도)와 이후 4년으로 총 5년이다.

이때 감면개시연도가 되는 최초로 소득이 발행하는 과세연도에서 "소득"이란 감면소득(구 조특법 §63의 2 ② 1호~3호 → 현재 ① 2호)을 의미한다(서면법령법인-5259, 2017.7.14.).

(다) 감면기간의 승계

경제적 실체에 변화가 없는 경우 감면기간은 승계된다.

적격합병을 하는 경우 합병법인이 승계한 감면사업에서 발생한 소득을 대상으로 합병당시의 잔존감면기간 내에 종료하는 각 사업연도분까지 세액감면을 적용받을 수 있다(법인-174, 2014.4.11.).

산출세액, 감면소득, 과세표준 등 상세내용은 제2부 제3절 Ⅲ. 창업중소기업세액감면의 내용을 참조하기 바란다.

3 감면기간 종료의 특칙

(가) 이전본사 임원 수 미달

감면기간에 임원 중 이전본사의 근무 임원 수가 수도권 안의 사무소에서 근무하는 임원과 이전본사 근무 임원의 합계 인원에서 차지하는 비율이 50%에 미달하게 된 경우에는 해당 과세연도부터 법인세를 감면받을 수 없다(조특령 §63의 2 ⑮). 즉, 감면기간이 종료된다.

$$\frac{\text{이전본사 임원수비율}}{} = \frac{\text{이전본사(신 본사) 근무 임원 수}}{\text{수도권의 본사근무임원과 이전본사 근무 임원의 합계}} < \frac{50}{100}$$

임원은 본사 기능의 핵심을 담당하는 근무인원이므로 임원의 절반 이상이 근무하지 아니하면, 본사가 이전하지 아니한 것으로 간주한다.

임원의 범위는 법인세법에 따르며, 그 범위는 아래와 같다(조특령 §60의 2 ⑭ → 법령 §40 ① 각 호). 다만 상시 근무하지 아니하는 임원, 예컨대 비상근이사, 비상근감사는 제외한다.

- 법인의 회장, 사장, 부사장, 이사장, 대표이사, 전무이사 및 상무이사 등 이사회의 구성원 전원과 청산인
- 합명회사, 합자회사 및 유한회사의 업무집행사원 또는 이사
- 유한책임회사의 업무집행자
- 감사
- 그 밖에 위의 규정에 준하는 직무에 종사하는 자

법인세법상 임원의 범위는 임원 등기여부에 불문하고 사실상 경영에 참여하여 경영전반의 의사결정과 집행에 적극적으로 참여하거나 회계와 업무에 관한 감독권을 행사하는 자로 이사회 구성원 여부를 불문한다.

(나) 이전본사 인원 수 미달

감면 적용 이후 이전본사의 근무인원이 20명(조특법 §63의 2 ② 4호) 미만인 경우이다.

4 사후관리

세액감면을 적용받은 본사이전법인에게 의무위반사유가 발생한 경우에는 그 사유가 발생한 사업연도의 법인세를 계산할 때 추징세액을 법인세로 납부하여야 하며, 이자상당가산액을 납부한다.

4-1 의무위반사유 및 추징금액

의무위반사유 및 그 사유별 추징금액은 다음과 같다(조특법 §63의 2 ②, 조특령 §60의 2 ⑪).

(1) 폐업·해산 (1호)

본사를 이전하여 사업을 개시한 날부터 3년 이내에 그 사업을 폐업하거나 법인이 해산한 경우, 폐업일 또는 법인해산일부터 소급하여 3년 이내에 감면된 세액을 납부하여야 한다. 단, 합병·분할 또는 분할합병으로 인한 경우에는 의무위반으로 보지 아니한다.

- 본사 이전 감면 적용법인이 공장을 타인에게 임대 후 임가공을 통해 납품받는 경우

본사를 수도권 밖으로 이전하여 본 특례에 따라 공장 이전분을 제외하고 본사 이전분에 대한 법인세를 감면받는 법인이, 먼저 이전한 공장과 기계시설을 타인에게 임대하고 설계 및 원부자재를 제공하여 동 공장에서 임가공한 제품을 납품받는 경우에는 본사 이전분 감면을 계속하여 적용받을 수 있다. 즉 직접 제조에서 위탁 가공으로 생산 방식을 변경한 경우는 본사 이전 감면의 의무위반사유로 보지 않는다. 이 경우 생산업무에 근무하던 직원을 공장임차인이 고용 승계한 경우 동 공장근무인원은 감면받는 법인의 전체 근무인원에 포함하지 아니한다(법인-747, 2009.6.30.).

(2) 본사의 이전방식 위배 (2호)

Ⅱ. 2-3 본사의 이전방식(영 §63의 2 ③)에 따라 사업을 개시한 경우에 해당하지 않는 경우에는 요건 위배일로부터 소급하여 5년 이내에 감면된 세액을 추징한다(조특령 §63의 2 ⑫).

(3) 수도권에 본사 또는 기준 이상 사무소를 둔 경우 (3호)

수도권에 본사를 설치하거나 기준 이상의 사무소를 둔 경우에는 본사설치일 또는 기준 이상의 사무소를 둔 날부터 소급하여 5년 이내에 감면된 세액을 추징한다.

수도권에 기준 이상의 사무소를 둔 경우란 본사를 수도권 밖으로 이전한 날부터 3년이 되는 날이 속하는 과세연도가 지난 후 본사업무에 종사하는 총 상시 근무인원의 연평균 인원 중 수도권 안의 사무소에서 본사업무에 종사하는 상시 근무인원의 연평균 인원의 비율이 50% 이상인 경우를 말한다(조특령 §63의 2 ⑬).

$$\text{사무소 기준} = \frac{\text{수도권 안 본사업무에 종사하는 연평균 상시근무인원}}{\text{본사업무에 종사하는 연평균 상시근무인원}} \geq \frac{50}{100}$$

즉, 수도권 안 본사 잔류인원이 50% 이상이면 추징한다.

자회사 등에 근무하면서 모회사의 본사 업무를 수행하는 경우에는 조세회피방지를 위하여 그 실질에 따라 수도권 본사근무인원으로 본다(법인-42, 2009.1.5.; 재조예 46019-231, 2002.2.24.; 법인-1535, 2008.7.11.).

세액감면기간이 경과한 후에는 수도권 안에 본사를 다시 설치하여도 추징하지 않으며, (법규법인 2013-487, 2014.1.20.) 기준초과 사무소를 수도권 안에 두어도 의무위반으로 보지 아니한다(법인-740, 2011.10.11.).

(4) 이전본사 임원 수 비율 미달 (4호)

감면기간에 임원 중 이전본사의 근무 임원 수가 수도권 안의 사무소에서 근무하는 임원과 이전본사 근무 임원의 합계 인원에서 차지하는 비율이 100분의 50에 미달하게 된 경우에는 그 미달일로부터 소급하여 5년 이내에 감면된 세액을 추징한다.

$$\text{이전본사 임원수비율} = \frac{\text{이전본사(신 본사) 근무 임원 수}}{\text{수도권의 본사근무임원과 이전본사 근무임원의 합계}} < \frac{50}{100}$$

따라서 이전본사 임원수비율이 50%에 미달하게 되는 경우에는 감면이 종료되고(조특령 §60의 2 ⑮), 본 규정에 따라 추징세액을 납부하여야 하며 이자상당액도 가산된다.

4-2 이자상당가산액

본 내용은 제5절 Ⅲ. 3-2를 참조하기 바란다(조특법 §63의 2 ③ → §63 ③).

Ⅳ. 양도차익 과세이연

본사이전법인이 과밀억제권역에 있는 본사를 양도함으로써 발생한 양도차익에 대한 법인세에 대하여는 법 제61조 [법인 본사를 수도권과밀억제권역 밖으로 이전하는 데 따른 양도차익에 대한 법인세 과세특례] 규정을 준용하여 과세이연한다(조특법 §63의 2 ④ → §61 ③·⑤·⑥).

준용되는 조항은 본사 이전을 위하여 양도하는 자산에 대한 양도차익의 과세이연을 규정하는 조항이므로, 본 특례에 의하여 법인세가 감면되는 경우에는 본사 이전을 위하여 양도하는 자산의 양도차익에 대해서도 동일하게 과세이연을 적용받을 수 있다.

준용되는 내용은 요건, 과세특례, 특례신청절차이므로 제3절의 Ⅱ. 요건, Ⅲ. 과세특례, Ⅳ. 1. 절차 부분을 각각 참조하도록 한다. 다만, 양도차익 과세이연을 적용할 때에는 과밀억제권역 안의 본사를 양도하는 경우로 한정한다(조특령 §60의 2 ③).

Ⅴ. 조세특례제한 등

1 절차

(가) 세액감면 신청

세액감면신청서 및 공장 및 본사를 수도권 밖으로 이전하는 기업에 대한 감면세액계산서(별지 제46호의 2 서식)를 납세지 관할세무서장에게 제출하여야 한다(조특령 §60의 2 ⑯).

본사의 선양도·폐쇄 후이전 방식을 따르는 경우 중에서, 본사를 신축하여 이전하는 때에는 2022.12.31.이 속하는 과세연도의 신고를 할 때 이전계획서(별지 제16호 서식)를 제출하여야 한다(조특법 §63의 2 ① 본문 괄호 안).

(나) 양도차익 과세이연신청

제3절의 Ⅳ. 1. 절차 부분을 각각 참조하도록 한다.

2 중복지원의 배제

본사 이전 세액감면과 관련하여 다음의 중복지원 배제조항이 적용된다(조특법 §127 ④·⑤).
- 감면규정과 세액공제규정의 중복지원 배제
- 감면규정 간 중복지원 배제

제20부 제1절 중복지원의 배제 부분을 참조하기로 한다.

3 결정 또는 기한 후 신고 시 감면배제등

다음의 세무상 의무위반 조항 해당 시 감면이 배제된다(조특법 §128 ②~④).
- 결정 또는 기한 후 신고 시 감면배제
- 경정등의 부정과소신고금액에 대한 감면배제
- 세법상 협력의무위반에 대한 감면배제

제20부 제2절 부분을 참조하기 바란다.

4 최저한세

Ⅳ. 양도차익 과세이연만 최저한세가 적용된다(조특법 §132 ① 2호).
제20부 제4절 최저한세 부분을 참조하기 바란다.

5 구분경리

본사이전으로 법인 본사이전에 대한 세액감면만을 적용받는 경우에는 법 제63조의 2 제2항에 따라 감면소득을 계산하므로, 본사이전일이 속하는 과세연도에는 이전 전·후의 과세표준에 대한 구분경리를 하지 않는다(법인 46012-586, 2001.3.22.; 재조예 46019-42, 2001.3.7.).

6 농어촌특별세 (비과세)

농어촌특별세가 비과세된다(농특령 §4 ⑥ 1호).

Ⅵ. 서식 작성요령

■ 조세특례제한법 시행규칙 [별지 제46호의2서식] 〈개정 2022.3.18.〉

공장 및 본사를 수도권 밖으로 이전하는 기업에 대한 감면세액계산서

과세연도	년 월 일부터 년 월 일까지

감면세액계산내용

공장 이전의 경우

일반사항

	공장명	사업자등록번호	소재지(주소)
⑥ 전체 공장 현황	제2절 Ⅱ. 1-1 제외업종 －부동산업, 건설업, 소비성서비스업, 무점포판매업, 해운중개업		
⑦ 이전 전 공장의 소재지	과밀억제권역 소재	⑧ 이전 전 공장의 사업자등록번호	공장 선이전 후 2년 내 양도·폐쇄
⑨ 이전 전 공장의 업종·업태		⑩ 이전 전 공장의 조업 개시일	제2절 Ⅱ. 2-1 3년 이상 조업실적
⑪ 이전 전 공장의 양도·폐쇄·철거일		⑫ 이전 후 공장의 소재지	
⑬ 이전 후 공장의 조업 개시일		⑭ 이전 후 추가한 업종·업태	

계산내용

⑮ 감면대상소득: 이전 후의 공장에서 발생한 소득

⑯ 감면세액 (산출세액) × (감면대상소득 / 과세표준) × 감면비율 (100%, 50%)

낙후: 7년 100%, 3년 50% 감면
일반: 5년 100%, 2년 50% 감면

본사 이전의 경우

일반사항

⑰ 이전 전 본사의 소재지	과밀억제권역 소재	⑱ 이전 전 본사의 양도일·본사 외 용도로의 전환일	본사 선이전 후 2년내 양도
⑲ 이전 전 본사의 사업영위기간	Ⅱ. 1-2 (1) 3년 이상 영위 / 일부터 일까지	⑳ 본사 이전등기일	
㉑ 이전 전 본사의 업종·업태	Ⅱ. 4. 업종의 동일성 －세분류기준	㉒ 이전 후 추가한 업종·업태	
㉓ 이전본사 투자금액	Ⅱ. 3. 투자금액 기준－ 사업용자산 10억원	㉔ 이전본사 근무인원	Ⅱ. 3. 인원 기준－ 20명

계산

㉕ 해당 과세연도의 과세표준 및 부동산을 취득할 수 있는 권리의 양도차익 및 [ ]한 금액

Ⅲ. 1-1 (1) 양도차익등을 제외한 과세표준

* 고정자산처분익, 유가증권처분익, 수입이자, 수입배당금 및 자산수증익을 합한 금액에서 고정자산처분손, 유가증권처분손 및 지급이자를 합한 금액을 뺀 금액(그 수가 음수이면 0으로 봄)

법인 전체 근무인원	㉖ 연평균 인원 ( )명	Ⅲ. 1-1 (2) 이전본사 인원수 비율 = 매월 말 인원÷월수
이전본사 근무인원	㉗ 연평균 인원 ( )명	
위탁가공무역외 매출비율	㉘ 위탁가공무역을 제외한 매출액	Ⅲ. 1-1 (3) 위탁가공무역 외 매출비율
	㉙ 총 매출액 ( )	

= 현재 이전본사 근무인원 － 3년 전 이전본사 근무인원 － 수도권 밖 본사 근무인원이 이전본사로 이전한 인원

㉚ 감면대상 소득 = ㉕ × (㉗ ÷ ㉖) × (㉘ ÷ ㉙)

㉛ 감면세액 (산출세액) × (감면대상소득 / 과세표준) × 감면비율 (100%, 50%)

낙후: 7년 100%, 3년 50% 감면
일반: 5년 100%, 2년 50% 감면

㉜ 공장과 본사를 함께 이전하는 경우 감면세액 합계 (산출세액) × (감면대상소득 / 과세표준) × 감면비율 (100%, 50%)

공장이전의 경우와 본사이전의 경우 감면소득의 합계액

제7절 [제85조의 8] 중소기업의 공장이전에 대한 분할과세

Ⅰ. 의의

공장시설을 갖춘 중소기업이 수도권과밀억제권역(이하 "과밀억제권역") 밖으로 이전하거나 동일한 산업단지 내 다른 공장으로 이전하기 위하여 그 공장의 대지와 건물을 양도하는 경우, 그 부동산의 양도차익에 대해 과세특례를 지원하는 제도이다.

과세특례의 내용은 내국법인의 경우에는 그 양도차익을 5년거치 5년분할 익금산입하고, 거주자의 경우에는 그 양도차익에 대한 양도소득세를 5년거치 5년분할 납부한다.

국가 균형발전을 지속적으로 지원하기 위하여 과밀억제권역 외의 지역으로 공장을 이전하는 중소기업의 자금 부담을 완화하여, 사업규모를 유지하면서 이전할 수 있도록 지원하기 위한 제도이다. 2009년에 신설되었다.

일몰기한은 2025.12.31.이다.

본 과세특례의 요건과 효과 중 상당수는 법 제60조 공장의 대도시 밖 이전에 대한 법인세 과세특례와 유사하다. 따라서 본 특례의 설명에서는 제60조와 관련되어 있는 기본통칙과 일부 예규·판례 중 공통적으로 적용될 수 있는 사례를 같이 서술하였다.

개정연혁

연 도	개정 내용
2018년	▪3년 이상 운영한 공장을 동일 산업단지 내로 이전하는 경우를 공제 대상에 추가
2020년	▪과세특례 확대 : 2년 거치 2년 분할 과세 → 5년 거치 5년 분할 과세 ▪사업의 목적 요건 완화 : 10년(3년) 이상 → 2년 이상 운영한 공장의 이전

Ⅱ. 요건

공장시설을 갖춘 중소기업이 공장의 대지와 건물을 양도하고, 공장을 과밀억제권역 외로 이전하거나 동일 산업단지 내에서 이전하여야 한다. 단, 공장 이전 전후 업종의 동일성은 요건이 아니다.

1 주체 (사업의 목적 요건)

일정 기간 공장시설을 갖추고 사업을 하는 중소기업이어야 한다.

내국인이면 되므로 거주자인 개인이나 내국법인 모두 가능하다. 중소기업은 조세특례제한법에 따른 중소기업이므로, 중소기업 유예기간 중에는 본 과세특례가 적용 가능하다.

1-1 공장

공장의 범위는 공장의 대도시 밖 이전에 대한 법인세 과세특례 규정을 준용한다(조특령 §79의 9 ⑪ → §54 ①). 제1절 Ⅱ. 1. 공장을 참조하기 바란다.

1-2 사업의 목적요건

과세특례 행위의 목적요건(사업의 목적요건)으로 2년 이상 계속 공장시설을 갖추고 사업할 것을 요구한다(조특법 §85의 8 ①). 기존 공장은 과밀억제권역 내·외 어느 곳에 소재하여도 관계없음에 유의하여야 한다(법규법인 2012-69, 2012.3.8.). 공장을 이전한 후 소재지만 과밀억제권역 외이면 요건을 충족한다.

동일 산업단지 내에서 이전하는 경우에도 공장 영위 기간을 2년으로 한다.

2020년 개정세법에서 중소기업 투자활성화를 위하여 특례대상을 10년 이상 가동한 공장에서 2년 이상 가동한 공장으로 확대하였다. 2020.1.1. 전에 공장의 대지와 건물을 양도하고 법 85조의 8에 따라 양도소득세 과세특례를 적용받은 경우에는 개정규정에도 불구하고 종전의 규정에 따른다(2019.12.31. 개정된 법률 부칙 §48).

(1) 공장의 소유

"2년 이상 계속하여 공장시설을 갖추고 사업을 하는"이란 의미는 공장을 소유한 중소기업으로서 그 공장에서 사업을 영위하며 공장시설을 2년 이상 계속하여 갖추어야 한다는 것을 말한다. 따라서 타인으로부터 공장(대지 및 건물)을 임차하여 사업을 영위한 기간은 제외된다(재산-510, 2009.10.21.).

법 제63조 [수도권 밖으로 공장을 이전하는 기업에 대한 세액감면 등] 및 제63조의 2 [수도권 밖으로 본사를 이전하는 법인에 대한 세액감면 등]에서는 명문의 규정으로 공장의 대지·건물을 임차하여 자기공장 시설을 갖추고 있는 경우에도 특례의 대상으로 하고 있으나,(조특령 §60 ① 2호·§60의 2 ④ 2호) 본 특례 및 법 제85조의 7 [공익사업을 위한 수용 등에 따른 공장 이전에 대한 과세특례]에서는 예외를 규정하지 않고 있다.

법 제63조 및 제63조의 2는 공장 이전 후 발생한 소득에 대한 세액감면제도인 반면에, 본 특례 및 제85조의 7은 공장의 대지와 건물의 양도차익에 대한 이연과세 제도라는 점에서 공장을 임차한 기간에 대해서는 특례를 부여하지 않은 것으로 보인다.

(2) 공장 영위 기간의 판정

개인사업자가 법인 전환한 경우에는 개인사업자의 사업기간도 포함한다(법인-1324, 2009.11.27.). 분할신설법인의 사업영위기간은 분할 전 분할법인의 사업기간을 포함하여 계산한다[재조예-366, 2007.5.25. (법 §63의 2)].

공장을 이전함에 따라 구공장에 있던 생산설비를 분리, 철거하여 신공장에 설치하는 기간 동안 일시적으로 공장가동을 중지하는 것은 사업의 목적 요건을 위배한 것으로 보지 않는다.

한편, 2곳 이상의 공장에서 사업 영위 기간이 10년(현재는 2년) 이상이더라도, 과밀억제권역 외의 지역으로 이전하기 직전의 공장에서 사업을 영위한 기간만으로 10년(현재는 2년) 기간을 판정한다(서면부동산-2580, 2016.2.19.; 서면법규-641, 2014.6.25.).[1]

---

[1] 그러나 이러한 해석은 법 제63조 [수도권 밖으로 공장을 이전하는 기업에 대한 세액감면 등]에 대한 과세관청의 해석과 차이가 있다. 법 제63조에서는 과밀억제권역 내에서 이전한 법인이 과밀억제권역 외로 이전하기 전, 과밀억제권역 내에서 이전한 경우에는 동 이전 전후의 기간을 합산하여 2년 이상인지를 판정하도록 해석하고 있다(서면1팀- 481, 2007.4.13.) (제5절 Ⅱ. 1. 참조). 본 특례는 기존 공장에 대한 과밀억제권역 내 소재 요건 등이 없으며, 양도소득세의 이월과세 특례이기 때문에 직전 공장의 사업 영위 기간으로 한정하지 않는다면, 특례의 범위가 지나치게 넓어질 수 있으므로 이를 제한한 것으로 보인다.

2 공장의 대지와 건물을 양도

2년 이상 가동한 공장의 대지와 건물을 양도하여야 한다. 토지를 소유하지 않고 공장건물만 소유하다 양도하는 경우도 특례대상으로 한다.

유의할 점은 공장시설(제조설비 등)의 지방 이전이 필수요건이 아니라는 점과 본사로 사용하던 대지, 건물의 양도 여부는 본 과세특례의 요건과 무관하다는 것이다. 본 특례에서는 공장의 대지와 건물을 양도하는 것이 공장이전의 요건인 반면에, 법 제63조 수도권 밖으로 공장을 이전하는 기업에 대한 세액감면등에서는 공장시설의 전부 이전이 필수요건인 점에서 차이가 있다.

기존공장 또는 신규공장의 대지가 공장입지기준면적(조특칙 §23)을 초과하는 경우 그 초과하는 부분에 대하여는 양도차익에 대한 과세특례가 적용되지 아니한다(조특령 §79의 9 ⑤ 단서). 공장입지기준면적의 상세내용은 제1절 Ⅱ. 2. 를 참고하기 바란다.

3 공장의 과밀억제권역 외 이전 등

공장을 과밀억제권역 외로 이전하여야 한다. 과밀억제권역 외의 기존공장을 과밀억제권역 외로 이전하는 경우에도 특례 적용이 가능하다(서면법인-0092, 2019.6.5.; 재산-921, 2009.12.3.). 단, 산업단지[2]는 과밀억제권역에서 제외한다(조특령 §79의 9 ①). 따라서 다음의 산업단지 내 이전을 제외한다면 이전 전 지역과 관계 없이 과밀억제권역 내의 산업단지로 이전도 특례 대상에서 포함되는 것으로 판단된다. 예를 들어, 과밀억제권역 내의 기존 공장을 과밀억제권역 내의 산업단지로 이전하는 경우에도 특례를 적용받을 수 있다(서면부동산-1497, 2023.6.14.).

과밀억제권역은 제1부 제3절 용어정의를 참조하기 바란다.

그리고, 산업단지에서 2년 이상 계속한 경우에는 동일한 산업단지 내 다른 공장으로 이전하는 경우에도 특례를 적용한다.

- 2020년 개정 전 국가산업단지에서 일반산업단지로 이전한 경우 (10년 적용)

    수도권과밀억제권역에서 제외되는 「산업입지 및 개발에 관한 법률」에 따라 지정된 국가산업단지에서 10년 이상 계속하여 공장시설을 갖추고 사업을 하던 중소기업이 수도권과밀억제권역에서 제외되는 같은 법에 따라 지정된 일반산업단지로 공장을 이전하고, 신규공장을 취득하여 사

---

2) 산업단지는 한국산업단지공단 홈페이지(https://www.kicox.or.kr/)에서 확인 가능함.

업을 개시한 날부터 2년 이내에 기존 공장을 양도하는 경우에는 「조세특례제한법」 제85조의8에 따른 중소기업의 공장이전에 대한 과세특례를 적용할 수 있는 것임(사전법령법인-0093, 2019.6.13.).

2018년 개정세법에서 중소기업의 공장 이전을 지원하기 위하여 동일 산업단지 내의 이전을 특례대상에 포함하였다.

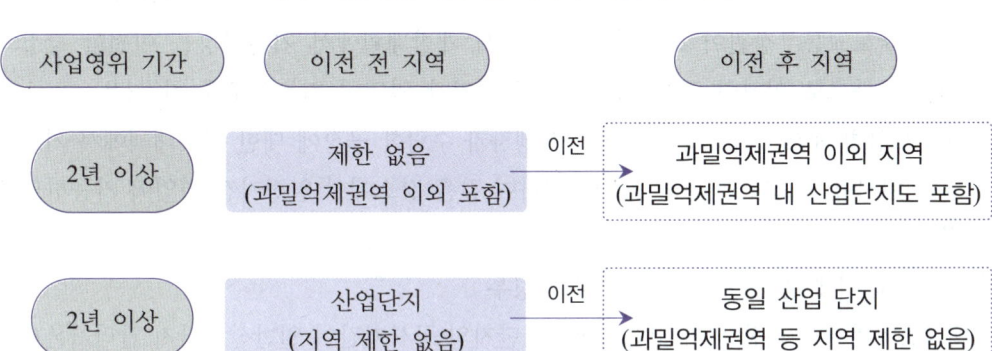

특례 적용대상 이전 전 지역과 이전 후 지역

4 공장이전의 방식 (대체취득)

공장의 지방이전 방식은 기존공장의 양도 전후로 일정한 기간 내에 지방(또는 동일 산업단지 내)으로 이전하여야 한다(조특령 §79의 9 ⑤).

4-1 선이전 → 후양도

신규공장을 취득하여 사업을 개시한 날부터 2년 이내에 기존공장을 양도하는 경우이다. "사업을 개시한 날"이라 함은 신규공장 시설을 이용하여 정상상품으로 판매할 수 있는 완성품제조를 개시한 날을 말하며,(조특통 60-56...1의 유추적용) 양도의 시기는 소득세법상 양도 시기(소법 §98)를 따른다. 제7부 제7장 제2절 Ⅱ. 2-2 (1)을 참조하기로 한다.

4-2 선양도 → 후이전

기존공장을 양도한 날부터 3년 이내에 신규공장을 취득하여 사업을 개시하는 경우이다. 아래의 부득이한 사유가 있는 경우에는 6년으로 기한이 연장된다(조특칙 §32의 2).
① 공사의 허가 또는 인가 등이 지연되는 경우

② 용지의 보상 등에 관한 소송이 진행되는 경우
③ 「신행정수도 후속대책을 위한 연기·공주지역 행정중심복합도시 건설을 위한 특별법」 제19조 제4항에 따라 국토교통부장관이 고시하는 행정중심복합도시 건설기본계획에서 기존공장을 이전할 장소의 미확정 등으로 인하여 같은 장소에서 일정기간 영업이 가능하도록 한 경우
④ 「공공기관 지방이전에 따른 혁신도시 건설 및 지원에 관한 특별법」 제11조 제5항[3])에 따라 국토교통부장관이 고시하는 혁신도시 개발계획에서 기존공장을 이전할 장소의 미확정 등으로 인하여 같은 장소에서 일정기간 영업이 가능하도록 한 경우
⑤ 토지보상법 제78조의 2에 따라 사업시행자가 수립한 공장에 대한 이주대책에서 기존공장을 이전할 장소의 미확정 등으로 인하여 같은 장소에서 일정기간 영업이 가능하도록 한 경우
⑥ 그 밖에 위에 준하는 사유가 발생한 경우

내국법인의 기존공장을 이전할 일반산업단지의 공사기간이 일반산업단지 관리기본계획 당시부터 장기간이 소요되어 기존공장을 양도한 날부터 3년을 초과하는 경우는 위의 ① '공사의 허가 또는 인가 등이 지연되는 경우' 등의 부득이한 사유에 해당하지 않는다(기준법령법인-191, 2015.10.6.).

Ⅲ. 과세특례

 법인

1-1 익금불산입

기존공장의 대지와 건물의 양도차익에 대해서는 아래의 산식에 따라 계산한 금액을 양도일이 속하는 사업연도의 각 사업연도 소득에 대한 법인세 계산 시 세무조정으로 익금불산입한다(조특령 §79의 9 ②). 단, 산식 후단의 분수는 100분의 100을 한도로 한다.

---

[3] 동법의 명칭이 「혁신도시 조성 및 발전에 관한 특별법」으로 변경되었으므로 개정이 필요함.

$$\text{익금불산입금액} = \left(\text{기존공장의 양도차익} - \text{이월결손금} \right) \times \frac{\text{신규공장의 취득가액}}{\text{기존공장의 양도가액}}$$

본 특례에 따라 기존공장 이전에 따른 양도차익을 익금불산입한 내국법인이 해당 사업연도에 결손금이 발생한 경우, 결손금 소급공제(법법 §72 및 법령 §110)를 적용하여 직전사업연도의 법인세를 환급받을 수 있다(서면법규과-877, 2014.8.14.).

(1) 기존공장의 양도차익

기존공장의 대지와 건물의 양도차익은 양도가액에서 장부가액을 차감하여 계산되며, 장부가액의 계산은 다음과 같다(조특통 60-56…4의 유추적용).

$$\text{장부가액} = \left(\text{취득가액} + \text{자본적지출액} \right) - \left(\text{감가상각누계액} + \text{일시상각충당금등} \right) \pm \left(\text{자산의 평가차익} \right)$$

"장부가액"이란 당해 과세연도의 감가상각을 한 후의 장부가액(순장부가액)으로서 취득가액과 자본적지출의 합계액에서 감가상각누계액을 차감한 금액을 말하며, 법인세법상 인정되는 자산의 평가차익[4]을 포함한다. 이 경우 감가상각누계액에는 공사부담금, 보험차익 또는 국고보조금으로 취득한 고정자산의 일시상각충당금을 포함하는 것으로 한다.

(2) 이월결손금

기존공장의 양도일이 속하는 연도의 직전 사업연도 종료일 현재 10년 이내에 개시한 사업연도에서 발생한 세무상 결손금으로서 그 후의 각 사업연도의 과세표준 계산을 할 때 공제되지 아니한 금액의 합계액을 말한다(법법 §13 ① 1호).

(3) 신규공장의 취득가액

신규공장의 취득에는 공장을 준공하여 취득한 경우를 포함한다.
법 제60조 공장의 대도시 밖 이전에 대한 법인세 과세특례와는 달리 공장시설의 이전비용과 기계장치의 취득·개체·증축 및 증설에 소요된 금액의 합계액은 제외되어야 할 것으로

---

[4] 당해 평가차익의 대상이 되는 자산과 부채에는 재고자산, 유가증권등, 화폐성 외화자산부채, 통화선도등이 있다(법법 §42 ① 2호).

판단된다. 상기 비용 등이 명시적으로 규정되지 않고 있기 때문이다(조특령 §56 ③ 3호 참조).

기존공장의 양도일이 속하는 과세연도 종료일까지 신규공장을 취득하지 아니한 경우에 신규공장의 취득가액은 이전(예정)명세서상의 예정가액으로 한다(조특령 §79의 9 ④).

신규공장의 취득가액과 관련된 사례, 예컨대 다수의 신규공장으로 분할이전한 경우 가액산정방법, 증설, 지방공장 임차가액의 제외 등은 제2절 Ⅲ. 1-1 (3)을 참조하기로 한다.

1-2 분할과세

익금불산입한 금액은 양도일이 속하는 사업연도 종료일 이후 5년이 되는 날이 속하는 사업연도부터 5개 사업연도의 기간 동안 균분한 금액 이상을 익금산입하여야 한다(조특법 §85의 8 ① 1호). 즉, 5년거치 5년분할 익금산입한다.

분할과세의 상세 내용은 제2절 Ⅲ. 1-2를 참조하기 바란다.

2020년 개정세법에서 중소기업 투자활성화를 위하여 중소기업이 가동한 공장 이전에 대한 양도차익에 대하여는 종전 2년거치 2년분할 과세에서 5년거치 5년분할 과세로, 법인세 및 소득세 분할과세 기간을 연장하였다. 2020.1.1. 전에 공장의 대지와 건물을 양도하고 법 85조의 8에 따라 양도소득세 과세특례를 적용받은 경우에는 개정규정에도 불구하고 종전의 규정에 따른다(2019.12.31. 개정된 법률 부칙 §48).

2 개인

기존공장의 대지와 건물의 양도차익에 대해서는 아래의 산식에 따라 계산한 금액을 양도일이 속하는 연도의 양도소득세 과세표준 확정신고기한까지 납부하여야 할 양도소득세로 보지 아니한다(조특령 §79의 9 ③). 단, 산식 후단의 분수는 100분의 100을 한도로 한다.

$$\text{과세이연 금액} = \text{양도차익(소법 §95 ①)} \times \frac{\text{신규공장 취득가액}}{\text{기존공장 양도가액}}$$

기존공장의 양도일이 속하는 과세연도 종료일까지 신규공장을 취득하지 아니한 경우에 신규공장의 취득가액은 이전(예정)명세서상의 예정가액으로 한다(조특령 §79의 9 ④).

이 경우 해당세액은 양도일이 속하는 연도의 양도소득세 과세표준 확정신고기한 종료일 이후 5년이 되는 날부터 5년의 기간 동안 균분한 금액 이상을 납부하여야 한다(조특법 §85

의 8 ① 2호). 즉, 5년거치 5년분할 납부한다. 세무조사 결과 추징된 세액은 분할납부세액에 포함되지 않는다.

예를 들어 양도일이 2020.5.1.인 경우 확정신고기한 종료일은 2021.5.31.이며, 종료일 이후 5년이 되는 날이 2026.5.31.이고 동 일자까지 분할납부세액 1차분이 납부되어야 하며, 이후 2030.5.31.까지 매년 분할납부하여야 한다.

거주자가 공장을 이전하여 본 과세특례를 적용받던 중 조세특례제한법 제32조에 따라 법인으로 전환한 경우에도 본 과세특례를 계속 적용받을 수 있다. 다만 본 과세특례에 따른 양도소득세는 해당 거주자가 납부하여야 한다(서면법규-877, 2014.8.14.).

3 사후관리

과세특례를 적용받은 중소기업이 다음의 의무위반사유가 발생한 경우에는 일시에 추징하며, 이자상당가산액을 납부한다(조특법 §85의 8 ②).
㉮ Ⅱ. 4. 공장의 이전 방식(영 §79의 9 ⑤)에 따라 이전하지 않은 경우
㉯ 기존공장의 양도일로부터 3년 이내에 사업을 폐업 또는 해산한 경우

본 과세특례를 적용받은 후 조세특례제한법 제32조에 따라 법인으로 전환하여 사업을 계속하는 경우로서 공장 양도 후 3년 이내에 대표이사를 변경하거나 법인전환으로 취득한 대표이사 본인 주식의 일부(30%)를 자녀에게 증여하는 경우에는 조세특례제한법 제85조의8제2항에 따른 '해당 공장의 양도일부터 3년 이내에 해당 사업을 폐업하거나 해산한 경우'에 해당하지 않는다. 다만, 법인전환 후 타인으로 대표이사를 변경하고 주식등을 처분하는 등의 사유로 인하여 사실상 해당 공장의 양도일 현재 사업을 계속하는 것으로 볼 수 없는 경우에는 실질적으로 사업의 폐지(폐업)에 해당하는 것으로 이에 해당하는지 여부는 구체적인 사실관계를 종합적으로 고려하여 판단할 사항이다(서면법규재산-2110, 2023.10.16.).

3-1 추징방법

의무위반사유가 발생한 과세연도의 소득금액을 계산할 때 아래의 금액을 일시에 추징한다(조특령 §79의 9 ⑥).

(1) 법인

익금불산입한 금액 전액을 익금산입한다.

다만 예정가액으로 과세특례를 받은 경우(조특령 §79의 9 ④)에는 실제 취득가액을 기준으로 위 1-1 익금불산입 산식에 따라 계산한 금액을 초과하여 적용받은 금액을 익금산입한다(조특령 §79의 9 ⑦).

(2) 개인

분할납부할 세액 전액을 양도소득세로 납부한다.

다만 예정가액으로 과세특례를 받은 경우(조특령 §79의 9 ④)에는 실제 취득가액을 기준으로 전술한 2. 과세이연금액 산식에 따라 계산한 금액을 초과하여 적용받은 금액을 전액 납부한다.

3-2 이자상당가산액

본 내용은 제2절 Ⅲ. 2-3 부분을 참조하기 바란다(조특법 §85의 8 ② 후단, 조특령 §79의 9 ⑦ 후단 → §33 ③ 후단).

Ⅳ. 조세특례제한 등

1 절차

1-1 법인

기존공장의 양도일이 속하는 사업연도의 과세표준신고와 함께 양도차익명세 및 분할익금산입조정명세서(별지 제12호의 2 서식)와 이전(예정)명세서(별지 제15호의 2 서식)를 납세지 관할 세무서장에게 제출하여야 한다(조특령 §79의 9 ⑧).

1-2 개인

거주자는 기존공장의 양도일이 속하는 과세연도의 과세표준신고(예정신고 포함)와 함께 분할납부신청서(별지 제56호 서식)와 이전(예정)명세서(별지 제15호의 2 서식)를 납세지 관할 세무서장에게 제출하여야 한다(조특령 §79의 9 ⑨).

1-3 예정가액으로 과세특례를 적용받은 경우

예정가액으로 과세특례를 적용받은 후 신규공장을 취득하여 사업을 개시한 때에는 그 사업개시일이 속하는 과세연도의 과세표준신고와 함께 이전완료보고서(별지 제15호 서식)를 납세지 관할 세무서장에게 제출하여야 한다(조특령 §79의 9 ⑩).

2 공익사업용 토지 등에 대한 양도소득세의 감면과 중복지원 배제

법 제77조 토지보상법에 따른 공익사업의 시행으로 공장이 수용되는 경우에는 본 특례규정이 적용되지 아니한다(부동산거래-1013, 2010.8.2.).

CHAPTER 02 농어촌 지역 법인에 대한 조세지원

제1절 서설

Ⅰ. 의의

농어촌 지역 소재 법인에 대한 조세지원은 크게 농공단지 입주기업 등에 대한 조세지원과 농어업경영체에 대한 조세지원으로 나뉜다.

농공단지 입주기업 등에 대해서는 창업중소기업과 동일한 수준의 세제지원을 제공하여, 5년간 50% 세액감면한다.

「농어업경영체 육성 및 지원에 관한 법률」(이하 "농어업경영체법")에 따른 농어업경영체에는 농업인을 위한 영농조합법인과 농업회사법인, 어업인을 위한 영어조합법인이 있다.

농어업경영체에 대한 조세지원의 내용

	분류	영농조합법인	영어조합법인	농업회사법인
법인세	100% 면제	식량작물 재배업소득		식량작물 재배업소득
	6억원 × 조합원 수 한도 면제	그외작물 재배업소득		
	1,200만원 × 조합원 수 한도 면제	작물재배업소득 외의 소득	사업소득(단, 어업소득은 3,000만원)	
	50억원 한도 면제			그외작물 재배업소득
	5년간 50% 감면			부대사업등 소득

분류		영농조합법인	영어조합법인	농업회사법인
배당 소득세	100% 면제	식량작물재배업 및 그외작물재배업 소득 발생분		식량작물재배업소득 발생분
	1,200만원 한도 면제	기타소득 발생분	수령한 배당소득	
	5% 분리과세	면제되지 아니한 배당소득	면제되지 아니한 배당소득 (한도초과분)	
	14% 분리과세			그외작물재배업 소득과 부대사업등 소득 발생분
양도 소득세	양도소득세 100% 감면	농지·초지의 현물출자	어업용 토지의 현물출자	농지·초지의 현물출자
	이월과세	농작물재배업등에 직접 사용하는 부동산의 현물출자		농작물재배업등에 직접 사용하는 부동산의 현물출자

Ⅱ. 영농조합법인과 농업회사법인의 비교

영농조합법인과 농업회사법인은 모두 농업경영체에 해당하는 공통점을 가지고 있으나, 그 설립과 수행 사업 등에 아래와 같은 차이가 있다.

영농조합법인과 농업회사법인의 비교

구분	영농조합법인	농업회사법인
설립근거	농어업경영체법 제16조	농어업경영체법 제19조
설립목적	협업적 농업경영	기업적 농업경영
설립자격	농업인, 농업생산자단체	농업인, 농업생산자단체
구성원의 최소한도	농업인 등 5인 이상	상법상 회사 규정에 따름
의결권	1인1표주의	출자지분에 비례
준조합원	■ 의결권 없음 ■ 출자한도 제한 없음	■ 비농업인도 의결권 있음 ■ 비농업인의 출자한도 제한 총출자액의 90%, 단 총출자액이 80억원 초과 시에는 8억원 제외 금액
수행 사업	■ 농업의 경영 및 그 부대사업, 농어촌 관광휴양사업 ■ 농업관련 공동이용시설 설치·운영 ■ 농산물 공동출하·유통·가공·수출 ■ 농작업 대행 ■ 기타법인의 목적달성을 위하여 정관으로 정하는 사업	■ 농업의 경영, 농산물의 유통·가공·판매, 농작업 대행, 농어촌 관광휴양사업 ■ 영농자재·종자 등 생산, 공급 ■ 농산물의 구매·비축 ■ 농기계·장비의 임대·수리·보관 ■ 소규모 관개시설의 수탁·관리
타법 준용	민법 중 조합에 관한 규정	상법 중 회사에 관한 규정

제2절 [제64조] 농공단지 입주기업 등에 대한 세액감면 ★★★☆

Ⅰ. 의의

수도권과밀억제권역 외의 지역에 소재하는 농공단지에 입주하여 농어촌소득개발사업을 하는 내국인, 또는 중소기업특별지원지역에 입주하여 사업을 하는 중소기업에 대하여 해당 사업에서 발생한 소득에 대한 소득세 또는 법인세의 50%를 5년간 감면하는 기간감면제도이다.

농어촌지역에 농어민의 소득증대를 위한 산업을 유지·육성함으로써 지역 간 균형발전의 기틀을 마련하고, 지방 농공단지 등으로의 기업 입주를 촉진함으로써 일자리 창출 및 지속성장 기반을 구축하기 위한 목적이다.

제1장 지방이전에 대한 조세지원에 비하여 절세효과가 작아 상대적으로 그 활용도가 낮은 제도라 할 수 있다.

일몰기한은 2025.12.31.이다.

개정연혁

연 도	개정 내용
2019년	■ 고용기준 한도 증액 : 1천만원 → 1천5백만원(청년 및 서비스업 상시근로자 2천만원) ■ 서비스업의 투자제외방식 한도 계산 폐지
2020년	■ 지방중소기업 특별지원지역 추가 : 동함평, 세풍(1단계) ■ 지방중소기업 특별지원지역의 명칭 변경 : 강진환경 일반산업단지 → 강진산업단지
2022년	■ 중소기업특별지원지역 추가 : 보령 주포제2농공단지 ■ 감면대상 사업장의 사업을 폐업하거나 사업장을 특구지역 외의 지역으로 이전한 경우에 대한 사후관리 규정 신설
2023년	■ 농공단지 소재지역 명확화

Ⅱ. 요건

본 세액감면의 주체는 다음의 두 가지 유형으로 나뉜다.
- 농공단지 입주기업
- 중소기업특별지원지역 입주 중소기업

단, 농공단지 안의 기존공장을 매입하는 경우 등은 감면을 배제한다.

1 농공단지 입주기업

수도권과밀억제권역 외의 지역에 소재하는 농공단지로서 조세특례제한법에서 지정된 지역에 입주하여 농어촌소득원개발사업을 하는 내국인(이하 "농공단지 입주기업")이다. 거주자인 개인 또는 내국법인 모두 가능하다(조특법 §64 ① 1호).

1-1 농공단지

「산업입지 및 개발에 관한 법률」(이하 "산업입지법")에 따른 농공단지1)란 농어촌 지역2)에 농어민의 소득 증대를 위한 산업을 유치·육성하기 위하여 특별자치도지사 또는 시장·군수·구청장이 지정한 산업단지이다(산업입지법 §2 8호·§8).

산업입지법상 농공단지 중 수도권과밀억제권역 외의 지역으로서 농공단지 지정일 현재 인구 20만 미만인 시·군·구(자치구인 구를 말함)에 소재하는 농공단지이어야 한다(조특령 §61 ①).

'시'에는 세종특별자치시와 제주시 및 서귀포시를 포함한다[제주특별자치도 설치 및 국제자유도시 조성을 위한 특별법(이하 "제주특별법") 제10조 제2항에 따른 행정시].

'자치구'란 지방자치단체로서 특별시와 광역시의 관할 구역의 구만을 말한다(지방자치법 §2 ②). 자치구는 자치권을 가지며 지방선거를 통해 구청장을 구민이 선출한다.

수도권과밀억제권역은 제1부 제3절 용어정의를 참조하기 바란다.

2023년 개정세법에서 농공단지 소재 지역을 명확화함.

---

1) 농공단지 현황은 한국산업단지공단 홈페이지(http://www.kicox.or.kr)에서 조회 가능함.
2) "농어촌 지역"이란 「농업·농촌 및 식품산업 기본법」 제3조 제5호에 따른 농촌과 「수산업·어촌 발전 기본법」 제3조 제6호에 따른 어촌을 말한다(산업입지법 시행령 §2 → 농어촌정비법 §2 1호).

1-2 입주

입주란 창업과 이전을 포함한다.

농공단지에 단순 입주뿐 아니라 직접 개발하여 입주하는 개발 입주 방식인 경우에도 세액감면이 가능하다(법인-221, 2010.3.12.).

농공단지에 입주하여 공장을 설치하고, 농어촌 소득원개발 사업으로 식품소분업을 영위하는 경우 세액감면을 적용받을 수 있다(법인-592, 2009.5.19.).

● 건설자재 생산 (감면)

건설업 소득은 감면대상 소득이 아니나 건설업에 사용되는 자재로써 농공단지 안의 공장에서 생산되는 것에 대하여는 감면이 가능하며, 이 경우 감면소득금액 계산 시 건설현장으로 반출되는 자재의 가액은 특수관계가 없는 불특정다수인 간의 통상적인 거래조건에 따라 매매되는 시가에 의하고, 공통손금에 대하여는 법인세법 시행규칙 제25조의 규정을 준용하여 구분계산한다(법인 46012-562, 1997.2.24.).

2 중소기업특별지원지역 입주 중소기업

「지역중소기업 육성 및 혁신촉진 등에 관한 법률」(이하 "지역중소기업법") 제23조에 따른 중소기업특별지원지역3)으로서 법에서 지정된 지역에 입주하는 중소기업이다(조특법 §64 ① 2호).

조세특례제한법에서는 중소기업특별지원지역 중 수도권과밀억제권역 외의 지역으로서 지정일 현재 인구 20만 미만인 시·군·구(자치구인 구를 말함)에 소재하는 아래에 열거된 산업단지만을 특례지역으로 규정하고 있다(조특령 §61 ②, 조특칙 §25).

---

3) 중소벤처기업부장관은 ① 산업이 낙후되거나 쇠퇴하여 산업집적 및 산업생산이 전국 평균에 현저히 미치지 못하는 경우, ② 지역의 주된 산업 또는 대규모 기업의 구조조정·이전 등으로 지역중소기업의 생산이나 판매활동이 전국 평균에 현저히 미치지 못하는 등 위기에 처한 경우, ③ 「재난 및 안전관리 기본법」 제14조 제1항에 따른 대규모재난이 발생한 경우 등에는 중소기업특별지원지역을 지정할 수 있다.

> ① 나주 일반산업단지
> ② 김제지평선 일반산업단지
> ③ 장흥바이오식품 일반산업단지
> ④ 북평 국가산업단지
> ⑤ 북평 일반산업단지
> ⑥ 나주혁신 일반산업단지
> ⑦ 강진산업단지
> ⑧ 정읍 첨단과학산업단지
> ⑨ 담양 일반산업단지(18.3.21. 신설)
> ⑩ 대마 전기자동차 산업단지(18.3.21. 신설)
> ⑪ 동함평 일반산업단지(20.3.13. 신설)
> ⑫ 세풍 일반산업단지(1단계)(20.3.13. 신설)
> ⑬ 보령 주포제2농공단지(22.3.18. 신설)

　2022년 개정세법에서 보령 주포제2농공단지가 중소기업특별지원지역으로 신규 지정됨에 따라 세액감면 대상 지역으로 추가하였다. 개정규정은 2022.3.18. 이후 최초로 보령 주포제2농공단지에 입주하는 중소기업부터 적용한다(2022.3.18. 개정된 시행규칙 부칙 §5).

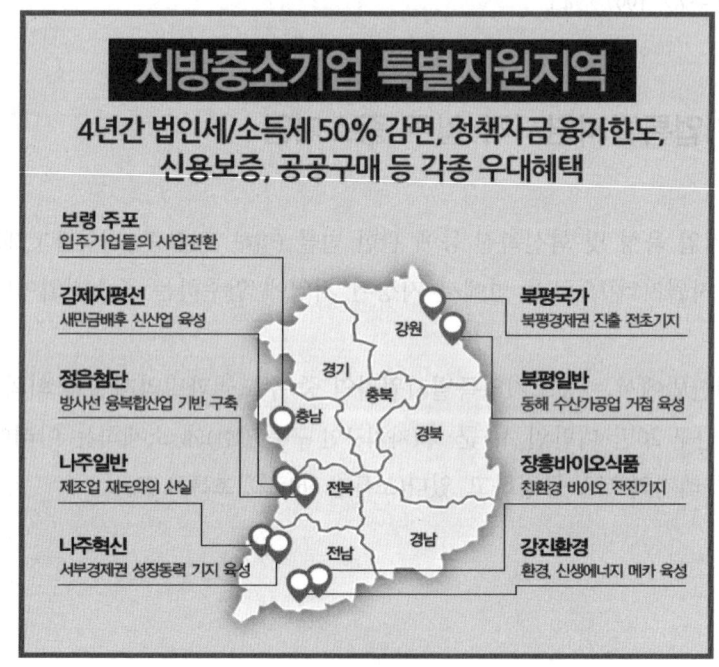

개정연혁

> 　종래에는 개발촉진지구 입주 중소기업과 개발촉진지구 중 폐광지역진흥지구에 입주하여 관광숙박업 및 종합휴양업과 축산업을 경영하는 내국인이 특례의 주체였으나, 개발촉진지구가 지역개발사업구역으로 통합됨에 따라 2015년 개정세법에서 본 특례의 대상에서 삭제하고 법 제127조 [기업도시개발구역 등의 창업기업 등에 대한 법인세의 감면] 대상으로 이관하였다.4) 제18부 제2장 제2절 Ⅱ. 1-1 (2)를 참조하기 바란다.

2018년 개정세법에서 ⑨ 담양, ⑩ 대마 단지를 추가하였다. 2018.3.21. 이후 입주하는 중소기업부터 적용한다(동일자로 개정된 규칙 부칙 §4).

2020년 개정세법에서 중소기업진흥법에 따른 지방중소기업 특별지원지역이 확대됨에 따라 중소기업에 대한 세액감면 대상 입주지역으로서 지방중소기업 특별지원지역에 ⑪ 동함평 및 ⑫ 세풍 일반산업단지를 추가하였다. 개정규정은 2020.1.1. 이후 최초로 입주하는 중소기업부터 적용한다(2020.3.13. 개정된 시행규칙 부칙 §5 ①).

또한, ⑦ 강진환경 일반산업단지를 강진산업단지로 변경하였다. 개정규정은 2020.1.1. 이후 최초로 입주하는 중소기업부터 적용한다. 2020.1.1. 당시 종전의 강진환경 일반산업단지에 입주한 중소기업에 대해서는 개정규정에 따른 강진산업단지에 입주한 기업으로 본다(2020.3.13. 개정된 시행규칙 부칙 §5 ①·②).

3 감면 배제되는 경우

다음의 경우에는 본 감면을 적용하지 아니한다(조특통 64-0…1).

3-1 기존 공장의 매입·임차

농공단지 또는 지방중소기업특별지원지역(이하 "농공단지등") 안의 기존 공장을 매입하여 사업을 영위하는 경우이다.

토지를 임차하고 공장을 신축하는 경우에는 세액감면이 적용되지만,(서면2팀-1415, 2007.7.30.) 기존 공장을 임차하였다면 제조시설을 새로이 설치하여 기존 공장과는 다른 사업을 하더라도 세액감면을 배제한다(서면2팀-110, 2007.1.15.; 서면2팀-1958, 2005.11.30.).

또한 기존 공장을 매입하였다면 신·증축하는 경우라도 감면이 배제된다(서이 46012-10598, 2003.3.24.). 기존 공장을 현물출자받는 경우에도 배제된다(국심 2001부3162, 2002.1.31.).

- **기존공장 임차 후 감면받지 아니한 법인이 새롭게 공장을 신축하여 입주한 경우 감면여부** (긍정)
  기존 농공단지의 공장은 임차로 농공단지 입주기업 등에 대한 조세감면을 받은 사실이 없는 법인이 인근 농공단지에 새로이 공장을 신축하여 이전 입주하는 경우에는 조세감면규제법 제50조 및 같은 법 제6조의 규정에 의하여 이전 후 당해 사업에서 최초로 소득이 발생한 사업연도와

---

4) 2015.1.1. 당시 종전의 규정에 따라 개발촉진지구에 입주하여 세액을 감면받고 있는 중소기업의 경우에는 종전의 규정에 따른다. 다만, 해당 중소기업이 제121조의 17 【기업도시개발구역 등의 창업기업 등에 대한 법인세 등의 감면】의 개정규정을 적용받을 수 있는 경우에는 종전의 제64조 제1항 제2호 또는 제121조의 17의 개정규정 중 하나를 선택하여 적용받을 수 있다. 하나를 선택하여 적용받는 경우에는 감면기간 동안 동일한 규정을 계속하여 적용하여야 한다(2014.12.23. 개정된 법 부칙 §64).

그 다음 과세연도의 개시일로부터 5년 내에 종료하는 과세연도에 있어서는 당해 사업에서 발생한 법인세의 50/100에 상당하는 세액을 감면하는 것임(법인 46012-2428, 1996.8.19.).

● **전 소유자가 공장을 가동하지 않은 경우 감면 여부** (긍정)

쟁점부동산의 전 소유자가 쟁점부동산을 소재지로 하여 공장등록을 하여 공장을 가동하거나 사업자등록 등을 한 사실이 없는 이상 청구법인을 농공단지 휴·폐업된 공장의 대체입주자로 보기는 어려움(조심 2012지317, 2012.10.10.).

3-2 선입주 후지정된 경우

공장을 설치하여 사업을 개시한 날 이후 새로이 농공단지 등으로 지정되는 경우에는 감면을 적용하지 않는다.

Ⅲ. 세액감면

농공단지 입주기업등 세액감면의 주체가 5년간 감면대상사업에서 발생한 소득에 대한 소득세 또는 법인세의 50%를 감면한다(조특법 §64 ②).

1 감면소득 (사업장단위 감면방식)

감면소득은 농공단지등에 공장을 설치·운영하여 발생시킨 소득으로,(재조예 46070-163, 2002.10.7.) 법인세법 제14조에서 규정하고 있는 각 사업연도 소득을 의미한다. 본점은 감면지역 외에 소재하고 공장만 감면지역에 소재하는 경우, 그 공장에서 발생한 소득은 감면소득에 해당한다.

동일한 사업장에서 제조업과 도매업을 겸영하는 경우에는 구분경리하여 제조업에서 발생한 소득만을 감면소득으로 한다(서이 46012-11734, 2002.9.17.). 사업장단위 감면방식에 따르므로 농공단지 밖에서 발생한 소득은 제외한다(법인 46012-2468, 1998.9.2.).

해당 사업에서 발생한 소득이란 1) 해당 단지 내의 사업장에서 감면대상사업의 활동이 모두 이루어져 발생한 소득, 2) 해당 단지 내의 사업장에서 감면대상사업의 활동이 대부분 이루어지고 해당 단지 외의 장소는 사업장으로 볼 수 없는 경우에 발생한 소득, 3) 해당

단지 내의 사업장에서 감면대상사업의 활동이 일부 이루어지고 해당 단지 외의 사업장에서도 일부 사업활동이 이루어지는 경우 해당 단지 내 사업장의 사업활동에 따라 발생한 것으로 구분되는 소득분 등이다[재조특-266, 2012.3.30. (법 §121의 8 제주첨단과학기술단지 입주기업)].

1-1 감면단위

농공단지 입주기업 감면은 "공장"을 단위로 적용된다. 감면기간 중 동일 공장 부지 내에 제2공장을 신축하는 경우에는 기존공장의 증축에 해당하므로, 새로운 공장에서 발생한 소득은 원칙적으로 본래의 잔존감면기간에 한하여 본 감면을 적용받을 수 있다(법인 46012-3553, 1999.9.21.). 또한 새로운 공장에서 발생한 결손금은 농공단지 안의 기존 공장 소득에서 차감한다(법인 46012-2867, 1999.7.20.).

그러나 종전 공장 소재지가 새로이 농공단지로 지정되었으나 감면을 받지 않던 중 기존 공장 인근에 공장을 신축하여 동일한 제품을 생산하는 경우에는 세액감면을 적용받을 수 없다(서면법령법인-3769, 2019.11.20.).

반면에, 동일 농공단지 내의 인접지역에 별개의 제품을 생산하는 신공장을 설치한 경우에는 별도의 농공단지 입주기업 감면이 적용되어 새로이 감면기간이 개시된다(재조예 46070-167, 2000.4.29.). 본 특례에 따른 감면기간이 경과한 후에 다른 농공단지에서 별개의 제품을 생산하는 경우에도 별도의 농공단지 입주기업 감면이 적용된다(법인세과-280, 2014. 6.20.; 법인-1832, 2008.8.4.; 서이 46012-12044, 2003.11.28.).

1-2 소득금액 계산 시 특칙

농공단지 입주기업등이 반제품과 완제품을 농공단지 등의 공장과 그 밖의 공장에서 각각 분리하여 생산하는 다음의 경우에는 소득금액 계산 시 특칙이 적용된다(조특통 64-0…2).
㉮ 농공단지 등의 공장에서 생산된 반제품으로 농공단지 등의 밖의 공장에서 완제품을 생산하여 매출하는 경우
㉯ 농공단지 등의 밖의 공장에서 생산된 반제품으로 농공단지 등의 공장에서 완제품을 생산하여 매출하는 경우

소득금액 계산 시 특칙의 내용은 완제품 제조공장으로 반출되는 부품의 가격산정 방법과 각 공장의 공통손금 계산방법으로 아래와 같다.

(가) 부품의 가격산정 방법

완제품 제조공장으로 반출되는 부품의 가격은 독립된 사업자 간에 통상의 거래조건에 따라 매매할 경우 적용되는 시가에 의한다.

(나) 공통손금

반제품과 완제품을 분리하여 별도로 생산하는 각 공장의 공통손금에 대하여는 비영리법인의 구분경리 시 공통손금 구분계산방법을 따른다(법칙 §76 ⑥).
① 각 공장 간 업종이 동일한 경우
  공통손금은 각 공장의 수입금액 또는 매출액에 비례하여 안분계산한다.
② 각 공장 간 업종이 다른 경우
  공통손금은 각 공장의 개별 손금액에 비례하여 안분계산한다.

2 감면기간 및 감면율

원칙적으로 감면기간은 해당 감면대상사업에서 최초로 소득이 발생한 과세연도의 개시일부터 5년 이내에 끝나는 과세연도까지 총 5년이며, 감면율은 50%이다. 사업개시일부터 5년이 되는 날이 속하는 과세연도까지 해당 감면대상사업에서 소득이 발생하지 아니한 경우에는 5년이 되는 날이 속하는 과세연도로 감면개시연도가 지연된다(조특법 §64 ②).

사업을 영위하는 시점인 사업자등록증 교부일(부령 §11)을 농공단지 입주일로 보아 감면기간 및 감면율을 적용한다(재조예 46019-56, 2000.2.15.; 법인-1277, 2009.11.13.). 공장의 착공시기 또는 준공시기가 아님에 유의하여야 한다.

농공단지등 입주기업이 법인전환한 경우에는 잔존감면기간은 승계된다(법인 46012-1556, 1999.4.26.).

농공단지 입주 후 세액감면을 받던 기업이 동일 단지 내로 이전하거나,(서면2팀-1143, 2005.7.20.) 새로운 농공단지로 이전하여(소득 46011-2308, 1997.8.29.) 동일사업을 계속할 경우에는 잔존감면기간 내에는 계속하여 감면된다.

3 감면한도 및 사후관리

감면기간 동안 감면되는 소득세 또는 법인세의 총합계액이 감면한도를 초과하는 경우에는 감면한도만큼 감면된다(조특법 §64 ③~⑥, 조특령 §61 ③~⑥).

감면한도는 투자금액 기준 한도와 고용 기준 한도의 합계로 계산한다.

> 감면한도 = 투자누계액 × 50% + 감면사업장 상시근로자 수 × 1,500만원(청년 등 2,000만원)

투자금액 기준 한도, 고용기준 한도, 사후관리 등의 내용은 법 제12조의 2 연구개발특구에 입주하는 첨단기술기업 등에 대한 과세특례와 동일하므로 해당 부분을 참조하기 바란다(제3부 제1장 제5절 Ⅲ. 3. 감면한도 및 4. 사후관리).

낙후지역 지원과 일자리 창출을 지원하기 위하여 2019년 개정세법에서 투자누계액과 상시근로자 수를 기준으로 하는 감면한도를 신설하였다. 2019.1.1. 전에 농공단지 등에 입주한 기업에 대해서는 개정규정에도 불구하고 종전의 규정에 따른다(2018.12.24. 개정된 법률 부칙 §43).

4 사업장 이전 등 사후관리

감면받은 기업이 폐업, 해산 및 사업장 이전 등 의무위반사유가 발생하는 경우에는 그 사유가 발생한 과세연도의 과세표준신고를 할 때 공제받은 세액에 이자상당액을 가산하여 소득세 또는 법인세로 납부하여야 한다(조특법 §64 ⑦, 조특령 §61 ⑦).

2022년 세법 개정에 따른 의무위반 사유 및 추징세액, 이자상당 가산액 및 부칙 규정은 제3부 제1장 제5절 Ⅲ. 5. 사업장 이전 등 사후관리를 참조하기 바란다. 연구개발특구를 농공단지 또는 중소기업특별지원지역으로 본다.

Ⅳ. 조세특례제한 등

1 중소기업 간의 통합에 따른 잔존감면기간 승계적용

본 과세특례를 적용받은 기업이 감면기간이 지나기 전에 중소기업 간의 통합을 하는 경우에는 통합법인은 잔존감면기간에도 계속적으로 세액감면을 적용받을 수 있다(조특법 §31 ④).

제7부 제3장 제1절 Ⅲ. 3을 참조하기 바란다.

2 중복지원의 배제

세액공제와 감면규정의 중복지원 배제조항이 적용된다(조특법 §127 ④).

농공단지 입주기업 감면 적용을 받는 기간 중 동일공장 부지 내에 새로운 공장의 신축은 기존공장의 증축에 해당하므로, 법 제127조 제4항에 따라 신공장 투자에 대한 고용창출투자세액공제와의 중복지원은 배제된다.

또한 동일 농공단지 내의 인접지역에 별개의 제품을 생산하는 신공장을 설치한 경우에는 별도의 농공단지입주기업감면이 적용되므로, 이 경우에 신공장에서 소득이 발생하지 않는 경우에는 신공장 투자분에 대하여 고용창출투자세액공제를 적용할 수 없다(재조예 46070-167, 2000.4.29.).

그리고 감면규정 간 중복지원 배제 조항(조특법 §127 ⑤)도 적용된다.

보다 상세한 내용은 제20부 제1절 Ⅱ. 중복지원의 배제를 참조하기로 한다.

3 결정 또는 기한 후 신고 시 감면배제 등

다음의 세무상 의무위반 조항 해당 시 감면이 배제된다(조특법 §128 ②~④).
- 결정 또는 기한 후 신고 시 감면배제
- 경정 등의 부정과소신고금액에 대한 감면배제
- 세법상 협력의무위반에 대한 감면배제

제20부 제2절 부분을 참조하기 바란다.

기타 조세특례제한 등

구 분	내 용	참조 부분
신고 서식	세액감면신청서(별지 제2호 서식)	
최저한세	적용대상(조특법 §132 ①·②)	제20부 제4절
구분경리	서비스업과 그 밖의 사업(조특법 §64 ⑨)	제21부 제1절
농어촌특별세	비과세(농특법 §4 ⑥ 1호)	

예규 · 판례

❖ **결손법인의 경정결정 후 산출세액 발생 시 세액감면 적용 여부 (긍정)** (법인 46012-3690, 1999.10.9.)

농공단지 입주기업 등에 대한 세액감면 적용대상 중소기업이 결손신고 후 정부의 경정결정으로 당해 공장 소득에 대해 산출세액 발생 시는 동 세액감면 적용됨.

| 저자주 | 단, 경정 시의 부정과소신고(국기법 §47의 3 ② 1호)에 대하여는 세액감면되지 않음. (조특법 §128 ③; 법인 46012-1977, 1999.5.27.)

제3절 [제66조] 영농조합법인 등에 대한 법인세의 면제 등 ★★★★☆

I. 의의

영농조합법인의 식량작물재배업에서 발생하는 소득과 이외의 소득(이하 식량작물재배업소득을 포함하여 "식량작물재배업소득등")에 대하여 영농조합법인과 그 조합원에 대하여 과세특례를 부여하는 제도이다.

과세특례의 내용은 첫번째로, 식량작물재배업소득등에 대한 영농조합법인의 법인세를 면제한다.

두번째로, 영농조합법인의 조합원이 수령하는 식량작물재배업소득등에서 발생한 배당소득에 대한 소득세를 면제하고, 배당소득세가 면제되는 금액을 제외한 배당소득에 대해서는 5%의 원천징수 세율을 적용하여 분리과세한다. 개인인 농업인의 작물재배업이 사업소득에서 제외되는 것[1]과 조세형평을 이루는 규정이다.

세번째로, 농업인이 농지·초지를 영농조합법인에 현물출자하여 발생하는 소득에 대해서는 양도소득세를 100% 감면하고, 농작물재배업 등에 직접 사용되는 부동산을 현물출자하는 경우에는 이월과세를 적용한다.

대규모 농업법인을 육성하여 농업인을 다른 산업 종사자와 균형된 소득을 실현하는 경제주체로 성장시킴으로써, 농업 경영의 안정을 도모하고 그 경쟁력을 높이려는데 취지가 있다. 쌀 시장 개방 등으로 어려움을 겪고 있는 농촌경제의 현실을 고려하고, FTA 협상 등에 대비한 농업 경쟁력 강화를 위해서 계속적으로 일몰기한이 연장되어 오고 있다.

일몰기한은 2026.12.31.이다.

---

[1] 소법 §19 ① 1호; 2015.1.1. 이후부터는 작물재배업 중 곡물 및 기타작물재배업만 사업소득에서 제외함.

영농조합법인과 그 조합원에 대한 특례

영농조합법인
- 식량작물재배업소득 면제
- 그외작물재배업소득에 대해 조합원당 6억원 한도로 면제
- 작물재배업소득 외의 소득에 대해 조합원당 1,200만원 한도로 면제

← 배당 / 현물출자 →

조 합 원
- 식량작물재배업 및 그외작물재배업소득에서 발생한 배당소득은 전액 면제
- 기타소득에서 발생한 배당소득은 1,200만원 한도로 면제
- 면제되지 아니한 배당소득은 5% 분리과세

■ 농지·초지의 양도소득세 100% 감면
■ 농작물재배업 등에 직접 사용한 부동산의 양도소득세 이월과세

개정연혁

연 도	개정 내용
2020년	■ 채무인수액 상당액을 농지 등의 현물출자 시 양도소득에서 제외
2024년	■ 농어업경영체 등록 요건 신설 ■ 복식부기의무자 수입 기간을 양도소득세 과세특례 자경기간에서 제외

본 과세특례는 영농조합법인과 그 조합원에 적용되는 식량작물재배업소득등의 세액감면과 배당소득 과세특례, 농지·초지의 현물출자에 대한 과세특례 및 농작물생산업등에 직접 사용하던 부동산의 현물출자에 대한 과세특례의 3가지로 구성되어 있으며, 그 요건과 특례의 내용이 각기 다르므로 구분하여 살펴보도록 한다.

Ⅱ. 영농조합법인의 식량작물재배업소득등

영농조합법인의 식량작물재배업소득등에 대한 법인세를 면제하고, 영농조합법인의 조합원은 식량작물재배업소득등에서 발생한 배당소득에 대한 소득세를 면제한다.

1 주체

본 과세특례의 주체는 영농조합법인과 그 조합원이다(조특법 §66 ①).

1-1 영농조합법인

「농어업경영체 육성 및 지원에 관한 법률」(이하 "농어업경영체법") 제4조에 따라 농어업경영정보를 등록한 영농조합법인이다. 영농조합법인이란 협업적 농업경영을 통하여 생산성을 높이고 농산물의 출하·유통·가공·수출 및 농어촌 관광휴양사업 등을 공동으로 하려는 농업인 또는 농업생산자단체(농업·농촌 및 식품산업 기본법 §3 4호) 5인 이상을 조합원으로 하여 설립한 법인이다. 민법상 조합에 관한 규정이 적용된다(농어업경영체법 §16 ①·⑧).

2024년 개정세법에서 농어업경영체 등록확인서의 제출을 면제의 필수 요건으로 규정하였다. 상세 내용은 Ⅴ. 1-1을 참조하기 바란다.

2024 개정 농어업경영체법에 따라 농어업경영정보를 등록한 영농·영어조합법인 및 농업회사법인만을 특례의 대상으로 함. 참고로, 개정 이전 대법원 판례(대법원 2019두55972, 2023.3.30.)에 따르면 농업경영체 등록확인서의 제출이 감면 요건에 해당하지 않는다고 판시하였음. 2023.12.31.이 속하는 과세연도의 소득(현물출자에 따른 소득은 2024.1.1. 전에 이루어진 현물출자에 따른 소득으로 한정함)에 대한 과세특례에 관하여는 개정규정에도 불구하고 종전의 규정에 따름(2023.12.31. 개정된 법률 부칙 §39).

1-2 조합원

과세특례의 주체는 조합원만 해당하며, **준조합원은 해당하지 않는다**(서면2팀-1852, 2004. 9.6.; 서면2팀-1856, 2007.10.15.). 준조합원이란 농업인이 아닌 자로서 일정한 자격[2]을 갖춘 경우 정관으로 정하는 바에 따라 영농조합법인에 출자하고 준조합원으로 가입하는 경우를 말한다. 단, 준조합원은 의결권을 행사하지 못한다(농어업경영체법 §17 ②).

---

[2] 준조합원으로 가입할 수 있는 자는 다음과 같다(농어업경영체법 시행령 §14 ①).
  1. 영농조합법인에 생산자재를 공급하거나 생산기술을 제공하는 자
  2. 영농조합법인에 농지를 임대하거나 경영을 위탁하는 자
  3. 영농조합법인이 생산한 농산물을 구입·유통·가공 또는 수출하는 자
  4. 그 밖에 농업인이 아닌 자로서 영농조합법인의 사업에 참여하기 위하여 영농조합법인에 출자를 하는 자

2 과세특례

2-1 영농조합법인의 법인세 면제

영농조합법인의 법인세 면제세액은 본 특례 적용 전 산출세액에 면제대상 소득이 과세표준에서 차지하는 비율을 곱하여 계산한다.

$$\text{면제세액} = \text{특례 적용 전 산출세액} \times \frac{\text{면제대상 소득}}{\text{과세표준}}$$

곡물 및 기타 식량작물재배업[3])에서 발생하는 소득(이하 "식량작물재배업소득") 전액과 식량작물재배업소득 외의 소득 중 한도 내의 금액에 대하여 법인세를 면제한다(조특법 §66 ①).

$$\text{면제대상 소득} = \text{식량작물재배업소득 전액} + \text{식량작물재배업소득 외의 소득 중 한도 이내}$$

영농조합법인의 감면 소득 분류

```
                    영농조합법인 전체소득
        ┌──────────────────────┬──────────────────────┐
        │ ⓒ 작물재배업소득 외의  │ 〈작물재배업 소득〉      │
        │   소득 (예: 축산소득)  │ ⓑ 그외작물재배업소득    │
        │ ⓓ 면제제외 소득       │   (예: 과실재배소득)    │
        │   (예: 주유소,        │   ⓐ 식량작물재배업소득  │
        │       주차장운영업)    │                      │
        └──────────────────────┴──────────────────────┘
```

(1) 식량작물재배업소득

ⓐ 식량작물재배업소득[4])은 곡물 및 기타 식량작물재배업(한국표준산업분류 0111)에서 발생한 소득이다.

재배된 작물을 판매하는 경우에는 주된 산업활동에 따라 (식량)작물재배업 또는 도소매업으로 구분된다(통계청 통계기준팀-1048, 2011.5.20.).

---

3) 한국표준산업분류상 농업(중분류 01)의 소분류인 작물 재배업(011)에는 곡물 및 기타 식량작물재배업(0111), 채소, 화훼작물 및 종묘 재배업(0112), 과실, 음료용 및 향신용 작물 재배업(0113), 기타 작물 재배업(0114), 시설작물 재배업(0115)이 있다.
4) 이하 본 특례에서 원문자 ⓐ, ⓑ, ⓒ, ⓓ는 위의 그림상의 소득을 가리키는 것으로 계속 사용한다. 각 원문자는 영농조합법인 면제세액계산서(별지 제47호 서식)의 ⑥, ⑧, ⑨, ⑩에 해당함.

- 영농조합법인이 경작하던 농지가 수용되어 지방자치단체로부터 지급받은 영농손실보상금은 작물재배업소득에 포함된다(재법인-335, 2014.5.20.).
- 반면에 종묘 수입 시 납부한 부가가치세를 법 제105조의 2에 따라 환급받는 경우 동 부가가치세는 작물재배업소득에 포함되지 않는다(법인-3071, 2008.10.24.).

(2) 식량작물재배업소득 외의 소득

식량작물재배업소득 외의 소득이란 영농조합법인의 사업(농어업경영체법 시행령 §11 ①)에서 발생한 소득으로서, ⓑ 그외작물재배업소득금액과 ⓒ 작물재배업소득 외의 소득금액으로 한다(조특령 §63 ①). 다만, ⓓ 면제제외 소득은 제외한다.

(2-1) 목적사업소득

식량작물재배업소득 외의 소득은 영농조합법인의 사업에서 발생한 소득 중 농어업경영체법에 따른 목적사업소득에 해당하여야 한다.

(가) 목적사업소득의 범위

그러므로 감면소득이 되기 위하여서는 앞서 1. 주체에서 보았던 영농조합법인의 설립목적과 농어업경영체법에서 정해진 영농조합법인의 수행사업 범위 내이어야 한다. 수행사업 범위는 다음과 같다(농어업경영체법 시행령 §20의 5 ①).[5]

> ① 농업의 경영
> ② 농산물의 출하·유통·가공·판매 및 수출
> ③ 농작업의 대행
> ④ 농어촌관광휴양사업
> ⑤ 「농촌융복합산업 육성 및 지원에 관한 법률」에 따른 농촌융복합산업(농촌융복합산업 사업자로서 수행하는 경우만 해당한다)
> ⑥ 다음 각 목의 부대 사업
>   ㉮ 영농에 필요한 자재의 생산 및 공급사업
>   ㉯ 영농에 필요한 종자생산 및 종균배양사업
>   ㉰ 농산물의 구매 및 비축사업
>   ㉱ 농업기계나 그 밖의 장비의 임대·수리 및 보관사업
>   ㉲ 소규모 관개시설(灌漑施設)의 수탁 및 관리사업
>   ㉳ 농업과 관련된 공동이용시설의 설치·운영

---

[5] 대통령령 제32636호에 따라 2022.5.18. 시행된 농어업경영체법 시행령에서 수행사업의 범위가 일부 개정됨.

20222.5.9. 개정되기 전의 농어업경영체법 시행령 제11조 제1항에 따른 동 수행사업의 범위 중 '그 밖에 영농조합법인의 목적을 달성하기 위하여 정관에서 정하는 사업'에 해당하기 위해서는 형식적으로 정관에 기재된 사업을 의미하는 것이 아니라 동 설립목적을 위한 사업이어야 하며, 여타의 수행사업에 준하는 실질을 갖추어야 한다(조심 2012부1484, 2012.9.6.; 대전고법 2011누2000, 2012.3.29.).

(나) 사례

농자재 판매대금의 회수지연이자(O)는 법인세 감면대상인 농자재판매소득과 밀접하게 관련되어 부수적으로 발생하는 소득이므로 목적사업소득에 포함된다(조심 2013광2766, 2014.2.20.).

또한 영농조합법인이 경작하던 농지가 수용되어 지방자치단체로부터 지급받은 **영농손실보상금**(O)은 면제되는 소득에 해당한다(재법인-335, 2014.5.20.). 소득세법상으로도 당해 사업과 관련하여 감소하는 소득이나 발생하는 손실 등을 보상하기 위하여 지급되는 손실보상금인 경우에는 사업소득으로 보아 그 총수입금액에 산입하기 때문에(대법원 2006두9535, 2008.1.31. 참조) 영농손실보상금은 목적사업소득에 포함된다.

반면에 다음의 소득은 목적사업소득에 해당하지 않는다(ⓓ 면제제외 소득).

- 토지 양도소득(서면법인-2383, 2016.4.19.), 부동산 수용에 따라 받는 보상수익(서면법인-21937, 2015.11.26.) 및 부추 작물재배업에 사용하던 부추 보관 창고의 처분이익(서면법인-7077, 2021.11.24.)
- 사료도매업은 '농업의 경영 및 부대사업'에 해당하지 않음(대전고법 2011누2000, 2012.3.29.).[6]
- 농약판매업(창원지법 2017구합50018, 2017.9.19.; 심사법인-2016-21, 2016.10.4.) 그 성격이 농산물의 생산보다는 농업 관련 자재의 유통 창구 역할에 가깝기 때문이다.
- 석유판매업(주유소)(법인-3071, 2008.10.24.)
- 주차장운영업(조심 2010중1664, 2010.12.31.)
- 국가 또는 지방자치단체로부터 지급받는 농산물물류비 지원금, 사업개발비 보조금, 판촉홍보보조사업 보조금(법인-817, 2012.12.31.; 재법인-346, 2011.4.21.; 법인-604, 2010.6.29.)
- 농어촌 관광휴양사업에 해당하지 않는 음식·숙박업(서면법인-0672, 2020.4.10.)

---

6) 동 판결에서는 "만약 대량구매를 통한 원가절감 등 단순히 관련성을 가지는데 그치는 사업에까지 법인세 면제 혜택을 부여한다면 감면사업의 범위는 거의 무제한적으로 확장되어 결과적으로 법 및 각 시행령의 입법취지가 몰각될 우려가 있다"라고 근거를 제시함.

> **주요 이슈와 쟁점**
>
> ### 34. 조합원 외의 자로부터 구입한 농산물의 유통소득 등이 영농조합법인 감면대상 소득인지 여부
>
>
>
> **[삭제된 예규] (부정)**
> 영농조합법인이 조합원이 아닌 자로부터 구입한 농산물의 유통 및 가공·판매를 함으로써 발생한 소득은 과세특례대상인 농업소득 외의 소득에 해당하지 아니함(서면법규-1427, 2012.11.30.).
>
> **[변경된 예규] (긍정)**
> 영농조합법인이 조합원 외의 농업인, 농업협동조합으로부터 구입한 산지농산물을 가공·유통하는 사업은 「조세특례제한법」제66조 제1항 및 동법 시행령 제63조 제1항의 법인세가 면제되는 농업소득 외의 소득에 해당하는 것임(재법인-608, 2014.8.22.).
>
> **| 저자주 |** 종래 과세관청 및 재결청의 해석에서는 영농조합법인이 조합원이 아닌 자로부터 구입한 농산물의 유통 및 가공·판매를 함으로써 발생한 소득은 농산물의 공동 출하가공으로 볼 수 없어 목적사업소득에 해당하지 않는 것으로 보았다(서면법규-1427, 2012.11.30.; 조심 2012부1484, 2012.9.6.[7]).
> 그러나 감면을 부정하였던 2012년 예규는 2015년 2월 삭제되고, 변경된 예규 및 심판례에서는 면제소득으로 해석하고 있다(재법인-608, 2014.8.22.; 조심 2014구3546, 2014.11.27.).
> 최근 조세심판원에서는 조특법 제68조 농업회사법인 면제와 관련된 사안에서 농민이 아닌 사업자로부터 매입한 농작물을 판매하여 발생한 소득도 감면의 적용대상으로 해석하였다(조심 2019중0589, 2019.5.28.).

(2-2) 한도

식량작물재배업소득 외의 소득이 목적사업소득에 해당하는 경우에도 각 소득은 다음 한도 이내의 금액으로 한다.[8]

① 식량작물재배업(0111)소득 외의 작물재배업(011)(이하 "그외작물재배업"; ⓑ)에서 발생하는 소득금액으로 다음의 산식에 따라 한도를 계산한다.

$$\text{그외작물재배업 소득금액} \times \left(6억원 \times 조합원\ 수 \times \frac{사업연도\ 월수}{12} \div 그외작물재배업\ 수입금액 \right)$$

---

7) 다만 동 심판례의 사실관계는 농업인이 아닌 일반 도매상으로부터 매입하여 대형 마트에 납품한 사례임.
8) 법문상으로는 "다음 각 호의 어느 하나에 해당하는 소득금액을 말한다"라고 규정하여, 일응 그 외 작물재배업소득과 작물재배업소득 외의 소득 중 택일하여야 하는 것처럼 보인다. 그러나 2014년 개정되기 이전 규정에서도 양자는 모두 감면소득에 합산되었으며, 별지 제47호 서식에서도 양자를 합산하여 감면소득을 계산하도록 규정하고 있다. 양자 중 택일하는 방식이 아니라 합산 방식이 타당하므로 조문의 개정이 요구된다.

② 작물재배업소득 외의 소득(ⓒ)으로서 다음을 한도로 한다.

$$한도 = 1,200만원 \times 조합원 수 \times \frac{사업연도 월수}{12}$$

조합원 수는 매 사업연도 종료일의 인원을 기준으로 하여 계산하며, 준조합원은 조합원에 포함되지 않는다(서이 46012-11967, 2002.10.29.).

ⓒ 작물재배업소득 외의 소득(예, 축산소득)에 대하여는 조합원당 1,200만원을 인정하는 데 반하여, 채소·화훼작물·과실 등 그외작물재배업을 우대하기 위하여, ⓑ 그외작물재배업소득에 대하여는 조합원당 6억원[9]을 특례대상소득으로 인정한다.

2-2 영농조합법인의 조합원

(1) 배당소득세 면제

영농조합법인의 조합원의 배당소득세 면제금액은 배당소득이 발생한 업종별로 계산한 배당소득의 합계액으로 한다(조특법 §66 ②, 조특령 §63 ②).

$$배당소득세\ 면제금액 = \begin{matrix}식량작물재배업\\ 발생분\ 배당소득\end{matrix} + \begin{matrix}그외작물재배업\\ 발생분\ 배당소득\end{matrix} + \begin{matrix}기타소득\\ 발생분\ 배당소득\end{matrix}$$

영농조합법인의 출자자인 조합원이 해산으로 인하여 받는 의제배당소득도 과세특례를 적용한다(원천-116, 2009.1.9.).

배당소득이 발생한 업종 간의 관계가 다소 복잡하므로 앞의 그림과 함께 그 범위를 살펴보기 바란다.

(가) 식량작물재배업 발생분

ⓐ 식량작물재배업소득에서 발생한 배당소득은 전액 면제한다.

(나) 그외작물재배업 발생분

ⓑ 그외작물재배업에서 발생한 배당소득에 대한 소득세도 전액 면제한다.

---

[9] 2015.1.1. 시행된 소득세법 규정에 따르면 농민이 개인별로 작물재배업을 할 경우에는 연간 10억원의 한도로 비과세됨(소령 §9의 4 ①).

(다) 기타 소득 발생분

다음의 산식에 따라 계산한 작물재배업소득 외의 소득(이하 "기타소득")에서 발생한 배당소득은 과세연도별로 1,200만원을 한도로 배당소득세가 면제된다.

$$\text{작물재배업 제외 발생소득(기타소득)} = \text{법인 전체소득} - \text{ⓐ식량작물재배업 발생 소득} - \text{ⓑ그외작물재배업 발생 소득}$$

ⓓ 면제 제외소득은 영농조합법인의 법인세 면제대상 소득에 해당하지 않지만, 조합원의 배당소득에 대한 배당소득세 면제대상 소득에는 포함된다.

(2) 각 배당소득금액의 계산

식량작물재배업소득등 각 소득에서 발생한 배당소득은 업종별로 각각 계산한다. 이 경우 산식상의 각 소득금액은 배당확정일이 속하는 사업연도의 **직전 사업연도**의 소득금액으로 한다. 단, 각 소득금액이 음수인 경우에는 0으로 본다(조특령 §63 ③).

㉮ 식량작물재배업소득에서 발생한 배당소득

$$\text{배당소득} = \text{수령한 배당소득총액} \times \frac{\text{ⓐ 식량작물재배업소득금액}}{\text{총소득금액}}$$

㉯ 그외작물재배업소득에서 발생한 배당소득

$$\text{배당소득} = \text{수령한 배당소득총액} \times \frac{\text{ⓑ 그외작물재배업의 소득금액}}{\text{총소득금액}}$$

㉰ 면제된 소득 외의 소득(기타소득)에서 발생한 배당소득

$$\text{배당소득} = \text{수령한 배당소득총액} \times \left(1 - \frac{(\text{ⓐ 식량작물재배업소득금액} + \text{ⓑ 그외작물재배업의 소득금액})}{\text{총소득금액}}\right)$$

기타소득에서 발생한 배당소득금액은 수령한 배당소득총액에서 ⓐ 식량작물재배업소득 및 ⓑ 그외작물재배업소득에서 발생한 배당소득을 차감한 잔여 개념으로 정의된다.

(3) 분리과세 등

(3-1) 저율 분리과세

배당소득에 대한 소득세가 면제되는 금액을 제외한 배당소득에 대해서는 5%의 원천징수세율을 적용하고 분리과세한다(조특법 §66 ③). 소득세법상 금융소득 종합과세가 적용되는 경우에는 14~45%의 누진세율이 적용되지만, 5%의 저율로 원천징수한 후 분리과세로 납세의무를 종결시키므로 조합원에게 절세혜택이 있다.

(3-2) 개인지방소득세 면제

2018.12.31.까지 받는 배당소득에 대한 소득세 납부 시 부과되는 개인지방소득세를 면제한다(지특법 §126 ①).

2016년 개정세법에서 개인지방소득세 면제 조항이 지방세특례제한법으로 이관되었다.

2-3 영농조합법인에 대한 기타 특례

영농조합법인에 대하여는 식량작물재배업소득등에 대하여 법인세를 면제하는 이외에도 부가가치세, 지방세와 관련하여 특례를 부여한다.

(1) 부가가치세 면제 및 환급

영농조합법인 및 농업회사법인(이하 "농업법인")이 공급하는 농업경영 및 농작업의 대행 용역에 대해서는 부가가치세를 면제한다(조특법 §106 ① 3호, 조특령 §106 ③).

또한 작물재배업·축산업 또는 작물재배 및 축산복합농업에 종사하는 영농조합법인이 비료·농약·사료 등 농업용·축산업용 기자재(조특법 §105 ① 5호 각 목)를 일반과세자로부터 공급받거나 직접 수입하여, 직접 사용하거나 소비하는 경우에는 부가가치세 매입세액을 사후 환급한다(조특법 §105의 2 ①).

'농업경영'이란 농업인이 일정한 경영 목적을 가지고 지속적으로 노동력과 토지 및 자본재를 이용하여 작물의 재배 또는 가축의 사양(飼養) 및 농산 가공 등을 함으로써 농산물을 생산하고 그것을 이용, 판매, 처분하는 조직적인 수지 경제 단위로 정의된다. 이때 농작업을 협의로 해석하면 작물의 재배나 가축의 사양 목적을 위해 필요한 작업을 대행하는 것으로 할 수 있으나, 광의로 해석하면 협의의 농작업 이외 생산지 내에서 간단한 가공(예 : 선별, 포장 등)까지 포함하는 개념이다. 따라서 '농작업의 대행'이란 조합법인이 조합원 이

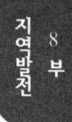

외의 자로부터 농작업의 전부 또는 일부를 위탁받아 이를 대행하고 수수료를 받는 경제활동을 말한다(인력 51114-185, 1995.7.7.).

- **농산물 판매업자의 작업을 대행한 경우 면제 여부** (부정)

    농산물 판매업자(유통회사)의 농산물을 농장을 벗어난 지역으로 수송하는 행위나 저온저장창고에 보관하는 행위는 농작업의 대행에 해당하지 않음. 농업인이 아닌 농산물 판매업자(유통회사)는 근본적으로 농업을 경영하지 않고 있으므로 이들 사업에 필요한 전부 또는 일부 작업을 대행하는 것은 농작업의 대행으로 보기 어려움(인력 51114-185, 1995.7.7.).

- **농산물 가공용역, 보관 용역 등의 면제 여부** (부정)

    영농조합법인이 농산물의 가공용역을 제공하거나 공동이용시설(저온저장고 등)을 설치하여 농산물을 보관하여 주고 그 대가를 받는 경우에는 부가가치세를 과세함(부가 46015-1569, 1995.8.24.).

- **농민을 위한 농산물 수확·선별·포장용역의 면제 여부** (긍정)

    농업회사법인이 생산지 내에서 농민(조합원이 아닌 경우를 포함함)에게 제공하는 농산물의 수확·선별·포장용역은 부가가치세가 면제되나, 농산물을 생산지 외의 지역으로 수송하고 그 대가를 받는 경우에는 「부가가치세법」 제7조 제1항의 규정에 의하여 부가가치세가 과세되는 것임(서면3팀-2063, 2007.7.24.).

(2) 취득세 감경 등

농업법인이 영농에 사용하기 위하여 법인설립등기일부터 2년(청년농업법인은 4년) 이내에 취득하는 부동산에 대하여는 취득세의 75%를 경감하고, 농업법인의 설립등기에 대하여는 등록면허세를 면제한다(지특법 §11 ①④).

또한 농업법인이 영농·유통·가공에 직접 사용하기 위하여 취득하는 부동산에 대하여는 취득세의 50%를, 과세기준일 현재 해당 용도에 직접 사용하는 부동산에 대하여는 재산세의 50%를 경감한다(동조 ②).

Ⅲ. 농지·초지의 현물출자

1 주체

농업인이 영농조합법인에 현물출자하여야 한다(조특법 §66 ④).

1-1 영농조합법인

현물출자받은 영농조합법인에 농업인이 아닌 자가 조합원으로 등재되어 있는 등, 영농조합법인 요건에 위배되는 경우에는 감면하지 아니한다[광주고법(제주) 2014누337, 2015.1.7.].

1-2 농업인

농업인이란 「농업·농촌 및 식품산업 기본법」(이하 "농업식품기본법")에 따른 농업인[10]으로서 자경요건과 거주요건을 충족하여야 한다.

자경요건과 거주요건은 아래의 농지 등 소재지에 거주하면서 4년 이상 직접 경작하는 것을 말한다(조특령 §63 ④).

㉮ 현물출자하는 농지·초지등이 소재하는 동일한 시[11]·군·구(자치구인 구를 말함)

㉯ ㉮와 연접한 시·군·구

㉰ 해당 농지·초지로부터 직선거리 30킬로미터 이내

자경하여야 하므로 **토지를 임대하다가 현물출자한 경우에는 적용되지 않는다**[부동산거래-395, 2010.3.16. (법 §68 농업회사법인)]. 영농조합법인이 토지 소유자로부터 무상으로 제공받아 경작에 이용한 경우에는 토지 소유자가 자경한 것으로 보지 않는다[조심 2013중4162, 2013.12.16. (법 §68)].

자경기간과 관련하여 사업·근로소득 발생기간의 제외 규정을 적용한다(조특령 §63 ⑭). 4-1 (2-2)를 참조하기로 한다.

---

10) 농업을 경영하거나 이에 종사하는 자로서 다음의 기준에 해당하는 자임(농업식품기본법 §3 2호, 동법 시행령 §3 ①).
  1. 1천㎡ 이상의 농지를 경영하거나 경작하는 사람. 단, 「농어촌정비법」 제98조에 따라 비농업인이 분양받거나 임대받은 농어촌 주택 등에 부속된 농지는 제외한다.
  2. 농업경영을 통한 농산물의 연간 판매액이 120만원 이상인 사람
  3. 1년 중 90일 이상 농업에 종사하는 사람
  4. 영농조합법인 또는 농업회사법인의 농산물 출하·유통·가공·수출활동에 1년 이상 계속하여 고용된 사람
11) 시에는 특별자치시와 「제주특별자치도 설치 및 국제자유도시 조성을 위한 특별법」 제10조 제2항에 따른 행정시(제주시 및 서귀포시)를 포함함.

2 농지·초지의 현물출자

현물출자란 상법상의 제도로 금전 이외의 재산을 출자의 목적으로 하는 것이다.

2-1 농지

양도소득세가 감면되는 농지는 전·답으로서 지적공부상의 지목에 관계없이 실제로 경작에 사용되는 토지와 그 경작에 직접 필요한 농막·퇴비사·양수장·지소·농로·수로 등에 사용되는 토지로 한다. 다만 다음의 농지는 제외한다(조특령 §63 ⑤ → 조특령 §66 ④ 각호).[12]

① 양도일 현재 특별시·광역시(광역시에 있는 군을 제외) 또는 시에 있는 농지 중「국토의 계획 및 이용에 관한 법률」에 의한 주거지역·상업지역 및 공업지역 안에 있는 농지로서 이들 지역에 편입된 날부터 3년이 지난 농지

②「도시개발법」또는 그 밖의 법률에 따라 환지처분 이전에 농지 외의 토지로 환지예정지를 지정하는 경우에는 그 환지예정지 지정일부터 3년이 지난 농지. 다만, 환지처분에 따라 교부받는 환지청산금에 해당하는 부분은 제외한다.

농지(농지법 제2조 제1호의 농지를 말함)를 농업회사법인에 현물출자하여 실제로 경작에 사용하는 경우 양도득세를 면제한다. 이때 실제로 경작에 사용되는 토지인지 여부는 사실판단할 사항이다[사전법령재산-87, 2015.6.30. (법 §68)].

2-2 초지

"초지"란 다년생개량목초의 재배에 이용되는 토지 및 사료작물재배지와 목장도로·진입도로·축사 및 농림축산식품부령으로 정하는 부대시설을 위한 토지를 말한다(초지법 §2 1호).

다만 실질적으로 초지로서의 기능을 하고 있는 토지일 뿐 아니라, 초지법 제5조에 따라 토지의 소재지를 관할하는 시장·군수로부터 초지조성허가를 받아서 조성된 초지이어야 한다.

종래 유권해석에서는 초지조성허가를 요건으로 하였으나,[조심 2013전2915, 2014.3.26. (법 §68 농업회사법인); 재재산-158, 2013.3.12. (법 §68); 대전지법 2014구단100193, 2014.8.22. (법 §68)] 대법원에서 초지조성허가를 요건으로 하지 않는다고 판시하였다[대법원 2015두44424, 2015.10.29. (법 §68)]. 이에 2017년 개정세법에서 초지조성허가를 받을 것을 요건으로 추가하였다.

---

[12] 상세한 내용은 제3장 제2절 II. 2-2를 참조 바람.

3 양도소득세 100% 감면

농업인이 영농조합법인에 농지·초지를 현물출자함으로써 발생한 소득에 대해 양도소득세를 100% 감면한다.

다만 농지·초지가 주거지역등에 편입되거나 환지예정지로 지정된 경우에는 편입일 또는 지정일까지 발생한 소득에 대해서만 감면한다(조특법 §66 ④ 단서, 조특령 §63 ⑯).

상세 내용은 제3장 제2절 Ⅲ. 1.을 참조하기로 한다.

이때 현물출자한 자산에 담보된 채무 중 영농조합법인이 인수하는 채무가액에 상당하는, 다음의 계산식에 따른 금액은 감면소득에서 제외한다(조특령 §63 ⑮).

$$\text{감면소득 제외 금액} = \text{양도소득금액(소법 §95 ①)} \times \frac{\text{현물출자한 자산에 담보된 채무}}{\text{총소득금액}}$$

2020년 개정세법에서 농업인 등이 농지 등을 현물출자할 때 감면되는 양도소득세는 현물출자한 자산에 담보된 채무 중 법인이 인수하는 채무가액에 상당하는 소득을 제외한 것임을 명확히 하였다. 참고로, 종래 조세심판원에서는 양도소득금액 전액을 감면소득으로 해석하였으나(조심 2015중3798, 2016.1.25.), 과세관청에서는 개정된 규정과 같이 채무상당액의 양도소득금액은 감면에서 배제하는 것으로 해석하였다(서면부동산-3473, 2016.9.27.).

편입일·지정일 이후의 소득을 감면 배제하는 규정을 2017년 개정세법에서 신설하였다.

4 사후관리

4-1 의무위반사유

양도소득세를 감면받은 자가 그 출자지분을 다른 사람에게 양도하는 경우에 아래의 요건에 모두 해당하면, 그 양도일이 속하는 과세연도의 과세표준신고 시 양도소득세를 납부하여야 하며, 이자상당액을 가산한다(조특법 §66 ⑤).

(1) 출자일로부터 3년 이내에 양도할 것

농업인이 농지를 영농조합법인에 현물출자하여 양도소득세를 면제받은 후 출자일로부터 3년 이내에 영농조합법인이 다른 영농조합법인에 흡수합병된 경우에는 흡수합병을 양도로 간주하여 추징한다(재산-879, 2009.11.27.).

(2) 자경기간 등이 8년 미만일 것

농지를 현물출자하기 전에 자경하였던 기간과 현물출자 후 출자지분 양도 시까지의 기간을 합한 기간이 8년 미만인 경우이다(조특령 §63 ⑥).

(2-1) 상속받은 농지의 기간 계산

이 경우 상속인이 상속받은 농지를 1년 이상 계속하여 경작하는 경우[13])에는 다음의 기간은 상속인이 경작한 기간으로 본다.
① 직전 피상속인이 취득하여 경작한 기간
   2회 이상 상속된 경우에는 원칙적으로 양도인(상속인)의 직전 피상속인이 취득하여 경작한 기간만 통산한다.
② 피상속인이 배우자로부터 상속받아 경작한 사실이 있는 경우에는 피상속인의 배우자가 취득하여 경작한 기간
   예컨대, 부 사망 후 모가 경작하던 중 농지가 상속되었다면, 모의 경작기간뿐 아니라 부의 경작기간도 상속인이 경작한 기간으로 본다.

(2-2) 자경기간의 판정

경작기간을 계산할 때 다음 과세기간은 해당 거주자 또는 피상속인(피상속인의 경우 그 배우자를 포함함)이 경작한 기간에서 제외한다(조특령 §63 ⑭).

(가) 사업·근로소득 발생기간

해당 거주자 또는 피상속인의 사업소득금액(소법 §19 ②)과 근로소득 총급여액(소법 §20 ②)의 합계액이 3천700만원[14])이상인 과세기간은 경작 기간에서 제외한다. 이 경우 사업소득금액이 음수인 경우에는 해당 금액을 0으로 본다. 이때 농업·임업에서 발생하는 소득, 부동산임대업 소득(소법 §45 ②), 비과세 농가부업소득(소령 §9)은 사업소득에서 제외한다

---

13) 현물출자하는 농지등이 소재하는 시·군·구, 그와 연접한 시·군·구 또는 해당 농지등으로부터 직선거리 30킬로미터 이내에 거주하면서 경작하는 경우를 말한다. 즉, 1년 이상 재촌자경하여야 한다. (1. 주체 참조)
14) 쌀소득보전직불금제도에서 농업 외 종합소득금액이 3,700만원 이상인 경우 지급대상에서 제외하는 것과 균형을 맞춤.

(나) 복식부기의무자 수입 기간

사업소득 총수입금액이 복식부기 의무자 수입금액 기준(소령 §208 ⑤ 2호) 이상인 과세기간은 경작 기간에서 제외한다.

상세 내용은 제3장 제2절 Ⅱ. 3-2 (1)을 참조하기로 한다.

2024 개정 자경기간 판정 시 복식부기의무자 수입금액 기준(소령 §208 ⑤ 2호) 이상의 수입금액이 있는 과세간은 제외함. 영 63조 14항 2호의 개정규정(영 64조 11항의 개정규정에 따라 준용되는 경우를 포함함)은 2024.2.29. 이후 농지등을 영농조합법인 또는 농업회사법인에 현물출자하는 경우부터 적용함(2024.2.29. 개정된 시행령 부칙 §7).

4-2 추징방법

양도소득세로 납부하여야 할 세액은 다음과 같다(조특령 §63 ⑥). 이자상당액을 가산한다(조특령 §63 ⑨).

$$\text{납부세액} = \text{당해 감면세액} \times \frac{\text{3년 이내에 양도한 출자지분}}{\text{총 출자지분}}$$

위 의무위반사유에 해당하게 되면 1주를 양도하는 경우에도 추징사유가 됨에 유의하여야 한다.

2022년 세법 개정에 따른 이자율에 대한 개정 규정 및 부칙은 제3부 제2장 제2절 Ⅲ. 3-2를 참조하기로 한다.

Ⅳ. 부동산의 현물출자

1 주체

농업인이 영농조합법인에 현물출자하여야 한다(조특법 §66 ⑦).
농업인의 요건은 농지·초지의 현물출자의 주체에서 설명한 바와 동일하다(조특령 §63 ④).
종래에는 농지·초지의 현물출자와는 달리 재촌자경기간을 요건으로 하지 않았으나, 2017년 개정세법에서 부동산 현물출자 시에도 4년의 재촌자경기간 요건을 신설하였다.

2 부동산의 현물출자

현물출자의 대상이 되는 부동산은 농업식품기본법에 따른 농작물재배업·축산업 및 임업에 직접 사용되는 부동산이다(동법 §3 1호, 동법 시행령 §2). 다만 Ⅲ. 농지·초지 현물출자의 대상이 되는 농지 및 초지는 제외한다.

3 이월과세

농업인이 부동산을 현물출자하는 경우에는 이월과세를 적용받을 수 있다.
이월과세의 내용은 제7부 제3장 제1절 Ⅲ. 1. 이월과세를 참조하기 바란다.

4 사후관리

4-1 의무위반사유

이월과세를 적용받은 자가 그 주식 또는 출자지분의 50% 이상을 다른 사람에게 처분하는 경우에 아래의 요건에 모두 해당되면, 그 처분일이 속하는 달의 말일로부터 2개월 이내에 이월과세액을 양도소득세로 납부하여야 하며, 이자상당액을 가산한다(조특법 §66 ⑨, 조특령 §63 ⑨).

㉮ 출자일로부터 3년 이내에 처분할 것
㉯ 부동산을 현물출자하기 전에 직접 사용하였던 기간과 현물출자 후 주식 또는 출자지분 처분일까지의 기간을 합한 기간이 8년 미만일 것(조특령 §63 ⑬)
이 경우 상속받은 부동산의 사용기간을 계산함에 있어서 피상속인이 사용한 기간은 승계되어 상속인의 사용기간으로 본다.
현물출자로 취득한 주식 또는 출자지분의 50%를 처분하였는지의 판단기준은 제31조 중소기업 간의 통합에 대한 과세특례규정을 준용한다(조특령 §63 ⑫ → 조특령 §28 ⑩).
해당 내용은 제7부 제3장 제2절 Ⅲ. 5-2 주식등의 처분을 참조하기 바란다.

4-2 추징방법

양도소득세로 납부하여야 할 세액은 이월과세액 전액이다. 단, 해당 영농조합법인이 이미 납부한 세액은 제외한다. 처분한 주식비율로 안분하지 아니함에 유의하여야 한다.

Ⅴ. 조세특례제한 등

1 절차

1-1 영농조합법인의 세액감면

영농조합법인은 세액면제신청서 및 면제세액계산서(별지 제47호 서식)와 농어업경영체법 제4조에 따른 농어업경영체 등록(변경등록)확인서(이하 "농어업경영체 등록확인서")를 납세지 관할세무서장에게 제출하여야 한다. 다만 납부할 법인세가 없는 경우에는 제출하지 아니한다(조특령 §63 ⑦).

주요 이슈와 쟁점

35. 농업경영체 등록확인서의 제출이 감면 요건에 해당하는지 여부

[상급심 판례] (부정) (대법원 2019두55972, 2023.3.30.; 같은 뜻 기준법무법인-0146, 2023.12.14.)
가. 앞서 본 관련 규정의 내용, 체계, 취지 및 개정경과 등을 고려하면, 구 농어업경영체법에 따른 영농조합법인의 식량작물재배업소득 등에 대해서는 법인세 면제에 관한 구 조특법 제66조 제1항이 적용되고, 면제 신청 절차에 관한 규정인 구 조특법 제66조 제8항 및 이 사건 규정은 납세의무자로 하여금 면제 신청에 필요한 서류를 관할세무서장에게 제출하도록 협력의무를 부과한 것이므로, 영농조합법인이 법인세 면제 신청을 하면서 이 사건 규정이 정한 농업경영체 등록확인서를 제출하지 않았다고 하여 과세 관청이 해당 법인세 면제를 거부할 수는 없다.
1) 구 조특법 제66조 제1항은 법인세 면제 대상을 '농어업경영체법에 따른 영농조합법인'으로 규정할 뿐이고, 영농조합법인이 구 농어업경영체법 제4조에 따라 농업경영정보를 등록할 것을 법인세 면제 요건으로 규정하지 않았다.
2) 원고는 농어업경영체법에 따른 영농조합법인으로, 이 사건 규정이 개정되기 전까지 구 조특법 제66조 제1항에 따라 법인세를 면제받아 왔다.

3) 이 사건 규정이 영농조합법인에게 법인세 면제 신청시 농어업경영체법에 따른 농업경영체 등록확인서를 추가로 제출하도록 정한 취지는 제출된 농업경영체 등록확인서를 통해 해당 법인이 농어업경영체법에서 정한 영농조합법인의 요건을 갖추었는지를 확인하려는 데에 있는 것으로 보인다. 이와 달리 그 취지가 구 조특법 제66조 제1항이 정한 법인세 면제 대상을 '농어업경영체법 제4조에 따라 농업경영정보를 등록한 영농조합법인'으로 제한하려는 데에 있는 것으로 보이지 않는다.
4) 이 사건 규정(조특령 §63 ⑦)이 농업경영체 등록확인서의 제출을 해당 법인세의 면제요건으로 정한 것이라고 본다면, 법인세 면제 신청의 절차만을 위임한 모법의 위임범위를 벗어나게 된다.

[하급심 판례] (긍정) (수원고법 2019누11565, 2019.10.2.; 수원지법 2018구합73097, 2019.6.20.)
위 관련 법규를 살펴보면, 조세특례제한법 시행령 제63조 제7항은 영농조합법인에 대한 법인세 면제를 받기 위해서는 농어업경영체육성법에 따른 농어업경영체 등록확인서를 제출하도록 명확히 규정하고 있고, 이는 구 조세특례제한법 제66조 제8항의 위임에 따른 것이므로 농어업경영체 등록확인서의 제출을 요구하는 것이 위임의 한계를 벗어난다는 원고의 주장은 받아들이지 아니한다.
원고가 2017. 11.경에야 농어업경영체로 등록하였음은 당사자 사이에 다툼이 없으므로, 원고는 2015년 및 2016년 각 사업연도 법인세에 관하여 조세특례제한법상 영농조합법인에 관한 감면요건을 갖추지 못한 것이다. 따라서 이 사건 각 처분이 조세법률주의에 위반된다는 원고의 위 주장은 이유 없다.

| 저자주 | 농업경영체의 등록 및 등록확인서의 제출이 감면 요건에 해당하는지 여부를 판단하기 위해서는 본 특례의 주체 요건에 영농조합법인 외에 농업경영정보를 등록한 농업경영체가 포함되는지 여부를 살펴야 한다.
영농조합법인 또는 농업회사법인의 취지는 대규모 농업법인을 육성하려는 취지인데 반하여, 농업경영체는 농가소득의 해결을 위해 맞춤형 농업 정책을 추진하기 위한 제도이다. 즉, 농업경영체는 농업인이 융자·보조금을 받기 위해 농업경영정보를 등록하는 제도이므로, 양자는 취지를 달리하며 농업경영체의 등록이 영농조합법인의 필수 요건으로 판단되지 않는다.[15]
조특법 제66조에서는 영농조합법인을 요건으로 열거하였으나 농업경영체 등록을 요구하지 않았으며, 단지 시행령에서 감면 신청시 제출 서류로 농업경영체 등록확인서를 제출하도록 하였으므로, 감면 요건에 해당되지 않는 것으로 판단된다. 감면신고 및 이에 따른 제출 서류는 원칙직으로 감면의 필수 요건에 해당하지 않으며 협력의무에 해당하기 때문이다(제1부 제2절 Ⅱ. 5-5 참조).
참고로 최근 조세심판원 및 감사원 결정 등에서는 계속적으로 감면요건으로 해석하였다(조심 2022부6236, 2023.3.6.; 감심 2022-1609, 2022.12.1.; 조심 2022중6753, 2022.11.3. 외 다수).
2024년 개정세법에서 감면의 필수 요건으로 농어업경영정보를 등록할 것을 규정하여 입법적으로 해결함.

---

15) 국립농산물품질관리원 홈페이지의 업무소개>농업경영체 등록을 참조함(https://www.naqs.go.kr/contents/

1-2 조합원의 배당소득면제

배당소득에 대한 소득세를 면제받으려는 자는 해당 배당소득을 지급받는 때에 세액면제 신청서(별지 제48호 서식)를 영농조합법인에 제출하여야 한다. 이 경우 영농조합법인은 배당금을 지급한 날이 속하는 달의 다음 달 말일까지 조합원이 제출한 세액면제신청서와 해당 영농조합법인의 농어업경영체 등록확인서를 원천징수 관할세무서장에게 제출하여야 한다(조특령 §63 ⑧).

1-3 현물출자

양도소득세를 감면받거나 이월과세를 적용받고자 하는 자는 과세표준신고와 함께 현물출자등에 대한 세액감면(면제)신청서(별지 제13호 서식) 또는 이월과세적용신청서(별지 제12호 서식)에 해당 영농조합법인의 농어업경영체 등록확인서와 현물출자계약서 사본을 첨부하여 납세지 관할세무서장에게 제출하여야 한다. 이 경우 이월과세적용신청서는 영농조합법인과 함께 제출하여야 한다(조특령 §63 ⑩).

1-4 관할세무서장의 자료확인 의무

세액감면신청서 또는 이월과세적용신청서를 제출받은 납세지 관할세무서장은 「전자정부법」 제36조 제1항에 따른 행정정보의 공동이용을 통하여 해당 농지의 토지 등기부등본을 확인하여야 한다(조특령 §63 ⑪).

2 결정 또는 기한 후 신고 시 감면배제 등

다음의 세무상 의무위반 조항 해당 시 감면이 배제된다(조특법 §128 ②~④).
- 결정 또는 기한 후 신고 시 감면배제
- 경정 등의 부정과소신고금액에 대한 감면배제
- 세법상 협력의무위반에 대한 감면배제

제20부 제2절 부분을 참조하기 바란다.

---

contents.do).

기타 조세특례제한 등

구 분	내 용	참조 부분
중복지원의 배제	세액공제와 감면규정 배제(조특법 §127 ④)	제20부 제1절
양도소득세 감면	종합한도 적용(조특법 §133 ①) - 과세기간별 1억원 감면한도 - 5개 과세기간 2억원 감면한도	제20부 제6절
농어촌특별세	비과세(농특령 §4 ① 1호)	

제3절 제66조 영농조합법인 등에 대한 법인세의 면제 등 1311

Ⅵ. 서식 작성요령

■ 조세특례제한법 시행규칙 [별지 제47호 서식] (2015. 3. 13. 개정)

영농조합법인 면제세액계산서

(앞쪽)

제출법인	① 법인명		② 사업자등록번호	
	③ 대표자 성명		④ 생년월일	
	⑤ 주소 또는 본점 소재지		(전화번호 :)	

과세연도	년 월 일부터 년 월 일까지

면제세액 계산내용 — 이하 Ⅱ. 참조

소득금액	⑥ 식량작물재배업소득금액	ⓐ 식량작물재배업 소득 [2-1 (1)] 곡물 및 기타 식량작물재배업(0111)
	⑦ 식량작물재배업소득 외의 소득 중 면제대상 소득금액 (⑧ + ⑨)	2-1 (2-1) (가) 목적사업소득의 범위(=ⓑ+ⓒ) - 농업경영 및 부대사업-공동이용시설-공동출하가공 및 수출 - 농작업대행-농어촌 관광휴양사업-기타 정관에서 정하는 사업
	⑧ 식량작물재배업 외의 작물재배업에서 발생하는 소득금액	ⓑ 그외작물재배업소득 [2-1 (2)] (예, 과실·채소 재배소득)
	⑨ 작물재배업에서 발생하는 소득을 제외한 소득금액	ⓒ 작물재배업소득 외의 소득 (예, 축산소득)
	⑩ 면제대상이 아닌 소득금액 (⑥ 및 ⑦ 외의 소득)	ⓓ 면제제외 소득 [2-1 (2-1) (나)] - 사료도매업 - 주유소 - 주차장운영업 - 농산물물류비지원금, 사업개발비 보조금 등
	⑪ 소득금액 계(⑥ + ⑦ + ⑩)	

⑫ 식량작물재배업 외의 작물재배업 소득(⑧) 중 면제대상 소득금액 한도액

2-1 (2-2) 한도 | ⓑ 그외작물재배업소득

$$\text{식량작물재배업 외의 작물재배업 소득금액} \times \frac{6억원 \times 조합원 수(\quad 명) \times \frac{사업연도 월수}{12}}{\text{식량작물재배업 외의 작물재배업에서 발생하는 수입금액}} =$$

⑬ 작물재배업 외의 소득(⑨) 중 면제대상 소득금액 한도액

ⓒ 작물재배업소득 외의 소득

$$1{,}200만원 \times 조합원 수(\quad 명) \times \frac{사업연도 월수}{12} =$$

연말 기준으로 계산하며, 준조합원 제외

⑭ 면제대상 소득금액 계 [⑥ + (⑧과 ⑫ 중 작은 금액) + (⑨와 ⑬ 중 작은 금액)]

= ⓐ 식량작물재배업소득 전액
+ ⓑ 그외작물재배업소득(⑫한도적용)
+ ⓒ 작물재배업소득 외의 소득(⑬한도적용)

⑮ 면제세액

$$\left(\text{법 제66조 제1항 적용 전 산출세액} \times \frac{\text{면제대상 소득}}{\text{과세표준}}\right)$$

면제대상소득(과세표준 한도)
= 면제대상 소득금액 계 - 이월결손금
  - 비과세소득 - 소득공제액

「조세특례제한법 시행령」제63조 제7항에 따라 위와 같이 영농조합법인에 대한 법인세 면제세액계산서를 제출합니다.

년 월 일

신청인 (서명 또는 인)

세무서장 귀하

210mm×297mm[백상지 80g/㎡ 또는 중질지 80g/㎡]

■ 조세특례제한법 시행규칙 [별지 제48호 서식] (2015. 3. 13. 개정)

세액면제신청서 (영농조합법인이 지급하는 배당소득)

접수번호		접수일		처리기간	즉시

신청인	① 성명		② 주민등록번호	
	③ 주소	이하 Ⅱ. 참조		(전화번호 :)

영농조합	④ 법인명		⑤ 사업자등록번호	
	⑥ 대표자 성명		⑦ 법인등록번호	
	⑧ 주소 또는 본점 소재지			(전화번호 :)

신 청 내 용

⑨		과세기간	ⓐ 식량작물재배업 소득 [2-1 (1)] 곡물 및 기타 식량작물재배업(0111)	년 월 일부터 년 월 일까지
⑩	해당 과세기간 중 영농조합법인으로부터 지급받은 배당소득			의제배당소득 포함
⑪	배당확정일이 속하는 사업연도의 직전 사업연도 총소득금액			
⑫	배당확정일이 속하는 사업연도의 직전 사업연도의 식량작물재배업 소득 및 「조세특례제한법 시행령」 제63조 제1항 제1호에 따라 법인세가 면제되는 소득금액			ⓑ 그 외작물재배업소득 [2-1 (2)] (예, 과실·채소 재배소득)
⑬	식량작물재배업소득 및 「조세특례제한법 시행령」 제63조 제1항 제1호에 따라 법인세가 면제되는 소득에서 발생한 배당소득[⑩ × (⑫ ÷ ⑪)]			= 수령한 배당소득총액 × (ⓐ + ⓑ) ÷ 직전 연도 총소득금액
⑭	감면대상배당소득 [Min(⑩ - ⑬, 1,200만원) + ⑬]			[ⓐ 식량작물재배업 소득 전액 + ⓑ 그외작물재배업소득 전액 + 기타소득(1,200만원 한도)]에서 발생한 배당소득
⑮	원천징수대상배당소득 (⑩ - ⑭)			면제되지 않은 배당소득

「조세특례제한법 시행령」 제63조 제8항에 따라 위와 같이 영농조합법인이 지급하는 배당소득에 대한 소득세 세액면제신청서를 제출합니다.

년 월 일

신청인 (서명 또는 인)

세 무 서 장 귀하

210mm×297mm[백상지 80g/㎡ 또는 중질지 80g/㎡]

Ⅶ. 예제와 서식 작성실무

신고실무 영농조합법인 면제세액계산서 및 세액면제신청서

● 자 료

영농조합법인 문화는 쌀 재배, 채소 재배, 농산물 가공유통 및 주유소 영업을 수행하고 있으며 조합원 수는 5인이다. 20X2년과 20X1년 각 업종별 수입금액, 비용 등 및 소득금액은 다음과 같다.

	구 분	수입금액	비용 등	소득금액
20X2년	쌀 재배	876,848,294	838,742,475	38,105,819
	채소 재배	920,354,213	867,382,273	52,971,940
	농산물 가공유통	700,256,180	579,121,279	121,134,901
	주유소 영업	537,282,711	456,374,746	80,907,965
	합계			293,120,625
20X1년	쌀 재배	748,289,954	651,263,745	97,026,209
	채소 재배	1,347,185,400	1,226,211,304	120,974,096
	농산물 가공유통	563,923,663	473,004,548	90,919,115
	주유소 영업	1,228,160,408	1,136,931,765	91,228,643
	합계			400,148,063

20X2년 3월 영농조합법인 문화는 배당금 지급을 결의하였으며, 조합원 김성수 씨는 배당금 1억원을 수령하여 세액면제를 신청하고자 한다.

● 해 설

1. 면제소득 계산

   1-1 식량작물재배업 외의 작물재배업 면제소득 계산

   채소 재배소득은 그외작물재배업으로 다음을 한도로 한다.

$$\text{그외작물재배업 소득금액} \times \left(6억원 \times \text{조합원 수} \times \frac{\text{사업연도 월수}}{12} \div \text{그외작물재배업 수입금액} \right)$$

한도 = 52,971,940 × [6억원 × 5 × 12 / 12 ÷ 920,354,213] = 172,668,107원

그외작물재배업 소득금액 52,971,940원이 한도보다 적으므로 전액 면제대상으로 한다.

1-2 작물재배업 외의 소득으로서 면제소득 계산
농산물가공유통은 작물재배업 외의 목적사업소득으로 면제대상에 해당한다. 한도는 다음과 같이 계산한다.
한도 = 12,000,000 × [조합원 수 × 사업연도 월수 / 12] = 12,000,000 × [5 × 12 / 12]
= 60,000,000
작물재배업 외의 면제 소득금액 121,134,901원보다 한도가 적으므로 한도 6천만원을 면제소득으로 한다.

1-3 면제대상 소득금액 합계 계산
면제대상 소득금액 = 식량작물재배업소득 전액 + 그외식량작물재배업 면제소득 한도 내 금액 + 작물재배업 외의 면제소득 한도 내 금액 = 38,105,819 + 52,971,940 + 60,000,000
= 151,077,759

2. 면제세액 계산
2-1 과세표준 및 산출세액 계산
산출세액 = 과세표준 × 세율 = 293,120,625 × 세율 = 293,120,625 × 20% − 20,000,000
= 38,624,125

2-2 면제세액 계산
면제세액 = 산출세액 × 면제소득금액 ÷ 과세표준 = 38,624,125 × 151,077,759 ÷ 293,120,625
= 19,907,320

3. 감면대상 배당소득 계산
3-1 각 배당소득금액 계산
① 식량작물재배업소득 발생 배당소득 = 수령한 배당소득 총액 × 전기 식량작물재배업소득금액 ÷ 전기 총소득금액 = 100,000,000 × 97,026,209 ÷ 400,148,063 = 24,247,577
② 그외작물재배업소득 발생 배당소득 = 100,000,000 × 120,974,096 ÷ 400,148,063
= 30,232,333
③ 기타 소득 발생분 = 수령한 배당소득 총액 − ① − ② = 100,000,000 − 24,247,577 − 30,232,333 = 45,520,090

3-2 감면 배당소득 계산
① 식량작물재배업소득 및 ② 그외작물재배업소득 발생 배당소득은 전액 면제하고 ③ 기타 소득 발생분은 12,000,000원을 한도로 하므로 감면소득은 다음과 같다.
감면대상 배당소득 = ① + ② + Min(③, 12백만원)
= 24,247,577 + 30,232,333 + 12,000,000 = 66,479,910

■ 조세특례제한법 시행규칙 [별지 제47호 서식] (2015. 3. 13. 개정)

영농조합법인 면제세액계산서

(앞쪽)

제출법인	① 법인명 영농조합법인 문화		② 사업자등록번호	
	③ 대표자 성명 김 성 수		④ 생년월일	
	⑤ 주소 또는 본점 소재지 울산광역시 울주군			
			(전화번호 :	)

과세연도	20X2년 1월 1일부터 20X2년 12월 31일까지

면제세액 계산내용

소득금액	⑥ 식량작물재배업소득금액		38,105,819
	⑦ 식량작물재배업소득 외의 소득 중 면제대상 소득금액 (⑧ + ⑨)		174,106,841
	⑧ 식량작물재배업 외의 작물재배업에서 발생하는 소득금액		52,971,940
	⑨ 작물재배업에서 발생하는 소득을 제외한 소득금액		121,134,901
	⑩ 면제대상이 아닌 소득금액 (⑥ 및 ⑦ 외의 소득)		80,907,965
	⑪ 소득금액 계(⑥ + ⑦ + ⑩)		293,120,625
⑫ 식량작물재배업 외의 작물재배업 소득 (⑧) 중 면제대상 소득금액 한도액	식량작물 재배업 외의 작물재배업 소득금액 × $\dfrac{6억원 \times 조합원수(5명) \times \dfrac{사업연도 월수}{12}}{식량작물재배업 외의 작물재배업에서 발생하는 수입금액}$		= 172,668,107
⑬ 작물재배업 외의 소득(⑨) 중 면제대상 소득금액 한도액	1,200만원 × 조합원 수 (5명) × $\dfrac{사업연도\ 월수}{12}$		= 60,000,000
⑭ 면제대상 소득금액 계 [⑥ + (⑧과 ⑫ 중 작은 금액) + (⑨와 ⑬ 중 작은 금액)]			151,077,759
⑮ 면제세액 (법 제66조 제1항 적용 전 산출세액 × $\dfrac{면제대상\ 소득}{과세표준}$)			19,907,320

「조세특례제한법 시행령」 제63조 제7항에 따라 위와 같이 영농조합법인에 대한 법인세 면제세액계산서를 제출합니다.

20X3년 3월 31일

신청인   영농조합법인 문화 김성수 (서명 또는 인)

울산세무서장 귀하

210mm×297mm[백상지 80g/㎡ 또는 중질지 80g/㎡]

■ 조세특례제한법 시행규칙 [별지 제48호 서식] (2015. 3. 13. 개정)

세액면제신청서 (영농조합법인이 지급하는 배당소득)

접수번호		접수일		처리기간	즉시

신청인	① 성명	김 성 수	② 주민등록번호	
	③ 주소 울산광역시 울주군			(전화번호 :)

영농조합	④ 법 인 명	영농조합법인 문화	⑤ 사업자등록번호	
	⑥ 대표자 성명	김성수	⑦ 법인등록번호	
	⑧ 주소 또는 본점 소재지 울산광역시 울주군			(전화번호 :)

신 청 내 용

⑨	과세기간	20X2년 1월 1일부터 20X2년 12월31일까지
⑩	해당 과세기간 중 영농조합법인으로부터 지급받은 배당소득	100,000,000
⑪	배당확정일이 속하는 사업연도의 직전 사업연도 총소득금액	400,148,063
⑫	배당확정일이 속하는 사업연도의 직전 사업연도의 식량작물재배업 소득 및 「조세특례제한법 시행령」 제63조 제1항 제1호에 따라 법인세가 면제되는 소득금액	218,000,305
⑬	식량작물재배업소득 및 「조세특례제한법 시행령」 제63조 제1항 제1호에 따라 법인세가 면제되는 소득에서 발생한 배당소득[⑩ × (⑫ ÷ ⑪)]	54,479,910
⑭	감면대상배당소득 [Min(⑩-⑬, 1,200만원) + ⑬]	66,479,910
⑮	원천징수대상배당소득 (⑩ - ⑭)	33,520,090

「조세특례제한법 시행령」 제63조 제8항에 따라 위와 같이 영농조합법인이 지급하는 배당소득에 대한 소득세 세액면제신청서를 제출합니다.

20X3년 5월 31일

신청인   김 성 수   (서명 또는 인)

울 산 세 무 서 장 귀하

210mm×297mm[백상지 80g/㎡ 또는 중질지 80g/㎡]

제4절 [제67조] 영어조합법인 등에 대한 법인세의 면제 등 ★★☆

Ⅰ. 의의

영어조합법인의 소득에 대하여 영어조합법인과 그 조합원에 대하여 과세특례를 부여하는 제도이다.

과세특례의 내용은 첫번째로, 영어조합법인의 소득에 대한 법인세를 면제한다.

두번째로, 영어조합법인의 조합원이 수령하는 배당소득에 대한 소득세를 면제하고, 배당소득세가 면제되는 금액을 제외한 배당소득에 대해서는 5%의 원천징수세율을 적용하여 분리과세한다.

세번째로, 어업인이 어업용 토지등을 영어조합법인과 어업회사법인에 현물출자하여 발생하는 소득에 대해서는 양도소득세를 100% 감면한다.

영어조합법인과 그 조합원에 대한 특례

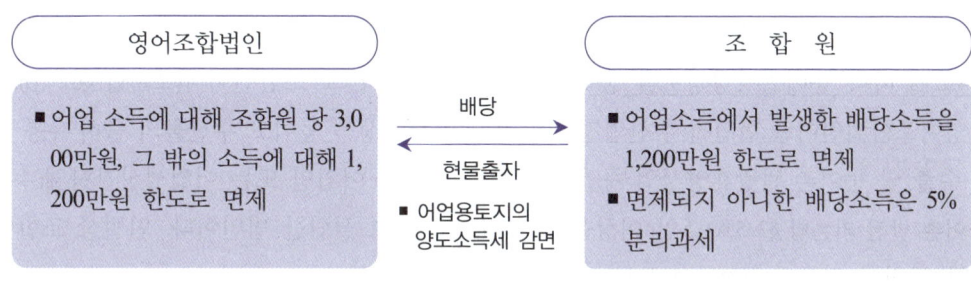

어업인이 다른 산업종사자와 균형 있는 소득을 실현할 수 있도록 하기 위하여, 어업경영의 안정을 도모하고 그 경쟁력을 높이려는데 취지가 있다. FTA 협상 등에 대비한 어업 경쟁력 강화를 위해서 계속적으로 일몰기한이 연장되어 오고 있다.

일몰기한은 2026.12.31.이다.

개정연혁	
연 도	개정 내용
2020년	■ 어로어업소득에 대해 면제 한도 상향 : 1,200만원 → 3,000만원 ■ 채무인수액 상당액을 어업용 토지의 현물출자 시 양도소득에서 제외
2024년	■ 농어업경영체 등록 요건 신설 : 영어조합법인 및 어업회사법인 ■ 양식어업소득에 대해 면제 한도 상향 : 1,200만원 → 3,000만원 ■ 복식부기의무자 수입 기간을 양도소득세 과세특례 자경기간에서 제외

본 과세특례는 영어조합법인과 그 조합원에 적용되는 어업소득의 세액감면과 배당소득 과세특례, 어업용 토지의 현물출자에 대한 과세특례의 2가지로 구성되어 있으며, 그 요건과 특례의 내용이 각기 다르므로 구분하여 살펴보도록 한다.

Ⅱ. 영어조합법인등의 어업소득에 관한 과세특례

 주체

본 과세특례의 주체는 「농어업경영체 육성 및 지원에 관한 법률」(이하 "농어업경영체법") 제4조에 따라 농어업경영정보를 등록한 영어조합법인과 그 조합원이다(조특법 §67 ①).

영어조합법인이란 협업적 수산업경영을 통하여 생산성을 높이고 수산물의 출하·유통·가공·수출 및 농어촌 관광휴양사업 등을 공동으로 하려는 어업인 또는 어업생산자단체(수산업·어촌 발전 기본법 §3 5호) 5인 이상을 조합원으로 하여 설립한 법인이다. 민법상 조합에 관한 규정이 적용된다(농어업경영체법 §16 ②·⑧).

영어조합법인은 농어업경영체법에 따라 다음의 사업을 수행하여야 한다(농어업경영체법 시행령 §20의 5 ②).[1]

> ① 어업·양식업의 경영
> ② 수산물의 출하·유통·가공·판매 및 수출
> ③ 어작업의 대행
> ④ 농어촌관광휴양사업

---

[1] 대통령령 제32636호에 따라 2022.5.18. 시행된 농어업경영체법 시행령에서 수행사업의 범위가 일부 개정됨.

⑤ 「낚시 관리 및 육성법」에 따른 낚시터업
⑥ 「수산업법」 제62조 제1항에 따른 유어장의 운영(영어조합법인만 해당한다)
⑦ 「어촌·어항법」에 따른 어촌어항재생사업(영어조합법인만 해당한다)
⑧ 다음 각 목의 부대 사업
  ㉮ 영어에 필요한 자재의 생산 및 공급사업
  ㉯ 영어에 필요한 수산종자 생산업
  ㉰ 수산물의 구매 및 비축사업
  ㉱ 수산장비 등의 임대·수리 및 보관사업
  ㉲ 수산업과 관련된 공동이용시설의 설치·운영

2024 개정 2024년 개정세법에서 농어업경영체 등록확인서의 제출을 면제의 필수 요건으로 규정함. 상세 내용은 제3절 Ⅴ. 1-1, 개정 부칙은 제3절 Ⅱ. 1-1을 참조하기 바람.

2 과세특례

2-1 영어조합법인의 법인세 면제

(1) 면제대상 소득 (어업소득)

면제대상 소득은 영어조합법인의 사업에서 발생한 소득 중 농어업경영체법에 따른 영어조합법인의 사업에서 발생한 소득(이하 "어업소득")이어야 한다(조특령 §64 ①).

그러므로 감면소득이 되기 위하여서는 앞서 1. 주체에서 보았던 영어조합법인의 설립목적과 관계법령에서 정해진 영어조합법인의 수행사업 범위 내이어야 한다.

영어조합법인의 수행사업 중 '그 밖에 영어조합법인의 목적을 달성하기 위하여 정관에서 정하는 사업'이라 할지라도 형식적으로 정관에 기재된 사업을 의미하는 것이 아니라 동 설립목적을 위한 사업이어야 하며, 동 수행사업에 준하는 실질을 갖추어야 한다.

따라서 영어조합법인이 조합원이 아닌 자로부터 구입한 수산물을 단순포장·판매함으로써 발생한 소득은 수산물의 공동 출하가공으로 볼 수 없으므로 어업소득에 해당하지 않는다(서면법규-393, 2014.4.22.).

다만, 영어조합법인이 조합원이 아닌 어업인 또는 어업경영체 등록이 되어 있는 어업법인으로부터 구매한 산지 수산물을 유통하는 사업에서 발생한 소득은 어로어업소득을 제외한 소득(조특령 §64 ① 2호)에 해당한다(서면법인-2878, 2021.11.11.).

면제소득에 관한 사례는 제3절 Ⅱ. 2-1 (2-1)을 참조하기로 한다.

(2) 면제세액

영어조합법인의 면제대상 소득(어업소득)에 대하여는 법인세를 면제한다(조특법 §67 ①). 영어조합법인의 법인세 면제세액은 본 특례 적용 전 산출세액에 면제대상 소득이 과세표준에서 차지하는 비율을 곱하여 계산한다.

$$\text{면제세액} = \text{특례 적용 전 산출세액} \times \frac{\text{면제대상 소득}}{\text{과세표준}}$$

한국표준산업분류에 따른 연근해어업, 내수면어업 또는 양식업에서 발생하는 소득금액(이하 "어업소득")은 조합원당 3,000만원[2])을 곱한 금액을 한도로 한다(조특령 §64 ①).

$$\text{어업소득의 한도} = 3{,}000\text{만원} \times \text{조합원 수} \times \frac{\text{사업연도 월수}}{12}$$

어업소득을 제외한 소득은 조합원당 1,200만원을 곱한 금액을 한도로 하여 감면받을 수 있다.

$$\text{이외 소득의 한도} = 1{,}200\text{만원} \times \text{조합원 수} \times \frac{\text{사업연도 월수}}{12}$$

조합원 수는 매 사업연도 종료일의 인원을 기준으로 하여 계산하며, 준조합원은 조합원에 포함되지 않는다.

2020년 개정세법에서 영어조합법인의 어로어업소득에 대한 법인세 면제한도의 기준금액을 1천200만원에서 3천만원으로 상향조정하였다.

2024 개정 영어조합법인의 양식어업 소득에 대한 법인세 면제 한도를 조합원 수 1인당 1,200만원에서 3,000만원으로 상향함. 개정규정은 2024.1.1. 이후 개시하는 사업연도부터 적용함(2024.2.29. 개정된 시행령 부칙 §8).

---

[2]) 조합원인 어업인이 개인별로 어업경영을 할 경우, 소득세법에서 농어가부업소득으로 연간 3,000만원 이하의 소득을 비과세하는 것과의 형평성을 맞추기 위하여 설정된 금액임(소령 §9 ① 2호).

2-2 영어조합법인의 조합원

(1) 배당소득세 면제

영어조합법인의 조합원이 영어조합법인으로부터 받는 배당소득에 대한 소득세는 각 과세연도별로 1,200만원을 한도로 소득세를 면제한다(조특령 §64 ②).

(2) 저율 분리과세 등

배당소득에 대한 소득세가 면제되는 금액을 제외한 배당소득에 대해서는 5%의 원천징수세율을 적용하고 분리과세한다(조특법 §67 ③). 소득세법상 금융소득 종합과세가 적용되는 경우에는 14~45%의 누진세율이 적용되지만, 5%의 저율로 원천징수한 후 분리과세로 납세의무를 종결시키므로 조합원에게 절세혜택이 있다.

2018.12.31.까지 배당소득에 대한 소득세 납부 시 부과되는 개인지방소득세를 면제한다(지특법 §127 ①).

2-3 영어조합법인에 대한 기타 특례

영어조합법인에 대하여는 어업소득에 대하여 법인세를 면제하는 이외에도 부가가치세, 지방세와 관련하여 특례를 부여한다.

(1) 어작업대행용역 등에 대한 부가가치세 면제

영어조합법인이 공급하는 어업경영 및 어작업의 대행용역에 대해서는 부가가치세를 면제한다(조특법 §106 ① 3호, 조특령 §106 ③).

(2) 취득세 감면 등

영어조합법인과 어업회사법인(이하 "어업법인")이 영어·유통·가공에 직접 사용하기 위하여 취득하는 부동산에 대하여는 취득세의 50%를, 과세기준일 현재 해당 용도에 직접 사용하는 부동산에 대하여는 재산세의 50%를 각각 경감한다(지특법 §12 ①).

Ⅲ. 어업용 토지의 현물출자

 주체

어업인이 영어조합법인 또는 「농어업경영체 육성 및 지원에 관한 법률」 제4조에 따라 농어업경영정보를 등록한 어업회사법인에 현물출자하여야 한다(조특법 §67 ④).

1-1 어업인

어업인이란 수산업법에 따른 어업인[3] 또는 수상종자생산업자[4]로서 현물출자하는 어업용 토지 또는 건물(이하 "어업용 토지등")이 소재하는 아래의 지역에 거주하면서 4년 이상 직접 사용한 자이어야 한다(조특령 §64 ③) (재촌자영 요건).
㉮ 현물출자하는 어업용 토지등이 소재하는 동일한 시[5]·군·구(자치구인 구를 말함)
㉯ 그와 연접한 시·군·구
㉰ 해당 어업용 토지등으로부터 직선거리 30㎞ 이내
  자영기간과 관련하여 사업·근로소득 발생기간 및 복식부기의무자 수입기간의 제외 규정을 적용한다. 이 경우 "농업·임업에서 발생하는 소득"은 각각 "어업에서 발생하는 소득"으로 본다(조특령 §64 ⑪ → §63 ⑭). 제3절 Ⅲ. 4-1 (2-2)를 참조하기로 한다.

1-2 어업회사법인

어업회사법인은 수산업의 경영이나 수산물의 유통·가공·판매를 기업적으로 하려는 자나 농어촌 관광휴양사업을 하려는 자가 설립하는 상법상의 회사이다. 합명회사, 합자회사, 유한책임회사, 주식회사, 유한회사 중 하나의 형태로 설립이 가능하다(농어업경영체법 §19 ③, 동법 시행령 §17 ②).

---

[3] "어업인"이란 어업자와 어업종사자를 말하며, "어업자"란 어업을 경영하는 자이고, "어업종사자"란 어업자를 위하여 수산동식물을 포획·채취 또는 양식하는 일에 종사하는 자와 염전에서 바닷물을 자연 증발시켜 소금을 생산하는 일에 종사하는 자를 말한다(수산업법 §2 12호~14호).
[4] 바다, 바닷가, 수산종자생산업을 목적으로 인공적으로 조성된 육상의 해수면을 이용하는 수산종자생산업자로 한정한다(수산종자산업육성법).
[5] 시에는 특별자치시와「제주특별자치도 설치 및 국제자유도시 조성을 위한 특별법」제10조 제2항에 따른 행정시(제주시 및 서귀포시)를 포함함.

2 어업용 토지등의 현물출자

양도소득세가 면제되는 어업용 토지등이란 육상해수양식어업 및 수산종자생산업(양식산업발전법 §43 ① 1호, 수산종자산업육성법 §21 ①)에 직접 사용되는 토지 및 건물을 말한다. 수산종자생산업은 바다, 바닷가, 수산종자생산업을 목적으로 인공적으로 조성된 육상의 해수면을 이용하는 수산종자생산업으로 한정한다(조특령 §64 ④).

현물출자란 상법상의 제도로 금전 이외의 재산을 출자의 목적으로 하는 것이다.

3 양도소득세 100% 감면

어업인이 어업용 토지등을 현물출자함으로써 발생한 소득에 대해 양도소득세의 100분의 100에 상당하는 세액을 감면한다.

다만 해당 어업용 토지등이 주거지역등에 편입되거나 환지예정지로 지정된 경우에는 편입일 또는 지정일까지 발생한 소득에 대해서만 감면한다(조특법 §67 ④ 단서, 조특령 §64 ⑬). 상세 내용은 제3장 제2절 Ⅲ. 1.을 참조하기로 한다.

이때 현물출자한 자산에 담보된 채무 중 영어조합법인과 어업회사법인이 인수하는 채무가액에 상당하는, 다음의 계산식에 따른 금액은 감면소득에서 제외한다(조특령 §64 ⑫).

$$\text{감면소득 제외 금액} = \text{양도소득금액 (소법 §95 ①)} \times \frac{\text{현물출자한 자산에 담보된 채무}}{\text{총소득금액}}$$

2020년 개정세법에서 법인 등이 어업용 토지등을 현물출자할 때 감면되는 양도소득세는 현물출자한 자산에 담보된 채무 중 법인이 인수하는 채무가액에 상당하는 소득을 제외한 것임을 명확히 하였다. 참고로, 종래 조세심판원에서는 양도소득금액 전액을 감면소득으로 해석하였으나(조심 2015중3798, 2016.1.25.), 과세관청에서는 개정된 규정과 같이 채무상당액의 양도소득금액은 감면에서 배제하는 것으로 해석하였다(서면부동산-3473, 2016.9.27.).

편입·지정일 이후의 소득을 감면 배제하는 규정을 2017년 개정세법에서 신설하였다.

4 사후관리

4-1 의무위반사유

양도소득세를 감면받은 자가 자영기간이 8년 미만으로서 그 출자지분을 출자일로부터 3년 이내에 다른 사람에게 양도하는 경우에는 그 양도일이 속하는 과세연도의 과세표준신고 시 양도소득세를 납부하여야 한다(조특법 §67 ⑤). 영농조합법인에 대한 현물출자와는 달리 이자상당가산액의 납부 조항은 없다.

다만 해외이주법에 의한 해외이주에 의하여 세대전원이 출국하는 경우에는 의무위반으로 보지 않는다(조특령 §64 ⑦).

자영기간의 계산은 해당 어업용 토지등을 현물출자하기 전에 어업에 직접 사용하였던 기간과 현물출자 후 출자지분 양도 시까지의 기간을 합한 기간으로 한다(조특령 §64 ⑤).

이때 상속받은 농지의 기간 계산과 사업·근로소득 발생기간 등의 제외 규정은 제3절 Ⅲ. 4-1 (2)를 참조하기로 한다.

4-2 추징방법

양도소득세로 납부하여야 할 세액은 다음과 같다(조특령 §64 ⑥).

$$납부세액 = 당해\ 감면세액 \times \frac{3년\ 이내에\ 양도한\ 출자지분}{현물출자로\ 취득한\ 총출자지분}$$

위 의무위반사유에 해당하게 되면 1주를 양도하는 경우에도 추징사유가 됨에 유의하여야 한다.

Ⅳ. 조세특례제한 등

 **절차**

1-1 영어조합법인의 세액감면

영어조합법인은 세액면제신청서 및 면제세액계산서(별지 제49호 서식) 및 농어업경영체법 제4조에 따른 농어업경영체 등록(변경등록)확인서(이하 "농어업경영체 등록확인서")를 납세지 관할세무서장에게 제출하여야 한다. 다만 납부할 법인세가 없는 경우에는 그러하지 아니한다(조특령 §64 ⑧).

1-2 조합원의 배당소득면제

배당소득에 대한 소득세를 면제받으려는 자는 해당 배당소득을 지급받는 때에 세액면제신청서(별지 제50호 서식)를 영어조합법인에 제출하여야 한다. 이 경우 영어조합법인은 배당금을 지급한 날이 속하는 달의 다음 달 말일까지 조합원이 제출한 세액면제신청서와 해당 영어조합법인의 농어업경영체 등록확인서를 원천징수 관할세무서장에게 제출하여야 한다(조특령 §64 ⑨).

1-3 현물출자

양도소득세를 감면받고자 하는 자는 양도일이 속하는 과세연도의 과세표준신고와 함께 현물출자등에 대한 세액감면(면제)신청서(별지 제13호 서식)에 해당 영어조합법인의 농어업경영체 등록확인서와 현물출자계약서 사본 1부를 첨부하여 납세지 관할세무서장에게 제출하여야 한다(조특령 §64 ⑩).

이 경우 납세지 관할세무서장은 「전자정부법」 제36조 제1항에 따른 행정정보의 공동이용을 통하여 해당 어업용 토지등의 등기사항증명서를 확인하여야 한다.

❷ 결정 또는 기한 후 신고 시 감면배제 등

다음의 세무상 의무위반 조항 해당 시 감면이 배제된다(조특법 §128 ②~④).
- 결정 또는 기한 후 신고 시 감면배제
- 경정 등의 부정과소신고금액에 대한 감면배제
- 세법상 협력의무위반에 대한 감면배제

제20부 제2절 부분을 참조하기 바란다.

기타 조세특례제한 등

구 분	내 용	참조 부분
중복지원의 배제	세액공제와 감면규정 배제(조특법 §127 ④)	제20부 제1절
양도소득세 감면	종합한도 적용(조특법 §133 ①) -과세기간별 1억원 감면한도 -5개 과세기간 2억원 감면한도	제20부 제6절
농어촌특별세	비과세(농특령 §4 ① 1호)	

제5절 [제68조] 농업회사법인에 대한 법인세의 면제 등

Ⅰ. 의의

농업회사법인의 작물재배업에서 발생하는 소득과 작물재배업소득 외의 소득 중 부대사업 등 소득에 대하여 농업회사법인과 그 출자자에 대하여 과세특례를 부여하는 제도이다.

과세특례의 내용은 농업회사법인의 경우 작물재배업소득에 대한 법인세는 면제하며, 부대사업등 소득에 대해서는 5년간 50% 감면한다.

농업회사법인의 출자자는 식량작물재배업소득에서 발생한 배당소득에 대한 소득세를 면제하고, 그외작물재배업소득과 부대사업등 소득에서 발생한 배당소득에 대해서는 분리과세하여 금융소득 종합과세대상에서 제외한다.

또한 농업인이 농지·초지를 농업회사법인에 현물출자하여 발생하는 소득에 대해서는 양도소득세를 100% 감면하고, 농작물재배업 등에 직접 사용되는 부동산을 현물출자하는 경우에는 이월과세를 적용한다.

농업회사법인과 그 출자자에 대한 특례

농업회사법인		출자자
■ 작물재배업 소득 100% 면제. 단, 그외작물재배업소득에 대해서는 50억원 한도 ■ 부대사업등 소득에 대해 5년간 50% 감면	배당 → ← 현물출자 ■ 농지·초지의 양도소득세 100% 감면 ■ 부동산의 이월과세	■ 식량작물재배업에서 발생한 배당소득을 100% 면제 ■ 그외작물재배업소득과 부대사업등 소득에서 발생한 배당소득은 14% 분리과세

농어촌 지역 생산인력의 부족현상에 대한 해결책으로 협업적·기업적 농업경영을 할 수 있는 기업농 육성을 지원하기 위한 조세특례이다.

일몰기한은 2026.12.31.이다.

개정연혁

연 도	개정 내용
2020년	■ 채무인수액 상당액을 농지 등의 현물출자 시 양도소득에서 제외
2024년	■ 농어업경영체 등록 요건 신설 ■ 수입 농산물을 단순 유통·판매하는 소득을 감면소득에서 제외

본 과세특례는 농업회사법인과 그 조합원에 적용되는 작물재배업소득등의 세액감면과 배당소득 과세특례, 농지·초지의 현물출자에 대한 과세특례 및 농작물생산업등에 직접 사용하던 부동산의 현물출자에 대한 과세특례의 3가지로 구성되어 있으며, 그 요건과 특례의 내용이 각기 다르므로 구분하여 살펴보도록 한다.

Ⅱ. 농업회사법인등의 작물재배업소득등

농업회사법인의 작물재배업소득등에 대한 법인세를 감면하고, 농업회사법인의 조합원은 작물재배업소득등에서 발생한 배당소득에 대한 소득세를 면제하거나 분리과세한다.

1 주체

본 과세특례의 주체는 농업회사법인과 그 출자자이다(조특법 §68 ①). 농업회사법인이 조특법상 중소기업의 요건을 갖추어야 하는 것은 아니다(법인-704, 2011.9.27.). 또한 수도권과 밀억제권역 내외 소재 여부와 관계없이 특례를 적용한다(법인-845, 2009.7.22.).

1-1 농업회사법인

「농어업경영체 육성 및 지원에 관한 법률」(이하 "농어업경영체법") 제4조에 따라 농어업경영정보를 등록한 농업회사법인이다. 농업회사법인이란 농업의 경영이나 농산물의 유통·가공·판매를 기업적으로 하려는 자나 농업인의 농작업을 대행하거나 농어촌 관광휴양사업을 하려는 자가 설립하는 상법상의 회사이다. 합명회사, 합자회사, 유한책임회사, 주식회사, 유한회사 중 하나의 형태로 설립이 가능하다(동법 §19 ①, 동법 시행령 §17 ①).

2024 개정 2024년 개정세법에서 농어업경영체 등록확인서의 제출을 면제의 필수 요건으로 규정하였다. 개정 부칙은 제3절 Ⅱ. 1-1을 참조하기 바란다.

1-2 농업경영체 등록

농업회사법인이 법인세 감면을 적용받기 위해서는 해당 사업연도 말까지 농어업경영체법에 따라 농업경영체 등록(동법 §4)을 하여야 하며, 해당 사업연도 말까지 농업경영체 등록을 하는 등 감면요건에 해당되는 경우에는 법인세 과세표준 신고기한 내에 농업경영체 등록확인서를 미제출하더라도 감면을 적용받을 수 있다(기준법령법인-0137, 2017.2.20.; 서면법령법인-6035, 2019.2.28.).

종래의 해석에 따르면 농업경영체 등록확인서는 과세관청의 감면세액 결정에 협력하기 위하여 제출하는 세액면제신청서 및 면제세액계산서와는 달리 감면요건을 충족하는 농업회사법인에 해당하는지 여부를 확인하기 위한 것으로서 동 확인서의 제출이 없는 경우까지 법인세를 감면할 수 없다(조심 2022서5818, 2022.9.20.; 조심 2018전1838, 2018.8.14.; 조심 2021전6705, 2022.2.10. 외 다수). 더 나아가 조세심판원은 농어업경영체 등록확인서 제출 규정을 모법의 위임범위를 벗어나 위법이라거나 새로운 감면요건을 창설하고 있어 무효라는 주장을 타당하지 않은 것으로 판단하고 있다(조심 2020서2312, 2020.9.22.; 조심 2022인0205, 2022.3.14.).

또한 농업회사법인이 사업연도 중 농업인 또는 농업생산자단체가 아닌 자에 대한 출자한도 요건(농어업경영체법 시행령 §18 ①)을 충족하지 아니하게 되는 경우에는 그 한도요건을 충족하지 아니하게 된 날이 속하는 사업연도부터 법인세 감면을 적용하지 아니한다(서면법령법인-4977, 2017.4.20.).

최근 대법원은 농어업경영체 등록확인서의 제출은 면제의 필수 요건에 해당하지 않는 것으로 판결하였으나 2024년 세법개정에서 다시 면제의 필수 요건으로 법률상 명시하였다. 상세 내용은 제3절 Ⅴ. 1-1을 참조하기로 한다.

2 과세특례

2-1 농업회사법인의 법인세 감면

농업회사법인의 특례대상소득 중 작물재배업소득에 대하여는 법인세를 면제하고, 부대사업등 소득에 대하여는 5년간 50% 감면한다(조특법 §68 ①).

농업회사법인의 감면소득 범위

```
                    농업회사법인 전체소득

    ⓒ 부대사업등 소득              〈작물재배업소득〉
       (예 : 축산업소득)            ⓑ 그외작물재배업소득(예 : 과실재배소득)
    ⓓ 면제제외 소득
       (예 : 수목원 입장료소득)            ⓐ 식량작물재배업소득
```

(1) 작물재배업소득 (법인세 면제)

농업회사법인의 작물재배업1)소득에 대한 법인세 면제세액은 본 특례 적용 전 산출세액에 면제대상 소득이 과세표준에서 차지하는 비율을 곱하여 계산한다.

$$\text{면제세액} = \text{특례 적용 전 산출세액} \times \frac{\text{면제대상 소득}}{\text{과세표준}}$$

(1-1) 면제소득의 계산

법인세 면제대상 소득은 ⓐ 곡물 및 기타 식량작물재배업2)에서 발생하는 소득(이하 "식량작물재배업소득") 전액과 ⓑ 식량작물재배업소득 외의 작물재배업소득(이하 "그외작물재배업소득") 중 한도 이내의 금액이다(조특법 §68 ①).

$$\text{면제대상 소득} = ⓐ \text{ 식량작물재배업소득 전액} + ⓑ \text{ 그외작물재배업소득 중 한도 이내 금액}$$

ⓑ 그외작물재배업소득은 다음의 금액을 한도로 한다(조특령 §65 ①).

$$\text{한도} = \text{그외작물재배업 소득금액} \times \left(50\text{억원} \times \frac{\text{사업연도 월수}}{12} \div \text{그외작물재배업 수입금액} \right)$$

---

1) 한국표준산업분류상 농업(중분류 01)의 소분류인 작물재배업(011)에는 그 세분류로 곡물 및 기타 식량작물재배업(0111), 채소, 화훼작물 및 종묘 재배업(0112), 과실, 음료용 및 향신용 작물 재배업(0113), 기타 작물 재배업(0114), 시설작물 재배업(0115)이 있다.
2) 이하 본 특례에서 원문자 ⓐ, ⓑ, ⓒ, ⓓ는 앞에 나오는 그림상의 소득을 가리키는 것으로 계속 사용하며, 각 원문자는 농업회사법인 면제세액계산서(별지 제50호의 2 서식)의 ⑥, ⑦, ⑧, ⑨에 각각 해당함.

농업회사법인은 상법상의 회사이므로 영농조합법인과는 달리 조합원 수에 의하지 않고 일정액인 50억원을 최고 한도로 한다.

(1-2) 면제소득의 판정 및 범위

작물재배업과 여타의 업종을 겸영하고 있는 경우에는 주된 활동에 따라 분류하여야 한다. 주된 활동은 생산된 재화 또는 제공된 서비스 중에서 부가가치가 가장 많이 창출되는 활동(산업대분류부터 순차적으로 우선 집계하여 적용)을 말하며, 부가가치의 측정이 어려운 경우에는 산출액 또는 종업원 및 노동시간, 임금, 설비의 정도 등을 함께 고려하여 결정한다(한국표준산업분류 회신 통계기준팀-1034, 2010.5.10.).

예를 들어, 농업회사법인이 감나무를 재배하여 수확한 감을 곶감으로 만들어서 판매한 소득은 감의 재배활동과 곶감의 제조활동 중 부가가치가 높은 산업활동을 기준으로, 그외 작물재배업소득 또는 부대사업등 소득인지 여부를 사실판단한다(서면법령법인-4102, 2021.10.22.).

● **종자생산 소득**

농업회사법인의 종자생산 소득이 주업에서 발생한 경우에는 작물재배업소득에 포함되며, 부대사업에서 발생한 소득에 해당하는 경우에는 작물재배업소득 외의 소득에 해당한다(법인-480, 2010.5.26.).

원원종(原原種)을 연구개발·재배하여 원종을 생산한 후 계약에 따라 이를 국내·외의 채종농가 등에게 제공하여 생산하도록 한 나종자를 매입·가공하여 생산한 상품종자를 판매함으로써 얻은 소득은 작물재배업에서 발생한 농업소득에 해당한다(조심 2017서3003, 2018.5.4.; 조심 2017서2899, 2018.4.25.; 조심 2017서2996, 2018.4.16.; 재법인-1014, 2017.8.24. 외 다수).

● **작물재배업과 도소매업의 구분**

'농가에서 배추 모종(20일가량 생육)을 구입, 농지를 임차한 후 직원(일용직)을 고용하여 일정기간(약 60일) 재배하게 하고 수확하여 도매시장, 대형유통업체, 김치공장 등에 출하하는 활동'은 주된 산업활동에 따라 다음과 같이 각각 달리 분류된다. 농지를 소유하거나 임차한 후 노동인력을 채용하여 노지에서 각종 채소작물을 재배하는 것이 주된 산업활동인 경우 "01121 채소작물 재배"에 해당하지만, 농산물 판매활동을 주로 하는 사업체가 상기 활동을 부수적으로 할 경우는 "G 도매 및 소매업"에 해당한다(통계청 통계기준팀-1048, 2011.5.20.).

농업회사법인이 단순히 모종을 구입하여 농업인에게 위탁 생산한 화훼 종묘를 판매하여 얻은 소득은 식량작물재배업소득 외의 작물재배업에서 발생하는 소득에 해당하지 않음(서면법인-0853, 2020.9.21.). 도소매업이므로 후술하는 부대사업등 소득 중 농산물 유통·가공·판매에 해당하는 지 여부를 판단하여야 함.

또한, 농업회사법인이 냉동과일을 수입하여 국내에서 도소매로 판매하여 얻은 소득은 작물재배업에서 발생하는 소득 외의 소득에 해당하지 않는 것임(서면법인-0470, 2020.9.2.).

● 작물 위탁 재배의 작물재배업 해당 여부

「농어업경영체 육성 및 지원에 관한 법률」에 따른 농업회사법인이 작물을 위탁하여 재배하는 경우에 위 농업회사법인이 영위하는 업종이 「조세특례제한법 시행령」제65조 제3항의 '식량작물 재배업 외의 작물재배업'에 해당하는지 여부는 「통계법」제22조에 따라 통계청장이 고시하는 한국표준산업분류에 따르는 것이며, 해당 고시의 산업분류 적용원칙에 따르면 자기가 직접 실질적인 생산활동은 하지 않고, 다른 계약업자에 의뢰하여 재화 또는 서비스를 자기계정으로 생산하게 하고, 이를 자기명의로, 자기 책임 아래 판매하는 단위는 이들 재화나 서비스 자체를 직접 생산하는 단위와 동일한 산업으로 분류하는 것이므로 이를 참고하여 판단하기 바람(서면법령소득-4597, 2021.12.28.).

● 수목원의 입장료

수목원의 입장료는 식물원, 동물원 및 자연공원 업종(9023)에 해당하므로 작물재배업소득으로 볼 수 없으나,(조심 2012중3122, 2012.9.19.; 조심 2011중20, 2011.11.30.) 수목원에서 재배한 화초를 판매함으로써 발생한 소득은 작물재배업소득에 해당한다(법인-770, 2010.8.18.).

● 농업재해로 인해 보상 받는 보험금

농업회사법인이 「농어업재해보험법」제4조의 농작물재재보험에 가입한 후 농업재해로 인해 발생한 식량작물재배손실에 대응하여 보상받는 보험금은 법인세가 면제되는 식량작물재배업소득에 해당하는 것임(재법인-692, 2020.5.28.).

(2) 부대사업등 소득 (50% 감면)

(2-1) 감면소득의 계산

ⓒ 부대사업등 소득에 대하여는 최초로 해당 소득이 발생한 과세연도와 그 다음 과세연도의 개시일부터 4년 이내에 끝나는 과세연도까지, 즉 5년간 50% 감면한다. 사업개시일부터 5년이 되는 날이 속하는 과세연도까지 해당 소득이 발생하지 아니하는 경우에는 5년이 되는 날이 속하는 과세연도를 감면개시연도로 한다(조특법 §68 ①).

$$감면세액 = 적용\ 전\ 산출세액 \times \frac{감면소득}{과세표준} \times \frac{50}{100}$$

농업회사법인의 경우에는 영농조합법인과는 달리 부대사업등 소득에 대하여 한도가 없다. 감면소득, 감면세액, 감면기간 등의 상세 내용에 대해서는 제2부 제4절 Ⅲ. 세액감면을 참조하기로 한다.

주요 이슈와 쟁점

36. 일반 법인이 농업회사법인으로 전환한 경우 감면기간의 기산점

[변경 전 심판례] (전환 전 일반 법인 기준)
「상법」상 주식회사가 농업회사법인으로 전환한 경우 농업회사법인의 농업외소득에 대한 법인세 감면기산일이 되는 "해당사업에서 최초로 소득이 발생한 과세연도" 또는 "사업개시일로부터 5년이 되는 날이 속하는 과세연도"라 함은 "<u>전환 전 법인에게 해당사업에서 최초로 소득이 발생한 과세연도</u>" 또는 "<u>전환전 법인의 사업개시일로부터 5년이 되는 날이 속하는 과세연도</u>"를 말한다(조심 2013부771, 2013.6.20.).

[변경된 예규] (전환 후 농업회사법인 기준)
조세특례제한법 제6조 제1항에 따라 세액감면을 적용받지 않은 상법에 따른 주식회사가 「농어업경영체 육성 및 지원에 관한 법률」에 따른 농업회사법인으로 전환하여 조세특례제한법 제68조 제1항에 따라 식량작물재배업에서 발생하는 소득 외의 소득에 대해 법인세를 감면받는 경우, 감면기간의 기산은 <u>농업회사법인으로 전환 후 최초로 소득이 발생한 사업연도를 기준</u>으로 적용하는 것임(재법인-6, 2017.1.4.; 서면법인-3473, 2021.6.29.).

|저자주| 종래 과세관청 및 재결청의 해석에서는 일반 법인이 농업회사법인으로 전환한 경우, 감면기간의 기산점을 전환 전 일반 법인을 기준으로 하였다(법인-781, 2012.12.17.; 법인세과-368, 2012.6.8.; 서면법인-1552, 2016.3.18.). 농업회사법인의 부대소득에 대한 법인세 감면방법을 창업중소기업 세액감면 규정을 준용하여 감면하도록 하고 있으므로, 농업회사법인의 감면소득에 따른 감면기간 개시점도 법 제6조를 준용하여야 한다는 논리이다.

그러나 세액감면의 내용은 크게 감면소득, 감면세액 및 감면기간으로 나누어지는데, 준용되는 사항은 감면세액과 감면기간에 한정되는 것으로 보아야 할 것으로 판단된다. 감면소득은 각 조세특례 별로 그 고유의 조세정책적 목적에 따라 별개로 정하여지므로, 다른 조세특례의 내용을 원칙적으로 준용할 수 없기 때문이다. 따라서 감면소득 발생에 따른 감면기간의 기산점도 법 제6조에 따르지 않고 본 특례의 감면소득을 기준으로 감면기간의 개시점이 정하여져야 한다.

과세관청에서도 2017년 1월에 전환 후 농업회사법인을 기준으로 감면기간의 기산점을 정하도록 해석을 변경하였으며, 위의 예규 3건을 모두 2017년 4월에 삭제하였다.

(2-2) 감면소득의 범위

50% 감면소득은 작물재배업소득 외의 소득으로 다음에 열거된 부대사업등 소득으로 한다(조특령 §65 ②).

(가) 축산업, 임업에서 발생한 소득

축산업이란 동물(수생동물은 제외함)의 사육업·증식업·부화업 및 종축업(種畜業)을 말하며, 임업이란 영림업(임업용 종자·묘목 재배업 및 「산림문화·휴양에 관한 법률」과 「수목원·정원의 조성 및 진흥에 관한 법률」에 따른 자연휴양림, 수목원 및 정원의 조성 또는 관리·운영업을 포함한다) 및 임산물 생산·채취업을 말한다[농업·농촌 및 식품산업 기본법(이하 "농업식품기본법") 시행령 §2 3호 및 3호].

예를 들어, 경주마 사육업을 영위하면서 경주마를 매각함에 따라 발생하는 소득은 말 및 양 사육업(01291)으로 축산업에 해당한다(법인-845, 2009.7.22.).

(나) 부대사업에서 발생한 소득

농업회사법인의 부대사업의 범위는 다음과 같다(농어업경영체법 시행령 §20의 5 ① 6호).

> ㉮ 영농에 필요한 자재의 생산 및 공급사업
> ㉯ 영농에 필요한 종자생산 및 종균배양사업
> ㉰ 농산물의 구매 및 비축사업
> ㉱ 농업기계나 그 밖의 장비의 임대·수리 및 보관사업
> ㉲ 소규모 관개시설(灌漑施設)의 수탁 및 관리사업

● 농업회사법인이 비료관리법에 의한 비료를 도소매하거나 제조하는 것은 부대사업에 해당함(서면법인-1892, 2016.12.9.).[3] 반면에, 축산업자들로부터 위탁을 받아 가축 분뇨처리 대행을 통해 발생하는 소득은 포함되지 않음(서면법인-1041, 2022.12.6.).

(다) 농산물 유통 · 가공 · 판매 및 농작업 대행에서 발생한 소득

농어업경영체법 시행령 제19조 제1항에 따른, 농산물 유통·가공·판매 및 농작업 대행에서 발생한 소득이다. 다만, 수입 농산물의 유통 및 판매에서 발생하는 소득은 제외한다.

종래 과세관청에서는 농업회사법인이 유통업체로부터 구입한 농산물을 가공하여 판매함으로써 발생하는 소득은 법인세가 감면되는 "농산물 유통·가공·판매 및 농작업 대행에서 발생한 소득"에 해당하지 않는다고 회신하였다(사전법령법인-0734, 2018.5.4.).

그러나 최근 조세심판원에서는 과세관청의 유권해석과는 달리, 농민이 아닌 사업자로부터 매입한 농작물을 판매하여 발생한 소득도 감면의 적용대상으로 해석하였다(조심 2019중0589, 2019.5.28.). 이에 따라 최근 기재부 유권해석에서도 감면소득에 해당하는 것으로 해석을 변경하였다(재법인-491, 2023.9.6.; 서면법규법인-5220, 2023.9.12.).

● 농민이 아닌 사업자로부터 매입한 농작물을 판매하여 발생한 소득의 감면 여부 (긍정)

조특법 시행령 제65조 제2항 제3호에서 농업회사법인의 감면대상소득으로 "농산물 유통·가공·판매 및 농작업 대행에서 발생한 소득"을 규정하고 있을 뿐, 그 매입처에 대한 요건을 별도로 규정하고 있지 아니하므로 농민으로부터 매입한 상품을 판매하여 얻은 소득만이 쟁점감면의

---

3) 참고로 영농조합법인의 사료도매업은 목적사업소득에 해당하지 않음(대전고법 2011누2000, 2012.3.29.).

적용대상으로 해석하는 것은 조세법률주의에 어긋난다고 보이는 점, 기획재정부가 발간한 2007년 간추린 개정세법에서 쟁점규정의 개정이유로, 「농업·농촌기본법」상 농작물 유통·가공·판매 등이 농업회사법인의 부대사업에 포함되어 있지 아니하여 세제지원되지 못하는 문제를 시정하기 위한 것으로 되어 있는 점 등에 비추어 볼 때, 농민이 아닌 사업자로부터 매입한 농작물을 판매하여 발생한 소득도 쟁점감면의 적용대상이라고 보는 것이 타당하다 할 것이다(조심 2019중0589, 2019.5.28.).

● **수입농산물 판매 소득의 감경 여부** (부정)

"농산물 유통·가공·판매 및 농작업 대행에서 발생한 소득"에서 농산물은 수입농산물을 배제하는 것으로 해석할 수 있는 점, (이하 중략) 수입농산물만을 유통하는 경우에는 농업회사법인으로의 설립이 어려워 보이고, 조특법상의 법인세 감면도 제외되는 것으로 보이는 점 등에 비추어 처분청이 국산농산물 유통에 대한 구분기장을 제출하지 않은 청구법인들에 대하여 법인세 감면 적용을 배제하고 이 건 법인세를 부과한 처분은 잘못이 없다고 판단된다(조심 2022구1942, 2022.8.2.).

● **닭고기 또는 돼지고기 유통에서 발생하는 소득의 감면 여부** (긍정)

「농어업경영체 육성 및 지원에 관한 법률」에 따른 농업회사법인이 위탁사육한 닭을 인계받아 생계로 판매 또는 1차 도축 및 단순가공 후 판매하여 발생하는 소득은 <u>2019년 1월 1일 이후 개시하는 과세연도 분부터 「조세특례제한법」 제68조 제1항 및 같은 법 시행령 제65조 제2항 제3호에서 규정한 작물재배업에서 발생하는 소득 외의 소득(농업인이 아닌 자가 지배하는 「조세특례제한법 시행규칙」 제26조 제1항에 따른 농업회사법인의 경우에는 같은 조 제2항에 따른 업종에서 발생하는 소득은 제외함)</u>에 해당하는 것임(서면법인-2008, 2020.11.12.; 서면법령법인-2673, 2020.11.5.). 돼지머리를 매입, 가공하여 부산물을 유통하는 사업도 감면됨(서면법인-4085, 2020.11.10.; 서면법인-0558, 2020.11.10.).

● **농약·비료 살포 용역 소득의 감면 여부** (긍정)

농업회사법인이 무인항공을 이용하여 농업인에게 제공하는 농약·비료 살포용역에서 발생한 소득은 감면소득에 해당하는 것임(서면법인-3216, 2020.9.11.). 동 소득은 농작업 대행 소득임.

2019년 개정세법에서, 종전 예규(사전법령법인-0734, 2018.5.4.)에 따라 농업회사법인의 농산물 유통·가공·판매 및 농작업 대행 소득을 농어업경영체법에 따른 소득으로 명확화하였다.

2024 개정 농업회사법인에 대해 5년간 법인세의 50%가 감면되는 소득의 범위에서 수입 농산물을 단순 유통·판매하는 소득은 제외됨을 명확히 함. 반대 해석으로 수입 농산물이 아닌 국내 농산물을 단순 유통·판매하는 소득은 감면소득에 포함됨.

주요 이슈와 쟁점

37. 축산물 유통·가공·판매 소득이 감면대상 소득인지 여부

[종전 예규] (부정)

「농어업경영체 육성 및 지원에 관한 법률」에 따른 농업회사법인의 축산물 유통·가공·판매에서 발생하는 소득은 「조세특례제한법」 제68조 제1항과 같은 법 시행령 제65조 제1항에 따라 법인세가 감면되는 "농업소득 외의 소득"에 해당하지 아니하는 것임(법인-356, 2012.6.4).

[변경된 예규] (긍정)

「농어업경영체 육성 및 지원에 관한 법률」에 따른 농업회사법인이 축산물을 유통·가공·판매함으로 인해 발생하는 소득(농업인이 아닌 자가 지배하는「조세특례제한법 시행규칙」제26조 제1항에 따른 농업회사법인의 경우에는 같은 조 제2항에 따른 업종에서 발생하는 소득은 제외함)은 2019년 1월 1일 이후 개시하는 과세연도 분부터「조세특례제한법」제68조 제1항에 따른 법인세 감면이 적용되는 것이며, 이 경우「상법」에 따른 주식회사가「농어업경영체 육성 및 지원에 관한 법률」에 따른 농업회사법인으로 전환한 경우에는 전환 후 최초로 소득이 발생한 사업연도를 기준으로「조세특례제한법」제68조 제1항에 따른 법인세 감면이 적용되는 것임(서면법인-3473, 2021.6.29.).

│저자주│ 종래 과세관청 및 재결청의 해석에서는 농업회사법인의 축산물 유통·가공·판매에서 발생하는 소득은 법인세가 감면되는 "농업소득 외의 소득"에 해당하지 아니하는 것으로 해석(법규과-611, 2012.6.1.서면법인-2379, 2015.12.28.; 조심 2016중644, 2016.6.29.)하였음.

해석 당시 조특령 §65 ② 3호는 "농산물 유통·가공·판매 및 농작업 대행에서 발생한 소득"으로만 규정되어 농산물에 대한 개념을 차용할 수 있는 근거법령을 명시하지 않았기 때문임.

2019.2.12. 해당 규정의 개정으로 인해 농어업경영체법 및 농업식품기본법상 농산물의 개념을 차용할 수 있게 되었으므로 2019.1.1. 이후 개시하는 사업연도부터 축산물 유통·가공·판매에서 발생하는 소득은 농산물 유통·가공·판매에서 발생한 소득에 해당하는 것으로 해석을 변경함.

농어업경영체법상 농업인은 농업식품기본법에 따른 농업인을 말하는데(농어업경영체법 §2 1호) 농업인은 '농업을 경영하거나 이에 종사하는 자'(농업식품기본법 §3 2호)를 말하고, 농업에는 축산업이 포함(같은 조 1호)되므로 조특령에서 규정하고 있는 농산물에 축산물이 포함되는 것으로 해석 가능함.

(3) 감면 제외 소득

(3-1) 비농업인 지배 회사의 도·소매업 및 서비스업 소득

비농업인이 지배하는 농업회사법인의 도·소매업 및 서비스업(작물재배 관련 서비스업은 제외함)에서 발생하는 소득은 감면하는 부대사업등 소득에서 제외한다(조특칙 §26 ②).

비농업인이 지배하는 농업회사법인이란 다음의 요건을 모두 갖춘 경우를 말한다(조특칙 §26 ①).
① 출자총액이 80억원을 초과할 것
② 출자총액 중 농업인 및 농업 관련 생산자단체[4])의 출자지분 합계의 비중이 50% 미만일 것

농업인 출자비율이 낮은 법인의 농업 생산과 관계없는 업종의 소득을 감면 대상에서 제외하기 위하여, 2019년 개정세법에서 비농업인 지분율이 50%를 초과하고 자본금이 80억원을 초과하는 경우 도·소매업 및 서비스업(작물재배 관련 서비스업은 제외)에서 발생한 소득을 감면 대상에서 제외한다. 2019.2.12. 전에 신설된 농업회사법인의 경우에는 개정규정에도 불구하고 종전의 규정에 따른다(2019.2.12. 개정된 시행령 부칙 §27).

(3-2) 면제제외 소득

다음의 소득은 ⓓ 면제제외 소득으로 한다.
- 토지, 건물, 기계장치 등 고정자산을 양도함으로 인해 발생하는 소득(재법인-425, 2010. 6.3.)
- 부동산의 수용에 따라 받는 보상수익(법인-196, 2010.3.8.)
- 농지 분양 매출 및 농지 분양 대행수수료 수입, 찜질방 이용료 수입(재법인-218, 2006. 3.17.)
- 농업회사법인이 외부에서 매입한 가공된 김치를 판매함으로 인해 발생한 소득(서면법령법인-3559, 2017.5.23.)

2-2 농업회사법인의 출자자

(1) 식량작물재배업소득 (배당소득세 면제)

농업회사법인의 출자자가 받는 소득 중 ⓐ 식량작물재배업소득에서 발생한 배당소득은 전액 면제한다(조특법 §68 ④).

식량작물재배업소득에서 발생한 배당소득은 다음과 같이 계산한다(조특령 §65 ④ 1호). 이 경우 각 소득금액은 배당확정일이 속하는 연도의 직전 사업연도에 해당하는 분으로 하며, 각 소득금액이 음수인 경우에는 0으로 본다.

$$배당소득 = 수령한\ 배당소득총액 \times \frac{ⓐ\ 식량작물재배업\ 소득금액}{총소득금액}$$

[4) 「농어업경영체 육성 및 지원에 관한 법률」 §2 1호 및 「농업·농촌 및 식품산업 기본법」 §3 4호

(2) 부대사업등 소득등 (분리과세)

식량작물재배업소득 외 소득 중 ⓒ 부대사업등 소득 및 ⓑ 식량작물재배 외의 작물재배업(그외작물재배업)에서 발생하는 소득을 대상으로 한다(조특령 §65 ③). 금융소득 종합과세를 적용하지 아니하고 14%의 세율로 원천징수한 후 분리과세로 납세의무를 종결시킨다(조특법 §68 ④). 전술한 그림에서 진하게 색칠한 부분이 분리과세대상 소득이다.

부대사업등 소득 및 그외작물재배업소득에서 발생한 배당소득은 다음과 같이 계산한다(조특령 §65 ④ 2호). 이 경우 각 소득금액은 배당확정일이 속하는 연도의 직전 사업연도에 해당하는 분으로 하며, 각 소득금액이 음수인 경우에는 0으로 본다.

$$배당소득 = \frac{수령한}{배당소득총액} \times \frac{(ⓒ부대사업등\ 소득금액 + ⓑ그외작물재배업\ 소득금액)}{총소득금액}$$

영농조합법인과는 달리 ⓓ 법인세 면제 제외소득에 대해서는 저율 분리과세 특례를 부여하지 않는다.

● **농업회사법인으로 전환 후 중간배당을 실시하는 경우**

상법상 일반 주식회사로 설립한 법인이 농업회사법인으로 전환한 후 사업연도 중 중간배당을 실시한 경우, 작물재배업소득 및 농업 외 소득(본서의 부대사업등 소득등)에서 발생한 배당금이란 농업회사법인으로 변경한 이후에 해당 소득에서 발생한 이익잉여금을 재원으로 지급하는 배당금을 말하는 것이므로, 세액면제신청서상의 "해당과세기간 중 농업회사법인으로부터 지급받은 배당소득금액"은 농업회사법인으로 변경한 이후에 발생한 이익잉여금을 한도로 계산한다(서면법규-73, 2014.1.27.).

● **농업회사법인으로 전환된 법인이 배당금 지급 시 이익잉여금의 사용 순서**(선입선출법)

법인이 농업회사법인으로 전환한 후 이익잉여금을 배당하는 경우, 먼저 발생한 이익잉여금을 먼저 배당하는 것으로 보아 조세특례제한법 제68조 제4항을 적용하는 것임(사전법령소득-0313, 2017.6.30.).

2-3 농업회사법인에 대한 기타 특례

농업회사법인에 대하여는 작물재배업소득등에 대하여 법인세를 감면하는 이외에도 부가가치세, 지방세와 관련하여 특례를 부여한다. 상세 내용은 제3절 Ⅱ. 2-3을 참조하기로 한다.

Ⅲ. 농지·초지의 현물출자

1 주체

농업인이 농업회사법인에 현물출자하여야 한다(조특법 §68 ②).

농업인의 자경요건과 거주요건은 법 제66조 영농조합법인 특례와 동일하다(조특령 §63 ④). 제3절 Ⅲ. 1.을 참조하기 바란다.

농업회사법인은 농지법에 따른 농업법인의 요건을 갖춘 경우만 해당한다. 농업회사법인은 농어업경영체법에 따라 설립되고 업무집행권을 가진 자 중 3분의 1 이상이 농업인이어야 한다(농지법 §2 3호).

2 농지·초지의 현물출자

양도소득세가 면제되는 농지와 초지는 영농조합법인등의 작물재배업소득등 과세특례와 동일하다(조특령 §63 ⑤). 제3절 Ⅲ. 2. 농지·초지의 현물출자를 참조하기 바란다.

3 양도소득세 100% 감면

농업인이 농업회사법인에 농지·초지를 현물출자함으로써 발생한 소득에 대해 양도소득세의 100분의 100에 해당하는 세액을 감면한다.

다만 농지·초지가 주거지역등에 편입되거나 환지예정지로 지정된 경우에는 편입일 또는 지정일까지 발생한 소득에 대해서만 감면한다(조특법 §68 ② 단서, 조특령 §65 ⑧).

상세 내용은 제3장 제2절 Ⅲ. 1.을 참조하기로 한다.

이때 현물출자한 자산에 담보된 채무 중 농업회사법인이 인수하는 채무가액에 상당하는, 다음의 계산식에 따른 금액은 감면소득에서 제외한다(조특령 §65 ⑦).

$$\text{감면소득 제외 금액} = \text{양도소득금액(소법 §95 ①)} \times \frac{\text{현물출자한 자산에 담보된 채무}}{\text{총소득금액}}$$

2017년 개정세법에서 편입일·지정일 이후의 소득을 감면 배제하는 규정을 신설하였다.

2020년 개정세법에서 농업회사법인이 농지 등을 현물출자할 때 감면되는 양도소득세는 현물출자한 자산에 담보된 채무 중 법인이 인수하는 채무가액에 상당하는 소득을 제외한 것임을 명확히 하였다. 참고로, 종래 조세심판원에서는 양도소득금액 전액을 감면소득으로 해석하였으나(조심 2015중3798, 2016.1.25.), 과세관청에서는 개정된 규정과 같이 채무상당액의 양도소득금액은 감면에서 배제하는 것으로 해석하였다(서면부동산-3473, 2016.9.27.).

> **주요 이슈와 쟁점**
> **38. 피담보채무와 함께 농지를 현물출자한 경우 감면소득 산정방법**

[유권해석] (채무상당액의 양도소득금액 감면 배제)
어업인이 어업용 토지 등을 영어조합법인에 현물출자하면서 토지 등이 담보하고 있는 채무를 함께 어업조합법인에 승계시키는 경우에 감면이 적용되는 '현물출자로 발생한 소득'은 <u>양도소득 금액에 양도가액에서 해당 채무를 뺀 가액이 양도가액에서 차지하는 비율을 곱하여 산정한 가액</u>으로 하는 것임(서면부동산-3473, 2016.9.27.).

[재결] (전체 양도소득금액 감면)
법 제68조에 채무를 차감하여 양도소득세를 계산한다는 규정이 없는 점, 농어촌지역에 생산인력 부족현상이 심화되고 있는 문제점을 보완하고 협업적·기업적 농업경영을 할 수 있도록 농업회사법인의 설립·육성을 적극 지원하려는 입법취지를 감안할 필요가 있는 점, (이하 중략) 이 건은 <u>전체 양도소득금액에 대한 양도소득세가 면제된다</u>고 봄이 타당하다(조심 2015중3798, 2016.1.25.; 조심 2021중2045, 2021.10.25.).

│저자주│ 토지에 저당권 등이 설정되어 담보하고 있는 채무가 있을 때 그 피담보채무와 함께 토지를 현물출자하는 경우, 감면소득의 범위가 쟁점이다.
종래 과세관청의 해석에서는 피담보채무 상당액의 양도소득금액을 감면에서 배제하기 위하여 피담보채무액을 기준으로 안분계산하여 동 금액을 양도소득금액에서 제외하였다(법규과-1163, 2014.11.5.).5)
조세심판원에서는 이와는 달리 채무를 차감하여 계산하는 규정이 없다는 엄격해석의 원칙에 따라, 양도소득금액 전액을 감면대상 소득으로 결정하였다. 그러나 위에서 보는 바와 같이 동 심판례 이후에도 과세관청은 채무상당액을 감면 배제하는 것으로 계속적으로 해석하고 있음에 유의하여야 한다.
예를 들어 양도가액 4억, 취득가액 2억이고 채무액이 1억원이라면 감면대상소득을 과세관청과 조세심판원은 다음과 같이 각각 계산한다.
　과세관청의 감면 대상 소득 = 양도소득 × (양도가액 - 채무가액) ÷ 양도가액
　　= (4억 - 2억) × (4억 - 1억) ÷ 4억 = 1억 5천만원
　조세심판원의 감면 대상 소득 = 양도소득 전체 = (4억 - 2억) = 2억원
저자의 의견으로는 전체 양도소득금액을 감면소득으로 하는 것이 타당하다고 본다. 양수인이 현금을 지급하는 대신 양도인의 채무를 인수하는 것은 그 실질이 유상양도여서 양자 간에 차이가

없으므로, 법에 달리 규정이 없는 이상 동일한 특례를 부여하여야 하기 때문이다. 또한 소득세법에서도 피담보채무 설정분에 대해 양도소득으로 동일하게 과세되고 있다.

그러나 2020년 개정세법에서 과세관청의 견해에 따라 채무상당액의 양도소득금액을 감면배제하도록 명문화하였다.

4 사후관리와 신청절차

추징방법, 이자상당가산액, 신청절차는 영농조합법인등의 작물재배업소득등 과세특례 규정을 준용한다(조특법 §68 ⑥ → §66 ⑤·⑥·⑧). 제3절 Ⅲ. 4. 사후관리와 V. 1. 절차 부분을 참조하기 바란다.

Ⅳ. 부동산의 현물출자

1 부동산의 현물출자

현물출자의 대상이 되는 부동산은 농업식품기본법에 따른 농작물재배업·축산업 및 임업에 직접 사용되는 부동산이다(동법 §3 1호, 동법 시행령 §2). 다만 Ⅲ. 농지·초지 현물출자의 대상이 되는 농지 및 초지는 제외한다(조특법 §68 ③).

정미소는 이월과세가 적용되는 부동산이 아니며, 현물출자하는 부동산이 위탁받은 농지의 경작에 사용되는 부동산이라 하더라도 자기가 소유한 농지의 농작물재배업에 직접 사용되는 부동산인 경우 이월과세가 적용된다(재재산-105, 2016.2.25.; 서면법령재산-159, 2016.3.2.).

---

5) 다만 동 예규는 현재 검색되지 아니하며, 삭제된 예규로도 검색되지 않고 있음.

2 이월과세

농업인이 부동산을 현물출자하는 경우에는 이월과세를 적용받을 수 있다.
이월과세의 내용은 제7부 제3장 제1절 Ⅲ. 1. 이월과세를 참조하기 바란다.

3 사후관리

추징방법, 이자상당가산액은 영농조합법인등의 작물재배업소득등 과세특례 규정을 준용한다(조특법 §68 ③ → §66 ⑨·⑩). 제3절 Ⅳ. 4. 사후관리 부분을 참조하기 바란다.

Ⅴ. 조세특례제한 등

1 절차

1-1 세액감면 및 농지·초지의 현물출자

세액감면을 받으려는 농업회사법인 또는 농지·초지의 현물출자로 이월과세를 적용받으려는 자는 과세표준신고와 함께 세액감면(면제)신청서 및 면제세액계산서(별지 제50호의 2 서식) 또는 이월과세적용신청서(별지 제12호 서식)와 농어업경영체법 제4조에 따른 농어업경영체 등록(변경등록)확인서(이하 "농어업경영체 등록확인서")를 납세지 관할세무서장에게 제출하여야 한다. 이 경우 이월과세적용신청서는 농업회사법인과 함께 제출하여야 한다(조특령 §65 ⑤).

1-2 조합원의 배당소득면제

배당소득에 대한 소득세를 면제받으려는 자는 해당 배당소득을 지급받는 때에 세액면제신청서(별지 제51호 서식)를 농업회사법인에 제출하여야 한다. 이 경우 농업회사법인은 배당금을 지급한 날이 속하는 달의 다음 달 말일까지 조합원이 제출한 세액면제신청서와 농어업경영체 등록확인서를 원천징수 관할세무서장에게 제출하여야 한다(조특령 §65 ⑥).

2 중소기업 간의 통합에 따른 잔존감면기간 승계적용

본 과세특례를 적용받은 기업이 감면기간이 지나기 전에 중소기업 간의 통합을 하는 경우에는 통합법인은 잔존감면기간에도 계속적으로 세액감면을 적용받을 수 있다(조특법 §31 ⑤). 제7부 제3장 제1절 Ⅲ. 3.을 참조하기 바란다.

3 결정 또는 기한 후 신고 시 감면배제 등

다음의 세무상 의무위반 조항 해당 시 감면이 배제된다(조특법 §128 ②~④).
- 결정 또는 기한 후 신고 시 감면배제
- 경정 등의 부정과소신고금액에 대한 감면배제
- 세법상 협력의무위반에 대한 감면배제

제20부 제2절 부분을 참조하기 바란다.

기타 조세특례제한 등

구 분	내 용	참조 부분
중복지원의 배제	세액공제와 감면규정 배제(조특법 §127 ④)	제20부 제1절
최저한세	작물재배업소득 외의 소득만 적용대상(조특법 §132 ① 4호)	제20부 제4절
양도소득세 감면	종합한도 적용(조특법 §133 ①) - 과세기간별 1억원 감면한도 - 5개 과세기간 2억원 감면한도	제20부 제6절
농어촌특별세	비과세(농특령 §4 ① 1호)	

■ 조세특례제한법 시행규칙 [별지 제50호의 2 서식] <개정 2024. 3. 22.>

농업회사법인 면제세액계산서

(앞쪽)

제출법인	① 법인명		② 사업자등록번호	
	③ 대표자 성명		④ 생년월일	
	⑤ 주소 또는 본점 소재지		(전화번호 :)	

과세연도	년 월 일부터 년 월 일까지

면제세액 계산내용	이하 Ⅱ. 참조

소득금액	⑥ 식량작물재배업소득금액	ⓐ 식량작물재배업 소득 [2-1 (1)] 곡물 및 기타 식량작물재배(0111)	
	⑦ 식량작물재배업 외의 작물재배업에서 발생하는 소득금액	ⓑ 그외작물재배업소득 [2-1 (1)] (예, 과실·채소 재배소득)	
	⑧ 작물재배업 외의 소득 중 감면대상 소득금액	ⓒ 부대사업등 소득 [2-1 (2)] - 축산, 임업소득 - 부대사업 소득 - 농산물 유통·가공·판매 및 농작업 대행	2-1 (2-2) (나) 부대사업의 범위 - 영농자재 생산공급 - 종자생산, 종균배양 - 농산물 구매·비축 - 농업기계 임대 등 - 소규모 관계시설 관리
	⑨ 면제(감면)대상이 아닌 소득금액(⑥, ⑦, ⑧ 제외)	ⓓ 면제제외 소득 [2-1 (3-2)] - 고정자산양도차익 - 수용보상금 - 농지 분양 대행수수료 - 찜질방 등	
	⑩ 「조세특례제한법 시행령」 제65조 제2항에 따라 감면이 배제되는 소득금액	비농업인 지배회사의 도·소매업 및 서비스업 소득 [2-1 (3-1)]	
	⑪ 소득금액 계 (⑥ + ⑦ + ⑧ + ⑨)		

면제·감면세액	⑫ 식량작물재배업 외의 작물재배업 소득(⑦) 중 면제 대상 소득금액 한도액 ⓑ 그외작물재배업소득	식량작물재배업 외의 작물재배업 소득금액 × $\dfrac{50억원 \times \dfrac{사업연도 월수}{12}}{식량작물재배업 외의 작물재배업에서 발생하는 수입금액}$ =	
	⑬ 작물재배업소득에 대한 면제대상 소득금액 계 [⑥ + (⑦과 ⑫ 중 작은 금액)]	= ⓐ 식량작물재배업소득 전액 + ⓑ 그외작물재배업소득 (⑫ 한도적용)	면제대상소득(과세표준 한도) = 면제(감면)대상 소득금액 계 - 이월결손금 - 비과세소득 - 소득공제액
	⑭ 작물재배업 소득에 대한 세액면제	법 제68조 제1항 적용 전 산출세액 × $\dfrac{면제대상 소득}{과세표준}$ =	100% 면제
	⑮ 작물재배업 외의 소득 중 감면대상 소득금액(⑧-⑩)		
	⑯ 작물재배업 외의 소득 중 감면대상 소득금액(⑮)에 대한 세액감면 ⓒ 부대사업등 소득	법 제68조 제1항 적용 전 산출세액 × $\dfrac{감면대상 소득}{과세표준}$ × 감면율 (50%) =	5년간 50% 감면
	⑰ 합계(⑭ + ⑯)		

「조세특례제한법 시행령」 제65조 제5항에 따라 농업회사법인에 대한 법인세 면제세액계산서를 제출합니다.

년   월   일

■ 조세특례제한법 시행규칙 [별지 제51호 서식] (2015. 3. 13. 개정)

세액면제신청서 (농업회사법인이 지급하는 배당소득)

접수번호		접수일		처리기간 즉시	
신 청 인	① 성명			② 주민등록번호	
	③ 주소			(전화번호 :)	
농업회사 법인	④ 법 인 명			⑤ 사업자등록번호	
	⑥ 대표자 성명			⑦ 법인등록번호	
	⑧ 주소 또는 본점 소재지			(전화번호 :)	

신 청 내 용   이하 Ⅱ. 참조

⑨	과세기간	년 월 일부터 년 월 일까지
⑩	해당 과세기간 중 농업회사법인으로부터 지급받은 배당소득	의제배당소득 포함
⑪	배당확정일이 속하는 사업연도의 직전 사업연도의 총소득금액	
⑫	배당확정일이 속하는 사업연도의 직전 사업연도의 식량작물재배업 소득	ⓐ 식량작물재배업소득 [2-1 (1)] 곡물 및 기타 식량작물배업
⑬	배당확정일이 속하는 사업연도의 직전 사업연도의 식량작물재배업 외의 작물재배업에서 발생한 소득	ⓑ 그 외 작물재배업소득 [2-1 (1)] (예, 과실·채소 재배소득)
⑭	배당확정일이 속하는 사업연도의 직전 사업연도의 부대사업 등에서 발생한 소득	ⓒ 부대사업등 소득 [2-1 (2)] - 축산, 임업소득 - 부대사업 소득 - 농산물 유통·가공·판매 및 농작업 대행
⑮	식량작물재배업소득에서 발생한 배당소득(전액 면제) [⑩ × (⑫ ÷ ⑪)] ⓐ 식량작물재배업 소득	= 수령한 배당소득총액 × ⓐ ÷ 직전 연도 총소득금액
⑯	부대사업 등 및 식량작물재배업 외의 작물재배업에서 발생한 소득에서 발생한 배당소득(분리과세)[⑩ × (⑬ + ⑭) ÷ ⑪]	ⓑ 및 ⓒ 14% 분리과세

「조세특례제한법 시행령」 제65조 제6항에 따라 위와 같이 농업회사법인이 지급하는 배당소득에 대한 소득세 세액면제신청서를 제출합니다.

년   월   일

신청인   (서명 또는 인)

세 무 서 장 귀하

CHAPTER 03 영농사업용 토지에 대한 조세지원

제1절 서설

조세특례제한법에서는 농촌지역의 발전을 위하여 농업 또는 축산업에 직접 사용한 토지에 대하여 세제지원을 제공하고 있다. 농업인 또는 축산인의 생활안정을 지원하기 위하여 자경농지 및 축사용지를 양도하는 경우 양도소득세를 면제하며, 농업생활의 지속성을 위하여 농지대토, 경영회생지원을 위한 농지 매매, 영농자녀가 증여받는 농지에 대하여 양도소득세 또는 증여세의 감면 혜택을 부여하고 있다.

영농사업용 토지에 대한 조세지원제도

조문	특례대상 행위	특례 내용
§58 고향사랑 기부금 세액공제	거주자가 「고향사랑 기부금에 관한 법률」에 따라 고향사랑 기부금을 지방자치단체에 기부한 경우	10만원 이하는 110분의 100, 초과는 15%를 세액공제(단, 사업자는 이월결손금을 뺀 소득금액의 범위에서 손금산입)
§69 자경농지	8년 이상 재촌자경한 농지를 양도하는 경우. 단, 농지이양은퇴보조금의 대상이 되는 농지를 한국농어촌공사 또는 농업법인에 양도하는 경우에는 3년 이상 자경한 경우	양도소득세 100% 감면
§69의 2 축사용지	축사용지 소재지 거주자가 8년 이상 직접 축산에 사용한 축사용지를 폐업을 위하여 양도하는 경우	양도소득세 100% 감면
§69의 3 어업용 토지등('18년 신설)	어업용 토지등 소재지 거주자가 8년 이상 직접 어업에 사용한 어업용 토지등을 양도하는 경우	양도소득세 100% 감면
§69의 4 자경산지 ('18년 신설)	산지 소재지 거주자가 산림경영계획인가를 받아 10년 이상 직접 경영한 보전산지를 양도하는 경우	자경기간에 따라 양도소득세의 10~50%를 감면

조문	특례대상 행위	특례 내용
§70 농지대토	농지 소재지 거주자가 4년 이상 자경한 농지를 경작상의 필요에 의하여 양도하고 1년 이내에 다른 농지를 취득한 후, 종전 농지 경작기간과 합하여 8년 이상 재촌자경한 경우	양도소득세 100% 감면
§70의 2 경영회생 지원을 위한 농지 매매 등	농업인이 한국농어촌공사에 자경 농지, 축사 용지 및 농업용 시설을 환매조건부로 양도한 후 환매권을 행사한 경우	환매조건부 양도 시 납부한 양도소득세를 환급
§71 영농자녀등이 증여받는 농지 등	3년 이상 재촌자경한 농민등이 직계비속인 영농자녀등에게 농지·초지·산림지·어선·어업권·어업용 토지등·염전 또는 축사용지를 증여하는 경우	증여세 100% 감면. 단, 5년간 1억원 한도

제2절 [제69조] 자경농지에 대한 양도소득세의 감면 ★★★★★

차례

Ⅰ. 의의 ... 1349	3. 자경기간 동안 직접 경작할 것 ... 1357
Ⅱ. 요건 ... 1349	3-1 직접 경작 ... 1357
1. 주체 ... 1349	(1) 소유농지 ... 1357
1-1 양도인 ... 1349	(2) 타인에 의한 경작 ... 1358
(1) 소득세법상 거주자 ... 1350	(3) 타인이 농지 이외로 사용 ... 1358
(2) 재촌요건 ... 1350	(4) 실무상 판정방법 및 입증책임 ... 1359
1-2 양수인 ... 1351	3-2 자경기간의 계산 ... 1359
2. 특례대상 자산 (농지) ... 1351	(1) 자경기간의 판정 ... 1359
2-1 농지의 범위 ... 1351	(2) 이전 기간을 승계하는 경우 ... 1361
(1) 사실상 농지 ... 1351	(3) 새로이 기간이 개시되는 경우 ... 1362
(2) 감면의 단위 ... 1352	(4) 상속받은 농지 ... 1362
2-2 제외되는 농지 ... 1353	4. 재촌자경 등의 확인 ... 1365
(1) 주거지역등으로 편입된 농지 (1호) ... 1353	4-1 소유 사실의 확인 ... 1365
(2) 환지예정지 (2호) ... 1355	4-2 재촌자경 및 농지인 사실의 확인 ... 1365
2-3 농지 판정시기 ... 1356	Ⅲ. 세액감면 ... 1366
(1) 소득세법상 양도시기 (원칙) ... 1356	1. 감면세액 ... 1366
(2) 예외적 판정시기 ... 1356	2. 사후관리 ... 1368
	Ⅳ. 조세특례제한 등 ... 1369
	1. 절차 ... 1369

Ⅰ. 의의

농지 소재지 거주자가 8년 이상 자경한 농지를 양도하는 경우에 그 양도소득에 대한 소득세의 100%를 세액감면하는 제도이다. 다만, 농지이양은퇴보조금의 대상이 되는 농지를 한국농어촌공사 또는 농업법인에 양도하는 경우에는 자경기간 요건을 3년으로 단축한다.

농업생활의 안정을 지원하고, 농민이 아닌 자의 농지 투기를 방지하며 토지를 장기적으로 농지로서 사용될 수 있도록 유도하기 위하여 도입되었다. 농지 투기를 방지하기 위하여, 조문에 따른 엄격해석의 원칙이 여타의 조세지원제도에 비하여 중요한 해석원칙으로 작용한다.

8년 자경농지에 대한 양도소득세 감면규정은 일몰기한이 없는 항구적 지원제도이다. 반면에 한국농어촌공사 또는 농업법인에 양도하는 경우의 양도소득세 감면규정은 2026.12.31.이 일몰기한이다.

개정연혁

연 도	개정 내용
2020년	■ 자경기간 제외 기간 추가: 복식부기의무자 수입금액 기준 이상인 과세기간

Ⅱ. 요건

1 주체

1-1 양도인

양도인은 농지 양도일 현재 소득세법상 거주자이어야 하며, 자경기간 동안 농지소재지에 거주하여야 한다.

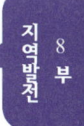

(1) 소득세법상 거주자

농지 양도일 현재 소득세법상 거주자이어야 한다(조특령 §66 ①). 자경기간 동안 재촌, 자경하였더라도 양도일 현재 비거주자는 배제된다. 다만 비거주자가 된 날로부터 2년 이내 양도하는 경우에는 감면을 허용한다.

소득세법상 "거주자"란 국내에 주소를 두거나 183일 이상의 거소(居所)를 둔 개인을 말한다(소법 §1의 2 ① 1호).

(2) 재촌요건

자경기간 동안 다음의 농지소재지에 거주하여야 한다. 경작개시 당시에는 당해 지역에 해당하였으나 행정구역의 개편 등으로 이에 해당하지 아니하게 된 지역을 포함한다(조특령 §66 ①).

① 농지가 소재하는 동일한 시·군·구(자치구인 구를 말함)

'시'에는 세종특별자치시와 제주시 및 서귀포시를 포함함.[제주특별자치도 설치 및 국제자유도시 조성을 위한 특별법(이하 "제주특별법") 제10조 제2항에 따른 행정시]

'자치구'란 지방자치단체로서 특별시와 광역시의 관할 구역의 구만을 말한다(지방자치법 §2 ②). 자치구는 자치권을 가지며 지방선거를 통해 구청장을 구민이 선출한다.

② 그와 연접한 시·군·구

연접한 시·군·구라 함은 행정구역상 동일한 경계선을 사이에 두고 서로 붙어 있는 시·군·구를 말한다(서면4팀-268, 2007.1.19.).

③ 해당 농지로부터 직선거리 30㎞ 이내

직선거리 기준은 해당 농지의 소재지로부터 농지소유자의 거주지까지의 거리를 기준으로 하며, 농지소유자가 거주하는 시·군·구의 경계선까지의 거리를 기준으로 하지 않는다(대법원 2010두3794, 2010.6.24.).

농지 소유자가 아파트에 거주하는 경우에는 해당 농지로부터 농지 소유자가 거주하는 주소(아파트의 동 출입구)까지의 직선거리를 기준으로 판정하는 것이며, 이 경우 절사나 반올림 없이 실제 거리를 기준으로 한다(서면법규재산-5521, 2023.2.23.).

양도 당시 농지소재지에 거주하지 않은 경우에도 자경기간 동안 재촌한 경우에는 감면규정을 적용한다(조특통 69-0…4). 전술한 소득세법상 거주자이어야 하는 요건이 농지 양도일 현재를 기준으로 하는 것과는 다르게 적용된다.

1-2 양수인

양수인은 원칙적으로 제한이 없으나, 농지이양은퇴보조금의 대상이 되는 농지를 양도하여 3년 이상 자경요건을 요구하는 경우(이하 "3년 이상 자경요건")에는 한국농어촌공사 또는 농업법인에게 양도한 경우에 한한다(조특법 §69 ①).

"농업법인"이란 영농조합법인 및 농업회사법인을 말한다(조특령 §66 ②). 제2장 제3절과 제5절의 Ⅱ. 1. 주체 부분을 각각 참조하기 바란다.

"농지이양은퇴보조금"이란 고령은퇴농가의 소득 안정을 도모하고 전업농 중심의 영농 규모화 촉진을 위하여 예산의 범위에서 조기에 경영 이양한 농업인에게 지급하는 농지이양은퇴보조금을 말한다(조특령 §66 ③, 농산물의 생산자를 위한 직접지불제도 시행규정 §4).

2 특례대상 자산 (농지)

2-1 농지의 범위

(1) 사실상 농지

농지는 전·답으로서 지적공부상의 지목에 관계없이 실지로 경작에 사용되는 토지로 한다. 농지경영에 직접 필요한 농막·퇴비사·양수장·지소·농도·수로 등을 포함한다(조특칙 §27 ①).

농지 해당 여부는 지목 등 형식적인 기준이 아니라, 사실상 경작 사용여부 등 실질적인 기준에 의한다. 과수원의 경우에도 실제로 경작에 사용되는 경우에는 농지에 포함된다(조특통 69-66…1).

반면에, 실제로 경작에 사용하지 않는 경우에는 토지의 형상이 농경에 사용할 수 있는 상태에 있는 토지라 하더라도 농지에 해당하지 않는다(부산지법 2013구합2519, 2014.1.9.; 대법원 88누6252, 1989.2.14.).

- 관상수의 재배나 조경수의 재배가 조세감면을 적용받기 위한 가장행위(X)에 불과하다면 자경농지에 해당하지 않는다[심사양도 2005-228, 2006.4.24.; 심사양도 2012-99, 2012.9.21. (법 §70 농지대토)].
- 산지전용신고(X)를 하고 장뇌삼을 재배하는 임야는 감면대상 농지에서 제외된다[부동산거래-868, 2011.10.13. (법 §70 농지대토감면)].
- 집단 판매시설에서 화분에 식재된 허브, 생화 등 화훼류 등을 재배하여 판매까지 같은 장소에서 이루어지고 있는 경우, 화훼류 등을 재배만 하였다면 농지로 볼 수 있으나

같은 장소에서 판매(X)까지 하였다면, 이를 농지로 보지 않는다(심사양도 2005-91, 2005.5.30.).
- 경관보전직불사업에 참여하여 경관작물(X)을 재배하는 토지는 감면이 적용되지 않는다(서면법령재산-2053, 2016.7.10.; 재재산-451, 2016.7.8.).
- 난을 재배하는 토지는 감면함(사전법령재산-0481, 2020.8.13.)
- **농지를 임대하여 묘목등을 재배한 경우**

  조경업자에게 임대한 농지에서 조경업자가 묘목등을 일정기간 재배하여 판매하는 경우 양도 당시 농지로 볼 수 있으며, 설령 양도 당시 농지에 해당하지 않는다 하더라도 농경장애의 원인이 제거되어 또다시 농경지로 이용될 수 있다고 보여지는 경우 일시적 휴경상태로 보아 양도 당시 농지성을 상실하였다고 보기 어렵다(광주고법 2013누894, 2013.11.14.).

(2) 감면의 단위

(2-1) 합필 또는 분필의 경우

토지의 양도일 현재 2필지 이상으로 분할된 농지를 양도하는 경우, 당해 농지가 비과세 또는 감면요건에 해당하는지 여부는 각각의 필지별로 이를 적용한다(서면4팀-2601, 2005.12.23.).

반면에 합필한 토지의 일부만이 자경요건을 갖춘 경우에는 해당 자경요건을 갖춘 합필 전의 일부 면적에 대해서만 감면한다[재산-342, 2012.9.24. (법 §71 영농자녀의 수증 농지)].

(2-2) 한 필지의 일부

토지 전체의 주된 용도가 대지임이 분명하고 그 중 일부분에 농작물을 경작한 것은 주된 용도에 지장이 없는 범위에서의 잠정적인 토지의 이용에 불과할 뿐이므로 경작 부분만을 특정하여 양도소득세가 면제되는 자경농지에 해당된다고 볼 수 없다(서울행법 2017구단64296, 2018.5.2.; 대법원 95누9709, 1995.11.14.; 심사양도 2008-194, 2008.12.8.).

주로 주택 토지(대지)의 일부에 텃밭을 조성하여 경작한 경우, 텃밭을 자경농지로 인정할 수 있는지 여부가 문제된다. 텃밭을 사실상 경작하였다는 측면에 중점을 두면 농지로 간주될 수 있으나, 토지의 잠정적인 이용이라는 측면에 중점을 두면 농지로 간주될 수 없다.

이에 관하여 판례 및 일부 재결청의 결정에서는 텃밭은 대지의 일부이며, 언제든지 다른 용도로 사용 가능하다는 점에서 농지로서의 성격을 부인하고 감면을 배제한다(대법원 95누9709, 1995.11.14.; 조심 2011중5157, 2012.5.10.).

반면에 재결청의 일부 결정에서는 토지 소재지역이 개발제한구역 등에 소재하는 경우 등에 있어 건물정착면적 이외의 일부분에서 텃밭으로 8년 이상 자경한 경우에는 당해 면적을 자경농지로 보아 양도소득세를 감면한다(국심 2005중596, 2005.6.24.; 조심 2008중984, 2008. 10.1.).

저자의 의견으로는 주택 토지의 일부에 텃밭을 조성한 경우에는 원칙적으로 농지에 해당하지 않는다고 판단된다. 본 특례는 농업인의 전업적 경작에 사용되는 농지를 대상으로 하므로, 텃밭의 경작은 전업농으로 보기 어렵기 때문이다. 다만 개별적인 사실판단을 통해 전업농으로 볼 수 있는 예외적인 경우에는 본 특례를 적용할 수 있을 것이다.

2-2 제외되는 농지

주거지역등으로 편입된 날 또는 환지예정지로 지정된 날로부터 3년이 경과한 농지는 특례대상에서 제외한다(조특령 §66 ④).

(1) 주거지역등으로 편입된 농지 (1호)

(1-1) 원칙적 제외

양도일 현재 특별시·광역시(광역시에 있는 군 제외) 또는 시에 있는 농지 중「국토의 계획 및 이용에 관한 법률」(이하 "국토계획법")에 의한 주거지역·상업지역 및 공업지역(이하 "주거지역등") 안에 있는 농지로서 이들 지역에 편입된 날부터 3년이 지난 농지는 특례대상 자산에서 제외한다.

그 취지는 대도시 근교 주거지역의 대지 위에서 채소 등을 경작하는 경우에도 농지로 취급되어 감면되는 불합리한 점을 개선하고, 대지와 경제적 가치에서 큰 차이가 없는 도시지역 내의 농지를 감면배제하여 농지에 대한 투기수요를 억제하기 위함이다(대법원 95누9822, 1997.7.8.).

- **8년 이상 자경농지가 주거지역 편입 후 다시 자연녹지지역으로 편입된 경우** (감면)

  8년 이상 재촌자경한 농지가 주거지역으로 편입되고, 그 중 일부가 다시 자연녹지지역으로 편입된 후 양도하는 경우로서 양도 당시 자연녹지지역 안에 있는 농지인 경우에는 감면 규정을 적용받을 수 있다(부동산납세-41, 2015.1.23.).

- **도시계획시설 결정이 폐지된 경우로서 편입일로부터 3년 경과 후 양도한 경우** (제외)

  양도일 현재 특별시 등에 있는 농지가 국토계획법에 의한 주거지역으로 편입되고 같은 법에 따라 도시계획시설(도로)로 결정되었으나 결정이 폐지된 경우로서 해당 농지를 주거지역 편입일로부터 3년이 경과하여 양도하는 경우에는 감면을 적용받을 수 없는 것임(사전법령재산-0735, 2018.12.13.).

(가) 감면배제 지역 구분

제외 지역의 '시'에는 지방자치법 제3조 제4항에 따라 설치된 도농(都農) 복합형태의 시의 읍·면 지역과 제주시 및 서귀포시(제주특별법 §10 ②)의 읍·면 지역은 배제한다.

양도일 현재 도·농복합형태의 시의 동(洞)지역에 있는 자경농지가 주거지역 등에 편입된 지는 3년이 지났으나 동 지역에 편입된 지가 3년이 지나지 아니한 경우에는 자경농지에 해당한다(서면4팀-4041, 2006.12.12.).

다만 세종특별자치시의 경우에는 재촌요건의 대상지역[1-1 (2) 참조]에는 포함되어 있으나, 본 제외되는 농지의 대상 지역에서는 제외되어 있다는 점에 유의하여야 한다. 따라서 세종시 소재 농지의 경우 편입 여부 및 편입 기간과 무관하게 감면대상에 포함된다.

농지가 도시지역에 편입된 경우로서 세부 용도지역(주거·상업·공업·녹지지역)이 지정되지 아니한 때에는 녹지지역으로 지정된 것으로 본다(조특집행 69-66-26).

(나) 주거지역에 편입된 날

주거지역에 편입된 날은 국토계획법에 따라 도시관리계획의 결정내용을 국토교통부장관이 관보에 고시한 날(시·도지사가 하는 경우에는 해당 시·도의 공보에 고시한 날)을 말한다(부동산거래-731, 2010.5.27.).

(1-2) 예외적 허용

다만 다음의 경우는 제외되는 농지의 예외로 특례대상 자산에 포함된다.

(가) 대규모개발사업 시행으로 편입된 농지의 보상지연 등 (가목)

사업시행지역 안의 토지소유자가 1천명 이상이거나 사업시행 면적이 일정 규모[1] 이상인 대규모개발사업지역(사업인정고시일이 같은 하나의 사업시행지역을 말함) 안에서 대규모개발사업의 시행으로 인하여 주거지역등에 편입된 농지로서 사업시행자의 단계적 사업시행 또는 보상지연으로 이들 지역에 편입된 날부터 3년이 지난 경우이다.

주거지역에 편입된 후 3년 이내 대규모개발사업이 시행되었는지 여부는 「경제자유구역의 지정 및 운영에 관한 특별법」 제13조에 따른 사업인정 및 사업인정의 고시가 있는 때를 기준으로 판정한다.(부동산납세-776, 2014.10.17.).

---

[1] 일정 규모는 원칙적으로 100만㎡로 하되, 「택지개발촉진법」에 의한 택지개발사업 또는 「주택법」에 의한 대지조성사업의 경우에는 10만㎡로 한다(조특칙 §27 ③).

(나) 국가 등 개발사업의 시행 농지 (나목)

사업시행자가 국가, 지방자치단체, 공공기관2)인 개발사업지역 안에서 개발사업의 시행으로 인하여 주거지역등에 편입된 농지로서, 부득이한 사유에 해당하는 경우이다.

"부득이한 사유"란 사업 또는 보상을 지연시키는 사유로서 그 책임이 사업시행자에게 있다고 인정되는 사유를 말한다(조특칙 §27 ⑤).

부산광역시 및 도로공사의 계획시설 단계별 집행계획 및 균형적인 예산배분에 따라 지연된 경우에는 부득이한 사유에 해당한다(조심 2013부3477, 2014.2.18.).

(다) 주거지역등 편입 후 시행된 대규모개발사업의 보상지연 등 (다목)

주거지역등에 편입된 농지로서 편입된 후 3년 이내에 대규모개발사업이 시행되고, 대규모개발사업 시행자의 단계적 사업시행 또는 보상지연으로 이들 지역에 편입된 날부터 3년이 지난 경우이다. 단, 대규모개발사업지역 안에 있는 경우로 한정한다.

대규모개발사업의 경우 지자체 등이 도시계획을 수립하면서 사전에 주거지역 등으로 지정하는 경우에, 그 시행 이후에는 타인에게 양도가 어렵기 때문에 예외로 인정한다.

(2) 환지예정지 (2호)

(2-1) 원칙적 제외

도시개발법 또는 그 밖의 법률에 따라 환지처분 이전에 농지 외의 토지로 환지예정지를 지정하는 경우에는, 그 환지예정지 지정일부터 3년이 지난 농지는 특례대상에서 제외한다.

환지란 도시개발사업 시 개발예정지의 토지소유자에게 대금을 지불하는 대신 일정규모의 토지를 지급하는 행위 또는 대상 토지를 말한다. 환지를 위해 시행자는 도시개발사업의 시행을 위하여 필요하면 도시개발구역의 토지에 대하여 환지예정지를 지정할 수 있다. 환지예정지가 지정되면 종전 토지에 대해서는 종전 소유자등의 사용수익권이 제한되며, 대신에 환지예정지에 대한 사용수익권을 가진다(도시개발법 §35 ①·§36 ①).

이러한 환지예정지 지정일로부터 3년이 지난 경우에는 유예기간이 경과하였다고 보아 특례대상에서 제외한다.

---

2) 「공공기관의 운영에 관한 법률」에 따라 지정된 공공기관과 「지방공기업법」에 따라 설립된 지방직영기업·지방공사·지방공단을 말함(조특칙 §27 ④).

(2-2) 환지청산금의 예외적 허용

그러나 환지처분에 따라 교부 받는 환지청산금에 해당하는 부분은 제외의 예외로 특례대상에 포함한다.3) 즉, 지정일로부터 3년이 경과하여도 양도소득세를 100% 감면한다.

환지청산금은 환지를 함에 있어 환지예정지와 종전 토지 간의 과부족을 정산하기 위하여 지급 또는 수령하는 금액이므로, 환지청산금을 수령하게 되면 유상양도에 해당하여 양도소득세가 부과되기 때문에 특례대상에 포함한다. 다만 환지청산금을 수령한 경우에도 법 제69조 제1항 단서가 적용되어 환지예정지로 지정받은 날까지 발생한 소득에 대해서만 감면이 가능하다(부동산납세-249, 2014.4.14.).

2-3 농지 판정시기

(1) 소득세법상 양도시기 (원칙)

농지의 판정은 원칙적으로 소득세법상 양도시기 규정에 따른 **양도일 현재를 기준**으로 한다(조특령 §66 ⑤ → 소령 §162). 양도일 현재 농지가 아닌 토지인 경우에는 감면이 적용되지 않는다(사전법규재산-1195, 2022.12.5.; 사전법령재산-1210, 2020.12.29.). 소득세법상 양도일은 제7부 제7장 제2절 Ⅱ. 2-2를 참조하기 바란다.

양도일 현재 농지이면 요건을 충족하므로 양도 이후의 농지 사용여부는 무관하다. 양도의 경우에는 그 사용에 제한이 없는 소유권을 양수인이 보유하므로 종전의 양도인이 이를 제한할 수 없기 때문이다.

따라서 양도일 현재 실제로 경작에 사용되는 토지를 (농지가액이 아닌) 대지가액에 상당하는 가액으로 양도하거나, 또는 양도 후 건축용 대지로 사용하기 위하여 매각되는 경우에도 양도일 현재 농지로 본다. 단, 2-2 제외되는 농지(영 §66 ④ 1호·2호의 토지)에 해당하는 경우에는 적용되지 않는다(조특통 69-0...2).

(2) 예외적 판정시기

예외적으로 다음의 경우에는 각각의 기준에 따른다.
① 양도일 이전에 매매계약조건에 따라 매수자가 형질변경, 건축착공 등을 한 경우
 : 매매계약일 현재의 농지 기준(대법원 2012두3088, 2014.6.12.; 조심 2016중116, 2016.6.21.)

---

3) 환지처분 이전에 농지 외의 토지로 환지예정지 지정이 있는 농지를 양도하면서 환지청산금을 수령한 경우 그 환지예정지 지정일부터 3년이 지난 농지는 자경농지 감면에서 제외한다는 유권해석(재산-849, 2009.11.25.)은 2016년 3월에 삭제됨.

② 환지처분 전에 해당 농지가 농지 외의 토지로 환지예정지 지정이 되고 그 환지예정지 지정일부터 3년이 경과하기 전의 토지로서 환지예정지 지정 전후 토지조성공사의 시행으로 경작을 못하게 된 경우
  : 토지조성공사 착수일 현재의 농지 기준

환지예정지 지정 후 토지조성공사가 시행되어야 하므로, 토지조성공사를 시행한 후에 환지예정지로 지정된 경우에는 다시 원칙에 따라 양도일 현재 농지인 경우에만 감면이 가능하다(조심 2015구409, 2015.3.18.).

종래에는 환지예정지 지정 후 토지조성공사가 착수된 농지를 예외로 하였으나, 2016년 개정세법에서 환지예정지 지정 전에 공사가 착수된 농지도 포함하였다. 최근 도시개발사업은 토지조성공사 착공 후 환지예정지로 지정하는 경우가 많으므로, 제도의 실효성을 높이기 위한 목적이다(대구고법 2015누6997, 2016.5.13. 참조).

③ 「광산피해의 방지 및 복구에 관한 법률」, 지방자치단체의 조례 및 지방자치단체의 예산에 따라 광산피해를 방지하기 위하여 휴경하고 있는 경우
  : 휴경계약일 현재의 농지 기준

3 자경기간 동안 직접 경작할 것

취득일로부터 양도일까지 8년 이상 자경한 농지이어야 한다. 단, 3년 이상 자경요건 농지의 경우에는 3년 이상이어야 한다(조특령 §66 ④).

3-1 직접 경작

직접 경작이란 거주자가 그 소유농지에서 농작물의 경작 또는 다년생식물의 재배에 상시 종사하거나 농작업의 2분의 1 이상을 자기의 노동력에 의하여 경작 또는 재배하는 것을 말한다(조특령 §66 ⑬).

(1) 소유농지

자경의 대상은 자기가 소유한 농지이어야 한다(서울고법 2012누26632, 2013.2.8.).

공동소유기간에 대한 자경기간은 그 공동소유 토지 중에서 소유지분에 대한 토지에 대하여만 자경기간으로 계산한다(재일 46014-3363, 1994.12.22.).

(2) 타인에 의한 경작

원칙적으로 위탁경영하거나 대리경작 또는 임대차한 농지를 제외한다.

(가) 종중 소유 농지

종중 소유 농지를 종중원 중 일부가 농지소재지에 거주하면서 직접 농작물을 경작하는 경우에는 자경농지로 본다(조특통 69-0…3).

그러나 종중과의 약정에 따라 종중 구성원의 책임하에 농지를 경작하고 경작에 따른 대가를 종중에 지불하는 것은 대리경작으로 보아 자경농지 감면을 받을 수 없다(부동산거래-111, 2011.2.10.).

또한 성(姓)과 본(本)을 같이하는 종중원이 아닌 자는 종중 소유 농지를 경작하여도 자경농지로 보지 않는다(서면4팀-2922, 2007.10.10.).

(나) 배우자 등 가족

본인이 직접 경작한 경우에 한하여 자경감면을 받을 수 있으므로 부인 소유의 농지를 같은 세대원인 남편이 경작한 경우에는 경작기간에 포함되지 아니한다(부동산거래-739, 2011.08.22). 재산분할청구권은 협의상 이혼한 자의 일방이 다른 일방에게 재산분할을 청구할 수 있는 권리에 불과하므로, 재산분할청구권이 있다 하여 혼인 중 일방의 재산을 공유재산으로 보지는 아니하므로 토지의 일부(1/2)만에 대해서도 소유한 것으로 볼 수 없다(국심 2005부2323, 2006.1.2.).

또한 특별한 사정이 없는 한, 가족의 노동력이나 타인에 의한 기계화 작업이 포함되지 않는다(서울고법 2013누25698, 2014.2.19.).

(3) 타인이 농지 이외로 사용

공부상 지목이 농지인 경우에도 양도일 현재 경작에 사용되고 있지 않는 토지는 토지소유자의 자의에 의한 것이든 또는 타의에 의한 것이든 여부에 불문하고 일시적인 휴경상태에 있는 것이 아니라면 양도일 현재의 농지로 볼 수 없다(재산-914, 2009.3.13.).

따라서 타인에 의해 무단으로 야적장으로 사용되거나, 가설건축물(예, 컨테이너)의 부지로 사용되는 경우에는 양도일 현재 농지에 해당하지 않는다[국심 2006전936, 2006.9.6.; 대구고법 2012누363, 2012.7.20. (법 §70 농지대토)].

(4) 실무상 판정방법 및 입증책임

실무상 자경농지의 판정은 주민등록표 등본, 농지원부, 자경증명(시·구·읍·면장이 발급), 항공사진, 현장조사, 쌀직불금 수령여부, 인근주민 확인서, 농작업 지출수입 내역, 농기계 보유 여부 등 다양한 사실자료를 통해 이루어진다. 일반적으로 자경사실을 주장하는 자가 농업 외 소득이 많거나 농업 외 상시 종사하는 직업이 있는 경우에는 자경을 인정받기 어렵다.

직접 경작한 사실은 그 사실을 주장하는 양도자가 상기 사실자료 등을 제시하여 입증하여야 하므로, 그 입증책임은 납세자에게 있다(대법원 2002두7074, 2002.11.22.; 재산-25, 2009.8.25. 외 다수).

3-2 자경기간의 계산

자경기간은 원칙적으로 취득일로부터 양도일까지이다.

이하에서는 먼저 해당 양도인의 자경기간의 판정 방법을 살펴보고, 이전 경작자의 자경기간이 승계되는 경우 및 새로이 기간이 개시되는 경우를 서술한다. 상속받은 농지의 자경기간 승계는 마지막에 설명한다.

(1) 자경기간의 판정

자경기간 중 해당 피상속인(그 배우자 포함) 또는 거주자 각각에 대하여 다음 어느 하나에 해당하는 과세기간이 있는 경우 그 기간은 해당 피상속인 또는 거주자가 경작한 기간에서 제외한다(이하 "사업·근로소득등 발생기간의 제외 규정"; 조특령 §66 ⑭).

(가) 사업·근로소득 발생기간

사업소득금액(소법 §19 ②)과 근로소득 총급여액(소법 §20 ②)의 합계액이 3천 700만원[4] 이상인 과세기간이 있는 경우이다. 사업소득금액에서 농업·임업에서 발생하는 소득, 부동산임대업 소득, 비과세 농가부업소득(소법 §45 ②, 소령 §9)은 사업소득에서 제외한다(아래 ②에서도 동일함). 이 경우 사업소득금액이 음수인 경우에는 해당 금액을 0으로 본다.

'과세기간'은 소득세법 제5조 제1항에서 정하고 있는 '1월 1일부터 12월 31일까지 1년'을 의미한다(대구지법 2017구합24822, 2018.6.21.). 예를 들어, 3,700만 원 이상의 소득을 신고한 기간이 2년이라면, 2년을 자경기간에서 제외한다.

---

[4] 쌀소득보전직불금제도에서 농업 외 종합소득금액이 3,700만원 이상인 경우 지급대상에서 제외하는 것과 균형을 맞춤.

일용근로자가 근로를 제공하고 지급받은 금액(소득세법 제47조 제2항에 따른 근로소득공제액을 공제하기 전의 금액)이 3천700만원 이상인 과세기간이 있는 경우, 해당 기간은 자경한 기간에서 제외된다(사전법규재산-0019, 2023.1.30.).

(나) 복식부기의무자 수입 기간

사업소득 총수입금액이 복식부기 의무자 수입금액 기준(소령 §208 ⑤ 2호) 이상인 과세기간이 있는 경우이다.

복식부기의무자 수입금액 기준

업 종	수입금액
농업·임업 및 어업, 광업, 도매 및 소매업(상품중개업 제외), 부동산매매업(소령 §122 ①), 그밖에 아래에 해당하지 아니하는 사업	3억원
제조업, 숙박 및 음식점업, 전기·가스·증기 및 공기조절 공급업, 수도·하수·폐기물 처리·원료재생업, 건설업(비주거용 건물 건설업 제외), 부동산 개발 및 공급업(주거용 건물 개발 및 공급업에 한정함), 운수업 및 창고업, 정보통신업, 금융 및 보험업, 상품중개업	1억5천만원
부동산 임대업(소법 §45 ②), 부동산업(부동산매매업 제외), 전문·과학 및 기술 서비스업, 사업시설관리·사업지원 및 임대서비스업, 교육 서비스업, 보건업 및 사회복지 서비스업, 예술·스포츠 및 여가관련 서비스업, 협회 및 단체, 수리 및 기타 개인 서비스업, 가구내 고용활동	7천5백만원

사업소득금액에는 한국표준산업분류 상 전기, 가스, 증기 및 공기조절 공급업(35)에 속하는 태양력발전업에서 발생하는 소득이 포함된다(서면법규재산-6501, 2022.11.9.).

2017년 개정세법에서 사업소득금액이 결손인 경우에는 0으로 간주하여, 근로소득금액에서의 공제를 방지하였다.

2020년 개정세법에서 복식부기 의무대상이 되는 수입금액 기준 이상의 수입금액이 있는 경우 해당 과세기간을 자경기간에서 제외한다. 개정규정은 2020.2.11.이 속하는 과세기간 분부터 적용한다. 2020.2.11.이 속하는 과세기간 전의 과세기간분에 대해서는 개정규정에도 불구하고 종전의 규정에 따른다(2020.2.11. 개정된 시행령 부칙 §12 및 §28).

(다) 제외되는 구체적 사례

농경지가 리모델링 사업부지에 포함되어 경지정리한 기간도 경작기간에서 제외된다(부동산납세-500, 2014.7.15.; 부동산거래-120, 2012.2.28.).

또한 거주자의 농지가 혁신도시지구로 지정되어 사업시행자로부터 경작행위 금지 협조요청을 받고 경작하지 아니한 기간은 자경기간에 포함되지 아니한다(재재산-1095, 2008.12.26.).

반면에 「농어업·농어촌 및 식품산업 기본법」의 "쌀생산 조절정책"에 따라 일시 휴경농지로 선정되어 보상금을 지급받은 경우 해당 농지의 휴경기간은 자경기간에 포함된다[서면5팀-1143, 2007.4.9.; 서면4팀-2348, 2007.7.31. (법 §70 농지대토감면)].

(2) 이전 기간을 승계하는 경우

(2-1) 교환등 농지가 협의매수·수용된 경우

농지의 교환 또는 분합의 비과세 규정(소법 §89 ① 2호)[5] 또는 농지대토에 대한 양도소득세 감면 규정(조특법 §70)에 의하여 농지를 교환·분합 및 대토한 경우로서 새로이 취득하는 농지가 「공익사업을 위한 토지 등의 취득 및 보상에 관한 법률」(이하 "토지보상법")에 의한 협의매수·수용 및 그 밖의 법률에 의하여 수용되는 경우에 있어서는 교환·분합 및 대토 전의 농지에서 경작한 기간을 당해 농지에서 경작한 기간으로 본다(조특령 §66 ⑥).

교환의 경우는 원칙적으로 소득세법상 양도에 포함되어 자경기간이 새로이 개시되어야 하지만, 교환 등으로 비과세 또는 감면받았던 농지에 대해서는 예외적으로 자경기간을 승계할 수 있도록 하였다.

"사업근로소득 발생기간의 제외 규정"이 적용된다(조특령 §66 ⑭).

예를 들어 2002년 3월에 A농지를 취득하여 재촌자경하던 중 2008년 8월에 A농지를 양도하고 2008년 10월에 B농지를 대토로 취득하여 대토감면을 적용받은 경우를 가정한다. 이후 재촌자경하던 중 2010년 12월에 B농지가 수용되는 경우의 자경기간 계산은 A농지의 자경기간 6년 5개월과 B농지의 자경기간 2년 2개월을 합산하여 총 자경기간은 8년 7개월이 된다(조특집행 69-66-19).

(2-2) 환지된 농지

환지된 농지는 환지 전 자경기간도 합산한다(조특통 69-0…1 ①). 환지는 소득세법상 양도의 범위에 포함되지 않기 때문이다.

반면에 환지처분으로 인하여 교부 받은 토지의 면적이 환지처분에 의한 권리면적보다 증가된 경우(증평; 增坪)에는 그 증가된 면적의 토지에 대한 경작기간은 환지처분의 공고가 있는 날의 다음 날 이후부터 기산한다(부동산거래관리과-547, 2012.10.12.; 서면5팀-144, 2006.9.15.).

---

[5] 조세특례제한법의 농지대토에 대한 양도소득세 감면 규정과 소득세법의 농지의 교환 또는 분합의 비과세 규정은 농지의 대토(양도와 대체취득)냐 또는 농지의 교환·분합이냐라는 거래의 방식에 따른 구분으로서 양자의 취지는 동일하다. 다만 특례의 내용이 감면과 비과세로 구분된다.

(3) 새로이 기간이 개시되는 경우

(가) 수증

증여받은 농지는 수증일 이후 수증인이 경작한 기간으로 계산한다(조특통 69-0…1 ②). 예를 들어, 남편으로부터 증여받은 농지의 자경기간은 수증일로부터 계산한다(국심 2005 부2323, 2006.1.2.; 조심 2015중631, 2015.3.13.).

(나) 교환

교환으로 인하여 취득한 농지는 교환일 이후 경작한 기간으로 계산한다(조특통 69-0…1 ③). 교환은 소득세법상 양도로 보기 때문이다.

(다) 점유로 인한 취득시효

20년간 소유의사로 부동산을 점유한 후 등기함으로 인하여 부동산의 소유권을 취득하는 경우(민법 §245 ①)에는 당해 부동산의 점유를 개시한 날로부터 경작한 기간을 계산한다(서면4팀-1202, 2005.7.13.). 민법상 점유로 인한 취득시효는 점유 개시시점으로 법률효과가 소급하기 때문이다.

(4) 상속받은 농지

(4-1) 상속인의 1년 이상 경작 시 승계

상속인이 상속받은 농지를 농지소재지에 거주하면서 1년 이상 계속하여 경작하는 경우, 다음의 기간은 상속인이 경작한 기간으로 본다(조특령 §66 ⑪). "사업근로소득 발생기간의 제외 규정"이 적용된다(조특령 §66 ⑭).

① 직전 피상속인이 경작한 기간

2회 이상 상속된 경우에는 원칙적으로 양도인(상속인)의 직전 피상속인이 취득하여 경작한 기간만 통산한다(재재산-940, 2006.8.4.).

② 피상속인이 배우자로부터 상속받아 경작한 사실이 있는 경우에는 피상속인의 배우자가 취득하여 경작한 기간

예컨대, 부 사망 후 모가 경작하던 중 농지가 상속되었다면, 모의 경작기간뿐 아니라 부의 경작기간도 상속인이 경작한 기간으로 본다.

그러나 상속인이 1년 이상 경작하지 아니한 경우에도 피상속인이 경작한 기간을 상속인이 경작한 기간에 합산하여 상속인이 1년 이상 경작한 것으로 해석할 수 없다(수원지법 2018

구단8126, 2018.11.7.).

'상속받은 농지'란 상속개시 후 최초로 협의분할등에 의하여 취득한 농지를 말하며, 당해 농지를 법정상속지분별로 공동상속인에게 상속등기 후, 다른 공동상속인으로부터 매수하여 매매를 원인으로 한 이전등기를 하였다면 매수 부분에 대한 피상속인의 경작기간은 승계되지 않는다(서면4팀-576, 2005.4.14.).

민법상 상속인에 해당하지 않는 자가 유증으로 취득한 농지는 본 승계 특례를 적용하지 않는다(기준법령재산-324, 2020.5.21. 참조).[6]

또한 상속받은 농지의 경작기간을 계산할 때 상속인이 상속받은 농지를 한국농어촌공사에 위탁하여 임대하는 경우에는 상속인이 경작하는 것으로 보지 아니한다(재산-1074, 2009. 12.21.).

한편 상속인과 피상속인의 자경기간의 합산규정을 증여자와 수증자에게도 확장하여 적용하는 것은 조세법률주의 원칙상 허용되지 않는다(제주지법 2016구합5185, 2016.11.30.).

◆ 예규·판례

❖ **상속받은 농지를 상속등기를 하지 않고 상속인별 법정상속지분별로 상속등기한 후 매매를 원인으로 이전등기한 경우 자경기간 산정방법** (서면4팀-576, 2005.4.14.)

조세특례제한법 제69조 및 같은 법 시행령 제66조 제4항에서 규정하는 상속받은 농지의 경작기간은 피상속인의 경작기간을 포함하여 계산하며 이의 '상속받은 농지'란 상속개시 후 최초로 협의분할등에 의하여 취득한 농지를 말하며, 당해 농지를 법정상속인으로 상속등기 후 다른 상속인들의 소유지분을 취득하는 경우에는 취득하는 날부터 계산하는 것임.

귀 질의의 경우 피상속인의 농지를 상속인들이 민법상의 상속지분대로 등기하였다가 같은 날 특정상속인 1인 앞으로 매매를 원인으로 이전등기함으로써 최초로 협의분할에 의한 상속재산의 취득으로 볼 수 있는지 여부는 공동상속인의 법정상속분을 등기한 경위, 협의분할이 가능하였는지 및 공동상속인 각자가 상속지분에 대한 재산권을 행사한 사실이 있는지 여부 등을 종합적으로 검토하여 판단할 사항임.

| 저자주 | 실제로는 상속재산에 포함된 농지가 특정 상속인 1인에게 상속된 것이지만, 법정상속지분별로 상속등기 후 등기절차의 편의를 위해 당해 특정 상속인에게 매매를 원인으로 이전등기를 한 경우에는 그 실질이 상속재산의 협의분할이므로 해당 사실관계를 입증하면 피상속인의 자경기간이 승계 가능함.

---

[6] 종래 피상속인이 유증으로 취득한 농지나 피상속인의 사망으로 인하여 효력이 발생한 증여 농지에 대하여도 본 승계 특례를 적용한다는 예규(재일46014-882, 1999.5.11.)를 2020년 5월에 삭제함.

(4-2) 예외적 승계

상속인이 상속받은 농지를 1년 이상 계속하여 경작하지 아니하더라도 i) 상속받은 날부터 3년이 되는 날까지 양도하거나 ii) 토지보상법 및 그 밖의 법률에 따라 협의매수 또는 수용되는 경우로서 상속받은 날부터 3년이 되는 날까지 다음의 어느 하나에 해당하는 지역으로 지정되는 경우(상속받은 날 전에 지정된 경우를 포함)에는 피상속인의 경작기간(영 §66 ⑪ 1호·2호)을 상속인이 경작한 기간으로 본다(조특령 §66 ⑫). 사업근로소득 발생기간의 제외 규정이 적용된다(조특령 §66 ⑭). 이때 지정일은 관계행정기관의 장이 관보 또는 공보에 고시한 날을 말한다.

ii) 토지보상법 등에 따라 수용되는 경우 등에는 3년이 되는 날까지 지정되어야 하나 양도기한에는 제한이 없다.

① 택지개발지구(택지개발촉진법 §3)
② 산업단지[7]
③ 택지개발지구 및 산업단지 외의 지역으로서 아래에 열거된 지역(조특칙 §27 ⑦)
- 「보금자리주택건설 등에 관한 특별법」 제6조에 따라 지정된 공공주택지구(사전법규재산-0869, 2022.11.9.)
- 「도시 및 주거환경정비법」 제16조에 따라 지정·고시된 정비구역
- 「신항만건설촉진법」 제5조에 따라 지정된 신항만건설 예정지역
- 「도시개발법」 제3조 및 제9조에 따라 지정·고시된 도시개발구역
- 「철도건설법」 제9조에 따라 철도건설사업실시계획 승인을 받은 지역
- 공익사업지역
  위와 유사한 경우로서 다른 법률에 따라 예정지구 또는 실시계획 승인을 받은 지역 등 해당 공익사업으로 인하여 해당 주민이 직접적인 행위제한(건축물의 건축, 토지의 형질변경·분할 등)을 받는 지역.
  피상속인이 8년 이상 경작한 농지를 상속받아 경작하지 않고 양도하는 경우로서 해당 농지가 상속받은 날부터 3년이 되는 날까지 「친수구역 활용에 관한 특별법」에 따른 친수구역으로 지정되었으나 계속하여 경작을 하는 등 직접적인 행위제한을 받는 지역(조특칙 §27 ⑦ 6호)으로 지정되지 않는 경우에는 예외적 승계규정(조특령 §66 ⑫)을 적용하지 않는다(사전법령재산-637, 2018.9.10.).

지방자치단체 조례에 따라 도청 이전 예정지로 지정·공고되고, 건축허가를 제한하는 고시에 따라 해당 주민이 직접적인 행위제한을 받는 지역인 경우 공익사업지역에 해당한다.

---
[7] 「산업입지 및 개발에 관한 법률」 제6조·제7조·제7조의 2 또는 제8조에 따라 지정되어야 함.

이때 공익사업지역으로 지정되는 날은 조례에 따라 도청이전 예정지로 지정·공고된 날을 말한다(서면법규-963, 2014.9.2.).

상속인이 상속받은 농지가 상속받은 날 전에 택지개발예정지구로 지정·고시되었고, 상속받은 날 이후 공공주택지구로 전환·고시된 경우, 예외적으로 승계하는 특례가 적용되는 지역으로 지정된 날은 먼저 관보에 택지개발예정지구로 지정·고시된 날로 한다(서면법령재산-2191, 2016.7.1.).

4 재촌자경 등의 확인

4-1 소유 사실의 확인

양도자가 자경기간 이상 소유한 사실이 다음의 어느 하나의 방법에 의하여 확인되는 토지이어야 한다(조특칙 §27 ② 1호).
㉮ 「전자정부법」 제36조 제1항에 따른 행정정보의 공동이용을 통한 등기사항증명서 또는 토지대장 등본의 확인
㉯ 위의 방법으로 확인할 수 없는 경우에는 그 밖의 증빙자료

이 경우 경영회생 지원을 위한 농지매매등에 대한 양도소득세 과세특례(법 §70의 2 ①)에 따라 양도소득세를 환급받은 농업인이 환매한 농지 등을 다시 양도하는 경우로서 자경기간을 확인하는 경우, 「한국농어촌공사 및 농지관리기금법」 제24조의 3 제3항에 따른 임차기간 내에 경작한 기간은 해당 농업인이 해당 농지 등을 소유한 것으로 본다.

4-2 재촌자경 및 농지인 사실의 확인

자경기간 동안 재촌자경한 사실 및 양도일 현재 농지인 사실의 확인은 다음 방법 모두에 의해 확인되어야 한다(조특칙 §27 ② 2호).
㉮ 「전자정부법」 제36조 제1항에 따른 행정정보의 공동이용을 통한 주민등록표 초본의 확인. 다만 신청인이 확인에 동의하지 아니한 경우에는 그 서류를 제출하게 하여야 한다.
㉯ 시·구·읍·면장이 교부 또는 발급하는 농지원부원본과 자경증명의 확인

- 사실판단 없이 주민등록초본상의 주소지만으로 자경기간을 산정할 수 있는지 여부

  연접 농지 취득이나 농가 신축을 위한 농지전용허가는 토지 소재지에 거주하면서 농사를 짓지 않는 자에게는 허가되지 않는 것으로 보이고, 토지 소재지 주민들이 청구인의 거주사실을 구체적으로 확인하고 있는 점 등으로 보아 청구인이 토지 소재지에서 거주한 사실을 부인하기 어려

위 보이는 반면, 처분청은 청구인이 제시한 인우보증에 대한 사실확인이나 현지확인도 없이 단지 주민등록초본상의 주소지만 가지고 청구인이 토지 소재지 및 연접 시·군·구에 거주하지 않은 것으로 판단한 것은 잘못이라 하겠다(국심 2006부1119, 2006.6.8.).

- **농지원부만으로 농지인 사실을 증명할 수 있는지 여부** (부정)

  농지원부는 농지관리 및 농업정책의 효율적 추진을 위해 작성·비치하는 행정 내부자료에 불과한 것으로 직접 경작사실을 확인한 후 작성된 것이라고 보기 어려운 점 등을 종합하면, 원고에 대한 농지원부가 작성되었다거나 원고가 농협 조합원이라는 사정만으로 양도 당시 토지가 농지였다고 인정하기에 부족하다(광주지법 2015구합349, 2016.1.28.; 대법원 2016두61136, 2017.3.16.).

Ⅲ. 세액감면

1 감면세액

농지의 양도로 인하여 발생하는 소득에 대해서는 양도소득세의 100%를 세액감면한다. 다만 해당 토지가 국토계획법에 따른 주거지역등에 편입되거나 도시개발법 또는 그 밖의 법률에 따라 환지처분(換地處分) 전에 농지 외의 토지로 환지예정지 지정을 받은 경우에는, 주거지역등에 편입되거나 환지예정지 지정을 받은 날8)까지 발생한 소득만을 감면대상으로 하여 양도소득세의 100%를 세액감면한다(조특법 §69 ① 단서).9) 환지청산금을 수령한 경우(영 §66 ④ 2호 단서)에도 환지예정지로 지정받은 날까지 발생한 소득에 대해서만 감면이 가능하다(부동산납세-249, 2014.4.14.).

즉, 편입일 또는 지정일 이후에 발생하는 개발이익에 대해서는 양도소득세를 과세한다. 다만 편입일 또는 지정일로부터 3년이 경과한, 시 이상 지역의 주거지역 등에 대해서는 전체 양도소득에 대한 감면소득이 배제된다. 그러나 읍·면 지역의 주거지역등에 대해서는 양도기한에 제한이 없으므로, 편입일 또는 지정일 이전에 발생하는 개발이익에 대해서는 3년이 경과하여도 감면이 가능함에 주의하여야 한다[Ⅱ. 2-2 (1-1) 참조].

편입 또는 지정을 받은 날까지 발생한 소득은 다음 산식에 따라 계산한다(조특령 §66 ⑦).

---

8) 지방자치법 제3조 제4항의 규정에 의하여 설치된 도·농복합형태의 시의 읍·면지역에 소재하는 농지가 「국토의 계획 및 이용에 관한 법률」에 의한 주거지역에 편입된 이후 환지처분 이전에 농지 외의 토지로 환지예정지 지정을 받은 경우에는 환지예정지 지정을 받은 날까지 발생한 소득에 대하여 양도소득세 감면을 적용한다는 유권해석(서면5팀-123, 2006.9.14.)은 2016년 3월에 삭제됨.

9) 2001.12.29. 신설된 조특법 §69 ① 단서 규정의 부칙(2001.12.29. 법률 제6538호) §28 ①에 따른 종전규정 적용대상은 2001.12.31. 이전에 주거지역등에 편입된 농지임(재재산-245, 2022.2.15.).

$$\text{감면소득} = \text{양도소득금액} \times \frac{(\text{편입일 또는 지정일의 기준시가}) - (\text{취득 당시 기준시가})}{(\text{양도 당시 기준시가}) - (\text{취득 당시 기준시가})}$$
(소법 §95 ①)

기준시가는 원칙적으로 개별공시지가(소법 §99 ① 가목)에 의한다.

주거지역에 편입된 토지를 상속받은 후 해당 토지가 공익사업에 협의매수되고, 그 보상가액이 주거지역 편입 이전에 고시된 기준시가를 기준으로 산정된 경우로서 위 계산식의 분모와 분자가 모두 음수가 되는 경우에는 감면소득이 없는 것으로 본다(사전법령재산-0721, 2019.5.8.; 사전법규재산-0195, 2022.3.11.).

● 주거지역에서 녹지지역으로 변경된 후 다시 주거지역으로 편입된 경우 감면 범위

군 소재 면지역에 있는 토지가 '01.12.31. 이전에 「국토의 계획 및 이용에 관한 법률」에 따른 주거지역에서 녹지지역으로 변경되고, '02.1.1. 이후 다시 주거지역으로 편입되어 양도되는 경우 「조세특례제한법」제69조 제1항에 따른 감면 범위는 같은 항 단서가 적용되어 '02.1.1. 이후 주거지역으로 편입된 날까지 발생한 소득에 한하는 것임(서면법규재산-0154, 2022.12.13.).

(가) 양도 당시 기준시가

이때 토지보상법 및 그 밖의 법률에 따라 협의매수되거나 수용되는 경우에는 위의 산식 중 양도 당시의 기준시가를 '보상금 산정 당시 해당 토지의 개별공시지가'로 한다(조특칙 §27 ⑥). 따라서 감면소득은 양도 시기(보상금 수령시기)와 관계없이 보상금 산정의 기준이 되는 개별공시지가에 의해 결정된다.

다만 새로운 기준시가가 고시되기 전에 취득하거나 양도한 경우에는 직전의 기준시가를 적용한다.

(나) 편입일의 기준시가

편입일이란 국토계획법에 따른 도시관리계획 결정내용(지역·지구·구역·도시계획시설, 위치, 면적·규모 등)을 국토교통부장관이 관보에 고시한 날을 말한다(서면4팀-1031, 2005. 6.23.).

다만 새로운 기준시가가 고시되기 전에 주거지역등에 편입되거나 환지예정지 지정을 받은 날이 도래하는 경우에는 직전의 기준시가를 적용한다. 2015년 개정세법에서 신설되었다.

● 기준시가 적용 기준일

조세특례제한법 제70조에 따른 농지대토에 대한 양도소득세 감면 적용 시 개인이 소유하는 토지가 2009.2.4. 이후에 「공익사업을 위한 토지 등의 취득 및 보상에 관한 법률」에 따라 협의매수·수용 및 그 밖의 법률에 따라 수용되고 2017.1.1. 기준으로 공시된 개별공시지가를 기초로 산정한 보상금을 지급받은 경우로서 사업인정고시 이후 주거지역등에 편입되어 「조세특례제한법 시행령」제67조 제7항의 계산산식에 따라 감면대상 소득금액을 산정하는 경우, 양도당시 기

준시가는 2017.1.1. 기준으로 공시된 해당 토지의 개별공시지가를 적용하여 계산하는 것임(사전법령재산-0946, 2020.11.23).

> **● 예규·판례**
>
> ❖ **쟁점농지의 주거지역 편입일이 국민임대주택단지예정지구로 지정·고시된 날인지, 국민임대주택단지조성사업 실시계획 승인·고시일인지 여부 (후자로 인정)** (국심 2007서2801, 2007.11.7.)
> 건설교통부장관이 「국민임대주택건설 등에 관한 특별조치법」제5조·제7조 및 제11조의 규정에 의거 쟁점농지가 속한 서울특별시 ○○구 ○○지역 토지에 대하여 '서울○○국민임대주택단지예정지구'로 지정하고 실시계획을 승인·고시하였고, 이 경우 같은 법 제12조에서 「국토의 계획 및 이용에 관한 법률」제30조에서 규정한 도시관리계획의 결정·고시가 있는 것으로 보고 있으므로 쟁점농지는 위 실시계획 승인·고시일인 2005.12.29.에 주거지역에 편입된 것으로 보는 것이 타당하다 할 것인바(국심 2007부1009, 2007.6.7. 같은 뜻임), 처분청이 쟁점농지의 주거지역 편입일을 쟁점농지가 '서울○○국민임대주택단지예정지구'로 지정되어 관보에 고시된 2005.5.7.자로 보아 감면대상 양도소득금액을 계산하여 이 건 양도소득세를 부과한 당초 처분은 잘못이 있다고 하겠다.

2 사후관리

농업법인이 양도소득세를 감면받은 토지를 취득한 후 아래의 의무위반사유가 발생하면, 그 사유 발생일이 속하는 과세연도의 과세표준신고 시 감면된 세액에 상당하는 금액을 법인세로 납부하여야 한다(조특법 §69 ②, 조특령 §66 ⑧). 납부의 주체는 농업법인이다.
㉮ 당해 토지 취득일로부터 3년 이내에 양도한 경우
㉯ 당해 토지 취득일로부터 3년 이내에 휴업·폐업하거나 해산하는 경우
㉰ 당해 토지를 3년 이상 경작하지 아니하고 다른 용도로 사용하는 경우

> **● 예규·판례**
>
> ❖ **비과세 결정을 내린 농지에 대해 부동산매매업으로 보아 사업소득을 과세할 수 있는지 여부 (긍정)** (국심 2006중245, 2006.7.10.)
> 처분청이 쟁점5부동산 및 쟁점6부동산에 관한 양도소득세 부과처분에 대하여 8년 자경에 해당된다 하여 2003.11.4. 비과세 결정을 하고, 쟁점11부동산도 같은 이유로 2004.5.6. 양도소득세를 환급통보한 다음, 2005.10.12. 2002~2005.6월 기간 동안 이루어진 청구인의 쟁점부동산 취득과 양도행위를 전체적으로 사업목적을 가지고 부동산매매업을 영위한 것으로 보아 2003.11.4.과 2004.5.6.에 개별적으로 이루어진 양도소득세 비과세 처분에 대하여 2002~2005.6월

기간 동안 이루어진 부동산 거래현황과 함께 종합적으로 검토하여 과세근거(세목)를 다시 판단하여 부동산매매업으로 보아 사업소득으로 인정한 것이므로 중복처분이나 이중과세에 해당된다고 볼 수 없다 하겠다.

Ⅳ. 조세특례제한 등

 절차

당해 농지를 양도한 날이 속하는 과세연도의 과세표준신고(예정신고 포함)와 함께 세액감면신청서(별지 제13호 서식)를 납세지 관할세무서장에게 제출하여야 한다. 이 경우 3년 이상 자경요건 농지를 한국농어촌공사 또는 농업법인에게 양도한 경우에는 당해 양수인과 함께 세액감면신청서를 제출하여야 한다(조특령 §66 ⑨).

면제신청에 관한 규정은 양도인에게 협력의무를 부과한 것에 불과하므로, 소정의 기한 내에 세액면제신청서의 제출이 없더라도 면제요건에 해당하는 경우에는 양도소득세를 면제한다(대법원 97누10628, 1997.10.24.).

세액감면신청서를 접수한 당해 세무서장은 3년 이상 자경요건 농지를 양수한 한국농어촌공사 또는 농업법인의 납세지 관할세무서장에게 이를 즉시 통지하여야 한다(조특령 §66 ⑩).

기타 조세특례제한 등

구 분	내 용	참조 부분
중복지원의 배제	양도소득세 감면규정 간 배제(조특법 §127 ⑦)	제20부 제1절 Ⅱ. 7.
양도소득세 감면	종합한도 적용(조특법 §133 ①) －과세기간별 1억원 감면한도 －5개 과세기간 2억원 감면한도	제20부 제6절
농어촌특별세	비과세(농특령 §4 ① 1호)	

제3절 [제69조의 2] 축사용지에 대한 양도소득세의 감면 ★★★☆

Ⅰ. 의의

축사용지 소재지 거주자가 8년 이상 직접 축산에 사용한 축사용지를 폐업을 위하여 양도하는 경우, 그 양도소득에 대한 소득세의 100%를 감면하는 제도이다.

FTA로 어려움을 겪는 축산 농가의 구조조정을 지원하기 위하여 2011년 중반 도입되었다.

자경농지에 대한 양도소득세 감면제도가 농지의 장기적인 이용을 지원하기 위한 제도인 반면에, 본 특례는 축산 농가의 구조조정을 지원하기 위한 제도이므로 폐업이라는 요건이 추가되어 있는 점에 특색이 있다. 다만 요건 및 감면의 내용이 자경농지에 대한 특례와 매우 유사하므로 본 특례의 실무 적용 시에는 제2절에서 기술한 사례 및 법리 등을 유추적용할 수 있을 것으로 본다.

일몰기한은 2025.12.31.이다.

개정연혁

연 도	개정 내용
2016년	■ 감면대상 면적 한도 확대 : 990㎡ → 1,650㎡ ■ 가축사육업의 폐업사실 제출 서류 예외 신설
2019년	■ 감면대상 면적 한도 삭제
2020년	■ 제외 기간 추가: 복식부기의무자 수입금액 기준 이상인 과세기간

Ⅱ. 요건

1 주체 (재촌요건)

양도인에 대해서만 재촌 등 특정한 요건이 부과되어 있고, 양수인에 대해 부과된 요건은 없다.

양도인은 축산에 사용하는 축사와 이에 딸린 토지(이하 "축사용지") 양도일 현재 소득세법상 거주자이어야 하며, 8년 이상 축사용지 소재지에 거주하여야 한다. 축산 개시 당시에는 당해 지역에 해당하였으나 행정구역의 개편 등으로 이에 해당하지 아니하게 된 지역을 포함한다(조특령 §66의 2 ①).

소득세법상 거주자 및 축사용지 소재의 범위는 자경농지 감면과 내용이 동일하므로 제2절 Ⅱ. 1-1을 참조하기로 한다. 이 경우 "농지"를 "축사용지"로 본다.

2 특례대상 자산 (축사용지)

2-1 사실상의 축사용지

축사용지는 지적공부상의 지목에 관계없이 실지로 가축의 사육에 사용한 축사와 이에 딸린 토지로 한다(조특칙 §27의 2 ①). 축사의 범위에는 가축의 사육에 사용되는 축사의 부속시설도 포함한다(서면법규과-551, 2014.5.30.).

가축을 **위탁받아 사육**(O)한 경우에도 축사용지에 포함될 수 있으나, 직접 축산에 사용하였는지는 사실판단할 사항이다(서면법령재산-0472, 2019.10.18.).

그리고 축사지장물보상과 관련된 사업시행에 따라 협의매수를 원인으로 축사용지 중 **축사만(O)**을 폐업을 위하여 양도하는 경우에도 감면대상에 해당한다(기준법령재산-0196, 2019.5.1.; 재재산-339, 2019.4.24.).

그러나 흑염소 방목지로서 축산업에 사용한 토지라 할지라도 **축사가 없을 때(X)**에는 감면 대상에 해당하지 않는다(조심 2019전3291, 2020.1.21.).

2-2 제외되는 축사용지

주거지역등으로 편입된 날 또는 환지예정지로 지정된 날로부터 3년이 경과한 축사용지는 특례대상에서 제외한다.

(1) 주거지역등으로 편입된 축사용지

주거지역등으로 편입된 축사용지의 원칙적 제외 및 예외적 허용은 제2절 자경농지에 대한 양도소득세의 감면 Ⅱ. 2-2 (1) 주거지역등으로 편입된 농지의 내용과 동일하므로 해당 부분을 참조하기 바란다(조특령 §66의 2 ③ 1호, 조특칙 §27의 2 ③~⑤).

(2) 환지예정지

환지예정지의 원칙적 제외 및 환지청산금의 예외적 허용은 제2절 자경농지에 대한 양도소득세의 감면 Ⅱ. 2-2 (2) 환지예정지의 내용과 동일하므로 해당 부분을 참조하기 바란다(조특령 §66의 2 ③ 2호).

2-3 축사용지 판정시기

(1) 소득세법상 양도 시기 (원칙)

축사용지의 판정은 원칙적으로 소득세법상 양도 시기 규정에 따른 양도일 현재를 기준으로 한다(조특령 §66의 2 ④). 소득세법상 양도 시기는 제7부 제7장 제2절 Ⅱ. 2-2를 참조바란다(소령 §162).

양도일 현재 축사용지이면 요건을 충족하므로 양도 이후의 축사용지 사용여부는 무관하다. 양도의 경우에는 그 사용에 제한이 없는 소유권을 양수인이 보유하므로 종전의 양도인이 이를 제한할 수 없기 때문이다.

● **축산업 폐업 후 5년 경과 시점에 양도한 경우 감면 여부** (긍정)

청구인은 8년 이상 영위한 축산업을 2013.4.26. 폐업신고하였으나, (이하 중략), 축산업 외에 다른 용지로 사용하지 아니한 쟁점부동산은 양도 당시 언제든지 목장용지로 사용할 수 있는 상태에 있는 것으로 보이는 점, 축사용지의 경우 매매나 사용에 제한이 따르는 현실적인 측면과 청구인이 쟁점부동산을 양도하면서 동 건축물을 '축사'로 명시하여 매매한 점 등을 감안하면, 축산업의 폐업을 위하여 쟁점부동산을 양도하면서 매수자를 찾는 과정에서 폐업신고 후 부득이하게 상당기간을 경과하여 양도하게 되었다는 청구인의 주장에 신빙성이 있는 것으로 보이는 점 등에 비추어 쟁점부동산은 양도일 현재 축사용지에 해당한다고 판단된다(조심 2019중3189, 2020.3.4.).

(2) 예외적 판정시기

예외적으로 다음의 경우에는 각각의 기준에 따른다.
① 양도일 이전에 매매계약조건에 따라 매수자가 형질변경, 건축착공 등을 한 경우
　　: 매매계약일 현재의 축사용지 기준
② 환지처분 전에 해당 축사용지가 축사용지 외의 토지로 환지예정지 지정이 되고 그 환지예정지 지정일부터 3년이 경과하기 전의 토지로서 환지예정지 지정 후 토지조성공사의 시행으로 축산을 못하게 된 경우
　　: 토지조성공사 착수일 현재의 축사용지 기준

3 8년 동안 직접 축산할 것

취득일로부터 양도일까지 8년 이상 자기가 직접 축산하여야 한다(조특령 §66의 2 ③).

3-1 직접 축산

직접 축산이란 거주자가 그가 소유한 축사용지에서 가축(축산법 §2 1호)의 사육에 상시 종사하거나 축산작업의 2분의 1 이상을 자기의 노동력에 의하여 수행하는 것을 말한다(조특령 §66의 2 ②).

축산업 등록대상이 아닌 가축의 사육도 감면대상에 포함된다(부동산거래-348, 2012.7.5.).

부부가 축사와 이에 딸린 토지를 각각 소유(당해 부부 중 일방만 축산업등록)하고 축산에 사용하는 축사와 축사용지 소재지에 거주하면서 8년 이상 직접 축산에 사용한 축사용지를 폐업을 위하여 양도함에 따라 발생하는 소득에 대하여는 감면한다(서면법령재산-1489, 2021.10.27.).

소유한 축사용지 등 상세 내용은 제2절 Ⅱ. 3-1을 참조하기로 한다.

3-2 8년 계산방법

8년은 원칙적으로 취득일로부터 양도일까지이다.

근로소득·사업소득의 합계액이 3천 700만원 이상인 과세기간이 있는 경우와 사업소득 총수입금액이 복식부기 의무자 수입금액 기준 이상인 과세기간이 있는 경우, 그 기간은 축산한 기간에서 제외한다(이하 "사업·근로소득 발생기간의 제외 규정") (조특령 §66의 2 ⑬ → §66 ⑭).

거주자가 8년 이상 재촌하면서 직접 축산에 사용한 축사용지를 타인에게 임대하고 3년간 임차인이 축산에 사용한 후 거주자가 해당 축사용지를 양도하는 경우에는 감면을 적용할 수 없다(서면법령재산-2260, 2016.6.23.).

다음 표에서는 8년 기간의 예외를 간략히 정리하며, 상세내용은 제2절 Ⅱ. 3-2 부분을 참조하기 바란다.

직접 축산 기간의 계산

구 분	내 용
이전 기간을 승계하는 경우	■ 교환등 축사용지가 협의매수·수용된 경우(조특령 §66의 2 ⑤) ■ 환지된 축사용지
새로이 기간이 개시되는 경우	■ 수증 ■ 교환 ■ 축산업 영위 장소의 이동❶
상속받은 축사용지	■ 상속인의 1년 이상 축산 시 승계(조특령 §66의 2 ⑥) ■ 예외적 승계(조특령 §66의 2 ⑦, 조특칙 §27의 2 ⑥)

❶ 일정 지역에서 축산업을 영위하다가 사업상의 이유 등으로 축사용지를 변경하는 경우에는 8년 기간이 새로이 개시된다(부동산거래-967, 2011.11.15.).

4 폐업

양도인이 폐업을 위하여 축사용지를 양도하여야 한다.

폐업은 거주자가 축산을 사실상 중단하는 것으로서 해당 축사용지 소재지의 시장[1]·군수·구청장(자치구의 구청장을 말함)으로부터 축산기간 및 폐업확인서(별지 제51호의 2 서식)에 폐업임을 확인받은 경우를 말한다(조특령 §66의 2 ⑧).

이때 축산기간 및 폐업 확인서에 폐업임을 확인받지 못하였으나 거주자가 축산을 사실상 중단한 것이 「축산법」제24조에 따른 영업자 지위승계 신고대장 등 기타증빙서류에 의해 확인되는 경우에는 폐업을 위해 축사용지를 양도한 것으로 보아 감면을 적용받을 수 있다(재재산-262, 2020.3.13.).

그러나 축사용지의 일부만 양도하고 계속 축산업을 하는 경우에는 폐업이 아니므로 세액감면이 적용되지 않는다(부동산납세-184, 2013.12.4.; 부동산거래관리과-1048, 2011.12.16.).

---

[1] 「제주특별자치도 설치 및 국제자유도시 조성을 위한 특별법」에 따른 행정시장을 포함함.

5 소유 등의 확인

5-1 소유 사실, 재촌 및 축사용지인 사실의 확인

소유 사실 및 재촌 및 축사용지인 사실의 확인은 제2절 Ⅱ. 4.를 참조하기로 한다(조특칙 §27의 ②).

다만 축산기간 및 폐업확인서(조특칙 §27의 2 ⑦ 나목)의 확인이 대체되어 있다.

5-2 폐업의 확인

폐업 여부는 다음 방법 모두에 의해 확인되어야 한다(조특칙 §27의 2 ⑦).
㉮ 행정정보의 공동이용을 통한 등기사항증명서 또는 토지대장 등본의 확인
㉯ 시장·군수·구청장이 발급하는 축산기간 및 폐업확인서의 확인

Ⅲ. 세액감면

1 감면세액

1-1 원칙

축사용지의 양도로 인하여 발생하는 소득에 대해서는 양도소득세의 100%를 세액감면한다(조특령 §66의 2 ⑨).

$$감면세액 = 양도소득세\ 산출세액 \times \frac{축사용지\ 면적}{총\ 양도면적}$$

산식 분모의 총양도면적은 축산에 사용한 축사용지 면적으로 한다(법규재산 2011-508, 2011.12.26.).

2016년 개정세법에서 축사용지면적 감면한도를 종전의 990㎡(300평)에서 1,650㎡(500평)로 확대하였다. 2016.1.1. 전에 축사용지를 양도한 경우에 대해서는 개정규정에도 불구하고 종전의 규정에 따른다(2015.12.15. 개정된 법 부칙 §52).

종전 1명당 축사용지 1,650㎡(500평)를 한도로 하였으나, 가축 종별로 축사 면적이 상이하고 감면한도가 별도로 규정되어 있으므로 2019년 개정세법에서 면적 요건을 폐지하였다. 개정규정은 2019.2.12. 이후 결정·경정하는 분부터 적용한다(2019.2.12. 개정된 시행령 부칙 §7).

1-2 편입·지정의 경우

다만 해당 토지가 국토계획법에 따른 주거지역등에 편입되거나 도시개발법 또는 그 밖의 법률에 따라 환지처분 전에 축사용지 외의 토지로 환지예정지 지정을 받은 경우에는 주거지역등에 편입되거나, 환지예정지 지정을 받은 날까지 발생한 소득만을 감면대상으로 하여 양도소득세의 100%를 세액감면한다(조특법 §69의 2 ① 단서, 조특령 §66의 2 ⑩, 조특칙 §27의 2 ⑧). 상세 내용은 제2절 Ⅲ. 1. 부분을 참조하기로 한다.

$$감면소득 = 양도소득금액 \times \frac{(편입일\ 또는\ 지정일의\ 기준시가) - (취득\ 당시\ 기준시가)}{(양도\ 당시\ 기준시가) - (취득\ 당시\ 기준시가)}$$

2 사후관리

양도소득세를 감면받은 거주자가 해당 축사를 양도한 후 5년 이내에 축산업을 다시 하는 경우에는 감면받은 세액을 추징한다(조특법 §69의 2 ②). 추징세액 납부의 주체는 당초 감면받은 양도인이다.

다만 양도소득세를 감면받은 거주자가 그 이후에 상속으로 인하여 축산업을 하게 되는 경우에는 추징하지 아니한다(조특령 §66의 2 ⑪).

Ⅳ. 조세특례제한 등

1 절차

 당해 축사용지를 양도한 날이 속하는 과세기간의 과세표준신고(예정신고 포함)와 함께 세액감면신청서(별지 제13호 서식)와 축산기간 및 폐업확인서(별지 제51호의 2 서식)를 납세지 관할세무서장에게 제출하여야 한다. 축산법 제22조 제3항에 따른 가축사육업으로서 축산기간 및 폐업 확인을 할 수 없는 경우에는 축산기간 및 폐업 여부를 확인할 수 있는 서류를 제출하여야 한다(조특령 §66의 2 ⑫).

기타 조세특례제한 등

구 분	내 용	참조 부분
중복지원의 배제	양도소득세 감면규정 간 배제(조특법 §127 ⑦)	제20부 제1절 Ⅱ. 7.
양도소득세 감면	종합한도 적용(조특법 §133 ①) -과세기간별 1억원 감면한도 -5개 과세기간 2억원 감면한도	제20부 제6절
농어촌특별세	비과세(농특령 §4 ① 1호)	

제4절 [제69조의 3] 어업용 토지등에 대한 양도소득세의 감면

Ⅰ. 의의

어업용 토지등 소재지 거주자가 8년 이상 직접 어업에 사용한 어업용 토지등을 양도하는 경우에 그 양도소득세의 100%를 세액감면하는 제도이다.

농업인과의 형평 등을 감안하여 어업인 경영을 지원하기 위한 목적으로 2018년 개정세법에서 신설되었다.

본 특례의 내용은 자경농지 양도소득세 감면(조특법 §69)과 유사하므로 제2절에서 기술한 사례 및 법리 등을 유추적용할 수 있을 것으로 본다.

일몰기한은 2025.12.31.이다.

개정연혁

연 도	개정 내용
2020년	■ 제외 기간 추가: 복식부기의무자 수입금액 기준 이상인 과세기간

Ⅱ. 요건

1 주체 (재촌요건)

양수인은 제한이 없으며, 양도인은 「수산업·어촌 발전 기본법」(이하 "수산업 기본법")에 따른 어업인으로서 소득세법상 거주자이어야 하며 재촌요건을 충족하여야 한다(조특령 §66의 3 ①).

"어업인"이란 어업을 경영하거나 어업을 경영하는 자를 위하여 수산자원을 포획·채취하거나 양식하는 일 또는 염전에서 바닷물을 자연 증발시켜 소금을 생산하는 일에 종사하는 자로서 다음의 기준에 해당하는 자를 말한다(수산업 기본법 §3 3호, 동 시행령 §3 ②).

> ① 어업 경영을 통한 수산물의 연간 판매액이 120만원 이상인 사람
> ② 1년 중 60일 이상 어업에 종사하는 사람
> ③ 영어조합법인의 수산물 출하·유통·가공·수출활동에 1년 이상 계속하여 고용된 사람
> ④ 어업회사법인의 수산물 유통·가공·판매활동에 1년 이상 계속하여 고용된 사람

소득세법상 거주자 및 재촌요건은 자경농지 감면과 내용이 동일하므로 제2절 Ⅱ. 1-1을 참조하기로 한다.

2 특례대상 자산 (어업용 토지등)

2-1 어업용 토지등의 범위

"어업용 토지등"이란 육상해수양식어업, 육상수조식내수양식업 및 수산종자생산업에 직접 사용되는 토지 및 건물을 말한다(조특령 §66의 3 ③·④).

염전은 감면대상인 어업용 토지 등에 해당하지 않는다(조심 2019광2443, 2019.11.7.).

어업용 토지등은 지적공부상의 지목에 관계없이 실지로 양식 또는 수산종자생산에 사용한 건물과 토지로 한다(조특칙 §27의 3 ①).

2-2 제외되는 어업용 토지등

주거지역등으로 편입된 어업용 토지등과 환지예정지는 어업용 토지등에서 제외한다(조특령 §66의 3 ③).

2018년 본 특례가 신설됨에 따른 편입일 또는 지정일에 관한 적용 방법은 다음과 같다.

2018.2.13. 당시 「국토의 계획 및 이용에 관한 법률」에 따른 주거지역·상업지역 또는 공업지역에 편입된 어업용 토지등에 대해서는 개정규정을 적용할 때 2018.2.13.을 동법에 따른 주거지역·상업지역 또는 공업지역에 편입된 날로 본다. 또한 2018.2.13. 당시 「도시개발법」 또는 그 밖의 법률에 따라 환지처분 이전에 어업용 토지등 외의 토지로 환지 예정지 지정을 받은 어업용 토지등에 대해서는 개정규정을 적용할 때 2018.2.13.을 그 환지 예정지 지정일로 본다(동일자로 개정된 영 부칙 §15).

즉, 시행령 개정일 당시 이미 주거지역등으로 편입되거나 환지예정지로 지정 받은 어업

용 토지등은 2018.2.13.을 편입일 또는 지정일로 간주한다.

(1) 주거지역등으로 편입된 어업용 토지등

주거지역등으로 편입된 어업용 토지등의 원칙적 제외 및 예외적 허용은 제2절 자경농지에 대한 양도소득세의 감면 중 Ⅱ. 2-2 (1) 주거지역등으로 편입된 농지의 내용과 동일하므로 해당 부분을 참조하기 바란다(조특령 §66의 3 ③ 1호, 조특칙 §27의 3 ③~⑤).

(2) 환지예정지

환지예정지의 원칙적 제외 및 환지청산금의 예외적 허용은 제2절 자경농지에 대한 양도소득세의 감면 중 Ⅱ. 2-2 (2) 환지예정지의 내용과 동일하므로 해당 부분을 참조하기 바란다(조특령 §66의 3 ③ 2호).

2-3 어업용 토지등 판정시기

(1) 소득세법상 양도 시기 (원칙)

어업용 토지등의 판정은 원칙적으로 소득세법상 양도시기 규정에 따른 양도일 현재를 기준으로 한다(조특령 §66의 3 ④). 소득세법상 양도 시기는 제7부 제7장 제2절 Ⅱ. 2-2를 참조 바란다(소령 §162).

양도일 현재 어업용 토지등이면 요건을 충족하므로 양도 이후의 어업용 토지등 사용 여부는 무관하다. 양도의 경우에는 그 사용에 제한이 없는 소유권을 양수인이 보유하므로 종전의 양도인이 이를 제한할 수 없기 때문이다.

(2) 예외적 판정시기

예외적으로 다음의 경우에는 각각의 기준에 따른다.
① 양도일 이전에 매매계약조건에 따라 매수자가 형질변경, 건축착공 등을 한 경우
: 매매계약일 현재의 어업용 토지등 기준
② 환지처분 전에 해당 어업용 토지등이 어업용 토지등 외의 토지로 환지예정지 지정이 되고 그 환지예정지 지정일부터 3년이 경과하기 전의 토지로서 환지예정지 지정 후 토지조성공사의 시행으로 양식등을 하지 못하게 된 경우
: 토지조성공사 착수일 현재의 어업용 토지등 기준

3 8년 동안 직접 양식등에 종사할 것

3-1 직접 양식등에 종사

다음 어느 하나에 해당하는 방법으로 어업용 토지등을 사용하여야 한다(조특령 §66의 3 ②).
① 거주자가 그 소유 어업용 토지등에서 육상해수양식어업, 육상양식어업 및 수산종자생산업(이하 "양식등")에 상시 종사하는 것
② 거주자가 그 소유 어업용 토지등에서 양식등의 2분의 1 이상을 자기의 노동력에 의하여 수행하는 것

소유한 어업용 토지등 상세 내용은 제2절 Ⅱ. 3-1을 참조하기로 한다.

3-2 8년 계산방법

취득일로부터 양도일까지 8년 이상 자영한 어업용토지등이어야 한다(조특령 §66의 3 ③). 근로소득·사업소득의 합계액이 3천 700만원 이상인 과세기간이 있는 경우와 사업소득 총수입금액이 복식부기 의무자 수입금액 기준 이상인 과세기간이 있는 경우, 그 기간은 자영 기간에서 제외한다(이하 "사업·근로소득 발생기간의 제외 규정") (조특령 §66의 3 ⑩ → §66 ⑭). 이 경우 제66조 제14항 전단의 "농업·임업에서 발생하는 소득"은 "어업·임업에서 발생하는 소득"으로 본다.

납세자의 혼란을 방지하기 위하여 2019년 개정세법에서 농업 등 소득을 어업 등 소득으로 간주하는 규정을 보완하였다.

다음 표에서는 8년 기간의 예외를 간략히 정리하며, 상세내용은 제2절 Ⅱ. 3-2 부분을 참조하기 바란다.

직접 어업 종사 기간의 계산

구 분	내 용
이전 기간을 승계하는 경우	■ 교환등 어업용 토지등이 협의매수·수용된 경우(조특령 §66의 3 ⑤) ■ 환지된 어업용 토지등
새로이 기간이 개시되는 경우	■ 수증 ■ 교환
상속받은 어업용 토지등	■ 상속인의 1년 이상 자영 시 승계(조특령 §66의 3 ⑥) ■ 예외적 승계(조특령 §66의 3 ⑦, 조특칙 §27의 3 ⑥)

4 소유 등의 확인

소유 사실, 재촌자영 및 어업용 토지등인 사실의 확인은 제2절 Ⅱ. 4.를 참조하기로 한다(조특칙 §27의 3 ②).

Ⅲ. 세액감면

어업용 토지등의 양도로 인하여 발생하는 소득에 대해서는 양도소득세의 100%를 세액감면한다. 다만 편입일 또는 지정일 이후에 발생하는 개발이익에 대해서는 양도소득세를 과세한다(조특령 §66의 3 ⑧, 조특칙 §27의 3 ⑦).

상세 내용은 제2절 Ⅲ. 1. 부분을 참조하기로 한다.

$$\text{감면소득} = \text{양도소득 금액} \times \frac{(\text{편입일 또는 지정일의 기준시가}) - (\text{취득 당시 기준시가})}{(\text{양도 당시 기준시가}) - (\text{취득 당시 기준시가})}$$

Ⅳ. 조세특례제한 등

1 절차

당해 어업용 토지등을 양도한 날이 속하는 과세연도의 과세표준신고(예정신고 포함)와 함께 세액감면신청서(별지 제13호 서식)를 납세지 관할세무서장에게 제출하여야 한다(조특령 §66의 3 ⑨).

기타 조세특례제한 등

구 분	내 용	참조 부분
중복지원의 배제	양도소득세 감면규정 간 배제(조특법 §127 ⑦)	제20부 제1절 Ⅱ. 7.
양도소득세 감면	종합한도 적용(조특법 §133 ①) -과세기간별 1억원 감면한도 -5개 과세기간 2억원 감면한도	제20부 제6절
농어촌특별세	비과세(농특령 §4 ① 1호)	

제5절 [제69조의 4] 자경산지에 대한 양도소득세의 감면

Ⅰ. 의의

산지 소재지 거주자가 산림경영계획인가를 받아 10년 이상 직접 경영한 보전산지를 양도하는 경우에 자경기간에 따라 그 양도소득세의 10%~50%를 세액감면하는 제도이다.

산림자원의 육성 지원을 목적으로 2018년 개정세법에서 신설되었다.

본 특례의 내용은 자경농지 양도소득세 감면(조특법 §69)과 유사하므로 제2절에서 기술한 사례 및 법리 등을 유추적용할 수 있을 것으로 본다.

일몰기한이 없는 항구적인 조세지원 제도이다.

개정연혁

연 도	개정 내용
2020년	■ 제외 기간 추가: 복식부기의무자 수입금액 기준 이상인 과세기간

Ⅱ. 요건

1 주체 (재촌요건)

양수인은 제한이 없으며, 양도인은 「산림자원의 조성 및 관리에 관한 법률」(이하 "산림자원법") 제13조에 따른 산림경영계획인가를 받은 「임업 및 산촌 진흥촉진에 관한 법률」(이하 "임업진흥법")에 따른 임업인으로서 소득세법상 거주자이어야 하며 재촌요건을 충족해야 한다(조특령 §66의 4 ①).

"임업인"이란 임업에 종사하는 자로서 다음의 자를 말한다(임업진흥법 §2 2호, 동 시행령 §2).

① 3헥타르 이상의 산림에서 임업을 경영하는 자
② 1년 중 90일 이상 임업에 종사하는 자
③ 임업경영을 통한 임산물의 연간 판매액이 120만원 이상인 자
④ 「산림조합법」 제18조에 따른 조합원으로서 임업을 경영하는 자

소득세법상 거주자 및 재촌요건은 자경농지 감면과 내용이 동일하므로 제2절 Ⅱ. 1-1을 참조하기로 한다.

2 특례대상 자산 (보전산지)

2-1 산지의 범위

산지는 보전산지로서 지적공부상의 지목에 관계없이 실지로 경작에 사용되는 토지로 한다(조특령 §66의 4 ③, 조특칙 §27의 4 ①).

산지는 보전산지와 보전산지 이외의 산지인 준보전산지로 나뉜다. 보전산지는 임업용 산지와 공익용 산지로 구분된다(산지관리법 §4 ① 1호).

① 임업용 산지 : 산림자원의 조성과 임업경영기반의 구축 등 임업생산 기능의 증진을 위하여 필요한 산지
② 공익용 산지 : 임업생산과 함께 재해 방지, 수원 보호, 자연생태계 보전, 산지경관 보전, 국민보건휴양 증진 등의 공익 기능을 위하여 필요한 산지

2-2 제외되는 산지

주거지역등으로 편입된 산지와 환지예정지는 산지에서 제외한다(조특령 §66의 4 ③).

2018년 본 특례가 신설됨에 따른 편입일 또는 지정일에 관한 적용 방법은 다음과 같다.

2018.2.13. 당시 「국토의 계획 및 이용에 관한 법률」에 따른 주거지역·상업지역 또는 공업지역에 편입된 산지에 대해서는 개정규정을 적용할 때 2018.2.13.을 동법에 따른 주거지역·상업지역 또는 공업지역에 편입된 날로 본다. 또한 2018.2.13. 당시 「도시개발법」 또는 그 밖의 법률에 따라 환지처분 이전에 산지 외의 토지로 환지 예정지 지정을 받은 산지에 대해서는 개정규정을 적용할 때 2018.2.13.을 그 환지 예정지 지정일로 본다(동일자로 개정된 영 부칙 §16).

즉, 시행령 개정일 당시 이미 주거지역등으로 편입되거나 환지예정지로 지정 받은 산지

는 2018.2.13.을 편입일 또는 지정일로 간주한다.

(1) 주거지역등으로 편입된 산지

주거지역등으로 편입된 산지의 원칙적 제외 및 예외적 허용은 제2절 자경농지에 대한 양도소득세의 감면 중 Ⅱ. 2-2 (1) 주거지역등으로 편입된 농지의 내용과 동일하므로 해당 부분을 참조하기 바란다(조특령 §66의 4 ③ 1호, 조특칙 §27의 4 ③~⑤).

(2) 환지예정지

환지예정지의 원칙적 제외 및 환지청산금의 예외적 허용은 제2절 자경농지에 대한 양도소득세의 감면 중 Ⅱ. 2-2 (2) 환지예정지의 내용과 동일하므로 해당 부분을 참조하기 바란다(조특령 §66의 4 ③ 2호).

2-3 산지 판정시기

(1) 소득세법상 양도시기 (원칙)

산지의 판정은 원칙적으로 소득세법상 양도시기 규정에 따른 양도일 현재를 기준으로 한다(조특령 §66의 4 ④). 소득세법상 양도 시기는 제7부 제7장 제2절 Ⅱ. 2-2를 참조 바란다(소령 §162).

양도일 현재 산지면 요건을 충족하므로 양도 이후의 산지 사용여부는 무관하다. 양도의 경우에는 그 사용에 제한이 없는 소유권을 양수인이 보유하므로 종전의 양도인이 이를 제한할 수 없기 때문이다.

(2) 예외적 판정시기

예외적으로 다음의 경우에는 각각의 기준에 따른다.
① 양도일 이전에 매매계약조건에 따라 매수자가 형질변경, 건축착공 등을 한 경우
  : 매매계약일 현재의 산지 기준
② 환지처분 전에 해당 산지가 산지 외의 토지로 환지예정지 지정이 되고 그 환지예정지 지정일부터 3년이 경과하기 전의 토지로서 환지예정지 지정 후 토지조성공사의 시행으로 임업을 하지 못하게 된 경우
  : 토지조성공사 착수일 현재의 산지 기준

3 자경기간 동안 직접 임업에 종사할 것

3-1 직접 임업에 종사

다음 어느 하나에 해당하는 방법으로 산지를 경영하여야 한다(조특령 §66의 4 ②).
① 거주자가 그 소유 산지에서 임업진흥법에 따른 임업(이하 "임업")에 상시 종사하는 것
"임업"이란 영림업, 임산물생산업, 임산물유통·가공업, 야생조수사육업과 이에 딸린 분재생산업, 조경업, 수목조사업 등 임업 관련 서비스업을 말한다(임업진흥법 §2 1호, 동 시행규칙 §2).
② 거주자가 그 소유 산지에서 임작업의 2분의 1 이상을 자기의 노동력에 의하여 수행하는 것
소유한 산지 등 상세 내용은 제2절 Ⅱ. 3-1을 참조하기로 한다.

3-2 자경기간 계산방법

해당 토지를 취득하고 산림경영계획인가(산림자원법 §13)를 받은 날부터 양도일까지 10년 이상 자영한 농지이어야 한다(조특령 §66의 4 ③).

근로소득·사업소득의 합계액이 3천 700만원 이상인 과세기간이 있는 경우와 사업소득 총수입금액이 복식부기 의무자 수입금액 기준 이상인 과세기간이 있는 경우, 그 기간은 자경기간에서 제외한다(이하 "사업·근로소득 발생기간의 제외 규정") (조특령 §66의 4 ⑩ → §66 ⑭).

다음 표에서는 8년 기간의 예외를 간략히 정리하며, 상세내용은 제2절 Ⅱ. 3-2 부분을 참조하기 바란다.

자경기간의 계산

구 분	내 용
이전 기간을 승계하는 경우	▪교환등 산지가 협의매수·수용된 경우(조특령 §66의 4 ⑤) ▪환지된 산지
새로이 기간이 개시되는 경우	▪수증 ▪교환
상속받은 자경산지	▪상속인의 1년 이상 자경 시 승계(조특령 §66의 4 ⑥) ▪예외적 승계(조특령 §66의 4 ⑦, 조특칙 §27의 4 ⑥)

4 소유 등의 확인

소유 사실, 재촌자경 및 산지인 사실의 확인은 제2절 Ⅱ. 4.를 참조하기로 한다(조특칙 §27의 4 ②).

Ⅲ. 세액감면

자경산지의 양도로 인하여 발생하는 소득에 대해서는 다음 표에 따라 양도소득세를 감면한다.

양도소득세 감면율

자경기간	감면율	자경기간	감면율
10년 이상 20년 미만	10%	40년 이상 50년 미만	40%
20년 이상 30년 미만	20%	50년 이상	50%
30년 이상 40년 미만	30%		

다만 편입일 또는 지정일 이후에 발생하는 개발이익에 대해서는 양도소득세를 과세한다(조특령 §66의 4 ⑧, 조특칙 §27의 4 ⑦).

$$감면소득 = \frac{양도소득}{금액} \times \frac{(편입일 \text{ 또는 } 지정일의 \text{ } 기준시가) - (취득 \text{ } 당시 \text{ } 기준시가)}{(양도 \text{ } 당시 \text{ } 기준시가) - (취득 \text{ } 당시 \text{ } 기준시가)}$$

상세 내용은 제2절 Ⅲ. 1. 부분을 참조하기로 한다.

Ⅳ. 조세특례제한 등

 **절차**

당해 산지를 양도한 날이 속하는 과세연도의 과세표준신고(예정신고 포함)와 함께 세액감면신청서(별지 제13호 서식)를 납세지 관할세무서장에게 제출하여야 한다(조특령 §66의 4 ⑨).

기타 조세특례제한 등

구 분	내 용	참조 부분
중복지원의 배제	양도소득세 감면규정 간 배제(조특법 §127 ⑦)	제20부 제1절 Ⅱ. 7.
양도소득세 감면	종합한도 적용(조특법 §133 ①) -과세기간별 1억원 감면한도 -5개 과세기간 2억원 감면한도	제20부 제6절
농어촌특별세	비과세(농특령 §4 ① 1호)	

제6절 [제70조] 농지대토에 대한 양도소득세 감면

차례

- I. 의의 1390
- II. 요건 1390
  - 1. 주체 (양도인) 1391
  - 2. 특례대상 자산 (농지) 1391
    - 2-1 농지의 범위 1391
    - 2-2 제외되는 농지 1391
      - (1) 주거지역등으로 편입된 농지 ... 1392
      - (2) 환지예정지 1392
  - 3. 종전농지는 4년 이상 자경할 것 1392
    - 3-1 직접 경작 1392
    - 3-2 자경기간의 계산 1392
      - (1) 4년 이상 1392
      - (2) 사업·근로소득 발생기간의 제외 ... 1393
  - 4. 대토 후 경작 개시할 것 1393
    - 4-1 대토 1393
      - (1) 대토 기한 1393
      - (2) 신규농지의 취득 1394
      - (3) 경작 목적 (신규농지 요건) 1394
    - 4-2 신규농지의 경작 개시 1395
      - (1) 개시기한 1년 (원칙) 1395
      - (2) 개시기한 2년 (예외) 1395
  - 5. 신규농지와 합산하여 8년 이상 재촌·자경할 것 1396
    - 5-1 원칙 1396
      - (1) 통산 8년 자경할 것 1396
      - (2) 사업·근로소득 발생기간의 제외 ... 1396
    - 5-2 예외 1397
      - (1) 수용 등의 경우 1397
      - (2) 상속의 경우 1397
  - 6. 재촌자경 등의 확인 1397
- III. 세액감면 1397
  - 1. 감면세액 1397
  - 2. 사후관리 1398
    - 2-1 의무위반사유 1398
    - 2-2 이자상당가산액 1399
- IV. 조세특례제한 등 1399
  - 1. 절차 1399

Ⅰ. 의의

농지 소재지 거주자가 4년 이상 자경한 농지를 경작상의 필요에 의하여 다른 농지로 대토(代土)하여 발생하는 소득에 대한 양도소득세의 100%를 세액감면하는 제도이다.

농지의 대토란 자경농민이 경작상의 필요에 의해서 자경하던 농지를 매도하고 그에 상응하는 다른 농지를 취득하는 것을 말한다. 본 감면 규정과 소득세법의 농지의 교환 또는 분합의 비과세 규정(소법 §89 ① 2호)은 농지의 대토(양도와 대체취득)이냐 또는 농지의 교환분합이냐라는 거래의 방식에 따른 구분으로서 양자의 취지는 동일하다. 다만 특례의 내용이 감면과 비과세로 구분된다.

농지는 성질상 농민이 세대를 이어서 전 생애를 통해 오랜 기간 동안 보유하는 경향이 있고 인플레이션으로 인해 가격이 계속해서 오르지만, 대토 이후에도 농지를 계속 보유한다는 점에서 실현된 자본이득이라고 보기 어려우므로 감면한다.[1] 종전에는 소득세법에서 양도소득세를 비과세하도록 규정하고 있었으나, 2005년 지가상승 요인인 대토수요를 억제하여 지가안정을 도모하고자 조세특례제한법상 양도소득세 감면제도로 변경하였다.

일몰기한이 없는 항구적 지원제도이다.

개정연혁

연 도	개정 내용
2020년	■ 대토로 인한 취득시 취득 원인이 상속·증여인 경우 제외 ■ 제외 기간 추가: 복식부기의무자 수입금액 기준 이상인 과세기간
2024년	■ 농지 대토의 주체를 명확화

Ⅱ. 요건

농지 소재지 거주자가 4년 이상 자경한 농지(이하 "종전농지")를 경작상의 필요에 의하여 양도하고 1년 이내에 다른 농지(이하 "신규농지")를 취득한 후, 종전농지 경작기간과 합하여 8년 이상 재촌자경하여야 한다.

---

[1] 김두형, "자경농지 대토에 따른 양도소득세 감면요건의 문제점과 개선방안", 조세연구/제7집, 2007.10., p.236.

1 주체 (양도인)

양도인은 대토 전의 농지 양도일 현재 4년 이상 농지소재지에 거주하고 있는 자로서 소득세법상 거주자이어야 한다. 경작 개시 당시에는 당해 지역에 해당하였으나 행정구역의 개편 등으로 이에 해당하지 아니하게 된 지역을 포함한다(조특령 §67 ①). 양수인에 대하여 부과된 요건은 없다.

소득세법상 거주자 및 농지 소재지의 범위는 자경농지 감면과 내용이 동일하므로 제2절 Ⅱ. 1-1을 참조하기로 한다.

본 재촌 요건뿐 아니라 후술하는 자경요건도 농지 양도일(교환일) 현재를 기준으로 판단된다는 점을 유의하여야 한다(부동산거래-869, 2011.10.13.; 대법원 2010두14589, 2010.11.11.). 본 세액감면의 요건상 '경작상의 필요'에 의한 대토이어야 하므로 양도일 현재도 재촌자경할 것을 요구한다. 법 제69조 자경농지에 대한 양도소득세 감면규정은 양도 당시 농지소재지에 거주하지 않은 경우에도 자경기간 동안 재촌한 경우에는 적용된다는 점에서, 본 특례와 차이가 있다.

따라서 농지의 양도일이 속하는 과세기간의 총급여액이 3,700만원 이상인 경우,(조특령 §67 ⑥) 해당 거주자는 농지대토에 대한 양도소득세 감면을 적용받을 수 없다(서면부동산-0838, 2019.3.22.; 서면법령재산-2602, 2016.4.5.).

2024 개정 종전 '4년 이상 농지소재지 거주자로서 농지 양도일 현재 소득세법상 거주자'라는 문구를 '농지 양도일 현재 4년 이상 농지소재지 거주자로서 소득세법상 거주자'라는 표현으로 바꾸어 명확화함.

2 특례대상 자산 (농지)

2-1 농지의 범위

제2절 Ⅱ. 2-1 참조

2-2 제외되는 농지

주거지역등으로 편입된 날 또는 환지예정지로 지정된 날로부터 3년이 경과한 농지는 특례대상에서 제외한다(조특법 §70 ②).

(1) 주거지역등으로 편입된 농지

주거지역등으로 편입된 농지의 원칙적 제외 및 예외적 허용은 제2절 자경농지에 대한 양도소득세의 감면 Ⅱ. 2-2 (1) 주거지역등으로 편입된 농지의 내용과 동일하므로 해당 부분을 참조하기 바란다(조특령 §67 ⑧ 1호, 조특칙 §27 ⑤) (사전법규재산-0019, 2024.1.31.).

(2) 환지예정지

환지예정지의 제외 및 환지청산금의 허용은 제2절 자경농지에 대한 양도소득세의 감면 Ⅱ. 2-2 (2) 환지예정지의 내용과 동일하므로 해당 부분을 참조하기 바란다(조특령 §67 ⑧ 2호).

3 종전농지는 4년 이상 자경할 것

취득일로부터 종전농지의 양도일까지 4년 이상 자경한 농지를 대토하여야 한다(조특령 §67 ③).

3-1 직접 경작

제2절 자경농지에 대한 양도소득세의 감면 Ⅱ. 3-1 직접 경작의 내용과 동일하므로 해당 부분을 참조하기 바란다(조특령 §67 ②).

3-2 자경기간의 계산

(1) 4년 이상

자경기간은 원칙적으로 취득일로부터 대토에 의한 양도일까지로 4년 이상이어야 한다(조특령 §67 ①). 농지의 주거·상업·공업지역 편입일은 4년을 계산하는 것과 무관하다(서면법령재산-5669, 2018.2.5.).

본 자경요건뿐 아니라, 전술한 재촌요건(1-2 참조)도 모두 농지 양도일(교환일) 현재를 판정기준일로 함에 유의하여야 한다(부동산거래-869, 2011.10.13.; 대법원 2011두18953, 2011.11.10.; 부동산거래-889, 2011.10.20.). 즉, **양도일 현재 재촌자경하여야 한다.** 법 제69조 자경농지에 대한 양도소득세 감면규정은 양도 당시 농지소재지에 거주하지 않은 경우라 하더라도 자경기간 동안 재촌한 경우에는 감면이 적용된다는 점에서 본 특례와 차이가 있다.
4년 이상이란 농지소재지에 거주하면서 취득 시부터 양도 시까지 경작한 기간을 말한다. 농경지 리모델링사업부지에 포함되어 경지정리한 기간은 경작기간에서 제외된다(조심 2014광70, 2014.2.25.).

(2) 사업·근로소득 발생기간의 제외

종전농지 자경기간 중 해당 피상속인(그 배우자를 포함) 또는 거주자의 사업소득금액(소법 §19 ②)과 근로소득 총급여액(소법 §20 ②)의 합계액이 3천 700만원[2] 이상인 과세기간이 있는 경우와 사업소득 총수입금액이 복식부기 의무자 수입금액 기준 이상인 과세기간은 거주자가 경작한 기간에서 제외한다. 사업소득에서 농업·임업에서 발생하는 소득, 부동산임대업소득(소법 §45 ②), 비과세 농가부업소득(소령 §9)은 제외한다(이하 "사업·근로소득 발생기간의 제외 규정") (조특령 §67 ⑥ → §66 ⑭). 동 제외 규정은 신규농지 경작기간 계산에도 적용된다.

4 대토 후 경작 개시할 것

종전농지 양도일로부터 1년 이내에 신규농지를 취득하거나, 신규농지 취득 후 1년 이내에 종전농지를 양도한 후 신규농지에서 1년 이내에 재촌·자경을 개시하여야 한다.

4-1 대토

(1) 대토 기한

대토 시 종전농지를 선양도하는 경우에는 선양도일로부터 1년 이내에 신규농지를 취득(상속·증여받은 경우는 제외함. 이하 동일함)하거나(선양도 후취득), 신규농지를 선취득하는 경우에는 취득일로부터 1년 이내에 종전농지를 양도(선취득 후양도)하여야 한다(조특령 §67 ③). 즉, 종전농지 양도와 신규농지 취득 중 어느 것이 선행하여도 관계 없으나 양도일과 취득일 간의 기간은 1년 이내여야 한다.

다만 선양도 후취득하는 대토 방식의 경우 「공익사업을 위한 토지 등의 취득 및 보상에

---

[2] 쌀소득보전직불금제도에서 농업 외 종합소득금액이 3,700만원 이상인 경우 지급대상에서 제외하는 것과 균형을 맞춤.

관한 법률」(이하 "토지보상법")에 따른 협의매수·수용 및 그 밖의 법률에 따라 수용되는 때에는 2년으로 한다. 수용에 따라 대토하는 경우에는 대체 취득에 시일이 더 소요되기 때문이다.

필지를 분할하여 양도한 경우 분할된 필지의 양도거래가 사실상 독립된 거래인 경우에 신규농지 요건을 각각 적용하며, 분할 양도거래가 사실상 독립된 거래인지 여부는 거래당사자 및 거래내용, 대금수수상황 등을 종합적으로 검토하여 사실판단한다(부동산거래-403, 2011.5.17.).

종전농지의 양도일부터 1년이 되는 날이 휴무 토요일인 경우에는 대체농지 취득기한의 종기는 그 후 도래하는 월요일이다(조심 2011중1228, 2011.7.29.).

종전농지의 양도소득세를 감면하여 신규농지 취득을 지원하기 위한 제도의 취지를 고려하여, 2020년 개정세법에서 상속·증여는 취득 원인에서 제외하도록 명확화하였다.

(2) 신규농지의 취득

다음은 신규농지의 취득과 관련하여 대토 요건을 충족하였는지 여부에 관한 사례이다.
- 대토의 요건을 갖추어 경매(O)로 신규농지를 취득하는 것도 감면이 가능하다(서면4팀-1711, 2006.6.13.).
- 농지의 등기가 타인에게 신탁된 명의신탁(O)의 경우에도 취득으로 보아 감면이 적용된다(서울고법 2012누30365, 2013.3.28.).
- 종전농지를 양도하고 새로이 공유지분(O)으로 농지를 취득하는 경우에도 감면대상이다(부동산거래-817, 2011.9.22.).
- 부부 일방(X)이 상대방으로부터 농지를 취득한 경우 특별한 사정이 없는 한 증여로 추정되는 농지 소유명의의 변경이 있었을 뿐 농가 전체로 보아서는 새로운 농지를 취득하였다고 볼 수 없으므로 '경작상의 필요'에 의하여 대토 농지를 취득한 것으로 보지 않는다(대구고법 2012누1786, 2012.11.16.).

(3) 경작 목적 (신규농지 요건)

감면대상이 되는 대토는 경작을 위한 것이어야 하므로 신규농지는 종전농지와 비교하여 다음의 면적요건 또는 가액요건 중 하나를 충족하여야 한다.
㉠ 신규농지의 면적이 종전농지의 면적의 3분의 2 이상일 것
㉡ 신규농지의 가액이 종전농지의 가액의 2분의 1 이상일 것

농지를 대토 방식으로 양도하는 경우에 당해 농지의 양도가액은 소득세법에 따른다(서

면4팀-594, 2007.2.13.). 따라서 양도가액은 계약서에 표시된 실지거래가액을 말하는 것이며, 실지거래가액이 불분명한 경우에는 매매사례가액, 감정가액, 환산가액 또는 기준시가 등에 의한다(소법 §114 ⑦).

4-2 신규농지의 경작 개시

(1) 개시기한 1년 (원칙)

대토하는 때 종전농지를 선양도하고 신규농지를 후취득하는 경우에는 신규농지의 취득일로부터 1년 이내, 신규농지를 선취득하고 종전농지를 후양도하는 경우에는 종전농지의 양도일로부터 1년 이내에 신규농지의 경작을 개시하여야 한다. 즉, 대토가 완성되는 시점이 경작 개시기한의 기산일이 된다.

새로 취득한 토지가 농지가 아닌 경우에는 새로운 토지의 취득일로부터 1년 내에 농지로 개간이 완료되어 경작할 수 있는 상태가 된 경우에 대토로 볼 수 있다(법규재산 2011-438, 2011.11.2.).

새로운 농지를 취득하여 영농준비기간(풀베기 및 배수로 개량작업 등)을 거쳐 파종을 한 경우로서 영농준비기간이 임의적인 휴경기간이 아닌 경작(파종)을 위한 준비작업에 해당하는 경우 영농준비 개시일을 경작 개시일로 볼 수 있다(부동산거래-938, 2011.11.7.).

(2) 개시기한 2년 (예외)

다만, 다음의 부득이한 사유가 있는 경우에는 경작 개시기한을 1년에서 2년으로 연장한다(조특칙 §28 ①·②).
① 1년 이상의 치료나 요양을 필요로 하는 질병의 치료 또는 요양을 위한 경우
②「농지법 시행령」제3조의 2에 따른 농지개량을 하기 위하여 휴경하는 경우
③ 자연재해로 인하여 영농이 불가능하게 되어 휴경하는 경우

5 신규농지와 합산하여 8년 이상 재촌·자경할 것

5-1 원칙

(1) 통산 8년 자경할 것

신규농지의 경작을 개시한 후 새로운 농지소재지에 거주하면서 계속하여 경작한 기간과 종전농지의 경작기간을 합산한 기간이 8년 이상이어야 한다(조특령 §67 ③ 1호 단서·2호 단서).

예를 들어, 종전농지를 8년 이상 재촌자경한 경우, 신규농지에 재촌하여 경작을 개시하였다면 8년 합산기간 요건을 충족할 수 있다.

종전농지의 경작기간은 그 취득일부터 대토에 의한 양도일까지의 기간 중 계속적으로 재촌·자경할 필요가 없어 그 기간이 불연속하여도 각각의 기간을 합산할 수 있었으나, 신규농지의 경작기간은 계속적이어야 함에 주의하여야 한다. 즉, 새로운 농지 소재지에서의 거주와 경작은 특별한 사정이 없는 한 그 기간을 같이 하여야 한다(대법원 2002두5924, 2003.9.5.). 농지대토에 대한 감면은 농민의 계속적인 농업 활동을 지원하기 위한 것이므로, 종전농지와 달리 신규농지는 계속 경작한 경우에만 그 기간을 합산한다.

대토농지(신규농지)의 전 소유자가 양도 후에도 계속 자경한 경우에는 신규농지의 취득자가 자경하였다고 보기 어렵다(대전고법 2011누2321, 2012.6.21.).

(2) 사업·근로소득 발생기간의 제외

사업·근로소득 발생기간의 제외 규정이 적용된다(조특령 §67 ⑥ 후단 → §66 ⑭).

이 경우 새로운 농지의 경작기간을 계산할 때 새로운 농지의 경작을 개시한 후 종전의 농지 경작기간과 새로운 농지 경작기간을 합산하여 8년이 지나기 전에 사업·근로소득 발생기간 제외 규정이 적용되어 해당연도를 자경하지 않은 것으로 간주하게 되면, 새로운 농지를 계속하여 경작하지 않은 것으로 본다. 그리고 그 결과로 후술하는 의무위반사유에 해당하여(영 §67 ⑩ 4호) 감면세액 및 이자상당가산액을 납부하여야 한다.

5-2 예외

(1) 수용 등의 경우

신규농지를 취득한 후 4년 이내에 토지보상법에 따른 협의매수·수용 및 그 밖의 법률에 따라 수용되는 경우에는 4년 동안 농지소재지에 거주하면서 경작한 것으로 본다(조특령 §67 ④). 따라서 종전농지를 4년 이상 재촌자경하고 본 특례에 따라 대토한 후 대토로 취득한 신규농지가 수용되는 경우에는 8년 합산기간 요건을 충족할 수 있게 된다.

다만 본 특례는 대토에 의하여 신규농지를 취득한 후에 수용되는 경우의 특례로, 대토 전 종전토지를 4년(개정 전 3년) 이상 자경하지 않은 상황에서 수용된 경우에 본 특례가 적용되는 것은 아님에 유의하여야 한다(서면4팀-1249, 2007.4.16.).

(2) 상속의 경우

새로운 농지를 취득한 후 8년 합산기간이 지나기 전에 농지 소유자가 사망한 경우로서 상속인이 재촌자경한 때에는 피상속인의 경작기간이 상속인에게 승계되어 피상속인의 경작기간과 상속인의 경작기간을 통산한다(조특령 §67 ⑤). 상속인의 재촌자경을 요건으로 한다.

6 재촌자경 등의 확인

소유 사실, 재촌자경 및 농지인 사실의 확인은 자경농지에 대한 양도소득세 감면 규정과 동일하므로, 제2절 Ⅱ. 4. 재촌자경 등의 확인을 참조하기 바란다(조특칙 §27 ②).

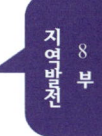

Ⅲ. 세액감면

1 감면세액

농지의 대토로 인한 양도소득에 대한 소득세의 100%를 세액감면한다.
다만, 해당 토지가 국토계획법에 따른 주거지역등에 편입되거나 도시개발법 또는 그 밖의 법률에 따라 환지처분 전에 농지 외의 토지로 환지예정지 지정을 받은 경우에는, 주거지역등에 편입되거나, 환지예정지 지정을 받은 날까지 발생한 소득만을 감면대상으로 하여 양도소득세의 100%를 세액감면한다(조특법 §70 ① 단서, 조특령 §67 ⑦, 조특칙 §27 ⑥).

$$\frac{\text{감면소득}}{\text{금액}} = \text{양도소득 금액}❶ \times \frac{\text{(편입일 또는 지정일의 기준시가)} - \text{(취득 당시 기준시가)}}{\text{(양도 당시 기준시가)} - \text{(취득 당시 기준시가)}}$$

❶ 소법 §95 ①

상세 내용은 제2절 Ⅲ. 1. 부분을 참조하기로 한다.

2 사후관리

양도소득세의 감면을 적용받은 거주자가 의무위반사유가 발생하여 세액감면 요건을 충족하지 못하는 경우에는 그 사유가 발생한 날이 속하는 달의 말일부터 2개월 이내에 감면받은 양도소득세를 납부하여야 하며, 이자상당가산액도 납부한다(조특법 §70 ④).

2-1 의무위반사유

의무위반사유란 다음과 같다. 이 경우 경작기간의 계산 등에 관하여는 8년 합산기간 요건 산정 시의 특례(수용등과 상속의 경우; 영 §67 ④·⑤)를 적용한다(조특령 §67 ⑩).
① 대토 요건 위배
 선양도 후취득하는 대토방식에 있어 대토기한[요건 4-1 (1)] 내에 신규농지를 취득하지 아니하거나, 신규농지요건[요건 4-1 (3)]에 위배된 경우이다.
 특례에 따라 농지를 대토한 후 새로이 취득한 농지를 일부 양도한 경우로서 잔존하는 농지면적이 면적기준 이상인 경우에는, 비과세규정을 계속하여 적용하며 양도소득세를 추징하지 않는다(부동산거래-513, 2011.6.24.; 재산-4149, 2008.12.8.).
② 신규농지 경작 개시기한 위배
 신규농지 경작 개시기한(요건 4-2) 내에 경작을 개시하지 못한 경우이다.
③ 8년 합산기간 요건(요건 5-1) 위배
④ 8년 합산기간 경과 전 사업·근로소득 발생기간 제외 규정(영 §66 ⑭)이 적용된 경우

2-2 이자상당가산액

다음과 같이 계산한다(조특령 §67 ⑪).

> 이자상당가산액 = 납부할 감면세액 × 소정 기간 × 이자율

① 소정 기간

종전농지에 대한 양도소득세 예정신고 납부기한의 다음 날부터 의무위반에 따른 양도소득세 납부일까지의 기간이다.

② 이자율

1일 10만분의 22(연이율 환산 시 8.03%)

2019년 개정세법에서 이자율의 하향과 관련된 부칙은 제3부 제1장 제3절 Ⅲ. 2-2 (2)를 참조하기로 한다.

2022년 세법 개정에 따른 이자율에 대한 개정 규정 및 부칙은 제3부 제2장 제2절 Ⅲ. 3-2를 참조하기로 한다.

Ⅳ. 조세특례제한 등

1 절차

당해 농지를 양도한 날이 속하는 과세연도의 과세표준신고(예정신고 포함)와 함께 세액감면신청서(별지 제13호 서식)를 납세지 관할세무서장에게 제출하여야 한다(조특령 §67 ⑨).

기타 조세특례제한 등

구 분	내 용	참조 부분
중복지원의 배제	양도소득세 감면규정 간 배제(조특법 §127 ⑦)	제20부 제1절 Ⅱ. 7.
양도소득세 감면	종합한도 적용(조특법 §133 ①) - 과세기간별 1억원 감면한도 - 5개 과세기간 1억원 및 2억원 감면한도	제20부 제6절
농어촌특별세	비과세(농특령 §4 ① 1호)	

제7절 [제70조의 2] 경영회생 지원을 위한 농지 매매 등에 대한 양도소득세 환급특례

Ⅰ. 의의

농업인이 한국농어촌공사에 자경 농지 및 농업용시설을 환매조건부로 양도한 후 환매권을 행사한 경우 당초 양도 시 납부한 양도소득세를 환급받는 제도이다.

한국농어촌공사는 자연 재해, 부채 증가 등으로 일시적 경영위기에 처한 농업인의 농지 등을 농지은행에게 매각하게 하여 그 매각대금으로 부채를 갚는 등의 '경영회생지원 농지매입사업'을 시행하고 있다. 동 사업에 따라 매입농지등을 해당 농가에 장기임대하고, 환매권을 보장하여 경영의 지속성·안정성을 도모하고 있다. 2014년 개정세법에서 동 사업을 지원하기 위하여 당초 농지 매매로 인한 양도세를 환급해 주는 제도를 도입하였다.

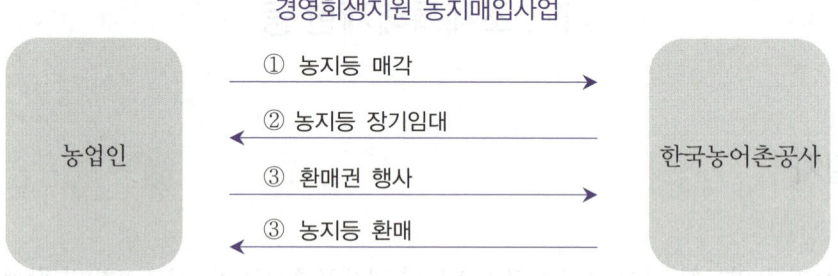

본 특례는 3단계에서 농지등을 환매한 경우 1단계에서 납부한 양도소득세를 환급하는 제도이다. 일몰기한이 없는 항구적 지원제도이다.

개정연혁

연 도	개정 내용
2024년	■ 주체에 해당 농업인의 상속인 포함 ■ 축산용지도 대상에 포함 ■ 영농자녀 증여세 감면을 받은 농지등은 증여자의 농지 취득가액·취득시기 적용

Ⅱ. 요건

1 주체

환매조건부 양도의 양도인은 농업인[1]이며, 양수인은 한국농어촌공사이다(조특법 §70의 2 ①).

한국농어촌공사(이하 "공사")는 농어촌정비사업을 시행하고 농업기반시설을 종합관리하며 농업인의 영농규모적정화를 촉진함으로써 농업생산성의 증대를 위해 설립된 법인이다[한국농어촌공사 및 농지관리기금법(이하 "농어촌공사법") §1].

환매요건을 갖춘 농업인이 그 임차기간 중 사망한 경우로서 다음 요건을 모두 갖춘 상속인이 해당 농지등에 대한 임차기간 내에 환매한 경우, 그 상속인은 양도소득세를 환급받을 수 있다(조특법 §70의 2 ⑤).
① 농업인에 해당할 것
② 해당 농지등을 직접 경작하거나 직접 축산에 사용할 것

 농업인의 경영회생 지원을 강화하기 위해 양도소득세 환급 대상에 농업인의 상속인과 축사용지도 포함함. 법 70조의 2 제1항·제4항 및 제5항의 개정규정은 2024.1.1. 이후 농지등을 한국농어촌공사에 양도하는 경우부터 적용함(2023.12.31. 개정된 법률 부칙 §8).

2 자경농지등의 환매조건부 양도

농업인이 직접 경작하거나 직접 축산에 사용한 농지[2] 및 그 농지에 딸린 농업용 시설(이

---

[1] 농업에 종사하는 개인으로서 다음 각 호의 어느 하나에 해당하는 자를 말한다(농지법 §2 2호 및 동법 시행령 §3).
  1. 1천제곱미터 이상의 농지에서 농작물 또는 다년생식물을 경작 또는 재배하거나 1년 중 90일 이상 농업에 종사하는 자
  2. 농지에 330제곱미터 이상의 고정식온실·버섯재배사·비닐하우스, 그 밖의 농림축산식품부령으로 정하는 농업생산에 필요한 시설을 설치하여 농작물 또는 다년생식물을 경작 또는 재배하는 자
  3. 대가축 2두, 중가축 10두, 소가축 100두, 가금 1천수 또는 꿀벌 10군 이상을 사육하거나 1년 중 120일 이상 축산업에 종사하는 자
  4. 농업경영을 통한 농산물의 연간 판매액이 120만원 이상인 자

[2] 종래 축사용지는 특례 대상에서 제외하였었음(재재산-248, 2023.2.15.).

하 "농지등")을 공사에 환매조건부로 양도하여야 한다.

자연재해, 병충해, 부채의 증가 또는 그 밖의 사유로 일시적으로 경영위기에 처한 농업인의 경영회생을 지원하기 위하여 공사가 그 농업인이 소유한 농지등을 매입하여 그 농업인에게 임대하는 '경영회생지원 농지매입사업'에 따라 양도하여야 한다(농어촌공사법 §24의 3 ①).

3 임차기간 내 자경 후 환매할 것

농지등을 공사에 매도하고 다시 임차한 그 농지등의 전 소유자 또는 포괄승계인은 임차기간이 끝나기 전에 공사에 대하여 그 농지등의 환매(還買)를 요구할 수 있고, 공사는 특별한 사유가 없으면 요구에 따라야 한다(농어촌공사법 §24의 3 ③).

'환매한 경우'란 위 규정에 따라 임차기간이 끝나기 전에 환매를 요구(신청)한 경우로서, 그에 따라 환매가 정상적으로 마쳐진 경우를 말한다(사전법령재산-1555, 2021.11.29.).

Ⅲ. 과세특례

1 기납부 양도소득세의 환급

농업인은 해당 농지등의 양도소득에 대하여 납부한 양도소득세를 환급받을 수 있으며, <u>환매요건을 갖춘 농업인의 상속인은 피상속인이 해당 농지등의 양도소득에 대하여 납부한 양도소득세를 환급받을 수 있다</u>(조특법 §70의 2 ①·⑤). 이때 가산세와 가산금은 환급받을 수 있는 양도소득세에 포함하지 않는다(기준법령재산-28, 2015.3.16.).

<u>상속인의 환급에 대하여는 농업인의 환급에 관한 규정을 준용한다</u>(조특법 §70의 2 ⑤ → ②~④)

환매신청을 하는 경우 매도한 농지등의 전부에 대하여 환매신청하는 것이 원칙이지만, 공익사업에 필요하여 수용되는 등 특별한 사유가 있는 농지등은 제외하고 일부에 대하여만 환매신청할 수 있다. 일부 환매신청한 경우에는 실제 환매한 농지등에 대하여 납부한 양도소득세액만 환급한다(조특령 §67의 2 ④).

환급방법은 국세기본법 제51조 국세환급금의 충당과 환급규정을 준용한다. 단, 국세환급가산금(국기법 §52)에 관한 규정은 제외된다(조특령 §67의 2 ②).

2 환매 후 재양도 시 특례

2-1 취득가액 및 취득시기 산정

(1) 원칙

양도소득세를 환급받은 농업인(상속인 포함)[3]이 환매한 해당 농지등을 다시 양도하는 경우 양도소득금액을 계산할 때 취득가액은 소득세법상 취득가액 규정(소법 §97 ① 1호)에도 불구하고 농업인이 공사에 양도하기 전 농업인의 취득 당시를 기준으로 취득가액을 산정한다.

농업인은 양도소득세를 환급받아 공사와의 양도 또는 환매로 인한 양도차익에 대해 과세되지 않았으므로, 그 양도차익을 환매 후 재양도 시 포함시켜야 하기 때문이다.

따라서 환매 시「한국농어촌공사 및 농지관리기금법」에 따른 당초 매매가액과 환매가액의 차액은 필요경비(소법 §97 및 소령 §163)에 해당하지 않는다(서면부동산-1653, 2019.10.31.).

또한 취득시기도 장기특별보유공제 적용 시 보유기간 기산일 규정, 양도차익 계산 시 취득시기 규정 및 단기 양도 판정 시 보유기간 기산일 규정(소법 §95 ④·§98·§104 ②)에도 불구하고 농업인이 공사에 양도하기 전 해당 농지등의 취득일로 소급한다(조특법 §70의 2 ②).

당초 경영회생지원 농지매입사업에 따라 농지를 양도할 때 8년 자경 감면 농지로 양도소득세를 납부하지 아니한 경우에도 취득시기는 해당 농지 등의 당초 취득일로 소급하는 등 환매 후 재양도 시 특례(조특법 §70의 2 ②, 조특령 §67의 2 ③)를 적용한다(서면법령재산-2089, 2015.12.11.).

2014.1.1.(본 특례의 도입일) 전에 해당 농지를 환매하고 8년 자경 감면 농지로 환급받을 세액이 없는 때에도 경정청구 기간 이내에 본 특례에 따라 환급신청을 하여야 한다. 본

---

[3] 2024년 세법 개정이전에는 반면에 피상속인(농업인)이 경영회생지원 농지매입사업에 따라 농지를 양도 후 임차기간 내에 사망하여 그 상속인(포괄승계인)이 해당 농지를 환매한 후 양도하는 경우, 환매 후 재양도 시 특례(조특법 §70의 2 ②, 조특령 §67의 2 ③)를 적용할 수 없으며, 피상속인의 경작기간을 통산할 수 없었다. 따라서 양도소득세 세율(소법 §104)을 적용할 때 보유기간의 기산일은 상속인이 해당 농지를 환매로 취득한 날로 하였다(서면부동산-3264, 2019.9.19.; 서면법령재산-22442, 2015.6.1.; 조심 2018부4844, 2019.7.26.).

특례가 적용되는 경우에는 자경농지 감면규정에 따라 해당 농지를 한국농어촌공사에 양도할 당시 적용받은 감면세액은 양도소득세 종합감면의 한도가 적용되는 감면세액(조특법 §133 ① 2호 다목)에 포함되지 않는다(서면법령재산-1480, 2015.12.18.).

2017년 개정세법에서 단기 보유에 따른 중과세율 적용 여부 판단을 위한 보유기간 기산일이 농업인의 당초 취득일로 소급함을 명확히 하였다.

● 한국농어촌공사에 1차 환매 후 재환매하여 제3자에게 양도하는 경우 취득시기와 취득가액

한국농어촌공사에 농지등을 재양도한 농업인이 해당 농지등을 재환매하여 제3자에게 양도하는 경우, 양도소득금액 계산 시 「조세특례제한법」 제70조의2제2항제1호의 취득시기는 농업인이 최초로 한국농어촌공사에 양도하기 전 해당 농지등의 취득일을 적용하는 것이며, 같은 항 제2호의 취득가액은 동 취득일의 취득가액을 적용하는 것임(서면법규재산-1179, 2023.8.21.).

(2) 증여세 감면을 받은 경우

해당 농지등이 한국농어촌공사에 양도되기 전에 영농자녀등이 증여받는 농지 등에 대한 증여세 감면(조특법 §71 ①)에 따라 증여세를 감면받은 농지등에 해당하는 경우에는 증여자의 취득가액 및 증여시기를 적용하여 계산한다(조특법 §70의 2 ② → §71 ⑤).[4)]

2024 개정 한국농어촌공사에 양도하기 전 영농자녀 증여세 감면을 받은 농지등은 증여자의 농지 취득시기 및 필요경비를 적용함. 유권해석의 내용을 입법화함(사전법규재산-0047, 2023.8.18.).

2-2 자경기간 산정

환매 후 재양도하는 경우 환매 전 임차기간 내 직접 경작하거나 <u>직접 축산에 사용한 기간</u>도 해당 주체가 소유하면서 직접 농지등을 경작하거나 <u>직접 축산에 사용한 것으로 보아 법 제66조 자경농지 양도소득세 감면 규정 또는 법 제66조의 2 축사용지 양도소득세 감면 규정</u>을 적용한다(조특령 §67의 2 ③).

법 제66조 또는 제66조의 2에서 자경기간 등 계산 시에는 직접 경작하여야 할 뿐 아니라 해당 농업인이 농지를 직접 소유하여야 하는 요건이 동시에 충족되어야 함에도 불구하고, 이에 대한 특칙으로 환매 전 임차기간도 자경하였다면 소유한 것으로 간주한다.

---

4) 항번 개정으로 준용되는 규정은 같은 조 '제4항'이 아니라 '제5항'으로 개정되어야 함.

Ⅳ. 조세특례제한 등

1 절차

양도소득세를 환급받으려는 자는 경영회생지원을 위한 농지 매매 등에 대한 양도소득세 환급신청서(별지 제51호의 3 서식)에 다음의 서류를 첨부하여 납세지 관할 세무서장에게 제출하여야 한다(조특령 §67의 2 ①).
① 농지등을 공사에 양도한 매매계약서 사본
② 해당 농지등을 공사로부터 환매한 환매계약서 사본

제8절 [제71조] 영농자녀등이 증여받는 농지 등에 대한 증여세의 감면 ★★★★☆

차례

I. 의의 ... 1407
II. 요건 ... 1407
  1. 주체 ... 1407
    1-1 증여자 ... 1407
      (1) 재촌 요건 ... 1408
      (2) 자경 요건 ... 1408
    1-2 수증자 ... 1409
  2. 특례대상 자산 ... 1410
    2-1 소재 지역의 제한 ... 1410
    2-2 범위 및 면적 제한 ... 1411

III. 과세특례 ... 1413
  1. 증여세 감면 ... 1413
    1-1 증여세 면제 ... 1413
      (1) 감면대상 농지 등이 2필지 이상 ... 1413
      (2) 과세대상 자산과 감면대상 농지를 증여받는 경우 ... 1414
    1-2 증여세 감면한도 ... 1414
      (1) 과세대상 자산 증여 후 2차로 감면대상 농지를 증여받는 경우 예제 ... 1414
      (2) 과세대상 자산과 감면대상 농지를 동시에 증여받은 경우 예제 ... 1416

      (3) 감면대상 농지 증여 후 2차로 과세대상 자산을 증여받은 경우 ... 1418
    1-3 특례 적용 배제 ... 1418
  2. 사후관리 ... 1418
    2-1 의무위반 사유 ... 1419
      (1) 5년 이내 양도 ... 1419
      (2) 5년 이상 직접 영농에 종사하지 않는 경우 ... 1419
    2-2 이자상당 가산액 ... 1420
    2-3 사후관리 자진신고 ... 1420
  3. 양도소득세 이월과세 ... 1421
  4. 사전증여재산 및 상속재산 제외 ... 1421
    4-1 사전증여재산 제외 ... 1421
      (1) 합산배제 증여재산공제 적용 불가 ... 1422
      (2) 직계존속 증여재산공제 예제 ... 1422
    4-2 상속재산 제외 ... 1423

IV. 조세특례제한 등 ... 1424
  1. 절차 ... 1424
    1-1 감면신청 ... 1424
    1-2 관련 서류 확인 ... 1424

Ⅰ. 의의

3년 이상 재촌자경한 농민 등이 그 직계비속인 영농자녀 등에게 농지·초지·산림지·어선·어업권·어업용 토지등·염전 또는 축사용지를 증여하는 경우에 증여세의 100%를 감면하는 제도이다. 단, 5년간 1억원을 한도로 한다.

후계농업인의 원활한 농업승계를 지원하기 위한 목적으로, 농지의 분할상속으로 인한 부재지주의 발생을 사전에 억제하면서, 농촌인구의 급격한 감소 및 영농인력의 고령화에 따른 영농승계인력의 부족 등을 해결하기 위한 제도이다.

본 특례는 1998년 말 세법개정에서 폐지되었으나 부칙에 의하여 2006년 말까지 계속적으로 운용되어 오던 중, 2006년 말 세법 개정 시 별도 조문(제71조)으로 규정되었다.

일몰기한은 2025.12.31.이다.

개정연혁

연 도	개정 내용
2020년	■ 대상 확대 : 염전
2023년	■ 사후관리 자진신고 규정 신설
2024년	■ 조세포탈 또는 회계부정 행위로 처벌 받은 경우 특례 적용 배제

Ⅱ. 요건

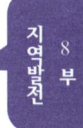

1 주체

농지·초지·산림지·어선·어업권·어업용 토지등·염전 또는 축사용지(이하 "농지등")에 재촌자경하는 농민 등(이하 "자경농민등")이 그 직계비속에게 증여하여야 한다.

1-1 증여자

증여자는 3년 이상 계속하여 재촌자경하여야 한다.

(1) 재촌 요건

농지등 소재지에 거주하여야 한다(조특령 §68 ① 1호).

농지등 소재지의 범위는 자경농지 감면과 내용이 동일하므로 제2절 Ⅱ. 1-1 (2)를 참조하기로 한다.

(2) 자경 요건

농지등의 증여일부터 소급하여 3년 이상 계속하여 직접 영농에 종사하여야 한다(동항 2호). 법 제69조 자경농지 감면과는 달리 자경기간 동안 '계속적으로' 재촌자경한 경우에만 요건을 충족한 것으로 본다.

피상속인에게서 상속받은 날로부터 1년이 지난 시점에 자녀에게 증여한 경우에는 본 감면을 적용할 수 없다(조심 2020중8235, 2020.12.7.).

부모가 소유한 농지등 중에서 취득 시부터 자녀가 재촌자경한 축사를 그 자녀에게 증여한 경우에는 증여세 감면을 받을 수 없다(사전법령재산-1518, 2021.10.29.).

(2-1) 직접 영농

"직접 영농에 종사하는 경우"란 각각 피상속인 또는 상속인이 다음 어느 하나에 해당하는 경우를 말한다. 영농에는 양축(養畜), 영어(營漁) 및 영림(營林)을 포함한다. 이 경우 "피상속인"은 "자경농민등"으로, "상속인"은 "영농자녀등"으로 본다(조특법 §71 ① → 상증법 §18의3 ①, 조특령 §68 ⑭ → 상증령 §16 ④).

> 1. 영농 : 소유 농지 등 자산을 이용하여 농작물의 경작 또는 다년생식물의 재배에 상시 종사하거나 농작업의 2분의 1 이상을 자기의 노동력으로 수행하는 경우
> 2. 양축 : 소유 초지 등 자산을 이용하여 「축산법」 제2조 제1호에 따른 가축의 사육에 상시 종사하거나 축산작업의 2분의 1 이상을 자기의 노동력으로 수행하는 경우
> 3. 영어 : 소유 어선 및 어업권 등 자산을 이용하여 「내수면어업법」 또는 「수산업법」에 따른 허가를 받아 어업에 상시 종사하거나 어업작업의 2분의 1 이상을 자기의 노동력으로 수행하는 경우
> 4. 영림 : 소유 산림지 등 자산을 이용하여 「산림자원의 조성 및 관리에 관한 법률」 제13조에 따른 산림경영계획 인가 또는 같은 법 제28조에 따른 특수산림사업지구 사업에 따라 산림조성에 상시 종사하거나 산림조성작업의 2분의 1 이상을 자기의 노동력으로 수행하는 경우

직접 경작의 개념은 제2절 자경농지에 대한 양도소득세의 감면 Ⅱ. 3-1의 내용과 유사하므로 해당 부분을 참조하기 바란다.

위탁사육계약에 의하여 수수료를 받고 가축을 키워주는 수탁사육의 경우 영농의 범위에 포함된다(서면상속증여-5042, 2021.6.28.).

2018년 개정세법에서 영어 승계 지원을 위하여 어민이 그 직계비속에게 어선·어업권·어업용 토지 등을 증여하는 경우에도 증여세 감면 특례 대상에 포함하였다.

(2-2) 사업·근로소득 발생기간의 제외

영농 종사기간 중 해당 자경농민등 또는 영농자녀등의 사업소득금액(소법 §19 ②)과 근로소득 총급여액(소법 §20 ②)의 합계액이 3천 700만원[1] 이상인 과세기간이 있는 경우, 해당 과세 기간은 해당 자경농민등 또는 영농자녀등의 영농종사기간에서 제외한다(이하 "사업·근로소득 발생기간의 제외 규정"). 이때 농업·임업 및 어업에서 발생하는 소득, 부동산임대업 소득(소법 §45 ②), 비과세 농가부업소득(소령 §9)은 사업소득에서 제외하며, 그 사업소득금액이 음수인 경우에는 0으로 본다(상증령 §16 ④ 단서).

증여자의 영농농지에 노동력을 제공하고 근로소득(총급여 3,700만원 이상)을 지급받는 경우, 직접 영농에 종사한 것으로 볼 수 없다(재재산-1567, 2022.12.23.).

1-2 수증자

수증자(이하 "영농자녀등")는 다음의 요건을 모두 갖추어야 한다(조특령 §68 ③).
① 농지 등의 증여일 현재 만 18세 이상인 직계비속일 것
② 증여세 과세표준 신고기한[2]까지 재촌요건을 갖추고 증여받은 농지등에서 "직접 영농에 종사"할 것

"직접 영농에 종사"하는 경우란 소유 농지 등 자산을 이용하여 농작물의 경작 또는 다년생식물의 재배에 상시 종사하거나 농작업의 2분의 1 이상을 자기의 노동력으로 수행하는 경우를 말한다(서면상속증여-1616, 2019.7.15.).

따라서 증여일 현재 영농자녀등이 재촌하거나 자경 요건을 갖추지 않은 경우에도 특례의 적용이 가능하다.

직접 영농에 종사하는 이상 다른 직업을 겸업하더라도 자경농민에 해당하지만, 다른 직

---

[1] 쌀소득보전직불금제도에서 농업 외 종합소득금액이 3,700만원 이상인 경우 지급대상에서 제외하는 것과 균형을 맞춤.
[2] 증여받은 날이 속하는 달의 말부터 3개월 이내(상증법 §68 ①)

업에 전념하면서 농업을 간접적으로 경영하는 것에 불과한 경우에는 자경농민에 해당한다고 볼 수 없다(대법원 98두9271, 1998.9.22.).

2 특례대상자산

특례대상자산은 농지·초지·산림지·어선·어업권·어업용 토지등·염전 또는 축사용지(이하 "농지등")이며, 해당 농지등을 영농조합법인 또는 영어조합법인에 현물출자하여 취득한 출자지분을 포함한다(조특법 §71 ①).

자경농민이 공유 지분 형태로 증여하고 해당 영농자녀가 증여받은 농지의 지분 면적 이상에 해당하는 부분을 증여일부터 5년간 직접 경작(현재는 증여세 과세표준 신고기한까지 재촌자경)한 경우에는 증여받은 농지의 지분에 대하여 증여세 감면을 적용받을 수 있다(서면법령재산-6102, 2017.2.17.). 그러나 농지매각대금 등의 금전은 특례대상에서 제외된다(전주지법 2012구합3603, 2013.4.10.; 조심 2012광2374, 2012.7.12.).

농지등은 아래와 같이 소재 지역과 면적 등의 제한이 있다.

2-1 소재 지역의 제한

농지등이 아래의 지역에 소재하는 경우에는 특례대상에서 제외된다(조특법 §71 ① 2호·3호).

㉮ 주거지역·상업지역 및 공업지역(이하 "주거지역등")에 소재하는 농지등(국토의 계획 및 이용에 관한 법률 §36)

㉯ 택지개발촉진법에 따른 택지개발지구나 조특법 시행령 별표 6의 2에 따른 개발사업지구로 지정된 지역에 소재하는 농지등(조특령 §68 ④)

조세특례제한법 시행령 [별표 6의 2] 개발사업지구 <개정 2019.3.12.>

1. 「경제자유구역의 지정 및 운영에 관한 법률」 제4조에 따라 지정된 경제자유구역
2. 「관광진흥법」 제50조에 따라 지정된 관광단지
3. 「공공주택 건설 등에 관한 특별법」 제6조에 따라 지정된 공공주택지구
4. 「기업도시개발특별법」 제5조에 따라 지정된 기업도시개발구역
5. 「농어촌도로정비법」 제8조에 따라 도로사업계획이 승인된 지역
6. 「도시개발법」 제3조에 따라 지정된 도시개발구역
7. 「사회기반시설에 대한 민간투자법」 제15조에 따라 실시계획이 승인된 민간투자사업 예정

지역
8. 「산업입지 및 개발에 관한 법률」제2조 제5호에 따른 산업단지
9. 「신항만건설촉진법」제5조에 따라 지정된 신항만건설예정지역
10. 「온천법」제4조에 따라 지정된 온천원보호지구
11. 「유통단지개발촉진법」제5조에 따라 지정된 유통단지
12. 「자연환경보전법」제38조에 따라 자연환경보전·이용시설설치계획이 수립된 지역
13. 「전원개발촉진법」제5조에 따라 전원개발사업 실시계획이 승인된 지역
14. 「주택법」제16조에 따라 주택건설사업계획이 승인된 지역
15. 「중소기업진흥에 관한 법률」제31조에 따라 협동화사업을 위한 단지조성사업의 실시계획이 승인된 지역
16. 「지역균형개발 및 지방중소기업 육성에 관한 법률」제9조에 따른 개발촉진지구, 동법 제26조의 3에 따른 특정지역 및 동법 제38조의 2에 따른 지역종합개발지구
17. 「철도의 건설 및 철도시설 유지관리에 관한 법률」제9조에 따라 철도건설사업실시계획이 승인된 지역 및 「역세권의 개발 및 이용에 관한 법률」제4조에 따라 지정된 역세권개발구역
18. 「화물유통촉진법」제28조에 따라 화물터미널설치사업의 공사계획이 인가된 지역
19. 그 밖에 농지등의 전용이 수반되는 개발사업지구로서 농지법·초지법·산지관리법 그 밖의 법률의 규정에 의하여 농지등의 전용의 허가·승인·동의를 받았거나 받은 것으로 의제되는 지역

2-2 범위 및 면적 제한

(가) 농지

농지법 제2조 제1호 가목에 따른 토지로서 4만㎡를 한도로 한다.

농지란 자경농민이 증여일부터 소급하여 3년 전부터 영농에 사용한 농지로서 전·답, 과수원, 그 밖에 법적 지목을 불문하고 실제로 농작물 경작지 또는 다년생 식물 재배지로 이용되는 토지를 말한다(서면상속증여-0186, 2018.6.29.).

농지의 범위는 농지법에 따르는 것으로, 농지법상의 농지에 해당하는지 여부는 주무부처인 농림축산식품부의 유권해석에 따른다(서면상속증여-5346, 2017.2.21.).

가축분뇨처리시설(X)은 축사에 반드시 필요한 부속시설에 해당할 뿐만 아니라 "퇴비"가 아닌 "액비"를 만드는 시설이므로 농지의 범위에 속한 퇴비사(조특칙 §27 ①)로 보기 어려우므로 가축분뇨처리시설의 부속토지는 농지로 볼 수 없다(조심 2017전2189, 2017.8.24.).

(나) 초지

초지법 제5조에 따른 초지조성허가를 받은 초지로서 14만 8천500㎡를 한도로 한다.

2016년 개정세법에서 초지조성허가를 받을 것을 요건으로 하였다.

"초지"란 다년생개량목초의 재배에 이용되는 토지 및 사료작물재배지와 목장도로·진입도로·축사 및 농림축산식품부령으로 정하는 부대시설을 위한 토지를 말한다(초지법 §2 1호).

다만 실질적으로 초지로서의 기능을 하고 있는 토지일뿐 아니라, 초지법 제5조에 따라 토지의 소재지를 관할하는 시장·군수로부터 초지조성허가를 받아서 조성된 초지인 경우에만 특례의 대상이 될 수 있으므로, 초지조성이 이루어지지 않은 토지에 축사만 설치된 경우 동 축사의 부속토지는 감면대상에 해당하지 않는다(조심 2017전2189, 2017.8.24.; 상속증여-470, 2013.8.13.; 상속증여-304, 2014.8.12.).

(다) 산림지

특례대상이 되는 산림지는 다음을 범위로 한다.
㉮ 산지관리법에 따른 보전산지[3] 중「산림자원의 조성 및 관리에 관한 법률」(이하 "산림자원법")에 따라 산림경영계획[4]을 인가받거나 특수산림사업지구[5]로 지정받은 산림지
㉯ 채종림(종자 생산을 목적으로 하는 산림)
㉰ 산림보호구역[6]

위의 산림지 중 다음의 면적을 한도로 한다.
㉮ 조림(造林) 기간이 5년 이상인 산림지는 29만 7천㎡를 한도로 함.
㉯ 조림 기간이 20년 이상인 산림지의 경우에는 조림 기간이 5년 이상인 29만 7천㎡ 이내의 산림지를 포함하여 99만㎡를 한도로 함.

(라) 축사용지

축사 및 축사에 딸린 토지로서 해당 축사의 실제 건축면적을 건축법 제55조에 따른 건폐율로 나눈 면적의 범위 이내의 것을 대상으로 한다.

영농자녀등에게 부속 토지를 제외한 축사만 증여한 경우에도 증여세 감면을 받을 수 있다(사전법령재산-1188, 2021.10.22.).

---

3) 보전산지에는 산림자원의 조성과 임업경영기반의 구축 등 임업생산 기능의 증진을 위하여 필요한 '임업용산지'와 임업생산과 함께 재해 방지, 수원 보호, 자연생태계 보전, 자연경관 보전, 국민보건휴양 증진 등의 공익기능을 위하여 필요한 산지인 '공익용산지'가 있다(산지관리법 §4 ① 1호).
4) 공유림 또는 사유림 소유자가 산림경영계획서를 작성하고 시장·군수구청장으로부터 인가받아야 한다(산림자원법 §13).
5) 산림의 조성·육성사업을 장기간에 걸쳐 대규모로 하려는 산림소유자가 산림청장 또는 시·도지사로부터 특수산림사업지구로 지정받을 수 있다(산림자원법 §28).
6) "산림보호구역"이란 산림에서 생활환경·경관의 보호와 수원(水源) 함양, 재해 방지 및 산림유전자원의 보전·증진이 특별히 필요하여 지정·고시한 구역을 말한다(산림보호법 §2 1호·§7).

(마) 어선

어선법 제13조의 2에 따른 총톤수 20톤 미만의 어선이다.

(바) 어업권

수산업법 제2조 또는 내수면어업법 제7조에 따른 어업권으로서 10만㎡ 이내의 것이다.

(사) 어업용 토지등

어업용 토지등은 4만㎡ 이내의 것으로 한다.

어업용 토지등의 내용은 제2장 제4절 Ⅲ. 2를 참조하기로 한다.

(아) 염전

「소금산업 진흥법」제2조 제3호에 따른 염전으로서 6만㎡ 이내의 것으로 한다.

2020년 개정세법에서 감면 대상인 어업용 토지등과의 형평성을 높이기 위하여 염전을 특례 대상에 추가하였다.

Ⅲ. 과세특례

1 증여세 감면

1-1 증여세 면제

특례대상 농지등을 증여하는 경우에는 해당 농지등의 가액에 대한 증여세의 100%를 감면한다(조특법 §71 ①).

부담부증여를 받은 경우에는 증여재산가액에서 그 증여재산에 담보된 채무로서 수증자가 인수한 금액을 차감한 금액에 대해 감면한다(재산-589, 2010.8.13.; 서면4팀-1588, 2007.5.14.).

(1) 감면대상 농지 등이 2필지 이상인 경우

영농자녀등이 농지등을 동시에 2필지 이상 증여받은 경우에는 증여세를 감면받으려는 농지등의 순위를 정하여 감면을 신청하여야 한다. 다만, 영농자녀등이 감면받으려는 농지

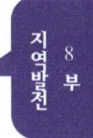

등의 순위를 정하지 아니하고 감면을 신청한 경우에는 증여 당시 농지등의 가액이 높은 순으로 감면을 신청한 것으로 본다(조특령 §68 ⑪).

후술하는 경우와는 달리 감면대상 농지등 간에 특례적용 여부에 관한 규정이다.

(2) 과세대상 자산과 감면대상 농지를 증여받는 경우

증여세 계산은 과세대상 자산(예, 현금) 증여와 감면대상 농지의 선후 관계에 따라 아래와 같이 나누어진다.

현금과 감면 농지를 증여받는 경우 합산과 공제 여부

구 분	2차 증여 시 합산 여부	2차 증여 시 직계비속공제 여부
선 현금 후 농지 증여	합산	공제
선 농지 후 현금 증여	합산 배제	배제
현금·농지 동시 증여	-	동시 증여 시 공제

감면대상 농지를 먼저 증여하고 과세대상 자산(예, 현금)을 증여하는 경우에는 증여세 계산 시 10년 이내 합산하는 사전증여재산(상증법 §47 ②)에서 제외된다(조특법 §71 ⑦).

반면에, 과세대상 자산을 증여한 연후 감면대상 농지를 증여하는 경우에는, 2차 증여 시 1차 증여 시 과세되었던 과세대상 자산을 사전증여재산으로 합산한다(조특법 §71 ⑦의 반대해석).

동 사례별 적용 예제는 다음에서 살펴보기로 한다.

1-2 증여세 감면한도

본 감면 규정에 따라 감면받을 증여세액의 5년간 합계가 1억원을 초과하는 경우에는 그 초과하는 부분에 상당하는 금액은 감면하지 아니한다. 이 경우 증여세 감면한도액은 그 감면받을 증여세액과 그 증여일 전 5년간 감면받은 증여세액을 합친 금액으로 계산한다(조특법 §133 ③).

(1) 과세대상 자산 증여 후 2차로 감면대상 농지를 증여받은 경우

증여세가 과세되는 재산(예, 현금)을 증여받고 10년 이내에 동일인으로부터 본 특례에 따른 증여세 감면대상 농지를 증여받은 경우에는, 2차로 증여받은 농지의 증여세를 계산할 때 1차 현금 등 증여분을 합산한다(조특법 §71 ⑦의 반대해석).

1단계로 2차 농지 증여가액 중 감면 농지의 가액을 계산한다. 2단계로 전체 농지가액에서 감면 농지가액을 차감한 금액, 즉 과세대상 농지가액에 1차 현금 증여분을 재차증여가산액으로 합산하여 과세표준 및 세액을 산출한다. 1단계에서 '감면받은 농지'의 가액은 감면한도 초과분을 포함한 전체 농지의 가액을 '전체 농지에 대한 증여세 산출세액'에서 감면한도액(1억원)이 차지하는 비율로 안분계산한다(세액기준 안분방식) (조심 2012서1239, 2012. 5.15.).

$$\text{감면받은 농지의 가액} = \text{전체 농지가액} \times \frac{\text{감면한도액(1억원)}}{\text{전체 농지에 대한 증여세 산출세액}}$$

예제 과세대상 재산 증여 후 감면대상 농지를 증여한 경우

● 자 료

자경농민인 김성수 씨는 영농자녀인 김준호 씨에게 20X1년 2월 1일 현금으로 6억원을 증여하고, 20X1년 10월 1일 영농사업용 농지(평가액 6억원)를 재차 증여하였다. 본 특례의 요건을 모두 충족하고 신고기한 내에 신고한 경우를 가정하여, 1차 증여 및 2차 증여 시 증여세 세액을 구하시오.

● 해 설

구 분		1차 현금분	2차 농지분
① 증여재산가액		600,000,000	100,000,000
② 증여재산 가산액		0	600,000,000
③ 증여재산 공제		50,000,000	50,000,000
④ 합산 과세표준	= ①+②-③	550,000,000	650,000,000
⑤ 세율		30%	30%
⑥ 산출세액	= ④×⑤	105,000,000	135,000,000
⑦ 기납부세액 공제	= 이전 ⑥	0	105,000,000
⑧ 신고세액 공제	= (⑥-⑦)×3%	3,150,000	900,000
⑨ 차가감 납부할 세액	= ⑥-⑦-⑧	101,850,000	29,100,000

1. 1차 증여 시 납부할 세액

현금은 증여세 과세대상 재산이므로 직계비속증여재산공제와 신고세액공제를 차감하여 납부할 세액을 계산한다.

증여세 산출세액 = 과세표준 × 세율 − 누진공제액
                  = 550백만원 × 30% − 60백만원 = 105백만원

2. 2차 증여 시 납부할 세액

과세대상 재산을 선증여한 후 감면대상 농지를 증여한 경우에는, 먼저 감면대상 농지 중 감면농지의 가액을 계산하고 2단계로 다시 1차분 증여재산 가액과 합산하여 세액을 계산한다.

(1) 감면 농지의 가액

2차분 증여세 산출세액 = 과세표준 × 세율 − 누진공제액
= 600백만원 × 30% − 60백만원 = 120백만원

감면 농지가액 = 전체 농지가액 × (감면한도액 ÷ 산출세액)
= 600백만원 × (100백만원 ÷ 120백만원) = 500백만원

감면 농지가액이 500백만원이므로, 총 600백만원에서 500백만원을 차감한 100백만원이 2차분 과세대상 ① 증여재산가액이 된다.

(2) 합산과세

1차분 현금 증여재산가액 600백만원과 2차분 감면대상 농지가액 100백만원을 합산하여 산출세액을 계산한 후, 기납부세액공제와 신고세액공제를 차감한다.

합산과세 시 증여세 산출세액 = 과세표준 × 세율 − 누진공제액
= 650백만원 × 30% − 60백만원 = 135백만원

3. 총부담세액

1차, 2차 증여분에 대한 총부담세액은 130,950,000원(=101,850,000 + 29,100,000)이다.

---

(2) 과세대상 자산과 감면대상 농지를 동시에 증여받은 경우

2006년 말 개정 이전의 심판례에서는 감면대상 농지등과 과세대상인 다른 재산을 함께 증여받는 경우, 증여재산가액을 합산하여 증여세액을 산출한 후 전체 과세가액에서 감면대상 농지가액이 차지하는 비율에 따라 면제할 세액을 안분계산하도록 하였다(국심 2003전2764, 2003.12.17.). 종전 본 특례의 감면 한도가 세액기준이 아닌 면적기준으로 정하여져 있었기 때문이다.

$$\text{면제세액} = \text{증여세액 산출세액} \times \frac{\text{감면대상 농지등 가액}}{\text{전체 과세가액}}$$

그러나 2006년 말 재도입 이후에는 감면한도를 면적기준이 아닌 세액기준으로 하고 있으므로 (1)과 동일하게 세액기준으로 안분계산한다. 이때 감면한도 초과분 농지 가액 및 다른 일반 증여재산을 합산하여 과세하여야 한다(재재산-1454, 2022.11.22.; 서면법규재산-2314, 2023.9.21.).

제8절 제71조 영농자녀등이 증여받는 농지 등에 대한 증여세의 감면

$$\text{감면받은 농지의 가액} = \text{전체 증여재산가액} \times \frac{\text{감면한도액(1억원)}}{\text{전체 증여재산에 대한 증여세 산출세액}}$$

예제 과세대상 재산과 감면대상 농지를 동시에 증여한 경우

○ 자료

자경농민인 김성수 씨는 영농자녀인 김준호 씨에게 20X1.5.1. 현금 6억원과 영농사업용 농지(평가액 6억원)를 동시에 증여하였다. 본 특례의 요건을 모두 충족하고 과세표준 신고기한 내에 신고한 경우를 가정하여, 증여세 세액을 구하시오.

○ 해설

구분		가계산	증여세
① 증여재산가액		1,200,000,000	800,000,000
② 증여재산 가산액		0	0
③ 증여재산 공제		50,000,000	50,000,000
④ 합산 과세표준	= ①+②-③	1,150,000,000	750,000,000
⑤ 세율		40%	30%
⑥ 산출세액	= ④×⑤	300,000,000	165,000,000
⑦ 기납부세액 공제	= 이전 ⑥		0
⑧ 신고세액 공제	= (⑥-⑦)×3%		4,950,000
⑨ 차가감 납부할 세액	= ⑥-⑦-⑧		160,050,000

1. 가결산(감면대상 농지가액 계산)

과세대상 재산과 감면대상 농지를 동시에 증여한 경우에는, 먼저 감면대상 농지 중 감면 농지의 가액을 계산하여야 한다.

⑥ 증여세 산출세액 = 과세표준 × 세율 − 누적공제액
　　　　　　　　　= 1,150,000,000 × 40% − 160,000,000 = 300,000,000

감면 농지가액 = 전체 증여재산가액 × (감면한도액 ÷ 산출세액)
　　　　　　　= 1,200백만원 × (100백만원 ÷ 300백만원) = 400백만원

감면 농지가액이 400백만원이므로, 총 1,200백만원에서 400백만원을 차감한 800백만원을 ① 증여재산가액으로 한다.

2. 증여세 산출세액 계산

1단계에서 계산한 과세대상 농지의 가액을 현금 등 과세대상 재산가액과 합산하여 세액을 계산한다.

⑥ 증여세 산출세액 = 과세표준 × 세율 − 누적공제액
= 750,000,000 × 30% − 60,000,000 = 165,000,000

(3) 감면대상 농지 증여 후 2차로 과세대상 자산을 증여받은 경우

4−1에서 후술한다.

1−3 특례 적용 배제

영농자녀등 또는 자경농민등이 영농과 관련하여 조세포탈 또는 "회계부정 행위"로 징역형 또는 "벌금형"을 선고받고 그 형이 확정된 경우에는 다음의 구분에 따른다(조특법 §71 ③).
① 상속세 및 증여세법 제76조에 따른 과세표준과 세율의 결정이 있기 전에 영농자녀등 또는 자경농민등에 대한 형이 확정된 경우: 특례를 적용하지 아니한다.
② 특례에 따라 증여세를 감면받은 후에 영농자녀등 또는 자경농민등에 대한 형이 확정된 경우: 증여받은 농지등에 대한 증여세의 감면세액에 상당하는 금액에 이자상당액을 가산하여 징수한다.

"회계부정 행위" 및 "벌금형"은 제7부 제2장 제3절 Ⅲ. 1−3을 참조하기로 한다(조특법 §30의 6 ④, 조특령 §68 ⑧). 이자상당액은 제7부 제2장 제4절 Ⅲ. 2−2를 참조하기로 한다(조특령 §68 ⑨). 이자상당액에 국세기본법상 국세환급가산금 이율을 적용한다.

2024 개정 영농 승계 목적의 증여 시 그 증여자 또는 수증자가 영농과 관련한 조세포탈 또는 회계부정 행위로 처벌을 받은 경우에는 과세특례의 적용을 배제하도록 함. 개정규정은 2024.1.1.이후 증여를 받는 경우부터 적용함(2023.12.31. 개정된 법률 부칙 §9).

2 사후관리

증여세를 감면받은 농지등에 대해 의무위반사유가 발생한 경우에는 즉시 그 농지등에 대한 증여세의 감면세액에 상당하는 금액을 징수하고, 이자상당액을 가산한다(조특법 §71 ②).

2-1 의무위반사유

(1) 5년 이내 양도

증여받은 날로부터 5년 이내에 양도하는 경우에는 사후관리 규정에 따라 증여세 감면세액과 이자상당액을 추징한다. 또한 직계존속으로부터 증여받은 자산을 5년 이내에 양도한 경우이므로 양도소득세를 계산할 때 배우자 또는 직계존비속에 대한 이월과세의 규정을 적용받는다(소법 §97의 2 ①). 따라서 양도소득세 계산 시 취득가액은 증여자의 취득가액으로 소급한다.

다만, 아래에 열거된 정당한 사유가 있는 경우에는 추징하지 않는다(조특령 §68 ⑤).
① 「공익사업을 위한 토지등의 취득 및 보상에 관한 법률」에 따른 협의매수·수용 및 그 밖의 법률에 따라 수용되는 경우
② 국가·지방자치단체에 양도하는 경우
③ 「농어촌정비법」그 밖의 법률에 따른 환지처분에 따라 해당 농지등이 농지등으로 사용될 수 없는 다른 지목으로 변경되는 경우
④ 영농자녀등이 「해외이주법」에 따른 해외이주를 하는 경우
⑤ 농지의 교환 또는 분합의 비과세 규정(소법 §89 ① 2호) 및 농지대토에 대한 양도소득세 감면 규정(조특법 §70)에 따라 농지를 교환·분합 또는 대토한 경우로서 종전농지등의 자경기간과 교환·분합 또는 대토 후의 농지등의 자경기간을 합하여 8년 이상이 되는 경우
⑥ 그 밖에 기획재정부령이 정하는 부득이한 사유가 있는 경우(현재 규정되고 있지 아니함)

다음의 경우는 정당한 사유에 해당하지 않아 추징되는 사례이다.
- 증여받은 날부터 5년 이내에 배우자에게 증여하는 경우(상속증여-590, 2013.10.31.)
- 영농자녀의 질병으로 양도하는 경우(조심 2013구2283, 2013.9.4.)
- 해당 농지가 주거지역에 편입되어 양도하는 경우(상속증여-462, 2014.11.28.)
- 한국농어촌공사에 매각한 경우, 국가 등에 해당하지 않으므로 추징 예외사유에 해당하지 않음(조심 2018전3083, 2018.10.2.)

(2) 5년 이상 직접 영농에 종사하지 않는 경우

아래에 열거된 정당한 사유 없이 5년 이상 해당 농지등에서 직접 영농에 종사하지 않는 경우이다(조특령 §68 ⑥). "사업·근로소득 발생기간의 제외 규정"(상증령 §16 ④)이 적용된다(서면법규재산-1233, 2024.1.19.) [Ⅱ. 1-1 (2-2) 참조]
① 영농자녀등이 1년 이상의 치료나 요양을 필요로 하는 질병으로 인하여 치료나 요양을

하는 경우
② 영농자녀등이 고등교육법에 따른 학교 중 농업계열(영어의 경우는 제외)의 또는 수산계열(영어의 경우에 한정)의 학교에 진학하여 일시적으로 영농에 종사하지 못하는 경우
③ 병역법에 따라 징집되는 경우
④ 공직선거법에 따른 선거에 의하여 공직에 취임하는 경우
⑤ 그 밖에 기획재정부령이 정하는 부득이한 사유가 있는 경우(현재 규정되고 있지 아니함)

영농자녀가 증여받은 농지에 축사를 신축하여 축산업에 종사하는 경우 영농에 직접 종사한 것으로 보아 추징하지 않는다(재산-215, 2012.5.30.). 그러나 당해 농지 또는 초지에 신축한 주택의 경우는 축산업에 이용되는 부대시설에 해당하지 아니하므로 당해 면적에 대해서는 증여세의 감면세액에 상당하는 금액을 징수한다(재산-102, 2012.3.12.).

● **증여자가 영농 종사자이지만 자녀가 수산계열 학교에 진학한 경우** (추징)

영농자녀 등이 농업계열(영어의 경우는 제외한다) 또는 수산계열(영어의 경우에 한정한다)의 학교에 진학하여 일시적으로 영농에 종사하지 못하는 경우"를 정당한 사유로 정하고 있는바, 농업계열과 수산계열을 구분하여 증여자가 영어(營漁)에 종사한 경우에는 수증자가 수산계열의 학교에 진학한 경우로 한정하는 것으로 보이는 점, 이 건의 경우 증여자인 조부가 영어에 종사한 바 없으므로 수증자인 청구인이 수산계열의 학교에 진학한 것을 정당한 사유로 보기 어렵다(조심 2021인2397, 2021.10.12.).

2-2 이자상당가산액

증여세의 감면세액에 상당하는 금액에 이자상당액을 가산하여 징수한다(조특법 §71 ②, 조특령 §68 ⑦).

이자상당액은 제7부 제2장 제4절 Ⅲ. 2-2를 참조하기로 한다. 국세기본법상 국세환급가산금 이율을 적용한다.

2-3 사후관리 자진신고

특례 적용 배제 또는 사후관리에 해당하는 영농자녀등은 해당하게 되는 날이 속하는 달의 말일부터 3개월 이내에 영농자녀 증여세 감면 위반사유 신고 및 자진납부 계산서(별지 제52호의 2 서식)를 납세지 관할 세무서장에게 제출하고 해당 증여세와 이자상당액을 납세지 관할 세무서, 한국은행 또는 체신관서에 납부하여야 한다. 다만, 이미 증여세와 이자상당액이 징수된 경우에는 그러하지 아니하다(조특법 §71 ④, 조특령 §68 ⑮).

2023년 세법 개정에 따른 사후관리 자진신고 관련 개정규정은 2023.1.1. 이후 영농자녀등이 사후

관리 사유에 해당하는 경우부터 적용함(2022.12.31. 개정된 법률 부칙 §15).

3 양도소득세 이월과세

농지등을 양도하는 경우에 증여세를 감면받은 농지등이 포함되어 있는 경우에는 증여세를 감면받은 부분과 과세된 부분을 각각 구분하여 양도소득금액을 계산한다(조특령 §68 ⑩).

양도소득세를 부과하는 경우 취득시기는 자경농민등(증여자)이 그 농지등을 취득한 날로 소급되며, 필요경비도 자경농민등의 취득 당시 필요경비로 한다(조특법 §71 ⑤). 장기보유특별공제 적용 시 보유기간도 자경농민등 기준으로 계산한다. 그러나 8년 자경 농지 감면(조특법 §69)을 적용할 때 자경 기간의 기산점은 증여자의 취득일로 소급되지 아니하며 증여받은 날(증여등기 접수일)부터 계산함에 유의하여야 한다(서면4팀-2623, 2007.9.10.).

다만, 사후관리 규정(조특법 §71 ②)에 따라 증여세 감면세액을 추징하는 경우, 동 이월과세 규정은 적용하지 아니한다(서면4팀-2623, 2007.9.10.). 즉, 소득세법의 배우자 또는 직계존비속에 대한 이월과세 규정(소법 §97의 2 ①)을 적용한다.

4 사전증여재산 및 상속재산 제외

4-1 사전증여재산 제외

증여세를 감면받은 농지등은 추후 자경농민등(그 배우자 포함)이 영농자녀등에게 별도의 증여를 한 경우의 증여세 계산 시 10년 이내 합산하는 사전증여재산(상증법 §47 ②)에서 제외된다(조특법 §71 ⑦).

이때 사전증여재산 및 상속재산 제외 규정을 적용함에 있어서 '감면받은 농지'의 가액은 감면한도 초과분을 포함한 전체 농지의 가액을 '전체 농지에 대한 증여세 산출세액'에서 감면한도액(1억원)이 차지하는 비율로 안분계산한다(재재산-521, 2009.3.18.) (세액 기준 안분방식).

$$\text{감면받은 농지의 가액} = \text{전체 농지가액} \times \frac{\text{감면한도액(1억원)}}{\text{전체 농지에 대한 증여세 산출세액}}$$

(1) 합산배제 증여재산공제 적용 불가

다만 합산하는 사전증여재산에서 배제된다 하더라도 상증법 제47조 제1항의 합산배제 증여재산으로 열거되지 않았으므로 합산배제 증여재산에 적용되는 3천만원 공제(이하 "합산배제 증여재산공제"; 상증법 §55 ① 3호)를 적용받을 수 없다(심사증여 2010-117, 2011.2.25.).

(2) 직계존속 증여재산공제

합산하는 사전증여재산에서 배제됨에도 불구하고 직계존속 증여재산공제는 적용 가능하다(상증법 §47 ② 참조). 그러나 증여가 순차적으로 이루어져 1차 증여분에서 직계존속 증여재산공제를 받았다면 2차 증여분은 합산되지 아니하므로 직계존속 증여재산공제를 적용받을 수 없다(심사증여 2010-117, 2011.2.25.). 직계존속 증여재산공제는 최초의 증여세과세가액에서부터 순차로 공제되기 때문이다(상증령 §46 ① 1호 참조).

> **예 제** 감면대상 농지 증여 후 과세대상 재산을 증여한 경우

● 자 료

자경농민인 김성수 씨는 영농자녀인 김준호 씨에게 20X1.2.1. 영농사업용 농지(평가액 3억원)를 증여하였으며, 20X1.10.1. 현금 6억원을 재차 증여하였다. 본 특례의 요건을 모두 충족하고 과세표준 신고기한 내에 신고한 경우를 가정하여, 1차 증여 및 2차 증여 시 증여세 세액을 구하시오.

● 해 설

구 분	1차 농지분	2차 현금분
① 증여재산가액	300,000,000	600,000,000
② 증여재산 가산액	0	0
③ 증여재산 공제	50,000,000	0
④ 합산 과세표준 = ①+②-③	250,000,000	600,000,000
⑤ 세율	20%	30%
⑥ 산출세액 = ④×⑤	40,000,000	120,000,000
⑦ 기납부세액 공제 = 이전 ⑥	0	0
⑧ 영농자녀세액감면 (1억원 한도)	40,000,000	0
⑨ 신고세액 공제 = (⑥-⑦-⑧)×3%	0	3,600,000
⑩ 차가감 납부할 세액 = ⑥-⑦-⑧-⑨	0	116,400,000

1. 1차 감면대상 농지 증여 시 납부할 세액
　③ 직계존속 증여재산공제를 차감하고 산출세액을 계산한다.
　⑥ 증여세 산출세액 ＝ 과세표준 × 세율 － 누진공제액
　　　　　　　　　　＝ 250,000,000 × 20% － 10,000,000 ＝ 40,000,000
　감면한도 1억원을 초과하지 아니하여 전액 감면되므로 납부할 세액은 없다.

2. 2차 현금 증여 시 납부할 세액
　본 특례에 따라 감면받은 농지는 합산하는 증여재산에서 제외되므로, 2차 현금 증여분은 1차 농지 증여분과는 별도로 계산된다.
　② 증여재산 가산액 및 ⑦ 기납부세액 공제 : 없음
　1차분이 사전증여재산에서 제외되기 때문이다.
　③ 증여재산 공제 : 없음
　1차 증여 시 직계존속증여재산공제를 전액 적용하였기 때문에, (10년 이내) 합산되지 아니하는 2차분에서는 추가적으로 공제를 적용할 수 없다.
　⑥ 증여세 산출세액 ＝ 과세표준 × 세율 － 누진공제액
　　　　　　　　　　＝ 600,000,000 × 30% － 60,000,000 ＝ 120,000,000
　⑧ 영농자녀 세액감면 : 없음
　2차 현금 증여분에 대해서 적용되지 않는다.

4-2 상속재산 제외

　증여세 과세특례가 적용된 농지등은 상속세 납부 시 상속재산에 가산하는 증여재산으로 보지 않고 사전 증여재산가액에서도 제외함으로써 상속재산에서 제외하고 있다(조특법 §71 ⑥, 상증법 §3의 2 ①·§13 ①). 따라서 영농자녀등이 증여받는 농지등은 증여 당시 증여세가 100% 감면되고, 추후 증여자의 사망으로 상속이 개시되어도 상속세가 부과되지 않는다.

Ⅳ. 조세특례제한 등

 **절차**

1-1 감면신청

　감면신청을 하려는 영농자녀등은 세액감면신청서(별지 제52호 서식)에 다음의 서류를 첨부하여 납세지 관할세무서장에게 제출하여야 한다(조특령 §68 ⑫).
① 자경농민 및 영농자녀의 농업소득세 납세증명서 또는 영농사실을 확인할 수 있는 서류
② 해당 농지등 취득 시의 매매계약서 사본
③ 해당 농지등에 대한 증여계약서 사본
④ 증여받은 농지등의 명세서
⑤ 해당 농지등을 영농조합법인 또는 영어조합법인에 현물출자한 경우에는 영농조합법인 또는 영어조합법인에 출자한 증서
⑥ 자경농민등의 가족관계기록사항에 관한 증명서
⑦ 기타 기획재정부령이 정하는 서류

　종전에는 후계농업경영인 또는 임업후계자임을 증명하는 서류가 규정되어 있었으나 2015년 개정 세법에서 임업후계자 등 요건을 삭제하여 관련 서류는 없다.

　영농자녀등이 농지등을 동시에 2필지 이상 증여받은 경우에는 증여세를 감면받으려는 농지등의 순위를 정하여 감면을 신청하여야 한다. 다만, 영농자녀등이 감면받으려는 농지등의 순위를 정하지 아니하고 감면을 신청한 경우에는 증여 당시 농지등의 가액이 높은 순으로 감면을 신청한 것으로 본다(조특령 §68 ⑪).

1-2 관련 서류 확인

　세액감면신청서를 제출받은 납세지 관할세무서장은 「전자정부법」 제36조 제1항에 따른 행정정보의 공동이용을 통하여 다음 서류를 확인하여야 한다. 다만 신청인이 ① 및 ②의 확인에 동의하지 아니하는 경우에는 그 서류를 첨부하도록 하여야 한다(조특령 §68 ⑬).
① 자경농민등의 주민등록표 등본
② 신청인의 주민등록표 등본
③ 증여받은 농지등의 등기사항증명서
④ 증여받은 농지등의 토지이용계획 확인서

2024
조세특례제한법 해석과 사례

9. 공익사업지원을 위한 조세특례

제1장 공익사업 법인에 대한 조세지원
　제1절 서설
　제2절 [제72조] 조합법인 등에 대한 법인세 당기순이익과세 등
　제3절 [제74조] 고유목적사업준비금의 손금산입특례
　제4절 [제75조] 기부장려금
　제5절 [제76조] 정치자금의 손금산입특례 등
　제6절 [제85조의 6] 사회적기업 및 장애인 표준사업장에 대한 법인세 등의 감면

제2장 공익사업용 토지에 대한 조세지원
　제1절 서설
　제2절 [제77조] 공익사업용 토지 등에 대한 양도소득세의 감면
　제3절 [제77조의 2] 대토보상에 대한 양도소득세 과세이연 등
　제4절 [제77조의 3] 개발제한구역 지정에 따른 매수대상 토지등에 대한 양도소득세의 감면

제3장 공익사업 시행지역에 대한 조세지원
　제1절 서설
　제2절 [제85조의 7] 공익사업을 위한 수용 등에 따른 공장 이전에 대한 분할과세
　제3절 [제85조의 9] 공익사업을 위한 수용 등에 따른 물류시설 이전에 대한 분할과세

CHAPTER 01 공익사업 법인에 대한 조세지원

제1절 서설

I. 의의

제1장에서는 제9부 공익사업지원을 위한 조세특례 중에서 공익사업을 수행하는 법인에 대한 조세지원을 살펴본다.

공익사업 법인에 대한 조세지원제도

조문	특례주체	과세특례
§72 조합법인 등	신용협동조합, 새마을금고, 농업협동조합 등의 조합법인 등	당기순이익에 일부 세무조정을 합한 금액에 9~12% 세율을 적용
§74 고유목적사업준비금의 손금산입	학교법인·사회복지법인·국립병원·도서관·장학재단·의료법인등 특정 비영리 내국법인	수익사업에서 발생한 소득에 대해 고유목적사업준비금을 100% 설정하여 손금산입
§75 기부장려금	기부자가 본인이 기부금 세액공제를 받는 대신 기부장려금을 신청하는 경우	국세청이 기부단체에 기부금 세액공제 상당액을 지급
§76 정치자금의 손금산입특례 등	거주자가 정치자금법에 따라 정당에 정치자금을 기부하는 경우	기부금액의 10만원까지는 그 기부금액의 110분의 100을, 10만원 초과 금액에 대해서는 15%, 3천만원 초과 금액에 대해서는 25%를 세액공제

조문	특례주체	과세특례
§83 박물관 등의 이전에 대한 양도소득세의 분할과세('22년 말 일몰도래)	거주자가 3년 이상 운영한 박물관, 공공도서관, 미술관 및 과학관을 이전하기 위하여 박물관 등의 건물과 부속토지를 양도하는 경우	양도차익에 대한 양도소득세를 3년거치 5년분할 납부
§85의 6 사회적기업 및 장애인 표준사업장	사회적기업과 장애인 표준사업장으로 인정받은 내국인	3년간 소득세 또는 법인세를 100% 감면하고, 그 다음 2년간은 50% 감면. 단, 1억원과 취약계층 또는 장애인 근로자 수에 2천만원을 곱한 금액의 합계액을 감면한도로 함

Ⅱ. 공익사업 법인의 비교

다음의 표에서는 본 장의 조세지원과 관련하여 공익사업을 수행하고 있는 법인의 법적 성격(비영리 법인 해당 여부)과 이에 따른 허가제 여부를 살펴 본다. 또한 해당 법인의 목적과 이익 분배 방법을 비교해 보고 법인세법 및 조세특례제한법에서 부여하고 있는 조세지원을 정리한다. 표의 좌열부터 우열까지의 순서는 이익분배의 정도가 약한 순서, 즉 비영리성이 높은 순서대로 배열하였다.

공익사업 법인의 비교

구분	비영리법인	사회적 협동조합	사회적기업	일반협동조합	지역농협❷
근거법령	민법	협동조합 기본법	사회적기업 육성법	협동조합 기본법	농업협동 조합법
법적 성격	사단법인(§40)❶	비영리법인.(§4 ②) 사단법인 규정 준용(§14 ②)	비영리법인, 협동조합, 회사도 가능(§8 ① 1호)	법인.(§4 ①) 유한책임회사 규정 준용(§14 ①)	법인(§4 ①)
허가 신고	주무관청 허가 (§32)	기획재정부장관 인가(§85)	고용노동부장관 인증(§7 ①)	시·도지사 신고 (§15)	농림축산식품부 장관 인가(§15 ①)

구분	비영리법인	사회적 협동조합	사회적기업	일반협동조합	지역농협❷
목적	학술, 종교, 자선, 기예, 사교 기타 비영리 사업(§32)	40% 이상 공익사업 수행(§93 ②) + 조합원 복리증진(§5)	사회서비스 확충 및 일자리 창출 + 영업활동(§2 1호)	조합원 복리 증진(§5)	조합원 복리 증진(§13)
이익분배	배당 불가.(§39) 영리목적 사단은 상법을 적용함.	배당 불가(§98 ②)	이윤의 2/3 이상을 사회적 목적에 사용(§8 ① 7호)	이용실적 배당 50% 이상 및 출자배당 10% 이하(§51 ③)	이용실적 배당 우선 및 정관에 따른 출자배당(§68 ③)
조세지원	고유목적사업준비금(법법 §29, 조특법 §74)	고유목적사업준비금(법법 §29, 조특법 §74)	5년 감면(조특법 §85의 6)	없음	당기순이익 과세(조특법 §72)❸

❶ 표에 있는 조문 번호는 해당 법인의 근거법령에 따른 조문 번호임.
❷ 신용협동조합, 새마을금고, 수협, 산림조합 등 특별법에 의해 설립된 8개 각 산업별 조합과 연합회 등 중에서 비교 대상 목적으로 지역농업협동조합을 선정함.
❸ 특별법에 의해 설립된 산업별 조합 등은 주주, 출자자 등에게 이익을 배당함에도 불구하고 비영리법인으로 봄.(법법 §1 2호 나목, 법령 §1 ①) 그러나 조세특례제한법상 당기순이익 과세를 적용받는 조합법인은 비영리법인으로 봄에도 불구하고 고유목적사업준비금을 손금에 산입할 수 없음(법통 29-56…1).

표에서 보는 바와 같이 공익사업을 수행하는 법인에 대해서는 비영리성이 강한 순서대로 완전 감면에서 부분 감면의 세제지원을 허용하고 있다.

한편 협동조합기본법에 의한 일반 협동조합에 대해서는 조세특례를 부여하고 있지 않다. 그러나, 일반 협동조합은 특별법에 의해 설립된 산업별 조합인 지역농협보다 이익 분배를 더 제한하고 있다. 또한 일반 협동조합은 특별법에 의한 산업별 조합과 법적 성격, 목적 등 본질적인 부분에서 차이가 없으므로 당기순이익 과세를 허용함이 바람직하다.[1]

---

1) 이태정, "협동조합에 대한 세제지원 연구", 세무회계연구/제42권, 2014., p.31.

제2절 [제72조] 조합법인 등에 대한 법인세 당기순이익과세 등

Ⅰ. 의의

신용협동조합, 새마을금고, 농업협동조합 등 조합법인 등의 각 사업연도소득에 대한 법인세의 과세 방법으로서 당기순이익에 9%의 세율을 적용하여 과세하는 제도이다. 단, 20억 초과분에 대해서는 12%의 세율을 적용한다.

반면에 조합법인이 당기순이익 과세를 포기한 경우에는 일반 비영리법인으로 보아 법인세법 규정에 따라 세무조정 과정을 통해 법인세액을 계산한다.

조합법인은 영세 서민을 대상으로 하는 서민금융기관이거나 농어민 지원을 위한 기관에 해당하다. 이에 법인의 조직규모가 취약하고 기장 능력이 부족한 점을 감안하여 저율의 당기순이익 과세특례를 지원하고 있다.

일몰기한은 2025.12.31. 이전에 종료하는 사업연도까지이다.

개정연혁

연 도	개정 내용
2017년	■ 과세특례 주체 추가 : 수협 조합공동사업법인
2019년	■ 소비자생활협동조합을 농특세 비과세 대상에서 제외

종래 단위 수협 등이 재무구조개선자금(2010.12.31. 일몰종료) 또는 계약이전이행자금(2015.12.31. 일몰종료)을 지원받은 경우로서 구분경리(조특칙 §29 ③·④)하는 경우에는 해당 자금을 예치함에 따라 발생하는 이자를 당기순이익 계산 시 제외하고 과세이연하였다(조특법 §72 ④·⑤).

Ⅱ. 주체

본 과세특례에 따라 당기순이익을 기준으로 법인세가 과세(이하 "당기순이익과세")될 수 있는 주체는 아래와 같다. 다만 해당법인이 당기순이익과세를 포기한 경우에는 그 이후의 사업연도에 대하여 당기순이익과세를 적용하지 않는다(조특법 §72 ①).

① 신용협동조합
② 새마을금고
③ 농협 및 조합공동사업법인
④ 수협(어촌계 포함) 및 조합공동사업법인
⑤ 중소기업협동조합·사업협동조합 및 협동조합연합회
⑥ 산림조합(산림계 포함) 및 조합공동사업법인
⑦ 엽연초생산협동조합
⑧ 소비자생활협동조합

당기순이익과세법인에 해당하는지 여부는 각 사업연도 종료일을 기준으로 판단한다(서면2팀-731, 2004.4.8.).

- 폐유리 재활용협의회(O)는 한국유리공업협동조합의 하나의 사업부서로 본 특례의 주체가 될 수 있다(국심 2003서3125, 2004.1.16.).

- 소비자생활협동조합법에 의하여 설립된 의료소비자협동조합(O)은 과세특례의 주체에 해당한다(서면2팀-324, 2006.2.10.). 반면에 소비자생활협동조합법의 개정에 따라 신설된 소비자생활협동조합사업연합회(X)는 지역생협이 아닌 연합회이므로 과세특례를 적용받을 수 없다(법인-441, 2012.7.6.).

2017년 개정세법에서 특례 대상에 수협 조합공동사업법인을 추가하였다.

Ⅲ. 과세특례

당기순이익에 일정한 세무조정을 적용하여 계산한 금액에 9% 세율을 적용하되, 20억원 초과분에 대해서는 12%를 적용하여 법인세액을 계산한다. 다만 2016.12.31. 이전에 조합법인 간 합병하는 경우로서 합병에 따라 설립되거나 합병 후 존속하는 조합법인의 합병등기일이 속하는 사업연도와 그 다음 사업연도에 대하여는 40억원을 기준금액으로 하여 그 초과분에 한하여 12%를 적용한다.

과세표준과 세율

과세표준	세 율
20억원 이하분	9%
20억원 초과분	12%

1 당기순이익

1-1 당기순이익 계산

당기순이익은 해당 법인의 결산재무제표상 당기순이익으로 한다(조특법 §72 ①).
"결산재무제표상 당기순이익"이라 함은 기업회계기준 또는 관행(법령 §79)에 의하여 작성한 결산재무제표상 법인세비용차감전순이익을 말한다.

- 새마을금고의 "결산재무제표상 당기순이익"은 「새마을금고법 시행령」 제17조에 따라 새마을금고연합회장이 정한 '회계준칙' 및 '회계업무방법서'에 의해 작성된 결산재무제표상 법인세비용 차감전 당기순이익으로 한다(법인-972, 2009.9.1.).

- 토지등 양도소득 특례 과세 여부 (제외)

  조세특례제한법 제72조를 적용하는, 금융업(대금업)을 영위하는 비영리법인이 대출에 따라 근린생활시설 및 업무시설에 근저당권을 설정한 후 다른 근저당권자의 부동산임의경매 신청에 따라 동 부동산을 취득하여 양도한 경우 해당 법인은 유형자산의 처분으로 인한 수입을 결산재무제표상 당기순이익에 포함하여 같은 법 제72조에 따라 법인세가 과세되는 것이나, 법인세법 제55조의2 제1항에 따른 토지등 양도소득에 대한 과세특례는 적용되지 않는 것임(서면법인-2567, 2020.10.26.).

1-2 비수익사업 합산

해당 법인이 수익사업과 비수익사업을 구분경리한 경우에는 각 사업의 당기순손익을 합산한 금액을 과세표준으로 한다(조특통 72-0…1 ①; 서면법인-2970, 2022.7.28.).
당기순이익 과세가 되는 조합법인에 대하여는 수익사업과 비수익사업의 구분 없이 기업회계기준에 의하여 작성한 결산재무제표상 당기순이익을 과세표준으로 하여 법인세가 과세되며, 고유목적사업준비금을 설정할 수 없다(서면2팀-324, 2006.2.10.).

1-3 법인세 추납액 가산

해당 조합법인 등이 법인세추가납부세액을 영업외비용으로 계상하였다면, 이를 결산재무제표상 법인세비용차감전순이익에 가산한다(조특통 72-0…1 ②). 법인세 추납액 상당액만큼 법인세비용차감전순이익이 과소계상되었기 때문이다.

1-4 고유목적사업의 고정자산처분익 포함

과세표준에는 3년 이상 고유목적사업에 직접 사용하던 고정자산의 처분익을 포함한다(조특통 72-0…1 ③).

비영리내국법인의 각 사업연도 소득에서 3년 이상 고유목적사업(수익사업 제외)에 직접 사용하던 고정자산의 처분익은 법인세법상 각 사업연도 소득에서 제외되나,(법법 §4 ③ 5호, 법령 §3 ②) 당기순이익과세법인의 경우에는 수익사업과 비수익사업의 구분 없이 과세되므로 포함하도록 한다. 따라서 동 고정자산처분익을 결산상 반영하였다면, 별도의 세무조정은 필요하지 않다.

1-5 전기오류수정손익 포함

기업회계기준상 당기순손익을 과소계상한 조합법인이 그 다음 사업연도 결산 시 해당 과소계상 상당액을 전기오류수정손익으로 이익잉여금처분계산서에 계상하였다면, 과소계상한 연도 및 이익잉여금처분을 계상한 연도 모두, 해당 조합법인의 결산재무제표상에 과소계상액이 반영되지 않게 된다. 조세회피수단으로 악용될 우려가 있으므로, 국세기본법상 수정신고 또는 경정청구를 통해 과소계상한 사업연도의 과세표준을 조정하여야 한다(재법인 46012-154, 2003.9.26.)(조특통 72-0…1 ④).

1-6 특별수선충당금 적립액 포함

집단상가의 관리법인이 특별수선의 명목으로 관리비 등으로 수취하는 금액은 동 법인에게 귀속되지 아니하는 것이 명백히 확인되는 경우를 제외하고는 익금에 산입한다(조심 2008서2908, 2009.4.15.).

2 세무조정

당기순이익에 기부금, 기업업무추진비의 손금불산입액 등 손금의 계산에 관한 규정을 적용하여 계산한 금액을 과세표준으로 한다(조특법 §72 ①). 당기순이익을 기준으로 과세되므로, 과세표준 계산 시 이월결손금, 비과세소득, 소득공제는 차감되지 아니한다.

2-1 기부금·기업업무추진비

기부금·기업업무추진비의 경우, 그 전액을 손비로 인정하게 되면 일반 영리·비영리법인과 비교하여 방만하게 운용될 수 있으므로 법인세법의 규정에 따라 계산한다.

(1) 수익사업 비용에 한정

기부금, 기업업무추진비는 해당법인의 수익사업과 관련된 비용만 세무조정의 대상이 된다. 따라서 당해 조합법인등의 설립에 관한 법령, 정관, 또는 법령·정관에서 위임된 규정에서 정해진 설립목적을 직접 수행하는 사업으로 수익사업 외의 사업(법령 §3 ①)을 위해 지출한 금액은 기부금 또는 기업업무추진비로 보지 아니한다(조특령 §69 ③).

- 조합원 영농활동 지원금의 접대비 해당 여부 (부정)

    농업협동조합이 조합원들의 영농활동을 지원하기 위하여 지급한 쟁점지원금은 조합원의 농업생산성을 높이고, 조합원이 필요로 하는 자금·자재 등을 제공함으로써 조합원의 경제적·사회적 지위를 향상시킨다는 청구법인의 정관상 고유목적사업에 부합하므로 쟁점지원금은 접대비에 해당하지 않는다.
    다만, 쟁점지원금 중 청구법인이 청구법인의 경제사업장에서 농약을 구매한 비조합원(농업인)에게 지급한 지원금은 청구법인의 정관상 목적에 부합하지 아니하고, 거래관계를 원활히 하여 수익사업의 이용을 촉진하기 위한 목적으로 지출된 것으로 보이므로 접대비에 해당된다고 판단된다(조심 2017구2950, 2017.11.10.).

(2) 기업업무추진비 계산

특수관계인과의 거래에서 발생한 수입금액에 대하여 적용률의 10%만을 인정하는 규정은 적용하지 않는다(법법 §25 ④ 2호 단서).

(3) 기부금 계산

특례기부금과 일반기부금의 손금산입한도액 계산에서의 기준소득금액은 다음의 산식에 따른다(조특령 §69 ④).

> 기준소득금액 = 당기순이익 + 특례기부금지출액❶ + 일반기부금지출액❷ + 정치자금 기부금❸

❶ 법법 §24 ② 1호
❷ 법법 §24 ③ 1호
❸ 조특법 §76

당기순이익은 전술한 결산재무제표상 당기순이익을 말한다.

고유목적사업을 위해 지출한 금액은 기부금에 해당하지 아니하며,(서이 46012-11391, 2002. 7.19.; 법규-850, 2014.8.12.) 법인세법상 전기 기부금한도초과액의 이월공제 규정(법법 §24 ④)은 적용되지 아니한다(서면2팀-1806, 2007.10.9.).

2-2 기타 손금불산입 사항

(1) 열거된 세무조정사항

아래에 열거된 법인세법상 세무조정사항도 조합법인 등의 과세표준에 반영한다. 단, 수익사업과 관련된 것만 적용함은 위의 기부금·기업업무추진비와 동일하다(조특령 §69 ①).

㉮ 채무보증 구상채권과 업무무관 가지급금에 대한 대손금(법법 §19의 2 ②)
㉯ 인건비·복리후생비 등 과다경비(법법 §26)

확정급여형(DB형) 퇴직연금의 부담금(퇴직연금충당금)에 대하여 손금산입할 수 있다(서면법령법인-4380, 2017.6.28.). 확정급여형(DB형) 퇴직연금의 손금산입한도(법령 §44의 2 ④)가 음수인 경우에는 0으로 한다(조특칙 §29 ①).

㉰ 업무무관비용(법법 §27)
㉱ 지급이자 손금불산입(법법 §28)
㉲ 퇴직급여충당금(법법 §33)

퇴직급여 충당금 시부인 계산에 있어서 2012.12.31.이 속하는 사업연도 종료일 현재 결산재무제표상 퇴직급여충당금의 누적액은 연도별 설정률 감소에 따른 손금산입한도 내에서 손금에 산입(법령 §60 ②)한 것으로 보아, 향후 익금에 환입(법령 §60 ③)하지 않는다(조특칙 §29 ②). 즉 2013년도부터 추가 적립한 부분만 세무조정의 대상으로 한다.
㉳ 채무보증 구상채권과 업무무관 가지급금에 대한 대손충당금(법법 §34 ②)

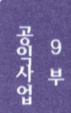

(2) 이외 세무조정사항

위에서 열거된 세무조정 사항 이외의 세무조정은 원칙적으로 허용되지 않는다.

그러나 조세심판원에서는 본 특례의 당기순이익은 기업회계기준 또는 관행상 적절하게 산출된 것을 말하는 것이어서 기업회계기준 등에서 비용으로 용인되지 않는 항목을 비용으로 계상하였거나 비용을 허위·과다 계상한 것이 있다면 해당 비용을 부인하고 당기순이익을 재계산하여 법인세를 과세할 수 있다고 판단하고 있다. 즉, 손금의 범위를 규정한 법인세법 제19조 등을 본 특례에서 세무조정사항으로 열거하지 않았으므로 기업회계기준의 원칙을 근거로 하여 당기순이익을 조정한다.

● 계상하지 않던 대손충당금을 일시에 과다 설정한 경우 (손금부인)

　　법인세법상 대손충당금 한도초과액 손금불산입을 통한 세무조정은 적용하지 않는 것이 원칙이지만, 일시적으로 고액의 자산처분이익이 발생하자 이에 대응하여 이전에는 계상하지 않던 대손충당금을 특별한 이유 없이 과다 설정하고 산출 내역과 근거를 제시하지 못하는 경우에는 해당 대손충당금 설정 비용을 부인한다(조심 2014서4788, 2015.1.2.).

● 대손경험률 또는 타 법인 적립률 대비 과도하게 대손충당금을 적립한 경우 (손금부인)

　　청구법인의 대손경험률이 채권잔액의 0.03%~0.17%에 불과하고, 동일 사업연도에 다른 단위 농협의 대손충당금 적립수준은 1.75%~3.21%에 불과함에도 청구법인이 채권잔액의 4%~6% 수준으로 대손충당금을 적립한 경우에는, 대손경험률 대비 과도한 대손충당금을 적립한 것 등으로 보이므로 대손충당금 과다전입액을 손금부인한다(조심 2016구2303, 2016.8.31.; 조심 2014구4967, 2015.12.7.).

● 출자자들에게 지급한 상품권가액을 홍보비로 회계 처리한 경우 (손금부인)

　　새마을금고의 출자자들에게 지급한 상품권가액을 홍보비로 회계 처리한 경우, 출자자들의 배당소득(소법 §17 ①)에 해당한다. 이 경우 잉여금 처분(배당)을 손비로 계상한 금액이라 하더라도, 법인세법 제19조 [손금의 범위] 또는 제20조 [자본거래 등으로 인한 손비의 손금불산입] 규정을 적용할 수 없다. 이때 동 금액을 비용으로 회계처리하는 것은 **수익·비용 대응의 원칙**에도 맞지 아니한 바, 쟁점거래금액이 일반기업회계기준에서 정한 배당금의 요건(연차배당의 경우 주주총회의 결의, 중간배당의 경우 이사회의 승인)을 충족하지 아니하여 배당이라는 계정과목으로 회계처리할 수 없다 하더라도 일반기업회계기준 [제2장 재무제표의 작성과 표시Ⅰ] 문단 2.80의 (6)기타 조항에 의해 "그 밖의 원인으로 발생한 이익잉여금의 변동"으로 적절히 구분 표시하는 것이 기업회계기준 또는 관행에 부합한 회계처리라고 판단된다(조심 2015중1156, 2015.12.11.).

2-3 부당행위계산부인 적용 배제

과세관청의 유권해석에 의하면, 2013.1.1. 이후 개시하는 사업연도에 당기순이익과세를 적용하는 법인에 대해서는 법인세법 제52조 부당행위계산의 부인규정의 적용을 배제한다

(서면법규-1135, 2013.10.18.).

  종래의 통칙에 의하면 기부금이나 접대비 계산 시 부당행위 계산의 부인규정을 적용하지 않도록 하였으나,(조특통 72-0…2) 2013년 개정세법에서 지급이자 손금불산입 등 법인세법상 손금불산입 규정(전술한 2-2 참조)을 적용함에 따라 당기순이익과세법인의 세무조정 전반에 걸쳐 동 통칙이 확대 적용되도록 한 유권해석이다.

3 조세특례 적용 배제

  당기순이익과세법인은 투자세액공제 등 다음의 조세특례를 적용하지 않는다(조특법 §72 ②).

- 제5조의 2 중소기업 정보화 지원사업에 대한 과세특례
- 제6조 창업중소기업 등에 대한 세액감면
- 제7조 중소기업에 대한 특별세액감면
- 제7조의 2 기업의 어음제도개선을 위한 세액공제
- 제7조의 4 상생결제 지급금액에 대한 세액공제
- 제8조 중소기업 지원설비에 대한 손금산입의 특례 등
- 제8조의 2 상생협력 중소기업으로부터 받은 수입배당금의 익금불산입
- 제8조의 3 상생협력을 위한 기금 출연 시 세액공제
- 제10조 연구·인력개발비에 대한 세액공제
- 제10조의 2 연구개발 관련 출연금 등의 과세특례
- 제12조 기술이전 및 기술취득 등에 대한 과세특례
- 제12조의 2 연구개발특구에 입주하는 첨단기술기업 등에 대한 법인세 등의 감면
- 제12조의 3 기술혁신형 합병에 대한 세액공제
- 제12조의 4 기술혁신형 주식취득에 대한 세액공제
- 제13조 중소기업창업투자회사 등의 주식양도차익 등에 대한 비과세
- 제14조 창업자 등에의 출자에 대한 과세
- 제19조 성과공유 중소기업의 경영성과급에 대한 세액공제 등
- 제22조 해외자원개발투자 배당소득에 대한 법인세의 면제
- 제24조 통합투자세액공제
- 제25조의 6 영상콘텐츠 제작비용에 대한 세액공제
- 제26조 고용창출투자세액공제
- 제28조 서비스업 감가상각비의 손금산입특례
- 제28조의 3 설비투자자산의 감가상각비 손금산입 특례
- 제29조의 2 산업수요맞춤형고등학교등 졸업자를 병역 이행 후 복직시킨 기업에 대한 세액공제

- 제29조의 3 경력단절 여성 재고용 기업에 대한 세액공제
- 제29조의 4 근로소득을 증대시킨 기업에 대한 세액공제
- 제29조의 8 제3항·제4항 통합고용세액공제의 추가공제
- 제30조의 4 중소기업 고용증가 인원에 대한 사회보험료 세액공제
- 제31조 제4항부터 제6항 중소기업 간의 통합에 대한 양도소득세의 이월과세 등
- 제32조 제4항 법인전환에 대한 양도소득세의 이월과세
- 제33조 사업전환 무역조정지원기업에 대한 과세특례
- 제63조 수도권과밀억제권역 밖으로 이전하는 중소기업에 대한 세액감면
- 제63조의 2 법인의 공장 및 본사를 수도권 밖으로 이전하는 경우 법인세 등 감면
- 제63조의 3 지방대학 맞춤형 교육비용 등에 대한 세액공제 (2008.12.26. 삭제)
- 제64조 농공단지 입주기업 등에 대한 세액감면
- 제66조 영농조합법인 등에 대한 법인세의 면제 등
- 제67조 영어조합법인 등에 대한 법인세의 면제 등
- 제68조 농업회사법인에 대한 법인세의 면제 등
- 제99조의 9 위기지역 창업기업에 대한 법인세 등의 감면
- 제102조 산림개발소득에 대한 세액감면
- 제104조의 14 제3자물류비용에 대한 세액공제
- 제104조의 15 해외자원개발투자에 대한 과세특례

Ⅳ. 조세특례제한 등

 당기순이익과세의 포기

당기순이익과세의 경우 비수익사업의 당기순이익도 포함될 뿐 아니라 이월결손금을 공제할 수 없고 복식부기에 의한 기장의무가 있어 기장 비용이 추가될 수 있으므로, 경우에 따라서는 조합법인 등의 세부담이 오히려 많아질 수 있다. 따라서 법에서는 조합법인등이 당기순이익과세를 포기할 수 있도록 하고 있다.

당기순이익과세를 포기하고자 하는 법인은 당기순이익과세를 적용받지 아니하고자 하는 사업연도의 직전 사업연도 종료일(신설법인의 경우에는 사업자등록증교부신청일)까지 당기순이익과세포기에 관한 신청서(별지 제53호 서식)를 납세지 관할세무서장에게 제출(국세정보통신망에 의한 제출 포함)하여야 한다(조특령 §69 ②).

당기순이익과세법인이 당기순이익과세 포기 등의 사유로 당기순이익과세법인에서 제외

된 경우, 당기순이익과세법인에서 제외된 사업연도 이후에 발생한 결손금만이 공제 가능하다(서면2팀-731, 2004.4.8.).

2 복식부기기장의무

종래에는 당기순이익과세법인의 경우 복식부기에 의한 기장의무를 면제하였으나, 2013년 개정세법에서 복식부기기장의무를 부과하였다(조특법 §72 ③ 삭제).

3 최저한세 배제

최저한세가 적용되지 않는다(조특법 §132 ① 괄호).

4 농어촌특별세

아래의 당기순이익과세법인을 제외하고는 감면세액에 대하여 농특세가 비과세된다(농특령 §4 ① 1호).
- 「신용협동조합법」에 따라 설립된 신용협동조합과 「새마을금고법」에 따라 설립된 새마을금고(법 §72 ① 1호)
- 「중소기업협동조합법」에 따라 설립된 협동조합·사업협동조합 및 협동조합연합회(동항 5호)
- 「소비자생활협동조합법」에 따라 설립된 소비자생활협동조합(동항 6호)

소비자생활협동조합에 대한 당기순이익 과세특례를 적용받는 경우 종래 농어촌특별세를 비과세하였으나 2019년 개정세법에서 농특세 과세로 변경하였다(농특세령 §4 ① 1호). 2019.2.12. 이후 시작하는 사업연도 분부터 적용한다(2019.2.12. 개정된 시행령 부칙 §2 ①). 12월말 사업연도 법인의 경우 2020년부터 농특세 과세로 변경된다.

농특세가 과세되는 신용협동조합 등의 농특세는 다음과 같이 계산된다(농특법 §5 ①).

> 농어촌특별세액 = 조특법에 따른 감면세액(농특세의 과세표준) × 20%

이때, 조특법에 따른 감면세액은 다음 산식에 따른다(농특법 §5 ②).

> 감면세액 = ⓐ - ⓑ
> ⓐ 과세표준금액 × 법인세법 제55조 제1항에 규정된 세율 (10%~22%)
> ⓑ 과세표준금액 × 조특법 제72조 제1항에 규정된 세율 (9%~12%)

과세표준금액은 조특법 제72조에 따른 과세표준금액이며, 법인세법(제13조)에 따른 과세표준금액이 아니다(서면2팀-473, 2005.3.31.).

제3절 [제74조] 고유목적사업준비금의 손금산입특례 ★★★☆

Ⅰ. 의의

특정 비영리법인이 고유목적사업이나 기부금에 지출하기 위하여, 수익사업에서 발생한 소득에 대해 고유목적사업준비금을 설정하여 손금산입하는 제도이다.

법인세법상 고유목적사업준비금 손금산입 범위액은 원칙적으로 수익사업에서 발생한 소득금액의 50% 수준으로 규정되어 있는데 반하여, 조세특례제한법에서는 공익성이 큰 특정 비영리법인에 대해 이보다 높은 100%의 한도액을 규정하여 비영리법인의 고유목적사업을 지원하고 있다.

본 특례는 법인세법 제29조 고유목적사업준비금의 손금산입에 대한 특별법(특례)으로서, 본 특례에 별도로 규정되어 있지 않은 사항은 법인세법 제29조에 따라야 한다. 본 특례에서는 준비금 설정 비율(손금산입한도)만을 주로 규정하고 있으므로, 준비금의 설정 및 환입, 절차 등은 법인세법의 규정에 의한다.

일몰기한은 2025.12.31. 이전에 끝나는 사업연도까지이다.

개정연혁

연 도	개정 내용
2017년	■ 추가 1개 : 국제경기대회 조직위원회
2023년	■ 대한체육회 및 대한장애인체육회, 또는 이에 가맹된 체육단체 추가 ■ 국제경기대회 조직위원회 2곳 추가

Ⅱ. 주체

앞서 본 바와 같이 본 특례는 법인세법 제29조 고유목적사업준비금의 손금산입 규정에 대한 특례이므로, 법인세법상 고유목적사업준비금을 설정할 수 있는 비영리내국법인 등의 요건을 우선적으로 충족하여야 함에 유의하여야 한다.

따라서 영리법인(X)은 본 특례에 의해 열거된 법령에 의해 설립된 경우에도 본 특례의 대상이 될 수 없다(법규법인 2009-443, 2009.12.31.).

이하 법인세법상 고유목적사업준비금 설정대상 법인 등의 요건을 먼저 살펴보고, 조특법상 고유목적사업준비금 설정한도별로 주체를 분류하여 살펴보도록 한다.

1 법인세법상 고유목적사업준비금 설정대상 법인 등

법인세법상 고유목적사업준비금이 설정 가능한 법인은 법인세법상 비영리내국법인과 법인으로 보는 단체 중 일부이다(법법 §29 ①).

1-1 법인세법상 비영리내국법인

법인세법상 비영리내국법인이란 내국법인 중 다음에 해당하는 법인을 말한다(법법 §1 2호).
㉮ 민법 제32조에 따라 설립된 비영리법인
학술, 종교, 자선, 기예, 사교 기타 영리 아닌 사업을 목적으로 하는 사단 또는 재단으로 비영리법인이다.
㉯ 사립학교법이나 그 밖의 특별법에 따라 설립된 법인으로서 민법 제32조에 규정된 목적과 유사한 목적을 가진 법인
조합법인 등(법령 §1 ①)이 아닌 법인으로서 그 주주·사원 또는 출자자에게 이익을 배당할 수 있는 법인은 제외한다.
㉰ 국세기본법 제13조 제4항에 따른 법인으로 보는 단체

1-2 법인으로 보는 단체

비영리내국법인 이외에도 법인으로 보는 단체 중 아래의 단체는 고유목적사업준비금 설정이 가능하다(법령 §56 ①).
㉮ 지정기부금 단체 등에 해당하는 단체(법령 §39 ① 1호)
㉯ 법령에 의하여 설치된 기금
㉰ 「공동주택관리법」 제2조 제1항 제1호 가목에 따른 공동주택의 입주자대표회의·임차인 대표회의 또는 이와 유사한 자치관리기구

2 조세특례제한법상 특례대상 법인

법인세법 제29조 고유목적사업준비금의 손금산입을 적용하는 경우, 같은 조 제1항 제2호에도 불구하고 해당 법인의 수익사업에서 발생한 소득의 100%를 고유목적사업준비금으로 설정할 수 있는 법인이다(조특법 §74 ①).

2-1 학교법인 등 (1호)

㉮ 사립학교법에 따른 학교법인
㉯ 「산업교육진흥 및 산학연협력촉진에 관한 법률」에 따른 산학협력단
㉰ 평생교육법에 따른 원격대학 형태의 평생교육시설을 운영하는 민법 제32조에 따른 비영리법인
㉱ 국립대학법인 서울대학교 및 발전기금
㉲ 국립대학법인 인천대학교 및 발전기금

2-2 사회복지법인 (2호)

"사회복지법인"이란 사회복지사업을 할 목적으로 설립된 법인을 말한다(사회복지사업법 §2 3호).
(재)한국장애인복지진흥회는 본 특례의 사회복지법인에 해당한다(서면2팀-2202, 2006.10. 31.).

2-3 국립병원 등 (3호)

- 국립대학병원 및 국립대학치과병원
- 서울대학교병원
- 서울대학교치과병원
- 국립암센터
- 지방의료원
- 대한적십자사가 운영하는 병원
- 국립중앙의료원

2-4 도서관·박물관·미술관 운영법인 (4호·5호)

도서관법에 따라 등록한 도서관을 운영하는 법인과 「박물관 및 미술관 진흥법」에 따라 등록한 박물관 또는 미술관을 운영하는 법인이다.

동 법인의 경우에는 해당 사업과 해당 사업 시설에서 그 시설을 이용하는 자를 대상으로 하는 수익사업만 고유목적사업준비금이 설정 가능하다는 점에서 다른 법인과 차이가 있다 (조특법 §74 ① 괄호 안).

다만 전술하였듯이 영리내국법인은 「박물관 및 미술관 진흥법」에 따라 설립된 미술관을 운영하는 경우에도 비영리법인이 아니므로, 본 특례의 대상이 될 수 없음에 유의하여야 한다.

2-5 문화예술단체 및 체육단체 (6호)

정부로부터 허가 또는 인가를 받은 문화예술단체 및 체육단체로서 아래에 열거된 단체이다. 체육단체의 경우에는 국가대표의 활동과 관련된 수익사업만 해당한다(조특령 §70 ①, 조특칙 §29의 2).

- 지방문화원
- 예술의전당
- 고유목적사업준비금 손금산입 특례대상 문화대상단체[1]
    - (재)국립발레단
    - (재)국립오페라단
    - (재)국립합창단
    - (재)정동극장
    - (재)서울예술단
    - (재)코리안심포니오케스트라
- 대한체육회 및 대한장애인체육회

> ▪ 대한체육회 또는 대한장애인체육회에 가맹된 체육단체로서 기획재정부장관이 문화체육관광부장관과 협의하여 고시하는 법인 또는 단체

2023년 개정세법에서 대한체육회 및 대한장애인체육회, 또는 이에 가맹된 체육단체로서 기획재정부장관이 고시하는 법인 또는 단체를 특례 대상에 추가함. 개정규정은 2023.1.1. 이후 최초로 신고하는 분부터 소급하여 적용함(2022.12.31. 개정된 법률 부칙 §16). 그리고 국제경기대회 조직위원회 2곳을 공제대상에 추가함.

2-6 국제경기대회 조직위원회 (7호)

국제경기대회 지원법에 따라 설립된 조직위원회로서 기획재정부장관이 효율적인 준비와 운영을 위하여 필요하다고 인정하여 고시한 다음의 조직위원회이다.[2]
① 2023 전북 아시아태평양마스터스대회 조직위원회
② 2024 강원 동계청소년올림픽대회 조직위원회

국제경기대회 조직위원회를 2017년 개정세법에서 추가하였다.

2-7 장학재단 (8호)

「공익법인의 설립·운영에 관한 법률」에 따라 설립된 법인으로서 해당 과세연도의 고유목적사업이나 일반기부금(법법 §24 ③ 1호)에 대한 지출액 중 80% 이상을 장학금으로 지출한 법인이다.

2-8 연금공단 등 (9호)

> ▪ 공무원연금공단
> ▪ 사립학교교직원연금공단

2-9 지방 의료법인

수도권 과밀억제권역 및 광역시를 제외하고 인구 등을 고려하여 정한 지역에 의료기관(의료법 §3 ② 1호·3호)을 개설하여 의료업을 영위하는 비영리 내국법인이다. 단, 위에서 열

---
1) 재정경제부고시 제2001-11호(2001.7.31.)
2) 「고유목적사업준비금 손금산입특례가 적용되는 조직위원회」, 기획재정부고시 제2022-27호(2022.12.6.)

거된 특례 대상 법인에 해당하는 경우는 제외한다(조특법 §74 ④).

과세특례가 적용되는 지역은 다음의 요건을 모두 갖춘 지역으로 시행규칙 별표 8의 6에 열거된 지역이다(조특령 §70 ⑤, 조특칙 §29의 3).

① 인구수가 30만명 이하인 시·군 지역

시에는 「제주특별자치도 설치 및 국제자유도시 조성을 위한 특별법」 제10조 제2항에 따라 제주특별자치도에 두는 행정시(제주시 및 서귀포시)를 포함한다.

② 국립대학병원 또는 사립학교가 운영하는 병원이 소재하고 있지 아니한 지역

시행규칙 [별표 8의 6] 고유목적사업준비금 손금산입 특례를 적용받는
비영리의료법인 소재 지역의 범위 <신설 2011.4.7.>

경기도	동두천시, 오산시, 이천시, 안성시, 김포시, 광주시, 양주시, 포천시, 여주군, 연천군, 가평군, 양평군
강원도	강릉시, 동해시, 태백시, 속초시, 삼척시, 홍천군, 횡성군, 영월군, 평창군, 정선군, 철원군, 화천군, 양구군, 인제군, 고성군, 양양군
충청북도	제천시, 청원군, 보은군, 옥천군, 영동군, 증평군, 진천군, 괴산군, 음성군, 단양군
충청남도	공주시, 보령시, 아산시, 서산시, 논산시, 계룡시, 금산군, 연기군, 부여군, 서천군, 청양군, 홍성군, 예산군, 태안군, 당진군
전라북도	군산시, 정읍시, 남원시, 김제시, 완주군, 진안군, 무주군, 장수군, 임실군, 순창군, 고창군, 부안군
전라남도	목포시, 여수시, 순천시, 나주시, 광양시, 담양군, 곡성군, 구례군, 고흥군, 보성군, 장흥군, 강진군, 해남군, 영암군, 무안군, 함평군, 영광군, 장성군, 완도군, 진도군, 신안군
경상북도	김천시, 안동시, 영주시, 상주시, 문경시, 경산시, 군위군, 의성군, 청송군, 영양군, 영덕군, 청도군, 고령군, 성주군, 칠곡군, 예천군, 봉화군, 울진군, 울릉군
경상남도	진해시, 통영시, 사천시, 밀양시, 거제시, 의령군, 함안군, 창녕군, 고성군, 남해군, 하동군, 산청군, 함양군, 거창군, 합천군
제주도	서귀포시

비영리내국법인이 특례대상 지역과 그 외 지역에 각각 의료기관을 개설하여 의료업을 영위하는 경우 특례대상 지역의 의료기관에서 발생하는 의료업 수익사업소득에 한해 전액 고유목적사업준비금으로 손금에 산입할 수 있고, 특례대상지역 이외의 지역에서 발생하는 의료업 수익사업소득은 50%를 고유목적사업준비금으로 손금에 산입한다(서면법인-2097, 2019.8.1.).

Ⅲ. 준비금의 설정 및 환입

고유목적사업준비금의 손금산입률은 조세특례제한법에 따르고, 이외 준비금의 설정, 사용 및 환입은 법인세법 규정에 의한다. 이하 법인세법 규정에 따라 서술한다.

1 준비금의 설정

고유목적사업준비금(이하 "준비금") 손금산입 특례는 해당 법인의 수익사업에서 발생한 모든 소득의 100%에 대해 준비금을 설정하여 손금산입한다.

1-1 손금산입한도

(1) 산식

특례대상법인은 다음 산식에 따라 고유목적사업준비금을 손금으로 산입한다. 다만 수익사업에서 결손금이 발생한 경우에는 금융소득금액을 합한 금액에서 그 결손금을 차감한 금액을 한도액으로 한다(법법 §29 ①).

> 손금산입한도액 = 금융소득금액 + (수익사업소득금액 × 손금산입률 100%)

이자소득, 배당소득, 복지사업 융자분 이자금액(이하 "금융소득금액")에 대해서는 전액 준비금의 설정이 가능하고, 이외 수익사업소득금액에 대해서도 100% 준비금의 설정이 가능하다.

이하 산식상의 각 항목을 분설한다.

(2) 금융소득금액

금융소득금액은 다음 각 항목의 합계이다.

> 금융소득금액 = 이자소득금액 + 배당소득금액 + 복지사업 융자분 이자금액

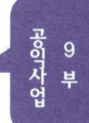

(2-1) 이자소득금액 (1호 가목)

소득세법 제16조 제1항 각 호에 따른 이자소득의 금액이다. 다만 비영업대금의 이익은 이외 수익사업소득에 포함되므로 제외된다.

다음의 이자소득금액도 준비금 설정대상 범위에 포함된다(법령 §56 ②).

① 금융보험업을 영위하는 비영리내국법인이 한국표준산업분류상 금융보험업을 영위하는 법인의 계약기간이 3개월 이하인 금융상품(계약기간이 없는 요구불예금을 포함함)에 일시적으로 자금을 예치함에 따라 발생하는 이자소득금액

예컨대, 농협중앙회가 시중은행에 예치하여 발생한 이자소득은 사업소득이 아닌 이자소득에 해당한다.

② 연금 및 공제업 중 특별법에 의하거나 정부로부터 인가 또는 허가를 받아 설립된 단체의 사업(법법 §3 ① 5호 나목; 기금조성 및 급여사업에 한함)을 영위하는 자가 자금을 운용함에 따라 발생하는 이자소득금액

③ 「한국주택금융공사법」에 따른 주택금융신용보증기금이 동법 제43조의 8 제1항 및 제2항에 따른 보증료의 수입을 운용함에 따라 발생하는 이자소득금액

(2-2) 배당소득금액 (1호 나목)

소득세법 제17조 제1항 각 호에 따른 배당소득의 금액이다.

다만 공익법인등의 출연재산에 대한 상속세 또는 증여세 과세가액 불산입 규정(상증법 §16·§48)에 따라 상속세 과세가액 또는 증여세 과세가액에 산입되거나 증여세가 부과되는 주식등으로부터 발생한 배당소득금액은 제외한다.

(2-3) 복지사업 융자분 이자금액 (1호 다목)

특별법에 따라 설립된 비영리내국법인이 해당 법률에 따른 복지사업으로서 그 회원이나 조합원에게 대출한 융자금에서 발생한 이자금액이다.

(3) 수익사업소득금액 (2호)

수익사업소득금액은 다음의 산식에 따라 계산한다.

$$\text{수익사업 소득금액} = \text{수익사업 발생 소득금액} - \text{금융소득금액} - \text{법정기부금 중 손금산입액} - \text{이월결손금}$$

(3-1) 수익사업 발생 소득금액

수익사업 발생 소득금액이란 해당 사업연도의 수익사업에서 발생한 소득금액으로 법정기부금과 당기에 계상하는 고유목적사업준비금을 손금산입하기 전의 금액에서 경정(법법 §66 ②)으로 증가된 소득금액 중 해당 법인의 특수관계인에게 상여 및 기타소득으로 처분(법법 §106)된 금액은 제외한다. 매출누락, 횡령, 사적비용 등으로 상여 및 기타소득으로 처분된 금액을 말한다(법령 §56 ③).

수익사업에서 발생한 소득에 대해서는 「법인세법 시행령」 제56조제3항에 따라 계산한 금액을 손금에 산입한다(재법인-376, 2023.6.30.).

수익사업 발생 소득의 구체적 범위는 다음과 같다(법법 §4 ③, 법령 §3).

> ㉮ 통계청장이 고시하는 한국표준산업분류에 의한 각 사업 중 수입이 발생하는 것
> ㉯ 주식·신주인수권 또는 출자지분의 양도로 인하여 생기는 수입
> ㉰ 고정자산 처분 수입(3년 이상 계속하여 고유목적사업에 직접 사용한 고정자산 제외)
> ㉱ 부동산에 관한 권리 및 기타자산(소법 §94 ① 2호·4호)의 양도로 인하여 생기는 수입
> ㉲ 소득세법 제46조 제1항에 따른 채권등(그 이자소득에 대하여 법인세가 비과세되는 것은 제외)을 매도함에 따른 매매익(채권등의 매각익에서 채권등의 매각손을 차감한 금액)

세무조정으로 익금산입한 가지급금 인정이자 상당액은 수익사업에서 발생한 소득에 포함된다(법인-907, 2011.11.11.).

● 의료법인의 의료발전준비금환입액 (포함)

의료법인이 고유목적사업준비금을 사용하여 취득한 의료기기에 대한 감가상각비를 각 사업연도의 소득금액 계산 시 손금으로 계상하고 동 감가상각비 상당액을 의료발전준비금의 환입으로 익금에 산입한 금액은 수익사업에서 발생한 소득으로 보아 당해 소득을 고유목적사업준비금으로 손금산입할 수 있다(법인-644, 2009.5.29.).

(3-2) 도서관 등을 운영하는 법인

도서관·박물관·미술관을 운영하는 법인(법 §74 ① 4호·5호)의 경우에는 해당 수익사업과 해당 사업 시설에서 그 시설을 이용하는 자를 대상으로 하는 수익사업만을 조특법상 고유목적사업준비금의 설정 대상으로 한다는 점에서 다른 법인과 차이가 있다.

따라서 조특법상 특례 대상 수익사업에 대하여는 손금산입률이 100%가 적용되며, 이외의 수익사업소득에 대하여는 법인세법에 따라 50%가 적용된다(서면2팀-1287, 2005.8.16.). 이 경우 '입장료 수입 등'을 영위하는 수익사업소득은 결손이 발생하고 기타 수익사업(소득금액의 50%를 고유목적사업준비금을 설정)은 소득이 발생한 경우, 고유목적사업준비금 설정 시

통산을 하지 아니하고 각각의 소득금액에 대하여 설정하는 것으로써 '입장료 수입 등'은 '0'으로 보고 기타 수익사업에서 발생한 소득에 대하여 50%를 한도로 고유목적사업준비금을 손금에 산입한다.

1-2 손금산입방법 및 회계처리

준비금을 손금산입하는 방법으로는 결산조정과 신고조정에 의한 2가지 방법이 있다(법법 §61 ①).

기업회계기준상 고유목적사업준비금을 비용으로 계상할 수 없으므로 외부감사를 받는 비영리법인의 경우에는 잉여금처분에 의한 신고조정만이 가능한 반면에, 결산조정에 의한 손금산입은 외부감사를 받지 않는 법인만이 가능하다.

이하 회계처리 및 세무조정은 준비금의 설정, 사용, 환입을 함께 설명하였다.

(1) 결산조정

주주총회에서의 이익잉여금 처분 결의 없이 회계상 손익으로 계상한 경우 별도의 세무조정 없이 손금(익금)으로 인정된다.

결산조정에 의한 회계처리 및 세무조정

준비금 설정	차) 고유목적사업준비금 전입액 (영업외비용)	XXX	대) 고유목적사업준비금 (비유동부채)	XXX
준비금 사용	차) 인건비 등 차) 고유목적사업준비금 (비유동부채)	XXX XXX	대) 현금 대) 인건비등	XXX XXX
미사용 준비금 환입	차) 고유목적사업준비금 (비유동부채)	XXX	대) 고유목적사업준비금 환입액 (영업외수익)	XXX

(2) 신고조정

법인이 준비금을 신고조정으로 세무조정계산서에 계상한 경우에는, 동일한 금액을 해당 사업연도의 이익처분에 있어서 그 준비금을 적립금으로 적립하게 되면 그 금액은 손금으로 계상한 것으로 본다(법법 §61 ①). 고유목적사업준비금을 회계상 준비금 전입액(영업외비용)으로 처리하지 않아도 신고조정에 의한 손금산입이 가능하다.

신고조정에 의한 회계처리 및 세무조정

준비금 설정	⟨주주총회 결의 시⟩ 차) 미처분이익잉여금	XXX	대) 고유목적사업준비금 　　(이익잉여금)	XXX
	⟨세무조정⟩ 고유목적사업준비금 (손금산입, △유보)	XXX		
준비금 사용	⟨사용 시⟩ 차) 인건비 등	XXX	대) 현금	XXX
	⟨주주총회 결의 시⟩ 차) 고유목적사업준비금❶ 　　(이익잉여금)	XXX	대) 미처분이익잉여금	XXX
	⟨세무조정⟩ 전기 고유목적사업준비금❶ (익금산입, 유보) 고유목적사업준비금 환입 (손금산입, 기타)	XXX XXX		
미사용분에 대한 준비금 환입	⟨주주총회 결의 시⟩ 차) 고유목적사업준비금 　　(이익잉여금)	XXX	대) 미처분이익잉여금	XXX
	⟨세무조정⟩ 전기 고유목적사업준비금 (익금산입, 유보)	XXX		

❶ 준비금의 사용분 상당액을 주주총회 결의시 미처분이익잉여금으로 환입함. 양편조정을 통해 과표에는 영향을 주지 않으면서, 설정시 손금산입 △유보한 준비금을 정리함.

2 준비금의 사용

2-1 사용의 범위

준비금의 사용이란 손금으로 계상한 준비금을 고유목적사업이나 지정기부금(이하 "고유목적사업등")등에 지출(사용)하는 것이다(법법 §29 ①).

(1) 고유목적사업 사용

"고유목적사업"이란 당해 비영리내국법인의 법령 또는 정관에 규정된 설립목적을 직접 수행하는 사업으로서 수익사업 외의 사업을 말한다(법령 §56 ⑤).

아래의 금액은 고유목적사업에 지출 또는 사용한 금액으로 본다. 다만 비영리내국법인이 유형자산 및 무형자산 취득 후 법령 또는 정관에 규정된 고유목적사업이나 보건업[보건업을 영위하는 비영리내국법인(이하 "의료법인")에 한정함]에 3년 이상 자산을 직접 사용하지 아니하고 처분하는 경우에는 아래 1. 또는 3.의 금액을 고유목적사업에 지출 또는 사용한 금액으로 보지 아니한다(법령 §56 ⑥).

1. 비영리내국법인이 당해 고유목적사업의 수행에 직접 소요되는 유형자산 및 무형자산 취득비용(제31조 제2항에 따른 자본적 지출을 포함) 및 인건비 등 필요경비로 사용하는 금액
2. 특별법에 의하여 설립된 법인(당해 법인에 설치되어 운영되는 기금 중 국세기본법 제13조의 규정에 의하여 법인으로 보는 단체를 포함)으로서 건강보험·연금관리·공제사업 및 제3조 제1항 제8호에서 규정된 사업을 영위하는 비영리내국법인이 손금으로 계상한 고유목적사업준비금을 법령에 의하여 기금 또는 준비금으로 적립한 금액
3. 의료업을 영위하는 비영리내국법인(이하 "의료법인")이 지출하는 다음 어느 하나에 해당하는 금액
    ㉮ 의료기기 등 자산을 취득하기 위하여 지출하는 금액
    ㉯ 「의료 해외진출 및 외국인환자 유치 지원에 관한 법률」 제2조 제1호에 따른 의료 해외진출을 위한 용도로 지출하는 금액
    ㉰ 연구개발사업을 위하여 지출하는 금액
4. 농업협동조합중앙회가 법 제29조 제2항에 따라 계상한 고유목적사업준비금을 회원에게 무상으로 대여하는 금액
5. 농업협동조합중앙회가 「농업협동조합의 구조개선에 관한 법률」에 의한 상호금융예금자보호기금에 출연하는 금액
6. 수산업협동조합중앙회가 「수산업협동조합의 부실 예방 및 구조개선에 관한 법률」에 의한 상호금융예금자보호기금에 출연하는 금액
7. 신용협동조합중앙회가 신용협동조합예금자보호기금에 출연하는 금액
8. 「새마을금고법」에 의한 새마을금고중앙회가 동법에 의한 예금자보호준비금에 출연하는 금액
9. 「산림조합법」에 의한 산림조합중앙회가 동법에 의한 상호금융예금자보호기금에 출연하는 금액
10. 「제주특별자치도 설치 및 국제자유도시 조성을 위한 특별법」 제166조에 따라 설립된 제주국제자유도시 개발센터가 같은 법 제170조 제1항 제1호, 같은 항 제2호 라목·마목(관련 토지의 취득·비축을 포함한다) 및 같은 항 제3호의 업무에 지출하는 금액

- 학교법인이 임대용 부동산을 수익사업회계에서 비영리사업회계로 전출한 경우

  학교법인이 수익사업회계에 속하는 임대용 부동산을 비영리사업회계에 전입한 경우 비영리사업에 지출한 것으로 보며, 이 경우 그 자산의 가액은 시가로 평가하며, 자산의 평가이익(장부가액과 시가와의 차액)은 전입일이 속하는 사업연도의 수익사업의 익금에 해당한다(재법인-364, 2012.5.16.).

- 학교법인이 비영리사업회계의 자산을 수익사업회계로 전출한 경우

  학교법인이 법인수익사업회계에서 자산(예금)을 법인일반회계로 전출하는 것은 비영리사업에 지출한 것으로 보며,(법칙 §76 ④) 이후 학교법인의 원활한 운영을 위하여 법인일반회계의 자산(토지)을 수익사업회계로 전출하는 것은 자본의 원입에 해당하므로(동조 ③) 법인세가 과세되지 아니한다(재법인 46012-41, 2000.3.23.).

예규·판례

❖ **학교법인이 고정자산처분금액을 정기예금으로 비영리사업회계로 전출하고, 당해 정기예금으로 수익사업용 부동산을 취득한 경우 고유목적사업준비금의 사용인지 여부 (부정)** (심사법인 2013-60, 2014.1.14.)

쟁점토지의 처분금액을 정기예금으로 비영리사업회계에 전출한 후에 이를 재원으로 수익용 대체부동산을 취득한 것은 전출행위가 명목뿐인 경우로 고유목적사업 지출로 볼 수 없는 것(대법원 2012두690, 2013.3.28. 참조)인바, 그 지출된 날이 속하는 사업연도의 소득금액을 계산할 때 익금에 산입하여 법인세를 부과한 것은 정당한 것으로 보이는 점

│저자주│ 사립학교의 경우 일반 비영리법인의 경우와 달리 고유목적사업비의 지출시점이 아닌, 비영리사업회계에 전출한 시점에 고유목적사업준비금을 사용한 것으로 본다(법칙 §76 ④; 재법인-364, 2012.5.16.). 다만 비영리사업회계로 전출한 후에도, 당해 재산을 계속 수익사업에 사용하거나 수익사업과 비영리사업에 공통으로 사용하는 경우에는 그 전출을 명목뿐인 것으로 보아 고유목적사업준비금의 사용으로 보지 아니한다(법인 46012-4050, 1999.11.22.).

❖ **사립학교의 부속병원에 속하는 고정자산 취득 금액이 고유목적사업준비금의 사용에 해당하는지 여부 (긍정)** (서이 46012-11600, 2003.9.3.)

사립학교법에 의한 학교법인이 의료업 및 기타 수익사업을 함께 영위하는 경우 조세특례제한법 제74조의 규정에 의하여 수익에서 발생한 소득을 고유목적사업준비금으로 손금에 산입할 수 있는 것으로 당해 학교법인이 법인세법시행령 제56조 제6항 및 제9항의 규정에 의하여 부속병원에 속하는 고정자산을 취득하기 위하여 지출하는 금액은 그 손금산입된 고유목적사업준비금에서 지출 또는 사용하는 것으로 볼 수 있는 것임.

│저자주│ 사립학교가 부속병원의 고정자산을 취득하기 위하여 그 취득자금을 다른 수익사업회계에서 일반업무회계로 전출한 후 이를 병원회계로 다시 전출하여(수익사업회계에서 병원회계로 직접 전출 불가; 사립학교법 시행령 §13 ③ 2호) 병원의 고정자산을 취득하고, 이를 의료발전회계로 구분 경리하는 경우, 그 취득금액은 일반업무회계(비영리사업회계)로 전출하는 시점에서 고유목적사업준비금의 사용으로 본다.

(2) 기부금 지출

비영리 내국법인이 일반기부금을 지출한 경우에는 고유목적준비금의 사용에 포함되므로, 기왕에 설정된 고유목적사업준비금과 상계하여야 한다. 즉, 일반기부금 조항(법법 §24 ③)에 따라 손금산입되지 않는다.

반면에 비영리 내국법인이 특례기부금을 지출한 경우에는 고유목적사업준비금으로 사용한 것으로 보지 아니하며 특례기부금으로 지출한 것으로 보아,(법법 §24 ②) 특례기부금 한도 내에서 손금산입된다.

2-2 상계방법

손금으로 계상한 준비금을 고유목적사업등에 지출하는 경우에는 그 금액을 먼저 계상한 사업연도의 고유목적사업준비금부터 차례로 상계하여야 한다. 이 경우 직전 사업연도 종료일 현재의 준비금의 잔액을 초과하여 해당 사업연도의 고유목적사업등에 지출한 금액이 있는 경우 그 금액은 해당 사업연도에 계상할 준비금에서 지출한 것으로 보아 상계한다(법법 §29 ③).

3 준비금의 환입

손금에 산입한 준비금의 잔액이 있는 비영리내국법인이 다음의 사유에 해당하게 된 경우 그 잔액은 해당 사유 발생일이 속하는 사업연도의 소득금액을 계산할 때 잔액 전부를 일시에 익금에 산입한다(법법 §29 ⑤). 이 경우 ④와 ⑤의 경우에는 이자상당액을 가산한다(법법 §29 ⑦).
① 해산(고유목적사업준비금을 승계한 경우는 제외)
② 고유목적사업의 전부 폐지
③ 법인으로 보는 단체가 국세기본법 제13조 제3항에 따라 승인 취소되거나 거주자로 변경된 경우
④ 고유목적사업준비금을 손금으로 계상한 사업연도의 종료일 이후 5년이 되는 날까지 고유목적사업등에 사용하지 아니한 경우(5년 내에 사용하지 아니한 잔액으로 한정함)
⑤ 고유목적사업준비금을 고유목적사업등이 아닌 용도에 사용한 경우
⑥ 고유목적사업준비금을 손금으로 계상한 사업연도의 종료일 이후 5년 이내에 고유목적

사업준비금의 잔액 중 일부를 환입하여 익금으로 계상한 경우(법법 §29 ⑥) 익금으로 계상한 잔액으로 한정하며, 여러 사업연도에 손금으로 계상한 고유목적사업준비금의 잔액이 있는 경우에는 먼저 계상한 사업연도의 잔액부터 차례로 환입하여 익금으로 계상한 것으로 본다.

Ⅳ. 조세특례제한 등

1 절차

과세표준신고와 함께 고유목적사업준비금조정명세서(갑)(을)(별지 제27호 서식)를 납세지 관할세무서장에게 제출하여야 한다(법령 §56 ⑨).

2 구분경리

의료법인은 손금으로 계상한 고유목적사업준비금상당액을 의료발전회계로 구분하여 경리하여야 한다(법령 §56 ⑩).

■ 법인세법 시행규칙 [별지 제27호 서식(갑)] <개정 2024. 3. 22.>

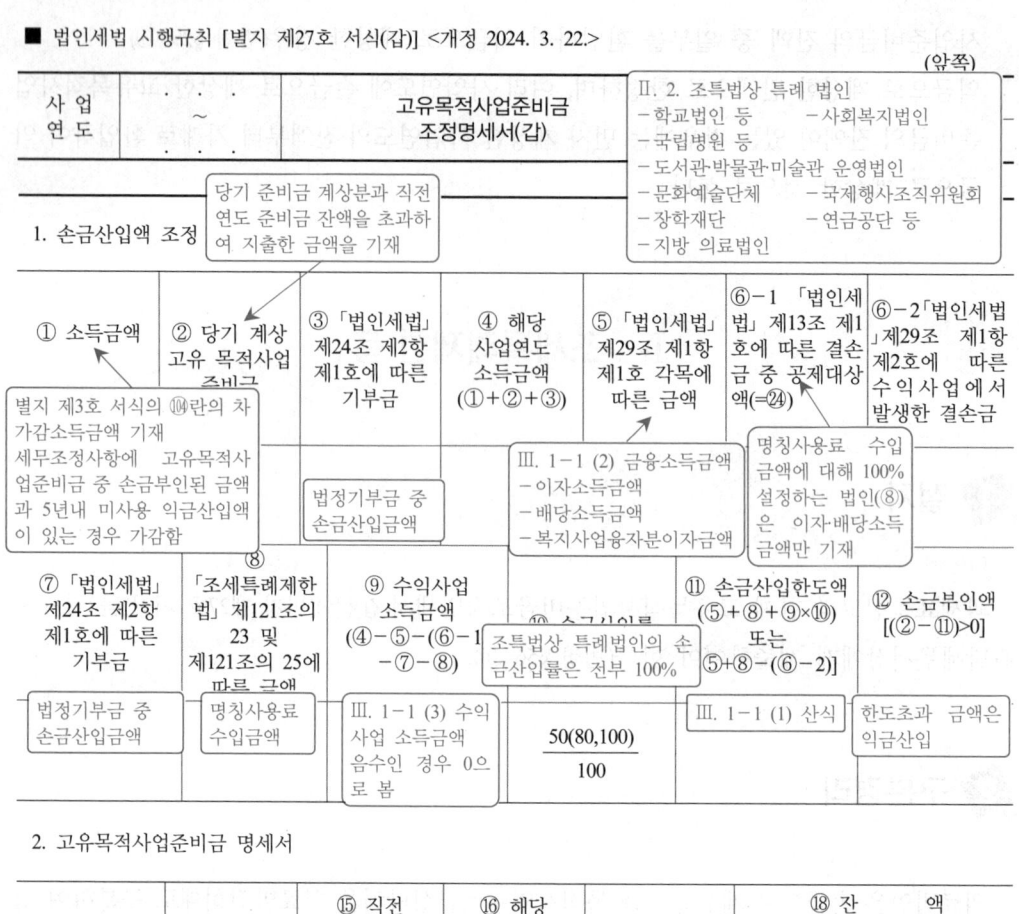

제4절 [제75조] 기부장려금

Ⅰ. 의의

기부자가 본인이 기부금 세액공제를 받는 대신 기부장려금을 신청하면, 국세청이 기부단체에 기부금 세액공제 상당액을 지급하는 제도이다.

기부 문화를 활성화하고 기부금단체의 재정을 확충하기 위하여 2014년 말 신설되었으나, 그 시행은 2016.1.1. 이후 기부하는 경우부터 적용하였다(2014.12.23. 개정된 법 부칙 §23). 일몰기한이 없는 항구적 조세지원제도이다.

개정연혁

연 도	개정 내용
2021년	■ 기부금 모금·활용 실적 공개 기한을 매년 3.31 → 4.30.로 연장 ■ 상증법상 결산서류 등을 공시한 경우 공개한 것으로 이행 간주 ■ 취소 요건 중 회계감사 의무, 전용계좌 개설 사용의무, 결산 서류등 공시 의무 위반에 대해 상증법상 규정을 준용

Ⅱ. 요건

기부금 세액공제를 신청할 수 있는 거주자가 기부금 세액공제를 받는 대신 그 기부금에 대한 세액공제 상당액(이하 "기부장려금")을 당초 기부금을 받은 자가 지급받을 수 있도록 신청하여야 한다.

1 신청의 주체 (기부자)

기부장려금을 신청할 수 있는 주체는 소득세법상 기부금 세액공제를 신청할 수 있는 거주자이다(조특법 §75 ①). 원칙적으로 근로자와 합산과세되는 종합소득이 있는 거주자이다(소법 §59의 4 ④).

소득세법상 기부금 세액공제 신청 대상자

신청 대상자	신청 제외자
㉮ 근로자 ㉯ 이자소득, 배당소득, 기타소득 등이 합산과세되는 자 ㉰ 사업소득과 기타 합산과세되는 종합소득이 있는 자 ㉱ 보험모집인, 방문판매원 및 음료품배달원으로서 간편장부대상자(소령 §137 ①)	㉮ 사업소득만 있는 자 ㉯ 이자소득, 배당소득, 기타소득 등이 분리과세되는 자

2 수령의 주체 (기부금장려단체)

2-1 지정 요건

기획재정부장관은 기부금영수증(소법 §160의 3, 법법 §112의 2)을 발급하는 자로서 납세협력의무의 이행과 회계 투명성 등 다음의 요건을 갖춘 것으로 인정되어 국세청장이 추천하는 자를 기부장려금단체로 지정할 수 있다(조특법 §75 ②, 조특령 §71 ①).

① 기부금영수증을 사실과 다르게 발급하지 아니할 것
② 기부자별 발급명세를 작성·보관하며, 기부금영수증 발급명세서를 제출할 것(소법 §160의 3, 법법 §112의 2)
③ 기부금 세액공제 증명서류를 국세청장에게 제출할 것(소법 §165)
④ 인터넷 홈페이지를 개설하고 연간 기부금 모금액 및 그 활용 실적을 다음 연도(영 제71조 제2항에 따라 지정을 신청하는 경우에는 신청일이 속하는 연도를 말한다) 4월 30일까지 기부금 모금액 및 활용실적 명세서(소칙 별지 제6호의 2 서식, 법칙 별지 제63호의 7 서식)를 통하여 해당 인터넷 홈페이지 및 국세청의 인터넷 홈페이지에 공개할 것(조특칙 §29의 4 ③). 다만, 「상속세 및 증여세법」 제50조의 3 제1항 제2호에 따른 사항을 같은 법 시행령 제43조의 3 제4항에 따른 표준서식에 따라 공시하는 경우에는 기부금 모금액 및 활용실적을 공개한 것으로 본다.
⑤ 「주식회사의 외부감사에 관한 법률」 제3조에 따른 감사인에게 회계감사를 받을 것

⑥ 전용계좌를 개설하여 사용할 것(상증법 §50의 2)
⑦ 다음의 결산서류등을 인터넷 홈페이지 또는 국세청의 인터넷 홈페이지를 통하여 공시할 것(상증법 §50의 3 ①) 단, 동항 제5호의 주식보유 현황 등은 제외한다.
  ㉮ 재무상태표
  ㉯ 운영성과표
  ㉰ 기부금 모집 및 지출 내용
  ㉱ 해당 공익법인등의 대표자, 이사, 출연자, 소재지 및 목적사업에 관한 사항
⑧ 지정이 취소된 경우에는 그 취소된 날부터 5년이 지났을 것(조특법 §75 ⑧ 1호·2호·4호)

2017년 개정세법에서 지정 신청일이 속하는 연도의 3.31.까지 기부금 모집, 배분 실적을 홈페이지에 공개하도록 하였다. 2017.2.7. 이후 지정을 신청하는 경우부터 적용한다(2017.2.7. 개정된 시행령 부칙 §14 ①).

2021년 개정세법에서 기부금 모금·활용실적의 공개 기한을 매년 3월 31일에서 4월 30일로 연장하였다. 그리고 상증법상 결산서류 등을 공시한 경우에는 공개의무를 이행한 것으로 간주하는 조항을 신설하였다. 개정규정은 2021.1.1. 이후 기부금 모금액 및 활용실적을 공개하거나 표준서식에 따라 공시하는 경우부터 적용한다(2021.2.17. 개정된 시행령 부칙 §5 ①).

2-2 지정 절차

기부장려금단체로 지정받으려는 자는 기부장려금단체 지정신청서(별지 제53호의 2 서식)에 다음 서류를 첨부하여 매반기 마지막 달의 직전월, 즉 5월과 11월의 1일부터 말일까지의 기간(2016년의 경우에는 3.1.부터 3.31.까지의 기간을 추가한다) 동안 국세청장에게 신청하여야 한다(조특령 §71 ②).
① 법인설립허가서(법인의 경우로 한정한다)
② 최근 5년간의 결산서 및 해당 사업연도 예산서
③ 최근 5년간의 결산서에 대한 회계감사 보고서

신청을 받은 국세청장은 신청일이 속하는 반기 마지막 달의 다음 달, 즉 7월과 1월 말일까지(2016.3.1.부터 3.31.까지의 기간 동안 기부장려금 단체 지정을 신청한 경우에는 2016.5.31.까지) 기획재정부장관에게 기부장려금단체 지정 추천을 하여야 한다. 추천을 받은 기획재정부장관은 추천을 받은 날부터 2개월이 되는 날이 속하는 달, 즉 9월과 3월의 말일까지 기부장려금단체의 지정 여부를 결정하여야 한다. 이 경우 지정을 받은 기부장려금단체의 지정기간은 지정일이 속하는 연도의 1월 1일부터 6년간으로 한다(조특령 §71 ③).

3 기부장려금 신청

기부자가 기부금에 대한 세액공제 상당액을 당초 기부금을 받은 기부장려금단체가 지급받을 수 있도록 하기 위해서는 기부장려금 신청서(별지 제53호의 4 서식)를 해당 기부장려금단체에 제출하여야 한다(조특령 §71 ⑩).

기부자가 기부금 세액공제(소법 §59의 4 ④)와 기부장려금을 중복하여 신청한 경우에는 기부금 세액공제를 신청한 것으로 보아 기부금 세액공제를 적용한다. 다만 기부장려금을 신청한 기부자가 기부장려금 신청명세 제출기한(법 §75 ③)이 지난 후에 기부금 세액공제를 중복하여 신청한 경우에는 기부장려금을 신청한 것으로 본다(조특법 §75 ⑩).

제출기한 경과 후 중복적용 신청 시 기부장려금을 우선하여 적용하도록 하는 규정은 2017년 개정세법에서 신설되었다. 2017.1.1. 이후 기부금 세액공제를 신청하는 경우부터 적용한다(2016.12.20. 개정된 법 부칙 §20 ①).

기부장려금단체는 기부자에게 기부금영수증을 발급할 때 기부장려금 신청 여부를 확인하여 기부금영수증 발급명세서를 납세지 관할 세무서장에게 제출할 때(소법 §160의 3 ③, 법법 §112의 2 ③), 즉 다음 연도 6월 30일(또는 해당 사업연도 종료일이 속하는 달의 말일부터 6개월)까지 기부장려금 신청명세(별지 제53호의 5 서식)를 제출하여야 한다(조특법 §75 ③).

Ⅲ. 과세특례

1 기부장려금의 결정 및 지급

기부장려금단체로부터 기부장려금 신청명세를 제출받은 납세지 관할 세무서장은 다음 산식에 따른 금액을 기부장려금으로 결정한다. 이 경우 납세지 관할 세무서장은 기부장려금 신청명세 제출기한이 지난 후 4개월 이내에 기부장려금을 결정하여야 한다(조특법 §75 ④).

> 기부장려금 = 기부자의 종합소득 결정세액 − 기부자가 기부금 세액공제❶를 신청한 것으로 보아 계산한 종합소득 결정세액

❶ 기부금 세액공제액을 계산할 때 기부장려금을 신청한 기부금에 대해서는 기부금의 한도액(소령 §59의 4 ④ 2호)을 적용하지 아니한다.

종래에는 종합소득 결정세액을 한도로 하여 기부금 세액공제액을 기부장려금액으로 결정하였으나, 2017년 개정세법에서 기부금 세액공제 적용 여부에 따른 종합소득 결정세액의 차액을 기부장려금으로 결정하도록 변경하였다. 또한 기부장려금 결정기한을 신설하였다. 2017.1.1. 이후 기부장려금단체가 기부장려금 신청명세를 제출하는 경우부터 적용한다(2016.12.20. 개정된 법 부칙 §20 ②).

기부자가 2개 이상의 기부장려금단체에 대하여 기부장려금을 신청한 경우에는 납세지 관할 세무서장은 다음의 계산식에 따라 계산한 금액을 해당 기부장려금단체의 기부장려금으로 각각 결정한다(조특령 §71 ⑤).

$$\text{안분한 기부장려금} = \text{기부장려금 계산액} \times \frac{\text{기부자의 해당 단체에 대한 기부장려금 신청 기부금액}}{\text{기부자의 기부장려금 신청 기부금 총액}}$$

2개 이상의 기부장려금단체에게 기부장려금을 신청한 경우의 안분계산 방법을 2017년 개정세법에서 신설하였다. 2017.2.7. 이후 기부장려금을 결정하는 경우부터 적용한다(2017.2.7. 개정된 시행령 부칙 §14 ②).

납세지 관할 세무서장은 결정된 기부장려금을 기부장려금단체에 국세환급금에 관한 국세기본법 제51조를 준용하여 지급한다. 이 경우 "국세환급금"은 "기부장려금"으로, "환급"은 "지급"으로 본다(조특법 §75 ⑤).

2 기부장려금의 경정

납세지 관할 세무서장은 기부장려금을 결정한 후 그 결정에 탈루나 오류가 있을 때에는 기부장려금을 경정하여야 한다(조특법 §75 ⑥).

이때 기부장려금단체가 기부장려금 신청명세를 사실과 다르게 작성하여 경정으로 기부장려금이 줄어든 경우에는 초과하여 지급받은 기부장려금(이하 "초과지급금")과 초과지급금의 3%에 상당하는 금액 및 이자상당가산액을 모두 합한 금액을 징수하여야 한다(조특법 §75 ⑦).

2022년 세법 개정에 따른 이자율에 대한 개정 규정 및 부칙은 제3부 제2장 제2절 Ⅲ. 3-2를 참조하기로 한다.

Ⅳ. 조세특례제한 등

1 기부장려금단체의 보고의무 등

지정된 기부장려금단체는 Ⅱ. 2-1 지정 요건 충족 여부(이하 "요건충족 여부")를 기부장려금단체 해당 요건충족 여부 보고서(별지 제53호의 3 서식)에 작성하여 다음 구분에 따른 기한까지 국세청장에게 보고하여야 한다(조특령 §71 ④, 조특칙 §29의 4 ①).

보고서 제출기한

구 분	제출기한
1년차~2년차	3년차의 3.31.
3년차~4년차	5년차의 3.31.
5년차~6년차	7년차의 3.31.

국세청장은 기부장려금단체가 위의 보고서 제출기한까지 해당 요건충족 여부를 보고하지 아니한 경우에는 각 제출기한이 속하는 연도의 5.31.까지 해당 요건충족 여부를 보고하도록 지체없이 기부장려금단체에게 요구하여야 한다(조특칙 §29의 4 ②).

2 지정 취소

기획재정부장관은 기부장려금단체가 다음 어느 하나에 해당하는 경우에는 기부장려금단체의 지정을 취소할 수 있다(조특법 §75 ⑧, 조특령 §71 ⑦). 또한 국세청장은 기부장려금단체가 지정 취소 사유에 해당하는 경우에는 그 지정을 취소할 것을 기획재정부장관에게 요청할 수 있다(조특령 §71 ⑧, 조특칙 §29의 4 ④).

> ① 기부장려금단체가 기부장려금 신청명세를 사실과 다르게 작성한 경우
> ② 국세기본법 제85조의 5에 따라 불성실기부금수령단체로 명단이 공개된 경우
> ③ 기부장려금단체가 해산한 경우
> ④ 지정 요건(영 §71 ① 1호~4호, 8호)을 충족하지 못한 경우 또는 해당 요건충족 여부 보고 요구(영 §71 ④)에도 불구하고 요건충족 여부를 보고하지 않은 경우
> ⑤ 기부장려금단체의 대표자, 대리인, 사용인 또는 그 밖의 종업원이 「기부금품의 모집 및

사용에 관한 법률」을 위반하여 같은 법 제16조에 따라 법인 또는 개인이 벌금 이상의 형을 받은 경우
⑥ 공익법인의 출연재산의 직접 공익목적 사용 의무 등 위반(상증법 §48 ②·③·⑧~⑪, §78 ⑤ 3호, 같은 조 ⑩, ⑪)에 따라 1천만원 이상의 상속세 또는 증여세를 추징당한 경우
⑦ 목적 외의 사업을 하거나 설립허가의 조건을 위반하는 등 공익목적을 위반한 사실이 있는 경우
⑧ 해당 사업연도의 수익사업의 지출을 제외한 지출액의 80% 이상을 직접 고유목적사업에 지출하지 아니한 경우

　기획재정부장관은 기부장려금단체의 지정을 취소하는 경우 해당 기부장려금단체의 명칭과 지정 취소 사실 및 기부장려금단체 지정배제기간(법 §75 ⑨)을 지정취소일이 속하는 연도의 12.31.(지정취소일이 속하는 달이 12월인 경우에는 다음 연도 1.31.)까지 관보에 공고하여야 한다(조특령 §71 ⑨).

　기부장려금단체의 지정이 취소된 경우(단, ③ 해산은 제외) 그 지정이 취소된 날이 속하는 과세연도부터 5년간 기부장려금단체로 지정하지 아니한다(조특법 §75 ⑨).

　2021년 세법개정에서 종래 조특법 상 지정 요건으로 규정된 항목(조특령 § 71 ① 5호~7호)을 취소 사유로 준용하던 체계에서 상증법 상 규정(상증법 §78 ⑤ 3호, 같은 조 ⑩, ⑪)을 원용하도록 변경되었다. 해당 의무는 회계감사 의무, 전용계좌 개설 사용 의무, 결산 서류 등 공시의무이다. 개정규정은 2021.1.1. 이후 조특령 제71조 제1항 제5호부터 제7호까지의 요건을 위반하는 경우부터 적용한다(2021.2.17. 개정된 시행령 부칙 §5 ②).

제5절 [제76조] 정치자금의 손금산입특례 등

Ⅰ. 의의

거주자가 정치자금법에 따라 정당(후원회 및 선거관리위원회 포함)에 기부한 정치자금은 10만원까지는 그 기부금액의 110분의 100을, 10만원 초과 금액에 대해서는 15%, 3천만원 초과 금액에 대해서는 25%를 종합소득산출세액에서 세액공제하는 제도이다. 단, 사업자의 경우에는 10만원 초과 금액에 대해서 필요경비에 산입한다.

정치자금과 관련한 부정을 방지하고 정치자금의 적정한 제공을 보장하기 위하여 개인의 정치자금 기부금에 대하여 특례를 제공한다.

일몰기한이 없는 항구적 조세지원제도이다.

Ⅱ. 요건

 주체

과세특례의 주체는 거주자인 개인이다(조특법 §76 ①).

소득세법상 기부금 세액공제는 거주자의 기본공제 대상자 중 일정한 자[1]가 지급한 기부금을 포함하지만, 본 특례에서는 당해 거주자가 지급한 기부금에 한해서만 특례의 대상으로 한다(원천-714, 2009.3.6.).

---

[1] 소법 §50 ① 2호 및 3호 나목. 단, 다른 거주자의 기본공제를 적용받은 자는 제외한다.

2 정치자금의 기부

거주자가 정치자금법에 따라 정당(후원회 및 선거관리위원회 포함)에 기부한 정치자금을 과세특례의 대상으로 한다.

"정치자금"이란 당비, 후원금, 기탁금, 보조금과 정당의 당헌·당규 등에서 정한 부대수입 그 밖에 정치활동을 위하여 정당(중앙당창당준비위원회 포함), 공직선거법에 따른 후보자가 되려는 사람, 후보자 또는 당선된 사람, 후원회·정당의 간부 또는 유급사무직원, 그 밖에 정치활동을 하는 사람에게 제공되는 금전이나 유가증권 또는 그 밖의 물건과 그 자의 정치활동에 소요되는 비용을 말한다(정치자금법 §3 1호).

내국인이 정치자금에 관한 법률에 의하여 선거관리위원회에 기탁한 정치자금은 본 특례대상 정치자금으로 한다. 그러나 법인 또는 당원이 아닌 거주자가 특별지원비·찬조비 등을 정당에 직접 지출한 경우에는 특례의 대상으로 하지 아니한다(조특통 76-0...1).

Ⅲ. 과세특례

1 세액공제 등

특례대상 정치자금은 10만원까지는 그 기부금액의 110분의 100을[2], 10만원 초과 금액에 대해서는 15%, 3천만원 초과 금액에 대해서는 25%를 종합소득산출세액에서 세액공제한다.

세액공제율

정치자금 금액	세액공제
10만원 이하	기부금액의 110분의 100을 공제
10만원 초과 3천만원 이하	기부금액의 15%
3천만원 초과	기부금액의 25%

10만원을 초과하는 정치자금 기부금의 공제율은 종래 소득세법상 기부금 세액공제와 동

---

[2] 10만원 이하 금액을 전액 세액공제할 경우 개인지방소득세(소득세의 10%)를 감안하면 기부금액(10만원)보다 환급액(11만원)이 더 크게 되므로 10만원 이하 금액에 대해서는 110분의 100을 공제한다.

일하였으나, 2016년 소득세법 개정 이후로 차이가 있다. 소득세법에서는 15%를 공제율로 하되, 2천만원 초과금액에 대해서 30%를 공제율로 한다(소법 §59의 4 ④ 참조).

다만 사업자인 거주자가 정치자금을 기부한 경우 10만원을 초과한 금액에 대해서는 이월결손금을 뺀 후의 소득금액의 범위에서 손금에 산입한다. 소득세법상 사업소득만이 있는 자는 기부금 세액공제를 적용받지 못하고 필요경비에만 산입할 수 있는 조항(소법 §59의 4 ④ 괄호)과 같은 취지의 규정이다.

2 상속세·증여세 특례

정치자금법에 따라 기부하는 정치자금에 대해서는 상속세 또는 증여세를 부과하지 아니한다(조특법 §76 ②).

2-1 불법정치자금의 과세

그러나 이외의 불법정치자금에 대해서는 정당이 유증등 또는 증여받은 재산에 대한 비과세 규정(상증법 §12 4호·§46 3호) 및 다른 세법의 규정에도 불구하고 그 기부받은 자가 상속받거나 증여받은 것으로 보아 상속세 또는 증여세를 부과한다(조특법 §76 ③).

동 규정은 정당 등에 기부하는 적법한 정치자금 이외의 모든 정치자금에 대하여 증여세를 부과한다는 규정이므로, 정치자금법을 위반한 정치자금에 한해서만 증여세를 부과하는 것은 아니다(서울고법 2012누36844, 2013.5.8.).

2-2 불법정치자금을 반환하는 경우

증여로 의제되는 불법정치자금을 반환하는 경우에도 상증법상 증여받은 재산의 반환 규정이 적용된다(대법원 2013두6411, 2013.4.30.; 서울고법 2011누42637, 2013.2.15.).

증여세 과세표준신고기한 내에 불법정치자금을 반환하는 경우에는 처음부터 증여가 없던 것으로 보지만, 그 증여한 재산이 금전인 경우에는 증여가 있는 것으로 본다. 수증한 재산(금전 제외)을 동 신고기한이 지난 후 3개월 이내에 증여자에게 반환하거나 증여자에게 다시 증여하는 경우에는 그 반환하거나 다시 증여하는 것에 대하여 증여세를 부과하지 아니하나 최초 증여분에 대하여는 과세한다(상증법 §4 ④).

Ⅳ. 조세특례제한 등

1 절차

본 특례를 적용받기 위해서는 정치자금법에서 별도로 정하고 있는 다음의 영수증을 첨부하여야 한다(소칙 §58 ① 5호).
① 정당에 당비를 납부한 경우 : 정당에서 발행한 당비영수증(정치자금법 §5)
② 정치인에게 후원금을 납부한 경우 : 후원회에서 발행한 정치자금영수증(동법 §17)
③ 정당에 기탁금을 납부한 경우 : 선거관리위원회에서 발행한 기탁금수탁증(동법 §22)[3]

기타 조세특례제한 등

구 분	내 용	참조 부분
최저한세	제외	제20부 제4절
농어촌특별세	비과세(농특령 §4 ⑥ 1호)	

---

[3] 정치자금사무관리 규칙 §27 [시행 2024.4.3.] [선거관리위원회규칙 제603호, 2024.3.21., 일부개정]

제6절 [제85조의 6] 사회적기업 및 장애인 표준사업장에 대한 법인세 등의 감면

I. 의의

사회적기업으로 인증받은 내국인과 장애인 표준사업장으로 인증받은 내국인에 대하여 3년간 법인세 또는 소득세를 100% 감면하고, 그 후 2년간은 50% 감면하는 제도이다. 다만, 1억원과 취약계층 또는 장애인인 근로자의 수에 2천만원을 곱한 금액의 합계액을 감면한도로 한다.

사회적기업의 자생력을 확보하고 저소득층, 장애인, 고령자 등 고용취약계층의 고용증대를 목적으로 한다.

일몰기한은 2025.12.31.이다.

개정연혁

연 도	개정 내용
2020년	▪ 상시근로자 수를 기준으로 하는 감면한도 신설

II. 주체

과세특례의 주체는 사회적기업으로 인증받은 내국인과 장애인 표준사업장으로 인증받은 내국인이다. 내국법인은 물론 거주자인 개인도 포함된다(조특법 §85의 6 ①·②).

1 사회적기업

"사회적기업"이란 취약계층에게 사회서비스 또는 일자리를 제공하거나 지역사회에 공헌함으로써 지역주민의 삶의 질을 높이는 등의 사회적 목적을 추구하면서 재화 및 서비스의 생산·판매 등 영업활동을 하는 기업으로서 법에 따라 인증받은 자를 말한다[사회적기업육성법(이하 "사회적기업법") §2 1호].

사회적기업의 조직형태는 공익법인, 비영리민간단체, 사회복지법인 등 비영리법인뿐 아니라 소비자생활협동조합, 일반 협동조합, 사회적협동조합 등 협동조합 및 영리 목적의 상법상 회사등도 가능하다. 다만 요건을 갖추어 고용노동부장관의 인증을 받아야 한다(동법 §8 ① 1호·§7 ①).

2 장애인 표준사업장

"장애인 표준사업장"이란 장애인 고용 인원·고용비율 및 시설·임금에 관하여 고용노동부령으로 정하는 기준에 해당하는 사업장을 말하며, 고용노동부장관의 인증을 받아야 한다. 단, 장애인 직업재활시설(장애인복지법 §58 ① 3호)은 제외한다[장애인고용촉진 및 직업재활법(이하 "장애인고용법") §2 8호, §22의 4 ① 및 동법 시행규칙 §3].

Ⅲ. 세액감면

1 감면소득

감면소득은 사회적기업 및 장애인 표준사업장의 해당 사업에서 발생한 소득이다(조특법 §85의 6 ①·②). 인증을 받은 날이 속하는 사업연도에 발생한 해당 사업의 소득 전체를 감면소득으로 한다(법규법인 2012-116, 2012.3.27.).

장애인 표준사업장으로 인증받은 사업에서 발생한 사업소득에 대해서만 장애인 표준사업장에 대한 소득세 세액감면을 적용한다. 조세특례제한법 제127조 제5항(중복지원의 배제)에 따라 내국인의 동일한 사업장에 대하여 동일한 과세연도에 조특법 제85조의6제1항·

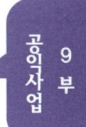

제2항의 감면규정이 동시에 적용될 수 있는 경우에는 중복지원이 배제되는 것이나, 각 과세연도를 달리해서는 중복지원으로 배제되지 않는다(사전법령소득-0168, 2020.10.13.).

과세관청에서는 종래 국가 등으로부터 지원받은 사업개발비, 시설장비비, 일자리창출 인건비, 전문인력 지원비는 감면소득에 해당되지 않는 것으로 해석하였다(서면법인-1768, 2020.11.9.; 서면법령법인-3522, 2020.5.7.; 법인-380, 2012.6.13.; 법인-476, 2013.9.6.).

그러나 최근 조세심판원에 따르면 일자리 지원금을 감면소득에 포함하였으며, 기획재정부에서도 국가 등으로부터의 지원금을 감면소득에 포함하는 것으로 변경하였다.

● 국가등으로부터의 지원금이 감면소득에 포함되는지 여부 (긍정)

사회적기업이 취약계층을 고용 등을 함에 따라 국가로부터 지원받는 지원금에 대하여 법인세를 감면하지 않는 것은 사회적기업이 아닌 업체와 달리 사회적 취약계층을 고용하는 사회적기업에게 인건비 등을 지원하고자 하는 취지에 부합하지 않는 것으로 보이는 점,
'해당 사업에서 발생한 소득'이라 함은 감면사업에서 발생한 소득이라 할 것이고, 동 소득은 매출이나 수입에서 매입이나 비용을 차감한 것이므로, 관련 법령에 따른 정부의 국고보조금이 해당 사업의 비용을 보전하는 데 직접적으로 사용된 것이 확인된다면 동 국고보조금은 납세자의 해당 사업에서 발생한 소득에 포함되는 것으로 해석할 수 있는 점 등에 비추어
청구법인이 사회적기업 육성법에 따라 수령한 쟁점고용지원금을 해당 사업(블라인드 제조업 및 도소매업)의 운영에 필요한 인건비에 사용된 것에 다툼이 없는 이상 쟁점고용지원금은 조특법 제85조의 6 제1항의 법인세 감면소득으로 보는 것이 타당하다 하겠다(조심 2017중2515, 2017.7.26.).
장애인 표준사업장 및 사회적기업이 「장애인고용촉진법 및 직업재활법」, 「사회적기업 육성법」에 따라 국가 등으로부터 받은 지원금은 「조세특례제한법」 제85조의6(사회적기업 및 장애인 표준사업장에 대한 법인세 등의 감면)에서 규정하는 감면대상소득에 해당하는 것임(재조특-86, 2024.01.29.).

참고로 내국법인이 사회적기업법 제7조에 따라 노동부장관의 인증을 받은 특수관계가 있는 영리법인인 사회적기업에게 무상으로 사업장을 임대하거나 기술을 이전하는 경우에는 부당행위계산 부인(법법 §52) 대상에 해당한다(법인세과-633, 2010.7.8.). 장애인 표준사업장의 경우도 동일하다(서면법인-3814, 2016.9.30.).

산출세액, 감면소득, 과세표준 등의 상세내용은 제2부 제3절 Ⅲ. 창업중소기업세액감면의 내용을 참조하기 바란다.

2 감면세액 및 감면기간

감면세액의 계산방법은 다음과 같다.

제6절 제85조의 6 사회적기업 및 장애인 표준사업장에 대한 법인세 등의 감면

$$감면세액 = 산출세액 \times \frac{감면소득}{과세표준} \times 감면율$$

적용 감면율은 인증일이 속하는 과세연도와 그 다음 2개 연도, 즉 3년간은 100% 감면하고, 이후 2년간은 50%를 세액감면한다.

사회적기업으로 인증받은 후 사업의 포괄양수도로 법인을 새로 분리·설립하여 다시 사회적기업을 인증받은 경우, 실질적으로 동일하다고 보는 사업부문 또는 법인에 대해서는 당초 인증한 날을 감면기간의 개시일로 본다(서면법인-5372, 2017.3.13.). 또한 개인사업자가 감면기간 중에 사업의 포괄 양수도 방법으로 법인전환한 경우, 해당 신설법인은 개인사업자의 잔존감면기간동안 발생한 소득에 대하여 장애인 표준사업장에 대한 세액감면을 적용받을 수 있다(사전법령법인-0198, 2019.5.9.).

다만 초기 결손 등으로 그 소득 발생이 지연될 수 있으므로, 소득이 발생하지 않는 경우에 인증일등이 속하는 과세연도와 이후 4년 동안 감면기간의 개시를 늦추어 주고 있다.

이때 '해당사업에서 최초로 소득이 발생한 과세연도'는 감면대상사업이 아닌 사업에서 발생한 결손금과 관계없이 감면대상사업에서 각 사업연도의 소득이 최초로 발생한 과세연도를 말한다(서면법인-5372, 2017.3.13.; 조심 2018부2329, 2018.7.18.).

3 감면한도

감면기간 동안 해당 과세연도에 감면받는 소득세 또는 법인세는 다음 구분에 따른 금액을 한도로 한다. 한도는 1억원과 취약계층 또는 장애인인 상시근로자의 수에 2천만원을 곱한 금액의 합계액으로 한다(조특법 §85의 6 ③).

(가) 사회적기업으로 인증받은 내국인

감면한도 = 1억원 + 취약계층❶에 해당하는 상시근로자 수 × 2천만원

❶ "취약계층"이란 자신에게 필요한 사회서비스를 시장가격으로 구매하는 데에 어려움이 있거나 노동시장의 통상적인 조건에서 취업이 특히 곤란한 계층을 말한다(사회적기업법 §2 2호).

(나) 장애인 표준사업장으로 인증받은 내국인

$$\text{감면한도} = 1\text{억원} + \text{장애인}^{\text{①}}\text{에 해당하는 상시근로자 수} \times 2\text{천만원}$$

① "장애인"이란 신체 또는 정신상의 장애로 장기간에 걸쳐 직업생활에 상당한 제약을 받는 사람을 말한다(장애인고용법 §2 1호).

이때 상시근로자의 범위는 고용창출투자세액공제 규정(조특령 §23 ⑩)을 준용하며, 상시근로자 수는 다음의 계산식에 따라 계산한 수(100분의 1 미만의 부분은 없는 것으로 한다)로 한다(조특령 §79의 7 ①). 제외되는 상시근로자의 상세 내용은 제6부 제5절 Ⅱ. 2-1 (1)을 참조하기로 한다.

$$\text{상시근로자 수} = \frac{\text{해당 과세연도의 매월 말 현재 상시근로자 수의 합}}{\text{해당 과세연도의 개월 수}}$$

2020년 개정세법에서 취약계층에 대한 고용이 확대되도록 취약계층 상시근로자 수를 기준으로 하는 감면한도를 신설하였다. 상시근로자의 범위와 수의 계산 방법은 고용창출투자세액공제 규정을 준용한다.

4 사후관리

3-1 감면기간 종료

(1) 사회적기업

세액감면기간 중 다음에 해당하여 사회적기업법 제18조에 따라 사회적기업의 인증이 취소되었을 때에는 해당 과세연도부터 법인세 또는 소득세를 감면받을 수 없다(조특법 §85의 6 ④).
① 거짓이나 그 밖의 부정한 방법으로 인증을 받은 경우
② 사회적기업법 제8조의 인증요건을 갖추지 못하게 된 경우

(2) 장애인 표준사업장

세액감면기간 중 장애인 표준사업장이 다음에 해당하는 경우에는 해당 과세연도부터 법인세 또는 소득세를 감면받을 수 없다(조특법 §85의 6 ⑤).

① 장애인고용법 제21조 또는 제22조에 따른 융자 또는 지원을 거짓이나 그 밖의 부정한 방법으로 받은 경우
② 사업주가 장애인고용법 제21조 또는 제22조에 따라 받은 융자금 또는 지원금을 같은 규정에 따른 용도에 사용하지 아니한 경우
③ 장애인고용법 제2조 제8호에 따른 기준에 미달하게 된 경우

3-2 이자상당가산액

상기 의무위반사유 중 아래의 사유에 대하여는 감면기간이 종료될 뿐 아니라 이자상당가산액도 납부하여야 한다(조특법 §85의 6 ⑥ → §63 ③).
㉮ 사회적기업이 거짓이나 그 밖의 부정한 방법으로 인증을 받은 경우
㉯ 장애인 표준사업장이 장애인고용법 제21조 또는 제22조에 따른 융자 또는 지원을 거짓이나 그 밖의 부정한 방법으로 받은 경우

이자상당가산액에 관한 규정은 수도권 밖으로 공장을 이전하는 기업에 대한 세액감면 등 규정을 준용하고 있으므로, 제8부 제1장 제5절 Ⅲ. 3-2를 참조하기 바란다.

Ⅳ. 조세특례제한 등

1 중복지원의 배제

다음의 중복지원 배제조항이 적용된다(조특법 §127 ④·⑤).
- 감면규정과 세액공제규정의 중복지원 배제
- 감면규정 간 중복지원 배제

제20부 제1절 중복지원의 배제 부분을 참조하기로 한다.

2 결정 또는 기한 후 신고 시 감면배제 등

다음의 세무상 의무위반 조항 해당 시 감면이 배제된다(조특법 §128 ②~④).
- 결정 또는 기한 후 신고 시 감면배제
- 경정 등의 부정과소신고금액에 대한 감면배제
- 세법상 협력의무위반에 대한 감면배제

제20부 제2절 부분을 참조하기 바란다.

기타 조세특례제한 등

구 분	내 용	참조 부분
신고 서식	세액감면신청서(별지 제2호 서식)	
최저한세	적용 배제	제20부 제4절
농어촌특별세	과세(농특법 §5 ① 1호)	

CHAPTER 02 공익사업용 토지에 대한 조세지원

제1절 서설

 국가·지방자치단체 등 공익사업의 시행자가 그 시행을 위하여 거주자의 토지를 양수 또는 수용하는 등 정당한 재산권의 행사를 제한하는 경우에는, 토지 소유자의 의사와 관계없이 일방적으로 수행된다는 점에서 그 재산권을 침해할 수 있다. 이러한 경우 토지 보유자의 재산권 보호와 공익사업의 원활한 수행을 위하여 조세특례제한법에서는 일련의 세제지원제도를 두고 있다. 다만 사업시행자의 토지 보유자에 대한 보상은 부동산 투기를 조장할 수 있으므로 이에 대한 규제 방안도 함께 규정하고 있다.

공익사업용 토지에 대한 조세지원제도

조문	특례요건	과세특례
§77 공익사업용 토지	2년 이상 보유한 토지등을 공익사업을 위하여 사업시행자에게 양도 또는 수용하는 경우 등, 또는 지정 전 사업시행자에게 양도하고 양도일로부터 5년 이내에 그 사업자가 사업시행자로 지정받은 경우	양도소득세 감면 - 현금보상 : 10% - 일반 보상채권 : 15% - 3년만기보유보상채권 : 30% - 5년만기보유보상채권 : 40%
§77의 2 대토보상	거주자가 2년 이상 보유한 토지등을 공익사업 시행자에게 양도하면서 그 양도대금을 해당 공익사업의 시행으로 조성한 토지로 보상받는 경우	대토보상에 대한 양도소득세를 과세이연하거나, 또는 양도소득세의 40%를 감면하는 경우 중 선택할 수 있음.
§77의 3 개발제한구역 지정에 따른 매수대상 토지등	거주자가 개발제한구역내의 토지등을 토지매수의 청구 또는 협의매수를 통하여 양도하거나, 개발제한구역에서 해제된 토지등을 협의매수 또는 수용을 통하여 양도하는 경우	- 개발제한구역 지정일 이전 취득분은 양도소득세의 40% 감면 - 매수청구일등으로부터 20년 이전 취득한 경우에는 양도소득세의 25% 감면

조문	특례요건	과세특례
§85의 10 국가에 양도하는 산지	거주자가 2년 이상 보유한 산지를 국가에 양도하는 경우	양도소득세의 10% 감면('22년말 일몰도래)

국가 등 사업시행자에게 토지의 소유권이 종국적으로 양도되는 경우에는 양도소득세의 일정 부분을 감면하고 있으며, 토지 보유자에게 대토 보상이 이루어진 경우에는 납세자의 선택에 따라 과세이연할 수 있다.

제2절 [제77조] 공익사업용 토지 등에 대한 양도소득세의 감면

Ⅰ. 의의

2년 이상 보유한 토지등을 공익사업 시행자 또는 정비구역의 사업시행자에게 양도하거나 수용되는 경우, 그 양도소득세에 대해 과세특례를 부여하는 제도이다.

과세특례의 내용은 원칙적으로 양도소득세의 10%를 세액감면하되, 일반보상채권으로 수령하면 15%를 세액감면하고, 3년 만기 이상의 만기보유 보상채권으로 수령하는 경우에는 30%, 만기가 5년 이상인 경우에는 40%를 세액감면한다.

토지등이 국가·지방자치단체 등 공공사업시행자에게 양도되거나 수용되는 경우 토지 소유자의 의사와 관계없이 공익사업용으로 부득이하게 소유권이 이전되어 당사자의 재산권이 침해될 수 있으므로, 공공사업이 원활하게 수행될 수 있도록 하기 위하여 해당 양도소득세를 감면하는 제도이다.

일몰기한은 2026.12.31.이다.

개정연혁

연 도	개정 내용
2019년	■ 사후관리 규정 위반 시 추징율 상향 : 3년 이상 만기채권 10% → 15%, 5년 이상 만기채권 20% → 25%

Ⅱ. 요건

2년 이상 보유한 토지등을 공익사업을 위하여 사업시행자에게 양도 또는 수용(이하 "지정후 양도등")되어야 한다.

1 주체

사업시행자에게 지정후 양도등을 하는 경우 과세특례의 주체에 대해 법률상 명백한 규정을 두고 있지 않다(조특법 §77 ①). 반면에 지정전 사업자에게 양도하는 경우에는 거주자가 과세특례의 주체임을 법문상 규정하고 있다(조특법 §77 ②).

과세관청에서는 다음에 해당하는 자를 본 특례의 주체로 보고 있다.

- 거주자 또는 양도소득이 있는 비거주자(서면4팀-1068, 2007.4.2.)
- 국세기본법 제13조에 따른 '법인으로 보는 단체'에 해당하지 않는 종중(재산-438, 2009. 10.12.)
- 비영리내국법인(법인-602, 2009.5.21.; 법인-703, 2010.7.26.)
  수익사업을 영위하지 않는 비영리내국법인이 자산을 양도하고 비영리내국법인의 자산양도소득에 대한 과세특례 규정(법법 §62의 2)에 따라 법인세를 신고하는 경우 공익사업용 토지 등에 대한 양도소득세의 감면규정(조특법 §77)은 적용 가능한 것임.

지정 후 양도등의 경우에는 수용이 포함되어 있어 당사자의 의사에 반한 재산권 침해의 가능성이 높기 때문에 그 주체의 범위를 넓게 보는데 반하여, 지정전 양도의 경우에는 당사자의 자발적 의사에 의한 양도에 한정하므로 그 주체를 거주자로 좁게 규정하였다.

그러나 양도소득세에 대한 특례이어서 법인은 특례의 주체가 될 수 없으므로, 영농조합법인은 제외한다(서면법령법인-2457, 2016.9.8.).

> **실무 상담 사례**
>
> **Q** 종교법인이 토지를 지방자치단체에 수용당한 경우, 감면요건을 충족할 때 법인세법 제60조에 따라 양도차익에 대한 법인세로 신고시에도 조특법 제77조에 의거 감면이 가능한가요? 또, 비사업용토지로 법인세법 제55조의2에 따라 토지 등 양도소득에 대한 법인세 추가 납부시에도 감면이 적용되나요?

🅰 법인은 조특법 제77조 감면의 특례가 될 수 없으나, 법인세법 제62조의 2 비영리내국법인의 자산양도소득에 대한 과세특례 규정에 따라 법인세를 신고하는 경우에만 예외적으로 감면 특례를 적용할 수 있습니다. 법인세법 제62조의 2 과세특례가 양도소득세 규정과 유사한 방식으로 과세하기 때문입니다. 이외의 법인세법 제60조 또는 법인세법 제55조의 2의 경우에는 조세특례를 적용할 수 없다고 판단됩니다.

2 2년 이상 보유 토지등

거주자 등이 2년 이상 보유한 토지 또는 건물(이하 "토지등")이어야 한다. 부동산 투기를 방지하기 위함이다. 미등기양도자산은 감면이 배제된다(소법 §91 ①).

기간계산은 원칙적으로 토지의 취득일로부터 양도일까지이다. 양도 시기는 양도대금의 수령방법(예, 만기보유보상채권)에 상관없이 소득세법상 양도 시기에 따른다(부동산거래-70, 2012.2.1.). 소득세법상 양도 시기는 제7부 제7장 제2절 Ⅱ. 2-2를 참조하기 바란다.

2-1 양도일 등

(1) 지정후 양도등

사업시행자에게 양도 또는 수용되는 경우에는 해당 토지등이 속한 사업지역에 대한 사업인정고시일(사업인정고시일 전에 양도한 경우에는 양도일)을 거주자의 2년 보유기간 계산의 기산점으로 한다(조특법 §77 ①).

사업인정고시일이란 사업지역에 대한 최초의 사업인정고시일을 말하며, 추가 또는 변경지정으로 새로이 편입된 토지의 경우에는 추가로 사업인정을 고시한 날 또는 사업인정을 변경고시한 날이다. 실시계획인가일은 사업인정고시일로 보지 않는다(조심 2009중2636, 2010.11.3.). 정비구역 토지의 경우에는 「도시 및 주거환경정비법」(이하 "도시정비법")에 따른 사업시행인가 고시일이다(부동산거래-1164, 2010.9.17.).

기간계산에 있어 초일(사업인정고시일)은 산입하지 아니한다(부동산거래-681, 2011.8.2.).

양도 당시 양수인이 시행자로 지정되지 아니한 경우라면 사후에 시행자로 지정되었다고 하더라도 특례의 적용대상이 될 수 없다(춘천지법 2020구합617, 2021.6.15.; 조심 2021중6817, 2022.3.17.).

(2) 지정 전 양도

지정 전 사업자에게 양도하는 경우에는 지정되기 전의 사업자에게 양도한 날을 2년 기간 계산의 기산점으로 한다(조특법 §77 ②).

2-2 취득일

취득일 역시 소득세법상 양도시기에 따른다. 단, 상속등의 경우와 환매 시의 예외가 있다.

(1) 상속등

상속받거나 배우자등 양도소득세의 이월과세 규정[1]이 적용되는 증여받은 토지등은, 해당 토지등의 취득일을 피상속인 또는 증여자가 해당 토지등을 취득한 날로 소급한다(조특법 §77 ⑨).

상속받은 부동산은 사업인정고시일부터 2년 이내인 경우에도 투기목적의 취득으로 보기 어려우므로, 상속받은 토지의 경우에는 피상속인의 취득일을 기준으로 판정한다.

(2) 환매

공공기관의 수용으로 인하여 양도한 후 공공기관의 사업변경으로 환매[공익사업을 위한 토지 등의 취득 및 보상에 관한 법률(이하 "토지보상법") §91]된 토지가 다시 재차 수용된 경우의 취득일은 환매로 인한 (재)취득일(원칙적으로 환매대금 청산일)로 한다(조심 2010서2666, 2010. 12.29.; 조심 2014부1020, 2014.5.8.). 환매는 새로운 취득이므로, 취득일이 최초 수용 이전의 취득일로 소급하지 않음에 주의하여야 한다.

3 사업시행자에게 양도 또는 수용

토지등의 소유자가 대상 토지등을 다음의 공익사업을 위하여 양도하거나 수용되어야 한다(조특법 §77 ①).

---

[1] 배우자·직계존비속으로부터 증여받아 5년 이내 양도하는 경우 증여자의 당초 취득가액을 적용하여 양도소득세를 과세하고 증여세는 필요경비에 산입하는 규정임(소법 §97의 2 ①).

3-1 공익사업용 토지등의 양도 (1호)

토지보상법이 적용되는 공익사업에 필요한 토지등을 그 공익사업의 시행자에게 양도하는 경우이다. 도시개발법에 의한 사업시행자로 지정받지 않은 자에게 토지 등을 양도한 경우에는 감면이 적용되지 않는다(재재산-971, 2023.8.10.).

(1) 공익사업

"공익사업"이라 함은 토지보상법에 따라 토지 등을 수용할 수 있는 사업을 말한다. 토지구획정리사업·재개발사업 및 농지개량사업을 포함한다(조특통 77-0…3).

따라서 공익사업은 아래의 토지보상법 제4조 제1호 내지 제7호 및 별표에 규정된 법률에 따라 토지 등을 수용하거나 사용할 수 있는 사업에 한정된다.

> 토지보상법에 따라 토지등을 취득하거나 사용할 수 있는 사업은 다음과 같다(토지보상법 §4).
> 1. 국방·군사에 관한 사업
> 2. 관계 법률에 따라 허가·인가·승인·지정 등을 받아 공익을 목적으로 시행하는 철도·도로·공항·항만·주차장·공영차고지·화물터미널·궤도(軌道)·하천·제방·댐·운하·수도·하수도·하수종말처리·폐수처리·사방(砂防)·방풍(防風)·방화(防火)·방조(防潮)·방수(防水)·저수지·용수로·배수로·석유비축·송유·폐기물처리·전기·전기통신·방송·가스 및 기상 관측에 관한 사업
> 3. 국가나 지방자치단체가 설치하는 청사·공장·연구소·시험소·보건시설·문화시설·공원·수목원·광장·운동장·시장·묘지·화장장·도축장 또는 그 밖의 공공용 시설에 관한 사업
> 4. 관계 법률에 따라 허가·인가·승인·지정 등을 받아 공익을 목적으로 시행하는 학교·도서관·박물관 및 미술관 건립에 관한 사업
> 5. 국가, 지방자치단체, 「공공기관의 운영에 관한 법률」 제4조에 따른 공공기관, 「지방공기업법」에 따른 지방공기업 또는 국가나 지방자치단체가 지정한 자가 임대나 양도의 목적으로 시행하는 주택 건설 또는 택지 및 산업단지 조성에 관한 사업
> 6. 제1호부터 제5호까지의 사업을 시행하기 위하여 필요한 통로, 교량, 전선로, 재료 적치장 또는 그 밖의 부속시설에 관한 사업
> 7. 제1호부터 제5호까지의 사업을 시행하기 위하여 필요한 주택, 공장 등의 이주단지 조성에 관한 사업
> 8. 그 밖에 토지보상법 별표에 규정된 법률에 따라 토지등을 수용하거나 사용할 수 있는 사업

● 토지보상법이 적용되지 않는 학교용 토지 (토지보상법 §4 4호; 제외)

토지보상법 제4조 제4호에서 '학교 건립에 관한 사업'을 들고 있으나, 학교 건립을 위한 사업에 토지보상법이 적용되지 아니하는 이상 세액감면하지 않는다(서울행법 2014구단4354, 2014.11.26.). 주택법에 따라 주택건설사업계획승인을 받은 민간 주택건설업자 등이 「학교용지 확보 등에 관한 특례법」 제3조 제1항에 따른 개발사업시행자에는 해당되나, 같은 법에 따른 학교시설사업의

사업시행자에는 해당되지 아니하는 경우에는 동 개발사업시행자가 토지를 취득하여 학교시설사업의 사업시행자에게 학교용지로 기부채납하더라도 해당 토지의 원소유자는 수용 감면을 적용받을 수 없다(서면부동산-1083, 2015.7.31.).

● 환지방식에 의한 사업개발방식 (토지보상법 §4 8호; 제외)

토지보상법 제4조 '토지등을 수용하거나 사용할 수 있는 사업'에 한정하고 있으므로 도시개발법상 규정되어 있는 환지방식에 의한 사업개발방식은 토지보상법상의 공익사업에 해당하지 아니하여 본 감면에서 제외된다(조심 2012서3095, 2012.10.4.).

● 토지구획정리사업으로 교부받은 환지청산금 (감면)

도시개발법이나 그 밖의 법률에 따른 환지처분으로 지목 또는 지번이 변경되는 경우에는 소득세법상 양도로 보지 아니하나,(소법 §88 ②) 사업시행자로부터 환지청산금을 교부받는 부분은 토지가 유상으로 이전된 것이므로 양도소득세가 과세된다. 이 경우 공익사업에 해당하는 토지구획정리사업으로 교부받은 환지청산금에 대한 양도소득은 본 특례에 따른 감면대상 소득에 해당한다(부동산거래-1192, 2010.9.28.; 재산-541, 2009.2.17.).

● 국토계획법에 따른 도시관리계획 시행자에게 양도한 토지 (토지보상법 별표 제22호; 감면)

토지보상법 별표 제22호에서 그 밖의 사업으로 국토계획법에 따른 도시·군계획시설사업을 규정하고 있는 점, ○○○도지사가 국토계획법에 따라 ○○○ 일대에 대해 도시관리계획을 수립하였고 ○○○시장은 그 중 도시계획시설(도로)실시계획만을 인가하면서 ○○○을 그 사업시행자로 지정하여 쟁점부동산(2,278㎡) 중 일부(462㎡)를 대상지로 고시한 사실이 확인되는 점(○○○ 고시 제2014-53호, 2014.4.29.), ○○○은 토지보상법이 적용되는 공익사업의 시행자에 해당하므로 쟁점부동산(2,278㎡) 중 ○○○지구 도시계획도로 개설공사로 인하여 편입된 462㎡는 감면을 적용한다(조심 2016중2544, 2017.6.1.).

● 주택법에 따른 도시계획시설사업시행자에게 양도한 경우 (토지보상법 별표 제80호; 제외)

주택건설사업은 공익 목적의 사업으로서 사업시행자에게 수용 권한이 인정되는 국가·지방자치단체·대한주택공사·한국토지공사 및 지방공사의 국민주택건설사업의 경우로 한정되고, **민간 건설업체의 민영주택건설 사업에 관하여는 그 과세특례가 인정되지 않는다**고 할 것(대법원 2009.2.26. 선고, 2008두12597 판결, 같은 뜻임)이고, 도시계획시설사업 시행자 지정은 공동주택 건설 사업부지 내에 국한하여 기존에 있었던 도로를 포함하여 공동주택 건설에 필요한 도로를 신설하기 위한 것으로, 「국토의 계획 및 이용에 관한 법률」에 의하여 독립적으로 사업시행자로 지정된 것이 아니라 「주택법」 제17조 제5호의 규정에 따라 관계행정기관이 협의를 통해 주택건설에 필요한 부수적인 도시계획시설사업시행자 지정을 의제한 것(조심 2010전2983, 2010.11.29., 같은 뜻임)인 바, 민간 건설업체인 ○○○은 쟁점주택건설사업에 따라 도시계획시설사업 사업자로 의제된 것이므로 동 법인을 「조세특례제한법」 제77조 제1항 제1호에 따른 공익사업의 시행자로 보기 어려우므로 청구인의 경정청구를 거부한 처분은 잘못이 없는 것으로 판단된다(조심 2016전3900, 2017.2.2.).

- 민간주택건설사업자가 도로사업을 수행하는 경우 (토지보상법 별표 제22호; 감면)

  토지보상법 제4조 5호 또는 8호에 따라 지정을 받아 시행하는 주택건설사업 등이 아닌 경우 토지보상법 제4조에 따른 공익사업에 해당하지 않는다. 반면에 토지보상법 제4조 2호 또는 8호에 따라 허가 등을 받아 공익을 목적으로 시행하는 도로사업이나 개별법에 따라 토지 등을 수용할 수 있도록 하고 있는 경우 토지보상법 제4조(별표 제22호)에 따른 공익사업에 해당한다(국토교통부 토지정책과 질의회신). 따라서 도시계획도로 개설공사로 인하여 편입된 462㎡는 감면을 적용하는 것이 합리적이라 하겠다(조심 2016중2544, 2017.6.1.).

- 관광진흥법에 따른 조성계획의 승인 등을 받은 경우 (토지보상법 별표 제25호; 감면)

  관광진흥법 제54조 제1항에 따라 조성계획의 승인 또는 변경승인을 받거나 같은 조 제5항에 따라 특별자치도지사가 관계 행정기관의 장과 협의하여 조성계획을 수립한 때에는 토지보상법 제20조 제1항에 따른 사업인정의 인·허가 등을 받거나 신고를 한 것으로 보아 조세특례제한법 제77조 제1항을 적용하는 것임(서면부동산－3868, 2016.8.23.).

- 「친수구역 활용에 관한 특별법」에 따라 친수구역 조성사업의 시행자에게 협의매수 또는 수용되는 토지 (토지보상법 별표 제92호; 감면) (서면부동산－2719, 2016.3.25.)

(2) 감면 요건

(2-1) 토지보상법

(가) 절차

토지보상법에서 정한 절차 및 방법을 따라야 감면이 가능하다. 토지보상법에 따라 공익사업의 시행자로부터 강제적으로 수용된 토지뿐 아니라 협의매수한 경우에도 감면을 적용한다(조심 2015중3884, 2016.3.23.; 인천지법 2014구합31760, 2015.4.2.).

공익사업의 시행자(조특법 §77 ① 1호)에게 토지를 양도하는 경우, 토지보상법 제3장 "협의에 의한 취득 또는 사용" 절차를 거치치 아니하였다 하더라도, 동 규정에 따른 감면을 적용받을 수 있다(기획재정부 조세법령운용과-695, 2022.6.29.).

토지보상법에서는 사적자치의 원칙에 입각하여 협의 계약체결을 우선하고, 협의가 불가능하거나 성립되지 않을 경우에는 수용절차에 따라 강제 취득한다.

- 협의매수절차는 **공공사업계획확정** → 보상대상물건조사(동법 §14) → **보상계획 공고·열람** (§15) → 보상금결정 → 보상협의(§16) → 계약체결(§17)의 순서로 이행된다.
- 수용절차는 **사업인정**(국토교통부장관)[2] → 사업인정의 고시(§22) → 토지·물건조서 작성(§26) → **보상계획 공고·열람** → 감정평가 및 보상액 산정 → **보상협의** → 수용신청(§28) → 보상액결정 → **수용재결**[3] (§30) 절차에 따라 취득한다.

(나) 사업인정고시

사업인정고시[4]란 토지보상법 및 토지보상법의 준용규정이 있는 기타 법률에 의하여 국토교통부장관 등이 사업인정을 고시하는 것을 말한다(재산세과-885, 2009.3.12. 참조).

세액감면을 받기 위해서는 **토지보상법에 따라 사업인정고시**가 이루어져야 한다. 지정 전 사업자에게 양도(조특법 §77 ②)하는 경우에도 동일하다(서울행법 2018구단63108, 2018.8.29.).

토지보상법이나 그밖의 법률에 따른 사업인정고시 절차 없이 양도(양도 이후 사업인정고시가 된 경우는 제외)한 경우에는 양도소득세 감면대상에 해당하지 않는다(서면법규과-462, 2014.5.2.; 사전법규재산-0469, 2023.8.25.).[5] 따라서, 사업실시계획 인가(사업인정) 없이 토지보상법에 따라 협의매수하는 경우에는 감면을 적용 받을 수 없다.

「국토의 계획 및 이용에 관한 법률」(이하 "국토계획법")에 의한 토지수용의 경우, 동법 제91조에 의한 '실시계획의 (인가) 고시'를 의한 사업인정고시로 보지만,(사전법령재산-0131, 2018.8.13.; 재산세과-3940, 2008.11.24.) '도시계획 시설결정고시'나 '도시계획결정'은 사업인정고시로 보지 않는다(재산 46014-121, 2000.1.31. 참조). 도시계획 결정고시만으로는 토지 등의 수용권이 부여되지 않기 때문이다(대법원 97누16732, 1997.12.26.).

(2-2) 이외의 법률

토지보상법에 의하지 아니한 토지등의 양도의 경우에는 대상사업이 공익사업의 성격을 가지고 있더라도 본 특례의 대상이 되지 않는다. 다음은 감면이 적용되지 않는 사례이다.

- 「한강수계 상수원수질개선 및 주민지원 등에 관한 법률」 제7조의 규정에 따라 한강유역환경청에 소유의 토지등을 양도한 경우(부동산납세-919, 2014.12.3.)

- 사업시행자가 조합이지만 그 조합원에게 양도하는 경우(조심 2010중1962, 2011.4.18.)

---

[2] "사업인정"이란 특정 사업이 공용수용을 할 수 있도록 토지보상법이 예정하고 있는 공익사업에 해당함을 인정하는 국가의 행위를 말한다(토지보상법 §20). 사업인정을 통해 국토건설부장관이 사업시행자에게 법정된 일정한 절차를 거칠 것을 조건으로 수용권을 설정한다. 사업인정은 고시 또는 공고에 의해 행정처분을 하므로 고시의 효력 발생일(공고일)에 효력이 발생한다(박종수, "수용관련 보상금에 대한 과세의 헌법적 문제점", 법학논고/제29권, 2008.12., p.223).

[3] 수용재결처분 이전에 양 당사자 간에 합의할 수 있는 기회를 부여하기 위하여 "보상협의" 절차를 거치며, 협의가 이루어지지 않는 경우 "수용재결"을 통해 사업시행자에게 주어진 수용권의 실행을 완성시킨다. 수용재결은 수용목적물의 강제취득에 관한 최종적인 행위로 원시취득에 해당한다.(전게 논문, pp.223-224)

[4] 사업인정고시문은 대한민국 전자관보(https://gwanbo.go.kr/main.do) 또는 토지이음 사이트(https://www.eum.go.kr/web/am/amMain.jsp)에서 열람 가능함.

[5] 사업실시계획인가 여부에 불구하고 감면규정을 적용받을 수 있다는 종전 예규(부동산거래-639, 2011.7.21.; 재일46014-1217, 1997.5.16.; 재일46014-1751, 1996.7.23., 및 재일46014-1648, 1996.7.10.)는 본문의 예규와 상충되는 잘못된 해석사례이므로 2019년 5월에 삭제함.

- 민간사업 시행자에 양도한 토지가 도로로 편입된 경우 (제외)

  토지소유자가 주택법 제15조에 따른 사업계획승인을 받고 같은 법 제19조 제1항 제5호에 따라 도시·군계획시설사업시행자로 지정 의제된 민간사업시행자에게 토지를 양도하였으나, 쟁점토지 중 일부가 도시계획시설에 따른 도로로 편입된 경우 도로로 편입된 부분은 토지보상법에 따른 협의절차 및 방법을 거치지 아니하고 양도함으로써 발생한 소득이므로 감면이 적용되지 아니하는 것임(사전법령재산-0024, 2017.10.11.).

(가) 사업인정고시가 없는 경우

- 「국토의 계획 및 이용에 관한 법률」(이하 "국토계획법")에 의한 매수청구를 통해 협의매수 형태로 양도하여 사업인정고시일이 존재하지 않는 경우(조심 2015중3926, 2015.10.20.; 조심 2015서932, 2015.4.2.; 조심 2012서4798, 2013.7.10.; 재산-681, 2009.4.2.)

- 국토계획법에 따른 지구단위계획 구역으로 지정된 토지 중 도시계획시설사업(도로, 경관녹지 등)에 포함되지 않아 실시계획인가를 받지 않은 토지를 도시계획시설사업의 시행자에게 양도하는 경우(부동산납세-584, 2014.8.12.; 부동산납세-584, 2014.8.12.)

- 토지를 소유한 자가 당해 토지와 「공유재산 및 물품관리법」에 따른 잡종재산을 동법에 따라 교환하여 사업인정고시일이 존재하지 않는 경우(서면4팀-2840, 2007.10.4.)

- 국방부 시설부지 매입사업 편입토지

  쟁점토지는 토지보상법에서 정한 사업인정을 받은 사실이 없는 점, 쟁점토지는 국방부에서 시행한 시설부지 매입사업에 편입된 토지로서, 「국방·군사시설 사업에 관한 법률」제4조에 따라 국방부장관이 동 사업계획을 승인한 사실이 없으므로 같은 법 제5조 제3항에 따라 사업인정을 받은 것으로 의제하기도 어려운 점 등에 비추어 처분청이 쟁점토지의 양도에 대하여 공익사업용 토지에 대한 양도소득세 감면을 배제하고 양도소득세를 과세한 이 건 처분은 달리 잘못이 없는 것으로 판단된다(조심 2021인1808, 2021.6.10.).

(나) 당사자간 합의에 따른 수의계약

- 당사자 간의 합의에 따라 계약한 경우

  토지소유자가 매도하고자 희망하는 경우에 한하여 매매가 가능하고, 매수가격 협의과정에서 협의가 성립하지 아니하면 매매가 이루어지지 아니하는 등 대등한 입장에서 당사자 간의 합의에 따라 계약을 체결하여 취득한 경우에는 토지보상법에 의한 협의매수절차에 의한 것이 아니므로 감면대상에서 제외된다(조심 2013서1362, 2013.9.13.; 서울행법 2010구단11200, 2010.9.10.).
  자연공원법 제76조에 따라 공원관리청이 국립공원을 보존·관리하기 위하여 국립공원 내에 있는 토지를 같은 법 제19조에 따른 공원사업 시행계획의 결정·고시 없이 그 소유자와 협의하여 매수한 경우 해당 소유자(매도인)는 감면을 받을 수 없다(법제처-12-0368, 2012.7.12.).

- 당사자 간의 합의에 따라 수의계약을 체결한 경우(국심 2001서2186, 2001.12.14.)

3-2 정비구역 토지등의 양도 (2호)

도시정비법에 따른 정비구역[6]의 토지등을 같은 법에 따른 아래의 사업시행자에게 양도하는 경우이다. 정비기반시설[7]을 수반하지 아니하는 정비구역은 제외한다.
㉮ 주거환경개선사업의 시행자(동법 §7)
㉯ 주택재개발사업 등의 시행자(동법 §8)
㉰ 사업대행자(동법 §9)

● 정비구역 내 정비계획이 고시되기 전에 단순히 **정비계획을 제안하려는 사업자**는 사업시행자에 포함되지 아니한다(재재산-282, 2010.3.29.; 조심 2020서8652, 2021.5.13.).

● 도시정비법에 따른 주택재개발정비사업의 조합원이 당해 조합에 토지와 건물을 제공하고 관리처분계획에 따라 취득한 토지와 건물을 같은 법에 따른 사업시행자가 아닌 자에게 양도함으로써 발생하는 소득은 감면 적용대상에 해당하지 않는 것임(사전법령재산-0362, 2020.12.17.).

● 도시정비법에 따라 주택재건축사업을 시행하는 정비사업조합의 조합원이 관리처분계획이 인가됨에 따라 취득한 입주자의 지위(조합원 입주권)를 양도하는 경우에는 감면대상이 아니다(부동산거래-1271, 2010.10.21.; 부동산거래-156, 2011.2.18.).

● 청구인들이 쟁점부동산을 제공하면서 분양상가의 분양가액에서 부동산 평가액을 차감한 잔액을 부담하고 분양상가를 취득하였으므로 도시정비법이 적용되지 아니하는 일반적인 부동산개발사업이어서 감면 대상에 해당하지 않는다(조심 2015서3573, 2015.11.19.).

3-3 토지등의 수용 (3호)

토지보상법이나 그 밖의 법률에 따른 토지등의 수용이 있는 경우이다.
"토지등의 수용"에는 토지보상법 및 기타 법률에 따른 사업인정 고시일 이후 협의에 의하여 매매계약이 체결되어 양도한 경우를 포함한다(조특통 77-0…2).

● 사회기반시설에 대한 민간투자법에 따른 사업시행자가 수용한 경우
「사회기반시설에 대한 민간투자법」에 의거 사업시행자 지정을 받은 자가 사업 실시계획의 승인을 받아 사회기반시설 사업(화물터미널 및 창고)을 시행하는 경우로서, 사업시행자가 감정원에 보상업무 등을 위탁(토지보상법 §81)하고 토지소유자가 감정원으로부터 당해 토지 수용에 따른 보상금을 수령하는 경우에는 본 특례를 적용한다(서면4팀-1500, 2007.5.7.).

---
6) "정비구역"이란 정비사업을 계획적으로 시행하기 위하여 지정·고시된 구역임(도시정비법 §2 1호).
7) "정비기반시설"이란 도로·상하수도·공원·공용주차장·공동구 그 밖에 주민의 생활에 필요한 가스 등의 공급시설을 말한다(도시정비법 §2 4호).

4 지정 전 사업자에게 양도 ('15년말 일몰 종료)

2015.12.31.로 일몰 종료되었다. 사업시행자로 지정되기 전의 사업자에게 2015.12.31. 이후에 양도한 경우에는 양도소득세 감면 대상에 해당하지 않는다(조심 2018중1104, 2018.7.27.).

공익사업의 시행자(법 §77 ① 1호) 및 정비구역의 사업시행자(동항 2호)로 지정되기 전의 사업자(이하 "지정 전 사업자")에게 양도하는 경우는 아래의 요건을 충족하여야 한다(조특법 §77 ②).
㉮ 2년 이상 보유한 공익사업용 토지등 및 정비구역 토지등을 양도할 것
  단, 지정 전 양도의 경우에는 수용은 포함하지 않는다.
㉯ 해당토지등의 양도일이 속하는 과세기간의 과세표준신고(예정신고 포함)를 법정신고기한까지 할 것
㉰ 지정 전 사업자가 그 양도일로부터 5년 이내에 사업시행자로 지정받을 것

조특법 제77조 제2항을 적용함에 있어 거주자가 토지를 양도한 후 양수자가 신탁법에 따라 토지를 관리신탁하고 신탁회사가 공익사업시행자로 지정받은 경우 해당 거주자는 양도소득세 감면을 받을 수 있다(조심 2016중2544, 2017.6.1.; 법규과-1380, 2013.12.19.).

Ⅲ. 세액감면

1 감면세액

토지의 양도로 인하여 발생하는 소득에 대해 원칙적으로 양도소득세의 10%를 세액감면하되, 일반보상채권으로 수령하면 15%를 세액감면하고, 만기보유 보상채권의 경우는 3년 만기 이상이면 30%, 만기가 5년 이상이면 40%를 세액감면한다(조특법 §77 ①).

보상 방식에 따른 감면율

구 분	감면율
현금보상	10%
일반 보상채권	15%
3년 만기 이상 만기보유 보상채권	30%
5년 만기 이상 만기보유 보상채권	40%

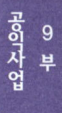

공익사업용으로 수용되어 필지별 구분 없이 현금 및 만기채권보상을 받은 경우에는 다음의 산식에 따라 안분계산한 금액을 현금 또는 만기채권보상 각각의 감면세액으로 한다(재산-2217, 2008.8.13.).

$$감면세액 = 전체\ 산출세액 \times \frac{현금(만기보상채권)\ 보상액}{총보상액} \times 현금(만기보상채권)보상\ 감면율$$

이하 일반 보상채권과 만기보유 보상채권을 살펴본다.

1-1 일반 보상채권

공익사업에 필요한 토지등의 취득 또는 사용으로 인하여 토지소유자나 관계인이 입은 손실은 사업시행자가 보상하여야 한다(토지보상법 §61). 손실 보상의 방법은 현금보상을 원칙으로 하나, 예외적으로 국가, 지자체 등이 사업시행자이거나 토지거래허가구역 등 토지투기가 우려되는 지역에서는 채권(토지보상법 §63 및 폐지된 토지수용법 §45; 이하 "보상채권")으로 지급할 수 있다(조특령 §72 ①).

보상채권은 5년 만기 이하로 발행되는데, 토지의 양도인이 채권으로 양도대금을 수령하면 양도소득세의 15%를 세액감면한다. 토지 보상금이 부동산시장으로 재유입되는 것을 최소화하기 위한 목적이다.

보상채권의 가액은 액면가액에서 평가차손을 공제한 금액으로 한다(서울고법 2010누636, 2010.7.23.).

1-2 만기보유 보상채권

아래의 요건을 모두 갖춘 보상채권(이하 "만기보유 보상채권")의 만기가 3년인 경우에는 30%의 세액을 감면하고, 5년 만기 이상인 경우에는 40%의 세액을 감면한다(조특법 §77 ①). 만기 보유를 유도하여 부동산시장 가격상승을 억제하기 위한 취지이다.

㉮ 다음의 법률에 따라 협의매수 또는 수용됨으로써 발생하는 소득에 대하여 보상채권을 수령할 것(조특령 §72 ②)
- 공공주택 특별법
- 택지개발촉진법
- 토지보상법
- 그 밖에 이와 유사한 법률로서 공익사업에 따른 협의매수 또는 수용에 관한 사항을

규정하고 있는 법률
⑭ 보상채권에 만기보유특약이 있을 것

보상채권을 해당 사업시행자를 「주식·사채 등의 전자등록에 관한 법률」 제19조에 따른 계좌관리기관으로 하여 개설한 계좌를 통하여 만기까지 보유하는 것을 말한다(조특령 §72 ③).

보상채권의 일부만 만기보유특약을 체결한 경우에는 해당분에 대해서만 30% 또는 40%의 감면율이 적용된다(부동산거래-70, 2011.1.25.). 만기보유특약 체결은 양도일 후에도 가능하다(부동산거래-581, 2010.4.19.).

2 사후관리

추징의 대상은 사업시행자와 만기보유특약을 체결한 양도인이며, 이자상당액을 가산한다.

2-1 사업시행자

다음의 의무위반사유에 해당하는 경우, 해당 사업시행자는 감면된 세액에 상당하는 금액을 그 사유가 발생한 과세연도의 과세표준신고를 할 때 소득세 또는 법인세로 납부하여야 한다(조특법 §77 ③).

① 공익사업의 시행자(조특법 §77 ① 1호)가 사업시행인가 등을 받은 날부터 3년 이내에 그 공익사업을 시작하지 아니하는 경우

"착수"라 함은 유형적인 힘을 가하여 형태 및 형질을 변경시키는 인위적인 행위가 개시된 때로서, 설계·자재구입등 예비적 준비와 단순히 부지조성만을 위한 정지작업이 개시된 때를 포함하지 않는다(법인 22601-76, 1992.1.10.).

사업 시행자가 사업시행인가를 받지 못한 경우에도 '토지보상계획 통지일'을 '사업시행인가 등을 받은 날'로 간주하여 추징할 수 없다(인천지법 2014구합31760, 2015.4.2.).

② 정비구역의 사업시행자(동항 2호)가 다음의 기한까지 도시정비법에 따른 사업시행계획인가를 받지 아니하거나 그 사업을 완료하지 아니하는 경우(조특령 §72 ⑤)

㉮ 사업시행계획인가에 있어서는 도시정비법에 의하여 사업시행자의 지정을 받은 날부터 1년이 되는 날

주택재건축 정비사업조합의 경우 사업시행자의 지정을 받은 날이란 같은 주택재건축사업의 추진위원회가 시장·군수로부터 주택재건축 정비사업조합의 설립인가를

받은 날을 말한다(부동산거래-917, 2010.7.14.).

㉴ 사업완료에 있어서는 도시정비법에 의하여 사업시행계획인가를 받은 사업시행계획서상의 공사완료일

도시정비법에 따라 당초 사업시행계획의 변경인가를 받은 경우에는 변경된 사업시행계획서의 공사완료일을 적용한다(부동산거래-1051, 2010.8.13.).

상기 의무위반사유에 따라 감면세액 등을 추징 받은 공익사업시행자 등이 소유토지 등을 새로이 지정된 공익사업시행자 등에게 다시 양도함으로써 발생하는 소득에 대하여는 감면이 적용된다(조특통 77-0…1).

2-2 양도인

만기보유특약을 체결하고 30% 또는 40%의 세액을 감면받은 양도인이 그 특약을 위반하게 된 경우, 즉 중도 매도한 경우에는 즉시 일반 보상채권(감면율 15%)에 비하여 추가적으로 감면받은 세액을 징수한다. 양도소득세의 30%를 세액감면받은 경우에는 양도소득세의 15%, 양도소득세의 40%를 세액감면받은 경우에는 양도소득세의 25%를 징수한다(조특법 §77 ④).

2019년 개정세법에서 공익사업으로 토지 등이 수용되면서 3년 이상 만기 채권으로 보상받았으나 만기까지 보유하여야 하는 특약조건을 위반하여 양도소득세 감면세액이 추징되는 경우, 추징률을 10%에서 15%(5년 이상 만기 채권의 경우 20%에서 25%)로 조정하였다.

2-3 이자상당가산액

(1) 사업시행자

감면받은 세액을 추징당하는 사업시행자는 이자상당가산액을 납부하여야 한다(조특법 §77 ⑤ → §63 ③).

이자상당가산액에 관한 규정은 수도권 밖으로 공장을 이전하는 기업에 대한 세액감면 등 규정을 준용하고 있으므로, 제8부 제1장 제5절 Ⅲ. 3-2를 참조하기 바란다.

(2) 양도인

양도인으로부터 감면받은 세액을 징수하는 경우에도 이자상당액을 가산한다(조특법 §77 ⑤ → §66 ⑥).

이자상당가산액에 관한 규정은 법 제66조 영농조합법인 등에 대한 법인세의 면제 등 조

항을 준용하고 있으므로, 제8부 제2장 제3절 Ⅲ. 4.를 참조하기 바란다.

3 비사업용토지에서 제외

토지보상법 및 그 밖의 법률에 따라 협의매수 또는 수용되는 토지로서 사업인정고시일이 2006.12.31. 이전인 토지 또는 취득일이 사업인정고시일부터 2년 이전인 토지는 부득이한 사유가 있는 것으로 보아 비사업용 토지에서 제외한다(법령 §92의 11 ③ 2호, 소령 §168의 14 ③ 3호).

Ⅳ. 조세특례제한 등

1 절차

1-1 감면신청

세액감면신청서의 제출은 협력의무에 불과하므로 동 신청서의 제출이 없다 하더라도 감면이 가능하다(재일 46014-3144, 1995.12.8.).

(1) 사업시행자에게 양도 또는 수용되는 경우

공익사업용 토지등 또는 정비구역 토지등을 양도(법 §77 ① 1호·2호)하는 경우에 있어, 감면신청을 하고자 하는 사업시행자는 당해 토지 등을 양도한 날이 속하는 과세연도의 과세표준신고와 함께 공익사업용토지 등에 대한 세액감면신청서(별지 제54호 서식)에 당해 사업시행자임을 확인할 수 있는 서류를 첨부하여 양도자의 납세지 관할세무서장에게 제출하여야 한다. 특약체결자의 경우에는 특약체결 사실 및 보상채권 보유사실을 확인할 수 있는 서류를 포함한다(조특령 §72 ⑦).

사업시행자가 신청의 주체이다.

토지등을 수용(법 §77 ① 3호)하는 경우에 있어 감면신청을 하고자 하는 자는 당해 토지 등을 양도한 날이 속하는 과세연도의 과세표준신고(거주자와 법인세법 제62조의 2 제7항의 규정에 의하여 예정신고를 한 비영리내국법인의 경우에는 예정신고를 포함)와 함께 현물출자 등에 대한 세액감면신청서(별지 제13호 서식)에 토지 등 수용사실 확인서(별지 제54호 서식 부표)(특약체결자의 경우에는 특약체결 사실 및 보상채권 보유사실을 확인할 수 있는 서류를 포함)를 첨부하여 납세지 관할세무서장에게 제출하여야 한다(조특령 §72 ⑧).

　토지소유자의 토지등이 토지보상법에 따른 수용 절차 및 방법에 따라 「도시 및 주거환경정비법」에 따른 사업시행자에게 수용된 것이 관할 토지수용위원회의 재결서 등에 의해서 확인되는 경우에는 수용사실 확인서를 제출하지 아니하여도 감면을 적용받을 수 있다 (사전법령재산-0496, 2017.10.25.). 즉, 해당 사업시행자가 감면신청을 하지 않은 경우에도 해당 감면요건이 충족되면 해당 세액을 감면받을 수 있다(기준법령재산-0272, 2020.12.8.).[8]

(2) 지정 전 사업자에게 양도하는 경우 ('15년말 일몰 종료)

　지정 전 사업자에게 양도하는 경우에 감면신청을 하고자 하는 자는 공익사업의 시행자 및 사업시행자(조특법 §77 ① 1호·2호)가 해당 사업시행자로 지정받은 날부터 2개월 이내에 공익사업용토지 등에 대한 세액감면신청서(별지 제54호 서식)에 해당 사업시행자임을 확인할 수 있는 서류를 첨부하여 양도자의 납세지 관할 세무서장에게 제출하여야 한다(조특령 §72 ④).

1-2 만기보유특약의 통보

　사업시행자는 보상채권에 대하여 만기보유특약이 있으면 그 특약체결자에 대한 보상채권 만기보유 특약체결자의 보상명세서[별지 제55호 서식(1)]를, 특약체결자가 그 특약을 위반하는 경우 보상채권 만기보유 특약 위반사실 확인통보서[별지 제55호 서식(2)]를 다음 달 말일까지 납세지 관할 세무서장에게 통보하여야 한다(조특령 §72 ⑥).

2 중복지원의 배제

2-1 감면규정 간 중복지원 배제

　양도소득세 감면규정 간 중복지원배제 조항이 적용된다(조특법 §127 ⑦).
　8년 이상 자경농지에 대해 공익사업용 토지로 수용되는 경우에 주거지역 편입일 이전

---

[8] 본문의 예규와는 달리, 사업시행자가 감면신청을 한 경우에만 감면할 수 있다는 종전 예규(부동산거래관리과-682, 2010.5.13.)는 2020년 12월에 삭제됨.

발생한 양도소득금액에 대해 법 제69조의 자경농지 양도소득세 감면을 적용받았다면, 주거지역 편입일 이후 발생한 양도소득금액에 대해 본 과세특례가 적용되지 않는다(부동산거래-1168, 2010.9.17.) (제8부 제3장 제2절 Ⅲ. 1. 감면세액 참조).

상세 내용은 제20부 제1절 Ⅱ. 7-1을 참조하기로 한다.

2-2 공익사업 수용 등에 따른 공장이전 과세특례와 중복지원 배제

거주자가 토지등을 양도하여 공익사업용 토지 등에 대한 양도소득세의 감면(법 §77) 및 공익사업을 위한 수용등에 따른 공장 이전에 대한 과세특례(법 §85의 7)가 동시에 적용되는 경우에는 그 중 하나만을 선택하여 적용받을 수 있다(조특법 §127 ⑧).

상세 내용은 제20부 제1절 Ⅱ. 7-2를 참조하기 바란다.

2-3 대토보상 감면과의 중복지원 배제

(1) 선택적 적용 (특별법 관계)

법 제77조의 2 대토보상에 대한 양도소득세 과세특례(이하 "대토보상 특례")와 본 세액감면은 공익사업을 위한 토지의 양도라는 특례 대상을 같이 하고 있다. 다만 대토보상 특례는 그 양도대금을 대토로 지급받는 경우로 한정하고 있으므로 본 세액감면의 특별법에 해당한다. 따라서 대토보상을 받는 경우 양자는 선택적 관계로 중복지원의 배제 대상이 된다.

과세관청의 유권해석에서도 "토지보상법에 따른 공익사업용 토지 등을 양도하고 대토보상을 받은 자가 제77조의 2 대토보상에 따른 양도소득세 과세이연을 신청하지 아니하고, 제77조에 따른 공익사업용 토지 등에 대한 양도소득세 감면을 신청한 경우에는 본 세액감면을 적용받을 수 있으며, 현금보상 감면율을 적용한다"라고 해석하고 있다(부동산거래-640, 2010.4.30.).

다만 2020년 개정세법에서 대토보상 특례를 적용받는 경우 40%의 세액감면9)을 선택할 수 있으므로, 납세자는 대토보상 특례 중 세액감면을 선택하는 것이 본 세액감면(현금보상 감면율 10%)을 선택하는 것보다 유리하다.

반면에, 공익사업에 필요한 토지 등을 당해 공익사업의 시행자에게 양도하고, 그 양도대금 중 일부는 현금으로 나머지는 공익사업의 시행자가 조성하는 토지로 보상받은 경우 현금으로 지급받은 분에 대하여는 조세특례제한법 제77조를, 토지로 보상받은 분에 대하여

---

9) 본 세액감면의 5년 만기 이상 만기보유 보상채권과 세액감면율이 동일함. 2016년 개정세법에서 대토보상 특례를 적용받는 경우 15%의 세액감면을 적용할 수 있도록 추가하였음.

는 같은 법 제77조의2를 적용받을 수 있다(사전법령재산-1028, 2021.12.14.).

(2) 과세이연 적용 후 현금보상으로 전환된 경우

주요 이슈와 쟁점

39. 대토보상을 과세이연한 후 현금보상으로 전환되었을 때 감면이 가능한지 여부

대토보상을 받기로 사업시행자와 약정하였으나 사업시행자가 현금보상으로 전환한 경우, 법 제77조 세액감면이 적용될 수 있는지에 관하여 종래 과세관청과 재결청의 해석이 엇갈리고 있었다.

과세관청은 대토보상 과세이연을 받은 자가 대토보상을 현금보상으로 전환한 경우(토지보상법 §63 ⑥, 동법 시행규칙 §15의 3)에는, 현금 수령분에 대하여 본 과세특례에 따라 양도소득세가 감면되지 아니하며, 법 제69조 자경농지에 대한 양도소득세 감면규정도 적용되지 않는다라고 해석하였다(부동산거래-70, 2012.2.1.; 부동산거래-63, 2012.1.31.; 법규과-76, 2012. 1.26.).

반면에 재결청의 심판례에 의하면 현금보상으로 전환된 후 과세이연받은 양도소득세를 납부하면(조특령 §73 ⑤) 과세이연의 효과가 사라지고 사실상 현금보상만을 받은 것과 동일하다는 점을 근거로 하여, 본 세액감면을 허용하였다(조심 2015서62, 2015.6.25.; 조심 2013서3111, 2014.1.15.; 조심 2014중1326, 2014.5.23.; 조심 2014중4488, 2015.2.13.).

이에 2015년 개정세법에서 과세이연 신청 후 현금보상으로 전환된 경우에는 총보상액(현금·채권·대토보상등 포함)에 법 제77조의 세액감면의 감면율(2016년 개정 이후에는 10%)을 적용하도록 개정하였다(조특령 §73 ⑤). 개정 후에 현금보상으로 전환된 경우에는, 현금보상 감면율 10%가 적용되므로 본 세액감면을 다시 신청할 필요가 없다.

3 양도소득세 감면의 종합한도

개인의 양도소득세 감면 종합한도 규정이 적용된다(조특법 §133 ①). 과세기간별 1억원 감면한도 및 5개 과세기간 2억원 감면한도를 적용한다.

제20부 제6절 양도소득세 감면의 종합한도 규정을 참조하기 바란다.

4 농어촌특별세

농어민인 거주자가 직접 경작한 토지(조특법 §69 ①; 8년 이상 경작기간은 적용하지 아니함)에 따른 조세감면에 대하여만 농어촌특별세가 비과세된다(농특령 §4 ① 1호). 이를 제외한 여타의 토지에 대하여는 농특세가 과세된다.

제3절 [제77조의 2] 대토보상에 대한 양도소득세 과세이연 등

Ⅰ. 의의

2년 이상 보유한 토지등을 공익사업 시행자에게 양도함으로써 발생한 양도차익 중 그 양도대금을 해당 공익사업의 시행으로 조성한 토지로 보상(이하 "대토보상")받는 부분에 대해서 과세이연하거나 양도소득세의 40%를 감면하는 제도이다.

과세이연을 선택한 후 과세이연된 토지등을 양도하는 경우에는 대토 양도 시 과세이연금액을 차감한 금액을 대토로 취득한 신규토지의 취득가액으로 보아 양도소득세를 과세한다.

보상자금의 부동산시장 유입으로 인한 부동산 가격 상승을 억제하기 위한 대토보상제도를 세제지원하기 위하여 2008년 개정세법에서 도입되었다.

일몰기한은 2026.12.31.이다.

개정연혁

연 도	개정 내용
2020년	■ 세액감면율 인상 : 15% → 40% ■ 대토보상권을 부동산투자회사에 현물출자하는 경우 만기보유 특약 없는 채권보상과의 차액을 추징
2021년	■ 대토보상권을 부동산투자회사에 현물출자하는 경우 3년 만기보유특약을 체결한 채권보상과의 차액을 추징
2024년	■ 대토를 증여·상속한 경우의 사후관리 기간을 3년으로 설정

Ⅱ. 요건

거주자가 2년 이상 보유한 토지등을 공익사업 시행자에게 양도하고, 대토보상을 받아야 한다. 또한 대토보상 명세를 국세청에 통보하여야 한다.

1 주체

과세특례의 주체는 거주자이다.

2 2년 이상 보유 토지등

거주자가 2년 이상 보유한 토지 또는 건물(이하 "토지등")이어야 한다. 부동산 투기를 방지하기 위함이다.

기간계산은 원칙적으로 토지의 취득일로부터 양도일이다. 양도 시기는 소득세법상 양도시기에 따른다(부동산거래-70, 2012.2.1.). 해당 내용은 제7부 제7장 제2절 Ⅱ. 2-2를 참조하기 바란다.

공익사업의 시행자에게 양도하는 경우 해당 사업지역에 대한 사업인정고시일(사업인정고시일 전에 양도한 경우에는 양도일)이 2년 기간 계산의 기산점이다(조특법 §77의 2 ①).

3 사업시행자에게 양도

거주가 「공익사업을 위한 토지 등의 취득 및 보상에 관한 법률」(이하 "토지보상법")에 따른 공익사업의 시행에 필요한 토지등을 그 공익사업의 시행자에게 양도하여야 한다(조특법 §77의 2 ①).

공익사업의 범위는 제2절 Ⅱ. 3-1을 참조하기 바란다.

4 대토보상

토지등의 양도대금을 해당 공익사업의 시행으로 조성한 토지로 보상(대토보상)받아야 한다(토지보상법 §63 ① 참조).

대토보상이란 토지 소유자와 사업시행자가 당해 지구에 조성되는 토지로 보상한다는 용지매매계약을 체결하면 그 체결일에 토지소유권이 토지 소유자에서 사업시행자에게 이전되며, 추후 당해 지구에 조성된 토지로 공급(공급계약체결)받는 방법이다.

대토보상 절차

보상계획 공고 및 손실보상 협의 요청 → 대토보상 세부시행기준 안내 → 대토보상 신청 접수 → 대토보상 대상자 결정 → 보상계약 및 소유권 이전(보상금 지급유예) → 조성토지 공급 공고(대상자 개별 통보) → 조성토지 공급신청 및 대상토지 결정 → 공급계약 체결(보상금과 공급대금 상계처리) → 조성토지 소유권 이전

협의취득계약 체결(대토보상계약 체결) 시, 보상금 중 대토 신청한 토지에 상당한 토지보상금에 대해 대토보상을 신청하고, 종전토지에 대한 소유권을 사업시행자에게 이전함과 동시에 해당 대토신청 보상금 상당액만큼은 지급을 유예한다. 수년 후 대토의 토지분할·공급가격이 확정된 후 지급 유예한 보상금으로 대토의 공급대금의 일시납입금과 상계한 후에 차액을 정산한다.

따라서 대토보상자(토지 소유자)는 용지매매계약의 체결일부터 대토를 공급받기 전까지는 토지에 대한 소유권을 상실하며, 다만 사업시행자에 대하여 이행채권만을 갖는다. 일반적으로 신규 조성 토지를 3년~5년 이후에 공급받게 되므로 종전 토지 이전 시점과 토지보상 시점 간에 시차가 존재한다.[1]

5 대토보상 명세의 통보

해당 공익사업의 시행자가 대토보상을 받은 자(이하 "대토보상자")에 대한 '보상채권 만기보유 특약체결자의 보상명세서'(별지 55호 서식1)를 다음 달 말일까지 대토보상자의 납세지 관할 세무서장에게 통보하는 경우에만 적용한다(조특법 §77의 2 ②, 조특령 §73 ②).

단순한 협력의무가 아닌 과세특례의 필수요건이다.

---

[1] 이헌석, "대토보상제도의 개선방안에 관한 연구", 전북대학교 법학연구/제36집, 2012.9., pp.427-428.

Ⅲ. 과세특례

대토보상자의 선택에 따라 양도소득세의 과세를 이연받거나 양도소득세의 40%를 세액 감면받을 수 있다. 예를 들어, 대토보상받은 부분에 대하여 양도소득세의 40%에 상당하는 세액을 감면받은 후에는, 남은 부분(같은 법 제133조에 따라 감면되지 아니한 부분을 말함)에 대하여 양도소득세 과세를 이연받을 수 없다(재재산-1578, 2022.12.23.). 양자는 택일관계이다.

1 과세이연

대토보상자가 과세이연을 신청한 경우 종전 토지의 양도로 인한 양도차익 중 과세이연 금액에 대하여는 양도소득세를 과세하지 않고, 추후 대토를 양도할 때 새로이 취득한 대토 의 취득가액에서 과세이연금액을 차감한 금액을 대토로 취득한 신규토지의 취득가액으로 보아 양도소득세를 과세한다(조특령 §73 ① 2호).

1-1 과세이연금액의 산정

다음의 산식에 따른 금액을 과세이연금액으로 한다. 산식의 의미는 장기보유특별공제액(소 법 §95 ②)을 차감한 종전 토지의 양도차익 중 대토보상 부분만 과세이연시킨다는 것이다.

$$과세이연금액 = (양도차익 - 장기보유특별공제액) \times \frac{대토보상\ 상당액}{총보상액}$$

당해 연도 중 기신고 양도소득금액이 있는 경우에도 과세이연금액과 합산하지 않는다 (재산-1095, 2009.12.23.).

(가) 양도차익

양도차익은 양도소득의 총수입금액(양도가액)에서 필요경비(소법 §97)를 공제한 금액이다 (소법 §95 ①).
양도대금을 해당 공익사업의 시행으로 조성한 토지로 보상받는 분에 한하여 적용하며, 대토보상 계산 시 다른 지역의 보상으로 인하여 받은 보상가액을 포함하여 계산하지 않는 다(재산세과-1783, 2008.7.18.).

(나) 총보상액

총보상액이란 대토보상자가 토지보상법에 따라 사업시행자로부터 받은 대토보상, 현금보상, 채권보상 등을 합한 금액이다.

(다) 대토보상 상당액

수필의 필지가 수용된 때 일부 토지에 대한 8년 자경 감면(법 §69)이 적용되는 경우, 다음과 같이 감면분을 제외하여 대토보상 상당액을 계산한다(심사양도 2013-97, 2013.7.16.; 조심 2012서1129, 2012.5.25.; 법규과-403, 2011.4.5.).

$$\text{대토보상 상당액} = \text{대토로 취득한 신규 토지의 취득가액} \times \frac{\text{총보상액} - \text{자경감면대상 토지가액}}{\text{총보상액}}$$

● 1세대 1주택(고가주택) 부수토지를 대토보상하는 경우의 과세이연 방법

「조세특례제한법」제77조의 2 제1항에 따른 토지등을 양도하고 대토보상에 대한 양도소득세의 과세를 이연받는 경우로서 토지 등이 「소득세법」제89조 제1항 제3호 및 같은 법 시행령 제156조에 따른 1세대 1주택이면서 고가주택에 해당하는 경우에는 「소득세법」제95조 제3항 및 같은 법 시행령 제160조 (고가주택에 대한 양도차익 등의 계산)을 적용한 후 「조세특례제한법」제77조의 2 제1항을 적용하는 것임. 이때, 같은법 시행령 제73조 제1항에 규정된 산식의 분자인 "대토보상상당액"은 "주택의 부수토지에 대한 대토보상상당액"을 말하는 것이며, 분모인 "총보상액"은 "주택의 부수토지에 대한 총보상액"을 말하는 것임(부동산거래-1351, 2010.11.10.; 법규재산 2014-459, 2014.11.7.).

1-2 대토 양도 시 양도차익

대토보상자가 추후 대토를 양도할 때 양도차익의 계산 시, 취득가액에서 과세이연금액을 차감한 금액을 취득가액으로 간주한다.

$$\text{대토 양도 시 양도차익} = \text{양도가액} - (\text{취득가액} - \text{과세이연금액})$$

다만 장기보유특별공제액을 계산할 때 보유기간은 대토의 취득 시부터 양도 시까지이며, 종전 토지의 취득 시로 소급하지 않음에 유의하여야 한다. 납세의무가 성립·확정된 종전 토지의 양도차익을 단지 과세이연(납부의무 기간의 연장)하는 것이므로, 이미 확정된 종전토지의 양도차익에 대해 장기보유특별공제를 적용할 수 없기 때문이다.

양도소득세는 당초 양도인이었던 개인이 납부한다.

[사례] 대토보상의 과세이연과 대토 양도

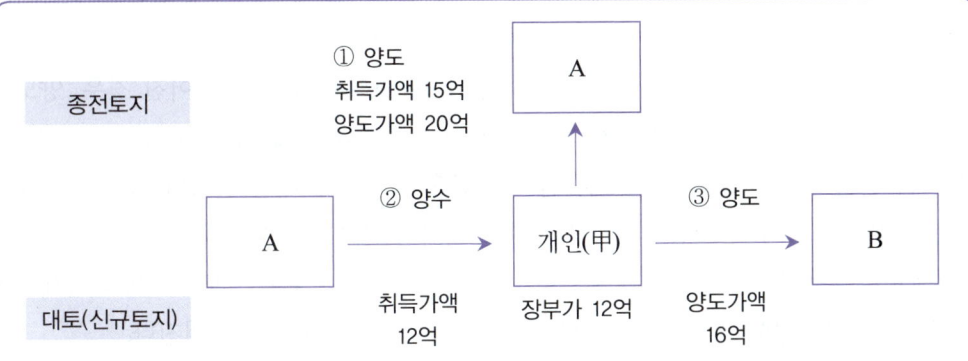

1) 개인(甲)의 과세이연 시

개인(甲)이 취득가액 15억원인 종전토지를 사업시행자 A에게 양도하고 현금 8억원과 12억원에 상당하는 신규토지를 대토보상으로 수령한 경우를 가정한다(장기보유특별공제도 없는 것으로 가정함). 양도차익 5억원(=20억 - 15억) 중 과세이연금액은 3억원(=5억×12억/20억)이 되며, 동 금액은 양도소득세가 과세되지 아니하고 과세이연된다. 나머지 양도차익 2억원에 대해서는 개인(甲)이 양도소득세를 납부한다.

2) 대토 매각 시

개인(甲)이 A로부터 12억원에 취득한 대토를 16억원에 B에게 양도하면 양도차익 7억원[=16억 - (12억 - 3억)]에 대해 개인(甲)이 양도소득세를 계산하여 납부한다.

3) 의무위반사유 발생 시

개인(甲)이 과세이연되었던 3억원에 대해 양도소득세를 계산하여 납부한다.

2 세액감면

대토보상자가 세액감면을 신청하는 경우 종전 토지의 양도차익 중 다음 계산식에 따라 계산한 금액에 대한 양도소득세의 40%를 감면세액으로 한다(조특령 §73 ① 1호).

2020년 개정세법에서 대토보상받는 부분에 대한 양도소득세 감면율을 15%에서 40%로 상향 조정하였다. 개정규정은 2020.1.1. 이후 양도하는 분부터 적용한다(2019.12.31. 개정된 법률 부칙 §21).

$$\text{감면대상 양도차익} = (\text{양도차익} - \text{장기보유특별공제액}) \times \frac{\text{대토보상 상당액}}{\text{총보상액}}$$

산식상의 각 항목에 대한 설명은 1-1을 참조하기로 한다.

한편 본 세액감면 규정이 과세이연과 선택적 관계라는 점에서 양도차익을 기준으로 감면세액을 계산하도록 한 것으로 보이나, 저자의 의견으로는 양도소득세 산출세액을 기준으로 감면세액을 계산하도록 변경하여야 할 것으로 본다.

예를 들어 대토보상(감면율 15%)과 현금보상(감면율 10%)이 같이 이루어진 경우, 양도차익을 기준으로 감면세액을 계산하게 되면 현재의 누진세율 하에서는 대토보상이 낮은 세율을 적용받을 것인지 또는 높은 세율을 적용받을 것인지에 대한 별도의 판단을 필요로 한다. 그 적용 여부에 따라 감면세액과 납부할 세액이 달라지기 때문이다. 낮은 세율 또는 높은 세율을 적용할지는 입법자의 재량이지만, 저자의 의견으로는 양도소득세 산출세액을 기준으로 아래와 같이 감면세액을 안분계산하는 것이 타당하다고 여겨진다.

$$\text{대토보상 감면세액} = \left(\text{양도소득금액} \times \text{누진세율} \right) \times \frac{\text{대토보상 상당액}}{\text{총보상액}} \times 15\%$$

3 사후관리

사후관리의 유형으로는 양도소득세 감면세액만을 납부하는 경우와 동 감면세액과 이자상당가산액을 납부하는 경우로 나뉜다.

3-1 이자상당가산액을 추가로 납부하는 경우

(1) 의무위반사유

다음의 의무위반사유에 해당하는 경우에는 추징하고 이자상당액을 가산한다(조특령 §73 ④).

(1-1) 전매금지 위반으로 현금보상 전환한 경우 (1호)

토지보상법의 전매금지를 위반함에 따라 대토보상이 현금보상으로 전환된 경우이다. 토지보상법상 토지로 보상받기로 결정된 권리는 그 보상계약의 체결일부터 소유권이전등기를 마칠 때까지 전매할 수 없으며, 이를 위반할 때에는 사업시행자가 현금보상으로 전환할 수 있다(토지보상법 §63 ③).

이 경우 전매에는 매매, 증여, 그 밖에 권리의 변동을 수반하는 모든 행위를 포함하되, 상속 및 부동산투자회사법에 따른 개발전문 부동산투자회사에 현물출자를 하는 경우는 제외한다.

따라서 토지로 보상받기로 결정된 권리를 개발전문 부동산투자회사에 현물출자하는 경우에는 전매금지 위반으로 보지 아니하고, 이자상당가산액을 납부하지 않는 의무위반사유로 보아 과세이연받은 세액만 양도소득세로 추징한다(재재산-113, 2013.2.15.).

(1-2) 이전등기 완료 후 3년 이내 대토를 양도한 경우 (2호)

해당 대토에 대한 소유권이전등기를 완료한 후 3년 이내에 해당 대토를 양도하는 경우이다. 다만, 대토를 취득한 후 3년 이내에 토지보상법이나 그 밖의 법률에 따라 협의매수되거나 수용되는 경우에는 제외한다.

현물출자는 세법상 유상양도에 포함되므로, 대토를 현물출자하는 경우에는 추징사유에 해당한다(재산-1139, 2009.6.9.; 사전법규재산-0952, 2022.6.15.). 대토보상 면적에 제한(토지보상법 §63 ②)이 있어 1필지의 토지에 미치지 못하는 경우 등, 다수의 지주가 공동사업을 위해 조합을 구성하여 대토를 현물출자하는 때에는 양도로 보아 추징한다.

(2) 추징방법

추징세액과 이자상당가산액을 사유가 발생한 날이 속하는 달의 말일부터 2개월 이내에 양도소득세로 신고·납부하여야 한다. 추징세액은 과세이연을 받은 경우와 세액감면을 받은 경우로 구분하여 달리 계산한다.

(2-1) 과세이연을 받은 경우

대토보상자가 과세이연을 받은 경우에는 종전 토지 전체의 총보상액에 대한 세액에서 법 제77조 공익사업용 토지등 감면 규정에 따른 현금보상 또는 채권보상 등을 통하여 이미 납부한 세액을 뺀 금액(이하 "과세이연금액 상당 세액")을 추징세액으로 한다.

$$\text{과세이연금액 상당 세액} = \text{총보상액에 대한 세액} - \text{현금보상·채권보상 등에 대한 기납부세액}$$

"총보상액에 대한 세액"은 대토보상자가 종전 토지등을 사업시행자에게 양도하여 발생하는 양도소득금액에 법 제77조 공익사업용 토지등 감면의 세액감면율을 적용한 세액으로 한다.

본 특례가 적용되지 않는 경우 본 특례의 일반 조항인 법 제77조를 대신 적용할 수 있으므로 총보상액(현금보상·채권보상으로 감면받은 보상액 포함)에 법 제77조의 감면율을 적용한

세액을 기준으로 추징세액을 계산한다[제2절 Ⅳ. 2-3 (1) 선택적 적용 참조].

그러나, 사후관리 규정에 따라 양도소득세 납부사유가 발생하였으나 이에 따른 양도소득세를 자진 신고·납부하지 않은 경우는 국세기본법 제47조의2에서 정하는 무신고가산세 및 같은 법 제47조의3에서 정하는 과소신고가산세 부과사유에 해당하지 않는다(서면법령해석-2868, 2021.9.29.). 사후관리 규정은 과세특례세액을 양도소득세로 '납부'할 의무를 규정한 것일 뿐, 과세특례세액에 대한 양도소득세 신고의무를 규정한 것이라고 볼 수 없기 때문이다.

(2-2) 세액감면을 받은 경우

대토보상자가 양도소득세 감면을 받은 경우에는 양도소득세 감면세액 전액을 추징세액으로 한다.

후술하는 이자상당가산액을 납부하지 않는 경우의 사후관리규정에서 대토보상과 현금보상의 양도소득세 감면세액의 차액(5%)만을 추징세액으로 하는 것과 차이가 있다.

> **예제** 현금보상과 대토보상을 받은 후 추징되는 경우

○ 자료

김성수 씨가 5년 1개월 보유한 대지를, 공익사업의 시행자가 수용하면서 대토보상 20억원을 지급하였다. 종전 토지의 취득가액은 15억원이고, 필요경비는 1천만원이다. 김성수 씨는 대토로 취득한 신규 토지를 2년 보유한 후 양도하였다. 김성수 씨가 과세이연을 선택한 경우 및 세액감면을 선택한 경우의 납부할 세액을 각각 구하고, 의무위반으로 인한 추징세액을 각각 구하시오.

○ 해설

(단위 : 천원)

구 분	과세이연 시 납부할 세액	감면선택 시 납부할 세액	과세이연 시 추징세액
① 양도가액	2,000,000	2,000,000	2,000,000
② 취득가액	1,500,000	1,500,000	1,500,000
③ 필요경비	10,000	10,000	10,000
④ 양도차익　　＝ ①-②-③	490,000	490,000	490,000
⑤ 장기보유특별공제 ＝ ④×공제율10%	49,000	49,000	49,000
⑥ 양도소득금액　　＝ ④-⑤	441,000	441,000	441,000
⑦ 과세이연금액　　(법 §77의 2)	441,000	0	0
⑧ 양도소득기본공제		2,500	2,500

구 분		과세이연 시 납부할 세액	감면선택 시 납부할 세액	과세이연 시 추징세액
⑨ 과세표준	= ⑥-⑦-⑧	0	438,500	438,500
⑩ 세율			40%	40%
⑪ 산출세액	= ⑨×⑩	0	150,000	150,000
⑫ 감면율			40%	10%
⑬ 감면세액	= ⑪×⑫		60,000	15,000
⑭ 납부할 세액	= ⑪-⑬	0	90,000	135,000

세 가지 경우 모두 ⑥ 양도소득금액의 계산까지는 동일하다. ⑤ 장기보유특별공제의 공제율은 5년 이상 6년 미만의 경우 10%이다(소법 §95 ② 표 1).

1. 과세이연 선택 시 납부할 세액

　전액 대토보상으로 수령하였으므로, 양도소득금액 전액이 과세이연되어 납부할 세액은 없다.

2. 감면 선택 시 납부할 세액

　⑪ 산출세액 = ⑨ 과세표준 × 40% − 누진공제액
　　　　　　＝ 438,500,000 × 40% − 25,400,000 ＝ 150,000,000원

　산출세액에 본 특례의 세액감면율 40%를 곱하여 감면세액을 계산한 후, 산출세액에서 차감하여 납부할 세액을 계산한다.

3. 과세이연 선택 후 추징세액

　위 2.의 계산과 ⑪ 산출세액까지는 동일하지만, 감면율을 법 제77조 공익사업용 토지 감면에 대한 일반 감면율인 10%를 적용하여 감면세액을 계산한다. 2.의 감면세액에 비하여 30%(45,000천원)를 추가로 납부하게 된다.

　전액 대토보상으로 수령하였으므로, 납부할 세액 전액(과세이연금액 상당세액)이 추징세액이 된다(135,000천원).

　추징세액을 기준으로 이자상당가산액을 계산하여 추가로 납부하게 된다.

　이자상당가산액 = 양도소득세로 납부하여야 할 세액 × 소정 기간 × 이자율
　　　　　　　　＝ 135,000,000 × 2년 × 9.125% ＝ 24,637,500원

4. 감면 선택 후 추징세액

　감면 선택 시 감면세액인 60,000,000원이 전액 추징세액이 되며, 이자상당가산액은 위와 동일한 계산식에 따라 계산된다.

　이자상당가산액 = 60,000,000 × 2년 × 9.125% ＝ 10,950,000원

5. 과세이연 또는 감면선택 후 추징 시 총부담세액의 비교

　양자 간 부담세액을 비교하면 다음과 같다.

(단위 : 원)

구 분	과세이연 선택 시 세액	감면 선택 시 세액	차액
특례 적용 시 세액	0	90,000,000	
추징세액	135,000,000	60,000,000	
소계	135,000,000	150,000,000	15,000,000
이자상당가산액	24,637,500	10,950,000	
합계	159,637,500	160,950,000	1,312,500

먼저 이자상당가산액을 제외한 세부담(소계란)을 보자면, 감면 선택 시 부담세액이 과세이연 선택 시 부담세액보다 15,000,000원만큼 크다. 동 금액은 감면 선택 시 ⑪ 산출세액에 10% 감면율을 적용한 금액에 해당한다. 이는 과세이연을 선택한 경우의 사후관리규정에서 법 제77조 공익사업용 토지등 감면의 세액감면율(10%)을 적용(차감)하여 감면하고 있기 때문이다.

그러나 이자상당가산액을 합산한 총부담세액을 비교하면 양자 간에 큰 차이는 없다. 다만 기간이 길어질수록 과세이연 선택 시 총부담세액이 증가하게 되지만, 이는 최초 과세이연 선택 시 양도소득세를 납부하지 않은데 따른 이자상당액(기간의 이익)으로 설명될 수 있다.

(3) 이자상당가산액

이자상당가산액에 관한 규정은 법 제66조 영농조합법인 등에 대한 법인세의 면제 등 조항을 준용하고 있으므로, 제8부 제2장 제3절 Ⅲ. 4. 부분을 참조하기 바란다(조특령 §73 ④ → §63 ⑨).

3-2 이자상당가산액을 납부하지 않는 경우

(1) 의무위반사유

다음의 의무위반사유에 해당하는 경우에는 추징한다(조특령 §73 ⑤).
① 해당 대토에 관한 소유권 이전등기의 등기원인이 대토보상으로 기재되지 아니한 경우 (아래 ④는 제외)
② 토지보상법상의 전매금지 위반 조항 외의 사유로 현금보상으로 전환된 경우[2]
③ <u>해당 대토에 대한 소유권 이전등기를 완료한 후 3년 이내에 그 대토의 증여 또는 상속의 이루어지는 경우</u>
  본 특례의 양도소득세 과세이연을 받은 거주자의 사망으로 그 상속인이 과세이연금액에 상당하는 세액을 양도소득세로 납부하여야 하는 경우, 해당 양도소득세는 상속재산

---
2) 2015년 개정세법 이전의 예규·판례는 제2절 Ⅳ. 2-3 (2) 참조

의 가액에서 빼는 공과금(상증법 §14 ① 1호)에 해당한다(재산-67, 2012.2.20.).

④ 토지로 보상받기로 결정된 권리를 「부동산투자회사법」에 따른 부동산투자회사에 현물출자하는 경우(토지보상법 §63 ① 단서)

현물출자하는 경우 현물출자자와 현물출자받은 부동산투자회사는 현물출자계약서 사본을 현물출자자의 납세지 관할 세무서장에게 제출해야 한다(조특령 §73 ⑧).

2020년 개정세법에서 대토보상권을 부동산투자회사에 현물출자하여 사후관리 요건을 위반한 경우, 대토보상(40%)과 만기보유특약 없는 채권보상(15%)의 차액을 납부하도록 하여 만기보유특약 없는 채권보상 수준으로 감면율을 조정하였다. 개정규정은 2020.2.1. 이후 현물출자하는 분부터 적용한다. 2020.2.11. 전에 현물출자한 분에 대해서는 개정규정에도 불구하고 종전의 규정에 따른다(2020.2.11. 개정된 시행령 부칙 §13 및 §29).

2024 개정 종래 해당 대토를 증여하거나 상속이 이루어지는 경우 의무위반 사유로 보았으나, 3년 이내 증여·상속 만을 의무위반 사유로 봄. 2024.2.29. 전에 대토를 증여하거나 그 상속이 이루어진 경우의 양도소득세 납부에 관하여는 영 73조 5항 3호의 개정규정에도 불구하고 종전의 규정에 따름(2024.2.29. 개정된 시행령 부칙 §22).

(2) 추징방법

추징세액을 사유가 발생한 날이 속하는 달의 말일부터 2개월 이내에 양도소득세로 신고·납부하여야 한다. 이때 ③의 증여의 경우에는 3개월, 상속의 경우에는 6개월 이내로 한다. 납부의 주체는 과세특례를 적용받은 거주자이나, ③ 상속의 경우에는 당해 거주자의 상속인으로 한다.

2017년 개정세법에서 증여, 상속의 경우 신고·납부기한을 연장하였다. 2017.2.7. 이후 상속이 개시되거나 증여하는 경우부터 적용한다(2017.2.7. 개정된 시행령 부칙 §15).

추징세액은 과세이연을 받은 경우와 세액감면을 받은 경우로 구분하여 달리 계산한다.

(가) 과세이연을 받은 경우

과세이연금액 상당 세액을 추징세액으로 한다. 3-1 (2-1)을 참조하기로 한다.

(나) 세액감면을 받은 경우

대토보상(감면율 40%)과 현금보상(감면율 10%)의 양도소득세 감면세액의 차액(30%)을 추징세액으로 한다. 다만, 대토보상권을 현물출자한 경우에는 대토보상과 3년 만기보유특약이 체결된 때의 채권보상(감면율 30%)과의 차액(10%)을 추징세액으로 한다. 다만 현물 출자를 통해 받은 주식을 「부동산투자회사법」 제26조의 3 제4항 제1호의 요건을 갖추지 않은 상태에서 처분할 경우에는 대토보상과 만기보유특약을 체결하지 않은 때의 채권보상(감면율 15%)의 차액(25%)를 추징세액으로 한다.

예를 들어, 전매금지 위반 조항 외의 사유로 현금보상으로 전환된 경우에는 처음 보상시점부터 현금보상으로 특례(감면율 10%)를 받은 것과 동일하게 특례를 부여한다. 사업시행자가 자금부족 등을 이유로 하여 현금보상으로 전환한 경우에는 대토보상자에게 책임을 물을 수 없기 때문이다.

대토보상에 의한 양도소득세를 감면받은 거주자가 대토보상권을 부동산투자회사에 현물출자할 경우 해당 거주자에 대해 추징하는 금액은 종래 대토보상과 만기보유특약이 없는 채권 보상의 양도소득세 감면 차액으로 하였다. 2021년 개정세법에서 추징액을 대토보상과 3년 만기보유특약이 있는 채권보상의 양도소득세 감면세액의 차액으로 낮추었다. 부동산투자회사에 대한 현물 출자 시의 과세특례를 확대하려는 목적이다. 개정규정은 법률 제18048호 부동산투자회사법 일부개정법률의 시행일(2021.4.13.) 이후 대토보상권을 부동산투자회사에 현물출자하는 경우부터 적용한다(2021.5.4. 개정된 조특령 부칙 §2).

Ⅳ. 조세특례제한 등

절차

1-1 과세이연 또는 세액감면 신청

해당 토지등을 양도한 날이 속하는 과세연도의 과세표준신고와 함께 세액감면신청서 또는 과세이연신청서(별지 제12호의 4 서식)에 대토보상 신청서 및 대토보상 계약서 사본을 첨부하여 납세지 관할 세무서장에게 제출하여야 한다(조특령 §73 ⑥).

1-2 사업시행자의 통보의무

사업시행자는 대토보상자에게 대토보상을 현금보상으로 전환한 때에는 그 전환내역을 대토보상자의 현금보상 전환 통보서[별지 제55호 서식(2)]에 기재하여 다음 달 말일까지 대토보상자의 납세지 관할 세무서장에게 통보하여야 한다(조특령 §73 ③).

사업시행자는 해당 토지등을 양도한 날이 속하는 과세연도의 과세표준 신고와 함께 세액감면신청서에 해당 사업시행자임을 확인할 수 있는 서류(특약체결자의 경우에는 특약체결

사실 및 보상채권 보유사실을 확인할 수 있는 서류를 포함한다)를 첨부하여 양도자의 납세지 관할 세무서장에게 제출하여야 하며, 해당 대토에 대한 소유권 이전등기를 완료한 때에는 양도자의 납세지 관할 세무서장에게 그 등기사항증명서를 제출하여야 한다(조특령 §73 ⑦).

2 공익사업용 토지등에 대한 양도소득세 감면규정과의 중복지원 배제

제2절 Ⅳ. 2-2를 참조하기 바란다.

3 양도소득세 감면의 종합한도

과세특례 중 과세이연에는 감면 종합한도를 적용하지 않는다(재산-1783, 2008.7.18.).

반면에 세액감면에 대해서는 양도소득세 감면의 종합한도 규정을 적용한다(조특법 §133). 과세기간별 1억원 감면한도 및 5개 과세기간 2억원 감면한도를 적용한다.

종래 세액감면을 선택한 경우에도 감면한도를 적용하지 않았으나, 2017년 개정세법에서 양도소득세 감면의 종합한도를 적용하도록 변경하였다. 제20부 제6절을 참조하기로 한다.

4 농어촌특별세 과세

양도소득세 세액감면을 받는 경우에는 감면세액을 과세표준으로 하여 20%의 세율을 곱한 금액을 농특세로 납부하여야 한다(농특법 §5 ① 1호).

반면에, 과세이연은 간접감면이므로 농어촌특별세의 납세의무가 없다(재일 46014-1397, 1997.6.5.).

제4절 [제77조의 3] 개발제한구역 지정에 따른 매수대상 토지등에 대한 양도소득세의 감면

Ⅰ. 의의

거주자가 개발제한구역 내의 토지등을 토지매수의 청구 또는 협의매수를 통하여 양도하거나, 개발제한구역에서 해제된 토지등을 협의매수 또는 수용을 통하여 양도하는 경우, 그 양도소득에 대한 소득세를 세액감면하는 제도이다.

개발제한구역 지정일 이전 취득분은 40%, 매수청구일·협의매수일·사업인정고시일로부터 20년 이전에 취득한 경우에는 25%의 감면율을 적용한다.

보유 중인 토지가 개발제한구역으로 지정되면 종래 목적으로 사용할 수 없어 장기간 그 재산권 행사에 제한을 받기 때문에, 해당 토지 소재지에 거주해 온 거주자에 대한 양도소득세 부담을 감경해 주기 위한 목적으로 2009년 도입되었다.

일몰기한은 2025.12.31.이다.[1]

Ⅱ. 요건

거주자가 개발제한구역 내의 토지등을 토지매수의 청구 또는 협의매수를 통하여 양도하거나, 개발제한구역에서 해제된 토지등을 협의매수 또는 수용을 통하여 양도하여야 한다.

---

1) Ⅱ. 3. 개발제한해제구역 토지 등의 양도에 특례에 대한 일몰기한은 2021.3.16. 개정된 법률에서 일몰기한을 연장하였다. 개정규정은 2021.2.22.이 속하는 과세연도부터 적용한다(2021.3.16. 개정된 법률 부칙 §3).

1 주체

과세특례의 주체는 거주자이다. 토지 또는 건물(이하 "토지등")을 소유하면서 당해 토지등이 소재하는 지역에 거주하여야 한다.

종중(宗中)은 자연인이 아니어서 거주할 수 없으므로 본 과세특례의 주체가 될 수 없다(조심 2012중3600, 2013.9.6.).

1-1 보유기간

거주자는 해당 토지등을 다음의 기간 동안 보유하여야 한다.

㉮ 개발제한구역 내 토지등의 양도

개발제한구역 지정일 이전에 취득하여 매수청구일 또는 협의매수일(이하 "매수청구일등")까지 보유하거나, 매수청구일등으로부터 20년 이전에 취득하여 매수청구일등까지 보유하여야 한다(조특법 §77의 3 ① 1호·2호).

㉯ 개발제한구역 해제 토지등의 양도

개발제한구역 지정일 이전에 취득하여 사업인정고시일까지 보유하거나, 사업인정고시일부터 20년 이전에 취득하여 사업인정고시일까지 보유하여야 한다(조특법 §77의 3 ② 1호·2호).

취득일은 소득세법상 양도 시기에 따른다. 제7부 제7장 제2절 Ⅱ. 2-2를 참조하기 바란다. 다만 상속받은 토지등은 해당 토지등의 취득일을 피상속인이 취득한 날로 소급한다(조특법 §77의 3 ③). 상속받은 부동산은 투기목적의 취득으로 보기 어렵기 때문이다. 직전 피상속인이 취득한 날까지만 소급하며 그 이전 피상속인의 취득일까지 소급하지 않는다(서면부동산-1542, 2019.5.31.).

1-2 거주 요건

(1) 거주 지역

전술한 보유기간 동안 토지 소재지에 거주하여야 한다. 거주 개시 당시에는 당해 지역에 해당하였으나 행정구역의 개편 등으로 이에 해당하지 아니하게 된 지역을 포함한다(조특령 §74 ①).

토지 소재지의 범위는 자경농지 감면과 내용이 동일하므로 제8부 제3장 제2절 Ⅱ. 1-1 (2)를 참조하기로 한다.

(2) 거주기간의 계속

거주자는 보유기간 동안 계속적으로 거주하여야 한다(부동산거래-848, 2011.10.7.). 부동산 투기를 방지하기 위함이다. 피상속인의 거주기간도 상속인의 거주기간에 합산한다(조특령 §74 ④).

아래의 부득이한 사유가 있는 경우 외에는 보유기간 동안 해당 토지의 소재지 이외의 곳으로 거주지를 이전한 경우에는 감면을 받을 수 없다는 점을 주의하여야 한다(서울고법 2013누46299, 2013.12.19.).

다음의 부득이한 사유로 해당 토지등의 소재지에 거주하지 못한 기간도 거주기간에 포함한다(조특령 §74 ④, 조특칙 §30).
① 초·중등교육법에 따른 학교(유치원·초등학교 및 중학교를 제외) 및 고등교육법에 의한 학교에의 취학
② 병역법에 따른 징집
③ 1년 이상의 치료나 요양을 필요로 하는 질병의 치료 또는 요양

열거되지 아니한 사유, 예컨대 근무상 형편은 부득이한 사유에 해당할 수 없다(조심 2010중3648, 2010.12.31.; 부동산납세-442, 2014.6.24.).

2 개발제한구역 내 토지등의 양도

거주자가 「개발제한구역의 지정 및 관리에 관한 특별조치법」(이하 "개발제한구역법") 제3조에 따라 지정된 개발제한구역 내의 해당 토지등을 토지매수의 청구 또는 협의매수를 통하여 양도하여야 한다(조특법 §77의 3 ①).

2-1 개발제한구역

"개발제한구역"이란 도시의 무질서한 확산을 방지하고 도시주변의 자연환경을 보전하여 도시민의 건전한 생활환경을 확보하기 위하여 도시의 개발을 제한할 필요가 있거나 국방부장관의 요청이 있어 보안상 도시의 개발을 제한할 필요가 있다고 인정되는 경우 국토교통부장관이 지정하는 지역을 말한다(개발제한구역법 §3 ①).

온천법 제4조에 따른 온천원보호지구는 개발제한구역에 해당하지 않는다(재산-1109, 2009.6.8.).

2-2 토지 매수의 청구

"토지매수의 청구"란 개발제한구역의 지정에 따라 개발제한구역의 토지를 종래의 용도로 사용할 수 없어 그 효용이 현저히 감소된 토지나 그 토지의 사용 및 수익이 사실상 불가능하게 된 토지의 소유자가 다음에 해당하는 경우에 국토교통부장관에게 그 토지의 매수를 청구하는 것을 말한다(개발제한구역법 §17 ①).
① 개발제한구역으로 지정될 당시부터 계속하여 해당 토지를 소유한 자
② 토지의 사용·수익이 사실상 불가능하게 되기 전에 해당 토지를 취득하여 계속 소유한 자
③ 위에 해당하는 자로부터 해당 토지를 상속받아 계속하여 소유한 자

2-3 협의매수

"협의매수"란 국토교통부장관이 개발제한구역을 지정한 목적을 달성하기 위하여 필요한 경우 소유자와 협의하여 개발제한구역의 토지와 그 토지의 정착물을 매수하는 것을 말한다(개발제한구역법 §20 ①).

3 개발제한구역 해제 토지등의 양도

개발제한구역에서 해제된 해당 토지등을 「공익사업을 위한 토지 등의 취득 및 보상에 관한 법률」(이하 "토지보상법") 및 그 밖의 법률에 따른 협의매수 또는 수용을 통하여 양도하여야 한다. 다만 아래의 기간 이내에 토지보상법 및 그 밖의 법률에 따라 사업인정고시가 된 경우에 한정한다(조특법 §77의 3 ②).
① 개발제한구역 해제일로부터 1년 이내
② 개발제한구역 해제 이전에 다음의 지역으로 지정이 된 경우에는 개발제한구역 해제일로부터 5년 이내(조특법 §74 ②)(부동산거래-1030, 2011.12.13.; 부동산거래-759, 2011.8.29.)
- 경제자유구역 (경제자유구역의 지정 및 운영에 관한 특별법 §4)
- 택지개발지구 (택지개발촉진법 §3)
- 산업단지 (산업입지 및 개발에 관한 법률 §6·§7·§7의 2·§8)
- 기업도시개발구역 (기업도시개발 특별법 §5)
- 위의 규정에 따른 지역과 유사한 지역으로서 기획재정부령으로 정하는 지역(현재 설정되지 아니함)

동 규정의 입법취지는 개발제한구역 해제에서 벗어나 재산권 행사 기간을 충분히 갖지 못한 상태에서 다시 수용 등을 당하는 것은 재산권에 대한 계속적 침해이므로, 개발제한구역에서 해제되지 않은 상태에서의 양도와 동일하게 감면을 허용하는 것으로 판단된다.

개발제한구역으로 지정된 토지를 취득하여 (사업인정고시가 먼저 되고) 개발제한구역에서 해제되지 않은 상태에서 토지보상법 및 그 밖의 법률에 따른 협의매수 또는 수용을 통하여 양도하는 경우에도 감면한다(법규재산 2014-598, 2014.5.2.).

예를 들어 1971년 개발제한구역으로 지정되고, 1987년에 취득한 후, 2012년 사업인정고시, 2014년 토지 수용되었으나 2015년에 개발제한구역에서 해제된 경우, 법령상으로는 개발제한구역 해제일로부터 1년 이내에 사업인정고시가 되어야 하나, 해석상으로 해제일보다 이전에 사업인정고시가 된 경우에도 감면을 허용한다.

Ⅲ. 세액감면

토지등의 양도로 인하여 발생하는 소득에 대해 원칙적으로 양도소득세의 40%를 감면한다(조특법 §77의 3 ① 1호·② 1호).

다만, 개발제한구역 지정일 이후에 취득하고 그 취득일이 아래의 기산일로부터 소급하여 20년 이전인 경우에는 25%의 감면율을 적용한다(동조 ① 2호·② 2호).
㉮ 개발제한구역 내 토지등의 양도 : 매수청구일 또는 협의매수일
㉯ 개발제한구역 해제 토지등의 양도 : 사업인정고시일

Ⅳ. 조세특례제한 등

1 절차

해당 토지등을 양도한 날이 속하는 과세연도의 과세표준신고(예정신고 포함)와 함께 '개발제한구역 지정에 따른 매수대상 토지 등에 대한 세액감면신청서'(별지 제14호 서식)에 토지매수 청구 또는 협의매수된 사실을 확인할 수 있는 서류를 첨부하여 납세지 관할 세무서

장에게 제출하여야 한다(조특령 §74 ③).

기타 조세특례제한 등

구 분	내 용	참조 부분
중복지원의 배제	양도소득세 감면규정 간 배제(조특법 §127 ⑦)	제20부 제1절 Ⅱ. 7.
양도소득세 감면	과세기간별 1억원 감면한도 적용(조특법 §133 ①)	제20부 제6절
농어촌특별세	과세	

CHAPTER 03 공익사업 시행지역에 대한 조세지원

제1절 서설

　제3장의 내용은 공익사업의 시행으로 내국법인이 공장 또는 물류시설을 양도하거나, 경제자유구역, 기업도시, 신발전지역등 특구의 개발사업을 전담하는 기업에게 토지등을 현물출자하는 경우의 조세지원을 대상으로 한다.

　전자인 공장 또는 물류시설의 양도에 대하여는 그 양도차익을 분할과세하고, 후자인 특구 개발사업 전담기업에게 토지등을 현물출자하는 경우에는 그 주식등의 처분 시점까지 과세이연하는 특례를 부여하고 있다.

　제85조의 8 중소기업의 공장이전에 대한 과세특례가 조세특례제한법상 제2장 제8절 공익사업을 위한 조세특례에 위치해 있으나, 동 제도가 공익사업과는 직접적인 관련이 없으며 중소기업의 지방이전 지원을 위한 조세특례의 성격을 가지고 있으므로 본서에서는 지방이전 조세지원과 같이 제8부 제1장에서 서술하였다.

공익사업 시행지역에 대한 조세지원제도

조문	특례요건	과세특례
§85의 3 기업도시 개발사업구역 등 안에 소재하는 토지의 현물출자 등 ('15년 말 폐지)	■ 내국법인이 개발사업전담기업에게 기업도시개발사업구역 또는 신발전지역 발전촉진지구 안에 소재하는 토지를 현물출자하는 경우 ■ 기업도시 개발 후 토지를 분양받으면서 그 대가로 현물출자 시 수령한 신주를 반환받는 경우 ■ 내국법인이 관광진흥개발기금으로부터 보조금을 받아 기업도시개발사업전담 기업에 출자함으로써 주식을 취득하는 경우	■ 출자의 대가로 수령한 주식에 압축기장충당금을 설정하여 신주처분 시까지 과세이연 ■ 분양받은 토지에 압축기장충당금을 설정하여 토지를 처분할 때까지 양도차익을 재차 과세이연 ■ 출자의 대가로 수령한 주식에 압축기장충당금을 설정하여 신주처분 시까지 과세이연
§85의 4 경제자유구역 개발사업을 위한 토지의 현물출자 ('14년 말 폐지)	외국인투자기업인 개발사업시행자가 경제자유구역개발계획에 따라 설립된 내국법인에 토지를 현물출자하는 경우	출자의 대가로 수령한 주식에 압축기장충당금을 설정하여 신주처분 시까지 과세이연
§85의 7 공익사업을 위한 수용 등에 따른 공장 이전	공익사업의 시행으로 2년 이상 가동한 공장을 지방으로 이전하기 위하여 그 공장의 대지와 건물을 그 공익사업의 시행자에게 양도하는 경우	내국법인은 양도차익을 5년거치 5년 분할 익금산입하고, 거주자는 그 양도차익에 대한 양도소득세를 5년거치 5년분할 납부
§85의 9 공익사업을 위한 수용 등에 따른 물류시설 이전	공익사업의 시행으로 5년 이상 사용한 물류시설을 지방으로 이전하기 위하여 그 물류시설의 대지 또는 건물을 그 공익사업의 시행자에게 양도하는 경우	내국법인은 양도차익을 3년거치 3년 분할 익금산입하고, 거주자는 그 양도차익에 대한 양도소득세를 3년거치 3년분할 납부

제2절 [제85조의 7] 공익사업을 위한 수용 등에 따른 공장 이전에 대한 분할과세

Ⅰ. 의의

공익사업의 시행으로 2년 이상 가동한 공장등을 지방으로 이전하기 위하여 그 공장의 대지와 건물을 그 공익사업의 시행자에게 양도하는 경우, 그 부동산의 양도차익에 대해 과세특례를 지원하는 제도이다.

과세특례의 내용은 내국법인의 경우에는 그 양도차익을 5년거치 5년분할 익금산입하고, 거주자의 경우에는 그 양도차익에 대한 양도소득세를 5년거치 5년분할 납부한다.

공익사업의 시행에 따라 불가피하게 공장을 이전하는 경우 기계설비의 설치문제, 도로 근접성에 따른 물류비용의 부담 문제가 있으므로, 공장의 이전 전과 동일한 자산 가치를 유지할 수 있도록 지원하기 위하여 2008년에 도입되었다.

일몰기한은 2026.12.31.이다.

본 과세특례의 요건과 효과 중 상당수는 법 제60조 공장의 대도시 밖 이전에 대한 법인세 과세특례와 유사하다. 따라서 본 장의 설명에서는 제60조와 관련되어 있는 기본통칙과 일부 예규·판례 중 공통적으로 적용될 수 있는 사례를 같이 서술하였다.

개정연혁

연 도	개정 내용
2020년	■ 과세특례 확대 : 3년거치 3년분할과세 → 5년거치 5년분할과세

Ⅱ. 요건

기업이 해당 공익사업지역에 있는 공장의 대지와 건물을 양도하고, 공장을 지방으로 이전하여야 한다. 단, 공장 이전 후 업종의 동일성을 요건으로 하지 않는다.

1 주체

1-1 양도인

과세특례의 주체는 거주자인 개인과 내국법인이다(조특법 §85의 7 ①).
공장의 대지와 건물의 소유자가 상이한 경우에는 사업자 소유분에 한하여 과세특례가 적용된다(재산-4476, 2008.12.31.).

1-2 양수인

양수인은 「공익사업을 위한 토지 등의 취득 및 보상에 관한 법률」(이하 "토지보상법")에 따른 공익사업의 사업시행자이다. 상세한 내용은 법 제77조 공익사업용 토지 등에 대한 양도소득세의 감면 부분을 참조하기 바란다(제2장 제2절 Ⅱ. 3-1).

2 공장의 대지와 건물을 양도

공익사업의 시행으로 해당 공익사업지역에서 2년 이상 가동한 공장의 대지와 건물을 공익사업시행자에게 양도하여야 한다.

2-1 공장

공장의 범위는 공장의 대도시 밖 이전에 대한 법인세 과세특례 규정을 준용한다(조특령 §79의 8 ⑪ → §54 ①). 제8부 제1장 제1절 Ⅱ. 1. 공장 부분을 참조하기 바란다.
유의할 점은 공장시설(제조설비 등)의 지방 이전이 필수요건이 아니라는 점과 '본사'로 사용하던 대지·건물의 양도 여부는 본 과세특례의 요건과 무관하다는 것이다. 토지를 소유하지 않고 공장건물만 소유하다 양도하는 경우에도 특례를 적용한다(부동산거래-446, 2010.3.23.).
기존공장 또는 지방공장의 대지가 공장입지기준면적(조특칙 §23)을 초과하는 경우 그 초과하는 부분에 대하여는 양도차익에 대한 과세특례가 적용되지 아니한다(조특령 §79의 8 ⑤ 단서). 공장입지기준면적의 상세내용은 제8부 제1장 제1절 Ⅱ. 2.를 참고하기 바란다.

2-2 2년 이상 가동

공장은 원칙적으로 사업인정고시일로부터 소급하여 2년 이상 가동한 공장이어야 한다(조특법 §85의 7 ①). 단, 사업인정고시일 전에 양도하는 경우에는 양도일을 기산일로 한다.

"2년 이상 가동한 공장"이란 공장을 소유한 거주자로서 그 공장에서 사업을 영위하는 사업자가 직접 2년 이상을 가동한 공장을 말한다(부동산거래-446, 2010.3.23.). 개인사업자가 법인 전환한 경우에는 개인사업자의 가동기간을 포함한다(법인세과-10, 2012.1.6.; 법인-1883, 2008.8.7.). 반면에 타인에게 공장을 임대하던 경우에는 본 특례가 적용되지 않는다(법인-3036, 2008.10.23.).

예외적으로 공장가동기간이 2년 미만이어도 사업인정고시일로부터 소급하여 5년 이상 보유한 토지로서 양도일 현재 1년 이상 가동한 경우에는 특례 적용이 가능하다.

• 예규·판례

❖ **공장등록일에 의하지 아니하고 실질과세한 사례** (조심 2012중1647, 2012.10.30.)
청구인의 업종변경일 및 공장등록일이 사업인정고시일인 2009.2.6.부터 소급하여 2년 이상에 해당하지 아니하여 「조세특례제한법」 제85조의 7의 공장이전에 대한 과세특례기준을 충족하지 못하는 것으로 보이는 측면도 있으나,
청구인이 미용가구 제조업을 영위하다가 2009.3.1. 일반과세자로 전환된 것으로 보이는 점, 2004년 10월부터 전기사용량이 증가하고 있고 감정평가법인의 감정평가서에도 제조시설로 표기되고 있는 점, 등기부등본상 건물이 제2종 근린생활시설(제조업소)로 등재되어 있는 점 등을 감안하면, 사업자등록과 부가가치세 신고내역에 불구하고 청구인이 2004년부터 미용가구 제조공장을 운영한 것으로 보이므로 처분청이 과세이연신청을 배제하여 양도소득세를 과세한 처분은 잘못이 있는 것으로 판단된다.

---

3 공장의 지방이전

3-1 지방

해당 공익사업 시행지역 외의 지역으로서 아래에 열거된 지역에 해당하지 않는 지역(이하 "지방")으로 이전하여야 한다(조특령 §79의 8 ①).
① 수도권과밀억제권역
② 부산광역시(기장군 제외)·대구광역시(달성군 제외)·광주광역시·대전광역시 및 울산광역시

의 관할구역. 다만 「산업입지 및 개발에 관한 법률」에 의하여 지정된 산업단지[1]를 제외한다.

③ 행정중심복합도시 예정지역[2] 또는 혁신도시 개발예정지구[3](조특령 §79의 3 ①)

예외적으로, 공익사업의 시행으로 조성한 공익사업 지역 안의 토지를 사업시행자로부터 직접 취득하여 해당 공장의 용지로 사용하는 경우에는 그 공익사업 시행지역도 특례대상지역에 포함된다(조특법 §85의 7 ① 괄호). 다만 동 조항의 문리해석상 그 공익사업 시행지역이 지방에 해당하는 경우에만 적용되며, 위에 열거된 과밀억제권역 등에 해당되는 경우에는 본 특례가 적용될 수 없다.

3-2 공장이전의 방식 (대체취득)

공장의 지방이전 방식은 해당 공익사업지역 공장의 양도 전후로 일정한 기간 내에 지방으로 이전하는 방식이어야 한다(조특령 §79의 8 ⑤).

(1) 선이전 → 후양도 (1호)

지방공장을 취득하여 사업을 개시한 날부터 2년 이내에 기존공장을 양도하는 경우이다. "사업을 개시한 날"이라 함은 지방공장 시설을 이용하여 정상 상품으로 판매할 수 있는 완성품 제조를 개시한 날을 말한다(조특통 60-56...1의 유추적용).

(2) 선양도 → 후이전 (2호)

기존공장을 양도한 날부터 3년 이내에 지방공장을 취득하여 사업을 개시하는 경우이다. 기존공장의 대지와 건물이 순차적으로 양도된 경우 기존공장의 양도일은 기존 공장의 대지와 건물의 양도가 모두 이루어진 날을 기준으로 한다(서면법규-476, 2013.4.24.; 부동산거래-584, 2012.10.30.). 법 제60조 공장의 대도시 밖 이전에 대한 법인세 과세특례에서는 기존공장의 건물과 대지 각각의 양도 시기를 기준으로 개별적으로 과세특례를 적용하였으나, 이와는 달리 적용됨에 유의하여야 한다.

부득이한 사유가 있는 경우에는 6년으로 기한이 연장된다(조특칙 §32의 2).

부득이한 사유의 내용은 제8부 제1장 제7절 Ⅱ. 4-2를 참조하기 바란다.

---

[1] 한국산업단지공단 홈페이지(https://www.kicox.or.kr/)에서 확인 가능함.
[2] 신행정수도 후속대책을 위한 연기·공주지역 행정중심복합도시 건설을 위한 특별법 §2
[3] 혁신도시 조성 및 발전에 관한 특별법

Ⅲ. 과세특례

1 법인

1-1 익금불산입

해당 공익사업 시행지역에 소재하는 공장(이하 "기존공장")의 대지와 건물의 양도차익에 대해서는 아래의 산식에 따라 계산한 금액을 양도일이 속하는 사업연도의 각 사업연도 소득에 대한 법인세 계산 시 세무조정으로 익금불산입한다(조특령 §79의 8 ②). 단, 산식 후단의 분수는 100분의 100을 한도로 한다.

$$\text{익금불산입 금액} = \left(\text{기존공장의 양도차익}^① - \text{이월결손금}^①\right) \times \frac{\text{지방공장의 취득가액}}{\text{기존공장의 양도가액}}$$

 기존공장의 양도차익과 이월결손금은 제8부 제1장 제1절 Ⅲ. 1.을 참조하기 바람.

지방공장의 취득에는 지방에서 공장을 준공하여 취득한 경우를 포함한다.

지방공장의 취득가액이란 지방공장의 건물 및 그 부속토지의 취득가액이다. 법 제60조 공장의 대도시 밖 이전에 대한 법인세 과세특례와는 달리 공장시설의 이전비용과 기계장치의 취득·개체·증축 및 증설에 소요된 금액의 합계액은 제외되어야 할 것으로 판단된다. 상기 비용 등이 명시적으로 규정되지 않고 있기 때문이다(조특령 §56 ③ 3호 참조).

기존공장의 양도일이 속하는 과세연도 종료일까지 지방공장을 취득하지 아니한 경우에 지방공장의 취득가액은 이전(예정)명세서상의 예정가액으로 한다(조특령 §79의 8 ④).

1-2 분할과세

익금불산입한 금액은 양도일이 속하는 사업연도 종료일 이후 5년이 되는 날이 속하는 사업연도부터 5개 사업연도의 기간 동안 균분한 금액 이상을 익금산입하여야 한다(조특법 §85의 7 ① 1호). 즉, 5년거치 5년분할 익금산입한다. 균분액 이상을 익금산입하도록 되어 있으므로 납세자의 선택에 따라 일시에 전액을 익금산입할 수 있다.

2020년 개정세법에서 종전 3년 거치 3년 분할 과세에서 5년 거치 5년 분할 과세로 그 기간을 확대하였다. 2020.1.1. 전에 공장의 대지와 건물을 공익사업의 사업시행자에게 양도하고 양도소득세 과세특례를 적용 받은 경우에는 개정규정에도 불구하고 종전의 규정에 따른다(2019.12.31. 개정된 법률 부칙 §47).

2 개인

기존공장의 대지와 건물의 양도차익에 대해서는 아래의 산식에 따라 계산한 금액을 양도일이 속하는 연도의 양도소득세 과세표준 확정신고기한까지 납부하여야 할 양도소득세로 보지 아니한다(조특령 §79의 8 ③). 단, 산식 후단의 분수는 100분의 100을 한도로 한다.

$$\text{과세이연 금액} = \frac{\text{양도차익}}{(\text{소법 §95 ①})} \times \frac{\text{지방공장 취득가액}}{\text{기존공장 양도가액}}$$

기존공장의 양도일이 속하는 과세연도 종료일까지 지방공장을 취득하지 아니한 경우에 지방공장의 취득가액은 이전(예정)명세서상의 예정가액으로 한다(조특령 §79의 8 ④).

이 경우 해당세액은 양도일이 속하는 연도의 양도소득세 과세표준 확정신고기한 종료일 이후 5년이 되는 날부터 5년의 기간 동안 균분한 금액 이상을 납부하여야 한다(조특법 §85의 7 ① 2호). 즉, 5년거치 5년분할 납부한다. 세무조사 결과 추징된 세액은 분할납부세액에 포함되지 않는다(부동산거래-1109, 2010.8.31.).

예를 들어 양도일이 2020.5.1.인 경우 확정신고기한 종료일은 2021.5.31.이며 종료일 이후 5년이 되는 날이 2026.5.31.이고, 동 일자까지 분할납부세액 1차분이 납부되어야 하며, 2030.5.31.까지 총 5번 납부하게 된다(부동산납세-112, 2013.10.28. 참조).

3 사후관리

과세특례를 적용받은 내국인이 다음의 의무위반사유가 발생한 경우에는 일시에 추징하며, 이자상당가산액을 납부한다(조특법 §85의 7 ②).
㉮ Ⅱ. 3. 공장의 지방이전 요건에 따라 이전하지 않은 경우
㉯ 기존공장의 양도일로부터 3년 이내에 사업을 폐업 또는 해산한 경우

본 과세특례를 적용 받은 법인이 공장 이전 후 업종을 변경하는 경우에는 사후관리 규정을 적용하지 않는다(서면법인-0196, 2018.4.9.). 공장 이전 후 업종의 동일성을 요건으로 하지 않기 때문이다.

3-1 추징방법

의무위반사유가 발생한 과세연도의 소득금액을 계산할 때 아래의 금액을 일시에 추징한다(조특령 §79의 8 ⑥).
㉮ 법인의 경우에는 익금불산입한 금액 전액을 익금산입한다.
㉯ 개인의 경우에는 분할납부할 세액 전액을 양도소득세로 납부한다.

한편, 예정가액으로 과세특례를 받은 경우(영 §79의 8 ④)에는 지방공장을 취득하여 사업을 개시한 날이 속하는 과세연도에 다음의 방법으로 추징한다(조특령 §79의 8 ⑦).
㉮ 법인의 경우에는 실제 취득가액을 기준으로 위 1-1 익금불산입 산식에 따라 계산한 금액을 초과하여 적용받은 금액을 익금산입한다.
㉯ 개인의 경우에는 실제 취득가액을 기준으로 위 2.의 과세이연금액 산식에 따라 계산한 금액을 초과하여 적용받은 금액을 양도소득세로 납부한다.

3-2 이자상당가산액

본 내용은 제8부 제1장 제2절 Ⅲ. 2-3을 참조하기 바란다(조특법 §85의 7 ② 후단 → §33 ③ 후단).

Ⅳ. 조세특례제한 등

 **절차**

1-1 법인

기존공장의 양도일이 속하는 사업연도의 과세표준신고와 함께 양도차익명세 및 분할익금산입조정명세서(별지 제12호의 2 서식)와 이전(예정)명세서(별지 제15호의 2 서식)를 납세지 관할 세무서장에게 제출하여야 한다(조특령 §79의 8 ⑧).

1-2 개인

기존공장의 양도일이 속하는 과세연도의 과세표준신고(예정신고를 포함)와 함께 분할납부신청서(별지 제56호 서식)와 이전(예정)명세서(별지 제15호의 2 서식)를 납세지 관할 세무서장에게 제출하여야 한다(조특령 §79의 8 ⑨).

1-3 예정가액으로 과세특례를 적용받은 경우

과세특례를 적용받은 후 지방공장을 취득하여 사업을 개시한 때에는 그 사업개시일이 속하는 과세연도의 과세표준신고와 함께 이전완료보고서(별지 제15호 서식)를 납세지 관할 세무서장에게 제출하여야 한다(조특령 §79의 8 ⑩).

2 공익사업용 토지 등에 대한 양도소득세의 감면과 중복지원 배제

거주자가 토지등을 양도하여 공익사업용 토지등에 대한 양도소득세의 감면(법 §77) 및 공익사업을 위한 수용등에 따른 공장 이전에 대한 과세특례(법 §85의 7)가 동시에 적용되는 경우에는 그 중 하나만을 선택하여 적용받을 수 있다(조특법 §127 ⑧).

제3절 [제85조의 9] 공익사업을 위한 수용 등에 따른 물류시설 이전에 대한 분할과세

Ⅰ. 의의

공익사업의 시행으로 5년 이상 사용한 물류시설을 지방으로 이전하기 위하여 그 물류시설의 대지 또는 건물을 그 공익사업의 시행자에게 양도하는 경우, 그 부동산의 양도차익에 대해 과세특례를 지원하는 제도이다.

과세특례의 내용은 내국법인의 경우에는 그 양도차익을 3년거치 3년분할 익금산입하고, 거주자의 경우에는 그 양도차익에 대한 양도소득세를 3년거치 3년분할 납부한다.

공익사업의 시행에 따라 불가피하게 물류시설을 이전하는 경우 물류시설의 이전 전과 동일한 자산 가치를 유지할 수 있도록 하여 기업의 생산활동 및 유통활동을 지원하기 위한 목적으로 2010년에 도입되었다.

일몰기한은 2026.12.31.이다.

본 과세특례의 요건과 효과 중 상당수는 법 제60조 공장의 대도시 밖 이전에 대한 법인세 과세특례와 유사하다.

Ⅱ. 요건

기업이 해당 공익사업지역에 있는 물류시설의 대지 또는 건물을 양도하고, 물류시설을 지방으로 이전하여야 한다.

1 주체

1-1 양도인

과세특례의 주체는 거주자인 개인과 내국법인이다(조특법 §85의 9 ①).

1-2 양수인

양수인은 「공익사업을 위한 토지 등의 취득 및 보상에 관한 법률」(이하 "토지보상법")에 따른 공익사업의 사업시행자이다. 상세 내용은 법 제77조 공익사업용 토지 등에 대한 양도소득세의 감면 부분을 참조하기 바란다(제2장 제2절 Ⅱ. 3-1).

2 물류시설의 대지 또는 건물을 양도

공익사업의 시행으로 해당 공익사업지역에서 5년 이상 사용한 물류시설의 대지 또는 건물을 공익사업시행자에게 양도하여야 한다.

2-1 물류시설

(1) 물류시설의 정의

물류시설은 제조업자와 물류사업자별로 달리 정의된다(조특령 §79의 10 ①).
① 제조업자
  제조업자가 생산한 제품(제품생산에 사용되는 부품을 포함한다)의 보관·조립 및 수선 등을 위한 시설
② 물류사업자
  물류사업자의 물류시설은 물류에 필요한 다음의 시설이다(물류정책기본법 §2 4호).
  - 화물의 운송·보관·하역을 위한 시설
  - 화물의 운송·보관·하역 등에 부가되는 가공·조립·분류·수리·포장·상표부착·판매·정보통신 등을 위한 시설
  - 물류의 공동화·자동화 및 정보화를 위한 시설
  - 위의 시설이 모여 있는 물류터미널 및 물류단지

(2) 물류시설의 구체적 범위

물류시설 자체의 범위는 물류시설용 건물이 있는 경우와 없는 경우로 나뉜다(조특칙 §32의 3 ①).

① 물류시설용 건물이 있는 경우

물류시설용 건물 및 해당 건물의 바닥면적에 용도지역별 적용배율(지령 §101 ②)을 곱하여 산정한 범위 안의 부수토지

② 물류시설용 건물이 없는 경우

화물의 운송·보관·하역·조립 및 수선 등에 사용된 토지로서 주무관청으로부터 인가·허가를 받았거나 신고수리된 면적 이내의 토지

물류시설의 대지 '또는' 건물을 양도할 것을 대상으로 하므로 토지를 소유하지 않고 물류시설 건물만 소유하다 양도하는 경우도 특례대상으로 한다.

2-2 5년 이상 사용

물류시설은 사업인정고시일로부터 소급하여 5년 이상 사용한 물류시설이어야 한다(조특법 §85의 9 ①). 단, 사업인정고시일 전에 양도하는 경우에는 양도일이 기산일이 된다.

5년 이상 사용하였는지 여부는 해당 건물을 실제로 물류사업에 사용한 날을 기준으로 계산한다(재법인-500, 2012.6.11.; 법인-209, 2011.3.23.).

3 물류시설의 지방이전

물류시설을 지방으로 이전하여야 한다.

3-1 지방

해당 공익사업 시행지역 외의 지역으로서 아래에 열거된 지역에 해당하지 않는 지역(이하 "지방")으로 이전하여야 한다(조특령 §79의 10 ②).
- 수도권과밀억제권역
- 부산광역시(기장군 제외)·대구광역시(달성군 제외)·광주광역시·대전광역시 및 울산광역시의 관할구역. 다만, 「산업입지 및 개발에 관한 법률」에 의하여 지정된 산업단지[1]를 제외한다.

---

[1] 한국산업단지공단 홈페이지(http://www.femis.go.kr)에서 확인 가능함.

제3절 제85조의 9 공익사업을 위한 수용 등에 따른 물류시설 이전에 대한 분할과세

■ 행정중심복합도시 예정지역[2] 또는 혁신도시 개발예정지구[3](조특령 §79의 3 ①)

3-2 물류시설 이전의 방식 (대체취득)

물류시설의 지방이전 방식은 물류시설의 양도 전후로 일정한 기간 내에 지방으로 이전하여야 한다(조특령 §79의 10 ⑥).

① 선이전 → 후양도

지방물류시설을 취득하여 사업을 개시한 날부터 2년 이내에 기존물류시설을 양도하는 경우이다.

② 선양도 → 후이전

기존물류시설을 양도한 날부터 3년 이내에 지방물류시설을 취득하여 사업을 개시하는 경우이다.

부득이한 사유가 있는 경우에는 6년으로 기한이 연장된다(조특칙 §32의 2).
부득이한 사유의 내용은 제8부 제1장 제7절 Ⅱ. 4-2를 참조하기 바란다.

Ⅲ. 과세특례

1 법인

1-1 익금불산입

기존물류시설의 대지 또는 건물의 양도차익에 대해서는 아래의 산식에 따라 계산한 금액을 양도일이 속하는 사업연도의 각 사업연도 소득에 대한 법인세 계산 시 세무조정으로 익금불산입한다(조특령 §79의 10 ③). 단, 산식 후단의 분수는 100분의 100을 한도로 한다.

$$익금불산입금액 = \left(\begin{array}{c} 기존물류시설의 \\ 양도차익 \end{array} - 이월결손금 \right) \times \frac{지방물류시설의\ 취득가액}{기존물류시설의\ 양도가액}$$

---

2) 신행정수도 후속대책을 위한 연기·공주지역 행정중심복합도시 건설을 위한 특별법 §2
3) 혁신도시 조성 및 발전에 관한 특별법

산식상의 각 항목에 대한 설명은 제2절 Ⅲ. 1-1을 참조하기로 한다. 이 경우 "공장"을 "물류시설"로 본다.

기존물류시설의 양도일이 속하는 과세연도 종료일까지 지방물류시설을 취득하지 아니한 경우에 지방물류시설의 취득가액은 이전(예정)명세서상의 예정가액으로 한다(조특령 §79의 10 ⑤).

1-2 분할과세

익금불산입한 금액은 양도일이 속하는 사업연도 종료일 이후 3년이 되는 날이 속하는 사업연도부터 3개 사업연도의 기간 동안 균분한 금액 이상을 익금산입하여야 한다(조특법 §85의 9 ① 1호). 상세 내용은 제2절 Ⅲ. 1-2를 참조하기 바란다.

2 개인

기존물류시설의 대지 또는 건물의 양도차익에 대해서는 아래의 산식에 따라 계산한 금액을 양도일이 속하는 연도의 양도소득세 과세표준 확정신고기한까지 납부하여야 할 양도소득세로 보지 아니한다(조특령 §79의 10 ④). 단, 산식 후단의 분수는 100분의 100을 한도로 한다.

$$\text{과세이연 금액} = \frac{\text{양도차익}}{(\text{소법 §95 ①})} \times \frac{\text{지방물류시설 취득가액}}{\text{기존물류시설 양도가액}}$$

기존물류시설의 양도일이 속하는 과세연도 종료일까지 지방물류시설을 취득하지 아니한 경우에 지방물류시설의 취득가액은 이전(예정)명세서상의 예정가액으로 한다(조특령 §79의 10 ⑤).

이 경우 해당세액은 양도일이 속하는 연도의 양도소득세 과세표준 확정신고기한 종료일 이후 3년이 되는 날부터 3년의 기간 동안 균분한 금액 이상을 납부하여야 한다(조특법 §85의 9 ① 2호). 상세 내용은 제2절 Ⅲ. 2.를 참조하기 바란다.

3 사후관리

과세특례를 적용받은 내국인이 다음의 의무위반사유가 발생한 경우에는 일시에 추징하며, 이자상당가산액을 납부한다(조특법 §85의 9 ②).

㉮ Ⅱ. 3. 물류시설의 지방이전 요건에 따라 이전하지 않은 경우
㉯ 기존물류시설의 양도일로부터 3년 이내에 사업을 폐업 또는 해산한 경우

추징방법과 이자상당가산액은 제2절 Ⅲ. 3.과 내용이 동일하다(조특령 §79의 10 ⑦·⑧, 조특법 §85의 9 ② 후단 → §33 ③ 후단).

Ⅳ. 조세특례제한 등

1 절차

법인과 개인의 신고 절차 및 예정가액으로 과세특례를 적용받은 경우의 신고 절차는 제2절 Ⅳ. 1.과 내용이 동일하다(조특령 §79의 10 ⑨~⑪).

2 법 제77조 양도소득세의 감면과 중복지원 배제

조특법 제85조의 7 공익사업을 위한 수용등에 따른 공장 이전에 대한 과세특례와는 달리, 본 특례와 공익사업용 토지등에 대한 양도소득세의 감면 규정(법 §77)의 중복지원 배제에 관한 명문의 규정이 없으나, 해석상 양자의 중복지원을 배제하여야 할 것으로 본다.

조특법 제85조의 7과 본 특례 모두 특례의 내용과 취지가 유사하나 다만 그 특례대상만을 달리하기 때문이다. 참고적으로 명문의 규정이 없는 경우에도 과세관청에서는 조특법 제85조의 8 중소기업의 공장이전에 대한 과세특례와 제77조의 중복지원을 배제하고 있다(부동산거래-1013, 2010.8.2.).

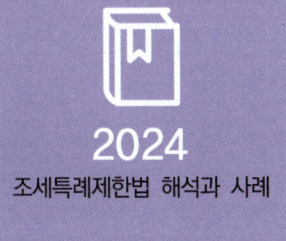

2024
조세특례제한법 해석과 사례

10. 저축 지원을 위한 조세특례

제1절 서설
제2절 [제88조의 4] 우리사주조합원 등에 대한 과세특례

제1절 서설

저축지원을 위한 조세특례는 법 제88조의 4 우리사주조합원 등에 대한 과세특례에 대해서 자세히 살펴보도록 한다. 법 제91조의 6 해외자원개발투자회사 등의 주식의 배당소득에 대한 과세특례는 조세특례제한법상 제2장 제9절 저축지원을 위한 조세특례에 규정되어 있으나, 해외자원개발사업의 공통성이 있어 제4부에서 서술하였다.

저축지원을 위한 조세특례

조문	특례대상소득	특례의 내용
§27 투융자집합투자기구 투자자에 대한 저율과세특례	거주자가 전용계좌를 통하여 1억원을 한도로 투융자펀드 등 공모 인프라펀드에 투자하는 경우	배당소득 분리과세
§86의 3 소기업·소상공인 공제부금에 대한 소득공제 등 (일몰기한 없음)	소기업·소상공인 공제부금의 연 200만원(단, 사업소득 등 금액이 4천만원 이하는 500만원, 1억원 이하는 300만원) 이하의 납부액과 공제에서 발생하는 소득. 단, 총급여액 7천만원 이하인 법인대표자도 허용	납부액은 사업소득금액(또는 법인대표자의 근로소득금액)에서 부동산임대업 소득금액은 제외하여 소득공제하고, 공제발생소득은 퇴직소득으로 간주
§87 주택청약종합저축 등의 소득공제 등	■ 총급여 7천만원 이하 근로자인 무주택 세대주가 연 300만원 이하의 주택청약종합저축에 납입한 금액 ■ 총급여 3천6백만원 이하 근로자인 무주택 청년 세대주가 연 600만원 이하의 청년우대형 주택청약종합저축에 납입한 금액	■ 납입액의 40%를 근로소득금액에서 소득공제 ■ 이자소득을 500만원을 한도로 비과세
§87의 2 농어가목돈마련저축에 대한 비과세	농어가목돈마련저축을 해지하여 받는 이자소득과 저축장려금	소득세·증여세·상속세 비과세
§87의 7 공모부동산펀드의 배당소득에 대한 분리과세	투자금액의 합계액이 5천만원 이하인 공모부동산집합투자기구, 공모부동산투자회사 및 재간접리츠·부동산펀드로부터 3년간 지급받는 배당소득	9% 세율로 원천징수 후 분리과세

조문	특례대상소득	특례의 내용
§88의 2 비과세종합저축에 대한 과세특례	원금이 5천만원 이하인 노인·장애인, 독립유공자 등의 비과세종합저축에서 발생하는 이자·배당소득	소득세 비과세
§88의 5 조합 등 출자금 등에 대한 과세특례	농어민 등을 조합원·회원으로 하는 금융기관에 대한 1천만원 이하의 출자금의 배당소득과 사업이용실적에 따른 배당소득	■ 소득세 비과세 ■ 2026년에는 5% 세율, 2027년 이후에는 9% 세율로 원천징수 후 분리과세
§89의 3 조합등예탁금에 대한 저율과세 등	농어민 등을 조합원·회원으로 하는 조합 등에 대한 3천만원 이하의 예탁금에서 발생하는 이자소득	■ 소득세 비과세 ■ 2026년에는 5% 세율로 원천징수 후 분리과세하며, 개인지방소득세 비과세
§91의 2 집합투자기구등에 대한 과세특례(일몰기한 없음)	집합투자기구가 자기의 집합투자증권을 환매하는 경우 양도소득 등	양도소득세 및 증권거래세 비과세
§91의15 고위험고수익채권투자신탁에 대한 과세특례(23년 신설)	비우량채권을 일정 비율 이상 편입하는 투자신탁 등에 가입하는 경우로서 계약기간 1년 이상이고 3천만원 이내의 금액	3년 이내에 발생한 이자소득 또는 배당소득을 금융소득 종합과세에서 제외
§91의 18 개인종합자산관리계좌에 대한 과세특례	가입시 19세 이상인 거주자가 2천만원에 경과연수를 곱하여 계산한 금액을 납입한도로 한 개인종합자산관리계좌(3년 이상 계약기간)에서 발생하는 이자·배당소득	200만원(단, 총급여액이 5천만원 이하인 근로자, 종합소득금액이 3천5백만원 이하인 사업자 및 농어민은 400만원)을 기준금액으로, 기준금액 이하는 비과세, 초과분은 9% 세율로 원천징수 후 분리과세
§91의 19 장병내일준비적금 비과세	현역병, 사회복무요원, 상근예비역 및 전환복무자(의무경찰, 의무소방대원)가 복무기간(최대 24개월) 중 월 40만원 이하의 장병내일준비적금 납입금	이자소득세 비과세
§91의 20 청년형 장기집합투자증권저축 소득공제(22년 신설)	만 19세 이상 34세 이하인 청년(총급여 5천만원 이하 또는 종합소득금액 3,800만원 이하)이 국내 상장주식에 40% 이상 투자하는 펀드에 가입하는 경우, 단, 비과세소득만 있는 자는 제외함.	납입금액(연 600만원 한도)의 40%를 종합소득금액에서 소득공제. 단, 가입 중 총급여 8천만원 또는 종합소득금액 6,700만원을 초과하거나, 근로소득 등이 없는 경우 제외

조문	특례대상소득	특례의 내용
§91의 22 청년도약계좌에 대한 비과세 (23년 신설)	만 19세 이상 34세 이하인 청년(총급여 7,500만원 이하 또는 종합소득금액 6,300만원 이하)이 예금, 펀드, 상장주식 등의 재산으로 운용하는 연 840만원 납입 한도의 계좌에 가입하는 경우. 단, 비과세소득만 있는 자는 제외함.	이자소득세 및 배당소득세 비과세
§91의 23 개인투자용 국채에 대한 분리과세(23년 신설)	개인투자용 국채를 전용계좌를 통하여 매입한 후 일정 기간 동안 보유하는 경우	2억원을 한도로 이자소득에 대해서 14% 세율로 원천징수 후 분리과세
§129의 2 저축지원을 위한 조세특례의 제한	신규 가입 가능한 모든 이자·배당소득 과세특례에 대해 가입일 또는 연장일 직전 3개 과세기간 중 1회 이상 금융소득종합과세 대상자	해당 과세특례 적용 배제

[2024 개정] 주택청약종합저축에 가입한 자가 소득공제를 받을 수 있는 납입금액 한도를 240만원에서 300만원으로 상향하고, 청년우대형주택청약종합저축에서 발생하는 이자소득에 대한 비과세 적용기한을 2025.12.31.까지로 2년 연장함(조특법 §87 ② 및 ③). 2024.1.1. 전에 주택청약종합저축에 납입한 금액에 대한 소득공제 및 추징세액의 계산에 관하여는 법 87조 2항의 개정규정에도 불구하고 종전의 규정에 따름(2023.12.31. 개정된 법률 부칙 §40).

[2024 개정] 장병내일준비적금의 가입 요건이 되는 잔여 복무기간을 6개월 이상에서 1개월 이상으로 완화함(조특령 §93의5 ①). 영 93조의 5 제1항의 개정규정은 2024.6.1.부터 시행함(2024.2.29. 개정된 시행령 부칙 §1 1호).

[2024 개정] 청년형장기집합투자증권저축에 납입한 금액에 대한 소득공제 적용기한을 2024.12.31.까지로 1년 연장하고, 다른 청년형장기집합투자증권저축으로 전환가입하기 위하여 종전의 청년형장기집합투자증권저축을 해지한 경우에는 감면세액의 추징 등 해지에 따른 불이익을 받지 아니하도록 함(조특법 §91의 20). 법 91조의 20 제2항 4호의 개정규정은 2024.4.1. 이후 다른 청년형장기집합투자증권저축으로 전환가입하는 경우부터 적용함(2023.12.31. 개정된 법률 부칙 §12).

[2024 개정] 청년도약계좌의 가입자가 혼인 또는 출산으로 부득이하게 계약을 해지하

는 경우에는 비과세를 적용받은 소득세를 추징하지 않도록 함(조특령 §93의 8 ⑥ 2호). 영 93조의 8 제6항 2호 사목의 개정규정은 2024.2.29. 이후 청년도약계좌를 해지하는 경우부터 적용함(2024.2.29. 개정된 시행령 부칙 §10).

2024 개정 청년도약계좌 등 과세특례가 적용되는 저축 등에 가입할 당시 가입신청인의 소득요건인 직전 과세연도의 총급여액 등을 과세당국의 소득금액증명을 통해 확인할 수 없는 경우에는 전전 과세연도의 총급여액 등을 기준으로 가입 요건 충족 여부를 판단하도록 하고, 가입신청인이 육아휴직수당을 받는 경우에는 가입대상에서 제외되는 비과세소득만 있는 자로 보지 아니하도록 하여 해당 저축 등에 가입할 수 있도록 함(조특법 §91의 24, 조특령 §93의 10). 법 91조의 24 제1호의 개정규정은 2024.1.1. 당시 가입되어 있는 저축 등의 가입요건 충족 여부 또는 비과세 한도금액을 판단하는 경우에도 적용함. 법 91조의 24 제2호의 개정규정은 2024.1.1. 이후 저축등에 가입하는 경우부터 적용함(2023.12.31. 개정된 법률 부칙 §13).

2024 개정 직전 과세기간의 소득으로 비과세소득만 있는 자는 청년형 장기집합투자증권저축 또는 청년도약계좌 등 과세특례 대상 저축 등의 가입이 제한되는바, 복무 중인 병(兵)이 받는 급여는 비과세소득에 해당하나, 직전 과세기간에 해당 소득만 있는 청년의 경우에는 과세특례 대상 저축 등에 가입할 수 있게 비과세소득만 있는 자로 보지 않도록 함으로써, 군에 복무 중이거나 전역한 청년의 자산 형성을 지원하려는 것임(조특령 §93의 10).

제2절 [제88조의 4] 우리사주조합원 등에 대한 과세특례

차례

Ⅰ. 의의	**1540**
1. 개요	1540
2. 우리사주조합 기본 운영구조	1541
2-1 우리사주조합기금	1542
2-2 취득 및 배정	1542
3. 용어정의	1543
(1) 시가 (1호)	1543
(2) 매입가액 등 (2호)	1534
(3) 과세대상주식 (3호)	1544
(4) 총급여액 (6호)	1544
Ⅱ. 출연단계	**1544**
1. 조합원의 출연금 소득공제	1544
1-1 소득공제 요건 및 한도	1544
1-2 증권금융회사에의 통보	1545
2. 기부금의 세액공제 또는 손금산입	1546
3. 법인의 손비인정	1547
3-1 자사주 또는 금품	1547
(1) 자사주	1548
(2) 금품	1548
3-2 성과배분상여금 ('18년 삭제)	1549
4. 조합의 상속증여세 비과세	1549
Ⅲ. 취득단계	**1550**
1. 조합원의 취득 시 비과세	1550
1-1 출자금액이 400만원(1,500만원) 이하인 경우 (1호)	1550
1-2 출자금액이 400만원(1,500만원) 이상인 경우 (2호)	1550
(1) 저가취득 시 차익과세	1550
(2) 소액주주	1551
2. 조합원 배정 시 비과세	1551
2-1 조합원 출연분	1551
2-2 법인 출연분	1551
3. 조합원의 증여세 비과세	1552
4. 법인의 인정이자 계산 제외	1552
Ⅳ. 운영단계	**1553**
1. 기금 및 조합 소득 비과세	1553
2. 조합원 배당소득 비과세	1553
2-1 원칙적 비과세	1553
(1) 비과세 요건	1553
(2) 절차	1554
2-2 1년 이내 인출 시 과세	1554
3. 법인의 손금 인정	1555
Ⅴ. 인출단계	**1555**
1. 과세이연된 주식의 인출단계에서 과세방법	1556
1-1 근로소득 과세 (원칙)	1556
(1) 인출금 과세	1556
(2) 인출금의 산정	1556
1-2 보유기간 또는 규모별 비과세 특례	1557
1-3 합병·분할 시 특례	1558
(1) 신주식 교체분 (1호)	1558
(2) 금전 등 수령분 (2호·3호)	1558
(3) 신주식의 1주당 매입가액 산정 (4호)	1558

(4) 보유기간 계산 (5호)	1559	Ⅶ. 농협 등 근로자 배당소득 비과세 1561
(5) 과세대상 신주식 (6호)	1559	1. 출자지분 발행법인 1561
1-4 절차	1559	2. 근로자 1561
2. 기과세된 주식의 인출단계에서의 비과세	1560	3. 배당소득 비과세 1561
Ⅵ. 양도단계	1560	Ⅷ. 조세특례제한 등 1562
1. 취득가액	1560	
2. 퇴직 시 조합에 양도하는 경우	1560	

Ⅰ. 의의

 개요

우리사주제도(ESOP; Employee Stock Ownership Plan)란 기업과 종업원이 공동으로 출연하여 조성된 기금으로 자사주를 취득한 후 종업원에게 배분하는 제도이다. 근로자로 하여금 우리사주조합을 통하여 자기 회사의 주식을 취득·보유하게 함으로써 기업의 경영과 이익분배에 참여시켜 근로의욕을 고취시키고 재산형성을 촉진하기 위한 종업원지주제도의 하나이다.

이러한 우리사주제도를 지원하기 위하여 종업원과 우리사주조합에 대하여 출연 시점부터 취득·운용·인출·양도 시점까지 아래와 같이 다양한 조세특례를 부여하고 있다. 표의 로마자 및 숫자는 제2절의 차례의 번호이다.

단계별 우리사주조합원 과세특례

단계	특례 주체	특례 내용
Ⅱ. 출연	조합원	1. 조합에의 출연금을 소득공제하여 과세이연
	주주등	2. 조합에 대한 기부금의 세액공제 또는 손금산입
	법인	3. 조합에의 출연금 손비 인정
	조합	4. 증여·유증받은 재산의 상속증여세 비과세
Ⅲ. 취득	조합원	1. 2. 우리사주의 취득·배정 시 비과세하여 과세이연
	조합원	3. 우리사주 취득 시 증여세 비과세
	법인	4. 주식취득자금 대여액의 인정이자 계산 제외

단계	특례 주체	특례 내용
Ⅳ. 운용	조합·기금	1. 기금 및 우리사주에서 발생한 운용소득 비과세
	조합원	2. 우리사주의 배당소득 비과세
	법인	3. 조합의 운영비 지급 시 손비인정
Ⅴ. 인출	조합원	과세이연된 주식을 과세하되 보유기간별로 일정금액 비과세
Ⅵ. 양도	조합원	퇴직 시 조합에 양도하는 경우에 비과세

한편, 농협중앙회, 단위 조합 및 조합공동사업법인 등의 근로자가 보유한 자사지분에 대한 배당소득도 비과세한다. 일몰기한이 없는 항구적 조세지원제도이다.

개정연혁

연 도	개정 내용
2018년	■ 벤처기업등의 소득공제 한도 : 종전 400만원 → 1,500만원으로 증액
2019년	■ 조합원 배당소득 비과세명세서 제출시기 조정 : 분기별 → 다음연도 2월 말일
2021년	■ 법인의 기부금 손금산입 한도 계산 방법 개선
2022년	■ 우리사주조합 주식 통보 의무 보완

2 우리사주조합 기본 운영구조

우리사주조합의 법적 성격은 법인격을 취득하지 못한 사단으로, 근로복지기본법에서 규정한 사항을 제외하고는 민법 중 사단법인에 관한 규정을 준용한다(근로복지기본법 §33 ②).

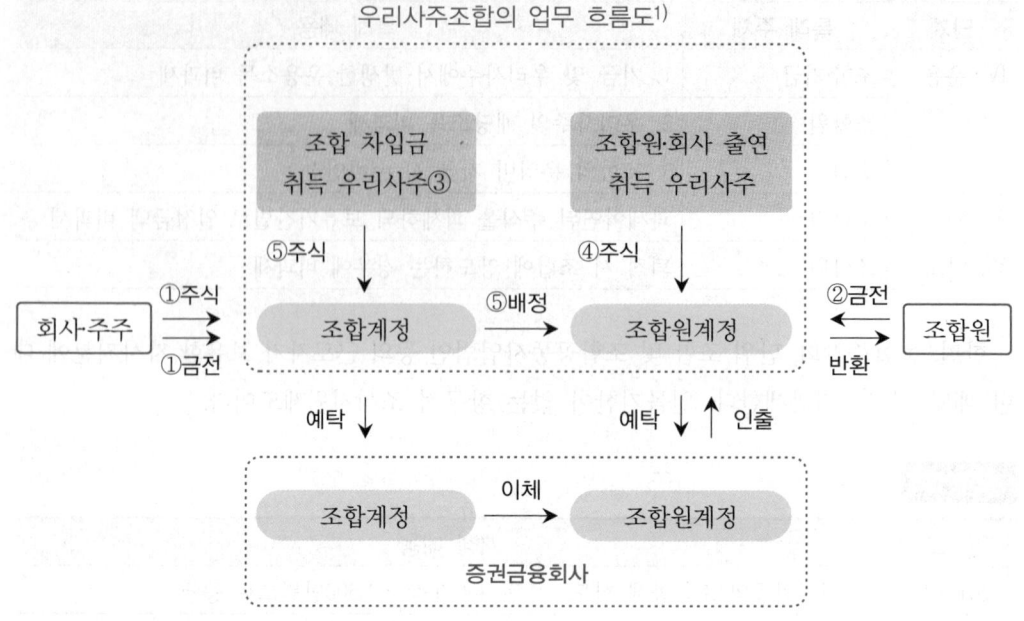

2-1 우리사주조합기금

우리사주조합은 다음의 재원으로 우리사주조합기금을 조성하여 우리사주를 취득한다(근로복지기본법 §36 ①).

㉮ 우리사주제도 실시회사, 지배관계회사, 수급관계회사 또는 그 주주등이 출연한 금전과 물품(앞 그림의 ①)
㉯ 우리사주조합원이 출연한 금전(앞 그림의 ②)
㉰ 회사주주 상환형 조합 차입금[2](앞 그림의 ③)
㉱ 조합계정의 우리사주에서 발생한 배당금
㉲ 그 밖에 우리사주조합기금에서 발생하는 이자 등 수입금

2-2 취득 및 배정

조합은 직전 회계연도 말까지 적립된 기금(차입금의 상환 및 그 이자 지급에 사용하는 금액은 제외함)을 해당 회계연도가 시작된 후 6개월 이내에 우리사주 취득에 사용하여야 한다

---

1) 한국증권금융,「우리사주제도의 이해」, 2012.6., p.24.
2) "회사주주 상환형 조합 차입금"이란 회사의 보증 등으로 조합이 금융회사 등으로부터 차입한 자금 또는 회사주주가 금융회사 등으로부터 차입하여 조합에 대출한 자금으로 조합이 우리사주를 매입하고, 회사주주가 조합에 무상으로 금전 등을 출연하여 금융회사 차입금을 상환하는 방식임(근로복지기본법 §42).

(동법 시행령 §17 ①).

취득한 우리사주는 원칙적으로 취득 즉시 조합원계정에 배정하여야 한다(앞 그림의 ④). 다만 회사주주 상환형 조합 차입금으로 취득한 우리사주는 조합의 계정에 보유하되, 차입금이 상환된 경우에는 상환액에 상당하는 우리사주를 즉시 조합원의 계정에 배정한다(동법 시행령 §19 ①) (앞 그림의 ⑤).

3 용어정의

이 절에서 사용하는 용어의 정의는 다음과 같다(조특령 §82의 4 ①).

(1) 시가 (1호)

"시가"라 함은 상증법상 유가증권의 평가규정(상증법 §63 ①·②)을 준용하여 산정한 주식의 가액을 말한다. 이 경우 "평가기준일 이전·이후 각 2월"(상증법 §63 ① 1호 가목)은 각각 "평가기준일 이전 1월"로 본다.

(2) 매입가액 등 (2호)

"매입가액 등"이라 함은 우리사주조합이 당해 자사주의 취득에 소요된 실지거래가액을 말한다. 다만 다음의 경우에는 출연일 또는 취득일 현재 시가의 70%에 상당하는 가액으로 한다.
㉮ 당해 법인 또는 당해 법인의 주주(소득세법상 소액주주 제외)로부터 출연받는 경우
㉯ 시가의 70%보다 낮은 가액으로 취득한 자사주의 경우

소득세법상 소액주주

> 소액주주란 다음 어느 하나에 해당하는 주주를 제외한 주주로서 해당 법인의 발행주식총액 또는 출자총액(이하 "발행주식총액등")의 1%에 해당하는 금액과 액면가액 합계액 3억원 중 적은 금액 미만의 주식을 소유하는 주주를 말한다. 다만, 은행법에 따른 은행의 경우에는 발행주식총액등의 1%에 해당하는 금액 미만의 주식을 소유하는 주주를 말한다(소령 §27 ⑦, 소칙 §14의 2).
> ① 해당 법인의 발행주식총액등의 1% 이상의 주식을 소유한 주주(국가 또는 지방자치단체인 주주는 제외)로서 그와 특수관계에 있는 주주와의 소유주식 합계가 해당 법인의 주주 중 가장 많은 경우의 해당 주주[소득세법상 특수관계인은 제3부 제1장 제4절 Ⅱ. 1-2를

참조 바람(소령 §98 ①)]
② 특수관계에 있는 주주

(3) 과세대상주식 (3호)

"과세대상주식"이라 함은 우리사주조합원이 배정받은 자사주에서 V. 2. 기과세된 주식(법 §88의 4 ⑤ 각 호)을 제외한 것을 말한다.

(4) 총급여액 (6호)

"총급여액"이라 함은 당해 법인으로부터 지급받은 소득세법 제20조 제2항의 규정에 의한 총급여액을 말한다.

근로를 제공함으로써 받는 봉급 등의 급여, 상여, 인정상여 등이 포함되며 비과세소득은 제외한다.

이하에서는 조특법상 규정되어 있는 우리사주조합 및 조합원에 대한 과세특례의 내용을 단계별로 중점적으로 살펴보고, 법인세법, 상증법 등 개별세법에서 우리사주조합에 대하여 지원하고 있는 내용을 간략히 살펴보도록 한다.

Ⅱ. 출연단계

 조합원의 출연금 소득공제

1-1 소득공제 요건 및 한도

우리사주조합원이 우리사주조합에 출자하는 경우 400만원을 한도로 하여 그 출자금액을 해당 연도의 근로소득금액에서 공제한다. 다만 벤처기업등(조특법 §16 ① 3호)의 경우에는 1,500만원을 한도로 한다(조특법 §88의 4 ①).

벤처기업등의 범위는 제3부 제2장 제10절 Ⅱ. 1-3을 참조하기로 한다.

2018년 개정세법에서 벤처기업등의 우리사주조합원의 우리사주조합 출자금에 대한 소득공제의 한도를 종전 400만원에서 1,500만원으로 증액하였다. 2018.1.1. 이후 우리사주조합에 출자하는 분부터 적용한다(2017.12.19. 개정된 법 부칙 §24).

● 지주회사 주식의 공제 대상 여부 (긍정)

근로복지기본법에 의하여 지주회사 또는 금융지주회사의 자회사 및 손자회사에 소속된 종업원이 지주회사의 우리사주조합원으로 가입하여 지주회사의 주식을 취득하기 위하여 우리사주조합에 금품을 출연하는 경우(근로복지기본법 §34 ① 2호)에도 본 소득공제가 적용된다(원천세과-189, 2010.3.5.; 서이 46013-11660, 2003.9.17.).

1-2 증권금융회사에의 통보

(가) 자사주 예탁 시 통보

우리사주조합은 출연금 소득공제(법 §88의 4 ①)의 대상이 되는 금액과 그렇지 않은 금액을 구분하여 자사주 취득에 사용하여야 하고, 우리사주조합원별로 자사주 취득을 위한 출연내역과 자사주의 배정내역·인출내역을 기장하여야 하며, 증권금융회사에 자사주를 예탁하는 때에는 다음의 사항을 통보하여야 한다(조특령 §82의 4 ⑩).
① 우리사주조합원에게 배정하는 자사주의 매입가액 등
② 우리사주조합원에게 배정하는 자사주가 과세대상주식에 해당하는지 여부(1주 미만의 단주는 없는 것으로 봄)

우리사주조합이 증권금융회사에 자사주를 예탁한 때 우리사주조합원에게 배정한 과세대상 주식을 과소하게 통보하더라도, 우리사주조합원이 우리사주를 취득하기 위하여 우리사주조합에 출자하는 경우에는 해당 연도의 출자금액과 400만원(벤처기업등의 우리사주조합원의 경우에는 1천500만원) 중 적은 금액을 해당 연도의 근로소득금액에서 공제할 수 있다(재소득-374, 2019.6.21.).[3]
증권금융회사에 과세대상 주식 여부를 통보한 것이 소득공제 금액을 확정한 것으로 보기 어렵기 때문에, 비과세 대상 주식으로 통보한 경우에도 우리사주 취득을 위하여 출연하였다면 공제 가능하다.

(나) 연말정산 시 재통보

우리사주조합이 증권금융회사에 자사주를 예탁한 때에 과세대상으로 통보한 자사주의 내역과 우리사주조합원이 해당 자사주에 대해 연말정산 시 실제 소득공제를 받은 내역이 일치하지 않은 경우 우리사주조합은 즉시 그 내용을 반영하여 과세대상주식(1주 미만의 단

---

[3] 증권금융회사에 예탁 시 과세대상 주식으로 신고하지 아니한 경우 당해 연도의 근로소득금액에서 공제할 수 없다는 종전 예규(서면1팀-134, 2007.1.23.; 서이46013-10752, 2003.4.10.)는 2019년의 새로운 유권해석과 상충하여 2019년 12월에 삭제함.

주는 없는 것으로 봄) 해당 여부를 증권금융회사에 다시 통보해야 한다(조특령 §82의 4 ⑪).

2022년 세법개정에서 우리사주 조합원 관련 자사주에 대한 관리 강화를 목적으로, 과세대상주식으로 통보하지 않은 자사주 중 실제 소득공제를 받은 주식을 증권금융회사에 통보하도록 하였다. 종전 유권해석(재소득-374, 2019.6.21.)을 입법화하였다.

2 기부금의 세액공제 또는 손금산입

거주자가 우리사주조합에 지출하는 기부금(우리사주조합원이 지출하는 기부금은 제외)은 (가) 및 (나)의 구분에 따른 금액을 한도로 하여 필요경비에 산입(소법 §34 ③)하거나 종합소득산출세액에서 공제(소법 §59의 4 ④)할 수 있고, 법인이 우리사주조합에 지출하는 기부금은 (다)의 금액을 한도로 하여 손금에 산입할 수 있다(조특법 §88의 4 ⑬).

(가) 개인의 필요경비 산입방법

다음의 금액을 한도로 사업소득금액을 계산할 때 필요경비에 산입한다(소령 §81 ④ 2호의 2 참조). 소득세법상 사업소득만이 있는 자는 기부금 세액공제를 적용받지 못하고 필요경비에만 산입할 수 있다(소법 §59의 4 ④ 괄호).

$$\text{한도} = (\text{기준소득금액}^{❶} - \text{이월결손금}^{❷} - \text{정치자금기부금}^{❸} - \text{특례기부금}^{❹}) \times 30\%$$

❶ 기부금을 필요경비에 산입하기 전의 소득금액을 말함.
❷ 소법 §45
❸ 조특법 §74
❹ 소법 §34 ②에 따라 필요경비에 산입하는 기부금

(나) 개인의 세액공제 방법

거주자가 해당 기부금에 대하여 해당 과세연도의 종합소득산출세액에서 공제하는 경우, 다음 계산식에 따른 금액을 한도액으로 한다.

$$\text{한도} = (\text{종합소득금액}^{❶} - \text{특례기부금}^{❷}) \times 30\%$$

❶ 소득세법 제62조에 따른 원천징수세율을 적용받는 이자소득 및 배당소득은 제외한다
❷ 소법 §59의 4 ④ 1호

(다) 법인의 손금산입 방법

법인이 해당 과세연도의 소득금액을 계산할 때 해당 기부금을 손금에 산입하는 경우 다음 계산식에 따른 금액을 한도로 손금산입한다.

$$\text{한도} = \left[\text{기준 소득금액}^① - \text{이월결손금}^② - \text{특례기부금}^③ \right] \times 30\%$$

❶ 법법 §24 ② 2호
❷ 각 사업연도 소득의 <u>80%</u>를 한도로 이월결손금 공제를 적용받는 법인(법법 §13 ① 단서)은 기준소득금액의 <u>80%</u>를 한도로 한다.
❸ 손금에 산입하는 특례기부금. 단, 이월하여 손금에 산입한 금액을 포함한다(법법 §24 ②·⑤).

법인이 우리사주조합에 출연하는 자사주의 장부가액 또는 금품은 법인의 손비로 인정되므로(법령 §19 16호), 법인의 손금산입 방법에 관한 동 규정은 (우리사주제도 실시회사가 아닌) 협력업체 등 다른 법인이 우리사주조합에 기부한 금액을 말한다.

종래에는 각 사업연도 소득금액에서 이월결손금을 차감한 금액의 30%를 한도로 하여 법인의 기부금을 손금산입하도록 하였으나, 2021년 개정세법에서 법인세법상 지정기부금의 한도 계산 방법과 유사하게 계산하도록 개선하였다. 그 방법은 기준소득금액(법정기부금과 지정기부금을 손금산입하기 전의 소득금액)에서 이월결손금과 법정기부금을 차감한 금액에 30%를 곱하여 한도를 계산하는 방법이다. 개정규정은 2021.1.1. 이후 개시하는 사업연도에 기부금을 우리사주조합에 지출하는 경우부터 적용한다. 2021.1.1. 전에 개시한 사업연도에 우리사주조합에 기부금을 지출한 경우에 대해서는 개정규정에도 불구하고 종전의 규정에 따른다(2020.12.29. 개정된 법률 부칙 §13 및 §42).

3 법인의 손비인정

3-1 자사주 또는 금품

우리사주제도 실시회사(이하 "실시회사")가 우리사주조합에 출연하는 자사주의 장부가액 또는 금품은 법인의 손비로 인정된다(법령 §19 16호).

다만 실시회사가 자회사의 우리사주조합이나 자회사의 임직원에게 당해 법인이 보유하고 있는 자기주식을 기부하는 경우에는 본 규정에 의하여 법인의 손금으로 계상할 수 없다(서면2팀-1515, 2005.9.23.). 실시회사가 당해 법인의 우리사주조합에 출연하는 경우에 한정하여 손비로 인정하기 때문이다. 전술한 법인의 기부금 손금산입 규정에 따라야 한다.

(1) 자사주

법인의 손비로 인정되는 자사주 등은 법인이 보유하거나 취득하여 우리사주조합에 출연하는 자사주만 포함되며, 증자방식에 의하여 신주를 배정하는 것은 포함되지 않는다(법통 19-19...45 ①).

자사주 출연 시 회계처리 및 세무조정 (자사주의 취득원가 100, 시가 150 가정)	〈회계처리〉 차) 주식보상비용	150	대) 자기주식(자본조정) 자기주식처분이익 (자본잉여금)	100 50
	〈세무조정〉 자기주식처분이익 (익금산입, 기타) 50			

반면에 제3자 배정 유상증자의 방식으로 우리사주조합원에게 신주를 시가보다 낮은 가액으로 발행하는 경우에는 시가와 발행가의 차액에 대해 손금산입할 수 없다.

이때 주식의 취득가액과 시가와의 차액에 대하여 내국법인이 근로소득세를 원천징수하여 신고·납부한 경우(조특법 §88의 4 ⑧ 2호)에도 근로소득 금액은 인건비(법령 §19 3호)에 해당하지 아니하므로 손금불산입한다(사전법령법인-0500, 2018.4.26.). 아래의 회계처리에서 보는 바와 같이 유상증자 금액을 자본금 및 주식발행초과금으로 계상하므로 순자산의 감소를 수반하지 않는 자본거래에 해당하기 때문이다.

신주 발행 시 회계처리 및 세무조정 (신주의 액면가 50, 발행가 100, 시가 300 가정)	〈회계처리〉 차) 현금 복리후생비(또는 급여)	100 200	대) 자본금 주식발행초과금	50 250
	〈세무조정〉 복리후생비 (손금불산입, 기타) 200			

참고로, 법인이 우리사주조합의 조합원에게 자사주를 시가(법령 §89)에 미달하는 가액으로 양도하는 경우에도 부당행위계산 부인규정이 적용되지 않는다(법통 52-88...3 15호).

(2) 금품

자사주 외 부동산 등 금품을 출연하는 경우 당해 출연자산의 가액은 시가에 의하므로, 그 시가와 장부가액과의 차액부분은 다시 익금에 산입한다(법통 19-19...45 ②).

금품 출연 시 회계처리 및 세무조정 (부동산의 취득원가 100, 시가 150 가정)	〈회계처리〉 차) 급여	150	대) 유형자산 　　유형자산처분이익	100 50
	〈세무조정〉 회계와 세무가 동일하므로 세무조정 없음			

3-2 성과배분상여금 ('18년 삭제)

「자본시장과 금융투자업에 관한 법률」(이하 "자본시장법") 제165조의 3에 따라 취득한 자기주식으로 지급하는 성과급으로서 우리사주조합을 통하여 지급하는 것은 잉여금의 처분을 손비로 계상한 것임에도 불구하고 손금산입한다(구 법령 §20 ① 2호).

이 경우 유가증권시장에서 해당 법인의 주식을 취득하여 조합원에게 분배한 우리사주조합에, 해당 법인이 성과급으로서 그 대금을 지급하는 것도 포함된다.

그러나 현행 기업회계기준상 성과배분상여금 등은 이익잉여금의 처분이 아니라 당기비용으로 처리하므로, 기업회계와 세무회계의 일치를 목적으로 2018년 법인세법 개정에서 동 조항을 삭제하였다.

4 조합의 상속증여세 비과세

우리사주조합이 증여받은 재산의 가액은 증여세가 비과세되며,(상증법 §46 4호) 유증등을 받은 재산에 대하여는 상속세가 비과세된다(상증법 §12 5호).

우리사주조합이 증여받은 자사주에 대해 증여세를 비과세한 후, 다시 소액주주인 우리사주조합원이 그 자사주를 취득한 경우에는 취득가액과 시가와의 차액으로 인해 받은 이익에 대해 다시 증여세를 비과세한다(서면4팀-763, 2006.3.31.; Ⅲ. 3. 참조).

Ⅲ. 취득단계

조합원의 취득 시 비과세

우리사주조합원이 우리사주조합에 출자하게 되면 우리사주 매입 전까지는 조합기금에 적립하며, 적립된 다음 해 6월까지 우리사주를 취득하여야 하고, 취득 즉시 조합원 계정으로 배정된다(근로복지기본법 시행령 §17·§19).

이때 조합원이 조합에 출자하고 그 조합을 통해 취득하는 경우 그 주식의 취득가액과 시가와의 차액에 대한 소득세 과세는 출자금액이 400만원 이하인 경우와 그 이상인 경우로 나뉘어 달리 취급된다. 다만 벤처기업등(조특법 §16 ① 3호)의 경우에는 1,500만원을 기준으로 한다(조특법 §88의 4 ⑧).

1-1 출자금액이 400만원(1,500만원) 이하인 경우 (1호)

취득가액과 시가와의 차액에 대하여 전액 비과세한다.

1-2 출자금액이 400만원(1,500만원) 이상인 경우 (2호)

저가 취득한 경우 시가와의 차이 부분에 대하여 과세하나, 소액주주의 경우에는 특례를 적용한다.

(1) 저가취득 시 차익과세

취득가액이 취득일 현재의 시가의 70%에 상당하는 가액(이하 "기준가액")보다 낮은 경우에는 기준가액과 취득가액과의 차액에 대하여 근로소득으로 보아 과세한다(조특령 §82의 4 ⑨). 근로소득으로 과세하는 경우 소득세법상 종합소득에 대한 누진세율을 적용한다(원천 -263, 2009.3.30.).

> 과세대상금액 = 기준가액(시가의 70%) - 취득가액

시가와 현저한 차이가 있는 경우에는 과세형평성을 고려하여 근로소득으로 과세한다. 당해 법인이 보유하고 있는 자사주(자기주식)의 취득뿐만 아니라 당해 법인의 유상증자

등에 참여하여 자사주를 취득하는 것을 포함한다(서면1팀-1269, 2005.10.24.).

(2) 소액주주

다만 소득세법상 소액주주[I. 3. (2) 용어정의 참조]에 해당하는 우리사주조합원이 자사주를 우선배정[4]받는 경우에는 시가의 70%와 액면가액 중 적은 금액을 기준가액으로 하여 과세한다.

> 과세대상금액 = Min [(시가 × 70%), (액면가액)] - 취득가액

2 조합원 배정 시 비과세

2-1 조합원 출연분

우리사주조합원이 해당 법인에 출연하여 취득하거나 자본시장법에 따른 유가증권시장 등에서 매입하여 취득한 우리사주를 우리사주조합을 통하여 배정받는 경우에는 소득세를 부과하지 않는다(조특법 §88의 4 ③). 그 매입은 유가증권시장에서의 매입뿐만 아니라 협회 중개시장이나 장외시장 등에서의 매입을 포함한다(서면1팀-1269, 2005.10.24.).

해당법인의 출연으로 우리사주조합원에게 소득이 발생한 경우에는 과세하여야 함에도 불구하고 우리사주의 인출시점까지 과세를 이연한다. 과세이연의 범위를 보자면, 우리사주조합원 출연분과 주주등 출연분, 조합수익으로 매입한 분은 전액 과세이연되며, 법인 출연분은 후술하는 바와 같이 한도 이내의 금액만 과세이연된다.

2-2 법인 출연분

다만 배정받은 우리사주가 해당 법인이 출연하거나 해당 법인의 출연금으로 취득한 경우에는 다음의 한도를 초과하는 부분에 대해서는 근로소득세를 과세한다(조특법 §88의 4 ④, 조특령 §82의 4 ②·③).

> 법인출연분 과세이연의 한도 = Max (조합원의 직전연도 총급여액의 20%, 500만원)

---

[4] 예를 들어, 상장법인 또는 상장예정법인의 우리사주조합원은 모집 또는 매출하는 주식 총수의 20% 범위 안에서 우선적으로 배정받을 수 있음(근로복지기본법 §38 ①).

한도와 비교하는 자사주의 가액은 매입가액 등[I. 3. (2) 용어정의 참조]으로 한다.

직전연도 1년 미만 근무자의 경우 직전연도 총급여액을 1년으로 환산하지 아니하고, 실제 수령한 금액으로 계산한다(조심 2013서1757, 2013.6.13.). 또한 법인출연분의 한도와 비교 시 당해 연도에 배정받은 자사주를 기준으로 하며, 누적된 배정 금액을 기준으로 하지 아니한다(서면1팀-162, 2008.1.31.).

만약 당초 배정된 우리사주가 우리사주조합원으로부터 우리사주조합에 회수되어 이미 지난 과세기간에 속하는 근로소득에서 차감하여야 할 금액이 있는 경우, 해당 우리사주조합원은 회수일이 속하는 과세기간의 근로소득세액에 대한 연말정산 시 해당 근로소득에서 그 금액을 차감할 수 있다(조특법 §88의 4 ④ 후단).

유의할 점은 해당법인의 출연으로 인한 경우에만 과세이연의 한도가 적용되고, 주주등 출연이나 조합 수익으로 매입한 경우에는 과세이연의 한도가 없다.

3 조합원의 증여세 비과세

우리사주조합원이 우리사주조합을 통하여 우리사주를 취득한 경우로서 상증법의 소액주주에 해당하는 경우에는 그 주식의 취득가액과 시가의 차액으로 인하여 받은 이익에 상당하는 가액에 대해 비과세되는 증여재산으로 본다(상증법 §46 2호).

상증법상 소액주주는 당해 법인의 발행주식총수등의 1% 미만을 소유하는 경우로서 주식등의 액면가액의 합계액이 3억원 미만인 주주등을 말한다(상증령 §35 ② → §29 ⑤).

4 법인의 인정이자 계산 제외

실시회사가 우리사주조합 또는 그 조합원에게 당해 법인의 주식취득에 소요되는 자금을 대여한 금액은 상환할 때까지의 기간에 한하여 업무무관 가지급금 인정이자 계산에서 제외한다(법칙 §44 3호). 따라서 우리사주조합원의 경우에도 이자상당액을 근로소득으로 보지 않는다.

주식취득에는 조합원 간에 주식을 매매하는 경우와 조합원이 취득한 주식을 교환하거나 현물출자함으로써 「독점규제 및 공정거래에 관한 법률」에 의한 지주회사 또는 금융지주회사법에 의한 금융지주회사의 주식을 취득하는 경우를 포함한다.

Ⅳ. 운영단계

1 기금 및 조합 소득 비과세

우리사주조합기금(근로복지기본법 §36)에서 발생하거나 우리사주조합이 보유하고 있는 우리사주에서 발생하는 소득에 대해서는 소득세를 부과하지 아니한다(조특법 §88의 4 ②). 우리사주조합은 종업원에게 자사주 배정을 위한 단순한 매개역할을 하는 점을 감안하여 운용단계의 수익은 비과세하고, 조합원이 인출하는 단계에서 과세한다.

2 조합원 배당소득 비과세

2-1 원칙적 비과세

(1) 비과세 요건

우리사주조합원이 우리사주조합을 통하여 취득한 후 증권금융회사에 예탁한 우리사주의 배당소득이 다음의 요건을 모두 갖춘 경우에는 소득세를 부과하지 아니한다(조특법 §88의 4 ⑨).

① 증권금융회사가 발급한 주권예탁증명서에 의하여 우리사주조합원이 보유하고 있는 우리사주가 배당지급 기준일 현재 증권금융회사에 예탁되어 있음이 확인될 것

"배당지급 기준일"은 배당지급결의일 또는 결산일 현재를 말하며,(법규소득 2011-158, 2011.6.15.) 증권금융회사에 인출 이전 1년 이상 예탁되었다 하더라도 배당지급 기준일 이전에 인출한 경우에는 비과세 적용을 받을 수 없다(서면1팀-988, 2005.8.17.). 반대로, 결산일 이후에 퇴직하고 배당을 지급받는 경우에는 비과세 적용이 가능하다(서이 46013-10176, 2003.1.24.).

이 경우 조합원의 개인별계정에 배정된 것으로 보는 가배정주식은 우리사주조합원이 우리사주조합을 통하여 취득한 후 증권금융회사에 예탁한 우리사주로 본다(조특령 §82의 4 ⑭, 대통령령 제19074호 근로복지기본법 시행령 일부 개정령 부칙 §2).

② 우리사주조합원이 소득세법상 소액주주일 것[조특령 §82의 4 ⑰ → 소령 §38 ③; Ⅰ. 3. (2) 용어정의 참조]

③ 우리사주조합원이 보유하고 있는 우리사주의 액면가액의 개인별 합계액이 1천800만원 이하일 것

조합통합계정과 개인별 계정이 있는 경우 조합통합계정의 개인별 주식과 조합원 개인별 계정의 주식을 합하여 액면가액 1,800만원 이하인지를 판정한다. 만약 그 합계액이 1,800만원을 초과하면, 그 조합원이 받는 배당소득 전체에 대해 과세특례를 적용받을 수 없다(원천세과-783, 2011.11.30.; 원천-863, 2009.10.20.; 서면1팀-343, 2006.3.15.).

'액면가액' 계산 시 무액면주식의 경우에는 배당기준일 현재 해당 주식을 발행하는 법인의 자본금을 발행주식총수로 나누어 계산한 금액을 액면가액으로 한다(조특법 §147).

$$액면가액 = \frac{배당기준일\ 현재\ 자본금}{발행주식총수}$$

우리사주조합원이 보유하고 있는 자사주의 유상감자로 인하여 발생하는 배당소득으로서 의제배당(소법 §17 ② 1호)에 해당하는 경우에도 상기 비과세 요건을 충족하는 경우에는 동 배당소득에 대하여 비과세를 적용받을 수 있다(서면1팀-991, 2005.8.18.).

(2) 절차

원천징수의무자가 우리사주조합원의 배당소득에 대하여 비과세하거나 원천징수세액을 환급하는 경우에는 우리사주배당비과세 및 원천징수세액환급명세서(별지 제60호 서식)를 비과세한 날 또는 환급일이 속하는 사업연도의 다음연도 2월 말일까지 원천징수 관할세무서장에게 제출하여야 한다(조특령 §82의 4 ⑮).

배당소득에 대한 비과세를 적용받고자 하는 우리사주조합원은 증권금융회사가 발급하는 주권예탁증명서를 원천징수의무자에게 제출하여야 한다(조특령 §82의 4 ⑯).

종전에는 우리사주배당비과세 및 원천징수세액환급명세서를 종전에 분기별로 제출하도록 하였으나, 2019년 개정세법에서 원천징수의무자의 납세협력비용 절감을 위해 우리사주인출 및 과세명세서의 경우와 같이 비과세일이 속하는 사업연도의 다음 연도 2월 말일까지 제출하도록 하였다. 2019.2.12. 이후 제출하는 분부터 적용한다(2019.2.12. 개정된 시행령 부칙 §9).

2-2 1년 이내 인출 시 과세

예외적으로, 예탁일부터 1년 이내에 인출하는 경우 그 인출일 이전에 지급된 배당소득에 대해서는 인출일에 배당소득이 지급된 것으로 보아 소득세를 과세한다. 근로복지기본

법상 의무예탁기간이 최소 1년이기 때문에,(근로복지기본법 §43) 1년 미만의 인출에 대하여 페널티를 부과하는 것이다.

또한 퇴사·전출로 우리사주조합원 자격을 상실한 경우에도 과세특례를 적용받을 수 없다(원천-2071, 2008.9.24.).

3 법인의 손금 인정

실시회사가 우리사주조합의 운영비를 지출한 경우에는 법인이 손금산입 가능한 복리후생비로 인정한다(법령 §45 ① 3호).

V. 인출단계

다음의 표는 출연·취득·운용단계(이하 "출연등 단계")에서 과세 또는 비과세 여부에 따라, 후속적인 인출단계에서의 과세방법을 정리한 것이다. 과세방법의 기본원칙은 출연등 단계에서 과세된 주식은 인출단계에서 과세하지 아니하며, 출연등 단계에서 비과세된 주식은 과세이연되었으므로 인출단계에서 과세한다.

우리사주의 출연등 또는 인출단계에서의 과세방법

출연자	구 분	출연등 단계	인출단계
종업원 출연분	출연금 소득공제 한도초과분 + 저가취득 시 차익과세분[1]	근로소득세 종합과세	비과세 (기과세됨)
	소득공제분	비과세(과세이연)	■ 2년 미만 100% 과세 ■ 2년~4년 50% 과세 ■ 4년 이상 25% 과세 ■ 6년 이상 중소기업 비과세
이외 출연분	법인출연분 중 한도 초과분	근로소득세 종합과세	비과세 (기과세됨)
	주주출연·조합수익취득분 등과 법인출연분 중 한도 이내 분	비과세(과세이연)	■ 2년 미만 100% 과세 ■ 2년~4년 50% 과세 ■ 4년 이상 25% 과세 ■ 6년 이상 중소기업 비과세

[1] 기준가액과 취득가액의 차액 (조특령 §82의 4 ⑨); Ⅲ. 1-2 참조

과세이연된 주식의 인출단계에서 과세방법

1-1 근로소득 과세 (원칙)

(1) 인출금 과세

우리사주조합원이 출연등 단계에서 비과세되어 과세이연된 우리사주(이하 "과세인출주식")를 인출한 경우에는 인출시점에 과세이연된 금액(이하 "인출금")을 계산하여 근로소득으로 보아 소득세를 부과한다(조특법 §88의 4 ⑤).

이때 그 소득의 수입시기는 그 우리사주의 인출일, 즉 증권금융회사로부터 우리사주를 인출하는 날로 한다(서면1팀-260, 2007.2.21.). 우리사주조합원이 우리사주를 당해 법인의 퇴사 시 인출하지 아니하고 보유기간 3년 이내에 인출하는 경우, 퇴사 시점이 아닌 자사주를 인출하는 시점에 근로소득으로 보아 원천징수한다(서이 46013-11257, 2003.7.3.).

반면에, 우리사주조합으로부터 배정받은 우리사주를 조합원이 아닌 자가 인출하는 경우 과세인출주식에 대한 수입시기는 (우리사주 인출일이 아니라) 우리사주조합원의 지위를 상실하게 된 시점으로 한다(재소득-1059, 2023.12.4.; 서면법규소득-1715, 2023.12.5.).

근로소득으로 보는 경우 해당 법인은 원천징수시 기본공제(소법 §50) 등을 적용하지 아니하고 소득세법 제55조 제1항에 따른 기본누진세율을 적용하며, 우리사주조합원이 우리사주조합으로부터 배정받은 자사주를 동일한 월에 2회 이상 인출하는 경우 각각의 인출금을 합산하여 원천징수세액을 계산한다(원천세과-621, 2010.7.29.). 예를 들어, 인출금이 400만원인 경우에는 기본공제 등을 적용하지 않고 6% 세율을 적용하여 24만원을 원천징수 세액으로 한다.

사내근로복지기금을 우리사주조합에 출연하여 취득한 자사주를 우리사주조합원에게 배정한 후 해당 조합원이 그 배정받은 자사주를 인출하는 경우에는 근로소득으로 보아 소득세를 부과한다(원천-442, 2011.7.25.).

또한 기업공개 목적으로 상장주관사의 요구에 따라 우리사주를 보호예수하기 위하여 인출한 경우에도 과세대상 근로소득에 해당한다(원천세과-567, 2011.9.8.).

(2) 인출금의 산정

인출금은 과세인출주식의 매입가액 등과 인출일 현재 시가(I. 3. 용어정의 참조) 중 적은 금액으로 한다. 단, 당해 법인이 파산선고를 받은 경우에는 0원으로 한다(조특령 §82의 4 ④).

> 인출금 = Min [매입가액 등❶, 시가]

❶ 매입가액등은 총평균법(소령 §95 ①)에 따라 산정하되, 다만 인출하는 우리사주의 개별적인 매입가액이 입증되는 경우에는 그 가액을 과세인출주식의 매입가액등으로 함(사전법령소득-0206, 2020.4.22.).

다만 후술하는 출연등 단계에서 기과세된 주식으로 인출단계에서 비과세하는 주식의 매입가액 등은 상기 산식의 매입가액 등에서 차감되어야 함에 유의하여야 한다(2. 참조).

우리사주조합원이 출연금을 우리사주 취득에 사용하지 아니하고 인출하는 경우에는 해당 금액[출연금 소득공제(법 §88의 4 ①)를 받지 않는 것은 제외]을 인출금에 포함한다(조특법 §88의 4 ⑦).

조합원은 과세인출주식과 관련하여서는 출연등 단계에서 원칙적으로 비과세되었으므로 주식의 전체가액에 대하여 과세하여야 하나, 인출시점에서는 주식보유이익이 미실현된 상태이므로 시가로 과세하지 아니하고 원칙적으로 매입가액 등으로 과세한다. 매입가액 등(또는 시가)을 초과하는 부분은 다시 인출한 주식의 양도 시점까지 과세이연된다.

1-2 보유기간 또는 규모별 비과세 특례

장기간 보유한 자사주의 경우, 상기 산식상 계산된 과세인출주식의 인출금 중에서 보유기간과 법인 규모별로 아래의 금액에 대하여 소득세를 비과세한다(조특법 §88의 4 ⑥).

보유기간 및 법인 규모에 따른 비과세 금액

보유기간 및 법인 규모에 따른 구분	비과세 금액
2년 미만 보유	전액 과세
2년 이상 4년 미만 보유	인출금액의 50%
4년 이상 보유	인출금액의 75%
6년 이상 보유한 경우(단, 중소기업에 한정)	인출금액의 100%

보유기간은 증권금융회사의 우리사주조합원별 계정에 의무적으로 예탁하여야 하는 기간의 종료일의 다음날부터 인출한 날까지의 기간으로 한다.

근로복지기본법상 의무예탁기간(동법 시행령 §23)

구 분	기 간
법인·주주등의 출연과 기금의 이자수입 취득분(1호·5호)	4년 이상 8년 이하의 기간에서 출연자와 협의하여 정한 기간

회사와의 협력출연에 의한 취득 중 조합원 출연분(6호)	1년 이상 4년 이하의 기간에서 법인과 협의하여 정한 기간
무상증자를 통한 취득분(7호)	해당 무상증자 권리를 갖는 우리사주의 남은 예탁기간
이외(2호~4호)	1년

과세인출주식의 수 및 보유기간 등을 계산함에 있어서는 우리사주조합원에게 먼저 배정된 자사주(동시에 배정된 자사주의 경우에는 과세대상주식 외의 자사주)를 먼저 인출하는 것으로 본다(조특령 §82의 4 ⑤).

1-3 합병·분할 시 특례

합병 또는 분할(분할합병 포함)로 인하여 증권금융회사에서의 우리사주조합원별 계정에 예탁되어 있는 자사주(이하 "구주식")를 새로운 주식(이하 "신주식")으로 교체하는 경우의 특례이다(조특령 §82의 4 ⑦).

(1) 신주식 교체분 (1호)

합병 또는 분할로 인하여 구주식을 신주식으로 교체하는 것은 인출로 보지 아니하여 과세특례가 계속 적용된다.

(2) 금전 등 수령분 (2호·3호)

합병 또는 분할의 대가로 구주식에 대하여 신주식 외에 금전 등을 교부받는 경우에는 아래의 산식을 적용하여 계산한 금액을 인출금으로 본다.

$$\text{인출금} = \text{금전 등의 합계액} \times \frac{\text{구주식 중 과세대상 주식의 수}}{\text{구주식의 총수}}$$

다만 다음의 금액은 인출금으로 보지 아니한다.
㉮ 1주 미만의 단주에 한하여 금전 등을 교부받은 경우 당해 금전 등
㉯ 금전 등의 합계액이 구주식의 매입가액 등을 초과하는 경우 그 초과하는 금액

(3) 신주식의 1주당 매입가액 산정 (4호)

신주식으로 교체하거나 금전 등을 수령한 경우, 다음의 금액을 신주식의 1주당 매입가

액으로 본다.

$$\text{신주식의 1주당 매입가액} = \frac{(\text{구주식의 매입가액등} - \text{금전 등의 합계액})}{\text{신주식의 수}}$$

(4) 보유기간 계산 (5호)

전술한 1-2 보유기간별 비과세특례를 적용함에 있어서 신주식의 보유기간은 신주식에 대응하는 구주식을 의무적으로 예탁하여야 하는 기간의 종료일의 다음 날부터 당해 신주식을 인출한 날까지의 기간으로 한다.

(5) 과세대상 신주식 (6호)

신주식 중 인출하는 때에 과세하는 주식(이하 "과세대상 신주식")은 구주식의 과세대상주식[I. 3. (3) 용어정의 참조]에 대응하는 것으로 하며, 과세대상 신주식의 수는 아래의 산식을 적용하여 산출한다. 이 경우 산출한 과세대상 신주식 중 1주 미만의 주식은 이를 없는 것으로 한다.

$$\text{과세대상 신주식의 수} = \text{신주식의 수} \times \frac{\text{구주식 중 과세대상 주식의 수}}{\text{구주식의 총수}}$$

1-4 절차

우리사주조합은 우리사주조합원이 증권금융회사에 예탁된 자사주를 인출하는 때에는 증권금융회사가 발급하는 주권인출내역서를 당해 법인에게 제출하여야 한다(조특령 §82의 4 ⑫).

조합원 배정 시 비과세(법 §88의 4 ③·④)된 경우 당해 법인은 우리사주인출 및 과세명세서(별지 제60호의 5 서식)를 당해 자사주의 인출일이 속하는 연도의 다음 연도 2월 말(휴업 또는 폐업의 경우에는 휴업일 또는 폐업일이 속하는 달의 다음 다음 달 말일)까지 원천징수 관할 세무서장에게 제출하여야 한다(조특령 §82의 4 ⑬).

2 기과세된 주식의 인출단계에서의 비과세

다음의 주식은 출연등 단계에서 이미 과세되었으므로 인출단계에서 과세하지 않는다(조특법 §88의 4 ⑤).
① 조합원의 출연금소득공제(법 §88의 4 ①)를 받지 아니한 출자금액으로 취득한 우리사주
② 조합원 배정 시 법인 출연분 중 한도를 초과한 우리사주(법 §88의 4 ④ 전단)
③ 잉여금을 자본에 전입함에 따라 우리사주조합원에게 무상으로 지급된 우리사주

Ⅵ. 양도단계

1 취득가액

우리사주조합원이 취득·인출단계에서 과세된 자사주(법 §88의 4 ④~⑥⑧)를 양도하는 경우, 양도차익을 계산하기 위한 취득가액은 당해 자사주의 매입가액 등[Ⅰ. 3. (2) 용어정의 참조]으로 한다(조특령 §82의 4 ⑧).

2 퇴직 시 조합에 양도하는 경우

우리사주조합원이 보유하고 있는 우리사주로서 해당 조합원이 퇴직을 원인으로 인출하여 우리사주조합에 양도하는 경우에, 다음의 요건을 모두 갖추었다면 주식등의 양도(소법 §94 ① 3호)로 보지 아니하여 소득세를 과세하지 아니한다. 다만 과세형평성 차원에서 3천만원을 한도로 비과세한다(조특법 §88의 4 ⑭).
① 우리사주조합원이 우리사주를 우리사주조합을 통하여 취득한 후 1년 이상 보유할 것
② 우리사주조합원이 보유하고 있는 우리사주가 양도일 현재 증권금융회사에 1년 이상 예탁된 것일 것
③ 우리사주조합원이 보유하고 있는 우리사주의 액면가액 합계액이 1천800만원 이하일 것
  (무액면 주식의 액면가액 계산 방법은 Ⅳ. 2-1 참조)

Ⅶ. 농협 등 근로자 배당소득 비과세

농업협동조합법(이하 "농협법") 및 수산업협동조합법(이하 "수협법")에 따라 출자지분을 취득한 근로자의 경우, 그 배당소득에 대한 소득세를 비과세하는 제도이다(조특법 §88의 4 ⑩). 농협법 등에 의해 직원들이 출자한 자사지분의 경우 실질적으로 우리사주와 동일하기 때문이다.

1 출자지분 발행법인

특례적용이 되는 출자지분의 발행법인은 다음과 같다.
㉮ 지역농협, 지역축협, 품목조합, 조합공동사업법인, 농협중앙회(농협법 §21의 2·§107 ②·§112 ②·§112의 10 ②·§147)
㉯ 지구별수협, 업종별수협, 수산물가공수협, 수협중앙회(수협법 §22의 2·§108·§113·§147)

2 근로자

근로자는 다음의 요건을 갖추어야 한다.
① 근로자가 소액주주일 것
② 근로자가 보유하고 있는 자사지분의 액면가액의 개인별 합계액이 1천800만원 이하일 것(무액면 주식의 액면가액 계산 방법은 Ⅳ. 2-1 참조)

3 배당소득 비과세

근로자가 보유한 자사지분의 배당소득에 대하여는 소득세를 비과세한다. 잉여금처분결의일 전에 퇴직한 경우에도 특례를 적용한다(원천-771, 2011.11.25.).
다만 취득일로부터 1년 이상 보유하지 아니하게 된 자사지분의 경우에는 그 사유가 발생하기 이전에 받은 배당소득에 대하여 그 사유가 발생한 날에 배당소득이 지급된 것으로 보아 소득세를 과세한다.

농협중앙회 소속 근로자가 분할로 인하여 신설된 농협은행 등으로 소속이 변경된 이후 농협중앙회로부터 우선출자자지분의 배당금을 지급받는 경우, 동 배당소득은 소득세를 비과세한다(법규소득 2013-134, 2013.4.23.).

Ⅷ. 조세특례제한 등

기타 조세특례제한 등

구 분	내 용	참조 부분
소득공제 종합한도	조합원의 출연금 소득공제 대상(조특법 §132의 2 ①)	제20부 제5절
농어촌특별세	비과세(농특법 §4 4호)	

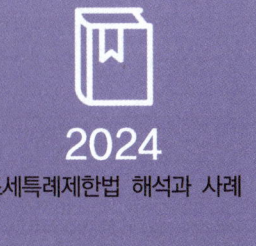

2024
조세특례제한법 해석과 사례

11. 기업구조조정을 위한 조세특례

제1절 서설
제2절 [제95조의 2] 월세액에 대한 세액공제
제3절 [제96조] 소형주택 임대사업자에 대한 세액감면
제4절 [제96조의 3] 상가임대료를 인하한 임대사업자에 대한 세액공제
제5절 [제99조의 6] 재기중소기업인의 체납액 등에 대한 강제징수 유예 등
제6절 [제99조의 8] 재기중소기업인에 대한 납부고지 유예 등의 특례
제7절 [제99조의 9] 위기지역 창업기업에 대한 법인세 등의 감면
제8절 [제99조의 10] 영세개인사업자의 체납액 징수특례

제1절 서설

국민생활의 안정을 위한 조세특례는 크게 개인의 주거생활 안정을 위한 주택양도관련 양도소득세에 대한 조세지원과 그 밖의 조세지원으로 나뉜다.

I. 개인 주거생활 안정을 위한 조세지원

주택에 대한 비과세·감면 제도

조문	특례요건	과세특례
§97 장기임대주택 양도소득세 감면	1986.1.1.~2000.12.31.까지 임대를 개시한 경우로서 5호 이상 국민주택을 5년 이상 임대한 후 양도하는 경우	■ 5년 이상 임대한 경우 : 50% 감면 ■ 10년 이상 임대한 경우 : 면제 ■ 1세대 1주택 판정 시 주택 수에서 제외
§97의 2 신축임대주택에 대한 양도소득세 감면	1999.8.20.~2001.12.31.까지 취득한 2호 이상 신축 국민주택 등을 5년 이상 임대한 후 양도하는 경우	■ 양도소득세 면제 ■ 1세대 1주택 판정 시 주택 수에서 제외
§97의 3 장기일반민간임대주택등	장기일반민간임대주택 및 공공지원민간임대주택을 10년 이상 임대한 후 양도하는 경우	■ 임대기간에 한정하여 장기보유특별공제율 70% 적용 ■ §97의 4와 중복적용 배제
§97의 4 장기임대주택(일몰기한 없음)	6년 이상 임대한, 민간건설(매입)임대주택 및 공공건설(매입)임대주택을 양도하는 경우	■ 일반 장기보유특별공제율(3~30%)에 임대기간에 따라 2~10%의 추가공제율 적용
§97의 5 장기일반민간임대주택등 ('15년 신설)	2015.1.1.~2018.12.31.까지 취득하여 장기일반민간임대주택·공공지원민간임대주택으로 등록하고 10년 이상 임대한 후 양도하는 경우	■ 양도소득세 100% 감면 ■ §97의 3 및 §97의 4와 중복적용 배제
§97의 8 공모부동산투자회사의 현물출자자 과세이연	내국법인이 영업인가일부터 1년 이내에 공모리츠에 토지·건물을 현물출자하는 경우	양도차익 상당액만큼 압축기장충당금을 설정하여 손금산입하여 과세이연

조문	특례요건	과세특례
§97의 9 공공매입임대주택 건설을 목적 양도 토지에 대한 과세특례	공공매입임대주택 건설사업자에게 주택 건설을 위한 토지를 양도하는 경우 ('21년 신설)	양도소득세 10% 감면
§98 서울시 밖 미분양주택	서울시 밖의 미분양국민주택을 1995. 1.1.~1997.12.31 및 1998.3.1.~1998.12.31.까지 취득한 후 5년 이상 임대한 후 양도하는 경우	■20% 세율을 적용한 양도소득세와 누진세율을 적용한 종합소득세 중 선택과세 ■1세대 1주택 판정 시 주택 수에서 제외
§98의 2 수도권 밖의 지방 미분양주택	2008.11.3.~2010.12.31.까지 취득한 수도권 밖의 지방 미분양주택을 양도하는 경우	■보유기간에 관계없이 누진세율 적용 ■주택 수에 관계없이 장기보유특별공제율 표 2 (80% 한도) 적용 ■1세대 1주택 판정 시 주택 수에서 제외
§98의 3 서울시 밖 미분양주택에 대한 양도소득세 감면 등	2009.2.12.(비거주자는 2009.3.16.)~2010.2.11.까지 취득한 서울시 밖의 미분양주택을 양도한 경우	■5년 이내 양도한 경우는 양도소득세 100% 감면, 단, 과밀억제권역은 60% 감면 ■5년 후 양도한 경우는 최초 5년간 발생 양도소득금액을 차감 후 과세. 단, 과밀억제권역은 60%만 차감 ■보유기간에 관계없이 누진세율 적용 ■장기보유특별공제율 표 1 또는 표 2 적용 ■1세대 1주택 판정 시 주택 수에서 제외
§98의 4 비거주자의 주택취득에 대한 양도소득세 감면	국내사업장이 없는 비거주자가 2009.3.16.~2010.2.11.까지 취득한 미분양주택(§98의 3 ①) 외의 주택을 양도하는 경우	■양도소득세 10% 감면

조문	특례요건	과세특례
§98의 5 수도권 밖 미분양주택에 대한 양도소득세 감면 등	2010.2.11. 현재 수도권 밖의 미분양주택을 2011.4.30.까지 취득한 후 양도하는 경우	■ 5년 이내 양도하는 경우는 분양가격 인하율에 따라 양도소득세의 60~100% 감면 ■ 5년 후 양도한 경우는 분양가격 인하율에 따라 최초 5년간 발생한 양도소득금액의 60~100% 차감 후 과세 ■ 보유기간에 관계없이 누진세율 적용 ■ 장기보유특별공제율 표 1 또는 표 2 적용 ■ 1세대 1주택 판정 시 주택 수에서 제외
§98의 6 준공후미분양주택에 대한 양도소득세 감면 등	2011.3.29. 현재 준공후미분양주택을 2011.12.31.까지 임대계약을 체결한 경우로서, 사업주체등이 2년 이상 임대하거나 개인이 5년 이상 임대한 주택을 양도하는 경우	■ 5년 이내 양도한 경우는 양도소득세 50% 감면(사업주체등 임대분 한정) ■ 5년 후 양도한 경우는 최초 5년간 발생 양도소득금액의 50%를 차감 후 과세 ■ 보유기간에 관계없이 누진세율 적용 ■ 장기보유특별공제율 표 1 또는 표 2 적용 ■ 1세대 1주택 판정 시 주택 수에서 제외
§98의 7 미분양주택에 대한 양도소득세 감면 등	2012.9.24.~2012.12.31.까지 취득가액이 9억원 이하인 미분양주택을 취득한 후 양도하는 경우	■ 5년 이내 양도한 경우는 양도소득세 100% 감면 ■ 5년 후 양도한 경우는 최초 5년간 발생 양도소득금액의 100%를 차감 후 과세 ■ 1세대 1주택 판정 시 주택 수에서 제외
§98의 8 준공후미분양주택('15년 신설)	2015.1.1.~2015.12.31.까지 취득하고, 취득가액이 6억원 이하이며 연면적이 135㎡ 이하인 준공후미분양주택을 5년 이상 임대 후 양도하는 경우	■ 최초 5년간 발생 양도소득금액의 50%를 차감 후 과세 ■ 1세대 1주택 판정 시 주택 수에서 제외
§99 신축주택의 취득자에 대한 양도소득세 감면	1998.5.22.~1999.6.30.까지(단, 국민주택의 경우는 1999.12.31.까지) 취득한 신축주택을 양도하는 경우. 단, 고가주택은 제외함.	■ 5년 이내 양도한 경우는 양도소득세 100% 감면 ■ 5년 후 양도한 경우는 최초 5년간 발생 양도소득금액의 100%를 차감 후 과세 ■ 1세대 1주택 판정 시 주택 수에서 제외

조문	특례요건	과세특례
§99의 2 신축주택 등 취득자에 대한 양도소득세 감면	2013.4.1.~2013.12.31.까지 취득한 신축·미분양주택 및 1세대 1주택자의 가 보유한 주택으로서 취득가액이 6억원 이하이거나 연면적이 85㎡ 이하인 주택을 취득한 후 양도하는 경우	■ 5년 이내 양도한 경우는 양도소득세 100% 감면 ■ 5년 후 양도한 경우는 최초 5년간 발생 양도소득금액의 100%를 차감 후 과세 ■ 1세대 1주택 판정 시 주택 수에서 제외
§99의 3 신축주택의 취득자에 대한 양도소득세 감면	2001.5.23.~2003.6.30.(서울시·과천시 및 분당·일산·평촌·산본·중동의 신도시 지역은 2002.12.31.)까지 취득한 신축주택을 양도하는 경우	■ 5년 이내 양도한 경우는 양도소득세 면제 ■ 5년 후 양도한 경우는 최초 5년간 발생 양도소득금액의 100%를 차감 후 과세 ■ 1세대 1주택 판정 시 주택 수에서 제외
§99의 4 농어촌주택 및 고향주택	2003.8.1.(단, 고향주택은 2009.1.1.) 이후 읍·면 소재 농어촌주택등을 취득한 후, 3년 이상 보유하고 다른 일반주택을 양도하는 경우	■ 기존주택의 1세대 1주택 판정 시 농어촌주택등을 주택 수에서 제외

이외에도 조세특례제한법에서는 개인 주거생활 안정을 지원하기 위하여 종합소득세와 관련한 세액공제와 소득공제 제도를 규정하고 있다.

개인 주거생활 안정을 위한 종합소득세 세액공제와 소득공제

조문	특례요건	과세특례
§95의 2 월세액에 대한 세액공제 ('15년 신설)	총급여액 8천만원 이하인 근로자로서 무주택 세대주가 국민주택 규모 또는 기준시가 4억원 이하의 주택에 대한 월세액을 지급하는 경우	■ 월세액(연 1,000만원 한도)의 15%를 종합소득산출세액에서 세액공제. 단, 총급여액 5,500만원 이하인 자는 17%를 적용함.
§99의 7 목돈 안드 는 전세에 대한 과세특례('15년 말 폐지)	임대인이 보유 주택을 담보로 금융기관으로부터 3천만원(수도권 5천만원) 이하의 전세보증금을 차입하고, 부부합산 연소득이 6천만원 이하인 무주택 세대주인 임차인이 대출이자를 상환하는 경우	■ 연 300만원을 한도로 하여 이자상환액의 40%를 종합소득금액에서 공제 ■ 전세보증금 및 이자상환액에 대해서는 소득세 비과세

Ⅱ. 그 밖의 국민생활 안정을 위한 조세지원

그 밖의 국민생활 안정을 위한 조세지원제도

조문	특례요건	과세특례
§55의 2 자기관리 부동산투자회사 등에 대한 소득공제 ('21년말 일몰도래)	자기관리 부동산투자회사가 주택을 신축하거나 미입주 주택을 매입하여 임대업을 영위하는 경우	장기일반민간임대주택 및 공공지원민간임대주택은 9년간 전액 법인세에서 소득공제. 단, 단기임대주택은 6년간 소득공제
§96 소형주택 임대사업자에 대한 세액감면	임대사업자가 1호 이상의 임대주택 등을 4년(장기일반민간임대주택등은 10년) 이상 임대하는 경우	임대사업에서 발생한 소득에 대한 소득세 또는 법인세의 30%(2호 이상은 20%)를 세액감면. 단, 장기일반민간임대주택등은 75%(2호 이상은 50%)
§96의 2 상가건물 장기 임대사업자에 대한 세액감면('21년말 일몰도래)	부동산 임대수입이 7천5백만원 이하인 임대인이 동일한 임차인에게 5년을 초과하여 상가건물을 임대하되 임대료를 3% 이내로 인상한 경우	5년을 초과한 기간에 대한 임대소득의 소득세 또는 법인세의 5%를 세액감면
§96의 3 상가임대료를 인하한 임대사업자에 대한 세액공제	부동산임대사업자가 상가건물에 대한 임대료를 소상공인으로부터 인하하여 지급받는 경우('20년 신설)	임대료 인하액의 70%(기준소득금액 1억원 초과 시 50%)에 해당하는 금액을 소득세 또는 법인세에서 세액공제
§99의 5 영세개인사업자의 체납액 납부의무 소멸특례 ('19년 일몰도래)	폐업 전 3년 평균 수입금액이 성실신고확인 대상자 수입금액 기준에 미달하는 사람으로서, '17년 말 이전에 폐업하고 '18년 중 사업자 등록을 신청하거나 3개월 이상 근무한 경우	종합소득세, 부가가치세 및 이에 부가되는 농어촌특별세·가산금·체납처분비에 대해 1명당 3,000만원을 한도로 납세자의 납부의무를 소멸하게 함.
§99의 6 재기중소기업인의 체납액 등에 대한 강제징수 유예 등	중소벤처기업진흥공단등으로부터 재창업자금을 융자받거나 신용회복위원회의 채무조정을 받는 등의 재기중소기업인	국세징수법상 강제징수에 따른 재산의 압류나 압류재산의 매각을 3년간 유예하고 창업중소기업세액감면 적용(5년간 50% 감면)
§99의 8 재기중소기업인에 대한 납부고지유예 등의 특례	중소벤처기업진흥공단등으로부터 재창업자금을 융자받거나, 신용회복위원회의 채무조정을 받는 등의 재기중소기업인	■ 3년간 납부고지의 유예 또는 지정납부기한 등의 연장 ■ 고지된 납부기한 재설정
§99의 9 위기지역 창업기업 세액감면	위기지역에 감면대상사업으로 창업하거나 사업장을 신설하는 기업	5년간 100% 감면하고 이후 2년간 50% 감면

조문	특례요건	과세특례
§99의 10 영세개인 사업자의 체납액 징수특례('20년 신설)	폐업 전 3년 평균 수입금액이 15억원 미만인 사람으로서, '23년 말 이전에 폐업하고 '26년 말까지 1개월 이상 사업하거나 3개월 이상 근무한 경우	징수가 곤란한 종합소득세, 부가가치세 및 이에 부가되는 농어촌특별세에 대해 납부지연가산세 면제 및 최대 5년간 분할 납부 허용
§99의 11 감염병 피해 특별재난지역의 중소기업 법인세 등의 감면	감염병 피해에 따른 특별재난지역(대구·청도·경산·봉화)에 선포일 당시 사업장을 둔 중소기업 ('20년 한시적 적용)	감면 대상 사업장에서 발생한 소득에 대하여 중기업은 30%, 소기업은 60%를 세액감면
§99의 12 선결제 금액에 대한 세액공제 ('20년 한시적 적용)	사업과 관련한 재화 또는 용역을 2020.12.31.까지 공급받기 위해 소상공인에게 지출한 비용으로서 구매대금을 3개월 이상 앞당겨 2020.4.1.~2020.7.31.까지 기간 동안 1회당 100만원 이상 결제된 금액	선결제 금액의 1%를 세액공제
§99의 13 감염병 예방조치에 따른 소상공인 손실보상금 특례('24년 신설)	내국인이 감염병 예방을 위한 집합제한 및 금지 조치로 인해 「소상공인 보호 및 지원에 관한 법률」에 따라 받은 손실보상금	손실보상금의 익금불산입

　법 제55조의 2 자기관리 부동산투자회사 등 소득공제는 법상 제6절 금융기관구조조정을 위한 조세특례에 규정하고 있으나, 주거생활 안정을 위한 조세특례의 성격이므로 제11부에서 서술하였다.

제2절 [제95조의 2] 월세액에 대한 세액공제

Ⅰ. 의의

무주택 세대주로서 총급여액 8천만원 이하인 근로자가 국민주택 규모 이하 또는 기준시가 4억원 이하의 주택에 대한 월세액을 지급하는 경우, 그 월세액(연 1,000만원 한도)의 15%를 종합소득산출세액에서 세액공제하는 특례이다. 단, 총급여액 5,500만원 이하인자는 17%를 적용한다.

무주택 세대주인 저소득층 근로자의 주거안정을 지원하기 위하여 2010년 소득세법 개정에서 월세액 소득공제를 신설하였다. 주택임차자금차입금의 원리금상환액 소득공제와 같은 조문에서 규정되어 양자의 요건은 동일하되 특례의 내용에서만 차이가 있었다. 주택임차자금차입금 소득공제가 근로자의 전세를 위한 차입금을 세제지원하기 위한 제도인 반면에, 본 세액공제는 월세 지급액에 대한 지원 제도이다.

2015년 개정세법에서 월세액 소득공제를 세액공제로 전환하면서 조세특례제한법으로 이관하였다. 2014.12.23.이 속하는 과세연도에 지급하는 월세액부터 소급적용한다(2014.12.23. 개정된 법 부칙 §32).

일몰기한이 없는 항구적 조세지원제도이다.

개정연혁

연 도	개정 내용
2021년	■ 공제율 12% 적용 종합소득금액 상한선의 인상 : 4,000만원 → 4,500만원 ■ 외국인에 대해서도 특례를 허용
2023년	■ 공제율 상향 : 10%(12%) → 15%(17%) ■ 주택의 기준시가 요건 상향 : 3억원 → 4억원
2024년	■ 소득기준 상향 : 총급여 7천만원 → 8천만원 (종합소득금액 6천만원 → 7천만원) ■ 공제한도 상향 : 750만원 → 1,000만원

Ⅱ. 요건

1 주체

1-1 근로소득자

세액공제의 주체는 해당 과세기간의 총급여액이 <u>8천만원</u> 이하인 근로소득이 있는 거주자로 한다. 다만, 해당 과세기간에 종합소득과세표준을 계산할 때 합산하는 종합소득금액이 <u>7천만원</u>을 초과하는 사람은 제외한다(조특법 §95의 2 ①).

 월세액에 대한 세액공제 대상을 총급여 7천만원(종합소득금액 6천만원) 이하 무주택근로자에서 총급여 8천만원(종합소득금액 7천만원)으로 소득기준을 상향하고, 공제한도를 750만원에서 1천만원으로 상향함. 법 95조의 2 제1항의 개정규정은 2024.1.1. 이후 월세액을 지급하는 경우부터 적용함(2023.12.31. 개정된 법률 부칙 §15).

1-2 무주택 세대주

근로소득자는 원칙적으로 과세기간 종료일 현재 무주택 세대주이어야 한다.

"세대"란 거주자와 그 배우자, 거주자와 같은 주소 또는 거소에서 생계를 같이 하는 거주자와 그 배우자의 직계존비속(그 배우자 포함) 및 형제자매를 모두 포함한 세대를 말한다. 이 경우 거주자와 그 배우자는 생계를 달리하더라도 동일한 세대로 본다(조특령 §95 ①). 즉, 거주자와 배우자가 각각 세대주인 경우에는 어느 한명만 세대주로 본다.

예외적으로 세대주가 월세액 세액공제, 주택청약종합저축 등에 대한 소득공제(조특법 §87 ②), 주택임차자금차입금상환액 소득공제 및 장기주택저당차입금이자상환액 소득공제(소법 §52 ④·⑤)를 받지 아니하는 경우에는 세대의 구성원이 본 공제를 적용할 수 있다(조특법 §95의 2 ① 괄호 안).

1-3 외국인

다음 요건을 모두 갖춘 외국인 거주자를 공제대상에 포함한다(조특령 §95 ④).
① 다음 어느 하나에 해당하는 사람일 것
  ㉮ 「출입국관리법」 제31조에 따라 등록한 외국인

⑭ 「재외동포의 출입국과 법적 지위에 관한 법률」 제6조에 따라 국내거소신고를 한 외국국적동포
② 다음 어느 하나에 해당하는 사람이 주택청약종합저축등 소득공제, 월세액 세액공제 및 특별소득공제(조특법 §87 ②·§95의 2 ① 및 소법 §52 ④·⑤)를 받지 않았을 것
　㉮ ①에 해당하는 사람(이하 "거주자")의 배우자
　㉯ 거주자와 같은 주소 또는 거소에서 생계를 같이 하는 사람으로서 다음의 어느 하나에 해당하는 사람
　　1) 거주자의 직계존비속(그 배우자를 포함한다) 및 형제자매
　　2) 거주자의 배우자의 직계존비속(그 배우자를 포함한다) 및 형제자매

　2021년 세법개정에서 외국인에 대해서도 월세액 세액공제 특례를 허용하였다. 개정규정(외국인을 포함하는 것에 관한 부분에 한정함)은 2021.1.1. 이후 월세액을 지급하는 분부터 적용한다. (2020.12.29. 개정된 법률 부칙 §18 ①).

1-4 주소지의 일치

　임대차계약증서의 주소지와 주민등록표 등본의 주소지가 동일하여야 한다. 외국인의 경우에는 출입국관리법 제32조 제4호에 따른 국내 체류지 또는 「재외동포의 출입국과 법적 지위에 관한 법률」 제6조에 따라 신고한 국내거소를 말한다(조특령 §95 ② 3호).
　이전 거주지의 전세금 반환소송으로 현 거주지의 전입신고를 하지 못한 경우, 현 거주지에 실거주하며 지출한 월세액이더라도 세액공제를 적용받을 수 없다(서면법규소득-1355, 2023.11.7.).

2 주택 요건 (국민주택규모)

무주택 세대주 등이 국민주택규모이거나 기준시가 4억원 이하 주택을 임차하여야 한다.

2-1 주택의 범위

　주택에 딸린 토지가 다음의 구분에 따른 배율을 초과하지 아니하여야 한다. 주택에는 **오피스텔**(주택법 시행령 §4 4호) 및 **고시원업의 시설**(같은 조 2호 → 건축법 시행령 별표 1 제4호 거목)을 포함한다(조특령 §95 ② 2호).
① 도시지역(국토의 계획 및 이용에 관한 법률 §6 1호)의 토지 : 5배

② 그 밖의 토지 : 10배

반면에, 주택에 포함되지 않는 준주택 중 기숙사, 다중이용시설(고시원 제외) 및 노인복지주택(주택법 시행령 §4 1호~3호)은 법상 포함 항목으로 열거되지 않았으므로 제외되어야 할 것으로 본다.

서민 주거안정을 지원하기 위하여 2017년 개정세법에서 고시원을 주택에 포함하였다. 2017.1.1. 이후 개시하는 과세기간에 지급하는 월세분부터 적용한다(2017.2.7. 개정된 시행령 부칙 §19).

2-2 국민주택규모 또는 기준시가 4억원 이하

주택은 주택법에 따른 국민주택규모의 주택이거나 기준시가 4억원 이하이어야 한다. 이 경우 해당 주택이 다가구주택이면 가구당 전용면적을 기준으로 한다(조특령 §95 ② 1호). "국민주택규모"란 주거전용면적이 1호 또는 1세대당 85㎡(25.7평) 이하인 주택을 말하며, 수도권을 제외한 도시지역이 아닌 읍 또는 면 지역은 1호 또는 1세대당 주거전용면적이 100㎡(30.25평) 이하인 주택을 말한다(주택법 §2 6호).

임차인이 세대구분형 공동주택의 세대별로 구분된 공간을 임차한 경우 국민주택 규모의 주택 여부는 임차한 부분에 해당하는 전용면적을 기준으로 판단한다(재소득-433, 2023.5.19.; 서면법규소득-1858, 2023.5.22.).

2019년 개정세법에서 월세 세액공제 대상 주택을 국민주택규모 이하의 주택뿐 아니라 국민주택 규모를 초과하는 주택 중 기준시가 3억원 이하의 주택도 포함하여, 월세 세액공제 적용대상을 확대하였다. 2019.2.12.이 속하는 과세기간에 지급하는 월세 분부터 적용한다(2019.2.12. 개정된 시행령 부칙 §12).

2023년 개정세법에서 주택의 기준시가 요건을 종전 3억원에서 4억원으로 증액함.

3 임대차계약 및 월세의 지급

해당 거주자 또는 해당 거주자의 기본공제대상자가 임대차계약을 체결하고 월세액(사글세액 포함)을 지급하여야 한다(조특령 §95 ② 4호).

기본공제대상자란 연령 요건 등을 갖춘 배우자, 직계존비속, 동거입양자, 형제자매, 위탁아동 및 기초수급자를 말한다(소법 §50 ① 2호·3호).

주택임대에 따른 월세를 임대인에게 직접 지급하지 아니하고, 보증금이 수수된 주택에 대한 강제집행절차에 따른 배당에서 임차인이 연체한 월세액 상당액을 공제한 보증금을 수령한 경우에도 다른 특례 요건을 충족하는 경우에는 월세액에 대한 세액공제를 적용받을 수 있다(사전법령소득-1120, 2021.11.25.).

2017년 개정세법에서 기본공제대상자가 임대차계약을 체결한 경우도 특례의 대상에 포함하였다. 2017.1.1. 이후 개시하는 과세기간에 지급하는 월세분부터 적용한다(2017.2.7. 개정된 시행령 부칙 §19).

● **한국토지주택공사가 전세지원금에 대한 이자를 임대료로 받는 경우** (포함)

기초생활수급자 등 도심 내 저소득층을 위해 개인이 소유한 기존 주택을 한국토지주택공사가 전세한 후 저소득층에게 저렴하게 전전세하면서 전세지원금에 대한 이자를 입주자가 공사에게 임대료로 납부하는 경우, 동 임대료가 본 세액공제의 주체 및 주택 요건을 충족하는 경우 세액공제의 대상으로 한다(원천-565, 2011.9.7.).

Ⅲ. 세액공제

임차하기 위하여 지급하는 월세액(사글세액 포함)의 15%를 해당 과세기간의 종합소득산출세액에서 공제한다. 해당 과세기간의 총급여액이 5천500만원 이하인 근로소득이 있는 근로자(해당 과세기간에 종합소득과세표준을 계산할 때 합산하는 종합소득금액이 4천500만원을 초과하는 사람은 제외함)의 경우에는 17%로 한다. 다만 해당 월세액이 <u>1,000만원</u>을 초과하는 경우 그 초과하는 금액은 없는 것으로 한다(조특법 §95의 2 ①).

$$\text{공제세액} = \text{월세액(1,000만원 한도)} \times 15\%\ (17\%)$$

이때 월세액은 임대차계약증서상 주택임차 기간 중 지급하여야 하는 월세액의 합계액을 주택임대차 계약기간에 해당하는 일수로 나눈 금액에 해당 과세기간의 임차일수를 곱하여 산정한다(조특령 §95 ③).

$$\text{월세액} = \text{계약서상 임차 기간 중 지급하여야 하는 월세액의 합계액} \times \frac{\text{해당 과세기간의 임차일수}}{\text{계약기간에 해당하는 일수}}$$

실제 지급액이 아닌 계약서상 약정된 월세액을 기준으로 한다는 점에 유의하여야 한다.

개정 연혁

중·저소득측에 대한 세제지원을 확대하기 위하여 2018년 개정세법에서 총급여액 5천500만원 이하인 자의 공제율을 12%로 인상하였다. 2018.1.1. 전에 지급한 월세액에대해서는 개정규정에도 불구하고 종전의 규정에 따른다(2017.12.19. 개정된 법 부칙 §55).

2021년 세법개정에서 월세액에 대하여 12%의 세액공제율을 적용받을 수 있는 종합소득금액 기준 요건을 종전의 4천만원 이하에서 4천500만원 이하로 완화하였다. 또한, 법 95조의 2 제1항(종합소득금액에 관한 부분에 한정함)의 개정규정은 2021.1.1. 이후 연말정산 또는 종합소득과세표준을 확정신고하는 분부터 소급하여 적용한다(2020.12.29. 개정된 법률 부칙 §18 ②).

2023년 세법개정에서 무주택 세대주의 월세액에 대한 세액공제율을 총급여액이 7천만원 이하 5천500만원 초과인 근로자의 경우에는 10%에서 15%로, 총급여액이 5천500만원 이하인 근로자의 경우에는 12%에서 17%로 각각 상향함. 개정규정은 2023.1.1. 전에 월세액을 지급한 경우로서 2023.1.1. 이후 종합소득과세표준을 신고하거나 소득세를 결정하거나 연말정산하는 경우에도 소급하여 적용함(2022.12.31. 개정된 법률 부칙 §18).

Ⅳ. 조세특례제한 등

기타 조세특례제한 등

구 분	내 용	참조 부분
최저한세	제외	제20부 제4절
세액공제액의 이월공제	제외	제21부 제2절
농어촌특별세	비과세(농특령 §4 ⑥ 1호)	

제3절 [제96조] 소형주택 임대사업자에 대한 세액감면

Ⅰ. 의의

소형주택의 임대사업자에 대하여 해당 임대사업에서 발생한 소득에 대한 소득세 또는 법인세의 30%(2호 이상은 20%)를 세액감면하는 제도이다. 단, 장기일반민간임대주택등의 경우에는 75%(2호 이상은 50%)를 감면율로 한다.

전월세 수급불안을 해소하고 서민 주거비 부담의 완화를 위한, 민간 임대주택의 공급을 활성화하기 위하여 2014년에 신설되었다.

일몰기한은 2025.12.31.이다.

개정연혁

연 도	개정 내용
2019년	■ 임대료 증액 요건 신설 : 임대료(임차보증금) 연 증가율이 5% 이하일 것 ■ 제출서류 변경 : 임대차계약서 사본 → 표준임대차계약서 사본
2020년	■ 2호 이상 임대 시 세액감면율 축소(2021년부터 적용) : 단기 임대주택 30% → 20%, 장기일반민간임대주택등 75% → 50% ■ 임대개시일 명확화 : 임대 개시 후 임대사업자 요건을 모두 충족한 때 ■ 임대료 증액제한 요건 합리화 : 연 5% → 총 5%, 보증금과 임대료 간 전환 방법 규정, 계약 또는 증액 후 1년 이내 증액 불가 ■ 임대주택 유형 변경 또는 임대주택 수를 변경하는 경우 세액감면 계산방법 명확화
2021년	■ 장기일반민간임대주택등의 의무임대기간을 종전 8년에서 10년으로 연장 ■ 폐지된 단기임대주택 등을 대상에서 제외 ■ 소형주택 임대기간 계산 특례에 리모델링 사업을 추가하고, 임대기간 합산 규정을 신설 ■ 재개발, 재건축 등에 대한 추징 예외규정 신설

2018년 1월 「민간임대주택에 관한 특별법」을 개정하여 기존 임대주택 등록 호수에 따라 기업형 임대사업자와 일반형임대사업자로 구분하여 등록하던 것을 임대사업자로 단일화하였다. 또한 기금 출자, 공공택지 등 공공지원을 받아 8년 이상 임대할 목적으로 취득하여 동법에 따른 임대료, 임차

인의 자격 제한 등을 적용하는 주택을 공공지원민간임대주택으로 하고, 그 밖에 해당하는 주택을 장기일반민간임대주택으로 용어를 개정하였다. 2018.7.17.부터 시행한다(2018.1.16. 개정된 민간임대주택에 관한 특별법 부칙 §1).

Ⅱ. 요건

임대사업자가 1호 이상의 임대주택을 의무 임대기간 이상 임대하여야 한다.

1 주체 (임대사업자)

과세특례의 주체는 내국인이다. 거주자인 개인과 내국법인으로 아래의 요건을 모두 충족하여야 한다(조특령 §96 ①).
① 사업자등록을 하였을 것(소법 §168, 법법 §111)
② 임대사업자[1]등록을 하였거나 공공주택사업자로 지정되었을 것[민간임대주택에 관한 특별법(이하 "민간임대주택법") §5, 공공주택특별법 §4]
임대사업자등록 또는 공공주택사업자 지정 사실이 없는 공동사업자는 (다른 공동사업자가 임대사업자등록을 한 경우에도) 세액감면을 적용받을 수 없다(서면법규소득-5389, 2023.6.8.).

2 임대주택의 범위

임대주택의 구분

구 분	공공임대	민간임대
건설	공공건설임대주택	민간건설임대주택
매입	공공매입임대주택	민간매입임대주택

다음 요건을 모두 충족한 임대주택이어야 한다(조특령 §96 ②).

---
1) "임대사업자"란 공공주택 특별법 제4조 제1항에 따른 공공주택사업자가 아닌 자로서 1호 이상의 민간임대주택을 취득하여 임대하는 사업을 할 목적으로 제5조에 따라 등록한 자를 말한다(민간임대주택법 §2 7호).

2-1 적격 임대주택의 종류 (1호)

임대사업자가 임대주택으로 등록한 주택으로서 다음 어느 하나에 해당하는 주택이어야 한다.

(가) 공공지원민간임대주택

공공지원민간임대주택이다.[2] 다만, 종전의 민간임대주택법[3] 제2조 제6호에 따른 단기민간임대주택으로서 2020.7.11. 이후 공공지원민간임대주택으로 변경 신고한 주택은 제외한다.

(나) 장기일반민간임대주택

장기일반민간임대주택이다.[4] 종전의 민간임대주택법 부칙 제5조 제1항에 따라 장기일반민간임대주택으로 보는 아파트를 임대하는 민간매입임대주택을 포함한다. 다만, 다음의 어느 하나에 해당하는 주택은 제외한다.

1) 2020.7.11. 이후 종전의 민간임대주택법에 따라 등록 신청(임대할 주택을 추가하기 위해 등록한 사항을 변경 신고한 경우를 포함함)한 장기일반민간임대주택 중 아파트를 임대하는 민간매입임대주택
2) 종전의 민간임대주택법에 따른 단기민간임대주택으로서 2020.7.11. 이후 장기일반민간임대주택으로 변경 신고한 주택

(다) 단기민간임대주택

종전의 민간임대주택법에 따른 단기민간임대주택. 다만, 2020.7.11. 이후 등록 신청한 단기민간임대주택은 제외한다. 즉, 2020.7.10. 이전 등록 신청한 단기민간임대주택만 감면 대상으로 한다.

---

2) "공공지원민간임대주택"이란 임대사업자가 민간임대주택을 10년 이상 임대할 목적으로 취득하여 이 법에 따른 임대료 및 임차인의 자격 제한 등을 받아 임대하는 민간임대주택을 말한다(민간임대주택법 §2 4호).
3) 법률 제17482호 민간임대주택에 관한 특별법 일부개정법률로 개정되기 전의 것을 말한다(이하 "종전의 민간임대주택법").
4) "장기일반민간임대주택"이란 임대사업자가 공공지원민간임대주택이 아닌 주택을 10년 이상 임대할 목적으로 취득하여 임대하는 민간임대주택을 말한다. 아파트를 임대하는 민간매입임대주택은 제외한다(민간임대주택법 §2 5호).

(라) 공공건설임대주택[5] 또는 공공매입임대주택[6]

2021년 개정세법에 따른 세액감면 및 의무임대기간

구분	종전	개정 후
세액감면 대상	① 공공지원민간임대주택 ② 장기일반민간임대주택 ③ 단기민간임대주택 ④ 공공건설·매입임대주택	① 좌동 ② 장기일반민간임대주택(아파트 제외) ③ 폐지 ④ 좌동
의무 임대기간	①·② 장기일반민간임대등 : 8년 ③ 단기민간임대 : 4년 ④ 공공건설·매입임대주택 : 4년	①·② 장기일반민간임대등 : <u>10년</u> ③ 단기민간임대 : <u>폐지</u> ④ 좌동

단기민간임대주택과 아파트를 임대하는 장기일반민간임대주택을 폐지하며 해당 주택의 경우 임대의무기간이 종료된 날 임대사업자 등록을 자동 말소하는 내용으로 민간임대주택법이 개정(2020.8.18. 공포·시행)되었다.

이에 따라 2021년 세법개정에서, 소형주택 임대사업자에 대한 세액감면 적용대상이 되는 임대주택의 범위에서 2020.7.11. 이후에 임대사업자 등록을 신청한 종전의 단기민간임대주택 등을 제외하고, 아파트를 임대하는 장기일반민간임대주택도 제외한다. 2020.7.10. 이전에 종전의 민간임대주택법(법률 제17482호 민간임대주택에 관한 특별법 일부개정법률로 개정되기 전의 것을 말함) 제5조 제3항에 따라 같은 법 제2조 제6호의 단기민간임대주택을 같은 조 제4호에 따른 공공지원민간임대주택 또는 같은 조 제5호에 따른 장기일반민간임대주택으로 변경 신고한 경우에는 제96조 제4항의 개정규정에도 불구하고 종전의 규정에 따른다.(2020.10.7. 개정된 시행령 부칙 §3).

2-2 규모 기준 (2호)

국민주택규모[7]의 주택이어야 한다. 해당 주택이 **다가구주택**일 경우에는 한 가구가 독립하여 거주할 수 있도록 구획된 가구당 전용면적을 기준으로 한다.

주거에 사용하는 **오피스텔**과 주택 및 오피스텔에 딸린 토지를 포함하며, 그 딸린 토지가 건물이 정착된 면적에 지역별로 다음에 정하는 배율을 곱하여 산정한 면적을 초과하는 경우 해당 주택 및 오피스텔은 제외한다.

㉮ 도시지역(국토의 계획 및 이용에 관한 법률 §6 1호)의 토지 : 5배

---

[5] "건설임대주택"은 공급 주체에 따라 민간과 공공으로 나뉜다. "공공건설임대주택"이란 공공주택사업자가 직접 건설하여 공급하는 공공임대주택을 말한다(공공주택특별법 §2 1호의 2).
[6] "매입임대주택"은 공급 주체에 따라 민간과 공공으로 나뉜다. "공공매입임대주택"이란 공공주택사업자가 직접 건설하지 아니하고 매매 등으로 취득하여 공급하는 공공임대주택을 말한다(공공주택특별법 §2 1호의 3).
[7] 주거전용면적이 1호 또는 1세대당 85㎡ 이하인 주택. 단, 수도권을 제외한 도시지역이 아닌 읍 또는 면 지역은 1호 또는 1세대당 주거전용면적이 100㎡ 이하인 주택(주택법 §2 6호)

㉴ 그 밖의 토지 : 10배

2-3 가액 기준 (3호)

주택 및 부수 토지의 기준시가의 합계액이 해당 주택의 임대개시일 당시 6억원을 초과하지 아니하여야 한다. 임대 개시 후 임대사업자 요건(조특령 §96 ① 1호 및 2호)을 충족하는 경우 그 요건을 모두 충족한 날을 임대개시일로 한다.

도시형생활주택의 임대에 대하여 주택 및 이에 부수되는 토지의 기준시가 합계액이 3억원(현재는 6억원)을 초과하지 않는 것에 대한 판단은 개별 호수를 기준으로 한다(서면소득-237, 2015.5.12.).

2020년 개정세법에서 임대를 개시한 후 임대사업자 요건을 모두 충족하는 경우, 그 요건을 모두 충족한 날에 임대를 개시하는 것으로 명확화하였다.

2-4 임대료 증액 기준 (4호)

임대보증금 또는 임대료(이하 "임대료등")의 증가율이 5%를 초과하지 않아야 한다. 이 경우 임대료등 증액 청구는 임대차계약 또는 약정한 임대료등의 증액이 있은 후 1년 이내에는 할 수 없다.

임대사업자가 임대료등의 증액을 청구하면서 임대보증금과 월임대료를 상호 간에 전환하는 경우에는 다음의 기준을 각각 준용한다.

① 민간임대주택

임대보증금을 월임대료로 전환하려는 경우에는 임차인의 동의를 받아야 하며, 전환되는 월임대료는 그 전환되는 금액에 ㉮ 연 10%, ㉯ 한국은행에서 공시한 기준금리(2023.1.13. 변경된 기준금리는 연 3.50%)에 연 2%를 더한 비율(연 5.50%) 중 낮은 비율(연 5.50%)을 곱한 월차임(月借賃)의 범위를 초과할 수 없다. 월임대료를 임대보증금으로 전환하는 경우에도 또한 같다(민간임대주택법 §44 ④, 동 시행규칙 §18 → 주택임대차보호법 §7의2 및 동 시행령 §9).

② 공공임대주택

공공임대주택의 최초의 임대보증금과 월 임대료는 임차인이 동의한 경우에 임대차계약에 따라 상호 전환할 수 있다. 이 경우 최초의 임대보증금은 해당 임대주택과 그 부대시설에 대한 건설원가에서 주택도시기금의 융자금을 뺀 금액을 초과할 수 없다(공공주택 특별법 시행령 §44 ③).

한국은행 기준금리의 변경 연혁

변경 일자	금리	변동 폭
2023.1.13.	3.50%	+ 25bp
2022.11.24.	3.25%	+ 25bp
2022.10.12.	3.00%	+ 50bp
2022.8.25.	2.50%	+ 25bp
2022.7.13.	2.25%	+ 50bp
2022.5.26.	1.75%	+ 25bp
2022.4.14.	1.5%	+ 25bp
2022.1.14.	1.25%	+ 25bp
2021.11.25.	1.00%	+ 25bp
2021.8.26.	0.75%	+ 25bp
2020.5.28.	0.50%	- 25bp

　2019년 개정세법에서 거주자의 주거 안정을 위해 임대료 증액 요건을 신설하였다. 2019.2.12. 이후 임대차계약을 갱신하거나 체결하는 분부터 적용한다(2019.2.12. 개정된 시행령 부칙 §13).

　2020년 개정세법에서 개정된 민간임대주택법과의 통일성을 높이기 위하여 임대료 및 임대보증금의 증가율 한도를 기존의 연 5%에서 5%로 하고, 임대차계약 또는 약정한 임대료의 증액이 있은 후 1년 이내에는 증액하지 못하도록 하며, 보증금과 임대료 간 전환에 대해서는「민간임대주택에 관한 특별법」의 기준을 준용하도록 하였다. 개정규정은 2020.2.11. 이후 주택 임대차계약을 갱신하거나 새로 체결하는 분부터 적용하고, 임대보증금과 월임대료 상호 간 전환은 2020.2.11. 이후 전환하는 분부터 적용한다(2020.2.11. 개정된 시행령 부칙 §14).

3 의무 임대기간

민간임대주택사업자의 구분

임대주택 유형	대상 임대주택	임대기간
공공지원민간임대주택	공공지원을 받아 건설 또는 매입	10년 이상
장기일반민간임대주택	공공지원민간임대주택이 아닌 주택	10년 이상
폐지된 단기민간임대주택	제한 없음	4년 이상

　임대사업자가 1호 이상의 2-1 임대주택을 4년 이상 임대하여야 하며, 공공지원민간임

대주택 또는 장기일반민간임대주택(이하 "장기일반민간임대주택등")의 경우에는 10년 이상 임대하여야 한다. 그 판정은 다음에 따른다(조특령 §96 ③).

종래 3호 이상 임대를 감면 요건으로 하였으나, 주택임대사업자로 등록하도록 유도하기 위하여 2018년 개정 세법에서 1호 이상으로 완화하였다. 2018.1.1. 이후 발생하는 임대소득 분부터 적용한다(2017.12.19. 개정된 법 부칙 §26).

2021년 세법개정에서 장기일반민간임대주택등의 의무임대기간을 종전 8년에서 10년으로 연장하였다. 영 96조 3항 각 호 외의 부분, 같은 항 2호의 개정규정은 2020.8.18. 이후 등록을 신청하는 민간임대주택부터 적용한다. 2020.8.18. 전에 등록을 신청한 민간임대주택에 대해서는 개정규정에도 불구하고 종전의 규정에 따른다(2021.2.17. 개정된 시행령 부칙 §7 ① 및 §18 ①).

추징의 예외사유에 대한 1년 단위 간주기준에 관한 조특령 제96조 제3항 제1호 단서의 개정규정은 2021.2.17. 이후 과세표준을 신고하는 분부터 소급하여 적용한다. 2021.2.17. 전에 과세표준을 신고한 경우에는 제96조 제3항 제1호 단서의 개정규정에도 불구하고 종전의 규정에 따른다(2021.2.17. 개정된 시행령 부칙 §7 ② 및 §18 ②).

3-1 판정 기준

다음의 1년 단위 기준 또는 의무임대기간 단위 기준 요건 중 하나만 충족하면 적용된다.

(1) 1년 단위 간주기준 (1호)

해당 연도의 매월 말 현재 실제 임대하는 임대주택이 1호 이상인 개월 수가 해당 연도 개월 수의 12분의 9 이상인 경우에는 요건을 충족한 것으로 본다. 이때 1호 이상의 임대주택의 임대개시일이 속하는 연도의 경우에는 1호 이상의 임대주택의 임대개시일이 속하는 월부터 과세연도 종료일이 속하는 월까지의 개월 수를 해당 연도 개월 수로 한다.

$$\text{판정기준} = \frac{\text{임대주택이 1호 이상인 개월 수}}{\text{해당 연도 개월 수}} \geq \frac{9}{12}$$

다만, 추징의 예외사유(조특법 §96 ② 단서)에 해당하는 경우에는 등록이 말소되는 날이 속하는 해당 과세연도에 1호 이상의 임대주택을 임대하고 있는 것으로 본다.

(2) 의무임대기간 단위 간주기준 (2호)

1호 이상의 임대주택의 임대개시일부터 4년이 되는 날이 속하는 달의 말일까지의 기간 중 매월 말 현재 실제 임대하는 임대주택이 1호 이상인 개월 수가 43개월 이상인 경우에는 요건을 충족한 것으로 본다.

다만, 장기일반민간임대주택등의 경우에는 1호 이상의 임대주택의 임대개시일부터 10년이 되는 날이 속하는 달의 말일까지의 기간 중 매월 말 현재 실제 임대하는 임대주택이 1호 이상인 개월 수가 108개월 이상인 경우에는 요건을 충족한 것으로 본다.

3-2 임대기간 산정의 특례

위의 판정기준을 적용하여 임대기간을 계산할 때 아래의 사유가 발생한 경우에는 임대기간이 지속되거나 임대기간을 승계한 것으로 본다.

(가) 임차인 교체 시 임대기간의 지속 (3호)

기존 임차인의 퇴거일부터 다음 임차인의 입주일까지의 기간으로서 3개월 이내의 기간은 임대한 기간으로 본다.

(나) 상속, 합병, 분할, 물적분할, 현물출자 시 임대기간의 승계 (4호)

상속, 합병, 분할, 물적분할, 현물출자로 인하여 피상속인, 피합병법인, 분할법인, 출자법인(이하 "피상속인등")이 임대하던 임대주택을 상속인, 합병법인, 분할신설법인, 피출자법인(이하 "상속인등")이 취득하여 임대하는 경우에는 피상속인등의 임대기간은 상속인등의 임대기간으로 본다.

(다) 수용 시 임대기간의 지속 (5호)

「공익사업을 위한 토지 등의 취득 및 보상에 관한 법률」 또는 그 밖의 법률에 따른 수용(협의 매수 포함)으로 임대주택을 처분하거나 임대를 할 수 없는 경우에는 해당 임대주택을 계속 임대하는 것으로 본다.

(라) 재건축사업 등에 따른 임대기간의 지속 (6호)

「도시 및 주거환경정비법」에 따른 재건축사업, 재개발사업 또는 「빈집 및 소규모주택정비에 관한 특례법」에 따른 소규모주택정비사업 또는 주택법에 따른 리모델링의 사유로 임대주택을 처분하거나 임대를 할 수 없는 경우에는 해당 주택의 관리처분계획 인가일(소규모주택정비사업의 경우에는 사업시행계획 인가일, 리모델링의 경우에는 사업계획승인일을 말함) 전 6개월부터 준공일 후 6개월까지의 기간은 임대한 기간으로 본다. 이 경우 임대기간 계산에 관하여는 종합부동산세법을 준용한다.

종합부동산세법에 따르면, 재개발사업·재건축사업 또는 소규모주택정비사업에 따라 당초의 합산배제 임대주택이 멸실되어 새로운 주택을 취득하게 된 경우에는 멸실된 주택의 임대기간과 새로 취득한 주택의 임대기간을 합산한다. 이 경우 새로 취득한 주택의 준공일부터 6개월 이내에 임대를 개시해야 한다. 또한, 주택법에 따른 리모델링을 하는 경우에는 해당 주택의 같은 법에 따른 허가일 또는 사업계획승인일 전의 임대기간과 준공일 후의 임대기간을 합산한다. 이 경우 준공일부터 6개월 이내에 임대를 개시해야 한다(종부령 §3 ⑦ 7호 및 7호의 2).

2021년 세법개정에서 재개발·재건축사업과 유사한 리모델링 사업을 소형주택 임대기간 계산 특례에 추가하고, 리모델링 사업 등에 적용될 임대기간 합산 규정을 명확화하였다.

3-3 임대주택 유형의 변경 (21년 삭제)

임대기간을 계산할 때 단기민간임대주택을 장기일반민간임대주택등으로 변경 신고한 경우에는 다음과 같이 장기일반민간임대주택등의 임대 시작일을 계산하고, 변경 신고일이 속하는 과세연도부터 장기일반민간임대주택등을 임대하는 것으로 보아 감면율을 적용한다(조특령 §96 ④ → 민간임대주택법 시행령 §34 ① 3호).

(가) 단기 민간임대주택의 임대의무기간 종료 전에 변경신고한 경우의 임대 시작일

① 민간건설임대주택

: 입주지정기간 개시일. 이 경우 입주지정기간을 정하지 아니한 경우에는 임대사업자 등록 이후 최초로 체결된 임대차계약서상의 실제 임대개시일을 말한다.

② 민간매입임대주택

: 임대사업자 등록일. 다만, 임대사업자 등록 이후 임대가 개시되는 주택은 임대차 계약서상의 실제 임대개시일로 한다.

(나) 임대의무기간이 종료된 이후 변경신고한 경우

변경신고의 수리일부터 해당 단기민간임대주택의 임대의무기간을 역산한 날을 장기일반민간임대주택등의 임대 시작일로 한다.

소형주택 임대사업자의 세액감면 산정방법을 명확화하기 위하여, 2020년 개정세법에서 임대사업자가 임대주택 유형을 변경하거나 임대주택 수를 변경하는 경우 세액감면 계산방법 등을 규정하였다.

Ⅲ. 세액감면

1 감면세액

'해당 임대사업에서 발생한 소득'에 대해 다음 감면율을 적용한다(조특법 §96 ①).

감면율

감 면 율	원칙	장기일반민간임대주택등
1호 임대	30%	75%
2호 이상 임대	20%❶	50%❶

❶ 2호 이상 임대 시 적용되는 20% 또는 50%의 세율은 2021.1.1.이후 적용하며, 이전 소득에 대해서는 각각 종전의 30% 또는 75%를 적용한다.

임대사업자가 임대하는 임대주택의 수를 계산할 때에는 해당 과세연도 종료일 현재 임대주택 수를 기준으로 한다(조특령 §96 ④).

'해당 임대사업에서 발생한 소득'이란, 사업자등록 및 임대사업자 등 등록(조특령 §96 ① 1호 및 2호)의 요건을 동시에 충족한 때부터 발생한 것으로서 다른 요건들을 모두 충족한 소득을 의미한다(서면법령소득-6298, 2021.10.21.).

반면에, 임대사업용 주택을 처분함에 따라 발생하는 처분이익은 '해당 임대사업에서 발생한 소득'에 해당하지 않는다(사전법령법인-0500, 2021.6.14.).

2020년 개정세법에서 임대주택을 2호 이상 임대하는 경우에 대해서는 세액 감면율을 30% 등에서 20% 등으로 조정하였다. 개정규정(감면세액과 관련된 부분에 한정함)은 2021.1.1. 이후 임대사업에서 발생하는 소득분부터 적용한다. 2020.12.31. 이전에 임대사업에서 발생한 소득에 대하여는 개정규정(감면세액과 관련된 부분에 한정함)에도 불구하고 종전의 규정에 따른다(2019.12.31. 개정된 법률 부칙 §26, §51).

2 사후관리

2-1 추징

(1) 추징 사유 및 방법

소득세 또는 법인세를 감면받은 내국인이 1호 이상의 임대주택을 4년(장기일반민간임대주택등의 경우에는 10년) 이상 임대하지 아니하는 경우에는 그 사유가 발생한 날이 속하는 과세연도의 과세표준신고를 할 때 감면받은 세액 전액과 이자상당가산액을 소득세 또는 법인세로 납부하여야 한다(조특법 §96 ②).

다만, 장기일반민간임대주택등을 4년 이상 10년 미만 임대한 경우에는 해당 감면받은 세액의 60%와 이자상당가산액을 추징한다(조특령 §96 ⑥).

소형주택 임대사업자인 내국법인이 장기일반민간임대주택등을 임대하여 법인세를 감면받던 중 장기일반민간임대 주택등 일부를 다른 임대사업자에게 양도하는 경우 해당 장기일반민간임대주택등을 양도한 이후에도 1호 이상의 장기일반민간임대주택등을 임대개시일부터 8년(현재 10년) 이상 임대하는 경우에는 감면받은 세액을 법인세로 납부하지 않는다(서면법령법인-2950, 2021.1.4.).

(2) 추징의 예외

다음의 경우에는 추징하지 아니한다(조특령 §96 ⑤).
① 민간임대주택법에 따라 임대사업자 등록이 자진 또는 자동 말소된 경우
② 재개발사업·재건축사업, 소규모주택정비사업으로 당초의 임대주택이 멸실되어 새로 취득하거나 리모델링으로 새로 취득한 주택이 아파트(당초의 임대주택이 단기민간임대주택인 경우에는 모든 주택을 말함)인 경우. 다만, 새로 취득한 주택의 준공일부터 6개월이 되는 날이 2020.7.10. 이전인 경우는 제외한다.

2021년 세법개정에서 민간임대주택법에 따라 임대사업자가 자발적으로 신청하여 등록이 말소되거나 의무임대기간이 경과하여 자동으로 등록이 말소되는 경우와 재개발·재건축 등으로 기존 임대주택이 멸실되는 경우에는 의무임대기간을 채우지 못하더라도 소형주택 임대사업자에 대하여 감면세액을 추징하지 않도록 한다. 조특령 제96조 제5항의 개정규정은 2021.2.17. 이후 과세표준을 신고하는 분부터 소급하여 적용한다. 2021.2.17. 전에 과세표준을 신고한 경우에는 제96조 제5항의 개정규정에도 불구하고 종전의 규정에 따른다(2021.2.17. 개정된 시행령 부칙 §7 ② 및 §18 ②).

2-2 이자상당가산액

이자상당가산액에 관한 규정은 수도권 밖으로 공장을 이전하는 기업에 대한 세액감면 등 규정을 준용하고 있으므로, 제8부 제1장 제5절 Ⅲ. 3-2를 참조하기 바란다(조특법 §96 ③ → §63 ③).

다만 아래의 부득이한 사유가 있는 경우에는 이자상당가산액을 납부하지 아니한다(조특령 §96 ⑦).
① 파산, 강제집행에 따라 임대주택을 처분하거나 임대를 할 수 없는 경우
② 법령상 의무를 이행하기 위하여 임대주택을 처분하거나 임대를 할 수 없는 경우
③ 「채무자 회생 및 파산에 관한 법률」에 의한 회생절차에 따라 법원의 허가를 받아 임대주택을 처분한 경우

Ⅳ. 조세특례제한 등

1 절차

소형주택 임대사업자에 대한 세액감면신청서(별지 제60호의 16 서식)에 다음의 서류를 첨부하여 납세지 관할 세무서장에게 제출하여야 한다(조특령 §96 ⑧).
① 임대사업자 등록증 또는 공공주택사업자로의 지정을 증명하는 자료(민간임대주택법 시행령 §4 ⑥, 공공주택 특별법 §4)
② 임대 조건 신고증명서(민간임대주택법 시행령 §36 ④)
③ 표준임대차계약서 사본(민간임대주택법 §47, 공공주택특별법 §49의 2)
④ 임대차계약서 신고이력 확인서(조특칙 §43의 3 → 민간임대주택법 시행규칙 별지 제23호의 2 서식)

첨부서류가 제출되지 아니한 경우에도 감면요건이 충족되면 세액감면을 받을 수 있으나, 감면요건을 충족하였는지 여부는 사실판단할 사항이다(서면법령소득-2239, 2021.3.10.).

종전에는 임대차계약서 사본을 제출하도록 하였으나, 2019년 개정세법에서 표준임대차계약서 사본을 제출하도록 변경하였다. 2019.2.12. 전에 세액의 감면을 신청한 경우에는 개정규정에도 불구하고 종전의 규정에 따른다(2019.2.12. 개정된 시행령 부칙 §28).

임대차계약서 신고이력 확인서의 제출은 2019.3.20. 이후 감면신청을 하는 경우부터 적용한다(2019.3.20. 개정된 시행규칙 부칙 §4).

2 결정 또는 기한 후 신고 시 감면배제 등

다음의 세무상 의무위반 조항 해당 시 감면이 배제된다(조특법 §128 ②~④).
㉮ 결정 또는 기한 후 신고 시 감면배제
㉯ 경정 등의 부정과소신고금액에 대한 감면배제
㉰ 세법상 협력의무위반에 대한 감면배제
제20부 제2절 부분을 참조하기 바란다.

기타 조세특례제한 등

구 분	내 용	참조 부분
최저한세	적용대상(조특법 §132 ①·②)	제20부 제4절
중복지원의 배제	제외	제21부 제2절
농어촌특별세	과세(농특법 §5 ① 1호)	

제4절 [제96조의 3] 상가임대료를 인하한 임대사업자에 대한 세액공제

Ⅰ. 의의

부동산임대사업자가 상가건물에 대한 임대료를 소상공인으로부터 인하하여 지급받는 경우, 임대료 인하액의 70%(기준소득금액이 1억원을 초과하는 경우에는 50%)에 해당하는 금액을 소득세 또는 법인세에서 세액공제하는 특례이다.

부동산임대사업을 하는 자가 상가건물에 대한 임대료를 해당 상가건물을 임차하고 있는 소상공인으로부터 2020년 상반기 동안 인하하여 지급받는 경우, 코로나19 전염병에 대한 민간의 자발적 임대료 인하 운동에 대하여 세제지원하기 위한 목적으로 2020년에 신설하였다.

2020년 말 개정세법에서 적용 기한을 2021.6.30.까지 연장하였으며,[1] 계속해서 일몰기한을 2024.12.31.로 연장하였다.

개정연혁

연 도	개정 내용
2020년	▪ 2020.6.30.까지 한시적으로 세액공제 신설
2021년	▪ 추징 규정 신설 ▪ 세액공제율 확대(종합소득금액 1억원 초과자 제외) : 50% → 70% ▪ 수정신고 특례 삭제
2022년	▪ 임차 소상공인 범위 확대: 2020.2.1.~2021.6.30. 신규 임차인과 폐업자 ▪ 세액공제 적용기한 연장에 따른 계산방법 보완

---

[1] 개정규정은 2021.1.1. 이후 과세표준신고를 하는 분부터 소급하여 적용함(2020.12.29. 개정된 법률 부칙 §20).

Ⅱ. 요건

1 주체

 상가건물에 대한 부동산임대업의 사업자등록을 한 자(이하 "상가임대인")가 세액공제를 받을 수 있는 주체이다(조특령 §96의 3 ① → 소법 §168, 법법 §111 또는 부법 §8).
 법인·개인 여부 및 매출 규모에 대한 제한은 없다.
 (운수업 등) 다른 업종으로 사업자등록한 내국법인이 부동산 임대업을 부업종으로 사업자등록 정정신고하지 않은 상태에서 임차소상공인으로부터 임대료를 인하하여 지급받은 후 해당 과세연도 종료일까지 부동산임대업을 부업종으로 추가하여 사업자등록 정정신고하는 경우에는 요건을 충족한 것으로 본다(서면법령법인-5930, 2021.6.17.).

2 임대 상가건물

 상가건물이란 「상가건물 임대차보호법」(이하 "상가임대차법") 제2조 제1항에 따른 상가건물(이하 "임대상가건물")을 말한다(조특령 §96의 3 ②). 사업자등록의 대상이 되는 건물로서 임대차 목적물의 주된 부분을 영업용으로 사용하는 경우를 포함한다.
 기존 상가 임대 계약을 해지하고 **동일 건물에 위치한 다른 상가(X)**를 임대하는 계약을 체결하면서 한시적으로 임대료를 인하하는 경우 해당 세액공제를 적용할 수 없다(서면법령법인-5268, 2021.10.20.).

3 임차소상공인

 임차인인 소상공인이란 다음 어느 하나에 해당하는 자(이하 "임차소상공인")를 말한다(조특령 §96의 3 ③).

3-1 계속 사업자

 다음 각 요건을 모두 갖춘 자이다.

① 「소상공인기본법」 제2조에 따른 소상공인

"소상공인"이란 「중소기업기본법」 제2조 제2항에 따른 소기업(小企業) 중 다음 요건을 모두 갖춘 자를 말한다.

㉮ 상시 근로자 수가 10명 미만일 것

㉯ 주된 사업에 종사하는 상시 근로자 수가 광업·제조업·건설업 및 운수업은 10명 미만, 이외의 업종은 5명 미만이어야 한다(소상공인기본법 시행령 §3 ①).

② 임대상가건물을 2021.6.30. 이전부터 계속하여 임차하여 영업목적으로 사용하고 있는 자

임대상가건물을 기준일 (종전 2020.1.31.) 이전부터 계속하여 임차하여 영업용 목적으로 사용하고 있던 임차인이 기준일 후 변경된 임대인과의 사이에 기존 임대차계약과 같은 조건의 새로운 임대차계약을 체결하고 계속 임차하여 영업용 목적으로 사용하는 경우에도 동 요건을 충족한다(사전법령소득-0135, 2021.3.17.).

임대차계약관계의 변경 없이 폐업 후 재개업 등으로 사업 내용만 변경된 채 계속 임차한 경우에도 요건을 충족한 것으로 본다(사전법령소득-0219, 2021.3.18.).

반면에, 임차인이 2021.6.30. 후 해당 사업을 포괄양도한 경우로서 임대차계약관계도 위 포괄양도시점에 새로운 임차인이 승계한 경우에, 새로운 임차인은 요건을 갖춘 자에 해당하지 않는다(서면법규소득-1290, 2024.1.29.).

③ 시행령 별표 14에 따른 업종을 영위하지 않는 자

과세유흥장소(개별소비세법 §1 ④)를 경영하는 사업과 한국표준산업분류에 따른 도박게임등 사행행위 영상게임기 제조업, 금융업, 보험업 및 연금업 등을 감면 배제한다.

④ 상가임대인과 특수관계인(국기법 §2 20호)이 아닌 자(제3부 제3장 제6절 Ⅱ. 2-1 참조)

⑤ 사업자등록을 한 자(소법 §168, 법법 §111 또는 부법 §8)

시행령 [별표 14] 상가임대료를 인하한 임대사업자에 대한 세액공제를 적용받지 못하는 임차소상공인의 업종 <개정 2021.11.9.>

다음 각 호의 어느 하나에 해당하는 업종 또는 사업
1. 다음 각 목의 구분에 따른 업종

업종분류	분류코드	세액공제 적용배제 업종
가. 제조업	C33402	영상게임기 제조업(도박게임 등 사행행위에 사용되는 영상게임기로 한정한다)
	C33409	기타 오락용품 제조업(도박게임 등 사행행위에 사용되는 오락용품으로 한정한다)
나. 정보통신업	J5821	게임 소프트웨어 개발 및 공급업(도박게임 등 사행행위에 사용되는 게임소프트웨어로 한정한다)

업종분류	분류코드	세액공제 적용배제 업종
다. 금융 및 보험업	K64	금융업
	K65	보험 및 연금업
	K66	금융 및 보험 관련 서비스업[「전자금융거래법」 제2조 제1호에 따른 전자금융업무, 「자본시장과 금융투자업에 관한 법률」 제9조 제27항에 따른 온라인소액투자중개 및 「외국환거래법 시행령」 제15조의2 제1항에 따른 소액해외송금업무를 업으로 영위하는 업종 중 그 외 기타 금융지원 서비스업(66199)은 제외한다]
라. 부동산업	L68	부동산업[부동산 관리업(6821) 및 부동산 중개 및 대리업(68221)은 제외한다]
마. 공공행정, 국방 및 사회보장 행정	O84	공공행정, 국방 및 사회보장 행정
바. 교육 서비스업	P851	초등 교육기관
	P852	중등 교육기관
	P853	고등 교육기관
	P854	특수학교, 외국인학교 및 대안학교
사. 예술, 스포츠 및 여가관련 서비스업	R9124	사행시설 관리 및 운영업
아. 협회 및 단체, 수리 및 기타 개인 서비스업	S94	협회 및 단체
자. 가구 내 고용활동 및 달리 분류되지 않은 자가소비 생산활동	T97	가구 내 고용활동
	T98	달리 분류되지 않은 자가소비를 위한 가구의 재화 및 서비스 생산활동
차. 국제 및 외국기관	U99	국제 및 외국기관

비고: 업종분류, 분류코드 및 세액공제 적용배제 업종은 「통계법」 제22조에 따라 통계청장이 고시하는 「한국표준산업분류」에 따른다.

2. 「개별소비세법」 제1조 제4항에 따른 과세유흥장소를 경영하는 사업

3-2 폐업자

임대상가건물 임대차계약이 종료되기 전에 폐업한 자로서 다음 요건을 모두 갖춘 자이다.

① 폐업하기 전에 위 3-1 계속 사업자에 해당했을 것
② 2021.1.1. 이후에 임대차계약 기간이 남아 있을 것

2020년에 소상공인이 폐업하였더라도 2021년에 임대차계약 기간이 남아있으면 2021년 임대료 인하분은 세액 공제 대상에 해당한다. 다만, 2020년 임대료 인하분은 대상에 해당하지 않는다.

2022년 세법개정에서 코로나-19로 경영여건이 어려워진 소상공인에 대한 임대사업자의 자발적 지원을 촉진하기 위해 소상공인이 2020.2.1.부터 2021.6.30. 사이에 상가건물을 새로 임차한 경우와 소상공인이 폐업했더라도 임대차기간이 남아 있는 경우의 상가임대료 인하액에 대해서도 세액공제를 받을 수 있도록 적용 범위를 확대함. 개정규정은 2022.1.1.부터 시행함. 영 96조의 3 제3항제1호나목(2021.6.30. 이전 임차에까지 확대한 개정규정) 및 제3항2호(폐업자 허용 규정)의 개정규정은 2021.1.1. 이후 발생한 임대료 수입금액에 대하여 세액공제를 신청하는 경우부터 소급하여 적용함(2021.11.9. 개정된 시행령 부칙 §1 단서, §2).

4 임대료 인하

부동산임대사업자가 임대료를 인하하여 지급받아야 한다.

공제기간 중 1개월분 상가건물에 대한 임대료를 면제하는 경우에는 세액공제를 적용받을 수 있다(사전법령법인-0375, 2021.4.16.).

그리고 공제기간 내에 발생한 상가임대료가 연체된 경우로서 연체된 상가임대료를 공제기간 내 사후적으로 인하하여 지급받는 경우에도 여타 요건을 충족하는 경우 세액공제를 적용받을 수 있다(소득세제과-51, 2021.1.21.).

● 백화점이 입점업체에 임대료율을 인하한 경우 공제 여부 (긍정)

백화점 사업을 영위하는 내국법인(이하 '상가임대인')이 백화점 입점업체(이하 '임차인')와 매월 매출액의 일정비율(이하 '임대료율')에 해당하는 금액을 임대료로 지급받는 임대차계약을 체결하고 2020년 1월 1일부터 2021년 12월 31일까지의 기간 중에 임대료율을 인하함에 따라 해당 과세연도에 상가임대인의 수입금액으로 발생한 임대료가 임대료를 인하하기 직전의 임대차계약에 따른 임대료를 기준으로 계산한 해당 과세연도의 임대료에 비해 감소한 경우 그 감소액은 「조세특례제한법」 제96조의3제1항에 따른 세액공제대상에 해당하는 것임(서면법령법인-0021, 2021.12.13.).

5 임대료등 증액 제한 요건과 사후관리

해당 과세연도 중 임대료를 인하하기 직전의 임대차계약에 따른 임대료나 보증금보다 인상한 경우에는 본 세액공제를 적용하지 않으며, 해당 과세연도 종료일 이후 6개월 이내에 적용 배제 요건에 해당하게 된 경우에는 이미 공제받은 세액을 추징한다(조특법 §96의 3 ②, 조특령 §96의 3 ⑦).

그리고 임대차계약의 갱신등을 한 경우에는 갱신등에 따른 임대료나 보증금이 임대료를 인하하기 직전의 임대차계약에 따른 금액의 5%를 초과하여 인상한 경우에 적용 배제하거나 추징한다(조특법 §96의 3 ②, 조특령 §96의 3 ⑥).

참고로 상가임대차법 상 임대료의 증액 상한은 5%이다(동법 시행령 §4).

임대료를 인하하기 직전의 임대차계약에서 정한 내용에 따라 임대차 기간별로 임대료를 달리 적용한 경우는 인상한 경우에 해당하지 아니한다(사전법령소득-0544, 2021.4.19.).

2021년 세법개정에서 과세연도 종료일부터 6개월 이내에 보증금·임대료를 기존 임대차계약에 따른 금액보다 인상한 경우에는 추징하는 조항을 신설하였다. 시행령 제96조의3제5항 및 제6항의 개정규정은 2020.7.1. 이후에 발생한 임대료를 인하하는 경우부터 적용한다(2021.2.17. 개정된 시행령 부칙 §8).

Ⅲ. 세액공제

1 공제세액

2020.1.1.~2024.12.31.(이하 "공제기간") 동안 다음 산식에 따른 임대료 인하액의 70%(해당 과세연도 기준소득금액이 1억원을 초과하는 경우에는 50%)를 세액공제한다. 이 경우 보증금을 임대료로 환산한 금액은 공제 대상에서 제외한다(조특령 §96의 3 ④). 부가가치세도 공제 대상에서 제외한다. 해당 과세연도의 기준소득금액은 해당 과세기간의 종합소득과세표준에 합산되는 종합소득금액에 임대료 인하액을 더한 금액으로 한다(조특령 §96의 3 ⑤).

$$\text{공제세액} = \left(\begin{array}{c} \text{임대료를 인하하기 직전의} \\ \text{임대차계약에 따른} \\ \text{임대료❶를 기준으로 계산한} \\ \text{해당 과세연도❷의 임대료❸} \end{array} - \begin{array}{c} \text{임대상가건물의 임대료로} \\ \text{지급했거나 지급하기로 하여} \\ \text{해당 과세연도❷에} \\ \text{상가임대인의 수입금액으로} \\ \text{발생한 임대료} \end{array} \right) \times \begin{array}{c} 70\% \\ (50\%) \end{array}$$

❶ 임대료를 인하하기 직전의 임대차계약에서 임대차기간별로 임대료를 달리 적용한 경우에는 임대료를 인하하기 직전의 임대상가건물 임대차계약에 따른 임대료를 기준으로 세액공제액을 계산함(서면소득-4311, 2021.8.31.).

❷ 해당 과세연도 중 공제기간(법 §96의 3 ①)에 해당하는 기간으로 한정함.

❸ 다만, 공제기간 중 임대상가건물의 임대차계약을 동일한 임차소상공인과 갱신하거나 재계약(이하 "갱신등")하고 갱신등의 임대차계약에 따른 임대료가 인하된 경우 갱신등에 따른 임대차계약이 적용되는 날부터 2023.12.31.까지는 갱신등에 따른 임대료를 기준으로 계산한 임대료를 말함.

상가임대인이 임차인으로부터 임대료와 별도로 징수하는 전기요금 등의 관리비(X)를 면제하는 경우 세액공제대상인 임대료에 포함되지 않는다(서면법령법인-0021, 2021.12.13.).

2021년 세법개정에서 코로나 19에 따른 소상공인의 부담을 완화하기 위하여 임대인이 임대료를 인하한 경우 임대로 인하분에 대해 적용되는 세액공제율을 현행 50%에서 70%(종합소득금액 1억원 초과자는 제외)로 확대하였다. 개정규정은 2021.1.1. 이후 발생한 임대료 수입금액부터 적용한다. 2021.1.1. 전에 발생한 임대료 수입금액에 대해서는 개정규정에도 불구하고 종전의 규정에 따른다(2021.3.16. 개정된 법률 부칙 §4 및 §6).

2022년 세법개정에서 세액공제 적용기한 연장에 따른 계산방법을 보완하였다. 개정규정은 임대사업자가 2022.1.1. 전에 개시한 과세연도에 임대상가건물의 임대차계약을 동일한 임차소상공인과 갱신하거나 재계약한 경우에 대해서도 적용한다(2022.2.15. 개정된 시행령 부칙 §12).

2 수정신고 특례 ('20년말 삭제)

2020.1.1.이 속하는 사업연도가 2020.12.31. 전에 종료하는 법인이 임대료·보증금 증액 제한 요건(조특법 §96의 3 ②)을 위반한 경우, 2021.3.31.까지 본 세액공제를 적용하지 않는 것으로 수정신고(국기법 §45)를 한 경우 수정신고한 부분에 대해서는 기한 내에 정상신고(법법 §60 ①)한 것으로 본다(구 조특령 §96의 3 ⑦).

즉, 과세표준 확정신고 후 임대료·보증금 제한 요건을 위반한 경우 과소신고 가산세 등이 부과되어야 하지만, 세액공제를 신청한 부분에 대해 수정신고 특례가 적용되면 과소신고가산세를 부과하지 않는다.

Ⅳ. 조세특례제한 등

1 절차

상가임대료를 인하한 임대사업자의 세액공제 신청서(별지 제60호의 25 서식)에 다음 서류를 첨부하여 제출해야 한다(조특령 §96의 3 ⑧).
① 임대료를 인하하기 직전에 체결한 임대차계약서 및 2020.2.1. 이후 임대차계약에 대한 갱신등을 한 경우 갱신등을 한 임대차계약서의 사본
② 확약서, 약정서 및 변경계약서 등 공제기간 동안 임대료 인하에 합의한 사실을 입증하는 서류
③ 세금계산서, 금융거래내역 등 임대료의 지급을 확인할 수 있는 서류
④ 임차소상공인이 소상공인 자격 및 공제대상 업종 요건을 갖추었음을 소상공인시장진흥공단에서 확인하는 서류

2 결정 또는 기한 후 신고 시 감면배제 등

다음의 세무상 의무위반 조항 해당 시 감면이 배제된다(조특법 §128 ①~④).
㉮ 추계과세 시 세액공제 배제(간편장부대상자 제외)
㉯ 결정 또는 기한 후 신고 시 감면배제
㉰ 경정 등의 부정과소신고금액에 대한 감면배제
㉱ 세법상 협력의무위반에 대한 감면배제
　제20부 제2절 부분을 참조하기 바란다.

기타 조세특례제한 등

구 분	내 용	참조 부분
중복지원의 배제	적용 제외(조특법 §127)	제20부 제1절
최저한세	적용 제외(조특법 §132 ①·②)	제20부 제4절
세액공제의 이월공제	적용(조특법 §144)	제21부 제2절
농어촌특별세	과세(농특법 §5 ① 1호)	

제5절 [제99조의 6] 재기중소기업인의 체납액 등에 대한 강제징수 유예 등

Ⅰ. 의의

중소벤처기업진흥공단으로부터 재창업자금을 융자 받는 등의 요건을 갖춘 재기중소기업인에 대하여 3년간 강제징수를 유예하고, 재창업 시 5년간 소득세와 법인세를 50% 감면하는 제도이다.

사업에 실패한 중소기업인의 재기를 세제측면에서 지원하기 위하여 2013년 중반에 신설되었다.

일몰기한(신청기한)은 2026.12.31.이다.

개정연혁

연 도	개정 내용
2022년	■ 재기중소기업 자격 요건 완화 : 직전 3년 연평균 수입금액 10억원 → 15억원 미만
2024년	■ 특례 대상 추가 : 소상공인 재도전특별자금 융자를 받은 자

Ⅱ. 요건

1 주체 (재기중소기업인)

과세특례의 주체는 내국인으로, 거주자인 개인이나 내국법인이 해당된다. 내국인으로서 아래 중 하나에 해당하는 재기중소기업인이어야 한다(조특령 §99의 6 ①).
① 중소벤처기업진흥공단으로부터 재창업자금을 융자받은 자
② 신용보증기금 또는 기술보증기금으로부터 재창업자금을 융자받은 자

③ 신용회복위원회의 채무조정을 받은 자
④ 중소벤처기업부장관이 성실경영실패자로 판정한 자(중소기업창업지원법 §43 ④)5.
⑤ <u>소상공인의 지속 성장을 위한 직접융자 등 자금 지원 규정(소상공인 보호 및 지원에 관한 법률 §21 ① 1호)에 따라 소상공인의 재창업 등을 지원하는 자금으로서 소상공인시장진흥공단이 융자하는 소상공인 재도전특별자금을 융자받은 자</u>[2]

종래 ② 신용보증기금 등으로부터 재창업자금을 융자받은 경우에는 신용회복위원회의 재창업지원 심의를 거칠 것을 요건으로 하였으나, 2018년 개정세법에서 동 요건을 삭제하였다. 또한 중소기업창업지원법에 따른 성실경영 평가자도 대상에 추가하였다. 2018.2.13. 전에 유예를 신청한 재기중소기업인에 대해서는 종전의 규정에 따른다(동일자로 개정된 영 부칙 §20).

2024 개정 소상공인 재도전특별자금 융자를 받은 자를 특례 대상에 추가함. 영 99조의 6의 개정규정은 2024.2.29. 이후 영 99조의 6 제8항에 따라 재산의 압류 유예 등을 신청하는 경우부터 적용함(2024.2.29. 개정된 시행령 부칙 §11).

2 자격 요건

재기중소기업인으로 다음의 요건을 모두 갖추어야 한다(조특법 §99의 6 ①).

(가) 신청일 직전 5년 이내의 연평균체납횟수가 3회 미만일 것 (1호) (조특령 §99의 6 ④ 1호)

(나) 신청일 당시 체납액이 5천만원 미만일 것 (1호) (조특령 §99의 6 ④ 2호)

종래 체납액 요건이 3천만원 미만이었으나 중소기업인의 재창업을 지원하기 위하여 2018년 개정세법에서 5천만원 미만으로 완화하였다. 2018.2.13. 전에 유예를 신청한 재기중소기업인에 대해서는 종전의 규정에 따른다(동일자로 개정된 영 부칙 §20).

(다) 직전 3개 연도 수입금액 평균이 15억원 미만일 것 (2호)

신청일 직전 3개 과세연도의 수입금액(기업회계기준에 따라 계산한 매출액)의 평균금액이 15억원 미만이어야 한다. 단, 신용회복위원회의 채무조정을 받은 자(영 §99의 6 ① 3호)는 수입금액에 제한이 없다(조특령 §99의 6 ⑤·⑥).

2022년 세법개정에서 재기 중소기업의 자격 요건을 종전 직전 3개 과세연도 연평균 수입금액 10억원 미만에서 15억원 미만으로 완화하였다.

---

[2] 재기중소기업인의 체납액 등에 대한 과세특례 등의 적용 범위에 관한 고시 §2 [시행 2024.3.12.] [기획재정부고시 제2024-5호, 2024.3.12., 제정]

(라) 직전 5년 이내 조세처벌 등이 없을 것 (3호)

신청일 직전 5년 이내에 조세범처벌법에 따른 처벌 또는 처분을 받은 사실이나 이와 관련한 재판이 진행 중인 사실이 없는 자이어야 한다.

(마) 범칙사건 조사 진행 중이 아닐 것 (4호)

신청일 당시 조세범처벌법에 따른 범칙사건에 대한 조사가 진행 중인 사실이 없는 자이어야 한다. 범칙사건이란 조세범칙행위의 혐의가 있는 사건을 말한다.

(바) 복식부기의무 등 세법상 의무를 이행할 것 (5호)

신청일 당시 다음의 세법상 의무를 이행하고 있어야 한다(조특령 §99의 6 ⑦).

① 복식부기의무자(소법 §160 ③ 및 법법 §112)인 경우에는 복식부기에 따라 장부를 갖추어 두고 기록하고 있을 것
② 사업용계좌 신고·사용의무가 있는 사업자(소법 §160의 5)인 경우에는 사업용계좌를 신고하여 사용하고 있을 것
③ 신용카드가맹점 가입대상 사업자(소법 §162의 5 ①, 법법 §117 ①)인 경우에는 신용카드가맹점으로 가입하고 있을 것
④ 현금영수증가맹점으로 가입하여야 하는 사업자(소법 §162의 3 ①, 법법 §117의 2 ①)인 경우에는 현금영수증가맹점(조특법 §126의 3 ①)으로 가입하고 있을 것

Ⅲ. 과세특례

1 강제징수의 유예

소득세, 법인세, 부가가치세 및 이에 부가되는 세목과 관계되는 체납액에 대하여 체납액 납부계획에 따라 국세징수법상 강제징수에 따른 재산의 압류(이미 압류한 재산의 압류 포함)나 압류재산의 매각을 3년간 유예할 수 있다(조특법 §99의 6 ①, 조특령 §99의 6 ②).

"체납액"은 체납된 국세와 강제징수비를 말한다(국징법 §2 ① 4호).

체납액 납부계획서(별지 제63호의 18 서식)에 다음의 체납액 납부계획을 기재하여야 한다(조특령 §99의 6 ③, 조특칙 §45의 2 ①).

① 체납액 납부에 제공될 재산 또는 소득에 관한 사항
② 체납액의 납부일정에 관한 사항

2 창업중소기업 세액감면 특례

재기중소기업인이 창업중소기업 세액감면에 따른 창업, 지정 또는 확인을 받은 경우에, 사업을 다시 개시하여 폐업 전의 사업과 같은 종류의 사업을 하는 경우에도 창업으로 보아 동 세액감면을 적용한다(조특법 §99의 6 ⑤).

창업중소기업 세액감면에서는 폐업 후 재창업을 하는 경우 동일한 종류의 사업을 하는 때에는 창업으로 보지 아니하나,(조특법 §6 ⑩ 3호) 재기중소기업인에 대해서는 예외적으로 창업으로 보아 세액감면을 적용한다.

3 사후관리

세무서장이 압류 또는 매각의 유예를 결정한 후 해당 재기중소기업인이 다음의 의무위반사유에 해당하는 때에는 그 유예를 취소하고, 강제징수를 하여야 한다(조특법 §99의 6 ④).
① 체납액 납부계획을 3회 이상 위반하였을 때
② 다음의 사유(국징법 §9 ① 각호)에 해당되어 그 유예한 기한까지 유예와 관계되는 체납액의 전액을 징수할 수 없다고 인정될 때

> ① 국세, 지방세 또는 공과금의 체납으로 강제징수 또는 체납처분이 시작된 경우
> ② 「민사집행법」에 따른 강제집행 및 담보권 실행 등을 위한 경매가 시작되거나 「채무자 회생 및 파산에 관한 법률」에 따른 파산선고를 받은 경우
> ③ 「어음법」 및 「수표법」에 따른 어음교환소에서 거래정지처분을 받은 경우
> ④ 법인이 해산한 경우
> ⑤ 국세를 포탈(逋脫)하려는 행위가 있다고 인정되는 경우
> ⑥ 납세관리인을 정하지 아니하고 국내에 주소 또는 거소를 두지 아니하게 된 경우

③ 아래의 사유가 발생하여 유예할 필요가 없다고 인정된 때(조특령 §99의 6 ⑩)
- 중소벤처기업진흥공단, 신용보증기금 또는 기술보증기금이 융자한 재창업자금을 회수한 경우

- 신용회복위원회가 채무조정 계획을 취소한 경우
- 재도전특별자금 융자(조특령 §99의 6 ① 5호)에 따른 자금을 회수한 경우

Ⅳ. 조세특례제한 등

 **절차**

1-1 체납처분(징수처분) 유예의 신청

재기중소기업인이 재산의 압류 또는 압류재산의 매각을 유예받거나 납부고지의 유예 또는 지정납부기한등의 연장을 받으려는 때에는 다음의 사항을 적은 납부고지 유예, 지정납부기한등 연장 및 압류·매각 유예 신청서(별지 제63호의 19 서식; 전자문서 포함)를 관할 세무서장에게 제출해야 한다(조특령 §99의 6 ⑧, 조특칙 §45의 2 ②).

① 납세자의 주소 또는 거소와 성명
② 납부할 국세의 과세기간, 세목, 세액 및 납부해야 할 기한
③ 압류 또는 압류재산의 매각을 유예 받거나 납부고지의 유예 또는 지정납부기한등의 연장을 받으려는 이유와 기간
④ 분할납부의 방법으로 압류를 유예 받거나 압류재산의 매각을 유예받거나 납부고지의 유예 또는 지정납부기한등의 연장을 받으려는 경우에는 그 분납액 및 분납횟수

1-2 세무서장의 통지

압류 또는 매각의 유예를 신청받은 세무서장은 국세체납정리위원회(국징법 §106)의 심의를 거쳐 신청일부터 2개월 이내에 납세담보의 제공 여부를 결정하여 해당 재기중소기업인에게 그 사실을 통지하여야 한다(조특법 §99의 6 ③).

재기중소기업인에 대한 통지 및 납부고지의 유예 또는 지정납부기한등의 연장의 통지에 관하여는 국세징수법 시행령 제15조(납부기한등 연장등의 통지)를 준용한다(조특령 §99의 6 ⑨).

또한 세무서장이 사후관리 규정에 따라 압류 또는 매각의 유예를 취소하거나 납부고지의 유예 또는 지정납부기한등의 연장을 취소한 경우에는 납세자에게 그 사실을 통지해야

한다(조특령 §99의 6 ⑪).

1-3 창업중소기업 세액감면 신청

재기중소기업인의 세액감면 신청은 창업중소기업 세액감면 규정을 준용한다(조특령 §99의 6 ⑫ → §5 ㉖). 관련사항은 제2부 제2절을 참조하기 바란다.

제6절 [제99조의 8] 재기중소기업인에 대한 납부고지 유예 등의 특례

Ⅰ. 의의

중소벤처기업진흥공단으로부터 재창업자금을 융자받는 등의 요건을 갖춘 재기중소기업인의 소득세, 법인세, 부가가치세 및 이에 부가되는 세목을 3년간 납부고지의 유예 또는 지정납부기한등을 연장하고, 분납할 수 있도록 하는 특례이다.

재기중소기업인의 원활한 재창업을 지원하기 위하여 2016년 개정세법에서 신설한 제도이다. 2016.1.1. 이후 징수유예를 신청하는 경우부터 적용한다(2015.12.15. 개정된 법 부칙 §27).

본 특례의 대상, 요건, 유예기간, 유예취소사유 및 절차는 법 제99조의 6 재기중소기업의 체납액 등에 대한 강제징수 유예 등과 동일하게 규정하였으므로 상세 내용은 해당 부분을 참조하기로 한다.

일몰 기한은 2026.12.31.이다.

개정연혁

연 도	개정 내용
2022년	■ 재기중소기업 자격 요건 완화 : 직전 3년 연평균 수입금액 10억원 → 15억원 미만
2024년	■ 특례 대상 추가 : 소상공인 재도전특별자금 융자를 받은 자

Ⅱ. 요건

재기중소기업인이 국세징수법에 따른 납부고지의 유예 또는 지정납부기한등의 연장 신청일 현재 자격 요건을 충족하고, 납기 시작 전 납부고지의 유예 또는 지정납부기한등의 연장을 신청하여야 한다.

1 납기 시작 전 납부고지의 유예 등의 신청

다음의 납기 시작 전 납부고지의 유예 또는 지정납부기한 독촉장에서 정하는 기한의 연장(이하 "지정납부기한등의 연장") 신청 사유 중 어느 하나에 해당하는 사유로 신청한 징수유예이어야 한다. 다만 소득세, 법인세, 부가가치세 및 이에 부가되는 세목에 대한 납부고지의 유예 또는 지정납부기한등의 연장으로 한정한다(조특법 §99의 8 ① → 국징법 §13 ① 1호~4호).

> ① 납세자가 재난 또는 도난으로 재산에 심한 손실을 입은 경우
> ② 납세자가 경영하는 사업에 현저한 손실이 발생하거나 부도 또는 도산의 우려가 있는 경우
> ③ 납세자 또는 그 동거가족이 질병이나 중상해로 6개월 이상의 치료가 필요한 경우 또는 사망하여 상중(喪中)인 경우
> ④ 그 밖에 납세자가 국세를 납부기한등까지 납부하기 어렵다고 인정되는 경우로서 대통령령으로 정하는 경우

2 기타 요건

기타 요건

구 분	내 용	참조 부분
주체	재기중소기업인(조특령 §99의 6 ①)	제5절 Ⅱ. 1.
자격 요건	국세징수법에 따른 납부고지의 유예 지정납부기한 등의 신청일 현재 자격 요건 충족(조특법 §99의 8 ①)	제5절 Ⅱ. 2.
절차	납부고지 등 유예의 신청, 세무서장의 통지(조특령 §99의 6 ⑧, ⑨, ⑪)	제5절 Ⅳ. 1-1, 1-2

2022년 세법개정에서 재기 중소기업의 자격 요건을 종전 직전 3개 과세연도 연평균 수입금액 10억원 미만에서 15억원 미만으로 완화하였다.

Ⅲ. 과세특례

1 납부고지의 유예 등

국세징수법상 재난 등으로 인한 납부기한 등의 연장 및 납부고지의 유예 규정(동법 §13 및 §14)에도 불구하고 납부고지의 유예 또는 지정납부기한등의 연장을 한 날의 다음 날부터 3년 동안 납부고지의 유예 또는 지정납부기한등의 연장을 할 수 있고, 납부고지의 유예 또는 지정납부기한등의 연장기간 중의 분납기한 및 분납금액을 정할 수 있다(조특법 §99의 8 ①, 조특령 §99의 6 ②).

2 사후관리

세무서장은 납부고지의 유예 또는 지정납부기한등의 연장을 결정한 후 재기중소기업인이 다음 어느 하나에 해당하게 되었을 때에는 그 납부고지의 유예 또는 지정납부기한등의 연장을 취소하고, 유예 또는 연장과 관계되는 국세 또는 체납액을 한꺼번에 징수할 수 있다. 이 경우 세무서장은 해당 재기중소기업인에게 그 사실을 통지하여야 한다(조특법 §99의 8 ②).

① 납부기한등 연장 등의 취소 사유에 해당하는 경우(국징법 §16 ① 각 호)
② 아래의 사유가 발생하여 유예할 필요가 없다고 인정된 때(조특령 §99의 6 ⑩)
- 중소벤처기업진흥공단, 신용보증기금 또는 기술보증기금이 융자한 재창업자금을 회수한 경우
- 신용회복위원회가 채무조정 계획을 취소한 경우
- 재도전특별자금 융자(조특령 §99의 6 ① 5호)에 따른 자금을 회수한 경우

제7절 [제99조의 9] 위기지역 창업기업에 대한 법인세 등의 감면 ★★☆

Ⅰ. 의의

위기지역에 감면대상사업으로 창업하거나 사업장을 신설하는 기업에 대해서는 소득이 발생한 과세연도부터 5년간 소득세 또는 법인세의 100%, 이후 2년간 50%를 세액감면하는 특례이다.

일반 창업중소기업에 대해서는 5년간 50%의 감면율을 적용하지만, 위기지역에 대해서는 창업을 통한 경제활성화를 지원하기 위하여 그 감면율을 100%로 상향하여 적용한다.

2019년에 도입된 특례이다. 다만, 2018.1.1. 이후 지정 또는 선포된 위기지역의 지정일 또는 선포일이 속하는 과세연도의 과세표준을 2019.1.1. 이후 신고하는 경우부터 소급하여 적용한다(2018.12.24. 개정된 법률 부칙 §24).

일몰 기한은 2025.12.31.이다.

개정연혁

연 도	개정 내용
2020년	■ 과세특례 확대 : 5년간 100% → 5년간 100% 이후 2년간 50% 감면
2022년	■ 감면대상 사업장의 사업을 폐업하거나 사업장을 특구지역 외의 지역으로 이전한 경우에 대한 사후관리 규정 신설

Ⅱ. 요건

1 감면 업종

감면업종은 창업중소기업 세액감면의 감면업종을 준용한다(조특법 §99의 9 ① → §6 ③). 제2부 제2절 Ⅱ. 1-1 감면업종을 참조하기로 한다.

본 특례의 감면 업종 요건은 조특법 제6조 창업중소기업 세액감면의 감면 업종을 준용하는데, 2020년 개정세법에서 동 감면 업종의 일부가 Negative 방식으로 전환함에 따라 업종이 확대되었다. 확대되는 업종은 번역 및 통역서비스업, 경영컨설팅업, 콜센터 및 텔레마케팅 서비스업 등 세세분류 기준 97개 업종이다.

2 창업 또는 사업장 신설

위기지역에 감면대상사업으로 창업하거나 사업장을 신설하여야 한다. 그러나, 기존 사업장을 이전하는 경우는 제외하며, 위기지역으로 지정 또는 선포된 기간에 창업하거나 사업장을 신설하는 경우로 한정한다.

따라서 위기지역으로 지정된 사업연도와 동일한 사업연도에 창업하더라도, 그 창업일이 위기지역 지정일보다 앞선 경우에는 감면대상에서 제외된다.

창업의 범위는 창업중소기업 세액감면 규정을 준용한다(조특법 §99의 9 ⑦ → §6 ⑩). 제2부 제2절 Ⅱ. 1-3 창업을 참조하기로 한다.

3 감면 지역

위기지역은 법 제30조의 3 고용유지중소기업등에 대한 세액공제와 동일하다(조특법 §30의 3 ⑤, 조특령 §27의 3 ⑪). 제6부 제7절 Ⅱ. 2를 참조하기 바란다.

Ⅲ. 세액감면

1 감면세액

감면대상사업에서 최초로 소득이 발생한 과세연도의 개시일부터 5년 이내에 끝나는 과세연도까지 감면대상사업에서 발생한 소득에 대한 소득세 또는 법인세의 100%를 감면하고, 그 다음 2년 이내에 끝나는 과세연도까지는 50%를 감면한다(조특법 §99의 9 ②).

사업개시일부터 5년이 되는 날이 속하는 과세연도까지 그 사업에서 소득이 발생하지 아니한 경우에는 5년이 되는 날이 속하는 과세연도를 감면 개시연도로 한다.

"감면대상사업에서 발생한 소득"이란 감면대상사업을 경영하기 위하여 위기지역에 투자한 사업장에서 발생한 소득을 말한다(조특령 §99의 8 ①).

위기지역에서 위기지역 지정기간 중에 감면대상 사업을 창업한 내국법인은 **창업 이후에 해당 지역이 위기지역에서 해제된 경우에도**, 감면대상사업에서 최초로 소득이 발생한 과세연도의 개시일부터 감면기간 동안 감면을 적용받을 수 있다(서면법인-1345, 2023.6.28.).

2020년 개정세법에서 위기지역 창업을 통한 경제 활성화를 지원하기 위하여 고용위기지역이나 산업위기대응특별지역 등에서 창업하거나 사업장을 신설한 기업에 대한 소득세·법인세를 5년간 100% 감면하던 것을 5년간 100% 감면 후 2년간 소득세·법인세의 50%를 추가로 감면하도록 하였다.

2 감면한도 및 사후관리

중소기업은 감면한도를 적용받지 않는다.

중견기업 및 대기업이 감면기간 동안 감면되는 소득세 또는 법인세의 총합계액이 감면한도를 초과하는 경우에는 감면한도만큼 감면된다(조특법 §99의 9 ③~⑥, 조특령 §99의 8 ②~⑤).

감면한도는 투자금액 기준 한도와 고용 기준 한도의 합계로 계산한다.

> 감면한도 = 투자누계액 × 50% + 감면사업장 상시근로자 수 × 1,500만원(청년 등 2,000만원)

투자금액 기준 한도, 고용기준 한도, 사후관리 등의 내용은 법 제12조의 2 연구개발특구에 입주하는 첨단기술기업 등에 대한 과세특례와 동일하므로 해당 부분을 참조하기 바란다(제3부 제1장 제5절 Ⅲ. 3. 감면한도 및 4. 사후관리).

3 사업장 이전 등 사후관리

감면받은 기업이 폐업, 해산 및 사업장 이전 등 의무위반사유가 발생하는 경우에는 그 사유가 발생한 과세연도의 과세표준신고를 할 때 공제받은 세액에 이자상당액을 가산하여 소득세 또는 법인세로 납부하여야 한다(조특법 §99의 9 ⑧, 조특령 §99의 8 ⑥).

2022년 세법 개정에 따른 의무위반 사유 및 추징세액, 이자상당 가산액 및 부칙 규정은 제3부 제5절 Ⅲ. 5. 사후관리를 참조하기 바란다. 연구개발특구를 감면대상사업장으로 본다.

Ⅳ. 조세특례제한 등

1 결정 또는 기한 후 신고 시 감면배제 등

다음의 세무상 의무위반 조항 해당 시 감면이 배제된다(조특법 §128 ②~④).
㉮ 결정 또는 기한 후 신고 시 감면배제
㉯ 경정 등의 부정과소신고금액에 대한 감면배제
㉰ 세법상 협력의무위반에 대한 감면배제
　제20부 제2절 부분을 참조하기 바란다.

기타 조세특례제한 등

구 분	내 용	참조 부분
신고 서식	세액감면신청서(별지 제2호 서식)	
중복지원	감면규정과 세액공제 규정의 중복지원 배제 및 감면규정 간 중복지원배제에 해당함(조특법 §127 ④, ⑤)	제20부 제1절
최저한세	100% 감면기간은 적용배제 되지만 50% 감면기간은 최저한세 적용(조특법 §132)	제20부 제4절
구분경리	서비스업과 그 밖의 사업(조특법 §99의 9 ⑩ → §143)	제21부 제1절
농어촌특별세	비과세(농특법 §4 ⑥ 1호)	

제8절 [제99조의 10] 영세개인사업자의 체납액 징수특례

Ⅰ. 의의

영세개인사업자가 폐업 후 개업 또는 취업할 경우, 징수가 곤란한 체납액으로서 종합소득세, 부가가치세 및 이에 부가되는 농어촌특별세에 대해 납부지연가산세를 면제하고 분할납부를 허용하는 제도이다.

종래 영세사업자의 결손처분세액에 대한 납부의무 소멸 특례가 2010년 도입되었으나 그 사용이 적어 2014년 일몰기한이 도래하여 폐지되었다. 영세개인사업자가 패자부활의 기회를 가질 수 있도록 세제상 지원하기 위한 목적으로 2018년 체납액 납부의무 소멸 특례로서 재도입하였으나 2019년 일몰기한이 도래하여 폐지하였다.

2020년 개정세법에서 영세 자영업자의 성실한 재기를 지원하기 위하여 폐지된 체납액 납부의무 소멸 특례를 체납액 징수특례로 보완하였다. 2020.1.1. 이후 체납액 징수특례를 신청하는 분부터 적용한다(2019.12.31. 개정된 법률 부칙 §27).

본 특례를 해석함에 있어 종전 폐지되었던 영세사업자의 결손처분세액 납부의무 소멸 특례의 사례를 같이 서술하기로 한다. 다만, (구법 §99의 5 결손처분 또는 소멸특례)으로 별도 표시한다.

일몰기한(신청기한)은 2027.12.31.이다.

개정연혁

연 도	개정 내용
2022년	■ 체납액 징수특례의 대상 변경 : 가산금 → 납부지연가산세

Ⅱ. 요건

1 주체 (영세개인사업자)

개인 거주자만이 과세특례의 대상이다.

해당 거주자의 최종 폐업일이 속하는 과세연도를 포함하여 직전 3개 과세연도의 사업소득 총수입금액의 평균금액이 15억원 미만이어야 한다(조특법 §99의 10 ① 1호).

총수입금액에는 부동산임대소득을 포함한다[재조세-195, 2010.2.16. (구법 §99의 5 결손처분)].

2 자격 요건

영세개인사업자로 다음의 요건을 모두 갖추어야 한다(조특법 §99의 10 ①).

2-1 재기사업자 등 (2호)

2023.12.31. 이전(이하 "폐업 기한")에 모든 사업을 폐업하고, 다음 어느 하나에 해당하는 요건을 충족하여야 한다.

(1) 개업 (가목)

2020.1.1.부터 2026.12.31.까지의 기간(이하 "개업·취업 대상기간") 중 사업자등록을 신청하고 사업을 개시하여 신청일 현재 1개월 이상 사업을 계속하고 있어야 한다.

(2) 취업 (나목)

개업·취업 대상기간 중 취업하여 신청일 현재 3개월 이상 근무하고 있는 자로서 다음 어느 하나에 해당하는 경우로서 근로소득을 지급하는 원천징수의무자(이하 "원천징수의무자")의 변경이 없는 것을 말한다. 다만, 거주자의 근무 장소의 변경 없이 부득이한 사유로 원천징수의무자가 변경된 경우에는 원천징수의무자의 변경이 없는 것으로 본다(조특령 §99의 9 ①).

① 거주자가 원천징수의무자에게 고용되어 월 15일 이상 연속하여 3개월 이상 근무할 것

② 거주자가 원천징수의무자로부터 3개월 이상 월 100만원 이상의 급여를 연속하여 지급받을 것

"취업"에는 원천징수대상 사업소득자인 프리랜서는 포함하지 않으며,[서면법규-1194, 2013.10.31. (구법 §99의 5 결손처분)] 고용노동법 제40조의 요건을 갖추어 구직급여를 수급한 기간도 "취업하여 근무한 기간"에 포함되지 아니한다[서면징세-1279, 2019.4.23.(구법 §99의 5 소멸특례)].

반면에, 일용근로자가 같은 근무처에서 3개월 이상 계속하여 근무한 경우는 포함한다[재조세-195, 2010.2.16. (구법 §99의 5 결손처분)]. 또한, 2018.1.1. 이전에 취업하여 직장에 근무하던 자가 2018.1.1. ~ 2018.12.31. 기간 중 또 다른 직장에 취업한 경우 신청일 현재 3개월 이상 근무(조특법 §99의5 ① 2호 나목) 요건을 충족한 것으로 본다[서면법령기본-2442, 2018.10.31.(구법 §99의 5 소멸특례)].

폐업 기한, 신청 기한 등

구 분	기 한 (기 간)
징수 곤란 판정 기준일	2023.7.25.
폐업 기한	2023.12.31. 이전
개업·취업 대상기간(재기 기간)	2020.1.1.~2026.12.31.
신청기한(일몰기한)	2027.12.31.까지

취업이란 위 (취업 대상) 기간 중에 직장에 재직 중에 있는 것이 아닌 새롭게 취업을 하는 것으로 한정하여 해석하므로, 2020.1.1. 현재 직장에 재직 중인 경우에는 특례를 적용할 수 없다(조심 2023서7024, 2023.5.31.).

2-2 조세범 등 제외 (3호·4호)

신청일 직전 5년 이내에 조세범처벌법에 따른 처벌 또는 처분을 받은 사실이나 이와 관련한 재판이 진행 중인 사실이 없는 사람이어야 한다.

또한 신청일 현재 조세범처벌법에 따른 조세범칙사건에 대한 조사가 진행 중인 사실이 없는 사람이어야 한다. 조세범칙사건이란 조세범칙행위의 혐의가 있는 사건을 말한다.

2-3 소액 체납자 (5호)

신청일 현재 해당 거주자의 체납액 중 종합소득세(이에 부가되는 농어촌특별세 포함) 및 부가가치세의 합계액이 5천만원 이하인 사람이어야 한다.

종전 체납액 납부의무 소멸특례(조특법 §99의 5)에서는 고액 체납자도 특례의 적용이 가능하였으나, 본 특례에서는 소액 체납자에 한하여 특례를 허용한다.

2-4 중복 지원 배제 (5호)

영세개인사업자의 체납액 납부의무 소멸특례(조특법 §99의 5)를 적용받은 사실이 없는 사람이어야 한다.

3 징수 곤란 체납액

징수가 곤란한 체납액으로서 종합소득세(이에 부가되는 농어촌특별세 포함) 및 부가가치세의 합계액을 징수곤란 체납액으로 정의한다.

징수곤란 체납액은 <u>2023.7.25.</u> 기준(2019.12.31. 이전 폐업한 경우의 기준일은 2019.7.25.이고, 2020.1.1.부터 2020.12.31.까지 폐업한 경우의 기준일은 2020.7.25.이며, 2021.1.1.부터 2021.12.31.까지 폐업 기준일은 2021.7.25.이고 2022.1.1.부터 2022.12.31.까지 폐업 기준일은 2022.7.25.임.; 이하 "기준일")으로 다음 어느 하나에 해당하는 체납액을 말한다. 이 경우 거주자가 기준일 후에 취득한 재산으로서 체납액을 관할하는 세무서장이 신청일 전에 발견한 재산의 가액 및 거주자가 기준일부터 신청일까지 납부한 금액은 징수곤란 체납액에서 차감한다(조특법 §99의 10 ⑨).

① 기준일 현재 재산이 없어 해당 거주자의 체납액을 징수할 수 없는 경우 그 체납액
② 기준일 현재 강제징수가 종결되고 해당 거주자의 체납액에 충당된 배분금액이 그 체납액에 미치지 못하는 경우 배분금액을 충당하고 남은 체납액
③ 기준일 현재 총재산가액이 강제징수비에 충당하고 남을 여지가 없어 해당 거주자의 체납액을 징수할 수 없는 경우 그 체납액
④ 체납액에서 ㉮의 금액을 빼고 ㉯의 금액을 더한 금액(조특령 §99의 9 ②)
  ㉮ 기준일 당시 거주자로부터 체납액을 징수할 수 있는 재산을 보충적 평가방법(상증법 §60~§66)에 따라 평가한 금액의 140%
  ㉯ 체납된 국세의 법정기일 전에 등기·등록된 전세권, 질권 또는 저당권에 따라 담보된 채권의 금액이나 확정일자를 갖춘 임대차계약증서 또는 임대차계약서상의 보증금 (국기법 §35 ① 3호)

납세자가 국세의 납부를 명하는 납세고지서 또는 납부통지서에 의하여 지정한 국세납부

의 시한까지 국세를 납부하지 않으면 체납되는 것이지만, 2017.6.30.(기준일) 현재 체납액이 존재하는지는 관할세무서장이 구체적인 사실관계를 확인하여 판단한다[서면징세-4122, 2019.4.23.(구법 §99의 5 소멸특례)].

Ⅲ. 과세특례

1 체납액 징수특례

세무서장은 징수곤란 체납액 중 국세징수권의 소멸시효가 완성되지 아니한 금액에 대하여 그 거주자에게 다음의 체납액 징수특례를 적용할 수 있다(조특법 §99의 10 ②).
① 징수곤란 체납액에 대한 납부지연가산세(신청일 이후의 납부지연가산세를 포함함; 국기법 §47의 4 ① 1호 및 3호)의 납부의무 면제
② 징수곤란 체납액에 대한 분납 허가(분납기간은 5년 이내의 범위에서 정한다)

체납액을 관할하는 세무서장은 신청일부터 ②에 따른 최종 분납기한까지는 체납액 징수특례를 적용한 징수곤란 체납액에 대하여 강제징수를 할 수 없다(조특법 §99의 10 ⑤).

연대납세의무자중 1인에 대하여 본 특례에 따라 납부의무를 소멸하게 하여도 다른 연대납세의무자에 대하여는 소멸의 효력이 미치지 않는다[재조세-195, 2010.2.16. (구법 §99의 5 결손처분)].

2022년 세법개정에서 폐업한 개인사업자로서 일정한 요건을 갖춘 사람이 2021.7.25. 현재 재산이 없어 체납액을 징수할 수 없는 등의 경우에는 납부지연가산세를 면제하고 5년의 범위에서 해당 체납액을 분할납부할 수 있도록 하였다. 2019.12.31.까지 납세의무가 성립한 국세에 대한 가산금에 관하여는 개정규정에도 불구하고 종전의 규정에 따른다(2021.12.28. 개정된 법률 부칙 §31).

2 사후관리

체납액을 관할하는 세무서장은 다음의 사후관리 규정에 따라 체납액 징수특례를 취소하는 경우에는 해당 거주자에게 그 사실을 즉시 통지하여야 한다(조특법 §99의 10 ⑧).

2-1 기준일 당시 재산의 발견

체납액을 관할하는 세무서장은 체납액 징수특례를 적용하기로 결정한 후에 기준일 당시 해당 거주자로부터 체납액을 징수할 수 있는 다른 재산이 있었던 것을 발견한 때에는 최종 분납기한까지의 체납처분 불가규정(조특법 §99의 10 ⑤)에도 불구하고 지체 없이 체납액 징수특례를 취소하고 강제징수를 하여야 한다(조특법 §99의 10 ⑥).

2-2 분납 의무 위반

체납액을 관할하는 세무서장은 체납액 징수특례를 적용받은 거주자가 총 5회 또는 연속하여 3회 분납하지 아니한 경우에는 최종 분납기한까지의 강제징수 불가규정(조특법 §99의 10 ⑤)에도 불구하고 체납액 징수특례를 취소하고 강제징수를 하여야 한다(조특법 §99의 10 ⑦).

Ⅳ. 조세특례제한 등

1 절차

체납액 징수특례를 적용받으려는 거주자는 2020.1.1.~2027.12.31.일까지 징수곤란 체납액을 관할하는 세무서장에게 영세개인사업자의 체납액 납무의무 소멸 특례 규정을 준용하여 체납액 징수특례를 신청(분납기간은 5년 이내의 범위에서 정한다)하여야 한다(조특령 §99의 9 ③ → 조특령 §99의 5 ③~⑤).

거주자는 체납액징수특례신청서(별지 제63호의 26 서식)를 사업자 등록 신청 또는 취업사실을 증명하는 서류 등과 함께 체납액을 관할하는 세무서장에게 제출하여야 한다(조특령 §99의 5 ③).

관할 세무서장은 상기 서류에 미비 또는 오류가 있는 경우에는 10일 이내의 기간을 정하여 그 보정을 요구할 수 있다. 이 경우 보정기간은 통지기간(조특법 §99의 10 ④)에 포함하지 아니한다(조특령 §99의 5 ④).

2 세무서장의 결정 및 통지

체납액 징수특례의 신청을 받은 세무서장은 국세체납정리위원회(국징법 §106)의 심의를 거쳐 신청일부터 2개월 이내에 체납액 징수특례의 적용 여부를 결정하여 해당 거주자에게 그 결과를 통지(별지 제63호의 27 서식 1,2)하여야 한다(조특법 §99의 10 ④).

통지기간에는 징수 곤란 체납액을 판정(조특법 §99의 10 ⑨)하기 위하여 거주자의 재산평가에 소요되는 기간은 통지기간에 포함하지 않는다(조특령 §99의 5 ⑤).

12. 근로자를 위한 조세특례

제1절 근로장려세제
제2절 자녀 장려를 위한 조세특례
제3절 [제100조의 32] 투자상생협력 촉진을 위한 과세특례

제1절 근로장려세제

Ⅰ. 의의

1 개요

근로장려세제(EITC : Earned Income Tax Credit)는 저소득층에게 조세체계를 이용하여 근로소득의 일정 비율을 현금으로 지급하는 소득지원금으로서, 근로 여부에 혜택이 연동되는 근로조건부 급여(in-work benefit)제도이다.[1]

납부하여야 할 세금을 공제하는 데 그치지 않고 근로장려세제금액과 납부해야 할 세금의 차액을 지급함으로써, 납부해야 할 세금이 전혀 없는 가구도 소득신고를 통해 국세청으로부터 근로장려세제 급여를 현금으로 받을 수 있는 점(환급성)에 그 특색이 있다. 즉, 부(負)의 소득세액공제액으로 이는 산출세액을 한도로 하는 일반적인 세액공제와는 다르다.

저소득층의 근로소득을 보조함으로써 극빈층으로의 추락을 예방하고 근로를 통한 빈곤탈출을 지원하여 경제적 자립 촉진과 사회안전망 구축을 취지로 한다. 또한 저소득층에 대한 소득파악률을 높여 세원을 투명하게 하여 조세·복지행정의 효율성과 형평성을 높이려는 목적이 있다. 기초생활보장제도는 극빈층의 최저생계를 지원하는 소득지원 위주의 복지정책(Welfare)인 반면에 근로장려세제는 근로연계형 소득지원제도(Workfare)라는 점에서 기능이 상이하다.

미국, 영국 등 OECD 다수의 국가에서 시행 중이며, 우리나라에서도 2008.1.1.부터 근로장려세제를 적용하여 근로장려금을 결정·환급하고 있다.

일몰기한이 없는 항구적 조세지원제도이다.

---

[1] 윤희숙, "근로장려세제로 본 복지정책 결정과정의 문제점", KDI FOCUS/제24권, 2012.12., p.2.

2 근로장려세제 체계

근로장려금은 소득세법의 신고·결정절차와 연계되어 운용되며, 근로장려금 자체는 기납부세액으로 간주된다.

구체적인 세제 운영 절차를 보자면, 근로장려금은 세무상 소득자료를 이용하여 결정되며, 종합소득세 신고기간(매년 5.1.~31.)에 신청하여 급여액을 확정시킨다. 납부해야 할 소득세가 있는 경우에는 결정된 근로장려금과 우선 상계 처리되며, 근로장려금이 납부해야 할 소득세를 초과하는 경우에는 국세기본법상 환급절차에 따라 초과금액이 지급된다. 반면에, 근로장려금이 초과 환급된 경우에는 국세징수법상의 추징절차에 따라 환수된다.

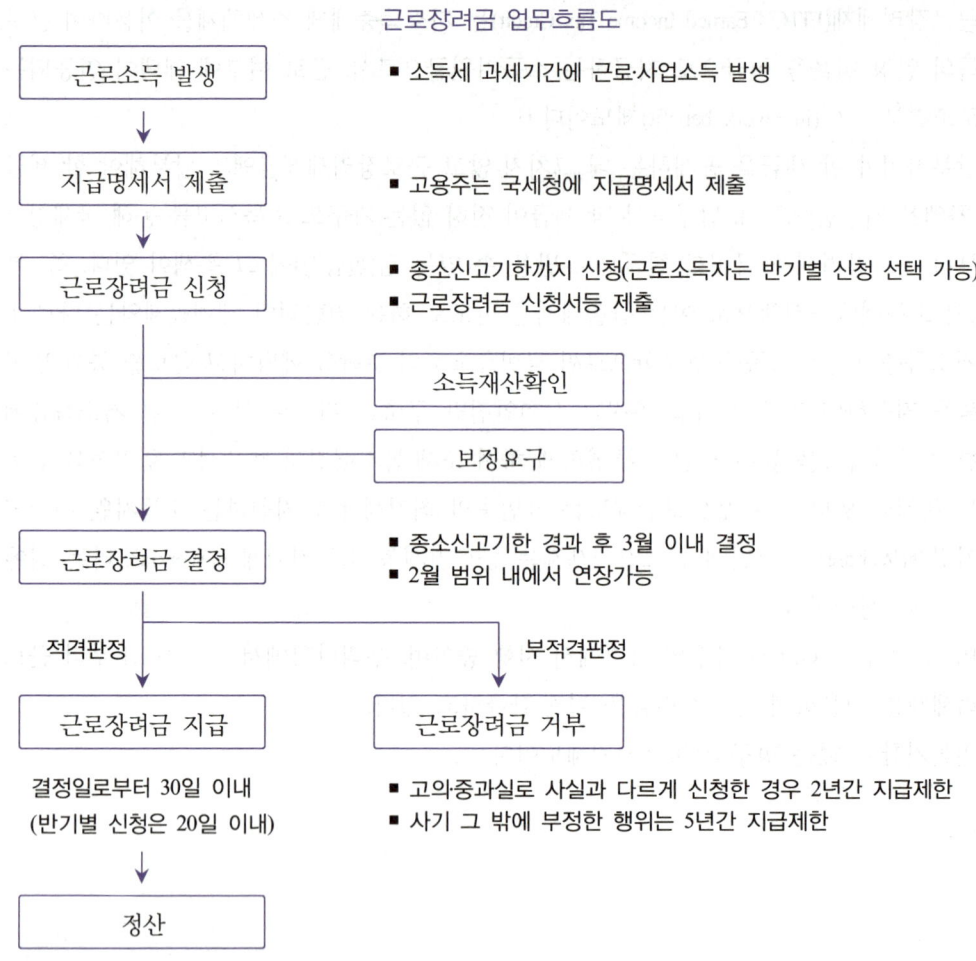

근로장려금 업무흐름도

Ⅱ. 요건

근로장려세제의 요건

구분	신청 자격 (조특법 §100의 3 ①)
주체	소득세 과세기간(매년 1.1.~12.31.) 중에 사업소득, 근로소득 또는 종교인소득이 있는 거주자임. 대한민국 국적을 보유하지 아니한 자 등의 수급제외자 있음(조특법 §100의 3 ②).
부양자녀 등 요건	다음 어느 하나에 해당하여야 함(조특법 §100의 3 ⑤). ① 배우자가 있는 경우 ② 부양자녀❶가 있는 경우 ③ 70세 이상의 직계존속 부양가구❷ ④ 배우자, 부양자녀 및 직계존속이 없는 단독가구
총소득 요건 (2호)	거주자와 그 배우자의 연간 총소득의 합계액이 다음의 가구원 구성별 총소득기준금액 미만이어야 함. 거주자를 포함한 1세대를 가구라 함. ① 단독가구 2,200만원 ② 홑벌이 가구 3,200만원 ③ 맞벌이 가구 3,800만원
재산 요건 (4호)	가구원(1세대의 구성원 전원)이 소유하고 있는 재산의 합계액이 2억 4천만원 미만일 것

❶ 부양자녀의 요건은 다음과 같음(조특법 §100의 4 ①).
  ㉮ 거주자의 자녀 또는 동거입양자 ㉯ 18세 미만 ㉰ 연 소득 100만원 이하 ㉱ 생계를 같이하는 동거가족

❷ 직계존속 부양가구의 요건은 다음과 같음. 사망한 종전 배우자의 직계존속을 포함하고, 직계존속이 재혼한 경우에는 해당 직계존속의 배우자를 포함함(조특법 §100의 3 ⑤ 2호).
  ㉮ 직계존속 각각의 연간 소득금액의 합계액이 100만원 이하일 것
  ㉯ 주민등록표상의 동거가족으로서 해당 거주자의 주소나 거소에서 현실적으로 생계를 같이 할 것. 다만, 해당 소득세 과세기간 종료일 전에 사망한 직계존속에 대해서는 사망일 전일을 기준으로 함.
  ㉰ 70세 이상일 것, 장애인의 경우는 연령 제한 없음

2018년 개정세법에서 70세 이상의 노부모 부양가구와 중증장애인 단독가구를 부양자녀 등 요건에 포함하였다. 2018.1.1. 이후 근로장려금 또는 자녀장려금을 신청하는 경우부터 소급적용한다. (2017.12.19. 개정된 법 부칙 §28).

2019년 개정세법에서 30세 미만 청년 단독 가구에 대하여 근로장려금을 지원하기 위하여 30세 이상인 단독 가구의 연령요건을 폐지하고, 근로장려금 소득요건 상한을 단독 가구는 1천300만원에서 2천만원으로, 홑벌이 가구는 2천100만원에서 3천만원으로, 맞벌이 가구는 2천500만원에서 3천600만원으로 각각 인상하며, 모든 가구 유형에 대하여 가구원 재산 합계액 상한을 1억4천만원에서 2억원으로 완화하였다. 2019.1.1. 이후 근로장려금 또는 자녀장려금을 신청하는 경우부터 소급하여 적용한다(2018.12.24. 개정된 법률 부칙 §25 ①).

2020년 개정세법에서 홑벌이 가구의 범위를 배우자 없이 70세 이상의 부모가 있는 가구에서 70세 이상의 직계존속이 있는 가구까지 확대하였다. 개정규정은 2020.1.1. 이후 근로장려금 또는 자녀장

려금을 신청하는 분부터 소급하여 적용한다(2019.12.31. 개정된 법률 부칙 §28).

2021년 세법개정에서 직계존속이 중증장애인인 경우 연령요건을 적용하지 않는다. 개정규정은 2021.1.1. 이후 근로장려금 또는 자녀장려금을 신청하는 경우부터 소급하여 적용한다(2020.12.29. 개정된 법률 부칙 §22 ①).

2022년 세법개정에서 지급 요건인 소득 기준금액을 단독 가구는 2천만원에서 2천2백만원으로, 홑벌이 가구는 3천만원에서 3천2백만원으로, 맞벌이 가구는 3천6백만원에서 3천8백만원으로 각각 인상하였다. 개정규정은 2022.1.1. 이후 근로장려금을 신청하는 경우(법 100조의 6 제9항에 따라 2021년 과세기간의 하반기 소득분에 대하여 같은 조 7항에 따라 반기 신청을 한 것으로 보는 경우를 포함함)부터 적용한다(2021.12.28. 개정된 법률 부칙 §16).

2023년 세법개정에서 근로장려금과 자녀장려금의 신청을 위한 재산요건을 '2억원 미만'에서 '2억 4천만원 미만'으로 확대하고, 근로장려금과 자녀장려금의 50%를 감액하여 지급하는 재산 기준을 '1억4천만원 이상'에서 '1억7천만원 이상'으로 상향함. 총급여액이 400만원 이상 900만원 미만인 단독가구의 경우 근로장려금 지급액을 '150만원'에서 '165만원'으로 상향하고, 총급여액이 2천100만원 미만인 홑벌이 가구의 경우 부양자녀 1인당 자녀장려금을 '70만원'에서 '80만원'으로 상향하는 등 근로장려금과 자녀장려금의 지급액을 인상함. 개정규정은 2023.1.1. 이후 근로장려금 또는 자녀장려금을 신청하는 경우(법 100조의 6 제9항에 따라 2022년 과세기간의 하반기 소득분에 대하여 같은 조 7항에 따른 반기 신청을 한 것으로 보는 경우를 포함함)부터 적용함(2022.12.31. 개정된 법률 부칙 §19).

2024 개정 근로장려금 또는 자녀장려금을 종합소득과세표준 확정신고기간이 지난 후 6개월 이내에 신청한 경우 근로장려금 또는 자녀장려금 산정금액의 90%만 지급하던 것을 95%로 상향하여 지급하도록 함. 법 100조의 7 제2항의 개정규정은 2023.1.1. 이후 개시하는 과세기간에 대한 근로장려금(법 100조의 31 제1항에 따라 준용되는 경우를 포함함)을 환급하는 경우부터 적용함(2023.12.31. 개정된 법률 부칙 §18 ①).

Ⅲ. 과세특례

근로장려금은 가구원 구성별로 총급여액 등을 기준으로 일정한 산식에 따라 계산한 금액으로 한다(조특법 §100의 5 ①). 실제 적용 시에는 총급여액 등 구간을 10만원 단위로 구분하여 작성한 근로장려금 산정표(시행령 별표 11)에 의해 산정한다(조특령 §100의 6 ⑤).

제2절 자녀 장려를 위한 조세특례

Ⅰ. 의의

자녀장려세제(CTC : Child Tax Credit)는 저소득층에게 조세체계를 이용하여 근로소득의 일정 비율을 현금으로 지급하는 소득지원금으로서 자녀 양육 여부에 혜택이 연동되는 근로조건부 급여(in-work benefit)이다.

저출산에 대한 대책으로 저소득층의 자녀양육비를 보조함으로써 출산장려를 목적으로 하며, 2014년 개정세법에서 신설되어 2014년 귀속분부터 적용한다.

일몰기한이 없는 항구적 조세지원제도이다.

Ⅱ. 요건

자녀장려세제의 요건

구분	신청 자격 (조특법 §100의 28 ①)
주체	소득세 과세기간 중에 사업소득, 근로소득 또는 종교인소득이 있는 거주자임. 그러나 고소득전문직 사업자(배우자 포함; 부령 §109 ② 7호)는 제외함(조특령 §100의 28). 대한민국 국적을 보유하지 아니한 자 등의 수급제외자 있음(조특법 §100의 28 ②).
부양자녀 등 요건(1호)	부양자녀의 요건은 근로장려세제를 준용함(조특법 §100의 31 → §100의 4).
총소득 요건 (2호)	거주자와 그 배우자의 연간 총소득의 합계액이 <u>7천만원</u> 미만이어야 함.
재산 요건 (4호)	가구원이 소유하고 있는 재산의 합계액이 2억 4천만원 미만일 것

2017년 개정세법에서 주택요건을 폐지한 점은 근로장려금과 동일하다(제1절 Ⅱ. 참조). 자녀장려금 신청을 위한 재산요건을 현행 1억 4천만원 미만에서 2억원 미만으로 상향조정하였다. 2017.4.18. 이후 자녀장려금을 신청하는 경우부터 소급적용한다(2017.4.18. 개정된 법 부칙 §5).

2024 개정 자녀장려금의 신청자격 요건 중 연간 총소득 합계액 기준을 4천만원 미만에서 7천만원 미만으로 상향하여 신청대상자의 범위를 확대하고, 자녀장려금의 최대지급액을 자녀 1명당 80만원에서 100만원으로 인상함. 법 100조의 28 제1항 2호 및 제100조의 29 제1항의 개정규정은 2023.1.1. 이후 개시하는 과세기간에 대한 자녀장려금을 환급하는 경우부터 적용함(2023.12.31. 개정된 법률 부칙 §18 ②).

Ⅲ. 과세특례

자녀장려금은 가구원 구성별로 총급여액 등을 기준으로 일정한 산식에 따라 계산한 금액으로 한다(조특법 §100의 29 ①). 실제 적용 시에는 총급여액 등 구간을 50만원 단위로 구분하여 작성한 자녀장려금 산정표(시행령 별표 11의 2)에 의해 산정한다(조특령 §100의 29 ①).

2019년 개정세법에서 저소득층의 근로·사업자 가구의 자녀양육을 지원하기 위하여 생계급여 수급과 중복 수령을 허용하고, 자녀 1명당 연간 최대지급액을 50만원에서 70만원으로 인상하였다. 2019.1.1. 이후 근로장려금 또는 자녀장려금을 신청하는 분부터 소급하여 적용한다(2018.12.24. 개정된 법률 부칙 §25 ①).

제3절 [제100조의 32] 투자상생협력 촉진을 위한 과세특례

차례

I. 의의   1628
II. 요건   1629
   1. 주체 (과세 대상)   1629
   2. 미환류소득 계산방식의 신고 등   1630
     2-1 미환류소득 계산방식의 신고 등   1630
     2-2 계속 적용의 원칙 등   1631
     2-3 절차 (신고)   1632
III. 추가과세   1632
   1. 미환류소득의 계산   1632
     1-1 기업소득   1633
      (1) 가산할 금액 (1호)   1633
      (2) 차감할 금액 (2호)   1634
     1-2 투자금액 (가목)   1640
      (1) 사업용 유형고정자산 (1호 가목)   1641
      (2) 무형자산 (1호 나목)   1643
      (3) 벤처기업 출자 주식등 (2호)   1644
      (4) 비해운소득 재원 취득자산의 포함   1644
      (5) 중고품 및 운용리스의 제외   1645
     1-3 임금증가금액 (나목)   1646
      (1) 고용 증가 없이 임금만 증가한 경우   1646
      (2) 고용 및 임금이 모두 증가한 경우   1649
      (3) 청년 정규직근로자의 추가 공제   1650
      (4) 정규직 전환 근로자의 추가공제 [예제]   1652
     1-4 상생협력 출연금액 (다목)   1653
   2. 미환류소득에 대한 법인세액 계산   1655
     2-1 차기환류적립금의 적립   1655
     2-2 적립금 차기 미환류분에 대한 세액 납부   1656
     2-3 초과환류액의 2년 이월   1657
   3. 합병·분할시 미환류소득 등의 승계   1658
   4. 사후관리   1659
     4-1 투자한 자산의 2년 이내 양도·대여   1659
     4-2 업무용 건축물의 2년 이내 처분·임대   1660
IV. 서식 작성요령   1661
V. 예제와 서식 작성실무   1663

Ⅰ. 의의

기업의 소득이 투자·고용·상생협력 등을 통하여 가계소득으로 흘러들어가는 선순환을 유도하기 위한 목적으로, 투자 등으로 사용하지 아니한 소득에 대해서는 20%의 세율을 적용하여 법인세를 추가과세한다.

당해 연도 미환류소득에 대해서는 적립금을 적립하여 다음 2개 연도의 초과환류액에서 공제할 수 있으며, 반대로 당해 연도 초과환류액은 다음 2개 연도의 미환류소득에서 차감할 수 있으므로 **연속된 3년 단위로 추가과세액을 산정할 수 있다.**

투자·고용·상생협력에 더 많이 환류할 수 있도록 2018년 개정세법에서 법인세법상 기업소득환류세제를 일몰종료하고, 조특법상 투자·상생협력촉진세제를 신설하였다. 기업이 이익을 투자·고용·임금 등으로 배분하지 않고 과도하게 내부에 유보하면 기업 성장을 저해하고 나아가 경제 활성화를 저해하므로 이를 방지하기 위한 목적이다.

본 특례를 해석함에 있어 종전 폐지되었던 기업소득환류세제의 사례를 같이 서술하기로 한다. 다만 (구 법법 §56)으로 별도 표시한다.

일몰기한은 2025.12.31.이다. 적립금 차기 미환류분에 대한 세액납부는 2027.12.31.이다.

기업소득환류세제와 투자상생협력촉진세제의 비교

구 분	기업소득환류세제	투자·상생협력촉진세제
추가과세 세율	10%	20%
기업소득 중 미환류소득 계산 비율	▪ 투자포함 방식 80% ▪ 투자제외 방식 30%	▪ 투자포함 방식 65%(→70%) ▪ 투자제외 방식 15%
배당 및 토지	환류 대상(공제 항목)	환류대상 제외(공제 항목 아님)
3,000억 초과 소득	과세대상 포함	과세대상 제외
기업소득 차감항목	법인세액 등, 이익준비금 적립액, 기부금 한도초과액 등	투자회사등과 외국기업지배지주회사 배당금 규정 추가
임금증가 가중치	1.5~2	1.5~3
환류 대상 제외 근로자의 급여	1억2천만원 이상	7천만원 이상
임금증가금액 가중치 부여 근로자	청년 상시근로자	청년 정규직근로자 및 정규직 전환 근로자
상생협력출연금 가중치	1	3
출연금 범위	상생보증펀드 등에 대한 출연금 등	금융회사등의 신용보증기금 등에 대한 출연금 등 추가

개정연혁

연 도	개정 내용
2020년	■ 유동화전문회사등의 지급배당소득공제 적용 법인을 과세 대상에서 제외 ■ 기업소득에서 차감하는 금액 추가 : 지방공사가 감채적립금으로 의무적립하는 금액 및 보증보험회사가 공적자금을 상환하기 위하여 잉여금처분으로 배당하는 금액
2021년	■ 투자포함방식의 과세대상 소득 대비 미환류소득 계산 비율 상향 : 65% → 70% ■ 의무적립금의 범위 추가 : 부동산신탁업 영위 법인의 신탁사업적립금 ■ 임금 증가 대상 근로자 확대 : 총급여 7,000만원 미만 → 8,000만원 미만 ■ 신용보증재단 등에 출연금의 범위에 상호저축은행 출연금을 추가 ■ 초과환류액 이월기간 확대 : 1년 → 2년
2022년	■ 법인세액 및 법인지방소득세 상당액에 대한 정의 명확화 ■ 기업소득 차감항목 중 이월결손금에 대한 60% 한도 삭제 ■ 고액연봉자의 근무기간이 1년 미만인 경우, 총급여의 연환산 규정 신설 ■ 차기환류적립금의 설정기간 확대 : 1년 → 2년
2023년	■ 적용 대상 제외 : 자기자본 500억 초과 법인 ■ 기업소득 가산 항목에서 제외 : 내국법인 수입배당금 익금불산입액 ■ 기업소득 차감 항목 조정 : 외국기업지배지주회사의 외국 자회사 수입배당금액 ■ 외국기업지배지주회사의 요건 완화 ■ 청년 연령 상한 확대 : 29세 → 34세 ■ 사후관리 예외 인정사유 추가 : 천재지변, 화재 등으로 멸실, 파손되어 처분한 경우
2024년	■ 차감 항목 제외 : 외국기업지배주주회사의 외국 자회사 수입배당금액으로서 익금산입한 금액 ■ 임금증가금액 산정 기준을 매월 말 기준으로 합리화

Ⅱ. 요건

1 주체 (과세 대상)

각 사업연도 종료일 현재 「독점규제 및 공정거래에 관한 법률」 제31조 제1항에 따른 상호출자제한기업집단에 속하는 법인을 대상으로 한다(조특법 §100의 32 ①).[1]

---

[1] 상호출자제한기업집단에 속하는 계열회사의 변동사항은 매월 1일자 기준으로 발표되며, 공정거래위원회의

2019년 개정세법에서 비영리내국법인을 과세 대상에서 제외하였다.

2020년 개정세법에서 유동화전문회사 등의 사업목적 등을 고려하여 투자·상생협력 촉진을 위한 과세대상에서 유동화전문회사 등을 제외하였다. 개정규정은 2020.1.1. 이후 과세표준을 신고하는 분부터 소급하여 적용한다(2019.12.31. 개정된 법률 부칙 §29).

(2023년 개정 이전의 사례) 기업 회생절차 관련 소송을 전담하기 위한 특수목적 법인은 자기자본 500억원 초과 법인의 예외에 해당하지 않으므로 자기자본이 500억원을 초과하는 등의 요건을 충족하면 과세 대상에 해당한다(조심 2021서0961, 2021.12.15.).

2023년 세법 개정사항으로, 종래 자기자본이 500억원을 초과하는 법인(중소기업 등 제외)을 적용 대상에 포함하였으나, 중견기업 등에 대한 세 부담을 완화하기 위하여 적용 대상에서 제외함. 다만, 중견기업 등이 기 적립한 차기환류적립금은 계속 관리의 대상이 됨.

2 미환류소득 계산방식의 신고 등

2-1 미환류소득 계산방식의 신고 등

미환류소득 계산시 투자포함방식 또는 투자제외방식 중 어느 하나의 방법을 선택하여 과세표준 신고시 미환류소득에 대한 법인세 신고서(별지 제114호 서식)를 제출하여야 한다(조특령 §100의 32 ③).

내국법인이 미환류소득 계산방법을 선택하여 신고하지 아니한 경우에는 해당 법인이 최초로 투자·상생협력촉진세제의 과세대상에 해당하게 되는 사업연도에 미환류소득이 적게 산정되거나 초과환류액이 많게 산정되는 방법(당사자에게 유리한 방법)을 선택하여 신고한 것으로 본다(조특법 §100의 32 ④, 조특령 §100의 32 ⑰).

- **계산방식의 변경을 위한 경정청구** (허용)

  미환류소득에 대한 법인세 신고시 하나의 방식을 선택하여 신고한 경우 **경정청구**(국기법 §45의 2)를 통해 다른 방식으로 변경할 수 있다[사전법규법인-0232, 2022.3.30.; 서면법령기본-2874, 2018.10.8.; 재조세법령운용-765, 2017.7.13. 외 다수(구 법법 §56)].

- **연결납세가 적용되는 연결법인** (대상)

  연결납세가 적용되는 연결법인의 경우 미환류소득에 대한 법인세 신고는 내국법인은 법인세법 제76조의 17에 따른 과세표준 신고를 할 때 미환류소득에 대한 법인세 신고서를 납세지 관할 세무서장에게 제출(사업연도 종료일로부터 4개월 이내)하여야 한다[재법인-312, 2016.3.30.(구 법법 §56)].

기업집단포털(www.egroup.go.kr)에서 확인 가능함.

2-2 계속 적용의 원칙 등

미환류소득 계산방법을 선택하여 신고한 경우 해당 사업연도의 개시일부터 다음의 구분에 따른 기간까지는 그 선택한 방법을 계속 적용하여야 한다(조특법 §100의 32 ③, 조특령 §100의 32 ⑮).
① 투자포함방식을 선택·신고한 경우 : 3년이 되는 날이 속하는 사업연도
② 투자제외방식을 선택·신고한 경우 : 1년이 되는 날이 속하는 사업연도

즉, 투자제외방식을 선택한 경우에는 그 다음 연도에 투자포함방식을 선택할 수 있지만, 투자포함방식을 선택한 경우에는 3년간 의무적으로 계속 적용하여야 한다.

이때 투자포함방식을 선택하여 신고한 경우 만일 4년 또는 5년이 되는 날이 속하는 사업연도까지 계속하여 그 투자포함방법을 선택하여 적용한 경우 그 다음 사업연도(5년차 또는 6년차)에는 투자제외방식을 선택하여 적용할 수 있다. 다만, 3년 이상 투자포함방식을 계속하여 적용한 이후 투자제외방식을 선택하여 적용한 경우, 다시 투자포함방식을 선택하면 그로부터 3년이 되는 날이 속하는 사업연도까지는 그 투자포함방식을 계속하여 적용하여야 한다(재조세운용-924, 2022.8.22.). 즉, 투자포함식을 선택한 후 5년차 또는 6년차에는 계속 적용 의무를 적용하지 않음에 유의하여야 한다.[2]

반면에, 선택한 방법을 계속 적용하여야 하는 법인이 합병을 하거나 사업을 양수하여 해당 사업연도에 합병 또는 사업양수의 대가로 기업소득(조특법 §100의 32 ② 1호)의 50%를 초과하는 금액을 금전으로 지급하여 경영권 인수 목적이 있는 경우에는 그 계산방식을 변경할 수 있다(조특령 §100의 32 ⑯, 조특칙 §45의 9 ⑬).

- **2017년 법인세법에 따라 계산방식을 선택한 경우 투자상생협력촉진세제의 적용 방법**

  내국법인이 2017.12.31.이 속하는 사업연도에 법인세법 제56조에 의한 미환류소득에 대한 법인세 신고 시 투자포함방식을 최초로 선택한 경우에는 2018.1.1. 이후 개시하는 사업연도부터 2019.12.31.이 속하는 사업연도(3년 기간)까지는 조특법 제100조의 32 제2항 제1호에 따른 투자포함방식을 적용하여 미환류소득에 대한 법인세를 신고하여야 한다[사전법령법인-0133, 2018.3.28. (구 법법 §56)]. 즉, 법인세법상 계산 방법의 선택에 따른 의무적용기간이 조특법에 따른 투자·상생협력촉진세제에도 계속적으로 적용된다.

---

[2] 참고로, 미환류소득 관련 3년간의 의무적용기간 경과 후 5년차 이후부터 자유롭게 계산방식을 변경하도록 하는 본문의 해석은, 법인세법상 3년간 당좌대출이자율의 계속 적용과는 차이가 있음. 법인세법상 4년간 신고·적용하던 당좌대출이자율을 5년차에 변경하는 것은 해석상 금지함(서면법령법인-4875, 2016.10.12. 참조). 4년차에 당좌대출이자율을 적용함으로써 이후 2년간(5·6년차)은 계속 적용의무가 있기 때문임. 대법원도 동일하게 판결함(대법원 2019두49946, 2019.11.28. 등).

2-3 절차 (신고)

미환류소득 또는 초과환류액을 각 사업연도의 종료일이 속하는 달의 말일부터 3개월 이내에 납세지 관할 세무서장에게 신고하여야 한다. 연결과세표준 등의 신고 규정(법법 §76의 17)에 따라 법인세의 과세표준과 세액을 신고하는 경우에는 각 연결사업연도의 종료일이 속하는 달의 말일부터 4개월 이내로 한다(조특법 §100의 32 ②).

신고를 하려는 내국법인은 과세표준 신고(법법 §60 또는 §76의 17)를 할 때 미환류소득에 대한 법인세 신고서(별지 제114호 서식)를 납세지 관할 세무서장에게 제출하여야 한다(조특령 §100의 32 ③).

미환류소득에 대한 법인세는 신고의무가 부과되어 있으므로, 법인세 과세표준 신고를 하면서 미환류소득에 대한 법인세를 신고하지 아니한 경우에는 **과소신고가산세**(국기법 §47의 3)**를 부과함에 주의하여야 한다**(조심 2017서2648, 2018.2.22.).

참고로, 토지 등 양도소득에 대한 법인세는 신고의무를 제외하고 납부의무만 부과되어 있으므로(법법 §55의 2 ①) 무신고·무납부한 경우에는 납부불성실가산세(국기법 §47의4)만 부과된다(징세과-315, 2009.11.19.; 서면2팀-1145, 2005.7.20.).

Ⅲ. 추가과세

 미환류소득의 계산

과세 대상 내국법인은 다음 방법 중 어느 하나의 방법을 선택하여 금액을 산정하여야 한다. 산정한 금액이 양수인 경우에는 "미환류소득", 음수인 경우에는 음의 부호를 뗀 금액을 "초과환류액"이라 한다(조특법 §100의 32 ②, 조특령 §100의 32 ⑤).

투자포함방식	기업소득 × 70% − (투자금액 + 임금증가금액 + 상생협력 출연금액)
투자제외방식	기업소득 × 15% − (임금증가금액 + 상생협력 출연금액)

기업 상황에 따라 보다 적정한 방식을 선택할 수 있다. 예를 들어 기업소득이 50억원인 경우에는 동 금액에 55%(= 투자포함방식 70% − 투자제외방식 15%)를 곱한 27억5천만원 이상을 투자하는 경우에만 투자포함방식이 유리하다. 다만 가산할 금액에서 투자자산 감가상각비는 고려하지 않은 단순 계산이므로 정확한 계산을 위해서는 투자자산 감가상각비를

고려하여야 한다.

2021년 세법개정에서 투자·임금증가·상생협력으로 환류하지 아니한 소득에 대해 추가 과세하는 기준이 되는 과세대상 소득 대비 환류기준율을 사업용 자산에 대한 투자를 포함하는 경우 65%에서 70%로 상향조정한다. 투자 여력이 있는 대기업의 환류 기준을 강화하기 위한 목적이다.

이하 산식상의 각 항목을 분설한다.

1-1 기업소득

기업소득이란 각 사업연도의 소득에 다음의 가산할 금액을 더한 금액에서 차감할 금액을 뺀 금액으로 한다. 그 금액이 음수인 경우 영으로 본다.

$$\text{기업소득} = \text{각 사업연도소득} + \text{가산할 금액} - \text{차감할 금액}$$

다만, 연결납세방식을 적용받는 연결법인으로서 각 연결법인의 기업소득 합계액이 3천억원을 초과하는 경우에는 기업소득을 다음 계산식에 따라 계산한 금액으로 하고, 그 밖의 법인의 경우로서 기업소득이 3천억원을 초과하는 경우에는 3천억원으로 한다(조특령 §100의 32 ④). 3천억원 초과분은 법인세율이 인상되므로 과세대상에서 제외한다.

$$\text{연결법인의 기업소득} = 3\text{천억원} \times \frac{\text{해당 연결법인의 기업소득}}{\text{각 연결법인의 기업소득 합계액}}$$

이월결손금 공제 후 기업소득이 3천억원을 초과하면 이월결손금의 공제효과가 없더라도 이월결손금을 실제 공제하지 않은 것으로 보아 다음 사업연도로 이월할 수 없으며 해당 사업연도에 이월결손금을 반드시 공제하여야 한다(재법인-565, 2023.10.5.; 기준법무법인-0219, 2023.10.11.).

2019년 개정세법에서 일반법인과의 형평성을 고려하여 연결법인의 경우 연결소득이 3천억원을 초과하는 경우 초과하는 부분을 투자·상생협력촉진세제 적용 시 기업소득에서 제외하였다. 2019.2.12. 이후 과세표준을 신고하는 분부터 소급적용한다(2019.2. 12. 개정된 시행령 부칙 §17 ①).

(1) 가산할 금액 (1호)

다음 금액의 합계액을 가산할 금액으로 한다. 주로 세무상 익금산입 항목은 아니지만 투자 등으로 환류할 수 있는 항목이다.

㉮ 국세 또는 지방세의 과오납금 환급금에 대한 이자(법법 §18 4호)

㉯ (2023.2.28. 삭제)
㉰ 기부금 이월 손금산입액(법법 §24 ⑤)
전기 이전 지정기부금 및 법정기부금 손금산입 한도초과금액으로 이월하여 손금에 산입한 금액이다.
㉱ 투자자산 감가상각비
해당 사업연도에 투자·상생협력촉진세제의 투자자산(조특법 §100의 32 ② 1호 가목)으로 적용받은 자산에 대한 감가상각비로서 해당 사업연도에 손금으로 산입한 금액이다. 이 중 공제를 방지하기 위한 목적으로 투자포함방식을 선택한 경우에만 가산한다.
가산할 감가상각비는 해당 사업연도에 투자자산으로 적용받은 자산에 대한 감가상각비로서 해당 사업연도에 손금으로 산입한 금액에 한한다[서면법인-0039, 2017.5.17. (구 법법 §56)]. 즉, 투자일 기준 중 지출주의 방식에 따라 기업소득에서 차감된 투자자산에 대해 그 차감된 사업연도의 감가상각비(손금산입한 금액에 한함)에 한해 가산한다. 내용연수 기간에 걸쳐 계속적으로 가산되는 것이 아님에 주의하여야 한다.

● **재평가된 토지를 매각하여 압축기장충당금이 익금산입되는 경우** (포함)
내국법인이 자산재평가법에 따라 재평가한 토지의 재평가차액 중 구 법인세법 제39조 제1항(2001.12.31. 법률 제6558호로 삭제되기 전의 것)에 따라 토지의 재평가차액에 대해 압축기장충당금을 설정하여 법인세 과세이연 후, 재평가된 토지를 매각하여 압축기장충당금이 익금에 산입되는 경우 동 익금산입액은 법인세법 제56조 제2항 제1호의 기업소득에 포함되는 것임[재법인-43, 2017.1.20. (구 법법 §56)].

2023년 개정세법에서 기업 부담 완화를 목적으로 기업소득 가산 항목에서 내국법인 수입배당금 익금불산입액을 제외함. 개정규정은 2023.1.1. 이후 개시하는 사업연도의 기업소득을 계산하는 경우부터 적용함(2023.2.28. 개정된 시행령 부칙 §7 ①).

● **지주회사 지위를 상실한 이후 수입배당금 익금불산입 가산 여부** (23년 개정 전 사안)
지주회사인 내국법인이 「독점규제 및 공정거래에 관한 법률 시행령」 제3조의 요건을 충족하지 못하여 지주회사 지위를 상실한 이후 기업소득을 산정함에 있어 「법인세법」 제18조의2(2022.12.31. 법률 제19193호로 개정되기 전의 것)에 따른 수입배당금액 중 익금에 산입하지 아니한 금액이 있는 경우에는 「조세특례제한법 시행령」 제100조의32 제4항 제1호 나목(2023.2.28. 대통령령 제33264호로 개정되기 전의 것)에 따라 당해 금액을 각 사업연도의 소득에 더하여 계산하는 것임(서면법인-2445, 2023.10.5.).

(2) 차감할 금액 (2호)

다음 금액의 합계액을 차감할 금액으로 한다. 각 사업연도 소득금액을 감소시키지는 않지만 투자 등으로 환류할 수 없는 항목이다. 주로 세무상 손금불산입 항목이다.

(2-1) 법인세액 등 (가목)

해당 사업연도의 법인세액, 법인세 감면액에 대한 농어촌특별세액 및 법인지방소득세액이다. 이때 '내국법인이 직접 납부한 외국법인세액으로서 손금에 산입하지 아니한 세액'(법법 §57)과 익금산입한 간접외국납부세액공제액(세액공제된 경우만 해당함; 법법 §15 ② 2호)을 포함한다.

연결납세가 적용되는 연결법인의 경우 연결납세방식을 적용하여 각 연결법인별 실제 부담한 법인세액, 농어촌특별세액 및 법인지방소득세액을 산출한다[재법인-312, 2016.3.30. (구 법법 §56)].

(가) 해당 사업연도의 법인세액

"법인세액"이란 법인세법 제13조에 따른 과세표준에 같은 법 제55조 제1항에 따른 세율을 적용하여 계산한 금액에서 해당 사업연도의 감면세액과 세액공제액을 차감하고 가산세를 더한 금액을 말한다. "법인지방소득세액"이란 법인세법 제13조에 따른 과세표준에 같은 법 제55조 제1항에 따른 세율을 적용하여 계산한 금액의 10%에 해당하는 금액을 말한다(법칙 §45의 9 ②·③).

최근 기획재정부의 유권해석에서는 **추징세액** 등을 차감하지 않는 것으로 해석하고 있다. 법인세법 시행령 제93조 제4항 제2호 가목(2019.2.12. 대통령령 제29529호로 삭제되기 전의 것) 중 "해당 사업연도의 법인세액"은 법인세법 제56조 제1항(2018.12.24.법률 제16008호로 삭제되기 전의 것)에 따른 기업의 미환류소득에 대한 법인세의 계산 대상 사업연도에 발생한 소득에 부과되는 법인세액만을 의미하는 것으로, 다른 사업연도에 대한 법인세 환급세액이나 추가납부세액은 "해당 사업연도의 법인세액"에서 가산하거나 차감하지 않는다(재법인-235, 2020.2.11.).[3]

2022년 세법개정에서 법인세액 및 법인지방소득세 상당액에 대한 정의를 명확히 하였다.

---

[3] 본문의 기획재정부 유권해석은 종전의 국세청 유권해석과는 결론을 달리하고 있다. 국세청의 종전 예규에서는, 세무조사를 통해 해당 사업연도 이전 사업연도의 법인세가 과세되어 추징세액을 해당 사업연도에 납부하는 경우, 해당 사업연도의 법인세액에는 해당 사업연도에 납부한 법인세 추징세액 및 가산세액이 포함되어 해당 사업연도의 각 사업연도 소득에서 차감되는 것으로 해석하였다[사전법령법인-2, 2018.5.24.(구 법법 §56)]. 기획재정부의 새로운 유권해석에 따라 2020년 3월에 본문의 기획재정부 유권해석과 상충되는 2건의 예규(서면법령법인-1198, 2019.11.20., 사전법령법인-2, 2018.5.24.)를 국세법령정보시스템에서 삭제하였다.

실무 상담 사례

Q 기업소득에서 차감되는 법인세액에 토지등 양도소득에 대한 법인세와 미환류소득에 대한 법인세가 포함되나요?

A '해당 사업연도의 법인세액'은 법인세법 제13조에 따른 과세표준에 제55조에 따른 세율을 적용하여 계산한 산출세액이므로, 이에 추가하여 납부하는 토지등 양도소득에 대한 법인세와 미환류소득에 대한 법인세는 '해당 사업연도의 법인세액'에 포함되지 않는 것으로 판단됩니다(같은 뜻 (감심 2023-32, 2023.11.13.).

"해당 사업연도의 법인세액"에 미환류소득에 대한 법인세 및 관련 법인지방소득세를 포함하여야 하는지 여부를 살펴보면, 계산 구조상 각 사업연도의 소득금액에서 해당 사업연도의 법인세액을 차감하여 기업소득 및 미환류소득을 확정하는 구조이므로, 각 사업연도의 소득금액에서 차감하는 "해당 사업연도의 법인세액"에 미환류소득에 대한 법인세 및 관련 법인지방소득세를 차감하는 것으로 보는 경우 미환류소득에 대한 법인세가 계속 순환되어 세액을 확정할 수 없으므로, (이하 중략) 포함된다고 볼 수 없다(감심 2023-32, 2023.11.13.).

(나) 외국납부세액

'내국법인이 직접 납부한 외국법인세액으로서 손금에 산입하지 아니한 세액'에는 외국납부세액공제한도 초과액(법법 §57 ①)을 포함하며, 직전 사업연도 이전에 외국납부세액공제한도 초과로 이월된 외국납부세액은 포함하지 않는다[사전법령법인-0152, 2016.10.11. (구 법법 §56)]. 내국법인이 직접 납부한 외국법인세액은 한도를 초과하여 차기 사업연도로 이월되어도 투자·임금·배당 등으로 환류할 수 없는 성질의 항목이기 때문이다.

익금산입한 간접외국납부세액공제액은 실제 기업에 유입된 소득이 아니어서 환류할 수 없으므로 차감할 금액에 포함한다.

(2-2) 상법상 이익준비금 적립액 (나목)

해당 사업연도에 의무적으로 적립하는 이익준비금이다(상법 §458). 이익준비금은 해당 사업연도에 대한 결산시 이익잉여금 처분에 의해 상법 제458조 및 개별 법령에 따라 의무적으로 적립된 이익준비금을 말하는 것이며, 해당 사업연도에 대한 이익준비금을 말하는 것은 아니다(서면법인-0673, 2021.3.29.).

의무적립 한도를 초과하여 추가로 적립한 금액은 차감할 금액에 포함하지 아니한다. 예를 들어, 상법상 이익배당액(주식배당 제외)의 10분의 1에 해당하는 금액을 초과하여 적립한 경우 그 초과 적립금은 기업소득에서 차감하지 아니한다[서면법령법인-0213, 2017.6.28. (구 법법 §56); 같은 뜻 조심 2020부2200, 2021.2.24.; 조심 2020전2141, 2020.10.19.]. 다음의 (2-3) 법령상 의무적립금도 동일하다[서면법령법인-6033, 2017.7.5. (구 법법 §56)].

한도를 초과한 적립금은 당사자의 선택에 의한 것이어서 임의로 적립한 금액은 환류가 불가능하다고 보기 어렵기 때문이다.

(2-3) 법령상 의무적립금 (다목)

법령에 따라 의무적으로 적립하는 적립금이다.

은행법 등 개별 법령 등이 정하는 바에 따라 의무적으로 적립해야 하는 금액 한도 이내에서 적립하는 다음 어느 하나에 해당하는 금액으로 한다. 다만 해당 사업연도에 손금에 산입하지 않는 금액으로 한정한다(조특칙 §45의 9 ④).

① 은행법 등 개별 법령에 따른 해당 사업연도의 이익준비금[위 (2-2) 이익준비금 의무 적립 금액 제외]
② 금융회사 또는 공제조합이 해당 사업연도에 대손충당금 또는 대손준비금 등으로 의무적으로 적립하는 금액
③ 보험업을 영위하는 법인이 해당 사업연도에 보험업법에 따라 배당보험손실보전준비금과 보증준비금으로 의무적으로 적립하는 금액[서면법령법인-3779, 2016.6.23. (구 법법 §56); 재법인-621, 2016.6.22. (구 법법 §56)] 및 재무건전성 준비금(서면법인-1945, 2023.8.30.)
④ 지방공사가 감채적립금으로 의무적으로 적립하는 금액(지방공기업법 §67 ① 3호)
⑤ 자본시장법에 따른 부동산신탁업을 경영하는 법인이 같은 법에 따라 해당 사업연도에 신탁사업적립금으로 의무적으로 적립하는 금액

2020년 세법개정에서 이익준비금의 범위에 지방공사가 적립하는 감채적립금이 포함되었으나, 개정 이전 사항인 전기에서 이월되는 차기환류적립금에는 (소급하여) 적용 불가능하다(재법인-319, 2022.8.9.; 조심 2023부0595, 2023.12.5.). 위의 의무적립금은 예시 규정이 아니라 열거 규정이기 때문이다.

엔지니어링공제조합이 「엔지니어링산업진흥법」 제35조 등에 따라 적립한 금액 중 이익금(이월손실금 보전 후 남은 금액)의 10%에 해당하는 이익준비금에 한하여 의무적립금으로 본다(재법인-360, 2023.6.28.; 기준법무법인-0199, 2023.6.30.).

2020년 개정세법에서 지방공사의 채무상환을 지원하기 위하여 투자·상생협력촉진세제 적용 시 기업소득에서 차감하는 '법령에 따라 의무적으로 적립해야하는 적립금'의 범위에 지방공사가 감채적립금으로 의무적립하는 금액을 추가하였다. 개정규정은 2020.3.13. 이후 신고하는 분부터 소급하여 적용한다(2020.3.13. 개정된 시행규칙 부칙 §7).

2021년 개정세법에서 기업소득 계산 시 차감하는 의무적립금의 범위에 부동산신탁업을 영위하는 법인이 신탁사업적립금으로 적립해야 하는 금액을 추가하였다.

(2-4) 이월결손금 공제액 (라목)

해당 사업연도에 공제할 수 있는 이월결손금이다(법법 §13 ① 1호). 이 경우 이월결손금 공제 80% 한도(같은 호 단서)는 적용하지 않으며, 합병법인 등의 경우에는 교차 공제 제한 규정(법법 §45 ①·②, §46의 4 ①)을 적용하지 않는다.

공제 가능한 결손금이므로 80% 한도를 적용하지 않음에 주의하여야 한다.

"해당 사업연도에 공제(현재 공제 가능)한 결손금"은 법인세법 제13조 제1호의 각 사업연도의 개시일 전 10년(현재 15년) 이내에 개시한 사업연도에서 발생한 결손금으로서 그 후의 각 사업연도의 과세표준 계산을 할 때 공제되지 아니한 금액이다[재법인-374, 2021.8.19.; 재법인-312, 2016.3.30. (구 법법 §56)]. 즉, 해당 사업연도에 공제한 결손금이 아니라, 이월결손금으로서 공제되지 아니한 금액이어서 해당 사업연도에 공제 가능한 금액을 말한다.

반면에, 합병의 경우에는 합병법인이 피합병법인으로부터 승계 받은 이월결손금을 이후 사업연도에 계속하여 재차 차감할 수 없다(재법인-333, 2022.8.24.). 이월결손금은 기간 과세의 한계를 극복하기 위해 각 사업연도 소득에서 순차적으로 공제하는 것인데, 기업소득 계산 시 각 사업연도 소득에서 이월결손금을 매년 공제하도록 하는 것은 이월결손금 공제 제도의 취지와 맞지 않기 때문이다(감심 2023-396, 2024.1.9.). 따라서, 합병뿐만 아니라 모든 기업에 대해 이월결손금을 매사업연도마다 계속하여 재차 차감할 수 없다고 보아야 한다.

한편, 연결납세방식을 적용하는 내국법인이 기업소득을 산출함에 있어 각 사업연도의 소득에서 차감하는 이월결손금은 각 연결법인에서 발생한 조특령 제100조의 32 제4항 제2호 라목에 따른 결손금이며, 각 연결법인에서 발생한 결손금은 연결집단 내 다른 연결법인의 기업소득을 산출할 때에는 공제하지 않는다(사전법규법인-0016, 2023.4.27.).

2022년 세법개정에서 기업소득 차감항목 중 이월결손금은 종래 60% 한도를 적용하였으나 적용하지 않는 것으로 개정하였다.

(2-5) 피합병법인 주주인 법인의 의제배당소득 (주식등 수령분) (마목)

합병으로 인한 피합병법인 주주의 의제배당(법법 §16 ① 5호)에 해당하는 금액(합병대가 중 주식등으로 받은 부분만 해당함)으로서 해당 사업연도에 익금에 산입한 금액이다. 단, 수익배당금액의 익금불산입(법법 §18의 2)을 적용하기 전의 금액을 말한다.

양도차익이나 의제배당소득 등은 투자, 임금증가 등으로 환류할 수 있는 소득으로 보기 어려우므로, 차감 항목에 포함한다.

(2-6) 분할법인 주주인 법인의 의제배당소득 (주식등 수령분) (바목)

분할로 인한 분할법인 주주의 의제배당(법법 §16 ① 6호)에 해당하는 금액(분할대가 중 주식으로 받은 부분만 해당함)으로서 해당 사업연도에 익금에 산입한 금액이다. 단, 수입배당금액의 익금불산입(법법 §18의 2)을 적용하기 전의 금액을 말한다.

차감 항목에 포함하는 이유는 위 (2-5)와 동일하다.

(2-7) 기부금 한도초과액 (사목)

기부금 손금산입 한도를 넘어 손금에 산입하지 아니한 금액이다(법법 §24 ②).

(2-8) 익금산입한 피합병법인(분할법인)의 양도손익 (아목·자목)

비적격합병에 따른 피합병법인의 양도손익으로서 해당 사업연도에 익금에 산입한 금액과 비적격분할에 따른 분할법인의 양도손익으로서 해당 사업연도에 익금에 산입한 금액이다(법법 §44 ①과 §46 ①) [사전법령법인-0405, 2016.11.2. (구 법법 §56); 사전법령법인-0126, 2016.3.30. (구 법법 §56)].

비적격 기업구조조정 과정에서 발생하는 분할양도차익이나 합병양도차익 등은 법인세법 목적상 익금으로 의제되어 과세되는 항목이어서, 실제 실현되어 분배할 수 있는 이익으로 보기 어렵기 때문에 차감 항목으로 한다.

(2-9) 지급배당소득공제 관련 배당금액 (차목)

유동화전문회사 등과 프로젝트금융투자회사가 지급배당소득공제를 적용받기 위해 배당한 금액이다(법법 §51의 2 ①, 조특법 §104의 31 ①).

2018년 투자·상생협력촉진 세제로 이관되면서 투자회사 등으로부터 받은 배당금액 중 지급배당소득공제 관련 금액을 차감하는 규정을 신설하였다.

(2-10) 외국기업 지배 지주회사가 해외 자회사로부터 받은 배당소득 ('24년 삭제)

2024 개정 외국기업지배주주회사의 외국 자회사 수입배당금액으로서 익금산입한 금액을 기업소득에서 차감하였으나, 해당 규정을 삭제함. 2023.12.31.이 속하는 사업연도에 대한 미환류소득 또는 초과환류액의 계산에 관하여는 영 100조의 32 제4항 2호 타목의 개

정규정에도 불구하고 종전의 규정에 따름(2024.2.29. 개정된 시행령 부칙 §23 ①).

2018년 투자·상생협력촉진 세제로 이관되면서 외국기업 지배 지주회사가 해외 자회사로부터 수령한 배당수익을 차감하는 규정을 신설하였다.

2023년 세법 개정 사항으로, 종래 외국기업지배지주회사의 외국 자회사 수입배당금액을 차감항목으로 하였으나, 해당 수입배당금액 중 익금에 산입한 금액만을 차감하도록 변경함. 개정규정은 2023.2.28. 이후 과세표준을 신고하는 경우부터 소급하여 적용함(2023.2.28. 개정된 시행령 부칙 §7 ②). 그리고, 종래 외국기업지배지주회사는 외국법인이 발행한 주식 등외에 다른 주식등을 보유하지 않는 것을 요건으로 하였으나, 외국법인이 발행한 주식등 가액의 합계액이 전체 보유 주식등 가액 합계액의 75%를 초과하면 충족하는 것으로 범위를 조정함.

(2-11) 공적자금 상환액 (파목)

공적자금(공적자금관리 특별법 §2 1호)의 상환과 관련하여 지출하는 금액으로서 다음의 어느 하나에 해당하는 금액을 말한다(조특칙 §45의 9 ⑥).
① 수협은행이 수협중앙회 신용사업특별회계(수산업협동조합법 §167)에 경영정상화계획 등에 관한 약정[4]에 따라 해당 사업연도의 잉여금처분으로 배당하는 금액
② 보증보험업 허가(보험업법 §4)를 받은 보험회사가 경영정상화계획에 관한 약정(공적자금관리 특별법 §17)에 따라 해당 사업연도의 잉여금처분으로 배당하는 금액

2019년 개정세법에서 투자·상생협력촉진세제 적용 시 기업소득에서 차감하는 금액에 수협은행이 공적자금 상환을 위해 경영정상화계획 등에 관한 약정에 따라 신용사업특별회계에 배당하는 금액을 포함하였다. 2019.2.12. 이후 과세표준을 신고하는 분부터 소급적용한다(2019.2.12. 개정된 시행령 부칙 §17 ①).

2020년 개정세법에서 보증보험회사의 채무상환을 지원하기 위하여 투자·상생협력촉진세제 적용 시 기업소득에서 차감하는 '공적자금의 상환과 관련하여 지출하는 금액'의 범위에 보증보험회사가 공적자금을 상환하기 위하여 잉여금처분으로 배당하는 금액을 추가하였다. 개정규정은 2020.3.13. 이후 신고하는 분부터 소급하여 적용한다(2020.3.13. 개정된 시행규칙 부칙 §7).

다음의 투자금액, 임금증가금액 및 상생협력 출연금액은 미환류소득에서 공제되는 항목이다(조특법 §100의 32 ② 1호).

1-2 투자금액 (가목)

국내사업장에서 사용하기 위하여 새로이 취득하는 사업용 자산으로서 사업용 유형고정

---
[4] 법률 제14242호 수산업협동조합법 일부개정법률 부칙 제6조 제4항

자산, 무형고정자산, 벤처기업 출자 주식등의 합계액을 투자금액으로 한다. 다만 중고품 및 금융리스(조특령 §3) 외의 리스자산(예, 운용리스)은 제외하며, 톤세 제도를 적용 받는 경우에는 비해운소득을 재원으로 취득한 자산에 한정한다(조특령 §100의 32 ⑥).

$$\text{투자금액} = \left(\text{사업용 유형고정자산} + \text{무형자산} + \text{벤처기업 출자주식등} + \text{비해운소득 재원 자산} \right) - \text{운용리스, 중고품}$$

투자가 2개 이상의 사업연도에 걸쳐서 이루어지는 경우에는 그 투자가 이루어지는 사업연도마다 해당 사업연도에 실제 지출한 금액을 기준으로 투자 합계액을 계산한다(조특령 §100의 32 ⑦). 즉, **투자일 기준 중 지출주의 방식을 적용한다.** 투자의 공제시기는 완료일 기준을 적용할 수 없음에 유의하여야 한다.

투자가 1개 사업연도 내에 완료되는 경우 잔금을 어음으로 지급하여 이후 사업연도에 결제하더라도 투자일이 속하는 사업연도의 미환류소득 계산 시 해당 투자 합계액을 공제한다(서면법령법인-4103, 2021.9.30.).

● **BBC HP 방식으로 취득한 선박의 매해 지급하는 장기미지급금의 분할금** (포함)

기업소득 환류세제를 적용함에 있어, 국적취득조건부 나용선계약(BBC HP) 방식으로 선박을 취득하는 경우 해운회사의 투자금액은 해운회사가 BBC HP 계약에 따라서 장기미지급금을 해외 SPC에게 해당 사업연도에 매해 지급하는 금액으로 함[서면법령법인-2804, 2016.3.30. (구 법법 §56)]. BBC HP는 장기할부매매거래로 보아 해운회사의 자산으로 계상되므로 지출금액을 기준으로 계산함.

● **특례 도입 이전 취득한 선박의 특례 이후 지출하는 연부연납 금액** (포함)

외항운송업을 영위하는 회사가 연부연납 방식으로 기업소득 환류세제 도입 이전에 취득한 선박에 대해서, 기업소득 환류세제 적용 이후 지출하는 연부연납 금액은 "투자"에 해당하는 것임 [서면법령법인-2805, 2016.3.30. (구 법법 §56)].

(1) 사업용 유형고정자산 (1호 가목)

다음의 사업용 유형고정자산으로 한다. 사업용 유형고정자산(해당 사업연도 이전에 취득한 자산 포함)에 대한 **자본적 지출**(법령 §31 ②)을 포함하되, 해당 사업연도에 즉시상각되어 손금산입된 분(같은 조 ④·⑥)은 제외한다(조특령 §100의 32 ⑥ 1호 가목).

(1-1) 기계장치 등 사업용 유형고정자산

기계 및 장치, 공구, 기구 및 비품, 차량 및 운반구, 선박 및 항공기, 그 밖에 이와 유사한 사업용 유형고정자산이다.

● **거푸집을 제작하여 임대하는 경우** (포함)

알루미늄 거푸집을 제작하여 건설현장에 임대하는 법인사업자가 제작하는 거푸집 판넬은 "투자"에 해당하는 것임[서면법령법인-2839, 2016.3.30. (구 법법 §56)].

● **대여용 지게차를 취득하여 대여하는 경우** (포함)

지게차 대여업을 영위하는 내국법인이 국내 사업장에서 사용하기 위하여 사업용 지게차(중고품 및 금융리스 외의 리스자산은 제외)를 새로이 취득하여 대여하는 경우에는 '투자'에 해당하는 것임(서면법인-8109, 2022.3.29.).

(1-2) 신축·증축하는 업무용 건축물

(가) 자가 사용분 (포함)

신축·증축하는 업무용 건축물이란 공장, 영업장, 사무실 등 해당 법인이 업무(법칙 §26 ②)에 직접 사용하기 위하여 신축 또는 증축하는 건축물(이하 "업무용신증축건축물")을 말한다(조특칙 §45의 9 ⑧). 원칙적으로 자가 사용분을 투자금액으로 간주한다.

내국법인이 부동산임대업에 사용할 목적으로 준공된 건물을 매입한 경우, 신축·증축한 것이 아니므로 해당 건물 매입액은 투자에 해당하지 않는다[서면법령법인-0296, 2017.11.16. (구 법법 §56); 재법인-16, 2017.1.9. (구 법법 §56)].

(나) 임대 등의 제외

이 경우 법인이 해당 건축물을 임대하거나 업무의 위탁 등을 통하여 해당 건축물을 실질적으로 사용하지 아니하는 경우에는 업무에 직접 사용하지 아니하는 것으로 본다.

분할등기일 전 업무에 직접 사용하기 위하여 신축한 업무용신증축건축물을 분할등기일 이후 분할존속법인이 임대하는 경우에는 업무에 직접 사용하지 아니하는 것으로 본다[사전법령법인-0605, 2018.5.29.(구 법법 §56)].

(다) 부동산업 등 주업 법인의 임대시 포함

한국표준산업분류표상 부동산업[5], 건설업 또는 종합소매업을 주된 사업으로 하는 법인이 해당 건축물을 임대하는 경우에는 업무에 직접 사용하는 것으로 본다. 종합소매업의 경우에는 영업장을 임대하는 것으로서 임대료를 매출액과 연계하여 수수하는 경우로 한정한다.

주된 사업이란 둘 이상의 서로 다른 사업을 영위하는 경우 해당 사업연도의 부동산업,

---

[5] 부동산업이란 부동산 임대, 구매, 판매에 관련되는 산업활동으로서 직접 건설한 주거용 및 비주거용 건물의 임대활동과 토지 및 기타 부동산의 개발·분양, 임대 활동도 포함한다(한국표준산업분류 68). 개발이란 직접적인 건설을 수행하지 않고 일괄 도급하여 개발하는 것을 말한다.

건설업 또는 종합소매업의 수입금액의 합계액이 총 수입금액의 50% 이상인 경우를 말한다.

백화점, 대형마트 등 종합소매업자 들이 임대료를 매출액과 연계하여 수수하면서 임대 매장을 운용하는 경우에도 업무용신증축건축물에 포함하기 위한 예외 규정이다.

한국표준산업분류표상 비주거용 건물 개발 및 공급업을 영위하는 내국법인이 신축한 건물 중 미분양 및 분양계약 해지 분에 대하여 해당 내국법인의 명의로 소유권이전등기를 한 후 임대에 사용하는 경우, 해당 건물 투자금액 전액이 "투자 합계액"에 포함된다(사전법령법인-0262, 2021.3.9.).

- **임대주택건설업자가 건설한 임대주택을 임대하는 경우** (포함)

  임대주택법에 따른 임대주택건설업자가 임대 후 분양을 목적으로 건설하는 임대주택은, 부동산업 또는 건설업을 주된 사업으로 하는 법인이 해당 건축물을 임대하는 경우에는 업무에 직접 사용한 것으로 보므로, "투자"에 해당하는 것임[서면법령법인-1954, 2016.3.30. (구 법법 §56)].

(라) 공동소유 또는 미사용분이 있는 경우 투자금액의 계산

이때 해당 건축물 중 직접 업무에 사용하는 부분과 그렇지 않은 부분이 함께 있거나 해당 건축물을 공동으로 소유하는 경우, 해당 사업연도의 업무용신증축건축물에 대한 투자금액은 건축비에 직접업무사용비율을 곱하여 계산한다. 직접업무사용비율이란 해당 건축물 중 해당 법인이 직접 업무에 사용하는 부분의 연면적을 해당 건축물의 전체 연면적으로 나눈 비율을 말한다(조특칙 §45의 9 ⑦).

$$\text{업무용신증축건축물에 대한 투자금액} = \text{건축비}^{①} \times \frac{\text{해당 법인이 직접 업무에 사용하는 부분의 연면적}}{\text{해당 건축물의 전체 연면적}^{②}}$$

❶ 해당 건축물을 신축 또는 증축하기 위해 해당 법인이 해당 사업연도에 지출한 건축비를 말한다.
❷ 산식의 분수는 직접업무사용 비율이며, 동 비율이 90% 이상인 경우에는 100%로 본다. 해당 건축물을 공동으로 소유하는 경우에는 직접업무사용 비율은 해당 법인의 지분율을 한도로 한다.

(2) 무형자산 (1호 나목)

다음의 무형자산으로 한다(법령 §24 ① 2호 가목~라목 및 바목). 다만 영업권(합병 또는 분할로 인하여 합병법인등이 계상한 영업권을 포함함)은 제외한다(조특령 §100의 32 ⑥ 1호 나목).

㉮ 디자인권, 실용신안권, 상표권
㉯ 특허권, 어업권, 양식업권, 「해저광물자원 개발법」에 의한 채취권, 유료도로관리권, 수리권, 전기가스공급시설이용권, 공업용수도시설이용권, 수도시설이용권, 열공급시설이용권
㉰ 광업권, 전신전화전용시설이용권, 전용측선이용권, 하수종말처리장시설관리권, 수도시설

㉑ 관리권
　　　㉒ 댐사용권
　　　㉓ 개발비

(3) 벤처기업 출자 주식등 (2호)

벤처기업(벤처기업육성에 관한 특별법 §2 ①)에 다음 어느 하나에 해당하는 방법으로 출자하여 취득한 주식등을 말한다. 벤처기업 출자 주식등에는 창업·벤처전문 사모집합투자기구 또는 창투조합등을 통한 출자(조특법 §13의 2 ① 2호)를 포함한다(조특령 §100의 32 ⑥ 2호).
㉮ 해당 기업의 설립 시에 자본금으로 납입하는 방법
㉯ 해당 기업이 설립된 후 유상증자하는 경우로서 증자대금을 납입하는 방법
　이미 발행된 주식을 기존 주주로부터 매입하는 경우는 제외한다.

종전에는 벤처기업에 직접 출자하여 취득한 주식만을 투자금액에 포함하였으나, 2019년 개정세법에서 벤처기업 투자 활성화를 위하여 창업·벤처전문 경영참여형 PEF와 창투조합등을 통한 간접출자를 투자금액에 포함하였다. 2019.2.12. 이후 주식등을 취득하는 분부터 적용한다(2019.2.12. 개정된 시행령 부칙 §17 ②).

(4) 비해운소득 재원 취득자산의 포함

해운기업에 대한 법인세 과세표준 계산 특례를 적용받는 내국법인(조특법 §104의 10)의 경우에는 비해운소득(같은 조 ① 2호)을 재원으로 취득한 자산의 취득금액만을 투자금액에 포함한다.

톤세 제도에서 해운소득은 법인세법에 따른 과세소득이 아닌 선박톤수와 운항일수에 비례하여 산출된 금액을 과세표준으로 하므로, 해운소득을 재원으로 취득한 자산은 투자금액에서 제외한다[서면법령법인-2806, 2016.3.30. (구 법법 §56)] (조특통 100의 32-100의 32…1).

공동소유 또는 미사용분이 있는 경우 투자금액의 계산은 (1-2) (라) 신축·증축하는 업무용 건축물의 계산과 동일하다(조특칙 §45의 9 ⑨).

이 경우 해운소득(같은 항 1호)과 공동재원으로 취득한 자산의 투자합계액은 다음의 산식에 따라 계산한 금액으로 한다(조특칙 §45의 9 ⑦) (재법인-674, 2016.7.8.).

$$\text{공동재원으로 취득한 자산의 투자합계액} = \text{해당자산의 투자를 위해 당기 지출한 금액} \times \frac{\text{비해운소득과 관련한 당기 각 사업연도 소득}}{\text{해운소득 및 비해운소득과 관련한 당기 전체 각 사업연도 소득}}$$

개정 연혁

선박 등 해운사업의 자산에 투자하는 금액이 미환류소득에서 차감되는 투자금액에 해당하는지가 문제된다. 종래 과세관청은 선박의 취득이 외항해상운송활동과 연계된 활동이므로 투자에 해당하지 않는 것으로 해석하였다[서면법령법인-3716, 2016.12.30. (구 법법 §56)]. 반면에 기획재정부에서는 비해운소득이 선박 등의 취득에 사용되는 점을 근거로 하여 전체 각 사업연도 소득 중 비해운소득이 차지하는 비율에 선박 취득금액을 곱하여 투자에 해당하는 것으로 판단하였다[재법인-674, 2016.7.8. (구 법법 §56)]. 이에 2017년 4월 세법해석 상시 정비를 통하여 국세청의 종래 예규를 삭제하고 기재부의 유권해석에 따라 선박 취득금액을 안분계산하도록 통일하였다.

또한 이러한 유권해석의 변경을 반영하기 위한 경정청구를 다음과 같이 허용하였다. 해운업을 영위하는 내국법인이 2015년 귀속 사업연도의 비해운소득에 대하여 투자제외방식으로 미환류소득에 대한 법인세를 신고한 경우, 선박 등 해운사업의 자산에 투자하는 금액에 대하여 해운소득과 비해운소득을 합한 전체 각 사업연도의 소득 중 비해운소득이 차지하는 비율에 해당하는 금액만큼 투자로 차감하기 위하여 경정청구를 통해 투자포함방식으로 변경할 수 있다[재조세법령운용-765, 2017. 7.13. (구 법법 §56)].

한편 2017년 개정세법에서 기재부의 유권해석에 따라 비해운소득을 재원으로 취득한 자산을 안분계산하여 투자금액으로 인정하였으며, 신설된 투자·상생협력촉진세제에서도 위와 같이 동일하게 인정된다(조특칙 §45의 9 ⑤).

(5) 중고품 및 운용리스의 제외

중고품 및 금융리스 외의 리스자산(조특령 §3)을 투자에서 제외한다.

운용리스는 리스업자의 투자에 포함되며, 리스이용자의 투자에서는 제외한다. 반면에 금융리스는 리스업자의 투자에서 제외하며, 리스이용자의 투자에 포함한다.

운용리스와 금융리스의 구분은 기업회계기준이 아닌 조특법 규정에 따라 판단한다. 렌털의 경우도 실질 내용에 따라 판매 거래에 해당하는 경우에는 렌탈 이용자의 투자로 보며, 반면에 임대차 거래에 해당하는 경우에는 렌탈 제공자의 투자로 본다.

중고품 및 운용리스에 대한 상세 내용은 제5부 제1절 Ⅱ. 3-2 (1), (2)를 참조하기로 한다.

- **시설대여업자가 취득한 자산을 운용리스로 제공하는 경우** (포함)

  여신전문금융업법에 따른 시설대여업을 영위하는 법인이 시설대여업 영위를 목적으로 취득하는 리스대상자산 중 리스이용자에게 운용리스의 형태로 제공되는 리스대상자산은 "투자"에 해당함[사전법령법인-0447, 2016.3.30. (구 법법 §56)].

- **K-IFRS 제1117호에 따라 리스이용자가 금융리스로 변경하여 회계처리하는 경우에도 리스제공자의 투자에 해당하는지 여부** (긍정)

  「여신전문금융업법」에 따른 시설대여업을 영위하는 내국법인이 취득하는 리스대상자산 중 리스이용자에게 조세특례제한법 시행규칙제3조의2 각 호의 어느 하나에 해당하지 않는 운용리스의 형태로 제공되는 리스대상자산은 리스이용자의 회계처리와 관계없이 조세특례제한법 제100조의32 제2항 제1호 가목의 "투자"에 해당하는 것이며, 자동차대여업을 영위하는 내국법인이 렌탈자산을 취득하여 렌탈이용자에게 제공하는 경우, 그 거래의 실질내용에 따라 자산의 임대차 또는 판매거래 등으로 구분하여 처리하는 것으로서 거래의 실질이 임대차거래에 해당하는 경우에는 조세특례제한법 제100조의 32 제2항 제1호 가목의 "투자"에 해당하는 것임(사전법령법인-0802, 2019.3.12.). 리스이용자가 신설된 K-IFRS 제1117호에 따라 금융리스로 회계처리하는 경우에도 리스제공자(또는 렌탈사업자)는 조특칙 규정에 따라 운용리스인지 여부를 판단하여 운용리스에 해당한다면 본인의 투자금액에 포함함.

1-3 임금증가금액 (나목)

상시근로자의 해당 사업연도 임금증가금액으로서 다음 구분에 따른 금액이 있는 경우 그 금액을 합한 금액을 임금증가금액으로 한다(조특법 §100의 32 ② 1호 나목).

고용 증가 형태별 배수 산정

구 분	임금증가액 배수 조정
(1) 고용 증가 없이 임금만 증가한 경우	당기 상시근로자의 임금증가액 × 100%
(2) 전기 대비 당기 상시근로자 수가 증가한 경우로서 기존 상시근로자	당기 기존 상시근로자의 임금증가액 × 추가 50%
(3) 전기 대비 당기 상시근로자 수가 증가한 경우로서 신규 상시근로자	당기 신규 상시근로자의 임금증가액 × 추가 100%
(4) 전기 대비 당기 청년 상시근로자 수가 증가한 경우	당기 청년 상시근로자의 임금증가액 × 추가 100%
(5) 당기 정규직 전환근로자 수가 증가한 경우(청년 정규직 전환근로자는 제외)	당기 정규직 전환 근로자에 대한 임금증가액 × 추가 100%

(1) 고용 증가 없이 임금만 증가한 경우

상시근로자의 해당 사업연도 임금이 증가하였으나 해당 사업연도의 상시근로자 수가 직전 사업연도의 상시근로자 수보다 증가하지 아니한 경우에는 상시근로자 임금증가금액(100%)을 임금증가금액으로 한다[조특법 §100의 32 ② 1호 나목 1) 가)].

> 임금증가금액 = 당기 상시근로자의 임금증가금액 × 100%

(1-1) 상시근로자의 범위

상시근로자의 범위는 근로소득 증대세제의 상시근로자 범위를 준용한다(조특령 §100의 32 ⑧ → §26의 4 ②). 상시근로자는 근로기준법에 따라 근로계약을 체결한 근로자로서, ① 법인세법상 임원, ② 고액 연봉자, ③ 최대주주등과 친족, ④ 근로소득세 원천징수 미확인자, ⑤ 근로계약기간이 1년 미만인 근로자, ⑥ 단시간근로자는 제외한다.

② 고액 연봉자는 근로소득금액(소법 §20 ① 1호 및 2호)이 8천만원 이상인 근로자로 한다. 다만, 해당 과세연도의 근로제공기간이 1년 미만인 근로자의 경우에는 해당 근로자의 근로소득의 금액을 해당 과세연도 근무제공월수로 나눈 금액에 12를 곱하여 연환산한 금액을 기준으로 판단한다.

상시근로자의 범위는 제6부 제2절 Ⅱ. 2-1을 참조하기로 한다.

종래 상시근로자에서 제외되는 고액 연봉자의 기준은 1.2억원 이상이었으나, 2018년 개정세법에서 근로소득 7천만원 이상 자로 변경하여, 상시근로자의 범위를 축소하였다.

2021년 개정세법에서 임금상승률을 반영하여, 임금증가의 대상이 되는 상시근로자의 기준을 총급여 7천만원 미만에서 8천만원 미만으로 확대하였다.

2022년 개정세법에서 고액 연봉자 판정 시 근무기간이 1년 미만인 경우, 총급여를 연 단위로 환산하여 판단하도록 연환산 규정을 신설하였다.

● **노조 협상에 따른 추가 지급액은 지급일이 아닌 근로제공일의 소득임**

상시근로자의 근로소득의 금액이 8천만원 이상(2021년 1월 1일 전에 개시하는 사업연도는 7천만원 이상)인지를 판단하는 경우로서, 내국법인과 노조의 2020년 7월 1일 ~ 2021년 7월 31일 기간에 대한 임금협상이 2021년 8월에 타결됨에 따라 내국법인이 2020년 7월 1일 ~ 2020년 12월 31일 기간에 대한 임금인상액을 2021년 9월에 지급한 경우 해당 금액은 2020년 근로소득의 금액으로 보는 것임(사전법규법인-0045, 2022.3.11.).

(1-2) 상시근로자 수의 계산

상시근로자 수의 계산은 근로소득 증대세제의 계산 규정을 준용한다(조특령 §100의 32 ⑪ → §26의 4 ③). 매월 말 현재 상시근로자 수의 합을 해당 월수로 나누어 계산하며, 소수 셋째 자리 미만은 절사한다. 제6부 제2절 Ⅱ. 2-2를 참조하기로 한다.

당해 연도 퇴직 직원이 발생하게 되는 경우, "근로소득의 합계액으로서 직전 사업연도 대비 증가한 금액"은 퇴직 직원의 퇴직 사업연도 중 발생한 근로소득을 근로소득 합계액 산정시 포함하여 계산한다. 또한 근로소득이 감소하는 근로자가 발생하는 경우에도 근로소득이 감소한 근로자의 소득금액을 포함한다[재법인-312, 2016.3.30. (구 법법 §56)]. 이때 해당 사업연도에 퇴직한 상시근로자의 퇴직월 임금(퇴직월의 1일부터 퇴직일까지의 임금을 말함)은 임금지급액에 포함한다(서면법규법인-0390, 2023.4.3.).

반면에, 직전 사업연도 퇴직자에 대한 임금은 직전 사업연도 임금 총액에 포함하지 않는다(재법인-349, 2022.8.31.). 그러나, 내국법인이 상시 근로자의 해당 사업연도 임금증가금액을 계산할 때, 직전 사업연도 퇴직자는 직전 상시근로자 수에 포함한다(재법인-488, 2023.9.5.). 즉, 직전 연도 퇴직자가 있는 경우 직전연도의 임금지급액에는 제외하나, 직전연도의 상시근로자 수에는 포함함에 유의하여야 한다.

반면에, 특례 적용대상 사업연도와 직전 사업연도 중 어느 하나의 사업연도에 상시근로자의 범위에서 제외되는 자(예, 임원)가 있는 경우에는 양 사업연도에서 모두 제외하여 산출한다[서면법인-4874, 2021.11.9.; 서면법인-1553, 2021.4.20.; 재법인-312, 2016.3.30. (구 법법 §56)].

● 공동도급시에는 근로계약 체결 근로자의 근로소득 합계액을 기준으로 산정

도급형태의 건설공사에서, 공동도급현장의 직원에 대한 임금을 각 법인에서 선지급 후 지분율에 따라 해당 법인 직원의 임금이 다른 공동도급사에 원가배분되는 경우에도 임금증가금액은 해당법인과 근로기준법에 따라 근로계약을 체결한 근로자의 근로소득의 합계액으로서 직전 사업연도대비 증가한 금액으로 한다[서면법령법인-2146, 2016.3.30. (구 법법 §56)].

> **실무 상담 사례**
>
> **Q** 입사자 또는 퇴사자의 상시근로자 수 계산 방법과 임금 계산방법은?
>
> **A** 입사자 또는 퇴사자는 월말을 기준으로 상시근로자 수에 포함하여 계산합니다. 입사자 또는 퇴사자의 임금을 연환산하는 규정이 없으므로, 단순 합산하여 계산하여야 할 것으로 봅니다.

(1-3) 임금증가액

임금증가금액은 해당 사업연도의 매월 말 기준 상시근로자에게 지급한 근로소득(소법 §20 ① 1호·2호)의 합계액으로서 직전 사업연도 대비 증가한 금액으로 한다(조특령 §100의 32 ⑨).

해당 사업연도에 우리사주조합에 출연하는 자사주의 장부가액 또는 금품(법령 §19 16호)의 합계액으로서 해당 법인이 손금으로 산입한 금액은 근로소득에 포함한다. 다만 위의 상시근로자에서 제외되는 임원·고액 연봉자 등에게 지급하는 자사주의 장부가액 또는 금품의 합계액은 근로소득에서 제외한다(조특칙 §45의 9 ⑩).

2024 개정 임금소득 산정기준을 개선함. 개정규정은 2024.1.1. 이후 개시하는 사업연도의 임금증가액을 계산하는 경우부터 적용함(2024.2.29. 개정된 시행령 부칙 §23 ②).

● **사업연도 변경으로 사업연도의 월수가 다른 경우** (연환산)

임금증가금액을 산정함에 있어 내국법인이 사업연도 변경으로 인하여 당해 사업연도와 직전 사업연도의 월수가 다른 경우 당해 사업연도의 근로소득 합계액과 직전 사업연도의 근로소득 합계액을 그 사업연도의 월수로 나눈 금액에 당해 사업연도 월수를 곱하여 산출한 금액을 대비하여 증가한 금액으로 한다[사전법령법인-0578, 2017.1.17. (구 법법 §56)].

(1-4) 합병 등 사업결합 또는 신규법인의 근로소득 합계액의 계산

합병 등 사업결합 또는 신규법인의 근로소득 합계액을 계산할 때에는 다음에 따른다(조특령 §100의 32 ㉒).

① 합병·분할·현물출자 또는 사업의 양수 등에 따라 종전의 사업부문에서 종사하던 근로자를 합병법인, 분할신설법인, 피출자법인, 양수법인 등(이하 "합병법인등")이 승계하는 경우에는 해당 근로자는 종전부터 합병법인등에 근무한 것으로 본다.
② 법인이 신규 설립된 경우에는 직전 사업연도의 근로소득의 합계액은 영(0)으로 본다. 다만 ①이 적용되는 경우는 제외한다.

이하 (2)~(4)에서 동일하게 적용된다.

다만, 통합고용세액공제에서는 합병 등 사업결합 뿐만 아니라 특수관계법인 간의 전출입시에도 종전부터 전입법인에서 근무한 것으로 보아 계산하도록 규정하고 있다[제6부 제5절 Ⅱ. 3-2 (3) 참조]. 특수관계법인 간의 전출입시에도 합병 등의 경우와 동일하게 취급하는 것이 합리적이므로, 입법의 보완이 필요하다고 본다.

(2) 고용 및 임금이 모두 증가한 경우

상시근로자의 해당 사업연도 임금이 증가하고 해당 사업연도의 상시근로자 수가 직전 사업연도의 상시근로자 수보다 증가한 경우에는 기존 상시근로자 임금증가금액에 150%를 곱한 금액과 신규 상시근로자 임금증가금액에 200%를 곱한 금액을 합한 금액을 임금증가금액으로 한다[조특법 §100의 32 ② 1호 나목 1) 나)]. 신규 상시근로자란 해당 사업연도에 최초로 근로기준법에 따라 근로계약을 체결한 상시근로자로 하며, 근로계약을 갱신하는 경우는 제외한다.

$$임금증가금액 = \left(기존\ 상시근로자\ 임금증가금액 \times 150\% \right) + \left(신규\ 상시근로자\ 임금증가금액 \times 200\% \right)$$

기존 상시근로자 임금증가금액은 다음의 금액으로 한다(조특령 §100의 32 ⑩ 1호).

$$기존\ 상시근로자\ 임금증가금액 = 당기\ 상시근로자\ 임금증가금액 - 당기\ 신규\ 상시근로자\ 임금증가금액$$

신규 상시근로자 임금증가금액은 다음 산식에 따라 계산한 금액으로 한다. 이 경우 해당 연도 상시근로자 임금증가금액을 한도로 한다(조특령 §100의 32 ⑩ 2호).

$$신규\ 상시근로자의\ 임금증가액 = \left(당기\ 상시근로자\ 수 - 전기\ 상시근로자\ 수 \right) \times 신규\ 상시근로자의\ 임금지급액의\ 평균액$$

신규 상시근로자의 임금지급액의 평균액이란 ⓐ 신규 상시근로자에 대한 임금지급액(조특령 §100의 32 ⑨)을 ⓑ 신규 상시근로자 수로 나누어 계산한 금액을 말한다(조특칙 §45의 9 ⑪).

이때 신규 상시근로자 수의 계산은 근로소득 증대세제의 계산 규정을 준용한다(조특령 §100의 32 ⑪ → §26의 4 ③). 매월 말 현재 상시근로자 수의 합을 해당 월수로 나누어 계산하며, 소수 셋째 자리 미만은 절사한다. 제6부 제3절 Ⅱ. 2-2를 참조하기로 한다.

2018년 투자·상생협력촉진 세제로 이관되면서 신규 상시근로자 임금증가액에 추가 가중치 50%를 합하여 총 200%의 가중치를 부여하는 규정을 신설하였다.

(3) 청년 정규직근로자의 추가 공제

해당 사업연도에 청년 정규직근로자 수가 직전 사업연도의 청년 정규직근로자 수보다 증가한 경우에는 해당 사업연도의 청년 정규직근로자에 대한 임금증가금액의 100%를 추가로 임금증가금액에 합산한다[조특법 §100의 32 ② 1호 나목 2)].

$$임금증가금액 = 당기\ 청년정규직근로자의\ 임금증가금액 \times 추가\ 100\%$$

"해당 사업연도의 청년 정규직 근로자에 대한 임금증가금액" 계산 시 직전 또는 해당 사업연도 중에 청년에 해당하지 않게 되는 경우에는 청년에 해당하지 않는 월(月)부터 해당 정규직근로자를 제외하고 청년 정규직 근로자에 대한 임금증가금액을 계산한다(서면법인-4874, 2021.11.9.).

종래 기업소득환류세제에서는 임금증가액 가중치 적용 대상을 청년 상시근로자에 한정하고 추가 가중치를 50%로 하였으나, 2018년 투자·상생협력촉진 세제로 이관되면서 정규직 근로자로의 전환 또는 고용을 유도하기 위하여 청년 정규직 근로자와 정규직 전환 근로자로 변경하였으며 그 추가 가중치를 100%로 인상하였다.

실무 상담 사례

Q 상시근로자 수 및 임금지급액은 감소하였으나 청년 정규직근로자 수와 임금지급액은 증가한 경우 공제 금액은?

A 법 조문에서 '상시근로자의 해당 사업연도 임금이 증가한 경우'에만 합산하도록 하고 있으므로 상시근로자의 임금이 감소한 경우, 상시근로자의 임금 증가 금액은 계산하지 않아야 합니다(조특법 제100조의 32 제2항 제1호 나목). 따라서 상시근로자 임금증가액은 0으로 보아 반영하지 않고 청년상시근로자의 임금증가금액만 반영합니다.

(3-1) 청년 정규직근로자의 범위

청년정규직근로자란 청년고용증대세제의 정규직 근로자(조특령 §26의 5 ②)로서 15세 이상 34세(병역을 이행한 사람의 경우에는 6년을 한도로 병역을 이행한 기간을 현재 연령에서 빼고 계산한 연령을 말함) 이하인 사람을 말한다. 이 경우 청년정규직근로자 수의 계산은 청년고용증대세제를 준용한다(조특령 §100의 32 ⑫ → §26의 5 ⑧ 1호).

(가) 정규직 근로자

청년고용증대세제의 정규직 근로자란 근로기준법에 따라 근로계약을 체결한 내국인 근로자 중 다음의 어느 하나에 해당하는 사람을 제외한 근로자를 말한다(조특령 §26의 5 ②).
① 기간제근로자 및 단시간근로자(기간제 및 단시간근로자 보호 등에 관한 법률)
　① 및 ②는 제6부 제5절 Ⅱ. 2-2 (1)을 참조하기로 한다.
② 파견근로자(파견근로자보호 등에 관한 법률)
③ 임원, 최대주주등과 친족, 근로소득세 등 납부사실 미확인 자
　법인세법상 임원, 최대주주등과 친족, 근로소득세 등의 납부사실 미확인 자의 어느 하나에 해당하는 자가 아니어야 한다(조특령 §23 ⑩ 3호~6호).
④ 청소년유해업소에 근무하는 만 19세 미만인 청소년

청소년유해업소란 청소년의 출입과 고용이 청소년에게 유해한 것으로 인정되는 청소년 출입·고용금지업소 및 청소년의 출입은 가능하나 고용이 청소년에게 유해한 것으로 인정되는 청소년고용금지업소를 말한다(청소년 보호법 §2 5호).

(나) 청년

청년 정규직 근로자란 정규직 근로자 중 청년정규직근로자란 청년고용증대세제의 정규직 근로자(조특령 §26의 5 ②)로서 15세 이상 34세(병역을 이행한 사람의 경우에는 6년을 한도로 병역을 이행한 기간을 현재 연령에서 빼고 계산한 연령을 말함) 이하인 사람을 말한다. 그 청년 근로자가 현역병·사회복무요원·장교·준사관 및 부사관에 해당하는 병역(조특령 §27 ① 1호)을 이행한 경우에는 그 기간(6년 한도)을 현재 연령에서 빼고 계산한 연령이 29세 이하인 사람을 포함한다.

2023년 세법 개정 사항으로, 종래 청년의 연령을 15세 이상 29세 이하로 하였으나, 34세 이상으로 상한을 상향함. 영 100조의 32 제12항 전단의 개정규정은 2023.1.1. 이후 개시하는 사업연도의 미환류소득 또는 초과환류액을 계산하는 경우부터 적용함(2023.2.28. 개정된 시행령 부칙 §7 ③).

(3-2) 청년 정규직근로자의 수

청년 정규직 근로자 수는 다음 산식에 따라 계산한 수로 한다. 다만 100분의 1 미만의 부분은 없는 것으로 한다(조특령 §26의 5 ⑧ 1호). 즉, 소수 셋째 자리 미만은 절사한다. 제6부 제5절 Ⅱ. 2-1 (2)를 참조하기로 한다.

$$청년\ 정규직\ 근로자\ 수 = \frac{해당\ 연도\ 매월\ 말\ 청년\ 정규직\ 근로자\ 수의\ 합}{해당\ 연도\ 개월\ 수}$$

(4) 정규직 전환 근로자의 추가공제

해당 사업연도에 정규직 전환 근로자가 있는 경우에는 정규직 전환 근로자(청년 정규직근로자는 제외)에 대한 임금증가금액의 100%를 추가로 공제한다[조특법 §100의 32 ② 1호 나목 3)]. 정규직 전환 근로자는 근로소득증대세제의 범위를 준용한다(조특령 §100의 32 ⑬ → §26의 4 ⑬). 제6부 제2절 Ⅳ. 1.을 참조하기 바란다.

> **예 제** 임금증가금액에 대한 가중치 조정

당기 상시근로자 수가 증가하면서 총 200억원의 임금이 증가하였으며, 이중 신규 상시근로자 임금증가액은 50억원, 청년 상시근로자 임금증가액은 20억원, 정규직 전환 근로자 임금증가액이 10억원인 경우 가중치 조정 후의 임금증가금액을 계산하시오.

임금증가금액에 대한 가중치 계산

구 분	임금증가금액	추가 가중치	조정된 임금증가금액
임금증가분	200	0 ❶	200
상시근로자 증가	200	0.5 ❷	100
신규 상시근로자 증가	50	0.5 ❷	25
청년 정규직근로자 증가	20	1 ❸	20
정규직 전환 근로자 증가	10	1 ❸	10
합계			355

❶ 고용 증가 여부와 관계없이 임금증가분에 대해서는 우선적으로 해당 임금증가액을 합계액에 합산함.

❷ 고용이 증가하면서 임금증가한 경우에는 추가 가중치 50%를 더하여 위 *1과 합하여 총 150%를 곱하여 합계에 반영함. 또한 신규 상시근로자 임금증가액은 위의 150%에 다시 추가 가중치 50%를 더하여 200%를 곱하여 합계액에 합산됨.

❸ 청년 정규직근로자 또는 정규직 전환 근로자 임금증가액은 위 ❶, ❷ 와 별도로 추가 가중치 100%를 곱하여 합계에 반영함.

1-4 상생협력 출연금액 (다목)

상생협력[6]을 위하여 해당 사업연도에 지출한 다음 어느 하나에 해당하는 금액에 3을 곱한 금액을 상생협력 출연금액으로 한다. 다만 해당 금액이 법인세법상 특수관계인(법령 §2 ⑤)을 지원하기 위하여 사용된 경우는 제외한다(조특령 §100의 32 ⑭).

① 상생보증펀드와 동반성장펀드에 대한 출연금(조특법 §8의 3 ①)

② 협력중소기업의 사내근로복지기금에의 출연금(같은 항 1호)

　내국법인이 현금이 아닌 자기주식을 협력중소기업(조특법 §8의 3 ① 1호)의 사내근로복지기금에 출연하는 경우에도 상생협력을 위하여 지출하는 금액(조특법 §100의 32 ② 1호 다목)으로 본다.[7] 그러나 내국법인과 동 사내근로복지기금이 법인세법상 특수관계인

---

[6] "상생협력"이란 대기업과 중소기업 간, 중소기업 상호 간 또는 위탁기업과 수탁기업 간에 기술, 인력, 자금, 구매, 판로 등의 부문에서 서로 이익을 증진하기 위하여 하는 공동의 활동을 말한다(대·중소기업 상생협력 촉진에 관한 법률 §2 3호).

[7] 이와 반대로 내국법인이 협력중소기업의 사내근로복지기금에 출연한 자기주식을 상생협력을 취한 출연금액으로 보지 않는다는 국세청의 예규(서면법령법인-4130, 2019.9.30.)가 있었으나, 2021년 10월 삭제됨. 자기주식을 현금과 달리 봐야 할 이유가 없기 때문임.

(법령 §2 ⑤)에 해당하는 경우에는 제외한다(재법인-228, 2020.2.7.; 서면법인-2044, 2019.7.8.). 협력중소기업에서 중소기업은 중소기업기본법에 따른 중소기업(상생협력법 §2 1호)을 말하는 것으로, 조특법상 중소기업 요건의 충족 여부와는 무관하다(조심 2023전0832, 2024.1.11.).

③ 공동근로복지기금에 대한 출연금(근로복지기본법 §86의 2)

④ 다음 구분에 따른 법인이 '중소기업'에 대한 보증 또는 대출지원을 목적으로 하는 협약을 보증기관과 체결하여 출연하는 경우 그 출연금(조특칙 §45의 9 ⑫ 2호)

㉮ 신용보증기금법에 따른 신용보증기금에 출연하는 경우에는 금융회사등. 같은 법 제6조 제3항에 따라 출연하여야 하는 금액을 제외함(같은 법 §2 3호).

㉯ 기술보증기금법에 따른 기술보증기금에 출연하는 경우에는 금융회사. 같은 법 제13조 제3항에 따라 출연하여야 하는 금액을 제외함(같은 법 §2 3호).

㉰ 지역신용보증재단법에 따른 신용보증재단 및 신용보증재단중앙회에 출연하는 경우에는 상호저축은행 및 은행등(동 시행령 §3 5호 및 §5의 2 ①). 같은 법 제7조 제3항에 따라 출연해야 하는 금액을 제외함(같은 법 §2 4호).

이때 '중소기업'은 조특법상의 중소기업(조특령 §2 ①)을 말하며 다음에 열거된 기업에 한정한다(조특칙 §45의 9 ⑫ 1호).

> ㉮ 「소상공인 보호 및 지원에 관한 법률」에 따른 소상공인
> ㉯ 「벤처기업육성에 관한 특별법」에 따른 벤처기업 및 신기술창업전문회사
> ㉰ 「기술보증기금법」에 따른 신기술사업자
> ㉱ 설립된 후 7년 이내인 중소기업
> ㉲ 해당 과세연도의 상시근로자 수가 직전 과세연도 보다 증가한 중소기업
> ㉳ 영 별표 7에 따른 신성장·원천기술 분야별 대상기술을 연구하는 중소기업(영 제9조 제12항에 따라 신성장·원천기술심의위원회의 심의를 거쳐 기획재정부장관 및 산업통상자원부장관이 신성장·원천기술 연구개발비로 인정한 경우로 한정한다)
> ㉴ 「중소기업 기술혁신 촉진법」 제15조에 따라 기술혁신형 중소기업으로 선정된 기업

2018년 투자·상생협력촉진 세제로 이관되면서 은행 등 금융회사가 중소기업의 보증·대출지원을 위해 신용보증기금, 기술보증기금, 신용보증재단 등에 출연하는 출연금을 상생협력 출연금에 포함하도록 하였다.

2021년 세법개정에서 중소기업에 대한 보증·대출지원 목적으로 신용보증재단 등에 출연하는 출연금의 범위에 상호저축은행이 출연하는 금액을 추가하였다. 조특칙 45조의 9 제10항 2호 다목의 개정규정은 2021.3.16. 이후 과세표준을 신고하는 분부터 소급하여 적용한다(2021.3.16. 개정된 시행규칙 부칙 §3).

2 미환류소득에 대한 법인세액 계산

미환류소득에 대한 법인세는 다음의 산식에 따라 계산한 세액을 각 사업연도 소득에 대한 법인세액에 추가하여 납부하여야 한다(조특법 §100의 32 ①).

$$\text{미환류소득에 대한 법인세} = \left(\text{미환류소득} - \text{차기환류적립금} - \text{이월된 초과환류액} \right) \times 20\%$$

2-1 차기환류적립금의 적립

과세대상인 내국법인(계산방식을 무신고한 법인 제외)은 해당 사업연도 미환류소득의 전부 또는 일부를 다음 2개 사업연도의 투자, 임금 등으로 환류하기 위한 금액(이하 "차기환류적립금")으로 적립하여 해당 사업연도의 미환류소득에서 차기환류적립금을 공제할 수 있다(조특법 §100의 32 ⑤). 반면에 계산방식을 무신고한 법인은 차기환류적립금을 적립할 수 없으므로 무신고 법인의 미환류소득은 발생 즉시 과세된다.

차기환류적립금을 적립하여 미환류소득에서 공제한 내국법인이 다음 2개 사업연도에 「독점규제 및 공정거래에 관한 법률」 제31조 제1항에 따른 상호출자제한기업집단에 속하는 내국법인에 해당하지 아니하게 되는 경우에도 미환류소득에 대한 법인세를 납부하여야 한다(조특령 §100의 32 ⑱).

내국법인이 미환류소득에 대한 법인세(법법 §56 ①)를 신고·납부하였으나 해당 사업연도의 각 사업연도 소득이 경정됨에 따라 미환류소득이 증가한 경우에는 그 증가된 미환류소득을 다음 사업연도(현재는 다음 2개 사업연도)의 초과환류액 한도 내에서 차기환류적립금으로 적립하기 위하여 경정청구(국기법 §45의 2 ①)를 할 수 있다[기준법령법인-0104, 2021.6.28.; 사전법령법인-119, 2018.6.25. (구 법법 §56); 기준법령법인-0104, 2021.6.28.].

따라서, 세무조사 결과 사후적으로 증가한 미환류소득을 다음 연도에 초과환류가 발생하지 않은 경우에는 차기환류적립금으로 설정할 수 없다고 판단하였다(조심 2021서5928, 2022.5.26.). 예를 들어, 다음 2개 사업연도에 초과환류가 발생하지 않는다면 경정청구가 불가능하다. 그리고, 다음 2개 사업연도에 발생한 초과환류액의 한도 내에서, 해당 사업연도의 미환류소득을 차기환류적립금으로 적립하기 위한 경정청구를 할 수 있다(서면법규법인-0040, 2023.8.25.).

2022년 세법개정에서 투자·상생협력촉진세제에서 차기환류적립금의 설정기간을 기존 1년에서 2년으로 확대하였다. 개정규정은 2021.12.31.이 속하는 사업연도에 적립한 차기환류적립금부터 소급하여 적용한다(2021.12.28. 개정된 법률 부칙 §18).

2-2 적립금 차기 미환류분에 대한 세액 납부

차기환류적립금을 적립한 경우 다음 계산식에 따라 계산한 금액(음수인 경우 영으로 봄)을 그 다음다음 사업연도의 법인세액에 추가하여 납부하여야 한다(조특법 §100의 32 ⑥). 차기환류적립금을 적립하여 미환류소득에 대한 법인세를 2년간 유예하였으나, 유예된 금액을 당기 투자 등에 사용하지 못한 경우에는 유예된 세액을 납부하도록 한다. 다만 유예된 세액에 대해 이자상당액은 가산하지 않으므로 차기환류적립금을 적립하는 것이 일반적으로 세무상 유리하다.

$$\text{적립금 차기 미환류분에 대한 세액} = (\text{차기환류적립금} - \text{당기 초과환류액}) \times 20\%$$

(자기자본 500억 초과법인이 2023.1.1. 이후 과세기간에 대한 미환류소득이 발생하였다면) 조특법 제100조의32 제2항에 따라 산정한 금액이 초과환류액인 경우 이월된 차기환류적립금에서 해당 초과환류액을 차감하여 법인세를 계산하나, 미환류소득이 산정된 경우 해당 미환류소득은 고려하지 않고 이월된 차기환류적립금만으로 법인세를 계산한다(서면법규법인-2496, 2023.11.17.).

2023년 세법개정에서 차기환류적립금의 차기 미환류분에 대한 세액 납부를 합리화함. 법 100조의32 제6항의 개정규정은 2021.12.31.이 속하는 사업연도 및 그 이후 사업연도에 적립한 차기환류적립금에 대해 적용함. 이 경우 같은 조 1항의 개정규정에도 불구하고 종전규정 1항 1호에 따른 법인(자기자본 500억 초과법인)이 2021.12.31.이 속하는 사업연도 및 2022.12.31.이 속하는 사업연도에 적립한 차기환류적립금이 있는 경우에도 6항의 개정규정을 적용함(2022.12.31. 개정된 법률 부칙 §20).

● **2017년 법인세법에 따라 적립한 적립금의 차기 미환류분에 대한 세액 계산 방법**

2017.12.31.이 속하는 사업연도에 대하여 법인세법 제56조에 의한 미환류소득에 대한 법인세 신고 시 같은 조 제5항에 따라 차기환류적립금을 적립할 수 있고, 이 경우 그 다음 사업연도에는 같은 조 제2항에 따라 계산한 초과환류액을 동 차기환류적립금에서 공제하여 계산한다[재법인-121, 2018.2.13. (구 법법 §56)]. 즉, 2017년에 법인세법에 따라 차기환류적립금을 적립한 경우에는 조특법이 아닌 법인세법에 따라 계산한 초과환류액을 차감하여 종전 10%의 세율을 적용하여 추가세액을 계산한다.

법인세법 제56조 제6항을 적용할 때 차기환류적립금에서 차감하는 초과환류액을 계산하는 경우에는 2017.12.31.이 속하는 사업연도 이후 사업연도에 대해서도 같은 조 제2항 제1호(미환류소득 또는 초과환류액 계산방식)를 적용한다(구 법령 §93 ㉓).

2-3 초과환류액의 2년 이월

해당 사업연도에 초과환류액(초과환류액으로 차기환류적립금을 공제한 경우에는 그 공제 후 남은 초과환류액을 말함)이 있는 경우에는 그 초과환류액을 그 다음 2개 사업연도까지 이월하여 그 다음 2개 사업연도 동안 미환류소득에서 공제할 수 있다(조특법 §100의 32 ⑦).

따라서 초과환류액의 발생과 이월, 차기환류적립금의 적립과 이월을 모두 고려한 과세대상 미환류소득은 다음과 같이 계산된다.

| 과세대상 미환류소득 | = | 미환류 소득 | − | 직전2기 이월 초과환류액 | − | 차기환류 적립금 | + | 이월된 차기환류적립금 | − | 초과 환류액 |

해당 사업연도로 이월된 구 「조세특례제한법」(2020.12.29. 법률 제17759호로 개정되기 전의 것, 이하 같음) 초과환류액과 해당 사업연도에 공제할 수 있는 결손금(법법 §13 ① 1호; 이하 '이월결손금')이 동시에 있는 경우로서, 이월결손금이 차감(조특령 §100의 32 ④ 2호 라목)된 기업소득을 기준으로 산정한 금액이 음수로서 초과환류액이 발생한 경우 해당 사업연도로 이월된 초과환류액은 공제되지 않고 소멸한다(서면-2023-법규법인-1344, 2023.07.20.). 즉, 이월결손금과 이월된 초과환류액이 있는 경우 이월결손금을 반드시 먼저 차감한다.

개정 연혁

법인세법상 기업소득환류세제 일몰종료에 따른 경과조치로 직전 사업연도에 법인세법[8])에 따른 초과환류액이 발생한 경우에는 조특법에 따른 미환류소득에서 공제할 수 있다(조특법 §100의 32 ⑨). 예를 들어, 12월말 사업연도 법인의 경우 2017년에 법인세법상 발생한 초과환류액은 2018년 조특법상 미환류소득에서 공제한다.

또한 초과환류액의 1년 이월 규정을 적용할 때 구 법인세법에 따라 직전 사업연도에 적립한 차기환류적립금(법법 §56 ⑤)[9])에서 초과환류액을 공제한 경우(같은 조 ⑥)에는 ①의 금액에서 ②의 금액을 공제하고 남은 금액을 다음 사업연도로 이월하여 다음 사업연도의 미환류소득에서 공제할 수 있다(조특령 §100의 32 ⑲).

① 조특법 제100조의 32 제2항에 따라 계산한 해당 사업연도의 초과환류액
② 구 법인세법 제56조 제6항에 따라 차기환류적립금에서 공제한 초과환류액

2021년 세법개정에서 연도별 투자금액이 변동함에 따라 추가과세되는 부담을 완화하기 위한 목적으로 초과환류액의 이월기간을 다음 사업연도에서 그 다음 2개 사업연도까지로 확대하였다. 개정규정은 2021.1.1. 이후 신고하는 초과환류액 분부터 소급하여 적용한다(2020. 12.29. 개정된 법률 부칙 §23).

「조세특례제한법」 제100조의32제7항(2020.12.29. 제17759호로 개정된 것)의 '초과환류액'이란 해당 사업연도에 발생한 것을 의미하며, 해당 사업연도 전에 발생한 초과환류액(초과환류액 이월분)은 포함하지 않는다. 따라서, 2019사업연도에 발생한 초과환류액은 같은 법 부칙 제23조가 적용되지 않는다(서면법규법인-3945, 2023.5.30.).

3 합병·분할시 미환류소득 등의 승계

합병 또는 분할에 따라 피합병법인 또는 분할법인이 소멸하는 경우, 합병법인 또는 분할신설법인은 다음에 따라 미환류소득 및 초과환류액을 승계할 수 있다(조특령 §100의 32 ㉓, 조특칙 §45의 9 ⑰).

피합병법인의 차기환류적립금도 합병법인이 승계할 수 있다[서면법령법인-3024, 2016.3. 31. (구 법법 §56)].

(가) 합병

피합병법인의 미환류소득등을 합병법인의 해당 사업연도말 미환류소득등에 합산한다. 미환류소득등이란 합병(분할)등기일을 사업연도 종료일로 보고 계산한 금액으로서 임금증가금액(조특법 §100의 32 ② 1호 나목)은 포함하지 아니하고 계산한 금액을 말한다.

즉, 피합병법인의 미환류소득은 합병등기일이 속하는 사업연도의 개시일부터 합병등기일까지 기간의 사업연도에 대해 계산한 금액을 말한다.

내국법인이 다른 내국법인을 2020사업연도 중 합병한 경우로서 피합병법인이 2019사업연도에 차기환류적립금을 적립한 경우 2020의제사업연도로 이월된 차기환류적립금을 합병법인이 승계할 수 있다(법인세제과-328, 2022.8.23.).[10]

합병법인이 적격합병 요건(법법 §44 ②)을 충족하지 못하고 다른 피합병법인을 흡수합병하는 때 합병법인이 피합병법인의 미환류소득을 승계하지 않는 경우, 피합병법인의 미환류소득에 대한 법인세는 '합병법인이 납부하는 피합병법인의 법인세'(법령 §80 ① 2호 나목)에 해당하여 양도가액(법법 §44 ① 1호)에 포함된다. 그러나 합병법인이 피합병법인의 미환

---

8) 법률 제15222호로 개정(2017.12.19.)된, 종전의 법인세법을 말함. 즉, 법률 제15022호임(2017.10.31.)
9) 법률 제16008호로 개정(2008.12.24.)되기 전의 법인세법을 말함. 즉, 법률 제15222호임(2017.12.19.)
10) 합병법인이 승계하는 피합병법인의 미환류소득은 합병등기일이 속하는 사업연도의 개시일부터 합병등기일까지 기간의 사업연도에 대해「조세특례제한법」제100조의32 제2항[임금증가금액(같은 항 제1호 나목의 금액)은 제외]에 따라 계산한 금액을 말한다는 종전의 예규(서면법인-2309, 2018.9.4.)는 기획재정부의 변경된 해석과 불일치하여 2022년 11월에 삭제함.

류소득을 승계하는 경우에는 합병등기일을 기준으로 계산한 피합병법인의 미환류소득에 대한 법인세는 양도가액에 포함되지 않는다[사전법령법인-0265, 2015.9.25. (구 법법 §56)].

(나) 분할

분할법인의 미환류소득등을 분할되는 각 사업부문의 자기자본(조특령 §100의 32 ①)의 비율에 따라 분할신설법인 또는 분할합병의 상대방 법인의 해당 사업연도말 미환류소득등에 합산한다.

내국법인이 사업용 유형고정자산을 분할로 분할신설법인에 이전한 경우 분할등기일 전 취득한 해당 자산은 (분할신설법인이 아닌) 분할존속법인의 사업용 유형고정자산으로 보아 기업의 미환류소득에 대한 법인세를 계산한다[사전법령법인-0605, 2018.5.29. (구 법법 §56)].

4 사후관리

다음의 경우에는 미환류소득 계산시 차감된 자산(이하 "차감된 투자자산")에 대한 투자금액의 공제로 인하여 납부하지 아니한 세액에 이자 상당액을 가산하여 납부하여야 한다(조특법 §100의 32 ⑧, 조특령 §100의 32 ⑳·㉑, 조특칙 §45의 9 ⑯).

2022년 세법 개정에 따른 이자율에 대한 개정 규정 및 부칙은 제3부 제2장 제2절 Ⅲ. 3-2를 참조하기로 한다.

2018년 조특법으로 이관된, 기업의 미환류소득에 대한 법인세에 관한 경과조치

> 종전의 법인세법 제56조에 따라 차기환류적립금을 적립하거나 미환류소득 또는 초과환류액을 산정할 때 자산에 대한 투자 합계액을 공제하고 그 자산을 처분한 내국법인 등에 관하여는 종전의 제56조에 따른다(2018.12.24. 개정된 법인세법 부칙 §12).

4-1 투자한 자산의 2년 이내 양도·대여

'기계 및 장치 등 사업용 유형고정자산'[조특령 §100의 32 ⑥ 1호 가목 1)]의 투자완료일 또는 무형고정자산(매입 자산에 한정; 같은 호 나목)의 매입일 또는 벤처기업 출자 주식등(같은 항 2호)의 자산의 취득일부터 2년이 지나기 전에 해당 자산을 양도하거나 대여하는 경우에는 그 양도일·대여일에 추징한다. 다만 다음 어느 하나에 해당하는 경우는 제외한다.
㉮ 감면세액의 추징 대상 제외사유에 해당하는 경우(조특령 §137 ①)

㉯ '기계 및 장치 등 사업용 유형고정자산'을 수탁기업에 무상양도·무상대여하는 경우
수탁기업(대·중소기업 상생협력 촉진에 관한 법률 §2 6호)에서 특수관계인(법령 §2 ⑤)은 제외한다.
㉰ 천재지변, 화재 등으로 멸실되거나 파손되어 사용이 불가능한 자산을 처분하는 경우
㉱ 한국표준산업분류표상 '기계 및 장치 등 사업용 유형고정자산'의 임대업이 주된 사업인 법인이 해당 자산을 대여하는 경우(조특칙 §45의 9 ⑭)

주된 사업이란 둘 이상의 서로 다른 사업을 영위하는 경우 해당 사업연도 '기계 및 장치 등 사업용 유형고정자산'의 임대업 수입금액이 총 수입금액의 50% 이상인 경우를 말한다.

여신전문금융업법에 따른 시설대여업을 영위하는 내국법인이 리스대상자산을 취득하여 리스이용자에게 운용리스의 형태로 제공하는 경우에는 위의 예외 사유에 해당하여 사후관리 규정이 적용되지 않는다(서면법인-6992, 2021.11.10.; 기준법령법인-0150, 2021.9.28.). 대여행위 자체가 리스회사의 사업에 사용하는 것이므로 추징 대상에서 제외한다.

2023년 세법개정에서 투자자산 환류액 사후관리의 예외 인정사유에 천재지변, 화재 등으로 해당 시설이 멸실, 파손되어 처분한 경우를 추가함.

4-2 업무용 건축물의 2년 이내 처분·임대

신축·증축하는 업무용 건축물[조특령 §100의 32 ⑥ 1호 가목 2)]과 관련하여 다음 어느 하나에 해당하는 경우이다(조특칙 §45의 9 ⑮).

㉮ 2년 이내 업무 미사용
해당 법인이 업무용신증축건축물을 준공 후 2년 이내에 임대하거나 위탁하는 등 업무에 직접 사용하지 아니하는 경우. 다만 한국표준산업분류표상 부동산업, 건설업 또는 종합소매업을 주된 사업으로 하는 법인이 해당 건축물을 임대하는 경우는 제외한다.

㉯ 처분
업무용신증축건축물을 준공 전에 처분하거나 준공 후 2년 이내에 처분하는 경우. 다만 국가·지방자치단체에 기부하고 그 업무용신증축건축물을 사용하는 경우는 제외한다.

㉰ 건설 중단
업무용신증축건축물건설에 착공한 후 천재지변 그 밖의 정당한 사유 없이 건설을 중단한 경우. 중단일로부터 6개월이 되는 날이 속하는 사업연도의 과세표준 신고를 할 때 이자상당액가산액을 납부한다.

Ⅳ. 서식 작성요령

■ 조세특례제한법 시행규칙 [별지 제114호 서식] <개정 2024. 3. 22..>   (앞쪽)

사 업 연 도	. . . ~ . . .	미환류소득에 대한 법인세 신고서		
1. 적용대상		① 자기자본 500억원 초과 법인(중소기업, 비영리법인 등 제외)	일반[ ],	연결[ ]
		② 상호출자제한기업집단 소속기업	일반[ ],	연결[ ]
2. 과세방식 선택		③ 투자포함 방식(A방식)		[ ]
		④ 투자제외 방식(B방식)		[ ]
3. 미환류소득에 대한 법인세 계산				
과세대상 소 득	가산항목	⑤ 사업연도 소득		
		⑥ 국세등 환급금 이자		
		⑦ 수입배당금 익금불산입액		
		⑧ 기부금 이월 손금산입액		
		⑨ 투자자산 감가상각분(A방식만 적용)		
		⑩ 소계(⑥+⑦+⑧+⑨)		
	차감항목	⑪ 법인세액등		
		⑫ 상법상 이익준비금 적립액		
		⑬ 법령상 의무적립금		
		⑭ 이월결손금 공제액		
		⑮ 피합병법인(분할법인)의 주주인 법인의 의제배당소득		
		⑯ 기부금 손금한도 초과액		
		⑰ 피합병법인(분할법인)의 양도차익		
		⑱ 유동화전문회사 등이 배당한 금액		
		⑲ R&D준비금 익금산입액		
		⑳ 해외자회사 배당수익 중 익금산입액		
		㉑ 공적자금 상환액		
		㉒ 소계(⑪+⑫+⑬+⑭+⑮+⑯+⑰+⑱+⑲+⑳+㉑)		
	㉓ 기업소득(⑤+⑩-㉒)			
	㉔ 연결법인 기업소득 합계액			
	㉕ 과세대상 소득(㉓×70%또는15%, ㉔×㉓/㉔×70%또는15%)			
투자금액	유형자산	㉖ 기계및장치등		
		㉗ 업무용 건물 건축비		
		㉘ 벤처기업에 대한 신규출자		
	㉙ 무형자산			
	㉚ 소계(㉔+㉕+㉖+㉗)			
임금증가 금 액	상시근로자 임금 증가 금액 계산	㉛ 해당 사업연도 상시근로자 수		
		㉜ 직전 사업연도 상시근로자 수		
		㉝ 해당 사업연도 상시근로자 임금지급액		
		㉞ 직전 사업연도 상시근로자 임금지급액		
		㉟ 해당 사업연도 신규 상시근로자 임금지급평균액		
		㊱ 임금증가 계산금액 [(㉛-㉜) ≦ 0 인 경우 : (㉝-㉞), (㉛-㉜) > 0 인 경우 : {(㉝-㉞)-(㉛-㉜)×㉟}×1.5+(㉛-㉜)×㉟×2]		
	청년정규직 임금 증가 금액 계산	㊲ 해당 사업연도 청년정규직근로자 수		
		㊳ 직전 사업연도 청년정규직근로자 수		
		㊴ 해당 사업연도 청년정규직근로자 임금지급액		
		㊵ 직전 사업연도 청년정규직근로자 임금지급액		
		㊶ 임금증가 계산금액[(㊲-㊳) > 0 인 경우만 (㊴-㊵)]		
	㊷ 정규직 전환 근로자(청년정규직 근로자 제외) 임금증가금액			
	㊸ 소계(㊱+㊶+㊷)			
상생협력 지출금액	㊹ 상생협력출연금			
	㊺ 사내근로복지기금 및 공동근로복지기금 출연금			
	㊻ 신용보증기금에 대한 출연금 등			
	㊼ 상생협력 지출금액 계산(㊹+㊺+㊻)×3			

210mm×297mm[백상지 80g/㎡ 또는 중질지 80g/㎡]

(뒤쪽)

미환류소득	㊽ A방식(70% 적용)-[㉕-(㉚+㊸+㊼)]	미환류소득과 초과환류액 기재 대상인 네 항목(칸) 중에서 하나만 기재	㊾ 차기환류적립금	적립금액	Ⅲ. 2-1 차기환류적립금의 적립
	㊾ B방식(15% 적용)-[㉕-(㊸+㊼)]				
㊶초과환류액	A방식 / B방식	Ⅱ. 2-2 투자포함방식 선택한 경우 3년간 계속적용			

Ⅲ. 2. 미환류소득에 대한 법인세액 계산	직직전 사업연도	직전 사업연도	해당 사업연도
㉜ 미환류소득	당기 미환류소득기재	합병법인 또는 분할신설법인이 미환류소득 또는 초과환류액을 승계한 경우에는 그 승계액을 포함하여 기재	
㉝ 이월된 초과환류액	당기로 이월된 초과환류액 기재		
㉞ 차기환류적립금	당기 미환류소득에서 공제하는 차기환류적립금 적립분 기재	피합병법인 또는 분할법인이 미환류소득을 승계시킨 경우에는 그 승계액을 차기환류적립금에 기재	
㉟ 이월된 차기환류적립금	조특법 상 전기에 적립한 차기환류적립금 기재	법법 §56 ⑥에 따라 적립되어 이월된 차기환류적립금과 그 납부세액은 법칙 별지 제52호의 2 서식에 작성. 법법 상 이월된 차기환류적립금은 ㊱에 기재하지 않음	
㊱ 초과환류액(=㊶)	당기 초과환류액 기재		
㊲ 과세대상 미환류소득 (㉜-㉝-㉞+㉟-㊱)			

4. 미환류소득에 대한 법인세 납부액 (㊲×20%)   ㊳ 음수인 경우에는 0

「조세특례제한법 시행령」 제100조의 32 제3항에 따라 미환류소득에 대한 법인세 신고서를 제출합니다.

                                                  년   월   일

                신고인(법 인)   (인)

                신고인(대표자)   (서명)

세무대리인은 조세전문자격자로서 위 신고서를 성실하고 공정하게 작성하였음을 확인합니다.

                세무대리인   (서명 또는 인)

세무서장 귀하

Ⅴ. 예제와 서식 작성실무

신고실무 | 미환류소득에 대한 법인세 신고서

● 자 료

㈜문화는 상호출자제한기업집단 소속 기업으로 투자·상생협력 촉진을 위한 과세특례의 적용 대상이다. 다음의 자료를 바탕으로 투자포함방식과 투자제외방식에 따른 미환류소득을 계산한 후 보다 유리한 방법을 선택하고자 한다.

1. 기업소득에 가산(차감)할 항목 및 투자 금액

가산할 항목 및 투자금액	금액	차감할 항목	금액
각 사업연도 소득	7,237,000,000	법인세액등	1,432,926,000
기부금 이월손금산입액	500,000,000	상법상 이익준비금 적립액	723,700,000
기계장치 투자액❶	1,000,000,000	이월결손금 공제액	200,000,000
벤처기업에 대한 신규출자	300,000,000	지정기부금 손금한도 초과액	50,000,000
개발비❷	200,000,000		

❶ 당해 연도 7.1.에 투자한 기계장치 10억원에 대해 5년 정액법 상각하여 1억원의 감가상각비가 발생함.
❷ 개발비는 당기 발생하였으나 관련 제품이 상용화되지 아니하여 상각은 개시되지 아니함.

2. 고용 및 임금 자료

구분	당기	전기
상시근로자 수	180	170
상시근로자 임금지급액	3,500,000,000	3,000,000,000
신규 상시근로자 임금지급평균액	30,000,000	-
청년정규직근로자 수	40	35
청년정규직근로자 임금지급액	800,000,000	600,000,000
정규직 전환 근로자 임금지급액❶	100,000,000	50,000,000

❶ 청년정규직 근로자는 제외한 수치임.

3. 기타 자료

㈜문화의 상생협력 지출금액은 없다. 전기에 최초로 상호출자제한기업집단에 소속되어 조특법상 투자·상생협력촉진 세제를 처음 적용하였으며, 미환류소득 300백만원이 계산되어 차기환류적립금을 300백만원을 적립하였다.

● 해 설

1. 미환류소득의 계산

투자포함방식과 투자제외방식에 따른 미환류소득의 계산은 다음과 같다.

구분		투자포함방식	투자제외방식
① 각 사업연도 소득		7,237,000,000	7,237,000,000
② 가산 항목	기부금 이월손금산입액	500,000,000	500,000,000
	투자자산 감가상각분	100,000,000	–
	소계	600,000,000	500,000,000
③ 차감 항목	법인세액등	1,432,926,000	1,432,926,000
	상법상 이익준비금 적립액	723,700,000	723,700,000
	이월결손금 공제액	200,000,000	200,000,000
	지정기부금 손금한도 초과액	50,000,000	50,000,000
	소계	2,406,626,000	2,406,626,000
④ 기업소득(=①+②-③)		5,430,374,000	5,330,374,000
⑤ 적용률		70%	15%
⑥ 과세대상 소득(=④×⑤)		3,801,261,800	799,556,100
⑦ 투자 금액	기계및장치등	1,000,000,000	–
	벤처기업에 대한 신규출자	300,000,000	–
	개발비	200,000,000	–
	소계	1,500,000,000	–
⑧ 임금 증가 금액	임금증가분❶	500,000,000	500,000,000
	상시근로자 증가❷	250,000,000	250,000,000
	신규 상시근로자 증가❸	150,000,000	150,000,000
	청년 정규직근로자 증가❹	200,000,000	200,000,000
	정규직 전환 근로자 증가❺	50,000,000	50,000,000
	소계	1,150,000,000	1,150,000,000
⑨ 미환류소득(=⑥-⑦-⑧)		1,151,261,800	-350,443,900
⑩ 차기환류적립금		1,151,261,800	
⑪ 이월된 차기환류적립금		300,000,000	300,000,000
⑫ 초과환류액			
⑬ 과세대상 미환류소득(=⑨-⑩+⑪-⑫)		300,000,000	-50,443,900

❶ 임금증가분 = 당기 상시근로자 임금지급액 - 전기 상시근로자 임금지급액 = 35억 - 30억 = 5억원

❷ 상시근로자 = 임금증가분 × 50% = 5억 × 50% = 2억5천만원
❸ 신규 상시근로자 증가 = (당기 상시근로자 수 − 전기 상시근로자 수) × 당기 신규 상시근로자 임금지급 평균액 × 50% = (180 − 170) × 3천만원 × 50% = 1억5천만원
❹ 청년 정규직근로자 임금증가분 = 당기 청년 정규직근로자 임금지급액 − 전기 청년 정규직근로자 임금지급액 = 8억 − 6억 = 2억원
❺ 정규직 전환 근로자 임금증가분 = 당기 정규직 전환 근로자 임금지급액 − 전기 정규직 전환 근로자 임금지급액 = 1억 − 5천 = 5천만원

2. 계산방법의 선택

투자포함방식을 선택하였을 때에는 미환류소득 약 1,151백만원이 계산되어 같은 금액의 차기환류적립금을 적립하는 경우에만 추가과세되지 않는다. 또한 전기로부터 이월된 차기환류적립금 300백만원은 당기에 미환류되었으므로 미환류소득에 대한 법인세를 납부하여야 한다.

반면에 투자제외방식을 선택한 경우에는 초과환류액이 발생하므로, 전기로부터 이월된 차기환류적립금 300백만원을 당기 초과환류액에서 공제한다. 공제 후 남은 초과환류액 50,443,900원은 다음 사업연도로 이월한다.

따라서 투자제외방식을 선택하여 다음 신고서식을 작성한다.

■ 조세특례제한법 시행규칙 [별지 제114호 서식] <개정 2024. 3. 22.>   (앞쪽)

사업연도	. . ~ . .	미환류소득에 대한 법인세 신고서	법인명	(주)문화
			사업자등록번호	

1. 적용대상	① 자기자본 500억원 초과 법인(중소기업, 비영리법인 등 제외)	일반[ ], 연결[ ]
	② 상호출자제한기업집단 소속기업	일반[√], 연결[ ]
2. 과세방식 선택	③ 투자포함 방식(A방식)	[ ]
	④ 투자제외 방식(B방식)	[√]

3. 미환류소득에 대한 법인세 계산

과세대상 소득		⑤ 사업연도 소득	7,237,000,000
	가산항목	⑥ 국세등 환급금 이자	
		⑦ 수입배당금 익금불산입액	
		⑧ 기부금 이월 손금산입액	500,000,000
		⑨ 투자자산 감가상각분(A방식만 적용)	
		⑩ 소계(⑥+⑦+⑧+⑨)	500,000,000
	차감항목	⑪ 법인세액등	1,432,926,000
		⑫ 상법상 이익준비금 적립액	723,700,000
		⑬ 법령상 의무적립금	
		⑭ 이월결손금 공제액	200,000,000
		⑮ 피합병법인(분할법인)의 주주인 법인의 의제배당소득	
		⑯ 기부금 손금한도 초과액	50,000,000
		⑰ 피합병법인(분할법인)의 양도차익	
		⑱ 유동화전문회사 등이 배당한 금액	
		⑲ R&D준비금 익금산입액	
		⑳ 해외자회사 배당수익 중 익금산입액	
		㉑ 공적자금 상환액	
		㉒ 소계(⑪+⑫+⑬+⑭+⑮+⑯+⑰+⑱+⑲+⑳+㉑)	2,406,626,000
	㉓ 기업소득(⑤+⑩-㉒)		5,330,374,000
	㉔ 연결법인 기업소득 합계액		
	㉕ 과세대상 소득(㉓×70%또는15%, ㉔×㉓/㉔×70%또는15%)		799,556,100
투자금액	유형자산	㉖ 기계및장치등	
		㉗ 업무용 건물 건축비	
		㉘ 벤처기업에 대한 신규출자	
	㉗ 무형자산		
	㉘ 소계(㉔+㉕+㉖+㉗)		
임금증가 금액	상시근로자 임금 증가 금액 계산	㉛ 해당 사업연도 상시근로자 수	180
		㉜ 직전 사업연도 상시근로자 수	170
		㉝ 해당 사업연도 상시근로자 임금지급액	3,500,000,000
		㉞ 직전 사업연도 상시근로자 임금지급액	3,000,000,000
		㉟ 해당 사업연도 신규 상시근로자 임금지급평균액	30,000,000
		㊱ 임금증가 계산금액 [(㉛-㉜) ≤ 0 인 경우 : (㉝-㉞), (㉛-㉜) > 0 인 경우 : {(㉝-㉞)-(㉛-㉜)×㉟}×1.5+(㉛-㉜)×㉟×2]	900,000,000
	청년정규직 임금 증가 금액 계산	㊲ 해당 사업연도 청년정규직근로자 수	40
		㊳ 직전 사업연도 청년정규직근로자 수	35
		㊴ 해당 사업연도 청년정규직근로자 임금지급액	800,000,000
		㊵ 직전 사업연도 청년정규직근로자 임금지급액	600,000,000
		㊶ 임금증가 계산금액[(㊲-㊳) > 0 인 경우만 (㊴-㊵)]	200,000,000
	㊷ 정규직 전환 근로자(청년정규직 근로자 제외) 임금증가금액		50,000,000
	㊸ 소계(㊱+㊶+㊷)		1,150,000,000
상생협력 지출금액	㊹ 상생협력출연금		
	㊺ 사내근로복지기금 및 공동근로복지기금 출연금		
	㊻ 신용보증기금에 대한 출연금 등		
	㊼ 상생협력 지출금액 계산[(㊹+㊺+㊻)×3]		

210mm×297mm[백상지 80g/㎡ 또는 중질지 80g/㎡]

(뒤쪽)

미환류소득	㊽ A방식(70% 적용)[㉕－(㉚＋㊸＋㊼)]		(50) 차기환류적립금	적립	[ ]
	㊾ B방식(15% 적용)[㉕－(㊸＋㊼)]			금액	
(51)초과환류액	A방식				
	B방식	350,443,900			

	직직전 사업연도	직전 사업연도	해당 사업연도
(52) 미환류소득		300,000,000	
(53) 이월된 초과환류액			
(54) 차기환류적립금		300,000,000	
(55) 이월된 차기환류적립금			300,000,000
(56) 초과환류액(=(51))			350,443,900
(57) 과세대상 미환류소득 ((52)－(53)－(54)＋(55)－(56))		0	－50,443,900

4. 미환류소득에 대한 법인세 납부액 ((57)×20%)	(58)

「조세특례제한법 시행령」 제100조의 32 제3항에 따라 미환류소득에 대한 법인세 신고서를 제출합니다.

20X1년 3월 31일

신고인(법 인) (주)문화 (인)

신고인(대표자) 김성수 (서명)

세무대리인은 조세전문자격자로서 위 신고서를 성실하고 공정하게 작성하였음을 확인합니다.

세무대리인 (서명 또는 인)

분당 세무서장 귀하

2024
조세특례제한법 해석과 사례

13. 동업기업에 대한 조세특례

제1절 서설
제2절 특례의 적용 및 포기
제3절 동업기업 소득에 대한 과세
제4절 동업자에 대한 과세
제5절 신고·원천징수 등

제1절 서설

Ⅰ. 의의

동업기업 과세특례(Partnership Taxation)란 동업기업을 도관(導管; Pass-through Entity)으로 보아 동업기업에서 발생한 소득에 대해 동업기업 단계에서는 과세하지 않고, 이를 구성원인 동업자에게 귀속시켜 동업자별로 과세하는 제도이다.[1]

대외적으로 동업자가 회사의 채무에 대해 무한책임을 지고, 대내적으로 동업자가 사적자치에 의해 자율적으로 업무를 수행한다면, 회사의 법인격은 사실상 형식적인 것이 되므로 과세 대상으로서의 법인격을 부인하고 법인세를 부과하지 않는다(도관론). 다만 납세자와 과세관청의 편의를 위하여 동업기업을 소득계산 및 세무신고의 실체로 인정한다(실체론).

동업기업의 세무상 취급

구분	실질적 측면 - 도관론	형식적 측면 - 실체론
세무상 취급	■ 과세소득에 대한 과세 동업기업을 납세의무가 없는 도관으로 취급 ⇒ 동업자에게 배분하여 과세	■ 과세소득의 계산 및 신고 동업기업을 실체로 취급
기대효과	① (동업기업) 공동사업의 형태 선택 및 전환에 따른 조세중립성 제고 ② (동업자) 이중과세 완전조정 및 결손금 통산 등을 통한 세부담 경감 및 사업의 전체적 성과에 부합하는 과세	① (납세자) 납세편의 제고 ② (과세기관) 조세행정의 효율성 제고

영국, 미국 등 대부분의 선진국에서는 인적회사의 성격이 있는 파트너십 형태의 기업에 대해, 사법상의 법인격 유무에 관계없이 법인세를 과세하지 아니하고 구성원들에 대해서만 과세하는 파트너십 과세제도를 운영하고 있다. 이에 우리나라에서도 기업과세를 선진화하기 위해 2008년 개정세법에서 동업기업 과세특례를 도입하였다. 다만 2009.1.1.부터 시행되었다.

---

[1] 국세청, 「동업기업 과세특례의 이해」, 2009.; 이하 의의, 입법취지, 도표 등은 동 보고서를 참조함.

동업기업 과세특례를 적용하게 되면 공동사업 형태를 선택함에 있어 과세상의 차이가 해소되어 조세 중립성이 유지되므로, 개인 또는 법인 중 자유로운 사업형태를 선택할 수 있게 되어, 조합 및 인적회사의 공동사업(컨소시엄)이 활성화될 수 있다.[2]

소득세법상 공동사업장 과세제도가 있으나 이는 개인으로 구성된 조합에 대해서만 적용 가능한 반면, 본 제도는 법인이 조합원인 경우에도 적용 가능하여 본 특례에 따라 민법상 조합, 상법상 익명조합 등은 납세 편의가 증진되며, 과세방법도 보다 명확해질 수 있다.

또한 합명회사, 합자회사, 일부 유한회사 등은 회사 단계가 아닌 사원 단계의 과세를 선택하여, 법적 형식보다는 경제적 실질의 개념에 따라 소득세와 법인세의 이중과세를 완전히 조정할 수 있다. 결손이 발생한 동업기업의 동업자가 법인이거나 사업소득이 있는 개인인 경우에는 그 결손금을 배분받아 본인의 다른 소득과 공제 가능하기 때문이다.

일몰기한이 없는 항구적 조세지원제도이다.

개정연혁

연 도	개정 내용
2022년	■ 동업기업에 대한 결손금 이월공제기간 연장 : 10년 → 15년
2023년	■ 소득원천별 과세하는, 수동적 동업자의 예외 확대

Ⅱ. 용어 정의

본 특례에서 사용하는 용어의 뜻은 다음과 같다(조특법 §100의 14).

1 동업기업 (1호)

"동업기업"(Partnership)이란 2명 이상이 금전이나 그 밖의 재산 또는 노무 등을 출자하여 공동사업을 경영하면서 발생한 이익 또는 손실을 배분받기 위하여 설립한 것으로서 인적 성격이 있는 단체를 말한다.

---

[2] 인적회사란 개인인 상인의 조합적 결합으로서 인적 신뢰관계에 있는 구성원만으로 이루어진 기업형태로 대내적으로 각 사원은 대등한 권리를 가지고 참여하며, 대외적으로는 무한책임을 진다(이철송, 「회사법강의」, 박영사, 2022, p.85~86.). 상법상의 합명회사와 합자회사가 이에 해당한다.

(가) 단체성

2인 이상으로 구성되어야 하므로 1인조합, 1인회사는 동업기업이 될 수 없다.

(나) 영리성

수익사업을 영위하고 그 이익 또는 손실을 배분하여야 하므로 비영리법인은 동업기업이 될 수 없다.

(다) 조합적 성격

조합 또는 인적회사의 성격을 가져야 한다. 앞서 도관론에서 보았듯이 동업기업 과세특례를 적용하여 과세대상으로서의 법인격을 부인하기 위해서는 인적회사의 성격을 가져야 하기 때문에, 주식회사 또는 유한회사는 원칙적으로 동업기업이 될 수 없다. 또한 명목상의 회사(paper company)도 회사의 업무를 수행하는 자가 회사 내에 실존하지 않으므로 제외된다.

2 배분과 분배 (3호·8호)

"배분"(Allocation)이란 동업기업의 소득금액 또는 결손금 등을 각 과세연도의 종료일에 자산의 실제 분배 여부와 관계없이 동업자의 소득금액 또는 결손금 등으로 귀속시키는 것을 말한다.

"분배"(Distribution)란 동업기업의 자산이 동업자에게 실제로 이전되는 것을 말한다.

동업기업 과세특례는 배분(Allocation)시점에 소득금액을 과세하거나 결손금을 공제하고 분배(Distribution)시점에는 기과세·공제한 금액을 다시 과세 또는 공제하지 않도록 하여 이중과세 또는 이중공제의 문제를 해결하고 있다. 따라서 법인세법에서도 이중과세 조정을 목적으로 하는 지주회사 수입배당금액 익금불산입의 적용대상에서 동업기업 과세특례 적용 법인을 제외하고 있으며,(법령 §17의 2 ⑪ 3호) 소득세법상 배당소득 그로스업(Gross-up) 대상에서도 제외하고 있다(소령 §27의 3 ① 1호). 또한 연결납세제도의 모법인에서도 제외한다(법령 §120의 12 ① 6호).

배분과 분배는 그 용어가 매우 유사하나, 배분은 소득금액(또는 결손금)을 동업자에게 귀속시키는 것인 반면에, 분배는 배분에 따라 귀속된 동업자에게 자산을 실제로 이전하는 행위를 말하는 것이므로 양자의 구별에 유의하여야 한다. 배분(Allocation)과 분배(Distribution)는 발생주의와 현금주의의 차이로 이해하면 될 것이다.

3 동업자와 동업자군 (2호·4호)

"동업자"(Partner)란 동업기업의 출자자인 거주자, 비거주자, 내국법인 및 외국법인을 말하며, "동업자군"(Partner Group)이란 동업자를 거주자, 비거주자, 내국법인 및 외국법인의 네 개의 군으로 구분한 단위이다.

4 지분가액 (7호)

"지분가액"(Outside Basis)이란 동업자가 보유하는 동업기업 지분의 세무상 장부가액으로서 동업기업의 ① 지분 양도, ② 자산 분배, ③ 결손금 배분 시 과세소득의 계산 등의 기초가 되는 가액을 말한다. 이중과세 또는 이중공제를 회피하기 위해 사용된다.

지분가액은 소득금액·결손금의 배분 등에 따라 지속적으로 가감 조정한다.

제2절 특례의 적용 및 포기

Ⅰ. 주체 (적용범위)

동업기업 과세특례의 주체는 원칙적으로 조합이나 인적회사의 성격을 가진 단체이어야 하며, 명목상의 회사(paper company)는 제외된다. 동업기업의 자세한 정의는 제1절 Ⅱ. 1. 용어 정의 부분을 참조하기 바란다.

(가) 수직적 중복적용의 금지

다단계 파트너십을 형성할 경우 동업기업 과세특례를 적용받는 동업기업(AB)의 동업자(A)는 다시 동업기업(Partnership)의 자격으로 동업기업 과세특례를 적용받을 수 없다(수직적 중복적용의 금지). 소득의 최종 귀속자의 파악이 곤란하기 때문이다(조특법 §100의 15 ① 단서).

수직적 중복적용과 수평적 중복적용

수직적 중복적용의 금지	수평적 중복적용의 허용
동업기업AB → 동업자 A, 동업자 B 동업자 A → 동업자 a1, 동업자 a2	동업기업XY, 동업기업YZ → 동업자 X, 동업자 Y, 동업자 Z

수직적 중복적용이 금지됨에도 불구하고 동업기업과세특례를 적용받는 동업기업에 출자한 동업자가 기관전용 사모집합투자기구(자본시장법 §9 ⑲ 1호)로서 법인만을 사원으로 하는 투자합자회사인 경우 그 투자합자회사는 자기에게 출자한 동업자와의 관계에서 동업기업의 자격으로 동업기업과세특례를 적용받을 수 있다. 이 경우 해당 투자합자회사의 동업자는 동업기업의 자격으로 동업기업과세특례를 적용받을 수 없다(조특법 §100의 15 ②, 조특령 §100의 15 ③).

모펀드-자펀드 구조로 투자하는 경우 자펀드 소득에 대해 모펀드의 출자자 단계에서만 소득세·법인세를 과세하여 이중과세를 해소하였다. 다만, 투자자 명부 및 소득 배분 등이 체계적으로 관리되는 기관전용 사모PEF에 한하여 허용한다.

동업자인 동시에 동업기업의 자격으로 동업기업과세특례를 적용받는 자는 동업자의 자격으로 자기가 출자한 동업기업(동업기업과세특례를 적용받는 동업기업을 말함)과의 관계에서 "상위 동업기업"이라 하고, 그 출자를 받은 동업기업은 상위 동업기업과의 관계에서 "하위 동업기업"이라 한다(조특법 §100의 15 ③).

[2024 개정] 종전에는 동업기업 과세특례를 적용받는 동업기업의 동업자에 대해서는 동업기업 과세특례를 적용하지 아니하였으나, 그 동업자가 일정 요건을 갖춘 기관전용 사모집합투자기구인 경우에는 자기에게 출자한 동업자와의 관계에서 동업기업의 자격으로 동업기업 과세특례를 적용받을 수 있도록 함. 개정규정은 2023.12.31.이 속하는 과세연도부터 적용함. 이 경우 2023.12.31.이 속하는 과세연도 또는 2024.1.1. 개시하는 과세연도에 대하여 동업기업과세특례를 적용받으려는 기업은 법 100조의 17 제1항에도 불구하고 기획재정부장관이 정하여 고시하는 바에 따라 2024.1.31.까지 관할 세무서장에게 신청을 하여야 함(2023.12.31. 개정된 법률 부칙 §19).

(나) 수평적 중복적용의 허용

반면에, 기업(Y)이 동업기업(XY)의 동업자로서 특례를 적용받는 동시에 다른 동업기업(YZ)의 동업자로서 특례를 적용받는 것은 가능하다(수평적 중복적용의 허용).

(다) 유사 외국단체의 국내사업장

또한 후술하는 유사 외국단체의 경우 국내사업장(PE; Permanent Establishment)을 하나의 동업기업으로 간주한다. 따라서 법인세법상 국내사업장의 과세원칙과 동일하게 해당 국내사업장과 실질적으로 관련되거나 해당 국내사업장에 귀속하는 소득으로 한정하여 본 특례를 적용한다.

개정연혁	
연 도	개정 내용
2024년	▪ 기관전용 PEF에 대해 수직적 중복 적용 허용

이하 각 주체를 살펴보도록 한다(조특법 §100의 15 ①).

1 민·상법상 조합

민·상법상 조합은 당사자 간의 계약으로 성립하며 법인격이 없다. 반면에 명칭은 조합이나 실질이 민·상법상의 조합과는 다른 농협·수협 등 조합법인은 비영리법인에 해당하므로 대상에서 제외되며, 당기순이익 과세특례(법 §72)를 적용받는다.

1-1 민법상 조합 (1호)

민법상 조합은 2인 이상이 상호 출자하여 공동사업을 경영할 것을 약정하는 계약으로서, 조합재산은 조합원의 합유로 하며, 조합원 전원이 손익 분배에 참가하여야 한다(민법 §703·§704·§711).

예를 들어, 재개발 원주민 30명이 결성한 민법상 조합(법인-427, 2009.4.9.)과 토지공사 등이 시행한 택지개발지구 내의 생활대책대상자로 선정된 자 36명으로 구성된 조합(법인-848, 2009.7.22.)은 본 특례의 신청이 가능하다.

1-2 상법상 합자조합 (2호)

합자조합은 유한책임조합원과 업무집행을 담당하는 무한책임조합원으로 구성된다는 점에서 합자회사와 유사하지만 법인격이 없고, 계약에 따라 유한책임조합원도 업무집행이 가능하다(상법 §86의 2·§86의 8). 미국의 Limited Partnership과 유사하다.

1-3 상법상 익명조합 (2호)

상법상 익명조합은 당사자의 일방(익명조합원)이 상대방(영업자)의 영업을 위하여 출자하고, 영업자는 그 영업으로 인한 이익을 분배할 것을 약정함으로써 효력이 발생하는 조직형태이다(상법 §78).

다만 합자조합과 익명조합 중 「자본시장과 금융투자업에 관한 법률」(이하 "자본시장법")에 따른 투자합자조합 및 투자익명조합(동법 §9 ⑱ 5호·6호)은 집합투자기구 상호 간 과세형평을 감안하여 본 특례의 적용대상에서 제외한다.

법인이 포함된 익명조합이 동업기업 과세특례의 적용을 신청하지 않은 경우, 법인이 그 영업으로 인한 이익을 분배한 때에 그 이익분배금은 손금(이자비용)에 산입하며, 법인세법 제73조의 규정에 따라 원천징수한다(법인-95, 2011.2.1.).

2 상법상 합명회사·합자회사 (3호)

상법상 합명회사 및 합자회사는 인적회사이므로 주체에 포함된다. 상법상 합명회사는 업무를 집행하는 무한책임사원만으로 구성되며, 상법상 합자회사는 유한책임사원과 업무를 집행하는 무한책임사원으로 구성된다.

2-1 투자합자회사의 제외 및 PEF의 허용

예외적으로, 자본시장법에 따른 투자합자회사(자본시장법 §9 ⑱ 4호)는 집합투자기구 상호 간 과세형평을 감안하여 제외한다. 예외의 예외로 기관전용 사모집합투자기구(자본시장법 §9 ⑲ 1호)는 특례에 포함한다. 투자합자회사는 명목상의 회사(paper company)인 반면에, 기관전용 사모집합투자기구는 투자합자회사의 일종이지만 업무집행사원(General Partner)이 자산운영을 담당하기 때문에 세무상 달리 취급한다.

기관전용 사모집합투자기구(PEF; Private Equity Fund)는 본 특례를 적용받을 수 있으므로 법인세법상 지급배당공제(dividend paid deduction)를 허용하지 않는 반면에, 투자합자회사에 대해서는 법인세법상 지급배당공제를 적용한다(법법 §51의 2 ① 2호). 또한 동업기업과세특례를 적용받는 기관전용 사모집합투자기구로부터 받는 소득은 소득세법상 배당소득으로 보지 아니한다(소령 §26의 2 ③ 2호).

2-2 동업자가 배분받은 소득을 과세하는 경우

한편, 배당을 지급하는 법인(예, 투자합자회사)으로부터 배당을 받은 주주 등이 동업기업과세특례를 적용받는 동업기업인 경우로서, 그 동업자들에 대하여 배분받은 배당(법 §108의 18 ①)에 해당하는 소득에 대한 소득세 또는 법인세가 전부 과세되는 경우는 그 배당지급법인에게 배당소득공제를 적용한다(법법 §51의 2 ② 1호 단서). 반대로 동업자들에게 소득세 등이 과세되지 않는다면 배당지급법인에게 배당소득공제를 허용하지 않는다.

동업자에게 소득세 등이 전부 과세되는 경우에는 배당지급법인에 대하여 배당소득공제를 허용하여, 동 회사를 도관체(pay-through taxation)로 보아 배당지급법인 단계 및 동업기업 단계에서 과세되지 않도록 한다. 이중과세를 방지하기 위함이다.

3 특별법에 따른 인적용역 제공 단체 (4호)

인적용역을 주로 제공하는, 특별법에 따라 설립된 조합, 합명회사, 유한회사 등의 단체는 본 특례의 적용이 가능하다(조특령 §100의 15 ①).

- 법무법인(합명), 법무법인(유한) 및 법무조합(조합)
- 특허법인(합명), 특허법인(유한)
- 노무법인(합명)
- 법무사합동법인(합명)
- 회계법인(유한)
- 세무법인(유한)
- 관세법인(유한)

유한회사인 법무법인(유한)과 특허법인(유한), 회계법인, 세무법인, 관세법인은 물적회사인 유한회사임에도 불구하고, 특별법에 의해 인적회사의 성격이 객관적으로 확인 가능하며 대외적, 대내적 업무집행이 구성원의 인격과 신용에 기초하므로 특례 주체에 포함한다.

4 유사 외국단체 (5호)

외국법인 또는 비거주자로 보는 법인 아닌 단체 중 다음의 기준을 모두 충족하는 외국단체이다(조특령 §100의 15 ②).

① 상기 과세특례의 주체가 되는 단체(단, 기관전용 사모집합투자기구는 제외)와 유사한 외국단체

국내 단체와의 사법적 유사성을 기준으로 판단한다.

② 국내사업장(법법 §94, 소법 §120)을 가지고 사업을 경영하는 외국단체

③ 우리나라와 조세조약이 체결된 국가에서 설립된 외국단체로 그 외국에서 동업기업과세특례와 유사한 제도를 적용받는 외국단체

그 외국에서 도관체 과세(pass-through taxation) 의무를 적용받아야 한다.

Ⅱ. 특례의 적용 신청

동업기업 과세특례의 적용은 기업의 선택사항이다. 본 특례를 적용하는 경우 이중과세의 완전조정 등으로 세부담이 감소하는 것이 일반적이지만, 배당률이 낮은 경우에는 오히려 세부담이 증가하여 당사자에게 불리한 경우도 있을 수 있기 때문이다.

동업기업 과세특례는 당사자의 신청에 의해 적용되므로 다른 세법과의 충돌을 방지하기 위해 동업기업 과세특례가 우선 적용된다(조특법 §100의 15 ②).

1 적용신청

동업기업과세특례를 적용받으려는 기업은 동업기업과세특례를 적용받으려는 최초의 과세연도의 개시일 이전에 다음의 서류를 납세지 관할 세무서장에게 제출하여야 한다(조특령 §100의 16 ①).

㉮ 동업자 전원의 동의서
㉯ 외국단체의 경우에는 유사 외국단체 기준을 입증할 수 있는 서류(조특령 §100의 15 ② 각 호)
㉰ 동업기업과세특례 적용신청서(별지 제104호 서식)

다만 기업을 설립하는 경우로서 기업의 설립일이 속하는 과세연도부터 적용받으려는 경우에는 그 과세연도의 개시일부터 1개월 이내에 제출하여야 한다. "그 과세연도의 개시일"이라 함은 설립등기일을 말한다(법인-250, 2010.3.18.).

2 준청산소득에 대한 법인세

2-1 세액 계산

동업기업과세특례를 적용받는 경우 해당 내국법인(이하 "동업기업 전환법인")은 법인(동업기업)단계에서는 각 사업연도소득은 물론 청산소득도 부담하지 않게 되므로, 과세누락 방지를 위하여 동업기업 전환법인은 해산과 동일하게 청산소득에 대하여 법인세(이하 "준청산소득에 대한 법인세")를 납부하여야 한다(조특법 §100의 16 ③).

과세표준(준청산소득금액)은 직전 사업연도 말 현재 잔여재산가액에서 자기자본총액을 차감하여 계산한다.

> 준청산소득에 대한 법인세 = (잔여재산가액 − 자기자본총액) × 법인세 누진세율❶

❶ 법법 §55 ①

준청산소득에 대한 법인세 납부의무를 이행한 경우, 동업기업 전환 전에 발생한 유가증권평가이익 및 미수수익 익금불산입액, 이월결손금은 동업기업에 승계되지 않는다(법인-798, 2011.10.26.).

이하 산식상의 항목을 분설한다.

(1) 잔여재산가액

동업기업 전환법인이 동업기업과세특례를 적용받는 최초 사업연도의 직전 사업연도의 종료일(이하 "준청산일") 현재의 잔여재산의 가액으로 하며, 장부가액으로 계산한 자산총액에서 부채총액을 차감하여 계산한다(조특령 §100의 16 ③·④).

평가차익에 대해서 과세하게 되면 동업기업 전환에 장애가 될 수 있으므로, 잔여재산가액을 시가(법령 §121 ② 참조)가 아닌 장부가액으로 계산한다. 따라서 사실상 준청산소득이 발생하지 않는다.

(2) 자기자본 총액

준청산일 현재의 자기자본 총액으로 하되, 그 금액의 산정은 다음에 따른다(조특령 §100의 16 ③·⑤).

> 자기자본 총액 = 자본금 또는 출자금 + (잉여금 − 이월결손금❶) + 법인세 환급액❷

❶ "이월결손금"(법령 §18 ①)의 잔액은 자기자본 총액에서 그에 상당하는 금액과 상계하되, 자기자본의 총액 중 잉여금의 금액을 초과하지 못하며, 초과하는 이월결손금은 없는 것으로 본다.
❷ "법인세 환급액"은 준청산일 이후 국세기본법에 따라 환급되는 세액이다.

준청산소득에 대한 법인세 계산 시 상기 사항 이외에는 법인세법상 과세표준과 그 계산 규정을 준용한다(조특령 §100의 16 ⑥ → 법법 §14~§54).

2-2 신고 및 납부

동업기업 전환법인은 동업기업과세특례를 적용받는 최초 사업연도의 직전 사업연도 종료일 이후 3개월이 되는 날까지 다음의 서류를 납세지 관할세무서장에게 제출하여 신고하여야 한다(조특법 §100의 16 ④, 조특령 §100의 16 ⑦, 조특칙 §45의 8).
㉮ 준청산소득에 대한 법인세과세표준 및 세액신고서(별지 제105호 서식)
㉯ 준청산일 현재의 해당 내국법인의 재무상태표
㉰ 준청산일 현재의 해당 내국법인의 자본금과 적립금조정명세서

동업기업 전환을 지원하기 위하여, 준청산소득에 대한 법인세의 세액을 상기 신고기한부터 3년 동안 균분한 금액 이상을 납부한다(조특법 §100의 16 ⑤).

Ⅲ. 특례의 포기

특례의 포기도 특례의 적용과 동일하게 기업이 선택할 수 있으나, 일정한 기한 제한이 있다. 동업기업과세특례를 최초로 적용받은 과세연도와 그 다음 과세연도의 개시일부터 4년 이내에 끝나는 과세연도까지는 동업기업과세특례의 적용을 포기할 수 없다(조특법 §100의 17 ②).

인위적인 조작을 통한 조세회피를 방지하기 위하여 특례적용 이후에는 최소 5년간 계속 적용하도록 하였다.

동업기업과세특례의 적용을 포기하려면 동업기업과세특례를 적용받지 아니하려는 최초의 과세연도의 개시일 이전에 동업자 전원의 동의서와 함께 동업기업과세특례 포기신청서(별지 제104호의 2 서식)를 납세지 관할 세무서장에게 제출하여야 한다(조특령 §100의 16 ②).

제3절 동업기업 소득에 대한 과세

차례

Ⅰ. 과세 체계   1684
Ⅱ. 소득금액 등의 계산 및 배분   1685
   1. 1단계 동업자군별 동업기업 소득금액·결손금 계산   1685
   2. 2단계 동업자군별 손익배분비율 계산   1685
   3. 3단계 동업자군별 배분대상 소득금액·결손금 계산   1685
   4. 4단계 동업자에게 배분   1686
     4-1 배분 산식   1686
     4-2 동업자 간의 손익배분비율   1686
       (1) 약정손익분배비율 (원칙)   1687
       (2) 조세회피 우려사유 (직전 연도 비율) 〔예제〕   1687
       (3) 특수관계자 (출자지분비율)   1688
       (4) 기관전용 사모집합투자기구 (정관, 약관, 투자계약서)   1688
       (5) 동업자 변경 (가결산) 〔예제〕   1689
     4-3 결손금의 배분한도 및 이월배분   1689
       (1) 결손금의 배분한도   1689
       (2) 배분한도 초과결손금의 이월 배분   1690
     4-4 소득금액 및 결손금의 배분   1690
       (1) 거주자군   1691
       (2) 비거주자군   1692
       (3) 내국법인군   1693
       (4) 외국법인군   1693
   5. 5단계 하나의 내국법인으로 보아 세액계산   1694
   6. 6단계 세액배분과 동업자별 과세   1695
     6-1 세액공제 및 세액감면금액 (1호)   1695
     6-2 원천징수세액 (2호)   1695
     6-3 가산세 (3호)   1696
       (1) 법인세법에 따른 가산세   1696
       (2) 조특법 제100조의 25에 따른 가산세   1696
     6-4 토지등 양도소득에 대한 법인세 (4호)   1697
Ⅲ. 수동적 동업자   1697
   1. 범위   1698
   2. 결손금의 이월공제(4단계)   1698
     2-1 이월공제 방법   1698
     2-2 이월공제 범위 및 순서   1699
   3. 배당소득 (4단계)   1700
     3-1 기관전용 사모집합투자기구의 계산 특례 (수수료 등 차감)   1700
     3-2 비거주자 또는 외국법인 배당소득 간주 배제 (소득원천별 과세)   1701

Ⅰ. 과세 체계

동업기업은 도관으로 보아 소득세 또는 법인세[1]가 과세되지 아니하며, 동업자(상위 동업기업인 동업자는 제외함)가 배분받은 동업기업의 소득에 대하여 소득세 또는 법인세를 납부할 의무를 진다(조특법 §100의 16 ①②).

동업기업 과세특례의 계산 및 배분절차

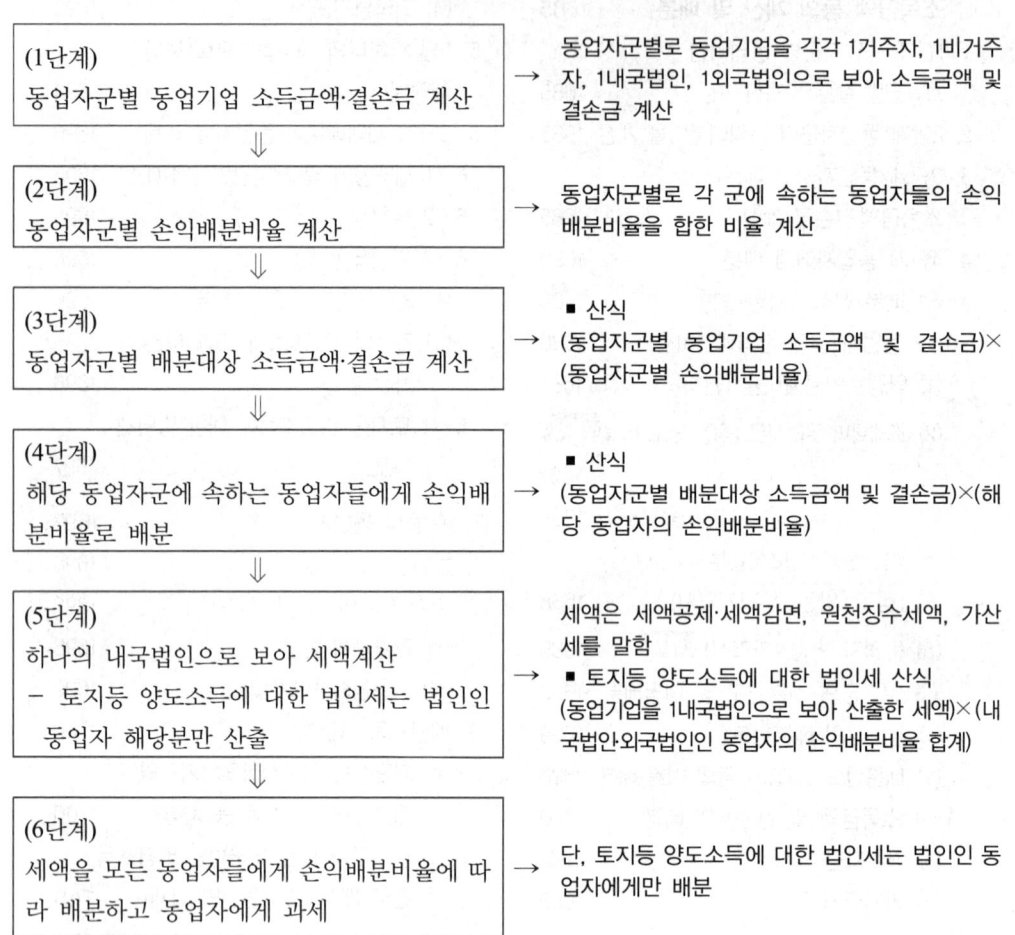

소득금액·결손금의 계산은 4단계로 이루어지고, 세액계산 및 세액의 배분은 2단계로 이루어진다.

---

[1] 거주자의 모든 소득과 비거주자의 국내원천소득에 대한 소득세(소법 §3 ①) 또는 법인의 각 사업연도 소득, 청산소득 및 토지등 양도소득에 대한 법인세(법법 §4 ①)임.

Ⅱ. 소득금액 등의 계산 및 배분

소득금액 등의 계산 및 배분은 앞서 보았던 6단계 절차에 따라 순서대로 살펴본다.

1 1단계 동업자군별 동업기업 소득금액·결손금 계산

"동업자군별 동업기업 소득금액 또는 결손금"이란 동업기업의 소득을 동업자에게 배분함에 있어, 각 군별로 동업기업을 각각 하나의 거주자, 비거주자, 내국법인 또는 외국법인으로 보아 소득세법 또는 법인세법에 따라 계산한 해당 과세연도의 소득금액 또는 결손금을 말한다(조특법 §100의 14 4호).

2 2단계 동업자군별 손익배분비율 계산

"동업자군별 손익배분비율"이란 동업자군별로 해당 군에 속하는 동업자들의 손익배분비율을 합한 비율을 말한다(동조 5호).

3 3단계 동업자군별 배분대상 소득금액·결손금 계산

위의 1단계에서 계산한 동업자군별 동업기업 소득금액·결손금에 2단계에서 계산한 동업자군별 손익배분비율을 곱한 금액이다(동조 6호).

$$\text{동업자군별 배분대상 소득금액(결손금)} = \text{동업자군별 동업기업 소득금액(결손금)} \times \text{동업자군별 손익배분비율}$$

4 4단계 동업자에게 배분

4-1 배분 산식

동업자군별 배분(Allocation)대상 소득금액 또는 결손금을 각 과세연도의 종료일에 해당 동업자군에 속하는 동업자들에게 동업자 간의 손익배분비율에 따라 배분한다.

$$\text{해당 동업자들에게 배분된 소득금액·결손금} = \text{동업자군별 배분대상 소득금액·결손금} \times \text{해당 동업자의 손익배분비율}$$

다만, 수동적 동업자에게 배분한 소득은 배당소득(법 §100의 18 ③ 단서)이므로, 배당소득에는 결손이 발생할 수 없어 결손금을 배분하지 않는다(조특법 §100의 18 ① 단서).

결손금을 배분하지 않게 되면 일반적으로 수동적 동업자 지분의 양도가액(시가)보다 지분가액이 높게 되어, 지분 양도 시 배분하지 아니한 결손금만큼 양도차손이 추가적으로 발생하게 된다.

<u>이때 하위 동업기업의 소득금액 또는 결손금에 대한 상위 동업기업의 동업자군별 배분대상 소득금액 또는 결손금은 다음의 계산식에 따라 계산한 금액으로 한다</u>(조특법 §100의 18 ③).

$$\text{하위 동업기업의 동업자군별 소득금액 및 결손금} \times \text{하위 동업기업에 대한 상위 동업기업의 손익배분비율} \times \text{상위 동업기업의 동업자군별 손익배분비율}$$

4-2 동업자 간의 손익배분비율

동업자 간의 손익배분비율은 원칙적으로 당사자 간의 약정에 의하나, 조세회피의 우려가 있는 경우에는 예외적으로 달리 정하고 있다. 또한 기관전용 사모집합투자기구 및 동업자 변경 시에도 별도의 기준을 두고 있다.

(1) 약정손익분배비율 (원칙)

손익배분비율은 동업자 간에 서면으로 약정한 해당 사업연도의 손익의 분배에 관한 단일의 비율로서 신고(영 §100의 24)한 비율(이하 "약정손익분배비율")에 따른다. 다만 약정손익분배비율이 없는 경우에는 출자지분의 비율에 따른다(조특령 §100의 17 ①).

손익분배비율은 당사자의 사적자치를 보장하기 위해 당사자 간의 약정을 우선시하여 지분비율과 다른 비율도 인정한다. 다만 조세회피를 방지하기 위해 이익배분비율과 손실배분비율을 달리 정하거나 개별 수익·비용 항목별로 달리 정하는 것은 인정하지 아니하며, 단일 비율만을 인정한다.

(2) 조세회피 우려사유 (직전 연도 비율)

원칙적으로 매년 손익배분비율을 다르게 정할 수 있으나 조세회피의 우려가 있다고 인정되는 사유(이하 "조세회피 우려사유")가 발생한 과세연도에 대하여는 직전 과세연도의 손익배분비율을 강제한다(조특령 §100의 17 ②).

조세회피 우려사유란 직전 과세연도의 손익배분비율과 해당 과세연도의 손익배분비율을 달리 적용하면서, 아래에 해당하는 경우이다(조특칙 §46 ①).
① 어느 하나의 동업자군의 동업자군별 동업기업 소득금액 및 결손금의 합계가 직전 과세연도에는 (+)이고 해당 과세연도에는 (−)인 경우
② 어느 하나의 동업자군의 동업자군별 동업기업 소득금액 및 결손금의 합계가 직전 과세연도에는 (−)이고 해당 과세연도에는 (+)인 경우

예컨대, 직전 연도 손익배분비율이 5 : 5로서 이익이 발생한 연후, 당해 연도 손익분배비율을 8 : 2로 변경하였으나 손실이 발생한 경우에는 직전 연도의 손익배분비율로 당해 연도 결손금을 배분한다.

조세회피 우려사유가 발생한 동업자군에 속하는 동업자에 한하여 적용되며, 해당 과세연도 중 동업자가 가입하거나 탈퇴하여 변경된 경우에는 변경되지 아니한 동업자에 한하여 적용한다(조특칙 §46 ②). 즉, 새로운 동업자가 가입한 경우에 조세회피 우려사유가 발생하였다면, 기존 동업자 간에는 직전 연도의 손익배분비율이 강제되지만, 기존 동업자와 새로운 동업자 간에는 새로운 약정손익분배비율에 의할 수 있다.

> **예 제** 새로운 동업자의 참여 및 손익배분비율이 변경된 경우

○ **자 료**

동업기업의 20X1년 동업자 손익배분비율(A : B : C)은 2 : 3 : 5이었으나, 20X2년 동업자 D가 가입하면서 비율(A : B : C : D)을 3 : 3 : 4 : 5로 변경하기로 약정하였다. 이때 20X1년 150의 소득이 발생하였으나, 20X2년 150의 결손이 발생한 경우 동업자에게 배분되는 소득금액 및 결손금을 구하시오.[2]

○ **해 설**

구분	약정 손익분배비율	전체손익	적용 비율	배분 손익
20X1년	(A : B : C) 2 : 3 : 5	150	2 : 3 : 5	30 : 45 : 75
20X2년	(A : B : C : D) 3 : 3 : 4 : 5	△150	2 : 3 : 5 : 5	△20 : △30 : △50 : △50

동업기업이 이익에서 결손으로 변경되어 조세회피우려가 있는 경우에는, 직전 연도의 손익분배비율이 적용되어 새로운 약정비율(3 : 3 : 4)이 적용되지 않고 직전 연도 비율인 (2 : 3 : 5)가 적용된다. 그러나 새로운 동업자와는 새로운 약정비율에 따라 결손금이 배분된다.

(3) 특수관계자 (출자지분비율)

어느 동업자의 출자지분과 그와 소득세법상 또는 법인세법상 특수관계자(소령 §98 ①, 법령 §2 ⑤)인 동업자의 출자지분의 합계가 가장 큰 경우에는 조세회피를 방지하기 위해 그 동업자와 특수관계자인 동업자 간에는 출자지분의 비율에 따른다(조특령 §100의 17 ③).

(4) 기관전용 사모집합투자기구 (정관, 약관, 투자계약서)

동업기업이 기관전용 사모집합투자기구(PEF; 자본시장법 §9 ⑲ 1호)인 경우로서 정관, 약관 또는 투자계약서에서 정한 비율, 순서 등에 따라 결정된 이익의 배당률 또는 손실의 배분율을 약정손익분배비율로 신고한 때에는 해당 비율에 따른다. 법률 제18128호 자본시장과 금융투자업에 관한 법률 일부개정법률 부칙 제8조 제1항부터 제4항까지의 규정에 따라 기관전용 사모집합투자기구, 기업재무안정 사모집합투자기구 및 창업·벤처전문 사모집합투자기구로 보아 존속하는 종전의 경영참여형 사모집합투자기구를 포함하며, 이하 "기관전용 사모집합투자기구"라 한다(조특령 §100의 17 ④).

기관전용 사모집합투자기구는 투자목적에 따른 다양한 이익·손실배분비율을 인정하여야 하기 때문이다. 이 경우 운용실적에 따라 지급하는 성과보수(자본시장법 §86 ①·§249의

---

[2] 조문균, "동업기업 과세특례의 이해", 월간조세, 2008.6. 및 7.; 이하 본 장의 예제는 동 연구를 참조하여 작성함.

14 ⑪)는 업무집행사원(General Partner)에 대한 이익의 우선배당으로 본다.

(5) 동업자 변경 (가결산)

과세연도 중 동업자가 가입하거나 탈퇴하여 손익배분비율이 변경되면 변경 이전과 이후, 각각의 기간별로 산출한 동업자군별 배분대상 소득금액 또는 결손금을 각각의 해당 손익배분비율에 따라 계산한다(조특령 §100의 17 ⑤). 동업자 구성원의 변경 시에는 해당 과세연도 전체 소득금액·결손금을 기간별로 안분계산하는 것이 아니라, 변경시점을 기준으로 가결산하여 계산한다. 가결산하는 경우에도 변경 전 소득금액·결손금의 배분기준시점은 해당 과세연도 종료일로 한다.

> **예제** 기중 동업자 변경으로 가결산하는 경우

○ 자료

동업기업의 20X1년 1분기의 동업자 손익분배비율(A : B)은 5 : 5이었으나, 2분기에 동업자 C, D가 새로 가입하면서 비율(A : B : C : D)을 2 : 3 : 2 : 3으로 변경하기로 약정하였다. 이때 1분기 가결산 결손금이 50이고, 2분기에서 4분기까지 200의 소득이 발생한 경우, 동업자에게 배분되는 소득금액 및 결손금을 구하시오.

○ 해설

구분	약정 손익분배비율	전체손익	적용 비율	배분 손익
1분기	(A : B : C) 5 : 5	△50	5 : 5	△25 : △25
2~4분기	(A : B : C : D) 2 : 3 : 2 : 3	200	2 : 3 : 2 : 3	40 : 60 : 40 : 60

A : B : C : D의 2014년 배분되는 소득금액은 각각 15(=△25+40) : 35(=△25+60) : 40 : 60이 된다. 단, 1분기의 가결산되어 배분된 결손금의 배분기준시점은 20X1.12.31.로 한다.

4-3 결손금의 배분한도 및 이월배분

(1) 결손금의 배분한도

결손금은 동업기업의 해당 과세연도의 종료일 현재 해당 동업자의 지분가액을 한도로 배분한다(조특법 §100의 18 ②).

결손금 배분은 지분가액(Outside Basis)의 감액조정 사유이다. 과다한 결손금을 배분하는 경우 조세 회피가 가능하므로 이를 방지하기 위하여 지분가액을 한도로 한다.

결손금에 대한 상위 동업기업의 동업자군별 배분대상 결손금은 2-1을 참조하기로 한다.

(2) 배분한도 초과결손금의 이월 배분

이 경우 지분가액을 초과하는 해당 동업자의 결손금(이하 "배분한도 초과결손금")을 해당 과세연도의 다음 과세연도 개시일 이후 15년 이내에 끝나는 각 과세연도에 이월하여 배분한다. 배분한도 초과결손금은 이후 사업연도의 지분가액의 범위 내에서 추가로 배분한다.

이 경우 배분한도 초과결손금에 해당하는 금액은 이월결손금의 공제(소법 §45, 법법 §13 ① 1호)를 적용할 때 해당 배분한도 초과결손금이 발생한 동업기업의 과세연도의 종료일에 발생한 것으로 본다(조특령 §100의 18 ⑤). 즉, 이월공제기간 15년의 기산점이 이월배분연도가 아닌 배분한도 초과결손금의 당초 발생연도가 된다.

이 경우 동업자군별로 둘 이상으로 구분된 결손금이 발생한 때에는 배분한도 초과결손금은 각각의 구분된 결손금의 크기에 비례하여 발생한 것으로 본다(조특령 §100의 18 ⑥).

예를 들어, 동업자 A의 2022년 지분가액이 70이고, 배분받을 결손금이 100인 경우에 지분가액 70을 초과하는 결손금 30이 배분한도 초과결손금이 되며, 지분가액은 0이 된다.

이후 2024년 지분가액이 10이 된 경우, 배분한도 초과결손금 30 중 지분가액 10에 해당하는 결손금 10을 추가로 배분한다. 지분가액은 다시 0이 된다. 이때 배분된 결손금 10은 동업자 A 자신의 사업소득 등에서 이월결손금으로 공제 가능한데, 다만 그 공제기한의 기산점은 이월배분연도인 2024년이 아니라, 당초 배분한도 초과결손금이 발생한 2022년이 된다. 따라서 동업자 A의 사업소득 등에서 이월결손금 공제가능기한은 2022년 이후 15년인 2037년까지이다.

한편, 동업기업과세특례를 적용받는 동업기업이 동업기업과세특례의 적용을 포기하는 경우 배분한도 초과결손금은 소멸한다(서면법규법인-4714, 2023.4.27.).

2022년 세법개정에서 동업기업 과세특례를 적용받는 동업기업과 다른 법인 간의 과세형평을 고려하여 동업기업의 결손금 이월공제기간을 10년에서 15년으로 확대함. 개정규정은 2021.1.1. 이후 개시하는 과세연도에 발생한 결손금부터 소급하여 적용함. 2021.1.1. 전에 개시한 과세연도에 발생한 결손금에 대해서는 개정규정에도 불구하고 종전의 규정에 따름(2021.12.28. 개정된 법률 부칙 §17).

4-4 소득금액 및 결손금의 배분

동업자는 동업기업의 과세연도의 종료일이 속하는 과세연도의 소득세 또는 법인세 과세표준을 계산할 때, 과세특례에 따라 배분받은 소득금액 또는 결손금을 동업자군별로 정해진 구분에 따라 익금 또는 손금으로 보아 계산한다(조특법 §100의 18 ④). 동업자군별로 구분을 정한 이유는 동업기업은 세무상 도관으로 보기 때문에 과세체계가 동일한 동업자군별로 현행 소득세법 및 법인세법의 규정에 따라 구분하여 소득의 성격이 전환되지 않게 함으로써, 소득의 원천에 따른 과세가 이루어지도록 하기 위함이다.

<u>이 경우 상위 동업기업이 하위 동업기업으로부터 배분받은 소득금액 및 결손금은 상위 동업기업의 동업자를 기준으로 한다</u>(조특령 §100의 18 ⑦ 후단 및 ⑧ 후단)

동업자가 배분받은 동업기업 소득금액·결손금은 해당 동업자의 소득세 또는 법인세 과세표준을 계산할 때 통산한다.

(1) 거주자군

거주자군은 배분받은 소득금액과 결손금을 다음의 소득별로 구분하여 합산한다(조특령 §100의 18 ⑦ 1호·⑧ 1호).

거주자군 소득별 소득금액과 결손금의 배분

소득구분[4]	소득금액	결손금
이자소득 (§16)	○	×[2]
배당소득 (§17)	○	×[2]
사업소득 (§19)	○	○
근로소득 (§20)[1]	×	×
연금소득 (§20의 3)[1]	×	×
기타소득 (§21)	○	×[2]
퇴직소득 (§22)[1]	×	×
양도소득 (§94)	○	○[3]

[1] 근로·연금·퇴직소득은 일신귀속적 소득이므로 소득의 성격상 동업기업 소득으로 발생할 수 없어 소득금액 및 결손금이 배분되지 않는다.
[2] 이자배당기타소득은 필요경비가 인정되지 않으므로 결손금을 배분받을 수 없다.
[3] 소득세법 규정에 따라 양도소득 중 부동산(특정주식 포함) 양도소득과 일반 주식등의 양도소득은 결손금 통산이 불가능하다(소법 §102 ①).
[4] 소득구분별 각 소득의 괄호 안 숫자는 소득세법상 조문 번호임.

소득세법은 과세소득을 열거주의에 의하고 있으므로, 동업기업으로부터 배분받은 소득을 과세소득의 범위에 포함하고 있다(소법 §3 ③). 배분받은 소득의 수입시기는 해당 동업기업의 과세연도의 종료일로 한다(소령 §50의 2 ①).

경영참여형(현재 기관전용) 사모집합투자기구(PEF)가 동업기업과세특례를 적용받은 경우,

주권상장법인의 주식 및 벤처기업에 출자함으로써 취득한 주식을 양도하는 경우 양도소득세 과세대상 여부는 동업자를 기준으로 판단한다(서면부동산-1137, 2018.9.6.).

기관전용 사모집합투자기구(PEF)가 동업기업 과세특례를 적용받는 경우로서 거주자인 수동적동업자에게 배분하기 위한 거주자군별 동업기업 소득금액은 동업기업을 하나의 거주자로 보아 소득세법에 따라 해당 과세연도의 총수입금액에서 필요경비를 차감하여 계산한다(서면법인-3942, 2022.11.1.).

(2) 비거주자군

비거주자군은 배분받은 소득금액과 결손금을 다음의 소득별로 구분하여 합산한다. 기타 비거주자의 경우 동업기업인 기관전용 사모집합투자기구가 투자목적회사(자본시장법 §249의 13)를 통하여 지급받은 소득을 수동적동업자에게 배분하는 경우 수동적동업자가 배분받은 소득금액은 해당 투자목적회사가 지급받은 소득의 소득구분에 따른다(조특령 §100의 18 ⑦ 2호·⑧ 2호).

비거주자군 소득별 소득금액과 결손금의 배분

소득구분❻	소득금액		결손금	
	종합과세되는 비거주자	기타 비거주자	종합과세되는 비거주자	기타 비거주자
이자소득 (1호)	○	○	×❷	
배당소득 (2호)	○	○	×❷	
부동산소득 (3호)	○	×❸	○	
장비임대소득 (4호)	○	○	○	
사업소득 (5호)	○	○	○	
인적용역소득 (6호)	○	○	○	
근로소득 (7호)	×	×	×	해당없음❺
퇴직소득 (8호)❶	×		×	
연금소득 (8호의 2)❶	×	×	×	
부동산등양도소득 (9호)	○	×❹	○	
사용료소득 (10호)	○	○❼	○	
유가증권양도소득 (11호)	○	○	○	
기타소득 (12호)	○	○	×❷	

❶ 근로·퇴직·연금소득은 일신귀속적 소득이므로 소득의 성격상 동업기업 소득으로 발생할 수 없어 소득금액 및 결손금이 배분되지 않는다.

❷ 이자·배당·기타소득은 필요경비가 인정되지 않으므로 결손금을 배분받을 수 없다.
❸ 종합과세되는 비거주자란 국내사업장(PE) 귀속소득이나 부동산소득(3호)이 있어 종합과세되는 비거주자를 말한다(소법 §121 ②·⑤). 따라서 부동산소득(3호)이 있는 경우에는 종합과세소득 등이 있는 비거주자로 분류되므로 기타 비거주자에 해당할 수 없다.
❹ 부동산등 양도소득이 있는 경우에는 분류과세되므로 합산되지 않는다(소법 §121 ②).
❺ 종합과세되는 비거주자를 제외한 기타 비거주자는 분리과세되고 필요경비가 인정되지 않으므로 결손금을 배분받을 수 없다.
❻ 소득세법 제119조에 따른 소득구분이며, 각 소득구분별 괄호 안 숫자는 제119조 각 호의 번호임.
❼ 기타 비거주자의 사용료소득에 대하여는 종래 합산하지 않았으나, 2015년 개정세법에서 사용료소득을 소득금액에 합산하도록 변경하였다. 참고적으로 외국법인군의 사용료소득은 소득금액에 합산한다.

(3) 내국법인군

내국법인군의 경우에 배분받은 소득금액은 각 사업연도소득의 익금(법법 §15)으로 구분하고, 배분받은 결손금은 각 사업연도소득의 손금(법법 §19)으로 구분한다(조특령 §100의 18 ⑦ 3호·⑧ 3호).

법인세법에서도 배분받은 결손금을 손금으로 본다(법법 §19 ③). 그 공제시기를 보자면, 배분한도 초과결손금을 추가로 배분받아 손금에 산입한 해당 법인의 사업연도에 결손금이 발생한 경우, 추가로 배분받은 결손금과 해당 사업연도의 결손금 중 작은 것에 상당하는 금액은 배분한도 초과결손금이 발생한 동업기업의 사업연도의 종료일이 속하는 사업연도에 발생한 결손금으로 보아 공제시기를 정한다(법령 §10 ⑤).

(4) 외국법인군

외국법인군은 소득금액과 결손금을 다음의 소득별로 구분하여 합산한다(조특령 §100의 18 ⑦ 4호·⑧ 4호).

이 경우 동업기업인 기관전용 사모집합투자기구가 투자목적회사(자본시장법 §249의 13)를 통하여 지급받은 소득을 외국 연·기금 등 수동적동업자(영 §100의 18 ⑨)에게 배분하는 경우, 수동적동업자가 배분받은 소득금액은 해당 투자목적회사가 지급받은 소득의 소득구분에 따른다(소득원천별 과세).

외국법인군 소득별 소득금액과 결손금의 배분

소득구분❺	소득금액		결손금❻	
	종합과세되는 외국법인	기타	종합과세되는 외국법인	기타
이자소득 (1호)	○	○	×	
배당소득 (2호)	○	○	×❶	
부동산소득 (3호)	○	×❷	○	
선박등임대소득 (4호)	○	○	○	해당 없음❹
사업소득 (5호)	○	○	○	
인적용역소득 (6호)	○	○	○	
부동산등양도소득 (7호)	○	×❸	○	
사용료소득 (8호)	○	○	○	
유가증권양도소득 (9호)	○	○	○	
기타소득 (10호)	○	○	×❶	

❶ 이자배당기타소득은 필요경비가 인정되지 않으므로 결손금을 배분받을 수 없다.
❷ 종합과세되는 외국법인이란 국내사업장(PE) 귀속소득이나 부동산 소득(3호)이 있어 각 사업연도의 국내원천소득을 종합하여 과세하는 외국법인을 말한다(법법 §97 ①). 따라서 부동산소득(3호)이 있는 경우에는 종합과세되는 외국법인으로 분류되므로 기타 외국법인에 해당할 수 없다.
❸ 부동산등 양도소득이 있는 경우에는 분류과세되므로 합산되지 않는다.
❹ 종합과세되는 외국법인을 제외한 기타 외국법인은 분리과세되고 필요경비가 인정되지 않으므로 결손금을 배분받을 수 없다.
❺ 법인세법 제93조의 소득구분이며, 각 구분별 괄호 안의 숫자는 제93조 각 호의 번호임.
❻ 종합과세되는 외국법인(법법 §97 ①)에 한정하여 법인세법 제92조 제1항에 따른 손금만 인정한다.

종래에는 국내 PEF가 투자대상에 직접 투자하여 외국 연·기금에 배분하는 경우에만 소득원천별 과세를 적용하였으나, 2017년 개정세법에서 투자목적회사(SPC)를 통해 투자대상에 투자하여 외국 연·기금에 배분하는 경우에도 배당소득 과세가 아닌 소득원천별 과세하도록 변경하였다. 국내 PEF와 국외 PEF 간의 과세 형평성을 제고하기 위한 목적이다. 2017.2.7. 이후 경영참여형 사모집합투자기구가 투자목적회사를 통하여 지급받은 소득을 수동적 동업자에게 배분하는 경우부터 적용한다(2017.2.7. 개정된 시행령 부칙 §21).

5 5단계 하나의 내국법인으로 보아 세액계산

소득금액의 계산 및 배분단계에서는 반영이 불가능한 동업기업 관련 세액은 동업기업단계에서 하나의 내국법인으로 보아 세액을 계산하고 손익배분비율에 따라 동업자에게 배분하여 동업자의 소득세 또는 법인세에서 공제하거나 합산한다(형식적 측면의 실체론).

세액공제·세액감면, 원천징수세액, 가산세도 동업기업을 하나의 내국법인으로 보아 세액을 계산한다(조특령 §100의 19 ①).

다만 토지등 양도소득에 대한 법인세는 법인인 동업자 해당분에 대해서만 아래의 산식에 따라 산출한다(조특령 §100의 19 ② 4호). 즉, 개인인 동업자 해당분은 동업기업의 배분될 세액에서 제외한다.

$$\text{토지등 양도소득에 대한 법인세} = \left(\text{하나의 내국법인으로 보아 산출한 세액}\right) \times \left(\text{내국법인·외국법인인 동업자의 손익배분비율 합계}\right)$$

6 6단계 세액배분과 동업자별 과세

동업기업과 관련된 세액은 각 과세연도 종료일에 모든 동업자들에게 손익배분비율에 따라 배분하고, 동업자는 자신의 소득세 또는 법인세에서 공제하거나 가산한다. <u>이 경우 하위 동업기업과 관련된 세액은 하위 동업기업에 대한 상위 동업기업의 손익배분비율과 상위 동업기업의 동업자 간 손익배분비율을 곱한 비율에 따라 상위 동업기업의 동업자에게 배분한다</u>(조특법 §100의 18 ⑤·⑥, 조특령 §100의 19 ②).

6-1 세액공제 및 세액감면금액 (1호)

동업자는 자신의 산출세액에서 법인세법상 또는 조특법상 세액공제 및 세액감면 금액 중 배분받은 금액을 공제한다.

예컨대, 법인세법상 외국납부세액공제는 동업기업이 외국에서 납부한 외국법인세액을 손익배분비율에 따라 동업자에게 배분하여 동업자 단계에서 적용, 공제한다(국제세원-158, 2011.4.7.; 국제세원-2, 2010.1.5.).

6-2 원천징수세액 (2호)

동업자는 배분받은 원천징수세액을 원칙적으로 자신의 기납부세액으로 공제한다.
이중과세 방지를 위한 원천징수세액 조정은 제5절 Ⅱ. 1-3 (4)를 참조하기 바란다.

● 동업기업에 이자지급 시 동업자인 국민연금기금에 배분되는 소득의 원천징수 여부

동업기업에 해당하는 사모집합투자기구(현재 기관전용 사모집합투자기구)에 이자소득을 지급하는 자는 그 지급하는 때에 법인세법 제73조에 따라 원천징수하며, 이 경우 해당 이자소득 중 같은 조 및 같은 법 시행령 제111조에 따라 원천징수가 면제되는 국민연금기금에 배분되는 소득은 원천징수대상에서 제외된다(재법인-822, 2011.8.24.).

● 신기술사업투자조합이 동업기업으로부터 배분 받은 원천징수세액을 조합원에게 지급할 때 원천징수 방법

신기술사업투자조합이 동업기업과세특례를 적용받는 동업기업에 수동적 동업자로 참여하여 해당 동업기업으로부터 배분된 원천징수세액(조특법 §100의 18 ④)이 있는 경우에는 해당 신기술사업투자조합의 조합규약에 따라 해당 소득을 조합원에게 지급할 때 조특법 제14조 제5항에 따라 동업기업으로부터 배분받은 원천징수세액을 공제한 후의 금액을 원천징수하고 해당 원천징수세액을 초과하는 배분받은 원천징수세액은 없는 것으로 보는 것임(사전법령법인-0200, 2019.5.29.).

6-3 가산세 (3호)

동업자는 다음의 배분되는 가산세를 자신의 산출세액에 합산한다(조특령 §100의 19 ③).

(1) 법인세법에 따른 가산세

■ 장부의 기록·보관 불성실 가산세(§75의 3)
■ 증명서류 수취 불성실 가산세(§75의 5)
■ 신용카드 발급 불성실 가산세(§75의 6 ①)
■ 현금영수증 발급 불성실 가산세(§75의 6 ②)
■ 지급명세서 제출 불성실가산세(§75의 7)
■ 계산서 등 보고불성실가산세(§75의 8)

(2) 조특법 제100조의 25에 따른 가산세

■ 동업기업의 소득계산·배분명세신고불이행 가산세(§100의 25 ①)
■ 동업기업의 원천징수불이행가산세(§100의 25 ②)

6-4 토지등 양도소득에 대한 법인세 (4호)

토지등 양도소득에 대한 법인세는 5단계에서 내국법인 및 외국법인인 동업자 해당분만 산출하여, 6단계에서는 법인인 동업자에게만 배분하고 배분받은 동업자는 자신의 산출세액에 합산한다.

● 토지등 양도소득에 대한 법인세의 과세 방법

부동산매매업을 주업으로 하고 동업기업과세특례를 적용받는 동업기업(갑법인, 갑법인의 동업자는 내국법인 A와 거주자 B로 구성)이「법인세법」제55조의2제2항에 따른 비사업용 토지를 양도함에 따라 소득금액이 발생한 경우 내국법인인 동업자 A에게는「조세특례제한법」제100조의14제4호에 따른 내국법인군별 동업기업 소득금액을 같은 법 제100조의18에 따라 A의 손익배분비율로 배분하고, A는 해당금액을 익금에 산입하는 것임.

또한, 같은 법 시행령 제100조의19에 따라 갑법인을 하나의 내국법인으로 보아 산출한「법인세법」제55조의2에 따른 토지등 양도소득에 대한 법인세에 A의 손익배분비율을 곱한 금액을 A에게 배분하고, A는 해당 금액을 법인세 산출세액에 합산하는 것임.

위 갑법인이「소득세법」제104조의3제1항에 따른 비사업용 토지를 양도함에 따라 소득금액이 발생한 경우 거주자인 동업자 B에게는「조세특례제한법」제100조의14제4호에 따른 거주자군별 동업기업 소득금액을 B의 손익배분비율로 배분하고, B는「소득세법」제64조(부동산매매업자에 대한 세액계산의 특례)에 따라 종합소득산출세액을 계산하는 것임(서면법규법인-4605, 2022.1.20.).

Ⅲ. 수동적 동업자

동업기업 과세특례는 동업자의 적극적인 업무수행을 요건으로 하므로, 동업기업의 경영에 참여하지 아니하고 출자만 하는 수동적 동업자는 소극적 투자자에 해당하여 결손금 배분을 허용하지 아니한다(조특법 §100의 18 ① 단서). 또한 배분받은 소득도 배당소득으로 구분한다(동조 ③ 단서).

그리고, 상위 동업기업이 하위 동업기업의 수동적동업자에 해당하여 해당 상위 동업기업에 하위 동업기업의 결손금을 배분하지 않은 경우에는 그 상위 동업기업의 동업자에게도 해당 결손금을 배분하지 않는다(조특령 §100의 18 ②).

1 범위

동업기업의 경영에 참여하지 아니하고 출자만 하는 수동적 동업자는 다음의 동업자를 말한다(조특령 §100의 18 ①).
① 다음의 요건을 모두 갖춘 동업자
  ㉮ 동업기업에 성명 또는 상호를 사용하게 하지 아니할 것
  ㉯ 동업기업의 사업에서 발생한 채무에 대하여 무한책임을 부담하기로 약정하지 아니할 것
  ㉰ 법인세법상 임원 또는 이에 준하는 자가 아닐 것
    상기 요건 중 하나라도 충족하게 되면 실질적으로 무한책임을 부담하거나, 업무집행에 참여한 것이 되어 일반적(능동적) 동업자로서의 성격을 가지기 때문이다[제2부 제2절 Ⅱ. 3-1 (3) 법인세법상 임원 참조(법령 §42 ① 각 호)].
② 해당 동업기업이 기관전용 사모집합투자기구인 경우에는 그 유한책임사원
    기관전용 사모집합투자기구의 유한책임사원(LP; Limited Partner)은 유한책임을 부담하며 업무집행권이 없고 임원 취임이 불가능하므로 수동적 동업자로 본다.

2 결손금의 이월공제 (4단계)

전술한 4단계 동업자에게 배분 시 수동적 동업자에게는 결손금을 배분하지 않지만,(Ⅱ. 4-1 참조) 결손금의 이월공제는 허용된다. 해당 과세연도의 종료일부터 15년 이내에 끝나는 각 과세연도에 그 수동적 동업자에게 소득금액을 배분할 때 배분되지 아니한 결손금을 그 배분대상 소득액에서 공제하고 배분한다(조특법 §100의 18 ① 단서).

2-1 이월공제 방법

이월공제 방법은 ⓐ 해당 과세연도에 그 동업자에게 배분할 소득금액에서 ⓑ 결손금이 발생한 연도에 그 수동적 동업자에게 배분되지 않은 결손금 중 이후 과세연도에 공제되지 않은 금액을 차감한다(조특령 §100의 18 ③).

> 결손금의 이월공제 금액 = [ⓐ 배분할 소득금액 − ⓑ의 결손금 중 미공제액]

ⓐ 해당 과세연도에 그 동업자에게 배분할 소득금액

$$\text{배분할 소득금액} = \text{해당 동업자군별 배분대상 소득금액} \times \frac{\text{당해 수동적동업자의 손익배분비율}}{\text{해당 동업자군별 손익배분비율}}$$

산식의 배분대상 소득금액 및 손익배분비율은 해당 과세연도를 기준으로 한다.

ⓑ 결손금이 발생한 연도에 그 동업자에게 배분되지 않은 결손금

$$\text{배분되지 않은 결손금} = \text{해당 동업자군별 배분대상 결손금} \times \frac{\text{당해 수동적동업자의 손익배분비율}}{\text{해당 동업자군별 손익배분비율}}$$

산식의 배분대상 결손금 및 손익배분비율은 해당 동업자군별 배분대상 결손금이 발생한 과세연도를 기준으로 한다.

내국법인(A법인)이 동업기업과세특례를 적용받는 동업기업의 수동적동업자인 내국법인(B법인)의 그 동업기업 지분을 전부 양수한 경우, A법인은 각 과세연도의 동업기업의 소득금액을 배분(조특법 §100의 18 ①)받을 때 해당 지분 인수 전 B법인에게 배분되지 아니한 결손금을 공제하지 않는다(서면법규법인-1036, 2022.5.30.).

2-2 이월공제 범위 및 순서

이월공제의 범위 및 순서는 동업자군별로 소득세법과 법인세법 규정을 적용한다(조특령 §100의 18 ④).

(가) 거주자군 (1호)

사업소득에서 발생한 이월결손금은 해당 이월결손금이 발생한 과세기간의 종료일부터 10년 이내에 끝나는 과세기간의 소득금액을 계산할 때 사업소득금액, 근로소득금액, 연금소득금액, 기타소득금액, 이자소득금액 및 배당소득금액에서 순서대로 공제한다. 반면에 부동산임대업에서 발생한 이월결손금은 부동산임대업의 소득금액에서만 공제한다(소법 §45 ③).

(나) 비거주자군 (2호)

종합과세되는 경우 거주자 규정을 준용하며, 이외의 경우에는 결손금 이월공제에서 제외된다(소법 §122).

(다) 내국법인군 (3호)

각 사업연도의 개시일 전 10년 이내에 개시한 사업연도에서 발생한 세무상 결손금으로서 그 후의 각 사업연도의 과세표준 계산을 할 때 공제되지 아니한 금액의 합계액을 공제한다(법법 §13 ① 1호).

(라) 외국법인군 (4호)

종합과세되는 경우 각 사업연도 결손금은 이후 과세연도의 국내원천소득 총합계액에서 공제되나, 이외의 경우에는 결손금 이월공제에서 제외된다(법법 §91).

③ 배당소득 (4단계)

Ⅱ. 4단계 '동업자에게 배분'에서 전술한 바와 같이 수동적 동업자는 소극적 투자자의 성격이므로 배분받은 소득금액 전체를 배당소득(소법 §17 ①·§119 2호, 법법 §93 2호)으로 본다(조특법 §100의 18 ④ 단서). 다만, 기관전용 사모집합투자기구와 그 기구의 수동적 동업자 중 비거주자 또는 외국법인에 대하여 예외가 인정된다.

3-1 기관전용 사모집합투자기구의 계산 특례 (수수료 등 차감)

해당 동업기업이 기관전용 사모집합투자기구(PEF)인 경우로서 비거주자·외국법인인 수동적 동업자에게 소득을 배분하는 경우에는 다음의 금액을 그 동업자가 배분받은 소득금액으로 본다(조특령 §100의 18 ⑨). 다른 집합투자기구의 이익계산 시 보수수수료 등의 필요경비를 차감하는 것과의 형평성을 감안하여 보수수수료를 차감한다.

> 배당소득금액 = 배분받은 소득금액 - (보수수수료❶ × 그 수동적 동업자의 손익배분비율❷)

❶ 비거주자·외국법인인 수동적동업자에게 배분하는 소득에서 차감하는 보수(성과보수는 제외한다)·수수료는 전체 투자기간 동안에 발생한 자본시장법에 따른 보수(성과보수는 제외한다)·수수료 중 동업기업의 손익배분비율에 따라 해당 수동적동업자에게 귀속되는 금액으로서 이전에 차감되지 아니한 금액을 의미하는 것임(재법인-102, 2022.2.21.; 재법인-52, 2022.1.28.).

❷ 다만 소득원천별 과세(법 §100의 18 ③ 본문 또는 §100의 24 ③ 단서)가 적용되는 기관전용 사모집합투자기구의 수동적동업자의 경우에는 산식 우항의 차감하는 괄호 안 금액을 국내원천소득의 구분(소법 §119 또는 법법 §93)에 따른 소득금액 비율로 안분하여 계산한 금액으로 한다.

단, 보수에서 성과보수는 제외한다. 업무집행사원(General Partner)에 대한 성과보수는 동업기업 소득(이익)의 배분에 해당하기 때문이다.

반면에 수동적 동업자의 조세회피가 인정될 때에는 배당소득으로 과세되지 아니하고 동업기업이 받는 소득을 기준으로 비거주자 또는 외국법인의 국내원천소득 구분을 적용하여 과세한다(조특법 §100의 24 ③ 단서) [제5절 Ⅱ. 1-2 (2) 참조].

3-2 비거주자 또는 외국법인 배당소득 간주 배제 (소득원천별 과세)

기관전용 사모집합투자기구의 수동적 동업자 중 비거주자 또는 외국법인은 배당소득으로 보지 아니하고, 다시 일반(능동적) 동업자에게 적용되는 소득금액·결손금의 배분방법에 따라 소득원천별로 과세된다(조특법 §100의 18 ④ 단서 괄호 안).

2023년 세법 개정과 관련하여, 종전에는 기관전용 PEF의 수동적 동업자 중 우리나라와 조세조약이 체결된 국가의 연기금등으로서 해당 국에서 비과세·면제되는 법인에 한해 소득원천별 과세를 허용하였으나, 비거주자 또는 외국법인으로 예외의 범위를 확대함. 국내 PEF에 대한 외국인 투자 확대를 지원하기 위한 목적임.

● (23년 개정 이전 사안) 기관전용 사모집합투자기구가 투자목적회사를 통해 연기금등에 배분하는 경우

동업기업인 기관전용 사모집합투자기구가 투자목적회사를 통해 국내에서 유가증권을 양도하고 지급받은 소득을 같은 법 시행령 제100조의18 제9항에 해당하는 수동적 동업자에 배분하는 경우, 수동적 동업자가 배분받은 소득금액은 최초 투자목적회사가 지급받은 소득의 소득구분에 따르는 것임(서면국제세원-4338, 2022.6.27.).

예규 · 판례

❖ **PEF의 수동적 동업자의 주식양도차익에 대한 비과세 여부 (긍정)** (재국조-483, 2009.12.11.)
[회신]
1. 사모투자전문회사가 동업기업과세특례제도를 적용받는 경우로서 수동적 동업자인 국내사업장 없는 외국법인이 사모투자전문회사로부터 주식양도로 발생한 소득금액을 배분받는 경우, 당해 소득금액 계산 시 「법인세법 시행령」 제132조 제8항 제2호 단서의 규정이 적용되고, 그 경우 주식 소유비율 또는 출자비율은 같은 법 시행령 제132조 제16항과 같은 방법으로 산출함.
2. 사모투자전문회사가 「조세특례제한법」 제10절의 3에 따른 동업기업과세특례제도를 적용받는 경우로서 수동적 동업자인 국내사업장 없는 외국법인이 사모투자전문회사로부터 주식양도로 발생한 소득금액을 배분받는 경우, 주식양도에 따른 종목 간 매매거래건 간 양도차익과 양도차손은 상호 통산하지 않음.

│저자주│ 법인세법상 증권시장을 통하여 주식을 양도함으로써 발생하는 소득으로서, 해당 양도법인 및 그 특수관계인이 해당 주식 또는 출자증권의 양도일이 속하는 연도와 그 직전 5년의 기간 중 계속하여 그 주식 또는 출자증권을 발행한 법인의 발행주식총수의 25% 미만을 소유한 경우에는 비과세한다(법령 §132 ⑧ 2호).

제4절 동업자에 대한 과세

동업기업과 동업자 간의 거래가 예외적으로 허용되는 제3자 자격 거래를 먼저 살펴보고, 지분 양도와 자산 분배를 설명하기에 앞서 지분가액의 조정을 살펴보기로 한다.

Ⅰ. 동업기업과 동업자 간의 거래 (제3자 자격 거래)

동업기업은 소득계산 및 신고 외에는 세무상 도관으로 취급되므로, 동업기업과 동업자 간의 상호거래에서 발생하는 손익을 인식할 수 없음이 원칙이다.

예외적으로 동업자가 동업자의 자격이 아닌 제3자의 자격으로 동업기업과 거래(이하 "제3자 자격 거래")를 하는 경우에는 동업기업과 동업자는 해당 과세연도의 소득금액을 계산할 때 그 거래에서 발생하는 수익 또는 손비를 익금 또는 손금에 산입한다(조특법 §100의 19 ①).

제3자 자격 거래가 되기 위해서는 아래의 거래대가의 결정 기준과 거래 유형을 모두 충족하여야 한다.

1 거래대가의 결정 기준

동업자가 동업기업으로부터 얻는 거래대가가 동업기업의 소득과 관계없이 해당 거래를 통하여 공급되는 재화 또는 용역의 가치에 따라 결정되는 경우이어야 한다(조특령 §100의 20 ①).

거래대가가 동업기업의 경영성과에 따라 좌우되는 경우에는 실질상 동업기업 소득(이익)의 배분에 해당하기 때문이다.

2 거래유형

제3자 자격 거래는 아래에서 열거된 유형에서만 가능하다.
① 재화의 양도 또는 양수 거래
② 금전, 그 밖의 자산을 대부·임대하는 거래 또는 차입·임차하는 거래
③ 용역 제공 거래
  동업자가 동업기업에 용역을 제공하거나 동업기업으로부터 용역을 제공받는 거래이다. 동업자가 동업기업이 영위하는 사업에 해당하는 용역을 제공하는 경우에는 제외되나, (법인-1004, 2010.10.29.) 동업기업이 동업자가 영위하는 사업에 해당하는 용역을 제공하는 경우에는 제3자 자격 거래로 인정된다.
  또한 해당 동업기업이 기관전용 사모집합투자기구인 경우 그 업무집행사원이 해당 동업기업에 용역을 제공하는 거래(자본시장법 §249의 14)는 제3자 자격 거래에 해당하는 것으로 본다. 다만 성과보수를 지급받는 부분은 동업기업 소득의 배분에 해당하므로 제외한다(조특령 §100의 20 ②). 따라서 업무집행사원에게 지급하는 일반적인 관리보수는 동업기업의 손금에 해당한다.
  경영참여형 사모집합투자기구(이하 'PEF')가 동업기업과세특례를 적용받는 경우로서 해당 PEF의 소득금액을 거주자인 수동적동업자에게 배분하는 경우, 해당 PEF가 업무집행사원에게 지급한 관리보수를 차감하여 산정한 소득금액을 배분한다(서면법령법인 -2875, 2021.8.26.).
④ 그 밖에 위와 비슷한 거래로서 기획재정부령으로 정하는 거래

3 부당행위계산 부인 규정 적용

동업기업 또는 동업자가 소득을 부당하게 감소시킨 것으로 인정되는 경우 납세지 관할 세무서장은 동업기업과 동업자를 특수관계인으로 보고 부당행위계산 부인 규정(법법 §52)을 준용하여 해당 소득금액을 계산할 수 있다(조특법 §100의 19 ②).

Ⅱ. 지분가액의 조정

본 과세특례 제도에서는 실제 자산 분배(Distribution)와는 관계없이 각 과세연도 말에 소득금액·결손금을 동업자에 배분(Allocation)할 때 과세하거나 공제한다. 따라서 기과세되거나 공제된 배분 소득금액·결손금이 지분양도 또는 자산 분배 시점에 이중과세되거나 이중공제되지 않도록 소득금액·결손금의 배분 등에 따라 지분가액(Outside Basis)을 지속적으로 가감 조정한다.

1 최초 지분가액의 결정

동업자의 최초 지분가액은 다음의 산식에 따라 계산한 금액으로 한다(조특령 §100의 21 ①).

> 최초 지분가액 = 동업기업의 출자총액 × 해당 동업자의 출자비율

동업기업의 출자총액의 기준일은 과세특례를 적용받는 최초 과세연도의 직전 과세연도의 종료일로 하되, 기업의 설립일이 속하는 과세연도부터 적용받는 경우에는 그 과세연도의 개시일로 한다.

반면에 동업기업에의 출자가 아닌 기존 출자자로부터 지분을 양수하는 경우의 지분가액의 결정에 관한 명문 규정은 없다. 따라서 양수자가 지급한 양수대가(취득가액)가 동업기업의 순자산과 일치하지 않는 경우에도 별도의 조정은 없는 것으로 보아야 한다.

2 증액·감액 조정

조정사유와 사유별 조정금액(조특령 §100의 21 ②·③)

증액조정		감액조정	
조정사유	증액금액	조정사유	감액금액
자산 출자❸	출자일의 자산의 시가	자산 분배	분배일의 자산의 시가

지분 매입	지분의 매입가액	지분 양도	양도일의 해당 지분의 지분가액❶
지분을 상속·증여받는 경우	상속·증여일의 지분의 시가	지분을 상속·증여하는 경우	상속증여일의 해당 지분의 지분가액❶
소득금액의 배분	소득금액 (비과세소득 포함❷)	결손금의 배분	결손금의 금액

❶ 해당 지분의 지분가액은 다음의 산식에 따라 안분계산한다.

$$\text{해당 지분의 지분가액} = \text{양도·상속·증여일의 지분가액} \times \frac{\text{양도·상속·증여 지분}}{\text{전체 지분}}$$

❷ 비과세효과를 유지하기 위하여 비과세소득을 소득금액에 포함하여 지분가액을 증액조정한다(예컨대, 영농조합법인의 농업소득). 비과세소득만큼 지분가액을 증액하면 지분양도 또는 자산분배 시점에 동 금액은 과세되지 않기 때문이다.
❸ 자산 출자(또는 분배) 시 지분가액을 시가에 의하도록 하고 있으므로, 출자를 양도로 보아 동업자의 입장에서는 양도손익을 인식하여야 하며, 동업기업의 입장에서는 자산을 출자받았을 때 취득가액을 시가로 계상하여야 한다.

3 조정순서

증액·감액 조정 사유가 동시에 발생하면 다음의 순서에 따른다. 다만 청산 시 손실이 인정되는 자산의 분배사유(영 §100의 23)에 해당하는 경우에는 ②보다 ③ 또는 ④를 먼저 적용한다(조특령 §100의 21 ④).
① 자산 출자, 지분의 매입·상속·증여에 따른 증액조정
② 자산 분배, 지분의 양도·상속·증여에 따른 감액조정
③ 소득금액의 배분에 따른 증액조정
④ 결손금의 배분에 따른 감액조정
　지분가액을 감액 조정하는 경우 지분가액의 최저금액은 0으로 한다(조특령 §100의 21 ⑤).
　① 자산 출자 등 또는 ② 자산 분배 등은 기중에 이루어지고 ③·④ 소득금액·결손금의 배분은 기말에 이루어지므로 전자를 우선적으로 적용하며, ④ 결손금 배분은 지분가액을 한도(법 §100의 18 ②)로 하므로 최종적으로 적용한다.
　다만 청산 등으로 인한 자산 분배는 모든 조정사항이 반영된 최종 지분가액을 기준으로 하므로 ② 자산분배를 최종적으로 적용한다.

Ⅲ. 동업기업 지분의 양도

동업자가 동업기업의 지분을 타인에게 양도하는 경우 취득가액(basis)은 양도일 현재의 해당 지분의 지분가액으로 한다(조특령 §100의 22). 지분가액을 초과하는 양도가액에 대해서만 과세하여 이중과세를 방지하기 위함이다.

> 지분 양도소득 = 양도가액 − 양도일 현재 해당 지분의 지분가액

이 경우 해당 지분의 양도소득에 대해서는 다음의 주식양도손익 등으로 보아 개인의 경우에는 양도소득세 또는 법인의 경우에는 법인세를 과세한다(조특법 §100의 21 ①).

지분 양도소득의 구분

주체	양도소득의 구분
거주자	주식등(소법 §94 ① 3호) 또는 부동산과다보유법인주식(동항 4호 다목)
비거주자	부동산주식등(소법 §119 9호 나목) 또는 내국법인의 주식(동조 11호 가목)
외국법인	부동산주식등(법법 §93 7호 나목) 또는 내국법인의 주식(동조 9호 가목)
내국법인	각 사업연도 소득으로 과세

Ⅳ. 동업기업 자산의 분배

1 지분가액 초과분

동업자가 동업기업으로부터 자산을 분배받은 경우 분배받은 자산의 시가가 분배일의 해당 동업자의 지분가액을 초과하면 동업자는 분배일이 속하는 과세연도의 소득금액을 계산할 때 그 초과하는 금액은 배당소득(소법 §17 ①)으로 보며, 분배받은 자산의 시가 중 지분가액 상당액은 익금에 산입하지 않는다(조특법 §100의 22 ①·③). 의제배당 과세와 유사한 처리방법이다.

법인의 경우에는 소득세법을 적용할 수 없으므로, 명문의 규정은 없으나 순자산증가설에 의하여 익금에 산입하여야 한다.[1]

즉, 분배하는 자산의 시가가 지분가액을 초과하는 경우에는 지분가액을 0 이하로 감액할 수 없고 지분가액을 0으로 하되, 감액하지 못한 차액은 개인의 경우에는 배당소득, 법인의 경우에는 익금산입한다. 이 경우 지분가액이 0 미만으로 감소될 수 없으므로 분배 후에는 동업기업의 순자산가액과 동업자의 지분가액의 합계가 일치하지 않게 되어, 양자의 차이에 대하여 그 후 남아 있는 동업자에게 이중과세되는 문제가 발생한다.[2]

동업자의 출자분 또는 기과세된 배분소득 금액인 지분가액을 초과하여 분배(Distribution)되는 자산 가액에 대해서만 과세함으로써 이중과세를 방지한다. 또한 지분가액을 초과하는 자산의 분배는 각 사업연도 소득에 반영되지 않았거나 배분되지 않은 지분의 가치상승분이므로 배당소득으로 간주하여 과세한다.

소득세법은 과세소득을 열거주의에 의하고 있으므로, 동업기업으로부터 분배받은 자산의 시가 중 분배일의 지분가액을 초과하여 발생하는 소득을 과세소득의 범위에 포함하고 있으며,(소법 §3 ③) 그 수입시기는 분배일로 한다(소령 §50의 2 ②).

● **기중 초과분배하여 감액조정을 한 경우, 연말 동업자의 과세소득 포함 여부** (부정)

사모투자전문회사로서 초과분배(이익금을 초과하여 분배)가 가능한 동업기업이 과세연도 중에 출자금보다 더 많은 금액(이하 "해당분배금")을 분배하여 동업자가 해당분배에 따른 지분가액의 감액조정을 한 후 감액한 지분가액을 초과하는 금액에 대해 과세연도 중에 이미 소득으로 인식한 경우에는, 해당분배금 중 출자금을 초과하는 금액 상당액은 과세연도 종료일 현재 동업기업의 배분대상 소득금액에 포함하지 아니하는 것임(법인세과-658, 2012.10.26.; 법규과-1232, 2012.10.24.).

2 지분가액 미달분

2-1 감액조정 (원칙)

동업기업으로부터 분배받은 자산의 시가가 해당 동업자의 지분가액에 미달하여 분배되는 경우에는, 분배일의 해당 동업자의 지분가액 상당액은 해당 동업자의 분배일이 속하는 과세연도의 소득세 또는 법인세 과세표준을 계산할 때 익금에 산입하지 아니한다(조특법 §100의 22 ③).

또한 분배받은 자산의 시가와 지분가액의 차이에 대해서도 손실로 인식하지 아니하고, 그 시가만큼 지분가액의 감액 조정만 한다(조특령 §100의 21 ③ 1호).

---

1) 이준규, "조세특례제한법상 동업기업의 분배에 관한 연구", 경영법률, 제20-2권, 2010, pp.585-586.
2) 이준규, 전게논문, pp.596-599.

2-2 양도차손 (청산 분배의 예외)

지분가액에 미달하여 분배된 경우, 손익을 인식하지 않고 지분가액의 감액조정만 이루어지는 것이 원칙이다. 그러나 동업자의 지위가 소멸되는 청산으로 인하여 분배하는 경우에는 최종적 정산이 수행되어야 하므로 동업자의 주식 양도차손 인식을 허용한다.

동업자의 지위가 소멸되는 경우는 다음과 같다(조특령 §100의 23).
① 동업기업이 해산에 따른 청산, 분할, 합병 등으로 소멸되는 경우
② 동업자가 동업기업을 탈퇴하는 경우

동업자 지위의 소멸로 인해 분배받는 경우에는 그 분배일이 속하는 과세연도의 소득금액을 계산할 때 분배받은 자산의 시가가 분배일의 지분가액에 미달하는 금액을 양도차손(소법 §94 ① 3호·4호)으로 보아 손실로 인식한다(조특법 §100의 22 ②).

법인의 경우에는 소득세법을 적용할 수 없으므로, 명문의 규정은 없으나 순자산 감소액에 해당하므로 그 차이를 양도차손으로 손금에 산입한다.

청산 시 개인의 손익 인식방법

유 형	소득 구분
자산 분배 가액(시가) > 지분가액	배당소득
자산 분배 가액(시가) < 지분가액	양도차손

청산 시 지분가액보다 많은 자산을 분배받은 경우에는 배당소득으로 과세되지만,(조특법 §100의 22 ①) 지분가액보다 적은 자산을 분배받은 경우에는 양도차손을 인식한다(동조 ②). 즉 이익은 종합소득에 포함되고 손실은 양도소득에서 공제하도록 한다.[3]

일반 법인에 대한 지분 투자 시에는 청산 시 본인의 지분가액보다 적은 자산을 분배받은 경우 손실을 인식할 수 없는 것과 차이가 있으며, 동업기업 과세특례 제도의 동업자가 일반 법인의 주주에 대한 과세와 다른 점이다.

---

[3] 이준규, 전게논문, p.592

> **예제** 동업기업 자산의 분배 및 지분양도에 따른 지분가액 조정

● 자 료

동업기업ABC의 동업자 손익배분비율(A : B : C)은 5 : 3 : 2로, 20X1년 ABC의 소득은 10억원이 발생하였다. A의 기초 지분가액이 2억원이고, A : B : C에게 각각 2억5천만원, 1억5천만원, 1억원을 배당한 경우 A의 종합소득세와 조정 후 지분가액을 계산하고, 20X2년 A가 지분 전부를 10억원에 양도한 경우 양도소득세를 계산하시오. (단, 소득세율은 35%, 양도소득세율은 20%의 단일 세율이 적용되는 것으로 함)

구분	약정 손익배분비율	전체손익	배분 손익
20X1년	(A : B : C) 5 : 3 : 2	10억	5억 : 3억 : 2억

● 해 설

1. 20X1년 종합소득세 및 지분가액
   (1) 지분가액 초과분 계산
       당해 연도 분배된 배당금 2억 5천만원 중 A의 조정 전 지분가액 2억원을 차감한 5천만원이 지분가액 초과분이다.
   (2) 종합소득세 계산
       소득세 = (배분소득 + 지분가액초과분 분배금액) × 35% = (5억원 + 5천만원) × 35%
              = 192,500,000
   (3) 지분가액 조정
       조정 후 지분가액 = 조정 전 지분가액 + 배분금액 − 분배금액
                      = 2억원 + 5억원 − 2억5천만원 = 4억5천만원

2. 20X2년 양도소득세
   양도소득세 = (양도가액 − 지분가액) × 20% = (10억원 − 4억5천만원) × 20% = 1억1천만원

제5절 신고·원천징수 등

Ⅰ. 소득계산 및 배분명세 신고

1 동업기업의 신고의무

동업기업은 각 과세연도의 종료일이 속하는 달의 말일부터 3개월이 되는 날이 속하는 달의 15일까지 후술하는 신고서류를 제출하여 관할 세무서장에게 신고하여야 하며, 각 과세연도의 소득금액이 없거나 결손금이 있는 동업기업의 경우에도 신고하여야 한다. 동업기업이 신고할 때 각 동업자에게 해당 동업자와 관련된 신고 내용을 통지하여야 한다(조특법 §100의 23).

  납세의 편의를 위하여 동업기업의 신고기한과 동업자의 신고기한에 시차를 부여하고 있다. 예컨대, 동업기업과 동업자가 모두 12월 말 종료 법인인 경우, 동업기업은 3월 15일이 신고기한이며, 동업자는 3월 31일이 신고기한이다.

동업기업은 소득금액·결손금을 계산하고, 하나의 내국법인으로 보아 세액공제 등의 세액을 계산하여야 하지만, 동업기업의 신고의무의 성격은 법인세 신고의무가 아닌 동업기업 소득계산 및 배분명세를 신고할 납세협력의무이다.

  동업기업이 거주자에게 동업기업의 배분 소득을 지급할 경우에는 지급명세서를 지급일이 속하는 과세기간의 다음연도 2월 말일까지 관할 세무서장 등에게 제출하여야 한다. 그러나 지급시기 의제 규정(소법 §131, 소령 §191 등)이 적용받는 소득에 대해서는 해당 소득에 대한 과세기간 종료일을 지급일로 본다(소법 §164 ①).

  동업기업이 동업자에게 소득을 배분하고 해당 동업기업의 과세기간 종료일 다음 날부터 3개월이 되는 날까지 지급한 경우, 지급명세서를 해당 과세기간의 다음 연도 2월 말일까지 제출하여야 한다(서면법령소득-415, 2016.3.18.).

- 배분 전 선분배한 소득에 대하여 미리 신고한 경우의 경정청구 기한

    2016년 귀속분 배분소득에 대한 법인세 법정원천징수납부기한은 2017.3.15.로 봄이 타당하고, 청구법인이 2016.4.11.에 미리 해당 법인세를 신고·납부하였다고 하더라도, 2016년 귀속분 배분소득에 대한 과세표준과 세액이 소득의 계산 및 배분명세의 신고와 함께 확정됨을 고려할 때,

동 과세표준과 세액에 대한 경정청구기한은 2017.3.15.부터 기산한다고 봄이 타당한 점, 처분청의 의견과 같이 배분 전에 선분배한 소득에 대하여 분배일에 분배금액 전체에 대하여 예납적 성격의 법인세 원천징수의무가 발생한다고 보는 경우, 해당 과세연도 말에 비용 등을 공제한 후 '배분'되는 실제 과세대상 소득 및 세액과 기(초과)원천징수된 소득 및 세액 간의 정산·환급을 위한 별도의 절차가 마련되어 있지 아니하여 불합리한 결과가 초래되는바, 청구법인에게 예납적 성격의 법인세 원천징수의무가 발생하였다고 보기도 어려운 점 등에 비추어 청구법인의 이 건 경정청구가 경정청구기한을 도과하여 제기된 것으로 보아 경정청구를 거부한 처분은 잘못이 있는 것으로 판단된다(조심 2022서8274, 2023.11.30.).

2 신고서류

동업기업의 신고 시 다음의 서류를 제출하여 신고하여야 한다. 단, ⓐ 및 ⓓ의 서류를 첨부하지 않으면 신고로 보지 않는다(조특령 §100의 24).

㉮ 동업기업 소득계산 및 배분명세 신고서

[(별지 제107호 서식 (1), (2-1), (2-2), (2-2) 부표, (3-1), (3-2), (3-2) 부표 1 및 부표 2, (4-1), (4-2), (4-2) 부표, (5-1), (5-2), (5-2) 부표 1 및 부표 2]

㉯ 기업회계기준을 준용하여 작성한 재무상태표와 손익계산서

㉰ 지분가액조정명세서(별지 제108호 서식)

㉱ 약정손익분배비율에 관한 서면약정서(영 §100의 17 ①)

㉲ 아래의 기타 서류(조특칙 §46의 2)

> 1. 다음 각 목의 구분에 따른 서류
>   가. 거주자군 및 종합과세되는 비거주자(소법 §121 ② 또는 ⑤)로 구성된 비거주자군
>   : 다음의 서류 중 해당 거주자군 또는 비거주자군과 관련된 서류
>   1) 소칙 별지 제40호 서식 (1)의 이자소득명세서, 배당소득명세서, 부동산임대소득·사업소득명세서, 근로소득·연금소득·기타소득명세서
>   2) 소칙 제65조 제2항 제1호 가목·다목 및 같은 항 제2호 각 목의 서류
>   3) 소칙 제102조의 조정계산서 및 관련 서류
>   4) 소칙 별지 제45호 서식의 기부금명세서
>   나. 내국법인군 및 종합과세되는 외국법인(법법 §97 ①)으로 구성된 외국법인군
>   : 다음의 서류 중 해당 내국법인군 또는 외국법인군과 관련된 서류
>   1) 법칙 제82조 제1항 제4호부터 제56호까지 및 제60호의 서류
>   2) 조특칙 제61조 제1항 각 호의 서류
>   다. 종합과세되지 않는 비거주자(소법 §156 ①)로 구성된 비거주자군 및 종합과세되지 않는 외국법인(법법 §98 ①)으로 구성된 외국법인군

: 다음의 서류 중 해당 비거주자군 또는 외국법인군과 관련된 서류
1) 소칙 별지 제23호 서식 (1)의 이자·배당소득 지급명세서
2) 소칙 별지 제23호 서식 (5)의 비거주자의 사업소득·기타소득 등 지급명세서
3) 소칙 별지 제24호 서식 (7)의 유가증권양도소득 지급명세서
4) 소칙 별지 제24호 서식 (8)의 양도소득 지급명세서
2. 배분한도 초과결손금계산서 (별지 제109호 서식)
3. 수동적동업자 이월결손금계산서 (별지 제110호 서식)
4. 동업기업 세액배분명세서 (별지 제111호 서식)

Ⅱ. 비거주자·외국법인인 동업자의 과세방법

비거주자·외국법인인 동업자에 대한 과세방법은 국내사업장(PE)이 없는 경우에는 원칙적으로 원천징수에 의하여 납세의무를 종결하고, 국내사업장이 있는 경우에는 국내사업장의 소득과 합산하여 동업자가 신고한다.

비거주자·외국법인인 동업자에 대한 과세방법

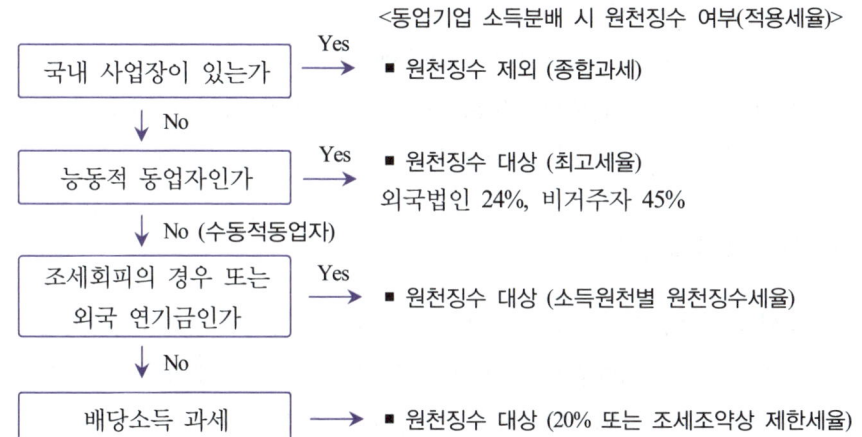

1 국내사업장이 없는 경우

국내사업장이 없는 비거주자·외국법인인 동업자의 경우에는 동업기업이 그 동업자에게 소득을 배분할 때 원천징수하여야 하나, 능동적 동업자와 수동적 동업자 간에 원천징수세율 등의 과세방법에 차이가 있다.

1-1 능동적 동업자

수동적 동업자가 아닌 동업자(이하 "능동적 동업자")의 경우에는 동업기업(Partnership)의 국내 사업장의 장소가 능동적 동업자의 업무 수행 장소에 해당하므로, 동업기업의 국내 사업장의 장소를 해당 능동적 동업자의 국내사업장으로 간주한다(조특법 §100의 24 ⑥).

배분(Allocation)받은 소득에 대해 동업기업이 원천징수한 후, 능동적 동업자의 해당 과세연도 소득으로 신고·납부하여 정산한다.

(1) 원천징수세율

배분받은 소득에 대해, 비거주자는 소득세법상 누진세율(소법 §55) 중 최고세율인 45%를 적용하고, 외국법인은 법인세법상 누진세율(법법 §55) 중 최고세율인 24%를 적용하여 동업기업이 원천징수한다(조특법 §100의 24 ① 2호).

능동적 동업자로서 해당 동업기업으로부터 국내에 상장되지 아니한 외국법인 발행 주식을 양도하여 발생된 소득을 배분받는 경우, 동 배분된 소득은 국내원천소득에 해당하지 않으므로 원천징수대상에 해당되지 않는다(법규국조 2013-418, 2013.11.19.).

(2) 소득세 또는 법인세 신고

비거주자가 소득세 과세표준확정신고를 하거나 외국법인이 법인세 과세표준확정신고를 하여 정산한다(소법 §121~§125, 법법 §91·§92·§95·§95의 2·§97). 다만 소득세 또는 법인세를 동업기업이 원천징수하여 납부한 경우에는 해당 확정신고를 하지 않을 수 있다(조특법 §100의 24 ④).

1-2 수동적 동업자

(1) 배당소득 과세 (원칙)

수동적 동업자는 능동적 동업자와는 달리 동업기업의 국내 사업장의 장소를 해당 수동적 동업자의 국내사업장으로 간주하지 않고, 배분받은 소득을 배당소득(법 §100의 18 ④ 단서)으로 보아 원천징수하여 납세의무를 종결한다(조특법 §100의 24 ③ 본문).

원천징수세율은 원칙적으로 배당소득의 원천징수세율인 20%를 적용한다(조특법 §100의 24 ① 1호 본문, 소법 §156 ① 2호, 법법 §98 ① 2호). 그러나 조세조약 체결국의 수동적 동업자에 대해서는 해당 조세조약상 제한세율을 적용한다.

(2) 조세회피 등의 경우 소득원천별 과세 (예외)

다만 수동적 동업자가 소득을 직접 받지 아니하고 동업기업을 통하여 받음으로써 소득세 또는 법인세를 부당하게 감소시킨 것으로 인정될 때에는 배당소득으로 보지 아니하고, 동업기업이 받는 소득을 기준으로 비거주자 또는 외국법인의 국내원천소득 구분에 따른다(조특법 §100의 24 ③ 단서, 소법 §119, 법법 §93).

이러한 조세회피의 경우 및 수동적 동업자 중 외국 연기금 배당소득 간주 배제 규정(법 100의 18 ③)이 적용되는 경우에는 소득금액의 배분에 따른 구분(제3절 Ⅱ. 4-4 참조)에 따라 각 국내원천소득별로 규정된 원천징수세율에 의한다(조특법 §100의 24 ① 1호 단서, 소법 §156 ① 각 호, 법법 §98 ① 각 호).

동업기업과세특례를 적용받는 동업기업인 경영참여형(현재 기관전용) 사모집합투자기구가 국내에서 유가증권을 양도하고 얻는 소득을 수동적 동업자(조특령 §100의 18 ⑨)에 배분하는 경우, 동업기업은 각 국내원천소득별로 규정된 원천징수세율(조특법 §100의 24 ① 1호 단서)을 적용하여 소득세 또는 법인세를 원천징수한다(서면국제세원-5694, 2021.2.17.).

이때 소득금액·결손금의 배분에 따라 구분된 소득(영 §100의 18 ⑥·⑦)이 부동산소득(소법 §119 3호, 법법 §93 3호) 또는 부동산등 양도소득(소법 §119 9호, 법법 §93 7호)에 해당하는 경우에는 위의 세율에 의하지 아니하고 다음의 방법에 의한다(조특법 §100의 24 ⑤).

(가) 부동산소득

능동적 동업자가 소득세·법인세의 과세표준을 신고하는 규정(법 §100의 24 ④)을 준용하여 동업자가 신고·납부하는 방법

(나) 부동산등 양도소득

동업기업이 배당소득에 적용되는 원천징수세율(20% 또는 제한세율)로 원천징수한 연후, 능동적 동업자가 소득세·법인세의 과세표준을 신고하는 규정(법 §100의 24 ④)을 준용하여 동업자가 신고·납부하는 방법

1-3 원천징수

동업자인 비거주자·외국법인이 국내사업장이 없는 경우에는 능동적 동업자 또는 수동적 동업자 여부에 관계없이 원천징수하여야 하므로, 그 기한과 방법을 살펴본다.

(1) 원천징수기한

동업기업은 국내사업장이 없는 비거주자 또는 외국법인인 동업자에게 배분된 소득에 대해서는 소득세 또는 법인세를 원천징수하며, 각 과세연도의 종료일이 속하는 달의 말일부터 3개월이 되는 날이 속하는 달의 15일까지(동업기업의 소득계산 및 배분명세 신고기한; 법 §100의 23 ①) 납세지 관할 세무서장에게 납부하여야 한다(조특법 §100의 24 ①).

동업기업의 소득계산 및 배분명세 신고에 따라 신고하지 아니한 금액을 분배하는 경우에는 해당 분배일이 속하는 달의 다음 달 10일과 동업기업의 소득계산 및 배분명세 신고기한 중 빠른 날까지 원천징수하여 납부하여야 한다.

(2) 지급명세서 제출

동업기업이 원천징수하는 경우 지급명세서를 제출하여야 한다(소법 §164의 2, 법법 §120의 2). 이 경우 해당 소득은 동업기업의 소득계산 및 배분명세 신고를 할 때(동 신고를 하지 아니한 금액이 분배되는 경우에는 분배할 때)에 비거주자 또는 외국법인인 동업자에게 지급된 것으로 본다(조특법 §100의 24 ②).

(3) 원천징수방법

비거주자 또는 외국법인인 수동적 동업자(법 §100의 24 ①·③·⑤ 2호)에 대한 원천징수의 적용방법에 관하여는 소득세법상 원천징수방법(소법 §156의 2~§156의 8), 법인세법상 원천징수방법(법법 §98의 3~§98의 7)을 준용한다(조특법 §100의 24 ⑦).

(4) 이중과세 방지를 위한 원천징수세액 조정

제3자가 동업기업에 이자소득 등 원천징수대상 소득을 지급할 때 제3자는 (1차) 원천징수하여 지급하며, 동 원천징수세액은 동업기업과세특례에 따라 동업자에게 배분하여 동업자는 자신의 기납부세액으로 공제한다(조특령 §100의 19 ② 2호 본문).

동업기업과 동업자의 원천징수방법

이때 동업기업이 동업자에게 배분하는 소득 자체가 배당소득으로 간주되는 등 원천징수대상소득에 해당하는 경우에는, 동업기업이 동업자에게 배당소득 등을 지급할 때에도 (2차) 원천징수하여야 한다. 2차 원천징수세액은 동업자 자신이 직접 원천납세의무자(부담자)가 되어 납부한 세액이므로 동업자의 기납부세액으로 공제되어야 한다.

동일한 소득에 대하여 1차, 2차 원천징수를 통하여 원천징수세액이 중복하여 징수되었으므로 조세특례제한법에서는 2차 원천징수할 때 해당 원천징수세액에서 1차 원천징수세액을 공제하고, 2차 원천징수세액을 초과하는 금액은 없는 것으로 하여 중복 징수되지 않도록 조정한다(동호 단서).

동 예외가 적용되는 경우는 동업기업이 동업자에게 지급하는 소득으로 조세특례제한법, 소득세법 등에 따라 원천징수하는 다음의 소득이다.

㉮ 거주자·비거주자·외국법인인 수동적 동업자가 배분받은 소득

배당소득으로 구분되며, 비거주자 및 외국법인은 조특법 제100조의 24, 거주자는 소득세법 제127조에 따른 원천징수대상이다.

내국법인이 지급받는 배당소득은 투자신탁의 이익만이 원천징수대상 소득이어서,(법법 §73 ① 2호) 수동적 동업자인 내국법인의 배당소득은 원천징수되지 아니하므로 제외된다.

㉯ 거주자인 능동적 동업자가 이자·배당·기타소득(소법 §16·§17·§21)으로 구분된 소득을 배분받는 경우(조특령 §100의 18 ⑦ 1호)

각각의 소득으로 구분되며 소득세법 제127조에 따른 원천징수대상이다.

2 국내사업장이 있는 경우

국내사업장이 있고 동업자에게 배분되는 소득이 그 국내사업장에 귀속되는 소득인 경우에는, 비거주자·외국법인은 동업기업이 원천징수하지 아니하고 당해 비거주자·외국법인인 동업자가 그 국내사업장의 과세표준에 합산하여 신고·납부한다(조특법 §100의 24 ⑧). 이때 동업기업 단계에서 원천징수되어 비거주자·외국법인에게 배분된 원천징수세액은 그 동업자의 산출세액에서 기납부세액으로 공제한다.

국내사업장이란 소득세법 제120조 또는 법인세법 제94조에 따른 국내사업장을 의미하며, 동업기업의 국내 사업장의 장소가 능동적 동업자의 국내사업장으로 간주되는 경우(법 §100의 24 ⑥)는 제외한다.

Ⅲ. 가산세

1 동업기업 소득계산 및 배분명세 무신고 및 과소신고 가산세

관할 세무서장은 동업기업 소득계산 및 배분명세 신고를 하지 아니하거나 신고하여야 할 소득금액보다 적게 신고한 경우에는 다음의 금액을 가산세로 징수하여야 한다(조특법 §100의 25 ①).
① 무신고 시 : 신고해야 할 소득금액의 4%
② 과소신고 시 : 과소신고한 소득금액의 2%
신고해야 할 소득금액은 동업자군별 배분대상 소득금액의 합계액을 기준으로 한다(조특령 §100의 26 ①).

2 비거주자·외국법인에 대한 소득 배분 시 원천징수불이행가산세

관할 세무서장은 동업기업이 비거주자·외국법인에 대한 소득 배분 시 원천징수하였거나 원천징수하여야 할 세액을 납부기한에 납부하지 아니하거나 적게 납부하는 경우에는 다음 금액을 합한 금액을 가산세로 징수하여야 한다. 단, 미납부 또는 과소납부한 세액의 10%를 한도로 한다(조특법 §100의 25 ②).

> 가산세 = ⓐ + ⓑ
> ⓐ 미납부 또는 과소납부세액 × 소정기간 × 1일 10만분의 22(연이율 환산 시 8.03%)
> ⓑ 미납부 또는 과소납부세액 × 3%

소정기간이란 납부기한의 다음 날부터 자진납부일 또는 납부고지일까지의 기간을 말한다.

동업기업의 원천징수세액 미납에 대한 가산세를 종전에는 미납세액에 일정 이자율을 미납기간에 비례하여 부과한 금액과 미납세액의 5%의 금액 중 큰 금액을 징수하도록 하였으나, 2019년 개정세법에서 위 두 금액을 더한 금액을 가산세로 부과하되, 미납세액의 3%의 금액을 더하도록 하여 국세기본법과 동일하게 조정하였다. 2019.1.1. 이후 원천징수하여 납부할 의무가 발생하는 분부터 적용한다(2018.12.24. 개정된 법률 부칙 §26). 1일 0.3%에서 0.025%로의 개정에 관한 부칙은 제3부 제1장 제3절 Ⅲ. 2-2 (2)를 참조하기로 한다.

2022년 세법 개정에 따른 이자율에 대한 개정 규정 및 부칙은 제3부 제2장 제2절 Ⅲ. 3-2를 참조하기로 한다.

Ⅳ. 준용규정

조합은 법인이 아닌 단체이므로 법인세법의 규정이 적용되지 않지만, 동업기업 과세특례에서는 조합도 하나의 내국법인으로 보아 소득세액 계산 및 신고의 실체로 보기 때문에 다음의 법인세법 및 조세특례제한법 규정을 준용한다. 또한, 유사외국단체(법 §100의 15 ① 5호)의 경우에는 외국법인으로 보아 다음 규정을 준용한다(조특법 §100의 26, 조특령 §100의 27).

1. 사업연도(법법 §6·§7)
2. 납세지와 과세 관할(법법 §9~§12)
3. 사업자등록(법법 §111)
4. 조특법 및 법법에 따른 세액공제 및 세액감면
5. 원천징수(법법 §73·§73의 3·§74)
6. 가산세(법법 §75의 3, §75의 5~§75의 8)
7. 토지등 양도소득에 대한 법인세(법법 §55의 2)
8. 결정 및 경정(법법 §66)
9. 장부의 비치·기장(법법 §112)
10. 구분경리(법법 §113)
11. 지출증빙서류의 제출 및 보관(법법 §116)
12. 신용카드가맹점 가입발급의무 등(법법 §117)
13. 현금영수증가맹점 가입발급의무 등(법법 §117의 2)
14. 지급명세서 제출의무(법법 §120 및 §120의 2)
15. 매입처별세금계산서합계표 제출(법법 §120의 3)
16. 계산서 작성·교부 등(법법 §121)
17. 질문·조사(법법 §122)
18. 그 밖에 기획재정부령으로 정하는 사항(현재 규정되어 있는 사항은 없음)

2024
조세특례제한법 해석과 사례

14. 그 밖의 직접국세 특례

제1절 서설

제2절 [제104조의 4] 다자간매매체결거래에 대한 소득세 등 과세특례

제3절 [제104조의 7] 정비사업조합에 대한 과세특례

제4절 [제104조의 8] 전자신고 등에 대한 세액공제

제5절 [제104조의 10] 해운기업에 대한 법인세 과세표준 계산 특례

제6절 [제104조의 12] 신용회복목적회사의 손실보전준비금 특례

제7절 [제104조의 13] 향교 및 종교단체에 대한 종합부동산세 과세특례

제8절 [제104조의 15] 해외자원개발투자에 대한 과세특례

제9절 [제104조의 16] 대학 재정 건전화를 위한 분할과세 등

제10절 [제104조의 19] 주택건설사업자가 취득한 토지에 대한 종합부동산세 비과세

제11절 [제104조의 22] 기업의 운동경기부 등 설치·운영에 대한 세액공제

제12절 [제104조의 24] 해외진출기업의 국내복귀에 대한 세액감면

제13절 [제104조의 25] 석유제품 전자상거래에 대한 세액공제

제14절 [제104조의 26] 정비사업조합 설립인가등의 취소에 따른 채권의 손금산입

제15절 [제104조의 30] 우수 선화주기업 인증을 받은 화주 기업에 대한 세액공제

제16절 [제104조의 31] 프로젝트금융투자회사에 대한 소득공제

제17절 [제104조의 32] 용역제공자에 관한 과세자료의 제출에 대한 세액공제

제18절 [제104조의 33] 해외건설자회사에 지급한 대여금등에 대한 손금산입

제1절 서설

그 밖의 직접국세 특례

조문	특례요건	과세특례
§101 중소기업 최대주주등의 주식 할증평가 특례('19년 말 폐지)	중소기업법상 중소기업의 최대주주 등이 보유한 주식등을 상속, 증여 및 양도 등을 하는 경우	상증법상 최대주주 등이 보유한 주식등의 할증평가 규정을 적용 배제
§102 산림개발소득에 대한 세액감면('18년 말 폐지)	산림경영계획 또는 특수산림사업지구사업에 의한 산림과 채종림, 산림보호구역의 산림을 10년 이상 조림한 후 벌채 또는 양도하는 경우	벌채·양도소득에 대한 소득세 또는 법인세의 50%를 세액감면
§104의 3 자본확충목적회사의 손실보전준비금 특례('17년 재도입) ('21년 말 폐지)	자본확충목적회사가 투자자금을 한국은행 또는 중소기업은행으로부터 차입하거나 투자자금을 상기 금융기관이 발행하는 신종자본증권 또는 후순위채권에 투자하는 경우	손실보전준비금으로 손금산입한 후, 손실과 상계한 잔액을 5년 후 익금산입
§104의 4 다자간매매체결거래 특례(일몰기한 없음)	다자간매매체결회사를 통하여 상장주식이 거래되는 경우	증권시장에서 거래되는 상장주식과 동일하게 양도소득세, 증권거래세 및 농어촌특별세를 부과
§104의 7 정비사업조합에 대한 과세특례(일몰기한 없음)	재건축조합이 법인으로 등기한 전환정비사업조합과 새로이 법인으로 설립된 정비사업조합과 「빈집 및 소규모주택 정비에 관한 특례법」에 따라 설립된 조합등	■ 전환정비사업조합은 공동사업장으로 의제 ■ 정비사업조합등은 비영리내국법인으로 과세 ■ 조합원 분양분은 부가가치세 비과세하며, 조합원은 제2차 납세의무 부담
§104의 8 전자신고에 대한 세액공제 (일몰기한 없음)	■ 납세자가 직접 또는 세무대리인이 대리하여 전자신고의 방법으로 소득세, 양도소득세, 법인세 및 부가가치세를 신고한 경우 ■ 결정·징수하는 소득세, 부가가치세등에 대하여 납세자가 직접 전자송달의 방법으로 전자고지서를 신청한 경우	■ 소득세, 양도소득세, 법인세 신고에 대하여는 2만원, 부가가치세 확정신고에 대하여는 1만원을 세액공제 ■ 납부고지서 1건당 1천원을 세액공제

조문	특례요건	과세특례
§104의 10 해운기업 톤세제도	외항해운기업이 기준선박 대비 용선 선박의 연간운항순톤수가 5배를 초과하지 않고, 특례 적용을 신청한 경우	외항운송활동 등에서 발생한 소득에 대해 선박표준이익을 기준으로 법인세 과세
§104의 11 신용회복목적회사의 출연 손금 산입 특례	한국자산관리공사 및 금융기관이 신용회복목적회사에 출연하는 경우 ('22년 신설)	출연금액을 손금산입
§104의 12 신용회복목적회사의 손실보전준비금	부실채권의 매입과 금리·만기 등의 재조정, 지급보증 등의 사업을 수행하는 신용회복목적회사	손실보전준비금을 적립하여 손금산입한 후 15년간 손실과 상계하고 잔액을 익금산입
§104의 13 향교 및 종교단체의 종합부동산세 특례	주택 또는 토지를 개별 종교단체가 실제 소유하였으나 조세포탈의 목적 없이 종교단체의 명의로 등기한 경우	개별 종교단체가 종합부동산세를 신고(일몰기한 없음)
§104의 14 제3자물류비용에 대한 세액공제('20년 말 폐지)	제조업을 경영하는 중소기업 및 대기업이 조달물류비, 판매물류비 및 리버스물류비를 제3자에게 지출한 경우	제3자 물류비용 중 전기 대비 증가분 또는 당기의 제3자 물류비용 비율이 30%를 초과하는 경우 그 초과분의 3%(단, 중소기업은 5%)를 세액공제
§104의 15 해외자원개발 투자세액공제 ('24년 신설)	해외자원개발사업자가 해외자원개발을 위하여 i) 광업권·조광권 취득 투자, ii) i)을 위한 외국법인 출자, iii) 내국인의 외국자회사에 대한 직접투자	투자 또는 출자금액의 3%를 세액공제
§104의 16 대학 재정 건전화를 위한 분할과세 등(일몰기한 없음)	■ 대학이 수익용 기본재산을 양도하고 1년 이내 대체취득하는 경우 ■ 대학이 50% 이상을 출자하여 설립한 법인이 당해 대학에 출연한 경우	■ 양도차익에 대해 3년거치 3년 분할 익금산입 ■ 손금산입
§104의 18 대학 맞춤형 교육비용 등에 대한 세액공제 ('19년 말 폐지)	■ 대학교, 마이스터고등 및 산업교육 실시 학교에 맞춤형 교육비용을 지급하거나, 마이스터고등 재학생에게 직업교육훈련을 실시하고 현장훈련수당등을 지급하는 경우 ■ 대학교 및 마이스터고등에 연구 및 인력개발을 위한 시설을 기부하는 경우	■ 교육비용등 지급액의 당기분 1~25%, 증가분 30~50% 세액공제. 단, 수도권 대학교는 지급액의 절반만 인정 ■ 기부금액의 1~6%를 세액공제. 단, 수도권 대학교는 기부액의 절반만 인정
§104의 19 주택건설사업자가 취득한 토지	주택건설사업자가 종합합산과세대상 토지를 주택건설용으로 취득한 경우	종합부동산세 비과세(일몰기한 없음)
§104의 22 기업의 운동경기부 등 설치·운영 세액공제	내국법인이 설치한 비인기 취약종목 운동경기부, e스포츠경기부 또는 장애인 운동경기부의 운영비용(일몰기한 없음)	운영비용의 10%를 설치일로부터 3년간 세액공제하며, 장애인 운동경기부는 20%를 5년간 세액공제

조문	특례요건	과세특례
§104의 24 해외진출기업의 국내복귀에 대한 세액감면	내국인 또는 재외동포가 국외에서 2년 이상 경영하던 사업장을 국내로 이전하여 수도권과밀억제권역 외에서 창업 또는 사업장을 신설한 경우	■ 완전 복귀 및 비수도권으로 부분복귀하는 경우에는 5년간 100% 감면, 그 후 2년간 50% 감면 ■ 부분 복귀하는 경우에는 3년간 100%, 그 후 2년간 50% 감면.
§104의 25 석유제품 전자상거래에 대한 세액공제	내국인이 한국거래소의 석유제품 전자결제망을 이용하여 공급받는 경우	공급받는 자는 해당 공급가액의 0.3%를 소득세 또는 법인세에서 세액공제
§104의 26 정비사업조합 설립인가등의 취소에 따른 채권의 손금산입	추진위원회의 승인이 취소되거나 정비사업조합 설립인가가 취소되어, 시공사등이 정비사업조합 등에 대한 채권을 포기한 경우	■ 시공사등은 대손금으로 손금산입 ■ 정비사업조합 등은 법인세법상 익금 또는 증여로 보지 않음.
§104의 27 고배당기업 주식의 배당소득에 대한 과세특례 ('17년 말 폐지)	배당성향, 배당수익률, 총배당금액 증가율 요건을 충족하는 상장기업이 주주인 거주자에게 결산배당으로 현금을 지급한 경우	■ 9% 저율로 원천징수 ■ 금융소득 종합과세 대상자인 경우 5% 세액공제(단, 2천만원 한도)
§104의 28 2018 평창 동계올림픽대회 등 비과세 ('18년 말 폐지)	■ 국제올림픽위원회 등 법인 ■ 선수·감독 등 비거주자 ■ 상징물 사용권을 대가로 현물을 공급하는 사업자	■ 법인세 비과세 ■ 소득세 비과세 ■ 부가가치세 의제매입세액공제
§104의 30 우수 선화주기업 인증을 받은 화주기업 세액공제('20년 신설)	우수 선화주기업 인증을 받은 국제물류주선업자가 ① 외항정기화물운송사업자에게 지출한 비용이 40% 이상이고, ② 그 비용이 차지하는 비율이 전기 대비 증가한 경우	외항정기화물운송사업자에게 수출입을 위하여 지출한 운송비용의 1%(전기 대비 증가분은 3% 추가)를 세액공제함, 단, 당기 법인세액 등의 10%를 한도로 함.
§104의 31 프로젝트금융투자회사 소득공제('21년이관)	프로젝트금융회사가 배당가능이익의 90% 이상을 배당한 경우	지급한 배당금을 해당 배당을 결의한 잉여금 처분의 대상이 되는 사업연도의 소득금액에서 공제
§104의 32 용역제공자에 관한 과세자료 제출 세액공제	사업장을 제공하거나 용역을 알선·중개하는 자가 과세자료를 제출하는 경우 ('22년 신설)	과세자료에 기재된 용역제공자 인원 1인당 300원을 세액공제. 단, 연간 200만원 한도
§104의 33 해외건설자회사에 지급한 대여금등 손금산입 특례('24년 신설)	해외건설사업자인 내국법인이 해외건설자회사에 대한 채권으로서 공사 또는 운영자금으로 사용되고 22.12.31. 이전 지급한 대여금으로서 회수가 현저히 곤란한 경우	대여금 등의 대손충당금을 손비로 계상한 경우 손금산입. 손금산입 한도는 24년을 10%로 하고 매년 10% point 상향함.

❹ 종래 조특법에서 중소기업의 최대주주등에 대해서는 할증평가를 배제하였으나, 상증법에서 중소기업에 대한 할증평가를 적용하지 않음에 따라 2020년 개정세법에서 조특법상 중소기업 할증배제 특례를 삭제함. 일반기업에 비해 경영권 프리미엄이 낮게 평가되는 중소기업의 특성 등을 감안하여 중소기업 최대주주 등 주식에 대해서는 할증을 적용하지 않기로 함. 또한 실증분석 결과, 최대주주 등의 경우에는 지분율과 경영권 프리미엄 수준 간 비례관계가 높지 않은 것으로 평가되어 할증률에 차등을 두지 않기로 함.

2024 개정 신용회복목적회사(국민행복기금) 출연 금액 손금산입 특례 대상에 금융기관을 추가함. 법 104조의 11의 개정규정은 2024.1.1. 이후 과세표준을 신고하는 경우부터 (소급하여) 적용함(2023.12.31. 개정된 법률 부칙 §20).

제2절 [제104조의 4] 다자간매매체결거래에 대한 소득세 등 과세특례

Ⅰ. 의의

다자간매매체결회사를 통하여 거래되는 상장주식에 대해, 증권시장에서 거래되는 상장주식과 동일하게 양도소득세, 증권거래세 및 농어촌특별세를 부과하는 제도이다.

다자간매매체결회사란 정규거래소 이외에 매수자와 매도자 간에 매매를 체결시켜주는 대체거래시스템(ATS : Alternative Trading System)을 통하여 증권의 매매 또는 그 중개·주선이나 대리 업무를 수행하는 투자매매업자 또는 투자중개업자를 말한다[자본시장과 금융투자업에 관한 법률(이하 "자본시장법") §8의 2 ⑤]. 한국거래소와 유사 기능을 수행하는 점을 고려하여 양도소득세 등에 대하여 동일한 세무상 지원을 한다.

2014년 신설된 제도이며, 2014.1.1. 이후 거래하는 분부터 적용한다.

일몰기한이 없는 항구적 조세지원제도이다.

Ⅱ. 요건

다자간매매체결회사를 통하여 증권을 매매하는 자가 과세특례의 주체이다(조특법 §104의 4).

과세특례의 대상은 다자간매매체결회사를 통하여 거래되는 상장주식이다.

Ⅲ. 과세특례

1 양도소득세

다자간매매체결회사를 통하여 상장주식을 매매하는 경우에도 한국거래소에서 상장주식을 매매하는 경우와 동일한 양도소득세를 부담한다. 즉, 주권상장법인의 대주주의 주식의 양도는 양도소득세 과세대상이 되나, 대주주 이외의 자는 양도소득세가 비과세된다(소법 §94).

2 증권거래세 및 농어촌특별세

한국거래소에서 상장주식을 매매하는 경우와 동일하게 유가증권은 0.05%의 증권거래세와 0.15%의 농어촌특별세를 부담하고, 코스닥시장은 0.20%, 코넥스시장은 0.1%의 증권거래세를 부담한다(증권거래세법 시행령 §5, 농특법 §5 ① 5호).

주식 양도 시 증권거래세율 (농어촌특별세율)

구분	2021년~2022년	2023년	2024년	2025년 이후
유가증권 시장	0.08% (0.15%)	0.05% (0.15%)	0.03% (0.15%)	0 (0.15%)
코스닥시장 또는 금융투자협회	0.23%	0.20%	0.18%	0.15%
코넥스시장	0.1%	0.1%	0.1%	0.1%
비상장 주식 등	0.43%	0.35%	0.35%	0.35%

제3절 [제104조의 7] 정비사업조합에 대한 과세특례

Ⅰ. 의의

「도시 및 주거환경정비법」(이하 "도시정비법")의 시행으로 종전 재건축조합이 법인(정비사업조합)으로 의무적으로 전환됨에 따라 종전과 동일한 과세부담을 유지하게 하고, 동법에 의하여 신설되는 정비사업조합에게 의무적으로 법인격이 부여됨에 따라 조합원의 세부담을 완화하기 위한 특례를 부여하는 제도이다. 그리고, 소규모재건축사업 등「빈집 및 소규모주택 정비에 관한 특례법」(이하 "소규모주택정비법")에 따른 정비사업조합도 같은 특례를 부여한다.

특례의 내용을 보자면, 법인으로 전환된 종전의 재건축조합에 대하여는 그 조합과 조합원을 소득세법상 공동사업장 및 공동사업자로 의제하여 종전과 같이 소득세법을 적용하여 법적 안정성을 도모한다. 그리고 신설되는 정비사업조합에 대하여는 비영리법인으로 의제하여 세부담이 급격히 증가하는 것을 완화한다. 2003년 말 도입되었다.

정비사업조합에 대한 과세특례는 국민의 주거환경을 개선하는 정비사업을 지원하기 위하여 2014년 개정세법에서 일몰기한을 삭제하여 영구적인 조세지원제도가 되었다.

본 과세특례는 전환정비사업조합 특례와 정비사업조합등 특례의 2가지로 구성되어 있으며, 그 주체와 특례의 내용이 각기 다르므로 구분하여 살펴보도록 한다.

개정연혁

연 도	개정 내용
2022년	■ 비영리법인 의제 대상 정비사업조합 추가 : 빈집 및 소규모주택 정비에 관한 특례법에 따른 정비조합

Ⅱ. 전환정비사업조합에 대한 특례

1 주체

특례의 주체는 2003.6.30. 이전에 조합설립의 인가[1]를 받은 재건축조합으로서 도시정비법에 따라 법인으로 등기한 조합(이하 "전환정비사업조합")이다(조특법 §104의 7 ①).

2003년 시행된 도시정비법에 따르면 정비사업조합은 법인 형태로만 설립이 가능하다(도시정비법 §38 ①).

2 특례

2-1 공동사업장 의제

전환정비사업조합은 세법상 내국법인에 해당함에도 불구하고 법인세법에 따른 신고의무를 부과하지 않고, 전환정비사업조합 및 그 조합원을 각각 공동사업장(소법 §87 ①) 및 공동사업자(소법 §43 ③)로 의제하여 소득세법을 적용한다(조특법 §104의 7 ① 본문).

(1) 소득금액 계산 및 분배

전환정비사업조합을 1거주자로 보아 소득금액을 계산하고, 손익분배비율에 의하여 분배되었거나 분배될 소득금액에 따라 각 조합원별로 분배한 후, 각 조합원은 분배된 금액을 자신의 종합소득금액에 합산하여 신고한다(소법 §43).

임대주택 건설의무의 폐지로 인해 주택을 추가로 분양함에 따라 발생하는 분양수입금액은 해당 정비사업조합의 총수입금액에 산입하며, 이를 조합원에게 분배하는 경우 해당 조합원은 그 분배받은 소득금액에 대해 소득세를 납세하여야 한다(소득-374, 2010.3.25.).

분배받은 금액을 건축비에 충당하기 위한 목적으로 다시 분담금으로 지급하여 현실적으로 분배(지급)받지 않은 경우에도, 각 조합원은 실질적으로 건축비 경감액만큼의 이익을 분배받은 것이므로 납세의무가 있다(대전지법 2011구합4017, 2012.4.4.; 심사소득 2007-238, 2007.12.17.).

---
1) 주택건설촉진법(법률 제6852호로 개정되기 전의 것) §44 ①

전환정비사업조합은 전환 전의 재건축조합과 동일하게 소득세법이 적용되므로, 실질적으로 실체가 동일한 구 재건축조합의 이월결손금의 승계가 가능하다(서면2팀-530, 2004.3.22.).

(2) 보칙

공동사업장으로 의제된 정비사업조합의 경우 성실신고확인서 제출의무(소법 §70의 2)와 사업용계좌의 신고·사용의무(소법 §160의 5) 등이 있으며, 사업용계좌는 정비사업조합의 명의로 개설된 계좌를 신고·사용하여야 한다(소득-74, 2012.1.27.). 또한 장부의 기장도 소득세법 제160조 장부의 비치·기록 규정에 따라 구분경리하여야 한다(소득-383, 2010.3.26.).

2-2 법인세법의 예외적 적용

전환정비사업조합이 해당 사업연도의 소득에 대한 과세표준과 세액을 법인세법에 따라 신고한 경우에는 계속적으로 법인세법이 적용되며, 이후에는 소득세법에 따른 공동사업장으로 변경이 금지된다(조특법 §104의 7 ① 단서).

Ⅲ. 정비사업조합등에 대한 특례

1 주체

특례의 주체는 도시정비법 및 소규모주택정비법에 따라 새로이 설립된 정비사업조합과 법인세법에 따른 과표와 세액을 신고하여 계속적으로 법인세법이 적용되는 전환정비사업조합(이하 "정비사업조합등")이다(조특법 §104의 7 ②).

도시정비법에 따른 정비사업조합이란 주택재개발 및 도시환경정비 사업 추진을 위하여 해당 구역 내에 토지·건축물 등의 소유자가 조합원이 되어 시장·군수의 인가를 받아 설립하는 조합이다(도시정비법 §35). 정비사업조합은 법인으로만 설립이 가능함은 기술하였다.

소규모주택정비법에 따른 정비사업조합이란 가로주택정비사업, 소규모재건축사업 및 소규모재개발사업 추진을 위하여 토지등 소유자가 시장·군수등의 인가를 받아 설립하는 조합이다(소규모주택정비법 §23).

2022년 세법개정에서 정비사업 수행 조합 간 과세형평성을 제고하기 위하여 소규모재건축사업 등 「빈집 및 소규모주택 정비에 관한 특례법」에 따른 정비사업조합이 정비사업을 마친 후 조합원에게 토지를 대신하여 공급하는 토지 및 건축물에 대해서는 재화의 공급이 아닌 것으로 보아 부가가치세를 면제하도록 함. 개정규정은 2022.1.1. 이후 설립된 조합부터 적용함(2021.12.28. 개정된 법률 부칙 §19).

> **◆ 조합설립추진위원회의 법적 성격** (서면3팀-1506, 2007.5.16.)
> 「도시 및 주거환경정비법」 제13조의 규정에 해당하는 <u>조합설립추진위원회는 「국세기본법」 제13조의 규정에 의하여 법인으로 보는 단체로 보는 것</u>이나, 「도시 및 주거환경정비법」 제15조 제4항에 의하여 <u>당해 조합설립추진위원회가 행한 업무와 관련된 권리와 의무를 「조세특례제한법」 제104조의 7 제2항의 규정에 의한 정비사업조합이 포괄승계하는 경우에는 그 조직을 변경한 것으로 보는 것</u>임.
> 동 조합설립추진위원회가 「도시 및 주거환경정비법」 제2조의 규정에 의한 정비사업을 시행하면서 <u>신규로 부가가치세 과세사업을 개시하고자 하는 경우 「부가가치세법」 제5조 제1항의 규정에 의하여 사업자등록을 하여야 함</u>.

2 특례

2-1 비영리내국법인으로 과세

(1) 비영리내국법인

정비사업조합등은 실무상 해산 시 잔여재산이 있는 경우에는 조합원에게 배당하므로 법인세법상 비영리내국법인(법법 §2)의 요건을 충족하지 못한다. 그럼에도 불구하고, 정비사업조합등을 비영리내국법인으로 의제하여 법인세법을 적용한다.

(2) 비수익사업 – 조합원 분양분

정비사업조합등이 도시정비법 및 소규모주택정비법 상 해당 정비사업에 관한 관리처분계획에 따라 조합원에게 종전의 토지를 대신하여 토지 및 건축물을 공급(조합원 분양)하는 사업은 수익사업(법법 §4 ③)이 아닌 것으로 본다(조특령 §104의 4).

조합원이 정비사업조합등을 통한 재건축 또는 재개발로 토지 및 건축물을 공급받는 것은 '환지' 처분의 성격이므로 조합원 분양을 비수익사업으로 간주한다. 조합원이 그 소유

토지 및 건물을 출자하는 외에 추가로 출자하지 않고, 재건축조합도 실질적으로 수익이 발생한다고 보기 어렵기 때문이다(부산지법 2017구합22948, 2017.12.21.).

또한, 조합원이 현물출자한 가액을 초과하는 토지와 건물을 공급받고 그 차액에 해당하는 청산금을 조합에 지급하는 것(조합원 분담금)은 추가적인 출자의 납입이라고 보며 수익사업의 익금으로 보지 않는다(부산고법 2018누20238, 2018.7.20.; 대법원 2018두54040, 2018.12.6.). 청산금은 현물출자 거래에서 발생하므로 조합원 분담금을 별도의 거래로 보기 어렵기 때문에 현물출자와 동일하게 출자로 본다.

종전 과세관청은 조합원 분담금을 수익사업의 익금으로 보았으나,(법인-669, 2009.2.18.; 조심 2019광2130, 2020.6.16.) 최근 유권해석에는 종전 예규를 변경하여 재개발조합이 관리처분계획에 따라 자기지분(무상지분)을 초과하여 아파트를 분양받은 조합원으로부터 받는 추가 부담금을 수령하는 경우 해당 추가 부담금이 수익사업소득에 해당하지 않는 것으로 해석하였으며 회신일 이후 관리처분계획이 인가되는 분부터 적용하는 것으로 변경하였다(재법인-279, 2021.06.04.).

반면에, 조합원이 출자한 토지의 평가액이 그가 분양받게 될 신축아파트의 가액보다 큰 경우 그 차액을 조합이 조합원에게 지급하게 되면 당해 조합은 동 지급금액을 그 조합원의 출자금의 감소로 처리한다(법인-669, 2009.2.18.).

(3) 수익사업 - 일반 분양분

(3-1) 일반 분양

정비사업조합등의 조합원 분양은 비수익사업이나 일반 분양은 수익사업에 해당함에 유의하여야 한다(서울고법 2021나2006813, 2021.7.1.; 서울행법 2013구합13525, 2013.7.26.; 조심 2013서623, 2013.4.24. 외 다수).

(3-2) 조합원에게 이익 분배는 배당소득

정비사업조합등이 조합원에게 수익사업에서 발생한 이익을 조합원에게 분배하는 경우에는 소득세법상 배당소득에 해당한다(서면1팀-394, 2006.3.27.; 부동산거래-685, 2011.8.2.).

따라서 정비사업조합이 일반분양하는 주택 및 상가에서 발생하는 소득을 **조합원분의 이주비 대여금에 대한 이자지급에 충당하는 경우**에 동 충당금액은 부당행위계산 부인(법법 §52) 또는 손금의 범위(법법 §19)의 규정에 의해 해당 조합의 손금에 해당하지 않는다(서면법인-3140, 2016.6.13.).

또한 조합이 일반분양자를 제외한 조합원들만을 위해서 조합명의로 지출한 **새시 비용**은 조합이 사업기간 동안 발생한 이익 중 일부를 조합원에게 분배한 것으로 보아 손금에 산입하지 않는다(법인-669, 2009.2.18.).

과세관청에서는 법인세법을 적용받는 주택재건축 정비사업조합이 자기지분(무상지분)을 초과한 아파트를 취득하는 조합원으로부터 조합의 규약 등에 따라 분양대금으로 별도로 지급받는 소득(도시정비법 제57조 제1항에 따른 '청산금')을 조합원의 이주비 대여금이나 중도금 대출금에 대한 이자의 지급에 충당함으로써 조합원이 해당 조합으로부터 무상으로 지원받게 되는 이자비용 상당액은 소득세법상 배당소득에 해당하는 것으로 해석하였다(서면소득-1224, 2017.8.28.).

그러나, (2) 비수익사업에서 보았던 2021년 변경된 유권해석(재법인-279, 2021.06.04.)에 따르면 청산금을 이주비 대여금 등으로 지급하는 경우 출자의 환급으로 보아야 할 것으로 본다.

● 이주비 이자비용을 재고자산으로 계상한 경우의 세무조정

「도시 및 주거환경정비법」에 따른 재개발사업의 사업시행자로 지정된 지방공사가 토지등소유자에게 이주비를 대여한 경우로서, 토지등소유자가 부담하여야 할 이주비에 대한 이자비용을 회수하지 않고 해당 재개발사업의 사업비에 반영하기로 약정함에 따라 재고자산으로 계상한 경우에는 해당 재고자산을 감액하는 세무조정(△유보)을 하고, 동 금액을 익금에 산입하되, "익금에 산입한 금액 중 수익사업부문 상당액"은 해당 토지등소유자에게 배당소득으로 소득처분하고, "비수익사업부문 상당액"은 기타로 소득처분하는 것임(사전법규법인-0773, 2023.1.17.).

(4) 고유목적사업준비금 배제

법인세법 제29조 고유목적사업준비금의 손금산입 규정은 적용하지 않는다.

(5) 청산소득에 대한 법인세 배제

비영리법인은 잔여재산을 구성원에게 분배할 수 없어 청산과정이 없으므로 정비사업조합등이 해산하는 경우 청산소득에 대한 법인세 납부의무는 없다(서면2팀-1121, 2006.6.15.).

비영리내국법인인 정비사업조합이 조합해산 전에 제기한 '공사하자에 대한 손해배상소송'에 대해 해산등기 완료 이후 청산기간 중 대법원의 판결이 확정됨에 따라 수령한 손해배상금 및 지연이자는 청산소득에 해당하지 않는다(사전법령법인-650, 2017.3.27.).

2-2 부가가치세법상 특례

(1) 조합원 분양분 비과세

(1-1) 원칙적 비과세

해당 정비사업의 시행으로 건설된 토지 및 건축물을 정비사업 완료 후 관리처분계획에 따라 종전의 토지를 대신하여 조합원에게 분양하는 경우에는, 재화의 공급으로 보지 않아 부가가치세가 과세되지 않는다(조특법 §104의 7 ③). 이때 당초 조합원의 지분을 초과하는 경우(당해 정비사업의 시행으로 건설된 것에 한함)도 과세하지 않는다(부가-653, 2014.7.18.; 서면3팀-399, 2005.3.23.).

조합원 분양분 건물의 공급은 재화의 공급으로 보지 아니하므로, 그 건물에 대한 매입세액도 공제되지 않는다(서울행법 2011구합3128, 2012.1.12.).

● 시공자로부터 거래징수당한 부가가치세의 최종 부담자 판정

정비사업조합이 건설회사로부터 건설용역을 제공받아 건축한 상가를 관리처분계획에 따라 조합원에게 공급하는 경우, 건설회사가 조합에게 제공하는 건설용역은 부가가치세 과세대상에 해당하지만, 조합이 조합원에게 공급하는 것으로서 종전의 토지를 대신하여 공급하는 상가는 본 특례에 따라 부가가치세 과세대상에 해당하지 않는다. 다만 건설회사가 조합에게 제공하는 건설용역에 부과된 부가가치세를 최종적으로 누가 부담할 것인지는 조합과 조합원 간에 정할 사항이다(서면법규-499, 2014.5.19.).

● 정비사업조합이 시공자 등으로부터 세금계산서를 교부받은 경우 조합원에게 세금계산서를 교부할 수 있는지 여부 (긍정)

정비사업조합이 시공자 등으로부터 건설용역대가에 대하여 세금계산서를 교부받은 경우 교부받은 세금계산서상의 공급가액의 범위 안에서 실제로 당해 건설용역을 공급받은 조합원(관리처분에 의해 상가를 분양받은 조합원)에게 당해 조합원이 부담한 현금·토지 등의 비용을 기준으로 부가가치세법 시행규칙 제18조 규정에 의해 세금계산서를 교부할 수 있는 것이며, 조합원은 당해 매입세액이 자기의 과세사업과 관련된 경우에는 자기의 매출세액에서 공제받을 수 있다(서면3팀-1707, 2005.10.6.).

(1-2) 예외적 과세

반면에 재건축조합이 관리처분계획에 의하지 아니하고 당초 지분을 초과하는 주택(국민주택 규모 이하인 경우는 제외) 및 비주거시설을 해당 조합원에게 분양하는 경우에는 부가가치세가 과세된다(서면부가-393, 2015.6.28.; 서면3팀-1795, 2007.6.21.).

조합원이 부가가치세 과세사업에 사용하던 토지 및 건축물을 정비사업조합등에 제공하고 현금(청산금 포함)을 지급받는 경우에는 재화의 공급으로 보아 부가가치세가 과세되며,

정비사업조합을 공급받는 자로 하여 세금계산서를 교부하여야 한다. 이 경우 부가가치세의 과세표준은 부가가치세법 시행령 제48조의 2 제4항의 규정(현재 부령 §64)에 따라 안분계산하여야 한다(서면3팀-3431, 2007.12.27.).

또한 조합이 별도의 계약에 의해 발코니 샤시를 설치하여 주고 그 대가를 받는 경우에도 부가가치세가 과세된다(서면3팀-1906, 2007.7.5.).

(2) 일반 분양분 과세

조합의 일반 분양분은 과세거래에 해당하므로 국민주택(법 §106 ① 4호) 외 주택과 상가건물에 대하여는 부가가치세가 과세된다.

> **예규·판례**
>
> ❖ **구 재건축조합의 조합원을 공동사업자로 보아 부가가치세의 연대납세의무자에 해당하는지 여부 (부정)** (인천지법 2012구합5354, 2013.4.25.)
> 이 사건 재건축조합은 구 주택건설촉진법에 의하여 주무관청의 설립인가를 받아 설립된 주택조합으로 그 법적 성질은 비법인사단에 해당하고,(대법원 1994.6.28. 선고, 92다36052 판결 등 참조) 조합 규약 제43조에서 "청산종료 후 조합의 잔여재산이 있을 때에는 해산 당시의 조합원에게 균등하게 배분하여야 한다"고 규정하고 있다 하더라도 이는 조합 해산 시 잔여재산 청산에 관한 규정일 뿐 이를 두고 조합과 조합원 사이에 이익의 분배 방법 및 비율을 명시한 것으로 볼 수 없으므로, 이 사건 재건축사업과 관련하여 부가가치를 창출하여 낼 수 있는 정도의 사업형태를 갖추고 계속적이고 반복적인 의사로 재화 또는 용역을 공급하는 자로서 이 사건 거래에 관한 부가가치세 납세의무자가 되는 사업자는 이 사건 재건축조합이지, 그 구성원에 불과한 원고 등은 위 사업자에 해당하지 않는다 할 것이고, 나아가 원고 등을 국세기본법 제25조에 따른 공동사업자로 보아 연대납세의무를 부과할 수도 없다.

2-3 제2차 납세의무 특례

제2차 납세의무란 본래의 납세의무자의 이행 부족분에 대하여 그와 일정한 관계가 있는 제2차 납세의무자가 보충적으로 납세의무를 부담하는 것을 말한다.[2]

제2차 납세의무는 국세기본법상 청산인등과 잔여재산분배를 받은 자, 출자자, 법인, 사업양수인이 부담하는데,(동법 §38~§41) 국세기본법상의 청산 후 잔여재산 분배를 받은 자와 동일하게 정비사업조합등으로부터 토지 및 건축물을 분양받은 조합원도 다음과 같이 제2차 납세의무를 부담한다.

---

[2] 송쌍종,「조세법학총론」, 조세문화사, 2013, p.475.

정비사업조합등이 관리처분계획에 따라 해당 정비사업의 시행으로 조성된 토지 및 건축물의 소유권을 타인에게 모두 이전한 경우로서 그 정비사업조합등이 납부할 국세·가산금 또는 체납처분비를 납부하지 아니하고 그 남은 재산을 분배하거나 인도한 경우에는 그 정비사업조합등에 대하여 체납처분을 집행하여도 징수할 금액이 부족한 경우에만 그 남은 재산의 분배 또는 인도를 받은 자가 그 부족액에 대하여 제2차 납세의무를 진다. 이 경우 해당 제2차 납세의무는 그 남은 재산을 분배 또는 인도받은 가액을 한도로 한다(조특법 §104의 7 ④).

제4절 [제104조의 8] 전자신고 등에 대한 세액공제

Ⅰ. 의의

납세자가 직접 전자신고의 방법으로 법인세, 소득세, 양도소득세, 부가가치세 신고를 하는 경우 해당 납부세액에서 법인세·소득세 신고에 대하여는 2만원을, 부가가치세 신고에 대하여는 1만원을 세액공제한다. 세무대리인이 전자신고의 방법으로 신고한 경우에도 당해 세무대리인의 납부세액에서 건당 동일한 금액을 세액공제한다.

그리고 납세자가 직접 전자송달의 방법으로 결정·징수하는 소득세, 부가가치세 및 국세에 대하여 납부고지서의 송달을 신청한 경우 건당 1천원을 세액공제한다.

전자신고 제도의 조기정착 및 활성화를 유도하기 위하여 2004년 도입되었다.

일몰기한이 없는 항구적 조세지원제도이다.

개정연혁

연 도	개정 내용
2018년	■ 세무대리인의 공제 한도를 단계적으로 축소 : 세무대리인 400만원 → 300만원('19년~'20년) → 200만원, 세무법인 1,000만원 → 750만원('19년~'20년) → 500만원
2019년	■ 확정신고의무가 없는 소득세 납세자의 공제액을 건당 1만원으로 축소
2020년	■ 공제한도를 법률로 상향하여 입법: 세무대리인 300만원, 세무법인 750만원
2021년	■ 전자고지 신청 납세자에 대한 세액공제 신설 ■ 세액공제 대상 추가 : 양도소득세

Ⅱ. 요건

1 주체

과세특례의 주체는 법인세, 소득세, 양도소득세, 부가가치세의 납세의무자와 그 신고를 대리하는 세무사, 공인회계사, 변호사, 세무법인, 회계법인(이하 "세무대리인")이다.

2 전자신고

2-1 납세자

납세자가 직접 전자신고(국기법 §5의 2)를 하여야 한다.

전자신고의 대상은 종합소득 과세표준 확정신고(소법 §70), 양도소득 과세표준 예정신고 및 법인세 과세표준신고(법법 §60), 부가가치세 확정신고(부법 §49) 및 간이과세자의 신고(부법 §67)이다(조특령 §104의 5 ①·③).

2021년 세법개정에서 양도소득세의 전자신고율을 제고하기 위하여 전자신고 세액공제 대상에 양도소득세(예정신고)를 추가하였다. 개정규정은 2021.1.1. 이후 전자신고의 방법으로 과세표준을 신고하는 경우부터 소급하여 적용한다(2020.12.29. 개정된 법률 부칙 §24).

2-2 세무대리인

세무대리인이 납세자를 대리하여 전자신고를 하여야 하며, 그 대상은 납세자와 같다.

3 전자고지 신청

납세자가 전자송달(국기법 §8 ①)의 방법으로 다음의 국세에 대하여 납부고지서의 송달을 신청하여야 한다(조특령 §104의 5 ⑤).
① 중간예납 규정에 따라 결정·징수하는 소득세(소법 §65 ①)
② 예정고지·예정부과 규정에 따라 결정·징수하는 부가가치세(부법 §48 ③, §66 ①)

③ 과세표준과 세액이 정부가 결정하는 때 확정되는 국세(수시부과하여 징수하는 경우는 제외함; 국기법 §22 ③)

2021년 세법개정에서 전자 정부 구현 및 우편비용 절감을 위한 목적으로 전자고지 신청 납세자에 대한 세액공제를 신설하였다. 개정규정은 2021.7.1. 이후 최초로 전자송달하는 분부터 적용한다(2020.12.29. 개정된 법률 부칙 §1 단서 및 §25).

Ⅲ. 세액공제

 납세자

1-1 소득세 또는 법인세 신고

납세자가 직접 전자신고한 소득세, 양도소득세 또는 법인세 신고에 대하여는 2만원을 공제한다. 과세표준확정신고의 예외(소법 §73)에 해당하는 자가 과세표준확정신고를 한 경우에는 추가로 납부하거나 환급받은 결정세액과 1만원 중 적은 금액을 공제한다(조특령 §104의 5 ②). 납부할 세액이 음수인 경우에는 공제하지 않는다.

> 확정신고 의무 없는 소득세 납세자의 공제액 = Min(1만원, 추가납부·환급세액)

2019년 개정세법에서 확정신고의무가 없는 소득세 납세자의 공제액은 건당 1만원으로 축소하며, 공제한도는 추가납부하거나 환급받은 결정세액으로 하였다. 2019.2.12. 이후 소득세를 신고하는 분부터 소급 적용한다(2019.2.12. 개정된 시행령 부칙 §18).

1-2 부가가치세 확정신고

부가가치세 확정신고에 대하여는 1만원을 세액공제하거나 환급세액에 가산(이하 "세액공제등")한다(조특령 §104의 5 ④). 1기 및 2기 확정신고를 합해 연간 2만원이 공제 가능하다. 다만 매출가액과 매입가액이 없는 일반과세자에 대하여는 세액공제등을 하지 아니하며, 간이과세자에 대하여는 다음의 금액을 한도로 공제한다(조특법 §104의 8 ②).

$$\text{한도} = \text{납부세액} - \text{매입처별세금계산서 합계표등 공제액}^{\text{①}} + \text{간이과세자로 변경되는 경우의 재고품등 매입세액}^{\text{②}} - \text{간이과세자의 의제매입세액 공제액}^{\text{③}}$$

① 부법 §63 ③
② 부법 §64
③ 부법 §65

주사업장 총괄납부 승인을 얻은 사업자가 각 사업장별로 전자신고 방식에 의하여 부가가치세 확정신고를 하는 경우에는 각 사업장별로 전자신고 세액공제를 적용한다(서면3팀-1526, 2004.7.30.).

1-3 전자고지 신청

납세자가 전자송달의 방법으로 납부고지서의 송달을 신청한 경우 신청한 달의 다음다음 달 이후 송달하는 분부터 Ⅱ. 3. 공제 대상 국세의 납부세액에서 납부고지서 1건당 1천원을 공제한다(조특령 §104의 5 ⑦).

세액공제 금액은 각 세법에 따라 부과하는 국세의 납부세액에서 고지금액의 최저한도 금액인 1만원(국기법 §83→ 국기령 §65의 3)을 차감한 금액을 한도로 한다(조특령 §104의 5 ⑧).

2 세무대리인

2-1 공제 금액

세무대리인이 직전 과세연도 동안 소득세, 양도소득세 또는 법인세의 신고를 대리하여 전자신고한 경우에는 해당 세무대리인의 소득세(사업소득에 대한 소득세만 해당함) 또는 법인세의 납부세액에서 신고 건당 2만원을 공제한다. 과세표준확정신고의 예외(소법 §73)에 해당하는 자를 대리하여 전자신고한 경우에는 추가로 납부하거나 환급받은 결정세액과 1만원 중 적은 금액을 공제한다.

직전 과세기간 동안 부가가치세의 신고를 대리하여 전자신고한 경우에는 당해 세무사의 부가가치세 납부세액에서 신고 건당 1만원을 공제한다(조특법 §104의 8 ③).

세무대리인이 세무대리하는 경우의 세액공제와는 별도로 세무대리인 본인의 신고를 직접 전자신고한 경우에도 세액공제(법 §104의 8 ①·②)를 적용받는다(소득-1178, 2010.11.24.).

세무대리인은 세무대리에 의한 전자신고한 날이 속하는 과세기간에 대한 부가가치세 신고 시 세액공제를 적용한다(부가-962, 2010.7.23.).

2-2 연간 공제 한도

소득세, 법인세, 부가가치세 신고에 따른 공제세액 연간 한도액은 3백만원으로 한다. 연간이란 1월 1일부터 12월 31일까지이다(부가-818, 2012.7.30.).

그러나 세무법인 및 회계법인의 경우에는 750만원으로 한다(조특법 §104의 8 ④).

세무법인의 본지점이 있는 경우에는 본점과 지점의 공제세액을 합하여 한도를 적용한다(부가-212, 2012.2.29.). 세무사법에 따른 세무사가 세무법인으로 법인전환한 연도에 해당 세무법인의 연간 공제 한도액은 1천만원(현재는 750만원)으로 한다(서면법령법인-1098, 2015.9.6.).

한편, 세무사업을 공동으로 영위하는 세무사의 한도는 (사업장 기준이 아닌) 해당 공동사업을 영위하는 **세무사 인별로 적용**한다(사전법령소득-0117, 2019.3.8.). 해당 조문에서 세액공제의 대상자를 해당 세무사로 정하고 공동사업자인 경우 달리 정함이 없기 때문이다.

세액공제는 매 과세연도마다 공제 요건과 한도액을 적용하는 것이며, 전기 이월된 미공제세액이 있는 경우에도 당해 과세연도분에 대한 공제 금액을 한도액 범위 내에서 공제한다(서면법인-1065, 2023.6.19.).

세무대리인 등의 공제한도에 대한 연혁은 다음과 같다.

연간 공제한도액의 연혁

구 분	2019.1.1. 이전	2019.1.1. 이후
세무대리인	4백만원	3백만원
세무법인 및 회계법인	1천만원	750만원

2018년 개정세법에서 전자신고 제도가 정착된 점을 감안하여, 세무대리인은 200만원, 세무법인 등은 500만원으로 한도를 축소하였다. 다만 2019.1.1.부터 2020.12.31.까지 세무대리인의 연간 공제한도액은 300만원, 세무법인 또는 회계법인은 750만원으로 한다. 2019.1.1. 이후 세액공제를 신청하는 분부터 적용한다(2018.2.13. 개정된 영 부칙 §1 단서 및 §10).

2020년 개정세법에서 전자신고에 대한 세액공제 시 세무사 등이 공제받을 수 있는 연간 공제 한도액을 법률에 직접 규정하였다. 개정규정은 2020.1.1. 이후 세무사 본인의 과세표준을 신고하는 분부터 소급하여 적용한다(2019.12.31. 개정된 법률 부칙 §30). 2020.1.1. 전에 세무사가 본인의 과세표준을 신고한 경우에는 개정규정에도 불구하고 종전의 규정에 따른다(2020.2.11. 개정된 시행령 부칙 §30).

Ⅳ. 조세특례제한 등

1 최저한세

법인세 또는 소득세의 세액공제에 대해서만 최저한세가 적용된다(조특법 §132 ①·②).
부가가치세의 공제세액은 최저한세 적용대상 공제세액에 해당하지 않는다(소득-1178, 2010.11.24.).
제20부 제4절 최저한세 부분을 참조하기 바란다.

기타 조세특례제한 등

구 분	내 용	참조 부분
세액공제신청서	별지 제1호 서식 및 부표(1)	
세액공제액의 이월공제	허용(조특법 §144 ①·②)	제21부 제2절
농어촌특별세	비과세(농특령 §4 ⑥ 1호)	

제5절 [제104조의 10] 해운기업에 대한 법인세 과세표준 계산 특례

차례

Ⅰ. 의의 — 1745
Ⅱ. 요건 — 1745
  1. 주체 — 1745
  2. 업종 요건 (외항해운기업) — 1746
  3. 기준선박 요건 — 1746
    3-1 선박의 연간운항순톤수 — 1747
      (1) 선박 (1호) — 1747
      (2) 순톤수 (2호) — 1747
      (3) 운항일수 (3호) — 1747
      (4) 사용률 (4호) — 1748
    3-2 용선한 선박 — 1749
    3-3 기준선박 — 1749
  4. 특례의 적용과 포기 — 1750
    4-1 적용 신청 — 1750
    4-2 한시적 포기 허용 ('17년말 폐지) — 1750
Ⅲ. 과세특례 — 1751
  1. 과세표준계산특례 — 1751
    1-1 해운소득 — 1751
      (1) 외항해상운송활동 (1호) — 1752
      (2) 외항해상운송활동과 연계된 활동 (2호) — 1752
      (3) 외항해상운송활동 관련 소득 (3호) — 1755
    1-2 1톤당 1운항일이익 예제 — 1757
  2. 조세특례의 배제 — 1758
    2-1 결손금 등 — 1758
    2-2 비과세 등 조세특례 — 1759
    2-3 원천징수세액 — 1759
    2-4 중간예납 — 1759
    2-5 미환류소득에 대한 법인세 — 1759
  3. 사후관리 사례 — 1760
  4. 법인세법 적용 의제 — 1761
    4-1 대손금 (1호) — 1761
    4-2 감가상각 (2호) — 1761
    4-3 퇴직급여충당금 (3호) — 1762
    4-4 이월결손금 등 (4호) — 1762
      (1) 이월결손금 (가목) — 1762
      (2) 대손충당금 (나목) — 1762
      (3) 세액공제의 이월공제 (다목) — 1762
      (4) 특례적용기간 재작성 방법 — 1762
Ⅳ. 조세특례제한 등 — 1763
  1. 절차 — 1763
  2. 구분경리 — 1763

Ⅰ. 의의

해운기업의 외항운송활동과 관련된 해운소득에 대해서는 법인세법에 따른 실제 소득이 아닌 선박톤수와 운항일수에 비례하여 산출된 금액(간주이익)[1]을 과세표준으로 하고, 비해운소득에 대해서는 실제 소득금액을 기준으로 법인세법을 적용하여 산출한 금액을 과세표준으로 하여 법인세를 계산하는 제도이다.

현재 주요 해운국에서는 자국의 해운산업 경쟁력 제고를 목적으로 톤세제도(Tonnage Tax System)를 시행하여, 해운기업의 실제 소득과 관계없이 선박순톤수와 운항일수 등을 기준으로 산출한 선박표준이익에 대해 법인세를 납부하도록 하고 있다. 톤세제도는 해운기업의 세부담에 대한 예측가능성이 제고되어 중장기 사업추진이 용이하고 세액 계산이 간편해져 해운산업의 국제경쟁력 강화에 유용하므로, 우리나라에서도 2005년 도입되었다.

톤세제도는 기업의 이익이 많을수록 유리하며 손실이 발생하는 경우에도 톤세를 납부해야 하고, 톤세제도 채택 이후에는 5년간 의무적으로 적용하여야 한다는 점에서 당사자의 톤세제도 채택에 전략적이고 장기적인 접근이 필요하다.

일몰기한은 2024.12.31.이다.

개정연혁

연 도	개정 내용
2021년	■ 해운소득에서 제외되는 이자소득의 기준 변경 : 투자자산 → 비유동자산
2022년	■ 사용률 계산 시 기준 변경: 용선 비율 → 실제 적재 비율
2023년	■ 해운소득 범위 명확화 : 선박의 매각과 관련된 활동, 비유동자산 중 투자자산

Ⅱ. 요건

1 주체

과세특례의 주체는 내국법인으로 해운기업이다(조특법 §104의 10 ①).

---

[1] "간주이익"이란 개념·관념상의 이익(notional profit)을 말함.

2 업종 요건 (외항해운기업)

다음의 사업을 영위하는 해운기업이어야 한다(조특령 §104의 7 ①).
① 외항 정기 여객운송사업 또는 외항 부정기 여객운송사업(해운법 §3)[2]
② 외항 정기 화물운송사업 또는 외항 부정기 화물운송사업(해운법 §23)[3]
    단, 수산물운송사업(예, 어선)은 제외한다. "수산물운송사업"은 「해운법 시행규칙」 제19조 [별표 3] 해상화물운송사업의 등록기준에 따른 "외항 정기(부정기)화물운송사업" 중 수산물 운송으로 등록된 법인이 영위하는 사업을 의미하고, 운반 대상물에 따라 톤세 적용여부가 결정되는 것은 아니다(재법인-625, 2016.6.22.; 재법인-388, 2016.5.3.).
③ 국제순항 크루즈선 운항사업(크루즈산업의 육성 및 지원에 관한 법률 §2 4호)

3 기준선박 요건

해당 기업이 용선[4]한 선박의 연간운항순톤수의 합계가 해당 기업이 소유한 선박 등 기준선박의 연간운항순톤수의 합계의 5배를 초과하지 않아야 한다(조특령 §104의 7 ①). 톤세제도를 채택하는 첫해에는 기준선박 요건을 반드시 충족하여야 하며, 이후 특례적용기간에는 2년 이상 위반하지 않아야 한다(Ⅲ. 3. 사후관리 참조).

$$\text{기준선박요건} = \frac{\text{용선한 선박의 연간운항순톤수 합계}}{\text{기준선박의 연간운항순톤수 합계}} \leq 5$$

후술하는 바와 같이 용선한 선박은 기준선박에 포함되지 않으며, 해운기업이 기준선박이 없는 경우에는 본 특례를 적용하지 않는다(서면2팀-1097, 2007.6.7.).

---

[2] "외항 정기 여객운송사업"이란 국내항과 외국항 사이 또는 외국항과 외국항 사이를 일정한 항로와 일정표에 따라 운항하는 해상여객운송사업을 말함. "외항 부정기 여객운송사업"이란 국내항과 외국항 사이 또는 외국항과 외국항 사이를 일정한 항로와 일정표에 따르지 아니하고 운항하는 해상여객운송사업을 말함.
[3] "외항 정기 화물운송사업"이란 국내항과 외국항 사이 또는 외국항과 외국항 사이에서 정하여진 항로에 선박을 취항하게 하여 일정한 일정표에 따라 운항하는 해상화물운송사업을 말함. "외항 부정기 화물운송사업"이란 내항 화물운송사업(국내항과 국내항 사이에서 운항하는 해상화물운송사업)과 외항정기 화물운송사업을 제외한 해상화물운송사업을 말함.
[4] "용선"이란 운송을 위하여 타인의 선박을 대차(貸借)하는 것을 말함.

3-1 선박의 연간운항순톤수

선박의 연간운항순톤수는 다음 산식에 의해 계산한다.

> 선박의 연간운항순톤수 = 선박의 순톤수 × 연간운항일수 × 사용률

연간운항순톤수는 특례 적용신청기한이 속하는 사업연도의 직전 사업연도 종료일을 기준으로 산출한다. 다만 해운기업의 법인세 과세표준계산특례 요건명세서를 제출하는 경우(영 §104의 7 ⑥)에는 당해 요건명세서의 제출기한이 속하는 사업연도의 직전 사업연도 종료일을 기준으로 한다(조특칙 §46의 3 ③).

산식상의 용어의 정의는 다음과 같다(조특령 §104의 7 ③).

(1) 선박 (1호)

본 과세표준계산특례를 적용받는 기업(이하 "특례적용기업")이 소유하거나 용선한 선박을 말한다. 따라서 대선한 경우에는 선박 소유자와 용선자 모두 톤세를 부담하여야 한다.

(2) 순톤수 (2호)

「1969년 선박톤수측정에 관한 국제협약」 및 동 협약의 부속서에 따라 여객 또는 화물의 운송용으로 제공되는 선박 안에 있는 장소의 크기를 나타내기 위하여 사용되는 지표를 말한다(선박법 §3 ① 3호).

(3) 운항일수 (3호)

다음의 기간에 따른 일수를 운항일수로 한다. 다만 정비·개량·보수 그 밖의 불가피한 사유로 30일 이상 연속하여 선박을 운항하지 아니한 경우 그 기간은 제외한다.
㉮ 특례적용기업이 소유한 선박은 소유기간
㉯ 특례적용기업이 용선한 선박은 용선기간

운항일수는 국제선박으로 등록(국제선박등록법 §4)한 날부터 기산하며, 자사의 수출화물을 선박을 이용하여 수송하는 경우에는 무역업에서 발생한 소득이므로 운항일수에서 제외된다(서면2팀-248, 2006.2.1.).

(4) 사용률 (4호)

선박의 일부만을 용선하는 경우, 전체 선박의 톤수가 아닌 선박의 사용비율만큼 과세하기 위하여 아래의 사용률을 통해 조정한다.

선박 구분에 따른 사용률

구분	사용률
선박을 소유하거나 선박 전체를 용선한 경우	100%
선박의 일부를 용선한 경우	해당 선박의 최대 적재량에서 특례적용기업이 해당 선박에 적재한 물량이 차지하는 비율 ❶

❶ 다만, 특례적용기업이 컨테이너 수량을 기준으로 용선을 한 경우에는 해당 선박에 적재할 수 있는 최대 컨테이너 수(선박 건조 시 설계서에 명시된 적재능력의 75%에 해당하는 컨테이너 수를 말함)에서 특례적용기업이 해당 선박에 적재한 컨테이너 수가 차지하는 비율로 함.

$$\frac{\text{해당 기업이 적재한 물량}}{\text{해당 선박의 최대 적재량}} \text{ 또는 } \frac{\text{해당 기업이 적재한 컨테이너수}}{\text{해당 선박의 최대 컨테이너 수(설계적재 능력의 75\%)}}$$

2022년 세법개정에서 해운기업에 대한 과세표준을 산정할 때 종전에는 '용선계약에 따른 용선비율'을 적용하여 산정하도록 하였으나 앞으로는 해당 선박의 '최대적재량에서 실제 선박에 적재한 물량이 차지하는 비율'을 적용하여 산정하도록 함. 해운기업이 컨테이너 수량을 기준으로 용선을 하거나 공동운항을 한 경우에는 해당 선박에 적재할 수 있는 '최대 컨테이너 수에서 실제 적재한 컨테이너 수가 차지하는 비율'을 적용하여 산정하도록 하여 과세표준이 보다 적정하게 산정될 수 있도록 개선함. 개정규정은 2022.2.15. 전에 용선(영 104조의 7 제1항에 따라 공동운항에 투입한 선박을 사용하는 경우를 포함함)한 경우로서 2022.2.15. 이후 법인세 과세표준을 신고하는 경우에도 소급하여 적용함(2022.2.15. 개정된 시행령 부칙 §15).

> ● 예규·판례
>
> ❖ ('22 개정 전 유권해석) **컨테이너선을 TEU(컨테이너 단위)로 용선한 경우 사용률 계산방법**
> (법인-88, 2009.1.8.)
> 컨테이너선을 TEU[5](컨테이너 단위)로 용선한 경우, 조세특례제한법 제104조의 10 제1항 제1호 산식에서 규정하는 "사용률"은 「톤세제도 업무처리지침(국세청, 2005.12. 발간)」에 따라 용선계약서상 화물량(TEU)이 용선계약서의 적재가능 적재량(Loadable Capacity)에서 차지하는 비율로 계산하는 것임.
>
> |저자주| 총 적재가능 적재량이 1만 TEU이고, 순톤수가 5만톤인 선박에서 1,000 TEU를 용선하였다면 사용률은 10%(=1,000/10,000)이고, 해당 선사의 일일 운항순톤수는 5,000톤임(=50,000 × 10%).

3-2 용선한 선박

해당 기업의 용선한 선박에는 다른 해운기업이 공동운항에 투입한 선박을 사용하는 경우를 포함한다(조특령 §104의 7 ① 괄호 안).

"공동운항"이란 2개 이상의 해운기업이 각 1척 이상의 선박을 투입하여 공동배선계획에 따라 운항하면서 다른 해운기업이 투입한 선박에 대하여도 상호 일정한 선복6)을 사용할 수 있도록 계약된 운항형태를 말한다(조특칙 §46의 3 ①).

3-3 기준선박

기준선박이란 국제선박등록법에 의하여 등록한 국제선박7)으로서 다음에 해당하는 선박을 말한다(조특칙 §46의 3 ②).
① 해당 기업이 소유한 선박
② 해당 기업 명의의 국적취득조건부 나용선(裸傭船)
③ 해당 기업이 시설대여업 등록을 한 자로부터 소유권 이전 연불조건부로 리스한 선박

"국적취득조건부 나용선"(BBC HP; Bare Boat Charter Hire Purchase)이란 용선기간의 종료 후에는 용선자가 속한 국가의 국적을 취득하는 조건으로 한 나용선8)이다. 용선 당시에는 외국국적 선박이기는 하지만 나용선 계약은 장기할부매매거래로 보아 용선회사의 자산으로 계상된다(법인 46012-2503, 1994.9.1.). 따라서 그 감가상각비도 용선회사의 손금으로 인정받는 등 사실상 용선회사의 선박이므로 국제선박으로 등록이 가능하며, 본 특례에서도 기준선박으로 인정한다.

---

5) "TEU"(Twenty-foot Equivalent Units)란 길이 20ft의 컨테이너 박스 1개를 나타내는 단위임.
6) "선복"이란 여객을 탑승시키거나 화물을 실을 수 있는 선박 내의 구획된 장소를 말함.
7) "국제선박"이란 국제항행을 하는 상선으로서 국제선박등록부에 등록된 선박을 말함(국제선박등록법 §2 1호).
8) "나용선"이란 선주가 선박만을 빌려주고, 선원이나 선박용품은 용선자가 담당하는 용선형태임.

4 특례의 적용과 포기

4-1 적용 신청

본 과세표준계산특례를 적용받으려는 해운기업은 특례를 적용받으려는 최초 사업연도의 과세표준 신고기한까지 해운기업의 법인세과세표준계산특례 적용신청서(별지 제64호의 8 서식)에 업종 요건과 기준선박 요건의 충족 여부에 대한 해양수산부장관의 확인서를 첨부하여 납세지 관할세무서장에게 제출하여야 한다(조특령 §104의 7 ⑤).

일반적인 감면제도의 감면신청이 단순한 협력의무에 불과함에 반하여 본 특례의 적용신청은 특례를 적용하기 위한 필수요건이다. 따라서 특례 적용신청서를 제출하지 않은 경우 추후 경정청구할 수 없다(조심 2011서2430, 2011.8.23.).

분할 및 합병의 경우에 분할신설법인 및 합병법인은 특례를 승계한다(법인-95, 2009.1.8.; 서면2팀-1676, 2006.8.31.).

인위적인 이익 조작의 방지를 위하여, 최초 적용 사업연도부터 연속하여 5개 사업연도 (이하 "과세표준계산특례적용기간") 동안 과세표준계산특례를 의무적으로 적용하여야 한다 (조특법 §104의 10 ②). 전술하였듯이 특례적용 이후에는 결손이 발생한 사업연도에도 적용하여야 한다.

4-2 한시적 포기 허용 ('17년말 폐지)

과세표준계산특례적용기간 중에도 과세표준계산특례적용기업은 2017.12.31.이 속하는 사업연도까지 과세표준계산특례의 적용을 포기할 수 있다. 특례적용을 포기하려는 때에는 특례를 적용받지 아니하려는 최초 사업연도의 과세표준신고기한까지 해운기업의 법인세 과세표준계산특례 포기신청서(별지 제64호의 10 서식)를 납세지 관할세무서장에게 제출하여야 한다(조특법 §104의 10 ② 단서, 조특령 §104의 7 ⑦).

특례적용을 포기하는 최초 사업연도의 중간예납은 톤세제도에 따라 과세표준을 계산하여야 한다 (법인-849, 2009.7.22.).

특례 포기의 한시적 허용이 2010년 말로 종료되었으나, 2017년 개정세법에서 해운업계 구조조정을 지원하기 위하여 재도입하였다. 2017.1.1. 이후 과세표준을 신고하는 경우부터 소급적용한다. (2016.12.20. 개정된 법 부칙 §29).

Ⅲ. 과세특례

1 과세표준계산특례

해운기업은 해운소득과 비해운소득으로 구분하여 각각의 소득에 대해 과세표준을 산정한 후 법인세율을 곱하여 법인세를 산출한다.

> 법인세 = (ⓐ 해운소득의 과세표준 + ⓑ 비해운소득의 과세표준) × 법인세율
> ⓐ 해운소득 과세표준 = Σ (개별선박순톤수 × 톤당 1운항일 이익 × 운항일수 × 사용률)
> ⓑ 비해운소득 과세표준 = 각 사업연도 소득 − 이월결손금 − 비과세소득 − 소득공제

ⓐ 해운소득 과세표준

법상 해운소득으로 열거된 소득에 대하여는 실제소득을 계산하지 아니하고 선박별로 ⓐ의 계산식을 이용하여 계산한 개별선박표준이익의 합계액(이하 "선박표준이익")을 해운소득의 과세표준으로 한다(간주이익[9]) 방식) (법칙 별지 제3호 서식 부표). 결손법인이 아니라면, 해운기업의 소득 중 해운소득으로 구분되는 소득이 많을수록 톤세가 적용되는 소득이 많아지게 되어 회사의 세부담은 적어지게 된다.

ⓑ 비해운소득 과세표준

해운소득과 구분경리하여 산출한 비해운소득은 일반 법인과 동일하게 법인세법 규정을 적용하여 과세표준을 계산한다.

선박, 순톤수, 운항일수, 사용률은 Ⅱ. 3. 기준선박 요건에서 살펴본 바와 동일하고, 이하 법상 해운소득으로 열거된 소득과 톤당 1운항일 이익에 대해 설명한다.

1-1 해운소득

해운소득은 외항해운기업의 외항등록선박이 외항운항기간에서 발생한 소득이다. 그 소득의 범위는 다음의 (1)외항해상운송활동, (2)외항해상운송활동과 연계된 활동에서 발생한 소득과 (3)외항해상운송활동 관련 소득으로 한다(조특령 §104의 7 ②).

---

[9]) 간주이익이란 개념·관념상의 이익(notional profit)을 말함.

(1) 외항해상운송활동 (1호)

외항해상운송활동에서 발생한 소득은 주로 운임과 운항비용(예, 선원 인건비, 선박 연료비, 선박 감가상각비등)이 해당된다.

외항해상운송에 사용하기 위한 용대선[10](傭貸船)도 외항해상운송활동에 포함한다. 이하 본 특례에서 동일하게 적용된다. 장기 용대선 계약을 기업회계기준상 금융리스로 회계처리하더라도, 해당 금융리스 채권에 대해 유효이자율법으로 산정된 이자수익은 해운소득에 해당한다(재법인-217, 2022.6.15.).

또한 Feeder서비스[11] 관련 소득은 해운소득으로 분류하고 Feeder선박 운항실적은 선박표준이익에 포함한다(재법인-77, 2005.9.1.).

외항해상운송활동과 관련된 채무에 대하여 법정관리 결정에 따라 채무면제이익이 발생한 경우, 동 채무면제이익은 해운소득에 해당한다(법인-726, 2009.6.22.). 해운기업이 지방자치단체로부터 외항해상운송활동과 관련하여 지급받는 장려금도 해운소득에 해당한다(서면법인-0464, 2023.7.19.).

반면에 외항선박을 내항선으로 일시 자격 변경하여 내항운송사업에 사용(해운법 §25 ②)하거나 내항운송사업용으로 대선함으로써 발생한 소득(법인-88, 2009.1.8.)은 해운소득에서 제외된다.

● 선박운용전문회사의 용선료 지급의무에 대한 보증수수료를 지급한 경우 (포함)

해운기업(A)이 선박운용전문회사(B)로부터 선박을 정기 용선함에 있어, 동 해운기업이 선박의 안정적 확보와 원활한 운송활동을 도모하기 위하여 선박운용전문회사(B)와 보증계약을 체결하고 선박운용전문회사(B)가 선주(C)에게 지급할 선박 용선료 지급의무를 보증한 데 따른 수수료를 수령하는 경우, 일반적으로 용인되는 통상적인 금액의 범위 내에서 동 보증수수료는 해운소득에 포함한다(법인-230, 2010.3.12.).

(2) 외항해상운송활동과 연계된 활동 (2호)

외항해상운송활동에 필수적으로 수반되는 활동이다. 주로 육상에서 이루어진다.

(가) 화물의 유치·선적·하역·유지 및 관리와 관련된 활동

---

10) 용대선이란 해상여객운송사업이나 해상화물운송사업을 경영하는 자 사이 또는 해상여객운송사업이나 해상화물운송사업을 경영하는 자와 외국인 사이에 사람 또는 물건을 운송하기 위하여 선박의 전부 또는 일부를 용선(傭船)하거나 대선(貸船)하는 것을 말한다(해운법 §2 4호).

11) Feeder서비스(지선운송)이란 컨테이너선이 직접 기항하는 항구(주요 항, main port)와 직접 기항하지 않는 항구(기타 항, out port) 사이에서 자기가 유치한 컨테이너 화물을 타 선사의 Feeder선박에 운송 의뢰하여 수행되는 서비스임.

(나) 컨테이너의 임대차와 관련된 활동

외항해상운송활동을 위하여 필요한 컨테이너의 임대차와 관련된 활동을 말한다(조특칙 §46의 3 ④). 해운기업이 공컨테이너의 회수지연을 해소하기 위해 가까운 지역에 있는 공컨테이너를 다른 선사들과 교환하여 사용함으로써 발생하는 소득비용을 말하며, 컨테이너 리스회사의 임대차는 제외된다.[12]

(다) 직원의 모집·교육 및 훈련과 관련된 활동

(라) 선박의 취득·유지·관리 및 폐기와 관련된 활동

특수목적법인과 국적취득조건부 취득계약을 체결한 후, 3개월 단위로 상환이행보증금으로써 선박대금 상환이 이루어진 경우, 동 상환이행보증금은 선박 취득계약의 부대조건에 따른 의무이행을 위한 것이므로 이에 따른 이자소득은 선박의 취득과 관련된 활동에서 발생한 소득으로 보아 해운소득에 포함한다(조심 2012서2753, 2013.5.15.).

반면에 선박과 부채를 인수하고 담보로 설정된 해당 선박을 매각함에 따라 대체담보로 은행에 예치한 산업금융채권 등을 제공하고 있으나, 질권설정대상 예금에서 발생한 이자소득은 선박의 취득과 관련이 있다고 보기 어려워 투자자산에서 발생한 이자소득으로 보아 해운소득에서 제외한다.

● **선박이 침몰하여 장기화물운송계약을 매각한 경우, 매각손익의 해운소득 여부** (긍정)

조세특례제한법제104조의10에 따른 해운기업에 대한 법인세 과세표준계산 특례를 적용받는 해운기업이 장기화물운송계약과 관련된 선박이 침몰되어 해당 장기화물운송계약을 매각하는 경우, 장기화물운송계약의 매각행위가 선박의 침몰과 직접적인 관련이 있는 경우에는 해당 장기화물운송계약의 매각손익은「조세특례제한법 시행령」제104조의7 제2항 제2호 라목에 따른 선박의 취득·유지·관리 및 폐기와 관련된 활동으로 해운소득에 해당하는 것이며, 선박의 침몰과 장기화물운송계약 매각행위의 직접적인 관련 여부는 장기화물운송계약의 내용, 대체 선박의 확보 가능성 등을 종합적으로 감안하여 실질 내용에 따라 사실 판단할 사항임(서면법인-3493, 2021.5. 21.).

(마) 선박의 매각과 관련된 활동

본 특례의 적용 이전부터 소유하고 있던 선박을 매각하는 경우, 특례를 적용하기 전 기간에서 발생한 매각손익 상당액은 비해운소득으로 한다.

---

12) 황영식, "톤세실무", 해양한국, 2006.10., p.120.

$$\text{특례적용 전 기간분 매각손익} = \text{해당 선박의 매각손익} \times \frac{\text{해당 선박의 특례 적용 전의 기간}}{\text{해당 선박의 총소유기간}}$$

기간 계산은 일수를 기준으로 한다.

선박침몰 시 선박 보험차익도 해운소득에 해당하며, 톤세 적용 이전부터 보유하던 경우에는 톤세 적용기간과 법인세법 적용기간별로 안분하여 계산한다. 이때 과세표준계산특례의 적용기간 종료일은 선박침몰 시까지로 한다(서면2팀-1489, 2007.8.10.; 서면2팀-2017, 2006.10.9.). 반면에 외항운송활동에 사용하기 위해 건조 중인 선박을 매각한 경우에는 해운소득에 해당하지 않는다(서면2팀-1691, 2006.9.7.).

● **특례 적용 전 보험차익에 대한 일시상각충당금의 환입액** (제외)

해운기업의 과세표준계산특례를 적용받기 전에 발생한 보험차익에 대하여 일시상각충당금을 설정하고 그 후 기 설정된 일시상각충당금을 특례적용 기간 중에 환입하는 경우 동 환입액은 비해운소득에 해당한다(법인-1193, 2009.10.23.).

● **선박 매각 시 지급한 정기용선계약 위약금** (포함)

외항해상운송활동에 사용하던 선박을 국외 선박투자회사에게 매각하면서 해당 선박에 대해 체결되어 있던 정기용선계약도 함께 승계시키는 경우, 해당선박의 매각손익 및 용선계약 위반으로 인해 용선주에게 지급하는 위약금은 해운소득에 해당한다(서면법령법인-608, 2015.6.15.).

다만 상기 매각대금으로 해당 선박의 매각일이 속하는 사업연도의 종료일까지 새로운 선박을 취득하는 경우에는 다음의 계산식에 따른 금액을 해운소득으로 한다.

$$\text{해운소득 금액} = \text{특례적용 전 기간분 매각손익} \times \frac{\text{새로운 선박의 취득에 사용된 매각대금}}{\text{해당 선박의 매각대금}} \times \frac{80}{100}$$

● 선박의 매각과 관련한 소득금액을 안분하여 구분계산함에 있어 양도자산에 대하여 감가상각 여부의 구분 없이 매도가액에서 장부가액을 차감한 가액을 기준으로 계산한다(서면2팀-26, 2006.1.5.).

● 해운소득과 비해운소득에 공통으로 사용하던 자산을 처분한 경우 감가상각비 한도초과액의 손금추인 금액은 각 사업연도에 손금불산입되어 유보 처분된 비해운소득관련 유보금액의 합계액으로 한다(법인-815, 2010.8.30.).

(바) 단일운송계약에 의한 복합운송활동

복합운송활동이란 선박과 항공기·철도차량 또는 자동차 등 2가지 이상의 운송수단을 이용하는 운송활동을 말한다(조특칙 §46의 3 ⑤). 운송활동이 아닌 복합운송주선활동은 제외된다.

(사) 컨테이너의 매각과 관련된 활동

외항해상운송활동을 위하여 필요한 컨테이너의 매각과 관련된 활동을 말한다(조특칙 §46의 3 ⑥).

종래 유권해석상 해운소득으로 인정되어 오던 컨테이너 매각 활동(서면법규-385, 2014.4.18.; 서면법령법인-3729, 2016.11.4.)을 2017년 개정세법에서 명문화하였다. 2017.3.17. 이후 과세표준을 신고하는 경우부터 소급하여 적용한다(2017.3.17. 개정된 시행규칙 부칙 §5).

> ● 예규 · 판례
>
> ❖ **특례 포기 사업연도에 선박매각 시 감가상각비 한도초과액의 손금추인 방법** (법인-564, 2011.8.8.)
>
> 「조세특례제한법」 제104조의 10에 따라 해운기업에 대한 법인세 과세표준계산특례를 적용받은 내국법인이 2010.1.1.~2010.12.31.사업연도부터 과세표준계산특례를 포기하고 2010년도에 선박을 매각한 경우
> 「조세특례제한법 시행령」 제104조의 7 제8항(특례포기 후 감가상각 적용특칙), 「법인세법」 제23조 [감가상각비의 손금불산입] (2010.12.30. 법률 제10423호로 개정되기 전의 것) 및 같은 법 시행령 제30조(2010.12.30. 대통령령 제22577호로 개정되기 전의 것)를 적용함에 따라 발생한 감가상각비 한도초과 유보액은 2010.1.1.~2010.12.31.사업연도 각 사업연도의 소득계산 시 손금에 산입하는 것임.

(3) 외항해상운송활동 관련 소득 (3호)

외항해상운송활동과 관련하여 부수적으로 발생하는 소득이다.

(3-1) 이자소득등 및 지급이자

외항해상운송활동과 관련하여 발생한 이자소득, 투자신탁수익의 분배금(소법 §17 ① 5호; 이하 "이자소득등") 및 지급이자이다. 다만 기업회계기준에 따른 유동자산에서 발생하는 이자소득등을 포함하되, 기업회계기준에 따른 비유동자산 중 투자자산에서 발생하는 이자소득등과 그 밖에 기획재정부령이 정하는 이자소득등(현재 규정되고 있지 아니함)을 제외한다.

예를 들어, 타법인에 대한 장기 대여금은 비유동자산에 해당하므로 해운소득에서 제외된다(심사법인 2010-47, 2011.7.15.).

또한 퇴직연금 운용수익, 정기예금 이자, 환매채 이자는 외항해상운송활동과 관련 없이

회사 내 보유자금을 이용한 재투자활동 및 퇴직급여 불입 활동 관련 소득이므로 해운소득에 포함하지 않는다(조심 2013서4949, 2014.6.30.; 대법원 2015두58966, 2016.3.24.).

종래에는 투자자산에서 발생하는 이자소득을 제외하여, 단기투자자산에서 발생하는 이자소득을 해운소득에서 제외하였다(법인-1222, 2009.11.24.). 그러나 2021년 개정세법에서 해운소득인 이자소득의 범위를 합리화하기 위하여, 유동자산에서 발생하는 이자소득등을 포함하되, 비유동자산에서 발생하는 이자소득등을 제외하는 방식으로 변경하였다.

2023년 개정세법에서 선박의 매각과 관련된 활동, 비유동자산 중 투자자산 등 해운소득 범위를 명확화함.

(3-2) 외화환산손익

외항해상운송활동과 관련하여 발생한 기업회계기준에 따른 화폐성 외화자산·부채를 평가함에 따라 발생하는 원화평가금액과 원화기장액의 차익 또는 차손이다.

특례적용기업이 해당 과세특례를 적용받기 전에 발생한 화폐성외화자산·부채의 세무상 유보금액이 있는 경우 비해운소득과 관련된 사항에 대해서만 세무조정을 하여야 한다(사전법규법인-0338, 2022.3.28.).

2011년도부터 법인세법상 일반법인의 경우 화폐성 외화자산·부채 평가손익이 세무상 다시 인정됨에 따라, 해운기업에 대해서도 2014년 개정세법에서 동 평가차손익을 해운소득에 포함하여 기업회계기준에 따라 평가한 경우에는 별도의 세무조정을 하지 않도록 하였다. 2014.2.21. 이후 평가하는 분부터 적용한다. 단, 2014.2.21. 전에 외항해상운송활동과 관련하여 발생한 화폐성 외화자산·부채를 법인세법 시행령 제76조 제2항 제2호 및 제4항의 방법에 따라 익금 또는 손금에 산입한 법인은 개정규정에도 불구하고 2014.2.21. 전에 산입한 해당 익금 또는 손금의 합계액을 상계할 때까지 종전의 규정에 따른다. 다만, 2019.1.1. 이후에는 새로운 규정을 적용한다(2014.2.21. 개정된 영 부칙 §14·§18).

(3-3) 외환차손익

외항해상운송활동과 관련하여 상환받거나 상환하는 외화채권·채무의 원화금액과 원화기장액의 차익 또는 차손이다.

(3-4) 파생상품거래손익

외항해상운송활동과 관련하여 발생하는 차입금에 대한 이자율 변동, 통화의 환율 변동, 운임의 변동, 선박 연료유 등 해운관련 주요 원자재 가격변동의 위험을 회피하기 위하여 체결한 기업회계기준에 의한 파생상품거래로 인한 손익이다.

외항해상운송활동과 관련된 기존 통화스왑계약의 만기시점까지의 환율변동 위험을 피하기 위하여 중도에 체결한 역스왑(reverse swap)계약은 해운소득에 포함되나,(재법인-217, 2006.3.17.) 차입금 상환 후(後)에 체결한 스왑계약 및 역스왑계약에서 발생하는 손익은 해운소득에서 제외된다(서면2팀-28, 2006.1.5.; 서면2팀-1267, 2005.8.4.).

1-2 1톤당 1운항일이익

1톤당 1운항일이익은 개별선박의 순톤수가 증가함에 따라 점진적으로 감소하여, 소형선박에 비해 대형선박에 대하여 낮은 요율을 적용하고 있다(조특령 §104의 7 ④). 소형선박이 대형선박에 비해 상대적으로 부가가치가 높기 때문이다.

1톤당 1운항일이익

개별선박의 순톤수	1톤당 1운항일이익
1,000톤 이하분	14원
1,000톤 초과 10,000톤 이하분	11원
10,000톤 초과 25,000톤 이하분	7원
25,000톤 초과분	4원

예제 톤세 산출

○ 자료

㈜문화는 해운기업으로 1천톤, 1만5천톤, 5만톤의 외항선박 3대를 보유하고 있으며, 선박 모두 365일 운항하였으며, 사용률은 100%이다. 비해운소득이 없다고 가정할 경우 톤세를 산출하시오.

○ 해설

1. 해운소득 과세표준(개별선박표준이익의 합계액)

 (1) 1천톤 선박

 개별선박 표준이익 = 개별선박순톤수 × 톤당 1운항일이익 × 운항일수 × 사용률
 = 1,000톤 × 14원 × 365 × 100% = 5,110,000

 (2) 1만5천톤 선박

 개별선박 표준이익 = (1,000톤 × 14원 × 365 × 100%) + (9,000톤 × 11원 × 365 × 100%)
 + (5,000톤 × 7원 × 365 × 100%) = 5,110,000 + 36,135,000 + 12,775,000
 = 54,020,000

 (3) 5만톤 선박

 개별선박 표준이익 = (1,000톤 × 14원 × 365 × 100%) + (9,000톤 × 11원 × 365 × 100%) +

(15,000톤 × 7원 × 365 × 100%) + (25,000톤 × 4원 × 365 × 100%)
= 5,110,000 + 36,135,000 + 38,325,000 + 36,500,000 = 116,070,000

(4) 개별선박표준이익의 합계
1천톤선박 + 1만5천톤선박 + 5만톤선박 = 5,110,000 + 54,020,000 + 116,070,000
= 175,200,000

2. 톤세 17,520,000원
해운소득 과세표준 × 법인세율 = 175,200,000 × 10% = 17,520,000원

2 조세특례의 배제

과세특례 적용기업은 해운소득과 관련하여 실제 발생 소득에 관계없이 선박톤수와 운항일수 등에 의해 과세표준이 결정되므로 법인세법, 조특법 등에 규정된 조세특례가 배제된다.

2-1 결손금 등

톤세 적용기간 동안 비해운소득에서 발생한 결손금은 선박표준이익과 합산하지 아니하고 (조특법 §104의 10 ③) 당해 연도 이후의 비해운소득에서만 공제 가능하다. 비해운소득에서 발생한 결손금을 해운소득에서 공제한다면, 해운기업의 해운소득에 대하여 이중의 조세혜택 (결손금 공제와 톤세)이 부여되기 때문이다.

또한 톤세 적용을 받기 전에 발생한 이월결손금은 과세표준특례 계산 시 해운소득 또는 비해운소득에서 공제하지 아니한다(조특법 §104의 10 ⑤). 따라서 결손금이 많은 회사는 결손금의 이월공제가 완료된 후에 톤세 적용을 고려하여야 할 것이다. 같은 논리로 톤세 적용기간 1년차에 비해운소득에서 발생한 결손금을 톤세 적용을 받기 전의 사업연도 소득에서 소급공제(법법 §72 ①)할 수 없다.[13]

톤세 적용 기간의 소득별 결손금 공제 허용 여부

구 분	해운소득	비해운소득
톤세 이전 발생한 이월결손금	공제 불가	공제 불가
톤세 기간 중 발생한 비해운소득 결손금	합산 불가	공제 가능

---

13) 황영식, 전게 논문, p.123.

2-2 비과세 등 조세특례

해운소득에 대해서는 조세특례제한법, 국세기본법 및 조약과 개별세법(법 §3 ①)에 따른 비과세, 세액면제, 세액감면, 세액공제 또는 소득공제 등의 조세특례를 적용하지 아니한다(조특법 §104의 10 ③).

2-3 원천징수세액

해운소득에 원천징수(법법 §73 및 §73의 2)된 소득이 포함되어 있는 경우 그 소득에 대한 원천징수세액은 해운소득의 톤세나 비해운소득의 법인세에서 기납부세액으로 공제하지 아니한다(조특법 §104의 10 ④). 반면에 비해운소득에서 발생한 원천징수세액은 비해운소득의 법인세에서 공제가능하다.

2-4 중간예납

특례적용기업이 가결산에 의한 중간예납을 하는 경우 중간예납의 과세표준은 톤세세제를 적용하여 계산한다. 중간예납에서 공제하는 세액 중 감면세액과 원천징수세액(법법 §63의 2 ① 2호)은 비해운소득 관련 부분에 대해서만 적용한다(조특법 §104의 10 ⑦).

특례적용기간의 최초 사업연도에 대해서는 톤세세제에 따른 가결산에 의한 중간예납을 할 수 없다(재법인-525, 2005.7.22.). 톤세제도를 채택하는 첫해에는 반드시 기준선박 요건을 충족하여야 하지만,(3. 참조). 중간예납 시점에는 요건 충족 여부를 판단할 수 없기 때문이다.

2-5 미환류소득에 대한 법인세

톤세제도를 적용하고 있는 해운기업의 해운소득은 법인세법 제13조에 따라 과세표준을 계산하는 것이 아니므로 미환류소득에 대한 법인세(법법 §56)를 적용하지 않는다(재법인-312, 2016.3.30.). 따라서 해운기업은 비해운소득에 한하여 미환류소득에 대한 법인세(현재 투자상생협력촉진 세제)를 적용한다.

상세 내용은 제12부 제3절 Ⅲ. 1-2 (4)를 참조하기로 한다.

> ● 예규·판례
>
> ❖ 해운소득을 신고 누락하면서 대표자에게 소득이 귀속된 경우 상여처분이 가능한지 여부 (부정) (조심 2014서80, 2014.4.9.)
> 청구인은 사외유출금액인 쟁점금액의 상여처분을 위하여 이를 익금산입 및 손금산입하여 소득처분을 하여야 하고, 법인세 과세표준은 「조세특례제한법」 제104조의 10에 따라 결정되

어야 한다고 주장하나, ○○○은 「조세특례제한법」 제104조의 10의 규정을 적용받는 해운기업이고, 쟁점금액은 선박매각차익으로 해운소득에 해당하며, 해운소득에 대해서는 위 규정에 의하여 「법인세법」 제13조부터 제54조까지의 규정이 적용되지 않으므로, 위 청구주장은 받아들일 수 없다고 판단된다.

> **저자주** 심판례의 사실관계는, 해운기업이 선박을 매각하면서 양도가액 중 일부를 장부에 과소계상하고 대표자에게 유출하여 귀속시킨 경우이다. 귀속자가 임원인 경우에는 그 귀속자에 대한 상여로 소득처분(법령 §106 ① 1호 나목)하여 법인은 손금산입과 익금산입하는 것이 원칙이다. 익금산입을 하기 위해서는 법인세법 제14조[각 사업연도 소득]를 적용하여야 하지만 해운기업의 해운소득에 대해서는 동 규정을 적용하지 아니하므로 익금산입할 수 없고 따라서 상여로 소득처분할 수도 없다. 상여처분을 할 수 없으므로 근로소득을 누락한 것으로 보아 근로소득을 직접 경정하여 종합소득세를 부과한다.

3 사후관리

특례적용기업이 특례적용기간 동안 업종요건 또는 기준선박 요건(법 §104의 10 ①)을 2개 사업연도 이상 위반하는 경우에는 2회째 위반하게 된 사업연도부터 해당 특례적용기간의 남은 기간과 다음 5개 사업연도 기간은 과세표준계산특례를 적용받을 수 없다(조특법 §104의 10 ⑥). 요건 위반 시 아래의 사례3과 같이 최장 8년간 특례 적용이 배제될 수 있다.

2회째 위반한 사업연도 과세표준 신고시에는 그 위반 연도부터 사후관리 규정이 적용되므로 과세표준 특례포기 신청은 할 수 없다(사전법령법인-0728, 2017.11.29.).

특례적용기업이 특례적용기간 중 폐업한 경우로서 폐업일이 속하는 사업연도 전 특례적용기간에 업종요건 또는 기준선박 요건(법 §104의 10 ①)을 위반한 사실이 없는 경우, 폐업일이 속하는 사업연도에 과세표준계산특례를 적용하여야 한다(사전법규법인-1162, 2023.2.16.).

[사례] 요건 위반 시 톤세 적용 배제기간

구분	톤세 1년차	톤세 2년차	톤세 3년차	톤세 4년차	톤세 5년차	배제기간
사례1	○	×	○	○	×	6년
사례2	○	×	○	×		7년
사례3	○	×	×			8년

위 표의 ×는 요건을 위반한 사업연도를 의미한다.
1) 사례1의 경우는 톤세 5년차와 이후 5개 사업연도를 합하여 6년간 톤세제도가 배제된다.
2) 사례2의 경우는 톤세 4년차와 특례적용기간의 남은 기간인 5년차, 그리고 이후 5개 사업연도를

합하여 7년간 톤세제도가 배제된다.
3) 사례3의 경우는 톤세 3년차와 특례적용기간의 남은 기간인 4·5년차, 그리고 이후 5개 사업연도를 합하여 8년간 톤세제도가 배제된다.

4 법인세법 적용 의제

특례적용기업은 i) 5년의 특례적용기간이 종료되거나 ii) 업종요건 또는 기준선박 요건을 위반하거나 iii) 2017.12.31.이 속하는 사업연도까지 과세표준계산특례의 적용을 포기함으로써 과세표준계산특례를 적용받지 아니하고 법인세법을 적용받게 되는 경우에는, 특례적용기간에도 계속하여 법인세법을 적용받은 것으로 보고 각 사업연도의 소득을 계산한다(조특령 §104의 7 ⑧).

이하에서는 법인세법 적용 의제에 따른 각 사업연도 소득 계산 시 특칙을 서술한다. 그 기본논리는 특례적용기간 동안 손금산입하지 않은 세무조정사항이 그 기간 이후에 손금산입이 가능하여도 손금산입을 허용하지 않는 것이다. 이는 감면기간 동안 감가상각하지 아니한 경우 상각한 것으로 의제하여 추후 손금산입 추인을 불허하는 법인세법상 의제상각 규정과 같은 논리이다.

4-1 대손금 (1호)

대손금의 손금불산입 규정(법법 §19의 2)을 적용할 때 채권을 회수할 수 없는 사유(법령 §19의 2 ① 각 호)가 특례적용기간에 발생한 경우에는 대손금 손금귀속시기 규정(동조 ③)에도 불구하고 해당 사유가 발생한 사업연도에 손금에 산입한 것으로 본다. 즉, 특례적용기간 동안 결산조정 또는 신고조정에 의하여 대손금을 손금산입하지 않았더라도 손금산입한 것으로 간주하여, 이후 다시 손금산입할 수 없다.

4-2 감가상각 (2호)

감가상각비의 손금불산입 규정(법법 §23)을 적용할 때, 상각범위액은 의제상각규정(법령 §30)을 준용하여 계산한다. 즉, 특례적용기간 동안 상각하지 아니한 금액은 추후 추인이 불가능하다.

이 경우 특례적용기간에 상각방법(법령 §26 ① 각호)을 달리하는 감가상각자산이나 자산별·업종별 구분에 따른 기준내용연수가 다른 감가상각자산을 새로 취득한 경우에는 해당

자산에 관한 감가상각방법신고서 또는 내용연수신고서를 법인세법을 적용받게 된 최초 사업연도의 법인세 과세표준신고기한까지 납세지 관할세무서장에게 제출(국세정보통신망에 의한 제출 포함)할 수 있다. 즉, 특례적용기간 중 상각방법 또는 기준내용연수가 다른 고정자산을 신규 취득한 경우에는 특례적용기간이 종료하고 취득한 것으로 의제한다.

4-3 퇴직급여충당금 (3호)

퇴직급여충당금의 손금산입 규정(법법 §33)을 적용할 때 특례적용기간에 퇴직급여충당금의 손금산입 한도액에 해당하는 금액을 해당 사업연도에 퇴직급여충당금으로서 손금에 산입한 것으로 보고 퇴직급여충당금의 누적액을 계산한다. 전술한 의제상각과 유사하게 손금산입이 의제된다.

4-4 이월결손금 등 (4호)

(1) 이월결손금 (가목)

이월결손금을 공제하는 경우(법법 §13)에는 15년 공제기한 내의 결손금 조항(같은 조 ① 1호)에도 불구하고 특례적용기간의 종료일 현재의 이월결손금(법령 §16 ①)의 잔액은 없는 것으로 본다.

(2) 대손충당금 (나목)

대손충당금 잔액은 대손금과 먼저 상계하고 그 잔액을 손금산입(법법 §34 ③)하여야 함에도 불구하고, 특례를 적용받기 직전 사업연도 종료일 현재의 대손충당금 잔액은 대손금과 상계하지 아니하고 최초 사업연도의 소득금액을 계산할 때 전액 익금산입한다. 즉, 특례적용기간 동안 대손금의 대손충당금 상계를 허용하지 않는다.

(3) 세액공제의 이월공제 (다목)

세액공제의 이월공제 규정(조특법 §144)에 불구하고 이월된 특례적용기간의 종료일 현재의 미공제금액은 없는 것으로 본다.

(4) 특례적용기간 재작성 방법

해당 법인이 법인세법을 적용받게 된 최초 사업연도의 과세표준신고기한까지 특례적용

기간 전체에 대하여 세무조정계산서 등 과세표준신고서류(법법 §60 ② 각호)를 작성하여 과세표준신고와 함께 납세지 관할세무서장에게 제출하는 경우에는 특례적용기간에도 계속하여 법인세법을 적용받은 것으로 보고, 이월결손금, 대손충당금, 세액공제의 이월공제에 대하여는 전술한 특례 (1)~(3)에 따르지 않고 법인세법 및 조특법상 해당 규정을 각각 적용한다(조특령 §104의 7 ⑧ 4호 단서, 조특칙 §46의 3 ⑦) (사전법령법인-0728, 2017.11.29.).

특례적용기간이 종료되어 과세표준계산특례를 적용받지 아니하고 법인세법을 적용받게 되는 경우로서 특례적용기간 재작성 방법에 따라 신고한 경우에는, 특례적용기간에도 계속하여 법인세법을 적용받은 것으로 보고 이월결손금 공제를 적용한다. 또한 기업의 미환류소득에 대한 법인세에 따른 기업소득(법법 §56 ②, 법령 §93 ④)을 계산할 때, 각 사업연도의 소득에서 차감하는 '법 제13조 제1호에 따라 해당 사업연도에 공제한 결손금'(법령 §93 ④ 2호 라목)에도 동일하게 적용한다(서면법령법인-1557, 2015.11.23.).

Ⅳ. 조세특례제한 등

1 절차

특례적용기업은 특례적용기간에 속하는 사업연도의 과세표준을 신고하는 때에 해운기업의 법인세과세표준계산특례 요건명세서(별지 제64호의 9 서식)에 업종 요건과 기준선박 요건의 충족여부에 대한 해양수산부장관의 확인서를 첨부하여 납세지 관할세무서장에게 제출하여야 한다(조특령 §104의 7 ⑥). 다만 과세특례의 최초 적용 신청 시 제출된 해양수산부장관의 확인서(영 §104의 7 ⑤)에 의하여 요건의 충족을 확인할 수 있는 사업연도는 제외한다.

2 구분경리

특례적용기업은 해운소득과 비해운소득을 각각 별개의 회계로 구분하여 경리하여야 하고, 해운소득과 비해운소득에 공통되는 익금과 손금은 법인세법상 비영리법인의 구분경리 규정에 따라 안분하여 계산한다(조특령 §104의 7 ⑨, 조특칙 §46의 3 ⑧ → 법칙 §76 ⑥).

다음은 구분경리 및 세무조정에 관한 사례이다.
- 독립회계로 구분경리한 비해운소득부문을 1개 법인으로 보아 **기부금의 한도액** 등을 계산한다(서면2팀-189, 2008.1.29.).
- 유보잔액을 톤세적용기간에 익금손금으로 세무조정할 사유가 발생한 경우 비해운소득부문 해당액에 대해서만 세무조정하되, 해운소득과 비해운소득부문을 구분할 수 없을 때에는 법인세법 시행규칙 제76조 제6항에 따라 안분계산한다(서면2팀-189, 2008.1.29.).
- 중고자산에 대한 감가상각비 한도액 계산을 위한 내용연수의 적용범위 선택은 해운소득 과세표준계산특례적용 여부와 관련 없이 법인세법 시행령 제29조의 규정에 따라 법인이 선택하여 그 적용범위를 신고하여야 한다(서면2팀-26, 2006.1.5.).
- **퇴직급여충당금** 손금산입은 해운소득 과세표준계산특례적용과 관련하여 반드시 이를 적용하여야 하는 것은 아니다(서면2팀-26, 2006.1.5.).

제6절 [제104조의 12] 신용회복목적회사의 손실보전준비금 특례

Ⅰ. 의의

신용회복목적회사가 부실채권의 매입과 금리·만기 등의 재조정, 고금리 금융비용을 경감하기 위한 지급보증 등의 사업을 수행함으로써 발생하는 손실을 보전하기 위하여 손실보전준비금을 적립하여 손금에 산입하는 제도이다.

금융소외자에 대한 지원을 위해 연체채무조정, 전환대출 등을 실시하고 있는 신용회복기금의 재원확충을 목적으로 2010년 개정세법에서 도입된 제도이다.

일몰기한은 2026.12.31.이다.

개정연혁

연 도	개정 내용
2019년	■ 손실보전준비금 사용기간 확대 : 10년 → 15년

Ⅱ. 요건

과세특례의 주체는 국민회복기금(구 신용회복기금)으로, 본 특례는 국민회복기금을 대상으로 입법한 제도이다.

부실채권의 매입과 금리·만기 등의 재조정, 고금리 금융비용을 경감하기 위한 지급보증 등의 사업을 수행하는 법인으로서 기획재정부장관이 지정하여 고시한 법인(이하 "신용회복목적회사")으로는 현재 신용회복기금이 있다(조특법 §104의 12 ①).

Ⅲ. 과세특례

1 손금산입

신용회복목적회사는 손실보전준비금을 적립하여 손금산입한다.

2 준비금의 사용

손실보전준비금을 손금에 산입한 법인은 손실이 발생하였을 때에는 그 손실을 이미 손금으로 산입한 손실보전준비금과 먼저 상계하여야 한다(조특법 §104의 12 ②).

3 익금산입

3-1 사용 후 잔액 익금산입

손금에 산입한 손실보전준비금으로서 그 준비금을 손금에 산입한 사업연도의 종료일 이후 15년이 되는 날이 속하는 사업연도의 종료일까지 상계하고 남은 준비금의 잔액은 15년이 되는 날이 속하는 사업연도의 소득금액을 계산할 때 익금에 산입한다(조특법 §104의 12 ③).

2019년 개정세법에서 신용회복 목적회사의 원활한 운영을 지원하기 위하여 적립한 손실보전준비금을 향후 손실과 상계할 수 있는 기간을 10년에서 15년으로 확대하였다. 2019.1.1. 전에 손금에 산입한 손실보전준비금에 대해서도 소급 적용한다(2018.12.24. 개정된 법률 부칙 §27).

3-2 일시 익금산입

신용회복목적회사에 다음의 의무위반사유가 발생하면 그 사유가 발생한 날이 속하는 과세연도의 소득금액을 계산할 때 익금에 산입하지 아니한 손실보전준비금 전액을 익금에 산입한다(조특법 §104의 12 ④).
① 해당 사업을 폐업한 때
② 법인이 해산한 때

Ⅳ. 조세특례제한 등

기타 조세특례제한 등

구 분	내 용	참조 부분
손실보전준비금명세서	별지 제64호의 18 서식	
최저한세	적용 제외	제21부 제4절

제7절 [제104조의 13] 향교 및 종교단체에 대한 종합부동산세 과세특례

I. 의의

주택 또는 토지를 개별 향교 등 개별 종교단체가 실제 소유하였으나 그 개별 종교단체가 속하는 향교재단 등 종교단체의 명의로 등기한 경우에, 조세포탈의 목적이 없는 한 그 주택 또는 토지에 대하여 개별단체가 종합부동산세를 신고할 수 있는 제도이다.

종래에는 종합부동산세를 등기상 명의자인 향교재단 등 종교단체별로 합산하여 누진과세하였으나, 2008년 개정세법에서 본 특례를 도입하여 실질과세원칙에 따라 부동산의 실제 소유자인 개별 향교 등 개별 종교단체별로 종합부동산세를 과세하도록 하였다.

실질 소유관계와는 달리 통합 관리되고 있는 향교 및 종교단체의 특성을 고려하여 실질과세원칙에 따라 과세함으로써, 향교재단 또는 종교단체의 과도한 종합부동산세 부담을 경감하기 위한 목적이다.

종래에는 종합부동산세 시행일(2005.1.4.) 이전에 향교재단 등의 명의로 등기한 경우로 한정하였으나, 2013년 개정세법에서 동 문구를 삭제하여 본 과세특례를 항구화하였다.

● 예규 · 판례

❖ **2008년 신설된 특례가 2008년 이전 귀속분에 대하여 소급적용 가능한지 여부 (부정)**
(조심 2008중3970, 2010.3.29.)

2007.12.31. 신설되어 ○○○에 대하여 ○○○·개별종교 단체별로 종합부동산세를 과세토록 한 「조세특례제한법」 제104조의 13의 적용시기가 2008.1.1. 이후 납세의무가 성립하는 분부터 적용되는 것으로 부칙에서 규정하고 있어 동 규정은 이를 장래에 향하여 효력을 가지는 것으로 봄이 상당한바, 청구법인이 2007.12.31. 「조세특례제한법」 제104조의 13 규정이 신설되기 이전에 납세의무가 성립하여 청구법인이 신고·납부한 2005년~2007년 종합부동산세에 대하여 ○○○ 소유로 과세하여 기 신고한 종합부동산세를 환급하여야 한다는 청구법인의 주장은 이를 받아들이기 어려운 것으로 판단된다.

Ⅱ. 요건

1 주체

본 특례의 주체 중 주택·토지의 실제 소유자는 개별 향교 또는 개별 종교단체(이하 "개별단체")이어야 한다.

개별 향교란 향교재산법에 의한 개별 향교[부동산 실권리자명의 등기에 관한 법률(이하 "부동산실명법") 시행령 §5 ① 3호]이며, 개별 종교단체란 종단에 소속된 법인 또는 단체로서 종교의 보급 기타 교화를 목적으로 설립된 것(부동산실명법 시행령 §5 ① 2호)을 말한다(조특령 §104의 11 ①).

주택·토지의 등기명의인은 향교재단 또는 종교단체(이하 "향교재단등")이다.

향교재단은 향교재산법에 의한 향교재단이며, 종교단체란 법인 또는 등록번호(부동산등기법 §49 ① 3호)를 부여 받은 법인 아닌 사단·재단으로서 종교의 보급 기타 교화를 목적으로 설립된 종단·교단·유지재단 또는 이와 유사한 연합종교단체(부동산실명법 시행령 §5 ① 1호)를 말한다(조특령 §104의 11 ②).

2 부동산 등기의 명의와 실소유자가 다를 것

토지 또는 건물(이하 "부동산")의 실제 소유자는 개별단체이어야 하며, 등기의 명의인은 향교단체등이어야 한다(조특법 §104의 13 ①).

3 조세회피목적 부존재

부동산 등기의 명의와 실제 소유자가 다른데 대하여 조세를 포탈하려는 목적이 없어야 한다.

Ⅲ. 과세특례

 개별단체

개별단체가 실제 소유한 부동산에 대해 종합부동산세 과세와 관련하여서만 개별단체의 소유로 본다. 이에 따라 명의자인 향교재단등이 납부한 재산세와 상관없이 개별단체가 실제 소유한 것으로 보아 부과되었을 재산세를 개별단체의 주택분 및 토지분 종합부동산세에서 공제하고, 개별단체가 종합부동산세를 신고납부한다(조특법 §104의 13 ①).

1-1 주택분 종합부동산세

개별단체가 주택분 종합부동산세를 신고하는 경우, 주택분 재산세로 부과된 세액은 주택분 종합부동산세액에서 원칙적으로 다음의 금액을 공제한다[종합부동산세법(이하 "종부세법") 시행령 §4의 3].

$$\text{공제되는 재산세 세액} = \text{주택분 재산세①로 부과된 세액의 합계액②} \times \frac{[(\text{주택의 공시가격③을 합산한 금액} - 9억원) \times \text{공정시장가액비율④} \times \text{공정시장가액비율⑤}] \times \text{표준세율⑥}}{\text{주택을 합산하여 주택분 재산세 표준세율로 계산한 재산세 상당액}}$$

❶ 지법 §112 ① 1호
❷ '주택분 재산세로 부과된 세액의 합계액'에는 대상 주택을 개별단체가 실제 소유한 것으로 보아 부과되었을 주택분 재산세를 포함한다(조특령 §104의 12 ①).
❸ 종부세법 §8
❹ 종부세령 §2의 4 ①
❺ 지령 §109 ① 2호
❻ 지법 §111 ① 3호

1-2 토지분 종합부동산세

개별단체가 토지분 종합부동산세를 신고하는 경우 토지분 재산세로 부과된 세액은 종합(별도)합산과세대상 토지분 종합부동산세액에서 원칙적으로 다음의 금액을 공제한다(종부세령 §5의 3 ①·②).

제7절 제104조의 13 향교 및 종교단체에 대한 종합부동산세 과세특례   1771

$$\text{공제되는 재산세 세액} = \text{종합(별도)합산과세대상 토지분 재산세①로 부과된 세액의 합계액②} \times \frac{[(\text{토지의 공시가격③을 합산한 금액} - 5\text{억원④}) \times \text{공정시장가액비율⑤} \times \text{공정시장가액비율⑥}] \times \text{표준세율⑦}}{\text{종합(별도)합산과세대상인 토지를 합산하여 종합(별도)합산과세대상 토지분 재산세 표준세율로 계산한 재산세 상당액}}$$

① 지법 §112 ① 1호
② '종합(별도)합산과세대상 토지분 재산세로 부과된 세액의 합계액'에는 대상 토지를 개별단체가 실제 소유한 것으로 보아 부과되었을 토지분 재산세를 각각 포함한다(조특령 §104의 12 ②).
③ 종부세법 §13 ①(종합합산) 또는 ②(별도합산)
④ 별도합산과세대상 토지분은 80억원
⑤ 종부세령 §2의 4 ①(종합합산) 또는 ②(별도합산)
⑥ 지령 §109 ① 1호
⑦ 지법 §111 ① 1호 가목(종합합산) 또는 나목(별도합산)

2 향교재단 등

개별단체가 본 특례를 적용하여 종합부동산세를 신고하는 경우 향교재단 등은 대상주택 또는 대상토지를 소유하지 아니한 것으로 보아 종합부동산세를 신고하여야 한다(조특법 §104의 13 ③). 또한 향교재단 등은 대상 주택 또는 대상 토지의 공시가격을 한도로 그 개별단체와 연대하여 종합부동산세를 납부할 의무가 있다(조특법 §104의 13 ②).

2-1 주택분 종합부동산세

향교재단 등의 경우에는 1-1의 주택분 종합부동산세에서 공제되는 재산세 세액을 계산하는 산식에서 '주택분 재산세로 부과된 세액의 합계액'은 대상 주택을 향교재단 등이 소유하지 않은 것으로 보아 부과되었을 주택분 재산세로 한다(조특령 §104의 12 ③).

2-2 토지분 종합부동산세

향교재단 등의 경우에는 1-2의 토지분 종합부동산세에서 공제되는 재산세 세액을 계산하는 산식에서 '종합(별도)합산과세대상 토지분 재산세로 부과된 세액의 합계액'은 대상 토지를 향교재단 등이 소유하지 않은 것으로 보아 부과되었을 토지분 재산세로 한다(조특령 §104의 12 ④).

Ⅳ. 조세특례제한 등

 절차

1-1 최초 신고 등

개별 단체 및 향교재단 등은 다음의 서류를 해당연도의 9.16.부터 9.30.까지 납세지 관할 세무서장에게 제출하여야 한다(조특령 §104의 13 ①).
- 「종합부동산세법 시행령」 제8조 제2항 각 호에 따른 서류
  종합부동산세 신고서, 과세대상 물건명세서, 세부담 상한 초과세액계산명세서(세부담 상한을 신청하는 경우에 한함)
- 향교 및 종교단체 종합부동산세 과세특례신고서(별지 제64호의 12 서식(1)·(2), 부표(1)·(2), 별지 제64호의 13 서식(1)·(2))
- 향교재단 등에 대한 주무관청의 정관 변경허가서(민법 §45 ③)
- 향교재단 등의 정관 및 이사회 회의록
- 대상주택 또는 대상토지의 사실상 소유자가 개별단체임을 입증할 수 있는 서류

참고적으로 종합부동산세는 원칙적으로 부과징수에 의하나 예외적으로 신고납부할 수 있으며, 그 납부기한 및 신고기한은 12.1.부터 12.15.까지이다(종부세법 §16 ①·③).

1-2 간이 신고

최초로 신고를 한 다음 연도부터 대상주택 또는 대상토지의 소유관계에 변동이 없는 경우, 향교 및 종교단체 종합부동산세 과세특례신고서를 제외한 대상주택 또는 대상토지의 사실상 소유자가 개별단체임을 입증할 수 있는 서류는 제출하지 아니할 수 있다(조특령 §104의 13 ②).

제8절 [제104조의 15] 해외자원개발투자에 대한 세액공제 〔신설〕

Ⅰ. 의의

해외자원개발사업자가 해외자원개발을 위하여 광업권·조광권을 취득하는 투자, 그 취득을 위한 외국법인에 대한 출자 또는 내국인의 외국자회사에 대한 해외직접투자를 하는 경우, 해당 투자금액 또는 출자금액의 3%를 법인세 또는 소득세에서 공제하는 제도이다.

해외자원 개발 활성화를 위하여 해외자원에 대한 직접 취득과 간접 취득에 대한 세제지원을 제공한다.

일몰기한은 2026.12.31.이다.

Ⅱ. 요건

1 주체

주체는 해외자원개발사업자로서 해외자원개발 사업법(이하 "해외자원개발법")에 따라 해외자원개발 사업계획을 신고한 자를 말한다(동법 §2 5호).

제5부 제1절 투자세액공제 일반론 Ⅱ. 1. 참조

2 공제대상 자산

2-1 광업권과 조광권 (1호)

광업권[1]과 조광권[2]을 취득하는 투자이다.

2-2 외국법인 출자 (2호)

광업권 또는 조광권을 취득하기 위하여 다음 요건을 모두 갖춘 외국법인에 대한 출자로서 발행주식총수 또는 출자총액에서 차지하는 비율이 10% 이상이거나 해외자원개발사업자의 임직원을 외국법인의 임원으로 파견하는 경우의 출자를 말한다(조특령 §104의 15 ①).

① 해외자원개발사업자가 신고한 사업의 광구(이하 "해당 광구")에 대한 광업권 또는 조광권을 소유할 것
② 해당 광구의 개발과 운영을 목적으로 설립되었을 것

2-3 외국자회사 출자 (3호)

내국인의 외국자회사에 대한 해외직접투자로서 「외국환거래법」 제3조 제1항 제18호 가목에 따른 투자3)로 다음 어느 하나에 해당하는 투자를 말한다(조특령 §104의 15 ②).

① 내국인의 외국자회사(내국인이 발행주식총수 또는 출자총액의 100%를 직접 출자하고 있는 외국법인을 말함; 이하 동일)의 증자에 참여하는 투자
② 내국인의 외국자회사에 상환기간을 5년 이상으로 하여 금전을 대여하는 투자
③ 해외자원개발사업자가 ① 또는 ②에 따른 내국인과 공동으로 내국인의 외국자회사에 상환기간을 5년 이상으로 하여 금전을 대여하는 투자 (다만, 내국인의 외국자회사가 ①과 ②의 방법으로 광업권 또는 조광권을 취득하는 경우로 한정함)

---

1) "광업권"이란 탐사권과 채굴권을 말하며, "탐사권"이란 등록을 한 일정한 토지의 구역(이하 "광구")에서 등록을 한 광물과 이와 같은 광상(鑛床)에 묻혀 있는 다른 광물을 탐사하는 권리를 말한다. "채굴권"이란 광구에서 등록을 한 광물과 이와 같은 광상에 묻혀 있는 다른 광물을 채굴하고 취득하는 권리를 말한다(광업법 §3 3호 ~3호의 3)
2) "조광권"(租鑛權)이란 설정행위에 의하여 타인의 광구에서 채굴권의 목적이 되어 있는 광물을 채굴하고 취득하는 권리를 말한다(같은 조 4호).
3) 외국법령에 따라 설립된 법인(설립 중인 법인 포함)이 발행한 증권을 취득하거나 그 법인에 대한 금전의 대여 등을 통하여 그 법인과 지속적인 경제관계를 맺기 위하여 하는 거래 또는 행위로서 다음의 것을 말한다 (동 시행령 §8 ①)
① 외국법인의 경영에 참가하기 위하여 투자비율 10% 이상인 투자
② 투자비율이 10% 미만인 경우로서 ㉮ 임원의 파견, ㉯ 계약기간이 1년 이상인 원자재 또는 제품의 매매계약의 체결, ㉰ 기술의 제공·도입 또는 공동연구개발계약의 체결, ㉱ 해외건설 및 산업설비공사를 수주하는 계약의 체결
③ ①과 ②에 따라 이미 투자한 외국법인의 주식 또는 출자지분을 추가로 취득하는 것
④ ①~③까지의 규정에 따라 외국법인에 투자한 거주자가 해당 외국법인에 대하여 상환기간을 1년 이상으로 하여 금전을 대여하는 것

2-4 국내 승계취득 제외

내국인 또는 내국인의 외국자회사의 투자자산 또는 출자지분을 양수하는 방법으로 투자하거나 출자하는 경우에는 공제 대상에서 제외한다(조특법 §104의 15 ① 단서).

3 공제대상 투자

제5부 제1절 투자세액공제 일반론 Ⅱ. 3. 참조

Ⅲ. 세액공제

1 투자금액의 산정

해외자원개발사업자가 광물자원을 개발하기 위한 투자금액 또는 출자금액은 취득하거나 소유하고 있는 광업권 또는 조광권의 금액을 한도로 한다. 다만, 외국 자회사(Ⅱ. 2-3)의 경우에는 전체 투자금액(광업권 또는 조광권의 금액을 한도로 함)에 각 해외자원개발사업자의 투자비율을 곱하여 계산한다(조특령 §104의 15 ③).

제5부 제1절 투자세액공제 일반론 Ⅲ. 1. 참조

2 공제 시기

제5부 제1절 투자세액공제 일반론 Ⅲ. 2. 참조

3 공제 세액

해당 투자금액 또는 출자금액의 3%에 상당하는 금액을 해당 투자 또는 출자가 이루어지는 과세연도의 법인세 또는 소득세(사업소득에 대한 소득세만 해당한다)에서 공제한다.

4 손금산입

해외자원개발사업자가 「에너지 및 자원사업 특별회계법」에 따른 보조금을 받아 해외직접투자(외국환거래법 §3 ① 18호; II. 2-3 참조)로 주식 또는 출자지분을 취득하는 경우에는 해당 주식 또는 출자지분을 국고보조금등으로 취득한 사업용자산가액의 손금산입 규정(법법 §36 ①)의 사업용 자산으로 보아 해당 규정을 준용하여 손금에 산입할 수 있다(조특법 §104의 15 ④).

5 사후관리

세액공제를 적용받은 자가 다음 어느 하나에 해당하는 경우에는 그 사유 발생일이 속하는 과세연도의 과세표준신고를 할 때 해당 투자 또는 출자금액에 대한 세액공제액 상당액에 이자 상당 가산액을 가산하여 소득세 또는 법인세로 납부하여야 한다. 이 경우 해당 세액은 납부하여야 할 세액(소법 §76 또는 법법 §64)으로 본다(조특법 §104의 15 ②).
① 투자일 또는 출자일부터 5년이 지나기 전에 투자자산 또는 출자지분을 이전하거나 회수하는 경우
② 투자일 또는 출자일부터 3년이 되는 날까지 광업권 또는 조광권을 취득하지 못하는 경우

(가) 추징세액

추징해야 할 세액공제액 상당액은 다음 구분에 따른 금액을 말한다(조특령 §104의 15 ④).
① 5년 내 이전 또는 회수하는 경우: 다음 계산식에 따라 계산한 금액

$$\text{추징세액} = \text{공제 세액} \times \frac{\text{이전하거나 회수한 투자자산 또는 출자지분의 취득가액}}{\text{투자자산 또는 출자지분의 취득가액 총액}}$$

② 3년 내 미취득하는 경우: 공제받은 세액 전액

(나) 이자상당액

이자상당가산액은 다음 산식에 따라 계산한 금액으로 한다.

$$이자상당액 = 공제 받은세액 \times 소정기간 \times 이자율$$

제2장 제2절 Ⅲ. 3-2를 참조하기로 한다.

Ⅳ. 조세특례제한 등

1 중복지원의 배제

다음의 중복지원 배제조항이 적용된다(조특법 §127 ①, ③, ④).
- 국가 등의 지원금 수령 시 배제
- 외투감면 시 내국인 지분 제외
- 감면규정과 세액공제규정의 중복지원 배제

투자세액공제 간 중복지원 배제는 적용되지 않는다. 본 특례는 광업권·조광권 및 지분에 대한 투자인 반면에, 통합투자세액공제 등은 유형자산에 대한 투자이므로 중복지원이 발생할 가능성이 없기 때문이다.

제20부 제1절 중복지원의 배제 부분을 참조하기로 한다.

기타 조세특례제한 등

구 분	내 용	참조 부분
세액공제신청서	별지 제1호 서식 및 부표(1), 해외자원개발투자신고서(별지 제64호의 28 서식)	
추계과세 시 등의 배제	추계과세 시 세액공제 배제(조특법 §128 ①)	제20부 제2절
최저한세	적용 대상(조특법 §132 ①·②)	제20부 제4절
세액공제액의 이월공제	허용(조특법 §144 ①·②)	제21부 제2절
농어촌특별세	과세(농특세법 §5 ① 1호)	

제9절 [제104조의 16] 대학 재정 건전화를 위한 분할과세 등 ★☆

Ⅰ. 의의

　대학이 수익용 기본재산을 양도하고 1년 이내 대체취득하는 경우, 그 양도차익에 대해 3년거치 3년분할 익금산입하는 제도이다. 또한 대학이 50% 이상을 출자하여 설립한 법인이 당해 대학에 출연한 경우 전액 손금산입한다.

　'수익용 기본재산 양도 시 분할과세 제도'는 대학이 수익용 재산으로 보유하고 있는 토지의 경우 수익률이 낮은 임야나 유휴토지가 대부분이므로, 대학 재정 건전화를 목적으로 고수익용 재산을 대체취득하여 수익용 재산을 재구성하는 경우에 대해 세제지원하려는 취지이다.

　'학교법인 출연금 손금산입 제도'는 대학이 내부조직으로 수익사업을 하는 경우 고유목적사업준비금의 설정을 통해 법인세 부담이 없는 반면에, 수익성 제고 및 경쟁력 향상을 위해 별도 법인을 설립하고 동 법인이 이익금을 다시 대학에 전액 출연하는 경우에는 법정기부금으로 소득금액의 50%만 손비로 인정되어 과세의 불균형이 발생한다. 이에 조세중립성을 위하여 조세특례제한법상 특례를 두어 전액 손비로 인정되도록 한다.

　2008년 개정세법에서 신설되었으며, 2014년 개정세법에서 일몰기한을 삭제하여 항구적인 조세지원이 가능하도록 하였다.

　본 과세특례는 수익용 기본재산 양도 시 분할과세 특례와 학교법인 출연금 손금산입 특례의 2가지로 구성되어 있으며, 그 요건과 특례의 내용이 각기 다르므로 구분하여 살펴보도록 한다.

Ⅱ. 수익용 기본재산 양도 시 분할과세

1 주체

과세특례의 주체는 고등교육법에 따른 학교법인으로 대학, 산업대학, 교육대학, 전문대학, 방송대학·통신대학·방송통신대학 및 사이버대학, 기술대학, 각종학교(이하 "대학")가 해당한다(동법 §2).

2 요건

수익용 기본재산을 양도하고 1년 이내 대체취득하여야 한다(조특법 §104의 16 ①).

2-1 수익용 기본재산

수익용 기본재산이란 대학설립·운영규정(대통령령 제34455호, 2024.4.30. 시행)[1]에 따른 수익용 기본재산 중 토지와 건축물을 말한다(조특령 §104의 16 ①).

2-2 양도 후 1년 이내 대체 취득

수익용 기본자산을 양도하고 양도일로부터 1년 이내에 다른 수익용 기본재산을 취득하여야 한다. 이 경우 종전 수익용 기본재산의 처분일이 속하는 사업연도가 종료된 후 다른 수익용 기본재산을 취득하는 경우를 포함한다(조특령 §104의 16 ②). 즉, 양도일로부터 1년 이내이면 사업연도가 다른 경우에도 특례의 적용이 가능하다.

---

[1] 학교법인은 대학의 연간 학교회계 운영수익총액에 해당하는 가액의 수익용 기본재산을 확보하되, 다음 각 호에서 정한 금액 이상을 확보하여야 한다. 다만, 국가가 출연하여 설립한 학교법인이 설립·경영하는 대학에 국가(공공기관 포함)가 그 대학의 연간 학교회계 운영수익총액의 2.8% 이상을 지원하는 경우에는 해당 학교법인은 수익용 기본재산을 확보한 것으로 본다(동 규정 §7).
  1. 대학(전문대학 및 대학원대학은 제외한다) 300억원
  2. 전문대학 200억원
  3. 대학원대학 100억원

3 과세특례

3-1 익금불산입

수익용 기본재산의 양도차익 중 다음의 금액을 양도일이 속하는 사업연도의 소득금액을 계산할 때 익금불산입한다(조특령 §104의 16 ③). 단, 산식 후단의 분수는 100분의 100을 한도로 한다.

$$\text{익금불산입 금액} = \left(\text{수익용자산의 처분가액} - \text{수익용자산의 장부가액} - \text{이월결손금}\right) \times \frac{\text{대체자산의 취득가액}}{\text{수익용자산의 처분가액}}$$

(가) 이월결손금

이월결손금은 양도일의 직전 사업연도 종료일 현재 15년 이내에 개시한 사업연도에서 발생한 세무상 결손금으로서 그 후의 각 사업연도의 과세표준 계산을 할 때 공제되지 아니한 금액의 합계액을 말한다(법법 §13 ① 1호).

(나) 대체자산의 취득가액

종전 수익용 기본재산 양도일이 속하는 사업연도의 종료일까지 다른 수익용 기본재산을 취득하지 아니한 경우 취득하는 수익용 기본재산의 가액은 취득 예정인 자산의 가액(이하 "취득예정 자산가액")으로 할 수 있다(조특령 §104의 16 ④).

● 기장되지 않아 양도자산의 장부가액을 알 수 없는 경우 장부가액의 결정방법

> 법인세법 제3조 제3항 제1호에서 규정하는 수익사업을 영위하는 고등교육법에 의한 학교법인이 1990년 12월 31일 이전에 취득한 수익용 기본재산을 양도하고 조세특례제한법 제104조의 16에 의해 과세이연하는 경우, 같은 법 시행령 제104조의 16 제3항에 의해 처분가액에서 차감하는 장부가액은 해당 수익용 기본재산의 장부가액과 1991년 1월 1일 현재 「상속세 및 증여세법」 제60조 및 같은 법 제61조 제1항 내지 제3항의 가액으로 평가한 가액 중 큰 금액으로 할 수 있는 것임(법인-556, 2009.5.12.).

3-2 분할과세

익금불산입한 금액은 양도일이 속하는 사업연도 종료일 이후 3년이 되는 날이 속하는 사업연도부터 3개 사업연도의 기간 동안 균분한 금액 이상을 익금산입하여야 한다(조특법

§104의 16 ① 후단). 즉, 3년거치 3년분할 익금산입한다. 균분액 이상을 익금산입하도록 되어 있으므로 납세자의 선택에 따라 일시에 전액을 익금산입할 수 있다.

3-3 추징

과세특례를 적용받은 대학이 양도 후 1년 이내 대체취득하지 않은 경우에는 익금불산입한 금액 전액을 익금산입한다(조특법 §104의 16 ②). 취득예정 자산가액보다 낮은 가액의 자산을 취득한 경우에는 실제 취득가액을 기준으로 전술한 3-1 익금불산입 산식에 따라 계산한 금액을 초과한 금액을 익금산입한다(조특령 §104의 16 ⑤).

또한, 이자상당가산액을 납부한다(조특법 §104의 16 ② 후단 → §33 ③ 후단).

본 내용은 제8부 제1장 제2절 Ⅲ. 2-3 부분을 참조하기 바란다.

Ⅲ. 학교법인 출연금 손금산입

1 주체

과세특례의 주체는 고등교육법에 따른 학교법인(이하 "대학")이 50% 이상을 출자하여 설립한 법인(이하 "자법인")이다(조특법 §104의 16 ④).

2 학교법인 출연금

자법인이 다시 모법인인 대학에 출연한 금액(이하 "학교법인 출연금")이 특례의 대상이다.

그러나 고등교육법에 따른 학교법인이 100% 출자하여 설립한 A법인이 다시 100% 출자하여 B법인을 설립한 후 해당 학교법인이 A법인으로부터 B법인의 주식을 전부 인수하여 B법인이 학교법인의 완전자법인이 되는 경우, B법인이 해당 학교법인에 출연하는 금액에 대하여는 과세특례를 적용할 수 없다(서면법령법인-0344, 2020.11.19.).

3 과세특례

학교법인 출연금은 다음의 금액을 한도로 하여 자법인이 손금산입할 수 있다.

> 손금산입 한도 = 소득금액 − (이월결손금 + 특례/일반기부금)

(가) 소득금액

해당 사업연도의 소득금액으로 법정·지정기부금(법법 §24)을 손금산입하기 전의 소득금액을 말한다.

(나) 이월결손금

전술한 바와 같이 법인세법 제13조 제1항 제1호에 따른 결손금의 합계액이다.

(다) 특례·일반기부금

학교법인 출연금을 제외한 특례·일반기부금이다. 특례·일반기부금 금액은 법인세법상 기부금의 한도 초과 여부에 불구하고 당해 법인이 지출한 일반기부금과 특례기부금 해당 금액의 합계액을 적용한다(법인−3037, 2008.10.23.).

Ⅳ. 조세특례제한 등

1 절차

학교법인은 수익용 기본재산의 양도일이 속하는 사업연도의 과세표준신고와 함께 양도차익명세 및 분할익금명세서(별지 제12호의 2 서식)를 납세지 관할 세무서장에게 제출하여야 한다(조특령 §104의 16 ⑥).

취득예정 재산가액으로 과세특례를 적용받은 후 수익용 기본재산을 취득하는 때에는 취득일이 속하는 사업연도의 과세표준신고와 함께 취득완료보고서(별지 제64호의 14 서식)를 납세지 관할 세무서장에게 제출하여야 한다(조특령 §104의 16 ⑦).

제10절 [제104조의 19] 주택건설사업자가 취득한 토지에 대한 종합부동산세 비과세

Ⅰ. 의의

주택건설사업자가 주택건설용으로 취득한 종합합산과세대상 토지에 대해 종합부동산세를 비과세하는 제도이다.

주택건설업의 경우 대규모 토지를 사전에 확보해야 하고, 사업계획 승인에도 3년에서 5년 이상 소요되기 때문에, 주택건설용 토지에 대한 과중한 종합부동산세 부담이 발생하고 결국 주택가격에 전가되어 분양가 상승요인으로 작용하는 문제점이 있으므로, 이를 해소하기 위하여 본 특례를 2009년 도입하였다.

일몰기한이 없는 항구적 조세지원제도이다.

Ⅱ. 요건

 주체

과세특례의 주체는 다음에 해당하는 사업자(이하 "주택건설사업자")이다(조특법 §104의 19 ①).

① 주택법에 따라 주택건설사업자 등록을 한 주택건설사업자
② 주택법 제11조에 따른 주택조합 및 고용자인 사업주체
③ 「도시 및 주거환경정비법」(이하 "도시정비법") 및 「빈집 및 소규모주택 정비에 관한 특례법」(이하 "소규모주택정비법")에 따른 사업시행자

사업시행자는 주거환경개선 사업시행자, 재개발사업·재건축사업의 시행자·공공시행자·지정개발자·사업대행자와 소규모주택정비사업의 시행자, 가로주택정비사업·소규모재건축사업의 공공시행자·지정개발자이다(도시정비법 §24~§28 및 소규모주택정비법 §17~

§19).
④ 프로젝트금융투자회사(PFV; Project Financing Vehicle)
SOC건설 등 장기 부동산 개발사업을 효율적으로 추진하기 위해 설립하는 명목회사(paper company)이다(조특법 §104의 31 ①).

2 특례 대상 토지

주택건설사업자가 종합합산과세대상 주택건설용 토지를 보유 중이거나 새로이 취득하여야 한다.
다음의 토지 등을 제외한다.
- 별도합산과세대상 토지(종부-8, 2010.1.28.; 감심 2011-45, 2011.3.24.)
- 주택 및 그 부속 토지(조심 2023서0102, 2023.4.25.; 감심 2022-359, 2022.12.21.; 조심 2022서2817, 2022.10.25.외 다수)
- 주상복합건물을 신축분양하기 위하여 건축법에 따른 건축허가를 받는 경우(종부-88, 2009.5.21.)
- 소유권 관련 소송이 제기되어 있으나 토지가 타인에게 소유권 이전된 경우(종부-52, 2010.11.30.)

2-1 주택건설사업자가 취득한 토지

주택건설사업자가 취득한 주택건설용 토지 중 취득일로부터 5년 이내에 사업계획의 승인을 받을 토지이어야 한다.
사업계획의 승인은 당초 주택법에 따른 사업계획 승인을 받은 토지를 매수하여 같은 법에 따라 주택건설사업자를 매수인으로 변경하는 사업계획 변경 승인을 받은 경우를 포함한다(서면부동산-1092, 2019.9.20.).
주택건설용으로 취득한 토지를 일시적으로 임대하더라도 특례대상에 포함한다(종부-5, 2012.5.23.).
반면에, 주택건설사업자가 주택법 제15조 제1항 단서에 따라 '주택 외의 시설과 주택을 동일 건축물로 건축하는 등(같은 법 시행령 제27조 제4항)'에 해당하여 사업계획승인을 받지 않고 건축법에 따른 건축허가만을 받는 경우에는 특례를 적용받을 수 없다(서면부동산-5516, 2023.4.13.).

6월 1일 과세기준일 현재 이미 주택건설사업계획 승인을 받은 토지는 '주택을 건설하기 위하여 취득한 토지 중 취득일부터 5년 이내에 주택법에 따른 사업계획의 승인을 받을 토지'에 해당하지 않으므로 과세특례대상에 해당하지 않는다(심사종부 2014-4, 2015.3.24.).

- ● 철거신고수리를 하였으나 철거가 완료되지 않은 토지의 특례 적용 여부 (제외)

  쟁점부동산 중 일부 부동산이 과세기준일(2019.6.1.) 이전에 철거신고 및 수리가 이루어지긴 하였으나 건축물철거신고 수리 후 건축물철거가 이뤄지고 있는 사정(「건축법 시행규칙」 제24조)을 감안하면 철거수리가 있었다는 사실만으로 2019.6.1. 이전에 철거가 완료되었다고 단정하기 어렵고 철거작업일지 등 철거사실을 입증할만한 구체적이고 객관적인 증빙을 제출하고 있지 못한 점 등에 비추어 처분청이 쟁점부동산을 2019년 귀속 종합부동산세 과세기준일 현재 주택에 해당하였다고 보아 종합부동산세 비과세대상이라는 청구법인의 경정청구를 거부한 처분은 잘못이 없다고 판단된다(조심 2020서8536, 2021.11.25.).

2-2 주택건설사업자의 등록 전 취득 토지

토지를 취득한 후 해당 연도 종합부동산세 과세기준일(매년 6월 1일)[1] 전까지 주택건설사업자의 지위를 얻은 자의 토지를 포함한다. 주택건설사업자로서 토지를 취득하는 경우뿐 아니라 토지를 보유한 상태에서 주택건설사업자가 된 경우에도 특례의 적용이 가능하다.

이때 특례 적용 기간을 보자면 주택건설사업자 등록 이전까지는 종합부동산세 비과세가 적용되지 않으나, 주택건설사업자 이후 기간부터는 종합부동산세 비과세 적용 대상으로 한다(재재산-163, 2012.2.29.; 재재산-1469, 2009.9.17.).

Ⅲ. 과세특례

1 종합부동산세 비과세

특례 대상 토지에 대하여는 종합합산과세대상 토지에 해당하더라도 합산의 대상에서 제외하여 종합부동산세를 과세하지 아니한다.

---

[1] 종합부동산세의 과세기준일은 재산세의 과세기준일로 함(종부세법 §3 → 지법 §114).

2 사후관리

주택건설사업자가 취득한 날부터 5년 이내에 주택법에 따른 주택건설을 위하여 사업계획의 승인을 받지 못한 경우에는 종합부동산세액과 이자상당가산액을 추징한다(조특법 §104의 19 ③).

사업계획의 승인을 받았으나, 이후 해당 사업계획의 승인이 취소된 경우에는 종합부동산세액과 이자상당가산액을 추징하지 않는다(법규-910, 2014.8.22.).

법원에서는 사업계획의 승인을 받지 못한 원인이 납세의무자에게 책임을 돌릴 수 없는 등 정당한 사유로 인한 것일 때에는 감면된 종합부동산세 등을 추징할 수 없다고 판시하였다(대법원 2018두47929, 2018.10.12.; 부산지방법원 2017구합20614, 2017.8.24.). 반면에 추징의 예외규정이 없다는 점을 들어 추징하여야 한다는 조세심판원의 심판례가 있다(조심 2015부5348, 2016.11.28.; 조심 2023인3495, 2023.12.26.).

● 구 도시개발법 실시계획의 인가가 사업계획승인에 포함되는지 여부 (긍정)

도시개발법 제17조의 실시계획의 인가를 받아 동법 제19조 제1항 제16호에 따라 주택법 제16조의 사업계획승인을 받은 것으로 의제하는 경우에는 조세특례제한법 제104조의 19의 주택법에 따른 사업계획의 승인으로 보는 것임(종부-50, 2009.12.23.).

2-1 추징세액

다음의 종합부동산세액을 추징한다(조특령 §104의 18 ②).

$$\text{추징세액} = \left(\begin{array}{c}\text{비과세된 토지를 매년 합산대상}\\\text{토지로 보고 계산한 세액}\end{array}\right) - \left(\begin{array}{c}\text{비과세된 토지를 매년}\\\text{합산대상에서 제외된 토지로 보고}\\\text{계산한 세액}\end{array}\right)$$

2-2 이자상당가산액

이자상당가산액은 다음과 같이 계산한다(조특령 §104의 18 ③).

$$\text{이자상당가산액} = \text{종합부동산세 추징세액} \times \text{소정 기간} \times \text{이자율(1일 10만분의 22)}$$

① 종합부동산세 추징세액

위 2-1의 산식에서 계산된 추징세액이다.

② 소정기간

　신고한 매 과세연도의 납부기한의 다음 날부터 추징할 세액의 고지일까지의 기간

2019년 개정세법에서 이자율의 인하에 관련된 부칙은 제3부 제1장 제3절 Ⅲ. 2-2 (2)를 참조하기로 한다.

2022년 세법 개정에 따른 이자율에 대한 개정 규정 및 부칙은 제3부 제2장 제2절 Ⅲ. 3-2를 참조하기로 한다.

Ⅳ. 조세특례제한 등

 절차

　해당 연도 9월 16일부터 9월 30일까지 납세지 관할세무서장에게 주택신축용 토지 합산배제(변동)신고서[별지 제64호의 16 서식(1), (2)]에 따라 토지의 보유현황을 신고하여야 한다. 다만, 최초로 신고한 연도의 다음 연도부터는 그 신고한 내용 중 변동이 없는 경우에는 신고하지 아니할 수 있다(조특법 §104의 19 ②, 조특령 §104의 18 ①).

제11절 [제104조의 22] 기업의 운동경기부 등 설치·운영에 대한 세액공제

Ⅰ. 의의

내국법인의 운동경기부 및 e스포츠경기부 운영비용의 10%를 설치일로부터 3년간 법인세에서 세액공제하며, 장애인 운동경기부 운영비용의 경우에는 20%를 설치일로부터 5년간 세액공제하는 제도이다.

비인기 취약종목 운동팀 지원을 통한 국민스포츠의 저변 확대를 위하여 2011년 신설되었다. 단, 2010.12.31.이 속하는 사업연도에 최초로 설치하는 분부터 소급적용하였다.

2014년 세법개정으로 일몰기한이 삭제되어 항구적인 조세지원제도가 되었다.

개정연혁

연 도	개정 내용
2022년	■ 공제대상 추가 : e스포츠 경기부
2023년	■ 특례대상 종목 변경 : 바둑, 스타크래프트2, 하스스톤 등 추가, 던전앤파이터 제외

Ⅱ. 요건

내국법인의 운동경기부 또는 장애인 운동경기부에 대한 운영비용을 세액공제의 대상으로 한다.

1 주체

과세특례의 주체는 내국법인이다.

2 운동경기부 및 장애인 운동경기부

운동경기부는 법상 열거된 종목의 운동경기만을 대상으로 하며, 그 선수단은 선수단 요건을 충족하여야 한다.

다른 법인이 운영하던 기존의 선수단을 인수하여 운동경기부를 창단하는 경우에도 세액공제의 대상이다(재법인-275, 2012.4.6.).

2-1 지원대상 종목

대한체육회(국민체육진흥법 §33)에 가맹된 경기단체 종목 중 시행규칙 별표 9 제1호 및 제2호에 따른 종목을 말한다(조특칙 §47 ①).

시행규칙 [별표 9] 기업의 운동경기부 등 설치·운영 시 과세특례 대상 종목 <개정 2023.3.20.>

구분	구조 또는 자산명
1. 운동 종목	육상, 역도, 핸드볼, 럭비, 여자축구, 비치사커, 배드민턴, 테니스, 정구, 스쿼시, 탁구, 복싱, 유도, 레슬링, 체조, 사이클, 승마, 하키, 아이스하키, 사격, 펜싱, 양궁, 근대5종, 트라이애슬론, 카바디, 소프트볼, 볼링, 세팍타크로, 스포츠클라이밍, 패러글라이딩, 롤러스포츠, 수영, 다이빙, 수구, 아티스틱스위밍, 조정, 카누, 요트, 알파인스키, 크로스컨트리, 스키점프, 스노보드, 프리스타일스키, 노르딕복합, 바이애슬론, 스피드스케이팅, 쇼트트랙스피드스케이팅, 피겨스케이팅, 봅슬레이, 스켈레톤, 루지, 컬링, 태권도, 카라테, 우슈, 주짓수, 킥복싱, 바둑
2. 이스 포츠 종목	리그 오브 레전드, 배틀그라운드, 배틀그라운드 모바일, FIFA 온라인 4, 브롤스타즈, 서든어택, 카트라이더, 오디션, eFootball PES 2021, 클래시 로얄, A3: 스틸얼라이브, 스타크래프트2, 하스스톤, 크로스파이어, 이터널리턴, 발로란트

2023년 세법개정에서 운동종목 특례 대상에 바둑을 추가하고, 이스포츠 종목에서 던전앤파이터를 제외하고, 스타크래프트2, 하스스톤, 크로스파이어, 이터널리턴, 발로란트를 추가함. 개정규정은 2023.1.1. 이후 운동경기부 또는 이스포츠경기부를 설치·운영하는 경우부터 적용함(2023.3.20. 개정된 시행규칙 부칙 §7).

2-2 선수단 요건

운동경기부 및 장애인 운동경기부는 다음의 요건을 모두 충족하여야 한다(조특령 §104의 20 ①·②).
① 선수는 대한체육회 또는 대한장애인체육회(국민체육진흥법 §34)에 가맹된 경기단체에 등록되어 있는 선수로 구성되어 설치(재설치를 포함한다)·운영되는 운동경기부일 것
② 경기종목별 선수의 수는 해당 종목의 경기 정원 이상일 것
③ 경기종목별로 경기지도자가 1명 이상일 것

3 이스포츠경기부

내국법인이 「이스포츠(전자스포츠) 진흥에 관한 법률」에 따른 이스포츠 중 위 시행규칙 별표 9 제2호에 따른 종목의 경기부("이스포츠경기부")를 설치한 경우로서 다음 요건을 모두 갖춘 경우를 말한다(조특법 §104의 22 ③, 조특령 §104의 20 ③).
① 「이스포츠(전자스포츠) 진흥에 관한 법률」에 따른 이스포츠 선수로 구성되어 설치(재설치를 포함한다)·운영되는 경기부일 것
② 이스포츠 종목별로 경기지도자가 1명 이상일 것

2022년 세법개정에서 기업이 e스포츠경기부를 설치·운영하는 경우에도 현행 법인세 공제 과세특례를 적용받을 수 있도록 함. e스포츠 종목별로 e스포츠경기부에 경기지도자를 1명 이상 둘 것을 그 특례 요건으로 정하고, 공제대상 비용을 선수에 대한 인건비, 대회참가비 등으로 정함. 개정규정은 2022.1.1. 이후 이스포츠경기부를 설치·운영하는 경우부터 적용함(2021.12.28. 개정된 법률 부칙 §20).

Ⅲ. 세액공제

1 공제대상 금액

공제대상인 비용은 인건비와 운영경비(이하 "운영비용")이다(조특령 §104의 20 ④).

1-1 인건비

운동경기부 또는 이스포츠경기부(이하 "경기부")에 소속된 선수, 감독 및 코치와 경기부의 운영 업무를 직접적으로 지원하는 사람에 대한 인건비를 말한다.

1-2 운영경비

경기부를 운영하기 위하여 드는 비용으로서 다음의 비용이다(조특칙 §47 ②).

> 1. 선수의 선발 심사 등 경기부의 창단을 준비하는 과정에서 드는 비용
> 2. 경기장 및 훈련장 사용료
> 3. 식비
> 4. 전지훈련비
> 5. 훈련시설 보수비
> 6. 경기용품, 훈련장비, 운동경기복, 약품의 구입비 및 수선비
> 7. 경기대회 참가비 및 참가를 위한 이동경비
> 8. 경기대회 참가를 위한 현지 숙식비
> 9. 선수숙소 및 선수 이동차량에 대한 임차료
> 10. 그 밖에 경기부 운영에 직접 드는 경비

2 공제세액

2-1 운동경기부 및 이스포츠경기부

운동경기부 및 이스포츠경기부의 운영비용은 그 설치일이 속하는 사업연도를 포함하여 3년간 운영비용의 10%를 세액공제한다(조특법 §104의 22 ①·③).

> 공제세액 = 3년간 운영비용 × 10%

2-2 장애인 운동경기부

장애인 운동경기부의 운영비용은 그 설치일이 속하는 사업연도를 포함하여 5년간 운영비용의 20%를 세액공제한다(조특법 §104의 22 ②).

> 공제세액 = 5년간 운영비용 × 20%

3 사후관리

3-1 추징

세액공제를 적용받은 내국법인이 경기부를 설치한 날부터 3년(장애인운동경기부의 경우 5년) 이내에 다음의 의무위반사유가 발생한 경우에는 해당 사업연도의 과세표준신고를 할 때 공제받은 세액에 이자상당액을 더한 금액을 법인세로 납부하여야 한다(조특법 §104의 22 ⑤, 조특령 §104의 20 ⑥·⑦).

㉮ 해당 경기부를 해체한 경우
㉯ 선수단 요건(Ⅱ. 2 및 3)을 갖추지 못한 경우

2022년 세법 개정에 따른 이자율에 대한 개정 규정 및 부칙은 제3부 제2장 제2절 Ⅲ. 3-2를 참조하기로 한다.

Ⅳ. 조세특례제한 등

기타 조세특례제한 등

구 분	내 용	참조 부분
세액공제신청서	별지 제1호 서식 및 부표(1)	
중복지원의 배제	감면규정과 세액공제규정의 배제(조특법 §127 ④)	제20부 제1절
최저한세	적용대상(조특법 §132 ①)	제20부 제4절
세액공제액의 이월공제	허용(조특법 §144 ①·②)	제21부 제2절
농어촌특별세	과세(농특법 §5 ① 1호)	

제12절 [제104조의 24] 해외진출기업의 국내복귀에 대한 세액감면

Ⅰ. 의의

해외진출기업이 국내(과밀억제권역 제외) 복귀하는 때에 해외사업장을 철수하는 경우(완전 복귀)에는 소득세 또는 법인세를 7년간 100% 감면하고 그 후 3년간 50% 감면하며, 해외사업장을 유지하는 경우(부분 복귀)에는 비수도권은 7년간 100%, 3년간 50% 감면하고, 수도권은 3년간 100%, 그 후 2년간 50% 감면하는 제도이다.

본 특례는 해외진출기업의 국내 복귀에 대한 세제지원을 통해 해외에서 창출되는 고용이 국내 고용으로 전환되도록 유도하여 국내 투자의 활성화를 목적으로 한다. 2011년 신설되었다.

일몰기한은 2024.12.31.이다.

개정연혁

연 도	개정 내용
2020년	▪ 감면대상 확대 : 국내 사업장을 증설하는 경우
2021년	▪ 해외 생산량 감축 요건 삭제 ▪ 국내 창업 및 사업장 신설 시 감면대상 소득 계산 방법 신설 ▪ 해외사업장 축소 위반을 추징사유에 추가 ▪ 추징세액의 사유별 별도 규정
2022년	▪ 복귀 기한 연장 : 1년 → 2년
2023년	▪ 국내 사업장 신증설 완료기한 연장 : 2년 → 3년 ▪ 증설 범위 확대 : 사업용 고정자산의 수량이 증가하는 경우 포함
2024년	▪ 감면기간 확대 : 완전 복귀 및 비수도권으로 부분 복귀 시 7년간 100%, 3년간 50% ▪ 동일 대분류 내에서 위원회의 업종 유사성 확인을 받는 경우 감면 허용

Ⅱ. 요건

내국인 등이 해외사업장 철수 방식 또는 해외사업장 유지 방식에 의하여 해외진출기업을 수도권과밀억제권역을 제외한 국내에 복귀시켜야 하며, 업종의 동일성 또는 유사성이 인정되어야 한다.

1 주체

과세특례의 주체는 다음의 국적요건과 사업목적요건을 모두 갖추어야 한다(조특법 §104의 24 ①).

1-1 국적 요건

다음의 요건에 해당하는 자이어야 한다(조특령 §104의 21 ①).
㉮ 대한민국 국민[재외동포 체류자격(재외동포의 출입국과 법적 지위에 관한 법률 §5)을 부여받은 (외국 국적의) 재외동포 포함]
㉯ 내국법인[외국인투자기업(외국인투자 촉진법 §2 6호)을 포함함]

1-2 사업목적 요건

국외에서 2년 이상 계속하여 경영하던 사업장을 소유하거나 실질적으로 지배하여야 한다.
실질적으로 지배하는 기업이란 위의 국적 요건을 갖춘 대한민국 국민 또는 내국법인이 단독으로 또는 임원 등[1]과 합산하여 다른 기업(이하 "해당기업")의 발행주식(의결권 없는 주식은 제외함) 총수 또는 출자총액의 30% 이상을 소유하는 기업 중 다음의 어느 하나에 해당하는 기업으로 한다(조특칙 §47의 2 ① → 해외진출기업복귀법 시행령 §2). 실질적으로 사업체

---

[1] 임원 등이란 다음 어느 하나에 해당하는 자를 말한다[「해외진출기업의 국내복귀 지원에 관한 법률」(이하 "해외진출기업복귀법") 시행규칙 §2 ①] (개정 2021.6.23.).
  1. 영 제2조 각 호 외의 부분에 따른 해당기업(이하 이 항에서 "해당기업"이라 한다)을 실질적으로 지배하고 있는 대한민국 국민의 배우자 및 직계존비속
  2. 해당기업을 실질적으로 지배하고 있는 대한민국 법인의 임원
  3. 해당기업이 아닌 기업으로서 영 제2조에 따라 대한민국 국민 또는 법인이 실질적으로 지배하고 있는 기업
  4. 제3호에 해당하는 기업의 임원

의 의사결정에 영향을 미치는 지위에 있어야 한다.

> ① 대한민국 국민이 해당기업의 대표인 경우
> ② 대한민국 국민 또는 대한민국 법인이 해당기업의 최대주주 또는 최다지분 소유자인 경우. 이 경우 해당기업이 소재하는 국가의 법령 또는 방침에 따라 주식 또는 출자지분 소유에 제한이 있는 경우에는 제한된 부분을 제외하고 최대주주 또는 최다지분 소유 여부를 판단한다.
> ③ 대한민국 국민 또는 대한민국 법인이 해당기업의 발행주식 총수 또는 출자총액을 초과하는 금액에 해당하는 자산을 대여하거나 채무를 보증하고 있는 경우
> ④ 대한민국 국민 또는 대한민국 법인이 해당기업의 주요 주주(해당기업의 발행주식 총수 또는 출자총액의 100분의 10 이상을 소유하거나 임원의 임면 등 해당기업의 주요 경영사항에 대하여 사실상 영향력을 행사하고 있는 주주를 말한다)와 계약에 의하여 대표이사를 임면하거나 임원의 100분의 50 이상을 선임하거나 선임할 수 있는 경우

2019년 개정세법에서 사업목적 요건의 실질적 지배기업의 범위를 규정하였다.

2 해외사업장 철수 방식 (완전 복귀)

국외에서 2년 이상 계속하여 경영하던 사업장을 국내(수도권과밀억제권역 밖의 지역)로 이전하는 경우로 다음의 복귀 방식 중 어느 하나에 의하여야 한다(조특법 §104의 24 ① 1호, 조특령 §104의 21 ①).

국외에는 「개성공업지구 지원에 관한 법률」 제2조 제1호에 따른 개성공업지구를 포함한다(조특령 §104의 21 ④).

따라서 개성공업지구가 가동 중단됨에 따라 내국법인을 수도권과밀억제권역 밖의 지역으로 이전하여 현지법인의 업무를 수행하는 경우 해외진출기업의 국내복귀에 대한 세액감면을 적용한다(서면법령법인-300, 2018.9.10.).

개성공업지구 가동 중단으로 경영이 악화되고 있는 개성공단 입주기업이 국내 대체 사업장으로 이전하는 것을 지원하기 위하여 2016년 중반 세법 개정으로 개성공업지구를 국외에 포함하였다. 2016.1.1. 이후 개시하는 과세연도분부터 적용한다(2016.5.10. 개정된 시행령 부칙 §3).

2-1 복귀 방식

(가) 선복귀 → 후폐쇄 방식 (1호)

수도권과밀억제권역 밖의 지역에 창업하거나 사업장을 신설 또는 증설(이하 "복귀")하여

사업을 개시한 날부터 4년 이내에 국외에서 경영하던 사업장을 양도하거나 폐쇄하여야 한다. 사업장을 증설한 경우에는 증설한 부분에서 발생하는 소득을 구분경리하는 경우로 한정한다(이하 같음).

(나) 선폐쇄 → 후복귀 방식 (2호)

국외에서 경영하던 사업장을 양도하거나 폐쇄한 날부터 3년 이내에 수도권과밀억제권역 밖의 지역에 창업하거나 사업장을 신설 또는 증설하여야 한다.

업종이나 고용인원에 제한이 없으므로 가공회사(paper company)의 경우에도 자금과 선박 용선계약을 이전하였다면 사업이 국내에 이전된 것으로 볼 수 있다(조심 2016부3693, 2017. 2.10.).

종래 이전대상 지역을 수도권 밖으로 하였으나, 2017년 개정세법에서 수도권과밀억제권역 밖으로 확대하였다. 즉, 성장관리권역과 자연보전권역을 이전대상 지역에 추가하였다. 개정규정에도 불구하고 2017.1.1. 전에 국내에서 창업하거나 사업장을 신설한 경우에는 종전 규정에 따른다(2016. 12.20. 개정된 법 부칙 §51).

2020년 개정세법에서 해외진출기업의 국내 복귀를 지원하기 위하여 국외 사업장을 폐쇄 또는 축소하면서 기존의 국내 사업장을 증설하는 경우에도 소득세 또는 법인세를 감면하였다. 2020.3.23. 이후 국내에서 사업장을 증설하는 경우부터 적용한다(2020.3.23. 개정된 법률 부칙 §3).

2022년 개정세법에서 해외진출기업의 국내 복귀를 지원하기 위해 국내 복귀 기업이 조세 감면을 받기 위한 요건으로서 '해외사업장을 양도·폐쇄하거나 축소한 후에 수도권과밀억제권역 밖의 지역에 창업하거나 사업장을 신설 또는 증설하여야 하는 기한'을 '1년'에서 '2년'으로 연장하여 세액감면 요건을 완화함. 개정규정은 2022.2.15. 이후 수도권과밀억제권역 밖의 지역에 창업하거나 사업장을 신설 또는 증설하는 경우부터 적용함(2022.2.15. 개정된 시행령 부칙 §16).

2023년 개정세법에서 해외진출기업이 국외에서 경영하던 사업장을 양도, 폐쇄 또는 축소한 후 국내에 창업 또는 사업장을 신설·증설해야 하는 기한을 기존 사업장을 양도, 폐쇄 또는 축소한 날부터 '2년'에서 '3년'으로 연장하여 세액감면 요건을 완화함. 2023.2.28. 전에 수도권과밀억제권역 밖의 지역에 창업하거나 사업장을 신설 또는 증설한 경우의 세액감면 요건에 관하여는 개정규정에도 불구하고 종전의 규정에 따름(2023.2.28. 개정된 시행령 부칙 §14).

2-2 증설

증설의 범위는 다음 어느 하나에 해당하는 경우로 한다(조특령 §104의 21 ⑪).

국외사업장을 국내로 이전·복귀하면서 기존의 국내사업장을 폐쇄하고 새로운 국내사업장을 개설한 경우, 신설된 사업장이 증설의 요건을 충족하는 경우 증설에 따른 세액감면을 받을 수 있다(재조세-1195, 2023.5.23.).

(1) 사업장의 연면적 증가 (1호)

사업용고정자산을 새로 설치함으로써 해당 사업장의 연면적이 증가하는 경우이다.

"해당 사업장의 연면적이 증가하는 경우"란 사업장 부지 안에 있는 건축물 각 층의 바닥면적을 합산한 면적이 증가하는 경우를 말한다. 바닥면적에서 식당·휴게실·목욕실·세탁장·의료실·옥외체육시설 및 기숙사 등 종업원의 후생복지증진에 제공되는 시설과 대피소·무기고·탄약고 및 교육시설의 바닥면적은 제외한다(조특칙 §47의 2 ③).

(2) 사업용고정자산의 수량이 증가하는 경우 (2호)

사업용고정자산을 새로 설치함으로써 사업용고정자산의 수량이 증가하는 경우를 증설로 본다. 다만, 사업장이 공장인 경우에는 산업통상자원부장관의 고시[2])에 따라 확인받은 유휴면적 내에 사업용고정자산을 새로 설치한 경우로 한정하고, 공장이 아닌 사업장의 경우에는 사업수행에 필요한 생산설비를 새로 설치한 경우로 한정한다.

"공장"이란 건축물 또는 공작물, 물품제조공정을 형성하는 기계·장치 등 제조시설과 그 부대시설을 갖추고 제조업을 하기 위한 사업장을 말한다(조특칙 §47의 2 ④ → 산업집적활성화 및 공장설립에 관한 법률 §2 1호).

2020년 개정세법에서 국내 사업장 증설의 범위 및 증설한 부분에서 발생하는 소득의 한도 등을 규정하였다.

2023년 개정세법에서 기존 사업장 내 사업용 고정자산의 수량이 증가하는 경우도 증설의 범위에 추가함. 2023.2.28. 전에 수도권과밀억제권역 밖의 지역에 창업하거나 사업장을 신설 또는 증설한 경우의 세액감면 요건에 관하여는 개정규정에도 불구하고 종전의 규정에 따름(2023.2.28. 개정된 시행령 부칙 §14).

3 해외사업장 유지 방식 (부분 복귀)

국외에서 2년 이상 계속하여 경영하던 사업장을 부분 축소 또는 유지하면서 국내(수도권과밀억제권역 제외)로 복귀하여야 한다(조특법 §104의 24 ① 2호).

국내로 복귀하는 자는 다음 어느 하나의 요건을 충족하여야 한다(조특령 §104의 21 ③).
① 국내에 사업장이 없는 내국인으로서 수도권과밀억제권역 밖의 지역에 창업할 것

---
2) 해외진출기업의 국내복귀 지원에 관한 고시 [시행 2022.11.1.] [산업통상자원부고시 제2022-182호, 2022.11.1., 일부개정]

② 국외에서 경영하던 사업장을 축소하여 산업통상자원부장관의 고시[2])에 따라 산업통상자원부장관의 축소 확인을 받은 경우로서 그 축소를 완료한 날이 속하는 과세연도의 그 다음 과세연도의 개시일부터 3년 이내에 수도권과밀억제권역 밖의 지역에 사업장을 신설 또는 증설할 것

국내에 사업장이 없어 국내 창업하는 경우에는 해외 사업장 축소 요건을 부과하지 않지만, 국내에 이미 사업장이 있는 상태에서 사업장을 신설·증설하는 경우에는 해외 사업장을 축소하여야 한다.

해외진출기업이 국내로 이전·복귀하면서 국내사업장을 신설한 후 해외 사업장 축소를 완료한 경우에도 해외사업장 유지 방식(조특령 §104의 21 ③ 2호)에 따라 해외진출기업의 국내복귀에 대한 세액감면을 적용받을 수 있다(재조세-1195, 2023.5.23.). 선복귀 후폐쇄 방식(조특령 §104의 21 ① 1호)은 완전복귀(조특법 §104의 21 ① 1호)의 이전 방식으로 규정되어 있으나, 부분복귀의 경우에도 이전 방식으로 적용 가능하다.

개정 연혁

2017년 개정세법에서 부분복귀의 주체에 중견기업을 추가하였다. 또한 해외 사업장 생산량을 50% 이상 감축한 경우에는 국내사업장이 있는 경우에도 특례가 적용되도록 요건을 완화하였다. 그 경과규정은 2.와 동일하다.

2019년 개정세법에서 해외진출기업의 국내 복귀를 장려하기 위하여 국외에서 2년 이상 계속하여 경영하던 사업장을 부분 축소 또는 유지하면서 국내로 복귀하는 기업에 대한 세액감면의 대상을 중소·중견기업에서 모든 기업으로 확대하였다. 2019.1.1. 이후 국내에서 창업하거나 사업장을 신설하는 경우부터 적용한다(2018.12.24. 개정된 법률 부칙 §28).

2020년 개정세법에서 사업장을 부분 축소하는 경우에도 국외 사업장의 축소 완료일이 속하는 과세연도의 그 다음 과세연도의 개시일부터 1년 이내에 수도권과밀억제권역 밖의 지역에 국내 사업장을 신설 또는 증설하도록 하여 사업장 이전의 경우 형평을 맞춰 요건을 보완하였다. 2020.4.14. 이후 국외에서 사업장을 창업하거나 신설 또는 증설하는 경우부터 적용한다(2020.4.14. 개정된 시행령 부칙 §2).

종래 국내에 사업장을 신증설할 때에는 해외사업장의 생산량을 50% 이상 감축하는 요건을 부과하였다. 그러나, 해외 생산 규모가 큰 기업은 해외 생산량 감축의 절대량이 큰 경우에도 축소율 기준 50%의 충족이 어려워 세제지원을 받지 못하는 단점이 있었다. 이에 해외 생산량 축소율 기준 50%를 삭제하되, 유턴에 따른 세제 지원 규모가 해외 사업장의 생산량 감축 수준에 비례하도록 설계하였다.

개정규정은 2021.1.1. 이후 국내에서 창업하거나 사업장을 신설 또는 증설하는 경우부터 적용한다. 2021.1.1. 전에 국내에서 창업하거나 사업장을 신설 또는 증설한 경우에 대해서

는 개정규정에도 불구하고 종전의 규정에 따른다(2020.12.29. 개정된 법률 부칙 §26 및 §49).

4 사업의 동일성 또는 유사성

감면을 적용받으려는 내국인은 다음 어느 하나에 해당하여야 한다(조특법 §104의 24 ⑥).
① 한국표준산업분류에 따른 세분류(4자리 숫자)를 기준으로 이전 또는 복귀 전의 사업장에서 영위하던 업종과 이전 또는 복귀 후의 사업장에서 영위하는 업종이 동일한 경우
② 「해외진출기업의 국내복귀 지원에 관한 법률」에 따른 국내복귀기업지원위원회에서 업종 유사성을 확인받은 경우
한국표준산업분류에 따른 대분류를 기준으로 이전 또는 복귀 전의 사업장에서 경영하던 업종과 이전 또는 복귀 후의 사업장에서 경영하는 업종이 동일한 경우로서 국내복귀기업지원위원회에서 사업장 간 업종 유사성을 확인받는 것을 말한다. 이 경우 유사성 판단 기준 및 절차 등에 관하여 필요한 사항은 산업통상자원부장관이 정하여 고시한다(조특령 §104의 21 ⑩).

2024 개정 종래 세분류를 기준으로 업종이 동일할 것을 요건으로 하였으나, 동일 대분류 내에서 국내복귀기업지원위원회의 업종 유사성 확인을 받는 경우에도 감면을 허용하는 것으로 완화함. 또한, 업종 요건을 법률로 상향 입법함. 2024.1.1. 전에 국내에서 창업하거나 사업장을 신설 또는 증설한 경우의 세액감면 기간 및 업종요건에 관하여는 법 104조의 24 제2항의 개정규정에도 불구하고 종전의 규정에 따름(2023.12.31. 개정된 법률 부칙 §41).

Ⅲ. 세액감면

1 감면소득

이전 또는 복귀 후의 사업장에서 발생하는 소득이다. 사업장단위 감면 방식에 의한다. 증설 부분의 발생 소득은 다음과 같이 구분하여 계산한다.

2020년 개정세법에서 증설한 부분에서 발생하는 소득의 한도를 계산할 때 적용하는 국외사업장의 매출액 환산방법을 규정하였다.

1-1 해외사업장 철수 방식 (완전 복귀)

해외사업장 철수 방식의 경우에는 이전 후의 사업장에서 발생하는 소득(기존 사업장을 증설하는 경우에는 증설한 부분에서 발생하는 소득을 말함)으로서 다음 계산식에 따라 계산한 소득을 감면소득으로 한다. 이 경우 계산식의 매출액은 동일하거나 유사한 업종(조특령 §104의 21 ②)의 경영을 통해 발생하는 매출액을 말하며, 계산식에 따라 계산된 소득이 이전 후의 사업장에서 발생한 해당 과세연도의 소득(기존 사업장을 증설하는 경우에는 증설한 부분에서 발생하는 소득을 말함)을 초과하는 경우에는 그 초과하는 금액은 없는 것으로 한다(조특령 §104의 21 ⑤, 조특칙 §47의 2 ② 1호·2호).

종래 국내 사업장을 신설하거나 창업한 경우에는 신설(창업)한 사업장에서 발생한 소득 전부를 감면 대상 소득으로 하였으나, 2021년 개정세법에서 유턴에 따른 세제지원 규모가 해외사업장의 생산량 감축 수준에 비례하도록 설계하였다. 부칙은 Ⅱ. 3.을 참조하기로 한다.

(가) 선복귀 → 후폐쇄 방식(조특령 §104의 21 ① 1호)

$$\text{감면소득} = \text{이전 후의 사업장에서 발생한 해당 과세연도의 소득} \times \frac{(\text{해외사업장 환산 매출액}❶ \times \text{생산자물가지수 비율}❷)}{\text{이전 후의 사업장에서 발생한 해당 과세연도의 매출액}}$$

❶ 국내로 이전하여 사업을 개시한 날이 속하는 과세연도에 국외에서 경영하던 사업장에서 발생한 현지화로 표시된 매출액을 같은 과세연도의 평균환율(법칙 §44의 2)을 적용하여 원화로 환산한 금액

❷ 국내로 이전하여 사업을 개시한 날이 속하는 과세연도의 생산자물가지수의 평균값(해당 과세연도의 매월에 한국은행이 조사·발표하는 생산자물가지수의 합계액을 해당 과세연도의 개월 수로 나눈 것을 말함. 이하 같음)으로 감면대상 소득이 귀속되는 과세연도의 생산자물가지수의 평균값을 나눈 비율(1보다 작은 경우에는 1로 한다)

(나) 선폐쇄 → 후복귀 방식(조특령 §104의 21 ① 2호)

$$\text{감면소득} = \text{이전 후의 사업장에서 발생한 해당 과세연도의 소득} \times \frac{(\text{해외사업장 환산 매출액}❶ \times \text{생산자물가지수 비율}❷)}{\text{이전 후의 사업장에서 발생한 해당 과세연도의 매출액}}$$

❶ 국외에서 경영하던 사업장에서 그 사업장이 양도·폐쇄한 날이 속하는 과세연도의 직전 과세연도(이하 "직전 과세연도")에 발생한 현지화로 표시된 매출액을 같은 과세연도의 평균환율을 적용하여 원화로 환산한 금액

❷ 직전 과세연도의 생산자물가지수의 평균값으로 감면대상 소득이 귀속되는 과세연도의 생산자물가지수의 평균값을 나눈 비율(1보다 작은 경우에는 1로 한다)

1-2 해외사업장 유지 방식(부분 복귀)

해외사업장 유지 방식의 경우에는 복귀 후의 사업장에서 발생하는 소득(기존 사업장을 증설하는 경우에는 증설한 부분에서 발생하는 소득을 말함)으로서 다음 계산식에 따라 계산한 소득을 감면소득으로 한다. 이 경우 계산식의 매출액은 동일하거나 유사한 업종(조특령 §104의 21 ②)의 경영을 통해 발생하는 매출액을 말하며, 계산식에 따라 계산된 소득이 복귀 후의 사업장에서 발생한 해당 과세연도의 소득(기존 사업장을 증설한 경우에는 증설한 부분에서 발생한 소득)을 초과하는 경우에는 그 초과하는 금액은 없는 것으로 한다(조특령 §104의 21 ⑥, 조특칙 §47의 2 ② 3호·4호).

(가) 국내에서 창업하는 경우(조특령 §104의 21 ③ 1호)

$$\text{감면소득} = \text{복귀 후 사업장에서 발생한 해당 과세연도의 소득} \times \frac{(\text{해외사업장 환산 매출액}^{❶} \times \text{생산자물가지수 비율}^{❷})}{\text{복귀 후 사업장에서 발생한 해당 과세연도의 매출액}}$$

❶ 국외에서 경영하던 사업장에서 그 사업장이 양도·폐쇄한 날이 속하는 과세연도의 직전 과세연도(이하 "직전 과세연도")에 발생한 현지화로 표시된 매출액을 같은 과세연도의 평균환율을 적용하여 원화로 환산한 금액

❷ 직전 과세연도의 생산자물가지수의 평균값으로 감면대상 소득이 귀속되는 과세연도의 생산자물가지수의 평균값을 나눈 비율(1보다 작은 경우에는 1로 한다)

(나) 국내에서 사업장을 신설 또는 증설하는 경우(조특령 §104의 21 ③ 2호)

$$\text{감면소득} = \text{복귀 후 사업장에서 발생한 해당 과세연도의 소득} \times \frac{(\text{해외사업장 환산 매출액}^{❶} \times \text{생산자물가지수 비율}^{❷})}{\text{복귀 후 사업장에서 발생한 해당 과세연도의 매출액}}$$

❶ 국외에서 경영하던 사업장에서 축소한 생산량으로서 산업통상자원부장관이 확인한 생산량에 대하여 현지화로 표시된 매출액을 국외에서 경영하던 사업장의 축소를 완료한 날이 속하는 과세연도의 평균환율을 적용하여 원화로 환산한 금액

❷ 국외에서 경영하던 사업장의 축소를 완료한 날이 속하는 과세연도의 생산자물가지수의 평균값으로 감면대상 소득이 귀속되는 과세연도의 생산자물가지수의 평균값을 나눈 비율(1보다 작은 경우에는 1로 한다)

2 감면세액

감면세액의 계산방법은 다음과 같다.

$$감면세액 = 산출세액 \times \frac{산출세액}{과세표준} \times 감면율$$

감면기간별 감면율(조특법 §104의 24 ②·③)

감면율	100% 감면	50% 감면
해외사업장 철수 방식	초반 7년	이후 3년
해외사업장 유지 방식(비수도권)	초반 7년	이후 3년
해외사업장 유지 방식(수도권)	초반 3년	이후 2년

최초 소득발생이 지연되는 경우 감면기간의 개시도 유예된다. 이전일 또는 복귀일(이하 "이전일등")부터 5년이 되는 날이 속하는 과세연도까지 소득이 발생하지 아니한 경우에는 이전일등으로부터 5년이 되는 날이 속하는 과세연도를 감면개시연도로 본다.

2019년 개정세법에서 해외진출기업의 국내 복귀를 장려하기 위하여 해외사업장 유지 방식으로 지방으로 부분 복귀하는 기업에 대한 소득세·법인세 감면기간을 종전 3년 100%, 2년 50%에서 5년 100%, 2년 50%로 확대하였다. 2019.1.1. 이후 국내에서 창업하거나 사업장을 신설하는 경우부터 적용한다(2018.12.24. 개정된 법률 부칙 §28).

[2024 개정] 해외진출기업의 국내복귀를 촉진하기 위하여 해외진출기업이 국외사업장을 국내로 이전하거나 수도권 밖으로 부분 복귀하는 경우의 소득세 또는 법인세 감면기간을 7년에서 10년으로 확대함. 2024.1.1. 전에 국내에서 창업하거나 사업장을 신설 또는 증설한 경우의 세액감면 기간 및 업종요건에 관하여는 법 104조의 24 제2항의 개정규정에도 불구하고 종전의 규정에 따름(2023.12.31. 개정된 법률 부칙 §41).

3 사후관리

세액감면을 적용받은 내국인이 다음의 의무위반사유가 발생한 경우에는 감면받은 소득세 또는 법인세를 각 구분에 따른 세액을 추징한다(조특법 §104의 24 ④, 조특령 §104의 21 ⑦). 또한 이자상당가산액을 납부한다(조특법 §104의 24 ⑤ → §63 ③). 제8부 제1장 제5절 Ⅲ.

3-2를 참조하기로 한다.

(가) 3년 이내 폐업 또는 해산

사업장을 이전 또는 복귀하여 사업을 개시(기존 사업장의 증설을 포함함)한 날부터 3년 이내에 그 사업을 폐업 또는 증설한 부분을 폐쇄하거나 법인이 해산한 경우. 다만, 합병·분할 또는 분할합병으로 인한 경우는 제외한다.

폐업일(증설한 부분의 폐쇄일) 또는 법인해산일부터 소급하여 3년 이내에 감면된 세액을 추징한다.

(나) 철수 또는 유지 방식 위배

해외사업장 철수 방식 또는 해외사업장 유지 방식에 규정된 요건(조특령 §104의 21 ①)을 갖추지 못하여 국외에서 경영하던 사업장을 양도하거나 폐쇄하지 아니한 경우이다(조특령 §104의 21 ⑧).

감면받은 소득세 또는 법인세 전액을 추징한다.

(다) 해외사업장 축소 위반

해외사업장을 축소하고 국내 사업장을 신설·증설하는(조특령 §104의 21 ③ 2호) 요건을 갖추어 감면을 받는 기간 중에 국외에 사업장을 신설하거나 국외에서 경영하던 사업장을 증설하여 해외사업장을 다시 확대하는 경우이다(조특령 §104의 21 ⑨).

국외에 사업장을 신설하거나 증설하여 사업을 개시한 날부터 소급하여 3년 이내에 감면된 세액을 추징한다.

2021년 세법개정에서 국내사업 개시 후 해외사업장을 신설 또는 증설한 경우를 추징사유에 추가하였다. 그리고 추징 사유 발생 시 종래에는 감면세액 전액을 추징하도록 하였으나, 사유별로 별도의 추징세액을 규정하였다. 부칙은 Ⅱ. 3.을 참조하기로 한다.

Ⅳ. 조세특례제한 등

1 절차

과세표준신고와 함께 세액감면신청서,(별지 제2호 서식) 국내복귀기업에 대한 세액감면계산서(별지 제64호의 20 서식) 및 다음 서류를 납세지 관할 세무서장에게 제출하여야 한다(조특령 §104의 21 ⑬, 조특칙 §47의 2 ⑤).
① 국외에서 2년 이상 계속하여 사업장을 경영했음을 증명할 수 있는 서류
② 해외사업장 철수 방식(조특령 §104의 21 ① 1호 또는 2호)에 해당하는 경우 국외사업장을 양도했거나 폐쇄했음을 증명할 수 있는 서류(국내에서 사업을 개시한 날부터 4년이 지나지 않은 자로서 국외사업장을 양도하거나 폐쇄하지 않은 경우에는 제외한다)
③ 해외 사업장의 축소의 경우(조특령 §104의 21 ③ 1호) 산업통상자원부장관이 확인한 국외에서 경영하던 사업장의 생산량 축소 확인서 사본
④ <u>사업의 유사성이 인정되는 경우(조특령 §104의 21 ⑩) 국내복귀기업지원위원회에서 사업장 간 업종 유사성을 확인받았음을 증명하는 서류</u>
⑤ 기존 국내사업장 유휴공간 내 증설(조특령 §104의 21 ⑩ 2호)에 해당하는 경우로서 사업장이 공장인 경우 산업통상자원부장관의 고시[3])에 따라 발급받은 유휴면적 현장조사 확인서 사본

2020년 개정세법은 2020.4.14. 이후 국외에서 사업장을 창업하거나 신설 또는 증설하는 경우부터 적용한다(2020.4.14. 개정된 시행령 부칙 §2).

2 구분경리

증설한 부분에서 발생하는 소득을 구분경리하는 경우에만 그 소득에 대해 특례를 적용한다. 이때 구분경리는 조특법 제143조 제1항을 준용하여 증설한 부분에서 발생한 소득과 증설 전의 부분에서 발생한 소득을 각각 구분하여 경리하는 것으로 한다(조특령 §104의 21 ⑫).

3 중복지원의 배제

다음의 중복지원 배제조항이 적용된다(조특법 §127 ④·⑤).
- 감면규정과 세액공제규정의 중복지원 배제
- 감면규정 간 중복지원 배제

제20부 제1절 중복지원의 배제 부분을 참조하기로 한다.

---

3) 해외진출기업의 국내복귀 지원에 관한 고시 [시행 2022.11.1.] [산업통상자원부고시 제2022-182호, 2022.11.1., 일부개정]

4 결정 또는 기한 후 신고 시 감면배제 등

다음의 세무상 의무위반 조항 해당 시 감면이 배제된다(조특법 §128 ②~④).
- 결정 또는 기한 후 신고 시 감면배제
- 경정 등의 부정과소신고금액에 대한 감면배제
- 세법상 협력의무위반에 대한 감면배제

제20부 제2절 부분을 참조하기 바란다.

기타 조세특례제한 등

구 분	내 용	참조 부분
중복지원의 배제	감면규정과 세액공제규정의 중복지원 배제 및 감면규정 간 중복지원 배제	제20부 제1절
최저한세	적용 제외	제20부 제4절
농어촌특별세	비과세(농특세령 §4 ⑥ 1호)	

2019년 개정세법에서 해외진출기업의 국내복귀에 대한 세액감면을 적용받은 경우 농어촌특별세를 비과세하도록 변경하였다(농특세령 §4 ⑥ 1호 → 조특법 §104의 24). 2019.1.1. 이후 과세표준을 신고하는 경우부터 소급하여 적용한다(2019.2.12. 개정된 시행령 부칙 §2 ③).

제13절 [제104조의 25] 석유제품 전자상거래에 대한 세액공제

Ⅰ. 의의

내국인이 석유제품 전자결제망을 이용하여 석유제품을 공급받는 경우, 매수자가 매수가액의 0.3%를 세액공제하는 제도이다.

석유제품 유통시장의 거래 투명성을 높여 가격경쟁을 통한 유류가격의 인하를 목적으로 2012년 신설된 제도이다.

일몰기한은 2025.12.31.이다.

개정연혁

연 도	개정 내용
2020년	▪ 석유제품 공급자에 대한 세액공제 폐지
2023년	▪ 공제율 인상 : 0.2% → 0.3%

Ⅱ. 요건

1 주체

과세특례의 주체는 내국인으로 거주자인 개인과 내국법인을 포함한다. 석유판매업자 중 석유제품을 공급받는 자를 특례대상으로 한다(조특령 §104의 22 ②).
① 일반대리점[석유 및 석유대체연료 사업법(이하 "석유사업법") 시행령 §2 1호]
  석유제품 전자결제망을 통하여 일반대리점으로부터 석유제품을 공급받는 경우는 제외한다.
② 주유소(같은 조 3호)
③ 일반판매소(같은 조 4호)

종래 석유제품 공급자를 특례의 주체로 하였으나, 2017년 개정세법에서 석유제품 매수자를 추가하였다. 매수자 인센티브를 부여해 매수자 중심의 경쟁시장으로 전환하여 석유제품의 가격 인하를 유도하기 위한 목적이다. 또한 석유제품 공급자도 구체적으로 세분화하여 규정하였다. 개정규정에도 불구하고 2017.1.1. 전에 전자결제망을 이용하여 석유제품을 공급하였거나 공급받았던 분에 대해서는 종전의 규정에 따른다(2016.12.20. 개정된 법 부칙 §52).

종래 공급자에게도 공급가액의 0.1%를 세액공제하였으나, 2020년 개정세법에서 공급자에 대한 세액공제를 폐지하였다. 석유제품 전자상거래에 대해 수입부과금 환급 제도와 본 세액공제가 동시에 운영되어 중복 지원 되는 결과가 발생하여 형평성을 해하는 문제가 있기 때문이다. 개정규정에도 불구하고 2020.1.1. 전에 전자결제망을 이용하여 석유제품을 공급하였던 분에 대해서는 종전의 규정에 따른다(2019.12.31. 개정된 법률 부칙 §52).

2 석유제품 전자결제망

전자결제망은 한국거래소(KRX)에서 운영하는 석유제품 전자결제망을 말한다(조특령 §104의 22 ①).

석유제품 전자결제망을 통한 전자상거래는 주식시장처럼 출하지별·상표별로 석유제품의 호가가 공시되어 경쟁매매거래를 통해 거래가 체결된다.

3 석유제품

"석유제품"이란 휘발유, 등유, 경유, 중유, 윤활유와 이에 준하는 탄화수소유 및 석유가스(액화한 것을 포함)를 말한다(석유사업법 §2 2호).

Ⅲ. 세액공제

석유제품을 공급받는 자는 해당 공급가액(부법 §29)의 0.3%를 공제한다. 단, 공제한도는 해당 연도의 소득세 또는 법인세의 10%로 한다(조특법 §104의 25 ①).

> 공제세액 = 석유제품 공급가액 × 0.3% (단, 한도는 법인세 등의 10%)

과세표준신고서를 법정신고기한 내에 제출한 법인이 차기 사업연도에 외국납부세액공제(법법 §57)를 적용하기 위하여 당해 사업연도에 적용하였던 석유제품 전자상거래 세액공제를 취소하고자 하는 경우에는 수정신고(국기법 §45)를 할 수 있다(서면법령기본-2003, 2017. 9.8.).

2023년 세법개정에서 석유시장의 투명성을 높이고 경쟁을 촉진시키기 위하여 석유제품 전자상거래 세액공제 공제율을 종전 0.2%에서 0.3%로 상향함. 개정규정에도 불구하고 2023.1.1. 전에 전자결제망을 이용하여 석유제품을 공급받은 분에 대해서는 종전의 규정에 따름(2022.12.31. 개정된 법률 부칙 §40).

Ⅳ. 조세특례제한 등

기타 조세특례제한 등

구 분	내 용	참조 부분
세액공제신청서	별지 제1호 서식 및 부표(1)	
중복지원의 배제	감면규정과 세액공제규정의 배제(조특법 §127 ④)	제20부 제1절
추계과세 시 등	세액공제 배제(조특법 §128 ①)	제20부 제2절
최저한세	적용대상(조특법 §132 ①·②)	제20부 제4절
세액공제액의 이월공제	허용(조특법 §144 ①·②)	제21부 제2절
농어촌특별세	과세(농특법 §5 ① 1호)	

제14절 [제104조의 26] 정비사업조합 설립인가등의 취소에 따른 채권의 손금산입

Ⅰ. 의의

정비사업조합 설립인가 등이 취소된 경우 시공자등의 채권포기금액을 대손금으로 손금산입하고, 조합등이 얻는 채무면제이익에 대하여는 상증법상의 증여 또는 법인세법상 익금으로 보지 않는 제도이다.

뉴타운 등 정비사업의 원활한 출구전략을 지원하기 위하여 2014년 개정세법에서 신설되었다.

일몰기한은 2024.12.31.이다.

개정연혁

연 도	개정 내용
2022년	■ 정비구역 지정 해제 등을 사유로 조합 설립 인가 등이 취소된 경우로 요건 변경

Ⅱ. 요건

1 주체

1-1 채무자

과세특례의 주체인 채권포기의 상대방인 채무자는 도시 및 주거환경정비법(이하 "도시정비법")에 따른 추진위원회 또는 정비사업조합과 그 연대보증인(이하 "조합등")이다(조특법 §104의 26 ①).

"정비사업조합"이란 주택재개발사업 및 도시환경정비사업 추진을 위하여 해당 구역 내에 토지·건축물 등의 소유자가 조합원이 되어 시장·군수의 인가를 받아 설립하는 조합이다 (도시정비법 §35 ②).

"추진위원회"는 토지등 소유자 과반수의 동의를 받아 정비사업조합의 설립인가 전, 조합 설립의 준비업무를 수행하기 위하여 구성된다(도시정비법 §31 ①).

1-2 채권자

채권 포기의 주체인 채권자는 해당 정비사업과 관련하여 선정된 설계자·시공자 또는 정비사업전문관리업자(이하 "시공자등")이다(서면법인-0294, 2018.5.3.).

2 승인 또는 인가의 취소

도시정비법 제22조에 따라 추진위원회의 승인 취소 또는 조합 설립인가의 취소가 있어야 한다. 아래의 규정(동법 §20 및 §21)에 따라 정비구역등이 해제·고시된 경우 추진위원회 구성승인 또는 조합설립인가는 취소된 것으로 본다.

정비구역의 지정권자[1]는 다음 어느 하나에 해당하는 경우에는 정비구역등을 해제하여야 한다(동법 §20 ①; 개정 2018.6.12.).

> 1. 정비예정구역에 대하여 기본계획에서 정한 정비구역 지정 예정일부터 3년이 되는 날까지 특별자치시장, 특별자치도지사, 시장 또는 군수가 정비구역을 지정하지 아니하거나 구청장등이 정비구역의 지정을 신청하지 아니하는 경우
> 2. 재개발사업·재건축사업[제35조에 따른 조합(이하 "조합"이라 한다)이 시행하는 경우로 한정한다]이 다음 각 목의 어느 하나에 해당하는 경우
>   가. 토지등소유자가 정비구역으로 지정·고시된 날부터 2년이 되는 날까지 제31조에 따른 조합설립추진위원회(이하 "추진위원회"라 한다)의 승인을 신청하지 아니하는 경우
>   나. 토지등소유자가 정비구역으로 지정·고시된 날부터 3년이 되는 날까지 제35조에 따른 조합설립인가(이하 "조합설립인가"라 한다)를 신청하지 아니하는 경우(제31조 제4항에 따라 추진위원회를 구성하지 아니하는 경우로 한정한다)
>   다. 추진위원회가 추진위원회 승인일부터 2년이 되는 날까지 조합설립인가를 신청하지 아니하는 경우
>   라. 조합이 조합설립인가를 받은 날부터 3년이 되는 날까지 제50조에 따른 사업시행계획인가(이하 "사업시행계획인가"라 한다)를 신청하지 아니하는 경우

---

[1] 정비구역의 지정권자"란 특별시장·광역시장·특별자치시장·특별자치도지사·시장 또는 군수(광역시의 군수는 제외함)를 말함(도시정비법 §8 ①).

정비구역의 지정권자는 다음 어느 하나에 해당하는 경우 지방도시계획위원회의 심의를 거쳐 정비구역등을 해제할 수 있다(동법 §21 ①; 개정 2020.6.9.).

> 1. 정비사업의 시행으로 토지등소유자에게 과도한 부담이 발생할 것으로 예상되는 경우
> 2. 정비구역등의 추진 상황으로 보아 지정 목적을 달성할 수 없다고 인정되는 경우
> 3. 토지등소유자의 100분의 30 이상이 정비구역등(추진위원회가 구성되지 아니한 구역으로 한정한다)의 해제를 요청하는 경우
> 4. 제23조 제1항 제1호에 따른 방법으로 시행 중인 주거환경개선사업의 정비구역이 지정·고시된 날부터 10년 이상 지나고, 추진 상황으로 보아 지정 목적을 달성할 수 없다고 인정되는 경우로서 토지등소유자의 과반수가 정비구역의 해제에 동의하는 경우
> 5. 추진위원회 구성 또는 조합 설립에 동의한 토지등소유자의 2분의 1 이상 3분의 2 이하의 범위에서 시·도조례로 정하는 비율 이상의 동의로 정비구역의 해제를 요청하는 경우(사업시행계획인가를 신청하지 아니한 경우로 한정한다)
> 6. 추진위원회가 구성되거나 조합이 설립된 정비구역에서 토지등소유자 과반수의 동의로 정비구역의 해제를 요청하는 경우(사업시행계획인가를 신청하지 아니한 경우로 한정한다)

2022년 세법개정에서 정비사업으로 인한 사회적 갈등을 완화하기 위하여, 종래 정비사업의 도시정비법 위반 등의 취소 사유를 요건으로 하였으나, 정비구역 지정 해제 등을 사유로 조합 설립 인가 등이 취소된 경우로 변경함. 개정규정은 2018.2.9. 이후에 「도시 및 주거환경정비법」 22조에 따라 추진위원회의 승인 또는 조합 설립인가가 취소된 경우에도 소급하여 적용함(2021.12.28. 개정된 법률 부칙 §21).

개정 전 유권해석에 따르면, 본 특례는 도시정비법 제113조에 따라 조합설립인가가 취소된 경우에 적용할 수 있는 것이며, 같은 법 제22조 제3항에 따라 조합설립인가가 취소된 것으로 보는 경우에는 적용할 수 없는 것으로 해석하였다(서면법령법인-0077, 2020.6.30.).

3 채권의 포기

특례대상은 시공자등이 조합등을 채무자로 하는 채권으로 하며, 동 채권 전액을 포기하여야 한다.

채권 포기의 방식은 채권확인서를 시장·군수에게 제출하는 방법과 채권포기확인서를 세무서장에게 제출하는 방법으로 나뉜다(조특법 §104의 26 ①).

3-1 시장·군수에게 제출하는 방법 (1호)

시공자등이 다음의 사항을 포함한 채권확인서를 시장·군수에게 제출하고 해당 채권확인서에 따라 조합등에 대한 채권을 전부 포기하는 경우이다(도시정비법 §133).
① 채권의 금액 및 그 증빙 자료
② 채권의 포기에 관한 합의서 및 이후의 처리 계획
③ 그 밖에 채권의 포기 등에 관하여 시·도 조례로 정하는 사항

시공사가 서울시장에게 채권포기확인서를 제출하고 주택재개발정비사업조합에 대한 채권을 포기하는 경우에는, 동 조합에 대하여 해당채권을 포기한다는 의사표시를 하지 않는 경우에도 대손금의 손금산입이 가능하다(법규법인 2014-176, 2014.6.13.).

3-2 세무서장에게 제출하는 방법 (2호)

시공자등이 채권의 전부를 포기하고 과세표준신고와 함께 다음의 사항을 포함하는 채권의 포기에 관한 확인서를 납세지 관할 세무서장에게 제출한 경우이다(조특령 §104의 23).
① 채권의 금액과 그 증명자료
② 채권의 포기에 관한 내용
③ 시·도 조례로 정하는 사항(도시정비법 §133 3호)

이 경우 시공자등이 추진위원회 또는 조합에게 채무를 면제하는 의사를 표시한 것으로 보며, 확인서를 접수한 관할 세무서장은 즉시 해당 확인서 사본을 시장·군수·구청장에게 송부하여야 한다.

Ⅲ. 과세특례

시공자등 대손금 인정

법인세법상 채권 포기의 경우 대손금으로 보지 않고 비지정기부금 또는 접대비로 보아 손금불산입하여야 하지만,(법통 19의 2-19의 2...5) 시공자등은 대손금으로 손금산입할 수 있다.

2 조합등 증여 및 익금 배제

채권 포기의 상대방인 채무자인 조합등이 법인인 경우에는 채무면제이익으로 익금산입하거나 개인인 경우에는 증여세를 부담하여야 함에도 불구하고, 법인세법상 익금 또는 상증법상 증여로 보지 않는다(조특법 §104의 26 ②).

제15절 [제104조의 30] 우수 선화주기업 인증을 받은 화주 기업에 대한 세액공제

Ⅰ. 의의

우수 선화주기업 인증을 받은 국제물류주선업자가 외항정기화물운송사업자에게 지출한 해상운송비용이 전체 해상운송비용의 40% 이상인 경우, 그 운송비용의 1%와 전기 대비 증가분의 3%의 합계를 세액공제하는 특례이다.

우수 선화주 인증을 받은 국제물류주선업자가 외항정기화물운송사업자에게 지출한 비용에 대해 세제 지원하기 위하여 2020년 신설된 제도이다.

일몰기한은 2025.12.31.이다.

개정연혁

연 도	개정 내용
2022년	■ 주체 요건 완화 : 전년도 매출액 100억원 이상 → 전년도 매출액 발생

Ⅱ. 요건

 주체

과세특례의 주체는 "우수 선화주기업 인증"을 받은 '국제물류주선업자'(이하 "화주기업")으로서 직전 과세연도에 매출액이 있는 기업으로 한다.

중소기업 범위 기준의 규모 기준 계산방법(조특령 §2 ④)으로 매출액을 산출하며, 직전 과세연도가 1년 미만인 경우에는 1년으로 환산한 금액을 말한다(조특령 §104의 27 ①). 제2부 제1절 Ⅱ. 2-2를 참조하기로 한다.

"우수 선화주기업 인증"이란 해양수산부장관이 해상운송사업을 경영하는 기업과 그 기업에 화물의 운송을 위탁하는 화주 기업(이하 "선화주(船貨主)기업")의 해상운송 분야의 상생협력을 촉진하기 위하여 공정하고 안정적인 해상운송을 통해 상호 동반성장을 도모하는 기업에 부여하는 우수 선화주기업 인증을 말한다(해운법 §47의 2).

"화주"(貨主)란 해상화물 운송을 위해 해상여객운송사업 또는 해상화물운송사업에 종사하는 자와 화물의 운송계약을 체결하는 당사자(아래의 국제물류주선업자를 포함함)를 말한다(해운법 §2 10).

'국제물류주선업자'란 타인의 수요에 따라 자기의 명의와 계산으로 타인의 물류시설·장비 등을 이용하여 수출입화물의 물류를 주선하는 사업을 등록한 자를 말한다(물류정책기본법 §2 ① 11호).

종래 세액공제의 주체는 전년도 매출액이 100억원 이상일 것을 요건으로 하였으나, 2022년 세법개정에서 우수 선화주기업에 대한 지원 확대를 위하여 매출액이 있는 기업 모두에게 허용하도록 개정됨.

2 해상 운송비용 요건

다음 요건을 모두 충족하여야 한다.
① 화주기업이 해당 과세연도에 외항정기화물운송사업자에게 지출한 해상운송비용이 전체 해상운송비용의 40% 이상이어야 한다.

$$\text{요건} = \frac{\text{해당 과세연도 외항정기화물운송사업자에게 지출한 해상운송비용}}{\text{해당 과세연도 전체 해상운송비용}} \geq \frac{40}{100}$$

② 화주기업이 해당 과세연도에 지출한 해상운송비용 중 외항정기화물운송사업자에게 지출한 비용이 차지하는 비율이 직전 과세연도보다 증가할 것

$$\text{요건} = \frac{\text{당기 외항정기화물운송사업자에게 지출한 해상운송비용}}{\text{당기 해상운송비용}} > \frac{\text{전기 외항정기화물운송사업자에게 지출한 해상운송비용}}{\text{전기 해상운송비용}}$$

본 특례에서의 운송비용 및 해상운송비용은 외항 정기 화물운송사업[1]을 영위하는 자에

---

[1] 외항 정기 화물운송사업이란 국내항과 외국항 사이 또는 외국항과 외국항 사이에서 정하여진 항로에 선박을 취항하게 하여 일정한 일정표에 따라 운항하는 해상화물운송사업을 말한다(해운법 §23 2호).

게 지출한 비용으로서 다음 요건을 모두 충족하는 것으로 한다(조특령 §104의 27 ②).
① 수출·수입(대외무역법 시행령 §2 3호 및 4호)에 따른 물품의 이동을 위해 지출하는 비용일 것
② 외항 정기 화물운송사업을 영위하는 자와 체결한 운송계약을 증명하는 선하증권 및 그 밖의 서류에 기재된 구간의 운송을 위하여 지출한 비용일 것

Ⅲ. 세액공제

외항정기화물운송사업자에게 수출입을 위하여 지출한 운송비용의 1%에 상당하는 금액에 직전 과세연도에 비하여 증가한 운송비용의 3%에 상당하는 금액을 더한 금액을 해당 지출일이 속하는 과세연도의 소득세(사업소득에 대한 소득세만 해당한다) 또는 법인세에서 공제한다(조특법 §104의 30 ①).

$$공제대상금액 = (당기분 \times 1\%) + (증가분 \times 3\%)$$

다만, 공제받는 금액이 해당 과세연도의 소득세 또는 법인세의 10%를 초과하는 경우에는 10%를 한도로 한다.

Ⅳ. 조세특례제한 등

기타 조세특례제한 등

구 분	내 용	참조 부분
절차	세액공제신청서(별지 제1호 서식 및 부표(1)) 및 우수 선화주 인증을 받은 화주기업에 대한 세액공제신청서 및 공제세액계산서(별지 제64호의 21 서식)	
중복지원의 배제	해당 없음(조특법 §127)	제20부 제1절
추계과세 시 등	해당 없음(조특법 §128)	제20부 제2절
최저한세	적용대상(조특법 §132 ①·②)	제20부 제4절
세액공제액의 이월공제	허용(조특법 §144 ①·②)	제21부 제2절
농어촌특별세	과세(농특법 §5 ① 1호)	

제16절 [제104조의 31] 프로젝트금융투자회사에 대한 소득공제

Ⅰ. 의의

프로젝트금융투자회사가 배당가능이익의 90% 이상을 배당한 경우, 해당 배당을 결의한 잉여금 처분의 대상이 되는 사업연도의 소득금액에서 소득공제하는 특례이다.

프로젝트금융투자회사(PFV; Project Financing Vehicle)는 특별법에서 별도로 규정하지 아니하고, 조세특례제한법, 지방세법 등에서 조세특례를 부여하기 위한 요건을 규정한다.

프로젝트금융투자회사의 지급 배당금에 대한 소득공제는 종래 법인세법에 규정하였으나, 조세특례 성격임을 감안하여 2020년 말 조세특례제한법으로 이관하였다. 2021.1.1. 전에 개시한 사업연도분에 대해서는 개정규정에도 불구하고 종전의 규정에 따른다(2020.12. 22. 개정된 법인세법 부칙 §18).

일몰기한은 2025.12.31.이다.

개정연혁

연 도	개정 내용
2021년	■ 법인세법에서 조세특례제한법으로 이관
2023년	■ 초과배당액 이월공제 신설
2024년	■ 상위동업기업에 대한 신청절차 보완

Ⅱ. 요건

1 주체 (PFV)

지급배당 소득공제를 적용 받는 투자회사(법법 §51의 2 ① 1호~8호)와 유사한 투자회사로서 다음 요건을 모두 갖춘 법인이다(조특법 §104의 31 ①).

1-1 특정 사업 요건 (1호)

회사의 자산을 설비투자, 사회간접자본 시설투자, 자원개발, 그 밖에 상당한 기간과 자금이 소요되는 특정사업에 운용하고 그 수익을 주주에게 배분하는 회사일 것.

지급배당 소득공제를 적용 받는 투자회사(법법 §51의 2 ① 각 호)와 유사한 투자회사가 주택법에 따라 주택건설사업자와 **공동으로 주택건설사업**을 수행하는 경우로서 그 자산을 주택건설사업에 운용하고 해당 수익을 주주에게 배분하는 때에는 동 요건을 갖춘 것으로 본다(조특령 §104의 29 ②) (서면법인-4712, 2022.12.6.).

- 나머지 주체 요건을 충족한 투자회사가 「산업입지 및 개발에 관한 법률」에 따른 일반산업단지 조성사업을 시행하던 중 지원시설구역을 직접 사용하여 주거시설 건축사업을 시행하게 되어 **일반산업단지 조성사업과 주거시설 건축사업을 병행**하는 경우 특정 사업 요건을 충족한다(서면법령법인-2996, 2021.9.14.).
- 주체 요건을 충족하는 프로젝트금융투자회사가 정관 상 목적사업인 **부동산의 개발 및 공급**을 위하여 토지 임차, 인허가, 토지 매입 등을 순차적으로 추진하는 경우 "특정사업"의 운용 요건을 갖춘 것으로 본다(서면법인-7514, 2022.2.24.).
- 프로젝트금융투자회사가 특정사업을 수행하기 위하여 건축물이 있는 토지를 취득한 후 토지 개발을 위한 건축물 철거시점까지 신규 임차인에게 **일시적으로 임대함**으로 인하여 발생하는 수입은 특정사업 운용수익에 포함된다(사전법규법인-0819, 2022.10.12.).
- 프로젝트금융투자회사가 **자산 일부를 매각**하고 남은 자산을 당초 목적사업인 특정사업에 운용하는 경우 해당 목적사업에서 발생한 수익에 대하여 특정사업을 운용하는 것으로 보아 소득공제를 적용하는 것임(서면법인-2544, 2023.10.27.).
- 특정사업을 영위하던 프로젝트금융투자회사가 해당 **특정사업을 완료하지 않은 상태에서 특정사업과 관련된 사업부지 및 사업권을 양도**하고 배당가능이익의 90% 이상을 배당한 경우로서, 나머지 요건을 모두 갖춘 경우에는 소득공제를 적용받을 수 있는 것임(사전법규법인-0398, 2023.7.17.).

1-2 서류상의 회사 (2호)

본점 외의 영업소를 설치하지 아니하고 직원과 상근하는 임원을 두지 아니할 것(Paper Company).

1-3 존속 기간 (3호)

한시적으로 설립된 회사로서 존립기간이 2년 이상일 것.

주체 요건을 충족하는 프로젝트금융투자회사가 건축물 신축 중 법적 분쟁으로 인한 공사 지연, 부동산 경기침체 상황 등으로 건축물의 매각이 원활히 이루어지지 않아 정관상 존립기간을 연장하는 경우 한시적으로 설립된 회사에 해당한다(서면법인-7995, 2022.1.19.).

1-4 회사 형태 및 설립 형태 (4호)

상법이나 그 밖의 법률의 규정에 따른 주식회사로서 발기설립의 방법으로 설립할 것.

1-5 발기인 요건 (5호)

발기인이 결격 사유(기업구조조정투자회사법 §4 ②)의 어느 하나에 해당하지 아니하고 다음 요건을 충족하여야 한다(조특령 §104의 29 ③).

(1) 금융회사 등 또는 국민연금공단

발기인 중 1인 이상이 다음 어느 하나에 해당하여야 한다.
① 법인세법 시행령 제61조 제2항 제1호부터 제4호까지, 제6호부터 제13호까지 및 제24호의 어느 하나에 해당하는 금융회사 등

> 1. 「은행법」에 의한 인가를 받아 설립된 은행
> 2. 「한국산업은행법」에 의한 한국산업은행
> 3. 「중소기업은행법」에 의한 중소기업은행
> 4. 「한국수출입은행법」에 의한 한국수출입은행
> 6. 「농업협동조합법」에 따른 농업협동조합중앙회(같은 법 제134조 제1항 제4호의 사업에 한정한다) 및 농협은행
> 7. 「수산업협동조합법」에 따른 수산업협동조합중앙회(같은 법 제138조 제1항 제4호 및 제5호의 사업에 한정한다) 및 수협은행
> 8. 「자본시장과 금융투자업에 관한 법률」에 따른 투자매매업자 및 투자중개업자
> 9. 「자본시장과 금융투자업에 관한 법률」에 따른 종합금융회사
> 10. 「상호저축은행법」에 의한 상호저축은행중앙회(지급준비예탁금에 한한다) 및 상호저축은행
> 11. 「보험업법」에 따른 보험회사
> 12. 「자본시장과 금융투자업에 관한 법률」에 따른 신탁업자

> 13. 「여신전문금융업법」에 따른 여신전문금융회사
> 24. 「새마을금고법」에 따른 새마을금고중앙회(같은 법 제67조 제1항 제5호 및 제6호의 사업으로 한정한다)

② 「국민연금법」에 따른 국민연금공단(「사회기반시설에 대한 민간투자법」 제4조 제2호에 따른 방식으로 민간투자사업을 시행하는 투자회사의 경우에 한정한다)

(2) 5% 출자 요건

위 (1)의 ① 또는 ②에 해당하는 발기인이 5%(그 발기인이 다수인 경우에는 이를 합산한다) 이상의 자본금을 출자할 것.

프로젝트금융투자회사가 유동화전문회사 등에 대한 소득공제 요건인 금융기관의 5% 이상의 출자요건은 당해 회사의 모든 사업이 완료된 후 그 수익을 주주에게 배분(유상감자 등을 통한 의제배당 포함)을 개시하는 시점까지 충족하여야 한다(법인세제과-410, 2011.5.17).[1]

1-6 이사의 자격 (6호)

이사가 다음 결격 사유(기업구조조정투자회사법 §12)의 어느 하나에 해당하지 아니할 것 (2000.12.23. 제정).

> 1. 자산관리회사·자산보관회사 및 일반사무수탁회사와의 업무위탁계약 및 그 변경계약의 체결
> 2. 자산운영보수·자산보관수수료 기타 자산의 운영 또는 보관에 따르는 비용의 지급
> 3. 사채발행 및 자금차입에 관한 사항
> 4. 기타 기업구조조정투자회사의 운영상 중요하다고 인정되는 사항으로서 정관이 정하는 사항

1-7 감사의 자격 (7호)

감사는 공인회계사법에 의한 회계법인에 소속된 공인회계사이어야 하며, 결격 사유에

---

1) 본문의 예규에 따라 2022년 3월 다음의 예규를 삭제함. 프로젝트금융투자회사가 유동화전문회사 등에 대한 소득공제를 적용받기 위해서는 법인 설립 후에도 1인 이상의 금융회사 등이 주주로서 100분의 5 이상의 자본금을 출자하고 있어야 하는 것으로, 프로젝트금융투자회사가 해산등기일 이전의 의제사업연도에 불균등 유상감자를 함으로써 금융회사 등의 해당 법인에 대한 자본금 출자비율이 100분의 5에 미달할 경우에는 소득공제가 적용되지 아니하는 것임(법인세과-216, 2011.3.24.).

해당하지 않아야 한다. 이 경우 "기업구조조정투자회사"는 "회사"로 본다(기업구조조정투자회사법 §17).

1-8 자본금, 자산관리업무 등의 요건 (8호)

(1) 자본금 등의 요건

자본금 규모, 자산관리업무와 자금관리업무의 위탁 및 설립신고 등에 다음의 요건을 갖추어야 한다(조특령 §104의 29 ④).

1. 자본금이 50억원 이상일 것. 다만, 「사회기반시설에 대한 민간투자법」 제4조 제2호에 따른 방식으로 민간투자사업을 시행하는 투자회사의 경우에는 10억원 이상일 것으로 한다.
2. 자산관리·운용 및 처분에 관한 업무를 다음 각 목의 어느 하나에 해당하는 자(이하 이 조에서 "자산관리회사"라 한다)에게 위탁할 것. 다만, 제6호 단서의 경우「건축물의 분양에 관한 법률」제4조 제1항 제1호에 따른 신탁계약에 관한 업무는 제3호에 따른 자금관리사무수탁회사에 위탁할 수 있다.
   가. 해당 회사에 출자한 법인❶
   나. 해당 회사에 출자한 자가 단독 또는 공동으로 설립한 법인
3. 「자본시장과 금융투자업에 관한 법률」에 따른 신탁업을 경영하는 금융회사 등(이하 이 조에서 "자금관리사무수탁회사"라 한다)에 자금관리업무를 위탁할 것
4. 주주가 제3항 각 호의 요건을 갖출 것. 이 경우 "발기인"을 "주주"로 본다.
5. 법인설립등기일부터 2개월 이내에 다음 각 목의 사항을 적은 명목회사설립신고서(별지 제17호 서식)에 기획재정부령으로 정하는 서류❷를 첨부하여 납세지 관할 세무서장에게 신고할 것
   가. 정관의 목적사업
   나. 이사 및 감사의 성명·주민등록번호
   다. 자산관리회사의 명칭
   라. 자금관리사무수탁회사의 명칭
6. 자산관리회사와 자금관리사무수탁회사가 동일인이 아닐 것.❸ 다만, 해당 회사가 자금관리사무수탁회사(해당 회사에 대하여 「법인세법 시행령」제43조 제7항에 따른 지배주주등이 아닌 경우로서 출자비율이 100분의 10 미만일 것)와 「건축물의 분양에 관한 법률」 제4조 제1항 제1호에 따라 신탁계약과 대리사무계약을 체결한 경우는 제외한다.

❶ PFV에 출자한 벤처투자조합의 출자법인은 해당 PFV의 자산관리회사가 될 수 없음(재법인-502, 2023.9.18.; 서면법규법인-3937. 2023.9.21.).

❷ 다음 각 서류를 말한다. 다만, 변경 신고(조특령 §104의 28 ⑥)의 경우에는 변경된 내용이 있는 서류에 한정한다(조특

칙 §47의 4 ①).

① 정관
② 회사의 자산을 운용하는 특정사업의 내용
③ 자금의 조달 및 운영계획
④ 주금의 납입을 증명할 수 있는 서류
⑤ 자산관리회사 및 자금관리사무수탁회사와 체결한 업무위탁계약서 사본

❸ 프로젝트금융투자회사가 휴양 콘도미니엄 개발 및 분양사업을 영위하기 위해 신탁회사와 관리형 토지신탁계약을 체결함에 있어 신탁회사에게 자산관리업무와 자금관리업무를 모두 위탁한 후 프로젝트금융투자회사가 해당 휴양 콘도미니엄을 준공한 때에 당해 신탁계약을 해지하고 자산관리업무와 자금관리업무를 각각 다른 회사에게 위탁하는 경우에는 요건을 충족하지 않는 것임(서면법령법인-3763, 2021.10.6.).

프로젝트금융투자회사가 조세특례제한법 시행령 제104조의28 제4항 제2호 및 제6호의 요건을 충족하는 자산관리회사에 자산관리·운용 및 처분에 관한 업무를 위탁한 경우 같은 소득공제 요건 중 자산관리업무에 대한 요건을 충족한다(서면법인-1302, 2021.10.29.).

(2) 최초 신고 후의 변동

프로젝트금융투자회사가 신고(조특령 §104의 28 ④ 5호; 이하 "최초 신고")한 후에 이사·감사 및 주주가 이사의 자격, 감사의 자격, 주주 요건(조특법 §104의 31 ① 6호·7호 및 ④ 4호)을 충족하지 못하게 되는 경우로서 그 사유가 발생한 날부터 1개월 이내에 해당 요건을 보완하는 경우에는 그 법인은 해당 요건을 계속 충족하는 것으로 본다(조특령 §104의 28 ⑤).

프로젝트금융투자회사가 최초 신고 후에 그 신고 사항이 변경된 경우에는 그 법인은 변경사항이 발생한 날부터 2주 이내에 해당 변경사항을 적은 명목회사변경신고서(별지 제17호 서식)에 위 각주 ❶의 서류를 첨부하여 납세지 관할 세무서장에게 신고해야 한다(조특령 §104의 28 ⑥, 조특칙 §47의 4 ①).

최초 신고 또는 변경 신고(조특령 §104의 28 ④ 5호 또는 ⑥)를 받은 납세지 관할 세무서장은 전자정부법 제36조 제1항에 따른 행정정보의 공동이용을 통해 신고인의 법인 등기사항증명서를 확인해야 한다(조특칙 §47의 4 ②).

2 제외 요건

다음 어느 하나에 해당하는 경우에는 소득공제를 적용하지 아니한다(조특법 §104의 31 ② → 법법 §51의 2 ②).

2-1 비과세된 경우

배당을 받은 주주등에 대하여 법인세법 또는 조세특례제한법에 따라 그 배당에 대한 소득세 또는 법인세가 비과세되는 경우이다. 다만, 배당을 받은 주주등이 동업기업과세특례를 적용받는 동업기업인 경우로서 그 동업자들에 대하여 배분받은 배당(조특법 §100의 18 ①)에 해당하는 소득에 대한 소득세·법인세가 전부 과세되는 경우는 소득공제를 적용한다.

위 단서 규정에 따라 소득공제를 적용하려는 법인은 소득공제신청을 할 때 소득공제신청서 외에 배당을 받은 동업기업(<u>그 동업자들의 전부 또는 일부가 법 제100조의 15 제3항에 따른 상위 동업기업에 해당하는 경우에는 그 상위 동업기업을 포함한다</u>)으로부터 신고기한(조특법 §100의 23 ①)까지 제출받은 동업기업과세특례적용 및 동업자과세여부 확인서(별지 24호 서식)를 추가로 첨부해야 한다(조특령 §104의 28 ⑨).

[2024 개정] 상위 동업기업에 대한 주주단계 과세 여부 확인 절차 보완함.

2-2 개인등의 소유 법인

배당을 지급하는 내국법인이 다음의 요건을 모두 갖춘 법인인 경우이다(법령 §86의 3 ⑩).
① 사모방식으로 설립되었을 것
② 개인 2인 이하 또는 개인 1인 및 그 친족(이하 "개인등")이 발행주식총수 또는 출자총액의 95% 이상의 주식등을 소유할 것. 다만, 개인등에게 배당 및 잔여재산의 분배에 관한 청구권이 없는 경우는 소득공제를 적용함.

3 배당가능이익의 90% 이상 배당

배당가능이익의 90% 이상을 배당하여야 한다.
배당가능이익이란 기업회계기준에 따라 작성한 재무제표상의 법인세비용 차감 후 당기순이익에 이월이익잉여금을 가산하거나 이월결손금을 공제하고, 상법 제458조에 따라 적립한 이익준비금을 차감한 금액을 말한다(조특령 §104의 28 ① → 법령 §86의 3 ①).

> 배당가능이익 = 법인세비용차감후당기순이익 + 이월이익잉여금 - 이월결손금 - 이익준비금

이 경우 다음 어느 하나에 해당하는 금액은 제외한다.
① 상법 §461의 2에 따라 자본준비금을 감액하여 받는 배당(법법 §18 8호)

② 당기순이익, 이월이익잉여금 및 이월결손금 중 주식등, 채권, 집합투자재산의 평가손익 (법령 §73 2호 가목~다목). 다만 시가법(법령 §75 ③)에 따라 평가한 투자회사등의 집합투자재산의 평가손익은 배당가능이익에 포함한다.

Ⅲ. 소득공제

1 지급배당 공제

배당가능이익의 90% 이상을 배당한 경우 그 금액(이하 "배당금액")은 해당 배당을 결의한 잉여금 처분의 대상이 되는 사업연도의 소득금액에서 공제한다.

배당에는 현금배당과 주식배당을 모두 포함한다. 이 경우 재무제표상 배당 가능이익의 한도를 초과하여 관련 법령에 따라 배분하는 경우를 포함한다(법통 51의2-86의2…1 ②).

2 초과배당금액의 이월공제

배당금액이 해당 사업연도의 소득금액을 초과하는 경우 그 초과하는 금액(이하 "초과배당금액")은 해당 사업연도의 다음 사업연도 개시일부터 5년 이내에 끝나는 각 사업연도로 이월하여 그 이월된 사업연도의 소득금액에서 공제할 수 있다. 다만, 내국법인이 이월된 사업연도에 배당가능이익의 90% 이상을 배당하지 아니하는 경우에는 그 초과배당금액을 공제하지 아니한다(조특법 §104의 31 ③).

이월된 초과배당금액을 해당 사업연도의 소득금액에서 공제하는 경우에는 다음 방법에 따라 공제한다(조특법 §104의 31 ④).

① 이월된 초과배당금액을 해당 사업연도의 배당금액보다 먼저 공제할 것
② 이월된 초과배당금액이 둘 이상인 경우에는 먼저 발생한 초과배당금액부터 공제할 것
　(선입선출법)

종래 초과배당금액은 소멸하는 것으로 하였으나, 2023년 개정세법에서 지급배당 소득공제 제도의 합리화를 목적으로 초과배당금액을 최대 5년간 이월하여 공제하도록 함. 개정규정은 2023.1.1. 이후 배당을 결의하는 경우부터 적용함(2022.12.31. 개정된 법률 부칙 §22).

Ⅳ. 조세특례제한 등

구 분	내 용	참조 부분
절차	소득공제신청서(별지 제18호 서식)	
중복지원의 배제	해당 없음(조특법 §127)	제20부 제1절
추계과세 시 등	해당 없음(조특법 §128)	제20부 제2절
최저한세	해당 없음(조특법 §132 ①·②)	제20부 제4절
세액공제액의 이월공제	해당 없음(조특법 §144 ①·②)	제21부 제2절
농어촌특별세	비과세(농특령 §4 ⑦ 1호)	

제17절 [제104조의 32] 용역제공자에 관한 과세자료의 제출에 대한 세액공제

Ⅰ. 의의

대리운전, 소포배달 등의 인적용역을 제공하는 자에게 사업장을 제공하거나 용역을 알선·중개하는 자가 용역을 제공하는 자에 관한 과세자료를 제출하는 경우 1인당 300원을 세액공제하는 제도이다. 단, 최저 공제액을 1만원으로 하며, 연간 200만원을 한도로 한다.

고용보험제도 운영 등에 필요한 소득정보를 적기에 파악할 필요가 있어, 용역을 제공하는 자에 관한 과세자료의 제출주기를 현행 연별(年別)에서 월별로 변경하는 내용으로 소득세법이 개정되는 것에 맞추어 과세자료 제출의무자의 납세협력부담을 감안하여 용역제공자에 관한 과세자료의 제출에 대한 세액공제를 신설하여 인센티브를 제공하려는 취지이다.

일몰기한은 2026.12.31.이다.

개정연혁

연 도	개정 내용
2021년	▪용역제공에 관한 과세자료의 제출 세액공제 신설
2022년	▪최저 공제액 1만원 신설

Ⅱ. 요건

1 주체

용역제공자에 관한 과세자료(이하 "과세자료")를 제출하여야 할 자란 소득세 납세의무가 있는 개인으로서 한국표준산업분류에 따른 대리운전 등 인적용역을 제공하는 자(이하 "용역제공자")에게 용역 제공과 관련된 사업장을 제공하는 자 등(이하 "과세자료 제출자")를 말한다(조특법 §104의 32 ① → 소법 §173 ①).

(가) 용역제공자

용역제공자는 대인 서비스와 관련된 일에 종사하는 자로서 다음 어느 하나에 해당하는 용역을 직접 제공하는 자로 한다(소령 §224 ① 및 소칙 §99의 3).

① 대리운전용역
② 소포배달용역
③ 간병용역
④ 골프장경기보조용역
⑤ 파출용역
⑥ 수하물운반원
⑦ 중고자동차판매원
⑧ 욕실종사원
⑨ 스포츠 강사 및 트레이너

(나) 과세자료 제출자

과세자료를 제출하여야 하는 자는 위 (가)의 용역의 제공과 관련하여 다음의 어느 하나에 해당하는 자를 말한다. 이 경우 ①에 해당하는 자와 ②에 해당하는 자가 모두 있는 경우에는 ②에 해당하는 자를 말한다. 다만, 해당 용역의 제공으로 발생하는 소득이 소득세 원천징수대상(소법 §127)이 되는 경우는 제외한다(소령 §224 ②).

① 골프장사업자, 병원사업자 등 위 (가)의 용역을 제공하는 자에게 용역 제공과 관련된 사업장을 제공하는 자
② 직업소개업자, 노무제공플랫폼사업자(고용보험법 §77의 7 ①) 등 위 (가)의 용역을 알선·중개하는 자. 이 경우 해당 용역을 알선·중개하는 자가 노무제공플랫폼사업자와 노무제공플랫폼이용계약을 체결하고 그 계약에 따라 알선·중개하는 경우에는 노무제공플랫폼사업자를 해당 용역을 알선·중개하는 자로 본다.

2 과세자료의 제출

용역에 관한 과세자료를 수입금액 또는 소득금액이 발생하는 달의 다음달 말일까지 국세정보통신망(국기법 §2 19호)을 통하여 사업장 소재지 관할 세무서장, 지방국세청장 또는

국세청장에게 제출하여야 한다(소법 §173 ①).

Ⅲ. 세액공제

각각의 과세자료에 기재된 용역제공자 인원 수에 300원을 곱하여 계산한 금액의 합계액을 해당 용역에 대한 수입금액 또는 소득금액이 발생한 달이 속하는 과세연도에 대한 소득세(사업소득에 대한 소득세만 해당한다) 또는 법인세에서 공제한다. 이 경우 그 합계액이 1만원 미만인 경우에는 이를 1만원으로 하고, 200만원을 초과하는 경우에는 그 초과하는 금액은 없는 것으로 한다(조특령 §104의 29 ①).

> 공제대상금액 = 용역제공자 인원 수❶ × 300원 (단, 최저금액 1만원, 연간 200만원 한도)

❶ 소득세법 시행령 제224조 제3항에 따른 용역제공자 인적사항 및 용역제공기간 등 기재해야 할 사항이 모두 기재된 인원 수로 한정한다.

2023년 세법개정에서 사업자의 과세자료 제출 부담을 경감하기 위하여 공제액의 합계액이 1만원 미만인 경우에는 1만원으로 함. 개정규정은 2023.2.28.일이 속하는 과세연도에 과세자료를 제출하는 경우부터 적용함(2023.2.28. 개정된 시행령 부칙 §8).

Ⅳ. 조세특례제한 등

기타 조세특례제한 등

구 분	내 용	참조 부분
절차	세액공제신청서(별지 제1호 서식 및 부표(1)) 및 용역제공자에 관한 과세자료 제출에 대한 공제세액계산서(별지 제64호의 27 서식)	
중복지원의 배제	해당 없음(조특법 §127)	제20부 제1절
추계과세 시 등	해당 없음(조특법 §128)	제20부 제2절
최저한세	해당 없음(조특법 §132 ①·②)	제20부 제4절
세액공제액의 이월공제	허용(조특법 §144 ①·②)	제21부 제2절
농어촌특별세	과세(농특법 §5 ① 1호)	

제18절 [제104조의 33] 해외건설자회사에 지급한 대여금등에 대한 손금산입 〈신설〉

Ⅰ. 의의

해외건설사업자인 내국법인이 해외건설자회사에 사업 용도로 지급한 대여금, 이자 등의 대손에 충당하기 위하여 대손충당금을 손비로 계상한 경우에 손금에 산입할 수 있는 특례이다.

국내 건설 모회사의 채권 회수가 어려운 상황에서 비용으로도 인정받지 못하는 문제를 해소하여 해외건설사업의 수주를 지원하기 위한 목적으로 2024년 개정세법에서 신설되었다. 개정규정은 2024.1.1. 이후 개시하는 사업연도에 대손충당금을 손금에 산입하는 경우부터 적용한다(2023.12.31. 개정된 법률 부칙 §21).

2022.12.31. 이전에 지급한 대여금에 한정한다.

개정연혁

연 도	개정 내용
2024년	■ 해외건설자회사 대여금에 대한 대손충당금 손금산입 특례 신설

Ⅱ. 요건

1 주체

1-1 채권자

「해외건설 촉진법」 제2조 제5호에 따른 해외건설사업자인 내국법인을 채권자로 한다. 해외건설사업자란 해외건설업의 신고를 하고, 직접 또는 현지법인을 통하여 해외건설업을 영위하는 (개인 또는) 법인을 말한다.

1-2 채무자

채무자인 해외건설자회사란 다음 요건을 모두 갖춘 법인을 말한다(조특령 §104의 30 ①).

(가) 현지법인

해외건설사업자가 해외건설업을 영위하기 위하여 「외국환거래법」 제3조제18호에 따른 해외직접투자를 한 현지법인이다(해외건설 촉진법 §2 6호).

(나) 지분율 90% 이상

해외건설사업자가 출자총액의 90% 이상을 출자하거나 발행주식총수의 90% 이상을 보유한 법인일 것. 해외건설사업자가 물적분할로 신설되는 경우에는 분할존속법인이 지주회사로서 해외건설자회사의 출자총액의 90% 이상을 출자하거나 발행주식총수의 90% 이상을 보유하고 있는 경우를 포함한다.

2 사업 용도 인건비 채권

다음 요건을 모두 갖춘 대여금, 그 이자 및 그 밖에 이와 유사한 것(이하 "대여금등")을 대상으로 한다(조특법 §104의 33 ①).

(가) 사업 용도 (1호)

해외건설자회사의 공사 또는 운영자금으로 사용되었을 것

(나) 업무무관 가지급금 제외 (2호)

「법인세법」 제28조 제1항 제4호 나목에 해당하는 금액이 아닐 것

(다) 인건비 채권

해외건설사업자가 해외건설자회사에 파견한 임직원에게 해외건설자회사를 대신하여 지급한 인건비로 인하여 발생한 채권이어야 한다(조특령 §104의 30 ②).

3 채권 발생 시기 및 회수 불능

(가) 발생 시기 및 연체 기간 (3호)

2022.12.31. 이전에 지급한 대여금으로서 최초 회수기일부터 5년이 경과한 후에도 회수하지 못하였을 것

(나) 회수 불능 (4호)

해외건설사업자인 내국법인이 회수가 현저히 곤란하다고 인정되는 경우로서 다음 어느 하나에 해당하는 경우이다(조특령 §104의 30 ③).

① 대손충당금을 손금에 산입한 사업연도 종료일 직전 10년 동안 해외건설자회사가 계속하여 자본잠식(사업연도말 자산총액에서 부채총액을 뺀 금액이 0이거나 0보다 작은 경우를 말함)인 경우
② ①과 유사한 경우로서 한국무역보험공사와 대외채권 추심 업무 수행에 관한 협약을 체결한 해외채권추심기관(무역보험법 §53 ③)으로부터 해외건설자회사의 (본 특례의 적용 대상인) 대여금등의 회수가 불가능하다는 확인을 받은 경우(조특칙 §47의 5)

Ⅲ. 과세특례

1 대손충당금의 손금산입

대여금등의 대손(貸損)에 충당하기 위하여 대손충당금을 손비로 계상한 경우에는 다음의 산식에 따라 계산한 금액을 한도로 그 대손충당금을 해당 사업연도의 소득금액을 계산할 때 손금에 산입할 수 있다.

대손충당금의 손금산입 한도는 해당 사업연도 종료일 현재 대여금등의 채권잔액에서 해외건설자회사의 순자산 장부가액(차입금 등을 제외한 순자산 장부가액을 말하며, 0보다 작은 경우에는 0으로 함)을 뺀 금액에 손금산입률을 곱한 금액으로 한다(조특법 §104의 33 ②).

$$\text{손금산입 한도} = \left(\text{대여금등의 채권잔액} - \text{해외건설자회사의 순자산 장부가액} \right) \times \text{손금산입률}$$

손금산입 한도를 계산할 때 2024.1.1.이 속하는 사업연도의 손금산입률은 10%로 하고, 이후 사업연도의 손금산입률은 100%를 한도로 매년 직전 사업연도의 손금산입률에서 10%만큼 가산한 율로 한다(조특법 §104의 33 ③). 참고로 일반법인의 대손충당금 설정률은 1%이다.

연도별 손금산입률

연도	2024	2025	2026	2027	2028	2029	2030	2031	2032	2033
산입률	10%	20%	30%	40%	50%	60%	70%	80%	90%	100%

2 사업 용도 인건비 채권

대손충당금을 손금에 산입한 내국법인은 해당 대여금등의 대손금이 발생한 경우 그 대손금을 특례에 따라 손금에 산입한 대손충당금과 먼저 상계하고, 상계하고 남은 대손충당금의 금액은 다음 사업연도의 소득금액을 계산할 때 익금에 산입한다(조특법 §104의 33 ④).

Ⅳ. 조세특례제한 등

1 절차

특례를 적용받으려는 자는 법인세법 제60조에 따른 신고를 할 때 대손충당금 손금산입 특례 적용신청서(별지 제64호의 29 서식)에 회수불능 사유(조특령 §104의 30 ③)의 어느 하나에 해당하는 사실을 확인할 수 있는 서류를 첨부하여 납세지 관할 세무서장에게 제출해야 한다(조특령 §104의 30 ④).

2024
조세특례제한법 해석과 사례

15. 간접국세

제1장 **부가가치세**

제2장 **개별소비세 등**

제3장 **인지세 · 증권거래세**
    제1절 [제116조] 인지세의 면제
    제2절 [제117조] 증권거래세의 면제

15. 간접두께

CHAPTER 01 부가가치세

조세특례제한법상 부가가치세에 대한 조세지원은 영세율 적용, 면세 적용, 그리고 그 밖의 조세특례로 나뉜다.

Ⅰ. 부가가치세 영세율의 적용

영세율 제도란 부가가치세 매출세액 산출 시 영(0)의 세율을 적용하여 매출세액을 영으로 하고 재화와 용역의 구입 시 부담한 매입세액을 공제하여 전액 환급받게 하는 제도이다. 부가가치세 부담이 완전히 제거되므로 완전면세제도라고 한다.

부가가치세법에서는 소비지과세원칙의 실현과 수출촉진을 위해 주로 수출거래에 대해 영세율을 적용하고 있으며, 조세특례제한법에서는 조세정책의 효율적 수행을 위해 특정 재화와 용역의 공급에 대해 영세율을 적용하고 있다.

부가가치세 영세율 적용 (조특법 §105 ①)

조문	영세율 적용대상 재화와 용역
1호 방산물자 등	■ 방산업체가 공급하는 방산물자(경찰이 작전용으로 사용하는 것 포함) ■ 「비상대비에 관리한 법률」에 따라 중점 관리대상으로 지정된 자가 생산·공급하는 시제품 및 자원 동원으로 공급하는 용역
2호 군용 석유류	■ 국군조직법에 따라 설치된 부대 또는 기관에 공급하는 석유류
3호 도시철도 건설용역	■ 국가·지자체(민간투자법에 따른 사업시행자가 공급하는 경우 제외), 도시철도공사, 국가철도공단, 사회간접자본시설 투자 사업시행자에게 직접 공급하는 도시철도 건설용역
3호의 2 사회기반시설	■ 사회간접자본시설 사업시행자가 국가·지자체에 공급하는 사회기반시설 또는 사회기반시설의 건설용역
4호 장애인용 보장구 등	■ 의수족·휠체어·보청기 등 장애인용 보장구, 장애인용 특수 정보통신기기 및 장애인의 정보통신기기 이용에 필요한 특수 소프트웨어
5호 농림축산업용 기자재	■ 농민 또는 임업에 종사하는 자에게 공급하는 비료·농약·사료 등 농업용·축산업용 또는 임업용 기자재

조문	영세율 적용대상 재화와 용역
6호 어업용 기자재	■ 연근해 및 내수면어업용으로 사용할 목적으로 어민에게 공급하는 사료 등 어업용 기자재

제3호 및 제3호의 2는 2026.12.31.까지 공급한 것에 대해서만 적용하고, 제5호 및 제6호는 2025.12.31.까지 공급한 것에 대해서만 적용한다.

Ⅱ. 부가가치세의 면제

면세제도란 재화·용역의 공급과 재화의 수입에 대하여 부가가치세의 납세의무를 면제하는 제도이다. 면세업자가 부가가치세가 과세되는 재화·용역을 공급받거나 재화를 수입하는 경우에 부담한 매입세액을 공제받지 못하고 부가가치세를 부담한다는 점에서 부분면세제도라고 한다.

면세제도는 사업자의 세부담을 경감시키는 것이 아니라 소비자의 세부담을 경감시키기 위한 목적이므로, 부가가치세법에서는 저소득층의 부담 경감과 세부담의 역진성 완화를 위해 주로 기초 생활관련 재화와 용역에 대해 면세제도를 운용하고 있으며, 조세특례제한법도 그 취지는 유사하다.

부가가치세 면세 적용 (조특법 §106 ①)

조문 (일몰기한)	면세대상 재화와 용역
1호 도서지방의 자가발전 석유류('25년 말)	■ 도서지방의 자가발전에 사용할 목적으로 수산업협동조합중앙회에 전기사업자가 직접 공급하는 석유류
2호 급식용역('26년 말)	■ 공장, 광산, 건설사업 현장등의 사업장과 학교의 구내 식당을 직접 경영하여 공급하는 음식용역 ■ 위탁을 받은 학교급식공급업자가 위탁급식의 방법으로 해당 학교에 직접 공급하는 음식용역 ■ 공동운수협정을 체결한 노선여객자동차운송사업자로 구성된 조합이 그 종업원에게 제공하기 위하여 위탁계약을 통하여 공급받는 음식용역

조문 (일몰기한)	면세 대상 재화와 용역
3호 농어업경영 및 농어업작업의 대행용역 등('26년 말)	■ 영농조합법인 및 농업회사법인이 공급하는 농업경영 및 농작업의 대행용역 ■ 영어조합법인 및 어업회사법인이 공급하는 어업경영 및 어작업의 대행용역
4호 국민주택과 동 건설용역	■ 국민주택의 공급 ■ 국민주택의 건설용역 및 설계용역 ■ 국민주택의 리모델링 건설용역 및 설계용역

4호의 2('25년 말), 4호의 3, 4호의 4 공동주택등 관리용역	■ 관리주체, 경비업자, 청소업자가 다음에 공급하는 일반관리용역·경비용역 및 청소용역
	  - 수도권을 제외한 도시지역이 아닌 읍·면 지역의 주택
	  - 국민주택 이외의 공동주택으로 135㎡ 이하
	  - 국민주택
	  - 노인복지주택

4호의 5 영구임대주택 난방용역('26년 말)	■ 영구임대주택에 공급하는 난방용역
5호 온실가스배출권 등('25년 말)	■ 온실가스 배출권과 외부사업 온실가스 감축량 및 상쇄 배출권
6호 정부업무대행단체	■ 별정우체국, 단위조합·중앙회, 한국농촌공사 등 정부업무대행단체가 그 고유목적사업으로서 공급하는 재화 또는 용역
7호 국가 귀속 철도시설	■ 국가철도공단이 철도시설을 국가에 귀속시키고 철도시설관리권을 설정받는 방식으로 국가에 공급하는 경우
7호의 2 사회기반시설등	■ 사업시행자가 부가가치세가 면제되는 사업을 할 목적으로 국가 또는 지방자치단체에 공급하는 사회기반시설 또는 사회기반시설의 건설용역
8호 민자건설 학교시설 운영사업('14년 말 실시협약 체결분까지)	■ BTO방식에 의해 건설한 고등교육기관 학교시설에 대하여 학교가 제공하는 시설관리운영권 및 그 추천을 받은 자가 그 학교시설을 이용하여 제공하는 용역
8호의 2 민자건설 기숙사 운영사업('14년 말 실시협약 체결분까지)	■ BTO방식에 의해 건설한 기숙사에 대하여 국가 및 지자체가 제공하는 시설관리운영권 및 특수목적법인이 제공하는 용역
8호의 3 행복기숙사 운용사업	한국사학진흥재단이 단독 설립 또는 학교와 공동 설립한 SPC가 BTO방식에 의해 건설한 기숙사에 대하여 국가, 지자체, 학교가 제공하는 시설관리운영권과 그 기숙사를 이용하여 제공하는 용역(15.1.1.~25.12.31. 사이 실시협약 체결분)

조문 (일몰기한)	면세 대상 재화와 용역
9호의 2 전기버스 등 ('25년 말)	■ 시내버스, 농어촌버스 및 마을버스 운송사업용으로 공급하는 버스로서 전기자동차 또는 수소전기자동차 버스
9호의 3 개인택시 ('24년 말)	■ 개인택시 운송사업용으로 간이과세자에게 공급하는 자동차
10호 희귀병치료제	■ 희귀병 치료를 위한 혈액응고인자농축제 등
11호 영유아용 기저귀 등 ('22년 말)	■ 영유아용 기저귀와 분유(액상 형태 분유를 포함하되, 면세 분유는 제외함)
12호 목재 펠릿 ('25년 말)	■ 농민 또는 임업인에게 난방용 또는 농업용·임업용으로 공급하는 목재펠릿
13호 주택연금담보신탁주택	■ 한국주택금융공사가 주택담보노후연금채권을 행사하거나 주택담보노후연금보증채무 이행으로 인한 구상권을 행사하기 위하여 처분하는 주택담보노후연금채권 담보 대상주택

다음에 해당하는 재화의 수입에 대해서는 부가가치세를 면제한다(조특법 §106 ②).

면세 수입재화 (일몰기한)
1호 무연탄
3호 과세사업에 사용하기 위한 선박
4호 과세사업에 사용하기 위한 관세법에 따른 보세건설물품
9호 농민 또는 임업에 종사하는 자가 직접 수입하는 농업용·축산업용 또는 임업용기자재와 어민이 직접 수입하는 어업용 기자재
22호 2024강원동계청소년올림픽대회조직위원회 또는 지방자치단체가 해당 대회의 경기시설 제작·건설 및 경기운영에 사용하기 위한 물품으로서 국내제작이 곤란한 것

[2024 개정] 전기버스 등에 농어촌버스를 추가함. 법 106조 1항 9호의 2 나목의 개정규정은 2024.1.1. 이후 재화를 공급하는 경우부터 적용함(2023.12.31. 개정된 법률 부칙 §23).

[2024 개정] 천연가스 버스에 대한 부가가치세 면제 특례 적용기한 종료(조특법 §106 ① 9호).

Ⅲ. 기타 부가가치세 조세특례

조문	특례요건	과세특례
§105의 2 농업·임업·어업용 기자재(일몰기한 없음)	농어민 및 임업 종사자가 농어업 및 임업에 사용하기 위하여 일반과세자로부터 구입하는 기자재 또는 직접 수입하는 기자재	부가가치세 매입세액의 사후환급
§105의 3 운송사업용 자동차부가세 환급	운송사업간이과세자(개인택시)가 운송사업용으로 구입하는 자동차(25년 시행)	부가가치세 매입세액의 환급
§106의 2 농업·임업·어업용 및 연안여객선박용 석유류	■ 농어민, 임업 종사자가 농업·임업 또는 어업에 사용하기 위한 석유류 ■ 연안을 운항하는 여객선박에 사용할 목적으로 한국해운조합에 직접 공급하는 석유류	부가가치세, 개별소비세, 교통·에너지·환경세, 교육세 및 자동차 주행에 대한 자동차세 면제
§106의 4 금 관련 제품에 대한 매입자 납부 특례(일몰기한 없음)	금 관련 제품을 공급·매입·수입하는 금사업자가 금거래계좌를 개설하여, 제품 가액은 공급자에게 지급하고 부가가치세는 관리기관에 입금하는 경우	매입자 납부 방법에 의하여 부가가치세 매입세액공제
§106의 7 일반택시 운송사업자	일반택시 운송사업자. 단, 개인택시 운송사업자는 제외함.	부가가치세 납부세액의 99% 경감
§106의 9 스크랩등에 대한 부가가치세 매입자 납부특례(일몰기한 없음)	비철금속류스크랩등을 공급·매입·수입하는 스크랩등사업자가 스크랩등거래계좌를 개설하여, 제품 가액은 공급자에게 지급하고 부가가치세는 관리기관에 입금하는 경우	매입자 납부방법에 의하여 부가가치세 매입세액공제
§106의 10 신용카드 등 결제금액에 대한 부가가치세 대리납부 등(일몰기한 없음)	일반유흥 주점업(단란주점영업 포함), 무도유흥 주점업을 영위하는 사업자가 신용카드(직불·선불카드 포함)로 결제 받는 경우	■ 신용카드업자는 공급대가의 110분의 4를 징수하여 대리납부 ■ 특례사업자는 대리납부금액의 1%를 세액공제
§107 외국사업자 등에 대한 간접세의 특례 (일몰기한 없음)	■ 외국인관광객 등이 국외로 반출하기 위하여 면세판매장등에서 구입하는 재화 ■ 외국사업자가 국내에서 사업상 음식·숙박용역, 광고용역, 부동산 임대용역 등을 제공받은 경우 ■ IOC 및 IOC 관련기구, 지역별 독점방송사 등이	■ 부가가치세 영세율 적용 또는 환급하고 개별소비세를 면제 또는 환급 ■ 부가가치세 환급

조문	특례요건	과세특례
	평창동계올림픽 등과 관련하여 공급받은 음식·숙박용역 등	■ 부가가치세 환급
§107의 2 외국인관광객 호텔숙박료	외국인관광객 등이 호텔에서 30일 이하의 숙박용역을 공급받은 경우	부가가치세 환급
§107의 3 외국인관광객 미용성형 의료용역	외국인관광객이 의료기관에서 부가가치세가 면제되지 아니하는 쌍꺼풀수술, 코성형수술 등 의료용역을 공급받은 경우	부가가치세 환급
§108 재활용폐자원 등	간이과세자등 세금계산서를 발급할 수 없는 자로부터 재활용폐자원 또는 중고자동차를 취득하여 제조 또는 가공하거나 이를 공급하는 경우	재활용폐자원은 취득가액의 3%, 중고자동차는 110분의 10을 부가가치세 매입세액 공제
§108의 4 소규모 개인사업자에 대한 부가가치세 감면('20년말 일몰도래)	개인 일반과세자의 과세기간 공급가액 합계액이 4천만원 이하이고 부동산임대·매매업, 유흥주점업 등 감면 배제 업종을 제외하는 업종을 영위하는 경우	일반과세자가 납부할 세액에서 간이과세방식을 적용하여 산출한 세액을 차감한 세액을 감면
§108의 5 간이과세자에 대한 부가가치세 납부의무의 면제 특례	간이과세자의 과세기간 공급대가의 합계액이 3천만원 이상 4천800만원 미만이고 감면 배제업을 제외하는 업종을 영위하는 경우	부가가치세 납부의무 면제('20년말 일몰도래)
§121의 14 입국경로에 설치된 보세판매장의 내국물품에 대한 특례 (일몰기한 없음)	■ 입국장 인도를 조건으로 보세판매장(입국장 면세점)에서 물품을 판매하는 경우 ■ 입국자가 보세판매장에서 내국물품을 구입하여 국내로 반입하는 경우 ■ 사업자가 내국물품을 보세판매장에 공급	■ 부가가치세 및 주세 면제
§126의 7 금 현물시장에서 거래되는 금지금 (일몰기한 없음)	금지금공급사업자가 보관기관에 금지금❶을 임치한 후 금거래소에서 매매거래를 통하여 최초로 공급하는 금지금과 이후 금거래소에서 매매 거래되는 금지금	■ 부가가치세 면제 ■ 금지금공급사업자에게 매입세액공제 허용

❶ "금지금"이란 금괴·골드바 등 원재료 상태로서 순도가 99.5% 이상인 금을 말함.

[2024 개정] 운송사업간이과세자가 운송사업용으로 구입하는 자동차에 대하여 부담한 부가가치세 매입세액을 환급함. 법 105조의 3의 개정규정은 2025.1.1. 이후 재화를 공급하거나 공급받는 경우 또는 재화를 수입신고하는 경우부터 적용함(2023.12.31. 개정된 법률 부칙 §22).

[2024 개정] 매입자 납부 특례 적용대상을 종래 구리·철 및 구리·철 합금의 웨이스트 및

스크랩 등에 한정하였으나, 알루미늄, 납, 아연, 주석, 니켈 등의 비철금속류로 확대함. 그리고, 국세청장은 부가가치세 보전을 위해 필요한 경우, 사업자 또는 수입업자에게 세금계산서 작성 및 제출 관련 명령을 할 수 있음. 법 106조의 4 제12항 및 106조의 9 제1항·제12항의 개정규정은 2024.7.1. 이후 재화를 공급하거나 공급받는 경우 또는 재화를 수입신고 하는 경우부터 적용함(2023.12.31. 개정된 법률 부칙 §24).

[2024 개정] 종래 환급 대상은 관광호텔업에 한정하였으나 수상관광호텔업, 한국전통호텔업, 가족호텔업, 호스텔업 등 호텔업으로 확대함. 영 109조의 2 제2항 1호의 개정규정은 2024.4.1.부터 시행함. 2024.4.1. 전에 외국인관광객 등이 숙박용역을 공급받은 경우에는 영 109조의 2 제2항 1호의 개정규정에도 불구하고 종전의 규정에 따름(2024.2.29. 개정된 시행령 부칙 §1 2호 및 §24).

CHAPTER 02 개별소비세 등

개별소비세는 특정한 물품 또는 특정한 장소의 입장행위·유흥음식행위·영업행위에 대하여 부과되는 조세이다.

일반 소비세인 부가가치세와는 달리 특정한 물품과 행위에 대해서만 부과되는 간접세로 국세이다. 부가가치세의 단일세율에서 오는 세부담의 역진성을 보완하고, 사치성 소비의 억제 및 재정수입의 확보를 목적으로 한다.

그 과세대상은 사치성 품목, 소비 억제 품목, 고급 내구성 소비재, 고급 오락시설 장소 또는 그 이용이다.

한편 주세는 주류에 대해 부과되는 소비세로, 간접세이며 국세에 해당한다. 주류를 제조하여 제조장으로부터 출고하는 자와 주류를 수입하는 경우 관세법에 따라 관세를 납부할 의무가 있는 자를 납세의무자로 한다.

그 과세대상은 주정(酒精)과 알코올분 1도 이상의 음료이다.

개별소비세, 주세 및 관세 관련 조세특례

조문	감면대상	감면내용
제109조 환경친화적 자동차의 감면	① 하이브리드 자동차 ② 전기자동차 ③ 수소전기자동차	① 개별소비세 감면(100만원 한도) ② 개별소비세 감면(300만원 한도) ③ 개별소비세 감면(400만원 한도)
제109조의 2 노후자동차 교체에 대한 감면	2009.12.31. 이전 신규등록된 노후자동차를 2019.6.30. 현재 소유한 자가 폐차수출 목적으로 말소등록하고 전후 2개월 이내에 신차를 신규등록하는 경우	노후 자동차 1대당 신차 1대에 한정하여 개별소비세 70% 감면
제109조의 3 여수세계박람회용 물품의 면제(일몰기한 없음)	① 여수세계박람회 조직위원회 또는 박람회 참가자가 국내제작이 곤란한 물품을 구입하는 경우 ② 박람회 참가자가 박람회장 관리주체에게 출품물을 무상 양도하는 경우	① 개별소비세 면제 ② 개별소비세 면제

조문	감면대상	감면내용
제109조의 4 자동차에 대한 개별소비세 감면	개별소비세법 제1조 제2항 제3호에 따른 자동차를 2020.3.1.~2020. 6.30.까지 제조장에서 반출하거나 수입 신고를 하는 경우	개별소비세 70% 감면 (100만원 한도)
제110조 외교관용 등 승용자동차의 면제	외교관과 외국인 민간 원조단체가 구입하는 국산 승용자동차	개별소비세 면제(일몰기한 없음)
제111조 석유류의 면제	군부대용 및 도서지방 자가발전용 석유류	개별소비세 면제
제111조의 2 자동차의 연료 환급	1가구 1대의 자동차를 소유하는 자가 구매하는 유류	휘발유·경유는 리터당 250원, LPG는 개별소비세 전액환급(단, 연간 30만원 한도)
제111조의 3 택시연료의 감면	일반·개인택시 운송사업용 자동차에 공급하는 부탄(LPG)	kg당 개별소비세 및 교육세 40원 감면
제111조의 4 외교관용 등 자동차 연료의 환급등(일몰기한 없음)	주한외교공관, 주한외교관 등이 유류구매카드를 사용하여 구입하는 석유류	해당 석유류에 부과되는 개별소비세액, 교통·에너지·환경세액, 교육세액, 자동차 주행에 대한 자동차세액 및 부가가치세액을 환급 또는 공제
제111조의 5 연안화물선용 경유	내항 화물운송사업자가 해당 사업용으로 운항하는 선박에 사용할 목적으로 한국해운조합에 직접 공급하는 경우	교통·에너지·환경세액을 리터당 56원 감면
제111조의 6 석유제품 생산공정용 원료	석유제품 생산공정용 원료로 사용하는 석유류	개별소비세 면제('22년말 일몰도래)
제112조 위기지역 소재 골프장 개소세	위기지역에 있는 골프장 입장행위 ('21년말 일몰 도래)	1회 입장시 개별소비세 3천원 적용 (75% 감면)
제114조 군인 등에게 판매하는 물품의 면제	군 직영 매점에서 군인, 군무원, 훈장 수훈자에게 판매하는 국내 제조품	개별소비세와 주세 전액 면제(일몰기한 없음)
제115조 주세의 면제 (일몰기한 없음)	■ 관광객이용시설업 중 주한외국군인 및 외국인선원 전용 유흥음식점을 경영하는 자가 해당 음식점에서 제공하는 주류 ■ 외국인관광객 등이 소규모 또는 전통주 주류 제조장을 방문하여 구매하는 주류	주세 면제

조문	감면대상	감면내용
제118조 관세의 경감	국내제작이 곤란한 다음의 물품 ■ 신재생에너지의 생산 및 이용기자재, 전력계통 연계조건을 개선하기 위한 기자재 ■ 보세공장 설치·운영에 관한 특허를 받은 중소기업 및 중견기업이 수입하는 기계 및 장비 ■ 2024강원동계청소년올림픽등 국제대회 지원	관세 30~50% 경감
제118조의 2 해외진출기업의 국내복귀에 대한 관세감면	내국인 또는 재외동포가 국외에서 2년 이상 경영하던 사업장을 국내로 이전하여 과밀억제권역 외에서 창업하거나 사업장을 신설하는 경우	■ 완전 복귀하는 경우에는 관세의 100% 감면, 단, 4억원 한도 ■ 부분 복귀하는 경우에는 관세의 50% 감면, 단, 2억원 한도

CHAPTER 03 인지세·증권거래세

제1절 [제116조] 인지세의 면제 ★★★☆

Ⅰ. 의의

인지세는 국내에서 계약에 관한 권리 등의 창설·이전 또는 변경에 관한 계약서나 이를 증명하는 그 밖의 문서를 작성하는 자에게 해당 문서에 대해 납세의무를 부여하는 조세이다. 재산의 유통사실에 대해 과세하는 유통세이며, 간접국세이다.

조세특례제한법에서는 농어민 등 저소득계층과 중소기업 창업, 국내에서 개최되는 국제대회의 개최를 지원하기 위해 인지세를 면제하는 특례를 부여하고 있다.

일몰기한은 과세대상 문서별로 정하여져 있으며, 각 면제대상에서 살펴본다.

개정연혁

연 도	개정 내용
2018년	■ 농협 등 단위 조합 등 조합원의 면제 개정 ① 면제 대상 축소 : 소비대차증서 및 어음 약정서 → 금전소비대차증서 ② 한도 상향 : 5천만원 → 1억원으로 인상 ③ 대상 추가 : 수협은행 ■ 면제 대상 추가 : 2018 창원 세계사격선수권대회 및 2019 광주세계수영선수권대회 조직위원회
2022년	■ 면제 대상 추가 : 2024강원동계청소년올림픽대회조직위원회

Ⅱ. 면제대상

인지세는 원칙적으로 2인 이상이 공동으로 문서를 작성하는 경우 인지세의 연대납부의무가 있으나,(인지세법 §1 ②) 조세특례제한법에서 인지세를 면제하는 경우 당해 문서의 작성자 전원의 인지세 납세의무가 면제된다(조특통 116-0…1).

인지세 과세문서에 대한 감면 여부는 인지세 납세의무 성립시기(과세문서 작성시기)의 당해 문서 내용과 감면사항을 규정한 법률에 따라 판단한다(소비 46430-418, 2000.11.20.). 인지세 비과세문서에 인지가 잘못 첨부된 경우에도 오납한 금액은 환급되지 않는다(소비 22644-291, 1985.2.13.).

다음에 해당하는 서류에 대하여는 인지세를 면제한다(조특법 §116 ①).

1 단위 조합 등 조합원의 소비대차증서 등

2026.12.31.까지 작성하는 과세문서에만 적용한다(조특법 §116 ② 3호).

1-1 금전소비대차증서 (5호)

(1) 범위

신용협동조합, 새마을금고, 농협, 수협 및 어촌계, 엽연초생산협동조합, 산림조합(이하 "단위 조합 등")의 각 조합원(회원 또는 계원 포함)이 해당 조합 또는 그 중앙회(농협은행과 수협은행 포함)로부터 융자를 받기 위하여 작성하는 금전소비대차증서를 면제대상으로 한다.

종래 소비대차에 관한 증서 및 어음약정서를 면제 대상으로 하였으나 2018년 개정세법에서 금전소비대차증서로 그 범위를 축소하였다. 반면에 면제한도는 종전 5천만원이었으나 1억원으로 상향하였다. 또한 수협은행을 대상에 추가하였다.

- "해당 조합"의 범위는 조합원이 가입한 조합을 포함한 동일한 관계법령(예, 농협법)에 의해 설립된 조합 모두를 말하는 것으로, 동일한 관계법령에 의해 설립된 조합이라면 조합원이 가입하지 않은 조합에서 융자를 받더라도 면제가 가능하다(소비 46430-1283, 1996.6.27.).
- "조합원"에는 준조합원은 포함되지 않는다(소비 1265.3-1432, 1983.7.18.).

- 본 특례는 조합원이 차주인 경우에 적용되므로, 새마을금고연합회와 새마을금고 간에 작성하는 금전소비대차증서는 인지세가 면제되지 않는다(재소비 46016-20, 2003.1.14.).

(2) 면제한도

다만 동일인이 받는 융자금액의 합계액이 다음과 같이 1억원을 초과하는 경우에는 면제되지 않는다(조특통 116-0…2 ①).
㉮ 1회의 융자금액이 1억원을 초과하는 경우
㉯ 동일인에 대한 기융자금액 중 미상환잔액과 신규로 융자하는 금액을 합산하여 1억원을 초과하는 경우

추가융자로 인한 융자금액의 합계액이 1억원을 초과하는 경우, 면제에서 제외되어 과세되는 문서는 그 추가 융자 시 작성하는 문서에 한하고 과세되는 당해 문서의 기재금액은 다음에 의하여 산정한다(조특통 116-0…2 ②). 문서에 기재된 금액만을 과세대상으로 한다.
① 추가로 받는 융자금액만을 표기한 경우
　: 그 추가융자금액
② 이미 받은 융자금액과 추가로 받은 융자금액을 병기하거나 합계하여 기재한 경우
　: 기융자금액과 추가융자금액과의 합계액
③ 이미 받은 융자금액 미상환잔액과 추가로 받는 융자금액을 병기하거나 합계하여 기재한 경우
　: 미상환금액과 추가융자금액의 합계액
④ 이미 받은 융자금액 미상환잔액 및 추가로 받는 융자금액을 각각 구분하여 기재한 경우
　: 미상환잔액과 추가융자금액의 합계액

1-2 예금, 적금증서 및 통장 (6호)

어린이예금통장과 단위 조합 등 조합원의 예금 및 적금증서와 통장을 면제 대상으로 한다.

"어린이예금통장"은 금융상품의 명칭 여하에 불구하고 통장의 형식으로 어린이 예금주에게 발행하는 것을 말하며, "통장"은 하나의 문서로서 반복적인 거래사실을 표시할 수 있도록 편철된 문서를 말한다(소비 46430-334, 1999.7.9.). "어린이"는 초·중·고등학생을 말하며 미취학 아동은 제외되고, 어린이예금의 종류에는 정기예금·정기적금·불특정금전신탁·적립식목적신탁·상호부금 등이 포함된다(소비 22642-576, 1989.4.26.; 서면법령부가-22355, 2015.4.1.).

통장의 인지세 납세의무 성립 시기는 하나의 통장이 최초로 작성될 때, 즉 거래사실을

당해 통장에 처음 기록하는 때이다. 따라서 통장에 대한 인지세 감면 여부는 납세의무성립 시기인 하나의 통장이 작성될 때마다 판정하며, 어린이예금통장의 경우에도 신규·기존예금, 신규·이월통장 여부에 불구하고 매번 하나의 통장이 최초로 작성될 때마다 인지세가 감면된다(소비 46430-334, 1999.7.9.).

2 농어민 지원 사업

2026.12.31.까지 작성하는 과세문서에만 적용한다(조특법 §116 ② 3호).

중앙회공판장과 농협조합 간, 중앙회공판장·농협조합과 농업인 간에 농산물을 판매위탁하기 위하여 작성하는 **농산물 위탁판매 약정서**는 인지세법 시행령 제2조의 3의 규정상 열거된 법률에 의한 도급·위탁이 아니므로 인지세 과세대상 자체에서 제외된다(재소비 46016-247, 2003.8.9.).

2-1 농어촌정비사업 등의 증서 등 (7호)

농어촌정비사업(농어촌정비법 §2 4호)과 농지의 매매, 임대차, 교환, 분리·합병 등 농지은행사업(한국농어촌공사 및 농지관리기금법 §10 ①) 및 농어촌정주생활권사업과 농지의 구입·임차 등 농업경영·어업경영 규모의 확대 사업(자유무역협정체결에 따른 농어업인 등의 지원에 관한 특별법 §5)에 따른 재산권의 설정·이전·변경 또는 소멸을 증명하는 증서 및 서류이다.

2-2 농촌주택개량자금 융자 등 (9호)

농협으로부터 농촌주택개량자금을 융자받거나 주택건축용 자재를 외상으로 구입하기 위하여 작성하는 서류이다.

2-3 농지조성사업 (11호)

공유수면매립법에 따라 시행되는 농지조성사업과 관련하여 작성하는 서류이다.

3 중소기업창업관련 융자증서 등 (19호)

「중소기업창업 지원법」에 따른 창업기업이 창업일부터 2년 이내에 해당 사업과 관련하여 금융기관으로부터 융자를 받기 위하여 작성하는 증서, 통장, 계약서 등을 감면대상으로 한다.

"창업일"이란 「중소기업창업 지원법 시행령」 제3조에 따른 창업일을 의미하는 것으로 법인사업자는 법인설립등기일, 개인사업자는 사업개시일을 의미한다(서면소비-2612, 2018.9.11.).

창업기업은 중소기업창업 지원법에 따른 적용 범위 내의 창업기업만 해당하며, 사행산업 등 경제질서 및 미풍양속에 현저히 어긋나는 업종의 창업 및 창업기업등에 관하여는 특례를 적용하지 않는다(중소기업창업지원법 §5).

금융기관은 「금융실명거래 및 비밀보장에 관한 법률」 제2조 제1호의 규정에 의한 금융기관을 말한다(조특령 §114).

2026.12.31.까지 작성하는 과세문서에만 적용한다(조특법 §116 ② 3호).

● 법령 개정으로 인해 후발적으로 창업 업종에 해당하는 경우 (감면)

「중소기업창업지원법」 제2조 제2호에 의해 중소기업을 창업하여 사업을 개시한 날부터 7년이 지나지 아니한 자는 '창업자'로 봄. '중소벤처기업부'에 의하면 위 해당기간 중 법령의 개정으로 '창업'에 해당되는 경우도 '창업자'로 보므로 해당 기업이 금전소비대차약정서를 작성하는 경우 조세특례제한법 제116조 따라 인지세가 면제됨(서면소비-2194, 2019.8.29.). 개정된「중소기업창업지원법 시행령」시행 전 창업 제외업종이 개정 후 법령에 따라 창업에 해당하는 업종인 경우, 해당 업종에 속하는 중소기업이 법령 시행 후에 금전소비대차약정서를 작성하는 때에 인지세가 면제되는지 여부를 질의한 사안임.

4 선수권 대회 (31호)

「국제경기대회 지원법」 제9조에 따라 설립된 2024강원동계청소년올림픽대회조직위원회가 작성하는 서류이다.

2024.12.31.까지 작성하는 과세문서에만 적용한다(조특법 §116 ② 4호).

2022년 세법개정에서 2024강원동계청소년올림픽대회조직위원회가 작성하는 서류를 면제 대상에 추가하였다.

제2절 [제117조] 증권거래세의 면제

Ⅰ. 의의

증권거래세란 주권 또는 지분(이하 "주권등")이 계약상 또는 법률상의 원인에 의하여 유상으로 소유권이 이전되는 경우 주권등의 양도가액에 과세되는 조세이다. 국세이며 간접세이다.

주권이란 상법 또는 특별법에 의해 설립된 법인의 주권과 외국법인의 상장주권을 말하며, 지분이란 상법상의 합명회사·합자회사·유한책임회사 및 유한회사의 사원의 지분을 말한다. 전자등록된 주식, 주권의 발행 전의 주식, 주식의 인수로 인한 권리, 신주인수권과 특별한 법률에 의해 설립된 법인이 발행하는 출자증권 및 증권예탁증권은 증권거래세법상 주권으로 본다(증권거래세법 §1의 2 ①②④).

조세특례제한법에서는 벤처기업·신기술사업자 등에의 투자, 자본시장 활성화, 부실금융기관 등 구조조정 및 기업조직개편에 대하여 증권거래세를 면제하고 있다.

일몰기한은 후술하는 Ⅱ. 면제대상 중 1. 창업자·벤처기업 등이 발행한 주권등과 2-1 파생상품 시장조성자, 2-2 주식 시장조성자는 2025.12.31.이다.

2-3 우정사업본부 등 차익거래, 4-1 기업 간 주식등의 교환에 관한 특례, 4-3 금융지주회사, 4-5 기업재무안정 PEF는 2026.12.31.이다(조특법 §117 ②).

이외의 면제대상은 적용기한이 없는 항구적 조세지원제도이다.

개정연혁

연 도	개정 내용
2017년	■ 면제대상 추가 : 창업기획자 ■ 농식품투자조합과 한국벤처투자조합의 벤처기업등 출자 시 직접 출자에 한정하는 요건 보완 ■ 면제 조항 신설 : 우정사업본부 차익거래 및 창업·벤처전문 PEF
2018년	■ 면제대상 추가 : 창업·벤처전문 PEF, 기업재무안정 PEF가 투자목적회사를 통하여 간접 투자·출자한 주식

연 도	개정 내용
2019년	■ 면제 조항 신설 : 연기금의 코스닥 관련 차익거래 ■ 면제 항목 삭제 : 증권투자목적 외국법인 및 기업 간 주식등의 교환에 관한 특례
2021년	■ 시장조성자 주식양도에 대한 증권거래세 면제 제한 신설

Ⅱ. 면제 대상

다음에 해당하는 경우에는 증권거래세를 면제한다(조특법 §117 ①). 이하 면제대상별로 제117조 제1항 각 호의 번호만을 제목에 표시한다.

증권거래세 면제대상으로 다수의 항목을 열거하고 있으므로, 전체를 개괄할 수 있도록 아래의 표에서 정리하였다.

증권거래세 면제대상

구분	차례 (각호의 번호)
창업기업·벤처기업 등이 발행한 주권등	1-1 중기창투회사조합 및 창업기획자 (1호)
	1-2 신기술사업금융업자조합 (2호)
	1-3 농식품투자조합 (2호의 2)
	1-4 코넥스상장기업 주권등 (2호의 4)
	1-5 창업·벤처전문 PEF (4호)
자본시장 활성화	2-1 파생상품 시장조성자 (2호의 5)
	2-2 주식 시장조성자 (3호)
	2-3 우정사업본부 등 차익거래 (5호)
	2-4 상장지수집합투자기구 (21호)
부실금융기관 등 구조조정	3-1 부실금융기관 또는 부실농협조합 (7호)
	3-2 부실수협조합 (7호의 2)
	3-3 부실산림조합 (7호의 3)
	3-4 예금보험공사 또는 정리금융회사 (8호)
	3-5 한국자산관리공사 (9호)
	3-6 상호금융예금자보호기금 등 (19호~19호의 3)

구분	차례 (각호의 번호)
기업조직개편	4-1 기업 간 주식등의 교환에 관한 특례 (24호)
	4-2 적격합병 등 (14호)
기업조직개편	4-3 금융지주회사 (16호)
	4-4 농협금융지주회사 (22호)
	4-5 기업재무안정 PEF (23호)

1 창업기업·벤처기업 등이 발행한 주권등

동 면제대상의 일몰기한은 2025.12.31.이다.

중소기업창업투자회사 등 특례의 주체에 관한 내용은 제3부 제2장 제4절 Ⅱ. 1.을 참조하기로 한다.

1-1 중기창투회사·조합 및 창업기획자 (1호)

벤처투자회사, 창업기획자 또는 벤처투자조합이 창업기업 또는 벤처기업(이하 "벤처기업 등")에 직접 출자함으로써 취득한 주권등을 양도하는 경우이다(서면자본거래-3856, 2020.1.22.).

"직접출자"란 유·무상증자(무상증자 원인이 직접출자인 경우에 한함), 전환사채의 출자전환, 기존 대출금의 출자전환으로 취득한 주권등은 포함되나, 타인의 지분을 양수한 경우는 제외된다(재재산 46014-281, 2000.10.4.). 중소기업창업투자회사(현재 벤처투자회사)가 벤처기업이 발행한, 타인 명의의 기명식 신주인수권을 매수한 후 신주인수권을 행사하여 취득한 주식을 양도한 경우, 증권거래세를 면제한다(서면법령재산-2151, 2016.7.28.).

직접출자의 출자시기는 무관하므로 설립 이후 출자한 경우도 해당된다. 또한 벤처기업으로부터 직접 취득한 주권등이 특례의 대상이므로 동 주권등을 매각하고, 그 대가로 취득한 주권을 양도하는 경우에는 본 특례가 적용되지 않는다.

2017년 개정세법에서 창업기획자의 창업자, 벤처기업, 코넥스 상장주식 매매를 과세특례대상에 추가하였다.

2020년 개정세법에서, 종래 「벤처기업육성에 관한 특별조치법」에 따른 한국벤처투자조합과 「중소기업창업 지원법」에 따른 중소기업창업투자조합을 통합하여 벤처투자법 상의 벤처투자조합으로 일원화하였다. 2020.8.12.부터 시행한다(2020.2.11. 개정된 벤처투자법).

한국벤처투자조합이 출자한 중소기업창업투자조합 및 신기술사업투자조합을 통하여 취득한 신기술사업자의 주권등을 양도하는 경우 증권거래세를 면제한다(재법인-836, 2007.10.8.).

(1) 중소기업창업투자회사 등의 청산

중소기업창업투자조합(후술하는 신기술사업조합도 동일함)은 국세기본법 제13조에 의한 법인으로 보는 단체로 간주하지 않고(징세 46101-537, 1999.11.25.) 세무상 도관(導管; Conduit)으로 취급한다[제3부 제2장 제6절 Ⅲ. 1-2 (1) 참조]. 따라서 벤처기업등에 직접 출자하여 보유하던 주식을 조합출자지분에 따라 현물로 분배받는 경우에는 조합원이 새로이 벤처기업 등의 주식을 취득(양수)한 것으로 보지 아니하며[1], 추후 조합원이 동 벤처기업등의 주식을 제3자에게 양도하는 경우에 양도한 것으로 보아 본 특례에 따라 증권거래세를 면제한다(법규부가 2010-141, 2010.5.20.; 소비-117, 2010.4.1.).

참고로 중소기업창업투자조합의 조합원이 자신의 출자지분을 제3자에게 양도하는 경우, 증권거래세법 제1조에 따른 증권거래세 과세대상에 해당하지 않는다(서면법령부가-22359, 2015.4.13.). 중소기업창업투자조합은 민법상 조합이므로(중기창업법 §30) 조합원의 출자지분은 증권거래세 과세대상이 주권 또는 지분(증권거래세법 §2 ①·②)에 해당하지 않기 때문이다.

> **예규·판례**
>
> ❖ **창업투자조합의 해산으로 출자조합원에게 출자비율대로 보유주식을 배분하는 경우 양도에 해당하는지 여부 (부정)** (서삼 46016-12136, 2002.12.12.)
> 창업투자조합의 해산으로 출자조합원에게 출자비율대로 보유주식을 배분하는 경우, 조세특례제한법 제117조 제1항 및 제4항의 규정에 해당하여 적법한 절차를 이행한 경우에만 증권거래세법 제2조 제3항에 규정하는 주권 또는 지분의 "양도"에 해당하지 않아 증권거래세가 면제되는 것임.
>
> ❖ **창업투자조합의 해산으로 출자조합원에게 출자비율대로 보유주식을 배분하는 경우 양도에는 해당하나 본 과세특례가 적용되어 면제된다고 본 해석** (서면3팀-1601, 2007.5.29.)
> 창중소기업창업지원법 제11조의 규정에 의하여 결성된 중소기업창업투자조합이 해산하면서 창업자 또는 벤처기업에 직접 출자함으로써 취득한 주권 또는 지분을 당해 조합의 조합원에게 출자비율대로 현물로 배분하는 경우에는 「조세특례제한법」 제117조 제1항 제1호의 규정을 적용하는 것임.
>
> |저자주| 상기 2가지 해석 모두 창투조합의 해산에 따라 출자비율대로 현물로 배분하는 경우 증권거래세가 과세되지 않는다는 점에서 동일함. 단, 이후 조합원이 제3자에게 양도하는 경우 증권거래세가 면제되는 경우의 논리적 설명을 위해서는 양도에 해당하지 않는 것으로 본 전자의 해석이 타당하다고 판단됨.

---

1) 아래의 관련 예규판례 참조

(2) 벤처기업등의 분할

벤처기업등이 적격분할하는 경우, 신설되는 벤처기업으로부터 교부받은 주권을 양도하는 경우에도 본 특례가 적용된다(서면3팀-2478, 2007.9.4.).

1-2 신기술사업금융업자·조합 (2호)

신기술사업금융업자 또는 신기술사업투자조합이 신기술사업자에게 직접 출자함으로써 취득한 주권등을 양도하는 경우이다(서면자본거래-4675, 2020.1.22.).

"직접출자"란 유·무상증자(무상증자 원인이 직접출자인 경우에 한함), 전환사채의 출자전환, 기존대출금의 출자전환으로 취득한 주권등은 포함되나, 타인의 지분을 양수한 경우는 제외된다(재재산 46014-98, 2001.4.4.; 소비-323, 2011.11.2.). 직접출자의 출자시기는 무관하므로 설립 이후 출자한 경우도 해당된다(소비 46430-238, 1998.11.19.).

신기술사업금융업자가 피투자업체(신기술사업자)의 신주인수권부사채(BW)를 인수한 후 이 중 신주인수권증서 일부를 피투자업체의 대주주 및 임원 등에게 장외매도하는 경우에는 증권거래세가 면제되지 않는다(서면3팀-948, 2008.5.13.).

● **투자조합이 해산하면서 출자비율대로 특례대상 주식을 분배하지 않은 경우**

신기술사업자에게 직접 출자한 신기술사업투자조합이 해산하면서 보유하고 있던 주식을 조합원의 출자비율대로 분배하지 아니하고 집행조합원인 신기술사업금융업자에게 전부 매각하여 해당 신기술사업금융업자가 조합으로부터 매입한 주식을 제3자에게 양도하는 경우 자기의 조합출자지분에 해당하는 주식의 양도에 대하여만 증권거래세를 면제한다(소비-117, 2010.4.1.).

1-3 농식품투자조합 (2호의 2)

농식품투자조합이 벤처기업등에 직접 출자함으로써 취득한 주권등을 양도하는 경우이다.

1-4 코넥스상장기업 주권등 (2호의 4)

중소기업창업투자회사조합, 신기술사업금융업자조합, 농식품투자조합, 한국벤처투자조합, 창업기획자가 코넥스상장기업에 직접 출자함으로써 취득한 주권등을 양도하는 경우를 면제 대상으로 한다. 단, 코넥스상장기업은 상장 후 2년 이내의 중소기업에 한정한다.

1-5 창업·벤처전문 PEF (4호)

창업·벤처전문 사모집합투자기구(PEF)가 창업기업, 벤처기업 또는 코넥스상장기업에 직접 또는 투자목적회사[자본시장과 금융투자업에 관한 법률(이하 "자본시장법") §249의 23 ③]를 통하여 출자함으로써 취득한 주권등을 양도하는 경우를 면제 대상으로 한다. 단, 코넥스상장기업은 상장 후 2년 이내의 중소기업에 한한다.

투자목적회사는 창업·벤처전문 사모집합투자기구가 주주 또는 사원인 경우로서 주주 또는 사원의 출자비율이 50% 이상인 경우를 말한다(자본시장법 시행령 §271의 28 ③).

2017년 개정세법에서 창업·벤처전문 경영참여형 사모집합투자기구의 창업자, 벤처기업, 코넥스상장주식 매매를 과세특례대상에 추가하였다.

2018년 개정세법에서 창업·벤처전문 경영참여형 사모집합투자기구가 투자목적회사를 통하여 간접 출자한 주식도 특례대상에 추가하였다.

2 자본시장 활성화

2019년 개정세법에서 실효성이 낮은 증권투자목적 외국법인 면제 조항을 삭제하였다(조특법 §117 ① 6호).

2-1 파생상품 시장조성자 (2호의 5)

파생상품 시장조성자의 위험회피 목적 주식 양도에 대해서는 증권거래세를 면제한다.

시장조성자(Market Maker)는 거래소와 시장조성계약을 맺고 유동성이 없는 주식 및 파생상품 종목에 의무적으로 일정 수량의 매수·매도호가를 지속적으로 공급하는 투자매매업자이다. 파생상품 시장의 유동성을 늘려 시장의 거래를 촉진하는 역할을 수행한다. 파생상품 시장에 매수호가를 제공할 때 위험을 분산하기 위하여 기초자산인 주식을 매도하는 등의 시장조성거래에 대하여 특례를 부여한다.

파생상품 시장조성자의 증권거래세 면제규정은 조세특례제한법 시행규칙 제50조의 6이 공포된 날(2015.3.13.)부터 적용된다(재금융세제-23, 2016.1.18.; 서면법령재산-585, 2016.1.19.).

일몰기한은 2025.12.31.이다.

(1) 주체

특례의 주체는 한국거래소와 증권시장업무규정 및 파생상품시장업무규정[자본시장과 금융투자업에 관한 법률(이하 "자본시장법") §393 ①②]에 따라 시장조성계약을 체결한 투자매매업자(동법 §8 ②)로서 다음의 요건을 충족하여야 한다(조특령 §115 ①, 조특칙 §50의 6 ①).
① 거래소 결제회원일 것(자본시장법 §387 ② 1호)
② 시장조성 업무를 담당하는 자를 소속 임원·직원 중에서 지정할 것

(2) 기초자산인 주권의 양도

파생상품 시장조성자가 위험회피거래 대상주권만을 거래하는 전용계좌로 양도하여야 하며, 거래대금의 비중 또는 거래대금이 일정 금액 이하인 상품이어야 한다. 또한, 파생상품의 가격변동 위험을 회피하기 위한 목적이어야 하며, 주식파생상품과 주가지수파생상품별로 일일면제한도수량 이내의 거래이어야 한다.

(2-1) 위험회피거래 대상주권의 전용계좌 사용

파생상품시장업무규정에 따른 주식선물과 주식옵션(이하 "주식파생상품") 또는 주가지수선물 및 주가지수옵션(이하 "주가지수파생상품")으로서 시장조성계약의 대상이 되는 주식파생상품의 기초자산이거나 주가지수파생상품의 기초자산인 주가지수를 구성하는 주권(이하 "위험회피거래 대상주권")만을 거래하는 계좌를 통하여 양도하는 경우를 말한다(조특령 §115 ②).

위험회피거래 대상주권을 ETF설정하여 취득한 ETF증권을 위험회피거래 대상주권 거래계좌에서 관리하는 경우, 위험회피거래 대상주권 및 ETF증권이 모두 시장조성 목적에 이용된다면, ETF증권 환매 후 양도하는 주권의 양도는 특례 대상 양도에 해당된다(재금융세제-288, 2020.11.11.; 서면법령재산-1429, 2020.11.20.).

(2-2) 유동성 부족 파생상품의 제외

거래대금 등을 고려하여, 다음에 해당하는 파생상품은 특례 대상에서 제외한다(조특령 §115 ③).

(가) 주식선물 또는 주가지수선물의 경우 (1호)

파생상품시장(자본시장법 §8의 2 ④ 2호)에서 시장조성계약을 체결하여 시장조성을 하려

는 과세연도의 직전 연도 9월 30일부터 이전 1년간의 기간(이하 "유동성평가기간") 중의 거래대금 및 거래대금의 비중이 다음 어느 하나에 해당하는 파생상품을 제외한다. 다만, 주식선물상품의 경우 기초자산주식별로 하나의 상품으로 본다.

㉮ 주식선물 및 주가지수선물 총거래대금 대비 해당 파생상품 거래대금의 비중이 5% 이상인 파생상품(조특칙 §50의 6 ②)

㉯ 거래대금이 300조원 이상인 파생상품(조특칙 §50의 6 ③ 1호)

(나) 주식옵션 및 주가지수옵션의 경우 (2호)

파생상품시장에서 유동성평가기간 중의 거래대금 및 거래대금의 비중이 다음 어느 하나에 해당하는 파생상품을 제외한다. 다만, 주식옵션상품의 경우 기초자산 주식별로 하나의 상품으로 본다.

㉮ 주식옵션 및 주가지수옵션 총거래대금 대비 해당 파생상품 거래대금의 비중이 5% 이상인 파생상품(조특칙 §50의 6 ②)

㉯ 거래대금이 9조원 이상인 파생상품(조특칙 §50의 6 ③ 2호)

2021년 세법개정에서 시장조성자가 양도하는 파생상품에 대한 증권거래세 면제 범위를 시장조성을 하려는 과세연도 직전 연도의 9.30.부터 이전 1년간의 거래대금 등을 고려하여 정하도록 개정하였다. 시장조성자의 증권거래세 면제가 제한되는 범위를 파생상품시장의 경우 선물·옵션 시장별 거래대금 비중이 각각 5% 이상이거나 거래대금이 선물은 300조 이상, 옵션은 9조원 이상인 파생상품의 기초자산이 되는 주식으로 한다. 개정규정은 2021.4.1.부터 시행한다(2020.12.29. 개정된 법률 부칙 §1 단서).

(2-3) 가격변동위험 회피목적 양도거래

시장조성계약에 따라 해당 주식파생상품 및 주가지수파생상품(이하 "파생상품")을 거래하는 과정에서 발생하는 파생상품의 가격변동위험을 회피(Hedge)하기 위하여 그 위험회피거래 대상주권을 다음의 어느 하나에 해당하는 거래방식에 따라 양도하여야 한다(조특령 §115 ④, 조특칙 §50의 6 ⑨ 1호·⑩ 1호).

(가) 주식선물매수 · 옵션거래 즉시 주권 양도 (가목)

주식(주가지수)선물의 매수계약, 주식(주가지수) 콜옵션의 매수계약 또는 주식(주가지수) 풋옵션의 매도계약을 체결한 후 지체없이 즉시 (해당 종목의 지수를 구성하는) 주권을 양도하는 경우이다. 단, 각 종목의 매수계약과 매도계약별로 미결제약정수량을 소멸시키는 거래(이하 "반대거래")는 제외한다.

(나) 반대거래 또는 결제 시 주권 양도 (나목)

주식(주가지수)선물의 매도계약, 주식(주가지수) 콜옵션의 매도계약 또는 주식(주가지수) 풋옵션의 매수계약을 체결(반대거래 제외)한 후 지체없이 즉시 (해당 종목의 지수를 구성하는) 주권을 매수하고, 해당 계약이 반대거래되거나 최종거래일이 도래한 때 그 매수한 주권을 양도하는 경우이다.

(2-4) 주식파생상품의 일일면제한도수량

특례대상으로 하는 주식파생상품의 위험회피거래대상 주권의 일일매도수량은 다음의 산식에 따라 산출된 시장조성자의 헷지 거래량(소수점 이하는 버리며, 이하 "일일면제한도수량")을 한도로 한다. 이 경우 먼저 거래한 것부터 순차적으로 일일면제한도수량에 포함하는 것으로 보아 양도가액을 합산하여 면제금액을 계산한다(조특칙 §50의 6 ⑨ 2호).

$$\text{일일면제한도수량} = \text{당일 거래분} + \text{주식거래량 환산 비율 변화분} + \text{최종 결제분}$$

(가) 당일 거래분 (가목)

일일 주식선물의 매수량과 주식 콜옵션의 매수량 및 주식 풋옵션의 매도량별로 각각의 주식거래량 환산 비율과 파생상품시장업무규정에 따른 거래승수를 곱하여 산출되는 수량의 합계량을 말한다.

$$\text{당일 거래분} = \left\{ \begin{array}{l} (\text{일일 주식선물 매수량} \times \text{주식거래량 환산 비율}) \\ + (\text{주식 콜옵션 매수량} \times \text{주식거래량 환산 비율}) \\ + (\text{주식 풋옵션 매도량} \times \text{주식거래량 환산 비율}) \end{array} \right\} \times \text{거래승수}$$

"주식거래량 환산 비율"이란 주권의 가격변동에 따른 주식파생상품의 가격변동의 비율로서, 파생상품시장업무규정에 따라 한국거래소가 주식파생상품 종목별로 매 거래일마다 산출하는 수치를 말한다(조특칙 §50의 6 ④ 2호).

(나) 주식거래량 환산 비율 변화분 (나목)

주식옵션의 종목별로 전일까지 미결제약정수량에 당일 주식거래량 환산 비율에서 전일 주식거래량 환산 비율을 뺀 값과 거래승수를 곱하여 산출되는 수량의 합계량으로 한다. 다만 당일 주식거래량 환산 비율에서 전일 주식거래량 환산 비율을 뺀 값(괄호 안 수치)이

영(零)보다 작은 경우는 영으로 한다.

$$\begin{array}{c}\text{주식거래량}\\\text{환산 비율}\\\text{변화분}\end{array} = \begin{array}{c}\text{주식 옵션의}\\\text{전일 미결제약정}\\\text{수량}\end{array} \times \left(\begin{array}{c}\text{당일 주식거래량}\\\text{환산 비율}\end{array} - \begin{array}{c}\text{전일 주식거래량}\\\text{환산 비율}\end{array}\right) \times \begin{array}{c}\text{거래}\\\text{승수}\end{array}$$

(다) 최종 결제분 (다목)

주식선물·옵션의 종목별로 최종거래일까지 청산되지 아니한 미결제약정수량에 영(零)에서 최종거래일 주식거래량 환산 비율을 뺀 값과 거래승수를 곱하여 산출되는 수량의 합계량으로 한다. 다만 최종거래일 주식거래량 환산 비율이 영보다 큰 경우는 영으로 한다.

$$\text{최종 결제분} = \begin{array}{c}\text{종목별}\\\text{미결제약정수량}\end{array} \times \left(-\begin{array}{c}\text{최종거래일}\\\text{주식거래량 환산 비율}\end{array}\right) \times \text{거래승수}$$

(2-5) 주가지수파생상품의 일일면제한도수량

특례대상으로 하는 주가지수파생상품의 위험회피거래대상 주권의 일일매도수량은 다음의 산식에 따라 산출된 시장조성자의 위험회피거래량(소수점 이하는 버리며, 이하 "지수상품 일일면제한도수량")을 한도로 한다. 이 경우 먼저 거래한 것부터 순차적으로 지수상품 일일면제한도수량에 포함하는 것으로 보아 양도가액을 합산하여 면제금액을 계산한다(조특칙 §50의 6 ⑩ 2호).

$$\text{일일면제한도수량} = \text{당일 거래분} + \text{기초자산 환산비율 변화분} + \text{최종 결제분}$$

(가) 당일 거래분 (가목)

일일 주가지수선물의 매수량과 주가지수 콜옵션의 매수량 및 주가지수 풋옵션의 매도량별로 각각의 기초자산 환산 비율과 거래승수를 곱하여 산출되는 수량에 지수환산계수를 곱하여 산출되는 수량의 주식별 합계량으로 한다.

$$\text{당일 거래분} = \left\{\begin{array}{l}(\text{일일 주가지수선물 매수량} \times \text{기초자산 환산 비율})\\+ (\text{주가지수 콜옵션 매수량} \times \text{기초자산 환산 비율})\\+ (\text{주가지수 풋옵션 매도량} \times \text{기초자산 환산 비율})\end{array}\right\} \times \begin{array}{c}\text{거래}\\\text{승수}\end{array} \times \begin{array}{c}\text{종목별}\\\text{지수환산}\\\text{계수}\end{array}$$

"기초자산 환산 비율"이란 주가지수의 변동에 따른 해당 주가지수를 기초자산으로 하는 주가지수파생상품의 가격변동의 비율로서 파생상품시장업무규정에 따라 한국거래소가 주가지수파생상품의 종목별로 매 거래일마다 산출하는 수치를 말한다(조특칙 §50의 6 ④ 1호 가목).

"지수환산계수"란 해당 거래일 주가지수의 종가에 지수를 구성하는 주권별로 지수반영 시가총액 비중을 곱한 후 주권별 종가로 나눈 수치를 말한다. 이때 "지수반영 시가총액 비중"이란 주가지수에서 차지하는 개별주식 가치의 비중으로서 한국거래소가 주가지수별로 매 거래일마다 산출하는 수치로 한다(같은 호 나목).

(나) 기초자산 환산 비율 변화분 (나목)

주가지수옵션의 종목별로 전일까지 미결제약정수량에 당일 기초자산 환산 비율에서 전일 기초자산 환산 비율을 뺀 값과 거래승수를 곱하여 산출되는 수량에 지수를 구성하는 주권별로 지수환산계수를 곱하여 산출되는 수량의 주식별 합계량으로 한다. 다만 당일 기초자산 환산 비율에서 전일 기초자산 환산 비율을 뺀 값(괄호 안 수치)이 영(零)보다 작은 경우는 영으로 한다.

$$\text{기초자산 환산 비율 변화분} = \text{주가지수 옵션의 전일 미결제약정 수량} \times \left\{ \text{당일 기초자산 환산 비율} - \text{전일 기초자산 환산 비율} \right\} \times \text{거래 승수} \times \text{종목별 지수환산계수}$$

(다) 최종 결제분 (다목)

주가지수파생상품의 종목별로 최종거래일까지 청산되지 아니한 미결제약정수량에 영(零)에서 최종거래일 기초자산 환산 비율을 뺀 값과 거래승수를 곱하여 산출되는 수량에 지수를 구성하는 주권별로 지수환산계수를 곱하여 산출되는 수량의 주식별 합계량으로 한다. 다만 최종거래일 기초자산 환산 비율이 영보다 큰 경우는 영으로 한다.

$$\text{최종 결제분} = \text{종목별 미결제약정수량} \times \left(- \text{최종거래일 기초자산 환산 비율} \right) \times \text{거래 승수} \times \text{종목별 지수환산계수}$$

(3) 시장조성자의 의무 등

한국거래소는 「전자문서 및 전자거래기본법」에 따른 전자문서를 이용하여 기초자산 환산 비율, 지수반영 시가총액 비중 및 주식거래량 환산 비율을 시장조성자(영 §115 ①) 중

파생상품시장업무규정에 따라 시장조성 계약을 체결한 시장조성자(이하 "파생상품 시장조성자")에게 매 거래일마다 통보해야 한다(조특령 §115 ④ 후단, 조특칙 §50의 6 ⑧).

그리고 한국거래소는 파생상품별 거래대금과 거래대금비중을, 시장조성계약을 체결하여 시장조성하려는 과세연도 1월 10일까지 기획재정부장관 및 국세청장에게 통보해야 한다(조특령 §115 ⑥).

파생상품 시장조성자는 본 특례에 따라 위험회피 대상주권을 양도하는 경우, 위험회피 거래신고서(별지 제70호의 5 또는 6 서식)를 한국예탁결제원에 제출해야 한다(조특령 §115 ⑦).

또한 파생상품 시장조성자는 증권거래세를 면제받기 위하여 필요한 자료를 다음 구분에 따라 작성하여 보관해야 한다(조특칙 §50의 6 ⑪).

① 주식파생상품에 대한 시장조성자 : 매 거래일의 종목별 주식거래량 환산 비율, 일일면제한도수량, 위험회피거래 대상주권의 매도수량 및 양도가액 등
② 주가지수파생상품에 대한 시장조성자 : 매 거래일의 종목별 주가지수의 종가, 기초자산 환산 비율, 주가지수의 구성 종목별 종가, 지수반영 시가총액 비중, 지수상품 일일면제한도수량, 종목별 주가지수 파생상품 거래내역 및 위험회피거래대상 주권의 매도수량 및 양도가액 등

2-2 주식 시장조성자 (3호)

주식 시장조성자의 위험회피목적 주식 양도에 대해서는 증권거래세를 면제한다.
동 면제대상의 일몰기한은 2025.12.31.이다.
주식시장의 유동성을 늘려 주식시장을 활성화시키려는 목적이다.

(1) 주체

특례의 주체는 주식 시장조성자로 2-1 파생상품 시장조성자와 동일하다(조특령 §115 ①, 조특칙 §50의 6 ①).

(2) 주권의 양도

주식시장조성자가 시장조성계약대상 주권만을 거래하는 전용계좌로 양도하여야 하며, 시가총액 또는 회전율이 일정 비율 이하인 주식이어야 한다. 또한 주식시장조성 목적으로 주권을 양도하여야 한다.

(2-1) 대상 주권의 전용계좌 사용

증권시장업무규정에 따른 주권으로서 시장조성계약의 대상이 되는 주권만을 거래하는 계좌를 통하여 양도하는 경우를 말한다(조특령 §115 ⑧).

(2-2) 유동성 부족 주식의 제외

시가총액, 회전율 등을 고려하여, 다음에 해당하는 주권을 특례 대상에서 제외한다(조특령 §115 ⑤).

① 유동성평가기간 종료일 현재 시가총액이 1조원 이상인 주권(조특칙 §50의 6 ⑤)
② 유동성평가기간 중 회전율이 유가증권시장과 코스닥시장에서 거래되는 주권 중 각 시장별로 회전율이 가장 높은 종목부터 상위 50%에 해당하는 비율이상인 주권(조특칙 §50의 6 ⑦)

이때 회전율은 해당 종목의 매매거래일 기준으로 다음의 계산식에 따라 계산한 율로 한다(조특칙 §50의 6 ⑥).

$$회전율 = \frac{거래량 ❶}{상장\ 주식\ 수}$$

❶ 당일 정규시장의 매매거래 시간 중 개별경쟁매매의 방법에 의한 거래량으로 한정

2021년 세법개정에서 시장조성자가 양도하는 주식에 대한 증권거래세 면제 범위를 시장조성을 하려는 과세연도 직전 연도의 9.30.부터 이전 1년간의 시가총액 및 회전율 등을 고려하여 정하였다. 시장조성자의 증권거래세 면제가 제한되는 범위를 주식시장의 경우 시가총액 1조원 이상이거나 회전율이 유가증권 시장과 코스닥 시장별로 각각 상위 50% 이상인 주식으로 한다. 개정규정은 2021.4.1.부터 시행한다(2020.12.29. 개정된 법률 부칙 §1 단서).

(2-3) 주식시장조성 양도거래

증권시장업무규정에 따라 시장조성 계약을 체결한 시장조성자(이하 "주식시장조성자")가 시장조성계약의 대상이 되는 주권의 호가제출시점의 최우선매수호가 가격보다 높은 가격으로 제출한 매도호가(호가제출시점에서 매수호가가 없는 경우에는 모든 가격으로 제출한 매도호가를 포함한다)로 주권을 양도하는 것을 말한다(조특칙 §50의 6 ⑫).

그러나 다음 요건을 모두 충족하는 경우에는 호가제출시점의 최우선매수호가 가격보다 낮거나 같은 가격으로 제출한 매도호가로 주권을 양도하는 것을 말한다. 이때 주식시장조성자가 시장조성계약의 대상이 되는 주권만을 거래하는 전용계좌에 직전 거래일 장 종료

시점에서 보유(장외 거래를 통해 매수하는 주권의 경우에는 해당 주권의 결제일에 보유한 것으로 본다)하고 있는 종목별 수량의 70%를 한도로 한다.
① 시장조성계약의 대상이 되는 주권을 기초자산으로 하는 주식선물 또는 주식옵션이 한국거래소에 상장되어 있지 아니할 것
② 시장조성계약의 대상이 되는 주권의 가격이 증권시장업무규정에서 정하는 기준가격 4%를 초과하여 하락할 것

(3) 한국거래소 및 시장조성자의 의무

한국거래소는「전자문서 및 전자거래기본법」에 따른 전자문서를 이용하여 증권거래세 면제대상 거래내역을 주식시장조성자 및 한국예탁결제원에 매 거래일마다 통보해야 한다(조특령 §115 ⑨, 조특칙 §50의 6 ⑬).

그리고 한국거래소는 주권별 시가총액과 회전율을, 시장조성계약을 체결하여 시장조성 하려는 과세연도 1월 10일까지 기획재정부장관 및 국세청장에게 통보해야 한다(조특령 §115 ⑥).

주식시장조성자는 본 특례에 따라 주권을 양도하는 경우 시장조성거래신고서(별지 제70호의 7 서식)를 한국예탁결제원에 제출해야 한다(조특령 §115 ⑩).

또한 주식시장조성자는 매 거래일의 시장조성거래건별 매도수량, 매도금액 등 증권거래 세를 면제받기 위해 필요한 자료를 작성하여 보관해야 한다(조특칙 §50의 6 ⑭).

2-3 우정사업본부 등 차익거래 (5호)

우정사업총괄기관(우정사업 운영에 관한 특례법 §2 2호)과 기금관리주체(이하 "우정사업총괄기관등")의 차익거래에 대해서는 증권거래세를 면제한다. 다만, 기금관리주체는 코스닥시장 관련 차익거래에 한한다.

기금관리주체란 국가재정법 별표 2에 규정된 법률에 따라 설립된 기금을 관리·운용하는 법인을 말한다.

차익거래란 주식의 선물과 현물의 가격 차이가 큰 경우, 그 차액을 얻기 위한 무위험 수익거래를 말한다.

일몰기한은 2023.12.31.이다.

차익거래시장 및 주식시장의 활성화를 지원하기 위하여 2017년 개정세법에서 신설된 규정이다.

코스닥 시장 활성화를 지원하기 위하여 연기금의 코스닥 관련 차익거래를 증권거래세 면제 대상에 포함하였다. 2019.1.1. 이후 양도하는 분부터 적용한다(2019.2.12. 개정된 시행령 부칙 §20).

(1) 차익거래대상선물

우정사업총괄기관이 장내파생상품으로서 다음의 어느 하나에 해당하는 파생상품(이하 "차익거래대상선물")과 해당 파생상품의 기초자산인 주권(해당 파생상품의 기초자산이 주가지수인 경우 해당 지수를 구성하는 주권을 말한다)의 가격 차이를 이용한 이익을 얻을 목적으로 파생상품의 거래와 연계하여 기초자산인 주권을 양도하는 경우를 말한다(조특령 §115 ⑪).
① 주식선물
② 코스피200선물 및 미니코스피200선물
③ 코스닥150선물
④ 합성선물

결제월 및 행사가격이 동일한 콜옵션 및 풋옵션을 같은 거래일에 거래하여 위 ①~③에 따른 선물(이하 "차익거래대상기본선물")을 거래하는 것과 유사한 결과를 얻는 것으로서 다음 어느 하나에 해당하는 것(이하 "합성선물")을 말한다(조특칙 §50의 7 ①).
㉮ 콜옵션을 매도하고 풋옵션을 매수하는 것
㉯ 콜옵션을 매수하고 풋옵션을 매도하는 것

(2) 차익거래전용계좌의 개설

우정사업총괄기관등은 금융투자업자(자본시장법 §8 ①)를 통하여 차익거래 전용계좌를 개설하여야 한다(조특령 §115 ⑫).

차익거래 전용 계좌란 위 (1) 차익거래대상선물의 어느 하나에 해당하는 것과 차익거래대상선물의 기초자산인 주권(해당 파생상품의 기초자산이 주가지수인 경우 해당 지수를 구성하는 주권을 말함)의 가격차이를 이용하여 이익을 얻기 위한 거래(이하 "차익거래")만을 위한 계좌로서 우정사업총괄기관등이 다음 요건을 모두 갖추어 한국거래소에 신고한 계좌를 말한다(조특칙 §50의 7 ②).
① 차익거래대상선물의 거래를 위한 파생상품 계좌와 주권의 거래 계좌를 연계하여 함께 신고할 것
② 차익거래대상기본선물별로 구분하여 신고할 것

위 규정은 차익거래를 위하여 운용하는 계약자산별로 구분하여 각각의 차익거래대상기본선물을 기준으로 적용한다(조특칙 §50의 7 ⑤).

(3) 차익거래목적 양도거래의 요건

차익거래목적 양도거래는 다음 요건을 모두 갖추어 양도하는 경우를 말한다. 다만 ④의

요건을 충족하지 못한 경우, ④의 비율을 충족하는 주권의 매도까지는 해당 요건을 갖춘 것으로 본다(조특령 §115 ⑬).

① 우정사업총괄기관등이 차익거래전용계좌를 통하여 주권을 양도할 것
② 주권을 매수하는 경우 해당 매수계약과 차익거래대상 선물의 매도계약이 같은 거래일에 이루어질 것

　이때 주권을 매수했으나 차익거래대상 선물의 매도계약이 체결되지 않은 경우에는 우정사업총괄기관등은 해당 주권을 그 매수일까지 다른 계좌로 이체해야 한다. 다만 차익거래대상 선물의 기초자산인 주가지수 구성종목이 변경되어 이를 반영하기 위하여 주권을 매수하는 경우는 제외한다(조특령 §115 ⑭).

③ 주권을 매도하는 경우 해당 매도계약과 차익거래대상 선물의 매수계약(매도계약의 최종거래일 만기결제를 포함한다)이 같은 거래일에 이루어질 것
④ ①에 따라 매도하는 주권의 양도금액이 ③에 따른 차익거래대상 선물의 매수계약 체결금액(매도계약의 최종거래일 만기결제 금액을 포함한다)의 103% 이내일 것

　매수계약체결금액은 아래 표에서 별도 설명한다. 해당 규정은 차익거래를 위하여 운용하는 계약자산별로 구분하여 각각의 차익거래대상기본선물을 기준으로 적용한다(조특칙 §50의 7 ⑤). 아래 ⑤도 동일하다.

⑤ 차익거래대상 선물(기초자산이 개별주식인 선물은 제외한다)을 매수하고 주권을 매도하는 경우 매도하는 주권의 종목별 시가총액비중(해당 종목이 차익거래대상 선물의 기초자산인 지수에서 차지하는 시가총액비중을 한도로 한다)의 합이 95% 이상일 것

　종목별 시가총액비중은 차익거래를 위하여 일별로 매도한 주권의 종목별 양도금액의 합계액을 일별로 매도한 전체 주권의 양도금액의 합계액으로 나눈 수치로 하되 주권의 종목별로 지수구성 시가총액비중을 한도로 한다(조특칙 §50의 7 ④).

매수계약체결금액 (조특칙 §50의 7 ③)

> 매수계약 체결금액은 다음 구분에 따른 금액을 일별로 합산한 금액을 말한다. 이 경우 차익거래대상선물의 기초자산이 주가지수인 경우에는 매수계약 체결금액에 주권의 각 종목이 차익거래대상선물의 기초자산인 주가지수에서 차지하는 시가총액비중(주권 양도일에 최초로 차익거래를 하는 시점의 종목별 가격을 기준으로 산출한 것을 말한다. 이하 "지수구성 시가총액비중")을 곱한 수치를 해당 종목의 매수계약 체결금액으로 한다.
> ① 차익거래대상선물이 합성선물이 아닌 경우: 다음 금액을 합산한 금액
> 　㉮ 선물매수 체결가격에 체결수량을 곱한 이후 파생상품시장업무규정에 따른 거래승수(이하 "거래승수")를 곱한 금액
> 　㉯ 선물매도 최종결제가격에 최종결제수량을 곱한 이후 거래승수를 곱한 금액

> ② 차익거래대상선물이 합성선물인 경우: 다음 금액을 합산한 금액
> ㉮ 합성선물매수 체결가격(옵션 행사가격에 콜옵션매수가격을 더한 이후 풋옵션매도가격을 뺀 수치)에 체결수량(콜옵션매수수량과 풋옵션매도수량 중 작은 수량을 말한다)을 곱한 이후 거래승수를 곱한 금액
> ㉯ 합성선물매도 권리행사결제기준가격(풋옵션매수 또는 콜옵션매도의 권리행사결제기준가격을 말한다)에 권리행사결제수량(풋옵션매수 또는 콜옵션매도의 권리행사결제수량을 말한다)을 곱한 이후 거래승수를 곱한 금액

(4) 한국거래소의 의무 등

한국거래소는 우정사업총괄기관등의 거래내역 중 위의 차익거래목적 양도 요건(②는 제외)을 갖춘 거래를 확인하여 전자문서를 이용하여 그 거래내역을 차익거래 전용계좌가 개설된 금융투자업자 및 한국예탁결제원에 거래일마다 통보해야 한다(조특령 §115 ⑮, 조특칙 §50의 7 ⑥).

우정사업총괄기관등은 본 특례에 따라 주권을 양도하는 경우 차익거래신고서(별지 제70호의 20 서식)를 금융투자업자를 통하여 한국예탁결제원에 제출해야 한다. 그리고 차익거래신고서와 관련하여 차익거래건별 매도수량, 매도금액 등 증권거래세를 면제받기 위하여 필요한 자료를 거래일별로 작성하여 보관해야 한다(조특령 §115 ⑯, 조특칙 §50의 7 ⑦).

2-4 상장지수집합투자기구 (21호)

상장지수집합투자기구[2](ETF; Exchange Traded Fund)가 추종지수의 구성종목이 변경되어 이를 반영하기 위하여 증권시장 또는 다자간매매체결거래를 통하여 주권을 양도하는 경우를 면제 대상으로 한다.

③ 부실금융기관 등 구조조정

3-1 부실금융기관 또는 부실농협조합 (7호)

부실금융기관(조특법 §52 → 금융산업의 구조개선에 관한 법률 §2 3호) 또는 「농업협동조합의 구조개선에 관한 법률」(이하 "농협구조개선법")에 따른 부실조합 또는 부실우려조합(이하

---

2) 상장지수집합투자기구란 기초자산의 가격 또는 기초자산과 연관된 지수의 변화에 연동하여 운용하는 것을 목표로 하는 펀드로서 거래소에 상장되어 주식처럼 거래되는 펀드를 말함(자본시장법 §234 ①).

"부실농협조합")이 보유하고 있던 주권 또는 지분을 적기시정조치(동법 제4조에 따른 적기시정조치 포함) 또는 계약이전결정에 따라 양도하는 경우 및 그 양도를 받은 금융기관 또는 조합 및 중앙회가 다시 이를 양도하는 경우(동법 §2 1호~4호).

3-2 부실수협조합 (7호의 2)

「수산업협동조합의 부실예방 및 구조개선에 관한 법률」(이하 "수협구조개선법")에 따른 부실조합 또는 부실우려조합(이하 "부실수협조합")이 보유하고 있던 주권 또는 지분을 적기시정조치(동법 제4조의 2에 따른 적기시정조치 포함) 또는 계약이전결정에 따라 양도하는 경우 및 그 양도를 받은 조합 또는 중앙회가 이를 다시 양도하는 경우(동법 §2 1호~4호).

3-3 부실산림조합 (7호의 3)

「산림조합의 구조개선에 관한 법률」(이하 "산림조합개선법")에 따른 부실조합 또는 부실우려조합(이하 "부실산림조합")이 보유하고 있던 주권 또는 지분을 적기시정조치(동법 제4조에 따른 적기시정조치 포함) 또는 계약이전 결정에 따라 양도하는 경우와 조합 또는 중앙회가 적기시정조치 또는 계약이전 결정에 따라 부실산림조합으로부터 주권 또는 지분을 양도받은 후 다시 양도하는 경우(동법 §2 1호~4호).

3-4 예금보험공사 또는 정리금융회사 (8호)

예금보험공사 또는 정리금융회사3)가 부실금융회사의 정리업무(예금자보호법 §18 ① 4호·§36의 5 ①) 등을 수행하기 위하여 다음의 금융기관으로부터 인수한 부실채권의 출자전환으로 취득하거나 직접 취득한 주권 또는 지분을 양도하는 경우

㉮ 예금자보호법 제2조 제5호에 따른 부실금융회사
㉯ 예금자보호법 제2조 제5호의 2에 따른 부실우려금융회사
㉰ 예금자보호법 제38조에 따라 자금지원을 받는 금융회사

부실금융기관(현재는 부실금융회사)으로부터 직접 취득한 주권이 특례의 대상이므로 부실금융기관으로부터 직접 취득한 주권을 매각하고, 그 대가로 취득한 주권을 양도하는 경우에는 본 특례가 적용되지 않는다(재소비-51, 2007.2.2.).

---

3) 정리금융회사란 예금자 등의 보호 및 금융제도의 안정성 유지를 위하여 필요하다고 인정하는 경우에 금융위원회의 승인을 얻어 부실금융회사의 영업 또는 계약을 양수하거나 정리업무를 수행하기 위하여 설립되는 금융회사이다. 예금보험공사가 전액 출자하여 주식회사의 형태로 설립한다(예금자보호법 §36의 3 ①②④).

또한 부실금융기관의 채권 회수를 위하여 채권의 담보물인 주식을 근질권을 실행하여 정리금융기관의 명의로 이전한 후 제3자에게 양도하는 때에는, 근질권의 실행을 통하여 물상보증인으로부터 주식을 취득한 것이며 부실금융기관으로부터 직접 취득한 것이 아니므로 증권거래세가 면제되지 않는다(법규부가 2011-335, 2011.10.19.).

● **정리업무를 위해 취득한 이후, 전환된 신설금융지주회사 주식을 양도한 경우** (면제)

예금보험공사(이하 "공사")가 「예금자보호법」 제2조 제5호 및 제6호에 따른 부실금융회사 및 부실우려금융회사 또는 같은법 제38조에 따른 지원을 받는 금융회사(이하 "부실금융회사 등")의 주식 등을 같은법 제18조 제1항 제6호 또는 제36조의5제1항에 따른 부실금융회사 등의 정리업무(이하 "정리업무")를 위해 취득한 이후, 공사가 정리업무 수행과정에서 부실금융회사 등의 주식 등이 합병·포괄적 주식이전·금융지주회사의 신설 등에 따라 신설된 금융지주회사 주식(이하 "신설금융지주회사주식")으로 전환되고, 정리업무 및 「공적자금관리특별법」에 따른 공적자금 회수의 일환으로 신설금융지주회사주식을 양도하는 경우 「조세특례제한법」 제117조의제1항 제8호의 규정에 따른 증권거래세 면제대상에 해당함(재금융-125, 2022.5.19.).

3-5 한국자산관리공사 (9호)

한국자산관리공사(KAMCO)가 부실금융기관 정리업무를 수행하기 위하여 부실금융기관으로부터 인수한 부실채권의 출자전환으로 취득하거나 직접 취득한 주권 또는 지분을 양도하는 경우.

3-6 상호금융예금자보호기금 등 (19호~19호의 3)

농협구조개선법에 따라 설립된 농업협동조합자산관리회사 또는 농협구조개선법·수협구조개선법·산림조합개선법에 따라 설립된 상호금융예금자보호기금이 부실농협조합·부실수협조합·부실산림조합(이하 "부실농협조합등")의 정리업무를 수행하기 위하여 부실농협조합 등으로부터 인수한 부실채권의 출자전환으로 취득하거나 직접 취득한 주권 또는 지분을 양도하는 경우.

4 기업조직개편

4-1 기업 간 주식등의 교환에 관한 특례 (24호)

기업 간 주식등의 교환에 관한 특례(조특법 §121의 30 ①)에 따라 주권을 양도하는 경우.

일몰기한은 2023.12.31.이다.

2019년 개정세법에서 실효성이 낮은 기업 간 주식등의 교환에 관한 특례(조특법 §46 ①) 면제 조항을 삭제하였다(조특법 §117 ① 13호).

4-2 적격합병 등 (14호)

다음에 해당하는 적격합병 등을 위해 주식을 양도하는 경우를 면제 대상으로 한다.
㉮ 적격현물출자에 따른 신설법인의 설립(법법 §47의 2)
㉯ 적격합병(법법 §44 ② 각 호·③)
㉰ 적격인적분할 및 적격물적분할(법법 §46 ② 각 호·§47 ①)
㉱ 주식의 포괄적 교환·이전(조특법 §38 ① 각 호)

적격현물출자에 따른 신설법인의 설립 시 신설법인이 아닌 피출자법인에 양도하는 주식은 특례의 대상이 되지 아니한다(소비-273, 2011.9.1.).

내국법인의 주식 100%를 소유한 외국법인의 분할로 인하여 분할 후 신설된 외국법인에게 동일 내국법인의 주식을 모두 이전하였을 경우에도 외국법인은 적격분할의 대상이 아니므로 증권거래세가 면제되지 아니한다(서삼 46016-10599, 2002.4.13.). 외국법인 간 합병 시에도 동일하게 면제되지 않는다(조심 2014서250, 2014.3.26.; 조심 2011서1218, 2012.4.10.).

> **❖ 적격요건을 충족한 삼각합병의 실행을 위해 자회사가 모회사의 주식을 취득하는 경우 증권거래세 면제 여부 (부정)** (서면법규-340, 2013.3.26.)
>
> [사실관계]
> 「상법」제523조의 2를 보면, 존속하는 회사인 자회사가 소멸하는 회사의 주주에게 합병대가로 모회사의 주식을 지급할 경우에는 예외적으로 자회사가 모회사의 주식을 취득하도록 허용(일명 '삼각합병')
> - 삼각합병을 위해서는 합병의 효력이 발생함과 동시에 자회사가 피합병법인 주주에게 모회사의 주식을 교부해야 하므로 자회사는 합병기일 전에 모회사의 주식을 보유하고 있어야 함.
>
> [회신]
> 모회사가「법인세법」제44조 제2항 각 호의 요건을 갖춘 합병을 실시하는 자회사의 합병대가로 지급하기 위하여 모회사 주식을 자회사에 현물출자하는 경우, 현물출자한 그 모회사 주식은「조세특례제한법」제117조 제1항 제14호에 따른 증권거래세 면제대상에 해당되지 아니하는 것임.

4-3 금융지주회사 (16호)

금융기관 등의 주주, 금융기관(금융지주회사법 §2 ① 1호) 및 금융업의 영위와 밀접한 관련이 있는 회사의 주주 또는 금융지주회사가 주식의 현물출자 등에 의한 지주회사의 설립 등에 대한 과세특례(조특법 §38의 2)에 따라 주식을 이전하거나 주식을 교환하는 경우를 면제 대상으로 한다.

"금융기관 등의 주주"에는 상법·증권거래법(현재는 자본시장법) 규정에 따라 적법하게 자기주식을 취득하여 보유하는 금융기관 등도 포함된다. 다만 금융기관 등의 주식(자기주식 포함)의 이전·교환대가를 지주회사 주식이 아닌 금전으로 교부받는 경우는 조특법상 주식 교환·이전에 해당되는 것으로 볼 수 없으므로 증권거래세 면제규정이 적용되지 않는다(재재산-753, 2007.6.29.).

일몰기한은 2023.12.31.이다.

4-4 농협금융지주회사 (22호)

농협금융지주회사가 한국산업은행으로부터 법률 제10522호 농업협동조합법 일부개정법률 부칙 제3조에 따라 현물출자받은 주권 또는 지분을 농협은행 등 농협금융지주회사의 자회사에게 양도하는 경우(2013.1.1. 신설).

4-5 기업재무안정 PEF (23호)

기업재무안정 사모집합투자기구(PEF)[4]가 재무구조개선기업 중 다음의 기업에 직접 또는 투자목적회사를 통하여 투자출자하여 취득한 주권 또는 지분을 양도하는 경우를 말한다(조특령 §115 ⑰).
① 부실징후기업(기업구조조정 촉진법 §2 5호)
② 법원에 회생절차개시를 신청한 기업
③ 법원에 파산을 신청한 기업
④ 구조조정 또는 재무구조개선 등을 하려는 기업(자본시장법 §249의 22 ① 5호)

사모집합투자기구가 투자목적회사를 통하여, 재무구조개선기업이 **물적분할하여 설립한 자회사의 발행주식**을 재무구조개선기업으로부터 취득한 경우에도 증권거래세를 면제한다

---

[4] "기업재무안정 사모집합투자기구"란 재무구조개선기업의 경영정상화 및 재무안정 등을 위하여 동 기업과 관련한 증권, 채권, 부동산 등에 투자운용하여 그 수익을 투자자에게 배분하는 것을 목적으로 하는 사모집합투자기구를 말한다(자본시장법 §249의 22 ①·②).

(사전법령부가-0432, 2018.7.2.).

재무구조개선기업이 보유한 **계열회사**(자본시장법 시행령 §271의 27 ③ 6호) 발행주식을 재무구조개선기업으로부터 취득한 경우에는 해당 주식을 양도하는 때 증권거래세가 면제된다(서면자본거래-4078, 2021.8.26.; 서면자본거래-2363, 2021.8.26.).

동 면제대상의 일몰기한은 2023.12.31.이다.

2018년 개정세법에서 기업재무안정 경영참여형 사모집합투자기구가 투자목적회사를 통하여 간접 출자한 주식도 특례대상에 추가하였다.

Ⅲ. 조세특례제한 등

1 절차

증권거래세과세표준신고서와 함께 증권거래세 세액면제신청서(별지 제70호 서식)를 제출하여야 한다. 이때 특례대상별로 아래의 서류를 함께 제출하여야 한다(조특령 §115 ⑱).

특례대상별 추가 제출서류

특례대상	제출서류
파생상품 시장조성자	시장조성자로부터 제출받은 위험회피거래신고서
주식 시장조성자	시장조성자로부터 제출받은 시장조성거래신고서
우정사업본부등	우정사업총괄기관등으로부터 제출받은 차익거래신고서

동 제출의무는 단순한 협력의무의 성격이므로, 본 과세특례의 주체가 증권거래세 신고 시 면제신청서를 제출하지 않았어도 경정청구를 통하여 증권거래세 면제를 적용받을 수 있다(서면3팀-1856, 2005.10.26.; 국심 2004부859, 2004.5.24.).

법정신고기한 내 과세표준신고서를 제출하지 아니한 경우에도 세무서장이 결정통지하기 전까지 기한 후 과세표준신고할 수 있으며 이때 증권거래세 면제 신청이 가능하다(소비-206, 2013.7.8.).

2 농어촌특별세 비과세

농특세가 비과세된다(농특법 §4 7호의 2).

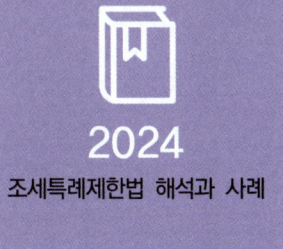

2024
조세특례제한법 해석과 사례

16. 지방세

2014년 말 세법개정으로 조세특례제한법의 지방세 감면 규정이 지방세특례제한법으로 전부 이관함에 따라 본서에서는 동 감면내용을 별도의 차례에서 다루지 아니하고, 조세특례제한법의 관련된 개별 조문에서 해당 지방세특례제한법 규정을 서술하였습니다.

2024
조세특례제한법 해석과 사례

17. 외국인투자 등에 대한 조세특례

2019년 개정세법에서 내·외국자본간 과세형평성을 고려하여 외국인투자기업에 대한 법인세·소득세 감면을 폐지하였다. 그리고 2020년 개정세법에서 취득세·재산세 면제 규정을 지방세특례제한법으로 이관하였다.

2024 조세특례제한법 해석과 사례

18. 지역특구 육성을 위한 조세특례

제1장 제주국제자유도시 육성을 위한 조세특례
  제1절 서설
  제2절 [제121조의 8] 제주첨단과학기술단지 입주기업에 대한 세액감면
  제3절 [제121조의 9] 제주투자진흥지구 또는 제주자유무역지역에 대한 세액감면
  제4절 [제121조의 13] 제주도여행객 면세점에 대한 간접세 등의 면제

제2장 그 밖의 지역특구에 대한 조세특례
  제1절 서설
  제2절 [제121조의 17] 기업도시 개발과 지역개발사업 구역 등 지원을 위한 세액감면
  제3절 [제121조의 20] 아시아문화중심도시 투자진흥 지구 입주기업 등에 대한 법인세 등의 감면 등
  제4절 [제121조의 21] 금융중심지 창업기업 등에 대한 법인세 등의 감면 등
  제5절 [제121조의 22] 첨단의료복합단지 및 국가식품 클러스터 입주기업에 대한 법인세 등의 감면
  제6절 [제121조의 33] 기회발전특구의 창업기업 등에 대한 법인세 등의 감면
  제7절 [제121조의 34] 기회발전특구로 이전하는 기업에 대한 과세이연 특례

CHAPTER 01 제주국제자유도시 육성을 위한 조세특례

제1절 서설

제주도를 국제자유도시로 개발하기 위하여 조세특례제한법에서는 지역특구제도, 관광지원 제도 등을 규정하고 있다.

제주국제자유도시 육성을 위한 조세특례

조문	특례요건	과세특례
§121의 8 제주첨단과학기술단지 입주기업 세액감면	■ 제주첨단과학기술단지에 입주한 기업이 생명공학산업, 정보통신산업, 정보통신서비스산업 등을 영위하는 경우	■ 법인세등 3년간 100% 감면하고, 2년간 50% 감면
§121의 10 수입물품 관세 면제	■ 입주기업이 감면대상사업에 필요한 연구기자재를 도입하는 경우	■ 관세 면제
§121의 9 제주투자진흥지구 또는 제주자유무역지역 세액감면	■ 제주투자진흥지구 입주 기업	■ 법인세등 3년간 100% 감면하고, 2년간 50% 감면
	■ 제주투자진흥지구 개발사업시행자의 투자	■ 법인세등 3년간 50%, 2년간 25% 감면
§121의 11 수입물품 관세면제	■ 입주기업이 감면사업에 필요한 자본재를 도입하는 경우	■ 관세 면제
§121의 13 제주도여행객 면세점에 대한 간접세 등의 면제	■ 제주도여행객이 지정면세점에서 면세물품을 구입하여 제주도 외의 지역으로 휴대하여 반출하는 경우 ■ 지정면세점에 면세물품을 공급하는 사업자	부가가치세, 개별소비세, 주세, 관세 및 담배소비세를 면제

조문	특례요건	과세특례
§121의 14 제주도 골프장('15년 말 폐지)	제주도에 있는 골프장 입장행위	개별소비세 면제❶
§121의 15 제주도 골프장('21년 일몰종료)	제주도에 있는 골프장 입장행위	1회 입장시 개별소비세 3천원 (75% 감면)❷
§121의 16 제주국제자유도시개발센터 ('16년 말 지특법 이관)	제주국제자유도시개발센터가 국제자유도시 관련 업무를 하기 위하여 취득하는 부동산 및 법인등기	■ 부동산의 취득세, 재산세, 지역자원시설세, 주민세 재산분 및 주민세 종업원분을 면제 ■ 법인등기의 등록면허세 면제

❶ 제주특별자치도에 있는 골프장 입장행위에 대한 개별소비세 면제 특례는 2015.12.31.로 일몰기한이 도래하여 폐지하였다. 다만 경과규정으로 2016.1.1.부터 2017.12.31.까지의 기간 동안에는 개별소비세법 제1조 제3항 제4호(1만 2천원)에도 불구하고 3천원의 세율을 적용한다(2015.12.15. 개정된 법 부칙 §62).

❷ 개정규정은 2020.1.1. 이후 입장행위를 하는 분부터 적용한다(2019.12.31. 개정된 법률 부칙 §34).

제주국제자유도시 육성을 위한 조세특례의 대상 특구인 제주첨단과학기술단지, 제주투자진흥지구 및 제주자유무역지역의 입주기업에게는 기본적으로 5년 감면을 지원하고 있다. 초기 3년간 100%를 감면하고, 그 후 2년간은 50% 감면한다. 이외에 입주기업의 해당 사업에 필요한 자본재 등에 대한 관세를 면제한다.

제2절 [제121조의 8] 제주첨단과학기술단지 입주기업에 대한 세액감면

Ⅰ. 의의

제주첨단과학기술단지에 입주한 기업이 생명공학산업, 정보통신산업, 정보통신서비스산업 등을 영위하는 경우 그 사업에서 발생한 소득에 대한 법인세 또는 소득세를 3년간 100% 감면하고, 2년간 50% 감면하는 제도이다.

또한 입주기업이 연구개발에 필요한 자본재를 도입하는 경우에는 관세를 면제한다. 관세 부분은 본 절 마지막에 서술한다.

제주도를 국제자유도시로 개발하며, 제주도에 생명공학과 IT산업을 중심으로 한 첨단산업의 육성을 지원하기 위함이다.

일몰기한은 2025.12.31.이다.

개정연혁

연 도	개정 내용
2019년	■ 고용기준 한도 증액 : 1천만원 → 1천5백만원(청년 및 서비스업 상시근로자 2천만원) ■ 서비스업의 투자제외방식 한도 계산 폐지
2020년	■ 감면한도 계산 시 유형자산과 건설중인 자산에 대한 소재 요건 등 추가
2022년	■ 감면대상 사업장의 사업을 폐업하거나 사업장을 특구지역 외의 지역으로 이전한 경우에 대한 사후관리 규정 신설

Ⅱ. 요건

본 세액감면의 주체는 「제주특별자치도 설치 및 국제자유도시 조성을 위한 특별법」(이하 "제주특별법") 제161조에 따라 지정된 제주첨단과학기술단지에 입주한 '기업'으로 감면대상사업을 영위하여야 한다.

주체를 기업으로 규정하였으므로, 개인인 거주자·비거주자 및 내·외국법인 모두 가능하다. 경제자유구역 및 자유무역지역이 외국자본에 한정되는 것과 차이가 있다.

1 제주첨단과학기술단지 입주기업

제주첨단과학기술단지는 국토교통부장관이 제주자치도에 생물산업·정보통신산업 등 첨단지식산업의 육성과 관련기술의 연구촉진 및 전문인력 양성 등을 위하여 조성한 국가산업단지이다(제주특별법 §161 ①). 제주시 아라동에 소재해 있다.[1]

입주는 창업과 이전을 포함한다.

2 감면업종

입주기업은 다음의 사업을 영위하여야 한다(조특령 §116의 14 ①).
① 생명공학과 관련된 산업(생명공학육성법 §2 1호; 종자 및 묘목생산업, 수산물부화 및 수산종자생산업 포함)
② 정보통신산업(정보통신산업 진흥법 §2 2호)
③ 정보통신서비스제공산업(정보통신망 이용촉진 및 정보보호 등에 관한 법률 §2 ① 2호)
④ 산업통상자원부장관이 고시[2]한 첨단기술 및 첨단제품과 관련된 산업(산업발전법 §5 ①)

정보통신산업을 영위하는 기업이 광고주 또는 타 기업으로부터 서비스 제공의 대가로 받는 수수료는 감면대상소득에 해당한다(재조예-10, 2008.1.3.).

---

1) 상세 내용은 제주첨단과학기술단지 홈페이지(https://www.jeju-sp.com)를 참조하기 바람.
2) 「첨단기술 및 제품의 범위」 고시 [시행 2022.2.28.] [산업통상자원부고시 제2022-36호, 2022.2.28., 일부개정]

Ⅲ. 과세특례

1 감면소득

감면소득은 제주첨단과학기술단지 입주기업이 감면대상사업을 하는 경우 그 사업에서 발생한 소득이다(조특법 §121의 8 ①). 사업장단위 감면방식을 채택하고 있다.

그 사업에서 발생한 소득이란 ① 해당 단지 내의 사업장에서 감면대상사업의 활동이 모두 이루어져 발생한 소득, ② 해당 단지 내의 사업장에서 감면대상사업의 활동이 대부분 이루어지고 해당 단지 외의 장소는 사업장으로 볼 수 없는 경우에 발생한 소득, ③ 해당 단지 내의 사업장에서 감면대상사업의 활동이 일부 이루어지고 해당 단지 외의 사업장에서도 일부 사업활동이 이루어지는 경우 해당 단지 내 사업장의 사업활동에 따라 발생한 것으로 구분되는 소득분 등이다(재조특-266, 2012.3.30.).

사업장별로 구분되지 않는 소득은 구분경리 규정(법칙 §76 ⑥)에 따라 수입금액 또는 매출액, 국세청장이 정하는 작업시간·사용시간·사용면적 등의 기준에 의하여 안분계산하며, 이를 모두 적용할 수 없거나 적용하는 것이 불합리한 경우에는 근무인원의 기준에 의해서 감면 대상소득을 안분계산할 수 있다(재조특-661, 2013.7.31.).

2 감면세액

$$\text{감면세액} = \text{산출세액} \times \frac{\text{감면소득}}{\text{과세표준}} \times \text{감면율}$$

감면율은 3년간 100%이고, 그 다음 2년간은 50%로, 총 감면기간은 5년이다. 사업개시일 이후 그 사업에서 최초로 소득이 발생한 과세연도의 개시일부터 3년 이내에 끝나는 과세연도에는 법인세 또는 소득세의 100%를 감면하고, 그 다음 2년 이내에 끝나는 과세연도에는 법인세 또는 소득세의 50%를 감면한다.

다만 초기 결손 등으로 그 소득 발생이 지연될 수 있으므로, 사업개시일부터 5년이 되는 날이 속하는 과세연도까지 소득이 발생하지 않는 경우에는 5년이 되는 날이 속하는 과세연도를 최초 소득발생 과세연도로 본다.

본 감면을 적용받던 내국법인이 그 감면기간이 만료하기 전에 동일한 개발구역 내에서 다른 사업장을 설치하여 이전하는 경우에는 잔존감면기간 동안 해당 감면이 적용된다.

산출세액, 감면소득, 과세표준 등 상세내용은 제2부 제3절 창업중소기업세액감면의 내용을 참조하기 바란다.

3 감면한도

감면기간 동안 감면되는 소득세 또는 법인세의 총합계액이 감면한도를 초과하는 경우에는 감면한도만큼 감면된다(조특법 §121의 8 ②). 감면기간 동안의 누적감면세액이 감면한도를 초과한다면 감면한도 금액에서 전년도까지 누적감면세액을 차감한 금액을 당해 연도 감면세액으로 한다.

> 감면한도 초과 시 당해 연도 감면세액 = 당해 연도 감면한도금액 − 전년도까지 누적감면세액

감면한도는 투자금액 기준 한도와 고용 기준 한도의 합계로 계산한다.

> 감면한도 = 투자금액기준 한도 + 고용기준 한도

감면한도의 적용순서는 투자금액 기준 한도를 먼저 적용한 후 고용기준 한도를 적용한다(조특법 §121의 8 ③).

투자금액기준 한도는 투자누계액을 기준으로 계산되므로, 투자금액기준 한도를 먼저 적용한다는 의미는 누적액으로 계산된 투자금액기준 한도를 먼저 적용하고, 후순위로 고용감소로 인한 추징세액을 계산하겠다는 뜻이다.

관련 사례는 제3부 제1장 제5절 Ⅲ. 4. 사후관리를 참조하기 바란다.

3-1 투자금액기준 한도

투자금액기준 한도는 투자누계액의 50%를 곱하여 산출한다.

> 투자금액기준 한도 = 투자누계액 × 50%

투자누계액이란 감면 대상 사업연도까지 다음의 사업용 유형자산, 건설중인 자산, 무형고정자산에 대한 투자 누적액의 합계를 말한다(조특령 §116의 14 ②, 조특칙 §8의 3).

(1) 사업용 유형자산 (1호)

해당 특구 등에 소재하거나 해당 특구 등에서 해당 사업에 주로 사용하는 사업용 유형자산이다. 토지 및 건축물, 기계장치 등의 유형고정자산을 의미한다. 고정자산 중 유형고정자산만을 대상으로 하므로 재고자산, 투자자산은 대상에서 제외된다. 또한 사업용이어야 하므로 업무무관자산은 제외된다.

2020년 개정세법에서 지역특구 세액감면 제도의 감면한도 계산 시 투자누계액이 되는 사업용 자산 중 유형자산과 건설 중인 자산은 해당 특구 등에 소재하거나 해당 특구 등에서 해당 사업에 사용하는 자산으로 한정됨을 명확히 하였다.

2020년 세법 개정 이전 사안에 대해 사업용 유형자산이 반드시 단지 내에 소재해야 하는지 여부가 쟁점이다. 종래 사업용 유형자산은 해당 사업에 주로 사용할 것을 요건으로 하였으나, 2020년 개정세법에서 해당 특구 등에 소재할 것을 요건으로 추가하였으므로 개정 이후로는 반드시 단지 내에 소재하여야 한다(조특칙 §8의 3 1호).

종래 과세관청 및 조세심판원의 해석에 따르면 단지 밖의 사업용 유형자산을 제외하였으나, 과세관청에서는 제주첨단과학기술단지 외의 지역에 종업원 기숙사용 아파트 취득금액을 사업용 유형자산에 포함하지 않았다(법인-287, 2014.6.27.). 최근 조세심판원에서도 법인의 주된 업종을 실현하기 위하여 반드시 필요한 자산이라 하더라도 단지 밖에서 투자가 이루어진 경작지 등은 투자누계액에 포함하지 않는다고 판단하였다(조심 2018부5036, 2019.4.30.).

그러나 최근 법원에서는 2020년 개정 전 사안에 대하여 단지 밖의 사업용 유형자산도 투자 누계액에 포함하는 것으로 판시하였다(제주지법 2019구합5728, 2020.9.22.). 그 근거로 첫째, '해당 사업에 주로 사용하는 사업용 유형자산'이라는 문언 자체에서 바로 장소적 요건이 도출된다고 볼 수 없다는 점, 둘째, 단지 밖에 소재하는 사업용 유형자산도 단지에 소재하는 사업장에서 발생하는 소득에 기여할 수 있다는 점, 셋째, 2020년 개정세법은 소급하여 적용될 수 없음을 제시하였다. 동 판결은 대법원에서 심리불속행 기각 판결로 원고 승소로 확정되었다(대법원 2021두43873, 2021.10.14.).

대법원 판례 이후의 최근 기획재정부 유권해석도 위의 판례와 동일하게 2020년 세법 개정 이전 사안에 대하여 단지 외 투자금액도 투자 누계액에 포함하는 것으로 판단하였다(재조특-0182, 2023.2.23.).

(2) 건설중인 자산 (2호)

해당 특구 등에 소재하거나 해당 특구 등에서 해당 사업에 주로 사용하기 위해 건설 중인 자산이다. 건설중인 자산은 사용 전의 자산이므로 사업용 유형자산에는 포함되지 않지만, 본 특례에서는 별도로 투자금액의 한도에 포함하여 투자가 진행 중인 경우에도 감면이 가능토록 하였다.

(3) 무형자산 (3호)

무형자산의 경우에는 법인세법 시행규칙 별표 3에 따른 무형자산으로 한정하고 있으므로, 영업권, 디자인권, 실용신안권, 상표권, 특허권 등 별표 3에서 규정된 무형자산은 포함된다. 반면에 별표 3에서 규정되지 않고 독자적인 상각방법을 적용하는 개발비, 사용수익기부자산가액, 주파수이용권, 공항시설관리권, 항만시설이용권의(법령 §24 ① 2호 바목부터 아목까지의 자산) 경우에는 투자누계액에서 제외된다.

법인세법 시행규칙 [별표 3] 무형자산의 내용연수표 <개정 2019.3.20.>

구분	내용연수	무형자산
1	5년	영업권, 디자인권, 실용신안권, 상표권
2	7년	특허권
3	10년	어업권, 「해저광물자원 개발법」에 의한 채취권(생산량비례법 선택적용), 유료도로관리권, 수리권, 전기가스공급시설이용권, 공업용수도시설이용권, 수도시설이용권, 열공급시설이용권
4	20년	광업권(생산량비례법 선택적용), 전신전화전용시설이용권, 전용측선이용권, 하수종말처리장시설관리권, 수도시설관리권
5	50년	댐사용권

3-2 고용기준 한도

고용기준 한도(고용인센티브)는 감면사업장 상시근로자 수에 1천5백만원을 곱한 금액으로 한다. 단, 청년 상시근로자와 서비스업을 하는 감면대상사업장의 상시근로자의 경우에는 2천만원으로 한다.

> 고용기준 한도 = 감면사업장 상시근로자 수 × 1,500만원(청년 등 2,000만원)

서비스업이란 농업, 임업 및 어업, 광업, 제조업, 전기, 가스, 증기 및 수도사업, 건설업, 소비성서비스업(영 §29 ③)을 제외한 사업을 말한다(조특령 §116의 14 ⑥ → §23 ④).
상시근로자 및 청년 상시근로자의 범위 및 그 수의 계산방법에 관하여는 연구개발특구에 입주하는 첨단기술기업 등에 대한 감면 규정을 준용한다(조특령 §116의 14 ④ → 조특령 §11의 2 ⑥~⑦). 제3부 제1장 제5절 Ⅲ. 3-2를 참조하기 바란다.

감면한도가 적용되는 감면세액의 계산 등에 관한 사례는 제3부 제1장 제5절 Ⅲ. 3-2 및 4.를 참조하기 바란다.

종전에는 상시근로자 수에 1,000만원을 곱한 금액과 투자누계액의 20% 중 적은 금액을 고용기준 한도로 하였으나, 2019년 개정세법에서 상시근로자 수에 1,500만원(청년 및 서비스업 상시근로자는 2,000만원)을 곱한 금액을 한도로 하여 고용기준한도를 증액하였다. 반면에 종전 서비스업에 적용되던 투자제외방식 계산 방식은 폐지하였다. 2019.1.1. 전에 제주첨단과학기술단지에 입주한 기업에 대해서는 개정규정에도 불구하고 종전의 규정에 따른다(2018.12.24. 개정된 법률 부칙 §46).

3-3 고용인센티브 추징

고용기준 한도(고용인센티브)를 적용받아 소득세 또는 법인세를 감면받은 기업이 감면받은 과세연도 종료일부터 2년 이내에 각 과세연도의 감면대상 사업장의 상시근로자 수가 감면받은 과세연도의 상시근로자 수보다 감소한 경우에는 아래의 산식에 따른 금액을 소득세 또는 법인세로 납부하여야 한다(조특법 §121의 8 ④, 조특령 §116의 14 ③).

> 추징세액 = 직전 2년 이내 고용인센티브등 감면세액 − (감소연도 상시근로자 수 × 1천5백만원❶)

❶ 청년 상시근로자와 서비스업 상시근로자의 경우에는 2천만원으로 한다.

(가) 직전 2년 이내 고용인센티브등 감면세액

해당 기업의 상시근로자 수가 감소한 과세연도의 직전 2년 이내의 과세연도에 고용기준 한도에 따라 감면받은 세액의 합계액이다.

(나) 감소연도 상시근로자 수

상시근로자 수가 감소한 과세연도의 해당 감면대상 사업장의 상시근로자 수를 말한다.

산식의 추징세액이 음수이면 0으로 보아 환급하지 않으며, 감면사업연도 이후 2개 과세연도 연속으로 상시근로자 수가 감소한 경우에는 두번째 과세연도의 추징세액 계산 시 첫번째 과세연도에서 납부한 금액은 차감한다.

산식의 의미는 감면받은 과세연도의 상시근로자 수보다 2년 이내에 1명이라도 상시근로자 수가 감소한다면 직전 2년 이내 고용인센티브 감면세액의 합계액 전부를 추징하되, 당해 연도 상시근로자에 대해서는 고용유지에 대한 공로를 인정하여 인당 일정액을 차감토록 한 것이다. 매우 엄격한 고용유지조건이 부과되어 있다.

4 사업장 이전 등 사후관리

감면받은 기업이 폐업, 해산 및 사업장 이전 등 의무위반사유가 발생하는 경우에는 그 사유가 발생한 과세연도의 과세표준신고를 할 때 공제받은 세액에 이자상당액을 가산하여 소득세 또는 법인세로 납부하여야 한다(조특법 §121의 8 ⑥, 조특령 §116의 14 ⑦).

2022년 세법 개정에 따른 의무위반 사유 및 추징세액, 이자상당 가산액 및 부칙 규정은 제3부 제1장 제5절 Ⅲ. 5. 사업장 이전 등 사후관리를 참조하기 바란다. 연구개발특구를 제주첨단과학기술단지로 본다.

Ⅳ. 조세특례제한 등

1 결정 또는 기한 후 신고 시 감면배제 등

다음의 세무상 의무위반 조항 해당 시 감면이 배제된다(조특법 §128 ②~④).
- 결정 또는 기한 후 신고 시 감면배제
- 경정 등의 부정과소신고금액에 대한 감면배제
- 세법상 협력의무위반에 대한 감면배제
  제20부 제2절 부분을 참조하기 바란다.

기타 조세특례제한 등

구 분	내 용	참조 부분
신고 서식	세액감면신청서(별지 제2호 서식)	
중복지원의 배제	■ 감면규정과 세액공제규정의 중복지원 배제 ■ 감면규정 간 중복지원 배제(조특법 §127 ④·⑤)	제20부 제1절
최저한세	적용 대상. 단 100% 감면 시는 제외(조특법 §132)	제20부 제4절
구분경리	서비스업과 그 밖의 사업(조특법 §121의 8 ⑧)	제21부 제1절
농어촌특별세	과세(농특법 §5 ① 1호)	

Ⅴ. 관세의 면제

제주첨단과학기술단지 입주기업이 연구개발에 사용하기 위하여 수입하는 물품에 대해서는 관세를 면제한다(조특법 §121의 10 ①).

1 주체

제주첨단과학기술단지 입주기업으로서 다음의 요건을 갖추어야 한다(조특령 §116의 16 ① → 관세법 §90 ① 4호 → 관세칙 §37 ③).

(가) 기업부설 연구소등 설치 기업 (1호)

기업부설 연구소 또는 연구개발 전담부서를 설치하고 있거나 설치를 위한 신고를 한 기업이다. 「기초연구진흥 및 기술개발지원에 관한 법률」 제14조 제1항 제2호에 따른 것임을 과학기술정보통신부장관이 확인한 것으로 한정한다.

(나) 산업기술연구조합 (2호)

「산업기술연구조합 육성법」에 의한 산업기술연구조합으로서 기술개발을 위한 공동연구시설을 갖추고 자연계분야의 학사 이상의 학위를 가진 연구전담요원 3인 이상을 상시 확보하고 있음을 미래창조과학부장관이 확인한 산업기술연구조합에 한정한다.

2 면제 대상 물품

관세를 면제하는 물품은 다음과 같다(조특령 §116의 16 ① → 관세법 §90 ① 4호 → 관세칙 §37 ④).
① 산업기술의 연구·개발에 사용하기 위하여 수입하는 관세법 시행규칙 별표 1의2 물품
② 시약 및 견품
③ 연구·개발 대상물품을 제조 또는 수리하기 위하여 사용하는 부분품 및 원재료
④ 상기 ①의 물품을 수리하기 위한 목적으로 수입하는 부분품

3 관세의 면제

제주첨단과학기술단지 입주기업이 연구개발에 사용하기 위하여 수입하는 물품에 대해서는 관세를 면제한다.

4 사후관리

관세를 면제받은 물품을 용도 외 사용하거나 용도 외 사용할 자에게 양도한 경우의 추징은 법 제118조의 규정을 준용한다(조특법 §121의 10 ② → §118 ③·④).

감면받은 기업이 폐업, 해산 및 사업장 이전 등 의무위반사유가 발생하는 경우에는 다음 구분에 따라 면제된 관세를 추징한다(조특법 §121의 10 ③, 조특령 §116의 16 ②).
① 감면대상사업장의 사업을 폐업하거나 법인이 해산한 경우
　폐업일 또는 법인 해산일부터 소급하여 3년 이내에 감면된 세액을 추징한다.
② 감면대상사업장을 제주첨단과학기술단지 외의 지역으로 이전한 경우
　이전일부터 소급하여 5년 이내에 감면된 세액을 추징한다.

5 절차

관세의 면제신청을 하고자 하는 자는 관세감면신청서(관세령 §112)와 당해 기업이 제주첨단과학기술단지에 입주한 기업임을 증명하는 서류(제주특별법 §161)를 첨부하여 세관장에게 제출하여야 한다(조특칙 §51의 7 1호).

제3절 [제121조의 9] 제주투자진흥지구 또는 제주자유무역지역에 대한 세액감면

Ⅰ. 의의

제주투자진흥지구의 입주기업과 개발사업시행자의 투자에 대하여 조세를 감면하는 제도이다.

조세감면의 방법은 제주투자진흥지구 입주기업에 대하여는 소득세 또는 법인세를 3년간 100%, 그 후 2년간은 50% 감면하며, 제주투자진흥지구 개발사업시행자에 대하여는 3년간 50%, 그 후 2년간은 25% 감면한다.

또한 감면사업에 필요한 자본재를 도입하는 경우에는 관세를 면제한다. 관세 감면은 본절 마지막에서 서술한다.

제주투자진흥지구는 제주특별자치도 핵심산업의 투자를 촉진하기 위하여 국내외 투자가가 투자를 희망하는 일정 규모 이상의 투자사업에 대해 지구로 지정하고, 조세 감면 등 인센티브를 제공하는 제도이다.

일몰기한은 2023.12.31.이다.

개정연혁

연 도	개정 내용
2020년	■ 감면한도 계산 시 유형자산과 건설중인 자산에 대한 소재 요건 등 추가
2021년	■ 감면 업종에서 카지노업, 보세판매장, 휴양 콘도미니엄업을 제외하고 마리나업 추가
2022년	■ 세액감면 대상 업종 확대 : 화장품제조업, 연구개발업 등 ■ 제주자무역지역 입주기업에 대한 세액감면 적용기한 종료
2024년	■ 감면 업종에서 식료품제조업과 음료제조업 관련 제외되는 업종을 삭제

Ⅱ. 요건 (조세감면기준)

주체를 기업으로 규정하였으므로, 개인인 거주자·비거주자 및 내·외국법인 모두 가능하다. 경제자유구역, 자유무역지역 등이 외국자본에 한정되는 것과 차이가 있다(조특법 §121의 9 ①).

1 제주투자진흥지구 입주기업 (1호)

「제주특별자치도 설치 및 국제자유도시 조성을 위한 특별법」(이하 "제주특별법") 제162조에 따라 지정되는 제주투자진흥지구에 입주하는 기업이 투자규모별로 해당 구역의 사업장에서 하는 다음의 사업으로 해당 사업을 영위하기 위한 시설을 새로이 설치하여야 한다(조특령 §116의 15 ①).

제주투자진흥지구 지정기업은 휴양업과 호텔업이 주종이며, 2021년 12월말 기준 40개 기업이 지정되어 있다.[1]

입주에는 창업과 이전을 포함한다.

1-1 투자규모 2천만불 이상인 업종 (1호)

㉮ 관광호텔업·수상관광호텔업·한국전통호텔(관광진흥법 시행령 §2 ① 2호). 다만, 카지노업 및 보세판매장을 경영하는 사업은 제외한다.
㉯ 전문휴양업(휴양 콘도미니엄업 및 골프장업 제외)·종합휴양업(휴양 콘도미니엄업 및 골프장업 제외)·관광유람선업·관광공연장업(같은 항 3호)
㉰ 국제회의시설업(같은 항 4호)
㉱ 종합유원시설업(같은 항 5호)
㉲ 관광식당업(같은 항 6호)
㉳ 마리나업(마리나항만의 조성 및 관리 등에 관한 법률 §2조 5호)

열거된 감면사업을 경영하기 위해 제주투자진흥지구 내에서 운영하는 휴양콘도미니엄업은 감면사업에 해당되며, 해당 사업용자산을 관광진흥법에 따른 공유제 방식으로 분양

---

[1] 제주특별자치도 홈페이지(http://www.jeju.go.kr)>경제/투자>투자유치>투자인센티브에서 제주투자진흥지구 지정현황을 검색할 수 있음.

하여 발생한 분양소득은 감면 대상에 해당한다(재조특-697, 2017.9.11.).

　2021년 세법개정에서 제주투자진흥지구의 활성화를 위하여 감면 대상 업종으로 마리나업을 추가하고, 카지노업, 보세판매장 사업 및 휴양 콘도미니엄업 등을 그 대상에서 제외하였다. 마리나업 추가에 대한 개정규정은 2021.2.17. 이후 제주투자진흥지구에 입주한 기업부터 적용한다. 2021.2.17. 전에 제주투자진흥지구에 입주한 기업에 대해서는 카지노업, 보세판매장 사업 및 휴양 콘도미니엄업 등을 제외하는 개정규정에도 불구하고 종전의 규정에 따른다(2021.2.17. 개정된 시행령 부칙 §12 및 §20).

1-2 투자규모 5백만불 이상인 업종 (2호)

㉮ 「문화산업진흥 기본법」 제2조 제1호에 따른 문화산업을 운영하는 사업
㉯ 노인복지시설을 운영하는 사업(노인복지법 §31)
㉰ 청소년 수련시설을 운영하는 사업(청소년활동진흥법 §10 1호)
㉱ 궤도사업(궤도운송법 §2 7호)
㉲ 신·재생에너지를 이용하여 전기를 생산하는 사업(신에너지 및 재생에너지 개발·이용·보급 촉진법 §2 1호·2호)
㉳ 자율학교, 국제고등학교, 외국교육기관 및 국제학교를 운영하는 사업(제주특별법 §216·§217·§220·§223)
㉴ 제주특별법에 따른 외국의료기관 및 의료법 제33조에 따라 개설된 의료기관(의원·치과의원·한의원 및 조산원은 제외한다)을 운영하는 사업
㉵ 교육원(연수원, 그 밖에 이와 유사한 것을 포함)을 운영하는 사업(건축법 시행령 별표 1 10호 나목)
㉶ 산업발전법 제5조에 따른 첨단기술을 활용한 산업
㉷ 보건의료기술 진흥법 제2조 제1항 제1호에 따른 보건의료기술에 관한 연구개발사업과 기술정보 제공, 컨설팅, 시험·분석 등을 통한 보건의료기술에 관한 연구개발을 지원하는 연구개발서비스업
㉮ 산업집적활성화 및 공장설립에 관한 법률에 따른 공장에서 경영하는 식료품 제조업과 음료 제조업
㉺ 화장품법에 따른 화장품제조업
㉻ 다음의 어느 하나에 해당하는 사업에 관한 연구개발업
　1) 산업발전법 제5조에 따른 첨단기술을 활용한 산업
　2) 화장품법에 따른 화장품제조업
　3) 식료품 제조업
　4) 음료 제조업

22년 개정 전 후 업종 비교

개정 전	개정 후
㉮~㉯ 관광산업, 노인복지시설 등	좌동
㉰ 첨단기술 활용사업 - 전자·전기·정보·신물질·생명공학 분야에 한정	㉰ 첨단기술 활용사업 - 첨단기술 전 분야
㉳ 식료품제조업 및 음료제조업 - 물산업클러스터 내 한정	㉳ 식료품제조업 및 음료제조업 - 입지 제한 삭제(단, 수산·과실·낙농·비알콜 음료 제조업 등 업종 한정)
<신 설>	㉴ 화장품제조업
㉵ 연구개발업 - 보건의료기술 관련	㉵ 및 ㉶ 연구개발업 - 보건의료기술, 첨단기술·화장품·식료품·음료제조업 관련

 2022년 세법개정에서 제주투자진흥지구를 활성화하기 위해 제주투자진흥지구의 입주기업이 시설투자로 세액감면을 받을 수 있는 업종에 첨단기술을 활용한 산업이나 화장품제조업 등에 관한 연구개발업을 추가함. 개정규정은 2021.2.17. 이후 제주투자진흥지구에 입주한 기업부터 적용함(2021.2.17. 개정된 시행령 부칙 §12).

 2024 개정 종래 감면 대상 업종 중 식료품제조업과 음료제조업에서 동물성 및 식물성 유지제조업, 알코올 음료 제조업 등을 제외하였으나 제외되는 업종을 삭제함. 2024.2.29. 전에 제주투자진흥지구에 식료품 제조업 또는 음료 제조업을 경영하기 위한 시설을 새로 설치한 경우에는 개정규정에도 불구하고 종전의 규정에 따름(2024.2.29. 개정된 시행령 부칙 §25).

2 제주자유무역지역 입주기업 (2호; 21년 말 종료)

 「자유무역지역의 지정 및 운영에 관한 법률」(이하 "자유무역지역법") 제4조에 따라 제주특별자치도에 지정되는 자유무역지역(이하 "제주자유무역지역")에 입주하는 기업이 해당 구역의 사업장에서 하는 사업으로, 해당 사업을 영위하기 위한 시설을 새로이 설치하여야 하며, 다음의 요건을 갖추어야 한다(조특령 §116의 15 ②).

제주자유무역지역의 업종 및 투자규모 요건

(단위 : 미화)

총사업비	분류	업 종
1천만불 이상	제조	■ 수출 주목적❶의 제조업으로 신규 상시근로자 수가 100명 이상일 것(자유무역지역법 §10 ① 1호)
5백만불 이상	물류❷	■ 물품의 하역·운송·보관·전시 ■ 국제운송주선·국제선박거래, 포장·보수·가공 또는 조립하는 사업 등 복합물류 관련 사업 ■ 선박 또는 항공기(선박 또는 항공기의 운영에 필요한 장비를 포함한다)의 수리·정비 및 조립업 등 국제물류 관련 사업 ■ 연료, 식수, 선식(船食) 및 기내식(機內食) 등 선박 또는 항공기 용품의 공급업 ■ 물류시설 관련 개발업 및 임대업

❶ 수출이 주목적이란 과거 3년의 총매출액 대비 수출액 비중이 50%(중견기업은 40%, 중소기업은 30%) 이상인 기간이 연속하여 1년 이상인 경우를 말한다(동법 시행령 §7 ①).
❷ 자유무역지역법 §10 ① 5호, 동법 시행령 §7 ⑤

법 제121조의 2 외투감면에 따른 자유무역지역의 제조업은 자유무역지역법 제10조 제1항 제2호를 원용하는 반면에, 본 특례는 제1호를 원용하고 있다. 외투기업은 수출이 주목적이 아니라 내수영업을 주로 한 경우에도 특례가 적용되는 반면에, 내국기업이 본 특례의 기준을 충족하기 위해서는 수출이 주목적이어야 한다.

그러나 2019년 5월까지 제주자유무역지구로 지정된 지역은 없다.

2022년 세법개정에서 제주자유무역지역 특구 입주기업에 대해 소득세·법인세를 3년간 100% 감면하고, 2년간 50% 감면하는 특례를 폐지하였다.

3 제주투자진흥지구 개발사업시행자 (3호)

제주투자진흥지구의 개발사업시행자가 제주투자진흥지구를 개발하기 위하여 기획, 금융, 설계, 건축, 마케팅, 임대, 분양 등을 일괄적으로 수행하는 개발사업으로 총개발사업비가 1천억원 이상이어야 한다(조특령 §116의 15 ③).

Ⅲ. 법인세 감면

1 감면소득

감면소득은 제주투자진흥지구 또는 제주자유무역지역 입주기업(이하 "입주기업") 및 제주투자진흥지구 개발사업시행자가 감면대상사업을 하는 경우, 그 사업에서 발생한 소득이다(조특법 §121의 9 ②). 사업장단위 감면방식을 채택하고 있다.

부지조성공사 후 조성된 부지를 매각하거나 건설한 시설을 매각하여 발생한 소득은 감면대상소득에 포함되지 않는다(서면2팀-2388, 2006.11.21.).

감면소득의 상세 내용은 제2절 Ⅲ. 1.을 참조하기로 한다.

2 감면세액

$$감면세액 = 산출세액 \times \frac{감면소득}{과세표준} \times 감면율$$

입주기업의 감면율은 3년간 100%이고, 그 다음 2년간은 50%로, 총감면기간은 5년이다. 사업개시일 이후 그 사업에서 최초로 소득이 발생한 과세연도의 개시일부터 3년 이내에 끝나는 과세연도에는 법인세 또는 소득세의 100%를 감면하고, 그 다음 2년 이내에 끝나는 과세연도에는 법인세 또는 소득세의 50%를 감면한다.

제주투자진흥지구 개발사업시행자의 감면율은 3년간 50%이고 그 다음 2년간은 25%이다.

다만 초기 결손 등으로 그 소득 발생이 지연될 수 있으므로, 사업개시일부터 5년이 되는 날이 속하는 과세연도까지 소득이 발생하지 않는 경우에는 5년이 되는 날이 속하는 과세연도를 최초 소득발생 과세연도로 본다.

본 감면을 적용받던 내국법인이 그 감면기간이 만료하기 전에 동일한 특구 내에서 다른 사업장을 설치하여 이전하는 경우에는 잔존감면기간 동안 해당 감면이 적용된다.

산출세액, 감면소득, 과세표준 등 상세내용은 제2부 제3절 창업중소기업세액감면의 내용을 참조하기 바란다.

3 감면한도

감면기간 동안 감면되는 소득세 또는 법인세의 총합계액이 감면한도를 초과하는 경우에는 감면한도만큼 감면된다(조특법 §121의 9 ④~⑦, 조특령 §116의 15 ④~⑦, 조특칙 §8의 3).
감면한도는 투자금액 기준 한도와 고용 기준 한도의 합계로 계산한다.

> 감면한도 = 투자누계액 × 50% + 감면사업장 상시근로자 수 × 1,500만원(청년 등 2,000만원)

투자금액 기준 한도, 고용기준 한도 및 고용인센티브 추징의 내용은 법 제121조의 8 제주첨단과학기술단지 입주기업에 대한 과세특례와 동일하므로 해당 부분을 참조하기 바란다(제2절 Ⅲ. 3.).

4 사후관리

4-1 추징 사유 및 금액

본 특례 규정에 따라 법인세·소득세 및 관세를 감면받은 기업이 다음의 의무위반사유가 발생한 경우에는 세무서장 또는 세관장은 의무위반 사유별 추징세액을 추징한다(조특법 §121의 12 ①).

관세를 감면받은 물품에 대하여 아래의 (1)~(3)의 사유로 관세를 추징하는 경우 그 물품이 변질 또는 손상되거나 사용되어 그 가치가 떨어졌을 때에는 그 관세를 경감할 수 있다(조특령 §116의 17 ④ → 관세법 §100 ②).

(1) 제주투자진흥지구의 지정 해제 (1호)

제주투자진흥지구의 지정이 해제된 경우에는 지정해제일부터 소급하여 3년 이내에 감면된 세액을 추징한다(조특령 §116의 17 ① 1호).

추징할 사유에 해당하는지 여부는 특별한 사정이 없는 한 추징사유의 발생 당시의 법령에 따라 판단하므로(대법원 91누10725, 1992.6.9.), 2020.8.18. 쟁점토지가 소재한 지역이 제주투자진흥지구에서 해제됨에 따라 이 건 취득세 등의 추징사유가 발생한 점 등에 비추어 청구법인은 제주투자진흥지구 지정해제일인 2020.8.18.부터 소급하여 3년(재산세는 5년) 이내에 감면받은 세액이 추징대상에 해당한다(조심 2022지0512, 2024.2.23.).

(2) 입주계약의 해지 (2호)

입주계약이 해지된 경우(자유무역지역법 §15)에는 입주계약해지일[2])부터 소급하여 3년 이내에 감면된 세액을 추징한다(조특령 §116의 17 ① 1호).

(3) 폐업 (3호)

제주투자진흥지구 또는 제주자유무역지역 입주기업이 폐업한 경우에는 폐업일부터 소급하여 3년 이내에 감면된 세액을 추징한다(조특령 §116의 17 ① 1호).

폐업일은 부가가치세법에 따라 신고한 폐업일로 한다(조특령 §116의 18 ③).

법인세 감면을 받던 입주기업이 법인세법상 적격합병의 요건을 갖추어 완전모회사에 흡수합병된 경우, 합병법인이 해당 감면사업을 계속 영위한다면 폐업으로 보지 않는다(법인-815, 2012.12.28.).

(4) 투자 미이행 (6호)

해당 감면대상사업에서 최초로 소득이 발생한 과세연도(사업개시일부터 3년이 되는 날이 속하는 과세연도까지 해당 사업에서 소득이 발생하지 아니한 경우에는 3년이 되는 날이 속하는 과세연도) 종료일 이후 2년 이내에 조세감면기준(법 §121의 9 ①)에 해당하는 투자가 이루어지지 아니한 경우에는 감면받은 세액 전액을 추징한다(조특령 §116의 17 ① 3호).

4-2 감면기간의 종료

전술한 의무위반사유 중 (4) 투자 미이행의 사유가 발생한 경우에는 해당 과세연도와 남은 감면기간 동안 법인세와 소득세의 감면을 적용하지 않는다(조특법 §121의 12 ②).

4-3 추징 사유의 통보 등

(1) 추징권자에 대한 통보

산업통상자원부장관·국토교통부장관·세무서장·세관장 및 지방자치단체의 장은 조세의

---

[2]) 2016년 개정세법에서 추징사유가 종전의 입주계약 '취소'에서 '해지'로 변경되었으므로 추징액 계산 시의 기산일도 입주허가 '취소일'에서 '해지일'로 변경되어야 함.

추징사유가 발생한 사실을 안 때에는 이를 지체 없이 해당 추징권자에게 통보하여야 한다(조특령 §116의 18 ①).

(2) 추징의 통보 등

세무서장·세관장 및 지방자치단체의 장은 조세의 추징을 한 경우에는 그 사실을 지체 없이 제주특별자치도지사에게 통보하여야 한다(조특령 §116의 18 ②).

(3) 폐업일의 통보

세무서장은 제주투자진흥지구 또는 제주자유무역지역 입주기업의 폐업일을 확인한 때에는 당해 기업의 사업장을 관할하는 세관장 및 지방자치단체의 장에게 이를 지체 없이 통보하여야 한다(조특령 §116의 18 ④).

Ⅳ. 조세특례제한 등

1 결정 또는 기한 후 신고 시 감면배제 등

다음의 세무상 의무위반 조항 해당 시 감면이 배제된다(조특법 §128 ②~④).
- 결정 또는 기한 후 신고 시 감면배제
- 경정 등의 부정과소신고금액에 대한 감면배제
- 세법상 협력의무위반에 대한 감면배제

제20부 제2절 부분을 참조하기 바란다.

기타 조세특례제한 등

구 분	내 용	참조 부분
신고 서식	세액감면신청서(별지 제2호 서식)	
중복지원의 배제	■ 감면규정과 세액공제규정의 중복지원 배제 ■ 감면규정 간 중복지원 배제(조특법 §127 ④·⑤)	제20부 제1절
최저한세	적용 대상. 단 100% 감면 시는 제외(조특법 §132)	제20부 제4절
구분경리	서비스업과 그 밖의 사업(조특법 §121의 9 ⑨)	제21부 제1절
농어촌특별세	과세(농특법 §5 ① 1호)	

V. 관세의 면제

제주투자진흥지구 입주기업이 감면대상사업에 직접 사용하기 위하여 수입하는 자본재에 대해서는 관세를 면제한다.

1 주체

관세감면의 주체는 제주투자진흥지구 입주기업이다(조특법 §121의 11 ①).

2 면제 대상 물품

제주투자진흥지구 입주기업이 수입하는 자본재 중 아래의 요건을 갖춘 경우에는 관세를 면제한다.

(가) 감면사업용 자본재

감면대상사업에 직접 사용하기 위하여 수입하는 자본재(외촉법 §2 ① 9호)이어야 한다. 단, 수리용 또는 개체용 물품은 제외한다(조특법 §121의 11 ①).

(나) 수입기한

제주투자진흥지구로 지정된 날부터 3년 이내에 수입신고되는 물품이어야 한다(조특령 §116의 16 ②).

(다) 국내제작이 곤란할 것

국내제작이 곤란한 물품 감면대상이다. 다만 외촉법에 따라 외국투자가 또는 외국인투자기업이 외국인투자의 목적으로 수입하는 물품은 제외한다(조특법 §121의 11 ① 단서).

(라) 도지사의 확인

제주특별자치도지사가 확인한 물품이어야 한다(조특령 §116의 16 ②).

3 관세의 면제

제주투자진흥지구 입주기업이 수입하는 물품에 대해서는 관세를 면제한다.

4 사후관리

관세를 면제받은 물품을 용도외 사용하거나 용도외 사용할 자에게 양도한 경우의 추징은 법 제118조의 규정을 준용한다(조특법 §121의 11 ② → §118 ③·④).

5 절차

관세의 면제신청을 하고자 하는 자는 관세감면신청서(관세령 §112)에 다음의 서류를 첨부하여 세관장에게 제출하여야 한다(조특칙 §51의 7 2호).
㉮ 제주특별자치도지사가 확인한 서류(조특령 §116의 16 ③)
㉯ 당해 물품이 국내제작이 곤란한 물품임을 당해 물품의 생산을 관장하는 중앙행정기관의 장 또는 중앙행정기관의 장이 지정한 자가 확인한 서류. 단, 외국투자가 또는 외국인투자기업이 외국인투자의 목적으로 수입하는 물품인 경우를 제외한다.

제4절 [제121조의 13] 제주도여행객 면세점에 대한 간접세 등의 면제

Ⅰ. 의의

제주도여행객이 지정면세점에서 면세물품을 구입하여 제주도 외의 지역으로 휴대하여 반출하는 경우, 부가가치세, 개별소비세, 주세, 관세 및 담배소비세를 면제하며, 지정면세점에 면세물품을 공급하는 사업자도 동일하게 조세를 면제하는 제도이다.

내국인 관광객을 유치하여 제주특별자치도의 관광 효과를 높이고, 제주도개발센터의 운영 및 사업자금 조달을 지원하여 제주국제자유도시 선도프로젝트를 원활히 수행하기 위한 목적이다.

「제주특별자치도 여행객에 대한 면세점 특례 규정」(이하 "제주면세점규정" 또는 "규정")[1]을 시행하여, 면세물품의 종류별 구입수량 및 금액, 면세물품의 판매절차, 면세물품에 대한 부가가치세등의 면제절차, 미반출 물품에 대한 관리절차, 면세물품의 부정구입에 따른 감면세액의 징수 및 지정면세점의 이용제한, 그 밖에 부가가치세등의 면제에 관하여 필요한 사항을 규정하고 있다.

일몰기한이 없는 항구적 조세지원제도이다.

개정연혁

연 도	개정 내용
2020년	■ 일정 범위 내의 주류, 담배는 1회 600달러 한도 계산시 제외
2023년	■ 기본 면세 한도 상향 : 600불 → 800불, 술 1병 → 2병

---

1) [시행 2023.1.1.] [대통령령 제33211호, 2022.12.31., 일부개정]

Ⅱ. 요건

1 주체

간접세 등 특례의 주체는 제주도여행객, 지정면세점, 지정면세점 공급 사업자이다(조특법 §121의 13 ①).

1-1 제주도여행객

제주도여행객이란 제주도에서 제주도 이외의 지역으로 다음의 항공기 또는 선박에 의하여 출항하는 내국인 및 외국인을 말한다. 제주도에 주소 또는 거소를 두고 있는 자를 포함한다(제주면세점규정 §2).
① 항공운송사업의 면허를 받거나 등록을 마친 자가 운항하는 항공기
② 해상여객운송사업의 면허를 받은 자가 운항하는 여객선

1-2 지정면세점

「제주특별자치도 설치 및 국제자유도시 조성을 위한 특별법」(이하 "제주특별법") 제255조의 규정에 의한 면세품판매장(이하 "지정면세점")을 운영하는 자는 동법에 따라 설립된 지방공사와 제주국제자유도시 개발센터(이하 "면세점운영자")로 한다(제주면세점규정 §3).

1-3 지정면세점 공급업자

지정면세점에 물품을 공급하는 사업자이다.

2 면세물품

특례의 대상이 되는 면세물품은 다음과 같다(제주면세점규정 §4).

> 1. 주류
> 2. 담배
> 3. 시계
> 4. 화장품
> 5. 향수
> 6. 핸드백, 지갑, 벨트
> 7. 선글라스
> 8. 과자류
> 9. 인삼류
> 10. 넥타이
> 11. 스카프
> 12. 신변장식용 액세서리
> 13. 문구류
> 14. 완구류
> 15. 라이터
> 16. 기획재정부장관이 정하여 고시하는 신변잡화류
> 17. 그 밖에 제주특별자치도 조례가 정하는 물품

지정면세점에서 판매할 수 있는 면세물품은 한 품목당 판매가격이 미합중국 화폐 600달러 이하의 것으로 한다(조특법 §121의 13 ④ → 제주면세점규정 §5 ①).

3 면세물품 구입 및 한도

제주도 여행객이 지정면세점에서 면세물품을 구입하여 제주도 이외의 지역으로 휴대하여 반출하여야 한다. 이때 지정면세점에서 구입할 수 있는 면세물품의 금액한도는 1회당 미합중국 화폐 800달러 이하의 금액으로서, 연도별로 6회까지 구입할 수 있다(조특법 §121의 13 ⑤·⑥ → 제주면세점규정 §5).

이 경우 다음 범위 내의 주류 및 담배는 1회당 800달러 한도 계산에서 제외한다.

주류 및 담배의 한도 계산 제외 금액

구 분	수 량			참조 부분
주류	2병			2병 합산하여 용량은 2리터 이하, 가격은 미합중국 화폐 400달러 이하로 한다.
담배	궐련		200개비	1회에 한 가지 종류로 한정한다.
	엽궐련		50개비	
	전자담배	궐련형	200개비	
		니코틴 용액	20밀리리터	
		기타 유형	110그램	
	그 밖의 담배		250그램	

면세주류 및 면세담배의 경우에는 19세 이상인 제주도여행객 1인이 1회에 위 표에서 정하는 범위에서 구입할 수 있다(제주면세점규정 §6).

면세점운영자가 제주도여행객에게 면세물품을 판매하는 때에는 주민등록증(신분을 확인할 수 있는 각종 신분증 포함) 또는 여권 등에 의하여 당해 물품을 구입하는 자의 신분을 확인한 후 판매하여야 한다(제주면세점규정 §8 ①).

2020년 개정세법에서 제주도여행객이 지정면세점에서 구입할 수 있는 면세물품의 금액한도를 계산할 때 주류 및 담배 관련 일정 범위 내의 면세물품은 금액 한도 계산에서 제외하도록 하였다. 개정규정은 2020.4.1. 이후 면세물품을 구입하는 분부터 적용한다(2019.12.31. 개정된 법률 부칙 §35).

Ⅲ. 과세특례

1 제주도 여행객

제주도여행객은 면세물품에 대한 부가가치세, 개별소비세, 주세, 관세 및 담배소비세(이하 "부가가치세등")를 면제한다. 이때 부가가치세의 경우에는 영세율을 적용하는 것을 말한다(조특법 §121의 13 ①).

2 지정면세점

지정면세점은 특허를 받은 보세판매장(관세법 §174)으로 본다. 원칙적으로 보세판매장에서는 외국으로 반출하거나 관세의 면제를 받을 수 있는 자가 사용하는 것을 조건으로 외국물품을 판매할 수 있으나(관세법 §196 ①), 본 특례에 따라 제주도 외의 다른 지역으로 휴대하여 반출하는 면세물품을 판매할 수 있다(조특법 §121의 13 ②).

3 지정면세점 공급업자

사업자가 지정면세점에 공급하는 면세물품에 대해서는 부가가치세등을 면제한다(조특법 §121의 13 ③).
수입물품은 수입시점에 지정면세점에 반입된 물품에 한하여 부가가치세등을 면제하여 통관을 허용하고, 사업자가 제조장에서 제조·가공한 내국물품을 지정면세점에 직접 반출한 경우에는 제조장 출고 시에 면세로 반출한다(제주면세점규정 §7 ①·②).

외국물품은 제주도여행객이 면세물품을 구매하는 때에 수입신고를 한 것으로 보고, 공항이나 항만에서 당해 물품을 구매한 제주도여행객에게 인도하는 때에 수입신고가 수리되어 내국물품이 된 것으로 본다(제주면세점규정 §9).

 사후관리

4-1 부정유출자에 대한 추징

다음에 해당하는 경우에는 외국물품은 관할 세관장이, 내국물품은 관할 세무서장이 감면받거나 환급받은 부가가치세·개별소비세·주세 및 관세를 그 행위를 한 자로부터 징수하여야 한다(제주면세점규정 §10).
① 지정면세점에서 타인의 명의로 면세물품을 구입하는 경우
② 면세점운영자가 면세물품을 부정유출하는 경우
③ 제주도여행객이 면세물품을 타인에게 판매하는 경우
④ 제주도여행객으로부터 면세물품을 구입하는 경우(면세물품을 판매한 제주도여행객이 외국에 거주하는 외국인인 경우에 한한다)

4-2 부정구매자 등에 대한 이용제한

면세점운영자는 다음의 부정구매자 등에 대하여는 해당 면세물품 구입일부터 1년간 지정면세점의 이용을 제한하여야 한다(제주면세점규정 §14).
① 타인의 명의로 면세물품을 구입한 자
② 면세물품의 구입을 위하여 타인에게 명의를 대여한 자
③ 지정면세점에서 구입한 면세물품을 타인에게 판매한 자
④ 제주도여행객으로부터 면세물품을 구입한 자

Ⅳ. 조세특례제한 등

1 절차

1-1 지정면세점 공급업자의 의무

지정면세점에 내국물품을 공급하는 사업자는 당해 내국물품의 공급과 관련하여 다음의 의무를 이행하여야 한다(제주면세점규정 §7 ③).

① 부가가치세법 제48조 및 제49조에 따라 부가가치세 과세표준과 납부세액 또는 환급세액을 신고하는 때에는 국세청장이 정하는 제주특별자치도여행객 면세점 공급실적 명세서에 당해 신고기간의 면세물품의 공급실적을 기록·작성하여 면세점운영자의 확인을 받아 사업장 관할세무서장에게 제출하여야 한다.

② 개별소비세 과세대상물품의 경우에는 개별소비세법 시행령 제26조, 주류의 경우에는 주세법 시행령 제20조 제1항 및 제2항, 담배의 경우에는 지방세법 제55조를 각각 준용하여 처리하여야 한다.

1-2 지정면세점 운영자의 의무

면세점운영자는 면세주류를 지정면세점에 반입한 때에는 반입한 날부터 5일 이내에 국세청장이 정하는 제주특별자치도여행객 지정면세점 주류반입신고서를 관할세무서장에게 제출하여야 한다(제주면세점규정 §7 ④).

또한 면세점운영자는 면세물품의 구입·판매사항 등과 관련하여 관세청장이 정하는 바에 의하여 장부를 기록하고 5년간 이를 보관하여야 한다(제주면세점규정 §15).

2 농어촌특별세 비과세

농어촌특별세가 비과세된다(농특령 §4 ⑥ 1호).

CHAPTER 02 그 밖의 지역특구에 대한 조세특례

제1절 서설

제2장에서는 조세특례제한법에서 규정하고 있는 기타 지역특구에 대한 조세특례를 살펴보기로 한다.

그 밖의 지역특구에 대한 조세특례

조문	특례요건	과세특례
§121의 17 기업도시 개발과 지역개발사업 구역 등 지원을 위한 세액감면	▪ 기업도시, 지역개발사업구역, 여수해양박람회특구, 새만금투자진흥지구 및 평화경제특구 등에서 창업하거나 사업장을 새로이 설치하는 기업으로 제조업, 사업서비스업 등을 영위하는 경우 ▪ 위 지역의 개발사업시행자	▪ 법인세등 3년간 100% 감면하고, 2년간 50% 감면 ▪ 법인세등 3년간 50%, 2년간 25% 감면
§121의 18 관광 중심 기업도시 내 골프장 ('15년 말 폐지)	관광 중심 기업도시(태안, 영남·해남 등)에 있는 골프장 입장행위	개별소비세 면제
§121의 20 아시아문화중심도시 투자진흥지구 입주기업등 법인세 등의 감면	아시아중심문화도시 투자진흥지구(광주광역시)에 입주한 기업이 총사업비 30억원 이상으로 관광숙박업·교육원 등을 운영하는 경우(단, 문화산업은 5억원)	법인세등 3년간 100% 감면하고, 2년간 50% 감면

조문	특례요건	과세특례
§121의 21 금융중심지 창업기업등 법인세 등의 감면	수도권과밀억제권역 외의 금융중심지(부산 문현)에서 창업하거나 사업장을 신설하여 금융 및 보험업을 영위하는 경우	법인세등 3년간 100% 감면하고, 2년간 50% 감면
§121의 22 첨단의료복합단지 및 국가식품클러스터 입주기업에 대한 법인세 등의 감면	첨단의료복합단지(오송, 대구경북)에 입주한 기업이 보건의료기술 관련사업을 영위하거나 국가식품클러스터(익산)에 입주한 기업이 식품산업 등을 영위하는 경우	법인세등 3년간 100% 감면하고, 2년간 50% 감면
§121의 33 기회발전특구 창업기업등에 대한 법인세 등 감면	기회발전특구에 제조업 등 감면대상 업종으로 창업하거나 사업장을 신설하는 기업	법인세등 5년간 100% 감면하고, 2년간 50% 감면
§121의 34 기회발전특구 이전 기업에 대한 과세특례	수도권에서 3년(중소기업은 2년) 이상 계속하여 사업을 한 내국인이 수도권에 있는 사업용 부동산을 양도하고 기회발전특구 내 사업용 부동산을 대체취득한 경우	양도차익상당액을 신규사업용 부동산을 처분할 때까지 익금불산입하거나 양도소득세를 과세이연
§121의 35 기회발전특구 집합투자기구 투자자에 대한 저율과세특례	거주자가 전용계좌에 가입하여 기회발전특구의 기반시설, 입주 기업 등에 60% 이상 투자하는 펀드에 10년 이상 투자하는 경우. 단, 납입한도는 3억원임.	펀드에서 발생하는 이자소득·배당소득은 10년간 9% 세율로 분리과세

조세특례제한법상의 지역특구에 대한 조세특례는 원칙적으로 5년 감면을 지원하고 있다. 초기 3년간 100%를 감면하고, 그 후 2년간은 50% 감면한다. 다만, 기회발전특구 창업기업 등에 대한 법인세 등 감면에서는 7년 감면을 지원한다.

2024 개정 기회발전특구에 있는 부동산, 기회발전특구에서 시행하는 부동산개발사업, 기회발전특구 입주기업이 발행한 주식·채권 등에 집합투자재산의 60% 이상을 투자하는 부동산투자회사, 투융자집합투자기구 등에 투자하여 발생하는 이자소득 등에 대해 저율과세특례를 적용하도록 함. 법 121조의 35 제1항의 개정규정은 2024.1.1. 이후 지급받는 이자소득 또는 배당소득부터 적용함. 법 121조의 35의 개정규정 중 "제87조의 4에 따른 금융투자소득과세표준"의 개정부분은 2025.1.1.부터 시행함(2023.12.31. 개정된 법률 부칙 §29 및 §1 2호).

제2절 [제121조의 17] 기업도시 개발과 지역개발사업 구역 등 지원을 위한 세액감면

Ⅰ. 의의

기업도시, 낙후형 지역개발사업구역, 여수 해양박람회특구 등 특정 지역의 개발을 위하여 기업도시 등의 창업기업 등과 개발사업시행자에게 조세감면을 지원하는 제도이다.

조세감면의 내용은 기업도시 등의 창업기업 등에 대하여는 소득세 또는 법인세를 3년간 100%, 그 후 2년간은 50% 감면하며, 기업도시 등의 개발사업시행자에 대하여는 3년간 50%, 그 후 2년간은 25% 감면한다.

기업이 자발적인 투자계획을 가지고 필요한 지역에 자족적 복합기능을 고루 갖춘 도시를 직접 개발할 수 있는 기업도시와, 낙후지역 육성을 통해 지역균형발전에 기여하기 위한 낙후형 지역개발사업구역, 여수 Expo 개최 시설 등의 사후활용을 위한 해양박람회특구를 각각 세제 지원하기 위한 목적이다.

일몰기한은 기업도시 등의 창업기업 등에 대하여는 2025.12.31.이며, 새만금투자진흥지구는 2025.12.31.이고, 개발사업시행자에 대하여는 적용기한이 정하여져 있지 않다.

개정연혁

연 도	개정 내용
2020년	■ 감면한도 계산 시 유형자산과 건설중인 자산에 대한 소재 요건 등 추가
2021년	■ 주한미군 공여구역 주변지역에 대한 승인 요건 삭제 ■ 주한미군 공여구역 주변지역에 대한 추징 금액 규정 보완
2023년	■ 감면대상 지역 추가 : 새만금투자진흥지구
2024년	■ 감면대상 지역 추가 : 평화경제특구 ■ 지역개발사업 등과 관련하여 목적 달성으로 지정이 해제된 경우는 추징 사유에서 제외

Ⅱ. 요건

1 창업기업등

기업도시개발구역·낙후형 지역개발사업구역·여수 해양박람회특구·새만금투자진흥지구 및 평화경제특구에서 창업하거나 사업장을 신설하는 기업이 그 구역의 사업장에서 하는 사업으로 일정 규모 이상의 금액을 투자하여야 하며, 시설을 새로이 설치하여야 하고 고용인원 요건을 충족하여야 한다(조특법 §121의 17 ①).

주체를 기업으로 규정하였으므로, 개인인 거주자·비거주자 및 내·외국법인 모두 가능하다. 경제자유구역, 자유무역지역 등이 외국자본에 한정되는 것과 차이가 있다.

1-1 특구 지역

(1) 기업도시개발구역 (1호)

"기업도시"란 산업입지와 경제활동을 위하여 민간기업이 산업·연구·관광·레저·업무 등의 주된 기능과 주거·교육·의료·문화 등의 자족적 복합기능을 고루 갖추도록 개발하는 도시를 말한다.

"기업도시개발구역"이란 기업도시개발사업을 시행하기 위하여 지정·고시된 구역을 말한다1)[기업도시개발 특별법(이하 "기업도시개발법") §2].

(2) 낙후지역 등 (3호)

(2-1) 낙후형 지역개발사업구역등

낙후지역2) 중 지역개발사업구역 또는 지역활성화지역(이하 "낙후형 지역개발사업구역등")을 특례 대상 지역으로 한다.

종래의 개발촉진지구3)와 신발전지역4)이 새로이 제정된 지역개발지원법의 낙후형 지역개발사업구

---

1) 2024년 5월 초 기준으로 충주, 원주 기업도시는 준공되었으며, 태안, 영암·해남 기업도시는 추진 중에 있다.
2) "낙후지역"이란 「지방자치분권 및 지역균형발전 특별법」(이하 "지방분권균형발전법") 제2조 제9호에 따른 성장촉진지역 및 같은 조 제10호에 따른 특수상황지역을 말한다(지역개발지원법 §2 5호). 성장촉진지역과 특수상황지역은 종래 「신발전지역 육성을 위한 투자촉진 특별법」에 따른 신발전지역으로 본 특례의 대상 지역이었으며, 새로이 제정된 지역개발지원법에서 지역개발사업구역으로 통합되었다.
3) 2015.1.1. 당시 종전의 규정에 따라 개발촉진지구에 입주하여 세액을 감면받고 있는 중소기업의 경우에는

역등으로 통합됨에 따라 2015년 개정세법에서 개정된 조항이다. 사업시행자의 경우도 동일하다.

(가) 지역개발사업구역

"지역개발사업구역"이란 지역의 성장 동력을 확충하고 자립적 발전을 도모하기 위한 지역개발사업을 추진하기 위하여 지정·고시된 구역을 말한다[지역 개발 및 지원에 관한 법률(이하 "지역개발지원법") §2 2호, 3호 및 §11].

지역개발사업구역 중 낙후지역 또는 낙후지역과 그 인근지역을 연계하여 종합적·체계적으로 개발하기 위한 지역개발사업(지역개발지원법 §7 ① 1호)을 본 특례의 대상으로 한정한다.

(나) 지역활성화지역

"지역활성화지역"이란 낙후지역 중 개발수준이 다른 지역에 비하여 현저하게 열악하고 낙후도가 심하여 지역의 발전을 위하여 국가 및 지방자치단체의 특별한 배려가 필요한 지역으로서 국토교통부장관이 지정한 지역을 말한다(지역개발지원법 §2 7호).

지역활성화지역은 전체 70개 성장촉진지역의 30% 범위 내에서 22개 지역을 지정하였다.5) 지정기간은 고시일로부터 10년이다.

지역활성화 지역

도별	지역활성화 지역	
	시군수	시군명
강원도	2	양양군, 태백시
충청북도	2	단양군, 영동군
충청남도	2	청양군, 태안군
전라북도	3	임실군, 장수군, 진안군
전라남도	5	고흥군, 곡성군, 신안군, 완도군, 함평군
경상북도	5	군위군, 영양군, 의성군, 봉화군, 청송군
경상남도	3	산청군, 의령군, 합천군

종전의 규정에 따른다. 다만, 해당 중소기업이 제121조의 17 【기업도시개발구역 등의 창업기업 등에 대한 법인세 등의 감면】의 개정규정을 적용받을 수 있는 경우에는 종전의 제64조 제1항 제2호 또는 제121조의 17의 개정규정 중 하나를 선택하여 적용받을 수 있다. 하나를 선택하여 적용받는 경우에는 감면기간 동안 동일한 규정을 계속하여 적용하여야 한다(2014.12.23. 개정된 법 부칙 §64).

4) 2015.1.1. 이후 투자하는 경우부터 적용한다. 2015.1.1. 당시 종전의 제121조의 17 제1항 제3호 또는 제4호에 따라 감면을 받고 있었던 자의 경우에는 개정규정에도 불구하고 종전의 규정을 적용받을 수 있다. 종전의 규정 또는 개정규정의 감면을 적용받는 경우에는 그 중 하나를 선택하여 감면기간 동안 동일한 규정을 계속하여 적용하여야 한다(2014.12.23. 개정된 법 부칙 §53·§73).

5) 지역활성화 지역 지정 고시(국토교통부 고시 제2015-호, 2015.3.30. 제정)

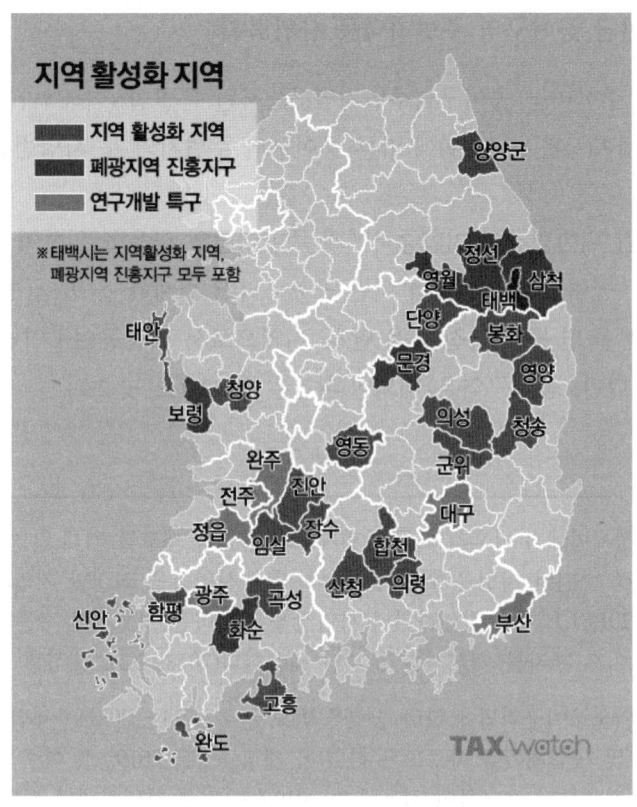

(2-2) 폐광지역진흥지구 입주 관광숙박업 등 경영 기업

「폐광지역개발 지원에 관한 특별법」(이하 "폐광지역법")에 따라 지정된 폐광지역진흥지구에 개발사업시행자로 선정되어 입주하는 아래의 사업을 경영하는 내국인도 낙후된 지역개발사업구역의 창업기업등에 포함한다.

㉮ 관광진흥법에 따른 관광숙박업 및 종합휴양업
㉯ 축산업

폐광지역진흥지구[6]

도별	시·군
강원도	태백시·삼척시·영월군·정선군 일부지역
경상북도	문경시 일부지역
충청남도	보령시 일부지역
전라남도	화순군 일부지역

---

6) 폐광지역진흥지구 지정 고시(산업통상자원부고시 제2023-68호, 2023.4.11.개정)(시행 2023.4.17.); 지정기간은 고시일로부터 2045.12.31.까지임.

(2-3) 주한미군 공여구역 주변지역등 사업범위

낙후지역 중 「주한미군 공여구역주변지역 등 지원 특별법」(이하 "미군공여구역법")의 종합계획 및 사업계획(동법 §8 및 §9)에 따른 공여구역 주변지역 등 사업범위를 말한다(조특령 §116의 21 ⑨).

"공여구역"이란 대한민국이 미합중국에게 주한미군의 사용을 위하여 제공한 시설 및 구역 등을 말한다. "공여구역 주변지역"이란 공여구역이 소재한 읍·면·동(행정동을 말함) 및 공여구역이 소재한 읍·면·동에 연접한 읍·면·동 지역으로서 미군공여구역법 시행령 별표 1의 지역을 말한다. 다만, 공여구역은 제외한다(같은 법 §2 1호 및 2호).

개정 연혁

> 2019년 개정세법에서 낙후지역 등 감면제도의 실효성 제고를 위해 감면대상에 미군공여구역법에 따라 승인된 사업을 위하여 창업하거나 사업장을 신설한 기업과 사업시행자를 추가하였다. 2019.1.1. 이후 창업하거나 사업장을 신설하는 경우부터 적용하며, 사업시행자는 2019.1.1. 이후 투자를 개시하는 분부터 적용한다(2018.12.24. 개정된 법률 부칙 §32).
>
> 종래에는 미군공여구역법에 따라 승인을 받도록 하였으나, 2021년 세법개정에서 동법상의 종합계획 및 사업계획을 따르도록 하였다. 개정규정은 2019.1.1. 이후 창업하거나 사업장을 신설한 경우부터 소급하여 적용한다. 2019.1.1. 전에 창업하거나 사업장을 신설한 경우에는 개정규정에도 불구하고 종전의 조세특례제한법(법률 제16009호로 개정되기 전의 것을 말함)에 따른다(2020.12.29. 개정된 법률 부칙 §32 및 §50 ①).

(3) 여수 해양박람회특구 (5호)

「여수세계박람회 지원 및 사후활용에 관한 특별법」(이하 "여수박람회법") 제15조 제1항에 따라 지정·고시된 박람회장 조성사업구역이다.

전라남도 여수시 덕충동, 수정동 일원의 해양박람회 특구 내 조성된 전시시설(박람회장), 전시지원시설(엑스포역·에너지파크·여객터미널 등)을 대상으로 한다.[7]

(4) 새만금투자진흥지구 (8호)

「새만금사업 추진 및 지원에 관한 특별법」 제11조의 5에 따라 지정되는 새만금투자진흥지구이다.

2023년 개정세법에서 새만금투자진흥지구의 투자 촉진 및 국가균형발전을 위해 기업도시개발구

---
7) 2012여수세계박람회 사후활용계획 변경 고시(해양수산부 고시 제2015-57호, 2015.5.29.)

역 등의 창업기업 등에 대한 법인세 등의 감면대상에 새만금투자진흥지구 창업기업 등을 추가하여 최대 5년간 법인세 등을 감면함. 개정규정은 2023.1.1. 이후 새만금투자진흥지구에 최초로 창업하거나 사업장을 신설하는 기업부터 적용함(2022.12.31. 개정된 법률 부칙 §24).

(5) 평화경제특구 (9호)

「평화경제특별구역의 지정 및 운영에 관한 법률」(이하 "평화경제특구법") 제8조에 따라 지정되는 평화경제특구를 말한다.

평화경제특구란 남북 간의 경제적 교류와 상호 보완성을 증대하고 남북경제공동체를 실현함을 목적으로, 북한 인접지역에 지정하는 특구이다(동법 §1).

평화경제특구(동법 시행령 §2)

도별	시·군
인천광역시	강화군, 옹진군
경기도	김포시, 파주시, 연천군, 고양시, 양주시, 동두천시, 포천시
강원특별자치도	철원군, 화천군, 양구군, 인제군, 고성군, 춘천시

2024 개정 국가균형발전을 위해 평화경제특구 투자를 유인하기 위하여 평화경제특구 창업기업 및 개발사업시행자에 대한 세액감면을 신설함. 개정규정은 2024.1.1. 이후 개정규정에 따른 평화경제특구에 최초로 창업하거나 사업장을 신설하는 기업부터 적용함(2023.12.31. 개정된 법률 부칙 §25).

1-2 업종별 투자금액 기준 및 고용인원 기준 (조세감면기준)

다음의 각 업종별로 투자금액 및 상시근로자 수 기준을 충족하여야 한다(조특령 §116의 21 ① 1호 → §116의 2 ⑰). 외국인투자기업 감면제도 중 기업도시개발구역의 조세감면기준을 준용한다.

업종별 투자규모

투자규모 및 고용인원 기준	분류	업종
20억원 이상 30명 이상	제조(1호) ❶ 사업서비스업 (4호) ❷	■ 제조업 ■ 엔지니어링사업 ■ 전기통신업 ■ 컴퓨터프로그래밍·시스템 통합 및 관리업 ■ 정보서비스업

투자규모 및 고용인원 기준	분류	업종
	관광등(5호)❷	■ 그 밖의 과학기술서비스업 ■ 영화·비디오물 및 방송프로그램 제작업, 영화·비디오물 및 방송프로그램 제작 관련 서비스업, 녹음시설 운영업, 음악 및 기타 오디오물 출판업 ■ 게임 소프트웨어 개발 및 공급업 ■ 공연시설 운영업, 공연단체, 기타 창작 및 예술 관련 서비스업 ■ 관광호텔업, 수상관광호텔업, 한국전통호텔업. 다만, 카지노업 및 보세판매장을 경영하는 사업은 제외. ■ 전문휴양업(휴양 콘도미니엄업 및 골프장업 제외), 종합휴양업(휴양 콘도미니엄업 및 골프장업❹ 제외), 관광유람선업, 관광공연장업 ■ 국제회의시설업, 종합유원시설업 및 관광식당업을 운영하는 사업 ■ 노인복지시설을 운영하는 사업 ■ 청소년수련시설을 운영하는 사업 ■ 궤도사업 ■ 신·재생에너지를 이용하여 전기를 생산하는 사업
10억원 이상 15명 이상	물류(3호)❺	㉮ 복합물류터미널사업 ㉯ 공동집배송센터를 조성하여 운영하는 사업 ㉰ 항만시설을 운영하는 사업과 항만배후단지에서 영위하는 물류산업
5억원 이상 10명 이상	연구개발(2호)	■ 연구개발업

❶ 표의 분류 열의 각호의 번호는 조특령 제116조의 2 제17항의 호번을 의미함.
❷ 조특령 §116의 2 ⑰ 4호 → ⑤ 6호 각목
❸ 조특령 §116의 2 ⑰ 5호 → 조특령 §116의 15 ① 1호 가목~마목, 2호 나목~마목
❹ 체육시설의 설치·이용에 관한 법률 §10 ① 1호
❺ 조특령 §116의 2 ⑰ 3호 → ③ 3호 가목~다목

2개 이상의 감면대상사업을 겸업하는 경우에는 각 업종별로 정한 투자금액 이상을 각각 투자하는 경우에 한하여 그 투자시설에서 직접 발생한 해당 업종별 소득에 대하여 각각 법인세 감면을 적용받을 수 있다(법인-537, 2011.7.29.).

「지역 개발 및 지원에 관한 법률」 제11조에 따라 지역개발사업구역으로 지정되기 전에 해당 지역에 투자한 금액은 감면의 요건이 되는 투자금액에 포함하지 아니한다(재조특-697, 2018.9.13.; 사전법령법인-601, 2018.9.19.).

예를 들어 전체 투자금액은 업종별 투자규모를 초과하나, 감면대상구역으로 지정된 후

의 투자금액 합계가 조세감면기준에 미달하는 경우에는 감면 요건을 충족하지 못한다. 따라서, 투자완료 시점을 기준으로 지정되기 이전의 투자금액을 포함하여 감면 요건을 판단하지 않는다(조심 2022부7818, 2023.9.11.).

2019년 개정세법에서 낙후지역 등의 창업기업 등에 대한 세액감면 요건 중 투자금액 기준을 제조업등 100억원→ 20억원 이상, 물류 50억원→10억원 이상, 연구개발 20억원→5억원 이상으로 내리는 등 그 요건을 완화하였다. 또한, 해당 감면제도가 고용친화적으로 개편됨에 따라 연구개발업의 경우 상시근로자 수가 10명 이상이 되도록 하는 등 새롭게 고용인원 요건을 추가하였다.

1-3 창업등

기업도시개발구역·낙후형 지역개발사업구역등·여수 해양박람회특구·새만금투자진흥지구 및 평화경제특구(이하 "기업도시등 특구") 내에서 창업하거나 사업장을 신설(이하 "창업등")하여야 한다. 기존 사업장을 인수하는 경우는 제외함에 유의하여야 한다.

창업의 범위에 관하여는 창업중소기업세액감면 규정을 준용한다(조특법 §121의 17 ⑧ → §6 ⑩). 제2부 제2절 Ⅱ. 1-2를 참조하기로 한다.

1-4 특구 내에 시설 설치

기업도시등 특구 내에서 해당 사업(영 §116의 2 ⑰ 각호)을 영위하기 위하여 시설을 새로이 설치하여야 한다.

2 개발사업시행자등

2-1 개발사업시행자 등의 사업

다음의 특구지역 사업시행자 등이어야 한다(조특법 §121의 17 ① 2호·4호·6호·7호·10호).
㉮ 기업도시개발계획에 따라 사업시행자가 하는 기업도시개발사업(기업도시개발법 §11)
㉯ 낙후형 지역개발사업구역등에서 지정된 사업시행자가 하는 지역개발사업(지역개발지원법 §19)
㉰ 낙후지역 내에서 사업시행자가 하는 사업(미군공여구역법 §10 ①, ② 및 동 시행령 §10)
㉱ 사업시행자가 하는 여수 해양박람회특구를 개발하기 위한 개발사업(여수박람회법 §18 ①)
㉲ 사업시행자가 하는 새만금사업(새만금사업 추진 및 지원에 관한 특별법 §8 ①)

㉺ 개발사업시행자가 하는 시행하는 평화경제특구개발사업(평화경제특구법 §15)

2017년 개정세법에서 새만금사업지구 사업시행자를 적용대상에 포함하였다. 개정규정에도 불구하고 2017.1.1. 전에 창업하였거나 사업장을 신설한 경우(개발사업시행자는 2017.1.1. 전에 투자를 개시한 경우를 말함)에 대해서는 종전의 규정에 따른다(2016.12.20. 개정된 법 부칙 §57).

종래에는 미군공여구역법에 따라 승인을 받도록 하였으나, 2021년 세법개정에서 이를 삭제하였다. 개정규정은 미군공여구역법 10조 1항에 따른 사업시행자가 2021.1.1. 이후 투자를 개시하는 분부터 적용한다. 2021.1.1. 전에 투자를 개시한 사업시행자에 대해서는 개정규정에도 불구하고 종전의 규정에 따른다(2020.12.29. 개정된 법률 부칙 §32 및 §50 ②).

2-2 투자규모

기업도시등 특구의 총개발사업비가 5백억원 이상이어야 한다(조특령 §116의 21 ②).

2019년 개정세법에서 사업시행자의 투자금액 기준을 종전 1천억원에서 5백억원으로 인하하였다.

Ⅲ. 세액감면

1 감면소득

기업도시등 특구의 창업기업등의 감면대상소득은 감면대상사업을 경영하기 위하여 그 구역에 투자한 시설에서 직접 발생한 소득을 말한다(조특령 §116의 21 ③). 사업장단위 감면 방식을 채택하고 있다.

기업도시개발구역 내에 공장을 신설하여 제품을 생산하는 경우, 동 제품이 회사의 다른 사업장의 원재료 또는 재공품으로 사용된 후 외부로 판매될 때에는 이를 시가로 환산하여 소득을 계산하여야 한다(사전법령법인-0247, 2019.6.4.; 법인-745, 2010.8.6.).

감면소득의 상세 내용은 제1장 제2절 Ⅲ. 1.을 참조하기로 한다.

2 감면세액 및 감면기간

창업기업등의 감면율은 3년간 100%이고, 그 다음 2년간은 50%로, 총감면기간은 5년이다. 사업개시일 이후 감면대상사업에서 최초로 소득이 발생한 과세연도의 개시일부터 3년 이내에 끝나는 과세연도에는 법인세 또는 소득세의 100%를 감면하고, 그 다음 2년 이내에 끝나는 과세연도에는 법인세 또는 소득세의 50%를 감면한다. 개발사업시행자등의 감면율은 3년간 50%이고 그 다음 2년간은 25%이다(조특법 §121의 17 ②).

$$감면세액 = 산출세액 \times \frac{감면소득}{과세표준} \times 감면율$$

2-1 감면개시연도

이때 '사업개시일'에 대해 조세특례제한법에서 별도로 규정하고 있지 않으므로 조특법 제2조 제2항에 따라 부가가치세법에서 사용하는 용어의 예에 따른다. '소득'이란 해당 감면소득, 예컨대 기업도시개발사업에서 발생한 소득을 말한다(서면법인-2801, 2016.12.30.).

제조업을 영위하는 경우 사업개시일은 제조장별로 재화의 제조를 시작하는 날을 의미한다(서면법인-0566, 2023.5.17.).

다만, 초기 결손 등으로 그 소득 발생이 지연될 수 있으므로, 사업개시일부터 5년이 되는 날이 속하는 과세연도까지 소득이 발생하지 않는 경우에는 5년이 되는 날이 속하는 과세연도를 최초 소득발생 과세연도로 본다.

감면대상사업에서 발생한 소득에 대해서는 업종별 투자금액 기준을 충족하기 이전이더라도 추후 동 기준을 충족하였다면 사업개시일 이후 그 감면대상사업에서 최초로 소득이 발생한 과세연도의 개시일부터 감면을 적용한다(사전법령법인-0247, 2019.6.4.).

2-2 감면의 계속 및 중지

본 감면을 적용받던 내국법인이 그 감면기간이 만료하기 전에 동일한 개발구역 내에서 다른 사업장을 설치하여 이전하는 경우에는 잔존감면기간 동안 해당 감면이 적용된다(서면법규-148, 2014.2.18.).

세액감면을 적용받는 기업이 고용인원 기준(조특령 §116의 21 ① 각호)을 충족하지 못한 과세연도에 대해서는 해당 연도만 감면을 적용하지 않음에 주의하여야 한다(같은 조 ⑩).

산출세액, 감면소득, 과세표준 등 상세내용은 제2부 제2절 창업중소기업세액감면의 내용을 참조하기 바란다.

2019년 개정세법에서 고용인원 기준을 신설하면서 동 기준을 위반하는 과세연도의 감면을 제한하는 규정을 신설하였다.

3 감면한도

감면기간 동안 감면되는 소득세 또는 법인세의 총합계액이 감면한도를 초과하는 경우에는 감면한도만큼 감면된다(조특법 §121의 17 ④~⑦, 조특령 §116의 21 ④~⑥·⑧, 조특칙 §8의 3).

감면한도는 투자금액 기준 한도와 고용 기준 한도의 합계로 계산한다.

> 감면한도 = 투자누계액 × 50% + 감면사업장 상시근로자 수 × 1,500만원(청년 등 2,000만원)

투자금액 기준 한도, 고용기준 한도 및 고용인센티브 추징의 내용은 법 제121조의 8 제주첨단과학기술단지 입주기업에 대한 과세특례와 동일하므로 해당 부분을 참조하기 바란다(제1장 제2절 Ⅲ. 3.).

4 사후관리

4-1 추징 사유 및 금액

본 특례에 따라 법인세 또는 소득세를 감면받은 기업이 다음의 의무위반사유가 발생한 경우에는 의무위반 사유 별 추징세액을 납부하여야 한다(조특법 §121의 19 ①).

(1) 지정 해제 등 (1호·2호·9호·11호)

기업도시개발구역, 지역개발사업구역·지역활성화지역, 새만금투자진흥지구 또는 평화경제특구 등의 지정이 해제된 경우 등에는 지정해제일부터 소급하여 5년 이내에 감면된 세액을 추징한다. 다만, 지역개발사업·지역활성화지역과 관련하여 지정 해제 등 지정 목적을 달성함에 따라 지역개발사업구역 또는 지역활성화지역의 지정이 해제된 경우는 제외한다(조특령 §116의 23 1호).

2024 개정 지역개발사업·지역활성화지역과 관련하여 공사나 개발사업 완료에 따라 지정 목적을 달성하여 지정이 해제된 경우는 추징 사유에서 제외함.

(2) 투자 미이행 (3호)

해당 감면대상사업에서 최초로 소득이 발생한 과세연도(사업개시일부터 3년이 되는 날이 속하는 과세연도까지 해당 사업에서 소득이 발생하지 아니한 경우에는 3년이 되는 날이 속하는 과세연도) 종료일 이후 2년 이내에 조세감면기준(법 §121의 17 ①)에 해당하는 투자가 이루어지지 아니한 경우에는 감면받은 세액 전액을 추징한다(조특령 §116의 23 2호).

이 경우 고용인원 기준(조특령 §116의 21 ① 각 호)은 해당 감면대상사업에서 최초로 소득이 발생한 과세연도(사업개시일부터 3년이 되는 날이 속하는 과세연도까지 해당 사업에서 소득이 발생하지 아니한 경우에는 3년이 되는 날이 속하는 과세연도) 종료일 이후 2년 이내의 과세연도 종료일까지의 기간 중 하나 이상의 과세연도에 충족해야 한다.

(3) 폐업·폐쇄 (4호~6호, 10호, 12호)

기업도시개발구역, 지역개발사업구역·지역활성화지역, 여수 해양박람회 특구, 새만금투자진흥지구 또는 평화경제특구에 창업한 기업이 폐업하거나 신설한 사업장을 폐쇄한 경우에는 폐업일 또는 폐쇄일부터 소급하여 5년 이내에 감면된 세액을 추징한다(조특령 §116의 23 1호).

폐업일 또는 폐쇄일은 부가가치세법에 따라 신고한 폐업일로 한다(조특령 §116의 24 ② → 부법 §8 ⑦).

(4) 주한미군 공여구역 주변지역등 사업범위 (7호·8호)

주한미군 공여구역 주변지역등 사업범위의 사업 시행승인이 취소(미군공여특별법 §11 ⑥)되거나 종합계획 및 사업계획(같은 법 §8, §9)에 의한 사업의 구역에 창업한 기업이 폐업하거나 신설한 사업장을 폐쇄한 경우에는 시행승인 취소일, 폐업일 또는 폐쇄일부터 소급하여 5년 이내에 감면된 세액을 추징한다(조특령 §116의 23 1호).

종래에는 미군공여구역법에 따라 승인을 받도록 하였으나, 2021년 세법개정에서 동법상의 종합계획 및 사업계획을 따르도록 하였다. 개정규정은 2019.1.1. 이후 창업하거나 사업장을 신설한 경우부터 소급하여 적용한다. 2019.1.1. 전에 창업하거나 사업장을 신설한 경우에는 개정규정에도 불구하고 종전의 조세특례제한법(법률 제16009호로 개정되기 전의 것을 말함)에 따른다(2020.12.29. 개정된 법률 부칙 §32 및 §50 ①).

또한, 주한미군 공여구역 주변지역등 사업범위의 추징 사유에 대한 추징금액 규정이 종래에는 없었으나 이를 보완하였다.

4-2 감면기간의 종료

전술한 의무위반사유 중 (2) 투자 미이행 사유가 발생한 경우에는 해당 과세연도와 남은 감면기간 동안 법인세와 소득세의 감면을 적용하지 않는다(조특법 §121의 19 ②).

4-3 추징 사유의 통보 등

(가) 추징권자에 대한 통보

국토교통부장관 및 지방자치단체의 장은 조세추징사유가 발생한 사실을 안 때에는 이를 지체 없이 해당 관할세무서장에게 통보하여야 한다(조특령 §116의 24 ①).

(나) 폐업일등의 통보

세무서장은 기업도시등 특구의 창업기업등의 폐업일 또는 폐쇄일을 확인한 때에는 당해 기업의 사업장을 관할하는 지방자치단체의 장에게 이를 지체 없이 통보해야 한다(조특령 §116의 24 ③).

Ⅳ. 조세특례제한 등

 중복지원의 배제

다음의 중복지원 배제조항이 적용된다(조특법 §127 ④·⑤).
- 감면규정과 세액공제규정의 중복지원 배제
- 감면규정 간 중복지원 배제

제20부 제1절 중복지원의 배제 부분을 참조하기로 한다.

중복배제 여부 판정은 과세연도 단위로 결정하므로, 공장건설 단계에서 임시투자세액공제를 적용하여 동 세액공제가 이월되는 경우에는 공장완공 후에 본 특례에 따른 법인세

등의 감면 시 이월공제 세액과 함께 공제받을 수 있다(법인-745, 2010.8.6.). 다만 최저한세 대상인 임시투자세액공제를 본 감면보다 우선하여 적용하여야 하므로(법 §132 ③) 이월된 임시투자세액공제를 적용하지 않고 본 감면을 적용하여 임시투자세액공제를 다시 이월할 수 없다.

2 결정 또는 기한 후 신고 시 감면배제 등

다음의 세무상 의무위반 조항 해당 시 감면이 배제된다(조특법 §128 ②~④).
- 결정 또는 기한 후 신고 시 감면배제
- 경정 등의 부정과소신고금액에 대한 감면배제
- 세법상 협력의무위반에 대한 감면배제

제20부 제2절 부분을 참조하기 바란다.

기타 조세특례제한 등

구 분	내 용	참조 부분
신고 서식	세액감면신청서(별지 제2호 서식)	
최저한세	적용 대상. 단 100% 감면 시는 제외(조특법 §132)	제20부 제4절
구분경리	서비스업과 그 밖의 사업(조특법 §121의 17 ⑩)	제21부 제1절
농어촌특별세	과세(농특법 §5 ① 1호)	

제3절 [제121조의 20] 아시아문화중심도시 투자진흥지구 입주기업 등에 대한 법인세 등의 감면 등 ★

I. 의의

아시아중심문화도시 투자진흥지구의 개발을 위하여 동 지구 입주기업의 소득세 또는 법인세를 3년간 100%, 그 후 2년간은 50% 감면한다.

아시아문화중심도시란 문화의 다양성과 창의성을 기반으로 아시아 문화와 자원의 상호교류 및 연구·창조·활용을 통하여 국가경쟁력을 확보하기 위한 제도로, 아시아중심문화도시를 광주광역시에 조성하기 위한 세제지원 목적으로 2009년 신설된 제도이다.

일몰기한은 2025.12.31.이다.

개정연혁

연 도	개정 내용
2019년	■ 고용기준 한도 증액 : 1천만원 → 1천5백만원(청년 및 서비스업 상시근로자 2천만원) ■ 서비스업의 투자제외방식 한도 계산 폐지
2020년	■ 감면한도 계산 시 유형자산과 건설중인 자산에 대한 소재 요건 등 추가
2022년	■ 감면대상 사업장의 사업을 폐업하거나 사업장을 특구지역 외의 지역으로 이전한 경우에 대한 사후관리 규정 신설

II. 요건

본 과세특례의 주체는 아시아중심문화도시 투자진흥지구의 입주기업으로 시설 설치요건과 업종별 투자규모 요건을 충족하여야 한다.

제3절 제121조의 20 아시아문화중심도시 투자진흥지구 입주기업 등에 대한 법인세 등의 감면 등

1 아시아중심문화도시 투자진흥지구

「아시아문화중심도시 조성에 관한 특별법」(이하 "아시아문화도시법") 제16조에 따른 투자진흥지구가 감면 지역이다.

"아시아문화중심도시"란 아시아 각국과의 문화 교류를 통하여 아시아 문화의 연구·창조·교육 및 산업화 등 일련의 활동이 최대한 보장되도록 국가적 지원의 특례가 실시되는 지역적 단위를 말한다(아시아문화도시법 §2 1호).

"투자진흥지구"란 문화체육관광부장관이 광주광역시에 문화산업 등의 진흥을 위하여 투자를 유치하고자 하는 지역으로 지정한 지구이다(동법 §16 ①).

광주광역시에 국립아시문화전당권역, CGI센터권역, 아킴보 관광호텔 등 3개 권역을 지정하였다.[1]

2 지구 입주기업

투자진흥지구에 입주하는 기업으로 아래의 요건을 갖추어야 한다. 입주하는 기업이므로 창업과 이전을 포함한다.

2-1 업종별 투자규모 (조세감면기준)

다음의 투자금액별로 해당하는 사업을 영위하여야 한다(조특령 §116의 25 ①).

(1) 투자규모 5억원 이상인 업종 (1호)

㉮ 출판업
㉯ 영상·오디오 기록물 제작 및 배급업(비디오물 감상실 운영업은 제외한다)
㉰ 방송업
㉱ 컴퓨터 프로그래밍, 시스템통합 및 관리업
㉲ 정보서비스업(뉴스제공업은 제외한다)
㉳ 광고업
㉴ 전문디자인업

---

[1] 투자진흥지구 등 상세내용은 아시아문화중심도시광주 홈페이지(http://www.asiaculturecity.com/)를 참조하기 바람.

㈎ 전시, 컨벤션 및 행사대행업
㈏ 창작 및 예술관련 서비스업(자영예술가는 제외한다)

종전에는 「문화산업진흥 기본법」 제2조 제1호에 따른 문화산업을 운영하는 사업을 업종기준으로 하였으나, 2017년 개정세법에서 문화산업 중 창업중소기업세액감면 업종에 해당하는 출판업 등 9개 업종을 별도로 명시하였다. 또한 투자규모 요건도 종전의 30억원에서 5억원으로 하향하였다. 2017. 2.7. 전에 아시아문화중심도시 투자진흥지구에 입주한 기업에 대해서는 개정규정에도 불구하고 종전의 규정에 따른다(2017.2.7. 개정된 시행령 부칙 §28).

(2) 투자규모 30억원 이상인 업종 (2호)

㈎ 관광숙박업, 관광객 이용시설업(골프장업 제외), 국제회의업, 유원시설업, 관광 편의시설업을 운영하는 사업(관광진흥법 §3 ①)
㈏ 청소년수련시설을 운영하는 사업(청소년활동진흥법 §10 1호)
㈐ 교육원(연수원, 그 밖에 이와 유사한 것 포함)을 운영하는 사업(건축법 시행령 별표 1 10호 나목)

2-2 지구 내에 시설 설치

위의 감면대상사업을 영위하기 위한 시설을 새로이 설치하여야 한다.

Ⅲ. 과세특례

1 감면소득

감면소득은 투자진흥지구 입주기업의 감면대상사업에서 발생한 소득이다(조특법 §121의 20 ②).
감면소득의 상세 내용은 제1장 제2절 Ⅲ. 1.을 참조하기로 한다.

2 감면세액

$$감면세액 = 산출세액 \times \frac{감면소득}{과세표준} \times 감면율$$

입주기업의 감면율은 3년간 100%이고, 그 다음 2년간은 50%로, 총감면기간은 5년이다. 사업개시일 이후 감면대상사업에서 최초로 소득이 발생한 과세연도의 개시일부터 3년 이내에 끝나는 과세연도에는 법인세 또는 소득세의 100%를 감면하고, 그 다음 2년 이내에 끝나는 과세연도에는 법인세 또는 소득세의 50%를 감면한다(조특법 §121의 20 ②).

다만 초기 결손 등으로 그 소득 발생이 지연될 수 있으므로, 사업개시일부터 5년이 되는 날이 속하는 과세연도까지 소득이 발생하지 않는 경우에는 5년이 되는 날이 속하는 과세연도를 최초 소득발생 과세연도로 본다.

본 감면을 적용받던 내국법인이 그 감면기간이 만료하기 전에 동일한 지구 내에서 다른 사업장을 설치하여 이전하는 경우에는 잔존감면기간 동안 해당 감면이 적용된다.

산출세액, 감면소득, 과세표준 등 상세내용은 제2부 제2절 창업중소기업세액감면의 내용을 참조하기 바란다.

3 감면한도

본 감면한도는 제1장 제2절 제주첨단과학기술단지 입주기업에 대한 과세특례의 내용과 동일하므로 해당 부분을 참조하기 바란다(조특법 §121의 20 ④~⑦, 조특령 §116의 25 ②~⑤, 조특칙 §8의 3).

4 사후관리

4-1 추징 사유 및 금액

해당 감면대상사업에서 최초로 소득이 발생한 과세연도(사업개시일부터 3년이 되는 날이 속하는 과세연도까지 해당 사업에서 소득이 발생하지 아니한 경우에는 3년이 되는 날이 속하는 과세연도) 종료일 이후 2년 이내에 조세감면기준(법 §121의 20 ①)에 해당하는 투자가 이루어지지 아니한 경우에는 감면받은 세액 전액을 추징한다(조특법 §121의 20 ⑧, 조특령 §116의 25 ⑥).

4-2 감면기간의 종료

전술한 추징사유가 발생한 경우에는 해당 과세연도와 남은 감면기간 동안 법인세와 소득세의 감면을 적용하지 않는다(조특법 §121의 20 ⑨).

5 사업장 이전 등 사후관리

감면받은 기업이 폐업, 해산 및 사업장 이전 등 의무위반사유가 발생하는 경우에는 그 사유가 발생한 과세연도의 과세표준신고를 할 때 공제받은 세액에 이자상당액을 가산하여 소득세 또는 법인세로 납부하여야 한다(조특법 §121의 20 ⑩, 조특령 §116의 25 ⑦).

2022년 세법 개정에 따른 의무위반 사유 및 추징세액, 이자상당 가산액 및 부칙 규정은 제3부 제1장 제5절 Ⅲ. 5. 사업장 이전 등 사후관리를 참조하기 바란다. 연구개발특구를 투자진흥지구로 본다.

Ⅳ. 조세특례제한 등

제2절 기업도시 개발과 지역개발사업 구역 등 지원을 위한 조세특례와 내용이 동일하므로 해당 부분을 참조하기 바란다(조특법 §121의 20 ⑪·⑫, 조특령 §116의 26 ⑥).

제4절 [제121조의 21] 금융중심지 창업기업 등에 대한 법인세 등의 감면 등

Ⅰ. 의의

수도권과밀억제권역 외의 금융중심지에서 창업하거나 사업장을 신설하여 금융 및 보험업을 영위하는 경우 소득세 또는 법인세를 3년간 100%, 그 후 2년간은 50% 감면하는 제도이다.

금융회사들의 집적을 유도하고 금융산업의 경쟁력을 높여 지속 가능한 성장동력을 창출하기 위한 금융중심지 제도를 세제지원하는 제도이다.

일몰기한은 2025.12.31.이다.

개정연혁

연 도	개정 내용
2019년	■ 창업의 범위 명확화 ■ 고용기준 한도 증액 : 1천만원 → 1천5백만원(청년 및 서비스업 상시근로자 2천만원) ■ 서비스업의 투자제외방식 한도 계산 폐지
2020년	■ 감면한도 계산 시 유형자산과 건설중인 자산에 대한 소재 요건 등 추가
2022년	■ 감면대상 사업장의 사업을 폐업하거나 사업장을 특구지역 외의 지역으로 이전한 경우에 대한 사후관리 규정 신설

Ⅱ. 요건

수도권과밀억제권역 외의 금융중심지에서 창업하거나 사업장을 신설하여 금융 및 보험업을 영위하여야 하며, 조세감면기준에 따른 고용과 투자가 이루어져야 한다.

1 금융중심지

「금융중심지의 조성과 발전에 관한 법률」(이하 "금융중심지법")에 따라 지정된 금융중심지로 수도권과밀억제권역 외의 지역에 소재하여야 한다(조특법 §121의 21 ①).

"금융중심지"란 다수의 금융기관들이 자금의 조달, 거래, 운용 및 그 밖의 금융거래를 할 수 있는 국내 금융거래 및 국제 금융거래의 중심지를 말한다(금융중심지법 §2 1호).

수도권과밀억제권역은 제1부 제3절 용어정의를 참조하기로 한다.

금융중심지 지정 고시(금융위원회 고시 제2010-1호, 2010.1.6.)로 서울 여의도 및 부산 문현 일원이 금융중심지로 지정되었으나, 수도권과밀억제권역 외에 소재하여야 하므로 **부산 문현 금융중심지**만 본 특례의 대상이 된다.

2 투자금액 및 고용기준 (조세감면기준)

해당 기업의 투자금액이 20억원 이상이고 해당 구역의 사업장에서 근무하는 고용인원으로서 상시근로자 수가 10명 이상이어야 한다(조특령 §116의 26 ①).[1]

투자금액 및 고용기준은 동 제도가 페이퍼컴퍼니 등의 조세회피 수단으로 악용되는 것을 방지하기 위함이다.

3 창업 등

금융중심지에서 창업하거나 사업장을 신설하여야 한다. 기존 사업장을 인수하거나 이전하는 경우는 제외함에 유의하여야 한다.

창업의 범위에 관하여는 창업중소기업세액감면 규정을 준용한다(조특법 §121의 21 ③ → §6 ⑩). 제2부 제2절 Ⅱ. 1-2를 참조하기로 한다.

종래 창업의 범위에 관한 규정이 없었으나, 2019년 개정세법에서 창업중소기업세액감면 규정의

---

1) 종래 상시고용인원의 범위 및 상시근로자 수의 계산방법에 관하여는 고용창출투자세액공제의 규정을 준용하였다(구 조특칙 §51의 8 ①② →조특령 §23 ⑩~⑫). 그러나, 2019년 개정세법에서 종전 '상시고용인원'이라는 용어를 '상시근로자'로 바꾸면서 범위 및 수의 계산에 관한 시행규칙 규정을 삭제하였다. 영 제116조의 26 제5항에서 상시근로자의 수 및 범위에 관하여 연구개발특구 세액감면 규정을 준용하도록 하고 있으나, 법 제121조의 21 제4항 및 제6항만을 대상 조문으로 열거하고 있을 뿐, 시행령 제116조의 26 제1항을 대상 조문으로 열거하고 있지 않다. 입법의 보완이 필요하다.

창업 범위 규정을 준용하도록 하였다. 2019.1.1. 전에 금융중심지에 창업하거나 사업장을 신설한 기업에 대해서는 개정규정에도 불구하고 종전의 규정에 따른다(2018.12.24. 개정된 법률 부칙 §50).

Ⅲ. 세액감면

1 감면소득

창업기업의 감면대상소득은 감면대상사업을 경영하기 위하여 그 구역에 투자한 사업장에서 직접 발생한 소득을 말한다(조특령 §116의 26 ②).

감면소득의 상세 내용은 제1장 제2절 Ⅲ. 1.을 참조하기로 한다.

2 감면세액

$$감면세액 = 산출세액 \times \frac{감면소득}{과세표준} \times 감면율$$

감면세액의 상세 내용은 제3절 Ⅲ. 2.를 참조하기로 한다.

3 감면한도

본 감면한도는 제1장 제2절 제주첨단과학기술단지 입주기업에 대한 과세특례의 내용과 동일하므로 해당 부분을 참조하기 바란다(조특법 §121의 21 ④~⑦, 조특령 §116의 26 ③~⑥, 조특칙 §8의 3).

4 사후관리

본 내용은 제3절 아시아문화중심도시 투자진흥지구 입주기업 등에 대한 법인세 등의 감면 등과 동일하므로 해당 부분을 참조하기로 한다(조특법 §121의 21 ⑧·⑨, 조특령 §116의 26 ⑦).

5 사업장 이전 등 사후관리

감면받은 기업이 폐업, 해산 및 사업장 이전 등 의무위반사유가 발생하는 경우에는 그 사유가 발생한 과세연도의 과세표준신고를 할 때 공제받은 세액에 이자상당액을 가산하여 소득세 또는 법인세로 납부하여야 한다(조특법 §121의 21 ⑩, 조특령 §116의 26 ⑩).

2022년 세법 개정에 따른 의무위반 사유 및 추징세액, 이자상당 가산액 및 부칙 규정은 제3부 제1장 제5절 Ⅲ. 5. 사업장 이전 등 사후관리를 참조하기 바란다. 연구개발특구를 금융중심지로 본다.

Ⅳ. 조세특례제한 등

아래의 통보의무를 제외한 이외의 사항은 제2절 기업도시 개발과 신발전지역 등 육성을 위한 조세특례와 내용이 동일하므로 해당 부분을 참조하기 바란다(조특법 §121의 21 ⑪, 조특령 §116의 26 ⑪).

1 통보의무

(가) 추징권자에 대한 통보

금융위원회, 국토교통부장관 및 지방자치단체의 장은 추징사유가 발생한 사실을 안 때에는 이를 지체 없이 해당 관할세무서장에게 통보하여야 한다(조특령 §116의 26 ⑧).

(나) 폐업일등의 통보

세무서장은 금융중심지 창업기업 등의 폐업일 또는 폐쇄일을 확인한 때에는 당해 기업의 사업장을 관할하는 지방자치단체의 장에게 이를 지체 없이 통보하여야 한다(조특령 §116의 26 ⑨).

제5절 [제121조의 22] 첨단의료복합단지 및 국가식품 클러스터 입주기업에 대한 법인세 등의 감면 ★

Ⅰ. 의의

첨단의료복합단지에 입주한 기업이 보건의료기술 관련 사업을 하는 경우, 소득세 또는 법인세를 3년간 100%, 그 후 2년간은 50% 감면하는 제도이다.

의료산업 경쟁력 향상을 목적으로 첨단의료복합단지 입주기업에 대한 세제지원을 위하여 첨단의료복합단지에 대한 특례를 2012년 개정세법에서 도입되었다. 그리고 식품산업 경쟁력 강화를 위하여 국가식품클러스터 입주기업에 대한 법인세 등 감면을 신설하였다. 일몰기한은 2025.12.31.이다.

개정연혁

연 도	개정 내용
2019년	■ 고용기준 한도 증액 : 1천만원 → 1천5백만원(청년 및 서비스업 상시근로자 2천만원) ■ 서비스업의 투자제외방식 한도 계산 폐지
2020년	■ 국가식품클러스터 입주기업에 대한 법인세 등 감면 신설 ■ 감면한도 계산 시 유형자산과 건설중인 자산에 대한 소재 요건 등 추가
2012년	■ 감면대상 사업장의 사업을 폐업하거나 사업장을 특구지역 외의 지역으로 이전한 경우에 대한 사후관리 규정 신설

Ⅱ. 요건

첨단의료복합단지에 입주한 기업이 보건의료기술 관련 사업을 하거나 국가식품클러스터 입주기업이 식품사업 등을 하여야 한다(조특법 §121의 22 ①).

1 첨단의료복합단지 입주기업 (1호)

1-1 첨단의료복합단지 입주

「첨단의료복합단지 지정 및 지원에 관한 특별법」(이하 "첨단의료단지법") 제6조에 따라 지정된 첨단의료복합단지에 입주하여야 한다. 입주하여야 하므로 창업과 이전을 포함한다.

"첨단의료복합단지"란 의료연구개발의 활성화와 연구 성과의 상품화를 촉진하기 위하여 보건복지부장관이 지정·고시하는 단지를 말한다(첨단의료단지법 §2 1호).

첨단의료복합단지로는 오송과 대구경북의료복합단지가 있다.

1-2 보건의료기술 관련 사업

감면대상사업은 보건의료기술진흥법에 따른 다음의 보건의료기술 관련 사업이다(조특령 §116의 27 ① → 보건의료기술진흥법 §2 ① 1호).
㉮ 의과학·치의학·한의학·의료공학 및 의료정보학 등에 관련되는 기술
㉯ 의약품·의료기기·식품·화장품·한약 등의 개발 및 성능 향상에 관련되는 기술
㉰ 그 밖에 인체의 건강과 생명의 유지·증진에 필요한 상품 및 서비스와 관련되는 보건·의료 관련 기술

2 국가식품클러스터 입주기업 (2호)

2-1 국가식품클러스터 입주

「식품산업진흥법」 제12조에 따른 국가식품클러스터에 입주하여야 한다.

"국가식품클러스터"란 국가가 식품산업과 관련되어 있는 기업, 연구소, 대학 및 기업지원시설을 일정 지역에 집중시켜 상호연계를 통한 상승효과를 만들어 내기 위하여 형성한 집합체를 말한다(동법 §2 6호).

국가식품클러스터는 전라북도 익산시에 국가식품전문산업단지로 조성한다.

2020년 개정세법에서 국가식품클러스터의 활성화를 위하여 국가식품클러스터에 입주한 기업에 대한 소득세·법인세 감면을 신설하였다. 개정규정은 2020.1.1. 이후 과세표준을 신고하는 분부터 소

2-2 식품산업

감면대상사업은 "식품산업"과 그에 관련된 사업을 말한다(조특령 §116의 27 ②).

"식품산업"이란 식품을 생산, 가공, 제조, 조리, 포장, 보관, 수송 또는 판매하는 산업으로서 다음의 것을 말한다(농업·농촌·식품산업 기본법 §3 8호, 동 시행령 §6).
① 농수산물에 인공을 가하여 생산·가공·제조·조리하는 산업
② ①의 산업으로부터 생산된 산물을 포장·보관·수송 또는 판매하는 산업

Ⅲ. 세액감면

1 감면소득

입주기업의 감면대상소득은 첨단의료복합단지 및 국가식품클러스터(이하 "단지")에 위치한 사업장의 감면대상사업에서 발생한 소득이다(조특법 §121의 22 ②).

감면소득의 상세 내용은 제1장 제2절 Ⅲ. 1.을 참조하기로 한다.

2 감면세액

$$감면세액 = 산출세액 \times \frac{감면소득}{과세표준} \times 감면율$$

감면세액의 상세 내용은 제3절 Ⅲ. 2.를 참조하기로 한다.

3 감면한도 및 사후관리

감면한도 및 사후관리의 내용은 제1장 제2절 Ⅲ. 3. 제주첨단과학기술단지 입주기업에 대한 과세특례의 내용과 동일하므로 해당부분을 참조하기 바란다(조특법 §121의 22 ③~⑥, 조특령 §116의 27 ③~⑦, 조특칙 §8의 3).

4 사업장 이전 등 사후관리

감면받은 기업이 폐업, 해산 및 사업장 이전 등 의무위반사유가 발생하는 경우에는 그 사유가 발생한 과세연도의 과세표준신고를 할 때 공제받은 세액에 이자상당액을 가산하여 소득세 또는 법인세로 납부하여야 한다(조특법 §121의 22 ⑦, 조특령 §116의 27 ⑦).

2022년 세법 개정에 따른 의무위반 사유 및 추징세액, 이자상당 가산액 및 부칙 규정은 제3부 제1장 제5절 Ⅲ. 5. 사업장 이전 등 사후관리를 참조하기 바란다. 연구개발특구를 첨단의료복합단지 또는 국가식품클러스터로 본다.

Ⅳ. 조세특례제한 등

제2절 기업도시 개발과 신발전지역 등 육성을 위한 조세특례와 내용이 동일하므로 해당부분을 참조하기 바란다(조특법 §121의 22 ⑧·⑨, 조특령 §116의 27 ⑧).

제6절 [제121조의 33] 기회발전특구의 창업기업 등에 대한 법인세 등의 감면   신 설

Ⅰ. 의의

기회발전특구에 제조업 등 감면대상사업으로 창업하거나 사업장을 신설하는 기업에 대해서는 소득세 또는 법인세를 5년간 100%, 그 후 2년간은 50% 감면하는 제도이다.

국가균형발전을 목적으로 기회발전특구의 활성화를 지원하기 위하여 2024년 개정세법에서 도입되었다.

일몰기한은 2026.12.31.이다.

Ⅱ. 요건

1 기회발전특구

"기회발전특구"란 개인 또는 법인의 대규모 투자를 유치하기 위하여 관계 중앙행정기관과 지방자치단체의 지원이 필요한 곳으로 지정·고시되는 지역을 말한다[「지방자치분권 및 지역균형발전에 관한 특별법」 (이하 "지방분권균형발전법") §2 13호]. 같은 법 제2조 제12호에 따른 인구감소지역, 「접경지역 지원 특별법」 제2조 제1호에 따른 접경지역이 아닌 수도권과밀억제권역 안의 기회발전특구는 제외한다(이하 "기회발전특구"; 조특법 §99의 4 ① 1호 가목).[1]

---

[1] 2024년 5월초 현재 지정된 지역은 없음.

2 감면대상사업 (업종)

다음의 업종을 감면대상사업으로 한다(조특령 §116의 36 ①).

① 제조업[의제제조업(영 §5 ⑥)을 포함한다]
② 폐기물 수집, 운반, 처리 및 원료 재생업
③ 정보통신업. 다만, 다음 각 목의 업종은 제외한다.
  ㉮ 비디오물 감상실 운영업
  ㉯ 뉴스 제공업
  ㉰ 블록체인 기반 암호화자산 매매 및 중개업
④ 금융 및 보험업 중 정보통신을 활용하여 금융서비스를 제공하는 업종으로서 다음 각 목의 어느 하나에 해당하는 행위를 업으로 영위하는 업종
  ㉮ 「전자금융거래법」 제2조제1호에 따른 전자금융거래
  ㉯ 「자본시장과 금융투자업에 관한 법률」 제9조제27항에 따른 온라인소액투자중개
  ㉰ 「외국환거래법 시행령」 제15조의2제1항에 따른 소액해외송금
⑤ 연구개발업, 기타 과학기술 서비스업 및 엔지니어링사업
⑥ 공연시설 운영업, 공연단체, 기타 창작 및 예술관련 서비스업
⑦ 「신에너지 및 재생에너지 개발·이용·보급 촉진법」 제2조제1호에 따른 신에너지 또는 같은 조 제2호에 따른 재생에너지를 이용하여 전기를 생산하는 사업
⑧ 「물류시설의 개발 및 운영에 관한 법률」 제2조제4호에 따른 복합물류터미널사업
⑨ 「유통산업발전법」 제2조제16호에 따른 공동집배송센터를 조성하여 운영하는 사업
⑩ 「항만법」 제2조제5호에 따른 항만시설을 운영하는 사업과 같은 조 제11호에 따른 항만배후단지에서 경영하는 물류산업
⑪ 「관광진흥법 시행령」 제2조제1항제2호가목부터 라목까지, 같은 호 바목 및 사목에 따른 관광호텔업, 수상관광호텔업, 한국전통호텔업, 가족호텔업, 소형호텔업 및 의료관광호텔업. 다만, 해당 호텔업과 함께 「관광진흥법」 제3조제1항제5호에 따른 카지노업 또는 「관세법」 제196조에 따른 보세판매장을 경영하는 경우 그 카지노업 또는 보세판매장 사업은 제외한다.
⑫ 「관광진흥법 시행령」 제2조제1항제3호에 따른 전문휴양업·종합휴양업·관광유람선업·관광공연장업. 다만, 전문휴양업 또는 종합휴양업과 함께 「관광진흥법」 제3조제1항제2호나목에 따른 휴양 콘도미니엄업 또는 「체육시설의 설치·이용에 관한 법률」 제10조제1항제1호에 따른 골프장업을 경영하는 경우 그 휴양 콘도미니엄업 또는 골프장업은 제외한다.
⑬ 「관광진흥법 시행령」 제2조제1항제4호가목에 따른 국제회의시설업
⑭ 「관광진흥법 시행령」 제2조제1항제5호가목에 따른 종합유원시설업
⑮ 「관광진흥법 시행령」 제2조제1항제6호라목에 따른 관광식당업
⑯ 「학원의 설립·운영 및 과외교습에 관한 법률」에 따른 직업기술 분야를 교습하는 학원

을 운영하는 사업 또는 「국민 평생 직업능력 개발법」에 따른 직업능력개발훈련시설을 운영하는 사업(직업능력개발훈련을 주된 사업으로 하는 경우로 한정한다)
⑰ 「노인복지법」 제31조에 따른 노인복지시설을 운영하는 사업

3 창업등

기회발전특구에서 감면대상사업으로 창업하거나 사업장을 신설하여야 한다. 기존 사업장을 이전하는 경우는 제외하며, 기회발전특구로 지정된 기간에 창업하거나 사업장을 신설(이하 "창업등")하는 경우로 한정한다(조특법 §121의 33 ①).

창업의 범위에 관하여는 창업중소기업세액감면 규정을 준용한다(조특법 §121의 33 ⑦ → §6 ⑩). 제2부 제2절 Ⅱ. 1-2를 참조하기로 한다.

Ⅲ. 세액감면

1 감면소득

감면대상사업에서 발생한 소득이란 감면대상사업을 경영하기 위해 기회발전특구에 투자한 사업장에서 발생한 소득을 말한다(조특령 §116의 36 ②).

감면소득의 상세 내용은 제1장 제2절 Ⅲ. 1.을 참조하기로 한다.

2 감면세액 및 감면기간

창업기업등의 감면율은 5년간 100%이고, 그 다음 2년간은 50%로, 총감면기간은 7년이다(조특법 §121의 33 ②).

$$\text{감면세액} = \text{산출세액} \times \frac{\text{감면소득}}{\text{과세표준}} \times \text{감면율}$$

다만, 초기 결손 등으로 그 소득 발생이 지연될 수 있으므로, 사업개시일부터 5년이 되는 날이 속하는 과세연도까지 소득이 발생하지 않는 경우에는 5년이 되는 날이 속하는 과세연도를 최초 소득발생 과세연도로 본다.

산출세액, 감면소득, 과세표준 등 상세내용은 제2부 제2절 창업중소기업세액감면의 내용을 참조하기 바란다.

3 감면한도

감면기간 동안 감면되는 소득세 또는 법인세의 총합계액이 감면한도를 초과하는 경우에는 감면한도만큼 감면된다(조특법 §121의 33 ③~⑥, 조특령 §116의 36 ③~⑥, 조특칙 §8의 3).

$$\text{감면한도} = \text{투자누계액} \times 50\% + \text{감면사업장 상시근로자 수} \times 1{,}500\text{만원(청년 등 } 2{,}000\text{만원)}$$

투자금액 기준 한도, 고용기준 한도 및 고용인센티브 추징의 내용은 법 제121조의 8 제주첨단과학기술단지 입주기업에 대한 과세특례와 동일하므로 해당 부분을 참조하기 바란다(제1장 제2절 Ⅲ. 3.).

4 사후관리

본 특례에 따라 법인세 또는 소득세를 감면받은 기업이 다음의 의무위반사유가 발생한 경우에는 의무위반 사유 별 추징세액을 납부하여야 한다(조특법 §121의 33 ⑧, 조특령 §116의 36 ⑦). 이 경우 연구개발특구에 입주하는 첨단기술기업 등에 대한 법인세 등 감면의 이자상당가산액 등에 관한 규정을 준용한다(조특법 §12의 2 ⑧, 제3부 제1장 Ⅲ. 5-2 참조).

(가) 폐업·해산

감면대상사업장의 사업을 폐업하거나 법인이 해산한 경우에는 폐업일 또는 법인해산일부터 소급하여 3년 이내에 감면된 세액을 추징한다. 다만, 법인의 합병·분할 또는 분할합병으로 인한 경우는 제외한다.

(나) 특구 외로 이전

감면대상사업장을 기회발전특구 외의 지역으로 이전한 경우에는 이전일부터 소급하여 5년 이내에 감면된 세액을 추징한다.

Ⅳ. 조세특례제한 등

제2절 기업도시 개발과 지역개발사업 구역 등 지원을 위한 조세특례와 내용이 동일하므로 해당 부분을 참조하기 바란다(조특법 §121의 33 ⑨·⑩, 조특령 §116의 36 ⑧).

제7절 [제121조의 34] 기회발전특구로 이전하는 기업에 대한 과세이연 특례 〔신설〕

Ⅰ. 의의

수도권에서 3년(중소기업은 2년) 이상 계속하여 사업을 한 내국인이 수도권에 있는 사업용 부동산을 양도하고 기회발전특구 내 사업용 부동산을 대체 취득하는 경우, 양도차익 상당액을 신규 사업용 부동산을 처분할 때까지 익금불산입하거나 양도소득세를 과세이연하는 특례이다.

국가균형발전을 위한 기회발전특구의 활성화를 지원하기 위하여 수도권 본사, 공장 등의 대지와 건물을 양도하는 경우, 그 양도차익을 과세이연하여 기업의 기회발전특구로의 이전을 촉진하려는 목적이다.

일몰기한은 2026.12.31.이다.

Ⅱ. 요건

1 이전 전후 소재지역

수도권에서 3년(중소기업은 2년) 이상 계속하여 사업을 한 내국인이 기회발전특구로 이전하여야 한다(조특법 §121의 34 ①).

기회발전특구는 제6절 Ⅱ. 1.을 참조하기로 한다.

2 사업용 부동산의 양도

다음의 용도로 사용되는 수도권에 있는 사업용 부동산(이하 "종전사업용부동산")을 양도하여야 한다(조특령 §116의 37 ①).
① 해당 기업의 본사
② 공장(조특령 §54 ①; 제8부 제1장 제1절 Ⅱ. 1. 참조)
③ 기업부설연구소(기초연구진흥 및 기술개발지원에 관한 법률 §14의 2 ①)
④ 데이터센터의 대지와 건물(지능정보화 기본법 §40)

3 이전 방식

(가) 선취득 → 후양도

기회발전특구에 있는 사업용 부동산(이하 "신규사업용부동산")을 취득하여 사업을 개시한 날부터 2년 이내에 종전사업용부동산을 양도하는 경우이다(조특법 §121의 34 ②).

양도의 시기는 소득세법상 양도 시기(소법 §98)를 따른다. 제7부 제7장 제2절 Ⅱ. 2-2 (1)을 참조하기로 한다.

(나) 선양도 → 후취득

종전사업용부동산을 양도한 날부터 3년 이내에 신규사업용부동산을 취득하여 사업을 개시하는 경우이다.

Ⅲ. 과세특례

1 법인의 과세이연

1-1 익금불산입

법인의 종전사업용부동산의 양도에 따른 양도차익 중 다음 산식에 따라 계산한 금액(이하 "양도차익상당액")을 해당 사업연도의 소득금액을 계산할 때 익금에 산입하지 아니한다. 이 경우 해당 금액은 신규사업용부동산 처분일이 속하는 사업연도의 소득금액을 계산할 때 익금에 산입하여야 한다(조특령 §116의 37 ② 1호 가목). 단, 우항의 분수는 100분의 100을 한도로 한다.

$$\text{익금불산입 금액} = \left(\text{종전사업용 부동산의 양도차익} - \text{이월결손금}^① \right) \times \frac{\text{신규사업용부동산의 취득가액}^②}{\text{종전사업용부동산의 양도가액}}$$

❶ 이월결손금은 종전사업용부동산을 양도한 날이 속하는 사업연도의 직전 사업연도 종료일 현재 15년 이내에 개시한 사업연도에서 발생한 세무상 결손금으로서 그 후의 각 사업연도의 과세표준 계산을 할 때 공제되지 아니한 금액의 합계액을 말한다(법법 §13 ① 1호).

❷ 이때 종전사업용부동산의 양도일이 속하는 과세연도 종료일까지 신규사업용부동산을 취득하지 않은 경우 신규사업용부동산의 취득가액은 이전(예정)명세서상의 예정가액(이하 "취득예정가액")으로 한다(조특령 §116의 37 ③).

1-2 충당금 설정

법인이 과세이연을 적용받는 경우에는 신규사업용부동산의 취득가액 중 양도차익상당액을 다음 구분에 따라 일시상각충당금 또는 압축기장충당금으로 손비에 계상해야 한다(조특령 §116의 37 ④).

① 감가상각자산: 일시상각충당금
② ① 외의 자산: 압축기장충당금

2 개인의 양도소득세 과세이연

다음 산식에 따라 계산한 거주자의 양도차익상당액에 대한 양도소득세를 양도일이 속하는 해당 연도의 양도소득세 과세표준 확정신고기한까지 납부하여야 할 양도소득세로 보지 아니한다. 이 경우 해당 세액은 신규사업용부동산 처분일이 속하는 해당 연도에 납부하여야 한다(조특령 §116의 37 ② 1호 나목).

소득이연 방식이 아닌 과세이연 방식임에 유의하여야 한다(제1부 제1절 Ⅲ. 2-3 (2) 참조).

$$\text{과세이연 양도차익} = \left(\text{종전사업용 부동산의 양도차익} \right) \times \frac{\text{신규사업용부동산의 취득가액}^②}{\text{종전사업용부동산의 양도가액}}$$

❷ 위 1-1 참조

3 사후관리

과세특례를 적용받은 내국인이 다음의 어느 하나에 해당하는 "의무위반사유"가 발생한 경우에는 그 사유가 발생한 날이 속하는 사업연도의 소득금액을 계산할 때 "추징금액"을 익금에 산입하거나 양도소득세로 납부하여야 한다. 이 경우 익금에 산입할 금액 또는 납부할 세액에 관하여는 이자상당가산액을 납부해야 하며, 그 세액은 법인세법 제64조 또는 소득세법 제111조에 따라 납부하여야 할 세액으로 본다(조특법 §121의 34 ③ → §33 ③ 후단). 이자상당가산액은 제8부 제1장 제2절 Ⅲ. 2-3을 참조하기로 한다.

3-1 의무위반사유

의무위반 사유는 다음과 같다.
① 신규사업용부동산을 취득하여 사업을 개시한 날부터 3년 이내에 그 사업을 폐지하거나 법인이 해산한 경우
② 사업용 부동산을 기회발전특구로 이전하지 아니한 경우
③ 특례를 적용받는 내국인이 신규사업용부동산 중 처분하거나 해당 사업에 사용하지 않는 부동산의 가액이 전체 신규사업용부동산 가액의 2분의 1 이상인 경우로서 사업을 이전하지 아니하였다고 인정되는 경우(조특령 §116의 37 ⑥)

3-2 추징금액

다음 각 구분에 따른 금액을 추징한다(조특령 §116의 37 ⑤).
① 법인이 일시상각충당금으로 계상한 경우 감가상각비와 상계하고 남은 잔액, 압축기장충당금으로 계상한 경우에는 해당 압축기장충당금 전액
② 거주자는 납부하지 않은 양도소득세액 전액

3-3 사후정산

다만, 취득예정가액을 기준으로 계산한 양도차익상당액을 익금에 산입하지 않거나 과세이연을 받은 경우에는 실제 취득가액을 기준으로 계산한 금액을 초과하여 적용받은 금액을 신규사업용부동산을 취득하여 사업을 개시한 날이 속하는 과세연도의 익금에 산입하거나 양도소득세로 납부해야 한다. 이 경우 익금에 산입하거나 양도소득세로 납부해야 할

금액에 대해서는 이자상당액을 가산한다(조특령 §116의 37 ⑦ → §33 ③ 후단).

이자상당가산액은 제8부 제1장 제2절 Ⅲ. 2-3을 참조하기로 한다.

Ⅳ. 조세특례제한 등

 **절차**

1-1 법인

법인은 종전사업용부동산의 양도일이 속하는 사업연도의 과세표준신고를 할 때 양도차익명세, 분할익금산입조정명세서(별지 제12호의 2 서식) 및 이전(예정)명세서(별지 제15호의 2 서식)를 납세지 관할 세무서장에게 제출해야 한다(조특령 §116의 37 ⑧).

1-2 개인

거주자는 종전사업용부동산의 양도일이 속하는 과세연도의 과세표준신고(예정신고 포함)를 할 때 과세이연신청서(별지 제12호의 4 서식) 및 이전(예정)명세서(별지 제15호의 2 서식)를 납세지 관할 세무서장에게 제출해야 한다(조특령 §116의 37 ⑨).

1-3 취득예정가액으로 과세특례를 적용받은 경우

취득예정가액으로 과세특례를 적용받은 후 신규사업용부동산을 취득하여 사업을 개시한 경우에는 그 사업개시일이 속하는 과세연도의 과세표준신고를 할 때 이전완료보고서(별지 제15호 서식)를 납세지 관할 세무서장에게 제출해야 한다(조특령 §116의 37 ⑩).

2024
조세특례제한법 해석과 사례

19. 과세표준 양성화를 위한 조세특례

제1절 서설
제2절 [제122조의 4] 금사업자와 스크랩등사업자의 수입금액의 증가 등에 대한 세액공제
제3절 [제126조의 2] 신용카드 등 사용금액에 대한 소득공제
제4절 [제126조의 3] 현금영수증사업자 및 현금영수증가맹점에 대한 과세특례
제5절 [제126조의 5] 현금거래의 확인 등
제6절 [제126조의 6] 성실신고 확인비용에 대한 세액공제

제1절 서설

조세특례제한법에서는 과세표준의 양성화를 위하여 사업소득자인 성실사업자, 성실신고확인대상 사업자가 세법상 의무를 이행하는 경우 세액공제를 허용한다. 또한 신용카드, 현금영수증, 세금계산서 등 거래 증빙의 수집을 통한 과세 양성화를 위하여 소득공제 등의 특례를 부여한다.

과세표준 양성화를 위한 조세특례

조문	특례요건	과세특례
§122의 3 성실사업자에 대한 의료비 등 공제	■ 소득세법상 성실사업자로서 성실요건 등을 충족하거나 성실신고확인대상사업자가 성실신고확인서를 제출하는 경우 ■ 종합소득금액 7천만원 이하인 성실사업자 또는 성실신고확인대상 사업자	■ 의료비 및 교육비 지출액의 15%를 세액공제(단, 미숙아는 20%, 난임시술비는 30%) ■ 월세액의 15%를 세액공제. 단, 종합소득금액 4천5백만원 이하인 경우는 17%의 공제율 적용
§122의 4 금사업자와 스크랩등사업자의 수입금액의 증가 등에 대한 세액공제	스크랩등 사업자가 스크랩등 거래계좌를 사용, 또는 금사업자가 금웨이스트등을 금거래계좌를 사용하여 결제하거나 결제받는 경우	직전 연도 대비 증가분 금액의 50% 또는 당기분 금액의 5%를 소득세 또는 법인세에서 세액공제
§126의 2 신용카드 등 사용금액에 대한 소득공제	근로소득이 있는 거주자가 신용카드, 현금영수증, 직불카드 등으로 대가를 지불한 경우	전통시장·대중교통 사용분은 40%, 도서등·직불카드등 사용분은 30%, 신용카드 사용분은 15%를 곱한 금액에서 최저사용금액 해당 분을 차감한금액에 추가공제을 더하여 소득공제
§126조의 3 현금영수증사업자 및 현금영수증가맹점에 대한 과세특례(일몰기한 없음)	■ 현금영수증 결제 및 지급명세서 제출 ■ 현금영수증가맹점이 5천원 미만의 거래에 대한 현금영수증을 발급한 경우	■ 현금영수증 결제 건당 8.4원~9.4원 ('19.6.30.까지는 11.5원~12.5원)을 부가가치세에서 공제 ■ 현금영수증 발급 건수당 20원을 소득세에서 세액공제

조문	특례요건	과세특례
§126의 4 매입자발행세금계산서에 의한 매입세액 공제 특례 ('16년 말 부법 이관)	일반과세자로부터 재화나 용역을 공급받고 세금계산서를 발급받지 못한 경우에 그 매입자가 관할 세무서장의 확인을 받아 세금계산서를 발행하는 경우	부가가치세 매입세액 공제
§126의 5 현금거래의 확인 등(일몰기한 없음)	사업자로부터 재화나 용역을 공급받고 현금영수증을 발급받지 못한 경우에 그 매입자가 관할 세무서장의 확인을 받는 경우	▪매입자는 현금영수증을 발급받은 것으로 보아 신용카드 등 소득공제 적용 ▪공급자는 신용카드등사용세액공제를 적용하지 않음
§126의 6 성실신고 확인비용(일몰기한 없음)	성실신고확인대상사업자 및 성실신고확인대상 내국법인이 성실신고확인서를 제출하는 경우	확인 비용의 60%를 세액공제. 개인은 연간 120만원 한도, 법인은 연간 150만원 한도

제2절 [제122조의 3] 성실사업자에 대한 의료비 등 공제 ★★☆

I. 의의

성실사업자와 성실신고확인서를 제출한 사업자에 대하여 근로자에게 적용되는 의료비공제, 교육비공제 및 월세공제를 허용하는 제도이다.

성실사업자에 대해서는 과표 양성화에 따른 세부담을 경감하고, 성실신고확인서 제출자에 대해서는 그 인센티브로 성실사업자 수준으로 교육비·의료비·월세를 공제하는 제도이다.

2008년 도입되었다. 단, 월세공제는 2015년 말 일몰기한이 도래하여 폐지된 이후 2019년에 재도입되었다.

일몰기한은 2026.12.31.이다.

개정연혁

연 도	개정 내용
2020년	■ 수입금액 요건 예외 사유 삭제
2021년	■ 12% 공제율이 적용되는 성실사업자의 기준 종합소득금액 인상: 4천만원 → 4천5백만원
2023년	■ 미숙아, 선천성이상아 의료비 공제율 신설 20% ■ 난임시술비 공제율 인상 : 20% → 30% ■ 월세 세액공제율 인상 : 10%(12%) → 15%(17%)
2024년	■ 산후조리원 의료비 등 관련 총급여액(사업소득금액) 요건 삭제 ■ 월세 세액공제 성실사업자 대상 확대 : 종합소득금액 6천만원 이하 → 7천만원 이하 ■ 월세액 한도 확대 : 750만원 → 1,000만원

Ⅱ. 요건

1 주체

과세특례의 주체는 성실사업자와 성실신고확인서를 제출한 자이다.

1-1 성실사업자

소득세법상의 성실사업자로서, 사업소득이 있어야 하며 다음의 요건을 모두 갖추어야 한다(조특법 §122의 3 ①).

2018년 개정세법에서 복식부기 요건을 삭제하여 간편장부 대상자도 본 특례를 적용할 수 있도록 하였다. 소득세법상 성실사업자가 간편장부 대상자에게 허용되는 것과 동일하다(소령 §118의 8 ① 2호). 2018.1.1. 이후 종합소득과세표준을 확정신고하는 경우부터 소급적용한다(2017.12.19. 개정된 법 부칙 §36).

(1) 수입금액 요건 (2호)

해당 과세기간의 수입금액이 직전 3개 과세기간의 연평균수입금액(과세기간이 3개 과세기간에 미달하는 경우에는 사업의 개시일이 속하는 과세기간과 직전 과세기간의 연평균수입금액을 말한다)의 50%를 초과하도록 신고하여야 한다.

개정 연혁

> 2018년 개정세법에서 수입금액 요건 중 종전 3년 평균 수입금액의 90%를 초과하여야 하는 요건을 50%로 하향하였으며, 사업기간 요건 중 계속 사업기간을 3년에서 2년으로 완화하여 성실사업자의 요건을 완화하였다. 2018.1.1. 이후 종합소득과세표준을 확정신고하는 경우부터 소급적용한다(2017.12.19. 개정된 법 부칙 §36).
>
> 종래에는 사업장 면적이 전기보다 50% 이상 증가하는 경우, 또는 다른 대분류 업종으로 업종을 변경하거나 추가하는 경우에는 공제받을 수 없도록 하였으나, 2020년 개정세법에서 제한 규정을 삭제하여 이러한 경우에도 공제를 받을 수 있도록 하였다. 2020.2.11. 이후 종합소득과세표준을 확정신고하는 분부터 소급하여 적용한다. 2020.2.11. 전에 신고기한이 경과한 분에 대해서는 개정규정에도 불구하고 종전의 규정에 따른다(2020.2.11. 개정된 시행령 부칙 §19, §32).

(2) 사업기간 요건 (3호)

해당 과세기간 개시일 현재 2년 이상 계속하여 사업을 경영하여야 한다.

(3) 성실요건 (4호)

다음의 요건을 모두 충족하여야 한다(조특령 §117의 3 ④).
① 해당 과세기간의 법정신고 납부기한 종료일 현재 국세의 체납사실이 없을 것
② 해당 과세기간의 법정신고 납부기한 종료일 현재 최근 3년간 조세범으로 처벌받은 사실이 없을 것
③ 부가가치세법 및 소득세법에 따른 사업자가 해당 과세기간의 법정신고 납부기한 종료일 현재 최근 3년간 다음에 해당하지 아니할 것
  ㉮ 세금계산서를 교부하지 아니하거나 허위기재하여 교부한 경우
  ㉯ 매출처별세금계산서합계표를 허위기재하여 제출한 경우
  ㉰ 세금계산서를 교부받지 아니하거나 허위기재의 세금계산서를 교부받은 때 또는 허위기재한 매입처별세금계산서합계표를 제출한 경우
  ㉱ 재화 및 용역을 공급하지 아니하고 세금계산서 또는 계산서를 교부하거나 교부받은 경우
  ㉲ 재화 및 용역을 공급하지 아니하고 매출·매입처별세금계산서합계표 또는 매출·매입처별계산서합계표를 허위기재하여 제출한 경우
④ 해당 과세기간의 개시일 현재 직전 3개 과세기간에 대한 세무조사 결과 과소신고한 소득금액이 경정된 해당 과세기간 소득금액의 10% 미만일 것. 귀속연도 단위로 판정한다.

(4) 신용카드 가맹업자 등

신용카드가맹점 및 현금영수증가맹점으로 모두 가입한 사업자이거나 전사적 기업자원관리설비(ERP) 또는 판매시점정보관리시스템설비(POS)를 도입한 사업자등이어야 한다(소령 §118의 8 ① 1호).

(5) 사업용계좌 요건

사업용계좌를 신고하고, 해당 과세기간에 사업용계좌를 사용하여야 할 금액의 3분의 2 이상을 사용하여야 한다(소령 §118의 8 ① 3호).
프랜차이즈 가맹점의 매출대금이 신용카드사로부터 본사의 계좌로 입금되고, 그 매출대

금에서 상품공급대금과 본사수취수수료를 차감한 금액을 복식부기의무자의 사업용계좌로 송금 및 계좌 간 자금이체를 하는 경우에는, 복식부기의무자가 사업용계좌를 사용한 것으로 본다(법규소득 2011-427, 2011.11.16.).

1-2 성실신고확인서 제출자

성실신고확인대상사업자가 종합소득과세표준 확정신고를 할 때에 과세표준신고서 외에 세무사 등이 작성한 성실신고확인서(소법 §70의 2 ①)를 제출한 자이어야 한다.

성실신고확인대상사업자란 업종별로 해당 과세기간의 수입금액(사업용 유형자산을 양도함으로써 발생한 수입금액은 제외한다)의 합계액이 다음의 구분에 따른 금액 이상인 사업자를 말한다(소령 §133 ①).

성실신고확인대상사업자의 업종별 수입금액 요건

업 종	수입금액
농업·임업 및 어업, 광업, 도매 및 소매업(상품중개업 제외), 부동산매매업(소령 §122 ①), 그밖에 아래에 해당하지 아니하는 사업	15억원
제조업, 숙박 및 음식점업, 전기·가스·증기 및 공기조절 공급업, 수도·하수·폐기물 처리·원료재생업, 건설업(비주거용 건물 건설업은 제외하고, 주거용 건물 개발 및 공급업을 포함한다), 운수업 및 창고업, 정보통신업, 금융 및 보험업, 상품중개업	7억5천만원
부동산 임대업(소법 §45 ②), 부동산업(부동산매매업 제외), 전문·과학 및 기술 서비스업, 사업시설관리·사업지원 및 임대서비스업, 교육 서비스업, 보건업 및 사회복지 서비스업, 예술·스포츠 및 여가관련 서비스업, 협회 및 단체, 수리 및 기타 개인 서비스업, 가구내 고용활동	5억원

2개 이상의 업종을 겸영하는 경우에는 복식부기 기장의무 판정방법을 준용하여 계산한다(소령 §133 ② → 소령 §208 ⑦).

성실신고확인대상사업자가 성실신고확인서를 해당 과세기간의 다음 연도 5월 1일부터 6월 30일까지 제출하지 아니하고 수정신고서와 함께 제출하는 경우에는 성실사업자에 대한 의료비 등 공제를 받을 수 없다(서면법규-611, 2013.5.30.).

Ⅲ. 세액공제

1 의료비등 세액공제

과세특례의 주체가 의료비 및 교육비를 지출한 경우 그 지출한 금액의 15%에 해당하는 금액(이하 "의료비등 세액공제금액")을 해당 과세연도의 사업소득[부동산임대업 소득 포함(조특법 §5 ① 괄호)]에 대한 소득세에서 공제한다. 다만, 미숙아나 선천성이상아를 위하여 지출한 의료비는 20%, 난임시술비는 30%를 공제율로 한다(조특법 §122의 3 ①).

> 의료비등 세액공제금액 = 의료비 및 교육비 지출액 × 15%

의료비등 세액공제금액과 월세세액공제금액의 합계액이 해당 사업자의 해당 과세연도의 소득세를 초과하는 경우 그 초과금액은 없는 것으로 한다(조특법 §122의 3 ④).

1-1 교육비 공제금액

교육비 지출액에서 직업능력개발훈련시설에서 실시하는 직업능력개발훈련을 위하여 지급한 수강료는 제외한다(소법 §59의 4 ③ 2호 다목).

1-2 의료비 공제금액

의료비 공제금액은 소득세법을 준용하여 계산한 금액으로 한다. 이 경우 소득세법 제59조의 4 제2항 제1호 및 제2호의 "총급여액"은 "사업소득금액"으로 본다(조특법 §122의 3 ② → 소법 §59의 4 ②).[1]

산후조리원 비용은 산후조리원에 산후조리 및 요양의 대가로 지급하는 비용으로서 출산 1회당 200만원 이내의 금액을 말한다(소령 §118의 5 ① 7호).

2024 개정 소득세법에서 산후조리원 지급 비용에 대하여 총급여액 7천만원(사업소득금액 6천만원) 이하인 요건을 삭제하여 대상을 확대함에 따라 조특법상 산후조리원 의료비등 세액공제에서도 총급여액(사업소득금액) 요건을 삭제함. 산후조리원 이용 비용은 소득 수준에 관계없이 출산에 수반되는 필수적인 비용이기 때문임. 2024.1.1. 전에 의료비를 지출한

---

[1] 소득세법 제59조의 4 제2항 제3호 및 제4호도 대상 조항으로 열거하여야 함. 입법의 미비임.

경우의 세액공제금액에 관하여는 영 117조의 3 제5항의 개정규정에도 불구하고 종전의 규정에 따름(2024.2.29. 개정된 시행령 부칙 §26).

(가) 기본공제대상자 (1호)

기본공제대상자를 위하여 지급한 의료비(아래의 ②·③ 제외)로서 사업소득금액에 3%를 곱하여 계산한 금액(공제문턱 또는 최저지출금액)을 초과하는 금액을 공제대상금액으로 한다. 다만 그 금액이 연 700만원을 초과하는 경우에는 연 700만원으로 한다.

(나) 본인·경로우대자 및 장애인 등 (2호)

해당 거주자, 과세기간 종료일 현재 65세 이상인 사람, 장애인 및 중증질환자 등을 위하여 지급한 의료비는 전액 공제대상 금액으로 한다. 다만 (가)의 의료비가 사업소득금액에 3%를 곱하여 계산한 금액에 미달하는 경우에는 그 미달하는 금액을 뺀다.

(다) 미숙아 등 (3호)

미숙아 및 선천성이상아를 위하여 지급한 의료비. 다만, (가) 및 (나)의 의료비 합계액이 총급여액에 3%를 곱하여 계산한 금액에 미달하는 경우에는 그 미달하는 금액을 뺀다.

(라) 난임시술비 (4호)

전액 공제대상 금액으로 한다. 난임시술과 관련하여 처방을 받은 약사법 제2조에 따른 의약품 구입비용을 포함한다. 다만, (가) ~ (다)의 의료비가 사업소득금액에 3%를 곱하여 계산한 금액에 미달하는 경우에는 그 미달하는 금액을 뺀다.

2018년 개정세법에서 난임시술비 공제율을 소득세법과 동일하게 15%에서 20%로 상향하였다. 2018. 1.1. 이후 종합소득과세표준을 확정신고하는 경우부터 소급적용한다(2017.12.19. 개정된 법 부칙 §36).

2019년 개정세법에서 산후조리원 비용 규정을 준용할 때의 사업소득금액 요건을 명확화하였다.

2023년 개정세법에서 성실사업자가 미숙아나 선천성이상아를 위하여 의료비를 지출한 경우 그 지출한 금액의 20%에 해당하는 금액을 소득세에서 공제하도록 하고, 성실사업자가 지출한 난임시술비에 대한 세액공제율을 종전 20%에서 30%로 상향함. 월세 세액공제율은 종전 10%(12%)에서 15%(17%)로 상향함. 개정규정은 2023.1.1. 전에 의료비, 난임시술을 위한 비용 또는 월세액을 지출한 경우로서 2023.1.1. 이후 종합소득과세표준을 확정신고하거나 소득세를 결정하는 경우에도 소급하여 적용함(2022.12.31. 개정된 법률 부칙 §26).

2 월세 세액공제

해당 과세연도의 종합소득과세표준에 합산되는 종합소득금액이 7천만원 이하인 성실사업자 또는 성실신고확인대상사업자로서 성실신고확인서를 제출한 자(이하 "성실사업자등")가 월세액(법 §95의 2)을 지급한 경우, 그 지급한 금액의 15%(이하 "월세세액공제금액")를 해당 과세연도의 소득세에서 공제한다. 종합소득금액이 4천5백만원 이하인 성실사업자등의 경우에는 17%를 적용한다. 다만, 해당 월세액이 1,000만원을 초과하는 경우 그 초과금액은 없는 것으로 한다(조특법 §122의 3 ③).

공제 대상 소득세에는 부동산임대업 소득에서 발생한 소득세를 포함한다(조특법 §5 ① 괄호).

"월세액"이란 법 제95조의 2 월세액 세액공제의 요건을 갖춘 주택(오피스텔 및 고시원 포함)을 임차하기 위하여 지급하는 월세액(사글세액 포함)을 말한다(조특령 §95 ②).

동 요건의 상세 내용은 제11부 제2절 월세액에 대한 세액공제 Ⅱ. 2. 주택요건 및 3. 임대차계약 및 월세의 지급을 참조하기 바란다.

성실신고를 유도하고 사업자의 부담을 경감하기 위하여 2019년 개정세법에서 성실사업자 등에 대하여 750만원을 한도로 월세세액공제를 재도입하였다. 2019.1.1. 이후 종합소득과세표준을 확정신고하는 분부터 소급하여 적용한다(2018.12.24. 개정된 법률 부칙 §33).

2021년 세법개정에서 성실사업자의 기준금액인 종합소득금액을 4천만원에서 4천5백만원으로 상향하였다. 2021.1.1. 이후 연말정산 또는 종합소득과세표준을 확정신고하는 분부터 소급하여 적용한다(2020.12.29. 개정된 법률 부칙 §18 ②).

2024 개정 종래 종합소득금액이 6천만원 이하인 성실사업자를 대상으로 하였으나, 7천만원 이하로 대상을 확대함. 그리고, 월세액 한도를 종전 750만원에서 1,000만원으로 확대함. 개정규정은 2024.1.1. 이후 월세액을 지급하는 경우부터 적용함(2023.12.31. 개정된 법률 부칙 §15).

3 사후관리

의료비등 세액공제 또는 월세 세액공제를 적용받은 사업자가 다음에 해당하는 경우에는 공제받은 금액에 상당하는 세액을 전액 추징한다(조특법 §122의 3 ⑤).
① 해당 과세기간에 대하여 과소 신고한 수입금액이 경정(수정신고 포함)된 수입금액의

20% 이상인 경우
② 해당 과세기간에 대한 사업소득금액 계산 시 과대계상한 필요경비가 경정(수정신고 포함)된 필요경비의 20% 이상인 경우

또한 세액이 추징된 사업자에 대해서는 추징일이 속하는 다음 과세기간부터 3개 과세기간 동안 본 특례를 적용하지 않는다(조특법 §122의 3 ⑥).

Ⅳ. 조세특례제한 등

 **절차**

의료비 및 교육비공제를 받으려는 자는 소득세과세표준확정신고를 할 때 다음의 서식을 제출하여야 한다(조특칙 §52의 2).
① 의료비공제를 받으려는 경우 의료비지급명세서(별지 제43호 서식), 의료비부담명세서(별지 제43호의 2 서식) (소칙 §101 17호)
② 교육비공제를 받으려는 경우 교육비납입증명서(별지 제44호 서식) (소칙 §101 18호)

기타 조세특례제한 등

구 분	내 용	참조 부분
최저한세	적용대상(조특법 §132 ①·②)	제20부 제4절
농어촌특별세	과세(농특법 §5 ① 1호)	

제3절 [제126조의 2] 신용카드 등 사용금액에 대한 소득공제 ★★★★☆

차례

Ⅰ. 의의	1964
Ⅱ. 요건	1965
1. 주체	1965
1-1 과세특례의 주체	1965
1-2 신용카드 사용자의 범위	1965
(1) 배우자 (1호)	1965
(2) 직계존비속 (2호)	1965
1-3 신용카드 사용의 상대방	1966
2. 신용카드등 사용금액	1967
2-1 신용카드등	1967
2-2 적용대상금액 [쟁점]	1968
3. 적용 제외되는 신용카드등 사용금액	1969
3-1 국외 사용분	1969
3-2 재화와 용역의 공급이 아닌 경우	1970
3-3 법인의 비용 등	1970
3-4 비정상적 사용행위	1970
3-5 신규 자동차 구입	1970
3-6 이중혜택 방지 등	1971
(1) 보험료 등 (1호)	1971
(2) 교육비 (2호)	1971
(3) 조세·공과금 등 (3호)	1972
(4) 상품권 등 유가증권 구입비용 (4호)	1972
(5) 리스료 (5호)	1972
(6) 취득세 등 부과 재산의 구입비용 (7호)	1972
(7) 국가·지자체등에 지급하는 수수료 등 (8호)	1973
(8) 지급이자 등 (9호)	1973
(9) 가상자산 거래수수료(9호의 2)	1973
(10) 정치자금 (10호)	1974
(11) 세액공제를 적용받은 금액 (10호의 2 및 11호)	1974
(12) 면세점 사용금액 (12호)	1974
Ⅲ. 소득공제	1947
1. 공제금액	1947
1-1 전통시장 공제금액 (1호)	1975
1-2 대중교통 공제금액 (2호)	1976
1-3 도서등 공제금액 (3호)	1976
1-4 직불카드등 공제금액 (4호)	1978
1-5 신용카드 공제금액 (5호)	1978
1-6 최저사용금액 공제분 (6호)	1979
1-7 추가공제 (7호)	1980
2. 공제한도	1981
Ⅳ. 조세특례제한 등	1982
1. 사용금액의 확인 등	1982
2. 공제 신청	1982
3. 비정상적 사용행위에 대한 통제절차	1983
3-1 국세청장의 통보	1983
3-2 신용카드업자 등의 제외 의무	1983
3-3 원천징수의무자의 가산세 배제	1983
4. 소득공제 자료수집	1984

Ⅰ. 의의

근로소득이 있는 거주자가 법인 또는 사업자로부터 재화나 용역을 제공받고 신용카드, 현금영수증, 직불카드 등으로 지불한 경우에 일정 금액을 근로소득금액에서 소득공제하는 제도이다.

신용카드 사용으로 과표 양성화를 촉진하고 이에 따라 증가한 세수를 근로소득자에게 환원하는 제도로 초기 그 조세정책적 효과가 매우 높았으나, 신용카드 사용의 보편화로 신용카드사용 유도 차원의 조세지원을 점차 축소하고 있다.

일몰기한은 2025.12.31.이다.

개정연혁

연 도	개정 내용
2020년	■ 국가 등에 지급하는 도서·신문·공연·박물관·미술관사용분의 공제 포함 ■ 신용카드등 사용금액 소득공제율 2배 한시 확대 ■ 신문구독료 소득공제 신설 ■ 소득공제 대상 박물관·미술관 범위 명확화 ■ 박물관·미술관 소규모 사업자에 대한 매출액 인정 방법 확대 적용
2021년	■ 소규모 사업자에 대한 매출액 기준 설정 ■ 21년 소비 증가분에 대한 신용카드 추가 공제 신설
2022년	■ 선불카드의 실명 확인 방식 확대 : 본인 예금계좌와 연결
2023년	■ 한시적 대중교통 사용분 공제율 상향 : 40% → 80% ■ 영화관람료 30% 세액공제 신설 ■ 22년 소비증가분에 대한 신용카드 증가분 공제 ■ 공제한도 통합 및 단순화
2024년	■ 공제 대상 제외 : 가상자산 거래 수수료와 고향사랑기부금 세액공제 적용 금액 ■ 23년 대중교통 사용분 공제율 한시적 상향 : 40% → 50% ■ 23년 도서·신문 등 문화비 사용분 공제율 한시적 상향 : 30% → 40% ■ 24년 소비 증가분에 대한 신용카드 추가 공제 한시적 적용

Ⅱ. 요건

 **주체**

1-1 과세특례의 주체

과세특례의 주체는 근로소득이 있는 거주자이다. 일용근로자는 원천징수로 납세의무가 종결되므로 제외한다(조특법 §126의 2 ①).

1-2 신용카드 사용자의 범위

근로소득이 있는 거주자의 배우자 또는 직계존비속(배우자의 직계존속 포함)으로서 다음의 요건을 갖춘 자의 신용카드등 사용금액은 그 거주자의 신용카드등 소득공제금액에 포함시킬 수 있다(조특법 §126의 2 ③, 조특령 §121의 2 ③).

(1) 배우자 (1호)

거주자의 배우자로서 연간소득금액의 합계액이 100만원 이하이어야 한다. 다만 총급여액 500만원 이하의 근로소득만 있는 배우자를 포함한다. 연령 제한이 없으며, 생계를 같이 할 것을 요건으로 하지 않는다.

이때 거주자의 배우자로서 연간소득금액의 합계액이 100만원을 초과하는 자가 그 배우자의 미취업기간(무소득기간)에 사용한 신용카드 사용금액은, 근로소득이 있는 거주자의 신용카드 소득공제금액에 포함되지 않는다(법제처-15-827, 2016.2.15.).

(2) 직계존비속 (2호)

거주자와 생계를 같이 하는 직계존비속으로서 연간소득금액의 합계액이 100만원 이하이어야 한다. 다만 총급여액 500만원 이하의 근로소득만 있는 직계존비속을 포함한다.

배우자의 직계존속과 동거입양자1)를 포함하되, 다른 거주자의 기본공제를 적용받은 자를 제외한다. 직계존비속의 연령 제한은 없다(서이 46013-10660, 2001.12.5.).

---

1) 동거입양자란 민법 또는 입양특례법에 따라 입양한 양자 및 사실상 입양상태에 있는 사람으로서 거주자와 생계를 같이 하는 사람을 말한다(소령 §106 ⑦).

(2-1) 생계를 같이 할 것

생계를 같이 하는 직계존비속은 주민등록표상의 동거가족으로서 해당 거주자의 주소 또는 거소에서 현실적으로 생계를 같이 하는 자로 하며, 생계를 같이 하는지 여부의 판정은 해당 연도의 과세기간 종료일(과세기간 종료일 전에 사망한 자인 경우에는 사망일 전일) 현재의 상황에 의한다.

다만 직계비속의 경우는 생계를 같이 할 것을 요구하지 않으며, 다음에 해당하는 경우에는 생계를 같이 하는 자로 본다(소법 §53 ②·③).

㉮ 거주자 또는 동거가족(직계비속·입양자는 제외)이 취학·질병의 요양, 근무상 또는 사업상의 형편 등으로 본래의 주소 또는 거소에서 일시 퇴거한 경우
㉯ 거주자의 부양가족 중 거주자(그 배우자 포함)의 직계존속이 주거 형편에 따라 별거하고 있는 경우

결혼하여 별도 세대를 구성하게 된 직계비속의 결혼 전 신용카드사용금액은 소득공제 대상에서 제외된다(서이 46013-10376, 2003.2.24.).

(2-2) 소득세법상 기본공제 대상자와의 관계

본 특례의 직계존비속에 적용되는 요건은 소득세법과는 달리 정해진다.

거주자의 직계비속과 그 배우자가 모두 장애인으로 소득세법상 근로자의 기본공제에 해당하는 경우라 하더라도 직계비속의 배우자의 신용카드등 사용액은 본 특례에서는 제외된다(원천-338, 2009.4.15.; 소득세제과-190, 2009.3.24.). 또한 소득세법상 기본공제 대상자인 형제자매의 신용카드등 사용금액도 공제받지 못한다(서이 46013-10660, 2001.12.4.).

반면에 근로자와 생계를 같이 하는 직계존비속으로서 연간소득금액이 100만원 이하인 자가 사용한 신용카드 등 사용금액은 소득세법상 기본공제 대상자가 아닌 경우에도 소득공제의 적용대상이다(재소득-649, 2006.10.24.).

1-3 신용카드 사용의 상대방

재화나 용역을 제공하는 주체, 즉 신용카드등 사용의 상대방은 법인 또는 사업자이다. 비거주자의 국내사업장과 외국법인의 국내사업장을 포함한다.

2 신용카드등 사용금액

2-1 신용카드등

(가) 지급수단

다음의 신용카드등 사용금액이어야 한다(조특법 §126의 2 ①).

① 신용카드

② 현금영수증(현금거래사실 확인분 포함) (조특법 §126의 3·§126의 5)

　이동통신대리점이 이동통신사로부터 보조금을 지원받는 경우, 고객에게 현금영수증 발급 시 기재하는 금액은 고객으로부터 현금영수한 금액으로 한다(서면3팀-810, 2006.5.2.).

③ 직불카드, 직불전자지급수단과 실지명의가 확인된 선불카드(이하 "기명식선불카드"), 선불전자지급수단(이하 "기명식선불전자지급수단"), 전자화폐(이하 "기명식전자화폐") (전자금융거래법 §2)

　재난긴급생활비로 지급된 **모바일상품권**이 선불전자지급수단(실지명의가 확인되는 것에 한함)에 해당하는 경우, 재화나 용역을 제공받고 해당 모바일상품권으로 지급하는 대가는 소득공제 대상에 해당한다(재소득-244, 2020.5.22.).

(나) 실지명의 확인

"실지명의가 확인되는 것"이란 다음에 해당하는 것을 말한다(조특령 §121의 2 ①).

① 신청에 의하여 발급받은 선불카드·전자화폐·선불전자지급수단으로 사용자 명의가 확인되는 것

② 무기명선불카드·무기명선불전자지급수단·무기명전자화폐(이하 "무기명선불카드등")의 경우에는 다음 어느 하나에 해당하는 것

　㉮ 실제 사용자가 최초로 사용하기 전에 해당 무기명선불카드등을 발행한 신용카드업자·전자금융거래업자 및 금융기관에게 주민등록번호, 무기명선불카드등을 등록하여 사용자 인증을 받은 것(서면법령소득-0805, 2021.2.18. 참조)

　㉯ 실제사용자가 최초로 사용하기 전에 금융기관에 개설한 실제사용자 본인의 예금계좌와 연결한 것

무기명선불카드등의 경우에도 기명화하여 사용할 경우에는 기명식 선불카드와 사실상 동일하기 때문에 특례대상에 포함한다.

2022년 세법개정에서 실제 사용자가 최초로 사용하기 전 본인의 예금계좌와 연결되어 발행된 것

을 실명 확인 방식에 추가함. 개정규정은 2022.2.15. 전에 같은 개정규정에 따른 무기명선불카드등을 사용하고 2022.2.15. 이후 근로소득세액의 연말정산 또는 종합소득과세표준 확정신고를 하거나 결정 또는 경정하는 경우에도 적용함(2022.2.15. 개정된 시행령 부칙 §19).

2-2 적용대상금액

신용카드등사용금액은 해당 과세기간에 사용한 금액, 기재된 금액 또는 납부한 금액을 합친 금액으로 한다(조특법 §126의 2 ⑧). 해당 과세기간은 해당연도 1월 1일부터 12월 31일까지 사용금액으로 한다[소득공제가 되는 신용카드 등 사용금액확인 등에 대한 고시[2])(이하 "신용카드 고시") §2].

신용카드 사용 대가를 현금이 아닌 **포인트로 결제**하는 경우에도 소득공제 대상에 해당한다. 예를 들어, 국가로부터 지급받은 아동돌봄쿠폰 **돌봄포인트**(서면법령소득-4086, 2020.12.3.)나, 공무원 전용 온라인 쇼핑몰에서 **공무원 복지포인트**로 결제하는 경우 공제가 가능하다(재소득-570, 2020.11.16.; 서면법령소득-4162, 2020.11.27.).

종업원이 본인 또는 법인 명의의 신용카드등을 사용하여 지급한 후, 법인이 이를 정산하여 종업원에게 지불하거나 신용카드업자등에게 지급하는 경우, 사례별로 공제대상 여부를 살펴본다.

- 법인의 경비를 종업원의 신용카드등을 사용하여 지급한 후, 법인이 정산하여 종업원에게 지불한 경우에는 법인의 경비이므로 후술하는 3-3 적용 배제 사용금액에 해당하여 제외된다(법인 46013-547, 2001.3.14.).
- 종업원이 복리후생비(영어교육비, 휴가 및 레저 활동비, 체력단련비, 자녀보육비, 문화활동비 등)를 본인의 신용카드등으로 먼저 지출하고, 그 영수증을 회사가 제출받아 정산한 후 근로소득으로 원천징수하는 경우, 개인 신용카드 사용분에 대하여는 소득공제가 가능하다(서이 46013-10871, 2003.4.29.).

> **주요 이슈와 쟁점**
>
> **40. 복지카드 사용액이 신용카드 세액공제 대상인지 여부**
>
> [예규] 원천-769, 2010.10.1.
> [사실관계]
> ▪ 법인은 종업원을 사용자로 지정하여 법인신용카드를 발급받아 일정 한도 내에서 종업원에게 이를 사용하게 하고 그 대금은 회사가 부담(회사 계좌에서 카드사로 직접 이체)

---
2) [시행 2023.9.1.] [국세청고시 제2023-16호, 2023.9.1., 폐지제정]

■ 복지카드 사용액은 종업원의 근로소득금액에 포함하여 연말정산하고 있음.

[회신]
「조세특례제한법」 제126조의 2를 적용함에 있어 법인이 종업원을 사용자로 지정한 「여신전문금융업법」 제2조에 따른 신용카드를 발급받고 그 사용에 따른 대가로 지급하는 금액이 해당 법인의 비용에 해당하는 경우, 그 신용카드사용금액은 종업원의 근로소득금액에서 공제되는 "신용카드 등 사용금액"에 포함되지 아니하는 것임.

|저자주| 쟁점 예규는 복지카드 사용액을 종업원의 근로소득금액에 포함시키더라도, 소득공제 대상에서 제외된다는 해석이다(서면1팀-348, 2007.3.14.).

저자의 의견으로는 근로소득으로 원천징수되는 경우에는 회사 정산분도 소득공제 대상에 포함하여야 한다고 판단된다.

첫째, 법인이 급여로 지급 후 종업원이 신용카드를 사용하여 체력단련비 등으로 지급하는 것과 종업원이 체력단련비 등으로 지급 후 이에 대해 회사로부터 급여로 받아 근로소득으로 원천징수하는 경우에는 선후의 차이만 있을 뿐 실질이 동일하기 때문이다.

둘째, 법인의 경비를 종업원이 선지급(대납)하고 회사가 정산하는 경우에는 종업원의 근로소득에 대한 과세가 없으므로 종업원에게 신용카드등 소득공제를 적용하면 법인과 개인에게 이중의 혜택이 발생할 수 있으므로 적용 배제되어야 한다. 그렇지만, 종업원의 선지급분에 대해 근로소득이 과세되는 경우에는 법인 소득 계산 시 급여 지급으로 인한 손금산입과 종업원의 과세되는 근로소득에 대한 소득공제가 각각 부여되는 것이므로 이중의 혜택이 부여되는 것으로 볼 수 없다.

셋째, 임직원 전용 쇼핑몰에서 구매하면서 현금영수증을 발급받고 그 거래대금을 임직원의 급여에서 지급하는 경우, 임직원에게 현금영수증 사용금액으로 인정하는 사례(전자세원-652, 2009.10.8.)와의 해석상 균형을 유지하여야 하기 때문이다.

물론 종업원의 복리후생적 활동 비용에 대해 법인이 정산한 후 근로소득으로 과세하지 않는다면, 신용카드 소득공제 대상에서 제외되어야 할 것이다.

3 적용 제외되는 신용카드등 사용금액

다음의 금액은 신용카드등 사용금액에 포함하지 않는다(조특법 §126의 2 ④, 조특령 §121의 2 ⑥).

3-1 국외 사용분

국외 신용카드등 사용금액은 제외된다(조특법 §126의 2 ① 본문 괄호).

3-2 재화와 용역의 공급이 아닌 경우

다음은 재화와 용역의 공급이 아닌 경우로, 해석상 제외되는 경우이다.
㉮ 현금서비스 이용분
㉯ 신용카드를 이용하여 기부하는 경우(원천-305, 2011.5.25.)
㉰ 다회용컵의 회수를 보장하기 위하여 받는 보증금(서면법령소득-3180, 2021.6.29.)

3-3 법인의 비용 등

사업소득과 관련된 비용 또는 법인의 비용에 해당하는 경우이다(조특법 §126의 2 ④ 1호). 법인 또는 사업자의 소득에서 공제되어 이중공제되기 때문이다.

법인의 비용에 해당하는 금액을 종업원등이 자신의 신용카드로 결제하고 차후 당해 법인으로부터 지급받은 경우, 소득공제 대상에 포함되지 않는다(법인 46013-547, 2001.3.14.).

농가부업소득등 비과세소득도 사업소득에 해당하므로 농가부업소득의 비용을 지출하고 수령한 현금영수증은 공제대상에서 제외된다(서면법규-184, 2013.2.18.).

3-4 비정상적 사용행위

신용카드등의 비정상적인 사용행위에 해당하는 다음의 경우에는 특례에서 배제한다(조특령 §121의 2 ④).
① 물품 또는 용역의 거래 없이 이를 가장하거나 실제 매출금액을 초과하여 신용카드등으로 거래를 하는 행위
② 신용카드등을 사용하여 대가를 지급하는 자가 다른 신용카드등 가맹점 명의로 거래가 이루어지는 것을 알고도 신용카드등에 의한 거래를 하는 행위. 이 경우 상호가 실제와 달리 기재된 매출전표 등을 교부받은 때에는 그 사실을 알고 거래한 것으로 본다.

3-5 신규 자동차 구입

자동차를 신용카드등으로 구입하는 경우에는 과표양성화 효과가 적어 사용금액에서 제외한다(조특법 §126의 2 ④ 3호).

다만 자동차관리법에 따른 중고자동차를 신용카드, 직불카드, 직불전자지급수단, 기명식선불카드, 기명식선불전자지급수단, 기명식전자화폐 또는 현금영수증으로 구입하는 경우, 구입금액의 10%를 사용금액에 포함한다(조특령 §121의 2 ⑭·⑮).

2017년 개정세법에서 중고자동차를 신용카드등으로 구입하는 경우, 구입금액의 10%를 신용카드 등 사용금액에 포함하도록 하였다.

3-6 이중혜택 방지 등

다음의 항목은 이중혜택의 방지, 과표 양성화 효과가 적은 경우 또는 재화와 용역의 공급이 아님을 이유로 공제대상에서 제외한다(조특령 §121의 2 ⑥).

자동차 정비업소에서 소유차량을 수리하고 그 대가 중 일부를 보험회사에서 지급한 경우, 보험회사에서 지급한 부분에 대하여 해당 거주자는 신용카드 등의 사용금액에 대한 소득공제를 받을 수 없다(서면법령소득-915, 2015.12.10.).

(1) 보험료 등 (1호)

국민건강보험료, 노인장기요양보험료, 고용보험료, 국민연금과 다음 보험계약의 보험료 또는 공제료이다(소령 §25 ②). 보험료 공제와의 이중혜택을 방지하기 위함이다.
① 보험업법에 따른 생명보험계약 또는 손해보험계약
② 수산업협동조합중앙회 및 조합, 신용협동조합중앙회, 새마을금고중앙회등 기관이 해당 법률에 의하여 영위하는 생명공제계약 또는 손해공제계약
③ 우체국보험계약

(2) 교육비 (2호)

유아교육법, 초·중등교육법, 고등교육법 또는 특별법에 의한 학교(대학원 포함) 및 어린이집에 납부하는 수업료·입학금·보육비용 기타 공납금이다. 교육비 공제와의 이중혜택을 방지하기 위함이다. 반면에 사설학원의 수강료는 소득공제 가능하다.

국립대학교에서 재학생 또는 일반인을 대상으로 실시하는 외국어강좌를 수강하고 신용카드 등(현금영수증 포함)으로 지급한 수강료에 대하여는 본 규정에 의하여 소득공제에서 제외되나,(서면1팀-1149, 2005.9.29.; 서이 46013-10099, 2002.1.17.) 구청에서 주민자치센터 프로그램운영과 관련하여 주민들에게 받는 수강료는 소득공제를 적용받을 수 있다(서면1팀-1310, 2006.9.20.).

(3) 조세·공과금 등 (3호)

정부 또는 지방자치단체에 납부하는 국세·지방세, 전기료·수도료·가스료·전화료(정보사용료·인터넷이용료 등 포함)·아파트관리비·텔레비전시청료(종합유선방송의 이용료 포함) 및 도로통행료이다.

철도이용요금은 도로통행료와 달리 적용 배제대상으로 규정하고 있지 않으므로 공제대상이다(서면1팀-320, 2005.3.22.).

가스료 중 가스제조 및 공급업(가스집단공급업 포함)은 소득공제를 적용받을 수 없으나, 한국표준산업분류체계에 의한 소매업(가정용 연료소매업)은 소득세법 시행령 별표 3의 2에 규정하는 소비자 상대 업종에 해당되어 신용카드 등 사용금액에 대한 소득공제를 적용받을 수 있고, 현금영수증을 발행할 수 있다(전자세원-1973, 2008.12.15.).

(4) 상품권 등 유가증권 구입비용 (4호)

재화나 용역의 공급에 해당하지 않으므로 제외된다.

(5) 리스료 (5호)

자동차대여사업의 자동차대여료(렌털료)를 포함한다. 과표양성화 효과가 적어 사용금액에서 제외한다.

자동차렌털이 아닌 기타의 렌털은 공제대상이므로, 정수기 렌털료는 공제대상이다(원천-174, 2011.3.28.).

(6) 취득세 등 부과 재산의 구입비용 (7호)

지방세법에 의하여 취득세 또는 등록에 대한 등록면허세가 부과되는 재산의 구입비용이다. 단, 3-5 중고자동차는 제외한다.

주택 신축판매업자가 입주자와의 계약에 따라 발코니 확장 및 샷시 설치 공사를 하고 그 대가를 현금으로 받아 현금영수증을 발급받았을 때, 그 대가가 지방세법의 등록세 과세표준에 포함되는 경우에는 소득공제 대상에서 제외된다(전자세원-1683, 2008.11.5.; 서면3팀-903, 2006.5.17.; 조심 2009서1372, 2009.10.5.).

(7) 국가·지자체등에 지급하는 수수료 등 (8호)

국가·지방자치단체 또는 지방자치단체조합[의료기관, 보건소 및 도서·신문·공연·박물관·미술관사용분(조특법 §126의 2 ② 3호 가목 및 나목)은 제외함]에 지급하는 사용료·수수료 등의 대가이다. 예를 들어, 여권발급수수료, 공영주차장수수료, 휴양림이용료 등이다.

근로자가 대한건축사협회에 납부하는 건축사자격시험응시수수료, 증명발급수수료는 소득공제 대상에 해당하지 않는다(원천-449, 2010.6.1.).

다만 다음의 사용료 등은 제외되어 공제대상으로 한다(부령 §46 1호·3호).

㉮ 우정사업조직이 소포우편물을 방문접수하여 배달하는 용역 및 우편주문판매 대행용역
㉯ 부가세 과세업종(부동산임대업, 도매 및 소매업, 음식점업·숙박업, 골프장 및 스키장 운영업, 기타 스포츠시설 운영업)

2020년 개정세법에서 도서·신문·공연·박물관·미술관사용분은 신용카드 사용금액 소득공제 대상이므로 국가 등에 지급하는 경우에도 공제 대상에 포함하였다. 개정규정은 2020.2.11. 이후 연말정산 또는 종합소득과세표준을 확정신고하는 분부터 소급하여 적용한다. 개정규정에도 불구하고 2018.12.31. 이전에 사용한 분에 대해서는 종전의 규정에 따른다(2020.2.11. 개정된 시행령 부칙 §20 및 §33).

(8) 지급이자 등 (9호)

차입금 이자상환액, 증권거래수수료 등 금융·보험용역과 관련한 지급액, 수수료, 보증료 및 이와 비슷한 대가이다.

(9) 가상자산 거래수수료 (9호의 2)

「특정 금융거래정보의 보고 및 이용 등에 관한 법률」 제2조 제2호 라목의 가상자산거래에 대하여 가상자산사업자에게 지급하는 대가이다. 가상자산의 매도·매수·교환 등에 따른 거래수수료를 말한다.

2024 개정 가상자산사업자에게 지급하는 가상자산의 매도, 매수, 교환 등에 따른 수수료와 고향사랑기부금 세액공제를 받은 금액을 소득공제 적용 대상에서 제외함. 개정규정은 2024.2.29.이 속하는 과세기간의 신용카드등사용금액 합계를 계산하는 경우부터 적용함(2024.2.29. 개정된 시행령 부칙 §13).

동 조항의 신설 이전에는 현금영수증을 수취한 가상자산 거래수수료가 '금융·보험용역과 관련한 수수료 및 이와 비슷한 대가'에 해당하지 아니하여 신용카드등 사용금액에 포함되는 것으로 해석하였다(재소득-690, 2023.8.2.).

(10) 정치자금 (10호)

정치자금법에 따라 정당(후원회 및 각 급 선거관리위원회 포함)에 신용카드등으로 결제하여 기부하는 정치자금이다. 단, 조특법 제76조 정치자금등의 손금산입특례에 따라 세액공제를 적용받은 경우에 한한다. 중복공제를 배제하기 위하여 제외한다.

(11) 세액공제를 적용받은 금액 (10호의 2 및 11호)

고향사랑 기부금 세액공제(조특법 §85)를 적용받은 기부금과 세액공제를 적용받은 월세액(조특법 §95의 2)은 중복공제를 배제하기 위하여 제외한다.

(12) 면세점 사용금액 (12호)

보세판매장(관세법 §196), 지정면세점(조특법 §121의 13), 선박 및 항공기에서 판매하는 면세물품의 구입비용은 공제대상에서 제외한다.

2019년 개정세법에서 면세점 물품은 매출관리가 이루어지고 있으므로, 그 구입비용을 공제 대상에서 제외하였다. 2019.2.12. 이후 면세점에서 지출하는 분부터 적용한다(2019.2.12. 개정된 시행령 부칙 §21).

Ⅲ. 소득공제

1 공제금액

다음의 산식에 따른 금액을 공제금액으로 한다(조특법 §126의 2 ②).

$$\text{공제금액} = \text{전통시장·대중교통·도서신문공연박물관미술관 직불카드등·신용카드공제금액의 합계액} - \text{최저사용 금액공제분} + \text{추가 공제}$$

이 경우 신용카드등사용금액이 전통시장 공제금액, 대중교통 공제금액 및 도서·신문·공연·박물관·미술관사용분 공제금액(같은 항 1호, 2호 및 3호)에 중복하여 해당하는 경우에는 그 중 하나에 해당하는 것으로 보아 소득공제를 적용한다.

이하 산식의 항목들을 설명한다.

1-1 전통시장 공제금액 (1호)

다음의 산식에 따라 계산한다.

> 전통시장 공제금액 = 전통시장 사용분 × 40%

전통시장 사용분이란 전통시장(전통시장 및 상점가 육성을 위한 특별법 §2 1호)과 전통시장 구역 안의 법인 또는 사업자로부터 재화 또는 용역을 제공받은 대가에 해당하는 금액으로서 신용카드등 사용금액의 합계액을 말한다.

다만 법인 또는 사업자 중 다음의 자는 제외한다(조특령 §121의 2 ②).
① 준대규모점포[3]
② 사업자 단위 과세 사업자(부법 §8 ③)로서 전통시장 구역 안의 사업장과 전통시장 구역 밖의 사업장의 신용카드 사용금액이 구분되지 아니하는 사업자

[2024 개정] 신용카드 등 사용금액 중 2023.4.1.~2023.12.31. 사용분에 대해 전통시장에서 사용한 금액에 대한 소득공제율을 40%에서 50%로 상향하고, 도서·신문·공연·박물관·미술관·영화관람료 등 문화비로 사용한 금액에 대한 소득공제율을 30%에서 40%로 상향함.

개정 연혁

> 2017년 개정세법에서 구분경리되지 않는 사업자 단위 과세 사업자를 전통시장 사용분에서 제외하였다.
>
> 2018년 개정세법에서 전통시장을 활성화하고 대중교통을 주로 이용하는 서민·중산층의 세부담을 완화하기 위하여 전통시장 사용분 및 대중교통 이용분의 공제율을 종전 30%에서 40%로 상향하였다. 2018.1.1. 이후 연말정산 또는 종합소득과세표준을 확정신고하는 경우부터 소급적용한다(2017.12.19. 개정된 법 부칙 §37 ①).
>
> 2020년 3월 코로나19 관련 1차 개정세법에서 2020.3.1.~2020.6.30. 동안 신용카드 등으로 결제한 금액에 대해서는 신용카드 등 사용금액에 대한 소득공제율을 현재의 2배로 상향하였다. 경제 활성화를 위한 민간소비를 유도하기 위한 목적이다. 개정규정은 2020.3.23. 이후 연말정산 또는 종합소득과세표준을 확정신고하는 분부터 적용한다(2020.3.23. 개정된 법률

---

3) "준대규모점포"란 다음 각 목의 어느 하나에 해당하는 점포로서 대통령령으로 정하는 것을 말한다(유통산업발전법 §2 4호).
　가. 대규모점포를 경영하는 회사 또는 그 계열회사(「독점규제 및 공정거래에 관한 법률」에 따른 계열회사를 말한다)가 직영하는 점포
　나. 「독점규제 및 공정거래에 관한 법률」에 따른 상호출자제한기업집단의 계열회사가 직영하는 점포
　다. 가목 및 나목의 회사 또는 계열회사가 제6호 가목에 따른 직영점형 체인사업 및 같은 호 나목에 따른 프랜차이즈형 체인사업의 형태로 운영하는 점포

부칙 §6).

2020년 5월의 코로나19 관련 2차 개정세법에서 2020.4.1.~2020.7.31. 기간 동안 신용카드 등 사용금액에 대한 소득공제율을 결제수단에 상관없이 80%로 인상하였다. 개정규정은 2020.5.19. 이후 연말정산 또는 종합소득과세표준을 확정신고하는 분부터 적용한다 (2020.5.19. 개정된 법률 부칙 §2).

1-2 대중교통 공제금액 (2호)

다음의 산식에 따라 계산한다.

대중교통 공제금액 = 대중교통 이용분 × 40%

대중교통수단을 이용한 대가에 해당하는 금액으로서 신용카드등 사용금액의 합계액을 말한다.

2023년 세법개정에서 2022년 하반기 대중교통 이용분에 대해서 신용카드 등 사용금액에 대한 소득공제율을 40%에서 80%로 상향함.

2023년 1년 동안에 대중교통 이용분에 대한 공제율을 80%로 한시적으로 상향함. 2021년 과세기간 및 2022년 과세기간에 신용카드 등을 사용한 경우에 대한 소득공제에 관하여는 개정규정에도 불구하고 종전의 규정에 따름(2023.4.11. 개정된 법률 부칙 §7).

1-3 도서등 공제금액 (3호)

해당 과세연도의 총급여액이 7천만원 이하인 경우에는 도서·신문·공연·박물관·미술관·영화상영관 사용분에 30%를 곱하여 공제금액을 계산한다.

도서·신문·공연·박물관·미술관·영화상영관 공제금액 = 도서 등 사용분 × 30%

서민·중산층의 문화생활을 지원하기 위하여 총급여 7천만원 이하인 자에 한해 도서·공연비 지출분의 30%를 공제하는 규정을 2018년 개정세법에서 신설하였다. 도서·공연비 지출분에 대해서는 한도 100만원을 추가하였다. 2018.7.1. 이후 사용하는 분부터 적용한다(2017.12.19. 개정된 법 부칙 §37 ②).

(가) 도서·신문·공연 사용분

간행물(출판문화산업 진흥법 §2 3호; 단, 유해간행물 제외)을 구입하거나 신문(신문 등의 진흥에 관한 법률 §2 1호)을 구독하거나 공연(공연법 §2 1호)을 관람하기 위하여 문화체육관광부장관이 지정하는 법인 또는 사업자에게 사용한 금액이다(이하 "도서·신문·공연사용분").

다음 구분에 따른 매출액 기준 이하의 사업자(도서 또는 신문을 취급하는 사업자의 경우 해당 매출액이 전체 매출액의 90% 이상인 경우에 한정함).로부터 발급받은 영수증 등에 대해서는 도서·신문·공연·박물관·미술관사용분과 그 밖의 사용분이 명확하게 구분되지 않는 경우에도 그 전체를 도서·신문·공연·박물관·미술관사용분으로 본다(조특령 §121의 2 ⑨, 조특칙 §52의 3 ①).

① 도서 또는 신문을 취급하는 사업자: 3억원
② 공연 관람권 또는 박물관 및 미술관 입장권을 취급하는 사업자: 7,500만원

개정 연혁

> 2019년 개정세법에서 문화체육관광부장관이 기획재정부장관과 협의하여 정하는 매출액 기준 이하의 사업자의 경우 그 매출액 전액을 신용카드 등 사용금액 소득공제 대상 도서·공연사용분으로 보도록 하였다.
>
> 2020년 개정세법에서 근로자의 세 부담 완화 및 문화생활을 지원하기 위하여 신문 구독료에 대해서 도서 구입비 및 공연 관람비와 동일한 소득공제 혜택을 제공한다. 개정규정(신문 구독료와 관련된 부분에 한정함)은 2021.1.1. 이후 사용하는 분부터 적용한다(2019.12.31. 개정된 법률 부칙 §37).
>
> 2021년 개정세법에서 신용카드 등 소득공제 대상 매출에 대하여 영수증 등의 사용분이 명확하게 구분되지 않는 경우에도 해당 사업자의 매출액 전액을 소득공제 대상 매출액으로 인정하는 소규모 단일사업자의 매출액 기준을 도서·신문 사업자의 경우 3억원, 공연·박물관·미술관 사업자의 경우 7,500만원 이하로 정한다. 개정규정은 2021.1.1. 이후 신문 구독료를 지급하는 분부터 적용한다(2021.2.17. 개정된 시행령 부칙 §13).

(나) 박물관·미술관·영화상영관 입장료

박물관 및 미술관이나 영화상영관에 입장하기 위하여 문화체육관광부장관이 지정하는 법인 또는 사업자에게 지급한 금액(이하 "박물관·미술관·영화상영관사용분"). 이 경우 소규모 사업자에 대한 매출액 인정방법은 위의 도서·신문·공연 사용분에서 설명하였다(조특령 §121의 2 ⑨).

개정 연혁

> 2019년 개정세법에서 근로자의 문화생활을 지원하기 위하여 도서·공연 사용분에 박물관·미술관 입장료를 포함하였다. 2019.7.1. 이후 사용하는 분부터 적용한다(2018.12.24. 개정된 법 부칙 §34).

2020년 개정세법에서 개정 이전에도 집행상 문화체육관광부장관이 지정하는 사업자에게 지급한 금액에 대해 소득공제를 적용하고 있어, 이를 법률에서 규정하여 명확화하였다.

또한, 종래 도서·공연 사용분에만 인정되던 소규모 사업자에 대한 매출액 인정방법을 박물관·미술관사용분에 대해서도 확대하여 적용하였다. 개정규정(박물관 및 미술관 사용분과 관련된 부분에 한정함)은 2020.2.11. 이후 연말정산 또는 종합소득과세표준을 확정신고하는 분부터 소급하여 적용한다(2020.2.11. 개정된 시행령 부칙 §20).

2023년 개정세법에서 신용카드 등 사용금액에 대한 소득공제 중 30%의 공제율이 적용되는 대상에 영화관람료를 포함함. 법 126조의 2 제2항 3호부터 제6호까지(영화상영관에 관한 부분으로 한정함)의 개정규정은 2023.7.1. 이후 영화상영관에 입장하기 위하여 지급하는 금액부터 적용함. 2023.1.1. 전에 신용카드 등을 사용한 경우에 대한 소득공제에 관하여는 개정규정에도 불구하고 종전의 규정에 따름(2022.12.31. 개정된 법률 부칙 §27 ①·③).

1-4 직불카드등 공제금액 (4호)

다음의 산식에 따라 계산한다.

- 직불카드등 공제금액 = 직불카드등 사용분 × 30%
- 직불카드등 사용분 = 직불카드등 사용금액 − 전통시장 사용분 − 대중교통 이용분
  − 도서등사용분❶

❶ 총급여액 7천만원 이하인 경우에만 도서등사용분을 추가로 차감함.

직불카드등 사용금액이란 현금영수증, 직불카드, 직불전자지급수단, 기명식선불카드, 기명식선불전자지급수단 및 기명식 전자화폐(법 §126의 2 ① 2호·4호)의 사용금액을 말한다.

교통카드 중 후불 결제 방식은 직불카드에 해당하지 아니한다(서이 46013−11456, 2003. 8.4.). 단, 현재는 대중교통 공제금액으로 30%의 공제율을 적용받으므로 직불·후불 결제 방식에 의한 공제율의 차이는 없다.

교통후불카드 기능이 있는 체크카드와 듀얼페이먼트카드 사용액 중 카드회원이 카드결제 시점을 기준으로 카드사에 후납하지 않는 대금은 직불카드 사용액에 해당한다(원천−585, 2010.7.16.).

1-5 신용카드 공제금액 (5호)

다음의 산식에 따라 계산한다.

- 신용카드 공제금액 = 신용카드 사용분 × 15%
- 신용카드사용분 = 신용카드등사용금액의 합계액 - 전통시장사용분 - 대중교통이용분
  - 직불카드등사용분 - 도서등사용분❶

❶ 총급여액 7천만원 이하인 경우에만 도서등사용분을 추가로 차감함.

신용카드사용분 중 같은 과세연도에 매출이 취소된 사용금액이 발생한 경우, 해당 매출이 취소된 사용금액은 매출이 취소된 월의 신용카드사용분에서 차감한다(서면법령소득-4953, 2021.8.17.).

1-6 최저사용금액 공제분 (6호)

신용카드 사용분, 직불카드등 사용분 등 공제율이 상대적으로 낮은 이용 금액이 공제문턱(최저사용금액)을 먼저 채우게 하기 위하여 최저사용금액 공제분을 다음과 같이 계산한다.

(가) 최저사용금액이 신용카드 사용분보다 적거나 같은 경우 (가목)

$$\text{최저사용금액 공제분} = \text{최저사용금액} \times 15\%$$

최저사용금액이란 해당 과세연도의 총급여액의 25%이다.

(나) 최저사용금액이 신용카드·직불카드 사용분보다 적거나 같은 경우 (나목)

최저사용금액이 신용카드사용분보다 크고 신용카드사용분과 직불카드등사용분을 합친 금액(해당 과세연도의 총급여액이 7천만원 이하인 경우에는 도서·공연사용분을 추가로 합친 금액)보다 작거나 같은 경우이다.

$$\text{최저사용금액 공제분} = \text{신용카드사용분} \times 15\% + (\text{최저사용금액} - \text{신용카드사용분}) \times 30\%$$

(다) 최저사용금액이 신용카드·직불카드 사용분보다 큰 경우 (다목)

최저사용금액이 신용카드사용분과 직불카드등사용분을 합친 금액보다 큰 경우이다.

$$\text{최저사용금액 공제분} = (\text{신용카드사용분} \times 15\%) + ((\text{직불카드등사용분} + \text{도서등사용분}❶) \times 30\%) + ((\text{최저사용금액} - \text{신용카드사용분} - \text{직불카드등사용분} - \text{도서등사용분}❷) \times 40\%)$$

❶ 총급여액 7천만원 이하인 경우에만 도서등사용분을 추가로 가산함.
❷ 총급여액 7천만원 이하인 경우에만 도서등사용분을 추가로 차감함.

개정 연혁

> 공제율이 상대적으로 낮은 신용카드사용분과 직불카드등사용분이 먼저 공제문턱을 채우도록 하기 위하여 2018년 개정세법에서 최저사용금액 공제분 계산방법을 변경하였다.
>
> 2022년에 신용카드 등으로 사용한 금액 중 2021년에 신용카드 등으로 사용한 금액의 105%를 초과한 금액에 대하여 20%의 소득공제를 적용하고, 총급여액 수준별로 적용하는 공제한도 외에 100만원의 한도를 추가하여 적용하도록 함. 제126조의2제11항의 개정규정(소비증가분에 대한 공제한도 추가 규정)은 2022년 과세기간의 근로소득에 대하여 2023.1.1. 이후 종합소득과세표준을 신고하거나 소득세를 결정하거나 연말정산하는 경우에도 소급하여 적용함(2022.12.31. 개정된 법률 부칙 §27 ②). 따라서, 2022 과세연도의 총급여액 7천만원 이하인 사람은 기본공제 한도금액이 연 400만원임.
>
> 2023년 개정세법과 관련하여 2021년 과세기간 및 2022년 과세기간에 신용카드 등을 사용한 경우에 대한 소득공제에 관하여는 법 126조의 2 제11항의 개정규정에도 불구하고 종전의 규정에 따름(2023.4.11. 개정된 법률 부칙 §7).

1-7 추가공제 (7호)

<u>2024년 과세연도의 신용카드등 소득공제금액을 계산하는 경우에는 아래 산식의 금액을 추가로 공제한다.</u>

$$\text{추가공제} = \left(\begin{array}{c} 2024.1.1.\sim2024.12.31.\text{의} \\ \text{신용카드등사용금액} \\ \text{연간합계액} \end{array} - \begin{array}{c} 2023.1.1.\sim2023.12.31.\text{의} \\ \text{신용카드등사용금액} \\ \text{연간합계액의 } 105\% \end{array} \right) \times 10\%$$

<u>단, 괄호 안이 0보다 작은 경우에는 없는 것으로 본다.</u>

2024 개정 2024년에 신용카드 등으로 사용한 금액 중 2023년에 신용카드 등으로 사용한 금액의 105%를 초과한 금액에 대하여 10%의 공제율이 적용되는 한시적인 소득공제를 도입함. 그리고, 총급여액 수준별로 적용하는 공제한도 외에 100만원의 한도를 추가하여 적용하도록 함.

2 공제한도

신용카드등 공제금액에 대한 공제한도는 해당 과세연도의 총급여액을 기준으로 차등 적용한다(조특법 §126의 2 ⑩).

급여수준별 차등 공제한도

총급여액	기본 공제한도 금액	추가 공제한도 금액
7천만원 이하	연 300만원	전통시장·대중교통·도서분 합계 300만원 + 추가공제 100만원
7천만원 초과	연 250만원	전통시장·대중교통 합계 200만원 + 추가공제 100만원

다만, 기본 공제한도 초과금액이 있는 경우에는 그 한도 초과금액과 i) 전통시장공제금액 및 대중교통공제금액의 합계액과 ii) 추가공제 금액(연간 100만원을 한도로 함)의 합계액 중 작거나 같은 금액을 추가로 공제한다. 다만 총급여액 7천만원 이하 자는 도서등사용분을 i)에 포함한다.

> 추가공제 = Min [한도초과금액,(전통시장공제금액＋대중교통공제금액＋도서등공제금액)]

이때 i)의 금액은 연간 200만원을 한도로 하되 총급여액 7천만원 이하 자는 도서등공제금액을 포함하여 연간 300만원을 한도로 한다(추가 공제한도 최대 400만원).

따라서 총급여액 7천만원 이하인 자의 신용카드 소득공제 최대금액은 기본 300만원에 추가 공제한도 금액 400만원을 합하여 최대 700만원까지 가능하다.

소득공제는 과세표준을 계산하는 단계에서의 감면이므로 고소득자의 공제금액에 높은 세율이 적용되어 더 많은 금액이 공제되는 문제점이 있어, 2017년 개정세법에서 급여수준별로 공제한도 금액을 차등 설정하였다.

2023년 개정세법에서 종래 기본공제 한도를 3단계의 소득구간으로 나누어 차등 적용하던 방식에서 2단계로 단순화함. 2023.1.1. 전에 신용카드 등을 사용한 경우에 대한 소득공제에 관하여는 개정규정에도 불구하고 종전의 규정에 따름(2022.12.31. 개정된 법률 부칙 §27 ③).

Ⅳ. 조세특례제한 등

1 사용금액의 확인 등

국세청장은 신용카드업자, 전자금융업자 및 전자금융보조업자에 대하여 신용카드등사용금액의 통지 등 신용카드등사용금액에 대한 소득공제에 필요한 사항을 명할 수 있다(조특법 §126의 2 ⑥).

신용카드업자(직불카드업자 및 기명식선불카드업자 포함), 전자금융거래법에 따른 금융기관 및 전자금융업자(이하 "신용카드업자등")는 신용카드회원·직불카드회원·기명식선불카드회원·직불전자지급수단이용자·기명식선불전자지급수단이용자·기명식전자화폐이용자(이하 "신용카드회원등")가 신용카드 등 사용금액의 합계액 및 소득공제 대상금액이 기재된 확인서(이하 "신용카드 등 사용금액확인서")의 발급을 요청하는 경우에는 지체 없이 이를 발급하여야 한다. 다만 신용카드업자등은 신용카드회원등의 편의를 위하여 신용카드 등 사용금액확인서의 발급요청이 없는 경우에도 이를 발급·통지할 수 있다(조특령 §121의 2 ⑦).

2 공제 신청

신용카드 등 사용금액에 대한 소득공제를 적용받고자 하는 자는 소득공제금액을 근로소득자소득공제신고서(소법 §140 ①)에 기재하고, 근로소득자소득공제신고서를 원천징수의무자에게 제출하는 때에 신용카드등소득공제신청서(별지 제74호의 6 서식)와 신용카드 등 사용금액확인서(별지 제74호의 5 서식)를 함께 제출하여야 한다. 이 경우 대중교통이용분이 있는 경우에는 승차권 등 대중교통이용분임을 증명할 수 있는 서류를 첨부하여야 한다(조특령 §121의 2 ⑧).

다만, 신용카드등사용금액확인서에 전통시장사용분, 대중교통이용분, 도서등사용분이 누락된 경우 영수증, 승차권, 입장권 등 전통시장사용분, 대중교통이용분, 도서등사용분임을 증명할 수 있는 자료를 제출함으로써 신용카드등사용금액에 대한 소득공제를 신청할 수 있다.

이 경우 소득공제증빙서류(소령 §216의 3)가 국세청장에게 제출되는 경우에는 신용카드사용금액확인서를 대신하여 소득공제명세를 일괄적으로 기재하여 국세청장이 발급하는 서류를 제출할 수 있다(조특령 §121의 2 ⑫, 조특칙 §52의 3 ②).

2019년 개정세법에서 신용카드등사용금액확인서에 누락된 전통시장, 대중교통, 도서·공연·박물관·미술관 사용분에 대해 영수증 등 증명서류 첨부 시 소득공제 신청을 허용하였다. 2019.2.12. 이후 연말정산하는 분부터 소급하여 적용한다. 다만, 박물관·미술관 입장료와 관련된 부분은 2019.7.1. 이후 사용분에 대해 연말정산하는 분부터 적용한다(2019.2.12. 개정된 시행령 부칙 §22).

3 비정상적 사용행위에 대한 통제절차

3-1 국세청장의 통보

국세청장은 비정상적인 신용카드 사용행위(영 §121의 2 ④)가 있음을 안 경우에는 해당 신용카드업자 등에게 그 사실을 7일 이내에 통보하여야 한다(조특령 §121의 2 ⑩).

3-2 신용카드업자 등의 제외 의무

신용카드업자 등도 비정상적인 신용카드사용행위가 있음을 안 경우에는 해당 신용카드 회원 등에게 그 사실을 안 날부터 30일 이내에 그 거래내역을 통보하여야 하며, 당해 거래의 신용카드 등 사용금액확인서를 발급하는 때에 동 금액을 소득공제대상 신용카드 등 사용금액에서 제외하여야 한다. 다만 신용카드 등 사용금액확인서의 발급 후에 비정상적인 신용카드사용행위가 있음을 안 경우에는 당해 금액을 다음 과세연도의 소득공제대상 신용카드 등 사용금액에서 제외하여야 한다(조특령 §121의 2 ⑪).

3-3 원천징수의무자의 가산세 배제

원천징수의무자가 다음의 사유로 원천징수하여야 할 세액에 미달하게 세액을 납부한 경우에는 원천징수납부 등 불성실가산세(국기법 §47의 5 ①)를 부과하지 아니한다(조특법 §126의 2 ⑤).

원천징수의무자가 근로자소득공제신고서 및 신용카드소득공제신청서에 기재된 신용카드 등 사용금액에 대한 소득공제금액에 적용배제 사용금액(영 §121의 2 ⑥, 법 §126의 2 ④)에 해당하는 금액이 포함되어 있음을 근로소득세액의 연말정산 시까지 확인할 수 없는 경우이다(조특령 §121의 2 ⑤).

4 소득공제 자료수집

국세청장은 신용카드등소득공제금액을 계산하기 위하여 국토교통부장관, 중소벤처기업부장관 등 관계 행정기관 및 지방자치단체 등으로 하여금 전통시장 구역 내의 법인 또는 사업자 현황, 대중교통 운영자 현황, 도서·신문·공연·박물관·미술관·영화상영관 사업자 현황 등 필요한 자료를 국세청장 또는 신용카드업자에게 제공할 것을 요청할 수 있다. 이 경우 요청을 받은 관계 행정기관 등은 정당한 사유가 없으면 이에 따라야 한다(조특령 §121의 2 ⑬).

기타 조세특례제한 등

구 분	내 용	참조 부분
소득공제 종합한도	적용(조특법 §132의 2 ①)	제20부 제5절
농어촌특별세	비과세(농특령 §4 ⑥ 1호)	

제4절 [제126조의 3] 현금영수증사업자 및 현금영수증가맹점에 대한 과세특례 ★★★★

Ⅰ. 의의

현금영수증사업자가 현금영수증 결제 건수 및 지급명세서 건수에 따라 일정 금액을 부가가치세 납부세액에서 공제받거나 환급세액에 가산하여 받을 수 있는 제도이다. 또한 현금영수증가맹점은 5천원 미만의 거래에 대한 현금영수증 발급 건수에 따라 일정 금액을 소득세 산출세액에서 공제받을 수 있다.

현금영수증 제도는 B2C(Business To Customer) 현금거래 부분에 대한 소득파악을 통하여 자영업자의 과세표준을 양성화시켜 근로소득자와의 과세 형평성을 높이며, 소비자의 현금거래 내역이 현금영수증가맹점의 단말기를 통하여 국세청으로 자동 통보되는 시스템을 구축하여 세원관리의 효율성을 높이기 위한 제도이다. 동 제도를 세제지원하기 위하여 2003년 말 도입된 특례이다.

2024년 개정세법에서 적용기한이 폐지되어 영구화된 과세특례제도이다.

개정연혁

연 도	개정 내용
2018년	■ 현금영수증사업자의 발급장치 세액공제 폐지 ■ 현금영수증 결제건수 및 지급명세서 건수의 공제 금액 하향 : 종이발급 있는 경우 17원 → 12.5원('18.4.1.~'19.6.30.) → 9.4원, 이외 12.6원 → 11.5원('18.4.1.~'19.6.30.) → 8.4원
2021년	■ 일몰기한 신설
2024년	■ 일몰기한 폐지

Ⅱ. 요건

현금영수증사업자의 경우 현금영수증발급장치를 통한 현금영수증 결제 건수 및 지급명세서 건수, 현금영수증가맹점의 경우 5천원 미만 현금영수증 발급 건수를 세액공제의 대상으로 한다.

종래 현금영수증사업자에 대해 발급장치 설치건수 별로 건당 15,000원을 공제하였으나, 정책 목적을 달성하여 2018년 개정세법에서 폐지하였다. 2018.1.1. 전에 설치한 현금영수증발급장치 분에 대해서는 종전의 규정에 따른다(2017.12.19. 개정된 법 부칙 §60).

1 주체

본 과세특례의 주체는 부가가치세의 경우 현금영수증사업자, 소득세의 경우 현금영수증가맹점이다.

1-1 현금영수증사업자

현금영수증 결제를 승인하고 전송할 수 있는 시스템을 갖춘 사업자로서 국세청장으로부터 현금영수증사업의 승인을 받은 자(이하 "현금영수증사업자")이다(조특법 §126의 3 ①). 신용카드 VAN사업자, POS시스템 운영사업자, 전자결제대행업체(PG) 등이 해당된다.

(1) 신청 및 승인

현금영수증사업자 승인신청을 할 경우에는 국세청장이 정하는 현금영수증사업자 승인신청서[현금영수증사업자가 지켜야 할 사항 고시[1])(이하 "현금영수증고시") 별지 제3호 서식]와 다음의 첨부서류를 국세청장에게 제출하여야 한다(조특령 §121의 3 ②, 현금영수증고시 §5 ①).

> 1. 정관
> 2. (삭제)
> 3. 현금영수증사업자 운영계획서(별지 제6호 서식)
> 4. 자본금의 납입을 증명하는 서류
> 5. 재무제표와 그 부속서류

---
1) [시행 2023.7.1.] [국세청고시 제2023-10호, 2023.7.1., 일부개정]

6. 영업현황 및 전산시스템 구성도
7. 현금영수증 발급장치 개발계획서
8. 현금결제건당 원가분석표
9. 신용카드단말기 기종별 보급현황 및 보급계획서
10. 적립식카드 사업을 겸영하는 경우 카드회원 현황 및 현금결제 현황
11. 현금영수증시스템 보안계획서(서버, 인력, PC, 문서 등)
12. 대표자 보안서약서(별지 제7호 서식)

국세청장은 현금영수증 결제를 승인하고 전송할 수 있는 시스템의 구비 여부 등을 확인하여 현금영수증관련 업무에 지장이 없을 경우 현금영수증사업자로 승인하여야 한다(조특령 §121의 3 ①).

(2) 승인의 철회

국세청장은 현금영수증사업자가 다음의 하나에 해당하는 경우 현금영수증사업자의 승인을 철회할 수 있다(조특령 §121의 3 ④, 현금영수증고시 §8 ①).

① 현금영수증사업자가 지켜야 할 사항 고시를 위반하여 국세청장으로부터 3회 이상 통보를 받은 경우
② 현금영수증사업자로서 재정 현황 등이 열악하여 정상적인 운영이 어렵다고 판단되는 경우
③ 폐업 또는 현금영수증사업자 운영업무를 종료했음에도 승인포기를 하지 않는 경우
④ 제4조 제5항의 규정을 위반하여 현금영수증가맹점 등에게 재화 또는 용역의 공급없이 금전적 이익을 제공한 사실을 수사기관, 금융위원회, 금융감독원 등으로부터 통보받거나 국세청장(지방국세청장 포함) 또는 관할 세무서장이 확인한 경우
⑤ 제5조 제6항에 따른 재심사 결과 부적격 업체로 판단되는 경우

● 예규·판례

❖ **현금영수증가맹점에게 리베이트 등 금전적 이익 제공 금지등 관련** (전자세원-169, 2013.6.13.)

[질의]
- 「현금영수증사업자가 지켜야 할 사항 고시(제2013-9호, 2013.2.28.)」 제4조 제5항의 '현금영수증 가맹점에게 리베이트 등 금전적 이익 제공금지' 관련
  가. 대형가맹점 및 영업대행 대리점에게 단말기 설치 및 유지보수 행위 명목으로 금전적 이익을 제공한 행위가 적법한지 여부
  나. 개정고시 적용일인 2013.7.1. 이전에 체결한 현금영수증 관련 계약에도 소급적용 여부
  다. 가맹점과 기존계약에 의거 수수료를 지급하였을 경우, 현금영수증사업 승인철회 여부

> [회신]
> '가'의 경우 현금영수증사업자는 「조세특례제한법」 제126조의 3 제1항 및 같은 법 시행령 제121조의 3 제8항 제1호의 규정에 의하여 현금영수증가맹점의 현금영수증 발급장치 설치에 따른 일정금액을 해당 과세기간의 부가가치세 납부세액에서 공제받거나 환급세액에 가산하여 받을 수 있는 것으로, 명목여하에 불구하고 실질적인 재화·용역의 공급받음 없이 현금영수증가맹점에게 금전적 이익을 제공해서는 안 되는 것이며,
> '나'의 경우 국세청고시(제2013-9호, 2013.2.28.) 제4조 제5항은 2013.7.1. 이후 최초로 현금영수증을 발급하는 분부터 적용하는 것으로, 현금영수증사업자가 2013.7.1. 이전에 체결한 현금영수증 관련 계약에도 적용되는 것이며,
> '다'의 경우 현금영수증사업자가 같은 법 시행령 제121의 3 제3항을 위반하는 경우 같은 법 시행령 같은 조 제4항에 의거 현금영수증사업의 승인을 철회할 수 있는 것임.

(3) 거래자정보의 전송

현금영수증사업자는 거래 일시, 금액, 거래자의 인적사항 및 현금영수증가맹점의 인적사항 등 현금결제와 관련한 세부 내용을 국세청장에게 전송하여야 한다(조특법 §126의 3 ③).

1-2 현금영수증가맹점

현금영수증가맹점이란 신용카드단말기 등에 현금영수증발급장치를 설치한 사업자이다(조특법 §126의 3 ①).

2 현금영수증 발급

현금영수증이란 현금영수증가맹점이 재화 또는 용역을 공급하고 그 대금을 현금으로 받는 경우 해당 재화 또는 용역을 공급받는 자에게 현금영수증 발급장치에 의해 발급하는 것으로서 거래일시·금액 등 결제내용이 기재된 영수증을 말한다(조특법 §126의 3 ④).

이하에서는 먼저 현금영수증 발급방법을 살펴보고, 대상 거래가 현금영수증 발급대상인지 여부와 발급 시의 발행금액에 대해 개별 사례별로 검토하도록 한다.

2-1 발급방법

현금영수증 발급방법은 신용카드가맹점인 경우에는 신용카드단말기를 사용하고, 신용카드가맹점이 아닌 경우에는 인터넷PC를 이용하여 인터넷으로 현금영수증을 발급할 수 있다.

(1) 발급시기

현금영수증의 발급시기는 현금영수증가맹점이 재화 또는 용역을 공급하고 그 대금을 현금으로 받는 때에 재화 또는 용역을 공급받는 자에게 발급하며, 기지급받은 현금에 대한 소급발급은 허용되지 않는다(서면3팀-1700, 2005.10.6.). 다만 사회통념상 입금 즉시 확인이 어려운 때에는 입금이 확인되는 때(통상 3일~5일 이내)에 발급하여야 한다(서면3팀-1699, 2005.10.6.).

재화 또는 용역의 공급이전에 그 대금을 현금으로 받은 때에는 그 받은 때에 현금영수증을 발급할 수 있다. 다만 선수금을 현금으로 받은 때에 현금영수증을 발급하지 아니한 경우에는 추후 재화 또는 용역의 공급대가로 전환되는 때에 현금영수증을 발급하여야 한다(서면전자세원 2021-749, 2021.2.18.; 재소득-152, 2011.4.22.).

발급된 현금영수증에 대한 재화 또는 용역거래의 취소·변경 등 수정사항이 발생한 경우에는 수정발급이 가능하다(서면3팀-1701, 2005.10.6.).

(2) 통신판매업자

부가통신사업자[2]가 운영하는 사이버몰(인터넷 쇼핑몰)[3]을 이용하여 통신판매업자[4]가 재화 또는 용역을 공급하고 그 대가를 부가통신사업자를 통하여 받는 경우에는 부가통신사업자가 해당 통신판매업자의 명의로 현금영수증을 발급할 수 있다(조특령 §121의 3 ⑫).

즉, 인터넷 쇼핑몰 운영업체가 쇼핑몰 입점업체 명의로 현금영수증을 발급할 수 있다. 이러한 경우에는 통신판매업자(입점업체)에게는 현금영수증 의무발급 규정(소법 §162의 3 ④)이 적용되지 않는다(전자세원-72, 2014.4.18.).

그러나 부가통신사업자가 현금영수증을 대신 발행하여 의무발급 규정이 적용되지 않더

---

[2] "부가통신사업자"란 기간통신역무 외의 전기통신역무(부가통신역무)를 제공하는 사업자를 말함(전기통신사업법 §5).
[3] "사이버몰"이란 컴퓨터 등과 정보통신설비를 이용하여 재화 등을 거래할 수 있도록 설정된 가상의 영업장을 말함(전자상거래 등에서의 소비자보호에 관한 법률 §2 4호).
[4] "통신판매업자"란 사이버몰에 인적사항 등의 정보를 등록하고 재화 또는 용역을 공급하는 사업을 하는 사업자를 말함(부령 §14 ① 11호).

라도, 통신판매업자(입점업체)가 현금영수증가맹점 가입대상자에 해당하는 경우에는 가맹점에 가입하여야 하며 미가입 시에는 현금영수증가맹점 미가입가산세(소법 §81 ⑪ 1호)가 부과됨에 유의하여야 한다(조심 2012중2396, 2012.7.11.; 조심 2011구1458, 2011.6.27.).

종래에는 부가통신사업자가 소비자에게 현금영수증을 발급하되 현금영수증에 통신판매업자의 등록번호를 포함하도록 하였으나,(전자세원-268, 2010.4.27.) 납세의 편의를 위하여 2015년 개정세법에서 부가통신사업자가 통신판매업자 명의로 발급할 수 있도록 하였다. 단, 통신판매업자가 (사업자가 아닌) 개인인 경우에는 부가통신사업자가 본인의 명의로 소비자에게 현금영수증을 발급한다.

(3) 외국인

외국인이 현금영수증의 발급을 요청하는 경우에는 당해 외국인이 제시하는 외국인등록번호 등의 신분인식수단으로 현금영수증을 발급하여야 한다(전자세원-531, 2010.9.29.).

(4) 할부금융

재화 또는 용역을 공급받고 할부금융을 이용하여 대금을 지급하는 경우, 공급자가 할부금융사로부터 현금을 지급받은 때에 재화 또는 용역을 공급받는 자에게 현금영수증을 발급한다(서면3팀-1712, 2005.10.6.).

(5) 위탁판매

위탁판매하는 경우 현금영수증 발급은 재화 또는 용역의 실지 공급자인 위탁자 명의로 발급하는 것이 원칙이며, 다만 위탁자와의 위·수탁판매에 관한 명시적인 계약내용과 수탁자가 전자적 시스템을 갖추어 위탁자별로 매출액에 대한 현금영수증 발급내역을 구분관리하는 경우에 한하여 수탁자 명의로 발급 가능하다(서면3팀-1702, 2005.10.6.).

(6) 월합계 정산 지급 방식

구내식당 위탁급식 용역계약에 의거하여 대금을 월합계로 정산하여 지급받는 경우, 식대를 매월 정산하여 현금으로 지급받는 때에 현금영수증을 발급한다(서면3팀-2392, 2006.10.12.). 주차요금의 월정산 지급 방식도 동일하다(서면3팀-1562, 2007.5.23.).

2-2 발급대상 거래

현금영수증 발급대상 거래는 현금영수증가맹점이 재화 또는 용역을 공급한 거래이어야 한다.

부가가치세 면세사업자도 발급 가능하다(서면3팀-3007, 2006.12.5.).

(1) 국가·지자체가 공급자인 경우

국가 또는 지방자치단체가 부가가치세가 과세되는 부동산임대, 도·소매업 등의 재화 또는 용역을 공급하는 경우에는 현금영수증 발급이 가능하다(전자세원-207, 2009.4.1.). 따라서 지방자치단체가 주민들에게 일정 용역(거주자 우선주차, 대형생활폐기물수거, 현수막 게시, 공공시설의 이용)을 제공하고 그 대가를 현금(계좌이체 포함)으로 지급받는 경우에는 현금영수증 발급이 가능하다(서면3팀-646, 2006.4.3.). 지자체에서 시행되는 교육에 대한 대가도 발급이 가능하다(서면3팀-3072, 2006.12.8.).

반면에 부가가치세 과세대상이 아닌 재화와 용역의 공급에 대하여는 현금영수증을 발급할 수 없다. 예를 들어 국내항공회사가 문화체육관광부를 징수 대행하는 관광진흥개발기금(전자세원-607, 2009.9.15.)과 외교통상부에 지급하는 여권발급수수료(서면3팀-2173, 2007.7.31.)는 대상에서 제외된다.

또한 재화 또는 용역의 공급 없이 행정처분에 의해 부과하는 주·정차 위반 과태료는 현금영수증발급대상에 해당하지 않는다(서면3팀-646, 2006.4.3.).

(2) 거래 대금을 급여에서 차감하는 경우

현금영수증가맹점인 인터넷 쇼핑몰을 운영하는 사업자가 임직원 전용 쇼핑몰 운영 계약을 맺은 회사의 임직원에게 재화 또는 용역을 공급하고 거래대금은 회사가 당해 임직원에게 귀속된 급여에서 지급하는 경우에는 임직원에게 현금영수증을 발급할 수 있다(전자세원-652, 2009.10.8.).

(3) 주차요금

주차용역을 제공하고 그 대금을 현금으로 받는 경우, 그 대금을 지급받는 때 현금영수증을 발급하여야 하는 것이며, 주차요금을 매월 정산하여 현금으로 지급받는 경우에도 현금영수증 교부가 가능하다(서면3팀-1562, 2007.5.23.).

(4) 폐업일 후 불가

최종소비자에게 재화를 공급하고 폐업일 이후에 그 대금을 현금으로 받는 경우에는 현금영수증을 발급할 수 없다(서면3팀-1754, 2007.6.18.; 전자세원-313, 2009.5.13.). 폐업 후에는 부가가치세법상 사업자가 아니기 때문이다.

(5) 외국법인이 공급자인 경우 불가

국내사업장이 없는 외국법인이 국외에서 국내 대리점을 통해 국내사업자 또는 개인에게 외국항행용역을 제공하고 국내대리점을 통해 송금받는 경우, 국내대리점 명의로 현금영수증을 발급할 수 없다(서면2팀-431, 2008.3.13.). 국외공항사업자를 위하여 징수 대행하는 세금·공항이용료도 제외된다(전자세원-607, 2009.9.15.).

(6) 손해배상금 불가

전기사업자가 일반 수용가에게 전력설비의 시설 및 이설 등의 공사를 하여주고 그 대가(공사부담금 등)를 현금으로 지급받는 경우 현금영수증을 교부할 수 있으나, 동 사업자 소유 재산의 파손, 훼손, 도난 등으로 인하여 가해자로부터 받는 손해배상금(또는 변상금)은 재화나 용역의 공급대가가 아니므로 현금영수증 교부 대상에 해당하지 않는다(서면3팀-600, 2006.3.29.).

2-3 발행금액

현금영수증가맹점은 자신이 제공한 재화와 용역의 거래금액에 대하여 현금영수증을 발급하여야 한다(조특령 §121의 3 ⑪). 따라서 타인이 제공한 재화와 용역과 관련하여 대가를 총액으로 수령한 경우라 하더라도 자신이 제공한 재화와 용역의 대가에 대하여서만 현금영수증을 발급할 수 있다.

● **다수인에게 제공한 용역의 대가를 1인으로부터 현금으로 지급받을 때**

다수인에게 재화 또는 용역을 공급하고 그 대가를 당사자들 중 1인으로부터 전부 지급받는 경우 재화 또는 용역을 공급받는 각 개인별 현금영수증 발급금액은 1인이 지급한 전체 금액을 당초 각 개인이 부담하여야 할 부담비율로 안분하여 계산한 금액으로 하는 것임(사전법령소득-0006, 2018.6.11.; 같은 뜻 서면법령법인-1134, 2020.4.23.). 용역대가 전체 금액에 대하여 현금영수증을 발급하여야 한다는 종전의 예규(서면법인-1696, 2015.12.2.)는 2020년 7월에 삭제됨.

(1) 대리인 판매

대리인이 판매하는 경우에는 총액이 아닌 **순액**으로 현금영수증을 발급하여야 한다.
- 일반 여행객에게 **여행알선용역**의 수수료와 당해 여행알선용역 외의 운송·숙박·식사 등에 대한 비용을 함께 현금으로 받는 경우에는 당해 사업자가 직접 제공한 여행알선용역의 수수료에 대하여만 현금영수증을 발급하여야 한다(서면3팀-457, 2005.4.1.).
- 이동통신대리점이 이동통신사로부터 보조금을 지원받는 경우 고객에게 현금영수증 발급 시 기재하는 금액은 고객으로부터 현금영수한 금액으로 한다(서면3팀-810, 2006.5.2.).
- **물품수입대행 및 배송대행용역**을 제공하고 그 물품수입대행 및 배송대행에 대한 대가와 수탁받아 대신 지급하는 비용을 구분하여 함께 현금으로 받는 경우, 현금영수증은 당해 사업자가 고객에게 제공한 수입대행 및 배송대행에 대한 대가에 대하여만 발급한다(부가-1957, 2008.7.11.).
- 학교에서 수학여행, 수련활동, 급식 등에 대한 경비를 학생(학부모)으로부터 현금으로 받고 이와 관련한 용역을 공급하는 경우에는 공급받는 자에게 현금영수증을 발급할 수 있는 것이나, 당해 학교에서 관련 용역을 공급하지 않는 경우에는 현금영수증을 발급할 수 없다(서면3팀-2201, 2006.9.20.). 일반적으로 학교는 수학여행 등에 대해 대행업체를 지정하여 수행하므로 현금영수증을 발급하기 어렵다고 본다.

(2) 쿠폰 등 할인

재화 또는 용역을 공급하고 그 대가의 전부 또는 일부를 마일리지(적립금, 포인트, 사이버머니, 쿠폰 등)로 결제하는 경우 당해 마일리지 결제금액에 대하여는 현금영수증을 발급할 수 없다(전자세원과-571, 2010.10.22.; 서면3팀-1227, 2007.4.30.). 현금영수증 발급 시 기재하는 금액은 할인 후 '현금 영수'한 금액으로 한다(서면3팀-2140, 2005.11.25.).

③ 현금영수증 결제 건수 및 지급명세서 건수

현금영수증 결제건수 및 지급명세서 건수가 세액공제의 대상이다.
"현금영수증 결제건수"란 현금영수증가맹점이 현금영수증 발급장치에 의하여 현금영수증을 발급하고 결제한 건수로서 현금영수증사업자를 통하여 국세청장에게 전송한 건수를 말한다(조특령 §121의 3 ⑦).
현금영수증 발급장치를 통하여 제출한 일용근로자 등 근로소득지급명세서(소법 §164 ③

후단) 건수에 대하여도 발생한 전송비용을 감안하여 현금영수증 결제건수와 동일한 공제혜택이 부여된다.

Ⅲ. 세액공제

부가가치세 세액공제

현금영수증사업자는 현금영수증 결제건수 및 지급명세서 건수에 대하여 다음의 건당 공제금액을 곱한 금액을 해당 과세기간의 부가가치세 납부세액에서 공제받거나 환급세액에 가산하여 받을 수 있다(조특령 §121의 3 ⑧ 2호, 현금영수증고시 §6 ②).
㉮ 종이발급이 있는 현금영수증 9.4원(2019.6.30. 이전 발급분까지는 12.5원)[5]
㉯ 종이발급이 없는 현금영수증 8.4원(2019.6.30. 이전 발급분까지는 11.5원)
㉰ 무기명으로 발급한 현금영수증 8.4원(2019.6.30. 이전 발급분까지는 11.5원)[6]

본 공제 또는 환급은 현금영수증가맹점 또는 지급명세서 제출자가 아닌 현금영수증사업자가 적용받는 것임에 유의해야 한다.

본 세액공제는 현금영수증사업자가 국가(국세청장)에게 공급하는 용역의 대가가 아니므로 부가가치세 과세 대상에 해당하지 않는다(조심 2017서2864, 2017.12.29.; 조심 2017중2916, 2017.12.19.).

2017년 6월 현금영수증 고시의 개정으로 ㉮의 금액이 18.7원에서 17원으로, ㉯ 및 ㉰의 금액이 13.2원에서 12.6원으로 감액되었다. 개정규정은 2017.6.12. 이후 최초로 현금영수증을 발급하는 분부터 적용한다(동일자로 개정된 동 고시 부칙 §2 단서).

종래 공제액을 건당 18원을 기준으로 하였으나, 2018년 개정세법에서 건당 12원을 기준으로 30%를 가감한 범위 내에서 정하도록 변경하였다. 2018년 4월 현금영수증 고시의 개정으로 ㉮의 금액이 17원에서 9.4원으로, ㉯ 및 ㉰의 금액이 12.6원에서 8.4원으로 감액되었다. 단, 2019.6.30. 이전 발급분까지는 각각 12.5원, 11.5원으로 한다. 개정규정은 2018.4.1. 이후 최초로 현금영수증을 발급하는 분부터 적용한다(2018.4.1. 개정된 현금영수증 고시 부칙 §2 단서).

---

[5] 종이발급이 있는 현금영수증은 현금영수증가맹점이 재화 또는 용역을 공급하고, 그 대가를 현금으로 지급받은 후 현금영수증을 출력하여 거래 상대방에게 직접 교부하는 경우를 말한다(현금영수증고시 §6 ③).
[6] 무기명으로 발급한 현금영수증은 소비자의 정보가 확인되지 않아 현금영수증가맹점이 국세청 지정코드(0100001234)로 발급한 경우를 말한다(현금영수증고시 §6 ④).

2 소득세 세액공제

현금영수증가맹점이 거래건별 5천원 미만의 거래로 발급승인 시 전화망을 사용하여 발급한 현금영수증 발급건수에 대하여 20원을 곱한 금액을 해당 과세기간의 소득세 산출세액에서 공제받을 수 있다. 이 경우 공제세액은 산출세액을 한도로 한다(조특법 §126의 3 ②, 조특령 §121의 3 ⑩).

$$공제금액 \;=\; 발급건수 \times 20원$$

Ⅳ. 조세특례제한 등

1 절차

현금영수증사업자는 현금영수증사업자 부가가치세 세액공제신청서(별지 제75호 서식)를 국세청장에게 제출하여야 한다(조특령 §121의 3 ⑨).

2 신용정보 제공 요청

국세청장은 현금영수증을 발급받은 자의 소득공제 등 현금영수증제도 운영을 위하여 필요한 경우에는 「신용정보의 이용 및 보호에 관한 법률」제23조에 따라 성명·주민등록번호 등 정보의 제공을 신용정보제공·이용자에게 요청할 수 있다(조특법 §126의 3 ⑤).

제5절 [제126조의 5] 현금거래의 확인 등

I. 의의

사업자로부터 재화 또는 용역을 공급받은 자가 현금으로 그 대가를 지급하였으나 현금영수증을 발급받지 못한 경우에 현금거래 사실에 대해 관할 세무서장의 확인을 받은 경우에는 현금영수증을 발급받은 것으로 보며, 그 공급자에 대한 페널티로 부가가치세법상의 신용카드등사용세액공제를 적용하지 않는 제도이다.

현금영수증 제도의 시행 이후 집단상가 및 전문직 사업자 등 과세표준 양성화가 필요한 곳에서의 사용 실적을 높이기 위하여, 현금영수증 발급을 거부하는 경우 이에 대해 제재장치로 2007년 개정세법에서 도입되었다.

일몰기한이 없는 항구적 제도이다.

II. 요건

1 주체

신고대상 사업자는 신용카드 등 사용금액 소득공제(법 §126의 2)를 받을 수 있는 재화나 용역을 제공하는 사업자이다(조특령 §121의 5 ①). 현금영수증가맹점 가입 여부는 무관하다(동조 ⑥).

2 신고대상 거래

신고 가능한 거래는 부가가치세 과세대상 거래이어야 하며, 그 대가를 현금으로 지급하여야 한다(조특법 §126의 5 ①).

3 현금거래 사실 신고 및 확인 방법

3-1 공급받는 자의 신청

현금거래 사실의 확인을 신청하려는 자(이하 "신청인")는 거래일부터 3년 이내에 현금거래확인신청서(별지 제77호 서식)에 거래사실을 객관적으로 입증할 수 있는 거래증빙을 첨부하여 세무서장·지방국세청장 또는 국세청장에게 제출하여야 한다(조특령 §121의 5 ②).

거래증빙은 간이영수증, 계산서, 무통장입금증 등 거래사실이 객관적으로 입증될 수 있는 증빙이어야 한다.

3-2 신청인의 관할세무서 등

현금거래확인신청서를 접수 받은 세무서장·지방국세청장 또는 국세청장은 거래사실의 확인이 요청된 재화 또는 용역을 공급한 자(이하 "공급자")의 관할세무서장에게 해당 현금거래확인신청서 및 거래증빙을 송부하여야 한다(조특령 §121의 5 ③).

3-3 공급자의 관할세무서

(1) 거래사실 여부의 확인

신청서를 송부받은 공급자의 관할세무서장은 신청인의 신청내용, 제출한 증빙자료를 검토하여 거래사실 여부를 확인하여야 한다. 이 경우 거래사실의 존재 및 그 내용에 대한 입증책임은 신청인에게 있다(조특령 §121의 5 ④).

(2) 신청인에게 통지

공급자의 관할세무서장은 신청일의 다음달 말일까지 국세청장이 정하는 바에 따라 현금거래 사실 여부를 확인하고 그 사실을 신청인에게 통지하여야 한다(조특령 §121의 5 ⑤).
다만 다음의 불가피한 사유가 있는 경우에는 거래사실 확인기간을 20일 이내의 범위에서 연장할 수 있다(조특칙 §52의 4).
① 공급자의 부도, 질병, 장기출장 등으로 거래사실 확인이 곤란하여 공급자가 연기를 요청한 경우
② 세무공무원이 거래사실의 확인을 위하여 2회 이상 공급자를 방문하였으나 폐문·부재 등으로 인하여 공급자를 만나지 못한 경우

4 현금영수증시스템을 통한 사실 확인방법

4-1 현금영수증시스템 입력

사업자가 현금매출명세서(부법 §55)에 기재된 수입금액 중 세금계산서, 신용카드매출전표, 또는 현금영수증을 받지 아니한 현금거래 수입금액을 납세지 관할 세무서장이 부가가치세 예정신고기한 또는 확정신고기한의 종료일의 다음 달 말일(이하 "현금영수증시스템 입력기한")까지 국세청 현금영수증시스템에 입력한 경우 그 거래에 대하여는 세무서장의 확인을 받은 현금영수증을 교부받은 것으로 본다(조특령 §121의 5 ⑦, 조특칙 §52의 5).

부가가치세 신고 시 현금매출명세서를 제출한 이후에 당해 거래대금을 현금으로 지급받는 경우에 수입금액명세서상의 현금거래 내역에 대하여는 본 규정에 따라 현금영수증을 교부받은 것으로 보며, 실제 용역대가를 받는 시점에서는 현금영수증 교부대상에 해당하지 않는다(전자세원-160, 2010.3.18.).

4-2 현금거래 명세에 누락된 현금거래에 대한 확인 신청

사업자로부터 재화 또는 용역을 공급받은 자가 현금영수증시스템 입력기한의 다음 날부터 입력내용을 조회한 결과 현금거래 수입금액 명세가 누락되거나 수입금액이 실제보다 적게 입력된 것을 안 때에는 거래일로부터 3년 이내에 현금거래 사실의 확인을 신청할 수 있다(조특령 §121의 5 ⑧).

이 경우 신청 및 그 거래사실 확인 등의 절차에 관하여는 현금거래 사실 확인 규정을 준용한다(조특령 §121의 5 ⑨ → ③~⑥).

Ⅲ. 과세특례

1 공급받는 자의 신용카드등 소득공제

현금거래 사실이 확인된 경우 현금영수증가맹점 가입 여부에 관계없이 신청인이 현금영수증을 교부받은 것으로 보아 신용카드 등 사용금액 소득공제(법 §126의 2)를 적용한다(조특령 §121의 5 ⑥).

2 공급자의 신용카드등 세액공제 배제

현금영수증을 발급받은 것으로 보는 경우 현금영수증을 발급하지 아니한 사업자에 대해서는 해당 금액에 대하여 신용카드 등의 사용에 따른 세액공제(부법 §46 ①·②)를 적용하지 아니한다(조특법 §126의 5 ②).

제6절 [제126조의 6] 성실신고 확인비용에 대한 세액공제 ★★★☆

Ⅰ. 의의

성실신고확인대상사업자 및 성실신고확인대상 내국법인이 성실신고확인서를 제출하는 경우에는 확인 비용의 60%를 공제하는 제도이다. 공제 한도는 연간 120만(단, 법인은 150만원)으로 한다.

성실신고확인제도란 수입금액이 일정 규모 이상인 사업자가 종합소득과세표준 확정신고를 하는 경우 사업소득 계산의 적정성을 세무사 등에게 확인받도록 한 제도이다. 확인받은 사업자에 대한 인센티브로서, 본 세액공제를 2011년 도입하였다.

일몰기한이 없는 항구적 조세지원제도이다.

개정연혁

연 도	개정 내용
2018년	■ 적용 대상 확대 : 법인(공제한도 150만원) ■ 개인의 세액공제 한도 확대 : 100만원 → 120만원 ■ 일부 업종에 대해서만 성실신고확인서를 제출한 경우에도 세액공제 허용

Ⅱ. 요건

성실신고확인대상사업자 및 성실신고확인대상 내국법인(이하 "성실신고확인대상자)이 세무사 등이 작성한 성실신고확인서(소법 §70의 2 ①)를 제출하여야 한다(조특법 §126의 6 ①).

 **주체**

1-1 성실신고확인대상사업자

성실신고확인대상사업자란 업종별로 해당 과세기간의 수입금액의 합계액이 다음의 구분에 따른 금액 이상인 사업자를 말한다(소령 §133 ①).

성실신고확인대상사업자의 업종별 수입금액 요건 (18.12.13. 개정)

업 종	수입금액
농업·임업 및 어업, 광업, 도매 및 소매업(상품중개업 제외), 부동산매매업(소령 §122 ①), 그밖에 아래에 해당하지 아니하는 사업	15억원
제조업, 숙박 및 음식점업, 전기·가스·증기 및 공기조절 공급업, 수도·하수·폐기물처리·원료재생업, 건설업(비주거용 건물 건설업은 제외하고, 주거용 건물 개발 및 공급업을 포함한다), 운수업 및 창고업, 정보통신업, 금융 및 보험업, 상품중개업	7억5천만원
부동산 임대업(소법 §45 ②), 부동산업(부동산매매업 제외), 전문·과학 및 기술 서비스업, 사업시설관리·사업지원 및 임대서비스업, 교육 서비스업, 보건업 및 사회복지 서비스업, 예술·스포츠 및 여가관련 서비스업, 협회 및 단체, 수리 및 기타 개인 서비스업, 가구내 고용활동	5억원

단독사업과 성실신고 확인대상 공동사업을 하는 사업자의 경우, 성실신고확인비용에 대한 세액공제 및 추징은 개인별로 적용한다(서면법령소득-1146, 2017.6.30.).

종래에는 다수의 사업장을 운영하는 성실신고확인대상사업자가 일부 사업장에 대해 추계로 종합소득세를 신고하고, 그 외 사업장의 사업소득에 대한 성실신고확인서를 제출한 경우 성실신고세액공제를 적용받을 수 없는 것으로 해석하였다(서면법령소득-1266, 2016.4.1.). 그러나 2018년 개정세법에서 일부 사업장만 성실신고 확인을 받은 경우에도 세액공제를 적용하도록 변경하였다.

1-2 성실신고확인대상 내국법인

성실신고확인대상 내국법인은 다음의 법인을 말한다. 다만 주식회사의 외부감사에 관한 법률에 따른 외부감사를 받은 내국법인은 제외한다(법법 §60의 2 ①).
① 부동산 임대업 주업 법인 등 특정법인(법령 §97의 4 ② → §42 ②). 단, 유동화전문회사 등 지급배당소득공제 적용 대상 내국법인(법법 §51의 2 ①) 및 프로젝트금융투자회사(조특법 §104의 31)은 제외함.

② 성실신고확인대상인 개인사업자가 현물출자 및 사업양수도 등의 방법으로 법인 전환한 후 3년 이내인 내국법인(법령 §97의 4 ③)
③ 위 ②에 따라 전환한 내국법인이 그 전환에 따라 경영하던 사업을 ②에서 정하는 방법으로 인수한 다른 내국법인(②에 따른 전환일부터 3년 이내인 경우로서 그 다른 내국법인의 사업연도 종료일 현재 인수한 사업을 계속 경영하고 있는 경우로 한정함)

2018년 개정세법에서 세액공제의 적용대상을 법인사업자로 확대하고 한도를 150만원으로 하였다. 개인사업자에 대해서는 종전의 100만원에서 120만원으로 한도를 증액하였다.

2 성실신고확인서의 제출

성실신고확인대상자가 세무사 등이 작성한 성실신고확인서를 제출하여야 한다. 둘 이상의 업종을 영위하는 성실신고확인대상사업자가 일부 업종에 대해서만 성실신고확인서를 제출한 경우에도 세액공제를 적용한다.

그러나, 당초신고 시 성실신고확인서를 제출하지 않았다면, 이후 수정신고 시 제출하였더라도 세액공제는 적용되지 않는다. 쟁점세액공제는 그 의무가 준수되었음을 전제로 조세특례제한법이 정한 혜택에 해당하며, 최초신고와 수정신고를 동일하게 취급할 경우 제출기한을 정한 취지가 퇴색할 수밖에 없기 때문이다(조심 2021소5750, 2022.1.11.).

Ⅲ. 세액공제

1 공제세액

성실신고 확인에 직접 사용한 비용의 60%를 해당 과세연도의 사업소득(부동산임대업에서 발생한 소득 포함)에 대한 소득세 또는 법인세에서 공제한다. 한도는 120만원(단, 법인은 150만원)으로 한다(조특령 §121의 6 ①).

> 공제세액 = 성실신고 확인비용 × 60% (단, 개인 120만원, 법인 150만원 한도)

성실신고 확인비용에 대한 세액공제는 매 과세연도마다 공제요건과 한도액을 적용하며,

전기 이월된 미공제세액이 있는 경우에도 해당 과세연도에 성실신고 확인에 직접 사용한 비용의 60%에 해당하는 금액을 한도액 범위 내에서 공제한다(서면법인-1430, 2023.6.19.).

성실신고 확인비용에 대한 세액공제는 공동사업자의 구성원별로 계산하며, 당해 구성원별로 100만원(현재는 120만원)을 한도로 한다(소득-461, 2012.6.1.).

2 사후관리

세액공제를 적용받은 사업자가 해당 과세연도의 사업소득금액(법인인 경우에는 과세표준; 이하 양자를 합하여 "사업소득금액등")을 과소 신고한 경우로서 그 과소 신고한 사업소득금액등이 경정(수정신고 포함)된 사업소득금액등의 10% 이상인 경우에는 공제받은 세액을 전액 추징한다(조특법 §126의 6 ②).

또한 사업소득금액등이 경정된 성실신고확인대상자에 대하여는 경정일이 속하는 과세연도의 다음 과세연도부터 3개 과세연도 동안 성실신고 확인비용에 대한 세액공제를 하지 아니한다(조특법 §126의 6 ③). 수정신고로 인한 경우에도 제외된다(사전법령소득-1296, 2021.12.17.).

Ⅳ. 조세특례제한 등

1 절차

성실신고확인서를 제출할 때 성실신고 확인비용세액공제신청서(별지 제78호 서식)를 납세지 관할세무서장에게 제출하여야 한다(조특령 §121의 6 ②).

기타 조세특례제한 등

구 분	내 용	참조 부분
세액공제신청서	완료일 기준 또는 투자일 기준[별지 제1호 서식 및 부표(1)]	
최저한세	제외	제20부 제4절
세액공제액의 이월공제	허용(조특법 §144 ①·②)	제21부 제2절
농어촌특별세	비과세(농특령 §4 ⑥ 1호)	

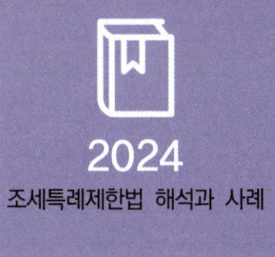

2024
조세특례제한법 해석과 사례

20. 조세특례제한 등

제1절 [제127조] 중복지원의 배제
제2절 [제128조] 추계과세 시 등의 배제
제3절 [제129조] 양도소득세의 감면 배제 등
제4절 [제132조] 최저한세액에 미달하는 세액에 대한 감면 등의 배제
제5절 [제132조의 2] 소득세 소득공제의 종합한도
제6절 [제133조] 양도소득세 및 증여세 감면의 종합한도
제7절 [제136조] 기업업무추진비의 손금불산입 특례
제8절 [제138조] 임대보증금 등의 간주익금
제9절 [제140조] 해저광물자원개발을 위한 과세특례
제10절 [제141조] 부동산실권리자 명의등기에 대한 조세부과의 특례
제11절 [제141조의 2] 비거주자등의 보세구역 물류시설의 재고자산 판매이익에 대한 과세특례

[제130조] 수도권과밀억제권역의 투자에 대한 조세감면배제 제도는 투자세액공제에만 적용되는 제한 규정이므로 제5부 제1절 투자세액공제 일반론에서 기술합니다.

제1절 [제127조] 중복지원의 배제

차례

- Ⅰ. 의의 　2008
- Ⅱ. 중복지원 배제 　2008
  - 1. 국가등의 지원금 수령 시 배제 　2008
    - 1-1 대상 투자세액공제 조항 　2009
    - 1-2 국가등의 지원금 차감 　2009
      - (1) 국가등으로부터의 출연금 등 (1호) 2009
      - (2) 국가등이 대납한 이자비용 (2호) 2010
      - (3) 국가등의 저리융자 시 이자지원금 (3호) 　2010
      - (4) 공사부담금 (4호) 　2011
  - 2. 투자세액공제 간 중복지원 배제 　2011
  - 3. 외투감면 시 세액공제 제한 　2012
    - 3-1 대상 조항 및 산식 　2012
    - 3-2 적용 방법 　2013
      - (1) 각 과세연도별 선택 허용 　2013
      - (2) 비감면사업의 세액공제 허용 　2013
      - (3) 외투감면이 적용되지 않는 경우의 허용 　2014
  - 4. 감면규정과 세액공제규정의 중복지원 배제 　2014
    - 4-1 대상 조항 　2014
      - (1) 감면규정 　2015
      - (2) 공제규정 　2016
    - 4-2 적용 방법 　2016
      - (1) 각 과세연도별 선택 허용 　2016
      - (2) 중간예납 시 고용창출투자세액공제 특례 　2017
      - (3) 비감면사업의 세액공제 허용 쟁점 2017
  - 5. 감면규정 간 중복지원 배제 　2020
    - 5-1 대상 조항 　2020
    - 5-2 적용 방법 　2022
      - (1) 각 과세연도별 선택 가능 　2022
      - (2) 사업장별 별도 적용 가능 쟁점 2022
      - (3) 사업장 이전 시 구분 적용 가능 　2023
      - (4) 합병법인의 구분 적용 가능 　2024
  - 6. 지방세 감면규정 간 중복지원 배제 　2024
  - 7. 양도소득세 감면규정 간 중복지원 배제 　2024
    - 7-1 감면규정 간 중복지원 배제 　2024
    - 7-2 기타 과세특례의 중복지원 배제 　2026
      - (1) 공익사업용 토지등에 대한 양도소득세 감면 　2026
      - (2) 미분양주택 취득에 대한 양도소득세 특례 　2026
  - 8. 고용지원세제 간 중복지원 배제 　2026

Ⅰ. 의의

조세특례제한법에서는 중소기업, 연구 및 인력개발, 투자촉진, 기업구조조정, 국가균형발전, 공익사업 등 다양한 입법 취지에 따라 조세감면 사항을 규정하고 있으므로 동일한 사항에 대하여 중복적인 조세지원이 발생할 수 있다.

조세지원이 중복적으로 적용되는 경우의 과다한 조세지원을 적절히 조절하여 조세감면을 체계적으로 관리하기 위한 목적으로 중복지원 배제 조항을 규정하고 있다.

법 제127조의 각 규정은 하나의 투자행위 내지 부동산 취득행위가 수 개의 조세혜택의 요건을 동시에 충족하는 경우 하나의 혜택만을 지원받을 수 있음을 규정하고 있는 것이지, 수 개의 투자행위가 각각 별도로 세액감면과 세액공제 요건을 충족하는 경우에도 하나의 혜택만 지원하는 것으로 규정하고 있는 것으로 볼 수 없다(조심 2014중3200, 2015.10.26.).

따라서 중복지원 배제 규정의 판정 기준은 원칙적으로 투자행위(취득행위)로 함에 유의하여야 한다.

개정연혁

연 도	개정 내용
2022년	■ 공사부담금에 대한 투자세액공제 배제 ■ 위기지역 창업기업 법인세 감면을 중복지원 배제 대상에 추가
2023년	■ 고용지원세제 간 중복지원 배제 신설
2024년	■ 해외자원개발투자 세액공제에 대한 중복지원 배제 추가

Ⅱ. 중복지원 배제

1 국가등의 지원금 수령 시 배제

자체 비용으로 투자하는 기업과의 형평성을 높이기 위하여, 국가등이 기업에 시설투자 등을 위한 예산을 지원하는 부분에 대해서는 기업의 부담이 없으므로 중복지원을 배제한다. 연구개발출연금을 수령한 경우에 연구인력개발비 세액공제 및 연구인력개발준비금 손금산입을 중복 적용할 수 없는 것과 그 취지를 같이 한다.

1-1 대상 세액공제 조항

국가등의 지원금 수령 시 배제되는 세액공제 조항은 다음과 같다(조특법 §127 ①).

> ① 제8조의 3 제3항 상생협력 연구시설 등 투자세액공제
> ② 제24조 통합투자세액공제
> ③ 제26조 고용창출투자세액공제('17 말 일몰기한 도래)
> ④ 제104조의 15 제1항 해외자원개발 투자세액공제

2024 개정 해외자원개발투자 세액공제에 대한 중복지원 배제 조항을 추가함. 개정규정은 2024.1.1. 이후 투자 또는 출자를 하는 경우부터 적용함(2023.12.31. 개정된 법률 부칙 §30).

1-2 국가등의 지원금 차감

내국인이 투자한 자산 또는 출자로 취득한 지분에 대하여 전술한 투자세액공제를 적용받는 경우 아래의 금액은 투자금액, 출자금액 또는 취득금액에서 차감한다(조특법 §127 ①).

아래 (1), (2) 및 (4)의 경우에는 지원받은 보조금 상당액을 차감하고, (3)의 경우에는 이자지원금 상당액을 차감한다.

(1) 국가등으로부터의 출연금 등 (1호)

내국인이 자산에 대한 투자 또는 출자지분의 취득을 목적으로 국가, 지방자치단체, 공공기관, 지방공기업 등(이하 "국가등")으로부터 출연금 등의 자산을 지급받아 투자 또는 출자에 지출하는 경우에는, 출연금 등의 자산을 투자 또는 출자에 지출한 금액에 상당하는 금액을 차감한다.

내국법인이 2020사업연도 법인세 신고 시 조세특례제한법 제24조(2020.12.29. 법률 제17759호로 개정된 것)의 통합투자세액공제를 적용하는 경우 투자금액 관련 국가 등으로부터 수령한 출연금(보조금)에 대해 조세특례제한법 제127조의 중복적용 배제 규정을 적용한다(재조특-495, 2022.7.12.).

(2) 국가등이 대납한 이자비용 (2호)

내국인이 자산에 대한 투자 또는 출자지분의 취득을 목적으로 금융회사등으로부터 융자를 받아 투자 또는 출자에 지출하고 금융회사등에 지급하여야 할 이자비용의 전부 또는 일부를 국가등이 내국인을 대신하여 지급했거나 지급하기로 약정한 경우 그 이자비용의 합계액을 차감한다(조특령 §123 ①).

"금융회사등"이란 「금융실명거래 및 비밀보장에 관한 법률」(이하 "금융실명법")에 따른 금융기관이다(동법 §2 1호, 동법 시행령 §2).

- 은행, 중소기업은행, 한국산업은행, 한국수출입은행, 한국은행
- 투자매매업자·투자중개업자·집합투자업자·신탁업자·증권금융회사·종합금융회사 및 명의개서대행회사
- 상호저축은행 및 상호저축은행중앙회
- 농업협동조합과 그 중앙회 및 농협은행, 수산업협동조합과 그 중앙회 및 수협은행, 신용협동조합 및 신용협동조합중앙회, 새마을금고 및 중앙회
- 보험회사
- 체신관서
- 여신전문금융회사 및 신기술사업투자조합, 기술보증기금
- 대부업 또는 대부중개업의 등록을 한 자
- 중소기업창업투자회사 및 중소기업창업투자조합, 신용보증기금
- 「산림조합법」에 따른 지역조합·전문조합과 그 중앙회
- 신용보증재단, 온라인투자연계금융업자, 한국거래소, 한국주택금융공사
- 소액해외송금업자

(3) 국가등의 저리융자 시 이자지원금 (3호)

내국인이 자산에 대한 투자 또는 출자지분의 취득을 목적으로 국가등으로부터 융자를 받아 투자 또는 출자에 지출하는 경우 국가등이 지원하는 금액에 대하여 아래의 산식에 따라 계산한 이자지원금 상당액을 차감한다(조특령 §123 ②). 산식에 의한 금액이 음수인 경우에는 0으로 본다.

이자지원금 상당액 = 법정 이자율 적용 원리금 합계액❶ − 실제 이자율 적용 원리금 합계액❷

❶ 법인세법상 업무무관대여금 인정이자 계산 시 적용되는 이자율인 4.6%를 적용하여 계산한 원리금의 합계액을 말한다 (법령 §89 ③→ 법칙 §43 ②).
❷ 융자받은 시점의 실제 융자받은 이자율을 적용하여 계산한 원리금 합계액이다.

(4) 공사부담금 (4호)

내국인이 공사부담금으로 취득한 사업용자산가액의 손금산입 규정(법법 §37 ①)의 어느 하나에 해당하는 사업에 필요한 자산에 대한 투자를 목적으로 해당 자산의 수요자 또는 편익을 받는 자로부터 공사부담금을 제공받아 투자에 지출하는 경우에는 공사부담금을 투자에 지출한 금액에 상당하는 금액을 차감한다.

2022년 세법개정에서 시설의 수익자로부터 공사부담금을 지급 받아 시설에 투자하는 경우에 대해서는 투자세액공제 적용을 배제함. 개정규정은 2022.1.1. 이후 투자하는 경우부터 적용함(2021.12.28. 개정된 법률 부칙 §24).

2 투자세액공제 간 중복지원 배제

동일한 과세연도에 법 제19조 제1항 성과공유 중소기업의 경영성과급에 대한 세액공제와 법 제29조의 4 근로증대세제, 구법 제26조 고용창출투자세액공제와 구법 제29조의 5 청년고용을 증대시킨 기업에 대한 세액공제가 동시에 적용되거나 구법 제26조 고용창출투자세액공제와 법 제30조의 4 중소기업 사회보험료 세액공제 간의 중복적용 배제는 해당 조항에서 기술하였다. 여기서는 투자세액공제 제도간의 중복지원배제를 서술한다.

내국인이 조세특례제한법에 따라 투자한 자산에 대하여 다음에서 열거하는 투자세액공제가 중복되는 경우에는 그 중 하나만을 선택하여 적용받을 수 있다(조특법 §127 ②).

중복적용의 판단 기준은 '투자자산'별로 판정한다(조심 2014중3200, 2015.10.26.).

> ① 제8조의 3 제3항 상생협력 연구시설 등 투자세액공제
> ② 제24조 통합투자세액공제
> ③ 제26조 고용창출투자세액공제('17 말 일몰기한 도래)

국가등의 지원금 수령 시 배제조항과 대상 투자세액공제 조항이 동일하다.

각 투자세액공제제도는 입법 취지에 맞게 그 대상 자산이 설정되었으므로 두 개 이상의 투자세액공제에 해당될 수 있으나, 투자자는 중복 적용될 수 있는 투자세액공제 제도 중 자신에게 유리한 조항을 선택하여 적용하여야 한다.

동일한 투자자산에 대해 서로 다른 투자세액공제가 모두 적용되는 경우, 일정한 투자세액공제를 적용받는 기간 외에 투자되는 금액에 대하여는 다른 투자세액공제를 받을 수 있다.

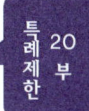

투자세액공제와 여타의 세액공제, 예컨대 연구및인력개발비세액공제, 어음제도개선세액공제, 제3자물류비용 세액공제 등은 중복적용할 수 있다.

3 외투감면 시 세액공제 제한

3-1 대상 조항 및 산식

$$\text{외투감면 시 내국인지분 상당 공제세액} = \text{해당 규정상 공제세액} \times \frac{\text{내국인 자본금}}{\text{총자본금}}$$

내국인에 대하여 '동일한 과세연도'에 다음에 열거된 세액공제를 적용할 때 외국인투자에 대한 조세특례(법 §121의 2 또는 §121의 4)에 따라 소득세 또는 법인세를 감면하는 경우에는 해당 규정에 따라 공제할 세액에 해당 기업의 총주식 또는 총지분에 대한 내국인투자자의 소유주식 또는 지분의 비율을 곱하여 계산한 금액을 공제한다(조특법 §127 ③).

세액공제 조항
① 제8조의 3 제3항 상생협력 연구시설 등 투자세액공제
② 제24조 통합투자세액공제
③ 제26조 고용창출투자세액공제('17 말 일몰기한 도래)
④ 제29조의 5 청년고용을 증대시킨 기업에 대한 세액공제('17년 말 일몰종료)
⑤ 제29조의 7 고용을 증대시킨 기업에 대한 세액공제
⑥ 제29조의 8 통합고용세액공제
⑦ 제30조의 4 중소기업 사회보험료 세액공제
⑧ 제104조의 14 제3자 물류비용에 대한 세액공제('20년 말 일몰종료)
⑨ 제104조의 15 해외자원 개발투자에 대한 과세특례

투자세액공제 간 중복지원 배제규정의 대상과 비교하자면 법 제29조의 5 청년고용을 증대시킨 기업에 대한 세액공제, 법 제29조의 7 고용을 증대시킨 기업에 대한 세액공제, 법 제29조의 8 통합고용세액공제, 법 제30조의 4 중소기업 사회보험료 세액공제, 법 제104조의 14 제3자 물류비용에 대한 세액공제, 법 제104조의 15 해외자원 개발투자에 대한 과세특례가 추가되어 있다.

연구인력개발비세액공제는 배제규정에 열거되어 있지 아니하므로, 외국인지분에 대한 제한 없이 전액을 세액공제받을 수 있다(서이 46012-10448, 2003.3.7.).

사업연도 중 내국인투자지분이 변경된 경우에 내국인투자자의 소유주식 등의 비율은 다음 산식에 따라 계산한 당해 사업연도 중 평균자본금 비율에 의한다(조특통 127-0…3).

$$\text{내국인투자자 지분율} = \frac{(\text{변경 전 내국인자본금} \times \text{변경 전 일수}) + (\text{변경 후 내국인자본금} \times \text{변경 후 일수})}{(\text{변경 전 총자본금} \times \text{변경 전 일수}) + (\text{변경 후 총자본금} \times \text{변경 후 일수})}$$

조세감면을 받고 있는 외국인 투자기업이 동일 사업연도 중에 외국인투자가의 소유주식을 모두 내국인에게 매각하고, 그 이후 신규 투자한 금액에 대하여 임시투자세액 공제액을 계산하는 경우에도 위의 계산식을 적용한다(국조 22601-889, 1987.11.11.).

3-2 적용 방법

(1) 각 과세연도별 선택 허용

외국인투자기업 세액감면과 투자세액공제 간 중복지원 배제 여부 판정은 과세연도 단위로 결정하므로, 각 과세연도를 달리 해서는 다른 감면제도의 선택이 가능하다. 따라서 외국인투자기업에 대한 세액감면 적용대상기간 중, 동 세액감면을 적용받지 아니한 경우에는 고용창출투자세액공제를 적용받을 수 있다(조특통 127-0…4).

또한 결손금 발생으로 임시투자세액공제액(현 고용창출투자세액공제)이 이월된 경우 이월된 임시투자세액공제액 전액에 대해 최저한세의 범위 내에서 세액공제를 받음과 동시에 당해 사업연도 외국인투자기업에 대한 세액감면도 적용이 가능하다(서이 46017-11537, 2003. 8.25.).

다만, 최저한세 대상인 임시투자세액공제를 외투감면보다 우선하여 적용하여야 하므로(법 §132 ③) 이월된 임시투자세액공제를 적용하지 않고 외투감면을 적용하여 임시투자세액공제를 다시 이월할 수 없다(조심 2011부3754, 2011.12.28.).

(2) 비감면사업의 세액공제 허용

세액감면을 적용받는 사업과 그 밖의 사업을 구분경리하는 경우로서 그 밖의 사업에 공제규정이 적용되는 경우에는 해당 세액감면과 공제는 중복지원에 해당하지 아니한다(조특법 §127 ⑩).

자세한 내용은 4-2 (3) "비감면사업의 세액공제 허용" 부분에서 후술한다.

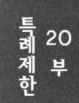

(3) 외투감면이 적용되지 않는 경우의 허용

외국인투자기업에 대한 세액감면적용대상기간이 경과한 경우의 외국인투자지분에 대한 투자세액공제분은 중복적용배제대상에 해당하지 않는다.

또한 내국인이 소유하던 지분을 양수한 경우의 외국인투자지분도 외국인투자기업에 대한 세액감면을 적용받을 수 없으므로 동 투자지분에 대한 투자세액공제분도 중복적용 배제대상이 아니다(서이 46017-11547, 2003.8.25.; 서면2팀-763, 2007.4.27.). 예를 들어, 외투감면을 적용받지 못한 외국인투자지분에 대하여는 법 제26조 임시투자세액공제를 적용할 수 있다(서면2팀-1875, 2006.9.21.).

> **예규·판례**
>
> ❖ **외투감면기업의 연속공정 형태 생산방식에 대한 증설 투자에 대하여 투자세액공제 적용 가능 여부 (부정)** (심사법인 2014-14, 2014.5.20.)
>
> 청구법인은 내국자본에 의해 기존 M 설비를 증설하였고, 동 증설투자에서 발생한 소득에 대하여는 외투감면을 적용받지 않았으므로 임시투자세액 공제를 전액 받아야 한다는 주장이나, 쟁점투자는 M공정의 증축설비이고, 동 공정은 전체공정에 걸쳐 소득이 발생되는 구조로 외투감면대상인 기존 M공정과 구분경리가 되지 않은 점,
> 청구법인은 실제 생산량이 아닌 증가된 M사업 연간총생산능력을 기준으로 전체소득을 안분하여 외투감면을 적용하고 있으나, 연간총생산능력과 실제생산량과는 비례관계에 있다고 할 수 없으며, 나아가 기존 설비에서 발생한 소득과 증설로 인하여 발생한 소득을 구분하였다고도 할 수 없는바, 쟁점투자에 대해 외투감면을 받지 않았다고 단정하기가 어려운 점 등에 비추어 볼 때,
> 처분청이 쟁점투자에 대한 임시투자세액에 대해 조세특례제한법 제127조 제3항의 중복지원 배제대상에 해당하는 것으로 보아 이 건 경정청구를 거부한 처분은 달리 잘못이 없는 것으로 판단된다.

4 감면규정과 세액공제규정의 중복지원 배제

4-1 대상 조항

내국인이 '동일한 과세연도'에 다음에 해당하는 감면규정과 공제규정을 동시에 적용받을 수 있는 경우에는 그 중 하나만을 선택하여 감면 또는 공제를 받을 수 있다(조특법 §127 ④).

동일한 과세연도 해당 여부는 투자가 이루어지는 각 과세연도를 기준으로 판단한다(서면2팀-1894, 2004.9.10.).

(1) 감면규정

세액감면 조항
① 제6조 창업중소기업 등에 대한 세액감면
② 제7조 **중소기업에 대한 특별세액감면**
③ 제12조의 2 연구개발특구에 입주하는 첨단기술기업 등에 대한 법인세 감면
④ 제31조 제4항·제5항 중소기업간의 통합에 대한 양도소득세의 이월과세등
⑤ 제32조 제4항 법인전환에 대한 양도소득세의 이월과세
⑥ 제62조 제4항 공공기관이 혁신도시 등으로 이전하는 경우 법인세 등 감면
⑦ 제63조 제1항 수도권 밖으로 공장을 이전하는 기업에 대한 세액감면
⑧ 제63조의 2 제1항 수도권 밖으로 본사를 이전하는 법인에 대한 세액감면
⑨ 제64조 농공단지 입주기업등에 대한 세액감면
⑩ 제66조 영농조합법인 등에 대한 법인세의 면제등
⑪ 제67조 영어조합법인 등에 대한 법인세의 면제등
⑫ 제68조 농업회사법인에 대한 법인세의 면제등
⑬ 제85조의 6 제1항·제2항 사회적기업 및 장애인 표준사업장에 대한 법인세 등의 감면
⑭ 제99조의 9 제2항 위기지역 창업기업에 대한 법인세 감면
⑮ 제99조의 11 제1항 감염병 피해에 따른 특별재난지역의 중소기업에 대한 법인세 등의 감면
⑯ 제104조의 24 제1항 해외진출기업의 국내복귀에 대한 세액감면
⑰ 제121조의 8 제주첨단과학기술단지 입주기업에 대한 법인세 등의 감면
⑱ 제121조의 9 제2항 제주투자진흥지구 또는 제주자유무역지역 입주기업에 대한 법인세 등의 감면
⑲ 제121조의 17 제2항 기업도시 개발과 지역개발사업구역 등 지원을 위한 조세특례
⑳ 제121조의 20 제2항 아시아문화중심도시 투자진흥지구 입주기업 등에 대한 법인세 등의 감면 등
㉑ 제121조의 21 제2항 금융중심지 창업기업 등에 대한 법인세 등의 감면 등
㉒ 제121조의 22 제2항 첨단의료복합단지 및 국가식품클러스터 입주기업에 대한 법인세 등의 감면
㉓ 제121의 33 제2항 기회발전특구의 창업기업 등에 대한 법인세 등의 감면

창업중소기업 등에 대한 세액감면 중 고용인센티브(조특법 §6 ⑥)를 적용받는 경우에는 법 제29조의 7 고용을 증대시킨 기업에 대한 세액공제 또는 법 제29조의 8 통합고용세액공제를 동시에 적용받을 수 없다.

2022년 세법개정에서 법 제99조의 9 제2항 위기지역 창업기업 법인세 감면을 중복지원 배제 대상에 추가함.

(2) 공제규정

세액공제 조항
① §8의 3 상생협력을 위한 기금 출연 시 세액공제
② §13의 2 내국법인의 벤처기업 등에의 출자에 대한 과세특례
③ §24 통합투자세액공제
④ §25의 6 영상콘텐츠 제작비용에 대한 세액공제
⑤ §26 고용창출투자세액공제
⑥ §30의 4 중소기업 사회보험료 세액공제
⑦ §104의 14 제3자 물류비용에 대한 세액공제
⑧ §104의 15 해외자원 개발투자에 대한 과세특례
⑨ §104의 22 기업의 운동경기부 설치·운영에 대한 과세특례
⑩ §104의 25 석유제품 전자상거래에 대한 세액공제
⑪ §122의 4 ① 금사업자와 스크랩등사업자의 수입금액의 증가 등에 대한 세액공제
⑫ §126의 7 ⑧ 금 현물시장에서 거래되는 과세특례

법 제7조 중소기업에 대한 특별세액감면과 법 제30조의 4 중소기업 사회보험료 세액공제는 중복적용이 가능하다.

외투감면 시 세액공제 제한의 대상 조항과 비교하자면, 제8조의 3, 제13조의 2, 제25조의 6, 제104조의 22, 제104조의 25, 제122조의 4 제1항 및 제126조의 7 제8항이 추가되었다. 반면에 제29조의 5는 제외되었다.

종래 중소기업 사회보험료 세액공제와 중소기업특별세액감면은 감면규정과 세액공제규정의 중복지원 배제 조항이 적용되었으나, 2018년 개정세법에서 중복 적용을 허용하였다.

4-2 적용 방법

(1) 각 과세연도별 선택 허용

각 과세연도를 달리 해서는 다른 감면제도의 선택이 가능하다.

세액감면기간 중에 시설투자를 많이 한 경우에는 투자세액공제를 적용하고 시설투자가 종료되거나 소액인 경우에는 다시 세액감면을 적용할 수 있다(재조예 46019-18, 2003.1.16.). 예컨대 1차년도에는 창업중소기업세액감면을 적용받고, 2차년도에는 고용창출투자세액공제를 적용받은 후 3차년도에 다시 창업중소기업세액감면을 적용받을 수 있다.

과세표준신고서를 법정기한 내에 제출한 경우에는 세액공제를 세액감면으로 변경하여 경정청구도 가능하다(서면1팀-199, 2004.2.6.).

(2) 중간예납 시 고용창출투자세액공제 특례

중간예납세액 계산 시 고용창출투자세액공제를 적용한 경우에도, 기말 법인세 신고 시 동 세액공제를 적용하지 않고 중소기업에 대한 특별세액감면을 적용할 수 있다(서이 46012-11649, 2002.9.30.).

(3) 비감면사업의 세액공제 허용

> **주요 이슈와 쟁점**
> 41. 비감면사업의 투자에 대해 투자세액공제를 적용할 수 있는지 여부

세액감면을 적용받는 사업과 비감면사업을 영위하는 기업의 경우, 비감면사업의 투자금액에 대해 투자세액공제를 적용할 수 있는 지 여부가 종래 논란이 되어 왔다. 이러한 논란은 중복판정의 기준을 기업 단위로 할 것인지 또는 사업장 단위로 할 것인지에 관한 해석상의 문제이다. 중복판정의 기준을 기업 단위로 하게 되면 중복지원이 배제되고, 사업장 단위로 하게 되면 양자를 모두 적용할 수 있는 것으로 논리상 귀결된다.

실무상으로는 제1공장에 대해 중소기업특별세액감면등 세액감면을 적용받던 기업이 제2공장을 신축한 경우에, 신설 공장의 경우 대개 초기 이익이 적게 발생하므로 이때 세액감면 대신 투자세액공제를 적용할 수 있는 지가 쟁점이다.

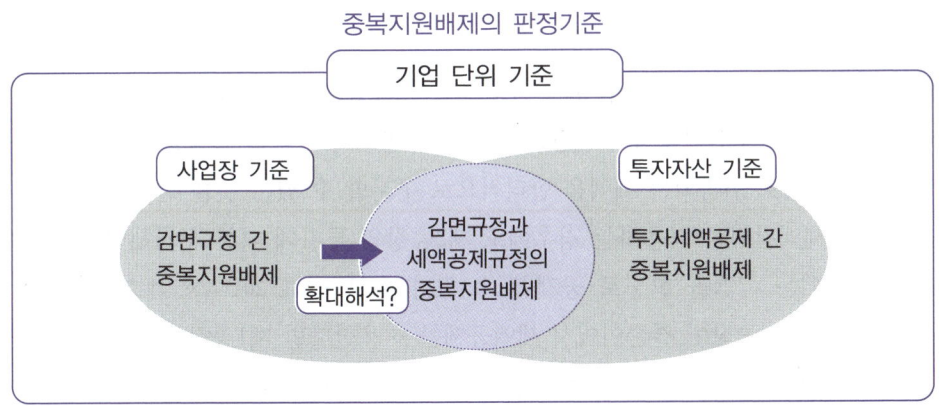

중복지원배제의 판정기준

부연하자면 '감면규정 간 중복지원 배제'는 구분경리를 전제조건으로 사업장 단위로 판정하며, '투자세액공제 간 중복지원 배제'는 투자자산을 기준으로 판정한다. 따라서 비감

면산업의 세액공제 중복지원 논의는 결국 '감면규정 간 중복지원 배제'의 판정기준인 사업장 단위 기준을 확대(유추)해석하여 '감면규정과 세액공제규정의 중복지원 배제'의 판정기준으로 적용하여 투자자산 기준(기업 단위 기준)을 배제할 수 있는지의 문제이다.

(3-1) 기업 단위 기준 판정

종래 국세청의 유권해석(서면2팀-1026, 2008.5.26.) 및 재결청의 결정(감심 2013-81, 2013.5.16.)에서는 이러한 경우 세액감면과 투자세액공제의 중복적용을 배제하였다. 그 근거로 첫째, 법 제127조 조문상에 명확히 양자 중 하나를 선택 적용하도록 되어 있고, 둘째 투자세액공제를 적용받는 공장의 세액에 한하여 세액공제가 적용되도록 한다면 동 공장에 귀속되는 세액에서 공제받지 못한 세액은 결손금 또는 최저한세의 적용에 따라 공제받지 못한 것이 아니므로 세액공제의 이월공제(법 §144)가 적용될 수 없어 이월공제의 일반원칙에 어긋난다는 점, 셋째 세액감면만 구분경리의 대상이고 세액공제는 구분경리의 대상이 아니므로 구분경리를 이유로 중복지원 배제 규정에서 제외될 수 없다는 점을 들고 있다.

저자의 의견으로는 사업자 기준 판정이 논리적으로 타당하다고 본다.

'감면규정과 세액공제규정의 중복지원 배제'는 위 그림에서 보는 바와 같이 '감면규정 간 중복지원배제'와 '투자세액공제 간 중복지원배제'의 교집합이라 볼 수 있다. '감면규정 간 중복지원 배제'는 사업장을, '투자세액공제 간 중복지원배제'는 투자자산을 각각 판정기준으로 하고 있으므로, 사업장 기준과 투자자산 기준을 동시에 충족하기 위해서는 보다 엄격한 판정기준(양자의 교집합)인 기업 단위 기준을 '감면규정과 세액공제규정의 중복지원 배제'의 판정기준으로 삼아야 하기 때문이다.

(3-2) 사업장 기준 판정

반면에 기획재정부에서는 사업장을 기준으로 중복적용을 판정해야 한다는 견해이다.

제조공정이 서로 무관한 2개의 공장을 영위하는 법인이 각각의 공장을 구분경리하여 산출세액 중 공장별로 귀속되는 세액을 합리적으로 구분할 수 있는 것을 전제조건으로 하여, 제1공장에서 세액감면을 적용하는 경우에도 제2공장의 투자에 따른 투자세액공제액은 제2공장에 귀속되는 세액을 한도로 공제할 수 있다(재조특-311, 2011.4.8.; 재조특-284, 2010.3.23.). 그러나 신설된 공장이 결손이어서 세액공제를 허용한다면 제1공장의 소득에서 공제되어야 할 경우에는 투자세액공제를 배제한다(재조특-866, 2009.10.9.; 재조예 46070-167, 2000.4.29.).

그 근거로는 구분경리를 통하여 동일한 소득에 대하여 중복지원을 배제할 수 있고, 투자를 장려하려는 투자세액공제제도의 취지상 신설공장에 대한 투자를 과세특례에서 배제하여서는 안 된다는 정책적 고려이다.

(3-3) 입법적 해결

이러한 논쟁의 해결책으로 2013년 개정세법에서 기획재정부의 사업장 기준 판정 유권해석을 아래와 같이 법령에 반영하였다.[1]

세액감면을 적용받는 사업과 그 밖의 사업을 구분경리하는 경우로서 그 밖의 사업에 공제규정이 적용되는 경우에는 해당 세액감면과 공제는 중복지원에 해당하지 아니한다(조특법 §127 ⑩).

따라서 2013년 개정 이후로는 중복지원의 판정기준을 사업장 기준에 따라야 할 것이다(서울고법 2014누55016, 2014.12.3.). 다만 투자세액공제를 적용받는 공장에 귀속되는 소득에 한하여 세액공제가 적용되므로, 이에 대한 이월공제 여부 및 방법이 법상 또는 해석상 명확히 제시될 필요성이 있다고 본다.

후속적으로 조세심판원에서는 비감면사업에 귀속되는 산출세액이 없는 경우 일반적인 세액공제의 이월공제 규정(조특법 §144)에 따라 5년(현재 10년)간 이월하되 비감면사업에 귀속되는 산출세액의 범위 내에서 한정하여 공제하도록 결정하였다(조심 2015전5379, 2018.8.24.; 조심 2019전0360, 2019.7.16.).

참고로 최근 대법원 판례에 따르면 2013년 세법 개정을 기존의 기획재정부 해석 내용을 확인한 것으로 보아, 개정 이전 사안에 대해서도 개정 후 내용에 따라 사업장 기준으로 판정하였다(대법원 2014두47662, 2015.5.14.; 같은 뜻 조심 2014중3200, 2015.10.26.).

반면에 본사의 지방이전에 대한 세액감면(조특법 §63의 2 ②)에 대해서는 투자세액공제를 적용할 수 없다(울산지법 2021구합9969, 2022.11.24.; 감심 2021-893, 2022.12.26.; 조심 2020광1715, 2020.9.10. 외 다수). 본사는 공장 등 개별 사업장과 달리 법인 전체 사업을 총괄·관리하는 역할이므로, 본사에 국한된 소득을 계산할 수 없기 때문이다.

> **❖ 구분경리한 경우 비감면사업에서 발생한 투자세액공제액은 동 사업에서 발생한 세액을 한도로 공제하는지 여부 (긍정)** (조심 2015전5379, 2018.8.24.)
> 2013.1.1. 신설된 조특법 제127조 제10항은 2010년 기재부해석을 반영한 것으로, 동 해석은 구분경리로 인하여 사업장별 산출세액을 합리적으로 구분할 수 있어야 하고, 세액공제는 구분된 비감면사업의 귀속세액을 한도로 적용함을 들고 있어 중복지원에 대한 우려가 없을

---

[1] 개정세법 해설에서도 기획재정부 유권해석(재조특-284, 2010.3.23.)을 법령에 반영하였다라고 제시되어 있음.

> 정도로 독립된 사업장(곧, 회계적으로는 사실상 별개의 회계단위로 볼 정도로 구분경리됨)을 전제로 하고 있는 점.(이하 중략)
> 비록 법령상 명확한 근거는 없다고 하더라도 납세자가 사업별(감면사업·비감면사업)로 외국인투자에 대한 세액감면과 고용창출투자세액공제를 적용하는 경우에는 해당 사업(비감면사업)에 귀속되는 산출세액을 한도로 고용창출투자세액공제를 적용하는 것이 실질적인 측면에서 합리적이라고 판단된다(이하 중략).
> 사업장별 구분경리의 경우 비감면사업의 귀속세액을 한도로 세액공제를 허용하였으므로 세액공제액의 이월도 구분경리한 비감면사업에 한정하여 이월된다고 보는 것이 합리적인 점 등에 비추어 해당 사업연도 비감면사업에 귀속되는 산출세액이 없어 공제받지 못한 고용창출투자세액공제액이 있는 경우에는 이를 다음 사업연도 개시일부터 5년 이내에 끝나는 각 사업연도로 이월하여 그 이월된 사업연도의 법인의 전체 산출세액이 아니라 비감면사업에 귀속되는 산출세액의 범위 안에서 공제하는 것이 세액공제의 원리상 타당하다고 판단된다.

5 감면규정 간 중복지원 배제

5-1 대상 조항

내국인의 '동일한 사업장'에 대하여 '동일한 과세연도'에 아래의 소득세 또는 법인세 감면규정 중 둘 이상의 규정이 적용될 수 있는 경우에는 그 중 하나만을 선택하여 적용받을 수 있다(조특법 §127 ⑤).

세액감면 조항
① 제6조 창업중소기업 등에 대한 세액감면
② 제7조 중소기업에 대한 특별세액감면
③ 제12조의 2 연구개발특구에 입주하는 첨단기술기업 등에 대한 법인세 감면
④ 제31조 제4항·제5항 중소기업간의 통합에 대한 양도소득세의 이월과세등
⑤ 제32조 제4항 법인전환에 대한 양도소득세의 이월과세
⑥ 제62조 제4항 공공기관이 혁신도시 등으로 이전하는 경우 법인세 등 감면
⑦ 제63조 제1항 수도권 밖으로 공장을 이전하는 기업에 대한 세액감면
⑧ 제63조의 2 제1항 수도권 밖으로 본사를 이전하는 법인에 대한 세액감면
⑨ 제64조 농공단지 입주기업등에 대한 세액감면
⑩ 제85조의 6 제1항·제2항 사회적기업 및 장애인 표준사업장에 대한 법인세 등의 감면

세액감면 조항
⑪ 제99조의 9 제2항 위기지역 창업기업에 대한 법인세 감면
⑫ 제99조의 11 감염병 피해에 따른 특별재난지역의 중소기업에 대한 법인세 등의 감면
⑬ 제104조의 24 제1항 해외진출기업의 국내복귀에 대한 세액감면
⑭ 제121조의 8 제주첨단과학기술단지 입주기업에 대한 법인세 등의 감면
⑮ 제121조의 9 제2항 제주투자진흥지구 또는 제주자유무역지역 입주기업에 대한 법인세 등의 감면
⑯ 제121조의 17 제2항 기업도시 개발과 지역개발사업구역 등 지원을 위한 조세특례
⑰ 제121조의 20 제2항 아시아문화중심도시 투자진흥지구 입주기업 등에 대한 법인세 등의 감면 등
⑱ 제121조의 21 제2항 금융중심지 창업기업 등에 대한 법인세 등의 감면 등
⑲ 제121조의 22 제2항 첨단의료복합단지 및 국가식품클러스터 입주기업에 대한 법인세 등의 감면
⑳ 제121조의 2 외국인투자에 대한 법인세 등의 감면
㉑ 제121조의 4 외국인투자의 증자에 대한 조세감면
㉒ 제121의 33 제2항 기회발전특구의 창업기업 등에 대한 법인세 등의 감면

따라서 아래의 감면규정은 여타의 세액감면규정과 중복적용이 가능하다.
㉮ 제66조 영농조합법인 등에 대한 법인세의 면제등
㉯ 제67조 영어조합법인 등에 대한 법인세의 면제등
㉰ 제68조 농업회사법인에 대한 법인세의 면제등

예컨대, 영농조합법인이 중소기업에 해당되는 경우 농업소득 이외의 소득에 대하여는 중소기업에 대한 특별세액감면을 적용받고, 법 제66조의 법인세 일부 면제규정을 동시에 적용받을 수 있다(법인-127, 2014.3.21.). 농업회사법인의 축산업에서 발생한 소득도 법 제68조의 감면과 중소기업특별세액감면을 중복하여 적용받을 수 있다(법인-195, 2010.3.8.).

다만 상기 농업회사법인 등도 감면규정과 세액공제 규정의 중복적용 배제 규정에서는 열거되어 있으므로, 농업회사법인에 대한 법인세 면제와 투자세액공제는 중복 적용되지 않는다(서면2팀-14, 2008.1.4.).

2022년 세법개정에서 법 제99조의 9 제2항 위기지역 창업기업 법인세 감면을 중복지원 배제 대상에 추가함.

5-2 적용 방법

(1) 각 과세연도별 선택 가능

각 과세연도를 달리 해서는 다른 감면제도의 선택이 가능하다. 예컨대 법 제63조의 2 법인의 공장 및 본사의 수도권외의 지역으로의 이전에 대한 임시특별세액감면과 법 제121조의 8 제주첨단과학기술단지 입주기업에 대한 법인세 등의 감면은 과세연도를 달리하여 각각 다른 감면규정을 법인이 임의로 선택하여 적용받을 수 있다(서면2팀-972, 2005.6.30.).

(2) 사업장별 별도 적용 가능

감면규정 간 중복적용 배제 규정의 판정기준은 사업장이므로, 두 개의 공장이 다른 지역에 위치하는 경우 하나의 공장에서는 제7조 중소기업특별세액감면을 적용하고, 다른 하나의 공장에서는 제63조의 2 제2항 제2호 지방이전에 따른 감면을 각각 적용할 수 있다(법인-800, 2011.10.26.).

더 나아가 동일 부지 내에 공장이 있더라도 각 제품별로 제조설비 및 공장건물을 별도로 설치하고 제조공정이 서로 무관한 제품을 생산하여 구분경리가 가능한 경우에는 공장별로 각각 다른 감면을 선택하여 적용받을 수 있다(조특통 127-0...2). 이러한 경우에 구분경리를 하게 되면 동일한 소득에 대하여 이중의 조세지원이 발생할 가능성이 없기 때문이다.

마찬가지로, 농공단지입주기업이 동일한 사업장에서 제조업과 건설업을 겸영하는 경우 구분경리하여 제조업에서 발생한 소득에 대하여는 법 제64조 농공단지 입주기업등에 대한 세액감면을 적용받고, 건설업에서 발생한 소득에 대하여는 법 제7조 중소기업에 대한 특별세액감면을 적용할 수 있다(서이 46012-11369, 2002.7.16.).

> **주요 이슈와 쟁점**
>
> 42. 동일 사업장에서 제조업과 도매업을 겸업하는 법인이 각 업종별로 별도의 감면규정을 적용할 수 있는지 여부
>
>
>
> **[예규] 긍정**
> 동일한 사업장에서 제조업으로 창업한 후 도매업을 추가하여 겸영하면서 명확히 구분경리하는 경우 제조업에서 발생한 소득에 대하여는 창업중소기업세액감면을 적용받고 도매업에서 발생한 소득에 대하여는 중소기업특별세액감면을 적용받을 수 있음(재조예-17, 2005.1.7.).
>
> **[예규] 부정**
> (질의)
> 동일 사업장에서 제조업과 도매업을 겸영하는 법인이 제조업에서 발생한 소득에 대하여 조세특례제한법 제7조의 중소기업특별세액감면규정을 적용받고, 도매업에서 발생한 소득에 대하여는 같은 법 제6조의 창업중소기업세액감면규정을 적용받을 수 있는지 여부에 대하여 질의함.
> (회신)
> 제조업과 도매업을 영위하는 중소기업에 대하여 조세특례제한법 제6조 및 제7조의 규정에 의한 감면규정이 동시에 적용될 수 있는 경우 동일한 사업장별로 그 중 하나만을 선택하여 이를 적용받을 수 있는 것임(서면2팀-1445, 2004.7.12.).
>
> **|저자주|** 저자의 의견으로는 동일 사업장에서 업종이 상이하거나 상호 무관한 제품을 생산하면서 구분경리가 가능한 경우에는, 동일한 소득에 대하여 이중의 조세지원이 발생할 가능성이 없으므로 제조업과 도매업 겸업 법인에 대해서도 여타의 사례와 동일하게 각각의 조세감면 규정을 중복 적용할 수 있을 것으로 판단된다.

(3) 사업장 이전 시 구분 적용 가능

중소기업이 과세연도 중에 수도권과밀억제권역 외 지역으로 공장을 이전한 경우 이전 전 소득에 대하여는 제7조 중소기업특별세액감면을 적용하고, 이전 후 소득에 대하여는 제63조 수도권과밀억제권역 외 지역이전 세액감면을 각각 적용할 수 있다(재조예-241, 2006.4.24.).

본 감면규정 간 중복지원 배제 조항의 조문을 보자면, 내국인의 "동일한 사업장"에 대하여 동일한 과세연도에 법상 열거된 감면규정을 중복하여 적용할 수 없도록 하고 있는데, (법 §127 ⑤) 종래의 유권해석에서는 동일한 사업장의 범위를 부가가치세법에 따르도록 하였다. 따라서 공장이전 세액감면의 경우 공장을 이전하여도 부가가치세법상으로는 이전하기 전의 사업장과 이전한 후의 사업장이 동일한 사업장이므로2) 이전 전후의 소득에 대하여 세액감면을 별도로 적용할 수 없다고 해석하였다(서면2팀-34, 2006.1.6.; 서면2팀-1807,

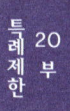

---
2) 부가가치세법에서는 사업장 이전의 경우 사업자등록 정정신고를 하도록 되어 있음(부령 §14 ① 4호).

2004.8.30.).

그러나 지방이전 촉진을 취지로 하는 수도권과밀억제권역 외 지역이전 중소기업세액감면의 제도적 특성을 고려하여, 사업장의 정의를 부가가치세법에 따르지 않고 지리적 범위를 고려하여 해석하도록 2006년에 변경되었다(재조예-241, 2006.4.24.).[3] 따라서 이전 전의 소득은 중소기업특별세액감면을 적용하고, 이전 후의 소득은 지역이전 세액감면을 각각 적용할 수 있다.

(4) 합병법인의 구분 적용 가능

합병법인과 피합병법인의 사업을 구분경리한 경우 합병법인의 존속사업부문은 중소기업특별세액감면을 적용받고 피합병법인으로부터 승계된 사업부문은 잔존감면기간 동안 창업중소기업세액감면을 동시에 적용받을 수 있다(서면2팀-1654, 2005.10.17.).

6 지방세 감면규정 간 중복지원 배제

내국인의 동일한 사업장에 대하여 동일한 과세연도에 다음의 취득세 및 재산세의 감면규정 중 둘 이상의 규정이 적용될 수 있는 경우에는 그 중 하나만을 선택하여 적용받을 수 있다(조특법 §127 ⑥).

① 제121조의 2 외국인투자기업의 사업용 재산에 대한 취득세·재산세 감면
② 제121조의 4 외국인투자기업의 증자분 사업용 재산에 대한 취득세·재산세 감면

7 양도소득세 감면규정 간 중복지원 배제

7-1 감면규정 간 중복지원 배제

거주자가 토지등을 양도하여 둘 이상의 양도소득세의 감면규정을 동시에 적용받는 경우에는 그 거주자가 선택하는 하나의 감면규정만을 적용한다(조특법 §127 ⑦).
예컨대 개발제한구역 지정에 따른 매수대상 토지등에 대한 양도소득세의 감면(법 §77의

---

3) 이 해석은 시행일 이후에 소득세 또는 법인세를 결정(경정)하거나 신고하는 분부터 적용함.

3)과 공익사업용 토지 등에 대한 양도소득세의 감면(법 §77)이 중복되는 경우, 당사자의 선택에 따라 하나의 감면규정만을 적용한다(재산-656, 2009.2.25.).,

또한 장기임대주택의 장기보유 특별공제율 추가 적용 특례 요건(법 §97의 4)을 충족하고 신축감면 특례(법 §99의 3)가 적용되는 주택을 양도하는 경우, 그 거주자가 선택하는 하나의 감면규정만을 적용한다(서면법령재산-5719, 2019.2.28.). 거주자가 주택을 양도하여 장기일반민간임대주택등에 대한 양도소득세의 과세특례(조특법 §97의 3) 및 미분양주택의 취득자에 대한 양도소득세의 과세특례(조특법 §98의3)를 동시에 적용받는 경우도 같다(서면법령해석재산-0404, 2019.3.28.).

(가) 토지등의 일부 (허용)

다만 토지등의 일부에 대하여 특정의 감면규정을 적용받는 경우에는 남은 부분에 대하여 다른 감면규정을 적용받을 수 있다(조특법 §127 ⑦ 단서). 따라서 양도토지의 일부가 특정의 감면규정에만 해당하여 특정의 감면규정을 적용한 결과, 감면세액이 감면한도액(법 §133 ①)에 미달하는 경우에 잔여부분에 대하여는 다른 감면규정을 적용할 수 있다.

예를 들어 3필지의 토지가 수용되는 경우 2필지는 자경농지에 대한 감면을 적용하고, 1필지는 공익사업용 토지에 대한 감면을 적용할 수 있다(부동산거래-1203, 2010.10.1.). 또한 개발제한구역내의 1필지의 농지가 협의매수된 경우 창고 부분은 법 제77조의 3 개발제한구역 지정에 따른 매수대상 토지등에 대한 양도소득세의 감면을 적용하고 농지 부분은 법 제69조 자경농지에 대한 양도소득세 감면을 적용받을 수 있다(법규-1183, 2011.9.6.).

(나) 기간의 안분 (불가)

반면에 1필지의 쟁점토지 전부를 양도하면서 보유기간에 따라 안분하여 8년 자경농지의 감면규정과 공익사업용 양도토지의 감면규정을 각각 적용받을 수는 없다(조심 2013중280, 2013.8.14.; 조심 2009중3425, 2009.12.28.). 양도소득세는 부동산을 양도함에 따라 비로소 실현·발생되는 소득(양도차익)에 대하여 부과하는 세금이지, 기간별로 나누어 해당 기간의 미실현 지가상승분을 소득으로 파악하여 부과하는 세금이 아니기 때문이다. 따라서 어느 특정시점을 기준으로 하여 기간을 구분한 후 해당 기간별 양도소득으로 나눌 수 없다(서울고법(춘천) 2015누1088, 2016.7.11.).

7-2 기타 과세특례의 중복지원 배제

(1) 공익사업용 토지등에 대한 양도소득세 감면

거주자가 토지등을 양도하여 법 제77조 공익사업용 토지 등에 대한 양도소득세의 감면과 법 제85조의 7 공익사업을 위한 수용등에 따른 공장 이전에 대한 과세특례가 동시에 적용되는 경우에는 그 중 하나만을 선택하여 적용받을 수 있다(조특법 §127 ⑧).

또한 공익사업의 시행으로 공장이 수용되는 경우 법 제77조 공익사업용 토지 등에 대한 양도소득세의 감면이 적용된다면, 법 제85조의 8 중소기업의 공장이전에 대한 과세특례규정이 적용되지 아니한다(부동산거래-1013, 2010.8.2.).

한편 법 제85조의 9 공익사업을 위한 수용 등에 따른 물류시설 이전에 대한 과세특례의 경우에는 명문의 규정은 없으나, 해석상 법 제77조 공익사업용 토지 등에 대한 양도소득세의 감면과 중복지원을 배제해야 할 것으로 본다. 법 제85조의 9와 법 85조의 7 모두 특례의 내용과 취지가 유사하나, 다만 그 특례 대상만을 달리하기 때문이다.

(2) 미분양주택 취득에 대한 양도소득세 특례

거주자가 주택을 양도하여 지방 미분양주택 취득에 대한 양도소득세 등 과세특례(법 §98의 2)와 미분양주택의 취득자에 대한 양도소득세의 과세특례(법 §98의 3)가 동시에 적용되는 경우에는 그 중 하나만을 선택하여 적용받을 수 있다(조특법 §127 ⑨).

8 고용지원세제 간 중복지원 배제

통합고용세액공제(조특법 §29의 8 ①)는 고용증대기업 세액공제(조특법 §29의 7) 또는 중소기업 사회보험료 세액공제(조특법 §30의 4)에 따른 공제를 받지 아니한 경우에만 적용한다(조특법 §127 ⑪).

2023년 세법개정에서 고용지원세제 간 중복지원 배제를 신설함.

제2절 [제128조] 추계과세 시 등의 배제

Ⅰ. 의의

세법은 납세의무의 성실한 이행을 확보하기 위해 납세자에게 다양한 의무를 부여하고 있으며, 이를 위반한 경우에는 국세기본법 및 개별 세법에서 가산세를 부과하고 있다. 이와 동일한 취지로 조세특례제한법에서는 과세표준 미신고, 신고내용 오류·누락, 지급명세서 미제출·누락, 매입·매출처별계산서합계표 미제출·누락 등 납세자가 세법상의 의무를 이행하지 아니한 경우에는 조세특례의 적용을 배제하고 있다.

개정연혁

연 도	개정 내용
2024년	▪ 해외자원개발투자 세액공제에 대한 감면 배제 추가

Ⅱ. 감면·공제 배제

1 추계과세 시 세액공제 배제

1-1 세액공제 배제 사유

신고납세방식[1]인 소득세·법인세와 관련하여 법정신고기한 내에 신고하지 아니할 경우, 과세관청은 장부나 그 밖의 증빙서류에 의하여 실지조사하여 결정하는 것이 원칙이지만, 장부 등으로 소득금액을 계산할 수 없는 경우에는 추계과세하도록 하고 있다(소법 §80 ③ 단서, 법법 §66 ③ 단서). 추계조사 결정하는 경우에는 이월결손금의 공제가 허용되지 않는

---
[1] 신고납세방식의 조세란 법정 신고기한 내에 신고함으로써 세액확정의 법률효과를 가져오는 조세를 말한다. 반대의 개념으로 재산세와 같이 과세관청에서 세액을 부과하는 부과과세방식의 조세가 있다.

등(법법 §68) 불이익이 따르는데, 이와 같은 취지로 추계과세하는 경우에는 조세특례제한법상 일련의 세액공제 조항에 대해 그 적용을 배제하고 있다(조특법 §128 ①).

다만 유의할 점은 추계과세하는 경우에도 거주자가 투자에 관한 증거서류를 제출하는 경우에는 제24조 통합투자세액공제 및 제26조 고용창출투자세액공제는 적용 가능하다는 점이다(조특법 §128 ① 단서). 거주자에 한정하였으므로 개인에만 적용되고 법인은 적용되지 않는다.

● 장부에 미계상한 시설대체투자자산에 대한 임시투자세액공제 대상 여부 (긍정)

임시투자세액공제대상 자산의 취득내역을 재무제표 등 장부에 계상하지 아니하였다 하더라도 구자산이 해당사업장에 필수자산인 점과 구자산을 신자산으로 대체투자한 사실이 증빙서류에 의해 확인되는 바, 임시투자세액공제 가능함(국심 2008중0054, 2008.3.21.).

1-2 세액공제 배제 조항

배제조항은 세액공제 조항만 해당한다.

- 제7조의 2 기업의 어음제도개선을 위한 세액공제
- 제7조의 4 상생결제 지급금액에 대한 세액공제
- 제8조의 3 제3항 상생협력 연구시설 등 투자세액공제
- 제10조 연구인력개발비 세액공제
- 제12조 제2항 기술취득금액 세액공제
- 제12조의 3 기술혁신형 합병에 대한 세액공제
- 제12조의 4 기술혁신형 주식취득에 대한 세액공제
- 제13조의 2 내국법인의 벤처기업 등에의 출자에 대한 과세특례
- 제13조의 3 내국법인의 소재·부품·장비전문기업에의 출자·인수에 대한 과세특례
- 제19조 제1항 성과공유 중소기업의 경영성과급에 대한 세액공제
- 제24조 통합투자세액공제
- 제25조의 6 영상콘텐츠 제작비용에 대한 세액공제
- 제26조 고용창출투자세액공제
- 제29조의 2 산업수요맞춤형고등학교등 졸업자를 병역 이행 후 복직시킨 기업에 대한 세액공제
- 제29조의 3 경력단절 여성 재고용 기업 등에 대한 세액공제
- 제29조의 4 근로소득을 증대시킨 기업에 대한 세액공제
- 제29조의 5 청년고용을 증대시킨 기업에 대한 세액공제
- 제29조의 7 고용을 증대시킨 기업에 대한 세액공제
- 제29조의 8 통합고용세액공제
- 제30조의 3 고용유지 중소기업 등 세액공제

- 제30조의 4 중소기업 고용증가 인원에 대한 사회보험료 세액공제
- 제96조의 3 상가임대료를 인하한 임대사업자에 대한 세액공제(소득세법 제160조에 따른 간편장부대상자는 제외함)
- 제99조의 12 선결제 금액에 대한 세액공제
- 제104조의 14 제3자 물류비용에 대한 세액공제
- 제104조의 15 해외자원 개발투자에 대한 과세특례
- 제104조의 25 석유제품 전자상거래에 대한 세액공제
- 제104조의 30 우수 선화주기업 인증을 받은 화주 기업에 대한 세액공제
- 제122조의 4 제1항 금사업자와 스크랩등사업자의 수입금액의 증가 등에 대한 세액공제
- 제126조의 7 제8항 금 현물시장에서 거래되는 과세특례

결정 또는 기한 후 신고 시 감면배제

2-1 감면배제 사유

신고납세방식인 소득세와 법인세의 신고기한 내에 신고하지 아니하여 과세관청이 과세표준과 세액을 결정하는 경우(소법 §80 ①, 법법 §66 ①) 또는 과세표준신고서를 법정신고기한까지 제출하지 아니한 자가 기한후 신고를 하는 경우(국기법 §45의 3)에는 납세자의 신고의무를 해태하였으므로 이에 대한 불이익으로 다음 감면조항의 적용을 배제한다(조특법 §128 ②).

복식부기의무자가 종합소득세를 추계하여 신고한 경우 무신고로 간주되어(소법 §70 ④ 단서) 소득세법상 결정의 대상이 되므로 결정 시 감면배제 규정에 따라 중소기업특별세액감면을 적용하지 않는다(재조특-335, 2017.3.27.; 조심 2018전0178, 2018.3.29. 외 다수).

실무 상담 사례

Q 제조업과 임대업을 겸업하는 사업자가 복식부기 의무자에 해당하여 제조업은 복식부기에 따라 기장하였으나, 임대업은 추계신고한 경우 중소기업특별세액감면을 적용할 수 있나요?

A 임대업은 중소기업특별세액감면의 감면업종이 아니므로 동 감면을 적용할 수 없습니다. 추계신고는 임대업에 한정되며, 제조업 관련 소득은 신고하였으므로 무신고로 인한 결정이 아니라 과소신고로 인한 경정의 대상이 된다고 판단됩니다. 겸영업자의 경우에도 하나의 종합소득과세표준 확정신고의무(소법 §70)를 부담하기 때문입니다. 따라서 제조업에 대해서는 결정 시 감면배제 규정이 적용되지 않아 동 감면을 적용할 수 있다고 판단됩니다(같은 뜻 기준법무소득-133, 2023.9.26.).

다수의 사업장을 운영하는 복식부기의무자가 일부 사업장의 종합소득 과세표준을 추계하여 신고하는 경우 추계 신고한 해당 사업장에 한하여 조세특례제한법 제128조 제2항에 따라 세액감면이 배제된다(기준법무소득-133, 2023.9.26.).

2-2 감면배제 조항

배제조항은 세액감면 조항만 해당한다. 다만 제96조의 3 상가임대료를 인하한 임대사업자에 대한 세액공제 및 제99조의 12 선결제 금액에 대한 세액공제는 세액공제 특례임에도 대상으로 한다.

- 제6조 창업중소기업 등에 대한 세액감면
- 제7조 중소기업에 대한 특별세액감면
- 제12조 제1항·제3항 기술이전소득 세액감면 및 기술대여소득 세액감면
- 제12조의 2 연구개발특구에 입주하는 첨단기술기업 등에 대한 법인세 감면
- 제31조 제4항·제5항 중소기업간의 통합에 대한 양도소득세의 이월과세등
- 제32조 제4항 법인전환에 대한 양도소득세의 이월과세
- 제33조의 2 사업전환중소기업 및 무역조정기업에 대한 세액감면
- 제62조 제4항 공공기관이 혁신도시 등으로 이전하는 경우 법인세 등 감면
- 제63조 제1항 수도권 밖으로 공장을 이전하는 기업에 대한 세액감면
- 제63조의 2 제1항 수도권 밖으로 본사를 이전하는 법인에 대한 세액감면
- 제64조 농공단지 입주기업등에 대한 세액감면
- 제66조 영농조합법인 등에 대한 법인세의 면제등
- 제67조 영어조합법인 등에 대한 법인세의 면제등
- 제68조 농업회사법인에 대한 법인세의 면제등
- 제85조의 6 제1항·제2항 사회적기업 및 장애인 표준사업장에 대한 법인세 등의 감면
- 제96조 소형주택 임대사업자에 대한 세액감면
- 제96조의 2 상가건물 장기 임대사업자에 대한 세액감면
- 제96조의 3 상가임대료를 인하한 임대사업자에 대한 세액공제
- 제99조의 9 제2항 위기지역 창업기업 세액감면
- 제99조의 11 제1항 감염병 피해에 따른 특별재난지역의 중소기업에 대한 법인세 등의 감면
- 제99조의 12 선결제 금액에 대한 세액공제
- 제102조 산림개발소득에 대한 세액감면
- 제104조의 24 제1항 해외진출기업의 국내복귀에 대한 세액감면
- 제121조의 8 제주첨단과학기술단지 입주기업에 대한 법인세 등의 감면
- 제121조의 9 제2항 제주투자진흥지구 또는 제주자유무역지역 입주기업에 대한 법인세 등의 감면
- 제121조의 17 제2항 기업도시 개발과 지역개발사업구역 등 지원을 위한 조세특례

- 제121조의 20 제2항 아시아문화중심도시 투자진흥지구 입주기업 등에 대한 법인세 등의 감면 등
- 제121조의 21 제2항 금융중심지 창업기업 등에 대한 법인세 등의 감면 등
- 제121조의 22 제2항 첨단의료복합단지 및 국가식품클러스터 입주기업에 대한 법인세 등의 감면
- 제121조의 33 제2항 해외자원개발투자 세액공제

2019년 개정세법에서 위기지역 창업기업에 대한 법인세 감면 규정(조특법 §99의 9 ②)에 대해 결정 또는 기한후 신고시 감면배제, 경정 등의 부정과소신고금액에 대한 감면배제 및 세법상 협력의무 위반에 대한 감면배제를 적용하였다(조특법 §128 ②~④). 2019.1.1. 이후 과세표준을 신고하는 분부터 소급하여 적용한다(2018.12.24. 개정된 법률 부칙 §35).

2024 개정 해외자원개발투자 세액공제에 대한 추계 과세시 감면 배제를 신설함. 법 128조 2항부터 4항까지의 개정규정은 2024.1.1. 이후 과세표준을 신고하거나 결정 또는 경정하는 경우부터 (소급하여) 적용함(2023.12.31. 개정된 법률 부칙 §32).

주요 이슈와 쟁점

43. 복식부기의무자가 추계과세하는 경우 감면배제되는지 여부

[종전 예규]
조세감면규제법 제6조의 창업중소기업 등에 대한 세액감면은 소득세법 제80조 제3항 단서의 규정에 의하여 당해 거주자의 소득금액을 추계조사결정·경정하는 때에도 적용받을 수 있음(소득 46210-3666, 1998.11.28.).

[새로운 예규]
복식부기의무자가 종합소득 과세표준 및 세액을 추계하여 신고한 경우에는 「조세특례제한법」 제128조 제2항에 따라 중소기업특별세액감면을 적용하지 않는 것임. 다만, 복식부기의무자가 종합소득 과세표준 및 세액을 추계로 신고하면서 중소기업특별세액감면을 적용한 납세자('16.7.13 전 신고한 자에 한한다)에 대해서 「소득세법」 제80조에 따라 결정·경정하는 경우에는 「국세기본법」 제47조의 4 제1항에 따른 납부불성실가산세를 부과하지 아니하는 것임(재조특-335, 2017.3.27.).

저자주 종전에는 무신고가산세를 부과하는 조항의 적용에 한정하여 추계신고를 무신고로 간주하였고, 종합소득 과세표준 확정신고와 관련하여서는 추계신고를 무신고로 보는 규정은 존재하지 않았다. 무신고에 해당하지 않는 추계신고는 과세관청의 결정이 대상이 아니어서 결정시 감면배제 조항이 적용되지 않았다. 따라서 과세관청의 유권해석에서는 복식부기의무자가 추계과세(추계조사결정·경정 및 추계신고)를 하는 경우에도 중소기업특별세액감면 등을 적용하였다(서일 46011-11135, 2002.9.2.; 소득 46210-3666, 1998.11.28.; 소득 46011-1158, 1997.4.25. 외 다수). 2007년 세법 개정으로 무신고가산세와 관련하여 추계신고를 무신고로 간주하는 규정을 삭제하

고, 대신 종합소득 과세표준 확정신고와 관련하여 추계신고를 무신고로 의제하는 규정을 신설하였다(소법 §70 ④ 후단).

이후 국세청 유권해석(2016-법령해석소득-139, 2016.7.13.)에서 복식부기의무자가 추계신고한 경우에는 소득세법 제70조 제4항에 의해 무신고로 간주되어 결정의 대상이므로 조특법 제128조에 의해 중소기업특별세액감면을 배제하는 것으로 회신하였다.

다만 종래 비과세로 회신한 후 상당기간 추징한 사례가 없어 2016.7.13. 이전 신고분에 대해서는 납부불성실 가산세를 부과하지 않도록 기획재정부 국세예규심사위원회에서 결정하였다(같은 뜻 조심 2016전4308, 2017.5.23.; 조심 2018전0178, 2018.3.29.; 조심 2017전2338, 2017.6.29. 외 다수).[2]

3 경정 등의 부정과소신고금액에 대한 감면배제

3-1 감면배제 사유

(1) 경정

납세지 관할세무서장 또는 관할지방국세청장은 과세표준신고를 한 납세의무자가 신고 내용에 오류 또는 누락이 있는 경우에는 그 납세의무자의 소득세·법인세의 과세표준과 세액을 경정하는데,(소법 §80 ②, 법법 §66 ②) 불성실한 신고에 대한 불이익으로 다음의 부정과소신고금액에 대하여는 감면조항의 적용을 배제한다(조특법 §128 ③, 조특령 §122 ①).
① 법인의 경우에는 부정과소신고과세표준(국기법 §47의 3 ② 1호)
② 개인의 경우에는 위의 금액을 준용하여 계산한 금액

단 경정을 하는 경우 중, 후술하는 4. 세법상 협력의무 불이행 사유(조특법 §128 ④ 각호)로 인한 경우는 당해 조항에 의하여 감면 배제되므로 본 규정은 적용되지 않는다.

● 부정행위 등의 의미

부정과소신고과세표준의 "부정행위"는 사기, 기타 부정한 행위를 말하며, "기타 부정한 행위"는 사실을 허위 조작하고 진정한 사실을 왜곡하거나 또는 이를 은닉하는 등 조세의 포탈이나 조세의 부정한 환급·공제를 가능하게 하는 모든 행위를 말한다. 부당행위계산부인금액이나 과다계상경비, 업무무관경비 등의 익금산입 및 손금불산입으로 인한 소득금액이 해당된다(국심 2002부1600, 2003.1.21.).

---
[2] 좀 더 자세한 논의는 다음의 졸고 최신예판해설을 참조하기 바람. 최문진, "복식부기의무자가 종합소득세를 추계신고한 경우 중소기업특별세액감면이 배제됨", 주간 세무경영/제1533호, 2018.5.17.

- **수정신고** (허용)

  과세관청이 경정을 하는 경우에는 부정과소신고금액에 대하여 감면을 적용받을 수 없지만, 수정신고를 하는 경우에는 부정과소신고금액에 대하여도 감면을 적용받을 수 있다(서면1팀-1493, 2004.11.5.).

- **간편장부대상자의 추계 신고** (허용)

  간편장부대상자가 기장에 의하여 신고하였으나 장부를 분실하여 과세관청이 추계과세를 하는 경우에는 일반과소신고가산세를 적용하고 추계로 인하여 증가한 소득금액에 대해서는 중소기업특별세액감면을 적용한다(조심 2011서77, 2011.6.1.).

  복식부기의무자가 장부에 의하지 아니한 추계신고를 한 경우에는 무신고로 보아 과세관청의 결정 대상이지만, 간편장부대상자는 추계신고를 한 경우에도 무신고에 해당하지 아니하므로 과세관청의 추계과세는 경정의 대상이고 부정행위가 없는 경우에는 감면배제가 적용되지 않기 때문이다. 앞서 본 복식부기의무자가 추계신고한 경우는 결정 시 감면 배제 조항이 적용되는 것과 차이가 있다.

(2) 경정 사전 인지 후 수정신고

과세표준과 세액을 경정할 것을 미리 알고 수정신고한 다음의 경우에도 과소신고금액에 대하여 감면조항의 적용을 배제한다(조특법 §128 ③).

① 세무조사 사전통지를 받고 수정신고한 경우
② 사전통지 없이 세무조사하는 경우 납세자가 이러한 사실을 알고 수정신고하는 경우
  관계회사에 대한 세무조사 시 청구법인의 신고누락 매출액에 대한 확인서를 청구법인의 대표이사가 조사청에 제출한 이후, 처분청에 수정신고서를 제출한 경우에는 중소기업특별세액감면의 적용을 배제한다(조심 2015서4339, 2015.11.2.).
③ 수정신고안내문을 받고 안내문에 따라 수정신고한 경우(조심 2013중4635, 2013.12.31.)

본 감면배제 규정에 따라 처분청이 중소기업특별세액감면을 배제하고 이를 경정 고지한 것을 납세자가 다시 중소기업특별세액감면을 적용하여 경정청구하여도 감면될 수 없다(심사법인 2007-118, 2007.12.28.).

3-2 감면배제 조항

감면배제조항은 2. 결정 또는 기한 후 신고 시 감면배제와 같다.

4 협력의무 위반에 대한 감면배제

사업자가 다음의 세법상 협력의무에 위반한 경우에는 해당 과세기간의 해당 "사업장"에 대하여 감면조항의 적용을 배제한다. 다만 사업자가 4-1 사업용계좌 미신고 또는 4-2 현금영수증가맹점 미가입의 의무 불이행에 대하여 정당한 사유가 있는 경우에는 감면을 배제하지 아니한다(조특법 §128 ④).

4-1 사업용계좌 신고의무 사업자의 미신고(소법 §160의 5 ③)

복식부기의무자가 사업용 계좌를 개설하여 이를 실제 사업에서 사용하였다 하더라도 신고하지 아니한 경우에는 감면이 배제된다(조심 2011부3086, 2011.12.8.; 소득-217, 2011.3.9.). 또한 사업용계좌 신고·사용 불성실 가산세(소법 §81의 8)를 부과한다(사전법령소득-0740, 2020.9.2.).

쟁점계좌를 인적용역 소득이 아닌 쟁점사업장의 사업용계좌로 사용하기 위해 개설 및 신고한 것이나 청구인이 국세청 홈택스에 쟁점계좌를 전산입력하는 과정에서 사업자등록번호가 아닌 주민등록번호를 착오로 입력한 경우에는 사업용계좌를 신고하지 않은 것으로 볼 수 없다고 판단한 심판례가 있다(조심 2017서932, 2017.5.8.).

'사업장별로 사업용계좌를 신고하여야 한다'(소령 §208의 5 ②)고 정한 문구의 의미는, '각 사업장마다 이에 대응하는 사업용계좌를 신고하여야 한다'는 뜻으로 해석하여야 할 것이고, 이를 넘어서서 법문에 규정되어 있지 않은 '각 사업장의 사업자등록번호로 신고하여야 한다'는 의미로 확장해석할 수 없기 때문이다(심사소득 2017-31, 2017.6.20.).

4-2 현금영수증가맹점 가입의무 사업자의 미가입

현금영수증가맹점(소법 §162의 3 ①)으로 가입하여야 하는 사업자가 그 요건에 해당하는 날부터 60일(같은 법 시행령 제210조의3제9항에서 정하는 요건에 해당하는 사업자의 경우 그 요건에 해당하는 날이 속하는 달의 말일부터 3개월)이내에 이를 이행하지 아니한 경우, 감면배제조항에 따라 해당 과세기간의 해당 사업장에 대하여 법 제7조 중소기업에 대한 특별세액감면 등을 적용하지 아니한다(사전법규소득-0669, 2022.12.14.).

4-3 신용카드가맹점·현금영수증가맹점 가입사업자의 발급거부등

신용카드가맹점 또는 현금영수증가맹점 가입사업자가 신용카드에 의한 거래 또는 현금영수증의 발급을 거부하거나 신용카드매출전표 또는 현금영수증을 사실과 다르게 발급한 것을 이유로 관할세무서장으로부터 신고금액을 통보[3])받은 사업자로서 상습적으로 거부행위가 발생한 다음의 경우를 말한다(조특령 §122 ②).

- 해당 과세연도에 신고금액을 3회 이상 통보받은 경우로서 그 금액의 합계액이 100만원 이상인 경우. 해당 과세연도란 신용카드에 의한 거래 또는 현금영수증의 발급을 거부하거나 신용카드매출전표 또는 현금영수증을 사실과 다르게 발급한 날이 속하는 해당 과세연도를 말함.
- 해당 과세연도에 신고금액을 5회 이상 통보받은 경우

  거주자가 구성원이 다른 2개의 공동사업장을 영위하는 경우에는 각각의 사업장별로 세법상 협력의무 위반 여부를 판정하여 감면조항 적용 배제를 결정한다(소득-57, 2010.1.13.; 소득-1179, 2009.7.29.).

감면배제조항은 2. 결정 또는 기한 후 신고 시 감면배제와 같다.

---

3) 소법 §162의 2 ④ 후단§162의 3 ⑥ 후단, 법법 §117 ④ 후단§117의 2 ⑤ 후단

제3절 [제129조] 양도소득세의 감면 배제 등 ★★

Ⅰ. 의의

 부동산 거래 시 실거래가액을 허위로 기재한 경우 또는 미등기 양도자산에 대하여, 양도소득세의 비과세 및 감면에 관한 규정을 제한하거나 적용하지 않는 제한규정이다.
 첫번째로, 미등기부동산의 양도는 부동산거래의 질서를 문란하게 하므로, 세법에서는 여러 가지 불이익을 부과하고 있다.
㉮ 양도소득세 감면 등 적용 배제
㉯ 양도소득세율 적용 시 70%의 최고세율 적용(소법 §104 ① 10호)
㉰ 필요경비 개산공제액 적용 시 저율(0.3%)의 개산공제율 적용(소령 §163 ⑥)
㉱ 장기보유특별공제·양도소득 기본공제 배제(소법 §95 ②·§103 ① 1호)
 두번째로, 실거래가액 허위 기재 시 양도소득세 비과세 및 감면 배제 규정은, 양도하는 부동산이 비과세·감면되는 경우 UP계약서(거래금액을 올려서 적은 계약서)를 작성해도 양도자에게는 양도소득세가 과세되지 않으므로, 이를 악용하여 비과세 등 대상 부동산의 양도자가 상대방의 요구에 따라 UP계약서를 작성해서 매입자의 조세회피를 도와주는 사례가 있어 이를 방지하고자 2011년 도입된 규정이다.
 본 조세특례제한 규정은 실거래가액 허위 기재 시 감면 등 제한과 미등기양도 자산에 대한 감면 등 배제 규정의 2가지로 구성되어 있으며, 그 요건과 제한 내용이 각기 다르므로 구분하여 살펴보도록 한다.

Ⅱ. 실거래가액 허위 기재 시 감면 등 제한

 부동산 등을 매매하는 거래당사자가 매매계약서의 거래가액을 실지거래가액과 다르게 적은 경우에는 해당 자산에 대하여 소득세법 제91조 제2항에 따라 조세특례제한법상 양도소득세의 비과세 및 감면을 제한한다(조특법 §129 ①).

1 부동산 및 부동산에 관한 권리

부동산 및 부동산에 관한 권리의 범위는 다음과 같다(소법 §94 ① 1호·2호).
㉮ 토지 또는 건물(건물에 부속된 시설물과 구축물 포함)
㉯ 부동산을 취득할 수 있는 권리(아파트 당첨권 등 건물이 완성되는 때에 그 건물과 이에 딸린 토지를 취득할 수 있는 권리 포함)
㉰ 지상권
㉱ 전세권과 등기된 부동산임차권

2 실거래가액 허위기재

매매계약서의 거래가액을 실지거래가액과 다르게 적은 경우이다.
납세지 관할세무서장에게 양도소득 과세표준을 실지거래가액에 의해 신고하는 경우에도 지방자치단체에 실지거래가액을 허위로 신고하였다면 양도소득세의 비과세 및 감면을 제한한다(법규-410, 2012.4.20.).

● **거짓 계약서 작성을 방조하고 신고를 위임한 경우** (감면 배제)

청구인과 처분청 간에 쟁점부동산의 실지거래가액이 ○○○임에는 다툼이 없고 양도소득세 신고 시 실지거래가액과 다른 가액○○○이 기재된 거짓계약서가 제출되어 양도소득세가 감면된 사실이 확인되는 점, 거짓계약서상에 청구인의 인감이 날인되어 있는 것으로 보아 거짓계약서가 일방에 의하여 작성된 것이라고 보기 어려운 점, 진본계약서상의 특약사항에 '양도소득세 발생 시 매수인측이 납부한다'는 내용이 기재되어 있는 것으로 보아 8년 이상 자경하여 감면대상임을 인지한 청구인이 실지거래가액과 다른 매매계약서 작성을 방조하고 매수인측에 양도소득세 신고를 위임한 것으로 보이는 점, 이러한 행위는 부동산실거래가 신고제도의 정착을 어렵게 한 것이므로 이에 대한 감면배제가 조특법 제129조 제1항의 입법취지에도 부합하는 점 등에 비추어 처분청이 쟁점부동산의 양도가액을 실지거래가액으로 경정하면서 조특법 제129조 제1항에 따라 자경농민에 대한 양도소득세 감면을 배제하여 청구인에게 이 건 양도소득세를 과세한 처분은 달리 잘못이 없다고 판단된다(조심 2021부0599, 2021.6.7.).

3 비과세 및 감면 규정 제한

실지거래가액을 허위로 기재한 경우에는 양도소득세의 비과세 또는 감면에 관한 규정을 적용할 때 비과세 또는 감면받았거나 받을 세액에서 다음의 구분에 따른 금액을 차감한다(조특법 §129 ① → 소법 §91 ②).

① 비과세 규정 적용 시

> Min [비과세 규정을 적용하지 않은 양도소득 산출세액, (매매계약서 거래가액 - 실지거래가액)]

② 감면 규정 적용 시

> Min [감면규정을 적용한 감면세액, (매매계약서 거래가액 - 실지거래가액)]

Ⅲ. 미등기양도자산에 대한 감면 등 배제

미등기양도자산에 대해서는 양도소득세의 비과세 및 감면에 관한 규정을 적용하지 아니한다(조특법 §129 ②).[1]

1 미등기 양도자산

"미등기 양도자산"이란 부동산 및 부동산에 관한 권리(Ⅱ. 1. 참조)를 취득한 자가 그 자산 취득에 관한 등기를 하지 아니하고 양도하는 것을 말한다. 다만 다음의 자산은 제외한다(소법 §104 ③, 소령 §168 ①).

> 1. 장기할부조건으로 취득한 자산으로서 그 계약조건에 의하여 양도 당시 그 자산의 취득에 관한 등기가 불가능한 자산
> 2. 법률의 규정 또는 법원의 결정에 의하여 양도 당시 그 자산의 취득에 관한 등기가 불가능한 자산

---

[1] 소득세법 제91조 제1항에서도 미등기양도자산에 대한 비과세 배제를 규정하고 있다.

3. 법 제89조 제1항 제2호(농지의 교환·분합), 조세특례제한법 제69조 제1항(자경농지) 및 제70조 제1항(농지대토)에 규정하는 토지
4. 법 제89조 제1항 제3호 각 목의 어느 하나에 해당하는 주택(비과세 1세대 1주택등)으로서 「건축법」에 따른 건축허가를 받지 아니하여 등기가 불가능한 자산
5. (삭제)
6. 도시개발법에 따른 도시개발사업이 종료되지 아니하여 토지 취득등기를 하지 아니하고 양도하는 토지
7. 건설업자가 도시개발법에 따라 공사용역 대가로 취득한 체비지를 토지구획환지처분공고 전에 양도하는 토지

양도소득세가 감면되는 신규 분양 아파트의 잔금을 완불하고 취득세를 구청에 납부 완료한 후에 등기를 하지 아니하고 동 아파트를 매도한 경우는 미등기양도자산에 해당되어 비과세 및 감면 규정을 배제한다(서면4팀-1522, 2004.9.24.).

● 예규 · 판례

❖ **미등기 상태에서 대학이전 예정부지를 양도한 경우 비과세 및 감면규정 적용 여부 (부정)** (서이 46012-11822, 2002.10.2.)

교육인적자원부의 승인을 받아 대학이전예정부지를 1992년 매입한 학교법인이 취득등기를 하지 아니한 상태에서 동 예정부지를 한국고속철도건설공단에 2001년 양도한 경우 법인세법(2001.12.31. 개정전의 것, 이하 같다)시행령 제143조 각호의 1에 규정된 제외사유에 해당하지 않는 한 법인세법 제101조 제3항에 규정된 미등기양도토지 등에 해당하는 것이므로 조세특례제한법(2001.12.29. 개정 전의 것) 제129조의 규정에 의하여 특별부가세의 비과세 및 감면에 관한 규정을 적용하지 아니하는 것임.

❖ **토지거래허가 및 소유권 소송관계로 부득이하게 미등기된 상태로 수용된 토지의 감면 적용 여부 (긍정)** (심사양도 99-4141, 1999.6.25.)

수용 당시 국토이용관리법 제21조의 4 제1항 제3호에 의하여 소유권을 이전등기할 수 없는 경우에 해당되고, 쟁점토지의 소유권이 청구인의 소유로 확정된 날로부터 수용으로 양도한 날까지 기간이 4일간으로서 등기에 필요한 부속서류의 준비기간 등으로 보아 양도 당시 쟁점토지의 취득에 관한 등기가 어려우며, 수용되는 토지는 양도소득세가 배제됨을 감안할 때 조세를 포탈하려는 목적이 없었다고 보이므로 처분청이 조세를 포탈하기 위하여 등기하지 아니하고 양도한 자산으로 보아 양도소득세 감면을 배제하고 실지거래가액으로 양도차익을 산정하여 양도소득세를 부과한 처분은 잘못이 있다고 판단된다.

제4절 [제132조] 최저한세액에 미달하는 세액에 대한 감면 등의 배제

I. 의의

최저한세(minimum tax)란 납세자의 감면 등을 적용받은 후의 세액이 일정 수준에 미치지 못하는 경우 그 미달하는 세액에 대해서는 감면 등을 적용하지 않는 제한규정이다.

1991년 조세감면규제법이 개편되면서 종전의 조세지원 종합한도제가 폐지됨에 따라, 정책 목적상 감면을 하는 경우라도 국민개세(皆稅) 원칙에 의거 조세부담의 형평성 확보를 위하여 최소한의 세금을 부담하도록 하는 취지이다.

최저한세 계산구조

	결산서상 당기순이익
±	세무조정(익금·손금)
=	각 사업연도 소득금액
−	이월결손금·비과세소득·소득공제
=	과세표준
×	세율
=	산출세액
−	최저한세 적용대상 공제감면세액
=	차감세액
−	최저한세 적용제외 공제감면세액
+	가산세
=	결정세액

이하 법인과 개인에 적용되는 최저한세의 계산을 각각 살펴보고, 적용방법에 대해 설명한다.

Ⅱ. 법인의 최저한세

1 주체

내국법인과 국내사업장(PE)이 있거나 국내원천소득이 있는 외국법인(법법 §91 ①)을 대상으로 한다. 단, 당기순이익 과세특례(조특법 §72 ①)를 적용받는 조합법인 등은 제외한다(조특법 §132 ①).

가결산 방식에 의한 중간예납세액을 계산하는 경우에도, 각종 준비금·특별상각·소득공제·세액공제 및 감면 등에 대하여는 최저한세를 적용한다(법기통 63-0...5 6호).

2 대상 법인세

내국법인의 각 사업연도 소득에 대한 법인세와 외국법인의 각 사업연도 국내원천소득에 대한 법인세를 최저한세의 대상으로 한다.

최저한세의 적용대상으로 열거되지 않은 세액공제·세액면제 및 감면을 하지 아니한 법인세를 최저한세 산정의 기준으로 하며(조특령 §126 ②), 다음의 법인세는 최저한세 산정 대상 법인세에서 제외한다.

㉮ 토지등 양도소득에 대한 법인세(법법 §55의 2)
㉯ 외국법인의 지점세(법법 §96)[1]
㉰ 투자·상생협력촉진을 위한 과세특례(조특법 §100의 32)
㉱ 가산세
㉲ 추징세액(조특령 §126 ①)
  ■ 조세특례제한법에 의하여 각종 준비금 등을 익금산입하는 경우와 감면세액을 추징하는 경우(소득세 또는 법인세에 가산하여 자진납부하거나 부과징수하는 경우를 포함)에 있어서의 이자상당가산액
  ■ 조세특례제한법 또는 법인세법의 사후관리 규정에 따라 소득세 또는 법인세의 감

---

[1] "지점세"란 외국기업이 국내에 진출할 때 자회사를 설립하는 경우, 자회사가 지급하는 배당에 대하여 과세하는 것과의 조세중립성을 유지하기 위하여 지점의 법인세 납부 후 잉여금에 대하여 과세하는 조세이다. 자회사의 배당에 대해 원천징수되는 법인세 등은 최저한세의 대상이 아니므로, 지점세를 최저한세 적용대상으로 한다면 자회사에 비해 지점을 상대적으로 우대하는 결과가 초래되기 때문에 제외한다.

면세액을 추징하는 경우 당해 사업연도에 소득세 또는 법인세에 가산하여 자진납부하거나 부과징수하는 세액

가산세 등 상기 열거된 항목은 최저한세의 적용 여부와 관계없이 별도로 납부하여야 하는 세금이므로 최저한세 적용대상에서 제외한다.

3 최저한세 계산

최저한세가 적용되어 납부하여야 하는 법인세는 다음 중 큰 금액으로 한다(조특법 §132 ①).

> Max (ⓐ, ⓑ)
> ⓐ 최저한세액 = 각종 감면 전 과세표준 × 최저한세율
> ⓑ 각종 감면 후 법인세액

3-1 최저한세율

최저한세율은 법인의 규모와 과세표준에 따라 구분 적용된다.

법인 규모별 최세한세율

과세표준	일반기업	중소기업
100억원 이하	10%	
100억원 초과~1천억원 이하	12%	7%
1천억원 이상	17%	

중소기업이 규모의 확대 등으로 중소기업 졸업기준에 해당하거나 규모기준 또는 독립성 기준 중 관계기업 기준을 초과함에 따라 중소기업에 해당하지 않게 된 때에는 그 사유가 발생한 과세연도와 그 다음 3개 과세연도를 중소기업 유예기간이라 하는데,(조특령 §2 ② 본문) 이러한 유예기간 중에는 중소기업으로 의제되는 것이므로 중소기업과 동일하게 7%의 최저한세율이 적용된다. 중소기업법의 개정으로 중소기업에 해당하지 않게 되어 경과규정이 적용되는 경우(조특령 §2 ⑤)에도 같다(조특령 §126 ②).

중소기업 유예기간이 경과한 후에는 유예기간 이후 1~3년차에는 8%, 4~5년차에는 9%의 최저한세율을 적용하는 등 중간 구간을 설정한다(조특법 §132 ① 괄호 안).

중소기업의 규모 확장 등에 따른 최저한세율의 변화

중소기업	유예기간(4년)	유예기간 이후 1~3년차	유예기간 이후 4~5년차	일반기업
7%	7%	8%	9%	10~17%

3-2 각종 감면 전 과세표준

각종 감면 전 과세표준이란 법상 열거된 최저한세 적용대상인 소득공제, 손금산입, 익금불산입, 비과세(이하 "소득공제등") (법 §132 ① 2호)를 적용하지 아니한 과세표준을 말한다. 즉, 과세표준에 해당 금액이 공제되어 있는 경우에는 해당 금액을 과세표준에 가산하여 계산한 금액을 말한다.

2호의 소득공제등은 후술하는 표에서 확인하도록 한다.

세무조정 시 소득공제등은 법인세 과세표준에 이미 반영·조정되어 있으므로 동 소득공제등을 합산하여 각종 감면 전 과세표준을 계산한다. 그 순서는 다음과 같다.

> ① 조정 후 소득금액 = 결산서상 당기순이익 + 익금산입 - 손금산입
> ② 각 사업연도 소득금액 = 조정 후 소득금액 + 기부금한도초과액 - 기부금이월액 손금산입
> ③ 차가감소득금액 = 각사업연도 소득금액 - 이월결손금 - 비과세소득 + **최저한세 대상 비과세소득** + **최저한세대상 익금불산입·손금산입**
> ④ 각종 감면 전 과세표준 = 차가감소득금액 - 소득공제 + **최저한세 대상 소득공제**

이를 하나의 산식으로 나타내면 다음과 같다.

> 각종 감면 전 과세표준 = 법인세 과세표준 + 최저한세 대상 비과세소득
>   + 최저한세대상 익금불산입·손금산입 + 최저한세 대상 소득공제

3-3 각종 감면 후 법인세액

각종 감면 후 법인세액이란 최저한세의 적용대상인 각종 조세지원제도를 적용한 후의 법인세액을 말한다. 최저한세와 비교하여야 하므로, 최저한세와 관계없이 적용 가능한 조세지원제도(법인세법상 공제·감면등 제도와 최저한세 적용대상에 열거되지 않은 감면 등)는 적용하

지 않은 금액으로 한다.

예를 들어, 외국인투자기업 감면(법 §121의 2)은 최저한세의 적용대상이 아니므로 최저한세 계산 시 적용하지 아니하며, 최저한세의 조정이 완료된 후의 세액에서 차감한다.

최저한세 적용대상 조세감면제도

감면유형	조세감면제도	조 문
소득공제, 손금산입, 익금불산입, 비과세 등 (2호)	중소기업지원설비에 대한 손금산입액의 특례 등	제8조
	상생협력 중소기업으로부터 받은 수입배당금의 익금불산입	제8조의 2
	연구개발관련 출연준비금 등의 과세특례	제10조의 2
	중소기업창업투자회사 등의 주식양도차익 등에 대한 비과세	제13조
	창업기업 등에의 출자에 대한 과세특례	제14조
	서비스업 감가상각비의 손금산입특례	제28조
	중소·중견기업 설비투자자산의 감가상각비 손금산입 특례	제28조의 2
	설비투자자산의 감가상각비 손금산입 특례	제28조의 3
	자기관리부동산투자회사 등에 대한 과세특례	제55조의 2 제4항
	공장의 대도시 외 지역 이전에 대한 법인세 과세특례	제60조 제2항
	법인본사의 수도권과밀억제권역 외 지역 이전에 대한 법인세 과세특례	제61조 제3항
	공공기관이 혁신도시로 이전하는 경우 과세이연	제62조 제1항
	수도권밖으로 공장을 이전하는 기업에 대한 양도차익 과세이연	제63조 제4항
	수도권밖으로 본사를 이전하는 법인에 대한 양도차익 과세이연	제63조의 2 제4항
세액공제 (3호)	기업의 어음제도 개선을 위한 세액공제	제7조의 2
	상생결제 지급금액에 대한 세액공제	제7조의 4
	상생협력을 위한 기금 출연 시 세액공제	제8조의 3
	연구 및 인력개발비에 대한 세액공제 (단, 중소기업이 아닌 자만 해당함)	제10조
	기술취득금액 세액공제	제12조 제2항
	기술혁신형 합병에 대한 세액공제	제12조의 3
	기술혁신형 주식취득에 대한 세액공제	제12조의 4
	내국법인의 벤처기업 등에의 출자에 대한 과세특례	제13조의 2
	내국법인의 소재·부품·장비전문기업에의 출자·인수 과세특례	제13조의 3

제4절 제132조 최저한세액에 미달하는 세액에 대한 감면 등의 배제

감면유형	조세감면제도	조 문
세액공제 (3호)	성과공유 중소기업의 경영성과급 세액공제	제19조 제1항
	통합투자세액공제	제24조
	영상콘텐츠 제작비용에 대한 세액공제	제25조의 6
	내국법인의 문화산업전문회사에의 출자에 대한 세액공제	제25조의 7
	고용창출투자세액공제('17년 말 일몰종료)	제26조
	산업수요맞춤형고등학교등 졸업자를 병역 이행 후 복직시킨 기업에 대한 세액공제	제29조의 2
	경력단절 여성 고용 기업 등에 대한 세액공제	제29조의 3
	근로소득을 증대시킨 기업에 대한 세액공제	제29조의 4
	청년고용을 증대시킨 기업에 대한 세액공제('17년말 일몰종료)	제29조의 5
	고용을 증대시킨 기업에 대한 세액공제	제29조의 7
	통합고용세액공제	제29조의 8
	고용유지중소기업 세액공제	제30조의 3
	중소기업 고용증가 인원에 대한 사회보험료 세액공제	제30조의 4
	중소기업 간의 통합에 따른 미공제세액의 승계공제	제31조 제6항
	법인전환에 따른 미공제세액의 승계공제	제32조 제4항
	선결제 금액에 대한 세액공제	제99조의 12
	전자신고에 대한 세액공제	제104조의 8
	제3자 물류비용에 대한 세액공제	제104조의 14
	해외자원개발투자에 대한 과세특례	제104조의 15
	기업의 운동경기부 설치·운영에 대한 과세특례	제104조의 22
	석유제품 전자상거래에 대한 세액공제	제104조의 25
	우수 선화주기업 인증을 받은 화주 기업에 대한 세액공제	제104조의 30
	금사업자와 스크랩등사업자의 수입금액의 증가 등에 대한 세액공제	제122조의 4 제1항
	금 현물시장에서 거래되는 금지금에 대한 과세특례	제126조의 7 제8항

감면유형	조세감면제도	조 문
세액감면 (4호)	창업중소기업 등에 대한 세액감면[추가 감면 및 과밀억제권역 외 청년·생계형창업중소기업 제외(같은 조 ①·⑥·⑦)]	제6조
	중소기업에 대한 특별세액감면	제7조
	기술이전·대여소득 세액감면	제12조 제1항· 제3항
	연구개발특구에 입주하는 첨단기술기업 등에 대한 세액감면❶	제12조의 2
	국제금융거래에 따른 이자소득 등에 대한 법인세의 면제	제21조
	창업중소기업 등의 통합에 대한 세액감면 승계	제31조 제4항· 제5항
	창업중소기업 등의 법인전환에 대한 세액감면 승계	제32 제4항
	공공기관이 혁신도시로 이전하는 경우 법인세 감면	제62조 제4항
	수도권 밖으로 공장을 이전하는 기업에 대한 세액감면 등(수도권 밖으로 이전하는 경우 제외)	제63조
	농공단지 입주기업 등에 대한 세액감면	제64조
	농업회사법인에 대한 법인세의 면제(작물재배업에서 발생하는 소득 외의 소득만 해당한다)	제68조
	소형주택 임대사업자에 대한 세액감면	제96조
	상가건물 장기 임대사업자에 대한 세액감면	제96조의 2
	위기지역 창업기업에 대한 법인세 등의 감면❶	제99조의 9
	산림개발소득에 대한 세액감면('18년 말 일몰종료)	제102조
	제주첨단과학기술단지 입주기업에 대한 법인세 등의 감면❶	제121조의 8
	제주투자진흥지구 또는 제주자유무역지역 입주기업에 대한 법인세 등의 감면❶	제121조의 9
	기업도시개발구역 등의 창업기업 등 법인세 등의 감면❶	제121조의 17
	아시아문화중심도시 투자진흥지구 입주기업 등에 대한 법인세 등의 감면❶	제121조의 20
	금융중심지 창업기업 등에 대한 법인세 등의 감면 등❶	제121조의 21
	첨단의료복합단지 및 국가식품클러스터 입주기업에 대한 법인세 등의 감면❶	제121조의 22
	기회발전특구의 창업기업 등에 대한 법인세 등의 감면❶	제121조의 33

❶ 법인세를 100% 감면하는 기간은 최저한세 적용대상에서 제외하며, 그 외 50% 등 감면기간은 최저한세 적용대상에 해당함.

● 고용창출투자세액공제액 중 추가공제 한도액 초과분을 이월공제 받는 경우 최저한세 적용대상에 해당하는지 여부 (긍정)

조세특례제한법 제26조 제1항 제2호 각 목 외의 부분 단서에 따라 해당 투자가 이루어진 사업연도에 공제받지 못한 금액을 같은 법 제144조 제3항에 따라 이월하여 공제하는 금액은 조세특례제한법 제132조 제1항 제3호에 따른 최저한세가 적용되는 세액공제금액에 해당하는 것임(기준법령법인-0326, 2019.5.15.).

개정 연혁

> 종래 접대비의 중소기업 정액한도를 2,400만원으로 적용하는 특례를 조세특례제한법에서 규정하였으나 2019년 개정세법에서 법인세법으로 이관하면서 최저한세 적용 대상에서 제외하였다. 반면에, 설비투자자산의 감가상각 손금산입특례를 최저한세 적용 대상에 포함하였다. 양자 모두 2019.1.1. 이후 과세표준을 신고하는 경우부터 소급 적용한다(2018.12.24. 개정된 조특법 부칙 §37).
>
> 2020년 개정세법에서 지역특구 감면제도와 관련하여 최저한세의 일관성을 확보하기 위하여 소득세·법인세의 100%를 감면하는 기간은 최저한세의 적용 대상에서 제외하고, 그 외의 감면율을 적용하는 기간에 대하여 최저한세를 적용하도록 하였다. 종래 최저한세 적용 대상은 조특법 제12조의 2 연구개발특구에 입주하는 첨단기술기업 등에 대한 세액감면과 제121조의 22 첨단의료복합단지 입주기업에 대한 법인세 등의 감면에 한정되었으나 그 외의 지역특구에 대해서도 그 외 감면기간에 대해서는 최저한세를 적용하도록 하였다.

Ⅲ. 개인의 최저한세

1 주체

사업소득이 있는 거주자와 국내사업장(PE)에서 발생한 사업소득이 있는 비거주자가 대상이다. 단, 법 제16조 중소기업창업투자조합 출자 등에 대한 소득공제를 적용받는 경우의 해당 부동산임대업에서 발생한 소득은 포함한다(조특법 §132 ②).

즉, 부동산임대업에서 발생한 소득은 원칙적으로 제외되며, 사업소득이 있는 사업자만이 최저한세의 대상이다.

2 대상 소득세

2-1 대상 소득세의 범위

거주자의 사업소득에 대한 소득세와 비거주자의 국내사업장에서 발생한 소득에 대한 소득세가 최저한세의 대상이 된다. 단, 법 제16조 중소기업창업투자조합 출자 등에 대한 소득공제를 적용받는 경우의 해당 부동산임대업에서 발생한 소득에 대한 소득세는 포함한다.

법인의 최저한세와 동일하게 최저한세의 적용대상으로 열거되지 않은 세액공제·세액면제 및 감면을 하지 아니한 소득세를 최저한세 산정의 기준으로 하며(조특령 §126 ④), 다음의 소득세는 제외한다.

㉮ 가산세
㉯ 추징세액(조특령 §126 ①)
- 조세특례제한법에 의하여 각종 준비금 등을 익금산입하는 경우와 감면세액을 추징하는 경우(소득세 또는 법인세에 가산하여 자진납부하거나 부과징수하는 경우를 포함)에 있어서의 이자상당가산액
- 조세특례제한법 또는 법인세법[2]의 사후관리 규정에 따라 소득세 또는 법인세의 감면세액을 추징하는 경우 당해 사업연도에 소득세 또는 법인세에 가산하여 자진납부하거나 부과징수하는 세액

가산세 등 상기 열거된 항목은 최저한세의 적용 여부와 관계없이 납부하여야 하는 세금이므로 최저한세 적용대상에서 제외한다.

2-2 세액공제액의 계산

최저한세의 적용대상이 아닌 소득세법상 사업소득에 대한 세액공제는 다음과 같다.
㉮ 기장세액공제(소법 §56의 2)
㉯ 전자계산서 발급 전송에 대한 세액공제(소법 §56의 3)
㉰ 외국납부세액공제(소법 §57)
㉱ 재해손실세액공제(소법 §58)

상기 사업소득에 대한 세액공제 중 외국납부세액공제와 재해손실세액공제는 다음에 따라 계산한다(조특칙 §55).

---

[2] 시행령 제126조 제1항 제2호에서 "소득세법의 사후관리 규정"을 추가하여야 할 것으로 판단됨.

(1) 외국납부세액공제 (1호)

(1-1) 소득금액 기준 조세

개인의 소득금액을 과세표준으로 하여 과세된 세액과 그 부가세액을 외국소득세액으로 하는 경우(소령 §117 ① 1호)에는 다음의 산식에 따른 금액을 외국납부세액공제 금액으로 한다.

$$외국납부세액공제 = (외국납부세액 \text{ 또는 } 외국납부의제세액) \times \frac{과세대상\ 국외원천소득\ 중\ 사업소득}{과세대상\ 국외원천소득}$$

(1-2) 수입금액 등 기준 조세

위와 유사한 세목에 해당하는 것으로서 소득 외의 수입금액 기타 이에 준하는 것을 과세표준으로 하여 과세된 세액을 외국소득세액으로 하는 경우(소령 §117 ① 2호)에는 다음의 산식에 따른 금액을 외국납부세액공제 금액으로 한다.

$$외국납부세액공제 = (외국납부세액 \text{ 또는 } 외국납부의제세액) \times \frac{국외발생\ 과세대상\ 수입금액\ 중\ 사업소득부분}{국외발생\ 과세대상\ 수입금액}$$

(2) 재해손실세액공제 (2호)

(2-1) 납세의무가 성립된 소득세액

재해 발생일 현재 부과되지 아니한 소득세와 부과된 소득세로서 미납된 소득세액(가산금 포함)(소법 §58 ① 1호)은 미납부세액이 있는 과세연도를 기준으로 계산한 다음의 금액을 재해손실세액공제 금액으로 한다.

$$재해손실세액공제 = 종합소득\ 미납부세액 \times 재해상실비율 \times \frac{미납\ 연도\ 사업소득}{미납\ 연도\ 종합소득}$$

(2-2) 납세의무가 성립하지 않은 소득세액

재해 발생일이 속하는 과세기간의 소득에 대한 소득세액(소법 §58 ① 2호)은 재해발생 과세연도를 기준으로 계산한 다음의 금액을 재해손실세액공제 금액으로 한다.

$$\text{재해손실세액공제} = \text{산출세액에 감면공제액 및 가산세 등을 가감한 금액} \times \text{재해발생률} \times \frac{\text{재해 발생 연도 사업소득}}{\text{재해 발생 연도 종합소득}}$$

"산출세액에 감면공제액 및 가산세 등을 가감한 금액"은 종합소득을 기준으로 다음과 같이 계산한다.

$$\text{산출세액} - (\text{재해손실세액공제액 외의 세액공제액} + \text{세액감면액}) + \text{가산세액}$$

3 최저한세 계산

최저한세가 적용되어 납부하여야 소득세는 다음 중 큰 금액으로 한다(조특법 §132 ②).

Max(ⓐ, ⓑ)
ⓐ 최저한세액 = 각종 감면 전 사업소득에 대한 산출세액 × 최저한세율
ⓑ 각종 감면 후 소득세액

3-1 최저한세율

산출세액별 최세한세율

산출세액	최저한세율
3,000만원 이하	35%
3,000만원 초과	45%

거주자가 사업소득 외 다른 종합소득이 있는 경우에는 다음 산식에 따라 사업소득에 대한 산출세액을 계산한다(재조예 46019-4, 2003.1.4.).

$$\text{사업소득에 대한 산출세액} = \text{종합소득산출세액} \times \frac{\text{사업소득금액}}{\text{종합소득금액}}$$

3-2 각종 감면 전 사업소득에 대한 산출세액

각종 감면 전 사업소득에 대한 산출세액이란 법상 열거된 최저한세 적용대상인 손금산입 및 소득공제 등(법 §132 ② 2호)를 적용하지 아니한 사업소득에 대한 산출세액을 말한다.

> 각종 감면 전 사업소득 = 과세표준 + 최저한세 대상 손금산입 + 최저한세 대상 소득공제

3-3 각종 감면 후 소득세액

각종 감면 후 소득세액이란 아래에 열거된 감면등을 적용한 후의 소득세액이다. 최저한세와 비교하여야 하므로, 최저한세와 관계없이 적용 가능한 조세지원제도(소득세법상 공제·감면등 제도와 최저한세 적용대상에 열거되지 않은 조특법상 감면 등)는 적용하지 않은 금액이다.

예를 들어, 외국인투자기업 감면(법 §121의 2)은 최저한세의 적용대상이 아니므로 최저한세 계산 시 적용하지 아니하며, 최저한세의 조정이 완료된 후의 세액에서 차감한다.

최저한세 적용대상 조세감면제도

감면유형	조세감면제도	조 문
소득공제, 손금산입 (2호)	중소기업지원설비에 대한 손금산입액의 특례 등	제8조
	연구개발관련 출연준비금 등의 과세특례	제10조의 2
	중소기업창업투자조합 출자 등에 대한 소득공제	제16조
	서비스업 감가상각비의 손금산입특례	제28조
	중소·중견기업 설비투자자산의 감가상각비 손금산입 특례	제28조의 2
	설비투자자산의 감가상각비 손금산입 특례	제28조의 3
	소기업·소상공인 공제부금에 대한 소득공제 등	제86조의 3
	소득세 소득공제 등의 종합한도	제132조의 2
세액공제 (3호)	기업의 어음제도 개선을 위한 세액공제	제7조의 2
	상생결제 지급금액에 대한 세액공제	제7조의 4
	상생협력 연구시설 등 투자세액공제	제8조의 3 ③
	연구 및 인력개발비에 대한 세액공제 (단, 중소기업이 아닌 자만 해당함)	제10조
	기술취득금액 세액공제	제12조 ②
	성과공유 중소기업의 경영성과급 세액공제	제19조 ①

감면유형	조세감면제도	조 문
	통합투자세액공제	제24조
	영상콘텐츠 제작비용에 대한 세액공제	제25조의 6
	고용창출투자세액공제('17년말 일몰종료)	제26조
	산업수요맞춤형고등학교등 졸업자를 병역 이행 후 복직시킨 기업에 대한 세액공제	제29조의 2
	경력단절 여성 재고용 기업 등에 대한 세액공제	제29조의 3
	근로소득을 증대시킨 기업에 대한 세액공제	제29조의 4
	청년고용을 증대시킨 기업에 대한 세액공제('17년말 일몰종료)	제29조의 5
	고용을 증대시킨 기업에 대한 세액공제	제29조의 7
	통합고용세액공제	제29조의 8
	고용유지중소기업 세액공제	제30조의 3
	중소기업 고용증가 인원에 대한 사회보험료 세액공제	제30조의 4
	중소기업 간의 통합에 따른 미공제세액의 승계공제	제31조 ⑥
	법인전환에 따른 미공제세액의 승계공제	제32조 ④
	선결제 금액에 대한 세액공제	제99조의 12
	전자신고에 대한 세액공제	제104조의 8
	제3자 물류비용에 대한 세액공제	제104조의 14
	해외자원개발투자에 대한 과세특례	제104조의 15
	석유제품 전자상거래에 대한 세액공제	제104조의 25
	우수 선화주기업 인증을 받은 화주 기업에 대한 세액공제	제104조의 30
	성실사업자에 대한 의료비 등 공제	제122조의 3
	금사업자와 스크랩등사업자의 수입금액의 증가 등에 대한 세액공제	제122조의 4 ①
	현금영수증가맹점에 대한 세액공제	제126조의 3 ②
	금 현물시장에서 거래되는 금지금에 대한 과세특례	제126조의 7 ⑧
세액감면 (4호)	창업중소기업 등에 대한 세액감면[추가 감면 및 과밀억제권역 외 청년·생계형창업중소기업 제외(같은 조 ①·⑥·⑦)]	제6조
	중소기업에 대한 특별세액감면	제7조
	기술이전·대여소득 세액감면	제12조 ①·③
	연구개발특구에 입주하는 첨단기술기업 등에 대한 세액감면❶	제12조의 2
	국제금융거래에 따른 이자소득 등에 대한 법인세 등의 면제	제21조

감면유형	조세감면제도	조 문
	창업중소기업 등의 통합에 대한 세액감면 승계	제31조 ④·⑤
	창업중소기업 등의 법인전환에 대한 세액감면 승계	제32조 ④
	사업전환중소기업에 대한 세액감면('18년 말 일몰종료)	제33조의 2
	수도권 밖으로 공장을 이전하는 기업에 대한 세액감면 등 (수도권 밖으로 이전하는 경우는 제외한다)	제63조
	농공단지 입주기업 등에 대한 세액감면	제64조
	소형주택 임대사업자에 대한 세액감면	제96조
	상가건물 장기 임대사업자에 대한 세액감면	제96조의 2
	위기지역 창업기업에 대한 법인세 등의 감면❶	제99조의 9
	산림개발소득에 대한 세액감면('18년 말 일몰종료)	제102조
	제주첨단과학기술단지 입주기업에 대한 법인세 등의 감면❶	제121조의 8
	제주투자진흥지구 또는 제주자유무역지역 입주기업에 대한 법인세 등의 감면❶	제121조의 9
	기업도시개발구역 등의 창업기업 등 법인세 등의 감면❶	제121조의 17
	아시아문화중심도시 투자진흥지구 입주기업 등에 대한 법인세 등의 감면❶	제121조의 20
	금융중심지 창업기업 등에 대한 법인세 등의 감면 등❶	제121조의 21
	첨단의료복합단지 및 국가식품클러스터 입주기업에 대한 법인세 등의 감면❶	제121조의 22
	기회발전특구의 창업기업 등에 대한 법인세 등의 감면❶	제121조의 33

❶ 법인세를 100% 감면하는 기간은 최저한세 적용대상에서 제외하며, 그 외 50% 등 감면기간은 최저한세 적용대상에 해당함.

2019년 개정세법에서 접대비의 중소기업 정액한도를 2,400만원으로 적용하는 특례와 설비투자자산의 감가상각 손금산입특례에 대한 개정 내용 및 부칙은 Ⅱ. 3-3을 참조하기로 한다.

2020년 개정세법에서 지역특구 감면제도와 관련하여 최저한세의 일관성을 확보하기 위하여 소득세·법인세의 100%를 감면하는 기간은 최저한세의 적용 대상에서 제외하고, 그 외의 감면율을 적용하는 기간에 대하여 최저한세를 적용하도록 하였다.

Ⅳ. 최저한세 적용방법

 최저한세 적용순서

1-1 최저한세 대상 감면 우선 적용의 원칙

최저한세 대상으로 열거된 감면 등과 그 밖에 최저한세 대상으로 열거되지 아니한 감면 등이 동시에 적용되는 경우, 그 적용 순위는 **최저한세 대상으로 열거된 감면 등을 먼저 적용하여 감면한다**(조특법 §132 ③).

개정세법 해설취지상으로는 적용순서에 대한 명확한 규정이 없어 2010년 개정세법에서 명문화한 것으로 제시되어 있다. 그러나 법원 판례에 의하면 위의 규정은 다음에서 설명하는 법인세법 제59조의 감면 공제 순서에 관하여 예외를 규정한 것으로 보고 있다(수원지법 2011구합4085, 2011.8.18.; 대법원 2012두10697, 2012.8.30.; 대법원 2012두4173, 2012.6.14.).

한편 법인세법 및 다른 법률을 적용할 때 법인세의 감면에 관한 규정과 세액공제에 관한 규정이 동시에 적용되는 경우에 그 적용순위는 별도의 규정이 있는 경우 외에는 다음의 순서에 따른다(법법 §59 ①).

> ① 각 사업연도의 소득에 대한 세액 감면(면제 포함)
> ② 이월공제가 인정되지 아니하는 세액공제
> ③ 이월공제가 인정되는 세액공제. 이 경우 해당 사업연도 중에 발생한 세액공제액과 이월된 미공제액이 함께 있을 때에는 이월된 미공제액을 먼저 공제함.
> ④ 사실과 다른 회계처리로 인한 경정에 따른 세액공제(법법 §58의 3). 이 경우 해당 세액공제액과 이월된 미공제액이 함께 있을 때에는 이월된 미공제액을 먼저 공제함.

조세특례제한법은 법인세법에 대한 특별법이므로 법인세법의 감면·공제에 관한 순서 규정보다 앞서 조세특례제한법의 최저한세 대상 감면 우선 적용 규정이 먼저 적용된다.

1-2 감면배제항목의 선택

(1) 기업 선택의 자유

최저한세 적용으로 감면 등이 배제되는 경우에는 위의 원칙을 제외하고는 기업이 임의로 감면배제항목을 선택할 수 있다(제도 46012-10465, 2001.4.7.). 기업이 감면배제 항목을 선택할 때에는 차년도 이후의 소득금액을 예상하여 직접감면과 간접감면, 세액공제의 이월 여부 등을 판단기준으로 함이 바람직하다. 특히 발생연도가 동일한 감면·공제의 경우에는 농어촌특별세가 비과세되는 것을 당해 연도에 감면하는 것이 그 비과세되는 금액만큼 절세효과가 발생한다.

(2) 경정 시 적용순서

납세자의 소득세 또는 법인세신고(수정신고 및 경정청구 포함)를 경정하는 경우에는 다음의 순서에 따라 최저한세가 적용되는 감면을 배제한다. 같은 순서 안에서는 법 제132조 제1항 및 제2항 각 호에 열거된 조문순서에 따라 배제한다(조특령 §126 ⑤).

① <삭제> 특별감가상각비(2014.2.21.)
② <삭제> 준비금의 손금산입(2020.2.11.)
③ 손금산입 및 익금불산입(법 §132 ① 2호·② 2호)
④ 세액공제(법 §132 ① 3호·② 3호)
   이 경우 동일 조문에 의한 감면세액 중 이월된 공제세액이 있는 경우에는 나중에 발생한 것부터 적용 배제한다.
⑤ 법인세 또는 소득세의 면제 및 감면(법 §132 ① 4호·② 4호)
⑥ 소득공제 및 비과세(법 §132 ① 2호·② 2호)

적용 배제의 순서는 간접감면을 먼저 배제하고 직접감면은 후순위로 규정하여, 납세자에게 유리하도록 정해져 있다. 소득공제, 비과세 및 감면을 적용하지 못하는 경우에는 세액공제와 달리 이월되지 않고 소멸한다.

창업중소기업세액감면을 배제하는 법인세 경정의 경우, 당초 최저한세의 적용으로 임시투자세액공제액의 이월공제액이 있었다면, 재계산한 최저한세의 범위 내에서 임시투자세액공제의 이월공제액을 추가로 공제할 수 있다(심사법인 99-362, 2000.1.21.; 법인 46012-89, 1999.1.9.).

2 적용 배제 방법

최저한세 적용으로 인하여 배제된 감면등의 처리방법을 살펴보도록 한다.

(가) 준비금·특별상각

최저한세 적용으로 부인된 금액은 자본금과 적립금 조정명세서(을)표에 이기되어 사후관리된다.

(나) 손금산입·익금불산입

각 사업연도소득금액 계산상 손금부인되어 소멸된다.

(다) 소득공제·비과세

과세표준에서 공제할 수 없고 소멸되며, 이후 과세연도에 공제 또는 비과세되지 않는다(법칙 §5).

(라) 세액공제·감면

당해 연도 산출세액에서 공제·감면받을 수 없다. 단 공제 배제된 세액공제 중 세액공제의 이월공제가 허용되는 경우에는 그 다음 연도부터 5년간 이월되어 공제 가능하다(조특법 §144 ①). 상세내용은 제21부 제2절 세액공제의 이월공제부분을 참조하기 바란다.

실무 상담 사례

Q 최저한세 조정계산서 작성시 부인된 특례자산 감가상각비는 언제 추인되나요?

A 특례 감가상각은 기준내용연수의 범위를 확대하여 감가상각비를 손금산입하는 제도이지만, 내용연수 이외의 나머지 상각범위액의 계산은 법인세법상 일반적인 감가상각의 원칙을 따릅니다(조특령 제25조의 3 제4항 참조). 따라서, 최저한세에 따라 부인된 금액도 일반적인 감가상각비 시부인 방법에 따라 추인되어야 할 것으로 봅니다.

3 세액공제의 이월공제에 대한 최저한세의 적용방법

> **주요 이슈와 쟁점**
> 44. 기업 규모의 변화 또는 법령의 개정으로 최저한세 적용 여부가 달라지는 경우 최저한세의 적용 방법

3-1 기업 규모의 변화

세액공제가 이월된 경우 동 이월공제액 역시 최저한세의 대상이 된다. 이때 이월공제액을 공제하려는 과세연도에 최저한세의 적용대상이 되는 지가 문제되는 경우에는 당해 연도의 기준(법령)에 따라 적용된다.

예를 들어 직전 과세연도에 중소기업이던 내국법인이 해당 과세연도에는 중소기업에 해당하지 않게 된 경우에 직전 과세연도의 연구인력개발비 세액공제가 이월되었다면, 당해

연도는 중소기업이 아니므로 최저한세의 적용을 받게 된다(재조특-36, 2012.1.20.; 같은 뜻 조심 2017서2807, 2017.10.24.).

반면에 전년도 일반기업의 최저한세 적용으로 인하여 공제받지 못하였으나, 당해 연도에 중소기업에 해당하게 된 경우에는 중소기업에 대한 최저한세 범위 내에서 이월하여 공제받을 수 있다.(서면2팀-574, 2006.4.3.).

3-2 법령의 개정

(1) 납세자에게 유리하게 법령이 개정된 경우

당사자에게 유리하게 법령이 개정된 경우에는 당해 연도의 법령에 따라 적용한다.

예를 들어 2004년도부터 중소기업 등의 연구인력개발비세액공제가 최저한세 적용대상에서 제외되었으므로, 이러한 경우 개정법의 시행일 이전에 최저한세가 적용되어 공제받지 못한 세액공제액의 이월공제액에 대하여도 당해 사업연도의 법률이 적용되어 개정된 법률에 따라 최저한세 적용대상에서 제외된다.(재조특-665, 2009.7.9.; 대법원 2007두7727, 2009.6.11.).

(2) 납세자에게 불리하게 법령이 개정된 경우

위와는 반대로 당사자에게 불리하게 법령이 개정된 경우에는 과세관청과 법원의 해석에 차이가 있음에 유의하여야 한다.

국세청 및 재결청에서는 2012년부터 대기업의 석박사 연구인력 인건비에 대한 연구인력개발비 세액공제가 최저한세의 제외대상에서 삭제되었으므로, 2011.12.31. 이전에 발생하였으나 2012.1.1.이후 최초로 개시된 사업연도로 이월된 연구인력개발비 세액공제액은 2012.1.1. 이후 개시하는 사업연도부터 최저한세 적용대상에 해당한다고 해석하였다.(재조특-254, 2021.3.25..; 같은 뜻 조심 2020서7914, 2021.7.8.; 조심 2018구2378, 2018.10.17. 외 다수).

반면에 법원에서는 결손금 발생이라는 우연한 사정에 따라 불합리하게 차별하는 결과를 가져온다는 점에서 이월세액 공제기간인 5년 동안에는 최저한세가 적용되지 않는다고 판시하였다.(서울고법 2018누52817, 2018.11.28.; 대법원 2018두66685, 2019.4.11.).

이때 대기업은 당초 세액공제에 대한 조세요건을 충족하였음에도 후발적인 법령의 개정으로 공제받지 못하는 결과가 발생할 수 있다. 당사자의 법적 안정성을 해할 수 있으므로 법원의 해석이 타당하다고 본다.

3-3 과세관청의 직권 경정

법인이 최저한세 적용으로 이월된 투자공제세액을 이월공제 기간 내에 공제받은 경우, 처분청이 당해 법인의 투자세액공제 발생연도를 부과제척기간의 경과로 경정하지 못한다고 하여도, 이월공제받은 사업연도가 법인의 부과제척기간 내에 있다면 과세관청은 직권 경정할 수 있다.(국심 2006서1100, 2007.1.24.; 서울행법 2007구합15636, 2008.2.5.).

3-4 이월된 공제와 당기 감면 등의 적용 방법

구 조특법 제63조의 2 법인이 공장 및 본사의 수도권 외의 지역으로의 이전에 대한 임시특별세액감면(최저한세 적용 대상 아님)을 적용받는 법인이 이월된 임시투자세액공제(최저한세 적용 대상)가 있어 이를 동시에 적용하는 경우, 법인세 납부할 세액의 계산은 이월된 임시투자세액공제를 먼저 적용하고 이전세액감면을 그 다음에 적용한다.(조심 2011전3809, 2012.6. 28.; 서면2팀-2152, 2005.12.22.; 조세지출예산과-112, 2005.2.5.).

법인세법상 공제감면 순서는 감면이 공제보다 우선 순서임에도 불구하고 특별법인 조특법이 먼저 적용되어 최저한세 대상인 임시투자세액공제를 먼저 적용한다.

Ⅴ. 서식 작성요령

■ 법인세법 시행규칙 [별지 제4호 서식] (2019. 3. 20. 개정) (앞쪽)

사 업 연 도	. . . ~ . . .	최저한세조정계산서	법 인 명	
			사업자등록번호	

1. 최저한세 조정 계산 명세

① 구 분		코드	② 감면 후 세액	③ 최저한세	④	⑤
⑩ 결산서상 당기순이익		01				
소 득 조정금액	⑩ 익 금 산 입	02				
	⑩ 손 금 산 입	03				
⑭ 조정 후 소득금액(⑩+⑩-⑩)		04				
최저한세 적용대상 특별비용	⑮ 준 비 금	05				
	⑯ 특별상각 및 특례자산 감가상각비	06				
⑰ 특별비용 손금산입 전 소득금액 (⑭ + ⑮ + ⑯)		07				
⑱ 기 부 금 한 도 초 과 액		08				
⑲ 기부금 한도초과 이월액 손금산입		09				
⑩ 각 사 업 연 도 소 득 금 액 (⑰ + ⑱ - ⑲)		10				
⑪ 이 월 결 손 금		11				
⑫ 비 과 세 소 득		12				
⑬ 최저한세 적용대상 비 과 세 소 득		13				
⑭ 최저한세 적용대상 익 금 불 산 입 · 손 금 산 입		14				
⑮ 차 가 감 소 득 금 액 (⑩ - ⑪ - ⑫ + ⑬ + ⑭)		15				
⑯ 소 득 공 제		16				
⑰ 최 저 한 세 적 용 대 상 소 득 공 제		17				
⑱ 과 세 표 준 금 액 (⑮ - ⑯ + ⑰)		18				
⑲ 선 박 표 준 이 익		24				
⑳ 과세표준금액(⑱ + ⑲)						
㉑ 세 율						
㉒ 산 출 세 액						
㉓ 감 면 세 액		21				
㉔ 세 액 공 제		22				
㉕ 차 감 세 액(㉒-㉓-㉔)		23				

2. 최저한세 세율 적용을 위한 구분 항목

㉖ 중소기업 유예기간 종료연월	㉗ 유예기간 종료 후 연차

[주석 설명들]
- "특별비용조정명세서(별지제5호서식)"의 ⑯ 준비금 계란 중 ④ 차감액 기재
- "특별비용조정명세서"의 ⑰ 특별 감가상각비 계란 중 ④ 차감액과 ⑱ 특례자산 감가상각비 계란 중 ④ 차감액을 합하여 이기
- "기부금조정명세서(별지 제21호서식)"의 ㉒ 한도초과액합계금액 기재
- "익금불산입 조정명세서(별지 제6호의 2서식)"의 ⑤ 익금불산입 총액란 중 ⑩, ⑩, ⑰부터 ⑳까지의 합계액기재
- "비과세소득명세서(별지 제6호서식)"의 ⑧ 금액란 중 ⑳ 합계란의 금액 기재
- "소득공제조정명세서(별지 제7호서식)"의 ⑥ 소득공제 대상금액란 중 ⑧ 합계란의 금액기재
- "특별비용조정명세서"의 ⑰ 특별 감가상각비 계란 중 ⑤ 최저한세 적용 손금부인액란과 ⑱ 특례자산 감가상각비 계란 중 ⑤ 최저한세 적용 손금부인액란을 합하여 이기
- "특별비용조정명세서(별지제5호서식)"의 ⑯ 준비금 계란 중 ⑤ 최저한세 적용 손금부인액란을 이기
- ②열과 동일금액 기재
- ⑤란 중 ⑮,⑯,⑬,⑭,⑰란은 각각 ④란 중 ⑮,⑯,⑬,⑭,⑰란의 금액과 일치
- "익금불산입 조정명세서(별지 제6호의 2서식)"의 ⑥ 최저한세적용 익금불산입 배제액란 중 ⑩, ⑩, ⑮부터 ⑱까지의 합계액 기재
- "비과세소득명세서(별지 제6호서식)"의 ⑨ 최저한세적용 비과세배제금액란 중 ⑳합계란의 금액
- "소득공제조정명세서(별지 제7호서식)"의 ⑦ 최저한세 적용감면 배제금액 중 ⑧ 합계란의 금액 기재
- ⑱란의 금액×최저한세율 + (②란 중 ㉒ 산출세액란의 산출세액을 ②란 중 ⑲ 선박표준이익이 ②란 중 ⑳ 과세표준금액에서 차지하는 비율을 곱하여 산정한 금액의 합계액)
- "공제감면세액계산서(2) (별지 제8호서식 부표 2)"의 ③ 감면대상세액 합계 기재
- "공제감면세액계산서(2) (별지 제8호서식 부표 2)"의 ④ 최저한세 적용감면 배제금액 합계 기재
- "세액공제조정명세서(별지 제8호서식 부표 3)"의 ⑯ 최저한세 적용에 따른 미공제액란의 합계금액 기재
- "세액공제조정명세서(3)(별지 제8호서식 부표 3)"의 ⑮란의 합계금액 중 최저한세 적용대상 합계금액 기재
- ⑤란 중 ㉓,㉔란은 각각 ②란 중 ㉓,㉔란의 금액에서 ④란 중 ㉓,㉔란의 금액을 차감하여
- ②란 중 ㉕ 차감세액란의 금액이 ③란 중 ㉒ 산출세액란의 금액보다 큰 경우에는 ④란 및 ⑤란은 작성 제외
- 유예기간 종료 후 연차가 1~5년차의 경우 그 연차에 따라 1, 2, 3, 4, 5로 구분하여 기재
- ⑤란 중 ㉕ 차감세액은 ③란 중 ㉒ 산출세액보다 작지 않도록 함

Ⅵ. 예제와 서식 작성실무

신고실무 1. 수도권 밖으로 이전하는 기업의 세액감면

● 자 료

㈜문화는 제조업을 영위하는 소기업으로 세무조정을 위한 기초 자료는 다음과 같다. 기부금한도 초과액, 이월결손금, 비과세소득 및 소득공제액은 없다.

구분	당기순이익	익금산입	손금산입	각사업연도 소득금액
20X1년	1,035,000,000	127,357,320	5,731,462	1,156,625,858

㈜문화는 기중 의왕시에서 원주로 공장을 이전하였으며, 이전 전의 소득에 대해서는 중소기업특별세액감면을 적용하고 이전 후의 소득에 대해서는 법 제63조 수도권 밖으로 공장을 이전하는 기업에 대한 세액감면을 적용할 계획이다. 공제·감면 금액은 다음과 같다.

제7조 중소기업 특별세액감면	제12조 기술취득 금액 세액공제	제29조의 4 근로소득증대기업세액공제	제63조 수도권 밖으로 공장 이전 세액감면
24,649,851	12,556,500	105,340,000	87,314,753

● 해 설

1. 중복지원의 배제 검토

   최저한세 계산에 앞서 중복지원의 배제에 해당하는 공제·감면 금액이 있는지를 선검토한다.

   1-1 감면규정 간 중복지원 배제

   　법 제7조 중소기업특별세액감면과 법 제63조 이전 세액감면은 중복지원의 배제에 해당하나 사업장 이전 시 구분 적용이 가능하다.(제1절 Ⅱ. 5-2 (3) 참조)

   1-2 감면규정과 세액공제규정의 중복지원 배제

   　법 제7조 중소기업특별세액감면과 법 제63조 이전 세액감면은 중복지원의 배제에 해당하나 이외 세액공제 규정은 대상 조항이 아니므로 중복지원 배제에 해당하지 않는다.

2. 최저한세 계산

   Max (최저한세액, 각종 감면 후 법인세액)

   2-1 각종 감면 후 법인세액

   　산출세액 = 과세표준 × 세율 = 18,000,000 + (1,156,625,858 − 200,000,000) × 19%
   　　　　　 = 199,758,913

   　차감세액 = 산출세액 − 감면세액 − 세액공제 = 199,758,913 − 24,649,851 − 12,556,500
   　　　　　 − 105,340,000 = 57,212,526

   　※ 법 제63조 수도권 밖으로 공장을 이전하는 기업에 대한 세액감면 중 수도권 밖으로 이전하는 경우는 최저한세의 적용대상이 아니므로 차감세액 계산 시 제외한다. 이외의 세액공제 및 감면은 최저한세 대상이다.

2-2 최저한세액

　최저한세액 = 각종 감면 전 과세표준 × 최저한세율 = 1,156,625,858 × 7% = 80,963,810

2-3 최저한세 적용에 따른 감면 배제 금액

　감면 배제 금액 = 최저한세액 − 각종 감면 후 법인세액 = 80,963,810 − 57,212,526
　　　　　　　 = 23,751,248

3. 감면 배제 선택

　세액감면은 감면 배제 시 소멸하므로 세액공제를 배제한다. 대상 세액공제 모두가 이월공제를 허용하고 사후관리 규정이 없으나, 기술취득금액 세액공제는 농특세가 비과세되는 반면, 근로소득증대기업 세액공제는 농특세가 과세되므로 근로소득증대세제 중 23,751,248원을 감면배제한다. 동 금액은 5년간 이월하여 공제 가능하다.

　최저한세 80,963,810원보다 최저한세가 적용되지 않는 법 제63조 수도권 밖으로 공장을 이전하는 중소기업에 대한 세액감면 금액 87,314,753원이 과다하므로, 그 차액인 6,350,943원은 당기 감면되지 않으며 이월되지 않고 소멸한다.

■ 법인세법 시행규칙 [별지 제4호 서식] (2019. 3. 20. 개정) (앞쪽)

사 업 연 도	20X1. 1. 1. ~ 20X1.12.31.	최저한세조정계산서	법 인 명	㈜문화
			사업자등록번호	

1. 최저한세 조정 계산 명세

① 구 분		코드	② 감면 후 세액	③ 최저한세	④ 조정감	⑤ 조정 후 세액
⑩ 결산서상 당기순이익		01	1,035,000,000			
소 득 조정금액	⑩ 익 금 산 입	02	127,357,320			
	⑩ 손 금 산 입	03	5,731,462			
⑩ 조정 후 소득금액(⑩+⑩-⑩)		04	1,156,625,858	1,156,625,858		1,156,625,858
최저한세 적용대상 특별비용	⑩ 준 비 금	05				
	⑩ 특별상각 및 특례자산 감가상각비	06				
⑩ 특별비용 손금산입 전 소득금액 (⑩ + ⑩ + ⑩)		07	1,156,625,858	1,156,625,858		1,156,625,858
⑩ 기 부 금 한 도 초 과 액		08				
⑩ 기부금 한도초과 이월액 손금산입		09				
⑩ 각 사업연도소득금액 (⑩ + ⑩ - ⑩)		10	1,156,625,858	1,156,625,858		1,156,625,858
⑪ 이 월 결 손 금		11				
⑫ 비 과 세 소 득		12				
⑬ 최저한세 적용대상 비 과 세 소 득		13				
⑭ 최저한세 적용대상 익 금 불 산 입·손 금 산 입		14				
⑮ 차 가 감 소 득 금 액 (⑩ - ⑪ - ⑫ + ⑬ + ⑭)		15	1,156,625,858	1,156,625,858		1,156,625,858
⑯ 소 득 공 제		16				
⑰ 최 저 한 세 적 용 대 상 소 득 공 제		17				
⑱ 과 세 표 준 금 액 (⑮ - ⑯ + ⑰)		18	1,156,625,858	1,156,625,858		1,156,625,858
⑲ 선 박 표 준 이 익		24				
⑳ 과세표준금액(⑱ + ⑲)		25	1,156,625,858	1,156,625,858		1,156,625,858
㉑ 세 율		19	19%	7%		19%
㉒ 산 출 세 액		20	199,758,913	80,963,810		199,758,913
㉓ 감 면 세 액		21	24,649,851			24,649,851
㉔ 세 액 공 제		22	117,896,500		23,751,248	94,145,252
㉕ 차 감 세 액(㉒ - ㉓ - ㉔)		23	57,212,526			80,963,810

2. 최저한세 세율 적용을 위한 구분 항목

㉖ 중소기업 유예기간 종료연월		㉗ 유예기간 종료 후 연차			

신고실무 2. 고용지원 조세특례 사례 연구

● 자 료

㈜선관은 제조업을 영위하는 중소기업으로 세무조정을 위한 기초 자료는 다음과 같습니다. 기부금한도초과액, 이월결손금, 비과세소득 및 소득공제액은 없습니다.

구분	당기순이익	익금산입	손금산입	각사업연도 소득금액
20X1년	5,000,000,000	14,000,000,000	14,500,000,000	4,500,000,000

㈜선관은 조특법 제28조의 3 설비투자자산의 감가상각비 손금산입 특례를 적용하여 세무조정으로 250,000,000원을 신고조정에 의하여 손금산입하였습니다. 이외에 고용증대기업 세액공제 등 4개의 고용지원조세특례와 연구인력개발비세액공제 및 중소기업특별세액감면을 적용하였습니다.
4개의 고용지원조세특례는 다음과 같습니다.

제29조의 4 정규직 전환 근로자 추가세액공제	제29조의 7 고용증대 기업 세액공제	제30조의 3 고용유지중소기업등 세액공제	제30조의 4 중소기업 사회보험료 세액공제
5,000,000	320,000,000	200,000,000	330,000,000

이외의 공제·감면 금액은 다음과 같습니다.

제7조 중소기업 특별세액감면	제10조 일반 연구 인력개발비 세액공제	제28조의 3 설비투자자산의 감가상각비 손금산입 특례
80,000,000	700,000,000	250,000,000

● 해 설

다수의 공제감면을 동시에 적용해야 할 경우 고려해야 할 순서를 종합해 보면 다음과 같습니다.
① 중복지원의 배제
② 최저한세 대상 여부
③ 법인세법상 공제·감면 순서
④ 농어촌특별세 과세 대상 여부
⑤ 사후관리 규정 적용 여부

1. 중복지원의 배제 검토

회사의 공제·감면 대상 특례는 세액공제 5개와 감면 1개, 손금산입 1개입니다.
최저한세 계산에 앞서 중복지원의 배제에 해당하는 공제·감면 금액이 있는지를 선 검토하여야 합니다.

1-1 투자세액공제 간 중복지원 배제
법 제29조의 3 등 4개의 고용지원조세특례와 연구인력개발비 세액공제는 투자세액공제 간 중복지원 배제에 해당하지 않습니다.

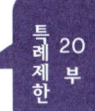

1-2 감면규정과 세액공제 규정의 중복지원 배제

법 제7조 중소기업특별세액감면과 법 제30조의 4 중소기업 사회보험료 세액공제는 종전에 중복지원의 배제에 해당하였으나, 2018년 개정세법에서 양자의 관계에 한해서 중복지원 배제 대상에서 제외하도록 하였습니다.

따라서 고려 대상인 공제·감면 중 중복지원 배제에 해당하는 사항은 없습니다.

2. 최저한세 계산

Max (최저한세액, 각종 감면 후 법인세액)

2-1 각종 감면 후 법인세액

산출세액 = 과세표준 × 세율 = 18,000,000 + (4,500,000,000 − 200,000,000) × 19% = 835,000,000

차감세액 = 산출세액 − 감면세액 − 세액공제 = 835,000,000 − 80,000,000 − 855,000,000 = △100,000,000

※ 법 제10조 중소기업의 일반연구인력개발비 세액공제는 최저한세의 적용대상이 아니므로 차감세액 계산 시 제외합니다. 이외의 세액공제 및 감면은 최저한세 대상입니다. 세액공제 금액은 855,000,000원으로 계산됩니다.(= 5,000,000 + 320,000,000 + 200,000,000 + 330,000,000)

2-2 최저한세액

최저한세액 = 각종 감면 전 과세표준 × 최저한세율 = 4,750,000,000 × 7% = 332,500,000

2-3 최저한세 적용에 따른 감면 배제 금액

감면 배제 금액 = 최저한세액 − 각종 감면 후 법인세액 = 332,500,000 − (△100,000,000) = 432,500,000

3. 감면 배제 선택

(단위: 백만원)

구분	최저한세 대상	농특세 과세	대상액	공제액
① 제7조 중소기업특별세액감면	O	X	80	80
⑤ 제10조 (중소기업의) 일반 연구인력개발비 세액공제	X	X	700	332.5
① 제28조의 3 설비투자자산의 감가상각비 손금산입 특례	O	X	250	250
④ 제29조의 4 정규직 전환 근로자 추가 세액공제	O	O	5	0
④ 제29조의 7 고용증대 기업 세액공제	O	O	320	0
③ 제30조의 3 고용유지중소기업 등 세액공제	O	X	200	92.5
② 제30조의 4 중소기업 사회보험료 세액공제	O	X	330	330

3-1 최저한세 대상 감면 우선 적용의 원칙

최저한세의 여유가 있는 경우에도 중소기업의 일반 연구인력개발비 세액공제보다 (농특세 과세 대상인) 정규직 전환 근로자 추가세액공제나 고용증대기업 세액공제를 우선하여 적용하여야 합니다. 최저한세 대상 감면을 우선적으로 적용하여야 하기 때문입니다.(조특법 §132 ③)

3-2 당기 소멸되는 공제·감면의 우선 적용

세액감면은 감면 배제 시 소멸하므로 세액공제 대신, 중소기업특별세액감면을 우선 적용합니다.

※ 중소기업특별세액감면 80,000,000원을 당해 연도에 적용 배제하는 경우에는 차기 이후로 이월되지 아니하고 소멸되므로 우선 적용합니다. 또한, 설비투자자산의 감가상각비 손금산입 특례 250,000,000원을 최저한세 적용으로 배제하는 경우에는 자본금과 적립금 조정명세서(을)표에 이기되어 사후 관리되지만 본 사례에서는 세액공제보다 우선 적용되는 것으로 하였습니다.

3-3 농특세 과세 대상 및 사후관리 규정 검토

대상 세액공제 모두가 이월공제를 허용하지만 고용증대기업 세액공제와 정규직 전환 근로자 추가세액공제는 농어촌 특별세가 과세되므로 농특세 비과세 대상인 고용유지중소기업 등 세액공제와 중소기업 사회보험료 세액공제를 우선 적용합니다.

이 중에서도 정규직 전환 근로자 추가세액공제와 중소기업 사회보험료 세액공제는 모두 1년의 사후관리 기간을 적용 받습니다. 의무위반 사유의 검토를 통해 기업 상황에 맞게 유불리를 검토하여야 하며, 본 사례에서는 중소기업 사회보험료 세액공제를 우선하여 공제 받는 것으로 계산하였습니다.

4. 최저한세 적용 제외 공제감면 계산

최저한세 적용 대상 공제 감면을 적용하여 최저한세를 계산한 후 그 차감세액에서 최저한세 적용 제외 공제감면 세액을 차감하여 결정세액을 계산합니다.

결정세액 = 차감세액 − 최저한세 적용 제외 공제감면 세액 = 332,500,000 − 332,5000,000 = 0

중소기업의 연구인력개발비 세액공제 700,000,000원을 차감세액에서 차감하는 경우 전액을 공제할 수 없으므로 차감하지 못하는 금액 367,500,000원을 다음 연도로 이월공제합니다.

■ 법인세법 시행규칙 [별지 제4호 서식] (2019.3.20. 개정)　　　　　　　　　　　　　　　　　　　(앞쪽)

사 업 연 도	20X1. 1. 1. ~ 20X1.12.31.	최저한세조정계산서	법 인 명	㈜선관
			사업자등록번호	

1. 최저한세 조정 계산 명세

① 구　　　　분	코드	② 감면 후 세액	③ 최저한세	④ 조정감	⑤ 조정 후 세액
⑩ 결산서상 당기순이익	01	5,000,000,000			
소　득 조정금액　⑩ 익 금 산 입	02	14,000,000,000			
⑩ 손 금 산 입	03	14,500,000,000			
⑭ 조정 후 소득금액(⑩+⑩-⑩)	04	4,500,000,000	4,500,000,000		4,500,000,000
최저한세 적용대상 특별비용　⑮ 준 비 금	05				
⑯ 특별상각 및 특례자산 감가상각비	06		250,000,000		
⑰ 특별비용 손금산입 전 소득금액 (⑭ + ⑮ + ⑯)	07	4,500,000,000	4,750,000,000		4,500,000,000
⑱ 기 부 금 한 도 초 과 액	08				
⑲ 기부금 한도초과 이월액 손금산입	09				
⑳ 각 사 업 연 도 소 득 금 액 (⑰ + ⑱ - ⑲)	10	4,500,000,000	4,750,000,000		4,500,000,000
⑪ 이 월 결 손 금	11				
⑫ 비 과 세 소 득	12				
⑬ 최저한세 적용대상 비 과 세 소 득	13				
⑭ 최저한세 적용대상 익 금 불 산 입 · 손 금 산 입	14				
⑮ 차 가 감 소 득 금 액 (⑩ - ⑪ - ⑫ + ⑬ + ⑭)	15	4,500,000,000	4,750,000,000		4,500,000,000
⑯ 소 　 득 　 공 　 제	16				
⑰ 최 저 한 세 적 용 대 상 소 　 득 　 공 　 제	17				
⑱ 과 세 표 준 금 액 (⑮ - ⑯ + ⑰)	18	4,500,000,000	4,750,000,000		4,500,000,000
⑲ 선 박 표 준 이 익	24				
⑳ 과세표준금액(⑱ + ⑲)	25	4,500,000,000	4,750,000,000		4,500,000,000
㉑ 세 　 　 　 율	19	19%	7%		19%
㉒ 산 　 출 　 세 　 액	20	835,000,000	332,500,000		835,000,000
㉓ 감 　 면 　 세 　 액	21	80,000,000			80,000,000
㉔ 세 　 액 　 공 　 제	22	855,000,000		432,500,000	422,500,000
㉕ 차 감 세 액(㉒ - ㉓ - ㉔)	23	0			332,500,000

2. 최저한세 세율 적용을 위한 구분 항목

㉖ 중소기업 유예기간 종료연월		㉗ 유예기간 종료 후 연차			

제5절 [제132조의 2] 소득세 소득공제의 종합한도

Ⅰ. 의의

거주자의 종합소득에 대한 소득세 계산 시 소득세법상 특별소득공제, 조세특례제한법상 소득공제 등의 항목에 대하여 그 공제금액 및 필요경비의 합계액을 2,500만원을 한도로 하는 제한규정이다.

고소득자에 대한 과도한 소득공제 적용을 배제하기 위하여 2013년 개정세법에서 소득세 특별공제 등에 대한 종합한도를 신설하였다.

개정연혁

연 도	개정 내용
2019년	■ 크라우드 펀딩 투자에 대한 소득공제를 종합한도 대상에서 제외

Ⅱ. 종합한도의 대상

소득세 소득공제 종합한도의 대상이 되는 소득공제는 다음과 같다(조특법 §132의 2 ①).

1 소득세법상 소득공제

소득세법 제52조에 따른 특별소득공제이다. 단, 보험료 소득공제(동조 ①)는 제외된다.
㉮ 주택임차자금 원리금상환액 공제(동조 ④)
㉯ 장기주택저당차입금(모기지) 이자상환액 공제(동조 ⑤)

2 조세특례제한법상 소득공제

다음의 소득공제는 종합한도의 대상이다.
㉮ 제16조 제1항 벤처투자조합 출자 등에 대한 소득공제
　단, 개인투자조합의 투자, 벤처기업등에 대한 투자 및 크라우드 펀딩 투자에 대한 소득공제(동항 3호·4호·6호)를 종합한도 대상에서 제외한다.
㉯ 제86조의 3 소기업·소상공인 공제부금에 대한 소득공제
㉰ 제87조 제2항 청약저축 등에 대한 소득공제
㉱ 제88조의 4 제1항 우리사주조합 출자에 대한 소득공제
㉲ 제91조의 16 장기집합투자증권저축 소득공제
㉳ 제126조의 2 신용카드 등 사용금액에 대한 소득공제

2019년 개정세법에서 크라우드 펀딩 투자에 대한 소득공제를 종합한도 대상에서 제외하였다. 2019.1.1. 이후 과세표준을 신고하거나 연말정산하는 분부터 소급하여 적용한다(2018.12.24. 개정된 법률 부칙 §38).

Ⅲ. 종합한도의 적용

소득공제 종합한도의 대상인 소득공제의 공제금액 및 필요경비의 합계액이 2천500만원을 초과하는 경우에는 그 초과하는 금액은 없는 것으로 한다.

제6절 [제133조] 양도소득세 및 증여세 감면의 종합한도 ★★☆

Ⅰ. 의의

개인이 조세특례제한법에 따라 감면받을 수 있는 양도소득세 및 증여세 감면의 종합한도를 규정한 제한 규정이다.

기존 방위세 폐지로 인하여 최저한세 제도가 도입됨에 따라 개인의 사업소득에 대한 소득세와 과세형평을 유지하고, 부동산 양도차익 등은 자본이득이므로 고소득자에 대한 과도한 세제혜택을 배제하기 위한 취지이다.

개정연혁

연 도	개정 내용
2024년	▪ 분필하여 토지 일부를 양도하는 경우 등에 대해 1개 과세기간 내 양도로 간주

Ⅱ. 양도소득세 감면의 종합한도

1 종합한도의 계산

개인이 제33조, 제43조, 제66조부터 제69조, 제69조의 2, 제69조의 3, 제69조의 4, 제70조, 제77조, 제77조의 2, 제77조의 3, 제85조의 10 또는 법률 제6538호 부칙 제29조에 따라 감면받을 양도소득세액의 합계액 중에서 과세기간별 감면한도 초과금액과 5개 과세기간의 감면한도 초과금액 중 많은 금액은 감면하지 아니한다(조특법 §133 ①).

> 감면 제외금액 = Max (과세기간별 감면한도 초과금액, 5개 과세기간의 감면한도 초과금액)

이 경우 감면받는 양도소득세액의 합계액은 자산 양도의 순서에 따라 합산한다. 같은 날 양도한 경우라면 당해 거주자가 합산 순서를 선택할 수 있다(재산-355, 2009.10.1.).

2016년 개정세법에서 법 제77조의 2 대토보상에 대한 양도소득세 과세특례를 종합한도의 대상에 추가하였다.

1-1 과세기간별 감면한도 (1호)

다음의 양도소득세 감면규정에 따라 감면받을 양도소득세액의 합계액이 과세기간별로 1억원을 초과하는 경우에는 그 초과하는 부분에 상당하는 금액을 과세기간별 감면한도 초과금액으로 한다.

> ① 사업전환 무역조정지원기업에 대한 과세특례(§33)
> ② 구조조정대상부동산 취득자에 대한 양도소득세의 감면(§43)
> ③ 영농조합법인에게 현물출자하는 경우 양도소득세 감면(§66)
> ④ 영어조합법인에게 현물출자하는 경우 양도소득세 감면(§67)
> ⑤ 농업회사법인에게 현물출자하는 경우 양도소득세 감면(§68)
> ⑥ 자경농지에 대한 양도소득세 감면(§69)
> ⑦ 축사용지에 대한 양도소득세 감면(§69의 2)
> ⑧ 어업용 토지등에 대한 양도소득세 감면(§69의 3)
> ⑨ 자경산지에 대한 양도소득세의 감면(§69의 4)
> ⑩ 농지대토에 대한 양도소득세 감면(§70)
> ⑪ 공익사업용 토지 등에 대한 양도소득세 감면(§77)
> ⑫ 대토보상에 대한 양도소득세 과세특례(§77의 2)
> ⑬ 개발제한구역지정에 따른 매수대상토지 등에 대한 양도소득세의 감면(§77의 3)
> ⑭ 국가에 양도하는 산지에 대한 양도소득세의 감면(§85의 10)
> ⑮ 아파트형공장의 감면(조특법 제6538호 부칙 §29)

(1) 감면한도 적용 방법

과세기간별 감면한도를 적용할 때 i) 토지를 분할(해당 토지의 일부를 양도한 날부터 소급하여 1년 이내에 토지를 분할한 경우를 말함)하여 그 일부를 양도하거나 ii) 토지의 지분을 양도한 후 그 양도한 날로부터 2년 이내에 나머지 토지나 그 지분의 전부 또는 일부를 동일인이나 그 배우자에게 양도하는 경우에는 1개 과세기간에 해당 양도가 모두 이루어진 것으로 본다(조특법 §133 ②).

3필지의 토지가 수용되는 경우 2필지는 자경농지에 대한 감면을 적용하고, 1필지는 공익사업용 토지에 대한 감면을 적용할 수 있으나, 종합한도 내의 금액만 감면된다(부동산거래-1203, 2010.10.1.; 부동산거래-480, 2010.3.29.).

8년 자경농지 감면을 적용할 때, 해당 농지의 지분을 분할하여 연도를 달리하여 양도하는 경우에도 과세기간에 따라 적용한다(서면부동산-339, 2015.7.14.).

2024 개정 분필한 토지, 또는 토지 지분의 일부를 양도하고 토지 등 일부 양도일부터 2년 내 나머지 토지 등을 동일인 또는 그 배우자에게 양도하는 경우에는 1개 과세기간 내 양도로 봄. 개정규정은 2024.1.1. 이후 토지의 일부 또는 토지의 지분을 양도하는 경우부터 적용함. 이 경우 2024.1.1. 전에 이루어진 양도는 같은 개정규정에 따라 1개 과세기간에 이루어진 것으로 보는 양도에 포함하지 아니함(2023.12.31. 개정된 법률 부칙 §34).

● 두 차례의 매매를 실질과세 원칙을 적용하여 하나의 양도로 본 사례

청구인이 당초 2016년 귀속 양도소득세 신고시 제출한 쟁점 ①매매계약의 매매목적물에 대한 지적도상 표시를 보면, 쟁점농지의 2분의 1 지분이 아니라 쟁점농지의 전체에 상당하는 면적이 매매목적물로 표시가 되어 있는 점 등에 비추어 청구인이 쟁점농지를 2분의 1 지분씩 두 번에 걸쳐 매매계약을 체결하는 형식으로 그 과세기간을 달리하여 양수인들 부부에게 양도한 것은 8년 이상 자경농지에 대한 과세기간별 감면한도○○○를 부당하게 회피하기 위한 것으로 보이므로 처분청이 실질과세의 원칙에 따라 이를 사실상 하나의 거래계약에 따른 양도로 보아 상기 감면한도를 적용하여 청구인에게 양도소득세를 부과한 이 건 처분은 잘못이 없는 것으로 판단된다(조심 2019부4353, 2020.2.17.; 유사 사례 조심 2019광0698, 2019.11.25.; 조심 2023부9199, 2023.10.12.).

(2) 2억원 감면한도 (2016년 삭제)

종래에는 1억원 한도에 해당하는 감면규정과 2억원 한도에 해당하는 감면규정으로 나누어 과세기간별 감면한도를 계산하였으나, 2016년 개정세법에서 2억원 감면한도를 없애고 종전 2억원 감면한도 대상 규정인 법 제66조, 제67조, 제68조, 제69조, 제69조의 2 및 제77조(만기보유채권 보상분)를 1억원 감면한도 대상으로 변경하였다.

다만 법 제69조에 따라 양도소득세 감면을 적용받는 경우로서 2016.1.1. 전에 「공익사업을 위한 토지 등의 취득 및 보상에 관한 법률」 제22조에 따라 사업인정고시가 된 사업지역 중 사업시행자의 토지 취득 비율 등 다음 요건을 충족하는 사업지역 내 토지를 2017.12.31. 이전에 해당 공익사업의 시행자에게 양도하는 경우에는 개정규정에도 불구하고 종전의 규정(2억원 감면한도 규정)을 적용한다(2015.12.15. 개정된 법 부칙 §63). 동 요건이란 해당 공익사업의 시행자가 2015.12.31. 현재 전체 사업지역 면적의 2분의 1 이상의 토지를 취득한 사업지역을 말한다(2016.2.5. 개정된 시행령 부칙 §39).

해당 공익사업의 시행자가 2015.12.31. 현재 전체 사업지역 면적의 2분의 1 이상의 토지를 취득하지 못한 경우에는 2016년 개정세법 이전의 2억원 감면한도 규정을 적용할 수 없다(의정부지법 2018구합14412, 2019.1.22.; 대법원 2019두50670, 2019.11.28.에서 확정).

2분의 1 이상의 토지를 취득하였는지 여부를 판단할 때, 전체 사업지역 면적에서 국유지를 제외한다(재재산-41, 2017.1.17.).

해당 공익사업 시행지역의 최초 사업인정고시에는 해당 농지가 사업지역에 포함되지 않았으나, 2016.1.1. 전에 변경된 사업인정고시에 따른 사업지역에는 해당 농지가 포함된 경우, 상기 부칙에 따라 2억원 감면한도 규정을 적용한다(사전법령재산-125, 2016.8.16.).

1-2 5개 과세기간 감면한도 (2호)

5개 과세기간 감면한도 초과금액은 다음과 같이 1억원, 2억원 한도에 해당하는 감면규정으로 나누어 해당 규정 별로 5개 과세기간의 감면대상 세액을 합산하고, 동 합산금액이 기준금액을 초과하는 금액을 각각 계산한 후, 초과금액이 가장 큰 금액으로 한다.

> 5개 과세기간 감면한도 초과금액 = Max(1억한도 초과분, 2억한도 초과분)

이 경우 5개 과세기간의 감면받을 양도소득세액의 합계액은 해당 과세기간에 감면받을 양도소득세액과 직전 4개 과세기간에 감면받은 양도소득세액을 합친 금액으로 계산한다.

감면한도를 1년 단위로만 적용하게 되면 분할 양도를 통해 감면한도 적용을 회피할 수 있으므로 5년 단위 감면한도를 적용한다.

5개 과세기간 감면한도의 대상 양도소득세 감면규정

양도소득세 감면규정	5개 과세기간 감면한도
① 농지대토에 대한 양도소득세 감면(§70)	1억원
② 영농조합법인에게 현물출자 시 양도소득세 감면(§66)	2억원
③ 영어조합법인에게 현물출자 시 양도소득세 감면(§67)	
④ 농업회사법인에게 현물출자 시 양도소득세 감면(§68)	
⑤ 자경농지에 대한 양도소득세 감면(§69)	
⑥ 축사용지에 대한 감면(§69의 2)	
⑦ 어업용 토지등에 대한 양도소득세 감면(§69의 3)	
⑧ 자경산지에 대한 양도소득세의 감면(§69의 4)	
⑨ 공익사업용 토지 등에 대한 양도소득세 감면(§77)	
⑩ 대토보상에 대한 양도소득세 과세특례(§77의 2)	×

대토보상에 대한 과세이연 특례에 감면의 종합한도를 적용하지 아니한다(사전법규재산

-0534, 2022.6.15.).

종래 5개 과세기간 한도를 1억원, 2억원, 3억원을 기준으로 하였으나, 2018년 개정세법에서 3억원 감면한도를 삭제하면서 2억원 감면한도로 통합하였다.

자경농지·축사용지에 대한 감면한도 경과규정

> 자경농지에 대한 양도소득세 감면(조특법 §69) 및 축사용지에 대한 양도소득세 감면(조특법 §69의 2)을 적용받는 경우로서 2018.1.1. 이전에 「공익사업을 위한 토지 등의 취득 및 보상에 관한 법률」 제22조에 따라 사업인정고시가 된 사업지역 중 해당 공익사업의 시행자가 2017.12.31. 현재 전체 사업지역 면적의 2분의 1 이상의 토지를 취득한 사업지역 내 토지를 2019.12.31.까지 해당 공익사업의 시행자에게 양도하는 경우에는 종전의 규정에 따른다(2017.12.19. 개정된 법 부칙 §61, 2018.2.13. 개정된 영 부칙 §23).

예제 감면한도액 계산

● 자 료

김명석씨는 20X3년 자경농지 감면 5천만원과 농지대토 감면 5천만원을 신청하였다. 다음의 자료를 바탕으로 20X3년 감면한도 초과분을 계산하시오.

구분	농지대토 감면 (§70)	자경농지 감면 (§69)	국가양도 산지감면 (§85의 10)	연도별 소계
20X1년	1억원	-	1억원	2억원
20X2년	-	-	5천만원	5천만원
20X3년	5천만원	5천만원	-	1억원
합계	1억 5천만원	5천만원	1억 5천만원	3억 5천만원

● 해 설

1. 자경농지 감면한도액

20X3년도에 자경농지 감면 신청한 5천만원은, 첫번째로 과세기간별 감면한도 계산 시 농지대토 감면과 자경농지 감면의 신청금액의 합계가 1억원이므로 한도초과액은 없다.

두번째로, 5개 과세기간 감면한도는 2억원 한도의 대상이다. 직전 4개 과세기간의 감면액 총 2억 5천만원 중 국가양도 산지감면은 5개 과세기간 감면한도의 합산대상이 아니므로 동 금액을 제외한 1억원과 당해 연도 금액 1억원의 합산금액인 2억원이 대상금액이 된다. 따라서 합산금액 2억원이 한도금액 2억원을 초과하지 않으므로, 한도 초과액은 없다.

2. 농지대토 감면한도액

20X3년도에 농지대토 감면 신청한 5천만원은, 첫번째로 과세기간별 감면한도 계산 시 농지대토 감면과 자경농지 감면의 신청금액의 합계가 1억원이므로 한도초과액은 없다.

두번째로, 5개 과세기간 감면한도 관련 한도액은 1억원 한도 초과분을 먼저 계산한다. 이미 20X1년에 1억원을 감면받았으므로 20X3년에 감면 신청한 5천만원은 감면 배제된다. 2억원 한도 초과분에 대한 추가적인 계산은 필요하지 않다.

Ⅲ. 증여세 감면의 종합한도

제8부 제3장 제8절 Ⅲ. 1-2를 참조하기로 한다.

제7절 [제136조] 기업업무추진비의 손금불산입 특례 ★★☆

Ⅰ. 의의

정부출자기관과 그 기관이 최대주주로서 출자한 법인에 대해서는 법인세법상 기업업무추진비 한도액을 70%로 축소시키는 반면에, 문화 기업업무추진비에 대해서는 기존 기업업무추진비 한도액의 20% 범위 내에서, 전통시장 기업업무추진비는 그 한도액의 10% 범위 내에서 추가로 손비로 인정하는 제도이다.

경쟁체제하에 있는 민간기업과는 달리 접대의 필요성이 상대적으로 적은 정부투자기관에 대하여는 기업업무추진비 손금한도액을 축소하기 위한 목적이다.

반면에 문화 기업업무추진비 제도는 음주·유흥 등 향응성 접대문화를 건전한 방향으로 유도하고, 대부분의 문화·예술 단체가 영세하여 직접적 세부담이 크지 않으므로 문화·예술 단체를 세제지원하기 보다는 문화·예술의 수요 창출에 대한 지원을 통해서 문화·예술의 활성화를 지원하기 위하여 2008년 개정세법에서 신설하였다.

그리고, 전통시장 기업업무추진비 특례는 기업의 전통시장 내 지출을 촉진하여 내수시장의 활력을 높이고 소상공인의 매출 확대를 지원하기 위한 목적으로 2024년 개정세법에서 도입되었다.

문화 및 전통시장 기업업무추진비 손금산입 특례의 일몰기한은 2025.12.31.이다.

본 제도는 정부출자기관 등 기업업무추진비 제한과 문화 기업업무추진비 특례, 전통시장 기업업무추진비 특례의 3가지로 구성되어 있으며, 그 요건과 내용이 각기 다르므로 구분하여 살펴보도록 한다.

개정연혁

연 도	개정 내용
2020년	■ 2020년 손금산입 한도 한시적 상향
2023년	■ 2023년부터 접대비 명칭을 기업업무추진비로 변경 ■ 문화접대비에 유원시설 이용권 구입등을 추가
2024년	■ 전통시장 기업업무추진비 손금산입 특례 신설

Ⅱ. 정부출자기관 등 기업업무추진비 제한

1 주체

본 기업업무추진비 제한의 주체는 다음과 같다(조특법 §136 ②).
아래 정부출자기관 등의 해당 여부에 대한 판정 기준일은 당해 사업연도 종료일로 한다(법인 46012-2458, 2000.12.27.).

1-1 정부출자기관

정부출자기관이란 정부가 20% 이상을 출자한 법인(예, 한국자산관리공사)을 말한다. 정부에는 지방자치단체도 포함된다(서면2팀-1227, 2004.6.15.).
다만, 공기업[1] 및 준정부기관[2]이 아닌 상장법인은 기업업무추진비 제한 대상에서 제외한다(조특령 §130 ③). 준정부기관에 해당하지 않는 공공기관이 상장법인인 경우에는 시장기능에 의한 감시가 가능하기 때문이다.

1-2 정부출자기관이 최대주주로서 출자한 법인 (조특령 §130 ④)

예를 들어, 정부투자기관인 한국전력공사로부터 물적분할에 의해 설립된 자회사로서 한국전력공사가 최대주주인 경우에는 일반 전기사업자이어도 본 제한을 적용한다(제도 46012-11717, 2001.6.26.).

2 기업업무추진비 한도의 제한

정부출자자기관 등은 법인세법에 따른 기업업무추진비 한도 금액의 70%만을 한도로 손금산입할 수 있다.
사업연도 중에 정부출자기관 등에 해당하게 되어도 기존 한도의 70%로 축소되는 기업

---

[1] 공기업은 자체수입액이 총수입액의 2분의 1 이상인 기관 중에서 기획재정부장관이 지정하며,[공공기관 운영에 관한 법률(이하 "공공기관법") §5 ②] 수익적 성격과 공익적 성격을 동시에 가지고 있는 조직이다.
[2] 준정부기관은 공기업이 아닌 공공기관에서 지정하며, 기금관리형 준정부기관과 위탁집행형 준정부기관으로 나뉜다(공공기관법 §5 ②·③).

업무추진비 한도는, 정부출자기관에 해당한 날로부터 적용되는 것이 아니라 당해 사업연도 전체에 적용된다(법규법인 2014-424, 2014.11.21.; 법인 46012-1745, 2000.8.11.).

Ⅲ. 문화 기업업무추진비 특례

1 주체

문화 기업업무추진비 특례의 주체는 내국인으로, 거주자인 개인과 내국법인을 포함한다.

2 문화비

본 특례의 대상이 되는 문화비는 국내 문화관련 지출로서 다음의 용도로 지출한 비용을 말한다(조특령 §130 ⑤).
① 문화예술[3]의 공연이나 전시회 또는 박물관의 입장권 구입
② 체육활동의 관람을 위한 입장권의 구입
③ 비디오물의 구입
④ 음반 및 음악영상물의 구입
⑤ 간행물의 구입
⑥ 문화체육관광부장관이 지정한 문화관광축제의 관람 또는 체험을 위한 입장권·이용권의 구입
⑦ 관광공연장[4]의 입장권의 구입
⑧ 여수세계박람회 입장권 구입(조특칙 §57)
⑨ 지정문화유산, 국가등록문화유산, 천연기념물등, 국가무형유산 및 시·도무형유산(예, 국보, 보물, 사적)의 관람을 위한 입장권의 구입

---
3) "문화예술"이란 문학, 미술(응용미술을 포함한다), 음악, 무용, 연극, 영화, 연예(演藝), 국악, 사진, 건축, 어문(語文), 출판 및 만화를 말한다(문화예술진흥법 §2 ① 1호).
4) "관광공연장"이란 관광객을 위하여 적합한 공연시설을 갖추고 공연물을 공연하면서 관광객에게 식사와 주류를 판매하는 장소를 말한다(관광진흥법 시행령 §2 ① 3호 마목).

⑩ 문화예술 관련 강연의 입장권 구입 또는 초빙강사에 대한 강연료

⑪ 자체시설 또는 외부임대시설을 활용하여 해당 내국인이 직접 개최하는 공연 등 문화예술행사비
⑫ 문화체육관광부의 후원을 받아 진행하는 문화예술, 체육행사에 지출하는 경비
⑬ 취득가액이 거래단위별로 1백만원 이하인 미술품 구입비용
⑭ 종합유원시설업 또는 일반유원시설업의 허가를 받은 자가 설치한 유기시설 또는 유기기구의 이용을 위한 입장권·이용권의 구입
⑮ 수목원 및 정원의 입장권 구입
⑯ 궤도시설의 이용권 구입

상품권을 취득하여 접대비로 사용하는 경우에는, 상품권의 이용약관상 현금환불이 불가능하고 상기 문화비로만 사용이 가능한 경우에만 문화접대비에 해당하고, 상품권으로 문구, 음료, 간식 등을 구입할 수 있는 경우에는 제외된다(법인-205, 2012.3.21.; 법인-3032, 2008.10.23.).

문화접대비 손금산입 특례 적용대상을 관광공연장 입장권 가격 중 공연물 관람가격으로 한정하던 것을 2019년 개정세법에서 입장권 전액으로 확대하였다. 관람 가격과 식사 등 가격을 분리하는 것이 실질적으로 어렵기 때문이다. 또한, 취득가액이 1백만원 이하인 미술품의 구입을 적용대상에 추가하였다. 2019.2.12. 이후 지출하는 분부터 적용한다(2019.2.12. 개정된 시행령 부칙 §23).

2023년 개정세법에서 내국인이 추가적으로 손금에 산입할 수 있는 문화비로 지출한 접대비 범위에 유원시설 이용권 구입들을 추가함. 개정규정은 2023.6.7.이 속하는 과세연도에 지출하는 경우부터 적용함(2023.6.7. 개정된 시행령 부칙 §2).

3 기업업무추진비의 추가 손금산입

문화 기업업무추진비에 대해서는 해당 과세연도의 소득금액을 계산할 때 일반 기업업무추진비 한도액의 20%를 한도로, 추가적으로 손비로 인정한다.

문화업추비 한도 = (정액 한도 + 수입금액 기준한도) ❶ × 20%

❶ 부동산임대업 주업 법인 등 특정법인의 경우에는 정액한도와 수입금액 기준 한도의 50%만을 인정함(조특령 §130 ⑦ → 법령 §42 ②).

부동산임대업 주업 법인 등 특정법인에게 법인세법상 접대비 한도를 축소함에 따라 조세특례제한법에서도 2018년 개정세법에서 그 한도를 1/2로 축소하였다.

Ⅳ. 전통시장 기업업무추진비 특례

내국인이 전통시장5)(「전통시장 및 상점가 육성을 위한 특별법」 ② 1호)에서 지출한 기업업무추진비로서 다음 요건을 모두 갖춘 기업업무추진비는 내국인의 기업업무추진비 한도액의 10%에 상당하는 금액의 범위에서 손금에 산입한다(조특법 §136 ⑥).
① 신용카드등사용금액(조특법 §126의 2 ①)에 해당할 것 (제19부 제4절 Ⅱ. 2. 참조)
② 소비성서비스업 등 업종을 경영하는 법인 또는 사업자에게 지출한 것이 아닐 것(조특령 §130 ⑦ → §29 ③) (제7부 제3장 제2절 Ⅱ. 1-1 (2) 참조)

$$전통시장\ 한도 = \left[정액\ 한도 + 수입금액\ 기준한도 \right] ❶ \times 10\%$$

❶ Ⅲ. 3. 참조

[2024 개정] 전통시장 안에서 지출한 기업업무추진비에 대해서는 법인세법에 따른 기업업무추진비의 손금산입 한도액 외에 그 한도액의 10%에 상당하는 금액까지 추가로 손금에 산입할 수 있도록 함. 개정규정은 2024.1.1. 이후 과세표준을 신고하는 경우부터 (소급하여) 적용함(2023.12.31. 개정된 법률 부칙 §35).

---

5) "전통시장"이란 자연발생적으로 또는 사회적·경제적 필요에 의하여 조성되고, 상품이나 용역의 거래가 상호신뢰에 기초하여 주로 전통적 방식으로 이루어지는 장소로서 다음 각 목의 요건을 모두 충족한다고 특별자치시장·특별자치도지사·시장·군수·구청장(구청장은 자치구의 구청장을 말한다. 이하 "시장·군수·구청장"이라 한다)이 인정하는 곳을 말한다(「전통시장 및 상점가 육성을 위한 특별법」 ② 1호, 같은 법 시행령 § 2 ①·②).
  가. 해당 구역 및 건물에 도매업·소매업 또는 용역업을 영위하는 점포 50개 이상의 점포가 밀집한 곳일 것
  나. 「유통산업발전법 시행령」 제2조에 따른 용역제공장소의 범위에 해당하는 점포수가 전체 점포수의 2분의 1 미만일 것
  다. 다음의 기준에 맞을 것
    ① 도매업·소매업 또는 용역업을 영위하는 점포에 제공되는 건축물과 편의시설(주차장·화장실 및 물류시설 등을 포함하며, 도로를 제외한다. 이하 같다)이 점유하는 토지면적의 합계가 1천 제곱미터 이상인 곳
    ② 상가건물 또는 복합형 상가건물 형태의 시장인 경우에는 판매·영업시설과 편의시설을 합한 건축물의 연면적이 1천 제곱미터 이상인 곳

제8절 [제138조] 임대보증금 등의 간주익금

Ⅰ. 의의

 부동산임대업을 주업으로 하는 법인이 차입금을 과다 보유하는 경우, 부동산 등을 대여하고 보증금, 전세금 등을 받는 때에 그 이자 상당 금액을 임대수입으로 보아 익금에 가산하는 제도이다.
 임대보증금을 이용하여 부동산 투자를 계속하는 것을 방지하고, 개인사업자가 간주임대료를 총수입금액에 산입하여 과세하는 규정(소법 §25)과의 조세형평을 이루기 위한 제한 규정이다.

Ⅱ. 요건

 주체

 부동산임대업을 주업으로 하는 법인으로서 차입금을 과다 보유하는 경우이다. 단, 비영리내국법인은 제외한다(조특법 §138 ①).

1-1 부동산임대업 주업 법인

 부동산임대업을 주업으로 하는 법인이란 당해 법인의 사업연도 종료일 현재 자산총액 중 임대사업에 사용된 자산가액이 50% 이상인 법인을 말한다(조특령 §132 ③).

$$\text{부동산 임대업의 주업 판정} = \frac{\text{임대사업에 사용된 자산가액}}{\text{자산총액}} \geq \frac{50}{100}$$

(1) 임대사업에 사용된 자산의 범위

"자산총액"은 간주익금 계산식(Ⅲ. 참조)에서 제외되는 주택 및 그 부속토지를 포함하여 계산하며, "임대사업에 사용된 자산가액"에는 미임대한 부분을 포함한 임대용 부동산 전체가액으로 한다(법인 46012-2896, 1996.10.18.).

다음은 임대사업에 사용된 자산의 범위와 관련된 사례이다.

- 부동산을 임차하여 **전대하는 경우**, 자신이 임차인으로서 임대인에게 지급한 임차보증금(자산항목)도 임대사업에 사용된 자산에 포함된다(법인 46012-3594, 1993.12.26.). 반면에 자신이 임대인으로서 수령한 임대보증금(부채항목)으로 운용하는 금융자산은 임대사업에 사용된 자산가액에 포함되지 않는다(법인 22601-1832, 1992.8.25.).
- 건물의 일부를 임대하는 법인이 건물의 임대차계약서와는 별도로 **부속주차장**을 그 건물의 임차인에게만 이용하도록 하고 월정액으로 주차료를 징수하는 경우에, 주차장법에 의한 주차장업에 해당하는 경우를 제외하고는 그 부속주차장을 임대용 부동산으로 본다(법인 46012-3668, 1996.12.30.).
- 신축 중인 임대용 부동산에 대하여 계약금 등 임대보증금을 받은 경우 그 임대보증금을 받은 부분은 임대사업에 사용된 자산으로 보나(법인 22601-2395, 1992.11.6.) 임대보증금을 수령하지 않은 경우에는 임대사업용으로 볼 수 없다(국심 94서1267, 1994.7.23.).
- 법인이 사옥을 신축하기 위하여 토지를 취득하였으나, 계약조건에 따라 당해 토지의 임대차계약에 의한 잔여기간을 승계함으로써 **일시적으로 임대에 공하게 된 자산**은 임대사업에 사용된 자산에서 제외된다(법인 46012-3543, 1994.12.24.).

(2) 자산가액의 계산

이 경우 자산가액의 계산은 '기준시가'(소법 §99)에 의하며, 자산의 일부를 임대사업에 사용할 경우 임대사업에 사용되는 자산가액은 다음의 산식에 의하여 계산한다(조특칙 §59 ①). 기준시가가 없는 자산은 장부가액에 의한다(법인 46012-2105, 1993.7.15.).

$$\text{일부 임대 시 임대사업의 자산가액} = \text{일부 임대한 자산가액} \times \frac{\text{임대사업 사용 면적}}{\text{당해 건물의 연면적}}$$

1-2 차입금 과다법인

차입금이 자기자본의 2배보다 큰 경우에는 차입금 과다법인으로 본다(조특령 §132 ①).

$$\text{차입금 과다법인 판정} = \frac{\text{차입금}}{\text{자기자본}} > 2$$

이 경우 차입금과 자기자본은 적수(積數)로 계산하되, 사업연도 중 합병·분할하거나 증자·감자 등에 따라 자기자본의 변동이 있는 경우에는 해당 사업연도 개시일부터 자기자본의 변동일 전일까지의 기간과 그 변동일부터 해당 사업연도종료일까지의 기간으로 각각 나누어 계산한 자기자본의 적수를 합한 금액을 자기자본의 적수로 한다.

(1) 자기자본

다음의 금액 중 큰 금액을 자기자본으로 한다.

Max (ⓐ, ⓑ)
ⓐ 종료일 기준 재무상태표상 [자산 - 부채 (충당금은 포함하고 미지급법인세는 제외)]
ⓑ 납입자본금(= 자본금 + 주식발행액면초과액 + 감자차익 - 주식할인발행차금 - 감자차손)

다만 적수 계산 시 당해 사업연도 개시일부터 자기자본의 변동일 전일까지의 기간에 대하여는 ⓑ의 금액을 계산할 필요 없이, 종료일 기준의 대차대조표상의 금액을 기준으로 아래와 같이 간단히 계산할 수 있다.

[ⓐ의 금액 - 증자액] 또는 [ⓐ의 금액 + 감자액]

(2) 차입금

차입금이란 지급이자와 할인료를 부담하는 모든 부채를 말한다. 지급이자를 부담하지 아니하는 금전은 차입금의 범위에서 제외되며, 임대보증금의 반환지연에 따라 소비대차로 전환되는 경우에 지급한 지연손해금이 지급이자로 간주되는 때의 당해 임대보증금은 차입금에 해당한다(법인 46012-794, 2000.3.28.).

차입금에서 다음의 차입금은 제외한다(조특령 §132 ②).

(2-1) 업무무관 자산 지급이자 손금불산입에서 제외되는 차입금 (법령 §53 ④)

① 금융회사 등(법령 §61 ②)이 차입한 다음의 금액
- 공공자금관리기금 또는 한국은행으로부터 차입한 금액
- 국가 및 지방자치단체(지방자치단체조합 포함)로부터 차입한 금액

- 법령에 의하여 설치된 기금으로부터 차입한 금액
- 외국인투자촉진법 또는 외국환거래법에 의한 외화차입금
- 예금증서를 발행하거나 예금계좌를 통하여 일정한 이자지급 등의 대가를 조건으로 불특정 다수의 고객으로부터 받아 관리하고 운용하는 자금

② 내국법인이 한국은행총재가 정한 규정에 따라 기업구매자금대출에 의하여 차입한 금액

(2-2) 지급이자가 이미 손금불산입된 차입금 (법령 §55)

① 채권자가 불분명한 사채의 이자
② 지급받은 자가 불분명한 채권·증권의 이자·할인액 또는 차익
③ 건설자금에 충당한 차입금의 이자
④ 업무무관자산 등에 대한 지급이자

(2-3) 주택도시기금으로부터의 차입금

❷ 부동산 등을 대여하고 보증금 등을 받을 것

주택을 제외한 부동산 또는 그 부동산에 관한 권리 등을 대여하고 보증금, 전세금 또는 이에 준하는 것을 받은 경우이다. 사원용 임대주택은 '주택'이므로 대상에서 제외된다(법인 22601-1364, 1992.6.22.).

2-1 부동산

부동산에서 제외되는 주택은 주택과 그 부속토지로 한다. 단, 그 부속토지는 다음의 면적 중 넓은 면적 이내의 토지를 말한다(조특령 §132 ④).

> Max(ⓐ, ⓑ)
> ⓐ 주택의 연면적(지하층 면적, 지상층의 주차용으로 사용 면적, 주민공동시설의 면적 제외)
> ⓑ 건물이 정착된 면적 × 5배 (도시지역 밖의 토지의 경우에는 10배)

2-2 부동산에 관한 권리

부동산에 관한 권리의 범위는 다음과 같다(소법 §94 ① 2호).

㉮ 부동산을 취득할 수 있는 권리(아파트 당첨권등 건물이 완성되는 때에 그 건물과 이에 딸린 토지를 취득할 수 있는 권리 포함)
㉯ 지상권
㉰ 전세권과 등기된 부동산임차권

Ⅲ. 간주익금의 계산

임대보증금 등의 간주익금은 임대인의 신고조정항목으로 익금산입되지만, 임차인의 손비로 인정되지 않는다.

간주익금은 다음 산식에 의하여 계산한다. 계산금액이 음수인 경우에는 없는 것으로 보며, 적수의 계산은 매월 말 현재의 잔액에 경과일수를 곱하여 간략히 계산할 수 있다(조특령 §132 ⑤) (간편법).

$$\text{간주익금} = \frac{(\text{보증금등 적수} - \text{임대용부동산 건설비 상당액 적수})}{365 \text{ (윤년은 366)}} \times \text{정기예금 이자율} - \text{임대사업의 수입이자등}$$

여러 개의 독립된 부동산을 임대하는 경우 간주익금 계산은 독립된 부동산별로 계산하지 않고, 임대용 부동산 전체를 합하여 계산한다(서면2팀-295, 2004.2.26.).

사업연도 중에 임대사업을 개시한 경우에는 임대사업을 개시한 날부터 적수를 계산한다(조특칙 §59 ⑥).

이하 산식의 항목을 분설한다.

1 보증금등 적수

임대보증금등은 발생연도와 관련 없이 과세대상 사업연도에 법인이 보유하고 있는 부동산 또는 부동산상의 권리 등을 대여하고 받은 보증금, 전세금 등의 총액을 말한다.

임대보증금으로 관계회사의 주식을 받은 경우에도 보증금등에 포함된다(심사 94-519, 1994.10.7.).

1-1 적수 계산기간

보증금등의 적수 계산기간은 사실상 임대에 제공된 기간만을 대상으로 한다.

따라서 임대사업개시 전에 임대용역의 제공이 없는 상태에서 부동산이 완공되면 임대하기로 하고 받은 계약금·선수보증금 등에 대하여는 임대를 개시한 날 이후부터 간주익금을 계산한다(조특통 138-132…1 ②). 장기선급임차료의 경우에도 아직 임대용역이 제공되지 않은 것이므로 보증금등에 포함되지 아니한다(서면2팀-1394, 2007.7.30.).

또한 임대차계약의 해지로 인하여 임차인이 임차건물로부터 퇴거하였으나 임대보증금 중 일부를 반환하지 못한 경우, 퇴거일 이후의 미반환된 임대보증금과 그 관련 수입 이자 등은 임대에 공하여지지 않았으므로 산식에서 제외된다(법인 46012-2898, 1993.9.24.).

1-2 전대하는 경우 계산방법

부동산을 임차하여 전대하는 경우 보증금등의 적수는 전대보증금 등의 적수에서 임차보증금 등의 적수를 차감하여 계산한다. 계산금액이 음수인 경우에는 없는 것으로 본다(조특칙 §59 ③).

> 전대 시 보증금등 적수 = 전대보증금등의 적수 - 임차보증금등의 적수

법인이 토지소유자부터 토지를 임차하고 그 지상에 건축물을 신축하여 동 건축물을 제3자에게 임대한 경우에는 당해 법인은 임차한 토지를 간접적으로 건물임차인에게 전대한 것이므로, 당해 법인의 (전대)보증금등의 적수에서 토지 임차보증금등의 적수를 차감하여 계산한다(국심 94서3021, 1995.7.11.).

2 임대용 부동산의 건설비 상당액 적수

임대용부동산의 건설비상당액이라 함은 다음에 해당하는 금액을 말한다(조특령 §132 ⑥).

2-1 일반적인 경우 (2호)

(1) 산식

후술하는 지하도 건설 이외의 일반적인 임대용 부동산에 있어서 당해 임대용부동산의

건설비상당액(토지가액 제외)은 당해 건축물의 취득가액(자본적 지출액을 포함하고, 재평가차액은 제외)으로 하고, 그 적수는 다음의 산식에 의하여 계산한 금액으로 한다. 이 경우 면적의 적수의 계산은 매월말 현재의 잔액에 경과일수를 곱하여 간략히 계산할 수 있다(조특칙 §59 ② 2호).

$$\text{임대용부동산의 건설비상당액의 적수} = \text{임대용부동산의 전체 건설비 적수총계} \times \frac{\text{임대 면적의 적수}}{\text{건물 연면적의 적수}}$$

㉮ "임대면적의 적수"는 임대보증금등을 받는 임대면적의 적수와 임대보증금 없이 임대료만을 받는 임대면적의 적수를 합하여 계산한다(서면2팀-295, 2004.2.26.). 단, 실제 임대에 제공된 면적만을 대상으로 하며, 자가사용면적 또는 공실 부분은 제외한다. 지하 부속면적은 건물 연면적에 포함하여 임대면적비율에 따라 안분하여 계산한다(서면2팀-908, 2006.5.22.).

㉯ 건물 연면적의 적수는 건축물관리대장상의 건물연면적을 말하고, 지하층을 포함한다.

(2) 기준시가 고시 전 환산

기준시가 고시 이전인, 1991.1.1. 이후에 개시하는 사업연도 이전에 취득·건설한 임대용부동산의 건설비상당액은 다음 중 큰 금액으로 한다(조특칙 §59 ⑦).

Max (ⓐ, ⓑ)
ⓐ 당해 부동산의 취득가액
ⓑ 당해 부동산의 연면적 × 1990.12.31.이 속하는 사업연도 종료일의 단위면적당 임대보증금

이 경우 당해 부동산의 취득가액이 확인되지 아니하는 때에는 기준시가(소법 §99)를 그 취득가액으로 한다.

2-2 지하도 건설 (1호)

지하도를 건설하여 국유재산법 기타 법령에 의하여 국가 또는 지방자치단체에 기부채납하고 지하도로 점용허가(1차 무상점유기간에 한함)를 받아 이를 임대하는 경우의 당해 지하도 건설비상당액(토지가액 제외)은 당해 지하도의 취득가액(자본적 지출액은 포함하고, 재평가차액은 제외)으로 하고, 그 적수는 다음의 산식에 의하여 계산한 금액으로 한다. 이 경우 면적의 적수의 계산은 매월말 현재의 잔액에 경과일수를 곱하여 간략히 계산할 수 있다(조특칙 §59 ② 1호).

$$\text{지하도의 건설비상당액의 적수} = \text{지하도의 전체 건설비 적수총계} \times \frac{\text{임대 면적의 적수}}{\text{임대가능면적의 적수}}$$

3 정기예금 이자율

정기예금 이자율은 연간 2.9%로 한다(조특칙 §59 ④ → 법칙 §6).
사업연도 중에 이자율이 변경하는 경우에도 사업연도 종료일 현재의 법상 규정된 이자율을 적용한다(법인 46012-2603, 1993.9.2.).

4 임대사업 수입이자등

임대사업 수입이자등이란 당해 사업연도의 임대사업부분에서 발생한 수입이자와 할인료·배당금·신주인수권처분익 및 유가증권처분익의 합계액을 말한다.

4-1 수입이자

임대사업부분에서 '발생'한 수입이자는 기간이 경과한 미수이자도 포함된다(법인 46012-731, 1997.3.12.; 소득 46011-3321, 1994.12.6.).
가지급금 인정이자(법령 §88 ① 6호)는 수입이자에서 제외되지만, 임차인으로부터 받은 임대보증금을 사전약정에 따라 상환기간, 이자율 등을 정하여 특수관계자에게 대여하고 실제로 현금으로 수수한 이자는 포함한다(법인 46012-325, 1999.1.26.).

4-2 유가증권처분익

유가증권처분익이라 함은 유가증권의 매각익에서 매각손을 차감한 금액으로 순액으로 계산하되,(조특칙 §59 ⑤) 차감 후 금액이 음수인 경우에는 0으로 한다(조특통 138-132…1 ①).
유가증권평가익은 포함되지 않는다.

제9절 [제140조] 해저광물자원개발을 위한 과세특례 ★★☆

Ⅰ. 의의

해저조광권자와 그 대리인 또는 도급업자가 해저광물의 탐사 및 채취사업에 사용하기 위하여 수입하는 기계·장비 및 자재에 대한 관세와 부가가치세를 면제하는 제도이다.

에너지 수급불안에 따른 경제적 부담을 축소하기 위하여 동해가스 등 국내 대륙붕에서의 해저광물의 자주적인 개발을 촉진하려는 목적이다. 높은 투자비용과 낮은 성공률, 장기간 개발기간이 소요되는 점을 감안하여 관세와 부가가치세의 세부담을 면제하여 지원한다.

일반 법률인 해저광물자원개발법에서 규정하고 있던 특례를 1998년 조세특례제한법으로 이관하였다.

일몰기한은 2025.12.31.이다.

Ⅱ. 요건

1 주체

특례의 주체는 해저조광권자(예, 한국석유공사)와 그 대리인 또는 도급업자이다(조특법 §140 ①·②).

"해저조광권(海底粗鑛權)"이란 설정행위에 의하여 국가 소유인 해저광구에서 해저광물을 탐사·채취 및 취득하는 권리를 말한다(해저광물자원개발법 §2 5호).

2 탐사 및 채취용 기자재의 수입

해저조광권자가 해저광물의 탐사 및 채취사업에 사용하기 위하여 수입하는 기계·장비 및 자재(이하 "기자재")이거나 해저조광권자의 대리인 또는 도급업자가 해저광물의 탐사 및 채취사업에 직접 사용하기 위하여 해저조광권자의 명의로 수입하는 기자재이어야 한다. 예컨대, 국내 대륙붕을 시추할 때, 시추선 등 외국 기자재를 수입하여 사용하는 경우이다.

2008년 개정세법에서 탐사 및 채취와 관련하여 부과되는 부가가치세의 면제를 폐지하였다. 탐사 및 채취용 기자재는 관세 및 부가가치세가 면제되나, 사업자가 해저조광권자에게 해저광물의 개발을 위한 조사·설계 및 건설용역을 공급하는 경우에는 부가가치세가 과세되도록 해석하는 조특통 140-0…1은, 2008년 개정되기 전의 사안과 관련된 해석이다.

Ⅲ. 관세 및 부가가치세 면제

탐사 및 채취사업에 사용하기 위하여 수입하는 기자재에 대한 관세와 부가가치세가 면제된다.

Ⅳ. 조세특례제한 등

 절차

조세의 면제확인신청서(별지 제97호 서식)를 산업통상자원부장관에게 제출하여 그 확인을 받은 후, 관할세무서장·세관장 또는 지방자치단체의 장에게 신청하여야 한다(조특령 §133의 2, 조특칙 §59의 2).

감면신청은 단순한 협력의무로 감면신청서류를 미제출하더라도 조세감면을 받을 수 있다(서면3팀-2288, 2006.9.26.).

2 농어촌특별세 비과세

농어촌특별세가 비과세된다(농특법 §4 11호의 2).

제10절 [제141조] 부동산실권리자 명의등기에 대한 조세부과의 특례

Ⅰ. 의의

부동산실명제도란 부동산에 관한 소유권과 그 밖의 전세권·지상권 등 물권을 실체적 권리관계와 일치하도록 실권리자 명의로 등기하게 하는 제도이다. 명의신탁을 통한 부동산 투기, 탈세, 재산 은닉 등의 반사회적 행위를 방지하여 부동산 거래의 정상화와 부동산 가격의 안정을 목적으로 한다.

종래에는 부동산의 명의신탁에 대해 증여세를 부과하였으나, 1995년 도입된 부동산실명제 하에서는 과징금, 이행강제금, 형사처벌 등으로 제재한다. 또한 명의신탁한 부동산을 실명으로 전환하는 과정에서 누락된 세금이 있는 경우 원칙적으로 모두 추징한다.

다만 부동산실명제의 전면 도입에 따른 일시적인 충격을 완화하기 위하여 명의신탁한 부동산이 1건이고 그 가액이 5천만원 이하인 경우에는 종전에 1세대1주택의 특례를 적용받아 비과세한 양도소득세와 상증법상 명의신탁의 증여의제 규정에 따라 부과된 증여세를 추징하지 않도록 본 특례를 규정하였다.

Ⅱ. 요건

1 부동산 요건

실명등기를 한 부동산이 1건이고 그 가액이 5천만원 이하인 경우이어야 한다(조특법 §141).

1-1 부동산의 범위

"실명등기를 한 부동산이 1건"이라 함은 1995.12.30. 법률 제4944호로 개정된 「부동산실권리자 명의등기에 관한 법률」(이하 "1995년 개정된 부동산실명법") 시행 전에 명의수탁자명의로 등기한 부동산이 1필지(서로 인접한 수 필지의 토지 포함) 또는 1동의 건물로서 이를 실명등기한 경우를 말한다(조특령 §134 ①).

다만 1동의 건물은 당해 건물의 부속건물 및 건물에 부수되는 토지를 포함하고, 주택법에 의한 공동주택의 경우에는 1세대의 구분건물 및 그 부수토지로 한다.

1-2 부동산 가액의 계산

부동산가액은 1995년 개정된 부동산실명법 시행일 현재 다음의 방법에 의하여 평가한 금액으로 한다(조특령 §134 ②).
① 소유권의 경우에는 기준시가(소법 §99)
② 소유권 외의 물권의 경우에는 상증법상 보충적 평가방법(상증령 §51 및 §63)

2 추징 배제 대상

2-1 1세대1주택 비과세

명의신탁자 및 그와 생계를 같이 하는 1세대가 1995년 개정된 부동산실명법 시행 전에 1세대 1주택의 양도에 따른 비과세를 받은 경우(소법 §89 ① 3호)로서 실명등기로 인하여 해당 주택을 양도한 날에 비과세에 해당하지 아니하게 되는 경우이다.

2-2 명의신탁 증여의제

명의 신탁의 증여의제 규정(1996.12.30. 법률 제5193호로 개정되기 전의 상속세법 §32의 2)에 따라 명의자에게 1995년 개정된 부동산실명법 시행 전에 납세의무가 성립된 증여세를 부과하는 경우이다.

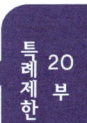

Ⅲ. 과세특례

추징 배제 대상에 속하는 부동산에 대하여 이미 면제되거나 적게 부과된 조세 또는 부과되지 아니한 조세는 추징하지 아니한다.

농어촌특별세가 비과세된다(농특법 §4 11호의 2).

제11절 [제141조의 2] 비거주자등의 보세구역 물류시설의 재고자산 판매이익에 대한 과세특례

I. 의의

국내사업장이 없는 비거주자 또는 외국법인이 국외에서 생산·구입한 재고자산을 보세구역 또는 자유무역지역에 소재하는 물류시설에 보관 후 국내에서 양도 시 발생하는 국내원천소득에 대하여 소득세 또는 법인세를 면제하는 제도이다.

국내원천소득으로서 국내사업장(PE; Permanent Establishment)에 귀속되는 외국법인 등의 사업소득은 당해 외국법인 등이 신고·납부하여야 하나, 국내사업장에 귀속되지 않는 사업소득은 원칙적으로 지급액의 2%를 지급자가 원천징수하여야 한다(법법 §98 ①, 소법 §156 ①). 반면에 외국법인 등이 국외에서 직접 양도하는 경우의 사업소득은 국외원천소득이므로 국내에서 과세되지 않는다.

따라서 외국법인 등이 국내 보세구역 또는 자유무역지역의 물류시설을 이용하는 경우 원천징수로 인한 세부담이 발생하므로, 외국법인 등이 국내사업장에 해당하지 않는 보세구역 내 물류시설에서 재고자산을 보관 후 양도하는 경우에는 국외에서 직접 양도한 경우와 동일하게 보아 원천징수대상에서 제외한다. 인천공항 등의 물류 허브화를 지원하기 위한 제도로 2009년 개정세법에서 도입되었다.

일몰기한이 없는 항구적 조세지원제도이다.

II. 요건

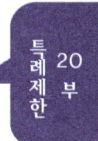

1 주체

과세특례의 주체는 국내사업장(법법 §94, 소법 §120)이 없는 비거주자 또는 외국법인이다(조특법 §141의 2 ①).

2 재고자산의 양도

국외에서 제조하거나 구입한 재고자산을 보세구역(관세법 §154) 또는 자유무역지역(Free Trade Zone)[1])에 소재하는 다음의 물류시설에 보관 후 국내에서 양도하여야 한다(물류정책기본법 §2 ① 4호).
㉮ 화물의 운송·보관·하역을 위한 시설
㉯ 화물의 운송·보관·하역 등에 부가되는 가공·조립·분류·수리·포장·상표부착·판매·정보통신 등을 위한 시설
㉰ 물류의 공동화·자동화 및 정보화를 위한 시설
㉱ 위의 시설이 모여 있는 물류터미널 및 물류단지

Ⅲ. 과세특례

국내사업장이 없는 비거주자 또는 외국법인의 재고자산 양도소득(사업소득)은 국내원천소득임에도 불구하고 보세구역 또는 자유무역지역에 소재하는 물류시설에 보관 후 양도하는 경우에는 국외원천소득으로 보아 소득세 또는 법인세의 원천징수를 하지 아니한다.

Ⅳ. 조세특례제한 등

절차

비거주자등은 원천징수면제신청서(별지 제84호의 2 서식)에 물류시설의 재고자산 입·출고 내역을 첨부하여 매 분기 종료일의 다음달 말일까지 물류시설을 운영하는 자의 납세지 관할세무서장에게 제출하여야 한다(조특령 §134의 2 ①).
이때 소득세 또는 법인세의 원천징수면제신청서는 물류시설을 운영하는 자가 제출할 수 있다(동조 ②).

---

[1] "자유무역지역"이란 관계 법령에 의한 특례와 지원을 통하여 자유로운 제조·물류·유통 및 무역활동 등을 보장하기 위한 지역임(자유무역지역의 지정 및 운영에 관한 법률 §2 1호).

2024
조세특례제한법 해석과 사례

21. 보 칙

제1절 [제143조] 구분경리
제2절 [제144조] 세액공제액의 이월공제
제3절 [제147조] 무액면주식의 가액 계산

[제146조] 감면세액의 추징 제도는 투자세액공제에만 적용되는 제한 규정이므로 제5부 제1절 투자세액공제 일반론에서 기술합니다.

기 보 전

제1절 [제143조] 구분경리 ★★

차례

I. 의의 ... 2098
II. 요건 ... 2099
  1. 구분경리 대상법인 ... 2099
    1-1 감면대상사업 겸업법인 ... 2099
    1-2 소비성서비스업 겸업법인 ... 2099
  2. 구분경리의 방법 ... 2100
  3. 결손금의 통산 ... 2100
    3-1 감면비율이 2개 이상인 사업만을 겸업하는 경우 ... 2100
    3-2 감면비율이 2개 이상이고 과세사업도 겸업하는 경우 ... 2101
      (1) 과세소득과 감면소득을 통산하는 방법 ... 2101
      (2) 감면소득 간에서만 통산하는 방법 ... 2101
      (3) 과세소득과 감면소득을 안분하여 통산하는 방법 예제 ... 2101
III. 소득구분 ... 2060
  1. 소득구분 체계 ... 2060
    1-1 비감면사업 소득의 제외 ... 2060
    1-2 부수적 활동 소득의 제외 ... 2060
      (1) 영업외손익의 제외 ... 2060
      (2) 직접 관련된 필수적 요구 활동 소득의 포함 ... 2061
  2. 개별손익·공통손익의 구분 ... 2062
    2-1 개별익금 (1호) ... 2063
      (1) 매출액 또는 수입금액 (가목) ... 2063
      (2) 부수수익 (나목) ... 2064
      (3) 과세사업의 개별익금(영업외수익 등) (다목) ... 2065
    2-2 공통익금 (2호) ... 2070
    2-3 개별손금 (3호) ... 2071
      (1) 개별손금 항목 (가목) ... 2071
      (2) 과세사업의 개별손금(영업외비용 등) (나목) ... 2071
    2-4 공통손금 (4호) ... 2071
    2-5 지급이자 (5호) ... 2072
    2-6 외환차손익 (6호) ... 2072
      (1) 사업별 직접관련 손익 (가목) ... 2072
      (2) 외상매출채권 관련 손익-관련사업 또는 과세사업 (나목) ... 2073
      (3) 기타 외화채권 관련 손익-과세사업 (다목) ... 2073
      (4) 외상매입채무 관련 손익-관련사업 (라목) ... 2073
      (5) 기타 외화채무 관련 손익-관련사업 또는 공통손익 (마목) ... 2074
      (6) 외화표시예금 등 발생 손익-과세사업 (바목) ... 2074
      (7) 감면사업의 손익수정-감면사업 (사목) ... 2074
  3. 공통손익의 계산 ... 2074
IV. 서식 작성요령 ... 2076
V. 예제와 서식 작성실무 ... 2077

Ⅰ. 의의

감면대상사업과 비감면대상사업을 겸영하거나, 소비성서비스업과 그 밖의 사업을 함께 하는 내국인은 법인세법 또는 소득세법상 방법에 따라 구분경리하여야 한다.

구분경리란 구분하여야 할 사업, 재산 또는 수입별로 자산·부채 및 손익을 각각 독립된 계정과목에 의하여 구분하여 기장하는 것을 말한다. 구분경리는 법인세법과 조세특례제한법에서 각각 규정하고 있으며, 조세특례제한법상 구분경리는 주로 감면사업과 비감면사업을 겸영하는 경우 감면대상소득의 정확한 계산을 목적으로 한다.

법인세법 및 조세특례제한법상 구분경리의 대상이 되는 사업 또는 소득의 종류

구분	구분경리의 대상
법인세법 구분경리 (§113)	① 비영리법인의 수익사업과 기타 사업 ② 법인의 신탁재산에 귀속되는 소득과 기타 소득 ③ 합병법인(분할합병 시 분할신설법인)의 승계사업과 기타 사업 ④ 연결모법인의 합병(분할합병) 시 승계사업과 기타 사업 ⑤ 의료법인의 의료발전회계(법령 §56 ⑩)
조특법상 구분경리 (§143)	① 감면사업과 기타 사업❶ ② 소비성서비스업과 기타 사업 ③ 일반연구·인력개발비, 신성장·원천기술연구개발비 및 국가전략기술연구개발비(조특법 §10 ④) ④ 서비스업과 그 밖의 사업(조특법 §12의 2 ⑩·§64 ⑨·§99의 9 ⑩·§121의 8 ⑧·§121의 9 ⑨·§121의 17 ⑩·§121의 20 ⑫·§121의 21 ⑫·§121의 22 ⑨)

❶ 감면사업과 기타사업의 구분경리 중 주요 사항을 예시하면 다음과 같다.
  ㉮ 고효율제품등의 매출액과 다른 제품의 매출액(조특령 §5 ⑯)
  ㉯ 세액공제를 적용받은 해당 출연금과 다른 자금(조특법 §8의 3 ⑤)
  ㉰ 자체연구개발비용과 수탁연구개발비용(법인-119, 2011.2.15.)
  ㉱ 연구개발출연금을 수령하여 지출한 비용·자산(조특령 §9의 2 ②)
  ㉲ 이전 후 지방공장에서 발생한 소득과 기타 소득(법인 46012-586, 2001.3.22.)
  ㉳ 자기관리 부동산투자회사의 소득공제 사업과 그 밖의 사업(조특법 §55의 2 ⑥)
  ㉴ 위탁가공무역에서 발생한 매출액과 다른 매출액(조특령 §60의 2 ⑨)
  ㉵ 해운소득과 비해운소득(조특령 §104의 7 ⑨)
  ㉶ 증자분 감면대상 사업과 그 밖의 사업(조특령 §116의 6 ⑤)

Ⅱ. 요건

❶ 구분경리 대상법인

1-1 감면대상사업 겸업법인

조세특례제한법에 따라 세액감면을 적용받는 사업(이하 "감면대상사업")과 그 밖의 사업을 겸영하는 경우에는 구분하여 경리하여야 한다. 감면대상사업의 감면비율이 2개 이상인 경우에는 각각의 사업별로 추가 구분경리하여야 한다(조특법 §143 ①). 예컨대, 법 제7조 중소기업특별세액감면의 경우 감면율이 5~30%의 단계적 감면율이 적용되므로 각각의 감면율을 적용받는 사업 또는 사업장별로 구분경리하여야 한다.

공장을 과세연도 중에 지방으로 이전한 경우에는 지방 이전일을 기준으로 이전 후에 지방공장에서 발생한 소득과 기타 소득을 구분하여 경리하여야 하는 반면에, 본사 이전으로 법인의 본사이전에 대한 세액감면만을 적용받는 경우에는 법 제63조의 2 제2항에 따라 감면소득을 계산하므로, 본사 이전일이 속하는 과세연도에는 이전 전·후의 과세표준에 대한 구분경리를 하지 않는다(법인 46012-586, 2001.3.22.; 재조예 46019-42, 2001.3.7.).

감면사업과 비감면사업을 겸영하는 외국인투자기업이 조세감면결정(조특법 §121의 2 ⑧)을 받은 감면사업에서 생산한 제품을 비감면사업에서 생산하는 제품 제조를 위한 반제품으로 사용하는 경우 감면사업과 비감면사업을 구분하여 경리하여야 한다(서면법령국조-2424, 2017.12.1.).

경정 시 감면세액을 재계산하는 경우 부정과소신고금액에 대하여는 감면소득에서 제외한다(서면2팀-2133, 2004.10.22.).

1-2 소비성서비스업 겸업법인

소비성서비스업과 그 밖의 사업을 함께 하는 경우에는 자산부채 및 손익을 각각의 사업별로 구분경리하여야 한다(조특법 §143 ②).

소비성서비스업에 대한 상세내용은 제7부 제3장 제2절 Ⅱ. 1-1 (2)를 참조한다.

2 구분경리의 방법

구분경리에 관하여는 법인세법 또는 소득세법상 구분경리에 관한 규정을 준용하여 계산한다(조특령 §136 → 법법 §143, 소법 §19).

감면대상사업에 대한 구분경리를 할 때, 개별익금과 개별손금은 구분하여야 할 사업 또는 재산별로 자산부채 및 손익을 법인의 장부상 각각 독립된 계정과목에 구분 기장하며, (법령 §156) 공통익금과 공통손금은 비영리법인의 수익사업과 기타의 사업의 구분경리 방법에 따른다(법칙 §75 ②→ §76 ⑥⑦). 조세특례제한법 및 다른 법에 특별히 정한 것을 제외하고는 법인세법 기본통칙 113-156…6에 의한다(구 조특통 143-0…1). 상세 계산 방법은 차례를 달리하여 후술한다.

- 연속공정 생산 방식으로 생산하는 기업이 생산량을 구분경리의 기준으로 하는 경우 적정성 여부 (긍정)

  청구법인의 MDI제품 공정은 모든 주원료의 공급이 Pipeline(배관)을 통하여 연속적으로 투입이 되고, 투입된 원료는 중간제품공정에서 제품을 합성하여 최종제품 생산공정으로 연속적으로 투입되어 최종제품이 생산되는 연속공정 형태이며, 생산량과 매출액은 비례관계가 있으므로 청구법인의 생산량에 의한 구분경리는 「법인세법 시행규칙」제76조 제6항의 구분경리에 해당하는 것으로 보인다(조심 2011광264, 2013.5.28.).

3 결손금의 통산

감면대상사업(감면비율이 2개 이상인 경우 각각의 사업을 말함)의 소득금액을 계산할 때 구분하여 경리한 사업 중 당해 연도 결손금이 발생한 경우에는 해당 결손금의 합계액을 소득금액이 발생한 다른 사업의 소득금액의 비율로 안분계산하여 공제한다(조특법 §143 ③).

반면에 감면사업과 과세사업의 소득구분 시 이월결손금은 이월된 당해 결손금의 범위 내에서 이월결손금이 발생한 사업의 소득에서 공제한다(제도 46012-11176, 2001.5.18.; 서이 46017-10971, 2002.5.7.; 서이 46017-11424, 2003.7.29.).

3-1 감면비율이 2개 이상인 사업만을 겸업하는 경우

감면비율이 2개 이상인 사업만을 겸업하는 경우, 예컨대 중소기업특별세액감면을 신청한 기업이 제조업과 도매업만을 영위하는 경우에 도매업에서 결손이 발생한 경우에는 반드시 제조업의 소득과 통산하여야 한다. 특정 사업만을 임의로 선택하여 감면받을 수 없고 해당되는 사업 모두를 감면적용 사업으로 분류하여 소득금액을 계산하여야 한다. 사업장별로 구분하여 유리하다고 판단되는 사업장(제조업)에 대한 소득은 감면신청을 하고, 불리하다고 판단되는 사업장(결손발생 도매업)에 대한 소득에 대해 감면신청을 하지 않으면 감면소득이 과다하게 계산되는 등 불합리하기 때문이다[조심 2013전4882, 2014.3.10. (법 §7 중소기업특별세액감면); 조심 2009구3260, 2009.12.31. (법 §7)].

3-2 감면비율이 2개 이상이고 과세사업도 겸업하는 경우

감면비율이 2개 이상인 사업과 과세사업 등 3개 이상의 사업을 겸업하는 경우, 결손금의 통산방법과 관련하여서는 한 번의 해석상 변경과 한 번의 세법 개정이 있었다. 이해의 편의를 위하여 감면사업으로 도매업과 제조업을, 과세사업으로 임대업을 영위하는 법인이 도매업 부문이 결손인 상황에서 중소기업특별세액감면을 신청하는 경우를 가정한다. 구체적인 사례는 후술하는 예제를 통해 확인하기 바란다.

(1) 과세소득과 감면소득을 통산하는 방법

2003년 예규에 의한 해석의 변경 이전에는 도매업 부문에서 결손이 발생한 경우 "감면소득은 각 사업연도 소득금액 범위 내의 제조업 소득금액을 말하는 것"이라고 해석하였다 [심사법인 2003-73, 2003.7.7. (법 §7 중소기업특별세액감면)]. 즉, 과세소득인 임대업 소득과 감면소득인 도매업과 제조업 소득 전체를 통산하여, 그 금액이 제조업 소득보다 크다면 제조업 소득 금액 전부가 감면소득이 된다. 납세자에게 가장 유리한 방법이다.

(2) 감면소득 간에서만 통산하는 방법

2003년 예규[서일 46011-10977, 2003.7.22. (법 §7)]에 의한 해석의 변경으로 감면소득 간에서만 통산하도록 하였다. 도매업에서 발생한 결손금을 감면사업인 제조업 소득에 한하여 통산하도록 하여 감면소득이 위의 경우보다 적어지게 되어 당사자에게 불리하게 적용된다. 동 해석의 변경 이후로 계속적으로 적용되어 왔다[조심 2009구2002, 2009.8.27. (법 §7); 조심 2009구2867, 2010.3.31. (법 §7) 외 다수].

(3) 과세소득과 감면소득을 안분하여 통산하는 방법

2010년 개정세법에서 감면사업과 과세사업을 통산하되 소득금액이 발생한 사업의 소득금액 비율로 안분계산하도록 하였다. 두번째의 경우보다는 감면소득이 커지게 되지만, 첫번째보다는 납세자에게 불리하다. 그러나 소득금액 비율로 안분계산하므로 합리적인 방법이라고 본다.

2010년 개정세법 취지를 옮기자면, "일부 사업에서만 결손금이 발생한 경우 결손금 통산 방법이 명확하게 규정되어 있지 않아 혼란이 야기됨에 따라 결손금을 안분하여 통산함을 명확히 함"이라고 설명하고 있으나, 종래에 계속적으로 적용되던 감면소득 간 통산방법 대신 과세소득과 감면소득을 안분하여 통산하는 방법을 규정하였으므로 새로운 사항의 입법이라고 판단된다.

예제 ┃ 결손금의 통산 – 2 이상의 감면사업과 과세사업을 겸업하는 법인

○ 자료

㈜문화는 수도권 소재 소기업으로 제조업과 도소매업, 그리고 과세사업인 임대업을 겸업하고 있으며, 중소기업특별세액감면 적용을 위하여 구분경리한 결과 각 소득금액은 다음의 자료와 같다. 종래의 감면소득과 과세소득의 통산방법, 감면소득 간 통산방법, 그리고 과세소득과 감면소득을 통산하되 소득금액 비율로 안분계산하는 방법에 따라 중소기업특별세액감면 적용 후의 납부할 세액을 구하시오(단, 최저한세는 고려하지 않는다).

제조업	도소매업	임대업	과세표준
4억	△1억	2억	5억

○ 해설

1. 산출세액

    산출세액 = 2억원 × 10% + 3억원 × 20% = 8,000만원

2. 감면소득과 과세소득의 통산방법

    (1) 감면소득

    제조업 소득 4억원이 각 사업연도 소득금액(과세표준) 5억원보다 적으므로 제조업 소득 4억원을 감면소득으로 한다.

    (2) 감면세액

    $$\text{감면세액} = \text{산출세액} \times \frac{\text{감면소득}}{\text{과세표준}} \times \text{감면율} = 8{,}000\text{만원} \times \frac{4\text{억원}}{5\text{억원}} \times 20\%$$

    = 1,280만원

    (3) 납부할 세액 = 8,000만원 − 1,280만원 = 6,720만원

3. 감면소득 간 통산방법
    (1) 감면소득
        제조업 소득 4억원에서 도소매업의 결손금 1억원을 차감한 3억원이 감면소득이 된다.
    (2) 감면세액

$$\frac{감면}{세액} = 산출세액 \times \frac{감면소득}{과세표준} \times 감면율 = 8,000만원 \times \frac{3억원}{5억원} \times 20\% = 960만원$$

    (3) 납부할 세액 = 8,000만원 − 960만원 = 7,040만원

4. 과세소득과 감면소득을 안분하여 통산하는 방법
    (1) 감면소득
        도소매업의 결손금 1억원을 소득금액이 발생한 제조업과 기타 과세사업의 소득금액으로 안분계산한 금액이 감면소득이 된다.

$$감면소득 = 제조업\ 소득 + 도소매업\ 결손금 \times \frac{제조업\ 소득}{(제조업\ 소득 + 기타\ 과세소득)}$$

$$= 4억원 + \triangle 1억원 \times \frac{4억원}{(4억원 + 2억원)}$$

$$= 333,333,333원$$

    (2) 감면세액

$$\frac{감면}{세액} = 산출세액 \times \frac{감면소득}{과세표준} \times 감면율 = 8,000만원 \times \frac{333,333,333}{5억원} \times 20\%$$

$$= 10,666,6667원$$

    (3) 납부할 세액 = 8,000만원 − 10,666,6667원 = 69,333,333원

5. 결론
    감면세액이 큰 순서대로 나열하자면, '감면소득과 과세소득의 통산방법' > '과세소득과 감면소득을 안분하여 통산하는 방법' > '감면소득 간 통산방법'이다. 2010년 개정세법에서 규정되어 현재 적용되는 방법은 과세소득과 감면소득을 안분하여 통산하는 방법이다.

Ⅲ. 소득구분

1 소득구분 체계

1-1 비감면사업 소득의 제외

감면대상사업과 그 밖의 사업을 겸영하는 경우에는 구분경리하여 감면대상사업에서 발생한 소득만 포함시켜야 한다(조특법 §143 ①).

- 업종의 구분

  수개의 업종을 겸영하고 있는 법인의 공통손익은 먼저 업종별로 안분계산하고 다음에 동일 업종 내의 공통손익을 안분계산한다(법통 113-156…5). 이 경우 서로 다른 업종에 대한 공통손금은 업종별 개별 손금액에 비례하여 안분계산한다[서이 46012-11261, 2003.7.4. (법 §7 중소기업특별세액감면)].

- 공정의 구분

  감면대상 사업과 기타의 사업을 겸영하는 외국인투자기업이 비감면 대상 공정과 감면대상 공정을 순차적으로 거쳐 제품을 생산하는 경우, 구분경리규정(법 §143)에 따라 감면대상 사업과 기타사업을 구분하여 경리하여야 하며, 감면대상 소득은 각 공정별로 귀속되는 소득을 합리적으로 구분계산하여 산출한다(조특통 121의 2-0…2).

- 사업부별 구분은 하지 않음

  동일법인 내에 두 개 이상의 사업부가 있고 복수의 감면사업을 수행하더라도 각 사업부별로 구분 경리하는 것이 아니라 법인세가 감면되는 사업과 기타의 사업으로 구분하여 계산한다[서이 46017-10725, 2003.4.7. (법 §121의 2 외투감면)].

1-2 부수적 활동 소득의 제외

감면업종에서 발생한 소득 중 부수적 영업활동에서 발생한 소득은 제외하여야 한다. 감면업종에서 발생한 소득이란 해당사업의 '주된 영업활동에서 직접 발생한 소득'을 의미하기 때문이다[대법원 2003두773, 2004.11.12. (법 §7 중소기업특별세액감면)].

(1) 영업외손익의 제외

원칙적으로 해당사업에서 발생한 매출액, 매출원가(제조원가), 판매관리비 등 기업회계기준상 영업활동에서 발생한 손익은 감면소득이고, 이외의 영업외손익 항목에서 발생한 소득은 감면소득에서 제외된다. 따라서 감면소득 계산 시 이자수익·유가증권처분이익·유가증권처분손실 등은 포함하지 않는다(조특통 6-0...2).

(2) 직접 관련된 필수적 요구 활동 소득의 포함

주된 영업활동과 '직접 관련'되어 그 사업의 수행을 보다 효율적·안정적으로 운영하기 위하여 '필수적으로 요구'되는 영업활동으로 인한 소득도 감면소득에 포함한다[대법원 2005두12824, 2006.2.10. (법 §7 중소기업특별세액감면); 수원지법 2013구합13649, 2014.4.23. (법 §121의 2 외투감면)]. 요약하자면, 주된 영업활동과의 직접관련성 및 필수성을 부수적 활동의 감면소득 판단기준으로 한다.

하지만, 여타의 조세감면과는 달리 법 제121조의 2 외국인투자기업세액감면의 적용과 관련하여서는 감면소득에 해당하는 부수적 활동의 범위를 다소 넓게 보고 있다. 종래의 예규·판례에 의하면 법인세법 기본통칙 113-156…6에 예시된 내용이 그대로 판단기준으로 적용되지 않고, 일반적인 감면규정에 적용되는 소득구분과는 달리 그 범위를 다소 넓게 보고 있으며, 고정자산처분손익, 수입이자 등에서 차이가 발생하고 있다.

예컨대, 제121조의 2 외투감면과 관련하여 고정자산처분손익이 감면대상이 되는 인가사업과 연관을 갖고 정상적인 업무수행과정에서 발생하였거나 당초 인가사업의 원활한 추진을 위하여 매각한 경우에는 감면대상소득에 해당한다[서이 46017-10720, 2003.4.7. (법 §121의 2 외투감면)]. 증권회사에 CP 또는 CD형태로 예치함에 따른 이자수입은 감면사업의 개별익금으로 보고 있다[투진 2254-1559, 1987.6.24. (법 §121의 2 외투감면); 외인22601-1445, 1985.5.14. (법 §121의 2)].

저자의 의견으로는 외투감면을 여타의 감면과 달리 해석할 필요가 없다고 판단된다. 외투감면 중, 신성장동력산업기술 수반사업과 외국인투자지역등에 대한 감면 모두 업종요건을 준수하여야 하므로, 여타의 감면제도에서 특정 업종을 요건으로 하는 것과 동일하기 때문이다. 통일된 해석이 필요하다고 판단된다.

또한 2017년 개정세법에서 신성장동력산업기술 수반사업의 감면소득 확대조항을 신설하여, 감면대상 사업과 직접 관련된 사업을 함으로써 발생한 소득도 일정 요건을 충족하는 경우 감면대상소득에 포함하므로 외투감면만을 달리 해석할 필요성은 더욱 줄어들었다(조특령 §116의 2 ㉕).

2 개별손익·공통손익의 구분

개별손익·공통손익 등의 계산

구 분	개별손익·공통손익의 구분
개별 익금	① 매출액 또는 수입금액 ② 감면사업 또는 과세사업에 직접 관련하여 발생하는 다음의 부수수익 등 　㉮ 부산물·작업폐물의 매출액 　㉯ 채무면제익 　㉰ 원가차익 　㉱ 채권추심익 　㉲ 지출된 손금 중 환입된 금액 　㉳ 준비금 및 충당금의 환입액 ③ 영업외수익과 특별이익으로 다음의 이익 등 　㉮ 수입배당금 　㉯ 수입이자 　㉰ 유가증권처분익 　㉱ 수입임대료 　㉲ 가지급금인정이자 　㉳ 고정자산처분익 　㉴ 수증익
공통 익금	감면사업과 과세사업에 공통으로 발생되는 수익 또는 귀속이 불분명한 다음 부수수익 등 　㉮ 귀속이 불분명한 부산물·작업폐물의 매출액 　㉯ 귀속이 불분명한 원가차익, 채무면제익 　㉰ 공통손금의 환입액 　㉱ 기타 개별익금으로 구분하는 것이 불합리한 수익
개별 손금	① 감면사업 또는 과세사업에 직접 관련하여 발생한 다음의 비용 등 　㉮ 매출원가 ㉯ 특정사업에 전용되는 고정자산에 대한 제비용 　㉰ 특정사업에 관련하여 손금산입하는 준비금·충당금 전입액 　㉱ 기타 귀속이 분명한 모든 비용 ② 영업외비용과 특별손실으로 유가증권처분손, 고정자산처분손 등
공통 손금	감면사업과 과세사업에 공통으로 발생되는 비용 또는 귀속이 불분명한 다음의 비용 등 　㉮ 사채발행비 상각 　㉯ 사채할인발행차금 상각 　㉰ 기타 개별손금으로 구분하는 것이 불합리한 비용
지급 이자	차입금에 대한 지급이자는 그 이자의 발생장소에 따라 구분하거나 그 이자 전액을 공통손금으로 구분할 수 없으며, 차입한 자금의 실제 사용용도를 기준으로 사실판단하여 과세 및 감면사업의 개별 또는 공통손금으로 구분함.
외환차손익	해당사업 개별손익: ■ 감면사업 또는 과세사업에 직접 관련되는 외환차손익 ■ 외상매출채권의 회수와 관련된 외환차손익(공사수입의 본사 송금거래로 인한 외환차손익 포함)으로 외국환은행에 해당 외화를 매각할 수 있는 시점까지 발생분 ■ 외상매입채무의 변제와 관련된 외환차손익 ■ 외상매입채무를 제외한 기타 외화채무와 관련하여 발생하는 외환차손익으로 외화채무의 용도에 따라 구분한 것

구 분		개별손익·공통손익의 구분
외환차손익	과세사업 개별손익	■ 외상매출채권의 회수와 관련된 외환차손익(공사수입의 본사 송금거래로 인한 외환차손익 포함)으로 외국환은행에 해당 외화를 매각할 수 있는 시점 이후에 발생된 것 ■ 외상매출채권을 제외한 기타 외화채권과 관련하여 발생하는 외환차손익 ■ 외환증서, 외화표시예금, 외화표시유가증권등과 관련하여 발생하는 외환차손익
	감면	감면사업의 손익수정에 따른 외환차손익은 감면사업의 개별손익으로 함.
	공통손익	외상매입채무를 제외한 기타 외화채무와 관련하여 발생하는 외환차손익으로 용도가 불분명한 경우

이하에서는 법인세법 기본통칙 113-156…6 【개별손익·공통손익 등의 계산】(개정 2019.12.23.)의 차례에 따라 서술한다.

2-1 개별익금 (1호)

(1) 매출액 또는 수입금액 (가목)

매출액 또는 수입금액은 소득구분계산의 기준으로서, 개별익금으로 구분한다.

● 로열티에 관한 한국표준산업분류에 관한 질의·회신(통계청, 기준 02210-20, 2002.1.16.)에서 제품제조와 관련된 전문적인 기술을 해외사업체에 제공하고 로열티를 받는 경우 동 제조활동과 같은 산업활동으로 분류하고 있으므로, 로열티는 제조업 등에서 발생한 사업소득으로 보아 감면소득에 포함한다[국심 2002서779, 2002.6.19. (법 §7 중소기업 특별세액감면)].

● 외국법인으로부터 받는 **연구개발용역수입**은 해당 수입에 대응되는 용역이 고도기술수반사업으로 감면승인을 받은 사업에 해당하는 경우에는 감면사업의 익금으로 본다[재국조-227, 2011.5.23. (법 §121의 2 외투감면)].

● 건설업 영위법인의 분양계약의 해지로 인한 **위약금수입**은 해당 감면사업과 직접 관련된 개별익금으로 본다[법인-77, 2010.1.27. (법 §7 중소기업 특별세액감면)]. 위약금을 지급한 업체는 감면사업(건설업)의 개별손금이 된다[서이 46012-10400, 2003.3.3. (법 §7 중소기업 특별세액감면)].

● 원재료 매입처로부터 지급받는 **판매장려금**은 감면소득에 해당한다[서면1팀-1398, 2007.10.11. (법 §7 중소기업특별세액감면)].

● 제조판매업으로 인가되고 등록된 외국인투자기업이 자기의 생산시설을 이용하여 타회사로부터 임가공수주를 받아 임가공을 하여 주고 그 대가로서 받는 **임가공수입**은 당해 수탁가공 생

산제품이 당초 인가제품과 동일한 제조공정에 의한 동일한 제품이고 동 임가공행위가 일시적이고 부수적으로 이루어지는 경우에 한하여 인가영업으로 보는 것이고, 인가제품이 아닌 다른 제품을 가공생산하거나 인가제품의 중간제품을 위탁 받아 가공하는 행위 등은 그 행위가 일시적이고 부수적으로 이루어졌다 하더라도 인가영업에 해당되지 않는다[외인 1264-2315, 1984.7.11. (법 §121의 2 외투감면)].

(2) 부수수익 (나목)

감면사업 또는 과세사업에 직접 관련하여 발생하는 부수수익은 개별익금으로 구분하며, 예시하면 다음과 같다.

(2-1) 부산물·작업폐물의 매출액

(2-2) 채무면제익

- 감면대상 사업만을 영위하는 내국법인이 감면대상 사업의 **시설투자**에 사용된 차입금에 대한 채무를 면제받은 경우 당해 채무면제이익은 감면사업의 개별익금이다[서면2팀-624, 2008.4.7. (법 §7 중소기업특별세액감면)].
- 감면대상 사업에 사용하기 위해 차입하여 감면사업에 사용한 후, 동 차입금을 사업의 원활한 추진을 위하여 출자전환하는 경우 동 전환으로 발생한 채무면제이익은 감면대상 소득에 해당한다[서면2팀-948, 2007.5.16. (법 §121의 2 외투감면); 서면2팀-91, 2007.1.12. (법 §121의 2)].

(2-3) 원가차익

(2-4) 채권추심익

건설용역을 대가로 수령한 공사대금을 어음으로 수령함에 있어 어음할인 등에 따른 손실보상 차원에서 공사대금에 가산하여 받는 금액과 동 어음할인 비용은 감면사업에 직접 관련하여 발생하는 부수수익 및 비용이다[법인-200, 2010.3.8. (법 §7 중소기업 특별세액감면)].

(2-5) 지출된 손금 중 환입된 금액

경기 불황 및 침체로 인하여 불가피하게 감면사업에 투입되는 원재료를 당초 구입처에 반품함에 따라 발생하는 손익은 감면사업의 익금이다[국제세원-288, 2009.6.7. (법 §121의 2 외투감면); 외인 1264-2708, 1984.8.24. (법 §121의 2)].

(2-6) 준비금 및 충당금의 환입액

(3) 과세사업의 개별익금(영업외수익 등) (다목)

영업외수익과 특별이익 중 과세사업의 개별익금으로 구분하는 것을 예시하면 다음과 같다.

(3-1) 수입배당금

(3-2) 수입이자

(가) 일반적인 경우

일반적으로 수입이자는 감면사업의 영업활동에서 발생하였다고 보기 어려우므로 과세사업의 개별익금으로 본다[국심 2003중870, 2003.7.19. (법 §6 창업중소기업세액감면)].

- 운영자금의 일시적인 보관에 따른 법정과실

    제조업 등에서 발생한 소득이라 함은 그 제조업 자체의 고유사업으로 인하여 정상적으로 발생한 소득만을 의미한다고 보아야 할 것이고, 제조업 등을 영위하는 법인이 그 사업에서 발생한 소득을 금융기관에 예치하여 발생한 소득이라 하더라도 그것이 제조업 등을 목적으로 정상적인 업무에서 발생한 소득이 아니라 영업활동과는 독립된 별도의 요소소득으로 보아야 할 것이므로 수입이자 자체는 모두 과세대상 소득이다[국심 2002서317, 2002.3.22. (법 §7 중소기업특별세액감면)].

- 감면 사업개시 전에 금융기관에 납입자본금을 예치하여 발생한 이자수익[서면2팀-2560, 2004.12.8. (법 §121의 2 외투감면)]

- 일부 부수공정에 필요한 설비를 해외현지법인에 금융리스 형태로 판매하고 발생한 이자수익[국제세원-180, 2010.4.8. (법 §121의 2 외투감면)]

- 매출채권 지연회수 시 받는 연체이자 상당액[서면2팀-839, 2005.6.17. (법 §68 농업회사법인감면)]

- 외상매출금의 지급기일을 연장하여 주고 받는 금원이 소비대차로 전환하여 받는 이자소득에 해당하는 경우

    그러나 준소비대차에 해당하지 않는 경우에 매출대금이 지연회수되어 받은 이자 상당액은 감면대상 소득이다[조심 2014구3217, 2015.8.20. (법 §121의 2 외투감면)]. 또한 사업소득에 해당하는 경우에는 감면대상 소득이다[소득-1024, 2009.7.6. (법 §7 중소기업특별세액감면)].

- 장기할부조건 등으로 취득한 매출채권을 현재가치로 평가하여 계상한 현재가치할인차금을 기간의 경과에 따라 환입하여 이자수익으로 계상하는 경우[서이 46012-10618, 2001. 11.28. (법 §7 중소기업특별세액감면)]

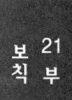

- 금융기관으로부터 운영자금 차입과 관련한 양건성(꺾기)예금에 대한 이자수익과 받을 어음의 만기일이 하도급거래공정화에 관한 법률의 규정을 위반하여 추가로 지급받은 이자상당액[제도 46012-11373, 2001.6.8. (법 §7 중소기업특별세액감면)]
- 증권회사의 BMF(Bond Management Fund)를 취득함으로써 발생하는 이자수입[국일 22601-140, 1988.4.13. (법 §121의 2 외투감면)]
- 외국인투자기업이 종업원에게 주택자금을 대여하여 받는 이자[국일 22601-300, 1987.6.24. (법 §121의 2 외투감면)]

(나) 외투감면의 경우

다만 법 제121조의 2 외투감면과 관련하여서는 수입이자가 감면대상소득에 해당하는지 여부는 자금의 원천이 인가사업과 직·간접으로 관련되거나 인가사업목적 수행과정에서 발생하였는지 여부에 따라 판단하여야 한다[서이 46017-10720, 2003.4.7. (법 §121의 2 외투감면)].

- 정기예금은 이자율이 높고 그 예치기간이 장기인 투자상품이므로 사업목적상 불가피하게 발생하는 소득이 아니어서 정기 예금 수입이자는 과세사업의 개별익금으로 본다[재국조 46017-44, 2003.3.31. (법 §121의 2 외투감면)].
- 증권회사에 CP 또는 CD형태로 예치함에 따른 이자수입은 감면사업의 개별익금으로 본다[투진 2254-1559, 1987.6.24. (법 §121의 2 외투감면); 외인 22601-1445, 1985.5.14. (법 §121의 2 외투감면)].

(3-3) 유가증권처분익

유가증권평가익도 과세사업의 익금으로 본다[국심 2003중870, 2003.7.19. (법 §6 창업중소기업세액감면)].

(3-4) 수입임대료

감면사업에 사용하는 기계장치,[서면2팀-1219, 2008.6.17. (법 §121의 2 외투감면)] 레미콘 제조장비(서이 46012-10016, 2002.1.3. (법 §7 중소기업특별세액감면)]의 임대수입은 과세사업의 개별익금이다.

외국인투자기업에 대한 법인세 등의 감면은 외국인투자기업이 감면사업을 경영함으로써 발생하는 소득에 대하여 적용하는 것으로 감면대상사업 중 일부 사업 및 시설을 임대를 통하여 운영함으로써 발생한 소득은 별도의 임대사업에서 발생된 소득이므로 감면대상소득에 해당하지 않는다[서면국제세원-2423, 2017.10.24.(법 §121의 2 외투감면)].

(3-5) 가지급금인정이자

(3-6) 고정자산처분익

감면사업에 사용하던 고정자산을 처분한 경우에도 동 고정자산의 처분익 또는 처분손은 감면사업이 아닌 과세사업의 손금 또는 익금으로 구분한다[심사법인 2002-29, 2003.3.28. (구조감법 §46 지방이전중소기업에 대한 세액감면)].

- 특정거래처 주문제품을 별도로 제작하기 위하여 구입한 **금형**의 처분이익은 과세사업의 익금이다[법인-945, 2011.11.28. (법 §7 중소기업특별세액감면)].
- 주택건설업을 영위하는 내국법인이 건설을 위한 **사업부지** 일부를 해당사업에 직접 사용하지 아니하고 양도함으로써 발생된 소득은 감면소득에 해당하지 않는다[법인-1190, 2009.10.26. (법 §7 중소기업특별세액감면)].
- 여객운송업을 영위하는 내국법인이 영업용으로 사용하던 택시 전부와 함께 영업권을 양도함에 따라 발생한 **무형자산처분이익**은 감면대상소득에 해당하지 않는다[기준법령법인-0183, 2018.9.3.(법 §7 중소기업특별세액감면)].

(가) 게임소프트웨어 등 무형자산 처분이익

무형자산처분이익은 고정자산처분이익에 포함되므로 원칙적으로 감면대상 소득에 해당하지 않는다(광주지법 2020구합12148, 2020.10.22.).

반면에 정보처리 및 컴퓨터운영관련업(한국표준산업분류상 세세분류; 게임소프트웨어 제작업)을 영위하는 법인이 상용화 전 단계에서 자체 개발 중에 있던 게임소프트웨어 및 지적재산권 전부를 판매하면서 발생한 무형산처분이익은 감면소득에 해당한다[서면2팀-2243, 2007.12. 11. (법 §6 창업중소기업세액감면)].

지적재산권(예, 영화판권) 또는 소프트웨어 개발업체의 경우에는 당해 자산이 회계상 무형자산으로 계상되어 고정자산의 일부로 회계처리 되더라도, 기업의 주된 영업활동과 직접 관련이 있으며, 재고자산의 성격을 가지고 있으므로 감면사업에서 발생한 소득으로 보아야 하기 때문이다.

(나) 외국인투자에 대한 세액감면

법 제121의 2 외투감면과 관련하여서는 감면사업에 사용하던 자산의 처분손익 중 특정요건을 갖춘 경우 감면사업의 개별익금 또는 개별손금으로 보고 있다.

- 감면대상사업에 공하고 있던 기계장치를 투기목적 없이 불가피한 사유로 처분한 경우에 발생한 유형자산처분손익은 감면사업의 손익으로 볼 수 있다[대법원 87누497, 1987.9.8. (법

§121의 2 외투감면)].

- 고정자산처분손익이 감면대상이 되는 **인가사업**과 연관을 갖고 정상적인 업무수행과정에서 발생하였거나 당초 인가사업의 원활한 추진을 위하여 매각함에 따른 것임이 인정되는 경우에는 감면대상소득에 해당한다[서이 46017-10720, 2003.4.7. (법 §121의 2 외투감면)].
- 그러나 이러한 **불가피한 사유**가 없다면 토지 매각대금을 차입금 상환 및 공장증설 공사자금으로 사용하여도 동 고정자산처분이익은 과세사업에 해당한다[조심 2012중1659, 2013.6.27. (법 §121의 2 외투감면); 법규국조 2011-134, 2011.6.22. (법 §121의 2)].

(3-7) 수증익

국가로부터 받는 지원금은 법인세법 기본통칙 113-156…6(개별손익·공통손익의 계산)에서 감면사업 또는 과세사업에 직접 관련하여 발생하는 부수수익으로 열거되고 있지 않으므로, 원칙적으로 과세사업의 개별익금에 해당한다[조심 2013전1389, 2013.12.12.(법 §7 중소기업특별세액감면)]. 예외적으로 해당 지원금이 영업활동에서 정상적으로 발생하는 소득에 대한 손해보상 또는 손실보전의 목적으로 지급된 경우에는 해당 감면사업의 개별익금으로 볼 수 있다.

(가) 연구개발출연금

연구개발용도로 국가등으로부터 지급받은 연구개발출연금은 원칙적으로 과세사업의 개별익금이며, 그 용도로 지출한 비용은 과세사업의 개별손금에 해당한다[국제세원-5, 2010.1.7. (법 §121의 2 외투감면)].

정부와의 기술개발용역사업을 수행하면서 사업비로 지급받는 정부출연금은 원칙적으로 당해 법인의 제조업 등에서 발생한 소득(감면소득)에 해당하지 아니하는 것이나, 예외적으로 당해 법인의 기술개발사업을 수행한 용역이 한국표준산업분류상 연구 및 개발업에 해당하는 경우에는 감면소득에 해당한다[서이 46012-10523, 2003.3.17. (법 §7 중소기업특별세액감면); 법인 46220-170, 2003.3.11. (법 §7)]. 즉, 연구 및 개발업을 영위하는 법인의 경우에만 예외적으로 감면소득에 포함된다.

(나) 영업활동의 손실보전 (감면사업)

국가로부터 받은 지원금이 '정상적 영업활동'에서 발생하는 손실을 직접적으로 보전하기 위한 경우에는 해당 감면사업의 개별익금으로 본다. 주로 손실보전 지원금이 해당 사업의 영업활동으로 인한 수익의 일부를 구성하는 경우이다.

- 「여객자동차운수사업법」에 따른 시내버스 운송사업자가 지급받은 **환승할인보조금과 유가보조금**은 그 지원 취지가 정상적 영업활동에서 발생하는 손실을 보전하기 위한 목적으로 여객운송업에서 발생한 수익의 일부를 구성하므로 감면소득에 포함된다[법인세과-31, 2013.1.14.; 소득세과-2562, 2008.7.28. (법 §7 중소기업 특별세액감면) 외 다수].
- 인턴직원에 대한 정부지원금은 인턴직원이 감면사업에 종사한 경우에는 감면사업의 개별익금이다[국심 2003중870, 2003.7.19. (법 §6 창업중소기업세액감면)].
- 조리·제과학원의 사업소득 총수입금액에 노동부장관으로부터 지원되는 **실업자 및 구직자의 교육훈련비**가 포함되어 있는 경우는 감면소득이다[법규소득 2010-159, 2010.5.31. (법 §7 중소기업특별세액감면)].
- 제조활동과 관련된 **영업손실에 대한 보상금** 및 제조시설의 수리비실비를 보험금으로 수령하여 감면대상사업에 사용하는 경우, 해당 보험금수익은 감면대상사업의 익금에 해당되는 것이며, 해당 제조 시설 사고로 인한 제조활동 중단으로 거래처에 지급한 납품지연보상금은 감면대상 사업의 손금에 해당한다[서면법규-880, 2013.8.1. (법 §121의 2 외투감면)].
- 여객운송업을 영위하는 내국법인이 지방자치단체로부터 택시운송사업의 발전에 관한 법률 제11조에 따라 지급받는 **감차보상금**은 감면대상소득에 해당한다(서면법령법인-1305, 2015.10.15.).
- 「신에너지 및 재생에너지 개발·이용·보급 촉진법」에 따른 신·재생에너지 발전사업을 영위하는 사업자가 같은 법 제17조 제2항에 따라 **발전차액**을 전력산업기반기금(전기사업법 §48)에서 지원받는 경우 해당 발전차액은 감면대상 소득에 해당한다[서면법령법인-1386, 2017.12.22. (법 §7 중소기업특별세액감면)].

(다) 비경상적 항목 (과세사업)

'비경상적'항목으로부터 발생한 다음의 수익은 과세사업의 개별익금에 해당한다.
- **침몰**된 사업용선박과 관련된 보험차익, 사업장 수용으로 인해 수령한 영업손실보상금·사업장이전보상금[서이 46012-10440, 2003.3.7. (법 §7 중소기업특별세액감면)]
- 항만사업자가 **사업비 지원금을 지방자치단체로부터 수령한 경우**[조심 2013전1389, 2013.12.12. (법 §7 중소기업특별세액감면)]
- 한국장애인고용촉진공단으로부터 받는 국고보조금과 이와 유사한 성격으로 **장애인을 고용함으로써 받는 관리비용**, 노동청의 종합고용지원센터에서 받는 **휴업수당지원금**[법인-1257, 2009.11.9. (법 §7 중소기업특별세액감면)]

- 사회적기업으로 인정받은 내국법인 또는 장애인표준사업장으로 인증받은 내국법인이 국가 등으로부터 지원받은 사업개발비, 시설장비비, 일자리창출 인건비, 전문인력 지원비 등[법인세과-380, 2012.6.13. 및 서면법인-22434, 2015.9.29. (법 §85의 6 사회적기업 및 장애인 표준사업장에 대한 법인세 등의 감면)]
- 대표이사가 가수금을 포기함으로 인하여 발생한 채무면제익[국심 2002부98, 2002.4.12. (법 §7 중소기업특별세액감면)]
- 외국인투자기업이 내국인 주주지분을 외국인투자가에게 매각 시 내국인 주주차입금에 대하여 포기서를 받고 계상한 채무면제이익[외인 22601-1518, 1985.5.21. (법 §121의 2 외투감면)]
- 해외모법인으로부터 수령한 광고선전 보조금[국심 2003서974, 2003.6.3. (법 §7 중소기업특별세액감면)]
- 이월결손금 보전목적으로 해외 모법인으로부터 받은 보조금[서면2팀-1607, 2004.7.30. (법 §121의 2 외투감면)]
- 신용카드의 사용에 따른 세액공제액(부법 §46)(서일 46011-11427, 2003.10.9.)
- 고용보험법 제21조 제1항 및 동법 시행령 제19조 제1항에 따라 지급받은 고용유지지원금[사전법령소득-0767, 2021.9.29. (법 §7 중소기업특별세액감면)]

2-2 공통익금 (2호)

감면사업과 과세사업에 공통으로 발생되는 수익이나 귀속이 불분명한 부수수익은 공통익금으로 구분하며, 예시하면 다음과 같다.
㉮ 귀속이 불분명한 부산물·작업폐물의 매출액
㉯ 귀속이 불분명한 원가차익, 채무면제익
㉰ 공통손금의 환입액
㉱ 기타 개별익금으로 구분하는 것이 불합리한 수익

반면에, 제63조의 2 법인공장의 수도권 외 지역이전 세액감면과 관련하여 당해 법인이 공장을 수도권 외의 지역으로 이전하기 전의 사업연도에 손금에 산입한 연구 및 인력개발준비금을 공장이전 후의 사업연도에 환입하는 경우, 공장 이전후의 소득만 감면소득이므로 당해 준비금의 환입액은 과세사업의 개별익금에 해당한다(서면2팀-1040, 2007.5.29.).

2-3 개별손금 (3호)

(1) 개별손금 항목 (가목)

감면사업 또는 과세사업에 직접 관련하여 발생한 비용은 해당 사업의 개별손금으로 구분하며, 예시하면 다음과 같다.

㉮ 매출원가
㉯ 특정사업에 전용되는 고정자산에 대한 제비용
㉰ 특정사업에 관련하여 손금산입하는 준비금·충당금 전입액
㉱ 기타 귀속이 분명한 모든 비용

- 건설업 영위법인이 공사계약 파기에 따른 **배상금**으로 하도급업체에 지급한 금액은 감면사업(건설업)의 개별손금으로 한다[서이 46012-10400, 2003.3.3. (법 §7 중소기업특별세액감면)].
- 감면사업에 직접 관련되어 발생하는 외환차손익, 관세환급금, 대손충당금환입액, 수출손실준비금환입액과 해외손실준비금환입액은 당해 감면사업의 개별손익으로 한다. [서이 46012-10086, 2001.9.3. (법 §7 중소기업특별세액감면)].
- 잡이익과 잡손실은 직접 관련 여부에 따라 제조업 및 기타사업의 개별익금 또는 개별손금으로 구분한다[법인 46012-1560, 2000.7.13. (법 §7)].

(2) 과세사업의 개별손금 (영업외비용 등) (나목)

영업외비용과 특별손실 중 과세사업의 개별손금으로 구분하는 것을 예시하면 다음과 같다.

㉮ 유가증권 처분손
㉯ 고정자산 처분손

2-4 공통손금 (4호)

감면사업과 과세사업에 공통으로 발생되는 비용이나 귀속이 불분명한 비용은 공통손금으로 구분하며, 예시하면 다음과 같다.

㉮ 사채발행비 상각
㉯ 사채할인발행차금 상각
㉰ 기타 개별손금으로 구분하는 것이 불합리한 비용

당해 사업과 관련 없이 지급한 기부금은 공통손금에 해당한다[서면2팀-614, 2007.4.9. (법

§7 중소기업특별세액감면); 서면2팀-1043, 2004.5.19. (법 §7)].

본점과 지점이 있는 경우 본점 발생비용 중 공통손금에 해당하는 금액은 본점과 지점에 공통으로 관련되어 업무를 수행하는 부서에 한정되며, 지점을 위한 업무를 수행하지 않는 본점 부서의 비용은 공통손금으로 보지 아니한다[국심 2002부2190, 2003.5.13. (법 §7 중소기업특별세액감면)].

2-5 지급이자 (5호)

차입금에 대한 지급이자는 그 이자의 발생장소에 따라 구분하거나 그 이자 전액을 공통손금으로 구분할 수 없으며, 차입한 자금의 실제 사용용도를 기준으로 사실판단하여 과세 및 감면사업의 개별 또는 공통손금으로 구분한다. 원칙적으로 과세사업의 개별익금으로 보는 수입이자와는 달리 구분하여 적용한다.

- 신주인수권부사채를 발행하여 감면사업 관련 공장건물 신축 및 기계장치 취득에 사용한 경우, 당해 신주인수권부사채의 사채할인발행차금 상각액 및 신주인수권조정 상각액 등 관련비용은 감면사업의 개별손금에 해당한다(서면법령법인-21193, 2015.10.6.; 재법인-853, 2015.10.2.). 차입한 자금의 사용용도가 감면사업에 사용된 것이 분명하기 때문이다.

2-6 외환차손익 (6호)

원칙적으로는 아래의 구분에 따라 처리해야 하나, 실무적으로는 외환차손익을 공통손익으로 보아 안분계산에 의하여 처리하고 있다.

(1) 사업별 직접관련 손익 (가목)

(1-1) 관련사업 손익

감면사업 또는 과세사업에 직접 관련되는 외환차손익은 해당 사업의 개별손익으로 구분한다.

따라서 감면사업만을 위한 건물 및 설비의 투자를 위하여 사용한 외화차입금에 대한 외화환산손익은 감면사업의 개별손익으로 한다[서면2팀-894, 2005.6.23. (법 §121의 2 외투감면)]. 외화를 차입하여 레미콘제조업의 운영자금 및 시설자금에 사용한 경우 그 외화차입금의 상환 및 평가와 관련된 외환차손익, 외화환산손익, 환율조정차·대 상각액은 감면사업의 개별손익으로 한다[서이 46012-10016, 2002.1.3. (법 §7 중소기업특별세액감면)].

(1-2) 파생상품 거래손익

매매(투기)목적 파생상품의 평가손익은 수입이자와 동일하게 과세사업의 개별익금으로 보아야 하지만, 감면사업과 관련한 사업상의 위험을 회피(Hedge)하기 위한 파생상품거래의 손익은 감면사업의 개별익금으로 보아야 할 것이다. 위험회피거래의 대표적 헷지 대상인 외환차손익도 감면사업 또는 과세사업에 직접 관련된 경우에는 당해 사업의 개별 손금(익금)으로 보기 때문이다.

- 투기 목적이 아닌 **사업상 위험을 회피하기 위한 헤지(Hedge) 목적**으로 수행한 파생상품 거래에 따른 손익은 감면사업의 개별익금이다[법규국조 2009-374, 2009.11.24. (법 §121의 2 외투감면)].
- 환투기의 목적 없이 오로지 원료 수입대금의 유산스(usance) 방식에 의한 결제와 관련하여 환차손으로 인한 영업상 손실을 방지하기 위하여 외화 선도거래에 의한 헷지거래를 한 경우, 당해 감면사업의 소득에 해당한다[대법원 2005두12824, 2006.2.10. (법 §7 중소기업특별세액감면)].

(2) 외상매출채권 관련 손익 – 관련사업 또는 과세사업 (나목)

외상매출채권의 회수와 관련된 외환차손익(공사수입의 본사 송금거래로 인한 외환차손익 포함)은 '외국환은행에 해당 외화를 매각할 수 있는 시점'까지는 해당 외상매출채권이 발생된 사업의 개별손익으로 하고 그 이후에 발생되는 외환차손익은 과세사업의 개별손익으로 구분한다.

이 경우 '외국환은행에 해당 외화를 매각할 수 있는 시점'에는 회수한 당해 외화를 정상적으로 매각하기 위하여 필수적으로 소요되는 기간을 포함하는 것이나, 보유목적으로 소지하는 기간은 포함되지 않는다(법인 46012-1585, 2000.7.18.).

(3) 기타 외화채권 관련 손익 – 과세사업 (다목)

외상매출채권을 제외한 기타 외화채권과 관련하여 발생하는 외환차손익은 과세사업의 개별손익으로 구분한다.

(4) 외상매입채무 관련 손익 – 관련사업 (라목)

외상매입채무의 변제와 관련된 외환차손익은 해당 외상매입 채무와 관련된 사업의 개별손익으로 구분한다.

(5) 기타 외화채무 관련 손익-관련사업 또는 공통손익 (마목)

외상매입채무를 제외한 기타 외화채무와 관련하여 발생하는 외환차손익은 외화채무의 용도에 따라 감면사업 또는 과세사업의 개별손익으로 구분하고, 용도가 불분명한 경우에는 공통손익으로 구분한다.

(6) 외화표시예금 등 발생 손익-과세사업 (바목)

외환증서, 외화표시예금, 외화표시유가증권등과 관련하여 발생하는 외환차손익은 과세사업의 개별손익으로 구분한다.

외화정기예금은 사업목적상 불가피하게 발생하는 소득이 아니어서 외화정기예금 외환차손익은 과세사업의 개별익금으로 본다[재국조 46017-44, 2003.3.31. (법 §121의 2 외투감면)].

(7) 감면사업의 손익수정-감면사업 (사목)

감면사업의 손익수정에 따른 외환차손익은 감면사업의 개별손익으로 구분한다.

3 공통손익의 계산

구분경리하는 경우 공통되는 익금과 손금은 다음의 규정에 의하여 구분계산하여야 한다. 다만, 공통익금 또는 손금의 구분계산에 있어서 개별손금이 없는 경우나 기타의 사유로 다음의 규정을 적용할 수 없거나 적용하는 것이 불합리한 경우에는 공통익금의 수입항목 또는 공통손금의 비용항목에 따라 국세청장이 정하는 작업시간·사용시간·사용면적 등의 기준에 의하여 안분계산한다(구 조특통 143-0…1 → 법칙 §75 ② → §76 ⑥·⑦).

공통손익의 안분기준

구 분		안분기준
공통익금		매출액 비율
공통손금	업종이 동일한 경우	매출액 비율
	업종이 다른 경우	개별 손금액 비율

① 공통익금은 감면사업(또는 소비성서비스업; 이하 동일)과 기타 사업의 수입금액 또는 매출액에 비례하여 안분계산한다.

② 감면사업과 기타 사업의 업종이 동일한 경우의 공통손금은 감면사업과 기타 사업의 수입금액 또는 매출액에 비례하여 안분계산한다.

③ 감면사업과 기타 사업의 업종이 다른 경우의 공통손금은 감면사업과 기타 사업의 개별손금액에 비례하여 안분계산한다.

개별손익 또는 공통손익은 모두 세무조정을 반영한 이후의 금액으로 한다.

이 경우 업종의 구분은 한국표준산업분류에 의한 소분류에 의하되, 소분류에 해당 업종이 없는 경우에는 중분류에 의한다(법칙 §75 ② 후단).

❖ **화학업의 경우 구분경리 방법** (서면2팀-2246, 2004.11.4.)

새로운 고도기술을 도입한 경우라도 생산제품이 고도기술도입 이전과 동일하며, 제조공정에 새로운 고도기술이 도입됨으로써 추가로 새로운 원재료가 투입되는 경우에는 새로운 원재료의 사용비율을 기준으로 감면대상 익금과 손금의 계산을 구분할 수 있는 것임.

| **저자주** | 연속공정 생산방식에 의한 화학업의 경우 원재료 사용비율뿐 아니라 생산량 기준(조심 2011광264, 2013.5.28.)에 의해서도 구분경리가 가능함.

❖ **과밀권역 내외 소재 2개의 공장을 권역 외로 동시에 이전해 하나의 공장을 설립한 경우 안분계산의 기준** (서이 46012-10519, 2003.3.15.)

조세특례제한법 제63조의 규정을 적용함에 있어서, 동일한 제품을 생산하는 수도권 과밀억제권역 내 공장과 수도권 과밀억제권역외 공장을 수도권 과밀억제권역외의 지역으로 동시에 이전하여 하나의 공장을 설립한 후, 이전한 공장에서 생산하던 제품과 동일한 제품을 생산하는 경우, 감면사업에 속하는 손익과 기타사업에 속하는 손익은 <u>이전일 또는 조업중단일이 속하는 사업연도의 직전사업연도 이전한 공장별 동 제품의 매출액</u>에 비례하여 안분계산하는 것임.

Ⅳ. 서식 작성요령

[별지 제48호 서식] <개정 2021.10.28.> (앞 쪽)

사업연도	．．．～．．．		소 득 구 분 계 산 서		법인명	
					사업자등록번호	

① 과 목	② 구분	코드	③ 합계	감면분 또는 합병 승계사업해당분등 (구분해야 할 사업장·사업·감면율 등 기재)						기 타 분		비고
				④ 금액	⑤ 비율	④ 금액	⑤ 비율	④ 금액	⑤ 비율	⑥ 금액	⑦ 비율	
(1) 매 출 액		01	해당 과목별로 세무조정사항을 가감하여 작성									배분기준, 계산근거 등 기재. 다만, 필요 시에는 구체적인 계산명세서를 첨부
(2) 매 출 원 가		02										
(3) 매 출 총 손 익 {(1)-(2)}		03	Ⅲ. 2. 개별손익·공통손익의 구분 개별익금, 개별손금, 공통익금 및 공통손금의 구분									
(4) 판매비와관리비	개별분	04										Ⅲ. 1-1 소득구분 체계 ① 비감면사업 소득의 제외 ② 부수적 활동소득의 제외
	공통분	05	Ⅲ. 3. 공통손익의 계산(안분기준) ① 공통익금 : 수입금액 또는 매출액 ② 공통손금 : 동일업종의 경우는 수입금액 또는 매출액, 업종이 다른 경우에는 개별손금									
	계	06										
(5) 영 업 손 익 {(3)-(4)}		07										
(6) 영 업 외 수 익	개별분	08										
	공통분	09										
	계	10										
(7) 영 업 외 비 용	개별분	11										
	공통분	12										
	계	13										
(8) 각 사업연도 소득 또는 설정전 소득{(5)+(6)-(7)}		21										
(9) 이월 결손금		22										
(10) 비과세 소득		23										
(11) 소득 공제액		24										
(12) 과 세 표 준 {(8)-(9)-(10)-11}		25										

Ⅴ. 예제와 서식 작성실무

신고실무 소득구분계산서

● 자 료

㈜인포테크는 제조업과 도매업을 영위하는 외국인투자기업으로 신성장동력산업기술 감면기준을 충족한다. 20X1 사업연도에 최초로 소득이 발생하였으며 외투감면을 계산하기 위한 소득구분 자료 등은 다음과 같다.

1. 외국인투자현황

출자	등기일자	등록일자	외국인투자 자본금	내국인투자 자본금
현금	20X1.1.3.	20X1.3.3.	2,000,000,000	2,000,000,000

2. 손익계산서

과목	구분	합계	감면사업	비감면사업
(1) 매출액	개별	3,118,300,000	2,024,200,000	1,094,100,000
(2) 매출원가	개별	2,260,000,000	1,350,000,000	910,000,000
(3) 매출총이익		858,300,000		
(4) 판매비및관리비	공통	151,000,000		
(5) 영업이익		707,300,000		
(6) 영업외수익	개별	2,200,000		2,200,000❶
	공통	22,500,000❷		
	소계	24,700,000		
(7) 영업외비용	개별	13,600,000	13,600,000❸	
	공통	9,900,000		
	소계	23,500,000		
(8) 차감전순이익		708,500,000		
(9) 법인세등		80,330,912		
(10) 당기순이익		628,169,088		

❶ 관계회사대여금 이자임.
❷ 금융기관 이자 8,400,000원과 잡이익 등 14,100,000원의 합계임.
❸ 감면사업인 제조업의 공장을 위한 차입금에 대해 지급한 이자비용임.

3. 세무조정사항

구분	세무조정 과목명	금액	계정과목	구분
익금산입	가지급금인정이자	2,770,000	영업외수익	기타사업 개별익금
	건설자금이자❶	3,728,000	영업외비용	감면사업 개별손금
	당기 감가상각비 부인액❷	3,820,000	매출원가	감면사업 개별손금
	당기 감가상각비 부인액❷	1,000,000	매출원가	기타사업 개별손금
	법인세 비용	80,330,912		공통손금
손금산입	전기 감가상각비 추인액❷	3,000,000	매출원가	감면사업 개별손금
	전기 감가상각비 추인액❷	730,000	매출원가	기타사업 개별손금

❶ 감면사업인 제조업의 공장을 위한 차입금 관련 이자비용 중 특정차입금 지급이자로 손금불산입함.
❷ 감면사업 또는 비감면사업에 사용되는 유형자산의 감가상각비를 각 사업별로 구분경리하였으며, 이에 따라 한도초과액 및 추인액을 구분함.

● 해 설

1. 공통손익 안분기준 계산

항목	합계	감면사업	비감면사업	감면사업 비율	기타사업 비율
매출액	3,118,300,000	2,024,200,000	1,094,100,000	64.92%	35.08%
매출원가	2,260,000,000	1,350,000,000	910,000,000		
감상한도초과	△4,820,000	△3,820,000	△1,000,000		
전기감상추인	3,730,000	3,000,000	730,000		
이자비용	13,600,000	13,600,000			
건설자금이자	△3,728,000	△3,728,000			
개별손금	2,268,782,000	1,359,052,000	909,730,000	59.91%	40.09%

2. 세무조정사항의 과목별 배분

2-1 매출원가

구분	합계	감면사업	비감면사업	비고
매출원가	2,260,000,000	1,350,000,000	910,000,000	
감상한도초과	△4,820,000	△3,820,000	△1,000,000	개별손금
전기감상추인	3,730,000	3,000,000	730,000	개별손금
조정 후 매출원가	2,258,910,000	1,349,180,000	909,730,000	

2-2 영업외수익

구분	합계	감면사업	비감면사업	비고
영업외수익	24,700,000			
금융기관이자	8,400,000	5,453,280	2,946,720	공통익금 안분
관계회사대여금이자	2,200,000		2,200,000	기타사업 개별익금
잡이익 등	14,100,000	9,153,720	4,946,280	공통익금 안분
가지급금인정이자	2,770,000		2,770,000	기타사업 개별익금
조정 후 영업외수익	27,470,000	14,607,000	12,863,000	

2-3 영업외 비용

구분	합계	감면사업	비감면사업	비고
영업외비용	23,500,000			
이자비용	13,600,000	13,600,000		감면사업 개별손금
잡손실등	9,900,000	5,931,090	3,968,910	공통손금 안분
건설자금이자	△3,728,000	△3,728,000		감면사업 개별손금
조정 후 영업외비용	19,772,000	15,803,090	3,968,910	

[별지 제48호 서식] <개정 2021.10.28.> (앞 쪽)

사업연도	20X1.1.1. ~ 20X1.12.31.		소득구분계산서			법인명	㈜인포테크
						사업자등록번호	

| ① 과 목 | ② 구 분 | 코드 | ③ 합계 | 감면분 또는 합병 승계사업해당분등 | | | | | 기타분 | | 비고 |
				④ 금액	⑤ 비율	④ 금액	⑤ 비율	④ 금액	⑤ 비율	⑥ 금액	⑦ 비율	
(1) 매 출 액		01	3,118,300,000	2,024,200,000	64.92%					1,094,100,000	35.08%	
(2) 매 출 원 가		02	2,258,910,000	1,349,180,000						909,730,000		
(3) 매 출 총 손 익 {(1)-(2)}		03	859,390,000	675,020,000						184,370,000		
(4) 판매비와관리비	개별분	04										
	공통분	05	151,000,000	90,464,100	59.91%					60,535,900	40.09%	개별손금비례
	계	06	151,000,000	90,464,100						60,535,900		
(5) 영 업 손 익 {(3)-(4)}		07	708,390,000	584,555,900						123,834,100		
(6) 영 업 외 수 익	개별분	08	4,970,000							4,970,000		
	공통분	09	22,500,000	14,607,000	64.92%					7,893,000	35.08%	매출액비례
	계	10	27,470,000	14,607,000						12,863,000		
(7) 영 업 외 비 용	개별분	11	9,872,000	9,872,000								
	공통분	12	9,900,000	5,931,090	59.91%					3,968,910	40.09%	개별손금비례
	계	13	19,772,000	15,803,090						3,968,910		
(8) 각 사업연도 소득 또는 설정전 소득 {(5)+(6)-(7)}		21	716,088,000	583,359,810						132,728,190		
(9) 이월 결손금		22										
(10) 비과세 소득		23										
(11) 소득 공제액		24										
(12) 과세표준{(8)-(9)-(10)-11}		25	716,088,000	583,359,810						132,728,190		

제2절 [제144조] 세액공제액의 이월공제

Ⅰ. 의의

세액공제 규정에 따라 공제할 세액 중에서 납부할 세액이 없거나 또는 최저한세의 적용으로 공제받지 못하는 금액에 대하여는 10년간 이월하여 사업소득에 대한 소득세 또는 법인세에서 공제하는 제도이다.

종전 세액공제액의 이월공제기간인 5년은 장부보존기간, 결손금의 이월공제기간과 동일하였으나, 2009년 개정세법에서 결손금 이월공제기간을 10년으로 연장함에 따라 세액공제액의 이월공제기간이 결손금 이월공제기간의 절반이 되었다. 과세표준 계산 시 이월결손금 공제(산출세액 계산단계)가 세액공제의 이월공제(결정세액 계산단계)보다 우선 적용되므로 이월된 세액공제액의 사용이 불가능한 경우가 발생하는 문제점이 있었다.

이에 2021년 개정세법에서 모든 세액공제의 이월공제에 대해 10년의 기간으로 연장하였다. 그러나, 같은 연도의 개정세법에서 결손금의 이월공제기간을 다시 15년으로 확대함에 따라 양자간의 공제기간 차이에서 발생하는 문제점은 계속되고 있다.

개정연혁

연 도	개정 내용
2016년	■ 설립일로부터 5년 이내 중소기업의 R&D세액공제의 이월공제기간 확대 : 5년 → 10년
2020년	■ 신성장·원천기술 연구개발비 세액공제 이월공제기간 확대 : 5년 → 10년
2021년	■ 모든 세액공제 이월공제기간의 확대 : 5년 → 10년

Ⅱ. 세액공제액의 이월공제

1 대상 세액공제 조항

세액공제의 이월공제 대상이 되는 조항(조특법 §144 ①)

세액공제 조항	조문
① 기업의 어음제도 개선을 위한 세액공제 (폐지)	제7조의 2
② 상생결제 지급금액에 대한 세액공제	제7조의 4
③ 상생협력을 위한 기금 출연 시 세액공제	제8조의 3
④ 연구·인력개발비 세액공제	제10조
⑤ 기술취득금액 세액공제	제12조 제2항
⑥ 기술혁신형 합병에 대한 세액공제	제12조의 3
⑦ 기술혁신형 주식취득에 대한 세액공제	제12조의 4
⑧ 내국법인의 벤처기업 등에의 출자에 대한 과세특례	제13조의 2
⑨ 내국법인의 소재·부품·장비전문기업에의 출자·인수에 대한 과세특례	제13조의 3
⑩ 성과공유 중소기업의 경영성과급에 대한 세액공제	제19조 제1항
⑪ 통합투자세액공제	제24조
⑫ 영상콘텐츠 제작비용에 대한 세액공제	제25조의 6
⑬ 내국법인의 문화산업전문회사에의 출자에 대한 세액공제	제25조의 7
⑭ 고용창출투자세액공제 (폐지)	제26조
⑮ 산업수요맞춤형고등학교등 졸업자를 병역 이행 후 복직시킨 기업에 대한 세액공제	제29조의 2
⑯ 경력단절 여성 재고용 기업 등에 대한 세액공제	제29조의 3
⑰ 근로소득을 증대시킨 기업에 대한 세액공제	제29조의 4
⑱ 청년고용을 증대시킨 기업에 대한 세액공제 (폐지)	제29조의 5❶
⑲ 고용을 증대시킨 기업에 대한 세액공제	제29조의 7
⑳ 통합고용세액공제	제29조의 8
㉑ 고용유지중소기업 세액공제	제30조의 3
㉒ 중소기업 고용증가 인원에 대한 사회보험료 세액공제	제30조의 4
㉓ 상가임대료를 인하한 임대사업자에 대한 세액공제	제96조의 3
㉔ 선결제 금액에 대한 세액공제	제99조의 12

세액공제 유형	조문
㉕ 지급명세서등에 대한 세액공제	제104조의 5
㉖ 전자신고에 대한 세액공제	제104조의 8
㉗ 제3자 물류비용에 대한 세액공제	제104조의 14
㉘ 해외자원개발투자에 대한 과세특례	제104조의 15
㉙ 기업의 운동경기부 설치·운영에 대한 과세특례	제104조의 22
㉚ 석유제품 전자상거래에 대한 세액공제	제104조의 25
㉛ 우수 선화주기업 인증을 받은 화주 기업에 대한 세액공제	제104조의 30
㉜ 용역제공자에 관한 과세자료의 제출에 대한 세액공제	제104조의 32
㉝ 금사업자와 스크랩등사업자의 수입금액의 증가 등에 대한 세액공제	제122조의 4 제1항
㉞ 성실신고 확인비용에 대한 세액공제	제126조의 6
㉟ 금 현물시장에서 거래되는 금지금에 대한 과세특례	제126조의 7 제8항
㊱ 산업합리화에 따른 사업전환 또는 주력업종시설에 대한 투자세액공제	구법 제37조❷

❶ 법 제29조의 5 청년고용 증대세제를 추가하는 부분은 2015.12.31.이 속하는 과세연도 분부터 소급적용한다(2015.12.15. 개정된 법 부칙 §40 ①). 동 증대세제를 소급 적용함에 따라 세액공제의 이월공제의 적용도 소급 적용하도록 하였다. 2017년 말 일몰기한이 도래하여 본 특례는 폐지되었다.
❷ 법률 제5584호 부칙 §12 ②

2019년 개정세법에서 2019.1.1. 전에 이월된 세액공제액에 대해서는 개정규정에도 불구하고 종전의 규정에 따른다(2018.12.24. 개정된 법률 부칙 §52).

2 이월공제의 대상

2-1 지연제출

세액공제신청서의 제출은 협력의무이므로 해당 연도에 신청서를 제출하지 않고 지연제출한 경우에도 이월공제가 가능하다(서면2팀-457, 2005.3.29.; 제도 46012-12533, 2001.8.3.).

따라서 '이월공제 기한'이내 사업연도의 법인세 신고기한까지 당초 공제받지 못한 투자세액의 공제신청서를 제출한 때에는 관할 세무서장이 이를 경정하며, 당해 법인이 동 기한까지 공제신청서를 제출하지 못한 경우에는 이월공제에 의한 투자세액 공제대상 사업연도분에 대하여 경정청구(국기법 §45의 2)에 의해 투자세액공제를 적용받을 수 있다(서면2팀-589, 2007.4.3.; 서면2팀-24, 2007.1.4.; 국심 2005구2799, 2006.6.30.).

2-2 중복지원배제 규정과의 관계

세액공제액의 이월공제는 '적법'하게 공제 가능한 세액 중 납부세액이 없거나 또는 최저한세의 적용으로 공제받지 못한 부분에 대하여 이월공제를 허용하는 것이므로, 세액감면과 세액공제의 중복지원 배제로 인하여 공제받지 못한 세액공제는 이월공제가 불가능하다(제도 46012-12118, 2001.7.13.; 조심 2011전2847, 2011.12.27.). 즉, 중복지원 배제 규정이 적용되는 경우에는 그 중 하나만을 선택하여, 선택한 공제 또는 감면할 세액을 이월공제한다(법인-355, 2014.8.22.).

반면에, 각 과세연도를 달리 해서는 다른 감면제도의 선택이 가능하므로, 최저한세 적용으로 투자세액공제액이 이월된 경우 투자세액공제액 전액에 대해 최저한세의 범위 내에서 세액공제를 받음과 동시에 당해 사업연도 중소기업특별세액감면도 적용이 가능하다(서면1팀-432, 2007.4.3.). 외국인투자기업에 대한 세액감면도 동일하게 적용된다(서이 46017-11537, 2003.8.25.).

임시투자세액공제의 이월분과 중소기업특별세액감면이 중복되는 중소기업이 임시투자세액공제를 적용받지 아니하고 법인세 신고를 한 경우에는 경정청구가 가능하며, 이월된 세액공제액을 최저한세 범위 내에서 먼저 공제한 후 당해 연도에 발생한 세액을 감면한다(서면2팀-2152, 2005.12.22.).

3 이월공제

3-1 이월공제 방법

대상 세액공제 조항에 따라 공제할 세액 중, 결손 또는 최저한세의 적용으로 공제받지 못하는 금액에 대하여는 10년간 이월하여 사업소득에 대한 소득세 또는 법인세에서 공제받을 수 있다. 이때 제126조의 6 성실신고 확인비용에 대한 세액공제의 경우에는 부동산임대업에서 발생한 소득세에서도 공제받을 수 있다(조특법 §144 ①).

당초 신고 시 최저한세 적용으로 이월공제액이 발생한 경우로서 수정신고·경정결정으로 인하여 해당 사업연도의 공제한도가 증가하는 경우에는 이를 추가로 공제하여 경정결정할 수 있다(조특통 144-0…1).

그러나 세액공제액의 이월공제액은 중간예납추계액(소법 §65 ⑧ 3호)에서 차감할 수 없다(소득세과-394, 2011.5.6.).

한편, 이월공제의 적용 여부는 선택사항으로서 이월공제 기간 내에서는 자유롭게 공제할 수 있다. 예를 들어, 법 제29조의 7 고용을 증대시킨 기업에 대한 세액공제를 적용 받았으나, 최저한세의 적용으로 인하여 공제할 세액 중 공제받지 못한 금액을 이월한 경우로서 2019사업연도에 해당 이월세액 외에 당해 사업연도에 공제받을 수 있는 세액공제액이 없음에도 이월세액에 대하여 세액공제를 적용 받지 않은 경우, 해당 내국법인은 2020사업연도 이후 이월공제기간 이내에 각 사업연도의 법인세에서 해당 이월세액을 공제할 수 있다 (기준법령법인-134, 2021.8.5.;서면2팀-1942, 2004.9.17.).[1]

개정 연혁

> 중소기업의 창업 초기 R&D를 지원하기 위해 2016년 개정세법에서 연구인력개발비 세액공제의 이월공제기간을 5년에서 10년으로 연장하였다. 2016.1.1.이 속하는 과세연도에 이월하여 공제받는 분부터 적용한다(2015.12.15. 개정된 법 부칙 §40 ②).
>
> 2020년 개정세법에서 고위험·고비용 신기술에 대한 연구개발을 지원하기 위하여 납부세액이 없거나 최저한세가 적용되어 공제받지 못한 신성장·원천기술 연구개발비에 대한 세액공제액의 이월기간을 5년에서 10년으로 연장하였다. 개정규정은 2020.1.1. 이후 비용이 발생하는 분부터 적용한다(2019.12.31. 개정된 법률 부칙 §38).
>
> 2021년 개정세법에서 투자세액공제 등의 실효성을 제고하기 위하여 납부세액이 없거나 최저한세가 적용되어 공제받지 못한 모든 공제세액의 이월공제기간을 10년으로 확대하였다. 개정규정은 2021.1.1. 이후 과세표준을 신고하는 경우부터 소급하여 적용한다. 2021.1.1. 전에 종전의 법 144조 1항 각 호의 구분에 따른 기간(법률 16009호 조세특례제한법 일부개정법률 부칙 52조에 따라 적용받는 이월공제기간을 포함함)이 지나 이월하여 공제받지 못한 세액에 대해서는 개정규정에도 불구하고 종전의 규정에 따른다(2020.12.29. 개정된 법률 부칙 §35 및 §51).
>
> 예를 들어, 과세연도 종료일이 12월 말인 법인이 2015년 과세연도에 연구·인력개발비 세액공제(조특법 §10) 금액 중 납부할 세액이 없어 해당 과세연도에 공제받지 못한 부분에 상당하는 금액은「조세특례제한법」(2020. 12. 29. 법률 제17759호로 개정된 것) 제144조 제1항 및 같은 법 부칙 제35조에 따라 해당 과세연도의 다음 과세연도 개시일부터 10년 이내에 끝나는 각 과세연도까지 이월하여 공제할 수 있다(서면법인-1779, 2022.7.11.). 2015년의 이월공제 기간은 종전 규정에 따라 2020.12.31.에 종료하여야 하지만, 부칙에서 2021.1.1. 이후 신고하는 경우까지 소급하여 적용하도록 하였으므로, 2015년에 발생한 이월공제액에 대해서도 소급적용되기 때문이다.

---

[1] 투자세액공제액이 한도초과로 이월되었으나 신고시 실무착오로 공제받지 못한 경우는 공제받지 못한 사업연도의 법인세를 경정하여야 한다는 종전의 유권해석(법인 22601-2550, 1986.8.18.)은 본문의 예규와 충돌하므로 2021년 8월에 삭제함.

● 이월공제기간이 경과한 공제액

당초 사업연도에 해당 세액공제를 신청하였더라도 납부할 세액이 없거나 같은 법 제132조에 따른 최저한세 적용 등으로 인해 이월되는 경우, 그 이월되는 세액공제액은 같은 법 제144조 '세액공제액의 이월공제'규정에 따라 부과제척기간이 만료되지 아니한 사업연도에 공제할 수 있는 것임(서면법인-2874, 2021.12.27.). 해당 예규의 사실관계는 '15 귀속 사업연도 법인세 신고 시, 세액공제 중 일부를 누락한 후, '15~'20 사업연도 법인세 신고 시 최저한세를 적용받거나 납부할 세액이 없어 전액 이월될 수 밖에 없는 상황임. 판례에 따르면 이월세액공제액의 증액을 구하는 것이 경정청구 사유에 해당하지 아니하므로(대법원 2019두62352, 2020.4.9.), 당초 사업연도에 대해 경정청구가 불가하여 세액공제의 이월공제를 적용할 수 없음.

> ❖ 이월세액공제액의 증액 경정청구가 허용되는지 여부 (부정) (대법원 2019두62352, 2020.4.9.; 수원지법 2018구합66525, 2019.2.18.)
> 이월세액공제액의 증액 경정청구는 국세기본법 제45조의2에서 정한 '신고하여야 할 과세표준 및 세액을 초과하는 때'에 해당한다거나, "신고하여야 할 결손금액 또는 환급세액에 미달하는 때'에 해당한다고 볼 수 없다.
> 원고의 주장을 조리상 경정청구권을 행사하는 것으로 선해하더라도, 국세기본법 또는 개별 세법에 경정청구권을 인정하는 명문의 규정이 없는 이상 조리에 의한 경정청구권은 인정되지 아니하고(대법원 2006. 5. 12. 선고, 2003두7651 판결 등 참조), 원고는 차후 사업연도 법인세에 관하여 이월세액공제액을 주장하여 과세관청의 결정을 다툴 수 있으므로 이 사건 처분 중 쟁점 이월세액공제 증액 경정청구에 대한 부분을 다툴 소의 이익도 없다.

3-2 적용순서

당해 연도 세액공제 금액과 이월된 미공제 금액이 중복되는 경우에는 이월된 미공제 금액을 먼저 공제하고 그 이월된 미공제 금액 간에 중복되는 경우에는 먼저 발생한 것부터 차례대로 공제한다(조특법 §144 ②).

동 적용순서에 관한 규정은 귀속 사업연도가 상이한, **동일 종류의 세액공제가 중복되는 경우에 적용**하는 것이고 서로 다른 종류의 세액공제가 중복되는 경우에 적용되는 것이 아님에 유의하여야 한다(서면2팀-1246, 2004.6.16.).

따라서 2017년과 2018년 사업연도에 발생한 법 30조의 4 중소기업 사회보험료 세액공제(농특세 비과세)와 법 104조의 14 제3자물류비용 세액공제(농특세 과세)의 공제액이 각각 이월되어 2019년에 이월공제액을 공제할 때 농특세가 과세되는 2017년 귀속분 제3자물류비용의 세액공제 이월공제액을 공제하지 않고, 농특세가 비과세되는 중소기업 사회보험료 세액공제의 2017년 귀속분과 2018년 귀속분만을 공제할 수 있다.

그러나 2017년과 2018년 사업연도에 발생한 중소기업의 연구및인력개발비세액공제(농특세 비과세)와 중소기업 등 투자세액공제(농특세 과세)의 공제액이 각각 이월된 경우에는 우선적으로 중소기업 등 투자세액공제를 적용함에 유의하여야 한다. 최저한세 대상 감면 우선 적용의 원칙(조특법 §132 ③)에 따라 최저한세 대상으로 열거된 감면 등에 해당하는 중소기업 등 투자세액공제를 최저한세 대상으로 열거되지 않은 연구및인력개발비세액공제보다 우선 적용하여야 하기 때문이다.2)

> ❖ **과밀억제권역 내외에 각각 소재한 본지점 상호 간의 사업장을 변경하는 경우 임시투자세액공제의 이월공제 적용 여부 (긍정)** (법인-1236, 2009.11.6.)
> 수도권과밀억제권역에 소재하는 내국법인의 본점과 수도권과밀억제권역 밖에 소재하는 지점 간의 사업장 소재지를 서로 변경하는 경우에 있어서, 임시투자세액공제를 받아온 지점의 사업용 자산을 이전하지 아니하고 본점의 이전 후 사업에 계속하여 사용하는 때에는 종전의 지점 사업장에서 발생한 임시투자세액공제를 「조세특례제한법」 제144조에 따라 이월하여 적용받을 수 있는 것임.
>
> ❖ **공동사업장의 구성원이 탈퇴한 경우의 이월공제 적용방법** (서면1팀-501, 2006.4.20.)
> 2인이 공동으로 사업을 영위하는 공동사업장에 임시투자세액공제 대상 자산에 투자하였으나 최저한세 적용으로 이월되어 다음 과세연도에 세액공제를 적용함에 있어, 공동사업의 구성원 중 1인이 제3자에게 지분을 양도하고 탈퇴하는 경우 지분을 양수한 구성원(제3자)은 동 이월된 세액공제액을 승계할 수 없으며,
> 탈퇴하는 공동사업의 구성원은 조세특례제한법 제146조의 감면세액 추징사유에 해당되어 이자상당액을 가산하여 소득세를 추징하는 것임. 또한 이월된 고용증대특별세액공제액(2005.12.31. 삭제되기 전 조세특례제한법 제30조의 4)은 같은법 제146조의 적용을 받지 아니하므로 탈퇴하는 공동사업의 구성원은 종합소득금액에서 당해 구성원의 손익분배비율로 분배된 공동사업장 소득 금액의 비율에 대한 산출세액을 한도로 공제받을 수 있는 것임.

3-3 이월공제의 승계

(1) 합병

중소기업인 법인(이하 '피합병법인')과 적격합병을 한 중견기업인 내국법인은 법인세법

---
2) 앞서 제시한 서면2팀-1246, 2004.6.16. 예규에서는 연구인력개발비세액공제와 고용창출투자세액공제에 대해서 세액공제의 이월공제에 따른 적용 순서 규정이 적용되지 않아 납세자가 선택할 수 있도록 회신하였다. 그러나, 동 규정은 2010년 최저한세 대상 감면 우선 적용의 원칙이 신설되기 전의 예규이므로, 현재는 최저한세 대상 감면 우선 적용 원칙이 적용되어 고용창출투자세액공제를 우선 적용하여야 한다고 판단된다.

제44조의3 제2항에 따라 피합병법인으로부터 승계받은 세액공제로서 그 세액공제 요건을 모두 갖춘 경우에는 이월된 미공제액을 조세특례제한법 제144조에 따라 이월공제 할 수 있다. 이 경우, 피합병법인의 이월된 미공제액은 「법인세법 시행령」 제81조제3항제2호에 따라 승계받은 사업부문에 대하여 계산한 법인세 최저한세액 또는 법인세 산출세액의 범위 내에서 공제한다(서면법인-0252, 2023.3.29.).[3]

(2) 조직변경

상법·기타 법령의 규정에 의하여 그 조직을 변경하고 사업을 계속하는 때에는 조직변경 전 법인의 이월공제세액을 조직변경 전 법인의 공제가능 과세연도까지 조직변경 후의 법인이 공제받을 수 있다(법인 46012-1698, 2000.8.7.).

(3) 법인전환

이월공제세액이 있는 개인사업자가 법 제32조에 따라 법인전환을 한 경우 당해 이월공제세액은 개인사업자의 이월공제기간 내에 전환법인이 이를 승계하여 공제받을 수 있다.(법인세과-712, 2012.11.22.). 다만 전환일이 속하는 과세연도의 세액공제는 종합소득세 확정신고에 의하여 확정된 이월공제세액을 전환법인이 공제할 수 있는 것이므로, 거주자의 법인전환일이 속하는 종합소득세 과세표준확정신고(5월 31일) 전에 전환법인의 법인세 신고기한(3월 31일)이 도래하는 사업연도의 법인세에서 공제할 수 없다(제도 46012-11721, 2001.6.27.).

반면에, 미공제 세액이 있는 개인사업자가 법인으로 전환하는 경우로서 법 제32조 제1항에 따른 법인전환에 해당하지 않는 경우, 전환 후 법인은 해당 개인 사업자의 미공제 세액을 승계하여 공제받을 수 없다(서면법규법인-0020, 2022.1.25.).

(4) 공동사업으로의 변경

사업용자산에 대하여 임시투자세액공제를 적용받은 개인사업자가 공제받아야 할 세액의 일부를 공제받지 못하고 동업계약에 의해 당해 사업용자산을 공동사업에 현물출자한 경우에는 그 미공제된 금액은 공동사업에 승계되지 아니하므로 이월하여 공제받을 수 없다(소득-210, 2010.2.8.).

---

[3] 승계받은 사업부문에 한정되지 아니하고, 사업의 구분 없이 종전 합병법인의 사업에서도 이월공제를 적용받을 수 있다는 종전 유권해석(법인-313, 2010.3.31.)은 2010.12.30. 법인세법 개정 이후로 더 이상 유효하지 못함 (법령 § 81 ③ 2호 참조).

반면에, 단독으로 병원을 경영하던 중 의료기관을 추가로 공동개업한 경우, 해당 공동사업장에서 발생한 임시투자공제세액은 각 거주자가 해당 공동사업을 개업하기 이전에 발생한 해당 과세기간의 의료업 사업소득(단독 병원 경영분)에 대한 소득세에서 공제할 수 있다(소득-890, 2010.8.10.).

(5) 포괄양수도

포괄양수도(X)에 의한 양수법인은 양도법인의 세액공제의 이월공제세액을 승계받을 수 없다(서면2팀-1530, 2004.7.20.).

한편 고용증대세액공제와 관련한 최근 유권해석에서는 개인사업자가 사업의 포괄적 양수도를 통해 사업장을 승계시킨 경우, 양도자의 사업의 양도 전 발생한 고용증대세액공제액 중 소득세 최저한세액(조특법 §132)에 미달하여 공제받지 못한 부분에 상당하는 금액은, 양도자의 상시근로자 수가 최초로 공제를 받은 과세연도에 비하여 감소하지 아니한 경우에는 조특법 제144조에 따라 이월하여 공제한다라고 해석하였다(사전법규소득-574, 2023.11.15.). 포괄적 사업양도로는 법인격이 승계되지 않기 때문에, 이월공제액을 승계하여 공제할 수 있는 별도의 규정이 필요하다고 판단된다(제6부 제5절 Ⅲ. 1-1 (2) 참조).

3-4 세액공제에 한도가 있는 경우 결손 시 이월공제 불가

일반적으로 세액공제의 경우 조세부담의 형평을 위하여 최저한세 제도에 따라 최소한의 세금을 부담하도록 하고 있다. 그럼에도 불구하고 일부 세액공제에 대하여는 당해 연도 납부세액의 일정비율(예, 10%)을 한도로 하여 세액공제금액을 제한하고 있다.

공제한도가 적용되는 세액공제

제 도	한 도	이월공제 특례
제7조의 2 기업의 어음제도개선 세액공제 (폐지)	세액의 10%	×
제7조의 4 상생결제 지급금액에 대한 세액공제	세액의 10%	×
제12조 제2항 기술취득금액 세액공제(폐지)	세액의 10%	×
제26조 고용창출투자세액공제(폐지)	고용인원수 기준	○
제104조의 14 제3자물류비용에 대한 세액공제(폐지)	세액의 10%	×
제104조의 25 석유제품 전자상거래에 대한 세액공제	세액의 10%	×
제104조의 30 우수 선화주기업 인증을 받은 화주기업에 대한 세액공제	세액의 10%	×

제　도	한　도	이월공제 특례
제104조의 32 용역제공자에 관한 과세자료의 제출에 대한 세액공제	연간 200만원	×
제122조의 4 용역제공자에 관한 과세자료의 제출에에 대한 세액공제	직전연도 대비 증가한 산출세액	×
제126조의 3 제2항 현금영수증가맹점에 대한 과세특례❶	당해연도 산출세액	×
제126조의 6 성실신고 확인비용에 대한 세액공제	연간 100만원	×

❶ 단, 현금영수증가맹점에 대한 과세특례는 법 제144조 세액공제의 이월공제액 특례 자체가 적용되지 아니함.

　　세액공제에 한도가 있는 경우 한도를 초과하는 금액에 대하여 고용창출투자세액공제 제도에서는 이월공제를 허용하나, 다른 세액공제 제도에서는 이월공제에 관한 규정이 없다. 따라서 세액공제에 한도가 있으나 이월공제 특례 규정이 없는 세액공제 제도와 관련하여 납부할 세액이 없는 결손법인의 경우, 대상 공제세액이 전액 한도 초과금액으로 공제되지 아니하며 또한 한도 초과금액은 이월공제 되지 않으므로 해당 세액공제를 영구적으로 적용할 수 없는 결과를 가져오게 된다[서면2팀-1528, 2004.7.20. (법 §7의 2 어음제도개선세액공제); 법인-1313, 2009.11.27. (법 §104의 14 제3자물류비용); 조심 2015전22, 2015.4.2. (법 §104의 14)].

3-5 세액공제의 이월공제에 대한 최저한세의 적용방법

　　제20부 제4절 Ⅳ. 3.을 참조하기로 한다.

제3절 [제147조] 무액면주식의 가액 계산

Ⅰ. 의의

2011년 개정상법에서 무액면주식을 도입함에 따라 무액면주식의 액면가액을 계산하기 위해 2012년 개정세법에서 신설된 규정이다.

Ⅱ. 무액면주식의 가액 계산

1 대상 조항

대상 조항(조특법 §147)

규 정	조문 번호
부동산집합투자기구등 집합투자증권의 배당소득에 대한 과세특례	§87의 6 ①
우리사주조합원의 배당소득 비과세	§88의 4 ⑨ 3호
농협등 근로자 배당소득 비과세	§88의 4 ⑩ 2호
우리사주조합원의 퇴직 시 조합 양도분에 대한 양도소득세 비과세	§88의 4 ⑭ 3호
투융자집합투자기구 주식등의 배당소득에 대한 과세특례('12년 말 폐지)	§91의 4 ①
해외자원개발투자회사 등의 주식의 배당소득에 대한 과세특례('16년 말 폐지)	§91의 6 ①

2 액면가액 계산

무액면주식의 경우에는 원칙적으로 배당기준일 현재 해당 주식을 발행하는 법인의 자본금을 발행주식총수로 나누어 계산한 금액을 액면가액으로 한다. 다만 우리사주조합원의 퇴직 시 조합 양도분에 대한 양도소득세 비과세(법 §88의 4 ⑭ 3호)의 경우에는 발행일 현재를 기준으로 한다(조특법 §147).

$$\text{액면가액} = \frac{\text{배당기준일 현재 자본금}}{\text{발행주식총수}}$$

INDEX

5

5세대 이동통신 기술	750

B

BOO 방식	634
BOT 방식	634
BTL 방식	636
BTO 방식	634

H

H형강	695

K

KC인증비용	308

O

OTT 비디오물	774

P

pass-through taxation	517
pay-through taxaion	518
Proto 금형	301, 702

ㄱ

가업상속공제를 적용받는 중소·중견기업의 해당업종	967
가업승계 시 증여세의 납부유예	993
가업의 승계에 대한 증여세 과세특례	960
가축분뇨처리시설	1411
간접소유비율 계산	113
감면규정간 중복지원 배제	2020
감면규정과 세액공제규정의 중복지원 배제	2014
감면세액의 계산	202
감면세액의 추징	676
감면신고의 성격	77
감정평가업자	1009
강소기업	489
개발사업지구	1410
개발제한구역 지정에 따른 매수대상 토지등에 대한 양도소득세의 감면	1510
개발제한구역	1512
개별세법 보충적 적용의 원칙	72
개별소비세	1846
개별재무제표	109, 120
개성공업지구	159
개인기업의 법인전환	1027
개인투자조합(Angel Capital)	504, 532, 542
개체(改替)	642
거주자	82
건설업	162, 1215
건설업의 기계장비	717
건축법상 건축물	718
건축사(建築士)업	172
검사대	259
견본품	300
결손금의 배분한도	1689
결손금의 이월공제	1698
결정 또는 기한후 신고시 감면배제	2029
경과규정	88, 136
경력단절여성	846
경영참여형 사모집합투자기구	1678, 1688, 1700
경영회생 지원을 위한 농지 매매 등에 대한 양도소득세 과세특례	1400
경영회생지원 농지매입사업	1403
경정 사전 인지 후 수정신고	2033
경정등의 부정과소신고금액에 대한 감면배제	2032
고등기술학교	318
고령자인 근로자	845
고액 연봉자	798
고용위기지역	899

고용유지중소기업 등에 대한 과세특례	898	국가 등의 지원금 수령시 배제	2008
고용증대세제	822	국가식품클러스터	1938
고유디자인 개발비용	276	국가전략기술 관련 외국법인	492
고유목적사업준비금의 손금산입특례	1441	국가전략기술사업화시설	751
고향사랑 기부금 세액공제	1346	국고보조금	407
골프장 운영업	176	국민주택규모	1574
공공기관이 혁신도시 등으로 이전하는 경우 법인세 등 감면	1209	국세기본법상 국세환급가산금 이율	999
		국세기본법상 친족관계	843
공공차관 도입 시 이자소득 조세 감면	610	국세기본법상 특수관계인	587
공공차관사업관련 기술·용역대가의 조세감면	612	국적취득조건부 나용선	1641, 1749
공동근로복지기금	255	국제경기대회 조직위원회	1445
공동사업자 지분 양도	683	국제금융거래시 이자소득 조세 면제	613
공동사업장	1730	국제물류주선업자	1817
공시대상기업집단	106	규모기준	101
공업소유권	422	균등유상감자	981, 1090
공익사업	1481	근로소득 증대세제	796
공익사업용 토지 등에 대한 양도소득세의 감면	1477	근로소득을 증대시킨 기업에 대한 세액공제	796
공익사업을 위한 수용 등에 따른 물류시설 이전에 대한 과세특례	1526	근로자복지증진 시설	706
		근로장려세제	1621
공익사업을 위한 수용등에 따른 공장 이전에 대한 과세특례	1518	금산법상 금융기관	1174
		금융기관의 자산·부채 인수에 대한 법인세 과세특례	1174
공장 외부의 종업원용 기숙사	1042, 1889	금융리스	638
공장	1184	금융실명법에 따른 금융기관	2010
공장의 대도시 밖 이전에 대한 법인세 분할과세	1187	금융중심지 창업기업 등에 대한 법인세 등의 감면 등	1933
공장입지기준면적	1186	금융지주회사	1874
공통자산	689	금융채권자	1133, 1157, 1166
과밀억제권역	84	금형	702
과세기간	83	기간 계산	76
과세연도	83	기간감면	60
과세이연	63	기간제근로자	847
과세이연과 이월과세의 비교	1101	기금운용법인	475
과세표준신고	83	기능별 자산에 대한 세액공제	628
과점주주	523, 1020	기본통칙의 법원성	71
관계기업	115	기본통칙의 유추적용	72, 249
관광사업	175	기부장려금단체	1458
관광숙박업 등의 건축물·시설물	718	기부채납	636
관리연구산업	305, 310, 363	기숙사 감면	1042, 1889
관세사	166	기술대여소득 세액감면	426
광업권	1773	기술비법	421, 454
교부금합병	447	기술신용평가	533, 1106
구급차량	690	기술우수중소기업	513, 1105
구분경리	395, 2097	기술이전소득 세액감면	417

기술자문료	309
기술지도비용	310
기술혁신형 주식취득에 대한 세액공제	458
기술혁신형 중소기업	448
기술혁신형 합병에 대한 세액공제	447
기업 간 주식등의 교환에 대한 과세특례	1120
기업구조조정투자회사(CRV)	1167
기업단위 감면방식	58
기업도시 개발과 지역개발사업구역 등 지원을 위한 조세특례	1914
기업도시개발구역	1915
기업부설연구소	286
기업부설창작연구소	288
기업소득	1633
기업소득환류세제	1628
기업신용조회회사	533
기업의 운동경기부 설치·운영에 대한 세액공제	1789
기업인수목적회사(SPAC)	1073
기업재무안정 사모집합투자기구	1874
기업집단	106
기업창작전담부서	288
기업회생절차	1131, 1166
기준선박	1749
기지국 시설	751
기타 소득처분	567
기회발전특구로 이전하는 기업에 대한 과세이연 특례	1946
기회발전특구의 창업기업 등에 대한 법인세 등의 감면	1941
기회발전특구집합투자기구 투자자에 대한 저율과세특례	55, 1913

ㄴ

낙후지역	1219, 1220
납품의뢰에 따른 기술개발	280
내국법인	82
내국법인의 금융채무 상환을 위한 자산매각에 대한 과세특례	1129
내국법인의 소재·부품·장비기업 공동출자 시 세액공제	489
내국인 우수인력 국내복귀에 대한 소득세 감면	594
내국인	82
내일채움공제	316, 817

냉동창고	690
농공단지 입주기업 등에 대한 세액감면	1279
농식품투자조합	475, 1858
농어촌상생협력기금	254
농어촌특별세의 환급	684
농업경영체 등록확인서	1329
농업인	1301, 1401
농업회사법인에 대한 법인세의 면제 등	1327
농지·초지의 현물출자	1301, 1339
농지대토에 대한 양도소득세 감면	1389
농지의 교환 또는 분합	1361
농지의 범위	1351
농협 등 근로자 배당소득 비과세	1561
농협금융지주회사	1874
능동적 동업자	1714

ㄷ

다자간매매체결거래에 대한 소득세 등 과세특례	1727
다자간매매체결회사	510, 1727
단시간근로자	800, 842, 847
당기분 방식에 의한 공제	380
당기순이익 과세특례	1432
대·중소기업·농어업 협력재단	254
대기업 계열사 의제기업	108
대도시	1188
대토	1390, 1498
대토보상에 대한 양도소득세 과세특례	2070
대학 재정 건전화를 위한 과세특례	1779
대학(원) 계약학과의 운영 비용	320
대학의 수익용 기본재산 양도시 분할과세	1780
도서·신문·공연 사용분 공제	1977
도소매업	165
독립성 기준	106
동반성장펀드	254
동업기업 과세특례	1671
동업기업 자산의 분배	1707
동업기업 지분의 양도	1707
동업기업(Partnership)	1672
동업기업의 신고의무	1711
드라마 작가	177
디자인 분야	290

디자인권	422
디지털 방송장비의 증설투자 배제	663

ㅁ

마이스터고등 맞춤형 교육비용	318
마이스터고등과 사전취업계약 등에 따른 현장훈련수당 등	319
만기보유 보상채권	1488
매입임대주택	1586
매출액 산정	103, 243, 424
매출액(수입금액)에 포함되지 않는 항목	381
명의수탁자	79
무상주	543, 570
무액면주식의 가액 계산	2135
무점포판매업	1216
무형자산	435, 1643
무형자산의 내용연수표	435, 1890
무형재산권 임대업	173
문화 기업업무추진비 특례	2077
문화산업전문회사에의 출자에 대한 세액공제	781
문화창작분야 연구개발	274
물류산업	165
미등기양도자산에 대한 감면등 배제	2038
미환류소득	1632
민간재간접벤처투자조합	476

ㅂ

박물관·미술관 입장료	1977
반도체 연구시험용 시설장비 세액공제	260
발생주의	383
발전차액	236
배분과 분배	1673
배분한도 초과결손금의 이월 배분	1690
법인 본사를 수도권과밀억제권역 밖 이전 양도차익에 대한 법인세 과세특례	1200
법인세법상 비영리내국법인	1442
법인세법상 임원의 범위	842
법인세법상 지배주주	1056
법인세법상 특수관계인	417
법인전환에 대한 양도소득세의 이월과세	1026
벤처기업 주식매수선택권 행사이익 납부특례	554
벤처기업 주식매수선택권 행사이익 비과세 특례	548
벤처기업 주식매수선택권 행사이익에 대한 과세이연	559
벤처기업 출자자의 제2차 납세의무 면제	522
벤처기업 확인서 유효기간의 만료	210
벤처기업 확인취소	210
벤처기업등의 주식교환등에 대한 과세이연	1104
벤처기업법상 벤처기업	196
벤처기업법의 스톡옵션 요건	562
벤처기업출자유한회사	473
벤처기업투자신탁	529, 1115
벤처캐피털회사	498
벤처투자조합	474
벤처투자회사	471
병행생산시설	769
보관 및 창고업	165, 911
보세구역	2094
보조 활동	692
보조금	407
복식부기 의무자 수입금액 기준	1305, 1360
복식부기의무자의 추계과세	2029
본사의 범위	1203
부가가치세 영세율	1839
부가가치세의 면제	1840
부동산 임대 및 공급업	163, 688
부동산실권리자 명의등기에 대한 조세부과의 특례	2090
부동산업	1215, 1642
부동산의 현물출자	1305, 1341
부동산임대업 주업 법인	2080
부수적 활동 소득의 제외	2104
부실금융기관	1175
부실금융기관등 구조조정시 증권거래세 면제	1870
부칙의 해석	74
분리과세	55
분사 요건 위배	212
분사-원시창업	184
분할과세	64
비거주자등의 보세구역 물류시설의 재고자산 판매이익 과세특례	2093
비과세	52
비영리법인	82, 99, 109
비적격 연구개발활동	276
비해운소득	1644

ㅅ

항목	페이지
사내 부속 의료기관	710
사내근로복지기금	255
사내대학 등 운영비	317
사모집합투자기구	110
사업에 직접 사용하는 소프트웨어	720
사업연도	83
사업용 유형자산	689
사업용 재산	1042
사업용계좌 요건	1957
사업용고정자산	1004
사업용자산에 대한 세액공제	628
사업의 계속성	1061, 1073
사업의 동일성	1016
사업인정	1483
사업인정고시일	1479
사업장단위 감면방식	58, 214, 234, 1284
사업재편계획에 따른 합병 시 주식교부비율 특례	932
사업재편계획을 위한 조세특례	931
사업지원서비스업	172
사용수익기부자산	633, 682
사원용 임대주택	707
사회교육시설	174
사회보장협정	589
사회보험료율	918
사회복지법인	1443
사회적기업 및 장애인 표준사업장에 대한 법인세 등의 감면	1468
사회적기업	99
사후관리 적용 시 신고불성실 가산세	1504
산림지	1412
산업기능요원	885
산업디자인 분야	303
산업디자인분야 연구개발	275
산업디자인전문회사	290
산업위기대응특별지역	899
산학협력기술지주회사	110
상가임대료를 인하한 임대사업자에 대한 세액공제	1590
상생결제 지급금액에 대한 세액공제	240
상생결제제도	244
상생보증펀드	253
상생협력 출연금 세액공제	252
상생협력 출연금액	1653
상속에 의한 승계	181
상속의 처분 포함 여부	1090
상시근로자	798, 900, 911
상시근로자의 범위	841
상용형 시간제 근로자	850
상장지수집합투자기구	1870
상증법상 소액주주	1552
상증법상 특수관계인	984
상호출자제한기업집단	107
상환청구권	247
새만금사업지구 사업시행자	1921
생산성향상을 위한 인력개발비	317
서비스 분야의 범위	272
서비스 연구개발	271
석유제품 전자상거래에 대한 세액공제	1808
선박관리산업	168
선박임가공업	158
선원부용선 대선업	167
선화주 기업	1817
성과공유 중소기업 근로자의 세액감면	604
성과공유 중소기업의 경영성과급 세액공제 등	599
성과배분상여금	1549
성실사업자에 대한 의료비 등 공제	1955
성실신고 확인비용에 대한 세액공제	2000
성실신고확인대상사업자	1958, 2001
성실요건	1957
성장관리권역	84
성장촉진지역	1220
세대	1572
세대구분형 공동주택	1574
세무대리인	1739
세법상 협력의무 위반에 대한 감면배제	2034
세액감면	55
세액공제	60
세액공제액의 이월공제	2125
세액공제의 이월공제에 대한 최저한세의 적용방법	2056
세액공제의 한도	250, 2133
세액이연방식	64
소급과세 금지의 원칙	74
소기업 규모 기준	226, 524

소기업	225	수탁연구활동	278
소득공제	53	승계방식 창업의 제외	179
소득구분	2104	시작금형	302
소득금액 및 결손금의 배분	1690	시제품 보상금	281
소득세 소득공제의 종합한도	2067	시제품_연구개발비	301
소득세법상 대주주	510	식량작물재배업소득	1293, 1330
소득세법상 양도시기	1132	신·재생에너지 발전사업	162
소득세법상 특수관계인	419	신·재생에너지 보급시설	669
소득원천별 과세	518	신기술사업금융업자	110, 472, 1858
소득이연방식	63	신기술사업투자조합	474, 1858
소방시설	713	신기술창업전문회사	110, 472
소비성서비스업	100, 688, 1014, 1029, 1215	신성장 서비스 창업중소기업	193
소비자생활협동조합	98	신성장 서비스업	910
소사장제	158, 218	신성장동력·원천기술연구개발비	323
소상공인 재도전특별자금	1599	신성장사업화시설	722
소상공인	1592	신성장서비스업종	205
소액주주등	459	신용카드 등 사용금액에 대한 소득공제	1963
소재·부품·장비 관련 외국법인 인수 시 세액공제	492	신용회복기금	1765
소재·부품·장비 관련 중소기업	498	실거래가액 허위 기재시 감면등 제한	2036
소프트웨어 기술지원 대가	170	실시보상	309
소프트웨어	701	실용실안권	421
소형주택 임대사업자에 대한 세액감면	1577		
손금산입 또는 익금불산입	54		
손실보전준비금	1766	ㅇ	
손익배분비율(동업기업)	1686	아시아문화중심도시 투자진흥지구 입주기업 등에 대한 법인세 등의 감면 등	1928
수도권 밖으로 공장 이전 기업 세액감면 등	1214	안전 시설	710
수도권 밖으로 본사를 이전하는 법인에 대한 세액감면 등	1240	양도소득세 감면규정간 중복지원 배제	2024
수도권	84	양도소득세 감면의 종합한도	2069
수도권과밀억제권역 밖으로 이전하는 중소기업에 대한 세액감면	1213	양도소득세의 감면 배제 등	2036
수도권과밀억제권역	84	양도시기	1132
수도권과밀억제권역의 투자에 대한 조세감면배제	655	양산형 금형	695
수동적 동업자	1697	양축(養畜)	1408
수동적 동업자의 과세방법	1715	양편조정	411
수상종자생산업자	1322	어업용 토지등에 대한 양도소득세의 감면	1378
수소액화플랜트	667	어업용 토지의 현물출자	1322
수용재결	1483	어업인	1378
수의업	172	어업회사법인	1322
수탁기업	254	엄격해석의 원칙	70
수탁기업체 설치 검사대 등 세액공제	259	업무무관 부동산	1006
수탁생산업	161	업무용 신증축 건축물	1642
		업종별 자산	692, 701

업종별 필수적 사업용 자산	715	온라인소액투자중개	513, 537
업종의 동일성	1228	완료일 기준	653
에너지신기술중소기업	200	외국법인 국내 지점	225
에너지절약 시설	703	외국인 근로자	844
에너지절약시설의 가속상각 특례	784	외국인근로자에 대한 과세특례	583
에너지절약전문기업(ESCO)	785	외국인기술자에 대한 소득세의 감면	574
엔젤투자 소득공제	527	외부감사대상기업	116
엔지니어링 산업	172	외주가공비	301
여수 해양박람회특구	1918, 1919	외투감면시 세액공제 제한	2012
연결재무제표작성대상법인	119	외화증권	619
연구·인력개발비 사전심사 제도	395	외화표시채권	614
연구개발 전담부서	286	용도지역별 적용배율	220
연구개발계획서	394	용역제공자에 관한 과세자료의 제출 세액공제	1828
연구개발보고서	394	우리사주조합기금	1542
연구개발비에서 정부출연금의 제외	311	우리사주조합원 등에 대한 과세특례	1539
연구개발서비스업	292	우수 선화주기업 인증을 받은 화주기업에 대한 세액공제	
연구개발의 개념	268		1816
연구개발출연금 등의 과세이연	406	우정사업본부 차익거래	1867
연구개발특구 입주 첨단기술기업등에 대한 법인세등 감면		운동경기부	1790
	429	운수업의 차량 등	716
연구개발활동	269	운용리스	641
연구공간	287	운휴 중인 자산	691
연구과제 총괄표	394	워크아웃	1130, 1166
연구기자재	287	월세액에 대한 세액공제	1571
연구노트	394	월합 세금계산서	246
연구시험용 시설	699	위기지역 창업기업에 대한 법인세 등의 감면	1607
연구시험용 자산의 무상 임대 세액공제	257	위기지역	899, 1220
연구인력개발비 사전심사	395	위탁 및 공동연구개발비	303
연예기획사	172	위탁훈련 실시 기관	314
연예인 매니지먼트 업무	178	위탁훈련비	313
연차수당	296	유가증권의 국외발행·양도시 양도차익 면제	619
연평균 발생액의 계산(연구개발비)	384	유사투자자문업자	170
염전	1379	유예기간	125
영농자녀가 증여 받는 농지 등에 대한 증여세의 감면	1406	유통산업합리화시설	717
영농조합법인 등에 대한 법인세의 면제 등	1290	육아휴직 복귀자	849
영림(營林)	1408	음식점업	168
영상 제작자	772	의결권이 없는 종류주식	242
영상콘텐츠 제작비용 세액공제	771, 784	의료법인	1445
영어조합법인 등에 대한 법인세의 면제 등	1317	의료비등 세액공제	1959
예외적 기업단위 감면방식	235	의제제조업	159
예탁증서(Depositary Receipt)	620	이스포츠경기부	1791
오피스텔	707, 1573	이월과세	62, 1008

이월과세와 과세이연의 비교	1101
익금과 손금	83
익명조합	1677
인건비	296
인구감소지역	1220
인력개발비	312
인력개발의 개념	268
인력공급업체	158
인지세의 면제	1849
인출금	1556
일반감면과 기간감면	60
일용근로자	887
일자리 나누기(Job Sharing) 세액공제	898
임가공 용역	158
임금증가금액	1646
임금피크제 보전수당	902
임대보증금 등의 간주익금	2080
임상시험	363
임시투자세액공제	762
임업	1333, 1386
임업인	1383

ㅈ

자경농지에 대한 양도소득세의 감면	1383, 1348
자경요건	1357
자녀장려세제	1625
자동차정비공장	1185
자본거래 증여 예시규정	977
자본적 지출	641
자산 5천억원 이상 법인의 자회사	108
자산양수 후 추가 투자	638
자산을 다른 목적으로 전용	765
자연계·이공계·의학계 분야	595
자연보전권역	84
자영예술가	177
자유무역지역(Free Trade Zone)	2094
자체연구개발비	285
자치구	1280, 1350
장수 성실중소기업	231
장애인 근로자 등	845
장애인 표준사업장	1469

장애인·노인·임산부 등의 편의시설	708
장외호가중개시장(Free board)	509
장학재단	1445
재기영세개인사업자의 체납액 납부의무 소멸특례	1611
재기중소기업인에 대한 징수유예 특례	1604
재기중소기업인의 체납액 등에 대한 과세특례	1598
재무구조개선계획 등에 따른 기업의 채무면제익에 대한 과세특례	1165
재무구조개선계획	1130
재촌요건	1350
재평가차액	1193
저율과세	54
적격주식매수선택권	561
적기시정조치	1131, 1167
전담기관(과학기술기본법)	254, 258
전략적 제휴를 위한 비상장 주식교환등에 대한 과세특례	1104
전문투자조합	475
전문투자형 사모집합투자기구	534
전문휴양업 등의 숙박시설 등	720
전사적 기업자원 관리설비(ERP)	307, 721
전자신고에 대한 세액공제	1738
전통시장 기업업무추진비 특례	2079
전통시장	2079
전환정비사업조합	1730
전환지주회사	1074
절수설비	785
접대비의 손금불산입 특례	2075
정규직 전환 근로자 추가공제	809
정규직 전환 근로자	1652
정규직 전환자	847
정기상여금	902
정보통신장비의 증설투자 허용	663
정부보조금	408
정부출연금	408
정부출자기관등 기업업무추진비 제한	2076
정비사업조합 설립인가등의 취소에 따른 채권의 손금산입	1811
정비사업조합에 대한 과세특례	1729
정의조항의 해석	76
제2차 납세의무	522
제3자 자격 거래	1703

제대혈	165
제조공정의 일부 수행	157
제조업	157
제조장	1184
제주도여행객 면세점에 대한 간접세 등의 특례	1906
제주자유무역지역	1898
제주첨단과학기술단지 입주기업에 대한 과세특례	1885
제주투자진흥지구 또는 제주자유무역지역에 대한 과세특례	1895
조광권	1773
조세지출	50
조세특례	50
조세특례의 제한	89
조업실적	1218
조합법인 등에 대한 법인세 과세특례	1430
졸업제도	124
종교단체	1769
종업원 휴식·체력단련 시설	709
종업원용 기숙사	707
종합부동산세	1770, 1786
주가지수파생상품	1863
주가차액보상권	550
주권상장법인기타주주	511
주된 사업의 판정기준	100
주된 산업활동	692, 698
주문연구산업	292, 305, 310, 363
주문자상표부착방식(OEM)	161
주세	1846
주식 교부비율 요건	1054
주식 배정 요건	1059
주식 보유 요건	1060, 1072
주식 시장조성자의 증권거래세 면제	1865
주식등의 교환	1122
주식매각 후 벤처기업등 재투자에 대한 과세특례	1111
주식매수선택권 행사이익의 계산	551
주식매수선택권	549, 555, 561
주식보상비용	566
주식의 압축기장충당금	1062, 1078, 1123
주식의 현물출자 등에 의한 지주회사의 설립 등에 대한 과세특례	1071
주식파생상품	1862
주주등의 자산양도에 관한 법인세 등 과세특례	1153
주택건설사업자가 취득한 토지에 대한 과세특례	1784
주택분 종합부동산세	1770
주택임대관리업	171
주한미군 공여구역	1918
준비금	62
준청산소득에 대한 법인세	1681
중간금융지주회사	1077
중견기업	241, 381
중고품에 의한 투자	640
중복지원의 배제	2007
중소기업 간의 통합에 대한 양도소득세의 이월과세 등	1013
중소기업 범위 기준	99
중소기업 성과공유제	599
중소기업 유예기간중의 기업과 합병	134
중소기업 졸업시 중간구간	382
중소기업 취업자에 대한 소득세 감면	884
중소기업 핵심인력 성과보상기금 수령액 소득세 감면	817
중소기업 핵심인력 성과보상기금	316
중소기업에 대한 특별세액감면	223
중소기업의 공장이전에 대한 과세특례	1265
중소기업창업관련 융자증서등에 대한 인지세 면제	1853
중소기업창업투자조합 출자 등에 대한 소득공제	526
중소기업창업투자조합	474, 1856
중소기업창업투자회사 등의 주식양도차익 등에 대한 비과세	470
중소기업창업투자회사	110, 1856
중소기업창업투자회사등의 소재부품장비 중소기업 주식의 양도차익 및 배당소득 비과세	498
중수도	785
즉시상각 적용 자산	691
즉시상각	637
증권거래세율	1728
증권거래세의 면제	1854
증권형(투자형) 크라우드 펀딩	538
증설·대체투자의 배제	674
증설투자의 배제	656
증여세 감면한도	1414
지급명세서 제출의무	621
지급배당 소득공제	1826
지급배당공제	1678
지방세 감면규정간 중복지원 배제	2024

지방세법상 시설물	719	채권단 자율협약	1130, 1167
지방중소기업 특별지원지역	1281	채무상환약정	1132
지배종속 관계	117	채무의 인수·변제에 대한 과세특례	1144
지분가액	1674, 1705	철거비용	644
지분의 의미	981	첨단의료복합단지 입주기업에 대한 법인세 등의 감면	1937
지식기반서비스 연구개발	271		
지식재산권	721	청년 정규직 근로자	844, 1652
지역개발사업구역	1916	청년등 간주 규정	864
지역활성화지역	1916	청년창업중소기업	192, 211
지입료	166	청소년 수련시설	174
지정면세점	1907	청소년유해업소	845, 1652
지주회사	1072	체계해석	71
직무발명 보상금	308	초과환류액	1632, 1657
직업기술학원	173	초연결 네트워크 구축 시설	750
직업능력개발훈련비	315	총급여액	917, 1304, 1544, 1979
직업훈련용 시설	700	최저임금액	851
직장어린이집	710	최저한세 적용순서	2054
직접 수익을 얻는 비품	697	최저한세액에 미달하는 세액에 대한 감면 등의 배제	2040
집합투자기구를 통한 간접소유 제외	111	추가 감면-고용인센티브	205
		추계과세시 감면배제	2029
		추계과세시 세액공제 배제	2027

ㅊ

차기환류적립금	1655	추진위원회	1812
차익거래	1868	추징 사유 적용 법규	76
차입금 과다법인	2081	축사용지에 대한 양도소득세의 감면	1370
창업·벤처전문 사모집합투자기구	483, 537, 1859	축산업	1333
창업기획자	471, 509, 1856	출자와 출연의 구분	77
창업벤처중소기업	195	출판업	169
창업보육센터	258	충당금	65
창업보육센터사업자	194	취득가액	643
창업의 개념	178	치과기공소	175
창업일	178, 940	치과병원	175
창업자·벤처기업 등이 발행한 주권등의 증권거래세 면제	1856		

ㅋ

창업자금 사용명세서 미제출가산세	959	카지노업	175
창업자금에 대한 증여세 과세특례	936	커피전문점업	168
창업중소기업 등에 대한 세액감면	145	컴퓨터프로그래밍, 시스템 통합 및 관리업	169
창작개발	273	코넥스상장기업	1858
창투조합등	473	코넥스상장중소기업 주식등의 양도차익에 대한 과세특례	476
채권 대차거래	617		
채권가격평가기관	169	크라우드 펀딩	538

ㅌ

태양광 발전설비	703
택배업	166
토지관리신탁	1487
토지매수의 청구	1513
토지분 종합부동산세	1770
톤세 제도	1745
통상임금	902
통합고용세액공제	840
통합투자세액공제	686
투자·상생협력 촉진을 위한 과세특례	1627
투자목적회사	1693, 1859
투자세액공제 관련 부칙에 의한 경과규정	652
투자세액공제간 중복지원 배제	2011
투자세액공제의 범위	627
투자의 개시시기	649
투자일 기준	647
투자자와 사용자의 일치	628
특례내용연수	787
특정금전신탁	539
특허권	420
특화선도기업	489, 499

ㅍ

파견근로자	844, 848
파생상품 시장조성자의 증권거래세 면제	1859
판매 후 리스	639, 678
펜션업	176
평균임금 증가율	801
평생교육시설	174
폐광지역진흥지구	1917
포합주식	1055
포합주식의 간주교부액	1055
품질인증비용	308
프로젝트금융투자회사(PFV)	1785, 1819

ㅎ

학교법인 출연금 손금산입	1782
한국농어촌공사	1401
한국디자인진흥원	292, 305
한국자산관리공사	1872
한국표준산업분류	86
합명회사	1678
합목적적 해석의 원칙	70
합병·분할 등의 경우 상시근로자의 승계	903
합병에 따른 중복자산의 양도에 대한 과세특례	1095
합병포합주식등의 간주교부액	450
합자조합	1677
합자회사	1678
해당 사업에 주로 사용	691
해외건설자회사에 지급한 대여금등에 대한 손금산입	1832
해외자원개발투자에 대한 세액공제	1773
해외진출기업의 국내복귀에 대한 세액감면	1795
해운기업에 대한 법인세 과세표준 계산 특례	1744
해운소득	1751
해운중개업	1216
해저광물자원개발을 위한 과세특례	2088
향교 및 종교단체에 대한 종합부동산세 과세특례	1768
헤드쿼터 인증기업	584
혁신도시	1210
혁신성장기업	196
현금거래의 확인 등	1996
현금영수증가맹점	1988
현금영수증사업자 및 현금영수증 가맹점에 대한 과세특례	1985
현금예치기반 상생결제	245
현물출자	1030
협의매수	1513
화물운송업	165, 911
화물취급업	165, 911
화주	1817
확장형 ERP_R&D세액공제	307
환경보전 시설	704
환지 예정지	1355
환지	1355
환지청산금	1356
효율성의 원칙	507
후발적 감면지역 요건의 위배	212
후육관 플랜트	651

인용자료

구경철·오문성, "벤처캐피탈 투자조합의 세무처리 개선방안", 세무학연구/제26-2권, 2009.06, pp. 157-184.

국세청, 「가업승계 지원제도 안내」, 2020.04.

국세청, 「고용증대세액공제 Q&A」, 2023.

국세청, 「동업기업 과세특례의 이해」, 2009.

권호영, 「문화콘텐츠 세제개선 방안 연구」, 문화체육관광부, 2010.11.

금융감독원, 「PEF Handbook」, 2016.12.

금융위원회·금융감독원, 「알기 쉬운 크라우드 펀딩 제도」, 2016.

기획재정부, 「간추린 개정세법」, 각 연도.

기획재정부, 「근로장려세제(EITC) 상세해설」, 2007.

기획재정부, 「세법개정안 문답자료」, 각 연도.

기획재정부, 「시사경제용어사전」, 2010.

김대인·이철인, "임시투자세액공제제도와 고용창출투자세액공제제도의 경제적 효과 비교", 서울대학교 산학협력단, 2010.

김두형, "자경농지 대토에 따른 양도소득세 감면요건의 문제점과 개선방안", 조세연구/제7집, 2007.10, pp. 220-239.

김보남·김현동, "농지에 대한 조세제도의 문제점 및 개선방안에 관한 연구", 조세연구/제10-1권, pp. 216-257.

김상술, "조세특례제한법에 따른 소기업에 대한 중소기업특별세액 감면 시 소기업 유예기간의 적용 문제", 주간 세무경영/제1633·34호, 2020.4.14.

김우철, 「기업구조조정 지원세제의 현황과 개선방향」, 한국재정학회, 2009.06.

김웅희·황영현·이정기, "고용창출지원세제에 관한 문제점과 개선방안", 세무학연구/제30-3권, 2013.09, pp. 37-69.

대영문화사, 「행정학사전」, 2009.

대한상공회의소, 「2013년 세제개선과제 종합건의」, 2013.

박성욱·김영훈, "벤처기업 등에 대한 투자활성화를 위한 조세지원제도 연구 : 개인투자조합을 중심으로", 회계정보연구/제34-3권, 2016.9. pp. 533~563.

박종수, "수용관련 보상금에 대한 과세의 헌법적 문제점", 법학논고/제29권, 2008.12, pp. 221-256.

박훈, "현행 동업기업과세특례제도의 주요내용", 계간 세무사, 2009, pp. 39-60.

송쌍종, 「조세법학총론」, 조세문화사, 2013.

오시영, 「친족상속법」, 학현사, 2011.

윤충식·장태희·박재혁, 「조세특례제한법 해설과 실무」, 삼일인포마인, 2013.

윤희숙, "근로장려세제로 본 복지정책 결정과정의 문제점", KDI FOCUS/제24권, 2012.12, pp. 1-8.

이정란, "창업중소기업 조세지원제도에 관한 연구", 공법학연구/제12-3권, 2011, pp. 337-359.

이준규, "조세특례제한법상 동업기업의 분배에 관한 연구", 경영법률/제20-2권, 2010, pp. 581-601.

이철송, 「회사법강의」, 박영사, 2022.

이태정, "협동조합에 대한 세제지원 연구", 세무회계연구/제42권, 2014., pp. 19-36.

이헌석, "대토보상제도의 개선방안에 관한 연구", 전북대학교 법학연구/제36집, 2012.09, pp. 423-446.

임상엽, "기업구조조정에 대한 과세이연 방식의 재검토", 세무학연구/제31-2권, 2014.06, pp. 171-201.

전경련, 「세제개편 종합건의서」, 2011-2014.

조문균, "동업기업 과세특례의 이해", 월간조세, 2008.06-07.

중소벤처기업부, 「벤처기업 주식매수선택권 매뉴얼」, 2021.

중소벤처기업부, 「중소기업범위해설」, 2022.

중소기업청, 「2013 정책 건의집 현장에서 전하는 희망」, 2013.

태평양 법무법인 조세팀, 「조세법의 쟁점Ⅲ」, 2018.3.

한국산업기술진흥협회, 「기업부설연구소/연구개발전담부서 신고에 관한 업무편람」, 2018.2.

한국증권금융, 「우리사주제도의 이해」, 2012.06.

한국지식재산연구원, 「콘텐츠산업 세액공제 법적용 가이드라인 개발」, 한국콘텐츠진흥원, 2020.2.11.

허영, "의료법인 과세제도의 개선에 관한 연구", 세무학연구/제28-1권, 2011.03, pp. 9-46

황규영·임승연, "주식의 포괄적 교환·이전 세제의 개선방안", 세무와회계저널/제13-4권, 2012.12, pp. 125-149.

황영식, "톤세실무", 해양한국/제395권-제398권, 2006.

저자약력

〈저자〉 **최 문 진**

한국, 미국공인회계사

- 서울대학교 경영학과 졸업
- 한국공인회계사 (1993년)
- 미국공인회계사 (2003년, California)

(전) 삼정KPMG 세무본부 매니저
　　한국공인회계사회 국세연구위원회 연구위원
　　세무포털 택스넷 세무상담위원(BEST 상담위원)

(현) 우리회계법인 세무본부 이사
　　기획재정부 국세예규심사위원회 민간위원
　　한국공인회계사회 세무편람 집필위원
　　 : 법인세법, 조세특례제한법, 국조법 집필
　　한국공인회계사회 회원 전문 법인세 등 상담위원
　　한국공인회계사회 회계연수원 강사
　　이택스/AIFA비즈넷 강사
　　영화조세통람사 조세편람 편집위원
　　삼진식품(주) 사외이사
(저서) 주식매수선택권 및 주식기준보상 세무가이드(2023년, 공저)

〈감수자〉 **정 정 훈**

기획재정부 세제실

- 연세대학교 경제학과 졸업
- 버밍엄대학교 경제학 석사

(전) 재정경제부 조세정책과 사무관
　　재정경제부 조세특례제도과 사무관
　　기획재정부 소득세제과 과장
　　기획재정부 조세정책과 과장
　　기획재정부 재산소비세정책관
　　기획재정부 소득법인세정책관
　　기획재정부 조세총괄정책관
(현) 기획재정부 세제실장

2024 조세특례제한법 해석과 사례

개정10판	: 2024년 6월 21일
초판발행	: 2014년 12월 5일
저　　자	: 최문진
발 행 인	: (주)더존테크윌
주　　소	: 서울시 광진구 자양로 142, 청양빌딩 3층
등록번호	: 제25100-2005-50호
전　　화	: 02-456-9156
팩　　스	: 02-452-9762
홈페이지	: www.dzbizschool.net

저자와의 협의하에 인지생략

ISBN 979-11-6306-104-5

정가 100,000원

- 파본은 구입하신 서점이나 출판사에서 교환해 드립니다.
- 이 책을 무단복사, 복제, 전재하는 것은 저작권법에 저촉됩니다.

※ 더존테크윌 발행도서는 정확하고 권위 있는 내용의 제공을 목적으로 하고 있습니다. 그러나 그 완전성이 항상 보장되는 것은 아니기 때문에 적용결과에 대하여 당사가 책임지지 아니합니다. 따라서 실제 적용할 때에는 충분히 검토하시고, 저자 또는 전문가와 상의하시기 바랍니다.